U0889706

拿得起放不下的大唐史 1

九皋寒叟 著

北方文艺出版社

图书在版编目（CIP）数据

拿得起放不下的大唐史 / 九皋寒叟著 . -- 哈尔滨 : 北方文艺出版社 , 2021.1

ISBN 978-7-5317-4890-8

Ⅰ . ①拿… Ⅱ . ①九… Ⅲ . ①中国历史 – 唐代 – 通俗读物 Ⅳ . ①K242.09

中国版本图书馆 CIP 数据核字（2020）第 193869 号

拿得起放不下的大唐史

NADEQI FANGBUXIA DE DATANG SHI

作 者 / 九皋寒叟

责任编辑 / 李正刚

封面设计 / 今亮后声

出版发行 / 北方文艺出版社

发行电话 /（0451）86825533

地　址 / 哈尔滨市南岗区宣庆小区1号楼

邮 编 / 150008

经 销 / 新华书店

网 址 / www.bfwy.com

印 刷 / 嘉业印刷（天津）有限公司

字 数 / 2000 千

版 次 / 2021 年 1 月第 1 版

开 本 / 710×1000　1/16

印 张 / 148

印 次 / 2021 年 1 月第 1 次印刷

书 号 / ISBN 978-7-5317-4890-8

定 价 / 400.00 元（全六册）

目录

壹　开国大帝杨坚

贰　千古一帝的雄心

叁 辽东惨淡经营

肆　江都宫风云突变

伍　三大军阀作嫁衣

壹

开国大帝杨坚

我的故事，全部因你而起

东晋元熙二年（420），东晋灭亡。隋开皇元年（581），隋朝建立。期间经历了一百六十年的漫长岁月，在中国的长江和黄河流域，一共出现了九个王朝政权，它们并称为南北朝。如果要概括南北朝时期的特点，有两个特点不得不说。

第一个嘛，就是伦理纲常丧失，政权更替频繁。

从西汉王朝开始，各朝各代的皇帝为了泯灭旁人对皇权的觊觎之心，不遗余力地推行“三纲五常”的观念，其中最重要的一条：皇帝就是臣子的天，你们要绝对服从，任何背叛都不被允许。

汉朝时，中央皇权非常强势，纲常伦理之说还挺有市场；东汉末年，枭雄们挟天子以令诸侯，皇帝成为名副其实的傀儡；晋朝时，皇室成员更是自相残杀，君臣伦理彻底走向没落。南北朝时期，外族入侵，大家都崇尚武力，遵奉弱肉强食的丛林法则。“皇帝轮流做，明年到我家”的地痞思想深入人心，不同政治家族之间最喜欢玩的游戏就是禅让。

第二个嘛，就是关陇军事贵族强势崛起。

东晋时期，谢、王、庾、桓等门阀士族垄断政治权力，官员的选拔和晋升、国家政策的制定，几乎都出自这些门阀士族之手，司马氏家族形同虚设。后来，北方的少数民族入主中原，南朝的门阀士族选择偏安一隅，以文人墨客为主的门阀士族开始没落，取而代之的是关陇军事贵族集团。

隋朝的开国皇帝，正是出身关陇军事贵族集团的杨坚。

杨坚（541—604），弘农郡华阴人（今陕西省渭南市华阴市），按照《隋书》的说法，杨坚的祖宗是东汉太尉杨震，而杨震家族连续四代都位列三公，显赫至极。

关于杨坚的家世，有人说杨坚是假冒的弘农杨氏，有人说是真的弘农杨氏，实在是一笔扯不清楚的糊涂账，分歧的焦点在于，杨坚是不是觍着脸找了个高大上的祖宗，以此来提高杨氏家族篡夺皇权的资本。

事实的真相是，南北朝讲的是“皇帝轮流做，明年到我家”的江湖法则，谁的拳头硬，谁就有资格做皇帝。至于杨震家族，混了好几代也不过做到太尉，唯一拿得出手的就是家世清白，可是在关陇集团执政的年代，这种资本并不好使啊。

说白了，杨家已经成功晋级为皇族，不需要觍着脸去追认杨震为祖宗，更不需要在讲究丛林法则的年代洗白上岸。其实，杨坚最引以为傲的资本是老爸杨忠，因为杨忠是关陇集团领袖宇文泰的亲信，在朝中担任柱国大将军、随国公。有了这一条，杨坚便可以肆无忌惮地开挂前行。

据史料记载，杨坚出生的时候紫气充庭，神光闪现，娃儿刚刚落地，就有一个神奇的尼姑（简称神尼）上门贺喜。贺礼是没有的，话倒是说得很感人：“哎呀，这娃来历非凡啊，你们做父母的，绝对不能把他放在凡间抚养。”

瞧瞧，神尼的一句话，就给杨坚定下了美满的前途。

杨家人不理解了，自己生的娃，居然不能放家里养，那应该放哪里养呢？“神尼，希望你能把话说得更明白一些。”

神尼说：“这个嘛，如果你们瞧得起贫尼，就交给我来抚养吧。”

哦，原来是找工作的，高级保姆啊。杨家人表示，家里不缺钱，既然神尼画了一个大饼，杨家还是愿意拿一份支出来赌杨坚未来的。两拨人协商好了，找个安静的寺院，杨家主母和神尼一起在此带娃。

据传，杨坚稍微长大一些，头上居然可以长出双角，满身都是鳞片，说得通俗一点，这孩子的模样完全是按照神龙来刻画的。杨坚的母亲看到这种场景，惊吓到神志不清，居然不小心将杨坚摔到地上。

好的，这就是大难不死，必有后福。

什么后福呢？神尼又给重新定义了一下：你呀你，你这一摔，这娃问鼎天下的时间就得往后推迟了。

此话一出，杨坚的母亲直接昏死过去。

这还不算完，后来杨坚的额头上居然有五柱入顶，无比神奇。如果是放到现在，杨坚极有可能是身体有严重的疾病，能娶到媳妇就不错了，别说入朝为官，问鼎天下了。不过，史书的这段记载虽然经过了渲染，可并没有改变一个事实：杨坚确实是含着金钥匙出生的。

如果用一句话来形容杨坚的命运，那就是他天生只有做朝廷大官一条路可选择，想要经商，想要当教书先生，杨忠肯定会打断他的腿。

西魏恭帝三年（556），杨坚刚好15岁。有一天，家里来了几个宦官，他们公然宣布了一份诏书：封杨坚为车骑大将军、散骑常侍、仪同三司，外加成纪县公。

太不讲道理了，如果你的理想不是做官，这是何等的痛苦啊。

不过老爹杨忠知道，朝廷的封赏与杨坚的能力没有半毛钱关系。因为在这一年，关陇军事集团的领袖宇文泰去世，侄子宇文护执政，为了拉拢朝中的政治势力，宇文护送了很多官职出去，杨坚便是捡到便宜的幸运儿。

杨忠虽然曾经很崇拜宇文泰，但后来势力分化，需要重新站队，杨忠更靠近老领导独孤信，而独孤信和宇文护又是对头，因此杨忠对宇文护的拉拢不是很感冒，而且，接下来的十余年，杨家一直承受着宇文护的政治打压，非常痛苦。

西魏恭帝四年（557），杨坚迎来了人生最重要的事：迎娶独孤伽罗。

独孤伽罗（544—602），独孤信的第七女，最受宠爱的掌上明珠。

说起来，独孤信这位老爷子完全就是逆天的存在。

大女儿嫁给了宇文泰的儿子宇文毓，女婿宇文毓就是北周明帝。四女儿嫁给了李渊的父亲李昞，外孙李渊就是唐朝的开国皇帝。七女儿嫁给了老部下的儿子杨坚，女婿就是隋朝的开国皇帝。身为三位皇帝的老丈人，独孤信在中国历史上算得上独一份，唯有民国时期宋氏家族的掌门人宋嘉树可以稍微媲美一下。

社会地位高也就罢了，问题是，独孤信还是个风流倜傥的大帅哥。

“侧帽风流”这个词，就是独孤信的专利。

有一天，独孤信出城打猎，玩得兴致高昂，差点忘记了时辰。当时，天色逐渐黑了下来，他必须在宵禁之前赶回家，因此纵马狂奔，颇为狼狈。就在此时，独孤信的帽子被风吹了起来，他不得不用手去扶。巧的是，独孤信用手扶帽的帅气动作被守门的小吏看在了眼里。

第二天，城中的低级官吏圈子开始流行一种时尚：故意把帽子带歪，时不时地用手去扶一下，很像后世迈克尔·杰克逊的招牌动作，姿势潇洒至极。没过几天，首都百姓居然全都在模仿独孤信的侧帽风尚。可想而知，独孤信对北朝社会的影响力有多大。

独孤伽罗有这样一个英俊潇洒的父亲，外貌、品位自然不是问题。

独孤伽罗的母亲是郑州崔氏的后裔，属于清河崔氏的一支，这样的家族最重视儒家礼仪和文化知识的传承。独孤伽罗在母亲的谆谆教诲下，学识和品德也是出类拔萃。当然，仅仅有这些，自然是不够的。

独孤伽罗生活在北朝，深受鲜卑民族母系社会文化的影响。

简单地说，当时的妇女不受社会伦理的束缚，妇女平日里可以随意出门，抛头露面，家里要打官司，和邻居家吵架，可以亲自上阵，甚至为丈夫和儿子求官，给上级领导送礼，也都由她们抛头露面。

独孤伽罗和杨坚结婚之后，性格中有独断和泼辣的一面，杨坚纵容她是一方面，北朝社会风气的影响也是很重要的原因。

西魏恭帝四年（557），独孤伽罗13岁，正值豆蔻年华，到了出阁的年龄。

掌上明珠的婚事，独孤信自然要亲自操持。彼时，长安城有许多豪门贵族都想预定这门亲事，可独孤信都很礼貌地拒绝了，因为在他眼里，杨忠的儿子杨坚才是完美的女婿人选。

一来，杨忠是独孤信的老部下，关系非常亲密，这样可以亲上加亲。

二来，杨坚这小子，虽然只有16岁，可性格沉稳，气场非常强大。根据独孤信的观察，杨坚还是很有城府的，假以时日，即便不能飞黄腾达，也能在复杂的政局中明哲保身，也不算辱没了独孤伽罗。

那一年，杨坚年仅16岁，正值青春年少，意气风发。独孤伽罗则只有13岁，光彩照人，温柔贤惠。在两家人的安排下，两人步入婚姻的殿堂。

婚房之内，夫妻二人含情脉脉，注视着对方。

独孤伽罗看出来了，杨坚长得一表人才，绝对没有什么“五柱入顶”、头顶长角、身披鳞片的传奇标志。身为一个女人，她感受到了杨坚的热情和温情，那一刻，独孤伽罗就已经认定：你是我今生的唯一。

杨坚也很兴奋，老婆的颜值很在线，虽然出生在权贵之家，可骨子里却温柔贤惠，而且喜欢读书，颇有见识，能找到这样的女人，绝对是三生有幸。

杨坚没想到自己以后会做皇帝，面对柔情似水的老婆，他心生怜惜之意，情不自禁间，竟然对独孤伽罗许下了一个诺言：娘子，夫君这一生就娶你一人。历史证明，不要轻易对女人说这句话，否则后果会很严重。

结婚之后，夫妇二人出双入对，如胶似漆，度过了一段终生难忘的时光。可好景不长，长安城发生了变乱。宇文护执政之后，先后弄死了宇文觉和宇文毓两位皇帝，北周武帝宇文邕（yōng）上台之后则选择主动放弃抵抗。

遗憾的是，北周皇室就算是自相残杀，也没忘记打压杨坚。当时，以赵昭为首的相面大师多次奉命调查杨坚的“异相”，多亏他们看好杨坚的前途，这才没有在皇室跟前乱说话，保了杨坚的一条小命。

外人找自己的晦气也就罢了，令杨坚无语的是，兄弟们也对他颇为不爽。

杨坚有两个亲兄弟。二弟杨整，老婆是北周吴国公、柱国大将军尉迟纲的女儿；三弟杨瓒（zàn），老婆是北周武帝宇文邕的妹妹顺阳公主。

就拿老二夫妇来说，他们觉得杨坚是个灾星，担心杨家受他的牵连，因此刻意与他保持距离，还经常数落杨坚夫妇的不是。有一次，一个叫边隐的医师为了讨好杨整，居然放出谣言，声称杨坚可能会得无法治愈的神经病，杨整听说后，兴冲冲地跑到老爹面前大谈此事。

原因很简单：如果杨坚得了病，杨整就是杨家的顺位继承人，爵位、官职、祭祀的权利，包括田产和财产都是他的。杨忠听闻后，泪如雨下，苦叹奈何，为杨坚的前途深感忧虑。据史料记载，杨忠去世之后，老二夫妇担心宇文护会继续整人，屡次在他的面前说杨坚的坏话，逼迫杨坚只能夹着尾巴做人。至于老三夫妇，更是以宇文邕的利益为重，几乎和杨坚老死不相往来。

杨坚晚年的时候，回忆起这段痛苦的经历，最常说的就是一句话：当时实不可耐，羡人无兄弟。可想而知，杨坚的痛苦已经深入骨髓，常人根本无法理解。

被权臣猜忌，被兄弟们挤对，这就是杨坚的生存状态。时间就这样慢慢推进，杨坚只好退居幕后，观察着朝中的局势变化。

建德元年（572），宇文邕成功铲除宇文护。建德二年（573），宇文邕下诏为皇太子宇文赟挑选太子妃，杨坚的女儿杨丽华成功上位。杨坚升级为皇亲国戚，生存压力小了不少。

宣政元年（578），宇文邕在宫中暴毙而亡，宇文赟登基称帝，史称北周宣帝。宇文赟为了提高中央集权，决定复兴周朝古制，设置了天子四官：大前疑、大右弼、大左辅、大后丞，并让其跃居百官之首，给予了最高的政治地位。至于杨坚，因为是皇后的父亲，被皇帝任命为大前疑，正式蜕变成北周王朝的第一人。

北周大象二年（580），宇文赟暴毙，年仅 7 岁的长子宇文阐登基，由杨坚担任辅政大臣。没过多久，杨坚单独开设丞相府，彻底架空了宇文阐，随后又诛杀了以赵王宇文昭为首的五十多名北周宗室成员，为自己登基称帝做好了最后铺垫。

北周大象二年（580）十二月，宇文阐下诏：拜杨坚为相国，进封随王，赞拜不名，享九锡之礼。杨坚坚辞不受，只领了个随王的头衔。隋开皇元年（581）二月，杨坚接受相国、总百揆、九锡之礼。接下来就是标准的礼仪动作——宇文阐两次禅让，杨坚两次辞让。

隋开皇元年（581）二月十四日，宇文阐第三次禅让。当天，太尉、杞国公宇文椿捧着册书，大宗伯（掌管礼仪制度的最高级别官员）赵煚（jiǒng）捧着皇帝的玺印，跪求杨坚将帝位收入囊中。杨坚头上顶着白纱帽，身穿黄袍接受了册封诏书，随后登基称帝。

新的国号为随，新的年号是开皇。后来，杨坚觉得“随”字有走的意思，担心这样的国号会给杨家带来灾难，因此才改为我们熟知的“隋”。

彼时，杨坚已经 40 岁，正值壮年。回首过去，杨坚饱受权臣宇文护的折磨，又被宇文邕、宇文赟无端猜忌，还有觊觎他权势的臣僚在一旁虎视眈眈。

北周皇族猜忌也就罢了，就连自己的兄弟也与他为敌。杨坚政变之前曾经找过两位兄弟，令人沮丧的是，他们并不看好大哥的前途，对于政变夺权一事，他们避之不及，讽刺杨坚霸占随国公的爵位不说，还抱着得陇望蜀的心思。

二十多年的时间，杨坚过得战战兢兢，如履薄冰，不知前途和命运究竟在何方。庆幸的是，杨坚熬了过来，自己用双手改变了命运。在与命运抗争的路上，杨坚得以看透人心，看穿朝廷的利益关系，更感受到了权力倾轧的路上，北周王朝的制度弊端。一切的一切，全都成为他帝王生涯的宝贵财富。

回首再看，路在何方？路在自己的脚下，乾坤就在你的掌中。

伟大的开皇盛世，必须由你亲手缔造，来吧。

我的三省六部，我的中央集权

隋开皇元年（581），杨坚登基称帝；隋仁寿四年（604），杨坚驾鹤西去——短短的二十四年时间，杨坚统一中原，在各方面进行了改革。客观地说，杨坚的政治成就是举世公认的事实，碍于本书的篇幅限制，无法面面俱到，只能挑选最重要，尤其是和后世紧密关联的事件来说。比如中央集权、行政改革、经济改革、灭南陈、开皇律法。

先说说中央集权吧。

北周王朝的官职设置沿用了《周礼》古制，融合了天地时令，崇尚原始自然的风格，最终设置了周礼六官。当然，这么做有一个重要的原因，北周的统治者是鲜卑人，汉族的地主阶层是他们极力拉拢的对象，《周礼》这样的经典正好拿来引起他们精神上的民族共鸣。

天官府：首领叫大冢宰，职责定位有点模糊。比如说大冢宰除了参与政务的决策之外，还管着宗室成员的教育、宫廷医疗保健、宫廷警卫以及全国的财政收支。还有，给文武百官发工资的事儿，也归天官府来管。

宇文护执政的时候，天官府凌驾于其他五官府之上，大冢宰就是朝廷的首席宰相（国务院总理）。宇文护驾崩之后，北周武帝宇文邕（yōng）收回了部分相权，天官府和其他五官府并行，不再享受特权。

杨坚执政之后，大冢宰又成了北周的首席宰相，这也就罢了，杨坚站稳脚跟之后，自封为北周的大丞相，直接把自己定位成了当朝的周公。总而言之，朝堂的官职制度，完全看执政官员的地位和心情。

地官府：首领叫大司徒，主管土地、户籍、赋役等事务。

春官府：首领叫大宗伯，主管礼仪、祭祀、历法、乐舞等事务。

夏官府：首领叫大司马，主管军政、军备、宿卫等事务。

秋官府：首领叫大司寇，主管刑法和狱讼、少数民族、大国外交等事务。

冬官府：首领叫大司空，主管工程事务。

杨坚是北周朝廷的资深“玩家”，深知朝廷制度的弊端。别的不说，他为什么能够夺权做了皇帝？还不是因为权力没有制度的牵制，可以为所欲为。

再者说，周礼六官的名字虽然很好听，可权责划分不是很清楚。打个比方，天官府有户部，又有内务府，还有禁卫军总管的职能，大冢宰又是政策的制定者，又是实际事务的执行者，根本就是运动员和裁判员兼之的角色嘛。

没有权力的牵制，想要干点无法无天的事儿，还不是易如反掌？咱大隋朝不搞这套虚的，六官制度必须得改，尤其是首席宰相什么的，通通取消，以后不可能再设这样的岗位。这样吧，将周礼六官改为“五省六部制”。

内侍省：专门管理皇宫大内的事务，首领叫内侍监，官居从三品，皇帝的大管家。内侍省一般由贴身宦官，或者御用文人掌管。总而言之，宫廷之内你们说了算，宫廷之外，你们闭上嘴巴，不可谰言。

秘书省：掌管朝廷的书籍和历法，首领为秘书监，官居从三品。

这两个部门，基本上不参与任何政务，真正有影响力的，是以下三个：

内史省（中书省）：负责起草皇帝的诏书、中央的政令，既然能替皇帝起草诏书，自然有政策的影响力，首领叫内史令，官居正三品。

门下省：负责政事的审议和监督，首领叫纳言（两个编制），官居正三品。

尚书省：负责执行朝廷的政令，首领叫尚书令，官居正二品，还有两个副手，分别是左、右尚书仆射，官居从二品。尚书省下设吏、民、礼、兵、刑、工六部，主管中央政府的具体事务，首领都是正三品的级别。

吏部尚书：掌管全国官吏的任免、考核、升降和调动。

民部尚书：掌管全国的土地、户籍以及赋税、财政收支。

礼部尚书：掌管祭祀、礼仪和对外交往。

兵部尚书：掌管全国武官的选拔、兵籍、军械等。

刑部尚书：掌管全国的刑律、断狱。

工部尚书：掌管各种工程、工匠、水利、交通等。

经过杨坚的一番折腾，纳言、内史令、尚书令、尚书左仆射、尚书右仆射瓜分了首席宰相的权力，这五位大佬互相分工，互相牵制，看起来好像都有政治地位和话语权，可干起活来，却都没有地位和话语权。

这，就是中央集权的精髓所在。

大家可能看出来了，尚书令的级别是正二品，就算是尚书左、右仆射，也是从二品的级别，比纳言和内史令的级别还要高。杨坚为何要这样设置，我们不得而知，也许是历史遗留问题，也许是杨坚有自己的考虑。

不过，咱们可以稍微猜测一下：隋朝的“三省六部”沿袭了汉、魏的制度，可毕竟是开创性尝试。新的东西，必须有一个适应的过程，古往今来都一样。

站在杨坚的角度，尚书省和六部都是干活的部门，地位肯定最重要，门下省和中书省嘛，究竟能起到什么样的作用，杨坚还没有办法去评估，尤其是杨坚想要大搞中央集权，更不可能给内史省太大的决策权力，因此才设定了这样的级别。

为了保险起见，杨坚在执政的二十四年中，并没有任命过尚书令，至于尚书省的工作，由尚书左仆射和尚书右仆射去完成，大家互相配合，互相牵制。

客观地说，“三省六部”制的诞生，并不是历史发展的必然选择。

原因很好理解，如果杨坚没有经历过北周高层的动乱，或者经历了北周的动乱，没有思考过权力体系的构建，三权分立的事不知道要拖到何年何月。

从这一点来说，杨坚对后世的中央集权统治确实做出了很大的贡献。

说好的中央集权，不能就在长安城搞搞，地方官员也得动起来吧。想想看，如果大隋王朝有数千个地方政府，皇帝如何去管理？连管都管不到，还算哪门子中央集权？啥也别说了，地方的蛋糕也得动。

隋开皇九年（589），隋军渡江灭陈，基本上完成统一，行政合并的事儿提上了议程。当时，全国一共有二百四十一个州，六百八十个郡，一千五百二十四个县。也就是说，一个州下辖两三个郡，一个郡下辖两三个县，接受中央政府管辖的州、郡太多，地方政府管理半径太小。

杨坚发话了，直接裁撤吧。一部分郡改为州，一部分郡直接撤销，只保留州和县两级行政体系。这样一来，郡级政府的公务员数量急剧下降，中央政府的钱袋子也鼓了起来。

郡的编制被撤，县级政府自然也得跟着动。改革的原则很简单：人口少的县直接合并到人口多的县，相邻的小县直接合并，至于县级政府的从业人员，对不起，你们另谋他路吧，朕管不了了。

就这样，朝廷又省了一笔支出，难怪隋朝的财富呈指数级增长啊。

客观地说，杨坚想要推行改革，却担心下面会爆发群体事件，因此始终控制着改革的节奏。隋仁寿四年（604），全国一共有二百九十七个州，一千三百二十八个县，这便是他的改革成果。

如何对官员进行管理呢？

北周以前，州刺史、郡太守、县令就是土皇帝。比如县令大人，如果要给自己找个县丞，不用通过中央政府的任命，托人在当地找个熟人，就可以直接上岗干活。这样一来，中央政府没法管理县丞和县丞以下官员的考核、升迁，自然也没办法约束他们的政绩，这还算什么中央集权？

于是，杨坚发话了：从前的咱就不管了，以后所有的官员，只要有品级的，一律由朝廷任命，什么刺史、县令，全都靠边站，跟着朝廷的精神走。

不仅如此，所有的州刺史，以及重要的佐官，每年都要到长安城述职，接受皇帝或者吏部大佬们的面试，只有政绩良好的人，才有可能继续回去做官。还有，如果刺史、县令的任期达到三年，佐官的任期达到四年，一律调换到其他的地方，什么百姓的请愿书，什么留任，一律不答应。

杨坚就是想针对豪门望族，你们不是想做地头蛇吗，允许你嚣张三年，时间一到，要么到别的地盘混饭吃，要么辞官归家。什么叫中央集权？由中央政府执掌地方官员的命运，才叫集权。

还有呢？

某某县令，你家中是不是有父母，还有15岁以上的男丁？对不起，如果你去洛阳为官，他们不能跟着你去，不过老婆和小妾可以同去，免得你在外面寻花问柳，破坏家庭的和谐。杨坚规定，九品以上的官员都要执行这个政策。

这一招实在是太狠了，你就算有权势，家人也不可能跟着你沾光，想造反闹事，先考虑一下家人吧。在这种情况下，朝廷都不用下旨，老家的县令就会先控制你的家人，逼迫你就范。

最大的敌人，其实是门阀士族

改革有痛苦，改革有风险，为了中央集权，杨坚还是选择向他们开战。

隋朝的改革，看起来很简单，实际上却经历了一番痛彻骨髓的磨合。当时，杨坚最大的敌人其实不是官员，而是他们的大后台：门阀士族。这帮人和关陇军事贵族一样，绝对是史上最恐怖的政治势力之一。

如果一个家族称自己为门阀士族，至少要有几个特点：

第一个特点，家族成员必须精通儒家经典，掌握一门学问的最终解释权。

说得直白点儿，家里要有本书，而且这本书一定是稀缺的镇家之宝。

为什么书很重要呢？

大家都知道，春秋战国时期，年轻人都喜欢读书，没事儿的时候，他们就喜欢坐在一起侃大山，聊聊对时政的看法，对哲学的探讨，聊得不亦乐乎。搞来搞去，这才有了百家争鸣，大师辈出的时代。

遗憾的是，秦始皇看不下去啊，他觉得这帮读书人，尤其是儒家的学子们思想迂腐，不堪大用，而且不利于朝廷的统治，于是找了一支火把，将全国的儒学经典付诸一炬，以后想看儒家的书籍？没门儿！

古代不像现在，印刷技术这么强悍，还有数字技术存档，要用随时可以打印。书的原稿没了，意味着原始正宗、被大家认可的文化传承也没了。要写书呢，得先去砍竹子做竹简，再找原稿誊写，十分麻烦。幸运的是，秦始皇并没有把儒家的经典书籍彻底烧完，还有一批人将副本留了下来，思想解禁之后，这批书便重新面世。

汉文帝时，秦朝的博士伏生受朝廷的征召出山，口授《尚书》的内容，搞了一本

《今文尚书》。后来，西汉的鲁恭王刘余在孔子的故居发现了一段残卷，称为《古文尚书》。然而，受书籍印刷能力的限制，能够看到《尚书》的读书人少之又少，十个人看过书，一个人精通尚书，那他就是大师。

比如弘农杨氏，家族四世三公，是举世公认的门阀士族。

可要说杨家发达的源起，还是靠杨震的父亲杨宝，他穷尽一生专研《尚书》，后来将学问传授给儿子杨震，杨震又拜《尚书》的集大成者桓郁为师，这才学有所成，奠定了弘农杨氏在儒学文化的门阀底蕴。

说白了，杨震在《尚书》的研究领域，既控制了书籍的传播，又拥有文化知识的最终解释权，纯属文化垄断的概念。到了东汉末年，纸张开始传播，儒家的经典书籍才开始慢慢流传开来，因此魏晋的门阀士族要远比东汉之前多。

第二个特点，门阀士族的核心成员，世代都要在中央朝廷做大官，如果是在老家做官，对不起，你还是属于土鳖世家，无法跻身到最上层的社会。

这个很好解释，弘农杨氏四世三公，在朝野的威望无与伦比，门生故吏遍布天下，只要杨老头说句话，中央政府也得慎重考虑。除了弘农杨氏，汝南袁氏，包括东晋王朝的陈郡谢氏、琅琊王氏，都能影响中央政策的制定，恐怖至极。

第三个特点，家族世居在某地，有自己的庄园、田产，家族要足够庞大。

不管是政治还是经济，都有滚雪球的效应，只有在某地扎根很久，雪球才会滚得更大。门阀士族只靠单打独斗也不行，还要笼络有发展潜力的官员，除了给他们洗脑，还要有经济实力，别人家里有困难，得掏钱扶持，收买官员也得靠钱，豢养门客也得靠钱。总而言之，用钱开道，门阀士族才能混得长久。

除此之外，世家是宗族的概念，老爷子有十个儿子，嫡子或长子继承他的爵位，其他的九个儿子也要衷心拥护家族的利益，家族内部有矛盾不要紧，关键时刻要一致对外。

第四个特点，必须清高，必须傲娇。这一点太重要了，因为缺了不可一世的气质，还是个土鳖世家。

具体的表现呢，就是绝不能和庶族通婚，否则会被别的世家看不起。要学会清谈的本事，比如读书人坐在一起，必须聊聊时政，聊聊政治，整天胡侃八卦，张家长李家短的，说明你的品位还是很低，不配做世家弟子。

还有，你的朋友圈必须是豪门望族的子弟，和街边的地痞流氓做朋友，你家老爷子一定会找机会打死你。这也就罢了，当你坐在某地，有几个庶民走过来就座，你必须愤然离席，飘然而去，否则就是自降身份，等着回家挨板子吧。

门阀士族的发展，其实是一个渐变的过程。

西汉的时候，中央集权还是很明显的，皇帝拥有至高无上的权力。西汉末年，王莽篡汉，为了占据舆论的制高点，王莽强行追认帝舜为先祖，说王氏家族是上古帝王的后裔，是天下第一望族，直接搞出了门阀的概念。

这也就罢了，王莽本是豪强贵族，盟友应该是大地主才对，可他有自己的理想，想要推行新政，分田地，打土豪。地主们不干了，直接揭竿起义，东汉光武帝刘秀仗着南阳的地主撑腰，趁势崛起，捡了个大便宜。

既然是地方豪强拥立的，就得保证我们的利益吧。啥也别说了，土地兼并，大搞庄园经济，做大地主，做豪强门阀。后来，刘秀也觉得这样不好，于是推行了职田制。意思就是，朝廷把国有土地分给高级官员，官员们雇佣农民劳作，除了农民的劳动所得，剩余的就是官员们的合法财产。

这样一来，钱和权直接绑到了一起，再加上东汉的人才选拔全靠推荐，豪门大族为了继续捆绑利益，造就了一批能控制经济和政治的门阀士族。

东汉末年，曹操横空出世。

事实上，曹操的家世很一般，父亲认宦官为爹，已经算是辱没门庭。曹操虽然是在颍川士族的支持下上位，可主流社会就是瞧不起他的出身，土鳖就是土鳖，执掌政权也是个高级土鳖，就是瞧不起你又如何？

想想看，被人用异样的眼光看待，曹操该有多么郁闷。

曹操表示，他改变不了自己的出身，既然你们都瞧不上我，那只好与你们为敌了。于是乎，曹操执政的时候，先后弄死了孔融、崔琰、杨修、边让等一批名士，镇压了门阀士族的嚣张气焰。遗憾的是，门阀士族就是个庞然大物，曹操与他们纠缠了一生，最终还是选择了与他们合作。

曹丕继任之后，想到的第一件事就是改朝换代，因此奉行讨好门阀士族的国策。

建安二十五年（220），在曹丕的支持下，出身豪门贵族的吏部尚书陈群隆重推出了九品中正制，将门阀士族推向了另一波高潮。

究竟什么才是九品中正制呢？

说得直白一点，就是门阀士族保障他们既得利益的政治制度。九品中正制的核心是中正官，这帮人负责魏晋时期官员的选拔和晋升。

中正官也分为好几个等级。一般来说，州里面设大中正官，负责本州，以及下辖郡的人才选拔。郡里面设小中正官，负责县级人才的品评。

至于品评的标准，主要有家世背景、能力、品德三个指标。

家世呢，由中正官翻看你的简历，如果候选人的祖宗三代都是做官的，说明你们家根正苗红，给你打个高分，如果只有两代人做官，给你打个中等分。

能力呢，完全靠中正官的眼力，感觉你还不错，就给你打个高分，觉得一般嘛，就给你打个低分。

品德呢，完全看老师和学生的气场。中正官在评价的时候，基本上会给出天才英博、亮拔不群这样主观的评语，至于分数，大家都懂的。

完事之后，中正官会给你定个"品"级，中央政府规定了所有的评语都要量化为"品"级，也就是上上、上中、上下、中上、中中、中下、下上、下中、下下九品，基本上对应着朝廷一品到九品的官职。

当然，后生不可能拿到一品官职，就算是二品和三品也够呛。想想看，中正官才三品、四品，如果给学生定三品，他们还怎么混江湖？因此，九品中正制就是门阀士族为了提携门生，或者安排世家子弟走上仕途的一种工具而已。

按照制度，选举活动每三年举办一次，但是中正官有个特权，凡是他打过分的学生，可以随时升品，或者随时降品。意思就是，老师如果看你不爽，可以随时降低你的品级，让你的仕途受挫（意味着后进者必须选择依附州郡的门阀世家）。

这也就罢了，朝廷为了提高中正官的权威，禁止学生提起上诉。

前途和命运完全掌握在别人的手里，这是何等的悲剧啊。

这样的制度，让我想起了后世的玉石交易，一块石头，先看看是从哪个矿里扒拉出来的，再看玉石的成色，再看做工，再由专业的鉴定机构给出评级，然后流向市场进行交易。魏晋时期的人才选拔，不就是这个原理吗？

魏朝的时候，大中正官由各郡的长官推举产生，这帮人打分还比较看重你的能力和品行，可到了晋朝，一切都变了：大中正官，由朝廷的司徒（三公之一）任命，至于小中正官，虽然由大中正官推举，可还是需要司徒任命。也就是说，仅剩的公开选举权也被中央政府给收走了。

晋朝的中正官，就看中一项关键指标：你的祖上是不是做过官，你做官的基因怎么样，如果不行，对不起，麻烦您退到一边，等下一轮。在这样的制度下，官员晋升全都由豪门贵族控制，官场就是一潭死水。

更为恐怖的是，东晋皇族完全受门阀贵族的控制，熟悉历史的人应该都知道，东晋皇族的历史存在感几乎为零。可想而知，在东晋王朝统治时期，如果有皇帝敢对门阀士族宣战，估计分分钟就能被赶下台来。

中国人讲究“日中则昃（zè），月中则亏”，时间到了，自然要走下坡路。

没有了皇权的限制，门阀士族便可以为所欲为，腐败至极。

东晋末年，军阀混战不断，门阀士族的武力战斗值跟不上节奏，促使一批出身寒门的将领走上了历史舞台，比如宋、齐、梁、陈的开国皇帝都是寒门出身，这样的年代，门阀士族虽然还保持着江湖地位，可对政治的影响力已经越来越小。

北朝的统治者是军事贵族集团，崇尚暴力和丛林法则，他们虽然很欣赏擅长儒家文化的门阀士族，可是对不起，还是要打击他们。

在整个北朝，九品中正制几乎是形同虚设。然而，制度上的取缔，并没有改变门阀士族的江湖地位。

历史，走到了大隋王朝。

杨坚是个资深政客，深知门阀士族的政治影响力。他思来想去，决定一边利用，一边打压，让门阀士族慢慢退出政治舞台。

隋开皇三年（583），杨坚公开喊话，九品中正制不是个好玩意儿，尤其是中正官，你们办事儿不客观，坚决予以取缔，以后由中央政府的吏部负责考核和提拔官员。

吏部尚书的背后，自然就是杨坚本人。

取消九品中正制，意味着寒门难入仕的时代正式解冻。

隋开皇十八年（598），杨坚宣布开科取士，让州刺史每年向朝廷推举三个读书人，一起参加朝廷的考试，如果考试过关，由吏部授予官职。不过，杨坚为了照顾门阀士族的敌对情绪，只开了“志行修谨”（有德）和“清平干济”（有才）两科，充其量只是科举制度的雏形。

许多人都说，杨坚废除九品中正制，开创了科举制度，功莫大焉。

客观地说，从北朝开始，统治者就已经向九品中正制开刀，因为他们是暴力统治者，不需要熟读儒家经典的门阀，杨坚做的，只不过是在合适的时间，宣布了合适的决定，并没有什么伟大之处。

相比北朝，南朝的门阀世族更加树大根深，枝繁叶茂，因此陈朝灭国之后，这帮人不服大隋王朝的管教，以至于杨坚和杨广父子深受其害。

昏君陈叔宝：丢掉尊严也不舍美女

隋开皇元年（581），杨坚登基称帝，大隋立国。

隋开皇八年（588），杨坚发布诏书，对陈宣战。

隋开皇九年（589），陈叔宝被俘虏，南陈灭国。

历史很有趣，杨坚为何在七年之后才下达对南陈的灭国令呢?

大国外交，说来话长。

事实上，杨坚做皇帝之后，第一个要灭的就是南陈政权。

隋开皇二年（582），隋军已经开赴两国边境，双方找机会干了一仗，可就在此时，陈宣帝陈顼（xū）驾崩了。据史料记载，此人颇有见识，为政期间，南陈的政治环境还算清明，老百姓的生存环境也还不错。

按照隋朝皇室的说法，杨坚很重情义，本着“兵不伐丧”的外交礼仪，下达了撤军的命令。当然，真实的情况是南陈的国力和兵力并不差，杨坚第一次出击并没有占到实质性的便宜。再者说，陈宣帝是位好皇帝，在他的葬礼期间上门挑衅，恐怕会犯了南陈百姓的众怒，即便杨坚能打赢，也不好收买人心啊。

罢了，回家休息，派人给南陈送一份悼词，再等机会吧。

新皇帝叫陈叔宝，史称陈后主，此人是个知识分子，不喜欢动刀兵，没事的时候喜欢一头扎进后宫，至于和杨坚闹矛盾，是完全不存在的事儿。

杨坚恨得牙痒痒，老子就是想干你，可就是找不到由头啊。

就在杨坚郁闷之时，突厥人找上门来，说是要干架。理由很简单：突厥可汗的老婆是千金公主，千金公主的老爸是北周的赵王宇文招，宇文招又是杨坚亲手弄死的，北周政权也是杨坚给夺走的。

为父报仇，为国复仇，为利益开战，突厥便和隋朝打在了一起。接下来的几年，杨坚的心思都在北边，和突厥和好之后，杨坚便又打起了南陈的主意。

利好消息有两个：

陈叔宝荒淫无道，江南百姓怨声载道，盼望明君降临，拯救苍生。

西梁政权和南陈暗中勾勾搭搭，貌似在干些说不清的坏事儿。

隋开皇七年（587），杨坚找到了西梁后主萧琮，希望他取消国号，归附大隋。

西梁政权，都城在湖北江陵县（今湖北省荆州市江陵县），统治者姓萧，是南梁皇室的后裔，萧氏家族被灭之后，后裔跑到江陵划了块地方，一直在夹缝中求生存。

萧琮：没问题，我这就收拾收拾，带着大臣前往长安。

萧琮很乐意，毕竟去了之后还可以继续享受荣华富贵，可西梁的宗室不乐意了，比如萧岩、萧瓛（huán），他们带了一部分百姓，直接投奔到南陈的羽翼之下。杨坚正愁找不到由头呢，西梁宗室的背叛，正好给了他出兵的借口。

杨坚就找来杨素，说你们赶紧研究一下，拿个灭陈的方案，有些工作还得提前做好。

一时间，隋朝的君臣集思广益，处处给南陈政权惹麻烦。

比如，北方的天气寒冷，地里的庄稼收割较晚，因此轮到南方收割的时候，隋军便时常去骚扰。南陈的百姓要想对付隋军，就得放下手中的农具，可当他们集结完毕的时候，隋军已经悄然远去。这样一来，庄稼几乎全都烂在了地里。

再比如，南方的房屋都是用茅草搭建的，储存粮食的仓库也都是在地上，非常容易着火。因此，杨坚特地招募了一批偷鸡摸狗之辈，让他们乔装打扮，暗中潜入南陈，每当月黑风高的时候，就燃起一场大火。

历史证明，大国外交，不仅有冠冕堂皇的说辞，还有下三烂的手段。

隋开皇八年（588）三月初九，杨坚下达了一份诏书，公然列举了陈叔宝的二十条罪状，先是给南陈官方送了一份，随后又抄写了三十万份诏书，分发到整个江南地区，将“替天行道，铲除恶贼”的舆论声势给造了起来。

据史料记载，杨坚为了打赢这场战役，战前的准备工作就花了半年时间。从地图上来看，陈朝和隋朝接壤，从湖北省开始，长江南岸为陈朝的地盘，北岸为隋朝的地盘，杨坚想要灭陈，必须要在整个长江沿线做好进攻准备。

杨坚已经安排好了，大军分成二路：

上游统帅：杨素。

上游驻军地点：永安（今重庆市奉节县）。

主要任务：督造战船，时间一到，顺流而下，遇神杀神，遇佛杀佛。

一号战船名叫“五牙”，船上一共有五层楼，高达一百余尺（三十多米高），杨素在战船的前、后、左、右设置了六根拍竿（可以用来拍打敌军的小船只，水战时的暴力武器），拍竿高五十尺，整个战船可容纳八百余人。

二号战船名叫“黄龙”，可容纳一百余人。

其余的船称为“平乘”“舴艋”，大小不一，能容纳几十个人。

中游统帅：杨坚的第三子，秦王杨俊。

中游驻军地点：襄阳（今湖北省襄阳市）。

主要任务：沿沔水而下，从武汉进入长江，顺流而下，与驻屯在湖北蕲春县的王世积大军会合。

下游统帅：杨坚的第二子，晋王杨广。

驻军地点：六合县（今江苏省南京市六合区）。

主要任务：指挥左、右两翼进攻建康（今江苏省南京市）。

左翼统帅：贺若弼。

驻军地点：广陵（今江苏省扬州市广陵区）。

主要任务：进攻京口（今江苏省镇江市，建康的北大门）。

右翼统帅：韩擒虎。

驻军地点：和州（今安徽省马鞍山市和县，建康的西南门户）。

主要任务：进攻安徽马鞍山市当涂县。

不得不说，杨坚做出这样的安排，确实经过了深思熟虑。长江的防线太长，隋军必须分段出击，三路大军有各自的进攻任务。对上游和中游来说，能够牵制住当地的守军，不让他们支援建康便是大功一件。如果下游的进攻获得胜利，上游和中游便可以收拾各地的残兵剩勇，彻底瓦解南陈的统治。

因此，重头戏还是在下游。

隋开皇八年（588）十月二十八日，杨坚下达了帝国最高指令：灭陈，完成统一。

上游、中游虽然遇到了小挫折，可进展还是很顺利，至少牵制住了敌军。至于下游，完全是不可阻挡的气势。

先看看贺若弼。战役开始之前，贺若弼就已经动了起来。

比如，他私下买了一批战船藏匿在江湾里，又弄了一批残败不堪的破船，放在最显眼的地方，故意让敌军产生错觉：隋军连船都没有，进攻还早着呢。

再比如，经常把军队拉出去操练，做出要进攻的架势，每当这时候，陈军都会集结大军，严阵以待，当他们神经紧绷的时候，贺若弼就解散了隋军。

再比如，贺若弼经常让将士们在江边射猎，搞得人马喧嚣，热火朝天，时间一久，陈军也开始见怪不怪，懒得搭理。

再看南陈皇帝陈叔宝，敌军已经动了起来，应该有所警惕，准备排兵布阵了吧？

很遗憾，完全没有。史料记载，隋军搞"军演"的时候，陈朝高层的脑子像是被雷劈过一样，总觉得隋军会意气风发而来，惨败而归。

比如陈叔宝就信心满满地咆哮道：你们都别怕，帝王的气数就在咱们建康城（今河南省许昌市康城村附近）。自从立国以来，北齐军队来了三次吧，北周军队也来了两次吧，可哪一次不是惨败而归？如今隋军来了，又能把朕怎么样？

皇帝当众吹牛皮，总得有人附和一下，帮他给圆过去吧。

刑部尚书孔范一马当先：陛下！自古以来，长江就是天险啊，专为隔绝南方和北方而生，难道隋军可以飞渡不成？边将为了建立功勋，都喜欢谎报军情，危言耸听，当不得真！臣常常觉得自己官卑职微，如果隋军能越过长江，臣就可以建功立业，荣升太尉了。

君臣相视一笑，气氛活跃异常。来来来，继续奏乐，都把酒满上，舞女们，别停下，继续摇摆起来啊。呜呼哀哉，连刑部尚书都敢吹牛皮，可见南陈朝廷已经昏聩到了何种程度。然而，话可以随便乱说，脸，还是必须得打的。

隋开皇九年（589）正月初一，长江之上雾气迷漫，能见度极差，贺若弼命令将士们上船，随后偷渡到长江对岸。与此同时，韩擒虎也顺利拿下采石矶，逼近建康城。

陈叔宝去哪儿了？

陈朝此时正在举办元旦朝会，忽然飘来一阵大雾，陈朝君臣深吸一口，感觉到又酸又辣，有趣的是，大臣们都没事儿，可陈叔宝却昏睡了过去。

看起来，古时候虽然没有汽车和化工业，雾霾也是存在的，而且杀伤力不比当今的雾霾小。这样的丑闻，连后世的史臣都觉得可笑，事实的真相可能是，陈后主饮酒过多，昏睡了过去。

隋开皇九年（589）正月初二，南陈的边防军报被紧急送往皇宫。

隋开皇九年（589）正月初三，陈叔宝才召开高层会议，商讨防御对策。

陈叔宝：来来来，大家都说说，这仗该怎么打啊？

群臣：陛下，您还是自己定夺吧，古话说得好，乾纲独断啊。

按照常人的思维，危急时刻，如果决策完毕，应该立马实施防守方案吧？有趣的是，陈叔宝觉得自己是南陈的帝王，得继续端着。

隋开皇九年（589）正月初四，陈叔宝公开发布了诏书：隋军实在是太嚣张了，竟然敢随意侵犯咱们的都城，这就像是有毒的蜂虿，应该立即被清除。朕决定了，御驾亲征，消灭敌军，廓清天下。

陈叔宝把杨坚的五十一万大军视为蜜蜂的毒刺，可以轻易被拔除，这是何等的嚣张啊。

由骠骑将军萧摩诃、护军将军樊毅、中领军鲁广达担任都督。

由大司空司马消难、湘州刺史施文庆担任大监军。

来吧，和他们大战一场。

遗憾的是，陈军还没有出发，前线就传来了噩耗。

隋开皇九年（589）正月初六，贺若弼与陈军交战，顺利地拿下了京口。

贺若弼擒获了六千名陈军将士，考虑到人心可用，于是给他们来了一次感人肺腑的演讲：将士们，你们都是苦孩子，本帅都懂的。本帅不打算杀你们，这样吧，每人领一小袋粮食，带回家孝敬父母，大家结个善缘。对了，本帅这里有一批传单（杨坚印了三十万份的招降诏书），拿回家给老乡看看吧！

这还不算啥，隋军获胜之后，有一批将士便在京口城买醉庆祝，贺若弼二话不说，直接将他们的人头砍下，昭示南陈百姓，以示隋军的公平公正。贺若弼双管齐下，很快就搞定了建康城的北部防线。

隋军一顿操作猛如虎，陈军呢？

鲁广达，前线高阶指挥官，正要和隋军开干的时候，他的两个儿子送来了家书：老爹，我们已经投降了，您有何打算啊？瞧瞧，这仗还怎么打？

不仅如此，陈军内部派系林立，争权夺利，矛盾重重。

施文庆是陈叔宝的亲信，和各位将领非常不合，他担心这帮人立了战功，回过头来找自己算账，于是向陈叔宝进言：咱出去打是打不过啊，只有防守到底。再者说，前线将士的忠诚度都有问题，您就不怕他们反戈一击？

陈叔宝是个文艺青年，对军事一窍不通，施文庆说啥，他就听啥。贺若弼拿下京口之后，前线将士就屡次请旨进攻，可陈叔宝却死活不答应。

战机，就在陈叔宝的猜忌中慢慢消逝。

中旬的时候，隋军便荡平防线，完成了对建康城的包围。破城一事，不存在任何技术难题，只需要选个黄道吉日即可。破城的当天，陈叔宝和部下们商议对策，究竟是站着降，还是跪着降。

陈叔宝：爱卿们朕先逃了啊，你们请自便。

宰相袁宪严肃地说道：陛下，您是君王，隋军必定会以礼相待。您只需要穿好龙袍，端坐正殿，仿照当年梁武帝受降的旧例就行。

陈叔宝：开什么玩笑，兵戈之下，怎么能拿生命做赌注？陈叔宝说罢便带着嫔妃们逃出宫殿，打算躲到景阳殿后面的深井之中。可怜的朝臣，苦苦哀求，甚至用身体阻挡，还是没能挡住疯狂的陈叔宝。

这昏君，实在是有伤帝王的尊严啊。没过多久，隋军便赶到了景阳殿。

历史上最有趣的一幕出现了：枯井之旁，站满了隋朝的臣子、太监和宫女，枯井之中，蹲着一男二女，大家仿佛是陌生人，装作什么事儿也没发生过。

隋军将士看了看，立马就明白了。

“喂！井里的人，赶紧束手就擒吧。”

没人答应。

“别再装了，哥几个都知道你在里面！”

还是没人答应。

嘿！再不吱声儿，老子就往里面丢大石头了啊。

“别别别！给朕递一根绳索，朕这就上来！”

绳索是丢下去了，可隋军将士总觉得不对劲。这皇帝老子吃的啥山珍海味，不至于这么重啊！等到收完绳索，发现除了陈叔宝外，还有张贵妃和孔贵嫔两位美女。

地方豪强：只要骨头硬，皇帝奈我何？

灭陈之战，隋军只用了四个月时间，效率之高，堪称中国战争史上的奇迹。杨坚打赢了战争，接手的究竟是一个什么样的国度？

那得看陈朝都有什么样的阶层。

最高等级：皇族陈氏。

陈朝的开国皇帝陈霸先是一个村长，以打鱼为生，没事儿的时候练练武术，后来做了南梁宗室的武术指导，这才有了出头之日。不管陈霸先是什么身份，做了皇帝，陈氏自然就是最高阶层。值得一提的是，陈霸先和门阀士族是天生的敌对关系，只不过碍于皇帝的身份，对门阀士族一边拉拢，一边压制。

次高等级：地方豪强，这是一股新兴的政治势力。

什么叫豪强？通俗一点，有钱的人叫豪，有武装能力的叫强，组合起来叫豪强。再通俗一点，地方豪强，就是盘踞在某个区域的地头蛇。

这帮人有几个共同的特点：

出身背景都不太好，要么是地主阶层，要么是有能耐的村长、捕鱼者或者打猎者。这帮人在地方上很有名望，大家都愿意归附他们，接受他们的暴力保护。他们尤其擅长原始资本积累，手中囤积了大批土地，雇佣小老百姓为他们耕种。

不仅如此，他们有一块固定的地盘，地界之内，他们就是掌握生杀大权的土皇帝，游戏规则的最高制定者。至于朝廷，根本就管不着他们。地方豪强甚至可以隐藏百姓的户口，避免百姓为朝廷缴纳赋税。觉悟高一点的豪强，多半会选择入朝为官，觉悟一般的豪强则喜欢埋头赚钱，过着优哉游哉的幸福日子，不过问军国大事，也不喜欢朝廷妨碍他们的自由生活，大家其乐融融。

再次高等级：门阀士族。

南梁末期，一位叫侯景的将领因为不满南梁政权的统治，引爆了一场席卷整个江南的超级战争，而且中途还打赢了。就在侯景耀武扬威的这段时间，他疯狂地举起屠刀，弄死了大批门阀士族，史称“侯景之乱”。侯景之乱以后，南方的门阀士族元气大伤，只能选择苟延残喘。

还有一些其他的阶层，比如为豪强和门阀士族服务的佃农、奴婢，为自己打工的小老百姓，独立创业的游侠英雄，僧人、尼姑等等。

想想看，就这样的社会阶层，陈叔宝可以依仗谁？

在陈叔宝的带领下，皇室成员基本上就是一群不干活的饭桶。

门阀士族？客观地说，门阀士族最大的特点就是清谈国政，遗憾的是，这帮人清高傲娇的基因从祖宗开始就慢慢蜕化了。更何况在那个年代，老陈家根本不需要清谈误国之人，他自己就是误国之君啊。

玩笑归玩笑，还是说正经的。就拿宰相袁宪来说，可谓根正苗红的门阀代表，可面对陈叔宝跳井的愚蠢行为，说出的话竟然毫无作用，以至于闹出了这么大的历史笑话，可见他在朝中的政治地位有多么低下。因此，靠门阀士族去抵抗隋军的入侵，完全就是扯淡。

要不地方豪强辛苦一下，顶一顶？

凭什么啊？人家是地方豪强，不是中央豪强。

地方豪强的原则是，敌人来了，如果没看到咱们，那咱们就先躲一躲。敌人来了，如果看到了咱们，那咱们就先退一退。总之，四个字原则：就是不打。

剩下的人全都是陈叔宝提拔的亲信，比如寒门的读书人、军中官员。遗憾的是，他们的运筹帷幄能力，他们的战斗力，加上南陈的天险，只让这场战役坚持了四个月的时间，当然，这已经算是极限操作了，实在不能奢求太多。

杨坚平定南陈后，对他们实施了不同的处理策略。对待皇族，以抚慰为主，处罚为辅，保证他们翻不起浪来。对待门阀士族，能用则用，不能用则不搭理。对待小老百姓，以减免税赋，收买人心为主。

杨坚最头疼的其实是地方豪强势力，这帮人不服朝廷教化，不明礼仪制度，喜欢搞地方经济，控制着南陈的户籍和赋税。说白了，地方豪强掌控的是地方割据王国。对待他们，朝廷必须得整顿一番。

第一治：人手一本《五教》，不分男女老幼，天天研读，日日感悟。

《五教》是一本洗脑神书，作者是隋朝的尚书右仆射苏威，主要内容就是宣传父义、母慈、兄友、弟恭、子孝五种社会伦理道德。事实上，这本书的内容没问题，苏威的出发点也没有问题，问题在于读者群不对。

想想看，地方豪强就像是自由飞翔的小鸟，突然被苏威的文化宝典束缚住了翅膀，泯灭了“鸟性”，这让他们怎么接受？更何况，某些豪强根本就不识字，听人说《五教》就是一本败坏灵魂的邪书，以讹传讹之下，如何能不反抗？

第二治：南陈灭国，大家都是隋朝人，法律制度应该公平对待。

这玩笑开得就有点儿大了。对地方豪强来说，去年之前，这旮旯我说了算，张家偷盗，李家打人，我就是级别最高的裁判员。如今按照你的法律执行，那我还有何威严，有何权力啊？没有了权力，活着还有何滋味，直接反了吧。

第三治：听说政策下达之后，南方豪强的反应很强烈，于是杨坚决定，做好强制执行的工作，逼迫一部分豪强进入关中生活。

杨坚说的并非空话，隋军灭陈之后，为了断绝遗臣旧民的念想，直接将南陈的皇宫，以及建康城连根拔起，彻底摧毁了这座古都。事后，隋朝的南方中心变成扬州，建康则变成一座荒无人烟的废墟，就连隋末的农民起义军路过这里也都选择绕道而行。可想而知，强制拆迁带来了多么大的反抗。

事实上，杨坚最担心的南方暴乱最终还是来了。

隋开皇十年（590）十一月，婺州人汪文进、越州人高智慧、苏州人沈玄懀（wèi）起兵造反，他们自称天子，设置百官，搞起了小朝廷。随后，乐安人蔡道人、蒋山人李凌、饶州人吴世华、温州人沈孝彻、泉州人王国庆、杭州人杨宝英相继起兵造反。

这些人都是地方豪强，他们刚刚造反，身边就聚拢了上万人，声势浩大，几乎席卷了整个江南。据史料记载，他们专门攻打县级政府，抓到了县令之后，开膛剖腹，扯出他们的肠子，肢解他们的尸体，口中还振振有词：让你们魂飞魄散，看你们还能不能逼我们读《五教》。

这便是发生在隋初的地方武装起义，与昏君无关，与暴政无关。

面对南方地方豪强的造反，杨坚态度非常坚决：用武力镇压。当时，重臣杨素领兵南下，用铁血暴力荡平了整个江南地区，范围直接波及福建沿海。

请大家记住，二十多年之后，隋炀帝发动了高句丽战争，朝廷的轮输转运虽然涉及南方，可并未伤到根本，甚至都未曾波及浙江地界，可就是同一帮人，依然打着造反的旗号，随意立国称帝。这，便是历史的遗留问题。

隋朝人口骤增的原因，可不是举国扎堆生娃！

最后，咱们聊一聊杨坚在位时期的人口和经济改革。

隋朝初年，杨坚沿袭了北朝的旧制，搞了两套地方管理组织。

长安城和长安管辖的区域设置了保、闾、族三套班子，一把手分别是保长、闾正和族长，大致的编制是五家为一保，二十五家为一闾，一百家为一族。

长安之外，设置了里、党两套班子，一把手分别是里正和党长，大致的编制是二十五家为一里，一百家为一党。

从管辖范围来看，闾正、里正很像现代城市里的居委会大妈，或者村里的生产大队长，至于族长和党长，很像现代城市里的街道办主任，或者村主任。杨坚说了，不管是保长，还是里长或族长，都是神圣的角色定位，都肩负着中央朝廷赋予的重任，不可以掉以轻心。

比如，你们需要协助朝廷统计百姓的户籍信息，包括户主信息，家庭人口数量，成员的年龄，以及是不是缺胳膊少腿，是不是有神经病，所有的信息必须登记在册。官府自然不会关心百姓的健康，他们就是想知道，你是否属于纳税群体，是否能在战争时期上阵杀敌。

再比如，张家的小儿子马上就要成年，明年也得让他纳税。还有，朝廷搞建筑工程，每家每户也得出劳动力，这些都由里正等人出面搞定。

再比如，如果民间有什么纠纷，比如张家儿子偷看李家闺女洗澡，王家小子偷了刘家一只鸡，由里长等人出面摆平，能不麻烦官老爷的，尽量别麻烦。

在古代，户籍是朝廷一等一的大事，朝廷的税收，战争的兵源都得靠它去调度。

因此，杨坚做了皇帝之后，最关心的就是全国的人口基数，这也是他不遗余力地建设基层组织的根本原因。

隋开皇元年（581），杨坚从北周朝廷接管了最新的户籍账册，登记在册的北周户口大约有四百六十万左右，人口数量约为两千九百万左右（其中北齐就贡献了两千万人口）。杨坚表示，这并不是准确的数字，尤其是北周原有的户籍，水分很大。

比如，豪门贵族只有一个户口，可他们的户口下面却挂着数十乃至上百个家庭，这些人都算豪门贵族的门客，不用向朝廷缴纳税赋。杨坚说了，贵族不纳税也就罢了，可是得释放这一部分人口，以后要归朝廷管辖。

比如，普通的农业家庭中，成年男丁结婚之后，一般都没有正式分家，亲兄弟，堂兄弟都居住在同一个屋檐下。从社会伦理来看，大家确实很和睦，可是对朝廷来说，少了户口，就意味着少了赋税啊。

隋开皇五年（585），隋文帝下令，在全国范围内实施“大索貌阅”。所谓的“大索”，就是清点户口，登记百姓的姓名、出生年月和基本情况。所谓的“貌阅”，就是将百姓与户籍上描述的外貌一一核对。说白了，就是如今的全国人口大普查。

具体的搞法：由州、县政府牵头，里正、保长等基层领导拿着朝廷的户籍档案，一家家调研访谈，摸清楚家庭的人口数量、男女数量、年龄、身体状况（残疾状况），没记录在册的人口，官府需要重新录入，已经死亡的人口，官府帮你移除户籍信息。

是不是担心里长、乡正和有钱人家互相勾结，搞权钱交易？

不用担心，所有人都可以监督举报。比如，张三家的人口全部统计在册，朝廷要钱要人，他必须足额满足。然而，隔壁的李四却偷偷向里长、乡正行贿，瞒报人口信息，妄图逃税漏税。这个时候，张三完全可以向官府举报，如果情况属实，先流放里正再说。

那挂靠户口怎么办？三十家、五十家一户是常有的事儿啊。

杨坚表态了，凡是家中成年的兄弟，必须分居过日子，别凑在一个屋檐下，家里不是还有一批堂兄弟、表兄弟嘛，全部轰出去，绝对不允许你们挂靠户籍。

仅此两招，朝廷就增加了一百六十四万人口，其中，成年男丁有四十四万。

除此之外，杨坚还采纳了高颎（jiǒng）的建议，在全国实行“输籍之法”。说得简单点儿，就是由中央朝廷制定当年的户籍标准，比如家里几口人，几个男丁，拥有多少财产算是上等户，全部量化处理。每年的正月初五，地方官员都会拿着朝廷的制表，挨家挨户地去核对情况，确定当年需要征收的税赋。

这样一来，基层领导和村里的富户合伙偷吃朝廷钱粮的难度会大大增加，再加上村里的贫困户从旁监督，基本上没有灰色的操作空间。

除了纳税，隋朝的农民，需要承担租、调和力役三种义务。

租：一对成年夫妇（算一户），每年向国家交三石粟。

调：就是经济作物的加工品，比如每户家庭向朝廷缴纳四丈绢（丝织物），三两棉，六丈布，三斤麻（草本植物的皮制物）。

力役：成年男子每年要服役三十天（后来改成二十天）。

和北周王朝相比，杨坚的征税标准并没有降低多少，可是和地方豪强相比，尤其是在劳动力的奴役方面，减轻的不是一丁半点儿。还是那句话，老百姓都是朴实的，人活一世，谁不愿意为自己操劳？既然朝廷出了好政策，他们也就不用在贵族的门下打工，因而投向了朝廷的怀抱。

从政治利益来看，杨坚此举确实打击到了豪门贵族的生存空间，对隋朝中央集权的步伐起到很大的推动作用。这一番组合拳下来，人口又增加不少。咱们可以具体算一算。

隋开皇元年（581），全国有四百六十万户，两千九百万人。

从隋开皇元年（581）到隋开皇九年（589），杨坚至少用了三种办法：

第一，利用分土地的惠农政策，将流失的人口重新归属到户籍。

第二，让堂兄弟、表兄弟分家，将原有的家庭户籍拆分。

第三，将佃户、部曲从豪门贵族分离出来，自成一户。

额外增加的人口大约是一百六十四万，至于户籍数量，无法准确估计。

隋开皇九年（589），隋朝灭陈，又得了六十万户，二百四十万人左右。这样算下来，到隋开皇九年（589）左右，隋朝拥有六百五十万户，三千三百五十万人。户籍数量几乎增加了一百三十万，至于人口，几乎稳定不变。灭陈之后，杨坚继续逼迫地方豪强交出户口，同时将零散的人口归属到户籍。最重要的是，接下来的十年天下太平，老百姓埋头种地，闷声发大财，向着小康社会飞奔而去。

隋开皇十八年（598），隋朝拥有八百七十万户，四千五百万人。

隋大业五年（609），隋朝拥有八百九十万户，四千七百万人。

隋炀帝登基之后，对劳动力的耗损极大，人口和户数虽然在增长，可并不是太明显，这还是比较符合历史逻辑的。

不得不说，大隋王朝确实很富有，富有到超出人们的想象，也超出了朝廷的现有仓储能力。据史料记载，二十年时间里，杨坚杨广父子在长安和洛阳附近至少建了七个超级粮仓。

黎阳仓：建于隋开皇三年（583）。

广通仓：建于隋开皇三年（583），大业初改名为永丰仓。

河阳仓：建于隋开皇三年（583）。

回洛仓：建于大业初年。

含嘉仓：建于隋大业元年（605）。

兴洛仓：建于隋大业二年（606）。

常平仓：建设时间不详。

这些国家粮库的规模相当巨大，比如含嘉仓，面积达四十五万平方米，有二百五十九个储粮地窖，可以囤积上百万石粮食。比如回洛仓，东西长一千米，南北宽三百五十五米，面积相当于五十个标准足球场。

这些国家级粮仓基本分布在黄河沿岸，尤其靠近洛阳城。

原因也很简单：从洛阳到长安，道路非常崎岖，如果要把粮食运到长安，路上耗损的人力和财力很大。不仅如此，朝廷如果要打仗，还得把粮食从长安再运出来，可如果将粮食存储的洛阳和黄河沿岸，就可以就近调拨。

恰好是这段时间，隋朝加强了对北方和南方的统治，包括隋炀帝迁都洛阳，也和帝国的粮仓战略息息相关。客观地说，隋朝的统治者还是颇有远见的。

隋文帝的改革就先写到这里，接下来重点介绍第一家族的精彩故事。

大隋王爷走马上任：艰辛生活开始了

老规矩，先看看隋朝第一家族的核心成员：

男主人：隋文帝杨坚（541—604）。

女主人：皇后独孤伽罗（544—602）。

老大：皇太子杨勇（？—604）。

老二：晋王杨广（569—618）。

老三：秦王杨俊（571—600）。

老四：蜀王杨秀（573—618）。

老五：汉王杨谅（575—605）。

据史料记载，杨坚一共有五位女人，另外四个都是没入后宫的罪臣之女，独孤皇后在世的时候，她们基本上没有得到宠幸。这帮可怜的女人，一直熬到独孤皇后去世，才敢找杨坚要一个名分。

事实上，杨坚并不是惧内，他和独孤伽罗有深厚的夫妻感情。北周天和三年（568），老爹杨忠去世，杨坚几乎遭到毁灭性的打击，多亏独孤伽罗抛头露面，四处活动，又给予他心灵上的慰藉，这才有了杨家的日后。

隋开皇元年（581）二月，40岁的杨坚登基称帝，建立一代霸业。而独孤伽罗已经是37岁的女人了。按照当时女人的青春法则，一旦到了这个年龄，基本上可以打上“人老珠黄”的标签，姿色稍微好点儿的，可以多一个“风韵犹存”的标签。

令人欣慰的是，杨坚并没有嫌弃独孤伽罗，登基之后的第三天，杨坚就封独孤伽罗做了大隋的正牌皇后，兑现了当初在花前月下许下的美好诺言。

就在当月，几个皇子也换了一个身份：长子杨勇为皇太子，杨广为晋王（12 岁），杨俊为秦王（10 岁），杨秀为越王（8 岁），杨谅为汉王（6 岁）。

我们被很多古装电视剧误导，总觉得被封为王爵的人肯定是住在京城，有一套非常豪华的府邸，天天丫鬟小厮陪伴，闲着没事就去郊外打猎，晚上去青楼喝花酒，或者上街调戏良家妇女。王爷嘛，不就是这种养尊处优，混吃等死的生活方式？

但是，在隋朝并不是这样。

杨勇既是嫡长子，又是皇太子，自然要在长安城侍奉双亲，协助老爹处理一些简单的政务，跟着朝中的大臣学习帝王礼仪，为日后登基做准备。

至于其他孩子，杨坚有自己的安排。首先，杨坚骨子里就对臣子不信任，家天下的帝王价值观深入骨髓。其次，他坚信几个孩子都是亲兄弟，就算掌权，也不会发生冲突。最重要的是，战乱还未平定，天下还未统一，他想培养皇子们的单兵作战能力，以便帮他消灭残余的政治对手，尤其是老二杨广，年龄比其他兄弟都要大，自然是杨坚重点培养的对象。

隋开皇元年（581），杨坚封杨广做了晋王，同年，加封他为并州（今山西省太原市）总管、柱国（正二品勋官）。隋开皇二年（582），13 岁的杨广被加封为上柱国（正一品勋官）、河北道行台尚书令。

所谓的“台”，指的是中央政府的尚书省，行台嘛，就是指移动的尚书省。说白了，行台是尚书省在外地设立的行政机构，编制和中央政府是一样的，拥有尚书左、右仆射等官员，主管地方的事务。杨广的上柱国虽然是正一品的虚职，但河北道行台尚书令却是正二品的实职，含金量很高。

按照隋朝的规制，杨广必须到山西太原就职。

杨广：老爸，我的年纪还小，要不派几个大臣去太原吧。

杨坚：臭小子，想得美，大臣要去，你也得去，这个条件没得谈。

就这样，13 岁的杨广离开父母，奔赴太原，开始了自己的生活。同时，杨广的其他兄弟也有了自己的归宿。

皇帝老爸下了命令：老三杨俊，从今天开始，你就是河南道行台尚书令，带着你的人马，前往洛州（今河南省洛阳市）就职，不可耽误。

老四杨秀，从今天开始，你就是西南道行台尚书令，带着你的人马，前往益州（今四川省成都市）就职，必须马不停蹄。

杨谅，你还是个宝宝，就留在长安城陪伴爹妈吧。

这些，就是隋朝王爷们的职业开端。据史料记载，杨广等人平日里在外地生活，公务交给手下的大臣处理，每到过年过节，或者父皇召唤的时候，他们才有机会回长安城探亲。史书里面记载，隋开皇五年（585）十一月，晋王广来朝；隋开皇六年（586）八月，晋王广、秦王俊并来朝；隋开皇十九年（599）二月，晋王广来朝。

也就是说，杨广等人不受皇帝召唤，是不可能轻易回长安城的。

在太原做官的时候，杨广的首要任务就是紧盯北方的突厥政权，他虽然还是个小屁孩儿，可突厥人贪婪、反复无常的性格还是给了他很大的触动。

隋开皇八年（588）十月，杨坚在寿春设立了淮南道行台，由杨广担任行台尚书令。十月二十八日，杨坚在做好了一切准备工作之后，决定发起灭陈的战争。

杨广，就由你担任灭陈战争的最高元帅吧。对了，老爹给你安排了两位副手，尚书左仆射高颎担任元帅府长史，尚书右仆射王韶担任元帅府司马，他们负责给你出主意，你负责执行就可以。战役的过程很简单，前面已经说过。

客观地说，要说战役的参与感，杨广是有的，至于战役的功劳，杨广确实受之有愧。然而，游戏规则摆在这里，杨广既然是灭陈的最高统帅，不管大家是否认可，都要在他的履历上狠狠地记上一笔。在灭陈的战役中，杨广除了在女色问题上犯了点错，整体表现还算可以。

陈叔宝有个叫张丽华的宠妃，长得国色天香，妩媚动人，更兼聪颖灵动，口才极佳，是典型的知性女子，容易让男人深度着迷。唯一的缺憾就是，年龄太大了，灭陈的这一年，张丽华年满 30 岁。

当时，隋朝官军率先入宫，将陈叔宝和张丽华一同擒获，等待上官的处理。没过多久，元帅府长史高颎入城，准备先肃清残敌，再迎接杨广入城。

杨广也不知从哪里听到的消息，听说张丽华是个绝世美人，因此想要将她收编到自己的王府，上演一段风流韵事。

杨广：高德弘何在？赶紧去找你老爹，就说其他人都可杀，要留下张丽华。

杨广和张丽华素未谋面，点名要留下她，高颎岂能不知？

高颎怒吼道：陈叔宝为什么混账不堪？还不是因为有个张丽华。此女就像是周幽王的宠妃褒姒，堪称误国误君的红颜祸水啊，老子必斩之。

说罢，高颎便命人砍了张丽华。高德弘很无奈，只能据实回报。谁料想，杨广听闻之后，当即放出豪言：老子以后必定会找高颎报仇。

男子汉嘛，冲冠一怒为红颜，咱们完全可以理解。事后，杨广还算是拿出了主帅的风度，没有再找高颎的麻烦，并趁势平定了江南的乱局，大肆封赏有功将领，随后将陈叔宝和他的后宫嫔妃带回长安，给此事画上了圆满的句号。

杨广的表现可圈可点，杨坚自然欢欣鼓舞，因此加封他为太尉，并赐给他辂车、乘马、衮冕、玄圭、白璧这些超越规制的赏赐。不过，赏赐归赏赐，杨广享受了这些超规格待遇之后，还是被老爹赶回了自己的主场并州。

隋开皇十年（590）十一月，高智慧、汪文进、沈玄懀起兵造反，自立为帝，随后又有一批人扯旗造反，攻打隋朝的官府，诛杀县令，把江南闹得乌烟瘴气。杨坚当即传下旨意，封晋王杨广为扬州总管，命他镇守江都城，封越国公杨素为行军总管，让他们二人共同前往江南平叛。

杨素，弘农华阴人。爷爷杨暄是北魏的辅国将军、谏议大夫，父亲杨敷是北周的汾州刺史。杨素虽然是官二代，身上却没有沾染权贵子弟的痞气，他从小就饱读诗书，涉猎非常广泛，还精通书法，更要命的是，杨素还是个帅哥。

宇文护执政的时候，杨素投到他的门下，深受重用。宇文邕夺回政权之后，大肆清算宇文护的党羽，杨素就在宇文邕要清洗的大名单之中。

杨素很不甘心啊，就因为这么点儿破事就被株连，满腔抱负找谁倾诉？

如果是一般人，面对这种情况可能会低头服软，二十年后又是一条好汉。可杨素却反其道而行之，不为自己开脱，直接把死去的老爹给搬了出来。

杨素：皇帝啊，俺的老爹叫杨敷，死于征伐北齐的战争，可是到目前为止，朝廷也没个说法，这可不太讲究啊，臣以为，必须追封俺的老爹。

宇文邕很无语，你就是个罪臣，凭什么跟朕讲条件，一边玩去。

谁曾想，杨素又上了一道奏折，言辞颇为激烈，大有誓不罢休的意思。

宇文邕怒了，来人，把杨素拉出去，剁了喂狗。

此时，杨素发出了人生最后的悲鸣：老子给无道昏君干活，死是应该的。

这下轮到宇文邕蒙了。现实就摆在面前，如果杀了杨素，就坐实了无道昏君的头衔。宇文邕想了想，杀不杀杨素其实都无所谓，反倒是杨素的机智让宇文邕惊叹不已，于是皇帝重新接纳了他。

接下来的几年，杨素从一介文臣转型为大将军，驰骋疆场，挥斥方遒，一发不可收。杨坚掌权之后，杨素主动投靠，这才有了后面的故事。很显然，杨素的军事素养是没问题的，这也是杨坚重用他的根本原因。

临行之前，杨坚表态了：弄死这帮刁民，朕给你记一大功。

当时，势力最强的是高智慧，他拥有上千艘战舰，在海上漂来漂去，杨素拿他毫无办法。不过，杨素选择了曲线救国的策略，他先铲除了其他外围势力，随后调集大军，开始和高智慧全面对峙。

历史证明，土鳖就是土鳖。就拿军事素养来说，杨素是科班出身，不管是军事谋略，还是排兵布阵，都可以完败高智慧。两军大大小小上百战，杨素总是胜多败少，最终逼迫高智慧不得不退守到泉州。

杨坚：杨素啊，隋军常年作战，疲惫不堪，要不回来休息一下吧。

杨素常年带兵打仗，深知斩草不除根，后患便无穷的道理，因此拒绝了杨坚的好意。几个月之后，高智慧便位列仙班，而杨素则深藏功与名。

大隋驰名“双标”：杨坚的节俭观害苦娃

杨素征战沙场的时候，杨广便居住在扬州。江南的山水养人，烟雨之中更带着几分灵气，江南的美女，更让人流连忘返。杨广自从来到了扬州，就对这个地方产生了深深的眷恋。

战役过后，杨广便留在了扬州，而且一住就是十年时间。只有逢年过节，或者父皇召见的时候，杨广才能返回长安城。即便如此，杨坚也不让他在长安城多待片刻，时间一到，立马滚回扬州。

从隋开皇元年（581）开始，一直到隋开皇二十年（600）左右，总共二十年的时间，杨广几乎都待在外地，很少有机会回长安城，更没有机会在老爹和老妈面前表现自己。至于谋害太子杨勇的阴谋论，更是无稽之谈。

某些史书将杨广刻画成城府极深，阴险狡诈，手段卑劣的形象，认定他从一开始就觊觎皇太子之位，为了上位，一步步构陷大哥，不管是时间逻辑，还是空间逻辑，其实都是站不住脚的。杨勇的倒台，另有其他的原因。

根据《资治通鉴》的记载，最早提及杨坚想要废黜杨勇的说法，是在隋开皇十九年（599）六月，当时的记录是这样的：时太子勇失爱于上，潜有废立之志，从容谓颎曰：“有神告晋王妃，言王必有天下，若之何？”颎长跪曰：“长幼有序，其可废乎！”上默然而止。独孤后知颎不可夺，阴欲去之。

这一段话，信息量可是非常大啊。

第一，隋开皇十九年（599）六月前后，老爹和老妈都对杨勇产生了严重的不满。

第二，独孤皇后不仅想扳倒杨勇，还想铲除重臣高颎。

第三，有人告密，说晋王妃做了一个梦，梦见自己的老公可能会做皇帝。

关于第三条，可信度实在不是高啊。想想看，晋王妃做梦是可能的，梦到杨广做皇帝也是可能的，问题是，杨坚还在做皇帝呢，说自己的老公会拥有天下，岂不是大逆不道？自找死路？

关于杨勇倒台的历史，其实只需要弄清楚三个问题：

杨勇到底干了什么事儿，竟然遭到父母的嫌弃？

杨广从什么时候开始对皇位有了觊觎之心？

杨勇倒台的过程中，杨广都干了些什么事儿？

按照史书上的记载，杨勇是个容貌俊美的帅哥，虽然颜值比不上潘安，可是放到现在，也算是流量小生的水准。同时，杨勇还是个好学的人，尤其擅长辞赋之道。朋友圈的人，基本上都是当时的高级知识分子，比如姚察、明克让。性格嘛，宽厚温和，为人率真，从不矫揉造作。

一句话，杨勇是集才华、颜值、好性格于一身的完美典范。

隋开皇元年（581）二月，杨勇被立为大隋皇太子，完成了身份的蜕变。

杨坚是个勤政的皇帝，自然不允许杨勇耗费光阴，无端堕落。老爹发话了，你是太子，得帮父皇分忧啊。比如，旁听帝国的高层决策会议，只要你有兴趣，完全可以参与讨论，或者独自处理一些人命大案。

有一次，杨坚带着朝臣们开会，说是山东的流民太多，想把他们都迁徙到北部边境。所谓的流民其实是无家可归的人，以及不服王化的土匪。杨坚的意思，很可能想把他们迁出去，免得他们祸害中原。

杨勇是个老好人，听说百姓要吃苦，感觉于心不忍，于是上奏道：

陛下，前朝以来，天下大乱，百姓流离失所，无家可归，这才做起了土匪的勾当。如果把他们迁徙出关，大家必定舍不得家乡啊。更何况，突厥人时常侵犯边关，边境现在也不太安宁，这帮人去了之后，会给守军造成很大的压力。儿臣相信，只要陛下给他们时间，他们一定会落地生根，做朝廷的良民。

这一番言论说得合情合理，杨坚非常欣慰，当即表示赞同。

有了老爹的鼓励，杨勇的参与感更加强烈，屡次针对朝廷政务发表言论，还都得到了杨坚的认可（是后时政不便，多所损益，上每纳之）。

准确地说，杨坚对儿子的能力和品行都挺满意，按照这种节奏发展，毫无疑问，杨勇就是大隋帝国最合适的接班人。遗憾的是，杨勇虽然有数不清的优点，却还有一条要他命的缺点：大大咧咧，做事情随心所欲，从不考虑后果，很容易撞到枪口上。说白了，杨勇就是个缺心眼儿的人。

当时，杨勇久居长安，犹如困在牢笼的小鸟，很少见到外面的世界。再看看几个老弟，经常披挂出征，而且每次都是得胜还朝，每逢此时，老爹又是封官，又是赏赐钱财，还会给予口头表扬。

钱财，他不在乎，官职，他也不在乎。可是，他很羡慕大将军威风凛凛，顾盼风流的形象啊。

有一次，杨勇突发奇想，也想过一过大将军的瘾，于是吩咐下人给他找一副大将军的专用铠甲。下人们也不傻，寻常的铠甲自然是拿不出手的，为了讨好老板，下人们翻箱倒柜，最终找出了一件蜀地制作的精美铠甲。

杨勇试了试衣服，非常满意。那种感觉很像后世的美女选中了心仪的衣服，想要在情人面前炫耀的心情。走走走，进宫，找父皇去。

父子见面，气氛自然很轻松。

杨勇先来了一顿恭维，把老爹搞得不知所措，随后眼巴巴地望着杨坚，眼神中都是“父皇，你快夸我，快夸我呀”的期盼。

杨坚这才仔细端详他的铠甲。许久之后，杨坚蹦出了一句话：“太子，自古以来，没有哪个皇帝因为奢侈而长久的，你身为大隋的太子，未来是要继承朕的江山的，应该以节俭为先啊！”

杨勇听闻之后，满脸的笑意顿时荡然无存，痴萌地望着杨坚。

杨坚是个平凡的父亲，面对儿子，大概也是觉得自己有些过分，于是找了个台阶，劝慰道：“太子啊，朕虽然做了皇帝，可还是留着过去的破烂衣服，就是为了时刻提醒自己，不能骄奢淫逸。这样吧，朕给你一把旧时佩带的刀，一盒过去吃过的腌菜，如果你还能记得过去的事，应该可以明白朕的心意。”

老爹的意思很明显，劝杨勇把这件精美的铠甲毁掉，至少在面子上保持勤俭朴实的家风，让人挑不出毛病。遗憾的是，杨勇完全没想到这一茬，接过父皇赏赐的佩刀后，径直离开了皇宫，至于铠甲之事，完全抛到了九霄云外。

杨坚左等右等，始终不见太子宫有任何动静。于是，杨坚的情绪开始波动了，堂堂的大隋太子，难道情商这么低？是老爹的话没说清楚，还是听懂了，却故意让老爹难堪？

客观地说，杨勇确实没有处理好此事。说白了，不管是真心改过，还是敷衍老爹，都得把自己的姿态给摆出来。

不过话又说回来，勤俭节约真的是杨坚的作风吗？凡是杨坚坚持的东西，杨勇都要不惜一切代价地讨好他？只能说，杨坚是个会制定双重标准的人，在杨坚的眼里，凡是自己觉得要花钱的地方，他就会肆无忌惮地花。

隋开皇十三年（593），杨坚巡游到岐州（今陕西省宝鸡市凤翔县），看上了麟游镇的青山和秀水，于是大手一挥：杨素，就在这里起一座避暑离宫吧。

接下来的两年，杨素担任项目总监，宇文恺担任总工程师，封德彝负责后勤保障，朝廷花钱无数，征调数万人修建了一座全新的宫殿：仁寿宫。

历史证明，仁寿宫没有任何政治意义，纯属杨坚的偶然作品。所谓的仁寿宫，究竟是勤俭节约，还是土豪做派？

客观地说，杨坚的节约，都体现在细微之处。比如吃饭，非得吃粗茶淡饭。比如穿衣，非得穿个地摊货，还鼓励臣子穿打过补丁的朝服。

问题是，一个国家的富强并不是靠皇帝的节俭省出来的。如果是这样，只需要推行“无为而治，埋头存钱”的国策就行了，可翻遍中国的史书，竟然没有任何一个朝代是这样做的。事实上，修造宫殿、发动战争、臣子的赏赐，以及君臣的礼仪形象，朝廷的门面，都要靠钱去摆平，而且这些钱值得去花。说白了，有些工作你没有做到位，就得靠儿子和孙子去做。

遗憾的是，杨坚为了显示自己的勤俭作风，不惜一切代价，秦王杨俊就是一个活生生的例子。

隋开皇十年（590），秦王杨俊因为征伐陈朝有功，接替杨广做了并州总管。在并州任上，杨俊花钱为自己修建了几座宫殿，配置可能有些豪华。在杨俊看来，王爷住宫殿根本就不是什么大事儿。在并州的臣子看来，银行是他家开的，确实不是什么大事儿。因此，长安方面根本就不知道杨俊在并州搞过土木工程。

不巧的是，杨俊是个标准的色胚，却没能管理好后宫的女人。据说，正妃崔氏嫉恨杨俊在外面拈花惹草，于是蓄意报复，在杨俊吃的瓜中投了毒。

皇子中毒，这可不是什么小事儿。杨坚紧急传旨，命秦王杨俊回长安休养，并处死了下毒的崔氏。谁料想，有人竟然揣摩上意，在此时将杨俊修建宫殿的事情抖了出来！事关自己的原则，杨坚必须捍卫：诏令天下，免除秦王杨俊所有的官职，从今以后，就以王爵的身份留在长安城闭门思过吧。

消息一出，举朝哗然。

大臣的态度很一致：皇上，您的处理办法有点过火了。

左武卫将军刘升谏："秦王为朝廷立下了大功，眼下只不过多花了一点钱，并没有其他的过错，剥夺官职的惩罚有些严重。"

杨坚态度很强硬："朝廷的法度不可违背！"

杨素："秦王的过错，确实不应该受到这样的惩罚，请陛下详细斟酌。"

杨坚咆哮道："朕是他们的父皇，更是天下人的君父。按照你的意思，难道还要给朕的儿子们单独制定法律不成？"

古话说得好，王子犯法，与庶民同罪。意思是，王子犯了法，和老百姓一样，都要被治罪。话又说回来，王子犯法，难道就应该罪加一等？

大臣的态度已经证明，在杨俊的处理上，杨坚确实量刑过重。

杨坚的一句话，就让杨俊在长安城待了十年之久。这期间，杨坚一直没有松口。杨俊实在是想不通啊，自己只不过修了几处豪华宫殿，过了几天奢华生活，竟然遭到老爹的斥责，还被囚禁在长安城，这算什么事儿啊？难道要和大哥一样，专心朝政，为自己赢个"三贤王"的美名？

人呢，一旦想不通就很容易得抑郁症。

隋开皇二十年（600）五月，秦王府传出消息，杨俊的病情加重，以至卧病不起。可怜的杨俊，此时才 29 岁，美好的人生才刚刚开始。临死之前，杨俊想了很多。荣华富贵都是虚空，江山社稷也是虚空，只有父子人伦才是王道。想通了这一切，杨俊主动写了一道奏折，想要重温父子之间的感情。

谁曾想，令杨俊震惊的事情发生了：事情已经过去了十年，老爹居然还没有忘记这茬儿，他非但没有关心杨俊的病情，反而将陈年旧事再次翻了出来。

当时，传旨的宦官是这样说的：朕辛苦了一生，这才换来了君临天下，朕制定典章制度去约束臣民，你身为朕的儿子，不带头去遵守，反而去破坏它，朕都不知道该如何处置你。

杨俊听完圣旨之后惊惧不已，病情日渐沉重。隋开皇二十年（600）六月二十日，秦王杨俊在长安城去世。杨坚闻讯后，干哭了几声。

文武大臣翘首以盼，等待杨坚的进一步指示。

没过多久，旨意出来了:凡是秦王用过的奢侈物品，悉数焚毁。臣僚们集体晕厥，秦王殿下，你到底是不是皇上亲生的娃啊?

当爹的不给力，臣子的工作还是得做到位啊。于是，秦王府的官员奏请给杨俊立碑。奏折刚递上去，杨坚就驳了回来：想要追求名声，一卷史书就够了，何必用碑呢？如果子孙们守不住家业，恐怕石碑都会变成别人家的镇石吧。

如果是在现代，杨坚绝对是破坏气氛的吐槽大王。

事情还没完呢，杨俊还有杨浩、杨湛两个儿子，咋处理啊?

杨浩，正妃崔氏之子。说白了，文武百官很同情杨俊的遭遇，因此愿意在不同场合帮他说话，可对杨浩就没这份心情了。总而言之，杨浩是崔氏的儿子，而崔氏是埋葬秦王殿下的罪魁祸首，对待他的后裔，实在是慷慨不起来。最重要的一点，皇上的心寒如玄铁，咱几个完全融化不了啊。

直到此时，官员们开始讨好杨坚，上书声称：“秦王的两个妃子都犯了错，按照朝廷的制度，他们的儿子根本就没有资格继承王位。”

看到臣子们已经上道，杨坚颇为得意：你们说得好啊。

一代皇子，没有参与政治斗争，没有忤逆皇帝，只因多花了一点钱财，竟然落得如此悲惨的下场，真是可悲可叹啊。

客观地说，杨坚打着为江山社稷着想的名义，用勤俭节约、拒绝奢侈绑架了所有朝臣和皇子。只要是他不满意的，不管亲疏对错一律严惩，从不给改过自新的机会，就连自己的孙子也不放过，几乎是毫无人情味可言。就冲这一点，杨坚比不上历史上绝大部分的君王。

杨坚骨子里的狭隘和自私，让人觉得可怕，更让人感到莫名的压抑。

可是，杨坚真的是勤俭节约之人吗？为了刻意塑造圣君形象，不惜焚毁杨俊的奢侈用品，这难道不是浪费？如果杨坚真的爱民如子，为何不将这笔财富拿出来救济衣食无周的流民？

想想看，秦王杨俊只不过是个毫无政治理想的王爷，杨坚便对他如此苛责，更何况大隋帝国的储君，未来要承继杨氏家业的杨勇。

遗憾的是，杨坚却自我感觉良好。据史料记载，他曾经在大臣的面前吹过牛皮，说过去的帝王妃子太多，皇子并非同一个生母，所以会有矛盾。不像咱们大隋，五个儿子都是朕和独孤皇后的，亲兄弟之间自然不会有内斗。

杨坚是个有福气的皇帝，五个儿子，个个都模样俊俏，才华横溢，更兼为人宽厚，心地善良。在大哥杨勇做太子的二十年时间里，几乎找不到任何有关兄弟内斗和太子之争的官方记录。皇子之间没有抱团内斗，却不幸有个多疑、善变、猜忌、刻薄的父皇。隋朝，究竟因谁而衰？

在隋朝，冬至是最重要的节日之一，堪比后世的春节。这一天，朝廷会给全国百姓放假，晚辈嘛，可以抽空看望一下长辈，下官也可以去拜会领导。

有一年冬至，文武百官就跟说好了似的，成群结队地前往太子宫给杨勇送祝福，群情之热烈，令人难以相信。

在杨勇的眼里，自己是太子爷，地位摆在这儿，臣子来拜见是应该的。再者说，自己广结善缘，堪称人见人爱，花见花开的乖宝宝。最重要的是，老爹宠幸他，别人主动巴结自然是情理之中的事儿。

就在当天，杨勇拿出了主人翁的姿态，先是在大门口摆上了礼乐阵仗，敲锣打鼓，把节日气氛给造了起来，随后堂而皇之地接受了文武百官的朝拜。面对百官的恭维，杨勇扬扬得意，踌躇满志，完事之后，杨勇便将他们引到太子宫内豪饮一顿，以示庆祝。

很快，这件事就在长安城传开了。

杨坚得知后，心里很不是滋味儿。这帮大臣朝拜他的时候，也没这么带劲啊，怎么到了太子的面前就换了一副奴颜婢膝的讨好面孔呢？难道自己还比不上太子？难道想提前找太子要个好前程？

杨坚一个人在宫中纠结，感到非常痛苦，以至于无法忍受，最后实在忍耐不了，就找来了主管礼仪和宗庙祭祀的太常少卿辛亶。

杨坚愁眉不展："爱卿啊，你说百官都去太子府朝拜，究竟是什么意思？"

话音刚落，辛亶就察觉到了危机，他思考许久，慢悠悠地说道："陛下，今天是冬至，百官去看望太子，并不是朝拜，而是祝贺啊。"

朝拜，有俯首称臣的意思。

祝贺，则是普通的人际往来，两者有本质的区别。

辛亶虽然极力为太子辩解，可仍然消除不了杨坚的疑心。

杨坚语气寒冷："哼！如果是祝贺，应该是三五个人，大家稀稀拉拉地前往太子府，为何文武百官能如此整齐呢？"

言外之意，这是有组织、有预谋的朝拜行动。

辛亶无言。

杨坚继续说道："这也就算了，你瞧瞧太子，为何要在大门口奏乐来迎接百官呢？唯恐天下人不知道他有如此高的威望？"

话说到这里，辛亶彻底蒙了，不知道如何接话了。

杨坚："传旨下去，皇太子虽然是国之储君，可毕竟是臣子，朝堂的礼法不可废。官员们可以在冬至节日来京朝贺，进献自己辖地的特产，但是另外给皇太子上贡就不符合制度了，应该全部停止。"

史料记载：至此恩宠始衰，渐生疑阻。

可怜的杨勇，如果他性格谨慎，把前去祝贺的官员们挡在门外，或者带着他们给老爹去祝贺，肯定会让杨坚乐得合不拢嘴。遗憾的是，历史没有那么多的假设，所以悲剧注定要发生。

没过多久，又发生了一件事。

杨坚："高颎啊，你从太子宫挑选几个身体强壮的侍卫进宫。"

谁曾想，为官多年，堪称官场老油条的高颎竟然来了这么一句："陛下，臣担心陛下把侍卫都调走了，东宫的防务质量就会下降啊。"

话音刚落，杨坚便勃然变色，大声斥责道："朕时常外出巡幸，所以身边的人必须身强力壮，太子整日待在宫中，只需要修行仁德，哪里需要这么多侍卫？"

高颎蒙了："陛下？"

杨坚："好了，太子府预备这么多的卫士，本来就不合理，朕以后会将宫中卫士和太子府的卫士经常调换，难道这样不更好吗？退下吧！"

想想看，皇帝要调人去值班，你去帮他把事情办了就成，该是有多傻的人，才会拒绝大老板的提议？高颎和杨勇有仇恨，是故意的吗？

可以肯定，高颎并不是故意的。高颎的儿子高表仁，娶了杨勇的女儿大宁公主。高颎的女儿高氏，嫁给杨勇做了高良娣。准确地说，高颎和太子府是你中有我，我中有你的姻亲关系。

或者说，高颎投靠了晋王杨广？

遗憾的是，当年因为宠妃张丽华的事儿，杨广和高颎还爆发了冲突，杨广还扬言要报复高颎，此后二人便没有了交集。所以，这件事和晋王杨广没有任何关系。悲剧如果要发生，就注定要发生啊。

最悲剧的其实是高颎，他无意间给杨勇挖了个坑，还把自己搞成了杨坚怀疑和打击的对象。

客观地说，这些事情的发生，只能说明一个问题：杨坚确实很信任杨勇。基于这样的前提，文武百官产生了一种不该有的错觉：父子二人毫无隔阂，杨勇做皇帝已经是铁板钉钉的事，所以大家说话做事才会肆无忌惮。

遗憾的是，在皇权主导一切的游戏规则之下，所有的信任都是空中楼阁。杨坚就算有心胸，也难以忍受大臣们的背弃，更何况他更善于猜忌。

杨勇呢，依然大大咧咧，尤其是老丈人坑他的事情，他一无所知，和以前一样，继续做他的逍遥太子爷。杨勇可能还不知道，老爹对他的不满只是情绪上的不满，可老妈对他的不满，完全是深仇大恨，不死不休。

独孤皇后：一夫一妻制的婚姻观

独孤皇后是什么性格的人？

母亲是清河崔氏后裔，独孤皇后继承了知书达理、识大体的家族基因。遗憾的是，独孤皇后生活在鲜卑文化占主导的贵族社会里，女子抛头露面，主持家务是基本功，时间一久，身上便有了彪悍、强势的脾气。

一般的男人，恐怕很难忍受自己的老婆具备河东狮吼的无敌大招。可杨坚不一样，他在人生低谷的时候，正是强势的独孤伽罗挽救了他。应该说，独孤伽罗的政治智慧，顾全大局的个性，正是杨坚最欣赏的。二人性格相似，又经历过生死患难，夫妻感情自然是牢不可破。

关于这一点，咱们可以讲几个小故事。

史料记载，杨坚每天去上朝的时候，独孤皇后都会和他同乘一车，一直送到大殿门口，风雨不误。杨坚坐朝的时候，独孤皇后就在宫门外守着，杨坚下朝之后，再一同返回后宫休息。双宿双飞，形影不离，让后世的小情侣羡煞无比。

还有一次，幽州总管殷寿打听到突厥人手里有一盒极其罕见的夜明珠，价格不菲，是绝世罕见的宝贝，值得收藏和把玩。殷寿表示，自己没这么多钱，因此劝独孤皇后花钱买下来。

按照隋朝的国力，买一盒夜明珠根本不是什么大事儿。然而，独孤皇后却拒绝了，在她的眼里，夜明珠只是无用的宝贝而已，如果把这笔钱用在前线将士的身上，必定会换来他们的死命效忠。当时，这件事一度成为朝中的美谈。

再比如，独孤皇后有一个表兄叫崔长仁，官居大都督之职，也不知道犯了什么大事儿，竟然被人举报到了杨坚的面前。

按照杨坚的脾气，犯法必究，处罚加倍，该判崔长仁死刑。不过，杨坚考虑到小崔是皇后娘家的人，就准备破例一次，赦免他的罪过。谁料想，独孤皇后不打算领这个情：杨坚啊，你开始堕落了，你不是大隋的皇帝嘛，事关朝堂的威严，怎么可以徇私枉法呢？别管我的，弄死他。

有这样一个顾全大局的老婆，夫复何求？

杨坚表示，在大是大非的问题上，独孤伽罗是完美的。可是在男女关系上，杨坚感觉到很难受，很憋屈。说起来，都怪杨坚自己嘴贱啊。

想当年，二人喜结良缘，花前月下，情到深处，杨坚居然放出了史无前例的大狠话：娘子，今生今世，为夫不会再爱其他女子，更不会和别的女人生孩子。

客观地说，杨坚并没有说错，就那时光景，谁能想到自己以后会做皇帝？更何况，这种话只是小夫妻蜜月期的标准台词，算不得数啊。遗憾的是，独孤皇后当了真，而杨坚还真就做了皇帝。

在那个年代，只要你不是卑贱的阶层，只要家中有财力，大老婆也不是要人命的母老虎，男人完全可以一妻多妾，享尽齐人之福。

杨坚是天子，财力和地位就不用说了，后宫的正经编制就有五十余个。说得不好听一点，凡是被他看上的女人，都可以占为己有。

然而创业之初，杨坚把所有的心思都扑在了事业上，平日里也遵守着当年的承诺，从不轻易触碰女色。更何况，杨坚自己也有顾虑，如果自己滥情，可能会引发后宫不必要的争斗。

古话说得好，食色，乃人之本性，尤其是男人，更是如此。

杨坚不碰别的女人，答应不纳妾，并不代表他对女人不感兴趣啊。

想想看，杨坚贵为天子，每日穿梭在后宫的莺莺燕燕之中，深宫中的女人打扮又是如此漂亮，举手投足之间暗藏无边春色。杨坚 40 岁就做了皇帝，对女人的兴趣可想而知。更何况，后宫的女人，谁又想做一辈子伺候人的工作？她们谁不想侍奉君王，为自己挣一个名分和地位？

就这样，杨坚忍着自己的欲望。后宫的女人忌惮独孤皇后的权力，也忍着自己的欲望。可是到后来，大家终归还是没有忍住。

隋开皇十九年（599）六月，杨坚在仁寿宫处理政事，就在此时，一个宫女进来侍奉，结果杨坚当即宠幸了她。

一般的皇帝，事后根本就不会认账。可杨坚不一样，对小宫女非常上心。

杨坚问："你叫什么名字？"

小宫女："奴婢尉迟氏，是北周大将尉迟迥的孙女。"

杨坚："尉迟迥？是不是那个兴兵讨伐朕的北周大将？"

小宫女："正是。"

杨坚："你放心，那是上一代的恩怨了，朕不会亏待你的。"

杨坚的风流一夜很快就传到了独孤皇后的耳朵里。身为悍妇，独孤皇后又岂能容忍杨坚对他的背叛？就在杨坚上朝之后，独孤皇后带人处死了尉迟氏小宫女。

再瞧瞧杨坚，上朝之后回味无穷，心神不宁。刚刚下了朝，他就直奔后宫，打算和尉迟氏再度春风，可是找了半天，也没发现尉迟小宫女的身影。打听之下才知道，独孤皇后把小宫女给带走了。

史料记载，杨坚就像是被人抢走了布娃娃的小女孩，泪腺瞬间崩溃，大骂独孤皇后是个悍妇。骂归骂，杨坚念着情分，还是不敢和独孤皇后当面叫板。

自己贵为天子，却连一个宫女都保不住，哪还像个男人？杨坚愤怒之余，从禁苑牵了一匹马，一个人狂奔出宫。此时的杨坚变成不管不顾的小孩子，他为了和独孤皇后赌气，专门挑那些人迹罕至的小路，狂奔了二十余里后才停下来。

皇帝独自出宫，这还了得！高颎、杨素得知消息后，快马加鞭，终于把杨坚堵在了山谷之中。瞧瞧，皇帝都哭成什么样子了。

高颎："陛下，您这是为何啊？"

杨坚："朕贵为天子，却不得一丝自由。"

高颎："陛下何必为了一个妇人，弃天下于不顾啊。"

为了缓解杨坚的怒气，两位朝廷重臣当着他的面，开始大肆吐槽女人如何不堪，一直说到三更半夜，杨坚才破涕而笑，答应回仁寿宫。

独孤皇后虽然愤恨，可听说皇帝独自出宫，心中也是惧怕不已。直到此时，独孤皇后才变回了居家小女人，开始为夫君的安危担忧。据说，独孤皇后一直坐等到后半夜，直到杨坚踏入宫门，她的心才算放下。

夫妇二人再次见面，恍若隔世，因此相拥而泣。独孤皇后跪在地上向杨坚请罪，给足了他面子。高颎和杨素则极力斡旋，争当帝后之间的和事佬。杨坚觉得赚回了面子，脸色这才缓和，下令在宫中摆宴庆祝。

此次后宫风波，小宫女无辜惨死，杨坚耍了一顿小孩子脾气。而独孤皇后还是最大的赢家，后宫说一不二的主宰。

独孤皇后是在吃醋吗？

如果是吃醋，说几句好话，稍微哄哄也就好了。遗憾的是，独孤皇后的价值观可能跑偏了：她希望在杨坚的后宫搞有妻无妾的制度。

可以肯定，独孤皇后想把这种婚姻观强加到儿子们的身上，可考虑到皇子们年轻气盛，而且肩负着为杨家开枝散叶的重任，于是适当放松了要求：娶妾没问题，但是必须宠爱正妻，不能三心二意。尤其是老大杨勇，你要为弟弟们做出表率。

早在杨坚做皇帝之前，独孤皇后就为杨勇选了一位正妃元氏。

元氏的父亲是元孝矩，西魏的尚书仆射，头上挂着始平县公的头衔，两家婚姻，堪称门当户对，天作之合。这是独孤皇后亲自操持的亲事，她对元氏自然很满意。

遗憾的是，杨勇却很抗拒这段婚姻，究竟有多抗拒呢？虽然生活在同一个屋檐下，却是最不熟悉的陌生人。交流，谈不上。恩爱，谈不上。至于床笫之欢，更谈不上。两人结婚多年，元氏的肚子却从没大过，分外尴尬。

后来，杨勇又娶了几个女子：

云昭训：云定兴的女儿。

高良娣：高颎的女儿。

王良媛：背景不详。

成姬：背景不详。

这几个人中，就数云昭训肤白貌美，妩媚动人，杨勇几乎把所有心思都花在了她身上。元氏身为正妻，却惨遭丈夫的无视，还让小妾欺压到自己的头上，一气之下竟然生了病，最后含恨而终。

元氏去世之后，杨勇变得更加肆无忌惮。在杨勇的努力下，云昭训怀了身孕，并生下了长子杨俨。没过多久，杨勇便将后院之事交给云昭训打理，让她享受着太子妃的权力。

也算是云昭训争气，随后又给杨勇生下了杨裕、杨筠两个儿子。与此同时，高良娣也生下了杨嶷（nì）、杨恪。王良媛生下杨该、杨韶。成姬生下杨煚（jiǒng）。

对独孤皇后来说，太子府添了那么多男丁，应该要来个普天同庆吧？有趣的是，独孤皇后非但没有引以为傲，反而是烦闷不已。在她的眼里，杨勇对元氏爱答不理，这明显是挑战她的权威，和她为敌啊。自此以后，独孤皇后对杨勇的态度开始转变。

据说，母子只要见面，独孤皇后总是训斥杨勇，话里话外，全都透露着对他的强烈不满，甚至怀疑元氏是杨勇故意整死的。

杨勇呢，受到训斥之后，从来不为自己辩解，一副无所谓的样子。回到太子府后，杨勇继续扎在女人堆里寻欢作乐，以至有个不知名的宫女又给他生下了杨孝实、杨孝范两位王子。

熊孩子，你好色也就罢了，为何非要和老妈对着干呢？连你的老爹也干不过她，就凭你，能跳得出如来佛的五指山？

独孤皇后难以容忍，她直接下了判决书：杨勇这臭小子，分明就是和她对着干，至于大老婆元氏，十有八九是被他害死的。

独孤皇后想来想去，将自己的想法告诉给了杨坚。

客观地说，在女色之事上，杨坚并不认同独孤皇后的看法。毕竟，在她的淫威之下，杨坚想办一个宫女都得看她的脸色，可谓威风丢尽，太子做了他想做，又不敢做的事儿，杨坚觉得很欣慰。然而关于杨勇不听训教，个性叛逆一事，两人却达成了一致共识。

后宫之中，夫妇二人聊到了杨勇，大有恨铁不成钢的意思。

这些咱都可以理解，哪个父母不是望子成龙呢。

遗憾的是，聊到最后，他们居然对杨勇的信心动摇了。这个臭小子，性格有缺陷，又喜欢忤逆父母，他能任大隋的皇位，保住来之不易的江山吗？

能有这样的想法，实在是不足为奇。想想看，儿子都是独孤皇后的，而且都已成年，尤其是晋王杨广，屡立战功，德才兼备，完全有能力继承皇位。总之，倒来倒去，江山还在自家人手里嘛。

寻常的母亲，只担心儿子平安与否，至于建立功业，都不重要。独孤皇后非得反其道而行之，真可谓奇葩一个。

杨广：大哥有难，做兄弟的不能不踩

隋开皇十九年（599）前后，独孤皇后为了证明杨勇可能无法继承大统的疯狂猜想，特地派人前往太子宫，暗中窥探杨勇的私生活，意图抓住他的把柄。皇宫大内历来就是耳目众多的地方。杨坚夫妇公然说杨勇的坏话，并对他能否继承大统表示怀疑，这种事儿很快就传遍了整个长安城。

杨广虽然远在扬州，也听到了这个消息。

大哥有难，救还是不救？如果放在寻常老百姓的家里，大哥有难，全家帮忙，可是在皇室，这可是弟弟千载难逢的上位机会啊。

隋开皇十九年（599）前后，杨广为了讨爹妈的欢心，工作重心开始转移到了长安城。也正是从此时开始，杨广被居心叵测的史学家黑得体无完肤，在史家的笔下，杨广就是个卑鄙无耻、丑陋不堪的色胚。

有人说，杨广在扬州收编了一批美女，日夜和她们淫乱。有人说，杨广生下了一堆连自己都不认识的孩子，后来听说爹妈厌恶大哥杨勇，于是弃小妾和孩子于不顾，开始和正妻萧妃出双入对。更有甚者，某些野史编排说杨广为了方便淫乱，专门给宫女发明了一种开裆裤。何其荒谬的说法啊。

要想把这个问题说清楚，看看杨广的婚姻生活就足够了。

杨广的王妃是西梁明帝萧岿的女儿萧氏，此女出生在西梁皇族，祖宗们都是学富五车的文学家，萧氏的才学、品德和气质无与伦比。

隋开皇二年（582），杨坚亲自下旨，将萧氏册封为晋王杨广的正妃。

隋开皇四年（584），萧妃生下了嫡长子，取名杨昭。

隋开皇五年（585），萧妃生下了老二，取名杨暕。

隋开皇六年（586），萧妃生下了长女，史称南阳公主。

也就是说，在太子杨勇深得宠幸，地位稳固的时期，杨广和萧妃连生了三个孩子。当时，杨广还在外地，并没有取悦父母的机会，他是做给谁看呢？

事实的真相是，杨广和萧妃自始至终都很恩爱，在几个皇子中，杨广和老爹的性格最为相似，杨广的婚姻观也很符合独孤皇后的标准。

杨广还有孩子吗？有！第三子，夭折（不可考证）。第四子，杨杲（gǎo），出生于隋大业三年（607）。还有一个女儿，后来成为李世民的妃子。

试问，史家说杨广抛弃了自己的孩子，那究竟是抛弃了谁？说杨广为了取悦父母，不再理睬后宫女人，不再照料嫡子之外的儿女，究竟指的是谁呢？如果指责属实，史家为何不把这条证据坐实，反而留下了这么大的破绽？

再来看看杨广的太太团。除了萧妃之外，还有萧嫔、广德公主（陈后主的四公主）、陈婤（zhōu）（陈后主的六公主）、王氏（李渊的外甥女）、崔氏（隋东郡公崔君绰的女儿），这便是杨广的所有女人。

客观地说，广德公主、陈婤和宣华夫人、容华夫人一样，都是以伺候人的奴婢身份入宫，只不过前两人进了晋王府，后两人进了皇宫。陈婤在隋大业二年（606）被封为贵人，广德公主一直都没有封号。王氏是杨广和李渊家族的政治婚姻牺牲品，在宫内毫无地位可言。至于崔氏，情况也差不多。

试问，如果杨广真的是好色之徒，为何没有三宫六院？就算他善于伪装，为何做了皇帝，执掌生杀大权之后，反而变得清心寡欲，也没再生孩子？要知道，杨广的生育能力毫无问题，隋大业三年（607）的时候还生下了杨杲啊。

所有的证据都表明，史家的指控完全是子虚乌有。

俗话说得好，不想做太子的皇子，绝对不是好儿子。

大哥失宠之后，杨广的思想转变了：得适当伪装，争取父母的好感，尝试争取一下太子之位。比如，和萧妃更加恩爱，如果说以前是相濡以沫，现在就是形影不离。比如暗中派人前往长安搞公关工作，将自己的伟岸德行广为流传。

想想看，独孤皇后经历了杨坚的出轨事件，又对杨勇的婚姻失望透顶，几乎快要对天下的男人绝望了。就在此时，晋王杨广站了出来，扛起了好男人这面大旗，将老妈从濒临崩溃的信仰边缘拉了回来，多么大的恩德啊。

杨坚夫妇确实很感动，可是对不起，江湖上的传闻也不一定可靠，咱得调查一下老二。于是乎，杨坚夫妇屡次派人前往扬州调查此事。

于是，只要是从长安来的人，无论地位高低贵贱，杨广和萧妃都会亲自前往大门口，将他们恭恭敬敬地迎进来，先聆听父皇和母后的教诲，再准备好酒好菜，热烈招待，临走之时，还会送上价值不菲的礼物。

在此之前，使者都是服侍皇上的人，如今得了晋王的好处，又获得了史无前例的尊严感，自然愿意为他说好话，时间一久，杨广在长安城的名声越来越好。

事实上，杨广虽然有演戏的成分，却并不是彻头彻尾的伪装。

就连一向苛责的司马光也不得不承认：杨广天生就是个大帅哥，举手投足间，饱含贵族的优雅气质。而且，杨广聪明好学，平日里爱好读书，写得一手好文章，文学修养极高。至于性格，沉稳至极，平日里待人谦卑有礼。

冰冻三尺，非一日之寒，不具备这样的气质，就算是伪装也很难啊。

隋开皇二十年（600）八月，杨广回长安城小住了一段时间。

杨坚：皇后啊，老二好不容易回来一趟，要不咱去王府坐坐?

独孤皇后：这话说得没毛病，去吧。

此时，杨广的好人缘开始发挥作用了。比如，某某宦官提前将杨坚的行程告诉杨广，希望他可以做好接待工作。杨广本来就是清心寡欲之人，就算老妈来了也挑不出毛病，可为了让自己的形象更加完美，他还是决定将府中的美貌侍女藏起来，留下一些年老色衰的宫女服侍，而且严令她们不能穿色彩绚丽的衣服。

再比如，杨广命人将房中乐器的琴弦弄断，再撒上一层灰，表示自己已经将业余爱好彻底阉割。

杨坚夫妇踏进晋王府的时候彻底震惊了，他们没想到，老二是如此的清心寡欲，江湖传闻他只是个贤王，实际上是个断绝七情六欲的圣人啊。自此以后，独孤皇后对杨广更加满意，逢人就说杨广是个聪慧孝顺的乖宝宝。

再联想到杨勇的所作所为，夫妇二人只能摇头叹息，扼腕长叹。

转眼间，杨广又得回扬州了，按照规矩，需要进宫向独孤皇后辞别。如果是以前，独孤皇后饱含泪水，送子远去也就罢了。可这一次，情况真的很特殊。

太子杨勇已经彻底失宠，和独孤皇后形同路人。秦王杨俊刚刚病逝，独孤皇后为此肝肠寸断，茶饭不思。本来五个儿子，转眼间只剩下三个。至于晋王杨广，其实已经在扮演着储备太子的角色。

据说，独孤皇后看到杨广来辞别，不禁伤心动容，以至于相拥而泣，难舍难别。杨广不是傻瓜，他能从老妈的眼神中感受到殷切的期望，此情此景，换成任何一个人，恐怕都懂得利用时机和把握细节。

杨广心里明白，老妈很厌恶大哥，可这种厌恶还不足以让她下定决心废黜杨勇，临行之前，杨广决定亲自下一剂猛药。

杨广抓着独孤皇后的手，痛哭流涕道："母后啊，儿臣不孝，虽受您的养育之恩，却不能在跟前侍奉孝顺，实在是惭愧之极！"

独孤皇后："皇儿，母后也不知道自己还能活多久，你虽然奉命镇守扬州，可我还是希望你能常回长安看看。"

听闻此言，杨广的演技顿时就炸裂开来："母后，恕儿臣不孝，儿臣这次离去，还不知道能不能再见到您啊！"

独孤皇后大惊失色："皇儿，何出此言啊？"

杨广："儿臣是个愚笨的人，和众位兄弟一直都是和睦相处，可近来也不知哪里得罪了太子殿下，惹得他满口怨言，声称迟早要杀了我。母后，儿臣日日担心、夜夜惊惧，唯恐遭人暗算啊。"

在长安城的这段日子，杨广的名声如日中天，指控杨勇嫉恨他，并想对他动手，这套说辞确实很容易让人接受。更何况，独孤皇后打心眼里厌恶杨勇，对杨广的话自然是深信不疑。

独孤皇后："哼！太子近日越来越过分了，我给他娶了元氏，他竟然置之不理，反而宠信云昭训，生下了这么多猪狗一般的儿子。元氏去世，我就怀疑是被他毒害，但也没有追究此事。为什么他又对你生出如此念头。我还活着他就如此，我死之后，他就该残害你们了。我每每想到东宫没有正室，在你们父皇百年之后，让你们兄弟几个跪拜问候云昭训，就觉得无比痛苦。”

杨广痛哭流涕，继续说道：“母后，儿臣怎会诬陷太子，还请您做主啊。”

独孤皇后咬牙切齿：“哼，这个杨勇，我迟早要废了他。”

人在过度悲伤的时候，很难去理性思考。更何况，独孤皇后正常的时候，也不太理性。在独孤皇后的眼里，她和杨广的此次分别貌似是永世诀别，因此对杨勇的痛恨几乎是深入骨髓。很显然，她不会为了失宠的儿子开脱，更不会派人去调查杨广的指控是否属实，就这样，一盆脏水全部扣到了杨勇的头上。

要说杨广，确实是绝顶聪明的人。如果想扳倒太子，说他在外面乱搞女人，说他叛逆都没用。唯一的办法就是将他诬陷成登基之后会残害兄弟的恶魔。

这一招，确实够狠。史书上记载：

“此别之后，知皇后意移，始构夺宗之计。”

“自是后决意欲废勇立广矣。”

金钱开道，收买杨素家族

老妈的态度让杨广看到了希望，东宫之位在向他缓缓招手。

杨广独坐深宫，经常琢磨一件事儿：寄希望于大哥自取其祸，然后等老爹和老妈废了他，似乎有些被动啊，万一大哥洗心革面，重新做人了怎么办？

想到这里，杨广决定主动出击。

计划很美好，可现实很骨感。杨广表示，自己从未想过会做太子，因此平日里都是深居简出，放眼整个长安，好像没有结识什么大臣啊。

杨广找了半天也没有合适的人选，最后才决定拉自己的好友，安州总管（今湖北省孝感市）宇文述合伙。为此，杨广特意奏请老爸，将宇文述调到寿州（今安徽省六安市寿县）做了刺史。

既然是好友，说话自然是开门见山。

杨广："本王看出来了，老妈想废黜大哥杨勇，你有什么想法？"

宇文述："杨勇不受皇帝和皇后的待见，早已经不是什么秘密。晋王殿下，您聪慧仁孝，才华横溢，几次被任命为大军统帅，为朝廷立下汗马功劳。如今，陛下和皇后都对您青睐有加，如果想夺取太子之位，并非不可能啊！"

杨广显得很兴奋："依你之见，本王该如何运作呢？"

宇文述："废立太子是国家的大事，我人微言轻，只能出谋划策。纵观朝中的大臣，能够改变皇帝心意的恐怕只有杨素，能与杨素说得上话的，就只有他的弟弟杨约。碰巧我和杨约有点交情，我愿意为您跑一趟，试着说服杨约。"

杨广大手一挥："好！本王这里有的是钱，你只管拿去运作，事成之后，自然少不了你的好处！”

历史证明，宇文述进京之前就已经想好了结交杨素的对策。当时，杨约是大理寺少卿（相当于现代的最高法院副院长），虽然在朝野的地位不高，可关起门来，杨约却是杨素决策的关键影响者。

宇文述想了想，争夺太子之位确实是大事儿，在没有摸清对方底细之前，决不能轻举妄动，否则会带来杀身之祸。最好的办法就是先收买人心，旁敲侧击，试图拉拢杨约为己所用。宇文述瞧了瞧从扬州带来的宝贝，顿时底气十足。

接下来的一段时间，宇文述最大的乐趣就是欣赏古玩，而且家中摆满了稀奇古怪的玩意儿，独自欣赏还不行，必须拉着杨约一同观赏。每逢此时，杨约就会问东问西，把自己搞得像个行家一样，其实就是想让宇文述把东西送给他。

不仅如此，宇文述经常和杨约一起赌博，每次都会把钱很巧妙地输给他。直到有一天，杨约清点了从宇文述手里得到的钱财，才发现已经堆满了整个仓库。

古话说得好，无功不受禄，面对满屋的珠宝，杨约的心里充满了羞愧。

有一天，杨约主动找上门来，试探性问道：“宇文大人，我这平白无故从您这得了许多珍宝，还得感谢您的厚意呢！”

宇文述见时机一到，直接摊牌了：“实不相瞒，这些财宝都是晋王的赏赐，吩咐我和您一起把玩的！”

杨约大惊失色：“无功不受禄，晋王为何会这样做？”

宇文述低声道：“晋王有意争一争太子之位，因此想让我拉拢您。”

杨约无语。

宇文述呵呵一笑：“您不必感到惊慌。为人臣者，自然要遵守本分，但是聪明的人也该懂得审时度势啊。你们杨家功高震主，这些年来得罪了多少朝臣，请问大人还数得清楚吗？如今皇帝尚在，自然可以庇护你们，如果有一天陛下驾崩了，你们杨家该怎么办呢！”

杨约一脸茫然：“你到底想说什么？”

宇文述：“太子性情率真，自然是好事。然而，他平日里想做的事情都被你们给拦下了，日后他若做了皇帝，还会继续重用你们吗？晋王殿下素来宽厚仁德，又深得陛下和皇后的欢心，事到如今，只要你们杨家鼎力支持，晋王必将永记在心，何愁日后的荣华富贵啊。”

当时，杨坚和独孤皇后屡次训斥杨勇，朝野盛传太子失德，恐怕无法继承江山社稷的传言，因此宇文述的一番话，直接戳中了杨约的痛点。

作为政治世家，杨约知道如何在关键时刻做出取舍，保全家族的利益。回家之后，杨约将他和宇文述的谋划如实地告诉了大哥杨素。

谁料想，杨素的态度非常明确：杨勇已经完蛋了，倒台只是时间的问题，为了杨家的未来考虑，扶持晋王确实是最好的选择。

杨素是个官场老油条，已经看透了一切。杨坚呢，对杨勇是失望，至于废黜一事，还没拿定主意。独孤皇后呢，对杨勇是痛恨，立场坚定，不可动摇。

杨素思来想去，最终决定联合独孤皇后，实现家族的再度辉煌。

过了几日，杨素去拜见独孤皇后，席间又说到了杨勇的不堪。

杨素试探道：“皇后，晋王杨广孝悌恭俭，和陛下一模一样啊。”

独孤皇后流着泪说道：“你说的很对。晋王宽厚仁义，每次我派人去扬州，他都会亲自出迎，以示尊重；晋王每次从长安返回扬州，都会因为母子分离而悲痛不已；晋王的萧妃更是惹人怜爱，每次我派去的奴婢，她都能同寝共食。”

杨素叹息。

独孤皇后：“哼！再看看太子，每次我派人去太子府，总是看见他和那个云昭训混在一起，旁若无人！杨勇就是个亲近小人，防备至亲骨肉的人。”

杨素：“太子确实做得太过分，您和陛下好不容易打下了大隋的江山，也不知道太子是否能挑得起这份重担。”

独孤皇后：“哼！勇儿自然担不起这份重任，我看晋王就比他更合适！”

杨素临走之时，独孤皇后还给他送了不少钱财，希望他能够帮助杨坚谋划废立太子一事（后遂遗素金，使赞上废立）。

身为母亲，却不满亲儿子做太子，还要不分黑白，联合大臣一起阴谋打击，还有比这更难以理解的事吗？

客观地说，杨勇不受父皇和母后的待见，确实有他的原因。

杨勇的性格，适合做纨绔子弟和风流少爷，却不适合搞政治斗争，更不适合生活在尔虞我诈的皇权游戏中。也许在他的眼里，宠幸女人并不是什么过错。然而身为皇位继承人，尤其是强势帝王的储君，想要顺利上位，就必须要比常人忍受更多的折磨，承担更多的痛苦。

他最应该明白是：自己摊上了这样严苛的父母，即便是委屈自己，也要让他们先顺心如意。可惜，杨勇为人太过潇洒放任，这也注定了他的失败。

独孤皇后为何会理直气壮地废黜太子呢?

答案很简单：几个皇子都是她的儿子，既然杨勇对她不孝顺，不愿意和她亲近，为什么要让自己老无所依？让杨广做太子，大隋最后也姓杨。

杨勇：被一撸到底的太子

独孤皇后和杨素的密谋，已经是大隋高层公开的秘密。

杨勇虽然吊儿郎当，可面对这样的局面，他也开始坐不住了。这些年来，杨勇只顾着和奸佞小人玩闹，身边根本就没有信得过的人，以至于情急之下竟然找不到人给他出主意。杨勇苦思冥想了几天，最终想出了一个办法：

他命人在太子宫内搞了个名叫庶人村的“景点”，“景区”所有房子都由茅草覆盖，大门凋敝不堪，一阵清风吹过，屋檐仿佛都要倒塌。随后，杨勇身穿粗布衣服，搬进了庶人村。与此同时，太子府散布了一则劲爆的消息：太子洗心革面，重新做人了。

杨坚虽然不喜欢杨勇，却对废立一事犹豫不决，听说太子住进了庶人村，便派遣重臣杨素前去打探消息，想弄清楚太子到底在搞什么名堂。杨坚可能没有想到，正是这一安排将杨勇彻底地推向了深渊。

杨素到达太子宫的大门后，并没有着急进去，而是在门外盘桓。

杨勇呢，做这一切就是为了引起爹妈的注意，他一直在等使者的到来，然后真心诚意地秀一下自己的勤俭作风，可一直等到太阳下山，也不见杨素进门。此时，杨勇的情绪剧烈波动，他觉得杨素是故意让他难堪，于是满腔怒火地跑到大门口，将杨素狠狠地羞辱了一顿。

杨素虽然挨了一顿臭骂，可心情却很得意，因为杨勇掉进了他挖的大坑啊。

杨勇骂完之后尽兴而归，杨素则屁颠屁颠地回去交旨了：陛下，传闻不假啊，太子果然是顽劣不堪，臣本来在大门口候着，可太子却跑出来将臣羞辱了一顿，不难看出，太子怨愤极大，陛下不可不提早防备啊。

杨坚听闻此言，刚刚燃起的一点希望顿时消失得无影无踪。

接下来的几天，独孤皇后指使下人密切监视杨勇的一举一动，并添油加醋地说给杨坚听，大有杨勇马上就会发动宫廷政变的意思。

杨坚思来想去，最终还是决定防患于未然。

杨坚派了一批亲信去监视太子宫，严令只要有任何举动，包括杀了多少鸡鸭鹅鱼，都必须向他汇报。随后，杨坚再次下令，将太子宫中的禁卫军登记在册，移交到朝廷卫府管辖，并将太子左卫率苏孝慈调往淅州担任刺史。

杨坚毕竟是千古一帝，他知道自己需要什么样的接班人。在他的眼里，杨勇虽然行为浪荡，但是说到底，他没有犯上谋逆的胆量。就算是朝中舆论啸天，已经到了非废黜太子不可的程度，杨坚还是选择给他一个改过自新的机会。

直到此时，杨广开始坐不住了，他决定再添一把火。

杨广命令，段达立刻前往长安城，从内部瓦解太子的根基。

段达用金钱开路，很快就拿下了杨勇的近臣姬威。一时间，关于杨勇的负面新闻不绝于耳，长安百姓的耳朵都快听出茧子了。段达看到时机已到，决定彻底摊牌："姬威，我知道你是太子的亲信，但我有一言相告。"

姬威："你想说什么？"

段达："太子作恶多端，陛下早就心知肚明，我们已经奉了皇帝的密诏，准备废黜太子。如今，证据已经齐全，只差一个可信的人站出来力证太子失德，你如果不答应，我再去找其他的人！"

树倒猢狲散，这是千古不变的铁律。

史书上虽然没有记载姬威究竟举报了什么事情，如果是猜测，最劲爆的材料应该是诬陷杨勇和云昭训合伙谋杀太子妃元氏，原因有二：

第一，独孤皇后对元氏的暴毙一直耿耿于怀，只要把杨勇杀妻的罪名坐实，独孤皇后必定会采取措施。

第二，独孤皇后曾经和杨素提到此事，并让他赶紧去收集证据。

当然，既然是栽赃陷害，一件事肯定是不够的，更劲爆的材料还在路上呢。

隋开皇二十年（600）九月二十六日，杨坚从仁寿宫返回长安。

第二天，杨坚亲临大兴殿，准备向朝臣宣布一件大事。杨坚想了想，这件事难以开口，还是得委婉一些，因此打算以闲聊的方式让朝臣们替他说出来。

杨坚致完开篇辞后，意兴阑珊地说道：“朕刚从仁寿宫度假回来，按理说应该神清气爽，兴致高昂啊，可为何总是愁眉不展呢？”

吏部尚书牛弘：“都是臣等不称职，才让陛下忧思过多。”

这话说得多么谦卑，多么到位啊。然而，杨坚却十分不满。在杨坚的眼里，最近太子的事儿闹得沸沸扬扬，朝臣们应该明白他的心思啊。自己随口一提，只不过是抛砖引玉，让你们先提废黜太子的话题。谁曾想，堂堂的吏部尚书竟然如此不上道。真是话不投机半句多啊。

牛弘是隋朝著名的历史学家，高级知识分子，皇帝的话他岂能不明白？然而牛弘的心里还存着一丝幻想，想为杨勇再说点好话。

此时，大殿内的气氛非常诡异。

皇帝想要说太子的坏话，朝臣们却憋着一口气，不愿意搭理杨坚。

杨坚有气无处使，转而问其他人：“仁寿宫离长安城不远，但是朕每次回来的路上，都得提前准备安保，搞得紧张兮兮，就像进了敌营一样。朕身为天子，晚上睡觉居然都不敢脱衣服，昨天晚上，朕想要上厕所，却不敢跑太远，你们说，这都是什么事儿啊？”

大臣们唯唯诺诺，不知道皇帝今天到底想干吗。

杨坚略显尴尬，独角戏确实不好演啊。

就在此时，杨坚平地一声吼：“太子左庶子唐令则何在？”

唐令则：“臣在！”

杨坚：“太子宫最近发生了那么多事，难道你一无所知吗？太子之所以走到今日，都是你们这些近臣平日里不规劝他向善的缘故，你们知罪吗？”

直到此时，朝臣才反应过来，皇帝打算拿太子的人开刀了。

杨坚：“来人，把唐令则押下去严加审讯，杨素，你给大家说说吧。”

杨素正色道：“臣奉陛下的旨意，回京让太子捉拿刘居士的党羽，不料太子却说刘居士的余党都已伏法，他没办法去捉拿，还扬言道，我杨素才是朝廷的尚书右仆射，应该由我去调查此事，和他太子府没有半毛钱的关系。”

刘居士的老爹是彭国公刘昶（chǎng），标准的贵族子弟，欺男霸女，行事蛮横，是长安城有名的恶霸，后来被人举报图谋造反，杨坚下令将他处死。事实上，谋反一事应该是被诬陷，让杨勇去捉拿党羽，纯属没事找事。

然而，杨素的吐槽还没结束呢。

杨素：“太子激动之余，还说起了过去的事。他说，陛下当年从北周皇族手里夺权，如果稍有不慎，他肯定是第一个受死的人，如今在朝中的地位反倒不如几位弟弟。陛下啊，臣看得出来，太子心中的怨愤很深啊。”

杨素看了看皇上，示意该他表演了。

杨坚：“哼！朕早就觉得太子不能继承皇位，皇后也曾劝朕废黜他。不过，杨勇毕竟是嫡长子，朕希望他能改正错误，为其他兄弟做出表率，因此一直忍让。朕不介意给你们说几件事儿，有一次，太子指着皇后身边的侍女说，这些人迟早都是他的，这岂是人臣该说的话？太子妃元氏去世的时候，朕怀疑是他暗中下毒，曾经责问过他，可是他却说，太子妃的父亲该死！后来，长孙杨俨出生，朕和皇后非常喜爱，因此将杨俨抱进宫，可这个畜生却担心因为元氏一事，朕和皇后会害他的孩子，居然屡次派人前来索要。”

群臣默然。

杨坚顿了顿：“朕虽然不是尧舜那样的贤明之主，可终归不能把江山社稷托付给这样的儿子。朕的内心总是战战兢兢，害怕太子会误入歧途，因此经过深思熟虑，决定废黜皇太子杨勇。”

吐槽大会结束，杨坚直接做出了宣判。

杨坚对杨勇的指控，究竟是不是事实，我们无从得知。不过，杨坚的宣判还是引起了部分朝臣的质疑和反对。

左卫大将军元旻劝道：“陛下！废立太子是国家大事，陛下如果颁布诏书，再后悔可就来不及了，希望陛下可以再派人仔细调查这些事情。”

杨坚：“姬威，你给大臣们说说吧！”

姬威只不过是太子府的小小家奴，杨坚居然把他带到了皇宫？由此可见，发生在大兴殿的废太子一事，肯定是早有预谋。

有皇帝做靠山，姬威显得非常有底气：

“各位大人，太子之前跟我说过，想从樊川到散关（现在的西安城南到宝鸡，面积非常大）划一块地方出来做禁苑，就像汉武帝的上林苑一样。太子还说：‘东方塑曾经规劝汉武帝不要做这个事情，还得了许多赏赐，这真是太可笑了。本太子这里没钱，有谁敢站出来反对，本太子就杀了他，杀他百十来个人，耳根子也就清静了！’

“先前，太子左卫率苏孝慈被解除官职的时候，太子气得浑身发抖，他挥舞着胳膊，扬言绝不会忘记此事，还发誓迟早有一天会找补回来！

“还有一次，太子找尚书省要东西，官员按照制度便没给他，太子愤怒之余，扬言会找机会杀几个尚书省的官员，让他们知道怠慢太子的下场。”

杨坚接话道：“哼，还有更可恶的事呢。”

姬威：“太子曾经在宫中请了一批女巫，暗中诅咒皇帝，说开皇十八年（598）就是父皇的忌日……”

杨坚：“够了！谁不是父母所生，谁不是父母所养？杨勇昏聩暴虐到如此地步，朕如何能够再容忍！即刻下诏，将太子和诸位王子囚禁起来！”

明眼人都知道，太子被废一事已经提上日程，只差证据坐实这些事。

随后，杨坚命杨素前往太子宫调查取证。

杨素是个精明人，他明白，想要彻底扳倒太子，寻常的证据可有可无。皇上最在乎的，无非是太子有没有谋反逆天的证据！

据说，杨素的搜查队赶到太子宫后，展开了地毯式的搜索，最后在库房里找到了几样东西：几千个取火的火燧、几斛艾绒、一千匹骏马。

遗憾的是，这些玩意儿都是有来历的。

在此之前，杨勇外出游玩，发现了一颗粗壮枯萎的大槐树，因此下令砍伐此树，将它做成了数千个火燧，打算分赏给下人，不料福利还没发下去，居然被杨素视为起兵造反的证据。用几千个火燧造反，是不是有点太滑稽了？

艾绒又是个什么玩意？易燃，却没有火焰的中药药材，一般拿来灸用，和造反没有半毛钱关系。杨素看完这几样东西，直接将话题引向太子府的骏马。

此时的杨素，就像是一只骄傲的大公鸡，昂首挺胸，不可一世地问道：“太子殿下，宫中养的一千匹战马是干吗用的？难道不是为了造反吗？”

旁边的姬威认真补刀：“杨大人！您有所不知啊，太子有他的谋算，他当时就说过，要把皇宫围起来，饿也会把他们饿死。”

用一千名骑兵包围皇宫，然后活活饿死杨坚？不可否认，杨勇的造反思路，堪称标新立异，亘古未有啊。

杨勇闻言又气又想笑，反驳道：“杨素，听说公家养了几万匹战马，我作为太子，难道养一千匹马就是造反吗？”

杨素强词夺理，恶意诬陷，自然也没脸和杨勇继续辩论下去。于是咆哮道：来人啊，将太子宫中所有的精美家具全部搬到皇宫，让文武百官观赏观赏。杨素已经无话可说，只能让文武百官觉得杨勇是个贪图享乐，不适合做储君的人。

直到此时，杨勇才明白，自己已经玩完了。

隋开皇二十年（600）十月初九，一个改变无数人命运的时刻到来了。

皇宫大内，杨坚咆哮道：来人啊，立刻前往太子府，让杨勇赶赴武德殿。还有，召集文武百官，以及所有的皇室宗亲入宫，朕有事情要宣布。

此时，废黜太子杨勇的诏书已经拟好，只差最后一步官宣。

据史料记载，杨勇听说宫内来人宣旨，还以为是杨坚派人来杀他的，吓得魂飞魄散，六神无主，得知父皇想要在宫中宣布一件大事，杨勇变得冷静下来，领着自己的儿女一同前往武德殿。

当时，杨坚在宫中安排了数十名全副装备的禁卫军，气氛极其威严。

杨勇进殿之后，还没来得及行礼，内史侍郎薛道衡便宣布了杨坚的旨意：皇太子杨勇，连同太子府的王子和公主等人，全部贬为庶人。

虽然是预知的结果，可文武百官还是颇为震惊，更多的是感叹。

再看看杨勇，脸上波澜不惊，古井无波。

是啊，经历了这么多事儿，杨勇已经从废太子风波的绝望中走了出来。宣读诏书的官员话音刚落，杨勇便嘲讽地叩谢道：“儿臣早就应该被斩首弃市，幸亏陛下的垂怜，才苟活到今日。”说罢，杨勇就转身离开了武德殿。

这是什么套路？太不给皇帝面子了吧！

群臣呆呆地望着杨坚，他不表态，谁也不敢乱发言。此时，杨勇的长子杨俨站了出来，情真意切地恳求道：“皇爷爷，臣愿意做您的侍卫，以此为父王赎罪。”

人心都是肉做的，面对皇孙的求情，杨坚显得有些动容，他还在犹豫，是不是要让秦王杨俊的悲剧再次上演。时间在一点一滴地流逝，大殿内的官员屏住呼吸，等待杨坚的最高指示。

“陛下，这种事情都是除恶务尽，绝对不能留下任何祸患。”

循声望去，说话的人正是宰相杨素。这一刀补得真是够扎实，够政治啊。就这样，太子府的核心成员被悉数贬为庶民。

隋开皇二十年（600）十月十三日，杨坚下诏：“处死左卫大将军、五原郡公元旻、太子左庶子唐令则、太子家令邹文腾、太子左卫率司马夏侯福、典膳监元淹、前吏部侍郎萧子宝、前主玺下士何竦等人。”

客观地说，杨坚确实受到了杨素等人的蒙蔽，杨勇必有冤情。然而，杨坚有一句话却说得很到位，太子府的官员非常失职，在杨勇危难之际，这些人没能出面挽回局势，甚至还起到了推波助澜的作用。

就拿唐令则来说，身为太子身边最重要的谋臣，本应该时刻规劝太子，为他出谋划策，处理一些不必要的麻烦。然而，唐令则却将自己定位成娼妓优伶，没事便带着琵琶进宫给太子弹奏，把堂堂的太子宫搞得乌烟瘴气。

因此，这批人虽然遭受牵连，可死得并不冤枉。

历史上有不少废太子的先例，但是皇帝、皇后和大臣联合起来搞太子的先例还真不多，杨勇生在这样一个家庭，确实是他的不幸。

太子已废，可朝堂的风波并未平息。

杨素、杨约等人因为举报太子有功，加官晋爵，各得赏赐，不亦乐乎。如果说废太子是一场不见硝烟的政治斗争，杨素等人已经大获全胜，可以高奏凯歌了，然而，他们却拿太子之事借机在朝中兴风作浪，打击政敌。比如超级战将史万岁就死于这场政治风波中。

不可否认，史万岁是隋朝最著名的悍将之一，平定尉迟炯、对抗突厥，平定江南，一生南北征战，战功无数，深得隋朝百姓的爱戴。遗憾的是，史万岁的军事成就引起了杨素的强烈妒意，扳倒杨勇之后，杨素便给史万岁搞了个太子同党的罪名，杨坚在不察之下，下令将他处死。

后事证明，史万岁是被冤枉的，杨坚后来也深感惋惜，可为了自己的尊严，杨坚选择死不悔改，还故意罗织了一批新的罪名，将史万岁坑到无底深渊。

别说杨坚是被低估的皇帝，他骨子里的狭隘和自私，和明君相差甚远。

隋开皇二十年（600）十一月初三，杨坚正式下诏：封晋王杨广为皇太子。

为了不重蹈杨勇的覆辙，杨广极力收敛锋芒，将爹妈高高地捧了起来。晋升没几天，杨广就主动上表：父皇啊，儿臣认为，以后东宫的幕僚不能再对儿臣称臣了，大隋天下，唯有您才配得起这样的尊荣！

杨坚拿着奏表，读了一遍又一遍，感到十分受用。直觉告诉他，杨广就是他要找的接班人。既然儿子表达了善意，做父亲的也得有所表示啊。这样吧，监管杨勇的权力就交给你吧，不要让父皇失望哦！

隋仁寿元年（601）正月，杨坚因为废太子一事，决定改元仁寿。

想当初，杨勇在武德殿说完自己该被处死的豪言之后，转身离去，举止非常洒脱，可是被囚禁之后才回过味来：自己并没有犯什么大错啊。

在太子府独处的这段时间，杨勇反思了许多，迫切地想见父皇一面。

二弟，麻烦你给父皇说说，我想再见他一面。

二弟，老哥冤枉啊，你能帮帮我吗？

杨广监视着太子府，自然不会给他这样的机会。

当然，事情也不能做得太绝啊，每次杨勇请求帮忙，杨广都会装作痛心疾首的样子，答应会替他传话给老爹，可每次都放了他的鸽子。

杨勇无奈之下，只好爬到树上，朝宫内大声喊叫，希望得到父皇的召见。

杨素表示，这孩子的求生欲望很强啊，既然这样，那就再给你挖个坑吧。

杨素：陛下，臣听说废太子杨勇最近的精神状况不太好，好像是被恶鬼缠了身，为了您的安全着想，还是不要去搭理他为好啊。

自从有了杨广这个乖宝宝，杨坚确实不愿意再去搭理杨勇。

太子之争，谁才是最后的赢家？

杨广荣升为皇太子，心情又如何呢？是不是春风满面，得意扬扬？

错！杨广的日子过得胆战心惊，如履薄冰。

原因很简单：杨勇虽然失去了人身自由，可性命还在，如果老爹哪天想起了他，心慈手软之下，还他自由怎么办？总而言之，只要杨勇还活着，就是对他的最大威胁。更何况，他能夺杨勇的太子之位，其他几个兄弟就不能夺他的位？

此时，秦王杨俊已经去世，兄弟之中只剩下蜀王杨秀和汉王杨谅。

据史料记载，蜀王杨秀被封为益州总管后，一直待在成都。

杨秀也是个大帅哥，人如其名，外加气魄豪爽，又好武艺。美中不足的是私生活有点放纵，出行的车马，居住的宫殿，身穿的服饰，都已经逾越了朝廷的制度，因此杨坚对他颇为不满。据说，杨坚曾经对独孤皇后说过，他在世的时候，杨秀不会怎么样，如果等杨勇登基称帝，杨秀必定会造反。为此，杨坚屡次派人去谴责杨秀，并剥夺了他的部分封地。

杨广做了太子之后，杨秀的心理不平衡了。或许是觉得自己没当上太子。或许是对大哥被废一事愤愤不平。或许是觉得杨广不配做太子。总之，老子就是不服气，就是想搞出点动静，引起长安方面的注意。

杨秀的骚动不安让杨广深为忌惮。这熊孩子，啥事儿都干得出来，如果老爹不幸驾崩，还真有可能造反啊。既然如此，趁老爹手中有权，提前把这枚毒刺给拔了。杨广打定主意之后，派了一批亲信前往成都，遍求杨秀的罪证，并让杨素拿着证据，在老爹的面前很有节奏地参奏杨秀。

杨坚本就对杨秀十分不满，如今看到罪证确凿，更是气愤交加。

杨坚：来人啊，立刻前往益州，命杨秀星夜兼程赶回长安。

杨秀接到圣旨后，预料到事情可能有些不妙，因此拒绝前往长安。

熊孩子，真是找打啊。

隋仁寿二年（602）七月十二日，杨坚传下诏令，封原州总管独孤楷为益州总管。

杨坚：独孤楷，啥也甭说了，你去夺了杨秀的兵权，让他立即滚回长安。

独孤楷去了之后，好说歹说，杨秀才勉强答应回长安认错。可是，杨秀走到半路的时候，越想越觉得不对劲，皇帝老爸是什么德行，自己比谁都清楚，这次回去，岂不是走了秦王杨俊的老路？

杨秀思来想去，决定原路返回，重新夺回益州的控制权。当他走到城外的时候，发现独孤楷已经布下了天罗地网。这可怎么是好？回长安城会挨打，就地起兵是找死，聪明的杨秀还是选择了前者。

杨秀在路上磨磨蹭蹭，一直到十月份才走到长安。第一天见面，父子二人似乎和仇人没有什么区别，杨秀当面向父皇请罪，可杨坚却缄默不言，不谴责，不原谅，只让杨秀回府休息。

杨秀刚刚离开，杨坚就给出了这样的指示：当年秦王杨俊浪费财物，他曾经用为父之道训斥他，如今杨秀在益州残害百姓，他应该用为君之道来制裁他。

此言一出，群臣几乎昏倒在地。皇帝啊，你是疯了还是傻了，还想对自己儿子动手？杨坚的态度引起了朝臣的强烈不满。

大臣们的态度很坚决：杨勇已经被废，秦王杨俊去世，皇子中只剩下蜀王杨秀和汉王杨谅，皇上没必要非得和自己较劲，如果处置了蜀王，依照他的耿直性格，恐怕会很难保全啊。言外之意，你这是要逼蜀王赴死，断子绝孙。

遗憾的是，杨坚已经进入到狂暴的状态，他直接怒吼道：你们都给朕闭嘴，朕就算是把杨秀当街处斩也不为过。

杨坚的态度强硬无比，大有将进言大臣舌头拔掉的意思。多亏朝臣们态度一致，这才将杨坚的怒火给压了下来。迫于朝臣们施加的压力，杨坚最终下旨，将蜀王杨秀先囚禁起来，以观后效。

很显然，这样的处理办法不符合杨广的政治利益。没过几天，杨广便命人制作了一个布娃娃，在上面写上了杨坚和汉王杨谅的名字，随后用针刺进布娃娃的身体，命人埋在了华山脚下，并吩咐杨素前去把它挖了出来。

杨素早已经将家族的前途绑在了杨广身上，脏活累活，在所不辞。

杨素："陛下，蜀王杨秀心怀不满，暗中行压胜之事，诅咒您和汉王……"

杨素："陛下，不仅如此，杨秀还在京城散布谣言，说蜀中地区出现了不少祥瑞，暗指他有天子之相！"

听闻此言，杨坚再度狂暴起来：天底下哪里有这样的逆子。

隋仁寿二年（602）十二月二十日，杨坚的判决下来了，将蜀王杨秀贬为庶人，幽禁在内侍省，不允许他和妻子见面，并株连了不少和蜀王来往密切的大臣。

老爹，咱可是父子，血浓于水懂不懂？杨秀被囚禁之后，悲痛欲绝，政治前途他不打算要了，可老婆孩子呢？杨秀思来想去，最后主动上表谢罪，请求杨坚看在父子的份上，让他和妻子和孩子见上一面，并希望老爹能让他有个善终。

令人沮丧的是，杨坚显得非常刻薄，他立马下了一道诏书，列举了杨秀的十条罪状，其中有一条非常有意思："朕为什么要答应你？朕都不知道你说的杨坚和杨谅到底是何人！"

杨坚虽然说着不着调的话，最后还是准许了杨秀的请求。

立国之初，杨坚就放出豪言：朕的五个儿子都是独孤皇后所生，不会像其他王朝一样，存在兄弟内斗，骨肉相残的悲剧。

是的，兄弟之间确实没有内斗，可他和独孤皇后却拿着老一辈的价值观约束儿子们，最后主动拿他们开刀，这可真是莫大的讽刺啊。自古以来，皇帝们都害怕皇子觊觎大位，鼓励他们不问朝政，过着闲云野鹤般的王爷生活。

拿清朝的八旗子弟来说，他们是真的会享受生活啊。

娶一窝老婆，生一窝孩子，拿着朝廷的年薪，守着自家的土地，安安分分过日子，从不想着夺太子之位，皇帝之位，因此才能子嗣绵延。

杨坚呢，希望每个皇子都能成为圣人，都能够有能力继承大隋的江山。

客观地说，杨广虽然在废太子事件中推波助澜，可只是聪明人的顺势而为，让人挑不出任何毛病，真正的罪魁祸首，其实是杨坚和独孤皇后。夫妇二人如果没有猜忌，没有联合朝臣暗中算计，没有明目张胆地监视太子府，杨广根本就没机会觊觎太子之位，朝臣也不会对杨勇的遭遇视而不见。

当时，太子洗马李纲曾经和杨坚有过一段对话。

李纲："太子的本性是好的，如果陛下可以选择能臣干将辅佐太子，太子足以担起大隋的重任，然而，陛下却以唐令则为左庶子，邹文腾为家令。这两人平日里都是玩弄鹰犬，荒游嬉戏之人，太子怎么能不落得如此的下场，这是皇上的过错，非太子之罪啊！"

杨坚听了这话，心情极其低落，强行解释道："你只知其一，不知道其二，朕也挑选了你这样忠诚耿直的大臣，但是太子不重用你，叫朕有什么办法？"

李纲："臣不受到重用，就是因为太子身边有唐令则那些小人，如果陛下能及时惩治他们，挑选更多有才能的人去辅佐，情况就会不一样。"

杨坚是何许人也？性格骄傲，好面子，喜欢强行挽尊的人。

李纲当面指责杨坚，而杨坚竟然没有暴怒，还说朝廷缺少一位忠贞耿直的尚书右丞，希望李纲能挑起这份重任。这也说明了一件事儿：杨勇被废一事，杨坚事后也反思了许多，至少他愿意接受李纲的部分指责。

太子杨勇被废，蜀王杨秀被囚禁，大隋朝廷的政治格局发生了翻天覆地的变化，如果这是一场有预谋的政治风暴，杨素自然是背后最大的赢家。

隋开皇十二年（592），杨素的职务头衔是尚书右仆射，官居正二品。有隋一朝，能做到如此高位的人屈指可数，说杨素位极人臣，丝毫没有夸张的成分。

那么问题来了，杨素为什么要选择打压杨勇呢？难道真的害怕坐杨勇的冷板凳？杨素不仅投靠了杨广，还主动找蜀王杨秀的晦气，他究竟是何居心？一旦杨家功高震主，权势熏天，不怕招来杨坚的猜忌吗？

关于杨素的动机，史书并没有明确的记载，可如果将杨素的家族放在南北朝的时代背景中，这个问题就好解释多了。

隋仁寿元年（601）正月，也就是杨勇被废之后，杨素升官了，从尚书右仆射晋升为尚书左仆射（隋朝以左为尊），实现了官场上最难的半级跳，鲜有人知道，此时距离杨素上次升官已经有十年之久。

不仅如此，弟弟杨约、杨家的叔叔辈、子侄辈都得到了不同程度的赏赐。年纪大一点的官居尚书、公卿之职，年纪小一点的官居柱国、刺史之职，至于亲朋好友，几乎都是朝中的公务员。

在杨坚的宠信下，杨家成为隋朝当之无愧的超级豪门，家族的土地广袤到无法丈量，府库的钱财多到无法估计，依附杨家的大臣更是不计其数。杨素除了打压皇子，还趁机铲除了不少政敌，比如史万岁、柳彧等人，以至于朝臣们只敢怒目而视，不敢轻易挑战杨素的权威。

不过，这世上从来不缺挑战权威的人，即便是剖腹挖心，他们也在所不辞。

尚书右丞李纲、大理寺少卿梁毗是极少数敢站出来挑战杨素权威的大臣。梁毗曾经给杨坚上了一道奏折：

陛下，杨素仗着有您的宠幸，专权祸国，势力如日中天，朝中的大臣纷纷依附。凡是得到杨素赞赏的大臣都可以轻易升官，凡是杨素看不顺眼的，他都会出手打压。杨素更是将门客安插到各州县的关键位置，实在是居心叵测啊。

不幸的是，在杨坚的眼里，杨素举报太子的行为堪称挽救大隋江山社稷于危亡，因此接到梁毗的奏折后，杨坚龙颜震怒，直接命人将梁毗投到了监狱之中。

不过，梁毗在狱中说的一番话，彻底改变了杨坚对杨素的看法。

梁毗：太子和蜀王被废之时，朝中大臣无不感到痛心和惋惜，唯独杨素和杨约兄弟在朝中上蹿下跳，喜形于色，他们简直就是视国家的不幸为杨家的大幸。就这两件事情中，杨素兄弟残害了多少朝中大臣，陛下您可数得过来吗？

很显然，梁毗摸准了杨坚喜欢猜忌的性格，一举攻克了皇上的心理堡垒。

此事过后，杨坚开始深度反思，杨素啊杨素，你权势熏天，看起来很像是当年的朕啊！让你崛起，岂不是让北周的禅让游戏重新上演？必须压制你一波！

杨坚的旨意很快就下来了：杨素，尚书右仆射是朝廷的宰辅，你呢，也不必事必躬亲，只需要每隔三五天到尚书省去一次，商议一下大事即可。

信号很明显，给你面子，不撸你的官，可你也别给朕添堵了。

杨坚驾崩之前，杨素的政治地位已经开始下降，而杨约则被贬为伊州刺史。杨坚意图剥夺杨素家族的权力，可这一切还是太晚了。优秀的政治家总是懂得提前布局，提前站队，此时，杨素依附的不是你杨坚，而是太子杨广啊。

杨坚驾崩之后，杨广兑现了当初的承诺，加封杨素为正一品尚书令，命他掌管全国政务。彼时，杨素家族的势力已经尾大不掉，又没有太大的政治过错，就连杨广也只能躲在宫中画圈圈诅咒，希望杨素快点儿死掉。

客观地说，如果杨素不死，凭杨家在朝中布局的政治势力，借着杨坚改革引起的阶层矛盾，完全有可能拉拢关陇军事贵族，趁机拉杨广下马。事实上，杨广还是很幸运的，因为杨素提前去世，无法完成他的计划。

可是，杨广又很悲剧，因为杨素的长子杨玄感继承了父亲未完成的遗愿，他在大隋王朝最巅峰的时候发动了一场莫名其妙的军事政变，以至于让隋炀帝丢了江山社稷。也许，冥冥之中，老天爷已经写好了所有的剧本吧。

仁寿宫的变局，杨广不能背锅

隋仁寿二年（602）八月十九日，58 岁的独孤皇后在永安宫去世。关于独孤皇后去世的原因，史家没有细说，不过可以肯定，痛失亲人肯定是最重要的原因之一。

古往今来，不管是皇帝还是平凡的百姓，只要都是父母，肯定会有一颗慈爱之心，没有谁能够忍受白发人送黑发人的人间悲剧。

秦王杨俊含冤而死，长子杨勇生不如死，蜀王杨秀被处囚禁，昔日和睦的家庭顿时土崩瓦解，独孤皇后因为痛失亲人，精神濒临崩溃，最终含恨而终。杨坚呢，除了忍受丧子之痛，还要承担独孤皇后仙逝的痛苦，其心情可想而知。

悲伤是肯定的，可杨坚毕竟是皇帝，总能找到排遣郁闷的法子！比如女人。

为了填补内心的空虚，杨坚日夜和陈氏、蔡氏饮酒作乐，疯狂缠绵，意图用美色来麻痹和慰藉他晚年脆弱的心灵。殊不知，酒是穿肠毒药，色是刮骨钢刀，再加上每日沉浸在失去亲人的痛苦之中，杨坚的身体每况愈下。

隋仁寿四年（604）正月二十七日，杨坚传下旨意，搬到郊外的仁寿宫居住。

隋仁寿四年（604）正月二十八日，杨坚再传旨意，朝廷的赏赐、财政支出等大事，悉数交给太子杨广处理。

接下来的半年时间，杨坚虽然有美女陪伴，可就是感觉到很空虚，很无助。陈氏和蔡氏善解人意，温柔贤惠，让他挑不出任何毛病。然而在杨坚的心里，独孤皇后才是他真正的精神伴侣，闲来无事，杨坚喜欢回忆过去的点点滴滴，然后陷入无尽的思念和自责当中。

人一旦丧失了生活的希望，精神就会开始崩溃和憔悴，至于身体机能，也会不由自主地丧失。杨坚明白，自己的大限就快到了。

隋仁寿四年（604）七月初十，杨坚传下旨意：命尚书左仆射杨素、兵部尚书柳述、黄门侍郎元岩等朝廷重臣前往仁寿宫，令皇太子杨广在仁寿宫大宝殿伺候。

直到此时，大隋的皇权正式迈入交接的阶段。

柳述（570—608），兰陵公主的丈夫，杨坚的女婿。想当年，兰陵公主的丈夫王奉孝去世，杨坚便想给她再找一门亲事，钦定的候选人有两个，一个是晋王妃萧氏的弟弟萧玚，一个是太子杨勇的贴身侍卫柳述。

杨坚已经透露了消息，说要把兰陵公主嫁给萧玚，可后来却突然变卦。

一边是晋王府，一边是太子府，很显然，杨坚还是偏向了太子府。其实原因很简单，杨勇当时还是太子，也没有被杨坚猜忌，仅此而已。

不过，此事却让杨广非常不爽，不管怎么说，公主抛绣球，晋王府还是输给了太子府嘛，后来两府之争，柳述和杨素、杨广几乎是水火不容。

关于仁寿宫的权力交接，《资治通鉴》记载的过程大致是这样的：

隋仁寿四年（604）七月十二日，杨广担心杨坚去世后会引发混乱，因此将自己的疑虑写了下来，交给了亲信杨素，杨素则给杨广回信，让他放宽心。不幸的是，杨素的回信被宦官误送给了病重的杨坚，杨坚看完之后极为愤怒。

隋仁寿四年（604）七月十三日清晨，宣华夫人陈氏离开杨坚寝殿，打算去后面更衣，却遇到了杨广，杨广对宣华夫人起了色心，当场表示要和她发生超友谊关系，宣华夫人顽强抵抗，杨广没有得手。宣华夫人回殿之后显得很狼狈，脸颊上还有泪痕，杨坚便问她出了什么事儿，宣华夫人宣称太子杨广想要霸占她。

杨坚听完之后怒气冲天，几乎是使出吃奶的力气怒吼道：这个畜生，朕怎么可以将国家大事托付给他，独孤误了朕的大事。随后，性命垂危的杨坚找来了兵部尚书柳述、黄门侍郎元岩。

杨坚："召我儿！"

柳述："臣这就去找太子。"

杨坚："非也！是勇儿。"

据史料记载，柳述走出大殿后写了一封诏书，并交给杨素过目。

杨素听说皇帝要找杨勇，吓得六神无主，他急忙和杨广商议，最终决定先发制人。随后，杨素假传圣旨，逮捕柳述、元岩二人，并将他们囚禁起来。

做完了这一切，杨广让太子宫的侍卫进殿，并轰走了所有宫女和太监。没过多久，宫内传出消息：杨坚驾崩了。

后宫的嫔妃们听说杨广控制了仁寿宫，一个个吓得花容失色。约莫到了黄昏时分，杨广派遣宦官给宣华夫人送了一个锦盒。宣华夫人拿着锦盒，吓得双腿直哆嗦，心想，就因为不让你奸污，所以就要给我送鸩毒？

宣华夫人想了许久，最终做好了赴死的准备，可当她开启锦盒，居然发现里面装着几枚非常精美的同心结。身为后妈，却被儿子调戏，宣华夫人觉得自己受到了奇耻大辱，因此断然拒绝了杨广的好意，打算死磕到底。宫女们为了自保，强行让宣华夫人下跪，她勉强接受。当天晚上，杨广就奸淫了宣华夫人。

一个看似合理，却充满着矛盾的故事。

这件事情里面有几个疑点，可以拿出来分享一下：

比如，杨广和杨素都在仁寿宫侍奉皇帝，杨广如果有什么疑问，为何会选择写信，有什么话不能当面和杨素说吗？要知道，杨素得知杨坚要派人去找杨勇，立马就和杨广见了面，商定了接下来的军事行动啊。

比如，究竟杨素是个蠢蛋，没把话说清楚，还是杨素的手下是个蠢蛋，怎么会把信件莫名其妙地送到杨坚的手里？两人究竟在信中说了什么话，竟然惹得杨坚发怒，以至于要召废太子杨勇入宫继承皇位？

要知道，杨广是大隋法定的太子，杨坚早就把军国大事交给他处理，杨广需要做的就是等待父皇蹬腿，顺理成章地登基为帝。如果仅仅是确认宫内和宫外的安全保卫问题，纯属杨广的职责，杨坚为何会发怒？如果是确认废太子杨勇和汉王杨谅的动向，以免节外生枝，杨坚为何会发怒？如果是下令诛杀杨勇，更是多此一举，想想看，杨勇早就被杨广的人马包围起来，他需要提前杀人吗？

杨广更不可能在信中去谈他想霸占皇帝妃子的风流想法。

前面已经说过，杨广并不是好色之徒，为何会在如此关键的时候，对一个年近30岁的女人突然产生兴趣，还要当着那么多宫人的面去调戏她？《资治通鉴》里面写了不少八卦，却从没有交代过他对宣华夫人感兴趣啊。

包括后来杨玄感起义、各地的军阀起义，都没有把杨广奸淫宣华夫人，谋杀父皇的事儿拿出来宣传。这些，都是司马光算在隋炀帝身上的几笔糊涂账。

历史有许多不解之处，拿不到确凿的证据，谁也无法盖棺定论。不管是什么历史学家，都不免戴着有色眼镜，先入为主地品评历史人物。

遗憾的是，史家对隋炀帝的诬陷，还在继续。

贰

千古一帝的雄心

汉王杨谅造反，河东一地鸡毛

隋仁寿四年（604）七月二十一日，36岁的杨广登基称帝，君临天下，史称隋炀帝。

接管政权之后，杨广做的第一件事就是调回杨素的弟弟杨约，让他担任了首都军区的总司令，全权接管了长安城的保卫工作。第二件事，派人假传圣旨，处死了废太子杨勇。政权稳定之后，杨广重新追封杨勇为房陵王，却刻意规定杨勇的子孙不得继承他的王位。

不管怎么说，杨广对老哥还是有些愧疚的。上任之后立马追封老哥，说明夺位一事干得不太讲究，他自己也承认了。规定杨勇的子孙不能继承王位，说明此事他并没有做错，政治立场是没问题的。这就是政治智慧，必须得点个赞啊。

对兵部尚书柳述，还有黄门侍郎元岩，杨广觉得他们一个是太子的人，一个是老爹的人。这样吧，你们呢，官儿就别做了，将你们发配到千里之外，咱以后江湖不见。

杨广傲视朝堂，发现大家都很听话，没有搞什么小动作，因此没有效仿前朝展开政治大清洗。不过，他却将目光转移到了北方的太原，老弟杨谅的身上。

杨坚有五个儿子，要说最得宠的，其实是小儿子杨谅。

当初，杨坚封他做了并州总管，将黄河以北的五十二州全都交给他掌管，允许他可以便宜行事，决策不必受到朝廷的法度干扰。

很有趣吧，杨坚为了贯彻执法守法的价值观，先是将秦王杨俊打入冷宫，后来又囚禁了蜀王杨秀，却单独规定汉王杨谅不必遵纪守法。也不知杨坚晚年的心态有所转变，还是真的有人格分裂。

杨勇被废的时候，杨谅的心里就老大不舒服。

杨秀被废的时候，杨谅就有了兔死狗烹的感觉，于是以突厥活动频繁为由，在并州等地招兵买马，修缮兵器，准备随时找人干仗。

杨坚驾崩之前，杨谅蠢蠢欲动，准备发兵长安城，和二哥争一争太子之位。临行之前，他让手下的术士卜了一卦，结果说出兵不利，这让他非常懊恼。

得了，还是别去了，在家待着吧。

在杨广的眼里，杨谅就是一根非拔不可的毒刺。杨广登基之后便打算收拾这个小弟弟，因此派车骑将军屈突通带着伪造的先帝遗嘱前去并州召唤杨谅。

杨广可能不知道，老爹和弟弟先前有过亲子约定。如果是老爹亲自召唤，诏书的“敕”字旁边会多加一点，另外还特地给了杨谅一半玉麟符（刻有麒麟的玉质符信，和虎符类似），只有两相印证，诏书才可信。

看得出来，杨坚真的很爱杨谅。他可能是担心有人发动政变，谋夺杨家的江山，这才给杨谅上了双重保险，以免这个傻儿子被人骗到长安被杀掉。

诏书刚到并州，杨谅就看出了破绽。

呵呵，老哥，弟弟正愁找不到借口呢，你居然假传父皇的圣旨。

大家一起反起来！杨谅很有底气，因为他手握五十二个州的行政大权，不缺钱也不缺粮啊。

杨谅可能没想到，这帮官员虽然是他的手下，却也是朝廷的公务员，他们端着铁饭碗，孩子一堆，妻妾成群，没事造啥子反嘛，神经病。

汉王殿下，咱们坚决不干，你自己玩吧。

就连杨谅身边的谋臣皇甫诞、豆卢毓等人都劝他不要轻举妄动。

遗憾的是，杨谅的眼里只有长安城，只有皇位，什么谏言也听不进去。他下令将皇甫诞等人关了起来，起用了一批真心实意造反的亡命之徒，随后尽起并州数十万兵马，就这样宣布造反了。

杨谅起兵很突然，而且手握数十万大军，如果运作得当，还真有可能和隋炀帝一决高下。可惜的是，杨谅表面上看起来强横无敌，可骨子里却很柔弱，没有上阵杀过敌，胸中又无韬略，更没有识人之明。

杨谅起兵之后，问的第一句话就是：咱们该如何打仗？

幕僚们给他出了主意，如果是一路杀奔长安城，就任用关中人为将，如果是割据北齐的旧地，那就任用关东人为将。

这话说得，和没说一样。

杨谅很头疼，不知道该采用什么策略。

关键时刻，汉王府的总管裴文安让他看到了希望：齐王殿下，河北、山东都有您的人马，咱们只需要派兵防守，然后派遣一路大军，直接杀奔长安，弄死杨广，号令天下，大事可成啊。

杨谅是个没主见的人，听闻此言，第一反应就是妙不可言。

事实上，杨谅犯的最大错误就是分兵。

大将军余公理：出兵太谷，前去攻打河阳（今河南省焦作市）。

大将军綦（qí）良：率兵出滏（fǔ）口，奔黎阳（今河南省鹤壁市浚县）而去。

大将军刘建：率兵出井陉口，攻取燕、赵之地。

柱国乔钟葵：率军出雁门（今山西省忻州市代县）。

柱国裴文安、纥单贵、王聃等人：率军直指京师。

杨谅啊，你明明是一支造反的部队，却打出了朝廷正规军的气势啊。想想看，造反者不应该用最快的速度夺取长安，弄死杨广，号令天下吗？

河北、河南、雁门的军队惹你了？

如果别人要袭击你，出兵防备也没用。

如果别人想跟着你混，却被你逼成了敌人。

如果别人要坐山观虎斗，却被你逼着起兵自保。

毫无疑问，分兵是最愚蠢的决定。

杨谅的大本营在河东，起兵之后，最先崩溃的自然是河东地区。

蒲州（今山西省永济市）长史高义明、蒲州司马荣毗成为第一批被擒的官员。

首战大捷，可喜可贺啊。

裴文安：汉王殿下，我这就安排渡河，咱们一举拿下长安，如何？

杨谅：好的好的，赶紧去安排吧！

然而，裴文安还没赶到黄河渡口，杨谅就改变主意了：先不渡河，那个谁，纥单贵，拆掉黄河渡桥，咱们据守蒲州吧。

裴文安觉得莫名其妙，战略部署怎么能随意更改呢，太儿戏了吧？如果据守蒲州，那就是自绝于天下啊！可惜的是，杨谅拒绝给出任何解释。

不过，咱们猜得出来，在太原的时候，杨谅纯粹是脑子一热，激情造反，可是逼近长安，尤其是渡过黄河，要和二哥面对面较量的时候，杨谅还是服软了。

二哥何许人也，足智多谋，阅历丰富，军事素养极高。和他斗，杨谅确实没有底气，因此临阵变卦，决定稳妥一点，镇守河东。

长安和河东本就不远，河东丢失后，朝廷很快就做出了反应。

平叛的人叫杨素，大隋王朝为数不多的文武全才之一。

史料记载，杨素当即组织了一批精兵强将，乘着夜色的掩护渡过黄河，将驻守在蒲州的纥单贵击败，并招降了杨谅的大将王聃等人。随后，隋炀帝任命杨素为并州道行军总管、河北道安抚大使，朝廷迅速集结了数万人马，将杨谅彻底阻击在黄河北岸。与此同时，朝廷还派遣李子雄前往幽州征调兵马，意图诛灭杨谅在河北、河南等地的军队。

即便如此，朝廷的十来万兵马和杨谅的数十万兵马也无法抗衡。

据史料记载，官军将士看到漫山遍野的叛军，吓得魂飞魄散，多亏杨素亲自压阵，砍了数百名临阵怯战的将士，才稍微组织起一点儿反抗。

战场的局势很明显，官军人心不稳，一触即溃。汉军将士看到了有利时机，纷纷请战。然而，杨谅却拒绝了主动进攻的建议，继续决定据城防守。

造反的是你，打防守的也是你，你究竟要闹什么玩意儿？过家家吗？

不错，杨谅摇摆不定，刚愎自用，最终引起了属下们的强烈不满，他们几乎已经判定，杨谅的造反行动必定会以失败而告终，因此很理智地投降了官军。

无数的历史证明，想要成大事者，必须把脑袋拴在裤腰带上玩儿。

看看杨谅，为了夺取皇位，起初还是愿意赌上自己身家性命的，可到了关键时刻，他却没敢来一次世纪豪赌，以至将大好局势拱手送人。就这样，原本占据绝对优势的杨谅，现在离帝位已经越来越遥远。

隋仁寿四年（604）九月，起兵才两个月的汉王杨谅在晋阳兵败被捕。

大兴宫内，大隋君臣正在商议善后事宜。

大家就以汉王杨谅的命运为题，自由地发挥一下想象力吧。

皇上！杨谅谋反逆天，应该处以极刑！

皇上！杨谅蛇蝎心肠，该当处死啊！

大家七嘴八舌，讨论得非常热烈。杨广看在眼里，乐在心里，你们都是一帮凡人，我告诉你们，什么叫君威难测。

杨广：将汉王杨谅从宗室除名，贬为庶人，幽禁在长安城吧。

群臣蒙了，这就没了？确实没了，这就是杨广的本意。

既然不杀主子，那就得杀奴才啊。据说，此次跟随杨谅造反的州多达十九个，杨广一声令下，对杨谅的部族和亲信大开杀戒，被牵连的家庭多达二十万户。

自此，隋文帝的五个儿子，除了杨广做了皇帝，其他四人都以悲剧收场。

豪言犹在耳边啊：前朝许多皇帝因为宠信嫔妃，导致嫡子和庶子自相残杀，看看咱们杨家，五个孩子都是朕和皇后所生，断然不会发生这种事情。如果杨坚泉下有知，肯定会自打嘴巴，怪自己把牛皮给吹大了。

杨坚为了保全大隋的天下，特地将皇子分封到各地，让他们掌管地方上的财政和军事大权，期望兄弟齐心，共同保卫大隋的江山社稷。然而，历史却和他开了个大玩笑。他原本想要保全的儿子，要么被他自己吓死，要么被他囚禁，唯一宠幸的汉王杨谅还起兵造反，差点引发大隋的全面战争。

司马光在《资治通鉴》里面做了一段评论，笔者觉得很有意思：皇帝宠信嫔妃，让她们和皇后平起平坐；外戚、重臣可以和皇帝一样发号施令；强势诸侯国和中央政权实力相当；庶子和嫡子旗鼓相当，这些都是国家祸乱的根本原因。隋文帝虽然看到了嫡庶之争，却忽视了其他三个，以至于最后酿成惨祸。

迁都的真相：烂尾的大兴城，朕如何继承？

客观地说，隋炀帝争夺太子之位，虽然使用了一些争宠的手段，却是在正常的游戏规则之下，没有任何毛病。隋炀帝问鼎九五之尊，更是名正言顺，至少在隋朝初期，时人并没有拿这些事儿来怀疑和指责他。

隋炀帝平定汉王杨谅之后，就开始了他辉煌的帝王生涯。

隋仁寿四年（604）十月，隋炀帝下了一道诏书：免除妇人、奴婢、部曲（古时私人家里的兵丁）的赋税，规定男子22岁的时候才算成人。这样的国策，绝对是国家繁荣的象征。只有国家富裕了，才不需要找奴婢、部曲这些阶层要钱。

隋朝建国之初，男子17岁就算成年，需要服兵役和徭役，杨坚后来将标准提高到21岁，隋炀帝此举，虽然有收买人心之嫌，却也是利国利民的好政策。

隋仁寿四年（604）十一月，隋炀帝亲自前往洛阳视察。回到长安之后，他下达了一个非常重要的诏命：在洛阳修建东都。这是隋朝最重要的历史事件，不能不大书特书。

江湖传闻，有一个叫章仇太翼的术士曾经向隋炀帝进言，说他命属木，而雍州属金，金克木，隋炀帝不适合在此地长期居住，应该换一个都城。无独有偶，后世的武则天迁都洛阳时，也有传闻说武则天在长安害死了很多人，害怕他们在半夜三更前来索命，因此迁都洛阳。关于这样的说法，咱们该如何看待呢？

总而言之，不管古今，总有人喜欢牵强附会，歪曲史实。

不可否认，章仇太翼是隋朝大名鼎鼎的预言师，在江湖上颇有名望，深得统治者的喜爱。不过，他真的能影响统治者的决策吗？

拿杨坚来说，他生病之后，想要到仁寿宫居住，章仇太翼便劝他不要去，因为去了之后可能会对杨坚不利，然而杨坚只是宛然一笑，毅然前行。在杨坚的眼里，章仇太翼只是皇家的御用玩物而已。也许，章仇太翼确实说过劝隋炀帝迁都的话，可是将迁都洛阳的原因全部归咎到章仇太翼的预言上，未免有些玩笑。

咱也可以这样说：隋炀帝为了大局考虑，本就想迁都到洛阳，后世的人穿凿附会，故意夸大了章仇太翼的影响力，岂不是更合理？

事实上，隋炀帝迁都洛阳，自然有他的考虑。

首先嘛，聊聊城市的建设。

长安城，自古以来就是许多王朝的首都，龙脉所在，深受帝王的青睐。

从西汉开始，长安城就成了帝国的政治中心，虽然经历了许多的辉煌，但却改变不了几个事实：古代的建筑都是木质的，很容易腐烂。再加上宫廷政变和无数次战火的蔓延，都城屡次被火焚烧。古代的建筑水平相对不高，以至于城市的排污系统，以及空间布局显得不太合理。

到了隋朝的时候，长安城已经破败不堪。比如，城市道路泥泞，粪便随处可见，水源遭到污染，几乎没法住人。

杨坚登基之后，仔细视察了一番长安城，最后得出了一个结论：花时间和金钱来改造这座旧城，还不如新建一座都城呢！

经过一番考察和算卦，新都城的地址定在了龙首原的南坡。

龙首原位于西安市的北部。相传，秦朝的时候，有一条黑龙从秦岭来到渭河饮水，它经过的地方形成了一条形状如龙的土山，地势要比其他的地方高出很多，关中人一般称呼地势很高的平地为“原”，所以才有了龙首原的说法。

汉代的长安城修建在龙首原的北坡，隋朝的长安城，则修在了南坡。

负责修建新城的人有两个：大臣高颎、建筑大师宇文恺。

宇文恺（555—612），出生在西魏的军事贵族家庭，可他却爱好读书，尤其对建筑和城市规划感兴趣，宇文恺埋头苦读之下，逐渐成了建筑领域的专家。

当然，再好的专家也需要职业发展平台，更需要一鸣惊人的成就，很显然，隋朝的长安城正是宇文恺人生的巨大转折点。

宇文恺：皇上，新城的名字叫啥好呢？

杨坚想了想，自己曾经被封为大兴公，因此就取名为大兴城吧！

大兴城由宫城、皇城和郭城组成：

宫城是皇帝和嫔妃生活的地方，也供皇帝和大臣们商议政事，主要包括大兴宫、大明宫和兴庆宫三大宫殿群，其中还有万春殿、千秋殿、甘露殿、神龙殿、安仁殿等皇家建筑。

皇城在宫城的南面，以街道相隔，是朝廷的政府机构和皇室宗庙所在地，主要建筑有太庙、太社和六省、九寺、十八卫等宫署，杨坚为了显示皇权至高无上的地位，特地下诏，皇城之内不允许平民百姓居住。

郭城是老百姓和外国商贾的居住之地，由八条南北向大街，十四条东西向大街构成，时人称之为“里”，郭城里面最著名的就是都会市（唐代称为东市）、利人市（唐代成为西市），是专门用来搞商业贸易的地方，繁荣之极。

大兴城是当时世界上最大的城市，面积竟有八十四点一平方公里，是汉代长安城的二点四倍，是明清北京城的一点四倍，是同时期拜占庭王国都城的七倍。

隋炀帝修建的洛阳，也不过四十五点二平方公里。

隋开皇二年（582）六月，大兴城开始兴建，隋开皇二年（582）十二月，大兴城基本竣工，隋开皇三年（583）三月，大兴城正式投入使用，前后加起来总共九个月的时间。而洛阳城呢，隋大业元年（605）三月开工，隋大业二年（606）二月竣工，前后花了将近十个月的时间。

我们常说，隋炀帝每月调集二百万民工兴建洛阳城，可占地面积比洛阳城几乎大一倍的大兴城究竟用了多少民工，我们完全找不到数据。可以想象，修建大兴城需要花费多少资源，某些史学家直接省略了这些细节。

大兴城虽然破了许多记录，但是城市依旧面临许多问题。

比如，城市的道路确实很宽，可修建的时候，全部以土来填充，每到下雨的时候，城内的道路泥泞不堪，车马和人在上面走过几次，道路就如同泥淖。

至于城市的排水设施，宇文恺确实做好了规划，可杨坚为了省钱，只修建了一条排水小沟。试问，一条臭水沟如何能承担大兴城数十万人口的日常排泄？只要是天降大雨，生活污水和自然污水便肆意横流，恶臭漫天。

再比如，大兴城的地势偏低，一旦到了夏天，空气异常湿润，整个城市酷热难耐，到了秋冬之际，却又非常寒冷。

杨坚虽然修了大兴城，可住了两年之后就发现宫城的体验感实在是太差了，隋开皇十三年（593）二月，他命令文恺在岐州重新选址，修建了一座华丽程度不逊色长安宫城的仁寿宫，也称避暑行宫。客观地说，杨坚因为吝啬钱财，以至于大兴城变成半吊子工程，为了让自己住得更爽，又不惜成本修建了仁寿宫。

苦的是谁？儿子杨广啊！

上任之初，杨广就看出来了，大兴城实在是不行，这问题必须得解决。

城市有问题，咱可以想办法解决，可粮食供给问题该如何解决？

关中地区虽然富饶，可隋朝的人口增长也令人咂舌啊，老百姓全都涌到了长安城，朝廷总得想办法解决他们的温饱吧？更何况，长安是帝国首都，肩负着粮食、钱财的收储和转运，首先，得把粮食运进来，其次，还得把粮食运出去。

杨坚不愁粮食的来源，只愁粮食的运输能力。

当时，南方的粮食主要靠水运进京，中途要经过黄河和渭河，而渭河的河床底部沙土堆积，大船根本没办法在上面行走，因此到了渭河之后，运输队必须把粮食从船上卸下来，用车辆送进长安。

隋开皇三年（583），这个问题就已经很严重了。

为了解决这个幸福的烦恼，杨坚总共起了四座国家级粮仓：

黎阳仓：位于卫州黎阳县。

河阳仓：位于洛州。

广通仓：位于华州。

常平仓：位于陕州（今河南省三门峡市陕州区）。

以后征收的粮食，不必再运到长安太仓，直接存储在国家粮仓即可。

杨坚还放出话来，老百姓不是要服役嘛，为朝廷运送粮食也算。只要能运粮四十石，都可以免除征戍。这样一来，朝廷得了方便，百姓得了实惠，可谓一举两得。

即便是这样，杨坚还是没办法解决粮食运输的难题。因为隋朝实在是太富有了，从各地运送过来的粮食源源不断，朝廷必须想尽一切办法将它们存储起来。

隋开皇四年（584），杨坚又下令了，命建筑大师宇文恺修建广通渠。

广通渠源起大兴城东，一直到潼关县靠近黄河的地方，总计三百余里。

广通渠解决了长安到黄河的水运问题，可是从江南到黄河，黄河沿岸的州县到黄河，以及黄河的疏通问题，杨坚在此后的二十年时间里，几乎是束手无策。这也是隋炀帝继位之后，不惜人力和财力，大肆上马河道工程的根本原因。

隋仁寿四年（604）十一月初四，隋炀帝下达诏书：征调民夫修建一条从龙门（今山西省运城市河津市）到长平（今山西省晋城市高平市）、汲郡（今河南省新乡市卫辉市）、临清关（今河南省焦作市修武县境内），越过黄河至浚仪（今河南省开封市）、襄城（今河南省许昌市襄城县），到达上洛（今陕西省商洛市商州区）的大型壕沟。

从地图上可以看得出来，这条超级壕沟的长度达九百公里左右。不过，民夫们在修建的时候，充分利用了现存的山峰和河流，整个壕沟挖完之后，将成为长安、洛阳在北部、东部和南部的重要防御工事。

说白了，这条壕沟拱卫着长安，以及即将成为首都的洛阳城。

历史证明，隋炀帝上任之初，就已经有了构建中央集权帝国的全盘考虑。

隋仁寿四年（604）十一月二十一日，隋炀帝下诏：修建洛阳城。

隋炀帝特意强调：宫室之制，本以便生，今所营构，务从俭约。意思就是：在建筑结构和装修风格上，洛阳城应该以节俭为主。

有人可能会说，隋炀帝的节俭是面子工程，是虚伪的表现。

问题是，隋文帝杨坚在修建仁寿宫的时候，也是这般态度，宇文恺和杨素为了迎合上意，不敢节俭，宫殿修完之后，杨坚乐呵呵地入住，毫不含糊。

只能说，这是政治家的生存智慧，无关虚伪不虚伪。

那谁来主持洛阳城的修建呢？

隋炀帝钦点了三个人：杨素、杨达、宇文恺。

杨素，你来担任总负责人，物资采购，人力征调工作就交给你了。

杨达，你是隋朝宗室，由你担任监督大臣，负责工程的进度和质量。

宇文恺，你是建筑大师，城市规划和建筑方案，你来操盘。

隋大业元年（605）三月，工程勘察、设计图纸、取料、后勤保障等工作都已完成，工程进入到实质性建设阶段。

按照规划，洛阳城由宫城、皇城、郭城三部分构成。由于地形的关系，宇文恺在设计的时候，没有参考大兴城完全对称的传统城市布局。

洛阳的宫城和皇城坐落在城市的西北部，整个城市呈南宽北窄的不规则长方形，洛水由西向东穿城而过，将城市分为南北二区。

宇文恺考虑到大兴城是个半吊子工程，因此在设计和建造洛阳城的时候，花钱非常大方，整个城市功能齐备，宫殿群宏伟壮观，绝对担得起首都的名号。

工程完毕之后，隋炀帝非常满意，下旨封宇文恺为开府仪同三司。

洛阳是一座新建的城市，人口导入是个大问题啊。

为了让洛阳城迅速繁荣起来，隋炀帝一道圣旨，将洛阳附近的百姓，以及各州的超级富豪全部迁进城中，至于中央政府，自然也是要搬迁的。

人口集中之后，隋炀帝又修建了两个国家级粮仓。

兴洛仓：位于今河南省郑州市巩义市河洛镇。

回洛仓：位于今河南省洛阳市瀍河区瀍河乡。

说白了，治理天下，无非就是管理好钱财和粮食，大隋王朝想要成为名副其实的中央政权，通过长安城去遥控东西南北，无异于痴人说梦。

关于隋炀帝迁都洛阳的原因，其实还有很多说法。

比如，长安城是关陇军事贵族的大本营，隋炀帝想要实现自己的理想抱负，势必受到他们的限制，为了彻底摆脱大老爷们的控制，只好另起炉灶。

比如，洛阳位于中国的正中央，政命的下达非常便捷，便于中央集权。

其实还有一点，长安城虽然是隋朝的都城，可杨广在长安生活的时间并不长，从情感来说，杨广对这座古都的感情非常匮乏。

有句话说得好，一万个读者眼中，有一万个哈姆雷特。

隋炀帝迁都洛阳，肯定不会只有单一的原因。

只有历史才能证明，迁都洛阳，对帝国的统治来说，是完全正确的决策。

千古工程大运河

如果说洛阳城算是恢宏气派，那么西苑就稍显奢华了。

隋大业元年（605）五月，隋炀帝在洛阳城西选了一块地，决定仿照汉武帝的上林苑，建造一座别开生面的皇家园林，史称西苑。西苑之中，最值得一提的就是方圆十余里的人工湖（别名北海）。据说，湖中有蓬莱、方丈、瀛洲三座假山，假山之间相隔三百步，高达百余尺（三十多米高），山上还建有通真观、习灵观、总仙宫等建筑。人工湖内的建筑错落有致，内置机关，时隐时现，颇有仙气。

西苑的北面是一条蜿蜒盘亘的大水龙，名为龙鳞渠。龙鳞渠依据地势高低，曲折跌宕，最终流进人工湖，与园林景观融为一体。

龙鳞渠经过的地方，又修建了十六座宫院，院内堂殿楼观，极其华丽。据史料记载，每座宫院都是临渠而建，渠上搭建了形态各异的飞桥，渠边又栽种了杨柳和名贵花草，清风拂过，杨柳依依，修竹摇曳，花香袭人。

据说，每座宫院都有自己的主人，可是翻遍史书，也没发现隋炀帝有这么多的嫔妃。因此，这些宫院可能是为了西苑景观的完整而设计，肯定有女人居住其间，但可能是普通的宫女。

春夏之际，西苑荷花盛开，道旁鲜花点缀，岸边杨柳扶风，美艳的宫女们在水中悠闲地划船，争相采摘湖中的菱角，春色和美色一望无际。

可到了秋冬季节，西苑树木枯萎，花草凋敝，光秃秃的一片非常难看。隋炀帝想了个办法，将丝绸和锦缎制成假花和假树，每次前往西苑的时候，总会让宫女提前装饰园林，这样就可以一直享受着五彩缤纷的西苑美景。

不得不说，西苑工程确实有些铺张浪费，据史料记载，西苑建成之后，隋炀帝居住的次数非常有限，基本上处于闲置的状态。不过，西苑堪称中国皇家园林的鼻祖，甚至影响了圆明园、紫禁城西苑的建筑风格。

一边是如火如荼的洛阳城工地，一边是热情似火、豪情万丈的隋炀帝。

据史料记载，洛阳的工程还没完工，隋炀帝就下达了另外一道旨意：尚书右丞皇甫议，你收拾收拾，立即前往河南、淮北等地征调民夫，修建通济渠。

事实上，从春秋战国开始，历代统治者就在挖沟渠，尝试打通南北水运。

连接长江和淮河的古邗（hán）沟，是吴王夫差挖的。

连接黄河和淮河的鸿沟，是魏惠王魏罃（yīng）挖的。

连接黄河和泗水的古汴渠，是西汉统治者给挖的。

杨坚也开凿过沟渠，不过只是疏通了山阳（今江苏省淮安市淮安区）和扬州之间山阳渎，也就是古邗沟的水运。

说得简单点儿，想挖沟渠的皇帝有很多，可谁也没能彻底解决南北的水运问题。直到隋炀帝横空出世，这道世纪难题才被顺利地解开。

通济渠，隋朝大运河的一期工程，从河南省荥阳市汜水镇的板城渚口开始，出黄河而下，经过郑州、开封、商丘、淮北、宿州，一直到江苏淮安市盱眙县境内的淮河，全长大约六百五十公里。盱眙到山阳是自然湖泊，不需要动用太多人力。山阳到扬州已经有现成的沟渠，隋炀帝派人稍微疏通即可使用。

通济渠还有一段，从洛阳的西苑开始挖掘，引洛水和谷水入河，经过偃师、巩县，最终流入黄河，这样一来，大运河便成功连接了洛阳和扬州。

通济渠的两岸栽种了无数棵柳树，并修建了供车马行走的御道。不仅如此，从长安到扬州的路上，一共修建了四十余处行宫。

隋大业元年（605）三月，通济渠正式开挖；隋大业元年（605）八月，通济渠正式投入使用。

隋炀帝开创了绝无仅有的历史记录，却也付出了惨痛的代价。据说，开挖通济渠的时候，将近有一百万人忙碌在大运河沿线，由于工期紧张，老百姓不得不日夜加班，累死的、饿死的、病死的，包括被打死的老百姓不计其数。

隋朝大运河是中国历史上最伟大的工程，堪比秦始皇的万里长城。可是，皇图伟业的背后，是皑皑白骨的堆砌，是无数个支离破碎的家庭。

关于大运河，只能给出这样的评价：前人栽树，后人乘凉。

如何评说，就看你站在谁的立场来看待此事。

开路是为了行车，开河，自然是为了行船。

隋大业元年（605）三月三十日，大运河开挖的同时，隋炀帝发布了另外一道诏令：黄门侍郎王弘，你收拾收拾，立刻去江南督造龙船吧。

王弘离开的时候，隋炀帝给了他一个名单，上面记载了所有可能乘船的人，包括皇帝、王子、公主、宫女太监、大臣、番邦使臣、和尚、道士、尼姑，还有朝廷十二卫的将士，共计十万人左右。造多少船，花多少钱，隋炀帝不管。

隋大业元年（605）八月，王弘发来贺电：龙船建造完毕，隋炀帝可以随时启程。

关于隋炀帝南下扬州的说法，可以说是千奇百怪，不过万变不离其宗：似乎都是为了给隋炀帝扣屎盆子，没有一句好话。

比如，隋炀帝是为了看江南的美女。这样的说法虽然容易让人“信服”，却也不攻自破。原因很简单，隋炀帝并非好色之徒，更何况，他在扬州住了十年，什么样的女人没有见过？如果真是为了女人而来，此人又是谁？史书上为何只字不提呢？凭皇帝的身份，完全可以把江南美女放养在后宫，何须开挖大运河，建造数万艘龙船，带着无数人南下？

可以肯定，为女人下扬州的说法是毫无根据的。

再比如，隋炀帝是为了看琼花而下扬州。

琼花是如今扬州的市花，可关于它的来源，说法也很多。

相传，隋朝的时候，扬州东门外住着一位名叫观郎的小伙子，有一天，他在河边散步，看到了一只受伤的白鹤，心地善良的观郎便将它带回了家。后来，观郎结婚，白鹤便衔来一粒种子表示祝贺，观郎将种子埋入土中之后，长出了一株琼花，据说每隔一个小时就会变换一种颜色，绚丽多彩，举世罕见。隋炀帝听说之后，便打算来扬州看琼花，但琼花耻于面圣，自行凋零。

还有一种说法，隋炀帝有个妹妹叫杨琼，有沉鱼落雁之貌，隋炀帝便想将妹妹据为己有，杨琼羞愧难当，最终选择了自杀。隋炀帝为了掩盖真相，把妹妹的尸体运到扬州安葬，谁料想，下葬的地方居然长出了一株奇异的花朵，颜色洁白如玉，花香沁人心脾，时人称之为琼花。隋炀帝听说之后，便想来看，琼花自行凋落，隋炀帝死后第二年，琼花再次盛开。

这些光怪陆离的说法，全都出自明清的小说，比如《隋炀帝艳史》《隋唐演义》《说唐演义全传》，故事讲出来，真假也就不辩自明。

关于真实的原因，咱先别下结论，先看看隋炀帝下扬州的过程吧。

隋大业元年（605）八月十八日，隋炀帝乘坐龙船，从洛阳正式出发。

据说，隋炀帝的龙船名叫小朱航，高四十五尺（大约十五米），长二百尺（大约六十六米），总共有四层，最上面的一层是观赏角度最好的正殿，中间两层有一百二十个房间，最下面则是宦官居住的地方。

萧皇后乘坐的龙船叫翔螭舟，结构和小朱航一样，但是稍微小一点。

明朝初年，郑和下西洋所使用的超级战舰长一百二十五米，宽五十一米，最大的战舰长达一百四十八米，宽六十米。隋炀帝坐的船，充其量只不过是小船而已。

随行的大队里，还有朱鸟、苍螭、白虎、玄武、飞羽、青凫、陵波等名字稀奇古怪的船只数千艘，专门供王子、公主、大臣、僧尼、道士、蕃客们使用。

船只除了供人使用，还装了一批各地进献的稀奇特产。

皇帝和大臣的船虽然气派，却没有动力，只能靠岸边的八万纤夫来拉。

隋炀帝也明白，这样的工程劳民伤财，因此特地下达了诏书：免除江淮老百姓一年赋税，免除扬州百姓五年赋税。

除此之外，大队里还有供朝廷十二卫士兵乘坐的小船，数量也是几千艘。不过，士兵们的待遇就不一样了，隋炀帝已经放出话来，你们不允许征调纤夫，不允许骚扰百姓，所有的船只由你们自己来拉。

据史料记载，整个船队有上万艘船只，首尾连接二百余里，旌旗蔽日，锣鼓喧天。龙船所过之处，地方官员争相巴结，进献奇珍异宝和美味佳肴，唯恐落了下风，随行人员根本就吃不过来，只能在临走时将食物遗弃或掩埋。

客观地说，这样的做法确实很铺张。不过，官场上的人讲究迎来送往，迎合上官，寻常的京城官员经过地方，都免不了要接受礼物，更何况隋炀帝的御驾。

除了浩浩荡荡的队伍，还有一些细节必须引起咱们的注意。

比如，随行的队伍中有一位叫沈婺华的女人，此人是陈叔宝的后妃，为人清心寡欲，广读诗书，颇有见识。南陈灭亡之后，沈婺华和陈叔宝一起被送往长安。隋仁寿四年（604）十一月，陈叔宝在洛阳病逝，而沈婺华并没有成为隋炀帝的嫔妃。

那么问题就来了，隋炀帝为何要带她前往扬州？

不仅如此，随行的队伍中还有一大批西域番僧、道士、和尚、尼姑，还有许多方外的器物。要知道，隋炀帝并没有这方面的信仰，如果是单纯出去游玩，根本不需要这些人随行。

还有一点也很可疑：隋炀帝于隋大业元年（605）九月到达江都，却在隋大业二年（606）三月返回洛阳。俗话说得好，烟花三月下扬州啊。如果是为了游玩，必定会选择景色最美的三月，为何又会在美景到来之前着急返回洛阳呢？这样做，岂不是虚度了良辰美景，暴殄天物啊。这样的举动，很像后世的出差，只顾着公务，没空搭理美景。

事实证明，隋炀帝下扬州并非为了游玩，而是带着某种政治目的。

南下扬州的真相：隋炀帝没那么龌龊

要把事情说清楚，还得再说一遍江南的情况。

隋开皇九年（589），南陈灭亡，隋朝正式接管江南。如何统治江南，是隋文帝杨坚面临的重大难题。他思谋许久，最终决定采取“关中本位”的国策。

大致的原则就是：排斥江南的遗老旧臣，用北方的官员管理江南。

比如，任命秦王杨俊为扬州总管，全面负责江南的统治；设置吴州、洪州、广州、桂州等八个州，任命北方亲信为总管；将千年古都建康城强行拆迁，让江南百姓对南陈彻底失去念想；下令焚毁所有南朝皇室使用过的器物。

隋文帝的“关中本位”国策引起了江南百姓的强烈不满。

隋开皇十年（590）十一月，一场波及江南数十个州的起义拉开帷幕。

杨坚当即做出指示：起用杨素为将，用暴力镇压起义，同时撤销了秦王杨俊的扬州总管之职，让晋王杨广取而代之。如果说杨素的平叛武器是杀威棒，杨广的武器就是香甜可口的胡萝卜。

陆知命，吴郡世家（籍贯杭州富阳区），江南有名的士族代表。陈朝灭亡之后，陆知命带着家人返回了乡里。杨广明白，陆知命是江南士族代表，在当地很有话语权，因此屡次派人上门，主动示好，最终说服他归降大隋。随后，陆知命替杨广游说江南的地方豪强，最终说服了十七个城池前来归降，杨广不费吹灰之力便收编了陈正绪、萧思行等三百余名叛军首领。

我们只知道杨素是平定江南的主帅，他用武力横扫一切牛鬼蛇神，可陆知命替杨广收编的城池和叛军，以及对稳定江南士族和地方豪强的意义，又该如何评价？

陆知命是个不可多得的人才，可杨广呢，并没有想着招揽他，趁机壮大自己的势力，他写了一封推荐信，让陆知命前往长安找老爹要官去了。

杨坚很大气：封陆知命为仪同三司，并赏赐了大片田地。

就在此时，陆知命上了一道奏折：劝杨坚迁都洛阳。

陆知命是江南士族的代表，他深知南陈的国情，既然已经归降了大隋，他就要把自己的心里话都说出来：皇上啊，大隋想要站稳脚跟，彻底统治江南百姓，困守在长安城是没有出路的。

遗憾的是，杨坚拒绝了陆知命的建议。在杨坚的眼里，陆知命就是个不折不扣的疯子，名不副实。因此，此后的十余年，陆知命一直遭受杨坚的冷落，直到隋炀帝登基称帝，他才重新开始崛起。

杨广在江南干的另外一件大事就是结交智𫖮（yǐ）大师。

智𫖮大师（538—597），湖北荆州人，一生都在江南宣扬佛法，颇有自己的见解，也深受陈朝皇室的信任，陈朝灭亡之后，智𫖮迁居庐山，开始了隐修生活。

杨广虽然没有笃信的宗教，却也明白一个道理：所谓的宗教，其实和儒学是一样的性质，说得好听点儿，是统治者亲近小老百姓的一种媒介，说得不好听，就是统治者奴役百姓的工具。

要说大隋王朝，皇帝的口径是以儒学为尊，道教其次，佛教则排在最后。

原因很简单：隋朝建立之初，需要儒学文化为它的合法性来背书，杨坚也想靠推崇儒家来拉拢门阀士族，因此儒学就成为官方钦定的最高文化。

如果落实到执行层面，不管是隋文帝，还是隋炀帝，都很轻视儒学的发展。

原因也很简单：隋朝的儒学从业者混了这么多年，还是在啃数百年前的儒学老本，什么天人感应，什么君君臣臣，毫无新意可言（不像南宋的程朱理学，将儒学推向历史高峰），杨坚都不好意思把这套老古董搬出来忽悠臣民。再加上道教和佛教文化的渗透，让儒学文化并不是很纯正。

隋仁寿元年（601），杨坚曾经下过一道旨意，说官办学校的水平参差不齐，连儒学的基本要义都搞不清楚，因此废除了长安和地方的学校，只保留国子学。此举几乎将儒学打入到历史的深渊。事实上，杨坚打击儒学还有其他原因，比如儒学的最终解释权都掌握在门阀世家的手中，而这批人正是隋朝两位皇帝重点打击的对象。想想看，杨坚父子不弄他们弄谁？

相反，道教和佛教是普世的宗教，要么劝人清静无为，要么劝人一心向善，文化理念非常平和，深得统治者和老百姓的喜爱。

在南朝，尤其是南梁以来，佛教就被钦定为国家宗教。佛教的理念已经深入人心，佛教受众之广，影响力之大，已经超出统治者的想象，所谓的“南朝四百八十寺，多少楼台烟雨中。”这话真不是开玩笑的。

灭陈的时候，隋文帝还信奉儒学，因此命苏威写了一篇《五教》，打算用儒家的伦理文化来训教南陈的遗民，结果大家都知道，一场文化理念的冲突，直接引发了一场波及数十个州的遗民暴动，无数隋朝的官员被开膛破肚。

隋开皇十一年（591）十一月，杨广上任没过多久，便在扬州总管府的金城殿举办了一场“千僧会”，参会之人很多都是名震一时的佛教大佬。至于“千僧会”的重量级嘉宾，则是江南百姓公认的，有自主知识产权的智𫖮大师。

彼时，智𫖮大师已经是53岁的高龄，杨广年仅22岁，仅看二人的年纪，很难将他们联想到一起。然而，杨广为了江南的稳定，拿出了满满的诚意，也拿出了自己对佛教的文化理解，最终打动了智𫖮大师，将他顺利迎下庐山。

典礼之上，智𫖮大师为杨广受菩萨戒，给予他佛门“总持菩萨”的法号，杨广则拜智𫖮为师，给予他“智者大师”的尊号，师徒二人正式结缘。

隋开皇十五年（595），杨广再次邀请智𫖮大师前往扬州，撰写了《净名经疏》。

隋开皇十七年（597），杨广再次对智𫖮大师发出了邀请，并派遣使者前去迎接。

当时，智𫖮大师已经重病在身，如果说数年之前杨广是为了大隋的统治邀请他出山，是出于政治目的，可岁月流变，时过境迁，杨广对他的邀请，已经变成弟子对老师的尊敬，对佛教的礼遇和保护。因此，智𫖮大师并没有拒绝自己的弟子，而是选择抱病前行，给他撑这个场面。遗憾的是，智𫖮大师并没有坚持到扬州，半路之上，大师体力不支，不幸圆寂，享年59岁。

听闻老师去世，杨广“五体投地，悲泪顶受”，伤心了好长一段时间。

智𫖮大师生前建造了三十六座寺院，圆寂之后，杨广遵照他的遗嘱，在天台山

（今浙江省台州市天台县）另行建造了一座大型的古刹，杨广登基之后，将之重新命名为“国清寺”，一直流传至今。

杨广对佛教的礼遇，一直持续到他被杀。为政期间，杨广在洛阳举办了佛教盛典“无遮大会”，又命人在扬州修治了数万本经书，还修治和建造了数万尊佛像，并将佛教文化推广到日本等国，对民族可谓是功莫大焉。

写到这里，其实大家应该都明白了。

带着陈叔宝的嫔妃沈婺华南下，是想说明一个问题：陈朝皇室都已经归顺大隋，皇室后裔沈婺华生活美满，咱们还有什么理由不是一家人呢?

带着番僧、道士、和尚、尼姑南下，也是想说明一个问题：大隋王朝虽然以儒教为尊，可那都是过去式了，如今佛教、道教才是我们大力支持的文化。

再者说，杨广做晋王的时候，和智𫖮大师结下了善缘，也为南朝的佛教事业做出了不可磨灭的贡献，隋朝和南方臣民是有共同语言的。如今，北朝的和尚、道士愿意跟随杨广混日子，你们还要犹豫什么呢，快到碗里来吧。

隋炀帝修建大运河，巡游扬州，只不过是继续拉拢南方士族，为大隋王朝的下一步发展奠定基础而已，并非隋炀帝的私欲。

事实上，咱们可以假设这样一种情况：隋炀帝此时就在盘算着父皇没有完成的伟业——征服四方，将大隋的天威波及四海八荒，以及对辽东的高句丽开战（老爹尝试着打过，可最终折戟沉沙）。那么，修建洛阳城，打通大运河，先安抚南陈民心，随后将洛阳、幽州和南边的扬州、绍兴等地连接起来，这将是多么宏伟浩荡，震慑人心的帝王气魄啊。

历史证明，隋朝的历史就是这样发展的。

据史料记载，隋炀帝临行之前发布了好几个诏书，声称宰相们只知道坐在家里闭门造车；吏部大佬们考核官员，只看下面人的一张嘴，从来不做实地调研，考核的形式非常主观；朝廷的刑罚非常严苛，地方官员又喜欢阳奉阴违，致使百姓蒙冤，难以伸张正义。

为了不让百姓误会，隋炀帝甚至公开了自己的意图：长安不便于朝廷管理全国各地，因此朕才决定修建洛阳城，想要亲自巡视天下，使得天下无冤。

隋炀帝的一生，因为旁人的断章取义，蒙受了多少不必要的冤屈。这样的雄心壮志，竟然被形容为独夫民贼，国之暴君，我们是否该扪心自问？

隋大业二年（606）二月，隋炀帝坐镇在扬州，仍然不忘记遥控洛阳的官员：吏部尚书牛弘，你立即组织人手制定朝廷的舆服、仪卫制度。太府少卿何稠，你协助牛弘，提供技术上的支持。

说白了，皇帝在家里应该穿什么衣服，衣服上面应该画什么样的禽兽，出行应该穿什么衣服，出行的仪仗应该有多少人？后宫需要什么样的衣服和仪仗？还有，大隋的官员究竟穿什么样的衣服？佩戴什么样的装饰？出行都用什么样的仪仗？不同等级的官员，地位应该如何划分？这些都需要大隋制定自己的标准啊。

时人都明白，鲜卑族花了一百多年的时间改变汉族的习俗，上至王公贵族，下至平民百姓，都以鲜卑族的打扮和风俗为荣。杨广表示，这不是他想要的。

隋文帝杨坚上任之后，曾经下过一道诏令，所有拥有鲜卑姓氏的汉族人，全部改回汉家本姓，穿汉族的服装，认祖归宗。遗憾的是，杨坚提倡节俭，朝臣们因此不敢奢华，他们身上的衣服，大多是破旧不堪，毫无色泽的货色，不仅如此，衣服的样式还不统一。大臣们上朝的时候，往大殿里一站，花花绿绿，破破烂烂，丝毫没有大国气派。

客观地说，杨坚执政的时候，许多国家基础工程都没有做到位。说白了，就是给儿子留了个烂摊子。隋炀帝难道要继续鼓励大臣穿低劣的衣服？找人统一服饰，提高衣服的品质，彰显大国的气派，又有何不可呢？

据史料记载，牛弘接到隋炀帝的命令后，带着自己的团队，花了将近三个月的时间，最终完成了方案的制定。隋炀帝回到洛阳之后，牛弘亲自带着方案汇报了一遍，君臣二人这才定下了大隋的礼仪制度。

举几个例子来说。

隋朝之前，官员都是戴皮弁帽，这种帽子出场率最高的就是在军事礼仪上，北朝崇尚武力，因此一直沿用着皮弁帽。这也就罢了，每个皮弁帽都有簪子，隋朝之前，全都是璎珞簪，这种簪子的材料都是丝线，说得难听点，帽子上都挂着和中国结一样的玩意儿，观感非常之差。

何稠说了，以后所有帽子，全部改用象牙簪。

比如，旧制的车乘，全都是在车辕上建造一个大木箱，驾车的人和天子一同乘坐在其中，何稠说了，这不符合天子的身份，建议从木箱中隔出一个单独的位置，专门给驾车的人使用，天子独坐箱中，彰显地位。

至于衣服的质量，全部从地摊货变成名牌货的品质。

即便是苛刻的司马光，也不得不承认：文物之盛，近世莫及也。

改弦更张，自然要付出代价。

遗憾的是，某些史书居然这样渲染隋朝的礼仪制度改革：说是隋炀帝想要制作新衣服，因此需要许多羽毛，地方官员便四处寻找，看到一棵树上有鹤巢，想要上去端了它，结果爬不上去，便下令将大树连根拔起，鹤妈妈担心小鹤受伤，赶紧拔掉自己身上的羽毛丢给他们（鹤恐杀其子，自拔氅毛投于地）。

春秋笔法，不值一提。

隋大业二年（606）四月二十六日，隋炀帝的扬州之行结束，返回东都洛阳之后，隋炀帝便下了一份诏书：免除天下百姓一年的赋税。

在此之前，他已经接连下了两道免税的诏书。

第一道：免除因为战争而阵亡将士家庭十年的赋税。

第二道：免除江淮百姓一年的赋税，免除扬州百姓五年的赋税。

关于减税的诏书，史书上到处都是，堪称历史之最。那么问题就来了，隋炀帝是人傻钱多，冤大头吗？唐朝也有钱，可如此频繁地减税，并不常见啊？

其实，隋炀帝的原则很简单：减税，但是不减徭役。

他可能是在传达一个信息：我接下来要干许多大型的工程，先把你们的赋税全部免掉，让你们没有后顾之忧，至于徭役，得靠你们倾力支持了。

“十恶不赦”的诞生

隋大业二年（606）十月，隋炀帝下了一道诏书：修改《开皇律》。

从隋文帝开始，到李渊登基称帝，四十五年的时间，中国一共出现了三部重要的法律体系：隋文帝的《开皇律》、隋炀帝的《大业律》、李渊的《武德律》。

杨广才做了两年皇帝，就着急更改老爹的法律，究竟为何？朝廷律法频频更换，这其中有什么蹊跷吗？

先看看《开皇律》的诞生吧。

北朝统治者是鲜卑族，崇尚武力，不讲律法。他们入主中原之后，听说中原有以德服人，以仁治国的理念，还有法律制度这些玩意儿，于是也想学习文明人的搞法，因此东拉一条，西找一篇，最终搞了个不成体系的法典。

北朝法典的特点非常鲜明：严苛、混乱。执行非常随意。意思就是，监狱里面人满为患，因为一点小罪就被殴打致死的现象屡见不鲜。杨坚知道北朝律法没办法让帝国长治久安，因此命令高颎、杨素、苏威、牛弘等大臣在北朝律法的基础上，坚持删繁就简，废除酷刑，疏而不失的原则，制定了《开皇律》。

其中，变动最大的是刑罚方式和罪名的认定：

第一，死刑。

北朝有车裂、枭首（不仅砍头，还把人头挂在竹竿上示众）等刑罚，隋文帝觉得太残酷，因此下令废除，只保留了绞刑和斩刑两种死刑。

第二，流刑。

将犯人流放到国家边远的地区去服役。分为一千里、一千五百里、两千里三个流放等级。如果是去服军役，一千里的流放两年，一千五百里则两年半，两千里的则三年。如果是去驻地服劳役的，全部都是三年刑期。

第三，徒刑。

剥夺犯人的人身自由，给犯人带上枷锁，让其在固定的地方服劳役。分为一年、一年半、两年、两年半、三年五个等级，很像如今的把牢底坐穿。

第四，杖刑。

用大荆条、大竹板或棍棒抽打犯人的背部、臀部和腿部，有五十下到一百下不等的刑罚套餐，绝对让犯人酸爽不已。

第五，笞（chī）刑。

用竹板、木板抽打犯人的背部，有十下到五十下不等的套餐，满足不同需求。

和如今的律法相比，古代的律法还是很有特色的。

比如徒刑，人家最多只定三年，没有有期徒刑十年，乃至十五年之说。说白了，如果量刑超过三年的话，那对不起，说明你的案子已经变了性质，只能将你流放到荒郊野外。

除了这五种刑罚，还重新制定了十条罪名，后世称为“十恶不赦”之罪。

第一，谋反。

与统治集团对抗，试图推翻皇帝的革命行为，比如率众哗变，农民起义等。

第二，谋大逆。

损坏皇陵、宗庙、宫阙等代表皇室身份和地位建筑的行为。

第三，谋叛。

图谋叛国，做汉奸的行为。

第四，恶逆。

殴打和杀害祖父母、父母，以及其他直系和旁系亲属的行为。

第五，不道。

比如你灭别人的门，或者以残忍手法肢解别人的尸体，行蛊毒厌魅等。

第六，大不敬。

偷盗皇帝的专用物品，因失误而致皇帝的人身安全受到威胁，不尊重皇帝及钦差大臣，这三类是最严重的大不敬之罪。

第七，不孝。

比如父母去世，你却不穿孝服，不愿意为父母守孝，不赡养没有生活自理能力的父母，都属于大不孝之罪。值得一提的是，电视剧中常说的“不孝有三，无后为大”，这是古代社会伦理价值观，隋朝的法律并没有对此进行约定。

第八，不睦。

任何家庭都有尊卑和长幼关系，这也是家族运作的游戏规则。如果你是晚辈，却向官府诬告长辈，或者拿着棍棒殴打长辈，都是不可原谅的罪责。

第九，不义。

比如，两位兄弟同朝为官，却私下斗殴致死，军队的小兵谋杀将军，学生谋杀老师，妻子在丈夫去世后不举哀，或者立马改嫁给别人，都是不义之举。

第十，内乱。

亲属，尤其是直系亲属之间乱伦，这个就不用解释了。

如今，十恶不赦已经被电视剧几乎用烂了，可能很少有人知道，它的发明者是隋文帝杨坚。隋文帝发话了，只要你犯了十恶大罪，决不能赦免。对于那些违背道德伦理，尤其是藐视人与人之间等级的行为，必须给予严惩。

杨坚圈定十恶不赦的罪名，就是为了强调君权、父权和夫权的合法性，这便是十恶不赦的精髓之所在。

法律作为统治者制定的上层建筑，本质是为统治者服务的。

《开皇律》明确规定，有罪的贵族、官僚可以通过“议、减、赎、当”等制度，光明正大地为自己减刑。如果官员的级别在七品或七品以上，所犯罪行可以减免一等。如果是八品和九品官员，可以向朝廷交一笔钱财来赎罪。

除此之外，假如你的身份在“八议”之列，所犯罪行也可以减免一等。

八议：指议亲、议故、议贤、议能、议功、议贵、议勤、议宾。

“亲”：和皇室、宗室能够扯上关系的亲属，比如公主、驸马等人。

“故”：皇帝的某些故旧，比如和皇帝从小玩到大的好兄弟。

“贤”：在朝廷名声极好，公认为有德行的正人君子。

“能”：能力超群的人，比如你很会打仗，或者是皇子的师傅。

“功”：立下汗马功劳的人，比如你用一万人打败了十万突厥大军。

“贵”：三品和三品以上的职事官（尚书左右仆射、中书令、各部尚书等），两品和两品以上的散官（太尉、司徒、司空等），一品以上的勋爵（国公爷）

“勤”：这个就有点主观了，皇帝说你干活很卖力，那你就很“勤劳”。

“宾”：比如前朝的皇室后裔，前朝功臣的后裔。

如果你是这八种人中的一类，那么恭喜你了，你就算犯了罪，官府也不能直接对你判刑，必须把你的案卷和特殊身份上报给朝廷，由有关部门的官员集体审议，提出判决意见，然后再交给皇帝做最后的裁决。

说白了，这些人的命运已经超越了律法管辖。如果皇帝看你不爽，就算你是皇亲国戚，也可以随便弄死你。如果皇帝喜欢你，你就死不了。

说完了“八议”，咱们再聊聊官员们的避罚手段吧。

啥意思呢？你犯了事儿，朝廷必须判你的罪，这是维护律法的尊严，可是你最后应该接受多少惩罚，完全看你的“认罪表现”。

比如，八品和九品官员犯了事儿，可以用铜来赎罪，只要你给政府相应数量的铜，就可以减轻你的罪责。如果你犯了鞭笞之罪，可以拿一斤铜免去十鞭惩罚。如果犯了一千里的流刑，可以拿八十斤铜减免。如果你犯了两千里的流刑，可以拿一百斤铜减免。

当然，你拿的钱财越多，就说明你的收入越高，会引起有关部门调查的。

如果你的家里没有钱，还可以拿官职来抵罪，假如你犯了徒刑，五品以上的官职可以抵两年的刑罚，九品到五品的官职，可以抵一年的刑罚。

铁打的棍杖，流水的朝臣

《开皇律》的初衷就是减轻刑罚，照顾民间的情绪。具体而言，照顾大隋的公务员，大隋的权贵，还有老百姓的抵触情绪。总体来说，老百姓还是幸福的，因为杨坚是个体恤百姓的皇帝。然而，公务员就有点悲剧了，因为他们面对的是视皇权为禁脔（luán），心思敏感到极致的皇上。

中国有句古话叫刑不上大夫，意思是统治阶层享有绝对的法律豁免权。可是到了杨坚这儿，这句话似乎有些不太好使。杨坚最喜欢干的事儿，就是把自己的臣子干到死为止。那么问题就来了，隋朝的官员犯罪之后，不是可以拿钱和官职抵罪吗？怎么又说杨坚喜欢折磨他们呢？

答案其实很简单：律法都是统治者制定的，最后的执行力度也是由皇帝说了算，皇帝想弄谁，他就能弄死谁，更何况，律法只是惩罚你的罪行，至于怎么让你犯罪，怎么给你定罪，门道就更多了。

史料记载，隋文帝经常派人去监视朝中的文武官员，只要他们稍微有点过失，立马就会有太监登门拜访，把你叫进宫中，对你大加斥责。

隋朝的公务员活得很悲惨，在皇上的淫威下，他们不敢贪污受贿，不敢学螃蟹走路，不敢炫耀钱财和家产，甚至都不敢穿华丽炫目的衣服上街闲逛。

即便如此，隋文帝还是不满意。在他的眼里，公务员不敢贪污，是因为朝廷监督很严，如果有机会，他们还是会选择贪污的。于是乎，长安城内出现了一批求人办事的人。他们趁着月黑风高，用大车装着极为贵重的礼物，挨个儿去敲官员们的大门，所求之事，都很容易办到，如果官员们稍微起了一点儿贪心，隋文帝的使者隔天就会带着圣旨前来，或打或杀，全凭杨坚的意思。

这也就罢了，还有更离谱的事儿呢。

每天早朝的时候，官员们排排坐，等待皇帝的训示。

如果杨坚心情好，大家乐和乐和，顺利下班，然后各回各家。

如果杨坚心情不好，就会问一些稀奇古怪的问题，大臣们只要回答不对，或者回答不清楚，隋文帝就会当场发怒。轻一点的，直接在大殿内开打，一天可以打好几次，直到屁股开花。重一点的，直接拖出去斩首。

单就这一点，隋文帝和朱元璋的性格就极为相似。

我们只知道，明太祖朱元璋上朝的时候，如果按下腰间的裤腰带，就表示想要杀人了，又有说明朝的廷杖有多么的厉害，殊不知，这种事情早在几百年前就已经出现了，而且是被我们视为明君的隋文帝干出来的事儿。

在隋文帝的淫威之下，大隋的官员们可谓是斯文扫地，颜面尽失。

毕竟，大臣们要么是饱读诗书的孔门之后，要么是国之勋贵，皇帝没事就拿板子教训，视官员为刍狗，宣扬出去，还有什么颜面苟活于世啊？

隋开皇十一年（591），重臣高颎和侍御史柳彧终于按捺不住，他们联名给隋文帝上奏：陛下啊，朝堂不是判决刑狱的地方，更不适合处决朝臣啊。陛下想要用律法给天下臣民一个太平盛世，咱们都可以理解，可朝廷把法律公布出去，百姓们知道的却很少，这才会屡屡出现违法的事情啊。哎，不说了，臣等忧心忡忡，干脆辞官不做了，给更有能力的人让贤吧。

话说得很直白，也很有情绪，几乎带着威胁的口吻。

隋文帝没事的时候，就喜欢埋头苦思，自己是不是做得太过分了啊。

有一天，都督田元来找他说事儿，君臣就聊到了此事。

隋文帝："田爱卿，朕的刑罚很重吗？"

田元犹豫了片刻，觉得照这样下去，自己的屁股也有开花绽放的可能，因此决定据实回禀，以此来维护一下未来的幸福生活。

田元："嗯，确实很重。陛下的棍子比手指还要粗，打三十下就相当于平时的一百下，所以才死了那么多人啊。"

隋文帝听了这话，心里老大不高兴，可思来想去，自己正在面壁思过啊，于是下旨撤去了朝堂上的刑具，将判案之权交还给有关部门。

没过多久，楚州行参军李君才给隋文帝上书，说皇帝太宠幸高颎了。

此时，隋文帝已经过了人生的反思期，因此李君才的谏言让他备受刺激。

身为臣子，居然敢指责皇帝的过错，这算哪门子事儿啊？来人，速去传旨，让李君才立即赶回长安，朕想和他好好聊聊。

李君才以为皇帝听进去了，因此屁颠屁颠地来到长安，心情如沐春风。刚到了大殿，李君才还没开始说话呢，隋文帝的老毛病就又犯了。症状就是，杨坚在大殿的角落里找棍棒，想打这个不知天高地厚的小子。

隋文帝可能忘记了，他之前下令撤走了殿内的所有棍棒和板子。情急之下，隋文帝从身旁拿了一条马鞭，将李君才活活抽死在了朝堂之上。

将活蹦乱跳的朝臣打死，隋文帝后悔了吗？丝毫没有。

隋文帝思来想去，觉得大殿内不放棍子还是不行，于是命人将先前用顺手的那根又找了回来，命它矗立在大殿的角落，准备随时听用。

看起来，朝臣们的幸福生活又要堪忧了。

有一天，隋文帝又杀了人，朝内人心惶惶。兵部侍郎（相当于现在的国防部副部长）冯基也不知从哪里借了一颗虎胆，站出来进言，劝皇帝别再这样造下去，否则会失去人心。话音刚落，隋文帝便操起棍子送他上了西天。

真可谓铁打的棍杖，流水的朝臣啊。

完事之后，隋文帝后悔不已，痛恨自己管不住手脚，因此下令抚慰冯基的家属，还回过头来指责其他大臣，为什么不及时劝他住手。

劝要挨你的打，不劝要挨你的骂，这日子什么时候是个头啊？

隋开皇十六年（596），有人向隋文帝举报：合川仓少了七千石粮食。

大案要案啊，那个谁，太府卿斛律孝卿，你下去查查吧。

经过一番调查，斛律孝卿发现，是粮仓主管监守自盗。

杨坚二话不说，下令将粮仓主管处斩，并将此人家中女眷全部罚为奴婢。完事之后，隋文帝又陷入了沉思，如果其他地方发生这样的事儿，又该如何呢？没过几天，隋文帝便通告全国，有谁胆敢偷盗粮库，只要偷盗的粮食数量满一升，朝堂就将你处以死刑，家属罚作奴婢。

隋文帝晚年的时候，思想偏激到离谱：他竟然鼓励大家举报偷盗行为，就算是在大街上捡钱也不能放过。

这条政令很快就成了街上地痞流氓和无耻之徒的福利，这些人没事就在大街上晃悠，看见哪个富家子弟在走路，就快步走到他的前面，偷偷地丢一袋钱。

古往今来，土豪最大的特点就是不缺钱，但是缺少人生乐趣啊。

可以想象一下这种画面：前边的无名之辈掉了一袋儿钱，身为土豪，他们肯定不会发扬拾金不昧的精神，先将钱捡起来，然后再礼貌地还给人家，最好的办法就是装到自己的口袋，然后去朋友圈吹嘘自己的运气。

就在此时，旁边角落里冲出几个人，二话不说，拉着土豪就去官府告状。

隋文帝规定：只要你偷盗一钱，就判你死罪。长安城有多少土豪因此丧命，我们不得而知。这可能是朝廷鼓励老百姓宰肥羊的最早先例吧。不过，这种事情毕竟太不讲究，在当时引发了强烈的社会信任危机，以至于闹得人心惶惶，最后被迫取消。

我们都知道，春夏是万物生长的季节，杀人有违天道，因此古代杀人都是避开春夏，选择秋后处决。隋文帝呢，非得不信这个邪，他觉得自己是上天之子，既然是天子，就可以做一切决定，因此下令在六月份也处决犯人。

皇帝如此严苛，官员们自然也得跟风效仿。一时间，全国上下形成了一种风气：谁执法严苛，谁就可以得到大家的尊敬，那些讲情面讲事实，爱护百姓的人反而被同僚们耻笑。在隋文帝的带领下，《开皇律》形同虚设。大隋形成了一种法律宽松，但执法无情的局面。

问题是，这样的矛盾是正常的吗？隋炀帝又该如何处置呢？

被忽视的《大业律》

隋炀帝的《大业律》对犯罪和刑罚重新做了规定，主要的内容有：

第一，侵犯皇权罪。

谋反和谋叛。谋反就是造皇帝的反，包括大臣政变和农民起义。谋叛的性质如同现今的叛国罪，必须要严惩。

隐藏谶纬。谶，指的是巫师或者方士所说的隐语和预言，一般都是预测帝位的话。纬，以神学、迷信来解释儒家经书的说法，比如河图洛书、占星望气。

怎么说呢，你对谶纬的态度，全看你的江湖地位。

如果你不是皇帝，肯定会喜欢这种八卦，尤其是当八卦和你有关，比如预测你有机会做皇帝，你肯定是趋之若鹜。可如果你做了皇帝，这两样独门绝技就变成害人的歪门邪道，不为皇帝所容。隋炀帝继位之后，便下令将天下有关谶纬之学的书籍全部焚毁。

第二，危害皇帝人身安全的罪。

包括皇帝的出行仪仗、饮食和药物，凡是能够危及皇帝性命的都要算在内。

戍卫上番不到。该你值班的，你却不在岗，有罪。

犯跸。冲撞皇帝的御驾，惊扰到皇帝本人，也有罪。

第三，对皇帝大不敬的行为。

指斥乘舆。指责皇帝的所作所为，背地里说皇帝的坏话。

抗拒君命，无人臣之礼。皇帝说的话就是圣旨，你可以有异议，却不能在大庭广众之下违背诏命，让皇帝下不来台。

对皇帝不忠。这条罪主要靠皇帝自己来判定，皇帝觉得你欺骗了他，那你就是不忠，没什么好解释的。

对皇帝不敬。比如皇帝到你的地盘巡幸，你进献的食物不合他的胃口，或者皇帝用膳的时候，你放了个屁，都有可能判你大不敬之罪。

第四，危害公共安全罪。

私藏、私造武器。

古时候的统治都是专制的，决不允许民间私下制造武器，也不能在家里存放可以武装队伍的武器和甲胄。这和如今民间不许私藏枪支，道理是一样的。

相聚为盗。民间可以有小偷，但是不允许大批的人占山为王。

隋朝之前，许多王朝的覆灭都是因为土匪盗贼聚在一起搞绿林好汉，最后铤而走险，发动起义。隋炀帝可能没想到，隋朝的覆灭并不是因为他修建大运河，而是蜂拥而起的盗匪，我们后面会详细说这个事。

造蛊毒。

古时候把许多毒虫放在一个罐子里面，让它们互相撕咬，最后活下来的就成为蛊。放到我们现在来看，这种说法完全是封建迷信，根本起不了作用，但是当时人家就是信这些，每个朝代的统治者都对此事深恶痛绝。

隐匿逃亡之罪。

如果你家里来了朝廷要追捕的罪犯，你敢私自藏匿，或者给他提供金钱上的帮助，朝廷必定会追究你的责任。

第五，职务犯罪。

擅离职守。如果你是公务员，拿着朝廷的俸禄，就必须忠于职守，即便是当朝宰相，每天也必须在省台坐班，不到下班的时间，绝对不允许回家，想要休假没问题，必须向有关部门请假备案。

外交失词。和少数民族打交道的时候，说话绝对不能信口开河，丢朝廷的颜面。关于这一点，完全可以参考如今的外交部新闻发言人。

衣冠不整。官员的服饰不能太寒酸，更不能像路边的乞丐一样贴着补丁。中央官员上朝的时候，不允许东倒西歪，长相不好看的官员，在官场上绝对不受待见。唐宋明清几个王朝都在这方面有规定。

署置过限。国家公务员的编制有限，一个萝卜一个坑，朝廷拿钱养官员，绝对不允许有私自设立岗位，骗取国家公共财产的行为。

执法残暴。如果是基层的执法者，官员们需要代替天子牧养百姓，绝对不允许有欺压百姓的行为，更不能在执法过程中动粗，造成冤狱。如今的城管部队，要是放在隋炀帝那个年代，绝对要被朝廷追究执法责任。

枉道。官员们乘马车出差，必须走国家的官道，绝对不允许走小路，因为马车和马匹是国家的公共财产，走不安全的道路很容易造成马蹄和车辆的损失。更何况，出差不走官道，很容易误了时间，影响办事的效率。

与民争利。

政府、公务员，不允许利用手中职权经营商业，和老百姓争夺商业利益。

刺史、县令私自出界。地方官员必须老老实实待在自己的地方，如果没有朝廷的批准，不允许去别的州县串门，如今的官员经常来这里学习，去那里考察，实际上是到处旅游，隋朝明文规定，不允许这样干。

朋党交通罪。不允许官员结党营私，或者提拔门生。

泄露朝廷机密。中央的政策、朝廷的决议，在没有正式公布之前，绝对不许外传，一旦被查出来，就是一等一的大罪。

第六，妨碍管理秩序罪。

走私。比如，中原的铁器非常先进，北方的草原民族却不精通铁器工艺，隋朝规定了，不允许走私铁器，这些危险的玩意儿必要得到国家的配额管理。

私铸钱财。私铸钱币绝对是操家灭门的大罪，没什么好商量的。

违反户籍管理规定。古时候都是按照人头数来抽税的，如果你不在官府登记造册，就相当于不承担国家的赋税和徭役，和我们现在的黑户是差不多的概念。

居丧嫁娶。家里有长辈去世，晚辈应该守孝，如果这个时候你还锣鼓喧天地娶妻娶妾，那对不起，朝廷会派官员前来弄死你。

通奸。男女之间非法的性行为不仅有伤风化，破坏社会和谐，还容易在家族内部引起不必要的争端，朝廷因此明令禁止。

不睦。在古代，男人们一妻多妾是常有的事儿，孩子嘛，经常是同父异母，或者是同母异父。即便如此，你们也不许在家里闹矛盾，破坏社会的和谐。

不孝。父母没有生活自理能力，孩子如果不承担赡养责任，天天在外面潇洒鬼混的，对不起，朝廷会出面处置你。

第七，军事犯罪。

怯敌。两军交战，你不可以躺在地上装死，不可以不战而溃，更不可以发表消极言论，妨碍军心。

逃避兵役。朝廷打仗需要征兵，你可以把自己搞成残废，但是绝对不允许四肢完整，年龄又达到要求的男丁拒绝服兵役。

丧师。如果你是大军统帅，不管什么原因，只要是造成全军覆没，或者无端损失过多，朝廷都会追究你的责任，一般都是削除军籍，贬为庶民。

当然，隋炀帝的《大业律》中还有其他条款，许多都已经失传。总而言之，和《开皇律》相比，《大业律》定罪条款更少，律法变得更加宽松。那么问题来了，老爹已经定了律法，隋炀帝为何还要制定新的律法呢?

江湖传闻，隋炀帝想要掩盖弑杀父亲，谋夺太子之位的罪行，因此用宽仁的刑罚来笼络人心。虽然是信口开河，却承认了《大业律》宽松的事实。

还有人说，隋炀帝是好大喜功的人，想要靠这部法典来树立威名。问题是，如果靠一部法典就能赢来威名，那中国历史上的法典恐怕已经多如牛毛了吧。

事实上，律法经典不经典，不能从律法本身来看。比如，你在家觉得自己帅不重要，关键是和别人比起来你帅不帅，在特定的人群中，你的长相是不是符合他们的审美标准。律法的好与坏，必须放在当时的社会背景下说才有意义。

当时，百姓深受严苛律法的折磨，抵触情绪非常浓厚。杨坚制定《开皇律》，就是为了笼络人心。遗憾的是，杨坚本质上就是个内心阴暗、严苛无比的帝王，他对世间的一切都是持怀疑和猜忌的态度，他虽然制定了宽松的律法，可骨子里却不相信臣民会对他感恩戴德，不相信臣民会减少犯罪的动机。

南方的百姓，尤其是地方豪强，更是视隋朝的律法为洪水猛兽。

说白了，《开皇律》在北朝百姓的眼里是福利，可在南朝百姓的眼里，仍旧是严刑峻法。更何况，隋文帝在执行《开皇律》的时候，以粗暴和野蛮的人治为主，律法几乎形同虚设，这就让官员和百姓更加难受和抗拒。

隋炀帝在江南待了十年，对当地士民的心理非常清楚。

修建大运河，巡幸江都，免除南方的徭役赋税，隋炀帝并不是吃饱了撑的，也不是人傻钱多，他想进一步推动南北民族和经济的融合。想要达到他的政治目的，律法就是一个绕不开的坎。

从扬州回来之后，隋炀帝就给吏部尚书牛弘派了任务：立即组织人手，在最短的时间内编撰法律条文更为宽松的《大业律》。

比如，《开皇律》中规定，只要你犯了十恶之罪，必须要得到严惩。如果是谋反罪，朝廷在定案的时候，可以不分情节轻重，直接判处你死刑，至于刑罚的执行，可以不分时令和场地。更有甚者，只要你有谋反的想法或者言语，也可以立即给你定罪，将你流放两千里地。至于株连、屠杀，根本就是小儿科。

牛弘在制定新法的时候，隋炀帝就说过，十恶不赦之罪太过严苛，最好的办法就是直接取消，至于其中的条款，可以修改之后并入到《大业律》中。

隋炀帝是一个聪慧的人，他意识到帝国的人口正在快速膨胀，国家已经进入到繁荣稳定的时期，如果说乱世需要用重典，但是在太平盛世，道德教化远比严刑峻法要好用，想要收服人心，就必须推行宽厚仁德的治国理念。

可以说一个小故事。

隋炀帝的律法规定，在洛阳宫值守的卫士绝对不能擅离职守，即便旁边还站着你的小伙伴。有一次，隋炀帝在显仁宫办公，中途觉得有些疲乏，于是就走到宫殿外面散步，结果发现有一个岗位居然没有人值班。

隋炀帝当场就怒了，询问到底是怎么回事，经过一番调查，发现是禁卫军首领派遣值班的卫士出门办事去了。情有可原吧？

隋炀帝并不这么想，他找来了大理寺少卿源师，控告自己的生命安全受到了威胁（《大业律》的规定），要求他严格调查此事，并放出话去，希望源师能够将禁卫军首领判处死刑，以儆效尤。

源师态度非常强硬，禁卫军首领虽然触犯了朝廷的律法，可罪不至死，因此极力劝说隋炀帝，最后将禁卫军首领改判成徒刑。隋炀帝虽然有帝王标配的火暴脾气，毕竟还是在他制定的游戏规则内行事。

遗憾的是，历史学家们对《大业律》的评价并不是很高。原因有很多。比如许多内容都已经缺失，整部法典不成体系。比如律法太过宽松，基本上没有惩罚的效果。当然，最重要的是，《大业律》并没有改变大隋灭国的现实。

客观地说，《大业律》的意义在于，他是隋炀帝对大隋帝国现状的理解，是他治理国家的一种态度，也是研究隋炀帝历史的一个支点。

关于这部法律的执行，隋大业九年（613）是一个重要的分水岭。在此之前，官员和百姓的生活环境非常宽松，不知法律为何物。比如官员们犯了法，利用官职和金钱抵罪，基本上可以大事化小，土匪盗贼打家劫舍，朝廷也是睁一只眼闭一只眼。

就在这一年，各地爆发了农民起义，尤其是隋大业九年（613）爆发的杨玄感军事政变，让隋炀帝感受到了统治危险，为了镇压起义军，隋炀帝开始实施严刑峻法。比如老百姓做了土匪盗贼，不管是什么原因，一律诛杀（帝乃更立严刑，敕天下窃盗已上，罪无轻重，不待闻奏，皆斩）。

法律从宽松到严峻，根本就没有平滑的过渡。想想看，起义的人可以逃脱朝廷的刑罚，老实过日子的人却被拉出来顶罪，谁还愿意跟着朝廷混？不得不说，《大业律》是隋炀帝施行仁政的手段，可谁也没想到，帝国居然迎来了一波又一波的农民起义运动，就这样阴差阳错地，这部律法成为加速王朝衰落的原因之一。

突厥帝国从崛起到分裂，只需一个隋文帝

隋开皇元年（581）二月，杨坚接受北周静帝宇文阐禅让，北周宣告灭亡。

隋开皇七年（587）九月，杨坚消灭位于江陵的西梁政权。

隋开皇九年（589）二月，杨坚派遣五十一万大军渡江南下，消灭南陈政权。

隋开皇十年（590）九月，杨坚派遣广州总管韦洸安抚岭南（指中国南方五岭之南的地区，相当于现在广东、广西及海南全境），岭南军政领袖冼夫人率众迎接隋使，岭南诸州正式成为大隋王朝的领土。

横扫一切牛鬼蛇神，听起来似乎很霸气吧。

遗憾的是，咱们必须要面对一个赤裸裸的现实：杨坚只不过搞定了中原，至于大隋周边的少数民族政权，杨坚还没来得及收拾他们。比如东突厥、西突厥、高句丽、百济、新罗、室韦、靺鞨、宝髻、孙波、女国、契丹、霫、奚等。

有兴趣的读者可以去找隋朝疆域图，看看各个政权所处的地理位置。其中最值得一提的便是东突厥、西突厥、高句丽、百济、新罗这五个政权。

先来说说突厥吧。

关于突厥的本源，有人说他们是匈奴后裔，有人说他们是带有突厥血统、操突厥话的部落总称，历史学界似乎没有一个确切的说法。

据史料记载，公元5世纪，一群鼻梁高挺，眼睛深邃，头发卷曲的胡人辗转到阿尔泰山附近。彼时，中原地区还是南北朝分裂时期，北方最大的政权叫柔然，也是阿尔泰山的实际控制者，突厥的兄弟们为了能存活下来，便低声下气，请求柔然政权收留他们。事实上，依附柔然的不只是突厥人，还有敕勒、高车、铁勒。

柔然最强大的时候，中原地区的政权正好是鲜卑族建立的北魏。北魏太武帝拓跋焘颇具雄才伟略，是个少见的狠角色，面对柔然的入侵挑衅，他丝毫不惧，在他的帝王生涯，一共发动了数次对柔然的战争，最终胜多败少。

北魏神䴥二年（429）左右，柔然政权开始走下坡路，敕勒、高车等部落相继宣布脱离柔然的统治，投向更为强大的北魏，当时共有三十万人南下定居。当然，有些部落并没有选择投奔北魏，而是趁着柔然政权衰落之际，自己宣布独立，并大肆兼并其他的部落，突厥便是闹独立的一个。

一个帝国的诞生，总要经历一些挫折和时间的洗礼，突厥也不例外。西魏时期，突厥出现了一位伟大的首领——阿史那土门，在他的带领下，突厥才开始在中国历史上大放异彩。

当时，北方除了柔然，突厥和铁勒算是最大的两个部落。西魏大统十二年（546），阿史那土门乘铁勒部落袭击柔然的时候，半路设下伏兵，成功俘获了五万多名铁勒老乡，兼并敌人的同时，又壮大了突厥部落的实力。

阿史那土门打了胜仗，说话的底气便更足了："那个谁，柔然可汗阿那瑰，我们想找你求一个姻缘，如何？"

阿那瑰："不答应！坚决不答应！"

阿史那土门："可你们已经在走下坡路了，认输吧。"

阿那瑰："不要你管，就是不答应！"

西魏废帝元年（552），阿史那土门做好准备之后，发动了对柔然的灭国战争，柔然可汗阿那瑰被迫自杀，土地、财富、人口全部转移到突厥部落的手里。自此，阿史那土门拥有了一个东至大兴安岭，西抵西海（今咸海），北越贝加尔湖，南接阿姆河南的超级帝国，也就是后来的突厥汗国。

北方大乱的时候，中原的北周和北齐正在搞战略对峙。

为了拉拢这个新兴的政权，两国的老大几乎使出了浑身解数，又是送钱又是送美女，把阿史那土门哄得五迷三道，以至逢人便说：本可汗在南方的两个儿子非常孝顺，我一生都不用担心没钱花。

人在家中坐，钱从天上来，还有比这更理想的致富方式吗？突厥帝国靠着中原政权的经济补贴，强势得一塌糊涂。不过，等人送钱毕竟比较被动，勤劳致富才最靠谱。随后的日子里，突厥人仗着来去如风的精锐骑兵，屡次侵略北部边境，肆意掠夺中原的人口和财富。

人都有烦恼，土门可汗也一样。发家致富的同时，他必须要面对一个冰冷的现实：掌握的土地越多，越容易失去控制，内部越容易产生矛盾。比如，突厥有至高无上的大可汗，国土却由许多小可汗把持，政权随时都有分裂的可能。

当时，突厥国内势力最大的就是沙伯略可汗、达头可汗、阿波可汗。

隋开皇元年（581），隋文帝篡夺北周政权，诛杀北周皇族宇文诏，他的女儿千金公主是沙伯略可汗的妻子，听闻老爹被杀，千金公主一哭二闹三上吊，撺掇自己的丈夫南下攻打大隋。媳妇有命，怎能不从？再者说，打家劫舍、抢劫财物是突厥人的日常生活，大隋刚刚立国，政权非常不稳定，正是偷袭的好机会啊。

隋开皇二年（582），营州刺史高宝宁发动叛变，北部边境硝烟四起。

沙伯略可汗给达头、阿波等几位小可汗写信，诚挚地邀请他们与自己合伙，共同入侵大隋。无本万利的生意，任谁也会答应。就这样，突厥发动了四十万大军南下，将大隋的整个北部防线彻底击穿。武威、天水、安定、金城、上郡、弘化、延安等郡全面失守，无数的百姓惨死在战火之中。隋文帝派去的军队一波接着一波，可传回来的消息都一样：全军覆没。

大隋王朝岌岌可危。

此时，沙伯略可汗提议，越过长城，继续南下，看突厥人究竟能打到哪里。

遗憾的是，几位小可汗犹豫了。此次出兵南下，沙伯略是大股东，抢的钱财自然也最多，如果继续南下，沙伯略是吃肉的角色，至于小可汗们，顶多只能跟着喝口热汤。总而言之，性价比不是很高。几位小可汗盘点了一下手中的财物，发出了欣慰的感叹：够了。抢得已经够多了。还是先回去，明年再来吧。

局势突然发生逆转，隋文帝当机立断，派遣精通突厥文化的长孙晟前去面见沙伯略可汗的儿子染干，声称铁勒诸部正在暗中谋划袭击可汗的牙帐。就这样，突厥帝国的入侵行动告一段落。

隋开皇三年（583）二月，沙伯略可汗和各位小可汗再一次携手南下。这一次，隋文帝提前派遣了八路大军前去防御，经过一个多月的交战，突厥军队死伤惨重。

这就要命了，咱们是来抢劫的，不是来送命的。

继续打还是撤退回家？突厥人犹豫不决。

隋开皇三年（583）五月，隋文帝派遣长孙晟前去游说阿波可汗，不仅让他顺利地退兵，而且还说服他派遣使者前往长安，商议合作共赢的大事情（至于开出了什么天价条件，谁也不知道）。沙伯略可汗本来就忌惮阿波可汗，如今又被他放了鸽子，还听说他和大隋方面暗中勾结，于是怒火中烧，提前率兵返回，袭击了阿波可汗的大本营，并杀死了他的母亲。这仇怨可结大了。

阿波可汗变成无家可归的流浪儿，于是带着手下前去投奔达头可汗。

事实上，几个突厥可汗都觉得自己是草原上的雄鹰，谁也不服谁，尤其是沙伯略可汗，得的便宜最多，干出的事却最不讲究，因此引起了其他可汗的愤怒。

达头可汗："好兄弟，这口气咱们可不能忍，必须弄死沙伯略啊。"

随后，阿波可汗、达头可汗，还有几位小可汗组成了一支联军，向沙伯略可汗发动了猛烈的袭击，战况非常激烈，利益纠葛非常复杂，以至于整个突厥帝国都陷入战乱之中。这样的局面，正是杨坚乐意看到的。

很快，草原就传来消息，几位突厥可汗元气大伤。

接下来的一段时间，长安城热闹非凡，一批批的突厥使者请求面圣，希望大隋的皇帝陛下可以出面干预一下突厥国内的战事。

杨坚笑呵呵地说道："这是你们突厥的家事，朕毕竟是个外人，实在不方便插手啊，你们继续打，朕只想安安静静地看着。"

损失最惨重的便是沙伯略可汗，他的心情本来就不好，再加上隋文帝拒绝给他帮忙，于是怒火中烧，又开始丧心病狂地攻打隋朝的边境。

隋文帝毫不示弱，派遣大军围剿了沙伯略可汗的主力部队。最后，沙伯略可汗服软了：尊敬的大隋陛下，要不咱俩和好吧，和亲怎么样。

有趣的是，隋文帝却不想这么爽快地答应他，于是鼓励道："男子汉，从哪里跌倒就从哪里爬起来。回家继续打，把他们狠狠地教训一顿！"

真是个励志的鼓励。沙伯略无奈，只好硬着头皮继续打下去。

就在这一年，突厥正式分裂为东突厥和西突厥，两个政权大体上以金山（今阿尔泰山脉）为界，东突厥在金山以东，首领是沙伯略可汗，西突厥在金山以西，首领是达头可汗，双方约定分而治之。

突厥的分裂，正是隋文帝希望看到的局面。

隋开皇四年（584），杨坚看到时机成熟，便接受了沙伯略可汗的归附，并认了千金公主为女儿，让她改姓杨，沙伯略自然而然地成为隋文帝的女婿。有趣的是，隋文帝并没有尽兴，占据主导优势之后，隋炀帝便想着继续分化和拉拢突厥的势力，让突厥人几辈子都翻不了身。

隋开皇七年（587），沙伯略的儿子都蓝可汗即位。按照辈分，都蓝可汗是隋文帝的外孙，鉴于需要和大隋处好关系，都蓝可汗提了一个请求：希望隋文帝找个公主赐婚，让他做一回大隋王朝的驸马爷。

隋文帝："没问题，你回去等朕的旨意吧！"

随后，隋文帝从宗室当中挑选了一名女子，赐号安义公主，不过隋文帝赐婚的圣旨上写得清清楚楚：将安义公主嫁给都蓝可汗的族弟突利可汗。

哥哥找姥爷求媳妇没求着，弟弟却捡了个便宜。

都蓝可汗觉得受到了奇耻大辱，当即点齐兵马，南下伐隋。

隋文帝用一场完胜告诉都蓝可汗，你可以生气，但不能自寻死路。

都蓝可汗有气没处使，于是率兵前去教训弟弟突利可汗。就这样，东突厥内部爆发了大规模混战，几场恶战之后，突利可汗犹如丧家之犬一般逃到了长安。

当时，突利可汗身边只有五个随从，隋文帝却丝毫没有表现出嫌弃的意思，他下令以最隆重的国礼，将突利可汗接到了长安城居住。

隋文帝乐呵呵地安慰道："大隋是个好地方，你先在这里住下，朕改天帮你把江山给夺回来，为了弥补你的缺憾，朕就封你为启民可汗吧。"

隋开皇二十年（600），都蓝可汗去世，西突厥达头可汗以大可汗的身份自居，隋文帝这才出兵帮助突利可汗复国。事后，突利可汗感激涕零，磕头上奏：甘愿为隋文帝做一辈子的牧羊犬。

不得不说，隋文帝翻手为云覆手为雨的政治手段，确实让突厥人吃尽了苦头，一直到唐朝开国，突厥都没有恢复元气。然而，突厥人的本性就是杀戮和劫掠。中原强，他们则示弱，中原弱，他们就会趁机狠狠地捅上一刀。

隋文帝的政治手腕太高明，突厥的历代可汗都玩不过他，因此只能强忍着这口恶气，但是这个世仇，他们永远也不会忘记。

外患不断：辽东群雄不安分

再来说说高句丽、百济和新罗。

历史上有高句丽和高丽两个政权：

高句丽:存在于建昭二年（公元前 37 年）—总章元年（668），王朝的统治者姓高，是中国东北部的扶余人建立起来的政权。高句丽鼎盛时期，地盘东至日本海，西至中国的辽河，北达吉林省珲春市，南到北汉江以北。

高丽：存在于王氏高丽天授元年（918）—明洪武二十九年（1392），王朝的统治者姓王，势力范围大概是如今的朝鲜半岛，和隋朝基本上没什么关系。

百济：存在于西汉鸿嘉三年（公元前 18 年）—唐显庆五年（660），又称南扶余，王朝的统治者姓夫余，势力范围大概在朝鲜半岛的西南部。

新罗：存在于西汉五凤元年（公元前 57 年）—后唐清泰二年（935），王朝的统治者包括朴、昔、金三个姓氏，势力范围大概在朝鲜半岛的东南部。

高句丽、百济和新罗，很像东汉末年的魏、蜀、吴三国。

想想看，朝鲜半岛的版图就这么大，三位老大为了让自己的百姓吃饱饭，自然是开足马力争夺地盘，抢占有限的生存空间。更何况，三位老大都觉得自己才是朝鲜半岛的霸主，谁也不服谁，一有空就喜欢出兵干对方。

对外战争是肯定的，打了胜仗大家都好说，可如果打了败仗，统治阶层的内部就会因此大打出手，趁机争夺王位，混乱程度简直无法描述。

数百年的时间里，高句丽都是老大的地位。

西魏大统十六年（551），百济和新罗两个小国联手对抗高句丽，迫使高句丽丢失了朝鲜半岛中部最重要的汉江流域，不过，这一战也让百济国内民不聊生，几乎亡国。

有趣的是，百济和新罗虽然夺下了汉江流域，可事先却没有约定划分地盘的游戏规则，两国因此矛盾重重。最终，新罗趁百济半死不活的良机，发兵打败了他们，独自吞并了富饶的汉江流域。

打了败仗，百济国王夫余明的心情低落到了极点。

第二年，夫余明倾全国之力，发动了对新罗的反击战。遗憾的是，战争并没有改变百济国的运数，夫余明被新罗士兵活捉，被杀身亡。

三国乱战之后，高句丽依旧是朝鲜半岛的大哥大。新罗摇身一变，晋升为老二，百济呢，只能跟在后面勉强混口饭吃。

称霸朝鲜半岛之后，高句丽政权并没有就此罢休。他们将目光瞄准了中国的辽东地区，历代国王的终身使命就是开疆拓土，俗称打仗，由于中原地区比较混乱，无暇他顾，因此高句丽的版图越来越大。当然，打仗之外，他们还接受中原政权的册封，名利双收，毫不耽误。

隋朝建国之后，高句丽依旧没有罢手，也没有罢手的意思。

打仗，几乎成了高句丽人的日常工作。

隋开皇十年（590），高句丽平原王去世，王位传给了高元，也就是婴阳王。

这就尴尬了，杨坚忙着开疆拓土，高元也忙着开疆拓土，两个国家自然有了矛盾，高元仗着天高皇帝远，丝毫不把杨坚放在眼里。当时，高元拉着契丹、靺鞨等东北的少数民族，并联合北朝的残余势力，屡次派兵侵扰大隋，将东北边境搞得乌烟瘴气。

杨坚很想弄高元，可他当时把精力都放在了突厥人身上，因此迟迟没有行动。

隋开皇十六年（596），隋文帝派了一批使者前往东突厥议事，正好碰到了高句丽的使者。隋朝的使者是个聪明人，他看到这两伙人搞到一起，觉得问题有些严重，回朝之后，他将高句丽和东突厥暗中结盟的情况，如实禀报给了隋文帝杨坚。

这个消息实在是晴天霹雳啊。

杨坚心想：老子费了九牛二虎之力，这才把突厥人搞定，你小小的高句丽居然也敢在背后兴风作浪，破坏老子的大局？

杨坚当即给高元递了一封国书，希望他能够停止和突厥结盟的愚蠢行为，并要求他立即派人前往长安，称臣纳贡。

高元迫于隋文帝的淫威，只能表示服软。然而没多久，高元就变卦了。他给出的官方解释是，大隋过于强盛，以至于威胁到了高句丽的存亡。接下来，高元联合靺鞨等少数民族政权，对辽东地区发起了突然袭击。

隋开皇十八年（598），隋文帝忍无可忍，派遣汉王杨谅为行军大元帅，尚书左仆射高颎为汉王府长史，周罗睺为水军总管，率领三十万水陆大军前去征伐高句丽。

遗憾的是，大军刚刚出发没多久，就遇到了极端恶劣的天气。

道路泥泞不堪，粮草无法供给，士兵在路上相继生病，水军又遇到严重的风暴，船只受损严重，隋文帝只好下令收兵。据史料记载，这次出征虽然没有爆发军事冲突，可隋军还是死伤了将近二十万人。

隋文帝自称打遍天下无敌手，却没想到栽在了高句丽的跟前。自此以后，杨坚绝口不提征伐高句丽的话头。

事实上，高元也被隋文帝的三十万大军吓得半死，隋军还没到达辽东，高元就派使者前往长安递交了投降国书，高元在国书中自称“辽东粪土臣元”。

这样的称呼，已经把辽东地区划到了高句丽的版图之内。然而，两国为了各自的面子，只好握手言和，重归于好。你好我好大家好，可问题解决了吗？

自然是没有。杨坚没有啃下高句丽这块硬骨头，却把烂摊子甩给了儿子隋炀帝。事实证明，恰恰是背信弃义、出尔反尔的高元，让大隋王朝陷入无穷无尽的战乱之中。

北巡突厥扬天威：隋炀帝有点膨胀了

隋大业三年（607）正月初一，隋炀帝下了一道诏书，在东都洛阳举办一次规模盛大的博览会，专门展示隋朝的服装、礼仪、器物等特产。为了显示大隋的辉煌气派，杨广特地邀请了洛阳城中的番邦王子、贵族、异国使节、宗室成员，以及文武大臣前去观瞻。与会的人中，有一位身份尊贵的嘉宾——东突厥启民可汗。

说起这个人，大家可能并不太陌生。

当年，突厥内部爆发军事冲突，启民可汗被哥哥都蓝可汗打得落花流水，逃往长安寻求隋文帝的庇护。隋仁寿元年（601），隋文帝派遣杨素出征，帮助他重新夺回东突厥的汗位，启民可汗便率领族人彻底归附了大隋，并长期居住在长安城。

说起来，启民可汗在长安城待了好几年。不过，那时候是隋文帝杨坚主政，整个国家以节俭为主，要说起在中原长见识，见大世面，启民可汗只能用呵呵来表示一下他的情绪。杨广这小子，手笔一看就比他爹要大啊！

博览会上，启民可汗四处闲逛，很像是刘姥姥进了大观园。最终，一件最新出炉的官员服饰引起了他的极大兴趣。色泽艳丽，面料细腻，衣服拿在手里显得轻飘飘的，真是爱不释手啊。再看看启民可汗身上的衣服，全都是皮毛制成，一股动物毛皮的味道，怎么看都不好。

启民可汗决定了，以后突厥的服装也要改换样式。

启民可汗找到了隋炀帝，说道："陛下，臣真心仰慕大隋的物华天宝，看到您设计的服装如此华美绝伦，是真心地喜欢啊。臣决定了，以后突厥人就穿您设计的衣服，希望您能够将这些服装赏赐给我们东突厥。"

隋炀帝心里乐滋滋的，可转念一想，让突厥人穿上如此华丽的衣服，以后还怎么打仗啊，他们还怎么替自己镇守北部边境呢？

隋炀帝委婉地说道："哎呀，可汗你就别闹了，还是好好喝酒吧。"

然而，启民可汗在第二天再度上书隋炀帝，表示自己是真心归降隋朝，希望隋炀帝能够允许他改换服饰，态度极其诚恳。隋炀帝心里就跟吃了蜜似的，转头就把"总设计师"牛弘狠狠地夸了一顿。不过，面对启民可汗的要求，隋炀帝还是不肯答应，最后只能用一堆金银珠宝封住了启民可汗的口，至于改换服饰，您还是别再提了。

得到隋炀帝的赏赐之后，启民可汗就乐呵呵地回到了东突厥。

隋大业三年（607）四月初二，隋炀帝突然下令：御驾巡视漠北地区。

据史料记载，朝臣们并没有感到很吃惊，大家似乎都觉得这件事迟早会到来一样，相关部门更是只花了十余天的时间，就把皇帝北巡的事宜准备妥当。完事之后，隋炀帝就带着朝中大臣浩浩荡荡地向山西境内出发。

临行前，隋炀帝特地下诏：免除关内（潼关和函谷关以西）三年赋税。不管是皇帝的御驾，还是百官的车驾，行驶的时候绝对不能践踏农民的禾苗，如果遇到走不通的路，需要重新开路的，必须按照开路所占用的土地面积计算损失，调用附近粮仓的粮食来补偿老百姓。这事儿干的，确实够意思。

说到这里，大家应该都明白了。隋炀帝南巡江都，宣示完大隋国威之后，开始将视野转移到了东北和北部边境，那里有东突厥、高句丽、百济、新罗等少数民族政权。巡视归巡视，也不一定是打仗，更多的可能是震慑这些小国，宣示一下大隋王朝的国威。

启民可汗是大隋最忠诚的边境护卫，听说老板要亲自前来巡视，觉得特别有面子，兴奋得几乎睡不着觉。启民可汗先后派遣了自己的儿子拓特勒，以及兄长的儿子毘（pí）黎伽特勒前去迎接，一度请求自己亲自出塞迎接，表达东突厥对隋炀帝最高级别的欢迎。

很快，御驾到达山西太原，隋炀帝除了慰问百姓，还下达了一道高深莫测的旨意：征调黄河以北数十个郡的百姓，开凿从河北到太行山的驰道。

驰道就是如今的国道或者高速公路，秦始皇在世的时候，以咸阳为中心，一共开凿了九条驰道，秦始皇正是通过这些驰道，前往全国各地巡视。

问题是，隋炀帝为何要突然下令开挖驰道呢?

从地理位置来看，河北和山西是接壤的，可中间却隔着太行山脉，道路非常崎岖，大型车队根本没法通过。太原又是黄河以北的军事重镇，从长安往北的道路大部分都需要经过太原，如果不把太原到河北的道路打通，河东、河西和关中的军队很难进入河北地区。

河北的北边又是哪儿？辽东半岛的高句丽等国。

这样的战略视野，让笔者敬佩得五体投地。隋炀帝在太原做了短暂的停留，随后便开始向雁门关方向行进。

当然，大老板外出巡视一次也不容易，除了公务之外，品尝各地的风味美食也是重中之重，负责皇帝衣食住行的官员早已经吩咐下去，让各地官员和镇守边关的将领把好吃的、好玩的东西全都送到御驾跟前。

官员们平日里难得见皇帝一面，有了这样机会，自然卖力表现。比如，雁门关太守丘和就非常上道，他搜集了当地最经典的美食，将隋炀帝伺候得美美的，得到一个大大的好评。

遗憾的是，车驾到达马邑（今山西省朔州市朔城区）的时候，太守杨廓也不知道是因为穷，还是确实没有特产，最后在隋炀帝面前落了个大不敬之罪。

按照隋文帝杨坚的脾气，杨廓很可能会立即死翘翘。不过，隋炀帝却并没有处罚他，他想了个办法：封雁门关太守丘和为博陵（今河北省衡水市安平县等地）太守，任命马邑太守杨廓为丘和的小跟班。

车驾到了博陵之后，丘和依旧给隋炀帝进献了特别精美的食物，圆满地完成了任务。事实上，隋炀帝就是想让杨廓明白，不管你在哪个地方，心中一定要有皇帝，要对皇帝有恭敬之心。

当然，这些都是扯得闲篇，是为了让大家多了解隋炀帝的为人。

吃完了美食，隋炀帝的车驾继续向北行驶，到达榆林郡（治所在今内蒙古准格尔旗东北）的时候，隋炀帝突然传下旨意：想要借道东突厥，到涿郡（今北京市）搞一次军事演习。消息是不是来得很突然?

不过，隋炀帝考虑得很周到，东突厥虽然和隋朝的关系很好，但是他怕调动大军会引起东突厥贵族和周边少数民族的敌意，因此提前派武卫将军长孙晟前去传旨，告知启民可汗这一消息。

长孙晟虽然是个将军，却是隋炀帝的近臣，他非常清楚隋炀帝北巡的心思。到了东突厥的汗帐之后，长孙晟传完了旨意，随后就蹲在了汗帐的门口，指着地上的一棵草说道:“可汗，这颗草很香啊！”

启民可汗顿时就陷入懵懂的状态，支支吾吾地说道:“将军啊，这只是很普通的一棵草啊！哪里有香味呢?”

长孙晟:“可汗有所不知啊，天子巡幸之处，诸侯都要亲自打扫，净街相迎，以此来表示对天子的诚挚之心。看看您的大帐，外面杂草丛生，连我都看不下去了，所以才好意提醒您一下嘛。”

启民可汗万分惶恐:“是是是！东突厥的一切都是大隋天子赐予的，能够得到报效皇帝陛下的机会，我又怎敢轻视呢！突厥人不太清楚大隋的礼仪，这才出现了纰漏，多谢将军提醒，我马上安排人去清理。”

启民可汗话音刚落就传下了命令，让所有的部落举行卫生大扫除，直到开辟出一条非常宽阔的迎宾大道，启民可汗悬着的心才慢慢放下来。

事实证明，想要在皇帝面前得宠，就必须懂他的心思。长孙晟回来之后，将启民可汗的表现活灵活现地演示了一遍，隋炀帝笑得前仰后合，满面春风，随后下旨狠狠地褒奖了长孙晟一番。

隋大业三年（607）六月二十日，启民可汗带着奚、室韦等部落的首领前往榆林郡行宫参拜隋炀帝。隋大业三年（607）六月二十二日，吐谷浑、高昌等西域政权也相继派人前来朝拜。

隋炀帝要的就是少数民族政权对他俯首称臣，承认大隋的宗主国地位。

当然，有这些还是不够的。少数民族用完了隋炀帝赐予的恩惠，还是有可能再打回来的。为此，隋炀帝特意安排朝廷十六卫府兵，总计十多万大军，在边境举办了一次声势浩大的演武行动，把少数民族的首领们看得目瞪口呆。

没过几天，启民可汗就上了一道表书："陛下！当年先帝视我为自己人，这才将安义公主赐婚于我，我的兄弟因为嫉妒，几次想将我置于死地，我走投无路这才投奔大隋，文帝又派兵帮助我夺回政权，让我做了突厥可汗。如今，您身为大隋陛下，给我的待遇远超文帝，我愿意一生都做您的臣子，希望您能够允许我们解开发辫，更换衣服，如汉人一样侍奉您。"

启民可汗旧事重提，自然是为了表示对大隋的忠心。

隋炀帝不想再欺瞒启民可汗，于是索性敞开了心扉："可汗啊！北方的战事未定，你如果改换了衣服，军队又该如何打仗呢？只要你们是真心归降大隋，衣服换不换的无所谓！"

这一番霸气威武的说辞，顿时就让启民可汗断了念想。

随后，隋炀帝让首席建筑师宇文恺设计了一个能容纳千人的大帐篷，邀请所有少数民族的首领和贵族在草原上举办了一场千人宴会。据史料记载，各部落为了表示对大隋皇帝的敬意，将他们最好的牛羊马都给牵来了，隋炀帝为了答谢草原人民的厚爱，拿出早已经准备好的丝绸锦缎，狠狠地赏赐了一通。

隋炀帝知道，北部最强盛的政权依旧是东突厥，因此对启民可汗采取了恩威并施的策略。他先是演武，随后大肆赏赐，最后再度下旨：东突厥启民可汗以后上表不称臣，位在王侯之上。直到此时，才可谓是宾主尽欢，民心沸腾。

然而，此次出巡并未达到高潮。就在此时，隋炀帝下了一道旨意：责令有关部门征调北地的民夫，修筑一条西起榆林，东至紫河（今内蒙古南部的浑河）的长城。

据史料记载，为了修建这条长城，隋炀帝调动了将近一百万人，捣鼓了二十来年才完工。不过，这种记载恐有夸大的嫌疑，想要在鸟不拉屎的地方找出一百万百姓，根本就是不可能完成的任务。

问题是，大隋刚和东突厥等少数民族建立了友好合作的关系，隋炀帝为何想要修筑长城呢，就靠这段长城又能抵御谁？修建洛阳，修建园林，甚至南巡江都，咱们都能理解，可突然整出这么个大工程，朝臣们的智商明显不够用了。

太常卿高颎、礼部尚书宇文弼、太常丞李懿等人纷纷提出了质疑。

高颎的质疑很简单：你巡视北疆本来就是劳民伤财的事情，宴请少数民族的首领，又花了无数的钱财，如今又要修建长城，恐怕国力难以为继啊。

高颎先给隋炀帝上了个奏折，不过被隋炀帝给驳回了。随后，高颎便在私底下和同僚们八卦胡侃，说隋炀帝这样做，和前朝的亡国皇帝一个德行，还说启民可汗和大隋走得太近，早已经熟知了大隋的地形，有朝一日，必定会成为大隋的心腹之患。总之，高颎想要表达一个意思：大隋的江山恐怕迟早不保。

同时，光禄大夫贺若弼、礼部尚书宇文弼等人也在私下里说隋炀帝太过奢侈。

《大业律》规定了，大臣不能私下议论皇帝的不是，更何况，这种议论还带着诅咒，还是在隋炀帝北巡大漠的外交场合。隋炀帝听闻之后，气得怒发冲冠。

高颎啊高颎，想当初，我想要做太子，你就强力反对。你是太子杨勇的岳父，又是老爹的旧臣，按理说，我上位之后应该要立即清洗你的，可是我没有打压你，还让你位列九卿（官居太常卿），这是多么大的恩典啊。如今，你却私下诅咒我，太不够意思，太不是个东西了吧!

帝王之怒可以伏尸百万，更别说小小的高颎了。

这一次，隋炀帝再也没有顾忌君臣之间的恩义，直接下诏处死了高颎、宇文弼、贺若弼等一批重臣，并趁机将那些平日里传播负能量的官员全部罢免。

客观地说，杨广此时确实有些得意忘形，他想开疆拓土，建立一个史无前例的超级帝国，做一个继往开来的君主，这些都没问题。然而，因为此事擅杀谏臣，岂不是自毁长城？事实证明，擅杀忠臣的后果就是让朝臣趋炎附势，不敢直言，即便是隋炀帝后来屡次犯错，手下的大臣也不敢挺身相谏。

隋大业三年（607）八月初六，隋炀帝的车驾从榆林出发，一路经过云中郡（今山西省大同市），溯金河而上，亲临东突厥启民可汗的营帐。

据史料记载，隋炀帝一行共有五十万人，十余万匹战马，还有许多稀奇古怪的战车，可谓是旌旗蔽天，黄沙漫漫，以至于十里之外的部落还没有见到皇帝的本尊，就开始朝御驾行礼。隋大业三年（607）八月初九，隋炀帝在东突厥主场再次接见了草原各部落的首领。突厥王侯以下的贵族纷纷袒胸露乳，匍匐在隋炀帝的面前，压根就不敢直视皇帝的眼神。

隋炀帝傲视群雄，心情非常愉悦，当场赋了一首诗：

呼韩叩头至，屠耆接踵来。

怎比汉天子，空上单于台！

在隋炀帝的眼里，西汉有个开疆拓土，奠定大汉王朝版图的汉武帝刘彻，他虽然打败了匈奴，建造了单于台，但那只不过是空有其名。再看看自己，让突厥人跪拜在自己面前，让他们心服口服的称臣纳贡，又岂是汉武帝可比的？

隋炀帝临走的时候，启民可汗给他引荐了一位高句丽使者。据史料记载，这位使者一直躲在启民可汗的营地，虽然不知和东突厥商议什么秘密大事儿，却也能猜得八九不离十。

起初，启民可汗抱着侥幸的心理，想隐瞒高句丽使者的事。然而，隋炀帝的军事演习让他胆战心惊，尤其是那些巨大的超级战车，令他望而生畏。笨蛋也看得出来，隋炀帝的军队要比隋文帝的强大太多。更何况，隋炀帝在草原巡视的这段时间，对突厥各部落都施了很大的恩惠，你如果不忠诚，不排除其他部落依附隋炀帝。这样的事情，前朝已经发生了啊。

启民可汗思来想去，担心和高句丽暗中勾结可能会给自己带来杀身之祸，因此在最后时刻，启民可汗将高句丽使者交了出来。

有趣的是，隋炀帝对此一点都不震惊，也不愤怒。

隋炀帝：来来来，各位大臣都说说，怎么处理此事？

大臣们七嘴八舌，至少在口头上已经将高句丽使者大卸八块。

最给力的还是黄门侍郎裴矩，他进言道：陛下，高句丽本来就是商朝被灭亡之后，纣王的叔父箕子率领五千余人逃到朝鲜半岛建立的政权。从汉朝以来，高句丽就只是中原政权的郡县而已，如今咱们大隋立了国，高句丽不称臣也就罢了，还敢和大隋平起平坐。先帝在的时候就想教训他们，只不过汉王杨谅太不给力，这才把平定高句丽的事情耽搁下来。如今，陛下贵为大隋天子，怎么能够不好好地教训他们一顿呢？

隋炀帝呵呵一笑，这早就在他的计划之中了。

隋炀帝望着高句丽使者，一字一句地说道：“你听好了！朕今天之所以站在这里，是因为启民可汗愿意尊奉大隋，愿意尊奉朕。回去告诉你们的大王，只要真心归降，朕也会这样待你们，如果不来朝见，朕明年就带人去拜访你们。”

隋炀帝一番霸气的话，顿时就让高句丽的使者尿了裤子。

遗憾的是，隋炀帝声势滔天的军事演习虽然威慑住了启民可汗等人，可最关键的高元却没有亲眼得见。因此在高元的眼里，隋炀帝放出的豪言只不过是空言恫吓而已。此后的数年时间，高元都没有派遣使者前来中原朝拜，这也导致隋炀帝在隋大业七年（611）的时候，下达了对高句丽的灭国令。

西突厥递交降书：投降也需要“榜样”

隋大业三年（607）九月二十三日，隋炀帝回到东都洛阳，北巡活动圆满落幕。

大隋需要一统江山，万国来朝，东突厥的归顺只不过是其中一步棋而已。回到洛阳之后，隋炀帝就将目光转向了西域。

早在北巡之前，隋炀帝就已经吩咐吏部侍郎裴矩去管理西域胡人（高昌、焉耆、龟兹、吐谷浑等国）比较集中的张掖地区（今甘肃省张掖市）。

裴矩（547—627），河东闻喜人，出生在官宦世家，担任过北齐、北周的公务员，后来被杨坚看上，直接提拔为高级幕僚。隋朝灭陈的时候，裴矩便跟随在杨广的身边，负责收集南陈的机密信息。

隋朝安抚岭南的时候，裴矩又是总负责人，他当时带着数千名精兵，一路恩威并施，横扫整个岭南，一直打到南海地区，立下汗马功劳。

隋朝和突厥人交锋的时候，裴矩跟随在行军总管史万岁的身边，后来隋军打了胜仗，史万岁却被隋文帝冤杀，裴矩的功劳被一笔勾销。

裴矩一生都在和外族打交道，经验丰富，手段奇多，是朝中有名的多面手。

临行之前，裴矩就料到了，隋炀帝可能会对西域各国动手。到达张掖之后，裴矩将管理工作交给下属，自己则天天在外面游历，寻找西域各部落的胡人聊天，将各国的山川地理、百姓习俗、风土人情、服饰礼仪弄得一清二楚。

裴矩最后的成果就是一本涉及西域四十四国，多达三卷的《西域图记》，还有一张绘制了西域所有国家和重要交通节点的地图。

裴矩在书里总结了几点看法：

第一，自秦朝以来，历朝历代的统治者都有一个错误的认识，他们觉得西域诸国是不服王化的胡虏，不可能将他们彻底征服。

第二，朝廷虽然设置了管理的官署，但是管理结果却令人不甚满意，而且这些国家经常发生叛乱，管理的难度非常高。

第三，西域政权分分合合，没有人知道他们到底有多少国家，有多少人口。朝廷对于他们的地理位置、山川河流的分布一无所知，所以即便是想打，也不知道怎么打。

据史料记载，裴矩的书中记录了四十四个有名号的国家，还有许多只有千户家庭的小国家，他们与隋朝有三条贸易通道：

北道：从伊吾国（今新疆维吾尔自治区哈密市）开始，经过铁勒部突厥王庭（今新疆维吾尔自治区巴里坤湖附近），最后到达拂菻国（古罗马君士坦丁堡）。

中道：从高昌国（今新疆维吾尔自治区吐鲁番市高昌区）开始，经过焉耆、龟兹、疏勒、度葱岭、钹汗、苏对沙那国、康国、曹国、何国、大小安国、穆国，最后到达波斯国（今伊朗）。

南道：从鄯善国（今新疆维吾尔自治区吐鲁番市鄯善县）开始，经过于阗、硃俱波、喝槃陀，度葱岭，又经护密、吐火罗、挹怛、忛延、漕国，最后到达北婆罗门。

裴矩在报告中重点提到了三个国家：伊吾、高昌、鄯善。

裴矩认为，这三个国家离甘肃敦煌最近，也是西域诸国通往中原的门户。不幸的是，伊吾、高昌、鄯善却都掌握在西突厥和吐谷浑的手里，想要让西域诸国朝拜大隋王朝，就必须解决这个问题。

隋炀帝回到洛阳之后，裴矩做了一次专门的汇报。

裴矩："凭借大隋的军威，想要到达西域简直是易如反掌。然而，西突厥和吐谷浑是横插在大隋和西域番邦之间的障碍，西域诸国听说皇帝的威德之后，都想前来朝拜，各国的商人也都带来了他们的国书。大隋想要收复西域，首先要使西域的小国归心，然后再剪除西突厥和吐谷浑两个政权。"

这番论述可以说是经典中的经典，正合隋炀帝的胃口。

隋炀帝："裴矩，下去之后自己去找府库领五百段布帛。"

随后的几天，隋炀帝没日没夜地听裴矩给他讲述西域的风俗和人文地理，并下诏封他为黄门侍郎，让他全权负责西域的事情。事实证明，君臣的这番彻夜长谈，为大隋征伐西域诸国定下了基调。

隋大业四年（608）正月，西突厥王廷来了一位神秘的贵客。此人是隋炀帝的特派使者，时任兵部侍郎崔君肃。在此之前，崔君肃不过是籍籍无名之辈，在朝野没什么风闻。不过，崔君肃却颇得隋炀帝的赏识，此番前来，崔君肃带来了皇帝的圣旨：只要西突厥归顺大隋，开放西域之路，大家一起发财，永结盟好。

谁料想，处罗可汗的态度非常倨傲，拒不接受隋炀帝的诏书。

古往今来，国强则外交强，国弱则外交弱。

说白了，不管你在哪里，背后的靠山强大，你说话就可以很冲。

瞧瞧崔君肃，遭到处罗可汗的拒绝后，立马就板起了脸，拿出了大国外交官的强势：“可汗，您应该知道，自从突厥一分为二，数十年来都在打仗，但是相互之间谁也不能灭了谁，处罗可汗可知是为什么？”

处罗可汗无语。

崔君肃：“哼！东突厥和西突厥的地盘和实力都差不多，可是，东突厥的启民可汗就比您英明多了，他率领手下百万之众依附大隋，正是想借助我们的力量消灭您处罗可汗啊。”

处罗可汗惊慌了：“那，大隋陛下是什么意思？”

崔君肃：“大隋上上下下都愿意帮助启民可汗消灭你，陛下自然也默许了。”

处罗可汗后背发凉。

崔君肃趁热打铁：“可汗陛下，有个消息您可能不知道吧，您的母亲（据说是汉人向氏）在中原日夜胆战心惊，害怕西突厥有一天会灭亡，因此向皇帝下了保证，说您会随使者进京，给皇上朝拜。如今，您的态度如此倨傲，压根就没有朝拜的意思，我担心您的母亲会以欺君之罪被处死啊。”

话说到这里，处罗可汗已经彻底蒙了。要不，一刀剁了崔君肃，找点儿主场的尊严？处罗可汗表示，自己没这个胆子。

年前，隋炀帝在漠北举办了一场民族大狂欢活动，处罗可汗也有所耳闻。

启民可汗拥兵数十万，坐地千里，已经够厉害了吧，连他都甘愿拜倒在大隋陛下的脚下，做人家的牧羊犬，处罗可汗还有啥考虑的？真要惹怒了隋炀帝，东突厥和大隋如果联兵，西突厥恐怕会寸草不生。得了，投降吧！

那个谁，从马厩里牵几匹汗血宝马，跟随崔大人前往洛阳吧。

扫清外患：轻松灭掉吐谷浑

搞定西突厥之后，隋炀帝便将目光转向了吐谷浑。

关于吐谷浑的前世今生，实在是一件很有趣的事儿，不得不说。

事实上，吐谷浑最初并不是地名，而是一个人的名字，叫作慕容吐谷浑。慕容是辽东鲜卑族的复姓，慕容吐谷浑是鲜卑慕容部首领慕容涉归的庶长子。

鲜卑族的规矩和中原一样，都是以嫡长子作为权力继承人，慕容吐谷浑身为庶子，在部落里面根本就没有发展前途可言。不过，老爸慕容涉归很疼他，给他赏赐了一千七百户鲜卑族家庭，让他自立山头（靠这些人来养他）。

接下来的几年，慕容吐谷浑在大本营附近选了块地方，带着族人过起了安稳的日子。西晋太康四年（283），慕容涉归死掉了，嫡子慕容廆接管了慕容部落。

据史料记载，慕容吐谷浑的地盘和弟弟慕容廆离得非常近，每逢放马畜牧，马儿便会经常窜到一起玩耍，可能是因为马匹争夺配偶之类的问题，两个部落的马经常打架，而慕容廆的马经常受伤。

慕容廆心里不平衡了，指责哥哥说：老爹已经让你自立山头，大家各过各的日子，你为什么要把马放到我这里来，还伤害了我的马。

慕容吐谷浑非常不服气，马就是畜生啊，到了春天，它们因为争夺交配权而发生冲突，不是很正常的事儿嘛，你凭什么对我大吼大叫？既然这样，那我就离你一万里地，永远看不见你。

两个兄弟脾气都挺火爆，互不相让，慕容吐谷浑一言不合就离家出走了。当时，慕容吐谷浑也不知道去哪里，于是带着族人一直向西放牧，一天走八十里地。

几天之后，慕容廆后悔了，赶紧派伯父乙那楼前去劝哥哥回来。

谁知道，慕容吐谷浑的脾气比驴还倔，拒绝回家，说什么也不行。他最后直接放话出来:伯父，我是因为这些马才出走的，你现在把我的马往回赶，如果它们肯回去，我就跟着你回去。

乙那楼二话不说，让两千名将士将马儿团团围住，强行驱逐。有趣的是，马群就是不愿意回去，折腾了一段时间之后，乙那楼说了这样一句话：这也许就是天意，就让两兄弟分开发展吧。

历史证明，好马不吃回头草这句话真不是唬人的。

随后，慕容吐谷浑带着族人一直走到枹罕（今甘肃省临夏回族自治州）。

慕容廆长大之后，特别思念哥哥，于是创作了《阿干之歌》，时常在家中演奏，泪流满面。慕容廆去世之后，《阿干之歌》便成了慕容鲜卑的国歌，鲜卑族人称哥哥为阿干，也正是因为这个原因。

在慕容吐谷浑的带领下，这支西迁的部落日子过得越来越红火，部族的人口也越来越多（慕容吐谷浑本人就有六十个儿子），最后，慕容吐谷浑宣布建立自己的政权，统治青海、甘南和四川西北地区的羌、氐部落。

吐谷浑政权，正是出于慕容吐谷浑这个人的名字。

吐谷浑的几任首领都很重视汉人和汉文化，十六国时期，他们接纳了不少流亡到西域的汉人。吐谷浑强盛的时候，国内的官员设置和中原一样，有王、公等爵位，还有尚书仆射、将军、郎中等职。

吐谷浑依靠汉人，将版图越做越大，最终成了西域的超级政权。

吐谷浑最强大的时候，土地面积几乎囊括了临羌城（今青海省西宁市湟源县）以西，且末（今新疆维吾尔自治区且末县）以东，祁连山以南，雪山（今昆仑山和巴颜喀拉山、阿尼玛卿山）以北的地盘，非常广袤。

吐谷浑的都城叫伏俟城（鲜卑语意为王者之城），又称铁卜加古城，位于青海湖的旁边。慕容吐谷浑在此地定都，就是看中了青海湖边茂盛的水草。

据史料记载，伏俟城虽然是都城，但是面积却非常小，东西长二百二十米，南北宽二百米，墙基宽十七米，高十二米，基本上仿照了汉制的对称结构。吐谷浑人一般都散居在青海湖边，以游牧生活为主，并没有多少人住在伏俟城，因此伏俟城的存在，纯粹是政权的象征而已。

据说，吐谷浑的文化非常有特色，有些习俗在如今的中东国家都还存在。

比如抢亲：在吐谷浑，有钱人家娶老婆，一般都会用厚礼下聘，穷人家的孩子直接在大路上抢老婆，谁能抢回家，老婆就是谁的。当然，一般是抢自己喜欢的，实在没办法，也是要抢一个的。

也许是因为吐谷浑的建国和马有关，在吐谷浑国内，马匹的地位非常之高。如果国人杀了人，或者杀了马，都是死罪。如果你犯了其他的罪，缴纳马匹、牦牛和货物就可以免罪。

在吐谷浑，有两种马非常出名：龙种和青海骢（cōng）。

据说，每当冬季来临的时候，波涛起伏的青海湖被结成的冰块覆盖，吐谷浑人把良种母马赶到湖中心的海心山上，到第二年春天，母马怀孕，产下体格健壮的马驹，号为“龙种”。青海骢则更为神奇，据说是波斯名马和当地的土著马杂交而生，号称日行千里，可以和汗血宝马相提并论。有不少人说，李世民后来攻打吐谷浑，就是为了青海骢，也不无道理。

吐谷浑是游牧民族，家庭没有固定收入，所以国家没有稳定的税收。王室有钱用的时候，自然不会找老百姓的麻烦，王室一旦出现透支，则会启动国家暴力机器，劫掠周边的民族，或者强行没收国内富人家庭的财产。

咱们可以理解为征收财产税，是无条件的财产税。

当然，他们也有少数民族都有的风俗。比如，父亲死了之后，你可以娶父亲的小老婆为妻。兄弟死了之后，你可以娶嫂嫂为妻，所以，只要你的父亲或者兄长有老婆，你就肯定会有老婆。

吐谷浑崇尚汉文化，因此对中原的政权有天生的亲近感。如果有皇帝登基，吐谷浑必定会派人前来祝贺，低姿态做得非常到位。

隋开皇十七年（597），吐谷浑王室发生内乱，慕容世伏被杀身亡，弟弟慕容伏允做了国王，并将嫂嫂光化公主（隋朝的公主）收编到自己的后宫。

据史料记载，伏允可汗是一个颇有野心的人，他一边给隋朝进贡，一边派人打听隋朝的各种情报，杨坚在世的时候，就曾经为此斥责过他。隋炀帝登基之后，伏允可汗照例派遣使者前去朝拜，可“偷窥”的习惯却并没有改变，甚至还和西突厥势力搅和到了一起。

隋炀帝想要打通西域之路，让万国来朝，就必须按照裴矩所说，先搞定左右摇摆的吐谷浑势力。正是因为这个原因，隋炀帝才决定以武力征服吐谷浑，向伏允可汗证明一下，大隋和西突厥汗国，到底谁才是真正的霸主。

隋大业四年（608）七月，隋炀帝派裴矩出使铁勒部族，成功说服他们向吐谷浑用兵。

这招借刀杀人干得非常漂亮。第一，隋朝没有派遣军队，战场的损耗很少。第二，隋朝和吐谷浑没有翻脸，铁勒部族打你，你可以投奔隋炀帝啊。

隋炀帝和裴矩两个老狐狸的计策很奏效，在铁勒部的冲击下，吐谷浑一败涂地，伏允可汗如丧家之犬，逃往隋朝的西平郡（今青海省海东市乐都区）。

大隋陛下，救救我吧。

隋炀帝乐了，堂堂吐谷浑帝国，居然如此不堪一击，真是令人失望啊。

敌人投降，必须要接纳，为了以防万一，隋炀帝还是派了两路人马前去迎接：

宇文述，你带兵前往西平郡，接应伏允可汗吧，见机行事哦。

安德王杨雄，你带兵前往浇河郡（今青海省海南州贵德县）。

从地图上看，宇文述在西宁受降，杨雄带兵截断伏允可汗的后路，这样的调兵遣将，说明隋炀帝还是很懂军事的。

遗憾的是，伏允可汗根本就没有投降的心思。当宇文述到达临羌城的时候，伏允可汗给他写了一封信，谎称自己担心遭到隋军屠杀，放了宇文述的鸽子。

宇文述跋山涉水，如今却遭伏允的戏耍，顿时怒火中烧，下令全军追击。

隋朝铁骑以秋风扫落叶之势，接连攻下了曼头（今青海省海南州共和县西南）、赤水（今青海省海南州兴海县东南）二城。宇文述大军砍了三千个脑袋，俘虏了两百多名吐谷浑贵族，外加四千多名百姓，随后耀武扬威，回中原交旨去了。

至于伏允可汗，已经跑得无影无踪。此战过后，吐谷浑政权彻底瓦解，伏允可汗成为无家可归的流浪汉。大隋则乘势接管了吐谷浑全境。

就在第二年，西域传来了消息：伏允可汗想回来重整旗鼓。

这就有点痴心妄想了。

隋大业五年（609）五月，隋炀帝御驾亲征，彻底镇压了吐谷浑的残余势力。

就在这一年，隋炀帝发布诏书：将吐谷浑纳入大隋王朝的版图之中，以后没有吐谷浑，只有大隋王朝的河源、西海、鄯善、且末四个郡。从此以后，吐谷浑按照中原的制度来管理，大隋将中原地区的罪犯迁到吐谷浑境内开荒。

隋炀帝一言不合就灭了吐谷浑，多么霸气，多么不讲道理。

没过多久，西域大大小小数十个政权的首领，纷纷派遣使者前往洛阳，向隋炀帝递交了称臣国书。隋朝对吐谷浑的战争，不仅打通了中原和西域沉寂已久的丝绸之路，还让隋朝的疆域瞬间暴增数千里地，隋炀帝功在大汉民族。

隋炀帝的功绩：你以为“万国来朝”那么简单？

与此同时，隋炀帝派遣的另外两支人马也传来了捷报。

大隋之前，中原王朝根本不知道，世界上还有一个叫赤土国的政权（位于泰国曼谷以北，是非常古老的一个政权）。隋文帝的时候，大隋的兵锋也就打到了交趾（今越南北部地区）。至于交趾的南边是什么，谁也不知道。

当时，统兵元帅名叫刘方，平定交趾之后，刘方回朝复旨，说了这么一件事儿：据交趾国的百姓透露，交趾的南边还有一个叫林邑国的政权，他们国内有好多稀奇古怪的珍宝（多为香木、动物），北方人一定没见过。

事实上，汉朝的时候，林邑国就和中原建立了关系，那时候叫象林县，后来中原大乱，林邑国便从中国的版图中自然消失。隋文帝晚年的时候，为了林邑国的宝贝，派遣刘方再次率兵南下，顺便将大隋的版图扩展到越南的中部。

南洋就是个宝啊，老子挖了还不够，儿子也要继续挖嘛。

隋大业元年（605），隋炀帝登基没多久，刘方就又出发了。

林邑国不堪其苦，这算什么事儿啊，我们每年给你们大隋进贡，你们还要打啊？

对不起，泱泱大国，需求旺盛，不好明面上找你们要，只能找机会打。

见谅见谅。

刘方的下半生，就是在南洋出差的日子中打发的。闲来无事，他就在想一个问题，以前打交趾的时候，不知道南边有个林邑国，如今打林邑，南边还有什么国家呢？反正是没事可干，要不再往南边走走吧。

俗话说得好，不怕猪有脑，就怕猪思考。

刘方的胡思乱想，竟然让大隋发现了赤土国的存在。

有军队坐镇，赤土国只能服软。

刘方回朝之后，将此事向隋炀帝做了详细的汇报，并声称赤土国王很仰慕中原王朝的繁盛，随后就会派人前来朝见。

隋大业四年（608）三月，赤土国王的使者到达洛阳，并带来了东南亚地区的土特产。

隋炀帝非常开心，为了表示大隋和赤土国的友好关系，隋炀帝传下诏令，命屯田主事常骏、虞部主事王君政等人带着上好的丝织品，从南海郡乘舟南下，准备对赤土国进行国事访问。

屯田主事和虞部主事隶属尚书省工部，前者负责农民和军队的开荒种田，后者负责山泽、苑囿、供顿等事。看得出来，隋炀帝并非让他们去进行简单的国事访问，而是想让他们勘测赤土国的大小，顺便摸清楚周围还有哪些小国家，希望将他们一块并入大隋的版图。

隋大业四年（608）十月，常骏等人到达赤土国的边境。

赤土国王派遣婆罗门鸠摩罗带着三十艘大船前往迎接，即便是这样，常骏一行又走了一个多月才到达赤土国的首都。

刘方来访的时候，赤土国王就已经见识到了大隋的国力，此番面对大隋皇帝的使者，国王显得小心翼翼，好吃的，好玩的，毫不吝啬，这让常骏、王君政等不入流的小官受宠若惊。

常骏虽然享了不少福，却没有忘记隋炀帝交代给他的事情，他以赤土国为中心，派出数名使者前去联系南洋地区未曾与中原建交的政权，并代表大隋王朝和他们正式建立了交流关系。自此，隋朝的国威正式宣扬到了东南亚地区。

完成了这一切，常骏和王君政二人乐呵呵地带着赤土王子那邪迦回洛阳交旨。当然，还有许多稀奇古怪的玩意儿，比如金芙蓉冠、龙脑香、香水等。

试问，隋炀帝打通了海上丝绸之路，这份荣耀又该怎么算？

另一路更为霸气。

先前，隋炀帝听裴矩说过，西域有三个重要的国家，伊吾、高昌和焉耆，都在西突厥的控制下，挡住了西域各国朝拜中原的神圣之路。就在不久前，隋炀帝派崔君肃搞定了西突厥，又让西域诸国递交了服软的国书，至少在面子上达到了万国来朝的目的。

问题是，“天朝上国”“尊敬的大隋陛下”“英明神武”这样的敷衍之词已经不太能满足隋炀帝的心理追求，既然得到了口头上的尊敬，怎么也得搞出点实际行动，稍微宣示一下主权啊，比如霸占某个小国的领土？

隋炀帝大手一挥，就拿伊吾开刀吧。

伊吾国，所在新疆维吾尔自治区哈密市伊吾县，是北部通道的起点国家。

如此重要的地方，不能让外族人霸占着吧。

隋炀帝：薛世雄，从今天起，你就是玉门道行军总管了，旨到之日，立即出发，到伊吾国修一座城池，接管伊吾政权吧。

太草率，太霸气了。直接跑到你的国家，宣布这里以后就归我管辖了。没有任何官方解释，也没有任何交换条件，不知道应该理解为霸气，还是嚣张？

千年之后，再来重读这段历史，总觉得心潮澎湃，热泪盈眶啊。

按照计划，东突厥启民可汗也要出兵，二人约好了，先在玉门关集合，然后结伴前往伊吾，共同领略一下西部的沙漠风光。有趣的是，启民可汗居然声称自己没有兴趣，放了薛世雄的鸽子。

怎么办？回去交旨还是继续行军？

在薛世雄的人生字典里，还没有退缩二字。收到启民可汗的婉拒信后，薛世雄就说了一句话：大军全速开进，不拿下伊吾，誓不罢休。

彼时，正值隆冬季节，黄沙漫天，天寒地冻，伊吾国王独坐家中，永远也不会想到，大隋的军队会来此地收编他们的国家。

薛世雄昼夜行军，终于在天暖之前陈列在伊吾城下。

薛世雄：国王啊，我是大隋陛下的使者，特地来收编你们的。

伊吾国王：收编？

薛世雄：对，以后就没有伊吾国了，只有大隋的伊吾郡。

伊吾国王：既然这样，要不咱们谈谈条件？

薛世雄：对不起，陛下叫我来干活（修建新城），不是来和你谈条件的！

伊吾国王汗颜。

按照老规矩，薛世雄在伊吾城旁边修建了一座新的城池，取名为柔远镇，作为大隋控制东西交通要道上的重要军事据点，伊吾国直接变成伊吾郡。

薛世雄：王威，我给你留下一千名士兵，你们就在此地上班吧。

王威：那你干吗去呢？

薛世雄：我啊，潇洒转身，深藏功与名呗。

收拾完西域诸国之后，隋炀帝又将目光转向了南方的流求政权。

关于流求，历史上众说纷纭，有说是中国的台湾地区，有说是台湾到日本沿线的海上群岛，也就是后来熟知的琉球群岛。

在这里，先尝试着厘清几个概念：

流虬（qiú）：这是隋朝对台湾地区的叫法。

流求：这是唐朝的叫法，因为虬是一种传说中的小龙，把龙给流了似乎不太吉利，所以后来就改成了流求，不过地理位置和流虬一样。

琉球：台湾以北，日本以南的海上岛屿。

在我看来，流求是台湾的可信度还是比较高的，原因如下：

第一，隋朝海军可以隔着海隐隐约约地看到漂浮的岛屿。如果是距离较远的琉球群岛，仅靠人的视力似乎不大可能，但是碰到晴朗的天气，还是可以从鼓浪屿看到小金门岛的。

第二，《隋书》里面专门介绍了流求国，和台湾高山族的习俗很相似，因此历史学家们认为，流求可能就是台湾。

第三，隋炀帝两次派人上岛，都没有摸清楚流求国的实际大小，第三次攻打流求的时候，军人们发现，岛屿上有好几支分属不同部落的小政权。如果是琉球群岛，隋军不大可能摸不清楚岛屿大小，琉球群岛也无法容纳如此多的部落政权。

第四，公元 12 世纪，琉球群岛才从氏族社会进入到政权统治时代，也就是开始出现了国家。明朝的时候，正儿八经的琉球国（琉球群岛的主政权）到中原朝拜，可他们还是延续了氏族社会的传统，连姓氏也没有，最后还是明宣宗朱瞻基赐琉球王姓为尚氏。

问题是，流求政权的王姓是欢斯，也不是什么氏族社会。简而言之，如果隋朝出现的流求是琉球群岛，那明朝横空出世的琉球又是什么？

第五，有人说，军队是从浙江金华的东阳市出海，如果是去台湾，没必要从这里走，然后再逆时针转个大弯。问题是，南海和东海一直有强大的洋流，即便是到琉球群岛，也必须沿着东南海岸行船，从台湾那里绕行才能顺利到达，历朝历代出海，大多是选择从舟山群岛出发，这不是太难解释的问题。

事实上，隋炀帝拜访流求之前，根本不知道流求的国王叫欢斯渴剌兜，也不知道他们是什么样的存在，只知道海上有个岛，岛上有很多奇怪的人。

在大隋的历史上，一共有三次和流求往来的记录。

隋大业元年（605），隋朝的海军在东南沿海执勤，恰好天清云淡，风和日丽，士兵们四十五度角仰望东南，发现天际线附近似乎有烟雾缭绕，很像是一座神仙之岛（蓬莱、方丈、瀛洲也是这个样子）。带头将领很快就将这一发现报告给了隋炀帝。

隋大业三年（607），隋炀帝派遣羽骑尉（隋朝的武散职）朱宽带人前去寻访。

据史料记载，朱宽确实找到了流求，可令他郁闷的是，大隋官话和当地人的语言完全不同，双方鸡同鸭讲，实在是聊不到一起。朱宽无奈之下，只好绑了一个当地人，将他带回了中原。

隋炀帝看到流求代表，心里顿时有了两个想法。

想法一：乖乖，流求人长得可真奇怪，他们必定和大隋不一样吧。

想法二：先让这帮人跪倒在我的面前，以后的事以后再说吧。

隋大业四年（608），隋炀帝再次派遣朱宽前往流求，不过此次出使的任务很明确：不管是什么样的国度，让他们的首领赶紧来洛阳朝拜，随便带点儿特产。

朱宽轻车熟路，很快就找到了流求本土。这一次，朱宽在土著人的带领下，见到了流求的首领，也不知朱宽用了什么样的沟通方式，居然将隋炀帝的意思完整地转达给了他们。

谁料想，流求首领态度很强硬，称臣不行，不服来打。

朱宽看了看手下的兄弟，决定好汉不吃眼前亏，先行撤退。临走之前，朱宽抢了几件流求人身穿的盔甲和服装，算是此次出使的成果。

洛阳宫内，大隋君臣盯着这些服饰，非常头疼，完全不知道对方是什么样的物种，什么样的文化啊。巧的是，倭国使者正在洛阳出差，又恰好撞到了此事，于是说了这样一句话："这是夷邪久国人所穿的衣服啊。"

在倭国使者不厌其烦的讲解下，大隋君臣这才有点明白了。

隋大业六年（610）正月，隋炀帝下诏，让虎贲郎将陈棱和张镇周从东阳（今浙江省金华市东阳市）征调了一万名士兵，然后从舟山群岛出发，沿着东南海岸线行驶，在广东义安（今广东省潮州市境内）经过短暂休整后，到达流求本土。

当时，流求人还以为是海上行商的船队，于是张开双手来欢迎。一边是热情好客的主人，一边是收编国土的"悍匪"，这误会可就闹大了。

据史料记载，陈棱等人上岸之后，和流求百姓聊得热火朝天，好像是失散多年的亲人一样，摸清楚岛上的情况之后，陈棱便以迅雷不及掩耳之势，发动了惨无人道的军事袭击。

土匪，一群土匪！琉球国王欢斯渴刺兜郁闷无比。

岛上的百姓有很多，可仓皇之下，欢斯渴刺兜也只能组织起数千名士兵守卫国土。悲剧的是，不管是身体素质，还是武器装备，流求人都不是隋军的对手，一场恶战之后，流求士兵全部当场丧命。

随后，大隋兵分五路，一直打到流求都城波罗檀洞，双方在此地激战一天，欢斯渴刺兜最终被杀身亡，王子欢斯岛槌和数千名流求百姓被俘虏回中原。

历史证明，新生文化的碰撞可能会产生异样的火花，也有可能电闪雷鸣。

三次无言的交流，流求莫名其妙地就成了大隋的附属国。也许，国王欢斯渴刺兜到死也没明白，自己到底得罪了谁。

六百多年前，一位叫陈汤的汉朝将领对匈奴小伙伴们说了这样一句话：犯强汉者，虽远必诛！简单的八个字，成了中华民族的文化信念和精神支柱。

遗憾的是，此后的数百年，竟然没有一个帝王能够重拾民族的信心。直到隋炀帝横空出世，用实力向西域番邦再次证明：犯强汉者，虽远必诛！如果你不想犯我，那就乖乖的做大隋的臣子。

东突厥启民可汗俯首称臣。

西突厥处罗可汗牵着汗血宝马前去洛阳服软。

将吐谷浑灭国，重新打通了隋朝和西域波斯湾的丝绸之路。

高昌、焉耆、伊吾等数十个西域边陲的少数民族前来归降。

与南洋赤土国、迦罗舍等从未在地图上出现的国家建立关系，跨出了大隋和南洋诸国友好往来的第一步。辽东除了高句丽之外，新罗、百济、倭等国纷纷派遣使者给隋炀帝进献奇珍异宝和当地特产，主动称臣纳贡。

看了这一切，还有人只对大唐帝国的天可汗五体投地吗？还有人对隋炀帝指手画脚，说他庸碌无能吗？

直到此时，隋炀帝让万国来朝的目的已经差不多实现，建立一个历史上绝无仅有的超级帝国指日可待（至少唐朝以前，咱们可以这样说）。

古往今来，任何一个国家，只要想建立霸主地位，都要付出血的代价。

大隋国内，无数的百姓和军人为皇帝的意志奔波劳苦，这都是现实。站在百姓的角度，他们做出了牺牲，所以有怨言，也有资格抱怨。站在皇帝的角度，这是国家利益所在，就算是付出血的代价，也在所不惜。

客观地说，隋炀帝想要谋夺霸主地位，肯定有自己的虚荣心在作祟。可是话又说回来，南北朝以来，中原政权不受番邦待见的问题，隋文帝灭陈之后，遗留下的人心归附问题，都需要后代的帝王去解决啊。

国与国之间的外交关系，永远都是以利益为重。斗不过你的时候，就低三下四。斗得过你的时候，就昂首挺胸。隋文帝去世之后，这种国家之间的外交逻辑重新启动。说白了，他们就是想看看隋炀帝到底是个什么样的君主。隋炀帝不拿出点儿实际行动出来，能让困守中原的大隋有出路吗？

史料记载，隋炀帝曾经和给事郎蔡征有过一段对话：

隋炀帝："自古天子有巡狩之礼，而江东南朝的各位皇帝都喜欢坐在深宫，饮酒作乐，左拥右抱，不愿意和老百姓相见，这是什么道理呢？"

蔡征："这就是他们王朝不能长久的原因。"

隋炀帝对南朝诸帝的亡国有自己的看法。他觉得，那些皇帝整日待在深宫，搞不清楚外面的状况，吏治和民生都没办法掌握，所以政权才不能长久下去。因此从隋大业四年（608）到隋大业六年（610），隋炀帝四处巡游，宣示大隋帝国的威严。

在国内，隋炀帝屡次大赦天下，并让隋文帝以来流配的犯人（汉王杨谅属籍的人之外）悉数还乡，陇右诸郡免除赋税一年，车驾所经之地，免除赋税两年。年七十以上者，官职七品以上者，都由国库赡养。

无论是对待百姓，还是对待手下的官员，隋炀帝都要比隋文帝强太多，难道这就是我们熟知的暴君？遗憾的是，世人都喜欢以结果为导向，戴着有色眼镜去评价他，这让隋炀帝承受了多少不实的骂名？

当我们感叹贞观盛世、开元盛世的时候，隋炀帝为中国统一做出的努力却被某些人给掩盖。殊不知，真正的盛世其实出现在隋炀帝统治的时期。

隋大业五年（609）底，隋朝拥有八百九十万户籍，四千六百万人口，国家政权的影响力到达中国历史的巅峰。就连一向对隋炀帝苛责无比的司马光也不得不承认：隋氏之盛，极于此矣。

自古以来，老大就不是这么好做的。在君王的交椅上，你考虑的东西会越来越多。比如，你自己强大了，也得兼顾大家的利益，有时候还得照顾属下们的情绪，解决属下之间的矛盾，还要防备大家在背后捅你的刀子。再比如，隋朝的疆域确实扩大了，还设置了许多郡县，可你要派官员前去治理，派士兵前去驻守啊。为此，隋炀帝必须要在全国各地征调府兵。

隋朝虽然不缺钱，不缺粮食，但是把军用物资运送到千里之外的边疆，路上需要耗费的粮食通常是军资的好几倍。

老百姓为了服役，常年在外奔波，再加上前往西域的道路艰险难测，百姓服役的过程中十有九伤，地方官员对他们又非常苛刻，以至于民怨极大。

万国来朝，隋朝作为东道主，自然要提供一路上的衣食住行，国家少了还好说，当四面八方的使者前来大隋的时候，这种道德的绑架让大隋骑虎难下。

据史料记载，大隋上上下下为了响应皇帝的号召，对外国人大献殷勤，有的商铺甚至搞起了大促销的活动，酒肆里也推出了免费喝酒的大酬宾活动，以至于外国使者都有些受宠若惊，难以理解。

大隋纵然国力强盛，也经不起如此大的耗费啊。

叁

辽东惨淡经营

起义导火索：部署高句丽战争

东南西北，还有谁没来朝拜呢？隋炀帝数了一下，只有高句丽还在死扛着。既然说教和威胁都没有用，那就只好动用暴力机器了。

隋开皇九年（589），隋文帝杨坚发动了灭陈的战争，主要战场都集中在长江沿线，可正当隋军打得起劲的时候，北方传来了一个莫名其妙的消息：高句丽在整饬军备，广积粮食，大有防御大隋来犯的意思。

在隋文帝的眼里，这种感觉很像是我和你并肩走在路上，你却用力捂着你的口袋，用害怕的眼神盯着我。这算什么？把堂堂的大隋当贼看吗？

隋文帝顿觉颜面扫地，为了挽回尊严，杨坚发了一道措辞严厉的谴责诏书：高句丽，你们是不是疯了？觉得辽水比长江还要宽是吧？觉得人口比陈朝还要多是吧？朕若不是心存仁慈，只需要派遣一位将军就可以将你们弄死，如今先发一道诏书，你就闭门思过，自求多福吧！

灭陈的次年，高句丽国王驾崩，隋文帝得知消息后，下诏册封接班人高元为开府仪同三司、辽东郡公、高句丽王，可谓给足了面子。然而，高元却在用实际行动告诉世人，什么叫人品恶劣、混账东西。

隋文帝在世的时候，高元表面上称臣纳贡，背地里却拉着靺鞨骑兵进攻辽西（今辽宁省辽河以西），所幸的是，被时任营州总管韦冲给击退。

隋文帝愤怒之余，派遣汉王杨谅、上柱国王世积为行军元帅，周罗喉为水军总管，率领三十万大军，分水陆两路讨伐高句丽，并下诏废黜高元的官职和爵位。

结果大家都知道，隋军半路上折戟沉沙，没有到达高句丽本土，但高元还是慑于大隋的军威，主动遣使谢罪，上表自称“辽东粪土臣元”。所谓的粪土，只不过是高元口中的一句话，而不是他的真实姿态。

隋炀帝做了皇帝之后，高元不仅没有称臣纳贡的行动，甚至连一句祝贺的话也没有，反倒是派遣使者和东突厥人暗中勾结，意图对付大隋。天理昭彰，启民可汗将高句丽的使者交了出来。

隋炀帝明白，当你强大的时候，少数民族就怕你，当你弱小的时候，少数民族就敢欺负你。因此，面对阳奉阴违的朝臣，隋炀帝通常是睁一只眼闭一只眼，非常宽容。比如，薛世雄和启民可汗当初约好了一起攻伐伊吾国，启民可汗放了隋军的鸽子，隋炀帝也并没有去找他的麻烦。

但是，高句丽不一样。隋大业三年（607），隋炀帝从东突厥回来的时候就已经给高元打了预防针：小小的高句丽，再不派人来洛阳的话，就别怪朕主动去拜访你们。

天子一言，驷马难追啊。

隋大业四年（608）正月，隋炀帝下诏：征调黄河以北的百姓，开凿永济渠。

永济渠的起点依旧是板城渚口，途径新乡、滑县、内黄、魏县、大名、馆陶、临西、清河、武城、德州、吴桥、东光、南皮、沧县、青县、武清、安次、最后到达涿郡。

开挖永济渠，已经是一种政治信号：大隋天子要对北方用兵了。百济、新罗和倭国的首领闻讯，纷纷派遣使者前来朝拜。

隋炀帝人傻钱多吗？打个高句丽而已，为什么非要修一条大运河呢？

事实上，隋朝时的北方不比明清时的北方。皇帝想要下江南，牵几匹马，整几条船就可以。那个年代，北方既不是政治中心，也不是经济中心，发展极其落后，交通更是一塌糊涂，一句话来概括，隋炀帝想要去河北，都不知道要从哪里走。并非没有路走，而是道路质量太差，辎重、粮草很难进行长途运输。

永济渠是隋朝大运河的北段，全长两千多里，按理说是个超级工程，要花好几年时间才能完成吧？错了，只花了一年时间，负责人就宣布工程竣工，可以正常行船了。这种破纪录的速度，也只能在隋炀帝的年代才能实现。

隋大业五年（609）工程竣工，可一直到隋大业七年（611），高元也没有任何表示。

直到此时，隋炀帝彻底明白了，高元这小子就是想和他唱对手戏。隋炀帝身为天下共主，话都已经说出口了，再不搞出点儿动静出来，番邦的兄弟们将如何看待他的威严？以后还如何带队伍？

隋大业七年（611）二月二十六日，隋炀帝决定先礼后兵，先下达一份诏书：

辽东粪土臣元啊，高句丽原本就是中原的藩属国，你却丝毫没有朝拜天朝上国的觉悟，大隋天子以后还要继续统治天下，所以不得不兴义兵征讨你。不过，此次出兵辽东，教训你们是一方面，最重要的是，天子想要前往涿郡巡视民情。为此，天子特地下了诏书，封赏河北诸郡，以及山西、山东等地年满 90 岁以上的老者为太守，80 岁以上的为县令，让他们享受国家公务员的待遇。

这道诏书写得很霸气，把攻打高句丽看成上街买衣服、顺道买个菜的事儿。

隋炀帝很嘚瑟，诏书也写得很轻松，可战前准备却丝毫不敢马虎。他已经提前想过，陆路进攻的难度可能会有点儿大，因此特地给幽州总管元弘嗣单独下了一道旨意，让他前往东莱海口（今山东省烟台市龙口市），造三百艘大船备用。

临行之前，隋炀帝又下了一道诏书，让全国各地的军队，凡是可以派上用场的，都需要前往涿郡集合，随时等候朝廷的调遣。

隋大业七年（611）四月十五日，隋炀帝一行到达涿郡的行宫。

请注意，随行的人除了官员、将领之外，还有大批的番邦使臣。

隋炀帝说了，凡是九品以上的官员，各国的使臣，全都赐给宅子居住。

安顿好这帮人之后，隋炀帝又下了一道诏令：调派江淮以南的水手一万人，弩手三万人，岭南排镩手（划船的人）三万人前往涿郡集合。

隋大业七年（611）五月，隋炀帝命令河南、淮南、江南等地的官府督造五万辆新式战车，送到高阳（今河北省保定市境内）备用。

隋大业七年（611）七月，隋炀帝调派江、淮以南的民夫，以及运粮船前往黎阳仓和洛口仓，将国库的粮食运送到涿郡备用。

隋炀帝虽然很傲气，可辽东之战毕竟关系到上百万士兵的性命，上百万家庭的稳定，更关乎大隋的国运和前途，他丝毫不敢大意。

大敌当前，隋炀帝最在意的就是大军的粮草，以及后方的稳定。凭借着隋朝的粮食、武器和兵马储备，打十个高句丽都没有问题。然而，他可能没有想到，问题没有出现在粮饷上，而是他的大后方。

为了打赢这场战役，隋炀帝恨不能将全国所有粮草和兵器甲胄都运送到前线，事实上，负责后勤保障的官员确实调集了无数的粮草备用，可当时有限的运输能力却给隋炀帝带来了灭顶之灾。

首先，那时候的涿郡只不过是塞外的小城而已，和明清的北京城，甚至唐朝的幽州都没法相提并论。说得夸张一点，从河北、河南到涿郡，连一条像样的道路也没有，运输粮草和兵器的队伍只能一路修补道路，一路运输粮草。

有人可能会问了，隋炀帝不是修建了一条从太原前往保定的驰道吗？

确实是修了。遗憾的是，山西境内的粮草和军队数量毕竟有限，远达不到隋炀帝的需求。此次出兵，朝廷主要是从河南、山东、淮南等地调兵遣将，山西驰道的作用非常有限。

其次，运输的季节是春夏之际，阴雨绵绵。

据史料记载，就在此时，黄河沿线暴雨倾盆，以至于河南、山东等地三十多个郡遭遇水灾，数十万百姓无家可归。运送粮食的牛车遭遇暴雨天气，只能陷在泥地里不动弹，运输大队也只能眼睁睁地看着粮草被雨水淋湿，一筹莫展。

粮食运送到前线之后，大部分都已经发霉，将士们根本无法食用，主管官员只好勒令百姓自己处理这些粮食，然后换算成钱交给官府。

再次，这个季节刚好是老百姓农忙的时候，隋朝国富民强，谁家里没有几亩薄田需要耕种？考虑到打高句丽是国家的大事，朝廷又减免了多年的赋税，老百姓这才愿意奔赴前线，为国出力。问题是，工作量太大啊。农民们要么在路上活活累死，要么生病去世，要么被押运官活活整死，因此民怨极大。

最后，凭着当时的运力，两个人才能运送三石米，这还包括农民兄弟在路上的口粮，以及要进献给押送粮车的官员们的。

于是乎，大运河沿线出现了这样的一幕：数十万农民舍弃家中的土地和妻子儿女，孤身一人到前线为军队运输粮食，自己家里的田地却无人耕种，给军队运输的粮食又被自己当作口粮在路上吃掉了。

最后的结果呢？你运到部队里面的都是空车，难道这就是皇帝交给你的任务吗？即便是有能力运送到在泸河、怀远二镇（隋炀帝在辽宁设置的粮库），交上去的也只是被雨水淋湿，无法供军队使用的劣质稻米。

摆在这些农民面前的选择不多，要么你就承认自己在路上把军粮吃了，接受朝廷的军法处置，要么你就逃跑。能回家吗？不能，因为朝廷会继续追究你的责任，那就只好去做亡命之徒，做绿林好汉。这就是隋炀帝第一次征伐高句丽时，后勤运输线路上的真实写照。

隋炀帝的高句丽战争还没有打响，后方就爆发了起义。

莫向辽东去：第一批农民起义

第一波起义的高潮出现在隋大业七年（611）的冬天，主要分布在河北和黄河流域，起义军造反的口号非常坦白：反对朝廷的徭役，抗拒高句丽战争。

山东：王薄（611）、张金称（611）、孙安祖（611）、刘霸道（611）。

河北：高士达（611）、窦建德（611）。

河南：翟让（611）。

但凡天下大乱，有几类人造反的概率最高。

第一类：根正苗红的农民。

普通老百姓的生存环境一般比较糟糕，是朝廷低级官僚压迫的主要对象，如果被欺压到没有立足之地，不奋起反抗就没法保全自己，他们就会不约而同地扯旗造反，秦朝末年的陈胜、吴广，隋末的王薄就属于这类人。

隋炀帝登基之后，干了许多令人瞠目结舌的大工程：修建东都洛阳、南巡江都、北巡大漠、修建长城、西征吐谷浑。这些事无一例外，都要征调男丁。

男丁从哪里来？客观地说，除了江南和西南，全国各地的百姓都接到过朝廷的调令，但是山东、河北、关中、河东等地，却是朝廷征调最频繁的地方。

当时朝廷是怎么用人的呢？

隋炀帝是大老板，他一声令下，朕要修建洛阳宫。官老爷们闻风而动，立刻给各州县的长官下条子，征调民夫送往洛阳。

中央朝廷的官员自然不会参与工程的建造，他们的主要职责就是设计图纸、管理项目经费、项目现场监督，以及后期的验收。至于修造工程，对民夫的调度使用，日常的伙食和薪酬，全都是地方官员和小吏负责。

地方官员的诉求是什么？

用最快的速度搞定工程，让上级领导们满意，让皇帝满意。因此，在使用劳动力的时候，这帮人是无所不用其极，如果官员们有良心，可能会督促民夫昼夜加班，良心被狗吃了的，直接上鞭子抽打，态度极其恶劣。修建洛阳宫的时候，因为工期太严，劳动强度太高，死伤者不计其数。

这还不算什么，地方官员不能白干活啊，除了拿朝廷的俸禄，是不是得从中克扣百姓的血汗钱？客观地说，朝廷为了修建洛阳宫，批了巨额的资金，在没人监督的情况下，但凡是个正常人，都会拿这笔钱。

以隋朝的国力，上马几个大工程根本不在话下。问题是，隋炀帝的节奏实在是太快了，老百姓刚刚忙完这里，就得启程赶往那里，实在是不堪其苦啊。

朝廷虽然给百姓分了不少田地，也免除了他们的赋税，可男人们整天在外打工，根本就没时间照顾家里，再多的田地又有什么用？如果继续为朝廷服役，要么让田地荒芜下去，要么把田产卖给豪强地主，换取全家老小的生活费。

客观地说，修洛阳城、挖通济渠，工地上虽然死了不少人，可大家毕竟都还有盼头。直到朝廷上马大运河、征讨高句丽的时候，老百姓开始绝望了。

据史料记载，为了征伐高句丽，隋炀帝从全国各地征调了一百一十三万府兵，其中很大一部分来自河北和山东，这两个地方堪称是“扫地为兵”。这还没有算上在路上运送粮食和保障物资的百姓。

王薄，山东邹平（今山东省滨州市邹平市）人，祖上数代都是农民。

关于王薄的身份，究竟是府兵，还是负责运输的脚力，史书上并没有明确的记载，可能是因为运送的粮食被自己吃光，或者延误了军粮运送的日期，又或者接到朝廷的征兵令却不愿意去送死，总之都有可能。

不过，王薄是个会念书、会写诗的农民，田园里的知识分子。

在中国古代社会里，不管你是什么身份，但凡会点儿诗文，骨子里总会有一点自命不凡，不太愿意服输的傲气，那是一种才华的味道。

其他老乡都在埋头干活的时候，王薄便偷偷地观察他们的情绪，令他欣喜若狂的是，这帮老乡都对朝廷的苛政有所不满，暗地里也骂了无数次娘，可死活就是没人敢公开站出来，发泄一下心中的愤怒。

有一天，王薄趁老乡们情绪快要失控的良机，竟然学起了陈胜和吴广，在人群中喊了一嗓子：兄弟们，去了要死，不去也要死，索性反了他！

王薄的叫喊犹如黑暗中的一束亮光，将所有的沉默和愤怒都唤醒了。

“就是，凭什么让我们去送死！”

“干！”

“老子都快累死了，不干了！”

“造反吧！”

人啊，不管本性是善良还是邪恶，心底都住着一个小恶魔，一个人的时候不敢放它出来，可要是有一群志同道合的人，他们并不介意放出来狂欢一下。

有了带头的，有了闹事的，有了摇旗呐喊的，这事儿自然就能干起来。在王薄看来，想要做大家的领导，就得拿出点真本事，让大家心甘情愿地跟着你。

很快，王薄就在山东长白山（今山东省邹平市境内）搞了个根据地，并自称为“知世郎”，意思就是自己知道天命所归，随后宣布扯旗造反。

自古以来，造反行动必须有四大标准配置：领袖人物、口号、粮草、根据地。

在我看来，造反口号是一等一的重要。

好的口号，最低的要求就是朗朗上口，比如：

黄巾起义：苍天已死，黄天当立，岁在甲子，天下大吉。

李自成：打开城门迎闯王，闯王来了不纳粮。

最厉害的就是那种听了之后不造反都不好意思的，比如：

陈胜、吴广：王侯将相宁有种乎？

王薄想了想，自己毕竟是个文化人，不能随随便便搞出一句话来敷衍大家，于是躲在家里埋头苦思，绞尽脑汁写了几首诗：

《莫向辽东浪死歌一》

莫向辽东去，迢迢去路长。

老亲倚闾望，少妇守空房。

有田不得耕，有事谁相将。

一去不知何日返，日上龙堆忆故乡。

《莫向辽东浪死歌二》

莫向辽东去，从来行路难。

长河渡无舟，高山接云端。

清霜衣苦薄，大雪骨欲剜。

日落寒山行不息，荫冰卧雨摧心肝。

《莫向辽东浪死歌三》

莫向辽东去，夷兵似虎豺。

长剑碎我身，利镞穿我腮。

性命只须臾，节侠谁悲哀。

功成大将受上赏，我独何为死蒿莱！

这就有点做作了，跟你造反的都是一帮农民，连大字都不认识几个，谁又读得懂你写的酸诗臭文？王薄辛苦憋出的大作问世后，老百姓表现得都很蒙，不知所云，不过大家都看懂了第一句话，莫向辽东去！

这句话就是王薄起义军造反的核心宗旨。

王薄造反的消息很快就传遍了山东等地。在和平年代，敢公开和朝廷叫板的人都是狠角色，对待狠角色一定要尊敬。在王薄的煽动下，那些不想去辽东的人很快就聚拢在他的周围，数万人的业余农民军就此诞生。

第二类：在体制内混生活，却不受上级领导待见的人。

有些人可能非常豪爽，身边有一大帮酒肉朋友。有些人可能擅长武艺，单兵作战能力非常强。有些人可能有领袖气质，战略眼光超凡脱俗。总之，他们很容易在人群中脱颖而出。这类人的共同特点：比上不足，比下有余。

天下大乱的前夕，如果农民兄弟们不动，他们会很识时务的蛰伏待机，不务正业，一旦有人带头兴风作浪，他们就会趁机浑水摸鱼。

汉高祖刘邦、东汉末年的刘备、隋末的孟让就是这类人。

孟让，齐郡人（今山东省济南市），起义之前担任齐郡主簿，手中端的是政府的铁饭碗，至少在齐郡地界，孟让是有头有脸的人物！身为朝廷官员，翟让肯定不会搞苦力劳动，他的工作就是坐在衙门内搞搞文书，传递一下信息，搞搞对外联络的工作，毫无压力，更谈不上什么性命之忧。

孟让的造反，史书上没有给太多眼花缭乱的解释，比如被上级领导恶心，家里被官府整得揭不开锅等。他就是一个不折不扣的庸碌之辈（隋朝为数不多的起义之后没有记载，不了了之的首领），造反也纯属发泄自己难以晋升，前途无望的愤怒，想要通过暴力来改变自己的命运。

第三类：土匪黑社会。

这类人平日里不缺吃穿，手中囤积了大批粮食和金银珠宝，和体制内的人一样，农民兄弟不动，他们就不动，如果社会动荡，他们依靠雄厚的财力，可以迅速拉起一支黑社会队伍。隋末的刘霸道就属于这类人。

刘霸道，山东平原人，祖辈都是朝廷的退休官员，家底非常殷实，到了刘霸道这里，直接变成游手好闲，广交朋友的豪侠，俗称地方豪强。刘霸道听说王薄等人起义造反，也心生了做皇帝的心思，因此广撒钱财，广发英雄帖，瞬间就招募了十来万土匪流氓，打造了一支令人闻风丧胆的黑社会势力。

第四类：豪门望族。

应该说，他们不是一个人，而是势力庞大的政治家族。家族成员要么在朝中担任显赫的职务，要么头上有公、侯等勋爵的光环，地位非常显赫，财力非常雄厚，在地方上很有威名。

天下大乱的时候，他们属于统治阶层，利益既得者，一般会选择拥护朝廷。如果朝廷能够镇压起义，他们就会选择继续支持，如果朝廷失去了控制，他们往往会挟天子以令诸侯，或者起兵勤王，趁机夺取政权。

隋文帝杨坚、唐高祖李渊就是这类人，他们是整个社会的精英，懂得蛰伏待机，不做出头鸟，却往往可以在群雄逐鹿中笑到最后。

客观地说，起义军虽然人数众多，声势浩大，可毕竟拿的锄头和木棍，碰到老实巴交的商人和老百姓还可以勉强抢劫一顿，如果遇到朝廷的官军，就只有被打得屁滚尿流的下场。

这一阶段的起义军业余到了极致，大家奋起反抗，纯粹是为了逃避朝廷的征调，或者是为了生存，又或者是嫌自己的命太长，想要投机取巧，甚至有些人都不知道为何要造反。在军队规模、武器配备、造反理念上，第一批起义军无法对朝廷形成有效的冲击，可以简单理解为酝酿阶段。

不过，隋炀帝并没有掉以轻心，他责令地方官府迅速组织兵力平乱。至于隋炀帝本尊，则继续在前线布置对高句丽的第一次军事打击。

一战高句丽：惨败

隋大业八年（612）正月初一，经过一年的准备后，人、粮、武器、辎重全部到达涿郡，只等隋炀帝发布最后的决定。

在任何人看来，这都是一场不败的战争。不过，隋炀帝有一丝不安，他总觉得部分朝臣的心思和他不在同一个频道，因此想要搞个小范围的测试。他找来了昔日的太史令，如今的合水县令庚质（隋炀帝的熟人）。

隋炀帝问道："庚爱卿，高句丽只不过是一个小郡，朕如今率领大军前来征伐，你认为朕的胜算如何？"

庚质："咱们大隋当然打得过，但是臣不希望陛下亲临前线。"

隋炀帝显得很不高兴，严肃地说道："朕已经昭告天下，眼下又在涿郡集结大军，难道还没有看到敌军就要率先撤退吗？"

庚质小心措辞："陛下，战事变化多端，如果打不赢的话，是会影响天子威信的，您只需要派大将倍道兼行，出其不意，掩其不备，必定能够一举攻克。正所谓兵贵神速，迟缓则会无功而返啊。"

隋炀帝："爱卿，既然你害怕，那就不用随驾了！"

客观地说，隋炀帝对庚质的发言非常失望，失望透顶。关键时刻，好朋友是用来泼冷水的吗？是让我深陷尴尬处境的吗？隋炀帝攻打高句丽的决心不可能动摇，他的想法很简单，在出发之前和大臣们统一思想，顺便讨一个好彩头，没曾想却遭到一顿抢白。

隋炀帝想骂人，也想杀人，不过看了看庚质，还是不太忍心。就在此时，右尚方署监事（掌管皇帝御用器物的官职）耿询跳了出来，他苦谏隋炀帝，希望皇帝能够留在涿郡，不要御驾亲征，以身犯险。

这个台阶给的，完全是量身定做，恰到好处啊。

隋炀帝：“卫士何在！征伐高句丽在即，耿询却长他人志气，灭我大隋的威风，实在是可恶至极，把他拉出去砍了，以儆效尤！”

客观地说，不管是庾质，还是耿询，都不应该拦着隋炀帝。

想想看，隋炀帝御驾亲征，并不是上阵杀敌。再者说，大隋有百万大军，而且处于攻势，隋炀帝的人身安全毫无问题啊。隋炀帝是个心思细腻之人，从他的安排看来，每一步都若合符节，大臣没弄懂隋炀帝的意图就随意发言，是邀名买直还是另有担心，我们不得而知。

总而言之，大敌当前，灭自家威风就是罪大恶极。如果换成其他脾气暴躁的武将，劝谏之人恐怕早已经身首异处了。凭隋炀帝的身份，想要杀人泄愤，杀鸡儆猴，谁也挡不住。可是在大臣的劝谏下，他还是宽大为怀，释放了耿询。

隋大业八年（612）正月初二，隋炀帝正式下诏：

大隋左十二军，出镂方、长岑、溟海、盖马、建安、南苏、辽东、玄菟、扶余、朝鲜、沃沮、乐浪十二道。

大隋右十二军，出黏蝉、含资、浑弥、临屯、候城、提奚、蹋顿、肃慎、碣石、东目施、带方、襄平十二道。

两军先在平壤城下会师，然后一起进攻，拿下平壤城。

隋炀帝亲自为二十四军挑选了正职大将军一名，亚将一名，并组建了四十队骑兵，八十队步兵，每队一百人。值得注意的是，隋炀帝还给每路大军配备了受降使者，这个使者不受任何军事长官的指挥，他的使命就是负责接纳受降的人。

隋大业八年（612）正月初三，第一支军队正式开拔，往后每日出发一军，两军相隔四十里，整个军队完全开拔，前后共用了四十余天。据史料记载，隋炀帝的大军总共是一百一十三万三千八百人，一路上首尾相接，旌旗蔽日，鼓角相闻，浩浩荡荡，成为中国历史上外族征战最隆重的一次。

说得夸张点，一百多万人，一人丢块砖，高句丽人恐怕也会应接不暇。问题是，此次军事行动的最高统帅是隋炀帝，他的心思直接决定了这场战役的最终走向，那么他到底想要打一场什么样的战争呢?

诏书写得很清楚：天罚有罪，本在元恶，人之多僻，胁从罔治。

意思就是，所有的罪孽都有一个元凶巨恶，高元就是隋炀帝最想打击的人，至于其余的部族和士兵们，都不属于大隋打击的范围。

诏书还写了：若高元泥首辕门，自归司寇，即宜解缚焚榇，弘之以恩。

意思就是，如果高元能够负荆请罪，答应向大隋称臣纳贡，隋炀帝依旧可以对他网开一面。

这就麻烦了，在隋炀帝的眼里，弄死高元，甚至消灭高句丽都只是分分钟的事儿，因此并不是他此行的目的。隋炀帝的理想是用大隋的百万雄兵和经济实力作后盾，从道义和天威上彻底征服四海八荒的政权，使得万国来朝。

这恐怕是杨广发动中国历史上人数最多的外族征战，最后却只用了三十五万大军的根本原因吧。同时也是杨广御驾亲征，却放弃出奇制胜、兵行诡道的用兵理念，主张兴仁义之师，堂堂正正攻打高句丽的根本原因吧。

建立前无古人，后无来者的万世之功，成就千古一帝的美名，你值得拥有。

军队开拔之后，隋炀帝再次下诏：

朕征伐高句丽，全国上下莫不协助，朝廷文武亦尽心尽力，普通百姓舍家弃口，家里很少再有余粮，这些情况朕都非常清楚。因此，诸县的郡守们，你们要多多照顾这些出人出力的家庭，如果家里粮食缺乏，从国库拨给即可，如果家里有土地，但是身体不好的，号令那些富裕之家帮他们打理田地。朝廷攻伐高句丽期间，各地官员务必保证留守的妇幼老小有饭吃。

这些都是隋炀帝的诏书所写，不容争辩。

隋大业八年（612）三月十四日，隋军数十万将士来到了辽河边上，准备过河决战。

在此之前，隋文帝杨坚派了三十万大军前来，还没到达高句丽本土，高元就吓得神经衰弱，连忙上表自称“辽东粪土臣元”。

如今，隋炀帝御驾亲征，带领百万雄兵压境，高元反倒是威武不屈，还在辽河的对岸布置了数万兵力，打算防御大隋的进攻。不得不说，高元似乎很有个性，表现得有些卓尔不群啊。

辽水之侧，隋炀帝要面对东征以来的第一个难题：兵半渡而被击。

辽河的宽度，最窄的地方大概有一百米左右，凭当时的人力和物力，要过河根本就不是什么难事儿，隋炀帝传下命令，让建筑大师宇文恺在辽河比较浅的水流上建造了三座巨大的浮桥，意图送大军顺利过河。

宇文恺不愧为建筑大师，他并没有从辽河西岸一路向东岸搭桥，而是将整个大桥拆分为几大段，造完之后再合起来，利用河水的浮力推送到河的对岸。

浮桥很快就搭建完成。

悲剧的是，当隋军把浮桥推送到对岸的时候，尴尬的一幕出现了：由于对距离的估算出现失误，宇文恺建造的浮桥似乎有点短，送到对面的时候，浮桥和岸边还差四米左右，根本就够不着岸。

这也就意味着，浮桥起不到应有的作用，士兵们如果想拿下岸上的守军，就必须跳到辽水之中和高句丽士兵短兵相接，以低打高。

浮桥还没搭建完，就已经有人冲到了岸上。

此人名叫麦铁杖，土匪出身，武功奇高无比，后来被官府收编，被封为左屯卫大将军。当时，他带着麦孟才、麦仲才、麦季才三个儿子冲上高地，杀的敌军尸横遍野，已经为大军撕开了一道防御缺口。

遗憾的是，后面的浮桥迟迟没有到位，援军一直没有跟上节奏。

再看看高句丽士兵，前仆后继，玩儿命似的狂冲，再加上有弓箭掩护，麦铁杖等人开始招架不住了。高句丽人利用以高打低的位置优势，拿着长杆武器一顿猛戳，隋军将士相继曝尸，顺着辽河之水漂浮而去，现场触目惊心。

据史料记载，一直到麦铁杖被杀身亡，他都未曾后退半步。

所谓的忠肝义胆，英雄气概，就是用自己的性命去维护忠诚和使命。

辽水之战，左屯卫大将军麦铁杖、虎贲郎将钱士雄、孟金叉等大批将士当场力战身亡，而隋军却不能前进半步。

隋炀帝没有想到，自己会在辽水遭遇第一场滑铁卢，他听闻麦铁杖等人战死，痛哭流涕，伤心欲绝，当即命人将三座浮桥撤回，暂缓了此次进攻。

隋炀帝并没有处罚任何人。在他看来，将士们因为兵败辽水而蒙受的屈辱，为战死的同袍心生的愤怒才是最可怕的力量。

随后，隋炀帝准备了一笔巨额资金，让使者带往高句丽军中，将麦铁杖等人的尸首换了回来，并下诏追封他为光禄大夫、宿国公，谥号武烈，并大肆追封了此次战役中死去的将士。

隋军虽然眼下失利，可并不影响征讨高句丽的大局。

接下来的几天，隋炀帝撤掉宇文恺，命少府监（皇家首席工程师）何稠又修造了两座长的浮桥，隋军这才顺利渡河，与高句丽大军痛痛快快地战了一场，最终斩首万余，并乘势将辽东城围了起来。

所谓的辽东城，其实是辽水东边的一座城池，位于辽宁省辽阳市境内。中原政权失去对辽东地区的控制后，高句丽霸占了此地，辽东城便是他们控制辽水附近城池的桥头堡。

辽东城究竟是归属大隋，还是归属高句丽呢？在隋朝官员的眼里，辽东必然是中原的地盘，可中原政权远在千里之外，有点儿鞭长莫及，力不从心，这才导致高句丽长期霸占着辽东，他们也没办法啊。

辽水之战，隋炀帝感怀不已，最终传下诏书，宣布大赦天下，并派遣刑部尚书卫文升、尚书右丞刘士龙二人前去安抚辽东百姓，免除了他们十年的赋税，并建置了辽东郡，用来管理辽水附近的地方。

辽东城已经被团团围住，可以直接开干了吧？遗憾的是，主帅们没有决定权，因为老板亲临现场，打与不打，如何打，都要由老板亲自定夺。

隋炀帝的想法很简单，他觉得辽东城被数十万大军围住，迟早会陷落，不必急于一时，正好借着这个机会，好好地教育一下番邦首领如何畏惧天朝上国。

随后，隋炀帝召来了高句丽战役的特邀嘉宾，西突厥的曷萨那可汗，以及高昌国王麴伯雅，表示由他做东，请大家看一场围攻辽东城的好戏。

不得不说，隋炀帝有点儿膨胀，有点儿嘚瑟。他想用实际行动来诠释中原“杀鸡儆猴”的优秀文化，好让周边小国感受一下大隋无与伦比的军威，也让他们明白和大隋皇帝作对的悲惨下场。

隋大业八年（612）五月，辽东城攻坚战开始了。

这本来是一场轻而易举地屠杀，可隋炀帝却在进攻之前再度重中了他的作战思想：兄弟们！咱们不远千里地征伐高句丽，不是为了建立自己的功名，而是吊民伐罪（慰问受苦的人民，讨伐有罪的统治者）。

吊民伐罪，听起来就是高大上的战争宣言，饱含着正义和使命。

想当年，周武王姬发攻打商纣王，就是用的这样的战争口号。

隋炀帝为了贯彻“吊民伐罪”的思想，提出了以下几点要求：

第一，想要靠单打独斗，孤军深入来建立功名的，朕坚决不答应。如果还有谁没明白朕的意思，朕可以给你办一场单独的培训。

第二，朕将大军分为三路，你们一旦决定进军，就要三路人马相互配合，绝对不允许孤军深入，以身犯险。

第三，任何军事行动的决策，都需要提前奏报给朕，绝对不允许擅自行事。

杨广啊，这究竟是打仗，还是过家家啊？

说完了吗？完了就准备出发了。

等等！朕还有最后一条要求：如果高句丽的守军宣布投降，各路大军必须停止进攻，等待朝廷派遣使者前去交涉。

诸位将领集体晕倒，顿觉无语啊。

隋炀帝恐怕永远也不会想到，自己在辽东城外屡次强调不可擅自进军的军令，成为自己的一根吊命索，也顺势埋葬了一个伟大的王朝。

进攻辽东城的军令下达之后，城内很快就举起白旗，表示愿意投降。

诸位将领蒙了，接下来该怎么办啊？

接受投降，还是继续占领城池呢？

按照教科书上的打法，必须从身体和心理上实施双重打击，让敌人毫无还手之力，才可以称得上漂亮的完胜。如果不把大军开进城池，活捉敌军主将，城内举白旗的行为就是一种玩笑而已，完全是考验对方脸皮的厚度。

然而，隋炀帝的圣旨犹如地狱洪钟，在他们耳边不断地响彻。

将士们都只有一条性命，没人敢站出来质疑皇帝的权威。据史料记载，他们绕着辽东城转了一圈，最终决定依照军令，停止进攻，并派人给隋炀帝报信，征询接下来的作战策略。

问题是，隋炀帝此刻正在辽水边上，和少数民族的首领们聊天胡侃呢，当使者屁颠屁颠地去给皇帝报信的时候，城内的高句丽守军早已经修复了被破坏的城墙，再度宣布要顽抗到底。

谁也不知道高句丽人投降了多少次，叛变了多少次。到了最后，前线的将士们开始觉得疲乏无力，毫无冲锋打仗的欲望，因此放缓了对辽东城的进攻，以至于战事一直持续到六月份。

隋大业八年（612）六月十一日，隋炀帝开始坐不住了，一会儿是捷报，一会儿是战报，就是没个准信儿，堂堂的正义之师，难道打一个辽东城都要这么费劲吗?

隋炀帝气急败坏，亲自跑到辽东城的南面坐镇观察，当他发现辽东城只不过是一座小城，而隋军却束手无策之时，顿时对胶着的战事心生不满。

隋炀帝召集了所有将领，给他们来了一次训话：

你们这些人，真是可恶至极。

看看你，身居朝廷大将军的高位，工资给的不少吧。再看看你，头上还顶着朝廷勋爵的帽子，好歹也算是有头有脸吧。你们在朝为官，本应该为国家誓死效命，可如今却在朕的面前装出一副柔弱的鬼样子，真是无耻之极。朕大老远地跑来辽东，不是来看你们的笑话的，朕只想看你们如何打一场胜仗，没想到你们却是一群怕死的人，难道是欺朕不敢杀你们吗?

君子一言，驷马难追!

话都说出口了，不砍掉几个人头，怎么下这个台阶呢?

有趣的是，隋炀帝骂归骂，可并没有因为此事擅杀一个大将，隋炀帝想要发泄的，更多是那种恨铁不成钢的愤怒和无奈。

臣子不给力，君主只好亲自上阵了。接下来的几天，隋炀帝命少府监何稠制作了一种名叫六合城的超级移动战车，然后再次下达了对辽东城的围攻军令，并亲自上阵督战。很遗憾，自从隋炀帝亲自坐镇辽东城，隋朝官军反而没有再攻破过城池，陆路进攻因此陷入停滞阶段。

隋炀帝受阻于辽东城，海军方面却一路高歌猛进。

当时，右翊卫大将军来护儿率领江、淮水军渡海之后，直接将大军开赴离平壤城六十里的地方，并在城外打败了高句丽的守军。

平壤是高句丽的都城，王权的象征，只要来护儿顺利打下平壤城，高句丽各路守军便如同孤魂野鬼，大隋的征伐也可以正式宣告结束。

当时，来护儿召集同事开了一次碰头会，商量是否对平壤城发起进攻。

依来护儿的暴脾气，他想把大军直接开进平壤，直接干死高句丽，但是副将周法尚却提出了反对意见，他觉得皇帝一言九鼎，既然已经说了要和其他各路大军取得联系，就必须遵守军令。

说白了，来护儿不能拿将士们的性命开玩笑。

问题是，眼前就有天大的功劳，你如何能说服来护儿不去取呢?

激烈的口水战之后，来护儿还是带着手下的四万精兵向平壤城开拔。

据史料记载，隋军和高句丽守军在平壤城外的内空寺展开了激战，出人意料的是，守军稍微交战便向后退却，显得很不合常理。此时此刻，只要是有经验的将领，都需要谨慎行事，不可贸然轻进。

悲摧的是，来护儿并没有察觉到战场上诱敌深入的危险气息。在他的眼里，平壤城被围，敌军军心早已经涣散，眼前所有的抵抗都是浮云。

来护儿大手一挥：入城!

入城就入城吧，没什么大不了的。

可是，来护儿在此时又犯了一个低级而又致命的错误：他在没有调查城中军力守备的情况下，放纵手下的士兵在城中尽情地烧杀劫掠。

军队一旦没有纪律，就是一群乌合之众。

就在隋军贪婪地劫掠金银财宝，毫无防备的情况下，埋伏多时的高句丽精兵一拥而出，对怀抱珠宝的大隋士兵发起了惨无人道的屠杀。

平壤城下的屠杀，只有数千名隋军全身而退，至于其他的人，只能在埋骨他乡，含恨而终。据史料记载，高句丽守军一直追杀到隋朝水军驻扎的地方，幸好有周法尚主持反击，隋军这才站稳了脚跟。

平壤之战，来护儿原本可以帮隋炀帝一战定乾坤，却因为自己的大意轻敌，将大好局势彻底埋葬，实在是可惜之极啊。

自此，第一次高句丽战争，大隋的水军已然形同虚设。

隋朝的第三路大军则是扶余道的左翊卫大将军宇文述、乐浪道的右翊卫大将军于仲文、辽东道的左骁卫大将军荆元恒，沃沮道的右翊卫将军薛世雄、玄菟道的左屯卫将军辛世雄、襄平道的右御卫将军张瑾、碣石道的右武侯将军赵孝才、遂城道的检校左武卫将军崔弘升，增地道的检校右御卫虎贲郎将卫文升。

他们约定好了，在鸭绿江集合，从陆路发起对平壤的进攻。

这些军队中，左翊卫大将军宇文述和右翊卫大将军于仲文是绝对的主力，然而就在此时，在隋军主帅的身上接连发生了影响战局走向的事情。

隋炀帝非常重视军粮的供给问题，因此在泸河、怀远两镇设立了前线粮仓，并将从全国各地征调的军用物资全部储存在此，所有大军在出发之前，都备足了被服、粮草、甲仗和兵器。

由于路途遥远，再加上前往平壤的道路非常崎岖，出发之后，后方基地就不可能再运送后勤物资到前线，隋炀帝因此要求各军带足一百天的粮食用度。

什么叫幸福的烦恼？

就是你明明不需要这么多军粮，却不得不带这么多军粮。

隋炀帝是历史上最大方的皇帝，没有之一。

他给将士们配发了一百天的军粮，可没曾想，却成了将士们沉重的负担。据史料记载，由于军资（包括粮食、兵器、盔甲）过多，平均每个士兵的运输压力就是三石。

宇文述等将领自然知道粮食的重要性，于是在临行前就传下军令：士兵们绝对不允许在路上丢弃军备物资，违令者军法处置。

遗憾的是，许多士兵还是抱着投机取巧的心理。在他们看来，既然军队已经准备了绝对充足的物资，就算把自己的那份丢掉，到时候也可以吃别人的啊。主帅和同袍兄弟，总不能眼睁睁看着自己饿死吧。

宇文述既然说不能随便丢弃粮食，那咱们就在营帐里挖个坑，将粮食全都埋到地下，一切做得神不知鬼不觉！可爱的隋军将士啊，他们用实际行动给咱们后人诠释了一条江湖法则：实力挖坑，管杀不管埋。

在这个世界上，没有谁比谁更聪明。

当所有人都抱着投机取巧的心理时，灾难就已经慢慢在发生了。

到达鸭绿江的时候，宇文述和其他几路将领突然发现，准备充足的军粮突然出现了短缺，许多将士根本就没饭可吃，更不要说一路打到平壤城。其中丢弃军粮最严重的莫过于宇文述的大军。

宇文述彻底蒙了。

准备的一百天军粮呢？你们身上的包袱呢？饭盒呢？怎么都没了？接下来准备吃土啊？我们可没给你们准备盒饭啊。

彻查！把他们查个底儿掉！

主管组织纪律的官员很快就展开了调查，结果很明确：宇文将军，士兵们挖了很多坑，把军粮都给埋了。

我看不是把军粮埋了，而是把我给埋了。

宇文述看着这些目光短浅的军士，有种强烈的杀人冲动，可转念一想，杀了他们有什么用？对局势有任何帮助吗？

没办法，宇文述只好厚着脸皮去找其他的大军化缘。

当隋军在鸭绿江集合之后，高句丽的首席大臣乙支文德前来求见，名义上是代表高句丽国王前来投降，实际上是来探听隋军的虚实。

右翊卫大将军于仲文出发之前，隋炀帝给了他一道密旨，只要是高元和乙支文德来军中投降，先拿下再说。

于仲文正准备动手的时候，慰抚使、尚书右丞刘士龙却提出了反对意见，他认为皇帝的目的是威服高句丽，不能够影响两国人民的友谊。

前面已经说过，慰抚使是皇帝的特派员，不受任何将领节制，尤其是高句丽投降的相关事务，话语权非常大。刘士龙仗着隋炀帝给他的尚方宝剑，态度极其强势，大有于仲文如果不答应，就一头撞死在他面前的意思。

怎么办？先抓起来还是放他离开？

于仲文想抓，可刘士龙是皇帝的特使，得罪了他，以后也不好混啊。

经历了一番纠结之后，于仲文还是放走了乙支文德。可没过多久，于仲文就后悔了，老子貌似被刘士龙这小子给忽悠了啊，他急忙派人去追乙支文德，说他还有话没说完，希望乙支文德能够再回去一趟。

然而，哪里还有人影？人家乙支文德是来探听消息的，当他得知隋军的主力缺少粮食之后，便快马加鞭渡过鸭绿江，头也不曾回过。

谈起陆军的势力格局，宇文述拥兵十万，势力是最大的，可于仲文却和皇帝的私交最好，临行之前，隋炀帝虽然没有明说，却当众暗示过，如果前线将领们意见不统一，尽量听从于仲文的调遣。

眼下，于仲文放走了乙支文德，心里惴惴不安，害怕皇帝会找他问责，因此下令各路兵马一同追击，以求将功补过。

宇文述不干了，老子军粮都没有，难道要一路饿死过去？不干！

于仲文嘲讽道："宇文将军啊，你拥有十万雄兵，却连小小的高句丽都收拾不了，还有什么颜面去见陛下？如今，你们各怀鬼胎，拒不服从我的调遣，回去之后，恐怕也要申领罪责啊！"

得！你是皇帝的亲信，你说了算吧。

宇文述无奈之下，只能带着面黄肌瘦的将士硬着头皮继续追击。

乙支文德心里乐开了花，隋军明明没有了军粮，还要强行追击，这叫什么，打肿脸充胖子啊。来人啊，传下将令，咱们且战且走，绝对不要和他们纠缠。

据说，宇文述等人一日之内七战七捷，胜利的喜悦慢慢驱逐了缺粮的烦恼。

兄弟们，胜利就在眼前，再坚持一下。

隋军继续行进，最终在离平壤城三十里的地方安营扎寨。

就在此时，厚颜无耻的乙支文德又派使者来了：大将军威武神勇，如果隋军能够撤退，高句丽国王将会亲自前往大隋陛下的驾前请罪！

于仲文如何抉择？宇文述又该如何抉择？

隋炀帝已经再三声明，隋军是来吊民伐罪，不是来建功立业的。

领导的心思不难猜：让高元带着部下心甘情愿地跪倒在地，高呼几声万岁，顺便让西突厥和高昌的贵族们长长见识。

如果宇文述等人接受投降，就能兵不血刃，建立征伐高句丽的第一功。

如果他们拒绝高元的投降，皇帝冒起火来，他们只能吃不了兜着走。

宇文述等人想了想，平壤城易守难攻，军中又缺少粮食，实在是耗不起啊，还是先组织撤军，回辽东交旨吧。谁料想，隋军刚刚撤退，乙支文德就用实际行动刷新了大家对厚颜无耻这个词的认知。

当时，乙支文德率领大军四面包抄，隋军且战且走，到了萨水，军队刚刚渡过一半，后军就遭到了敌军的重创，左屯卫大将军辛世雄当场战死。隋军军心涣散，犹如丧家之犬，撤退起来又毫无章法，狂奔一天一夜到了鸭绿江，在大将军王仁恭的支援下，这才稳住阵脚。

来护儿打了败仗，一直躲在海湾里观望，就连隋军主力打到平壤城，他也没有任何表示，听说宇文述等人溃败，来护儿也偷偷摸摸回到了中原。

直到此时，隋炀帝安排的三路大军全线失利，第一次高句丽战争宣告结束。

如果说隋炀帝有收获，那就是在辽水的西边设立了通定镇（今辽宁省新民市辽滨塔村附近），作为大隋管理辽东地区的桥头堡，地盘虽小，却也取了个很唬人的名字:辽东郡。这样一来，辽水东边有个辽东城，辽水西边有个辽东郡，大隋和高句丽，注定要在辽东半岛争个你死我活。

据《资治通鉴》记载，深入到高句丽腹地的有三十万大军，回来的只有二千七百余人，但这个数据的真实性是存疑的。隋军虽然兵败如山倒，但是真正在战场上被杀的人少之又少。来护儿的海军损失惨重，最后依然有上万人顺利返回。检校右御卫虎贲郎将卫文升全身而退。其余的将领也带着部分人顺利返回。还有七十万将士驻守在大后方，根本就没有上战场。因此，事实上隋军并未伤及至根本。

即便如此，隋炀帝还是在隋大业八年（612）七月二十五日下达了撤军的命令。

想想看，隋炀帝调动一百万百姓为前线将士服务，以至于大后方出现骚乱，到头来却换了个无功而返的结局。原本打算让西突厥和高昌国王看一场棒打落水狗的年度好戏，宣示一下天子神威，却因为手下战将无能，让他颜面大失。

隋炀帝糟糕的心情，可想而知。

回到洛阳之后，隋炀帝下令诛杀了拿鸡毛当令箭的慰抚使刘士龙，缉拿了于仲文、宇文述等大批战将。

不过，隋炀帝并没有在盛怒之下诛杀他们，他派人调查了前线兵败的真实原因，得知是于仲文刚愎自用，率军轻率出击，隋炀帝这才做出了判决：释放所有主将，将罪魁祸首于仲文贬为庶民。

二战高句丽：搁浅

在辽东折戟沉沙，隋炀帝灰心丧气了吗？

没有。不仅没有，斗志还更加昂扬。

前线将士不给力，让他颜面尽失，隋炀帝暴跳如雷了吗？

没有。不仅没有，他还很宽容。

回到洛阳之后，隋炀帝组织了一场高层军官的闭门大会，对第一次征伐高句丽失败的原因进行了深入骨髓的总结。得出的结论如下：

第一，隋炀帝自己的心态不端正，太好面子。

杨广发动战争的核心目的是让大隋国威传扬四海，让高元心甘情愿地举国投降，俯首称臣。基于这样的战争宗旨，隋炀帝彻底改变了“将在外，军令有所不受”的军事规则，剥夺了前线主帅的军事指挥权，犯了兵家之大忌。

客观地说，在战场上不是你死就是我活，隋炀帝却反其道而行之，非得让高句丽将士有无数次满血复活的机会，这才导致辽东城下的屡次惨败，错失了无数次擒获敌军首领的机会。

就我个人来看，隋炀帝应该为第一次高句丽战争的失败负一半的责任。

第二，粮食供给出现了系统性的问题。

隋朝确实不缺粮草、被服和兵器，隋炀帝也是做了充分的准备，在泸河、怀远两镇设立粮仓，而他则直接站在了百万雄师之后，亲自上阵督战，力保前线将士没有后顾之忧。然而，谁又能想到前线的将士竟然会因为一己之私，将粮食偷偷掩埋，以至于关键时刻只能喝西北风？主力大军正是在缺粮的情况下，这才没有坚定对平壤的进攻策略，致使高句丽守军钻了空子。

我觉得隋炀帝应该为这样的事情负责。

第三，军队人数很多，可士兵的战斗值堪忧啊。

此次征战，隋炀帝调集了一百一十三万大军，可深入到高句丽腹地的只有三十万人左右，至于其他的军队，悉数留在了辽东城。

问题的关键在于，隋朝实行的是府兵制度，缺陷太明显了。

想想看，朝廷需要打仗的时候，地方官员才前往老百姓的家中做动员，让他们暂时放下锄头，将身份转变为军人。问题是，在府兵制度之下，农民的绝大多数时间都献给了自己的家庭，赚钱养家挣产业，生孩子纳小妾才是他们人生的终极追求，至于当军人，只是他们的业余生活而已。

没有长时间的专业军事训练，如何保障军队的作战能力？

没有频繁的战争和实战经验，如何能锻造军人最可贵的坚韧和毅力？

我们在前线看到的是什么？

宇文述等人在平壤城下稍微遇到点挫折，数十万大军就直接惶惶如丧家之犬。

这就是府兵制度的缺陷。

当然，坑隋炀帝的不仅仅是农民兄弟，朝廷的中高层将领也是半吊子水平，需要为兵败承担一部分责任。大隋的两代帝王费尽苦心，想要削弱门阀士族的政治影响力，可历史的现状却跟不上他们的改革节奏，在当时的情况下，朝廷的大将军几乎都是清一色的贵胄子弟。

不是说贵胄子弟就不能出人才，而是人才梯队的建设跟不上，搞来搞去，朝廷就这么几个大将军，没有新鲜的血液啊。在这样的体制下，如何能够培养出具有统帅能力，可以睥睨群雄的高级将领、超级帅才？

隋军在辽东城兵败之后，隋炀帝气急败坏，亲自前往前线，将所有将领喊来训了一顿话，指责他们是一帮不懂军事，只知道享乐的纨绔子弟。遗憾的是，隋炀帝还必须得靠他们完成征伐高句丽的大业。

杨广郁闷的心情，隔着历史的长河都能感受得到。

隋炀帝从辽东回来之后，便立即着手准备第二次高句丽战争。

关于粮食供给和战斗力的问题，隋炀帝对症下药，保证不会再出错。

隋大业九年（613）正月初二，隋炀帝下诏，让天下精兵再度集结在涿郡，并在辽东古城设置粮仓，同时招募了大批的骁果卫。

辽东古城位于辽宁省丹东市境内，靠近鸭绿江，隋炀帝此举直接将粮仓转移到高句丽的国境线上，彻底解决了前线缺粮的问题。在军力布置上，隋炀帝除了征调府兵外，还特地组建了一支名为骁果卫的特种作战部队。

据史料记载，骁果卫将士主要来自关中地区，他们身强力壮，骁勇善战，装备骑枪和马刀，身穿血色的明光铠甲，头戴赤金豹头盔，左臂上刺有血鹰，在后世声名鹊起，令人闻风丧胆。

至于将领问题，客观地说，隋炀帝很难去改变什么。军中高级将领都是既得利益者，隋炀帝在没有培养出好的接班人之前，不可能将他们一撸到底。

不过，隋炀帝特地下了一道诏命，要求只要是大隋的勋略，就不能兼任朝廷的文武实职，如果有这样的情况发生，御史应该马上弹劾。至少，隋炀帝已经意识到了朝中人才凋敝的严重问题。

隋炀帝思来想去，最终还是决定提拔宇文述为大军主帅。

隋大业九年（613）二月，他特地下诏：宇文述在前线兵败，主要是因为粮食问题，并非他作战能力存在缺陷，因此重新起用宇文述，并加封他为开府仪同三司。

随后，隋炀帝再次下诏：

越王杨桐和户部尚书樊子盖留守东都洛阳。

代王杨侑和刑部尚书卫文升留守西京长安。

至于隋炀帝本尊，则带着宇文述和杨义臣两位主力大将轻装前往辽东。

杨义臣是鲜卑人，父亲尉迟崇，后来被隋文帝赐姓杨。据史料记载，杨义臣曾经参加过隋朝对突厥，镇压汉王杨谅，以及隋炀帝西征吐谷浑的战争，是隋朝不可多得的且英勇善战的将军之一。

隋大业九年（613）四月二十七日，隋炀帝一行渡过辽水，逼近辽东城。

为了保险起见，隋炀帝采取了兵分四路的策略：

他率领骁果卫进攻和牵制辽东城。

宇文述和杨义臣带兵前往平壤。

左光禄大夫王仁恭出扶余道。

右骁卫大将军来护儿率领水军从海上登陆，趁机谋夺平壤城。

隋炀帝二征高句丽，具体发兵多少，史书上没有明确的记载，但可以肯定，和第一次相比，阵仗小了很多，也低调了很多。令人欣慰的是，隋炀帝二征高句丽带着明显的复仇心理，他希望能在最短的时间内拿下高句丽，一雪前耻。

辽东城外，隋炀帝下达了最重要的一道军令：此次征伐高句丽，诸位将领可以见机行事，不必受任何束缚。言外之意，单兵作战、孤军深入、屠城、斩尽杀绝，看你们的心情，朕只要最后的结果：让高元跪在朕的面前告罪。

这样一来，前线主帅的能力得到了完全释放。

为了拿下辽东城，隋炀帝发动了云梯攻城、挖掘地道、冲车破城等凶猛的攻城手段，并亲自坐镇监督。大军攻城的时候，隋炀帝特别关注了新募的骁果军将士，看着他们登上云梯，卖命冲杀，隋炀帝倍感欣慰。城破之后，隋炀帝下令嘉奖了骁果军，并提拔了一批作战勇猛的将士充当自己的亲兵。

与此同时，另外一路也传来了好消息：王仁恭带着属下出扶余道，在新城（今辽宁省抚顺市顺城区境内）遭遇到高句丽的数万大军，王仁恭毫不示弱，只用了一千多人，便将对方打得不敢出门。

此次征伐高句丽，大隋占尽优势，拿下平壤只不过是时间问题。

悲剧的是，老天爷却和这个悲剧的帝王开了一个致命的玩笑。

前方吃紧，后方紧吃：杨玄感蓄谋造反

隋大业九年（613）六月，洛阳传来了噩耗：楚国公杨玄感造反了。

说起杨玄感，隋炀帝太熟悉不过了。此人是杨素的长子，官至礼部尚书，袭封楚国公，大隋的超级贵族，也是隋朝的既得利益者。

按照历史规律，但凡天下大乱，显现出亡国征兆的时候，农民兄弟肯定会率先反抗，在全国各地引发小型战争。随后，朝廷会派遣军队平叛，如果能够镇压下去，王朝有可能会中兴，再不济也可以延缓十年，甚至数十年。如果镇压不下去，农民起义军和官府的对抗将会演变成农民起义军为了争夺地盘的大混战。

全国的混战导致人口锐减，国家财力不足，中央政权无法组织强有力的官军继续平叛，因此亡国之象越来越明显。到了这个时候，那些原本效忠朝廷，至少是坐山观虎斗的豪门贵族就开始跳出来搞事情了。

这帮人都是职业政治家，拥有非凡的头脑和智慧，能够网罗三教九流的人才为己所用，很容易在军阀混战中脱颖而出，夺取最后的皇帝之位。

那么问题来了：隋炀帝虽然发动了第一次高句丽战争，也打了败仗，可在隋朝的国力支持下，不管是皇室还是百姓，都可以接受这样的结局。

更何况，朝廷虽然吃了败仗，隋炀帝却并没有因此滥杀无辜，皇帝和朝臣没有要死要活的矛盾啊。河北和山东等地确实有起义军闹事，可超级战将张须陀正在当地平叛，而且很快就镇压了起义军的嚣张气焰，王薄等人只能在夹缝中求生存，得过且过，对朝廷构不成太大的威胁。

至于隋朝的军力和粮食储备，谦虚地说，还真是有点富余。不管怎么说，局势都

还没有到豪门贵族跳出来搞事情的地步。

那么，杨玄感究竟造的哪门子反？家里没饭吃了？没钱花了？皇帝让你上阵打仗了？还是让你做苦力了？遗憾的是，这些都不存在。

杨玄感造反，纯属以激情造反的方式来解决杨家和皇室的政治恩怨。

据史料记载，杨玄感出生在贵族家庭，又是杨素的嫡长子，从小就受到了良好的贵族教育。杨玄感平日里爱好文学，才华横溢，平日里也结交了不少有志之士，他似乎对兵法和武艺也感兴趣，会点儿三脚猫的功夫。

出身背景好，长相气质佳，出口能成章，又擅长武艺。说白了，杨玄感就是鹤立鸡群般的存在，深得长安贵族子弟的追捧，这也造就了他骄傲跋扈的个性。

像杨玄感这样的公子哥，标准配置就是一颗骚动不安的心。

不过，要把杨玄感说清楚，必须介绍另外一位公子哥李密。

众所周知，李密后来成了瓦岗军的首领，可他的身份并不是农民，和杨玄感一样，他也是隋末的超级贵族。

李密的曾祖父是西魏柱国大将军李弼，祖父李曜是北周的邢国公，父亲李宽是隋朝的上柱国，蒲山郡公，李宽去世之后，李密便承袭了父爵。

李密还有另外一重身份：左亲卫府大都督、东宫千牛备身。

意思就是，你可以手持钢刀，贴身保护皇帝。只要你有兴趣，也有胆量，可以随时剁了隋炀帝。至于大都督，其实就是禁卫军的领导，在隋朝，只有贵族后裔才配享有这样的殊荣。

李密和杨玄感一样，含着金钥匙出身，享受着最好的贵族教育，身上带着无与伦比的领袖气质，再加上没有物质上的负担，人生所有的追求就只有保持内心的骚动不安，随时找机会寻求刺激。

这样的一个人，又如何会甘心情愿为皇帝站一辈子岗？

有一次，隋炀帝在宫内散步，看到军姿挺拔，威武不凡的禁卫军将士，心情十分愉快，可没走几步，发现前面有一个年轻人总是东张西望，心不在焉，明显降低了禁卫军的光辉形象。

隋炀帝很好奇，于是上前查看，发现此人眼瞳黑白分明，精神异常矍铄，第一感觉就是非同寻常。隋炀帝当时就震惊了，不过碍于面子，没有当场发作。

事后，隋炀帝对宇文述说道：“刚在站岗的年轻人是什么来历？”

宇文述：“已故蒲山公李宽的儿子，李密。”

隋炀帝：“此人的相貌看起来有些异常，留在宫中卫戍不太合适，给他重新安排个工作吧，别让他待在禁卫军。”

这就有点尴尬了，领导想要开除你，又不好意思明说。

宇文述找到了李密，委婉地说道：“蒲山公啊，你年轻有为，才为世出，应该入朝为官，辅佐陛下才是啊，禁卫军都是粗人待的地方，让你在这里发展，实在是太屈才了。”

宇文述可能不知道，对李密来说，继承父亲的爵位是多么痛苦的事儿，他就是想要一个狂放自由的灵魂，仅此而已。因此，宇文述觉得难以启齿，可对李密来说，却是帮助他逃离了苦海啊。

宇文兄，你实在是我李密的人生知己啊，委实当与你浮一大白。

此事过后，李密干脆称病不出，在家里抱着《史记》和《汉书》闭门苦读，不问是非。有一次，李密穿着素雅，骑跨着一头大黄牛，准备外出寻访著名学者包恺（隋朝专门研究《汉书》的宗师级人物，学徒多达千余人），不曾想，在路上居然偶遇了权臣杨素。

这年头，居然还有对书籍如此痴迷的人，必定不是凡夫俗子。

杨素一直在尾随李密，后来发现此人确实在用心研读，并不是拿着史书装样子，于是心生敬佩，打算将他拦下来攀谈几句。

杨素高喊道：“这位小兄弟，你叫什么名字，居然对书籍如此痴迷？”

李密闻言望去，认得是朝中的宰相杨素，于是滚落下牛，拜了几拜：“晚辈是隋朝蒲山公李密，有幸得见杨大人，实乃三生有幸。”

杨素非常欣慰，此人至少是个懂礼节的人，就问：“你在读什么书？”

李密：“是《汉书·项羽传》。”

随后，杨素找了几个关于项羽的话题和他瞎掰扯，谁知李密谈吐不凡，对王朝的兴衰和历史人物有着非常独到的见解。杨素如获至宝，当即将李密邀请到府中做客，并将他介绍给了自己的儿子杨玄感。

据史料记载，李密和杨玄感兴趣相投，很快便成了无话不谈的好朋友。

李密曾经说过：若论带兵打仗，纵横天下，使敌人震慑，他不如杨玄感，可若论驱使天下英雄豪杰为己所用，杨玄感却不如李密。李密的这番话，颇有些曹操和刘备煮酒论英雄的意思。

这事儿就非常有趣了。

杨素身为宰相，位高权重，为何会亲自拦下牛车，邀请默默无闻的李密前往府中商谈，难道真是为了给自己的儿子杨玄感培养知己？在我看来，杨素可能在试图拉拢朝中的贵族，为日后的大事做准备。

别不服，咱们继续看下去。

杨广从晋王一跃成为皇太子，杨素功不可没。杨坚还在的时候，杨素便利用扶持杨广的机会，打压朝臣，铲除异己，后来引起了杨坚的镇压。可就在此时，杨坚位列仙班，大隋的权力完成了过渡。隋炀帝登基之后，让杨素做了隋朝的第一位尚书令，算是给足了他面子。

古往今来，皇帝给你面子，要的就是你的退步和顾全大局。

看看中国历史上不得好报的权臣，比如霍光、鳌拜、长孙无忌等人，总喜欢把下一任君主当晚辈，为人处世居高临下，而且喜欢仗着自己的功劳满口胡柴。遗憾的是，杨素也沾染上了这些臭毛病。

据史料记载，杨素每次上朝的时候，三句话不离拥立隋炀帝的功劳，唯恐别人不知道他的龌龊事儿。隋炀帝宽容大度，不想在臣子面前让杨素难堪，因此总是冷漠相对，置之不理，可在他心里，早就盼望着杨素能够早点上西天。

隋大业四年（608）八月，杨府传来了一个重磅消息：楚国公杨素身染重病，难以下床。

确定爬不起床了吗？这可是天大的喜讯啊。

隋炀帝欣喜若狂，当即派人给杨素送去了汤药，还说了一番知冷知热的贴心话。问题是，杨广压根就不知道杨素生的什么病，送的药能吃吗？

杨素也很为难，他思之再三，决定不吃药，让自己病重身亡。

杨素去世之后，杨广感觉神清气爽，走路带风。他曾经对身边的近臣说过，假如杨素不死，按照这种嚣张的气焰继续下去，迟早也是灭九族的大罪。

杨玄感作为杨素的嫡长子，自然很清楚父亲和大隋两代帝王之间的恩怨。

客观地说，父亲的去世给他造成了很大的冲击，至少在他看来，隋文帝疑心病太重，所以在濒临死亡的时候，不顾一切地拿杨家开刀，丝毫不讲情面。而隋炀帝骨子里有卸磨杀驴的心思，只不过顾及面子，不好下手而已。

总之，父亲去世，两代帝王有着不可推卸的责任。

立场不同，对恩怨的理解自然也会不同。

杨玄感继承父亲的爵位之后，一直小心翼翼，如履薄冰。他时刻担心隋炀帝会对杨家下手，铲除父亲的党羽。

事实上，杨玄感的担心不无道理，像杨家这种树大根深的豪门贵族，在中流砥柱去世之后，确实很容易被皇帝秋后算账。更何况，隋炀帝的改革一直就在动豪门望族的利益，杨素如果不死，隋炀帝也有可能拿他开刀。

为此，杨玄感找来了几个弟弟和杨氏家族的长者，大家索性把话说开了：如今大部分朝臣都是杨素的门生故吏，他们遍布中央和地方，权势极大。杨家完全可以找机会发动政变，废黜隋炀帝，拥立已故秦王杨俊的长子杨浩为帝。

这些，便是杨氏家族的整体共识。

后来，隋炀帝出巡西北，大军在大斗拔谷遇到了极其恶劣的天气，隋炀帝身边的守备力量严重不足，杨玄感就曾动过发动兵变，杀死隋炀帝的心思。不过，杨玄感的族叔杨慎认为，朝臣和隋炀帝还是一条心，而且国家比较安定，百姓也比较拥护朝廷，下手的时机还是太早，这才使得杨玄感放弃了这次谋杀。

杨玄感见来硬的不行，就想要曲线救国，重新赢得隋炀帝的信任。

当时，隋炀帝到处巡幸和征伐，非常崇尚武力，杨玄感因此找到时任兵部尚书的段文振，掏心掏肺地说道：“尚书大人，我杨家世受天恩，无数人因此眼红，我如果不在边塞立点功劳，如何能堵住天下悠悠之口。如今边境战事频繁，我杨玄感甘愿受朝廷的驱使，您身为兵部尚书，应该明白我的拳拳报国之意。”

有句话说得很到位：只要马屁拍得好，没有什么关系搞不好。

杨玄感的马屁，至少让兵部尚书段文振闻到了一点清新脱俗的味道，因此他转身就将此话转述给了隋炀帝。

有一天上朝，隋炀帝特意提到了此事，对杨玄感忠君报国的行为大为赞赏，并当场夸奖道："将门必有将，相门必有相，这话真不假。来人，给杨玄感赏赐千段缣彩（彩色丝织物）。"

话说得很清楚，杨玄感有可能会继承父亲的衣钵，做大隋王朝的宰相。

这是多么高的期许啊。事实上，隋炀帝并不只是说说场面话，此事过后，他经常让杨玄感参与朝政，每逢出行也都喜欢带着他，可谓给足了锻炼机会，颇有提携后进，培养宰相接班人的意思。

第二次高句丽战争前夕，隋炀帝命杨玄感在黎阳督运军粮物资，给予了他足够的信任，可笑的是，杨玄感根本就没有打算去，也没有心情去帮这位老板。杨玄感心心念念想的，是如何拉杨广下水，实施杨氏家族的复仇计划。

所谓的杨家世受天恩，需要报效国家的话语，犹如清风拂面，流水无痕。

只能说，玩政治情怀，谁先当真，谁就输了。

据史料记载，隋炀帝到达辽东之后，给杨玄感写信，希望他能尽快将军资送往前线，可杨玄感却和虎贲郎将王仲伯、汲郡赞治（负责文书的草拟工作）赵怀义等亲信暗中密谋，故意拖延发往辽东的军粮和战备物资。

弃皇命于不顾，也算是欺君大罪了吧。

起初，隋炀帝以为有什么变故，这才耽搁了运输，因此只是派人催促。可杨玄感呢，就是找各种借口推诿责任：要么是附近的盗贼太多，把粮食给打劫到山林湖泽，要么是河中泥沙淤积，运粮船没办法将粮食运出去。

陛下，情况很客观啊，要不您先调用其他地方的军备物资？

这分明是赤裸裸的挑衅，赤裸裸的推卸责任啊。

隋炀帝非常恼火，可并没有追究杨玄感办事不力的责任。反倒是杨玄感在加紧调派各方力量为己所用，准备发动接下来的军事政变。

彼时，杨玄感的二弟，虎贲郎将杨玄纵跟随隋炀帝到了辽东，杨玄感派遣心腹之人前去送信，让他秘密返回了黎阳。与此同时，另外一路使者偷偷潜进长安城，打算将好友李密和三弟杨玄挺也接到黎阳。

做完了这一切，杨玄感发出了最后一道指令：派遣亲信前往隋炀帝在辽东的行营，诈称海军主帅来护儿还没有到平壤城，便起兵造反。

贼喊捉贼的把戏，虽然拙劣，却很奏效。杨玄感这样做的目的就是制造烟幕弹，为自己起兵造反争夺先机。

既然来护儿谋反了，杨玄感就得为朝廷做点什么吧？比如封锁海军回洛阳的通道，比如招兵买马，保卫黎阳仓？于是，杨玄感打着为朝廷平叛的名义，大张旗鼓地封锁了黎阳全境，并公开发布榜文，要求周边郡县的官员们加紧招兵买马的步伐，并让他们把新招募的士兵全都派送到黎阳来。

为了控制黎阳的局势，杨玄感擅自做主，任命赵怀义为卫州刺史，东光县尉元务本为黎州刺史，河内郡主簿唐祎为怀州刺史。

做好了这一切，就等着扯旗造反了。

中国历史上的造反者，但凡觉得自己站在正义的旗帜下，都会请文笔华丽的大文豪帮忙写一篇“讨伐檄文”。目的很简单，把讨伐对象一黑到底，把自己捧上道德的制高点。比如袁绍请陈琳写的讨伐曹操的檄文，徐敬业请骆宾王写的讨伐武则天的檄文，都是这个套路。

除此之外，还得挖空心思发明几个口号，比如“王侯将相宁有种乎”“楚虽三户，亡秦必楚”之类的。

有趣的是，杨玄感既没有写讨伐檄文，也没有整几个朗朗上口的口号，甚至都没批判过隋炀帝的任何毛病，显得极其随意和草率。

当时，治书侍御史（相当于现在的中央办公厅副主任）游元在黎阳督运粮草，杨玄感直接开门见山地说道：“当今圣上就是个暴君，为了征讨高句丽使自己陷于绝境，这是老天爷要灭他，如今我亲自率领义兵诛杀无道昏君，您愿意跟着我干吗？”

这可让游元有点受宠若惊了，跟着你杨玄感起兵造反，干掉隋炀帝？

游元抱着引颈就戮的姿态反驳道：“杨大人，此言差矣！想当年，您的父亲深受朝廷的宠信恩遇，杨氏一门也都身居高官显爵，如今正是杨家上报皇恩的时候，您怎么能在父亲坟土未干之时策划谋反呢。我只有一死而已，不能从命！”

不愧是中央办公厅的高级官员，皇帝的忠诚粉丝。

彼时，杨玄感最缺的就是时间，而说服游元投降又是个浪费时间的活儿，杨玄感因此采取了直截了当的方式：把游元给剁了。

造反要军队，杨玄感的军队在哪里呢？

说出来大家都不敢相信，杨玄感的主力部队是这样的构成：五千名运送粮食的老百姓，三千名在河边拉船的纤夫，总共八千人。很显然，这帮人的文化层次太低，没有崇高的理想，杨玄感必须先给他们洗脑。

于是，杨玄感搞了个誓师大会，会上说的义正词严："兄弟们，杨广不体恤百姓，以至于天下百姓蒙受灾难，不堪其苦，你们睁眼瞧瞧，死在辽东的将士有多少，数以万计啊！如今，本国公带着你们起兵，拯救黎民百姓于水火，怎么样？"

自古以来，拯救黎民百姓最简单的办法就是给他们发钱发粮。推翻旧政权，建立新政权，如果老百姓前后都是一穷二白，还有掉脑袋的风险，他们怎么会干。

面对杨玄感的说辞，老百姓的反映很平淡："好啊！"

这就很尴尬了，老百姓不买你的账，军队毫无斗志啊！

事实上，杨玄感才华横溢，想写一篇讨伐隋炀帝的檄文，简直是易如反掌。再者说，杨玄感是隋朝贵族，小道消息要比别人多很多，隋炀帝谋杀杨坚、暗中使出卑劣手段争夺太子之位、在父皇病重期间调戏宣华夫人……这些事情无论拎出哪一条来，都可以让隋炀帝身败名裂。

有趣的是，杨玄感居然只提了隋炀帝发动高句丽战争，导致百姓家破人亡一事。由此可见，后世那些诬陷隋炀帝的罪名是强行加上去的。

杨玄感可能没想到，并不是所有人都闲得没事干，想跟着他造反。比如怀州刺史唐祎，他听说杨玄感想要闹革命，立马就撂挑子不干，逃跑了。唐祎是隋朝现任官员，地方官员代表，他带头唱反调，这可不是什么好兆头啊。

不过，杨玄感并不是很在乎唐祎，你走你的阳关道，我过我的独木桥，大家各谋前程罢了。最主要的，李密从长安城赶了回来，打算和他共襄盛举。

兄弟二人再次见面，心照不宣，仿佛如昨啊。

杨玄感不由自主地嘚瑟道："李兄，你一直就以拯救天下百姓为己任，如今机会摆在你面前，你将如何做呢？”

李密兴致高昂，就像是从牢笼出来的罪犯走到了红灯区一样。

李密：“好兄弟！我早已经给你想好了，现在有三条路摆在你的面前。”

杨玄感：“还请李兄一一道来。”

李密：“第一条路就是擒龙。想想看，皇帝正在辽东打仗吧，他的北边是突厥、奚等少数民族，南边是无边无际的大海，东边又是高句丽，如果咱们占据涿郡，就可以封住皇帝的退路，不过一个月的时间，前线大军就会崩溃。”

不得不说，李密虽然是贵族出身，可毕竟眼高于顶，没有真才实干啊。

别的不说，杨玄感只要起兵，辽东就会在第一时间收到消息，想带着八千名啥也不会的老百姓北上擒龙，真当一路上的官府和军队是盲人？更何况，隋炀帝还有骁果卫和府兵，杨玄感这点儿兵还真不够他塞牙缝的。

杨玄感不以为然：“办法是好，可咱们只有八千人，杨广的手上却有数十万精兵，想要把他困死在辽东，难度似乎很大，此计行不通啊。”

李密：“第二条路就是抢占关中。关中是隋朝的根本，四面有要塞屏障，粮食又非常充足，我们可以一路西进，不攻占城池，直接夺取长安。长安城虽然有卫文升据守，如果我们发动强攻，还是有胜算的。一旦占据了长安，就可以招揽天下豪杰为我们所用，然后安抚士民，以此作为据点，徐图天下。”

杨玄感：“虽然是个好办法，但是关中有潼关之险，想要强行拿下势必耗损极大，一旦失利，恐怕会遭到灭顶之灾啊，这条计策还是不行。”

李密略显无奈：“第三条路就是拿下洛阳。咱们可以率领精兵昼夜兼行，直取洛阳城，然后号令四方。然而，怀州刺史唐祎很可能已经回洛阳通报消息，如果咱们在百日之内拿不下洛阳，四面八方的援军必定会将咱们包围，到时候处境可就不妙了！”

杨玄感反倒像打了鸡血一般：“李兄！我觉得第三条路最好走。文武百官的家眷都在东都，要是能够攻取洛阳，杨广身边的官员就会投鼠忌器。而且，如果经过城池却不攻取，怎能显示我军的威风？你的下策，正是我的上策。”

杨玄感拉出来的军队，自然由他做主。

很快，杨玄感就召开了行军决策会议，命三弟杨玄挺率兵二千出白司马坂，越过邙山向洛阳进军；四弟杨积善率兵三千出偃师，沿着洛水向洛阳进军；杨玄感率领三千精兵作为机动部队，一路向洛阳进发。

留守洛阳的是杨广的孙子越王杨侗，以及户部尚书樊子盖，他们已经从怀州刺史唐祎的口中得知此事，杨玄感的乌合之众还没有到达战场，洛阳方面就已经给他们找好了对手，正好凑成一桌。

河南令达奚善意，率领五千精兵抵御杨积善。

将作监、河南赞治（负责文书草拟工作）裴弘策，率领八千精兵抵御杨玄挺。

大家都想做皇帝

杨玄感仓皇起兵，手下都是种地的农民，而且大军没有辎重，士兵们甚至连弓箭都没有，只能靠近身搏斗取胜。然而有趣的一幕发生了：裴弘策和达奚善意的军队虽然比叛军多一倍，而且武器装备要优良许多，却在刚刚交锋之后便四散溃逃，裴弘策组织不起任何反抗，最后只好带着十四名亲军退入洛阳城。

出师就取得首捷，太提振士气了。不仅如此，杨玄感还得到了大批武器和辎重，以及临阵倒戈的官军。隋大业九年（613）六月十四日，杨玄感屯兵洛阳上春门，开始了耀武扬威的军旅生活。

杨玄感，你好歹也是朝廷的重臣，想要攻打并占领洛阳城，怎么也得给首都人民一个交代吧，不然老百姓怎么会认可你呢？

接下来，杨玄感在上春门搞了个新闻发布会，涕泪交加地宣称道：父老乡亲们，你们恐怕都知道，我是隋朝的楚国公，身份地位非比寻常，家中有钱有粮，不缺吃穿，可我为什么要冒着全族被灭的风险起兵造反呢？我都是为了拯救天下的黎民百姓，拯救你们于水火啊。

老百姓一想，是啊，杨玄感造反，冒了多大的风险啊，他难道是为了一己之私吗，当然是为了我们小老百姓的幸福啊！

据史料记载，这场“新闻发布会”结束之后，百姓又是送酒又是送肉，狠狠地犒赏了杨玄感大军一顿，还鼓励家中的孩子参军，打算干一番大事业。

老百姓的思想是狭隘的，他们不知道杨家和皇族之间的恩怨，更不知道如果参加杨玄感的叛军，会给前线的隋炀帝带来多么大的灾难，他们更不会想到，如果隋炀帝拿下高句丽，隋朝将迎来多少年的和平稳定，破坏了隋炀帝的大计，又将会给天下带来多少灾祸。

老百姓嗨起来了，手下的幕僚却给杨玄感提了个醒："老板啊，你说这些不痛不痒的话，只能糊弄小老百姓，大隋的文武百官都还在洛阳城呢，如何争取他们的支持才是你要考虑的事。"

杨玄感："有道理！这样吧，我让韦福嗣帮忙写一篇檄文。"

韦福嗣，隋朝内史舍人，专门负责起草诏书，官军在洛阳兵败之后，他不幸被俘，杨玄感将他待为上宾，让他负责军中来往文书的工作。韦福嗣表面上投诚了，可暗地里却在想办法回洛阳。

面对杨玄感的请求，韦福嗣感觉有些不太美好，写讨伐檄书毕竟是杀头的罪过，干好了不过是继续做官，干不好，后果不堪设想啊。

韦福嗣："楚国公，这事儿咱干不了，您另请高明吧。"

被人拒绝的滋味总归不太好受，杨玄感因此郁闷到了极点。

就在此时，李密找上门来了："兄弟啊，我算是看出来了，韦福嗣就是一颗墙头草啊，他迟早得归顺朝廷，不如早点除掉他。"

杨玄感表示，他不愿意杀人，就算韦福嗣不愿意写讨伐檄文，也不会对他有二心，杨玄感愿意继续待他为上宾，将他养在军中。和李密比起来，杨玄感确实有点书生意气，也缺乏识人和用人的能力，这也为他的谋反事业平添了一份风险。

怎么办，继续找人代写，然后继续被拒绝？

杨玄感想了想，还是自己动笔吧。

讨伐檄书很快就出炉了，大致的意思是这样的：

隋文帝好不容易打下这铁桶江山，圣上既然继承了皇位，就应该好好打理，可他却大兴土木，使得民生凋敝；沉溺于酒色，乱搞百姓子女；耽玩鹰犬，以至于地上跑的牛羊，天上飞的鸟雀也深受其害；亲近小人，致使朝廷朋党倾轧；为了打仗，轮输转运不止，百姓可谓苦不堪言。

即便如此，杨玄感的檄文中依然没有出现隋炀帝弑杀杨坚，欺凌后母之事，这是官修史书的记载，不容争辩。不过，在讨伐檄文的结尾之处，杨玄感爆了个惊天猛料:先帝曾经给我父亲杨素留下一道密诏，上面清楚地写着，如果太子杨广可以辅佐，你就尽力辅佐，如果是个不孝不贤的子孙，你就把他给废了。

这桥段，很像当年刘备向诸葛亮托孤的情景。遗憾的是，杨素不是诸葛亮，隋炀帝更不是后主刘禅，杨玄感连屁都不是。

杨玄感虽然很想把隋炀帝黑的体无完肤，可搜肠刮肚，绞尽脑汁，最后也只能找出这些不痛不痒的罪名，因此才在结尾爆出这样的猛料。然而世人都知道，所谓的托孤说辞，只不过是掩盖杨玄感起兵的意图罢了。

杨玄感兵临城下，又发布了讨伐檄文，洛阳方面压力山大啊。

此时，越王杨侗年仅 9 岁，还是个不知人事的娃娃，洛阳的防务工作自然落到了户部尚书樊子盖的头上。樊子盖为官一向清廉，对皇帝又极为忠诚，而且担任过许多州的刺史，是朝廷不可多得的实干型人才。

问题是，樊子盖长期在外地为官，没有中央朝廷（担任户部尚书不太久）的资历，对洛阳的官员和政务也不是很熟悉，初来乍到，两眼一抹黑啊。当时，洛阳官员对樊子盖的抵触情绪非常强，以至于许多军情都没有及时向他汇报。

就拿裴弘策来说，奉命前去平叛，啥也没干成，还给杨玄感白送了几千名士兵和辎重武器，都不知道他是朝廷的官员，还是杨玄感的卧底。

裴弘策孤身逃回洛阳，樊子盖并没有惩罚他，而是鼓励他再次整军出战。未曾想，裴弘策竟然公然违抗樊子盖的军令，撂挑子不干了。

樊子盖是隋炀帝一手提拔起来的亲信，自然要以老板的利益为重。

洛阳安，则前线安，洛阳危，则前线危。如今，他的领导权威被挑战，洛阳城危在旦夕，如果不严肃处理，恐怕就会捅出天大的篓子啊。据史料记载，樊子盖态度强硬，强行砍了裴弘策的脑袋，这才镇压了洛阳官员的嚣张气焰。

自古以来，挑战君主的权威，一个脑袋肯定是不够用的。

比如国子祭酒杨汪，昂着高傲的头颅，挺胸拔背地站了出来：樊子盖！我就是不服你，你能拿我怎么样，你还敢杀了我不成?

樊子盖二话不说，当即命卫士将杨汪牵出去砍了脑袋。

谁说书生百无一用? 手拿皇帝的令箭，杀起人来毫不含糊。

樊子盖用两颗血淋淋的人头告诉东都官员，谁才是这个城池真正的主宰者。

此时，距离杨玄感攻打东都已经有一段时间了，周边郡县的支援部队也在慢慢靠近洛阳，可他们听说樊子盖诛杀了败军之将裴弘策，纷纷吓得不敢入城。

杨玄感趁此机会派人游说，将四十多个朝廷勋贵网罗到了自己的麾下。

咱们来看看都是些什么人。

韩世谔：上柱国大将军、寿光县公（食邑一千户）韩擒虎之子。

杨恭道：隋朝宗室，观王杨雄之子……（此人尊号太多，此处写不下）

虞柔：金紫光禄大夫虞世基之子，亲叔父是大唐的宰相虞世南。

周仲：义宁郡公、右武侯大将军周罗睺之子。

来渊：右骁卫大将军来护儿之子。

裴爽：户部侍郎裴蕴之子。

郑俨：大理卿郑善果之子。

这些人无一例外，全部出身豪门望族，家族的长者都是大隋的顶级权贵，而且都在朝堂担任要职，却又不约而同地站队杨玄感。这样的行为，我们该如何解释呢？樊子盖杀了违抗军令的裴弘策，和他们有啥关系？退一万步来说，就算把隋炀帝拉下马，他们还是勋贵，只是换了个老板而已。

如此多贵族集体反水，原因只有一个：他们视大隋为敌。

回想起隋炀帝二征高句丽之前，曾经下了诏书，限制朝廷勋贵入朝为官，剥夺了他们建立军功的机会，这件事也就不太难解释了。

有了贵族的加盟，杨玄感的兵力直接飙升到五万人。和洛阳方面相比，杨玄感似乎才是名副其实的官军，而洛阳城的守军，只不过是负隅顽抗之辈。

公子哥儿们顺利会师之后，杨玄感传下了军令：分兵五千前去把守慈硐道（今河南省洛阳市西），分兵五千前去把守伊阙道（今河南省洛阳市南），命韩擒虎之子韩世谔率兵三千包围荥阳，命顾觉率兵五千攻取虎牢关（今河南省荥阳市西北汜水镇境内）。

一时间，叛军军威大振，东都震惊，长安震惊。

震惊归震惊，洛阳是大隋的首都，城池的防御能力也不是盖的。

就拿外城来说，南墙长度七千二百九十米，东墙长度七千三百一十二米，北墙长度六千一百三十八米，西墙的南端（西北角是皇城）长约六千七百七十六米。外城的城墙全部由夯土筑成，城墙的宽度大概在十五到二十米之间，高度没有详细记载，不过长安的大兴城高度是五米左右，据猜测，同时期的洛阳城应该要在这个高度之上。

此时，隋朝正处于鼎盛时期，洛阳城里有兵有钱还有粮，人心也还在，杨玄感想靠手下的那点儿土兵攻克洛阳城，实在是白日做梦！上春门外的一番演讲，群情激愤，好评如潮，可讲完之后，大家各回各家，各找各妈。

说白了，只要城门不开，杨玄感也只能在外面继续耗着。

杨玄感为难的时候，官军方面正忙着调兵遣将，全力围剿。

先说说长安方面的防务。临行前，隋炀帝让年仅 8 岁的代王杨侑坐镇长安，刑部尚书卫文升全面主持政务。

据史料记载，卫文升是洛阳人，年逾古稀，是从南北朝混过来为数不多的老寿星之一，见惯了朝堂上的背叛和腥风血雨。有一句话怎么说的，宠辱不惊，坐看庭前花开花落，老爷子不该为这些破事儿烦心吧。

有趣的是，卫文升的情绪非常激动。

老板在前线打仗，杨玄感这小子在后面起兵造反，还有这么多勋贵子弟跟风相随，这不是要大隋的命嘛！据史料记载，卫文升气得暴跳如雷，怒火滔天，带着四万精兵支援不说，路过华阴的时候，老爷子居然下令掘了杨素的坟墓，并将他挫骨扬灰，以示长安方面的愤怒。

卫文升的身体虽然经不起颠簸，可赶起路来却毫不含糊，他几乎是在最短的时间内赶到洛阳战场，并在洛阳城北和杨玄感展开了第一次交锋。

当时，杨玄感亲自上阵杀敌，表现的无私忘我，骁勇异常，部下看到老板玩命儿，一个个就跟打了鸡血似的猛烈冲锋。卫文升部损失惨重，只好且战且走，随后在金谷（今河南省洛阳市东北）和叛军形成对峙之势。

几番交战过后，杨玄感的兵力暴增到十万之众，形势有些不妙啊。

幸运的是，卫文升并没有闲着，直觉告诉他，如果让杨玄感的势力坐大，朝廷将会非常被动，为此，他决定孤注一掷，险中求胜。据史料记载，卫文升率部在邙山之南与杨玄感的叛军展开主力决战，一日之内，双方交战十余次，杨玄感的弟弟杨玄挺中箭而亡，叛军这才放缓了进攻。

再来看看辽东战场。

辽东城外，隋炀帝下令装填了一百多万袋泥土，然后将它们堆积在辽东城的城墙边上，硬生生筑成了十多米宽的大斜坡，官军顺着斜坡爬上城墙，开始与高句丽大军短兵相接，再加上投石车在一旁助威，攻克辽东城指日可待。

可就在此时，坑爹的杨玄感起兵了。

隋炀帝闹不明白，农民起义都还没成气候，朝廷的勋略会起兵造反，图啥？

宰相苏威告诉他，杨玄感虽然有小聪明，却胆大心不细，成不了大事，反倒是要防备那些心怀叵测，想要浑水摸鱼的人趁机闹事！苏威的这番话直接洞穿了朝廷勋略们的心思，可谓是老成谋国的典范啊！

前面已经说过，在那个年代，贵族圈子的游戏规则就是谁有本事，谁就可以做皇帝。如果是一般的农民起义，朝廷只需要派兵镇压，好好抚恤即可，可杨玄感是朝廷的超级贵族，谋反行为很容易得到旁人认可，这才是隋炀帝真正忧心的地方（帝又闻达官子弟皆在玄感所，益忧之）。

隋大业九年（613）六月二十八日，隋炀帝召集将领，商议秘密退兵之事。

为了给高句丽守军造成错觉，隋炀帝下令将所有军资、器械、攻具、营垒、帐幕全部留在原地，只带了部分军粮连夜撤军。

高句丽守军已经被打怕了，他们担心这是隋军的阴谋，连门都不敢打开，直到隋军离开两天后，他们才敢出城追赶。此时，隋炀帝已经渡过辽水，高句丽人杀了后军几千个老兵之后，这才心满意足地离去。

返程期间，隋炀帝传下军令，命左翊卫大将军宇文述、左候卫将军屈突通星夜兼程赶往洛阳，立即组织兵力平叛。海军主帅来护儿更积极，隋炀帝的军令还没到，他就力排众议，率领大军赶往了洛阳。

主力大军回朝，杨玄感还能蹦跶几天？

按照李密和杨玄感的计划，他们应该以最快的速度拿下洛阳，控制文武百官的家眷，让远在辽东的隋炀帝投鼠忌器。遗憾的是，樊子盖是个硬点子，他虽然灭不掉杨玄感，却也没让他占到什么便宜。卫文升则是在洛阳城外发动了数次冲锋，将杨玄感的大部分主力都吸引了过去。

如今，从河北赶回来的宇文述、屈突通、来护儿逼近洛阳，杨玄感只能将原本就捉襟见肘的大军分为三路，分开作战。洛阳战场的局势短时间内发生逆转，而杨玄感却毫无办法，其郁闷可想而知。

此时，叛将杨子雄出了个主意：既然咱们士气低下，您要不称个帝玩玩儿？

各位看官，这就是发生在隋朝的现实情况，称帝如同闹着玩儿似的，完全没有任何顾忌。除了杨玄感，可以再举个例子：

隋大业九年（613）七月，江南传来了噩耗：余杭人刘元进造反称帝。

据史料记载，刘元进和皇叔刘备一样，垂手过膝，因此觉得自己天赋异禀，必定承载着老天爷的使命，这才宣布起兵造反。一个普通老百姓，就因为自己的身材异于常人，就敢宣布造反，可笑不可笑？

如果说刘元进是为“身材失调”所迫，那杨玄感就是上赶着要做皇帝。

瞧瞧，面对杨子雄的提议，杨玄感显得十分兴奋。别人不知道，杨玄感的心里可是最清楚，自己起兵造反，明面上说是为了黎民百姓，潜台词不就是说隋炀帝不行，得由他杨玄感做皇帝，带领大家发家致富吗？

杨玄感当即做出批示：杨子雄是好样的，以后你就是我团队的核心骨干了。

不过，称帝是大事，杨玄感还是找到了好朋友李密，想听听他的建议。

李密说道：“兄弟！虽说咱们兵力强盛，而且经常攻克城池，也有很多人投奔我们，但是你不要忽略了，到目前为止，并没有郡县主动响应我们啊。如今，东都固若金汤，各处援兵却在慢慢靠拢过来，形势颇为不妙，咱们应该先拿下关中地区，然后再考虑做皇帝的事儿吧？”

杨玄感不傻，有时候，梦想只能拿来意淫一下。

杨广心得：人不能对他太好

隋大业九年（613）七月二十日，杨玄感接受李密的建议，解除了对东都的包围，率军西进，意图夺取关中，占领永丰仓（今陕西省华阴市东北渭水南岸广通渠口），通过开仓放粮来收买人心。为了给叛军造出声势，杨玄感一路上都在散布烟幕弹，声称洛阳城已经被攻克，他此番前来是为了夺取长安城。

能够把一场大败说的跟大胜似的，也算是一种本事啊。

杨玄感到达弘农宫（今河南省三门峡市陕县境内）时，父老乡亲们拦住他的去路，热泪盈眶地说道："杨大人，您辛苦了！弘农宫城空虚，又有很多积存的粮食，很容易被攻下，您要不要试一试？"

老乡！你们可说到俺心坎里了。

杨玄感始终觉得，富贵不还乡，犹如锦衣夜行。纵然不富贵，也得刷点存在感。堂堂大军偷偷摸摸的过境，实在是一种很没有存在感的行为，说出去会遭到别人耻笑的。既然父老乡亲如此爱戴他，杨玄感也就头脑一热，答应拿下弘农宫之后再继续西进。

弘农太守是谁？隋朝宗室，蔡王杨智积，杨氏家族的看门人啊。

杨智积压根就没有想过投降，面对杨玄感的挑衅，他显得非常冷静。

杨智积对僚属们说道："杨玄感听说朝廷大军将到，打算向西谋取关中，要是他的计划成功，咱们就很难把他打败了！为今之计，只有先牵制住他，让他无法进军，不出十天，咱们就可以将他抓住。"

话说得很没有水平，却误打误撞，说到了点子上。

据史料记载，杨智积为了对付杨玄感，特意请来了一批擅长骂街的中年妇女，并给她们许下重金，让她们在城墙上大肆羞辱杨玄感。台词已经写好了，大致的意思是：杨玄感，你手握重兵却拿不下弘农宫，还算个男人吗？

中年妇女这个群体，在任何时代都是犀利的存在，能让人肃然起敬。尤其是她们变幻多端，令人浮想翩翩的辱骂词汇，绝对让人大开眼界。

据说，中年妇女只出场了一天，杨玄感就决定不走了。

杨玄感表示，他要在弘农宫证明自己是个男人。

好朋友李密实在看不下去了，于是劝道：“兄弟啊，你蒙骗众人向西进军，为的就是兵贵神速，如今追兵将到，你怎么能在此地停留耽误？要是不能占据潼关，退后又无地可守，将士们一哄而散，你该如何保全自己？”

杨玄感很疑惑：“你能向大家证明我是个男人吗？”

李密：“……”

决定历史走向的，往往是莫名其妙，令人难以理解的细节。

李密是个男人，自然无法帮杨玄感证明他也是个男人，只好干看着。

随后，杨玄感命大军对弘农宫发起了冲锋，并在城门口放了一把大火，想要用火势逼退官军。谁料想，杨智积是个更狠的角色，他命人在城内放了一把更大的火，杨玄感的大军想要进城，就必须踏着熊熊大火过来。

杨玄感为了证明自己是个男人，在弘农宫耽误了三天宝贵的时间，可最后还是选择放弃，继续向西行军。到达阌乡（今河南省三门峡市灵宝市境内）的时候，宇文述、来护儿、屈突通等人赶到，杨玄感且战且退，一日之内遭遇三连败。

隋大业九年（613）八月初一，杨玄感在皇天原（今河南省灵宝市西北）列阵，打算和隋军展开决战。遗憾的是，叛军已经是残阳西斜之势，面对强势的正规军，杨玄感毫无抵抗之力，如果再打下去，只能尸横当场。杨玄感看到大势已去，于是带着弟弟杨积善逃离战场，奔着上洛（今陕西省商洛市洛南县境内）而去。

轰轰烈烈的开始，灰头土脸的结束，放在任何人身上，恐怕都是难以接受的现实。更何况，杨玄感拿着杨氏家族的满门性命在赌，如今却因为他的无能而赌输了，他还有何面目去面对族人？

杨玄感一路逃跑，一路思考：天涯海角，何处才是我的容身之地啊？

到达葭芦戍的时候，杨玄感勒住了马缰，决定不跑了。

杨玄感："老弟啊，伸头是一刀，缩头也是一刀，我杨玄感好歹也是个人物，这样吧，你杀了我，免得落到官军手里受辱！"

杨积善手起刀落，将杨玄感当场捅死。

按照他的计划，先杀哥哥，自己再抹脖子，可还没下手，追兵就将他擒住，随后与杨玄感的首级一同被送往隋炀帝的驻跸之所高阳。

至此，持续仅两个月的贵族谋反，正式被大隋王朝镇压。

客观地说，杨玄感造反纯粹是为了家族的利益，是铤而走险的行为。

起兵之前，杨玄感除了依仗老爹在朝廷安插的亲信之外，几乎毫无建树，起兵之时，手下仅有八千名干粗活的小老百姓，没有战斗宗旨，没有有生力量，没有领袖气质，如果杨玄感不失败，真的是天理不容。

杨玄感可能没想到，他的谋反让隋炀帝打心眼里愤怒、厌恶。

想想看，隋炀帝第二次征伐高句丽，以消灭敌人为第一目标，因此提前做好了全盘规划，一切都只需要按部就班，等待最后的胜利。然而，就因为杨玄感的谋反，隋炀帝所有的努力付诸东流。幸运的是，此次军事行动只损失了钱粮，并未损失太多的将士。

隋炀帝为了发泄怒火，下诏将杨玄感的尸体处以车裂之刑，曝尸三日，最后将尸体剁碎焚烧。做完了这一切，隋炀帝不禁陷入了思考：杨玄感为何能翻起这么大的浪来？除了杨玄感，朝廷还隐藏了多少居心叵测的贵族？

古往今来，帝王处理政变的态度都是连根拔起，除恶务尽。

隋炀帝：大理卿郑善果、御史大夫裴蕴、刑部侍郎骨仪、东都留守樊子盖，你们四人组成联合调查小组，彻查杨玄感的党羽。

隋大业九年（613）八月二十日，司农卿赵元淑成为第一个被杀的人，随后联合调查小组将一份名单交给了隋炀帝，上面写满了杨素当年提拔的亲信。

面对这份名单，隋炀帝彻底震惊了。

有时候，一个人的性情大变往往是因为别人对他的无情背叛。更何况，隋炀帝是大隋江山之主，卧榻之侧，岂能容忍其他猛虎酣睡？面对和朝廷离心离德的贵族，隋炀帝又如何能心慈手软？

隋炀帝痛定思痛，悟出了一个结论：我以前还是太宽厚，太仁慈，也太天真了，我的容忍和退让，在大臣和百姓眼里就是软弱，没有人畏惧我的威严，要想做好天子，必须要恩威并施。

一个仁慈的帝王消失，取而代之的是孤家寡人。

在隋炀帝的授意下，樊子盖等人大肆搜捕杨玄感的党羽，最后处死了三万多人，还有六千多人被施以流刑和徒刑，无数人因此家破人亡。

杨玄感围困洛阳之时，曾经下令开仓放粮，隋炀帝下了一道旨意：将所有接受过杨玄感粮食的人，悉数活埋在洛阳城南。

在此次整治风波中，有几个人的身份比较特殊，不得不单独提一下。

韦福嗣，因为不愿意给杨玄感起草檄文，叛军兵败之后逃回洛阳。

同僚：你不是在给杨玄感做事吗，怎么还敢回来上班，不要命了？

韦福嗣：没事没事，杨玄感让我帮着写讨伐圣上的檄文，被我严词拒绝了，这应该不算卖身投敌吧，陛下英明，一定不会处罚我的。

回到洛阳之后，韦福嗣和往常一样，在衙门和同僚们一起办公。谁料想，樊子盖在收集叛党文书的时候，发现其中很多文件都出自韦福嗣之手，此贼并非像自己说的那么干净，这才下令将他控制起来。

与此同时，李密、王仲伯也被官军抓获，准备扭送到高阳行在。

杨玄感兵败之后，李密很识时务，带着手下的兄弟偷偷摸摸地溜了，可最后还是落到了官军的手中。李密深知，一旦被押送到隋炀帝的跟前，结局肯定是尸骨无存，身死神灭，因此和王仲伯等人商议，打算在半路偷偷逃跑。

据史料记载，李密等人拿出了身上携带的所有金银珠宝，然后殷勤地奉送给押运他们的狱卒，一把鼻涕一把泪地哭诉道："兄弟啊，我们知道自己罪孽深重，这些财宝就都送给您了，不过我们有一个请求，在我们被杀之后，您务必要好好地安葬我们，以全身后之事。"

负责押送的狱卒都是社会最底层的人，谁又愿意和钱财过不去。更何况，押运看管只对那些意图逃跑的人有用，李密等人连钱财都不要了，一心求死，还有啥可顾忌的呢。于是，拿人钱财的狱卒们也就放松了警惕，甚至在押运途中和李密等人称兄道弟，饮酒作乐。

到了魏郡（今河北省邯郸市）石梁驿，李密请人买来了好酒好肉，随后将狱卒们灌得一塌糊涂，乘着夜深人静时，凿穿墙壁，逃之夭夭。临行之前，李密拉着韦福嗣一起逃走，不料韦福嗣却很坦然，声称他是自首的，此去高阳，皇帝只不过是当面责骂他几句罢了。

事实上，杨广有意宽大为怀，否则也不会派人千里迢迢地把他们送到高阳行在，然而李密等人半路逃跑，隋炀帝本就郁闷的心情开始暴躁起来。很快，最后一批战争罪犯被押送到行在，隋炀帝特地接见了韦福嗣，并将他为杨玄感写过的书信当场摆了出来，随后下旨让大理寺量刑处置。

为叛臣做机要工作，罪证确凿，以同党之罪论处也就是了。

隋炀帝的意思大家都听出来了，有意放韦福嗣一马啊。

就在此时，宇文述说了这样一番话："陛下，不对韦福嗣这样的人处以极刑，恐怕难以警醒其他人啊！"

过了许久，隋炀帝才做出指示："你自己看着办吧。"

据史料记载，宇文述在荒郊野外摆下了阵仗，他将叛臣绑缚在木桩上，以车轮捆缚住他们的脖颈，然后命朝廷九品以上的官员全部到场，会玩弓箭的人可以选择在远处射上一箭，射不中的还可以补射，不会射箭的，可以选择上前砍上一刀，砍到你觉得满意为止。这画面的惨烈，留给读者自己去想象。

可笑的是，杨玄感的弟弟杨积善临死之前还在向隋炀帝苦苦求饶，声称自己亲手杀死了叛将杨玄感，希望朝廷可以饶他一命。

隋炀帝有点哭笑不得，你当造反是过家家呢，说放就可以放？

杨广态度非常坚决，恨恨地说道："杨玄感只不过是枭一类的动物罢了，以后你们杨氏一门就改姓枭吧。"

随后，韦福嗣和杨积善二人被宇文述施以车裂之刑。

危机四伏：江南豪强大起义

隋大业九年（613）七月，也就是杨玄感起兵之后，余杭人刘元进宣布造反。

据史料记载，刘元进喜欢行侠仗义，颇有游侠风范，在村里的风评极好。不过，他最引以为傲的是自己的手臂，垂手过膝，颇有皇叔刘备的风范。每逢夜深人静之时，刘元进便喜欢顾影自怜，崇拜自己的天赋异禀，希望老天爷能够让他早日飞黄腾达。遗憾的是，刘元进实在找不到发家致富的办法。

朝廷第一次征讨高句丽，山东和河北相继爆发起义，刘元进似乎没有想到这是干大事的机遇，因此错过了这波创业小高潮。这不，朝廷二征高句丽，杨玄感刚刚起兵，刘元进就以反对朝廷征调民夫为由，煽动老乡造反了。自古以来，有人带头造反，必定会有人跟风相随，这是亘古不变的铁律。

隋大业九年（613）八月初二，杨玄感兵败身死的前夕，朱燮和管崇二人在江南聚众闹事，他们带着一帮土匪抢劫附近的小老百姓和商旅，也搞出了不小的动静。

这两人是何方神圣，居然敢扯旗造反？

朱燮，籍贯吴郡，背景不详，只知道在吴郡做道士，专门研读兵书和历史，学术水平还算过关，是老乡眼中的专家，膝下有几十个学生。

杨玄感起兵之后，朱燮按捺不住了，他觉得自己满腹才华，不能就这样被埋没，于是自己给自己还俗，带着一部分学生宣布造反。由于朱燮有点江湖地位，起兵之后，附近的土匪和盗贼纷纷前去投奔，转眼之前就形成了气候。

管崇，籍贯晋陵（今江苏省常州市），长得风流倜傥，身材高大威武，很有男人味儿。平日里，管崇自命不凡，逢人就说他有王侯将相的风骨，晋陵的土匪盗贼和无业游民唯恐错过这个“天赋异禀”的奇人，纷纷找他表忠心，聚集在他的旗下。朱燮起事之后，管崇立马就在晋陵起兵，过程毫不拖沓。

如果是在清朝，江南是朝廷赋税重地，一等一的重要，可是在隋朝，江南的地位其实有些尴尬，因为它还没有完全发展起来。总而言之，江南的发展，大致是从长江中游到长江下游的过程。

秦朝以前，黄河流域和长江中游是历代政权最喜欢的区域，长江中游有一个楚国，地盘虽大，可是在北方大哥的眼里，他们依旧是蛮荒之地。

有人可能会问了，不是还有吴和越吗，而且地盘还很大。

确实是这样，不过春秋时期的吴国和越国，相当一部分地盘都被泡在海里，大家只能以捕鱼为生，搞搞食盐，日子过得苦哈哈的，中原统治者压根就对他们不感兴趣，除了镇压造反，真的懒得去征服。

那个时候，除了长江中游的楚国雄起之外，长江下游既不属于政治中心，也不属于经济中心，完全属于王化之外的地方。

司马迁就曾经说过：楚越之地，地广人稀，饭稻羹鱼，火耕而水耨。意思就是，长江中下游的百姓几乎是以捕鱼捕猎为生，处于原始的阶段，只有少数地方开始出现了水田（大部分都在楚国）。

三国时期，吴国在南京建都，南京的经济和政治稍微有了点起色。不过，周边的扬州、镇江等地，还是很落后，不堪入目。

西晋、东晋、南北朝时期，中央皇权的影响力减弱，门阀贵族强势崛起，这帮大老爷们为了壮大自己家族的势力，开始大肆圈地，从黄河流域到长江中游，最后一直圈到长江下游，将门下的佃客、部曲和奴婢都迁徙到了南方。

西晋爆发永嘉之乱，将近九十万人迁徙到长江和淮河流域。这帮人带着先进的生产工具，将北方的农耕文明彻底转移到了南方，促进了江南的进一步雄起。最先富起来的是南京、扬州、镇江和常州，尤其是南朝的时候，几个政权都在南京建都，在他们的努力下，土地、水利灌溉等优势被发挥到淋漓尽致，大有超越北方的趋势。至于苏州、无锡乃至浙江等地，直到唐朝后期才兴盛起来（安史之乱后，一百万人南下，这才带动浙江发展起来）。

因此，隋朝江南的经济确实有些起色，人口也开始增多，可也并非富得流油，人人称羡的江南。隋炀帝真正在意的，其实是他的扬州城。当时，南京城被毁，扬州成为最富有的地方，更是隋炀帝的龙兴之地，是皇权的象征，从战略上考虑，这个据点必须要守住。

他命虎牙郎将赵六儿率领一万精兵驻屯在扬子江附近，并将大军分为五营，防御江南的起义者渡江北上。朝廷的意思很明白，以防御为主，进攻为辅，只要这帮人不继续闹事，不给隋炀帝制造太大的麻烦，惩罚什么的都好说。

不过，造反分子并不这么想啊，他们先入为主，认定隋炀帝既然派兵，一定是以消灭他们为宗旨。索性是打，不如先动手吧。当时，朱燮的大本营在苏州，躲在管崇的身后，又有长江天险，压根就没有什么危机感。冲锋陷阵的事，自然由拥有王侯将相风骨的管崇去办。

据史料记载，管崇派大将陆颢（yǐ）横渡长江，趁着夜色的掩护发动了突袭，攻破了官军两座营帐，缴获了不少武器和粮食，自此声威大震，拥兵十余万人。

管崇虽然打了胜仗，却发现自己莫名其妙地成了出头鸟。这要是惹怒了隋炀帝，国家机器第一个要干的岂不是他?

自命不凡无所谓，天赋异禀无所谓，吹牛皮也无所谓。问题是，真刀真枪地干，确实干不过正规军啊。还是得找个靠山，大家抱团取暖。

当时，在江南的造反圈子里，刘元进、管崇和朱燮是最出名的。

朱燮和管崇一样，纯粹是激情造反，没口号、没武器、没人才，当初造反的那份勇气也在真刀真枪、生死存亡的面前彻底软弱了下去。二人经常私下聚会，商议未来的出路。就在此时，刘元进从杭州过来了，打的口号非常响亮，想要渡过长江，和朝廷掰掰手腕。

说起刘元进，大家还是挺认可的，一来他是第一个宣布造反的，敢和朝廷对着干，不服软。二来嘛，刘元进手下兵多将广，更兼粮草和武器齐备，绝对是江南造反圈内的狠角色。还是那句话，对待狠角色必须拿出尊敬的姿态。

于是，朱燮和管崇找到了刘元进，声称他们只不过是小打小闹，江南地区的造反运动还是得靠刘元进，二人甘愿依附他，跟着他混江湖。

得了这两支生力军，刘元进自然是满心欢喜。如今，三大好汉齐聚一堂，是不是得整点什么仪式纪念一下？杀牛宰羊，狠狠地喝一顿？

感觉格调有点低，和如今吃饭唱歌一样，越来越不受欢迎了。

焚香祭祀，结拜为异姓兄弟？

没什么毛病，可还是差点意思。

要不咱们也紧跟着潮流，称个帝？

一拍即合，哥几个都是这样想的。

就这样，刘元进在吴郡登基称帝，组建了一个像模像样的朝廷，并进封管崇和朱燮为左、右尚书仆射，搞起了荣辱与共的生死同盟。不得不说，政权就是一个利益交织的共同体，各怀鬼胎不要紧，天各一方不要紧，只要你有单打独斗完成不了的愿望，都可以通过它去实现。

当时的江南，造反的不止他们三个，称帝的也不止刘元进一人，但是论造反实力，招牌含金量，刘元进可谓独树一帜。因此，其他的人马纷纷前来投诚，大有和大隋王朝痛痛快快干一场的意思。

面对起义军：朝廷大臣变身国家一级退堂鼓选手

朝廷本来不想管这事儿，可刘元进悍然称帝，公然挑衅皇帝的权威，这事儿谁能忍？隋炀帝身为天下共主，关键时刻还是要振一振君臣纲常的。既然你们要自找死路，那我也不介意送你们登上天堂列车。

隋大业九年（613）十月，隋炀帝传下旨意，命左屯卫大将军吐万绪、光禄大夫鱼俱罗率兵征伐刘元进等人。

赵六儿是什么级别？虎牙郎将，如果算上隋炀帝给他的高配，也不过是师长级别。吐万绪是卫府大将军，官居正三品实职，大军区司令员。鱼俱罗是光禄大夫，正二品散官，皇帝的御用战将，身经百战。

由此可见，隋炀帝确实发怒了，他打算让这帮起义军灰飞烟灭。

客观地说，起义军虽然声势浩大，但毕竟是一帮乌合之众，而且成分混杂，想要在其中浑水摸鱼的不在少数，至于战斗力，更不能和官军相提并论。

刘元进位列仙班是肯定的，就看怎么个死法。

当时，刘元进想拿下扬州，从地理位置来看，润州（今江苏省镇江市）离扬州最近，而且有润州渡口，润州城便成了刘元进要攻克的第一个堡垒。

尴尬的是，农民兄弟没有攻城的云梯，没有成熟的攻城战术体系，就算爬上城头，也只能拿着木棍挥舞，根本就没有杀伤力。更何况，好些援军都是抱着冷眼旁观的姿态，刘元进打赢了，咱们继续支持，打输了，咱们赶紧后撤。

因此，一直到吐万绪赶到江南，润州城依然屹立不倒。

官军和叛军的第一次交锋就发生在润州渡口，吐万绪还没有正式发力，刘元进的手下便作了鸟兽散。接下来，刘元进屡战屡败，毫无招架之力。

不行就战略性撤退吧。先去丹阳（今江苏省丹阳市）避避风头。

丹阳城外，两军再次对阵。

官军方面，吐万绪骑着高头大马，挥舞着明晃晃的战刀，一身价值不菲的武将官服，犹如战神般的存在，再看看手下的精锐骑兵，一字排开，跃跃欲试，只待主帅擂鼓进攻，收获敌军人头，然后拿回去为自己升职加薪。

起义军方面，手中有武器的站在前面，拿着木棍和锄头往后站，空着手的在一旁摇旗呐喊，至于服饰，都很统一，破破烂烂。再看看精气神，脸色苍白，浮现着死亡的气息，眼神倒很机灵，时刻观察着队友，打算随时开溜。

擂鼓进攻，起义军鸟兽散，战争结束，就是这么简单。

不过，战场上还是出现了很奇怪的一幕，农民起义军似乎很畏惧被官军将士砍掉脑袋，以至于逃亡的时候纷纷往长江里跳。

在古代，考核军功的标准是以敌军的人头或者耳朵数量来计算，如果起义军跳到长江里面淹死，那很对不起，你就收割不了人头，得不了奖励。不得不说，农民兄弟们宁死不割，还挺会恶心人的。

起义军屡战屡败，毫无招架之功，这日子何时是个头啊？

身为起义军首领，刘元进必须做全盘考虑，比如打赢了怎么办，打输了怎么办。很显然，按照这种态势发展下去，刘元进的下场会很悲惨，得考虑退路。

据史料记载，刘元进命朱燮、管崇驻扎在毗陵（今江苏省镇江市境内），阻挡官军的进攻，自己则连夜逃回会稽郡（今浙江省绍兴市），打算收拾金银珠宝，逃亡到其他地方另起炉灶。然而，刘元进刚走，朱燮、管崇便撤军而去。

对刘元进来说，他有两个选择：要么入海逃亡，要么占山为王。

刘元进选择了后一条路，他带着部下转道向西，行进到了黄山附近。黄山脚下，吐万绪和鱼俱罗联手进攻，大败刘元进的起义军，并当场斩杀管崇及其大将陆颉，砍了五千多个脑袋。

刘元进彻底慌了，他带着金银珠宝马不停蹄地赶路，一直跑到建安郡（今福建省南平市），这才找到一丝丝安全感。

老大都走了，咱还打个啥啊，赶紧散了吧？

有趣的是，起义军虽然屡战屡败，无数人因此曝尸荒野，但是被打散的农民兄弟很快便再次聚集起来，阴魂不散地在官军周围活动。说白了，农民兄弟们痛恨官军，痛恨朝廷，就是想和你死磕到底。

有时候，我们会觉得很奇怪，明知道打不过对方，为何还要无辜送命呢？找个荒山野岭，进林子打野不也是一种生活方式吗？

这个话题说起来就很有趣了。

客观地说，打仗是一种投机性很强的赌博，只不过赌注是你的性命。打仗会死人吗？会！不过，你跟着老大去冲锋陷阵，不一定就会挂掉啊，比如天上掉下块石头，不一定会砸到你，还有其他人帮你接着呢。如果农民们知道打仗一定会全军覆没，自己会尸骨无存，你看还有没有人敢去参军卖命。

自古以来，别看战争的参战人数多达数十万，可真正躺下的不过是几千，最多几万，这就是军队屡战屡败，却还是有很多人跟随的根本原因。

如果不在战场上战死，士兵会得到什么好处呢？

首先，军队会给你管饭，福利好一点的还会给你发饷银，请你吃猪肉和牛羊肉（在古代，普通老百姓想在家里吃肉，极其困难）；如果你有饿死的前兆，可以提前干掉你的领导，然后另谋出路，官方的说法叫哗变。

其次，军队，尤其是业余的起义军，百分之百具备土匪的属性，走到哪抢到哪，尤其是社会地位不高的行商和富户，是他们打劫的主要对象。

再次，打了胜仗，敌军的女人和财富就归我军了，领导就算不直接发钱，也会拿出一部分钱财买酒买肉，请大家狠狠地消费一顿。

最后就是军功。古代的军队还是很讲规矩的，以敌人的人头和耳朵为计算标准，战争胜利后，自己去砍脑袋，几个人头晋升一级，规章制度写得清清楚楚，基本上没有灰色的操作空间。隋末枭雄刘武周就是从一介普通的军士，硬生生靠着人头晋升为校尉的。

说白了，农民兄弟参军不是为了自己做皇帝，不是为了拯救黎民百姓的伟大理想，而是军队可以帮他们实现很多和平时期不能实现的愿望。

隋炀帝无法容忍这些人阴魂不散，官军胜利之后，他传下了军令：彻底剿灭刘元进等叛军，坚持斩草除根的最新国策。遗憾的是，隋炀帝在想朝廷的大事，吐万绪和鱼俱罗却在想自己的小事儿。

吐万绪等人亲临一线，慢慢摸清了一个现实：所谓的起义军，尤其是起义军小首领，根本就不是纯粹的农民，而是心怀叵测的投机分子。比如，自命不凡的读书人。身体有明显缺陷，却自称天赋异禀的神经病。聚啸山林，有钱有粮有兄弟的绿林好汉。游手好闲，专门欺负弱小的地痞流氓。

这些人欺软怕硬，朝廷不搭理他们，他们就聚在一起闹事，挑拨小老百姓发泄对朝廷的不满，朝廷派大军前来围剿，他们就作鸟兽散，等朝廷的兵马离开之后，他们又会和围观群众一起闹事。总而言之，这帮人是一群智商比老百姓略高，有能力煽动百姓情绪的高级物种。

没办法，这场战争的水实在是太深了。

据史料记载，吐万绪给隋炀帝上了一道奏折：陛下啊，最近一段时间将士们非常辛苦，要不放到来年开春再征讨江南吧。

这道奏折就很诛心了，吐万绪十月份才赶赴战场，如今还没到年底，连两个月都没有，这叫什么辛苦？况且，官军一直所向披靡，毫无压力可言，到底是起义军被杀的辛苦，还是官军将士举刀举的辛苦？

可以肯定，吐万绪在找借口，就是不想打这仗了。

隋炀帝颇为无奈，你们是大将军啊，不愿意打仗，这算哪门子回事啊？

隋炀帝：鱼俱罗，你怎么看？

鱼俱罗表示，他的判断和吐万绪一样，这帮人并不是吃不饱、穿不暖的贫苦汉子，起兵造反纯属闹着玩儿呢。他甚至私下给出了一个预测：朝廷根本不可能在一年半载内平定江南，如果再这样继续下去，大隋恐怕就完了。

江南大乱之后，洛阳也受到了波及。当时，洛阳人口众多，许多粮食都是从江南运过去的，如今受战乱的影响，粮食价格也有了上涨的趋势。

有人可能会问，隋朝不是有很多粮仓吗？

隋朝的国库储备确实充足，可这些毕竟是国家财产，给朝廷官员发俸禄，给军队调拨粮食都没问题，不到万不得已，朝廷不可能拿储备粮上市交易。于是，鱼俱罗利用镇守江南的优势，偷偷调拨了巨额的粮食运回洛阳，由自己家人销售，从中赚取暴利。

古往今来，这种事情都是司空见惯的。遗憾的是，鱼俱罗太过自私，只顾着自己赚钱，不愿意带别人一起玩，因此引起了许多人的嫉恨。很快，朝臣们便扎堆给隋炀帝进言，声称鱼俱罗不顾朝廷利益，暗中兜售粮食，实在是叛国重罪。

隋炀帝是个宽厚的人，如果鱼俱罗卖力平乱，私下赚点钱也无可厚非，可你放着前线的战事不管，大发国难财，这就有点过分了吧？隋炀帝大怒之下，直接将鱼俱罗处死。史书上的说法是，鱼俱罗因为双目中有两个瞳孔，有帝王之相，所以才招致隋炀帝的忌惮，笔者认为纯属无稽之谈。

处死鱼俱罗之后，隋炀帝下诏：命吐万绪前去面圣。有趣的是，吐万绪听说了鱼俱罗的事情后，居然在路上忧惧而死，江南平叛暂时陷入停滞阶段。

王世充：不被帝王将相喜欢，如何实现仕途逆袭？

平定江南，朝廷本来有很大的优势，可鱼俱罗和吐万绪为了自己的利益，不愿意卖力剿匪，以至于江南的局势一直动荡不堪。隋炀帝认真总结之后，决定找一个性格阴狠，手段毒辣的人前去平乱。

于是，大名鼎鼎的王世充正式登上了历史舞台。

王世充，原本姓支，是西域的胡人。后来，王世充的家族迁徙到新丰（今陕西省西安市临潼区），在此地定居下来。

据说，王世充的祖父很早就去世了，祖母带着王世充的父亲支收一起生活，后来改嫁给一个叫王粲的人，父子二人因此改姓王氏。父亲支收是个很有出息的人，最后做到了汴州长史之职，为家族的繁荣打下了基础。

家庭环境好，王世充便不用为生计发愁，他将所有精力都耗费在了书籍上，最终学有所成。王世充不仅对经史、兵法、律令有涉猎，还精通卜卦算命、天文历法，外加口才伶俐，善于辩论，是名副其实的超级学霸。这样高情商，高学识的人，注定就是成功者，只要别人给他个机会，他就可以一飞冲天。

隋文帝统治期间，王世充因为军功混到了仪同三司（隋朝分为上开府仪同三司、开府仪同三司、上仪同三司、仪同三司），兵部员外郎。为官期间，王世充经常向朝廷进言，因为他通晓朝廷律法和制度，又具备诡辩的才能，经常利用制度的漏洞来徇私舞弊，文武百官又说不过他，只好在暗地里画圈圈诅咒，因此王世充在朝野的风评并不是特别好。

隋炀帝的性格颇为刚直，眼睛里容不得沙子，王世充善于诡辩的特长刚好成为他晋升的限制因素。从史料也看得出来，隋炀帝登基之后，根本找不到王世充的升官记录，哪怕是亮相的记录也很少。

隋大业六年（610），王世充迁任江都郡丞。

大家可别理解错了，以为江都是隋炀帝的龙兴之地，把王世充安置在这里就是对他的一种重用。事实上，江都郡的一把手是郡守，官居正三品，至于郡丞，另外一种叫法是赞治，专门掌管官府的文书起草工作，可以理解为省委办公厅秘书处的处长，首长的行政秘书。简而言之，很没有地位的存在。

就在这一年，隋炀帝下令营建江都宫，派遣心腹大臣张衡到江都监工。

隋炀帝还是晋王的时候，张衡便跟随在他身旁，谋夺太子之位一事，宇文述是执行人，而张衡才是幕后策划人。隋炀帝做皇帝之后，开始大兴土木，修建汾阳宫时，张衡就劝过他，说这几年上马的工程太多，有一些工程有必要，可还有一些确实劳民伤财，应该引起隋炀帝的重视。

隋炀帝是个颇为自负的人，张衡的话虽然很委婉，却还是有指责他的意思，这让他颇为不爽。最主要的，隋炀帝觉得张衡是他的心腹，应该能明白他的良苦用心，如今看到好朋友与自己唱对台戏，隋炀帝的心中顿时升起一股失落感。

杨广虽然很不开心，却并未向张衡问罪，在随后的日子里，杨广有意减少张衡在百官面前露脸的机会，让他逐渐淡出了权力的核心圈层。事实上，隋炀帝这样做是有意警告张衡，让他回心转意和自己站在一起，令他没想到的是，被边缘化的张衡并没有向隋炀帝低头认罪的打算。

两人心里都很不开心，就是不主动说话，谁先说话谁就是输家。张衡和隋炀帝的关系，就像现在的小情侣吵架。

嘿！朕好歹也是个皇帝，你先认错，给朕个台阶会死啊？

不给，就是不给。

僵持一段时间之后，隋炀帝打算进一步治理张衡。

当时，外地的工程项目非常之多，隋炀帝便打发张衡去外地出差，让他监督工程的建造。有一次，隋炀帝去汾阳宫巡视，刚好张衡在附近建造楼烦城（今山西省原平市境内），既然如此，你就来给朕当面汇报一下工作吧？

领导嘛，就是想看一下你的工作状态，精神面貌如何。有趣的是，隋炀帝见到张衡的第一眼就惊呆了，他以为长期在外地工作会很辛苦，至少会变得消瘦吧，没想到张衡的身材居然有些发福了。瞧着张衡的滑稽样，隋炀帝气乐了。

算了，你还是去帮朕监督修建江都宫吧。

当时，楚国公杨玄感也在江都视察工作，二人便站在一起侃大山，说着说着就聊到了已经去世的薛道衡（隋朝的大文豪，为人却有点不知轻重，很像三国时期魏国的杨修，死因和杨修极为相似）。张衡评价，薛道衡满腹才华，年纪轻轻便去世，实在是有点可惜啊。

薛道衡是皇帝下诏处死的，你这样说，岂不是指责皇帝的不是？

据史料记载，杨玄感转身就将此事捅到了隋炀帝跟前，还诬陷张衡对皇帝处死薛道衡一事颇有微词，实在是居心不良，诽谤君上。直到此时，隋炀帝对张衡算是彻底失去了耐心。

谁曾想，张衡一事引起了王世充的注意，他听说隋炀帝想对张衡动手，于是递了一道奏折，声称张衡故意削减江都宫的御用物品。就这样，原本是朋友间的赌气，可一来二去居然变成张衡欺君罔上。

事情变了性质，处理办法自然会不一样。

随后，隋炀帝下诏将张衡打入大牢，等候处置。杨广原本打算杀张衡，可冷静之后才发现，张衡这些年还是帮他干了不少事的，至少可以功过相抵，因此将他贬为平民，让他回家养老去了。张衡虽然躲过此劫，可回到家后居然被小妾举报，说他回了家还不安生，经常妄议朝政，诽谤皇帝。

张衡身为隋炀帝的近臣，自然知道不少秘事，如果放任他满口胡柴，说不定就会捅出什么争夺太子时的秘闻（比如收买隋文帝和独孤皇后的亲信，欺骗父母的感情之类的），隋炀帝这才下令赐他自尽，了结了此事。

据史料记载，王世充在此事中的表现深合隋炀帝的胃口，隋炀帝因此命他接替张衡，继续监造江都宫。可即便如此，王世充不过是个江都郡丞，头上还有位江都太守，想要在皇帝面前出彩，必须得拿出点儿真本事啊。因此，修建江都宫时，王世充极尽奢侈之能事，又搜刮了不少奇珍异宝进献给隋炀帝。

领导都喜欢会办事，不争功的人，而王世充恰恰就是这种人。

我们能说王世充卑鄙无耻吗？能说他投机取巧吗？

社会就是这样现实，有才华有能力的人不一定受领导的赏识，面对这种情况，有些人选择继续默默无闻，维持正人君子的纯洁形象，有些人则选择干点为人所不齿的龌龊事，以求进身之阶，这本就无可厚非。

吐万绪和鱼俱罗死了之后，隋炀帝就想到了颇有心机的王世充。圣旨很快下达，由王世充自行征调淮南府兵，尽速剿灭刘元进等叛党。值得一提的是，这支淮南官军正是王世充后来争夺天下的子弟兵。

吐万绪和鱼俱罗被杀后，刘元进又打回到长江边上，王世充刚刚渡过长江，刘元进就对他发动了猛烈的攻击，砍了一千多个官军脑袋。

很奇怪吧，王世充为什么会输呢？

其实很简单，王世充的兵也是地地道道的农民，没有战争经验，只不过武器配备稍微好一点罢了，碰到刘元进的起义军，双方拼的完全是人海战术。遗憾的是，起义军人多势众，实力碾压，王世充就是打不过啊。

面对人山人海的敌军，王世充只好独坐在中军大帐愁眉不展。怎么办，皇帝重用你，确实是飞黄腾达的好机会，但是要把命搭在江南，是不是有点儿不太划算了？王世充很纠结，非常纠结。

不行，先撤一步再说，大军退守到延陵栅。

刘元进看到王世充服软，底气变得十足，他命手下用茅草扎了无数个火把，打算顺着南风，来个火烧连营，为王世充举办一个火把节大狂欢。

王世充彻底颤抖了，南风刮得呼呼作响，如果让刘元进得逞，自己岂不是要变成烤乳猪？别撑了，收拾东西，赶紧渡河北上，逃命去吧。

有趣的是，就在王世充逃跑的当口，风向突然由南风变成北风。请注意，这里并没有诸葛亮之类的神仙操作天气，因为战场位于长江边上，气流变化非常频繁，风向转变是常有的事。

火势刚刚逆转，起义军就玩起了老把戏：鸟兽散。前面说过，起义军为啥战败之后还要参军，因为在战场上被敌军捅死的概率很小，可是在熊熊大火面前，只要你跑慢半步，就可能成为一堆黑炭，没人会给你顶锅。

王世充本来不想打，可看到起义军斗志全无，四散逃命，因此命大军追击掩杀，起义军半数以上的人要么死于大火，要么被王世充斩首。

有时候，人真的得信命。瞧瞧刘元进，你说吐万绪来打你，你打不过，咱们情有可原。王世充来打你，你打得过，可老天爷不帮你，这说明了啥？说明这个时代真的不属于你呀，你活着还有什么意思？

刘元进对朱燮说道："兄弟啊，这仗确实没法打下去了，要不咱们就和官军展开决战，一战定输赢吧。"

就这样，官军和起义军就地展开决战，刘元进和朱燮双双被杀身亡，江南第一批造反的起义军首领自此全军覆没。老大被杀，还有大量的流寇散布各地，这对地方安定来说是个巨大的隐患。

就在此时，王世充做了一件人神共弃的事情：他召开新闻发布会，宣称自己会举行一个受降仪式，但凡参加过刘元进起义的将士，不管你的身份背景，不管你做过什么恶事，只要在规定的时间内前往通玄寺（今浙江省台州市天台县境内）投降，一律既往不咎。为了坚定散兵游勇们投降的决心，王世充亲自在通玄寺的佛像前焚香为誓：只要起义军将士前来投降，朝廷绝不会痛下杀手。

王世充是隋炀帝任命的前线主帅，说出的话自然有朝廷威信做担保，更何况王世充亲自在佛像面前起誓，如果违背了诺言，难道不怕遭报应吗？

好，兄弟们就信你一次。

这样一来，原本准备逃亡的人纷纷赶了回来，大概有三万多人。悲剧的是，三万多人整整齐齐地站在通玄寺庙门内，王世充居然当场翻脸了，他命官军将这帮人带往一个叫黄亭涧的地方，悉数活埋。

自古以来，坑杀降卒的事情也出现过几次，比如秦将白起在长平坑杀赵国四十万降卒，项羽在新安坑杀巨鹿战役中的秦国降卒二十余万，曹操在官渡之战中坑杀袁绍七万降卒，薛仁贵活埋十三万回纥降卒，郭子仪在安史之乱中坑杀薛忠义的七千骑兵。不过，干这种事情肯定会有原因的。

比如，重创敌人的有生力量。长平之战，秦国白起的军队伤亡惨重，虽然赵军表示投降，可四十万士兵摆在那儿，谁能放心？必须得杀。

比如，粮食供给不足。你突然收编这么多兵马，总得养活他们吧？养不起？那对不起，要么放他们回去，要么将他们诛杀。曹操在官渡之战中，把袁绍的乌巢基地烧毁，自己家又没有粮食可吃，这才将袁绍的 7 万降卒全部坑杀。

比如，威慑敌军。不管是哪一种坑杀，或多或少，都有威慑敌军的意图。

比如，统军主帅心理变态，喜欢用杀戮来满足自己的变态需求。

王世充又属于哪一类？

缺粮吗？不缺，况且这些人造反，并不是为了填饱肚子。

重创敌人的有生力量？完全没必要，这场战役并非决定天下走势的战役，更何况隋朝人口本就很多，叛军盘踞在各地，野火烧不尽，春风吹又生。

难道王世充本性嗜杀？

遗憾的是，史书只说王世充阴险狡诈，善于伪装，喜欢接纳豪杰壮士，并没有说他有嗜杀的本性。既然如此，王世充为何会做下这种人神共愤的事儿？这可是将先前的伪装全部撕了下来啊，你出尔反尔，以后谁还愿意跟着你？不怕这件事以后被政敌当作攻击你的把柄吗？不怕自己因为此事遗臭万年吗？

想要诱使一个人去干猪狗不如的事情，除非有天大的利益在等着他。如果所料不错，王世充可能是看准了隋炀帝急于消灭叛军的心思，因此故意闹出这么大的动静，争取隋炀帝提拔和重用他。

事实证明，王世充的这步棋确实走对了。至少在这个时间节点，隋炀帝对他的表现极为满意，这也让王世充的仕途迈入了一个新的阶段。

饱暖思淫欲：人治理想败给了人性

写到这里，笔者觉得这段历史非常沉重。

隋炀帝对待百姓究竟是苛刻，还是宽厚？

兴建土木工程不假，征调百姓服役也不假，死了无数百姓也是事实。然而，每次工程开始之前或者完毕之后，隋炀帝都会下诏免除老百姓多年的赋税，在江都如此，在东突厥如此，准确地说，走到哪儿都是如此。

一征高句丽时，隋炀帝知道有些农民长期在外服役，家中可能会缺少粮食，或者被地方官员恶意搜刮，因此下令拨付国库的粮食给那些无粮之家，至于家里的田地没人耕种，隋炀帝也曾诏令人口多的家族帮助男丁稀少的家族。

隋炀帝心细如发，施政过程无不掌握尺度，注意百姓的情绪。这是昏君和暴君会做的事吗？征伐高句丽确实劳民伤财，可事实摆在面前，隋军的损失并不惨重，相比于隋朝强盛的国力，这实在算不上什么。

隋炀帝大兴土木，因为工程繁重而累死的民工有多少，战场上战死的将士有多少，充其量不过百万。遗憾的是，隋末农民起义、军阀混战带来的死伤有多少？

两千多万，这是多么恐怖的数字。

有时候真的很难明白，军阀们打仗是为了天下苍生着想，还是为自己家族的利益，为天子之位而努力奋斗。他们衡量百姓幸福与否的标准究竟是什么？百姓的家庭都毁灭了，还有什么幸福可言，还有什么苍生可言呢？

说白了，这帮人打着为国为民的旗号，干的都是利己主义的事儿，实在不值得拿出来批判亡国之君，或者标榜自己的圣贤。

客观地说，隋末天下大乱，征伐高句丽是导火索，繁重的徭役是主要原因，这些都毋庸置疑。问题是，朝廷让你多服了徭役，你就要起义？

起义也就罢了，可这些人把队伍拉起来之后，一没有打着推翻暴政的旗帜，二没有为老百姓谋福利，整日里打家劫舍，抢劫行商客旅，这算哪门子事？这也就罢了，宣布造反不满三个月，这些人就登基称帝，称王称霸，到处争夺地盘，残杀无辜百姓，这也是朝廷逼的？

在山东起义的张金称等人，根本没有打着反对暴政的旗号，而是号召老百姓逃避隋朝的徭役，说得更直白些，就是号召大家偷懒。张金称造反之后，专门抢劫百姓和行人，纯粹就是盗匪行径。更令人愤怒的是，张金称攻克平恩（今河北省邯郸市邱县）之后，居然下令屠杀了一万多名真正意义上的平民老百姓。

有时候，我们总觉得手无寸铁的百姓是战争的受害者，喜欢开启上帝视角去质疑统治者的决策，喜欢从道义上指责统治者，这本来就是不公平的。

古往今来，立场不同，得出的结论就会截然相反。

隋末还有一个现象：起义者多如牛毛，可都是奔着称帝而去。

大匪首刘元进，自以为相貌非凡，率众起义造反，无奈根基都还没打稳，就着急忙慌的在吴郡称帝，吃相着实很难看。至于朱燮和管崇，要不是刘元进的存在，恐怕又会多出两个称帝的名额。

平民百姓宋子贤，自称弥勒转世，聚众闹事。

僧人向海明，自称弥勒转世，公然称帝。

土匪刘迦论，自称皇王，建元大世。

胡人刘苗王，率众造反，自称天子。

王须拔，自称漫天王，国号燕。

杨玄感仓促起兵，兵败的前一刻，想的事情就是登基称帝。

这些可能都是大家很少知道的，再说几个名号响当当的。

西秦霸王薛举、薛仁杲父子，建立西秦政权，称帝。

河西大凉王李轨，建立大梁政权，称帝。

刘武周，勾结东突厥，称帝。

河北最大的军阀窦建德，称帝。

王世充，起初还在辅佐越王杨侗，濒临崩溃之际果断称帝，国号郑。

贵族萧铣，在岳阳称帝，国号为梁。

李子通，在江都称帝，国号为吴。

林士弘，在豫章称帝，国号为楚。

梁师都，勾结东突厥，称帝，国号为梁。

辅公祏，在丹阳称帝，国号为宋。

像刘黑闼（tà）、高开道、徐圆朗这些头上挂着某某王的起义军首领，不计其数。

这些事情发生在同一个时期，多么的稀奇古怪。隋炀帝施政错误确实会引发暴乱，可是这能解释起义者集体称帝的现象吗？不管有没有受到战争波及，太多人称王称帝，这种逻辑恐怕到哪儿说都会站不住脚吧。

事实的真相是，南北朝以来社会伦理丧失殆尽，儒学传播几乎一塌糊涂，士民们除了宗教，几乎毫无信仰可言。但凡遇到一丝丝的机会，这些人就会起来闹事，争夺天子之位。除此之外，律法也是隋末暴乱的根由。

客观地说，隋末百姓并不是到了必须造反的边缘，而是他们造反，乃至称帝的成本实在是太低了。说白了，隋炀帝的仁政让他们对权力毫无畏惧可言。

中国的帝王都喜欢以“王”和“霸”的理念来治理国家，以仁德收买人心，以武力和惩罚来威慑民众，可隋炀帝却想要改变惯有的游戏规则。

隋炀帝以为，他给百姓营造宽松的生存环境，大肆减免赋税，让老百姓都富裕起来，有饭吃有娃抱，家里有钱粮，地里有田产，老百姓就不会想着造反。隋炀帝想要达到人治的极致，可他还是小觑了官僚集团和百姓对他理想的认可度。

人心都很现实：饱暖思淫欲，这是亘古不变的人性铁律。

社会也很现实：没有惩罚就没有威严，就不会让百姓有所畏惧。

在没有惩罚的世界，即便是最轻的惩罚，也会让大家无所适从。

杨玄感叛变之后，隋炀帝扪心自问，自己还是太天真，太宽厚了，身为孤家寡人，就应该利用“王”和“霸”两种武器来维护自己的权威，因此举起屠刀杀了数万人。说白了，王世充在江南屠杀降卒一事，完全符合隋炀帝的新胃口。

隋大业九年（613），王世充剿灭江南的叛军后，隋炀帝通令全国：为盗者籍没其家。

这道圣旨的信息量非常大。

所谓籍没其家，就是没收你的所有财产，如果你家里没钱，没收的哪门子家财？如果你是无家可归，食不果腹之人，又何来的家产？

在此之前，朝廷对盗匪没有惩处，你可以在外面杀人越货，可以有个安稳的家（在当时，盗匪像是一种正当职业）。如今不一样了，只要发现你是盗匪，或者有盗匪的嫌疑，官府就抄你的家，没收你的财产。

圣旨下达之后，地方官员嗅到了其中的致富机会，因此立刻动了起来。

据史料记载，地方官府的剿匪工作非常顺利，真正的盗匪被抄没家产，真正的良民也被抄没家产，富人的家产被洗劫一空，盗匪聚集的现象不但没有受到控制，反而越来越多（时群盗所在皆满，群县官因之各专威福，生杀任情矣）。

原本是一场打压盗匪横行的政治运动，逐渐演变成平民百姓抵制地方官府掠夺财富的情绪大暴动。大隋啊大隋，你前途堪忧啊。

三战高句丽：暂停

朝廷平叛的时候，隋炀帝正在南下。不过，他故意延缓了行军节奏，最终停在了河北的行宫。朝臣们心知肚明，皇帝并未放弃征讨高句丽的念头。

隋大业十年（614）二月初三，隋炀帝召开朝会，再次将征伐高句丽提上了议程。群臣深知，没有人能改变隋炀帝的意志，因此态度出奇地一致：皇帝，你爱咋地咋地，咱们跟着你就是了。紧接着，隋炀帝连下两道诏书：

第一道：当年，隋文帝征伐高句丽，都是因为汉王杨谅昏聩无能，高颎刚愎自用，临三军如儿戏，这才致使大军惨败而归。如今，朕决定将战亡将士的尸骨收集起来好好埋葬，并设置祭所和道场，为这些亡灵超度。

第二道：黄帝五十二战，成汤二十七征，这才让君主的恩德传及四方，天子的政令达及天下。普天之下莫非王土，如今万国来朝，可高句丽却不尊王化，时常侵扰大隋边陲，实在是罪大恶极！隋军的目标是除掉元凶首恶高元，至于其他的人，朝廷可以不追究，如果高元幡然悔悟，赶紧来朝，一切都好商量。

事实上，第三次征伐高句丽之前，隋炀帝已经意识到战争对民间的创伤，也意识到战争对国力的损耗，这才拿黄帝和成汤屡次征伐的典故来说事儿，以此来证明自己三征高句丽确实不算什么，希望减少民间的敌对情绪。

遗憾的是，这样的想法毕竟还是太主观了。

老百姓都是朴实的，他们只在乎家里的一亩三分地，不会想着帮隋炀帝去完成什么宏伟目标。在老百姓的眼里，你家里有一两银子就办一两银子的事儿，非得去大举借债，然后抛头露面耍大牌，这不是自找苦吃吗？

民间的情绪对立，不会因为一道义正词严的战争动员令而消减半分。

除此之外，地方官员也很郁闷。说白了，官员们只是打工仔，领导把活派下来，如果他们能百分之百完成任务，朝廷不会给他们升职加薪，可如果把活干砸了，就得面对上级领导的问责。更何况，地方官员还得面对老百姓的怒火，一旦这帮人闹起事来，第一个遭殃的也是他们。

你说说，地方官员找谁说理儿去？

隋大业十年（614）三月十四日，隋炀帝的御驾再次到达涿郡。

二征高句丽后，隋炀帝解散了大部分府兵，打算轮换一批新的士兵。此时，从各地征调的军队还没有到位，隋炀帝只能停留在此，等候各地的援军。然而就在此时，军中将领向他禀告，说叛逃的士兵越来越多，形势似乎有点不妙。

隋炀帝此时有很多选择，比如退兵，比如下诏安抚。

据史料记载，隋炀帝在涿郡考虑了十来天的时间，终于在三月二十五日做出了最后的决定：诛杀临阵逃跑的士兵，将他们的鲜血涂在战鼓之上，以示警醒。

杨广的意思很明确，这场战役，他非打不可。

隋大业十年（614）七月十七日，隋炀帝的车驾到达怀远镇。

隋炀帝心心念念的是后军可以迅速到位，可就在此时，后方又传来了噩耗：各地的叛乱仍然在持续，而且没有消失的迹象，老百姓对地方官府的对立情绪非常浓厚，以至调兵的圣旨到达地方后，竟然难以执行。

是啊，对老百姓来说，去高句丽打仗和送死是一个意思。既然如此，还不如直接造反，在国内打内战呢，总之都是打仗，又有什么差别？更何况，各地持续叛乱，真正安心种地的百姓几乎已经绝种，至于有钱的人家，早就被起义军洗劫一空，自身难保了，谁还有心思给隋炀帝出钱出力。

隋炀帝的处境不妙，高句丽的国情也好不到哪里去。

高句丽毕竟是个小国，地不大，物不博，被隋朝打压了几次之后，国内人口锐减，粮食歉收，老百姓的反战情绪也很高昂。一句话，高句丽已经成了强弩之末，根本无力和大隋争锋。

就在隋炀帝犹豫之际，海军主帅来护儿传来了好消息：海军已经到达毕奢城（今辽宁省大连市金州区大黑山上，又称卑沙城），高句丽组织军队抵抗，可很快就被消灭，来护儿一路高歌猛进，再次打到了平壤城下。

高元彻底颤抖了，继续和隋朝干下去，恐怕是九死一生，摆在他面前的就只有一条路：开城投降，称臣认输。

为了表示诚意，高元将叛逃的隋朝重臣斛斯政（隋朝的兵部侍郎，跟随杨玄感作乱，兵败后逃亡高句丽）作为投降礼物，献给了隋炀帝，并表示自己随即就会前往洛阳，亲自给隋炀帝磕头认错。

在隋炀帝的眼里，高元终究还是低下了不可一世的头颅。

班师凯旋，等待高元的好戏。这就是隋炀帝下达的军令。

不过，来护儿却拒绝了隋炀帝的旨意。

他常年待在第一线，深知高句丽不可能轻易就范，这一定是高元的诈降计。来护儿给隋炀帝进言，声称这次隋军的优势这么大，高句丽已经成为砧板上的肥肉，直接灭了高句丽就行，这样班师岂不是空耗大隋的民力和财力吗？

大将军和皇帝的层次不一样，思维方式自然也不一样。

其实在这里，可以从两个维度去理解隋炀帝的行为。

比如，隋炀帝的老毛病又犯了，在妥妥的胜利面前又想搞精神层面的享受，希望看到高句丽人在武力下的屈服，对大隋王朝的臣服。

再比如，隋炀帝考虑到战争对帝国造成了很大的伤害，所以能不打就不打，想尽量减少士兵的损失。至于怎么理解，就看各位对隋炀帝是什么样的认识。

问题是，来护儿希望消灭敌人的有生力量，在来护儿的眼里，要经过真刀真枪干仗，才算得上胜利。历史，决定于来护儿是否能坚持自己的决定。

据史料记载，来护儿想活捉高元，也曾努力说服手下："各位兄弟，咱们打了两次，可都是无功而返，如果这次选择退兵，恐怕就再没有机会了。如今，高句丽军队已经被彻底打垮，平壤城下的青草都被吃光了，咱们只需要迅速出兵，拿下平壤，活捉高元，就可以向陛下献捷了。"

来护儿的话义正词严，铿锵有力，连他自己都被自己的英武霸气给感动。只要部下们点头，就下达作战的军令。

大帐之内，海军将领们摩拳擦掌，跃跃欲试，纷纷表示支持。是啊，两次征伐高句丽，身边的同袍兄弟战死不少，却并没有建立尺寸之功，就算不为兄弟们报仇，也要看在建功立业，洗刷耻辱的分上大干一场啊。

可就在此时，一个颇有话语权的人出面了——行军长史崔君肃。

崔君肃：皇帝已经下达了圣旨，咱们还是听他的吧，否则大家都要受处罚。

来护儿不理解，明明可以取得胜利，为什么要害怕被处罚而回朝呢？

来护儿想要争取大多数人的支持，因此放出了大招："兄弟们，咱们就算是违背皇帝的旨意，也应该打这场战役啊！正所谓将在外，军令有所不受，如果大家害怕皇帝下诏处罚，本将愿意背负所有的罪责。"

将士们非常动容，遇到这样的大哥，实在是三生修来的福分。

关键时刻，崔君肃恶狠狠地说了一句："你们这帮人如果敢跟随元帅进城，我回去后必定会奏上一本，让你们全部获罪！"

不得不说，这句话很有杀伤力。大家都知道，崔君肃帮隋炀帝灭了吐谷浑，深得皇帝的信任，由他奏本，十拿九稳啊。崔君肃话音刚落，众人的意志瞬间崩溃，一个个耷拉个脑袋，不敢正视来护儿的眼神。

将士们的态度就是这场战役打与不打最好的诠释。

来护儿不是傻蛋，手下的将领没有战斗意识，没有胆量违抗圣旨，他毕竟还是孤掌难鸣，最终下令班师回朝。于是，悲剧就这样发生了。

隋炀帝高高兴兴地返回洛阳，随后又去长安视察工作，可他念念不忘的是高元什么时候来中原搞国际交流，可左等右等，始终不见东北来的使者。

隋大业十年（614）十月，隋炀帝亲自给高元写了一封信，希望他能早点来长安朝见，无奈高元却再一次要起了无赖，拒绝前往长安。

各位看官，如果你们遇到这种情况，又该如何处置？

隋炀帝下令了，让手下将帅严装以待，准备发动对高句丽的灭国战争。

天子之怒，伏尸百万，血流漂杵。

如果隋炀帝发动第四次高句丽战争，辽东半岛恐怕真的会血流成河，尸骨无存，至于背信弃义的高元，恐怕会死得更难看。然而就在此时，朝臣给他说了一个噩耗：

地方官府因为剿匪不力，致使盗匪蜂拥，全国各地已经乱了起来，大有失控的态势，希望陛下暂缓高句丽战争的提议。

隋炀帝很理智地传下诏书：暂停发动对高句丽的战争。

隋炀帝虽然没去成高句丽，却将怒火转移到了背叛他的斛斯政身上。

隋大业十年（614）十一月，隋炀帝让人在长安城金光门外肢解了斛斯政，让百官食其肉，然后挫骨扬灰，以示自己的愤恨。

平定叛乱第一步：让百姓进城生活

局势已经很清晰了，帝国的首要目标就是安抚百姓，平定叛乱。

问题是，隋炀帝眼下坐镇长安城，远离了叛乱最集中的山东、河北等地，为了更好地主持大局，隋炀帝决定提前返回洛阳。

临行之前，太史令庚质上了一道奏折："陛下，这几年朝廷东征高句丽，百姓疲于奔命，实在是苦不堪言啊。以臣看来，陛下还是不要出去了，先让百姓安心种地，不过三五年时间，天下必然稳定，百姓自然富足，到那时陛下再出去巡游，岂不是更好吗？"

话说得很有道理，隋炀帝也在考虑是不是要留下来。可就在此时，庚质蹦出了一句很刺耳的话："陛下，如果您不答应留在长安，臣就只好告老还乡了。"

大臣辞官不做？这就有趣了。

历史上有不少谏臣，他们喜欢以圣人的标准要求别人，以贱人的标准要求自己。其实这些都无所谓，只要你说的话在理，皇帝即便不喜欢，但碍于面子，也不会把你怎么着。但是庚质的行为过激了，这叫威胁皇帝，属于大不敬之罪，如果隋炀帝愿意，他有足够的理由来惩罚你。

无独有偶，这种事情在唐朝也发生过一次。

当时，唐高宗李治打算立武则天为皇后，褚遂良、长孙无忌、李绩等反对派进宫觐见，说出了一万条不能立后的理由，李治被逼无奈，只能沉默以对。

褚遂良看见李治既不说话，也不表态，于是将自己的官帽放在地上，随后又将象笏（古代朝臣上朝记东西的板子）扔得远远的，动作极其潇洒。就在大家目瞪口呆时，褚遂良来了一句：陛下，您今天如果不答应，臣就辞官不做了。

李治正愁找不到台阶，看到褚遂良行此昏着，当即暗爽了一把："混账褚遂良，你这是目无君上，对朕大不敬，你不是想辞官不做吗？好啊，那朕成全你！"

群臣还没来得及反应，李治就蹦出一句话来："将褚遂良贬为潭州都督。"

剧情瞬间发生逆转，随后的几天，李治抓着这件事情不放，将褚遂良一撸到底，还连带着指责群臣的不是。群臣只能暗骂褚遂良是猪队友，可从此以后再无人敢和李治提这个话头，武则天这才得以登上皇后之位。

皇帝都是同一类人，面对威胁自己的朝臣，绝对是零容忍的态度。很快，太史令庚质便被投入大牢，随后不幸身亡。

隋大业十年（614）十二月初九，隋炀帝从长安回到东都洛阳，颁布诏书，大赦天下。赦归赦，盗匪横行、起义军遍地的问题还是要解决的，而且非常急迫。就在此时，隋炀帝出台了一个政令：令百姓迁居到城郭，就近分给田地。

《隋书》里面详细记载了隋炀帝的诏书内容：

设险守国，著自前经，重门御暴，事彰往策，所以宅土宁邦，禁邪固本。而近代战争，居人散逸，田畴无伍，郛（fú）郭不修，遂使游惰实繁，寇襄未息。今天下平一，海内晏如，宜令人悉城居，田随近给，使强弱相容，力役兼济，穿窬无所厝其奸宄（guǐ），萑（huán）蒲不得聚其逋逃。有司具为事条，务令得所。

隋炀帝的意思是，自古以来，城郭就是保卫国家安宁，防御盗匪的手段。如今战争频繁，老百姓散居在各地，所以盗匪才有机可乘（指的是劫掠村庄和鼓动百姓加入起义军），因此从今以后，大家都进城生活得了。

在此之前，老百姓有三种主流生活方式：城居、村居和族居。

所谓的城居，就是居住在首都、州城、县城。当时，居住在城里的都是这些人：朝廷官员、商人、手工业者、医者，以及为他们服务的奴婢。

中国有个词叫"士农工商"，千百年来，大家都以为这是古代社会的尊卑等级制度，这是完全错误的理解。士农工商是管仲改革的时候提出的概念，不过人家的原话是"士农工商四民者，国之石民也。"意思就是，这四个阶层都很重要，是国家基石一样的存在。

管仲当时之所以这样划分，就是想将百姓按照职业彻底分开。

一来嘛，大家同为一个职业，居住在一起方便交流，可以促进行业的发展。二来嘛，把你固定在一个阶层，你就不会想着去跳槽转业，不会心生异念，对朝廷的统治也有好处，因此，古代的职业基本都是世代相传。

在这样的游戏规则下，士大夫负责搞精神文明工作，必须待在统治者身边。商人负责商品的流通和交换，提高统治阶层的生活质量。手工业者负责发明新奇古怪的玩意儿，让统治者和老百姓的物质生活更加丰富和便捷。

农民的地位很高？这些都是洗脑的专业俗语，说白了，种田种桑这种职业的替代性最高，毫无技术可言，统治者只不过用了精神层面的小把戏，将你放在边远的农村，榨干你的剩余价值而已。

在古代，职业的含金量，决定了你的居住地点，就是这么简单。

对农民来说，想去城里生活，就能来去自如吗？

对不起，真的做不到。

朝廷户籍管理制度有约束，如果你居住在村里，里长、乡正必须监督你的存在，帮助朝廷统治你，如果放你离开农村，他们会受到刺史、县令等上级领导的问责。即便你能去城里居住，房子怎么办，经济来源怎么办，如果你的祖上没有房产和家产留给你，想要变成城里人，还真是一件困难的事儿。

农民没法进城，就只好在外面住着，也就是村居。

隋朝有明确的福利制度：如果你是三口之家，或者拥有五个奴婢，都可以获得一亩宅居地（类似如今农村的宅基地）。这块地是政府无偿给老百姓永久居住的，目的是将他们锁定在某个村落，便于朝廷的户籍管理。

所谓的族居，其实和村居差不多，只不过是同一个姓氏的人居住在一起。

隋炀帝的想法是好的，把人都集中到城郭里面，如果起义军想拉拢他们，必须得和朝廷提前打一声招呼。问题在于，想要跟着起义军闹事的百姓，你就是把他关在地牢也没啥用处，更何况是来去自由的城池。不想跟着起义军闹事，只想安安分分做农民的，你却让他们抛家舍业，远离故土，谁又乐意答应？

有时候，强行搞城镇化确实得照顾国情，照顾老百姓的情绪。

事实上，隋炀帝饮鸩止渴的行为并没有收到预想的效果，反而将安分良民也推到了朝廷的对立面，因此这项政策也成为后世指责隋炀帝的原因之一。

漫漫时间长河，已经冲淡了历史人物的痕迹，同时将他们的喜怒哀乐、所思所想洗刷得一干二净。时至今日，我们很难再去体会隋炀帝当时的心境。不过，我依稀觉得，隋炀帝的潜意识里仍然有一种错觉：真正给他造成麻烦的是土匪强盗，老百姓只不过受到了蒙蔽和诱惑。因此，隋炀帝才下令将百姓驱逐到城郭，或者在乡村附近建造城堡，以此防备更多百姓加入起义军中。

客观地说，此时的起义军土匪、强盗、豪强、流民、百姓混杂，强行去界定他们的成分已经毫无意义。隋炀帝要做的就是赦免其罪，安抚百姓。

比如太史令庾质说的，别再出去巡游，哪怕是从长安到洛阳也会引起百姓的不满，应该无为而治，与民休养生息。比如下罪己诏，停止一切战争和工程。比如开仓放粮，收买民心，再将减免税赋的惠民政策落实到百姓头上。

直到此时，李渊、萧铣这些门阀世家仍然在选择观望形势，至于后来势力最大的瓦岗军首领翟让，也还躲在某个角落里怨天尤人，愁叹前途无“亮”。

所以说，隋炀帝还是有机会搞定叛乱的。

突厥的报复：隋炀帝被围雁门

遗憾的是，隋炀帝还没来得及反应，北部边境就出大事儿了。

隋大业十一年（615）二月，上谷郡（今河北省张家口市怀来县）匪首王须拔，河北匪首魏刀儿起义，手下拥兵十余万。王须拔自称漫天王，定国号为燕，史称王燕帝国或漫天帝国。魏刀儿自称历山飞（盗匪响马的标配称号），坐了第二把交椅。

隋大业十一年（615）三月，隋炀帝下诏：巡幸太原。

看得出来，隋炀帝很在意北部边境的局势。

有人可能会问，对付王须拔，只需要一位猛将即可，还需要老板亲自出马？事实上，隋炀帝也不想去，可他不得不去。当时，王须拔等人和东突厥始毕可汗勾结，将河北、山西搞得乌烟瘴气，一度威胁到太原和涿郡。

派一员猛将前往，确实可以镇压王须拔，可东突厥势力怎么办？难道朝廷的大军可以杀到东突厥国内，把始毕可汗活捉到洛阳？

不管是江湖，还是朝堂，讲究的是地位对等，平等对话。王须拔之流，隋炀帝没心情，也没打算去和他对话，但是隋朝战将也没资格和始毕可汗对话，除非你把大军开到突厥牙帐，以侵略者的身份，大家或许还有的谈。

想想看，隋朝两代帝王花费了无数心血，这才把东突厥安抚下来，启民可汗被隋炀帝培养成边境牧羊犬，至于始毕可汗，隋炀帝虽然不指望他能全心全意地尊奉自己，却也不想他暗地里捅刀子，破坏大隋的稳定。

东突厥搅和大隋的内政，隋炀帝自然要出面摆平。

更何况，朝廷攻打高句丽的时候，东突厥趁机扩充势力，国力越来越强大，民族越来越团结，逐渐有脱离隋炀帝控制的趋势。曾经依附自己的小国变成大隋北部边境的心腹之患，这如何能忍？

攻打高句丽之前，隋炀帝便请出了帝国最资深的外交专家裴矩，并给他派了一个任务：寻找一切机会分化东突厥统治阶层内部的势力，让他们继续在大草原苟延残喘，无法威胁到大隋的统治。

遗憾的是，东突厥本来就强悍，凭裴矩一人之力，如何阻挡？

隋炀帝东征高句丽期间，裴矩就曾上了一道奏折，希望朝廷能够以宗室之女下嫁给始毕可汗的弟弟叱吉设，将他敕封为南面可汗，以此来牵制始毕可汗的势力。计划是完美的，可令裴矩没想到的是，叱吉设的胆子实在是太小，竟然对隋朝抛来的橄榄枝拒不接受，还将此事捅到了始毕可汗的面前。

真是个不折不扣的乖孩子啊。

始毕可汗愤怒吗？一点儿也不愤怒。

东突厥正在强势崛起，大隋王朝正在走下坡路，在不远的将来，两国必定会爆发大规模的军事冲突。眼下的矛盾都是在给未来的战争做铺垫，始毕可汗很感谢隋炀帝给了他一个能摆上台面的口实。

反倒是裴矩做了亏心事，有点心慌意乱，因此急于扳回一城。事情败露后，裴矩给始毕可汗的宠臣史蜀胡悉写了一封信，诚挚地邀请他前往马邑，商谈大隋和东突厥两国互市的事情。

当然，史蜀胡悉不是突厥百姓的圣诞老人，没便宜的事他也不愿意干，裴矩在信的结尾爆了一个惊天猛料：大隋陛下带来了很多奇珍异宝，只要史蜀胡悉同意，这些好玩意儿全都是他的（已经征得隋炀帝的同意）。

史蜀胡悉诡计多端，唯独的缺点就是贪财，俨然一只喂不饱的豺狼。接到裴矩的书信之后，史蜀胡悉并没有给老板汇报，他找了个机会，偷偷牵着突厥的骏马来到了马邑。既然是偷偷摸摸的互市，肯定是躲在某个角落搞地下交易，你收我的马，我拿你的钱，大家一拍两散，互不相欠。问题是，裴矩的诉求是让突厥内乱，至于骏马和钱财，裴矩认为确实是个好东西，也不介意笑纳一下。

马邑城内，裴矩摔杯为号，带着史蜀胡悉感受了一下鸿门宴的文化底蕴。至于突厥最彪悍的战马，对不起，裴兄必须得拉回去好好研究一下。

完事之后，裴矩给始毕可汗写了一封信，痛诉史蜀胡悉私自牵着战马来投奔大隋，是个背主求荣的大混账，幸亏裴矩发现了他的阴谋，这才替始毕可汗铲奸除恶，清理门户，言辞之中，大有邀功请赏的意思。

这鬼话说的，完全是把始毕可汗的智商按在地上摩擦啊。

始毕可汗自然不会信裴炬的鬼话，他明确表示，杀他兄弟的事就这么算了，他不会再追究。至于东突厥向大隋称臣一事，大家以后也别再提了，一来一往，就这样吧。正是在这样的背景下，隋炀帝决定北巡，重新安抚始毕可汗。

客观地说，始毕可汗依仗强大的国力，早就想和大隋翻脸了，此次事件只不过是个导火索，让他师出有名罢了。随后，始毕可汗召集手下的军师开会，商议反击的计策，得出的结论就是，利用最原始、最粗暴的方式：率领数十万精兵直接冲进隋炀帝的行营，活捉杨广。

计划很完美，也很暴力，可还是提前暴露了。为大隋君臣传递消息的是隋朝宗室之女义成公主。每个读《隋史》的人，都应该记住这个伟大的女人。

义成公主，生年不详，隋朝宗室之女，在国内毫无地位可言。就因为隋炀帝的一句话，她就得离开父母，离开祖国，无怨无悔地前往突厥和亲。

义成公主的第一任丈夫是启民可汗，义成公主嫁给他算是不错的归宿。不幸的是，好日子没有持续几年，启民可汗就一命呜呼了。按照突厥的习俗，父亲去世后，儿子可以继续征用父亲的妃子，还能和后母建立夫妻关系。

启民可汗于隋大业五年（609）去世之后，始毕可汗将义成公主收入囊中。不曾想，日子刚刚有点起色，始毕可汗在武德二年（619）也去世了，义成公主嫁给了丈夫的弟弟处罗可汗，可不到一年，这位兄弟也挂了，颉利可汗顺势将公主收入后宫。

义成公主虽然远在突厥，可对家乡十分思念，对隋炀帝更是心怀感念，在她的眼里，大隋就是正统，隋炀帝就是帝国的君主，无可置疑。十多年后，李世民平定东突厥，颉利可汗被押送到长安，做了李世民的阶下囚，可义成公主却认定李唐是谋朝篡逆之辈，拒不投降，后来英勇就义。

义成公主虽然是女流之辈，可她并没有在悲惨的命运面前怨天尤人，满腹怨恨，至于那个将她送到塞外和亲的人，她心里只有感念和崇拜。义成公主得知始毕可汗要谋害隋炀帝，几乎是在第一时间将消息传递出来。

隋炀帝此次前来并没有征调大批府兵，放眼望去，全都是清一色的朝臣，以及护卫亲兵。谁能想到，始毕可汗竟然这么不讲究，调动数十万大军来擒龙？

朝臣们惊慌了："陛下啊，数十万大军可不是闹着玩的，让亲兵赶紧护送您返回长安吧，晚了可就来不及了。"

朝臣的说法没有错，就算你是皇帝，该跑的时候也得跑啊。国内形势不稳，实在没必要为了面子，让自己以身犯险啊。问题是，杨广什么时候认输过啊？在他的字典里，恐怕还没有认输这个词吧。

隋炀帝霸气回应："群臣莫慌，咱们已经知道了敌方阴谋，有何惧怕？"

群臣无语。

隋炀帝："来人！给朕传旨，立即前往雁门关视察工作。"

什么玩意儿？还要继续北上，莫非陛下出门的时候忘记吃药了？

隋炀帝毕竟还是小觑了始毕可汗的能耐，也高看了此人的忠诚度。隋大业十一年（615）八月十二日，隋炀帝一行到达雁门郡城。隋大业十一年（615）八月十三日，数十万突厥骑兵犹如狂风骤雨裹挟而来，瞬间就包围了郡城。隋炀帝这才如梦方醒。

"朕打高句丽也没派这么多人上阵，就为了打朕的主意，你竟然调派了数十万大军，还真看得起朕啊！城池之下，黑压压的一片，看起来让人有点绝望。兄弟们，如果东突厥一口气端了隋炀帝和隋朝大臣，大隋的根基可就完了。"

当时，雁门郡一共有四十一座城池，在始毕可汗的疯狂冲击之下，其中三十九城全部沦陷敌手，唯独隋炀帝所在的雁门郡城，以及隋炀帝次子、齐王杨暕镇守的崞县（今山西省忻州市崞县）还控制在朝廷的手中。

突厥人虽然擅长骑兵作战，可为了活捉隋炀帝，带足了攻城器具，隋军的防守压力非常之大。雁门郡城内，大部分房屋的木质材料都被拆下来当作守城的器具，如果再这样打下去，老百姓恐怕只能以天为被，以地为床了。更要命的是，城中的军民加起来有十五万之多，而剩余的粮食只够吃二十天。

始毕可汗的攻击从未停止，尤其是凌厉无比的羽箭，一度落到了隋炀帝的跟前，在当时的情况下，隋炀帝除了后悔就是无尽的绝望，他抱着赵王杨杲号啕痛哭，犹如世界末日来临一般。

左卫大将军宇文述："陛下，如今情势危急，困守城池不是办法，臣愿意率领数千精兵，保护您突围而去。"

纳言苏威急忙制止："如果坐守雁门等待援军，咱们还有几分把握，可一旦离开城池，突厥的骑兵立马就会派上用场，逃跑岂不是找死？"

户部尚书樊子盖："陛下是万乘之主，怎可轻易犯险。咱们据守城池，等待各地援军的到来，陛下再宣布停止征伐辽东，嘉奖有功将士，何愁大事不成？"

内史侍郎萧瑀："陛下，按照突厥的习俗，义成公主有权参与军机，您可以派遣使者前去求援，公主必定会有所帮助。如今，将士们最担心的就是平定突厥之后，您会再去征讨高句丽，莫不如赦免高句丽的罪过，让将士们安心平叛。"

总而言之，就三条建议：第一，固守雁门，等待四方的援兵。第二，由隋炀帝下诏，嘉奖有功的将士。第三，下诏停止对高句丽的战争，使百姓不再惧怕隋朝的兵役。这几条建议的难度并不算太大，隋炀帝答应得非常爽快。

危急时刻，隋炀帝亲自巡视军营，给大家来了一场动员大会："将士们，你们要努力守城，如果能够活下来，不要担心你的前程，朕在此保证，守城有功者，没官的直接晋升为六品，赐物百段，有官的依次加赏。"

有了隋炀帝的承诺，将士们不分白天黑夜，卖命守城，尽管隋军死伤众多，最后还是将突厥军队狙击在雁门城下。

隋大业十一年（615）八月二十四日，隋炀帝正式下诏，招募各州县的军队前去雁门支援。此时距雁门郡城被围已经有十一天的时间，并非隋炀帝不想下诏，而是在突厥大军的围困之下，求援信息根本就传不出去。

洛阳是大隋的根据地，守军闻讯后在第一时间赶去救援。左屯卫大将军云定兴（隋文帝时废太子杨勇的岳父）驻屯在雁门附近，闻讯后也开始招兵买马，组织救援。

义成公主则更加积极，在她的眼里，突厥只是她的客居之地，而大隋才是她的娘家，人生最后的归属。有些出嫁的媳妇，但凡有个好东西，总喜欢往娘家里拿，义成公主就是这样的人。不过，义成公主的手段更加彪悍：她直接在突厥大本营散布烟幕弹，扬言有人意图谋反，希望丈夫赶紧回去主持大局。

始毕可汗蒙了，我不是已经写好了剧本，打一场出其不意的偷袭吗？怎么就变成旷日持久的攻坚战，而且一打就是一个月。还有，家里怎么会有人敢造反，吃了熊心豹子胆了？始毕可汗彻底颤抖了，如今大隋的各路援军已经赶来，家中又爆发内乱，再不撤退恐怕就会被包饺子了吧。

撤军！撤军！

隋大业十一年（615）九月十五日，始毕可汗正式退兵。

隋炀帝算是捡回了一条命，不过他并没有盲目欢喜，他就像是个好胜要强的孩子，在正面打不过对方，总得找机会恶心一下敌人。随后，隋炀帝派遣侦骑前去查探，确认没有伏兵之后，派出了两千名铁骑去追赶，最终抓获两千多名突厥老幼妇孺，心中的怒火这才稍微平息下来。

好面子的人，碰到任何困难都得帮自己找回一点场子，俗语叫“挽尊”。

帝王戏言：撸起袖子不认账

隋大业十一年（615）九月十八日，隋炀帝的车驾返回太原。

苏威的意思是让隋炀帝前往长安主持大局，可宇文述却说百官的家眷都在洛阳，皇帝应该先回洛阳，再做其他的打算。都是回京城，难道有差别吗？

事实上，这两种说法代表了两种态度。

长安位于关中，以长安为中心，所达之处，不过黄河流域而已。洛阳则位居大隋帝国的正中央，交通四通八达，可以前往任何地方。从距离来看，长安和洛阳相隔并不远，可从政治意义来看，回长安就意味着隋炀帝承诺不再四处巡游，回洛阳，就意味着还要继续搞事情。

关于这一点，君臣之间似乎很有默契。

客观地说，世间的任何安排都不可能让所有人都满意。人性，永远被追逐利益的基因控制着，他们绝不会因为得到某一个好处，就甘心放弃另外一个唾手可得的好处。大臣们寒窗苦读，最后做了大官，得到了名声和赞誉，可美色、金钱、大房子、大飞机、大游艇，难道就可以不要了吗？

隋炀帝如果去长安，老百姓和大臣都很乐意，因为不用再打仗。可官员的家眷都在洛阳，如果洛阳失陷，亲人分离怎么办，老婆在家给他戴绿帽子怎么办？

从古至今，别看官员们执着地追求名利，可终归是为了自己的家庭，一旦危险来临，他们肯定会先想着安排自己的家人。比如隋末的鱼俱罗趁机发国难财，江都变乱后的文武官员记挂着亲人，争着要回长安和洛阳，现如今的官员提前安排老婆孩子出国，都是肉眼可见的事实。

隋炀帝呢，他就想客居在长安吗？

想通了这一切，就不难理解隋炀帝想回洛阳的心思。

隋大业十一年（615）十月初三，隋炀帝的车驾到达东都洛阳。这时，群臣提醒他，应该对雁门的立功将士论功行赏，兑现当初的诺言。

谁料想，群臣再一次产生了分歧：

苏威的意思是，当时事态紧急，皇帝的承诺是安抚军心，如果真的按照雁门郡城下的承诺去兑现，不太现实，只需要兑现一部分即可。

樊子盖却认为，皇帝一言九鼎，绝对不应该失信于将士，即便打掉牙齿和血吞，也得认了这笔账。

两人都是德高望重的老臣，而且都没有坑害隋炀帝的心思，他们说的都是老成谋国之言，如何取舍，全在隋炀帝的一念之间。隋炀帝当时的承诺是没有官职在身的晋封为六品，有官职在身的依次封赏。有关部门已经统计过了，至少有一万七千人在等着皇帝给他们加官晋爵呢。

这得拿出多少官职？恐怕大隋的公务员数量得翻一倍还多吧。

并不是朝廷养不起这么多人，隋炀帝表示，再多些咱也承受得起。问题是，一个萝卜一个坑，朝廷也是有编制的。比如尚书省吏部，吏部尚书一人，吏部侍郎两人，主爵侍郎一人，司勋侍郎两人，考功侍郎一人，再往下都是有明确的编制数量的，怎么可能随便增设？

不管是文职还是武职，新设职位都会涉及权力的重新分配，人多了就会因为权责不清、利益不均的纠葛而打架。唐朝中后期，因为政治斗争而提拔大批的寒门和富商入仕，就出现过这种头破血流的惨剧。

更何况，隋炀帝的执政宗旨是改革南北朝以来官员冗余的弊端。

就拿散官和勋官来说，隋文帝在世的时候，文武散官从正二品的特进、左右光禄大夫，一直到从九品的文林郎、羽骑尉，一共有十六阶。勋官从一品的上柱国，一直到正七品的都督，也有十一阶之多。至于勋爵，共有国王、郡王、国公、郡公、县公、侯、伯、子、男九个等级。

隋大业三年（607），隋炀帝为了打压关陇军事贵族，以及朝中世袭的政治门阀，在朝廷的官爵制度上进行了大刀阔斧的改革，先拔掉官坑，再端掉吃大锅饭的人。

比如，隋炀帝废掉特进、八郎、八尉、朝议大夫等散官，以及十一等勋官，将散官、勋官一起合并，保持了十七阶，但是散官的编制数量几乎是拦腰砍断。再比如，废除伯、子、男的爵位，只保留王、公、侯三级。

如果隋炀帝执行自己的诺言，岂不是让先前的改革彻底流产？

隋炀帝思来想去，决定采取折中的方案：封赏是必须的，不过只能挑功劳突出的人进行封赏（最后有一千五百人），其余的账能赖就赖吧，皇帝也没办法啊。

《论语》中有句话很好：不患寡而患不均，不患贫而患不安。

老祖宗们很英明，几千年前就发现了中国人的这个思维模式，人们不怕分不到钱，就怕分得比别人少。这种现象，越是在人多的时候，人群层次较低的时候，越显得突出。

这不，基层的将士不答应了，要么你就都不封赏，要么就都封，封一千五百人算怎么回事，是不是存在权钱交易，存在灰色地带啊，这如何能够服众？

不幸的是，隋炀帝的心思并不在战后封赏的承诺上，就在封赏完毕之后，不甘心失败的隋炀帝将征伐高句丽的事情再次提上了议程。

此事一出，朝野震惊，天下震惊。

这是个啥皇帝啊，说好的一言九鼎，天子无戏言呢？

不得不说，隋炀帝这件事干得很不讲究，很没有帝王的水准，连笔者都忍不住想用盐汽水来喷他。防守雁门的将士完全相信了隋炀帝的承诺，事实上，这些人也没有太大的政治野心，金钱、珠宝、美女、田产，任何一样东西都可以让他们为朝廷卖命，可你非得给他们加官晋爵，给自己挖了一个天大的坑。

帝王这个群体，往往最有资格和能力给别人希望，也最容易让人失望。

当然，失望的不仅是没得到期盼中的赏赐，而是隋炀帝还想打高句丽，还想让将士们到前线去送命。如果说前几次打仗是为了大隋的天威，为了天子的尊严不被外族践踏，那么这一次又是为了什么？几乎所有的人都会说，隋炀帝为了私欲，想让整个帝国为他一起殉葬。

幸运的是，国内的乱局让隋炀帝放弃了这个自杀的念头。

不幸的是，隋炀帝虽然远离了高句丽这个要人命的“急性病”，却不得不接受农民暴动这个“慢性疾病”。总之，横竖都是死，就看哪条路解脱得更快而已。

嗜血书生樊子盖：最体恤隋炀帝的老臣

隋大业十一年（615）十月，绛城（今山西省运城市新绛县）传来了噩耗：敬般陀、柴保昌等人率众起义，手下瞬间就集聚了数万人，将汾阳、晋阳一带闹得乌烟瘴气。

隋炀帝：樊子盖，给你数万名关中精兵，帮朕去镇压一下吧！

当时，樊子盖已经71岁，半截身子都已经入土，最适合在家颐养天年，坐看人世沧桑变幻。他哪里会想到，隋炀帝居然会让他这个高龄老人上阵杀敌。

事实上，这只能说明一个问题：形势已经相当严峻，隋炀帝没有合适的人可用，必须起用真正信得过的朝臣去帮他平乱。

凭谁问，廉颇老矣，尚能饭否。樊子盖也是个老当益壮的人，接到圣旨后，立即收拾行装，启程前往汾阳。然而，樊子盖到达目的地之后，被眼前的景象彻底惊呆了：汾水以北的村庄富得流油（于时人物殷阜），流窜的土匪到处劫掠民间财富，还有一些不知身份的小老百姓跟着起义军闹事，唯恐天下不乱。

樊子盖表示，自己老眼昏花，已经分不清到底谁是土匪，谁是朝廷的良民。

生活中有个常识，细菌或者病毒最容易滋生的地方，往往是蛋白质等营养物质最丰富的地方，比如厕所，或者人的尸体，反倒是贫瘠的沙漠，干涸的泥土，细菌和病毒往往无法生存。隋末的土匪起义，其实就是这个道理。

土匪的智商普遍比老百姓要高，他们知道趋吉避凶，知道抢劫有钱的，如果村子不富有，土匪躲都来不及，还会上前去凑热闹？

鉴于对隋王朝的忠心，樊子盖下了一道军令：不分百姓盗匪，不分好坏，只要是人，尽皆屠杀，遇到村镇的全部焚毁。据史料记载，樊子盖手下的官军见人就杀，见房子就拆，甚至将投降的百姓硬生生地活埋，可谓惨绝人寰，天理不容。

樊子盖再一次向世人证明：文人也有血腥残暴的一面，不可轻易得罪。问题是，你是替皇帝来平乱，安抚百姓的，不是挖坑的啊。老百姓彻底失望了，这都是什么人啊，没素质，没底线。

朝廷派来的剿匪大臣竟然如此不堪，老百姓被逼无奈，无家可归，唯一的选择就是参加起义军。不管是真的起义军，还是假的起义军，在老百姓的眼里，除了官军，除了朝廷，所有起义军都是他们的靠山。

不得不说，皇帝都是高高在上的存在，就算是再敬业的皇帝，也得靠地方官员和钦差大臣去帮他治理国家，而恰恰是这些拿着朝廷的俸禄，不替天子体恤百姓，恩养子民的畜生，将官民矛盾一步步地推向了高潮。

官逼民反，在历史上不断上演，每个朝代都有自己的故事。就像樊子盖，来汾水之前还是个正常的老头儿，一心为隋炀帝着想，为大隋帝国着想，可为何会在汾水干出这样伤天害理，令人难以理解的事儿？不蹊跷吗？

先别急着猜测，看看接下来发生的事情。

樊子盖的残暴行为惹了众怒，隋炀帝紧急下诏，将樊子盖调回洛阳城，以李渊代之。李渊向来就是收买民心的高手，他在走马上任之后，宣称只要投降朝廷，绝对不再追究你们的责任，大家各归故里，继续过日子。

叛乱，就这样平息了下来。

樊子盖回京之后，隋炀帝让他又出去转悠了一圈，最终因为身体原因，不得不回到洛阳养病。隋大业十二年（616）七月初八，樊子盖在洛阳病逝，享年 72 岁。

隋炀帝得知噩耗，悲伤了许久，随后问裴矩：樊子盖临终前有什么遗言？

裴矩：陛下，樊子盖病重之时，深以皇帝被困雁门为耻。

樊子盖是啥意思？责怪隋炀帝被困雁门，让大隋王朝蒙羞吗？

大错特错，樊子盖是隋炀帝一手提拔起来的亲信，他对皇帝的忠诚已经深入骨髓，令他感到羞耻的恰恰是臣子无能，这才让皇帝蒙羞。

问题是，人不可能在羞耻中度过一生，樊子盖无可奈何，只能将惭愧化为仇恨，他恨大隋的土匪，恨无知的百姓。如果说要给天下大乱找个罪魁祸首，樊子盖认为不应该是隋炀帝，而是万千民众。汾水之北，樊子盖将愤怒全都发泄到了老百姓的头上，在他的眼里，没有土匪和良民之分，只有罪魁祸首的概念，这些人全都该死。

樊子盖杀完了，隋炀帝是个什么态度？

隋炀帝理解樊子盖的心情，但是不鼓励樊子盖的屠杀，因此将他叫了回来。然而，隋炀帝还是心存疑问，樊子盖为何会在河东如此暴戾？

临死之前，樊子盖没有给隋炀帝灌输心灵鸡汤，没有劝隋炀帝这不能干、那不能干。我就告诉你一件事，我为你很不值，所以才行此毒手。

直到此时，君臣之间冰释前嫌。据史料记载，隋炀帝听闻后，叹息不已，于是下旨：命满朝文武大臣前往樊府吊唁，赐樊家缣帛三百匹，米五百斛，追赠樊子盖为开府仪同三司，谥号为“景”。

君君臣臣，离心离德

时间进入了新的年轮。

隋大业十二年（616）正月，按照惯例，各地的郡守都应该进京向皇帝朝贺，恭祝皇帝千秋万寿，帝业永祚，也期待新的一年天下富庶，黎民安康。然而，令人意外的事情发生了：全国二十多个郡县的一把手都没能前来。

好好的官员，就这么失踪了，难道是携款逃跑，暗渡海外？

隋炀帝肯定不会相信这套鬼话，给我查，查个底儿朝天！

有关部门经过一番调查，最后得出了结论：这些年，起义军将各地扫荡了一遍，有些官员为了自保，已经弃城逃跑，以至许多郡县都没有官员镇守。

隋朝末年，没有人知道起义军到底有多少，朝廷一直在派兵剿杀，可就是剿不尽，灭不完。不得不说，人口多确实有好处，比如交税的人多，种田的人多，国家的财力有保障。问题是，人多了也是灾难啊，就拿打仗来说，真的是野火烧不尽，春风吹又生。

如果帝国只有几百万人口，随便打几仗就可以决定胜负。如果老百姓都是敌人，直接干翻大隋王朝，大家各回各家，各找各妈，重新过日子，也是一件明白事儿啊。遗憾的是，隋炀帝面对的情况是人口太多，敌人也有，百姓也有，而且大家的身份可以随时转变，这就很麻烦了。

当时的情况，只能用“上下皆盗，病入膏肓”来形容。隋大业十二年（616），全国大乱，隋炀帝因此焦头烂额，据说连晚上睡觉都会害怕起义军出现在自己的面前。

有一次，隋炀帝问身边的大臣们，天下的盗贼到底剿得怎么样了？

宇文述："越来越少"

隋炀帝："和刚开始的时候相比呢？"

宇文述："不及十分之一"

据史料记载，苏威当时也站在旁边，他担心隋炀帝将这个问题抛给自己，于是偷偷往大殿的柱子旁边躲过去。隋炀帝看在眼里，心中暗笑，于是将苏威叫到最前面。

隋炀帝："苏威啊，天下的盗匪究竟是越来越多，还是越来越少？"

苏威是两朝老臣，经历了无数的风雨，他比旁人更明白什么叫伴君如伴虎，什么叫如履薄冰。不过，苏威内心对隋炀帝仍旧是忠诚的，他不愿意把隋炀帝当傻子，他必须想出一个办法，既能保护自己，也能够让隋炀帝知道事实真相。

苏威："陛下，臣也不知道盗匪究竟是变少还是变多，臣只是担心盗匪离我们越来越近。"

隋炀帝："此话怎讲啊？"

苏威顿了顿，答道："盗贼以前占据长白山，可如今却跑到了荥阳、汜水一带。以前有很多人为朝廷缴纳税赋，现在却越来越少，如果百姓没有变成盗贼，又怎么会出现这种情况呢。"

不得不说，苏威的逻辑是存在漏洞的，盗匪可以在长白山起义，就不能在荥阳、汜水起义吗？有点侮辱隋炀帝的智商啊。

苏威说得还不尽兴，于是补了一句："在雁门郡城，陛下承诺过不再征讨高句丽，可如今却旧事重提，盗匪怎么会变少呢！"

领导都是好面子的，大家一起讨论如此敏感的话题，点到为止就可以了，怎么能指责领导的不是呢。隋炀帝有点不高兴，君臣之间的谈话就此不欢而散。

隋大业十二年（616）五月初五，端午节，洛阳城洋溢着幸福喜悦的氛围。

这一天，文武百官都向隋炀帝进献了精心准备的礼物，臣子的姿态都做得非常足，毕竟只有皇帝开心了，他们才能回家过个舒舒服服的节日。然而，苏威却呈上了一本精装的《尚书》，看起来非常上档次。

想想看，大家都在歌厅里面疯狂摇摆，一展歌喉，就你坐在角落，手里拿着一本《道德经》，看得津津有味不说，还时不时地抬头鄙视一下大家。这是一种什么画面。

隋炀帝已经猜到，苏威送书肯定是不怀好意。不过，他不想去深究此事，就算你有规劝的意思，就当没看懂，节日至上，气氛至上嘛，为了大家的幸福，朕也得咬紧牙关，坚决不问。

就在此时，有人说了一句：陛下！《尚书》之中有《五子之歌》啊。

如果换成一个不学无术的皇帝，理解《五子之歌》或许难度还挺大的，但是隋炀帝博览群书，学富五车，经这一提醒，当即就明白过来了。

大禹是古代有名的贤君，在他之前，中原的部落联盟流行禅让制，说白了就是在部落内搞个能力和品德排行榜，谁是第一名，谁就做下一任领袖，不搞家天下那套把戏。大禹去世之后，儿子启被推举为部落领袖，建立了夏朝，想必夏启从世袭制中尝到了甜头，随后便将父死子继定为帝位传承的标准制度。

夏启去世之后，将王位传给了儿子太康，谁曾想，这家伙的能力实在是太平庸了，再加上贪玩荒淫，施政不善，以至激起了民变。终于有一天，太康外出打猎，长期不归，导致国都被东夷有穷氏部落首领后羿侵占。

太康的五个弟弟和母亲来到洛河北岸，遥望南岸的山林田野，因此作了《五子之歌》，以此来怀念大禹的英明，怨恨太康的愚蠢。《五子之歌》，说白了就是警醒隋炀帝，不要做太康那样的君主。

苏威送《尚书》，想表达的道理很简单，可表达的方式太过委婉，有时候这种阴阳怪气的姿态，反而比当面骂你几句更让人不舒服。要知道，隋炀帝平日里视苏威为心腹大臣，大事小事都愿意和他商议，可此事过后，隋炀帝开始对苏威产生了严重的不满，不过隋炀帝念及旧情，并没有对苏威做出太无情的举动。

有一天，隋炀帝找来苏威，再次和他说起攻伐高句丽的打算。

苏威确实不想打仗，不管是为了自己，还是为了国家，都希望隋炀帝能放弃这种类似自杀的疯狂想法。苏威苦口婆心地劝说道："陛下啊，您想要攻打高句丽没问题，可问题是，老百姓都拒绝为朝廷卖力啊……"

隋炀帝的小心脏受到了一万点暴击，心情顿时垮了下来。

看到隋炀帝的脸色有点冷淡，苏威便改口道："不过，您可以下诏赦免天下的盗匪，让老百姓对您感恩戴德，然后命山东的历山飞、张金称等土匪头子为前军，河南的王薄、孟让从海路进军，朝廷可以轻而易举地获得数十万大军，不到一年的时间，高句丽就得乖乖地服软。”

按照苏威的意思，朝廷只需要发动土匪就可以荡平高句丽，那隋炀帝岂不是连土匪都不如，先前征讨高句丽的事儿岂不是庸人自扰？

当时，隋炀帝的脸色却阴沉到了极点。

不过话又说回来，苏威的建议靠谱吗？

能实现的想法才叫建议，不能实现的想法简称鬼话。

王薄、孟让这帮人，当初就是为了逃避朝廷的徭役而起义，还写了颇为押韵的《莫向辽东浪死歌》，旗帜鲜明地反抗朝廷的征调。现如今，朝廷放着战斗值爆表的官军不用，驱使农民兄弟去辽东打仗，岂不是让他们白白送死？而且这种死法，似乎比在大后方运送粮食还要立竿见影吧。

换作是我，一定会理解成朝廷看农民兄弟不爽，想要借刀杀人。更何况，历山飞、张金称等人是起义者啊，人家想和你争夺江山社稷，你却让他们去帮你打坏蛋，这追求是不是顿时就被苏威给降下来了？

苏威的这番话，其实是想说服隋炀帝别再打仗，可就是论据太不充分，有点侮辱隋炀帝智商的感觉。所谓的弄巧成拙，大抵也就如此吧。

隋炀帝鄙夷地说道：“朕去尚且平定不了高句丽，这些鼠辈怎么可以？”

君臣二人的谈话再次不欢而散。然而，这件事就像个臭鸡蛋，散发着某种迷人的气味，让喜爱重口味的人趋之若鹜，欲罢不能。御史大夫裴蕴就属于此类人。

裴蕴，河东闻喜人，长期混迹于庙堂，与无数人打过交道，练就了一身察言观色，见缝插针的迎合本事，绝对是隋末大神级的存在。

杨坚灭陈之前，裴蕴在南陈做县令，机敏的裴蕴预料到杨坚可能会发动灭陈的战争，因此给杨坚写了一封情真意切的自荐信。裴蕴在信中说了两件事，第一件事，他认定杨坚一定会成为天下共主，第二件事，如果杨坚大帝有任何需要，裴蕴都甘愿做他的马前卒。

小小的县令自然入不了杨坚的法眼，后来杨坚悍然发动灭陈战争，51 万大军渡江南下，一举奠定乾坤，压根就没裴蕴什么事儿。

不过，杨坚很看重“江南衣冠之士”，因此隆重接见了南朝的官员，轮到裴蕴作自我介绍的时候，杨坚若有所思，他总觉得记忆中有这号人物的存在，细问之下才发现，裴蕴就是当初看好他一统江山的某某县令。

这位官员很有眼力见儿啊，应该破格提拔，就封你为仪同三司吧。

谁曾想，尚书左仆射高颎强烈反对，他认为裴蕴的能力似乎不够，也没有太大的功劳可言，没资格加官晋爵。杨坚气愤之下，将裴蕴加封为上仪同三司。

高颎不服气，就是想挤兑裴蕴，于是再次上奏劝谏。

杨坚二话不说，将裴蕴加封为开府仪同三司。

高颎虽然不知道什么叫神助攻，却也能感觉得到，自己似乎在干一件很愚蠢的事。想到开府仪同三司上面还有上开府仪同三司，高颎理智地闭上了嘴。

杨坚在世时，让礼部尚书牛弘将乐府的大部分乐师都遣返回家，一度将大隋的娱乐事业推向了死亡边缘。隋炀帝登基之后，裴蕴投其所好，将周、齐、梁、陈遗留下来的大师级人物全都招揽到宫中，组建了一支无与伦比的实力乐团，将大隋的音乐事业重新推向了巅峰。隋炀帝大喜过望，将裴蕴提拔为户部侍郎。

裴蕴的能力不强吗?

据史料记载，隋朝的“大索貌阅”就是裴蕴开的先河，人口普查时，如果里长和乡正有欺瞒官府的行为，百姓可以举报，这也是裴蕴的主张。应该说，裴蕴是个做事老道，很接地气的实干型官员。悲剧的是，裴蕴的茁壮成长遭到了老臣高颎、苏威等人的压制。

他们出身关陇贵族集团，也是隋文帝的亲近大臣，对南朝的遗臣本来就有很深的敌意。更何况，在他们的眼里，裴蕴属于那种无功受提拔，喜欢迷惑主上的朝臣，大家根本就不是一路人。因此，裴蕴就算有隋炀帝的力挺，也不过做到了御史大夫，参知政务，勉强在朝堂混口饭吃，很难有什么作为。

客观地说，裴蕴虽然不会在家里画圈圈诅咒苏威等人早点挂掉，但也绝不会祈祷他们长生不老。但凡有坑人的机会，他必定会牢牢抓住，否则就是对自己的人生不负责啊。隋炀帝和苏威不欢而散后，裴蕴不失时机地求见隋炀帝，云淡风轻地说道:

“陛下，臣就纳闷了，天底下哪有那么多的盗匪？”

只能说，裴蕴和苏威看到的天下，可能不在一个宇宙维度。

隋炀帝：“哼，这个老家伙拿盗贼来吓唬朕，实在是可恶，先忍耐一时。”

皇帝的态度，裴蕴已经心知肚明。随后，裴蕴暗中谋划，安排白衣（小老百姓）张行本递了状纸，声称苏威在高阳郡主持选拔官员的时候，滥授他人官职，可能存在权钱交易的猫腻儿。不仅如此，张行本还说大隋和突厥对峙的时候，苏威劝皇帝回朝，名义上是为皇帝安全着想，其实是自己被吓破了胆。

告状的内容很没有含金量，却如同一个重磅炸弹，在朝野引起了轩然大波。

需要确凿的证据吗？就比如苏威服软一事，拿什么去证明？

这件事证据不是最重要的，而是它在其中发挥的导火索作用。

这不，隋炀帝下旨了，你别干活了，等待有关部门的调查吧。

据史料记载，最后的结果由隋炀帝直接敲定：苏威热衷于朋党，喜欢搞旁门左道，贪图名利，还喜欢诽谤朝廷官员。朕征伐外族是尊奉先帝的遗志，但凡有询问的事情，朝臣们都可以毫无保留地陈述意见，唯独苏威不愿意表态，身为重臣，怎么能如此不负责任呢，实在是毫无颜面再继续为官。

就这样，苏威的罪状，轻而易举地被升华为主观心态有问题。

既然只是心态问题，就不能处罚过重，那就贬为庶民吧。

这样的结果，隋炀帝非常满意，可裴蕴觉得此事马上就要进入高潮，却戛然而止，似乎有点意犹未尽、兴味索然的意思。一个月后，裴蕴再次放出话来，声称苏威和突厥人相互勾结，欲成内乱。

隋炀帝大怒：裴蕴，你去处理此事。

裴蕴：好的，臣觉得苏威该死。

很快，苏威被打入牢狱。经历过波折之后，苏威开始明白了，此事从一开始就是新旧朝臣之间的政治斗争，如果再执迷于是否和突厥暗中勾结，强行为自己辩解，未免有些儿戏，只能令同僚们无端耻笑。

于是，苏威一反常态，哭诉自己为官以来的种种功劳，深刻检讨了自己的错误，最后得出了一个万金油的结论：臣罪该万死。

事实上，隋炀帝没想要苏威的命，此事个中缘由，局中人一清二楚，只要苏威认输，此事便可以就此了结。面对裴蕴交上来的“铁证口供”，隋炀帝不置一词，只说了一句：朕不忍心杀他，将苏威的子孙三代贬为平民，以示惩罚。

不过，这种惩罚的前提是隋炀帝继续做皇帝，苏威父子继续做大隋的臣子，如果苏威父子学会了跳槽，这样的处罚便没啥意思了。有趣的是，苏威真的跳槽了，而且跳槽的频率堪比后世的公司小职员。

宇文化及谋杀隋炀帝后，任命苏威为光禄大夫、开府仪同三司，宇文化及倒台后，苏威投靠了李密，后来又辗转到皇泰主杨侗门下做了上柱国、邳国公，王世充登基后，苏威又做了他的太师。

武德四年（621），李世民平定王世充，在洛阳宫阊阖门问政。苏威请求拜见，却以年老体弱为由，不愿意向李世民下跪。李世民让人带话，讥讽苏威是隋朝的宰辅大臣，国家政治昏瞆，苏威却不能及时匡救，还说他见到李密和王世充这等逆臣都曾下跪，实在是很没有臣节，如今到大唐也就不劳烦相见了。

从隋文帝杨坚、隋炀帝杨广，到李世民，以及后世的史学家，几乎公认了一个事实：苏威有能力，却太看重名利，喜欢党同伐异，毫无原则可言。因此，不要因为隋炀帝罢了苏威的官职，就觉得他不能容人。

客观地说，隋炀帝和裴蕴的所作所为，完全符合一个政治家最基本的素养：懂得利用时势为自己争取更好的生存空间。据史料记载，苏威的子孙后代在唐朝混得风生水起，刺史、尚书、都督比比皆是，真叫后人难以评说。

肆

江都宫风云突变

隋炀帝铁了心去江都之谜

隋大业十二年（616）七月，隋炀帝刚刚处理完苏威的案子，就在半夜三更宣布了一个令举国臣民震惊的爆炸性新闻：收拾收拾，准备前往江都吧。

意外不意外？前一秒，隋炀帝还嚷嚷着要打高句丽，下一秒，他就要南下江都，臣民们都快要跟不上他的节奏了。大家都觉得摸不着头脑。

隋炀帝表示，这早在他的计划之中。

在此之前，杨玄感在黄河边上放了一把大火，焚毁了隋炀帝第一次下江都的所有龙船，隋炀帝后来又命人修造了一批规格稍小的船，刚好在此时送到洛阳。

看到皇帝要出差，朝臣们身体的每个细胞都在强烈的抗拒。

自古以来，忠臣都是臣子在朝堂的称谓，一旦放下工作，回到家中，他们就是不折不扣的孝子。想想看，朝臣们的家眷都在洛阳，如果跟着你去江都出差，万一洛阳出了事，那可咋办啊？

圣旨刚下，群臣就沸腾了。该骂娘的骂娘，该腹诽的腹诽，该上奏的上奏。总之，你干啥都行，就是不能离开洛阳城。

右候卫大将军赵才磕头苦谏："陛下啊，如今盗匪横行，百姓苦不堪言，朝廷禁令不行，国家府库空虚，希望陛下能够留在京城主持大局啊。"

话说得很漂亮，可有一点说错了，国家的府库并不空虚，甚至是富得流油，财富多到无处安放。一年之后，王世充和李密在洛阳城下决战，王世充坚守洛阳城，城中没有柴火，只能拿朝廷府库的布帛来生火，李密更加大方，他大开黎阳仓的大门，让周边百姓随意取用，以至于散落的粮食铺满了一地。

说白了，赵才为了留在洛阳，用了极其夸张，甚至是违背事实的措辞。遗憾的是，当一个人说出明显违背事实的话时，别人只会紧抓你言辞中的漏洞，怀疑和鄙视你的动机。比如隋炀帝，他拒绝了这种智商被按在地上摩擦的耻辱。

隋炀帝啥也没说，直接下令将赵才双规起来，交给有关部门严加审讯，直到十多天后，隋炀帝心情好转，才将他无罪释放。

建节县尉任宗的运气可就没这么好了，如果所料不错，他应该是采取了非常极端的进谏方式，以至于让隋炀帝颜面扫地，被当场杖毙。

皇帝的态度很明显：谁进言，谁就负责承担后果。

隋大业十二年（616）七月初十，隋炀帝下旨：命越王杨侗镇守洛阳。

临行之前，隋炀帝留了几个辅政大臣：光禄大夫段达、太府卿元文都、检校户部尚书韦津、右武卫将军皇甫天逸、尚书省右司郎中卢楚。这几个人就是后来“洛阳七贵”的班底，其中最厉害的就是段达。

隋文帝时期，段达就是禁卫军首领，贴身保护杨坚的安全，后来做了晋王杨广的参军，在战场上立下不少战功。杨广争夺太子之位时，曾经让段达暗中结交杨勇的近臣姬威，在太子宫放了一把不大不小的火。

杨广登基之后，段达时常跟随在旁，后来天下大乱，段达奉命外出平叛，因为作战风格软弱，更兼打了几次败仗，杨广碍于舆论，将他罢免在家。可不管怎么说，段达都是隋炀帝的绝对亲信，能力高低无所谓，忠诚度第一名，隋炀帝一旦遭遇困境，总会放心地将背后交给他。

重要的事情交代好，接下来就是启程前往江都了。

不得不说，隋炀帝是个讨人喜欢的皇帝，至少在皇宫大内，他拥有无与伦比的好人缘。此次出巡，绝大多数宫人都不能跟随御驾，这让她们非常郁闷。车驾出发之前，宫人们痛哭流涕，双手挠墙，恳求隋炀帝能够留在洛阳。

隋炀帝是个至情至性的皇帝，看到如此香艳的场面，愤然写下了一首流传千古的离别诗：我梦江南好，征辽亦偶然。但存颜色在，离别只今年。

诗作平淡朴实，没有用什么晦涩的典故。也许，隋炀帝考虑到宫人的文化水平有限，只想让大家都能理解他的离别心情吧。

看得出来，隋炀帝对征伐辽东一事耿耿于怀，不过身为皇帝，还是毅然放下了心中的遗憾。临行之前，他似乎意识到自己可能不会再回来，因此保留了对这些宫人的祝福，也叹息了自己的无奈命运。

宫人们闻弦歌而知雅意，顿时就哭作一团，以此烘托离别的愁绪。

就在此时，跪在洛阳城建国门外的奉信郎（掌管印信的官员）崔民象扯着嗓子大喊了一声：陛下，如今全国到处都是盗匪，您就留下来吧。

崔民象的咆哮让隋炀帝呆若木鸡。这种感觉令人很别扭，如同一帮学富五车的文人吟诗作对，曲水流觞，泼墨挥毫之时，某人蹲在小溪上游来了一泡尿，顿时让美好的场景变得污浊不堪。隋炀帝的心情顿时就垮了下来。

他可以赦免右候卫大将军赵才，却对进谏方式颇为温和的崔民象动了杀机，据史料记载，隋炀帝命人扯掉了崔民象的下巴，随后将他处死。

自古以来，朝堂就不缺忠诚敢言的大臣，尤其是有灭国征兆的时候，这帮人表现得尤为活跃，商纣王时期都有比干这样不怕死的人，何况是大隋呢。

隋炀帝南下的路上，不断有朝臣和地方官员挡驾，纷纷劝阻隋炀帝留守洛阳城，可隋炀帝还是决定拿起屠刀，踏上这条不归之路。

隋炀帝从登基到被杀身亡，一共有三次前往江都的记录。

第一次是隋大业元年（605）八月到隋大业二年（606）三月。

目的是安抚南方的士族和老百姓，缝合南北朝以来民族分裂而产生的矛盾，同时向少数民族宣扬国威，为千古霸业打基础。

第二次是隋大业六年（610）三月到隋大业七年（611）二月。

这一次，隋炀帝的阵仗小了许多，私生活方面中规中矩，唯独修了一条从京口到余杭的运河，将杭州、扬州、山阳、汴州、板渚和涿郡直接贯通。

客观地说，第二次南下，隋炀帝带着安抚南方士民的意图，同时监督粮草的征运工作。说白了，他不希望征战期间，南方士民趁机给他捣乱。

第三次是隋大业十二年（616）七月到隋大业十四年（618）四月。

这一次，隋炀帝的动机非常模糊，耐人寻味。

简单来说，隋炀帝前两次下江都，都带有明显的政治目的。北巡数次，每次都是黄沙漫天，强敌在侧。西巡数次，都是为了打仗，杨玄感又在旁边虎视眈眈，准备随时发动兵变。修建了东都洛阳，却并没有在此常住，而是在长安和洛阳之间往返奔波。其余的时间，全部交给了高句丽。

如果说隋炀帝好面子，讲排场，肯定是毋庸置疑的。可如果说他贪图享乐，荒淫无道，似乎就有点强词夺理了。隋炀帝做了十四年的皇帝，大半时间都在外漂泊，不是安抚少数民族和南朝士民，就是对外征战。

隋炀帝一生所求就是万国来朝，四方朝拜，在他的努力下，一个辉煌无比的帝国诞生了，可穷兵黩武的代价却是所有人的背叛。他穷其一生，做了他认为对的事，可到头来却惨遭举国臣民的反对。

眼看着凝聚一生心血的帝国轰然倒塌，隋炀帝如何能够承受？难道他还要再花数十年的时间重新再来一遍？我不是在中关村创业，随便租个办公室，拉着几号人，搞搞互联网+什么的。纵使产品失败了，投资人撤退了，从头再来也就罢了，再不济也是欠一身债，还有卷土重来的可能。

历史上的帝国中兴，似乎还没有在同一个皇帝的手中实现过吧。

隋炀帝和我们一样，只不过是个情感丰富的凡人，梦想破碎之后，很容易一蹶不振。客观地说，隋炀帝第三次下江都，是在意志消沉的情况下离开的。

细读史料，还是可以感觉得到隋炀帝当时的心境：

第一个心境：他虽然意志消沉，却并没有放弃镇压起义军的大战略，说得好听点，南下江都是隋炀帝的战略性撤退，他想要以此来曲线救国。

南下江都的前后，隋炀帝先后发布了几道任命书：

任命自己的表兄弟，唐国公李渊为太原留守，全权负责河东的防务。

任命光禄大夫裴仁基为河南讨捕大使，全权负责洛阳和周边的平叛。

任命大隋名将屈突通为关内讨捕使，负责长安和周边的防务。

命张须陀为河南道讨捕大使，镇压翟让和李密的瓦岗军。

命太仆卿杨义臣前往河北，剿灭猪狗不如的军阀张金称。

命涿郡通守郭绚讨伐河北的大军阀高士达、窦建德等人。

有人可能会问了，隋炀帝既然想要平叛，为什么不亲自坐镇洛阳，反而要把大隋帝国的根基拱手相送？关于这个问题，历史上有不少争论。

比如，隋炀帝的改革让皇族和关陇集团彻底对立，以至于矛盾无法调和，隋炀帝只好效仿前朝，南下江都，划江而治。

《隋书·郭衍传》中就说过，杨广争夺太子之位的时候，曾经拉拢过郭衍，而郭衍则说，如果所谋之事成功，杨广可以安心做太子，如果所谋之事失败，可以占据淮南，复梁、陈之旧。这样的说法，其实还是有一定道理的。

不过，这样的做法确实有点缘木求鱼，舍近求远。

不管怎么说，长安和洛阳是大隋王朝的首都，皇权的象征。同样是一条龙，盘踞在万里长城那叫真龙天子，睡卧在臭水沟，人家只能当你是一条无家可归的孤伶小蛇。更何况，隋炀帝迁都洛阳不就是为了加强中央皇权，削弱关陇集团的影响吗，现如今撤退到江都，确实有点让人摸不着头脑。

隋炀帝刚离开洛阳，各地就兴起了另一波造反的高潮。

幽州战将罗艺，杀官员，开粮仓，宣布造反。

兰州的薛举，控制官府，开粮仓，宣布造反。

凉州的李轨，控制官府，宣布造反。

刘武周杀死马邑太守王仁恭，开粮仓，宣布造反。

西梁皇族后裔萧铣，在岳州宣布造反。

还有，隋炀帝又爱又恨的大表哥李渊也举起了义旗。

第二个心境：隋炀帝相信大暴乱的事实，可对暴乱的规模仍旧存疑。

就拿杨义臣来说，他当时在河北剿匪，中途给朝廷发了一份捷报，声称自己努力耕耘，最终收编了数十万起义军，算是给隋炀帝提前祝贺一下。

有这样体贴的下属，人生实在当浮一大白。不幸的是，杨义臣的捷报并没有让隋炀帝高兴起来，反而让他忧伤不已。想想看，杨义臣几战下来就收编了数十万起义军，如果把河北战场横扫一遍，是不是就可以收编上百万的起义军？

事情都有两面性，杨义臣的成绩越突出，说明河北起义军的数量越庞大，这对隋炀帝并不是什么好消息。隋炀帝拿到奏折，差点惊掉了下巴，他嘀咕道："朕原先并不知道盗匪有这么多，杨义臣怎么会收编数十万人？"

在古代，一个县的人口不过数万人，隋炀帝要么承认县里的百姓全都成了盗匪，要么承认绝大部分的郡县都成了土匪窝，他该接受哪个事实？并非隋炀帝不愿意承认，这种超乎想象的数据，任何人恐怕都难以接受。

第三个心境：隋炀帝忌惮起义军，也防备着手握重兵的朝臣。

还是拿杨义臣来说，他忠厚谨慎，能力超群，为朝廷立下了汗马功劳。尤其是灭张金称一战，收编数十万起义军，可捷报发到江都，虞世基却在皇帝面前泼他的冷水，说贼势不足为虑，凡倒是杨义臣拥兵自重，不可不防。

据史料记载，隋炀帝听信了谗言，下诏将杨义臣调回朝廷，封他做了礼部尚书。收回军权，给你赏个毫无油水，不好捞政绩的官职，明显就是猜忌嘛。无独有偶，隋炀帝对表哥李渊也是防备到令人发指的地步。

话又说回来，不管隋炀帝是个什么心境，放弃洛阳，南下江都就是不折不扣的错误决策。既然做了错误的决定，就必须承担一切后果。

局势失控：鸵鸟天子的作死之举

时隔多年，隋炀帝再一次回到江都，总有些物是人非、世事变迁的沉重感。每逢夜深人静的时候，隋炀帝的内心都会发出灵魂拷问：大隋帝国正在没落，江都的臣子，南方的士子都还认他这个皇帝吗？面对这些问题，隋炀帝很没有底气。

隋炀帝想了想，以后就要在扬州生活了，如果朝臣心怀叵测，晚年生活可能会很悲惨。为了考验朝臣对他的忠诚度，隋炀帝暗中命人组织了一场扬州官场的“摸底考试”，题目就是如何向皇帝表忠心。

古往今来，官员的基本素质就是揣摩上意，大表衷心，这个题目不难。

如果官员靠谱点儿，可以找几块会发光的石头，或者会飞的公鸡，以此来证明老天爷很满意皇帝的文治武功，因此降下了祥瑞。如果官员不靠谱嘛，可以编撰神龙盘绕在某某山上，或者凤凰降临到梧桐树上。这种故事听起来虽然很假，可谁都不会去故意戳破，只要皇帝高兴就可以。

然而这一次，朝廷的某些大佬似乎提前泄露了考试题目：比谁送的礼物多，谁送的礼物稀奇珍贵！地方官员蒙了，没想到中央的官老爷们品位如此低级。送礼物？朝廷的颜面何存？

对地方官员来说，这样的考试到底算是考验，还是变相的发福利？

据史料记载，这是小道消息，究竟是不是隋炀帝的意思，谁也不知道。话又说回来，如果别的官员都选择送珍宝，你却不送，那你的过错就大了。所以，礼物还是得送，过场还是得走，否则你会吃不了兜着走。

官员们表示，送礼物没问题，不过要他们把自己家的宝贝拿出来孝敬皇帝，那还不如直接杀了他们。再者说，做过官的都有觉悟，借着孝敬上峰的名义，搜刮百姓的财富才是正确的做官姿势。

当时，江都大部分官员都以孝敬皇帝为由，在城中搜刮百姓的财物，抢夺民间的奇珍异宝。一夜之间，扬州城的财富都到了官员的手中，这批金银珠宝除了孝敬隋炀帝，大部分都流进了官员自己的腰包。

抢钱没问题，老百姓的钱就是为官府抢劫量身定做的。问题是，朝廷就不能有节奏，有节操的抢嘛，俗话说得好，杀猪也得等膘肥啊。

天下人都知道，朝廷征伐高句丽的时候，从江南征调了不少民夫和粮食，老百姓的日子本来就很难过。后来，杜伏威、李子通这些黑恶势力又洗劫过一轮，朝廷来了后挖地三尺，百姓家中的存粮、布帛、珠宝等物品被抢夺一空。

曾经繁华无比的江南，哀鸿遍野，寸草不生。

百姓们开始争抢树皮而食，吃光了树皮，就把树干、植物枯干捣碎了就水而喝，实在没有办法，就只好吃观音土。问题是，老百姓只靠这些东西维持生命，撑不了多久啊，还是得食用一点蛋白质含量较高的食物，有什么呢？

那就是人吃人，易子而食。

朝廷没粮食吗？有！而且还不少。

问题是，官府储备的叫皇粮，是皇帝的私人财产，没有皇帝的允许，地方官员私自放粮就是谋反之罪。更何况，地方官员的定位就是血吸虫，以自私和残暴著称，这样的物种，怎么可能冒着杀头的风险去为百姓请命？

客观地说，隋炀帝前往江都之时，确实已经心灰意冷，如此杀鸡取卵般的恶行，和他登基前十年的执政理念大相径庭。在隋炀帝的配合下，地方官员将老百姓彻底推向了反叛的边缘。老百姓得不到官府的救援，便只好铤而走险，组织武装力量抢夺官仓，说白了，真正的老百姓也想着造反了。

就我个人来看，即便到了此时，隋炀帝仍旧有翻盘的机会。

想当年，汉武帝刘彻动用数十万大军北征，将匈奴人在大草原上赶得鸡飞狗跳，却始终无法夺得最后的胜利，以至于国库最后没有隔夜之粮，老百姓怨声载道。可汉武帝下了一道不痛不痒的罪己诏，老百姓便悄无声息的原谅了他，此后历经汉昭帝刘弗陵和汉宣帝刘询两代帝王的休养生息，大汉再次恢复元气。

隋末天下大乱，和以往任何朝代都不一样，隋朝不缺钱粮，社会矛盾也没那么突出，许多百姓根本不知道为什么要反对皇帝。如果隋炀帝可以下一道罪己诏，至少可以缓和老百姓反抗的情绪，为平叛争取更多的时间。

遗憾的是，从隋大业七年（611）到武德元年（618），隋炀帝没有下过一道罪己诏，没有任何讨好百姓的诏书，可以说是毫无作为，任由民间的矛盾无限积累！为什么？

原因很简单：隋炀帝有尚武精神，而且自视过高。

隋炀帝一生都在征战沙场，做晋王的时候，主持了灭陈战争，做皇帝之后，巡游江都、北巡突厥、灭吐谷浑、灭伊吾、镇压西突厥，南灭琉球、打通东南亚、东征高句丽。说白了，隋炀帝的骨子里就是不服输的尚武精神。

隋炀帝的一道圣旨，就可以让万国来朝，这是何等的意气风发。面对不专业的土匪起义，他又怎么会用罪己诏去取悦百姓，向他们妥协？当时，苏威曾经给他提过下罪己诏的建议，希望以此来安抚流民，可隋炀帝听完之后顿觉颜面大失，暴怒不已，自此以后，再也没人敢提这个话头。

这就是隋炀帝的个性，藐视一切，个性刚强，让人又爱又恨。

隋炀帝一朝出了不少名臣，比如苏威、宇文述、裴矩、裴蕴、虞世基等人，然而他们在隋炀帝的光环下，显得有点儿黯淡无光。尤其是到了统治后期，隋炀帝越发听不进谏言，身边的臣子要么离他而去，要么从忠臣变成佞臣，以此明哲保身。还有谁留在身边？王世充、虞世基、封德彝……

拿虞世基来说，性格沉稳，博学多才，隋炀帝认定他能够办成大事，因此将他和苏威、宇文述、裴矩、裴蕴等人引为心腹臣僚，日夜与他们商议军国大事。

隋炀帝第三次下江都的时候，虞世基奋不顾身地上奏，声称各地盗匪猖獗，希望皇帝能够派重兵镇守洛口仓，以防万一。

隋炀帝却如此回答：“爱卿还是太书生气了，就这点乱子你就怕了？”

虞世基后来屡次上奏，隋炀帝都选择了无视。

在江都的那段日子，隋炀帝完全听不进谏言，虞世基很识时务，认为隋炀帝的性格绝无改变的可能，再想到张衡、高颎等重臣的先例，虞世基决定：还是做佞臣吧。自此以后，虞世基在隋炀帝面前绝口不提起义的事情。

在几个重臣当中，隋炀帝最喜欢的就是虞世基，看到虞世基选择和他保持一致，隋炀帝便将中枢大权交给了他。当时，地方官府将战况上奏朝廷，可虞世基为了讨好皇帝，竟然拦下了绝大部分，以至于隋炀帝变成聋人盲人。

不得不说，局势的失控，根源在于隋炀帝本人，没有他的刚愎自用，朝臣不会和他离心离德，没有他的拼死不服输，百姓也不会彻底弃他而去。至于大隋的国运，虽然还是会颓败下去，可也并非没有翻盘的可能。

迁都！迁都！

武德元年（618）三月，长安方面传来消息：唐国公李渊轰开了长安的大门，代王杨侑成为李渊的傀儡。与此同时，洛阳的王世充也全线溃败，大隋帝国摇摇欲坠。

直到此时，隋炀帝已经预感到，他的下场恐怕不会太好。

他曾经对挚爱一生的萧皇后说过：“外面有不少人都想要算计你我，不过你放心，就算是大隋不复存在，朕也可以学做长城公陈叔宝，你也可以做沈后（沈婺华），家国天下，江山社稷，这些都是浮云，你我只管痛饮。”

隋炀帝每次安慰完萧皇后之后，便会喝得烂醉如泥，醒来之后，对镜自怜，感叹道：“这颗大好的头颅，究竟会被谁砍下呢？”

问题是，谁又能轻易地舍弃大好年华？舍弃壮丽的江山社稷？

白天的时候，杨广在江都宫摆下流水宴席，和萧皇后、后宫佳丽尽情地喝酒玩乐，什么佳肴美馔、山珍海味，全都给老子端上来品尝，什么书画古玩，奇珍异宝，通通给老子呈上来把玩，真可谓杯不离手，酒不离口。

到了傍晚时分，隋炀帝便会将所有美女和内侍喝退，自己独自一人，身穿素衣，拄着拐杖，走遍江都宫的楼台馆舍，曲水凉亭，不到深夜，绝不回宫休息，唯恐美好的帝王生活会在一瞬间离他而去。

江都宫中，萧瑟的背影折射的是一个王朝的兴衰，历史的长河中，任何人都是渺小的，曾经不可一世的帝王也终归会化为一抔尘土。也许在这一刻，隋炀帝已经参透生命的来去轮回，不再为生命的无常感到悲哀。

长安和洛阳的失控，让隋炀帝深感回到中原的可能性微乎其微，他不想坐以待毙，考虑到丹阳是许多王朝的都城，又有长江相隔，至少可以让他继续享受一段帝王生活，隋炀帝决定：迁都丹阳。

隋炀帝的决定在江都引起了轩然大波，大部分人都不赞成前往丹阳，因为那里气候潮湿，关中的人肯定会水土不服，再加上丹阳经过连年战乱，粮食极度匮乏，即便是迁都过去，也难以持久。

群臣纷纷进言：希望隋炀帝可以回长安主持大局。

不过，所有人都知道，这话是欺骗世人的。

长安城的新主人姓李，名渊，是隋炀帝的大表哥，如果李渊的脑子没有被门夹过，肯定不会把权力交还给小表弟。群臣之所以要回长安，是因为家眷和财富基本上都在关中地区，而李渊和突厥人早就达成了协议，如果拿下长安城，权力和土地归他，人口和财富都送给始毕可汗。

这也就意味着，这帮官老爷的身后之事，完全没有着落。

隋大业十三年（617）八月左右，朝廷的官员，军中的将士都有私自逃跑的先例。尤其是骁果卫，已经到了人心不稳，人人想跑的地步。

隋炀帝第二次攻打高句丽的时候，为了弥补府兵将士的缺陷，特地从关中地区招募了许多勇士，组建了精锐的骁果卫，此刻正保护在他的身边。

骁果卫的战斗力天下闻名，远超当时的府兵，这些将士背井离乡，为的是上阵杀敌，建立军功。然而，隋炀帝军事上的不作为令他们有力无处使，整个骁果卫形同虚设，什么升官发财、光宗耀祖，貌似统统和他们无关。

好吧，没有功劳可捞，那将士们的私人问题要怎么解决？

要知道，这帮人的家眷全部在关中，自己孤身一人在外征战，朝廷自然不会帮他们解决私人问题，那骁果卫将士只好在江南养着小妾、情人，没事的时候和她们私下约会，过过小日子。

这一切，都被细心的裴矩知道了。情况不妙啊，如果骁果卫将士因为私生活问题而造反，绝对堪称是大隋王朝的奇耻大辱。

裴矩曾经郑重其事地进言：陛下，骁果卫将士远离家乡，身边又没有女人陪伴，实在不是长久之计啊，要不就让将士们在江南成家吧。

隋炀帝：你的意思是?

裴矩：征调江南未出嫁的女人，将她们分给骁果卫的将士，已经在一起的，朝廷不再问责，鼓励他们成家立室!

老成谋国之道，确实很给力！即便如此，人心依旧不稳，所以需要君臣齐心协力，稳住大局。悲剧的是，以虞世基为首的佞臣继续逢迎隋炀帝，声称丹阳的老百姓早就想一睹隋炀帝的龙颜，此刻正翘首以盼。

翘首以盼?好吧，隋炀帝原本就想去丹阳，虞世基的一番话，给他找到了绝好的台阶，这事儿就这样定了，修建丹阳城，准备迁都。

一锤定音！不过，这一实锤也砸晕了不少官员和将领。

尤其是骁果卫的将士，他们对此格外不满。

天下人都知道，李渊和始毕可汗达成了肮脏的交易协议，已经把关中、河东的财富和人口拱手相送，如果跟着隋炀帝跑到丹阳混日子，就意味着永远也回不了关中，老婆跟人跑了，孩子跟隔壁老王姓了，这人活着还有什么意思?

断人财路，犹如杀人父母。害人妻子，可以说是丧心病狂，不可原谅啊。

将士们是最朴素的，谁能保障他们的性命和幸福，他们就为谁卖命。

很显然，隋炀帝的疯狂想法几乎将自己置于最危险的境地。

司马德戡何许人也?

写到这里，有个问题就显得非常重要了：骁果卫将士的怒气确实很大，可江都宫的军事政变，真的是骁果卫主导的吗？这句话说出来，恐怕就有人质疑笔者的历史水平，书上写得很清楚，兵变是司马德戡策划的，司马德戡是骁果卫的首领，这件事还有任何疑问？

事实上，司马德戡并非骁果卫的真正首领。

先说说司马德戡这个人。

司马德戡（580—618），扶风雍县人氏，人生的第一份工作是杀猪卖肉。

不过，司马德戡并非出生在杀猪世家，他的父亲司马元谦官居北周王朝的都督，还算是有头有脸的人物。不幸的是，司马元谦早早去世，留下了司马德戡和他的母亲和氏，在那个年代，孤儿寡母，无依无靠，生活的艰辛可想而知。

司马德戡正是在这样的情况下，拿起了屠刀，开始和大肥猪为敌。

后来，司马家来了个和尚，此人名叫释粲，可能是下山化缘来的，得知司马德戡的母亲是个寡妇，于是生了还俗之心，在司马家住了下来。和尚还算是本分的人，占了别人老婆的便宜，也没忘记教育别人的子女。在和尚的教导下，司马德戡白天杀猪，晚上读书，文化水平和武力值齐齐飙升。

开皇年间，司马德戡也不知碰到了什么机缘，居然做到了皇宫的侍官，进而被提拔为大都督。当时，杨素执掌朝政，刻意招揽党羽，司马德戡便拜了他的码头上，由于司马德戡能说会道，善于揣摩人心，因此深受杨素的喜爱，在老板的举荐下，司马德戡被加封为仪同三司。

隋大业三年（607），司马德戡跟随隋炀帝征伐辽东，因功升迁为武（虎）贲郎将。

虎贲郎将，隶属于朝廷的卫府。

按照卫府编制，最高首领是大将军，官居正三品，大军区司令员，下设两个将军，官居从三品，大军区军长级别，再往下便是虎贲郎将，官居正四品，师长级别，再往下便是虎牙郎将，副师长级别，官居从四品。

也就是说，司马德戡其实是卫府的将领。

再来说说骁果卫。

大家都知道，隋朝规模最大的其实是十六卫府兵，而骁果卫的诞生，主要是为了解决高句丽战争的疑难杂症。

战争时期，骁果卫拥有无与伦比的战略地位。不管是晋升的机会，还是军队一把手的级别（正四品），和卫府相比都不逊色。事实上，骁果卫的表现确实对得起隋炀帝给的待遇，打辽东城的时候，就是这支军队冲锋陷阵，力挽狂澜。

一句话总结：骁果卫是骁勇善战的野战军背景。

按照隋朝的军制，骁果卫的最高长官叫左、右折冲郎将，官居正四品，左右各三人，副首领叫左、右果毅郎将，官居从四品，左右各三人。此外，骁果卫还设置了左、右雄武府，首领分别为左、右雄武郎将，级别不详，左右各三人，下设左、右武勇郎将，级别比雄武郎将低一阶，左右各三人。

按照现代的管理理论，一个团队想要高效的运作，必须有最高的决策人，此人负责重大信息的收集，团队的决策，业务的沟通，最关键的职能就是，哄好幕后的大老板，进而获取源源不断的支持和资源。

明朝的锦衣卫最高首领叫锦衣卫指挥使，东厂、西厂的最高首领叫东厂掌印太监，他们的首领天天围着皇帝转，自然可以把团队搞得红红火火。就算是隋朝的十六卫府，也有官居正三品，地位超然的大将军。

再来看看骁果卫，设置了一堆自说自话的高级别郎将，可整个军队却没有一名地位超然的带头大哥，更没有人可以和皇帝直接对话。

时过境迁，咱们没办法去了解隋炀帝当时的想法，可这样的团队架构，造成了一个无可挽回的悲剧事实：骁果卫有中层将领，却始终没能培养出举世罕见的超级无敌大将军，也没能培养出懂得溜须拍马，会走上层路线的军事政治家。

记录在册的折冲郎将有两位。

沈光：江南人氏，特长是骑马，打仗也很卖命，颇得隋炀帝的青睐，悲剧的是，此人就像是三线的女演员，有著名导演的力挺，可就是红火不起来，隋炀帝被杀之后，沈光感念皇帝的提拔，暗中组织力量对抗宇文化及，后来英勇就义。

赵行枢：隋朝的超级富二代，靠钱财开路，打通了宇文述家族的关系，后来被举荐为骁果卫的折冲郎将，可没干多久，就跑到卫府做了从四品的虎牙郎将，后来直接跟随司马德戡、宇文化及革了隋炀帝的命。

说白了，一个团队如果没有人人敬仰，拥有话语权的核心人物，想要在丛林中出头，该有多么的困难！这也是骁果卫政治地位一直都很尴尬的原因。

隋炀帝南下江都之后，骁果卫野战军的优势荡然无存。

要不把江都宫交给你们来打理？对不起，骁果卫擅长打野战，不适合搞皇帝的禁卫保护工作，而且骁果卫的军中没有隋炀帝可以放心托付的将领。

既然这样，你们就驻守在江都宫的外围（敌人进攻时，第一批战死的炮灰），防范敌人来袭吧！至于江都宫的防御，还是由左右监门府、左右卫府来打理！

前面已经说过，隋炀帝南下江都之后，骁果卫将士的不满情绪最先爆发。

问题是，卫府将士的老婆难道就在他们的身边？难道他们就没有男人的生理需求？骁果卫将士作战勇猛，所以生理需求比卫府将士要更猛烈一些？别人可以半年一次，他们就必须每天好几次？答案显而易见，其中另有隐情。

隐情就是，朝廷不给力，没机会建功立业；家眷又在关中，思乡心切；地位比不上卫府士兵，升迁没可能。结果就是，大家都想回老家。

那么，谁将会是策马扬鞭自奋蹄，追逐自由随我心的叛逃将领呢？

据说，是一个叫窦贤的骁果卫郎将，此人实在是绷不住了，拉了一堆关中子弟，乘着月色的掩护，朝西狂奔而去。

任何年代，做逃兵都是不可饶恕的事儿。

窦贤的背叛让隋炀帝怒火中烧，暴跳如雷，也感觉到了危机，为了遏制住这股子歪风邪气，隋炀帝从马厩调出了一批千里马，派遣最精锐的骑兵前去追杀，并成功地砍下了窦贤的脑袋。此情此景，还指望隋炀帝继续信任骁果卫吗？

情况很严重啊，绝不能让局势再继续恶化下去。

隋炀帝派人找来了司马德戡（走上层路线的大臣），准备对他委以重任。

隋炀帝：司马德戡，骁果卫的情况你可能已经听说了，将士们都想着叛逃回关中，再不治理一番，后果不堪设想，就由你去统领骁果卫吧。

就这样，司马德戡走马上任了。在此之前，司马德戡的身份是左右备身府的虎贲郎将，统领骁果卫一事，完全是隋炀帝给他安排的临时工作。

司马德戡郁闷了，这算什么事儿啊？

骁果卫搞外遇，养情人的时候，有我吗？骁果卫娶媳妇的时候，有我吗？如今他们都叛逃了，让老子去收拾烂摊子，不是把我往火坑推吗？

这事儿干的，实在是很不讲究啊！

抱怨归抱怨，你毕竟是个打工的，还是得完成老板交代的事啊。

新官上任三把火，第一把火：搞一线调研，看将士们的脑子到底在想什么。

司马德戡：校尉元武达，这事交给你了。

数日之后，元武达带回来一个悲观的消息：骁果卫人心惶惶，人人都想着回关中，事情恐怕不妙啊！司马德戡感觉天旋地转，眼冒金星，六神无主。

隋炀帝把骁果卫交给他打理，别问之前是什么事，在他手里出现大面积溃逃，那就是司马德戡的责任。想要甩锅？没门儿！

司马德戡摸了摸脖子，仰天长叹道：脑袋真是个好玩意儿，可过不了多久，它就不复存在了啊！古往今来，人到了最危急的时刻，最先想到的肯定是保护自己，这是天经地义的事儿。

司马德戡考虑了很久，最终决定展开自救行动。他找来了左右备身府的虎贲郎将元礼、直阁裴虔通（并非骁果卫的将领，而是司马德戡的现任同僚），将自己的想法对他们和盘托出。

司马德勘：“兄弟们，咱们现在是骑虎难下啊！”

元礼：“究竟出了何事？”

司马德勘：“骁果卫的这帮猴崽子，私底下谋划逃回长安，咱们得把这个消息告诉给陛下，可你们都知道，陛下近来听不进忠言，如果现在找他说骁果卫即将叛乱的事儿，恐怕会遭到猜忌，如果不去说，到时候陛下又会怪罪咱们没有及时禀报，还是逃脱不了被杀的命运。”

元礼：“既然如此，你有什么好办法吗？”

司马德勘：“如果骁果卫逃跑，咱们就跟着一起跑！你们回去之后，在朝野多找一些同盟，大家共同行动！”

元礼：“好主意！”

随后，自救行动开始全面展开，三人分头行动，联合了内史舍人元敏（相当于现在的中央办公厅副主任）、鹰扬郎将孟秉，符玺郎李覆、牛方裕、许弘仁、薛良、城门郎唐奉义、医正张恺、虎牙郎将赵行枢、杨士览等人。

这些人的官位不高，却有一个共同特点：家眷要么在长安，要么在洛阳，他们和普通的士兵一样，迫切地想回家。这一刻，他们不分官职尊卑，不分过往恩怨，紧紧地团结在司马德戡的身边，日夜谋划叛变之事。

司马德勘虽然背叛了隋炀帝，可说白了，这是在莫名恐惧下的潜逃和自保行为，他们并没有想发动军事政变，谋杀隋炀帝。

按照司马德勘的计划，武德元年（618）三月十五日，他们会在军中哗变，然后率领部队劫掠江都，顺道返回洛阳和长安，可计划进行到一半，却发生了要命的意外。

意外便是：宇文家族得知此事，想要强行入局。

问题就出在虎牙郎将赵行枢、勋贵杨士览的身上。

前面已经说过，赵行枢是超级富二代，用钱打通了宇文家族的关系，说是宇文家的走狗一点也不为过。杨士览呢，宇文化及的外甥，跟着外人混总归不是王道，树大根深的宇文家族才是他们最终的归宿。

据史料记载，赵行枢和杨士览得知司马德戡的详细计划之后，兴奋地跑到宇文智及那里，将事情的来龙去脉说了一遍。

怎么样，哥俩儿身为宇文家的猎犬，还算是尽职尽责吧？

这两人可能不知道，因为他们的“忠心”，宇文家族强行卷了进来，这也让一场毫无杀伤力的军事哗变，直接变成针对隋炀帝的斩首行动。

宇文家的两兄弟：从熊孩子长成熊大人

问题是，宇文家族为什么要干死隋炀帝呢?

故事还要从宇文述和他的三个儿子说起。

开皇年间，宇文述就做到了右卫大将军，后来平定南陈，宇文述立下赫赫战功，被加封为安州总管，成为名副其实的封疆大吏。当时，杨广为了谋夺太子之位，主动找到了宇文述，由他牵线搭桥，和宰相杨素搞成了战略同盟，大家共同努力，最后执掌了杨氏家族的权柄。隋炀帝登基之后，下诏封宇文述为左卫大将军、许国公、开府仪同三司，宇文家族的恩宠，举世罕见。

宇文述有三个儿子，分别是宇文化及、宇文智及、宇文士及。

按理说，三兄弟出生在同样的家庭，享受着一样的教育资源，性格应该有些相似才对，比如说要么都是行为乖张的痞子，要么都是温润和善的君子，可是在宇文家族，三兄弟的性格却尤为分裂。

老三宇文士及，知书达理，气质不凡，走的文化人路子。

隋炀帝和宇文述搞关系的时候，想和他结为姻亲，可思来想去，还是把南阳公主嫁给了性格和善的宇文士及。

宇文智及、宇文化及兄弟，性格叛逆，不尊法度，生活骄奢，性情凶残，完全是一副豪门贵族子弟的嚣张嘴脸。据史料记载，他们最喜欢干的事，就是骑着高头大马，挟弓持弹，前呼后拥，然后在长安街头调戏良家妇女，学大螃蟹横着走路，老百姓为了恶心他们，专门起了个外号：轻薄公子。

没办法，谁叫人家的老爹后台硬呢，嚣张就嚣张吧，谁敢治理他们?

身为官二代，行为跋扈也是常有的事儿，可宇文化及却有些嚣张过头了，他仗着老爹的权势，公然做起了买官卖官的勾当，明码标价，童叟无欺。

天下人都知道，隋炀帝特别反对结党营私，也厌恶官员贪腐。

宇文化及的嘴脸，让隋炀帝如同吃了苍蝇一般恶心。

宇文述，你这个老小子，家教完全不行啊，有空多管教一下宇文化及，瞧瞧他，行为浪荡，不遵朝廷的法度，成何体统。

有时候，隋炀帝也会亲自上阵，劈头盖脸地臭骂一顿，然后将他一撸到底，可碍于宇文述的面子，隋炀帝将他贬官不久，总会重新起用。

时间一久，宇文化及算是看明白了，老爸很给力，皇帝不敢动真格的。

有一次，隋炀帝北巡大漠，宇文化及和宇文智及居然干起了对外贸易，他们将中原的铁器和粮食卖给突厥人，然后换回优质的骏马，再带回中原贩卖。

军中的贪腐，古已有之，而且套路都是一样的。

这事性质很严重啊，隋炀帝对突厥人是胡萝卜加大棒的混合政策，你却明目张胆地给他们送武器，说的轻一点，那叫混账，说的重一点，那叫叛国。

很明显，这事儿掩盖不住，有人捅到了隋炀帝的跟前。

不治理你们，真把老子当老佛爷了。

隋炀帝的底线是帝国的利益，宇文兄弟的行为，直接被隋炀帝判定为叛国重罪，杨广发话了，必须砍你们的脑袋。可是上刑场之前，南阳公主进宫面圣了，这位公主一哭二闹三上吊，撒娇任性学卖萌，居然救了兄弟二人的性命。

不过，自此以后，宇文化及兄弟彻底失去了隋炀帝的信任。

宇文述去世之后，隋炀帝身边的亲信越来越少，思来想去，还是感念故人的恩德，因此决定重新起用宇文述的几个儿子。宇文化及，你就做右屯卫大将军吧。宇文智及，你委屈点，领个将作少监，在朕的身旁侍奉吧。

隋炀帝原本是一番好意，可宇文兄弟并不想领他的情。想想看，兄弟俩这些年来过的是什么日子？无数次地贬斥，无数次地提拔，面子碎成渣渣，最后因为隋炀帝的怜悯而重新复出，这对宇文家族来说，根本就是奇耻大辱啊。

隋炀帝可能没想到，宇文化及兄弟早就将他视为仇人。因此，当宇文智及听说司马德戡要率军哗变，肾上腺素立马飙升，强烈要求加入这个游戏。

对宇文智及来说，调戏民女，纵横马路已经变成低级趣味，只有把天下闹得血雨腥风，才能满足他的人生追究，当然，顺便报一下家族的血海深仇。

宇文智及得知消息后，选了家中最快的一匹骏马，骑着它飞奔到骁果卫的军中，想要找司马德勘好好合计合计。

宇文智及："司马大人，听说你要回长安，是不是？"

司马德勘："宇文大人，您的意思是？"

宇文智及："司马兄，带着兄弟们逃跑，只不过是小打小闹的事情，传出去也不好听啊，再说长安城被李渊控制，你们回去了又能如何？到时候，陛下只需要一道圣旨，你们就都得死。"

司马德勘无语。

宇文智及："如今天下分崩离析，陛下不得人心，您手中掌握着最精锐的骁果卫，为何不把握住良机，做一番大事业呢？"

司马德勘："如何做？"

宇文智及："杀了皇帝，自己坐拥这半壁江山。"

司马德勘听闻后直冒冷汗。

论威望，司马德戡只不过是虎贲郎将，如果说带着将士们抢劫点儿财物，一起回长安过日子，凭借着他在军中的地位和号召力，可以一呼百应。然而，若要论发动兵变，杀死隋炀帝，夺取大隋的政权，这就有点为难了。

司马德戡虽然是个武夫，可他并不是傻瓜，因此脸上故意露出了为难的表情。

赵行枢、薛良二人站了出来，说道："这件事情太过重大，稍有不慎会招来杀身之祸。要不，还是请您的大哥宇文化及前来共商大计？"

司马德勘："对对对，你大哥是朝廷的右屯卫大将军，身份尊贵不说，还是隋炀帝身边的近臣，由他来主事，更容易成功。"

司马德戡的话没毛病，宇文化及是宇文述的长子，关陇军事贵族的代表，又是皇帝身边的近臣，办事儿很方便，又是右屯卫大将军，在军中有号召力，由他来坐镇指挥，档次可以瞬间飙升。

造反这事儿，实力很重要，信心也很重要啊。

宇文智及的视线有些模糊，没错，那是心花怒放之后的眼泪，感动的！

这真是天上掉馅饼的好事啊！

宇文智及：司马德戡，你是位好，你等着，我立马回去找大哥商议。

无数的事实证明，手臂上有文身的，不一定会干架，口出狂言，分分钟要砍人的，不一定是狠角色，纨绔子弟嘛，多半是色厉内荏之徒。

宇文化及仗着老爸的势力，欺负老百姓，干点儿混账事还可以，真要杀了和他朝夕相处的皇帝，宇文化及有点不敢了。在老弟的强力劝说，甚至是以死威胁之下，宇文化及才答应带着个头。

帝王星陨落：隋炀帝惨死江都

带头大哥已经找好了，说服骁果卫的活交给了司马德戡。司马德勘是个谨慎的人，他刚刚执掌骁果卫，利用将士思乡心切的弱点，带他们叛逃肯定没问题，可如果要说服他们弄死老板，司马德戡心里很没底啊。

司马德勘冥思苦想，最终想到了一条诛心之计。

他找到了医官张恺，让他在军中散布消息，说隋炀帝已经知道了骁果卫要谋反的事情，因此准备了许多毒酒，想要将那些准备叛逃的将士全部毒死。骁果卫本来就人心惶惶，听到这种要人命的谣言之后，不约而同地找到了司马德勘，希望他能够出面，给兄弟们找一条活路。

司马德勘："兄弟们，陛下素来严苛无道，咱们逃跑必然是死路一条，为今之计，只有杀了这个无道昏君，另立明主！"

将士们："唯大将军马首是瞻！"

还是那句话，将士们都是朴实的，谁能给他们保障，他们就听谁的。当时，司马德勘在军中上蹿下跳，十分活跃，甚至到了公开商议叛逃的地步。

隋炀帝还能翻盘吗？客观地说，完全可以的，因为司马德戡的保密工作很差劲，行动还没进入实质性阶段，计划就已经提前泄露。有一天，一名江都宫的侍女找到萧皇后，颇为得意地说道："主子，我听说司马德戡在军中上蹿下跳，似乎有什么不轨的行为，此事必须得让陛下知道啊。"

萧皇后颇为嫌恶，觉得小宫女邀宠的心思太明显了。再者说，丈夫倔得像头驴，谁的话也听不进去，说司马德戡谋反，不是找不自在吗！

萧皇后："你很忠心，就由你亲自向陛下汇报吧！"

告密这种事，历朝历代都是绝好的立功机会。问题是，宫女告密的时机不对啊。隋炀帝想要做埋头的鸵鸟，你非得让他重见天日，这不是找死吗？

不出萧皇后所料，隋炀帝听完之后暴跳如雷。什么造反，什么哗变，什么骁果卫，老子通通都不想听，隋炀帝口中只蹦出了一句话：你只是个身份卑微的宫女，不该掺和朝廷的军国大事。结局就是，宫女被活活打死。

至此，隋炀帝被杀的命运直接被他亲手锁定。

武德元年（618）三月初十，江都城狂风大作，黑云压城，一场暴风雨就要来临。司马德戡按照预定的计划，召集全体骁果卫将士，先给他们打了一针强力的进口鸡血，确认大家要一干到底，随后星夜赶往江都城，与宇文智及等人里应外合，轻松拿下了江都城的控制权。

此时，元礼和裴虔通正在江都宫内值班，唐奉义负责江都宫门的防务工作。大家心照不宣，将江都宫的所有大门都没上锁。

三更时分，江都宫内逐渐安静下来，主子和奴才都已进入梦乡，就在此时，司马德戡在江都城内点起火把，随后带领大军向江都宫狂奔而去。一时间，人声鼎沸，火光映天，江都宫犹如白昼一般。

隋炀帝从梦中惊醒，听到了宫门外的喊杀声，心里顿觉不妙："裴虔通！宫门外到底发生了什么状况，为何如此吵闹？"

裴虔通得知皇帝惊醒，吓得冷汗淋漓，急忙回答道："陛下，城外的草房失火了，大家正在组织救火呢。"

这鬼话说的，完全是把隋炀帝的智商按在地上摩擦啊。如果隋炀帝能够稍微警惕一点儿，叫来右屯卫将军独孤盛、燕王杨倓等亲信大臣，亲自核实此事，就可以戳破裴虔通的谎言，镇压骁果卫的谋反。

机会就在眼前，只要睁开你的眼皮，就可以绝地反击了。悲摧的是，睡眼惺忪的隋炀帝居然相信了裴虔通的鬼话。就在此时，隋炀帝一头栽倒在龙床上，继续呼呼大睡，整套动作下来，行云流水，毫无拖沓。

与此同时，宇文智及在宫城外集结了一千多名卫府将士，并成功劫持了巡夜的候卫虎贲冯普乐，随后部署兵力，分头把守在街道路口。

半夜三更，卫府兵力和骁果卫大军同时集结在江都城，如果说他们想要挑灯夜战，临时演习，恐怕没人会相信吧。燕王杨倓是隋炀帝的嫡孙，他发现情形有些不对，立即前往江都宫的玄武门。

杨倓：快点开门！本王要立刻进宫！

门卫：对不起，宫门已经上锁，没有陛下的旨意，谁也不能进宫。

于是，杨倓的表演开始了，就在众人神情警惕的时候，燕王杨倓一个漂亮的转身，华丽地躺在了地上。快快快！本王中风了。

瞟了一眼，守门的没反应。

杨倓：啊，本王要死了，能否通融一下，让本王见陛下最后一面？

如果要评年度最佳影帝和最佳皇室贡献奖，非燕王杨倓莫属。关键是，燕王的演技太浮夸了，明眼人一看就知道你在演戏。更何况，这帮人恰好是要你命的阎王爷，如何会给你开门？

裴虔通：来人！将燕王送下去休息。

武德元年（618）三月十一日，凌晨时分，司马德勘和裴虔通顺利接头。司马德勘将骁果卫的步兵交给了裴虔通，让他们接手了江都宫各宫门的防务。

此时，动静已经闹得很大了，尤其是骁果卫骑兵出现在禁宫大内，让值班卫士们觉得气氛有些诡异，他们开始在玄武门附近高声呼喊，警示有贼人闯入，可隋炀帝的宫殿离玄武门还有一段距离，根本就听不到呼叫声。

裴虔通差点气哭了，一群瞎了眼的东西，还搞不清楚情况吗？

裴虔通率领骑兵赶到成象殿，听到宫人到处呼喊，于是反身回去，命人关闭了各处的宫门，只留东门供人出入，戍卫的将士们意识到情况有些不妙，纷纷弃械投降，从东门逃亡而去。成象殿外，裴虔通撞到了正在值班的右屯卫将军独孤盛。此人是隋炀帝东宫旧臣，长期侍奉皇帝，忠心耿耿。

独孤盛怒吼道："你们是什么人，胆敢私闯禁宫，不怕杀头吗？"

裴虔通："宫内发生兵变，不过这不关您的事，独孤将军可以选择沉默。"

独孤盛："老贼，你说的什么屁话。"

独孤盛数了一下，身边就十几个亲信，战是必死无疑，不战或可求生。战与不战，只在一念之间。令人欣慰的是，独孤盛没有忘记自己的使命，他在没有身穿铠甲的情况下，坚决下达了作战的军令，随后率部和裴虔通在大殿门口展开了肉搏战，分分钟的功夫，全部躺尸在地。

独孤盛的拼杀只能阻挡一时半刻，改变不了江都宫的乱局。

宫内大乱，隋炀帝在干吗？

呼呼大睡，据说刚醒过来。这个皇帝很蠢，这可能是我们的第一感觉。问题是，人家是经历过大风浪的帝王，真的会比我们傻吗？

据史料记载，在此之前，隋炀帝已经提前做了安排。他亲自挑选了数百名官奴，将他们安置在玄武门，还取了个很绕口的名字——“给使”。创立之时隋炀帝就说了，你们的战斗值不行，不适合正面团战，就记住一条，如果玄武门发生突然情况，以最快的速度报告给朕，就算你们完成任务。

为了提高官奴们的敬业度，隋炀帝给他们赏了一批宫女，还从内库拨了一笔专项资金。隋炀帝很自信，这帮人在朝野没有政治背景，没有帮派之分，如果玄武门出现变故，他们一定会给自己传信。

所以说，宫女的报告，隋炀帝不在乎。裴虔通的谎言，隋炀帝也不在乎。他在等的，就是这群会对自己感恩戴德的官奴。悲剧的是，兵变的前夕，宇文化及用重金砸晕了隋炀帝跟前的宫女魏氏，而魏氏则假传圣旨，声称皇帝给“给使”放假，让他们回家睡觉去了。

这间谍工作玩得很有技术含量啊。

给使没来，可千牛备身独孤开远来了，他的手里有数百名卫士，此刻正在疯狂地砸着隋炀帝的宫门，并大声呼叫：“陛下！禁卫军武器完备，足以破贼，只要陛下出面安抚众人，人心自然安定，否则大祸临头啊！”

殿内毫无反应，有人在假装睡觉。

时间一长，独孤开远的部下也害怕了，皇帝老子都不出面，哥几个还玩个啥，赶紧撤吧，早撤早安全！等到司马德戡等人赶到的时候，隋炀帝的宫殿已经空无一人。直到此时，隋炀帝彻底成为孤家寡人，昔日臣子带给他的不是上朝请安，不是珍奇珠宝，不是香车美女，而是寒光凛凛的钢刀。

冲在最前面的人叫令狐行达，骁果卫的校尉。为什么是他，谁也不知道，可能是建功心切，跑得最快，或者被领导安排成了第一批炮灰吧。令狐行达进殿之后，发现隋炀帝在玩躲猫猫的游戏，于是拔出钢刀，开始翻箱倒柜地寻找猎物。半盏茶的工夫，令狐行达就把隋炀帝扒拉出来了。

隋炀帝急忙制止，问道："你想要杀朕吗？"

令狐行达："臣不敢，不过是想奉陛下西还长安罢了。"

隋炀帝看到了东宫旧臣裴虔通，这位深得圣恩的臣子，于是大声怒吼道："裴虔通，朕待你天高地厚之恩，实在想不通你为何要反朕？"

裴虔通："臣不敢谋反，臣也想奉陛下回京师。"

好统一的台词，看来是事前编排好的啊。

隋炀帝见机行事道："好，朕原本就打算回长安，只不过长江上游的运米船还没有到江都，朕现在就和你们一起回去吧。"

政变总指挥，宇文化及的人呢？很诡异，他骑着高头大马，此刻正在江都宫外等候。事实证明，弑君谋反毕竟是要人命的大事，不是每个人都能干的。

宇文化及的心理素质不过硬，还是给个特写镜头吧：他骑在战马上，腿肚子发抖，神色紧张，汗流浃背，每当有人来报告消息，他都会说一句，罪过罪过。

裴虔通劫持隋炀帝之后，便派副官孟秉前去传信。

孟秉：宇文将军，大事已成，司马将军请您去江都宫主持大局。

宇文化及，一个被隋炀帝骂得狗血喷头，被数次罢官的人，如今摇身一变，成为主宰天子命运的人，意气风发可想而知。进宫之后，宇文化及干的第一件事就是自封为丞相。

江都宫内，文武百官已经集结完毕。

裴虔通："陛下，朝中大臣此刻正在外面，需要陛下亲自去慰劳。"

来，上马吧。

隋炀帝办事，向来大气有场面，看到裴虔通的马，略微有些嫌弃地说："爱卿啊，你这马也太脏了，马鞍太破了，给朕换一副新的来。"

还挺会摆谱啊。宇文化及看不下去了，怒吼道："裴虔通，你是不是傻了，怎么能带这个家伙出来招摇过市，赶紧带回去结果了。"

隋炀帝慌张了："裴仁基呢？"

乱党马文举："已被枭首。"

随后，隋炀帝被带回大殿，裴虔通和司马德戡手持白刃，站立在一旁。望着昔日在丹陛之下高呼万岁的大臣，隋炀帝的心中感慨万千。

隋炀帝："朕究竟有何错，惹得你们兴师动众来杀朕？"

马文举："陛下，您置社稷宗庙于不顾，对外频频征战，对内穷奢极欲……"

隋炀帝："朕确实对不起老百姓，可你们呢，荣华富贵至极，为什么要干下这事儿？究竟谁是主谋？"

司马德戡："杨广，天下人都怨恨你，何止一个人。"

宇文化及："封德彝，你还在等什么，赶紧宣布吧。"

封德彝拿出了早已经准备好的罪状书，打算正式宣读。

隋炀帝："封德彝，你不是读书人吗，怎么也干起谋逆的勾当了？"

封德彝羞愧难当，一溜烟地消失在众人面前。

此时，隋炀帝的小儿子，赵王杨杲（年仅 12 岁）也在跟前站着，看到阵仗有些不对，吓得哇哇大哭，裴虔通掏出钢刀，直接将他剁翻在地。

批斗大会还在继续，司马德戡、裴虔通、马文举等人轮番上场，当着骁果卫的面，历数隋炀帝的罪恶，将他说的极度难堪。

隋炀帝有反驳的余地吗？不说就是默认，说多了就是狡辩。

杨杲被杀，隋炀帝已经看出了端倪，自己绝对活不过今晚。

临死之前，隋炀帝还是拿出了帝王该有的气度："天子自然有天子的死法，你们身为臣子，做人还是得有基本的底线，千万不能拿刀砍朕啊。"

隋炀帝："来人，把毒药给朕。"

原来，王世充等人平叛失败之后，隋炀帝便叫身边的人随时带上毒药。隋炀帝喊了好几声，可都没人答应。是啊，宫女太监早已经乘乱逃走了，谁还会站在旁边，给他拿着毒药？隋炀帝笑了，很苦涩，很像是自嘲。

既然不能白刃相加，又找不到毒药，那就只好用另外一个办法：自缢而死。

宇文化及将这一光荣而艰巨的任务交给了令狐行达。

大隋皇帝杨广，正是在此无名之辈的手里结束了辉煌而又悲剧的一生，结束了杨氏家族的统治，结束了他那想要万国来朝，成就千古一帝的伟大梦想。

江都政变的余波

敌人已死，要继续鞭尸吗？宇文化及表示，自己没这个胆量。

事情办完之后，他率领部下急急忙忙赶往骁果卫军营，萧皇后和宫女则用漆制的床板做了个简易的棺材，将隋炀帝和赵王杨杲安置在江都宫的流珠堂。

后来，宇文化及率部离开江都，大将陈棱感念隋炀帝的旧恩，为其发丧，并将他改葬到吴公台下。贞观五年（631），唐太宗李世民平定江南，下诏将隋炀帝的陵墓迁到雷塘（今江苏省扬州市），并以帝王的礼仪将他风光下葬。贞观二十二年（648），萧皇后因病去世，李世民命人将她的尸骨送至扬州，与隋炀帝一起合葬在陵墓之中，成全了他们的一世姻缘。

隋炀帝被杀，谁来做下一任皇帝呢？

骁果卫军营，各位大佬齐聚一堂，准备把接班人给定了。

宇文化及，你先说说吧。

当时，宇文化及瞥了一眼，看见隋炀帝的弟弟、蜀王杨秀正在跟前，于是脑子一热，蹦出了一句话："蜀王殿下，要不臣扶持你做皇帝吧。"

幕僚团、骁果卫顿时就炸了窝。

宇文化及，你是只大傻鸟啊！站在你面前的是个成年人，天下人都知道，蜀王杨秀还和杨广争夺过太子之位，你让他做皇帝，不是给自己找麻烦吗？有基本的政治觉悟吗？

质疑和鄙视的氛围，充斥着整个大营。

宇文化及郁闷了，你们这都是什么表情啊，说好的同盟呢？

过了许久，宇文化及才反应过来，这才厚颜无耻地收回了刚才的话。为了挽回尊严，宇文化及怒吼道：快快快！把蜀王杨秀，还有他的儿子（七个儿子全部遇害）全都牵出去砍了。

都说隋炀帝暴虐无度，阴鸷狠毒，可这是事实吗？拿杨秀来说，曾经和杨广争过太子之位，又是隋文帝的亲儿子，如果搁在心机深沉的皇帝身上，要么将他幽闭至死，要么将他折磨至死，想活得那么滋润，完全是白日做梦吧。杨秀能活到今日，说白了，全拜隋炀帝的仁慈所赐。

宇文化及杀了蜀王杨秀之后，脑袋就像是开了光一样，见谁都像是死人。随后，隋炀帝的长孙杨倓、隋炀帝次子杨暕、隋朝的宗室、外戚悉数被杀。内史侍郎虞世基、御史大夫裴蕴、左翊卫大将军来护儿、秘书监袁充、右翊卫将军宇文协、千牛备身宇文晶、梁公萧钜等人相继死于乱军之中。

令人扼腕的是，暴乱之前，江阳（今江苏省扬州市江都区）县令张惠绍就已经探听到司马德戡即将要谋反的消息，他私底下找到了中央要员裴蕴，希望能假传皇帝的圣旨，调派城外的军队先行平叛。裴蕴拿不定主意，只好找虞世基汇报，而虞世基呢，居然反问道："你说宫中有人谋反，这不可能吧？"

虞世基的坐视不理，令隋炀帝失去了最后一次翻盘的机会。

还有人活下来吗？有！隋炀帝的侄子，已故秦王杨俊的长子，秦王杨浩。

官方给出的解释是，杨浩和宇文智及是好朋友，所以才留他一命，而准确的说法是，宇文家族将杨家连根拔起，权力过渡之前，需要一个傀儡皇帝。

江都宫变尘埃落定，接下来就是分果果了。宇文化及是领头的，自然由他先选：要不这样吧，我做大丞相，总百揆（管所有的官员和事务），另外以萧皇后的名义下旨，封秦王杨浩为帝，让他居于别宫，派人严加看守。

宇文智及，你功劳大大的，就做个尚书左仆射（从二品），先历练历练吧。

裴矩，你资历最老，做个尚书右仆射（从二品）吧，官职也不低了。

宇文士及，这次你没怎么出力，就委屈一下，做个内史令（正三品）吧。

还有司马德戡，大家能有今日，都是你的功劳啊，你就领个温国公，光禄大夫，至于骁果卫嘛，还是交给你全权打理。

杀了皇帝，做了宰相，接下来的路，宇文化及想要怎么走？

客观地说，他虽然是江都政变的带头大哥，可论能力，他比不上司马德勘等人。论威望，只能靠边站。论资历，朝中的任何人臣都能轻易碾压他。论身材？论长相？还是论搞笑？也许，宇文化及唯一能仰仗的，就是官二代的身份。

如果宇文化及有理想，想要在乱世中干一番事业，当务之急就是处理弑杀隋炀帝的舆论，免得大家对他群起而攻之。随后，安抚骁果卫的将士，尽快提拔自己的亲信上位，逐渐掌控大局。然而，宇文化及的脑子明显不够用了。

在他看来，骁果卫将士的终极梦想就是回长安，回老家抱孩子。在他看来，司马德勘和所有的朝臣都会继续受到他的摆布。在他看来，就这样杀了隋炀帝而不会受到天下诸侯的声讨。于是，宇文化及做了一个最愚蠢的决定：带着珠宝回长安。宇文化及下令，收集江都地区所有的船只，将江都宫中的美女、珠宝钱财，还有抢劫而来的财富，悉数从水路运往京城。

他可能不知道，众人冒天下之大不韪诛杀隋炀帝，不是为了给你宇文化及一个人带来荣华富贵，更不是为了抢夺钱财，宇文化及如此做派，岂不是让所有将士都背上了贪慕钱财，弑杀君主，不忠不义的骂名？

骁果卫将士寒心了。矛盾正在积攒着，随时等待爆发的那一刻。

武德元年（618）三月二十七日，宇文化及带着隋炀帝的后宫佳丽，文武百官，还有骁果卫、卫府将士行进到显福宫（江都城东北的行宫），打算在这里过夜。

当时，骁果卫军中的气氛极其诡异，大家似乎都在埋怨，说以前是皇帝的军队，虽然地位不咋地，也没有机会建功立业，可杨广毕竟给大家赏了钱财，又帮他们解决了生理需求，真算是仁至义尽了。再看看宇文化及，烂痞子样，一点儿也不讲究。想要升官？没门儿！想要发财？没你们的份儿！想要建功立业？对不起，你们已经被打上了叛军的标签，跳进黄河也洗不清了。

就在此时，虎贲郎将麦孟才（麦铁杖的儿子）、虎牙郎将钱杰偷偷来到了骁果卫的军中，他们找到了骁果卫折冲郎将沈光，决定开诚布公，好好聊一聊。

麦孟才："沈将军，别的话不用多说，咱们都是受先帝宠幸的旧臣，可如今却要受宇文化及这种烂人的驱使，如果传出去，哥几个还怎么见人啊。不管你们怎么想，老子一定要杀了他，就算是死，也无憾。”

沈光毫不含糊：“宇文化及，独夫民贼，只知道一个人享乐，将我们置于尴尬的境地，实在是该死。”

一时间，三个彪形大汉侃侃而谈，唾沫横飞，大有把宇文化及大卸八块的意思。问题是，大家要坐在家里，等老天爷降下神雷劈死宇文化及？麦孟才三人商议之后，约定在凌晨时分，向宇文化及的中军发起进攻。

未曾想，消息居然提前走漏了。

如果所料不错，泄露消息的应该是麦孟才的属下。

宇文化及：敢整我？司马德戡，你带人去结果麦孟才。

这一次，宇文化及学乖了，他下达军令之后，没有再回到中军大营，而是找了个地方躲起来，打算看一场好戏。司马德戡怒气冲冲，当即召集手下，打算大开杀戒。一时间，军营里战马吼叫，人声嘈杂。

沈光觉得事情有些不妙，带着数百名心腹赶赴宇文化及的中军，打算来个斩首行动，可映入他眼前的却是空空如也！哎！失算了呀！完蛋了呀！干吧！

一时间，两军混战在一起，大家的战斗水平相当，拼的就是人海战术，很明显，司马德戡占据了上风。没过多久，沈光、麦孟才、钱杰等人相继曝尸。

宇文化及表示，掌控局势的感觉很棒，能用脑子杀敌的感觉也很棒。此时，宇文化及拥兵十余万，而且还有一万多名骁果卫骑兵，绝对是隋末最牛的黑社会势力。为了实力摆谱，宇文化及霸占着后宫的嫔妃宫女，出入仪仗，饮食起居，完全按照皇帝的标准制定。

这也就罢了，每天上朝的时候，皇帝杨浩南面而坐，宇文化及搬个小板凳，学曹操当年的那种君临天下的气势，挡在皇帝的面前。

大臣奏完了事务，总得问一句：“宰相大人，您看怎么处理呀？”

每逢此时，宇文化及就特别闹心，老子是纨绔子弟啊，纨绔子弟的生活就是混日子等死，哪懂得处理什么朝政。为了不露怯，为了装沉稳，宇文化及直接选择沉默不语，静坐如山。到了晚上，宇文化及偷偷摸摸地叫来牛方裕、薛世良、张恺等人，让他们恶补上朝的基本礼仪和应对的话术。即便如此，宇文化及仍然嫌麻烦，后来直接把杨浩给关了起来，取消了上朝奏对的环节。

要知道，大臣们反对的是隋炀帝，而非大隋王朝，宇文化及如此不堪，怎能辅助秦王杨浩，怎能担起光复大隋的重任？

宇文化及表示，这不是他该考虑的问题。你们不是都想回家吗，那啥也别说了，继续前进吧！到了彭城地界（今江苏省徐州市），水路不通，宇文化及便派兵征调了两千多辆牛车，专门运送他的金银珠宝，以及后宫美女。

此情此景，骁果卫的将士哈喇子流了一地。

你不是有牛车吗？为什么要让将士们扛着兵器和铠甲，饿着肚子赶路？士兵们都是有血有肉的男子汉，此刻，他们想到了隋炀帝的好。养情人合法，和尼姑偷情合法，找寡妇也合法。如今再看看宇文化及的自私和贪婪，真可谓天壤之别啊！许多将士开始发起了牢骚，大有起兵哗变之势。

司马德勘身为骁果卫的领导，再一次被将士们的情绪推到了风口浪尖。

他找来了当初力荐宇文化及的赵行枢，怒吼道："老子被你坑惨了，如今天下大乱，想要中兴大隋，需要德才兼备的人。你看看宇文化及，才能和德行都没有，就是一个糊涂蛋，怎么能够承担起大任。"

赵行枢："司马将军，如今骁果卫掌握在我们手中，想要废了他，还不是咱们一句话的事情？"

司马德勘等人商议的时候，宇文化及一党也在密谋。不得不说，沈光等人的突袭让他多少有点忌惮。军权是个好东西，可长期把持在外人手里，终归不是一回事，如果司马德戡心怀叵测，以为隋炀帝报仇雪恨的名义发动兵变，宇文化及的脑袋还能保得住？

有一天，宇文化及召开高层会议，高调宣布：司马将军，你真是个人才啊，让你统帅骁果卫实在是太屈才了，要不这样吧，升你为礼部尚书，希望你在更高的位置继续发光发热！

司马德勘知道，这是借着升官的名义剥夺他的军权，一旦离开了骁果卫，他将变得一文不值，将会被宇文化及永远踩在脚底下，不得好死。下去之后，司马德勘拿出了这些年在江都搜刮的所有金银珠宝，将它们全部送给了宇文智及，条件只有一个，仍然做骁果卫的将领。

俗话说得好，清酒红人面，黄金动人心。面对堆积如山的钱财，宇文智及从内心里发出对哥哥的强烈谴责。

宇文智及：老哥，这样恐怕不行啊，司马德戡是骁果卫的首领，罢免他，恐怕将士们会寒心，对大局不利。

兄弟俩交涉了一番，宇文化及这才答应让司马德勘做骁果卫的后军统领，手下编制一万人左右。司马德勘从鬼门关走了一遭，想弄死宇文化及的心更加强烈了。随后，他找来了赵行枢、李本、宇文导师、尹正卿，这些人的共同特点就是不受宇文化及的待见，尤其是赵行枢，当初给宇文智及兄弟传信，可宇文兄弟有了权势之后，居然对他爱答不理，这就可恨了。

说干就干，咱们联手弄死宇文化及，推立司马德戡兄弟为主。

群情激动，前景可期。

不过，司马德戡心知肚明，带着一万多人吃掉宇文化及的主力，无异于痴人说梦，他想到了联合外援：司马德戡编了个故事，说宇文化及人傻钱多，又背负了弑杀君主的嫌疑，派人给孟海公（山东省菏泽市曹县的起义军首领）送信，希望能得到他的援助，共同诛杀宇文化及。

悲剧的是，司马德戡等人的计划被许弘仁、张恺二人提前得知。

宇文化及看着老弟，眼中充满了愤怒，咆哮道：宇文智及，你这个蠢货，收受司马德戡的钱财，真是要了你老哥的性命。

宇文智及：大哥，你听我解释。

宇文化及粗暴打断：还解释啥啊。纨绔子弟，不堪重用，还不速速退下。

箭在弦上，不得不发，杀人这种事儿，宇文化及只能信任自己的兄弟。宇文化及：三弟！哥只能靠你了，要不这样吧，你去约司马德戡一起打猎，然后再找机会弄死他。

大哥，那你干吗呢?

老子是领导，难道让我干活去?

好吧，说的好像很有道理。

司马德戡就怕宇文兄弟冷落自己，听说老三要约他出去厮混，非常兴奋，几乎是在毫无防备的情况下，孤身前来迎接。后军大营，一片轻松祥和的气氛。宇文士及带着人畜无害的表情，慢悠悠地靠近。

司马德戡：哎哟，宇文大人，您真是稀客啊，来来来，快请上座。

宇文士及满面笑容，这傻小子，死到临头还在装蒜呢。

宇文士及：来人呐，将司马德勘给我拿下。

几乎是在瞬间，左右的大汉就制住了司马德戡。

司马德勘大叫道："将军，这是什么缘故？"

宇文士及："将士们听着，司马德勘意图率军谋反，丞相下令将他逮捕，这件事情和你们没有关系，大可安心。"

目前的形势非常清楚，老大成为阶下囚，谁还敢站出来逼逼叨叨？

就在此时，宇文化及现身了，表情极为浪荡。此情此景，宇文化及自己都不敢相信，这是用脑子杀人的经典案例啊！谁还敢说老子是纨绔子弟，谁还敢小觑他的实力？宇文化及很想发泄出来，可无缘无故擒拿骁果卫的将领，还是要给大家解释一下吧。

那就开始飙戏吧。

宇文化及望着司马德戡，痛心疾首，扼腕长叹地说道：温国公啊，咱们冒着天大的危险才走到今天，眼下正是平定战乱的时候，富贵和地位都不在话下，你为何要谋反呐？

司马德勘苦笑：臭不要脸。跟着你杀杨广，是因为受不了他的荒淫暴虐，可没想到，你比起他是有过之而无不及啊，今天这样做，完全是逼不得已。

很苍白的辩驳，毫无八卦点可言。

宇文化及不想在敌人身上浪费太多时间，语气寒如玄铁："既然这样，我就成全你的忠心。来人，将司马德勘和他的党羽吊死在辕门。"

悠悠苍天，何其公平。司马德勘背主弑君，自己也没落得好下场，历史似乎在告诉我们，世间的一切，都是因果循环，轮回不止。

写到这里，隋朝的历史也将告一段落。

关于隋炀帝本人，历史上的评价多如牛毛，有褒有贬，有人说他是昏君和暴君，有人说他是少有的雄主；有人说他功在千秋，有人说他残暴虐民。不管怎么说，隋炀帝既是个凡人，也是个主宰乾坤的帝王，背负太多的身份，想要用三言两语就给他盖棺定论，肯定是不公平的，既然不公平，那也就不用多做评价。

客观地说，想要了解隋炀帝，看他一生的所作所为就够了。如果能够感受到这位帝王的气魄和性格，就会打开认识他的一扇新大门，如果感受不到，或者对他的所作所为难以理解和包容，恐怕还是会停留在好与坏的主观评价标准。

伍

三大军阀作嫁衣

隋末枭雄：农民出身窦建德

隋朝末年的起义运动，一共有三波大的高潮。

第一波高潮出现在隋大业七年（611），主要分布在河北和黄河流域。起义军造反的口号非常明确：反对朝廷的徭役，抗拒高句丽战争。

山东：王薄（611）、张金称（611）、孙安祖（611）、刘霸道（611）。

河北：高士达（611）、窦建德（611）。

河南：翟让（611）。

第二波高潮出现在隋大业九年（613），主要集中在江南地区。起义军造反的旗号五花八门，带头大哥有家徒四壁的农民，有隐居山林的读书人，有游手好闲的无业游民，也有家财万贯的大财主。不过，大家的终极目标是一致的：想和隋炀帝一样南面而王，指点江山。

江南：杜伏威（613）、辅公祏（613）、刘元进（613）、朱燮（613）、管崇（613）。

山东：孟让（613）、郝孝德（613）、孙宣雅（613）、格谦（613）。

第三波高潮出现在隋大业十三年（617），隋炀帝南下江都之后，西北、关中、河东、河西、湖南等地的豪门望族、地主阶层闻风而动，将暴乱直接推向高潮。

代表人物：薛举（617）、李轨（617）、刘武周（617）、李渊（617）、萧铣（617）、梁师都（617）、徐圆朗（617）。

隋末乱世很精彩，却很难写，原因主要有两个。起义军太多，大家都是埋头苦干，交集很少。争霸时间太短，有些死于创业，有些刚有起色就被兼并。当然，罪魁祸首还是李渊家族，他们的战斗力太彪悍，只用了四年时间就荡平天下，让原本很精彩的争霸大戏迅速杀青，各路大佬齐聚九泉。

说到隋末枭雄，最有名的当属关中的李渊、河北的窦建德、江淮的杜伏威、河南的李密、洛阳的王世充。鉴于篇幅限制，重点介绍窦建德、杜伏威和李密三人，王世充是隋朝的官方代表，李唐时才开始自己创业，暂时不写。至于李渊，自然是压轴人物，最后出场。

窦建德（573—621），贝州漳南人（今河北省衡水市故城县），据说，窦建德的十七世祖是东汉的大司空窦融。不过，有这样的老祖宗也没用，在大隋王朝，窦建德还是得老老实实地做农民。

在统治者的眼中，什么样的农民最合格?

当然是憨厚老实，勤勤恳恳。

如果在漳南县搞个农民道德模范大评比，窦建德绝对会占据榜首位置。有一次，窦建德正在专心致志的耕田，有个老乡气喘吁吁地跑过来，说某某的老父亲去世了，没钱给他下葬。

如果是现在，我肯定来一句：没钱下葬，跟我有什么关系。所以，咱们注定成不了道德模范。看看人家窦建德，四十五度角仰天长叹，叹完之后照样放下手中的农活，立即回家给老乡筹备下葬的钱财和器物。

准确地说，窦建德就是漳南县及时雨一样的存在。

人心都是肉长的，你真心对别人好，不求回报，自然能获得旁人的尊敬。据说，窦建德父亲去世的时候，有一千多名老乡为他送葬，场面之隆重，群情之热烈，堪比后世港片中黑社会老大归西的场景。

隋大业七年（611），隋炀帝对高句丽开战，窦建德担任二百人长，负责为朝廷招募民夫。本来，窦建德优哉游哉地过着日子，可老乡们却相继造反，各道土匪出于对窦建德的尊敬，从来不去他的地盘闹事。谁曾想，地方官府竟然怀疑窦建德和土匪暗中勾结，因此派了一队杀手，弄死了窦建德的家人。

窦建德的案例告诉我们，一个人的命运和人品好坏没有太大关系，全都是命中注定的。当老天爷关上你的命运之窗，就会替你打开另一扇命运之门。

家人被杀，窦建德和官府彻底决裂，他带着属下上了梁山，投奔到东海公高士达的麾下，后来混到了司兵，手下统领一万多人的队伍。

据史料记载，窦建德没有储蓄钱财的概念，但凡和兄弟们出去玩乐，必定是他买单，打仗的时候，窦建德永远冲在最前头，因此在军中的威望极高。

窦建德有个好朋友叫孙安祖，起义之后占据了高鸡泊，后来被黑恶势力张金称灭掉，窦建德趁势收编了孙安祖的数千名兄弟，带着领头的高士达占领了高鸡泊，在这里过了几年舒服的日子。高士达虽然是名义上的首领，可是论战略眼光，论在基层的威望，窦建德可以完胜高士达。

换句话说，只要窦建德愿意，他可以随时干掉高士达，而且不引起众怒。事实上，高士达也有退位让贤的打算，只不过碍于当时的形势不太严峻，这才厚着脸皮，继续霸占高鸡泊老大的地位。

隋大业十二年（616），隋炀帝从雁门郡回来之后，深感形势不妙，因此传下严旨：不惜一切代价，剿灭各地的起义军。涿郡太守郭绚闻风而动，立马率领一万多名正规军前往高鸡泊剿匪。

高士达平日里养尊处优，对军中之事不闻不问，听说正规军来找他的晦气，吓得六神无主，急忙搞了个发布会，宣布将高鸡泊的统治权交给了窦建德。

窦建德暗中骂娘，大敌当前，最重要的是自保求生，如果打不过官军，高鸡泊的统治权又有什么用处？你这个锅甩的真是及时啊！接下来的几天，窦建德紧闭房门，终于想出一个对付官军的计策。

为了尊重高士达，窦建德还是向他做了当面汇报：由窦建德率领七千人前去迎敌，高士达镇守在高鸡泊，等窦建德离开之后，高士达便在高鸡泊散布谣言，说窦建德觊觎高鸡泊的统治权，是个混账。于是乎，高士达顺势杀了窦建德的家人，以此来逼迫窦建德向郭绚投降，诱骗郭绚帮窦建德报仇雪恨。

据说，高士达为了把戏做得更真实，特地找了个神似窦建德老婆的女人，将她当众砍了脑袋。冤死在高鸡泊的无名氏女人，成就了日后的窦建德。

高鸡泊发生的惨案，再加上窦建德的一番真情告白，让郭绚觉得这一定是个受伤的男人，因此敞开心扉接纳了他。为了安抚窦建德受伤的心灵，郭绚还特地举办了斩鸡头定盟约的仪式，说好一起灭了高士达，为窦建德报血海深仇。

完事之后，双方合兵一处，向高鸡泊逼近。郭绚浑然不知，他已经落入了窦建德设下的圈套。大军走到半道的时候，窦建德的士兵拔出钢刀，直接砍向了身旁的官军，眨眼之间，郭绚的官军便乱成一团，失去控制。

战争的胜负，有时候和人数多寡没有太大关系，如果一方主帅被人控制，就算手下有百万雄兵也是枉然。就拿此情此景来说，窦建德是干人的一方，郭绚是被干的一方，攻防地位直接决定了二人的命运。

郭绚不想死在这儿，于是带着数十名亲信仓皇而逃，窦建德顺势缴获了官军的战马和辎重，随后派人前去追击，最终在平原县（今山东省德州市平原县）将郭绚擒杀，首级被当作大礼送往高鸡泊。

人呐，如果想要成名，就必须鹤立鸡群，想要鹤立鸡群，就得在江湖上有一套广为流传的传说故事。

当然，隋朝没这些事儿。隋末的起义军首领大多是草根出身，肚子里没那么多花花肠子，和官府开战，都在玩体力活儿，玩人海战术，毫无技术含量。窦建德却另辟蹊径，设下如此精彩绝伦的计谋，成功诛杀朝廷大将，立马就让起义军的战术水平上升了一个档次，这吹牛皮的资本就不一样了。

人都是很现实的物种，不管有没有资本，都喜欢往高处走。农民兄弟也有自己的择业标准，就拿窦建德来说，能够用计谋取胜，说明他是个有脑子的领袖，有脑子的人，基本上都会比别人走得更远。

这不，仗刚刚打完，窦建德的威名就传遍了各地，河北和山东等地的英雄好汉纷纷慕名前来投奔，着实让窦建德火了一把。

有句话说得很好，人怕出名猪怕壮，牛怕鞭子狗怕棒。

你收获了如此高的名望，就别怪竞争对手来弄你。

隋大业十二年（616）十二月，主持平叛的杨义臣灭掉张金称，正打算回朝交差，听说河北的窦建德正在雄起，因此调转枪头，打算灭了窦建德部。

窦建德很不开心，我刚刚体验了一把众星拱月的优越感，你就要来灭我，是不是太给面子了啊？抱怨归抱怨，窦建德也知道，杨义臣的战斗值远超隋朝战将的平均水准，是个很难对付的角色，窦建德打心眼里不想和他硬刚，因此找到了大哥高士达，想要商议出一个比较保守的防御策略。

窦建德劝说道："大哥啊，杨义臣骁勇善战，匹夫无敌，如今刚灭了张金称，咱恐怕干不过他啊，我的意思是暂避锋芒，等他求战不得，退又不甘的时候，咱们再出兵，到时候可以一战定乾坤，怎么样？"

高士达有些尴尬，不知道如何回答。打郭绚之前，他就将高鸡泊的统治权让了出来。没曾想窦建德是个厚道人，并没有因为打了胜仗就取代他的位置。至于高士达先前的承诺，窦建德更没有放在心上，只当是过耳清风罢了。

遗憾的是，窦建德的宽容大度反倒让高士达有些不自在。

说白了，高士达还想继续做大哥，又觉得自己没资格做大哥。看看窦建德，样样都比他强，军中的大小事务，窦建德自己就可以搞定，高士达几乎形同虚设啊，还怎么好意思继续霸占大哥的位置？高士达唯一的资本恐怕就是队伍是他拉起来的，头上顶着创始人的身份，仅此而已。

高士达闲来无事就在想，如果我也打几场漂亮的胜仗，给属下多发点儿福利，是不是有翻身的可能啊？攻打郭绚的时候，高士达是整个故事的副编剧，主要演员，而且亲手策划了杀窦建德"老婆"的好戏。

在他看来，用脑子打仗也不过如此嘛。

一个没脑子的人误以为自己有脑子，这可是天大的悲剧。面对来势汹汹的杨义臣，高士达发出了人生最后的悲鸣：让我去。

去就去吧，按照教科书上的打法，你是不是要安排接应的部队啊？然而，高士达却十分自信，他让窦建德坐在家里等着，最好不要迈出高鸡泊的大门。意思很明显，你别给我捣乱，功劳得算在大哥的头上。

史料记载，高士达出门的时候如同打了鸡血，雄赳赳气昂昂，大步向前迈。杨义臣看到这个阵势，丝毫不敢轻敌，交锋之后，顺势卖了几个破绽，让高士达取得了几场小胜。出师大捷。

这让高士达有点飘。打仗也不过如此嘛，老哥我并不是打不赢仗，而是不想打而已。此时，如果窦建德坐在他的面前，高士达可能会温一壶浊酒，与之共论天下英雄。既然窦建德不在，高士达只好在军中大摆宴席，自叹天下无敌。

自古以来，战争还没结束，主帅就在军中举办“趴体”的，一般都没有好下场。

高士达在军营狂欢的消息传回高鸡泊，窦建德几乎都快吓尿了。就在当天晚上，窦建德留下绝大部分兵马留守高鸡泊，自己则带着数百名亲信埋伏在险要之地，防备杨义臣的进攻。五天之后，高士达被杀于正面战场，杨义臣率领大军进取高鸡泊，窦建德抵挡不住，一路逃奔到饶阳（今河北省衡水市饶阳县），见城池守备空虚，趁机占为己有，并发榜安抚士民，重新招募了三千多名将士。

不得不说，窦建德虽然老实本分，可并不愚蠢。

他已经预感到高士达会出事，因此在部署高鸡泊防御的时候，故意将主力部队留在大本营，自己带着数百名兄弟躲了起来。这样一来，高士达被灭，高鸡泊便群龙无首，杨义臣自然不会带着上万名正规军去追击一个落魄的二把手。想想看，如果窦建德带着高鸡泊的主力部队逃走，杨义臣还会放过他吗？

历史证明，窦建德的选择是正确的。杨义臣是大隋的平叛主帅，要灭的敌人太多，还要收编张金称的部下，窦建德的死活，实在无法引起他的注意。

杨义臣离开之后，窦建德偷偷返回平原县，为旧主子高士达举办了隆重的葬礼，还下令将所有的将士都好生安葬。

隋末的农民起义，其实就是各阶层的精英自主创业。不管是农民兄弟，还是草莽英雄，都有自己的从业标准，谁家的老板给力，能让公司做得长久，谁家的福利诱人，让你衣食无忧就会优先考虑谁，都是很现实的事儿。

窦建德用脑子打了胜仗，说明能力没问题。

窦建德平日里视金钱如粪土，说明公司的福利有保障。

窦建德对旧主忠诚，对手下仁义，说明人品没问题。尤其是为高士达下葬的一幕，堪称旧社会的暖男，引得无数豪杰为他折腰。只要在河北境内，不管是白道还是黑道，提起窦建德的大名，无人不敬仰。

当时，起义军对官府有天生的敌对情绪，如果抓住了隋朝官员，二话不说直接砍头。可窦建德不一样，他喜欢以礼相待。比如落难之时霸占饶阳县城，听说县令宋正本是个人才，窦建德主动抛出橄榄枝，将他引为心腹之人。有了这样的口碑，窦建德所到之处，各类人物望风归降。

不到一个月时间，窦建德的麾下就聚集了十余万人。

客观地说，这些年来，窦建德勤勤恳恳、任劳任怨，不觊觎老大的位置，不敛聚财富，唯一的收获就是名声和人缘。有趣的是，就是靠着他的好人缘，窦建德一夜之间发家致富，成为人人敬仰的黑社会老大。最令人兴奋的是，全国暴乱，起义军领袖不是称帝就是称王，头顶帝王光环已经成为起义军圈子的标准配置，窦建德自然也不能落后于潮流。

隋大业十三年（617）正月，窦建德在河间和乐亭的交界处设立祭坛，搞了个隆重的加封典礼，窦建德自称长乐王，设置朝廷官署，加封官员，算是正式竖起了旗帜。

那么问题就来了，河间郡城（今河北省沧州市献县）不是窦建德的吗？乐亭县城不是窦建德的吗？怎么非得在交界处搞称王典礼，太丢面儿了！

这事儿，还真是不得已而为之。

窦建德虽然拥有十万之众，可农民兄弟的战斗力实在是令人担忧，以至于窦建德纵横河北好几个月，竟然连一座城池也打不下来。想想看，人生最重要的事情只能在荒郊野外举行，也真算得上是一种讽刺啊。

如果是在和平年代，窦建德南面而王，坐地称孤，官府第二天就会派人来弄死他。可当时的大隋王朝已经病入膏肓，以至于窦建德称王之后六个月，朝廷才派遣右翊卫将军薛世雄前去征讨。

薛世雄是大隋王朝的名人，当年千里奔袭，灭伊吾国，筑伊吾新城，帮助朝廷打通西域的通道，就这一件事就可以让他吹嘘一辈子。这一次拜访窦建德，薛世雄带了三万多人，全都是武器精良的正规军，实力绝对不容小觑。

当时，薛世雄把大军带到河间城南边的七里井，准备安营扎寨，稳扎稳打。

谁曾想，窦建德安排了一帮属下前去挑衅，交锋之后又“临阵逃跑”，逼迫薛世雄产生了一种错觉：窦建德惧怕薛世雄的神威，提前撤退，以示尊敬。

果不其然，薛世雄中招了，他安营扎寨之后，并没有在周边布防。

一天深夜，窦建德率领一千精兵对薛世雄本部发起了冲锋。

窦建德原本只想骚扰一下官军，可战斗过程中，敌军大营被浓烈的雾气笼罩，官军将士摸不清敌人数量，也看不到同袍战友，因此吓得四散逃跑，互相践踏，当场就死了一万多人，薛世雄只好率领数百名亲信连夜逃走。这是窦建德称王以来的第一场大捷，以至于让将士们兴奋地嗷嗷乱叫。

窦建德趁热打铁，将枪口对准了做了六个月邻居的河间郡丞王琮。悲剧的是，窦建德一连打了好几个月，河间县城都是稳如泰山。

历史很有趣，窦建德为什么要和王琮和平共处六个月呢？

史书没有明说，据猜测，这可能和窦建德的性格有关。窦建德是农民出身，虽然有些小聪明，也有些个人魅力，可毕竟缺乏大局观。别的不说，窦建德和高士达在隋大业七年（611）就造反了，可后来在高鸡泊竟然待了六年之久，这期间除了等待朝廷来干他们，几乎是一事无成。

说得好听点，这是战略性低调，猥琐发育混经济。说得不好听，窦建德和王薄一样，以自保求生为目的，没有推翻大隋暴政的理想，至于攻打城池，收编官员，似乎是搂草打兔子的概念。窦建德能活到最后，不是靠顶尖的谋略，而是时势造人啊。

河间县城之下，窦建德坐拥十万雄兵，却和地方官府和平相处，以至于让河间郡丞王琮竟然对他心生了仰慕之心。

武德元年（618）四月，隋炀帝被杀身亡，消息传遍了全国。

王琮举办了一次新闻发布会，率领河间官员向百姓宣告皇帝驾崩的噩耗。就在此时，发布会现场出现了非常有趣的一幕：窦建德派了一位高规格使者前来，对隋炀帝的去世表示了沉重的哀悼。

农民起义领袖居然为皇帝哀悼？

当时，所有人的下巴都快掉在了地上。

有趣的是，王琮很开心，这几个月来，双方是敌对的立场，王琮有心投降，却碍于面子和名声，不敢投降。这下好了，隋炀帝被杀，王琮算是为大隋王朝站完了最后一班岗，接下来也该为自己的前途考虑了。

发布会完事之后，王琮私下会见了使者，表达了投降窦建德的意图。随后，窦建德命大军后退三十里，提前置办好丰盛的酒席，等着王琮的到来。

史料记载，王琮身穿白色丧服，双手反绑在背后，带着河间郡大小官吏来到了窦建德的军营门前。窦建德亲自为王琮松绑，随后将他们揽入上席，一边用餐，一边讨论着大隋王朝的兴衰得失，气氛极其和睦。

当然，王琮和窦建德都是明白人，两人皆大欢喜是好事，可不能让外人觉得死了皇帝，你们作为臣子反倒很开心啊。于是乎，王琮在适当的时机掩面哭泣，强烈自责，窦建德也热烈配合，二人最后尽兴而归。

王琮离开之后，窦建德的手下提出了强烈的质疑：王琮长时间抵抗，以至于自家兄弟死伤不少，如今濒临绝境才出城投降，不能就这样放过他。

然而，窦建德态度很坚定：王琮是一位很有节操的人，我正想提拔重用，以此来勉励那些忠君爱国之人。先前咱们在高鸡泊当土匪，自然可以随意杀人，可如今要平定天下，怎么能随意残害忠良呢?

平定天下？部下露出了质疑的眼神。

这种鄙视的小眼神让窦建德很不是滋味儿，他想了想，这帮人估计还会找王琮的晦气，于是下了一道严令：有敢拿王琮一事煽动军心者，罪灭三族。就在当天，窦建德传下王令：任命王琮为河间刺史，改河间县城为金城宫。

此时，隋炀帝已经驾崩，长安的隋恭帝杨侑将帝位禅让给李渊，洛阳的皇泰主杨侗形同虚设，王世充等人执掌大权，大隋王朝宣告灭亡。

旧的权力体系崩塌，必然会让政治资源重新洗牌，原本忠于隋炀帝的官员，也开始寻找新的靠山，提前为自己的仕途占个好坑。至少在河北境内，窦建德这块金字招牌还是很管用的。

武德元年（618）冬至，窦建德和文武大臣正在朝中议事，突然有宫人来报，说有五只大鸟落在了金城宫的顶上。君臣出去一看，嘿，还真是的，不多时，又有数万只小鸟跟了过来，在金城宫上面盘旋了一天，这才欢乐地离去……

数万只小鸟一起在金城宫遨游飞翔，景象肯定很壮观，想必是古代的空气质量优，这才能吸引鸟儿前来，抑或是窦建德的神威让鸟儿集体围观？那窦建德被杀之前，是不是应该有数万只小鸟一起死在他的面前，才显得有始有终？

总之，窦建德的地盘出现了祥瑞，君臣必须得有动作，否则必遭天谴啊。很快，有人就给窦建德进献了一块黑色的美玉。

黑玉有什么典故吗，总得有人给他解释一下啊！

各位看官请放心，自古以来，统治者身边就不缺能说会道的文化人，这类人的特长就是挖掘典故，穿凿附会，给统治者的大业锦上添花。

景城县丞孔德绍清了清嗓子，徐徐地说道："大王，相传大禹在做天下共主之前，就曾得到了一块黑色美玉，如今老天爷降下这样好的祥瑞，臣恳请大王改国号为大夏，顺天应人！"

原饶阳县令宋正本："臣附议！"

诸臣附议。

事情就这样给定下了。

窦建德深感欣慰，他从未想过，身为农民的他会有做皇帝的一天。看着宋正本和孔德绍二人为自己摇旗呐喊，窦建德越发满意，当即任命宋正本为中书省纳言，孔德绍为内史侍郎，辅佐他建立霸业。

隋末枭雄：江南舵主杜伏威

说完了窦建德，咱再来聊聊江南地区的总舵主：杜伏威。

杜伏威，山东章丘人（今山东省济南市章丘区），出生在一个无法考证的贫困家庭，在这一点上，我们应该给予他适当的同情。不过话又说回来，隋朝的创业环境还算不错，杜伏威的老乡们虽然谈不上家财万贯，可毕竟人人都有田地和房产，老婆和孩子围着自己转，大家伙儿过着小康生活，出门也倍有面儿，唯独杜伏威家徒四壁，直接拉低了村里的财富水平。就冲这一点，杜伏威就该对着空无一物的墙壁，好好反思一下失败的人生。

事实上，杜伏威并非没有家产，而是他性格豪爽，又喜欢游手好闲，视金钱如粪土，把祖宗留下的财产全都败光了。准确地说，败得一干二净。曾经有那么一段时间，杜伏威的生活费完全没有着落，只能以偷盗为生。

庆幸的是，老天爷并没有把杜伏威的路给堵死。杜伏威的豪爽让一个叫辅公祏的人很欣赏，辅公祏家里也没钱，可他姑姑的生活却走在小康之列。每当杜伏威家里揭不开锅的时候，辅公祏就会跑到姑姑家偷一只羊给杜伏威送过去，杜伏威二人吃着羊肉，喝着羊汤，日子过得还算滋润。

终于有一天，辅公祏的姑姑发现羊圈里的羊越来越少，就向县衙举报，官府经过调查之后，得出了一个非常准确的结论：从来不养羊的杜伏威家后院，羊骨头堆积如山，因此可以判定，是杜伏威偷吃了辅公祏姑姑家的羊。

杀人者偿命，杀羊者，尤其是杀别人家的羊，怎么说也得吃一场官司吧。

杜伏威不是财务自由者，却是人身自由者，这种身份最大的好处就是可以拍拍屁股走人，至于牢狱之灾，还是见鬼去吧。为了逃避追捕，年仅 16 岁的杜伏威和辅公祏开始亡命天涯，并集结了几个同道中人做起了职业盗匪。

盗匪讲究暴力美学，没有专业难度，可杜伏威却把盗匪这个职业升华到了一定的高度。据史料记载，杜伏威的脑子很好使，每次作案都是他拿主意，而且总是可以满载而归，还不给大家招惹麻烦，大家伙儿对他的能力心服口服，杜伏威顺理成章地做起了圈子里的老大。

隋大业九年（613），杜伏威和辅公祏来到了起义军的圣地长白山（今山东省济南市章丘区境内），投奔了地头蛇左君行。杜伏威加盟他的队伍，就是想找个平台好好历练一下，可待了一段时间才发现，左君行就是庸碌无能之辈，在他身上完全学不到任何东西啊。就在杜伏威考虑是不是要跳槽的时候，隋朝战将张须陀和来护儿来到山东，以迅雷不及掩耳之势，灭了左君行的人马。

杜伏威和辅公祏从官军的伏击圈逃出生天后，决定到江淮地区看看。当时，江淮有许多农民起义军，却都是小打小闹，不成气候，犹如后世的中关村创业大街，创业的人摩肩接踵，成功的人却屈指可数。不过，杜伏威还是很兴奋的，江淮有成功的土壤，很适合他这种有头脑的人。

杜伏威初来乍到，明白想要在江淮地区站稳脚跟，必须先壮大自己的力量，让江淮的地头蛇们不敢小觑，然后再徐图发展。杜伏威的发展思路是这样的：拉拢胆小怕事的，吞并自以为是的。

第一个吞并的目标就是下邳（今江苏省徐州市邳州市）的苗海潮。

苗海潮，毫无背景的起义军领袖，他的存在似乎就是为了让别人吞并。

杜伏威写了一封亲笔信，让好兄弟辅公祏送了过去："苗将军啊，咱们都是穷苦人家出身，如果不是为了混口饭吃，谁也不想走上这条不归路。如今官军势力强悍，咱们却人单力薄，要不合伙一起干吧。如果你觉得实力比我强，那我二话不说奉你为主帅，如果你觉得不如我，那赶紧带着队伍来投奔，就这样说定了！"

杜伏威的口气，像极了后世的土豪老板收购别人公司，完全用实力开道。

别看杜伏威是商量的语气，其实就是想用拳头说话，苗海潮权衡了一下自己的实力，认为不是杜伏威的对手，因此决定率众归附。第一次出山就大获全胜，杜伏威顿时觉得江淮地区就是个妙不可言的天堂。

随后的日子里，杜伏威带着属下继续收编江淮地区的起义军部队，到处劫掠钱财和粮食，积累了人生的第一桶金，并自封为大将军，驻屯在六合县，把部队经营得井井有条。

不过，杜伏威的高调也给他带来了不少麻烦。六合县靠近扬州，杜伏威耀武扬威的行为让江都留守王世充非常不爽，在王世充的眼里，杜伏威是在挑衅他的权威，说得好听点叫初生牛犊不怕虎，说得不好听，叫不知天高地厚。

王世充："校尉宋颢，你去给杜伏威一点儿颜色瞧瞧。"

别怪王世充口气这么冲，当时的农民起义军就是乌合之众，只要正规军出马，一个顶三，农民兄弟只有望风而逃的下场。谁曾想，杜伏威只不过略施小计，就将宋颢骗到了芦苇丛中，一把火将官军烧得尸骨无存。

这一仗，让杜伏威在江淮地区声名鹊起，也引起了许多人的嫉恨。比如，屯兵在海陵（今江苏省泰州市海陵区）的贼帅赵破阵。

据史料记载，此人平日里十分自傲，总觉得自己是个混江湖的料子，手中有钱有粮，还有数万名属下给他捧场，早就把自己视为江淮地区的总舵主，他看到杜伏威不可一世的样子，心里多少有些鄙夷。

赵破阵仿照杜伏威的口气，也给他写了一封亲笔信："杜大将军，你是个人才，我很欣赏你，你看你的势力虽然很大，可跟我相比，似乎还是不太够啊，按照你的说法，是不是该带着队伍来投奔我呢？"

杜伏威苦笑不已，你赵破阵算个什么玩意儿，我还正想去找你呢。

杜伏威对使者说道："你回去告诉赵破阵，我收拾收拾，立马就去见他。"

杜伏威让辅公祏守着大本营，自己亲自挑选了几坛陈年美酒，然后带着十多个亲信前往海陵见赵破阵，一路上优哉游哉，很像是去拜访多年不见的老友。

赵破阵蒙了，他只不过是开了个无伤大雅的玩笑，没想到杜伏威真的会闯入龙潭虎穴，反倒是赵破阵开始不淡定了。

赵破阵："杜伏威带了多少人？"

手下："貌似只有几个弱不禁风的护卫。"

赵破阵："还有什么？"

手下："远远望去，手中提的像是几个坛子，很像是美酒……"

不得不说，打探消息的人，必须手艺精湛，有职业素养，否则就是坑爹坑老大，比如杜伏威怀里藏的匕首，探子就没打听到，这可要了赵破阵的老命。

两人的约会，很像是AA制聚会。杜伏威带了酒水，赵破阵是不是得准备一场豪华的宴席，好尽地主之谊啊！再者说，杜伏威身边就几个弱不禁风的护卫，赵破阵如果摆出严阵以待的阵势，说出去未免失了风度，以后在圈子里不好混。

赵破阵："把将士们都撤下去，留下我的亲兵即可。"

赵破阵在营帐中摆下了丰盛的晚宴，用好酒好肉款待杜伏威，二人俨然多年未见的老友，相谈甚欢，大有斩鸡头拜把子的势头。酒至半酣，杜伏威忽然抽出一把锋利无比的匕首，以极其娴熟的手法，当场捅死了赵破阵。

赵破阵的手下都惊呆了，这算是什么？釜底抽薪？擒贼擒王？

人家都说背后捅刀子，暗地里使绊子，你倒好，直接正面捅刀子，还在别人家的地盘，是不是有点太不讲究，太粗暴了！也许，赵破阵在临死之前只想说这么一句话：都怪安检工作没做好。

不得不说，老板和员工的地位决定了他们的命运，员工拿着死工资，没有死命奉献的精神，可老板不同，要想让企业活下去，就得尝试冒险，敢以身家性命去赌博。杜伏威如果不是老板，也就不会在敌方阵营捅这么一刀。

赵破阵以这样的方式被杀，部下其实可以弄死杜伏威。问题是，弄死杜伏威，部下还是部下，不能改变命运啊。于是乎，这帮人便拜在了杜伏威的门下。

杜伏威凭借足智多谋在江淮地区混得风生水起，为了培养自己的嫡系部队，杜伏威特地从军中挑选了三十名作战勇猛的将士，将他们收为义子，重点栽培，其中就包括大名鼎鼎的王雄诞、阚棱二人。

杜伏威的活跃引起了李子通的注意。

李子通，东海丞县（今山东省枣庄市境内）人，打鱼出身。在老乡的眼中，李子通就是个乖孩子，每逢在乡里碰到老人提东西，李子通就会上前帮忙，平日捕获了鱼儿，也会慷慨地给老乡分享，深得乡人的喜欢。

不过，老乡们可能都不知道，李子通为人慷慨无私，心胸却非常狭隘，凡是得罪他的人，基本上会被他嫉恨一辈子。隋末大乱之后，李子通凭借着打鱼练下的身板，捕鱼积攒的熟练枪法，投靠到长白山匪首左才相的手下，颇受重视。

当时，各地的起义军都喜欢滥杀无辜，肆意抢劫，唯金钱利益至上，李子通却乐善好施，为人和善，除了大批的土匪前来归附，还有很多老百姓也开始投奔于他，不到几个月的时间，手下就有了一万多人。

不过，正因为李子通太得人心，大哥左才相才会忌惮他的存在。自古以来，庸碌无能的首领，能力超群的部下，天生就是死敌，要么是部下弄死首领，自己上位，要么离大哥而去，另谋出路。

隋大业十一年（615）十月，李子通率领手下的一万多名将士前来投奔杜伏威。

原因很简单，据说杜伏威是个有脑子的人，跟着他混，日子肯定有盼头。

对杜伏威来说，李子通为人和善的名声在外，和他一起过日子，至少可以提高队伍的道德水准，也不用防备李子通暗地里捅刀子。杜伏威恐怕没有想到，李子通和善的外表下，其实暗藏着雄心壮志和嗜血的本性。

历史证明，每个主将在接收核心骨干之前，一定要做好背景调查。此人的社会风评如何，有没有心理疾病，虚伪不虚伪等等，否则多半会吃亏。

加入大家庭后，李子通适应了一段时间，也观察了一段时间。令李子通兴奋的是，杜伏威并没有江湖传说中的那么神。在李子通的眼里，杜伏威只不过是个农民，充其量脑子好使一点，而他也是个有脑子的存在，因此李子通就起了吞并杜伏威的心思。

有一天，李子通集合手下的将士，对杜伏威的大本营发动突然袭击。

杜伏威完全惊呆了，他没想到李子通会是这样狼心狗肺的人，面对突如其来的袭击，杜伏威毫无招架的能力，混战之中，杜伏威身受重伤，多亏他的义子王雄诞将他藏匿到芦苇丛中，这才侥幸逃过一劫。此事过后，李子通和杜伏威算是结下了深仇大恨。

杜伏威虽然身受重伤，却在暗中收拾残部，准备夺回属于自己的一切。不过，还没等杜伏威有所行动，朝廷便传出一个消息：隋炀帝已经调派大将来整前往江淮，打算将他们这帮人彻底消灭。

一群在街头斗殴的地痞流氓，碰到警察前来执法，就算是杀妻灭子的仇恨，也得放在日后来报，因为一旦落到警察的手中，全都白搭了。

杜伏威：赶紧收拾东西，撤吧。

悲剧的是，杜伏威这些年混得太风光了，来整在出发前就已经将他列为头号打击对象。官军刚到江南，就对杜伏威部发起了冲锋。防线很快就被攻破，杜伏威只有仓皇而逃的份儿，问题是，杜伏威身受重伤，跑不动啊。

农民起义军基本上没有团队忠诚度可言，一旦遇上紧急情况，大家的第一反应就是以闪电般的速度逃跑，谁也不会管同袍战友的死活，更何况和他们素未谋面的起义军领袖们。令人欣喜的是，杜伏威养了一帮好义子。

比如西门君仪，他看到杜伏威情况不妙，赶紧让拥有一身蛮力的老婆上阵，此女虎背熊腰，力大无穷，背起杜伏威就夺路而逃，义子王雄诞和阚棱领着敢死队拼命断后，杜伏威这才捡回一条命。

另一边，李子通也没得到什么好果子吃，他原本的计划是灭掉杜伏威，将他的地盘据为己有，可没想到来整分分钟就灭了杜伏威的有生力量，而且迅速调转枪头，将他也杀的丢盔卸甲。对杜、李二人来说，这次火并简直就是鹬蚌相争，渔翁得利的绝妙示例。

杜伏威接连遭到两次打击，部队伤亡惨重，原本可以在地方称霸的实力也不复存在，为了生存，杜伏威只好四处打游击战，不断吸收流民加入，以此来扩充势力（这是起义军经常干的事情）。经过半年的休整，杜伏威又有了数万人，并重新控制了六合县，以此为根据地，执行着猥琐发育，伺机东山再起的战略。

隋大业十二年（616）十二月，扬州迎来了一位贵客：隋炀帝杨广。

甭管隋炀帝是盛世君王，还是落魄的帝王，只要车驾出门，有关部门都要黄土垫道，泼水净街，一切安保问题都得万无一失。

杜伏威的大本营在六合县，挡住了隋炀帝南下的道路。为了保障皇帝巡幸的安全，隋朝大将陈棱率领八千名骁勇善战的士兵先行剿匪。这个消息对杜伏威来说，简直就是个噩梦，让他彻夜难眠。

伏威宝宝的心里很苦，刚刚被来整的大砍刀狂削了一顿，又被李子通在背后捅了几刀子，如今竟然遇到了隋朝最精锐的骁果卫。这帮人的武器配备和战斗力甩了杜伏威好几条街，杜伏威想要在扬州闹革命，那简直是自讨苦吃。

聪明的杜伏威带着手下的残兵剩勇离开了六合县，准备暂时避一避风头。

据史料记载，隋炀帝麾下的骁果卫有将近一万多人，隋末群雄有一个算一个，还真没有人可以和骁果卫正面抗衡。如果隋炀帝能够下定决心，利用骁果卫铲除江南地区的造反派势力，杜伏威将会是第一个灰飞烟灭的人。

然而，令人惊讶的事情出现了：杜伏威非但没有被官军剿灭，反而因为隋炀帝的到来，势力急剧膨胀，成为江淮地区名副其实的带头大哥。

当时，隋炀帝到达江都之后，中央大员和地方官员联手搜刮江南的财富，以至于江南百姓哀鸿遍野，怨声载道，为求生存，老百姓只能起义造反。对老百姓来说，造反是个技术活儿，自己不会干，那就得跟着专业的人干。

大家都知道，有个叫杜伏威的起义军首领打起仗来很凶悍，也敢和朝廷正规军正面刚，起义经验非常丰富。在江淮百姓的眼里，杜伏威就像是个身携巨款，诚意满满的嫖客。在杜伏威的眼里，老百姓就像是浓情缱绻，想傍大款的小妹。大隋王朝，此刻更像是居中撮合，头脑发昏的老掮客。

江都内乱之际，杜伏威和老百姓一拍即合，水乳交融，欲罢不能。杜伏威究竟收编了多少农民兄弟，至今仍是个谜。

可以肯定的是，由隋炀帝自导自演的悲剧，让杜伏威和官军的势力在短时间内发生了逆转。隋炀帝刚来江都的时候，杜伏威像个过街老鼠，只能绕着官军走路，如今的杜伏威直接来到江都城外，向官军耀武扬威了。

虽说，百姓都是乌合之众，战斗力也不行，但是，数十万人同时站在城外，黑压压的一片，也是极为恐怖的存在啊。别的不说，就算老百姓每人只扔一块板砖，城楼上的官军都接不过来，老百姓站着给官军砍，官军的刀也得卷刃儿。

杜伏威用人海战术向官军诠释了一个道理：自己就是人多势众，你咬我呀。

陈棱的智商还是在线的，他用肉眼观察就可以得出结论：如果热血上头，贸然出去交锋，回来的时候估计连毛儿都不会剩。为此，陈棱特地定了个规矩：不管杜伏威怎么闹腾，官军挂白旗免战。

求战不成，杜伏威便想了个绝招：他置办了一套色彩娇艳、妇女特征明显的衣裳，然后派人给陈棱送了过去（诸葛亮给司马懿送女装的翻版），顺便给陈棱送了个陈姥（陈老太太）的低俗外号，以此来鄙视陈棱不敢出战的行为。

一个是家徒四壁，穷得叮当响的农民。一个是朝廷高级将领，手中握着天下精兵骁果卫，还是皇帝的平叛代表。江都城外的对峙，很像是一个太监嘲讽一个正常男人举兵无力，没自己会举。这样的羞辱，简直是丧心病狂啊。

陈棱，你必须得维护一下官军将领的尊严啊。

没过几天，陈棱就崩溃了。杜伏威，你不就是仗着人多势众嘛，说到底还是一群乌合之众，我既然能干你一次，就能干你第二次。

陈棱怒火中烧，下令全军出击。这场发生在江淮地头蛇和朝廷正规军之间的大规模主力会战，战况非常激烈，杜伏威不得不亲自上阵杀敌。谁料想，官军将士突施冷箭，将杜伏威射翻在地。

官军，竟然搞这种下三烂的手段。

杜伏威怒吼道："不杀汝，矢不拔。"

话音刚落，杜伏威就像脱缰的野狗一样冲了出去。转瞬之间，便将那位放冷箭的兄弟斩杀，随后拿着他的弓箭，一连射杀了数十名官军。

仅此一战，杜伏威便将陈棱的官军尽数歼灭，陈棱本人单骑逃回江都。杜伏威趁势扩大战果，占据了高邮（今江苏省扬州市高邮市）、历阳（今安徽省马鞍山市和县）等重镇，并在历阳自称总管，封辅公祏为长史。

在此之前，杜伏威的头衔是大将军。通俗一点理解，将军是带兵打仗的人，大将军，带的人很多而已。那总管府又是个什么玩意儿？

据史料记载，总管府是北周设立的区域性军事管理机构，下辖数州，乃至十多个州，战争年代的大军区司令部。隋朝时期，秦王杨俊就曾担任过扬州总管，管着江南四十四州的军务，后来调任并州总管，管二十四州的军务。

隋开皇十年（590），杨广接替杨俊做了扬州总管，狠狠地感受了一把权力的滋味。等到他做皇帝的时候，思想转变了：权力这玩意儿，在自己手里的时候是好事，落到旁人的手里，那就是灭顶之灾了。比如汉王杨谅，管着数十个州的军务，差点就把他赶下了帝位。此事过后，隋炀帝便撤销了总管府的编制。

总而言之，总管是身份和地位的象征，杜伏威也想尝试一下。

杜伏威能够在隋炀帝的眼皮子底下往来冲突，耀武扬威，还能在正面战场上大败官军，实在是难得的殊荣。杜伏威取得了傲人的成绩，仍然不忘三省吾身，总结成功的经验。为什么他能走到今日，为什么能有如今的成就？

杜伏威最后得出了一个结论：自己混得好，除了人多势众，全仰仗将士们疯狂的卖命，尤其是那些不要命的少数派，往往能够改变战场上的走势。为此，杜伏威亲自挑选了五千多名骁勇善战的将士，将他们培养成亲兵，由于是杜伏威亲自组建的特种部队，因此历史上称他们为“上募军”。

杜伏威给上募军制定了严苛的军规：每逢两军交战，必以上募亲军为先锋，战后检查每个人身上的伤痕，如果伤在背后，那表示其临阵退后，即刻处斩。

当然，高风险和高收益并存嘛。凡是打了胜仗，杜伏威就会把抢到的资财全部赏给军士，如果将士们战死沙场，就以死者的财产，甚至是死者的小妾来殉葬（从军的将士居然有小妾，这也印证了职业流匪作乱的观点）。

各位看官，殉葬啊。这种丑陋的恶习从汉朝开始就已经慢慢退出了历史舞台，杜伏威此刻搞殉葬这种把戏，只能说明他心机深沉，手段残暴。

俗话说得好，重赏之下必有勇夫。在杜伏威的游戏规则下，上募军的战斗值直接爆表，几乎快要赶上骁果卫的水平。当时，上募军奋力死战，所向无敌，杜伏威号令所到之处，江淮的各路起义军争相归附，郡县官员望风归降。

杜伏威的声望和势力就像滚雪球一样，势不可当。

武德元年（618）三月，江都宫变，宇文化及谋杀隋炀帝，夺取了帝国最高控制权。

以下犯上，谋杀君主，这在任何朝代都是滔天罪行，应该被处以极刑。遗憾的是，历史上能干下这种事儿的，多半都是掌握游戏控制权的狠角色，没有任何人可以审判他们，至于律法，对他们来说完全就是个摆设。

宇文化及控制江都，在杀了一批南方官员之后，便想着拉拢更多的盟友。比如杜伏威，说到底，你不就是个造反派的老大嘛，如果朝廷能帮你把身份洗白，你是不是应该对朝廷感恩戴德吗？

宇文化及：杜伏威，我封你做历阳太守吧。

杜伏威苦笑不已，人们都说宇文化及是个不学无术之辈，果然如此啊。

杜伏威虽然自封为历阳总管，可毕竟也是手握实权的大军区司令员，太守是个什么玩意儿，能和大总管相提并论吗？这样的任命书，到底是真心诚意地封赏，还是来羞辱杜伏威的？基本的常识都不懂，差评。最主要的是，宇文化及是弑杀皇帝的乱臣贼子，不用多想，他注定会成为天下诸侯群起而攻之的对象，跟着他混，不是自己挖坑埋自己玩儿吗？

杜伏威拒绝了，拒绝得很彻底，没有任何谈判的空间。

有人拉拢你，代表你有利用的价值，说明你混得不错。每到三更半夜，杜伏威就会面壁思过，我为什么以前就混得不好呢？

思来想去，杜伏威又想通了一个道理：我以前是打游击战的存在，说白了就是到处抢钱抢粮食，以糊口为起义的宗旨。不错，手下的将士们衣食无忧，还可以跟着大老板刷资历，求晋升，可毕竟是苦了当地的老百姓啊。一支不为老百姓说话的起义军，能混得长久吗？

杜伏威完成了人生的蜕变，军队的战略方向也开始有了变化。拒绝宇文化及之后，杜伏威将大部队带到了丹阳，随后自封为大行台。

大行台是北魏王朝的产物，尚书省在大军区的派出管理机构，管理辖区内的一切军政要务，地方上的最高行政机构。和总管的身份相比，大行台尚书令兼着地方行政大权，地位明显高了不少。杜伏威稍微研究了一下前朝制度，瞬间就让自己的身份提高了一个档次，实在是可喜可贺。

丹阳郡，即如今的江苏南京市，治所在南京市江宁区。

想当年，东吴、东晋、南宋、南齐、南梁、南陈六个政权都在南京建过都城，虽然这几个王朝的气运很短，可丹阳毕竟是龙脉所在。杜伏威把大本营转移到丹阳，可能还真有稳扎稳打，成就一番霸业的打算。

一个是六朝古都，一个是隋朝陪都。

一个是草根领袖，一个是真命天子。

杜伏威和隋炀帝，很像后世的肯德基和麦当劳，你中有我，我中有你，就是要同台竞争，任何解释都是多余的。如今，舞台都摆好了，该如何唱戏呢？

杜伏威放出了新鲜出炉的大招：凡是他的地盘，老百姓不用为他缴税，任何官员胆敢贪污受贿，任何百姓胆敢有偷盗行为，不论贪污多少，不论情节轻重，一律处死。不管在任何年代，不用向朝廷交税，绝对是一件幸福的事儿。

杜伏威此举，很有天下共主的气势，很有圣明君主的气势。

隋朝末年，豪门望族、读书人都是高人一等的存在，很像如今独坐在象牙塔的精神领袖们，觉得煤老板、房地产大佬就是暴发户，对他们嗤之以鼻。在读书人的眼里，农民兄弟们的地位不低贱，可学识和阅历太匮乏，和他们不是一个层次的人，想让读书人屈身侍奉草根领袖，真的是很掉身价的一件事儿。

如果门阀士族和读书人要选个东家，自然是首选大隋朝廷。遗憾的是，隋炀帝下江都之后，堂堂的官府竟然化身为强盗土匪，洗劫富人的财产，将隋朝两代帝王三十年政治公关的努力全部化为泡影，这让文人士子们伤透了心。

和隋炀帝的苛政比起来，杜伏威的新政就像是润物细无声的春雨，让江南士子们感觉到了一阵沁人心脾的清凉，更让他们看到了国运的希望。

此时的杜伏威，很像是上古时期的尧舜禹，圣贤的光辉照耀着江淮大地，对文人士子来说，跟着杜伏威这样的明主干活，身价自然也低不到哪里去。

据史料记载，杜伏威的新政出来之后，大批的文人士子赶来投奔，这也成为隋末群雄争霸时代一道亮丽的风景线。

问题是，杜伏威的新政不科学，不合理啊。想想看，统治者如果不找老百姓征税，那国家机器运转的经费从哪儿来？老百姓都是凡人，都有可能犯错，就因为犯了错就要被你处死，何来的人道可言？再者说，官员们都需要养家糊口，靠杜伏威发的那点儿粮食，恐怕不太够吧，要么贪污受贿被杜伏威处死，要么另投明主跟你拜拜，杜伏威的队伍又如何能够长久？

政治作秀是一回事儿，真要去落实却是另外一回事儿。杜伏威自己也明白，所谓的新政，都是拿来唬人的。毕竟，身为草根创业者，要背景没背景，要人脉没人脉，唯有靠编故事去忽悠大家，请老百姓多多谅解啦。

杜伏威的新政着实让他雄起了一把。

没过几天，杜伏威便再次登上了江淮的头条新闻：他拜在了洛阳皇泰主杨侗的门下，被封为东道大总管，楚王。杜伏威向外界传达了一个信息：我还没有称帝，至少目前还是大隋臣子。

隋末江南的三国演义

无独有偶，江南地区的另外一位反派大佬沈法兴也拜在了皇泰主的门下。

沈法兴，湖州武康人（今浙江省湖州市德清县），父亲沈恪担任过南陈政权的特进、广州刺史，算得上是官宦之家。隋朝末年，沈法兴还是隋朝的吴兴郡守，当时天下大乱，隋炀帝传下旨意，命沈法兴和太仆丞元佑一起讨伐江南的叛贼。

起初，沈法兴干得还挺卖力，可到后来，沈法兴的态度开始动摇了。我是江南的豪门望族，同姓宗族就有几千家，要钱有钱，要地有地，要人有人，凭什么给朝廷打工啊，自己创业就不行?

隋炀帝被杀之后，沈法兴收买元佑的部将孙士汉、陈果仁，干掉了为朝廷卖命的元佑，然后靠着沈氏家族的号召力，打着为隋炀帝报仇的旗号，从老家出发前往江都，一路收编了六万多百姓，几乎是神挡杀神，佛挡杀佛的存在。

长江以北，势力最大的是杜伏威，沈法兴不想和他硬碰硬，因此将大本营定在了毗陵，统治着长江以南的十多个郡县。

武德元年（618）八月，沈法兴听说越王杨侗在洛阳登基称帝，于是让人拿着一份求官的奏折前去拜会，给自己捞了个大司马、录尚书事、天门公的荣誉大礼包。

再来说说李子通，当年他和杜伏威决裂之后，占据着海陵，拥兵两万多人，自封为将军，日子过得不亦乐乎。隋大业十一年（615），李子通自封为楚王，正式升级为江淮小霸主。

杜伏威、沈法兴、李子通，三个人都想成为江南地区的总舵主。不过，想要成为大家公认的总舵主，最重要的资本就是占据江都。想要占据江都，就必须得到右御卫将军陈棱的允许。

武德元年（618）四月，隋炀帝被杀，宇文化及带着十万骁果卫北上，命右御卫将军陈棱镇守在江都城。陈棱非常郁闷，宇文化及离开江都之前几乎将财富席卷一空，连镇守的军队也没有给他留下一丁半点儿。手下无兵无将，城外又是黑社会的地盘，官军连招聘新兵都没地儿可去，这仗还能怎么打？

陈棱表示，我实在是打不了，只能苟延残喘地活着。

江都城，犹如一块肥腻流油的猪肉，让三条恶狗虎视眈眈，垂涎欲滴。群狗争食的时候，往往是饿得不成样子，最沉不住气的先动起来。

武德二年（619）九月，势力最小的李子通抢先下手，率领主力部队包围了江都城。

陈棱呵呵一笑，我困守江都的时候，天天盘算着如何应对你们江南三霸。可喜可贺的是，陈棱想通了，在他的眼里，江都未必就是一盘死棋。想想看，既然杜伏威、沈法兴、李子通都对江都势在必得，大家就不会齐心协力，肯定有自己的小算盘，只要你们各怀鬼胎，我就能一边分化，一边拉拢。

陈棱的如意算盘是这样的：如果任何一人前来攻城，陈棱就找另外两路人马帮忙，这叫战略性协防，想必大家也不会拒绝。如果三位大佬的脑袋被门夹住，想要发动三方联军来攻城，陈棱就准备个舒服的姿势，迎接三人的轮番“洗礼”。

幸运的是，李子通先动了起来，杜伏威和沈法兴自然就成了陈棱的好帮手。

杜伏威非常重视江都城的归属问题，他在得知消息后，亲自带着上募军前去支援，并将大军驻扎在清流（今安徽省滁州市）。从地理位置来看，清流距离江都城有九十里地，就算是急行军，也得好几个小时，很明显，杜伏威不想参与进攻江都城，只想等李子通和沈法兴二狗争食的时候，再找机会下手。

姜，还是老的辣；人，还是杜伏威阴。

相比之下，沈法兴的做法就有点小儿科，不思上进了。

武德二年（619）八月，沈法兴拿下毗陵后，在此地建立都城，随后自封为梁王，设置文武百官，带着沈氏家族的核心成员，搞起了自己的小朝廷，玩得不亦乐乎。

南面而王，指点江山是每个男人的梦想，这些咱都可以理解。可问题是，沈法兴也不知哪根筋搭错了，居然想到闭关锁国，关起门来玩自残的游戏。比如，沈法兴心情不好的时候，喜欢责打和诛杀治下的豪强地主，还喜欢拿军中的将士开刀，以至部下每天上班都要和家人做诀别。

就在沈法兴玩得正高兴的时候，手下告诉他：李子通要打江都了。

沈法兴不置可否：哦，让我家小子沈纶出马，我就在家里遥控指挥吧。

混江湖的都讲究个排资论辈，只有地位平等才好和别人对话啊。你派个晚辈来搞事情，大家也没有意见，只不过别怪长辈们欺负他就行。沈纶表示，自己毫无压力，大军驻扎在扬子江畔，已经做好了浑水摸鱼的打算。

江都城外，三大黑恶势力风云际会，官军代表陈棱坐镇在江都主场，一场尔虞我诈，明争暗斗的精彩大戏逐渐拉开了序幕。

李子通佯装攻城，陈棱全力抵抗。杜伏威方面则等着沈纶前去救援陈棱，然后和李子通在江都城下恶斗，自己不费吹灰之力，坐收渔翁之利。沈纶虽然是小字辈，可也不是初出茅庐的蠢蛋，他也盼着杜伏威前去救援陈棱，自己演一场螳螂捕蝉，黄雀在后的好戏。李子通对陈棱，杜伏威对沈纶，四个人正好凑成一桌。

这种局面，基本上就是谁先动，谁就被动，看谁能忍得住。

杜伏威和沈纶像两个大公鸡，四目相对，就是不动手。

李子通非常着急，让幕僚们赶紧想办法，最后首席幕僚毛文深提了个建议：招募一批有江南口音的将士，打扮成沈纶部队的风格，然后趁着夜色袭击杜伏威。

计划进行得很成功，沈纶很不开心，直觉告诉他，有人把他给耍了。对沈纶来说，偷袭不算个事儿，我是那种敢做不敢认的人吗？问题是，是别人偷袭的，凭什么把锅甩给我，我的委屈，又有谁能懂？

杜伏威更加不开心，在这件事情里面，他完全是被动接受的一方，毫无快感可言。据说，这事儿是老沈家派人干的，必须得找他讨个说法啊！没过几天，杜伏威就点起了兵马，直接突袭了沈纶的军营。

杜伏威和沈纶本来就互看不爽，又被人暗中摆了一道，怒火中烧的状态下直接干起架来，至于浑水摸鱼，螳螂捕蝉的事儿，全都抛到了九霄云外。

人啊，都有很大的局限性，这种局限来源于情感支配着理智。

政治家，看似很精明，一切决策都围绕着利益，脑袋如同计算机一样，可真有这样的人吗？脱下政治家的外衣，大家都是平凡的男人，冲冠一怒为红颜，为了维护面子互相斗殴，在利益的面前也照样局限。

接下来的几天，杜伏威和沈纶发生了斗殴，而且斗得难舍难分，不是你死就是我活。李子通趁着这个档口，全力进攻江都，陈棱独木难支，只好交出了江都的控制权，带着部下投奔了略显优势的杜伏威。

直到此时，杜伏威和沈纶才如梦方醒。

杜伏威：别打了吧！

沈纶：江都都丢了，还打个毛！

双方握手言和。

三大势力中，杜伏威的势力最强，战斗经验也最丰富，沈纶只不过是个小字辈的人物，和杜大爷斗法，自然得是他吃亏。

有趣的是，李子通似乎也明白小字辈都是拿来欺负的道理，他占领江都之后，特地忙里抽闲，调派了一支兵马去拜访沈纶，最后将他直接撵回了老家。直到此时，李子通占领江都城，又打败了沈法兴的军队，心情一片晴朗。

杜伏威闷头吃了哑巴亏，心里愤然不已。然而大局已定，杜伏威想要攻破江都城，进而吃掉李子通，恐怕会付出不可预估的代价，杜伏威权衡之下，只好遗憾收兵。

李子通占据江都就为了一件事——做皇帝。江都是隋炀帝的老巢，权力的象征。在江都以外的地方称帝，只能算作野鸡派，除了招来鄙视，毫无用处。在江都称帝，说明你有能力，是个狠角色，能够威慑住群雄。

称帝的脚步应该马不停蹄，李子通手下的幕僚们非常卖力，很快就给他搭建了唱戏的舞台：吴政权，李子通自然是吴国的开国皇帝。

沈法兴在毗陵自称梁王，李子通登基称帝，那势力最大的杜伏威呢？

也许，在江南士民看来，杜伏威迟早也会称帝，看他的心情而已。然而，结果却令人大跌眼镜。武德二年（619）九月，杜伏威派遣使者前往长安，向李唐政权递交了降书，李渊传下了诏书，封杜伏威为和州总管、淮南安抚大使、楚王。

杜伏威的举动，让人觉得鬼神莫测。江南的大街小巷，全部都在讨论一个话题：杜伏威的脑子是不是坏了。

当时的局势什么样的？

李渊刚刚建立唐朝，占据关中地区而已。整个黄河流域，李渊、王世充、窦建德三足鼎立，大家都在埋头苦干，辛苦创业，发展势头都还不错，很难说李渊一定会夺取天下。李渊可以吹嘘的成绩：李世民灭了薛举，平定了李轨，搞定了刘武周和宋金刚，得了大片的土地，不过人力和钱财的损耗也非常巨大。

江淮地区虽说是群魔乱舞，一盘散沙，可毕竟门派众多，利益关系盘根错节，不是朝夕之间就能收拾干净的。更何况，李渊连王世充和窦建德都还没有搞定，怎么可能有工夫收拾江南的乱局？说李氏家族会一统天下，完全是睁眼说瞎话。

关于杜伏威投降李唐一事，史书上没有更多的记载，见仁见智而已。

在我看来，杜伏威有一个身份始终不可能绕开：他是农民出身。

历朝历代，起义造反的人不计其数，可用手指数一数，有几个农民可以成功？

汉高祖刘邦，祖上是农民，可他死活不愿意种地，靠着高情商混到了沛县泗水亭长，在当地也算是有头有脸的人物，已经脱离了农民的范畴。刘邦是天生的领袖，拉拢人才的技能已经满级，手下网罗了一批文臣武将：韩信、萧何、张良、樊哙、周勃、灌婴、任敖、卢绾、夏侯婴、周苛和周昌。

对比刘邦，杜伏威可望而不可即。

东汉光武帝刘秀，虽然在地里干着农活，可毕竟是汉室宗亲，有人愿意买他的账，他打出旗帜没多久，刘氏后裔便闻风而动，分分钟就搞定了局势。

三国、晋朝、南北朝的开国皇帝，要么是出身高贵的豪门望族，要么是权掌中枢的权臣，要么是身带宗亲血统的贵族。数来数去，恐怕只有明太祖朱元璋、汉高祖刘邦和杜伏威有点像。刘邦，杜伏威肯定学不来。朱元璋，杜伏威也学不到。

杜伏威是个聪明人，知道自己没有问鼎中原的能力，也没有坐天下的本事。不做皇帝，那就只能找一个靠山，最好可以依附他，却又保持独立。

放眼中原，谁是最合适的人？

王世充，一个不入流的胡人，靠着溜须拍马，迎合上意的本事起家，在宦海中经历了一番挣扎，如今成就了一番事业，算得上中原的小霸主。可要掰开了来说，王世充行军打仗还可以，至于治国理政，御下用人，可以说是一塌糊涂。

窦建德，老实本分的农民，在河北打拼多年，也成就了一番事业，可杜伏威混得也不比窦建德差啊。总的来说，窦建德的人品还是及格的，可政治、军事、治国理政等综合素质实在是令人担忧，怎么看都像是半吊子，要命的是，读书人都懒得理他，还不如杜伏威呢。

而李渊大帝，祖上都是贵族元勋，根正苗红的唐国公，深得关中士人的信任。

对杜伏威来说，李渊就是神一样的存在，只能拿来膜拜。

看看李渊家族的战斗力，从起兵之日算起，只花了五个月不到的时间，就成功占领了长安城，按照这种趋势发展，李渊至少有成为天下共主的实力。还有，挟天子以令诸侯，进封唐王、大丞相、尚书令，加九锡，完成禅让典礼，继而登基称帝，这一套标准动作下来，没有任何生疏的感觉，帝位完全是为李渊量身定制的。还有，李渊手下谋臣如云，武将如林，腿粗腰圆，是傍大腿的不二选择。

李渊，你值得拥有。

不过，杜伏威的智商还是在线的，投降李渊不是什么大事儿，前提条件是杜伏威不能上交兵权，李渊不能干预杜伏威的用人和财政大权，大家是盟友关系，基于眼下的政治形势，各取所需，仅此而已。

武德三年（620）六月，李渊再次下诏：进封杜伏威为吴王，扬州刺史、东南道行台尚书令、淮南道安抚使，总管江淮以南诸军事，赐姓李氏，纳入李唐宗室管辖。

写到这里，真想给杜伏威一个评价：人精中的战斗精。

武德三年（620），群雄逐鹿的局势已经比较明朗了。李渊、王世充、窦建德三足鼎立，摩擦不断，时刻准备着决战。中原之主不出意外的话，就是三巨头之一。

至于其他的势力，仍旧在奋力拼搏，该报仇的报仇，该兼并的兼并，该自嗨的自嗨，大的原则就是让自己变得更强大，有机会参与到巨头之间的博弈，或者在天下统一之后，用实力作为归降的筹码，为自己谋一个稳定的前程。

三大巨头在中原战场恶斗的时候，江淮地区也是你来我往。

武德三年（620）十二月，江南寒风呼啸，天地一片严寒。不过，李子通的心里却很暖和，因为他在寒冬腊月，找到了属于自己的猎物：梁王沈法兴。

沈法兴在江南也算是有头有脸的人物，他本可以把造反的事业做得更大，遗憾的是，他刚刚取得一点成绩，就在毗陵总部闭关锁国，埋头自嗨，还时不时地和治下的老百姓玩皮鞭虐待的游戏，很有昏君的气质。

明眼人都可以看得出来，沈法兴在走下坡路，迟早得完蛋。

人的本性有欺软怕硬的一面，很喜欢在别人落井的时候，再丢下一块石头，李子通就属于这类人。寒冬腊月，正是在家吃羊肉，喝羊汤的养生季节，李子通却反其道而行之，把将士们带出去，准备找沈法兴的晦气。

不得不说，李子通的做法很不讲究。然而，沈法兴的地盘和财富就像是一块可口诱人的大肥肉，李子通就算背负不讲究的差评，也得去抢，如果不去抢，就说明他不是一条优秀的猎狗。动起来！肥肉就在眼前！

当时，李子通派遣大军渡过长江，一口气拿下了沈法兴的军事重镇京口，随后开始耀武扬威，赤裸裸地挑衅沈法兴。

敌人已经打到家门口了，再不抵抗，还不如拿刀抹脖子呢。

沈法兴让蒋元超前去抵抗，双方在京口附近爆发了惨烈的军事冲突，几场恶战之后，蒋元超被杀身亡，沈法兴的主力部队全军覆没。自此，沈法兴彻底丧失了争夺江南霸主的入场券。

江南的这台戏，不是你死就是我活，没有其他的结局。

李子通已经放出风去，他打算一路杀到毗陵，顺便弄死沈法兴。沈法兴还没有愚蠢到家，他看情况有些不妙，连夜收拾金银细软，弃守毗陵总部，躲到了吴郡。事实上，吴郡也不是沈法兴的最后归属，按照李子通设计的剧本，沈法兴的阳寿已尽，应该位列仙班。

可就在此时，李子通的大后方也着火了。

沈法兴挨揍，本来是皆大欢喜的事，可杜伏威却高兴不起来，因为揍人的是他的天敌李子通，就冲这层关系，杜伏威也不会袖手旁观。

李子通痛扁沈法兴的时候，杜伏威派出了辅公祏，由辅公祏担任主将，阚陵、王雄涎担任副将（杜伏威最给力的养子，军中号称大将军、小将军），让他们率领数千精锐南渡长江，一举攻克丹阳。

辅公祏本来还想打李子通老巢的主意，可令他没想到的是，沈法兴实在是太不给力了，用兵败如山倒来形容他，都有点赞美的嫌疑。辅公祏还没实现他的计划，李子通就带着数万人赶回镇江，打算找回场子。

丹阳位于镇江和苏州的交通要道，如果辅公祏驻守在丹阳，势必会受到李子通的前后夹击，碰上这种状况，辅公祏恐怕会很难受。辅公祏想了想，决定将大军驻扎在溧水（今江苏省南京市溧水区）。不过，这仗该怎么打呢？

辅公祏手里只有几千人，对方有数万人，相差将近十倍。起义军打的都是人海战术，谁的兄弟多，谁的阵仗大，谁就能镇住局面，辅公祏明显不占优势。

刚正面只有吃亏。辅公祏想了想，决定搬出大哥杜伏威的套路：兄弟们啊，咱们现在人少，不是李子通的对手，我要选出一千名不怕死的将士，给你们每人发一把长刀，督促兄弟们向前冲锋，只要有人后退，立斩之！

定位很清楚，这一千人就是辅公祏的敢死队，如果运气好，打了胜仗，可以升级为正式的上募军，如果运气不好，就是战场的炮灰。不得不说，杜伏威的上募军开创了一个先河：打仗完全靠胆气，杀敌完全靠凶残，把人心的恶魔完全释放，把人性的欲望发挥到淋漓尽致。

在敢死队的冲击下，李子通的阵型开始出现了松动。

由于敢死队拿的是长刀，敌人虽然也很凶残，可不容易近身搏斗，一千人的部队，最后居然打出了好几千人的输出。辅公祏心里清楚，敢死队是拿来乱敌人阵脚的，真要取得战争的胜利，必须得靠主力部队厮杀。

时机已到，辅公祏早已经安排在左右两翼的主力军同时发动进攻，李子通的大军伤亡惨重，只能选择向后撤退。此时，辅公祏已经占据了场面上的优势，完全可以鸣金收兵，回家开聚会狂欢了。

如果我是辅公祏，打了一场以少胜多的经典战役，该考虑的是以何种姿势接受领导的赞赏，而不是将老祖宗“穷寇莫追”的教训抛之脑后。想想看，你只有几千人，除了战场上折损的，其余的人就算是杀到手软，又能砍多少脑袋？李子通逃跑，并不代表他没有翻盘的可能啊。不见好就收，难道还要继续作死吗？

遗憾的是，辅公祏选择了作死的道路：全军追击。

前一秒，场面还挺壮观，辅公祏的人像羊倌儿，赶着一群大肥羊到处逃窜。可没过多久，李子通就反应过来了：辅公祏只有几千人，我可是有几万人啊，跑的意义何在啊？

李子通：停停停！给老子杀回去，反杀辅公祏！

战场的局势突然发生逆转：李子通的数万大军就像泥石流一样裹挟而来，势不可挡，辅公祏的数千将士很快就成了刀下亡魂。

历史证明：炮灰，一般都是头脑发热的主帅练成的！

敌人全军覆没，如果不热烈庆祝一下，实在是问心有愧。就在当夜，李子通在军营里组织了一场全民大狂欢，火把烧起来，美酒码着喝，自助餐管饱，闹了半夜之后，人人尽兴而归。至于军营的防备工作，谁也没有去安排。

杜伏威的养子王雄涎一直在关注李子通的动向，听说敌军的狂欢结束之后，防备工作很松懈，原本郁闷的心情立马就变得美美的。

王雄涎：二当家，二当家，天赐良机啊！咱白天在李子通面前吃了瘪，要不趁着夜色去拜访一下他，找回点场子吧？

王雄涎兴奋地手舞足蹈。

辅公祏连连摆手：不去不去，我要睡觉了。

傻子也看得出来，辅公祏白天被打怕了，不想在大半夜地去冒险。辅公祏可能不知道，无数的历史事件证明，成功的军事家都是在晚上练成的。不想在半夜三更继续加班的，注定离成功有一万步之遥。

王雄涎很无语，二当家不发兵，自己又没有权力调兵，难道真要放弃这个天赐良机吗？直觉告诉他，错过这一波机会，自己一定会后悔到拿刀抹脖子。

就在当夜，王雄涎带着数百名亲兵，偷偷摸摸地来到了李子通的大营。

王雄涎的小分队人数太少，只能选择偷鸡摸狗的策略，比如趁着晚上的风势，多准备几个火把，把敌军大营烧个一干二净。

计划进行得很成功，有如神助一般。火起之后，敌军的将士被热浪烤醒，第一反应就是四散逃命。李子通呢，醒来之后摸不清东南西北，更别说召集人手反抗，迷迷糊糊间，李子通被手下人护送着离开了战场。

王雄涎恐怕没想到，自己的一把大火彻底改变了江淮地区的局势。

李子通手下的兄弟本来就少，这把火烧完之后，军队顿时化成满天星，散落在各地，李子通盘算再三，如果继续困守在江都城，可能被杜伏威玩到死。关键时刻，李子通做出了决策：收拾金银细软，南下到太湖流域避难。

自此，杜伏威控制了江都、丹阳两座帝国都城，形势一片大好。

被人打败的滋味很不好受，尤其是被死敌打败，犹如万箭穿心。李子通死活不甘心，后来又打出旗帜招募旧部，重新集聚了两万多人。问题是，这点人马能干吗，在太湖流域做强盗可能是个不错的选择，继续和杜伏威争夺江南的霸主地位，恐怕位列仙班的进程只在一夜之间。

就在此时，李子通想起了一个故人：沈法兴

不得不说，沈法兴是李子通人生中的福将，只要有沈法兴出现的地方，李子通就能打胜仗，完全是老天爷为他量身定做，驱除晦气的吉祥物。

李子通想起来了，这位老兄还在吴郡，据说混得还不错。可怜的沈法兴，自从上次被吊打之后，一直就没有恢复元气，如今又被李子通给惦记上了。

据史料记载，此时的沈法兴正在吴郡兢兢业业地搞建设，没曾想，李子通的大军突然来袭，又把他痛揍了一顿，痛苦程度不亚于之前的那次。

没办法，人在江湖飘，就得学会多挨刀。沈法兴本着“留得青山在，不怕没柴烧”的人生态度，带着数百人犹如丧家之犬一般仓皇而逃，投奔自己的同乡闻人遂安（闻人是复姓）。

闻人遂安还是很讲义气的，听说沈法兴落难，想要借自己的地盘压压惊，立马派部将李孝辩前去迎接，算是给足了他面子。

谁料想，老乡的热情反倒让沈法兴有些不安。沈法兴很担心，多年未见，他还是那个在河里摸泥鳅，然后和自己搞烧烤，心思单纯的小安安吗，万一变心了呢？性命攸关时刻，沈法兴的疑虑给他带来了深渊般的恐惧。

李子通在投奔的路上突然改变了主意，他打算杀死李孝辩，然后逃往会稽。

古话说得好，天作孽，犹可恕，自作孽，不可活。兄弟给你送梯子，你却反过来捅刀子，这就有点作死的意思了。沈法兴恐怕没想到，他被人告发了。

李孝辩也不是吃素的，听说有人要弄死他，立马发兵将沈法兴围了起来。

武德三年（620）十二月，沈法兴走投无路之下，只能含恨投江，溺水而亡。一代枭雄，竟然死于饮水过多，实在是令人唏嘘不已啊。

沈法兴从起兵到灭亡，仅仅花了三年时间，原因其实很简单：小富即安，没有进取意识，百姓的反隋情绪在他眼里只是捞取自家利益的筹码，隋朝一旦灭亡，起义军将士就没了坚持下去的动力，不知该走向何方。

迷茫的军队，下场就是被别人吞并。

李子通灭掉沈法兴之后，顺势占领了杭州、苏州等地，势力又有所恢复。

杜伏威把一切都看在眼里，如果说三位老大是螳螂捕蝉，黄雀在后的博弈关系，杜伏威就是发动最后一击，攫取胜利果实的大黄雀。

武德四年（621）十一月，杜伏威为了永绝后患，派遣义子王雄涎前去围剿李子通。

双方在太湖流域爆发了大规模的主力会战，李子通节节败退，最后被迫退守到临安的独松岭（今浙江省湖州市安吉县）。独松岭，东西有高山幽涧，南北有狭谷相通，是古代临安通往南京的咽喉要地，易守难攻。

王雄涎是沙场宿将，深知如果强行用兵，军队伤亡会非常惨重，而且结果也难以预测。他思虑已久，李子通表面上看起来很刚毅，其实内心非常多疑，利用他的疑心，让其不战自溃，才是最正确的做法。

王雄涎派了一千多人，每逢白天，大军就在独松岭附近多设旌旗，把军鼓敲得震天响，每逢夜晚，虚设灯火，尽量制造数十万大军的假象。

王雄涎想干他，这是实，王雄涎什么时候干他，这是虚。

可能是王雄涎上次的夜袭给李子通留下了严重的心理阴影，此刻被王雄涎这么一闹，李子通变得有些神经质，几乎是魂飞魄散。王雄涎还没有吹响进攻的号角，李子通就自行烧光了营帐，连夜率军撤回杭州。

王雄涎一直追击到杭州城下，李子通部犹如惊弓之鸟，四散逃命。所谓的兵败如山倒，也不过如此吧。李子通无奈之下，只能举起白旗向死敌杜伏威投降了。

数年之前，李子通暗地里捅的一刀，杜伏威全数还了回来。天地悠悠，唯有因果循环，报应不爽。

按理说，杜伏威可以弄死李子通，以报当年落井下石的仇怨。然而，杜伏威却再一次刷新了我们对他的认知：他把李子通送给了李渊。

这样的举动，背后的心思令人难以揣测。杜伏威也许是讨好李渊，也许是在试探李渊的道德水准，为日后的归降投石问路。

李渊毕竟是技高一筹，他给李子通赏赐了一套宅子，还送了五顷田地，让李子通做起了田舍翁，不过是被长安方面严密监视的田舍翁。

在外人眼里，这就是个明显的政治信号：李渊，做人很讲究啊。

客观地说，江淮地区的局势非常微妙。论地盘，杜伏威和李子通占据长江流域的地盘，势力旗鼓相当。沈法兴占据太湖流域的地盘，钱粮无数，人才济济。三大势力原本可以相互牵制，形成三足鼎立之势。

遗憾的是，沈法兴建立政权后不思进取，专门在女人堆里寻找快乐。这还不算什么，沈法兴享乐的同时，还把自己定位成千古明君，专门以严刑峻法残害治下的地主阶层，重新将江南带到黑暗的生存环境中。

正是这个原因，才让李子通将他列为头号目标。

李子通呢，总觉得自己是个人物，想把别人收拾得服服帖帖，最后却让杜伏威捡了个大便宜。杜伏威消灭李子通后，便让王雄涎顺势收拾了汪华、闻人遂安等小军阀，这才完成了江淮地区统一大业。

李密：被当作“桃李子”与瓦岗结缘

最后聊一聊瓦岗军。

要把瓦岗军说清楚，注定绕不过军队的创始人翟让。

翟让，东郡韦城县人（今河南省安阳市滑县），孔武有力，性格豪爽。关于翟让的身份，究竟是农民、地主，还是文人、江湖豪侠，谁也不知道。因为不管是唐朝，还是隋朝的史书，都没有单独给翟让列传。

堂堂的瓦岗军创始人，被属下抢了总舵主的宝座不说，还不受历代统治者的待见，足以说明翟让的人生悲哀得一塌糊涂。

据史料记载，翟让曾经担任过东郡法曹，相当于如今地级市的检察长、法院院长、公安局局长，主管东郡司法工作，权力极大。

有趣的是，翟让虽然是执掌律法的人，可最终却触犯了律法，而且情况似乎很恶劣，直接被上官判了死刑。如果不出意外，翟让的命运也就这样了：在监狱中度过人生最后的日子，然后奔赴刑场，仰天长啸，人头落地，二十年后又是一条好汉。至于瓦岗军，就让它见鬼去吧。

然而，历史再一次为我们证明：性格真的能够决定命运。历史还可以证明：改变历史进程的往往是那些不起眼的小人物。

当时，看管翟让的牢头叫黄君汉，此人性格洒脱，不惧世俗规矩的约束，很像是行走江湖的侠客。在黄君汉的眼里，翟让和他是同一类人，单兵作战能力极高，也有人格魅力，如果给他机会，即便无法成为项羽那样的人物，也是可以超越吕布、关羽之流的。

黄君汉："兄弟，你是个人才，应该有一番作为的，死在牢狱实在是有点儿可惜啊，今晚三更，我放你出去，好好发展吧。"

私下放走死刑罪犯，无论如何都是大罪。翟让是个讲义气的人，说什么都不愿走。更何况，黄君汉赤裸裸地表达了对翟让游侠作风的敬佩，就这样拍屁股走人，是不是有点太丢人了？

翟让："不行！兄弟一旦离开，官府必定会把罪责归咎到你的头上！"

黄君汉气急败坏，大吼道："老子今天救你，不为别的，只是看你是个光明磊落的大丈夫，能够在乱世中拯救黎民百姓的性命，你如果能发愤图强，就算对我有报答了，何必在此做女儿姿态，想要恶心死我吗？"

历史上不是没有舍生取义，英勇赴死的人物。不过，他们的死法都有自己的套路：在大庭广众之下，或者有新闻媒体界的朋友在场，再不济也有很多小老百姓为他们奔走相告，至于赴死，肯定是想用性命换取青史留名的机会。

翟让表示，他只是个很惜命的凡人，有侠义风范不假，可为了向一个素未谋面的牢头证明这一点，还要搭上自己的性命，除非脑袋被大铁门夹了。翟让不想死，戏份到位了，也就该离去了。就在当晚，翟让越狱出逃，一路狂奔到了滑县东南的瓦岗寨。

别看古代没有全国联网的通缉，可是老百姓出门都得带着官凭路引，以此证明自己的清白身份。很明显，翟让没有这玩意儿，想去外地混生活，有点不太现实，如果继续留在滑县，身上的政治污点如何来洗除，该以什么方式谋生呢？

翟让四顾茫然，对未来的前途毫无信心。唯一值得欣慰的就是，翟让拥有一身好武艺，遇到官府围剿的时候，可以像兔子一样迅速撤离，这也算得上是天无绝人之路吧。

翟让犯事儿的时候，正好爆发了第一次高句丽战争。山东的王薄扯旗造反，瞬间就聚拢了十余万人，翟让想了想，横竖都是死，还不如造反呢！于是，单枪匹马的翟让在瓦岗寨的某个角落里扯着嗓子喊了一声：老子要造反了，你们有谁愿意的，可以来投奔我啊。

这就是瓦岗军的起义背景，简单粗暴，看起来很草率。翟让创立瓦岗军，没有任何伟大的理想和抱负，纯粹就是为了自保。翟让有几个好朋友，其中最有名的便是同郡的徐世勣（jì）和单雄信。

徐世勣，富二代，乐善好施，胸怀天下，不甘心自己的才能被埋没。

单雄信，富二代，武艺出众，擅长使枪，性格豪爽，仗义疏财。

富二代的生活非常单调，就是游手好闲，碰到自己赏识的人，摆宴席请客，广交四方朋友，碰到不顺眼的人，召集人手教训别人一顿。徐世勣和单雄信的少年生活，就是按照这样的套路渡过的。

翟让被捕入狱，兄弟俩听说了，可并没有太在意。翟让越狱逃跑，兄弟俩也听说了，也没有太大反应。直到翟让在瓦岗寨宣布起义，徐世勣和单雄信才给自己打满鸡血，让人生焕发生机，随后骑着马屁颠屁颠的投奔去了。

徐世勣和单雄信的到来，让迷茫中的翟让找到了一丝安慰。许久未见，兄弟三人和过去一样基情满满，毫无芥蒂。大家以天为被，以地为床，一直聊到天边露出鱼肚白，如果不是手边没有现成的大公鸡，恐怕早已经斩鸡头、拜把子，定下同生共死的联盟关系了。

聊完家长里短之后，哥几个聊回了正题，到底要不要起义？

大家一致认为，起义造反已经成为社会的主流趋势，用肉眼观察，应该是很有前途的，既然要搞革命，就得把它当作一门事业来干。如今，最大的问题是人手不足，尤其是缺乏优质的人才，因此得继续寻找合伙人。三兄弟说定之后，在东郡四处活动，最后又拉了几个联合创始人。

邴元真：官府小吏，小有抱负，却郁郁不得志。

贾雄：无业游民，精通阴阳之学，擅长装神弄鬼，给人算命。

翟弘：翟让的哥哥，铁杆粉丝。

人员全部到位，核心管理团队搭建完成：

翟让：瓦岗军的发起人，团队带头大哥。

邴元真：担任书记。

贾雄：担任军师。

徐世绩、单雄信：领兵将校。

除此之外，还有一些中层干部，不过都是湖边捕鱼的二流子。

单雄信和徐世勣是富二代，团队经营初期不缺钱，再加上翟让在东郡有点儿声望，起义之后招募了不少游手好闲的人。团队搭建完成之后，翟让等人便开始在东郡为非作歹，学螃蟹横着走路，比如抢劫一下来往的船只，偶尔跑到老乡的家里抢一点粮食，日子过得还算逍遥自在。

富二代这个群体比较有意思，他们喜欢游手好闲不假，可有一点还是值得称赞的：很爱护自己的面子，喜欢保护这个群体的一贯尊严。比如说，一群人出去吃饭，富二代总喜欢主动埋单，还会安排深夜的娱乐活动，以此来享受朋友们的赞美，从中获得些许的满足感。可如果让他们去抢劫，尤其是抢劫穷人的财富，老乡的财富，他们一定会感觉到羞耻。

有一天，号称脑子时常在线，颇有大将之才的徐世勣看不下去了，于是在一次集体会议上抛出了一个沉重的话题：东郡百姓都是咱们的老乡，抢来抢去也不是个办法，我都不好意思回家了，要不咱们换个地方?

翟让："那你说去哪里！"

徐世勣："宋州和郑州靠近永济渠，来往的运粮船和商旅行人非常多，要不咱们去哪里搞事情？"

翟让："好的！"

就这样，瓦岗军高层的某些将领因为抢劫老乡而心生耻辱，因此决定进行战略大转移，开始在永济渠沿岸抢劫来往船只。瓦岗军的宗旨是见船就抢，见人就抢，因此很快就集聚了许多财富。

有了钱，就要继续招人，而隋朝最不缺的就是人，尤其是那些游手好闲，骚动不安的人。兄弟几个用金钱和粮食开道，花了三年的时间，硬生生砸出了一支福利待遇超好，能招揽各界人才的起义军队伍。

声势确实造出来了，可有一个大问题：大哥翟让的军事指挥才能堪忧啊！瓦岗军和隋军交锋过几次，每次都是铩羽而归，只能到处流窜。直到隋大业十二年（616），一个大神级的人物出现，这才挽救了瓦岗军的命运。

此人就是大名鼎鼎的李密。客观地说，瓦岗军的兴起靠翟让，瓦岗军名扬天下却仰仗李密的功劳。当年，杨玄感兵败被杀，李密开始浪迹天涯，后来被隋炀帝的人捕获，李密用全部家当收买押运使者，这才逃出生天。

李密出逃的时候一共有七个人，逃离邯郸后，他们投奔了山东平原的起义军首领郝孝德，谁知此人是个脓包，听说李密是从牢狱中逃出来的，根本就不拿正眼瞧他，连最起码的食物都不提供，毫无起义军领袖的基本觉悟。

寄人篱下的滋味并不好受，李密等人为了生存，只能剥树皮而食。可时间一长，其他人开始崩溃了，李密确实有魅力，可这玩意儿不管饱啊。同样是和官府对着干，有的人就能美酒美食，活得有基本尊严，俺们却只能蹲在犄角旮旯受人冷眼，对着无助的人生唉声叹气！俺们凭什么跟着你混啊？

没过多久，几个部下就和李密摊牌，提出了分道扬镳，各奔前程的想法。兄弟们的离去不能算背叛，至少没人向官府举报李密，没人活捉李密向朝廷请赏，这已经很够意思了。兄弟们离开之后，李密不由自主地陷入自我怀疑之中。

人生的希望在哪儿，难道做错了一件事，人生就得跟着一起毁掉吗？不愿意接受命运的安排，就得做自己命运的主宰者。人生的低谷，不是因为能力不够，只因机缘未到而已。生活还是得继续，抗争的脚步一刻也不能停止。

李密喝完了鸡汤，发出了人生的喟叹：唉，还得继续逃啊。

据史料记载，逃到淮阳（今河南省周口市淮阳县）之后，李密为了逃避官军的追捕，化名为刘智远，假装成学识渊博的读书人，躲在村子里做起了老师。就这样，李密过了几个月平淡无奇的生活，到后来才发现，这并不是他想要的生活，因而心生郁闷，写下了一首抒情诗作：

金凤荡初节，玉露凋晚林。此夕穷途士，空轸郁陶心。
眺听良多感，慷慨独沾襟。沾襟何所为？怅然怀古意。
秦俗犹未平，汉道将何冀！樊哙市井徒，萧何刀笔吏。
一朝时运合，万古传名器。寄言世上雄，虚生真可愧。

李密完成诗作之后，立马就哭了起来，伤心欲绝，悲天动地，一看就是个有故事的男人。当时，地方上的风气就是草木皆兵，凡是对朝廷有不满言论，或者心怀叵测的人，都是朝廷重点关注的对象，老百姓也可以随意举报。

可能是李密太有才情，让某些人颇为嫉妒，也有可能是有人看出了李密的身份，他的诗作刚刚出炉，就被人举报到了淮阳太守刘他那里。举报理由很简单：刘智远这小子不简单，大人您看看诗作就知道了。

刘他一看，刘智远把自己比作萧何和樊哙，岂不是说大隋是即将要灭国的秦朝吗？必须得治理一下。

刘他："把这个教书先生给我抓起来，严加审讯。"

李密在村子里的人缘还算不错，听人说太守大人要弄死他，吓得连夜收拾行装，逃到了雍丘（河南省开封市杞县）的妹夫丘君明家里。

邱君明是隋朝公务员，他不敢明目张胆地收留朝廷头号通缉犯，因此将李密寄托在游侠之士王季才的家里。王季才阅人无数，看到李密的第一眼就觉得此人前途无量，以后必成大腕儿，因此主动将自己的女儿许配给了李密。

说起来，李密还真算是个人物，浪迹天涯的时候都还能有这样的奇遇。遗憾的是，李密毕竟是朝廷通缉的要犯，连隋炀帝都做出了批示，谁发现了李密的行踪，谁就可以加官晋爵，享受荣华富贵。

妹夫邱君明很靠谱，可他的义子邱怀义却是个吃里爬外的小人，他为了获得朝廷的封赏，向官府举报了李密的下落，隋炀帝亲自做出指示，命邱怀义和梁郡通守杨汪一起去捉拿李密。

据史料记载，官府把王季才家围起来的当天，李密凑巧出门办事，得知消息后，李密立马逃遁而去。直到后来，李密才知道妹夫邱君明、岳父王季才以窝赃朝廷通缉要犯的罪名被收监，随后被隋炀帝下旨处决。

也许在那一刻，李密开始后悔了，放着好好的贵族日子不过，非得跟着杨玄感造反，非得实现人生的价值，这不是自作自受，遗祸子孙吗？天下之大，又有何处能够容身呢？

从雍丘出逃之后，李密发现永济渠附近有一支起义军混得还不错，因此决定先去拜拜别人的码头，再徐图以后的发展。这支起义军正是日后大名鼎鼎，眼下却寂寂无闻的瓦岗军。

在那个年代，李密就是大隋王朝的明星人物。李密身上有官二代和富二代的贵族标签，又以清白之身参加杨玄感的军事暴动，最后还无疾而终。在小老百姓的眼里，李密就是神一样的存在。

按理说，李密的到来虽然谈不上让瓦岗军蓬荜生辉，可至少可以提高军队的知名度，让军队的招聘工作更好开展吧？遗憾的是，瓦岗高层对李密的到来讳莫如深，深为忌惮，有些人甚至感到胆战心惊，坐立不安，唯恐李密的存在会让朝廷全力围剿，以至于给瓦岗军带来灭顶之灾。

这样的想法其实也没错，李密是隋炀帝钦定的帝国头号通缉犯，国家暴力机器正在开足马力绞杀他，一刻都不曾停歇。更何况，李密所过之处寸草不生，凡是和他接触过的人物，基本上都死于非命。

这样的狠角色，只能拿来八卦，不能拿来交友。

据说，瓦岗军一度谣言四起，说李密就是个不折不扣的大瘟神，必除之。李密内心彻底凌乱了，投军之前是遭到官军追杀，投军之后又被起义军阴谋暗杀，这日子混的，实在是苦不堪言啊。李密是个聪明人，要想解决眼前的困难，必须要先搞好中层管理者的关系，把小鬼搞定之后，再游说瓦岗高层的核心人物。

加盟瓦岗军之后，李密和各部首领往来非常密切，比如王当仁、王伯当、周文举、李公逸等人，以前都是流窜在各地的土匪流氓，文化水平不高，人格魅力也不咋的，但是天不怕地不怕，就怕遇不到讲义气的草莽英雄。

起初，这些人挺反感李密的，因为李密就是瘟神一样的存在。可时间一久，他们开始对李密刮目相看了：此人虽然是个落魄的贵族，可肚子里确实有干货，气质也和常人不一样，绝对不是一般的土鳖可以比拟的。

尤其是谈到天下大势的时候，李密指点江山，谈古论今，分析得头头是道，颇像后世财经频道的股市点评嘉宾。说到瓦岗军未来的发展战略，李密更是张口就来，见解非常独到，大有问鼎瓦岗军扛把子的架势。

这帮人就是不学无术的土匪，能和李密谈论天下大势，能有“高层会议”的参与感，档次瞬间就自动飙升，对李密也就大为追捧。

早在杨玄感叛变的时候，王伯当就和李密认识了，二人的交情还算不错。王伯当很欣赏李密的才华，看到李密跌落到人生的低谷，王伯当有意拉他一把，因此主动找到了翟让，游说道："大哥，李密颇有才华，他说有一条计策，事关瓦岗军的美好前途，希望您能给个面子，见他一面。"

两个素未谋面的陌生人，靠什么来建立信任关系？

恐怕只有江湖的传说吧！很遗憾，李密在江湖上的名声很差，可以拿得出手的事迹只有参与杨玄感的军事叛变，可最后却惨遭朝廷清洗，以失败告终。在翟让的眼里，李密就是个不学无术的骗子，到处混饭吃的草莽，翟让看在江湖道义的面子上，不愿意找李密的晦气，但要给他封官做，没门儿！

翟让："王伯当，我听说附近的山里有很多小毛贼啊，你们一直都没搞定，就让李密先去收编他们吧！"

最可怕的领导，不是一日三顿痛扁你，而是不给你任何建功立业的机会，却还想方设法地痛扁你，让你的世界暗无天日。李密很幸运，因为翟让还不是这种奇葩的领导。李密知道，改变自己命运的机会来了。

接下来的几天，李密单枪匹马，走访了附近有名的土匪窝。有趣的是，这些粗人不服翟让的调遣，却对李密点头哈腰，颇为尊敬。功劳虽然不大，却说明了一个问题：李密在江湖上还是有号召力的！

在这样的背景下，翟让答应见李密一面。

初次见面，气氛不算太友好，很像现在大公司的压力面试。

翟让审视着李密，问道："不知道你有什么计策要对我说？"

李密清了清嗓子，缓缓道来："刘邦和项羽都是出身布衣，最后却都做了帝王，如今主上昏聩，朝纲不振，百姓贫苦。在此之前，皇帝发全国之兵攻打小小的高句丽，又在北部边境和东突厥绝交，现在竟然远离东都，跑到了江南，这和当年秦始皇在世时的局势是一模一样的。"

翟让："说重点。"

李密："好吧！我想说的是，如今正是您展现雄风，攻占东西二都，除掉大隋暴君的天赐良机啊。"

不得不说，李密的书没有白读，口才也是非同凡响。看看当时的环境，确实和秦朝末年很相似，大隋帝国的崩塌只在眼前，取而代之的必然是茫茫人海中的一员，以翟让的势力，未尝不可参与群雄逐鹿的游戏。

李密说完之后，对翟让充满了期许，很希望得到他的赞赏，最好的结局就是翟让能给他丢一个军师的头衔，大家合伙把瓦岗军发扬光大。

悲剧的是，李密被打脸了，被打得毫无情面。

据史料记载，翟让没有表现出任何兴趣，表情显得无精打采："李密啊，我翟让本来就是个盗匪，没打过争夺天下的主意，我觉得你说的志向太过远大，不是我能够做得到的啊！"

如果是在后世，你去面试的时候老板这样说话，意思就是你很有才华，应该有更大的舞台，咱们这里容不下你！不过，翟让还是留下了李密。

现实很骨感：李密想要混成瓦岗军的核心成员，难如登天。

有时候，世道不好，只能拿余生去熬。如果你的命好，自然有人把机会送到你的面前，如果你的命不好，人生就像是死人的心电图一样，波澜不惊。幸运的是，李密属于前者，人生转机很快就到来了，谁也挡不住。

当时，有个叫李玄英的人对李密非常仰慕，自从李密逃亡之后，李玄英就一直在寻找他的下落，一心想要追随他，至死不渝。李玄英不是疯子，也不是盲目地崇拜李密，他对李密的追求，纯属私心作祟。

早在隋大业十年（614），洛阳就出现了一个流传很广的童谣《桃李章》："桃李子，皇后绕扬州，宛转花园里。勿浪语，谁道许！"

中国历史上，一共出现了四个影响重大的政治谶言。

第一个：亡秦者，胡也！后来弄假成真，胡亥真把大秦弄丢了。

第二个，病已当立！后来弄假成真，刘病已登基称帝，史称汉宣帝。

第三个，桃李子，得天下！后来弄假成真，李渊做了皇帝。

第四个，唐三世之后，武氏代有天下。后来弄假成真，武则天做了皇帝。

当然，此时第四个还没有出现，但前两个谶言的存在已经让李玄英兴奋不已，如今大隋再现预测帝位的谶言，对没有出头之日的李玄英来说，完全是人生的重大转折，如果把握得好，留名青史完全不在话下。

李玄英坐在家里冥思苦想，想要破解谶言中隐藏的关键信息。可思来想去，也只能得出一个结论：一个姓李的人会在不久后做皇帝。问题是，天下姓李的人太多，究竟谁才是未来的天子呢？李玄英始终没有放弃这个谶言，经过刻苦钻研之后，李玄英得出了三个结论：

第一：天子一定是李姓之人，但一定不是自己。

第二，桃李子也可以理解为“逃李子”，暗指逃亡的李姓之人。杨玄感政变失败后，李密成了朝廷通缉犯，对号入座，李密完全对得起“逃李子”的称号。

第三，强烈的心理暗示，勿浪语，谁道许，不就是一个“密”字嘛。

在李玄英的世界中，未来天子的雏形已经出来了：李密。

接下来的几年，李玄英将这个秘密一直留存在心底，从不敢对外人提及，他害怕给自己招来杀身之祸，也害怕别人捷足先登。隋大业十二年（616），隋炀帝离开洛阳，带着萧皇后一起到江都避难。直到此时，李玄英悬着的心才终于落定了：所谓的天子前往扬州，就是一去不复返的意思，那李密做天子岂不是板上钉钉了？

李密加盟瓦岗军的前后，李玄英在洛阳散布消息，说数年前“桃李子”的谶言其实说的就是李密，他还拿出了自己精确的分析，让人不得不信。

预测天下走势的谶言重现江湖，自然让许多人趋之若鹜，一时间，李密再次成了大隋王朝的明星人物。

李密是何许人也？李密娶没娶老婆？李密如今在哪儿？铺天盖地的小道消息甚嚣尘上。终于，有人一锤定音：听隔壁老王说，李密在瓦岗军混饭吃呢。

在谣言的影响下，土匪流氓、草莽英雄、流民百姓纷纷前往瓦岗投军，发不发工钱无所谓，有没有肉吃无所谓，唯一的条件就是做李密的兵。

翟让并没有因为李密得了人心就忌惮他，在翟让的眼里，谣言只不过是庸人自扰，牵强附会而已。翟让很淡定，李密却开始着急了。

李密有自己的雄心壮志，他明白想要在乱世中闯出一番天地，光靠谣言是不管用的，任凭别人说得天花乱坠，老天爷也不会用神雷把你劈到皇帝的宝座上。想要实现自己的理想，关键得有军队、有钱财、有地盘。没有人投资你，你就得找靠山，找发展平台。很显然，李密看上了翟让的瓦岗军，这里有他需要的政治资源。想要打败敌人，最好的办法就是从内部瓦解。

李密认真研究了瓦岗军的高层人物，最终选定了翟让的嫡系军师贾雄。

·个是喜欢装神弄鬼的野鸡军师，一个是科班出身的军事战略家，很难想象这两个人怎么能搞到一起。有趣的是，两人最后还真成为无话不说的铁哥们儿。贾雄从李密这儿得到了极强的满足感，一度拍着胸脯表示，关键时刻，他一定会在翟让的面前继续推荐李密，不能就这样埋没他的才华。

事实上，翟让也不是蠢蛋，江山社稷就在眼前，九五之尊就在眼前，他如何不会动心？李密的话极具诱惑力，让他欲罢不能，日思夜想。

有一天，翟让找来军师贾雄，试探性地问道："军师，李密让我争夺长安和洛阳，你觉得这个想法很疯狂，还是很现实？"

这是二选一的问题，是或者不是，答案似乎不重要，关键是你的结论是不是有说服力。所谓的职业素养，就是在关键时刻，以专业的手段来说服外行。

就拿贾雄来说，作为资深的占卦师，肯定不能信口开河，或者站在战略的角度给翟让分析局势。贾雄为了李密的幸福，当场给翟让表演了一出算卦的好戏，最终得出的结论是："吉！吉不可言！"

翟让："说人话！"

贾雄："主公，眼下是乱世，想要干出一番事业很难啊"

翟让："就是让你出主意，你的吉不可言究竟是什么意思？"

贾雄："大哥，最近洛阳城在流传一则童谣，说李密有王者之气，以后会做皇帝，大哥为何不和李密一起合伙创业呢？"

翟让："既然如此，李密为何不自立门户，非得找咱们干呢？"

贾雄蒙了，说好的聊天套路呢，思维也太跳跃，太天马行空了吧。贾雄有点儿不知所措，这话该怎么圆回来呢？历史证明，想要在大集团担任核心高管的人，都得有两把刷子，关键时刻，这种本事可以保住自己的小命儿。

比如贾雄，聪明伶俐，储备的词汇量大，脑子稍微一转，就组织了一套堪称完美的语言："主公，您姓翟，翟者，泽也！蒲者（生长在沼泽之中的植物），必须依靠泽才能生存！所以，李密需要投奔您啊！"

此处应该有热烈的掌声，这样的机变反应，可以拿来作为教科书的案例。

如果贾雄说翟让和李密是福祸相依、同舟共济的关系，然后从战略的高度逐一分析，恐怕活不过第二天早晨。可换一种说法，你中有我，我中有你，而且翟让的存在决定了李密的未来，对翟让这种粗人来说，就容易接受多了。

在贾雄的穿针引线下，翟让接受了李密，并将他引入到核心团队之中。二人既然成为创业合伙人，自然是无话不谈了。李密是性情中人，肚子里藏不住事儿，尤其是关乎自身前途的事，他很想一吐为快。

有一天，哥俩在一起聊天，李密来了这么一句："大哥啊，咱们瓦岗军如今是兵多将广，如日中天，可有些隐患却不得不除啊！"

翟让不以为意："你倒是说说，有何隐患啊？"

李密："兵多将广固然是好事，可咱们以抢劫为生，粮饷十分匮乏，长此以往，一旦人马疲乏，大敌压境，大哥该如何应对？"

翟让这才惊醒过来，谦虚地问道："依你之见，我们该如何避祸？"

李密："攻取荥阳，争雄天下。"

不得不说，李密还是很有战略眼光的。从地理位置来看，荥阳位于郑州市的正西，至少有两个重要的战略价值。

价值一：荥阳扼守在山东、河北等起义军到洛阳的必经之路，按照排排坐分果果的有利原则，谁靠洛阳近，谁就占据了夺城的先机。退一步来说，如果瓦岗军在河南战场失利，向东是一片平原，逃跑也是很便利的。

价值二：荥阳以西是虎牢关，虎牢关以西是巩县（今河南省郑州巩义县），这里有隋朝的国家级粮仓——兴洛仓，如果能够拿下兴洛仓，不仅可以解决瓦岗军的粮食供给问题，还可以对洛阳造成威胁。

李密"攻取荥阳，争雄天下"的建议，犹如平地而起的一声惊雷，在瓦岗军高层引起了强烈的共鸣，大家一致通过了攻取荥阳的战略决策。

有能力、有想法的员工，被称为优秀员工。有能力、有想法，而且愿意站在老板的位置考虑问题的，那才叫好员工。事实证明，李密不仅是优秀员工，而且还是好员工。"攻取荥阳"的战略建议，成了李密跻身瓦岗领袖的入场券。

中原瓦岗秀

不过，翟让也知道瓦岗军的德行，搞搞野外生存还行，真要一举拿下荥阳，有点赶鸭子上架的意思。据史料记载，翟让派兵拿下了荥阳东北的金堤关，随后又相继攻下了荥阳郡周边的县城，最终完成了对荥阳的包围。

荥阳太守叫杨庆，是隋朝宗室杨弘的儿子，头上顶着郇王的尊号。杨庆对隋朝还是很忠诚的，他听说瓦岗军要来弄他，自知难以抵御，因此向朝廷发了一份求援报告。隋炀帝下了一道急诏：调任张须陀前往荥阳镇压瓦岗军。

张须陀是隋朝名将，灭了不少起义军，可以说令叛军们闻风丧胆，翟让听说张须陀要来找他谈话，当即吓得要进行战略转移。

徐世勣："不能走，大丈夫可以战死沙场，岂能做缩头乌龟？"

李密也在旁帮腔，说张须陀有勇无谋，瓦岗军完全可以和他正面交锋。有勇是肯定的，无谋就有点贬低别人的意思了，至少从过往的战绩来看，无谋的张须陀要比有谋的李密强太多了。

张须陀方面：两万主力部队，作战勇猛无敌，战争经验丰富，唯一的不足就是他们长期游走在河北和山东等地，身体疲惫不堪，再加上远道而来，精气神早已经掉了一半，士气远不如瓦岗军。

瓦岗军方面：徐世勣拥有一身谋略，正愁无用武之地，李密的情况和他差不多，二人联手，实在是不可小觑的劲敌。

几场战役下来，瓦岗军胜多败少，暂时取得了领先。

实践证明，张须陀行军打仗非常谨慎，瓦岗军想要取得压倒性的优势，还得再继续努力一把。为此，李密为张须陀量身定做了一个计策。

隋大业十二年（616）十一月，李密提议，由大哥翟让亲自带兵前往诱敌，李密则率领精兵埋伏在荥阳以北的大海寺附近，打算狠狠地捅张须陀一刀子。

李密的逻辑是这样的:翟让是瓦岗军的最高首领，而张须陀的风格是擒贼先擒王，放出了正确的诱饵，敌人才能顺利上钩。更何况，翟让没有军事指挥才能，这是天下皆知的事情，张须陀和他交锋，心理防备要更松懈一些。

很遗憾，翟让并不知道李密的用意。

当时，翟让率领主力部队前去迎敌，李密则带着一千多名精兵埋伏在大海寺以北的树林之中。两军对阵的时候，张须陀就发现情况有些不太对劲，因为对手李密没有现身，可转头一想，眼前的翟让才是瓦岗军的首领，看他的样子，很像是插标卖首的存在，取他的首级犹如探囊取物，张须陀舍不得撤军。

历史上有不少这样的战争场景：主将明知道有危险，却还是要以身犯险。

如果说这些人愚不可及，那是站在上帝的视角审视问题。在那样复杂的情况下，想要做出最正确的判断，除了看主帅的战争经验，还得看运气，以及对人心欲望的遏制能力。就像我们明知道股市有风险，明知道明天可能会下跌，还是要抱着再捞一点的心态。

两军交锋之后，翟让按照标准的战争流程，卖力厮杀了一阵，直到大军抵御不住，这才下令撤退。张须陀下达了追击的军令，不过为了确保官军不进入敌人的埋伏圈，张须陀刻意和翟让保持着十余里的距离。

遗憾的是，敌人的狡猾程度已经超出了张须陀的认知。翟让一路狂奔，终于在离李密伏击圈十里地的地方停下，而张须陀刚好站到了李密想要伏击的位置，一切都在计划之内。

李密只有一千人，自然打不垮张须陀，可他的存在就像是跟屁虫，紧紧地贴着张须陀，让他走也不是，留也不是。时间在慢慢地消逝，翟让、徐世勣、王伯当等人相继赶到，直到此时，瓦岗军在人数上的优势才慢慢显现出来。

当时的场景，很像三国演义中赵云在长坂坡七进七出的精彩桥段：张须陀被敌军围了起来，他的单兵作战能力强悍无比，轻轻松松就杀出了重围，可看到手下的战将逃不出来，只好几进几出，奋力救援，直到精疲力竭，被杀身亡。

据史料记载，张须陀被杀，隋军将士昼夜号哭，数日不止，黄河以南的百姓听闻噩耗，一片哀号，情绪极度沮丧。由此可见，张须陀在隋末镇压起义军的战争中起到了多么大的作用。

张须陀战败之后，荥阳落到瓦岗军的手中，隋炀帝很无奈，只好任命光禄大夫裴仁基为河南讨捕大使，将官军的防守战线转移到了虎牢关。

江湖法则就是，不管你以前是干吗的，只要能打败最强的对手，你就可以踏着他的名誉和地位，跻身到最强者行列。拿张须陀来说，剿灭过无数起义军，最后却倒在了瓦岗军的面前。而倒在了李密的计谋之下，说明瓦岗军是无敌的存在，李密是智慧的化身。

荥阳之战是瓦岗军出道以来取得的第一次大捷。想想看，同样的乌合之众，只要是翟让上阵指挥，瓦岗军犹如瘟神附体，结局都是一塌糊涂，人家李密刚刚出师就取得首战大捷，还斩杀了敌军主将，这说明了什么？

翟让不行啊。

徐世勣、王伯当等人虽然勇猛，可在翟让的手下发挥不了任何作用。在将士们的眼里，李密才是他们美好前途的引路者，幸福生活的代言人。“桃李子，得天下”虽然是个不折不扣的谣言，却让将士们更加坚信，跟着李密混，肯定要比跟着翟让混有前途。

仗打完了，该论功行赏了吧？

大家都很好奇，翟让身为总舵主，会怎么赏赐李密呢？是把妹妹嫁给李密，做相爱相亲的一家人？还是让李密做瓦岗军的二把手？

翟让表示，大家的想法很离谱。论功行赏时，翟让突然宣布了一个鬼神莫测的决定：让李密建立自己的牙帐，还特地取了个很响亮的名字，蒲山公营。

让李密独立带团队，这是信任的表现吗？事实并不如此，李密的团队本就是他的，翟让就算想收编也无能为力。与其说是让李密独立带团队，还不如说翟让控制不了李密的势力，开始让他放任自流，野蛮生长了。

更何况，蒲山公是隋朝给李密封赏的爵位，李密前脚刚弄死隋将张须陀，后脚就给李密贴上隋朝的标签，这明显就是恶心人啊。退一万步来说，蒲山公是李密的专利，你拿人家的名号来封赏，是不是有点太不走心了？

总而言之，翟让对李密还是很有芥蒂的，至少在此时此刻，翟让心生了和李密分道扬镳，维持瓦岗军正宗血统的想法。

李密给自己的定位是创业老板，而不是简简单单的打工仔。两者之间的区别是，打工仔只能依附老板，眼巴巴地等着老板的赏赐，活得很没有趣味。老板则不用计较一城一池的得失，身份和地位也不需要靠别人来施舍，自己动手，丰衣足食。能够自立门户，李密自然是求之不得。

李密打了胜仗，心里美滋滋的，为了拉拢手下的将士，李密将抢劫来的金银珠宝全都分了下去，人人有份！不过有一条，所有人都必须约束自己的行为，尤其是和翟让的部下发生冲突时，必须躲得远远的。

有时候，及时服软确实是最好的自保方式。

有一天，翟让找到了李密，感叹道："兄弟啊，这些年我也打了不少胜仗，手中积累了无数的粮食和财宝，心满意足啦！我打算回瓦岗寨了，你若是不愿意和我一同回去，那么就在此分兵吧。"

回瓦岗？衣锦还乡？养老送终？

李密望着翟让，感觉此时心中有一万只羊驼狂奔而过。这个合伙人到底是什么心态啊，要在事业的鼎盛期急流勇退，脑子有毛病？

李密十分清楚，一旦瓦岗军分崩离析，实力就会大打折扣。说白了，瓦岗军的超级战将都在翟让的麾下，李密虽然得了名气，却终归拼不过翟让的势力。对李密来说，分兵是很不划算的生意，做不得。

要不跪求翟让，恳请他留下来？

李密不是这样的人，如此掉身价儿的事，他做不出来。李密思虑再三，最终决定以说服教育为主，能合则合，不能合就分道扬镳。

李密给出了三条理由：

理由一：天下分崩离析，老百姓处于水深火热之中，翟让应该统帅大军，一举歼灭敌寇，澄清寰宇，躲到深山老林做盗匪，实在是很掉价儿的事儿。

理由二：洛阳的官民已经对朝廷心生不满，再加上王世充等人搅局，朝野动荡不已，瓦岗军完全可以趁乱搞点事情。

理由三：眼下就有个好机会，比如向洛阳进军，先把兴洛仓搞到手，有超级粮仓做后盾，不愁十里八乡的百姓不来投奔，有了群众基础，其他的都好说。

不得不说，李密的建议句句都说到了点上。

战争年代，军队的战斗力就像是发动机，可以决定军队能走多远，走多快，可军队的发展战略却像是卫星导航，决定你走的方向是不是正确的。

李密的建议其实就是一份完美的商业策划书，计划很完美，唯独缺少一位有眼光的投资人。而翟让呢，很像是手握巨额资金，似懂非懂的大土豪，面对口若悬河的李密，翟让听得头脑发晕，完全跟不上节奏。

李密发言完毕，翟让却如此回应："兄弟，我本来就是乡下的小人物，哪敢奢求那么多。如果你想攻打回洛仓，我愿意给你分兵，你尽管去打，到时候拿下了，咱们再从长计议。"

翟让的思维很奇怪，这种感觉就像是，李密你有很好的商业计划书，如果你能找到投资方，我再来投你。问题是，到那个时候，谁求谁还不一定呢。

李密劝说不得，只能带着自己的人马向康城方向移动，打算肆意追逐自己的人生。历史证明，军师贾雄的话完全是胡扯淡，李密离开翟让之后，李密的日子过得有滋有味，李密在康城附近接连打了几场胜仗，招揽了不少英雄豪杰入伍。

当时，翟让还没有到达瓦岗寨，他听说李密混得风生水起，开始后悔，于是调转马头，打算找李密商议攻打兴洛仓的事儿。这一来二去，瓦岗军的将士对翟让和李密有了新的认识。

翟让，虽是瓦岗军的创始人，值得大家尊重，可眼界不够宽，又喜欢安于现状，跟着他混，温饱没有问题，发展前途堪忧。

李密，虽然是后起之秀，可毕竟是豪门出身，底蕴在那儿，更兼脑子时常在线，很有开疆拓土、称王称霸的潜质，假以时日，必定会成为一代枭雄。

至少在当时，不少人将手中的选票重新投给了李密。

不过，李密并没有因为打了胜仗而沾沾自喜，也没有因为翟让的反复无常而恼怒，面对翟让重新入伙的要求，李密的态度非常端正：“主公啊，如今洛阳空虚，留守的越王杨桐年纪轻轻，辅政官员政令不一，以主公的威望，可以尽早取得兴洛仓，一旦开仓振粮，老百姓必定会纷纷来投，到时候大事可成啊。”

据史料记载，李密曾经派了一个叫裴叔方的前往洛阳打探虚实，可此人神乎其能，最终暴露了自己的行踪，以至于洛阳方面提前完成了防御工作。

没办法，这一仗只能刚正面了，究竟派谁去打呢？

李密表示，翟让是瓦岗军的总舵主，这份功劳理应归他所有。翟让表示，自己就是个乡巴佬，李密怎么安排，他就怎么听命。历史证明，瓦岗军最高权力的交接似乎在攻打兴洛仓之前就已经完成了，至少在瓦岗军高层内部已经形成了共识：李密比翟让更适合做总舵主。

隋大业十三年（617）二月初九，瓦岗军成功偷袭了兴洛仓，将这个富甲天下的超级粮仓据为己有。据说兴洛仓的粮食不计其数，李密粗略地算了一笔账，如果把仓中的粮食全部拿来自用，恐怕吃到坟头草有七尺高也吃不完，与其这样浪费掉，还不如拿来收买人心。于是，李密大手一挥，搞起了免费吃皇粮的全民大狂欢活动。

消息放出来之后，十里八乡的百姓全家总动员，麻袋、大桶齐齐上阵，来往人群络绎不绝，景象热烈壮观。老百姓得了好处，心里自然美滋滋的，喝水不忘挖井人嘛，再怎么也得感谢一下李密这个大好人啊，要不就帮他宣传一下吧。

“李密，真乃人主也！此子必有出息！儿子，要参军就得参李密的。”

一时间，李密的大名传遍了洛阳附近的州县，各地百姓纷纷赶来投军。

对统治者来说，老百姓爱支持谁是他们的事儿，朝廷不想管，也管不着。问题是，李密霸占了兴洛仓，那洛阳城的百姓吃什么啊？没有粮食，别说军队不会支持你，就连老百姓也会抛弃你。

兴洛仓丢失后，越王杨侗立即做出了军事部署：虎贲郎将刘长恭，命你率领两万五千名士兵前去镇压李密，务必夺回兴洛仓的控制权。准确地说，杨侗并没有两万五千名士兵，他给了刘长恭两万五千人的军队编制，也许会拨付一部分军队，可剩下的编制空缺，必须由刘长恭自己去解决。

事实上，这个问题也不难解决。当时，洛阳城中弥漫着一种诡异的气氛：所有人都觉得李密只不过是个盗匪而已，眼中只有粮食和钱财，毫无政治理想，毫无战斗力，只要官军出马，李密等人必定会逃往山林，有多远跑多远。在他们的眼里，李密只不过是捞取政治资本的垫脚石。

可以看看，投军最积极的都有谁：

国子监：大隋王朝的最高学府，堪比后世的清华大学和北京大学，里面的人员包括主管的官员，研究学问的老师以及出身高贵的功勋子弟。

四门：研究圣人文化、古代礼仪经典的读书人。

三学：主要包括研究历史、文化、文学的读书人。

皇亲贵胄：这是个特殊的群体，不到万不得已，不会拿自己的性命开玩笑，除非真的有种错觉，敌人必定会死在他面前。

功勋子弟：这种群体很不好说，做人做事完全看自己的心情。

总之，这帮人有一种集体错觉：李密只是饿慌了的抢米盗匪。

据史料记载，刘长恭离开洛阳的时候，大隋官军旌旗蔽日，锣鼓喧天。临行之前，刘长恭给河南讨捕大使裴仁基写了一封信，让他带着手下的兄弟赶赴兴洛仓，并约定在兴洛仓的南面先行会师，然后联手灭掉李密。

一切都表明，官军确实在按照教科书上的步骤准备，毫无纰漏。

刘长恭到达兴洛仓的时候，天色微亮。此时，裴仁基的部队还没有到达指定位置，按照原先的计划，刘长恭应该等裴仁基会师，然后一起发动进攻。

事实上，刘长恭手下的将士也是这样想的，他们毕竟从洛阳狂奔而来，一刻也不曾停歇，肚子饿得咕咕叫，正打算埋锅造饭，饱餐一顿呢，结果接到了上级领导的指示：立刻向瓦岗军发起冲锋。

将士们蒙了，饿着肚子去打仗，难道刘长恭发现了绝佳的战机？很遗憾，什么战机也没有，完全是刘长恭脑子发烧，想单方面欺负李密。

李密也不是吃素长大的，他从军中挑选了一批骁勇善战的将士，将他们分为十个队伍，其中六个分队对付刘长恭，四个分队防备裴仁基。

人都有一个缺点，很容易相信眼前看到的直观事物，很少去分析事物背后到底隐藏了什么信息。比如看到了长相丑陋的女人，第一感觉就是此人太丑，不值得交往，至于腹有诗书，那不是男人们会关心的问题。

拿当时的场景来说，李密的将士虽然是清一色的肌肉男，可毕竟人数处于劣势，往战场上一站，气势顿时就垮了下来。更何况，瓦岗军由翟让领衔，领袖的光环几乎可以忽略不计。刘长恭的第一感觉就是：这支队伍弱爆了。

刘长恭：兄弟们，建功立业的机会来了，还站着干吗，打呀！

翟让确实是个衰人，在他的带领下，瓦岗军集体哑火，毫无反抗之力。在官军的专业打击下，瓦岗军很快就到了溃败的边缘。李密还有奇谋妙计吗？还有伏兵吗？这个真的没有！李密和翟让只能硬着头皮厮杀。

客观地说，只要官军能再坚持一会儿，就可以取得胜利，夺回兴洛仓。然而就在此时，有趣的一幕出现了：官军将士的厮杀动作开始变形，明明有心杀贼，可脚步就是跟不上意识的节奏，不少人气喘吁吁，几乎快要瘫坐在地上。

以上帝视角来看，官军将士没力气了，完全是没吃饱饭，饿的。

兴洛仓之战就在此时发生了奇迹般的转折。官军将士因为体力不济，相继死在瓦岗军的屠刀之下，总共有一万多人。职业军人全军覆没，读书人趁乱逃走，不知所踪，刘长恭脱掉华丽的朝服，伪装成一名小兵灰溜溜地逃回洛阳，打算引颈就戮。官军败局已定。

兴洛仓的失陷让洛阳方面受到了重创，有生力量被歼灭，又失去了粮仓的控制权，开始进入到全面防守的被动局面。

李密问鼎瓦岗军

一家欢喜一家愁，这一战，瓦岗军打出了气势，很提振士气。

对底层将士来说，自家军队能够打胜仗，就意味着他们死亡的概率会大大降低，还能趁机捞点小便宜。在人命贱如土的乱世，能有这样的结局已经算是很美满了。因此，谁能带着他们活到最后，谁就最有资格做总舵主。

对瓦岗军管理者来说，他们的需求和底层士兵是一样的。唯一的不同，他们可能会有建功立业的愿望，希望在乱世中干出一番事业，比如捞个公侯伯子男之类的爵位，或者做个大官儿，封妻荫子。

很明显，翟让无法完成他们的愿望。攻打兴洛仓之前，翟让就已经退居到第二把交椅，战役获胜之后，李密的威望如日中天。大家眼巴巴地望着翟让，就等着他的一句话，这也是翟让作为总舵主可以行使的最后一项权力。

既然这样，那就让你们如愿以偿吧。翟让：我决定，推举李密为瓦岗军的首领，并给他上“魏公”的尊号。不得不说，翟让在关键时刻，还是让属下狠狠地幸福了一把。

隋大业十三年（617）二月十九日，瓦岗军在兴洛仓外设立祭天的坛场，李密登坛唱贺，自封为魏公，建立大魏政权，年号永平，行文称行军元帅魏公府。

事实上，瓦岗军走到这儿，也确实该树立自己的旗帜了。

在咱们后世，如果要买房子，肯定是首选一些知名品牌开发商，要买心仪的衣服，也一定是去专卖店、品牌店，而不会选择地摊货，要找工作，也喜欢找行业里的明星企业，至少说出来有面子啊。

想想刘秀、刘备等人，创业初期有什么拿得出手的成绩？老百姓愿意投奔他们，无非看中了他们是汉朝宗室之后，有刘皇叔的牌子撑着，心里有底气。同样的情况，换一个无名之辈再试试看？

李密晋升为魏公之后，第一件事就是提拔部下。

翟让：上柱国、司徒、东郡公。

单雄信：左武侯大将军（翟让的原班人马）。

徐世勣：右武侯大将军（翟让的原班人马）。

房彦藻：元帅府左长史（李密的原班人马）。

邴元真：元帅府右长史（翟让的原班人马）。

杨德方：元帅府左司马（难以查据）。

郑德韬：元帅府右司马（难以查据）。

祖君彦：元帅府记室（李密收编的人马）。

看得出来，获封的人都是长期跟随翟让的元老级人物，李密将他们都安排在了最重要的岗位，完全是安抚这帮人的情绪，也有拉拢他们的意思。

真正算李密亲信的，只有两个人。房彦藻，李密的重要合作伙伴，让他做元帅府的大总管，谁也无话可说。祖君彦，隋朝小官，起初投奔到翟让麾下，翟让不太爱搭理他，李密这才和他建立起关系，借着这次机会，李密将他提拔为元帅府的大秘书，自然不会引起旁人的猜忌。

李密有了粮食，又竖起了大魏政权的招牌，瞬间就从地区性的武装品牌变成全国性的武装品牌，影响力自然是突飞猛进。直到此时，众人才开始正视“桃李子，得天下”的政治预言。真命天子降临人世，必须得好好巴结一番。

据史料记载，河北、山东等地的起义军首领纷纷派遣使者前往兴洛仓，表达了归顺李密的意思。他们觊觎李密手里的粮食，更希望能傍上未来的天下共主，为自己政治前途添一笔彩。比如隋末的领袖人物孟让、郝孝德，还有后起之秀王君廓、李文相、李士才，都属于这类政治墙头草。

做完了这一切，李密命人在兴洛仓附近建造了一座周长四十里的城池，命名为洛口城，还让护军将军田茂广督造了三百架攻城的武器，名叫将军砲。李密的意思很清楚，要向洛阳城发动进攻，死磕到底。

客观地说，洛口城是李密的大本营，意义非常重大。这里安置着瓦岗军，也接纳着来自全国各地的义军，更兼守着兴洛仓，是李密争夺天下的资本。遗憾的是，恰恰是洛口城的存在，李密才一直坚守在此地。洛阳城和洛口城的对立成了李密接下来职业生涯的主旋律，这种主旋律既可以唱响欢乐的胜利舞曲，也可以鸣奏出无尽的人生悲歌。

人的好运一旦来临，是挡不住的。

接下来，李密把眼光放到了洛阳城，他心里清楚，隋朝的官员都是清一色的骑墙派，只要你的拳头够硬，他们一定会屈服于你。为了印证这个观点，李密带着军队扫荡了周边的郡县，安陆、汝南、淮安、济阳等地相继归降。随后，李密又派翟让前去骚扰洛阳，监察御史郑颋（tǐng）等人举手投降，朝廷不得将外廓的居民全部迁入宫城，以防他们叛逃而去。

值得一提的是，河南讨捕大使裴仁基也归顺了李密。

裴仁基出生在军人世家，祖父是北周骠骑大将军裴伯凤，裴仁基曾经担任过隋文帝杨坚的侍卫，深受隋朝皇室的信任，后来参与过灭陈的历史大战，隋炀帝灭吐谷浑的战争，军事斗争的经验非常丰富。

事实上，裴仁基确实很给力，来到洛阳战场之后，他一直扼守着虎牢关，让李密吃尽了苦头。遗憾的是，裴仁基还是败给了时势。

当时，朝廷制度已经完全混乱，就拿军功考核来说，士兵们砍了几个脑袋，应该记录在案，由上级领导论功行赏，可朝廷的大佬们整日忙着内部斗争，谁也没空管这些破事，裴仁基只好将军资分赏给手下的将士，以此来鼓舞士气。

裴仁基的做法毫无问题，遗憾的是，历史上从来就不缺好事之徒，也不缺多管闲事的无耻之辈，你越是混得好，他们越是嫉恨你。

比如监军御史萧怀静总以为这种封赏是浪费钱财，裴仁基此举有收买人心的嫌疑。再加上裴仁基和刘长恭约好在兴洛仓会师，后来却掉了链子，直接导致了官军的惨败，萧怀静因此暗地里搜罗裴仁基的过失，打算在杨侗面前弹劾他。

这明显就是隋朝内部的政治斗争，对人不对事儿。

国难当头，隋朝的官员果然如李密所说，政令不一，还喜欢搞内讧。裴仁基彻底无语了，他即便拿出所有的精力，也不够对付朝内的政敌，哪还有心思去和李密干架？做得越多，错得越多，结局恐怕还是逃不过悲惨二字。

当时，裴仁基屯兵在百花谷，处于进退两难的境地。裴仁基想投奔李密，可自己毕竟杀了这么多瓦岗兄弟，心里还是有些顾忌。

裴仁基可能还不知道，政治家从来不会为了毫不相干的人复仇。只有永恒的利益，没有永恒的敌人。李密得知后，打算拉他一把：兄弟，要不来洛口城吧，环境虽然差一点，但以后还是有前途的！

裴仁基也有归降的意思，因此对幕僚贾闰甫说道："你怎么看？"

贾闰甫："看什么看，投降吧！"

裴仁基："那萧怀静怎么办？"

贾闰甫："呵呵，萧怀静就像是栖身在树枝上的大公鸡，如果他不知道随机应变，您尽可以一刀剁了他，完全看您的心情……"

裴仁基："好！我投降，你去帮我办理此事吧！"

据史料记载，裴仁基有意放萧怀静一马，可此人拒不回头，裴仁基便找人剁了他，随后用武牢关作为见面礼，归降了李密。

李密给了他新的身份：上柱国、河东公。裴仁基的儿子裴行俨骁勇善战，被封为上柱国、绛郡公。贾闰甫因为表现突出，被李密提拔为元帅府司兵参军。裴仁基的投降，还给李密带来了一个在后世大名鼎鼎的战将——秦琼。

秦琼，字叔宝，齐州历城人（今山东省济南市）。爷爷秦方太，曾任北齐广宁王府记室，老爸秦季养，曾任北齐咸阳王府录事参军。

秦叔宝出身底蕴深厚的书香门第，家境还算不错，按照正常的职业节奏，要么继承父亲的衣钵，做王府的小文官，要么外放到地方，做一届小小的县令，无论如何也不会走上武将的道路。改变秦叔宝命运的，其实是他的父亲。

秦季养见惯了北朝皇室的血腥倾轧、残酷斗争，又无力改变老百姓生活在水深火热的现实，心态消极之下，秦季养决定带着家人归隐山林。

乱世之中，圣人的知识和礼仪解决不了任何问题。秦叔宝从小受到的教育就是：

保持做人的底线，无限提高武力战斗值，追求极致的暴力美学。因此，秦叔宝很少学习礼仪知识，他几乎把所有时间都耗在了武学上，最后终于学有所成。

隋朝大业年间，秦叔宝在海军主帅来护儿的麾下效力。不久之后，秦叔宝跳槽到张须陀那里，先后平定了卢明月、孙宣雅的叛乱，秦叔宝因为军功突出，被提拔为建节尉。隋大业十二年（616）十一月，张须陀被李密弄死，秦叔宝投奔了裴仁基。

准确地说，秦叔宝的前半生就是一部屠杀起义军的历史，谁的军队强悍，他就投奔谁，大树倒了之后，秦叔宝总是在第一时间投奔他处。至于说他是否对隋朝忠诚过，真可谓见仁见智。不过，作为留名青史的传奇人物，实在不应该因为跳槽次数很多，就饱受后人的议论非评，秦叔宝的经历说明了一个问题：他懂得审时度势，能够在关键时刻做出对自己最合适的选择，这就足够了。

当然，眼下的瓦岗军也不是秦叔宝的最后一站。

和秦叔宝齐名的便是程咬金。

程咬金，济州东阿人（今山东省泰安市东平县）。祖父程哲，曾任北齐的晋州司马，父亲程娄，曾任隋朝的济州大都督。

秦叔宝和程咬金有许多相似的标签:祖父和父亲都是朝廷官员。两人都喜欢武力，战斗值还算过得去。在同一时间投奔了李密。后来一起投奔王世充。一起加盟到李世民的秦王府。一同被封为“凌烟阁二十四功臣”。

这样的基友缘分，实属罕见。

不过，和秦叔宝比起来，程咬金的发家史略显沉闷。

隋大业六年（610），隋炀帝传下诏令，打算以举国之兵征伐高句丽。遗憾的是，战争还没打起来，后方的百姓就起来作乱了。准确地说，是职业盗匪带头作乱，专门抢劫富户，杀肥羊，再加上地方官员趁机压榨，老百姓叫苦不迭。

程咬金的父亲是济州高级官员，程咬金身为济州有名的公子哥，几乎有着爆棚的社会责任感。山东的乱局刚起，程咬金就登高一呼，组织起了一支数百人的地方护卫队，防备不长眼的小毛贼侵犯程氏家族的利益。

历史证明，程咬金并没有创业的思想，队伍拉起来之后，程咬金一直游走在济州境内，说他在帮朝廷消灭叛贼，有点赞美他的嫌疑，说他在乱世中浑水摸鱼，似乎又有点冤枉他的嫌疑。程咬金就在毫无人生方向的状态中度过了一段浑浑噩噩的时光。直到李密夺取瓦岗军的最高统治权，程咬金才再一次出现在历史记载中。

秦叔宝和程咬金都是千里挑一的人才，李密该怎么用他们呢？

古往今来，领袖人物一般都很在乎自己的性命。想想看，晚上睡觉的时候，中军大营外面站着一群不知来历的人，心里该有多么的恐怖，打仗的时候靠一帮战斗力弱爆的乌合之众，心情该有多么的崩溃！因此老大都喜欢培养特种部队，比如杜伏威的“上募军”。

李密也搞了一支特种部队，名叫“内军”。内军编制八千人，不管是身体素质还是战斗经验，内军将士都是百里挑一的好汉。李密将内军分为四支小分队，每支分队两千人，头领叫骠骑。秦叔宝和程咬金就是内军骠骑。

当时，李密霸占着兴洛仓，打着洛阳城的主意，越王杨侗霸占着洛阳城，打着兴洛仓的主意，两人注定会成为不死不休的冤家对头。

值得一提的是，洛阳城北还有一个国家级粮仓：回洛仓。

考古发现，回洛仓位于洛阳市廛（chán）河区小李村，东西长一千米、南北宽三百五十五米，相当于五十个国际标准的足球场那么大，其中有七百个直径十米的地下仓窖，每个仓窖可以储存五十万斤粮食，整个仓城可以储粮三亿五千五百万斤粮食。

不幸的是，回洛仓的粮食储备完全不够。李密正是看到了洛阳方面的软肋，这才不惜一切代价拿下兴洛仓，进逼回洛仓。一句话，老子就是要饿死你们。

隋大业十三年（617）四月十三日，李密派裴仁基率领两万精兵前去攻打回洛仓，战役进行得非常顺利，官军刚刚交锋便落荒而逃，裴仁基一直追击到洛阳城外的天津桥。天津桥横跨在洛水之上，位于洛阳皇城的正南，是前往皇城的重要通道。

裴仁基想了想，洛阳城易守难攻，就凭他手下的两万人，恐怕还不够搬石头的，因此打消了进攻洛阳的念头。

不打洛阳，那还能干吗，不能白来一趟吧？

裴仁基的管理经验非常丰富，他明白，让大兵们不闹事的唯一办法就是发福利，尤其是分享钱财，屡试不爽。翟让也是靠抢劫发家的存在，深谙此道！两人就像是相约逛窑子的老嫖客，心照不宣地达成了一个基本共识：兄弟们大老远地跑来，绝对不能让他们空手而归。

裴仁基为了让兄弟们没有后顾之忧，下令焚毁了天津桥，开始了规模浩大的抢劫行动。然而，就在瓦岗军防备松懈之际，洛阳援军偷偷摸摸来到了身后，他们对裴仁基部发起了猛烈的反击，一场恶战之后，瓦岗军惨败而归。

官军非常兴奋，裴仁基刚吃了败仗，肯定没能力再镇守回洛仓了吧，这下可以好好地抢一次了。说起来也很讽刺，回洛仓明明就是朝廷的产业，可如今官军却像个强盗组织，打算抢劫自家仓库，这情景怎么看都觉得有些诡异。

令人沮丧的是，裴仁基虽然打了败仗，可李密却趁机拿下了回洛仓。此刻，李密正端坐在回洛仓的大门口，想抢粮食？没门儿！可即便如此，还是得抢啊，总不能让百姓们都饿着肚子吧。

隋大业十三年（617）四月十九日，隋朝的辅政官段达、武贲郎将高毗、刘长恭等人率领七万大军，与李密在回洛仓附近展开了激烈的厮杀。双方的焦点在于回洛仓控制权，谁掌握了回洛仓，谁就能掌握战争的主动权。遗憾的是，战争最终以隋军的落败而告终，越王杨侗的抢粮行动宣告失败。

李密打了胜仗，心中得意万分，就在此时，他召开了高规格的新闻发布会，将准备已久的讨伐檄文对外公开，并传檄到洛阳周边的郡县。

据史料记载，这篇檄文名叫《为李密檄洛州文》，作者是李密元帅府的大秘祖君彦。准确地说，隋炀帝头上的所有脏水，比如谋杀隋文帝杨坚，凌辱母后的罪名，基本都出自祖君彦的这篇檄文。其中最著名的一句话便是“罄南山之竹，书罪未穷；决东海之波，流恶难尽”。

在祖君彦的眼里，隋炀帝已经变成一无是处的恶魔。

按理说，这篇檄文爆了很多隋朝皇室的猛料，无论如何，都应该登上大隋王朝的头条新闻，引起举国百姓的跟风热评。有趣的是，檄文发出去之后，吃瓜群众古井无波，各地起义军大佬反应平平，根本就没人把这篇檄文当回事儿。

如果是在后世，谁能爆出这样的猛料，必定能成为圈内的大咖级人物。看看祖君彦，在历史上毫无名气可言，和写下讨伐武则天檄文的骆宾王相比，祖君彦完全就是个弱爆了的小丑。时隔千年，后世史学家达成一个基本共识，隋炀帝谋杀父皇，凌辱母后等罪名不成立，完全是祖君彦的恶意诬陷。

说白了，讨伐檄文是拿来恶心皇帝，收买民心的，可有一个基本前提：可以夸大其词，但不能歪曲事实，胡编乱造。想想看，张须陀被杀之后，无数的百姓为他日夜啼哭，说明隋朝的统治在民间还是很有市场的，祖君彦用这种天马行空的罪名来栽赃，也难怪民间不太买他的账。

还是说回李密吧。想当年，好兄弟杨玄感举兵反叛，就是在洛阳城下折戟沉沙，含恨而终。如今，李密再次站到了洛阳城下，成为这座城池的挑战者，还是要面临同样的难题：洛阳城易守难攻，几乎是防御无解的状态。

据史料记载，李密在洛阳城下耗费了很长时间，最终却毫无寸进，一时间，李密进退失据，左右为难。当时，李密的幕僚们就在思考一个问题，再这样耗下去，难道要让杨玄感的悲剧重演吗?

就在此时，护军柴孝和给李密提了个醒：大隋不止有洛阳，还有个长安呢。

柴孝和引经据典，声称当年楚霸王项羽就是因为没重视长安的战略地位，最终才自刎于乌江之畔，汉高祖刘邦却因为长安而成帝王霸业。事到如今，李密完全可以学一学高祖皇帝，先占据关中，再号令天下。

自古以来，长安城就是王者之都，虽然地理位置不如洛阳，但是拿到了长安城，就相当于给大军吃一颗定心丸。否则，李密的大军如同无根的浮萍，注定是在洛阳城外游荡的孤魂野鬼。事实上，柴孝和的担心后来成了现实，李渊从太原起兵，不到半年时间就占据了长安城，挟天子以令诸侯，最终夺取天下。

柴孝和的建议很明确：让裴仁基镇守洛口仓，翟让镇守兴洛仓，李密亲自率领大军前往长安，只要长安城陷落，大隋离覆灭的日子也就不远了。

遗憾的是，李密拒绝了，至于拒绝的原因，很难说清楚。

试问，偌大的长安城放在眼前，李密难道就会视而不见?

想当初，李密还是二把手的时候，就曾劝说翟让先打洛阳城，如果打不下洛阳，就退而求其次，向长安方向进军。如今，李密坐了首领的交椅，道理还是那个道理，可看问题的角度却发生了变化。

李密：兄弟啊，战略没问题，不过我有顾虑。

柴孝和：什么顾虑？

李密：昏君还在洛阳城呢，咱们得继续干他！

柴孝和非常无语。

李密想了想，最终决定说真话：兄弟听我一言，瓦岗军虽然声势滔天，可将士们毕竟都是潼关以东的人，他们没咱们想的那么长远。如今，大军在洛阳城下吃了瘪，如果强行带到长安城下，谁又能保证一定会取得胜利呢？

不得不说，李密的顾虑非常有道理，瓦岗军的成分确实太复杂了。

别的不说，翟让不贪恋权力吗？如果他真的无欲无求，恐怕早就回老家光宗耀祖去了，翟让的屈服完全是受形势的逼迫。至于瓦岗军的元老，情感上是依附翟让的，利益上是依附李密的。对李密来说，想要坐稳首领的交椅，前提条件就是保障这帮元老的利益，如果打几次败仗，下场恐怕不会太好看。

至于裴仁基等人，要么受中央官员的排挤，无处可去，要么郁郁不得志，想换个平台发展。谁能肯定，裴仁基会把全部身家押在李密的身上？李密也没有底气，对于裴仁基这帮人，基本原则就是一边利用，一边防备。

还有谁？毫无战斗经验的农民兄弟，因为他们的加盟，瓦岗军的数量直接飙升到三十万。问题是，他们就是一群乌合之众，唯一的价值就是凑人数，可以在军队的气势上压倒敌人，一旦正面交锋出现不利，最先逃跑的就是他们。

还有一批胸怀壮志的潜力股。比如程咬金、秦叔宝，包括后来跳槽到瓦岗军的大神魏征。在这帮人的眼里，李密势力强悍，他们就继续跟随，李密如果走下坡路，他们必定会跳槽到其他的军队。

至于李文相、郝孝德等农民起义军，只能算李密外围的盟友，摇旗呐喊还可以，到了真刀真枪卖命的时候，起不到任何作用。

任何一个团队的领袖，都应该有自己的核心班底，他们叫嫡系部队，只有他们才是一往无前，所向无敌的刀锋战士。可看完了李密的团队，总有些隐隐的担忧，李密的核心班底究竟是谁呢？

李密表示，他也不知道谁才是自己的嫡系。拿实际情况来看，李密倒像是瓦岗军的职业经理人，而翟让等人才是背后的实际控制人。

面对柴孝和进取长安城的提议，李密拒绝了。也许，李密担心如果在长安城外遭遇滑铁卢，瓦岗军会立刻土崩瓦解。也许，李密有自己的偏执，非得拿洛阳城开刀立威，不死不弃。碰上这样有个性的领导，你又能拿他怎么样呢。

柴孝和不愿意放弃进攻长安的策略，他找李密要了数十名骑兵先锋，打算前往潼关和长安探探路，为大军西进提前做好功课。历史证明，当时的瓦岗军确实是如日中天，至少军队的名气是响当当的，柴孝和西进的途中，给土匪们造成了一种错觉：柴孝和来关中招聘人才了。

柴孝和表示，自己是来搞特务工作的，真不是来招聘人才的。问题是，土匪们不答应啊，瓦岗军这么大的平台，好不容易搞一次公开招聘，怎么能轻易错过呢！必须得接收我们，否则你们就是地域歧视，工种歧视。

柴孝和很无奈，身份已经暴露了，带着一万多土匪去搞地下工作，显得很没有诚意，没有专业素养，还是回洛阳吧，好歹能交差。

柴孝和离开之后，李密继续驻守在洛阳城外。

接下来的一段时间，瓦岗军和官军开始了漫长的对峙，如果双方主帅觉得日子很无趣，就约好时间和地点，把军队拉出来遛遛，顺便锻炼一下体魄。终于有一次，李密在锻炼身体的时候，不幸被官军的流矢射中，身负重伤。

敌军主帅受伤，这可是天赐良机啊，如果不策划点军事行动，岂不是愧对李密？隋大业十三年（617）五月二十八日，越王杨侗派段达连夜出兵，在回洛仓的西北方向列阵，扬言要和瓦岗军决一雌雄。

瓦岗军虽然人多势众，可将士们看到主帅受伤，士气非常低迷，两军交锋没多久，瓦岗军的杨德方、郑德韬等人就相继阵亡，李密不得不宣布撤军。

事实证明，李密的霉运并没有彻底结束。李密刚刚退军，前线就传来噩耗：虎贲郎将霍世举、监门将军庞玉接到隋炀帝的旨意，正率领长安方面的大军赶赴洛阳战场，他们打算一不做二不休，合力围剿瓦岗军。

李密仰天长叹，命运真爱和我开玩笑。

没办法，先放弃回洛仓，返回兴洛仓大本营吧。

瓦岗军把洛阳搅得鸡飞狗跳，隋炀帝正在江都。

当时，杨侗觉得起义军很像是狗皮膏药，于是派太常丞元善达前往江都给隋炀帝当面汇报，声称李密有百万之众，声势滔天。杨侗表示，他干不过李密，不过只要隋炀帝能够返回洛阳，李密的瓦岗军就会彻底烟消云散。

言外之意，如果爷爷不回来，洛阳恐怕会不保。

元善达一把鼻涕一把泪，搞得如丧考妣，极力恳请隋炀帝回朝。遗憾的是，隋炀帝是个理性的人，他只相信事实，不相信眼泪。

在他的眼里，元善达的话漏洞百出，很难让人信服。

什么叫李密有百万之众？难道李密的威信比隋炀帝还要高吗？什么叫隋炀帝返回洛阳，李密就会烟消云散？太主观了吧！还有，洛阳易守难攻，杨玄感就在此地吃了憋，难道李密就能拿得下来？

元善达采用了夸大事实的汇报方式，希望以此来打动隋炀帝，悲剧的是，这样的策略刚好起到了相反的作用。隋炀帝虽然为之动容，却始终不发一言，也不承认回洛阳。

老板不肯接话，说明他不太开心，身边的近臣就得有点眼力见儿了。

比如金紫光禄大夫虞世基，看到隋炀帝略显尴尬，又有些发脾气的征兆，赶紧抛出了一个致命的问题：既然洛阳周边已经被起义军包围，元善达是怎么顺利到达江都的呢？一定是元善达假传越王的意思，欺骗陛下。

虞世基话音刚落，隋炀帝就兴奋起来了。按照虞世基的说法，元善达岂不是将隋炀帝的智商按在地上摩擦吗？欺君之罪。

朕决定了，判你去贼人经常出没的地方运送军粮。隋炀帝虽然没有判处元善达死刑，却借土匪之手灭了他，殊途同归的效果。不过话又说回来，元善达的话虽然很夸张，却改变不了洛阳被起义军围困的事实，更何况李密也不是假想出来的敌人啊。元善达被杀后，洛阳的军情奏报犹如雪花一般飘向江都宫。

直到此时，隋炀帝才真正重视起瓦岗军的存在。

隋大业十三年（617）七月，隋炀帝下诏，调遣全国各地的精兵前往洛阳。

其中最重要的两支军队：左御卫大将军薛世雄（驻守在涿郡）担任洛阳守卫战的

总指挥，统兵三万。江都通守王世充率领的五万名江淮精兵。

不幸的是，薛世雄到达河间府后，被窦建德给击败，随后带着二十多个亲信含恨撤回涿郡，在忧愤和惭愧中去世。

隋炀帝的霉运，似乎有点儿看不到尽头的意思。这不，李密这个大麻烦还没解决，河南、山东就传来了噩耗：暴发洪水了。

同样一件事，身份地位不同，决定了处事态度和方式的不同。

就拿洪水决堤，百姓遭难来说。隋炀帝是大隋天子，肩负着救济万民的责任和义务。如果隋炀帝开仓赈粮，那是他的义务，百姓绝不会给他颁发好人奖，如果不开仓赈粮，或者开了仓，可老百姓没得到实惠，那就得承受千夫所指。

至于李密、窦建德、李渊这帮人，就算他们什么都不做，老百姓也不会对他们有任何怨言。如果他们开仓赈粮，老百姓只有在家为他们烧高香的份儿。问题是，拿皇家的粮食收买人心，他们有什么不乐意的呢?

隋大业十三年（617）九月，隋炀帝下旨开放黎阳仓，先救百姓的性命。徐世勣看出了黎阳仓的门道，也嗅到了其中的机会，他直言不讳地向李密进言：天下大乱，本为饥馑。今更得黎阳仓，大事济矣。

抢夺官仓是李密最擅长的事儿，有好机会摆在眼前，他怎么会错过。

李密下令，命徐世勣率领五千名将士北渡黄河霸占了黎阳仓，并下令开仓，任百姓取用粮食，不到十天的时间，徐世勣的麾下就多出了二十万农民。准确地说，这帮人不是冲着李密去的，而是冲着李密的黎阳仓而去。

到目前为止，李密控制着兴洛仓和黎阳仓，没事还可以搞搞回洛仓的事儿，幸福的日子让其他盗匪羡慕得很。如果你是凡人，在当时的形势之下，一定会觉得李密夺取天下是有可能的，而且可能性很大很大。

就在此时，李密得到了一封密信。写信的人叫徐洪客，是泰山籍贯的道士，神龙见首不见尾。徐洪客在信中说道：李密，你很牛，超级牛，你手下的人确实很多，可一旦你的粮食耗尽，这帮人会立马离你而去，如果想打持久战，军士厌战的情绪也会越来越浓厚。如今，你应该趁着兵锋正锐的良机，南下江都，擒拿杨广，挟天子以令诸侯哇!

不得不说，徐洪客的建议有些标新立异。当时，不管是李密，还是窦建德、杜伏威等人，都将目光瞄准了洛阳和长安，谁也没敢打隋炀帝的主意，徐洪客一席话让李密刮目相看，肃然起敬。

看得出来，徐洪客是位狠角色，连皇帝老儿都敢弄。

李密：快快快，把这位奇人异士找来，我得和他好好聊一聊。

李密很想见徐洪客，可徐洪客不想见他。发出密信后，徐洪客就云游四方，不知所踪了。想必徐洪客也明白，要人命的勾当，不是每个道士都能干的。

几个月的时间，朝廷接连失去兴洛仓、回洛仓和黎阳仓的控制权，这也让洛阳的粮食价格飙升到历史高点。物价飞涨，老百姓吃不饱饭，连年征战，老百姓朝不保夕。可想而知，百姓必定会有怨言。

这让越王杨侗压力山大啊。

庆幸的是，隋炀帝安排的援军到了。

当时，王世充、韦霁、王辩、河内通守孟善谊、河阳都尉独孤武等援军，以及长安方面的虎贲郎将刘长恭、庞玉等人在洛阳城下顺利会师，再加上越王杨侗手中的二十万大军，隋军可以正面参战的总兵力多达三十余万。

以三十万职业大军来防备李密的三十万乌合之众，绰绰有余。

问题是，谁来做大军的统帅呢?

这事儿不用杨侗操心，薛世雄去世之后，隋炀帝就下了旨意，任命王世充为前线总指挥。不过，王世充的权限是调派十万援军作战，至于越王杨侗手中的二十万大军，依旧是隋朝皇室的护身符，谁也动不得。

洛水边上，官军和瓦岗军准备就绪，战争一触即发。

主力交战之前，双方主帅有意控制参战人数，让小股势力互相交锋，两军在洛水边上你来我往，一连交战了上百次，可结果却是伤亡不多，互有胜负。

客观地说，杨侗承受的舆论压力要比李密大很多。一来，官军和叛军的人数差不多，如果拿不下李密，臣民们恐怕会信心动摇，二来，隋炀帝屡次派遣使者催战，还给王世充加了大将军的头衔，要求他以最快的速度解决李密。

隋朝的统治者不想等，而王世充又不想打。

隋大业十三年（617）十月二十五日，王世充率领大军北渡洛水，在黑石安营扎寨。

李密蒙了，王世充，官军和瓦岗军都在洛水之南，想要干架，就地解决，为什么要渡河到北边呢，真是脱裤子放屁，多此一举啊！

王世充调动如此大规模的军团渡河北上，可能性有两种。

可能性一：王世充不想打，通过调动大军来迷惑杨侗。

可能性二：王世充想拿下黎阳仓，解决洛阳的粮食问题。

据史料记载，李密像是被踩到大尾巴的猫，立马就炸了起来。

隋大业十三年（617）十月二十六日，李密直接调兵北上，和王世充打了一次主力大会战，十多万将士混战在一起，天地为之变色。史学家没有描述战役的详细过程，只知道此战过后，李密的大将兼谋士柴孝和被洛水活活淹死，瓦岗军在官军的围攻下，几乎是土崩瓦解。正规军和业余部队的区别，体现得淋漓尽致。

李密瞧了瞧形势，决定带着属下南渡洛水，至于跟不上节奏的部下，稀稀拉拉的逃往月城（洛水之北）。就在此时，王世充做出了一个鬼神莫测的决定：放弃追击李密，率领大军继续北上。

有人可能会觉得，王世充应该先弄死李密，瓦解敌军对洛阳城的围攻。还有人可能会觉得，王世充想要养虎遗患，拥兵自重。还有一种可能，王世充真想北渡黄河，前往黎阳仓搞事情。

王世充到底是怎么想的，谁也不知道。可不管怎么说，王世充北上的决策肯定是有问题的。据史料记载，当李密得知消息后，兴奋得手舞足蹈，他立即组织兵力来到洛水之北，对王世充的大本营发动了进攻。

官军接连发了六次狼烟警报，催促王世充回援，可最终还是败给了时间。在李密的围攻下，黑石大本营迅速沦陷，当王世充赶回的时候，只能仰天长叹，无力回天了。洛阳战场的大会战，以李密的反败为胜暂时处于上风。

王世充虽然打了败仗，可主力部队尚存，官军还是有能力反败为胜的。然而越王杨侗却着急了，他表面上派人前去安抚王世充，可言语之中却含沙射影，暗指王世充无能，这才导致官军惨败。

王世充既惭愧又恐惧，只能主动请命，希望和李密再次决战。

隋大业十三年（617）十一月初九，王世充在石子河（今河南省郑州市巩义县境内）对瓦岗军发起了最后的攻击，李密故意将战线拉开，并让翟让前去迎敌。翟让兄弟依旧保持着怂包的姿态，双方交锋没多久，翟让就以华丽的姿势撤军而去。

此时，王世充需要谨慎。可他却觉得翟让就是这个德行，因此来不及多想，直接大手一挥，全军追击！遗憾的是，王世充走进了李密的伏击圈，在瓦岗军的围攻之下，王世充全军覆没，仓皇而逃。

至此，隋炀帝安排的洛阳反击战彻底宣告流产。

鸿门宴上杀翟让

此时，长安城被李渊占领，李密成为洛阳城外最强悍的军阀，群雄逐鹿的日子已经快要接近尾声。

就在此时，翟让的旧部心里不平衡了。这算什么，从左往右数一数，谁不是瓦岗军的元老人物？俺们历经艰辛，白手起家，这才创立了瓦岗军的品牌。

论行军打仗，俺们都是行家里手，李密能输的战争，俺们一样能输，而且输得比李密更加华丽，李密能打赢的战争，也都是俺们努力拿下的。

论资排辈，李密能跟俺们相比？说得不好听一点儿，翟让才是瓦岗军的老板，李密只不过是职业经理人而已，如今事业有起色了，就想夺权了？

最后，大家发出了灵魂的拷问：为什么要给李密打工？大家合计了一下，决定请大哥翟让出山，把瓦岗军的指挥权重新夺回来。

不过，这事儿从一开始就困难重重，很没有搞头。原因很简单，翟让当时是心甘情愿的下岗，没有受到任何胁迫，如今世事变迁，想要在嫖客手里夺妓女，小孩嘴里抠糖果，是不是有点儿天真无邪的意思？更何况，翟让自己有心理障碍，他就是觉得，李密的能力比他强，他掌控不了李密。

所以，为了全军的前途，翟让确实做出了很大的牺牲，这也是翟让在瓦岗军中深得人心的根本原因。可是，属下不这么想，老大有能力很重要，品德素质也很重要，前者保证他们可以排排坐分果果，后者保证他们有机会吃果果。

很显然，李密的品德很一般，大家伙就想撺掇翟让重出江湖，掌握瓦岗军分果果的游戏规则。牵头闹事的人有两个，司马王儒信、翟让的哥哥翟弘。

翟弘是家中的哥哥，按照世俗的观念，应该由他来撑起翟家的未来，不幸的是，翟弘就是个精致的利己主义小流氓，别说给家里带来希望，能不败光家产就已经阿弥陀佛了。也许正是这个原因，翟让才发愤图强，逼迫自己做了公安局局长和检察长，让哥哥翟弘不至于在有生之年住进牢房。不管怎么说，老弟翟让就是他的一切，什么李密，什么瓦岗军，都是胡扯淡。

王儒信，团队中溜须拍马、投机取巧的实力担当，他确实读了几本历史书，可生活阅历的缺失，让他难以承担翟让军师兼战略顾问的职责，在这个岗位上，王儒信可以说毫无建树，只能以翟让亲信的身份在军中搞关系，混日子。

这两人能够走到一起，实在没什么可惊奇的。

王儒信和翟弘可能没想到，他们要撺掇的事儿，很要命，不仅会要了他们的命，还会要主子的命，更会毁了瓦岗军的前途。劝说小组就这样组成了，他们直接来到了翟让的营帐，开门见山。

王儒信说道："主公，你才是瓦岗军名副其实的最高统帅，如今李密混出了名堂就不把你放在眼里了，这怎么能行啊！"

翟让呵呵一笑，问道："那你想怎么办？"

王儒信："如今咱们的家底还在，李密军中的许多人又都是您的旧部，您完全可以宣布出山，自封为大冢宰，不愁大家不归附你。"

《周礼》中有记载，天、地、春、夏、秋、冬设有六个冢宰，其实就是后世的户部、礼部、吏部、兵部、工部、刑部尚书，在他们之上，有个大冢宰，主管全国所有的官员，地位相当于首席宰相。

王儒信的意思是这样的，首领、总舵主、主公、大哥之类的称号，可以赋予翟让应有的江湖地位，却不能给他尊贵的政治身份。言外之意，野鸡派领袖毕竟上不了大台面，如果冠一个大冢宰的复古头衔，品位直线飙升，境界立马就不一样了。无独有偶，杜伏威自封为大行台，也是这个道理。

不过，翟让的兴趣似乎不是太大："兄弟啊，我如果痴迷于权势，当初就不会让出瓦岗军的指挥权，至于谁来做天子，我并不是很在乎。"

瞧瞧，这世界上还真有对皇位不感兴趣的人。

聊天聊到这个份上，有种尬聊的意境。

不得不说，翟让很信任李密，出让瓦岗军的控制权，翟让居然没有丝毫的不适。这是毫无底线的利人主义者啊。客观地说，翟让的人格已经升华到令凡夫俗子难以仰望的境界，很快就要羽化升仙了。

不过，哥哥翟弘想不通了，老婆不能让给别人，皇位更不能让给别人，即便要让，也要肥水不流外人田，哥哥先尝尝鲜嘛。这几年搞革命，老弟的思想太进步了，这可不是什么好兆头，得极力阻止一下别人，争取一下自己的利益。

翟弘抢话道："老弟，天子之位本来就是你的，怎么可以轻易让给别人呢，既然你不感兴趣，那我来做，肥水不流外人田。"

翟让："呵呵"

此处的呵呵，包含着万般意境，让人回味无味。

很多历史细节都可以证明，翟让确实是个安于现状，没有进取心的人。也许，翟让对皇位有非分之想，可要登上九五之尊的宝座，凭他的能力是远远不够的，量力而行，翟让选择了一条安逸的养老路线。

说起来也可笑，能够带着钱财和美女颐养天年，是多少人梦寐以求的事情，翟让明明可以安稳地过完下半生，可最后埋葬他幸福的，居然是自家的兄弟。

曹植说，煮豆燃豆萁，豆在釜中泣，本是同根生，相煎何太急。

坑兄弟的事儿，不仅仅是主观上的，有时候确实是客观的。所以说，各位被好兄弟埋到坑里之后，不要立马责怪他，要站在他的思考角度，好好的分析一下他坑人的道理，兴许会有所裨益。

调侃归调侃，正事儿还得说。

翟让不是圣人，亲兄弟和好朋友在旁边共同说服教育，而且说得符合人之常情，怎么能不让他动容呢？尤其是挑拨离间的话，让他的自信心备受打击。

退休的大哥也不能随便让人欺负啊，传出去还怎么混？泥菩萨还有三分火气呢。虎大哥不发怒，真以为是老猫呢？这种错误的思想，必须予以纠正。

还有一件事让翟让很心烦，心好乱。

他没钱，而且没有创收的来源。瓦岗军有个传统，积蓄基本靠自己的本事去抢，很粗放却很有效的激励方式。遗憾的是，自从李密掌权之后，瓦岗军越来越正规了，战场上的收入，只要大家都能看得到，全部上交到财政部，看不到的，拿回家放到小金库。谁控制财政部，谁就有钱，可自从翟让交出瓦岗军的控制权后，财政部也一同移交给了李密，因此口袋里的钱越来越少。

更要命的是，每次打仗李密都是作战总指挥，他如果将你分配到有油水的战区，比如攻打某某县城，或者某某粮仓，你就能多抢点，如果让你打伏击，或者打先锋，不仅抢不到钱财，还有可能倒贴本钱。

总而言之，李密拿走了绝大部分的好处，留给翟让的，只能算是残羹冷炙，按照这种态势发展下去，翟让自己的退休金都难以保证，还拿什么来赏赐手下的兄弟？没有钱财做后盾，队伍还怎么带？

翟让的心里没有怨气，恐怕只有鬼才会相信。

王儒信和翟弘就像是几百年没说过话的八婆，凑在翟让的旁边叽叽歪歪说个不停，唯恐别人不知道，他们想要弄死李密的心思有多么强烈。说着说着，翟让也产生了错觉，咱是不是真的可以弄死李密啊？

可惜的是，翟让只想发泄怒气，却又不想要李密的性命。

这些年来，李密和翟让的关系还算不错，除了分账不均，李密还是给足了翟让面子。这种你中有我，我中有你的亲密关系令翟让倍感欣慰，如果不是王儒信和翟弘在旁边叽叽歪歪，翟让是绝不可能动这样的心思的。

然而，李密给翟让面子，可李密手下的人就不那么想了。人都爱炫耀，爱攀比，衣锦还乡那是做给老乡看的，如果衣锦却不能还乡，就只好做给同袍，尤其是竞争对手的同袍来看。至少，翟让就被李密的手下恶心过，而且不止一次。

男人之间的矛盾，不能以口水战来解决，只能在大场面找回尊严。凭翟让的身份，躲在家里画圈圈，用脏话来咒骂李密，实在是很消极的反抗行为，说出去会令人耻笑的。于是，翟让打算搞出点动静，让李密能感受得到他的愤怒。

所谓的刷存在感，就是这个道理。

李密有个亲信叫崔世枢，在军中担任行军总管。有一天，翟让命人将崔世枢找来，明确地告诉他，二当家手头最近有点紧，希望崔世枢能给他送点零花钱。

大哥没钱花，居然要找小弟要，这玩笑开的，有点侮辱崔世枢的智商啊。

崔世枢很犹豫，给你送了钱，是不是就代表跟你混了啊？不行！我还是有基本底线的，即便是要跳槽，也得跳到薪酬高，福利好的平台啊，你这儿绝对没搞头，先给个五星差评。崔世枢直接逃避了送钱这个话题。

不过，神仙打架，小鬼遭殃的道理，崔世枢还是明白的。有时候，替大哥受点儿过，也很有必要。别的都不说了，崔世枢就一个请求：不要对他用刑，意思到了就可以。很幼稚的请求，翟让自然没有答应。

崔世枢挨了一顿清脆的板子，乖乖地回到军营，连屁都不敢放一个。

不过，事情还没完，李密那儿还没任何反应呢。又过了几天，翟让给元帅府记室邢义期传信，约他一起赌博。和老板一起赌博，想要光明正大地赢钱绝对是人生中的最大奢望。换个角度来看，这种赌博，就是变相的送钱啊。

邢义期表示，自己就是个小秘书，每个月拿固定的工资，养活自己都不够，实在是没钱送礼，再加上有了崔世枢的前车之鉴，邢义期实在是不想赴约。板子什么的，能逃一顿是一顿啊。于是，属下放了大哥的鸽子。就冲着这件事，邢义期就在历史上威武了一把，令绝大多数人望尘莫及。

谁料想，翟让非常强势，强行派人去打了邢义期八十大板。

古话说得好，打狗看主人，可翟让把自己当主人，这顿板子照样也是白挨。只要你够强势，就可以定义什么叫潇洒转身，深藏功与名。事情发展到这一步，双方矛盾已经彻底公开了，李密是个什么态度？

很郁闷，很想骂娘啊。想当初，翟让二话不说，直接让出瓦岗军的最高统治权，这种高风亮节，目光不短浅的行为，让李密对他肃然起敬。翟让真是完美的合伙人啊，李密仿佛置身于尧舜禹统治的上古时代！

正因为权力交接的过程很顺利，很和谐，李密才没有对翟让设防，一心一意扑在灭隋的伟大事业上。这些年来，翟让似乎已经适应了二把手的地位，打仗冲在最前面，分钱落在最后面，毫无怨言，在李密的心理只有尊敬和愧疚。

直到此时，李密的原则也很明确：只要翟让不阻碍他的灭隋大计，稍微闹腾一下也无妨，人民内部矛盾嘛，都好处理！

李密：房彦藻，你去拜访一下大哥，看他到底想闹什么幺蛾子！

房彦藻：大哥，这这这，我虽然有点儿积蓄，可也不能随便给翟让啊！

房彦藻下意识地摸了摸口袋。

历史告诉我们，高层领导处理矛盾的方法不一定很有品位，有时候真有可能会刷新我们的认知。比如，他们的话题就只有一个：钱。

双方会面的气氛比较紧张，翟让地位高，基本上主导了对话。

翟让找房彦藻要钱，态度极其恶劣，就像是刚出牢狱的抢劫犯一样。如果大家不是熟人，翟让的砍刀可能已经架在房彦藻的脖子上了。

房彦藻有点吓尿了：大哥，关键是我没钱啊！

翟让呵呵一笑："兄弟啊，当我是傻子嘛！你之前征战汝南，可是得了不少奇珍异宝啊，可回来之后，你都献给了魏公，我可是一点好处都没有啊。"

房彦藻有些怒火，大家好歹都是瓦岗军的高层人物，就不能煮一壶上好的茶叶，关起门，坐下来好好聊聊嘛？再不济，也要把老大谈判的高端氛围给营造出来，开口闭口都是钱，这算什么事啊？

房彦藻很烦躁，要知道，他是个货真价实的读书人，脑子里都是圣人文学，兵法韬略，和地痞流氓谈钱的场合，书上很少有记载，实在是没经验啊。

房彦藻找不到合适的说辞，只能小心应付："大哥，误会，都是误会啊！"

翟让很想笑，这就是李密手下的高级幕僚，说话吞吞吐吐，不着边际？要不要再给他一次组织语言的机会啊？翟让想了想，还是算了吧，大家地位不对等，也谈不出什么来。

看到时机已到，翟让进行总结陈辞了："房彦藻啊，你要知道，魏公是我拥立的，这天下大事不到尘埃落定之日，谁又能说的准呢！"

这才是了！身为瓦岗军创始人，就应该有这种不要命的底气！

房彦藻回去之后，找到元帅府左司马郑颋，将此事添油加醋地描述了一番。大家都是读书人，最擅长的就是搞阴谋论，耍嘴皮子功夫，两人经过一番彻夜长谈，最终决定消灭翟让，铲除大哥身旁所有的隐患。

第二天，二人携手来到李密的大营，要求秘密汇报工作。

房彦藻："魏公啊，翟让这小子刚愎自用，目中无人，应该尽早除掉他。"

紧接着，房彦藻把翟让对他说的话又重复了一遍。在房彦藻的嘴里，翟让就是个不折不扣的背信弃义之徒，应该人人得而诛之。事实上，李密知道王儒信和翟弘等人想要翻盘，在李密这里，王儒信、翟弘已经是两个死人，他就是不知道翟让的想法。如今，翟让也说出了反动言论，李密的愧疚感便消失了不少。

斩草要除根，教科书里清清楚楚地记载着这一条。

不过，翟让毕竟是他的老领导，又是瓦岗军的创始人，主动干他，有蓄意杀人，背叛旧主的嫌疑，不出意外，肯定会被人指着脊梁骨骂。可如果翟让先干他，李密为求自保，自我防卫，或者不小心防卫过当，那性质可就不一样了。

作为政治家，有时候还是得装可怜，装弱势，很管用的。

李密："如今形势还不明朗，如果贸然动手，恐怕会惹人非议啊！"

郑颋："如果他们先动手，魏公可是悔之晚矣啊！"

瞧瞧，这就给领导送了一个台阶，让他不得不先弄死翟让！

隋大业十三年（617）十一月十一日，李密在军中摆下了宴席，邀请翟让、翟弘、翟摩侯、单雄信、徐世勣、郝孝德、裴仁基、王儒信等人一起赴宴。

宴会的主题还是老一套：鸿门宴。

说起鸿门宴，真的堪称中国历史上的经典餐饮文化。

有吃有喝不说，闹不好还有一场男性歌舞表演，嘉宾在临死之前还能谈笑风生，保持精神愉悦的状态羽化升仙。吃过鸿门宴，基本上都能名留青史简策，运气好一点的话，还可以成为后人顶礼膜拜的弱势对象。

问题是，翟让难道不知道这是鸿门宴吗？以无敌的上帝视角来看，确实知道这是鸿门宴，可站在翟让的角度，还原到当时的环境，那就不一定了。

第一，受邀赴宴的除了翟让，还有裴仁基、郝孝德等人，他们一个是隋朝的官员，一个是农民起义军领袖，李密不至于连他们也杀吧？

第二，翟让和李密的矛盾确实已经公开，可毕竟没有撕破脸皮，至于什么时候开撕，谁也不知道，在此之前，大家还是得搞好面子工程。

第三，翟让的势力不如李密，既然李密发出了邀请，翟让如果不去，反倒显得他心虚，让人看扁了他。如果翟让的势力比李密要强，二话不说，直接率兵入帐，剁了李密的狗头便是。

事实上，当时的场景很像楚霸王项羽摆下的鸿门宴。

当时，刘邦的十万大军驻扎在灞上，项羽的四十万大军驻扎在鸿门。傻子也知道，两位大佬都想入主咸阳城，一定会有终极决战。可游戏规则很简单：先入关中者，可以做老大，这是起兵之初就定好的。

问题是，项羽落后了，刘邦才是规则下的胜利者。

问题是，项羽的实力太过强悍，完全有权力去破坏游戏规则。

问题是，项羽又想用文明的方式去解决帝位归属问题。

刘邦能怎么做？拒绝项羽，坚决执行“先入关中者为王”的游戏规则？死相恐怕会很难看。英明如刘邦者，也只能屈服于武力，更别说翟让了。

据史料记载，李密的鸿门宴很没有诚意，大帐内外全都是全副武装的卫士，单雄信、徐世勣等人进门后，顿时觉得有些不安，几乎寸步不离地保护翟让。

不过，饭还是要吃的，酒还是要喝的，八卦还是要侃的，人也是要杀的。尴尬之处在于，现场的人太多了，大家先吃饭，再爆发混战，是不是太简单粗暴，太没有技术含量了啊？更何况，房彦藻和郑颋就像是后世的职业服务员，端茶送水，进进出出，明显就不符合他们的身份。

总而言之，场面不是一度很尴尬，而是一直都很尴尬。

也许，后世的史家会这样记载：李密精心准备了一场鸿门宴，中军大营安排了无数的刀斧手，这些人都藏在明处，李密招呼大家喝酒聊天，时辰一到，李密摔杯为号，大家展开混战，最终决定了瓦岗最高统治权的归属。

说实话，还不如直接动手呢，这样的鸿门宴完全就是个笑柄！

游戏进展到这里，主人公李密也觉得有些不适了。

据史料记载，李密面露赧色，为了让戏演得更逼真，李密说道：“今日的宴会只不过是咱们瓦岗元老叙旧，不需要太多人服侍，你们都退下吧。”

话音刚落，李密身边的大部分工作人员都退出了房间，只留下猛将蔡建德一人护卫，翟让等人的脸色这才有所缓和。不得不说，老天爷还是很厚道的，至少在这个时候，翟让还有机会翻盘。想想看，如果翟让振臂一呼，号召属下一起动手，可以轻易地弄死李密，大局完全可控啊！

遗憾的是，翟让并没有这样的打算。好酒好菜就在眼前，表演马上就要开始，场面也没想象中的剑拔弩张，有必要冒天下之大不韪，弄死大哥吗？

在风险偏好和风险规避之中，翟让选择了后者，也选择了作死的命运。

相比之下，杜伏威就果断了许多，进入中军大营，不顾强敌环伺，直接抽出砍刀，剁翻海陵的地头蛇赵破阵，一气呵成，不留一点遗憾，霸气！

翟让没有杀人，所以宴会还在继续。

李密的工作人员都撤下去了，翟让的呢？李密看着翟让，眼神充满了暗示。毫无疑问，李密的心理不平衡了，我都把属下撤下去了，你背后站着一圈五大三粗的人是什么意思，难道真有弄死我的打算？

面对李密的暗示，翟让选择熟视无睹。没办法，事关身家性命，能装就装，能不撤就不撤，万一成功了呢？李密表示，脸皮厚的人，实在是无法交流。

李密望向了房彦藻，你口才好，还是你来劝他吧！

房彦藻闻风而动："魏公啊，如今天气寒冷，大司徒（翟让的头衔）的将士这样站着也不是一回事儿，还请您给他们赐给美酒和食物！"

李密："呵呵，哈哈，这个得看大司徒的意思！"

见鬼，还是被逼到了墙角，顺从呢，还是继续抗拒呢？翟让的心情很矛盾，他没胆量杀李密，也没胆量和他对抗，只好选择继续顺从。

翟让大手一挥，说道："对，今日只是叙旧，你们都下去喝酒去吧！"

此时，房中只剩下李密和翟让，以及几个嫡系亲信。到目前为止，鸿门宴还算顺利，翟让几乎是送人头的节奏。游戏进行到这里，已经很尴尬了，继续聊天的话未免太做作，要不直接动手吧，还有好多事等着李密去办呢。

于是，宴会还没开席，李密就拿出了珍藏已久的宝弓，说道："大司徒，我这张宝弓韧性极好，一般人拉不开它，你有没有兴趣试试？"

开什么玩笑，翟让自诩为天下英雄豪杰，连张弓都拉不开？打仗干不过你，比力气还是绰绰有余的。翟让一把抓过宝弓，积蓄所有的力量将弓拉满，姿势雄壮伟岸。

就在翟让自我陶醉的时候，猛将蔡建德冷不防地抽出钢刀，将翟让砍翻在地，翟让大吼一声，声如洪钟，响遏行云，随后倒在了血泊之中。

一代枭雄就此殒命。

菜还没上齐，酒还没举杯，事情就办完了？说好的舞蹈呢，说好的聊天呢，该有的环节一个都不能少啊。李密啊，你实在是太不讲究了，送人上西天，好歹让人先吃饱饭，做个饱死鬼啊。由于事发突然，翟让的部众措手不及，他们惊愕地冲进大帐，望着李密，脸上透露着难以言表的愤怒，以及不解。

接下来，双方爆发了小规模的激战，说不好这种反抗是为了给翟让报仇，还是为了自保。为了争夺生存的机会，众人奋力拼杀。混战之中，翟弘、翟摩侯和王儒信等人相继被杀，死相令人难以接受。

徐世勣被小兵砍伤，跌跌撞撞地冲出营帐，打算趁乱逃走。然而，外面的小兵已经领到了任务：解决从中军大营逃出的所有人。就在小兵举刀要杀徐世勣的时候，王伯当赶了上来，大声喝止，这才救了徐世勣一条性命。

单雄信见势不妙，跪在地上磕头求饶。

李密素来就尊敬徐世绩和单雄信，而且这种内乱也不适合斩尽杀绝，看到核心人物被诛杀，李密这才站了出来，制止了双方的混战。

李密："大家伙儿都听好了，我和你们一起兴义兵、除暴虐，为的是天下苍生。谁曾想，翟让生性残暴，王儒信贪婪放纵，他们竟然在私底下合谋，一心想要弄死我！我想杀的只不过是翟让，只要你们投降，我就赦你们无罪！"

老大都被杀了，小兵的反抗还有什么意义？随后，李密出面安抚了徐世勣、单雄信等人，后来又前往翟让的军中，命徐世勣、单雄信、王伯当三人统领翟让的旧部，以雷霆手段平息了这场因为权力斗争而引发的内乱。直到此时，李密才算是全面接管了瓦岗军，开始鸣奏人生最后的悲歌。

前面说过，瓦岗军的成分非常复杂，有些人是冲着李密的名声来的，有些人是冲着李密的粮食来的，有些人是赌李密会做天子，有些人是翟让的铁杆粉丝，还有些人，完全是跟风随大流，自己都不知道投军是为了什么。

这些人撺掇在一起，有个最大的前提：瓦岗军有发展前途！

遗憾的是，这场鸿门宴彻底打破了大家对瓦岗军的幻想。

李密啊李密！搞了半天，你就是个杀害恩人，背信弃义的低级货色啊？呸！终于暴露出阴鸷、狠毒、自私的本性了吧。

翟让毕竟是瓦岗军的创始人，虽说没有太大的功劳，可毕竟也有苦劳啊，况且翟让的性格温顺如绵羊，对所有人都挺和善，人缘极好。如今却被砍死在李密的家中，这让大家伙儿如何接受？在底层将士的眼里，翟让就是不折不扣的受害者，应该拿来缅怀！

鸿门宴之后，很多人都对李密产生了质疑，他们不敢公然反抗，却开始和李密离心离德，这种人心的分裂没有产生立竿见影的负面效果，却在后来的攻坚战中体现得淋漓尽致，这就是李密自己得去承担的后果。

李密又是个什么心态？唯我独尊？错了，是九五之尊！天下第一！爱干就干，不干就滚蛋（密既杀让，心稍骄，不恤士）。

这种嘴脸很像后世的暴发户老板，一朝得势，觉得自己可以主宰一切，殊不知，团结就是力量啊。翟让为了顾全大局献出了宝贵的生命，李密却在独裁统治的道路上渐行渐远，九泉之下再相见，还有何脸面称兄道弟。

没有了翟让的牵制，李密几乎变成一个狂暴的自信之徒！

就在李密得意的时候，手下官员给他带来了一个噩耗：府库里没钱了！准确地说，储蓄基本上都花光了，可军队却没了日常的进项。

这些年来，李密扫荡了洛阳周边数百里的城池，钱财是得了不少，可手下毕竟有三十万将士，发饷银、发赏赐，根本不够用！如今在洛阳城下毫无建树，空守着三个国家级的粮仓又有何用？难道将士们要提着一袋袋的粮食去打仗？

说白了，将士们跟着李密干起义，不是为了重塑一个新的政权，不是为了黎民百姓的福祉，更不是为了李密的粮食（粮食在家就可以自己种）。他们无非是为了钱财（货币这玩意儿，小老百姓一年到头也摸不着几次，大家都是货物交换，不需要现金），为了发家致富，而这所有的一切，只能靠金银珠宝。

小兵：李密，就问你有没有吧。

李密：没有！我只有粮食，管饱，而且可以浪费。

小兵：我们就要钱，你没有就去找啊。

李密：去哪儿找？都在洛阳城呢！

李密也很无奈，一边要给部下找钱花，一边想着搞洛阳城的事儿，还得抽空解决内部的争斗和恩怨。更要命的是，李密喜欢搞单兵作战，他虽然有房彦藻、贾闰甫等高智商的幕僚军师，可最终却只让他们跑腿办事儿。

说到底，不会带团队的领导，终究没什么发展前途。

隋朝末年，李密、王世充、李渊、窦建德等大佬对峙中原，其实最值得期待的应该是李密和李渊之间的交锋，两人的祖父都是西魏的八柱国，两人都执掌数十万大军，又都在中原这根独木桥上争夺霸主地位，这是何等的恩怨纠缠。

可惜，历史没有给他们机会，也给我们留下了千古遗憾。此时，李渊已经入主长安，由于他的加入，中原的局势开始发生了变化。

也许，大多数人对李渊的印象便是开国皇帝，碌碌无为，平庸无才，甚至有不少人说李渊的成功基本上靠膝下的几个儿子。因为儿子们的英勇善战，万夫莫当，这才让李渊在最后的军阀混战中屡屡得胜。难道真的是这样吗？

拿得起放不下的大唐史 ②

九皋寒叟 著

北方文艺出版社

目录

陆　李唐家族创业路

柒 李世民崭露头角

捌 群雄逐鹿在中原

玖　两府斗争全实录

拾　贞观君臣的恩怨

陆

李唐家族创业路

生在“终点线”的唐高祖李渊：根正苗红的篡位者

李渊（566—635），陇西成纪（今甘肃省天水市秦安县）人。

老规矩，要想争霸天下，先看看家族的简历吧。

父亲李昞：北周王朝的柱国大将军、唐国公，历任御史大夫、安州总管。

祖父李虎：西魏王朝的柱国大将军、唐国公。

曾祖李天锡：北魏王朝的幢主（禁卫军的小头领）。

高祖李熙：北魏王朝的金门镇将，长期镇守在武川。

天祖李重耳：北魏王朝的恒农太守、安南将军、豫州刺史。

烈主李歆：十六国时期，西凉政权的第二代君主。

太祖李暠（hào）：十六国时期，西凉政权创始人。

远祖李昶：李暠的父亲，19 岁就去世了，留下遗腹子李暠。

鼻祖李弇（yǎn）：十六国时期，前凉政权的武卫将军、安世亭侯。

所谓的族谱，记载着一个家族世代繁衍的血缘关系，一般都是自家人关起门来修编的，依据是什么，谁也无法证实。用现在的眼光来看，修缮族谱和做求职简历一样，都需要精心包装，只要修得不太过分，比如把黄帝、炎帝当成自己的直系先祖，谁都不会挑你的毛病。

关于李渊的身世，有几个信息还是比较确定的。

第一，李渊的身上有鲜卑人的血统。

李渊的母亲是独孤信的第四女，而独孤信是血统纯正的鲜卑族人，按照基因学的理论，李渊的身上至少有二分之一的鲜卑族血液，如果李渊的直系先祖有鲜卑的血统，哪怕是一星半点儿，李渊的鲜卑血统也可以完全坐实。

第二，李渊的先祖活跃在关中和陇右一带，属于关陇军事贵族集团。

不过，关于李渊的族谱，后世还是产生了许多质疑。

比如，有人说李渊为了提高称帝的合法性，追认了西凉开国皇帝李暠。还有人说，李家追认西汉的飞将军李广为先祖，后来直接排到了圣人老子的头上。总之，李氏家族有牛人，干什么事都是合理合法的，尤其是抢夺皇位！

事实的真相是，飞将军李广是李渊的先祖李暠追认的，和他没关系。至于老子，李渊和李世民都很尊奉他，可一直到唐高宗李治，李唐皇室才追封他为太上玄元皇帝，准确地说，李渊并没有追封老子为先祖。

至于追认西凉开国皇帝李暠，完全没有必要。

李渊的祖父李虎，柱国大将军，唐国公，西魏的权臣。

李渊的父亲李昞，柱国大将军，唐国公，北周的权臣。

论出身背景，李渊就是超级贵族，在那个年代，完全有资格篡权夺位，犯得着为李氏家族另找一位做过皇帝的先祖贴金？更何况，西凉不过是东晋王朝的藩属国，国主还得接受东晋皇帝的册封，又是偏安一隅，只存活了二十一年的非主流政权，要说起沾光，实在是西凉国主李暠沾了后人的光！

许多开国皇帝都喜欢编排一些莫名其妙的段子，以此证明自己是上天的宠儿。比如，母亲怀自己的时候，梦见一条金黄色的飞龙盘旋在自家房梁之上，或者直接飞到母亲的怀里，又或者和蛇交配什么的。

总之，能当皇帝的人，基本上都是禽兽的孩子。

但李渊完全不需要，因为他本来就是超级贵族，只要搬出父亲和祖父这两张王牌，什么合法性，什么先祖都是浮云。

宇文泰执政的时候，李渊的爷爷李虎是柱国大将军、陇西郡公，堪称西魏最显赫的权贵之一，不幸的是，李虎在西魏大统十七年（551）去世了。

宇文泰是个明白人，哥几个混得这么好，还不是因为大家齐心协力，不搞内部斗争，让敌人不敢浑水摸鱼？李虎，你死了不要紧，你还有好几个儿子呢，从此以后，你儿子就是我儿子，兄弟给你撑腰。

不得不说，有些人的命就是好，你无法反驳。

就拿李渊来说，老爸李昞是李虎的第三子，最多也就跟在大哥后面打打杂，照顾一下小弟弟，分果果的时候，肯定是最少的那种。可李家不一样啊，李虎的大儿子李延伯在北齐做官，肯定是回不来的，二儿子李真很早就因公殉职。

排来排去，三儿子李昞居然是陇西郡公的第一顺位继承人。

在宇文泰的安排下，李昞接过了陇西郡公的爵位，至于柱国大将军的头衔，宇文泰表示，你还小，和伯伯们坐在一起谈论国家大事，实在是有损大家的威严，暂时就不给了，等你长大了，叔叔再给你。

为了安抚李昞，宇文泰给他加封了骠骑大将军、开府仪同三司、侍中。

出生在这样的家族，实在是三生有幸啊。瞧瞧，随随便便一个晚辈安慰奖，就能让凡夫俗子们奋斗好几辈子。就这样，年仅 15 岁的李昞成了当时显赫一时的青年才俊。

接下来的几年，宇文家族发生内乱，高层势力重新洗牌。

说白了，神仙们打架，凡人可能会因此遭殃，也有可能趁机发达。

这种情况下，只要你别乱说话，乱站队，你就是神仙们争相拉拢的对象，封号、美女、权力什么的，坐等天上掉馅饼吧。

这些年来，李昞的政治思想逐渐成熟，阅历也丰富了起来。

李昞混日子的时候，老爸李虎被追封为唐国公，还被评为北周的开国功臣、忠良臣子。功臣的头衔自然和李昞无关，可唐国公的爵位则顺理成章地落到了他的头上。不仅如此，北周皇室看李昞已经老大不小了，因此把柱国大将军的官位还给了他，毕竟大家还在吃大锅饭嘛。

李昞升官了，心情自然是一片晴朗。

一个是陇西郡公，一个是唐国公，地位不可同日而语。更有趣的是，北周皇室的一纸诏书，还给李氏家族解决了一个大问题。

如果李氏一直顶着陇西郡公的头衔，真到了立国称帝的时候，该取什么名字呢，是大陇西国，还是大陇国，还是大西国，总之不可能是大唐国。

就在李昞春风得意的时候，一个可爱的婴儿在长安城呱呱坠地。据说，李渊出生的时候，屋内并没有红光冲天，也没有龙蛇盘踞，一切都很正常。

出生背景很平凡，可还是在长安城引起了不小的轰动。

原因很简单，李渊的老爸是柱国大将军、唐国公，北周皇室忠诚的支持者，家族的祖祖代代都是栋梁之臣。不仅如此，李渊的外公是柱国大将军独孤信。

独孤信的大女儿嫁给了北周明帝宇文毓，虽然女婿的结局不太圆满，可独孤信毕竟是北周国戚。至于七女儿嘛，嫁给了杨坚，遗憾的是，杨坚的老爸杨忠还有两年才会去世，杨坚目前只能猥琐发育，和独孤氏过着如履薄冰的日子。

小渊啊，七姨妈和七姨夫暂时还帮不到你，江湖永存，以后再见吧。

这，就是李渊出生后可以享受的政治资源。

世人眼中，所谓的金钥匙，只不过是小渊随手把玩的小玩具而已，真正厉害的，是关陇贵族集团，尤其是独孤氏一脉的人情关系网。

如果不出意外，李渊的一生将会顺利无比，美女、金钱、田产、官职、爵位通通不在话下，直挂云帆济沧海，搞个皇帝来做做，都是可以随意畅想的。

历史证明，起步越是顺利的人，人生越容易产生滚雪球的效应。

李渊的雪球，直接从老爸李昞的身上开始滚起。

娶得好：一箭射出时任皇帝的外甥女

武平三年（572），李府传出一个噩耗：柱国大将军、唐国公李昞去世了。

消息一出，立马就成了长安城的头条新闻。

长安人都知道，李昞才36岁，正值年轻有为的年纪，开挂的人生才刚刚起步，怎么就突然驾鹤了？实在是天妒英才！殊为可惜啊！

民间有一种说法，36岁是本命年，也就是人生的劫数，每个人都要面对。如果能够跨过去，人生就会一帆风顺，如果跨不过去，那就注定是个悲剧。历史上的周瑜、朱佑樘，国外的玛丽莲·梦露，都是在36岁的时候没跨过去这个劫的。

看来，李昞也没躲过这个劫数。

彼时的小渊，年仅7岁，还只是个不开窍的小孩子，人生所有的乐趣，还局限于蹲在地上搓泥巴，自然不懂这其中的奥妙。

李昞去世了，那李氏家族的荣耀该由谁来继承呢？

按照兄弟排行榜，李渊是家中的老四，可大哥李澄很早就去世，二哥和三哥都不是李昞的嫡子，小渊同学和老爸一样，成为唐国公的唯一继承人。

李渊凭空搞了个唐国公的爵位，应该高兴吗？

实在是高兴不起来，因为李渊失去的东西，远比得到的要多得多！

想想看，老爹李昞就如同是个装备已经刷到满级的大怪兽，可去世之后，装备掉了一地，李渊只捡了个通用的装备。至于柱国大将军，州郡总管之类的实职，他一个也没捞到。明眼人都知道，这亏大了。

再想想看，在强敌环伺的北周朝廷，孤儿寡母以后如何过日子？眼下虽然没有衣食之忧，可李氏先祖积攒的政治资源，靠谁来发扬光大呢？

不过，看问题不能太悲观，人生总是有机遇的。

就拿关陇集团来说，内部的晋升规则还是挺简单的。

第一种办法：靠军功说话。

说白了，柱国大将军、卫府大将军不过是内部的论资排辈，只要你有军功，就能从大将军升任柱国大将军。如果没有军功，或者是犯了点错，那很对不起，麻烦您把屁股挪一挪，给其他人让个位子。

第二种办法：靠熬资历，刷履历。

有时候，老一辈的贵族们能力平平，在他们那一辈，只能坐坐冷板凳，连话语权都没有，可他们就是会养生，活的时间比别人都要长，等到其他的老家伙都蹬腿，小字辈又斗不过他们的时候，这帮人自然就成了中坚代表。

第三种办法：靠皇族的提拔。

要么是女儿嫁给了皇帝，要么是娶了皇室的公主，要么是皇帝的铁哥们儿，总之有皇帝撑腰，晋升就毫无问题。

遗憾的是，小渊同学投胎比较好，可时运很不济，他属于老字辈提前下场，小字辈青黄不接，要军功没有，要资历没有，至于裙带关系，貌似也没有特别拿得出手的。唯一值得期待的，就是七姨夫杨坚的崛起了。

说起来也很可怜，爷爷李虎做柱国大将军的时候，杨忠不过是卫府大将军，资格完全不对等。可人家就是能熬，李虎死了他没死，宇文泰死了他还没死，就靠着这张老脸，再加上长年累月的征战，杨忠硬生生挤到了柱国大将军的行列，开始和李渊老爹李昞平起平坐。

北周天和三年（568），杨忠去世，大司空、柱国大将军、随国公、太保，都督同、朔等十三州诸军事，同州刺史之类的头衔掉了一地，可七姨夫杨坚只能捡一个随国公。

关于杨坚的奋斗史，前面已经说得很多。

准确地说，七姨夫的血泪奋斗史，李渊亲眼所见，而且铭记在心。在后来的日子里，李渊善于隐忍的性格和杨坚一模一样。

不可否认，七姨夫杨坚，是李渊最好的人生导师。

就在七姨夫奋斗的时候，李渊也干了一件重要的事：结婚。

老婆是窦毅的女儿窦氏，也就是后来的李唐太穆皇后。

在北周朝廷，窦毅的本家赶不上李家和杨家，可他有一个做柱国大将军的叔叔窦炽，此人是宇文泰亲手提拔起来的战将，可以随时出入宇文家。更要命的是，窦炽活了78岁，堪称阅尽了南北朝的政治风波，是朝堂的不倒翁，可想而知，窦炽在朝堂的势力有多大。

窦毅是窦炽为数不多的侄子之一，他的婚事，窦炽自然很上心。本着肥水不流外人田的政治操守，窦炽让他娶了宇文泰的第五女——襄阳公主。

此女是北周开国皇帝宇文觉、北周明帝宇文毓、北周武帝宇文邕的姐妹，是可以在长安城横着走路的存在。

窦毅娶了皇室的公主，自然不敢怠慢，殷勤讨好什么的，只能算是每日的标准套餐，至于夫妻性福方面，窦毅也表现得特别积极，经过频繁耕耘，两人有了爱情的结晶——女儿窦氏。

窦氏刚出生的时候，就有一头乌黑的头发，眼睛像是进口的黑葡萄，一闪一闪的。只要是个人，看过窦氏之后都可以得出这样一个结论：此女，必定是一位倾国倾城的美女。

美女嘛，不分老幼，大家都喜欢。尤其是小美女，更是人见人爱。

窦氏的舅舅，北周武帝宇文邕对她爱之入骨、百般宠爱，并将她养在深宫之中，打算悉心培养，然后给她找个好婆家。

当时，宇文邕为了和突厥人搞好关系，迎娶了一位美丽的突厥公主，异域风情，自然是别有一番风味嘛。可宇文邕呢，就是提不起兴趣来，只要看到突厥公主，他心里就憋得慌，突厥公主从进宫之日开始算起，就一直在守活寡。

有一天，窦氏语重心长地对舅舅说道：如今，北周强敌环伺，尤其是北方的突厥，更是我们的心腹大患，舅舅应该对舅妈好一点，以江山社稷为重。

这个“好”字，实在意味深长啊。

说起来，北周的女子似乎都早熟（独孤伽罗也是这种逆天的存在），尤其是窦氏，虽然只有六七岁，可几乎要熟透了，只待别人来采摘。

窦毅和襄阳公主闻知此事之后，窃喜不已。

自己的女儿，怎么看都顺眼，风华绝代，婀娜多姿，更兼知书达理，冰雪聪明，简直就是智慧女神的化身啊。接下来的几年，窦氏夫妇悉心培养，窦氏的智慧和美貌与日俱增。

隋开皇元年（581），杨坚从北周皇族的手里接管政权，建立了大隋王朝。

昔日疼爱自己的舅舅早已去世，窦氏的心里总不是个滋味儿，尤其是杨坚发动政变，夺取宇文家的政权，在窦氏的眼里，杨坚完全就是个叛逆的存在。

不过，你打不过人家啊，还是得继续埋头过小日子啊。

至于报仇的事儿，只能交给未来的丈夫了。

又是几年过去了，窦氏出落成亭亭玉立的大美女，年方二八。

这种年纪，已经到了出阁的时候了，窦毅和襄阳公主开始着急了，琢磨着给她安排一门亲事，鉴于女儿实在是太优秀了，窦毅有点不舍得了。

身为父亲，都希望看到女儿有个幸福的未来，窦毅也是如此。于是，窦毅定了个基本的原则：嫁出去是可以的，但绝不能让头烂猪给拱了！

夫妇二人合计了一下，得找个有前途的人。

在那个年代，有前途就代表出身好，有上进心，会打仗，会武功，尤其是出身和武功，几乎是青年才俊的标准配置，跻身上流社会的入场券。

既然如此，就先来个比武招亲吧。

有一天，窦毅请大师在画屏上画了一只孔雀（古时候西双版纳就有孔雀，中原王朝知道这个物种很正常），特地给画师交代了一下，孔雀的身材比例什么的可以不对称，但是眼睛必须得小点儿。

画完之后，窦府就传出消息了：窦大小姐要比武招亲，长安城的青年才俊们可以前来一试，只要你有本事，立马就可以把大小姐领回家。

不得不说，窦毅的思想还挺开明的，其他的家族为了政治利益，都是乱点鸳鸯谱，从来不会在乎女儿的感受，他却可以想出这招比武招亲。老丈人先验货，看女婿的能力和家世，然后全面选拔，重点培养。而且，窦毅已经拥有了吸引流量的思维，如果放到现在，绝对可以成为互联网行业的佼佼者。

北周皇族的侄女，还是个大美女，可想而知，上门求亲的有多少人。

一时间，长安城的公子哥儿们云集窦府，这帮人的头上都写着：小爷是某公爷的儿子，小爷是柱国大将军的儿子，小爷是当朝太师的儿子，气焰嚣张至极，神情猥琐之至。

说白了，大家都想在逛街的时候，可以顺便领个大美女回去，多有面儿。

来吧，公平竞争，一人两箭，射完立马出结果，绝无猫腻。

大家虽然都是公子哥，却都出自名门将府，射箭是日常基本功，马步、拉弓、瞄准、放箭的姿势都很帅。可射来射去，居然没一个人可以射中孔雀的眼睛。公子哥儿们不禁发起牢骚。

抱怨归抱怨，游戏规则摆在这儿，谁敢在窦府门前闹事？

天色渐黑，眼看着这群公子哥都快把画屏射烂了，也没人能中招，窦毅也开始着急了。就在这时，门口来了个少年，长得风流倜傥，气度不凡。

据说，台北故宫博物院有一幅李渊的画像，本尊就很英俊潇洒，也难怪李氏家族的后人不想用特效来渲染，敢情是怕高祖皇帝从坟墓爬出来揍他们。

窦毅认出来了，这小子就是唐国公，今年19岁，不管是出身还是长相，都符合窦毅的女婿条件，就看他有没有这个能耐，会不会射了。

来，给唐国公拿箭来！

李渊为何来窦府射箭？

谁也不知道。也许，他可能是从大门口经过，这才过来凑凑热闹。也许，李渊一时手痒，想进来刷刷存在感。总之，李渊不像后世参加高考的考生，紧张到尿意十足，双腿哆嗦。

据史料记载，李渊轻装上阵，毫无压力，马步、拉弓、射箭，一气呵成，“嗖”的一声，箭头就插进了孔雀的眼睛。

“蒙中的吧。”嘲笑声不绝于耳。

李渊二话不说，拿起另外一支箭，直接干掉了孔雀的第二只眼睛。

窦毅欣喜不已，女婿如此会射，女儿的终身幸福有保障了。

就你了，回去和你家长说一声吧。

婚事办得非常顺利，吉时一到，窦氏就躺在了李渊的婚床上。

窦氏从小就生活在北周的皇宫，对政治耳濡目染，谈吐思维和寻常女子完全不一样，在女子沦为男人生育工具的古代，绝对是一道亮丽的风景线。

更何况，窦氏喜欢历史和书法，和李渊兴趣爱好相同，小夫妻闲来无事，就会在书房摆开文房四宝，读书写字，好不惬意。据说，窦氏模仿李渊的字迹，几乎达到了乱真的地步，恐怕就是这个时期练成的吧。

不仅如此，窦氏还是个秀外慧中的女子。李渊小的时候，父亲就去世了，家中全都由母亲独孤氏来操持，李渊感念母亲的恩德，对母亲非常孝顺。有一次，独孤氏病重在床，家中的几个媳妇嫌弃独孤氏脾气暴躁，都不愿意去侍奉，只有窦氏衣不解带，日夜陪伴在侧，深得李氏族人的认可。

有这样的老婆，李渊实乃三生有幸啊。

夫妇二人频繁耕耘，一共生下了李建成、李世民、李玄霸、李元吉四个儿子，还有个女儿平阳公主，从女人的角度来说，窦氏可以说是人生圆满。

窦氏和李渊可能都没有想到，当初窦府的两只弓箭，射出了一段旷世美恋，射出了两个帝王明君，也射出了一个锦绣的大唐江山。

人生中的奇遇，确实是难以言说。

皇帝的外甥不好当

隋开皇元年（581），杨坚从北周皇族手里谋夺权力，建立了大隋帝国。彼时，李渊已经 16 岁，可头上只有一个唐国公的头衔，可谓是孑然一身啊。

怎么样，七姨夫，看在七姨妈的面子上，要不给我封个大官吧？

如果是在北周，凭李渊的家世背景，混个高官还是毫无压力的。

因为宇文泰依靠武川镇军人起家，所以对这个大家庭非常重视，该有的地位，该有的赏赐，一个都不能少。至于后世子孙，也都是按照宇文泰优待关陇集团的国策去执行的。说白了，大家都是吃大锅饭的，斗争归斗争，没必要计较那么多。

就拿李昞来说，15 岁的时候，继承了陇西郡公的爵位，北周皇室给他加封骠骑大将军，开府仪同三司、侍中等职，后来还外放为安州总管，没过几年，直接把柱国大将军的称号还给了他。隋开皇元年（581），李渊 15 岁，也眼巴巴地等着北周的封赏呢。

遗憾的是，七姨夫上台之后，世界就变了，一切都变了。

七姨夫表示，北周的政治斗争太频繁了，他确实可以继续玩下去，可这种政治游戏太要命，太刺激了，七姨夫的小心脏完全受不了啊。

七姨夫是个正常人，龙榻之侧，绝对不允许其他人鼾声如雷。

杨素、苏威、高颎等人，都是大隋的开国功臣，可杨坚是如何对他们的？

国公爷的头衔，基本上是贵族的标准配置，绝对少不得。至于其他的实权职务，你们还是凭能力慢慢熬吧！尤其是杨素，从尚书右仆射升到尚书左仆射，几乎奋斗了十年之久，最后还是搭上了杨广这趟列车，这才完成最后一级跳。

一切，都因为杨坚在玩权力制衡的游戏。

在杨坚的时代，兵权和朝堂的实权，你只能要一样。

杨素、高颎之流，在朝堂上呼风唤雨，青史留名，可手中毕竟没有兵权，即便是征伐陈朝，也是回家后立即上交兵权，不可有半点迁延。而贵族李穆、史万岁、韩擒虎，这些人在战场上风流无敌，顾盼自雄，头上也有柱国大将军、某某主管的头衔，可是在朝堂却没有半点地位。

关陇集团的贵族们，出将入相的时代结束了，你们基本上可以洗洗睡了。这便是隋文帝杨坚登基之初立下的国策，不过只有他一个人知道。

对于小渊的前途规划，七姨夫很犹豫，他也不知道该如何处置小渊。要不，你戴着唐国公的帽子孤独终老？独孤皇后表示，老公，别太过分了，李渊好歹也是我姐姐的孩子，自家人啊，该照顾的还是得照顾。

鉴于这点儿血缘关系，隋文帝下达了一项任命书，将李渊调到长安宫城，担任千牛备身，让他入了朝廷的禁卫军编制。

千牛备身，其实很好理解。千牛指的是千牛宝刀，皇帝随身携带的佩刀，不过，由皇帝亲自携带佩刀很不方便，形象也不够洒脱，所以就把刀交给了身边的卫士保管，卫士的另一种叫法是备身，所以替皇帝拿刀的卫士就叫千牛备身。

在隋朝的禁卫军体系中，千牛备身一共有十二人，他们拿着千牛宝刀，形象非常威武，基本上由国公爷的后代组成，这些人往上数三代，必须是根正苗红的权贵后裔，而且武艺得高，胆气也得豪迈，不能给皇帝丢脸的同时，也不能把千牛宝刀砍向隋文帝本人。

还有十二个人拿着御用刀箭的，称为备身左右，是皇帝的仪仗队。在尚武的年代，皇帝很在意出行的排场，身边的人必须得拿着武器，这才觉得有面儿。不像后世的清朝，皇帝天生对禁卫军没有信任感，所谓的御前带刀侍卫，只不过是空有头衔，不值一提。

还有六十个戍卫侍从，称为备身，这些人是战斗群体，如果皇帝遇到刺杀，他们需要先去战斗，千牛备身护卫皇帝快速离开。再加上他们的首领大将军，这些人基本上就是隋文帝贴身护卫的人员，相当于后世的警备部队了。

千牛备身，很荣耀吗？

如果我是平凡的老百姓，你把我招进宫里做千牛备身，我一定感恩戴德，用性命来报答你的知遇之恩。问题是，小渊是食封千户的唐国公啊，李氏家族的继承人，需要开枝散叶，发家致富，很忙的，怎么能给你站岗呢。

无独有偶，李密也在宫里站过岗，貌似怨气也很大。历史规律告诉我们，给隋文帝站岗的人，一个把大隋江山闹得天翻地覆，一个直接霸占长安城，翻身做了主人，这还不包括没进入我们统计的其他官二代。

李渊究竟给七姨夫站了多少年岗，谁也不知道。直到有一天，杨坚找大外甥谈话，说要把他外放到谯州（今安徽省亳州市蒙城县）做官，职位是刺史。

瞧瞧，贵族就是不一样啊，第一次外放就做了州刺史，多大的恩典啊。

对不起，隋朝初年的地盘不是很大，却有好几百个州郡，一千多个县城，平均算下来，一个州只能管二至五个县城。李渊呢，稍微走运一点，因为谯州下设涣县、永城县、山桑县、蕲县四县，不过按照总面积算下来，李渊的谯州刺史也只是比如今的县长大那么一点点，比地级市的市长要小那么一点。

更何况，谯州在安徽，和长安隔着十万八千里，还处于待开发的阶段，实在不是什么肥缺，如果旁人不知道，还以为李渊被发配到了边疆呢。

这一切，都源于杨坚的谨慎和猜忌。即便是大外甥，也得经过他的考核，只要你没有二心，以后再提拔你。那接下来，小渊应该做什么官呢？

隋文帝表示，自己还没有想好。总之，中央朝廷的官职，李渊碰不得，军队的官职，李渊想都别想。

杨坚做了二十年的皇帝，可李渊的履历却惨不忍睹：千牛备身、谯州刺史、陇州（今陕西省宝鸡市陇县）刺史、岐州（今陕西省宝鸡市凤翔县）刺史。总而言之，在七姨夫的时代，李渊基本上是原地踏步，这种情况，很像是李渊得罪了某位当朝大佬，被人无端打压，以至二十年来都没有寸进。

可想而知，李渊对七姨夫一家能有什么好感。

闲来无事，李渊喜欢对天长叹，他觉得自己的人生全都是灰蒙蒙的，而阴影的根源就是七姨夫，就是他一手遮天，让自己的仕途原地踏步了二十年。

李渊始终搞不懂，七姨夫为什么要整他，难道是嫉妒自己比他帅？

更让人烦闷的是，李渊居然拿七姨夫毫无办法，人家是高高在上的皇帝啊，做千牛备身的时候，好歹可以和七姨夫撒撒娇，说上几句话，如今发配到刺史的岗位，当真是叫天不应，叫地不灵啊。

据史料记载，小渊一度对人生产生了绝望。有理由相信，小渊曾经采取过自残的行为，或者自暴自弃的方式来对待自己。可就在这时，他遇到了一位颇有来历的相面大师，此人名叫史世良。

相面这个行业，堪称中国历史上最奇特的非物质遗产。

根据人的五官外貌、言谈举止，居然可以预测出人的生死福祸，还可以看出来别人是不是有做皇帝和大臣的命，难道相面的教科书上都有明确的记载，什么样的人有什么样的命运吗？可令人讽刺的是，相面的人可以预测别人的生死和前途，可就是猜不中自己的未来。

史世良："这位同学，大师给你瞧一瞧，看一看！哟，你这人骨骼清奇，必定会成为一国之主啊，还希望你能自爱，不要忘记鄙人之言啊！"

后世武侠书上的套路：某人骨骼清奇，是江湖百年来罕有的练武奇才，经过某某大师调教，或者掉进不知名的山洞，再出来就是身怀绝世武功的大侠。可以看出，北宋以前，骨骼清奇的人基本上能做皇帝；北宋以后，骨骼清奇的人只能成为武学大家，混得是一代不如一代啊。

史世良的话很好理解，李渊自暴自弃，对自己有点儿不负责。

根据史书上的记载，李渊在做谯州、陇州和岐州刺史的时候，基本上毫无建树，就算是李氏家族的后人想要包装他，也找不出任何个人先进事迹。不管是朝野同僚的评价，还是老百姓的民意风评，李渊的名声都低迷到了极点，即便是按照朝廷正常的官员考核体系，李渊也很难升官。

也许在李渊的心里，像他这种达官子弟、功勋名将之后，根本就不需要从基层开始历练，七姨夫的一句话就可以让他飞黄腾达，可七姨夫的消极态度，让李渊倍感失落和绝望，这才选择自暴自弃。

史世良是个很好的激励大师，尤其是一国之主的期许，就像是纯正的进口鸡血，让李渊顿时就嗨了起来。说实话，在那种情况下，李渊想做皇帝，门儿都没有，可在皇帝的基础上稍微打个折，做个宰相还是有可能的吧。

李渊：老子决定了，重新振作起来，振翅翱翔吧。

隋仁寿四年（604），李渊的人生迎来了第三个春天（如果说继承唐国公爵位是第一春，娶了窦氏是第二春），七姨夫在仁寿宫驾崩了。

李渊实在是悲伤不起来，七姨夫啊，既然你对我无情，也别怪我……不讲究了，大外甥该吃吃，该喝喝，一刻也不会为你而停止。

听人说，继任的是自己的表弟，晋王杨广。

说起表弟杨广，李渊对他的记忆还停留在青涩的少年时期。那时候，大家都生活在长安城，因为是表亲的关系，所以会经常走动。

在李渊的记忆中，杨广是个外貌清秀的少年，没事的时候喜欢读书，极富文采，对人也是彬彬有礼，深得长辈们的喜欢。后来，七姨夫做了皇帝，表弟奉命前往江南平叛，顺手捞了一笔政治资本；再后来，杨广做了并州总管；再后来，杨广又做了扬州大都督；再后来，李渊也记不太清了。

隋仁寿四年（604），杨广35岁，李渊38岁。

准确地说，李渊和杨广已经分别了二十年，这些年来，兄弟俩没有正儿八经地坐下来畅谈过人生和理想，对方是个什么德行，只能通过长安贵族圈子里的传说得知。不过，令李渊兴奋的是，杨广就是因为对父母孝顺，这才搞到太子之位的，一个对父母孝顺的人，人品至少不会太差吧，难道还会比七姨夫不给力？

不得不说，杨广还是很够意思的，刚做皇帝没多久，就给李渊下达了一道任命诏书：岐州刺史李渊，调任荥阳太守（今河南省郑州荥阳市），即日起赴任。

什么？还是平级调动？小表弟还要继续搞我？

不不不，不能这么消极，看待问题还是得从好的方面出发。

比如，小表弟还是记得我的，这就是好事啊！比如，做官就怕待在一个地方不动，只有动起来，才会有更多的机会。再比如，表弟刚上台，不敢做太大的动作，所以先帮我刷刷资历，相信过不了多久，我就能回长安工作了。

悲剧的是，李渊的希望彻底落空了。调任荥阳太守的诏令确实由杨广签批，可让大表哥回长安的事儿，杨广似乎从没有想过。

接下来的几年，李渊的官职就动过一次，从荥阳太守变成了楼烦太守，从距离来看，貌似有让他开发边疆的趋势。

李渊彻底愤怒了，杨广表弟，你和七姨夫完全就是一路货色啊。老子受够你们了！

愤怒归愤怒，这事儿确实不能怪杨广。想想看，杨坚打压关陇集团的政策，杨广能不清楚？如今身为大隋的皇帝，人事任命自然要为帝国利益考虑。不仅如此，比起老爹，杨广改革进取的精神，可以说有过之而无不及，能够让李渊继续担任大隋的太守，已经算是很大的恩典了。

在楼烦太守的岗位上，李渊依旧是一事无成，杨广找了个机会，用一纸诏书将李渊直接调回了京城，让他先后担任了殿内少监、卫尉少卿二职。

殿内省，下设尚食、尚药、尚衣、尚舍、尚乘、尚辇六局。说白了，是皇帝的生活管家，负责皇帝吃饭、穿衣服、出行工具的具体事务。殿内省一把手是殿内监（正四品），李渊担任殿内少监（从四品），只能算部门跑腿的二把手。

三十年前，李渊是千牛备身，负责皇帝的安全保卫工作，兜兜转转了一圈，李渊发现，自己居然又回到了原点。七姨夫一家，太欺负人了！

卫尉寺呢，又是个什么玩意儿？

卫尉寺主管朝廷的武器库、储存仪仗和帐幕等物资。一把手是卫尉卿（从三品），李渊担任卫尉少卿（从四品），官职很高是不是？对不起，和李渊平级的少卿大人还有两个。也就是说，李渊啥也不是。

很多人都说，李渊的级别是从四品，已经很高了。

问题是，隋朝和唐朝的官职还不太一样。

李世民后来取消了尚书令，尚书左、右仆射也不太管事，最高级别的宰相也就是侍中、中书令。普通的六部侍郎，加个同中书门下平章事头衔，就可以飙到正三品，和宰相们平起平坐，所以说，唐朝的正四品算是很高的级别。

隋朝的尚书令是首席宰相，正一品，尚书左右仆射是从二品，六部尚书是正三品，六部侍郎是正四品，这帮人都是大隋王朝最核心的官员。遗憾的是，六部尚书才是管事的人，比如杨素、高颎之流全都挂着尚书头衔，至于六部侍郎，基本上没有话语权，只能算是跑腿办事的，更何况李渊这个级别的官职。

李渊的从四品，完全是照顾皇帝的颜面，不能再低了。

还有一点说出来也很打击人。隋朝的刺史和郡守是什么级别?

上州是正三品，中州是从三品，下州是正四品，也就是说，李渊做刺史的时候，头上好歹是从三品的官帽，可到了殿内省、卫尉寺，不但失去了封疆大吏的头衔，官职还往下调了一级。

这买卖做的，亏到家了啊。

隋炀帝灭李氏：错杀一千，放过一个

隋大业九年（613），李渊47岁，快到了知天命的年纪。

问题是，天命在哪里？十年前，相面大师说老子可以做皇帝，十年后，老子只不过是个管仓库的，人生的落差，不应该这么大吧？小表弟，你到底啥时候起用我啊，哥都是要入土的人了！

客观地说，隋炀帝对李渊，是真的不信任。

隋大业八年（612），隋炀帝发动第一次高句丽战争，山东、河北等地爆发大规模的农民起义，各地的革命军闹得如火如荼，隋炀帝为了应付糟糕的局面，搞得是焦头烂额，即便如此，他也没打算起用李渊。

隋大业九年（613），隋炀帝发动第二次高句丽战争的前后，李渊调任卫尉少卿。官职虽然不高，可隋炀帝另外给他安排了一个活儿：去辽东怀远镇督运粮草。

李渊可能没想到，他的人生转机终于要到了。并非小表弟想起用他，而是同为关陇贵族的杨玄感，带着一帮关陇集团的贵族子弟，想要革隋炀帝的命。

洛阳城下，杨玄感扯旗造反，贵族子弟跟风相随，消息传到辽东之后，隋炀帝差点尿了裤子。隋炀帝花了十年的时间，打算逐步清除关陇集团对朝廷的影响力，可万万没想到，最终还是棋差一招，被杨玄感这个臭小子给暗算了。

可恶的太子党，真是一切罪恶的根源啊。

骂归骂，事情还是要解决的。放眼朝廷，还有谁可以信赖呢？

用凡人的思维来理解，遇到这种危机，谁都不可以相信，但是外人和亲戚相比，亲戚似乎靠谱点，至少大家有血缘关系，即便谈不上荣辱与共，共同进退，但是先抵御外敌，再内部分果果还是没问题的。

对隋炀帝来说，当务之急是洛阳和长安。

都城的稳定，重于泰山啊。

洛阳方面，张须陀等人已经日夜兼程地赶回去，兵力方面完全不成问题。更何况，洛阳城是隋炀帝的老巢，心腹之人还是很多的，不必多虑。

长安方面，让人很头疼啊。

潼关以西，全部是关陇贵族的地盘。不可否认，绝大部分人都支持隋朝，或者持观望态度，就怕那些居心叵测的人在背后捅刀子。别的不说，镇守在弘化郡（今甘肃省庆阳市）的元弘嗣就有点儿靠不住，他是斛斯政的亲戚，而斛斯政就是杨玄感叛乱的元凶巨恶，此刻已经逃亡高句丽，做了叛国贼。

这样的人，隋炀帝能放心吗？

关中和陇右，必须得选一个得力可靠的人才行。

就是你了，大表哥。拿着朕的诏书，去弘化郡控制住元弘嗣，然后替朕看好场子，你需要兵马是不是，就让你节制关西十三郡的军事吧。

这是什么概念？隋炀帝的一道圣旨，李渊就从卫尉少卿变成了封疆大吏，而且手中握着关西十三郡的兵权，何等恐怖的存在。这才是关陇贵族应有的晋升节奏，贵族子弟应有的发育速度。妈呀，表哥我终于熬出头了。

李渊：什么时候出发？

杨广：即刻收拾收拾走吧，路上别耽搁，策马狂奔，前程就在你的脚下。

有时候，皇帝真的是很纠结的职业，明明不相信人家，还得重用人家。

在长安和洛阳的日子，李渊时刻受到隋炀帝的关注，说得好听点，犹如潜龙入渊，难以施展抱负，说得不好听，就是个政治囚犯。

春风得意马蹄疾，一日看尽长安花。

人生得意须尽欢，老子纵马进潼关。

我得意地笑，又得意地笑……

李渊很开心，当初娶了媳妇窦氏，也没这么兴奋啊。

来到关中之后，李渊的生产力顿时就被解放了。他是关陇集团的代表人物，又是隋炀帝钦封的使者，再加上平日里性格温和，待人宽厚，深受男女老少的喜爱，在李渊的呼吁下，关中的英雄豪杰纷纷前去投奔，很快就站稳了脚跟。

表弟交代的事情，李渊完成得很出色，可以说是超出预期。接下来怎么弄，是不是带兵南下，弄死杨玄感，扑灭起义的大火？

很可惜，杨玄感不太配合李渊的发育节奏，起兵不到三个月，杨玄感就被属下捅死在某个臭水沟旁边。不过，杨玄感的起义就像是一杯倒入火焰里的烈酒，让隋末的起义运动越发红火。在起义军的闹腾下，隋炀帝可以说是焦头烂额，无暇他顾。即便如此，杨广还是发动了第三次高句丽战争。

怎么安置大表哥呢，继续帮自己运粮，还是镇守在关中？

杨广考虑了一下，起义军不仅要他的江山，更想要他的命，他和起义军就是不死不休的敌对关系。至于大表哥嘛，暂时掀不起什么风浪，在“君要臣死，臣不得不死”的皇权游戏规则下，自己可以轻而易举地弄死他。

因此，大表哥需要被监视，更需要被重用，还是镇守关中吧。

隋大业十年（614），东都洛阳的大街小巷突然流传一则童谣《桃李章》：“桃李子，皇后绕扬州，宛转花园里。勿浪语，谁道许！”

歌谣到底从哪儿来的，完全就是谜一样的存在。可是明眼人都明白，歌谣是预测帝位的谶言，背后的水，一定会很深啊。

有关部门立即组织人手进行研究，最后得出了一个指向性非常强的结论：不久之后，一个姓李的人会取代当今圣上，成为天下共主。

隋炀帝很好奇，谁会成为取代自己的人呢？

隋炀帝：来人，立即传安伽陀和宇文述二人进见。

安伽陀，半僧半道，专业水平一般，但经常口出狂言，耸人听闻，隋炀帝对他又爱又恨，由他处理这些神秘莫测的事儿，实在是专业对口。

隋炀帝：说说吧，朕应该怎么处理洛阳的谣言？

安伽陀：陛下不用烦心，杀光所有姓李的人，事情自然就解决了。

隋炀帝很无语，很想扇他的大嘴巴子，你不知道姓李的人有多少吗？

安伽陀就是在等这句话，既然不能杀光，那就得宰几个领头羊啊。

隋炀帝：谁啊？

宇文述告诉他，可以先干掉李浑。如果陛下心情不错，可以顺便干掉李敏，将李氏家族的核心成员连根拔起。直到此时，阴谋终于浮出了水面。

李浑，已故太师、申国公李穆的儿子。

李穆出身关陇贵族，在宇文泰的手下混过，后来拥立杨坚称帝，立下了汗马功劳，被封为太师、申国公，以及无数的荣耀头衔。隋朝的太师官居正一品，地位超然，也就是说，放眼大隋王朝，再没有什么官职可以拿来封赏李穆的了。

不过，杨坚另想了一个法子：让李穆赞拜不名、无反不死。

不仅如此，李穆的家族也跟着他鸡犬升天。

当时，凡是和李穆有血缘关系的，一律升迁做官，就算是襁褓中的婴儿，头上也顶着仪同三司的尊位，整个家族在朝中持象笏做官的子弟就高达一百多人。

翻一下《隋书》，列传中排名第一的就是李穆、李浑、李敏等人。

李穆去世之后，爵位和家产的传承变成大问题。当时，嫡长子李惇已经去世了，李穆还有一堆儿子，大家都想继承李家的家产，一番争斗之后，大家决定各退一步，拥立李穆的嫡长孙李筠继承申国公的爵位。

遗憾的是，李筠是个吝啬无比的人，小爷有钱，就是不给几位伯伯花。李筠的作死行为引起了十叔李浑的强烈不满。在李浑的运作下，李筠被家族成员成功干掉，申国公的爵位又成了无主的头衔。

杨坚对李家的变乱非常不满，他本想取消申国公的封赏，可转念一想，李穆对他有大恩大德，因此按下了此事。就在此时，李浑和妻子的哥哥宇文述达成了一个交易：由宇文述在太子杨广的面前美言，由杨广上奏皇帝，将申国公的爵位和家产传给李浑！如果事情成功，李浑愿意分一半家产给宇文述。

这样的交易条件，无人能够拒绝。

事实上，宇文述确实把事儿给办成了，可李浑这小子却赖账了。对有些人来说，没占到别人便宜，就感觉像是吃了亏，更何况宇文述鞍前马后忙了那么久，却被李浑这小子占了便宜，这事儿传出去，以后还怎么混？

因此，当安伽陀劝隋炀帝打压李姓大臣的时候，宇文述把李浑的名字顶了上去，趁机完成了自己的复仇大业。因为“李氏当为天子”一事，李浑、李敏等三十二名李家成员，悉数被隋炀帝处死。

无独有偶，李世民也遇到过这种事，只不过姓李的人变成了姓武的人，至于李世民处理的办法，完全就是隋炀帝的翻版。不得不说，宁可我负天下人，不让天下人负我是曹操留给后世皇帝的精神财富，也是优秀政治家的基本素养。

问题是，弄死李浑之后，隋炀帝获得安全感了吗？

并没有，反倒更加不安了！隋炀帝开始自我怀疑，是不是弄错人了啊，李浑这种货色也能做皇帝？来来来，看看名单，还有谁有威胁力！

大表哥李渊？听人说，李渊在关陇招揽了不少人才，群众基础很扎实，百姓的呼声很高啊，完全是风生水起的存在。

客观地说，隋炀帝特别忌讳臣子暗中结党，李渊招揽人才的行为已经触及他的底线。隋炀帝的第一反应就是治理李渊，可他始终没有下定决心。

原因也很简单，朝廷的改革都是针对关陇集团，如今弄死了李浑一家子，算是正式和他们开战了，再拿李渊开刀的话，他还能收拾残局吗？更何况，李渊是自己派去镇压局面的，如今想要收拾他，找什么理由啊？

隋炀帝思来想去，决定先缓一缓。

大表哥，要不你到朕的宫里，咱俩儿坐下来聊一聊？

圣旨很快就发了出去。有趣的是，此时李渊生病了，而且重病不起，难以承受长途旅行。得了，哥就不去了，您自个儿聊吧。

隋炀帝本来就不爽，听说李渊不来了，心里的猜忌和怒火越发强烈，迫切地需要找个发泄的地方。当时，贵族之间的通婚非常频繁，比如，李渊把外甥女王氏嫁给了隋炀帝，而隋炀帝把女儿杨氏嫁给了李世民。

有一天，隋炀帝跑到王氏居住的宫中，阴阳怪气地问道：“朕让你舅舅来见朕，他为什么没有来啊？”

王氏：“陛下，舅舅因为生病，所以无法面圣啊！”

隋炀帝：“哦！那他病死了吗？”

据史料记载，杨广说完这句话就离开了，并没有刻意为难王氏。

反倒是王氏，闻言之后吓得花容失色，手足无措。她虽然是个女子，却也能明白皇帝的意思，杨广要不是心怀恨意，怎么会说出这样不留情分的话来？

皇帝，这是让我转达他的不满啊！

事后，王氏利用秘密渠道，将隋炀帝的意思告诉给了李渊。

这事儿非常有趣，从表面上看，王氏是两个家族之间联姻的对象。实际上，王氏是李渊安插在杨广身边的一颗棋子，而且是一颗明棋，专门负责打探后宫的消息。恐怕正因为如此，王氏在杨广的后宫才会毫无地位可言。

自古以来，皇帝和大臣的关系就是最为敏感的，也是最难处理的。

皇帝很怕权臣，尤其是那种手里有实权，身边有帮手，还不愿意和皇帝亲近的人，如果皇帝都猜不透你心里想的是什么，又怎么可能信任你。

瞧瞧明朝的太监，手里掌着朱批大权，皇帝照样信任。为什么？因为太监懂得取悦皇帝，懂得皇帝才是他们享受荣华富贵的保障。

无数的历史证明了，要想取得皇帝的信任，要么表现得很无能，让皇帝瞧不起你，要么摇尾乞怜，表示离了他，你就混不下去。

李渊接到外甥女的密信之后，幡然悔悟：都快 50 岁了，怎么还喜欢鹤立鸡群，还喜欢得意扬扬啊！实在该打！自此以后，李渊就像是变了一个人。

临床表现一：撒泼打滚，疯言疯语，神志完全不受控制。

诊断结果：酗酒过度。

临床表现二：哈喇子直流，双手抽筋。

诊断结果：收受贿赂过多，数钱数的。

临床表现三：精神萎靡，双腿无力，眼睛毫无神采。

诊断结果：纵欲过度，精亏肾虚。

总而言之，李渊要么在酒桌上谈笑风生，要么在床上指导工作。经营多年的光辉形象，几乎在一夜之间轰然倒塌。大家说说，李渊的心里，是不是有数万只羊驼飞奔而过。

时来运转：小表弟给我升官

要想取得皇帝的信任，身残志坚自然是好办法，可也得走外交路线啊。

这段时间，李渊给洛阳城送了不少钱财，各路大神纷纷为他奔走，都说李渊就是个酗酒好色的废物，成不了什么大事，这才平息了隋炀帝的怒气。

皇帝认为你有才华，同僚却说你是个废物，这事儿办得已经很到位了。升官是肯定的，发财嘛，看皇帝的心情。

隋大业十一年（615），隋炀帝北巡东突厥，半路下了一道圣旨：封大表哥李渊为山西、河东安抚大使。隋炀帝表示，只要是李渊的片区，官员的升迁和贬斥，全由李渊说了算。不仅如此，李渊还可以调动河东地区的军队，帮助朝廷镇压土匪盗贼。

看出来了，这完全是封疆大吏，皇帝培养亲信的套路。不过有一点，李渊只是皇帝的安抚大使，俗称钦差大人，办完事情之后，皇帝会另有任用。即便如此，李渊还是兴奋了好一阵子，接到诏书后，他很快就行动了起来。

当时，有一个叫毋端儿的地头蛇，手下有将近十万余人，混迹在龙门（今山西省运城市河津市）一带，把河东地区闹得鸡飞狗跳。

李渊评估了一下，此人智商一般，武力值一般，很适合做炮灰。

河东官军很快就出动了，至于有多少人，谁也不知道。

按照书上的说法，李渊带着数十名骑兵，和毋端儿的数千名精兵发生激战，战役开始之后，李渊的手下发动进攻，冲乱了敌方的阵营，李渊则躲在后面玩起了自己最擅长的游戏：射弓箭。

不得不说，李渊是隋末唐初的第一神射手，这一场战役，李渊一共射出去七十多箭，敌军死了七十多人，当真是箭无虚发，百步穿杨。后世人们有理由相信，当年在窦府门外的比武招亲活动，李渊绝对没有作弊，也没有碰运气的成分。

和母端儿一战，李渊杀了一万多人，俘虏了六万多人，大获全胜。这还不是最暴力的，战役结束之后，李渊下令将战死沙场的一万多名敌军将士堆积成“京观”，以此来恐吓当地的百姓。

“京观”这种恶心玩意儿，实在不具备审美作用，恐怕没人会相信，李渊搞“京观”是为了满足内心奇特的虐尸癖好。一直以来，李渊的人设都是温润如玉，待人谦和，干出如此伤天害理的事儿，只有一种解释：李渊想达到一种关乎自己政治前途或者性命的目的。

无独有偶，王世充平定江南之时，也违背了自己的人设，把三万多名已经宣布投降的起义军活活坑杀，最终结局是王世充收获圣恩，仕途一飞冲天。

干的是同样的事儿，自然要得到同样的待遇嘛，你说是不是，小表弟？咱哥俩共奏一曲高山流水，把大隋的平叛大业推向高潮，多好的配合啊。

有趣的是，李渊的付出并没有得到任何回报。在隋炀帝的眼里，这种行为太作了，完全不符合大表哥的人设特点，必定有阴谋！最好的办法就是视而不见，置之不理，你自个儿玩去吧。

唉，升官的道路，还很艰难啊。

隋大业十一年（615）九月，发生了一件震惊中外的大事：隋炀帝北巡雁门郡，却因为得意扬扬，被数十万突厥骑兵包了饺子。雁门郡的事儿闹得太大了，各路官军都得到了消息，李渊自然也不例外。

走走走，赶紧去雁门！只要能救小表弟一命，胜拍无数的马屁啊。

临走的时候，李渊蒙了，兵马呢，武器呢？

他的头衔是河东、山西招抚大使，权力确实很大，名头也挺唬人，可手下没有常规的编制啊，难道要领着亲军冲锋陷阵？生死存亡之际，李渊动用钦差大臣的身份，迫使马邑郡（今山西省朔州市）守王仁恭做了自己的小跟班。

到达雁门之后，李渊算是看明白了，就这点儿人马，真不够敌人塞牙缝的。没办法，硬着头皮打吧，先把姿态做足，以后才好谈条件嘛。

第一仗，完败退场。

李渊自打从娘胎里出来，只读过兵书，还没上过阵，没杀过敌。当然，母端儿这帮不入流的土匪，算是成全了李渊的处子之战。可面对东突厥的精锐骑兵，李渊确实心里没底，也不知道怎么打。

有句古话说得好：凡墙皆是门。

还有句话也说得很好：跨不过去的是苟且，跨过去的是远方。

李渊毅然选择了破门而入，走向远方。

他闭门苦思，最终为突厥人量身定做了一套打法：他从军中挑选出两千名精锐的将士，让他们骑着战马到处晃悠，喂马也好，让马自由交配也罢，就是不干正事儿，也不去招惹突厥骑兵。总之，就是让突厥人产生一种致命的错觉，官军似乎很悠闲，不想管皇帝的死活。

除此之外，李渊选择了一批擅长射箭的人，整日厉兵秣马，准备出击。

突厥是个好奇心很强的民族，他们看到李渊不务正业，就想过来和他交流交流，看这位主帅是不是脑子有毛病，或许是走错了战场？可等到突厥人靠近官军营帐的时候，李渊的弓箭手突然发动袭击。

据史料记载，这帮人犹如李渊的灵魂附体，百步穿杨，箭无虚发，突厥骑兵应箭而倒，再配合两千名骑兵的一顿冲锋，突厥骑兵当场就挂了好几千人。就在此时，各路援军纷纷赶到，突厥撤兵而去，隋炀帝逃出生天。

此战过后，李渊声名鹊起，战神、国之柱石、朝廷栋梁的名誉随之而来。

天下人都知道，隋炀帝事后变了卦，将封赏的名单硬生生砍掉了一大半。然而，在论功行赏的时候，却唯独没有漏了这位大表哥。

以数千精兵对阵数万突厥骑兵，啧啧啧，很像是普通的成年人对阵身经百战的金腰带拳王，完全是靠勇气打仗啊。杨广很感动，大表哥做的一切，全都是为了自己！这么说来，自己和大表哥不是敌我矛盾，也不是人民内部矛盾，而是血浓于水的兄弟关系啊。

这还不算什么。在杨广的印象中，大表哥的特长是射箭、把妹什么的，兵书确实读了一大堆，可从来没有真刀真枪地干过，用我们现在的话来说，光说不练假把式。可是没想到，大表哥居然还有决胜千里的潜质。

朝廷正值用人之际，这样的人才不能浪费了。

过完年，李渊就升官了，隋炀帝给他的头衔是右骁卫将军（官居从三品）。

宋朝和明朝的时候，武官的地位很低，就算级别和文官一样，见面也得矮别人一头，因为文官是玩智力游戏的，你是玩体力游戏的，大家的层次不一样。

然而隋朝不一样，整个社会都崇尚武力，武官和文官地位相当，大家平起平坐，尤其是隋朝末年，统治阶层的重心全都放在了剿灭起义的事情上，武官，尤其是掌握兵权又会打仗的武官，绝对是最吃香的职业。

右骁卫将军！这是隋炀帝对大表哥的一种态度：信任一部分，猜忌一部分。

让你做右骁卫将军，官升一级，说明皇帝要重用你！让你做将军，而非右骁卫大将军（官居正三品），说明皇帝还是要遏制李渊的前途。

大表哥，你我之间的信任基础，还需要继续建立啊。

可惜的是，隋炀帝的如意算盘还没打完，局势就已经全面失控了。尤其是第四次征伐高句丽的想法，彻底阉割了老百姓对朝廷的幻想。隋炀帝不得已，只好前往扬州避难，打算找机会再干回来。

历史给隋炀帝出了一个选择题：重用大表哥？还是弄死大表哥？

这事儿，完全取决于隋炀帝的个人喜好。

不过，答案还是很乐观的，李渊升官了。

新的职位是太原留守，河东地区最高的行政与军事长官，官居正二品。这一回，李渊可以很自豪地说，什么钦差大臣，什么千牛备身，什么右骁卫将军，通通见鬼去吧，咱是正儿八经的封疆大吏，而且是掌握实权的那种。

权力有多大？

掌握军政、民政、钱粮大权，以及大军区的防务工作。这还不算啥，隋炀帝担心各地官府不听李渊调遣，因此给了他一道特旨：拥有便宜行事之权。

后世有个著名的电视剧叫《神探狄仁杰》，狄老大出门的时候，经常带着皇帝给的这个特权，只要是狄仁杰所到之处，不管是执掌行政大权的封疆大吏，还是手握军权的卫府大将军，通通靠边儿站，狄老大经常说的一句话就是：别说剥夺你的官职，就算杀了你，也在便宜之内。

李渊手中的，就是这种霸气无敌的尚方宝剑。

李渊的魄力：突厥人闻风丧胆

隋大业十二年（616）十二月，李渊被封为太原留守，这也成为他一生中的最大转折。

太原是大隋的北都，放眼整个北部边境，太原是抵御突厥的最后一道门户，说是战略要地都有贬低它的意思。这也就罢了，隋炀帝到达扬州之后，几乎意味着放弃中原的控制权，凭着李渊的江湖地位和皇帝给他的尚方宝剑，放眼河东地区，谁还敢和李渊唱对台戏？太原，岂不是李渊的私人地盘？

李渊能被发配到这里做官，实在是祖坟上冒了滚滚青烟。

杨广能做出这样的决定，实在是脑子进水啊。

当然，隋炀帝骨子里还是对李渊不太放心，因此特地派了虎贲郎将王威、虎牙郎将高君雅担任他的副将。这一点，大家心知肚明，也可以理解。

此时的李渊，只能说是刚刚找准了人生奋斗的方向，连创业的初级阶段都谈不上，更别说挑战小表弟的权威了。上任之后，李渊别无选择，只能全力剿匪，卖力干活，王威和高君雅虽然身负间谍的职责，却也很难找到李渊的把柄。

历史真是讽刺啊。他们兄弟两个经过这么多轮的忠诚大考验，才建立起信任关系。可是，两人到底有什么心思呢？

对杨广来说，让大表哥经营河东这块战略地盘，自然希望他能够和长安、洛阳形成三足鼎立的关系，为大隋帝国防御北边的突厥，不让外国人染指中原。

对李渊来说，他心心念念的是拥兵自重，猥琐发育，等时机一到，霸占小表弟的皇位，将这些年来所受的屈辱全部发泄出来。

在李渊称帝的路上，杨广送了他最重要的一程，李渊的一生虽然谈不上默默无闻，但如果没有太原留守这个官儿，他也不会像后来那样，成为千古一帝。

有杨广这样的好兄弟，人生实在当浮一大白啊。

据史料记载，李渊当时非常得意。

李渊有个叫温大雅的贴身秘书，他后来写了一本《大唐创业起居注》，专门记载老板创业期间的点点滴滴，尤其是李渊新官上任后的心情，温大雅描写得非常详细：帝以太原黎庶，陶唐旧民，奉使安抚，不逾本封，因私喜此行，以为天授。所经之处，示以宽仁，贤智归心，有如影响。

这里面有个背景，李渊的爵位是唐国公，而太原是古唐国的封地，按照迷信的说法（其实是李渊的说法），李渊能来太原当官儿，完全是老天爷的悉心安排，在他看来，自己就是太原百姓命中注定的主子。

古话说得好，久旱逢甘露、他乡遇故知，如今李渊和太原百姓，可不就是这种如鱼得水的关系吗？不可否认，李渊是一个出色的战略思想家，他看懂了隋末的局势，尤其是小表弟南下的后果，他似乎一清二楚。在风雨飘摇的世界，能有自己的一方土地，实在是人生中的一大幸事。

如果说前几年李渊还被小表弟牵着鼻子到处溜达，如今做了太原留守，手握军政大权，就必须趁着局势混乱，狠捞一把。

否则，辜负了老天爷的厚爱，是会遭雷劈的。

到达太原城后，李渊的兴奋劲儿越发浓烈，他甚至有种强烈的感觉，自己的家就是在太原，他在人世间兜了一大圈，最后还是回到了最熟悉的地方。

李渊太激动了，他得赶紧找人分享一下。

李渊：二郎（李世民），来来来，跟为父聊聊天！

李世民：老爸，你的心情很不错啊，为什么事儿？

李渊：咱家马上就要飞黄腾达了！

李世民：此话怎讲呀？

李渊：你想想看，咱们的封号是唐国，而太原本身就是古唐国的封地，咱们能来这里，实在是上天给的机会啊！如果咱们不抓住这次机会，兴许还会有什么祸事呢！知道怎么干吗？

李世民：老爸，您说您说。

李渊：嗯，孺子可教！听好了，咱们有两个麻烦，一个是盘踞在太原附近的土匪历山飞，一个就是东突厥，如果不把他们搞定，工作恐怕会很难开展啊。

历山飞是河北籍贯的土匪，本来和河东没啥关系，可他的脑袋不知道被哪位大师开光了，突然打起了太原城的主意，起兵之后，历山飞就派大将甄翟儿到太原城下转了一圈，还杀了隋朝的大将潘长文，随后盘踞在太原南部。

李渊想要南下，就必须解决历山飞这个大麻烦。

来吧，先盘点一下兵马，看看有多少人。

老板，很对不起，咱们就六千余人，不能再多了。

李渊以四十五度角的帅气姿势，仰天长叹，底子太薄，创业维艰啊。

六千就六千吧，且看李某人的手段，教你们打出六万人的输出。

就这样，李渊带着王威，以及六千兵马，从太原一路南下。

历山飞是怂包吗？显然不是！在那个年代，起义军都喜欢在自己的地盘混，他能把目光瞄到太原城，说明他有一定的眼光。到太原之后，历山飞打了好几场胜仗，也杀了几位隋朝的将领，手下的人多达两万余人，声势非常浩大。

可就在此时，有人告诉他，新上任的太原留守想拿他开刀，历山飞的心情顿时就变得不那么美好了。

历山飞：新任太原留守叫什么名字啊？

属下：李渊，深渊的渊。

历山飞：管他什么渊，先弄死他。

历山飞有点按捺不住了，他带着属下开赴雀鼠谷口，等李渊来战。

雀鼠谷位于山西晋中市灵石县东南，地处太原、临汾两大盆地之间，自古以来，雀鼠谷就是太原和临汾的交通要道。取名雀鼠谷，暗含着只有麻雀和老鼠之类的小东西才能穿过的意思。

狭路相逢勇者胜！至少在李渊的眼里，自己是个勇者。

瞧瞧历山飞，虽说有点儿战略眼光，可毕竟改变不了土匪的低级本质，两万余人盘踞太原这么久，居然都没能拿下，这说明了什么，说明历山飞的战斗力还是不行啊，小打小闹可以，侵略性毕竟不足！

李渊的自信心爆棚，胜利就在眼前啊。

就在李渊下令之前，副官王威给他泼了一盆冷水。

王威：唐国公，对方有两万多人，咱们就六千，能干得过吗？要不咱撤吧。

呵呵，这位副官，你来太原这么久，几乎是沉默寡言啊，如今金口一开，就暴露了软弱无能的本性，看起来，隋炀帝真的是所托非人啊。

李渊心情十分愉悦，回答也显得霸气侧漏："兄弟们，你们别怕，这些人就是盗匪，眼中只有金银珠宝。如果和他们硬拼，咱们肯定占不到便宜，可如果咱们动点脑子，完全没问题啊。"

话说出口，李渊总感觉是在涨他人的士气，于是又重新组织了一下语言："老子就怕他们不出战，只要他们动手，败局就这么定下了。"

李渊下令，将手中的兵力分为两大阵营：

第一营，王威坐镇中军，以年纪较大的老兵为主，主要任务是举起军中的旗帜，越多越好，给敌人虚张声势的感觉。

第二营，李渊率领骑兵，以及数百名善于骑射的精兵埋伏在两翼。

历山飞从来没和李渊打过交道，自然不懂他的花花肠子，他看到中军很热闹，以为李渊躲在其中，于是擂鼓进攻，打算活捉李渊，结束战斗。事实上，进攻非常顺利，历山飞确实来到了中军，可李渊却并不在这儿，映入历山飞眼前的，是李渊的辎重武器，以及所有的军粮和钱财。

嚯！李渊真是有钱的主啊。

历山飞的部下大多都是土匪出身，以抢劫钱财为乐趣，这么多的钱粮摆在面前，如果再矜持下去，实在有愧自己的身份啊。于是，历山飞的部下丢掉手中的武器，做起了战场上的搬运工，玩得不亦乐乎。

他们可能不知道，就在不远处，一双冷酷无情的眼睛正看着他们，如同看着死人一般。芸芸众生，你们的嬉笑怒骂，喜悦哀伤，和我无关。我要的只是战争的胜利，家族的繁盛，还有主宰乾坤的豪气。

李渊看时机已到，下令军中的弓箭手对这些乌合之众来了一顿狂射，一时间，惨叫连连，尸横遍野。李渊看了看，发现敌人的有生力量被灭得差不多了，于是率领骑兵从高坡上俯冲而下。

军队打仗，不怕以少对多，就怕群龙无首，毫无章法。历山飞的军队被骑兵冲散，又被王威的中军包夹，以多打少的优势荡然无存。士兵们抬头望去，哪还有主帅历山飞的身影，究竟是逃跑了，还是挂了，谁都不知道。

一种恐慌感顿时袭上了他们的心头。

就在此时，李渊的将士摇旗呐喊，声震山谷，敌军再也没了打下去的欲望，纷纷恐慌地撤离战场。历山飞看到大势已去，留下来只能葬身于此，因此骑着快马飞奔出谷，绝尘而去。

此次战役之后，没有战死的士兵悉数投降了李渊，原本在历山飞控制下的老百姓也纷纷前来投奔，失去了根据地，历山飞犹如孤魂野鬼一般，彻底从隋末群雄争霸的历史舞台上谢幕。

李渊：小表弟，历山飞垮了，哥算是完成你交代的任务了。

虽说是小表弟安排的任务，其实也是为自己南下长安扫除了最大的障碍。

杨广：你做得很好，不过北边还有个突厥，听说他们时常骚扰边境的村落，北部州县的百姓苦不堪言，朕颇为忧虑啊。这样吧，你和王仁恭联手吧。

对李渊来说，突厥人劣性难改，如果不把他们搞定，就算是南下长安，突厥人也一定会在后面给他捅上几刀子。就算小表弟不说，李渊也得干他们。

问题是，究竟该怎么干啊？

突厥是游牧民族，男人女人都会骑马射箭，民族的平均战斗值要远超中原，再加上彪悍的战马，可以说来无影去无踪，实在是不好对付啊。

李渊盘点了一下，手下能用的也就一万来人。太原是他的大本营，得分出七千人来镇守，剩余的三千人，都去打突厥人吧。事实上，王仁恭也是这样想的，于是二人合兵一处，凑了不到五千人。

二人面对着五千兵马，心情颇为复杂。

王仁恭暴跳如雷，恨恨地骂道：就这么点儿人，怎么和突厥骑兵抗衡啊？这活儿俺们干不了，只能困守城池，看局势怎么发展吧。

李渊乐开了花，你的意思是，我来做老大吗？

王仁恭：你要是愿意，随便你吧。

李渊表示，对付突厥人他还是有心得的，至少在雁门郡，他就摸准了突厥人的心理。异地相处，道理还是一样的嘛，这个锅他一定得背。

李渊的理论模型是这样的：

突厥人逐水草而居，以羊马为军粮，以甲胄为常服，行进不列队，安营不选址。他们最擅长骑马和射箭，机动性确实很强。问题是，他们打仗，纯粹是为了钱财或者妇女，如果有什么好处摆在眼前，他们必定会奋不顾身，可是如果遭遇到什么挫折，他们也会风驰电掣般地逃遁。

中原的军队刚好相反，因此在过往的交锋中，中原军队很难在正面战场取得胜利，就算是偶尔能够占据上风，也没办法将他们彻底消灭。

王仁恭：然后呢？

李渊：咱可以学习突厥人的长处，比如咱们也住帐篷，也逐水草而居，以羊马为军粮，只要让他们看到来中原无利可图，自然就不会继续侵犯了。

好简单的逻辑啊，让人难以置信。

不过，王仁恭却对李渊竖起了大拇指。不管怎么说，李渊是皇帝的亲戚，地位比他要高。再者说，方案是别人给的，人马也是别人出的，他还有什么不乐意的呢。李渊是好样的，我一定在后面给你摇旗呐喊。

隋大业十二年（616）十二月，李渊精心挑选了两千多个士兵，让他们身穿突厥人的服装，每天练习骑马射箭，在草原上搭帐篷居住，饮食起居和突厥人无异。

这桥段，其实就是雁门郡的翻版。消息传开之后，突厥人蒙了，李渊不是太原留守吗，手下怎么会有突厥人？是不是有人叛逃了？

于是，突厥人组成了一支“观光旅游小组”，专门跑来看李渊的骑射表演。

李渊早已经下令，突厥人来了之后不要害怕，只管旁若无人地驰骋狩猎。

场景十分诡异，很像是一群观众在动物园看表演。

瞧瞧李渊，穿着突厥服装，身跨雄壮的战马，手里拿着弓箭，瞄准天上的飞鸟，地上的走兽，羽箭所到之处，寸草不生。再看看那两千多骑兵，完全就是突厥人的模样啊。

起初，突厥人并不甘心，会时不时地骚扰一下李渊，看看对方的战斗力到底有多高，是不是货真价实的突厥军队。悲剧的是，突厥人每次袭击都落空了，到了后来，李渊开始主动进攻，突厥人除了留下一地尸体，得不到任何好处。

结论呼之欲出：这些人和突厥人一样，属于游牧部落，而非中原民族。

突厥民族不喜欢攻占城池，只喜欢骑着快马抢劫老百姓。而且，他们很讲原则，只要是亏本的买卖（比如死了人，却没有抢到东西，或者抢到东西，人却死了），他们一律不做。

李渊抓住了突厥人的这一弱点，组织起超强的机动部队，对投机取巧的突厥骑兵实施打击，令他们闻风丧胆。在李渊的面前，他们的进攻属于亏本，而且是亏血本的存在，此事过后，突厥人只要听说李渊的名号，直接绕着路走。

李世民：李渊造反的首谋？

李渊是个明白人，让他去学霍去病，骑着战马跑个几千里路，把突厥人赶得鸡飞狗跳实在不是他的强项。再者说，他也没那个体力啊。既然对方知道了他的厉害，又完成了小表弟交代的任务，李渊也就收手了。

回太原，搞大事业去了。

这下轮到王仁恭傻眼了。突厥人干不过李渊，可干他还是绰绰有余啊。李渊前脚刚走，突厥骑兵后脚就到了马邑郡。

王仁恭根本就不是突厥人的对手，几次交锋之后，突厥人就在城外耀武扬威，宣示主权，而官军只能当闭门不出的缩头乌龟，什么老百姓的死活，什么国家的利益，通通不是他们要考虑的问题。

王仁恭混不下去了，只好找李渊帮忙。

李渊：高君雅，要不你带人去看看？

很明显，李渊在给高君雅挖坑。果不其然，高君雅没让李渊失望，屡战屡败，全线溃败，让突厥人嗜血的本性越发强烈，老百姓深受其害。

奇怪的是，马邑的战况居然惊动了远在扬州的隋炀帝。

很多人都说，此时的隋炀帝已经当起了鸵鸟，彻底放弃了大隋江山，可无数的细节都表明，他始终关注着局势的走向。比如突厥，从一开始，隋炀帝就让大表哥坐镇太原，全面主持北地的防御工作，李渊唬退了突厥骑兵，杨广打心眼里高兴，可李渊不愿意支援王仁恭，导致大隋全面惨败，隋炀帝则是万分震怒。

这一次，隋炀帝急急忙忙地派人前往河东，传达了两个意思。

第一，王仁恭因为防守不力，必须处斩。

第二，李渊因为支援不力，立即逮捕。

说来也奇怪，全国各地都是杀人越货的盗匪，就连洛阳城的使者到扬州也得绕着路走，隋炀帝的使者居然可以穿山越岭，长途跋涉，然后安全到达河东，真可以说是神乎其技，命好得令人发指啊。

本来，大表哥还挺高兴的，因为马邑郡的战况说明了几个问题：李渊才是朝廷的栋梁，突厥人的命中克星。王仁恭，天字第一号打酱油的。王威和高君雅，只能算是皇帝不入流的狗腿子，唯一的价值就是起兵之前，拿来祭旗。

然而，当皇帝的使者站在他面前的时候，李渊也震惊了。君要臣死，臣不得不死，这是皇权制度下的专利啊。难道要杀了使者，宣布造反吗？

李渊表示，现在还不到时候，只能硬着头皮，看事情有没有转机吧。

这几日，李渊活得很累，活得胆战心惊。

于是，《资治通鉴》的作者司马光就编排了一段对话。

李世民："父亲，如今陛下昏聩无道，百姓民不聊生，咱们不如顺应民心，起兵造反，可千万不能辜负老天爷对我们李家的厚爱啊。"

李渊大惊失色，回应道："臭小子，你怎么能说出这种谋逆犯上的话来，我现在就将你抓起来，向官府告发你。"

李渊说着，就要拿纸笔开始写举报信。

谁料想，李世民却毫不在意，慢慢悠悠地说道："父亲，儿子是看时机已到，才敢说这样的话，父亲如果一定要告发我，那我宁愿受死！"

李渊话锋一转："二郎，我怎会忍心告发你，你要谨慎，不要随便乱说！"

李世民劝了半天，李渊死活不愿意松口。

第二天，李世民又找到了李渊。

李世民："父亲，如今天下的盗贼越来越多，父亲受诏讨贼，可贼讨得尽吗？不管结果如何，最后还是逃不过皇帝的责罚。世人都说李氏会应验图谶，成为天下共主，父亲要是能将贼剿灭尽，陛下必定会因为您功高震主而猜忌您。希望您能考虑我昨天说的话，免得让家族遭殃！"

李渊的态度开始变软了："二郎，昨天晚上，为父一直在思考你说的话，我觉得你说的还是很有道理的，如今就算是家破人亡也由你，变家为国也由你！"

一段对话，李世民就成了李渊起兵反隋的首谋者，而李渊呢，只不过是个畏首畏尾，左右摇摆的政治投机分子。

《旧唐书》《新唐书》《资治通鉴》是研究唐史最重要的资料，三本书的作者都有或明或暗的指向，认为李渊是在李世民的唆使下才起兵反唐。然而，温大雅的《大唐创业起居注》却提出了完全相反的看法。

还是一个个来说吧。

《旧唐书》，成书于五代十国时期，后晋皇帝石敬瑭下令修撰的。

当时，唐朝长安城经受了无数次战火摧残，官修的国史，以及记录皇帝起居生活的史料在战火中被焚毁了不少，石敬瑭在修撰的时候，不敢过多采用野史，只是说太宗皇帝和刘文静首谋，并未说李渊不知情，在这里是模糊处理的。

《新唐书》，是宋朝的大文豪欧阳修等人编撰的。

宋朝的统治者很喜欢搞意识形态，全力把皇权，以及君臣之间的伦理美化成神圣不可侵犯的规则，对那些胆敢挑战皇权，挑战社会伦理秩序的人大加贬斥。

比如，武则天登基称帝，隋炀帝丢掉江山，窦建德起义造反等历史，欧阳修等人极尽鄙视和诋毁之能事，向来就没什么好评。

更何况，欧阳修在编写《新唐书》时，采用了很多野史、杂书、笔记，故事色彩极其浓厚。就拿李渊来说，人家做了皇帝，根本就没有渲染出生时的异象，也没说自己有难以启齿的残疾，可在欧阳修的笔下，李渊竟然成了坐拥三颗乳房的神人，这样的写法，只为了渲染李渊有做皇帝的潜质。

人家不想要的，你偏偏要写，真可谓画蛇添足。

《新唐书》里，李世民直接变成了一位先知，知道隋朝要灭亡，因此提前结交各路英雄豪杰，收买亡命之徒，和刘文静定下了太原起兵的方案。这样写也就罢了，在欧阳修的笔下，李渊没有造反的意识，没有意识到李世民将有大动作，完全就是一个被蒙在鼓里的糊涂蛋，外加软弱无能。

看起来，欧阳修爱李渊，更爱千古一帝李世民。

这不是说李世民不是明君，而是这两本史料对李渊太过忽视，歪曲了不少事实，这一段被掩埋的历史，自然要从《大唐创业起居注》去寻找。

此书的作者是温大雅，此人出生在官宦士族之家，家族都是搞历史和文学的，底蕴非常深厚。温大雅属于年少成名的青年才俊，30岁的时候，被隋文帝授予东宫学士的官职，后来外放为长安县尉，父亲去世后，温大雅丁忧回家，居住在太原城。

隋大业十二年（616），李渊回太原做官，听说温大雅也在太原，因此三顾茅庐，用厚礼将他网罗到自己的麾下，任命他为记室参军，专管李渊身边的文字记录工作。从工作性质来讲，温大雅常年跟随在李渊的身边，对他的言谈和秘事都非常清楚，这也可以保证，他掌握的事实比别人要更加准确。

《大唐创业起居注》记录了李渊的整个创业过程。这部书撰写在温大雅随军期间，李渊登基称帝的同时，书稿正式定稿。和《旧唐书》《新唐书》相比，这本书最大的不同就是，温大雅比较客观地描述了李渊起兵的初衷和他的雄才大略，以及废太子李建成在大唐创业过程中的丰功伟绩。

换句话来说，如果太原起义的首谋功劳真的是李世民的，而温大雅为了强行讨好李渊，抹去李世民的功劳，那李世民登基称帝后，必定会对温大雅提出严厉的谴责，或者将他的这本书焚毁，甚至将温大雅本人定罪也未可知。

有趣的是，温大雅不仅没受到责罚，反而受到了李世民的厚待。玄武门之变后，李世民封他为礼部尚书、黎国公，至于《大唐创业起居注》这本书，也出人意料地被保存下来。

唯一合理的解释就是：温大雅记录的就是当时的事实，李世民没有什么好反对的，而且李世民对谁提出起兵反隋一事，根本就不在意。李世民甚至都没有想到，后来的史学家会因为要追捧他，硬生生地把起兵的功劳安在他的头上。

就拿这件事来看，李世民的胸怀确实比常人要强太多，他的包容足以称得上是明君风范。真正应该对歪曲历史负责的，是那些刻意塑造圣君形象来达到统治目的，或者盲目崇拜李世民而刻意歪曲、隐晦历史的史学家。

这一节纯属考据，写起来很累，看起来也很累，算是贻笑大方了。

话又说回来，高君雅就是不入流的货色，李渊派他去和突厥人干架，注定会失败啊，李渊为什么要冒着被问责的风险，行此下策呢？

这事儿，其实就是笔糊涂账。

比如，李渊觉得隋炀帝在扬州混日子，山高皇帝远的，根本就管不到太原，可能也没心思管，即便是把天给捅破了，也无所谓。

比如，李渊想要借突厥人的手，除掉高君雅这个心腹大患。

比如，李渊故意放水，让王仁恭和高君雅吃瘪，以此来衬托他高大伟岸，射箭无敌的英雄姿态。

比如，李渊认定自己是太原城最合适的当家人，就算闹出了事儿，隋炀帝也只能嚷嚷几句，绝对不敢要他的脑袋。

比如，李渊想要起兵造反，可理由不充分，因此选择用一场华丽的败仗来逼迫隋炀帝处罚他，李氏家族有了性命之忧，李渊再振臂一呼，奋起反抗，背叛小表弟的罪名也就小了许多。

总而言之，这是一个开放到无边无际的话题。不过有一点确实可以肯定，李渊有恃无恐，不担心隋炀帝要他的命。李渊的底气在于突厥人。

当时，突厥人靠着骑兵优势，横扫河东根本就不在话下。一旦河东丢失，长安、洛阳将会彻底暴露在突厥的铁骑之下。隋朝的高级官员，包括他们的家属和族人基本上分布在关中和洛阳，尤其是关中，盘踞着各种政治势力，对隋炀帝来说，保护大隋官员家人的性命，甚至要重于江山社稷。

从细节也可以看得出来，隋炀帝对太原的关注程度，要远高于其他地方。

问题是，谁才能守得住太原城呢？

答案呼之欲出：在当时的情况下，大表哥是唯一合适的人选。

论战斗力，李渊是大隋王朝为数不多，可以和突厥骑兵过上几招的人，这一点已经有了事实证明。再者说，李渊模仿突厥骑兵的奇特战术，居然能让突厥人退避三舍，就冲这一点，李渊就是最合适的人选。

论群众基础，大表哥在太原经营了好几年，如果说连他都控制不住局面，还真找不出别人了。论血缘关系，这个就不说了，亲不亲都是一家人，关键时刻，肥水还是不能流到外人的田地里。

论忠诚度，隋炀帝确实很头疼。

大表哥这个人吧，被杨家两代帝王打压了大半辈子，可也没听说他有只言片语的怨言啊。雁门郡城之外，大表哥就是冲着救你命来的，不仅有功劳，态度还特别端正，又帮朝廷灭了母端儿、历山飞两大黑恶势力，面对无敌的突厥骑兵，大表哥向来不怂，忠诚度应该是没问题的吧。

这些利益关系，李渊知道，隋炀帝也知道。

对李渊来说，无非有三种结果。

第一种，跟使者回扬州，小表弟要么申斥一番，然后放他回太原，继续为杨家卖命，要么伸头就是一刀，坐等太原沦陷敌手，平叛的局势继续恶化。

第二种，死活不去扬州，和小表弟博弈，看谁先认输。

第三种，二话不说，直接起兵造反，该祭旗的祭旗。

不管是哪一种，李渊几乎控制着所有赢面。

就这样，发生了有趣的一幕：使者传达完皇帝的意思，没缉拿李渊，也没诛杀王仁恭（事成之后，使者就得回去交旨，还得穿越战火弥漫的战区，冒着掉脑袋的危险），事情就这样拖着。没过多久，第二波使者就到了，隋炀帝的最新旨意，李渊和王仁恭依旧掌管本部兵马，继续北御突厥，为国分忧。

在这期间，太原和扬州没有任何联系，双方完全是根据局势的走向，理智地做出了最优的决策。隋炀帝赦免了大表哥，肯定不是对他的悲悯，他担心处理了李渊和王仁恭，北部的突厥将会更加猖獗，而且因为这点小事就处罚重臣，以后谁还敢替他镇守边境？

暗度陈仓：谋夺表弟的江山

古话说得好，伴君如伴虎。

隔着千山万水，还是能感受得到杀气。就算是握着百分之九十九的赢面，还是担不起那百分之一的风险！这种日子真不是人过的。

想要摆脱被人控制的命运，就必须成为至高无上的主宰。

小表弟，对不起，你已经玩完了，该表哥镇虎躯，散王霸了。

有一天，李渊叫来了李世民，语重心长地说道：“二郎，隋朝国运将尽，我们家族应该在乱世中做出一番事业来，之所以不早起兵，是因为我顾虑到你们兄弟没有在一起，如今我被陛下拘在此地，你们兄弟应该早点会合，以免遭受灭顶之灾，为天下英雄所耻笑。”

李世民非常同情父亲的遭遇，因此安慰道：“父亲，局势虽然很乱，但您可以学习一下汉高祖刘邦，以静制动，静待时变啊。”

李渊：“如今时机已经到来，纵然是等又能如何呢？假如天命在我的身上，纵然是有人想让我死，我也死不了！”看不出来，李渊还是个急性子。

起兵是肯定的，铺垫工作得先做好，李渊交代了两个任务。

第一个，李世民牵头，在太原城暗中招揽各地的英雄豪杰。

李渊对英雄豪杰的定义非常广泛，比如战斗值爆棚的江湖草莽，牢狱之中的亡命之徒，走南闯北的商人，地方上的豪强，在官府不得志的人才。总而言之，只要对李渊起兵有好处的人，都是李世民要招揽的。

第二个，李建成牵头，在河东郡（今山西省运城市永济市）招揽英雄豪杰，尤其是河东的官宦家族，需要重点攻克。李渊对李建成的唯一的考核指标就是，这帮人认可李渊的家族。

事关家族的命运，谁也不敢懈怠。

一时间，送钱财、送美女、送田产，刷脸皮……咱们能想到的收买手段，李渊父子全都用到了，父子三人一起上阵，最终效果杠杠的：刘文静、段志玄、刘弘基、殷开山、刘正会、唐俭、武士彟、王长阶、权弘寿、姜宝谊、长孙顺德、窦琮等人，纷纷被网罗到了李渊的麾下。

气候已成啊。

准备归准备，李渊迟迟不肯起兵，还是有很多原因的。

比如说，兵不多，将不广。

李渊确实是河东地区的一把手，上马管兵，下马管民，还握着小表弟给他的尚方宝剑，可你真要把皇帝给你的鸡毛当令箭，肆无忌惮地招兵买马，扩充自己的势力，恐怕就会大事不妙了。李渊很聪明，不到万不得已，坚决不打招兵买马的主意，即便是要干突厥人，打历山飞，手中的军队不过六千余人。

比如说，被王威和高君雅暗中监视。

在太原城，李渊是说一不二的老大吗？在太原城，就没有支持隋炀帝的官员吗？在太原城，就没有其他的势力吗？如果真要觉得没有，那就太幼稚了。

王威和高君雅从一开始就有双重身份，如果李渊继续担任剿灭起义军的先锋，大家伙儿就是一路人，好说好商量。如果李渊有任何异动，恐怕告发李渊谋反的密折就会立刻发往扬州，李渊在自己羽翼未丰、局势不稳的情况下，绝不可能杀了二人，否则就是引火烧身。

再比如，突厥人虎视眈眈。

东突厥是最不可控的危险因素，李渊在没有镇压突厥，或者和他们达成绝对的默契之前，非常担心突厥人在后面捅刀子。如果处理不好突厥人，即便是起兵造反，也不过是和杨玄感一样，昙花一现。

再比如，王仁恭的态度难测。

王仁恭究竟是忠于大隋，还是和李渊一样，有其他的心思？如今大家的立场是一样的，所以能够精诚合作，一致对外。但是，如果李渊举起了义旗，王仁恭究竟是帮他挡着突厥人的刀子，还是调转枪头弄死李渊？完全看他的心情。

再比如，李渊的群众基础扎实吗？

满打满算，李渊在太原做了两年的官儿，想要在这么短的时间内搞定河东的牛鬼蛇神，难度可想而知。幸运的是，李渊已经让两个儿子去搞关系了，平日里的政治伪装，再加上散尽多年积攒的家财，还是收到了一定的成效。

前路多艰，困难重重，尤其是兵马，从哪儿去弄呢？

就在李渊着急的时候，老天爷又给了他一次机会。

隋大业十三年（617）二月，马邑传来了消息：马邑太守王仁恭被杀身亡。

据说，王仁恭有个叫刘武周的属下，早年因为立下不少军功，升任鹰扬府校尉，刘武周作战勇猛，性格豪爽，又是当地的土豪，王仁恭便主动和他结交，后来还邀请他担任马邑官署的警卫部司令员。

正因为有这层关系，刘武周才可以随意出入王仁恭的府邸。谁料想，王仁恭平日里工作太忙，身体条件又不允许，因此忽略了小老婆们的幸福，一位不知名的侍妾因为常年寂寞，居然对身材魁梧、气度不凡的刘武周产生了强烈的兴趣，这一来二去，两人直接发生了关系。

这种事儿，想瞒是瞒不住的。很快，刘武周和王仁恭小妾通奸的事儿就成了马邑郡街头巷尾的八卦新闻。王仁恭虽然已经过了看破红尘的年龄，可面对此情此景，还是气得暴跳如雷，王仁恭放出话来，迟早得弄死刘武周。

看得出来，这是王仁恭强行挽尊的无奈之举。

刘武周也不是个善茬儿，面对王仁恭的威胁，他也在积极想办法自保。

也该王仁恭倒霉，自从隋炀帝南下之后，他就没心思防御突厥，几乎把所有的精力都耗费在敛聚钱财上。王仁恭非常自私，他得来的钱财从不分给手下的将士，府库中的粮食即便是堆满，他也不愿意拿出来给饥饿的老百姓吃。

刘武周意识到这是个机会，他以此事为由头，经过添油加醋的包装，将王仁恭说成是不体恤下属，只想着自己捞钱的邪恶分子，活该千刀万剐，最后惹得将士们怒火冲天，嚷嚷着要剁了王仁恭。

武德元年（618）二月初八，王仁恭正在太守府处理日常政务，刘武周率领军队冲进大堂，将王仁恭砍倒在血泊之中，随后自称马邑太守，宣布起义造反。

王仁恭被杀，马邑郡失陷，这让雁门郡丞陈孝意感到了莫名的危机。他已经预感到，刘武周会和突厥人暗中勾结，陈孝意担心自己夹在中间可能会被双方联手消灭。因此，陈孝意几乎是在第一时间点齐兵马，包围了刘武周的桑乾镇。

刘武周慌乱了，刚刚做老大，还在收拾烂摊子呢，哪有时间去准备防务工作？再者说，手下的兵马也不够啊，既然打不过陈孝意，那就先服软吧。

刘武周一边和陈孝意周旋，一边派使者前往突厥军中，表明了自己对始毕可汗有着滔滔不绝的敬意，希望能在突厥人的麾下效力，最关键的，刘武周开出了投奔的条件：称臣纳贡。

雁门和马邑是大隋抵御突厥入侵最重要的门户，突厥骑兵如果想要南下，必须穿越两个城池的防区，可每次都得留下一批尸体，这让始毕可汗非常头疼。这下好了，刘武周把马邑郡送上门来，还和雁门郡的陈孝意发生冲突，对始毕可汗来说，这简直就是最完美的交易了。

始毕可汗的脑子好使，老天爷送给他的馅饼，他照单全收。为了控制南下的通道，始毕可汗派了一支异常彪悍的骑兵部队，对陈孝意发动了袭击。

陈孝意连刘武周都干不过，更别说全副武装的突厥骑兵，在双方的联合夹击之下，陈孝意只得退回雁门郡城。

认了东突厥这个老爹，刘武周的腰板终于直起来了，耀武扬威，扩张地盘，收编土匪，忙得不亦乐乎。隋大业十三年（617）三月，刘武周在楼烦郡城宣示了主权，紧接着又攻克了隋炀帝的汾阳宫（今山西省忻州市宁武县境内），俘获了大批的珍宝和宫女。

刘武周得了好东西，自然忘不了给始毕可汗一份。

直到此时，刘武周才算把事情闹大了。

想想看，汾阳宫是皇帝的大别墅，皇室的专属财产，不管在任何时候，行宫都代表着皇帝的威严，行宫内的美女更是皇帝的私有财产，绝对不允许任何人染指，碰了她们，就代表你给皇帝戴了绿帽子。

瞧瞧刘武周，不仅攻占了行宫，还让隋炀帝的绿帽子直接戴到了东突厥。如果隋炀帝能活捉刘武周，恐怕会让他尝试一个史无前例的死法。

不过，对刘武周来说，隋炀帝的威慑力远远不及始毕可汗给他的利益。事到如今，谁能给他最大的支持，谁能让他继续活下去，谁才是他的主子。

刘武周的觉悟，正是始毕可汗需要的。说白了，始毕可汗入侵中原不就是为了钱财和美女吗，在此之前，突厥人得亲自上阵，丢下几具尸体之后才能抢得钱财，可如今呢，坐在家里就可以收获满满，还有比这更划算的生意吗？

为了拉拢刘武周，始毕可汗送上了自己的诚意——册封刘武周为定杨可汗。

隋炀帝在扬州，大隋国姓又是杨，狼子野心，昭然若揭！不仅如此，始毕可汗还送上了突厥民族的专属象征：狼头纛（dào）。

刘武周，好好干，老爹看好你哦。

有了始毕可汗的鼓舞，刘武周的人生开始肆无忌惮地焕发活力，没过多久，他就在马邑登基称帝，改元天兴，而国号，正是始毕可汗给他封的“杨”。

消息传到太原，大家伙儿都震惊了。

这家伙，胆儿真肥啊，连皇帝的女人都敢搞。狠角色，不得不佩服。

不过，李渊没有心思去八卦，因为刘武周和突厥人联手，北部边境的局势已经失去控制，太原以北，包括太原城，以后恐怕都再无宁日可言。

如今，李渊还是隋朝的臣子，刘武周敢公然称帝，还在李渊的眼皮子底下闹事儿，简直就是丧心病狂啊。必须代表小表弟来消灭你！李渊明面上忧虑，可心里已经乐开了花。他一刻也不想耽误，立即派人找来了王威和高君雅。

李渊：“两位兄弟，大事不好啊！刘武周不过是无能之辈，可人家却霸占着陛下的汾阳宫，如果我们不能干掉他，皇帝怪罪下来，我们也会被灭族吧？”

王威和高君雅早就六神无主了：“李将军，您是陛下任命的北都留守，像刘武周这种丧心病狂的屠夫，您应该在第一时间干掉他。”

李渊：“我也想干啊，可刘武周有突厥骑兵的支持，就凭我手下的这点兵力，恐怕还没弄死刘武周，这太原城就会丢失啊。”

王威：“李将军，那您赶紧招兵买马啊，还等什么呢？”

在李渊的眼里，东突厥都不算什么，更何况是一无是处的刘武周。不过，他还是想继续试探一下王威和高君雅的态度，因此说道：“哎呀，我也没有招兵买马的权力，我看还是给陛下上个奏折，向他请示一下吧！”

王威：“李将军啊，江都离这里有数千里地，等您的奏折递上去，恐怕黄花菜都凉了。正所谓将在外，军令有所不受，您作为太原的最高指挥官，应该以大局为重，先镇压刘武周的叛军再说吧。”

李渊：“不行不行，我看还是等一等再说，咱们太原城的兵力足以自保，城池也够坚固，粮食储备也够多，二位就不要担心了。”

李渊说罢，就准备去后院休息了。

这样一来，轮到王威和高君雅着急了。他们确实是来监视李渊的，可也是皇帝的钦差大臣啊，刘武周把皇帝的行宫给霸占了，他们却没说服李渊出兵，无论如何都逃不了失职之罪。李渊有政治地位，还是皇帝的亲戚，自然不怕处罚，可他们二人的生命安全毫无保障啊！

王威心都提到嗓子眼了，急忙拉着李渊，苦苦劝说：“李将军，您的贤明远近皆知，要是您都不出面，咱们这些人可就真没指望了！”

这对话再继续玩下去，两位监军大人恐怕要拿刀自刎了。

李渊手下的谋臣看到火候到位，纷纷出来劝说，大有李渊招兵买马不是他自己的本意，而是大家逼着他干的意思。事情已经闹到这个地步，李渊如果再扭扭捏捏，众人恐怕会拿板砖拍死他。

李渊清了清嗓子，义正词严地说道：“既然你们群情激昂，要我来退刘武周的大军，我的军令你们会遵守吗？”

众人：“唯李将军马首是瞻！”

很好，要的就是这种态度。

李渊开始派活儿了：“太原郡丞王威，你和晋阳宫监裴寂一起，检查城内的粮仓，将粮食调拨给城中缺粮的百姓和军士。高君雅守备高阳城，尽快准备守城器械，并且负责周围城池的巡逻！刘文静、长孙顺德、刘弘基，你们三人负责在太原周边招兵买马，对他们进行最基本的军事训练！”

在那个年代，社会失业率居高不下，只要你有钱财、有粮食，就很好招兵买马。更何况，李渊是关陇贵族，手下有一批军师幕僚，还有代表朝廷反战的金字招牌，想要拉起一支武装队伍，实在是轻而易举的事儿。

招聘帖子刚刚发出去，李渊就收编了一万多人。

刘文静、长孙顺德、刘弘基看到招聘工作如此顺利，于是想找李渊讨个口彩儿，顺便请示一下领导，看接下来该怎么安排："唐公啊！咱们招募了这么多的将士，把他们安置在哪里为好呢？"

李渊用手指了指，甩了一句文言文："勤王之师，不谋而至，此兴国焉，就安置在兴国寺吧！"

兴国寺的寓意确实很好，也很容易迷惑人。不过只有李渊自己知道，他想要兴的并不是小表弟的大隋帝国，而是他筹谋已久的大唐帝国，后来的日子，他还私下对李世民说过此事，得意之情溢于言表。

看到时机已到，李渊便安排最给力的亲信前往河东蒲州（今山西省运城市永济市蒲州镇），让李建成和李元吉偷偷回到太原，共商大计。

这一切进行得神不知，鬼不觉。

千秋大业第一步：招兵买马不能停

李渊图谋起兵的时候，王威和高君雅还蒙在鼓里呢，心里赞叹着唐国公威武无敌，刚刚出马就招了这么多人。起初，他俩还很兴奋，因为有李渊带头平乱，就不怕隋炀帝问责了。可是到后来，他们发现了一个尴尬的事实：新招募的军队已经有了好几万，可李渊这小子并没有收手的意思啊！

总感觉哪里不对劲，最近怎么不开会，也不商议对付刘武周了？凭李渊的实力，就算带上两万人也能轻松搞定刘武周吧，为什么需要这么多人？不好不好，按照这种趋势搞下去，李渊就算灭了刘武周，也会尾大不掉吧？

王威和高君雅彻底慌乱了，不知所措。都怪自己嘴贱，央求李渊招兵买马，如今偷鸡不成蚀把米啊。

二人势单力孤，想要以一己之力对抗李渊的超级团队，无异于痴人说梦。他们急于拉拢那些对大隋仍旧忠诚的人，以此来制约李渊的野心。

王威和高君雅找到了在太原经商的武士彟（yuē），也就是武则天的亲爹。

武士彟，并州人氏，出身商人世家，在家中排行第三。武家家境非常殷实，父亲武华是那种能说会干的精明商人，家中的事儿基本上不用几个儿子操心，武士彟小的时候，几乎把所有时间都拿来读书，尤其是兵法韬略，过目不忘。

怎么样，读完书，做官吧？

对不起，武士彟是商人的孩子，虽然社会地位不低，可在那个年代，想要步入仕途，实在是难比登天。十多岁的时候，武士彟不得不面对现实，要么娶妻生子，安稳地过完下半生，要么继承父业，做生意人。

武士彟并不是坐吃山空的啃老族，他的性格非常独立，年轻的时候，他经常独自一人挑着豆腐担子，沿着村子一家一户地叫卖，长年累月下来，算是把做生意的头脑练发达了。后来，隋炀帝在全国各地搞起了土木工程，武士彟看到了其中的机会，于是借着并州木材资源丰富的机会，做起了官府的买卖。

不得不说，晋商的脑子还真是挺灵活的。

隋炀帝的土木工程就没有停过，武士彟的生意也是越做越红火，后来直接跑到洛阳，干起了中央政府的买卖。据猜测，武士彟不远千里地跑到洛阳，不光是为了做朝廷的生意，恐怕还想走上仕途，圆了自己做官的梦想。

在洛阳，武士彟几乎散尽了积蓄，最终敲开了不少达官贵人的大门，其中最重要的一扇门：隋朝宗室杨达（杨坚的族兄，武士彟后来娶了杨达的女儿杨氏，这才生下了武则天）。

通过杨达，武士彟不仅获得了洛阳城的长期木材供应商资格，还能结识到洛阳的高级官员，正是在杨达的府中，武士彟和李渊有了第一次会面。

古往今来，商人和官员就是牟取暴利的绝妙配置。

李渊一眼就看出来了，武士彟不是一般的商人，他读过书，而且颇有见识，谈吐和气质，和达官贵人没有太大的区别。最主要的，这家伙实在是有钱，谁不想多交几个有钱的朋友？

武士彟也看出来了，李渊出身豪门，又是正儿八经的唐国公，虽说眼下没有在朝廷担任实职，政治地位也不高，可谁能保证以后是什么光景呢？像李渊这样的人，结识的成本最低，可一旦成功，收益将会让武士彟充满幸福感！

事实上，李渊担任过好几任州刺史，常年不在洛阳城，武士彟也天南地北地跑，二人虽然互有好感，可始终没有实质性的进展。

隋大业十年（614），李渊的人生开始出现转机，他奉诏前往陇右，途经太原，就在武士彟的家中待了几天，小叙了一下友情。

隋大业十二年（616），李渊履新太原留守之职，到达太原之后，李渊客居在武士彟家中。二人聊天之际，武士彟谈了自己对时局的看法，和李渊不谋而合。最主要的，武士彟是并州的地头蛇，不管是并州官场，还是当地的豪强和地主，武士彟都能玩得转。还有武士彟的木材生意，家中的钱财，实在是让李渊欲罢不能。

从武士彟的家中离开之后，李渊给他留了一个职位：行军司铠参军（负责武器采购和管理），恐怕从此时开始，李渊就想到了后来要发生的事儿！

什么叫念念不忘，必有回响啊！

这些年来，武士彟花了无数钱财，结识了不少达官贵人，却始终没有撬开官场的大门，没有撬开商人不得做官的贵族秩序。如今，李渊的一句话就让他重获新生，这是何等的幸福感。

熬了这么多年，终于熬出头了！武士彟如获至宝，他唯恐李渊会改变主意，几乎是以最快的速度交代完家事，然后赶到太原留守府，走马上任去了。

想一想，这样的再造恩德，岂是王威和高君雅之辈可以挑拨离间的？

很显然，两位监军大人认错了门，犯了致命的错误。

既然来了，总得说点儿什么吧，要不直截了当地说李渊会造反？两兄弟商量了一下，最终决定在不得罪李渊的前提下，曲线救国："老兄啊，我等最近有点睡不着觉，总觉得哪里不对劲！"

武士彟："哦，两位大人因何忧虑，能否说来听听？"

王威委婉地说道："我等忧虑长孙顺德、刘弘基啊！想想看，他们曾经因为逃避朝廷的徭役而做了亡命之徒，本就有大罪在身，如今又背着唐国公招募了那么多的士兵，这可是滔天大罪啊，难道他们就不怕牵连唐国公吗？"

看起来，王威和高君雅上任之后，没少做间谍工作，连李渊亲信的过去都打听得一清二楚。

王威说的没错，长孙顺德的爷爷担任过秦州刺史，官二代出身，隋炀帝统治时期，长孙顺德在右勋卫军中服役，后来因为拒绝到前线卖命，直接做了逃兵。

刘弘基的老爸是河州刺史，因为家族的庇护，刘弘基在朝廷谋了个职位。身为公务员，应该有为国效忠的基本觉悟吧？可是，刘弘基就是不愿意，面对朝廷的征召，刘弘基拒绝服从，又找不到合适的拒绝理由，因此故意宰了一头耕牛（在古代私自宰杀耕牛是大罪），被官府送进了监狱。

这样的神级操作，很像后世孤苦无依无人赡养的老人，因为故意有伤风化罪被送到监狱吃牢饭、住牢房的味道。

武士彟是个老油条，这种挑拨离间的话，实在是拙劣不堪。不过，脸皮还是不能撕破的。武士彟故意表现出忧虑的神态，假装为他们着想：“二位大人，长孙顺德和刘弘基是唐国公面前的红人，你们这样说，会引起公愤的。”

无可否认，他们找错了人，再继续说下去，脑袋恐怕就保不住了。

王威等人的生命受到威胁，自然不敢轻举妄动，一时间又找不到比较好的法子，只好坐在家里，看能否等来一道神雷劈死李渊，这是很消极的做法。

就在这时，一个叫田德平的人找上了门来，此人担任太原留守府司兵，主管整个太原府的兵务工作，有理由相信，他不是李渊拉拢的对象，或者说不看好李渊的发展前途，因此对太原府招兵买马的工作非常不满。

恰巧此时，武士彟也在王威的家中。

田德平就提了一个问题：李渊这小子，招募那么多人要干吗？言外之意，王威和高君雅是皇帝的狗腿子，面对这种情况，难道不应该向朝廷检举李渊吗？

检举有风险，行事需谨慎啊。

王威看了看武士彟，闭口不言。

武士彟打算出来打个圆场：“司兵大人，招募的军队都归唐国公总管，两位大人也是从属地位，他们又如何能干预得了？”

话已至此，多说无益。田德平和李渊没有深仇大恨，他来找王威和高君雅汇报工作，极有可能是想借此事讨好朝廷，眼看着王威等人都无可奈何，他只好灰溜溜地回府，就当此事从来没有发生过。

王威和高君雅的小动作自然瞒不住李渊，鉴于起兵造反需要最高保密级别，李渊开始对王威等人变得极为冷淡，能不和他们见面就不见。

一时间，太原府的气氛十分诡异。

王威和高君雅似乎感觉到了身边的危险，他们每天打卡上班，就像是进了千年冰窖一般，恶寒阵阵，坐立不安，再看看昔日的同僚，看他们的眼神总是怪怪的，好像是看死人一样。

事情有些不妙啊，得快点找出对策！

事实上，他们有很多选择。比如，忘掉钦差大人的身份，忘掉隋炀帝，彻底倒向李渊，为他的起义事业摇旗呐喊，擂鼓助威。比如，趁着月黑风高，收拾金银细软逃离太原，找个人迹罕至的地方，做无忧无虑的富家翁。比如，连夜逃回扬州，向隋炀帝举报李渊要造反的事实，然后编几个好理由，把监督不力的责任给甩出去。比如，投奔其他的起义军……

然而，他们经过深思熟虑之后，做出了一个最愚蠢的决定：弄死李渊！

那一刻，他们犹如比干附体，忠诚度直线飙升，大有这辈子不弄死李渊，下辈子就活得无滋无味、问心有愧的意思。

在一个夜沉如水的夜晚，他们拜访了晋阳乡长刘世龙。

据史料记载，刘世龙是晋阳颇有威望的老头子，家中钱财几辈子也花不完，也监管着晋阳乡鸡毛蒜皮的俗事儿，比如妇联工作、老乡扯皮打架等等，很像后世的街道办事处主任。

李渊刚到太原的时候，刘世龙就想巴结他，可费了老大的劲儿，死活也没巴结上，于是退而求其次，拜到了王威和高君雅的码头上。后来，裴寂等人带着李渊的使命，和晋阳地主们搞好关系，于是把刘世龙给争取了过去。

刘世龙也面临着两个选择：依附眼前的李渊，或者投靠隋炀帝。

人生阅历告诉他，李渊心机深沉，再加上人脉广泛，有钱有地有粮食，以后的发展前途不可限量，必须得卖力巴结，至于王威等人，很适合做备胎。

王威和高君雅进门之后，态度直截了当：过几天，李渊会来晋祠为当地百姓求雨，晋祠是刘世龙的地盘，只要他愿意，可以在堂下埋伏刀斧手，趁机弄死李渊，至于好处，自然是大大的。

不能不吐槽一下，王威和高君雅二人，可以说是史上最愚蠢的人。身为皇帝的间谍，却不知道谁是李渊的盟友，谁是自己的敌人。如此要命的勾当，王威和高君雅居然会漫无目的地寻找合伙人，还找到了李渊的盟友头上。

历史告诉我们，一个人拥有良好的人际关系和信息网，绝对可以给自己带来意想不到的收获，李渊就是最好的例子。

刘世龙还没见过这样作死的人，王威和高君雅就像在梁上跳舞的小丑，让刘世龙哭笑不得，没办法，先强摁着自己的笑穴吧。刘世龙的套路很简单，先答应他们的计划，然后将此事告诉了裴寂。接下来的事儿，就和刘世龙没关系了。保持愉悦的心情，坐看一场好戏，仅此而已。

此时，李建成和李元吉已经在回太原的路上，招聘工作也接近了尾声，太原人心归附，团队稳定，粮草充足，万事俱备，只欠祭旗的人头。

王威和高君雅，终将是李渊策马扬鞭，正式腾飞的起点。

李渊：天生的皇家“戏精”

隋大业十三年（617）五月，李渊下定决心对王威和高君雅动手了。

李渊是个谨慎的人，他不清楚太原城究竟有多少人是真心投靠，多少人是和他虚与委蛇，多少人是对他虎视眈眈。为了保险起见，李渊并不想直接动手除掉王威和高君雅，而是定下了一条精彩绝伦的妙计。

隋大业十三年（617）五月十四日的夜晚，李渊暗中发出一道军令，让长孙顺德从兴国寺调出五百名士兵，再加上李世民的一批人马，让他们埋伏在晋阳宫城之外。

这一切，进行得神不知鬼不觉。

隋大业十三年（617）五月十五日的清晨，李渊起得很早，他派人请来了王威和高君雅，说是有要事商议，二人端坐在堂内，准备聆听李渊的指示。就在此时，堂外突然闯进来一个人，定睛一看，是太原鹰杨府司马刘政会，说是有紧急军情向李渊汇报。

李渊：“刘司马，有何紧要的军情啊？”

刘政会看了看王威二人，然后很夸张地示意李渊，希望他能屏退左右。

李渊显得不耐烦了：“刘司马啊，有什么事情不能当着王大人和高大人的面说？非搞得这么神神秘秘？”

刘政会：“唐国公，事关王大人和高大人，还是您一人知道为好。”

于是，刘政会跑到李渊的身旁，在他的耳边说起了悄悄话：“王威和高君雅私通突厥，引得突厥骑兵前来寇关。”

李渊故作惊讶地吼道：“什么？岂有此理！”

众人一看，情况有些不对，急忙问发生了什么事儿。

李渊：“哼！王威和高君雅居然和突厥人私自勾结，意图献上太原城。”

这屎盆子扣的，真的是不讲道理啊。不过，朝廷有规定，私通敌国是掉脑袋的大罪。一时间，群情激愤，大有把王威和高君雅大卸八块的气势。

李渊：“拿下王威和高君雅，先押进大牢，待情况查明，再给予处置。”

王威：“唐国公，我等被人诬陷了啊，一定是想要造反的人借刀杀人。”

瞧瞧，死到临头，还不知道谁要弄死他。

如果认为造反的人不是李渊，说明王威和高君雅是十足的蠢货。

如果认为造反的人是李渊，说了也白说，说得越多，越显得蠢。

李渊会手下留情吗？如果是在军营办公，李渊可以直接送上一刀，解释的理由很简单，咱是武将，砍人脑袋是职业习惯，手快了而已，对不起。看得出来，李渊穿着文人的衣服，还是不敢太嚣张。

当时的形势完全是一边倒，满堂的幕僚和将军，没一个人替王威和高君雅辩护，大家目送他们二人进了监狱，只能在心里默默致敬。

可怜的监军大人，住进暗无天日的牢狱，和外界隔绝一切联系，又没有人替他们上访，落得什么样的下场，还不是李渊的一句话？

有趣的是，就在王威和高君雅被关押后的第二天，晋阳城（今山西省太原市晋源区）迎来了一批贵客：数万名全副武装的突厥骑兵，他们一字排开，从晋阳城的北门而入，逡巡一圈之后，从东门飞奔出去。

李渊的反应很奇怪，他并没有下令进攻或者防御，而是让裴寂和刘文静率领一部分士兵镇守在晋阳城门之上，城内不设任何旌旗，严令士兵站好自己的岗，不得东张西望，坐看突厥骑兵进出城门。

随后，李渊传令给前来投奔他的土匪头子王康达，命他带着一千多名亲信埋伏在北门附近，等突厥军队快要离开晋阳城时，出去狠狠地戳一下。

隋大业十三年（617）五月十六日中午，突厥骑兵差不多都已经穿城而过，王康达率领手下的兄弟冲了出来，打算将突厥人吓个半死。谁料想，突厥骑兵毫不示弱，当即调转马头前来求战，一番恶战之后，王康手下八百多人当场阵亡。

王威、高君雅和突厥人勾结一事，纯属诬陷，关于这一点，所有的史书都没有避讳。问题是，突厥人在第二天侵犯晋阳一事，究竟是冥冥之中的巧合，还是李渊和突厥人暗中勾结？恐怕只有李渊自己知道。

想想看，李渊等人早已经探得消息，可晋阳城为何会城门大开？突厥人向来喜欢钱财，可此次前来，为何会不带走一片布帛？突厥人嗜杀，可这一次变得温润如玉，除了杀死前来交锋的将士，基本没有屠杀百姓，也没有放火闹事。这难道不蹊跷吗？

即便如此，突厥人还是把那些不知情的官员们吓得半死。

惊吓、怒火，全都因王威和高君雅而起啊。

果真是叛徒啊！该死啊！害人精，还留着做什么！

一时间，群情激愤，热烈异常，大家都在讨论，什么样的死法比较适合王威和高君雅。那些对李渊持怀疑态度的官员，也开始转变心态，他们纷纷进言，希望李渊能够诛杀王威和高君雅，为战死沙场的将士偿命。

李渊表示，他片刻工夫都不想耽搁。王威和高君雅几乎是在第一时间被人弄死在大牢之中。心腹大患已死，李渊也该正式登场，镇虎躯，散王霸了。

李渊："各位同僚，当今天下，盗匪横行，十个土匪头子就有九个称王称帝。我李氏一门深受陛下隆恩，本想和大家一起为皇室效力，刚好要起兵勤王，王威和高君雅却猜忌我拥兵自重，想要给我定罪。起初，我只是怀疑他们私通突厥，可没想到，突厥人竟然这么快就兴兵来犯，这是老天爷让我弄死他们啊！我李渊在此保证，一定会想办法赶走突厥人，还太原城一个安宁。"

事实上，李渊不需要主动去赶。突厥人此番前来，并不是为了攻城略地，他们在晋阳城外待了几天，估摸着捞了点好处之后便扬长而去。

铲除了内奸，赶走了外患，实在是可喜可贺啊。据说，太原城中的官员们成群结队，重新拜了李渊这个码头，恭贺他雄霸河东。

李渊也要去拜一拜别人的码头，这个码头不是别人，正是北边的东突厥始毕可汗。据史料记载，李渊给始毕可汗写了一封信，大致的内容如下：

始毕可汗，你因何而来，又因何而去？如今天下，分崩离析，黎民百姓因此遭殃，如果咱们这些人不做点儿好事的话，上天岂不是会谴责我们？和你说实话吧，我打算率领大军平定天下，并把大隋陛下从扬州接回来，到时候，两国继续和亲，岂不是美事一件？不错，当今圣上确实和您闹翻了，可隋文帝对您还是挺好的，这份恩情，您应该还记得吧？如果您能够支持我，答应不侵犯我的百姓，我平定叛乱所得的子女和钱财，全都给可汗送去！

李渊写完信之后，封题改为“某启”。

启在文言文里，有汇报思想，表明心迹的意思，李渊的姿态很低。

李渊把信给大家看，可幕僚们不答应了，他们觉得突厥人都是野蛮人，不懂中文的奥妙。李渊可以把“启”改成“书”，然后多送点金银，大家各取所需。

李渊呵呵一笑，得意地说道：“你们不懂啊，自从国家动乱，逃亡到突厥的读书人不在少数，他们对中原的礼节可是非常清楚啊。我这样写都担心别人来指责我，更何况用‘书’。屈于一人之下，伸于万人之上，‘启’这个字不值千金，我千金都给了他们，又怎么会吝啬这一个字呢？”

温大雅曾经说过，李渊素来有经世济民之心，待人也是不分贵贱，只要见过一面，就可数十年不忘，只要看一眼山川河流，就知道它们的意义所在。温大雅肯定有溢美之嫌疑，不过从此事还是可以看出来，李渊对人心的把握，对细节的琢磨，确实是高于常人，能够成就帝王霸业也不足为奇。

始毕可汗得到书信之后，果然如李渊所说，得意之情溢于言表。

刘武周之流，毕竟不是始毕可汗的对手，他的投靠求荣，只能换来始毕可汗的重用，不能赢来他的尊重。李渊就不一样了，他曾经战胜过突厥骑兵，是始毕可汗的强劲对手，这样的人，始毕可汗还是很尊敬的。

随后，始毕可汗召集臣僚，将李渊的意思转达给了大家。

突厥人七嘴八舌，集思广益。有人说，杨广被困雁门郡的时候，吓得跟孙子似的，李渊一到，我等便畏之如神，李渊明显就是人主。有人说李渊占据太原，幕僚如云，实力雄厚，日后必定会平定天下，我们可以答应他的请求，得一些钱财了事！有人说，李渊如果把杨广从扬州迎回来，按照杨广的臭脾气，肯定会先杀了李渊，再来找我们突厥人算账。

总而言之，突厥高层达成了基本共识：只要李渊给他们送钱送美女，突厥人就不在后方给他捅刀子。不仅如此，始毕可汗还在信中提了另外一件事儿，如果李渊继续做大隋的臣子，突厥人必定会不依不饶，如果李渊自己做天子，突厥人必定会全力以赴地为他提供帮助。

不得不说，始毕可汗真的是敞开心扉在交流啊。

有了突厥人的鼎力支持，李渊长舒了一口气，虽说折了点儿钱财和人口，毕竟抱了个大腿嘛。可李渊读到信的结尾时，彻底颤抖了，简直是瑟瑟发抖啊。

很明显，在始毕可汗的眼里，李渊造反就是奔着皇位而去的！问题是，哥有这么庸俗吗？好，就算是这样，那也不能把这层窗户纸给捅破了嘛，知不知道，我为了保护这层窗纸，演了多少戏，骗了多少人，费了多大的劲啊。

最可恶的是，始毕可汗居然赤裸裸地要求李渊做皇帝。

羞死了，羞死了！一向以厚脸皮著称的李渊，这回也有点挂不住了。可以想象得到，李渊的心里肯定在咒骂，始毕可汗这小子，一点儿政治智慧都没有，害得我还得在同事的面前装腔作势一番。

李渊不得已，只能将始毕可汗的书信公之于众，说道："大家听好了啊，我身为大隋的臣子，应该遵守臣子的本分。所谓君辱臣死，我大兴义兵，本来是为了匡扶皇室，至于和突厥人联合，更是为了平息战火，可他们反而威胁我，让我做皇帝，我怎么能听他的话呢？我不干了……"

李渊说得理直气壮，大义凛然，甚至有了生气的前兆，以至于幕僚们都有点快要相信，李渊真的是要匡扶皇室了！不过，有些幕僚还是很清醒的，主子这是在做戏给人看呢，就和受禅之前，权臣必须要三辞三让是一样的道理。

主公，好演技，为你点个赞。

戏飚完了，火候也差不多了，必须得有人站出来，赶紧为领导救场啊。

李渊最重要的两位谋臣，裴寂和刘文静，闻弦歌而知雅意。

刘文静，你职位低，你先上吧。

刘文静苦哈哈地劝道："唐公啊，兴国寺的士兵们早就在私下议论了，说如果唐公不做皇帝的话，大家都不愿意跟随您了。"

李渊内心得意扬扬，却板起脸来教训道：“你们都是大隋的臣子，如今却劝我谋朝篡位做天子，气节何在啊？”

一个怎么够，再来一个，戏要演得逼真，戏要飚得恰到好处。

裴寂出马，直接放出了大招：“主公，倘若伊尹一心忠于夏桀，吕尚死命追随商纣，哪里还有商汤和周武王的天下。为人臣子者，应该不拘小节，审时度势啊，如今咱们虽然不缺士兵，可缺战马啊，既然突厥人向咱们示好，咱应该立即行动，先找他们搞一批强壮的战马再说。”

这转移话题的能力，当真是一流中的一流。

裴寂说的都是事实，李渊可以不做皇帝，但是这帮兄弟跟着你，不是来喝米汤的，也不是为了捞点工资养活老婆孩子的。说到底，他们想跟着你干一番大事业，飞黄腾达，光宗耀祖啊。

不管是起兵造反，还是入京勤王，咱得把基本的装备搞到手吧。自古以来，中原就缺乏优质的战马，如今李渊打不出人海战术的优势，如果再不给部队装备一批优质战马，起兵之后还怎么玩儿，难道等着死翘翘吗？

裴寂的一番话，就像是重磅炸弹，立刻就在人群中引起了热议。

毕竟，这是性命攸关的大事。

最终，大家得出的一致结论：战马确实是个好东西！

好了，戏也做足了，台阶也给了，该造的舆论也都弄好了，咋办？

有本事你再飚一轮，看裴寂和刘文静还去哪儿给你找台词去！

李渊没有答应，也没拒绝，也不想再飙戏，他离开了会场。临走之时，李渊扔下了一句话：办事不依照旧例，很少有成功的（事不师古，鲜能克成），你们再好好想想，看看还有没有更好的方案。

和突厥人签协议：李渊的高瞻远瞩

李渊属于能克制自己欲望的政治家，时机不到，他绝不会轻易行动。李渊为啥不着急起兵造反啊，还不是因为李建成和李元吉两个儿子没到位？干这种抄家灭门的大事儿，一家人必须团聚在一起啊！

隋大业十三年（617）六月，李建成和李元吉从河东赶了回来，李渊顿时变得满面春风，喜上眉梢。直到此时，裴寂等人才明白了其中的道理。

事情还有拖下去的必要吗？完全没有啊！李建成刚到太原，裴寂和刘文静就架着李建成、李世民兄弟去找李渊说事儿。

几位优秀的政客再一次同台飙戏，什么伊尹，什么霍光，全都闪亮登场，总之大家就想表达一件事：李渊如果不想做皇帝，那就是和老天爷作对。

李氏家族举行关门会议，聊到最后，裴寂提了一个思路：联合突厥，传檄各州郡，废黜杨广的皇帝之位，拥立镇守长安的代王杨侑为帝！

这样一来，李渊干的是勤王的事儿，也不推翻隋朝，而是以杨广不堪为由，辅佐新的皇帝，这样的事儿可是有先例的，大家没话可说了吧。

不得不说，裴寂作为李渊最重要的谋臣，做得确实很到位。

据史料记载，李渊听了裴寂的话之后，竟然哑然失笑，转而说道："裴寂啊，你这个计策真的是装模作样，掩耳盗铃啊！不过事情紧急，不得不行此下策，你赶紧派人前往突厥传话，说我打算起兵了，按照之前的约定行事。"

看到这里，你是不是有点想笑的意思。君臣之间的戏演到这个份儿上，终于绷不住，笑场了。

李渊起兵之后，并不是所有的人都愿意买他的账。比如西河郡丞高德儒就是隋炀帝的忠实粉丝！说起来，高德儒纯属拍马屁才混到了西河郡丞的位置。

隋大业十一年（615），高德儒还是一名禁卫军校尉。有一天，他在洛阳西苑巡逻，突然看到了一只开着屏的孔雀，高德儒于是心生一计，他叫来了手下的十多名属下，给他们交代了一些事情，然后急急忙忙地去找隋炀帝，谎称自己在西苑看到了鸾鸟祥瑞，还有十多人可以从旁作证！

隋炀帝赶紧派人去调查，可回报的结果却是，鸾鸟已经飞走了！

也就是说，无法证实了呗。

当时，大隋王朝内忧外患，隋炀帝为了鼓舞士气，默认了这种荒唐的事情，还下令将高德儒提拔为朝散大夫，随后又将他提拔为西河郡丞。从禁卫军小头领变成手握实权的西河郡丞，也算是祖坟冒了青烟吧！可高德儒明白，这股青烟是隋炀帝帮他给点着的，这份大恩大德，他必须牢记在心里。

李渊起兵之后，高德儒立刻派亲信前往江都，将此消息报告给隋炀帝。希望皇帝能派遣得力干将前来河东，将李渊扼杀在造反夺权的大道上。做完了这一切，高德儒在隰城县布下重兵，打算以死抗争，报效朝廷。

援兵肯定是没有的，先不说信使能不能活着到达扬州，就算是到了，隋炀帝也不一定能找到合适的平叛将领；就算援军能来河东，路上磨磨蹭蹭，再耽误好几个月的时间，李渊恐怕早就到达长安城了。

即便如此，李渊还是不敢掉以轻心。

原因很简单，他虽然招募了数万名新兵，也带他们完成了基本的军事训练，可这帮人究竟是能征善战的猛将，还是一群乌合之众，谁又能说得准呢？

还有一件事儿，此次起兵南下，李渊最担心的就是李建成和李世民兄弟。在旁人的眼里，他们是军事贵族后裔，继承了父辈们英勇善战的基因，更兼武艺超群。可身为父亲，李渊心里也明白，两个臭小子从来没有真刀真枪地干过，更没有带兵打仗的经验，这完全是大姑娘上花轿，头一回啊！

总而言之，两兄弟是骡子是马，总得拉出来溜一圈才是！

瞧瞧高德儒，是不是很像量身定做的出头鸟？

李渊：大郎、二郎，命你们二人为先锋，去镇压一下高德儒的嚣张气焰！

二人欣然领命。

李渊：等等，你们俩都是年轻人，做事情不知道轻重，为父想借着西河郡来看一下你们的能力，大家也都看着呢，别给老子丢脸啊。

没办法，兄弟俩只好再一次跪在地上，诚恳地在老爸的面前立下军令状，保证自己会严守军令，以身作则。最主要的，承诺一定能拿下西河郡，坚决不让老爸丢脸，随后就高高兴兴地出发了。

有句话说得好，兵熊熊一个，将熊熊一窝。

当时的情况是，招募的士兵都没有打仗的经验，至于军队的纪律更是无从谈起，在路上抢老百姓的财物，或者欺负良家妇女完全有可能啊！为了杜绝这种现象，李建成在出发之前就放出了风声，大家都是第一次打仗，犯点儿错误完全可以理解，但是理解归理解，该打该杀还是必需的！

大家都能理解，狠话必须说在前头嘛。

行军的路上，兄弟俩和士兵们同吃同住，有什么困难都挡在最前面，至少在面子工程上，兄弟俩做到了满分。军队出发之后，不少百姓都给他们送来了蔬菜瓜果，要还是不要，李建成的态度很简单：只要是百姓免费送的，一律不要，咱有钱，一手交钱，一手交货，童叟无欺。

不过，还是有人忍不住贪欲，偷偷接受了百姓的鸡蛋和蔬菜，或者在半夜三更偷窃老百姓的财物。这个时候，李建成和李世民有两种选择，要么砍几个脑袋，用严刑峻法来立威，要么留人家一条性命，用仁义之名来收买人心。

李建成选择了后者，因为王者之师一般都是这样干的。

得了，把偷盗的东西折算成钱，给人送回去吧。

不得不说，这一招堪称是神来之笔。

想想看，其他起义军过境基本上是雁过拔毛，没人会管老百姓的死活。可李建成的出现让他们有一种如沐春风的感觉，这完全就是老天派来的使者啊。

老百姓都是朴实的，他们得了唐军的实惠，自然想着帮他们大肆宣传，将士们从鬼门关走了一遭，也开始对李建成兄弟俯首帖耳，心服口服。

一支攻无不克、战无不胜的李家军就这样诞生了。

兄弟俩带着大部队走了四天时间，终于来到了西河郡城之下。

准备准备，开始进攻吧？

不不不，咱们不是这么粗鲁的人，得学会先礼后兵啊。

就在此时，李建成脱掉了身上的盔甲，骑着马前往城楼之下，劝说守城的人迅速投降，以免生灵涂炭，百姓受苦。话说得很清楚，就给一天的考虑时间。

据史料记载，老百姓看到快要打仗了，纷纷往西河郡城的家中飞奔而去，李建成兄弟放他们一路通行，丝毫没有强攻的意思。

隋末的老百姓见过的世面也不少，可从没有看到过这样的仁义之师，打听之下才知道，原来是唐国公李渊的军队。于是，西河郡的战役还没有正式爆发，就有许多老百姓前往李建成的军中，表示要跟着他干。

李建成知道高德儒和隋炀帝之间的关系，他没有幻想高德儒会开城投降，就在第二天，唐军就发动了进攻，在城中内应的帮助下，李建成兄弟以最小的代价拿下了城池，并活捉了高德儒。

李建成在众人面前历数高德儒的罪过，随后下令将他斩首示众。

这是李建成和李世民的第一次出击，除了战争死亡和高德儒被杀，并没有株连任何人，军队进城之后秋毫无犯，获得了广大劳动群众的交口称赞。

兄弟俩得胜之后，立即率兵返回晋阳，前后总共花了九天时间。

一个男人最得意的事是什么，望子成龙啊！

李渊看着两个宝贝儿子，变得底气十足。他当着众人的面，说了一句很不要脸的话：自此以后，老子可以学螃蟹走路，横行天下了！

为了稳妥起见，李渊还是决定先开仓放粮，以此笼络更多的人心，随后再次传下军令，招募兵马充实大军！傻瓜也明白，李渊要干大事了。

出发之前，裴寂问了两个问题：如何设置大军的编制？部队的职务级别如何区分？说白了，不管是谋臣还是武将，他们选择投奔李渊都是为了名头和利益，不把他们安置好，恐怕走不出十里地，大家就得散伙。

下属嘛，敢跟领导提问题，肯定是有了解决办法。

李渊：别闹了，把方案告诉我，给你盖章就好了！

于是，大军一共分为三路：

中军：由李渊亲自坐镇，李渊自封为大将军，建立大将军府。

左军：由李建成坐镇，李建成担任左领军大都督，封陇西公，领三军。

右军：由李世民坐镇，李世民担任右领军大都督，封敦煌公，领三军。

由于隋朝以左为贵，李建成的地位是要比李世民高的。

大将军府长史：裴寂。

大将军府司马：刘文静。

大将军府记室：唐俭、温大雅。

大将军府铠曹：武士彟。

大将军府户曹：刘政会、崔善为、张道源。

大将军府司功参军：姜謩。

大将军府府掾：殷开山。

长孙顺德、刘弘基、窦琮、王长谐、姜宝谊分别担任左、右统军，左、右副统军，其他的文武官员都量才取用。

值得一提的是，左右军和中军没有太大的差别，都是完整的行政体系，不过为了协调统一，都归李渊管辖。除此之外，李建成兄弟可以开府建牙，说白了就是可以拉帮结伙，搞自己的小团队，比如柴绍就是李世民右领军府的长史。

出发之前，各种祥瑞齐齐出现，比如李姓僧人捕获了白色的鸟雀，又有紫色的云团积聚在李渊的头顶，随后化作各种神兽的模样，飘散在空中。

不过，最令李渊振奋的是，以康鞘利为首的突厥将军也赶到了晋阳。

李渊：来来来，大家拥抱一个，以后就成一家人了！

为了表示诚意，李渊的见面礼极为丰厚：数量可观的金银珠宝。

突厥人都是见钱眼开的角色，他们拿了李渊的钱财，又受到李渊高规格的接待，激动之情，溢于言表。临行之前，始毕可汗写了一封亲笔信，此刻也由康鞘利转交给了李渊。

李渊将信打开，映入眼帘的是始毕可汗满满的诚意：唐国公啊，给你准备了一千匹雄壮的战马，全都给你用了，如果你需要的话，突厥骑兵可以将你一直护送到长安，要多少人护驾，你直接开口就行！

李渊很无奈，自己的马厩空空如也，他很想将这一千匹战马据为己有，那将诞生一支所向无敌的骑兵军团啊，可他的帝王心术非同一般，他强忍住自己的欲望，含泪吐出了几个字：哥，真的只需要五百匹战马。

此言一出，李渊的幕僚团直接晕倒在地。

大家很不理解啊，平白无故地撒出去这么多钱财，难道多拿五百匹战马都不行吗，为什么要拒绝突厥兄弟的好意，将大军急需的战马拒之门外？领导，你确定出门的时候脑袋没被门夹到？更有甚者，一些将领觉得突厥的战马强壮彪悍，如果李渊不想买，他们愿意自己掏钱把战马买下来。

李渊无语至极，都是一群目光短浅的人。

李渊思来想去，觉得这帮人的胆子很肥，如果不把话说清楚，他们很可能和突厥人搞地下交易，破坏他的大事，必须把这种非理性的想法扼杀在萌芽状态。

李渊找了个机会，私下训斥道："你们都听好了，突厥人从来不攻打城池，他们要的是经济利益，这次当然也不例外。突厥的战马遍地都是，如果你现在表现出很缺马的样子，到你真正需要马的时候，别人就会坐地起价，到时候吃亏的还是自己。我之所以收下这五百匹战马，就是不想让突厥人太难堪而已！"

幕僚团不明觉厉。领导就是领导，高瞻远瞩啊。

得了，这马还真不能买了。

康鞘利等人在晋阳吃饱喝足之后就回去复命了，为了表示对始毕可汗的感谢，李渊特地让谋臣刘文静和康鞘利一起前往突厥。

临行之前，李渊又给刘文静交代了几句：始毕可汗答应派骑兵帮助咱们，如果不要的话，会驳了他的面子，这对两军关系非常不利。可如果突厥骑兵太多，咱们也会难以控制，你此去突厥，给我带回来数百骑兵助阵即可。

李渊表示，靠手下这帮人，完全可以横行天下。

大战前练兵：宋老生从“被死亡”到“死亡”

隋大业十三年（617）七月初四，是个颇为吉利的好日子，这一天，李渊召集手下所有的幕僚和将士，宣布了李氏家族最重要的决定：造七姨夫家的反！

套路很简单：夺取关中，霸占长安城，废黜小表弟杨广的帝位，拥立代王杨侑为帝，挟天子以令诸侯！李元吉，你就委屈一下，接老爹的班做太原留守吧，晋阳宫也赏给你了。

隋大业十三年（617）七月初五，李渊将起兵檄文发向全国各地，然后带着三万精兵南下，走上了一条不归之路。

第一站：西河郡！

西河郡是李建成和李世民初出茅庐，建立人生第一功的地方，更是李渊出兵之后到达的第一个郡，意义非常重大。李渊大手一挥：咱们不必着急赶路，在西河郡多待几天（实力演绎什么叫收买人心）。

接下来，李渊发布号召令，让穷苦的河东百姓在广场上集合，将早已经准备好的粮食全部分给他们，一时间，老百姓嗷嗷欢呼，感恩戴德。

拉拢老百姓，只不过是李渊的第一步棋。

随后，李渊又召集70岁以上的老人，对他们表示了亲切的慰问，并拿出了许多空白的官凭，当场给这些老人授予通议、朝请、朝散大夫等闲官，又对来投的青年才俊大肆封官，几天下来，李渊就撒出去一千多个散官。

这些人都是当地最有名望的人，如果他们接受了李渊的官职，就意味着他们的宗族成员也认同了李渊的旗号，大家绑在了一条船上。

想想看，这些空白官凭生效的前提条件是李渊可以做皇帝。如果起义失败，那对不起，大家就当没啥事儿也没发生过！李渊封的无非是毫无用处的闲官，以及价值如粪土的钱财，换来的却是整个西河郡对李渊家族的支持。

这买卖干的，实在是划算啊。

李渊在西河郡赚了个盆满钵满，随后继续向南进军，一路马不停蹄。

与此同时，镇守长安的代王杨侑也看到了李渊的檄书。

好家伙，无缘无故，天上就掉了个皇帝的宝座，任谁都会觉得美滋滋的。可杨侑却觉得有些滑稽，江山本来就是杨家的，李渊这招借花献佛，堪称幼稚的典范，堪称司马昭之心，路人皆知啊！

为了守住家产，杨侑做出了部署：

正面军团：由虎牙郎将宋老生担任首领，编制为两万精兵，驻扎在霍邑（今山西省临汾市霍州市西南），任务是挡住李渊的第一波进攻。

主力军团：由左武侯大将军屈突通担任首领，编制为数万骁果卫将士，驻屯在黄河以东，防御李渊从潼关进犯长安。

杨侑的军事部署没什么太大的问题，唯一值得商榷的是，由屈突通的骁果卫主力和李渊刚正面，赢面是不是更大一些？

从地理位置来看，霍邑的北边是贾胡堡，贾胡堡的北边是雀鼠谷。

李渊的大军经过雀鼠谷之后，在贾胡堡驻军休整。时值天降大雨，道路泥泞不堪，李渊不得不在此处等待天气好转。索性是闲来无事，要不就由李渊开班授课，普及一下人性的常识吧！

领导嘛，都喜欢这样干，不然怎么显示自己的英明伟岸呢。

李渊找来了手下的谋臣，打算和他们说说宋老生和屈突通二人。

李渊："你们呢，别看宋老生镇压了不少起义军，屈突通镇压了杨玄感的叛军，这两人没事的时候，总喜欢吹嘘自己多么厉害。咱们此次南下，这两人必定不会支援对方，而我呢，就待在这里，让他们觉得我害怕他们，不过一两个月的时间，咱们就可以搞定他们！"

李渊说这番话的时候，早已经派遣沈叔安、崔善为等人回太原，准备向李元吉征调 1 个月的军粮，打一场粮食消耗战。

两天后，李渊的军中来了一位身穿白衣的老者，长得鹤发童颜，仙风道骨，老者说自己是从霍太山而来，有话想对李渊说。

什么玩意儿？神仙？想找老大聊天？

对不起，不能放你进去，要么回家，要么等着吧！

老人好不容易来一趟，他打算继续等着。

有一天，李渊出门巡视军营，看到路边站了一个身穿素衣，气度非凡的老人，于是走过去搭话，谁料想，老人直接来了一句，有神仙给李渊传话。

李渊可能是觉得百无聊赖，便将老人带回了军营。

李渊打趣道："老人家啊，神仙本来就神鬼莫测，不知所在，你不是神仙，又是如何知道他们在想什么呢？"

老者："我本来在山里修炼，突然有一天，有个神灵叫我带话给唐公。若想取霍邑，可以从东南方傍山取路，这样城中的人必定看不到，如果从城池的旁边走过去，一定会暴露行迹。最迟八月初，这场雨就会收住，到时候我帮你破了霍邑的守卫，你只需要给我立一个生祠即可。"

白胡子老者说得神乎其神，李渊却死活不愿意相信，此事就这样搁浅了。就在李渊休息的这几天，瓦岗军首领李密派使者送来了一封书信。

当时，瓦岗军势力如日中天，四面八方的起义军首领纷纷来电祝贺，把李密捧到了九霄云外，忘乎所以了。他听说李渊在太原起兵，还打算夺取长安，拥立代王杨侑，就想给李渊来一个下马威。

李密说道：李渊，咱们的祖上还是很有渊源的（祖宗都是西魏的柱国大将军），瞧这个样子，瓦岗军夺取天下是最有可能的，如果李渊不介意，可以前往洛阳助我一臂之力，到时候废了杨广，一起拥立代王杨侑为帝！

信的结尾，李密居然要求李渊亲自前去和他结盟，拥立他为盟主。

李密在用实际行动告诉我们，什么叫狂妄至极！

李渊呵呵一笑，我正打算进攻长安，你李密帮我牵制着洛阳的兵力，我岂不是没有后顾之忧啊！等我把长安拿下来，然后派兵占据蒲津、永丰，再霸占潼关，坐看你们东都那帮人狗咬狗，岂不是更完美的事？

要我去长安，就做你的春秋大梦吧！

李渊直接洞穿了李密的小心思，他让温大雅写了一封措辞卑微的回信，把李密吹捧得天花乱坠，说他才为世出，惊为天人，很适合做大家的盟主，这顶高帽子一戴，李密顿时就飘飘然了。

李密：呵呵，李渊之辈，不足以成大事，不管也罢！

就在此时，军中管粮食的官员偷偷找到李渊，告诉他一个噩耗：前往太原筹粮的部队还没有返回，军中马上就要揭不开锅了！这还不算，据探子回报，始毕可汗打算联合刘武周一起南下，准备搞太原的事。

听完属下的汇报，李渊的下体似乎有些不妥，感觉很像是尿意。

没有粮食，可以直接要了李渊的性命。突厥骑兵南下，可以间接要了李渊的性命。总而言之，两件事儿都能要了李渊的命。

幕僚何在，快快快，赶紧开闭门会议。

李渊：情况呢，就是这么个情况，大家都提提自己的看法吧？

众人七嘴八舌，说什么的都有。裴寂作为首席幕僚，做了最后的总结陈词：腹背受敌，应该先战略性地撤退，力保太原城不丢，再想以后的事儿。

李渊心有不甘，于是问李建成和李世民："你们兄弟二人的意思呢？"

两兄弟的态度很坚定：不能退缩，必须干死宋老生。

李渊：好吧，给大家一个充分的理由！

李建成兄弟：理由不止一个，且听俺们细细道来。

先说突厥人。他们表面上附和我们，实际上打着自己的小算盘，这一点根本就不足为奇。听说始毕可汗要搞太原？呵呵，马邑郡和太原是唇亡齿寒的关系，如果太原垮了，下一个就是马邑郡，刘武周肯定明白这个道理吧？因此，刘武周不可能和突厥人联合，这一路根本就不用担心。

李密？这位老兄的生活半径也就是洛阳城的周边，几个粮仓又是他的命根子，要他来救援咱们，有点痴心妄想，他来偷袭咱们，更是天方夜谭！

想想看，唯一的威胁就是宋老生和屈突通啊。

哦对了，还有粮食！问题是，到哪里抢不到粮食，非得回太原？

如果咱们现在不战自溃，敌人就会觉得我们心虚，原本不会攻打我们的各路大军，说不定会趁机占我们的便宜，反而得不偿失。

说到最后，兄弟俩直接放出了大招：在座的各位，为什么想返回太原？还不是因为担心家人的安危！啥也甭说了，我们哥俩在这里立个军令状，先忍几天，等雨过天晴，一定会弄死宋老生，绝对不会让您老人家失望。

老板和员工的觉悟，差的不是一星半点儿啊。

李渊兴奋得手舞足蹈，儿子们说得好，生儿当如此！

就这样定下了，继续进军吧，谁都别再提撤退的事儿，战略性撤退也不行。

没过多久，太原的军粮就安全运抵贾胡堡，军心就此稳定下来。众人只需要等待雨停天晴，就可以继续行军。

隋大业十三年（617）八月初一，果然和那白胡子老者说的一样，雨停天晴。

李渊不相信鬼神，可面对此情此景，他还是对老者肃然起敬。

冥冥之中，天意难测啊！各位兄弟，赶紧将兵器和铠甲拿到太阳下暴晒，咱们就依照老仙人指的路，迅速赶赴霍邑城下，革宋老生的命去！

隋大业十三年（617）八月初三，李渊抄小路来到了霍邑城下。

宋老生毕竟是李渊起兵后遇到的第一个对手，打赢了他，一路南下，无人可以阻挡，如果马失前蹄，吃了败仗，那就只能回老家继续修炼神功了。

大战在即，李渊颇为紧张，因此决定亲自指挥这场战役。

李渊：大郎、二郎，宋老生的兵力有限，肯定不会选择和咱们刚正面，如果他选择做缩头乌龟，你们有什么办法没有？

李建成：呵呵，宋老生之辈，无非杀过一批起义军，赚了点名头而已，真要出来和咱们交锋，如插标卖首，可立斩彼之狗头。如果龟缩在城里，咱们可以放出风声，说他不卖力守城，让其自乱阵脚！

李渊：说得好，可这种办法太被动了，咱们耗不起啊。

李建成：还有个好办法！宋老生这个人，勇而无谋，脾气暴躁，咱们可以用嘴问候一下宋老生家族的女性同胞，不愁他不出战！

李渊：好吧，能够身体力行的事儿，千万不要用嘴，太消极了。不过，用嘴也不是不可以，仅此一次啊！

这就是李渊父子偷偷定下的计策，专门勾引宋老生出城交战。

据史料记载，李渊将手下的士兵分为十几拨，沿着霍邑城的东南角到西南角散布开来，假装在安排攻城的事宜，同时让李建成和李世民带了几十个人跑到霍邑城下，用嘴热烈问候了一下宋老生的家族女性。不得不说，这种事儿真不是一般人能忍受的，尤其是大庭广众之下，确实很丢份儿啊！

如大家所料，宋老生实力暴走了，他当即点了三万兵马，从霍邑的东门和南门狂奔而出。为家族的尊严而战，很有必要啊！

李建成，你率领左军扼守在东门。

李世民，你率领右军扼守在南门。

老爸，那你干吗呢？

废什么话，老子当然要和他刚正面啊。

话音刚落，李渊便带着属下们前去冲锋了，太原的兄弟们拭目以待，翘首以盼，很期待李渊能给他们带来一场精彩的个人秀，可出人意料的是，士兵们还没有热身完毕，李渊就卖了个破绽，开始撤退了……

老板！你的个人出场秀，这就完事了？

是的，完事了，该你们干活了！

宋老生的心情，很像是刚出炉的爆米花，炸裂得一塌糊涂。

哎，传说中的李渊也不过如此，实在是有点浪得虚名啊！

给我追击！杀他个片甲不留！

一时间，战鼓雷鸣，地动山崩，白刃相接，城楼震动。

很遗憾，这种壮烈声势的制造者并不是宋老生，而是李建成和李世民兄弟，他们看到老爸被人追，当即率领左右军前来夹击，宋老生这才发现，被李渊这老小子给暗算了。姜，还真是老的辣啊。

还能撤退吗？可以，不过来不及回城，只能弃城逃跑了！

要不赌一把吧！

于是，双方数万人混战在一起，从战场的形势来看，大家势均力敌，打得难解难分，想要从正面瓦解敌人的战斗力，并不是件容易的事儿。就在大家专心酣战的时候，人群中的某个人扯着嗓子喊了一句："宋老生被杀了！"

不错，喊话的人正是躲在一旁看戏的李渊，中气十足，声音异常洪亮，即便是在嘈杂的战场，大家也能清楚地听到。

宋老生很郁闷：什么？老子什么时候被杀了？

老祖宗说过，兵者，诡道也。

老祖宗说过，兵无常势，水无常形，运用之妙，存乎一心。

老祖宗还说过，不管黑猫白猫，只要能捉住老鼠，就是一流的好猫。

说得直白一点，要想在战场上取得胜利，什么龌龊的手段都得用上。就凭这一点，李渊就比一根筋的宋老生要强。

宋老生没死，这是客观的事实。可是，属下相信宋老生死了，这也是客观的事实。战场的走势，始终不以宋老生的意志为转移啊。

宋老生很恼火，难道要在战场上搞个新闻发布会，证明自己还活着？

宋老生没这个心思，他看到局势有些不对，因此想要退回到城中继续防守，可来到城边之后，他发现东门和南门已经被李渊的军队控制起来，想要跑到其他几个门，时间又来不及。

后有追兵，前无退路，这仗打得，真窝囊啊。

就在宋老生绝望透顶的时候，城楼上掉下来一根救命的绳索，确认过眼神，楼上的确实是自己人！宋老生为了活命，开始展示攀爬的绝技，一尺，两尺，三尺，再努一把力，机会就在眼前啊！

宋老生没有想到，自己苦练攀爬绝技，可终结他的人，刚好是位跳高选手。

此人名叫卢君谔，在李渊的军中籍籍无名，可是人家命好，刚好就赶上了这个机会（后来被封为行军总管），他看到宋老生想逃，于是奋力一跳，将他拉扯到地上，将士们以接力赛的方式，将宋老生剁成了肉泥。

空手套白狼的最高境界：空头官凭买人心

宋老生被杀之后，隋朝官军群龙无首，很快就被李渊镇压下去。

善后工作很简单：以西河郡的旧制为标准，该赏的赏，该封的封。

不搞京观了？对不起，那并不是李渊的做事风格，都是做给小表弟看的，既然他不买账，多做无益。

如果你想投军，李渊张开怀抱来欢迎。如果你想回老家，领一个空白的五品散官官凭，即刻上路。对有才能的人，李渊也是毫无顾忌地大肆封赏。

毫不夸张地说，在李渊争霸天下的路上，究竟封赏了多少官员，就是个历史之谜，关于这件事，李渊的幕僚团也曾劝过他，可李渊的回复很无理取闹，在他看来，用官帽收买人心，总归比动刀兵要强。

李渊拉拢人心的策略，应该得到什么评价呢？

说得客气一点，很不讲究！说得不客气一点，毫无底线。

古代的人才选拔制度，大概经历了这么几个过程：

商周时期：世卿世禄＋寻访遗贤。

商周是中国古代的奴隶社会，奴隶主是统治阶层，把持着所有的政治资源，贵族们凭借着与生俱来的血缘关系，可以世世代代享受着朝廷的官职和爵位，至于农民、商人、手工业者以及读书之人想要做官？没门！

不过，有些国君还是很有雄才伟略的，眼光比别人更加长远，在他们的眼里，贵族子弟治理国家不是不可以，但是政权内部可以活跃起来，比如搞点儿新鲜血液，焕发一下生机。

夏朝末年出身的伊尹，原本是有莘国君的一个贴身厨师，地位非常低下，可后来竟然从烹饪中悟出了一套治国的理念，商汤听说之后，便决定娶莘氏之女为妃，而伊尹也自愿作陪嫁之臣前往商汤的封地，后来成就一代霸业。

这一时期的人才选拔，说白了，很随意，很随机！

春秋战国时期："选士"＋"养士"。

到了春秋战国时期，诸侯争霸成为整个时代的主旋律，各国国君为了在列强的丛林中生存下去，不得不花大价钱招揽人才，因此在这个年代，贵族阶层对人才的需求量非常之大！

为了提拔和重用人才，统治者们放松了人才选拔的原则：

军功：凡是在战争中立有军功者，不问你的出身门第、不问你的阶层，都可以享受朝廷的爵禄！秦王朝是军功制度的典型代表，秦国大将白起，平民出身，后来就因为军功升为"左庶长"。

养士：齐国的孟尝君、魏国的信陵君、赵国的平原君和楚国的春申君是贵族养士的典型代表，不管你是鸡鸣狗盗之徒，还是杀猪宰牛的粗人，只要你有一技之长，我都可以让你迎娶白富美，走向人生的巅峰。

客卿制：说白了就是挖墙脚，比如秦穆公的宰相百里奚，本来是虞国人，国家灭亡之后，秦穆公用五张羊皮将他从楚国人的手中买回；魏国出身的商鞅，魏国出身的范雎，都是以客卿的身份在秦国效力，后来才建立不世之功。

秦汉："察举"＋"征辟"。

秦汉时期，中国进入了中央集权的时代，皇帝们为了推进中央集权的工作，不得不思考一个问题，什么是真正的人才，什么人能帮他们集权！

最后得出了一个结论：臣子要德才兼备，尤其是道德水准要高，必须保证这帮臣子不敢觊觎皇位，于是，"察举"和"征辟"制度应运而生。

察举：白话就是考察推举，一般由朝廷的公卿、列侯和地方郡守等高级官吏举荐，他们通常会把品德高尚、才干出众的人推荐给中央朝廷，由朝廷举行考核，然后再授予官职！

考察的科目比较多，包括孝廉（孝敬廉洁者）、秀才（才能优秀者）、明经（通晓经义者)、贤良方正(能直言极谏者)等。值得一提的是，朝廷会在最后面试的时候提出一些治国或者经义方面的问题让他们当面回答，叫作策问，董仲舒当年就是在策问环节表现出众，最后才走上仕途的。

征辟：就是朝廷发布征召令，希望有才华的人出来做官，皇帝征召称“征”，官府征召称“辟”。东方朔、班固、张衡、扬雄等人都是走的这条路，最后才得到汉武帝的赏识和重用。

不过，秦汉时期还处于中央集权的过渡阶段，虽然有些制度上的创新，可还是延续着先前的制度，比如“纳赀”和“任子”。

纳赀(zī)：通俗的说法叫买官卖官，只要你向朝廷缴纳巨额的钱财，朝廷就可以给你个不大不小的官职，不过还是以虚职为主。

任子：主要针对级别较高的官员，比如俸禄在二千石以上的官吏，任职满三年，就可以保举子弟一人为郎官，充当皇帝的侍从。

魏晋时期：“九品中正制”。

说白了，朝廷选拔了一批德高望重的中正官，由他们先考察候选人祖宗三代是什么情况，如果发现你的父亲、祖父和高祖都是做官的，那说明你们家根正苗红，给你打个高分，再来考察你的能力和品行如何，然后再给你打个分。

考核等级分为上上、上中、上下、中上、中中、中下、下上、下中、下下九品，对应的分别是朝廷的一品到九品的官职，这样一来不就量化考核了嘛。

然而到了晋朝和南北朝，受社会阶层变动的影响，中正官员全都变成了门阀贵族，他们就看中一项指标：你的祖上是不是做过官，你做官的基因怎么样。

一切都回到了原点！在这样的制度下，官员晋升全都由豪门贵族控制，官场就是一潭死水，社会如何发展，中央如何集权？

隋文帝思来想去，觉得还是汉朝的察举制度好，不过为了增加中央的权力，他将考核官从公侯贵族变成尚书省的吏部！事实上，隋文帝只不过废除了“九品中正制”，规定朝廷以后通过开科来选拔人才，开的是“志行修谨”(有德)和“清平干济”(有才)两科，充其量不过是科举制度的雏形！

隋炀帝登基之后，增设了“孝悌有闻”和“文才秀美”等十个科目，随后又开设

“明经”（通晓经义者）和“进士”（可进受爵位者）两科，并用考试策问的方式来取士。隋炀帝规定，“常科”每年举行一次，稳定人才选拔的数量，“制科”看皇帝的心情，为朝廷多选拔一些遗贤！直到此时，科举制度才算有了正行！

为什么说李渊没有底线，做事不讲究？

说白了，李渊是野鸡派选手，做事情可以天马行空。比如为了收买人心，李渊可以开空头支票，忽悠地方豪强。至于科举制度，对他来说全是扯淡！

小表弟是职业派选手，封赏官员要看朝廷的编制是否允许。有时候为了朝廷的运转秩序考虑，隋炀帝不得不做出令人寒心的举动，比如隋炀帝在雁门郡许下承诺，可后来却强行打了自己一个大嘴巴子！

这就是野鸡派和职业派选手对权力法则的价值观差异。

隋炀帝表示，皇帝的位置确实不太好坐啊。

你瞧瞧，为了提高官员的整体素质，尤其是高级官员的素质，隋炀帝必须逐一把关，严控提拔和任命的流程。征伐高句丽的时候，隋炀帝就给朝中的御史们下过一道严旨：但凡身上有勋爵的人，不能在朝中担任实职，举报一个，处理一个！

要命的是，隋炀帝的改革不仅牵涉到朝中的高级官员，还包括军队的军官。

目标就一个：让门阀贵族把官府的编制腾出来，让军队的晋升更加严格。

这就是隋炀帝的改革！这种改革让他很痛苦，却让政敌爽了起来！

李渊是个明白人，他心里清楚，小表弟的改革动了太多人的奶酪，不管是政治世家、豪门贵族，还是一般的地主阶层，他们逐渐失去了对政治资源的控制能力（比如提拔门生，不经过考试就可做官），心中早就积攒了诸多不满。

霍邑城下，李渊开出了他的条件。

想要通过军功发家致富的，直接去李建成和李世民的左右军中报到。

祖籍在关中，却不愿意继续效力的，领一个五品散官，衣锦还乡。

身怀绝技的，可以选择继续熬着，以后做大官。

乡野之中，不管老少，不管闲愚，一律授予朝散大夫等散官。

没有编制上限的组织，该是何等恐怖的存在啊。

李渊的这波收买人心，很快就获得了回报。

西河郡和霍邑的父老乡亲们表示，唯李渊马首是瞻！

霍邑的隋军将士，虽败犹荣，因为跟了个好老板呀！

临汾郡（今山西省临汾市）、绛郡（今山西省运城市绛县）望风归降！

事实上，李渊还有一句话没说出来：现在大方一点无所谓，不过前提条件是能够进入长安城，能够做天下之主，如果大败而归，给你们的封赏全都是废纸！

这心机！岂是一般人可比！

李氏父子：强势入主长安城

搞定宋老生之后，刘文静便从突厥回来了。

成果显而易见：五百名突厥士兵，两千匹强壮的战马！

李渊原本有两个担心。第一，担心突厥人看他一路过关斩将，会派遣骑兵来捣乱；第二，担心突厥人派大批骑兵跟随他入关抢劫，败坏李渊的名声。

不过，刘文静带回来的马多人少，再怎么说，马不会给他捣乱吧。

这事儿办的，真是漂亮啊，该对你刮目相看了！

隋大业十三年（617）九月，河东地区彻底变天了，几乎所有的州县都成了李渊的盟友，以肉眼来观察，敌人似乎只有一个，镇守在河东郡的屈突通。只要灭掉他，就可以顺利渡过黄河，向长安方向挺进。

如何弄死屈突通呢？大家畅所欲言，各抒己见吧。

要不这样吧，让新人先讲两句！

第一个发言的人叫薛大鼎，蒲州汾阴（今山西省运城市万荣县）人，河东的名门望族。薛大鼎的出身确实不错，遗憾的是，老爸薛粹和汉王杨谅走得比较近，后来杨谅在太原起兵谋反，薛粹被朝廷认定为叛臣，薛大鼎因此被流放到湖南境内，后来逢大赦，慢慢积累军功，这才回了河东老家。

薛大鼎对大隋王朝的愤怒可想而知。

他的思路很明确：别急着弄死屈突通，先占据永丰仓，然后传檄天下，并利用手中的钱财和粮食继续扩充军队，进而对长安城形成合围之势。

套路并不新鲜，几乎和李密的一模一样。

不过，李渊很感兴趣啊，他毕竟是当家人，开门七件事，柴、米、油、盐、酱、醋、茶，拿了永丰仓，确实能解决他的大麻烦。问题是，永丰仓在现在的陕西省华阴市境内，位于黄河南岸的广通渠口，想要拿下永丰仓，必须要渡过黄河，可如何绕开屈突通的大军呢?

各位幕僚，你们拿个方案吧?

谁料想，太原的嫡系部队集体反对，他们认为，应该先弄死屈突通，先拿下黄河的控制权，然后再集合所有兵力，一举攻占长安。

事实上，这里是两股不同的势力在纠缠，一边是李渊从太原带来的嫡系，一边是刚归降不久的河东郡官员，大家都想着建功立业，站稳脚跟。

说白了，李渊采纳了谁的建议，谁就是第一功!

太原嫡系刚表达了反对意见，河东派官员就给予了回击。

河东县户曹任瑰，送上了一记精彩绝伦的马屁:“主公天纵英才，自从举兵一来，攻克城池，秋毫无犯，军令严明，将士用命……”

李渊:“说人话!”

任瑰:“主公啊，自从天下大乱以来，关中豪杰在这里翘首以盼，等待义军的到来!我曾经在冯翊郡混迹过多年，一直在与这里的英雄豪杰结交，我请命入关，先说服冯翊郡的地头蛇孙华前来投诚归顺，由他帮助咱们占据永丰仓，至于长安城，自然不在话下!”

李渊大喜过望:“好!封你为银青光禄大夫!左领军大都督府长史陈演寿、史大奈会率领六千精兵护送你渡过黄河!办事儿去吧!”

任瑰口中的孙华，是个货真价实的土匪，手里有数千人的部队，也打了不少胜仗，积攒了无数的财富，可在隋末群雄争霸接近尾声的时候，孙华迷茫了。

孙华是草根出身，没有读书人愿意投奔他，想要在强敌环伺的环境中存活下去，必须得找个靠山，而李渊的到来，正好给了他一个人生蜕变的机会。

在任瑰的引荐下，孙华毫不犹豫地答应要投降李渊，随后率领几千兄弟前去拜了李渊这个山头，李渊很爽快地封他做了左光禄大夫、武乡县公、冯翊太守，希望他能够率领前军先行渡过黄河，在黄河南岸接应大军。

要知道，大军渡河的时候，最容易遭到敌军袭击，有了孙华的接应，李渊便可以轻松渡河，抢夺永丰仓。

计划太完美了，李渊似乎觉得很没有挑战。既然没有挑战，那就得制造点挑战。陈演寿、史大奈临行之前，李渊给他们授了一条锦囊妙计：

兄弟们，屈突通的手下是骁果卫骑兵，战斗力爆棚，可到如今都没有丝毫动静，其中必定有诈啊！你们在渡河的时候，一定要防备屈突通从背后袭击！如果屈突通渡河南下，那我就带兵袭击河东，将他的地盘据为己有，如果他不渡河，你们拿下南岸之后再渡河北上，咱们前后夹击，也够他喝一壶！

李渊确实是战略大师啊，渡个河也不忘算计一下屈突通。

据史料记载，黄河边上的百姓得知李渊大军来此渡河，纷纷将家中的渡船捐了出来，李渊命孙华率先渡河，又派遣左右统军王长谐、刘弘基，左领军长史陈演寿、史大奈率领大军占据有利地形，防止有人从后面偷袭大军。

再怎么说，河东是屈突通的主场，让李渊轻易过河，以后还怎么混？

屈突通：虎牙郎将桑显和，由你统帅大军渡河南下，恶心一下李渊！

事实上，屈突通的作战思路毫无问题，可接下来的策略却值得商榷。

桑显和的兵力毕竟很少，虽然能恶心李渊，却不能消灭他的有生力量。

屈突通呢，他手下有骁勇善战的骁果卫将士，此刻在干吗？

龟缩在河东郡城，接到是任务是守卫城池！

用游戏界的行话来说，骁果卫将士没有找机会刷野，纯属挂机啊！

想象一下，如果桑显和渡河的时候，屈突通能和李渊的主力部队交锋，把骁果卫的战斗力利用起来，结局恐怕会很不一样吧？

战略思维，确实能决定人的命运。

桑显和渡河之后，率先偷袭了王长谐的大营，取得了几场小胜，可孙华、史大柰早就接到了李渊的指令，他们没有急着拿永丰仓，看到桑显和偷袭友军，于是率领大队人马直接端掉了桑显和的军事基地。

这样一来，桑显和只好率军退回黄河北岸，他唯一能做的，就是焚毁黄河上方的蒲津桥，防止孙华等人的追杀。

李渊，形势一片大好啊，赶紧抢粮食吧？

粮食就在那儿，早晚都是我的，何必要抢啊？这帮属下，还是有点儿鼠目寸光啊！都听好了，所有军队迅速集结，咱们渡河北上，找屈突通去。

很快，唐军就把河东郡城给围了起来。

众人很疑惑，领导的脑子出现短路？要找骁果卫刚正面？

李渊才不傻呢，和骁果卫刚正面，不是找死的节奏吗！且看领导的水平！

李渊：李建成、李世民、裴寂，你们三人各守一个门，给屈突通留一条后路！

屈突通也很聪明，知道李渊居心不良，于是闭门不出，挂起了免战旗。

怎么办？继续进攻，还是看看形势再说？

李渊很调皮，他为了看一下刚刚招募的将士是不是真心替他卖命，特意下令攻城，结果将士们犹如洪水猛兽，直接搬着梯子爬城楼去了。

李渊仰天长叹：这帮孩子，确实很给力啊！

时值天降大雨，李渊不想以己之短攻彼之长，因此下令撤军。随后，他带着队伍在黄河边上来来回回跑了几圈，人数瞬间扩充到十多万。

裴寂："主公啊，您看咱们的队伍越来越庞大了，大家都是奔着做官来的，要不您先受点儿委屈，把太尉一职给领了，多设一些编制吧？"

李渊："行吧行吧，皇帝都要做了，就随你们吧。"

李渊和屈突通在河东的较量，很快就传遍了长安周边的郡县。

这场较量，可以说是李渊单方面的威胁，屈突通手握骁果卫骑兵，却连门都不敢迈出一步，这种爆炸性的新闻，如何能不让隋朝官员为之动容。

收拾完屈突通之后，李渊再无后顾之忧，他留下一部分人马防备屈突通，自己则带着大部队渡河南下，剑指长安。

华阴县令李孝长看到关中局势已定，将永丰仓拱手让给了李渊。

冯翊太守萧造，率领辖下官员前来归降。

京兆府万年县、醴泉县的官员望风归降。

长安城，已经成了李渊的囊中之物。

李渊过河之后，下榻在隋炀帝的行宫长春宫（今陕西省渭南市大荔县朝邑镇境内），并且受到了关中百姓的热烈欢迎，三秦之士、郡县官吏、豪门世族再也顾不得大隋王朝，纷纷赶来拜李渊这个码头，李渊照例给他们大肆封赏。

随后，李渊下达了两道重要的军令：

李建成、刘文静、王长谐等人，率领数万人屯驻在永丰仓，同时在潼关附近进行布防，防止有人从东都洛阳来袭。

李世民、刘弘基、长孙顺德等人，率领数万人前去招降高陵、泾阳（今陕西省咸阳市泾阳县）、云阳、武功、盩厔、鄠等县，打开攻占长安的所有门户。

按理说，李密已经放弃了攻打长安的想法，瓦岗军全部驻屯在洛阳周围，让李建成去守卫永丰仓和潼关，岂不是大材小用？

这里的解释可以有很多种。

比如，在李渊的眼里，长安城是囊中之物，洛阳城的威胁要更大，因此让李建成去镇守潼关。比如，自从起兵以来，二郎李世民都在大哥李建成的屁股后面转悠，这次让他独当一面，看看他到底有几斤几两。比如，李渊只是随口一说，随机分配的任务。历史是不是很有趣？

李渊可能没想到，这一道简单的军令，直接奠定了李世民创业的班底，也成就了后世的玄武门之变和贞观之治。在这里，没必要开启上帝视角去苛责李渊，他不是未卜先知的神仙，不能预料到这道军令会带来什么后果。

写到现在，我们可以发现，李氏家族在前期创业的时候，李世民只不过是李建成的副手，兄弟联手干了几场战役，要么是和大哥一起立功，要么是在父亲的指挥下取得胜利，要说拿得出手的个人战绩，确实没什么可说的。

然而，就在这一刻，一个改变命运的机会降临在李世民头上。

此时，关中大局已定，长安只不过是囊中之物，大军犹如一阵秋风，狂扫遍地的落叶。通俗一点说，走到哪儿，都有人来投奔。

李世民的这一路，可以说是占尽了便宜。比如：

李渊的堂弟李神通，带着长安大侠史万宝前来投奔李世民。

柴绍的妻子，“娘子军”首领李秀宁前来投奔李世民。

其他的诸如李仲文、向善志、丘师利等望风归降的人不计其数。

除了收割有生力量，还在茫茫人海中遇见自己的左膀右臂，比如房玄龄就是在这个时间点投奔到李世民的军中，他满腹才华，又懂计谋，李世民立马就封他做了记室参军，房玄龄对李世民的为人非常钦佩，两人肝胆相照，在后来的日子里配合得天衣无缝。

李世民的右军只不过在长安城周边转了一圈，人数便暴增到十三万，几乎可以和李渊的中军抗衡。问题是，面对此情此景，李渊是个什么心情？

龙生龙，凤生凤……我李渊的儿子，就是给力啊！毕竟，天下还没打下来，皇位也没到手，搞父子权力制衡，未免有些可笑。于是，李渊大手一挥，所有英雄豪杰，暂时编入到李世民的右军之中！

值得一提的是，长孙无忌、于志宁、颜师古等人却撞到了长春宫，拜在了李渊的门下。不过，长孙无忌才23岁，名气太小，也没啥能耐，只捞了个渭北行军典签的头衔，在军中做实习生。

李世民搞定了长安外围防线之后，便给李渊去函，邀请他前来主持大局。

李渊：大郎，长乐宫就交给你了，里面的东西，你可以尽情享用，不过要记住一条，别让屈突通来捣乱！为父先去长安城溜一圈。

去长安的路上，李渊痛心疾首。小表弟啊，看看你的行宫、宫苑、亭台楼阁、小桥流水，还有湖中仙山，宫中美女，我都没来得及享用，实在是可惜啊！

李渊还在创业，不适合搞太多女人，因此传下军令，命人将宫苑内的宫人悉数放走，让他们自谋生路，仅此一招，长安城附近的老百姓就对他感恩戴德。

隋大业十三年（617）十月，李渊来到长安城下，屯兵在大兴城春明门的西北方向。

此时，李渊、李建成、李世民三军部众加起来，一共有二十万之多！

长安城代表着什么？权力！地位！财富！美女！

还等什么，赶紧攻城吧？

将士们跃跃欲试，只等李渊发布最后的军令，大家一起骑到长安城墙之上。

有趣的是，李渊的中军大营却毫无动静。过了许久，李渊才传出一道军令：大军就地驻扎，不许任何人欺负老百姓！

一时间，哀鸿遍野，怨气冲天，大家的梦想全泡汤了啊！

事实上，从太原出发的时候，李渊就定下了战略思路：立代王杨侑为帝，继续做隋朝的臣子，顺便挟天子以令诸侯。在此之前，李渊还有很多工作要做。

比如，约束属下的行为，别让他们闹事。比如，命令军队退避三舍，最好在长安城外围再晃悠几圈，在代王杨侑的面前树立一下人臣的形象，至少吃相不能太难看嘛。比如，在首都百姓面前卖个萌，讨个巧，让大家接纳自己。

李渊相信，长安城的官员们应该懂得他的心思。不管怎么说，中国历史上千年，老祖宗已经给权臣定下了标准版的礼仪流程，只要李渊表演到位，长安城的官员们自然会泼水净街，大开城门，把李渊风风光光地接进去。

然而这一次，李渊真的想多了！

讲究的人有一万种不同的套路，不讲究的人，就是不按你的套路出牌。

长安城内，刑部尚书、京兆内史卫文升听闻李渊兵临城下，称病不朝，躲在家里养老去了，代王杨侑很无奈，只好把长安城的防务全部交给了左翊卫将军阴世师、京兆郡丞骨仪。

阴世师，甘肃武威人，武林高手，打过吐谷浑和党项，参与过高句丽战争，做过剿匪将军，还担任过地方一把手，靠军功和政绩一步步升迁，深得隋炀帝的赏识。面对李渊的诱降，阴世师的态度很坚决：老子是隋朝的臣子。

很好，我李渊也是隋朝的臣子，你们倒是开门啊！

呵呵，不开不开，就是不开！

李渊厚着脸皮，在长安城下晃悠了很长一段时间，始终无所寸进。

想想看，这帮人不吃软的，那就只能来点儿硬的！

李渊：大郎，你去围住长安城的东面和南面，二郎，西面和北面就交给你了！

老爸，那你干啥啊！

老子，老子继续做他们的工作！

于是，李渊又派人在城墙下做了十多天的说服工作，结局还是一样，人家既不投降，也不抵抗，专心等待东都和隋炀帝派来的援兵。遗憾的是，这根本就是痴心妄想、白日做梦啊，隋炀帝在江都玩得不亦乐乎，洛阳城陷入李密的包围之中，他们自身难保，怎么可能去发兵援助长安。

终于有一天，李建成和李世民看不下去了，他们叫上了所有谋臣，当面向李渊提出了质疑：老爸，咱们的部队从太原而来，就是为了能干大事业，这一路南下，神挡杀神，佛挡杀佛，无人可以阻挡，如今却在长安城外逗留了二十天，军心开始不稳了啊！您又不是不知道，咱们收编了很多起义军，大家明面上跟着我们混，其实还是很轻视我们的，拿不下长安城，这团队不好带啊！

说得有道理！

二十天时间，该演的戏，该做的标准动作都差不多了，也该进攻了。

李渊：开始攻城吧，不过要严令军纪，约束将士，进城之后不许乱杀人，不许抢劫财物，不许损毁房屋，不许破坏官府文书，一切依照汉高祖刘邦进咸阳城时的规矩，出了问题定斩不饶！

听闻李渊的军令，唐军士气大振。夺取长安城，还有任何悬念吗？

隋大业十三年（617）十月二十七日，李渊下令攻城。

隋大业十三年（617）十一月初九，大头兵雷永吉成为第一个站上城墙的人。就在这一天，李渊使用武力，强行轰开了长安城的城门。

大隋王朝落幕：清扫关中势力

长安城，依旧保持着它的繁华与气度，时刻准备着迎接新的主人，准备再一次绽放帝都的辉煌。长安易主，一个新的时代即将来临。

想要学董卓，夜宿龙床吗？不要！

想要抢夺府库金银吗？不要！

那你想要什么呢？对不起，都不要！

李渊发话了，我是大隋的臣子，这段时间要禁欲，一切从简。

面对皇权的诱惑，李渊保持着最后的理智。李渊没有忘记，此次到长安，是来扶持代王杨侑的。当时，杨侑只是一个亲王，暂住在东宫，为了后续的工作顺利推进，李渊派人将他迎到了大兴殿。

小朋友，你先住着，叔叔回长乐宫了，以后再来接手你们杨家的产业。

李渊对代王客气，并不代表对群臣客气。

尤其是阴世师和骨仪两位重量级大臣，面对李渊二十万大军，居然选择螳臂当车，也太不识时务了，李渊的面子几乎是掉了一地啊！

李渊：大郎，据说朱雀大街很热闹，就把他们拉到那儿砍头，以儆效尤吧！

至于其他官员，顺我者昌，逆我者亡！

值得一提的是，大名鼎鼎的李靖在此时登场了。

李靖，又名李药师，雍州三原（今陕西省咸阳市三原县）人，祖父李崇义是国公爷，父亲李诠是隋朝的赵郡太守，舅舅的名字很响亮，大隋名将韩擒虎。

李靖从小就学习兵法韬略，舅舅韩擒虎也经常点拨他，李靖少年之时，就已经在长安城的圈子里小有名气。吏部尚书牛弘、首席宰相杨素都曾经说过，李靖前途不可限量，即便是做到宰相的位置也不足为奇。

隋大业元年（605），李靖升任马邑郡丞，算得上主政一方了，要说工作嘛，李靖算得上兢兢业业，可问题是，李靖适合搞军事工作，对官场一窍不通，因此在马邑郡居然待了十二年之久。隋大业十三年（617），李渊主政河东，李靖还是个马邑郡丞。

以现在的眼光看来，李靖的政治生涯很失败。

不过，李靖的态度还是很端正的，领导不给自己升职加薪，得从自身找原因，绝不能耍脾气，更不能心生背叛之意。隋大业十三年（617），李渊在太原起兵，李靖的第一反应就是：叛臣，人人得而诛之。

怎么办，以马邑郡的兵力对抗李渊？

很遗憾，马邑郡的老大是刘武周，自己没资格调兵遣将，李靖无奈之下，只好乔装打扮成越狱的囚徒，打算前往江都给隋炀帝报信，可走到长安城后，李靖才发现关中已经大乱，尤其是李渊，一路南下，势如破竹，还没等他离开，李渊就把长安城给围了起来。

人生最悲剧的事儿，莫过于落到敌人之手。

李渊放出话来，隋朝的任何官员我都可以放过，唯独李靖非杀不可。

众人：老板，为啥非要弄死李靖？

李渊：我曾经向李靖抛出了橄榄枝，可他却用背叛来报答我的信任，这可是很丢份儿的事，我实在是忘不掉这份耻辱。

当时，李靖已经奔赴刑场，打算引颈就戮，英勇就义了。可在临行之前，李靖灵光一现，态度来了个一百八十度大转弯，老子满腹经纶，文韬武略，就这样挂掉岂不是太可惜了，什么大隋王朝，自个玩儿去吧！老子还等着做宰相呢！

李靖咆哮着：李渊，你举起义旗不是为了天下苍生吗，如今天下未定，你却因为私人恩怨诛杀壮士，有你这么办事儿的吗？

李渊呵呵一笑，他很佩服李靖的才气，可还是想杀他。

事实上，李靖虽然小有名气，可算不上顶尖的人才，杀与不杀，无关紧要。

然而，李靖的咆哮引起了李世民的注意，敢在大庭广众之下自称人才的，要么是脸皮很厚，要么是有真才实干，这两样，李世民都很稀罕。于是，李世民站了出来，用他的三寸不烂之舌，外加各种撒娇耍赖，终于说服李渊放了李靖，并将他名正言顺地招揽到右军之中。

李渊一边处理政敌，一边准备着新皇帝的登基大典。说白了，代王杨侑提前做皇帝，李渊就能提前搞禅让大典，这种事儿，放谁的身上都得态度积极。

隋大业十三年（617）十二月十五日，李渊备法驾（天子车驾的一种，天子的卤簿分大驾、法驾、小驾三种，其仪卫之繁简各有不同，规格依次递减），迎立13岁的代王杨侑在大兴殿登基称帝，史称隋恭帝，并向天下发布诏书，遥尊杨广为太上皇，改大业十四年为义宁元年，大赦天下，免除全国一年赋税。

隋大业十三年（617）十二月十七日，李渊正式从长乐宫搬到了长安城。

就在当天，杨侑下达诏书：封李渊假黄钺（黄金做的斧头，皇帝御用物品，皇权的象征）、使持节、大都督内外诸军事、尚书令、大丞相，进封唐王。

接下来的几天，杨侑接连下诏，彻底理顺了朝廷的权力关系。

以武德殿为丞相府，一切官僚配置皆如大将军府一样，大家各司其职，李建成因为是李渊的嫡长子，顺理成章地被立为王世子，李世民则被封为秦国公、雍州牧，李元齐被封为齐国公。只要是朝廷的政务，全部由丞相府决断，皇族只保留祭祀天地的权力（恐怕没机会再祭祀天地了）！

在中国古代，有一类皇帝很特殊，他们唯一的存在价值，似乎就是帮权臣上位铺好锦绣大道。准确地说，是让那些企图霸占自家产业的臣子，可以名正言顺地登基称帝，窃取权力宝座，比如隋恭帝杨侑就是这种。

黄钺到手，李渊的人生正式进入到一个全新的境界。不过，贪图享乐不是李渊的最爱，他是一个成熟的政治家，知道眼下最需要做什么。

下一站，京畿三辅：京兆府、东边的冯翊郡和西边的扶风郡。

“京兆”二字代表天子的属地，“冯翊”二字有辅助的意思，“扶风”二字有以正风化的意思，朝廷之所以设立这三个行政机构，是希望它们能护卫长安城的安危。说得简单点，长安城周边所有的县，全都归京兆府、扶风郡和冯翊郡管辖。

李渊打到长安的时候，京兆府、冯翊郡已经成为李渊的地盘，唯独扶风郡的人还在负隅顽抗。当然，这帮人并没有打算代表大隋王朝来消灭李渊，他们也想要闹独立。带头的人，正是土匪头子唐弼，此人的标签很有特色：唐王。

唐弼的上面，还有个傀儡皇帝李弘芝，唐弼要玩的套路，和李渊一模一样。

这就很悲剧了，咱可以撞衫，甚至可以撞脸，可不能撞封号啊。普天之下的人都知道，一山不容二虎，李渊叫唐王，你唐弼还能叫唐王吗，更何况，挟天子的事儿，和李渊的商业模式完全雷同啊，这可是严重的政治事件。

毫无疑问，唐弼的唐王封号是盗版的，纯属被整顿的对象。

有趣的是，还没等李渊动手，西秦霸王薛举就送了个顺水人情。

薛举，河东汾阴人，出生在一个商人之家，父亲薛汪后来迁居到陇右，并在金城（今甘肃省兰州市）定居下来。

据史料记载，薛举身材魁梧，骁勇善战，单兵作战能力非常强悍，和当年的西楚霸王项羽可以媲美。薛举并没有子承父业，做个不入流的商人，他选择了军旅生活，在后来的日子，薛举屡次建功，慢慢混成了金城府的校尉。校尉虽然是不入流的武官，可毕竟是吃官饭的人，薛举利用这个身份，大肆结交江湖上的英雄豪杰，为自己拉拢了一批忠肝义胆的朋友。

隋大业十三年（617）四月，陇西地区的盗贼蜂拥而起，金城县令郝瑗为了平息叛乱，招募了数千名士兵，将他们全部交给薛举统领。

谁料想，薛举和儿子薛仁杲却心怀鬼胎，他们觉得陇西大乱，民心可用，竟然在官府的大堂之上公然绑架了县令郝瑗，并囚禁了金城县的大部分官吏。为了进一步笼络人心，薛举下令开仓放粮，一时间归附者甚众。

薛举父子并没有打算拯救黎民百姓，队伍刚拉起来，薛举就自称西秦霸王，建年号为秦兴，搞起了小朝廷。有了西秦霸王这个招牌，薛举父子的造反事业可谓顺风顺水。比如，以宗罗睺为首的特大型盗匪集团前来投奔，大家又合伙抢了朝廷的官马，随后又以钱财铺道，招兵买马，打败了隋朝的大将皇甫绾，引得羌人钟利俗率领两万余人前来入伙。

在薛举看来，名字中有个“霸”字，听起来就很威武，很有成就感。然而，他似乎不太明白，霸指的是武力强横，行为专断，要么下场不好，比如西楚霸王项羽，要么偏安一隅，比如春秋五霸。

不管怎么说，薛举父子在隋末的各路反王中算得上一号人物，他们起兵数月便荡平了陇西大部分郡县，随后率领二十万精兵南下，直接开赴扶风郡境内。

唐弼想了想，自己不是薛举父子的对手，因此杀了傀儡皇帝李弘芝，准备用他的人头作为见面礼，以此来讨好薛举父子。遗憾的是，唐弼并不知道薛举以杀人为乐的奇葩癖好，面对唐弼的求和书，薛举就对儿子薛仁杲说了一句话：把唐弼的人头也带回来。

薛仁杲利用受降的机会，对唐弼发动了突然袭击，唐弼无奈之下，只好带着数百名骑兵迅速撤离战场。他原本打算投靠扶风郡太守窦琎，可窦琎直接将他的人头作为见面礼，送给了薛举。这样的人生，真是六六大顺。

薛举取得了唐弼的十万大军，心情一片晴朗。听人说，长安城富甲天下，美女如云，要不去长安城逛一圈？

李渊大手一挥，说道："二郎，就由你带兵前去御敌吧，给你十万人！"

此时的李世民，年仅 19 岁，却是十万大军的统帅。我除了想说自古英雄出少年，最想说的就是，你得有个好爹啊！

薛举很强悍吗？很强！可军队内部矛盾重重，军心早已不稳。

薛举起兵的时候，打着为百姓请命的旗号，搞了几次开仓放粮的活动，老百姓得了实惠，自然愿意为他摇旗呐喊。然而，随着投奔他的人越来越多，部队越来越壮大，薛举的权力欲望快速膨胀，骨子里嗜血的本性也开始显露出来。

每次打完仗，薛举都会将被俘士兵的鼻子和舌头挖出来，或者用木棍将他们活活捣死，不为别的，就为看热闹，就为赚个杀人狂魔的称号。要命的是，薛举玩嗨之后，还会拿自己人开刀，这就让将士们不能忍受了。

二十万大军，究竟有几个人愿意追随他，完全就是个谜。

隋大业十三年（617）十二月十七日，李世民在扶风郡大破薛仁杲部，随后又和他们展开了小规模的交锋。直到此时，薛举父子终于尝到了屡战屡败的滋味儿，原本斗志昂扬的薛举，居然开始怀疑自己的人生是不是走错道了！

有一天，薛举百无聊赖，问属下："你们说，自古以来，有没有皇帝投降敌人，然后被善待的？”

将士们无语至极，他们内心在嘲笑：“老薛啊！古时候确实有被善待的投降皇帝，可似乎没有被善待的杀人狂魔吧？做啥春秋大梦呢？”

长安城外的失利让薛举心灰意冷，外出溜了一圈之后，薛举发现还是待在陇右老家比较安全，于是趁着夜色的掩护，连夜赶回了兰州。

李世民大战薛举的同时，李渊还派了两路大军前去西南边陲招抚：

姜謩、窦轨出散关，安抚陇西。（散关，关中四关之一，位于今陕西宝鸡市境内，秦岭山的北麓，自古就被称为“川陕咽喉”。秦汉时期，刘邦“明修栈道，暗度陈仓”就是从这里经过，三国时期，曹操西征张鲁也穿越过散关。）

李孝恭（李唐宗室，李世民的堂兄）招慰山南（巴蜀地区，连接西藏），收复了巴蜀三十多个郡县，一举荡平西南地区。

令薛举父子振奋的是，他们在半道上遇到了姜謩和窦轨。

仇人见面，分外眼红。老子干不过李世民，拿你们出气还是可以的！于是，一场单方面群殴之后，薛举父子心满意足地回了兰州。

对李渊来说，薛举根基深厚，势力彪悍，想要在短时间内弄死他也不是件容易的事儿，只要他不打长安城的歪主意，任他折腾去！李渊收拾完长安附近的烂摊子之后，再度将目光转移到河东，他想收编屈突通。

原因很简单：屈突通为人忠贞可靠，很讨人喜欢。

李渊南下的时候，特意让刘文静镇守在潼关，一方面让他遏制住屈突通支援长安的通道，另一方面寻找机会，顺势将屈突通收编到自己的麾下。

别看刘文静是一介文臣，论排兵布阵，调兵遣将，确实是一把好手！就拿屈突通来说，屡次派大将桑显和挑衅刘文静，却从来没有讨到过任何好处！

潼关之下，屈突通和刘文静对峙了一个多月。问题是，刘文静可以继续耗下去，可屈突通却耗不起啊。一天晚上，屈突通叫来桑显和，焦虑地说道：兄弟，这样下去不行啊，要不你晚上辛苦一下，给刘文静来个突然袭击？

行动还是挺奏效的，桑显和以最快的速度攻破了两道防线，可到了刘文静的中军大营时，死活都打不进去。这场景，很像是某足的临门一脚，总是差点火候。桑显和很不甘心，于是整军再战，一度屠杀了数千名唐军。

按照史书上的说法，唐军的败象已经很明显了，桑显和只要再坚持一会儿，就可以夺取潼关争夺战的胜利。然而就在此时，桑显和心软了，他看到将士们疲乏不堪，因此下令停止进攻，埋锅造饭，打算饱餐一顿后再弄死刘文静。

真可谓一失足成千古恨啊！

刘文静直接蒙了，桑显和兄弟，如果我没弄错，咱们是在打仗吧？突然想吃饭？还有这种神级的操作？快快快，赶紧把防御工事修筑起来。

凭刘文静的实力，只有防御的份儿，至于进攻，完全谈不上。

可就在此时，一支数百人组成的骑兵部队赶赴战场，他们在桑显和的身后捅了一刀，让其阵脚大乱，刘文静抓住有利时机，在正面战场积极配合，很快就将桑显和的进攻态势瓦解了。当然，也彻底粉碎了屈突通想要越过潼关的美梦。

长安城落到唐军的手中，李渊又成功地挟天子以令诸侯，刘文静犹如一条猛虎盘踞在潼关，关中的争霸游戏根本没法玩儿了！当时，到长安城谋前程的人络绎不绝，军事实力、政治资本、群众基础、一技之长，只要你有其中的一项，李渊就敞开怀抱欢迎你。

桑显和战败之后，许多战将都看出来了，隋军大势已去，因此纷纷劝说屈突通，让他投奔李渊，先捞个好位置占着。事实上，李渊曾经派丞相府的亲信去招降过屈突通，却被他残忍杀害。

屈突通态度坚决：老子的人头是为大隋准备的。

屈突通："桑显和，你继续和刘文静对峙，我去洛阳看看情况！"

桑显和："老大，你放心去吧，这里交给我了！"

屈突通做梦也没想到，他刚刚离开河东，桑显和便率人归降了李渊。

事实告诉我们，当某位属下拍着胸脯，嚷嚷着要做难如登天的事儿时，你就该防备了，要么剁了他，要么撤了他。

这下轮到刘文静着急了。李渊给刘文静下达的任务是招降屈突通，可屈突通却鬼使神差，打算前往洛阳，一旦让他离开关中，任务就算失败！刘文静当即传下军令，命副将窦琮、段志玄和桑显和前去追赶。

屈突通走到稠桑（今河南省灵宝市北，黄河南岸）的时候，突然发现后面有一支唐军紧追不舍，屈突通仰天长叹，老泪横流。

我就是一块老腊肉啊，值得你们紧追不舍吗?

屈突通：兄弟们！列阵，准备和他们决一死战！

唐军看到这阵势，觉得气氛有些不对，因此派屈突通的儿子屈突寿前去交涉。

屈突通义正词严："你这个贼人，过去咱们是父子，如今咱们是死敌！"

屈突通说罢，就命亲信卫兵对屈突寿狂射了一顿。

刘文静：桑显和，该你上场了！

儿子都搞不定，派我有个毛用，刘文静，你很不讲究啊！桑显和清楚老东家的脾气，强行劝降的策略，肯定不会奏效。还是曲线救国吧。

桑显和不想和屈突通搭话，转而对骁果卫说道："兄弟们，你们的老家都在关中，如今却要逃亡到东都，脑子里究竟在想什么？赶紧投降，跟我回长安吧！"

此话一出，两军阵前就传来了一阵噼里啪啦的兵器撞击声，隋军投降了。

屈突通看到大势已去，跳下战马，跪在地上，朝扬州方向磕了三个响头，痛苦地说道："陛下，臣力尽而败，确实没有辜负陛下，老天爷可以为我作证！"

此情此景，感动天地。也许，正是屈突通的忠诚，李渊才会对他青睐有加。

屈突通投降之后，李渊将他封为兵部尚书，赐爵蒋国公，兼任李世民的右元帅府长史，让他开始了另外一段辉煌的人生。

柒

李世民崭露头角

前往洛阳探路：不虚此行

武德元年（618）正月，长安城周围的军事势力烟消云散，关中大局已定。

李渊表示，挟天子以令诸侯的感觉确实很棒，可是距离唯我独尊，南面称孤的境界还差点儿火候，要想实现傲视群雄的目标，得弄死李密才行。

事实上，李密经历了一个职业的巅峰，如今正在走下坡路。

原因其实很简单：

一来嘛，瓦岗高层矛盾重重，后来又爆发了流血政变，部分元老对李密强烈不满，长期的内耗让瓦岗军的战斗力大打折扣。

二来嘛，李密为人太浮躁了，不懂韬光养晦，不懂政治伪装。就算是地里的农夫也知道，李密这小子就想造反，就想自己做皇帝。想想看，把自己树为朝廷的头号死敌，不被人针对至死，实在是天理不容啊。

三来嘛，洛阳城雄踞在帝国的中央，凭借着通达四方的交通路网，吸引着各地的官军、起义军在此集聚。说白了，蛋糕只有两块——长安和洛阳，李密雄踞在洛阳，别人就算想去长安，道路也走不通啊！因此，大家只好在洛阳浑水摸鱼，这样一来，李密要处理的敌我关系，实在是太复杂了。

李密虽然掌握着势力最大的瓦岗军，却显得力不从心。

相比之下，李渊就高明多了，他把谋反的心思藏到了肚子里，以至其他诸侯们都感受不到他的存在，可就在别人大张旗鼓地逐鹿中原时，李渊偷偷摸摸地从太原起兵，团结一切可以团结的力量，化敌人为友军，只花了一年的时间，便成了天下诸侯难以仰望的存在。

李渊搞定了关中，下一个目标自然是中原战场。

武德元年（618）正月，洛阳方面传来了好消息：洛阳城下，王世充的官军和李密的瓦岗军爆发了大规模的军事冲突。

当时，王世充在洛水之北安营扎寨，想要和李密决一死战，李密以一千铁骑迎战，却被王世充打败，李密随后将部队转移到根据地洛口城内。

武德元年（618）正月十五日，王世充让各路大军在洛水上面搭设浮桥，打算将洛阳城的主力部队带出，和李密展开男人间的硬刚。事实上，一切都进行得很顺利，桥搭好了，各路人马也在按部就班地过河，可虎贲郎将王辩仗着自己骁勇善战，还没等其他各路的援军到位，就对李密发动了总攻。

出人意料的是，王辩的进攻非常顺利，一度将李密的外围防线突破。

各位兄弟，王辩只不过是王世充的一个小分队而已，而洛口城驻屯着李密的主力部队，这样的战况，只能说明一个问题：瓦岗军因为内部的动乱，似乎变成了一盘散沙，而李密，已经有点控制不住局面了。

据史料记载，瓦岗军的士气低迷到了极点，外围防线刚刚被撕破，主力部队就准备从战场上撤退！这种情况，只需要多一点点时间，王辩就可以占据绝对优势，而王世充则会取得洛阳战场的控制权！悲剧的是，就在将士们冲锋陷阵的时候，洛水之侧传来了一阵悲鸣的声音：收兵的金锣之声。

鸣金收兵是王世充亲自下达的军令，而动机呢?

按照官方的解释，王辩的冲锋太猛，王世充的大部队跟不上节奏，因此王世充无法判断战场的局势究竟是胜利还是失败，为了稳妥起见，王世充决定把王辩叫回来，重新组织一波正面的团战。

俗话说得好，不作死就不会死啊。

当时，李密带着手下如丧家之犬一般疯狂逃窜，慌不择路，可突然听到了鸣金收兵的信号，李密顿时呆若木鸡！确认过金锣之声确实不是瓦岗军的金锣，再者说，瓦岗军也不需要鸣金收兵啊！就在李密犹豫不决的时候，手下的探子回报，说王世充撤军了，官军打算从浮桥撤回到洛水的北岸！

李密兴奋得手舞足蹈：苍天有眼，神灵庇佑啊。

快快快！跟老子一起杀回去！

李密组织了一支精干部队，一路将王辩撵到洛水边上。

很多人可能会很奇怪，别人追着你杀的时候，难道就不会还手吗？

很遗憾，古代的战场就是标准化的作业，老板擂鼓进攻，大家就要一股脑地往前冲，哪怕知道前方有刀山火海，也得有飞蛾扑火的士气（很多军队都会设立督战的团队，胆敢后退，先砍翻你再说）。如果是鸣金收兵的信号，不管战场的局势如何，必须在第一时间撤退，如果没有遵守军规，回去就得挨板子。

对军人来说，遵守军规是脑子里神圣不可侵犯的意识。

在王世充的主导下，一场原本属于他的胜利，彻底化为泡影。

在李密的掩杀下，一万多名官军跳进洛河丧生，王世充手下的大将杨威、王辩、霍世举、刘长恭、梁德重、董智通等人战死沙场，洛河北岸彻底沦陷。

王世充仰天长叹：真是嘴贱，下了鸣金收兵的军令！

当时，天气异常寒冷，到了晚上还下起了鹅毛大雪，官军将士们饥寒交迫，数万名士兵直接被冻成重伤，以至最后只剩下数千人。战场上打不过敌人，连逃跑都可以死几万人，王世充大为恐惧，立即给越王杨侗上表请罪。

杨侗该如何抉择？

官军能打仗的将军也就这么几个人，杀了王世充又有什么用？

杨侗咬了咬牙，决定派遣王世充的哥哥前去安抚，并带去了旨意，只要王世充肯回洛阳，给他赏赐美女和珠宝，并准许他继续带兵打仗，为朝廷效力！

洛阳城下的决战，彻底摧毁了隋炀帝的剿匪大梦。

李密趁着朝廷兵败，连下偃师、金墉二城（当时洛阳城西北的小城）。

战争，就如我们玩的网络游戏，所谓的翻盘，就在某人的一念之间。很难理解，却是很现实的事儿。

此战过后，瓦岗军重新找回了自信，李密也找回了霸主的地位，一时间，归附李密的人不计其数，最终统计有三十万人左右。随后，李密再次调兵遣将，在洛阳城上春门活捉了东都留守韦津。大隋建设部部长宇文恺的儿子宇文儒童、河南留守柳续、河阳（今河南省焦作市孟州市）都尉独孤武都、河内郡丞柳燮等人相继宣布投降。

直到此时，李密几乎控制了洛阳周围所有郡县，洛阳几乎成了一座孤城，窦建德、硃粲、杨士林、孟海公、徐圆朗、卢祖尚、周法明等起义军的首领纷纷发来表书，说的都是同一件事儿：局势都这样了，要不您就做个皇帝玩玩吧！

客观地说，论军队的人数，李密确实是隋末最强悍的军阀，在这个时间点，李密如果想称帝，旁人也不会觉得有什么奇怪。可是，有一件事令李密一直耿耿于怀：是否能拿下东都洛阳？可以说这是李密心中的恐惧，人生的一大阴影。

洛阳城是隋炀帝下令修建，由建筑大师宇文恺亲手设计，其坚固程度不言而喻，这也成了李密眼前不可逾越的高山。李密清楚地记得，当年跟随杨玄感起兵造反，所到之处望风归降，却在攻打东都洛阳的时候屡次败北，为此耗费了一个多月的时间，死伤了数万名将士！

数年之后，李密再次兵临城下，却面临着同样的问题。

这，也许就是命运给他开的玩笑。

没有根据地的大军就是无根的浮萍，空中飞舞的蒲公英，说散就散。纵然是登基称帝，又能如何？李密是见过世面的人，有名无实的帝位，不要也罢。

李密不要，可李渊想要。洛阳的局势，让远在长安的李渊倍感煎熬。

兄弟，你可千万别称帝啊，不然这三十万人可真就找到组织了！

武德元年（618）正月二十二日，也就是洛阳之战结束后几天，李渊做出了一个重要的决定：任命李建成为左元帅，李世民为右元帅，带领十万大军前往东都救援。

李渊总共有二十万兵力，这其中还包括长安城的守卫，能够派出十万大军，已经算是主力倾巢而出了。此时，李渊彻底架空了隋恭帝杨侑，禅让大典只不过是时间问题，在这个时间派遣主力大军前去洛阳，显然不是挽救大隋的江山。

李渊的心里跟明镜似的，王世充和李密经过上百次的交战，早已经人困马乏，将士们厌战情绪浓厚。此次大军前去，既可以彰显他对隋朝的忠心，也可以让那些观望的隋朝官员，或者找不到人生方向的起义军首领们对他产生好感。

不过，李渊最真实的想法可能是在李密和王世充之间扮演搅屎棍的角色，趁两位大佬互殴的时候，消耗他们的实力。王世充的败局就在眼前，如果李渊不在洛阳城外提前布置兵力，一旦李密占据东都，李渊就会和他展开最后的角逐，那将是一场惊天动地的超级战争。

不管怎么说，让敌人开心，就是对自己残忍啊。

临行之前，李渊叫来了两个儿子，叮嘱道：李密这小子，虽然有点能耐，但要搞定东都，还不是一时半会儿的事儿，你们俩在路上尽情地磨蹭，行军越慢越好，到了东都，只管捡现成的便宜!

老爸的交代，必须铭记在心。

按照现在的距离来测量，长安和洛阳相隔四百公里，按照古代的行军速度，一般可以达到每天四十公里，如果是单纯的骑兵部队，可以达到每天七十公里。不过，考虑到李建成兄弟有十万大军，辎重无数，而潼关也在唐军的手中，没有大规模的攻坚战，每天按照三十公里来算，也就十多天的时间。

然而，兄弟俩带着十万大军，一路上游山玩水，好不惬意，一直到四月份，才磨磨蹭蹭，不情不愿地到达洛阳城西的芒华苑。

唐军你好，你们是稀客，快请上座!

越王杨侗是正儿八经的东道主，按理说应该盛情款待一下，可他摸不清楚李建成等人的心思，因此并没有主动邀请他们进城防守。为了拉拢唐军，杨侗派了一位亲信使者前往唐军，稍微表达了一下善意，除此之外还试探了一下，希望在合适的时机，唐军可以稍微教训一下李密。

李建成兄弟置之一笑，随后将使者打发回去。

李密，你也算是半个东道主，怎么也得表示一下?

据史料记载，李密打招呼的方式非常犀利，他派了一队骑兵前去骚扰，双方发生了小规模的交锋，也算是表达了一下重视!

有趣的是，李密和唐军的交锋，让越王杨侗产生了一种错觉：李建成是李密的敌人，李密也是我的敌人，那李建成岂不是我的盟友啊!

啊，原来他们真的是来救援东都的，苍天有眼啊!

快快快，快请进城。

杨侗在第一时间派遣出使者，盛情邀请李建成等人进城。

有时候，你觉得传递的是友情，可在别人的眼里，你是在挖坑埋人。

比如说杨侗，他确实是一番好意，他允许李建成进城，难道还能害了李建成兄弟？说白了，杨侗此举，其实是将洛阳城的控制权拱手送交给唐军，而杨侗本人则冒着做政治傀儡的风险。

关键时刻，李建成兄弟并没有头脑发热。

在他们的眼里，洛阳城外有三十万虎视眈眈的瓦岗军，又有各派势力暗中觊觎，凭着手下的十万大军，还真没有把握守住洛阳城。在这种情况下，洛阳城就是个火坑，而发出邀请函的越王杨侗，就是个存心害人的阴谋家。

兄弟俩商议之下，决定先退军来保存实力，静待局势的变化。

越王，你自个儿玩去吧，兄弟们先走了。

于是，有趣的一幕又发生了：杨侗看到李建成退兵，又开始坐不住了，他立马派首辅大臣段达率领一万名精兵前去追赶。此情此景，任何人都不会觉得杨侗是来传递友好情谊的，为了保险起见，李建成兄弟下达了作战的命令，双方发生了激烈的交战，结果便是洛阳方面死伤四千多人，灰溜溜地逃了回去。

你明明想离开，敌人却给你送人头，真可谓是意外的收获啊！

李建成随后命人在洛阳城的西南设置了宜阳郡，命行军总管史万宝、盛彦师在此镇守，又在洛阳城的西北设置了新安郡（今河南省洛阳市新安县），命吕绍宗、任瑰在此镇守。

就这样，一场意外的交锋之后，唐军拿下了洛阳西边的战略要地，李密则控制着洛阳东边的战略要地，王世充驻守在洛阳之北。对唐军来说，宜阳和新安是下一步夺取洛阳的跳板，进则以此为根据地，与李密争夺洛阳；退则等待李密和洛阳方面鹬蚌相争。

李建成和李世民相视而笑，果然是不虚此行啊！

童山之战动天地，宇文化及败给了自身不足

武德元年（618）四月，隋炀帝被杀，举国震惊。

对大隋王朝来说，皇上去世，子孙后继无人，自然是灾难性的消息。

对李渊来说，就是一个名正言顺的进位机会了。事实上，隋恭帝杨侑早就知道会有这么一天，因此准备工作已经提前做好。

武德元年（618）五月二十日，在经过烦琐的三辞之礼后，李渊正式乔迁新居，在长安大兴宫太极殿登基称帝，并派刑部尚书萧造在长安南郊祭告上天，宣布大赦天下，改换年号为武德，史称唐高祖。李渊的第一道诏书：停止隋朝的郡县制，改郡设州，太守称谓改为刺史，大唐以黄色为尊。

随后（六月初），李渊组建了武德朝廷的核心班底：

尚书令（正二品）：李世民。

尚书右仆射（从二品）、知政事：裴寂。

中书令：窦威（李渊妻子的堂叔）、萧瑀（萧皇后的弟弟）。

门下省纳言：刘文静。

礼部尚书、参掌选事：李纲（原隋朝废太子杨勇的太子洗马）。

刑部侍郎：黄台公李瑗（李渊的堂侄）。

吏部侍郎：殷开山。

兵部侍郎：赵慈景。

礼部侍郎：韦义节。

门下侍郎：陈叔达、崔民干。

内史侍郎：唐俭。

尚书左丞：裴晞。

户部尚书：窦琎（原隋朝礼部尚书）。

兵部尚书：屈突通。

工部尚书：独孤怀恩（原隋朝长安令）。

洛阳方面很快也做出了反应。武德元年（618）五月二十四日，王世充、元文都、卢楚等人拥立越王杨侗为皇帝，改年号为皇泰，史称皇泰主。

形势很清楚，皇泰主杨侗就是个货真价实的傀儡皇帝，朝政大权全部在臣子的手中，准确地说，控制洛阳军政大权的，正是历史上著名的“洛阳七贵”：

门下省纳言、左翊卫大将军、吏部尚书：王世充。

门下省纳言、右翊卫大将军、礼部尚书：段达。

内史令、左骁卫大将军：元文都。

内史令：卢楚。

兵部尚书、右武卫大将军：皇甫无逸。

内史侍郎：郭文懿。

黄门侍郎：赵长文。

长安和洛阳的变局，预示着大隋王朝正式覆灭。

武德元年（618）六月，洛阳城来了一位贵客：宇文化及。

按照原先的计划，宇文化及应该返回长安，可走到半路，他突然想到一个问题：他的手下有十万名将士，加上随行的官员、宦官和宫女，这么多张口嗷嗷待哺，粮食从哪里来？金银珠宝虽好，可毕竟不能解决吃喝拉撒的问题啊！

实践告诉我们，军人如果没有粮食，那就只好拿主帅来开荤。

宇文化及想了想，只能去洛阳，那里有回洛仓、兴洛仓，还有黎阳仓，里面装着不计其数的粮食，只要拿下其中任何一个，军心自然可以安定！

宇文化及很自信，他坐拥十万雄兵，足以傲视天下群雄，其中还有一万多能征善战的骁果卫，那可是压箱底的法宝啊，总而言之，西进的路上，没人敢挑战他的权威，就算是到了洛阳，李密也不敢撄其锋芒。

宇文化及盘点了一下，三个粮仓中，黎阳仓离李密最远，也最容易得手。于是，宇文化及走到半道，直接改换路线，打算前往黎阳仓。

黎阳仓的守将是徐世勣，李密的铁杆粉丝。不管怎么说，洛阳也是李密的主场，到人家的地盘混饭吃，总得打声招呼吧？好吧，能够这样想问题的，一定不了解宇文化及的为人。

宇文化及敢当着隋炀帝的面和突厥人搞铁器和骏马交易，敢公然买官卖官，顶风作案，甚至连皇帝都敢杀，他会和李密这样的人打招呼？

据史料记载，宇文化及走进洛阳战场，如同进了自家菜园子，他下的第一道军令就是：包围徐世勣，拿下黎阳仓，先吃饱饭再说话！

有兵在手，天下我有，这样的霸气，不得不服！

徐世勣平日里很硬气，可听说骁果卫有向黎阳仓移动的迹象，开始变得慌张了，他立即传下军令，全军弃守黎阳仓，向西转移到黎阳仓城。

李密也很惧怕宇文化及，可他心里清楚，一旦让这位恶少霸占黎阳仓，自己将永无宁日，至于拿下洛阳的日程，更得无限期后延。李密得知消息后，特意点了两万精兵，由自己亲自率领，和徐世勣形成呼应之势。

宇文化及：抢吧！还等啥呢！

悲剧的是，每逢宇文化及抢粮食的时候，李密和徐世勣就会前后夹击，让他难以如愿。想想看，一个抱着粮食，一个抱着兵器，打起架来，谁输谁赢？

宇文化及很狼狈，也很郁闷。

有一天，李密和宇文化及暂时休战，隔着淇水相望，准备隔空喊话。

李密取笑道："宇文化及，你远道而来，就没什么想说的吗？"

宇文化及呵呵一笑："老兄，谁都知道你口才好，我听你说就是了！"

李密："宇文化及！你只不过是匈奴的破野头（鲜卑族的小部落姓氏），父子兄弟世受大隋的恩典，享受着别人几辈子也仰望不了的富贵。"

宇文化及粗暴打断："李密，你废话太多了，究竟想说什么？"

李密："我想说的是，陛下虽然德行有失，你以死规劝也就罢了，为何要谋反弑君，篡夺天下？你不效法诸葛瞻（诸葛亮之子）蜀亡而死的忠诚，却效法霍光之子霍禹的谋逆，已经为天地所不容，现在居然还想打黎阳仓的主意！听我一句劝，赶紧归顺我吧，或许还可以保全你的后嗣。”

诸葛瞻？霍禹？他们是谁？

宇文化及蒙了，他没读过几本书，完全不知道诸葛瑾和霍光的典故。

李密话音刚落，宇文化及就沉默了，场面一度非常尴尬。

问题是，两位老大在聊天啊，不说话算怎么回事儿？

过了一会儿，宇文化及的口中蹦出这样一句话：“李密！老子不跟你说书上的故事，你敢不敢和我在战场上较量一番？”

此言一出，将士们呆若木鸡，难道这就是宇文化及的文化水平？

终于明白了，老祖宗为什么在培养军事人才的时候，要强行增加文化和历史科目，要求学生博古通今，不为兵法韬略，洞悉人心，只为在战场上闲聊，不被基本的历史常识给难住，伤了将士们的斗志。

李密直接被逗乐了，指着宇文化及乐呵呵地说道：“兄弟们！瞧一瞧，看一看，就这样的货色，也想着要当皇帝，我随便拿根棍子都可以赶跑他！”

李密说的自然是调侃的话，他不仅赶不跑宇文化及，还得分出最精锐的部队防着他。就这样，以王世充为首的洛阳官军、以李密为首的瓦岗军，以宇文化及为首的骁果卫在洛阳城下形成了三方对峙的局面。

洛阳方面，王世充手握十万雄兵，兵源充足，可以打持久战。坐拥无数的钱财、布帛，打了胜仗，可以用来奖励下属，打了败仗，也可以用来提振士气。控制着宇文化及军中臣僚的家属，令敌人投鼠忌器。坐拥坚固的城池，可以让任何一方都讨不了好处。唯一的劣势就是，老百姓太多，粮食怎么吃都不够。

可以说，王世充的优势最大，可以和任何一方谈判，在三足鼎立中，几乎是立于不败之地。

瓦岗军方面，仗着手中有三大超级粮仓，吃喝不愁。可问题是，李密吃不完这么多粮食，只能派兵驻守，说白了，既是一种幸福，也是一种拖累啊。至于军队，李密坐拥 30 万大军，兵源很充足，缺点是战斗力一塌糊涂。李密最头痛的其实是洛阳城，乐观一点说，李密包围了敌人，悲观一点说，王世充在牵制他。事实上，李密在洛阳城外消耗了太长的时间，将士们都已经很疲惫。

如今，宇文化及又在旁边虎视眈眈，李密如果要弄他，必须拿出所有的主力部队，那如何防备王世充呢？如果继续攻打洛阳城，照样是无功而返，而宇文化及却很可能会拿下黎阳仓！不得不说，李密几乎是在夹缝中求生存啊！

骁果卫方面，宇文化及坐拥雄兵，所向无敌，可却迟迟拿不下黎阳仓，将士们不仅吃不饱饭，还思乡心切，军队随时都有解体的可能。

三大军阀不仅是军事对峙，更是心理素质的较量。谁会先动起来呢？

武德元年（618）六月底，"洛阳七贵"开始坐不住了。准确地说，除了王世充，其他的"六贵"如芒刺在背，毫无安全感可言。是啊，段达等人不怕李密，也不怕宇文化及，可他们怕宇文化及拥立的杨浩啊！

说白了，杨浩、杨侗、杨侑都是隋朝的皇族血脉，谁做皇帝都是一样，先不管长安的杨侑混得怎么样，如果让宇文化及站稳脚跟，在洛阳有了市场，杨浩极有可能干掉皇泰主杨侗，成为洛阳方面的正统啊！

没了杨侗这个护身符，什么"洛阳七贵"，统统都没用。

段达等人商议之下，决定联合李密，先弄宇文化及！交涉的使者名叫盖琮，一个名不见经传的小人物。巧的是，李密在家中也是食不知味，睡不安寝。

李密的忧虑在于，他有三十万大军，又有三个超级粮仓，如果各位大佬要联手合作的话，他肯定是最先出局的人。因此，盖琮到来的时候，李密的态度极其谦逊，唯恐得罪官军的小鬼，耽误了大事儿。

盖琮：魏公，要不咱们聊聊合作吧？

李密：好兄弟，啥也别说了，立即上表投降，甘愿为朝廷灭掉宇文化及这个大反贼！

盖琮：魏公，您真是国之栋梁，忠心可嘉啊！

李密：兄弟，为了表示我的诚意，送你一个新鲜出炉的战利品！瞧瞧，宇文化及手下的雄武郎将于洪建，怎么样，很适合拿来祭器吧？

盖琮：魏公，您临阵擒敌，堪称刚勇，看来，灭掉宇文化及指日可待啊！

就这样，双方握手言和了。

李密的投诚，哪怕是表面上的虚与委蛇，也让洛阳方面觉得非常舒心。诏书很快就下达了，封李密为太尉、尚书令、东南道大行台、行军元帅、魏国公，命他先替朝廷灭了宇文化及，再入朝辅政！有趣吧，一个意图推翻大隋统治的人，最后竟然成了朝廷灭贼的急先锋！

更有趣的还在后面呢。

封赏结束之后，洛阳方面居然产生了错觉，在他们的眼里，最有权势的起义军都向他们投诚，说明杨侗才是天命所归。段达、元文都等人欢喜鼓舞，于是召集臣僚，在洛阳城上东门前跳起了“广场舞”，庆祝这场来之不易的胜利。

据史料记载，自段达以下，所有官员都亲自下场，即兴表演。

洛阳的官员们玩嗨了，可王世充却无比郁闷。谁都知道李密是他的死敌，如果拉拢了李密，王世充还算个什么玩意儿？段达这招是一箭双雕啊！

可能有人会问，王世充不是洛阳城的一把手吗，为啥不干掉敌人呢？

其实，这就是历朝历代最常见的政治生态。一个圈子里，永远要讲究权力的牵制和平衡，就像“洛阳七贵”，大家都有话语权。换句话来说，王世充是一把手不假，可大家的政治利益摆在这儿，你想随便动别人的奶酪，要么杀了他们，要么在实力上碾压他们。

很遗憾，王世充还没有到独霸专权的地步，因此只好躲在不起眼的角落里，低头喝闷酒，顺便找个熟人，狠狠地吐槽一下。席间，王世充醉醺醺地对起居侍郎崔长文抱怨道：“老兄，咱啥也不用说了，你看看朝廷这帮人，现在都成了什么样子！居然把太尉这样的职位赏给一个小蟊贼，真是岂有此理啊！”

没过多久，此事便传到“洛阳七贵”之一的元文都耳朵里，元文都表示，他很理解王世充的心情。不过，理解归理解，朝廷正和李密处于热恋期，元文都可不想王世充从中捣乱，上东门前，大家该敬酒的敬酒，该乐呵的乐呵，可暗地里，元文都却在磨刀霍霍，准备趁机把王世充给收拾了。

元文都可能没想到，自己算计别人的时候，李密也在算计他。在李密眼里，洛阳早已经是瓦岗军安身立命的所在，不拿下洛阳，瓦岗军的一切都是浮云。按照李密的计划，先麻痹洛阳的官员，再消灭宇文化及，然后再调转枪头攻打洛阳。眼下洛阳方面成了李密的盟友，李密只需要专心对付宇文化及即可。

两军交战之前，情报工作还是要做好的。

李密已经探听清楚了，宇文化及从江都远道而来，金银珠宝是抢了不少，可粮食嘛，匮乏得一塌糊涂。据探子回报，宇文化及的后勤部天天都在哭穷，主管官员暗示，老板再不拿下黎阳仓，全军上下只能品尝西北风的味道。

宇文化及无奈之下，亲自配了一款“军人养生套餐”：稀饭＋稀饭。说白了，宇文化及想要以将士们的福利待遇为代价，为自己换取更多的生机。

古往今来，有一条江湖法则屡试不爽：只要你有致命的软肋，就很容易受到别人的要挟！通俗一点说，苍蝇不叮无缝的蛋！

在李密的眼里，宇文化及就是这颗蛋。

有一天，李密派人给宇文化及送了一封情真意切的信：丞相大人，我算是发现了，这些年来一直在打仗，将士们都很疲乏，反战情绪高昂，要不这样吧，咱俩先握手言和，至于抢夺地盘的事儿，以后再说。为了表示我的诚意，我愿意给你送一批粮食，只求大家互不攻伐，过一段安宁的日子。

不用再打仗？还可以捞一笔免费的粮食？

宇文化及害怕自己理解错了，于是把李密的信件反复研读，一直到信纸快要被揉烂，宇文化及才敢相信眼前的事实。

面对此情此景，宇文化及仰天长叹，涕泪横流，对李密的“高风亮节”的行为大加赞赏，就差把李密和他祖宗的牌位给供起来了！就在当天，宇文化及下达了一道重要的军令：取消“养生套餐”，依旧例给将士们发放干粮。

两军停战是大事，怎么也得搞个签约仪式，表示一下友谊吧？

宇文化及：李密兄弟，要不你拿着章程？顺便给我送点粮食过来？

李密：没毛病！兄弟先别急，我马上就把粮食给你送过去，你先挺几天！李密嘴里说不急，暗地里却在派人打探宇文化及军中的粮食消耗情况。

专家告诉我们，人高兴的时候，呼吸节奏会加快。宇文化及告诉我们，人高兴的时候，饭量会狂增。这不，才短短几天时间，宇文化及的粮仓就见了底。

骁果卫将士又开始咆哮了，不是说好了取消养生套餐吗？咦，怎么捞不到米粒儿啊？咦，怎么可以看到脸上的痘痘啊？领导，说好的运粮车呢？

笨蛋领导，又被人耍了！

自从两军竖起友好和谈的旗帜，宇文化及就端坐在军中，等待李密给他运送粮食，可派出去的使者一波接一波，带回来的结果却令人沮丧：答应你们的事儿自然会做到，只不过是时间的问题，你们要有耐心，再等一等吧。

直到骁果卫开始闹事儿，宇文化及才紧张起来。

要和李密撕破脸皮吗？断然不行！咱们还得求着人家呢，万一人家真的有事耽搁了呢！继续等吗？看来是唯一的办法……

直到有一天，一个被李密责罚过重，心存不满的将领逃出军营，将瓦岗军高层的阴谋对宇文化及和盘托出，他才知道自己被算计了。

不出大家的意外，宇文化及当场暴走了：自己的智商确实很有限，可也不能让人轻易侮辱啊，尤其是当着属下的面！谁干了蠢事，谁就必须付出代价！

宇文化及下令：全军渡过永济渠，向李密的瓦岗军发起最后的攻击！

此刻，宇文化及已经被怒火冲昏了头脑。

想想看，宇文化及坐拥雄兵，完全可以在洛阳周边像螃蟹一样横着走路，根本就不怕找不到粮食。再不济，他也可以找几个软柿子先捏一捏，混块地盘安身立命，徐图发展。悲摧的是，宇文化及选择了最暴力的方式。所谓的鱼死网破、两虎恶斗也不过如此吧。

也许在那一刻，宇文化及相信在骁果卫铁骑的碾压下，李密一定会灰飞烟灭。背水一战，如果赢了，就会获得吃不尽的粮食，如果输了，脑袋多个碗大的疤而已，多大的事儿啊！宇文化及想用实际行动告诉我们，什么叫一战定乾坤！

两军交战的地点：洛阳城外的童山之下。

两军交战的原因：一个要抢夺粮食，一个要速战速决。

两军交战的时间：早上六点开始，傍晚六点结束。

据史料记载，战争总共持续了十二个小时左右，瓦岗军和骁果卫为了争夺最后的生存权利，在童山之下展开了惊天动地的交锋，双方数十万将士将体内储存的能量悉数释放，天地为之变色。童山之战，任何交战细节的描述都是多余的，战况惨烈，从持续的时间就可以看得出。

骁果卫的战斗力果然不凡，他们屡次将李密的阵型冲散，屠杀了无数的瓦岗军，到了傍晚的时候，李密因为大意，身中敌人的羽箭，落马昏死过去。

古时候的战场，大军没有步话机，没有无线电，属下寻找主帅的唯一办法就是看帅旗，帅旗在，军队则在，帅旗失，军队则失。李密落马之后，举旗帜的小兵相继被杀，没过多久，军中就传来了消息：李密，貌似阵亡了。

主帅阵亡，一股莫名的恐惧袭上了瓦岗军将士的心头。为求自保，大家开始集体撤退。战场的控制权瞬间就转移到了宇文化及的骁果卫手中。

瓦岗军崩盘几乎是铁板钉钉的事儿。可就在这时，一个关键的人物上场了，他就是秦叔宝。李密中箭昏死之后，身边的亲信相继被杀散，唯独秦叔宝对他不离不弃，履行着亲兵首领的职责。秦叔宝用自己的战马将李密送离战场，随后又翻身上马，冲回阵营召集将士，组织人手对骁果卫发起了新的冲锋。

战争，还在持续。

骁果卫持续碾压，瓦岗军节节败退。可秦叔宝死活不愿意服输，他率部英勇抵抗，最终挡住了骁果卫的轮番冲击，有了主心骨，人数占优的瓦岗军将士开始重新找回自信，在全体将士的努力下，最终遏制住了骁果卫的攻势。

十多个小时的奋战，无数人因此丧生，战场上尸横遍野，血流成河，令人窒息的血腥味弥漫着山野，让每个人的心中都觉得恐惧之极。

就在此时，宇文化及的信心开始动摇了。

他只是个纨绔子弟，哪见过这么大的场面啊，随便搞搞就可以了，可千万别失控啊！十二个小时的奋战，自始至终都没有分出胜负，难道还要打下去吗？

宇文化及的内心在疯狂纠结。

向左，是赌上自己的性命，换取更大的发展空间。

向右，是保存自己的队伍，换取一时的生存空间。

向左向右，是每个人都会遇到的人生选择。可轮到宇文化及的时候，他选择了向右：军令下达，全军向汲郡（今河南省新乡市卫辉市）方向撤退！

撤军的原因是什么？战局不利吗？显然不是。如果要我来解释，我宁愿说，宇文化及看到天色已晚，想回家抱孩子去了。

什么叫世纪豪赌？什么叫历史之战？就是你得有把所有资本全都押下去的冲天豪气，性命、钱财什么的，通通都是身外之物，和赌局毫无关系！遗憾的是，在最关键的时刻，宇文化及想要保存实力，将战场的控制权给让了出来！

不得不说，宇文化及因为缺乏魄力和领袖气质，最终遭遇了事业的天花板。

宇文化及最头痛的就是粮食，撤军之后，他下达了一条军令：所有的骁果卫将士，不管用什么手段，自己去汲郡周围抢粮食。话外之意，老子不管饭了！

开什么玩笑？发不起工资，开不起食堂还想搞创业？当我们傻呢！

将士们都是朴实的，只要能吃饱饭，跟着谁干都无所谓。王轨、许敬宗、魏征等人成了第一批投降李密的人。李密为了收买人心，封王轨为滑州总管，封许敬宗为元帅府记室，同魏征一起掌管军中文书。随后，苏威投降，陈智略、张童仁等骁果卫将军看到大势已去，带领骁果卫精兵悉数投降。

宇文化及带着两万名骁果卫将士逃往魏县（今河北省邯郸市魏县）。

李密非常淡定，他不敢小觑骁果卫的战斗力，可凭借宇文化及的智慧，给他再多的军队也是白搭，当宇文化及逃走的时候，李密并没有继续追赶，而是让徐世勣继续镇守黎阳仓，自己则回到洛阳城下。

辛苦奋斗数十年，一夜回到解放前。宇文化及遭逢大败，部众又纷纷离他而去，心情差到了极点，因此每天在军中和弟弟宇文智及苦中作乐。

酒喝到一半，宇文化及抱怨道："弟弟，你当初就不该把我推上去做老大，现在好了，天下还没打下来，我倒落得个弑君叛国的罪名！"

宇文智及："大哥，这话说得就不讲究了，当时让你做老大，你没有拒绝吧，如今失败，你就要怪罪别人了？"

哥俩一言不合就开打，打累了便呼呼大睡，睡醒了又继续喝酒。

直到有一天，宇文化及醒悟过来，对宇文智及说道："兄弟，咱们搞来搞去是为了什么？还不是为了做皇帝？谁知道我们还能活多久，就算是临死前过一把皇帝的瘾，也不枉来人世走一遭啊！"

看起来，真理全在酒中寻啊。

武德元年（618）九月，宇文化及牵来了秦王杨浩，用一杯毒酒终结了他的性命，随后在魏县慌忙地登基称帝，建立许国，改年号为天寿。

没有大赦天下吗？对不起，没有，因为宇文化及掌控的地盘仅止魏县一城而已！这是一个完全不被历史认可的国号。一个纯属宇文化及自娱自乐的国号。

宇文化及登基之后，手下的骁果卫将士纷纷溃逃，留下来的只有数千人。

有理由相信，一部分人还没有找到下家，暂时屈居在此地，有些人负责押送宇文化及的金银珠宝，打算趁机捞一笔。小小的魏县，很难让宇文化及产生安全感，当初落脚在此，完全是被逼无奈，称帝之后，宇文化及便看上了旁边的魏州（今河北省邯郸市，治所在大名县）。

魏州总管是元宝藏，在历史上毫无名气可言。宇文化及大手一挥：兄弟们，啥也别说了，今天拿下魏州城，问题不大吧？擂鼓进攻吧！

小兵：领导，不行啊，攻不上去！

宇文化及：再来一波！

小兵：还是不行啊！

这就很尴尬了，堂堂的皇家特种部队，居然打不过地方土兵！此时此刻，宇文化及如同一只软脚大虾，脆弱得一塌糊涂。兵败之后，宇文化及向北逃窜，却在路上遇到了唐军将领李神通（李渊派来抢钱的主儿）、河北军阀窦建德（闻腥而来的猫）。几场战役之后，宇文化及成了真正的孤家寡人！

后来，起义军鼻祖王薄和窦建德设下计谋，将宇文化及、宇文智及，以及宇文化及的儿子宇文承基、宇文承趾等人一网打尽。钱财和美女都归窦建德所有，即便如此，窦建德仍然没有忘记榨取宇文化及的剩余价值。

大家都知道，突厥王后是义成公主，她对隋炀帝的感情极深，得知隋炀帝被杀，日夜痛哭，泣血不已，她早就放出话来，一定要给先帝报仇雪恨。窦建德为了讨好突厥人，下令将宇文化及的人头砍下，送到突厥王廷挂了起来。

冤冤相报，直到此时才算有了了结。

中原大佬的火拼

童山之战，炮火连天，洛阳方面不可能不知道。不过，李密还是放低姿态，派人将捷报送了回去。据史料记载，元文都等人接到战报，欢欣鼓舞，大有再次举办“广场舞”的想法，整个东都几乎都陷入庆祝胜利的热烈氛围中。

唯独王世充愁得头发雪白，水米不进。

王世充表示，他才是洛阳的一把手，李密越强势，对他的威胁就越大。如果有可能，这位老兄最好打了胜仗，回家的时候再从马上掉下来摔死。

接下来的几天，王世充经常在同僚面前挑拨离间，甚至明目张胆地放出豪言：元文都之辈不过是办理文书的小吏，别看眼下这么猖狂，迟早要被李密所擒。

不得不说，这种话毫无杀伤力，完全是弱者对强者的无效诅咒。

于是，王世充重新组织了一波语言：兄弟们，要说和李密交手的次数，老子称第二，谁敢称第一！这些年来，朝廷杀了多少瓦岗将士，以李密睚眦必报的性格，如果让他入主洛阳，你们这些人恐怕都没什么好下场！

风凉话人人都会说，可王世充的风凉话却有种凉飕飕透心凉的感觉。

元文都表示，自己不怕死，可洛阳城中的将领怕啊，如果他们对李密有抵触情绪，那可就大事不妙了！元文都找来了小伙伴卢楚、段达等人，密谋在朝堂内先埋下伏兵，等王世充上朝的时候将他一举拿下。

计划很完美，可元文都忽略了一件事：王世充性格阴鸷，更兼谋略超群，还带兵打过仗，身上自带超强的威慑气场，凡人一般难以仰望。说得直白点，有些人认为杀王世充的风险，要远远大于杀元文都。

段达是最先动摇的合伙人，他回家之后，立即派遣女婿张志前往王世充的府邸，将元文都的计划和盘托出。谋杀之所以能成功，全在一个“谋”字，如今策划书都摆在了王世充的桌案上，还能叫谋杀吗？

武德元年（618）七月十五日，夜色深沉如水，王世充、段达带人偷袭了洛阳宫。元文都没有想到事情会提前泄密，得知消息后，他急忙入宫，将皇泰主杨侗挟持到了乾阳殿，并下令关闭各处的宫门，打算和王世充展开厮杀。

令元文都没想到的是，派出去的将领要么投降，要么阵亡。知道死期来临，元文都的心情糟糕到了极点。为求自保，元文都紧紧地抓住皇泰主杨侗，这位小朋友才是他和王世充平等对话的唯一资本，保命的法器啊！

此时，王世充已经攻到了紫薇宫门，神态耀武扬威，不可一世。

面对明晃晃的刀枪剑戟，杨侗吓得屁滚尿流，战战兢兢地问道（使者代问）：“王爱卿，你难道真的要谋反吗？”

王世充横刀立马：“陛下！元文都、卢楚等人对臣横加陷害，臣迫不得已，这才带兵进攻，请陛下先杀了他们，臣再向您请罪！”

杨侗松了一口气，原来不是要朕的命啊。那个啥，元爱卿，既然王世充想要见你，你就替朕跑一趟吧！话音刚落，元文都就被绑了起来。

元文都预感死期已到，于是号啕大哭：“陛下！王世充就是乱臣贼子，他现在杀了臣，恐怕下一个要杀的就是您了！”

哎呀兄弟，你怎么把真话给说出来了！你想让杨侗怎么办？和王世充对立，等着门破受死？脑子没毛病的人，自然会选择丢车保帅。

于是，杨侗一把鼻涕一把泪，将元文都送进了鬼门关。

不得不说，人头是政变中最有效的威慑方式。杀了元文都后，紫薇宫门就被打开了，君臣开始正面对峙。

杨侗看着元文都的人头，吓得语无伦次：“王世充，你擅自举兵杀人，不曾闻奏，难道这就是臣子的做派吗？你，你真的要杀朕吗？”

如果不是杨侗还有利用价值，王世充才懒得和他废话呢。

面对群臣，王世充画风一转，涕泪交加地解释道：“陛下！臣蒙受先帝的重用，就算是粉身碎骨也难以报答啊！元文都等人包藏祸心，打算把李密请进洛阳，进而威胁您的地位。他们担心臣不同意，于是想发动政变，臣不过是被迫求生，来不及闻奏啊！臣愿意对着天地日月发誓，如果臣不怀好意，背叛陛下，请让臣满门灭绝，一个不留！”

总而言之，王世充的家眷不少，这样的毒誓，可信度还是很高的！因此，杨侗相信了王世充的鬼话，还让他上殿，君臣又唠了半天嗑。

此次内乱，元文都、卢楚、赵长文、郭文懿被杀，皇甫无遗趁着城中大乱，丢弃家中老小，直奔长安城而去，李渊后来封他做了刑部尚书。洛阳七贵里面，一个逃走，四个被杀，仅剩的段达唯唯诺诺，可有可无。

随后，杨侗下诏：封王世充为尚书左仆射，总督内外诸军事。

童山之战，李密虽然取胜，却也元气大伤。战役结束之后，李密命大队返回洛阳，他记得洛阳方面的承诺：只要赶走宇文化及，就请李密入朝辅政。

此刻，车驾正在路上，至于李密的心情嘛，如同怀春少女吃了巧克力，美滋滋的。遗憾的是，好心情并没有持续太久，车驾到达温县（今河南省焦作市）的时候，洛阳方面传来噩耗：洛阳宫发生军事政变，昔日的对接人元文都、卢楚被王世充给干掉了，先前的辅政协议全部作废。

从天堂到地狱，真的只在一瞬间啊！

李密望着身上的箭伤痛哭流涕：绕了一个大圈，死伤无数将士，自己还中了别人一箭，最后还是回到了原点？

请让我哭一会儿，男人哭吧不是罪。哭过之后，还是得面对现实啊。

如今的现实很简单：洛阳城还是那个城坚池固的洛阳城，唯一的不同，洛阳城换了主人，而且是比元文都厉害数倍的主人！是个人都知道，王世充是他的死对头，现在开进洛阳城，别说辅政，能保命就已经很不错了。

李密做了一番权衡，决定还是回金墉城驻守。

人一旦倒霉，麻烦事儿肯定是一件接着一件。

想当年，李密杀了老板翟让之后，洛阳附近的起义军纷纷前来投奔，在形势一片大好的情况下，李密产生了错觉，总认为老子是天下第一，万物都在他的掌控之中，因此不把其他人放在眼里。

李密的狂妄引起了瓦岗元老高层的强烈不满，单雄信、邴元真等人明面上服从李密的调遣，可私底下却抱成一团，无时无刻不在挑战李密的领导权威。为了打压这帮老人，李密开始拿府库的金银珠宝收买新的成员。

这样一来，双方的冲突已然公开，矛盾逐渐升级。

这还不算什么。

童山之战，瓦岗军损失惨重，李密想要维持霸主的地位，必须重新招募一批士兵，哪怕是充人数也行，因此，李密派遣将领前去各地招募新兵。

李密觉得，三条腿的蛤蟆不好找，两条腿的庄稼汉还是很好找的。更何况，自己手里有粮食，不但管饱，还可以随便浪费。招募士兵算什么难事儿？

可令他惊奇的事情发生了：瓦岗军招兵买马的工作迟迟打不开局面。

李密可能不知道，拥有府库和拥有粮仓是两个完全不同的概念。

粮仓是存放粮食的地方，府库是存放金银、丝绸的地方。自古以来，府库的含金量绝对比粮仓要高很多。问题是，府库在洛阳城，李密够不着啊！

对将士们来说，粮食够吃就行，他们在意的是工资，是战后的金钱奖励。李密发不出钱财，难道要让将士们天天扛着几麻袋粮食去打仗？

宇文化及没粮食，所以士兵们不干了。

李密如今没有钱财，士兵们同样也不干了。

李密抓耳挠腮，实在想不出办法，于是只好下令开放洛口仓，只要你对粮食有兴趣，随便拿，要多少都可以！拿完了就来参军吧！

老百姓还是很吃这一套的，政令刚下，就有上百万的土匪和良民赶赴现场，他们拿着竹筐、簸箕前来装运粮食，实在拿不动了，便全部丢在路上，以至于洛口仓外的道路被粮食铺了厚厚的一层。

王世充听说之后，气得暴跳如雷，大骂李密暴殄天物，是个十足的蠢蛋。

要知道，此刻洛阳城中粮价飞涨，人心惶惶，百姓们几乎都要崩溃了。反倒是钱财和衣帛堆了好几个仓库，以至于官方都是用布帛来取火！

李密如此混账，还不如把粮食送给他呢。

等等，这主意貌似很不错啊。

王世充仔细想了想，两军对峙肯定不是一朝一夕的事儿，既然没办法分出胜负，那干脆交换点东西，先安抚住人心，免得被自己人给弄死啊。

就这样，王世充率先向李密抛出了橄榄枝。

李密心里清楚，乱世之中，粮食才是王道，现在把粮食给了敌人，就是养虎为患，自取灭亡。然而，不给又能怎么样呢，士兵们闹情绪，大有一言不合就要哗变的倾向，难道就这样坐视不理？

事实上，真正促成这次交易的是瓦岗元老邴元真，也许是想报复李密，也许是想和王世充做交易发大财，邴元真不断地给李密洗脑吹风，最终说服了李密。

邴元真，完全可以被评为隋末最坑“中介服务商”。

当年，洛阳城下发生着令人难以理解的一幕：

李密的大兵扛着粮食，王世充的大兵扛着布帛和金银，双方在洛阳城下频繁交易，搞得热火朝天，一片盛世繁忙的样子。

王世充得到李密的粮食之后，洛阳的民心很快就安定下来。

李密得到了布帛和钱财，将士们怒气逐渐消失，因为有了钱，不少老百姓和土匪都愿意前来投军，一切都看似很美好。直到有一天，李密幡然醒悟，觉得自己犯了大错，于是叫停了所有交易，洛阳城下的局势再度紧张起来。

哟，翻脸了是吧，挺好，正合我意啊！

王世充吃饱喝足，储备了大批粮食之后，便想要继续找李密开打。为了表示友好关系，王世充特地派人送了一份措辞文明的挑战书。

大战在即，王世充突然感觉到，洛阳的军队似乎不太爱打仗啊。这可不是什么好消息，得先给大家洗洗脑。

有一天，左军卫士张永通找到王世充，声称自己梦到了一件奇怪的事儿。

王世充：说吧，啥事儿？

张永通：周公找我了，说是让我给你带话，眼下时机很好，如果带领洛阳的将士进攻李密，必定会获得胜利。

王世充故作吃惊：假的吧，还能有这事儿？

张永通：起初，我也不太相信，可周公找了我三次，如果我不告诉你，恐怕耽误朝廷的大事儿啊。

王世充：这这这，那赶紧给周公建一座庙宇吧，没事就去拜拜。

随后，又有一位巫师出面，宣称周公也找他了，希望王世充可以带兵出征，如果两军开战，洛阳军必定胜利，如果两军不开战，将士们都会染病而死。

这鬼话说的，毫无底线，毫无逻辑。问题是，王世充的属下都是南方人，他们很相信巫师的奇谈怪论，有了周公和巫师联合站台，这事儿必须得办啊。

武德元年（618）九月初十，王世充挑选了两万精兵，全军挂上"永通"旗帜，浩浩荡荡地前往偃师，驻扎在通济渠的南边，并在渠水之上搭设了三座桥梁。

敌军来战，李密这边也赶紧开会，大家伙都说说吧，这仗该怎么打？

裴仁基高谈阔论："主公，王世充兴兵来犯，东都必然空虚，我们只需要选两万将士去袭击洛阳，王世充必然回救。他回去，我们便撤军；他不回，我们就拿下东都。这样一来，洛阳方面肯定疲于奔命，败亡也是迟早的事。"

然而，单雄信、陈智略、樊文超等人却提出了反对意见。

观点一：王世充就两万精兵，按照教科书的说法，只要己方人数超过对方，就可以和敌人正面开战。

观点二：从双方交锋的记录来看，瓦岗军胜利的次数明显占据上风，这一次自然也不会例外（所谓的经验害死人）。

好了，正方和反方的意见都很对，李密该如何抉择呢？

据史料记载，李密本来不想打，可单雄信的一句话让他鸡血十足：王世充不就是老子的手下败将吗，有什么可怕的！打吧，就这样定下了！

李密的盲目自信没有错，错在太过轻敌。

在李密的眼里，这次战役就是在荒郊野外摆开阵势，打得天昏地暗，到天色渐黑的时候，再清点一下看谁剩下的人数多，谁就是胜利者。因此，李密连最基本的防御工事都没有修筑，直接敞开着大门，等待王世充的进攻。

再看看王世充，临行之前找了个和李密身材样貌差不多的人带在军中。

命运之神，永远都是青睐那些有准备的人！

武德元年（618）九月十一日，驻扎在偃师城北的单雄信和王世充爆发军事冲突，不料被打得屁滚尿流，裴行俨和程知节赶来支援，还没做出什么贡献，就被王世充的士兵射成了重伤，一场战役下来，瓦岗军十多位高级将领集体挂彩。

当天晚上，王世充带着精锐骑兵偷偷进入北邙山潜伏起来。

第二天清晨，王世充给大家伙做了个精彩绝伦的战争总动员："将士们，此次出击，不仅是争胜负，更是你们这一生的豪赌。如果打赢了，大家一起分钱分粮食，打输了，咱都逃不过一死！"

这样的动员令，不愧为教科书级别的洗脑神作啊。

王世充说完之后，便下令向李密的大营进攻。

李密毫无准备，任由敌军横冲直撞，混战之中，王世充带出了那个很像李密的人，高声喊道："李密已经被擒住了，投降者一概不杀！"

谣言止于智者！可面对有图有真相的谣言，谁还能淡定呢？

王世充宣布李密"死亡"之后，洛阳军士口口相传、欢呼不已，以至于瓦岗将士都知道了这个"噩耗"。

搞什么鬼？李密被抓了？

这才刚打起来呢！首领就被抓了？

李密怎么不藏起来呢？

谩骂和鄙视的声音不绝于耳，没过多久，瓦岗将士就开始集体后撤。李密看到兵败如山倒，只得率领一万多残部向洛口仓方向退却。

王世充并没有选择追击李密，而是率军向偃师方向行进。在此之前，王世充的家人在江都生活，后来随宇文化及回到洛阳，几经辗转后落到了李密的手中，此刻正关押在偃师城内。对王世充来说，家人的性命要比敌人的死活更重要。

偃师守将名叫郑颋（tǐng），李密的亲信，不过他还没来得及抵抗，就被手下的人给出卖。王世充入城之后，不仅找回了哥哥王世伟，儿子王玄应等人，还俘虏了李密的部将裴仁基、祖君彦等人，愉快的心情，简直无以言表。

再看看李密，完全是丧家之犬的模样啊。

他原本打算回洛口城驻扎，可探子却告诉他，邴元真已经和王世充暗通款曲，只要李密回去，十有八九会被弄死在那里。

这事儿确实不能怪邴元真，只能怪李密自己太愚蠢。李密知道邴元真是个性情贪婪的人，交战之前，大批的幕僚和战将都劝李密弄死邴元真，可李密却优柔寡断，始终没有下定决心，这才有了今日的苦果。

前有猛虎，后有追兵，怎么办？

难道要学习宇文化及，找个地方躲起来，自娱自乐地做皇帝？李密表示，自己不是那样的人，男子汉从哪里跌倒，就要从哪里爬起来。

李密："探子何在？赶紧去后方调查，等王世充渡洛河的时候告诉我。"

哦，原来是兵半渡而击之！果然是读过书的贵族！

玩笑归玩笑，李密的策略毫无问题，可问题恰好出在了探子的身上。

这位无名氏探子，要么是中途上厕所去了，要么没经过严格的职场考核，他先去洛河边目测了一下情况，发现没有大军渡河的迹象，于是返回军营，将这个好消息报告给了李密。

李密蒙了，连他自己都不敢相信探子的话，于是亲自跑到洛水河畔查看情况，惊奇的一幕出现了：王世充就在洛水边上，似乎在专门等他这位老朋友。

人都过河了，这仗还怎么打？赶紧跑吧！

对了，回去之后，一定记得把这位探子给开除了。

李密不得已，只能率军出虎牢关，准备前往黎阳投奔徐世勣。

徐世勣是翟让带出来的将领，李密的决定刚刚做出，手下的人就用质疑的眼神望着他："李公！当初你狠下心来杀翟让的时候，徐世勣也被砍了一刀，你是怀疑他，这才将他贬到黎阳，如今前去投奔，不怕他杀了你找朝廷请功？"

那就去投奔王伯当吧！他和我的交情最深！

李密：都姓李，为什么皇帝不是我？

攻打洛阳之前，李密将王伯当留在了金墉城，后来因为李密全线失败，王伯当便带着手下退守到了河阳。

河阳城内，李密的神情极度落寞，如丧考妣，看着手下的将士翘首以盼，李密还是拿出了主帅该有的镇定："将士们，如今咱们遭遇败绩，本公的意思是南依黄河，背靠太行山，据守河阳，东结黎阳，寻找机会扳回局面。"

就在此时，一位不知名的将领说了一句："主公，大军新败，人心不稳，大家想的可都是逃跑，你这样据守河阳，恐怕没几天人就跑光了！"

面对这样的拆台能手，李密顿时语塞。是啊，手握重兵却被王世充耍得团团转，将士们确实有指责和质疑的权利。如今，将士们负能量爆棚，按照这种态势发展下去，貌似可以分分钟削死李密。

为了镇住这帮将士，李密决定拿出珍藏已久的看家本领："兄弟们，事到如今，我只能依仗你们，既然大家都对我没信心，那我只好拿刀抹脖子了！"

话音刚落，李密不知从哪里摸了一把刀，然后架在了自己的脖子上，整个动作行云流水，毫不拖沓。演戏还得有配角啊，好兄弟王伯当堪当重任。

就在李密将抹未抹的时候，王伯当以迅雷不及掩耳之势抢下军刀，将李密紧紧地抱住，大声哭喊道："主公，失败算得了什么，我愿意死命相随！"

这桥段，和后世的电视剧一模一样。看戏的人表示，王伯当抱的是李密的大腿，并不影响李密抹脖子的手上动作。很显然，这是一次"天衣有缝"的表演。

不过，话又说回来，将士们抱怨归抱怨，如果真让首领抹了脖子，谁来带领大家发家致富奔小康？大家看戏差不多了，也就纷纷表了态，愿意继续追随首领，听凭他的调遣！

接下来的路该怎么走呢？继续和王世充对决，争夺洛阳地区的控制权？李密只能徒叹奈何，干不过人家啊！

面对将士们的投诚，李密感激涕零："兄弟们，感谢你们没有抛弃我，我想前往长安投奔李渊，保大家一个荣华富贵！"

李密是个聪明人，他知道李渊虽然做了皇帝，说破天不过是关中的君主，要想拿下洛阳，李密或许还真能帮得上忙，这也是他说话硬气的原因。

幕僚柳燮瞬间就领悟了李密的意思，于是附和道："主公，说起来，您和李渊还是很有渊源的，咱们和他虽然不是同时起兵，可主公却在洛阳帮他牵制住了王世充和宇文化及，李渊这才顺利夺取长安，安安稳稳地坐在那里发号施令，您现在去投奔李渊，岂不是正好嘛！"

众将士不明觉厉，肃然起敬："的确如此啊！"

瓦岗将士绝处逢生，喜极而泣，当即收拾东西前往长安城。

李渊得知李密要来归降，大喜过望，一路上派了不少使者前去慰劳。直到此时，李密悬着的一颗心才放了下来。至少，瓦岗军对李渊还有利用价值，在后续的谈判中，李密至少可以争取一点主动嘛。

李密的心情本来很沉重，可看到李渊重视自己，又开始嘚瑟起来。

他看了看将士，不无吹嘘地说道："兄弟们，这些年来，俺们虽然没取得什么成就，可对老百姓还是很照顾的，洛阳附近的数百座城池都受过我的恩惠，如果以我的名号去招降他们，可以说不费吹灰之力。因此，俺们这次归附李渊，至少可以弄个台司（司马、司徒、司空）做做。"

不得不说，李密的脸皮比城墙还要厚实，如果洛阳百姓真买他的账，如今端坐在洛阳城的就不会是王世充，而是他李密了。更何况，李渊手下战将无数，谋士如云，拿下王世充只是时间的问题。如果要说收买老百姓，李渊才是真正的祖师爷啊！对李渊来说，李密的归附只不过是锦上添花，而非雪中送炭。

在李渊的眼里，李密压根就不是一位可以屈居人下的枭雄，又如何会给他实权？因此，从一开始，李密的下场就注定不会太好。

武德元年（618）十月初八，李密一行两万余人到达长安郊外，出人意料的是，长安城并没有花团锦簇，百姓夹道，甚至都没有李唐的高级官员前来迎接。李密甚至想，李渊是不是把接待的日子搞错了，才会显得如此冷清？

事实上，李渊是故意的，你越是得意，我越不能惯着你！

随后，相关部门出面给李密等人安排了一点饮食，然后给他们提供了安营扎寨的地盘，再也没有了下文。

李密心想，惊喜或许还在后面呢！

几天之后，李渊下达了诏书：封李密为光禄卿、上柱国、邢国公。

光禄卿（从三品）：掌管皇室膳食的官职，代表你有地位。

邢国公（从一品）：勋爵，乱世之中只有勋爵是最不值钱的。

上柱国大将军（正二品）：不是李渊要重用他，李密手下确实有两万大军，可不是大将军嘛。

说好的大司空、大司徒和大司马呢？

说好的正一品，说好的超然待遇呢？啥也没有啊！

李渊也很尴尬，这事儿办得确实不太讲究！于是，李渊又下了一道诏书，答应将表妹独孤氏嫁给李密，希望以最廉价的政治婚姻来缓和李密的情绪。

李密之前虽然不是皇帝，却也统领过数十万大军，享受过天下诸侯的朝拜，如今摇身一变成为李唐的光禄卿。每当朝会的时候，忙着给李唐的元老重臣端茶倒水（自然不会亲自端茶，但是身份地位摆在那儿，就是这么个角色定位），而且经常受到侮辱，这让他觉得万箭穿心，极度耻辱。

李密不好当着李唐大臣的面发作，只好找左武卫大将军王伯当诉苦。

杨玄感叛变的时候，王伯当就和李密认识了，二人交情很深。

看着好兄弟受苦，王伯当心里也很难过，于是给他出了个主意："主公，洛阳附近还有很多人记挂着您的好处，始终不肯归附王世充，要不您和李渊说说，让他派您去招抚这些人？"

李密："也只能如此了。"

武德元年（618）十一月二十八日，李密上了一道措辞卑微的奏折：大唐皇帝陛下，臣思来想去，觉得愧对您的信任和恩德啊，这样吧，臣愿意前往洛阳收编残部，让他们为陛下效命，平定王世充！

李渊：来来来，各位幕僚，咱们搞个头脑风暴，看如何处理此事。

李渊的谋士态度出奇一致：李密太过狡猾，放他离开就是放虎归山。

李渊却不以为然："帝王自有天命，不是任何人都可以做的。如果李密背叛朕，不值得惋惜，现在让他继续和王世充恶斗，咱们从中取利！"

武德元年（618）十一月二十九日，李渊在宫中摆下宴席，召见李密和他的核心谋臣贾闰甫。

李渊语重心长地说道："大丈夫一诺千金，二位此去只管建立功勋，以此来报答朕对你们的信任。当然，别人自然会对你们有所怀疑，但是朕相信你们的为人，朕就以这杯酒来表明心迹吧！"

这是一场赤裸裸的政治表演。李渊虽然嘴上说得冠冕堂皇，心里却七上八下，他越看越觉得，李密这小子是个背信弃义的小人。

临行前，李渊特意下诏：命李密留下一半人马驻守在华州，另一半人马出潼关，行军长史张宝德跟随在李密的身旁，帮助李密收编其他的起义军。

诏书来得太突然，把李密吓了一大跳。我的乖乖，别说留下一半人马，就算全都留下也可以啊！有了李渊的圣旨，李密匆忙收拾行装，准备出潼关而去。

有趣的是，李密离开长安没多久，李渊就后悔了。

快快快，赶紧去传旨，千万别让这李密小子给溜了。

使者快马加鞭，终于在稠桑追上了李密。

使者：国公爷，陛下有旨意，让您赶紧回去，说是还有大事向您托付呢，不过您的手下可以继续前行。

很显然，所谓的商量大事，就是骗你回去坐牢。使者望着李密，心里有些发虚，唯恐李密翻脸不认人，抽刀剁了自己。

李密也有点发晕，如果当场拒绝，相当于抗旨，走不了多远就会被李渊的兵马弄死，如果答应，那可是羊入虎口啊！李密埋头思考了一会儿，最后蹦出了一句很没有营养的话："臣遵旨，请容臣稍微收拾一下！"

所谓的收拾，就是找幕僚们商议对策。

李密把贾闰甫拉到一边，商量着说道："李渊这小子，无缘无故找我回去，肯定是有人在说我的坏话。如果现在回长安，性命恐怕会不保啊，我的意思是拿下桃林县（今河南省灵宝市北老城），渡黄河向北，投奔黎阳而去。"

贾闰甫一脸愕然："主公，万万不可啊！事到如今，明眼人都看得出来，李氏家族坐江山已成定局啊……"

李密极为不满："那又如何？"

贾闰甫："主公，您先是答应了李渊，如今又打算背叛他，此事传出去，咱们在诸侯当中还怎么混啊？更何况，任瑰、史万宝在旁边虎视眈眈，贸然攻打桃林县，唐军很快就会做出反应。不如按朝廷的旨意办事，先安抚住李渊的疑心，到时候再争取机会吧！"

李密暴跳如雷，大声怒吼道："我和李渊都姓李，为什么只能他做皇帝？李渊没能杀我，就代表天不灭我，他如今占据长安，我还可以霸占洛阳，你身为我的心腹，不为我打算，反而要归顺李渊，我还不如先杀了你，然后再举事！"

贾闰甫欲哭无泪，极力劝说道："主公，您这有点自欺欺人啊。如今天下分崩离析，大家都想做大王，又有谁会投奔咱们呢？自从您杀了翟让之后，天下人都说您背信弃义，谁还肯把地盘和军队交给您？我如果不是受了您的恩德，是不会掏心掏肺对您说这番话的！"

贾闰甫啊，说话要注意分寸啊！李密虽然很落魄，可毕竟还是你的领导，当面指责他的不是，是不是有点儿伤他的自尊？

李密的心情本来就不太好，听了贾闰甫的风凉话，顿时就实力暴走了。他拔出钢刀，想要剁翻贾闰甫，多亏王伯当在旁边拉着，这才救了贾闰甫一命。

我的乖乖，这样玩下去要死人的。

王伯当大声叫嚷道："主公！如今局势已经这样，您绝对不能背叛李渊啊，否则，天下之大恐怕再也没有您的容身之地。贾闰甫忠心为主，求您不要杀他，还是放他一马，让他自谋生路吧！"

李密："那你呢？"

王伯当："我自从跟随您，就没有想过自己的生死存亡之事，您如果决定背叛李渊，我必定会追随到底！"

对李密这种枭雄来说，让他给李渊端茶倒水，屈服于李唐，比杀了他还要难受，大丈夫当横刀立马，纵横天地之间，只求无愧于心。

武德元年（618）十一月三十日，李密诛杀了李渊的使者，决定叛唐自立。

问题是，接下来的道路该怎么走呢？李密分析了一下，觉得还是得把桃林县拿下，因为晚上实在没地方住啊！

李密派人给桃林县令递了个话，说皇帝要他回长安面圣，先把家眷安放在桃林县城，希望县令大人能够多加照顾。在桃林县令的眼里，李密就是首长级的大人物，如今有了巴结领导的机会，他又怎么会对李密设防呢？

就在当天，李密挑选了数十个将士，让他们打扮成农村妇女的模样，又在裙子里面塞满了兵器，由他亲自护送到桃林县城，兵不血刃地霸占了桃林县。随后，李密派人给他的旧部、伊州（今河南省汝州市）刺史张善相送信，希望张善相可以调派兵马前来，和他共襄盛举。

可怜的李密，如今打一个县城都这么费劲，还如何与人争夺天下？

李密：废话，人在江湖混，就得靠名气，就李密这块招牌，哼哼！

好吧，招牌确实可以唬人，尤其是胆小的人。

比如右翊卫将军史万宝，他的职责是监视李密的举动，当他听说李密反叛，居然吓得手足无措，战战兢兢地对行军司马盛彦师说道："李密，一代枭雄啊，又有王伯当辅助，这事儿真不好办！"

盛彦师一脸嫌弃："您只需要给我几千兵马，我就可以砍了李密的人头！"

史万宝："你要用啥办法呢？"

盛彦师："兵法嘛，讲究诡诈，暂时不能对您讲，哈哈！"

盛彦师是个聪明人，他料定李密没兵没将，肯定不会去洛阳送死，而是会取道襄城，投奔旧部张善相，因此在陆浑县南邢公岘（今河南省洛阳市嵩县境内）设伏，成功地诛杀了李密和王伯当，随后将首级送往长安请赏。

李密被杀的时候，年仅37岁。

难以想象，一个37岁的人可以成为数十万大军的统帅，赫赫有名的瓦岗军总舵主，这足以说明李密的才华举世无双。然而，李密在人生巅峰的时候，诛杀瓦岗军创始人翟让，让瓦岗内部四分五裂，又和劲敌王世充干起了过家家似的粮食买卖，这样的政治智慧，实在是可笑之极。

不得不说，李密太过年轻，只有血性，没有政治家的心机城府。放眼望去，满世界都是称霸一方的枭雄，想要在这样的丛林中突围而出，仅靠血性和理想是不可能的！和李渊相比，李密完全就是小儿科的水平。

还是看看李渊的心机城府吧！

李密被杀之后，首级被送往长安。李渊看着李密的人头，无动于衷，异常冷漠，许久之后，蹦出了一句话：将头颅送到黎阳，交给徐世勣处理吧。

这可是天大的人情，也是李渊收买人心的策略。

当初，李密带着手下投奔李渊，徐世勣却选择继续镇守黎阳，不为别的，这里有黎阳仓，徐世勣一旦离开，黎阳仓恐怕就会不复存在！

李密归降的队伍里，有个叫魏征的小伙子（时年38岁），他刚到长安城就向李渊表达了投诚的心思，并提出要为李渊招降潼关以东的地盘。彼时，魏征只不过是个籍籍无名的人，自然提不起李渊的兴趣。

李渊顺嘴一说："行吧！那就封你为秘书丞（掌管书籍的官员），干活去吧！"

说白了，李渊不想打击魏征的积极性，也没指望他会兑现这个豪言。可是对魏征来说，皇帝的这句话就是圣旨，拿着这个鸡毛令箭，他就是横行无忌的钦差大臣啊！接下来的一段时间，魏征就干了一件事儿，天天写信。

至于收信的人，全都是李密的旧部！

信的内容通俗易懂：好兄弟，长安是个好地方，李渊是个好主子！想要幸福吗？那就牵出你的马，扬起你的鞭，快点赶往长安，占一个好坑哇！

徐世勣也收到了魏征的信，迫于坑少人多的压力，徐世勣也选择了归降。不过，徐世勣有自己的原则，投降李唐可以，得先找李密汇报思想，畅叙一下旧时的情谊，然后再找李渊要工作机会。

临行之前，徐世勣对长史郭孝恪说道：“这里的百姓和土地都是魏公的，我如果带着他们归降，那就是利用主公为自己谋取荣华富贵，这样做很不讲究！”

郭孝恪：“您的意思是？”

徐世勣：“你去登记郡县的户口、士兵及马匹的数目，然后上报给魏公，让他自己献给李唐，这样就是魏公的功劳了。”

有这样的好兄弟，实在是人生的幸事啊！

事实上，李渊早就盯上徐世勣了，使者刚到长安，就被李渊带到了宫中。

李渊：“你们老大是个什么态度啊？”

使者：“陛下，徐将军决定投降了！”

李渊：“他的投诚奏表呢，拿给朕看看。”

使者：“陛下，徐将军只给邢国公写了一封信，并没有表书。不过，徐将军说了，黎阳仓是邢国公的产业，由邢国公交给陛下更合适……”

听闻此言，李渊笑得合不拢嘴，连连夸奖道：徐世勣不违背人臣的道义，不追求功名利禄，这种人才必须为朕所用！

被皇帝惦记的人，想不升官都难。接下来，黎阳总管、上柱国、莱国公的高级头衔滚滚而来，没过多久，又加封徐世勣为右武侯大将军，改封曹国公。

最重要的一点，李渊给徐世勣赐姓李氏，让他成了国姓爷。

即便如此，李世勣还是镇守在黎阳仓，并未前往长安任职。直到李密被杀，李渊将他的人头送给李世勣，这才将他招揽到李唐朝廷。据史料记载，李世勣就说了一个条件：以君臣的礼仪为李密披麻戴孝，将他下葬在黎阳山南。做完了这一切，李世勣便赶到长安，开始了新的生活。

浅水原兵败：诞生大唐首位“背锅侠”

不管怎么说，李密都曾是中原的霸主，如今驾鹤西去，各路牛鬼蛇神怎么也得派几个属下吊唁一下吧？尴尬的是，李密被杀一事并没有引起各路大神的关注，除了李世勣给他披麻戴孝，以君臣之礼将他下葬，瓦岗军的嫡系将士号啕大哭了一顿之外，各地的诸侯静坐如山，几乎当他不存在一般。

说得难听点儿，大家都很忙，没人关心你的死活。曾经显赫一时，威震中原的瓦岗军，随着李密的去世，正式宣告解散。天下正式进入李唐统治时期。

李建成、李世民、程咬金、秦叔宝、魏征、刘文静这些隋末唐初的风云人物，将会踏着起义军最后几个军阀势力的鲜血和尊严，一一登场。

唐朝，这个伟大帝国的诞生并没有经过多少磨难，却在中国文明史上大放异彩，享誉古今。新帝国的首都定在长安，仍旧沿用隋朝的宫殿群，不同的是，李渊将大兴殿改名为太极殿。

开创大唐帝国，自然是人生的一大幸事。不过，大家伙儿跟着你打江山，出钱出力，终究是为了升官发财，光宗耀祖嘛！

李渊表示，他心知肚明，登基之后，李渊便开始排资论辈，大肆封官。

李建成，皇太子非你莫属，想逃也逃不掉。

二郎李世民，你做秦王，领个尚书令，地位和实权双丰收。

三郎李元吉，你做齐王，考虑到你的年龄还小，还不适合做大官，再者说，有大哥和二哥辅佐老爹，你只负责玩乐就够了。其他的李姓宗室成员，基本上都顶着王爵的头衔，最低也是公爵，这是李唐宗室的脸面，丢不得。

隋恭帝杨侑：被封为酅（xī）国公，算是保住了性命，可以安享晚年。

嫡系谋臣，前面已经说过了。在三省的几个长官中，除了李世民，李渊最信任的就是裴寂，李渊经常和他食同桌、寝同床，亲密之情让众人钦羡不已。

这就是武德朝分果果之后确定的江湖地位。

身为帝国的皇上，李渊时刻保持着警惕，刚刚给大家封赏完毕，李渊就来了一次高层官员的集体训话：大唐虽然立国，但是占据的只是关中、河东地区，如今的形势不太好啊。你们也看到了，东突厥对咱们虎视眈眈，刘武周对太原垂涎三尺，薛举、薛仁杲父子霸占着西北，王世充霸占着潼关以西的大部分地区，河北的窦建德拥有雄兵数十万，随时准备南下，江南的杜伏威盘踞一方。大家都在赶着野鹿，江山究竟落到谁的手中，谁也不知道哇！李唐，任重而道远。

李渊话音刚落，朝臣们顿时就像泄了气的皮球，耷拉在那儿一动不动。陛下啊，咱们不是应该集体振虎躯，散王霸嘛，干吗说这番泄气的话？

不过，政治家的策略永远是拉拢一部分，打压一部分。

在李渊看来，杜伏威、窦建德和他离得太远，中间还隔着洛阳和黄河天险，暂时威胁不到唐朝的统治，至于王世充，是敌不动我不动。因此，李唐想要走出关中，逐鹿天下，必须要先搞定北边的突厥和西北的薛举。

起兵之时，李渊已经和始毕可汗签了合作协议，李渊要地盘，突厥要财宝和人口。拿下长安之后，突厥的五百名骑兵在长安附近大肆抢劫，行事嚣张，作风跋扈，压根就没把李渊等人放在眼里。随后，始毕可汗派遣骨咄禄特勒为特使，命他前来长安祝贺。

名为祝贺，实际上是仗着东突厥的雄兵为后盾，恶意挑衅李渊的权威，大有一言不合就南下入侵的意思，实在是大煞风景。

李渊也很无奈，他刚刚霸占了小表弟的家产，国内人心不稳，再加上竞争对手虎视眈眈，突厥人的支持对他来说至关重要。因此，面对突厥人的挑衅，李渊能忍则忍，继续和突厥维持和平共处、互惠互利的关系。

这里有一个历史之谜。

试问，始毕可汗眼光毒辣，城府极深，选择扶持李渊入主长安，难道只是佩服李渊，想要友情赞助一下？再者说，始毕可汗只有五百名骑兵在长安抢劫，就算人人都抢得盆满钵满，又能带回多少金银珠宝，这符合始毕可汗的诉求吗？

想一想，五代十国时期的石敬瑭为了做皇帝，不惜割下燕云十六州作为交换条件，还自称是儿皇帝，李渊难道就如此小家子气？有一些好处，是史书永远也不会写出来的。有一些屈辱，是李唐王朝永远也不会承认的。

各位看官别不信，可以给大家讲个真实的故事。

当时，长安城居住着一位西突厥的贵族：曷（hé）娑那可汗。这位老兄原本是西突厥的最高首领，日子过得好好的，可后来却得罪了隋炀帝，隋炀帝因此设下了精彩绝伦的计谋，让西突厥的射匮小可汗发动内战，逼迫他逃奔到洛阳。隋朝灭亡之后，曷娑那可汗便辗转到了长安，投奔了李渊。

大家都知道，西突厥和东突厥是不共戴天的死敌，始毕可汗听说曷娑那可汗在李渊那里讨生活，特地派了个使者前来慰问："大唐陛下啊，您也知道，始毕可汗向来就讨厌曷娑那可汗，这次派臣前来，专门传达一个意思，希望陛下可以看在两国交好的面子上，处死曷娑那可汗！"

看出来了，始毕可汗就是没事找事，既然你想杀他，带回突厥即可，为什么要让李渊杀他呢？不管怎么说，曷娑那可汗是客人啊，以主杀客，说出去岂不是找骂？更何况，这是始毕可汗逼迫李渊杀他，岂不是让李唐政权的威严扫地？

起初，李渊的态度很刚硬：此人绝不可杀！

不过，李唐的元老重臣们却非常不爽，他们集体劝谏李渊，声称为了一个不相干的人，却要冒着得罪东突厥的危险，不值当！李渊显得非常犹豫。

关键时刻，李世民力挺了一下老爸：曷娑那可汗因为走投无路，这才投奔我们，杀了他，岂不是失信于天下！

天下之事，一旦和道义扯上关系，那就是骑虎难下，身不由己啊。如果李渊态度稍微强硬一些，肯定会以道义为重，拒绝始毕可汗的无理要求。遗憾的是，李渊考虑了很长一段时间，最后还是决定向东突厥妥协。

武德二年（619）九月二十一日，李渊亲自做了一个局，邀请曷娑那可汗赴宴，宴席上，宾主尽欢，好像啥事儿也没有，宴会结束之后，李渊派人将他送到中书省。

曷娑那可汗还挺好奇的，以前吃完饭都是直接回家，今天怎么会改道呢？不过，在人家的屋檐下过活，也不好多问什么，只好跟着李渊的亲信走吧。

曷娑那可汗可能没想到，始毕可汗的特使正在中书省蹲点，他刚踏进内殿，李渊的亲信和东突厥特使就将他诛杀，至于怎么挂掉的，史书也没有给个说法。

说是为大局考虑也好，说是李渊意志不坚定也罢，堂堂的一国之君被东突厥威胁到这种地步，肯定是李唐王朝永远也洗刷不掉的耻辱！李世民登基之后，第一个要灭的就是东突厥，恐怕也与此事脱不了干系啊！

李唐和东突厥私底下不对付，但面子上还是过得去的。继续保持这种如胶似漆的亲密关系，对李唐的统治有百利而无一害！

不过，其他的军阀也不是傻瓜，他们看到李渊和始毕可汗眉来眼去，暗送秋波，恐怕也看出了一些端倪。李渊已经控制了关中，如果有东突厥在背后力挺，迟早会成为天下共主，这对其他人来说，可算不得什么好消息！

第一个跳出来的，恰好是对长安城有觊觎之心的薛举。

当时，薛举派人给梁师都（始毕可汗扶持的另一位傀儡，国号梁，号称解事天子）送信，打算约他和始毕可汗一起搞个三方“军事演习”。未曾想，消息竟然被提前泄露，此事成了人尽皆知的秘密。

领导想干架，肯定是下面的人先动起来嘛。

比如唐朝的丰州总管张长逊就很懂事，他搞了个以假乱真的诏书，然后派人送给了始毕可汗的弟弟阿史那·咄苾，让他暗中阻挠薛举等人的阴谋。与此同时，张长逊率先组织大军欺负薛举的属下宗罗睺，以示对李渊的忠诚。

武德元年（618）六月初十，西北传来消息，薛举率领大军南下，侵扰泾州等地（今甘肃省平凉市泾川县），对李渊发起了赤裸裸的挑战。

事实上，李渊掰着手指头细数过，东突厥是战略盟友，刘武周是突厥人的缓冲，王世充、窦建德等人不是他的首要打击对象，薛举才是他的心腹大患。与其说薛举想弄死他，还不如说李渊正想弄死薛举呢！正好利用这次机会，彻底解决关中地区的归属问题。

谁来做领军主帅呢？

大郎李建成，你已经是皇太子，身负李家的江山社稷，绝对不能出师远征。

二郎，你是个狂热的战争分子，就由你去对付薛举吧。

据史料记载，李世民并没有主动出击，他命令大军屯驻在高墌（今陕西省咸阳市长武县北），准备以逸待劳，耗死远道而来的“贵客”（粮食消耗战是李世民的拿手好戏，一生征战无数，大部分都是靠这一招）。

不巧的是，李世民被蚊虫叮咬，得了疟疾，无法继续指挥作战。

李世民躺在中军大帐，自知不是办法，因此找来了行军长史刘文静和司马殷开山，语重心长地告诫道：“薛举孤军深入，所带的粮食必定不多，如果他前来挑战，你们不要主动出击，等我的病痊愈之后，再来好好地收拾他！”

二人十分诧异，唐军人多势众，有必要这么怂包吗？

下去之后，殷开山找到了刘文静，故作神秘地说道：“刘兄，秦王担心咱们不能退敌，才说出这样的话来激将你我，你怎么看？”

刘文静：“秦王高才，咱们除了遵守将令，还能有什么作为！”

殷开山：“不然！如今秦王患病，薛举必然也知道了消息，他必定会以为唐军不会立即组织进攻，因此放松守备，要不咱们在高墌城外驻屯大军，然后派人绕到薛举的后面，来个前后夹击……”

事实上，刘文静的心里也很痒痒，这就像赌博一样，以小博大，还有取胜的机会，大部分人都会跃跃欲试，刘文静自然也不例外。殷开山话音刚落，刘文静就举起了双手，表示愿意入伙。

兄弟俩显得非常兴奋，手握军权就是不一样啊，赶紧给八位行军总管传令，让他们收拾收拾，准备去干薛举了！计划都很完美，可问题是，殷开山只想到了自己，没考虑到薛举也是这样的心思啊。

天下武功，唯快不破，就看谁能占到先机。

武德元年（618）七月初八，已经绕到唐军背后的薛举发动了突然袭击，双方在浅水原（今陕西省咸阳市长武县浅水村）发生了激烈的混战。

唐军虽然人多势众，可毕竟毫无准备啊，在薛举的冲锋下，殷开山等人只好撸起袖子奋力杀敌。这一仗，唐军打得异常艰难，八位行军总管全部败下阵来，慕容罗、李安远、刘弘基成了敌方俘虏，唐军伤亡比例高达十分之六！

李世民无奈之下，只得下令退兵。事后，薛举丧心病狂，将唐军的尸体摆成“京观”，一来羞辱李世民，二来炫耀自己的傲人战绩。浅水原之战，也因此成为李世民一生中少有的惨败，始终令他恨恨不已。

唐军大败，李渊颜面扫地。大军回朝之后，李渊立刻下旨，将殷开山和刘文静的官职和爵位一撸到底，让他们做回了小老百姓。不过，所有人都知道，这是李渊对二人的警告，也是应对舆论的一种方式，只要时机成熟，李渊还会给他们戴罪立功的机会，至于职位，那都是水到渠成的事儿。

关于浅水原之战，疑点还是很多的。比如，李世民得了严重的疟病，为何不暂时撤军，暂避锋芒？李世民得了病，神志还是清醒的，为何要把大军的指挥权交给刘文静等人？刘文静向来就很保守，为何会擅自做主，而且不向李世民透漏任何风声？大军调动频繁，李世民难道真的眼瞎，什么也察觉不了？

可以肯定的是，后世的史学家为了照顾李世民的面子，隐晦了很多信息，比如唐军的作战人数，交锋的具体细节，官军的作战安排等等。史学家这样的写作手法，不仅在浅水原，在李渊造反，李世民收获天可汗的盛誉，以及唐朝的高句丽战争都有出现，不能不叫人怀疑。

时过境迁，我们不用再去找古人的晦气。我们能做的，就只有对“背锅侠”刘文静和殷开山致上最崇高的敬意，千古一背，你们值得拥有！

再战浅水原：李世民一雪少年之耻

浅水原之战，最开心的莫过于薛举了。唐军不是很牛吗？李世民不是战无不胜么？怎么样，到最后还不是跪在了西秦铁骑的面前，铩羽而归！

庆祝晚宴上，薛举的军师郝瑗提出了一个令人振奋的建议：主公啊，咱们西秦打了大胜仗，唐军的士气却非常低迷，长安方面更是骚动不安，是不是可以考虑进取关中，继续争夺天下啊！

薛举：好主意，就这样定了！

谁曾想，薛举刚打算围攻长安，就生了一场奇怪的病。历史是不是很有趣，两军对战，李世民刚刚生完病，就轮到薛举这边了。按照冥冥中的解释，觊觎了不该你有的东西，老天爷自然会好好"报答"你！

别扯远了，既然生了病，还是得看医生吧。

薛举表示，自己没有看大夫的习惯，有病直接找御用的巫师。

薛举的巫师看了看，故作神秘地说道："陛下，这是唐军士兵的阴魂作祟啊。"

原来是鬼上身。回想起前段时间用唐军尸体堆积的"京观"，薛举吓得全身发冷，魂飞魄散，一条命直接去了半条。现代的医学知识告诉我们，生病找医生才是正确的做法，相信巫师，那就得为自己的愚蠢行为付出代价。

武德元年（618）八月，一代枭雄，西秦霸王薛举在南下攻唐的途中不幸病逝。

薛仁杲是第一继承人，又常年带兵打仗，很快就接管了西秦的军政大权。

据史料记载，薛举虽然骁勇善战，很有英雄气概，可偏偏嗜杀成性，为人残暴不仁。每次打了胜仗，薛举就喜欢把战俘拿来戏耍，要么割掉敌军的鼻子，要么拔掉他们的舌头，更有甚者，将敌人放在缸里，用木槌将他们活活捣死。

薛举的妻子也是个变态狂，稍有不如意，此女就对手下的仆人动鞭子，死在她手下的冤魂不计其数。

有句古话说得很好，不是一家人，不进一家门。薛仁杲如果没有青出于蓝而胜于蓝的本事，确实无颜继承薛家的衣钵。当年，薛仁杲拿下秦州之后，有意霸占当地富豪们的家产，因此强行出兵将他们抓了起来，然后倒挂在树上，用浓烈的香醋灌满他们的口鼻，逼迫他们无偿地拿出田产和财产。

薛仁杲的恶行，就连父亲薛举都有些看不下去了，他曾经指责过薛仁杲，说他的谋略足以成事，但生性严苛，对属下不仁，再这样胡作非为下去，薛家的基业就可能被他彻底葬送。

薛仁杲很想笑，老爸自己就那个德行，还好意思教导他？

在那个年代，薛家只不过是经商的小家族，毫无政治地位可言，更无门阀贵族的从政底蕴，后来通过阴谋诡计强行霸占了金城，自封为西秦霸王，因此政权的合法性向来就颇受读书人的质疑。薛举在世的时候，就很恼火这个问题，却无计可施。薛举因病去世，烂摊子自然扔给了儿子薛仁杲。

有一天，薛仁杲的手下给他带回来一个俘虏，名叫庾立。

手下告诉他，这小子不出名，可他的父亲却是个厉害人物！

薛仁杲质疑道："谁啊，竟然这么牛？"

属下："文坛泰斗庾信！"

薛仁杲顿时就肃然起敬。

庾信是南梁几代皇帝的御用文人，帝师级的人物，完全靠才华吃饭，后来奉命出使西魏，被西魏皇帝留在了北方，被封为车骑大将军、开府仪同三司。北周建国之后，和南方的陈朝建立了良好的外交关系，鉴于滞留在北方的文人太过思念故土，因此放回了一大批高级知识分子。

不过，北周高层死活不愿意放庾信回南方，因为他是文坛的宗师领袖，堪称直立行走的文化招牌，有庾信坐镇在北周朝廷，宇文家族说话办事有底气！据史料记载，庾信混遍了北周的精英圈层，可以随时出入宫廷，随时找权贵们喝酒聊天，就如同神一样的存在！

薛仁杲不傻，老子虽然死了，儿子还是有利用价值的，只要庾立振臂一呼，为薛家的政权代言，事情岂不是好办多了？

薛仁杲：“兄弟，只要你认可西秦政权，保证让你吃香的喝辣的，怎么样？”

谁料想，庾立死守文人的底线，拒不服从薛仁杲的淫威，最后被薛仁杲绑到了火桩之上，活活搞成了人肉烧烤。

事实上，西秦将士早就对薛家别具一格的统治风格难以忍受，薛举刚去世，军中的高级将领就开始消极怠战，甚至出现了背叛逃离的现象。与此同时，薛家第一谋臣郝瑗也因为主子的去世日夜号啕大哭，悲痛不已，最后病重身亡。自此以后，薛家走上了无法阻挡的下坡路。

西秦高层的变动让李渊看到了反攻的机会。

武德元年（618）八月十七日，李渊颁布诏书：封李世民为行军大元帅，令其征伐薛仁杲，庶民刘文静和殷开山随行，许其在军中戴罪立功！有趣的是，李世民似乎是因为什么状况，并没有在第一时间发兵，他在长安混日子的这段时间，薛仁杲全面雄起，几乎将唐军打得满地找牙。

第一个被欺负的封疆大吏叫窦轨。这位老兄的爷爷是北周上柱国、隋朝太傅窦炽，李渊的老婆也姓窦，两家人沾亲带故，关系还算可以。

据史料记载，窦轨的作战风格非常彪悍，有点令人发指的味道。

武德元年（618）四月，窦轨和稽胡部落（匈奴后裔）交锋，因为准备工作没做好，强行打了一场逆风局，在稽胡大军的压迫下，唐军将士纷纷撤退，窦轨见势不妙，立马抽刀砍翻了十四名部将，随后又点了十四名军中小校，当场将他们提拔为中层将领，随后带着数百名骑兵在大军后面督战，逢逃必杀，逢怂必杀！

仅此一战，唐军斩首一千余人，俘虏两万余人，窦轨深藏功与名。李渊觉得这小子是个人才，于是给窦轨派发了一个编制外的福利：秦州总管。

事实上，秦州是薛家的大本营，不在李渊的控制范围。李渊的意思是，先给你挂个虚名，拿下了秦州，你就是秦州总管，拿不下的话，朕也没办法。这样的鞭策方法，实在是很老套，可窦轨觉得自己不怂，因此接了这个任务。

武德元年（618）九月十二日，窦轨和薛仁杲来了一场惊天动地的大战，史书没有记载详细过程，可结论很清晰：窦轨完败，自此以后，再也没提主动进攻的事儿！

第二个被欺负的人是泾州守将，骠骑将军刘感。

在此之前，泾州已经被薛家军围攻了好几次，城中早已经弹尽粮绝，刘感为了鼓舞士气，将自己最心爱的战马杀掉，将马肉分给将士们食用，自己却就着木屑和马骨头汤充饥，极其可怜。

薛仁杲干掉窦轨之后，派兵将泾州围了起来。就在刘感即将崩溃的时候，李渊的堂弟李叔良拍马赶到，他将援军驻扎在城外，形成了合围夹击之势。

堂叔来了，要不干一架？

薛仁杲表示，他不想和李叔良正面交锋，打了这么长时间都是靠武力取胜，薛仁杲也想体会一下“运筹帷幄，决胜千里之外”的优越感。就在当天，薛仁杲在泾州城下扯着嗓子喊了一声：不打了，没粮食了，先去把肚子混饱再说！

武德元年（618）九月十三日，薛仁杲找了几个正儿八经的高墌人，让他们前去泾州投降，表示愿意和唐军里应外合，协助刘感重新夺回高墌城。

计策非常拙劣。遗憾的是，人在绝境中的时候，会对周遭事物的判断出现失误，尤其是面对能解决自己麻烦的诱饵时，判断力会丧失殆尽。拿刘感来说，他真的当真了，于是屁颠屁颠地跑到高墌城下，打算和城内守军办理交接手续，正式接管城池。就在此时，城上一声梆子响，守城的将士举起了西秦的旗帜，随后传来了一阵阵带着陇右口音的羞辱之词。

刘感彻底蒙了，说好的里应外合呢，说好的归降呢，什么玩意儿？

事实上，悲剧并没有这么快就结束，就在刘感陷入自我怀疑的时候，城楼上的守军干了件很不讲究的恶心事：将提前准备好的开水泼了下来。

烫死我了，诈降，诈降，赶紧鸣金收兵！

刘感还没来得及离开，薛仁杲便率领大军赶到，双方在高墌城下发生激战，刘感不幸被擒。薛仁杲瞧着自己用智慧得来的战利品，显得兴奋不已：“刘将军啊，你不是很能守吗？如今落到我的手中，还想活命不？”

刘感的眼神凌厉如刀，却始终沉默不语。

薛仁杲："这样吧，我给你指条明路，只要你在泾州城下高喊，李世民的援军被西秦铁骑打败，我就放你一条生路，如何？"

有时候，聪明和愚蠢只在一念之间。就像现在，刘感已经彻底绝望，不知道如何应对敌人羞辱的时候，薛仁杲居然主动给他创造了反击的机会。

刘感唯恐薛仁杲会反悔，当即说道："很划算的买卖，答应你了！"

刘感到了泾州城下，大声咆哮道："将士们，秦王的数十万大军已经在路上了，坚守几日，薛仁杲一定会被我们打败！"

薛仁杲直接呆若木鸡，居然被敌人给套路了！此情此景，薛仁杲顿觉颜面扫地，于是气急败坏地吼道："把他给我活埋了！"

不过，薛仁杲很快就在别人身上找回了自信。

武德元年（618）九月十八日，陇州刺史常达在宜禄川找薛仁杲的晦气，杀了一千多名西秦将士，军威大振。薛仁杲用武力对抗了好几次，却都收效甚微，于是改变策略，派遣心腹爱将仵士政带着数百名亲兵前去诈降，成功地将常达绑了回来，好歹算是找回了场子。

智商上的硬伤，并不影响薛仁杲的武力战斗值。客观地说，薛仁杲的单兵作战能力确实彪悍，可以横扫牛鬼蛇神，唯一的毛病就是对部下残暴严苛，喜欢以杀人为乐，陇右地区民怨沸腾，军中将士离心离德。

再看看李渊，还没进长安呢，就知道开空头支票，给每人都封了官职。

有时候不得不承认，性格确实可以决定命运。

武德元年（618）十一月，唐军屡次吃瘪之后，李世民的大军才姗姗来迟。

高墌城，唐军和西秦铁骑再一次对峙的地方，也是李世民的伤心欲绝之地。

战斗环境还是一样，不同的是，唐军主帅李世民变得生龙活虎，西秦主帅换成了智商有明显缺陷的薛仁杲。

唐军刚刚安营扎寨，李世民就下达了最高指令：坚壁清野，固守不出，等薛仁杲弹尽粮绝，一举将他拿下！对唐军将士来说，这是最熟悉不过的军令。

对薛仁杲来说，这是要他命的慢性毒药。陇右地区本来就缺乏粮食，如今又养着数十万大军，薛仁杲确实有点耗不起，速战速决才符合西秦军队的利益！

为了激起李世民的战斗欲望，薛仁杲派出了嫡系战将宗罗睺。此人是薛举给薛仁杲指定的副手，西秦的义兴王，在西秦地位极高。遗憾的是，不管宗罗睺如何挑衅，如何羞辱，李世民就是不答应出战。

时间在指缝中慢慢流逝，两军的士气却出现了不一样的变化。

唐军是战败方，此番前来，或多或少都带着一雪前耻的期望，时间只会让他们的愤怒和仇恨慢慢发酵，让他们积累着摧枯拉朽的攻击能量。

西秦军是战胜方，将士们就像是昂首挺胸的大公鸡，憋足了狠劲，打算一战定乾坤，可李世民的反应却让他们有力无处使。古话说得好啊，一鼓作气，再而衰，三而竭，长达六十余天的对峙，不光耗尽了西秦将士的耐心，是几乎将他们的身心全部掏空了啊，一股强烈的悲观气氛笼罩在西秦军营的上空。

不过，令西秦将士垂头丧气的真实原因是：老板的粮仓见底了！没有粮食，没有钱财，谁还愿意替你打仗，真以为靠着信念就可以争夺天下？很快，西秦大将梁胡郎等人就临阵反戈，投降了李世民。

临行之前，李世民已经得到了充分的情报，因为薛仁杲残暴不仁，军中许多将士都对他怨言极大，如今薛仁杲的军粮告罄，大将叛逃，这就意味着李世民一雪前耻的战机已经来临！男子汉，从哪里跌倒，就要从哪里爬起来！

为了洗刷先前的耻辱，李世民将决战地点再次选在了浅水原。

李世民：行军总管梁实，你的任务很简单，率军驻扎在浅水原，不管你做什么，要让薛仁杲看到唐军的破绽，吸引西秦铁骑来主动干你。

宗罗睺如同一头饥饿的野兽，对弱小的猎物有着天生的猎杀欲望，不管梁实有没有破绽，对西秦铁骑来说，唐军只是猎杀的目标，仅此而已！

梁实刚刚把队伍带到浅水原，宗罗睺就向他发起了进攻。

按理说，梁实已经出色地完成了任务，可为了让自己的表现更加亮眼，梁实使出了吃奶的力气，一直打到唐军将士腿脚发软。

接下来，李世民让右武侯大将军庞玉在浅水原列阵，自己带着精锐骑兵从北边绕道，准备和庞玉形成夹击之势。熟悉的味道，熟悉的配方。刘文静和殷开山玩的不就是这个套路吗？说好的创新呢？

事实上，李世民为薛仁杲量身定做的计策毫无用处。彼时，宗罗睺正在和梁实交锋，发现有两支大军在向他靠拢，宗罗睺当机立断，先是镇压了庞玉的主力部队，随后将大军开赴李世民的面前，向他递交了决战的通知书。

在彪悍的实力面前，计策永远都是浮云，尤其是拙劣的计策。

李世民绕了一大圈，还是要和宗罗睺刚一波正面。

不过，宗罗睺毕竟激战太久，将士们越来越疲乏，而李世民的主力部队犹如刚睡醒的猛虎，蓄势待发。史料记载，李世民率领几十名骁勇善战的骑兵发起了冲锋，硬生生地将宗罗睺的大军冲散。此番交战，唐军杀敌数千，宗罗睺很识时务，最终选择撤退，暂避唐军锋芒。

此时，李世民提出了一个疯狂的想法：率领大军继续追击，彻底击溃敌军！

年轻人，要不要这么着急，敌人不过是战略性撤退，你以为他们是纸糊的？

按照教科书的打法，此时确实不应该追击，薛仁杲的主力部队仍在，敌军并没有出现重大伤亡，贸然追击，被人反杀怎么办？

唐军将领纷纷劝阻，希望李世民不要轻易涉险。不过，李世民却要起了小孩子的脾气，必须要打，不然一头撞死在你们面前！这是一场心理战，李世民赌的是薛仁杲军心涣散，将士不会为他卖命。

据史料记载，面对李世民的追击，薛仁杲并没有服软，他把主力部队拉到城外，完成了排兵布阵，打算和唐军展开决战。可就在此时，薛仁杲的两翼突然齐齐变阵，就像预先排练好的一样。

准确地说，是薛仁杲的战将临阵叛逃，引起了阵型的变化。薛氏家族的残暴统治，终于在此时收获了恶报。这仗还怎么打，究竟谁是你的敌人，谁是你的战友，你能分得清楚吗？薛仁杲当机立断：撤军回城！

武德元年（618）十一月初八，遭遇众叛亲离的薛仁杲终于率领文武百官投降了李世民。

武德元年（618）十一月二十二日，李世民将薛仁杲送到长安，李渊下令将他枭首示众。

第二次浅水原之战，李世民用一场完美的胜利洗刷了先前的耻辱。后来，李世民做了皇帝，有一次出巡到浅水原，面对旧时的战场，挥笔写下了一首颇为自傲的诗作《经破薛举战地》：

昔年怀壮气，提戈初仗节。心随朗日高，志与秋霜洁。

移锋惊电起，转战长河决。营碎落星沉，阵卷横云裂。

一挥氛沴静，再举鲸鲵灭。于兹俯旧原，属目驻华轩。

沉沙无故迹，减灶有残痕。浪霞穿水净，峰雾抱莲昏。

世途亟流易，人事殊今昔。长想眺前踪，抚躬聊自适。

想当年，他还是初出茅庐的少年，却敢提戈持节，英勇杀敌，唐军兵锋所向，饱含雷霆电击之势，犹如奔涌的长河一泻而下，势不可挡。再看看西秦的阵营，犹如秋风过境，落叶纷飞，其兵阵亦如风卷横云，四分五裂。再次回望这个战场，当年激战的痕迹已经被沉沙掩埋，难寻踪迹。

世间万物，人间万事，早已经今非昔比，回想起过去的浴血奋战，看着如今的天下太平，真是令人欣慰无比啊。

昙花一现：李轨大凉政权扑街

薛举自行挂掉，薛仁杲被杀身亡，李渊瞬间就少了两大劲敌。至少，西北的局势不会再让李渊感到心惊肉跳，坐卧不安。

下一个该谁了？刘武周吗？

不对，西北还有个西凉政权。

在此之前，李渊为了对付薛举，和西凉的李轨建立起战略同盟关系，薛家倒台之后，李轨有了唇亡齿寒的危机，因此主动跳了出来，想要和李渊掰掰手腕，看谁能控制关中地区。

李轨，甘肃凉州人，出生在河西的豪门望族，为人机智多谋，能言善辩。

任何年代，有钱有才都不能保证老百姓欢迎你，大家都很忙的，忙着传宗接代，忙着赚钱养家，谁都没心情去佩服你的才华。李轨家族之所以能成功，全赖他们视金钱如粪土，重视邻里关系：没钱花了，找李轨！娶不到老婆，找李轨！受人欺负了，找李轨！总之，只要李轨出面，事情给你办得妥妥的。

隋炀帝统治时期，李轨被封为武威郡（今甘肃省武威市）鹰扬府司马。

隋朝实行府兵制，卫府是隋朝的军队编制，相当一个大军区，鹰扬府是卫府下面的军事编制，一把手是鹰扬府郎将，相当于团长，鹰扬府司马地位比较低。不过，这并不影响李轨的发展，因为他的群众基础非常坚实。

隋大业十三年（617），薛举在金城起兵造反，自封为西秦霸王。

消息传到武威，李轨也动心了，他找到了曹珍、关谨、梁硕、李赟、安修仁等几位同郡的名人，义正词严地说道："各位同僚啊，薛举起兵的事情大家都知道了，此人性情残暴，就是个战争狂人，一旦他荡平陇右地区，肯定会兴兵来犯，到时候我们武威郡可就遭殃了。”

武威郡位于河西走廊，兰州的西北方向，从地理位置来说，武威在薛举的大后方，不属于薛举的打击范围。再者说，难道薛举为了树立自己的权威，会把每个郡县都打一遍？这显然不现实。

众人非常不解，问道：“不是有朝廷嘛，关我们什么事呢？”

不怕你说话，就怕你不接话。李轨兴致高昂地说道：“如今天下大乱，武威郡守根本就不会卖力守城，指望这帮官老爷，咱们迟早得被薛举拿下！”

众人：“那你是啥意思啊？”

李轨：“我就明说了，我们指望不上朝廷，要不也学学薛举，起兵造反，为自己谋条生路吧？”

话说得很有道理，几乎是不容反驳啊。接下来的时间，众人开始热烈讨论，大致的意思就是，大隋王朝已经形同虚设，天下英雄逐鹿中原，大丈夫生于天地之间，应该趁此机会干一番大事业，不能坐等别人来收拾自己。

聊到最后，大家不约而同地提出了一个问题：谁来做老大？

说来说去，这帮人都是知识分子，要胆量没胆量，要魄力没魄力，跟着浑水摸鱼还可以，真要他们挑起大梁，还真是有些困难。曹珍瞧了瞧李轨，试探性地说道：“兄弟们，最近有个谶书非常流行，说李氏当称王于天下。咱们几个人当中，唯独李轨的名号还能在河西叫得响，这岂非是天意啊？”

众人点头称是。李轨，要不你就领了这个差事吧，兄弟们就靠你了！

历史告诉我们一个赤裸裸的现实：散尽千金，收获人心。

在众人的精心谋划下，李轨拿下朝廷的虎贲郎将谢统师、武威郡丞韦士政，顺利地占领了武威郡，结束了隋朝在凉州的统治。可以肯定，李轨起兵造反，纯属自己想做皇帝，至于拯救黎民百姓，保护乡里乡亲，不属于李轨的使命，说薛举要攻打武威郡，更是引起众怒的说辞而已。

据史料记载，李轨夺取武威的控制权后，在第一时间举办“新闻发布会”，宣布自己以后就是河西大凉王，建元安乐。薛举不开心了，我刚刚称帝，你就跳出来另起炉灶，难道是挑战我的权威？必须得打！

谁料想，李轨提前在昌松（今甘肃省武威市古浪县）设下埋伏，全歼了薛举的大军，并乘胜攻克张掖（今甘肃省张掖市）、敦煌（今甘肃省敦煌市）、西平（今青海省西宁市）、枹罕（今甘肃省临夏自治州）等地，河西五郡尽归大凉政权。

武人们的游戏规则非常朴素，谁的拳头硬，谁就有话语权。

薛举表示，河西归你，陇右归我！

薛举打不过李轨，只好到长安城找李渊的晦气。第二次浅水原大战之前，李渊为了牵制薛仁杲，特意派遣使者前往河西向李轨示好，希望能够和他结盟，为了表示诚意，李渊还将李轨认为从弟（李氏家族的成员）。

平白无故多了个皇帝哥哥，又是联手对付西秦政权，李轨自然很乐意啊。随后，李轨派遣弟弟李懋前往长安认亲，李渊则正式下诏，封李轨为凉王、凉州总管，并派遣鸿胪少卿张俟德前往凉州正式册封。

有趣的是，张俟德还没有到达凉州，李轨便在谋臣的拥立下登基称帝，建立大凉政权，并封儿子李伯玉为太子，设置百官，搞得热热闹闹的。

还有比这更尴尬的事儿吗？一边是大凉皇帝陛下，出口都得称朕，一边是册封大凉王的诏书，两个皇帝，究竟该听谁的？鸿胪少卿张俟德郁闷无比，自己不过是个打工的，无兵无权，全凭一张口，实在是没能力解决这个大麻烦啊，于是灰溜溜地返回了长安，将难题抛给了李轨。

矛盾是客观存在的，不过还是得想办法解决啊。

李轨对手下得谋臣说道：“李渊已经坐稳了江山，朕现在称李渊为从兄，大家都是姓李，干脆朕削去帝号，接受李渊的册封得了！”

心腹参谋曹珍：“陛下，隋朝灭亡之后，称王称帝的人不计其数，李渊在关中称帝，手下也不过巴掌大块地方。我们为什么一定要削去帝号？现在李渊势头强大，我们可以选择尊敬他，但是不一定废除帝号嘛。”

这话说得让李轨心里美滋滋的，就这样说定了，朕也不反抗了。

皇帝之位是个好东西，人人都想坐。可问题是，长安方面的大哥心情很不美好，是不是要缓和一下他的情绪呢？为了安抚李渊，李轨拿出了服软的姿态，将位高权重的尚书左丞邓晓派往长安，打算向李渊当面解释此事。

然而，当李渊看到李轨的敕书上写着“从弟大凉皇帝”的时候，顿时就进入了暴走状态，大骂李轨背信弃义，不是个东西。即便如此，李渊仍觉得不解气，一度派遣使者前往吐谷浑，打算联合伏允可汗一起教训李轨。

不过，李渊的想法还没有付诸行动，大凉政权就发生了严重的内乱。

变乱，来自李轨的核心班底。李轨登基之后，将起义的主谋梁硕任命为吏部尚书。此人忠诚耿直，颇有见识，上任之后，曾经给李轨提过建议，说近几年凉州周边的胡人部落越发强大，大凉应该有所防备。

梁硕的话并没有过错，却无意中得罪了户部尚书安修仁。

安修仁属于昭武九姓（据说是月氏人的后裔，居住在现在的甘肃张掖市境内，后来被匈奴人打散，逃到了中亚，是正儿八经的胡人），正是梁硕口中的胡人，站在他的立场，他觉得梁硕看自己不顺眼，想借着胡人的由头拿自己开刀，因此心中极其不满，屡次在李轨的面前诋毁梁硕，最后直接给他安上了谋反的罪名。

事实证明，梁硕的霉运还没有到达高潮。

有一次，李轨的二公子李仲琰碰到梁硕，大概是出于对梁硕的仰慕，李仲琰主动放低姿态，向他打了招呼。未曾想，梁硕竟然端坐如山，丝毫没有起身相迎的意思，极为失态。这事儿就闹大了，二公子就不是皇子吗，和太子的待遇差距如此之大？事后，李仲琰愤恨不已，当着李轨的面痛斥梁硕没有君臣之礼，丝毫不把皇族的颜面放在眼里，狠狠地坑了梁硕一把。

大臣和皇子都说梁硕的不是，证明此人确实很有问题啊。

李轨不察之下，直接派人鸩杀了梁硕。

梁硕的官声和品德为世人称道，他本来是为了大凉政权考虑，这才提醒李轨防备胡人，未曾想，竟落得个被毒身亡的下场。自此以后，原先归附李轨的大隋官员开始对他敬而远之，大凉政权高层的矛盾就此埋下。

不幸的是，李轨还没有意识到朝臣对他的冷遇，更没有意识到自己已经得罪了天底下最恐怖的阶层——文人士子！无数的案例证明，这帮人可以帮你打江山，也可以帮你败江山，可以捧红你，也可以搞臭你，完全看他们的政治立场，还有心情。

朝臣们画圈圈诅咒李轨的时候，他正在和一群巫婆搞得热火朝天，这帮奇特的女人没有别的本事，就会搞祈福、占卜之类的小把戏，俗称封建迷信从业者，在“社会精英”的圈层中有着不小的影响力。

李轨对她们天马行空的思维，不明觉厉的小把戏很感兴趣，以至于沉迷其中不可自拔。当时，有巫婆散布谣言，声称玉皇大帝会派很多仙女降临在大凉的国都，皇帝应该为她们铸造玉女台，一来显示大凉对天神的尊敬；二来嘛，只有李轨自己才能体会的那种幸福。

想都不用想，这些谣言必定有幕后主使，要么想借此瓦解李轨的统治基础，要么有商人参与其中，借李轨大兴土木之际中饱私囊。

李轨作为人间的帝王，阅女无数，视觉上自然有了疲劳，为了能和天上的仙女见上一面，李轨不惜花费重金修筑了奢华无比的玉女台。然而，李轨等来的不是金风玉露一相逢，而是无情的灾荒，遍地的饥民。

在谋臣曹珍的苦谏之下，李轨下令开仓放粮，救济百姓。李轨做皇帝之前，最擅长的就是接济邻里乡亲，此事对他来说毫无压力。

然而，以谢统师为首的隋朝官员却跳了出来，不约而同地拆李轨的台，他们声称：皇帝现在把粮食都分给了老百姓，到时候打起仗来，将士们去哪里找粮食？连军队都养不活，还谈什么家国天下，黎民百姓？

李轨一听，说得很有道理啊，作为皇帝，难道不应该以家国天下为己任嘛！

李轨：“停停停，封闭粮仓，别再把粮食给朕浪费了！”

自古以来，都知道中年妇女骂街的水平堪称一流，可要论起挖坑的水平，谁也比不上文人士子，这帮人只管杀不管埋，心肠狠毒，手段无数。给你挖了个坑，还让你不明觉厉。这一来二去，老百姓不干了。

李轨啊，你明明手里有粮食，却放任大家伙饿死，居心叵测啊！李轨啊，你明明答应放粮赈灾，如今却出尔反尔，做事太不讲究了！李轨啊，你变了，变得贪婪自私，虚伪无情！此事过后，大凉的老百姓集体发出了来自灵魂的拷问：这样的皇帝，咱们还有必要继续追随他吗？

不得不说，正是李轨自己接连使出昏着，使朝臣离心离德，老百姓怨声载道，逼迫大家向长安方向看齐。

长安，你才是我们老百姓生活的乐土，共同的家园。

大凉政权的变乱让李渊兴奋不已。

事实上，李渊虽然承认了李轨的政权，可那只不过是权宜之计，听闻李轨失去人心，镇不住大凉的场子，李渊便决定从内部瓦解大凉政权。李渊正在为新一代傀儡人选闹心的时候，安兴贵主动向他汇报了工作。

安兴贵，西域胡人，大凉户部尚书安修仁的哥哥。父亲安罗曾经是隋朝的石州刺史，贵乡县公，安兴贵成年之后，一直生活在中原，后来被李渊收编，成了大唐的公务员。老实说，安兴贵在唐朝没啥政治地位，处于混饭吃的状态，他听说李渊想对付李轨，便宣称哥哥安修仁在大凉做户部尚书，对大凉政权的内部了如指掌，希望能作为使者，帮助李渊消灭对手。

对李轨来说，安兴贵是衣锦还乡的京官，属于外来和尚，自然要比土和尚会念经！安兴贵刚到大凉，李轨便封他做了左右卫大将军，并问其保全凉州之策。

安兴贵开门见山："凉州虽然有雄兵十万，却难以和李渊抗衡。"

李轨："何出此言？"

安兴贵："凉州乃偏远之地，土地不过千里，又无险可守。周边的戎狄部落心如豺狼，很难和我们同气连枝。如今李渊占据长安，每攻必下，每战必胜，似乎有天神庇护。如果我们能够以河西之地归顺，也可以获得一世富贵啊。"

李轨听完之后疑窦丛生，问道："西汉的吴王刘濞，统帅江左之兵都可以自己称帝，朕如今占据河西之地，还不能偏安一隅吗？李渊虽然强大，又能把朕怎么样？你再别说让朕归降的话，否则别怪朕翻脸无情！"

安兴贵明白了，李轨不会轻易就范，那就只好给他挖坑了！

随后，安氏兄弟暗中勾结少数民族，让他们发兵前来，在武威郡城外耀武扬威。李轨没有察觉到其中的阴谋，还以为这是胡人的无理挑衅，因此率领一千多人出城应战，不幸的是，战役还没有打响，城中就发生了变乱。

有一个叫奚道宜的人，原先是薛举的部下，薛家灭亡之后，他便率领三百名羌兵前来投奔李轨。自古以来，前来投奔的敌军主将都会得到优厚的待遇，李轨自然也得遵守这个潜规则。

李轨：“奚道宜，等局势稳定后，朕给你封个刺史做做！”

皇帝的承诺，自然要算数吧？然而，李轨转身就后悔了，奚道宜毕竟是少数民族的将领，又是战败归降的人，自己的地盘本来就有限，凭什么把刺史的肥缺给他？不行不行！此事便不了了之。

正所谓阎王好惹，小鬼难缠，被小喽啰暗中嫉恨并不是一件幸事。此刻，安氏兄弟在城外耀武扬威，奚道宜带着羌兵兄弟趁机在城中放火作乱，李轨腹背受敌，气得咬牙切齿，只得率领残部返回都城。

安兴贵拍马赶到，在城下大声喊道：“兄弟们！大唐的天子派我前来擒杀李轨，不从命者，诛灭三族，归降者，好处多多！”

话音刚落，城门就被人打开了。

失败来得太快，让李轨猝不及防。苍天啊，我还打算继续抵抗呢，怎么就输了呢？李轨站在城楼之上，只能感叹：“人心已失，天要亡我！”

敌军进城之前，李轨带着妻妾和子女前往玉女台，打算效仿商纣王在鹿台的英勇之举，带着所有珠宝钱财自尽身亡。悲摧的是，安修仁不合时宜地出现了，一群凶神恶煞的士兵以迅雷不及掩耳之势，将李轨一家老小全部生擒，随后将他们当作大礼，集体送往长安。

武德二年（619）五月，李渊下诏：诛杀李轨一族。封安兴贵为右武侯大将军、上柱国、凉国公，食实封六百户。封安修仁为左武侯大将军、申国公，食实封六百户。

李轨的大凉政权从成立到倒台，三年不到，真可谓短命王朝。失败总是有原因的，在我看来，用“众叛亲离”来形容是最好不过的。

第一叛：隋朝的官员。

李轨的家族本来就没有政治底蕴，想要隋朝的官员们臣服于他，必须拿出点真本事。问题是，李轨讨好小老百姓还可以，真要和政客们打交道，水平还是不够档次。比如揣摩隋朝官员的心思，李轨丝毫不擅长，即便这帮人公开表示对他的不满，李轨也无动于衷，不会收买人心，怎么能成大事？

第二叛：造反的从兄弟。

应该说，这帮人是武威郡的精英翘楚，当地政治势力的代言人。自古以来，开国元勋就是最不好处理的对象，刘邦、曹操、朱元璋算是创业帝王中的顶尖人物了吧，就连他们也搞不定手下的元勋，更何况政治小白李轨。

关谨、梁硕、李赟、安修仁，这帮人是大凉政权的联合创始人，其实都有资格做皇帝，然而李轨称帝之后，他们得到了啥？吏部尚书、户部尚书，连个国公爷的头衔也没有，说白了，从创始人变成毫无保障的打工仔！不闹事才怪！

别说什么李轨要对胡人下手，执行了分化的民族政策，都是虚无的玩意儿。瞧瞧人家李渊，一眼就看穿了安修仁兄弟的小心思，你们闹来闹去，不就是要政治地位吗？凉国公、申国公够不够？不够再来六百户的封邑，必须得实封，让你们自己打理西凉！妥妥的，还敢闹事吗？还愿意闹事吗？

第三叛：成分复杂的底层官员。

这帮人就是阎王爷跟前的小鬼，最容易在背后捅刀子的人。西凉政权本来就是乱世中建立的王国，需要安抚的势力太多，隋朝的官员、自己的心腹、武威郡本地的豪门望族，还有前来投奔的少数民族，还有嗷嗷待哺的小老百姓。

客观地说，处理这些利益关系真的需要政治智慧，谁先谁后，谁轻谁重，都得处处权衡，稍有不慎就会得罪一大批人。有理由相信，奚道宜和他的三百名羌兵兄弟只是小鬼中的一支势力，否则也不会把姑臧城（武威郡治所，今甘肃省武威市）闹得鸡飞狗跳，连李轨也控制不了。

中国历史上造反闹革命的人不计其数，真正搞出名堂的却少之又少。

李轨、薛举、窦建德、王世充、宇文化及、李密、杜伏威、刘武周，这些隋末的超级枭雄，论军队战斗力，论地盘大小，论财富钱粮，都不会比李渊差，可问题是，这帮人都属于单兵作战，麾下没有政治团队出谋划策，摇旗呐喊！再看看李渊，太子李建成和秦王李世民的团队单独拉出来就可以搞个小朝廷，这是何等恐怖的政治势力！

说白了，对政治资源的控制力，决定了江山社稷的归属！

政治小白李轨显然不具备这种能力，这也让大凉政权成为昙花一现，迅速消逝在西北的沙漠之中。

刘武周：从纨绔子弟到造反头目

李轨被灭之后，李渊将目光瞄准了太原北部的军阀刘武周。

刘武周，河间景城（今河北省沧州市）人，富二代出身，后来家族迁居到马邑。据说，刘武周年轻的时候，仗着家里钱多，结交了一大批狐朋狗友，时常邀请他们喝酒吃饭，整日无所事事。

有一天，哥哥刘山伯实在是看不下去了，这才找刘武周谈话，指责他再这样胡闹下去，迟早会毁了刘氏家族，还羞辱他一事无成，就是个废物。

人都是好面子的，更何况刘武周还是堂堂的七尺大汉。你不是说我庸碌无能吗，那我就干出点名堂，让你好好瞧瞧！刘武周一气之下，跑到洛阳投奔了太仆卿（掌管皇帝的御马和全国马政）杨义臣，开始了轰轰烈烈的军旅生涯。

隋大业八年（612）—隋大业十年（614），隋炀帝发动了三次高句丽战争，刘武周都是参与者之一，由于在战争中表现积极，砍了好些人头，领导在考核军功的时候，将他升为校尉（军中低级军官）。战争结束之后，领导征询刘武周未来的职业发展规划，刘武周的第一想法就是衣锦还乡，让老哥狠狠地佩服一下。

那就让你回马邑，做个鹰扬府校尉（连长级别）吧。

当时，马邑太守叫王仁恭。想当年，王仁恭跟随老东家杨素东征西讨，得了不少军功，又深得隋文帝和隋炀帝的赏识，做过卫府大将军、左光禄大夫、骠骑大将军、卫州（今河南省新乡市卫辉县）刺史、汲郡太守等职，可以说是隋朝的资深官员。

事实上，王仁恭在马邑太守的任上还算恪尽职守，也干出了不少政绩。悲剧的是，后来杨玄感谋反，朝廷怀疑王仁恭的侄子王仲伯参与其中，因此将王仁恭一撸到底，让他做回了庶民。后来，东突厥屡屡犯边，隋炀帝一时间找不到合适的封疆大吏，因此重新起用老油条王仁恭，命他驻守在马邑。

王仁恭是个老实人，老实人的特点就是受不得打击。因为杨玄感一事，王仁恭心里产生了阴影，重新回到工作岗位，他的心态也慢慢发生了变化：做事情畏首畏尾，不再衷心拥护隋王朝的利益。

当时，马邑郡爆发了严重的自然灾害，王仁恭却害怕朝廷会找他问责，拒绝开仓放粮，以致马邑的官员和老百姓都对他产生了强烈不满。问题是，当时好多地方官府都是这样干事的，也没啥过错啊。不满归不满，你又能拿领导如何，因为不放粮而剁了他？

历史证明，因为政见不同而仇杀的事很少，可因为床上纠葛、绿帽纠纷而拔刀相向的事，却是司空见惯的。问题就出在刘武周的身上，此人回到马邑之后，大概是觉得自己很厉害，因此行事无所顾忌，身为王仁恭的下属，居然和他的侍妾睡到了一起，给领导带了顶绿光闪闪的帽子。

这样的事就是一颗地雷，随时能要了刘武周的性命。为求自保，刘武周决定利用王仁恭不作为的软肋，先下手为强。

当时，刘武周来到军中，振臂一呼："兄弟们，如今马邑百姓食不果腹，到处都是饿死的尸体，而姓王的居然坐视不救，他还配做我们的父母官吗？"

说到兴致高昂之处，刘武周敲起了身边的牛皮鼓："咱们绝不能甘心等死，官仓的粮食虽然是朝廷的，也是老百姓的血汗，你们要是有胆量，就跟我一起开仓放粮，组织自救，好歹可以在乱世中多活几日！"

自古以来，谁的手里有粮食，谁的话就有含金量。既然王仁恭不顾念百姓的性命，那还留着他干吗？让他早登西方极乐世界吧！

隋大业十三年（617）三月，刘武周带着马邑的官员造反，将王仁恭诛杀在官府大堂，随后下令开仓放粮，周围的义军纷纷来投，瞬间就聚集了一万多人。反贼的身份肯定是坐实了，问题是接下来的路该怎么走啊？

刘武周表示，周围全是隋朝的地盘，困守马邑就是等死。同样是为了自保，刘武周投向了东突厥始毕可汗的怀抱。雁门郡丞陈孝意、虎贲郎将王智辩听说刘武周叛变，调派军队紧急镇压，双方在桑乾镇形成对峙局面。就在此时，东突厥的援军赶来了，双方在城下发生激战，虎贲郎将王智辩当场被杀，陈孝意退守雁门，后来被手下所杀。

北部边境的困局，在东突厥势力的掺和下，彻底搞活了。

造反的难度也不过如此嘛！在刘武周的眼里，始毕可汗就是他的幸运之神，有了这座靠山，刘武周再也没有任何忌惮。随后，他将军队开赴隋炀帝的汾阳宫，霸占了所有美女和珠宝，并将其中绝大部分给始毕可汗运了过去。

始毕可汗是个聪明人，抢夺中原财富的脚步必须马不停蹄，一个李渊哪里够用，必须得多培养几个利益代言人！要不这样吧，封刘武周为“定杨可汗”，再给你多送几匹突厥战马，以后多打几场胜仗，兄弟的幸福生活全靠你了。

东突厥始毕可汗的阳谋，在李渊的眼里就是小儿科。

李渊知道，没有永恒的朋友，只有永恒的利益。始毕可汗一边扶持刘武周，一边拉拢李渊，不就是为了捞取更多的经济利益嘛。

只要你贪慕钱财，事情就好办多了。从太原起兵之时，李渊就给出了承诺，只要他拿下长安，便会双手奉上金银珠宝和美女，李渊此后一直保持着低调的姿态，始毕可汗对他还是比较满意的。

李渊曾经找过刘武周，讲明了二人之间唇亡齿寒的关系，希望他能够以大局为重，不要被突厥人耍得团团转。当时，刘武周还只是个地头蛇，因此答应了李渊的结盟。短期内，始毕可汗、刘武周和李渊相互利用，互不侵犯。

刘武周虽然答应不兴兵南下，却时常默许部下搞些小动作，捞点儿外快。对此，李渊只能睁一只眼闭一只眼，先集中精力攻打长安。

隋大业十三年（617）十一月，长安被破，李渊挟天子以令诸侯，完成了人生的蜕变。与此同时，刘武周在突厥人的支持下，不断地招兵买马，随后又夺取了定襄郡（今山西省忻州市）、雁门郡，成为太原以北最强悍的军阀，实力早已经是今非昔比。

刘武周虽然成了手握军政大权的一方诸侯，却也烦恼无比。想想看，要想争夺天下，手下必须得有一流的谋臣和骁勇善战的将军啊，而他的嫡系部队都是马邑本地的土包子，完全上不了台面，如何与李渊等人逐鹿中原？恐怕连入场券都拿不到吧？

刘武周一直在物色人才，直到武德二年（619）六月，宋金刚前来投奔。

宋金刚，上谷郡（今河北省张家口市宣化区）人，是活跃在河北易州（今河北省保定市易县）的起义军首领，手下有一万多人，算不上太强悍。当时，河北最大的两个军阀是活跃在清河（今河北省邢台市清河县）的窦建德，以及活跃在定州（今河北省保定市定州市）和冀州（今河北省衡水市）的魏刀儿。

宋金刚是魏刀儿的结义兄弟，二人感情非常深厚。起初，大家都在河北地界混日子，在官军的压迫下，大家需要集中精力寻求自保，偶尔还会互相打掩护，其乐融融。可到了后来，大隋政权解体，几大军阀不得不面临同样的问题：在没有官军存在的情况下，如何瓜分河北的土地和财富，究竟谁来做扛把子？

为了争夺河北地区的控制权，窦建德和魏刀儿在武德元年（618）十一月爆发了严重的军事冲突，窦建德成功将魏刀儿擒杀。事实上，双方发生火拼的时候，宋金刚就带着自己的兄弟前去救援，可他还没有赶到战场，魏刀儿就被窦建德所杀。

敌强我弱，这仗根本就没法继续打下去，可是为了给好兄弟报仇，宋金刚悍然下达了作战军令。在窦建德的掩杀下，宋金刚全线溃败，最后带着四千名兄弟如野狗般狂奔乱窜。

不管怎么说，乱世之中，敢以身家性命为兄弟复仇的人，值得所有人尊敬。

窦建德非常欣赏宋金刚的才华，因此派人前往招降，打算将他网罗到麾下。然而，宋金刚心痛结义兄弟之死，将窦建德视为此生必灭的死敌，拒不投降，还将窦建德的使者狠狠地骂了一顿。

不降就不降吧，怎么还骂人？真是没素质。不过，没素质的宋金刚却俘获了四千名将士的忠心，他们纷纷表态，此生愿意追随首领，永远不离不弃。

这就麻烦了，本人打算归隐山林的啊，带着你们还怎么混啊？

没办法，军阀混战已经接近尾声，想要重新创业，难度非同小可，不如找个新东家，随便混口饭吃得了。河北地界已经归属窦建德，估计是混不下去了，周边还有谁？山西的刘武周，听说他和东突厥很亲密，应该不会这么快就垮吧。

真可谓一拍即合啊。

刘武周早就听说过宋金刚的大名，一直就想挖他，可人家毕竟也是做老板的，总归不太好意思。如今，宋金刚主动前来投奔，刘武周如获至宝。你要什么条件快说啊！这样吧，封你做宋王，军队的调度指挥权全部归你，够不够？不够的话，这些年抢了不少钱财，要不分你一半吧，咱们俩共同创业！

事实证明，讲义气的人，敢为义气搭上性命的人，别人就会重视你的存在。

刘武周确实很有成大事的心胸气魄，权力、金钱、地位，一样都不少，全都分给了宋金刚，完全将他视为创业的合伙人。

宋金刚落魄之余，竟然得到刘武周如此垂青，自然是感激不已。刘武周都如此表示了，自己怎么也得拿出点诚意吧？这样吧，俗话说得好，兄弟如手足，妻子如衣服，要不我把妻子给休了，娶你的妹妹，咱们亲上加亲，如何？

不过，我总感觉宋金刚不像是受了被逼休妻的委屈，反倒是进一步占了刘武周的便宜啊。宋金刚安顿好了一切，便开始给刘武周出谋划策。

宋金刚："咱们现在最大的敌人就是李渊。如今，李渊灭了薛举和李轨，下一步就会对咱们下手了！"

刘武周："那可如何是好？"

宋金刚："主动出击，先拿下李渊的并州，为咱们南下打开一条通道。"

此时，刘武周已经拥有雁门、马邑和楼烦等郡，基本上完成对太原北部和西部的战略包围，此时提出攻打太原，确实符合刘武周的既定战略。

“虎父犬子”李元吉三个月丢掉太原

武德二年（619）六月，刘武周开始行动了，兵分两路。

宋金刚：领军三万，一路南下，直接攻打并州。

刘武周：和东突厥骑兵一起取道西南，进攻介休（今山西省晋中市介休市）。

介休城位于太原城的西南方向，是长安支援太原的战略通道。刘武周这次南下，不仅要骚扰李渊，恐怕还抱着和李渊掰掰手腕的心思。

镇守太原的是谁？李渊的小儿子，年仅16岁的齐王李元吉。

听说刘武周要来拜访自己，李渊也挺郁闷的。

老兄弟，咱不是说好了讲和嘛，不是说好了维持现状嘛！看看你，老哥允许你骑着战马，在太原周边打打秋风，这还不够意思？如今，你把副业直接搞成了主业，是不是有点欺人太甚了？还是得尽快治理一下这股子不正之风。

最主要的是，李渊很在乎小儿子的前途。

这样吧，左武卫大将军姜宝谊（三国时期蜀汉名将姜维的后代）、行军总管李仲文（瓦岗军首领李密的堂叔），你们也别上班了，立即回家收拾行装，连夜北上，从外围狙击刘武周的攻势，帮忙减轻太原城的压力。

兄弟俩心里清楚，责任重于泰山啊，这差事是干好了就升官，干不好就走人的节奏。

雀鼠谷内，刘武周的战将黄子英带着属下们往来穿梭，意图阻止从长安方面赶来的援军，姜宝谊二人主动求战，双方爆发了几次小规模的军事冲突。

不过，小战役也是战役啊，能不能稍微尊重一下对手呢？

瞧瞧黄子英，前一秒还把战鼓擂得震天响，兄弟们一口气冲到战场，还没有热身完毕呢，就听见主帅在鸣金收兵。更可气的是，这帮兄弟逃跑的时候丢盔卸甲，搞得跟打了败仗似的，连基本的军事素养都没有。

姜宝谊彻底蒙了，这究竟是一群什么物种，打仗的方式好奇特啊。起初，他还挺忌惮的，担心对方会设下埋伏，可三番两次之后，姜宝谊得出了一个令人振奋的结论：黄子英只不过是籍籍无名之辈，跳梁小丑而已，就算有什么阴谋，也翻不起什么大浪来！

事实上，姜宝谊真正着急担心的恐怕是在太原城孤军奋战的李元吉。这位兄弟可是李渊的亲儿子，论军事斗争的经验，几乎为零，论智商，着实令人担忧，没有叔伯们的照顾，纯属遭殃的下场！姜宝谊太想要突破防线了。

来吧，啥也别说了，擂鼓进攻。

悲剧的是，刘武周早就在介休城的背后埋伏了一支奇兵，姜宝谊的大军刚刚动起来，就被刘武周钻了空子，打了个措手不及，大败而归。

如果介休城失守，就意味着太原将会成为一座孤城。

遗憾的是，长安方面的担心很快就变成了现实。在刘武周的轮番攻击下，介休城的防守越来越吃力。据史料记载，姜宝谊和李仲文双双被擒，唐军奋勇杀敌，最终还是没法挡住刘武周的蹂躏。

哎，李家老四还是个16岁的毛孩子，而且骄横跋扈，听不进逆耳忠言。就凭他，如何守得住太原城？李渊可谓是心急如焚。就在此时，裴寂主动请缨，希望能够带兵前往太原，协助齐王守城。

裴寂是什么身份？

魏国公、尚书右仆射，朝廷的宰相，李渊最亲近的大臣。说起来，裴寂每天吃的是李渊送的豪华帝王套餐，上朝的时候，两人经常坐在一起，下班之后，裴寂更是直接去李渊的书房报道，商议帝国的前途。

按理说，屈突通、李孝恭、段志玄、殷开山这些人都是千里挑一的将领，由他们挂帅也就罢了，为何要劳动首席宰相亲自出马，情况有这么严重？

史学家没有解释其中的疑点。

不管怎么说，老朋友肯出面，说明他已经把此事看成了家事，这可是个好兆头啊！李渊大喜过望，当即封裴寂为晋州道行军大总管。除此之外，还有后世的影视剧中经常出现的词儿：便宜行事之权！有了这个尚方宝剑，裴寂身边十丈之内，可以寸草不生。

武德二年（619）九月，裴寂到达介休城外，命大军摆下了阵仗。初来乍到，总得问候一下对方吧。于是，裴寂下令对介休城发动了几场冲锋，最后都以惨败收场。

完蛋了，怎么看别人打仗这么轻松，自个儿上阵就这么费劲呢？裴寂初出茅庐，遭遇到了人生最重大的挫折，他需要一段时间来冷静。于是乎，裴寂命大军驻扎在介休城外的度索原（今山西省介休市东南介山脚下）。

客观地说，等待时机毕竟处于被动，是有可能挨打的。只有主动创造机会的人，才可能夺取最终的胜利。宋金刚就属于能创造战争机会的那种人才。

宋金刚坚守城池，拒绝和裴寂交战，却暗中派人破坏了裴寂营中的水源。这样一来，裴寂不得不下令拔营，寻找新的取水之地。就在唐军移营混乱之际，宋金刚带着军队发动突袭，唐军被打了个措手不及，几乎全军覆没。

裴寂则快马加鞭逃往晋州，头也不曾回过。

裴寂本来就是个读书人，让他搞些战略性的大方向还行，至于带兵作战，处理血腥的场面，实在没办法和其他人相比。李渊派裴寂前去防守太原，虽说情有可原，但确实很失策。裴寂战败之后，主动向李渊上表请罪……

问题是，你这样灰溜溜地回朝，朕也很丢面子啊！要不这样吧，朕也不找你问罪了，就留在前线戴罪立功吧！

戴罪是肯定的，至于立功，似乎没人看好吧。

裴寂全军覆没之后，并州附近的城池也相继陷落。直到此时，刘武周终于可以挺直腰板和李渊公开叫阵了。

对李渊来说，太原是他的龙兴之地，李氏家族的大本营，交给李元吉打理是没问题的。可李元吉毕竟年轻，没有什么人生阅历，又是家中的老幺，一向就被父兄们惯着，身上的臭毛病多了去了。

不过，李元吉并不这么想。想想看，大哥和二哥都是一代英杰，同为龙种，老四也想和兄长们一样胸怀韬略，奋战沙场啊。据史料记载，李元吉在家中养了数百个奴婢，没事就叫她们拿起武器，身披铠甲相互攻战，自己则坐镇指挥，体验运筹帷幄的优越感。不仅如此，李元吉只要闲来无事，就喜欢带着手下的兄弟出去打猎，每次捕猎和网鱼用的器具竟然要三十多个大车来装，但凡是李元吉出动，队伍必定是浩浩荡荡，声动郊野。

身为贵族子弟，基本素质就是学螃蟹走路，横行无忌。

遇到老百姓的庄稼，直接碾压过去，没毛病！打猎久了，感觉很无趣，直接抢劫百姓的财物，调戏一下妇女，没毛病！按照李元吉自己的话来说，自己宁可三天不吃饭，不能一天不打猎。

史书上有一则关于李元吉的记载，说是他生下来的时候非常丑陋，引起了母亲窦氏的强烈反感，窦氏因此将李元吉扔到了荒郊野外。当时，有个叫陈善意的侍女心存善念，私下将他抱回，随后将此事告知李渊，这才留下了李元吉一条小命，侍女陈氏因此被任命为李元吉的乳母。

故事很有趣，大概是后世拿来恶心李元吉的，可信度并不是很高。不过，陈氏的身份确实是李元吉的乳母，而且确实对李元吉有恩。

李元吉镇守太原之后，吊儿郎当，胡作非为，乳母陈氏便时常规劝李元吉，让他不要再干一些傻事儿，以免误了父亲的重托。谁料想，李元吉竟然在一次醉酒后亲手杀了陈氏（李元吉事后悔恨不已，私谥陈氏为慈训夫人）。

俗话说得好，知子莫若父啊。

自己儿子的尿性，李渊还能不清楚？遗憾的是，李渊对自己的儿子没信心，却对太原城的防御能力很有信心。李渊出门创业的时候，几乎带走了所有谋士，比如裴寂、刘文静等人，唯独留下了窦诞和宇文歆。

窦诞的老婆是李渊的女儿襄阳公主，正儿八经的大唐驸马爷，不仅如此，窦诞的父亲叫窦抗，是李渊妻子窦皇后的族兄。说得夸张一些，窦诞就是李渊的半个儿子，隋末唐初的超级权贵。

宇文歆，史书上的记载并不多，可以肯定，没什么厉害的后台。

临行之前，李渊嘱咐了：一定要看好老四，力保太原城不失。

问题是，这两兄弟能搞定李元吉嘛！

拿窦诞来说，名副其实的权贵子弟，对李元吉的纨绔之举深表理解，有时候甚至会主动参与，“共襄盛举”，至于李渊的重托，早就抛到了九霄云外。

宇文歆嘛，工作上倒是兢兢业业，他屡次劝阻李元吉不要胡来，要以大局为重，可费尽口舌之后换来的要么是无尽的鄙视，要么是无情的漠视。

终于有一天，愤怒的宇文歆写了一道奏折，声称李元吉在太原胡作非为，已经引起了百姓的集体怨愤，再不治理，恐怕就会被老百姓革了命。

为了安抚老百姓的情绪，李渊下诏罢免了李元吉留守太原的职务。

问题是，李渊是因为李元吉的能力而重用他吗？

自然不是。血缘关系是世上最靠谱的利益纽带，哪怕是父子相残，兄弟内斗，皇权斗争之后，利益还是在自家人的手里！更何况，李元吉是李渊的乖宝宝，外人的一道奏折，怎么可能让李渊不再信任自己的儿子。

在表面上，李渊痛斥了李元吉混账透顶的行为，也表示了自己的痛心疾首。然而，明眼人都瞧得出来，李元吉虽然被一撸到底，可李渊并没有任命新太原留守的意思，说到底，太原留守是为李元吉量身定做的岗位，谁要是敢乱打主意，恐怕死得会非常难看。

没过几天，太原城就传来了消息，说是一帮德高望重的长者为老四求情，说这小子在岗位上兢兢业业，老百姓都很感念他的恩德，希望李渊可以给他戴罪立功的机会。很显然，这帮老者年轻的时候，可能和李元吉一样，喜欢不务正业，还把不务正业看成一种事业。

李渊颇为高兴，于是借坡下驴，重新任命李元吉，让一切都回到了原点。

当时，刘武周率领五千精兵来到了黄蛇岭（今山西省太原市榆次区北），都不用派探子调查，这帮人肯定是奔着太原城来的。李元吉召集将士商议对策，直接点名车骑将军张达，希望他能为主子分忧。

张达：“分忧可以啊，给我先分点兵马！”

李元吉：“兄弟，给你一百人，不能再多了！”

张达：“骑兵还是步兵？”

李元吉："步兵！"

张达："这不是去送死吗！我不去，打死我也不能去。"

李元吉："去不去？不去我就先打死你。"

张达很无奈，这已经不是赶鸭子上架的概念，而是逼着你飞蛾扑火啊！据史料记载，张达到达前线之后，率领一百名将士和刘武周刚了一下正面，很快就被敌军给歼灭。

战役过后，一地鸡毛，张达看着躺在地上的尸体，胸中怒火丛生，这些都是鲜活的生命啊，就因为李元吉的无能和固执，全都葬身荒野。愤怒的张达投靠了刘武周，并主动充当向导，攻破了榆次县城。

李元吉只有 16 岁，自打从娘胎里出来，都没见过这么大的世面，更别说上阵杀敌，热血厮杀。他听说刘武周马上就要到达太原城，吓得惊慌失措。

李元吉叫来了并州司马刘德威，豪气干云地说道："刘武周来了，咱们用不着害怕，你呢，带着城中的老弱病残守城，本王亲自率领精锐出城迎战！"

武德二年（619）九月十六日，三更时分，夜沉如水。李元吉趁着夜色的掩护，偷偷摸摸离开了并州城。不过，他离开的时候不是带着三军将士，更不是去偷袭敌军。在他的背后，是数十辆装着金银细软和珠宝美玉的马车，以及乘载着妻子儿女等亲信家眷的软轿。至于随行的军士，唯一的目的就是保护李元吉安全返回长安。

李元吉挑的日子还真是恰到好处，他前脚刚走，刘武周就来到了城下。被抛弃的大臣和老百姓别无选择，只能主动开城，投降了刘武周。

太原城宣告失陷。

太原是李渊的龙兴之地，李家的根基，重要性仅次于长安。我还在长安城调兵遣将呢，你们这么快就把太原玩丢了，真是神乎其能啊。

太极殿内，李渊和一帮贴身近臣正在商议此事。

李渊怒吼道："混账！都是一群混账！元吉毕竟还年轻，不懂政事，所以朕才派窦诞和宇文歆辅佐他。并州有数万大军啊，仓库的粮食至少够你们吃十年的吧？才三个月啊！你们就一败涂地！"

没人敢接话，大家都知道李渊还没说完呢。

李渊恨恨地说："朕听说，是宇文歆主动提议放弃并州的，是不是？可恶至极，朕一定要杀了此人，以儆效尤！"

这就有点过分了，领导说了算，有胡来的资本，可也不能在大庭广众之下，明目张胆地护犊子吧，当大家都是空气呢。

礼部尚书李纲，为人忠正耿直，一副天生的谏臣模样。

在李纲看来，李渊护犊子的行为实在是太把大臣当外人了，再这么闹下去，群臣的尊严就会掉落一地，关键时刻，还是得稍微振一下臣纲："陛下，臣以为，多亏了宇文歆，陛下才没有失去齐王殿下！"

李渊差点气笑了："李爱卿，你说这话是什么意思？"

李纲："据臣所知，齐王殿下在并州骄奢放纵，窦诞不曾有半点规谏，反而为他极力掩饰，这才闹出了大乱子。宇文歆虽然规劝不力，可他毕竟把情况都写成奏折，呈报给了朝廷，又有何罪责可言？更何况，这是您和齐王殿下的家事，旁人都不太好说话，可宇文歆却不顾一切地为您着想，这难道不是忠诚？如果陛下要追究他的责任，恐怕不会让群臣心服口服！"

皇帝，尤其是不敢乱杀大臣的皇帝，对群臣的情绪还是得顾虑的。

窦诞是李渊的女婿，李渊自然不肯责怪，因此只好找宇文歆当替罪羊，而李纲又巧妙地把窦诞给推了出来，李渊还能再说什么？

散会散会，老子心情很不美好！

聪明的人懂得适可而止，更懂得顾全大局。

第二天，李渊派人将李纲召入宫中，态度来了一百八十度大转弯，他不仅高度褒奖了李纲进谏的艺术水平，还强调了李纲对大唐谏言事业的重要性。

当然，李元吉的不堪往事也被李渊痛斥了一番，大家说到兴起之处，都觉得面子上已经过得去了，至于惩罚什么的，已经不是太重要的事情。

李渊表弟的不忿：为什么独孤氏只有女人显贵？

刘武周拿下了太原城，心情一片晴朗。

曾经，自己只能在马邑混混日子，从来不敢痴心妄想，可如今居然兵不血刃地拿下了李渊的老巢，这是不是有什么寓意呢？

长安城，恐怕也不只是李渊才能坐的吧！

事实上，刘武周并没有沉浸在夺取太原城的喜悦之中，他派遣宋金刚南下攻陷了晋州，俘虏了唐朝的右骁卫大将军刘弘基，然后趁热打铁，势如破竹般进逼绛州（今山西省运城市新绛县），攻陷龙门。

直到此时，刘武周的大军和长安城只有一河之隔。

客观地说，刘武周能够拿下太原，直接杀到黄河边上，已经算是大获全胜。摆在眼前的有两条路，一条是杀到黄河对面，和李渊掰一掰手腕，看谁能成为最后的王者，一条是死守黄河，控制河东地区。

就在刘武周犹豫不决的时候，裴寂给他送了一个神助攻。

裴寂战败之后，李渊不想这么快就见他，责令他在黄河一带溜达溜达，找机会戴罪立功，回长安城之后，大家面子上都过得去。一个文人，打不过别人，又不能运筹帷幄，决胜千里，能有啥点子呢？

裴寂非常无奈，都快有了轻生的念头！就在宋金刚一路南下，势如破竹之际，裴寂灵光闪现，下令将虞州（今山西省运城市安邑镇）、泰州（今山西省运城市永济市）等地的粮食、物资悉数焚毁。

你不是很牛吗？就不让你就近征集粮食，以此来延缓你南渡黄河的进攻节奏。

从兵法上来说，裴寂的决策还是有道理的。问题是，裴寂的这一举动引起了河东百姓的强烈不满啊。唐公不是仁义之师嘛，怎么干起了强盗行径，焚烧百姓的口粮啊？隋末老百姓的脾气很大，你让他们不舒心，他们就会让你不如意。

比如，夏县（今山西省运城市夏县）农民吕崇茂杀了县令，宣布造反，随后自称魏王，并和刘武周达成战略共识，打算一起找李渊的晦气。整个动作下来一气呵成，完全就是隋末农民起义的标准套路。

裴寂暴走了，吕崇茂是个什么玩意儿？

呵呵，干不过宋金刚也就罢了，你一个泥腿子，要文化没文化，要战斗力没战斗力，竟然敢骑到我的头上作威作福，还有没有规矩？

裴寂当即传下军令，整军出征，先灭吕崇茂，再搞刘武周。

人啊，贵在有自知之明，没有金刚钻，就别揽那瓷器活。就拿裴寂来说，明明就是不食人间烟火的文臣，非得跑出去丢人现眼。吕崇茂是农民不假，可他是光脚不怕穿鞋的农民，不像裴寂，身负高官厚禄，做事情瞻前顾后，又没有带兵打仗的韬略，在战场上只有逃命的份儿！

结果很简单：裴寂败！

消息传到长安，李渊羞愧难当，只能以暴走状态掩盖内心的羞愧。

传旨：让裴寂立马赶回长安，快马加鞭。

太极宫内。

李渊：裴寂，朕给你调了不少人去御敌吧，怎么谁也打不过呢？

李渊：裴寂，吕崇茂是个什么货色啊，你怎么连他也打不过！

李渊：裴寂啊，说说吧，是不是有愧朕的重托啊？

算了，都是老朋友了，留点儿面子吧。

当时，河东的形势非常不乐观。刘武周占据太原，横扫河东地区，大有渡河决战的意思。以吕崇茂为首的农民宣布暴动，将河东重新卷入到混乱之中。李渊在河东地区建立起来的群众基础彻底崩塌。以王行本为首的隋朝旧臣也开始联合刘武周等人，就是不想让李渊爽快！

更要命的是，河南、河北等地的起义军爆发了严重的火并，窦建德、王世充等人正在积极筹备最后的决战，李渊必须集中精力来应付他们！

客观地说，李渊的处境并不是太好看。如果想和刘武周决战，必须先夺回黄河的控制权，再率兵荡平河东地区。如果放任刘武周祸乱河东，坐看王世充等人在河南争霸，李唐政权只有困守长安，等别的势力来收拾他们。

两条路，都很被动。

武德二年（619）九月，李渊经过慎重考虑之后，传下了圣旨：贼势如此嚣张，唐军很难和他们对抗，最好的办法就是先放弃河东，据守关中！

据史料记载，李渊的决定让秦王李世民非常不安，他随后就上了一道奏折："陛下！太原是大唐的根基！河东是长安的后勤保障基地，如果全都放弃，臣深感惶恐，希望陛下给臣三万精兵，臣必定消灭刘武周，收复河东。"

此时，李世民年仅 21 岁，他主动请缨的行为，给了李渊莫大的安慰。

李世民虽然只要三万精兵，可李渊却丝毫不敢大意，他将长安剩余的兵力都交给了李世民，还在关中征调了一批新兵。应该说，李世民肩负着父皇和文武大臣的期盼，如果连他都搞不定刘武周，李渊的龙椅估计也就坐到头了。

武德二年（619）九月二十日，李渊驾临华阴，亲自在长春宫给李世民送行。

二郎，好好干啊，老子就全靠你了！

李世民虽然很威武，可面对奔流而下的黄河，他也显得束手无策。

此时，刘武周已经派大将宋金刚镇守在黄河北岸，封住了唐军的来路，强行渡河不是上策，因此，一直等到十一月份黄河完全冰封，唐军才顺利到达北岸，和宋金刚在柏壁（今山西省运城市新绛县境内）形成对峙局面。

有趣的是，经历过裴寂的烧粮运动之后，河东的百姓"谈唐色变"。听说李渊又派人来河东作战，老百姓连夜挖了土坑，将家中仅有的粮食埋了起来，唯恐被李世民抢了去。李世民调查了一下民情，深感无奈。

人心不古，队伍不好带啊。

来吧，先写几张大字报，安抚一下百姓的情绪。

什么，老百姓不买账？

这样吧，把小金库的钱全都拿出来，高价收购百姓的粮食。

清酒红人面，黄金动人心，面对沉甸甸的铜钱，老百姓松口了。

在农村待过的人都知道，老百姓如果售卖粮食，家里一定库存了许多口粮！事实证明，隋末百姓真不是一般的富有，打了这么多年仗，居然还能卖粮！

不幸的是，李世民刚刚站稳脚跟，另外一路大军就传来了噩耗。

李世民出发之前，永安王李孝基（李渊堂弟）、陕州总管于筠、工部尚书独孤怀恩、内史侍郎唐俭等人奉命征剿夏县的领导吕崇茂。起初，剿匪工作非常顺利，直到隋末超级战将尉迟敬德出现之后，李孝基等人的命运开始进入史无前例的低谷。准确地说，李孝基等人不得不怀疑，自己的人生是否跑偏了。

尉迟敬德，本名尉迟恭，朔州善阳人，打铁出身，身强力壮，拥有一身好武艺。成年之后，尉迟敬德加入隋朝官军阵营，后来在镇压起义军的战争中砍了不少脑袋，因功加封为朝散大夫（散职，从五品级别）。

不得不说，这是大隋吏部不可饶恕的失职啊。像尉迟敬德这种战争绞肉机，天生就应该放在战场上发光发热，给他封个文职散官，岂不是暴殄天物？尉迟敬德很郁闷，不想当文官。

隋大业十三年（617），刘武周在马邑郡发动军事政变，他听说尉迟敬德勇猛异常，而且为人忠厚，因此向他抛出了橄榄枝，希望能得到他的倾力加盟。

中国有句古话，叫士为知己者死。

彼时，尉迟敬德只不过是个籍籍无名的小人物，有刘武周这样的大腕儿邀请他合伙创业，尉迟敬德自然是备受鼓舞，暗中窃喜，因此很爽快地接受了刘武周提供的职位：偏将军（军中最低级的杂牌军官）！

吕崇茂被唐军围攻之际，向盟友宋金刚发出了求救信号。尉迟敬德、寻相等人奉命前去救援，这才和李孝基等人狭路相逢。

据史料记载，尉迟敬德和吕崇茂内外夹击，大败唐军，并将李孝基、独孤怀恩、唐俭、于筠，以及行军总管刘世让等人全部生擒。

李孝基，李唐宗室，李渊的堂弟。

独孤怀恩，李唐外戚，李渊的表弟。

唐俭，李渊世交唐鉴的儿子。

说白了，不把这几个人捞回来，李渊恐怕会被亲戚家的吐沫星子给淹死。

没办法，讲条件吧！

李渊发话了：吕崇茂同学，朕和你讲个条件，只要你放这几个人回来，朕赦免你起兵造反的罪责，并封你为大唐的夏州刺史，如何？

从一介反王直接洗白成大唐的刺史，何乐而不为？

吕崇茂：李渊够意思，成交！

不过，李渊在密信中还附加了一个条款：让吕崇茂设计诛杀尉迟敬德！

没办法，尉迟敬德是猛将不假，可他活捉了李渊这么多的亲戚，实在是让李渊的面子掉了一地，从凡人的思维来理解，李渊的要求一点也不为过。

吕崇茂：没毛病，不就杀个人嘛，保证让李渊满意。

谁料想，消息竟然提前被泄露，尉迟敬德先下手为强，干掉了吕崇茂。

没办法啊，吕崇茂被杀身亡，和李渊的秘密合约自然不再生效，至于李孝基等人，随后被送到刘武周的军中，继续过着悲惨的俘虏生活。

正是在这样的情况下，李世民派遣兵部尚书殷开山、行军总管秦叔宝在美良川（今山西省运城市闻喜县境内）截杀尉迟敬德。据史料记载，尉迟敬德在毫无准备的情况下和唐军交锋，最后被斩杀两千余人，落荒而逃。

就在此时，唐军内部爆发了一件严重的丑闻：独孤怀恩因谋反而伏诛！

独孤怀恩，元贞皇后的亲侄子，李渊的表弟。

元贞皇后又是谁？隋朝独孤皇后的四姐，后来嫁给了李渊的父亲李昞。可以这样说，独孤怀恩虽然没有皇族血统，也不是宗室之后，可仗着家族的政治关系，绝对是隋末唐初最显赫的外戚之一。就连李渊也羡慕独孤怀恩的政治资源。

他曾经开过一个玩笑，说独孤怀恩的姑姑富有四海，他迟早也会飞黄腾达。

这原本是李渊的一句玩笑话，可独孤怀恩却当真了！是啊，独孤家族出了两位皇后，在当时的环境下，独孤怀恩确实拥有与生俱来的显赫地位，想要干点什么出格的事儿，比如自己做个皇帝，也是情理之中的。每逢独处的时候，独孤怀恩就会大发感慨，说独孤家为何只有女人尊享富贵，男子却一事无成，大有龙游浅滩的意思。

早在吕崇茂造反之前，独孤怀恩就找到了创业的合伙人：解县县令荣静、前五原县主簿元君宝，隋朝河东郡守将王行本。这些人要么是官职卑微，没有出人头地的机会，要么是厌恶李渊，就想和他作对。总而言之，大家都愿意跟随独孤怀恩闹事，共同闯出一片新的天地。

独孤怀恩的计划很简单：和刘武周达成军事同盟，攻占永丰仓，截断唐军的粮道，然后再割据河东，徐图自立。未曾想，吕崇茂造反，尉迟敬德的出现，唐军战将悉数被擒，这些意料之外的事儿彻底打乱了他的计划。

当时，元君宝、唐俭等人深陷敌营，大家闲来无事，各种八卦胡侃，元君宝可能是觉得没有逃出升天的可能，居然将这个惊天猛料爆了出来。更有趣的是，独孤怀恩后来居然成功越狱！回到长安之后，独孤怀恩又被李渊重新派回战场，准备协助秦王李世民攻打蒲州。

如果在这时候，有人从内部倒戈一击，还真够李世民喝一壶的。

不过，大唐有老天爷庇佑，更有唐俭庇佑！当时唐俭也被关在狱中，闲来无事，他就开始琢磨这事儿，越想越觉得不对劲，独孤怀恩欺骗了李渊，如果在战场上临阵倒戈，给唐军致命一击怎么办？

不行！一定得把这个消息传出去，迟则生变啊！

身为阶下囚，还能有什么办法？

唐俭在狱中急得团团转，最后灵光一现，决定找尉迟敬德帮忙。话，确实很难说出口，可为了大局着想，唐俭还是说了：“尉迟将军，能否帮我一个忙，派人送信到长安，告诉大唐陛下，独孤怀恩想要谋反！”

说实话，这种忙可帮可不帮，完全看尉迟敬德的心情！庆幸的是，此时的尉迟敬德已经有了投奔唐军的意思，对唐俭来说，这样的话是低三下四的请求，可对尉迟敬德来说，这就是加入李唐政权的一块敲门砖啊。

消息，成功地传到了长安城。

当时，李世民大败尉迟敬德，唐军逐渐取得了战场上的主动权，李渊便乐呵呵地跑到前线，打算慰劳一下将士。李渊听说独孤怀恩想要背叛自己，压根就没有去派人调查，也没有表现出任何犹豫不决，他假意让独孤怀恩前来面圣，随后便将他和党羽一网打尽。

武德三年（620）二月二十日，独孤怀恩以谋反之罪，被李渊下令处死。

在政治利益的面前，表弟的身份连辩解的机会都换不来，什么内戚外戚，都只是浮云啊！

李世民作战：要么蛰伏待机，要么一战定乾坤

还是说回刘武周吧。

前面已经说过，刘武周其实有两个战略选择，渡河找李渊决战，争夺关中地区的控制权，或者坚守太原和马邑，和李渊争夺河东地区的控制权。

事实证明，刘武周选择了后者。其中最重要的一个原因就是粮草保障。

刘武周的大本营在马邑郡，军队长途作战，粮草本来就是心腹之患。要命的是，刘武周又选择了一条保守的道路：和唐军打消耗战，城池攻守战。

试问，唐军背后就是永丰仓和广通仓，刘武周能依仗的有什么？在河东撒出无数个粮草贩子，收购农民手中仅存的口粮吗？据史料记载，刘武周与李世民对峙的过程中，粮草逐渐成了他的软肋。

李世民是打粮食消耗战的高手，他一直在等待最好的时机到来。武德三年（620）四月十四日，两军在河东对峙了四个月之后，宋金刚因为军中的粮草即将耗尽，率先撤军而去。李世民自然不肯放过这个天机，他率领大军在后面追了数百里地，大大小小打了二十多仗，几乎消灭了除宋金刚之外所有的敌军势力。

这就是李世民的作战风格！要么蛰伏待机，死活不出战，要么一战定乾坤，打到你后悔来到这个世上。

当时，唐军已经取得了压倒性的胜利，行军总管刘弘基强行拉住李世民战马的马缰，苦苦哀求：“秦王殿下！刘武周已经完蛋了，咱们获得的功劳已经够多了，您应该爱惜自己的身体啊！再者说，将士们已经好几天没吃东西了，是不是应该在此处驻扎，先休息一下再追击啊？”

李世民大手一挥："不行！敌军已经军心涣散，咱们应该趁此机会彻底消灭他们，怎么能畏首畏尾，给敌人喘息之机！本王尽心竭力效忠国家，怎么能只顾惜自己的身体！继续追击！"

李世民话音刚落，便一骑绝尘，追了出去。

据史料记载，唐军昼夜行军，终于在鼠雀谷追上了宋金刚，两军一日之内八次交锋，天地为之变色。宋金刚毕竟是处于被动挨打的地位，手下人心涣散，最终在雀鼠谷留下了上万具尸体，仓皇逃回了介休城。直到此时，李世民才下令全军在雀鼠谷暂时休整，勉强吃了些东西。

武德三年（620）四月二十三日，李世民将大军开赴介休城，向宋金刚下达了战书。

宋金刚，这仗打还是不打？

莫搞笑，仗肯定是要打的，就看怎么个打法。

宋金刚表示，虽然落魄无助，可拥有一身正气，还有与生俱来的领袖魅力啊，就因为这，将士们还是愿意为他卖命！瞧瞧，介休城内，还有两万余人为他上阵助威，战斗力绝对不能小觑啊！

不过有个大问题，自己的粮仓见底了。如果固守介休城，一没有援军，二没有粮草，必死无疑啊，还是得主动进攻，寻找到新的机会。于是乎，宋金刚大手一挥：兄弟们，到西门外集合！背靠城墙，一字排开！

瞧这阵势，打算和唐军决一死战啊。

李世民：行军总管李世勣，你去干他！

贞观一朝，李世勣战功赫赫，牛哄哄的，一副超然脱俗的形象，可是在宋金刚的面前，他就是个小学生，不容置疑。

两军完成第一次交锋，李世勣不负众望地败下阵来。

真是一群废物，开门挂彩啊！

宋金刚显得非常兴奋，一副"宜将盛勇追穷寇的"模样。

古时候打仗，拥有碾压级的实力才是王道，策略什么的都是浮云。不过辩证地看，这也得看主帅的作战心态。比如势均力敌的场面，甚至是略有优势的场面，只要你的心态先垮，让出战场的主动权，也很容易变成被动挨打的一方。

此时的宋金刚，唯一的目标就是冲出重围，逃出生天。他看到李世勣干不过他，立马就指挥大军掩杀了过去，宋金刚的求生欲望越强，漏出的破绽就越多。这不，原本背靠城墙，正面迎敌的策略优势，就这样被他拱手相送。

一失足成千古恨，可怜的宋金刚最终让自己变成了失足青年。

接下来，轮到李世民嗷嗷乱叫了。

李世民：兄弟们，宋金刚的后方非常空虚，赶紧冲锋陷阵吧！

一时间，宋金刚腹背受敌，在留下三千具尸体后，仓皇北去。

身为职业经理人，宋金刚的忠诚度是毫无问题的，就算是逃跑的时候，他还不忘记组织一波反杀。有趣的是，经历过屡战屡败的血腥场面之后，兄弟们开始有心理阴影了，人生在世，谁又愿意心甘情愿奔赴黄泉？“我自横刀向天笑，去留肝胆两昆仑”的桥段，只适合那些超凡脱俗的人。

宋金刚：兄弟们，你们到底还打不打？

兄弟们：老板，不打了！

宋金刚：好的，江湖再见！你们一百人跟上，我们去东突厥溜一圈儿！

宋金刚可能不知道，突厥人好客的前提是，你还有利用价值，比如有江湖号召力，可以把中原闹得腥风血雨，比如你手里有富可敌国的财富……

遗憾的是，宋金刚和刘武周啥也没有。在突厥生活的日子，兄弟俩倍感煎熬，就连上厕所都有客居之感。没过多久，他们便策划着回上谷郡的老家，不料被东突厥擒杀。当然，这些都是后话。

宋金刚战败之后，尉迟敬德依然率领着残部镇守在介休城，姿势雄壮威武。

说是镇守，其实是被李世民围了起来，无处可逃。

尉迟敬德，能否告诉我们，你是什么样的心态？

死守到底？为宋金刚尽忠？

历史证明，尉迟敬德就像是情窦初开的小妹妹，心花怒放，翘首以盼，希望李世民能够早点派人将他领回家。李世民呢，也很给面子，他让任城王李道宗、宇文士及进城，稍微表达了一下善意，尉迟敬德二话不说，拿出了介休、永安二县作为见面礼，彻底归顺了大唐。

直到此时，唐军才算有了班师凯旋的资本。

有人可能会问，刘武周呢，怎么打了半天也没见他的身影呢？

这就是刘武周的英明之处！

刘武周虽然是隋末大名鼎鼎的反王，可是论行军打仗，论上阵单挑，他的战斗力低得令人担忧，令人发指。幸运的是，刘武周很有自知之明，从创业开始，他就给自己定了一条创业原则：人才，是第一生产力！

比如说，刘武周起兵之后，觉得马邑郡的属下都是一群土包子，在乱世中扛不起大旗，撑不起台面，因此一边龟缩在马邑，一边招揽人才（主动找宋金刚就是明证）。为了拉拢宋金刚，刘武周不惜让他坐了第二把交椅，还分了一半家产，送了个妹妹。得到尉迟敬德之后，刘武周并没有将他留在自己身边听用，而是让他跟了宋金刚，一切以大局为重。

刘武周南下的时候，几乎把所有的兵力都交给了宋金刚。在刘武周看来，如果宋金刚都搞不定唐军，自己亲自上阵也是个笑话（从两军交战的记录来看，刘武周几乎没有干预过宋金刚的作战部署）。

介休城下的决战，李世民几乎消灭了刘武周的所有主力。据史料记载，刘武周得知前线溃败的消息后，立即下令弃守太原城，率领五百多名亲兵连夜北逃，打算投奔东突厥始毕可汗。

宋金刚不给力吗？活捉唐军诸多将领的权贵人物，几乎找不到敌手，非常给力！宋金刚不忠诚吗？一心为刘武周打天下，一直打成光杆司令，非常忠诚！在笔者看来，宋金刚作为刘武周霸业的操盘手，从过程来看是非常合格的，可是从结果来看，却是很悲情的。还是那句话，起兵造反不需要动脑子，争夺天下却是个技术活。

从战将配置来看，刘武周拥有宋金刚和尉迟敬德，算不上太差，也算不上太强，问题是，这两位兄弟毕竟是孤掌难鸣，双拳难敌四手啊。

从谋士配置来看，刘武周有个内史令苑君璋，不过此人的战略思想是劝刘武周守着马邑郡，别主动去找李渊的晦气。这样的人，真是有不如无啊！

从民心利用来看，刘武周一直都很本分，没有伤害老百姓，也没收买过人心。说白了，收买人心就像是男人追求女人，你要么干出一件让她铭记一辈子的浪漫事儿，让她对你死心塌地，要么彻底背叛和伤害她，让她彻底记住你。

瞧瞧刘武周，虽然占领了太原，霸占了河东地区，可与当地的百姓几乎没有任何互动，在民间毫无存在感可言，老百姓和你没有建立起沟通和信任的关系，凭什么支持你。唐军也缺粮食啊，可老百姓听说李世民来买粮食，就是愿意卖，在这一点上，刘武周和宋金刚确实失策了！

李世民此次出战，不仅灭掉了刘武周和宋金刚两个大敌，重新夺回了河东地区，还将雁门、马邑等郡纷纷纳入李唐的版图。拯救李唐江山于危难，力挽李唐基业于狂澜，这样的评价并不为过。

不过，李世民最得意的，莫过于在战场上立下的赫赫威名。

自从太原起兵以来，李世民就一直跟随在大哥李建成的屁股后面，虽然立下不少功劳，可毕竟要和大哥一起分享。河东一战，李世民完败刘武周，帮助李氏家族开疆拓土，这才算是正式奠定了他在大唐的军事地位。

殷开山、李世勣、屈突通这些骁勇善战的将领，在战场上亲眼见证了李世民的胸怀和手段，对这个年仅 22 岁的青年王爷佩服得五体投地。李世民更是平添了尉迟敬德、寻相、张万岁等猛将。

历史的量变，正在一点一滴地积累着。

捌

群雄逐鹿在中原

王世充：营销玩好了能当皇帝

李渊将西北和河东收入囊中，洛阳就成了下一个目标。

还是看看王世充在干吗吧！

李密被杀，最开心的人就是王世充。

遥想当年，他巴结皇帝，坐上升迁的火箭，屠杀三万降卒，威震江淮，临危受命，成为官军总指挥，那是何等的意气风发啊！自从碰到了李密，王世充的人生就掉入了无底深渊，凡是能败的战争，一场都不落下，凡是能胜的战争，也可以被李密翻盘，这是何等的悲摧人生啊。

眼下好了，李密位列仙班，王世充不仅少了个敌手，还收编了瓦岗军的残余势力，最令人振奋的是，我夺回了回洛仓、兴洛仓，以后再也不用为饿肚子的事儿发愁了！洛阳的包围被解除之后，王世充身心愉悦，走路带风。

你，你，还有你，都给老子靠边站！

哟，这不是皇泰主杨侗嘛，今儿个心情很不错啊。不过，臣有个坏消息要告诉你，你的帝王生涯恐怕马上就要结束了。据史料记载，李密被杀之后，王世充对杨侗的耐心明显少了许多，忌惮也少了许多。

在王世充的授意下，杨侗很不情愿地下了一道任命诏书：封王世充为太尉、尚书令，许王世充节制内外诸州的军政大事。

古往今来，走向人生巅峰，迎娶白富美是每个男人都渴望的事儿，可数来数去，也就那么几个人做到了。王世充是命运之神的宠儿，从一个打工仔变成最高统治者，还能用什么词来形容他的心情呢？

唯我独尊，不错，就是这个词儿！

为了让唯我独尊的体验感更加强烈，王世充大刀阔斧，给自己的府邸做了豪华的精装修，随后换了块明晃晃的鎏金牌匾："太尉府"。

王世充的家世一般，靠溜须拍马和镇压起义军得宠，深受同僚们的鄙视，再加上根基在江都，洛阳城中的达官显贵，似乎不愿意买他的账。

比如，大伙儿还是在朝廷办公，至于太尉府，一边儿玩去！

王世充是个有理想、有抱负的人，他想要开创一番宏图霸业，自然不能允许这种事情存在，好啊，既然你们不买账，老子自己开朝廷。

先前，王世充为了巩固自己的地位，在朝中的关键岗位安插了不少亲信。后来，又提拔了一批依附他的朝臣，逐渐控制了朝局。最后，王世充在太尉府开设编制，将隋朝的重臣全部纳入太尉府的体系，彻底架空了中央朝廷。

自古以来，实力决定了权力，实力在哪儿，权力就得跟到哪儿。

说白了，有话语权的朝臣全在太尉府混日子，中央朝廷还有什么意义？你们这帮大臣，想要继续在官场上混，必须拜到太尉府的门下。搞定中央朝廷之后，王世充便想着收买洛阳士子和老百姓的人心。

武德二年（619）正月，王世充在太尉府门前竖起了三个牌子：

第一块：求文学才识，堪济时务者。

第二块：求武勇智略，能冲锋陷敌者。

第三块：求身有冤滞，拥抑不申者。

意思是，只要符合这三条中的一条，就可以直接给王世充上书陈事。

在隋朝，你想踏入官场大门，端着朝廷的铁饭碗，真不是件容易的事。没有功名在身的读书人，纷纷上书言事，希望借此机会得到王世充的青睐。拥有一身武艺的，直接在大门口耍起大刀，舞起长枪，希望求得进身之阶。身有冤屈却状告无门的百姓，更是希望王世充能给他们的命运带来转机。

据史料记载，这三块牌子刚一挂出来，王世充的大门就被挤爆了，场面之火爆，群情之激动，堪比后世的房地产营销中心。再看看王世充，不管阿猫阿狗前来投书，全都是笑脸相迎，嘘寒问暖，俨然房地产销售的首席代表，唯恐你的人生轨迹会出现半点偏差。

“保证让您满意！”

“您说得太对了！”

“我一定好好采纳您的意见！”

这些，就是王世充当年干的事儿。

自古以来，权臣想要谋朝篡位，要么是功高震主，完全架空了皇帝，走武的路线，比如东汉末年的曹操。要么让自己远近闻名，让天下人都知道你的贤明，让所有人都臣服于你，求着你做皇帝，这是走文的路线，比如西汉末年的王莽。

客观地说，王世充平定了江南的叛乱，又将宇文化及、李密等人阻击在洛阳城下，武功方面还算做得不错，不过也只能和李密、窦建德等人平分秋色，远不及当年的孟德兄弟，拿不上台面来说事儿。

因此，王世充只能选择第二条路，走阴柔的路线。

问题是，王世充挂出三块招牌，不单纯是为了“周公吐哺，天下归心”，政治作秀的可能性恐怕会更多一些。据史料记载，王世充开了许多空头支票，画了许多大饼，可真到了落实的时候，却没办成几件事。

当时，隋朝的马军总管独孤武都一家人就看清了王世充的嘴脸，认定他是个卑鄙无耻的小人，专门搞一些儿女情长的事情来取悦下属，根本就不是中兴大隋的料，因此暗中勾结唐军，意图出卖洛阳城，最后被王世充斩杀。

政治家嘛，受到对手的质疑是很正常的事情。要想干成大事，都得具备“唾面自干”的优良品质。对王世充来说，辱骂、猜疑、鄙视，都是弱者的情绪，都是浮云！王世充要的就是天子之位，其他的一切都是事前的铺垫，仅此而已。

事实上，事情发展到现在，绝大部分朝臣都已经知道了接下来的套路：出现各种祥瑞，群臣劝谏，加九锡，总百揆，最后接受隋帝的禅让，自己做皇帝！

有趣的是，王世充因为求贤一事，搬起石头砸了自己的脚，让群臣对他的人品产生了严重的质疑，导致称帝的进程受到了意料之外的耽搁。

耽搁之处在于，没人带头劝谏啊！王世充的吃相确实太难看了，众人便反其道而行之，就是不让你如愿以偿！王世充很无奈，还是自己动手吧。

武德二年（619）三月，王世充上奏：自己想去攻打新安。

醉翁之意不在酒，在乎帝位罢了！

行军途中，王世充召集群臣开了一次中高层官员的座谈会，俗称洗脑会。

王世充：这些年，老哥带着兄弟们东征西讨，灭了多少反隋的起义军！洛阳城下，老子和李密苦苦纠缠，这才换来了大家的幸福生活！要不是老子，元文都这帮傻蛋早就将洛阳城拱手送人了。

王世充对过往的事情如数家珍，讲得唾沫四溅，欲罢不能。

众人却听得昏昏欲睡，恨不能咬舌自尽。

临近结尾的时候，王世充抛出了一个话题：像他这样积极向上，工作勤勉的优秀官员，有关部门是不是得考虑让他的职业生涯更上一层楼，让他在更关键的岗位上发光发热，比如说，让皇泰主将帝位禅让给他？

搞了半天，还是要说做皇帝的事儿。

既然老大明说了，群臣也就不能再继续回避。

第一次讨论，意见产生了明显的分歧。

支持者：太尉府长史韦节、杨续，太史令乐德融。

他们认为，隋朝天数已尽，如今又出现了祥瑞之兆，太尉应该顺天应人，不必和大家商议，如果继续拖延，恐怕王朝就要走下坡路了。

反对者：兵曹参军戴胄。

他觉得王世充已经位极人臣，差不多就得了，不要到时候弄得家破人亡的。

和稀泥者：李世英等人。

他们认为，四面八方的群雄愿意投奔洛阳，主要是看到了王世充中兴大隋的希望，如果王世充着急称帝，大家恐怕会纷纷离去，得不偿失。

第一次会议，王世充在试探群臣的底线。总之，大家说什么都是对的，没必要把关系搞得太僵。很快，王世充就组织了第二次讨论会议：你们说的都很对，既然做皇帝有点着急，要不先搞个加九锡的典礼？

自古以来，凡是接受禅让的皇帝，都必须走加九锡的过场，这是先祖们留下的礼仪制度，禅让的标准动作。由此可见，王世充一直在掌控着称帝的节奏。

谁料想，王世充的话音刚落，兵曹参军戴胄就站了出来，力劝王世充不要行此昏着，情绪非常激动，大有抱头迎柱的意思。

王世充愤怒了，做皇帝已经是铁板钉钉的事，现在只不过是走走过场而已，皇帝我不做了，先退一步，群臣也退一步，既符合礼制，大家面子上也好看，你戴胄是个什么玩意儿，是想邀名买直，还是太没眼力见儿？

不管是哪一种可能，王世充都下了一个结论：此人不堪重用。

王世充："戴胄啊，和你商量个事儿，要不你就去做郑州长史，和我的侄子王行本一起镇守虎牢关吧！"

领导说要和你商议，可别真以为是听取你的意见，否则就是自取其辱。赶走戴胄是个明显的政治信号，王世充准备和反对派翻脸了。随后，王世充让段达前往洛阳，想要说服（威胁）皇泰主杨侗给他加九锡。

杨侗虽然知道王世充称帝的心思，却还是有点难过和不舍，为了刷一下即将要消失的存在感，杨侗向段达哭诉道："郑公平定李密之后，已经官拜太尉，自此以后，并没有特别的功劳啊，待天下逐渐平定，再论此事也不晚吧。"

段达酷酷地说道："陛下，郑公想要一个九锡！"

皇泰主杨侗："好吧，那随便你！"

武德二年（619）三月十二日，段达等人以皇泰主的名义下诏，封王世充为相国，让他持饰有黄金的斧头，总理百官政务，爵位晋封为郑王，加九锡。

搞完了这套把戏之后，接下来就是造舆论了。

在古代，不管是王侯将相，还是平民老百姓，都很笃信老天爷的意思，收成好不好，要问雨神和太阳神；能不能生孩子，要问送子观音；权臣要做皇帝，自然要问老天答不答应；皇帝做得合不合格，也得让老天来回答你。

有一天，东都来了个名叫桓法嗣的道士，号称擅长解释占卜图书。

桓法嗣说，自己无意间得到了一本奇书，书名叫《孔子闭房记》，书中有个男人拿着一支竹竿在赶羊。王世充问他是何意，桓法嗣说道："隋朝皇帝姓杨，一支竹竿就是一干，合起来是个王字。王在羊后，预示相国将代隋自立。”

桓法嗣又拿出了庄子的《人间世》《德充符》呈递给王世充，解释说：“上篇谈‘世’，下篇谈‘充’，这就是相国的名嘛，预示您应当恩德遍布人间，顺应天命当天子。”

王世充乐了，这老道士住在仙山之中，觉悟就是不一样，情商就是高啊。不留下来做官简直就是暴殄天物，那就封他做个谏议大夫吧！

王世充受了启发之后，下令捕获了不少飞禽走兽，在它们腿上绑满了布帛，上面写着王世充如果不做皇帝，天理不容之类的话。这些鸟兽刚刚放飞，就有人将他们擒获，以祥瑞之由进献给了朝廷。

洛阳的官员心知肚明，还差最后一道程序。

武德二年（619）四月，王世充派遣太尉府长史韦节、杨续，太常博士孔颖达等人制定了接收禅让的所有文书和礼仪，随后派遣段达、云定兴等十几位朝廷重臣前往洛阳宫，恳求皇泰主能够效仿尧舜之礼，将帝位让给王世充。

欺人太甚，乱臣贼子啊。

杨侗早就受够了这帮大臣的虚伪和无耻，当即拍桌子怒吼道：“天下是隋文帝打下来的，如今隋朝国运未亡，怎么能提这种话呢？”

群臣：“陛下，太尉厥功甚伟，深得人心，陛下应该……”

杨侗：“你住口！如果老天爷不让我杨家坐江山，何须搞什么禅让典礼！各位不是祖辈旧臣，就是朝廷功勋，连你们都说出这种话，朕还能指望什么！”

段达等人没想到，皇泰主的性子居然这么刚烈，一脸迷茫地退出了大殿。

小娃娃发火了，就因为你发火，老子就不做皇帝了？可笑之极！

第二天，王世充又派人前来传话：“如今天下尚未安定，需要立年长一些的人作君主，待到天下安宁，一定公开恢复您的帝位，决不违背原先的誓言。”

这样的承诺，实在是有失王世充的身份，连杨侗也无力反驳了。

王世充称帝心切，管不了那么多虚礼，他直接派兄长王世恽将皇泰主软禁在含凉殿，并于武德二年（619）四月初五正式发布诏书：皇泰主将帝位禅让给他了。

武德二年（619）四月初七，王世充在洛阳正式登基称帝，国号为郑，大赦天下。

武德二年（619）四月初十，王世充下诏：

封长子王玄应为皇太子，次子王玄恕为汉王；皇泰主杨侗为潞国公；苏威为太师，段达为司徒，云定兴为太尉，张仪为司空，杨续为纳言，韦节为内史令，王隆为尚书左仆射，韦霁为尚书右仆射，齐王王世恽为尚书令，杨汪为吏部尚书。

营销玩完了：王世充人设崩塌

新官上任三把火，这是千古不变的法则。对王世充来说，没有什么比收买人心、稳定政局更加重要了。

朝堂之上，王世充每日打卡上班，和朝臣们商议军国大事，从不缺席。下班之后，王世充也不愿意泡在后宫，搞男人们都喜欢的娱乐项目，他在洛阳城的各个城门都设置了便民接待处，但凡没事儿，王世充就喜欢过去坐坐。

除此之外，王世充还很喜欢微服私访，他经常带着卫士上街闲逛，处理民间鸡毛蒜皮的小事儿，刷一刷存在感。王世充出行的时候，没有搞皇帝的仪仗，也没有下令净街，经常徒步行走，和老百姓打成一片，显得非常亲民。

百姓们见皇帝的机会本来就不多，听说皇帝正在逛街，和看猴儿一样盯着他，时间久了，老百姓居然对王世充产生了疲劳感。于是，洛阳的街道上出现了有趣的一幕：王世充带着小弟们上街闲逛，老百姓干自己的事儿，碰到了就打声招呼，皇帝您来了，您请便。

王世充曾经和老百姓说了这么一段话：

中国历朝历代的皇帝久居深宫，不了解民生疾苦，所以治理不好国家。朕做皇帝不是为了贪恋权位，而是为了解救天下百姓于水火，为百姓谋福祉。想要把皇帝做好，就要像刺史一样，凡事亲力亲为，让老百姓的心声可以上达天听。

为此，王世充设立了一个西朝堂，专门用于解决冤狱、官员和百姓上诉之类的事，又设立了一个东朝堂，专门用于接受低级官员的纳谏。

刚开始的时候，每天递交上去的奏折、陈述冤情的状书多达数百件，王世充都会阅览，还会下达自己的指示，可没过多久，王世充就熬不住了。

如果用一句话来评价，王世充纯属自找苦吃。明明就是老板的角色，偏偏要干员工的活儿。时间长了，你熬不住，打工的没活儿干，他们也熬不住啊！

许多人可能会说，明明就是政治作秀啊。

问题是，王世充靠拍马屁起家，通过进献奇珍异宝来引起皇帝的注意，后来又杀了一批降卒取悦皇帝，这样一个滥杀无辜的刽子手，为何会突然改变自己的画风，尝试做勤政爱民，体恤下情的君主？

不得不说，历史给人的触动就是，人性都是复杂多面的，不可以轻易地评判任何一个皇帝。比如王世充，谁又能说他没有一点理想和情怀呢？谁又敢否认，他是个醉心于政治斗争，只为自己私利的小人？也许，王世充的出发点是好的，可能力和智慧却跟不上自己的情怀。

比如，王世充很喜欢说车轱辘话，大臣给他奏报什么事情，他总喜欢重复一遍别人的意思，然后不厌其烦地叮嘱他们应该怎么做。

按道理来说，皇帝如此勤勉，大臣们应该欢欣鼓舞才是啊。然而，每逢王世充上朝理政，大臣们就如同受罪一般，就连殿外的卫士有时候都会呵欠连天。

有一天，御史大夫苏良濒临崩溃的边缘，于是上奏道："陛下啊，您的话实在是太多了，而且许多话都不得要领，您虽然说了很多次，可臣等还是听不懂你要表达什么意思！有些事情，您只需要简单说说即可，何必费那么多口舌！"

敢这么和皇帝说话的人，苏良恐怕是历史上的第一人吧！

有趣的是，王世充听完之后，沉默不语，倍感尴尬。事后，王世充并没有怪罪苏良以下犯上，出言不逊。那要不要虚心接受，改正缺点呢？王世充表示自己就是这个秉性，就算是打死我，我也改不过来啊。

客观地说，有些人天生就是大将之才，你非得让他做主帅，让他运筹帷幄，统领全局，那叫赶鸭子上架。不过，王世充这只鸭子完全是自己飞上去的。

还有一次，将军丘怀义闲来无事，便约上了汉王王玄恕（王世充的次子）、越王王君度（王世充的兄弟）、将军郭士衡三个人一起去喝酒嫖妓。完事之后，大家又玩起了赌博。令他们没想到的是，此时竟然被御史张蕴古发现，捅到了王世充那里。

儿子和兄弟，稍微说几句，略施薄惩就可以了吧？

错！王世充听闻此事，暴跳如雷。

立刻，把汉王和越王给朕绑起来，召集群臣开会。

有趣的一幕出现了：王世充当着朝臣的面，各打了他们三十个耳光。

这种行为，可以理解成平息众怒，显示自己的公平。然而，朝臣们解散之后，王世充又将他们拉到偏殿，各打了几十大板。

当着外人的面，那叫做戏做全套。

当着自己的面，那叫恨铁不成钢。

王世充虽然是个政客，可他为天下黎民百姓谋福祉的理想宣言，恐怕并不是彻头彻尾的政治作秀，谁说政客就不能争当好皇帝呢？

历史证明，王世充的主观意愿是好的。历史也证明了，王世充的看家本领是政治斗争，而非治国平天下啊。他可以攀附隋炀帝这棵大树，可以血腥镇压江南的农民起义，甚至可以用计谋诛杀洛阳七贵，夺取最高政权。可当他做完了这一切，居然发现自己的能力成为实现理想的致命枷锁！

王世充有个理想：把事情办得漂漂亮亮，让朝臣们挑不出毛病。

悲摧的是，他发现某些重臣看他的眼光总是怪怪的，很像是看光屁股的猴子表演一般，滑稽可笑。更有甚者，部分朝臣总喜欢聚在一起议论纷纷，暗中嘲讽他不善治国，没资格，也没能力做这个皇帝。

每逢此刻，王世充就特别清醒。

权力，永远要比理想重要，比黎民之福重要！

关键时刻，还是要继续铲除异己。

武德二年（619）五月，王世充将矛头对准了礼部尚书裴仁基、左辅大将军裴行俨父子。原因很简单，他们是李密的人，虽然归降了王世充，私底下却一直在联系李密的旧部和隋朝的老臣，这让王世充感到了莫名的压力。

裴仁基父子似乎也意识到了王世充的不善，因此决定先下手为强。据史料记载，裴仁基找到了尚书左丞宇文儒童、散骑常侍崔德等人，密谋发动兵变，诛杀王世充，重新拥立皇泰主杨侗。悲剧的是，消息被人泄露，王世充提前发动，将裴仁基的三族诛杀殆尽。

过程虽然很简单，却让王世充的家族提心吊胆。这次是裴仁基造反，下一次还说不准是谁呢！王世充组织了一次家族议政大会，对当前的形势做了深入的分析。大家各抒己见，有咆哮的，有担忧的，也有思考的。

其中，齐王王世恽（王世充的兄弟）说了一句振聋发聩的话：朝臣们为什么要反对我们王家？还不是因为杨侗还活着，结果了他，什么破事都没有。

按照王世充的节奏，不应该这么早诛杀杨侗的，毕竟支持杨氏家族的人不在少数，杀了杨侗可能会让各路诸侯挑他的毛病。然而，王世充思之再三，觉得家族的利益大于一切，于是让唐王王仁则偷偷前往潞国公府。

据史料记载，杨侗被杀之前，郁闷无比，只好焚香拜佛，祈福神灵："愿来世再也不要生在帝王之家！"一代帝王，竟然在生前为下辈子祈祷，可见他受到的心灵折磨有多严重。事实上，这还不是最悲剧的事儿。

王仁则下手之前，对毒药的药性估算错误，分量有点儿轻，以至于杨侗喝完之后，倒在地上痛苦地翻滚，难以断气，王仁则倍感愧疚，这才拿出了备用的白绫，送杨侗上了西天。

不得不说，杀皇帝这件事儿，确实闹大了。

在此之前，王世充装门面的事儿全都是虎头蛇尾，至于处理朝政，完全是一塌糊涂，连门口的侍卫也嗤之以鼻，这是何等的耻辱。不过，这都没啥，公众人物嘛，就得经得起唾骂，接得住口水，方能显英雄本色。有人质疑你，就有人支持你，天经地义的事儿。

直到王世充派人毒杀隋主杨侗，朝臣们开始对他彻底死心了。某些人更是看透了王世充的嘴脸：虚伪狡诈、沽名钓誉，叛逆弑主之恶徒。

武德三年（620）二月，殿内监豆卢达递交了辞呈，新东家是长安的李唐帝国。

殿内监，正四品级别，主管皇帝的衣食住行、吃喝拉撒，堪称皇室门面。如此机要的部门，如此高阶的官员跳槽，王世充觉得面子掉了一地。不幸的是，豆卢达只是第一个吃螃蟹的，随后又有一批低阶官员出逃洛阳。

要对领导有信心啊，既然如此，就别怪老子心狠手辣了。王世充很快就发布了诏书:凡是在洛阳做官的，只要家里有一人逃跑，全家不管男女老少，一律诛杀！父子、兄弟、夫妻之间，只要相互告发就可免罪。

后来，限制令从官员阶层执行到庶民阶层。洛阳城周边，五家为一保，互相监督，如果有人全家叛逃，邻居却没有及时发现，四周的邻居都要被处死。

王世充的严刑峻法彻底激怒了老百姓。

还有没有王法了，还有没有天理了？生活在乱世，人命已经贱如狗。可是，俺们想当一条自由撒泼的狗，而不是被拴在一亩三分地上的。老百姓顾不得许多，只要逮着机会，他们就会带着家人集体出逃。老百姓越是抵触，王世充越是严苛和无情。王世充甚至放出话了，出门打柴的人，必须在规定的时间返回家中，否则就要承担后果。

想要稳住阵脚，高压统治是不够的，还得给自己搞点儿文治武功才行啊。王世充一声令下：都给老子出去打仗。凡是随军出征的将士，必须把自己的家人交给朝廷做人质。据史料记载，被羁押看管的军人家眷多达数万人，王世充拿不出足够的粮食供给，每天饿死的多达数十人。将士们在外面抛头颅洒热血，家中亲人却无辜惨死，这事儿谁能够忍受？

这也就罢了，朝廷大肆征战，头等大事就是保障军粮的供给，这样一来，洛阳城的老百姓手里有钱，却没地方去买粮，只能活活饿着肚子。

老百姓无奈之下，竟然发明了新型的餐饮模式。

比如，把泥土放进瓦瓮，然后用水淘洗，等到沙石沉在底下，取出浮在上面的泥浆，再把糠麸掺进在里头做成泥饼来吃。老百姓吃了泥饼之后，身体变得肿胀，腿脚开始发软，景象惨不忍睹。

王世充的暴政让洛阳城民怨四起，这让远在长安的李渊嗅到了机会。

人性的贪婪才是战乱的罪魁祸首

武德三年（620）六月，李唐高层做出了决定：弄死王世充。

客观地说，唐军连年征战，兵源减少，财政也有点儿吃不消，最好的办法是停下征伐的节奏，稳稳地发育一波。

好吧，可以这样想，就说明咱们只能做小老百姓，而非统治者！

真实的情况是，李唐政权的生存环境非常恶劣，尤其是东突厥始毕可汗趁着中原大乱，兴风作浪，惹是生非。李密的堂叔、并州总管李仲文暗中和始毕可汗勾结，打算引突厥骑兵南下霸占长安，各取所需。

幸运的是，阴谋被举报，李渊当机立断，先控制住李仲文，随后撤销了太原总管府的编制，让太子李建成接管了河东，并让礼部尚书唐俭巡视并州。

中国有句古话，叫不破不立，想要建立新秩序，就必须推翻旧秩序。

对李渊来说，想要彻底摆脱始毕可汗的控制，要么等始毕可汗在家中老死，办法虽然稳妥，可未免有些消极，要么在实力上碾压始毕可汗，让他俯首称臣！因此，选择继续前行，消灭所有敌人才是李唐的最好选择。

武德三年（620）七月二十一日，李世民带着五万名兄弟赶赴洛阳战场，大军驻扎在新安，打算和王世充展开最后的决战。

王世充则派出了最豪华的团队：

魏王王弘烈：守襄阳（今湖北省襄阳市）。

荆王王行本：守虎牢关。

宋王王泰：镇守怀州（今河南省沁阳市）。

分别从洛阳的南面、东面和北面进行战略防御。

齐王王世恽：负责洛阳南城。

楚王王世伟：守洛阳宝城。

太子王玄应：守洛阳东城。

汉王王玄恕：守含嘉城（洛阳城北）。

鲁王王道徇：守曜仪城（洛阳宫城北部）。

完成了对洛阳城内部的防守部署。

左辅大将军杨公卿：统帅左龙骧二十八府骑兵。

右游击大将军郭善才：统帅内军二十八府步兵。

左游击大将军跋野纲：统帅外军二十八府步兵。

王世充担任敌前作战总指挥，加上三位大将军的人马，总计三万余人。

战役该怎么打，谁也不知道，只能走一步看一步。

先动起来的是李世民，他让行军总管罗士信（大隋名将张须陀的老部下）率先出战，交战地点选在了洛水之侧的慈涧（一条支流）。王世充取胜的心思非常强烈，他带着三万兄弟赶去赴约，毫不含糊。

李世民的军旅生涯有两大特色，第一个是打粮食消耗战，第二个是偷窥。

武德三年（620）七月二十八日，两军刚刚对垒，李世民便带着轻骑前去侦察。为了让偷窥的视野更加广阔，李世民偷偷来到了王世充驻军的附近，然后挑选了山坡的最高处，尽情地享受偷窥的刺激。李世民暗爽不已：看来王世充还是有两把刷子的，如果俺们不提前踩点，很可能会吃亏啊！如今可就不一样了，嘿嘿！

古往今来，帅不过一秒。就在李世民得意扬扬的时候，几个眼尖的洛阳军士发现了他。陛下，有人偷窥！

王世充：在哪儿？

无名小卒：山顶上！

王世充就像捡了个大便宜一样，斗志昂扬，立马发兵截住了李世民的去路。此时李世民身陷敌营，如果运气不好的话，历史可能就会重写啊！

据史料记载，唐军也就数十名骑兵，面对王世充的攻势，李世民临危不乱，左右开弓，敌人应弦而倒，一场遭遇战下来，李世民居然活捉了对方的领兵将军燕琪！至于接下来的战争细节，又被历史学家给省略了。我们只知道，李世民出门的时候带着小分队，回家的时候孤身一人，蓬头垢面，很像是职业乞丐。

唐军大营门前。

守门军士：你是何人，胆敢擅闯军营？

李世民沉默不语，暗示自己想进军营。

守门军士：说话啊，不然把你抓起来！

说着说着，军士们就开始嚷嚷起来，大有把李世民拘押的意思。

这事儿弄的，实在是很掉份儿啊！李世民眼见躲不过，于是取下头盔，羞愧地亮明身份：你们看清楚，我是秦王李世民。

原来是主帅啊，快请进！一时间，小道消息甚嚣尘上：秦王出门的时候耀武扬威，回来的时候灰头土脸，也不知道在外面吃了什么憋。

李世民确实是吃瘪了，而且他不想多做解释，只想靠拳头说话。武德三年（620）七月二十九日，李世民亲自率领五万大军前往慈涧，扬言要找王世充决战。很遗憾，王世充退军了，他将防线收缩到洛阳城，拒绝和李世民交战。

随后，李世民让行军总管史万宝占据洛阳城南的龙门，派将军刘德威包围河内郡（今河南省焦作市武陟县），派上谷公王君廓从洛口切断郑军的粮草运输线，派怀州总管黄君汉进攻回洛城（今河南省洛阳市廛河区内）。

李世民亲自领兵，驻屯在洛阳北边的邙山，居高临下。

不得不说，李世民确实是行军打仗的行家里手，他知道洛阳易守难攻，杨玄感和李密两位大神都在此处折戟沉沙，因此搞了个围而不攻的策略：包围了东、南、北三面，留下了西面（西面刚好是长安方向）给你逃。

形势已经很明朗：王世充被唐军包围，洛口仓也被占领。

接下来的几天，洧州（今河南省许昌市鄢陵县）刺史崔枢，洧州长史张公谨率城投降！邓州（今河南省邓州市）刺史被当地土豪所擒，邓州归降。

武德三年（620）八月，王世充和李世民在洛阳城外的青城宫（隋朝禁宫之一，位于洛阳的西北）对峙，王世充喊话道："秦王殿下！大隋已经完蛋了，李渊在关中称帝，我王世充在洛阳称雄，双方井水不犯河水，如今为何要前来攻伐我们啊？”

这话说得很没有营养，你难道不知道大家在干啥事儿吗？

李世民打了打呵欠，懒得和王世充搭话……领导不想说话（其实是不想骂人），只好下属来接啊。宇文士及，你是文人，这活儿就交给你了。

宇文士及策马上前，忽悠道：“天下百姓都在仰慕大唐陛下的声威教化，唯独阁下和我们唱反调，我们就是为此事而来！”

既然说到了李渊，按照对阵的套路，王世充完全可以自由发挥，喷到李渊直不起腰来，比如和突厥人勾结，出卖国家利益，比如睡过隋炀帝的女人，总之，不怕没话说，就怕不会说。谁曾想，王世充竟然来了这么一句：“既然这样，那我们各退一步，退兵讲和，你看怎么样？”

完全是神一样的逻辑，令千年之后的笔者也无法理解啊！

宇文士及直接被逗乐了，和这种人说话，当真可以长命百岁。

宇文士及：“陛下的圣意是让我攻打洛阳，可没说让我和你讲和！”

唐军霸气侧漏，仿佛王世充就该是被消灭的叛贼一样。双方喊完话后和平退兵，准备接下来的大战。此时，李世民的臭毛病又犯了，他又想去提前踩点。

领导，您又想去出丑啊？

呵呵，这一次带五百人，够了吧！

够是够了，可人数太多，暴露了目标啊！

洛阳城下，王世充的一万大军将李世民给围了起来。这一次，王世充也吸取教训，改变了打法。单雄信！由你出马，擒贼擒王，先杀李世民，再灭唐军！

单雄信名气不大，可论武力战斗值，绝对在隋末唐初的武将排行榜上。事实上，单雄信早就听闻李世民骁勇善战，万夫莫敌，得令之后，他便提着一把长槊单刀直入，想要和李世民切磋一下武功，顺便捞个人头。

擂台比武的规则很简单，只论生死，不论输赢。

结局也很简单：单雄信挥舞着一把长槊，将李世民逼得退无可退。照这种态势发展下去，李世民绝对是横尸荒野的下场。危急时刻，旁边冲出一个猛将，膀大腰圆，威风凛凛，只见他手提丈八长矛，和单雄信战在了一起，不多时，单雄信便败下阵来，逃遁而去。

此人名叫尉迟敬德！刘武周战败之后，尉迟敬德投降了李世民，被封为右一府统军，继续带着八千旧部为唐军效力。唐军攻打洛阳的时候，许多降将都叛唐而去，自立门户，这样的现象引起了屈突通和殷开山的注意，他们觉得尉迟敬德有可能成为军中的隐患，因此建议把尉迟敬德给囚禁起来。

哎，大家都是武人，又何必为难武人呢！李世民认定尉迟敬德是位好汉，绝不会背叛自己，因此将他放了出来。

卧室之内。

李世民："尉迟将军，本王不会因为军中将领的不信任，就把责任牵连到你的身上，如果你想离开唐军，本王可以放你走，还会送你一笔钱财！"

尉迟敬德："秦王殿下，别的话都不说了，且看某日后的表现吧！"

在李世民的眼里，尉迟敬德不过是位出色的武将而已，如果说对他有什么特殊的期望，确实有点自欺欺人。然而，多年以后，每当李世民回忆起这段征战的历史，都会把尉迟敬德单刀救主的事儿拿出来说上半天。

此战过后，尉迟敬德得了一堆金银珠宝不说，还成了李世民的亲信将领，开始了无可抵挡的开挂人生！好了，还是说回来吧。

尉迟敬德救出李世民之后，屈突通的援军也赶到了。

两位超级猛将联手，对敌军发动了惨无人道的攻击，彻底瓦解了王世充的战略布局，并生擒冠军大将军陈智略，斩首千余级，获排槊兵六千，大获全胜。

原本僵着的局势，被尉迟敬德和屈突通找到了突破口。接下来的两个月，王世充的外围防线彻底崩溃。

显州总管田瓒来降，见面礼：下辖的二十五个州。

尉州刺史时德睿来降，见面礼：下辖的夏、陈、随、许、颍、尉等七州。

濮州刺史杜才幹来降！

大将军张镇周率众归降！

管州（今河南省郑州市）总管郭庆来降！

汴州刺史王要汉来降……

仅仅三个月的时间，洛阳周边的州县几乎全部落入李世民的手中。一部分是主动策反，一部分是主动归降。总而言之，归降李唐的人，继续做官，有特殊功劳的，加官晋爵！

那么问题就来了，王世充被干的时候，窦建德在做什么呢？

据史料记载，唐军和洛阳军开战之前，窦建德收到了李渊的国书。

李渊平日里很忙的，军国大事，后宫美女，足够他忘乎所以。和窦建德玩异地交友？对不起，真的没空！不过，洛阳战场的胜负很重要，为了不让窦建德充当搅屎棍的角色，李渊闭关修炼，绞尽脑汁写了一封情真意切的亲笔信。信的结尾之处，李渊诱惑性地说了一句：好兄弟！以后要常联系哦！

我的乖乖！李渊是什么身份？

超级大腕儿啊，连走路带出的风都有贵族的尊贵气息，如今态度谦恭，还要和我称兄道弟，这必须得答应啊，就算是丧权辱国也在所不惜。

富二代和贫民窟的孩子做朋友的故事，虽然不太现实，但还是有吸引力的。窦建德将“国书”拿在手里，激动不已。为了表示自己的诚意，窦建德组建了一支特种保镖部队，专程将李渊的堂弟李神通、妹妹同安公主送回了长安。

不得不说，窦建德的这着棋臭不可当，毫无统治者的战略眼光。想想看，李渊已经收拾完西北和河东战场，如今正马不停蹄地收拾中原战场，如果让唐军再霸占洛阳城，基本上大势已去，窦建德纵然有百万雄兵也无济于事。

在这样的时间节点，窦建德即便不和王世充联手对付李渊，起码也得派大军前来洛阳，形成三方对峙的局面，然后趁机浑水摸鱼啊！遗憾的是，窦建德讨好完李渊之后，做出了一个惊人的决定：向幽州地头蛇罗艺开炮。

开炮的原因很简单：窦建德和罗艺有个人恩怨。

窦建德是种地的出身，没社会地位，没政治底蕴，完全是靠着一腔热血打江山，想要让人相信你可以成功，凭什么啊？因此，高级知识分子、地方豪强对他有天生的阶级排斥感，当窦建德的招降书到达幽州地界时，罗艺直接翻脸拒绝，还谄媚地投向了李渊的怀抱，宣布与窦建德作对！

窦建德顿时就找到了人生奋斗的新方向：干死罗艺，在所不惜！

问题是，罗艺是李渊的盟友，你一边和李渊握手言和，一边又丧心病狂地捅对方的属下，这是什么战略思路？这岂不是说，你点头哈腰地讨好李渊，没给自己带来任何好处，反而背负了两面三刀的名声？

武德三年（620）五月，窦建德让高士兴出马，结果丢下五千具尸体。

武德三年（620）十月，窦建德亲自出马包围幽州城，罗艺借助渔阳郡高开道的势力，轻轻松松地退了窦建德的大军。

窦建德表示，拿不下幽州城，誓不为人！

没过几天，窦建德率领二十万主力大军对幽州城发动了狂风暴雨般的攻击，眼看着就要成功，薛万均、薛万彻兄弟率领一百多名敢死队员连夜挖掘地道，突然出现在窦建德的背后，成功砍杀了一千多名夏军。窦建德虽然稳住了阵脚，可当他整军再战的时候，却如同中了地狱魔咒！

窦建德打幽州城，隋炀帝打高句丽，结局可以说是如出一辙！按照老窦的意思，肯定要发动第三次进攻的，可就在此时，曹州（今山东省菏泽市）暴乱了！

在此之前，曹州地头蛇孟海公带着三万名将士已经投奔了窦建德，可听说他在幽州吃了败仗，孟海公竟然在曹州附近烧杀抢掠，以至于民怨沸腾！窦建德身为领导，自然要肩负起灭火队长的重任，维护大夏政权的威严啊。

啥也别说了，提兵南下，散王霸，振纲常吧！

窦建德虽然弄不死罗艺，对付孟海公还是绰绰有余的。他给孟海公定制了一个“胖揍套餐”：早晨一顿暴力散打，中午一顿无敌旋风腿，晚上一顿如来神掌，将孟海公打得喘不过气来。好了，收拾收拾，继续北上搞罗艺吧！

就在此时，王世充的国书来了：建德兄弟！老子被李世民揍得鼻青脸肿，已经快要撑不下去了，速速南下，否则你我就要相忘于江湖了！

说实话，窦建德身体的每个细胞都在抗拒。

不久之前，王世充还带着属下偷袭了他的黎阳仓，抢走了一大批粮食，窦建德攻破了王世充的殷州，还以颜色，后来双方老死不相往来。如今，在没有任何谈和环节的铺垫下，想要找窦建德帮忙，实在是有点尴尬。

窦建德冷笑一声，老子不想。

中书舍人刘斌见势不妙，急忙打断："陛下！如今李渊占据关中，王世充占据河南，咱们霸占河北，这是三足鼎立的局势啊。李世民紧咬着洛阳不放，王世充的败亡是迟早的，一旦王世充战败，咱们就有唇亡齿寒的风险。臣建议，陛下可提兵进驻到洛阳周边，王世充强，俺们继续观望，李世民强，俺们从外围进攻唐军，只有这样，俺们才可以保持不败的地位啊！"

窦建德觉得有道理，于是答应了。

随后，窦建德回了三封莫名其妙的国书。

第一封是给王世充的：好兄弟，你等着，我马上就来了。

第二封是给李渊的：好兄弟，听我一句劝，双方握手言和，别打了。

第三封是给李世民的：秦王殿下，跟你老爸说了，这仗就别打了，要不你退回到潼关之内，归还霸占的地盘，大家继续做好朋友。

握手言和，归还霸占的地盘，别打仗了，这种建议效果如何呢？

客观地说，如果窦建德是老大，在处理老二和老三的纠纷时，这样的立场还是可以商量的。问题是，你根本就不是公认的江湖老大，离开了河北战场，压根就没什么话语权，凭什么让李渊父子与王世充握手言和，和你玩三足鼎立的游戏？

这事儿要是传出去，李渊和二郎还怎么混江湖？

只能说一句，这是秀智商下限的操作。

据史料记载，李渊收到窦建德的荒唐国书后，让人给李世民带了一句话：臭小子，攻陷东都之后，隋朝皇室的车驾仪仗、图书簿籍都给老子收集起来，至于钱财和美女，都分给将士们。直接无视了窦建德的提议。

想当年，窦建德东征西讨，开疆拓土，如日中天，河北、山东的起义军首领望风归降，一部分人就是看中了他的聪明才智和战略眼光，希望能够跟着他吃肉喝汤，等平定天下后捞个高官厚禄，光宗耀祖。

和其他农民兄弟相比，窦建德算是个有脑子的人。可是和李渊等人相比，智商明显就不够用了。跟着这样的老板混，实在是前途堪忧啊！

武德三年（620）十二月，窦建德的行台尚书令胡大恩归降李渊。

武德四年（621）正月，李世民精心挑选了一千多名精锐的骑兵，让他们选了一套最锋利的兵器，随后身穿黑衣黑甲，分为左右两队，最要命的是，还给他们配了几个领导：程咬金、尉迟敬德、秦叔宝和翟长孙。

黑甲军的任务很简单：瓦解洛阳军的战斗意志。

每逢交战，四位大将玩儿命似的往前冲，可谓所向披靡，战无不胜。十来天的时间，洛阳方面便谈“黑”色变。

武德四年（621）二月十三日，李世民下令，将大军转移到洛阳西边的青城宫。

领导，安营扎寨，埋锅造饭不？

先别着急，看看王世充是什么反应！

王世充表示，他需要一场胜利来证明自己，看到李世民没有来得及构筑防御工事，急匆匆地点了两万兵马，打算去截营。

傻子也知道，这是李世民设下的圈套啊。

当时，李世民已经和屈突通约好了：屈突通率领五千精兵埋伏在谷水之侧，李世民坐镇北邙山，率领黑甲军严阵以待，王世充到达之后，屈突通先和他玩玩儿，时间差不多了，就开始放黑色烟幕，由李世民率领黑甲军下山冲锋！

标准的黑色进攻套餐！

计划进行得很顺利，唯一的缺憾是，李世民的臭毛病太多了。

比如，喜欢偷偷跑到敌军的地盘搞调研，被发现之后，行为还很嚣张，要么竖起中指挑衅，要么原地等待战斗。这一次，李世民的鸡血打得很足，从王世充的前军一直杀到后军，由于用力过猛，身后的将士完全跟不上节奏，等到李世民杀到后军时，发现身边只有将军丘行恭。

李世民顿时就傻眼了，这怎么玩儿，身为大军的主帅，总归不能换一身敌军的战袍，偷偷逃回去吧？没办法，继续杀吧！苦战之下，李世民胯下的战马被活生生地肢解，最后只能徒步作战。还要继续玩儿吗？

不玩儿了，赶紧跑吧！

丘行恭杀了半天，发现老板已经丢了，于是原路找回，用羽箭杀了一批追击李世民的小兵，给他换了战马，这才救了他一命。

骠骑将军段志玄和李世民一样，喜欢单兵作战，杀到兴起就冲进了敌军的包围圈中，随后成功地被敌军擒获。按照惯例，小兵可以一刀剁了段志玄，可当他们发现段志玄身穿的是将军服之后，竟然打算将他绑回洛阳邀功请赏！

于是乎，小兵就悲剧了。

青城宫一战，洛阳方面死伤七千余人，只能退回洛阳城据守。

王世充大势已去，攻城吧！

想当年，杨玄感和李密在洛阳城下折戟沉沙，并非没有原因。洛阳城易守难攻，并非城高墙厚，而是装备了一批无与伦比的防守利器。

比如，王世充准备了一批投石车，可以将五十斤的石头投掷二百步之远，杀伤力不亚于一颗小型炸弹。这也就罢了，王世充还准备了一批远程劲弩，同时射发八支弓箭，每支弓箭的箭杆如同车辐，射杀距离长达五百步远，如此暴力的武器，一旦射中敌人，可以将他们打得血肉模糊。

李世民并非没有内援。据史料记载，当时洛阳城一共有十三批亲唐派势力里应外合，最终都被王世充擒杀，归于失败。唐军自从离开长安，一路势如破竹，兵锋所向，群雄来归，可是最惨重的伤亡还是出现在了洛阳城的攻坚战役中。

一连十多天时间，唐军居然毫无寸进。

将士们开始不干了，离家数月之久，人困马乏，如今身边的兄弟死的死，伤的伤，胜利又遥遥无期，还不如班师回朝呢！

行军总管刘弘基：老板，这活儿干得很不理想啊，王世充命不该绝，要不咱们先撤军，回长安休息一段时间吧！

李世民："洛阳周边的城池已经被咱们全部拿下，洛阳已然是一座孤城，咱们虽然伤亡惨重，王世充也好不到哪里去，再坚持一下就可以拿下了！"

刘弘基："秦王殿下！窦建德的大军已经开始向洛阳进发，到时候咱们腹背受敌，形势堪忧啊！"

李世民怒吼道：不破洛阳，誓不回军，再敢言退者，斩无赦！

属下们拗不过李世民，只好找李渊说情。

李渊：二郎！这仗打得没滋没味儿，要不回家休息吧！

李世民：老爸，王世充什么德行，您还不清楚？他号称地盘很大，实际能控制的也就洛阳城而已，儿子再打几天，王世充的死期也就到了！

天下父亲都一样，不愿意打击孩子的积极性，就由他去吧。

李世民：兄弟们，把洛阳城围起来，困死王世充！

当时，洛阳经历连年战乱，粮食极其匮乏，就连地主家的余粮也不够吃。王世充很无奈，只好让太子王玄应亲自出马，从虎牢关偷运粮食，李世民暗中派将军李君羡半路拦截，王世充没捞到粮食，还损失了一批将士。

在李世民的围攻下，洛阳城中的粮食价格飞涨，一匹绢值三升粟，一匹布值一升盐，而服饰珍玩却贱如土芥。

李世民没有攻打洛阳之前，城中百姓以草根木叶为食，吃完了就用清水淘洗细泥土，做泥土饼吃。李世民围攻之后，不仅老百姓吃不饱，就连朝廷的官员和公卿家族也开始断粮。副部级官员以下，下班之后集体外出找吃的，不少官员生活经验欠缺，被活生生饿死。

皇泰主杨侗登基称帝后，将洛阳城外的百姓全部迁入城中，大概有三万家之多，到现在连三千家都不到。毫不夸张地说，洛阳城已经到了崩溃的边缘。

不仅如此，从隋大业八年（612）开始，农民起义席卷全境，大大小小的军阀为了争夺地盘，互相攻伐，顺带着屠杀和抢劫百姓，导致人口断崖式下降。

隋大业五年（609），全国人口四千六百多万。

武德元年（618），全国人口九百多万。

十年不到的时间，全国人口折损了将近三千万左右，农民起义战争、军阀混战和饥饿堪称最主要的原因。这一切该由谁负责？

如果我们怪罪隋炀帝，那就是对事实真相的掩盖和忽视。

李世民对洛阳城围而不攻，想活活饿死城中的百姓，这究竟是为了天下黎民百姓，还是为了李家的私利？隋末的全国混战由隋炀帝而起，可起义军首领为了争夺统治权，谋求更多的利益，不顾百姓的死活，大肆开动战争机器。

人性的贪婪，对权力肆无忌惮地追逐才是罪魁祸首。

虎牢之战：李世民名留青史

当时，李世民已经将洛阳城围了起来，王世充毫无招架之功，各地的官员看到老板大势已去，纷纷开城投降，另投新主。

窦建德呢，又去哪儿了？

探子回报，窦建德终于从曹州出发了。

老祖宗告诉我们，做事情不要磨磨蹭蹭，否则要吃大亏。比如窦建德，如果能提前出发，路过王世充的地盘，肯定可以免交过路费。如今呢，王世充的属下纷纷投降，洛阳附近的城池全部成了李渊的产业。

必须收过路费啊，而且是惩罚性地征收。

一个月之内，管州、荥阳、阳翟全部成了窦建德要攻克的堡垒。本来兵力就不够，还得在路上折损一部分，这事儿办的，冤不冤呢！不仅如此，王世充的求援信还提到了一件事儿，他很有钱，可粮食不够吃！于是乎，窦建德必须身兼两职，一边将大军带到洛阳战场，解决王世充的存亡问题，一边扮演着运粮官的角色，解决他的存活时间问题！

这活儿干的，实在是太费力了。

武德四年（621）三月，窦建德终于来到了虎牢关外。

千里奔袭，舍己为人，俨然一副圣诞老人的模样。

如果是在一个月之前，王世充肯定会带着属下倾巢而出，赶赴郊外三十里处，礼炮震天，锣鼓相闻，用国礼来欢迎窦建德同学。可眼下不行啊，王世充困守在洛阳，只能让远在徐州的行台尚书令王世辩去招呼他，王世辩为了表示“诚意”，居然命手下的将领郭士衡率领几千名士兵前去和窦建德会师。

窦建德很郁闷，被利益绑架的滋味很不好受。

咱来算算账啊，虽然没有带上全部家当，可毕竟也有十几万人助阵，你却只出了几千人，这到底是为谁在干活？说是两国联军，可窦建德却是绝对控股，王世充的属下，充其量只能打打酱油，于两国联军的名声有损啊。

情势紧急，窦建德不想去追究了。就这样对外公布吧：老子手下有三十万大军，和王世充各占一半。逻辑上行得通，也能唬得住李世民这黄口小儿。

准确地说，窦建德的实际兵力要远超过李世民。

会师之后，窦建德命大军驻扎在虎牢关附近，并在板城渚口（今河南省荥阳市汜水镇境内）修建了大面积的营寨，打算和唐军展开殊死决战。

虎牢之战，注定是一场能够决定历史走势，青史留名的战争。

武德四年（621）三月二十四日，李世民召集谋臣和战将开了一次紧急碰头会。

李世民：来吧，说说怎么打吧！

主战派郭孝恪：领导，啥也别说了，杀一个是杀，杀两个也是杀，既然窦建德送上门来了，一并解决得了。

萧瑀、屈突通、封德彝：老板，窦建德很凶残啊，最近他们士气高昂，兵锋正盛，为了避免腹背受敌，哥几个还是退守新安，再做处理吧。

正方和反方都出现了，中间派的也该登场了。

自古以来，最能揣摩领导心思的，一定是身边的贴身幕僚。

比如记室参军薛收：这事儿很好办，分兵防守王世充，逼他不敢出城交战，秦王殿下亲率大军占据成皋，以逸待劳，先破窦建德，再灭王世充，收工。

在李世民的人生字典里，只有两种选择：硬刚，或者软刚。

总而言之，能刚的一定刚，不能刚的也要创造机会刚！

李世民果断下令：老弟，你和屈突通继续围困洛阳，老哥去也！

李元吉慌张了：你去哪儿？

李世民：去虎牢关啊！

李元吉：带多少人马？

李世民：不多，三千五百人就够了。

这样的安排只能说明两件事，要么是小瞧窦建德，要么是小瞧老弟！

武德四年（621）三月二十五日，李世民一行达到虎牢关。

还是老规矩，先去偷窥窦建德的大营。

为了保险起见，李世民带了五百人随行，出虎牢关二十里之后，李世民让李世勣、程咬金、秦叔宝三人分别统领小分队埋伏在道路两侧。真正亲临一线的只有五个人，李世民、尉迟敬德，以及三位骑兵。

出发之后，李世民豪情万丈，和尉迟敬德调侃道："敬德兄弟，本王拿一把弓箭，你拿一把长槊，敌方虽有百万之众，能奈我何啊？"

尉迟敬德："呵呵！"

李世民表示，尉迟敬德还是太保守了，既然是吹牛皮的场合，就得有吹牛皮的觉悟嘛。于是乎，李世民又补了一句："窦建德见到我，不战而退才是上策！"

敢情李世民只带三千五百人出门，是打这样的如意算盘？

据史料记载，李世民一行偷偷摸摸来到了窦建德的军营附近，大概还有三里地的逃跑距离。当时，巡逻骑兵已经发现了李世民等人，他们误以为李世民是探子，可能身怀逃跑的绝技，因此放弃了追踪。

谁料想，巡逻兵的无视态度让李世民觉得很没有存在感。

李世民大声喊道：嗨，兄弟！老子是秦王李世民，要不要过来聊聊？

李世民来了？那还不赶紧去凑凑热闹，看看这小子是不是长得三头六臂啊。一时间，窦部的军营火爆无比，堪比后世小网红的直播空间。

粉丝聚会，只不过想看看自己崇拜的偶像而已。可李世民呢，看到人肉靶子集聚，一时手痒难耐，拈弓搭箭，当场就射翻了一名将军。

这玩笑就闹大了！

窦建德得知李世民前来挑衅，当即点了六千兵马前去追赶。

前一秒钟，李世民的小跟班们还在乐呵呵地看热闹，下一秒钟，看着乌泱泱的大军裹挟而来，竟然吓得呆若木鸡。不得不说，三个小跟班的心理素质还是不行，领导都不怕死，你们怕什么？给你们表现机会，只怪你们没抓住啊！

李世民看了他们一眼，失望地说道：你们三个先走，我和尉迟敬德殿后！

说罢，李世民和尉迟敬德按辔徐行，犹如骑马逛山坡的驴友，感觉非常惬意。等到窦建德大军靠近的时候，李世民左右开弓，一连射杀了十余个人。

这种情况下，谁冲在最前面，谁就先去找阎王爷报到。大家都只有一条命，只能选择慢悠悠地跟着，不知不觉间就进了李世勣、程咬金、秦叔宝等人的埋伏圈，一声梆子响，伏兵尽出，趁乱斩杀三百余人，擒获其骁将殷秋、石瓒。

初次交锋，唐军小胜而归，军营其乐融融。

就在不久前，窦建德给李世民写过一封信，劝他退到潼关之内，将霸占的地盘全部退还给王世充。可怜的李世民，兵不强将不广，可能是害怕打了败仗会很没面子，因此不敢和窦建德打口水仗。

如今的局势大不一样，李世民的腰杆自然就挺起来了。

回营之后，李世民神清气爽，专门给窦建德修书一封：老窦啊，你应该知道王世充是什么样的人吧，两面三刀，反复无常。不久之前，王世充还和你老死不相往来，知道自己要挂了，于是就让你南下支援，要求你送粮送军队，这不是坑你吗！刚刚和你战了一场，只不过是开胃小菜而已，依本王看来，您还是赶紧退兵吧，不然的话，一定会后悔莫及啊！

窦建德吃了闷亏，又被李世民羞辱了一顿，心里就跟吃了苍蝇一样恶心。窦建德的将士都是北方人，一路南下，恶战无数，厌战情绪非常高昂，再加上和李世民的几次交锋也没占到什么便宜，人心有点儿不稳。

说白了，没前途的事业，很难让人给你卖命。

不过，窦建德很乐观。

在他的眼里，只要保住了粮道，就不怕他们闹事儿。

遗憾的是，窦建德又失策了。李世民是粮食消耗战的绝顶高手，只要和敌人交手，劫夺对方粮食几乎是标准化的作业流程！比如，窦建德正在发愁的时候，王君廓偷偷摸摸找到了窦建德的运粮大队，活捉了他的大将军张青特。

窦建德很懊恼，敌人太狡猾，自己太天真啊。

老板的心情不好，属下自然也跟着犯愁。

有一天，国子祭酒凌敬找到了他。

凌敬：“陛下，如今李世民据守虎牢关，咱们进退不得，有些被动啊。臣闭门苦思，终于想到了一个围魏救赵的策略。”

窦建德：“你说给朕听听。”

凌敬：“臣以为，您可以亲率大军北渡黄河，攻取怀州、河阳等地，然后大张旗鼓地越过太行山，直捣河东！”

窦建德颇为吃惊：“去河东？”

凌敬：“对，去河东！第一，渡黄河北上，路上只有一些小敌，不足挂齿！第二，咱可以攻城略地，扩大咱们大夏的地盘！最关键的是，大军驻屯在河东，可以对长安城形成直接威胁，到那时，洛阳之围就可不攻而解！”

确实是独辟蹊径的好办法，可细细想来，还是有些问题。比如，在你西进的时候，如果李世民拿下洛阳城，那又该如何呢？到那时，李世民跟着北渡黄河，与长安方面关门打狗，窦建德真的是上天无路，下地无门啊。

不，下地狱的路还是有门的。

据史料记载，窦建德对凌敬的计策深以为然。就在窦建德出发之前，王世充的使者到了，此人哭爷爷告奶奶，央求窦建德一定要救洛阳城，言语之间已经把窦建德奉为无所不能的神灵，就差把他供在王家太庙里享受祭祀了。

很可惜，窦建德不为所动。哼哼，便宜话谁都会说，不值钱啊。

钱？有啊有啊，王世充这次学乖了，他让人带了好几车金银珠宝，专程拿来贿赂窦建德和他的属下。

江湖规矩，拿人钱财，替人消灾。尤其是窦建德的战将，在他们的眼里，王世充就是一座金矿，舍弃现成的金矿，跟着你去大浪淘沙，不是有病吗？

老板，还是不要冒险北进，留下来干李世民吧，我们一定奋力杀敌！

杀是肯定的，关键是没有粮食，怎么打下去啊？

窦建德在虎牢关耗费了一个多月的时间，就连妻子曹氏也看不下去了，她明确表态，凌敬的计策没毛病，更何况突厥人也在骚扰长安，如果率兵北进，攻打河东，洛阳之围可迎刃可解。

遗憾的是，窦建德突然搞起了大男子主义，他批评曹氏是一介女子，凌敬是从未带兵打仗的意气书生，根本不懂行军打仗！结果呢，窦建德就是想坚守虎牢关，用十万大军彻底碾压李世民！

战争年代，缺粮是肯定的。窦建德缺粮，李世民也缺粮。不过，李世民缺的不是人吃的粮食，而是战马的草料。

李世民此番前来，带的是最精锐的骑兵，对草料消耗极大。唐军夹在洛阳和虎牢关之间，可利用的空间有限，他弄不死窦建德，窦建德也撼动不了他，双方僵持之际，黄河以南的草几乎被李世民的战马给吃光了。

就在此时，窦建德的探马带回一个消息：唐军打算将战马带到黄河以北。李世民的探马也带回一个消息：窦建德知道唐军要到黄河以北牧马！战事僵持情况下，双方都想找机会开战，这无疑是个机会。

武德四年（621）五月初一，李世民将计就计，亲自把战马带到黄河之北，将它们放养在河中的沙洲，故意引诱窦建德前来袭击，随后又南渡黄河，逼进广武（今河南省荥阳市广武镇），观察窦军的形势。

武德四年（621）五月初二，李世民照例将战马送到黄河以北，继续引诱。

窦建德看出来了，唐军确实缺少草料，天赐良机，这一仗必须得干！于是，窦建德亲率大军从板城渚口而出，在汜水东岸布阵，北依大河，南连鹊山（今河南省荥阳市的西南），擂鼓挑战。

在窦建德的眼里，李世民最厉害的就是骑兵，如今战马都在黄河之北吃草，这就意味着唐军没有足够的骑兵与他作战，窦建德虽然灭不掉唐军，却可以趁此机会打压李世民的嚣张气焰，为自己挽回一点儿面子。

接下来，窦建德故意将大军延展二十余里，造出一股大军压境的气势。李世民，来呀，骑着你的战马，扬起你的马鞭，来干我呀！嘚瑟之意，溢于言表。

李世民摆了个潇洒的姿势，仰天长叹道：哎，老子真是个没文化的人。你们说，自打从娘胎里出来，还不知道怂字是怎么写的，人生失不失败！

李世民怒吼道：没战马可骑的将士，全部在汜水西岸列阵，不能露怯！

没过多久，李世民偷偷来到了一个高坡之上。

老规矩，打仗可以输，但偷窥工作一定要做好！

看着窦建德的架势，李世民乐呵呵地说道：“兄弟们！窦建德此人，没有见过真正的大场面，如今逼城而阵，是对我们的轻视。你们放心好了，等敌军士气低落，饥渴难耐之时，必定会撤退，到时候咱们前去追击，必能大获全胜。”

不得不说，窦建德手握重兵，战机又不错，却摆出二十里的长蛇阵，与其说是打仗，还不如说是炫耀武力呢！可惜的是，李世民一眼就看穿了他的心思。

战场之上，李世民在算计窦建德，想要他的命。而窦建德呢，一心想着羞辱李世民。二人的出发点不一样，结果自然也会不一样。

窦建德知道李世民没战马可用，也不着急进攻，因此派了三百个骑兵渡过汜水，距离李世民的阵营不过一里地。准确地说，这已经算是跑到人家门口耀武扬威了。即便如此，窦建德仍然觉得不过瘾，他派人喊话道：“李世民，你敢不敢选出几百个骑兵来和我们玩玩？”

敌人蹬鼻子上脸，李世民必须挽尊一波：“王君廓，你带领二百军士和他们玩玩，记得带上长槊！”长槊就是长矛，这个兵器沉重，专门对付战场上的骑兵。

交战之时，窦建德的士兵往来冲突，耀武扬威，场面上很好看，可他们带的都是短式武器，靠近不了唐军。双方来来回回打了几次，互有伤亡，仅此而已。

中场休息，战场上突然出现了一匹高大威猛的战马，其他的马和它比起来，犹如野地萤火之比当空皓月。不错，这匹马是隋炀帝的御用青骢马，后来落到窦建德的手中，骑着宝马的人，正是窦建德的属下王琬。

很显然，这是敌方毫无底线的炫富行为。

李世民直接无视王琬的存在，感叹道：“真是一匹好马啊！”

尉迟敬德闻声而动：“殿下，咱立马给你抢回来！”

李世民急忙制止：“莽夫，你给我站住，为了一匹马，还犯不着让你去冒险！你要是没事儿干的话，赶紧去北边把我们的战马带回来！”

尉迟敬德：“好的。”

话音刚落，尉迟敬德便叫了两个小伙伴飞马出营，不到一炷香的时间，尉迟敬德便活捉了王琬，大摇大摆地将他的青骢马给牵了回来。

尉迟敬德："秦王，这匹青骢马就送给你了，我现在就去黄河北岸牵马去！"

实力演绎，什么叫转身离去深藏功与名啊！

转眼之间便到了中午，艳阳高照，烈日炎炎，窦建德的将士又饿又渴，互相争抢着水喝，吃饱喝足之后，又聚在地上打打闹闹，犹如野炊一般。说得不好听一点，完全是一帮地痞流氓的德行！

此时，尉迟敬德已经把黄河以北的战马全部带了回来。

李世民：是时候收割了！宇文士及，你率领三百骑兵，从窦建德军阵由西向南穿越，先行试阵。如果窦建德毫无反应，立刻把军队带回来；如果阵势有动，则引兵东进，绕到敌军背后。

宇文士及经过前阵时，窦军阵势果然动乱。这也就意味着，窦建德的大军非常脆弱。随后，李世民亲率轻骑冲锋，主力东渡汜水直扑窦建德的大本营。

彼时，窦建德正在和朝臣开会，听说李世民前来冲锋，震惊不已。太突然了！说好的玩玩呢，怎么就动真格了？咱们的骑兵呢，赶紧出发！

遗憾的是，一切都太晚了，两军本来就相隔很近，窦建德又要调兵遣将，等骑兵到位的时候，唐军已经冲到了面前。

窦建德：后退！后退！

唐将窦抗一马当先，直追着窦建德砍杀，不幸被敌军包围。

当时，李世民只有三千五百名骑兵，他的本意是打窦建德一个措手不及，趁乱取胜，可看到窦抗失利，他也开始着急了。此时，战争的走向全凭主帅的一念之差，如果后退，意味着一切都要从头开始，如果进攻，有失败的风险，也有成功的可能。毫无疑问，李世民属于极端冒险分子！

当时，李世民做出了一个惊人的决定：他带着史大奈、程知节、秦叔宝、宇文歆等部将冲到窦建德大军的身后，然后找了个地方插满了唐军的旗帜，让人误以为唐军已经占领了窦军大营！这着棋立竿见影。

完了，一切都完了，阵地都被人占领了，还打个啥！赶紧撤吧！一时间，窦军大乱，纷纷溃逃。李世民一口气追击了三十余里，砍杀三千多人，窦建德中槊受伤，退至牛口渚（今河南省汜水县西北）。

遗憾的是，李世民半途而弃，并没有亲自擒获窦建德。据史料记载，车骑将军白士让、杨武威成为了历史的幸运儿，他们俩率人紧追不舍，窦建德慌忙之中不幸坠马。大人头啊，必须得拿！白士让举槊欲刺，窦建德连忙求饶："别杀朕，朕乃大夏皇帝，如果你们将朕送给李渊，保你们得到富贵荣华！"

杨武威这才绑了窦建德，将他带回去交给了李世民。

当时，窦建德已经48岁，算是事业有成的大叔，李世民不过是23岁的创业小青年，可两人对话的场景似乎有点儿违和感。李世民怒斥道："本王和王世充打仗，你跑来凑什么热闹，还敢越境侵犯我！"

是可忍孰不可忍啊，要不要刚一波？

窦建德表示，自己已经是阶下囚，嘴越硬，越没好果子吃，于是谦卑而不无嘲讽地回答道："秦王殿下，如果我不来的话，还要麻烦你跑那么远去找我。"

话说的似乎很有道理啊！此战过后，窦建德被擒，麾下五万将士被俘虏，河北的军阀势力几乎是烟消云散。

武德四年（621）五月初八，李世民押着窦建德、王琬、王世充的长孙王安世等人前往洛阳城下示威，还让王琬入城，给王世充讲了个故事。

故事的名字叫作：热血青年与成年大叔的凶残博弈。

结局大家都知道了，不管是在战术上，还是结局上，热血青年都是完胜。

此时，洛阳方面已经达成共识：窦建德是他们最后一根救命稻草，他的被俘，意味着王世充彻底失去依靠，洛阳城迟早会成为李世民的囊中之物！

武德四年（621）五月初九，关闭已久的洛阳城门被打开，王世充带着太子，以及两千余名文武官员前往李世民的军营投降，态度卑微无比。

李世民嘲笑道："王世充，在你的眼里，本王恐怕还是个小孩子吧，如今为何会对本王如此恭敬呢？"

在强权霸道面前，王世充完全强横不起来。

武德四年（621）九月初十，唐军正式进入洛阳城，宣示着对这座古都的占领。

世人都知道，唐军是文明的军队，奸淫辱掠的事儿，他们基本不干。入城之后，李世民派房玄龄到中书省、门下省收集隋朝的地图、户籍、诏书等文书，尤其是户籍信息，涉及人口的统计和税收的征收，绝对要比金银珠宝实在得多。

遗憾的是，王世充已经提前派人将这些资料销毁。王世充就算死，也不想让李唐占了便宜！不过，他还是想多了，隋末天下大乱，百姓背井离乡，或成为流寇土匪，或在战场上身亡，对李唐来说，重新统计户籍是必不可少的。

王世充此举，只能抹黑自己，让李渊找他发泄仇恨。

李世民占领府库之后，将收缴的金银珠宝全部赏给了将士。

段达、王隆、崔洪丹、薛德音、杨汪、孟孝义、单雄信、杨公卿、郭什柱、郭士衡、董睿、张童儿、王德仁、朱粲、郭善才等高级将领，李世民毫不含糊，下令将他们在洛水岸边悉数斩首！

武德四年（621）七月初九，李世民处理完了东都事务，返回长安城。

当天，李世民身披黄金铠甲，身后跟着李元吉、李世勣等二十五名超级战将，又有一万名铁骑和三万甲士跟随，前鼓后吹，锣鼓震天。李渊隆重接待了李世民等人，随后下令将王世充、窦建德等战俘，以及隋朝的乘舆、御物献于太庙，以此祭奠李氏家族的列祖列宗，就为表达一个意思：老李家终于坐稳天下了！

李渊、王世充、窦建德三人同为隋末的大佬，然而李渊毕竟是最终胜利者，执掌二人的生机，姿态自然不一样。长安城内，李渊怒斥王世充，指责他在洛阳干的坏事太多，非杀了他不可。杀就杀吧，还得找个官方理由……

王世充摇尾乞怜道：“我做的事情确实是死罪，但是秦王答应不杀我！”

都沦为阶下囚了，并不影响你的智商水平啊。李渊想了想，二郎的面子还是要给的，要不这样吧，赦免王世充的死罪，将王氏家族发配到蜀中地区，严加看管！从历史大数据来看，严加看管完全可以和政治谋杀画等号。

窦建德，你有后台撑腰吗？没有是吧，直接剁了吧，没什么好解释的。

据史料记载，李渊的诏书下达之后，有关部门并没有给王世充配备看守的卫队，至于王世充本人，则被羁押在雍州官衙之内，具体地点不可考察，应该是在长安城的某处地方。有一天，官衙突然来了几个人，进门之后，他们并没有表明身份，而是直接掏出了皇帝的敕书，声称圣意传唤。王世充和兄弟王世恽听到动静，立刻从房里跑了出来，还没来得及问话，就被使者砍倒在血泊之中。

所谓的使者，真名叫独孤修德，官居定州刺史，其父亲独孤机曾经在越王杨侗的手下做事，因为王世充篡位，独孤机想要归顺李唐，却被王世充所杀，于是乎，独孤修德所做的一切，就可以解释成为父报仇。

关于此事，疑点颇多。

第一，定州和雍州相隔一千里地，李渊不杀王世充的决定是临时下达的，独孤修德是如何得知消息，并擅离职守，偷偷跑到雍州杀人的？

第二，王世充是战争罪犯，有关部门为何不派兵严加看守，而是放在衙门？

第三，独孤修德只不过是小小的刺史，必定搞不到皇帝使者的官方行装，由他掏出圣旨，堂而皇之地宣读，雍州的官员们居然毫无察觉？要知道，雍州府位于天子脚下，说他们不懂朝廷的礼仪，这事儿谁能相信？

第四，李渊得知王世充被杀，只是下令撤了独孤修德的职务。要知道，独孤修德除了杀人罪，还犯了假传圣旨的欺君大罪，李渊要是乐意，完全可以处死他。然而没过多久，李渊便下诏继续重用，独孤修德去世之前，官居李唐宗正卿（掌管李唐宗室的户籍，官居从三品），显赫至极。

王世充被杀之后，李渊直接下旨：诛灭王世充的家族成员！

关于这件事，任何猜疑都是多余的。成王败寇是中国历史的终极游戏规则，只要你能站在食物链的顶端，什么君臣，什么父子，什么人伦，都是浮云。

开设文学馆的动机，没你想得那么复杂

现代的企业股东，能够拥有 51% 的企业股权，就算是绝对控股了。看看李渊吧，霸占关中、河东、西北、蜀中，灭掉王世充和窦建德后，又得到河北、河南、山东的绝大部分地方，江淮的杜伏威又是李渊的铁杆粉丝，说李唐占据半壁江山一点儿也不为过。局面发展到这儿，已经是妥妥的了。

于是乎，问题就出现了：能有如今的局面，都是谁的功劳？

自然是秦王李世民。

那该如何封赏李世民呢？李渊表示，自己非常头疼。

李世民如今的头衔是这样的：秦王、太尉、尚书令。

秦王，超然的存在，用任何级别来形容都是多余的。

太尉，三公之首，全国级别最高的司令员，主管全国的军务工作。按照古代的官职制度，三师（太师、太傅、太保）和三公（太尉、司徒、司空）是最尊贵的职位，正一品的存在，专门加封给德高望重，可以镇住场子的元老重臣。李渊立国之后，三师一直空缺，让李世民担任太尉，一方面是让他主管军政，另一方面，恐怕是帮李世民在朝野树立威信吧。

尚书令，主管全国的行政工作。

一句话总结，翻遍历朝历代的官职，再也没有合适李世民的官帽了！

有一天，李渊闲来无事翻阅史书，突然看到了殷商丞相傅说的故事，于是灵光一现，想了个“天策上将”的名字。所谓的天策，指的是天策星，又名傅说星。傅说是中国殷商时期的政治家、军事家、思想家，他辅佐武丁中兴殷商，厥功甚伟，据说后

来得道成神，去世之后飞升上天，变成一颗星星，后称傅说星。

关于傅说星，有说法称星星如果越来越亮，就会诞生无数的能臣干将，辅佐帝王建立不世功勋。李渊一手创立大唐帝国，自然希望家族越来越强大，因此将天策上将的封号赏给李世民，是对李氏家族寄予了最美好的希望。

按照政治地位，天策上将位于三师之后，亲王和三公之上，地位崇高无比。同时，天策上将是唐朝所有武官之首，地位远远高于朝廷卫府大将军，李渊还承诺，天策上将可以开府建牙，设置自己的官僚。

根据《旧唐书·职官志》的记载，天策府的编制有三十五个人，除了天策上将之外，还有三十四个办事的官员，分别是：

天策府长史一人（唐俭），从三品，府中的大管家，总参谋长。

天策府司马一人（宇文士及），从三品，地位比长史稍微低一点儿。

天策府从事中郎二人（于志宁、杜如晦），从四品下，协助长史、司马管理府中的事务。

天策府军咨祭酒二人（苏世长、窦师纶），正五品下，天策府的高级顾问和军事参谋，同时还负责接待任务。

天策府主簿二人（李玄道、虞世南），从五品下，负责起草天策上将的文书，虽然级别不高，却是老板的贴身幕僚，可以知道许多机密。

天策府记室参军事二人（薛收、薛元敬），从五品下，负责传递公文，发布天策上将的教令、命令，和天策府主簿的分工一样。

诸曹参军事十二人，每曹二人，共六曹，正六品下。

功曹参军事：掌管府中官员的请假、出差、工资等事务。

仓曹参军事：掌管府中的仓库、食堂、厨房等事务。

兵曹参军事：掌管府中士兵的名册、考勤等事务。

骑曹参军事：掌管府中的畜生、畜牧等事务。

铠曹参军事：掌管府中的武器装备。

士曹参军事：掌管府中的工程，以及处罚府中士兵的职责。

天策府参军事六人，正七品下，主要掌管出差事务。

天策府典签四人，正八品上，协助军咨祭酒和记室参军事开展工作。

天策府录事二人，正九品上，协助记室参军事开展工作。

关于天策府官员的任命，李世民全权选拔，李渊只不过象征性地审批一下。客观地说，天策府是李渊为了奖赏李世民而设立的怪物机构，玄武门政变后，李世民便下令撤销天策府，自此，大唐再也没有出现过天策府这样的机构。

在李渊的操作下，最后李世民拥有这样一堆恐怖的头衔：

天策上将、太尉、司徒、尚书令、陕东道大行台尚书令、雍州牧、秦王、十二卫大将军，开天策府，置官属，增邑三万户。爵位、勋职、行政职务、军中职务，实权，要什么有什么，而且都是各自领域最高级别的头衔！

自古以来的帝王，出手有李渊这样豪气的，还真没有出现过。

天策上将的诞生，绝对算是长安城的头条新闻，当大家议论纷纷的时候，李世民宣布了另外一件大事：开设文学馆！不得不说，这个机构的名字很普通，甚至是俗不可耐，然而却在历史上有很重要的地位。

历史爱好者对文学馆的看法历来分为两大阵营：

阵营甲：李世民开设文学馆就是为了给自己招贤纳士，准备谋夺太子之位，而后面发生的玄武门之变，正好可以印证这个说法。

阵营乙：李世民并没有夺取太子之位的想法，设立文学馆不过是因为爱好文学，想找当时最负盛名的青年才俊一起切磋，至于玄武门之变，李世民确实有主观的考虑，但是被逼无奈的因素更多。

咱先别站队，也别在设立文学馆和玄武门之变两件事情中寻找关系，过程说清楚了，结果自然也就出来了！

既然是文学馆，肯定得找几个像模像样的文学之士给他撑撑场面吧，据史料记载，第一批获得文学馆入场券的有这几个人：杜如晦、房玄龄、虞世南、褚亮、姚思廉、李玄道、蔡允恭、薛元敬、颜相时、苏勖、于志宁、苏世长、薛收、李守素、陆德明、孔颖达、盖文达、许敬宗，史称“文学馆十八学士”。

老规矩，先给十八位大学士做个背景调查吧。

1. 杜如晦（585—630）

首都长安户口，爷爷叫杜果，隋朝的工部尚书、义兴公，父亲叫杜咤，隋朝的昌州长史，能出生在这样的家庭，实在是上辈子烧了高香。这也就罢了，杜如晦原本可以混日子等死，可他偏偏勤奋读书，努力上进，历史、军事、文学、古册典籍，只要家里有的书，杜如晦从不拒绝，有祖辈们优良的聪明基因，外加勤奋刻苦，杜如晦少年成名！

这就是我们常说的，别人比你出身好，还比你更勤奋，你还奋斗个啥！

像杜如晦这种人，家世背景完全限制了他的发展道路，从他呱呱落地的那一刻开始，就注定走上了仕途，而且不需要参加高考，可以直接保送。

当时，隋朝的礼部侍郎高孝基就说了：杜如晦，你是国家的栋梁！叔叔呢，先让你做个小官，就滏阳县尉吧，虽然工资很少，但是很锻炼人。杜如晦干了几天，觉得没啥挑战，于是愤然辞职，回家里继续闭门苦修。

李渊平定长安之后，杜如晦前来投奔，李世民将他网罗到麾下，任命为曹参军，后来升任陕州总管府长史，做了李世民的高级参谋。当时，秦王府的招聘速度太快，最终引起了太子府的注意，李建成给老爹上了一道奏折，声称秦王府的人才很多，应该将他们派遣到地方做官，为大唐帝国的建设做炮灰，杜如晦名声在外，自然被列入重点打压名单。

事实上，秦王府的首席参谋是房玄龄，至于杜如晦，虽然挂了高级参谋的头衔，可并没有引起李世民的强烈关注。一直到杜如晦要离开的时候，房玄龄才找到李世民，声称秦王府的其他人离开没问题，可杜如晦才为世出，如果以后要经营四方，此人可堪大用，李世民这才找老爸刷脸，留下了杜如晦。

2. 房玄龄（579—648）

山东人，祖上都是朝廷的官员，尤其是老爸房彦谦，是山东有名的才子。房玄龄从小便博览经史，精通儒家经书，善诗能文，又学得一手好书法。18 岁的那年，房玄龄中了举人，后来担任隰城县尉，成为隋朝的公务员。和杜如晦一样，房玄龄觉得这份工作没啥乐趣，因此给领导递交了辞呈，在李世民南下长安的时候毅然投奔，被任命为秦王府记室，担任首席高参。

房玄龄在秦王府掌管重要文书的起草工作，对核心机密了如指掌，他的特点非常鲜明，只爱人才不爱钱财，每逢打了胜仗，别人都争先恐后地抢夺钱财，房玄龄却像极了人才市场的中介贩子，四处为李世民网罗人才。张亮、薛收、李大亮、杜如晦等人，都是房玄龄一手提拔起来的青年才俊！

3. 虞世南（558—638）

越州余姚（今浙江省慈溪市）人，老爹虞荔是南陈的太子中庶子（太子爷的文人侍从），叔父虞寄是南陈的中书侍郎，因为虞寄没有子嗣，虞世南便被过继到叔父的门下，虞世南还有个哥哥叫虞世基，后来官居隋朝的内史侍郎。

虞世南生性寡淡、沉默少言，却是个令人崇拜的学霸级人物。

如果用一句话来形容虞世南的年少青春，只能说四处拜师，埋头苦学。年少的时候，虞世南和哥哥虞世基一起拜到文学宗师顾野王的门下，学习文章、书法和丹青。好吧，大家可能不知道顾野王，那应该知道清朝有个文学宗师顾炎武，不错，顾炎武正是顾野王的后代。

在顾野王这里，虞世南学习了十余年的时间，书法和文章齐头并进，人生境界疯狂升华，后来又拜到著名文学家徐陵的门下，兼收并蓄，茁壮成长。出门游学的时候，虞世南有幸结识到王羲之的七世孙智永和尚，二人臭味相投，智永大师将祖传的草书技法传授给虞世南，这才让他在书法领域傲视群雄。

陈朝灭亡后，虞世南与虞世基一起到首都长安混日子，由于名声在外，虞氏兄弟被赞誉为西晋王朝的陆机、陆云兄弟。当时，晋王杨广和秦王杨俊都给虞氏兄弟发了聘书，虞世南却以母亲年老病重为由，拒不出仕。

有理由相信，虞世南并不是对做官不感兴趣，而是看不上两位王爷给的工作机会，他想要拿的职位，应该是太子府的高级参谋！遗憾的是，杨勇对拉拢人才不感兴趣，虞世南并没有等到这个机会。一直到隋大业元年（605），隋炀帝想起了虞世南，这才将他提拔为秘书郎（主管图书收藏和抄写誊录）、起居舍人（记录皇帝的日常行动和国家大事）。

隋炀帝被杀之后，虞世南被宇文化及收编，后来投降了窦建德，担任黄门侍郎，虎牢关之战后，虞世南终于迎来了人生最重要的机遇：进入秦王府，担任秦王府记室参军！

4. 褚亮（555—647）

杭州钱塘（今浙江省杭州市）人，祖上三代都是南朝的官员，家世显赫。

褚亮也是学霸级的人物，据说博览群书，过目不忘，写得一手锦绣文章，而且性格外向，喜欢和人交流。年轻的时候，褚亮曾经被陈后主传召，御前赋诗，技惊四座，南陈灭亡后，成为隋朝的官员，先后担任东宫学士、太常博士。

有一年，隋炀帝想要改制宗庙，褚亮引经据典，极力反对，事情一度被搁浅，隋炀帝盛怒之下，将他贬为西海郡（今青海省境内）司户。隋大业十三年（617），薛举造反，褚亮被任命为黄门侍郎，西秦灭亡之后，李世民将褚亮征召入府，任命为铠曹参军，后来一直跟随在军中。

5. 姚思廉（557—637）

首都长安户口，祖父姚僧垣是个正儿八经的文艺青年，可出生在医学世家，做官无门，无奈之下，只好将医学钻研到了极致。后来，南梁的皇室得了怪病，征召姚僧垣进宫看病，因此一战成名，还得了无数的钱财。

姚思廉的老爹姚察，拿着爷爷的钱财四处游学，求购图书，疯狂钻研，这才成为一代文学巨匠，后来做到了南陈的吏部尚书。据说，姚家收集的图书多达几万册，就算是放在现在，也是一座小型的图书馆！

陈朝灭亡之后，姚思廉做了隋朝的公务员，后来被隋炀帝任命为代王杨侑的贴身侍读。李渊攻入长安后，代王府幕僚集体溃逃，唯独姚思廉伴随在侧，并喝退了想要欺负杨侑的唐军将士。没想到，姚思廉的一声怒吼引起了李渊父子的强烈兴趣，在后来的人才评选活动中，姚思廉荣获“忠烈之士”的头衔。李渊称帝后，便将姚思廉任命为秦王府的文学之士，让他辅佐李世民。

6. 李玄道（577—645）

出身陇西李氏家族，据说七世祖是凉武昭王李暠，和李渊的家族同出一脉。隋朝时期，李玄道担任齐王杨暕的幕僚，后来投奔李密做了记室，李密被杀后，被王世充任命为著作佐郎，李世民平定王世充之后，担任秦王府主簿。

从李玄道的简历来看，他并没有涉及李密和王世充的政治机密，从事的工作无非是读书、创作，和政治毫无关系。

7. 蔡允恭

荆州江陵人（今湖北省荆州市），出生在官宦世家，据说长得一表人才，才高八斗，可混得却不咋地。后来，蔡允恭在长安城结识了虞世南，因为隋炀帝对虞世南颇为欣赏，在虞世南的举荐下，任命蔡允恭为起居舍人。

有一次，隋炀帝派蔡允恭去教宫人学习礼仪知识，他深以为耻，屡次拒绝，隋炀帝这才开始疏远他。隋朝灭亡之后，蔡允恭相继跟随过宇文化及和窦建德，虎牢关之战后，虞世南极力推荐，蔡允恭终于进入秦王府担任参军之职。

8. 薛元敬

蒲州汾阴人，和叔叔薛收、薛收的族兄薛德音齐名，世称“河东三凤”。从简历来看，薛元敬除了文学，别无所长。李渊登基之后，任命他为秘书郎，后来李世民将他召进天策府，担任天策府参军，兼任记室。

9. 颜相时

唐朝儒学大师颜师古的弟弟，除了文学，别无他长。

10. 苏勖

首都长安户口，爷爷是隋朝宰相苏威，父亲叫苏夔，是一个学富五车，口才出众的文化人。爷爷和老爸都混得不错，可苏勖的人生经历却很惨淡，只知道他因为家世不错，娶了李渊的第十女南昌公主，后来跟随皇子李泰编写了《括地志》，是贞观时期著名的地理学家。

11. 于志宁（588—665）

首都长安户口，北周太师于谨的曾孙。老祖宗混得不错，可到了小字辈儿的于志宁，只不过混了个县令。李渊南下之后，于志宁毅然投奔，被任命为渭北道行军元帅府记室，与殷开山等人一同辅佐李世民。李世民开设文学馆之后，任命他为天策府从事中郎，兼任文学馆学士。

12. 苏世长

首都长安户口，祖父和父亲都是朝廷的高级官员。隋朝时期，苏世长担任长安县令，后来不知怎么混的，竟然到了王世充的门下，王世充败亡后，转投到了李唐政权。苏世长口才非凡，幽默风趣，颇得李渊的喜爱。

有一次，他陪李渊在新落成的披香殿用膳，便说宫殿豪华奢侈，其中的雕饰很像是隋炀帝的风格，于是问李渊，宫殿是不是隋炀帝当年建的。

李渊差点被气乐了，埋怨道：你这小子，明知道披香殿是朕修建的，非得以这种方式来进言。说你是个直言劝谏的人，其实肚子里花花肠子很多！

仅此一事，就可以看得出君臣之间的关系。后来，李渊将苏世长赐给了李世民，被任命为天策府军咨祭酒，文学馆学士。

13. 薛收（591—624）

蒲州汾阴人，老爹是隋朝内史侍郎薛道衡，薛道衡因为得罪隋炀帝而死，薛收便发誓终生不仕隋朝，后来被房玄龄发现，推荐到秦王府做了主簿。李世民围攻洛阳的时候，正是薛收提出分兵防御王世充，主战窦建德的策略。

14. 李守素

河北赵县人，祖上是山东名门望族。李守素最精通的是族谱学，凡是各地有名望的家族，他都可以把人家的祖上渊源说得一清二楚。这样超凡脱俗的技能，也不知李世民找他是为了政变还是为了其他?

15. 陆德明

苏州吴县人，南陈统治时期，陆德明就出版了《经典释文》，陈后主做太子的时候，招募天下名士入宫讲学，陆德明以弱冠之年，与时任国子祭酒绿孝克辩论，技惊四座，名扬天下，是当时有名的经学家、训诂学家（以比较通俗的话去理解深奥的古文书籍）。隋朝统治时期，陆德明担任秘书学士、国子助教，王世充曾经给他发了聘书，却惨遭拒绝，后来投奔到李世民的麾下。

16. 孔颖达

河北衡水人，孔子的第三十一世孙，天才少年，从小便熟读各种书籍，是颇有独立见解的高级文人，可以说打遍河北、山东等地无敌手。

孔颖达是为数不多，以科举之路走上仕途的读书人，中举之后，隋炀帝任命他为河内郡博士、太学助教。有一次，隋炀帝征召天下的儒学之士，在洛阳城搞了个公开的辩论会，参会的人要么是名动天下的大师，要么是学富五车的青年才俊，竞争非常激烈，遗憾的是，他们却纷纷拜倒在孔颖达的口才之下。

据说，这帮儒学大家被小字辈儿打败，感觉面子掉了一地，为了挽回尊严，居然屡次派遣杀手，打算将这位天才少年扼杀，幸得浪荡公子杨玄感的保护，孔颖达才苟活于世。王世充被杀之后，孔颖达入仕李唐，被封为国子监祭酒，后来进入秦王府。被李世民招揽之后，孔颖达一生成就感最大的一件事就是编撰了一部融合南北经学家的见解，集魏晋南北朝以来经学大成的著作《五经正义》。

17. 盖文达

河北冀县人，自幼博览群书，尤其擅长《左传》《公羊传》《谷梁传》，是河北有名的大儒。

18. 许敬宗

杭州户口，老爹是隋朝礼部侍郎许善心，据说许家的藏书多达几万册，父子二人从小就饱读诗书，无所不通。江都兵变的时候，几乎所有的朝臣都去朝拜宇文化及，唯独许善心不愿前往，宇文化及劝说无果，最终下令诛杀了他。

老爹被杀，许敬宗逃奔到瓦岗军，被李密任命为记室，和魏征一起掌管文书工作，李密兵败后，许敬宗投奔李唐，担任涟州别驾，李世民听说他很有才华，给了一次面试的机会，最终将他召入秦王府，担任学士。

秦王府文学馆的成立，堪称长安城的一大盛事。问题是，在皇帝老儿和太子的眼皮子底下招揽人才，是不是应该低调些呢？不管怎么说，都有拉拢士人，威胁大哥地位的嫌疑啊！

事实上，李世民不仅不低调，还特地搞了个“新闻发布会”，公开授予这十八个人“大学士”荣誉称号，并且请来了当时最负盛名的画家阎立本，分别为十八位学士画了写真图，由褚亮亲自题赞。

当时，李世民的势力和威望如日中天，能够在秦王府打工就已经很不错了，能够得到他的赏识和认同，自然是人人称羡的恩宠！进去的人嘛，回家烧高香，拜祖宗，不亦乐乎。进不去的人呢，只好临渊羡鱼。

好事之徒者，居然想了个“登瀛洲”的名字，暗指进入李世民的文学馆，就好比来到了神仙居住的瀛洲，可以享受神仙般的待遇。于是，“十八学士登瀛洲”便成了唐初文学界的一大盛事。

好了，还是说回来吧，李世民搞文学馆，真打算争夺太子之位？

还是先看看十八位学士的情况吧。

杜如晦、房玄龄、虞世南、褚亮、李玄道、蔡允恭、于志宁、薛收、陆德明、李守素这十人，是李世民东征西讨的时候收编到麾下的。

许敬宗、孔颖达、苏世长、姚思廉、薛元敬这五人，是李渊亲自任命的国家官员。苏世长，和李渊私交甚好，姚思廉，李渊特意让他到秦王府辅佐。

颜相时、苏勖、盖文达这三人，资料不详，无法判断。可以肯定，文学馆之事，李世民没有欺瞒之意，李渊呢，乐见其成。

从学术上来说，他们都是博览古今、学富五车、极善文辞的博学之士。

从能力上来说，房玄龄、杜如晦、虞世南的政治智慧最高超，其余众人都是精通书法、儒学、经学、历史、地理，甚至是族谱学的文人。之所以在后世留下名气，全因他们在某一领域有特殊的才华和贡献（比如姚思廉写下了《梁书》和《陈书》，除此之外，别无建树）。就算是房玄龄、杜如晦，也是在李世民做皇帝后才混出了明堂。因为要夺太子之位，所以招募他们，逻辑上似乎说不通。

有人说，李世民只要有空，就会找他们“访以政事，讨论坟籍，榷略前载。”于是乎，一个猜测横空出世：李世民在打大哥李建成的主意。

问题是，李世民是李唐的第三号人物，军事界最高统帅，政府界宰相之首，每天要处理的政务不计其数，找高参们咨询国事，谈论历朝历代的得失，总结治国理政的经验，有什么问题呢？连他的老爹都没意见，我们又何须多说？

以李世民的城府，如果要夺太子之位，绝不会大张旗鼓地扶持这些人上位。说白了，李世民的本质是一位武将，尉迟敬德、秦叔宝、程咬金，这帮无敌的杀才才是他最仰仗的人。

贞观十七年（643）的时候，李世民正值45岁，他回忆起当年金戈铁马的军旅生活，回想起那些陪他一起打天下，建立贞观盛世的贤臣良将，心中感慨良多，因此钦点了二十四位超级功臣，让国手阎立本为他们创作写真图，挂在凌烟阁中以供瞻仰。

在李世民的眼中，二十四功臣才是他内心认可的嫡系。值得一提的是，十八学士和二十四功臣中，唯有房玄龄、杜如晦、虞世南三人都在大名单中！至于另外十五个学士，对不起，只能靠边站。

房玄龄和杜如晦是李世民的贴身高参，秦王府的顶级幕僚。

房玄龄是战略家，对于大局大势看得很清楚。杜如晦是实干家，处理事情非常决断，无人不服。他们的政治智慧，人品才德，世所罕见。正是这个原因，才有“房谋杜断”的美誉，才有凌烟阁的写真机会。

虞世南，与欧阳询、褚遂良、薛稷并称唐初四大书法家，儒学和文学修为震烁古今，堪称宗师级的人物，为人谦卑，与人和善，深得李世民的青睐，因此得到了凌烟阁的入场券。有理由相信，李世民招募十八学士，并非为了造反。

那么问题来了，李世民如此高调地搞文学馆，目的是什么呢?

我们都知道，每个朝代立国初期，皇帝都会偏爱和重用武将，可天下群雄即将被消灭，天下由乱入治的时候，文人就必须登上政治舞台了，唯有这样的人，才能力保江山万年永固啊！文人不仅是读书人，他们的背后站着门阀贵族，要想拉拢地主阶层，巩固帝国的统治，就必须给读书人应有的政治地位。

刘邦、刘秀、曹操、杨坚、赵匡胤、朱元璋、皇太极等人都明白这个道理，雄才大略的李渊和李世民难道不知道?

李世民的文学馆，一切都是公开透明，李渊对此心知肚明。说得直白点，李渊内心是支持李建成的，他绝不会允许李世民威胁到李建成的太子之位，进而引起兄弟父子之间的喋血内斗。

李世民能把文学馆搞得红红火火，原因不过有以下几个：

第一，文学馆得到了李渊的首肯，是李渊自己想干的事儿。

第二，李世民是为了李氏家族的统治考虑。想想看，李建成是储君，才能和品德都为世人称道，地位仅次于李渊，如果将这帮能臣猛将都划拨到太子府，李渊晚上还睡得着觉吗? 因此，由李世民出面干这个事儿，李渊心里才踏实。

第三，父子三人都有自己的小算盘，李世民就算有别的想法，还是逃不出李渊的五指山。事实上，玄武门政变发生之前，李渊仅用了一道诏书，就将秦王府的幕僚团发配到外地，李世民能奈他何？儿子干不过老子啊！

因此，李世民搞文学馆这个事情，并没有太多的阴谋论，完全是立国初期，通过收买文人士子，影响地方的豪门望族，为李唐统治服务而已。

玄武门之变，另有它的缘起！

狼烟再起，河北道不安生

长安城内，李世民和十八学士共奏高山流水，自然是文坛雅事一件。令人沮丧的是，天下并未太平，人心并未完全归附啊！开设文学馆之前，也就是武德四年（621）七月，河北就传来了噩耗：一个叫刘黑闼（tà）的同学横空出世，带着窦建德的兄弟们兴风作浪，将河北再一次卷入战乱之中。

刘黑闼，贝州漳南县人，和窦建德是正儿八经的老乡。据史料记载，刘黑闼的家很清贫，家徒四壁，衣食无周，毫无创业基础。更悲惨的是，刘黑闼就连混社会的最后资本——才华和颜值也是一无是处，悲惨的日子一眼望不到尽头。

幸运的是，漳南县有个活菩萨窦建德。也许，窦建德不愿看到富饶的漳南县出现饿死人的恶性事件，因此经常给刘黑闼送点吃食，让他苟延残喘地活着。

邻里帮扶，相亲相爱的美德一直持续了很多年。

隋炀帝东征高句丽的时候，山东发生暴动，各地起义军揭竿而起。

刘黑闼想了想，古话说宁在外面磨，不在家中坐，老家没啥可留恋的，还不如出去混日子呢！于是，刘黑闼投奔了起义军首领郝孝德，跟着他啸居山林，过了几年舒适的日子。后来，李密执掌瓦岗军，刘黑闼便改换门庭，因为他作战勇猛，砍了不少人头，被李密任命为军中偏将。

李密败亡之后，刘黑闼被王世充收编，担任军中骑将，镇守在河南新乡。有稳定的生活，却没发展前途，俗称比上不足，比下有余。据说，王世充很喜欢刘黑闼的骁勇，可刘黑闼呢，虽然是流氓地痞出身，却颇有见识，在他的眼里，王世充只能困守洛阳，等待别人来干他，这种接受冲击的姿势令他无所适从。因此没过多久，刘黑闼就逃回河北，投奔了老乡窦建德。

老乡见老乡，两眼泪汪汪。窦建德大喜之下，封刘黑闼做了将军、汉东郡公，让他执掌兵权。自此以后，刘黑闼的人生就像开了挂一样，势不可挡。

刘黑闼不仅骁勇善战，还擅长打探消息，每逢交战之前，窦建德都会派他去查探敌军的虚实，刘黑闼也不知用了什么办法，每次回来都有意外的惊喜，是窦建德军中少有的常胜将军，俗称“福将”！

武德四年（621）五月，窦建德兵败被擒，余部要么被李唐收编，要么就地解散。刘黑闼想了想，造反的高潮已经退去，再干下去也没啥前途，弄不好还要掉脑袋，于是干脆逃回老家漳南县，整日在地里瞎忙活。

武德四年（621）七月，李渊弄死窦建德后，对散落在各地的窦部并不是很放心，于是下诏命范愿、董康买、曹湛、高雅贤、王小胡等人赶赴长安，至于干吗，大家都懂的。范愿等人不是傻蛋，自然不会去长安朝圣，他们搞了一次小范围的聚会，商议了一下自保求生的策略，最后得出的结论就是：反。

造反是肯定的，问题是，谁来做老大啊？

众人你瞧瞧我，我瞧瞧你，集体惊呼：搞了半天，都是跟在老板后面打酱油的小人物，谁也撑不起场面啊！造反虽然是为了自保求生，可毕竟是掉人头的大事，还是找奇人异士卜个卦，求个吉利，顺便问个前程吧。

算命的人告诉他们：你们所求之事是个吉兆，不过有一点，想要成事儿，必须找个姓刘的做老大！

窦建德手下，姓刘的？众人想了想，莫不是窦建德的旧将刘雅？

谁曾想，刘雅觉得大局已定，只想过安生的日子，不愿意再闹事。范愿等人怒斥刘雅不讲江湖道义，大怒之下将他诛杀，随后又找到刘黑闼，想请他出山，带领大家伙儿干大事业。

刘黑闼心怀纵横天下之志，却在漳南县种白菜为生，日夜觉得憋屈。如今，兄弟们推举他做一把手，这令他暗爽不已。为了向众人表明豁出去干到底的心迹，刘黑闼宰杀了自己家的耕牛，大家伙儿胡吃海喝一顿，正式宣布造反了。

武德四年（621）七月十九日，刘黑闼等人攻破漳南县城，取得初战首捷。

李渊非常重视刘黑闼的造反，这件事如果处理不当，极有可能让河北全境再次陷入暴乱。为此，他在洺州（今河北省邯郸市永年县）设立山东道行台，以淮安王李神通为行台尚书右仆射，又在魏州、冀州、定州、沧州设立总管府，调集周边的兵力镇压刘黑闼。

然而，刘黑闼来势汹汹，攻城拔寨，如履平地。

武德四年（621）八月十二日，刘黑闼攻陷鄃县（今山东省德州市夏津县），弄死了李唐的贝州刺史戴元详、魏州刺史权威。接下来，刘黑闼返回漳南县开设祭坛，给死去的老板窦建德做了一场漂亮的法事，随后自封为大将军，公开向李渊叫阵。

武德四年（621）八月二十二日，刘黑闼攻陷历亭（今山东省德州市武城县境内），屯卫将军王行敏为国捐躯。没过几天，深州刺史裴晞率领全城百姓归附。

武德四年（621）九月，刘黑闼在饶阳城南大败淮安王李神通和幽州总管罗艺的五万联军，活捉罗艺手下的猛将薛万均、薛万彻（随后逃走）。

武德四年（621）十月初六，刘黑闼攻陷瀛州（今河北省沧州市河间市），活捉瀛州刺史卢士睿，观州（今河北省沧州市东光县）百姓活捉刺史雷德备来降。

武德四年（621）十一月十九日，刘黑闼攻陷定州，活捉定州总管李玄通。可怜的李玄通，被刘黑闼软禁起来，想死的机会都没有。终于等到机会，李玄通的旧部带着酒肉前来拜会，为了答谢属下们的深情厚爱，李玄通请求为他们舞剑，佩剑刚刚拿到手，李玄通便剖腹自杀，以明心迹。

武德四年（621）十二月初三，刘黑闼攻陷冀州，杀死冀州总管麴（qū）棱。

武德四年（621）十二月十二日，刘黑闼在宋州（今河南省商丘市睢阳区）击败左武侯将军李世勣，再一次活捉薛万彻和薛万均兄弟。想想看，连薛万彻、薛万均都被刘黑闼活捉两次，这势头还有谁能阻挡?

半年时间，刘黑闼横扫河北全境，一路高歌猛进。这样超凡脱俗的战斗力，让窦建德的部将重新燃起了斗志。包括徐圆朗在内的墙头草势力纷纷归降。当然，东突厥颉利可汗也想凑这个热闹，因此派遣使者表达了结盟之意。

武德四年（621）十二月底，刘黑闼光荣宣布：老子已经收复了老板的所有地盘。

李渊自从出道以来，无往不利，所向披靡，就算和王世充、窦建德比拼，也没有落得下风。如今面对横空出世的刘黑闼，李渊真的是坐不住了。

亲手缔造的李唐帝国，绝不能被刘黑闼的铁骑摧毁。

积攒多年的帝王尊严，绝不能让刘黑闼这小子玷污。

武德四年（621）十二月十五日，李渊传下帝国最高的战争动员令：任命秦王李世民为行军大元帅，齐王李元吉为行军副大元帅，率军征讨刘黑闼。

两个臭小子，干不死刘黑闼，你我父子无脸再见。

武德四年（621）十二月十七日，刘黑闼拿下邢州（今河北省邢台市）。

武德四年（621）十二月十八日，刘黑闼拿下魏州。

武德四年（621）十二月十九日，刘黑闼拿下莘州（今山东省聊城市莘县）。

李世民兄弟马不停蹄，却依旧无法阻挡刘黑闼的兵锋。

武德五年（622）正月，刘黑闼攻陷相州（今河北省邯郸市临漳县），随后登坛祭天，自称汉东王，改元天造，定都洺州。

洺州紧挨着河南安阳，刘黑闼定都洺州就是个明显的信号：他不想偏安河北，洛阳才是他的终极目标。李世民到达之前，刘黑闼已经将主力开赴相州，考虑到河南地区的局势不太明朗，刘黑闼选择停止进军，等待李世民的到来。

当时，李世民驻军在卫州，两军形成对峙局面。

刘黑闼的感觉很复杂，既有复仇的情绪，也有埋藏在心底的恐惧。就在不久之前，窦建德带着属下和李世民对峙，战绩惨不忍睹，如今面对同样的敌人，刘黑闼能杀出一条血路吗？刘黑闼陆续派出了几批小分队，可都无功而返。

夜深人静之时，刘黑闼瑟瑟发抖，李世民这小子，果然是名不虚传。算了，还是跑吧。于是，有趣的一幕出现了：两军还没有主力交锋，刘黑闼便将大军撤守到洺州境内。总之，老子就是怕了，先回家找点儿安全感再说。

李世民暗爽不已，敌军的这波操作，完全可以评为全场最佳啊！

北上的通道已经打开，唐军兵不血刃地拿下相州，随后屯兵在洺水边上的肥乡（今河北省邯郸市肥乡区），与刘黑闼的主力大军近在咫尺。

生活中有这样一个规律：不管你干啥事儿，杀人放火也好，打游戏也罢，只要己方半场有大神的存在，这事儿就好办多了。

比如幽州总管罗艺，听说二郎神前来主持大局，战斗信心暴涨，他立马带着数万大军南下耀武扬威，一副不死不休的样子。

罗艺是个啥玩意儿？

薛万彻和薛万钧是你的属下吧，都被老子活捉了两次，还有脸来耀武扬威？跳梁小丑，插标卖首之徒！刘黑闼信心满满：尚书左仆射范愿，本王打算出去溜溜，顺便把罗艺的人头带回来，这段时间，洺州就交给你了。

范愿：老板，给我留多少人啊？

刘黑闼：一万人，足够了！

看得出来，刘黑闼打了胜仗之后，自信心有些膨胀。范愿是什么样的人？毫无胆色，拎不上台面的人。刘黑闼安排他镇守大本营，完全是对敌方的助攻。

离开洺州的当晚，大军屯驻在沙河县。半夜三更，附近突然响起一阵阵雷鸣般的鼓声。据史料记载，擂鼓的人叫程名振，是洺州永年县令，刘黑闼攻陷洺州后，将他的母亲潘氏、妻子李氏生擒，想要逼迫程名振就范，最终惨遭拒绝。

中国有句古话，叫祸不及家人。

事实上，刘黑闼也没打算杀老弱妇孺，可程名振却是个倔脾气，老子就是不投降，你爱咋的咋的！这不，程名振气愤不过，也不知从哪里弄来了六十面大鼓，放在洺州城西的大堤上，在大半夜给大家献上了一曲精彩的河北大鼓。

刘黑闼常年打仗，并不惧怕，可镇守在洺州的范愿却被吓破了胆子，他以为唐军想要在大半夜攻城，急忙派人给刘黑闼送信，让他回来守城。

一边是挑衅尊严的罗艺，一边是要人命的李世民，刘黑闼只恨爹娘没给自己搞个分身！这种情况下，刘黑闼只能返回洺州，临行之前，他将弟弟刘十善、部将张君立留在了沙河县，还交代了一个任务：率领一万大军前去和罗艺交锋。

这样的战术安排，实在是犀利。

刘黑闼刚刚返回洺州，北边就传来了消息：刘十善战败，大军折损八千。刘黑闼狂暴之下，下令将程名振的家小全部处死，以泄心头之恨。眼下的局势很清晰了，弄死罗艺的狠话肯定没法兑现，唯一的出路就是和李世民正面开战。

洺州的正东是洺水县（今河北省邯郸市曲周县），守将是唐朝的右武卫将军王君廓，刘黑闼攻打洺州的时候，王君廓装孙子服软，态度比亲儿子还好，正因为他的低调，洺水城才没有落到刘黑闼的手中。此时，两军在洺水对阵，洺水县的重要性便开始凸显了。

武德五年（622）二月，正值隆冬时节，雪花漫天飞舞，城外天寒地冻，刘黑闼派遣主力大军前去攻打洺水城，并准备挖掘地道，直接通向城内。

李世民闻讯后立即派兵支援。悲剧的是，派遣的三批军队都被刘黑闼拦截。面对胶着的局面，李世民也开始紧张起来，因此召集将士们商议对策。

李世勣：秦王，如果让刘黑闼的地道挖到城内，洺水城必定会失陷。

李世民：有谁愿意代替王君廓守城？

话音刚落，帐内就没了声音，气氛变得极其压抑。大家都知道，唐军没办法进城御敌，城外又打不过刘黑闼，洺水城陷落只是时间问题，谁进城，谁就可能掉脑袋！就在此时，一个年轻的声音响起：秦王殿下，本将愿意进城御敌。

众人望去，说话的人是剡国公罗士信，年仅22岁的小将。

李世民无语哽咽，好，就是你了！

据史料记载，李世民站在高处，用旗语暗示王君廓，由他率领部队冲出一个缺口，将罗士信和两百名军士送进城中。然而，刘黑闼的主力大军丝毫没有放弃进攻的念头，武德五年（622）二月二十五日，也就是洺水城被围八天之后，城池终于陷落。

罗士信被俘，英勇就义。

有人可能会质疑，李世民手握重兵，连刘黑闼都拿不下？

还真是这样。李世民的风格是这样的：绝不轻易发动主力会战，一旦他这样做了，基本上会锁定胜局，而锁定胜局的关键，就是击溃对方的粮道。因此，李世民的逻辑就是，没拿下你的粮道，不会主动开战。

薛举、薛仁杲、刘武周，不都是败在同一个策略下吗？

刘黑闼的长处是骁勇善战，可是论心机城府，纯属低级玩家。当时，刘黑闼从冀、贝、沧、瀛四州往洺州运粮，水陆并进，由于这几个地方都在洺州以北，算是大后方，刘黑闼便没有派重兵护卫。

正是这一疏忽，让李世民钻了空子。

李世民：程名振，断粮道的行动就交给你了。

在李世民看来，程名振连家人的性命都可以不顾，干起活儿来肯定不会掉链子，更何况，一个心中充满仇恨的人，还担心他不卖力杀敌吗？

于是乎，当刘黑闼还沉浸在洺水城的胜利中时，程名振率领一千多人偷偷绕到他的背后，将运粮的船、车悉数焚毁。古代的军粮都是分批次筹集的，烧了这批军粮，就意味着接下来的一段时间，刘黑闼会缩衣节食。将士们吃不饱饭，士气自然就会低落，而完美的战机，往往就出现在这个时候。

当时，两军对阵了将近六十天，直到刘黑闼的粮道被断，他开始坐不住了。刘黑闼想要尽快解决战斗，针对目标则选中了李世勣。很明显，他干李世勣，李世民就会干他，攻击之前，刘黑闼做好了部署。

武德五年（622）三月，刘黑闼对李世勣发动了突袭，李世民兴致高昂，当即提枪上马，带着属下绕到敌军背后，打算来一出围魏救赵的好戏。剧本没有问题，可刘黑闼提前做了部署，李世民还没有放完大招，敌军就将他围了起来。

历史证明，这是刘黑闼诛杀李世民的最好机会，没有之一。刘黑闼正待动手，一位猛将单枪匹马冲入重围，将李世民等人救了出来。不错，来人正是尉迟敬德，李世民的御用保镖。

看到李世民一骑绝尘，刘黑闼捶胸顿足，懊恼不已。不过，更糟糕的还在后面呢。交战之前，李世民料定刘黑闼会主动进攻，因此提前派人到洺水上游修筑了一座人工大坝，这一切竟然进行得神不知鬼不觉。

武德五年（622）三月二十六日，刘黑闼看到粮仓见底，于是亲点了两万将士，随后南渡洺水，主动挑衅唐军。来吧李世民，时间够久了，咱俩来一次男人之间的较量。

哟，想较量啊，那我就陪你玩一次吧！

唐军兵力：精锐骑兵，绝大部分是传说中的黑甲骑士。

刘黑闼兵力：骑兵和步兵的混合部队，同样是身经百战。

战斗开始时间：中午。

战斗结束时间：傍晚时分。

准确地说，不管是兵力配备，还是士兵的战斗值，两军都是势均力敌。唯一不同的是，唐军的骑兵数量比刘黑闼要多，言外之意，谁的马多，谁就能坚持更久。当黑夜降临的时候，唐军骑兵依然在战场上往来冲突，可刘黑闼的步兵却精神萎靡，东倒西歪，这样的场景让刘黑闼的部将非常担忧。

老板，将士们恐怕撑不了多久了，赶紧撤吧。

说这话的人名叫王小胡，一个名不见经传的小人物。

走，刘黑闼确实心有不甘。可是，不走不行啊！留得青山在，不怕没柴烧，还是先撤吧！

可怜刘黑闼的将士，全都是跟随他出生入死，打过许多硬仗的真男儿，他们根本就不知道老板已经趁乱逃走，此刻还在战场上奋力杀敌。在他们的心里，刘黑闼一定可以带着他们创造奇迹，保持不败的战绩！

就在此时，李世民鸣金收兵，唐军开始撤退。

什么情况，胜利降临了吗？将士们全然不知，他们等来的是人生的悲剧。李世民开闸放水了，洺水正在以摧枯拉朽般的威力向战场奔腾而来。逃吗？你能往哪里逃？南边是唐军主力，北边是奔腾的洺水。

没过多久，浩浩荡荡的洺水就卷走了一万多人，余下的数千名将士被杀，刘黑闼全军覆没。刘黑闼兵败洺水，如同谜一般的存在。试问，刘黑闼是河北的霸主，为何只派两万人和唐军交锋？试问，李世民并没有压倒性的优势，刘黑闼为何会提前逃离战场？刘黑闼，你能给大家一个解释吗！

兵败的消息像肆虐的瘟疫一样，传遍了河北全境。

您老人家自从出道以来，那可是战无不胜，攻无不克啊，知道为什么不封你为战神吗？因为战神配不起您老人家的实力啊！跟随刘黑闼反唐的兄弟们彻底震惊了，他们都不敢相信这个事实。

就拿徐圆朗来说，他的反应就说明了骑墙派势力的慌张和迷茫。

徐圆朗，山东兖州人，隋末最不要脸的墙头草势力。

隋大业十三年（617），瓦岗军闹的风生水起，徐圆朗带着两万士兵投降了李密。

武德元年（618），李密兵败洛阳，徐圆朗投降了王世充。

武德二年（619），徐圆朗以数州之地投降李渊，被封为兖州总管、鲁国公。

武德二年（619），徐圆朗背叛李渊，投降了声势浩大的窦建德。

武德四年（621），爆发虎牢大战，窦建德战败，徐圆朗再次给李渊递交了求职申请书，李渊不计前嫌，封他做了兖州总管、鲁郡公（地位降了一级）。

武德四年（621），刘黑闼起兵造反，徐圆朗囚禁唐将盛彦师，再次和李渊决裂。

武德五年（622），刘黑闼战败，徐圆朗表示，自己彻底迷茫了。

据史料记载，徐圆朗听说刘黑闼战败，起初是不敢相信，屡次派人打探，最终得知确切消息之后，徐圆朗就像变了一个人，变得手足无措，日夜焦虑，寝食难安，医学上的说法叫重度焦虑症，不是绝症胜似绝症。

多大点事儿，派个人去长安，递交求职申请书，大不了降级成鲁县公嘛。有趣的是，徐圆朗拒绝了，就连军中的幕僚也没脸再劝他向李渊投降。

哼，老哥宁愿负隅顽抗，也不让天下人笑话我！

从徐圆朗的身上，我们看到了人性的普遍特点：任何一个人，脸皮厚和羞耻心是相辅相成的对立关系，如果一个人没有羞耻心，脸皮厚薄的说法对他来说没有任何意义。换句话说，每个人都有羞耻心的，你看不到他的羞耻心，是因为还没有激发到他羞耻罪恶的临界点！

老板的状态不好，打工的也跟着焦虑，担心饭碗保不住啊。

幕僚刘复礼小心翼翼地谄媚着：“徐大帅，有个叫刘世彻的人，长相不凡，颇有帝王的气质，您如果想自立为王，恐怕难以成事，如果立刘世彻为王，天下可定，大事可成啊！”

这彪悍的逻辑，就算拿到千年之后，也会让不少键盘侠折服在地。刘复礼敢说这样的话，自然是有恃无恐，因为他笃定，徐圆朗已经变成了毫无主见的神经病，你说啥他就听啥！

徐圆朗：好啊好啊，他人在哪儿，赶紧请过来。

刘复礼：领导别着急，此人在浚仪县（今河南省开封市），我马上就去。

刘复礼前脚刚走，就有人打小报告了：领导啊，你是不是被人忽悠了，刘世彻有王者之气，那您算个啥？如果让刘世彻站稳脚跟，您还有立足之地吗？

徐圆朗：别乱说话，刘复礼也是为我考虑！

无名氏：好吧，君不见李密和翟让的先例吗？

徐圆朗听罢恍然大悟，道：啥也别说了，赶紧找机会弄死刘世彻。

打仗亲兄弟，上阵不能带李元吉

李世民想好了，先拿下徐圆朗，再班师回朝，深藏功与名。

可就在此时，李世民收到了老爹的圣旨：二郎啊，你赶紧将兵权移交给齐王李元吉，然后火速赶回京城，老爹想你了。

武德五年（622）四月初九，风尘仆仆的李世民到达长安城外，李渊亲自到长安城东的长乐坂迎接，给予了至高的君臣礼遇。

李世民一本正经：陛下，为何会召儿臣紧急回京，是否出事了？

李渊顾左右而言他：二郎啊，没啥大事儿，朕就是想你了，想见见你。

直觉告诉李世民，背后一定有猫腻，否则老爹不会置大局于不顾。李世民来不及多想：陛下，如今刘黑闼出逃突厥，徐圆朗还在河北兴风作浪，如果铲草不除根，后患无穷啊，儿臣恳请赶赴前线，主持大局。

事实上，召李世民回京并不是李渊的本意，他内心其实也有愧，既然话都说了，面也见了，自然找不到挽留的借口。很快，李世民便重新回到了工作岗位，至于老四，还是跟着打酱油吧。

刘黑闼兵败洺水后，带着两百骑兵逃奔到东突厥。对颉利可汗来说，他不想看到李渊坐稳皇位，否则就会失去和李渊讨价还价的余地，突厥人在中原的利益也没法保证。因此，面对刘黑闼的结盟请求，颉利可汗毫不犹豫地答应了。

两位大佬喝着美酒，欣赏着突厥美女的舞蹈，在祥和的气氛中定下了简单粗暴的计划：突厥人免费给刘黑闼一支骑兵，协助他夺回河北战场的控制权，与此同时，颉利可汗会亲自率领十五万大军前往雁门关，准备夺取并州。

十五万大军。可以这样说，颉利可汗与李渊翻脸了，李唐和东突厥的蜜月期正式结束。战争，将会成为两国接下来的主旋律！

武德五年（622）六月，刘黑闼率领突厥骑兵进攻定州。

大家好！我刘老黑出了一趟远门，找了个大靠山，实力归来了！最兴奋的莫过于曹湛、董康等旧部，他们二话不说，当即纠集了一帮旧日兄弟前去投奔，再加上刘黑闼在河北的品牌影响力，很快便成了气候。

刘黑闼回来的时候，李世民正在山东干徐圆朗，一连拿下了十几座城池，形势一片大好。按照李世民的部署，他要立即挥师北上镇压刘黑闼的。然而，老爹的圣旨又来了：二郎，朕还是想你，你赶紧回来吧。哦对了，朕特地给你修了一座宫殿，取名为弘义宫，你回来后就去住吧。

李渊可能没想到，这座宫殿其实是给他自己修的，因为玄武门之变后，李世民便将他安排到了弘义宫居住。当然，这些都是后话。

李世民不在，谁有资格做平叛的总指挥呢?

李渊表示，人选还是很多的，比如淮阳王李道玄，身份是李渊的堂侄，李世民的堂弟，性格敦厚谨慎，武艺和勇气俱佳，常年跟随在李世民的身边，对军中事务颇为了解，由他担任主帅，军事上可行，李世民也容易接受。

武德五年（622）七月，李渊封李道玄为河北道行军总管，全权负责河北的平叛事宜。

刘黑闼第二次出山，靠的是突厥骑兵，他们是刀锋，是威慑力，刘黑闼能否成事，还得靠他自己。事实上，突厥人的掩护工作做得十分到位。

武德五年（622）八月，颉利可汗率领十五万骑兵南下，数天之内便攻破了雁门，并在并州、原州等地大肆劫掠。左武卫将军段德操、云州总管李子和等人无法抵抗，只能向中央政府求助。

突厥人虽然是狼子野心，但以往只不过派些小股兵力南下，这一次发兵十五万，还真是第一次。原因可能有两个：第一，利用突厥主力吸引唐军前往山西境内，掩护刘黑闼在河北、山东的军事行动，这个目的已经顺利达成。第二，颉利可汗恐怕真的不希望李渊这么早坐稳江山，因此不惜以两国交战的暴力方式，将中原地区再一次拖入战争的泥潭。

这一次，李渊派出了最强大的阵容：皇太子李建成，以及秦王李世民。兄弟俩的目的是一致的：瓦解颉利可汗的进攻！两个儿子离开之后，李渊又在八月十二日召开了帝国最高级别的军事会议，商讨对东突厥的战时国策。

李渊抛出了一个问题：对东突厥，朝廷是和还是战？想都不用想，朝中大臣肯定分为两派。不过，并不是主和派和主战派，而是主和派、先打后和派。

主和派势力：以太常卿郑元璹为首，他认为和突厥人有些小摩擦是正常的，可大规模的战争会加深两国百姓的仇恨，因此就别打仗了，直接谈和吧。

先打后和派：以中书令封德彝为首，他认为突厥人仗着无敌骑兵，总喜欢南下骚扰，至于背信弃义更是家常便饭。如果直接求和，他们明年还会再来，不如先打一仗，在取胜的情况下再和他们谈和。

总而言之，君臣达成了基本共识：唐朝刚刚立国，目前消灭不了突厥，无非是站着谈和还是跪着谈和的问题。关键时刻，李渊定了一个基调，李唐想要站稳脚跟，除了稳住颉利可汗，还得拿出大国的气势，这一战，必须得打。

武德五年（622）八月二十日，并州大总管，襄邑王李神符（李渊的堂弟）在汾水之东大败颉利可汗，随后，汾州刺史萧顗乘胜追击，杀敌五千。

干得漂亮，还要继续打下去吗？

李渊表示，目前的威慑程度刚好，如果再打下去，就有点得理不饶人，伤人感情了。再看看颉利可汗，虽然暂时吃了憋，可并没有太生气，他命令部队驻扎在介休到晋州几百里之间的山谷，摆出滔天的声势，也不知道要做给谁看。

武德五年（622）八月二十九日，郑元璹（shú）前往突厥军营，递上了李渊的国书。

事实摆在这儿，两边都是超级大国，如果真刀真枪地干起来，堪比后世的核武器战争，绝对是亡国灭种的后果，因此最好的办法就是都别真的动手。

郑元璹数次出使突厥，是处理外交事宜的高手，对突厥的习俗，以及统治者的心思研究得透透的，没有丝毫怯场。谈判桌上，郑元璹兴致高昂，他先是聊起了李渊和东突厥结盟的历史，把两国百姓的友谊做了一次升华，随后又赞誉突厥人是塞外的雄鹰，尤其是颉利可汗，讲话一向掷地有声，如今背弃盟约，兴兵来犯，确实有点不太讲究。

郑元璹的口才真不是盖的，他将颉利可汗高高举起，又轻轻敲打，一席话下来，居然让颉利可汗的羞耻心开始荡漾起来。

郑元璹一看，火候差不多了，得上正菜了，于是正襟危坐："可汗，臣有句话，不知当讲不当讲！"

颉利可汗："特使请讲！"

郑元璹："突厥毕竟是游牧民族，和大唐的风俗不太一样，就算你们拿下了中原，能守得住吗？再者说，战争过后，金银珠宝都被您手下抢走了，您什么也得不到。如果陛下能够撤兵，大唐愿意将珠宝双手奉上，这样也免去了兵戎相见，否则两国之间的恩怨，世世代代都会纠缠不清啊！"

话说得很清楚，讲和，大家都有面子，你还有好处可得。不讲和，咱们就开打，而且后世子孙继续纠缠，看谁能灭了谁！

此时的颉利可汗很像是恋爱中的小姑娘，明知道男朋友爱着你，宠着你，却还是想着闹出点儿动静，让男朋友一次次地给你承诺！白话一点，颉利可汗在刷政治存在感。好了，李唐的高层都表态了，你还想打吗？

颉利可汗：好得很，既然你们态度端正，哥几个就回去了，江湖再见。

就这样，一场可能发生在唐朝和突厥之间战争消弭于无形。

接下来该弄谁了？

刘黑闼，后台都走了，他还能蹦跶多久？

这样吧，大郎、二郎，你们辛苦了，回京城休息一段时间。老四，打刘黑闼的事儿就交给你了，封你为领军大将军、并州大总管。

李渊是皇帝，也是个父亲。数年前，李元吉面对刘武周的进攻，弃全城百姓于不顾，将太原城拱手送给了敌人，这多少让他的职业生涯有了污点。这一次，李渊几乎是以河北地区的安定为赌注，为李元吉争取了一次翻盘的机会。只要平定刘黑闼，李元吉就可以洗刷耻辱，重新做回男人。

悲剧的是，李元吉还没到达战场，前方就传来了噩耗：李唐宗室，河北道行军总管李道玄被刘黑闼所杀。这可是个爆炸性新闻啊。

李道玄虽然只有 19 岁，却常年征战，战斗经验非常丰富，而且李渊给了他 3 万精兵，还特地给他配备了老将史万宝（隋朝猛将史万岁的弟弟，出生在军事世家，归降唐朝之后，被封为原国公），以防万一。

事实上，后勤保障没有问题，问题出在了作战思路上。

史万宝觉得，他是皇帝亲封的副帅，带着皇帝的殷切嘱托，因此李道玄应该尊重他的意见，凡事和他商量着来。可李道玄是堂哥李世民的狂热粉丝，对他天马行空的打仗风格极度钦佩，他觉得在战场上就应该不拘一格，随时变换思路，因此对史万宝稳扎稳打的策略根本不屑一顾。

武德五年（622）十月十七日，刘黑闼和李道玄在下博（今河北省石家庄市深泽县）相遇。

两军交战之前，李道玄和史万宝就已经商量好了，他先率领骑兵冲锋陷阵，等刘黑闼阵势大乱，史万宝再率军出战。计划没问题，可令李道玄没想到的是，史万宝却打起了自己的小算盘。史万宝觉得，李道玄喜欢贪功冒进，擅长玩“极限挑战”，迟早得玩完！而刘黑闼灭了李道玄之后，一定会骄傲自满，到时候他再出马，打刘黑闼一个措手不及，功劳自然全是他的。

好一个如意的算盘，可人算毕竟不如天算啊。

史万宝没想到，李道玄是李世民亲手培养出来的战将，李唐的宗室成员，李渊的重点栽培对象。说白了，他就是唐军的精神领袖，唯一的前线总指挥。

按照史万宝的计划，李道玄顺利地完成了他的使命，横尸当场。然而，当史万宝整军突袭的时候，发现将士们的状态完全不在线，一个个肝胆俱裂，畏敌不前，史万宝连刘黑闼的面都没见到，就灰溜溜地逃了回来。

李道玄兵败被杀之后，李世民曾经发出过感叹：“哎！这个堂弟，一直就以我为偶像，喜欢模仿我孤军深入，都是我害了他啊。”

李世民的潜台词恐怕是：这个傻表弟，老子孤军深入，那是仗着身边有尉迟敬德、秦叔宝这群杀才，你个小屁孩，身边有啥？

李道玄兵败，李元吉便成为抵御刘黑闼最重要的一道防线。

遗憾的是，李元吉本质上就是一位纨绔子弟，虽然手握重兵，却连和刘黑闼对阵的勇气也没有，眼睁睁地看着河北落入到刘黑闼的手中。朝廷的示弱，让河北的州县大失所望，大家纷纷选择投靠刘黑闼。

历史证明，李渊选择李元吉就是个错误。大敌当前，前线需要主帅，他必须要在皇太子李建成和秦王李世民中间做出选择。

玖

两府斗争全实录

李建成：性格改变命运

写到这里，唐初最精彩的宫廷斗争就要开始了。

其实，要把这段纠结的历史说清楚，需要重点回答几个问题：李建成究竟是什么样的人物？李渊对李建成和李世民究竟是什么样的态度？李世民发动玄武门之变，究竟是主动进攻，还是被动防御？至于其他的，都是历史细节。

老规矩，先说主流史书的记载，再看史料的破绽。

按照司马光的说法，太子李建成性情散漫，爱好饮酒作乐，调戏美色，说得通俗一点，李建成就是个吊儿郎当的流氓存在，不足以成大事！至于齐王李元吉，完全是烂泥扶不上墙，因此兄弟俩都不受李渊的待见（太子建成，性宽简，喜酒色游畋；齐王元吉，多过失；皆无宠于上）。

于是乎，老二李世民就成了李渊的心肝宝贝。

为了坐实这个观点，史家给李世民安排了不少证据。

比如，太原起兵的首谋者不是李渊和李建成，而是李世民。再比如，起兵后平定河东和长安，几乎都是李世民的功劳，司马光没有恶意丑化李建成，已经算是手下留情了。再比如，平薛举、薛仁杲、李轨、刘武周、宋金刚、王世充、窦建德，这些都是李世民的功劳，大家没有任何异议。

可是到最后，司马光竟然来了这么一出戏：太原起兵的时候，李渊就说了，如果大事可成，都是李世民的功劳，李渊承诺立他为太子。

这样的说法，置李渊于何地，置李建成于何地啊？

难道李家只有李世民是人才，李渊和李建成都是废物？难道起兵之时，李渊就已经料到李世民会帮他灭了薛举等人，立下不世之功？老李家还没开始创业，八字还没一撇，李渊就在聊谁当皇帝，谁做太子的事儿？难不成，李渊起兵时极力维护的君子形象，早在父子会谈的时候就崩塌了？

关于这个桥段，不用描述太多，大家都懂的。

关于三个人的功劳，不用再写细节，可以直接给出结论：

李渊：太原起兵的倡议者，李唐王朝的创立者，杰出的政治家、军事家和谋略家，胸怀韬略的帝王，疼爱皇子的好父亲。从蛰伏待机到正式起兵，从与突厥人周旋，到立国后的势力平衡，手段之高超，智慧之绝顶，除了太宗皇帝，在李唐王朝的功劳簿上，还真没人能比得上他。

李世民：夺取长安之前，李世民还是李建成的小跟班，虽然有些功绩，可是在大哥李建成的光环下，似乎显得黯淡无光，就连史家也没法帮他包装和渲染。说白了，改变李世民命运的其实是李渊让他包围长安的决定，从那时开始，李世民收编了不少人才，羽翼开始丰满起来。随后，李建成被封为皇太子，负责坐镇长安，李世民则负责外出平叛，开挂的人生正式起航。

事实上，李世民行军打仗太过轻浮，数次陷入敌人的围追堵截，如果没有尉迟敬德和秦叔宝等人的死命追随，坟头草恐怕早已经收割了好几茬。

若以成败论英雄，李世民无疑是个成功者，他的一生用对了人，而且好运气不断，这才铸就了彪炳的战功，也有了和李建成争夺太子之位的资本。

李元吉：丢失太原是事实，打不过刘黑闼是事实，军事才能很一般，属于太子李建成的忠实粉丝，也有自己的小心思。

李建成：李渊最中意，也是到死都想扶持的皇位继承人。

太原起兵之前，李渊就已经做出了最完美的安排：李建成全权负责河东的地下党业务，李渊带着老二负责太原城的地下党业务。

事实证明，李建成的事办得非常漂亮。他靠着高超的组织能力，暗中拉拢了不少地主豪强，同时在河东散尽千金，收买了不少势力。在他的苦心经营下，河东士族愿意结交李建成，更对太原的李氏家族有了更清晰的认识。

李渊起兵之前，最大的顾忌就是李建成还没有到位。李渊担心李建成的安危不假，可他更需要李建成的沉稳和谋略，在办大事这方面，毛头小子李世民完全给不了老爷子安全感。

起兵之后，李建成指挥、参与了西河郡之战、霍邑之战、潼关之战、长安之战，就这些丰功伟绩，司马光不可能绕过李建成去单独吹捧李世民，这也是我们还能从史书上看到记载的根本原因。

李氏家族创业的初期，李建成的贡献要远超过李世民。李渊登基称帝之后，李建成的身份开始转变了，他不再是一位随便上阵杀敌的将领，他必须学会治国理政，帝王心术，至于打打杀杀的粗活，全都落到了李世民的头上。

不过，我们还是可以从史书上看到李建成的身影。

武德三年（620），李世民在洛阳战场和王世充纠缠之际，李建成被紧急派往蒲州，专门防御东突厥的骑兵。武德四年（621），李世民和窦建德纠缠之际，李建成再次北上，防御梁师都、东突厥和稽胡的联军，战役过程直接被无视。

没办法，史学家要力挺是李世民，在别人的主场，你还能优秀过别人？不可否认，李建成是起兵的协谋者和组织者，大小军事战争的指挥者，大后方得以稳定的灵魂人物，尤其是在唐朝的建立过程中，李建成拥有无法磨灭的功绩。

不仅如此，李建成性格宽厚，深得叔伯辈和同辈兄弟的喜欢。

起义之前结交的：河东令卢赤松、河东郡司法贺德仁、河东县曹任瓌等人。

起义之后结交的：王珪、魏徵、李纲、韦挺、窦轨、裴矩、郑善果、庾抱、陈子良、萧德言、赵弘智、徐师谟、欧阳询、段纶、唐临、唐宪、窦干、冯立、谢叔方、薛万彻、罗艺、李瑗、韦云起、郭行方、裴龙虔等人。

卢赤松，祖上是汉朝名臣卢植，名门望族，李渊的老朋友。

韦挺，父亲韦冲是隋朝的民部尚书，李建成的发小，可惜因为杨文干事件，主动给李建成背锅，因此玄武门之变发生的时候，他不在长安城。

罗艺，面对李世民和李建成的拉拢，他毅然投靠了李建成，还把猛将薛万彻也推荐给他，后来屡次找李世民的茬儿，就是不服你，能咋的！

段纶，父亲是隋朝的兵部尚书，李渊的女婿。

至于其他的人，就不一一介绍了。只想说，这些人都是当时非常有名望、有地位、有学识的超级大腕儿，许多人后来都成了李唐的国公爷。

总而言之，李建成的才华、能力都没问题，功劳也是杠杠的，至于人品嘛，从他的朋友圈就可以看得出来。李建成并不是昏庸无能、心机深沉的人，而是一位仁慈宽厚的谦谦君子，完全有能力，也有资格做李唐的储君。

遗憾的是，世间之事，并不是你有能力，有资格，就该你去做。李建成的性格其实很像前朝的太子杨勇，很适合做邻居家的大哥哥，不适合搞血腥残酷、尔虞我诈的政治斗争，尤其是面对秦王府这帮杀才，李建成只有悲剧一条路。

李世民：大唐第一“直男”上线

李唐立国之前，大家都在创业的路上，生死未知，家运未知，谁都没有心情去搞内斗。然而，当长安城改姓李的时候，人性在政治利益上的写照开始变得冷彻入骨。说白了，生存环境变了，人心也开始变了。

最先变的，是李渊。

李渊一生有二十二个儿子，十九个女儿，要说生育能力，跻身到中国的帝王排行榜上毫无压力。不过，李渊在创业的时候并不好色。

李建成、李世民、李元霸、李元吉都是李渊的嫡子，出生时间较早。第五子李智云，出生于隋仁寿三年（603），起兵前夕被隋朝官员抓捕，被害身亡。隋大业九年（613），李渊驻守涿郡，窦氏不幸身亡，年仅44岁。李渊登基之后，将窦氏追封为皇后，后来他纳了许多妃嫔（史书有名分的就有十九位），但自始至终都没有再立皇后。

第六子李元景，出生于武德元年（618）。第七子李元昌，出生于武德二年（619）。也就是说，李唐建国之前，李渊的心思都花在了创业上，堪称是埋头苦干、任劳任怨的典范啊。当然，李渊身为贵族后裔，身边不缺美色，可是对不起，我干的是掉脑袋的勾当，事业稳定之前，儿子生得越多，失败后的痛苦就会越深。

不过，做了皇帝之后，李渊的生存环境就大大地改观了。豪宅是必需的，最关键的是，偌大的家业得有人继承啊。

老大，咱还得平定天下呢！

您多虑了，君不见，老二出马，一个顶俩儿，中原的鹿还剩几个？

老大，咱还得治理天下呢！

您又多虑了，除了军国大事，太子爷把朝廷政务料理得干干净净，凭借李渊的三板斧，何愁政务紊乱啊！来来来，咱既然没事干，就多生几个娃吧！

据史料记载，李渊只要闲来无事，就喜欢开门纳妾，躲在后宫和嫔妃们寻欢作乐，虽然是年过五十的垂暮老汉，可依然龙精虎猛，加上后宫嫔妃的中招率居高不下，短短几年的时间，后宫就平添了十几个小皇子和小公主。

李渊家大业大，不愁吃穿，唯一发愁的就是这帮女人喜欢聚众开会，各种谣言八卦满天飞。不过，李渊有他的底线，只要这帮女人不给他戴绿帽子，不觊觎不属于她们的东西，一切都好说。

令李渊欣慰的是，这帮女人确实很识趣。

一来，她们的儿子都还小，没必要去争太子之位。二来，老大和老二都是嫡出的皇子，又是人中龙凤，别人根本就替代不了。就算老天爷厚爱，他俩都在战场上挂掉，还有个不中用的老四呢，其他的皇子想做皇帝，门都没有。

古往今来，做娘的就喜欢替儿子规划未来。想想看，这帮小子做不成皇帝，就只好依附李建成和李世民这两个大靠山。

拿当时的情况来说，李建成做皇帝几乎是铁板钉钉的事情。李建成常年留守在长安城，小妈们和他打照面的时间自然是更多些！更何况，李建成生得一副和气生财的面孔，懂得低调做人，与人为善。比如说，平日里得到什么特产，都会给小妈们留一份！因此，绝大部分嫔妃都选择依附李建成。

至于老二，实在让小妈们头疼。

李世民常年在外征战，和小妈们几乎是形同路人。这也就罢了，李世民的性格中有太多的刚强和坚韧，说白了就是一根直肠通大脑，对人情世故的重视，尤其是对女人的巴结，完全比不上对战场同袍的维护。

这样的一个人，很难不得罪人，尤其是女人。

想当初，李世民攻占洛阳城，得了无数的奇珍异宝，还有数不清的钱财，运回长安之后，李渊懒得去清查。金钱嘛，可以拿来赏赐给军中的兄弟；至于珠宝，爱妃们，你们看上了什么，就自己去老二那儿领取啊。

对女人来说，最兴奋的莫过于买衣服，买首饰，如果是免费的，那她们更加兴奋。嫔妃们得了皇帝的圣旨，一个个跟打了鸡血似的，兴致高昂地去找二郎。老二啊，大家都是一家人，把你的那些宝贝拿出来，让小妈们挑几件用用？

如果是李建成，不用小妈开口，直接送货上门，包邮。

遗憾的是，小妈们面对是最难搞的李世民。据说，李世民对这帮女人的态度非常冷淡，直接回了一句：“珠宝已经登记造册，准备送往府库封存！”

一句话就把天给聊死了，小妈们无语凝噎，徒叹奈何。

好吧，你秦王对我们大公无私，这些咱都忍了。如今，你是天策上将，开府建牙，府里的编制一定很多吧？这样好不好，小妈有几个不中用的远房亲戚，要不就安排做做文书工作吧，实在不行，后院打杂也可以。

李世民：“对不起，官职都是封赏给贤才和有功之人的，本王这儿没后门。”

无缘无故的霸气，完全不给任何机会啊。

不得不说，李世民这事儿，办得有点不太讲究，小妈们好歹也是长辈，拿点东西出来孝敬他们，有何不可呢？把关系闹僵，对秦王府又有什么好处呢？更何况，就这几件小事都帮不上忙，小妈们还能指望李世民吗？

至此，小妈团的面子掉了一地，开始绷不住了。

无论有多大情绪，小妈们都不会找李世民当面问责，因为这些事儿上不了台面。不过，李渊乐呵的时候，她们在床上吹吹枕边风还是没有问题的。

率先出手挽尊的小妈叫张婕妤，李渊最宠爱的嫔妃。

龙榻之上，张婕妤柔情似水：“陛下啊，臣妾的父亲看上了某某地方的几十亩良田，您就把良田赏赐给父亲，成全臣妾的一番孝心吧！”

李渊：“爱妃啊，你的父亲劳苦功高，几十亩良田确实不算什么，朕这就手写敕令，让你的父亲拿着敕令去办理交接吧！”

如果所料不错，张婕妤可能是在故意找事儿。她口中的良田，早就被李世民做主赏给了淮南王李神通。当张婕妤的父亲拿着李渊的敕令前去办交接的时候，李神通虎着胆子，坚持说秦王已经把地赏给他了，谁也拿不走。

古话说得好，人为财死，鸟为食亡，面对皇帝的圣旨，李神通居然敢当面拒绝，确实是有恃无恐啊。不过，张婕妤要的就是这效果，她转头就找到了李渊，哭哭啼啼地说道："陛下，您赐给臣妾父亲的田地，被秦王夺去给了李神通！"

李渊感觉莫名其妙："你不是拿着朕的敕令吗？李神通为什么不给？"

张婕妤："陛下，李神通说这些地秦王已经给了他，谁说话也不好使。"

秦王已经给了他？

谁说话也不好使？

听到这句话，李渊顿时有五雷轰顶的感觉，随后是裹挟而来的烦闷，再往后便是歇斯底里的咆哮："混账！简直是混账透顶，朕亲手签批的敕令，难道还不如秦王的一句话管用吗？"

咆哮归咆哮，可李世民并没听到。事后，李渊心里堵得慌，田地倒不值几个钱，可他才是唯我独尊的皇帝啊，秦工府的人不把他当回事儿，那秦王呢？

遗憾的是，李世民并没有因此入宫解释。

有一天，李渊对裴寂抱怨道："哎，秦王这孩子，这些年在外打仗，自恃手中有兵权，再加上受到秦王府书生们的挑拨，已经变了。"

裴寂没法接话，父子之间的矛盾，怎么说都是个错。

皇帝猜忌一个人，哪怕是他的亲儿子，也会带来灭顶之灾。

除了张婕妤，尹德妃也看不惯李世民的所作所为。不过，尹德妃并没有直接告状，而是转告老爹尹阿鼠，让娘家人为她主持公道。

据史料记载，阿鼠平日里仗着女儿的恩宠，行事飞扬跋扈，无所顾忌，手下的人也是狗仗人势，经常欺负小百姓。在长安城，阿鼠是这样定义飞扬跋扈的：找我的事儿，那就是找死，不找我的事儿，那就等着死。

有一次，杜如晦骑着高头大马，从阿鼠的门前经过，神情颇为得意。阿鼠的看门兄弟心里不爽，于是跑过去扯住杜如晦，一把将他拽下马来，然后二话不说，直接上手，最后废了杜如晦一根手指头。完事之后，看门兄弟的态度极其嚣张，指着杜如晦的鼻子臭骂道：你是个什么玩意儿！经过我家大门，竟然没有下马（有理由相信，在唐朝，经过别人家的大门是不必收费的）。

杜如晦是秦王府的高级参谋，大名鼎鼎啊，阿鼠作为长安城的显贵，说不知道杜如晦的名号，怎么也说不过去吧！更何况，每天从阿鼠家门口经过的权贵不计其数，如果真有必须下马的规矩，为何只拉杜如晦，还痛扁了一顿？因此，这件事情极有可能是阿鼠代女儿出头，发泄对秦王府的不满。

事后，阿鼠赶忙找到了尹德妃，将事情的前因后果说了一遍。尹德妃又跑到李渊的面前添油加醋，说秦王府的人欺负自己的父亲。

李渊听说之后，几乎快要暴走了。来人，赶紧宣秦王进宫。

太极宫内，父子之间的气氛非常紧张，充满了隔阂的味道。

李渊的脸色寒如玄铁，愤怒地责备道：“二郎，你真是越来越混账了啊，连朕嫔妃的娘家人都不放在眼里，更何况长安城的老百姓！”

就事论事，这是阿鼠和杜如晦的矛盾，李渊指责李世民欺负嫔妃娘家人也就罢了，还给他戴了顶欺负老百姓的帽子，这明显就是找李世民的晦气。可话又说回来，李渊有资格发怒，不管李世民有意还是无意，秦王府对他的挑衅是事实。

据史料记载，李世民解释了，至于解释的过程，史书上没有详细的记载。不过猜得出来，父子之间的交锋，多半是以道理对抗强权，最后无疾而终。

父子之间的矛盾，还在持续发酵。

刘文静之死：大唐第一冤杀案

事实上，李渊和李世民的矛盾早就有了苗头。李唐建国之初，发生了一件举国轰动的案件：开国功臣刘文静被杀。这两者之间有联系吗？

还是老套路，咱们先聊聊故事吧。

刘文静（568—619），首都户口，爷爷刘懿是北周的石州刺史，老爸刘韶是隋朝的高级将领，在战场上阵亡殉国，被隋朝政府追赠为仪同三司。

刘文静虽然不是含着金钥匙出生，可这样的家庭背景，注定了他的人生不会平庸。据史料记载，刘文静是个器宇轩昂，风流倜傥的大帅哥，而且胸怀大志，谋略过人，因为父亲的功劳，早年承袭了仪同三司的待遇，后来出任晋阳县令。

隋朝几乎有个定律：有颜值、有气质、有才华，还有雄心壮志的官宦子弟，多数都有一颗躁动不安的心，比如李密、杨玄感、刘文静等人。

时值天下大乱，各地起义军泛滥成灾，隋朝政府几乎失去了抵抗的能力，刘文静便想着搞出点什么事儿，专业的说法叫政治创业。

刘文静是个有能力的人，寻常的官员自然入不了他的法眼，在茫茫人海中搜寻了一段时间之后，刘文静将目光锁定在太原留守李渊、晋阳宫副监裴寂、李渊二公子李世民的身上，经过一番刻意结交，大家成了好朋友。

隋大业十三年（617），刘文静被捕入狱，原因是和瓦岗军首领李密有姻亲关系。

说白了，当时李渊正在谋划起兵造反，刘文静在他的地盘被抓，根本就没有生命危险，可起兵毕竟是大事，在摸清楚刘文静的态度之前，不能不谨慎啊。

有一天晚上，李世民来到了大牢之中。

刘文静："哟，二公子来了？"

李世民："嗯，咱们不谈儿女私情，聊点儿天下大事。"

刘文静闻弦歌而知雅意，他先把李世民夸了一番，随后说出了他的看法：李密围攻洛阳，皇帝又远在江都，各地起义军泛滥，形势一片大好。如果唐国公能够振臂一呼，高举义旗，天下不难平定。隋末战乱以来，太原还算是平静，许多盗贼、流民都愿意前来避难，如果唐国公可以将他们召集起来，可立得十万大军，到时候趁着东都内乱，中央朝廷无暇他顾的良机，一举拿下关中，挟天子以令诸侯，不到半年时间就可以完成帝业。

事实上，刘文静的想法和李渊不谋而合。人生贵在缺少知己，面对掏心掏肺的刘文静，李渊确实没啥可隐瞒的，也没有再继续观察的理由。

把刘文静放出来，他以后就是老子的人了。

男人和女人，一旦突破了身体的防线，关系就会发生质变。

男人和男人，一旦突破了心理的防线，关系也会发生质变。

从此时开始，刘文静正式成为李渊的座上宾，在李渊的造反事业中，刘文静发挥着不可忽视的作用。当时，马仔刘武周弄死了自己的老板王仁恭，监军高君雅、王威担心北部的局势变得混乱，于是劝李渊招兵买马，先行平叛。

李渊思来想去，觉得刘文静是最能贯彻他战略思想的人，于是任命他为招兵的主要负责人，几天的时间，刘文静就给他弄来了好几万人马。

出山第一功，你值得拥有。

李渊在太原起兵之后，开设大将军府，刘文静担任大将军府司马，裴寂担任大将军府长史。刘文静认为，李渊的军势虽然很浩大，可北方的突厥却是心腹之患，因此主动请求前往突厥，为李渊解决这个麻烦。

到达突厥之后，刘文静靠着三寸不烂之舌，成功说服始毕可汗和李渊合作，条件便是大家一起进长安，政权、土地归李渊所有，金银珠宝、美女都归始毕可汗所有。虽然有点儿卖国的嫌疑，可是对李渊来说，刘文静既解决了太原城的后顾之忧，又带回来 2000 匹战马和数百名突厥精骑，可谓功德圆满。

李渊围攻长安的时候，给刘文静安排了一个活计：防守隋朝大将屈突通。

当时，刘文静认为潼关是战略要地，因此将大军转移到潼关以西。屈突通派大将桑显和前来交战，刘文静率众顽强抵抗，随后乘敌军松懈之际，派遣大军绕道，直接灭了桑显和的主力部队。屈突通见势不妙，准备逃奔洛阳，刘文静率军在后面彻夜追击，最后成功俘获屈突通，为李渊立下了汗马功劳。

隋大业十三年（617）十一月，李渊进位大丞相，刘文静改任大丞相府司马，进封光禄大夫、鲁国公。武德元年（618），李渊登基称帝，刘文静被封为门下省纳言。纳言是唐朝建国之初的官职，后来改为门下省侍中，其实就是宰相。

不管是刘文静，还是裴寂等人，他们把脑袋拴在裤腰带上，想的事无非是李渊做皇帝后能够加官晋爵，光宗耀祖。刘文静做了门下省的领导，也有鲁国公的爵位，按理说应该功德圆满了，可他的心里就是不太舒服。

原因很简单：裴寂是尚书右仆射、魏国公。

在唐朝的官职体系，纳言和尚书右仆射都是宰相，可尚书右仆射是从二品，而纳言是正三品，说白了，刘文静比裴寂的政治地位要低一级。

客观地说，和裴寂相比，刘文静学识渊博，能说会道，还会领军打仗，运筹帷幄，堪称是文武全才。事实上，刘文静自己也是这样想的，他觉得裴寂只不过擅长溜须拍马，取悦李渊，总觉得李渊是在偏袒裴寂。

好吧，大家都还在创业，这口气就先忍下了。

武德元年（618）七月，西秦霸王薛举侵犯泾州，李渊任命李世民为行军大元帅，刘文静担任元帅府长史。然而，李世民却在半路高烧不止，拉起了肚子，于是将军务全权委托给刘文静和殷开山。这哥俩不听李世民的嘱咐，擅自出兵，结果大败而归，回朝之后，刘文静被李渊剥夺了所有官职。

武德元年（618）八月，李世民、刘文静等人再度发兵，成功将薛家父子剿灭。刘文静原以为李渊会将他官复原职，谁曾想，李渊的诏书竟然是这样的：恢复刘文静光禄大夫、鲁国公的爵位，加封民部尚书（户部尚书），领陕东道行台左仆射。

俺们之前可是朝廷的纳言，名副其实的宰相啊，如今却成了小小的民部尚书，裴寂的下属？还给俺们来了个陕东道行台的宰相，虚职啊！

喜欢和别人攀比，是人类的天性。

刘文静、裴寂和李渊三人原本就是好朋友，刘文静嫉妒裴寂，这种事情自然拿不上台面去说，因此他想了一个比较愚蠢的办法：每次他们二人在李渊面前奏对的时候，凡是裴寂认为正确的，刘文静都要提出反对意见。

起初，李渊和裴寂还以为刘文静确实是因为意见不一致，才会在朝堂上唱反调，久而久之，他们终于发现刘文静这是在故意搞事情。刘文静的行为让李渊非常不痛快，裴寂更像是吃了苍蝇似的。

如果刘文静的才华比不了裴寂，那么裴寂身在高位，可能对刘文静还会比较包容，毕竟对敌人的包容会得到大家的赞赏嘛。然而，刘文静的本事比裴寂强了不止一个档次，这就让裴寂没办法淡定了。

刘文静不知道裴寂和李渊是铁哥们儿吗？当然知道。

遗憾的是，刘文静毕竟是个文人，骨子里有文人的劣根性，满腹才华却恃才傲物，功比天高却心胸狭隘，他自以为可以坐裴寂的位置，却不知在铁哥们儿（李渊和裴寂）这种关系的面前，再多的功劳，再多的言语也是徒劳。

事实上，裴寂没有整刘文静，反倒是刘文静自己后院起火了。

有一次，刘文静和弟弟刘文起一起喝酒，酒醉之后，口出怨言，甚至拔刀击柱，放出了狠话：“此生一定要斩杀裴寂，方能解心头之恨！”

你瞧瞧，这是一个政治家该说的话吗？裴寂是李渊的兄弟，你杀他和谋反有什么区别？这还不算什么，更离谱的还在后面呢。

刘文静也不知犯了什么太岁，家里竟然出现了闹鬼的事情，他在家里如坐针毡，无所适从，最后决定请几个巫师前来家中除鬼。据史料记载，这帮巫师在半夜三更披头散发，拿着刀横劈竖砍，还搞起了“厌胜”之事。

古人喜欢用法术或者祈祷方式来遏制敌人，专业说法叫“厌胜”。比如，制作一个布娃娃，在上面写上你讨厌之人的名字，然后扎满钢针，埋在后花园里，天天诅咒他。由于这种办法隐蔽又方便，所以在宫廷斗争中经常被用到，也正因为如此，才会被各个王朝的统治者严令禁止。

当然，这种事情如果没被发现，自然没啥事儿，悲剧的是，刘文静的秘密居然被小妾给举报了。据说，这位小妾很崇拜刘文静，可刘文静把她玩腻了之后便将她抛在一旁，这让她非常不爽，小妾找到了娘家的哥哥，通过他的嘴，将刘文静私下说要杀裴寂和行厌胜之事捅了出去。

李渊当即传旨：派遣裴寂、萧瑀共同审讯刘文静一案。

各位看官，裴寂和刘文静的矛盾已经公开了，而且此案牵涉到裴寂本人，李渊居然派出这样的调查团，这岂不是故意整刘文静？

裴寂和萧瑀当堂审理之后，得到了刘文静的供词：臣刘文静，在陛下起义的时候担任大将军府司马，和裴寂地位相当。如今裴寂身居尚书左仆射，得到陛下的赏赐无数，而臣的官爵和赏赐却与众人无异，这才心生不满。

这番说辞的真实性是值得怀疑的，刘文静虽然心中不满，一直以来也只不过和家人抱怨，如今面对自己的死敌，居然敢说出这样的话，岂不是指责皇帝用人不当，论功行赏不公平吗？如果是这样，刘文静就是大逆不道啊！

因此，这件事极有可能是裴寂伪造了证词。

据史料记载，李渊看了供词之后，定了个基调：刘文静有谋反的心思。此话一出，朝中大臣纷纷侧目：皇帝这是故意搞事情啊。

当时，满朝文武大臣都不相信刘文静会造李渊的反。礼部尚书李纲，包括主审官萧瑀更是直接表态：刘文静虽然心生不满，但绝不是谋反。遗憾的是，李纲和萧瑀的话语权太轻，并没起多少作用。

李世民得知此事之后，急忙跑到宫中为刘文静求情："陛下，刘文静是太原起兵的倡议者，按理说，他比裴寂的资质更老，等到夺取长安，他们的地位变得悬殊，刘文静这才心生不满，口出怨言，但并无谋反之心啊。"

时值武德二年（619），李渊不过占据了关中，洛阳、河南、河北、山东和江南都还在其他枭雄手里，说天下大局已定，完全是胡扯。如果从大局考虑，刘文静的谋略和智慧对李渊有百利而无一害，李渊怎会舍得杀他？更何况，李渊在夺取长安之后，将裴寂和刘文静表彰为"太原元谋功臣"，特意赐给了他们免死金牌。

换句话说，李渊虽然不喜欢刘文静，却也没必要杀他，纵然想杀他，刘文静还有免死金牌可以保命。然而，李世民的出现让李渊产生了警惕，一个是骁勇善战的秦王，一个是智谋超群、心机深沉的文人，如果他们搅和到一起，岂不是要将李唐天下搞得天翻地覆？

这样的猜测并非空穴来风。李渊是雄才大略的君主，他可能早已经将秦王府和太子府之间的利益关系看透了，也预料到两个儿子会因为皇位继承掀起一场风波，这才提前结束刘文静的性命，遏制秦王府的势力。

李世民年轻气盛，爱惜人才，再加上刘文静和他私交甚好，因此上表求情，却在不经意间将刘文静往死亡深渊推了一把。即便如此，李渊还是在犹豫要不要杀刘文静，可就在此时，裴寂的一番话彻底葬送了刘文静所有的生机。

裴寂密奏李渊："陛下！刘文静的才能和谋略确实在众人之上，但生性猜忌阴险，当今天下未定，外有劲敌，今若赦他，必遗后患啊。"

言外之意，刘文静拥有经天纬地之才，但是心胸太过狭隘，如果李渊没有处理好此事，刘文静必定会心生嫉恨，如果他投奔到别处，后果不堪设想。

此言一出，李渊顿时心生杀机。是啊，对国家的长治久安来说，一个人的才华真的可有可无，皇帝的承诺也可有可无，唯有铲除所有威胁才是王道。李渊最后力排众议，传下诏书：诛杀刘文静、刘文起兄弟，抄没其家产。

此时，距离李渊起兵不过两年，距离李唐开国不过一年，年仅52岁的开国功臣刘文静竟然因为莫须有的罪名被赐死，这里面的水不深吗？

刘文静临行之前，发出了最后的感叹：高鸟尽，良弓藏，此言不虚啊。

刘文静被杀一案，可以肯定是冤案。遗憾的是，在皇权斗争中，别说杀个开国功臣，就算是杀掉皇子也在所不惜。刘文静被赐死，李唐失去了一个可以呼风唤雨的鬼才，换来了短暂的和平。也因为刘文静被杀，房玄龄、杜如晦等人才能站到前台，帮助李世民开创了贞观盛世。

玄武门之变后，李世民为了清除李渊的旧臣，几乎是不惜一切代价和手段。裴寂身为一代名臣，李唐的开国元勋，在贞观朝几乎毫无地位，被李世民玩弄于股掌之间，被贞观一朝的名臣联手整治，最后只能在老家郁郁而终。

贞观三年（629），裴寂去世，李世民立即下诏为刘文静翻案，并追封刘文静的所有官职，还让他的儿子刘树义袭封了鲁国公的爵位。

古往今来，皇帝都以遵奉老爹为大孝，老爹的决策，能不变就不变，老爹的旧案，能不翻就不翻。然而，彼时的李渊还是太上皇，李世民就不顾一切地想要翻案，这只能说明一件事：李世民对李渊有深深的怨恨（不止一件事可以证明），而刘文静被杀，更是毫无疑问的冤案。

都是亲生的，李渊为何偏爱李建成？

武德二年（619）九月，刘文静因为李世民的卷入，无辜被杀。

武德四年（621）九月，李世民因为平定中原的功劳，被封为天策上将。

武德五年（622）四月，李世民第一次被李渊从河北战场召回。

武德五年（622）六月，李世民第二次被李渊从河北战场召回。

这样的时间跨度，完全可以看出李渊对李世民的态度转变。

从刘文静的案子开始，李渊就已经在防备李世民的崛起了。加封李世民为天策上将，确实因为李世民功比天高，李渊必须拿出诚意才能堵住众人之口。天策府诞生之后，李世民开始变得强势起来，再加上和后宫嫔妃的利益冲突，和老爹的正面交锋，几乎让李渊威严扫地，最终迫使李渊出手打压。

两个月的时间，李渊以“无理取闹”的方式两次将李世民从河北战场召回，第一次扶持李道玄上位，第二次扶持李元吉（李建成的小跟班）上位，第三次直接扶持李建成上位，这已经很能说明问题了。

李世民和李渊的矛盾，本质上是君权和臣权的矛盾，这种君权不仅仅是皇帝的权力，还有国之储君的权力。除此之外，父子之间缺乏有效的沟通也是加深裂痕的重要原因。说白了，李世民功勋再卓著，他也只是李渊的臣子。在皇权至上的年代，先论君臣，再说父子，这是亘古不变的政治铁律。

遗憾的是，李世民没有把自己的位置摆正。

招揽人才、收买人心成了李世民的日常工作，瞧瞧房玄龄、杜如晦等人，从来都是唯秦王独尊，几乎成了李世民的私人幕僚，至于李渊这位皇帝，先给老子靠一边站！这谁能忍？

李世民就算再牛，在李氏家族也不过是第三号人物而已，别说他挑战不了李渊，就连李建成也不是他能轻易挑战的。李世民开牙建府确实是李渊默许，但是你不能把皇帝的恩赏当作政治资本，更不能拿它来挑战皇帝的权威啊。

李世民确实存在问题，李渊难道就没有问题吗？

李渊对裴寂说过，李世民在外统兵打仗日子久了，习惯了大权在握，因此性情大变，而李渊却没有意识到自己在做了皇帝之后，性情也有了转变。

转变一：对皇权的无限释放。

据史料记载，李渊做皇帝之后，并没有将权力收到自己手中，当时太子府、秦王府、齐王府和李渊都可以给朝臣发号施令，一般情况下，谁的政令先到，朝臣就执行谁的！说白了，李渊的皇帝做的，很不像个职业皇帝。

在这种游戏规则之下，只要皇子们愿意，他们可以轻易攫取政治资源为己所用。玄武门政变前夕，诸位皇子可以带着军队闯进太极宫，绝大部分朝臣没有依附李渊，反而是站队太子党和秦王府就是个明证。

转变二：专宠后宫。

如果是以前，李渊有什么事总喜欢把儿子们叫到跟前，大家开诚布公，所以很少有此矛盾。自从有了女人这一道隔阂，父子之间的沟通便不再顺畅。

从河北回来之后，李世民的心情就很不好，李渊为了照顾他的情绪，经常把他叫到宫中参加各种宴会。席间，李世民想到自己不受父皇待见，又回不到之前和兄弟们并肩作战的日子，心中感慨良多，因此独自落泪，暗自伤神。

李世民越是如此，李渊越是看不顺眼。

李渊越是看不顺眼，嫔妃们越喜欢搞事情。

当时，不少嫔妃都给李渊吹过枕边风，说李渊正值盛年，事业有成，大家都应该为他感到高兴。可是秦王呢，总喜欢长吁短叹，这明显就是发泄对她们的不满，如今秦王就已经不把她们放在眼里了，如果他得了权势，在李渊百年之后，她们岂不是要去喝西北风？

一个女人一台戏，众多女人在一起就是一场春节联欢晚会啊。

李世民不开心，李渊更加不开心。

李渊必须要面对一个残酷的事实：老二确实很给力，军中半数以上的武将都愿意拥戴他，可这并不是个好兆头！在强权压倒一切的年代，李世民已经属于功高震主的存在，如果再让他混下去，李渊和李建成的地位恐怕不保。

李渊一点儿也不傻。就算李道玄被杀，李元吉打了败仗，李渊还是没答应让李世民上场，他一直在考虑新的主帅人选。

太子府也有聪明人，比如太子中允王珪和太子洗马魏征，他们看出了李渊的小心思，于是找到李建成，对他说道："太子爷，秦王最近一直在外面统兵打仗，立了不少军功，不少朝臣开始对他倾心啊！您久居深宫，时间长了可没啥好处。如今，刘黑闼只有几万人马，如果咱们率军出征，肯定是摧枯拉朽之势，要不您找皇帝老儿去说说？"

李建成深以为然，立即进宫向父皇请旨，李渊对此非常欣慰。

武德五年（622）十一月初七，李渊下诏：命皇太子李建成率兵讨伐刘黑闼，河北、山东和河南各州均受其调度，授予李建成便宜行事之权。临行之前，李建成任命魏征为参谋长，帮他出谋划策。

武德五年（622）十一月二十二日，李元吉听说大哥要来，兴奋地嗷嗷叫，于是带兵主动出击，打败了刘黑闼的弟弟刘十善。即便如此，河北各州县还是选择依附刘黑闼，唯独魏州总管田留安等人死命追随李渊。

魏征到达前线之后，做了一次摸底调查，他发现投靠刘黑闼的官员要么是惧怕他的势力，要么身上有污点，害怕朝廷找他们秋后算账。总而言之，许多人并不是真心依附刘黑闼，河北内部是矛盾重重。

魏征对李建成说道："朝廷之前和刘黑闼交战，事先会把他的大将名字都记下来，一旦打了胜仗，这些将领和他们的妻儿会受到严厉的惩罚。齐王虽然代表朝廷赦免了刘黑闼党羽的罪过，可他们却不愿意相信，如果我们能将先前俘获的人全部释放，刘黑闼的势力就会分崩离析。"

李建成："善！"

历史证明，读书人虽然不一定会带兵打仗，但是揣摩人心，搞搞阴谋阳谋，那真的是没话可说。魏征的大招放出来之后，墙头草势力纷纷选择重新站队，绝大部分人都投靠了李建成，再加上突厥人已经退兵，刘黑闼彻底崩盘了。

战争的最高境界，就是不战而屈人之兵。

刘黑闼要面对的，就是选择一个什么样的死法了。

军队解体之后，刘黑闼带着亲信向北一路狂奔，一直到饶州（今河北省衡水市饶阳县）地界才敢停下来休息。饶州刺史名叫诸葛德威，他原先依附了刘黑闼，可最近又偷偷投靠了李建成，他派人给刘黑闼送信，说自己很仰慕老板的才华，以后还会继续跟着他混，并放出话来，要把整个饶州双手奉送给他。

患难见真情啊，诸葛德威，你是好样的！

刘黑闼虽然口头上有表扬，可暗地里却防着诸葛德威。是啊，你又不是老子的亲人，凭什么相信你啊？刘黑闼在饶阳城外驻军，将信将疑，就是不敢进城。

诸葛德威想了想，不入虎穴，焉得虎子啊？于是大开城门，带着城中的官员前去迎接刘黑闼。二人见面之后，诸葛德威匍匐在地上，大声痛哭，泪满衣襟，表示要誓死追随刘黑闼，不然就一头撞死在他面前。

混江湖的都知道，诸葛德威的做法叫“置之死地而后生”。

老子都要寻死了，你还不给面子？传出去还能做首领吗？

说白了，刘黑闼已经躲无可躲，就算他不休息，手下的人呢？刘黑闼见诸葛德威如此真心，也就不好再继续怀疑，当即下令进城。

饶阳城内，一片和谐欢腾的气氛，诸葛德威好吃好喝招待刘黑闼，对他比自己的亲爹还要热情。就在刘黑闼大口吃肉，大口喝酒的时候，一声梆子响，饶阳城门被关闭，伏兵尽出，轻轻松松便将刘黑闼等人一网打尽。

武德六年（623）正月初五，诸葛德威将刘黑闼、刘十善等人绑缚到李建成的面前，随后被李建成下令处死。有趣的是，临死之前，刘黑闼似乎显得不太甘心，于是仰天怒吼道：“都是高雅贤这小子害我呀，非得拉俺们出来干什么革命，要不是他没事找事，俺们现在还在家里安安稳稳地种白菜呢！”

创业有风险，成功了就是威震四方的江湖老大，不成功，那就是灰飞烟灭的下场，抱怨别人又有何用呢？

客观地说，刘黑闼打仗确实是万人敌，可骨子里还是缺少领袖气质，和隋末的枭雄没本质的区别。对付一般的枭雄，刘黑闼的勇武完全可以碾压，可真要和李建成、魏征这样的大神对阵，还是有些力不从心。不过，刘黑闼做人至少光明磊落，坦坦荡荡，这一点是许多枭雄比不了的。

刘黑闼被杀，预示着隋末群雄逐鹿的舞台正式谢幕。随后，李建成继续在河北、山西等地清除刘黑闼的残余势力，一直到武德六年（623）九月才返回长安。

李渊为了平衡秦王府和太子府的势力，特意打压李世民，给了李建成一个建功立业的机会，李建成马到功成，幸不辱命，回朝之后底气也变得十足。

此时此刻，李唐帝国基本肃清了外部敌人，李建成和李世民齐聚长安城，两府的局势风起云涌，一场围绕皇权的血腥争斗正式拉开了帷幕。

李元吉：老大傻老二奸，家家有个坏老三

武德六年（623）九月，李建成返回长安。

武德九年（626）七月初二，李世民率领秦王府将士在太极宫玄武门内设下埋伏，杀死皇太子李建成和齐王李元吉，挟持唐高祖李渊，史称玄武门之变。

不到三年的时间，长安城究竟发生了什么变故，以至于爆发了一场举国震惊的流血军事政变？

玄武门之变，李世民杀死了李建成和李元吉，并挟持了李渊。李建成一共有六个儿子，除了长子夭折，其余五个儿子在玄武门政变后悉数被杀。李元吉一共有五个儿子，玄武门政变后，李世民将他们全部诛杀。

说白了，玄武门之变闹得满城皆知，贞观一朝根本无法隐瞒这次事变。既然改变不了结果，那就只好在动机上为李世民找出千万种借口，因此我们看到的历史是一边倒地贬低李建成等人，毫无底线地维护秦王府一派。

比如夸大李世民在李渊起兵过程中的主导作用，既然李世民是起兵首谋者，由他来坐天下岂不是天经地义？

比如把李渊说成毫无主见、庸庸碌碌的皇帝，说李渊曾经给李世民许诺，拿下了江山，都是他的功劳，要封他做太子。

比如歪曲李建成的形象，说他和老爹的嫔妃乱搞男女关系，好酒贪玩，能力不行，给大家造成一种他不配做太子的错觉。

比如把李世民发动玄武门之变的原因归咎到李建成给他下毒酒，送烈马。总而言之，就是李建成阴谋陷害，苦苦相逼，李世民不得已才奋起反抗。

有句话说得很好，历史都是由胜利者书写的，尤其是玄武门政变这件事，李世民亲自查看贞观国史，房玄龄等人慑于皇帝的压力，隐晦了不少关键信息。时隔千年，我们很难去彻底复原历史，只能从现有记载中去摸索一条脉络。

先看看李元吉吧。

论能力，李元吉的真实水平在太原城已经显露无遗。论品德，李元吉是标准的纨绔子弟，贪玩是肯定的，不过还没有到丧心病狂的地步。李渊做了皇帝之后，特意安排他在李世民的军中学习，多少有些长进，李世民攻占洛阳之后，得到了天策上将、太尉等封号，李元吉跟着沾光，搞了个大司空的官位。

后来，李渊有意压制李世民，特意让李元吉统兵作战，结果李元吉是烂泥扶不上墙，辜负了老爹的信任。事实证明，离开了兄长，李元吉啥也不是。直到李建成赶赴河北，李元吉才给自己找回一点尊严。

但是，李元吉能力不行，不代表他没有心机。

据史料记载，两府之争的时候，李渊一直采用制衡的手段，压制一边，打压一边，有时候也会充当和事佬，尝试缓和两兄弟的矛盾。兄弟之间要握手言和，自然在家庭内部的酒桌饭局上最好说话，李渊便想着创造这样的机会。

可是去哪儿呢？皇宫大内肯定不行，太严肃，太官方。

那就去皇子的王府吧！秦王府和太子府肯定不行，去了谁的府邸，就相当于给谁站台，代表的是一种政治信号，那就在齐王李元吉的府上吧。

李渊事先给李元吉打了招呼，到了日子，他便带着李建成和李世民一起到齐王府做客。李元吉作为东道主，在酒席、侍卫的安排上自然占了优势，他不仅安排了一桌丰富的酒席，还在宫殿内外安排了不少刀斧手，这帮杀才的首领便是李元吉的亲信护军宇文宝。

父子四人落座之后忆苦思甜，兄弟们讲起了往事，气氛还算比较和谐。李建成和李世民的神态都很正常，可李元吉却着急了。他没心思和大家胡侃八卦，他今天安排的是鸿门宴，如果能够弄死二哥李世民，那是最好的结果。但他也有顾虑，如果行动失败，大哥李建成推说不知，他可担不起这个责任啊。

席间，李元吉找了个机会，将自己的部署全部告诉给了李建成，希望大哥能够点头，可李建成却制止了李元吉的想法。原因可以有很多，比如李建成宅心仁厚，两府之争还没到你死我活的地步；比如老爹在此，动起手来不好解释，不好善后；再比如李建成不知道底细，担心李元吉顺势把他也给收拾了。

总之，李建成死活就是不同意。谁料想，李元吉居然气急败坏地吼道："我这样做是为了哥哥着想，对我有什么好处？"

事实是，李元吉这样做的好处大大的。

李建成和李世民是嫡子，李元吉也是嫡子。按照顺位继承制度，如果李建成和李世民都不在了，那李元吉就是毫无争议的第一继承人。换句话说，如果李建成和李世民二人相安无事，李元吉永远也做不成太子，他要是有这个心思，就必须让他们二虎相争，最好是二虎斗殴而死。

遗憾的是，李元吉毕竟是色厉内荏的弟弟，他虽然有这个心思，但没这个胆量，因此在最后关头放弃了这场鸿门宴的伏杀。客观地说，在两府之争中，李建成和李世民才是真正的主角，李元吉充其量只是小配角而已。

站在李元吉的角度来看，他是家中的老幺，老爸的心肝宝贝，在家中很有话语权。如果他能够保持中立的态度，既可以在李建成这里捞到政治地位，又可以在李世民那里捞到军功，这是稳赚不赔的买卖。更何况，李元吉已经是位极人臣的存在，还有什么进步的空间？如果他能保持中立的态度，凭两个哥哥的人品，无论是谁做了皇帝，都少不了他的好处。

有趣的是，李元吉不仅站队了，还在李建成的集团中充当了不折不扣的积极分子，似乎比李建成还热衷于对李世民的斗争。说得不好听一点，李元吉的行为纯属"皇帝不急太监急"。

根据史书上的解释，李建成活着的时候，曾经给李元吉许下过承诺：如果李建成做了皇帝，就立李元吉为皇太弟，李建成去世之后，李元吉可以继承皇位。

这样的说法，似乎可以解释李元吉的急迫心理。

问题是，李建成当时就有好几个儿子，以后还会有儿子。更何况，唐朝之前，有人被立为皇太弟，可前提要么是现任皇帝上位不合法，需要找嫡出的弟弟来撑场面，要么是皇帝是傀儡，大臣拥立一位皇太弟上位。总而言之，和平年代，让现任皇帝把皇位传给皇太弟的，还没有成功的案例。

如果李元吉智商没有大问题的话，应该不会相信这样的鬼话。

李世民曾经说过，李元吉的性格乖张暴戾，终究不会屈居在李建成之下，还说李元吉自己曾经亲口说过，只要把他李世民除掉，干掉李建成就易如反掌。说白了，李元吉追求的不仅仅是太子之位，恐怕还希望两位哥哥双双曝尸。

仁智宫之乱：李渊公判兄弟之争

面对皇权的诱惑，谁也无法淡定。

李元吉有自己的小心思不假，可李建成必须要面对一个事实：秦王府正在以肉眼可见的速度强大起来，大有超越太子府的趋势。老爹虽然有压制李世民的意思，可碍于父子之情，始终没有太大的动作，大家得过且过罢了。

局势很清晰，老爹不喜欢李世民，可手心手背都是肉，他也不愿意卷入到两府之争，李建成想要坐稳太子的宝座，必须自己想办法突围。

客观地说，李建成的优势有很多。

比如嫡长子身份，帝位的合法继承人。遗憾的是，前朝太子杨勇也是这样的身份，可最终还是不得善终，指望嫡长子的身份，似乎有点儿天方夜谭。

比如后宫嫔妃强势站队。说起来，后宫娘娘团的枕边风也不小，只要她们能够在老爹面前“美言”几句，李世民悲惨的日子就不会有尽头。俗话说得好，敌人吃了大亏，就相当于自己占了便宜！

比如太子府和朝中都有很多帮手。太子府中有魏征、王珪、李纲、窦轨、裴矩、郑善果、冯立、袁郎、韦挺、唐宪、荣九思、武士逸、裴宣俨、徐师谟、欧阳询、唐临等人，武将内有薛万彻，外有罗艺，实力不容小觑。

不过，李建成最缺的是军队。这些年来，他一直在走储君路线，日常生活就是以德服人，至于军队，李渊觉得他不需要，李建成自己也觉得不太需要。问题是，太子府和秦王府眼下正在干架，人家秦王府有军队啊，自从老爹封了个天策府，老弟看家护院的编制就有八百人，这是何等恐怖的存在啊。

李建成想了想，还是得培养自己的军队啊！

接下来，李建成派人招募了两千多个壮汉，让他们分屯在太子宫的左、右长林门，宿卫太子宫安全，史称长林兵。这还不算，李建成又派遣亲信可达志秘密前往幽州，从幽州总管罗艺那里搞来了三百名骑兵，将他们分散在太子宫附近的坊中，作为太子宫最重要的武装筹码。想想看，罗艺是幽州的地头蛇，手下的将士身经百战，百里挑一，他给李建成送的人能是乌合之众？

遗憾的是，太子宫的动静闹得太大，以至于惊动了李渊。

对李渊来说，太子府和秦王府暗中较劲很正常，李建成招募东宫卫士也很正常，可罗艺是手握兵权的封疆大吏，李建成和他勾结算怎么回事儿？一旦让外臣参合皇室的内斗，到时候李渊也控制不了局面啊。

李渊震怒不已，他把李建成叫到宫中，狠狠地训斥了一顿，随后放出话来，长林兵你自个儿留着，三百名骑兵立马解散。至于可达志，李渊给他安排了一个僻静的去处：巂州（今四川省西昌市）。

武德七年（624）六月，长安城酷暑难耐，太极宫潮湿闷热，李渊内心烦躁不已。这几年，李建成和李世民的矛盾越来越大，几乎到了要火拼的地步，李渊不愿意看到自己的儿子爆发冲突，于是带着李世民和李元吉到仁智宫避暑，并在这里举行了狩猎和讲武等活动。据史料记载，仁智宫在五月份刚刚竣工，是集巡幸和边防功能于一体的离宫，遗址位于陕西省铜川市境内的玉华山上。

至于李建成，和往常一样，坐镇长安城，代替父皇处理朝政。李渊自从做了皇帝，大大小小的朝事都交给李建成在处理，只有重大问题才会引起他的关注。因此对李建成来说，监国只是一桩小事。

可就在此时，一场疑云重重的阴谋发生了。

根据李世民的国史记载，李建成有个亲信叫杨文干，官居庆州都督（今甘肃省庆阳市），他一直在帮李建成招募甲士。李渊和李世民前往仁智宫的前夕，李建成找到李元吉，对他说眼下就是天赐良机，希望李元吉能够盯紧李世民。

随后，李建成派人给杨文干传信，让他紧急招募一批勇士送往京城，又将事先准备好的武器和甲胄交给亲信战将尔朱焕、乔公山，让他们给杨文干送去，并让杨文干在庆州起兵，配合李建成在长安城的行动。

李建成选择让庆州方面动手，就是因为庆州和仁智宫相隔很近，只有三百里路，军队可以朝发夕至。可令人没想到的是，尔朱焕和乔公山走到豳州（今陕西省咸阳市彬县）的时候，心里开始打退堂鼓了。哥几个玩的毕竟是军事政变，如果失败了，肯定是家毁人亡的下场啊。

二人似乎对李建成不太信任，思虑再三，最终还是决定改道玉华山，准备向大老板李渊告密。更令人没想到的是，李建成和杨文干的互动居然被人举报了，举报的人叫杜凤举，是庆阳市宁县人。

李渊得知消息，万分震惊。在李渊的眼里，李建成一直就是个乖宝宝，说他和老二闹别扭是肯定的，可李渊实在不敢相信，李建成有胆子起兵造反。

这是一起政治事件，就看李渊如何处理了。

据史料记载，李渊考虑了许久，最终在毫无军事准备的情况下，下了一道密旨：命李建成迅速赶赴仁智宫，当面向李渊解释此事，并派遣司农卿宇文颖传召杨文干。意思就是，李渊还是不相信李建成会大逆不道，起兵造反。

各位看官，可别小瞧了这道圣旨的含金量。

西汉时期，汉武帝的太子刘据因为受到奸臣江充的迫害，不得不在长安城起兵自卫。当时，汉武帝派遣江充的党羽苏文前去询问，可此人并没有和刘据有任何沟通，他回来之后直接诬告刘据谋反，还说他拒绝和汉武帝沟通，最终引发了一场持续了数日的禁卫军混战。结局就是，刘据兵败被杀，而汉武帝事后悔恨万分，下令诛杀了一批诬告太子的人，并修建了思子宫和望思台。

李渊并没有这么粗暴，此时此刻，他的脑子非常清醒。

司农卿宇文颖是李元吉的好朋友，李渊派他传召杨文干，就是怕李世民的人会暗中使坏。宇文颖知道这件事的分量，如果处置不当，极有可能会引发一场政治风波，而且会招来杀身之祸，宇文颖思之再三，决定将此事报告给李元吉。

据史料记载，李元吉听闻之后大惊失措，思虑半天之后，李元吉决定让宇文颖前去给杨文干传信。至于李元吉说了什么，我们完全不知道，总之，杨文干得到消息后，在武德七年（624）六月二十四日抢先在庆州起兵。

此时，李建成也收到了老爹的密旨，他知道事情已经败露，吓得颤作一团，不知所措。这件事情该如何解释？说自己起兵是为了消灭李世民？还是连老爹一起给端了，自己做皇帝？说白了，不管李建成说什么，这事儿都不好收场。

太子舍人徐师谟告诉李建成，让他占据长安城，索性和李世民干到底，彻底解决两府之间的恩恩怨怨。詹事主簿赵弘智告诉李建成，听老爹的话，迅速前往仁智宫面圣，把事情给老爹说清楚，争取求得老爹的原谅。

对李建成来说，这是关乎太子府生死存亡的决策，稍有不慎，满盘皆输啊。李建成经过一番激烈的思想斗争，最终还是听从了赵弘智的忠告，前往仁智宫解释此事，不仅李建成前去，所有东宫的官员都要随行。

在距离仁智宫不到六十里的地方，李建成将大部分东宫官员留下，仅带了十余名亲信惶惶不安地向玉华山驰去。到达仁智宫后，李建成跪倒在父亲面前，痛哭流涕，认错求恕。遗憾的是，李渊的怒气仍在，就在当晚，李渊命人将李建成扣押在行宫，并让殿中监陈福严加看管，只供给他粗食麦饭充饥。

对李渊来说，如何处置李建成，他还没有完全想好。当务之急是平息由于两府之争引起的地方军事叛变，首当其冲的自然是庆州的杨文干。

杨文干距离玉华山不远，李渊害怕杨文干会安排杀手偷袭，当夜带着禁卫军南行了几十里，潜避在玉华山之南。随后，东宫官员相继赶来，李渊显得非常警惕，命他们三十人为一队，派人严加看管起来。

武德七年（624）六月二十五日清晨，李渊回到仁智宫主持大局，命武卫将军钱九陇和灵州都督杨师道前去围剿杨文干。

武德七年（624）六月二十六日，李渊找来李世民，父子二人有过一次对话。

李渊："杨文干起兵造反，依你之见，该如何处置？"

李世民："杨文干不过是竖子而已，想必陛下已经将他擒拿，如若不然，咱们可以派遣大将去讨伐他！"

很显然，李世民的话不痛不痒，并没有刻意牵扯李建成。

李渊："哼！没那么简单！这件事牵连着太子，恐怕响应的人会很多，你得亲自去一趟。成功之后，朕立你为太子。朕不能效仿隋文帝杀戮自己的亲儿子，此事之后，朕将李建成封为蜀王。蜀地兵不精，将不广，将来李建成若能臣服于你，你就宽仁地对待他，如果不服从你的统治，你讨伐时也会容易些。”

李世民得令之后便赶往宁州。

李世民前脚刚走，李元吉便找到李渊，极力帮大哥求情。李元吉还发动了后宫的娘娘团，包括大臣封德彝等人也在极力解救李建成。大家的口径非常一致，李建成此举不是针对李渊，其中一定有什么误会，这才闹出了兵变的事情。

这么多人为李建成求情，李渊的心也开始软了下来。

最终，李渊的处置办法如下：李建成和李世民一直就有矛盾，所以才会闹出误会，不是啥大事儿，责令李建成依旧返回长安。

有趣的是，李渊却将太子中允王珪、太子左卫率韦挺、天策府兵曹参军杜淹三人一起发配到巂（xī）州。王珪和韦挺是太子府的人，说李建成有过错，惩罚他的手下说得过去，而杜淹是秦王府的人，以目前的线索看，关李世民什么事？

李渊你凭什么要各打五十大板？

这个暂时不说，继续把故事讲完。

事实证明，杨文干根本没有做好起兵的准备，李世民到达庆州之后，杨文干的党羽便一哄而散。武德七年（624）七月初五，杨文干被部下杀死，而李世民又处死了皇帝的钦差宇文颖，此事暂时告一段落。

李世民回来之后看到的是什么场景？

李建成没有罪过，重新回到长安城，还是做他的皇太子。至于李渊给李世民承诺的太子之位，对不起，无法兑现了。这也就算了，秦王府的杜淹居然被发配到了外地。也就是说，哥几个闹了这么大的事儿，居然被各打五十大板？

关于杨文干谋反一事，可谓是疑点重重。

第一个疑点：李建成真的想谋反？

如果李建成想要搞事情，不管是针对谁，都是不可饶恕的重罪，至少处理结果下来，李建成的太子之位都会不保。问题是，面对李渊的诏书，李建成为何会心甘情愿地带着太子宫所有官员前去仁智宫请罪？难道他笃行李渊会相信他的清白，相信杨文干起兵造反只是闹着玩的？

除此之外，李建成谋反的动机究竟是什么呢？

李建成是正儿八经的太子爷，深受朝臣的拥戴，虽然有李世民这个威胁，可并没有到生死关头。更何况，在李建成和李世民之间，李渊一直是力挺李建成，不管怎么说，李建成都占据着绝对的竞争优势。

说白了，如果李建成不动，他就是雷打不动的太子爷，如果动起来，那就是和李渊为敌，顺便给李世民送了助攻。

第二个疑点：李建成和庆州都督杨文干究竟是什么关系？

杨文干出身东宫卫士，这点是毋庸置疑的。

按照贞观史料的说法，李建成想要发动军事政变，于是派人给杨文干传信，让他送一批猛士前往长安，随后又给杨文干送了一批武器和甲胄，希望他在庆州起兵。问题是，杨文干身为封疆大吏，手下是有常规军队的，还需要李建成给他配武器？谁在造反前，连武器都没准备好？再者说，想要武装一批军事力量，甲胄从哪里来？李建成居中运作，怎么可能逃过秦王府的眼线？

还有更离谱的，李建成让杨文干送猛士到长安城，肯定是想在长安城发动政变，可他又把武器送到庆州，想在仁智宫发动军变，这岂不是自相矛盾？李建成最好的选择，难道不是把这批猛士放在庆州吗？从杨文干的布局，庆州方面的准备来看，李建成根本就没有弄死李渊的胜算，这不是政治赌博，而是找死。

第三个疑点：杜风举是如何知道杨文干要谋反的？

李建成和杨文干确实有来往，杨文干也给李建成送了士兵，可杜文举是靠什么说服李渊，说杨文干要谋反的？更奇怪的是，尔朱焕、桥公山前脚刚到仁智宫举报，杜风举后脚便跟了上来，两拨人分别从长安和庆州方面举报李建成谋反，事情真的有这么凑巧吗？

第四个疑点：李渊为何会再次承诺封李世民为太子的鬼话。

按照贞观史料，李渊在起兵之前就承诺封李世民为太子，可最后食言而肥，让李建成做了太子。这一次在仁智宫，李渊居然故技重施，这是侮辱李世民的智商，还是李渊昏了头？再者说，李世民不过平定杨文干谋反，并不是什么天大的功劳，李渊犯得着用太子之位来激励他？

第五个疑点：李渊为何会各打五十大板。

如果李建成的谋反罪名成立，李世民就是大功臣，事后李渊一定会封赏秦王府的人，可恰恰相反，李渊不仅处罚了太子府的人，还顺带着处罚了杜淹。事实证明，李渊的处罚有针对性，这三人一定参与了此事。

第六个疑点：李世民的态度极其诡异。

李世民的性格非常耿直，如果属下被李渊冤枉或者针对，李世民一定会奋起反抗，刘文静就是个明证。不仅如此，秦王府的人也都是暴脾气，别说没犯错，就算是犯了错，也会在李渊面前嚷嚷。后来，李渊无故批捕尉迟敬德，并将程咬金外放为官，都遭到了李世民的强烈抗议。可是这一次，李世民完全被李渊玩弄于股掌之间，为何连争辩的记录也没有？

笔者分析，事实可能是这样的：

李建成并没有谋反的意图，他让杨文干给他送士兵，只是为了拿到更多的军事筹码，在长安形成优势。至于给杨文干送甲胄，估计不是装备军队的甲胄。不可否认，尔朱焕、桥公山确实是受李建成的委托前往庆州，可秦王府早已经暗中收买了他们，他们走到半道，决定前往仁智宫告状，这才引起了李渊的怀疑。

至于宇文颖，他确实是李元吉的好朋友，这也是李渊信任他的原因。然而，当他到达庆州之后，杨文干便宣布造反，这其中有几个可能。

比如，宇文颖受李元吉的委托，想要吓唬杨文干，逼迫他造反。比如，宇文颖也被秦王府收买，在李世民的安排下说了谎，逼迫杨文干造反，后来被李世民单方面灭口。比如，杨文干心理素质不好，担心去仁智宫会被李渊弄死，因此铤而走险，起兵造反。总而言之，杨文干得起兵很仓促，连手下的人都不知道他到底要干吗，这才自我解体，瞬间灰飞烟灭。

在这个政治风波中，李渊才是最后的赢家。李渊的政治敏感度很高，他从一开始就意识到这件事情可能不会这么简单。

首先，李渊没有着急给李建成戴上谋反的帽子，而是给了他辩解的机会。

其次，李渊派宇文颖出马，态度还是偏向了太子府。

再次，李渊离开仁智宫避难，说是为了防备杨文干偷袭，又何尝不是防备秦王府的人？

最后，李渊一直到最后关头，才决定起用李世民平叛，还说了一堆安抚李世民的理由和承诺，这说明他不太信任李世民。

仁智宫内，别看后宫娘娘团当了李建成的说客，真正对李渊有影响力的，其实是封德彝。这位老兄虽然是李渊的大臣，可是和李世民走得非常近乎，由他出面给李建成说话，确实很有说服力。

总而言之，李世民离开的十天时间，李渊通过自己的情报网得知了事情的真相，最终做出了各打五十大板的决定。老兄弟谁也不敢再闹事儿。

惩罚李建成，是因为他和外臣有军事上的勾结。惩罚李世民，是因为他暗中收买太子府的人，诬告李建成谋反，差点酿成惊天大变。就这样，轰动一时的仁智宫事件暂时告一段落。没过几天，李渊也从仁智宫起驾回京。

仁智宫事件只是两府之争的一个插曲，更像是投到静水深池中的一块石头，激起的余波久久不能平息。

越劝越僵的李氏兄弟情

事实证明，五十大板可以处理仁智宫事件，可终究平息不了太子府和秦王府的利益纠葛。李渊，任重道远，前路多艰，而且貌似没有更好的办法啊。

仁智宫事变，彻底撕下了兄弟之争的遮羞布。

现实摆在面前：李建成的危机感很强，他想要扶持自己的军事势力，如果有可能，他不介意动用武力弄死老二。至于秦王府，已经拿出了诚意满满的杀机，只要有机会，李世民一定会弄死大哥。

从仁智宫回来之后，北部边境传来消息：突厥人侵扰并州等地。

突厥人狼子野心，这是世人都知道的事儿，他们南下中原，不是为了政治利益，而是为了中原的财富和粮食，说白了就是骑着快马，打打秋风，赚些外快。在此之前，突厥人已经南下了好几次，至于并州城，也已经发了好几次警报。

可就在此时，某位无名氏给李渊上了一道奏折：陛下啊，突厥人敢侵犯关中，就是因为我们的财富和人口全部集中在长安，如果咱们烧毁长安城，不在这里定都，那么突厥人的祸害自然就会平息下来。

迁都？避难？这是刷新认知的骚包操作啊。

有趣的是，李渊似乎对这个提议很感兴趣，他随后让中书侍郎宇文士及等人出差，希望能找到合适的新都地址，考察范围大致在长安城南的终南山至樊州、邓州一带。

迁都毕竟是大事儿，宇文士及考察的同时，李渊在长安城召开了一次高层会议，议题就是：面对突厥人的侵略，俺们到底要不要迁都？

赞成派：李建成、李元吉、裴寂。

赞成派意见：放弃长安是可行的，就这么干。

中间派：萧瑀。

中间派意见：内心觉得这事儿行不通，可俺们不反对，也不支持。

反对派：李世民。

李世民的态度很强硬："突厥人为祸中原已经不是一天两天了，陛下英明神武，怎么能因为胡人搅扰边境就迁都呢？俺们大唐坐镇中原，拥有上百万的精兵猛将，怎么能坐视胡人的侮辱，让后世讥笑陛下？西汉的霍去病不过是汉朝的一员将领，尚且决心消灭匈奴，何况俺们还是王爷。希望陛下给俺们几年的时间，俺们一定把颉利可汗送到陛下跟前，如果不能成功，到时候再迁都也不晚啊。"

不管怎么说，李世民长自家的威风，灭敌人的志气，态度还是值得鼓励的，李渊表情颇为欣慰，说了一句"很好"。

不过，李建成对这个"很好"的评价不是很受用，秦王有了面子，那他太子爷的面子往哪儿搁啊？这种时候，必须挽回一下尊严。

李建成向李世民发问了："秦王，想当年，樊哙打算率领十万兵马纵横于匈奴，秦王该不会和樊哙一样吧？"

这里有个典故，汉高祖刘邦去世之后，匈奴的一把手给吕后写了一封信，言语中满是讥讽，吕后大为震怒，立即召集将军商议。樊哙当时就放出豪言：愿得十万众，横行匈奴中。结果引起了同僚的不满，他们觉得汉高祖曾经统领四十万大军尚且打不过匈奴，樊哙用十万就能打赢，这明显是侮辱先皇。

说白了，李建成讽刺李世民把牛皮吹上了天。

李世民极为愤怒，咆哮道："给我十年时间，我一定能将漠北平定！"

李渊看到两兄弟打起了口水仗，大有撕破脸皮的趋势，于是迅速出面制止，这才将迁都一事按了下来。事后，李建成找到李渊，进言道："父皇，突厥人虽然屡次南下，可他们只要求得财物就会撤退，秦王表面上假托抵御突厥的名义，实际上是打算总揽兵权，成就他篡夺帝位的阴谋罢了！"

关于此事，李渊并没有做出任何评论。

不过，这件事情自始至终都透露着诡异。

诡异一：李渊雄才伟略，对突厥的战役从来就没有败过，李世民和李建成也是对付突厥人的专家，只要他们愿意，突厥人绝对没有好果子吃。更何况，李唐刚刚建国没多久，如果因为害怕突厥而迁都，传出去还怎么混？

诡异二：谁提出的迁都建议？不管怎么说，迁都都是朝廷的大事，这种事情不可能没有详细的记载。史书只说有人提议迁都，随后将话题带入到迁都之争，然后显示李世民的英明伟岸，实在是有些不可思议。

诡异三：李建成在讨论会上还支持迁都，后来面圣的时候又出尔反尔，这种前言不搭后语，说话如同放屁的行为，明显就是给自己找抽。

诡异四：迁都真能解决突厥入侵的问题？如果唐朝迁都到终南山以南的邓州等地，就代表放弃河东和关中，突厥人不但不会收敛，反而会侵犯长安和洛阳，想想看，李渊会坐视好不容易得来的天下落到他人手中？

不管事实的真相是什么样的，有一点似乎可以肯定：李渊根本没打算迁都，在这件事情中，李渊对李世民的对立情绪非常不满。

《旧唐书》记载，太极宫内，兄弟俩因为迁都一事爆发了语言上的冲突，李渊对李世民目空一切的态度非常不满，于是给他下了一道命令：你自己带人出去寻找风水宝地，老子就是要迁都！这种操作，很像是李世民拒绝吃瓜，可李渊强迫他吃瓜，以此来换回老爹的权威，附带威慑和打压的目的。

没过几天，李世民回来了，态度还是一如既往的强硬，都城不能迁。不过，言辞稍微缓和了一些，还给出了不能迁都的理由，李渊这才按下此事。

迁都之事过后，李渊便带着三个儿子去郊外打猎，这是李渊最热爱的户外运动。李渊的本意可能是借此机会缓和兄弟之间的紧张关系，也让朝臣不要随意猜测两府之争。期间，李建成带去了一匹胡马，膘肥体壮，身材高大，一看就是好马，唯独的缺点就是喜欢尥（liào）蹶子，侵略性极强。

活动开始之前，李建成对李世民说道：“二弟，我这匹马跑得非常快，可以轻松越过几丈宽的涧水，你要不要拿去试试？”

李世民：“好啊，我最喜欢良驹了！”

李世民接过缰绳，轻轻松松跨了上去，随后风驰电掣般地追逐鹿群而去，跑到一半的时候，这匹马突然尥了蹶子！如果是一般人，估计会掉下马摔伤，可李世民是驭马的绝世高手，危急时刻，他纵身一跃，随后稳稳地站住。

李世民觉得，这匹马可能有点儿欺生，于是再次跨了上去，结果刚刚上马，就被撅了下来，几次三番都不得成功。直到此时，李世民才明白，李建成这小子又在给自己挖坑呢，还好自己技术过关，这才没有被伤到。

李世民回来之后，将马还给了李建成，回头对宇文士及说："有人想用这匹烈马来害我，但是人的生死是由命运主宰的，岂能轻易被害？"

说罢，李世民转头离去。

据史料记载，李建成既羞且愧，事后找到了李渊的后宫嫔妃，将此事转述了出来。不过，李建成转述的时候改了一种说法："秦王说了，上天授命于我，正要让我去当天下的共主，怎么会白白死去呢！"

这样说话，明显就是说给李渊听的。

李渊本来就对李世民不满，听闻此言瞬间就暴走了。

老二如此说话，岂不是诅咒他早点死吗？李渊急忙让内侍传旨：令皇太子李建成、齐王李元吉、秦王李世民前来太极宫见驾。

这道旨意很有意思，话是李世民说的，为何要找李建成和李元吉前来？难道就不怕当场对质，李建成的谎言被拆穿吗？

事实上，李渊是个明白人，李世民想做皇太子的心思已经很明显了，仁智宫的闹剧更是证明了这一点，所以他完全接受了李建成的这番说辞。李渊不想去证实这件事情的真伪，可他实在受不了李建成和李世民的恩怨纠缠，他决定把哥几个叫到跟前，想要狠狠地敲打一番，尤其是敲打不知天高地厚的李世民。

太极宫内，李渊的表情冷漠而绝情，李建成和李元吉站在一旁，一副事不关己，专心吃瓜的模样。

李渊责备道："二郎！谁是天子，自然会有上天授命于他，不是人力所能够谋算的。你谋求帝位怎么能这般急切呢？"

李渊的这番话已经算是诛心了。在此之前，李世民和李建成争夺太子之位，很像是家里的兄弟争夺玩具，李渊睁一只眼闭一只眼也就罢了，可如今李渊直接责备李世民想要谋夺他的皇帝宝座，这就像是揭掉了李世民最后一层遮羞布。

如果换成其他的臣子，坟头草恐怕早已经几尺高了，可李世民毕竟是李渊的儿子，李渊的处理办法依旧是内部矛盾内部解决！李渊如此说话，目的就是把事情全部挑明：李世民做皇帝是不可能的，如果你足够聪明，就此罢手。

遗憾的是，面对李渊的逼迫，李世民的态度很强硬：他摘掉自己的帽子，跪在地上磕头，然后说出了一句话，请父皇让司法部门介入调查。

李渊等人听闻此言，倒吸一口冷气。

古话说得好，家丑不可外扬，就算别人知道你们家的破事，你也不能主动对他们说啊。明明是你们两个人争皇位，你还要请司法部门介入调查，哪个大臣敢管皇帝家的事儿？如果真到了对簿公堂的地步，那就是李家莫大的耻辱，李氏宗庙的祖宗牌位恐怕会无风自倒了吧。

李世民如此说话，就是破罐子破摔，故意跟李渊抬杠。

这些年来，李世民越来越不像话了，不管是在态度上，还是在实际行动上，几乎把李渊的底线都挑战了一遍。李渊表示，自己已经忍了很久了，如果再这样下去，朝堂恐怕会出大乱，自己的尊严也会碎渣满地啊。

不听话的孩子，必须狠狠地拾掇之。

有趣的是，李渊还没有正式发难，值班的朝臣来奏，说突厥人来势汹汹。根据情报显示：颉利可汗亲自带队，突利可汗积极支持，北边的战况非常紧急。

在此之前，突厥人相继骚扰过代州（今山西省忻州市代县）、朔州、原州（今宁夏回族自治区固原市）、陇州、阴盘（今甘肃省平凉市）、并州，可毕竟都是打打秋风，搞个几日游就回去。

这一次，颉利可汗亲自带队，大有进犯长安的意图。

李渊看了看李世民，心里恨恨不已，可还是转变了画风："二郎啊，把帽子戴好，你毕竟是大唐的栋梁，朕也不忍心责罚你啊，咱们还是说说军情吧。"

李建成和李元吉只能暗骂。

可以肯定，李建成和李元吉的心情确实很低落，父子几个商议之后，最后决定还是由李世民挂帅，李元吉跟着打酱油。李元吉和李世民是绝对的死敌，就算是打外国人，李元吉也没有同仇敌忾的意思，他的态度似乎很明确，二哥爱咋玩就咋玩，别指望他会帮什么忙。

武德七年（624）八月十二日，颉利可汗和弟弟突利可汗率领一万多精兵来到了豳州城西，摆下了进攻的阵势。

当时，天降大雨，经久不息，后勤粮食迟迟不能到位，将士们常年作战，疲乏不堪，士气一片低迷。李世民看了看李元吉，李元吉的脸上写满了无所谓，还有事不关己的超然，心中苦笑不已，史书没有记载其他高级将领的态度，不过从李世民的行动来看，将领们应该对以弱打强的局势抱着强烈的悲观态度。

然而，李世民性情孤傲，从来不会服输，就算天塌下来，他也会一力承担。对那些喜欢看别人笑话的人，最好的办法就是实力打脸。

李世民清了清嗓子，试探性地说道："老弟，如今突厥人耀武扬威，咱们唐军可不能示弱啊，你要不要和我一起出去决战，给突厥人一个下马威？"

李元吉摆了摆手，说道："突厥人太猛了，不能轻易出击啊，如果失败了，后悔都来不及！二哥你还是自己去吧！"

于是乎，李世民带着一百名骑兵出营，打算找颉利可汗聊聊天。

两军阵前，李世民显得非常自信："颉利可汗！大唐和突厥已经议和，并且结为姻亲，你为什么要违背盟约，前来侵犯呢？我就是秦王李世民，如果可汗能够下场比武，就独自出来与我较量一番。如果可汗想让突厥将士一拥而上，我也只能用这一百名骑兵来抵挡了。"

颉利可汗听说过李世民的大名，知道他是大唐的超级战神，看他带着一百多名骑兵前来，以为还有其他的埋伏，于是闭口不言。

李世民看颉利可汗有点儿心虚，于是带着骑兵继续向前推进，态度强势地说道："突利可汗！我们和你不是已经结盟了吗，双方约定，在发生急难的时候互相援救，如今你却率领兵马攻打我们，怎么连一点盟誓的情分都不讲呢？"

突利可汗走神了，咦，好像有人在念叨他的名字啊。

不对啊，啥时候和你结下盟约了？你在中原打仗，我在草原上浪荡，大家都没有怎么见过面，怎么还扯起旧情了？突利可汗彻底蒙了，直觉告诉他，前方有一个大坑，他却止不住跳进去的脚步。

说到玩阴谋诡计，不管是颉利可汗，还是突利可汗，都不是李世民的对手。面对李世民挖的大坑，突利可汗脑子里的词汇完全被冻结，一时间语塞了。

李世民回头对大兵们说道：“咱们再往前走走。”

直到此时，颉利可汗终于坐不住了。他心里清楚，突利可汗向来就不服他，只不过实力没他强，不敢闹事罢了。至于李世民的话，基本上是假的，可万一要是真的，突利可汗趁机偷袭，他将会遭到灭顶之灾啊！还是那句话，颉利可汗南下只为求财，只要性命有任何危险，那都是不可接受的。

颉利可汗见势不妙，急忙搭话道：“秦王殿下，你不必再向前了，我此次前来没有别的意思，只不过为了和你重申原有的盟约罢了。”

神奇的故事再一次上演。

按照史书的说法，颉利可汗带着全国的兵马南下入侵，虽然不是倾巢而出，可也是诚意满满啊，就算是在豳州城下，也有一万多精锐的突厥骑兵。令人疑惑的是，面对李世民一百名骑兵的作死挑衅，颉利可汗居然畏惧了。

事实上，贞观朝臣并没有篡改这段历史，颉利可汗确实是退兵了，可并不是被李世民的“神威”吓到。真相就是，颉利可汗虽然是草原上的霸主，可本质上是一个色厉内荏、性格善猜忌的人，俗称银样镴枪头。

证据一：李世民登基之后，颉利可汗率领十万雄兵来到长安附近，本来打算捞点儿油水，可李世民带着几个文武大臣来到渭水河畔，和颉利可汗随便聊了会儿，颉利可汗就因为畏惧，率领属下临阵脱逃了，这是何等的怂包啊。

证据二：东突厥灭国之后，颉利可汗被生擒到长安城，面对李世民的羞辱，颉利可汗无条件认罪，只为李世民给他一个活命的机会。

古往今来，亡国之君都有谁？

蜀汉后主刘禅、南唐后主李煜，灭国之后还能继续混日子逍遥的，要么是没有君王的骨气，要么是没啥人生追求，想做个平凡人。明朝的崇祯皇帝在亡国的最后一刻，还有勇气找根绳子，把自己吊死在树枝上，说起来，颉利可汗作为一国之君，至少在帝王视死如归的气魄上，连崇祯皇帝也比不上的。

颉利可汗走了，李世民紧绷的神经也松了下来。

场面上的忽悠可以赢得暂时的优势，可改变不了全局啊，颉利可汗的后撤，也只是为了获得更好的捕猎位置！李世民是战场屠夫，他很清楚，想要让突厥人退兵，必须在军事和尊严上给予双重打击。

几天之后，李世民召集部将开会，胸有成竹地说道："弟兄们，突厥人为啥猖狂，无非是靠战马和弓箭，如今阴雨绵绵，弓弦潮湿松弛，胶性失粘，失去了弓箭，他们就像折断了翅膀啊！再看看咱们，每天吃香的喝辣的，精神棒棒的，此时不主动出击，更待何时啊？"

当天晚上，李世民冒着滂沱大雨，暗中出兵骚扰突厥大营，同时派人给突利可汗传话，希望他能说服颉利可汗继续和大唐讲和，到时候少不了他的好处。

颉利可汗回营之后，越想越觉得不对劲，李世民不就一百个骑兵吗？有什么好怕的？堂堂的突厥雄狮，被李世民三言两语就给唬住了？

不行，这仗必须得打！

遗憾的是，颉利可汗的决定遭到了突利可汗的严词拒绝。

突厥高层内部意见不统一，这仗根本没法打，颉利可汗只好借坡下驴，派遣突利可汗，以及堂叔阿史那·思摩前去和李世民讲和。

波谲云诡的朝堂

客观地说，李世民打仗确实是一把好手，尤其是面对突厥这样的强敌，李世民总能找到最好的解决办法。然而，李世民每次得胜还朝，总是显得鹤立鸡群，再加上李世民不愿意亲近李渊，李渊很难找到那种“望子成龙”的骄傲感。

在宝贝儿子和御用棋子之间，李世民其实更像是一颗棋子。

是李渊心胸狭隘、人格自私吗?

说白了，在李建成和李世民之间，李渊坚定不移地支持嫡长子继承皇位的制度，可是又要靠李世民去镇压各地的叛乱，如果贸然解除他的兵权和势力，至少在目前来看，不是最好的选择。在情感上，李世民已经彻底失去了李渊的信任，至少在做太子这件事上，除非李建成挂掉，李世民是绝不会有机会的。

对李建成来说，李世民赶跑突厥人，又在功劳簿上添上了重重的一笔，这很让人闹心。不过，他有老爹、老弟，还有小妈团的力挺，自己还在加强军事上的部署，不管怎么说，都是稳赚不赔的买卖。

如果兄弟俩就这样耗下去，李建成的太子之位雷打不动，李世民永远也不会有上位的机会，只要李建成顺利登基，李世民的下场不会那么好看。

对李世民来说，最好的选择就是主动创造机会。

据史料记载，李世民似乎预料到自己和李建成会有摊牌的一天，因此在加紧扶持自己的势力。武德九年（626），李世民给老爹上了一道奏折，力保陕东道行台工部尚书温大雅镇守洛阳，随后又派遣车骑将军张亮率领一千多人前往洛阳，暗中结交山东的豪杰壮士，并拨出了巨额资金，作为此次活动的经费。

为何会是陕东道行台？为何会是洛阳？

陕东道行台是唐初特定的军事、行政管辖机构，相当于清朝的直隶总督府，地位不仅高于一般的州县，还要比其他的行台高。武德元年（618），李世民被封为陕东道行台尚书令，统领河东、河北的兵马，而温大雅正是行台工部尚书。

至于洛阳，说白了，李世民轰开洛阳的城门之后，这座都城就成了李世民的财产，金银珠宝什么的，绝大部分都给了将士，至于洛阳官员的去留，是不是由李世民说了算不清楚，可李渊基本上没有管洛阳的事儿。

对李世民来说，如果能用武力干掉李建成，自然是再好不过的事儿，可如果秦王府没有准备充分，而李渊和李建成先动手，李世民又该如何？思来想去，只能在长安城外再找个大本营，最好的选择就是洛阳城。

李元吉一直在监视李世民的举动，温大雅去洛阳办公，那是李渊同意的，可是张亮带着一批五大三粗的军士偷偷摸摸去洛阳，还带着无数的金银珠宝，难道是去赶集？愚笨的李元吉意识到，二哥很可能在搞第二个军事基地。

李元吉："老爸，秦王府的张亮正在洛阳城招兵买马，他恐怕是想图谋不轨啊！据我观察，这可能是二哥直接授意的。"

李渊："啥也别说了，把张亮押到长安。"

说李元吉愚笨是有原因的，张亮确实是去招兵买马，可你也不能太猴急，得让人家先有实际的犯罪行动，再当场抓捕才是啊。眼下好了，张亮犯罪未遂，面对有关部门的审讯，张亮死活不愿意开口，一副死猪不怕开水烫、就等领导来捞我的姿态。不管怎么说，张亮都是秦王府的人，而李世民的暴脾气大家都知道，在没有实锤证据的情况下，谁也不敢对张亮屈打成招，诬陷李世民啊。

就这样，张亮无罪释放，继续回到洛阳干活。

紧接着，司马光又讲了一个故事。

李建成和李元吉安排了一个饭局，盛情邀请李世民赴约，为了消除李世民的顾忌，李建成还邀请了李世民的铁哥们儿，淮安王李神通作陪。据史料记载，李世民似乎兴致很高，席间贪杯，喝了李建成安排的鸩酒，心脏爆痛，吐血数升，被淮安王李神通紧急送回秦王府。

李渊得知消息后，前来探望李世民，并责备李建成等人道：“秦王素来不善饮酒，从今往后，你不能再和他在夜间饮酒！”

李渊安慰李世民道：“二郎啊！劝朕起兵的是你，替朕消灭敌人的也是你，你有大功于朝，朕本想立你为皇太子，你却坚决推辞。建成是嫡长子，做皇太子也不是一日两日，朕不忍心削去他的权力，你们兄弟已经到了水火难容的地步，你留在长安肯定会发生纷争。这样吧，朕让你去洛阳，陕州以东的地区都由你主持。朕还要让你设置天子的旌旗，一如汉梁孝王开创的先例。”

梁孝王是西汉文帝刘恒之子，和汉景帝刘启是亲兄弟，在平定战乱之中立下了汗马功劳，拥有自己的独立王国。有一次，兄弟俩一起喝酒，醉酒之后，景帝感慨良多，觉得对不起这个兄弟，于是就说等他百年之后让梁王做皇帝，梁王竟以此话当真，最后得知景帝乃玩笑之话，最后郁郁而终。

李世民痛哭流涕，以不愿意远离父皇为由，坚决推辞。

李渊：“天下本是一家，东都和长安相隔很近，如果朕想你了，随时都可以去看你，你不要因此忧虑。”

李渊想让李世民去洛阳，可李世民却不愿意，父子并没有达成共识，此事只能暂时搁置。紧接着，李建成找到了李元吉，说道：“如果老二真去了洛阳，拥有了自己的军队和土地，以后再想控制他就很难了，不如让他留在长安，这样他就孤掌难鸣，到时候处置他易如反掌。”

随后，太子府和齐王府的大臣轮番上奏，纷纷劝李渊不要让李世民去洛阳，某某大臣甚至放出了大招：“秦王府的人听说陛下要放他们去洛阳，欢欣雀跃，看秦王的意思，以后是不大可能再回长安了！”

李渊听闻此言，这才放弃了这个决定。

事实上，这件事也是疑云密布。

疑云一：李世民为何赴宴？

按理说，李世民和李建成已经到了水火不容的地步，就差最后的军事政变，李世民如何会欣然赴约，还在酒桌上不加防备，喝酒误事？

不过，这件事也不能妄下结论。

首先，《新唐书》《旧唐书》记载，这件事情发生在武德八年（625），当时李渊加封李世民为中书令，加封李元吉为侍中，两位兄弟升官，李建成以这个理由撺掇家庭饭局，还邀请宗室成员李神通作陪，也算是诚意满满。

其次，中国人最讲究面子，暗地里斗得你死我活，表面上撕破脸皮，那是最低级的人才会干的事儿。稍微有点层次的，都会在暗地里较劲，表面上不撕破脸皮，让人觉得你很有城府，不是小肚鸡肠之人。

最后，李世民骨子里不愿意服输，明知山有虎，偏向虎山行才是他的个性。李建成送烈马，李世民欣然接受，李建成邀请吃饭，李世民很有可能也会接受。

总而言之，虽然是鸿门宴，李世民还是有可能去的。

疑云二：李世民吐血数升？

这样的记载就是一大败笔。

史书上说，李世民喝了李建成的毒酒，所以心脏剧痛，吐血数升，被李神通紧急送回秦王府。如果李建成用的是慢性毒药，难道要等李世民慢慢死亡？再者说，慢性毒药会让人心脏暴痛，吐血数升？如果李建成用的鸩毒，那就是想要李世民的性命，难道他用的假冒伪劣产品，还是李世民是抗毒药的天生奇人？

根据现代医学的常识，一个六十公斤重的正常成年人，血液容量大概是四千二百毫升至四千八百毫升，李世民吐掉数升血液，相当于失血超过一半，在没有得到紧急输血的情况下，李世民是绝不可能生还的。

史学家既然记录了这样的事儿，很可能是参照当时的情况，做了个无底线的渲染。真相可能是，李世民确实吐过血，可究竟在什么地方吐，吐了多少，怎么吐出来的，可能并不像史书记载的那样。

疑云三：李渊的态度很可疑。

前面已经说过，李渊不可能承诺李世民做太子。可细细数来，这已经是第三次提李世民做太子的话题了，第一次是李渊未卜先知，知道自己要做皇帝，知道李世民会立下大功；第二次是李渊故技重施，诱骗李世民去平叛；第三次更离谱了，李渊说立李世民为太子，李世民却极力推辞，这可是前所未闻啊。

这也就罢了，李世民吐血，李渊着急忙慌地跑到秦王府，说明他还是很关心老二身体的。如果真的是李建成下的毒，李渊为什么没有任何处罚，而是说了几句不痛不痒的话，看起来像是警告，其实是善意的提醒？

秦王府内，李渊并没有为李世民的病情而着急，父子二人搞了个围炉夜话，商讨着李世民的发展前途，而李世民根本不像身中剧毒，要死不活的模样。这也可以从侧面证明，饮酒中毒，心脏暴痛一事，很可能有其他的说法。

疑云四：如果让李世民去洛阳是李渊提议的，李世民表示自己不想去，为什么李建成也不想让李世民去？李世民是敌人，难道李建成还要给他助攻？

拿当时的情况来说，李世民仰仗的其实是长安的秦王府，如果李世民前往洛阳，那就得另起炉灶，这对他争夺太子之位，似乎并没有立竿见影的好处。

说白了，离开长安，就意味着离开权力中心，李世民和李渊的父子关系将会越来越紧张。还是那句话，只要李建成不犯错，李渊不会撸他的太子之位，李世民就不会有上位的机会，李世民想做皇帝，就只有以洛阳为根据地，明目张胆地发动武装战争，挑衅皇帝和皇太子，这可是李世民最不想干的事儿。

李世民让张亮去洛阳活动，并不代表李世民想要离开长安。李世民心里很清楚，自己在长安的势力斗不过太子府，如果发动武装政变，李世民或许有成功的可能，可是如果大家和平相处，李建成可以耗死李世民，这样一来，李世民最好的选择其实就是以洛阳为大本营，谋划以后的夺权战争。

说到底，李世民是个富得流油的大富豪，投资房地产是他的选择，可投资黄金和外汇未尝不是一个机会，鸡蛋不用放在一个篮子里！

至于李建成方面，他心里也很清楚，如果李世民留在长安，不管是武装力量还是老爹的支持，李世民都处于绝对的下风。可如果李世民跑到了洛阳，李建成就有点鞭长莫及了，凭老二的本事，李建成是绝对控制不了李世民的。

问题是，李世民留在长安城，是有风险的，风险就是发动武力政变，直接弄死大哥。设身处地地想一想，李建成是不是有足够的信心消除这个风险，谁也说不准。就这样，李世民不想去洛阳，而李建成也觉得李世民留在长安，而且不会发动武力政变，就成了两府博弈之后的最终结果。

不得不说，这一段历史确实是被修改过的，但基本脉络还是有的，只要排除掉疑问，留下来的极有可能就是事情的真相。

有没有这样一种可能：

玄武门之变前夕，李建成以李世民升官为由，邀请李世民、李神通一起过府喝酒，如果李世民不去的话，倒显得他心胸不够坦荡，让人怀疑心里有鬼。

席间相安无事，李世民回到家中后放出风去，说他因为喝了李建成的毒酒，心脏剧痛，吐血不止，想要以此来陷害李建成。李渊前来问询，发现李世民活蹦乱跳，毫无吐血的病症，因此戳破了李世民的阴谋，并对他极度不满。事后，李渊责备李建成不该找李世民喝酒，更不要和他接触，以免发生不必要的枝节。

直到此时，李渊几乎可以确定，两府之争一定会有你死我活的结局，担心此事最后不好收场，因此想把李世民发配到洛阳。事实上，李渊就是抱着一种敷衍的态度，他很少去秦王府做客，如果李世民搬到洛阳，李渊恐怕就不会再和他见面。

李渊想要的结果其实很简单：在他的有生之年，不想看到兄弟俩爆发武力冲突，为李唐皇室蒙羞。李世民去了洛阳，虽然势力会膨胀，但不会发动夺嫡的战争，而李建成地位稳固，也不会急于要李世民的性命。

李世民的根据地在长安，他本来就不想去洛阳，可听闻李渊的安排，吓得大惊失色，汗流浃背，匍匐在老爸的面前求饶，李渊心软之下，这才收回成命。

接下来，再说司马光的故事，就能说得通了。

李渊用实际行动证明，他很厌烦秦王府一家子，这也让太子府方面非常欣慰。李建成随后找到后宫的张婕妤、尹德妃等人，让她们用一些捕风捉影的事情，在李渊那吹枕边风，希望李渊能够下定决心处理秦王府。

所有的行为，目的就是激起李渊的猜忌，坚定他的决心。直到此时，两派势力已经到了剑拔弩张的阶段，就连一向沉默如金的武德朝臣也无法淡定了。

李渊身边有三人：裴寂、陈叔达、封德彝。

裴寂是李渊的铁杆粉丝，只要李渊不倒台，裴寂便有好日子过，两府之争的事儿，裴寂还真不想参与太多。

封德彝就不一样了，这位老兄就是千古罕见的官场间谍。优秀的间谍，可以隐藏自己的身份，不被敌方阵营发现，可是封德彝做到了古今间谍的最高境界：身兼三大势力的间谍，连他自己也不知道自己究竟是谁的人。据史料记载，一直到封德彝去世多年，老板和同事才知道，所有人都被他骗了。

一直以来，封德彝和秦王府就走得很近，李世民也认为封德彝是他的人。可是在仁智宫风波中，封德彝瞒天过海，力保李建成是无辜的受害者，偷偷做了一回间谍。当李世民遭受李渊和李建成的双重打击时，封德彝又劝他早点动手。

毒酒事件后，封德彝找到李建成，说尽了李世民的坏话，希望李建成可以动手除掉李世民。刚刚说完这番话，封德彝就跑到李渊的面前，状告李世民仗着军功，不愿屈居在太子之下，如果皇帝不想扶持他，就尽早除掉他。

封德彝究竟想干什么，恐怕只有天知道。

封德彝上蹿下跳的时候，陈叔达也没闲着，他曾经找过李渊，声称李世民为李唐立下汗马功劳，不能随意处罚。更何况，李世民性情刚烈，如果将他贬到洛阳，李世民必定会内心忧愤，到时候闹出人命，老皇帝可就追悔莫及了。

李渊本来就不想杀李世民，陈叔达的话多少让他找到了一丝安慰。

陈叔达之后，李元吉又找到李渊。这一次，李元吉的态度非常明确，希望老爸能够下手除掉李世民，请注意，是让李世民位列仙班。

李元吉的话让李渊颇为不满："秦王虽然有过错，可毕竟有大功于朝廷，怎么能随意将他处死呢？除非他真的有谋反之罪！"

李元吉："老爸，二哥平定洛阳之后，一直不肯返回，又大肆散发钱财布帛，树立个人的恩德。随后，他率兵作战，屡次违背您的命令，这不是造反又是什么？您应该赶紧将他除掉，何必担心找不到借口！"

这样的对话如果是属实的，那只能说明两个问题。李渊对李世民极度不满，主观上是可以杀李世民的，只不过缺少一个契机。李元吉能怂恿老爹杀二哥，可见李渊有多么的宠幸他们！遗憾的是，李元吉的话虽然很直白，可李渊一直以隋文帝处置太子杨勇为鉴，他实在不想背负以父杀子的罪名。

太极宫内，父子双双沉默。

大战前的暗流涌动

两府之争闹到这个地步，形势已经很清楚了：李世民想做太子，也使用了许多阴谋诡计，可都被李渊一一识破。李渊的态度很明确，老二就是老二，太子的位置你就别想了，如果再这样闹下去，就把你发配到洛阳，让你自生自灭。李建成的态度也很明确，觊觎大哥的东西，大哥只好用实力来碾压你！

李建成的态度无所谓，可李渊的憎恶，让秦王府的臣僚日夜忧惧。说白了，只要李渊发布一道诏书，李世民就算有天大的能耐，也翻不起任何风浪。

当时，首席谋臣房玄龄找到长孙无忌，试探性地说道："老弟啊，秦王府和太子府的矛盾已经彻底激化，一旦发生变故，秦王恐怕难以收拾啊。瞧瞧秦王殿下，整日心神不宁，要不咱们一起去劝他行周公平定管叔与蔡叔之事？"

长孙无忌（594—659），河南洛阳人，隋朝右骁卫将军长孙晟的儿子，长孙无忌的妹妹嫁给李世民做了大老婆，也就是后来的长孙皇后。说起来，长孙无忌和李世民算是好哥们儿，和秦王府的其他谋士相比，还是有话语权的。

长孙无忌："老房啊，我一直就有这种想法，只不过不敢说出来而已。你的意思我明白了，就让我去向秦王转达吧！"

李世民不是傻瓜，敌人已经把刀架在了脖子上，如果再矫情下去，那就有点犯贱作死的味道了。长孙无忌进门之后，也不知道说了什么，李世民很爽快地答应了，还派人找来了房玄龄和杜如晦，开始了一场惊天阴谋的策划工作。

秦王府暗中策划的时候，太子府也没有闲着。

两府开战以来，双方在对方阵营都安插了不少眼线，基本情况还是了解的。李建成表示，他最忌惮的不是房玄龄、杜如晦这帮手无缚鸡之力的文臣，而是战斗值爆表，又对李世民忠心耿耿的武将，比如尉迟敬德、程咬金、段志玄。

李建成和李元吉商议之下，决定拉拢尉迟敬德、段志玄。他们的如意算盘是这样的，如果尉迟敬德能够“弃暗投明”，金钱和美女都不在话下，如果尉迟敬德“弃明投暗”，那就找机会干掉他们，剪除李世民的羽翼。

据史料记载，李建成写了一封亲笔信，随后派人给尉迟敬德送去，大致的意思是希望尉迟敬德能够给李建成一个面子，大家一起坐下来聊聊。当然，除了亲笔信之外，还有一车金银珠宝，够尉迟敬德吃好几辈子。

遗憾的是，李建成真的找错了人。

想当年，李世民平定刘武周，尉迟敬德“芳心暗许”，以加入秦王府作为此生最荣耀的事儿，这些年来，尉迟敬德忠心耿耿，誓死维护着李世民的利益。说白了，李建成想挖尉迟敬德，还不如去找秦叔宝和程咬金呢，这两位老兄好歹跳槽的次数比较多，骨子里稍微还有点弱肉强食的江湖基因。

面对李建成的诱惑，尉迟敬德显得彬彬有礼，他说自己是编蓬为户、破瓮作窗的小户人家，关键时刻，正是秦王殿下给了他希望，因此会一直追随李世民，婉拒了李建成的好意。回信之后，尉迟敬德便将此事告诉给了李世民。

李世民的态度很有趣，也很坦然：“兄弟啊，本王知道你很忠心！不过，事情都已经到了这种地步，你不妨收下他的金银珠宝，还可以暗中打听一点儿机密消息呢！（相遗但受，何所嫌也！且得以知其阴计，岂非良策！）”

李建成被拒之后，派了几位江湖高手前去刺杀尉迟敬德，可尉迟敬德毫不畏惧，晚上睡觉把门户大开，好像在等待刺客一样，此事最终宣告流产。李元吉心有不甘，于是找到老爹，狠狠地参了尉迟敬德一本，李渊二话不说，直接把尉迟敬德拿入大内诏狱，准备找个借口杀了他。

关键时刻，李世民强势入宫，最终逼迫李渊放了尉迟敬德。

行啊，既然治不了尉迟敬德，那就让程咬金去做康州（今广东省广州市德庆县）刺史吧，这是李渊的报复！至于房玄龄和杜如晦，李渊也给他们安排了去处，有趣的是，他们并没有着急离开长安，而是躲在了长安某处。

看得出来，李渊彻底倒向了太子府集团。

这些年来，秦王府和太子府明争暗斗，两府之争几乎成了武德朝的主旋律，李渊因此焦头烂额，倍感无奈。直到此时，双方彻底翻脸，有用武力解决问题的趋势，李渊才决定用釜底抽薪之计，彻底剪除秦王府的势力。

秦王府内，士气低迷得一塌糊涂。密室之内，除了李世民，只有长孙无忌、高士廉、侯君集、尉迟敬德、秦叔宝、段志玄这几位老兄。按照李渊的计划，这些人也会步房玄龄和杜如晦的后尘，可就在此时，突厥人又打来了。

这一次，李渊没有召集李唐的高层开会，曾经威武霸气的秦王殿下也不在，参加会议的，只有李建成和李元吉两兄弟。

李渊："说说吧，这次怎么打？"

李建成："儿臣以为，由齐王李元吉挂帅，命他带着右武卫大将军罗艺、将军张瑾等人出征，大事可成！"

李渊还是忍不住多问一句："元吉啊，你的意思呢？"

李元吉："儿臣愿意为父皇分忧，不过儿臣有一个请求，希望秦王府的尉迟敬德、段志玄、秦叔宝能够随儿臣一同出征。儿臣还听说，秦王府精兵猛将一大堆，希望能够抽调一部分加入军中！"

李渊："就这样定了，准备一下就出发吧。"

李建成和李元吉回府之后，暗中商议了一个计划：此次出征，主力部队都是李元吉的人，秦王府的战将已经被抽调出来，李元吉掌握了很大的主动权。到时候，李建成和李世民一定会前往昆明池送行，李元吉可以趁此机会发难，将秦王府的势力一网打尽。那个时候，李渊还能再说什么？

这是一个完美的计划，如果昆明池的政变成功，历史将会彻底被改写，后世的人只会记得昆明池之变，而非玄武门之变。所谓的李世民被逼谋反，可能被改写为太子李建成为求自保，不得不弄死李世民。

遗憾的是，李世民在第一时间得知了消息，给他通报消息的人叫王晊（zhì），是太子府的率更令，专门负责太子宫各殿的守卫，很适合听墙角的角色。

历史证明，两府之争不仅有明面上的争斗，背后的间谍活动也很频繁，至少贞观朝的大臣并没有隐晦这些事儿。接下来，李世民叫来长孙无忌和尉迟敬德，将王晊的话原原本本地说了一遍。

长孙无忌：“殿下，事情急迫，咱们得先动手啊！”

谁料想，李世民竟然摇头叹息，对着大臣们说道：“古往今来，骨肉相残就是皇室的丑闻。本王也知道祸事即将来临，可本王想等太子先动手，再以讨伐叛逆为名，彻底铲除太子府的势力，这不也可以吗？”

此言一出，两位大臣直接昏厥在地。老板啊老板，你脑子里在想啥呢，这都到了生死关头，还在讲道义呢？如果太子府行动成功，哥几个还怎么翻盘？

尉迟敬德向来惜字如金，可是这一次，他实在不想由着李世民的性子，于是强行组织了一波不错的语言：“秦王殿下，大家伙儿都是真心拥戴你，可大家也把自己的性命看得很重，如果你优柔寡断，不想主动发难，我们肯定是不会坐以待毙的，我们还是回深山老林去避祸吧！”

李世民望着尉迟敬德，想说什么，却还是没说出来。

长孙无忌接话道：“大王，如果你不能听从尉迟敬德的主张，事情便没了指望，尉迟敬德如果要离开，那我也只好跟着他一起走！”

不得不说，没有天生的政治家，只有天生的政治舞台。

瞧瞧长孙无忌，在贞观一朝混得风起云涌，可此时在政治上还是挺幼稚的。李世民早就想反了，只不过找不到合适的台阶而已，身为老板的幕僚，难道不应该为老板排忧解难吗？啥也别管，直接发动军事政变，这不是让李世民处于道德的制低点，被世人唾骂吗？

李世民颇为无奈：“你们必须尊重我的意见，还是再找人商议一下吧。”

意思就是，事情是对的，可是说话的人不对。

就在此时，尉迟敬德又点了一炮：“殿下，犹豫不决只会给自己带来灾祸。如今，秦王府的八百勇士已经穿好铠甲，拿好兵器，起兵造反势在必行，您还能制止得了吗？”

李世民白了他一眼，不再说话。

据史料记载，李世民随后找到了秦王府的其他幕僚，询问大家的意见。大家七嘴八舌，最终都表达了一个意思：必须先动手，不能坐以待毙。有趣的是，大家不约而同地提到了齐王李元吉，他们觉得，李元吉性格乖张，脾气暴躁，肯定不会衷心侍奉太子李建成的，言外之意，李元吉有自己的打算。

李世民：“你们说这话有根据吗？”

某某人：“齐王府的护军薛实曾经说过，算命人的说齐王有天子之相，李元吉自己也说过，只要能除去李世民，捉拿李建成也就易如反掌了。假如他们如愿以偿，那咱们可就悲剧了！凭大王的威武，收拾他们犹如拾起地上的草芥，为何要遵守凡人的节操，忘记国家的大计呢？”

李世民还是沉默不语。

事实证明，大家说的话犹如隔靴搔痒，根本就没有挠到李世民的痛处。李世民是因为要杀李建成和李元吉而犹豫不决吗？大错特错！

事实上，秦王府和太子府已经闹掰了，迟早都会亮出刀子，李世民根本就不在乎李建成的死活，他最担心的还是老爸李渊。不可否认，两府之争中，李渊一直维护着李建成的地位，如果李世民贸然起兵，如何处理李渊？是顺带着把老爸也弄死？还是弄死李建成之后，等老爸来收拾他？

秦王府内，李世民不想把话挑明，幕僚们又百思不得其解，场面一度陷入了僵局。庆幸的是，李世民身边还是不乏有能耐的人，就在气氛沉闷的时候，某人说了这样一句话：“殿下，您认为舜是什么样的人？”

李世民：“自然是圣人！”

某某人：“殿下，其实不然……”

接下来，这个无名氏给李世民讲了几个故事。

据说，舜的父亲和哥哥看他不顺眼，经常辱骂和责打他，这些舜都忍受了。可到了后来，父子俩想要害死他，派他去疏浚水井，结果偷偷在上面填土，打算把他给活埋了。随后又让他去给粮仓涂外墙，结果偷偷在下面放火，打算把他给活活烧死。至于舜呢，父亲的小打小骂可以接受，至于关乎性命的事儿，他必须得找机会自保。

于是乎，故事就说到点上了：李渊和李建成想要害死李世民，如果李世民有匡扶天下，救济万民的雄心壮志，就必须找机会自保。说白了，李世民啊，你现在做的一切，都是为了天下的百姓啊。

此言一出，屋内的沉闷气氛顿时烟消云散，李世民表情怡然，如沐春风，幕僚们群情激愤，摩拳擦掌。李世民兴奋地说道：“咱们干大事儿，是不是得找人算个卦，挑个好点的日子啊？”

就在此时，幕僚张公谨赶赴会场。

此人有算卦的技能，平日里拿来招摇撞骗，市场还算不错。听说李世民要算起兵的日子，顿时觉得自己的职业尊严受到了侮辱，他把龟壳往地上一扔，不满地说道：“秦王殿下，占卜是为了解决疑难杂症，您已经决定要起兵造反了，还需要算什么卦，难道算出个不好的结果，您就要放弃计划吗？”

众人不明觉厉。还是算卦的口才好啊！李世民既羞且愧，张公谨，你小子太不给面子了，小心以后不把你的画像挂到凌烟阁。

秦王府的幕僚齐聚一堂，很快就把起兵的细节定了下来。

李世民：“长孙无忌，你去给房玄龄和杜如晦送信，要他们二人赶紧前来和大部队会合，咱准备起兵了。”

有趣的是，房玄龄和杜如晦接到李世民的指令之后，竟然开始卖萌了：“长孙无忌，你回去告诉秦王殿下，就说陛下已经下旨，不让我们侍奉秦王了，如果我们私下和秦王会面，肯定会被陛下处死的，我们不敢接受秦王的指令！”

据说，房玄龄和杜如晦演得非常逼真，完全是一副公事公办的样子，就连长孙无忌也拿他们没有办法。长孙无忌回去之后，详细汇报了此事，李世民气得暴跳如雷：“房玄龄和杜如晦难道要背叛本王吗？尉迟敬德，你和长孙无忌一起去，如果他们再敢胡闹，就把他们的人头带回来见本王！”

房玄龄和杜如晦是起兵造反的急先锋，就因为他们太过积极，李渊才会拿他们开刀。不得不说，贞观名臣们都挺爱玩儿，起兵之前还搞出这些小花招。就这样，房玄龄和杜如晦偷偷摸摸回到了秦王府，玄武门之变正式拉开帷幕。

武德九年（626）六月初三，太白金星出现在天空正南方的午位。

在传说中，太白金星是老子的学生，后来悟道升仙，荣升为玉皇大帝跟前的信使，负责传达天庭的命令，因为长得和蔼可亲，深受大家的喜欢。可是在阴阳家的眼里，太白金星是武神，掌管战争之事，只要它在特定的时间出现在特定的地方，就一定会有农民起义，或者军事政变之类的事情发生。

很快，国家天文台台长傅奕给李渊上了一道秘密奏折："太白金星出现在秦地的分野上，这是秦王应当拥有天下的征兆啊。"

如果从奏折的内容来看，傅奕的意思是老天爷有旨意，秦王李世民更适合做太子。可是从奏折的含义来看，傅奕也有可能是激起李渊的猜忌之心，让李渊对李世民采取进一步的制裁措施。

问题是，傅奕是个什么样的人呢？

公认的说法是，傅奕是个天文学专家，还是个虔诚的道教拥护者，著名的反佛教和打假斗士。他的一生都在打压佛教，几乎找不到参与政治斗争的痕迹。可玄武门之变发生之前，傅奕上了一道如此敏感的奏折，不能不让人猜疑他的立场。联想到玄武门之变，李建成和李元吉几乎毫无准备，再加上李世民事后继续重用傅奕等细节，傅奕极有可能是秦王府的一张牌。

那么接下来的故事就很好理解了。

弹劾李世民的奏折已经见怪不怪了，李渊命人将傅奕的奏折递给了李世民，让他自己看着办。可李世民却立即进宫给李渊进言，告发李建成、李元吉和后宫嫔妃淫乱，而且还说："儿臣没有对不起皇兄和皇弟，可他们却打算杀死儿臣，似乎是要为窦建德和王世充报仇。如今我将含冤而死，永远地离开父皇，恐怕到了黄泉见到王世充等人，也会感到羞耻啊。"

李渊望着李世民，显得惊讶不已，回答道："朕明天就审问此事，你应该尽早告诉朕这件事啊。"

接下来，李渊下了两道旨意：第一道：命裴寂、萧瑀、陈叔达、封德彝、裴矩等重臣在第二天进宫。第二道：命太子李建成、齐王李元吉在第二天进宫。

客观地说，这件事情已经离谱到一定境界了。

首先，李世民的说辞漏洞百出。

大家都知道，李建成和李元吉想弄死李世民的原因是他觊觎太子之位，可李世民当着李渊的面，却说出李建成兄弟想要为窦建德和王世充报仇的话，这岂不是在侮辱李渊的智商吗？

其次，司马光前面说过，宫中有人盛传李建成、李元吉时常出入后宫，和李渊的嫔妃有奸情，可李渊并没有任何表示，这说明此事可能是无中生有。如今，李世民旧事重提，是靠什么证据说服李渊的？难道是视频、照片？

最后，如果真的是后宫的丑闻，李渊也不会召集裴寂、萧瑀等大臣商议此事。说白了，老百姓还顾忌家丑不可外扬，何况是皇室。

事实证明，李渊确实下了两道旨意。如果所料不错，李渊下旨的原因可能是李建成和李元吉想要在昆明池设伏杀李世民的事！李渊一直很纠结，他不愿意看到皇子因为争储而自相残杀，所以他要阻止。再者说，李建成和李元吉弄死了李世民，李渊该如何收拾李建成？这样的事，必须出手干预啊！

张婕妤得知此事，立即派人去给李建成送信，让他小心提防。遗憾的是，张婕妤只知道李世民告了李建民的状，至于李世民接下来的阴谋，不仅张婕妤不知道，连李渊也被蒙在鼓里。李建成立即给李元吉传信，让他前来商议此事。

李建成："宫里传出消息了，说老二找老爹告状了，老爹让我们明天进宫，你意下如何？"

李元吉："大哥，咱们应该管好齐王府和太子府的军队，托称有病，不去上朝，先观察一下形势再说。"

李建成："老弟不用担心，宫中的防务工作很严密，咱们应该听父皇的话，入朝之后再打听消息！"

李元吉："老哥，看起来你胸有成竹啊？"

可不是嘛，李渊是李建成的大靠山，有老爹的力挺，就算李世民告了状，最后也会不了了之，以前是这样，以后还是会这样。更何况，老爹掌握着太极宫的禁卫军，几乎所有的将领都是李渊或者李建成的人。

就拿玄武门来说，禁卫军首领常何就是李建成的亲信，至少到目前为止，常何没有给他通风报信，说秦王府有军事上的埋伏。

无独有偶，江都宫政变的时候，隋炀帝也是提前在宫门安排了一批毫无根基的亲信，隋炀帝不信任何大臣，只相信这帮地位低下，受过他恩惠的小人物。

李建成和隋炀帝都不知道，自己的亲信已经被敌人收买，自己的势力会成为埋葬自己的刽子手。想想看，如果有一个禁卫军首领向李建成通风报信，说李世民打算在玄武门埋伏兵马，李建成就可以带着太子府和齐王府的两千兵马入宫，随后后发制人，历史就会被彻底改写。

还是那句话，决定历史走向的，往往是那些不起眼的小人物。

历史转折点：玄武门惊天政变

为什么是玄武门之变，而不是朱雀门之变，或者延喜门之变？

这是一个有趣的事儿。

唐朝的长安城包括宫城、皇城和外郭城。

外郭城是老百姓居住的地方，里面包括了住宅区、商业市场，外郭城几乎占据了整个长安城，规模非常大。皇城在长安城的北部，里面主要是中央政府的办公场所，还有皇家的太庙、社稷等祭祀建筑，老百姓轻易进不去。

宫城紧挨着皇城，在它的正北边，也就是长安城中轴线最北边的地方。说白了，宫城是皇室居住的地方，神圣不可侵犯。

宫城包括太极宫、东宫和掖庭宫。

东宫位于太极宫的正东边，李建成的居住地。掖庭宫位于太极宫的正西边，是宫女和有罪官员的家眷居住的地方，和玄武门事变没有太大的关系。

太极宫分为南北两个部分，南面是外朝，由皇帝上朝、举行宴会的宫殿和若干官署构成，北面则是内廷，是皇帝和后妃居住、休息的地方。

宫城一共有十个门，北边的依次是玄武门、安礼门。东边的是通训门，位于宫城东墙的最南边，通过通训门，太极宫可以和东宫直接连通。不过，考虑到太极宫有嫔妃居住，通训门一般不会打开，李建成想要去太极宫，得绕道而行。

那么，李渊当时在哪儿？

据史料记载，李渊正在泛舟游湖，从太极宫的格局来看，在西北角一共有三个小型的人工湖，如果所料不错，李渊当时应该在西北角欣赏内苑的美景。而距离李渊最近的城门，恰好是北边的玄武门。

可以肯定，李渊召见李建成兄弟的地点在太极宫的西北角，而他们想以最快的速度进入内廷，走北边的玄武门是最好的选择。历史已经在这里做出了决定：李世民要发动政变，只有玄武门这个选择。

秦王府又在哪里呢？

据史料记载，秦王府位于太极宫的西北方位，从秦王府到内廷，只需要穿过玄武门即可。也就是说，李世民几乎天天从玄武门经过，这样的地理位置，直接决定了秦王府集团在玄武门政变中占据了先机。

武德九年（626）六月初四，这是一个改变中国历史的日子。

三更时分，太极宫内还是一片静寂，无边的黑暗笼罩着这座权力之都，李世民、长孙无忌、尉迟敬德、房玄龄、杜如晦、宇文士及、高士廉、侯君集、程知节、秦叔宝、段志玄、屈突通、张士贵等人率领八十多名精兵乘着夜色的掩护，赶到了玄武门。在玄武门禁卫军总管常何的接应下，李世民将亲信埋伏到玄武门内的临湖殿之中，刀出鞘，箭上弦，只待李建成和李元吉等人到来。

李建成、李元吉接到父皇的旨意，片刻不敢耽误，骑着马便向玄武门而来。不管怎么说，太极宫都是老爹的地盘，禁卫军首领又是李建成的亲信，让他们相信玄武门被秦王府的人控制，实在是有些强人所难。

兄弟俩来到玄武门之后，并没有立即下马，因为老爹授予他们特权，可以在太极宫内自由骑马。走进玄武门，逼近临湖殿的时候，李建成似乎察觉到有一丝的不对，平日里的禁卫军哪里去了？临湖殿的杀气为何会如此浓厚？

李建成转头对李元吉说道："气氛有些不对，我看还是先回府吧（建成、元吉至临湖殿，觉变，即跋马东归宫府）！"

这里有四个细节挺有趣的：

细节一：李渊既然想和李世民、李建成等人说立储的大事儿，为什么不在太极宫的正殿，而是选择宫苑的人工湖附近？

细节二：临湖殿究竟在哪里？

细节三：李建成究竟在临湖殿看到了什么，以至心生如此大的警惕性，不惜冒着放老爹鸽子的风险逃回东宫？

细节四：李建成和李元吉刚进玄武门，如果察觉到了问题，为什么不立即从玄武门逃走，反而是一路向东，准备从通训门进入东宫？

把这四个疑问解开，玄武门之变就可以真相大白。

先说说临湖殿吧。

根据目前掌握的历史资料，专家已经大致把太极宫复原图做了出来，比如李元吉居住的武德殿，以及太极殿、两仪殿等主要宫殿都有准确的位置，可临湖殿却没有详细的记载。不过可以肯定，临湖殿是在太极宫内，必须经过玄武门才可以到达，按照古代的惯例，既然取名为临湖殿，想必和人工湖靠得比较近。

也就是说，临湖殿已经很靠近李渊的实际位置。

再说说第三个细节。

李建成和李元吉到达临湖殿附近，结果发现了很奇怪的现象，于是立马掉转马头，打算离开此地。根据后面的记载，就在此时，李世民现身了，兄弟几个没有任何寒暄，李元吉直接掏出随身携带的弓箭，向李世民射了几支。

如果说，李建成在战场上练就了非常敏锐的嗅觉，能够在临湖殿附近察觉到浓浓的杀气，也不是不可能。不过，李世民在玄武门附近也埋伏了兵马，凭李建成的嗅觉，为何没能及时察觉呢？更何况，就算察觉到了杀机，李元吉也不用张弓搭箭，直接干死二哥吧？李元吉的反应，很像是生命受到威胁的情况下进行自保。换句话来说，他们可能是看到了比较明显的杀机。

事实就是，李世民在玄武门附近埋伏了兵马，在临湖殿附近也埋伏了兵马，不同的是，临湖殿附近可能已经发生过打斗！

对李世民来说，他是政变的发起方，谋杀李建成和李元吉是肯定的，关键时刻，控制李渊，甚至是干掉李渊也未必不是他的首选。

想想看，当时的禁卫军还是李渊的亲信，凭李世民在朝野的威望，想要收买几个首领没问题，但是要掌控太极宫内的禁卫军，他还不够资格，也没办法做到不留任何痕迹。唯一的可能就是，李世民通过掌控玄武门的禁卫军，将秦王府的兵力送入太极宫，随后以迅雷之势控制了李渊身边的亲军，包括李渊本人。

如果不是这样，李世民最好的选择其实是在玄武门附近动手，这样离李渊更远，更不容易惊动老爹。而不是放李建成兄弟入宫，让他们走到离李渊很近的临湖殿。在这个位置，一旦发生兵变，李渊立马就可以看到，难道李世民要当着老爹的面干掉李建成和李元吉？这无论如何都是站不住脚的。

还有一条证据：临湖殿离人工湖已经很近，如果李建成察觉到危机，为何不去人工湖寻求老爹的庇护，而是朝着相反的方向逃跑呢？如果李渊有能力，或者李渊身边的亲军没有被控制，完全可以和李世民抗衡，只要惊动了其他城门的禁卫军，李世民政变的阴谋将会彻底暴露，他也将失去成功的可能。

如果所料不错，当李建成兄弟走到临湖殿附近的时候，要么发现临湖殿发生过打斗的痕迹，要么发现老爹已经被李世民控制，这才不想和李世民多说，拿起弓箭直接找李世民开干，这样的逻辑还是说得过去的。

真正的玄武门之变，过程可能是这样的：

当时，李建成和李元吉在临湖殿发现了异常，于是掉转马头准备离开。就在此时，李世民现身了，他身上装备了铠甲，腰间还别着常用的宝弓，看到李建成离去，李世民非常着急，口中念念有词，似乎想表达什么。

李元吉见势不妙，立马掏出弓箭，一连向李世民射了三箭。

说起来，李元吉平日里的箭法也算是百发百中，可如今身处危机之中，又在择路而逃，战斗值已经大打折扣，因此三箭都没有射中。李元吉觉得自己的手气不太好，于是干脆收起了弓箭，专心逃跑。

李建成看李元吉箭箭落空，心中不免有些懊恼。就在此时，李世民也掏出了宝弓，打算干活了。李建成的直观感觉就是，李元吉射了老二，老二掏弓肯定是还以颜色，因此没有设防。

遗憾的是，在李世民的眼里，李元吉不过是个浑小子，还不值得他动手，他布了这么大的局，就是为了夺取皇位，李建成才是他的真正猎物。

就在李建成逃跑之际，一支利箭破空而出，声音格外刺耳，几乎是在瞬间，李建成觉得身体变轻，轰然倒在了地上。这一箭，几乎积蓄了李世民身体的所有力量，又命中身体要害，李建成当场就位列仙班了。

李元吉看到大哥被杀，心中五味杂陈，李世民杀了李建成之后，已经放缓了追击的节奏，李元吉只要愿意，完全可以趁机逃跑。可是，他还是决定返回来查看李建成的伤势。或许，李元吉觉得大哥已死，自己就算逃到天涯海角，也逃脱不了被杀的命运，或许，李元吉就是为了兄弟情义而返回。

李元吉万万没有想到，一向逆来顺受的二哥竟然会如此残忍，面对亲兄弟，他的手段如此毒辣，行事如此果决！他哪里知道，这一箭是为了整个秦王府的生死存亡，为了至高无上的皇权。

在九五之尊的面前，任何亲情都是浮云。

李建成倒地之后，埋伏在临湖殿的尉迟敬德也拍马赶到，他的身后还有七十名最精锐的秦王府侍卫！这些人二话不说，直接掏出弓箭，对着李元吉就是一顿狂射，李元吉抵挡不住，顺势跌下马来。

可就在此时，李世民的坐骑受到惊吓，带着他狂奔到御花园的树林，而李世民又被林中的树枝挂住，从马上摔下，倒在了地上。可能是承受的力量过大，李世民摔得非常严重，没能站起身来。

李元吉原本已经绝望，可看到此情此景，一股复仇的冲动驱使着他。李元吉强忍着伤痛，飞快地赶到李世民的身边，趁着他毫无还手之力，用弓弦勒住了李世民的脖子。李世民用力抵抗，却始终无法挣脱，他明显感觉到自己的气息已经逐渐衰弱。李元吉只需要再坚持一会儿，就可以挫败秦王府的阴谋。

尉迟敬德看到老板的脸色铁青，心里万分焦急，纵马飞奔而来，只听他暴喝一声，李元吉不觉心中一惊，勒紧的弓弦居然松了一些。此时，李元吉有两个选择：用最后的时间弄死二哥，然后被尉迟敬德等人乱刀分尸，或者放李世民一条生路，自己夺路逃走，返回齐王府组织兵力，来个绝地大反击。

历史在这里，因为李元吉的抉择而改变。

危急时刻，李元吉并没有想着和大哥一起共赴九泉，他还是想求生。李元吉松开了要命的弓弦，直接向武德殿飞奔而去。李世民在李元吉的一念之间寻得了生机，瘫坐在地上，疯狂咳嗽。

尉迟敬德看到李世民还能喘气，当即松了一口气。李元吉，差点害老子功亏一箦，如何能够饶了你！尉迟敬德犹如脱缰的疯狗一般，在后面疯狂追击李元吉。此时，李元吉也不知道究竟去哪儿，武德殿不过是住的地方而已，能组织起兵力？去太子宫？还是去找父皇？

回首望去，后面的追兵犹如潮水一般裹挟而来，秦王府的猛士们凶神恶煞，面带杀气，一副不死不休的模样。曾几何时，李元吉可以在太极宫发号施令，说白了，这里是老爹的地盘，也是李元吉的地盘，他永远也想不到，自己会在太极宫内被人追杀。此情此景，李元吉的内心完全是崩溃的。

就在此时，一支利箭破空而出。羽箭来自尉迟敬德的劲弩，几乎是蓄满了劲道，直取李元吉的后心。一击即中，李元吉顺势倒在了血泊之中。尉迟敬德策马赶来，看到李元吉中箭身亡，这才安下心来。

一个是大唐皇太子，一个是最受宠爱的齐王殿下，两位最尊贵的皇室成员，就这样惨死在政变之中。不过，这就是政治斗争的残酷，利刃只要出鞘，就必须嗜血而归。尉迟敬德非常淡定，他慢慢抽出钢刀，手起刀落，一股殷红的鲜血喷涌而出，李元吉被割了首级。

直到此时，玄武门之变正式落下帷幕。

很奇怪吧，太极宫内喊杀阵阵，数十人追杀李建成和李世民，李渊难道一点动静也没听到？要知道，远离玄武门的太子宫都已经收到了消息，李渊怎么可能收不到禁卫军将领的禀报？如果李世民只是瞒着李渊，埋伏了一支奇兵，如果李渊还有人身自由，还有太极宫的控制权，为什么没有调动禁卫军平叛，而是等着李世民来主宰他的命运，这也太匪夷所思了吧？

至于李建成和李元吉，他们就在离李渊不远的临湖殿，为何发现伏兵之后，没有在第一时间投奔老爹，而是舍近求远，一路向南边狂奔？难道，没有一兵一卒的武德殿可以给他们安全感？

真相可能就是，李渊已经被李世民控制了，李建成和李元吉可能是看到了什么，所以才会选择向南逃跑。

据史料记载，玄武门之变惊动了旁边的太子府，李建成的部下、翊卫车骑将军冯立得知李建成身死，叹息道："太子活着的时候，俺们蒙受他的恩惠，现在太子被杀，俺们能够逃避灾祸吗？”

冯立叫来了薛万彻、谢叔方等武将，商议之后，觉得还是不能把李建成和李元吉被杀的事情说出去。紧接着，他们召集了太子府的所有将士，声称玄武门出了大事，太子、齐王和秦王府的人干了起来，需要兄弟们的支援。

将士们听闻之后，如同打了鸡血一样，嗷嗷地奔向玄武门。此时，李世民已经掌控了大局，原本观望的禁卫军也是一边倒地支持李世民。

玄武门外，太子府和齐王府的两千多人马已经赶到，乌泱泱的一片，大家伙儿扬言要干掉李世民。此时，玄武门的守将是李世民的嫡系将领张公谨，他臂力惊人，看到冯立带人前来，立即将城门关上了。

玄武门是太极宫的北门，铜墙铁壁，守卫森严，就凭冯立的两千多人，想要攻破玄武门，可以说是痴心妄想。

有趣的是，禁卫军将领敬君弘产生了错觉，他以为李建成和李元吉已经挂掉，对付这些孤魂野鬼，犹如探囊取物，于是挺身而起，扬言要灭了冯立等人。敬君弘的真实想法应该是，李世民马上就要做皇帝了，好不容易逮着个机会，应该在老板面前好好表现一下，先捞个功劳，到时候再要点儿赏赐。

此时，李世民和尉迟敬德都不在玄武门，只有张公谨在这里镇守，面对打了鸡血的敬君弘，张公谨也很无可奈何，只能目送他开门出去交战。

可能影响历史走向的事情就这样发生了。

李世民等人还在临湖殿附近收拾烂摊子，敬君弘则带着数百名禁卫军冲了出去，和太子府的兵马混战在一起。没过多久，敬君弘、吕世衡便曝尸当场。由于城门洞开，秦王府的人只能和太子府的人短兵相接。

据史料记载，两军交战了很长时间，秦王府的后备力量还是没有赶到，薛万彻擂鼓呐喊，扬言准备进攻秦王府，将士们大为恐惧。就在此时，尉迟敬德提着李建成和李元吉的首级跑了出来，立马就震慑了所有的人。

太子府的人直接蒙了，冯立不是说要来支援太子和齐王的吗，怎么老板都被杀了？这仗还有必要继续打下去吗？在尉迟敬德的威慑下，太子府和齐王府的联军顿时军心涣散，四散逃跑。

冯立自知无力回天，只能仰天长叹，涕泪横流地说道："俺们做到这个地步，也算对得起太子的知遇之恩了！"

历史证明，凡人都是惜命的，赴汤蹈火，在所不辞是没问题的，可真要到了舍生取义，共赴黄泉，大家伙都得仔细考虑了。冯立说完了这番话之后，就和薛万彻等人逃入终南山中。至此，玄武门政变以李世民的胜利而告终。

从玄武门之变看李渊的功过是非

历史证明，玄武门之变就是秦王府一手策划的阴谋，既然是阴谋，李世民就必须要为自己找到合法的说辞，于是就有了接下来的故事。

李世民让尉迟敬德进宫担任李渊的警卫，尉迟敬德则身披铠甲，手拿长矛，径直来到了李渊的跟前，毫无人臣的礼仪。

李渊大为惊慌，问道：“今天作乱的人是谁？你来这里干吗？”

尉迟敬德：“太子和齐王起兵作乱，秦王已经镇压了他们，秦王担心惊动陛下，因此派臣前来护卫。”

李渊转头对裴寂等人说道：“各位臣僚，朕没想到今天会出这样的事情，事到如今，你们认为应该怎么办呢？”

裴寂沉默不语，因为他是李渊的嫡系，李建成的拥护者。

萧瑀和段叔达说道：“陛下，太子和齐王原本就没有参与反隋的谋议，也没有为平定天下立过功劳，他们嫉妒秦王功勋卓著，威望无比，这才策划了许多阴谋。如今，秦王已经诛杀了他们，如果陛下能够决定立秦王为太子，将国家政务交托给他，就不会再发生事端了。”

李渊：“好！这也是朕平素的心愿啊！”

隔着历史的长河，咱们都能感觉得到李渊的违心。如果他真有这样的心愿，为何不早点废掉李建成，也省得眼下被儿子挟持，威严扫地！如果他真有这样的心愿，至少还能多做几年皇帝，而不是在儿子的淫威下苟延残喘！

尉迟敬德是一介武夫，他只忠于秦王李世民，至于李渊的情绪，和他没有半毛钱的关系。看到朝臣态度一致，尉迟敬德开门见山地说道：“陛下，如今禁宫之内还有太子和齐王的旧部，而且太子宫和齐王府还有不少官员，希望陛下能够授予秦王所有军政大权，让他全权处理长安城的一切事务！”

李渊沉默。

尉迟敬德：“哦，对了，陛下还得下一道旨意，赦免所有参与到此次平叛中的秦王府将士，好让他们安心！”

李渊：“事到如今，也只能如此了……你去做吧！”

客观地说，李渊此时已经丧失了皇帝的威严，丧失了君主的权力，他内心很无奈，人生已经毫无选择的余地。作为父亲，李渊知道李世民的秉性，性格强势孤傲，行事杀伐果断，面对秦王府的任何请求，李渊只能全部答应。

事后，李世民以李渊的名义下诏，宣布李建成和李元吉是玄武门之变的罪魁祸首，是谋反逆天的叛臣贼子，给玄武门之变定下了政治基调。

武德九年（626）六月初七，李渊再次下诏，封秦王李世民为皇太子，并将军队和国家的各项事务，全部交付太子李世民处置决定，然后再报告给李渊即可。

李唐政权的交接，在一场无声无息地武力威慑下有条不紊地进行着。历史正在向前迈进，李渊已经成为过去式，取而代之的是一代雄主李世民。

有句话说得很好，历史都是由胜利者书写的，这种游戏规则不仅在改朝换代的时候盛行，在父子兄弟之间也是一样。在贞观朝，李渊几乎没有任何存在感，就连史书对他的记载也是少之又少。客观地说，这不能全怪史臣不写这段历史，说白了，李世民做了皇帝之后，和老爹之间的互动是少之又少啊。

李渊做了太上皇之后，一直居住在太极宫，李世民则在太子宫处理政务。李世民上台之后，开足马力打压武德旧臣，武德九年（626），先是罢免了杨恭仁的宰相之职，后来又罢免了陈叔达、萧瑀的宰相之职。

至于裴寂，李世民从来没有给过他好脸色，李世民曾经当面指责，说裴寂才学平庸，如果不是太上皇对他的宠爱，绝对不能混到今天的位置，武德年间错误的政策很多，纲纪也非常紊乱，裴寂必须负起责任。李世民虽然是说裴寂，实际上是指桑骂槐，发泄对李渊的不满，这一点毋庸置疑。

贞观三年（629）四月，李渊主动提议，说自己霸占着太极宫，总归是不太合适，希望能够迁居到弘义宫，李世民欣然答应。说起来也挺有趣，当时，李渊为了打压李世民，连续两次将他从河北战场召回，期间特意修建了弘义宫，希望能安抚李世民受伤的心灵。可谁也没想到，弘义宫后来居然成了李渊自己的养老居所。

据史料记载，弘义宫地势低洼，夏季闷热潮湿，居住条件非常之差。李世民每年都会安排自己到行宫避暑，可从来没有让李渊离开过弘义宫半步。想想看，一向以仁孝著称的李世民，宁愿承受后人的指责，也不愿在人前逢场作戏，干着讨好老爹的小把戏，这样的态度确实很值得玩味。

说白了，李世民也是个凡人，两府之争的时候，李渊无条件地支持李建成和李元吉，屡次打压和训诫李世民，可谓是毫无情面可言。李世民虽然有心胸，可是面对父亲的偏爱，他无法在短时间内放下心里的仇恨和芥蒂。

贞观四年（630），李世民擒获东突厥颉利可汗，邀请李渊参加献捷大典，父子之间这才开始有了互动。随后的几年，李世民每逢打了大胜仗，或者有外族使臣前来朝拜，都会邀请李渊出来坐坐，父子的关系开始有了好转。

贞观八年（634），李世民下诏，在太极宫的东北方向建造大明宫，打算作为老爹的避暑之地。遗憾的是，宫殿还没建成，李渊就位列仙班了。俗话说得好，子欲养而亲不待，这可能是李渊和李世民父子关系的最好诠释了吧。

客观地说，李渊是中国历史上比较出色，却又备受忽视的开国皇帝。

回顾他的一生，年轻的时候，活在七姨夫和小表弟的高压政策之下，仕途上毫无寸进，只能虚度光阴，空守度日。最悲剧的是，十多年的时间，李渊竟然没敢娶妻生子，这是何等苛刻的生活环境。

幸运的是，这样的环境恰好造就了李渊善于隐忍的性格。

担任太原留守期间，全国大乱，各地的枭雄们纷纷起义，有的人登基称帝，有的人扯旗称王，闹得不亦乐乎。再看看李渊，趁着帮朝廷剿匪的机会，大肆招兵买马，招募英雄豪杰，用正当的手段壮大自己的势力。不仅如此，李渊还派李建成提前收买了河东的地主阶层，为接下来的起义做好一切铺垫。

等到朝廷无力平叛的时候，李渊振臂一呼：占据长安，废黜隋炀帝，扶持代王杨侑登基。“忠臣”的形象一览无余，让任何人都挑不出毛病。

南下的路上，李渊一改隋末起义军的土匪流氓形象，下令对百姓秋毫无犯，又拿出了无数的空白官凭，以最低的成本拿下了河东。面对突厥人的咄咄相逼，李渊一方面用武力威慑，一方面用利益引导，对突厥人心思的把握，外交智慧的应用，堪称是外交史上教科书级的案例。

拿下长安之后，李渊并不着急进取关中，而是将目光锁定在西北的薛举、李杲，以及北边的刘武周等势力。这样的大局观，绝不是昏庸的皇帝能具备的，如果说李世民是所向无敌的战将，李渊就是运筹帷幄的战略指挥家。

遗憾的是，李渊身上也有许多毛病，比如爱好女色、贪玩奢侈、践踏律法等等。当然，最大的问题就是没有处理好太子府和秦王府之间的利益斗争，李渊想要玩权力制衡的游戏，而且玩得还算不错。然而，当李渊发现两府矛盾激化，两个儿子开始刀光剑影的时候，他彻底傻眼了。

想要解决太子府和秦王府的矛盾，只能让一方彻底消失。

问题是，李渊虽然是高高在上的皇帝，可也是一位仁慈的父亲，他无法做出人生中最残酷的抉择，所以只能选择坐视不理，任由事态的恶化。

说白了，所有的恶果，全由李渊一人来承担。

李渊有自己的不幸，因为他丢失了皇位和尊严。李渊也有自己的大幸，因为他练就了隐忍退让的大智慧，最终能够和李世民和平相处，得以善终。

事实上，李渊最大的幸运就是，李世民是一位出色的继承人，他继往开来，让大唐帝国在世界历史上辉煌无比，大放异彩。正是因为这一点，李渊才没有因为两府之争中的不作为而蒙受后人的指责。

历史已经远去，昔日的帝王已经化为一抔尘土，纷繁复杂的历史纠葛也都烟消云散，雁过无痕，留下的唯有古人的智慧，今人的感悟，仅此而已。

拾

贞观君臣的恩怨

扫清后患：杀！

武德九年（626）六月初四，李世民发动玄武门政变，诛杀太子李建成、齐王李元吉，控制老爹李渊，成了长安城的实际控制人。

那一刻，李世民终于释怀了。

这些年来，李世民生活在恐惧和屈辱之中，明明是亲爹，却无时无刻不在找机会打压他；明明是亲兄弟，却打心眼里将他视为洪水猛兽，异己分子；父子和兄弟之情，在政治利益的面前变得寡淡无味，令人失望透顶。

李世民想通了，既然生在皇室，那就只有利益之说，没有人情可言。在政治斗争的面前，只有刀俎和鱼肉的敌对关系，要么弄死别人，要么被别人弄死。

临湖殿旁，李世民的羽箭力透李建成的心脏。说得好听点儿，那是为了江山社稷，为了秦王府的生存，实际上，就是为了老爹手里的皇位。

古往今来的流血政变，要么以全国性的暴乱为高潮，要么以皇室内部的自相残杀为高潮，总而言之，绝对不会以平静和谐的气氛收场。不过，李世民非常自信，他是李渊的嫡子，放眼望去，他已经没有直接的竞争对手。再者说，李世民功比天高，就连老爹也得竖起大拇指，还有谁能挑战他的权威？

然而，李世民有一个顾虑，玄武门政变是自己一手策划的惊天阴谋，要说政变的效果，那绝对是杠杠的，可要说政变的合法性，那得打一个大大的问号。旁人不敢质疑他的权威，可老爹要是拆他的台，他该如何收场？

想到这里，李世民就不寒而栗，为了铲除所有的后患，李世民给朝臣下达了一个命令：诛杀李建成和李元吉的所有男性后裔。

据史料记载，旨到之日，李建成的 5 个儿子，安陆王李承道、河东王李承德、武安王李承训、汝南王李承明、钜鹿王李承义，李元吉的五个儿子，梁郡王李承业、渔阳王李承鸾、普安王李承奖、江夏王李承裕、义阳王李承度尽数被李世民诛杀，至于他们的名字，彻底从李唐宗室除名。

这样一来，李建成和李元吉就没有了后人，就算李渊有机会翻盘，也找不出可以代替李世民的人。

不过，李世民并没有将兄弟的家眷赶尽杀绝，比如李元吉的妻子杨氏，因为长得国色天香，妩媚动人，被李世民纳入后宫，后来还和李世民生了一个儿子。

李世民坐镇中枢，发出了一道道催命的旨意，长安城内一度鸡犬不宁，太子党羽相继被捕。按照秦王府将领们的意思，太子府和齐王府所有的中高级将领都是新政权的潜在威胁者，最好的办法就是让他们灰飞烟灭。

关键时刻，尉迟敬德提出了反对意见："李建成和李元吉才是罪魁祸首，其余的人只不过是胁从，倘若要牵连其他人，恐怕是自取其祸。"

尉迟敬德虽然是一介武将，可他一路走过来，给人的感觉就是拥有谋臣智慧的超级武将。总而言之，该捅刀子的时候毫不含糊，该说话的时候绝不沉默。

尉迟敬德的意思很简单，秦王府虽然掌控了长安城，可李建成毕竟做了多年的太子，党羽遍布朝野，甚至许多刺史、军队总管都是太子府的人，如果李世民处理不当，这些人很可能打着为李建成报仇的旗帜闹事，到时候得不偿失。

李世民："尉迟兄！原来你才是深藏不露的人啊！"

李世民原本的意思是继续打击太子府党羽，可尉迟敬德的一番话令他改变了主意。随后，李世民传下命令：除了李建成和李元吉，其他的人一概不予追究。

武德九年（626）六月初七，李渊下诏，封李世民为皇太子。

武德九年（626）六月初八，冯立、谢叔方等人返回长安，正式向李世民递交了求职意向书。随后，薛万彻等将领也在李世民屡次示好后返回长安。

客观地说，李世民通过一场完美的政变，攫取了家族的最高统治权，还没有引起统治集团内部的热血厮杀，这样的斗争艺术确实令人钦佩。

尉迟敬德虽然劝李世民不要乱杀人，可李世民内心的原则很简单：诛杀潜在的威胁分子，拉拢骨干分子。该杀的还是要杀，这个马虎不得。

庐江王李瑗，李渊的堂侄，李世民的堂哥。这位老兄就是一个平庸的贵族子弟，前半生浑浑噩噩，事业搞得一塌糊涂。李渊登基之后，李瑗靠着宗室身份捞了个庐江郡王的头衔，武德九年（626），李渊将他封为幽州大都督，让他镇守北部边境。

李瑗上任之后，李渊总觉得心里不踏实，担心他担不起幽州的重任，于是命右领军将军王君廓前去幽州辅佐。

王君廓出生在一个贫困的家庭，年轻的时候以贩马为生，职业虽然不光鲜，可毕竟是个正经的工作。遗憾的是，王君廓总喜欢干些鸡鸣狗盗的事儿，深受老乡们的鄙视。隋末天下大乱，王君廓想着聚众为盗，却遭到了叔叔的反对，于是诬陷邻居和叔母私通，诱使叔叔杀了邻居，叔侄二人这才浪迹天涯。

后来，王君廓投降了唐朝，在李世民的军中效力，灭刘黑闼一战，王君廓表现突出，被李世民保举为幽州都督，并受到了李渊的亲自褒奖。换句话说，王君廓和秦王府有着扯不清的利益关系。

一个是懦弱无能的宗室，一个是骁勇强悍的阴谋家，两人迅速产生了火花。尤其是李瑗，几乎对王君廓言听计从，一度要和王君廓结为儿女亲家。

玄武门政变之前，李建成派人和李瑗联系，希望能够将他引为外援，可合作还没谈妥，李世民就弄死了李建成。事后，李世民派通事舍人崔敦礼前往幽州，命李瑗火速返回长安，李瑗内心恐惧不已，于是向王君廓寻求帮助。

事实上，李瑗和李建成并没有实质性的合作，按照最新的赦免政策，只要他回朝，啥事儿没有。遗憾的是，李瑗把王君廓当成推心置腹的好朋友，可王君廓却把李瑗当成了仕途的垫脚石。在王君廓的眼里，李世民肯定很忌惮这帮李唐宗室，只要把李瑗谋反的罪名坐实，岂不是大功一件？

王君廓匍匐在地，涕泪俱下地说道："王爷啊，如果您回朝的话，肯定会被李世民弄死。您坐守幽州城，手下拥兵数万，为什么要回去自投罗网呢？"

李瑗觉得很有道理，于是将崔敦礼拘了起来，强行逼他说出长安城的实情，见他不肯屈服，李瑗直接将他打入了大牢。事实上，李瑗的高级军事顾问王利涉曾经劝过他，说王君廓是十足的小人，将兵权交给他无异于引火自焚，建议让燕州刺史王诜主持大局。令人欣慰的是，李瑗的智商暂时还在线，造反之前，他派人给燕州刺史王诜传信，希望他能够帮自己带带军队。

王君廓是个杀伐果断的社会人，听说李瑗想改变主意，王君廓立即赶到了王诜的大营，趁着王诜洗头发的天赐良机，拔出佩刀捅死了他。

随后，王君廓拎着王诜的头颅对燕州将士发号施令："兄弟们，李瑗囚禁皇上的使者，打算和王诜谋反逆天。如今王诜已经被杀，李瑗肯定是无能为力了，你们是愿意跟着李瑗去举族受戮呢，还是打算追随我求取富贵？"

将士："愿意追随将军！"

王君廓："走，跟老子回幽州城！"

幽州城内，王君廓偷偷释放了钦差崔敦礼，随后带着一千多人和李瑗对峙，最终以三寸不烂之舌策反了李瑗的所有部下。据史料记载，李瑗孤身一人，迎风披发，如丧考妣地哭号道："王君廓！你这个卑鄙小人，迟早会得报应的！"

王君廓："哼！至少你是看不到了！"

后世的电视剧经常会出现这样的对白桥段，殊不知，这就是真实的历史啊。可怜的李瑗，就这样被王君廓玩弄于股掌之间，最后无辜惨死。

武德九年（626）六月二十八日，朝廷下诏：封王君廓为左领军大将军、幽州大都督，庐江王李瑗的家属悉数充做官奴，任凭王君廓处置。

关于这件事情，谈不上阴谋，至少李世民的态度传达了一个信息：我就是个杀伐果断的人，只要你质疑我的权威，我就还以你颜色。

犯我大唐者，虽远必诛：智退东突厥骑兵

按照一般的政变套路，李世民控制了最高政权，其实有很多选择。比如立马登基称帝，如果觉得吃相太难看的话，可以稍微缓一缓，再不济也得入驻皇宫，先把主场的位置给占了，毕竟从皇宫发号施令，总比太子宫要权威多吧！

遗憾的是，李世民哪一样也得不到。

原因很简单：他用武装暴力革掉了大哥的性命，又抢了老爹的权力，不管怎么说都是理亏的。玄武门政变的时候，李渊其实很害怕李世民会连他也一起收拾了，可事实证明，李世民并不是丧心病狂的屠夫。

李渊毕竟是一代雄主，心理素质过硬，事情过去之后，李渊继续霸占着太极宫，言语中似乎并没有迁出太极宫的意思。他似乎想宣示着主权，向世人证明玄武门政变，老二就是做错了，而他才是名副其实的受害者。

李渊的目的达到了，李世民的羞耻心还荡漾在玄武门政变的余波中，因此不好觍着脸把老爹给轰出去，接下来的两年，李世民和贞观朝臣都在太子宫办公。因为这份对峙，李世民和李渊保持了两年零交流状态！

李世民不想太绝情，可秦王府的幕僚和武将们着急啊。说白了，这帮人不是无欲无求的神仙，他们怂恿李世民发动政变，把脑袋拴在裤腰带上，无非是为了混个升职加薪，光宗耀祖。这一点，李世民心里非常清楚。

武德九年（626）七月，在李世民的主导下，太子府的亲信旧臣陆续被调派到中央朝廷最关键的岗位，不到一个月的时间，李世民就重新改组了唐朝的中央政府。

文臣方面：

中书令：房玄龄、宇文士及。

侍中：高士廉。

尚书左仆射：萧瑀。

尚书右仆射：封德彝。

吏部尚书：长孙无忌。

兵部尚书：杜如晦。

中书侍郎：颜师古、刘林甫。

御史大夫：杜淹。

武将方面：

秦叔宝：左卫大将军。

程知节：右武卫大将军。

尉迟敬德：右武侯大将军。

侯君集：左卫将军。

段志玄：骁卫将军。

薛万彻：右领军将军。

张公谨：右武侯将军。

长孙安业：右监门将军。

李客师：领左右军将军。

客观地说，李世民此时已经控制了国家的要害部门和职位，完全掌握了全国军政大权，至于李渊，已经是名副其实的傀儡皇帝。

李世民用玄武门政变为两府之争画上了句号，可老爹选择厚着脸皮，继续盘踞在太极宫，李世民就像吃了苍蝇一样的恶心。为了笼络天下人心，也为了打击老爹的帝王威严，李世民毅然举起了新官上任的火把，打算燎原一番。

第一把火烧在武德九年（626）六月，李世民下令，让所有被迫还俗的佛数、道数等出家人重新回到寺院、道观，一切恢复旧制。

在此之前，有关部门奏请李渊，说全国的佛数、道数队伍超过二十万人，已经给国家造成了巨大的经济负担。李渊一声令下，开始对宗教开始整顿，最终在京城保留三所寺庙，两座道观，州府保留一所寺庙，一座道观，其余的全部拆除。官方编制之外的出家之人，一律还俗，自力更生。

李世民有宗教信仰吗？

不仅没有，还特别抵触排斥。无论是从国家的经济利益，还是从个人的信仰来说，李世民都没有理由做出这样的决定，然而他还是做了。刚刚上位，他不仅需要争取宗教人士的舆论支持，还需要靠他们反击李渊，打击老皇帝的威严。

第二把火也烧于武德九年（626）六月，李世民下令，释放宫苑中的飞禽走兽、皇家宠物，各地停止进贡一切奇珍异宝，鼓励地方官员给中央政府进言。

李世民也很喜欢各种禽兽，李世民爱把玩小鸟，最后因魏征前来奏事，李世民不敢让魏征看到自己的掌中小鸟，就一面和魏征议事，一面用手掌握住小鸟，不想，竟让小鸟活活憋死的故事，恐怕所有人都知道吧。可是现在，李世民还是把火烧向了老爹的皇家园林、奇珍异宝，李世民越是打击，李渊玩物丧志、不务正业的昏君形象就越鲜明。

第三把火烧在武德九年（626）八月，李世民下令，太极宫有很多宫女常年幽闭深宫，从今日起，释放一批宫女，让她们回到自己的亲人身边，或者嫁人。

矛头还是指向了李渊的地盘，熟悉的配方，自然是熟悉的味道。很有趣吧，老爹耍无赖，儿子耍心机，父子你来我往很欢乐。

武德九年（626）八月初八，李渊不情不愿地下了一份诏书：将皇位传给李世民。按照惯例，李世民连续三次表示推辞，至于第四次，李世民是绝对不会推辞的。武德九年（626）八月初九，李世民在太子宫显德殿即皇帝位，史称唐太宗。

玄武门之变，犹如平地而起的一声惊雷，响彻神州大地，政变引起的余波，已经到了蛮夷之地。想想看，大唐的皇太子和齐王被杀，皇帝老儿被囚禁在太极宫，大唐的高层肯定是一团糟吧？各方大佬不趁此机会闹点事儿，岂不是对不起李世民的这番作为？

东突厥颉利可汗表示，他已经嗅到了中原的战机。

武德九年（626）八月初一，他给李唐递交了国书，希望两国能够和平共处。虚伪的外交措辞后面，是嗜血和贪婪的嘴脸，因为颉利可汗调派了二十万大军南下，想要乘长安内乱之际，浑水摸鱼，牟取暴利。

突厥人这一次南下，几乎洞穿了唐朝的整个防线。雁门、太原、河东，甚至是长安，基本上没有遇到像样的抵抗。按照史书的记载，要么是各大防区的长官对突厥人视而不见，要么是打了败仗，史书不愿意去写。

武德九年（626）八月二十四日，突厥大军直接杀到高陵县（今陕西省西安市高陵区），距离长安城只有五十里左右。曾几何时，突厥人如此强悍？唐军如此颓败？

武德九年（626）八月二十六日，李世民派尉迟敬德前去迎战，与突厥人大战于泾阳。从结果来看，尉迟敬德确实砍了一千多个脑袋，还擒获了突厥俟斤（突厥部落首领）阿史德乌没啜，算是一场小胜。

遗憾的是，尉迟敬德并没有挡住突厥人的兵锋，颉利可汗带着突厥骑兵直接杀到了渭水边上，而尉迟敬德呢，直接遁入长安城，深藏怂与衰。有唐一朝，能够被外族人杀到长安城的，李世民也算是开了先河。

武德九年（626）八月二十八日，突厥骑兵屯兵在渭水便桥之北。

颉利可汗：“执失思力，你去拜访一下李世民，向他表示一下热烈的问候，对了，顺便摸清楚长安城的虚实，咱们是过来打秋风的。”

执失思力：“没问题！”

太子宫内，执失思力就像是一只瞎了眼的骄傲天鹅。

在他的眼里，李世民是通过谋反才上位的，朝中大臣肯定不会和他一条心，因此态度极其嚣张说道：“大唐陛下！颉利可汗和突利可汗统兵百万，现在正在渭水之北等着呢，您是不是得表示一下？”

对李世民来说，这是他执掌大权后面临的最大难题，如果处理妥善，朝中大臣自然不会多说什么，如果处理不好，恐怕玄武门政变的余波还会持续下去。

就在此时，李世民站起身来，一字一句地说道：“殿前卫士何在，将这个狂徒拉出去砍了！”

执失思力蒙了，来长安之前他就做好了功课，知道中原是礼仪之邦，也知道两国交战，不斩来使的外交潜规则，所以才敢口出狂言。可他没有想到一点，李世民连亲兄弟都敢杀，连老爹的位置都敢抢，更何况小小的外族使臣。

执失思力望着李世民，看到这位新皇帝的脸上充满了刚毅和果决，大有把他撕成碎片的趋势。好汉不吃眼前亏，执失思力扑通一声跪在了地上，气焰顿时消失殆尽，语气恳求道："陛下，您为何要杀我啊？"

李世民："哼！朕和颉利可汗当面说好讲和，前后赠给你们的金银无数，然而颉利可汗却背弃盟约，兴兵来犯，这是你们对不起朕。你们虽然是夷狄之人，却也有一颗人心，为何会如此知恩不图报，还在朕的面前自夸兵强马壮？"

执失思力沉默。

李世民："突厥使者！你这是无话可说？来人，将他拉出去砍了！"

直到此时，执失思力突然想到了一句老话：犯强汉者，虽远必诛。李世民这小子虽然灭不掉突厥，可弄死他还是绰绰有余的啊！面对李世民的威严，执失思力已经变得语无伦次，他满脑子想的就是如何保住自己的一条小命。

封德彝等大臣看到火候差不多了，于是出班奏道："陛下，两军交战不斩来使，这是老规矩，希望陛下可以将突厥使者放回去，以免为人诟病。"

李世民："哼！现在将此人放回去，颉利可汗必定以为朕和大唐的将士怕了他，恐怕将会变得肆无忌惮！将此人暂且关押在门下省！"

封德彝："陛下，那渭水河边的突厥军队，我们该如何应对？"

李世民手据龙案，凝视远方，眼神里透露着刚毅和自信。扪心自问，李世民出道以来，神挡杀神，佛挡杀佛，又曾惧怕过谁？小小的突厥算得了什么。

李世民暴喝道："房玄龄、高士廉、萧瑀……你们几个准备一下，跟朕一起去会会这个颉利可汗！"

长安城北，李世民带着房玄龄、高士廉等六个得力重臣从玄武门飞奔而出，与颉利可汗隔着渭水相望。据史料记载，突厥骑兵虽然声势浩大，可毕竟在别人的主场，看到李世民等人飞奔而来，还是显得有些骚动不安。

李世民："颉利可汗！一别多日，别来无恙啊？"

颉利可汗："呵呵，听说陛下发动政变，杀死了太子李建成，成了长安城的主人，真是可喜可贺啊！"

李世民："颉利可汗，朕当日和你定下盟约，约定不再互相攻伐，并给你送了不少金银珠宝，如今你背弃盟约，就不怕天下人耻笑吗？”

要说这件事儿，颉利可汗干得确实不够地道，因此面对李世民的责问，他也不想继续打口水战。颉利可汗将目光投向了李世民的小跟班，正在努力寻找心腹爱将执失思力，然而找了半天，似乎也没这小子的身影啊。

颉利可汗：“陛下，执失思力身为突厥的使臣，代表俺们去拜会你，可如今怎么不见他的人呢？”

李世民：“执失思力出言不逊，正在朕的门下省反思人生呢！”

就在此时，大唐的军队陆续从玄武门涌了出来，开始以李世民为中心，排兵布阵，阵势非常浩大。颉利可汗有点儿坐不住了，李世民囚禁了东突厥的使臣，又带着军队前来搞事，明显就是早有安排啊。

李世民大手一挥，说道：“你们都退下，朕和颉利可汗说说话。”

李世民说话间就要继续纵马向前，尚书左仆射萧瑀急忙跳下马来，牵着李世民的缰绳，苦苦劝谏道：“陛下，如今天下刚刚宁定，您不可孤身犯险啊。”

李世民：“萧爱卿，你大可放心。突厥最精锐的是骑兵，不擅长打攻坚战，他们来中原无非是搞点钱财和女人。这一次，他们肯定误以为大唐发生巨变，局势不太稳定，所以才把军队带来趁火打劫。如果朕率先怯阵，正好印证了突厥人对局势的判断，突厥虽然不会攻城，可一定会抢劫长安附近的城池。如果朕的态度强势，突厥人必定会后退。他们深入唐朝过境，本来就犯了兵法的大忌，能在这里待上几天就不错了，那还有工夫和咱们打仗。”

萧瑀：“陛下……”

李世民：“萧爱卿，你睁大眼睛，看突厥人会怎么应对！”

李世民并不是狂傲，他长期跟随老爸李渊，深知突厥人的本性，他笃定突厥骑兵不会强行攻城，自讨苦吃。更何况，李世民的背后是大唐最精锐的禁卫军，就算打了起来，唐军也不会吃亏啊。

事实上，颉利可汗的心思被李世民全部猜中，他看到大唐已经做好了防备，于是下令撤军回营。就在当天，颉利可汗坐镇在长安城西，随后派出了大批重臣前往长安，表示要和李唐政权重新建立盟友关系。

那一刻，李世民突然生出了一个想法：要不要趁着两国讲和的机会，将突厥重臣一锅端了，然后再派人截杀颉利可汗的军队？

这确实是一个非常大胆的想法，如果李世民杀了突厥重臣，突厥高层肯定会人心不稳，颉利可汗的选择只有逃跑。如果李世民能在长安城北埋下一支伏兵，肯定可以重创突厥骑兵，活捉颉利可汗也未尝不可啊！

事实上，李世民一生都在犯险，可是这一次，他犹豫了。

李世民觉得，他即位的时间太短，应当以休养生息为主。贸然和突厥开战，朝廷的损失将会不可估量。别的不说，开战之后，突厥的防御肯定会加强，到时候再打他们肯定会难上加难。突厥人所求，无非是金银财宝，只要大唐勒紧裤腰带，以厚利让他们麻痹大意，而我军养精蓄锐，到时候可以一战定乾坤。

这样的视野格局，确实让人钦佩。

李世民："回去告诉可汗，两日之后，朕和他在西便桥杀白马，立盟约！"

武德九年（626）八月三十日，李世民亲自前往西便桥，和颉利可汗签订了新一轮的友好盟约。武德九年（626）九月，颉利可汗派人送来了三千匹战马，一万头羊。

然而，李世民却拒绝了颉利可汗的好意。

李世民的态度让朝臣莫测高深，白送来的羊，为何不要啊？战马啊，难道不是唐军最稀缺的吗？老板的脑袋难道被门夹住了？

据史料记载，李世民虽然拒绝了颉利可汗的好意，却提了另外一个要求：归还被俘虏的温彦博（温大雅的弟弟，后来做了大唐的中书令）。

李世民并不是为了收买人心，他常年跟随李渊，深知中原和突厥打交道的奥妙。如果他接受了战马，需要给突厥人赏赐一批钱财不说，还会让突厥人觉得你需要战马，这就暴露了唐朝的弱点，李世民无法接受这样的局面。

其后的数年，李世民除了稳定朝政，休养生息，就是和军中将领练习骑马、射箭，提高唐军骑兵的战斗能力。对李世民来说，不管是家族曾经受过的屈辱，还是一统江山的雄心壮志，都是驱使他镇压东突厥的动力。

说白了，厉兵秣马，只为和突厥人的生死之战。

政变之后：排排坐，分果果

在李世民的眼里，突厥人虽然强悍，却只是纸老虎一个，真正的心腹之患，其实是隐藏在朝中的危机。玄武门之变是完美的，李世民几乎是以最小的代价坐上了皇位，而且太子府和齐王府的人都变成了他的打工仔。

问题是，这帮人心里是怎么想的，李世民还是摸不透啊！他们表面上投靠了李世民，可心里也在害怕李世民会找他们秋后算账，再者说，老爹还活着，谁又能保证他们不会来个绝地大反击？至于李建成的党羽，李世民更没法控制。

李世民很聪明，可他能想到的办法也就是先安抚，再观察。

当时，朝野的政治势力至少分为四派：

第一派：秦王府的旧臣。

文臣：房玄龄、杜如晦、长孙无忌、宇文士及、高士廉、虞世南、唐俭、刘政会。

武将：尉迟敬德、秦叔宝、程咬金、长孙顺德、李孝恭、段志玄、刘弘基、殷开山、柴绍、屈突通、侯君集、张公谨、张亮。

第二派：李渊的旧臣。

文臣：裴寂、萧瑀、封德彝、陈叔达。

武将：张平高、李高迁等人。

裴寂是老皇帝的粉丝。萧瑀对两府的态度基本上做到了不偏不倚。封德彝就是个老油条，至少李世民觉得他是秦王府的人。陈叔达比较偏爱李世民。总而言之，除了裴寂，其他人的政治立场没有太大的问题，李世民还可以接受。

问题在于，他们是门阀士族的中坚人物，武德朝的既得利益者，这可不符合李世民的政治期望啊。这帮老头子的治国的理念，还是以保守循旧为主，比如人才的选拔，希望按照老一套，以贵族子弟为主，寒门人才什么的必须靠边站，就这一条，李世民就不可能接受。

第三派：太子府和齐王府的旧臣。

文臣：魏徵、王珪、韦挺。

武将：冯立、薛万彻、谢叔方、冯诩、李思行。

这些人都是千里挑一的人才，李建成倒台之前，他们是朝廷的政治新贵，地位要比房玄龄、杜如晦等人高。然而，老板倒台之后，这帮人沦为李世民的备用人才，只能看秦王府旧臣的脸色过活。

第四派：态度中立的大神。

比如李靖和李世勣。这两位兄弟不喜欢参加集体活动，也不搞政治站队，凡是对天下百姓有利的事，他们举双手赞成；凡是违背道义和做人原则的，他们坚决不做。据史料记载，玄武门之变的前夕，李世民曾经拜访过这两位大神，希望他们能够鼎力相助，可怜的李世民，说尽好话之后还是惨遭了拒绝。不过，李世民就是个特立独行的人，别人越是傲娇，他就越看得起他们。

武德九年（626）九月二十四日，李世民传旨，命所有的重臣齐聚太子宫，大家伙儿一起开个会，会议的主题就是：论功行赏。

会议开始之前，李世民先做了一个开场白：“各位爱卿啊，你们都是大唐的功臣，有些人是太原的元谋功臣，有些人是半路投奔，还有一些是朕做了皇帝之后才归顺。不过，今天不讲这些排资论辈的事儿，你们大家畅所欲言，把自己曾经的功劳说出来，大家集体商议，看该怎么给你封赏。”

比如尉迟敬德可以这样说：陛下，你之前打王世充的时候，差点就被单雄信挑落下马，多亏我及时搭救，这才留下一条性命。这种时候，不用怕张狂，也不用怕得罪皇帝，如果你脸皮厚，还可以夸大其词。

有趣的是，这帮人居然腼腆了，大家你看看我，我看看你，都不好意思在别人的面前吹牛皮。李世民：“好，那朕就先宣布一个方案吧！”

实封一千五百户者：裴寂。

实封一千三百户者：长孙无忌、王君廓、尉迟敬德、房玄龄、杜如晦。

实封一千二百户者：长孙顺德、柴绍、罗艺、李孝恭。

实封一千户者：侯君集、张公谨、刘师立。

实封九百户者：李世勣、刘弘基。

实封七百户者：高士廉、宇文士及、秦叔宝、程知节。

实封六百户者：安兴贵、安修仁、唐俭、窦轨、屈突通、萧瑀、封德彝、刘义节。

实封四百户者：钱九陇、樊世兴、公孙武达、李孟常、段志玄、庞卿恽、张亮、李药师、杜淹、元仲文。

实封三百户者：张长逊、张平高、李安远、李子和、秦行师、马三宝。

这份名单是李世民亲手拟定的，堪比后世科举考试的金榜。

别看这帮武将打起仗来毫不惜命，一副天不怕地不怕的模样，当他们面对李世民的江湖地位排行榜时，一个个翘首以盼，望眼欲穿，都希望自己能成为天子的座上宾，最好还能占个靠前的位置。

李世民："你们自己先看看，有谁不服的，可以提出来嘛！"

淮南王李神通傻眼了，排行榜上压根就没有他啊！李神通第一个表示不服："陛下，太上皇起兵的时候，我举起义旗遥相呼应，算得上功臣吧？如今，房玄龄、杜如晦这些文臣居然爬到俺们的头上，这是何道理啊？"

李世民呵呵一笑："叔父啊，你首举义旗是不假，可你那是看到唐军打到长安，这才举起义旗的。后来，朝廷派你去河北对付窦建德，你却被人家活捉了。打刘黑闼的时候，你又望风而逃。房玄龄他们是谋士，你是李氏宗族，就不要和他们比了。总之，朕不会因为你的地位高就特别封赏的！"

此言一出，李神通几乎是颜面扫地、无地自容，恨不能找个地洞钻进去。臭小子，我好歹也是你的长辈，说话就不能留点儿情面？

李世民表示，这情面确实没法给，几十个大老粗都看着呢，必须借叔父的颜面封堵别人的口啊。李世民："还有谁不服气吗？"

众人异口同声地说道："臣等没有任何异议。"

房玄龄："陛下，东宫还有许多人都立了功劳，可是到现在，朝廷也没给他们升职加薪，反而先起用了前太子府和齐王府的旧臣，底下的怨言很多啊！”

李世民：“身为君主，就要大公无私。朕和你们一样，吃穿用度全部来自百姓，选择官员自然也要择才以贤，怎么能讨论先来后到呢？你们只关注先后，不关注人才是否贤能，这岂是为政之道？”

据史料记载，李世民批判完叔父李神通，又怼了首席谋臣房玄龄一顿之后，朝臣们这才闭口不言，贞观朝排排坐分果果的游戏也暂时告一段落。

看得出来，李世民的封赏还是有几大原则的。

原则一：以安抚老爹的旧臣为主，李世民虽然很想打压他们，可老爹毕竟还在，这份面子还是要给的。

原则二：奖励玄武门之变的功臣。

原则三：安抚在地方上执掌军政大权的人，比如王君廓、安兴贵等人。

原则四：照顾太子府旧臣的情绪。不管怎么说，收人家做了属下，自然要给几块糖吃，不然人家怎么认可你？有趣的是，李世民对太子府的态度是拉拢武将为主，安抚幕僚为辅，并不是无条件地讨好。比如魏征，虽然是太子府的首席幕僚，可到了李世民的麾下，还是得从头干起。

不得不说，李世民是一位绝顶聪明的政治家，像他这样的人，政治智慧是天生的，几乎不需要科班培训就能上岗就业。尤其在驾驭人心，统领群雄方面，李世民堪称不世出的老油条，许多做了一辈子皇帝的人都望尘莫及。

李世民三定李建成谥号：无情的帝王，深情的兄弟

李世民先是给了一堆香甜可口的胡萝卜，随后又追加了几个大棒槌，文武百官便乖乖地闭上了嘴。搞定了朝臣之后，李世民就得面对李建成和李元吉了。

李世民是政治家，他的任务是将所有的竞争对手都铲除。问题是，李世民是李渊的儿子，也是李建成和李元吉的兄弟，他必须要考虑民间的舆论。

想想看，老百姓守着自家产业，过着平凡的日子，他们的心里可没有成王败寇的价值观，也没有所谓的政治大局观。在老百姓的眼里，父慈子孝、家庭和睦才是社会的伦理规则，李世民想要让老百姓心服口服，总得做出表率吧？

因此，历史上的许多帝王在谋权篡位，弑杀父兄之后，都要想尽办法减少政变后的负面舆论。不管怎么说，玄武门之变都是非法的军事政变，亲兄弟惨死在自己手里，后人该如何评价李世民的品德？又该如何评价李世民的玄武门之变？李世民又该如何面对自己的良知？

武德九年（626）十月，李世民下诏：追封故太子李建成为息王，谥曰隐；齐王李元吉为剌王。

谥号是中国古代的皇帝、达官显贵去世之后，后人根据他一生的功过是非，按照古代的礼仪制度给予的评价，说白了，就是对此人的盖棺定论。

隋炀帝的谥号是“炀”，由唐高祖李渊议定，意思是逆天虐民、好大殆政、薄情寡义、离德荒国。不过，隋炀帝的孙子，越王杨侗给出的谥号是“明”，比如汉明帝刘庄、魏明帝曹睿都是这样的谥号。窦建德给的谥号是“闵”，意思是慈仁不寿，对隋炀帝的评价也很正面。

再来看李建成的谥号。

历史证明，司马光在这里可能搞了个乌龙。因为李建成的谥号“隐”并不是在此时定下来的，而是在贞观二年（贞观二年（628））三月才最终敲定。

考古学家已经在西安发现了李建成的墓志，按照一般公侯将相的墓志规矩，其中必须详细记载死者的谥号、死亡时间、下葬时间、地点，以及死者生前的功德和功绩。然而，李建成的墓志仅有五十五个字，记载他于武德九年（626）六月初四去世，贞观二年（628）正月十三日下葬在长安县的高阳原，至于李建成生前的功绩，只字未提。

根据《唐会要》的记载，“贞观二年三月，有司奏谥息王为戾，上令改谥议。杜淹奏改为灵，又不许”。也就是说，贞观二年（628）正月十三日，李建成被正式下葬。至于李建成的谥号，其实有两种可能，第一种是没有谥号，因为当时还没有议定此事，第二种是有谥号，至于是什么字，谁也不知道（可能性小）。

贞观二年（628）三月，李世民下诏，命有关部门议定李建成的谥号。

第一版方案：将李建成的谥号定为“戾”。

“戾”，指的是不悔前过、知过不改，汉武帝的太子刘据被杀之后，有关部门将刘据的谥号议定为“戾”。汉武帝虽然痛失爱子，但是对他起兵造反一事始终耿耿于怀，给这样的谥号也可以理解。

对李世民来说，李建成其实是被动受害的一方，用不悔前过来形容他，确实有点儿驴唇不对马嘴。更何况，“戾”字有暴戾的意思，用这样的谥号给李建成盖棺定论，有点儿伤害太子府旧臣的感情啊。

李世民：“你们再议一议吧！”

于是，杜淹提了第二版方案：将李建成的谥号定为“灵”。

根据出土的墓碑资料显示，李建成的谥号应该是被人改过。可以肯定，刻上“隐”字之前，墓碑上已经有了一个谥号，按照考古学家的说法，工匠将先前的字迹刮平之后，重新刻上了“隐”字，而先前的字就是“灵”！

李世民为什么会同意“灵”这个谥号呢？

按照谥法，“灵”的解释其实有很多，既有正面的，也有负面的，李世民究竟是按照什么来解释的，谁也不知道。

不过可以肯定，和“戾”字相比，“灵”字已经属于手下留情，至少可以这样说，李建成的一生是功过参半！这样的说法，不管对太子府的旧臣，还是李世民自己，其实都可以接受。

然而，贞观二年（628）三月，李世民再一次否认了“灵”这个谥号。

第三版方案：将李建成的谥号定为“隐”。

“隐”和“灵”一样，既有正面评价，也有负面评价，李世民没有明说是哪一种，谁也不知道他的本意。不过，历史上倒是有个先例可以参考。

春秋时期，鲁国的国君鲁惠公去世，下令将王位传给太子姬允。当时，姬允还是个小屁孩，根本没有能力处理国政，鲁国的大臣们商议之下，决定推举长子姬息为国君，此人成熟懂事，性格温和谦让，确实是个完美的继承人。

面对大臣的推举，姬息也不好推辞。不过，姬息上位的时候撂下了一句话：他只是临时工，等弟弟姬允长大之后，他就宣布退休，交出鲁国的控制权。

随后的十多年，姬息带着朝臣们勤勤恳恳，把鲁国治理得井井有条，百姓安居乐业，国家富足昌盛，很有盛世的气象。当时，鲁国的宗室羽父找到姬息，说道：“陛下啊，在您的带领下，咱们的日子过得倍儿棒！不过，眼看着姬允就要长大成人，您得提前想好后路啊。”

姬息：“啥后路呢？”

羽父：“以臣的意思，您得弄死这个弟弟，自己的王位才能坐的长久！”

羽父并不是无欲无求的圣诞老人，他向姬息表忠心，目的只有一个：做鲁国的太宰（首席宰相）！遗憾的是，姬息直接拒绝了，他的意思很明确：自己就是代理国君，这是早就说好的，等弟弟成人，他就宣布退休！

姬息并不是逢场作戏，而是真这样想的。

谁料想，羽父开始颤抖了，按照这个态势发展下去，如果姬允做了国王，自己今天的这番话岂不是要落个杀头之罪？羽父为了自保，转头就找到了姬允，声称他的哥哥打算继续霸占着王位，还打算弄死姬允。

好人永远斗不过坏人，没准备的人永远斗不过磨刀霍霍的人。随后，姬允便和羽父联手，设下计谋杀死了哥哥姬息。姬允做了国王之后，给哥哥姬息定下的谥号就是“隐”，关于这段历史，《春秋》也是讳莫如深。

事实上，李建成和李世民的恩怨，很像当年的姬息和姬允。比如，同样是弟弟发动武力政变，杀了有能耐的哥哥；比如，弟弟为了掩人耳目，想尽办法遮掩此事，可又不愿意把哥哥打入十八层地狱；比如，谥号同样是“隐”，而且李世民给李建成封号是“息”，这与姬息的名字又是不谋而合！

总而言之，李世民认可李建成的功劳和能力，但是又不能说得太明显，所以只能以鲁隐公姬息作为榜样，为李建成改换了新的谥号。“隐”字说的其实是功败垂成，其位不终的意思，看得出来，李世民也为李建成感到惋惜。

谥号都说清楚了，可时间还是有问题啊。

如果贞观二年（628）三月开始议定李建成的谥号，朝臣一连提了三个方案，那如何解释李建成下葬时，墓碑上先有“灵”字的问题呢？

如果所料不错，玄武门之变后，李世民为了宣扬自己的合法性，宣布李建成和李元吉是罪魁祸首，因此第一个谥号定的是“戾”。政局稳定之后，李世民开始直面自己的内心，他觉得抢夺太子之位在先，发动玄武门之变在后，自己总归是理亏的，因此想还大哥一个稍微公平的谥号。

贞观二年（628）正月十三日，李世民宣布以高规格的礼仪重新下葬李建成，并采纳了杜淹的谥号“灵”。直到此时，李世民的内心还在纠结，因为“灵”这个字虽然比“戾”稍微好点儿，可他总觉得还是差点儿意思。

贞观二年（628）三月，李世民重新定下了新的谥号“隐”，并派人前往高阳原，用刀将李建成墓志上的谥号刮去，在原有字迹上重新刻了“隐”字。

如果是这样，其实就能解释后面的故事了。

据史料记载，李建成和李元吉下葬的那天，李世民特地下诏：原太子府和齐王府的部属，不管是不是归顺了朝廷，都可以去给他们的旧主送行。

朝臣们离开之后，李世民独自一人来到了东宫的宜秋门。

时隔玄武门政变已经有两年之久，可他永远也忘不了，自己亲手掏出弓箭射杀李建成，随后又看着尉迟敬德割下李元吉脑袋的血腥场面。

玄武门之变，李世民确实坑了兄弟们，可是作为普通人，李世民对自己手刃亲人的残酷和血腥饱含着愧疚之情。回想起兄弟们一起创业的诸多往事，李世民黯然神伤，悲痛欲绝，因此在宜秋门痛痛快快地哭了一场。

时隔千年，我们不应该把李世民的痛苦哀号当作政治表演，当时文武大臣都不在，宜秋门又是东宫的僻静之所，李世民要做给谁看呢?

贞观十三年（639），李世民下诏，将赵王李福（十三子）过继给李建成，将曹王李明（十四子，李世民和李元吉的杨妃所生）过继给李元吉。贞观十六年（642），李世民再次下诏，追封息王李建成为皇太子，追封海陵郡王李元吉为巢王。

玄武门之变是李世民一辈子的伤疤，当我们看到政治斗争的血腥，鄙视李世民残酷性格的时候，也需要走进这位帝位的内心深处。数十年的时间，李世民都在想办法去弥补自己的愧疚。李建成谥号的变化，说明李世民在政变后一直在权衡大哥的政治地位，他不想否认自己的合法性，却也不想彻底摧毁李建成的历史形象，因此只好在模棱两可的态度中，给世人留下无尽的猜想空间。

古往今来，许多帝王都不会给死于内斗的皇族兄弟公正的待遇，反而是他的后代子孙回头追封爵位，或者为叔祖们翻案。然而，贞观十六年（642）的一纸诏书，李世民直面现实，用实际行动给玄武门之变做出了盖棺定论。

身为帝王，李世民是铁血无情，更是孤独的。身为凡人，李世民的内心依旧是饱含亲情的，值得所有人尊敬的。

裴寂：出来混，总是要还的

自古以来，开国大帝都是什么形象？

霸道！横行无忌！因为他是帝国的创始人，有资本横着走路。

说一不二的权威！能够带团队杀出一条血路，想没有威严都不行。

主宰生死的阎王爷！不用太多解释，看朱元璋就行了。

其实还有一条：属下多如牛毛。不管怎么说，开国大帝都是国家一把手，群臣不跟着他混，能有什么前途？遗憾的是，唐朝还真不是这样的！

看看李渊，起兵的时候，朝臣天天围着他转，可李渊性格懒散啊，再加上太过信任两个儿子，于是大手一挥，你们也别围着我转了，去跟着老大和老二建功立业吧！路上招揽了很多人才是吧，对不起，总部不接收新员工了，你们去找李世民吧，或者李建成也行！我的就是儿子的，儿子的就是我的！

事实证明，李渊还是失策了。古往今来，不管文臣还是武将，都有一颗追逐名利的心思，能给他们名利的，恰好是掌握游戏规则的人。

事实上，李渊就是级别最高的游戏规则制定者，可他却甘愿做个看客，整日和裴寂、萧瑀这帮人聊天八卦，不愿意亲近后起之秀。武德一朝，几乎很少看到李渊提拔人才，想想看，你不愿意拉拢这帮人，别人凭什么依附你？

就拿刘文静来说，他自己的定位就是李渊的嫡系，看到裴寂的地位比他高，刘文静醋意大发，以至于不顾政治家的颜面，在李渊面前和裴寂强行开撕。然而，李渊却因为私情偏袒裴寂，最终让刘文静获得了不公平的待遇，其他人不禁会想，连刘文静都没有好下场，他们跟着李渊还有机会吗？

事实上，李渊混到最后，身边只有裴寂、萧瑀、封德彝、陈叔达等人，这不能不说是他的失败。说白了，这几个人选择站队李渊，又在太子府和秦王府之间左右摇摆，政治立场很成问题，李世民做了皇帝，自然得找机会对付他们。

先说说裴寂吧。

想当初，裴寂自告奋勇，想要前往太原平叛，结果大军还没到达目的地，就被宋金刚等人打得抬不起头来。为了遏制宋金刚的攻势，裴寂焚烧了黄河沿岸老百姓的口粮，差一点引发了河东地区大规模的暴乱。

李渊鄙视了裴寂一顿，随后让他继续在河东晃悠，找机会建功立业。随后，夏县农民吕崇茂造反，裴寂为了找回场子，开始找吕崇茂的晦气，悲剧的是，裴寂居然连一个种地的老百姓也打不过，最后只能灰溜溜逃回长安。

李渊为了安抚朝中大臣的情绪，将裴寂狠狠地羞辱了一顿，随后将他打入大牢，可没过几天，裴寂就堂而皇之地走了出来，至于皇帝的恩宠，似乎比兵败之前更加令人眼红啊！

武德四年（621），麟州刺史韦云起上了一道奏折，控告裴寂有谋反的嫌疑。李渊呵呵一笑，责令有关部门按程序调查，最终的结论就是此事纯属诬告。

李渊事后对裴寂说出了心里话："裴爱卿啊，朕能夺取天下，都是你的功劳啊，你又如何会对朕怀有二心呢，朕之所以将你交付给有关部门调查，是让天下人都相信你不会谋反啊。"

据史料记载，李渊怕裴寂心里不舒服，特意派了三位贵妃为特使，让她们带着金银珠宝，还有各样的珍馐美味前往裴寂的家中宴饮，可以说给足了裴寂的面子！后来，李渊下令改铸新的钱币，给齐王李元吉、秦王李世民分别赐了三座造钱的炉子，特意给裴寂也送了一个！不仅如此，李渊还让赵王李元景娶了裴寂的女儿为妻，两家结为亲家。

问题是，李渊真的是因为喜欢裴寂，才会干出令人瞠目结舌的事儿吗？《旧唐书》里面记载，李渊曾经对裴寂说过，说他出身名门世家，长辈们都在朝中身居要职，而且还说西汉的萧何、曹参也比不了裴寂。

说白了，李渊想拉拢的不是裴寂，而是以裴寂为代表的河东门阀士族。

无独有偶，萧瑀出身兰陵萧氏，是江南南梁皇室的后裔。除此之外，萧瑀还是楚地后梁皇室的代表，萧瑀的存在，其实就代表了楚地在朝野的政治地位。

封德彝的老爹是北齐的太子太保，老妈是范阳卢氏，老婆是河东杨氏，杨素的堂妹。他的存在，其实代表了河北、山东等地在朝野的政治地位。

至于陈叔达，南陈皇室成员，几乎代表了整个江南的政治形象。

想通了这一切，就能明白李渊为什么要把这几个超级大佬留在身边，这是收买人心的政治手段，也是李唐拉拢门阀士族的国策。

千百年来，世人总觉得李渊是碌碌无为之辈，在政治上毫无建树可言，在个人魅力上也乏善可陈。殊不知，隋唐交替时代，不管是人口、经济，还是社会伦理、信仰，都是中国历史上少有的低迷状态。

李渊，其实扮演了西汉时期的文、景皇帝的身份，能打的仗，一律先不打，可能的皇朝内斗，一律先摁下来，一切以稳定和发展为主。不管怎么说，李世民做皇帝之后，几乎还是延续了这样的治国思路，直到国力全面复苏。

治国思路是一致的，可执政的策略却大相径庭。说白了，都是打群架，究竟是用白面书生上场，还是用地痞流氓上场，父子俩癖好不一样。

李渊的理念是团结门阀士族，李世民的执政理念是打压门阀氏族，提拔寒门的人才，父子俩在人才的选拔和任用方面一定会形成原则性的冲突。

好了，还是说回裴寂吧。

按理说，能够让皇帝另眼相看，实在是人生的一大幸事吧？遗憾的是，裴寂并不这么看，李渊对他越好，给他的地位越高，裴寂越是心惊肉跳，他总感觉背后凉飕飕的，李唐刚刚建国，裴寂就生了退意。

武德六年（623），李渊下诏，封裴寂为尚书左仆射，并在太极宫摆宴庆祝。裴寂趁机说道："陛下啊，当初在太原起兵的时候，臣就和陛下约定好了，等陛下夺取天下，臣就辞官归田，如今天下安宁，臣也该告老还乡了！请陛下恩准。"

此时，裴寂年仅 50 岁，正好是政治家的巅峰时期，裴寂说出了退休归田的请求，那只能说明一个问题：裴寂遇到麻烦了，而且是个大麻烦。

据史料记载，李渊的心里很不是个滋味儿，他极力挽留裴寂，君臣之间到底说了什么话，做了什么君子协定，谁也不知道，但是可以肯定，裴寂最终答应留下来了。随后的三年时间里，李渊再也没有封赏裴寂什么，一直到武德九年（626），李渊才给裴寂加了个司空的头衔，另外赏了五百个封户。

武德九年（626）九月，李世民搞了个排排坐分果果的游戏，裴寂虽然没有尺寸之功，却被赐实食邑一千五百户，高居所有大臣之首。

李世民的政变虽然成功了，可李渊毕竟还在，随后的一段时间，李世民的原则是保持低调，不和老爹闹矛盾，对武德旧臣也是客客气气。

贞观二年（628），李世民前往长安的南郊祭祀，让裴寂和长孙无忌一同前去，还让他们乘御辇同行。所谓的御辇，虽然是皇帝的普通座驾，可毕竟是皇帝身份的象征，平日里谁要是敢摸一下皇帝的御辇，那就得落一个大不敬的罪名，能够爬上去体验一下，实在是祖坟上冒了青烟呀。

裴寂思来想去，觉得做人还是不能太高调，于是委婉地拒绝道："陛下啊，微臣没有尺寸之功，哪有资格坐您的御辇啊！"

李世民呵呵一笑："裴爱卿，你辅佐太上皇建立了大唐，而长孙无忌一直跟随在朕的身旁，能和朕一同乘车的，除了你们还能有谁？"

皇帝都这么说了，裴寂也不好意思再矫情。

事实证明，皇帝的专车真的不是啥好东西，裴寂坐在上面，汗流浃背、如坐针毡，可谓是生不如死。每当李世民热情似火，裴寂背后就凉飕飕的。

去南郊的路上，裴寂回想起当年他和刘文静在李渊面前争宠，最终导致刘文静被杀的事儿。不管怎么说，裴寂是李渊的旧臣，刘文静才是李世民的好朋友。想当年，李渊想要诛杀刘文静，李世民却拼死力保，就在李渊犹豫未定的时候，裴寂给刘文静上了一款眼药，最终迫使李渊下达了对刘文静的诛杀令。

三十年河东，三十年河西，如今轮到李世民做皇帝，裴寂感觉自己的好日子马上就要到头了。事实上，裴寂的担心很快就变成了现实。

贞观三年（629）正月，一个名为法雅的和尚在长安城引起了不小的风波。

据史料记载，法雅和尚是李渊的座上宾，可以随时出入太极宫。事实上，李世民也知道此人的存在，他以为李渊做了太上皇，日子可能会过得很无趣，想找几个和尚道士聊聊天，因此也就没有在意。

谁料想，法雅和尚在太极宫待的时间长了，居然听说了不少前朝旧事、当朝秘闻，法雅也知道这些事儿不能往外说，可他毕竟是个凡人啊，掌握了宫廷的八卦新闻，却不能一吐为快，这是何等的痛苦啊！法雅和尚犹豫了一段时间，最终还是决定将宫禁的秘事说出去，以此彰显自己的通天本事。

李世民得知此事，立即下令回收了法雅和尚的腰牌。

令人没想到的是，法雅和尚居然心生怨恨，将肚子里的存货全都抖了出来。至于说了哪些秘闻，谁也不知道。总而言之，李世民非常生气，他下旨让兵部尚书杜如晦亲自审理此案。据史料记载，审问的结果很快就出来了：法雅和尚一口咬定，是裴寂让他乱说话的。

这可真是人在家中坐，锅从天上来啊。

裴寂表示，自己确实和法雅和尚有过一些交集，可他毕竟是李唐的重臣，让一个和尚妖言惑众、诋毁朝廷算哪门子回事儿？难道谣言可以杀死别人吗？裴寂觉得自己很冤枉，因此极力在李世民的面前辩解。

遗憾的是，李世民不想和裴寂讲道理，因为他是皇帝，不需要讲道理。李世民也不想和裴寂讲旧情，因为两人没有私交，全都是旧怨。李世民也不想和裴寂讲政治利益，因为裴寂属于门阀士族，属于李世民重点打击的对象。

李世民："裴爱卿，啥也别说了！既然出了这种事儿，朕也不好袒护啊，朕决定罢免你的所有官职，夺去你一半的封邑，你尽快回蒲州养老去吧。"

裴寂似乎心有不甘，问了一句："陛下，臣能否留在长安？"

李世民蒙了，你裴寂好歹也是一位政治家，居然还不明白眼前的状况？给你台阶，你自己不会自己下，还敢违逆我的意思？

直到此时，李世民的小宇宙终于爆发了："裴寂！扪心自问，你的功劳、才学和你如今的地位匹配吗？你能有今日的地位，全都是太上皇宠幸你的缘故。武德年间，贪污受贿的现象屡禁不止，朝廷政务极其紊乱，你应该为此负责。朕念你是开国旧臣，不想依法处置你，让你回归故里，你还有什么不满意的？"

话说到这个地步，裴寂如果再听不懂，未免就有些愚蠢了。君臣谈话结束之后，裴寂便赶回家收拾东西，打算返回蒲州安享晚年去了。

天下人都知道，裴寂是李渊的入室亲信，炮轰裴寂，其实就是公开打李渊的脸面，李世民能不懂这个道理？李世民既然这样做，肯定有他的道理。

据史料记载，李世民罢免裴寂的官职之后，李渊就表态了："二郎啊！朕是太上皇，住在太极宫总归不太合适，朕决定搬到弘义宫，把太极宫留给你！"

太极宫是七星级的总统套房，弘义宫是五星级的亲王宾馆，住宿条件和服务质量下降了好几个档次，李渊的心里能舒服吗？可是没办法啊，人家李世民才是皇帝，让他带着满朝文武在太子宫办公，这算哪门子事儿？

古话说得好，名不正则言不顺，李世民既然是皇帝，就应该住在太极宫，如果让他住在太子宫，外人肯定会猜想，李世民的皇位是不是得来不正？

李渊是个精明的政治家，一生都懂得蛰伏待机、隐忍求生，为何被赶下皇位之后，还敢觍着脸继续霸占太极宫？如果说李世民是个孝子，不敢动李渊动粗，未免就有些侮辱老铁们的智商了。前面已经说过，李渊的底气就在于，玄武门之变，李世民是理亏的一方，李渊就是想要证明这一点！

武德九年（626）—贞观二年（628），李世民选择居住在太子宫，算是向老爹低头认了错，可老爹始终没有搬出太极宫的意思，李世民也开始着急了。如果继续在太子宫住下去，世人会怎么看待李世民的政权？总不能说，贞观朝就是一个笑话吧？

李渊也明白了，父子之间的斗气也得有个期限，如果要给这个期限规定个时间，那就是两年！形势已经很明朗，老二想借着裴寂的事情，逼迫他交出太极宫的居住权，彻底完成皇权的交接。历史证明，此事过后，李世民虽然继续打压裴寂，可不再是要死要活，至于对老爹的态度，也开始变得温和起来。

还是说说裴寂吧。

据史料记载，裴寂回到老家后，做起了资深的宅男。河东的官员来拜访？一律谢绝！七大姑八大姨来拜访？一律不见！门人后生来拜访？滚一边儿玩去！裴寂表示，上门的都是麻烦，他只想离麻烦远远的，仅此而已。

遗憾的是，裴寂最怕的麻烦还是找上门来了。当时，蒲州有个叫信行的精神病患者，此人没事就喜欢跑到裴府，和裴寂的门童胡侃八卦，他最喜欢说的一句话就是：

“我看你们家裴公是个有天命的人啊！”

没过多久，这个精神病患者就莫名其妙地死了，看大门的也许是想找裴寂邀功请赏，于是将信行的话转达给了他。

裴寂：“知道了，你先下去吧！”

裴寂开始有点心神不宁了，想想看，长安城的风波刚刚平息下来，蒲州又出现了这样离奇的言论，这是冥冥之中的巧合，还是有人故意在使坏？老天爷可以证明，裴寂确实没心思造反，也没胆量造反，他只想自保求生。

裴寂不敢将此事奏报给朝廷，本能告诉他，想要让这件事情平息下来，只能让所有的知情人都灰飞烟灭，俗称杀人灭口！彼时，精神病患者已经去世，为了保险起见，裴寂找来了亲信恭命，命他去杀掉这个看大门的。

谁料想，恭命居然违背了裴寂的命令，将看大门的给放了。

在裴寂的眼里，杀个门子只是小事一桩，恭命应该可以做好，因此事情安排下去之后，裴寂没有再过问此事。过了一段时间，裴寂让恭命去找封邑的老百姓收租子，谁料想，恭命这小子将收来的粮食全部卖成钱财，然后挥霍一空了！

裴寂得知此事，暴跳如雷，扬言要把恭命扭送给官府治罪。

不得不说，恭命做人确实不太讲究，见利忘义、出卖主人，堪称是古往今来的标准小人。身为裴寂的亲信，就应该有听命行事的政治觉悟，坑老板一把是做人的本分，坑老板两把是额外的福利，坑老板三把，那就是丧心病狂啊！

面对官府的审问，恭命坦白承认，自己确实背叛了老板，可为了换取生机，恭命爆出了裴寂的小秘密：裴寂的门童说他是天命所归，裴寂本人也知道此事，可他却隐匿情报，还暗地里杀了门童，裴寂居心叵测啊！

长安方面很快就知道了蒲州的闹剧。李世民本来就想收拾裴寂，这件事无疑给了他绝佳的口实，李世民很快就做出批示，判罚裴寂犯了四条大罪：

罪名一：身居朝廷的三公，却私下和妖人往来。

罪名二：事发之后，大发不满言论，声称国家之兴是其所谋。

罪名三：隐匿妖人之言而不奏。

罪名四：杀人灭口。

李世民对臣僚们说道：“裴寂的重罪，朕即便赐他死罪也不为过，但是考虑到他确实对朝廷有功，就免除他的死罪，发配静州吧！”

静州，位于现在的四川广元市旺苍区，那地方气候潮湿炎热，疫病滋生，对裴寂这种北方人来说，犹如天堂进入地狱，就算有幸不死，也只能留下半条命。

老人们都说，人如果走了霉运，喝凉水都能塞牙，放屁都能蹦到脚后跟，确实是至理名言啊。瞧瞧裴寂，到达静州没多久，当地的羌人就造反了！这还不算什么，部分朝臣开始给李世民递奏折，声称羌人谋反，无非是想拥立裴寂为主，搞自己的独立王国，说不定此事就是裴寂指使的！

很明显，这是朝臣为了迎合李世民，故意找裴寂的晦气。事实上，李世民很想打压裴寂，有私怨，也有政治考虑，可裴寂毕竟是老爹的心腹，又是李唐的开国重臣，也不能对他太过分啊！更何况，裴寂就算是蠢蛋，也不至于干出背叛朝廷的事儿，判处他谋反之罪，有点太欺负人了。

李世民态度坚决：“朕不相信裴寂会造反。”

事实证明，裴寂不仅没有参加暴动，还组织人力平息了羌人的叛乱。

贞观三年（629），李世民下了一道特旨，让裴寂返回长安休养。遗憾的是，裴寂已经被折腾得不成人样，回长安之后没多久就一命呜呼。李世民随后下诏，追封他为相州刺史、工部尚书、河东郡公，算是全了他的身后之事。

关于李世民和裴寂的恩怨，说到这里其实已经很明白了。

登基之初，李世民想要安抚和讨好李渊，因此一直善待裴寂等元老重臣。可是到了后来，李渊继续霸占太极宫，让李世民的政权非常被动，李世民便借着打压裴寂的机会，正式向李渊提出交换条件。

法雅和尚的供词，李世民睁一只眼，闭一只眼。以李世民的英明，他岂能不知道这是有朝臣暗中指使，想要找裴寂的麻烦？不过，朝臣们干的事儿正好符合李世民的政治诉求，他也就顺水推舟罢了。

至于蒲州的事情，裴寂知道有人在找他的晦气，如果将此事上报给朝廷，不正好中了人家的圈套？裴寂选择杀人灭口，完全是人之常情，至于被亲信常恭出卖，实在是出乎裴寂的预料！事实上，李世民也猜出了蒲州事件的隐情，他拒绝相信裴寂谋反的供词，最终将裴寂发配到静州，算是对天下人有了交代。

裴寂到达静州之后，对手直接跳出来诬陷裴寂要造反，这次就连李世民也看不下去了，直接命他们不要胡闹，这才制止了贞观初年对裴寂的政治斗争。

李世民害怕这群猪队友损毁他的英名啊。

封德彝和萧瑀：一个皮里阳秋，一个心直口快

说完了裴寂，再来说说封德彝和萧瑀。

封德彝，本名封伦，字德彝。爷爷是北齐的太子太保封隆之，老爸是隋朝的通州刺史封子绣，老妈出身范阳卢氏，家族非常显赫。

杨坚开国之后，封德彝投奔到杨素的门下，谋了个秘书的工作机会。有一次，杨素找封德彝谈话，封德彝也许是兴奋过了头，结果屁颠屁颠一头栽进了小水沟里。幸运的是，某位路人甲将他救了起来。

这本来是一件很小的事，封德彝也没和杨素提起，可后来杨素知道后，专门找封德彝问了此事："小封啊，上一次落水，你怎么不和我说呢？"

封德彝气定神闲："因为这是臣的私事，所以没说。"

杨素招揽了不少能人异士，也算得上阅人无数，可看到封德彝的淡定表现，心里还是很惊奇。想想看，一个23岁的年轻人竟然有如此厉害的涵养功夫，以后肯定有发展前途啊。此事过后，杨素开始对封德彝另眼相看，时常和他谈论政事，终日不觉疲倦，还将堂妹嫁给了他。

隋开皇十五年（595），在杨素的大力举荐下，年仅27岁的封德彝做了内史舍人。有趣的是，在此后的十多年时间，封德彝在仕途上是几乎毫无寸进，一直到隋朝末年，封德彝傍上内史侍郎虞世基，仕途这才有些起色。

据史料记载，虞世基资质平庸，毫无主政之才，可就是得隋炀帝的喜欢。封德彝看到领导不给力，心里也很着急，为了自己的前程着想，封德彝向虞世基表了忠心，还给他提了个可行性非常高的建议：将皇帝身边有才华的人全都赶出朝廷，然后投皇

帝的所好，专挑好听的话讲。

说白了，领导的能力属于三流水平，那就帮他把一流和二流人才全都逼走，这样领导不就是最牛的存在了？在虞世基和封德彝的联手下，隋炀帝越来越听不进逆耳忠言，隋朝的内政也开始败坏起来。

后来，宇文化及发动政变，让封德彝充当恶人，历数隋炀帝的罪过，隋炀帝却反问道："封德彝，你是个读书人，能够昧着良心说大逆不道的话吗？"

封德彝表示，自己好歹也是门阀世家的后裔，搞点儿政治斗争没问题，可是要他当着老板的面说一些无中生有的诬陷之辞，他确实做不到啊。面对隋炀帝的责问，封德彝羞愧难当，转身离开了江都宫。

武德二年（619），宇文化及被杀，封德彝和宇文士及一起跳槽到李渊的阵营。李渊表示，宇文士及是个人才，为人正直可靠，江湖的风评非常不错，他还是愿意提供职位的。至于封德彝嘛，李渊为难了，此人善于谄媚，为人不忠，把他召进公司，会把李唐的朝廷也搅得乌烟瘴气啊？

李渊思之再三，觉得李唐还在创业期，不能搞得太小家子气，因此接纳了封德彝。没过多久，李渊便将封德彝给罢官了。据史料记载，封德彝非常不服气，他找机会给李渊进献了一个"秘策"，至于是什么"秘策"，谁也不知道，不过李渊倒是龙颜大悦，封他做了内史舍人，随后又将他提拔为内史侍郎。

隋末唐初的许多重臣，骨子里的个性真的很复杂，很难去评判。就拿封德彝来说，为了保住自己的仕途，他能低声下气地谄媚，还能背负不忠不义的骂名，政客的嘴脸一览无余。然而，他们有时候干的事儿，不能不让人奉送掌声。

李世民攻打洛阳的时候，封德彝随军同行，后来洛阳久攻不下，李渊想要罢军回朝，封德彝孤身赶回长安，极力说服李渊改变了主意。

武德五年（622），突厥入侵中原，同时派遣使者求亲，李渊征询朝中重臣的意见，大部分人都认为应该答应和谈，封德彝却认为："和谈没问题，但是要先灭掉突厥人的嚣张气焰，再派人前去和谈。"

总而言之，封德彝的特长就是善于揣摩人心，能猜到领导的心里在想什么，说出的话，做出的事儿，总能让各级领导竖起大拇指。做官能到这种境界，升职加薪自然是情理之中的事。

武德八年（625），李渊将封德彝提拔为中书令，让他进入了李唐权力高层。武德九年（626），玄武门之变后，李世民将封德彝提拔为尚书右仆射，并让他进入了封赏功臣的大名单里，赐实食邑六百户。

再来说说萧瑀。

萧瑀（575—648），高祖是南梁的开国皇帝萧衍，曾祖、祖父、父亲都是梁朝的皇帝，萧瑀算是根正苗红的皇族。9岁那年，萧瑀被封为新安郡王，开挂的一生就此起步，可就在此时，隋文帝一不做二不休，派人灭了西梁政权，至于西梁的皇族，全都到长安去讨生活。

萧瑀只是小小的西梁郡王，想要靠这个不入流的身份在大隋混出名堂，实在是难比登天啊。幸运的是，萧瑀的姐姐嫁给晋王杨广做了正妻，独孤皇后又把她娘家兄弟的女儿嫁给萧瑀为妻，有了这些关系，萧瑀就好混多了。

据史料记载，隋炀帝和萧瑀的关系非常亲密，说起小舅子，那可是长得英俊潇洒，风流倜傥，至于文化水平，那更是出类拔萃。杨广做了皇帝之后，立马就提拔萧瑀做了中书侍郎，给予了很高的期望。

遗憾的是，萧瑀的性情太过刚直，藏不住心事，平日里和姐夫说话，几乎是有什么说什么，毫不顾忌姐夫的心情和面子。隋炀帝被困雁门郡的时候，萧瑀就劝他先下旨赦免高句丽的罪过，然后再安抚军心。

隋炀帝起初是答应了，可危机解除之后，又想发动对高句丽的战争。这样一来，隋炀帝就违背了在雁门郡城许下的诺言，隋炀帝的心情很不美好，于是将罪责归咎到小舅子的身上：萧瑀，就是你瞎说话，让我骑虎难下。这样吧，你去河池（今陕西省宝鸡市凤县）做太守，好好闭门思过吧。

当时，薛举起兵造反，将关中闹得鸡犬不宁，萧瑀组织老百姓奋力抵抗，力保河池不失。后来，李世民前去征伐薛举，顺便到萧瑀的家中做客。席间，李世民攀起了亲戚关系，说李渊是独孤皇后的外甥，萧瑀的妻子又是独孤皇后娘家的人，说起来，李渊和萧瑀的妻子其实是姑舅表兄妹。

有了这层关系，李世民的台词就好说多了：“表姑、姑父啊，小侄离京的时候，老爹交给我一封家书，希望您能前去长安，共商大计。”

萧瑀展开书信，嗅到了李渊的拳拳厚意，当即答应归顺唐朝，并将河池的兵马全都交给了李世民，随后和妻子启程前往长安。李渊大喜过望，在太极宫摆下宴席，款待萧瑀夫妇，并封萧瑀为宋国公、户部尚书，随后加封为内史令。

身为内史令，萧瑀的职责就是传递李渊的决策指令，可李渊有时候对他非常不满，他总觉得萧瑀做事情很拖沓，以至于朝廷的政令没能及时传达下去。

李渊：“萧爱卿啊，你干活的时候能不能积极一些？”

萧瑀：“陛下！臣做大隋臣子的时候，经常碰到内史省前后传达的旨意不一，下面的官员执行起来感到莫名其妙。考虑到陛下刚刚登基，大唐百废待兴，臣每逢陛下的诏令，都会亲自勘审，务必保证前后政令一致！”

李渊还能说什么，升职加薪啊！

玄武门政变之前，萧瑀担任尚书右仆射。

武德九年（626）七月初六，李世民封萧瑀为尚书左仆射，封德彝为尚书右仆射。唐朝以左为尊，升官称为左迁，贬官称为右迁，萧瑀是尚书左仆射，自然是封德彝的顶头上司。据史料记载，封德彝能够升任中书令，全赖萧瑀在李渊的面前替他说了好话，单凭这份提拔之功，封德彝就应该报恩。

遗憾的是，封德彝是个标准的政客，对权力和官位有着极致的追求。在封德彝的眼里，萧瑀是他的恩人不假，封德彝不会诋毁他什么，可是搞搞阴谋诡计总是可以的吧？不然，岂不是对不起这么多年职业生涯积累的政治经验？

萧瑀做事情很稳，既然封德彝是自己推荐的，自然有看重他的地方。每次在尚书省商议政事，萧瑀总会和封德彝进行充分讨论。

萧瑀：“封大人，你看长安东市怡红院的头牌姑娘秋娘，姿色怎么样？”

封德彝：“好！好！好！领导的眼光果然了得，这个秋娘不仅脸蛋长得好看，一手吹箫的绝活更让人赏心悦目啊！”

萧瑀：“嗯！既然如此，你我一同向陛下推荐这个秋娘怎么样！”

封德彝：“没毛病，您带着我一起去吧！”

就这样，两人结伴而行，打算找李世民汇报心得。

萧瑀："陛下，臣和封大人都认为，长安东市怡红院的头牌姑娘秋娘长得貌美如花，风姿绰约！您可以试一下。"

李世民："哦？封大人，可有此事？"

封德彝表情有些奇怪，回答道："陛下，秋娘的姿色确实不错，但是局部有明显的缺点，臣为了陛下考虑，暂不推荐。"

萧瑀蒙了，咱不是已经说好了吗，你这是闹的哪一出？

萧瑀是个耿直的人，他觉得封德彝可能是临时起意，或许有他自己独到的看法，因此没有想太多。可是到后来，萧瑀算是看明白了，他每次找封德彝说话的时候，封德彝要么点头认可，要么沉默不语，显得自己还没想好，可每次奏事的时候，封德彝却在李世民的面前夸夸其谈，说得比萧瑀还要到位。

原来是心机深沉，喜欢给领导挖坑之辈啊。

萧瑀算是想明白了，封德彝不是良善之辈，既然如此，那就决裂吧，以后各搞各的，各凭本事争取皇帝的认可。当时，萧瑀是尚书左仆射，封德彝是尚书右仆射，房玄龄和宇文士及是中书令，高士廉是侍中，再加上礼部尚书长孙无忌、兵部尚书杜如晦等重臣，构成了贞观初年的行政核心。

这几个人之中，宇文士及从来不参与政治斗争，对权力的欲望很小，高士廉是长孙皇后的舅舅，长孙无忌是长孙皇后的哥哥，可以说是李世民的自己人，根本不需要争宠。至于房玄龄和杜如晦，那就得另说了。他们俩虽说是李世民的心腹，可毕竟不是皇亲国戚，想要稳固自己的地位，要么迎合老板的心思，要么干掉潜在的敌人，比如封德彝和萧瑀。

客位看官，别以为房玄龄和杜如晦在历史上的名气很大，风评也很高，就是什么好鸟。若论公正无私的政治立场，他们确实应该心中有愧。据史料记载，这对贞观名臣为了迅速上位，决定统一阵线，处处偏袒封德彝，将矛头直接对准了出身好、为人正直、办事踏实的萧瑀。

以房玄龄和杜如晦的精明，怎么会不知道封德彝善于谄媚的本性？然而现实很打脸，如果让有能力、有品德的萧瑀上位，秦王府的旧臣就没有出路，如果要他们做出选择，那就是先干掉萧瑀，再干掉封德彝。

想想看，萧瑀被自己的下属背叛，又被中书省和门下省的长官孤立，这日子还怎么混？没过多久，萧瑀就给李世民上了一道密折，将朝中的大臣都吐槽了一遍，并坦承自己这官做得很累。谁料想，李世民看了之后，非但没有同情萧瑀，反而对他产生了严重的不满。

武德九年（626）十月二十五日，李世民带着朝臣们商议政事，萧瑀提出了自己的看法，随后遭到了光禄大夫陈叔达的反对。萧瑀想了想，房玄龄、杜如晦和封德彝挑衅他也就罢了，你陈叔达算个什么玩意儿，也敢质疑我？太欺负人了吧！

于是乎，萧瑀满腔怒火，在朝堂上和陈叔达吵了起来，态度之恶劣，气氛之浓厚，堪比后世菜市场大妈的骂街。李世民顿觉脸上无光，于是站出来劝和，有趣的是，萧瑀和陈叔达正在兴头之上，直接无视了李世民的存在。

李世民觉得自己的权威受到了挑战。

想想看，李世民刚刚登基，两个前朝老臣居然当着这么多人的面争吵，还不把他放在眼里，这实在是太恶劣了。

李世民直接掀翻了桌案，愤怒的离席而去，只一会儿，便有人拿着诏书前来传旨：尚书左仆射和光禄大夫陈叔达二人，身居相位，却不顾朝廷礼仪，对陛下犯下不恭之罪，特赐免除所有官职，回家闭门思过！

李世民本来就想拿武德旧臣开刀，只不过找不到合适的借口，如今萧瑀和陈叔达自己犯错，李世民自然是求之不得啊。更何况，李世民掀翻了桌子，也算是给自己立了威。不得不说，这是一石二鸟的效果。

萧瑀回家养老，封德彝自然是最高兴的人。想想看，他是尚书右仆射，房玄龄、杜如晦等人都力挺他，只要李世民点头，他就可以升任尚书左仆射。

接下来的几个月，封德彝在大事小事上都喜欢极力表现，希望能得到李世民的认可，进而把首席宰相的位置捞到手。问题是，李世民能不明白封德彝的小心思？他不清楚封德彝的人品？封德彝越是爱表现，李世民越是晾着他。

贞观元年（627）正月初三，李世民在宫中设宴，席间演奏着《秦王破阵乐》。

李世民酒到半酣，得意地感慨道："想当年，朕奉太上皇的诏命东征西讨，民间于是流传着这个曲子。此曲虽然不具备文德之乐的温文尔雅，但是却和朕的功业非常匹配，所以朕一直就很中意啊。”

封德彝看到李世民的心情不错，于是奉送了一记马屁：“陛下以神武之才平定天下，所谓的文德，怎能拿来形容您呢！”

封德彝的特长是揣摩人心，可这一次确实失算了。

在封德彝的眼里，李世民在马背上夺取天下，肯定喜欢以武德来标榜自己。他哪里知道，人都喜欢追求完美，如果他拥有武德，肯定希望标榜文功，如果拥有文功，肯定喜欢标榜武德。打个比方来说，某人拥有公司董事长和协会会长的头衔，如果是遇人递名片，多半会递印有协会头衔的名片，因为会长可以提高他的品位，至于董事长的身份，大家都知道啊！

总而言之，封德彝想要拍马屁，可是没赶到点上。

李世民正在自我陶醉的状态，听到封德彝一番不着调的话，心情顿时就跨了下来，严厉斥责道：“平定天下需要借用武力，可治国理政却要仰仗文才，武的妙用应该随时势的变化而有不同。你说文不如武，此言差矣！”

封德彝急忙磕头谢罪，李世民却懒得再理他。

李世民曾经给宰相们说过，希望他们可以为朝廷举荐一批贤能可用的人才，房玄龄、杜如晦、杜淹等人都有成功的案例，唯独封德彝稳坐如山。

李世民于是叫来了封德彝，问道：“封爱卿，朕不是让你为朝廷举荐青年才俊吗，为何你到现在也没啥动静啊？”

封德彝：“陛下，不是我办事不力，是当今世道，真的找不到奇才啊！”

李世民顿时就不开心了，人家都说，太平盛世最容易出人才了，封德彝说没有人才，岂不是说贞观一朝还不够给力，太平盛世还没到来？更何况，房玄龄、杜如晦等人都可以举荐人才，封德彝却说没有，这是何道理啊？

李世民：“封爱卿，朕又要批评你了，君主用人如同用器物，必须要关注他的长处。古代的明君治理国家，难道是找其他朝代借的人才吗？朕看你应该反思一下自己是不是有识人之才，而不是怪这个时代不出人才！”

说白了，李世民给封德彝留了些许面子，没说他为了自己的私利，刻意打压人才。封德彝心中本来就有愧，被李世民这样一说，当即落荒而逃。事情进展到这儿，封德彝也明白了，李世民绝不会把尚书左仆射的头衔再给他。

贞观元年（627）五月，封德彝在尚书省办差的时候突然病倒，李世民得知消息，立即前往探视，并用乘舆将他送回家中。贞观元年（627）六月，封德彝因病去世，享年60岁。

李世民下诏：追封封德彝为司空，赐谥为明，辍朝三日。

十多年后，有人对李世民说起一件事：封德彝在秦王府办差的时候，曾经和李建成过往甚密，搞了脚踏两只船的把戏。治书侍御史唐临给李世民上奏，希望朝廷能够追问封德彝的罪责，李世民下诏让群臣商议，最后决定将封德彝的谥号改为“缪”，将所赠官职一律撤销，所受食封一律削除。这些都是后话。

封德彝的突然去世，让李世民有点儿措手不及。

现状很清楚，尚书左仆射和尚书右仆射都是空置的岗位，朝廷的最高权力机构完全处于真空状态，肯定不是长久之计啊。事实上，李世民可以提拔的人才有不少，比如房玄龄、杜如晦、杜淹，问题是，李世民有他自己的顾虑啊。

前面已经说过，李渊此时还霸占着太极宫，父子之间的关系颇为紧张，李世民打压武德朝臣是肯定的，可他刚刚登基，如果清除老爹旧臣的动作太大，可能会引人非议。因此，李世民想到了赋闲在家的萧瑀。

贞观元年（627）六月十二日，李世民下诏：恢复萧瑀尚书左仆射之职。

李世民并不喜欢萧瑀，也没打算让他长期担任首席宰相，这项任命书发布不久，李世民就提拔大舅哥长孙无忌做了尚书右仆射，和萧瑀一同执掌中枢。

客观地说，长孙无忌是玄武门的大功臣，长孙皇后的亲哥哥是李世民的绝对心腹，早就应该是宰相班子的成员。然而，长孙皇后却坚持认为哥哥是外戚，不应该执掌中枢，否则就是将长孙家族带入无底的深渊之中。

起初，李世民还挺赞赏老婆的态度，因此对长孙无忌搁置不用，可随着封德彝去世，萧瑀又跟不上他的节奏，尚书省得安排个亲信主事啊！再者说，长孙无忌的政治智慧确实超乎常人，治国理政也是一把好手，李世民不可能因为他是亲戚就特别“关照”吧，难道这对长孙无忌是公平的?

李世民最终驳回了长孙皇后的请求，强制起用了长孙无忌。

没过多久，北边传来了好消息：颉利可汗重用汉人赵德言，结果此人在突厥收揽党羽，排除异己，又擅自改变了突厥人的许多风俗，使得政令严苛复杂，引起了突厥本族的一致声讨。颉利可汗不想就此妥协，于是疏远本族，亲近其他的部落，惹得突厥内乱不已，再加上遭遇雨雪天气，突厥几乎一蹶不振。

当时，许多朝臣都建议李世民出兵攻打突厥，趁机扬眉吐气。

李世民非常淡定，他找来了萧瑀和长孙无忌，打算考一考两位宰相大人的政治智慧："颉利君臣昏庸残暴，乃是自取灭亡。然而，大唐刚刚和突厥人订立了盟约，如果出兵，师出无名啊；如果不出兵，恐怕又要失去机会，怎么办呢？"

萧瑀张口就来："陛下，机不可失，失不再来啊，打吧！"

萧瑀也不想想，如果大唐可以和突厥开战，当时李世民在长安城西早就把颉利可汗的大臣一锅端了，何必等到今日？

李世民听了萧瑀的话，似乎有点失望。

长孙无忌沉思了一下，稳稳地说道："陛下！突厥内乱，但是并没有出兵劫掠大唐的边境啊，如果咱们出师征伐，就要承担背信弃义的骂名。更何况，一旦开启战端，生灵必将涂炭，臣认为此时不应该出兵！"

瞧瞧，这才是皇帝需要的大局观。长孙无忌为我们现身说法，身为员工，就应该为老板思虑周全，不能以个人的喜恶来决定国家大事。

遗憾的是，萧瑀的第二次宰相生涯也没持续多久。

贞观元年（627）十一月，唐俭出使东突厥，萧瑀写了一封信，希望唐俭能够带给避难突厥的姐姐萧氏，谁料想，唐俭刚离开长安，有人就将此事给捅了出来。随后，萧瑀以私通隋朝皇后的罪名，被李世民罢免相职，查明情况之后，第三次入相。

事实上，萧瑀一生六次入相，六次罢相，也算是一个奇迹。说白了，萧瑀的性格太过刚直，有时候说话直来直去，让同事们倍感难受，职场关系非常紧张，李世民就算能用他，政治生态也不允许他的存在。

据史料记载，萧瑀每次商议朝政的时候，总喜欢发表看法，而且说的话喜欢站在道德制高点，让人无法反驳。房玄龄、杜如晦等人在萧瑀的面前就像是小学生一样，他们虽然认可萧瑀的话，可就是不服气，拒不执行！

不仅如此，房玄龄、杜如晦等人虽然是名臣，可身上或多或少都有缺点，甚至还有些违法的行为。不过，这也是官场的潜规则，大家的屁股都不太干净，所以互相遮掩，都怕别人捅破这层窗户纸。

遗憾的是，萧瑀偏偏想做朝堂的搅屎棍，把大家的老底全都揭了出来。在李世民的眼里，朝臣们但凡有一技之长，他都愿意去用他们，至于缺点或者罪过啥的，能免则免，你好我好大家好呀！李世民既然不想处置别人，那就只好冷落萧瑀，这也是萧瑀屡次罢相的原因。

罢相归罢相，讨厌归讨厌，贞观一朝，李世民对萧瑀的品德还是挺认可的。李世民写过一首诗，专门赞扬了萧瑀耿直忠正的性格。

疾风知劲草，板荡识诚臣。

勇夫安识义，智者必怀仁。

这也算是贞观君臣的一段佳话吧。

魏征的前世今生

对李世民来说，武德旧臣治国理政的水平确实很一般，他是有伟大理想的皇帝，也想干出一番事业，自己牛不算真的牛，他需要一批能臣干将，能够在关键时刻为他出谋划策。因此，贞观一朝的权力还需要继续洗牌。

贞观元年（627）八月十九日，侍中高士廉被人举报隐瞒信息，李世民将他罢免。九月十二日，中书令宇文士及被降职为殿中监，御史大夫杜淹参与朝政。

贞观二年（628）正月，某位大臣给李世民递了个秘密奏折，状告长孙无忌权力太大，又是皇帝的亲戚，很容易形成外戚专政的局面。

客观地说，朝臣们也不是故意挑事儿。唐朝立国之初，制度还不完善，朝廷大事由皇帝和几个开国功臣说了算。就拿中央政府的编制来说，尚书省除了左右尚书仆射、六部尚书之外，下面全是跑腿的属下。至于六部侍郎、侍中，截至目前，朝廷并没有设置这样的岗位，因此宰相集权的现象非常严重！

不过，李世民非常豁达，他将告状的奏折拿给长孙无忌，安慰道："小舅子啊，朕对你没有丝毫的怀疑，朕担心和你之间产生隔阂，这才把奏折给你看！"

不仅如此，李世民以为朝臣在搞政治斗争，因此在开朝会的时候公开表态："朕最信任长孙无忌了，你们这些朝臣就不要瞎吵吵了！"

长孙无忌是个聪明人，李世民越是这样，他越觉得不安。事后，长孙无忌递交了辞职书，还让长孙皇后劝说李世民，这才从尚书右仆射的位置退了下来。

贞观三年（629）二月，也就是李渊交出太极宫的控制权，裴寂被李世民打压之后，秦王府的势力开始走向了前台。李世民下诏：任命房玄龄为尚书左仆射，杜如晦为尚书右仆射，尚书右丞魏征为秘书监，参与朝政。

房玄龄和杜如晦就不用多说了，魏征的戏份必须给足了。

魏征（580—643），钜鹿（今河北省邢台市巨鹿县）人。

魏征的老爹做过小官，可后来家道中落，清贫得一塌糊涂。出生在这样的家庭，魏征别无选择，只能种地，或者干点儿小买卖糊口。有趣的是，魏征虽然是个穷二代，可是对耕田种地毫无兴趣，他始终觉得，自己应该有一颗大志，梦想着有朝一日能够飞黄腾达，光宗耀祖。

梦想可以有，可日子还是得过下去，现实还是得面对啊！壮志未酬之前，魏征只能在家里混吃混喝，做个五谷不分、四体不勤的啃老族，到后来觉得不太好意思，于是找了个道观，出家为道士，一来读书方便，二来吃公家的粮食。

起初，魏征和大部分普通青年一样，空有一番雄心壮志，认为天生我材必有用，可就是不知道自己该干什么，能干什么。魏征在找不到人生方向的情况下，不得不博览群书，慢慢充实自己，后来发现天下开始大乱，于是学习苏秦和张仪，把纵横之学搞得炉火纯青，在当地算是小有名气。

有能力很重要，可是想要发达，也得有人生机遇啊。

隋末天下大乱，武阳郡丞元宝藏也起兵造反了，他听说魏征饱读诗书，才华横溢，因此向魏征发出邀请，希望他担任典书记一职。说白了，就是元宝藏军中的专职秘书，专门负责起草军中的文书，收发机密文件。

元宝藏虽然是个名不见经传的人物，可对魏征来说，典书记却是一个难得的锻炼机会，每次老板交给他任务，魏征都会拿出十二分的态度去完成。

没过多久，一个改变魏征命运的机会悄然降临了。

当时，瓦岗军的李密混得风生水起，成了中原地区的头号人物，元宝藏于是让魏征写信，表示要做李密的属下。据史料记载，当时不少起义军都给李密写了信，可唯独元宝藏的信件让他印象深刻，文辞华丽不说，马屁拍的恰到好处。

有一天，李密和元宝藏闲聊，无意间谈到了这封信，李密先是高度赞扬了这封信的水准，随后问道：“元老弟，这封信是不是你的手笔？”

得到大老板的夸张，元宝藏自然很得意，可他并没有厚着脸皮说假话，他在关键时刻顶了魏征一次："这是我军中的魏征所写！"

有时候，领导的一句话就可以决定你的命运。

李密很欣赏魏征的才华，因此强行将魏征挖了过去。当时，瓦岗军是最豪华的造反集团，对有理想、有抱负的魏征来说，无疑是最好的就业机会，在奔前程的路上，应该马不停蹄啊！据史料记载，魏征刚入职没多久，就针对当时群雄逐鹿的局势，给李密上了具有战略意义的"十策"，可谓是道道见血啊。

遗憾的是，李密是个志大才疏的人，他总以为自己是最牛的，至于魏征的建议，呵呵！更何况，李密招揽魏征并不是因为他的谋略出众，而是他的文采非比寻常，在李密的眼里，魏征只是个秘书，秘书就得干秘书的活儿。至于战略，那是李密和军中的高级谋士应该操心的事儿。

魏征吃力不讨好，反倒让李密对他喧宾夺主的行为心生不满。

魏征有自己的雄心，他投奔李密，并不是为了混日子，为了出人头地，魏征没事就喜欢拉着李密的团队分析局势，畅谈瓦岗军的前景。

然而，瓦岗兄弟都是农民和流匪，和魏征根本就不是一个层次，魏征和他们对话，完全是对牛弹琴、鸡同鸭讲。这一时期，魏征过得非常压抑，可他并没有跳槽，毕竟瓦岗军是最大的造反组织，离开李密，魏征还能去哪儿？

后来，李密和王世充在洛阳城下进行最后的对决，李密占据洛口仓，钱粮充足，军势浩大，王世充占据洛阳，钱多粮少。

魏征兴致高昂的谏言道："老板！我们应该坚壁清野，坐等王世充的军粮耗尽，到时候他必然会主动出击，我军以逸待劳，一战可定天下啊。"

瓦岗军长史郑颋泼了一盆冷水："你这是老生常谈。"

魏征的肺都快气炸了，就事论事，干吗要进行语言攻击啊，魏征怒吼道："这明明是奇谋妙计，为何说是老生常谈？"

很遗憾，没人接他的话茬。

魏征在军中根基不深，不受李密的待见，又遭到同事们的围观吐槽，日子过得非常艰难。可即便如此，魏征还是兢兢业业，死守着行政秘书的岗位，一直到李密兵败洛阳，魏征才和李密一起投降了李渊。

在李渊的眼里，李密还是很有江湖地位的，他收编李密，一来是要把海纳百川的政治姿态做足了，二来是要控制住李密的行动自由，让他失去翻身的机会。

在长安的这段日子，李密很不受李渊的待见，魏征也受到了牵连，很长一段时间内都无事可做。魏征想了想，不能眼看着自己的青春年华蹉跎殆尽啊，于是私下给李渊上奏，希望能够前往山东，招降造反派的势力。

在李渊的眼里，魏征是个毫不起眼的公务员，为了不打压魏征的工作积极性，李渊给他赏了给秘书丞的头衔，让他前往黎阳招降李密的旧部徐世勣。事实上，魏征的招降工作非常顺利，可就在徐世勣答应归降之际，窦建德率军南下，夺了黎阳仓不说，还生擒了徐世勣和魏征。

窦建德比李密爱惜人才，他得了魏征，立马给了个高级官职：起居舍人。

起居舍人是记录皇帝一言一行的文官，级别不高，却能接触很多机密，而且长期混迹于皇帝跟前，做宰相是迟早的事儿。当时，窦建德混得风生水起，魏征也跟着水涨船高，可就在魏征走向人生巅峰的时候，一个人出现了。

不错，此人就是魏征的终极老板，秦王李世民。

窦建德被灭之后，魏征的地位非常尴尬。想想看，明明是朝廷的大臣，却做了敌人的起居舍人，如今新东家倒闭，又得找老东家混饭吃，多尴尬啊。

魏征表示自己很迷茫，前途一片黯淡啊！

据史料记载，李渊已经忘记了魏征的存在，李世民似乎也对他不太感冒。不过，太子李建成却对魏征的才华很感兴趣，就在魏征落魄潦倒的时候，李建成抛出了橄榄枝：聘用他为太子洗马，来太子府，以后管吃管住。

太子洗马可不是给太子洗马的官员，文言文中的“洗”通“先”，意思是太子的马前向导，也就是太子的主要参谋。不过在唐朝，太子洗马主要管理太子宫的图书，官居从五品，虽然做的事儿不咋地，可毕竟是太子的人，发展潜力不可估量！有了这层期许，魏征干活自然更加卖力。

李建成是谁，人中龙凤，气度不凡啊，魏征自然不需要教他如何做人，魏征的工作就一个：盯着秦王府，盯着那个野心勃勃的李世民。在魏征的眼里，李建成各方面都比李世民要优秀，唯独军功不如李世民，因此平定刘黑闼的时候，魏征劝李建成找老爹要带兵的机会，最终建立功业，压制住了秦王府的势头。

遗憾的是，太子府和秦王府为了争夺最高权力，最后变得势同水火，阴谋诡计已经满足不了大家的胃口，双方剑拔弩张，打算大干一场。魏征已经预感到局势恐怕会彻底失控，因此劝李建成早点动手除掉这个野心勃勃的二弟，可李建成心慈手软，一直没有动手，直到最后的玄武门之变。

李建成被杀，魏征的去向自然受到了许多人的关注。

李世民找来魏征，问道："你为何要离间太子和我的关系？"

这话问的，实在是有伤魏征的智商，秦王府和太子府天生就是敌对的，还需要他去离间吗？魏征不想纠结这个问题，于是不卑不亢地回答道："太子如果听从了我的建议，就不会有今日之祸！"

客观地说，李世民打败窦建德之后，确实没有注意到魏征的存在，可与太子府相斗的这些年，魏征的能力和才华慢慢为人所知，李世民是有耳闻的。如今，魏征当着死敌的面，居然敢放出豪言，无所畏惧，就这样的硬骨头臣子，李世民表示，有多少，他就想要多少。

李世民豪气干云："魏征，本太子不杀你，而且要重用你！你就委屈一下，先做个太子詹事主簿吧。"

詹事主簿隶属于太子詹事府，汇报对象是太子詹事，而太子詹事则是太子府的大管家，管着所有的人和事，魏征身为大管家的秘书，属于二线预备队员。

魏征：只做良臣，不做忠臣

怎么用魏征呢？李世民一直没有想太好。

论才华，魏征虽然出类拔萃，可还谈不上领袖群伦，给他房玄龄和杜如晦的政治地位，有点抬举他了。要说性格呢，魏征耿直，为人不惧强暴，李世民不怕他和别人结党营私，把他提拔为贴身近臣，肯定能烦死人，可要是用得好，确实也能起到规劝的作用。

武德九年（626）九月，李世民升级为皇帝，魏征的身份也发生了变化：从太子府詹事主簿升级为谏议大夫（正五品）、钜鹿县男。与此同时，李世民还有一道旨意，让魏征立即前往河北安抚局面，授予便宜行事之权。

据史料记载，玄武门之变后，李世民最不放心的就是李建成和李元吉散落在各地的旧部亲信，朝廷虽然下发了赦免他们无罪的诏书，可毕竟不是每个人都敢把自己的命运交给李世民去裁决，也不是每个人都乐意投降李世民。

对李世民来说，如果让秦王府的人出面招降，说不定会闹出什么风波，最好的办法就是让太子府的魏征出面，顺便考察一下他的忠诚度和能力。

魏征行进到磁州（今河北省邯郸市磁县）的时候，刚好碰到朝廷的军队押送李建成的亲信李志安、齐王府的护军李思行前往长安。

魏征："嘿，你们这是干什么呢？"

押运将军："奉旨意，押送逆党成员回长安受审！"

魏征："你才是逆党，你全家都是逆党！我奉命出使的时候，朝廷已经下旨赦免了前太子宫和齐王府的属官。如今，你们大摇大摆地押送李思行等人返回长安，岂不是让旁人对朝廷的政策产生怀疑吗？就算陛下再派遣安抚的使者，谁又会相信他呢？你们还是将这两个人放了吧！”

按理说，魏征有便宜行事之权，不需要向李世民中途汇报，可他处理完此事之后，专门写了一道奏折，将此事的过程和他的想法告诉给了李世民。

李世民拿着魏征的奏折，越看越高兴。魏征手里拿着尚方宝剑，却还不忘记给老板汇报工作，说明他懂职场的规则，是个讲究的人。魏征能够为大局着想，说明他已经淡忘了李建成幕僚的身份，这才是国之栋梁，而非人臣私器啊。

随后的日子里，李世民经常将魏征召入太子宫谈话。

魏征一肚子的才华，可惜没遇到明主，如今李世民给了他施展才华的舞台，而且对魏征提的建议和要求无不应允，这让魏征如同打了鸡血一般，兴致高昂。据史料记载，半年的时间内，魏征给李世民提的建议便超过了两百条。

这简直就是个丧心病狂的话痨啊。

没办法，李世民刚刚掌权，朝廷内外乱作一团，大小事务杂乱无章，李世民想要有一番作为，必须依靠魏征这样的“思想家”。

隋朝末年，天下大乱，诸侯征战不已，人口损失极为严重，李世民上台之后面临的最大问题就是兵源匮乏。问题是，李世民想要打东突厥，又不得不提前做出战略部署啊，封德彝给李世民提了个建议：“朝廷不需要和以前一样，只征召年龄在18岁以上的人，凡是家中次子身体强壮的人，均可以入军听用。”

魏征听说之后，立即进宫劝阻，就是不准李世民签署敕令。

李世民怒了：“魏征，你给朕说清楚，那些身强体壮的人都是奸诈之人，他们为了逃避兵役谎报了年龄，朝廷这样征召有什么不可以？”

魏征毫不客气，话锋直指李世民：“陛下！天子用兵，不在乎兵力的多少，在乎御兵之人是不是得法。说白了，如果御兵之道很好，现在所征的强壮之人就够用了，哪里需要这么多的闲人？”

李世民不明觉厉，一时语塞。

李世民心想，一向吹嘘自己用兵如神，如果反驳魏征的观点，岂不是自己打自己的脸？如果承认魏征的话有道理，这往后的日子可不好过啊。

事实上，李世民正在考虑如何回答的时候，魏征已经快速转换了话题。他把这件事引申到李世民的诚信问题，开始在人品上对李世民进行了敲打。

魏征："陛下，您即位之时就说以诚信御天下，想让天下百姓也和您一样诚信，可是现在呢？这还没做几天皇帝，就失信了好几次啊。"

李世民是个骄傲的人，听到魏征抨击自己的人格，显得有点错愕："魏征，你给朕说清楚，朕那里失信于人了？"

魏征："您即位的时候，是不是说免除百姓拖欠国家的赋税和债务？"

李世民："是啊，朕不就是这样做的吗。"

魏征："非也！有关部门认为，老百姓亏欠秦王府的财物，并不属于国家的财物，因此仍旧在征求索取。问题是，陛下由秦王升为天子，秦王府的财物不是官家之物，那又是什么呢？"

李世民顿时语塞。

魏征才不管李世民的心情，继续在下面噼里啪啦说了一堆。

李世民差点气乐了："魏征啊，朕以前对你的感觉就是非常固执，觉得你不会处理朝政，不过现在看来，你确实还是有点儿能耐的。居然能把国家大事说得头头是道，不错，确实是这样，如果政府的号令不明确，底下的百姓确实不知道到底应该怎么做，朕的过错非常大啊！"

李世民："既然这样，朕就收回成命，另外赏赐你一个金瓮吧！"

说白了，在李世民的眼里，魏征的特长是耍耍嘴皮子，搞搞诡辩，李世民这才给他封了个谏议大夫的头衔。不过此次事件之后，李世民的态度开始转变了，魏征不仅嘴上功夫好，对国家大事的见解还非常独到，这人必须得重用！

贞观元年（627），李世民下诏：封魏征为尚书左丞（《资治通鉴》写的尚书右丞，《旧唐书》等写的尚书左丞）。

写到这里，得稍微普及一下唐朝初年的官职级别了。

总而言之，中书省、尚书省和门下省是最高的权力机构，三大部门的一把手是名副其实的宰相。虽然中书省负责决策，门下省负责审核，尚书省负责执行，给人的感觉是中书省是最牛的，尚书省只不过是干活的，可事实并非如此。

尚书省的长官是尚书令：官居正二品。因为李世民做过尚书令，所以后来直接取消，再也没有人荣获这样的高位。

尚书左右仆射：官居从二品；尚书省的最高长官。

尚书省各部尚书：官居正三品。

尚书省副手，尚书左丞：官居正四品上。

尚书省副手，尚书右丞：官居正四品下。

中书省的长官，中书令：官居正三品。

中书省的副手，中书侍郎：官居正四品上。

门下省的长官，门下侍中：官居正三品。

门下省的副手，门下侍郎：官居正四品上。

官场的规矩是官大一级压死人。

中书令和门下侍中到了尚书省，也不过和各部的尚书大人平起平坐，从地位来看，尚书省的实际地位要比中书省和门下省稍微高一些。尚书左丞是正四品上，而且是尚书省大老板的副手，已经算是储备宰相了。

当时，房玄龄、杜如晦这种级别的人都还没有混到尚书省，魏征却能以火箭般的升迁速度混到尚书左丞的位置，这让朝中不少人都眼红得很。当然，一个人的升迁速度高于所有人的时候，肯定会受到别人的猜忌。

这不，魏征刚刚升了官，还没开始做事呢，就有人给他上眼药了：状告魏征私自提拔自己的亲戚为官！李世民前脚刚刚提拔了魏征，后脚便出了这档子事，他的心情自然不太好，因此责令御史大夫温彦博调查此事。

温彦博调查之后，得出了明确结论：魏征是清白的。

李世民心知肚明，这是有人在背后捣鬼，不管是出于保护魏征的目的，还是免得自己识人任贤的英明受损，李世民都觉得有必要提醒一下魏征："今后要远避嫌疑，不要再惹出这样的麻烦。"

如果是一般的臣子，肯定要趁机表示一下对皇帝的感谢，顺便立个保证，以后坚决不会再发生这种事儿！

遗憾的是，魏征真的不是这种套路。前来传旨的宦官刚刚离去，魏征便穿上了官服。心想：李世民这孩子，真是一天不教训，就敢蹬鼻子上脸啊！

魏征："陛下，臣听说君臣之间相互协助，义同一体。如果不讲秉公办事，只讲远避嫌疑，那么国家兴亡或未可知哇。"

李世民有些莫名其妙，这又是来的哪一出啊？

魏征："臣请求陛下，要让臣做一个良臣，而不要做忠臣。"

李世民倒是很感兴趣，询问魏征什么叫作忠臣，什么叫作良臣。

魏征不疾不徐地说道："使自己身获美名，使君主成为明君，君臣能够共享富贵尊荣，是为良臣；当着皇帝的面苦谏，却得不到皇帝的重视，以至家国并丧，空有其名，是为忠臣。"

李世民最喜欢研究君臣关系理论了，魏征的发言让他耳目一新、振聋发聩，当即兴奋的不成人样，口头表扬不说，还给魏征送了五百匹绢，以资鼓励。

魏征出山之前，在道观里学习纵横之术，说话的功夫相当了得。做了李世民的臣子之后，魏征慢慢摸索出了一个说话的套路：先说他的理论，占据道理的制高点，然后再说皇帝的做法不符合他的理论。道理都是天下通用的，魏征的这个套路，别说李世民无法反驳，就连同事们也无力反驳。

李世民很喜欢研究历朝历代的君主，有一次，他读到隋炀帝的文集，觉得感悟很多，于是把朝臣们叫进宫中，打算开个读书会。

李世民："爱卿啊，朕翻看了《隋炀帝集》这本书，才知道隋炀帝的学问竟然如此了得啊。他也知道尧、舜二人的许多故事，对夏桀和商纣两个亡国之君也有一些论述，可他后来为什么也做了亡国之君呢？"

魏征把这些故事背得滚瓜烂熟，于是当仁不让地说道："皇帝嘛，即便是圣人，也要听从别人的劝谏，只有这样文臣才能够贡献智慧，武将才能死心塌地地卖命。隋炀帝这个人恃才傲物、刚愎自用，一直以来就瞧不起下面的人，所以大事小事都由自己决定，亡国都还不知道自己错在哪里。"

如果要搞个贞观朝的谏言次数表，魏征绝对排第一，而且第二名与之相距甚远。这么多的谏言，如果说每一条都是大道理，每一条都是对的，恐怕也没人会相信，魏征的特点是逢事必谏！

有一次，魏征告假去祭扫祖墓，回来之后，竟然发现李世民没去外面游玩，于是好奇地问道：“陛下，大家都说陛下想要巡幸终南山，外面的仪仗队都已经严阵以待，可您最后却又没去，这是怎么了？”

李世民苦笑道：“爱卿啊，朕起初确实有这个打算，可又害怕你来叽叽歪歪，所以中途就改变主意了。”

还有一次，李世民得到一只上好的鹞鹰，于是带着它在后花园玩耍，正玩得兴起的时候，远远地瞧见魏征朝这边走过来了。李世民明白，魏征又要来给自己上课了，他又不好把鸟给丢掉，只好藏在怀里，打算等魏征离开后再处理。

魏征估计也看到了李世民的鸟，他又不好意思逼李世民把鸟交出来，为了让李世民长点儿记性，魏征站在那里口若悬河，从朝廷大事讲到百姓的小事，从上古的帝王讲到前朝的皇帝，估摸着时间差不多了，魏征便大摇大摆地出宫去了，留下李世民在那里抚摸着死在怀里的鹞鹰。

李世民讨厌魏征吗？

客观地说，贞观初期，李世民需要魏征这样的谏臣时刻规劝他。李世民以不光彩的手段从李建成手中夺得江山，无论是别人要求他干好这番事业，还是他原本就想要开创一番盛世，魏征这样的人都是他最需要的。

魏征的善谏和李世民的海纳百川，确实为后人留下了一段佳话。

不过，人都是会变的。李世民有时候想听谏言，有时候也想别人顺着他的意思来，魏征呢，有时候进言是为皇帝着想，有时候是为自己的名声着想。

贞观初期，李世民很支持魏征，魏征便越来越得劲，不仅对朝廷大事发表议论，还把自己的嘴伸向了李世民的后宫。

李世民和长孙皇后有一个女儿叫李丽质，聪慧美丽，人如其名。李世民封她做了长乐公主，准备嫁给长孙无忌的儿子长孙冲，敕令有关部门在准备嫁妆的时候，要比皇姑永嘉长公主（李渊的女儿，李世民的妹妹）多一倍。

这本来是皇帝的家事，你爱给多少嫁妆就给多少，毕竟都是自家人。

有趣的是，魏征看不下去了，他跑到李世民跟前说道：“过去汉明帝想要分封皇子采邑，认为他的皇子不能比先帝的楚王和淮阳王多，因此只给了一半的标准，如今公主的陪嫁比长公主多一倍，岂不是和汉明帝的意思相差太远吗？”

说白了，魏征的案例真的没有任何说服力，汉明帝干吗的，和李世民干吗有半毛钱的关系吗？魏征的强盗逻辑就是：前人已经这样干了，你就应该学着他。

魏征心机深沉，他看准了李世民想做千古明君的心态，既然是明君，那就要博采众长，兼收并蓄。果不其然，李世民非常同意魏征的看法，并且把这件事情告诉给了长乐公主的母亲长孙皇后。

皇后素来贤惠，听李世民讲了这番话，感慨道：“我总是听陛下称赞魏征，一直以来都不知是什么缘故。如今魏征居然拿古人的典故来说事儿，以此来抑制君王的私情，这真是辅佑陛下的栋梁大臣呀。我与陛下是多年的结发夫妻，每次讲话还都要察言观色，不敢轻易冒犯您的威严。何况大臣与陛下较为疏远，还能如此直言强谏，陛下不能不听从其意见。”

长孙皇后请求李世民派宦官去魏征家中，赏赐了四百缗钱，四百匹绢。并且给他带话：“听说您十分正直，今日得以亲见，所以赏赐这些。希望您经常秉持此忠心，不要有所迁移。”

长孙皇后的赞赏就像一针管鸡血，直接注入了魏征的神经中枢。

李世民采纳魏征的谏言，并不代表他没有七情六欲，有时候魏征不合时机的谏言真的让他很恼火。据史料记载，在李世民和贞观名臣的努力下，大唐的经济社会开始有了起色，朝中不少大臣都劝李世民前去泰山封禅。

贞观六年（632）正月，朝会的时候，文武大臣再次提起了这个话头，李世民也颇为得意，没觉得这个提议有什么不妥。

不过，李世民还是假装推辞了一番：“你们都认为泰山封禅是帝王的盛举，朕不以为然，如果天下安定，百姓富足，即使不去封禅，又有什么所谓呢？想当年，秦始皇行封禅大礼，而汉文帝却不封禅，后代也没觉得文帝的贤德不如秦始皇啊！既然是侍奉上天，又何必要去泰山之顶封筑几尺泥土呢？”

李世民的话很清楚，自己虽然不是秦始皇那般开疆拓土，千古留名的人物，可也不会比汉文帝差，他也想侍奉上天，疑虑的是有没有必要去泰山。

群臣闻弦歌而知雅意，于是接连上奏，力劝李世民前往泰山封禅。

李世民："嗯，既然这样，那就依了你们吧！"

这种场合，魏征不跳出来说几句，岂能对得起他的谏臣的名号？

魏征："陛下，万万不可行封禅之礼啊！"

皇帝和大臣都已经愉快的决定了，居然还有人敢反对？

李世民："魏征！你不想让朕去泰山封禅，是认为朕的功劳不够高吗？"

魏征："陛下功比天高！"

李世民："朕的德行不厚？"

魏征："厚！厚得很！"

李世民："大唐不安定吗？"

魏征："安定！"

李世民："四方夷族尚未归服吗？"

魏征："已然归服！"

李世民："老百姓不富裕吗？"

魏征："富裕！"

李世民："哼！那祥瑞没到吗？"

魏征："已经到了！"

李世民："那你为何要反对朕前去泰山封禅？"

魏征："陛下，隋末大乱之后，户口仍旧没有恢复，国家府库还很空虚。如果陛下前去泰山，阵势必定隆重，国家难以承担啊！就算陛下免除百姓的徭役，大唐的元气也要好几年才能恢复，希望陛下慎重考虑！"

李世民听了魏征的这番话，心里恨得牙痒痒。这一次，他没有按照惯例夸魏征说的好，或者给他赏赐点儿金银珠宝啥的。李世民还是想去泰山，可碰巧遇到黄河沿岸河水泛滥，大批的州县遭殃，这才按下泰山封禅的想法。

李世民讨厌魏征吗？讨厌！

李世民认可魏征吗？认可！

李世民想做留名千古的君主，就必须承受道德的绑架。

有一次朝会，李世民不知道为啥事儿，又被魏征数落了一顿，而且是当着满朝文武大臣的面，丝毫没有反驳的余地。罢朝后，李世民怒气冲冲地返回后宫，对长孙皇后咆哮道：“魏征这个乡巴佬，朕以后一定要找机会杀了他！”

长孙皇后有点莫名其妙：“陛下为何会发怒？”

李世民：“魏征这小子当着满朝文武的面羞辱朕，简直是丧心病狂啊！”

长孙皇后明白，要给李世民说大道理是不行的，于是唤了一声正装，随后站在庭院之中给李世民祝贺。

李世民：“皇后，你这是搞什么？”

长孙皇后：“陛下，臣妾听说只有千古名君出现的时候，大臣才会如此忠贞直言，臣妾这是祝贺陛下啊！”

李世民有了台阶，又被自己的女人夸了一顿，瞬间转怒为喜。

李世民并不是刻意为了纳谏而容忍魏征，贞观一朝，敢向李世民提建议的大臣不在少数，只不过魏征的业绩比较突出而已。

说白了，李世民和魏征很像是黄盖和周瑜，在谏言事业上，一个愿打一个愿挨，只是有时候挨得打太频繁，力度太大，李世民也会闹点儿情绪。不过，李世民的心胸确实宽广，能够接纳臣子的不同意见，并且能克制自己的欲望，也正是因为他的虚怀若谷，大唐的政治风气才会慢慢清明。

有这样贤君名臣，贞观盛世的到来也不足为奇。

李世民和魏征：君君臣臣二十年，恩恩怨怨终成空

话又说回来，李世民英明归英明，可本质上是个普普通通的凡人，既然是凡人，就容易滋生骄傲自满、刚愎自用的缺点。

贞观七年（633），出现了一个很明显的分水岭。

彼时，李世民已经控制了朝廷的中枢，武德一朝的痕迹、玄武门之变的痕迹已经消除的一干二净。在贞观名臣的辅佐下，国内的政务蒸蒸日上，李世民还在国际社会捞了个“天可汗”的称呼，大唐的品牌影响力令人发指啊。

肉眼可见的事实就是：贞观王朝正在走着无可阻挡的上坡路，未来的日子肯定会比现在好。对此，李世民自己也有点儿飘飘然了。

据史料记载，这一时期的李世民依旧在纳谏，可是大臣们能明显地感觉到，李世民纳谏的积极性不如从前，脸色也越来越难看。

贞观六年（632）十二月初四，李世民和大臣们讨论国事，某某人给李世民提了条建议，李世民欣然答应了。中书令温彦博瞅准机会，故作兴奋地说了一句话：“如果陛下可以像贞观初年一样，那就太好了！”

李世民非常奇怪：“朕最近有懒政的情况吗？”

魏征：“贞观初年，陛下一心节俭，还主动找我们求谏。近来，朝廷开始大兴土木，我们这些大臣说话都担心得罪您，这就是和贞观初年的不同之处。”

贞观七年（633）三月，侍中王珪因为泄露朝廷的机密，李世民大怒之下，将他发配到外地做了刺史，随后提拔魏征做了门下省侍中，官居正三品。魏征除了在皇帝的身边叽叽歪歪，还肩负着编撰史书的重责，在他的职业生涯中，总共花了 7 年时间

参与修编了《隋书》《周书》《梁书》《陈书》《齐书》。

在古代，老百姓家里都是用的油灯（菜籽油、桐树油和动物油脂），除了有一股难闻的味道外，因为光线不好而对人眼视力产生的破坏几乎是不可逆的。

魏征是个干活踏实的人，他要编修史书，自然不会完全依赖别人。白天的时间，魏征坐堂上班，晚上的时间，魏征泡在图书馆查阅史料，然后伏案写作，久而久之，他的身体状况，尤其是双眼的视力高度近视，几乎看不见什么东西。

当时，房玄龄等人和魏征一样，除了陪伴皇帝，还承担了李世民的不少研究课题，身体状况也都是一塌糊涂。

贞观十年（636）六月，魏征以视力下降为由，向李世民提交了辞呈，希望卸掉门下侍中的重担，只担任朝廷的散官。魏征的态度非常坚决，李世民挽留不成，只好封他为特进（散官名称，地位超然），仍知门下省的事务，凡是朝廷的奏章，国家的典仪，都需要申报给魏征过目。

不过，《旧唐书》中提到，魏征觉得自己只会耍嘴皮子功夫，搞搞诡辩，对复杂多变的政事处理不过来，这才主动请辞，似乎也有一定的道理。

不管怎么说，魏征留与不留，其实和李世民的态度很有关系。如果李世民纳谏的心态很好，魏征就算执政的水平不行，还是可以搞谏言事业嘛，如果李世民变了，魏征就算想留下来也是徒劳。

说白了，当时的情况就是：李世民不想听太多的废话，可他需要魏征这面忠臣的旗帜，魏征不想看到贞观朝的纳谏事业毁于一旦，君臣互相需要着。

贞观十三年（639）五月，全国各地爆发了严重的旱情，李世民特地召开议政会议，要求在长安五品以上的官员全部参加。魏征意识到这是个好机会，因此提前准备好了一道流传千古的奏疏：《十渐不克终疏》。

准确地说，这道奏疏就是一个书面版的吐槽大合集。魏征历数了贞观七年（633）以来李世民在纳谏心态、生活作风上的种种变化，不管难听还是不难听，李世民是否能够接受，魏征就是抱着豁出去的心态，打算和李世民的耐心赌一把。

变化一：贞观初年，李世民不追求物质的享受，不随便骚扰老百姓，如今却主动派遣使者前往异族寻找宝马和奇珍异宝。李世民一直以尧舜之君作为榜样，可在魏征看来，恐怕连汉文帝这样的君主也比不上了。

变化二：贞观初年，老百姓在李世民的眼里就是亲儿子，可是到后来，李世民却因为个人的私欲大兴土木，还说老百姓如果整天无所事事，很容易得矫情的怪病，必须经常差使他们，这完全是毫无底线的胡话。

变化三：贞观初年，李世民对自己要求严苛，遇事都会考虑是不是对朝廷和老百姓有好处，如今却说如果不大兴土木，自己就不方便了。

变化四：贞观初年，李世民亲君子、远小人，如今虽然对君子很敬重，可都是出于礼节，内心其实是疏远的。

变化五：贞观初年，李世民不喜欢珠宝，如今却对进贡物品尤为稀奇，要命的是，李世民自己腐化堕落，却要求下面的大臣清廉，明显就是双重标准。

变化六：贞观初年，李世民很稀罕人才，只要有一技之长，李世民都愿意去使用。如今，就算是贤明的人，只要有人说他的坏话，李世民便随意怀疑，甚至弃而不用。

变化七：贞观初年，李世民深居宫中，如今却喜欢跑出去骑马打猎，早出晚归，而且还要各地的官府给他进贡鹰犬。

变化八：贞观初年，大臣们可以毫无顾忌地进言，如今却因为李世民性情大变，官员们有想法也不敢随意说出来。

变化九：贞观初年，李世民主动寻找治国理政的智慧，如今却因为大唐国富民强，滋生了骄傲自满的情绪。

变化十：贞观初年，李世民爱护百姓，这些年来，老百姓被驱使太多，关中的老百姓遭殃更大，如果发生天灾人祸，后果不堪设想。

魏征的话没什么毛病，如果想要做前无古人的圣明君主，就得按照魏征说的标准来。问题是，李世民也是一个有七情六欲的凡人，给他说得再多，如果他不去实践，又有什么用处呢？

三流的谏臣，以圣人的标准要求皇帝，以贱人的标准要求自己。意思是，定的标准太高，把皇帝惹得很不高兴，自己还没有什么好下场。

二流的谏臣，以圣人的标准要求皇帝，以俗人的标准要求自己。意思是，标准太高，把皇帝惹得不高兴，可自己也陪着受罪，皇帝也不好怪罪你什么。

一流的谏臣，以俗人的标准要求皇帝，以圣人的标准要求自己。意思是，皇帝的标准适当降低，皇帝既可以办得到，也容易接受谏言。如果自己能够以身作则，知行合一，那就再好不过了。

理论上来说，魏征虽然自己做到了知行合一的境界，可他对李世民的标准定的实在是太高了，这也让谏言的执行效果大打折扣，甚至贞观后期的谏言事业就是一个笑话，不能不说是魏征的失职。

别的不说，寻常的老百姓做生意赚了钱，都还喜欢换大房子住，换好车开；李世民身为富有天下的皇帝，搞几个新的宫殿怎么了？难道皇帝住在破破烂烂、潮湿低洼的太极宫，就会成为圣君吗？

作为无话不说的谏臣，魏征做得很合格。

作为能谋善断的政治家，魏征还是差得太远。

面对魏征的奏折，李世民几乎是置之不理。

据史料记载，魏征从侍中的位置退下来之后，依旧孜孜不倦地跪求李世民改正自己的错误，可却收效甚微。此时的李世民和魏征，就像是过了蜜月期的夫妻情侣，什么贴心话都不管用，只剩君臣之间的恩义。

贞观十六年（642）七月，62 岁的魏征因为操劳过度，眼疾复发，不得不卧病在床。从此时开始，魏征就很少公开活动，至于向李世民递奏折什么的，几乎不存在了。

魏征许久不出山，李世民反倒不习惯了，于是派人前去魏府探问病情。

李世民在圣旨中问道："魏爱卿啊，几天不见你的身影，朕的过错就开始多了起来。如今，朕想要去你的府上探望，又怕给你添麻烦，如果你听到或看到什么事情，可以封个状子呈进来。"

李世民如此说话，有点假惺惺的意思。

魏征心里估计不大舒服，于是上表暗讽道："陛下临朝听政，常常将公正挂在嘴边，退朝后的所作所为却私心太重。有时候，陛下害怕别人知道秘密，公然用天子之威来镇压，这样欲盖弥彰，又有什么好处呢？"

李世民呵呵一笑，说吧，无所谓了。

魏征的进言，李世民完全没有听进去。不过，前去传旨的宦官带回来一个消息，说魏征的家破破烂烂，连个厅堂也没有。

李世民很惭愧，自从做了皇帝，他还从来没去魏征的家里坐过，对臣子的生活质量和福利保障问题，他几乎是一无所知。李世民当即叫停了宫中的偏殿工程，命人把建筑材料给魏征搬过去，还送了不少屏风、褥子、几案、手杖等东西，这才帮他把家里好好的拾掇了一番。

贞观十七年（643）正月，魏府传出消息：魏征重病不起。

李世民这才开始慌乱了，他立刻传旨，命最好的大夫前去魏府治病，又派遣中郎将李安俨在魏征的宅院留宿。

魏征弥留之际，李世民深感君臣二人这十多年来的风风雨雨确实不太容易，因此特意叫上了太子李承乾，以及最疼爱的衡山公主一起前去探望。

李世民："魏爱卿，你还有什么遗愿没有？"

魏征："嫠不恤纬而忧宗周之亡。"

魏征临死之前，心里牵挂的依旧是大唐的安危。

李世民哽咽无语，用手指着衡山公主说道："魏爱卿，衡山公主是朕和长孙皇后的小女儿，也是朕的掌上明珠，朕决定将她下嫁给你的儿子魏叔玉。"

贞观十七年（643）正月十七日，一代名臣魏征带着李世民的祝福溘然长逝，享年64岁。

李世民悲痛万分，特意传下旨意：朝廷废朝五日，朝中九品以上的官员前往魏府奔丧！赐羽葆鼓吹、班剑四十人，绢布千段、米粟千石，赐陪葬昭陵。

魏征的妻子认为，自己的丈夫平日生活简朴，如今用一品官的礼仪安葬并非他的遗愿，最后选择了最朴实无华的民间葬礼。

魏征出殡的那天，李世民登上禁苑西楼，望着灵车痛哭不已。

魏征的离去，让李世民的内心空虚了一段时间，也正是失去魏征之后，李世民才说出了千古流传的话：夫以铜为镜，可以正衣冠；以古为镜，可以知兴替；以人为镜，可以明得失。朕常保此三镜，以防己过。今魏征殂逝，遂亡一镜矣！

贞观十七年（643）二月，李世民命阎立本画了二十四功臣的写真图，将它们放置在太极宫三清殿旁边的小楼凌烟阁，魏征位列第四名，最终实现了政治地位的反超。

贞观一朝，能臣干将犹如过江之鲫，可是最后入驻凌烟阁的只有二十四位，而魏征能够排名第四，足见李世民对他的认可。遗憾的是，按照实际的功绩，魏征其实不应该排这么靠前的，李世民很可能是在“遂亡一镜”的感慨下，一时激情把魏征排在了第四位，而后来发生的事恰恰证明了这一点。

魏征临死之前，曾经给李世民上了一道密折，说中书侍郎杜正伦、吏部尚书侯君集有宰相之才。然而，魏征去世之后，朝内爆发了太子李承乾谋反一案，侯君集和杜正伦牵涉到其中，李世民因此猜忌魏征有结党营私的嫌疑。

同时，李世民又知道了另外一件事：魏征每次给李世民上奏的时候，都会把内容给起居郎褚遂良看一下。说白了，起居郎记录的是皇帝的一言一行，在李世民的眼里，魏征如此做法，要么是为自己邀名买直，要么是让李世民难堪。

因为这两件事儿，李世民对魏征的意见特别大，没过多久，李世民便下旨撤回了衡山公主和魏征儿子魏书玉的婚约，还派人推倒了魏征的墓碑！

魏征墓碑上面有碑文，记录了魏征一生的功过是非，李世民下令将它推倒，几乎是磨灭了魏征对他的价值。历史证明，李世民也是个凡人，有自己的喜怒哀乐，在热血上头的情况下，面子和里子什么的，他都不需要。

后来，李世民在辽东吃了败仗，灰头土脸地回朝，这才想起魏征的价值，于是下旨为他重修墓碑，重新给予了嘉奖。

拿得起放不下的大唐史 ③

九皋寒叟 著

北方文艺出版社

目录

拾壹　天可汗的武道

拾贰　皇室的那些事

拾叁　为李治扫清障碍

拾肆　武则天的成长史

拾伍　李治的人生巅峰

拾陆　关起门来玩内斗

拾壹

天可汗的武道

李世民的大国外交：朕一定灭东突厥

聊完了文治，再来聊一聊李世民的武功。

路人甲："李世民，给你一份敌人的名单，你最想灭谁？"

李世民："东突厥！"

路人甲："为什么？"

李世民："不为什么，就是想灭他们。"

路人甲："那你还想灭谁？"

李世民："先灭东突厥，其他的再说！"

路人甲："可是你打不过人家。"

李世民："打不过是打不过，主观上就是想灭。我后来不也捞了个'天可汗'的称呼吗？过程不重要，结果才可靠。"

说起大国外交，这恐怕就是李世民的真实心情。

贞观一朝的外交，还是要从突厥人说起。

隋末天下大乱，隋炀帝忙着平叛，几乎没空搭理东突厥，以至于他们在隋末群雄逐鹿的过程中浑水摸鱼，敛聚钱财，势力不断坐大，可谓出尽了风头。

当时，东突厥旗下就有薛延陀、回纥、都播、骨利干、多滥葛、同罗、仆固、拔野古、思结、浑、斛薛、结、阿跌、契苾、白雨习等部落归附，势力非常强大。

正所谓"日中则昃，月满则亏"，历史的规律就是如此，突厥势力强势到极点的时候，自然也就是败亡的前夕。武德元年（618），李渊登基称帝，建立李唐政权。此时，西突厥的首领叫统叶护可汗，东突厥的首领叫颉利可汗。

颉利可汗对钱财和美女很感兴趣，他预感到天下大乱，中原肯定会成为突厥人的提款机。可他没想到的是，李渊是一个雄才大略、心机深沉的主，李世民更是一个骁勇善战、令鬼神愁之的杀神。父子二人齐心协力，很快就把中原的局势搞定，各路枭雄魂归九泉，天下形成一统。

李渊虽然坐稳了江山，可考虑到国家百废待兴，军中将士厌战，再加上缺乏精锐的骑兵和战马，因此对东突厥的国策是以和为主。然而，颉利可汗预感到唐朝的崛起会影响突厥的利益，因此频繁南下入侵，想和李唐政权讨价还价。

遗憾的是，突厥骑兵不善攻城，只能在周边的村子打打秋风，收获并不是很多。偶尔能和唐军交上手，也都是互有胜负，对突厥大军来说，死了人却没有抢到战利品，已经算是亏本的买卖了。

玄武门政变之后，颉利可汗率军一直杀到长安城，虽然气势汹汹，场面很好看，可颉利可汗的内心并不坚定。李世民三言两语就化解了颉利可汗的攻势，并逼他在长安城西杀白马、签盟约，逼迫颉利可汗再次退兵。

突厥汗国和中原政权还不太一样，他们的民族处于游牧状态，大家都是以部落的形式聚集在一起，没有中央集权，没有完善的管理组织，只是依靠血统和武力来维系关系。说白了，想要让各部落的首领认可你的权威，你就得带着大家发家致富奔小康，否则，你就自己滚下台来。

看看颉利可汗，每次南下都是劳师动众，回去的时候却是两手空空。别说带着属下打秋风、赚生活费了，大家伙儿完全是自己掏腰包出差，干的都是赔本的买卖啊。去长安那次，突厥明明占据绝对的优势，就算打不进长安城，也可以在周边搞搞抢劫啊，可颉利可汗的脑袋偏偏被门夹了，和李世民杀什么白马，签什么协议，搞得大家都不好意思继续抢劫，这算哪门子事儿？

颉利可汗的窝囊行径引起了国内部落首领们的强烈不满。薛延陀、回纥、拔野古等部相继离叛，国人开始和颉利可汗离心离德。

客观地说，手下反对颉利可汗，表面上都是因为钱财，实际上都是因为政治利益。说白了，草原上没那么多的君臣礼仪，谁的势力强大，谁就可以做首领，既然你颉利可汗不给力，把你轰下台来又有何不可呢？

有趣的是，颉利可汗的策略不是安抚这些强大的部落，而是借助汉人来压制他们，以及扶持毫不起眼的部落来牵制他们。事实就是，汉人的这套手段在草原上有点儿水土不服，薛延陀、回纥等部落该反还是要反，毫不买账。

贞观元年（627），颉利可汗让大侄子欲谷设率领十万精兵征战薛延陀、回纥、拔野古等部，打算用武力镇压叛乱。然而，回纥的菩萨酋长只用了五千精兵，就彻底瓦解了欲谷设的攻势，并俘获了大批的突厥骑兵。

这一战，颉利可汗元气大伤，而回纥部落则强势崛起。

贞观元年（627）七月，李世民召集重臣开会，商讨是否要趁火打劫。以萧瑀为宰相的一帮朝臣认为，天赐良机，不打就是对不起老天爷的厚爱。可长孙无忌认为此时出兵违背了道义不说，还会给刚刚稳定的大唐带来灾难。

李世民碍于大局，只好放弃出兵的打算。

贞观元年（627）冬天，突厥国内遭遇了极为严寒的天气，大雪几乎覆盖了整个草原，无数的牲畜被活活冻死，突厥的百姓食不果腹，苦不堪言。

颉利可汗彻底慌了，突厥国内刚刚爆发了大乱，又遭逢经济危机，实在是不可多得的战争机会，就连他自己也认为，李世民肯定会趁此机会大举侵犯。于是，颉利可汗带着兵马主动南下，一直到达朔州边境（今山西省朔州市），名义上说是突厥人会猎，实际上是为了防备唐军来袭。

当时，鸿胪寺卿郑元璹（shú）从突厥出使回朝，对李世民说了这样一番话："突厥人的兴衰更替，从他们的马匹和牛羊数量就可以看得出来。如今突厥的老百姓食不果腹，牲畜瘦弱，再加上兵祸连连，不出三年，突厥就会正式灭亡。"

李世民深以为然。

郑元璹的消息让武将们兴奋得手舞足蹈，突厥马上就要灭亡了，这可是天大的好事啊，身为武将，是不是要趁此机会捞一票战功啊？

武将们："陛下，这仗必须得打，不打不合适啊！"

李世民："不得胡闹！我们大唐刚刚和人家签订盟约，贸然开战就是背信弃义啊。趁突厥百姓吃不饱饭的时候偷袭，那叫不仁。更何况，乘人之危，灭人国家，这事儿不讲究，不是好男儿该干的事儿。朕以为，就算突厥部落全部背叛，也不出兵，除非等他们犯下罪过，那一天就是他们的灭国之日。”

好吧，你说不打就不打，谁叫你是皇帝呢。

此时的李世民，其实很像当年的隋炀帝。灭国之仗肯定是要打的，可打仗必须找到合适的由头，而且得光明正大地打，光明正大地赢。

一个强大的政权从鼎盛到衰落，仅仅靠外力破坏是远远不够的，内部的变乱才是导致政权分崩离析、最后瓦解的致命因素。

贞观二年（628）四月，东突厥传来噩耗：突利可汗和颉利可汗闹掰了。

对李唐政权来说，这是个消灭突厥的历史转折点。

颉利可汗和突利可汗是叔侄关系，关系非常铁，颉利可汗信任大侄子，让他做了东突厥的二把手，后来他们联手侵略唐朝，抢劫事业搞得风风火火。

几年前，李世民抵御突厥的时候，无意间给他们叔侄挖了个大坑：李世民先是威慑颉利可汗，随后又拉拢突利可汗，并和他拜成了把兄弟。

何为把兄弟？意思就是，你有困难，可以随时来找我。

颉利可汗的心里开始慌张了，突厥国内因为离间计而反目成仇的亲人，用一只手能数得过来吗？在突厥国内，颉利可汗能做皇帝，突利可汗也能做皇帝，如果颉利可汗进攻唐朝的时候，大侄子在背后捅一刀子，怎么办？

人的关系因为利益有了裂痕，就很难弥补了。

当时，突利可汗驻扎在幽州以北，主持东突厥东部的所有事务，管辖着奚、室韦等十多个部落。东突厥走下坡路的时候，这些部落相继背叛，投奔了大唐，颉利可汗十分震怒，将突利可汗狠狠地羞辱了一顿。

在颉利可汗的眼里，大侄子就是亲唐派的势力，旗下的部落归附唐朝，他肯定在里面扮演了不光彩的角色。这也就罢了，薛延陀、回纥暴乱的时候，颉利可汗让欲谷设率兵前去帮忙平叛，却换了个惨败而归。

突利可汗回来之后，颉利可汗将他关押了十多天，还多次鞭打凌辱。颉利可汗心中愤怒不已：突厥国内能有今天，全拜这个大侄子所赐！你居心何在？

有趣的是，突利可汗也不爽了，明明就是叔叔施政不善，这才引起了部落首领的背叛。欲谷设率领十万突厥精兵都拿不下薛延陀、回纥等部，他能有什么办法？叔叔把过错推得一干二净，做人不讲究啊。

之后，突利可汗回到自己的驻地休养，可颉利可汗还想继续平乱，因此以大可汗的身份要求突利可汗赶紧给他招募士兵，顺便筹措一批粮草。

突利可汗表示，这游戏完全没法玩下去了啊。地主家本来就没多少余粮，如果都给了颉利可汗，岂不是让自己的族人喝西北风？再者说，就算再打一仗，还是打不过人家，回来之后再挨一顿鞭子？这不是主动找抽吗？

突利可汗怒了，我念着一脉相承，这才一再相让，难道你能做大可汗，我就做不成？既然这样，那就造反吧，弄死你！

贞观二年（628）四月，突利可汗派遣使者前往长安，表示要以整个部落归降唐朝。

李世民是性情中人，面对突利可汗的请降，他感慨良多："诸位爱卿啊，想当年，突厥国内控弦之士多达百万，何其强大啊，现在竟然沦落到向我们投降的地步，要不是国内混乱，怎么会到如此地步。"

群臣："恭贺陛下。"

李世民："朕听到这个消息之后，既有高兴，也有担心啊！突厥衰落，大唐将重新迎来和平，可如果朕犯了颉利可汗犯过的错误，难保不会重蹈覆辙，你们这些人要时刻向朕进谏，提醒朕不要走上这样一条道路。"

群臣擦汗不已，皇上的心思真的是高深莫测啊。

话分两头，颉利可汗和突利可汗闹掰了之后，便在大草原上干了起来，突利可汗毕竟势单力薄，撑了没几天，就给把兄弟李世民写信求援了。

李世民："诸位爱卿，朕和突利可汗有盟约，他有急难朕不能不救，然而颉利可汗和我们也有盟约，这可如何是好呢？"

注意了，这是领导考验手下情商的时候。

兵部尚书杜如晦："陛下，突厥人背信弃义是常事，即便和我们结盟，以后也会背叛。如今咱们如果放过进攻的机会，恐怕日后会追悔莫及啊。"

李世民态度很冷淡，说明杜如晦没有摸准皇帝的脉。

想想看，李世民说打突厥人背信弃义，那他发动玄武门之变，杀死自己的兄弟，逼迫父皇退位，这不算背信弃义吗？能干自家人，就不能干外人？说白了，李世民不是不想打突厥，而是在等待最合适的时机。

这种时候，让东突厥内斗才是英明的政治家应有的觉悟啊。

随后的一段日子，契丹部落投奔唐朝，依附突厥的梁师都也被李世民派人所杀，颉利可汗气急败坏，开始纵兵在唐朝的朔州等地耀武扬威。可是在李世民眼里，颉利可汗已经沦为跳梁小丑，消灭他只是时间问题。

东突厥的困局：内忧不止，外患不断

贞观二年（628）十二月，西突厥又出事了：统叶护可汗被杀。

说起统叶护可汗，西突厥百姓必须竖起大拇指点个赞。

武德元年（618），统叶护可汗接管西突厥的最高政权，考虑到宿敌东突厥强势崛起，西突厥的生存空间被压缩，统叶护可汗以铁血手段镇压了西域的部落，并将自己的牙帐转移到千泉（今吉尔吉斯斯坦境内），开始在中亚混日子，顺便打打西亚的主意，日子过得还算惬意。

统叶护可汗执政的时候，国策就是无底线地依附唐朝，因此和中原之间几乎没有爆发过战争。更何况，西突厥位于西域丝绸之路的通道，往来的商业贸易非常频繁，统叶护可汗从中抽税，西突厥的财政评级非常高。

遗憾的是，西突厥的日子越是好过，统叶护可汗就越得意，他自命不凡，总觉得自己是西突厥历史上最伟大的君主，骄傲自满之下，开始在国内胡作非为。比如欺压各部落的百姓，搜刮民间的财富等，最终引起了国人的强烈不满。

统叶护可汗不受国人的待见，统治地位受到威胁，只好寻求李世民的庇护。贞观元年（627），也就是李唐和东突厥闹掰的时候，统叶护可汗派遣真珠统俟斤、唐朝的高平王李道立一起前往长安，还带去了五千匹优质的骏马、一万钉宝钿金带，条件只有一个：希望李世民能够给他赐婚，让他做李唐的女婿。

有了李世民这个老丈人撑腰，谁还敢找他的晦气？

有趣的是，颉利可汗不开心了，在他的眼里，东突厥和西突厥是世仇死敌，让敌人爽快就是对自己的残忍啊。当时，颉利可汗利用靠近唐朝的地缘优势，屡次派兵袭击西突厥和大唐的使者，最终还是搅黄了两国和亲的好事。

没过多久，莫贺咄可汗（统叶护可汗的伯父）发动军事政变，杀死了统叶护可汗，随后自立为大可汗，宣布接管了西突厥的最高政权。

莫贺咄可汗：“我代表天神消灭了统叶护可汗，你们开不开心？”

国人：“开心！”

莫贺咄可汗：“你们愿不愿意拥立我呢？”

国人：“不愿意……”

莫贺咄可汗蒙了，他可能不知道，他的能力和人品很不受族人的待见，杀统叶护可汗是好事，可要拥立他为大可汗，没门儿！

西突厥贵族都懒得搭理这位皇大爷，以弩矢毕部为首的部落强势推举泥孰莫贺设为西突厥新一任大可汗。出人意料的是，这位小王子居然对可汗的宝座不感兴趣，不过大家这么拥戴他，他也不好意思拒绝啊，于是说了这样一番话：我不想做大可汗，不过可以给你们找个靠谱的人回来！

当时，统叶护可汗的儿子咥力特勒为了逃避莫贺咄的追杀，流亡在康居（古西域国家，大概在今巴尔喀什湖和咸海之间，王都卑阗城），泥孰莫贺设派人将他请了回来，依靠弩矢毕部的军事势力扶持他做了可汗，史称肆叶护可汗。

这就有意思了，突厥国内有两个大可汗，为了争夺统治权，肯定得开战。更何况，两人有不共戴天的杀父之仇，新仇旧恨算下来，必须是你死我活啊。就这样，西突厥的两大势力也开始搞起了内战。

双方都不是傻子，为了压倒对方，他们各自派遣使者前往唐朝和亲。

李世民被逗乐了，对前来的使者说道：“你们国内正在打仗，国内连谁是君谁是臣都还没闹清楚，朕把公主送过去不是让她遭罪吗？不可以的！”

李世民的潜台词恐怕是：你们继续打吧，戏很精彩，朕再看一会儿！

西突厥和东突厥的动荡让那些小部落看不到任何前景，他们都在寻找下一个真正的草原霸主。就在此时，薛延陀进入了大家的视野。

薛延陀其实由薛部和延陀部合并而来，是铁勒部的一个分支，族人少、牲口少，属于草原上毫不起眼的部落，活得非常低调。事实证明，越是低调的人，越能活得长久；越懂得保存实力的人，实力会越来越强。

起初，他们依附西突厥统叶护可汗，结果遭到了残酷的压榨，后来投奔到颉利可汗的麾下，结果颉利可汗对他们更是残暴，小日子完全过不下去了。

薛延陀部和其他几个部落商议之下，决定造反。有趣的是，大家原本只想给自己找一条活路，可没想到的是，强大的东突厥骑兵居然如此不堪一击，薛延陀、回纥联军居然打赢了。

草原上的那场战争，改变了很多事实：比如东突厥不再是老大的唯一选择；薛延陀部收获了无数的马匹和牛羊牲口，还得到了大块的栖息地，以及依附他们的小型部落。就这样，薛延陀部的日子开始变得红火起来。

贞观二年（628）十二月，各部落的首领合计之下，找到了薛延陀部的首领夷男，想要邀请他出山做大可汗，带领大家发家致富。

夷男惶恐了，第一反应就是拒绝，因为这个职位不好做啊。

李世民得到消息后，意识到这是个机会，于是派遣使者前往大草原，并带去了朝廷册封的诏书：封薛延陀部的首领夷男为真珠毗（pí）伽可汗，赐以鼓纛（dào）（战鼓与大旗，古时皇帝册封少数民族首领的信物）。

有了李世民的支持，夷男的腰杆终于挺起来了。不就是做个大可汗嘛，有什么好怕的，来吧，接受你们的朝拜。

薛延陀的总部定在郁督军山，也就是蒙古高原西北的杭爱山，离雁门关大概一千八百公里左右，是历代中国军队可以深入漠北追击游牧民族的极限位置。

地盘大致是东至室韦，西至西突厥，南接东突厥，北至骨利干，旗下的成员包括回纥、拔野古、阿跌、同罗、仆骨等部落。

就这样，东突厥和西突厥因为内部的争权夺利，让大草原陷入史无前例的混乱之中，薛延陀部在东突厥的北部强势崛起，李世民只用了一道册封诏书，便赢得了薛延陀部的衷心支持，这可是突厥人背后的一颗定时炸弹啊。

接下来，就是等待机会，以武力狠狠地拾掇之。

贞观三年（629）八月初八，夷男大可汗派弟弟统特勒前往长安进贡，李世民送给他一把宝刀、一条铁鞭，还带了一句话：薛延陀境内，如果有人犯了大罪，就以此刀杀之，如果犯了小罪，就以此鞭抽之。

颉利可汗蒙了，这算不算是李世民干涉薛延陀的内政呢？

想想看，可能性只有一种，李世民有能力干涉，而且夷男愿意被干涉。想到这里，颉利可汗开始坐不住了，薛延陀和唐朝方面如胶似漆，如果李世民真的想对付东突厥，双方来个南北夹击，颉利可汗恐怕死无葬身之地啊。

颉利可汗终于低下了高贵的头颅，他派使者前往长安，表达了归顺之意，希望李世民能够给他赐一个公主，他打算迎回去当祖宗供起来。

遗憾的是，一切都晚了。

东突厥衰败，天可汗走马上任

历史走到这里，东突厥也该退出历史舞台了。

想想看，换成任何一个皇帝，面对这种天赐良机，会让东突厥安稳地度过历史寒冬，然后再精神抖擞，继续欺负中原吗？更何况，李氏家族被颉利可汗威胁了多少年，中原百姓受了多大的屈辱，这份世仇，李世民能不报？

李世民苦心经营这么多年，不是为了让北部边境安宁，而是彻底铲除突厥对中原的威胁，洗刷数百年来中原老百姓饱受的耻辱。

贞观三年（629）八月十九日，李世民正式下诏：东突厥颉利可汗背信弃义，在和唐朝结盟的情况下，擅自出兵援助叛贼梁师都，特敕以兵部尚书李靖为行军大元帅，代州都督张公谨为副元帅，出兵讨伐颉利可汗。

李世民的圣旨刚刚传下，拔野古、仆骨、同罗、奚族纷纷派使者前来投降。

贞观三年（629）十一月二十三日，李世民下诏：以并州都督李世勣为通汉道行军总管，兵部尚书李靖为定襄道行军总管，华州刺史柴绍为金河道行军总管，灵州大都督薛万彻为畅武道行军总管，分道出击突厥，由李靖担任总指挥。

贞观三年（629）十二月初二，突利可汗到达长安，李世民盛情招待了他。

随后，李世民对天下的臣民说出了埋藏已久的心里话："以前，太上皇为了老百姓的利益向突厥称臣，可谓是忍辱负重，朕登基以来，常为此事感到痛心。如今，突厥可汗向大唐磕头，这多少可以洗刷先前的耻辱！"

据史料记载，李世民下达宣战的诏书之后，少数民族归附的人口多达一百二十余万，这些部落的归附，意味着颉利可汗可以调动的军力大大减少。说白了，颉利可汗肯定是没有好下场了，关键是李靖想打一场什么样的战役。

李靖掏出了专用的行军地图，用手指了指定襄城。

定襄城，现位于内蒙古自治区呼和浩特市的和林格尔县附近。想当年，西汉的大将军卫青就是从定襄城出漠北，将匈奴人在草原上赶得鸡飞狗跳。东突厥历代可汗吸取教训，早已经把定襄城作为部落聚集的重要据点。

值得一提的是，定襄城住着两位贵客：隋炀帝的孙子杨政道、隋炀帝的老婆萧皇后。当年，处罗可汗将萧皇后和杨政道迎到突厥，拥立杨政道为隋王，史称“后隋”政权，并给了他一个特权：凡是居住在突厥的中原百姓和官吏，全都由杨政道管理，后隋的总部就在定襄城，杨政道麾下有一万多人。

不过，定襄城的军事防御还是由颉利可汗亲自负责。

李靖想了想，要想攻破定襄城，主力围攻是一个办法，可伤亡肯定会很惨重，而且机动性不高，想要继续深入，主力部队就是个拖累。

贞观四年（630）正月，李靖亲自挑选了最精锐的三千名骑兵，随后从马邑出发，以最快的速度行进到定襄城南边的恶阳岭。李靖只有三千骑兵，和突厥的骑兵军团比起来，实在不算什么。然而，颉利可汗却忍不住颤抖了。

在颉利可汗的眼里，中原政权一直就是窝囊懦弱的形象，从来没人敢深入东突厥的腹地。这一次，李靖敢孤身前来，肯定有大批的主力部队殿后，考虑到东突厥的国力衰弱，颉利可汗每逢夜深人静，就会吓得六神无主，冷汗直流。

李靖利用突厥人的心理劣势，派人潜入定襄城，使用离间计成功说服颉利可汗的亲信康苏密前来投降，杨政道和萧皇后自然也在投降的队伍里面。颉利可汗见势不妙，随后仓皇逃往碛口（今内蒙古自治区二连浩特市的西南）。

与此同时，李世勣率领的另一路骑兵出兵云中郡（今内蒙古自治区呼和浩特市托克托县），也取得了胜利。彼时，正值寒冬季节，风寒刺骨，温度奇低，生存环境非常恶劣，再加上战马的草料严重不足，东突厥毫无翻盘的机会。

颉利可汗仰天长叹：“这一关肯定过不去了！”

群臣：“陛下想怎么办？”

颉利可汗：“执失思力，你去过长安城，要不辛苦一趟，给李世民送个信，就说突厥愿意举国归降，我们随后亲自前往长安城认罪！”

李世民接到降书之后，兴奋异常：“鸿胪寺卿唐俭，你代表朕去安抚颉利可汗，给李靖传旨，让他率兵前去迎接颉利可汗！”

事实上，成年人有一种选择，叫迫不得已，很多人都懂的。

就拿李靖来说，他虽然接到了李世民的圣旨，可他笃定颉利可汗是个奸猾狡诈的人，绝不会轻易投降朝廷，更不可能亲自去长安城认罪。想想看，颉利可汗手下还有好几万的兵马，虽然打不过唐军，逃跑还是没有压力的啊，如果能撑到草肥马壮的季节，颉利可汗完全可以回到漠北，继续为祸中原。

李靖找到了好兄弟李世勣，道出了自己的担忧。

巧的是，李世勣也是这样的想法，于是二人做出了一个大胆的决定：违背李世民的圣旨，趁着朝廷安抚东突厥，颉利可汗放松警惕的时候，带领一万精兵，装上二十天的口粮，趁机偷袭颉利可汗在阴山的大本营。

兄弟俩把计划告诉给张公谨，张公谨反问道：“你们疯了，陛下已经接受了投降，唐俭正在和谈呢，这岂不是误了唐俭的性命吗？”

李靖大手一挥：“区区一个唐俭，不值得怜惜。”

张公谨无语。

不得不说，李世民调兵遣将还是很有水准的，如果是秦王府的将领，遇到这种情况肯定会遵奉李世民的意思，更不会拿秦王府同僚的生命当儿戏。可李靖是超凡脱俗的存在，他不需要考虑这么多。

据史料记载，计划非常顺利，鸿胪寺卿唐俭和颉利可汗会面的时候，李靖等人的奇兵已经偷偷摸摸到达阴山脚下。

李靖：“苏定方，你率领二百名将士为先锋，慢慢向牙帐靠近。”

苏定方是去打探消息的，可毕竟学艺不精，距离牙帐还有七里地的时候，被颉利可汗的人马发现了。颉利可汗就是个天生的阴谋家，两国正在和谈呢，大本营附近突然出现了唐军骑兵，这明显就是针对他的斩首行动啊。

颉利可汗不清楚唐军到底有多少人马，他也没打算组织人手抵抗，也不想找外交官唐俭去抗议他的不满，本能告诉他，快跑，跑得越快越好。

阴山脚下，唐军屠杀了一万多突厥士兵，俘虏了十万多突厥老百姓，以及数量可观的牛羊马匹，这可是突厥贵族最后的资本啊。

李靖为什么不追颉利可汗呢?

李靖表示，李世勣早已经埋伏在漠北草原的入口。颉利可汗率众狂奔，正以为度过危机的时候，却惊奇地发现，漠北碛口已然插满了唐军的旗帜。

那一刻，颉利可汗的内心是崩溃的。

呜呼哀哉，生于天地之间，竟然没有立足之地，偌大一个草原，竟然被人堵在这里。

人生，为何如此的悲摧?

据史料记载，跟随颉利可汗的五万将士放下武器，交出战马，宣布无条件投降。颉利可汗困兽犹斗，想要向西投奔吐谷浑，结果被行军副总管张宝相生擒，随后被扭送到长安城，成为李世民的阶下囚。

一时间，北部的部落对李世民尊崇得无以复加，纷纷派遣使者前来祝贺。这些马屁精觉得，皇帝是中原的叫法，而且以李世民的文治武功来说，似乎已经不能体现他的尊贵，得重新发明一个冠绝今古的称号来褒奖李世民。

于是乎，某个使臣灵光一现，顺口说了一个“天可汗”。

大气！威武！雄壮！霸气！起初，李世民还不习惯，不过事后想想，这个称呼其实也挺不错嘛，“天”字意味着天下第一，将“天”字冠于可汗之前，那是对少数民族的镇压，意味着人世间最伟大的权力和地位。

来吧，你们以后就叫朕“天可汗”吧。

顺天门批斗会：李世民的“表彰会”

贞观四年（630）四月初三，李世民在太极宫顺天门举行了批斗大会。

可以脑补一下当时的画面：颉利可汗匍匐在地，不停地磕头认罪，态度极其虔诚，并希望李世民给他来一段义正词严的训话，让他的人生焕发新机。

人生在世，很难碰到如此恢宏大气的场面啊。

李世民当着颉利可汗的面，以外交辞令颁布了他的五大罪状：

第一罪，仗着父兄留下的基业，骄奢淫逸，自取灭亡。

第二罪，你与朕几次订立盟约，却屡屡背信弃义。

第三罪，自以为无敌于天下，擅自发动战争，荼毒天下百姓。

第四罪，恶意侵犯大唐国土，践踏老百姓赖以生存的田地，残害生灵。

第五罪，朕屡次原谅你的罪过，希望能保全你的江山，而你却一再迁延，不肯前来。

如果能够生在贞观年间，做李世民的臣子，看到这一幕，恐怕内心将会汹涌澎湃。消灭敌人最好的办法不是让他灰飞烟灭，而是受诛心之过。

事实上，颉利可汗是可以还嘴的。

他是突厥首领，如何处置老爸和哥哥留下的遗产，李世民管得着吗？

李世民也订了盟约，为何要出兵攻打突厥？

李世民打赢了战争，颉利可汗就叫荼毒生灵，打输了又该如何说？

李世民指责颉利可汗践踏唐朝百姓的田地，然而为了瓦解梁师都的势力，李世民特地派军队践踏梁师都辖境内老百姓的庄稼，这又如何说？

到了结尾，李世民峰回路转："颉利，任何一条罪名都可以判你一死，然而朕和你订立渭水之盟以来，你并没有大规模入侵，因此免去你的死罪。这样，你就先住在长安城的太仆寺，闭门思过去吧！"

大唐对突厥的战争，不仅仅洗刷了数百年来的耻辱，而且还获得了无数的战马、土地、人口和财富，举国上下一片欢腾。

据史料记载，太上皇李渊听说李世民生擒了颉利可汗，顿时龙精虎猛，一改深居简出的姿态，主动要求李世民在凌烟阁举办了一次盛会。李唐的宗室、重臣、皇子、公主、后妃齐聚一堂，大家伙儿把酒言欢，举杯邀月，兴起之处，李渊亲自弹奏了一曲琵琶，李世民翩翩起舞，一直到深夜才尽兴而归。

君臣虽然很开心，但是不得不面对一个棘手的难题：战争过后，收编了无数的土地，该如何管理呢？投奔大唐的部落有数十个，人口多达一百多万，如何安置他们呢？

关于如何安置少数民族一事，官员们大致有三种不同的意见。

第一种，民族同化论，发言者很多。

说白了，北方的少数民族历来就是中原百姓的大敌，如今好不容易灭了他们的政权，应该将他们迁徙到河南的兖州、豫州（今河南省境内）一带，让他们和中原老百姓混居在一起，慢慢学会耕田种地，养桑织布。这样一来，北方的草原就会空无一人，中原再也没有威胁可言。

好吧，笔者表示这样的大臣有点想当然了。

第二种，自生自灭论，发言者叫魏征。

魏征的态度非常激烈，扬言突厥人就是不折不扣的盗匪，欺负中原人已经有一段日子了。如今自取其祸，李世民没忍心将他们全部诛杀，如果把他们留在中原的话，不过几年时间，人口就会翻番，到时候他们就是一颗定时炸弹。最好的办法就是把他们赶回老家，让他们自谋生路。

第三种，独立生存论，发言者中书侍郎颜师古、礼部侍郎李百药。

他们认为，把突厥人安排到中原不太合适，可以安置到河北，让他们以各自的部落独自生活；朝廷可以规定，部落与部落之间不能有任何从属关系，大家各自过日子就好；可以在定襄城设立都护府，以军事力量来管束这些部落。

这个办法不错，有点靠边了。

夏州都督窦静是个资深的突厥通，他的发言也挺有意思：突厥人就是一群禽兽，严刑峻法对他们来说没什么威慑。不如趁他们落魄的时候，给他们来点儿惊喜。比如赏赐高官厚禄，下嫁几个宗室公主啥的，以此来笼络和分化他们，久而久之，他们自然会成为大唐的藩属，边境可保太平。

好吧，窦大都督，要不把你的女儿嫁给他们？

第四种，军事监管论，发言者中书令温彦博。

突厥人在穷困的时候前来投奔，我们不能将他们视为包袱。至于把他们赶到中原，违背了他们的生存本性，肯定不能长久。不如因势利导，将他们安置在塞外，依旧按照原来的生活习惯，这样可以保全他们的民族，也可以作为大唐北方的一道屏障。对朝廷来说，可以将颉利可汗的地盘分为几块，朝廷在这些地方设立都督府，以此来威慑他们。

数百年的生活习惯，让突厥人保持了一种崇尚自由的精神。中原的住房、饮食、文化对他们都是一种限制，我们可以想象一下，一群整日啃羊腿的人，让他们围着大锅吃着白面馍馍，喝着米汤，该是什么样的画面？

想要把突厥人改造成中原人，难度可想而知。如今，李世民健在，可以威慑突厥人，一旦他羽化登仙，后世子孙还有能力控制这些少数民族吗？最好的办法就是设置军事辖区，对突厥人实施管控，让这成为一种制度的常态。

当然，这种办法可以管控突厥，却也让都督府凌驾到州刺史的头上，造成军权高于行政权的事实，最终也产生了不少隐患，这些都是后话。

李世民权衡之下，最终还是决定采用温彦博的建议，将突利可汗的地盘切分为顺州、祐州、化州、长州，分别设置都督府；将颉利可汗的地盘分为六个州，左置定襄都督府，右置云中都督府。

据史料记载，李世民的帝王心胸确实很宽厚，投降李唐的首领基本上都得到了很好的待遇，有的人被封为郡王，在中原过起了好日子；有人被封为大将军，有人被封为大都督，前去管理突厥百姓，有人被留在宫中，做起了御前侍卫。

贞观四年（630），东突厥帝国宣告灭亡。

客观地说，李世民虽然灭了东突厥，可毕竟有点捡漏儿的嫌疑。说白了，李世民不是无所不能的先知，他不知道突厥会爆发内乱，会展开血腥的厮杀，更不知道突厥会遭遇史无前例的严寒天气，以至整个国家陷入瘫痪。

李渊不想教训突厥、洗刷耻辱吗？那他为何忍着？

李世民不想教训突厥、洗刷耻辱吗？那他为也何忍着？

说白了，唐朝建国初期，人口稀少，经济一塌糊涂，典型的穷国家一个，如果爆发了军事冲突，李唐很可能无法恢复元气。更何况，李世民就算想打，军事实力也不允许啊，骑兵从哪里来？战马从哪里来？区区几千骑兵，如何与东突厥的数十万骑兵、数十万控弦之士抗衡？

没办法，胸中就算有万般怒气，也只能继续忍着。

如果突厥国内没有爆发内乱，没有遭遇暴雪危机，李世民还是得继续忍着！而且短时间内根本找不到完美的解决办法。有趣的是，历史就是很眷顾李世民，突厥内乱来得太突然，灾害也来得太突然。

放在任何一个朝代，面对解体的东突厥政权，面对因为缺乏食物而纷纷前来投奔的少数民族，我想皇帝们都知道在这个时间节点，他们应该干点什么。

可李世民，除了派遣李靖和李世勣等人出兵突厥，趁着突厥人心惶惶，捣了别人的老巢，没有任何正面的厮杀，没有任何运筹帷幄，战术毫无亮点可言。

一言以蔽之：乘人之危灭了人家的国，看起来很霸气，可含金量却非常一般。

即便如此，李世民还是很不错的，他懂得蛰伏，懂得压抑自己的欲望，顾全朝廷的大局。一个皇帝有了这个优点，能成大事也就不足为奇了。

天无绝人之路：吐谷浑时来运转

东突厥灭亡之后，北方的少数民族因为吃不饱肚子，纷纷归降，可西边和西南的少数民族政权，还是不买李世民的账。

吐谷浑、吐蕃、高昌等国就是其中的代表。

先来说说吐谷浑吧。

想当年，隋炀帝一声令下，隋朝铁骑纵横千里，把伏允可汗赶得鸡飞狗跳不说，还把吐谷浑的地盘纳入大隋版图，随后设置了河源、西海、鄯善、且末（今新疆维吾尔自治区巴州且末县）四郡，正式接管了吐谷浑全境。遗憾的是，没过多久，隋朝便陷入无休无止的内乱之中，伏允可汗趁着大隋无暇西顾，趁机渐复故地，占据着青海和甘肃等地。

李渊做了皇帝之后，曾经派遣使者前往吐谷浑，要求伏允可汗帮他教训盘踞在凉州的李轨，伏允可汗二话不说，领着精兵就把李轨狠狠捅了一刀。

有趣的是，李世民做皇帝之后，伏允可汗对李唐的态度发生了一百八十度的大转弯。想要我们去朝贡？没门儿！想要搞邦交关系？没门儿！

按理说，伏允可汗愿意投靠李渊，说明他对李唐政权没什么反感，可他又不愿意买李世民的账，连面子工程也不愿意照顾了，说明是对人不对事啊。不仅如此，伏允可汗还多次出兵骚扰唐朝的边境，行为猖狂至极。

李世民很无奈，大唐当时确实穷得叮当响啊，像这种不听话的小弟，能不教训的就不教训，能晚点教训的就晚点儿教训。为了强行挽回尊严，李世民还是给伏允可汗写了一封信，希望他可以来长安会面，双方坐下来好好聊聊。

伏允可汗答应得非常爽快，这让李世民有些受宠若惊。

事实证明，伏允可汗就是一个满嘴跑火车的人物。

在他的眼里，承诺、信义什么的根本不算数。他确实从老巢出发了，可前往长安开会的是一位不知名的下属，他本人则带着军队顺道劫掠了鄯州（今青海省西宁市附近），然后大摇大摆地回家去了。

李世民蒙了，完全看不懂伏允可汗的套路。

打又打不得，骂也不能骂，李世民只好下诏谴责，说伏允可汗不太讲究，希望他可以来长安道个歉，这事儿就算揭过去了。谁料想，伏允可汗居然称病推辞了，还厚颜无耻地为儿子向李唐皇室求婚。

事实上，李唐已经过了创业期，虽然日子过得紧巴巴的，可是把公主远嫁到西域换取和平，已经不是他们的第一选择。不过，李世民还是决定为伏允可汗破个例，毕竟，用一个宗室的公主就能让吐谷浑臣服，这笔买卖倒还划算。

李世民：让你的儿子来长安迎亲吧。

有趣的是，伏允可汗再一次放了李世民的鸽子。

啥意思？难道要李世民把公主送到吐谷浑去？

李世民怒了，他派遣中郎将康处直前往吐谷浑宣旨，严厉谴责伏允可汗背信弃义的行为，并威胁道：吐谷浑这次不来，以后就别再想和大唐和亲了。

据史料记载，伏允可汗对李世民如此敌意，除了脑子不太灵光之外，还受到了国内主战派大臣天柱王（天柱是吐谷浑的部族）的挑唆。被李世民教训之后，伏允可汗一不做二不休，派人抢了兰州和廓州（今山西省忻州市原平市），随后又扣押了大唐使者赵德楷，李世民前后调解了十多次，这才让赵德楷返回长安。

伏允可汗和李世民就这样纠结了将近十年的时间。

贞观八年（634）六月，李世民突然下旨：封左骁卫大将军段志玄为西海道行军总管，左骁卫将军樊兴为赤水道行军总管，统率边境地区以及契苾、党项两族的兵力进攻吐谷浑。早不打晚不打，为何偏偏选择在贞观八年（634）六月开打？

据史料记载，在此之前，鄯州刺史李玄运给李世民报告了一个重要的消息：吐谷浑人在青海湖养了一批宝马，如果唐军奇袭成功，就可以获得这些马。

事实上，宝马的名字叫青海骢，前面已经说过。

地球人都知道，李世民是爱马之人。不过，打仗不是儿戏，如果说发动战争是为了获得吐谷浑的宝马，甚至是为了自己的私欲，恐怕朝臣会把李世民喷到抬不起头来。因此，李世民就算是奔着宝马去的，也不能和属下明说。

身为领军主帅，段志玄明白老板的意思吗？

贞观八年（634）七月初二，段志玄和吐谷浑的军队爆发了军事冲突，大唐大获全胜，唐军一直追击了吐谷浑军队数百里地，最终驻军在青海湖的附近。当时，段志玄下令在离青海湖三十里的地方安营扎寨，不再继续前进，至于想干什么，段志玄也没有明说。

有趣的是，吐谷浑方面似乎察觉到了什么，迅速派人将青海湖周边的战马全部驱逐到了青海湖的西边。

段志玄没有任何部署，反倒是军中的副将，也就是后来因为“唐三代而亡，女主武氏代之”的谶言被李世民处死的李君羡发现了其中的猫腻。当时，李君羡自己带兵来到青海湖之南的悬水镇，与吐谷浑大战了一场，可绕着湖跑了一圈，李君羡似乎并没有看到战马，最终只牵回来两万余头牛羊交差。

事实证明，李世民对这个结果并不满意。段志玄虽然打了胜仗，可还是被李世民罢了官，李君羡虽然有功，可并没有得到李世民的认可。

贞观八年（634）十二月初三，李世民再次下诏：封李靖为西海道行军大总管，兵部尚书侯君集为积石道行军总管，王道宗为鄯州道行军总管，凉州都督李大亮为且沫道行军总管，岷州都督李道彦为赤水道行军总管，利州（今四川省广元市利州区）刺史高甑（zèng）生为盐泽道行军总管，并突厥、契苾之众，大举进攻吐谷浑。

有两个小细节值得说一下。

细节一：这是一个非常豪华的主帅阵容。

李靖是大神级的存在，数年前，他率领团队灭了东突厥，随后被封为尚书右仆射，后来又退休在家。李世民此次起用 63 岁的李靖，意图耐人寻味，再加上侯君集、李大亮等人，凭他们的实力，走到哪里都可以让敌国寸草不生。

细节二：大军出征的时间是十二月。

要知道，十二月正是寒冷的冬季，而且还是在西部大漠作战，北风呼啸，雪花飘飘，粮食、甲仗、被服等战略物资成了大军取胜的关键因素，艰难程度可想而知。吐谷浑虽然也面临着寒冷的气候，但是人家毕竟是主场作战，对地理位置的熟悉，粮草的储备，都比唐军更为保险。

据史料记载，李世民虽然早就下达了进攻的命令，可将军们似乎是因为天气的原因，打得并不是很积极。一直到贞观九年（635）闰四月，李道宗才率先在库山正面击败了吐谷浑的军队。

伏允可汗算是明白了，吹牛皮、耍无赖没问题，可他的势力范围也就局限在青海湖一带，当着唐军的面，他毫无招架之力，只能彻底服软啊。伏允可汗决定向西逃跑，逃跑之前，他派人将草原上的野草全部烧光，以此来断绝唐朝骑兵的马料，让他们知难而退。

自从去年入冬以来，寒冷的天气让将士们疲惫不堪，再加上千里奔袭，军中怨言非常多。李世民的爱将们意见非常一致：不能孤军深入。

关键时刻，侯君集站了出来，他说道："兄弟们，咱们不能重蹈段志玄的覆辙啊，他本来打了胜仗，却放了吐谷浑一马，因此军队刚刚回到鄯州，吐谷浑士兵就已经到了城下。如今敌军战败之后抱头鼠窜，连探马都已经撤离，吐谷浑君臣离散，此时不乘胜追击，以后必定后悔。"

总结陈词就是：斩草要除根。

大军主帅李靖当机立断，将麾下的军队分为两路：李靖、薛万均、李大亮为北路军，由北路切断伏允可汗通往祁连山的退路，并迂回至伏俟城；侯君集、李道宗为南路军，由南路追截南逃的吐谷浑军队。

贞观九年（635）四月二十三日，李靖手下的将领薛孤儿在曼头山大胜吐谷浑的主力大军，还弄死了一批吐谷浑的部落首领，俘获了大批牲畜，为大军及时补充了食物。

贞观九年（635）四月二十八日，李靖等人在牛心堆（今青海省西宁市的西南）和赤水源（今青海省海南藏族自治州兴海县东南）再一次击溃吐谷浑。

据史料记载，赤水源一战打得非常辛苦。

薛万均、薛万彻率领骑兵冲锋，被吐谷浑的大军包围，兄弟二人被枪刺中，身受重伤，跌下战马之后徒步参战，随从的骑兵伤亡过半。左领军将军契何力率领数百名骑兵前往救援，拼尽全力才把薛万均、薛万彻给救了出来。

与此同时，侯君集、李道宗率领南路军在杳无人烟的地区行军两千余里，途经无水无草的破罗真谷（今青海省海西州都兰县东南）的时候，大军只能化冰雪为水，勉强充饥，条件非常艰苦。幸运的是，他们在五月追上了伏允可汗，两军激战，唐军连战连捷，伏允可汗不得不继续狂奔。

随后，李靖率领各路军马穿越积石山（今青海省玛沁县，属于昆仑山脉）、且末，一直抵达吐谷浑的西部边境。

前方探马传来消息：伏允可汗已经逃到了突伦川附近，按照这个趋势下去，这小子估计会逃奔到于阗（tián）（今新疆维吾尔自治区于田县附近）。也就是说，唐朝的骑兵部队像撵狗一样，将伏允可汗一直撵到如今的国境线附近。

接下来怎么打？就此罢了，还是继续追击？

大将契何力表示，他已经杀红了眼，得知伏允可汗的准确定位，契何力嚷嚷着要去斩尽杀绝，可小伙伴薛万钧却拦住了他：“老兄啊，我们之前就是轻敌冒进，这才被人家捅了两刀，且行且收敛啊！”

契何力咆哮道：“吐谷浑人没有城郭，随着水草的迁移而流动，如果不趁他们聚居在一起时袭击，等到他们四处游荡，怎么能捣毁他们的巢穴呢？”

契何力亲自从军中挑选了一千多个骁勇善战的骑兵，随后直逼突伦川，薛万均看到战友们都奋力而为，自己也不甘落后，率部随后紧随。

此时，征战的大军已经长途奔袭了数千里地，无论是体能还是精神状态，都已经到达了极限，将士们几乎是咬紧牙关，才坚持下去。即便如此，他们还是要面临沙漠缺水的现状，无奈之下，唐军只好拿胯下的战马开刀，茹毛饮血。

写到这里，只能感叹一句：真的是天佑大唐啊。

伏允逃跑的时候，居然带了数十万匹牛羊马匹，这些是他的全部家当，可以用来保全族人的性命，以求东山再起。然而，这些牲畜也成为伏允的累赘，以至于他的行军速度非常缓慢，始终甩不掉唐军。

据史料记载，李靖的大军在突伦川附近追上了伏允的主力部队，两军爆发了骑兵的主力交锋，伏允的牙帐最终被唐军攻破，数千名吐谷浑士兵被诛杀，唐军获得了二十多万头牲畜，大军顿时气势如虹。

唐军步步紧逼，伏允可汗已经陷入绝境之中。

事实上，当外族入侵时，最容易引起政权内部的动荡，吐谷浑也没逃过这个历史的宿命。而真正葬送伏允的，恰好是他的儿子，大宁王慕容顺。

隋大业三年（607），慕容顺以吐谷浑王子的身份前往隋朝朝贡，正巧碰到隋炀帝对吐谷浑动手，他因此被扣押在长安城，这一住便是多年。后来，隋炀帝收编了吐谷浑的地盘，随后任命慕容顺为新的吐谷浑首领，并责令吐谷浑贵族尼洛周辅佐他。

遗憾的是，慕容顺还没到达都城（今新疆维吾尔自治区库车县），尼洛周就被人干掉了。想想看，慕容顺在国内没有任何根基，就算回家也是个傀儡，运气不好的话还会被族人杀死，于是干脆横下一条心，留在了隋炀帝的身边。

唐朝立国之后，李渊为了拉拢吐谷浑势力，决定将慕容顺送回去，至于回去做太子还是做什么，李渊就管不着了。此时，伏允已经收复国土，并且新立了另外一位太子，慕容顺的地位便显得非常尴尬。

曲折而又悲惨的一生，让慕容顺闷闷不乐，心生怨恨。

眼下，李靖率领唐军横扫吐谷浑全境，快要亡国灭种，吐谷浑百姓惴惴不安，纷纷将怒火撒到伏允可汗和天柱王的头上，慕容顺拉拢了几个亲信，暗中策划了一场政变，杀死了天柱王，随后率领部族投降了李靖。

伏允可汗遭逢意外的打击，不得不率领一千多骑兵仓皇出逃，临走之时并没有带多少家当，不到十天的日子，伏允可汗就被走投无路的部下杀死。

犯强汉者，虽远必诛。

李唐的将领们用实践证明了先祖们的铁血意志。

慕容顺成为吐谷浑的新一任大汗，正式匍匐在李世民的脚下。

李世民似乎有先见之明，他觉得慕容顺没能力摆平国内的部族势力，于是让李大亮率领数千名精兵留在吐谷浑协助慕容顺。

令李世民没想到的是，慕容顺很少在国内生活，支持他的势力并不多。再加上两国刚刚爆发了亡国灭族的战争，吐谷浑的百姓安稳之后，便开始仇恨李唐政权，而慕容顺为了自保，又一味地依附李世民，没过多久就被族人刺杀身亡。

用悲摧两个字来形容慕容顺的一生，实在是很恰当。

想当年，隋炀帝为了处置吐谷浑的地盘，设置了四个大郡，如今李世民灭了吐谷浑，又该如何呢？有趣的是，李世民没有任何安排，打完了仗，将军们回朝交旨，该升官的升官，该得赏的得赏，至于吐谷浑，还是保持原样。

新的可汗叫慕容诺曷钵，是慕容顺的儿子。

贞观十年（636），李世民封他做了河源郡王，让他继续掌管吐谷浑。李世民的决定莫测高深，按照后续的历史发展来看，李世民很可能意识到西南边陲的吐蕃政权正在强势崛起，想要扶持吐谷浑的残余势力，把他们视为缓冲地带。

然而事情的真相，谁又能知道呢？

能征善战李世民，专治各种不服

李世民专治各种不服，吐谷浑要横无赖，所以被打得满地找牙，生活不能自理。刚刚治理完伏允，李世民就把矛头指向了高昌国。

这种不服就打的节奏，很像多年以前的隋炀帝，两个帝王的性格是否有相似之处，两个国家所处的外交环境是否有相似之处，很值得我们玩味。

其实，要把高昌国说清楚，必须先说高昌古城，因为在西域的历史上，是先有了高昌古城，后来才有了高昌国。

公元前1世纪，西汉的大将军李广利为了贯彻汉武帝北防匈奴，控制西域门户的战略，率领军队在此屯田，并建造了一个小型的城池，其实就是几段低矮的土墙而已。这个城池位于古代丝绸之路上，战略地位非常重要，自然要取一个寓意长远的名字。当时，这个地方位于高原之上，再加上西域的商人来来往往、热闹非凡，可谓“地势高敞，人广昌盛”，因此就被叫成“高昌壁”。

这便是高昌古国的起源。

事实上，高昌古城的附近还有一个交河城，位于吐鲁番市的西北，是西域车师古国的都城。交河城要比高昌古城早得多，又是人家车师古国的都城，不适合汉军屯田，李广利这才重新找了个地方，建立了高昌古城。

北凉承平八年（450）左右，北凉的贵族沮渠安周在中原战败，一口气跑到了高昌，顺手灭了车师古国，建立了高昌北凉。

北凉承平十八年（460），高昌北凉被柔然政权所灭，柔然政权扶持阚伯周为王，正式建立了高昌政权。从此，高昌古国正式取代交河城，成为中原与西域之间北部通道的战略门户，吐鲁番盆地的政治、经济、文化中心。

和西域其他国家不一样，高昌国并不是以游牧为主。

高昌国位于西域丝绸之路，商业贸易非常发达，是来来往往的商人需要吃饭住宿的地方，这些只能通过固定的城池来供给。更何况，李广利当时在高昌屯田的时候，输入了不少中原的农业资源和生活方式，以至于高昌古国和中原一样，都是以城池为中心，农业和手工业共同发展的格局。

正是因为高昌的游牧文化不浓厚，西域和中原的文化可以在此地生根发芽，这才使高昌古国成为西域丝绸之路上最繁荣的宗教和文化圣地。贞观时期，唐玄奘西出玉门关，遍游阿富汗、巴基斯坦、印度诸国，最后回到了高昌之后仰慕此地的宗教文化，因此和国王结成异姓兄弟，成为一段佳话。

说得有点远了，还是说说悲惨的事情吧。

高昌古国建立之初，柔然政权起到了决定性的作用，因此高昌国一直摆脱不了被干政的阴影。在高昌国内，谈不上什么贵族不贵族，谁有本领谁就可以做国王，因此以下犯上的事情经常发生。

高昌国前前后后一共经历了四个姓氏，分别是阚氏高昌、张氏高昌、马氏高昌、麴氏高昌。有趣的是，高昌国内的宫廷斗争虽然凶险，国王之位经常在异姓家族之间转手，但是高昌国名却从未改变，也不能不说是奇事一件。

一直到隋唐时期，高昌国的君主麴（qū）氏才将政权稳定下来。

隋唐时期，有两个国王需要隆重介绍一下，一个是麴伯雅，他曾在隋炀帝时入朝，拜左光禄大夫、车师太守、弁（biàn）国公；一个是他的儿子麴文泰。

隋大业五年（609），隋炀帝第二次讨伐吐谷浑，设立了河源、西海、鄯善、且末四郡。随后，隋炀帝西巡到张掖，高昌、伊吾等西域几十个国家的国王和使臣都聚集于此，纷纷表示臣服隋炀帝，并将辖境内的部分土地交给了隋炀帝。

隋大业六年（610），隋炀帝设立伊吾郡，进一步完成了对西域的纵深布局。

在西域诸国中，高昌国这个小弟姿态做得最足。据史料记载，麴伯雅为了表示衷心，特意前往长安朝拜，还给隋炀帝带了不少好东西。隋朝作为天朝上国，接受了小弟的礼物，自然也不能亏待他们，除了在金钱和特产上面封赏，还派了一批公主前往西域，试图拉拢这些少数民族的领袖。

隋大业八年（612），隋炀帝在宇文家族选了一位女子，将她封为华容公主，随后赐给麹伯雅，麹伯雅为了表示诚意，特意废黜了大老婆，将华容公主扶了上去。

武德二年（619），麹伯雅去世了，儿子麹文泰继承了王位。

按照高昌的习俗，麹伯雅去世之后，麹文泰把后妈华容公主娶了过来，当然这些都是人家的家事，中原的皇帝管不着。麹文泰上位之后，姿态还是做得很足的，不仅表示了继续臣服的意思，还经常给李渊带去稀奇古怪的礼物。

武德七年（624），他给李渊带来了两条狗，一雄一雌，长约一尺，高约六寸，叫作拂菻狗。了解狗的人都知道，拂菻狗非常通人性，又非常灵巧，可以说是顺从的代名词。

拂菻狗是东罗马帝国的产物，这也证明了当时西域丝绸之路对中西文化的交流碰撞，确实产生了非常积极的影响。

大家可别以为古时候的人都是土包子，没见过什么世面，其实许多文化和时尚在古代都已经存在了。比如唐朝就有了宠物狗，尤其是皇室和贵族妇女，没事就喜欢牵着宠物狗到处溜达，非常时尚。

两国的关系就在这样的礼尚往来之中保持了好几年的友善，但是后来慢慢就出现了裂痕，而裂痕的产生竟然是因为一个不起眼的小国——焉耆。

焉耆，现位于新疆维吾尔自治区焉耆回族自治县附近，西域古国之一。事实上，焉耆国王龙突骑支也是亲近中原王朝的国家，每年都会派人前去中原送礼。然而，隋朝的时候，丝绸之路的北部古道就慢慢废弃不用了，高昌变成新路的重要门户。

换言之，焉耆等西域小国想要前往长安，必须经过高昌古国。

这原本是一件好事，人流量增加了，可以带动高昌的繁荣，何乐而不为啊？麹文泰不知脑袋的哪根筋搭错了，居然想到了收“过路费”。

麹文泰说了，凡是经过高昌国境的商队或者使团必须交“过路费”。

想想看，这帮人经过高昌前往长安的时候，需要交一笔过路费，从长安回去的时候，肯定会带一些中原特产和朝廷赏赐的财宝，又得受到一次盘剥。如果每年走一次，大家还可以接受，问题是，贞观时期，中原和西域的往来非常频繁，西域诸国每年都是几次乃至数十次前往长安，真可谓不胜其烦啊。

贞观六年（632），焉耆国王龙突骑支派遣使臣给李世民进献贡品，趁机将此事提了出来，并正式请求重开沙漠故道，促进两国的相互往来。李世民想了想，高昌虽然和唐朝的关系很不错，可焉耆也是小弟啊，总归不能厚此薄彼，伤了小弟的心，于是答应了焉耆国王的请求，打算重开故道。

这下麹文泰不开心了，他表示，遵奉李世民没问题啊，可前提条件是我能得到天大的好处。想想看，麹文泰拥有丝绸之路上最重要的门户，就因为李世民的一句话，以后就没机会敲诈别人了，他能乐意吗?

麹文泰不敢找李世民的晦气，只能先拿焉耆小国开刀。麹文泰放出话来了，以后凡是焉耆国的使团和商队，都要重点“照顾”一番。

就因为这件小事，高昌国和焉耆变成了仇敌。

贞观十二年（638），麹文泰大概是觉得自己活得太长了，或者是觉得自己无敌于天下，于是联合处月和处密两个小型部落，对焉耆发动了大规模的军事进攻，目的只有一个：抢劫，抢劫，再抢劫!

焉耆本来就是一个小国，高昌对它用兵，其实是属于西域内部的常规冲突。对李世民来说，可管可不管，他也选择了睁一只眼闭一只眼。

遗憾的是，在麹文泰的眼里，李世民的宽容就是对他的放纵和溺爱，因此并没有收敛行为。相反，麹文泰联合西突厥骑兵，在唐朝的伊吾郡大肆劫掠，还派人前往薛延陀挑拨离间，声称夷男可汗和李世民一样，都是大国首领，应该平起平坐，以李世民为尊实在是太没面子。

李世民继续忍了。

没过多久，丧心病狂的麹文泰彻底和李世民决裂，还阻止西域诸国向李世民进贡，切断了西域和中原之间的往来通道。

直到此时，李世民终于坐不住了。

麹文泰的行为证明了一件事：他不想安于现状，不想让西域诸国相安无事，不想让李世民的日子太好过。在麹文泰的眼里，他似乎在干一件很伟大的事儿，可在李世民的眼里，麹文泰在玩挖坑埋自己的游戏。

贞观十三年（639）三月，夷男可汗先动起来了，他派遣使者前往长安，递了一封看起来情真意切的表书："尊敬的大唐陛下啊，我等深受您的隆恩，一直想要找机会回报，希望您能准许我方军队为先锋，狠狠地教训高昌国王麹文泰。"

李世民笑了，想玩心眼儿，夷男的火候明显不够啊。傻瓜也知道，夷男是看中了高昌国的巨大财富，想要趁着打仗，大捞一票。李世民不想戳穿此事，也不想打击夷男可汗的积极性，他特意派遣户部尚书唐俭、右领军大将军执失思力前往薛延陀，还给他带了无数的丝绸，至于出兵一事，李世民表示心领了。

发兵之前，李世民屡次传旨，希望麹文泰可以来长安觐见，然而每次都是热脸贴着冷屁股，麹文泰的态度始终是，我就是不去长安，能拿我怎么样?

拔掉肉中刺：高昌古城被团灭

《神探狄仁杰》这部电视剧里，李元芳最喜欢说的一句话就是：像你这样的人，应该怎么去改变呢？每次他都会自问自答：只有让你去死！

想不到，这是一句至理名言啊。

贞观十三年（639）十二月，李世民传下旨意：封吏部尚书侯君集为交河道行军大总管、左屯卫大将军薛万均为副总管，发兵高昌，教训一下不知天高地厚的麴文泰。

上一次出征，李世民派出了最豪华的武将阵容，这一次却只派了侯君集和薛万均，这只能说明一件事：高昌是秋后的蚂蚱，蹦跶不了多久了。

有趣的是，麴文泰居然毫无压力，他始终觉得，李世民调派大军征讨高昌，纯粹就是劳民伤财的胡闹行为，是不可能成功的。

麴文泰的疯狂行为让臣民们彻底蒙了。几年前，吐谷浑的伏允可汗被唐军赶得鸡飞狗跳，国破家亡，最终不得好死，他难道忘记了？说唐军不可能成功，底气何在啊？

大臣们嚷嚷着要麴文泰给一个说法，不然就游行示威。

麴文泰为了稳定人心，开了一次议政会议。

麴文泰信誓旦旦地说道："兄弟们啊，唐朝距离高昌国有七千里之遥，其中两千里是沙漠地带，寒风刮起来如同刀割一样，热风如同火烧一般，再加上水草枯竭，大部队根本不可能穿越这片绝境。"

大臣说："唐朝国富力强，如果他们带足粮草呢？"

麹文泰得意地说道："你们有所不知啊，我之前去唐朝的时候，看到陇右一带城池萧条，和隋朝根本没法相比。如今，李世民派兵前来，如果发兵太多，粮草供应不上；如果发兵在三万以内，我们可以轻松御敌。眼下最好的办法就是以逸待劳。如果他们真的兵临城下，不过二十天时间，必然粮草耗尽，到时候咱们可以团灭他们，你们都懂了吗？"

麹文泰的分析，颇有李世民的味道。

事实上，他分析得一点不错，发兵之前，李唐高层也展开了激烈的交锋。李唐的朝臣认为，为了打高昌，大军要穿越千里沙漠，如果打赢了还好，打不赢就是空耗国力，葬送珍贵的士兵。更何况，高昌地处西域偏僻之地，就算打下来了，也没办法据为己有，更不可能派兵驻管。

遗憾的是，李世民是皇帝，身份的不同决定了视野的不同，更决定了思维方式的不同。对李世民来说，他必须以帝王的思维去决定国运，像吐谷浑、高昌这些跳梁小丑，如果不给他们点儿颜色看看，以后还会有更多的人效仿他们。

身为天子，李世民不容许任何人挑战他的权威，在这一点上，李世民能够体会隋炀帝当年的心境，因为他们想的都是一件事：犯强汉者，虽远必诛！

对唐军铁骑来说，横渡沙漠已经不是第一次了，两千里和三千里又有什么区别呢？在侯君集的带领下，唐军将士历经艰难，最终靠近了高昌古城。

直到此时，麹文泰才从梦中惊醒，面对了这个事实。和伏允可汗一样，吹牛皮是吹牛皮，可面对唐军铁骑，麹文泰深知，自己的下场不会太好。唐军还没开始进攻，麹文泰就一命呜呼，留下了即将遭受蹂躏的高昌国民。

麹文泰的儿子麹智盛临危受命，继承了老爹的王位，并急忙调兵遣将，打算将唐军阻击在高昌古城之下。遗憾的是，侯君集的铁骑犹如一道劈天斩地的狂风，几乎以最快的速度扫清了高昌古城之外的所有地方，唐军铁骑陈列在高昌古城的不远处，傲视着这个几经波折的西域古城。

高昌国民愤怒了，绝望了，他们不知道为什么唐军突然降临在自己的家园，他们更不会知道，接下来的高昌古城将会成为人间炼狱。

起初，侯君集还挺讲究，不愿意趁麹文泰下葬的时候偷袭，并派人前往城中劝降，希望他们能乖乖认罪。然而，对方却严词拒绝，表示要顽抗到底。

侯君集不是圣人，对待其心必异的高昌人，他没有悲天悯人的时间，也没有那份闲情逸致。遭到拒绝之后，侯君集调集了一批投石车，对高昌古城的外城发动了猛烈的空袭。大石头迎风咆哮，落地之处，房屋千疮百孔，百姓血肉模糊，惨烈的攻击让高昌百姓终于明白，中原是礼仪之邦不假，但是如果有必要，他们也会用最野蛮的方式，把中原的礼仪带到王化之外。

古城一战，侯君集俘获了七千百姓，完成了对皇城的包围。

麹智盛算是明白了，自己根本不是唐军的对手，他赶紧派人给侯君集送信，表示愿意归降唐朝，并把一切责任都推到了父亲的身上。至于麹智盛自己，完全是一副孤苦可怜、替父受罪的样子，也可以理解为背锅侠。

侯君集："想投降可以啊，来我们军门，咱俩好好聊聊！"

麹智盛："可以，等我们再想想！"

麹智盛并非真的想投降，他在等西突厥的援军，这也是高昌国继续存活的最后希望。据史料记载，高昌国和西突厥约好了，任何一方遭到唐军的攻击，另外一方就出兵支援，总之就是和唐军对着干。

事实上，西突厥也派兵来了，可他们听说侯君集包围了高昌国的王城，连夜退兵一千里，唯恐唐军知道他们的存在。

麹智盛听说西突厥退兵，这才举白旗投降。

侯君集是谁?

跟随李靖灭了东突厥，又参与过吐谷浑的灭国战争，此次是李世民钦点的大将。这样的一位铁血统帅，怎么会因为麹智盛的投降而轻易放过他，如何会让唐军将士们空手而归?

一句我认输，我投降，就可以换取和平?

那这个世界就不需要战争了。

古往今来，有些战争确实是为了正义，为了所谓的黎民百姓，然而绝大部分的战争，其实是为了某些人的私欲，这是人的本性，无法改变。

面对麹智盛的投降，侯君集答应了。然而，他转头就让唐军分散开来，对高昌国的三郡、五县、二十二城展开了地毯式的搜刮劫掠，八千户家庭，两万高昌百姓遭逢大难。贞观十四年（640），高昌国正式宣告灭亡。

高昌古城位于西域丝绸之路，是中亚、西亚商队的必经之路，货物和人流的集散地，麹伯雅和麹文泰父子这些年雁过拔毛，敛聚了无数的财富。说白了，侯君集不顾高昌百姓的投降请求，其实就是看上了高昌古城的财富。

聪明的将领，其实应该给皇上写封信，询问一下高昌国的处置办法，顺便提一嘴，究竟该如何处置高昌百姓的财富。

遗憾的是，侯君集膨胀了，他觉得高昌被灭，自己功比天高，别说是捞点钱财，就是坐地称王也是可以理解的。

接下来，侯君集擅自做主，将高昌的有钱人发配到边远地区，随后将他们的财富据为己有。小兵们看到主帅不讲规矩，也开始肆无忌惮地抢劫金银财宝，侯君集睁一只眼闭一只眼，你好我好大家好！

事实上，唐军班师回朝之后，朝中的御史就以此事为由头，狠狠地参了一本侯君集，李世民为了平息众怒，下旨将他拿入大狱。侯君集觉得自己功高，结果受到不公平待遇，于是心生不满，最终走上了造反的道路，这些都是后话。

高昌被灭，李世民的心情美美的，他对群臣说了，想要用中原的州县制度来管辖高昌的土地，希望大家能够各抒己见。

魏征劝谏道：“陛下，您登基的时候，麹文泰夫妇还来朝拜过，只不过他后来骄傲自大，所以才引火烧身。臣认为，只需要找麹文泰问罪就可以，至于高昌百姓，还是以安抚为主，立他的儿子为可汗，保存高昌的国号。这样一来，陛下的威德就可以遍及荒远之地，四方百姓都会诚服啊！”

李世民：“把高昌变成大唐的国土，不也一样吗？”

魏征：“如果把高昌的国土改为州县，咱们还要派遣大军去镇守，几年轮换一次，因为卫戍边境而死掉的人恐怕会有十分之三四，实在是得不偿失啊！”

在李世民的眼里，魏征还是太书生气了。不过，这也不能怪他，魏征毕竟是打工仔，李世民才是老板，思维方式不一样。

令李世民欣慰的是，侯君集刚刚返回长安，西突厥使者便到了。在此之前，西突厥和高昌暗中勾结，想要达成攻守联盟，结果西突厥的军队还没到达战场，高昌就被灭国了，西突厥的贵族们还能吃嘛嘛香?

他们想了想，李世民肯定会拿西突厥开刀，继续实践“犯强汉者，虽远必诛”的口号。一个是主动送上门，一个是被打上门，心态不一样，待遇自然也不一样，于是主动献出了可汗浮图城（治所在今新疆维吾尔自治区吉木萨尔县）。

李世民很欣慰，孺子可教啊。

贞观十四年（640）九月，李世民下诏：将高昌改为西州，治所在高昌古城。将浮图城改为庭州，再加上隋朝设立的伊州（今新疆维吾尔自治区哈密市伊吾县），唐朝在新疆地区就有了西州、庭州和伊州三座重要的城池，基本上控制了西域之路的门户。

没过几天，李世民又放出一个重磅的消息：在西域设置安西都护府，治所在交河城。西州的治所在高昌古城，安西都护府的治所在交河城，两个办公地点相距很近，自然承担着不一样的角色定位。

事实上，西州的长官是西州刺史，主管西州的所有民政，和内地的刺史是一样的；安西都护府的长官是安西都护，主管整个西域的军政，相当于西域大军区司令员。由于贞观年间的西域还算平静，李世民只给了几千个编制，他们的任务不是开疆拓土，而是威慑西域的小国，为西域丝绸之路保驾护航。

贞观二十二年（648），李世民将安西都护府的总部转移到了龟兹国的都城，同时在龟兹、焉耆、于阗、疏勒（今新疆维吾尔自治区喀什）修筑了四座城堡，并建置军镇，由安西都护兼管，它们统称为安西四镇。

一波又起：吐蕃政权的雄起

说完了高昌，再来说说吐蕃吧。因为中晚唐时期，吐蕃和大唐之间是你中有我，我中有你，没事儿就互相伤害的关系，所以不能不提。

吐蕃，古代藏族在青藏高原建立的政权，也是西藏历史上第一个有明确史料记载的政权，创始人便是我们熟知的松赞干布。

在此之前，中原地区经历了奴隶制社会、封建社会，正在君主制的时代大放光芒，而西藏地区还是野蛮落后的原始社会，连奴隶社会都谈不上。

在青藏高原那里，有一群崇拜原始神灵的部族，他们认为这些东西具有强大的能力，可以主宰人世间的一切。为了和神灵们对话，人间涌现了一批有通天本领的巫师，他们将神灵的旨意传递给老百姓，践行着原始社会的自然法则。

想想看，当时西藏地区的百姓没有火种，没有金属生产工具，生存的可能只局限在最熟悉的地盘，根本就走不出去，所以只能过原始部落的生活。

在西藏地区，一共有数十个部落，部落和部落之间又结成联盟，其中山南河谷的雅隆部落联盟、阿里地区的象雄王国、雅鲁藏布江以北的苏毗部落联盟是最大的三个。

公元 6 世纪左右，西藏山南地区的雅隆部率先雄起，由部落联盟发展成为奴隶制的政权，史称吐蕃。吐蕃的男性首领叫赞普，所谓的“赞”代表的是强雄，“普”代表着丈夫，而首领的妻子叫作末蒙。

据史料记载，吐蕃从原始社会向奴隶社会过渡的历史中，出现了许多牛人，其中有七位大神做出了巨大的贡献，可以说正是他们的成就，推动了吐蕃民族走上了强盛之路，吐蕃国内搞了个排行榜，史称“吐蕃七贤”。

吐蕃的第三十一任赞普叫达布聂赛，在他的带领下，吐蕃部族逐渐强大。达布聂赛手下有一个叫俄朗赞芒的大臣，此人是“吐蕃七贤”的第三位。

这位兄弟不知道是突发灵感，还是偶然的奇遇，发现可以把木材烧制成炭，而炭则是冶炼金属的重要原料。就这样，吐蕃百姓开起了金属加工厂，搞出了不少铜、铁，他们为军队配备了金属武器，又发明了耕田的犁。

这些发明放在中原地区，可能会让人嘲笑不已。开什么玩笑，金属武器？中原一千多年以前就已经搞出来了！木犁？那是中原百姓最基础的生产工具啊。然而，在那个时候，西藏地区就是如此落后。

吐蕃的百姓接触到了金属，于是开始步入文明社会，并且有机会把其他的部落踩在脚底下。吐蕃的强盛，尤其是金属武器的普及，让周边的小部落心惊胆战，大家要么巴结达布聂赛，要么表达了联合吐蕃一起征讨其他部族的意愿。

达布聂赛的儿子朗日伦赞是吐蕃的第三十二任赞普，他雄心勃勃，趁着吐蕃的强势发动了数次对外战争，快速兼并了周边的小部族。武德三年（620），朗日伦赞成功地灭掉了雅鲁藏布江以北的苏毗部落联盟，成为西藏地区实力最强的民族。

遗憾的是，朗日伦赞随后重用苏毗部落，并给他们赐了不少土地和奴婢，最终引起了吐蕃旧贵族的强烈不满。贞观三年（629），在吐蕃如日中天的时候，朗日伦赞被反对派毒杀，辉煌的一生戛然而止。

第三十三任赞普便是松赞干布，他是朗日伦赞精心培养的接班人。

老爹被杀的时候，松赞干布只有 13 岁。面对磨刀霍霍的贵族势力，松赞干布的命如果不太硬，很可能被人直接杀死，或者成为旧贵族的傀儡。幸运的是，松赞干布是老爹的独生子，老妈背后又有贵族势力撑腰，再加上反对派势力钩心斗角，谁也无法上位，松赞干布这才顺利接管王位。

如果用一句话来形容松赞干布，可以说他是个完美的男人。

小的时候，松赞干布受到了良好的家庭教育和严格的贵族训练，他精通骑射、角力、击剑，十多岁的时候就成为骁勇的武士。他还擅长诗歌创作，经常在宴会上即兴赋诗，无论走到哪儿，松赞干布都是鹤立鸡群般的存在。

松赞干布接管政权之后，拉拢国内的新兴势力，几乎花了三年多的时间，最终铲除了所有的反对派势力。贞观六年（632），松赞干布为了摆脱山南地区旧势力对他改革的束缚，率领部众渡过雅鲁藏布江，将都城迁到逻些（今西藏自治区拉萨）。

松赞干布迁都的决定，直接奠定了吐蕃王朝日后腾飞的基础，从此时开始，逻些正式成为西藏政治、经济和文化中心。

松赞干布有雄心壮志，他想带领这个落后的民族实现弯道超车，可是平定内乱之后他才发现，现实和理想的差距确实存在鸿沟啊。

吐蕃从原始社会过渡而来，整个社会仍旧是以部落制为基础。

说白了，大家凑在一起过日子，主要是为了抵御野兽的攻击，为家族的繁衍争取更多的机会。至于部落的首领，确实是大家推举的，却也只能作为整个部族的政治形象代表，坐一把手的位置没问题，真正的话语权并不是特别大。

据史料记载，吐蕃没有所谓的君臣礼仪，没有意识形态，统治的形式就是最原始的：一年一小盟，三年一大盟。

到了固定的时间，吐蕃赞普就会召集属下坐在一起，然后让人拉来一些羊和狗，先把它们的腿折断，然后再拉出肠子，将它们残忍杀掉。随后，赞普命巫师告于天地山川、日月星辰：若变此心，怀奸反覆，神明鉴之，同于羊狗。

三年一大盟，场面自然要更加震撼。吐蕃赞普会屠杀大量的犬马牛驴，然后将它们全部肢解，随后带领族人对天起誓："尔等咸须同心勠力，共保我家，惟天神地祇，共知尔志。有负此盟，使尔身体屠裂，同于此牲。"

想想看，吐蕃贵族看到眼前血淋淋的动物，恶心是肯定的，可是想到自己有朝一日也会落得如此下场，背叛的心思恐怕会小很多吧！更何况，这种血淋淋的场面还有巫师和神灵在场，谁不忌惮老天爷的监督呢？

人世间，有些规律可以被人看透，可唯一参不透的便是神灵，大家都对它笃信不疑，所以他们的作用比白纸黑字还要有效，这就是所谓的信仰吧。

遗憾的是，人性的复杂永远不是这些血腥的场面可以驾驭的。

对松赞干布来说，他亲眼看见了父亲被贵族势力毒杀的过程，部落的反叛让王室毫无还手之力，归根结底，还是中央集权不够啊。

松赞干布的逻辑很简单：想要获得至高无上的统治权，就必须把权力全部收归到中央，为了保证中央政府的安全，必须把军权牢牢地掌握在自己手里。这也是中国历代王朝权力斗争，政治格局演进的趋势。

改革，先从官职改起。

当时，吐蕃王廷设有一名大论（宰相），几乎就是内务府总管，再加上国务院总理，权力大到没边没际，吐蕃赞普只要稍微不给力，就可能被大论架空。

松赞干布发话了，宰相不够，副宰相来凑。

第一，除了大论，还要设小论（副宰相）。

第二，设置兵马都元帅、副元帅，执掌兵权，挂同平章事的头衔。

第三，在宰相之下设置各类官员，分掌各种政务。

曩论（内相），掌管官员的升迁、调动，相当于吏部尚书。

纰论（外相），掌管外国使臣接待等外政事务，相当于鸿胪寺卿。

岸奔，掌管财政，相当于财政部部长。

资悉波折逋，掌管赋税征收，相当于税务总局局长。

喻塞波掣逋，掌管刑政，相当于刑部尚书。

所有的国家大事，由宰相们集体商议，最终得出结论，由首席宰相上报给赞普批准，随后再执行。这样一来，首席宰相变成了大管家，权力基本上被架空。

更狠的是，松赞干布还规定，吐蕃所有的高级官职，全部采取世袭制度，老爹死了，儿子继承官职。你是财政部部长是不是，那你的儿子也只能做财政部部长，想要做首席宰相？想也没用！这样一来，政治斗争就没了意义。不仅如此，吐蕃赞普拥有世袭制度的最终解释权，想要做官，只能向赞普靠拢。

在松赞干布执政时期，任用了吞弥·桑布扎、禄东赞、支·赛当汝恭顿、娘·赤桑扬顿四大贤臣，他们为吐蕃王朝初期的发展做出了巨大的贡献。

在地方管理上，松赞干布实行了军政合一的政策。说白了，松赞干布把地方行政权和军权合并，以大军区的形式对地方进行管理，管理组织叫“茹”。

卫茹（中茹）：管辖以逻些为中心的雅鲁藏布江北之地

约茹（左茹）：管辖以雅砻河谷为中心的江南之地。

叶茹（右茹）：管辖雅鲁藏布江上游南北之地。

藏茹（后茹）：管辖雅鲁藏布江中游南北之地。

每个茹设大将一人，副将一人，判官一人，对赞普负责。

再来说说吐蕃文字。

在松赞干布之前，吐蕃不存在文字。上到王室政务，下到百姓生活，都是用刻木结绳这种最古老的方式记载。没有文字，朝廷的政令只能口口相传，国王的“口谕”可以随意歪曲，这怎么能行呢？

松赞干布表示，可以接受落后，但是绝对不能没有文字。

据史料记载，松赞干布选了一批贵族子弟，让他们前往天竺、西域等地学习文字、修辞学，最终创造出三十个字母和四个韵母，编出文法三十颂和语音学。

只有课本肯定是不够的，松赞干布亲自攻读吐蕃的新文字，并在国内用奖励的办法劝说国民学习吐蕃文字，还花费重金邀请了许多学者，让他们协助吐蕃学者译书、著书，推动藏族历史进入新的文明阶段。

缺乏文明的洗礼和法律的制约，便无法以礼仪和道德去约束民众，严刑峻法便成为行之有效的社会规则。当时，吐蕃的刑罚是非常严厉的，如果犯了小罪，可能被剜去双眼、割掉鼻子、挖掉膝盖骨，或者用皮鞭惩罚。

制裁你时，如果碰上统治者的心情不错，可能对你从轻处罚；如果赶上统治者当天心情不佳，那么对不起，你很有可能成为替罪羊，受到的处罚会更严重一些。

吐蕃王朝虽然落后，但是有一些规则还是值得推崇的。

比如，吐蕃人打仗的时候异常勇猛，前军死光了后军才会上，所以很少存在逃跑的现象。如果你真的在战场上做了逃兵，那将会是一件非常丑陋的事情，别人会在你的头上挂一段狐尾，只要发生一次，你将终生在别人面前抬不起头来，走在公共场所，别人会把你看作已经死了的人，俗称“次死”。

正因为有这样的军事习俗，所以造就了一支战无不胜的吐蕃大军，唐朝中后期，就是这样的吐蕃军人，给中原百姓带来了无穷无尽的噩梦和灾难。

吐谷浑：人在家中坐，锅从天上来

事实上，吐蕃政权实现弯道超车的时候，李世民对他们完全是两眼一抹黑。当时，吐蕃和中原的交通非常不便，从吐蕃前往长安，必须要绕到北边的新疆，也就是经过丝绸之路，然后从玉门关进入中原。

地理位置的隔绝，让两国的邦交关系一直都没有建立起来。

不过，松赞干布的朋友圈很广泛，他从旁人的口中得知，中原有个强大的王朝，他们的君王出手非常大方，大家每次去朝拜，都能带回来不少奇珍异宝，比如丝绸、茶叶，只有你想不到的，没有你带不回来的。

贞观八年（634）十一月，松赞干布本着试一试的态度，也派了一批使者前往长安，还带了不少吐蕃特产。

面对吐蕃政权的投诚，李世民还是比较欣慰的。他虽然不了解吐蕃的国情，可从使者的口中还是听出了一些端倪：他们非常落后，想学习中原的先进文化。不管怎么说，姿态比李唐要低，对李唐也没有威胁，这就足够了。

李世民好言安抚了吐蕃使节，按照惯例赐了一批财富，随后让冯德遐和吐蕃使节一同前往青藏高原，想要好好安抚松赞干布。

文化的碰撞，一次肯定是不够的。

贞观九年（635），李靖、侯君集等人灭掉吐谷浑，松赞干布听说之后，再一次派使者前往长安朝拜。这一次，吐蕃送来了奇珍异宝，却提出了一个比较过分的要求：希望李世民可以找个公主下嫁给松赞干布，两国永结盟好。

据史料记载，松赞干布能有这样的想法，完全是听说吐谷浑和唐朝有和亲的先例，这才厚着脸皮找李世民要公主，想要以此攀上李唐王朝的高枝儿。

不过，李世民却很谨慎。

说白了，吐蕃和唐朝刚刚建立邦交关系，李世民还没摸清楚对手的底细，两国更没有爆发大型的战争，和亲毕竟还是太早了吧？更何况，和亲公主虽然不是李世民的亲生女儿，可毕竟是以公主的身份出嫁，说出去总归不是长脸的事。

李世民："吐蕃使节，和亲一事还是先放一放吧！"

事实上，在李世民的眼里，吐蕃找李唐和亲，资格还不够。

遗憾的是，在吐蕃使者的眼里，自己国家是高原上最牛的存在，周边小国纷纷臣服，松赞干布更是民族英雄，神一样的存在，小到地上的牛羊，天上的飞鸟，大到天上的神灵，谁都会给松赞干布几分面子。

我们的赞普降低姿态找你求亲，却被你的一句话给打发了？这事儿说出去不好听吧！更何况，对使者自己来说，老板交代的事情没办成，回去还不得挨板子啊？总不能对松赞干布说，人家李世民看不起你这个吐蕃赞普，这才不答应嫁公主吧？

吐蕃使者的心情不太好，回家的路上，他一直在思考问题，一直在组织语言，准备为自己开脱。事实上，他想到了一个完美的解决办法。回到逻些之后，他对松赞干布说道："哎，本来唐朝皇帝已经答应了赐婚，但是吐谷浑的使者却暗中说我们的坏话，皇帝听了之后，这才取消和吐蕃之间的和亲。"

松赞干布听闻此言，当场暴走了。

在吐蕃国内，松赞干布就是至高无上的存在，年纪轻轻就统一了青藏高原，纵横天下，独孤求败，如今却因为求婚一事被吐谷浑给坑了，这如何能忍？

松赞干布的为人和李世民有得一拼，至少在骄傲的性格上，两人的相似度高达百分之九十九，什么事儿都能做，什么事儿都敢做。如果吐蕃使者如实相告，说李世民看不起松赞干布，所以不愿意赐婚，松赞干布很可能直接让国内的二十万军队开道去长安（事实证明，他后来确实是这样做的）。

吐蕃使者的一番言论激怒了松赞干布，也把吐谷浑坑了一道。

此时的吐谷浑，刚刚被李世民打得满地找牙，东南西北还没分清楚，又无端遭到了西南霸主的忌恨，真可以说是悲上加悲啊。

据史料记载，松赞干布联合了羊同部落（隋唐时期的羌人部族，有大、小羊同之别。大羊同在西藏阿里地区，小羊同在西藏北部、青海境内黄河河源一带，与大羊同接壤），准备到吐谷浑境内浑水摸鱼一番。

面对吐蕃的二十余万军队，吐谷浑统治者早就吓坏了，他们把百姓带到了青海湖附近，打算躲避这场无妄之灾。至于吐蕃人嘛，也不客气，在青海湖溜达了一圈，随后把吐谷浑的战马牵回了家。

拿下吐谷浑之后，松赞干布让自己的铁骑顺势扫荡了党项、白兰诸羌。公元贞观十二年（638）八月，松赞干布直接将军队开到了唐朝的松州（治所在四川阿坝藏族羌族自治州松潘县）西境，在此耀武扬威。

用二十万军队开道，搞事情的姿态非常明显。从后续的历史来看，松赞干布至少有两个目的，威胁李世民的同时，试探一下李唐军队的火力。

军队到位之后，松赞干布便让使者带着奇珍异宝，风风光光前往长安了，台词嘛，还是上一次的台词，松赞干布想要迎娶李唐的公主，至于态度嘛，强横了许多，大有一言不合就提兵前往长安的阵势。

对李世民来说，这是一次丧心病狂的外交挑战，已经触碰到他的底线。在他的人生字典里，没有服软和认输的字眼，他决定先狠狠地教训一下不知天高地厚的松赞干布，然后再跟他谈合作的事儿。

遗憾的是，就在李世民部署反击的时候，吐蕃大军对松州发起了进攻。

松州除了管理民政，还有个都督府，负责管理党项等少数民族的事务，有少量的驻守军队，松州都督叫韩威。

当时，韩威在松州西北的甘松岭（松州与党项之间的重要通道）布置了一批守军，大约数千人，可并没有抵挡住吐蕃人的进攻。战败之后，韩松退入松州城，算是保全了唐军的实力。遗憾的是，阎州刺史别丛卧施、诺州刺史把利步利闻等羌族的首领却阵前反叛，归降了更为强大的吐蕃。

谁也想不到，两个文明的碰撞，竟然会如此激烈。

松州之战，李世民彻底暴怒了。

贞观十二年（638）八月二十七日，李世民下诏：封侯君集为当弥道行军大总管。

贞观十二年（638）八月二十九日，李世民下诏：执失思力为白兰道、牛进达为阔水道、刘简为洮河道行军总管，统率步、骑兵五万人前去和吐蕃交战。

这些将领都是身经百战的干将，接到皇上的旨意，连夜拔营，他们明白，这不仅仅是一场家国保卫战，还关乎王朝的威严和面子，必须要拿下！

贞观十二年（638）九月初六，牛进达率先抵达松州城，趁吐蕃大军毫无防备的时候，突然发动袭击，成功斩杀了一千多人。

出师大捷，唐军将士如同打了鸡血，士气高涨不已。反观吐蕃大军，自从出征以来，先扫荡了吐谷浑，随后加班加点赶赴松州，一直就没有回过家，士兵疲惫不堪。想想看，吐蕃士兵也是普通的百姓啊，他们有老婆有孩子，外出征战，心心念念的就是家庭，至于吐蕃赞普的雄心壮志，他们并不是很关心。

事实上，统兵将领和大臣屡次给松赞干布上书，希望能够撤军回国，休养生息一段时间，遗憾的是，松赞干布一直没有松口。直到有八位大臣以自杀的方式劝谏，吐蕃百姓几乎要造反的地步，松赞干布这才决定退军。

松州之战：聪明人势均力敌的较量

仗暂时不用打了，可吐蕃和唐朝的交流并没有因此停止。

松州之战，只是松赞干布和唐朝交往的见面礼，而且充满了各种诡异，这对我们理解吐蕃外交，甚至李世民送文成公主入藏都是很关键的事件。

想想看，吐蕃号称有二十万大军，就算刨除其中的宣传水分，松赞干布应该也有十万大军。再看看李世民，派遣的主力部队不超过五万，而牛进达不过是一个以行军速度见长的先锋，能够斩杀一千名吐蕃士兵，靠的是出其不意的偷袭，至于吐蕃的主力部队，牛进达还不知道长什么样呢。

有人说，唐军的战斗力超过吐蕃，吐蕃是在战败的情况下撤退，纯属为李世民脸上贴金的说法。吐蕃大军虽然遭到了偷袭，损失的不过是一千名士兵，属于正常的战争伤亡。如果唐军真的有优势，为何不趁着吐蕃退军的时候前去追击？如果能捅一下吐蕃主力的刀子，岂不是为李世民挽回了尊严？

真相恐怕很刺骨：唐军根本就没有能力与吐蕃一战。

松赞干布退兵的原因很明显：

第一，常年的征战让国内的反战情绪非常浓厚，松赞干布不敢冒政治危险和唐军决战，因此选择安抚百姓的情绪，先解决内部的矛盾。

第二，松赞干布骚扰松州，并不是为了夺取城池，而是希望通过武力威胁，最终逼迫李世民答应他和亲的请求。

要理解这一点，必须先理解松赞干布上位之后的所作所为。

松赞干布打仗不是单纯地攫取财富，而是让吐蕃成为西域的霸主。上位之后，松赞干布不惜花费重金，派人前往印度等地求取文字，帮助吐蕃进入文明社会；又在国内大搞政治改革，在政府机构和军队建制上，松赞干布又学习了中原的经验。

松赞干布很清楚，数百年来，吐蕃一直被西域诸国轻视，成为边缘化的政权，在唐朝统治者的眼中，吐蕃更是边陲小国，可有可无。松赞干布想要带着吐蕃走上强盛之路，打西域小国是必须的，最主要的是能够和李唐建立邦交。

数年之前，松赞干布向李世民提出和亲，却惨遭拒绝。陈兵松州，他干的第一件事就是派遣使者前往长安，希望成为李世民的女婿。

准确地说，战争只是手段，和亲才是他的目的。对松赞干布来说，如果继续和唐朝开战，鹿死谁手，谁也无法预料。即便吐蕃能取得微弱的胜利，也会和李唐成为死敌，那样的话，和亲梦想将会彻底化为泡影。

松赞干布是聪明人，李世民也是聪明人。

松赞干布在松州耀武扬威一番之后，退兵了。

李世民也不下令追击，以微弱的战绩维护了唐朝的面子。

贞观十四年（640）十月，松赞干布让吐蕃的国相禄东赞带着五千两黄金，数百件珍玩前往长安，再度提出了和亲的请求。大家可别小瞧了这五千两黄金，算下来，五千两黄金相当于现在的一亿两千万元人民币。

这是多么豪气的手笔。

李世民是什么反应呢？

事实证明，李世民不是缺钱的主，区区五千两黄金？

出人意料的是，李世民并没有拒绝松赞干布的请求，而是做出承诺，会选择一位宗室之女远嫁吐蕃，给松州之战画上一个圆满的句号。

更为诡异的是，吐蕃和唐朝刚刚爆发了军事冲突，吐蕃国相禄东赞来长安搞国事访问，应该是一件影响重大的外交事件吧，如果真的是两国为了加强文化交流而和亲，怎么说都是一段佳话，史书应该详细记载这一段历史吧。

然而，除了李世民答应和亲，史书再无只言片语。

现实可能很骨感：吐蕃国相禄东赞并不是低三下四地请罪，然后觍着脸找李世民赐婚，而是仗着吐蕃强大的国力，让李唐的统治者不得不接受现实。

李世民敢和吐蕃开战吗？

主观上肯定敢，可真要是打起来，李世民必须解决两个难题。

难题一：究竟派多少骑兵上阵？如果人数少了，到吐蕃本土作战，和不要命的吐蕃军队抗衡，岂不是找死？如果人数多了，后勤物资如何保障？

难题二：从哪条路进攻吐蕃？通过松州，必须穿越吐谷浑国境，能带的人少不说，还有可能遭遇吐蕃的狙击。如果通过北边的丝绸之路，大军行进的路程可能长达数千里之遥，这样的难度，根本不是打吐谷浑或者高昌的难度级别。

想想看，李世民为了管理西域，在安西都护府只放了数千士兵，怎么可能有能力到吐蕃的本土作战？他可以教训吐谷浑，可以教训高昌，可就是拿吐蕃没有办法。有唐一朝，不管吐蕃人如何闹腾，李唐的统治者都没有派大军征讨过，这不是他们不想打，而是没法打！

既然打不过，那要不要防守？

问题是，李世民只不过在交河城搞了个低配版的安西都护府，能够镇压西域诸国就已经很不容易了，如何能防御数千里之广的西域？

李世民，还有李唐王朝的大臣们，他们还有什么选择？

当然，史臣们肯定不会记录这一段屈辱的历史，因此能写的就写，不能写的就大玩文字游戏。比如，吐蕃人在松州吃了败仗，灰溜溜地逃回吐蕃，随后松赞干布派遣使者前往长安认错，给李世民说了一马车的好话，还送了五千两黄金，李世民这才勉为其难地答应和亲。

不仅如此，史臣还编出了“五难使臣”的离谱故事，意图美化这一段屈辱的历史，真可以说得上是掩耳盗铃。

事实上，李唐和吐蕃的关系并没有到水乳交融的地步。当时，李世民打算把琅琊长公主的外孙女段氏嫁给禄东赞，希望他能够为唐朝效力。然而，禄东赞拒绝了，给出的理由是家里有老婆，是爹妈给他聘的，不能接受李世民的赐婚。

说白了，这是一场赤裸裸的政治婚姻，没有任何疑问。不管是哪一位公主，都是在李唐屈辱的国情下远嫁到吐蕃。当然，李世民不会选择自己的女儿远嫁西域边陲。挑起两国和亲重任的女人便是大名鼎鼎的文成公主。

文成公主，祖籍山东济宁（今山东省济宁市任城区），李唐远支宗室之女，除此之外，再也没有其他记载。如果这是一个光荣的和亲故事，为何史书都不愿意记载她的父亲？这难道不是光荣的事儿吗？

不过，有人猜测文成公主的父亲是李渊的堂侄、江夏郡王李道宗，因为他被封为任城王，并且在任城生了一个女儿。更何况，文成公主由李道宗亲自送往吐蕃，因此后世的史家将他们二人扯上了关系。

问题是，《新唐书》《旧唐书》都没有把李道宗和文成公主扯在一起，这说明当时的史臣根本不承认有这回事儿。当时，李道宗是李唐的宗室，由他护送文成公主入藏，算是给文成公主撑腰，更何况，李道宗是时任礼部尚书，有了这两层身份，恐怕整个大唐再也找不出第二个适合前往吐蕃的人吧？

就这样，李世民为这个看似幸运实则不幸的女人上了皇室户口，让她可以名正言顺地代替李唐皇室前往吐蕃。

文成公主进藏：这份牺牲值得吗？

贞观十五年（641）正月，在李道宗的护送下，文成公主踏上入藏的道路。

过程不用提，可随行的嫁妆却不得不提。

财富类：各种金玉饰物。

文化类：释迦佛像，金玉书橱，三百六十卷佛教经典。

生活类：各种花纹图案的锦缎垫被，卜筮经典三百种，营造与工技著作六十种，一百种治病药方，医学论著四种，诊断法五种，医疗器械六种。

农业类：各种谷物、芜菁种子等。

陪嫁人口：卫队、侍女、工匠、艺人。

这些人的价值不可估量，因为他们熟悉中原地区的农具制造、纺织、缫丝、建筑、造纸、酿酒、制陶、碾磨、冶金等生产技术。

按照惯例，中原公主出嫁异族的时候，朝廷对陪嫁的物品有严格的管制。金银珠宝类的东西，皇帝肯定不会吝啬，但是涉及国计民生的知识产权，比如种子、冶铁、丝绸等，朝廷会进行严格限制。

西汉时期，汉朝公主出嫁匈奴，严禁携带桑蚕、种子、丝绸、瓷器等器物，即便到了唐朝，瓷器、丝绸的制作技术也是官方垄断，不得随意流到少数民族政权手中。然而，李世民为何会一反常态呢？

换句话说，是松赞干布主动提出把中原的专利技术带到吐蕃，还是李世民主动把这些涉及帝国经济利益的技术和人才送给他的？

据史料记载，吐蕃一直想成为农业大国，可农耕技术非常落后，这让松赞干布非常无奈。比如农田的土地从来不平整，也不打畦（五十亩为一畦，将大片田地分区），田地里没有阡陌，水土特别容易流失。

中原的农业技术传入吐蕃之后，粮食产量得到巨大的提升。

李世民对吐蕃的技术支持，让吐蕃王朝实现了巨大飞跃，迅速步入先进的农业文明时代。不管是李世民提出的，还是被动的技术输送，这种养虎遗患的行为，直接让吐蕃的国力赶上了唐朝。

松赞干布是一个野心勃勃的实用主义者，李世民对他的技术支持，并没有换取他的忠诚，反而是吐蕃国力强盛之后，松赞干布滋生了侵略大唐的想法。

令人悲愤的是，从贞观开始，吐蕃就开始了对中原的侵略战争，一直持续到晚唐时期。这期间，究竟有多少老百姓被俘虏到吐蕃为奴，有多少将士死于吐蕃铁骑之下，有多少财富被洗劫到吐蕃，有多少老百姓死于长达百年的战火之中，我们根本无从得知。

这一段历史，我们还是留到后面再讲吧。

按照中原史书的记载，李世民下嫁公主的决定让松赞干布无比激动，他率领群臣前往河源附近的柏海（今青海玛多县境内的鄂陵湖）迎接文成公主。不仅如此，一向高高在上的松赞干布还给李道宗行了子婿之礼，态度非常虔诚。

前面已经说过，连中原都没说李道宗是文成公主的老爹，松赞干布身为吐蕃国王，而且性格霸道骄傲，他会降低姿态，向李道宗行子婿之礼？

故事还没完呢。文成公主到达逻些城之后，松赞干布和她举办了超级豪华的世纪婚礼，公开宣称道：“我们的祖上没有一个人能和上朝通婚，我是第一人，心里非常骄傲，必须要修建一座城池来向后世人宣示。”

究竟修建了什么样的城池呢？

根据中原史书的说法，松赞干布答应修建一座城池，可究竟是不是后来的布达拉宫，史臣们也没有明说。不过，后世的人穿凿附会，说松赞干布为文成公主建造了后来举世闻名、恢宏无比的西藏布达拉宫，共计一千间房屋。

不仅如此，文成公主特别不喜欢吐蕃人在脸上涂抹赤色的颜料，松赞干布于是传令下去，吐蕃国内自此废掉这样的习俗。

史书的记载就想说明一件事：文成公主在吐蕃倍有面儿。

问题是，西藏的布达拉宫真的是为文成公主而建？

官方的说法是这样的，布达拉宫是在公元17世纪，五世达赖喇嘛在“红山宫”的旧址上重新修建的宏伟宫殿。在佛教语言中，布达拉是佛教圣地“普陀”的音译，原指观世音菩萨所居之岛，因此才叫“布达拉宫”。

也就是说，布达拉宫成型之前，拉萨只有“红山宫”，至于“红山宫”究竟是在何年开始修建，史书上语焉不详，只知道是在7世纪修建完成。

说白了，“红山宫”是在文成公主入藏之前，还是入藏之后修建，史书没有明确的记载，而且布达拉宫修建前的“红山宫”，和7世纪的“红山宫”是不是一码事儿，还要打个问号。

我们都知道，一个帝国的存在，必须要有政治、文化中心，承载这些功能的载体就是恢宏大气、有象征意义的建筑群。

对松赞干布来说，他极力摆脱山南地区旧贵族势力对他的限制，来到逻些城之后，难道没有修建一座有明显政治、文化和宗教意义的宫殿？

贞观六年（632），松赞干布将吐蕃都城搬迁到逻些，这期间差不多有十年的时间，松赞干布住在哪里，吐蕃王朝的权力中心又在哪里？难道一向野心勃勃、崇尚实用主义的松赞干布会为了儿女情长去修建帝国的政治和文化中心？

如果所料不错，“红山宫”早在文成公主入藏之前就已经修建完成，结合公主入藏前后的史料分析，松赞干布为文成公主修建宫殿一事，基本不太靠谱。

当然，这是一段充满了悬念和疑云的历史，不管是主流史学还是草根史学，大家各持己见罢了。

不过，现实还是挺骨感的。在露天的宫殿中，壁画、装饰都没法保留数百年的时间，松赞干布时期的“红山宫”早已经被雷电击中，飞灰湮灭，公元9世纪吐蕃王朝覆灭之后，“红山宫”就已经弃之不用了。后世藏传佛教快速发展，布达拉宫开始修建，这才成为了雪域之巅的宗教、政治中心。

如今的布达拉宫，是在1959年左右，经历中国政府几次大规模的修缮之后才对外开放的。总而言之，我们如今在布达拉宫看到的文成公主入藏之类的壁画、艺术作品，并不是千年之前的东西，是否经过了人为的渲染和包装，得靠自己去判断。

关于这一段历史，笔者并不想写成考据历史，本着对唐朝整个发展脉络的认知，结合当时唐朝的国力，以及文成公主入藏的史料分析，又深知《资治通鉴》善于渲染的手法，笔者认为这一段历史确实存在许多疑问。

涉及对唐太宗的评价，对重大历史事件的看法，甚至中晚唐时期吐蕃和唐朝的两国关系，因此必须要把这些背景交代清楚。作为草根史学爱好者，不是为了故意诋毁这一段历史，更不是为了贬低文成公主入藏的历史影响。

文成公主入藏的事儿，还得继续说。

文成公主既然嫁到了吐蕃，最关心的肯定是松赞干布究竟有几个老婆，这不仅关系到她的地位，还关乎未来的幸福生活啊。遗憾的是，文成公主肯定知道松赞干布有几个老婆，可对咱们来说，又是一件疑云密布的事儿。

总结目前的说法，松赞干布一共有五个老婆：

老婆一：尼婆罗的尺尊公主。

老婆二："芒妃"墀（chí）嘉。

老婆三："象雄妃"勒托曼。

老婆四："木雅茹央妃"嘉姆增。

老婆五：大唐的文成公主。

当然，许多人都说尺尊公主是小说中虚构的，在历史上根本不存在这号人物。问题是，如果真是这样，如何解释藏族的佛教建筑里，将松赞干布、尺尊公主和文成公主的坐像供奉在一起的现象？

在藏民的心里，文成公主和尺尊公主都同样值得爱戴，文成公主被认为是绿度母的化身，尺尊公主被认为是白度母的化身。不管是绿度母，还是白度母，都是救苦救难观世音菩萨的化身，是藏传佛教中地位最高的女神。

这说明，尺尊公主和文成公主一样，都是对吐蕃王朝产生深远影响的人物，至少在藏民的心里，这两个女人都非常伟大。

事实上，尺尊公主在吐蕃有地位，和娘家人有很大的关系。

松赞干布在改革的过程中，主要推崇佛教，而印度、尼婆罗正是佛教的起源和发源地，佛教文化的底蕴要比中原强太多。松赞干布上位之后，派人到印度求取文字，就已经说明他在文化的取向是更靠近东南亚的。

更何况，尺尊公主比文成公主先嫁到吐蕃，松赞干布总不能在大老婆缺位的情况下，把尺尊公主视为小妾吧，那不是打尼婆罗国君的脸吗？因此，松赞干布对尼婆罗的公主高看一眼，完全可以理解。

关于文成公主，其实只需要弄清楚几个问题。

问题一：文成公主和松赞干布的夫妻关系究竟好不好？

问题二：文成公主在吐蕃百姓的心中是什么样的地位？

根据藏文本《敦煌本吐蕃历史文书》的《编年纪事》记载："此后六年，墀松赞赞普（松赞干布）升遐（帝王去世的美称），与赞蒙文成公主同居三年耳。"

贞观十五年（641），文成公主入藏。

永徽元年（650），松赞干布去世。

永隆元年（680），文成公主去世。

意思就是，文成公主入藏之后，和松赞干布同居了三年，从贞观十八年（644）开始，松赞干布忙于其他的事务，两人几乎没有见过面。

文成公主在西藏一共待了四十年时间，其中三十七年的时间都在独守空房，同居的三年还要和其他几个老婆分享同一个男人。和丈夫没有亲密的关系，生孩子更是不可能的事儿，因此最后的结果就是：松赞干布只有一个名叫贡日贡赞的独子，是芒妃墀嘉所生，文成公主和尺尊公主一生都没有生育。

结合这两段记载来看，大致可以得出松赞干布后宫生活的判断：要么是松赞干布的生育能力存在很大的问题，要么是他想要维护吐蕃王室的血统，故意冷淡异域他国的公主，不想和她们生育。

如果是最后一种可能，文成公主和尺尊公主在吐蕃的日子恐怕都不好过。没有丈夫的疼爱，没有爱情的滋润，两个公主只好顺着松赞干布的国策，在吐蕃国内大肆推崇佛教，以此来填补内心的空虚。

据史料记载，佛祖释迦牟尼的弟子希望恩师的尊容能够流传后世，因此在佛祖乳母的指导下，以他 8 岁、12 岁、25 岁的模样建造了三座等身佛像。后来，12 岁的等身像流传到了中原，8 岁的等身像流传到了尼婆罗境内。

文成公主入藏的时候，12 岁的等身像作为嫁妆，也随她去了吐蕃。巧的是，尺尊公主也把 8 岁的等身像带到了吐蕃。松赞干布为了安放两座佛祖的等身像，花费巨资修建了大昭寺和小昭寺，其中大昭寺存放尺尊公主的释迦牟尼 8 岁等身像，小昭寺则存放文成公主的释迦牟尼 12 岁等身像。

佛教是吐蕃的国教，松赞干布虽然不待见尺尊公主和文成公主，但是在推崇佛教一事上，他们三人有着共同的利益点。

在松赞干布、文成公主、尺尊公主三人身上，隐藏了太多的谜团，再加上传说太多，真正有说服力的史料太少，因此众说纷纭，各执己见。然而，笔者写到这里，还是要给出自己的一个判断，仅供参考。

判断一：文成公主入藏，确实是在吐蕃的武力逼迫下产生的。李世民的团队可能不惧怕吐蕃的威胁，但是碍于各方面的考虑，还是向吐蕃退步了。

判断二：松赞干布挖空心思，甚至不惜以武力威胁唐朝，恐怕不只是效仿吐谷浑、突厥政权和亲的先例。松赞干布迎娶公主的同时，恐怕也提出了许多不合理的要求，比如希望引进冶铁、种子、丝绸等技术。否则，李世民如何知道吐蕃缺少这些玩意儿，还屁颠屁颠地给他们主动送过去?

判断三：文成公主只是松赞干布依附李唐的纽带，内心并不是很喜欢她。因此，文成公主在吐蕃的地位其实非常尴尬，婚姻生活也很悲剧。

判断四：文成公主虽然是政治婚姻的牺牲品，但是背后的娘家非常强大。而且，文成公主掌握着最先进的农业文明和技术，就算不受丈夫的待见，可拥有的资本足以保障她在吐蕃没有生存的压力。

判断五：文成公主不受丈夫的待见，但深得吐蕃百姓的欢迎。一个婚姻悲剧的女人，不见得事业做得不好！文成公主从失败的婚姻中走出来，随后将所有的精力放在中原文明的移植上，最终收获了吐蕃百姓的爱戴。

伟大的文成公主，作为李唐王朝政治婚姻的牺牲品，确实非常悲剧。挣扎一生，也只能将大好的青春年华埋葬在雪域高原。然而，她传递的中华文明，对吐蕃和中华民族交流产生的积极作用，值得所有的国人尊敬。

松赞干布只有一个儿子，遗憾的是，贡日贡赞比老爹去世还要早。永徽元年（650），松赞干布去世，孙子芒松芒赞继承了吐蕃的王位。

文成公主入藏，本来就是为了李唐王朝换取更多的和平时间。然而，李世民等人还是低估了吐蕃王族的野心。有了李唐的帮助，吐蕃国力与日俱增，而大唐则因为和平日久，军队战力值大幅下降，不得不在边境承受巨大的军事压力。

龙朔二年（662），芒松芒赞觉得，吐蕃国力已经超越了大唐，于是兴兵来犯，并且在第二年灭掉了唐朝的属国吐谷浑，边境形势一度非常紧张。而此时文成公主尚且在世，唐朝与吐蕃和亲仅仅二十二年的时间！

想当年，昭君入塞，为孱弱的西汉王朝换取了六十余年的和平，而文成公主入藏，唐朝的国力蒸蒸日上，远超当年的西汉，却被吐蕃如此欺凌，也不知文成公主彼时的心境究竟如何。

芒松芒赞的侵略彻底打乱了李唐王朝统治边境的战略部署，从此时开始，两国正式宣布决裂，在边境展开了长达一百多年的战争。直到此时，我们该如何评价文成公主入藏一事，又该如何评价李世民的决策呢？

拾贰

皇室的那些事

搞封建世袭制：如此复古，李世民要搞事情？

讲完了西域，还是把镜头拉回长安城吧。

接下来要说的事，恐怕会让大家大跌眼镜。因为对李世民的名声非常不利，许多书里面都没有深入地聊过，基本上会颠覆大家对李世民的认知。

说起封建制度和郡县制度，各位看官可能不会太陌生。

所谓的封建制度，本质上就是分封制，盛行于商周时代。

掌握封赏权力的是中央的天子，比如周朝的就是周天子。接受封赏的人有很多，比如周朝皇室的成员、周朝宗室成员、外戚姻亲、功臣子弟，以及前朝的皇室贵族。分封制的目的，其实就是将中央王朝的核心利益全部交给天子的家族，保证国家的利益自始至终都掌握在自家手中。

封赏的资源，基本上就是土地，毕竟在古时候，土地就是所有的生产力，只要你占有一块地盘，人口、财富随之而来。

被天子分封的一般叫作诸侯，比如齐桓公、秦穆公等。诸侯从天子那里得到土地，就掌握了这块土地上的所有权力，包括造钱、招募和训练军队、收税等，也可以理解为诸侯就是他一亩三分地上的“小天子”。

不过，诸侯想要获得天子的认可，还要遵守一些政治规则。

比如，天下只有一个共主，那就是中央政府的天子，要以他为尊。再比如，诸侯是代替天子管理，千万别以为你是独立的王国。天子要打仗的时候，诸侯必须无条件地派兵支援，一切开销自己承担。天子把土地交给你，那你就是最大的包工头，不管你自己如何经营，每年要给天子缴纳一定的赋税。每年还需要到国都向天子述职和表忠心，以便让天子放心地把土地交给你打理。

诸侯在自己的封地里，也实行封建制度，下面是卿大夫和士。卿大夫指的是诸侯的臣子，一般地位比较高，权力比较重，比如春申君、孟尝君。士指的是有才华的贵族，地位比卿大夫稍微低一点。在那个年代，天子、诸侯、卿大夫和士是统治阶层，老百姓心中的贵族。

分封制度是个好东西，可也有难以解决的问题。

比如，分封制度如果成为封赏的常态，那诸侯打了胜仗，或者新添了许多新贵，天子就得拿土地封赏他们吧，不然怎么说得过去。这样一来，天子的土地越来越少，贵族越来越多，双方的势力就失去了平衡。

再比如，天子能控制诸侯，要么靠血缘关系，大家都是一家人，要么靠武力威慑，让他们不能敢挑战你。可是在政治利益的面前，别说血缘关系，就是亲爹和亲兄弟也能下手。想想看，诸侯一旦得势，天子还能玩得转吗?

分封制度在中国持续了上千年，走到最后，因为周王朝的衰落，逐渐失去了对诸侯的控制。野心勃勃的诸侯利用手中的权力，大肆抢夺土地，大兴战争，以至于爆发了春秋战国之乱。

秦始皇是个明白人，他看出了分封制确实不利于中央集权，更不利于他的长久统治，于是果断放弃了沿袭千年的分封制度，进而采用郡县制。这样一来，中央政府不再通过世袭贵族去管理地方，而是由皇帝本人亲自任命郡守。

至于贵族，对不起，请你靠边站!

汉王朝虽然继承了秦始皇的郡县制度，可是旧势力还是没有放松对权力的控制，从劳动人民中间选拔人才，也仅仅停留在“举孝廉”这样的层次。

在郡县制度下，贵族们可以选择在中央朝廷担任官职，也可以选择霸占一方土地，靠着收租子和拿着朝廷高额的养老金过活。不过，在那个年代，贵族当然是两个都会选择，因此日子过得非常滋润。

事实证明，郡县制度确实比分封制度要强很多。

想想看，中央政府释放了地方的生产力，通过人事上的改革，让更多有才能的人担任郡守，国家可以逐渐地强盛起来。最明显的好处就是，皇帝的权力更大了，皇帝这个职业也越来越有意思了。缺点就是，王朝怎么越来越短命了呢？

周朝实行分封制度，国运长达八百年。

秦朝实行郡县制度，国运两代而已。

汉朝实行郡县制度和分封双轨制，国运撑了四百年。

这是个两难的选择啊。

不过不要紧，皇帝们经过不断挣扎，最终还是选择了郡县制度，因为这样可以保证他们自己过得很好，至于家族绵延的事儿，还是交给天意吧。

分封制度之后，遗留下的是门阀贵族，其实两者的性质都是一样的，不利于中央朝廷的控制。隋文帝出生的时代，使他深切地感受到，豪门贵族对权力的控制可以将天子玩弄于股掌之间，可以随时取皇帝而代之。

作为智商和情商双高的人物，他自然不允许豪门贵族继续纵横在中央朝廷的权力疆场之上，因此科举制度就这样诞生了。隋文帝没法将豪门贵族彻底消灭，只能通过科举制度选拔人才，不断挤占豪门贵族在中央朝廷的名额。

事实证明，底层的力量是无穷的。在寒门学子一代代的努力之下，尤其是唐宋之后，门阀贵族除了家世显赫，在政治斗争、治理国家上完败给读书人，彻底退出了历史舞台。这些都是后话。

李渊做了皇帝之后，就在思考一个问题：如何让自己的江山永固，如何让李家天下代代相传。

于是乎，李渊想到了一个办法，大肆分封自己的儿子，还有宗室的兄弟和侄子，让他们人人都顶着王爷的帽子，个个手里都掌握着土地，就连刚刚出生的婴儿，也都得到了王位。李渊相信，谁都会背叛他，唯独姓李的人不会背叛，就算是背叛，江山还是在自家的手里，岂不是最保险？

李世民虽然和老爹不是一路人，可是在江山永固、分封家人的事情上，态度出奇一致。至少在李世民的心里，他是认可老爹做法的。

武德九年（626）十一月，李世民上位没多久，就在朝廷议政大会上提出了一个问题："爱卿们，把皇族子弟都封为王爷，对江山永固有好处吗？"

封德彝回答道："陛下，在此之前，只有皇子和皇帝的兄弟才会被封为王爷，宗室如果没有大功于朝，是不能分封的。太上皇分封了大批的宗室，又赐给了许多仆役，这已经是破了前朝的纪录，对朝廷来说是一个非常重大的负担啊。”

李世民：“你说得非常对，朕做天子就是为了恩养百姓，怎么能够拿百姓的血汗钱去养活李姓宗室呢！”

君臣一番对话之后，李渊亲封的宗室郡王悉数降为县公。

问题是，李世民说的是真心话吗？他刚刚上位，拿李姓宗室开刀是什么意思呢？既然很关心李唐的国运，他的解决办法又是啥呢？

贞观元年（627）八月，在一次小范围的议政会议上，李世民再一次向李唐高级官员抛出了一个议题：朕想让子孙长久，社稷永安，有没有什么好办法？

不管在任何场合，老板屡次提出他的问题，说明他很想知道答案，这一定是他最关心的事儿。李世民话音刚落，群臣就陷入了沉思，讨论过程究竟是什么样的，谁也不知道，但是萧瑀最后说到了点上。

萧瑀：“陛下，臣认为夏、商、周三朝因为实行封建制度而国运长久，秦国兼并六国，废除分封制度，才两代就灭了国。西汉虽然实行了郡县制度，但是依旧靠刘姓王爷镇守边疆，大汉才有四百年国运。魏晋再次将分封制度废除，因此迅速灭亡。由此可见，分封制度确实可以让国运长久啊！”

请注意，萧瑀的意思，并不是给姓李的人封一个王爷的爵位，而是实行古时候的分封制度。封王只不过是名义上的尊贵，而分封是让王爷前往藩地，可以行使藩王的权力，这可是完全不一样的性质。

据史料记载，李世民对萧瑀的回答非常满意。

如果所料不错，李世民想要推行分封制度的念头恐怕已经不是一天两天了，他在朝堂抛出这样的话题，目的就是为了试探各方的态度。

大臣们该说就说，可满朝大臣心知肚明，分封制度已经被历史淘汰，李世民就算想要复古，恐怕推行起来的难度也很大。因此，大家似乎达成了一个默契：李世民自己不嚷嚷着推行分封制，咱也不必上赶着帮他推，走着瞧呗。

其后的数年，李世民为了应付纷繁复杂的朝局和边疆的外交关系，分散了许多精力，分封一事再也没有提及。贞观五年（631）二月，李世民突然下诏：

封皇弟李元裕为郐王，李元名为谯王，李灵夔为魏王，李元祥为许王，李元晓为密王。封皇子李愔（yīn）为梁王，李恽为郯王，李贞为汉王，李治为晋王（也就是后来的唐高宗李治，此时年仅 3 岁），李慎为申王，李嚣为江王，李简为代王。

与此同时，李世民再一次抛出了分封制度的话题，而且来势汹汹。这一次，群臣觉得有些不妙，感觉李世民真的想恢复古制，推行分封制度啊。

站在丹陛之下的都是学富五车、胸怀韬略的名臣，这帮人比猴子还要精明，他们深知，如果此事处理不好，极有可能改变后续的历史，也会让唐朝的发展前景变得扑朔迷离。令他们欣慰的是，李世民还不是一意孤行的皇帝，还能听得进话，因此大家开始搜肠刮肚，准备用大道理说服李世民放弃这个疯狂的想法。

来吧，臣子们，擂台已经搭好，开始排队唱戏吧。

魏征："陛下，您想想，我们这些官员都是靠俸禄生活，如果分封诸王，让他们建立诸侯国，国家的税收不就直接给他们了吗？长安一带的赋税本来就不多，完全仰仗外地，如果把土地都给了王爷，到时候国家经费短缺，这可怎么办？再加上边境情况复杂，一旦出现战事，向诸侯国征兵将会非常困难啊！"

平日里，魏征就是什么都敢说，不过这一次，关乎李世民和皇子们的信任问题，发言还算比较收敛。他从国家财力、军事部署的角度给李世民提醒，认为分封制度不可行。说白了，到时候国家要用钱，朝廷要打仗，你得有把握让这帮王爷拿出钱才行啊。

李世民不置可否，还想再听听。

礼部侍郎李百药："国家运数长短，全部由上天决定。尧、舜、禹都是大圣人吧，可他们也没法让国运长久啊，刘邦虽然出身低微，上天却给了汉朝四百年的国运。如今，陛下让皇室宗亲都有自己的封国，几代之后，皇子们骄奢淫逸，互相攻伐，对老百姓的危害非常大，还不如朝廷随时更换郡守县令呢！"

李百药也是个聪明人，挑拨离间的话不说，皇子的坏话嘛，点到为止。他的观点很明确，国运长久都是老天爷的安排，甚至和皇帝的本性都没有关系，李唐应该顺应时势，该怎么走就怎么走，该走多久就是多久。

点睛之笔就是：李世民，你难道要和老天爷反着来吗？

李百药将讨论的气氛直接推向了高潮，文武大臣不断接力，说得吐沫横飞，这一次，大家不是因为政治利益斗争，而是将矛头直接指向了李世民。

中书侍郎颜师古看到李世民的脸色有点阴沉，知道如果大臣不让步，今天的事恐怕难以收场，因此提出了一个比较折中的办法。

颜师古："陛下，如果要分封的话，也不是不可以，但是为了朝廷的长治久安考虑，可以分封亲王的儿子，要以州县相隔，互相牵制，让他们同心协力，扶持皇室。同时，为藩国设置的官吏，必须由尚书省选拔录用，除了中央朝廷的法令外，不允许他们擅自实施刑罚，其他的事儿也都要订个规矩。"

形势很明朗，绝大多数人都是反对的，此事难度很大。

李世民："朕再想想吧。"

贞观五年（631）十一月，李世民突然下诏：皇室宗亲以及勋贵大臣，应该让他们担任地方行政长官，并将官职和爵位传给子孙，如果没有太大的变故，朝廷不得随意废除，各部门可以明文规定条例，随后上报给中央朝廷。

说白了，李世民退了一步，不再坚持分封诸侯一事，但是州县的长官必须换人，由李世民亲自指定皇室宗亲以及勋贵大臣担任。这样一来，他们不仅有世袭罔替的爵位，还能接触到地方实权，李世民觉得自己能拿得住他们。

这样的制度，基本上颠覆了南北朝以来权贵阶层淡出政治舞台的历史趋势，之前是门阀士族的天下，李世民反对门阀士族，却想把皇族子弟扶持上位。

按照这种世袭罔替的分封制度，朝廷各州的刺史、长史、司马、县令等职位恐怕会逐渐回到门阀手里。寒门学子从下而上的晋升渠道将会被权贵再一次蚕食，好不容易建立起来的科考制度将会逐渐失去意义。

问题是，这样的制度能够实行下去吗？还是那句话，能实行的才算数，不能实行的，只是天方夜谭。

想想看，李世民分封的皇子和宗亲年纪都还小，十几岁的算正常，许多都只有几岁，把他们封为一州刺史，他们能够有何作为？如果给他们再安排一批辅佐的臣子，能够保证他们对朝廷忠心不二？

无数的历史事实证明，人心都是自私的。在政治利益的面前，谁都敢铤而走险，西汉的“七王之乱”，西晋的“八王之乱”，包括前朝的汉王“杨谅之乱”，还不能说明问题？不可否认，这样的制度就是取祸之道。

更何况，古往今来的官员都希望能钻到中央朝廷，毕竟在皇帝的眼皮子底下才好出成绩，谁愿意外放到地方为官？有谁愿意以中央大员或者皇子宗亲的身份前往地方，为李唐王朝看守门户？别说一般的勋贵大臣不愿意，一向养尊处优的皇子和宗室王爷更是不乐意。

李世民根本就不了解朝中勋贵大臣和皇子们的真实想法，一味地将自己的想法强加到他们身上，结局自然不被看好。

贞观十年（636）二月，李世民终于动手了。

封李元景为荆州（今湖北省荆州市）都督，李元昌为梁州都督，李元礼为徐州都督，李元嘉为潞州都督，李元则为遂州都督，李灵夔为幽州都督，李恪为潭州都督，李泰为相州（今河南省安阳市）都督，李祐为齐州都督，李愔为益州都督，李恽为安州都督，李贞为扬州都督。

贞观十一年（637）六月，李世民再次下诏：封李元景等二十一王的刺史之职世袭罔替，长孙无忌等十四个勋贵大臣的刺史之职世袭罔替，没有特殊缘故，不得废黜。

这是多么大的恩典，世袭罔替啊！

皇子和大臣们又是什么反应呢？大家毫无反应，直接漠视了李世民的诏令。李世民突然发现，自己遭到了兄弟、皇子和所有大臣的孤立和反对。

在李世民的眼里，这是天大的好事啊。他们身上都有国公爷的爵位，再搞个铁帽子，然后配点儿实权，还能留给后世子孙，还有比这更划算的生意吗？

遗憾的是，此后的两年，谁也不愿意搭理李世民的任命，因此这道诏书搁置了两年之久。皇权和臣权在博弈，看谁能继续低头吧。

贞观十三年（639）二月，李世民按捺不住自己的怒火，下旨催促已经得到分封的人前往地方就职，语气非常严肃和紧迫。然而，令李世民没想到的是，他的诏书遭到了所有朝臣的反对，接下来的几天，奏折如雪花般飘到他的龙案之上。

太子左庶子于志宁：古今事理不同，分封制度不是长治久安之策，希望皇帝能够慎重考虑，收回成命。

侍御史马周：实行世袭制度，如果后人出现了糊涂蛋，或者品行不好，残害百姓怎么办？如果让未成年的儿子承袭父职，百姓们必定遭殃，国家也会因此动荡不安。如果朝廷想取消他的世袭职位，如何面对他们的先人？如果保留他们的职位，如何掩盖罪行，如何照顾百姓的感受？最好的办法是，朝廷给他们食邑封户，如果真有才能，再量才授予官职，使他们享受世代恩宠。

好吧，这些人的地位太低，说的话李世民听不进去。

李世民的小舅子长孙无忌也表示了反对。

此时，长孙无忌是朝中的司空，位极人臣，但是李世民还是给了他一个赵州刺史的指标，没事就催促他前去赵州任职。长孙无忌彻底无语了，他想不明白李世民到底是为了什么，作为臣子，他又不得不拿出公事公办的姿态。

长孙无忌给李世民上了一道奏折，大致的意思是：

陛下啊，自从您下诏以来，我们做臣子的如履薄冰。李姓的宗室更是忧心忡忡，坐卧不安啊。夏、商、周三朝搞封建制度，是因为无法有效地制衡诸侯，只能以利益收买他们，并不是这种制度可以让国运长久啊。两汉以来，废除了诸侯国，以郡县治理国家，这才让帝国走上正轨。如今因为我们这些人，您又重新起用古制，恐怕会扰乱王朝的纲纪，如果碰上了愚昧无知的不肖子孙，有些人触犯国家法令，自取灭亡，或者因为袭封的赏赐遭到灭顶之灾，那得多可怜。希望陛下停止赐封世袭刺史的旨意，让我们能保全性命。

讲道理，李世民不听。

长孙无忌已经彻底崩溃了，皇帝是不是犯迷糊了，为啥就一根筋呢？按照公事公办的态度，李世民肯定不会答应了。于是，长孙无忌开始发动自己的儿媳，也就是李世民的嫡长女长乐公主，让她去劝李世民回心转意。

长乐公主是自家人，说起话来非常直接：“老爸啊，朝中的大臣心中怨恨很深啊，大家都说为了打下李唐江山，吃了无数的苦，眼下天下太平，国家富足，正准备来享福，你却要他们到外地去受苦，说您不厚道啊！”

面对长乐公主的直白劝谏，李世民良久无语。

李世民觉得，自己是一片好心，不惜割地分封，让这帮人可以和李家共享万世富贵，可没想到大家完全不领情，还有一片埋怨之声。

贞观十三年（639）二月，在皇族和大臣的一致声讨下，李世民被迫下旨：停止世袭刺史的诏令。至此，持续了十多年的分封制度和世袭刺史的事情就此搁置。

回过头来再看，李世民不惜用了十年的时间，不顾所有人的反对，力推分封制度，究竟是什么样的考虑呢？史书上没有明说，不过可以肯定，李世民确实想要追求国家的长治久安，至于靠什么办法，李世民也没有完全想好。

总而言之，李世民觉得还是只能靠人，要么是血缘关系浓厚的人，要么是对他忠心耿耿的人。巧的是，贞观一朝的君臣关系堪称中国历史上的奇迹，别说李世民为此欣慰，就连后世的人也对他们的关系感到不可思议。这恐怕也是李世民力推长孙无忌等人世袭刺史的根本原因。

有这些自然是不够的。

要说揣摩人心，李世民还是有水准的，他肯定知道，人终究是会变的，除了信任，还有什么能够说服他坚定自己的信心呢？

如果所料不错，应该是摆在眼前的事实。

李世民是一个非常喜欢看历史书的皇帝，几乎到了痴迷的状态，如果有图书馆，他应该会天天泡在里面。历史书里最吸引他的就是前朝治国理政、皇帝心术的内容，贞观史书上关于他读书治国的记载屡见不鲜。

还是李世民最关心的那个问题，从夏朝开始，一直到隋朝，哪个朝代活的时间最长？答案呼之欲出：夏朝四百七十年；商朝六百五十年；周朝七百七十年；汉朝四百三十年。

准确地说，从夏朝开始实行分封制，一直到周朝的分封制度到达鼎盛，王朝活的时间也是越来越长。汉王朝和封建制度沾了点边，还能撑到四百年。再来看看秦王朝、魏蜀吴、东西晋、南北朝，尤其是力推改革的隋朝，凡是和封建制度不沾边的，基本上都是死得最快的，这就是摆在眼前的事实啊。

李世民和众臣商议此事的时候，也多次提到了这些历史。

除此之外，分封制还有个明显的特点：权力制衡玩得最好。

周天子的套路就是，把国土切成最小块的，让你们苟活在其中，就算你有反抗的心思，也没有这个实力。别说中央政府可以弄死你，旁边的小弟也不会任由你坐大！随后的几百年，诸侯们每天睁开眼，想的第一件事就是如何在丛林中挣扎求生，而不是找周天子的晦气，大家都想坐大，所以只好互相开战，周天子稳坐钓鱼船，有时候出面干预一下，刷点存在感，多么美好的事儿。

就算是到了周朝灭亡的时候，诸侯们也在精打细算，究竟是灭掉毫无油水的周天子划算，还是兼并强大的诸侯划算？傻瓜也明白，周天子就一个都城，所以到了最后，反而是周朝比其他的诸侯活得时间更长。

别说周天子活得没有尊严，没有体面。在乱世之中，好死不如赖活着，谁活的时间长，谁就有笑到最后的资本。宗庙都没了，还扯其他的干吗？

李世民想让唐朝活得久，自然要效仿封建制度。

李世民不是傻瓜，推行封建制度肯定会遭到大家的反对，也是历史的退步，可他为什么还要坚持己见呢？唯一的解释就是，他确实有自己的考虑。然而，他不得不面对一个现实：众人不认可，要推行分封制度，先和众人闹矛盾，这可不符合他的初衷，所以这件事一直僵持了十几年的时间。

在推行分封制度一事上，只能说明一个问题，李世民和所有人一样，只是个凡人，会犯凡人都会犯的错。李世民的英明之处在于，他善于纳谏，能够在关键时刻悬崖勒马，为大局着想，所以唐朝并没有出现复古版的分封制度。

长孙皇后：李世民背后的女人有多重要？

俗话说得好，成功男人的背后，要么没有女人，要么有一位不平凡的女人。这话放在李世民的身上，真的是完美诠释。

长孙皇后（601—636），小名观音婢，隋朝右骁卫将军长孙晟的女儿。长孙皇后的名气虽然很大，可所有的史书似乎都没有记载她的具体姓名。

隋大业四年（608），父亲长孙晟去世，长孙皇后跟随舅父高士廉一起生活。

隋大业九年（613），高士廉慧眼识珠，将年仅 13 岁的长孙皇后嫁给了李渊的次子李世民。正是因为这个姻缘，彻底改变了她的命运。

武德二年（619），长孙皇后和李世民的第一个儿子出生，因为长孙皇后生产的时候是在太极宫承乾殿，因此嫡长子取名为李承乾，寓意极好。

武德三年（620），第二个儿子李泰出生。

当时，李家已经坐稳了江山，长孙皇后年纪轻轻就为李家生下了两个儿子，不仅秦王妃的位置坐稳了，一生的荣华富贵也有了保障。然而，李世民和李建成围绕皇太子的斗争，让原本平静的秦王府陷入了骚动与不安之中。

事实证明，秦王府虽然实力强悍，可李世民为人过于张扬，不懂得处理父皇的情绪，再加上功勋卓著、骄傲跋扈，一度遭到李渊和李建成的双重打击。

秦王府遭遇危机，长孙皇后并没有坐在镜子前顾影自怜、自叹愁苦，或者让自己的男人流连于深闺之中。身为一介女流，长孙皇后知道自己帮不上大忙，只好每日前往太极宫服侍公公李渊，以及后宫的嫔妃。

长孙皇后乖巧聪慧，每当李渊心情好的时候，她就会为李世民说几句话，为他减少了不少压力。然而，宫廷中的政治斗争，往往不是几句轻飘飘的话就能解决的，许多事情都是身不由己。到了后来，长孙皇后也看明白了，自己只能和李世民休戚与共，同生同死，除此之外，她再也没有别的办法。

玄武门之变的前夕，长孙皇后意识到安抚李渊已经无济于事，于是和房玄龄、杜如晦等谋士策划对李建成集团的军事反击。玄武门之变的当天，长孙皇后亲自抚慰秦王府的勇士，让他们死心塌地追随李世民建立功业。

玄武门之变虽然是一场政治投机，可是老天爷眷顾李世民夫妇，让他们获得了至高无上的权力。李世民登基之后，长孙皇后毅然选择了相夫教子的生活，不再对李世民的帝王生涯指手画脚。

然而，长孙皇后在玄武门之变中显露出的政治智慧，让李世民刮目相看。不得不说，这个老婆不得了。李世民曾经拿朝廷大事征询过长孙皇后的意见，她却以牝鸡司晨的典故来回应，还扬言：我是女人，别找我说朝廷的事儿！

此话一出，李世民就给她打了一百分。

长孙皇后无条件的理解和支持，让她收获了李世民的爱护和尊重。

据史料记载，长孙皇后虽然不对军国大事指手画脚，但是身为后宫之主，有些事还是得出面干预的。李世民是个暴脾气，登基之后的几年，经常要微笑面对魏征、王珪等大臣的谏言，要命的是，魏征等人说话又丝毫不留情面，因此他每次回到后宫，都会找宫女和太监的晦气。

李世民自觉皇帝是万物的主宰，可以践踏任何人的人格和性命，至于宫女和太监，该打该罚，确实不在话下。然而，长孙皇后是个菩萨心肠，她不忍心看到宫女和太监平白无故遭受凌辱，于是想了个法子来治理自己的老公。

每一次，李世民责打或者辱骂下人，长孙皇后就会命人把他们捆绑起来，然后主动替李世民教训他们。这样一来，惩罚下人的力度由长孙皇后说了算，既可以减轻下人的处罚，又可以替李世民消气，一举两得。

长孙皇后是个优秀的演员，每次惩罚下人，她都表现得异常愤怒，表面功夫做得非常到位，反而让李世民丈二和尚摸不着头脑：朕生气，为什么皇后比朕还激动？也许，这就是夫妻之间的感同身受？总而言之，李世民看到老婆为自己说话，心中的怒气顿时烟消云散，反而有点被温暖包裹的感觉。

长孙皇后以退为进，通过转移李世民的视线，挽救了无数的太监和宫女，去世之后，后宫的宫女和太监都为她痛哭流涕。

长孙皇后虽然有大智慧，可毕竟是个普通的女人，有女人该有的心性，有时候做事还是很情绪化，说得不好听一点，为人颇有私心。

长孙皇后有两个哥哥：同母兄长孙无忌、异母兄长孙安业。

老爹长孙晟去世之后，长孙皇后、长孙无忌和母亲被嗜酒如命、不务正业的长孙安业赶出家门，幸好有舅父高士廉收养，这才没有流落街头。三十年河东，三十年河西，长孙皇后时来运转，攀上了李家这个高枝儿，后来又成为大唐的皇后，长孙安业就算骑上汗血宝马追上十年，恐怕也没法望其项背。

不过，长孙皇后并没有因为过去的事儿去找长孙安业的晦气，反而是处处照顾，将他视为亲人。遗憾的是，世人常常以怨报德，在长孙安业看来，长孙皇后的这种行为恰恰是对他最大的侮辱，反而提升了对他们兄妹的仇恨值。

贞观元年（627），李世民因为喜欢长孙无忌这个小舅子，再加上他有大功于朝，于是将他提拔为尚书右仆射。

长孙皇后不干了，她觉得李世民这种行为，并不是为长孙无忌考虑，而是在害他，于是拿外戚不得干政的典故，说服李世民罢了长孙无忌的官。

问题是，长孙无忌虽然是小舅子，可他为人机警智慧，又是李世民的幕僚，按照规矩，完全可以做宰相。可长孙皇后却因为害怕自己家族遭到猜忌，或者说是刻意避嫌而阻止长孙无忌的仕途，确实对兄弟有点不公平。

有趣的是，长孙皇后不想让长孙无忌做官，却一心想让李世民提拔不务正业的长孙安业为禁卫军将军。好吧，这个面子李世民给了，可是到后来，走入魔道的长孙安业居然和李孝常等人图谋政变。

按照大唐律法，图谋造反就是不能饶恕的死罪。

李世民打心眼里不喜欢长孙安业，不管是用人理念，还是老婆的旧事，事情查清楚之后，李世民当机立断，下令将长孙安业等人处死。

然而，长孙皇后再次找到了李世民，说：“你不能这样干，如果你把他杀了，别人会怎么看我，还以为我和长孙安业有仇怨，因此挟私报复呢。”

长孙皇后英明一生，却在此事上有私心，唆使李世民不遵守法律，实在是一大败笔。不过，这才是有血有肉、情感丰富，也是我们愿意看到的女人。

李世民已经驳了长孙皇后一次面子，这次也不好再说什么，于是就将长孙安业发配到了四川，为这段恩怨画上了一个句号。

长孙皇后虽然年纪轻轻，却得了哮喘一类的疾病，身体状况一直不太好。有一次，李世民前往九成宫（今陕西省宝鸡市麟游县）避暑，不料柴绍等人深夜禀报，说行宫中出现了异常，李世民连忙穿上甲胄，前去询问事由。

一时间，九成宫陷入混乱之中，长孙皇后遭遇此事，疾病发作，急忙让身边的宫女把自己送到李世民的跟前。危难时刻，长孙皇后永远都是选择和李世民同生共死，玄武门之变是这样，在九成宫的时候也是这样。

这件事闹得沸沸扬扬，可史书却讳莫如深。反倒是长孙皇后因为受到惊吓，病情越发严重，太子李承乾在身边伺候，感到十分忧心，于是提议，说要请求老爹大赦天下，并让寺庙的和尚为老妈祈福，希望换取母后的安康。

长孙皇后感叹道：“生死有命，并不是人力所能控制。我的一生并没有做过什么恶事，却遭逢这样的疾病，如果胡乱求福有用的话，我早就痊愈了。大赦天下是国家大事，不能随意发布，再者说，道教、佛教乃是祸国殃民的异端邪说，你的父皇平日里都不做，怎么能因为我一个妇道人家让皇上破例呢？”

李承乾：“母后，如果不这样做，儿臣担心您的身体啊。”

长孙皇后略微发怒：“你如果一意孤行，我还不如立刻就去死呢。”

李承乾是个孝子，不敢过分拂逆长孙皇后的意思，因此始终没对李世民说起此事，只是私下和房玄龄谈起。房玄龄尊敬长孙皇后，当他知道一般的药物已经稳定不了长孙皇后的病情之后，毅然向李世民提出了大赦天下的想法。

皇后身体不适，李世民五内俱焚，这才下令大赦天下。遗憾的是，帝王虽然是天下的主宰，却也无法通过自己的意志去消灭病魔。

贞观十年（636）七月，长孙皇后病重垂危，在大明宫立政殿与李世民做生死诀别。

长孙皇后临死之前，回忆他和李世民前世今生的点点滴滴，内心十分不舍。是啊，能和一生挚爱相知相守，是多么难得的事，更何况这个爱人是英明神武、胸怀韬略，又拥有侠骨柔情的皇帝。长孙皇后很少干预李世民，可是在她临死之前，用尽最后一丝力气发出了最真挚的劝谏：

第一，房玄龄侍奉您多年，一直以来都是做事缜密，小心翼翼，朝廷的机密要闻，不曾有一丝泄露，如果没有大的过错，希望陛下不要抛弃他。

第二，这些年来，陛下爱屋及乌，提拔了不少长孙家的人，他们不是因为能力和德行而升官，很容易遭到灭顶之灾，希望陛下不要让他们担任要职，只需要以外戚身份定期朝拜皇帝也就够了。

第三，我活着的时候没有什么用处，去世之后更不能让国家为我做什么，希望陛下不要耗费财力为我修建陵墓，只要依山做坟，以瓦木为陪葬就可以。

李世民听完之后，痛哭流涕，执手相看泪眼。

长孙皇后看了看深爱的丈夫，说出了最后的遗言：

希望陛下亲近君子，疏远小人，接纳忠言直谏，摒弃小人谗言，节省劳役，禁止游猎，我即使在九泉之下，也毫无遗憾了。不必让儿女们前来探视，看见他们只会让我心痛悲哀罢了。

说完了公事，长孙皇后掏出了一包东西，对李世民说道：“陛下，这是一包毒药，臣妾在您卧病的时候就准备了。如果您当年有事，臣妾绝对不会独活，更不会做大唐的吕后。”

如果这种记载属实的话，完全可以说明一个问题：长孙皇后对李唐朝廷的影响力，已经超过了历史书上的记载，恐怕也超过了我们的想象。说白了，在长孙皇后的眼里，她完全有能力在李世民去世之后做第二个吕后。

长孙皇后之所以这样说，恐怕不是为了表示自己的政治智慧有多么高超，而是向李世民传递一个信息：你要对我放心，对长孙家的勋臣放心。

历史，永远是说不清道不明的。千年之后，我们无法理解长孙皇后说这句话时候的心境，在她和李世民之间，到底发生了哪些不为人知的秘事；在李唐王朝，还有哪些说不清楚的暗流，谁又能够知道？

数日后，一代贤后香消玉殒，享年36岁。

长孙皇后去世之后，长孙无忌被李世民重用，后来却因为把持朝政，在云波诡谲的皇权斗争中做了牺牲品。回过头再看，不能不佩服长孙皇后的远见卓识。

对丈夫的性格，长孙皇后也是心知肚明。李世民性格跋扈，喜欢冒险，又容易骄傲自满，但又心胸开阔。这样的性格适合做皇帝，不太适合相处。

在外朝，李世民对臣子的口无遮拦极力包容，凡事都会征求臣子的意见，看起来和大臣们打成了一片，然而回到后宫，李世民的情绪极其不稳定。说白了，李世民对臣子们的指手画脚非常不满，一度说出了要杀魏征的恶语。

这些事，魏征、房玄龄等人看不到，但是长孙皇后心知肚明，因此在生前极力保护朝中大臣不受到李世民的猜忌和弃用。这样的大智慧，确实令人钦佩。

遗憾的是，长孙皇后去世之后，李世民失去了后宫的限制，再加上排斥魏征等人，以至贞观末年做的事儿经常为人诟病。如果长孙皇后能够多活几年，相信贞观盛世将会更加完美，李唐江山也会更加绚丽吧。

承乾太子的转变，谁懂少年心？

前面说过，贞观七年（633）是李世民纳谏事业的分水岭。

在此之前，魏征、王珪等人在朝堂非常活跃，堪称是他们谏言事业的巅峰，李世民也是乐于配合，君臣你来我往，其乐融融。

从贞观七年（633）起，李世民膨胀了，内心的小傲娇开始显露出来，幸运的是，后宫还有长孙皇后时刻监督着，李世民也不敢太过嚣张。

贞观十年（636），堪称是李世民执政生涯中的另外一个分水岭。长孙皇后去世，后宫再也没有人能够对他劝谏和约束，更多的是迎合。再加上魏征等人退居幕后，封德彝、杜如晦等大批名臣相继去世，外朝的监督力量越来越弱。

史料告诉我们，长孙皇后去世之后，李世民很少再接纳朝臣的谏言，他开始大兴土木，置办家产；开始挥霍钱财，到处巡游。

这也就罢了，身为皇帝，富有天下，多花点钱财，这都不算什么事儿。然而随着长孙皇后的去世，李世民的皇子教育也成了大问题。

想想看，后世的销售经理每天为了跑单，为了应酬客户，为了天南地北的出差，基本上都照顾不到老婆和孩子。更何况李世民这样的人！

李世民的职业是个皇帝，大部分的时间都耗费在了军国大事上。他每天起床之后的第一件事便是召开朝会，和大臣商议帝国的未来，认真总结自己的过失，希望把大唐帝国经营得更好。

除此之外，李世民还是一个很有上进心的皇帝。他虽然文武双全，学识也还不错，可是和朝中的大师们比起来，还是差得太远。下朝之后，李世民经常召集大师们搞读书分享会，要么读点儿历史，总结一下前朝皇帝的优缺点，讨论如何让帝国江山永固；要么读点儿文学，搞点诗词创作什么的。

这样一来，李世民待在后宫的时间其实非常短暂。既然如此，后宫的事情就必须交给其他人打理，长孙皇后是他最好的帮手，除了管束后宫嫔妃、宫女和太监之外，众多皇子的教育也都落在她的身上。

李世民的一生有十四个儿子，皇太子李承乾、魏王李泰、唐高宗李治、吴王李恪、蜀王李愔、庶人李祐、越王李贞、江王李嚣、纪王李慎、赵王李福、曹王李明、蒋王李恽、楚王李宽、代王李简。

遗憾的是，李世民还是没能逃脱历史的奇怪宿命：老爹英明神武的等级越高，儿子的下场越不好看。想想看，汉高祖刘邦的儿子多吧，可后来遇到吕后干政，大批的刘姓王爷遭到猜忌被杀，或者因为谋反而被杀。清朝的康熙皇帝儿子也很多，却因为一场皇权斗争，大多数人都死于非命。

李世民有十四个儿子，可除了唐高宗李治、赵王李福之外，其他的十二个儿子基本上都没有什么好下场。

流放的王爷：李承乾、李泰、李愔、李慎。

被杀的王爷：李恪、李祐。

自杀的王爷：李恽、李贞、李明。

早死的王爷：李宽、李嚣、李简。

自杀、被杀、早死、流放，几乎成为这些天潢贵胄们的宿命，不能不令人唏嘘。笔墨有限，其他的皇子不多讲，还是把焦点放在李世民的嫡子身上吧。

李世民和长孙皇后一共生了七个孩子：

皇长子李承乾（619—645）。

皇四子李泰（620—652）。

皇九子李治（628—683）。

四个女儿：长乐公主、城阳公主、晋阳公主、新城公主。

武德二年（619），长孙皇后在太极宫承乾殿生下了秦王府的第一个小皇子。当时，李渊和李世民的父子关系不算太紧张，看到亲孙子降临人世，李渊欢喜异常，因为孩子出生承乾殿，李渊给他赐名李承乾，饱含了期望和祝福。

武德三年（620），李渊下诏，将还在襁褓之中的李承乾封为恒山王。

随后的几年，李世民一直在外面征战，和李承乾相处的日子并不是很多，儿孙绕膝之乐，李世民也只能偶尔想想。不过，李承乾是他的嫡长子，不管李世民以后混成啥样，李承乾都要继承他的衣钵，因此给予了足够的重视。

武德七年（624），李世民平定王世充，随后返回长安城，招募了秦王府十八学士。不可否认，这帮人都是学富五车、天下闻名的大师，不管是学识，还是人品，都是世人推崇的。李世民经过一番考察，最终将陆德明、孔颖达两位儒学大师叫过去谈话，随后交给他们最重要的任务：教嫡长子李承乾学习儒学经典。

彼时，李唐坐江山已经成为历史定局，剩余的反派势力，李世民就可以搞定了。李世民给李承乾的人生定位非常清晰：成为才高八斗的文艺青年，成为尊师重道、待人友善的谦谦君子。

据史料记载，李承乾的颜值非常在线，再加上为人孝顺，聪慧敏捷，堪称不世出的乖宝宝，李世民怎么看怎么喜欢。武德九年（626）十月，李世民登基称帝，册封年仅 8 岁的李承乾为大唐皇太子。从此时开始，李承乾蜕变为一人之下，万人之上的天之骄子，这也注定了他的一生将会不同凡响。

事实证明，李承乾的本性就是向善的，再加上后天的悉心培养，骨子里充满了友爱和孝顺的特点。就算是做了皇太子，他也没有改变半分。

贞观三年（629），太子太师李纲因为得了脚疾，每天只能乘坐轿子进宫，李承乾得知后，亲自在太子宫的门口等待，然后将李纲扶进大殿，并当着众人的面，恭恭敬敬地给老师行礼，随后虚心向老师请教学问，态度极为恭敬。

群众的眼睛都是雪亮的，李承乾深得李世民的喜爱，又是嫡长子，如果不出意外，肯定是下一任皇帝啊。再看到李承乾如此尊师重道，这帮人的下半辈子也有了保障，心里自然乐开了花，只要有机会，他们就会力捧李承乾。

在李世民的眼里，李承乾是他精心栽培的成果，看到旁人极力夸赞，李世民除了为儿子感到自豪，还为自己的慧眼识人满意不已。

贞观四年（630），李世民下诏：今后凡有诉讼，经尚书省判决不服，则由太子裁定。如果仍然不服，则上奏到朕这里。

此时，李承乾年仅12岁，心智还没有完全成熟，也没有政治经验，根本没有能力处理复杂的朝政。不过，李世民却对他寄予厚望，希望他能尽早参与老爹的事业，多积累一些执政的经验，堪称是用心良苦。

贞观五年（631），李承乾突然生了一场大病，李世民五内俱焚，召集了帝国最牛的御医帮他治病，可还是根除不了。李世民的一生不信佛不信道，可是面对儿子的病情，最终竟然下了一道诏书，令道士秦英进宫为儿子祈福。

有趣的是，秦英东搞西搞，李承乾竟然痊愈了。

此时，李世民开始转变了心态，他下诏令三千人集体出家，还特地修建了西华观和普光寺，减免狱中囚犯的罪行，以此来为李承乾求福。

皇子的一场疾病，竟然让唐朝的宗教事业开始繁荣起来，也算是历史的一件趣事吧。遗憾的是，李承乾患的应该是先天性疾病，身体状态非常不好，接下来的几年，李承乾疾病缠身，痛苦不堪，李世民为他请遍了全国的道士、和尚，甚至天竺神僧也有幸登场，赏赐的钱财更是不计其数，可还是治愈不了李承乾的病。

到最后，李世民实在是没辙了，于是下诏：皇太子李承乾以后就不用拼命读书了，只需要和孔颖达等人坐在一起聊聊天就行。

李世民虽然放低了对他的要求，李承乾却并没有趁机放纵，反而更加勤奋刻苦，获得了朝臣的一致好评，李世民更是感到欣慰。在此期间，李世民屡屡外出巡幸，每次都是让李承乾留守长安，全权负责朝廷的军国大事。

皇帝、太子和大臣其乐融融，大唐朝廷呈现出一片祥和之态。

身为父亲，李世民对李承乾百般疼爱，捧为至宝，不愿意让他吃苦受罪。可是身为帝王，李世民又不得不提高对李承乾的要求，不管怎么说，李世民希望李唐江山能够在李承乾的手里发扬光大。

李世民做了这么多年的皇帝，最大的心得恐怕就是选拔人才，多纳谏言，把朝臣们视为事业的合伙人，大家一起把事业做大做强。

在李世民的心里，李承乾的德行和能力都没有问题，对他唯一的要求就是：多听老臣的建议，虚心学习为人处世的道理。贞观八年（634）左右，李世民就和太子左庶子于志宁、杜正伦等人有过一段对话。

李世民是这样说的：朕十八岁的时候，还在民间混日子，百姓的疾苦，朕都非常了解。等到做了皇帝，朕处理政务都还有失误呢。如今，太子长期生活在深宫之中，根本看不到老百姓的民生艰苦，因此容易滋生骄奢之气，你们身为太子的幕僚，应该时刻进言，耳提面命。

贞观一朝，进谏的风气已经成为时尚，大臣们都想学习魏征，不仅能刷存在感，还可以名垂青史，因此对进谏一事非常积极。更何况，于志宁和杜正伦等人得了李世民的尚方宝剑，更是有恃无恐。回到太子宫之后，他们开始给李承乾疯狂谏言，有时候甚至是不分场合，不顾人情。

如今的社会，大家都知道一个常识：男孩子十多岁的时候，大多数人都是懵懂无知的，二十多岁才会有自己相对独立的思维模式，这个时间段是他们闷头建立自己价值观的过程，也是传说中的叛逆期。

临床表现就是沉迷在自己的世界里，对父母和长辈的话几乎是天生排斥，不管你说得对还是不对，他们就是不想听。

很遗憾，李世民和朝臣似乎没有这样的概念，在李承乾完成男性思维蜕变的过程中，反而加强了对李承乾的洗脑。比如，你身上肩负着李唐江山，你应该禁止自己的欲望，做一个理想中的圣人。再比如，江山不是你一个人的，你应该尊重大家的意见，不应该肆意胡为。

结果就是：李承乾的叛逆情绪越来越大，和大臣们的关系越来越不融洽，原先的孝顺和聪慧彻底消失，取而代之的是迷茫和厌世。

李世民也发现了，宝贝儿子性格大变，似乎像是变了一个人。大家都知道，父子的关系最为奇特，明明是最亲近的血缘关系，却不是最亲近的情感关系，父亲有疑惑，不会主动找儿子求教；儿子有烦恼，也不会找父亲倾诉。

闲来无事，李世民就喜欢瞎琢磨：宝贝儿子是不是成熟了，是不是对于志宁等人产生了厌恶和排斥啊？接下来的一段时间，李世民命李百药、孔颖达、张玄素、房玄龄、魏征、刘洎（jì）、岑文本、马周等大唐名臣轮流前往太子宫，给李承乾讲授为人处世、治国理政的大道理。

问题是，每个大臣都有自己的价值观，今天魏征来讲这一套，明天马周来讲另外一套，而彼时李承乾还不到20岁，如何能分辨出谁对谁错？

彼时的李承乾，和如今的高中生一样，对繁重的学业、叽叽歪歪的老师产生了强烈的厌恶情绪。他什么都不想干，只想安安静静地做个美男子。闲来无事，李承乾也在瞎琢磨，觉得老爹不照顾他的情绪，还派这么多人来折磨他，于是对李世民也有了一丝丝的反感，父子的亲密关系开始变得微妙起来。

不一样的父爱：想换太子直说啊！

古往今来，越是有身份的人，自尊心就会越强。

遗憾的是，有这种东西的人，一般都很难去沟通。尤其是两个人都有身份，想要他们坐下来坦诚地沟通，承认自己的问题，想都别想。

寻常人家，父子之间的较劲多半会无疾而终，大不了老死不相往来嘛。然而在皇室，父子较劲会要很多人的命，原本是一场没有硝烟的较劲游戏，可到了最后，竟然多出了一位要命的角色：皇四子李泰。

李泰也是李世民的嫡子，在皇室的地位非常尊贵。

受益于爷爷李渊分封李姓王爷的国策，李泰年仅 1 岁就成了卫王、上柱国。贞观二年（628），李世民加封李泰为扬州大都督、越州都督，督江南二十二州的军事，虽然是个小孩，可谁都看得出，李泰的恩宠，仅次于太子李承乾。

据史料记载，李泰似乎是基因有问题，年纪轻轻，腰腹就变得非常肥大，有点啤酒肚的模样，有时候，李泰给李世民行礼，因为肥胖动作非常笨拙，跪不下去，就连李世民都看不过眼。

李世民无奈之下，只好下了一道特旨：李泰啊，你以后就别给朕行礼了，另外给你安排一个轿子，赋予你在宫中不用行走的特权。

贞观四年（630）左右，李世民在朝廷大肆灌输分封制度的好处，还封赏了许多皇子和大臣，准备让他们到地方担任刺史之职。按照李世民的政策，李泰也得离开长安城，可他在催促其他皇子离开的时候，又死活不愿意李泰离开他。

李泰是李世民的嫡子，受老爹的宠爱，大家都能理解，因此谁也没有在意过他的存在。然而，这一次不同啊，李世民在搞双重标准，让其他皇子离开长安，却又令李泰留下来，这是什么政治信号？

一时间，长安的官场弥漫着一种诡异的气息，久经战斗的老油条们，心中多少有些不安。贞观十年（636）十二月，有人给李世民打小报告，说朝中三品以上的大臣似乎对魏王李泰有点儿轻视。

在唐朝，三品以上的官指的是中书令、门下侍中、六部尚书，说得直白点，这状告的不就是朝中的宰相吗？这是要搞事情啊！

李世民看着奏折，火冒三丈，立马将朝中三品以上的大臣叫到跟前，严厉地训斥道："你们这些人，真是太过分了！隋文帝在世的时候，一品以下的官员在皇子的面前大气都不敢喘，朕不想放任皇子横行霸道，但是也不想他们被欺负。假如朕真的放纵他们，你们这些大臣还怕没有被羞辱的机会吗？"

此言一出，房玄龄等重臣吓得大汗淋漓，完全不敢反驳。一时间，群臣匍匐在地，谁也不敢去挑衅李世民的权威，只有一个人表情淡然，满不在乎。

不错，此人就是魏征。

他看了看旁边的同僚，深吸一口气说道："陛下！《春秋》中说过，周王室的人即便再低贱，也要位列诸侯之上，因此臣认为朝中大臣必然不敢轻薄魏王。我朝三品以上都是公卿大臣，陛下一直以来都是以礼相待，如果说朝纲败坏，咱们啥也不用说，如今有您这位圣明之君，怎么能容忍魏王羞辱朝中重臣呢？隋文帝宠爱他的儿子们，可皇子们最后却全部被杀，难道您想效仿他吗？"

李世民是大臣的克星，可魏征是李世民的克星。

李世民还想反驳，可看了看魏征的态度，果断放弃了自找没趣的死路。于是话锋一转，夸起了魏征："魏征啊，你说得条条在理，朕实在是很佩服啊！朕刚刚愤怒的时候，还觉得自己很有道理，听完你这番话，才知道是因为私情忘记大义，作为皇帝，朕说话实在是太轻率了！"

李世民的风格是错误可以承认，但是一定不会改正。面对魏征的谏言，李世民只不过是礼貌性地认可一下，说说而已，大家不要当真了。

此次训话，李世民当众认错，可并没有任何改变，他还放出话来，亲王是皇室的颜面，三品以上的官员见到亲王，还是要给予足够的尊重。

规矩是定下了，可朝臣的心里很不舒服啊。

不管怎么说，大家都是有头有脸的人物，见到皇帝点头哈腰也就算了，遇到个王爷也得点头哈腰，放弃功臣的尊严，这算哪回事儿？

最先奋起反抗的是礼部尚书王珪。这位老兄不仅是主管礼仪的最高官员，还是魏王李泰的老师，由他怒怼一波，场面确实很好看。

贞观十二年（638）正月，王珪趁着开朝会的机会，给李世民提了个建议：三品以上的重臣，遇到亲王都需要下车站在路边以示尊敬，这有点不合朝廷的礼仪。

王珪是礼部尚书，可也是魏王李泰的老师，说出这样的话，其实就为表达一个意思：老师见到学生居然要行礼，这可有点儿不讲究。

李世民回答道："你们这些大臣，就觉得自己最金贵，轻视朕的皇子。"

魏征赶紧抢来话题："陛下，亲王的地位堪比三公，可三品以上的大臣也都是位列九卿，重臣为亲王下轿行礼，实在是不太合适。"

魏征把亲王的尊贵抹去，然后强调三公九卿的地位平等，这是明显的偷换概念，可李世民没有意识到，他也不想和魏征掰扯。

李世民："人的生命长短实在是难以预料，万一太子遭遇不幸，谁知道哪个皇子做你们的新君呢，你们为何要轻视他们，不给自己留条后路？"

此言一出，群臣呆若木鸡，不知所措。

你不仅仅是皇帝，还是李承乾的父亲啊，大庭广众之下，说出自己儿子可能会遭遇不测的话来，这哪像个父亲的样子？更何况，太子是国家的根本，李世民花了那么多的精力培养李承乾，如今却透露出要换太子的意思，这怎么能不让大家想入非非？

等等，李世民想换太子，那谁是他的候选人？

不错，只有魏王李泰最有资格。

大臣们面面相觑，还在消化李世民透露出来的信息。

此时此刻，只有一个人发言了，不是魏征，而是王珪。

王珪几乎是直奔主题："自周朝以来，都是子孙相承，不让兄弟即位，这是为了杜绝庶子觊觎皇位，堵塞祸乱的根源，身为治国者，应该引以为戒。"

王珪不愧为出色的政治家，面对李世民的挑衅，他没有针对李世民说李承乾不幸死亡的事情反驳，而是把话题扯到兄弟继承皇位不合适的大道理上，善意地提醒李世民，你对魏王的宠幸有点过头了，得小心啊！

李世民点点头，做出深以为然的姿态。言外之意，你说的我听进去了，可我宠幸儿子是自己的事儿，用不着你们管。

李承乾不是傻瓜，父皇宠信自己的亲兄弟，还说出诅咒他的话来，说他不伤心，这话谁能信？据史料记载，就在李世民说出此话之后，李承乾的行为变得越来越乖张，而李世民对他则更加冷淡，对魏王李泰却更为亲近。

贞观十四年（640）正月十六日，刚刚过完春节，大家伙儿正准备上班的时候，李世民突然宣布驾临位于延康坊的魏王府。据说，魏王府的建制规模，包括府邸的装修水平都是超越规制的，甚至比太子府还要豪华。岑文本曾经还为此事给李世民上过奏折，希望他能够注意朝中的舆论，约束一下魏王李泰逾制的行为。

遗憾的是，李世民表面上夸奖了岑文本，可私下里却继续纵容李泰搞违规建筑，这也就罢了，李世民感觉李泰的园子不够气派，于是大手一挥，将“居地三十顷，周回十七里”的芙蓉园赐给了李泰。

皇帝的身份太特殊，在臣子的眼里，一言一行都有他的政治用意。想当年，李渊为了缓和李建成和李世民的矛盾，最终选择在李元吉的府中搞宴会，这就是明证。如今，李世民前往魏王府，真的是意味深长啊。

据史料记载，李世民在魏王府玩得很开心，兴致高昂之处，还下令赦免了长安城许多罪不至死的囚犯，并免除了延康坊所有百姓一年的税赋，还赏赐了许多礼物给魏王的僚属和延康坊的老人。

李承乾是皇太子，李世民对他严格要求，大家都可以理解。问题是，李承乾也是个凡人，父亲太宠爱魏王，又对他如此苛刻，他的心里确实不太好受啊。

寻常人家，孩子不受待见，最常见的方式就是闹出点儿动静，引起爹妈的注意，俗称刷存在感。李承乾没办法找老爹谈心，又想挽回老爹的注意，最终也走上了这条无奈的道路。遗憾的是，寻常人家的孩子不听话，爹妈的评价就是闹性子，可是在皇家，太子不听话，那就是放荡不羁，无法承继大统啊。

贞观十四年（640），李承乾在太子宫修建了一栋房子，正要好好庆祝的时候，于志宁就泼了一盆冷水：“太子啊，你现在变得奢华了，这可不是什么好征兆啊。”

李承乾一脸黑线。

李承乾读书累了，便找宦官一起玩了个游戏，于志宁又跳了出来：太子啊，皇帝和宦官太过亲近，自古以来就是取祸之道，您要小心啊。

李承乾和宦官默默无言。

李承乾的身边是谁？于志宁、李百药、杜正伦、孔颖达、张玄素、房玄龄、刘洎、岑文本、马周。这些人能说会道，性格又耿直，李世民对此深有体会，所以才让他们前往太子宫教育李承乾。

只能说，李世民的出发点是好的。

问题是，李世民都忍受不了这帮人的叽叽歪歪，更何况整日待在深宫，个性追求自由洒脱，生活完全不接地气的年轻太子。

李承乾完全不能理解老爹的行为。他不明白，老爹为什么要让这帮老古董来太子宫监督他。自己建一栋房子就被说成败家奢侈，出去打猎就被说成玩物丧志，问题是，老爹不也是这样的人吗？

客观地说，这帮名臣想让李承乾成为绝无仅有的大圣人，几乎为他制定了最严格的标准，说得不好听一点，已经泯灭了李承乾的欲望。

看看孔颖达和张玄素两位大儒吧，他们没事就去太子宫转悠，只要看到什么不顺眼的事儿，当场就跪在地上鬼哭狼嚎，说出的话极为难听，大有李承乾不听他们的话，就会亡国一样。

这帮人背负着皇帝的旨意，完全臣服于李世民的帝王意志，至于李承乾的情绪，对不起，不属于他们的业务范围。有时候，他们进谏越频繁，说的话越有煽动力，名声就越大。闹出点儿动静，他们就可以在皇帝面前露脸。

太子右庶子张玄素，因为屡次在东宫磕头进谏，李世民将他提拔为银青光禄大夫，太子左庶子。这些都是史书记载的事儿，绝对不是瞎编胡造，诬陷贞观一朝的名臣。

据史料记载，孔颖达和张玄素为了进谏，几乎到了走火入魔的地步，以至和李承乾成为完全对立的状态。李承乾有一个乳母，人称遂安夫人，她对孔颖达等人毫无底线的劝谏和约束感到非常不满，于是主动找上门来。

遂安夫人：“孔大人，太子已经长大成人，你们这些老师不能当着众人的面这样苦谏，否则太子的面子往哪里搁啊？”

在古代，乳母虽然是皇子的养育者，可身份依旧是奴婢，和朝中大臣有着永远无法跨越的鸿沟。像遂安夫人这种，敢以卑微之躯，当面指责孔颖达的不是，已经算是犯上了。可想而知，李承乾已经被逼到了什么程度。

然而，面对遂安夫人的指责，孔颖达的回答是：死无所恨。

面对这样的臣子，李承乾已经彻底崩溃，叛逆的情绪已经到达了人生的高潮。

贞观十五年（641）二月，李世民突然做出了一个决定：巡幸洛阳。临行之前，李世民下诏，让皇太子李承乾监国，尚书右仆射高士廉辅佐。

此次前往洛阳，李世民住了好几个月的时间，没有了李世民的威慑，李承乾的玩性越来越大。不仅在太子宫修建了新的宫殿，还整日开设宴席，邀请长安城数一数二的乐队前来庆贺。

当时，太子府大管家于志宁正在家中为母亲丁忧，听说李承乾越来越离谱的行为之后，当即向有关部门递交了暂停丁忧、重新为官的申请。

于志宁为此事反复劝谏，李承乾就是不听。身为太子府詹事，于志宁肩负着教导李承乾的责任，如今两人形同陌路，究竟是谁的责任？在李承乾的眼里，这是旁人的责任；在于志宁的眼里，他最好能脱掉干系。

于是，于志宁掉转枪头，直接写了一封上达皇帝的奏折：陛下啊，太子最近和宫中的宦官走得很近，甚至还和宦官们私下交换衣服来穿，朝廷的颜面都快丢尽了。自古以来，宦官导致国家败亡的先例很多，臣实在是感到担忧。

古往今来，越级告状都是职场的大忌。

于志宁的行为彻底激怒了李承乾，他的心里本来就不痛快，于志宁在身边聒噪也就罢了，如今还敢找老爹告状，是可忍孰不可忍啊。

李承乾忍不下这口气，于是找来了张思政、纥干承基二人：“你们两个，赶紧去杀了于志宁这个家伙，给我出一口恶气！”

两兄弟听闻此言，下了一身白毛汗。开什么玩笑，于志宁是皇帝的人，岂是说杀就杀的？任性归任性，不能拿我们的命不当命啊！

抱怨归抱怨，领导有命，过场还是要走的。

半夜三更，张思政二人偷偷摸摸找到了于志宁，看到他身穿白色孝服，头枕在地上，一副穷困潦倒的样子，心中不忍，再加上本来就没打算杀于志宁，溜达了一圈就回去复命了。

那么问题来了，李承乾的胡闹，李世民知道吗？他又做了什么？

答案令人很心寒，李世民的眼线遍布太子宫，李承乾做了什么，他全部都知道，可是他的处理办法，确实令人不敢恭维。

在此之前，李承乾很喜欢音乐，因此结识了一个叫称心的太常寺艺人，和他同吃同住，形影不离。后世有传言，说李承乾和称心有“说不清”的亲密关系，可史书并没有如此记载。说白了，李承乾和称心就是走得很近而已。

然而，李世民听闻此事之后，直接命人处死了称心，连尸体丢哪儿都没人知道，完事之后，他把李承乾叫进宫中，狠狠地责骂了一番。

李承乾悲愤不过，私下在东宫修了一座小屋，把称心的遗像放在里面，日夜祭奠，还在室内徘徊痛苦。不仅如此，他还在宫内堆了一座小坟，给称心树了一座石碑，并私下给他追封了官爵。

李世民最讨厌和尚和道士，虽然后来态度缓和，可还是不鼓励这些事。李承乾也不知道怎么想的，经常把秦英、韦灵符等人叫进太子宫，李世民愤怒之下，将秦英、韦灵符等人处死，还株连了一批人。

客观地说，李承乾和李世民的关系，令人觉得有些诡异。

诡异一：父子之间几乎是零交流。父子只要是见面，几乎是一个指责，一个沉默。这也就罢了，还有比更狠的。

有一次，李世民嘱咐杜正伦，希望他能经常规劝太子，杜正伦劝了，可李承乾不听，于是杜正伦把李世民的话转告给了李承乾。究竟说的什么话，谁也不知道，随后李承乾便“抗表闻奏”，李世民不搭理李承乾，却指责杜正伦泄露他的话，于是将他贬为谷州刺史，彻底打入了“冷宫”。

试问，李世民究竟说了什么秘密，让李承乾暴怒不已，几乎和李世民撕破了脸皮，“抗表闻奏”？试问，李世民对臣子一向宽容，为什么因为这件事把杜正伦彻底打入“冷宫”，让他永世不得翻身？这可违背了李世民的人设啊。

如果所料不错，李世民可能是透露了他想要废黜李承乾的意思，希望杜正伦能够尽力督促太子，看能否挽救回来。如果是这样，所有事情就能说得通。

诡异二：父子之间很像是在赌气。

李承乾亲近称心，李世民就要杀称心，而且杀得毫无理由。李承乾和救过他命的道士亲近，李世民便杀了道士。李承乾搞土木工程，李世民就想斥责他，问题是李世民也是这个德行啊！

总而言之，贞观十五年（641）左右，李世民和李承乾几乎翻脸了。

不过，做皇帝就是好，这个儿子不给力，还有另外的儿子给力。隋文帝的家庭是这样，李世民的家庭也是这样。

贞观十六年（642）正月，魏王李泰给李世民送了一份大礼——《括地志》。

这本书是中国历史上的地理巨著，讲的是天下各州道的风俗、人物、典故等方面的故事，在信息匮乏的年代，这本书的出现就像我们现在的百科全书一样，怎么能不让人激动？

李泰虽然颜值不高，可文学功底极其深厚，为了编写这本书，花费了好几年的时间，当李世民看到这本皇室巨著之时，内心激动无比，他实在想不到拿什么来奖励李泰。李世民最后下旨：让魏王李泰前往武德殿居住。

李泰得到圣旨后，迅速入住武德殿，唯恐李世民会反悔。然而，李世民的圣旨却在朝中引起了轩然大波。

按照规矩，皇子长大之后，都要搬到皇宫外面居住，绝对不允许留在宫禁。几年前，魏王李泰就应该前往封地就职，已经被李世民拦过一次，如今又让他前往武德殿，距离权力中心更进一步，这不是明显搞事情嘛。

风口浪尖，李承乾非常无助，他需要大臣帮他说话。然而，所谓的贞观名臣在此时全部三缄其口，明哲保身，没有任何人愿意为李承乾争取一下，哪怕知道李世民这样做会引起新一轮的血雨腥风，他们也不敢挑衅李世民的权威！

群臣的沉默，令李承乾痛心疾首，也令某位退休的大臣无语凝噎。此人就是魏征，他已经重病在身，远离了朝政，可是看到这种情况，他还是给李世民上了一道奏折：陛下喜欢魏王，臣可以理解。为了魏王的今后考虑，实在不应该让他居住在如此敏感的地方，当年齐王李元吉住在武德殿就遭到了许多非议，如今您让魏王殿下在此居住，他自己能够安心吗？

魏征的意思说得很明白，武德殿就是权力的象征，让魏王李泰入住武德殿，很容易让他滋生和太子李承乾争夺权力的心思，对大唐没有任何好处。魏征甚至搬出了前朝的李元吉，贞观的隐秘之事，这种豁出去的心态，不得不令人敬佩。

李世民虽然做事情很冲动，做人一点也不傻。

想当年，李渊为了平衡李建成和李世民的势力，最终却失去了控制，间接导致了玄武门之变。李世民经历过此事，自然不会让兄弟相残的悲剧再次重演，得到魏征的奏折后，李世民终于回心转意了。

李世民的处理非常干脆：李泰，你还是回家吧。

武德殿事件之后，李世民也开始了反思，他觉得自己对李承乾的要求有些苛刻，于是在贞观十六年（642）六月二十日下了一道旨意：从今往后，太子府可以随意从府库领取用度，有关部门不允许限制。

遗憾的是，李承乾并没有领会到老爹的用意，他拿着李世民给他的钱，大肆挥霍，短短两个月就烧掉了数万贯钱财。李承乾的行为引起了朝中重臣的强烈不满。一时间，质疑李承乾失德，不适合做储君的言论甚嚣尘上。

言外之意，魏王李泰才是最合适的人选。

大唐营销大咖：史官踩一捧一

贞观十六年（642）八月十四日，李世民召开朝会。

李世民："臣子们，眼下朝廷的当务之急是什么？"

谏议大夫褚遂良赶紧接话："当今天下，四方安定，唯有太子和诸王的名分最为紧要。"

李世民："你说得不错。这段时间，不少人都在传朕对太子李承乾不满，想要扶持魏王李泰上位，这些人真是其心可诛！这样吧，朝中论起忠正耿直的，没人能超过魏征，朕就让魏征做太子的老师，以此杜绝天下悠悠之口。"

圣旨直接下达到魏征的府中，请他出来做太子太师。

此时，魏征已经重病在身，远离了朝政，接到圣旨后，他感到受宠若惊。然而，他确实不想再出山，于是亲自跑到宫中，想要请李世民收回成命。

魏征这个二愣子，精明了一世，却没有明白李世民的真实意图。

李世民无奈之下，只好打开天窗说亮话："朕奖赏你，不是因为你有多大的功劳，而是为了太子一事。你也知道，周幽王和晋献公废嫡立庶，这才导致国家灭亡，汉高祖刘邦想要废黜刘盈，吕后请出商山四皓，最终保住了太子之位。朕下诏封你为太子太师，正是为了绝天下悠悠之口啊。"

魏征明白了，李世民想要靠他的名声，帮助自己和李承乾渡过这个难关，于是在半推半就的状态下，答应了李世民的任命。

遗憾的是，凡事只要和皇位沾上了关系，那就是不死不休的下场。魏征不是神仙，就算他能出场，也没有能力挽救李承乾的地位，更没有能力改变李世民的心意。

何况，贞观十七年（643）正月，魏征就病重身亡了。

事实上，魏征的出山并没有让质疑李承乾的舆论消失。相反，古人和我们一样，喜欢搞八卦新闻，而且看热闹的绝对不嫌事儿大。

很快，长安城有了新的传言：太子李承乾因为此前跌倒受伤，变成了瘸子，李世民嫌弃他这种形象不符合国君气度，因此想让魏王李泰做太子。

事实的真相是，李承乾的腿脚确实有伤，可并没有变成瘸子，更没有影响形象啊。只能说，无厘头的八卦，古往今来都不曾断绝。

贞观十七年（643）正月，面对长安城的八卦新闻，李世民不得不站出来澄清：臣子们，坊间传闻，太子的腿脚不灵便，魏王李泰又时常跟随在朕身边，这才有更换太子的说法。朕想说的是，太子虽然有脚疾，但是不影响行走，而且《礼记》上面也说了，如果嫡长子去世，应该立嫡长孙，太子的儿子已经有 5 岁，朕终究不会以庶子取代嫡子，开启皇子争夺帝位的先例！

然而，李世民的话漏洞百出。

漏洞一：李世民已经三番五次假设李承乾去世，不管是作为父亲，还是作为皇帝，李世民为何会如此糊涂，屡次犯下如此低级的错误？

漏洞二：李世民说服魏征出任太子太师的时候，以周幽王、刘邦废嫡立庶作为案例。问题是，李承乾和李泰都是李世民的嫡子，这有任何可比性吗？

漏洞三：李世民在诏书中公开辩解，说不会用庶子代替嫡子，可并没有庶子卷入到立太子的风波，这台词岂不是驴唇不对马嘴？

漏洞四：李世民发动玄武门之变，直接破坏了嫡长子继承皇位的制度，如今又和别人说要搞嫡长子、嫡长孙做皇帝的事儿，岂不是自己打脸？

说不清楚的事儿，必定有蹊跷。

结合李承乾想杀于志宁，乳母遂安夫人指责孔颖达，李世民不愿意和李承乾交流，李世民无底线宠爱魏王李泰，李世民恶意贬斥杜正伦等事，只能做出这样一个结论：这里面的水，实在是深不可测。

关于李承乾和李世民的父子纠葛，史书上隐晦的信息确实很多，咱们也不用着急下结论，毕竟后事如何，还是再多看看吧。

事实上，李世民的行为太明显了，给人的感觉就是，李承乾完蛋了，李泰就是下一任的太子。李泰身为当事人，心里也是这样认为的。

李泰觉得，父皇如此待自己，肯定有莫测高深的理由，他本来就是嫡子，完全有资格问鼎皇位，只要李世民再力挺一波，太子之位就是囊中之物。

人世间主宰一切的帝王，这是多么具有诱惑力的地位。李泰心动了。谁也说不清楚这种夺位的想法是什么时候出现在脑海里面的。

据史料记载，李世民曾经派黄门侍郎韦挺管理魏王府的事务，后来又让杜如晦的弟弟，工部尚书杜楚客取而代之，二人先后都成为李泰的心腹。他们不遗余力地为李泰联络朝中大臣，杜楚客更是随身携带黄金珠宝，以此来撬开长安城中权贵的大门，目的就是灌输魏王李泰如何聪慧，应当被立为太子。

在史学家的笔下，李承乾就是疯癫的太子，可他并不糊涂，他对魏王府的一举一动都了如指掌。李承乾看到弟弟李泰开始活跃起来，再加上李世民对自己越来越没耐心，于是觉得有些后怕，担心李泰和朝臣的勾搭会给自己带来灭顶之灾。

李承乾找了个人，让他假扮成魏王府典签（府内开会，典签是记载之人，可以掌握很多机密），写了一封匿名信，将李泰笼络大臣一事密奏给了李世民。

然而，令人震惊的事情发生了：李世民接到举报之后，竟然毫无作为。他不相信这些举报是真的，反而是派人去抓捕上书告密的人。

想想看，李世民一向对皇子要求严格，皇子生活作风不朴素，李世民都得责骂一番，如今李泰暗中收买朝中大臣，李世民居然不闻不问，这是什么性质？

遗憾地说，李世民确实有些双重标准，不管是自己的作风，还是对皇子的要求，都是如此。此时此刻，李世民信任的天秤已经彻底倾斜了，这种情况之下，叫李承乾如何去信任自己的父皇？

失去了父皇最后的信任，李承乾再也无法振作起来。他选择继续做一个失足少年，言行而且越来越离谱，越来越荒唐！

当然，史学家曾经评论过李承乾，说他是仁爱友善，对父亲孝顺的孩子，如今变得如此消极和愚蠢，这事儿总得把他给圆起来吧？于是乎，一盆子脏水直接泼向了李承乾，让他彻底不能翻身。

史料是这样记载的：李承乾就是一个极度贪玩，而且心机深沉的人。为了在外人面前装出懂事的模样，李承乾时常对东宫臣僚谈论忠孝，有时候甚至在众人面前流泪不已。每当大臣想要劝谏的时候，李承乾总是能够揣测他的意思，然后上前行礼，面色凝重，正襟危坐，装出一副仔细倾听的模样，随后引咎自责。然而，李承乾一旦离开了别人的监视，便露出了真实面目。

有人说，历史就是个任人打扮的小姑娘。说得虽然很片面，很极端，可是在某些历史旧事上还是经得起考验的。

在史学家的笔下，春秋笔法，妙笔生花都不算什么，还有什么是他们做不到的？就拿李承乾来说，孝顺是肯定的，可先前的都是表象，真实的李承乾就是个虚伪的人，孝顺都是装出来的，对大臣和善都是迎合的。这样一来，李承乾从一开始就是个演员，这事儿不就全部圆过来了吗？

问题是，为什么就没人去指责李世民的虚伪和双重标准呢？这里面的门道就不用多说了，想必有慧根的人都可以明白。

李承乾既然自暴自弃，肯定得找些事儿帮他实锤啊。

比如说，他对胡人的生活习惯非常感兴趣，特地叫人制作了一个八尺高的铜炉和一个六隔大鼎，他嫌太子府的牛肉不好吃，因此招募了一些逃亡的官奴到民间去偷盗百姓家的牛马，然后带回太子府，和下人们一起食用。

李承乾似乎对突厥文化到了如痴如狂的地步，他特地邀请精通突厥话的人到太子宫教他，没事的时候喜欢穿上突厥服饰，并且让身边的仆人梳上突厥人的大辫子，穿上羊皮衣服，赶着一群羊在太子宫跑来跑去。

这还不算什么，李承乾放着气派恢宏的太子宫不住，特地叫人做了五个突厥人住的穹庐，在外面挂满了突厥人的纛（dào）旗，自己身处其中，和他的仆人一起喝着马奶酒，吃着烤焦的羊肉。

更有甚者，李承乾对身边的人说："我想体验一下突厥可汗死去之后的葬礼，你们就按照他们的习俗给我演一遍！"李承乾说完就假装死掉，躺在了地上。

在李承乾的训练下，太子宫的仆人早已经成为一级演员，他们看到李承乾装死，立即跪在地上号啕大哭，涕泪横流，然后跨上战马，围绕李承乾的"尸体"转圈圈，完事之后，还拿刀假装划李承乾的脸部。

有一次，李承乾玩累了，突然坐起来，表情严肃地说道："假如我有一天做了皇帝，一定要亲自率领数万骑兵前去狩猎，到时候解开头发，做一回真正的突厥人，委身于思摩，如果能够在他的手下担当典兵将领，我就心满意足了。"

请注意，李承乾口中的思摩，指的是东突厥的贵族阿史那·思摩。

问题是，贞观四年（630）东突厥灭亡的时候，阿史那·思摩就赶赴长安，做了李世民的右武侯大将军，李承乾说自己想做突厥人，还委身于思摩。这样的编剧功底，完全是把所有人的智商按在地上摩擦，丝毫不给人面子啊。

别的事情先不说，李承乾说想做突厥人的小故事，可以说是史学家编出来的粗糙谎言，目的就是为了给李承乾泼脏水。有了这个例子，其他荒唐离奇、违背李承乾人设的小故事，其可信度就要大打折扣。

面对顽劣不堪的李承乾，李世民看在眼里，记在心里，朝中大臣们对李承乾的行为开始觉得不可思议，难道你不想做皇帝了？你没看见李泰正在得宠吗？难道都没有感觉到威胁吗？群臣都暗自为李承乾本人捏了一把汗。

曾经被朝廷大臣视为最合适接班人的李承乾，在经历了一番莫名其妙的波折之后，变成了一个彻彻底底的神经病，所有人都唾弃的太子。

齐王李祐：被父爱逼到谋反的皇子

贞观十七年（643）三月，唐朝发生了一件震惊朝野的大事：齐王李祐被处死！

李祐，李世民的第五子，老妈是阴妃，外公叫阴世师，隋朝的重臣，曾经奉命镇守长安抵挡李渊。阴世师犯了两个大罪，首先是杀了李渊的儿子李智云，后来在长安攻坚战中负隅顽抗，兵败之后，李渊毅然处死了他。

前辈的恩怨自然和李祐无关，说起他外公，就是想看看李唐皇室内部的杀伐恩怨，以及李世民隐藏在面容之下的性格。

事情的起源就是李世民的分封制度。

按照李世民的想法，除了太子李承乾，受封的皇子和宗室王爷都要到各州县担任刺史，接受世袭制度，以此维护李唐江山的统治地位。问题是，李世民推行封建制的时候，许多皇子都还小，根本就没能力去管理州县的政务。

李世民觉得很不甘心，不想半途而废，于是苦思冥想，日夜琢磨，最后想了个看起来很不错的办法：挑选一批刚直不阿的臣子，命他们担任各王府的长史和司马，代替皇子行使刺史的职责。说白了，就是变相地执行他的封建制度。

在李世民的力推之下，一批面容呆滞、为人刻板的大臣成为各大王府的常客，请注意，他们是李世民的人，肩负的任务就是规劝诸位王爷，帮他们改掉纨绔子弟的陋习，让他们奋发图强，做大唐王朝最坚实的守卫者。

从此时开始，皇子们不再是头顶尊贵的光环，拿着朝廷俸禄得过且过的纨绔子弟，他们必须要转变思维，以政治家的身份参与家族的经营。

换句话来说，皇子们得学会搞政治。

问题是，龙生九子，各有不同啊。

皇子们表示，不是每个人都和魏王李泰一样，对帝位有着孜孜不倦的追求。许多人就想做一个标准的纨绔子弟，拿着朝廷的俸禄，守着自己的田产，收着高昂的租金，再搞搞高利贷，为后代存点儿钱，过着衣食无忧、美好滋润的生活。

想想看，皇子们日常的生活是啥样的：今儿个心情好，跑到大街上欺负一下老百姓，去场馆吃个霸王餐，明儿个心情又不错，跑到郊外打个猎，后天想盖一栋新房子，招募一批奇人异士，为人生找点儿乐子。

遗憾的是，李世民的新政下来之后，只要皇子们有出格的行为，长史和司马就会立马跳出来，规劝皇子们安分守己，提高觉悟。

这帮人如果乖乖听话也就罢了，只要稍微有点抵触情绪，告状的奏折就会立马飞到李世民的面前。当然，换来的肯定是一顿臭骂。

贞观一朝的皇子们就是在这样压抑的环境中度过的。

有些人可能畏惧李世民的权威，被批评之后会稍微收敛；有些人天生桀骜不驯，你要老子听话，老子非得搞特殊，做一个特立独行的奇葩。

齐王李祐就是叛逆皇子中的一员。

李祐表示，他最大的爱好就是不务正业，喜欢和不三不四的人混迹在一起，追求刺激的生活，至于朝廷大事，那就是个雷区，真的不想碰。说得搞笑一点，李祐想做一个没有野心的好皇子，可老爹非得“逼上梁山”。

李世民：“李祐啊，封你做齐州都督，执掌齐、青等五州的政务，别担心做不好，老爹给你安排了副手，上任去吧！”

李祐非常无奈，这已经是第二个长史了，前任叫薛大鼎，本来干得很好，可老爹觉得他的劝谏力度不够，把他调走了。新任长史名叫权万纪，此人和魏征一样，敢于犯颜直谏，没事就喜欢逮着李祐给他上政治课。

上就上吧，你给本王安排枯燥的课程，本王给自己安排娱乐的课程。为了调剂生活，李祐养了几个善于骑射的人，比如昝君谟、梁猛彪，这两人的娱乐精神十足，没事就带着李祐外出打猎，玩得不亦乐乎。

对李祐来说，皇子打猎是什么错事儿吗？

可是对权万纪来说，这就是大事了。他很清楚，李世民希望看到的是克制欲望的皇子，李承乾养个太常寺的乐师，李世民都拿起屠刀送乐师上了西天，如果让皇帝知道李祐也在搞这些，岂不是他权万纪的罪过？

于是乎，权万纪直接行使皇帝给他的特权：将昝君谟、梁猛彪等人驱逐出齐王府，杜绝李祐接触这些“不三不四”的人物。

李祐对权万纪一直不冷不热，你不是喜欢上课吗，那你上吧，大爷我不理你就是了，你不是想轰人吗，那你轰吧，大爷暗中把他们接回来就是了。

这一来二去，事情就传到了李世民的耳中。

李世民日理万机，可是对皇子的管教从来没有放松。得知消息后，李世民下诏申斥李祐，言语中透露着要狠狠治理他一番的意思。

权万纪彻底蒙了，他没想到李世民竟然会因为芝麻绿豆的小事发火，他拿着皇帝的圣旨，显得有点不知所措，颤颤巍巍地对李祐说道：“齐王啊，你看看，皇帝已经很愤怒了，你要不就收敛一下，只要承认自己有错，以后会改正，我就拿着你的悔过书去找皇帝，把这件事情给摆平了！”

齐王李祐：“行，那你就去吧！”

权万纪没想到李祐的认错态度这么好，他已经预料到，这件事办起来会很容易，肯定会得到皇帝的夸奖，于是扬扬得意，拿着李祐的悔过书找李世民述职去了。李世民听说儿子认错了，心里也很得意，狠狠地夸奖了权万纪一番。

君臣似乎找到了共同语言，大肆吐槽了齐王一番，李世民得意之余，竟然手写了一封数落李祐的亲笔信，让权万纪带回去给儿子继续反思。

麻烦就这样来了！

李祐虽然爱玩，却是一条看重承诺的好汉。你权万纪不是说可以摆平此事吗，怎么老爹还在责骂我，这就意味着你没有摆平此事啊！李祐愤愤不平，觉得权万纪肯定在老爹的面前出卖了他，为自己邀功买名。

不过，李祐摄于李世民的权威，并没有立即表现出来。

权万纪得了皇帝的夸奖，又看到李祐诚心认罪，觉得自己是最牛的存在。得意之余，权万纪竟然私自下了一道命令，将李祐豢养的鹰犬全部放飞，自己俨然成了齐王府发号施令的人。

这一举动性质非常恶劣，有点儿打李祐脸的嫌疑。

有趣的是，面对权万纪的疯癫，李祐再一次沉默了。不在沉默中死亡，就在沉默中爆发，李祐对权万纪的愤恨与日俱增，恨不能分分钟手撕了权万纪。

李祐的杀气，权万纪也能感受得到。

有一天夜里，权万纪正在家里睡觉，结果房顶突然落下了土块，将他从睡梦中给惊醒了。夜深人静之时，权万纪拿出了大把的时间思考这个偶然的现象，最后他得出了一个惊人的结论:一定是昝君谟和梁猛彪想要谋害自己，这才前来行刺。不对不对，这个事情没有李祐的默许，他们是绝对不敢的。

敌人来袭，还是先下手为强吧!

权万纪急忙派人给李世民报信，将昝君谟、梁猛彪和李祐一起弹劾了，声称他们正在暗中策划，打算谋害他这位齐王府长史。

李世民向来不和儿子直接沟通，权万纪说什么，他就听什么。他急忙派刑部尚书刘德威前去调查此事，刘德威的调查结果就是：权万纪说屋顶上掉土块，确有其事，而且齐王府内部的矛盾非常大，必须要赶快处理。

李世民下诏：齐王李祐、权万纪一同前往长安，当面对质。

权万纪做了亏心事，哪里有胆量和李祐对质，那不是找死吗？为了给自己洗脱嫌疑，权万纪决定先行一步，来个恶人先告状。

这件事情，李祐是最郁闷的人，先是被权万纪坑了一把，后来又莫名其妙地卷入到谋杀的事件中。不管怎么说，所有麻烦都来源于权万纪这个小人。此时此刻，李祐不敢相信李世民，他觉得李世民一定会因为权万纪的诬告而处罚自己。

据史料记载，李祐的杀手很快就追杀权万纪，并成功将他射杀。

事情发展到这一步，已经不是个人矛盾，更不是李祐不务正业、不听劝告的性质，这是故意谋杀朝廷官员，公然向李世民宣战啊。

开弓没有回头箭，齐王府立即进入警备状态，李祐将李世民的眼线全部挖了出来，同时宣称：愿意跟随造反的就站出来，不愿意的立即斩首示众。

随后，李祐自封为朝廷的上柱国等官职，大开府库，将自己收藏多年的金银珠宝拿出来犒赏部下，又将百姓赶到城内，让他们修缮兵器和城楼。一时间，齐王李祐谋反的事情传遍了齐州城，老百姓们压根就想不通，前一段时间还好好的齐王，怎么突然间就要造自己老子的反呢?

老百姓自然不会明白，李祐是在为自己的自由而战，为了让高高在上的李世民放弃对他的折磨。这种事情如果放在普通百姓家里，最多也就是和父亲顶嘴，然后离家出走。然而，李祐作为皇子，注定没有普通百姓的平凡命运，即便他想争取，也会有心怀叵测的人推着他走向沉沦的深渊。

以齐州五城挑衅中央政府，纯属是找死啊。

老百姓不会跟随一个疯子造反，齐州城虽然早已经关闭，可百姓为了免遭祸患，依然选择拖家带口，想办法逃离州城，向远在长安的李世民投降了。

贞观十七年（643）三月，李世民下诏：命兵部尚书李世勣等人征发怀、洛、汴、宋、潞、滑、济、郓、海九州兵马讨伐李祐。李世民还给齐王李祐敕书一封："朕经常告诫你不要亲近小人，正是为此呀！"

直到此时，李世民的潜意识里依然坚信，李祐想要谋杀权万纪，最后被逼无奈，铤而走险。直到此时，李世民都没有派人去调查权万纪的证词是不是属实，也没有给齐王李祐辩解的机会。

客观地说，这件事罪魁祸首是权万纪，推波助澜的却是李世民。

回过头来再看，权万纪是李世民钦点的齐王府长史，虽然有皇帝做靠山，说到底不过是齐王府的一个眼线而已。然而，却得到了李世民毫无底线的信任，让他觉得可以挑战李祐的权威，可以随意捏造事实去诬陷一个皇子。

权万纪正是抓住了李世民望子成龙的急迫心态，把李祐的行为故意夸大，甚至说了许多离谱的事，这才让李世民痛心疾首，最后彻底失去理性。

魏征是唐朝的纳谏代表，平日里就属他违逆李世民的次数最多，然而魏征隐退之后，锋芒收敛了不少，他曾经和房玄龄一起给李世民提过醒，说权万纪此人心机深沉，许多时候都是为了故意迎合皇帝的心思而胡乱纳谏，迟早要出事。

然而，李世民虽然当着魏征的面承认了错误，背地里还是觉得权万纪这个人很好用，并暗示他继续告状。李世民对李祐说的话非常对，身边不能够养小人，但是他忽略了一点：李祐身边有小人，他自己身边也有小人啊。

正因为权万纪这个小人的存在，李世民父子才会刀兵相见。

交锋之前，李祐派人传檄给下属各县，希望他们能够配合齐州大军一起对付朝廷的官军。然而，刺史和县令们听说前来平乱的主帅是李世勣之后，就已经料定齐王李祐必定会身败名裂。

直到此时，李祐已经放弃了战胜老爹的奢望，他将齐州军务交给大将军，自己却和燕弘亮等人左拥右抱，饮酒作乐，等待死神的降临。

李世勣的大军还没有到达齐州，青州、淄州的大军就已经集结在齐州边境，准备随时配合朝廷猎杀李祐。更有甚者，齐王府的兵曹杜行敏等人已经在暗中筹谋，打算活捉李祐，向朝廷邀功请赏。

贞观十七年（643）三月初十，齐州城鼓声大作，声闻数十里地，以杜行敏为首的一伙人暗中夺取了齐州的实际控制权，随后来到了齐王府。

齐王府中，李祐和燕弘亮几个死党还在醉生梦死之中，直到杜行敏带着一千多名手持刀剑，气势汹汹的壮丁来到齐王府大门外，燕弘亮等人才想起组织兵力抵抗。杜行敏率领众人攻门，从早上一直到中午，依旧没有办法取胜。

杜行敏在门外大声叫喊道："大王，您虽然是皇帝的儿子，但如今成了国贼，如果不立即投降，那我就只好把你们全部烧死了！"

杜行敏话音刚落，就叫人抱来了一堆柴火，准备将齐王府付之一炬。

李祐："好好好！你别烧了，我之所以抵抗，就是怕燕弘亮等人被你杀死。"

杜行敏："我一定保全他们的性命，你就开门吧！"

轰隆一声，齐王府的大门被打开了。

悲摧的李祐，他哪里知道，门外不是生机，而是取他性命的恶魔。杜行敏的手下早已经得到暗示，大门打开的同时，一千多人就冲进府中，将燕弘亮等人残忍杀死，府中卫士只要敢反抗，手脚全部被折断，下场极其悲惨。

杜行敏是个聪明人，李祐罪责再大，好歹也是李世民的儿子，因此下令将他捆绑起来，带出府门示众。战事平定之后，李祐被送往长安城，李世民下诏将他处死在内侍省，诛杀其同党四十四人。

有趣的是，李世民刚刚办完此事，便下诏追赠权万纪为齐州都督，赐爵位武都郡公，谥号为敬。这个世上，还有比儿子更为重要的，那就是马屁精。

堂堂的亲王被皇帝赐死，这在李唐皇室绝对属于爆炸性的头条新闻。

隋唐三任太子的通病：没有皇帝命

李世民屠杀齐王的行为，已经引起了李唐皇室、宗室成员的忌惮。准确地说，李世民的高压统治让他们感到绝望。

汉王李元昌，唐高祖李渊的第七子，李世民同父异母的兄弟。

李元昌从小就聪明好学，精通隶书和行书，书法作品如行云流水，古意盎然，又善于作画，尤其画得一手好马。李元昌表示，他只想做一个安安静静的书画家，不想搞什么政治。然而，李世民却非得赶鸭子上架，给他封了个梁州刺史。

据史料记载，李元昌在梁州干了几件出格的事儿，至于是什么事儿，史书也没有记载，就是一笔糊涂账。总之，李世民对他非常不满，于是下诏严厉申斥，让李元昌觉得非常没有面子。

李元昌开始觉得，李世民这个兄弟有点靠不住，以后想要依靠他来收获稳稳的幸福，完全就是一种奢望，因此想给自己找个新的靠山。

要么是现在的皇帝，要么是以后的皇帝。

李元昌在梁州的时候，每年都会前往长安城述职，太子李承乾和魏王李泰那点事儿人尽皆知，考虑到李承乾是正统，虽然表面上有些糊涂，但是为人还算正直，李元昌准备将宝全部压在他的身上。

为了获得李承乾的信任，李元昌每次前往长安，都会找李承乾交流感情。他们叔侄二人年纪一般大，共同爱好非常多，比如：看别人打架。

据史料记载，李承乾和李元昌将身边的将士分为两队，二人各统领一队，让他们身披毛毡甲胄，手拿竹制长矛，摆下战阵，大声呼喊着交战，直到打得头破血流。将士中有不听命令的，吊在树上抽打，有人甚至被打死。

李承乾曾经放下豪言："假如我今天做了大唐的天子，明日就在禁苑中设置一个万人营房，与汉王分别统领，观看他们厮杀，岂不痛快！"

李承乾甚至还说："我要是做天子，必然任情纵欲，有劝谏者一律杀掉。杀个几百人，众人便会自守安定了。"

这句台词，隋朝的废太子杨勇曾经也说过。历史证明，说出这样话的人，要么是不成熟，要么是被人编排的，总之下场都很惨。

值得一提的是，李元昌和李承乾看人打架的事儿是《资治通鉴》记载的，《旧唐书》和《新唐书》的记载是另外一回事儿。

贞观十六年（642），李元昌满怀抱怨地回到长安，几乎每天都要出入太子宫。两人同睡一榻，开始交心了。

李元昌："太子啊，叔叔希望你能早点做皇帝。"

李承乾："为什么呢？"

李元昌："最近入宫，看到你爹身边有个会弹琵琶的宫人，希望你做了皇帝之后，能够把她赏赐给我！"

这句话的信息量简直是太大了。

想想看，李世民召见李元昌，怎么会让他看到弹琵琶的宫女，莫非兄弟俩说话的时候，李世民还安排了艺人在一旁献技？如果李世民都要沉迷于综艺，为何要限制自己的儿子？

再想想看，李元昌的特长是书法和绘画，至于音乐，史书根本没有提及，李元昌怎么会突然对琵琶感兴趣？

再想想看，李元昌为了得到一个默默无名的宫女，竟然唆使李承乾谋反，这是何等疯狂？只能说，疯狂到极致的事儿，必定有蹊跷。

李承乾都不敢相信："你说真的？"

李元昌二话不说，直接掏出一把刀，在手臂上划了几条口子，并用布帛沾满鲜血，用火焚烧布帛，将灰尘融入酒里，随后端起酒杯，一饮而尽。此时的李元昌，已经不像是手无缚鸡之力的文人，而是活脱脱的野蛮人物啊。

李元昌如此激进，肯定是受了李世民的刺激，心中满怀着愤怒和怨恨。他最终的目的就是奋起反抗，他自己玩不过李世民，只好搭上李承乾这条大船，说白了，叔侄二人在搞世纪豪赌，希望玄武门之变能够在贞观朝继续上演。

令人觉得奇怪的是，史书上并没有记载李世民对李元昌和李承乾搅和到一起这事采取什么措施，甚至连最基本的责骂也没用，完全是放任自流。这种感觉很像是在表达：李承乾，你就拼命地作吧，为父看着你自取灭亡。

李世民和李承乾的恩怨，基本的脉络就是：李承乾做了一些李世民不喜欢的事儿，李世民经常在公共场合斥责李承乾的失德，而且不给他辩解的机会，还拼命地宠爱魏王李泰。李承乾只好处处赌气，希望引起父皇的重视，或者把他叫进宫去，来一次深度的父子交流，可李世民自始至终都没给这个机会。李承乾无奈之下，只好自暴自弃，而且不再和老爹请安，父子二人老死不相往来。

然而，荒唐无度只是李承乾的表象，也是他引起老爹注意的手段而已。李承乾对眼前的局势非常清楚，老爹无比嫌弃他，魏王李泰又在威胁他的地位，如今的局势，不就是玄武门政变之前，老爹李世民面临的局势吗？

全世界都抛弃了李承乾，可他没有抛弃自己。

危机来临的时候，李承乾也在积极准备，为自己寻求生机。

比如，暗中豢养刺客纥干承基等人，想要找机会以暴力手段解决掉自己的竞争对手。比如，挑选可以合作的重臣，准备在关键时候给予李世民迎头痛击。

长安城暗流涌动，任谁也挡不住即将来临的疾风骤雨。

在李承乾的部署中，有一个人非常重要，他就是凌烟阁功臣、潞国公、吏部尚书侯君集。

据史料记载，侯君集出生在官宦家庭，祖辈和父辈都是朝廷的将军，头上也有公爵的头衔。小的时候，家长就给侯君集请了老师，教他学习弓箭，可侯君集性格非常急躁，学了好几年也没学到精髓。

说得不好听一点，侯君集天资愚钝，不是学武的材料，应该有自知之明，可谁能想到，他最后居然恬不知耻地说自己很“勇武”。

事实证明，一个人的能力并不重要，有好的发展平台才关键。

长大之后，侯君集误打误撞，加入了秦王府，后来跟着李世民南征北战，立下不少军功，不仅积累了战争经验，还得到了李世民的赏识。玄武门之变，侯君集出了大力，李世民登基之后封他做了左卫将军、潞国公，赐邑千户。

贞观四年（630），侯君集被任命为兵部尚书，开始参与朝政。

能够得到皇帝的重用，是件可遇不可求的事儿。

此时，侯君集开始反思人生，拥立之功可以让他在朝廷站稳脚跟，可要想进一步发展，还是得有真本事啊。侯君集不是科班出身，靠着野路子起家，这也是他的一块心病，升任兵部尚书之后，侯君集便拜到了大神李靖的门下，一方面想找他学习兵法，一方面想傍上李靖这棵大树。

后来，他跟随李靖征伐东突厥和吐谷浑，混到了许多军功，也奠定了他在李唐的军事地位。遗憾的是，侯君集的性格本来就浮躁，再加上灭掉东突厥和吐谷浑后，侯君集总觉得自己战功彪炳，是唐朝的救世主，骄傲得不得了。

贞观十三年（639），高昌国王鞠文泰和李世民闹掰了，侯君集临危受命，前去教训高昌。此次战役，侯君集展示了非同一般的军事素养，原本是很好的结局，可侯君集却在战役之后，暗中抢劫了高昌国的财富，还放纵士兵胡作非为。

回朝之后，侯君集被御史大夫狠狠地参了一本。

这件事情闹得太大，李世民也不想护着侯君集。为了平息舆论，李世民在公众场合训斥了侯君集一顿，还将他灭高昌国的功劳一笔勾销。

侯君集的心理不平衡了，我千里奔波，立下了汗马功劳。按照自己写的剧本，回家之后应该是百姓夹道，美女送花，李世民再给他加官晋爵，让他的人生到达高潮啊。然而，侯君集想到了开局，却没预料到结尾。

自己被御史坑了一把，被李世民臭骂了一顿，功劳簿被没收了，身上还有发战争财的政治污点，这算怎么回事儿？这也就罢了，李世民怎么说翻脸就翻脸啊，太不讲究了，这样的老板，实在是让员工很心寒啊。

怨恨在侯君集的脑子中不断发酵，他在许多场合都表达了自己的不满。

要说专业素养，侯君集是唐朝的顶尖水平，可是说起情商的话，侯君集恐怕要拉低平均水平。

侯君集跟着李靖学到了专业知识，却没有学会急流勇退的大智慧，以至在作死的路上越走越远。抱怨没有任何用处，反倒让同事觉得你不好相处，让老板觉得下不来台。于是乎，一批大臣给李世民上奏，说侯君集仗着军功，什么话都敢说，什么事都敢做，强烈要求李世民派个御医，看看侯君集的脑袋后面是不是有反骨。

李世民：还是算了吧，老侯也不容易！

遗憾的是，李世民的宽容并没有让侯君集闭嘴。随后，侯君集竟然和自己的老师李靖闹掰了，他觉得李靖并没有将全部本事都传授给他，并声称李靖仗着自己逆天的本事，想要搞谋反活动。

中国有句古话，叫在太岁头上动土。

李靖何许人也？

李世民眼中的大神，给他官都不想要的人，说他想要造反？

李世民把李靖叫进宫中，就这个问题和他交换看法。

李靖回答得无比霸气："陛下，如今天下太平，臣传授给侯君集的本领，足够他应付当前的局面……"

此话一出，侯君集还有任何翻身的可能吗？

据史料记载，太子李承乾也察觉到了侯君集的负能量，鉴于敌人的敌人就是朋友的江湖法则，李承乾打算和侯君集深入结交，看看有没有合作的可能。侯君集有个女婿叫贺兰楚石，在东宫担任卫士，李承乾便让他去给岳父传话，一来二去，侯君集就成了太子府的贵客。

作为官场上的老油条，侯君集一眼就看穿了李承乾的用心。

侯君集是一个有野心的人，他得不到李世民的认可，因此想利用李承乾的太子之位，再加上自己在军中的威信，尝试让长安城换个主人。

李承乾："侯大人，本太子深陷困局，你有何良策？"

侯君集："魏王殿下深受陛下的宠爱，臣担心太子殿下会有隋太子杨勇被免为平民的灾祸，如果有敕令宣召您进宫，应当提前防备啊。"

面对李承乾抛出的橄榄枝，侯君集眼睛都没眨一下，伸手就给接住了。

说白了，侯君集和李承乾互为棋子，互相利用。

李承乾收编侯君集的时候，还用重金收买了左屯卫中郎将李安俨。此人是前太子李建成的亲信，李建成被杀之后，李安俨为李建成拼死搏斗，李世民认为他忠诚，因此百般信任，让他掌管着禁卫军。李承乾也不知用了什么办法，将此人收为己用，让他帮忙刺探李世民的消息，随时将宫中情形向他汇报。

除此之外，杜如晦的儿子杜荷也加入了李承乾的阵营。杜荷扬言，天象已经出现了变化，李承乾应该顺应天命，立即起兵。李承乾只需要假称得了重病，李世民就一定会来探视，可以趁此机会除掉李世民，自己做皇帝。

主意确实不错，可毕竟人算不如天算，事情还是功亏一篑。

贞观十七年（643）三月，朝廷平定齐王李祐的叛乱之后，诛杀了四十四名齐王同党，李世民虽然下令不再追究，可主管官员却不敢大意。他们暗中摸索，又发现有不少人牵涉到齐王李祐，其中李承乾豢养的杀手纥干承基就是其中之一。

当时，纥干承基被关押在大理寺的牢狱之中，按照唐朝的律法，纥干承基是死路一条。就在此时，狗血的剧情发生了：纥干承基为了给自己争取一条活路，竟然把李承乾联合朝中大臣，想要暗中起兵谋反的事情给抖搂出来。

李世民先发制人，派军队控制了太子宫，将李承乾、侯君集、李安俨、杜荷等主要涉案人员全部抓了起来。由于此案牵涉重大，又是被人举报，李世民担心有不实之处，于是派遣长孙无忌、房玄龄、萧瑀、李世勣等重臣，联合大理寺、中书省、门下省一起审理这起谋反案。

长孙无忌是李承乾的舅舅，房玄龄是元老大臣，萧瑀是有身份的世家，李世勣更是超然的存在，再加上几大部门监督，这件案子确实没有什么操作空间。

长孙无忌等人仅仅花了两三天的时间，就将事情的来龙去脉查得一清二楚，他们最后得出的结论就是：太子李承乾谋反一事属实！

李承乾对老爹不满是肯定的，可是真到了动刀子的地步，李世民也很伤心。他召集重臣，打算商议出处理的办法。说白了，这件事情虽然是国家大事，可也是李世民的家务事，群臣根本就不好多说话。

大臣们面面相觑，不知所措，等待李世民最后的裁决。

通事舍人来济（隋朝大将来护儿的儿子）看到场面有些尴尬，于是站出来主动进言，他也不说父子二人的对错，只说李世民一直以来都是慈父形象，太子身为他的儿子，如果能够得尽天年就好了！

对齐王李祐，李世民说杀就杀，毫不犹豫。可是面对李承乾，李世民确实犹豫了。也许李承乾是他最疼爱的儿子，得到了他的栽培；也许李承乾谋反未遂，场面并不是很难看，李世民思之再三，决定放他一马。

贞观十七年（643）四月初六，李世民下诏：将太子李承乾贬为庶民，终身囚禁在右领军府中。李世民本来想留汉王李元昌一条性命，可群臣却因为赦免李承乾在先，如果不严惩其他人的话，可能会群起而效之，再加上李元昌确实有罪过，因此极力劝说李世民杀了李元昌。

据史料记载，李世民和大臣们争论了老半天，最后还是抵不过大臣的轮番进谏，下诏让汉王李元昌在家中自尽。涉案的侯君集、李安俨、赵节、杜荷等人，确实不存在冤枉，直接被处死。太子左庶子张玄素，右庶子赵弘智、令狐德棻（fēn）等人因为在太子教育问题上有严重的失职之罪，全部被贬为百姓。

李泰：太子梦泡汤，都怨舅舅偏心眼儿

李承乾被废之后，朝中大臣最关心的就是新任太子的人选。

按照司马光的说法，李世民曾经承诺过，不会因为李承乾腿脚不灵便的原因废黜他，就算李承乾去世了，也会让李承乾的嫡长子继承皇位。

事实上，李世民不会说这种话，如果做到了，李世民能有什么好处？如果做不到，李世民就是自己打自己脸。历史证明，这样的记载，可信度并不高。

按照惯例，李承乾被废之后，李世民要挑选另外一位嫡子来做太子，用手指一掰就可以算得出来，新太子只能从魏王李泰、晋王李治中诞生。

按照史书的记载，李泰虽然没有和大哥李承乾闹掰，可是在老爹跟前的争宠，李泰绝对是有诉求的。

李承乾被囚禁，李泰显得非常兴奋。

论资历，他是李世民的嫡子，太子的第一顺位继承人。

论才华和修养，他有皇皇巨著《括地志》，深得李世民的认可。

论得宠的程度，李泰已经超过了李承乾，更超过了弟弟李治。

魏王李泰绝对有底气说出这样的话：大唐太子之位，舍我其谁！

纵然是胜券在握，李泰也丝毫不敢马虎，他每日前往太极宫，围在李世民的身边殷勤侍奉，小心翼翼。李世民刚刚失去了李承乾，看到李泰的拳拳孝心，心中多少得到了一些安慰，对于李泰的真实目的，李世民很清楚，在李泰一番软磨硬泡之后，李世民当面许诺，准备立他为太子。

本来是一件铁板钉钉的事情，却遭到了长孙无忌的强烈反对。

长孙无忌的意思很明确：希望李世民立晋王李治为太子。

李治（628—683），李世民的皇九子，嫡三子，小名雉奴。

关于李治的童年，史书记载得非常少。

四岁的时候，李治被封为晋王，得到了皇子该有的待遇，后来李治的生活是什么样的，就连史家也找不到痕迹。总而言之，李治过得非常低调，在皇室毫无存在感可言。

按照史家的评价，李治性格柔弱，喜欢安静，为人比较宽厚仁慈，对待兄弟和睦友爱。应该说，这是一个比较高的评价，可是在李世民的面前，李治的性格只能算是保守有余，创新不足。

有一次，李治在读《孝经》，李世民便问了一句："雉奴啊，你认为这本书里什么最重要？"

李治回答道："孝道最为重要！小的时候侍奉双亲，长大之后侍奉君王，最后达到修身养性的目的。"

李世民："你如果按此行事，完全可以侍奉好父兄，做好臣子了。"

应该说，李治的回答可以得到满分。

可是在李世民眼里，李治还是太柔弱了，胸无才华，也无韬略，只能算是家里的乖孩子，什么委以重任，什么托付江山，李世民根本就没有这样的想法。

李治9岁的时候，长孙皇后离他而去。李治是皇后一手带大的，母子感情非常深厚，而且李治也是仁孝的人，遭逢大难，李治感念往日，痛苦不已，日夜为她落泪伤心。李世民看在眼里，疼在心里，出于对长孙皇后的愧疚，李世民便加封李治为右武侯大将军。

一个小孩子，离开了母亲的庇护，父爱又是可有可无，如何会快乐地成长，又如何会在复杂的皇室斗争中变得自信？

事实证明，此次加封之后，李治几乎淡出了李世民的视野，也淡出了历史的视野，就连皇室的御用历史学家也没能记录下李治的成长经历，李治的帝王简历中，这一段时间的经历几乎是空白的。

不过，当所有人都忘记李治的时候，有一个人始终没有忘记，他就是李治的舅舅长孙无忌。李治再一次出现在历史记载中，便是大哥李承乾被废之时。

长孙无忌为什么力挺晋王李治?

按理说，李泰和李治都是长孙无忌的外甥，兄弟俩的血脉都是一样的，对长孙无忌来说，没有任何亲疏之别。然而，长孙无忌却不太喜欢李泰。

说到情感立场，长孙无忌虽然是李泰的舅舅，可平日里和他没有什么来往，说是有血缘关系，其实就是路人而已。更何况，李泰仗着有老爹撑腰，有点儿自视清高，除了李世民，没有人能够入他的法眼。

说到政治利益，长孙无忌没有依附李泰，也就没有拥立之功，而且岑文本、刘洎等人已经抢先站队，长孙无忌就算表示支持，也只能算是锦上添花。最要命的是，李泰的性格非常强势，和李世民很相似，如果让他做了皇帝，长孙无忌在朝堂的话语权就会大打折扣，这可不符合长孙无忌的利益。

至于李治，虽然他和长孙无忌的感情也很淡薄，可是他的性格柔弱，容易控制，而且长孙无忌把他扶上太子之位，那可是难得的拥立之功啊。总而言之，如果李治上位，对长孙无忌有百利而无一害。

在立太子一事上，李世民虽有乾纲独断的权力，可这毕竟是国家大事，关乎李唐接下来的国运，还是得考虑朝臣们的意见。

说白了，李世民最看重长孙无忌的态度，李世民百年之后，长孙无忌身负皇帝亲舅舅、凌烟阁功臣、皇帝宠臣的身份，一定是位高权重的存在。如果执意违背长孙无忌的意思，就算让李泰做了皇帝，这些和李泰疏远的重臣就甘心受他的差遣?如果有一天，大臣们逼宫怎么办?

如果长孙无忌支持李泰，所有的麻烦都会消失。问题是，这小子却在关键时刻掉链子，这让李世民大为头疼，一时间竟然找不到合适的解决办法。

碍于长孙无忌的要求，李世民始终没有颁布立魏王李泰的诏书。

有一天早朝，李世民和长孙无忌等人念叨:“朕昨晚做了一个梦，梦到魏王投到朕的怀里，他对朕说，他如今能成为朕最亲近的儿子，乃是他的再生之日，他有一个儿子，朕死了之后，他就会将儿子杀掉，再传位给晋王李治。”

很明显，李世民是在给自己找台词，他的意思其实是这样的：你们先向朕妥协，先立李泰为太子，他以后会杀自己的儿子，然后立晋王李治。这样一来，大家拥立的人都可以做皇帝，一举两得！

想想看，李世民如果不是杀伐果断，内心残酷的人，如何会说出杀害亲子的话，做出杀害亲子的事情来？李世民的一席话，让群臣脊背发凉，震惊不已。

李世民话音刚落，谏议大夫褚遂良就唱反调了："陛下，您此言大为不妥啊。陛下百年之后，魏王已经做了皇帝，他怎么可能杀死自己的亲生儿子，将皇位传给晋王呢？您之前立李承乾为太子，又对魏王万般宠爱，这才有了今日的麻烦。您如果执意立魏王李泰，就请先安置好晋王，只有这样，大臣们才会心安！"

很显然，褚遂良不想聊天，他把李世民的退路直接给封死了。

究竟是杀了晋王，还是让他做皇帝，全在李世民自己的决断。

事实上，君臣已经把底线摆在了桌面。李治没想着争夺太子之位，可是长孙无忌把他搬了出来，如果李世民处理不好，李治就没有什么好下场。

面对褚遂良的逼迫，李世民拒绝回答，含泪离去。

魏王李泰没想到事情会出现了这样的波折，他知道李治性格柔弱，因此私下找到了他，言语中暗含恐吓地说道："晋王啊，你和汉王李元昌关系密切，如今他谋反失败，被父皇赐死，你难道一点都不担心吗？"

不得不说，李泰的恐吓毫无营养，完全是给自己添堵。

李治的小心脏本来就不好，受到李泰的威胁之后，整日里愁眉苦脸，茫然无措。李治的担忧被李世民看在了眼里，李世民于是问道："雉奴啊，你为何如此模样，究竟发生了什么事情？"

在李世民的反复逼问下，李治终于说出了实情。

立李治为太子：李世民的用心良苦

贞观朝的立太子风波，终于因为一件兄弟间的小事出现了转折。

李治是赤子之心，李世民对他的话深信不疑。

客观地说，李世民对李泰感到很失望，一直以来，李泰给他的形象都是完美可靠的，可令李世民没想到的是，李泰竟然是一个在背后挑拨离间、搬弄是非的人。也许，李世民对李泰的期望太高，哪怕是一点点的误会，也会让李世民无法容忍，更何况这件事的背后还有复杂的政治纠葛。

直到此时，李世民才下定决心，立晋王李治为太子。

贞观十七年（643）四月，日常的早朝之后，李世民遣散了所有朝臣，将长孙无忌、房玄龄、李世勣、褚遂良和晋王李治等人叫到跟前。

李世民首先开腔："各位臣僚，近来发生了许多事情，朕的三个儿子和一个弟弟的作为，朕的心里实在是郁闷之极啊！"

李世民话音刚落，就将脑袋向床头撞去，长孙无忌眼疾手快，立马将李世民紧紧抱住。李世民紧接着又抽出随身携带的佩刀，打算自杀明志，褚遂良赶紧夺下佩刀，交给晋王李治保管。

后宫之内，君臣乱作一团。长孙无忌等人彻底蒙了，这还是那位杀伐果断、雄韬伟略的皇帝吗，怎么会有如此儿女姿态啊？

长孙无忌："陛下，您有什么懊恼的事情，可以说出来，臣等愿意为您分忧解难，何必行此极端呢？"

李世民："朕想要立晋王为太子。"

长孙无忌一听乐坏了，赶紧匍匐在地上说道："臣等谨奉诏令，如有异议者，臣等请求将其斩首示众！"

李世民："雉奴，你舅父许诺你为太子，还不赶快拜谢他！"

晋王李治长跪不起。

李世民："你们和朕的意见相同，不知道外朝议论如何？"

长孙无忌："陛下，晋王殿下仁义宽厚，又孝敬陛下，天下的百姓心仪已久啊。希望陛下可以召见文武百官前来问问，如果有不同意见的，那就是臣等有负陛下，罪该万死！"

不可否认，这就是一场李世民精心准备的政治博弈。

李世民决定立李治为太子，就要让长孙无忌带头承诺，让所有人都愿意为他保驾护航。如果再发生其他的拥立争端，李世民恐怕也会承受不起。

历史证明，最高级别的政治妥协，永远是在少数派当中。

君臣达成一致后，李世民便亲临太极殿，召见六品以上的文武大臣："各位爱卿，李承乾大逆不道，魏王李泰居心险恶，他们都没有资格做太子。朕想从众位皇子当中选一位继承人，谁可以为太子？你们需当面明讲。"

众人不假思索，像是事先都已经沟通好的一样，非常默契地高声说道："晋王殿下仁义孝敬，应当做太子！"

贞观十七年（643）四月初七，李世民下诏：封晋王李治为皇太子。

李泰听闻消息，犹如五雷轰顶，他明白，李世民既然宣布了，自然没有转圜的余地，但是他又不甘心，因此率领一百多名骑兵前往太极宫西南角的永安门，不为政变，只为刷一点存在感。李世民已经做出了决定，自然不会再反反复复，他下令将李泰的护骑全部遣散，随后将李泰幽禁在北苑。

据史料记载，李世民事后曾经向群臣坦白了心思：他如果立李泰为太子，那就表明太子的位置可以通过苦心经营而得到，李承乾和李治两人都难以保全；如果立李治为太子，李承乾与李泰至少性命无虞。

不仅如此，李世民还定了一个规矩：从今往后，凡是太子失德，而藩王企图谋取太子之位的，两人都要弃置不用，李唐的子孙后代要永远效法此例。

贞观十七年（643）四月初十，李世民下达诏书：封长孙无忌为太子太师，房玄龄为太子太傅，萧瑀为太子太保，李世勣为太子詹事。同时，封前太子詹事于志宁、中书侍郎马周为太子左庶子，吏部侍郎苏勖、中书舍人高季辅为太子右庶子，刑部侍郎张行成为太子府少詹事，谏议大夫褚遂良为太子宾客。

这批人，就是李世民为李治准备的辅政班底。

贞观十七年（643）四月十四日，李世民下诏：解除魏王李泰雍州牧、相州都督、左武侯大将军等职务，降爵位为东莱郡王，魏王府中的幕僚全部发配到岭南。

短短几天的时间，长安城就变天了。

在权力的面前，父子、兄弟再一次成了牺牲品的代名词。

李世民的处理本来没有错误，按照他的计划和设想，李治以后不会拿兄弟开刀，一切都会归于平静。然而，树欲静而风不止。

贞观十七年（643）五月，李治突然给李世民上了一道情真意切的奏折："陛下！废太子李承乾和东莱郡王只有几件随身的衣服，吃的食物也不太符合标准，请求陛下敕令有关部门，给他们多一些关照！"

看着李治的奏折，李世民的心里波澜起伏，久久不能平息。

李世民没有质疑李治的情意，他立李治的目的就是为了让李承乾和李泰有个好的下场。然而，李世民毕竟是个皇帝，他在担心另外一件事，如果李治做了皇帝，李承乾和李泰死灰复燃，再加上朝中势力的帮助，会不会引发另外一场不可预知的政治风波呢？

李世民拿不定主意，犹豫了好几个月。

贞观十七年（643）九月初六，李世民下诏：将李承乾发配到黔州（今重庆市彭水县）。贞观十七年（643）九月十八日，李世民下诏：将李泰发配到均州（今湖北省丹江口市）。

李世民做出这样的决定，也感到非常无奈，可是为了江山社稷考虑，只好牺牲一位儿子，成全另外一个儿子，这就是政治的残酷吧。

此后，李世民便将自己的心血全都倾注到李治的身上。

在李世民的眼里，李治还是个不知人事的孩子，为了给他灌输治国理政的经验，李世民可谓是苦口婆心，抓住一切机会点拨李治。

比如，看到李治吃饭，李世民就会说：“你要明白稼穑的艰辛，才会常有饭吃。”看到李治骑马，李世民就会说：“你要知道马匹的辛苦，不能过分奴役，才能常有马骑。”看到李治坐船，李世民就会说：“水能载舟，亦能覆舟，君主是船，老百姓就是水。”看到李治在树下休息，李世民就会说：“木头要以墨绳为准才能正直，君主要接受劝谏才能圣明。”

每逢李世民教导，李治都会肃然起敬，悉心聆听，然后说一些“多谢父皇教诲”“儿臣铭记在心”之类毫无营养的话。时间长了，李治感到身心疲惫，李世民也失去了耐心。哎，这个娃，真的能继承朕的江山吗？

贞观十七年（643）十一月，李世民下诏：挑选名门望族的女子充实太子宫。

有趣的是，太子左庶子于志宁却给李世民上了一道奏折，声称是太子委托他，希望李世民能够收回成命。李世民不太相信，如果是李治的意思，为何不自己上书请辞，反而让于志宁越俎代庖？

李世民哭笑不得，他原本的意思是挑选一批家世不错的女子，以保证李唐皇室的血统，却被于志宁误读为李世民在考验太子是不是经得起美色的诱惑，因此不禁哑然失笑。

笑完之后，李世民开始反思，于志宁是不是在替李治做主啊？李治的性格是不是太过柔弱，又缺乏主断，容易受臣子的控制啊？

李世民私下找到了长孙无忌，问道：“无忌，你一再劝朕立雉奴为太子，朕总是担心他性格太过柔弱，不能够守护好社稷江山。吴王李恪英武果断，在性格上和朕有几分神似，朕想要立他为太子，你觉得怎么样？”

在众多的皇子当中，魏王李泰和吴王李恪确实是人中龙凤，李恪的性格果断有谋，而且文采飞扬，和李世民颇为相似。美中不足的是，李恪是李世民的庶出儿子，而且母亲是隋炀帝的女儿杨氏，有前朝皇室的血统。

李世民是否在意李恪的前朝血统，我们不知道，可是他提出立李恪为太子的话头，足以说明他对李治的信心严重不足。长孙无忌也担心李世民来真的，于是据理力争，执意不肯答应立李恪为太子。

李世民：“无忌，你是不是因为吴王不是你的亲外甥，这才不答应啊？”

长孙无忌：“陛下，太子仁义厚道，是真正的守成君主。再者说，太子之位事关重大，怎么能够换来换去呢？”

长孙无忌的一番话冠冕堂皇，李世民看不出任何私人情绪，这才按下了此事。按照史书的记载，吴王李恪并没有争夺太子的心思，完全是李世民的这番话，这才让长孙无忌将他视为绊脚石。问题是，李世民搬出李恪，又不能拥立李恪，难道不知道这是埋葬李恪前途的行为吗？李世民究竟想干吗？

接下来，又发生了另外一件事。

贞观十七年（643）十二月初六日，李世民和李恪对话了。

李世民：“咱们之间虽然有父子情分，但是国法高于一切，就算是朕也不能袒护你。西汉时期，汉昭帝刘弗陵登基为帝，他的兄弟燕王刘丹不服气，权臣霍光仅凭一封密信就可以杀了他。为人臣子，不能不深以为戒啊！”

事实上，李世民的这番话给大唐权力的高层定了性质：李世民是汉武帝，李治是柔弱无能的刘弗陵，李恪是刘丹，长孙无忌则是权臣霍光。李世民恐怕没想到，数百年前发生在西汉王朝的历史悲剧，竟然会在李治登基之后立即上演，只不过唐朝的权臣换成了长孙无忌，受死的皇子变成了吴王李恪。

这些都是后话。

有一个问题很有趣：李世民真的对长孙无忌很信任吗？中国历史上外戚专权的例子数不胜数，作为熟读史书的人，李世民难道不知道，长孙无忌的危险要比其他朝臣要大很多吗？为何会对长孙无忌言听计从？

当时，李世民问长孙无忌等人，外朝的意见是不是立晋王李治为太子，长孙无忌信誓旦旦，声称如果朝臣出现异议，就是他们的失职，自己情愿领罪。问题是，长孙无忌凭什么相信朝臣都是和他站在一起的？

敢在皇帝的面前斩钉截铁，不是气焰嚣张，就是胸有成竹。事实的真相恐怕是：长孙无忌早已经联合了绝大部分朝臣，打算拥立晋王李治为太子。

李世民选择李治为太子，确实考虑到这样的安排可以减少兄弟们同室操戈的风险。但是对长孙无忌，李世民恐怕也不会毫无顾忌地信任，联想到李治登基之后，长孙无忌的下场，也可以有个大胆的猜测：恐怕李世民父子在权力完全交接之前，就已经在处理长孙无忌一事上达成了某种默契吧。

历史的真相，又有谁能说得清楚呢。

重开高句丽之战：李世民一雪前耻

李世民一生打了无数的战争，别的都可不说，高句丽之战一定要说一说。

原因很简单：李世民发动了两次高句丽之战，第一次打到高句丽本土，最后却以失败而告终；第二次征调十万大军北上，史书却没有记载战争结果。李世民去世之后，李治继承父皇的遗志，倾全国之力发动了数次战争，最终让高句丽彻底从中原统治者的眼前消失。

隋炀帝发动高句丽之战，将中原卷入全国性的暴乱，以至丢掉大好江山，可辽东半岛也是大伤根本，始终没有恢复元气。李唐建国之后，辽东半岛重新回归了高句丽、百济、新罗三国鼎立的时代。没事的时候，高句丽和百济便联手欺负一下老二新罗，偶尔也会前去朝拜李世民，混两个小钱花花。

此时，高句丽出了一位名叫渊盖苏文的权臣。

这位老兄的父亲叫渊太祚，是高句丽东部部落的首领，实权宰相。渊太祚去世后，渊盖苏文继承了父亲的爵位和官职。

据史料记载，渊盖苏文是个不折不扣的贵族子弟，性情凶残暴虐，向来不遵守法度，堪称是横着走路的混世魔王，就连高句丽的君主高建武也没有放在眼里。高建武也不是个省油的灯，他受不了权臣的欺压，因此联合了一批大臣，打算用武力镇压渊盖苏文。

遗憾的是，计划竟然被人泄密了。

贞观十六年（642）十一月，渊盖苏文搞了个盛大的宴会，邀请高建成前往他的地盘巡视工作，亲临指导，最终生擒并肢解了高建成，还将他的尸体扔到臭水沟，一口气诛杀了一百多位朝廷重臣，彻底改换了高句丽王朝的政治格局。

完事之后，渊盖苏文直接带兵进入王城，立高建成的侄子高藏为新任高句丽国王，自封为大莫离支（相当于大唐吏部、兵部尚书），宣布摄政。

据史料记载，渊盖苏文身材魁梧，虎背熊腰，出行的时候，身上必备五把短刀，身边的人都不敢和他靠近，更没人敢和他对视，可谓霸气外漏。这也就罢了，每逢军队出行，前面带路的人一定要大声呼喊，直到把路上活着的东西吓到不敢出门才算罢休。渊盖苏文使用战马，必须有高句丽贵族或武将趴在地上给他踩着。

高建成被杀，长安方面很快就得到了消息。不管怎么说，弑君就是不对的，还是以如此残忍的方式杀害。

营州都督张俭上奏，希望李世民能够发兵高句丽，彻底铲除渊盖苏文这个祸。然而，李世民却说高句丽新丧国王，趁乱攻取不是讲究人干的事儿，另外关中地区的老百姓依旧很贫困，因此没有答应出兵。

说白了，李唐还是穷，不想因为高句丽空耗国力。不过，高句丽的局势实在让他有点不舒服，谁想看到一个上蹿下跳的小弟挑战大哥的权威呢？

贞观十七年（643）七月，李世民在一次朝会上说道："爱卿啊，渊盖苏文谋杀高建成，独揽朝权，实在令人无法忍受。以大唐的国力，教训他们一次也不成问题，但是朕不想劳民伤财，朕想让契丹前去骚扰一下，你们觉得怎么样？"

长孙无忌："陛下，渊盖苏文知道自己罪孽深重，也害怕大唐的讨伐，因此一定会严加防备，陛下稍稍容忍一些，他必然会更加骄横，到时候再去讨伐，也不算晚啊！"

李世民话锋一转："你说得对，就这样定了！"

贞观十七年（643）七月二十一日，李世民下诏：封高藏为上柱国、辽东郡王、高句丽王，并派遣使节携带旌节前往册封。有趣的是，李世民的贺喜礼包还没达到高句丽，渊盖苏文便联合百济，发动了对新罗的侵略战争，攻占了新罗数十座城池。

贞观十七年（643）九月初四日，新罗派遣使者前来长安，说百济攻占了新罗四十余座城池，还准备和高句丽一起切断新罗使者前往长安进贡的通道。说到动情之处，新罗使者痛哭流涕，强烈要求李世民可以帮他们出头。

新罗使者如此低声下气，李世民倒不好意思了。人家说得也对啊，你是别人的大哥，小弟出了事情，大哥不出面摆平，到时候谁还愿意服你！

于是，李世民选了一位名叫相里玄奘的外交官，让他带着玺书前往高句丽，警告渊盖苏文如果再胡作非为，李世民来年就要派大军教训他。

这一幕，和隋炀帝当年训斥高句丽使者的场景何其相似。

贞观十八年（644）正月，相里玄奘一行人跋山涉水，最终到达高句丽本土，并将李世民的诏令传给了渊盖苏文和百济国王，让他们不要再攻打新罗，大家和和气气，一起臣服大唐，过好自己的日子。

渊盖苏文虽然很嚣张，可并没有打算和李世民翻脸："大唐使者啊，不是我想打仗，实在是事出有因啊！以前隋朝征伐高句丽的时候，新罗趁机侵占了高句丽五百里的土地，如果他们不归还，我们这场战役恐怕还要打下去啊！"

古往今来，盛世的外交官说话一般都很有水平。

相里玄奘："您说的都是往事了，何必再去追究呢？说起辽东各国，本来都是大唐帝国的郡县，现在还不是被你们霸占了去。大唐尚且没有过问此事，你怎么就如此热心要收回土地呢？"

接下来，两人因为此事讨价还价，任凭相里玄奘如何劝说，渊盖苏文死活不肯退兵，言语中不断暗示，非要搞死新罗不可。

事实上，相里玄奘的使命已经完成了，他心知肚明，渊盖苏文绝不可能因为自己的只言片语就此罢兵，因此早早收拾了行装，赶回长安向李世民汇报了此事。有句话，相里玄奘其实一直没有说出来：犯强汉者，虽远必诛。

渊盖苏文的胡搅蛮缠让李世民勃然大怒。这一次，他没有顾忌国家是不是强大，百姓是不是富裕，而是决定立即发兵，替天行道，为国争光。

高句丽是块难啃的骨头，隋朝的国力有多么强大，贞观朝臣们心知肚明。隋炀帝在辽东都没讨到好处，李世民又能翻起什么大浪来？

李世民的出兵决定，让大臣们心中多少有些不安。

褚遂良："陛下，大唐兵锋所向，中原大地平定，四夷无不臣服，威望无与伦比。如今却要渡海远征小小的高句丽，如果有百分百的胜算还好说，万一遭遇挫折，岂不是损伤您的威望？再者说，一旦战争持续太长，再度引起老百姓起兵反抗，到时候朝廷的安危可就难说了。”

唐朝立国多少年了，贞观大臣依旧对隋炀帝征伐高句丽一事有阴影，可见此事给国家带来的创伤有多么严重。褚遂良的意思是希望李世民不要轻易出兵，否则极有可能走上和隋炀帝一样的道路。

不过，李世勣却唱起了反调：“陛下，当年薛延陀部侵犯中原的时候，因为朝中谏臣的劝阻而作罢，这也让薛延陀部成为大唐的心腹之患。如果当时采用陛下的策略，就可以换来北部边境多年的安宁！”

李世民深表赞同，情不自禁地感叹道：“的确是这样，关于这件事，魏征有着不可推卸的责任，朕很后悔当年同意魏征的建议，只不过担心堵塞朝中进献良策的缘故，没有执意讨伐薛延陀部。”

这一次，李世民强硬拍板：狠狠地教训渊盖苏文。

李世民的教训方式简单粗暴：御驾亲征。

古往今来，皇帝御驾亲征可不是什么小事儿，如果出了什么差错，那可是会引起朝局动荡的。面对李世民的疯狂举动，群臣们开始骚动不安了。

以褚遂良为首的大臣纷纷劝谏，希望他不要重蹈隋炀帝的覆辙，可李世民的态度却很坚决，他觉得隋炀帝征讨高句丽时，高句丽齐心协力抵御大隋，如今渊盖苏文残暴不仁，老百姓早就受够了这样的统治，此时征伐顺天应民。

如果李世民可以一举拿下高句丽，这将给他带来无上的荣誉。

贞观十八年（644）七月二十日，李世民下诏：命将作大监阎立德到洪、饶、江三州，打造四百艘大船，准备为北伐大军运送粮草。同时，任命太常寺卿韦挺为馈运使，户部侍郎崔仁师为副使，征调河北境内的物资，准备随时支援前线。

后勤保障安排就绪之后，李世民下诏：命营州都督张俭等人率领幽州、营州的兵马，以及契丹、奚族兵马先行进攻辽东。

粮草未动，兵马先行，圣意非常急迫啊。

起初，渊盖苏文觉得李世民是纸老虎，不会动真格的，可听说唐朝的前军已经出发，吓得赶紧让人带着金银珠宝前往长安请罪。

事实上，李世民懒得搭理渊盖苏文。在他的眼里，渊盖苏文就是个跳梁小丑，败亡是迟早的事儿，唯一的价值，就是在李世民的功劳簿上添上一笔。

古话说得好，两军交战，不斩来使，这是文明人的搞法。不过这一次，李世民命人将高句丽的使者抓了起来，然后关进大理寺，并严厉谴责了他们："你们这帮人，前任国王在世的时候都受了不少恩惠，如今渊盖苏文残暴不仁，你们竟然助纣为虐，帮助他欺凌大唐，真是罪大恶极。

怒火上头，讲究与否，真的已经不重要了。

对李世民来说，此战必须要拿下！

贞观十八年（644）十一月，李世民下诏：封刑部尚书张亮为平壤道行军大总管，率领江、淮、岭、峡四州的四万兵马，加上在长安、洛阳招募的三千士兵，乘坐五百艘战舰，从莱州（今山东省莱州市）渡海，直逼平壤。封李世勣为辽东道行军大总管，率领六万士兵，从陆路进逼辽东。

大军临行之前，李世民让行军总管姜行本、"皇家首席工程师"丘行淹带着大唐最优秀的工匠前往安罗山，监督打造登高冲锋所用的云梯。

据史料记载，李世民非常重视此次御驾亲征，他认真分析了隋炀帝征伐高句丽的失败原因，他认为隋炀帝不是败在隋朝的军力，而是后勤保障上面。因此，此次大军配用的武器和物资，一切从简从轻，尽量减少大后方的压力。

贞观一朝，人才济济，李世民不用担心长安和洛阳的守备，他大手一挥，萧瑀镇守洛阳，房玄龄主政长安，并授予他们便宜行事之权。

贞观十九年（645）正月，李世民的车驾从洛阳出发，太子李治一路随行。

所谓的御驾亲征，不是皇帝亲自上阵杀敌，李世民需要做的，就是坐镇中军，给前线的将士最大的鼓舞，然后等待前线传来捷报。

也正是因为这个原因，李世民一路上走得非常慢，从洛阳到定州总共花了两个月的时间。这两个月的时间，李世民的主要工作就是安抚人心，如果有士兵生病，李世民就将他召到御榻前亲予慰问，让地方官府妥善治疗。

据史料记载，李世民征伐高句丽的军队编制有限，许多人没有资格入选军队，只好带着自家的私人武装跟随军队北上，还宣称打仗不是为了求得皇帝的封爵赏赐，只愿为皇帝效忠，战死在辽东战场。

李世民在定州住了十多天，贞观十九年（645）三月二十四日，他从定州出发，一路上马不停蹄，奔赴幽州。事实上，李世民还没有到达幽州，前线就开始动起来了。

陆路主帅李世勣，他带着大部队从柳城（今辽宁省朝阳市境内）集结出发，一路上虚张声势，假装要通过怀远镇，实际上却带着大军北渡辽水，打算从玄菟郡（辽宁东部及朝鲜咸镜道一带）发起对高句丽的大举进攻。

贞观十九年（645）四月初一，李世勣的大军到达玄菟郡。

渊盖苏文开始慌张了，李世民玩真的，派了那么多军队不说，还玩起了御驾亲征？在渊盖苏文的印象中，李世民在中原是横扫群雄的存在，后来又做了少数民族的天可汗，想必是非常厉害的角色。

渊盖苏文紧急下令：封闭所有城池，不许和唐军正面交锋。

开什么玩笑，战场上交不交锋不是你说了算，唐军大军压境，总不能在城下晃悠一圈然后无功而返吧。

贞观十九年（645）四月初五，辽东道副大总管、江夏王李道宗率领数千名士兵到达新城（今辽宁省抚顺市新宾满族自治县），折冲都尉曹三良带领十多个骑兵逼近城门，守城的高句丽将士惊恐不安，根本就没人敢出来应战。

与此同时，营州都督张俭率领外国联军渡过辽水，直奔建安城（今辽宁省营口市盖州市青石岭附近），并在城下大败高句丽军队，斩首几千人。

虽然是小胜仗，可对士气的鼓舞作用是不可估量的。李世民很快就得知了前线的捷报，他按捺不住激动的心情，急忙下令，向辽东本土开拔。

贞观十九年（645）四月二十日，李世民到达北平城。

贞观十九年（645）四月二十六日，李世勣、李道宗二人为了给李世民献捷，合力拿下了盖牟城，俘虏两万多人，获得粮食十多万石，大大缓解了后方的压力。得胜之后，李世勣并没有完全松懈，他下令继续前行，赶往辽东城。

贞观十九年（645）五月初二，海军主帅张亮带着士兵攻破卑沙城（今辽宁省大连市金州区），俘虏八千多人。

辽东城和卑沙城是高句丽的重镇，直到此时，才可以说唐军到达高句丽的本土。

事实上，高句丽国土面积很大，但是人口却很少，因此对边境城池的控制权并不是很大，隋炀帝当年也是轻轻松松就到达了高句丽的边境。

不过，优势决定不了战局，好的开头没法保证完美的结局。

渊盖苏文可以发动政变，诛杀君主和一百多位重臣，彻底改变高句丽的历史格局，可见也不是一般的人物。就在李世民自鸣得意，想要在鸭绿江举行盛大阅兵仪式的时候，渊盖苏文调集了四万多步兵和骑兵前往辽东城。

按照唐军的部署，李世勣和李道宗属于先头部队，总共有六万余人，虽然比高句丽的援兵要多，但是打攻城战消耗太大，六万余人肯定不够。当时，军中许多部将都认为深挖壕沟，等待李世民大部队的到来才是王道。

江夏王李道宗："兄弟们，敌人仗着人马众多，有轻视我们的意思，再加上他们远道而来，十分疲惫，咱们主动出击必定会取得胜利。而且，我们是前锋部队，不就是为了清除路上的障碍吗，难道要把敌人留给皇帝？"

李世勣热血上头，同意李道宗的建议，还让他前去迎敌。

贞观十九年（645）五月初八，辽东城外，李道宗率领四千名唐军将士和高句丽人纠缠在了一起。正面交锋，以一敌十，这是战场上的大忌，高句丽士兵并没有像李道宗说的那样有疲态之相，反而因为人数占优，对唐军实施了碾压式的攻击。

在敌军的高压之下，行军总管张君率领的小分队开始溃败，李道宗见势不妙，急忙高举中军大旗，将溃逃的士兵收拢到麾下，这才没有酿成大祸。

李道宗登高望远，看到敌军虽然人多势众，可是阵型已经混乱，因此当机立断，挑选出几十名骁勇善战的骑兵前去冲锋，李世勣及时支援，二人联手在辽东城下击杀一千多名敌军，化解了渊盖苏文的第一次反击。

贞观十九年（645）五月初十，李世民来到辽东城下，他命人下令处斩了行军总管张君，狠狠犒赏了一顿唐军将士，随后带人对辽东城进行实地考察，最后得出了一个结论：辽东城是打开通往高句丽的重要通道，要不惜一切代价拿下。

为了鼓舞唐军将士，一把年纪的李世民亲自上阵背负沙包，在辽东城外搭起了比城墙还要高的土沙丘，准备以此来攻克辽东城。李世勣的六万余人，再加上李世民的大部队，已然将辽东城围得水泄不通。

如今的李世民与曾经的隋炀帝，战术打法高度相似。

遗憾的是，辽东城的易守难攻是出了名的，隋炀帝的百万雄师在辽东城下吃了无数的亏，李世民同样也遇到了难题。

据史料记载，唐军在辽东城外耗费了十一天的时间，可依旧没法洞穿辽东城的防守，到了第十二天的时候，天气突然变冷，城外刮起了南风。李世民当机立断，派遣精锐勇士登上冲锋车的顶端，在辽东城西南方位的城楼外放了一把大火。

南风呼啸，火势在狂风的引导下，开始蔓延到城楼的各个角落，高句丽士兵不得不拿出更多精力去扑灭熊熊燃烧的大火。李世民趁乱指挥，唐军将士开始登上城楼，高句丽士兵竭力奋战，最后终于抵挡不住，出现了溃败之势。

最后，高句丽死伤一万多人，被俘一万多人，唐军终于将辽东城的控制权交给了李世民。

李世民大手一挥，以后这座城池别叫辽东城了，就叫辽州吧！

李世民：胜败由谁评说

此时的李世民豪气万丈，憧憬着让高句丽灰飞烟灭的美梦，然后将原本属于中原政权的国土全部收回来，以唐朝的州县制度来管辖。

辽东城是高句丽在西部边境最大的防御工事，辽东城的失守，意味着后面的城池失去了最大的屏障。离辽东城最近的就是白岩城，这座城池是当年高句丽占领辽东城后建筑的一座石头城，城中守将名叫孙代音。

唐军攻打辽东城的时候，这位老兄就已经表示自己要投降唐军，不过中间看到局势胶着，双方难分胜负，因此态度又变得模棱两可。

李世民最痛恨反复无常的小人，因此暴怒之下放出豪言：拿下白岩城，将城中的财宝和女人全部拿出来赏给将士们！

贞观十九年（645）五月二十八日，唐军对白岩城发起了猛攻，孙代音知道自己不是李世民的对手，象征性地防御了几天，随后举起了白旗。唐军将士欢欣鼓舞，热烈的情绪弥漫着整个辽东荒野，他们等着李世民兑现承诺呢。

问题是，李世民也是个凡人，也会热血上头说气话啊。再者说，他好歹也是一国之君，在敌人已经投降的情况下，还要抢劫财宝和女人，岂不是比强盗还可恶？这一次出兵，李世民打的是维护正义的旗号，肯定不能自降身份，将士们，你们暂且忍耐一时，改天再行封赏吧！

李世勣不干了，他带着几十名全副武装的士兵跑到李世民那里请战：“陛下，将士们不顾生死，奋勇杀敌，正是贪图白岩城的财物，如今城池唾手可得，为什么要接受他们的投降，这岂不是让将士们寒心吗？”

李世民略显无奈，说道：“李将军，你先别着急啊！朕说过的事情绝不会反悔，孙代音既然已经投降，就不要在城里大开杀戒，搞得人人自危。这样吧，朕另外调拨府库里的钱财来奖励你麾下的将士，这样总可以了吧？”

行吧，总之都是钱的事儿，皇帝你说了算。

李世民在白岩城中贴出告示：唐军发给你们粮食，充作路费，有家的回家，没家的自谋生路，只求别给唐军捣乱就行。

贞观十九年（645）六月二十日，李世民到达安市城（今辽宁省鞍山市海城市境内）。

渊盖苏文不敢再疏忽大意，如果让唐军这样打下来，李世民到鸭绿江举行阅兵仪式的豪言壮语就真的会实现了。渊盖苏文思之再三，决定命高句丽北部酋长高延寿、高惠真率领十五万大军前去救援安市城。

十五万大军，这已经是高句丽的老本了。

不过，李世民根本没放在眼里，他的态度很简单：就是干！闲来无事，李世民在军中瞎琢磨，顺便给高延寿分析了三个策略：

上策：带着军队奔赴安市城外，占据险要地势，与安市城互相掩护，然后坐吃城内的粮食，并且让骑兵劫掠唐军的口粮。这样一来，唐军久攻不下，想要退军又有顾虑，日子肯定不会很好过。

中策：与城中军民一道，趁夜逃遁。

下策：不自量力，与唐军决一死战。

李世民非常自信，他认为高延寿一定会采取下策。

不过，高句丽也有奇人异士，有个白胡子老人给高延寿献计：“高将军，李世民在国内铲平各路豪杰，简直就是神一样的存在啊。如今，最好的办法就是按兵不动，派遣奇兵切断对手的运粮通道，等到他们的粮食耗尽，求战不成，想回去又害怕我们追击的时候，取胜自然是易如反掌啊！”

这是个完美的方案，可高延寿完全听不进去。

开什么玩笑，我们带着十五万大军前来，还需要和李世民打消耗战？说出去多没面子啊！高延寿丝毫不惧李世民的神圣光环，硬是把十五万军队开到了离安市城四十里地的地方驻扎下来。

敌军态度也很简单：就是干！

在李世民的眼里，高延寿还是太保守了，干吗要离四十里地呢，直接面对面决一雌雄不好吗，这样一来，唐军还得大老远地跑过去找你。

李世民："左卫大将军阿史那社尔在哪里？"

阿史那社尔："陛下，就在你跟前呢。"

李世民："你挑选一千名突厥骑兵，带着他们前去引诱敌人，务必将高延寿带到安市城外，算你大功一件。"

在军事史上，打一下就跑的专业说法，简称引诱。

高延寿被骗了，他看到唐军刚刚交战就败退，以为李世民在示弱，于是下令全军追击，最后在离安市城八里的地方安营扎寨。

这一次，轮到李世民心花怒放了，他召集重臣开会，得意扬扬地说道："朕早就说了，高延寿一定会采取下策，果然如此吧！如今，敌人已经进入我们的包围圈，你们都说说，这仗我们该怎么打。"

以长孙无忌为首的大臣当然明白，皇帝御驾亲征，又是打仗的行家里手，这个时候还来抢李世民的风头，岂不是太没眼力见儿了吗！

经过一番谦让之后，李世民终于拍板：朕自己来做总指挥。

自从做了皇帝，李世民再没有上过战场，不过多年来在战争生涯养成的习惯还是根深蒂固的。他命人牵出了随军的战马，叫上长孙无忌和一帮随从侍卫，一溜烟儿就冲出了大营。李世民骑着马在外面溜达了一圈，大致摸清楚了敌人可以埋伏的地点，还趁机去敌军外围查探了一番。

回到中军大营之后，李世民信心满满。

李世民："派人去给高延寿送信，就说渊盖苏文弑杀了你们的国王，朕这才前来兴师问罪，兴起战争并不是朕的本意。朕拿下你们的城池，是因为后军粮食跟不上，只要你们能够重新以臣国之礼结交，立马归还城池！"

打城池是为了抢粮食？还暴露唐军没粮食可吃？

有趣的是，高延寿居然相信了李世民的话，因此放松了大营的警备。

李世民确实没想到，高延寿竟然会如此愚蠢。

当天夜里，李世民召集将领开会，最终决定让李世勣率领一万五千名士兵前往安市城西岭布阵，长孙无忌率领一万一千名精锐士兵作为奇兵，准备冲击高句丽军队的后方。李世民则率领四千名将士，携带战鼓和号角，登上北山。

战斗指令：听见战鼓和号角，一起出兵。

贞观十九年（645）六月二十二日，高延寿属下给他报告，说李世民已经在外面布好战阵，发起了挑战，高延寿出门看了看，除了稀稀拉拉的队伍，再也没啥可忌惮的。

高延寿："带人出去，给我狠狠地教训一下李世民！"

一个是热血上头，一个是提前部署，结局可想而知。

彼时，长孙无忌的奇兵到位，高延寿的去路已经被截断。

两军对阵的时候，高延寿的背后出现了异常：只见漫天的尘土飞扬而来，不知从何而来的铁骑金戈之声不绝于耳。李世民这边立即下令猛擂战鼓，高举大旗，一时间，所有的兵马鼓噪呐喊，向高延寿的大军发起了冲击。

高延寿彻底慌了。

战场之上，最忌讳的就是被敌人关门打狗，截断去路。

在唐军的轮番攻击之后，高句丽大军的阵型开始出现混乱，地上的尸体越来越多，血流成河，惨不忍睹。

这场战役毫无悬念，唐军乘胜追击，斩杀两万余人。

李世民获得了胜利，也让他遇到了一位新的战神。

据史料记载，当时天降大雨，雷电交加，只见一位勇士身穿奇异服装，大声呼喊着冲锋陷阵，这位老兄所到之处，哀鸿遍野，寸草不生。事后，李世民立即召见此人，问他的名字才知道，此人名叫薛仁贵。

李世民："薛仁贵，朕钦封你为游击将军，以后好好为大唐建功立业！"

李世民可能没想到，因为他的召见，薛仁贵的命运被彻底改变，在后来的战争中，薛仁贵几乎创造了不败战绩，成为大唐军事史上最显赫的大将军之一。

高延寿发现自己被唐军围困，只得选择率领残余士兵依山固守。

此时，李世民继续令各路兵马围困高延寿，还让长孙无忌将所有的桥梁全部毁坏，彻底断绝了高延寿突围逃跑的可能。

贞观十九年（645）六月二十三日，高延寿、高惠真认输了，他们给李世民磕了几个头，随后让手下的三万六千八百名高句丽士兵投降了唐军。

李世民特别鄙视地说道："高延寿，你们这些东夷少年，也只有在僻壤海隅横行霸道，说起攻城略地，你们连大唐的一位老人都不如。朕问你们，你们今后还敢和大唐的天子较量吗？"

高延寿明白，好汉不吃眼前亏，于是匍匐在地求饶。李世民过完了嘴瘾，才意识到得想办法处置这么多投降的人。

全杀掉？是不是有点太残忍了。

全放了？岂不是白打了一场。

李世民大手一挥：挑选出三千五百名耨萨（小首领）以下的酋长，让他们迁居内地，做大唐的小军官。再挑选出三千三百名被俘虏的士兵，将他们全部活埋，以儆效尤。其余将士都放了，让他们返回平壤，好好宣传大唐天子的厉害，叫后面的城池不要随意抵抗，否则玉石俱焚！

安市城外的战役，让李世民获得了十万匹牛羊，以及无数的军械，更让安市城守军和其他城池的战将心惊胆战，许多守将直接放弃城池，开始向平壤方向撤退。安市城，已经成为一座名副其实的孤城。

虽然是孤城，可里面却住着一位孤胆英雄。据说，安市城的守将是强横的地头蛇，不服李唐，也不服高句丽，高句丽官军曾经讨伐过他，可并没有讨到任何好处，无奈之下，只好让这位地头蛇继续管理安市城，搞他的独立王国。

李世民歼灭高延寿的有生力量之后，顺势把安市城围了起来。遗憾的是，李世民也拿此城一点办法也没有，城的西边、东边和南边都已经打了无数遍，可安市城始终矗立在那里，任凭唐军主力狂轰滥炸，仍然纹丝不动。

据史料记载，唐军主力被安市城牵制了两个月的时间，虽然上阵杀敌的人不多，可大部队在这里等，也要吃喝拉撒。两个月过去了，唐军的军粮和战备物资越来越少。李世民觉得这样下去不是办法，于是打算和海军主帅张亮先一起拿下南边的建安城，再回头攻打安市城。

李世勣提出了异议：安市城在北边，建安城在南边，而唐军的粮食大部分都留在辽东，万一出现意外，唐军就可能陷入绝境之中。

好吧，这句话说得很有道理，还是继续攻打安市城吧。

当时，安市城的守军看到李世民在城外攻也不是，退也不是，心情竟然一片大好，他们每天的乐子就是登上城楼，隔空开骂，极尽羞辱之能事，直到尽兴方归，这也让李世民非常郁闷。李世民毫无办法，只好派人放出话去，扬言攻下城池的当天，会将城中的男女老少全部活埋。

谁料想，安市城百姓听说之后，更是顽强守城，唐军久攻不下。

李世民开始着急了，他知道北方的冬天来得特别早，一旦气温下降，道路结冰，运送军粮的车进不来，将士们的口粮和被服便无法保证，到时候会引发恶性事变，那可就是大麻烦了。

就在李世民烦恼不堪的时候，高延寿、高惠真找到了他。

高延寿："陛下，臣既然已经投降，就不敢不为您献上一份忠诚，这样既可以让您早日成功，我们也可以和妻儿老小见面。安市城确实难以攻下，但是乌骨城（今辽宁丹东市凤城市边门镇）的将领大多老迈无用，很难坚守城池，如果咱们可以移师攻打乌骨城，一天时间就够了，其他小城池必定望风溃逃，咱们收齐他们的军粮，平壤也可以一举拿下！"

大臣们也开始帮腔："陛下，张亮的部队在卑沙城，两天之内就可以赶来和大部队汇合，到时候一起拿下乌骨城，渡过鸭绿江，直取平壤不在话下！"

攻打乌骨城虽然难度不大，可战略风险不容小觑。

想想看，唐军一路南下，收编了数万敌军，如果唐军移师乌骨城，万一他们倒戈一击，袭击唐军的后部，那将会是李世民的灭顶之灾啊。

长孙无忌发现苗头不对，力劝李世民还是先拿下安市城再说。

如果是之前的秦王李世民，他恐怕真的会冒险去打乌骨城，但如今他身系大唐社稷的安危，全军将士的性命，实在不敢和老天爷去赌博。

李世民："各路大军，继续攻打安市城！"

事实上，安市城的守军也不想被动防守，城中主将思之再三，最终做出了一个决定：杀鸡宰猪，让将士们饱餐一顿，然后派敢死队偷袭唐军大营。

据史料记载，这些鸡鸭临死前发出了惨烈的叫声，而且被李世民注意到了，直觉告诉他，这一定是敌军主帅在做战前的动员。

李世民显得非常激动，他立刻叫来了手下大将，进行部署："你们听着，今天晚上，朕带着你们去杀一杀这些高句丽士兵的锐气！"

当数百名高句丽士兵顺着绳索下城的时候，李世民率领的伏兵将他们逼在墙根下，狠狠地教训了一顿，高句丽这才放弃了偷袭唐军大营的计划。

为了攻破安市城的城墙，江夏王李道宗率领部下在东南角修建了一座土山，准备居高临下，直接跳上城墙和高句丽士兵做肉搏。然而，守军也不傻，唐军加高土丘，他们就加高城墙，双方就这样一直持续了六十余天。

为了修筑这座土山，李世民总共调集了五十多万人，让他们不分昼夜地搬运沙土，一直将土丘堆到比城墙还要高好几丈。

战争旷日持久，远比李世民等人想象中要艰难。

小土丘堆得越高，李道宗的心情越不美好，因为谁也不知道什么时候才是最好的战机，等待总归是让人痛苦的。李道宗耗不下去了，于是暂时离开了指挥现场，至于战场的指挥权，则移交给了果毅都尉傅伏爱。

就在此时，老天爷给了唐军一个天大的机会，然而他们却没有抓住，以至于后期的战局彻底被改变。

李道宗并不是建筑学家，他不知道如何堆砌土丘才能最稳定，当时土丘的主体成分是沙石，再加上堆砌过高，表面非常松软。唐军和守军交战的时候，土丘轰然倒塌，沙土裹挟着石头直接冲向了安市城墙，巨大的冲击力让城墙迅速坍塌，六十多天都没有攻破的城墙，竟然戏剧化地被冲开了一道口子！

悲剧的是，现场总指挥傅伏爱此刻却擅离职守，不知道干吗去了！

没有现场总指挥，进攻的将士们根本就不知所措。高句丽士兵本来准备放弃了，可是等了半天也没见唐军冲进来，反过来都跑出城去，先占领了还没完全崩塌的土丘，并顺势挖了一道沟渠，另外做了一道防线。

李世民得知前线的消息之后，暴跳如雷：朕拉了五十多万人给你们堆砌土山，现在居然为别人做了嫁衣?

李世民："将傅伏爱斩首示众，集合全军，给朕把土山夺回来！"

接下来的三天，唐军以人海战术对安市城发起了潮水般的攻击，在这场战役中究竟牺牲了多少唐军将士，始终是一个谜。遗憾的是，就算唐军将士们前仆后继，为家国天下抛洒热血，可还是没有撼动安市城的防御工事。

战争的胜负，有时候与人数多寡没有太大的关系。

属于你的战争，就算一个人也可以打赢。

北方的严寒来得比南方要早，而且奇寒无比。

贞观十九年（645）九月，辽东进入到秋冬交替的时节，草木逐渐干枯，战马没有足够的草料可用。要命的是，气温逐渐降低，尤其是到了夜晚，寒风刺骨，将士们攻城的欲望直接被冰冻在严寒之中。李世民的手中虽然还有军粮，但是绝对支撑不到攻下平壤城，如果再待下去，唐军可能就要面临灭顶之灾。

关键时刻，李世民做出了决定：班师回朝。

临走之前，李世民似乎有点不甘心，他带着手下在安市城的周围晃悠了几圈。这时，有趣的一幕发生了，安市城的城主登上城楼，特意为李世民送行，言辞中对李世民带兵打仗的能力给予了很高的评价。

谈不上是真心赞赏，还是有意的讽刺。

李世民带着大军前来讨伐，豪气干云，如今却换来这样难堪的局面，心里的感觉只有他自己能够体会。然而，将士们还看着呢。

李世民："城主啊，你能够顶住渊盖苏文的压力，对高句丽国王效忠，确实很难得！这样吧，朕特赐一百匹绸缎，算是对你的褒奖。另外，你的防守确实做得不做，朕算是领教了，改日再来向你讨教！"

战场之上，除了你死我活，还有英雄间的惺惺相惜。

不管怎么说，安市城主仅靠一座城池就能和李世民打个平手，成功狙击唐军势如破竹般的进攻，那就是奇迹般的存在。遗憾的是，在朝鲜的史料中，似乎并没有记载这位英雄人物，只知道民间百姓有叫他梁万春的，也有叫他杨万春的，此战过后，安市城主究竟何去何从，是何下场，更是个历史之谜。

据史料记载，唐军撤退的时候，路上遇到了强烈的暴风雪，将士们的衣服全部被淋湿，没有足够的食物，行军速度又很缓慢，极其悲惨。

按照史书的记载，此次征伐高句丽，唐军大获全胜，收割了玄菟、横山、盖牟、磨米、白岩、辽东等十余座城池，七万余人归属到大唐的户籍，杀死高句丽士兵四万余人，唐军战马伤亡十之七八，将士死亡两千余人。

这样的伤亡数据，说出来又有谁能够相信呢。

征讨高句丽，李世民是抱着必胜的期望，战争初期，唐军一路势如破竹，无往不胜，几乎取得了完美的开局。遗憾的是，到了决定胜负的一战，李世民和隋炀帝一样，在小小的城池面前折戟沉沙，含恨而归。

一个是辽东城，一个是安市城。

恐怕，只能用致命的辽东魔咒来形容他们的遭遇吧。乐观一点说，高句丽的败亡，还没有到达历史的时机，仅此而已。

贞观十九年（645）十月十一日，李世民回到营州之后，特地举办了一场大法事，专门祭奠阵亡在辽东的唐军将士，还亲自撰写了祭文，亲临祭堂，哀声痛哭。

李世民声称，如果魏征在世的话，肯定不会赞成他发动这场战役，因此特意让人昼夜兼程赶回长安祭奠魏征，并将魏征坟前被毁的石碑重新建了起来。

据史料记载，李世民在回军的途中得了病痈，现代医学称之为皮肤化脓性炎症，虽然不要命，却让人很痛苦。回到长安之后，李世民病情稳定，但始终没有痊愈，因此诏令朝中军国大事，一并委托皇太子李治全权处理。

对李治来说，权力虽然很诱人，可毕竟是老爹给的，此时此刻，老爹的病情才是他最应该关心的事儿。据史料记载，李治每天都要处理纷繁复杂的朝廷政务，可是每隔一天，他都会前去服侍李世民用药用饭，表现极为孝顺。

也许是因为李承乾和李泰相继被废的原因，李世民对李治格外疼爱，看到李治每日如此辛苦，李世民的心里也非常难受。是啊，一个未及弱冠的孩子，本应该好好享受他的青春年华，却不得不承担起一个国家的重任。

面对李治，李世民一改之前的苛刻态度，主动要求李治可以暂时不理朝政，多出去游玩。皇室之中，也不全部是明争暗斗和刀光剑影。

也许，李世民正是从李承乾一事中吸取了教训，这才有了他和李治之间的父慈子孝，有了李唐最高权力的顺利交接，也让李唐走向盛世成为可能。

拾叁

为李治扫清障碍

刘洎：君要臣死，臣不得不死

从高句丽回来之后，李世民的心态似乎就已经变了：风波过后，大唐皇室再也经不起折腾了，李治这小子，虽然不是雄才伟略之主，可守成还是没什么问题的。当务之急，就是为他扫清身边的障碍，高句丽是外部的威胁，李世民肯定是要帮他拔除的，至于朝中的威胁，李世民也想亲自动手！

贞观十九年（645）十二月，李世民下诏：赐刘洎自尽！

刘洎，湖北省荆州江陵县人，祖上是南梁的高官，家族颇为显赫。

隋末的时候，刘洎为萧铣的政权打工，担任黄门侍郎。萧铣觉得他的能力很强，于是派他前往岭南收编城池，在刘洎的三寸不烂之舌下，五十余座城池相继归降，仗着这份功劳，刘洎马上就可以走上人生的巅峰。

遗憾的是，武德四年（621），唐朝大军南下，收编了萧铣的政权。

刘洎慌了，岭南怎么办？刘洎表示，他还没想好，只好先在岭南住下来，事实上，刘洎还有个选择，割据岭南，自立为王。

不过，刘洎是个文人，缺点就是喜欢患得患失，气魄不够。如果有铁饭碗和自主创业两条路摆在面前，他肯定会选择前者。

武德五年（622），刘洎主动上表投降，李渊顺势接管了岭南，并设置了南康州，刘洎则担任南康州都督府长史，代行一把手的职权。

从中央大员沦落为地方官员，这样的人生落差还是挺打击人的。不过，眼下过过苦日子不要紧，以后的苦日子还长着呢。

接下来的十年，大唐朝廷发生了天翻地覆的变化，大家都很忙。再加上朝中人才济济，谁也没有注意到岭南刘洎的存在。刘洎的仕途原地踏步，一直到贞观七年（633），朝中大佬去世的去世，退休的退休，李世民才把刘洎调到中央，任命为给事中（正五品，有资格列席朝会听会）。

贞观十三年（639），刘洎升任门下侍郎（门下省二把手，正四品）。

贞观十五年（641），刘洎升任治书侍御史（御史台的二把手，正四品）。

贞观十七年（643），刘洎加授银青光禄大夫，散骑常侍（从三品）。

刘洎有什么特殊的本事吗？

准确地说，乏善可陈。如果非要说一个，那就是老成持重，四平八稳。刘洎的职业生涯，一直是走魏征的谏言路线，唯一不同的是，刘洎说话，李世民很少和他怄气，所以升官也在情理之中。

有一次，李世民召集三品以上的重臣饮酒作乐，席间君臣尽欢，李世民掏出毛笔，写了几幅书法作品，用来赏赐群臣。贞观一朝的君臣关系还是挺融洽的，比如这种时候，大家都是趁着酒劲抢皇帝的书法作品，谁抢到算谁的。

其中，有一幅飞白体的书法作品引起了大家的强烈关注，还没等李世民写完，群臣就围到了御案旁边，摩拳擦掌，准备动手去抢了。就在此时，一位老兄偷偷爬到了李世民的御座上面，李世民刚刚挥毫完毕，还没加盖墨章，这位老兄就把作品抢了过去，动作之快，超乎所有人的想象。

有人惋惜，有人暗骂，总归就是对失去作品的不满。

突然，有人蹦出这么一句话："刘洎爬到皇帝的御座，这是亵渎皇帝的威严，按罪当斩啊！"

大家抬头看去，果然如此，一时间，群情激愤，不管是出于公道，还是私心，同事们都是奏请李世民拿刘洎问斩的意思。谁料想，李世民呵呵一笑，这事儿权当作个君臣佳话，就这样过去吧！

贞观十八年（644），刘洎升任门下侍中（门下省一把手，正三品）。

踩了皇帝的宝座，不但没有受罚，还可以升官，刘洎也算是可以笑傲江湖的存在了。古往今来，面对皇帝的宠幸，聪明的人懂得适可而止，收敛行为，愚笨的人则会变本加厉，至于刘洎，说不好是哪一种人。

贞观十九年（645），李世民征讨高句丽，命刘洎留守定州，辅佐太子李治，兼任太子左庶子、检校户部尚书，总管户部、吏部、礼部尚书事。

直到此时，刘洎算是走向了人生的巅峰。

李世民这样安排，就是看中了刘洎的稳妥。

临行之前，李世民特地叫来了刘洎，吩咐道："朕马上就要御驾亲征了，任命你辅佐太子，实在是把江山社稷寄托在你身上，希望你能明白朕的深意！"

皇上寄予厚望，刘洎感动万分，为了表示自己的衷心，也为了让君臣的感情升温，刘洎回了这么一句："您就放心出征吧！大臣们如果出现过失，臣立刻将他们诛杀！"

李世民欣赏刘洎的四平八稳，所以才愿意把大后方交给他打理，没想到，刘洎竟然说出这样不知轻重的话。刘洎啊刘洎，朕身为一国之君想杀个人都得三思而行，你动不动就想杀大臣，是太把自己当回事儿，还是想拆朕的台啊？

李世民很不高兴，可还是耐着性子劝说道："君不密则失臣，臣不密则失身。你性情疏阔刚直，恐怕会因此获罪，你自己还是谨慎行事吧！"

李世民的敲打，并没有让刘洎反省自己。

从高句丽回来之后，李世民得了皮肤化脓性炎症，一直谢绝群臣的拜见。刘洎和中书令马周位高权重，自然有机会前去探望病情，出宫之后，以褚遂良为首的大臣便围了上去，想要打听皇帝老儿的病情。

刘洎神色郁闷地回答道："圣体患痈，极可忧惧！"

意思就是，皇帝的病很重，着实让人担心啊。

没过几天，朝野便疯传一件事：说是刘洎曾经放出大话，说朝廷大事不足为虑，只需要依照霍光、伊尹的旧例，辅佐年幼的太子即可，实在不行，杀掉一批心怀鬼胎的大臣就可以了！

所谓年幼的太子，自然是指李治。

所谓的霍光、伊尹，自然是指刘洎。

据史料记载，谣言出来的时候，李世民并没有过多的搭理，直到他的病情稳定，他才将刘洎叫到跟前询问。这样的一个时间差，确实很有意思。

李世民：“刘洎，你有没有说过这样的话？”

刘洎：“陛下，臣只说过，圣体患痈，极可忧惧。马周可以做证。”

李世民叫来了马周，马周也是力证刘洎的清白。

有刘洎的陈情告白，又有中书令马周的力保，这件事其实完全可以就这样揭过去。刘洎踩踏李世民的御座，不也是这样过去了吗？

谣言发生的时候，李世民没有着急处理，其实就是信任刘洎，不想把这件事情闹大，可他后来又亲自过问此事，说白了，就是这段时间，李世民的思想发生了极大的变化，他并不想放过刘洎。

面对马周的辩护，李世民叫来了褚遂良，而褚遂良一口咬定，刘洎确实说过大逆不道的话。好了，只要有人证明你有罪，这就足够了。

究竟是不是褚遂良诬告的，史书上一直就有争议。

唯一能肯定的是，李世民想要刘洎的命。

理由一：这些年来，刘洎仗着李世民的宠幸，越来越狂妄自大，踩踏李世民的御座在先，放出豪言要斩杀大臣在后，最后竟然放出皇帝病重的消息。事实证明，刘洎此人，难堪重任，如果放任下去，恐怕会捅出天大的篓子。

理由二：太子之争的时候，刘洎力保魏王李泰，已经深度参与到李世民的家事当中。在李世民的眼里，刘洎至少在主观意愿上，对权力有一种执着。

如果回到五年前，李世民或许会留下刘洎一条性命，成全君臣之间的一段美谈，可是如今李世民的身体每况愈下，而李治的政治智慧还没有培养起来，如果让李世民做出选择，那就是铲除掉潜在的政治风险。

就这样，刘洎成了高句丽战争后的第一个牺牲品。

李世民心里清楚，刘洎是冤枉的，本着宽大为怀的政策，李世民只杀刘洎一人，至于他的家属，全部无罪。

李世民去世之后，刘洎的儿子刘弘业想为老爹翻案，并状告褚遂良诬陷老爹，唐高宗李治本来想亲自过问此事，可是被有关部门压了下来。原因其实很简单：刘洎一案就是冤案，只要你过问，那就是太宗皇帝的问题。

光宅元年（684），武则天临朝称制，刘弘业再次为老爹翻案。

事实上，这件事情武则天可管可不管，可她知道两件事：褚遂良这小子曾经反对自己当皇后；如果帮刘家翻案，说李世民做得不对，正好可以提升她的形象。武则天大手一挥，追封刘洎的官职，正式为此案做了平反。

张亮：自作孽，不可活

贞观二十年（646）三月，长安头条新闻：凌烟阁功臣，刑部尚书张亮谋反被诛。

三年前，兵部尚书侯君集因为参与到太子李承乾谋反一案被处死，如今张亮又被处死，这是什么情况？

张亮，郑州荥阳人，祖上世代务农。

张亮并不想做一辈子的农民，也没有本事去读书，想要出人头地，几乎是不可能的事。然而，隋末天下大乱给了张亮飞黄腾达的机会。当时，李密的瓦岗军如日中天，是许多人梦寐以求的创业平台，张亮辗转来到瓦岗军中打杂，他没有什么特别的本事，只好脚踏实地熬资历，等待出人头地的机会。

这一晃就是许多年，一直到瓦岗军快要土崩瓦解，张亮也没有等到属于他的机会。然而，机会总是给那些有耐心的人！有一次，张亮无意中听到瓦岗军中有人要造李密的反，他当即意识到这是个绝佳的机会，因此偷偷摸摸地找到了大哥李密，说有人要杀你，你赶紧去处理吧！

从这一刻开始，农民张亮的命运彻底被改变了！

李密："张亮，你现在是个什么职级？"

张亮："回大哥的话，小弟现在没有职级，混日子呢！"

李密："你是个忠厚本分的人，不应该被埋没，这样吧，就封你做个骠骑将军，到徐世勣的麾下建功立业去吧！"

李密提拔的人不计其数，自然记不得小小的张亮。

武德元年（618），徐世勣投降唐朝，已经小有名气的张亮被封为徐州刺史，任务就是从王世充的眼皮子底下夺取郑州，然后到城中赴任。这不是开玩笑嘛，唐军都打不下来的郑州，要我去打？算了，逃吧！张亮这一走就是好几年。

武德四年（621），徐世勣奉命攻打刘黑闼，再次起用张亮帮他镇守相州，怕死的张亮看到敌军前来进攻，再次弃城逃跑。

别说逃跑不光荣，张亮的职业生涯就是逃出来的。

也不知道什么原因，张亮受到了房玄龄的青睐，被推荐到秦王府担任车骑将军一职。两府之争的时候，张亮被委派到洛阳一带广结英雄豪杰，齐王李元吉告发张亮图谋不轨，将其逮捕审讯。其实这事儿大家心知肚明，只不过张亮没有直接说破，李元吉拿不到直接证据，也就对他无计可施。

李世民对张亮的表现非常满意，此事过后对他更加信任。

玄武门之变后，李世民登基为帝，张亮被封为长平郡公、怀州总管。张亮上任之后，为了响应李世民勤政爱民的号召，对怀州当地的豪强地主开刀，替小老百姓出了不少恶气，政绩非常不错。

贞观五年（631），张亮被李世民召回长安，担任御史大夫、金紫光禄大夫。

据史料记载，张亮长得风流倜傥，而且外表看起来敦厚老实，但是城府极深，特别爱算计人。

贞观十五年（641），张亮由太子詹事改任洛州都督，侯君集前去和他道别，开玩笑说道："张亮，你这是被排挤出了京城吗？"

张亮本来心里就不痛快，听到侯君集挤对他，脸色当即沉了下来："是啊，朝中除了你在背后说我坏话，还能有别人吗？"

侯君集："哼！我带兵平定高昌，吃尽了苦头，可是回朝之后却被皇上和臣僚一起挤对，哪有心情说你的坏话。说实话，这样的日子我真的受够了，要不咱俩一起造反吧，你敢不敢？"

张亮："好啊，我有什么好怕的！"

两人胡侃八卦，吐槽领导的不是，侯君集是认真的，张亮有认真的成分，也有开玩笑的成分。不知道张亮出于什么样的考虑，竟然转身将侯君集的话对李世民原原本本地学了一遍。

没有谋反的行动证据，李世民自然不会处置侯君集，但是对张亮，李世民的心里感到十分受用：“张亮啊，你和侯君集都是大唐的功臣，刚才的话只有你和他知道就可以了，别对外人说！”

侯君集虽然被告发谋反，但是画像还是被挂到了凌烟阁。至于张亮，因为检举有功，被李世民提拔为刑部尚书，正式进入李唐的权力中枢。张亮可能没想到，时隔三年，他和侯君集走上了一样的道路。

悲剧的结果是一样的，可是过程却各有各的“精彩”。

事情还要回溯到李世民登基的那年。

武德九年（626），张亮被委任为怀州总管，做了权倾一方的封疆大吏，也不知什么原因，他休掉了自己的结发妻子，另娶了年轻美貌的李氏。此女子家里虽然十分贫穷，但是骨子里却没有穷人的卑微，反而是说不清楚的凶悍。

嫁给张亮之后，李氏处处争风吃醋，要求张亮不能有别的宠妾，一辈子只能对她一个人好。然而，这个女人自己却不守妇道，暗中和府中畜养的歌童私通，为了掩人耳目，竟然将其收作干儿子，取名叫作慎儿。

李氏的丑行最终被张亮的儿子张顗（yǐ）发现，张顗多次劝谏，希望老爹能处置掉这个后妈，张亮却置之不理。张亮始终不愿意相信，一个要求自己忠贞不贰的女人会给自己戴绿帽子。

好吧，既然你自己都不在乎，做儿子的还有什么好说的！

中国有句古话叫不是一家人，不进一家门。

张亮作为朝中重臣，可以容忍妻子给他戴绿帽子，确实是活该。在张亮的容忍下，李氏变得越来越猖狂，她变得十分迷信，开始和一群乱七八糟的术士搅和在一起，还经常以巫师之言干涉张亮的政务。

可以说，这帮术士是历史上最早的心理学家，他们明白人都喜欢听奉承他们的话，比如你今后可以官居宰相啊，或者多少岁的时候会发大财等。

在李氏的影响下，张亮对占卜之术越来越好奇，整日和术士们厮混在一起，处理朝廷政务的时候，居然也喜欢采纳荒诞不经的占卜。

安分守己的人对这些怪力乱神之说敬而远之，张亮既然对术士如此宠信，自然会有他的诉求。当李承乾的地位受到魏王李泰的威胁时，张亮立即投身到魏王李泰的阵营，在李泰的推荐下，他做了相州大都督府长史。

有一次，张亮的义子公孙节给他送了一张羊皮，上面画着一个身穿道袍，手执长剑，长发披身的男子，下面还写了一行字：弓长之主当别都。

张亮："这是什么意思？"

公孙节："这弓长，正是义父的姓氏，别都，指的是京城长安之外的都城了。既然是都城，身在都城的人，那当然便是新君了。"

听到这些话的时候，张亮心里有点恐惧，毕竟李世民对谋反是零容忍的态度，张亮没有足够的胆量和准备，还真不敢走上这条道路。不过，张亮对公孙节的话还是很受用，闲来无事，经常品味，心里痒痒得很。

公孙节："义父啊，您如今做到这个官职，也不过是一方大员，如果能够做皇帝，那可是君临四海，那种滋味可不是封疆大吏可比的。"

张亮："此事可不是你想得那么简单。"

公孙节："自古以来，帝王将相的位置都是后天争取来的，义父坐镇的相州，自古就是军事要塞，如果咱们联合您的门生故旧，未尝没有机会！"

张亮："容我再想想！"

自此以后，张亮每天拿着这张羊皮发呆。有一天，术士程公颖前来拜访张亮，他拿出羊皮，问道："程公，你怎么看？"

程公颖一看，乖乖，这忽悠人的套路比他还要厉害，简直是深不可测啊！程公颖是一个趋炎附势的小人，与张亮交往，不过是图谋从他这里得到些钱财和富贵，他看了看张亮的神色，似乎满心期待，想从他这里得到一点点暗示。

程公颖："不敢欺瞒大人，我早就发现了，您睡觉的姿势十分特殊，根本不像一般的凡人，反而更像睡卧在那里的一条神龙。"

张亮："哦？那你为何不早说！"

程公颖："当时，我的心里非常疑惧，不敢对您说起，可是看到这幅图之后，我更加确信大人是一个有福气的人。既然上天要您做皇帝，不听的话恐怕要受到天谴啊！"

程公颖的话让张亮十分受用，自此以后，张亮整日闷在房中自我暗示，觉得自己就是未来的天子。当然，所有人都知道，羊皮预言这件事是彻彻底底的欺骗，只不过张亮陷得太深，难以自拔。

有一次，张亮和公孙节的哥哥公孙常说道："我有个小妾，看相的人曾经说她有做王妃的命！"

公孙节凑趣道："是啊，我也这样觉得。我哥哥的儿子公孙大品也做过一个梦，说他在梦里见到了神仙，一不小心看到了神仙手里的天书，上面似乎就有你的名字，看来这件事情确实靠谱啊！"

天命归天命，可皇帝的宝座也不可能平白无故地落到张亮的头上。为了实现这个不切实际的梦想，张亮开始在府中豢养义子，最后多达五百余人。张亮不知道，这种火中取栗的行为，为他的命运埋下了恶果。

贞观二十年（646）三月，也就是东征军回到长安之后，张亮府中的奴仆常德因为受够了委屈，于是向朝廷举报张亮豢养义子，打算谋反，还拿出了张亮豢养义子的大名单，彻底坐实了此事。

李世民闻讯之后呆若木鸡，他根本就不敢相信，自己一手提拔的张亮竟然会做出这样愚蠢的事。不过，李世民的心情很快便平复下来，他以迅雷不及掩耳之势，将张亮和他手下的义子悉数逮捕，并派遣监察御史马周审理此案。

张亮虽然遭到举报，却没有谋反的事实，也没有谋反的计划。马周审他的时候，张亮强势辩驳，说自己遭到别人的诬陷，还列举了这些年来为朝廷立下的大小功劳，证明自己是忠臣，绝对不会干出谋反的事情来。

马周一连审了好几天，也没有得出明确的谋反结论，只好将张亮的原话传达给李世民，让他做最后的决策。

张亮的生死，只在李世民的一念之间。对李世民来说，张亮毕竟没有谋反的行为，可杀可放，可是李世民想到了李治。如果李世民驾崩了，凭李治的柔弱，能否驾驭张亮这种心怀野心、功劳满身的武将？

也就在此时，张亮的下场被李世民决定了。

李世民给出了自己的判决："哼，张亮豢养了五百名义子，他到底想干吗？依朕来看，就是为了造反。”

事实上，李世民的判决已经超越了朝廷的律法，属于莫须有的罪名。为了不让人说闲话，李世民特意召集朝中的重臣，商讨张亮的处置办法。问题是，皇帝都已经给此案定性了，大臣还会不知趣，继续为张亮求情？

大臣们：“张亮确实该死，不杀不足以警示后人！”

满朝大臣，只有李道裕替张亮说话，声称张亮谋反的证据不足，罪不当死。在这种环境下，李道裕的话犹如一阵清风，拂面而过。不过，李道裕的表现给李世民留下了深刻的印象，一年之后，刑部侍郎空缺，李世民无意间想到了他，所谓的天威难测，也大抵如此吧！

客观地说，李世民这件事干得不太讲究，考虑到张亮是大功臣，李世民又是以莫须有的罪名将他诛杀，因此在行刑的前一晚，李世民特意安排长孙无忌和房玄龄前往监狱和张亮话别。

长孙无忌是凌烟阁的首位功臣，房玄龄是张亮的推荐人，牢狱之中，他们开怀畅饮，回忆了过去的点点滴滴。青灯古案，三人相对而坐，唯有叹息。

房玄龄：“张亮，在法律面前人人平等，你曾经担任过刑部尚书，是大唐开国时期制定法律的元老之一，但是今日触犯法律的也是你！唉……”

张亮：“房大人，咱们说点靠谱的吧！”

房玄龄：“好吧，你说你是不是傻了，好好的官放着不做，富贵放着不享，竟然想造皇帝的反。你自己行为不检点，落到这步田地又能怪谁？”

长孙无忌：“为人臣子，忠诚是最基本的标准。陛下待你天高地厚之恩，又对你器重有加，你竟然起了造反的心思。唉，这一次陛下确实是震怒了，我们也是救你不得啊，希望你一路走好！”

第二天，张亮等人在长安西市被处斩，家财充公。

在中国的皇帝中，李世民确实很讲义气，和他打天下的人，绝大部分都能够得到善终，而且子孙可以享受世代的荣华富贵。贞观一朝，武将居多，性格嚣张跋扈的人确实不少，唯有侯君集和张亮被处死，一来是他们确实有谋反的心思，二来他们加入太子李承乾和魏王李泰的阵营，这是谁都没法容忍的。

高句丽是个难解的心结

小小的张亮，杀也就杀了，李世民并没有太放在心上。

贞观二十一年（647）二月，在一次朝会之上，李世民兴致高昂地说道：“最近也没啥事儿，要不再去打一次高句丽？”

李世民的性格，大臣们非常清楚。第一次高句丽之战，李世民算是灰头土脸返回，这就注定了唐朝和高句丽之间的恩怨不会就此罢休。

打仗可以，可大臣们不希望李世民再御驾亲征，他们扬言，高句丽的地形奇特，城池都是依山而建，唐军硬攻的损失很大，要想一个更好的办法。

李世民：“你们有什么好办法？”

大臣们你一言我一语，搞起了头脑风暴。

最后，某位大臣总结陈词：陛下，上一次御驾亲征的时候，高句丽因为要抵御唐军，所以家家户户都要入伍，许多田地都荒废了。更何况，咱们攻克城池之后，没收了所有的粮食，高句丽百姓的日子过得很苦。所以，这一次只需要派小股部队轮番骚扰高句丽的边境，让高句丽百姓疲于奔命，不过几年时间，高句丽就会千里萧条，人心背离，鸭绿江以北可以不战而获。

客观地说，李世民不太喜欢这个计策，大唐虽然赶不上隋朝的国力，可也是雄兵百万，战将千员，打高句丽还需要用这种下三烂的手段？

不过，李世民还是暂时同意了他们的计策。

贞观二十年（646）三月，李世民下诏：

任命左武卫大将军牛进达为青丘道行军大总管，右武侯将军李海岸为副总管，征发一万多兵力，从莱州乘船渡海，进入高句丽境内。

任命太子詹事李世勣为辽东道行军大总管，右武卫将军孙贰朗等为副总管，领兵三千，与营州都督府兵会合，从新城道进入高句丽境内。

这两支部队的任务就是骚扰高句丽的边境。

贞观二十年（646）七月，牛进达和李世勣的两路大军都已经到位。

这一次，双方没有爆发大规模的主力会战，遭遇的都是小股部队，两国交战百余次，唐军几乎是全胜的战绩，捷报频频传到西京长安。

李世民按捺不住了，作为万人敬仰的天可汗，从哪里跌倒就应该从哪里站起来，举全国之力拖死小小的高句丽，岂不是让后人笑话，唐军就应该从正面战场碾压高句丽，让他们匍匐在天可汗的脚下跪地求饶。

贞观二十一年（647）九月，李世民下诏：敕令宋州刺史（今河南省商丘市）王波利等人征发江南十二州的工匠前往大运河边上，准备修造数百艘战舰！

请注意，一征高句丽之后，李世民还是有反思的。

在安市城下吃了败仗，和军队的战斗力有关系，可是最致命的还是粮道。粮道，不在于粮食的多少，关键在于粮道是不是可以纵深到高句丽的本土！

隋炀帝的第一战，把粮食留在了辽东；隋炀帝的第二战，把粮仓建到了辽宁省丹东市，鸭绿江畔。隋军的第二战，粮道并没有出现问题。

对李世民来说，他不想兴师动众地从陆地运输粮食，而是想利用海军的战舰，直接把粮食送到高句丽的本土。

还有一个原因：从隋炀帝以来，中原的海军每次都可以跨越所有防线，直接打到高句丽的本土，而恰恰是陆路的进攻喜欢掉链子。想当年，来护儿已经打到了平壤城，可就是要等陆路的宇文述等人，这才浪费了绝佳的战机。

李世民想清楚了，大唐必须搞一支规模庞大的海军战舰，一来为大军运送粮食，二来发挥海洋战线的优势，绕过敌军防线，一举攻克平壤城。二十年后，唐高宗李治正是靠着大唐海军，这才扭转了辽东半岛的战局。

消息传到辽东，渊盖苏文颤抖了，得罪谁不好，非要得罪李世民，他不灭了高句丽，誓不罢休啊！贞观二十一年（647）十二月，渊盖苏文派他的儿子前来长安，向李世民虔诚悔过，希望唐军不要让他太难看。

李世民:“孩子，回去吧，咱们友谊长存，仗还是要打的。”

也许在那一刻，李世民终于明白隋炀帝为何会顶着所有人的压力，执意攻打高句丽。是啊，一个拥兵百万的强国，在小小的高句丽面前屡次失利，叫人如何接受？李世民纵然得到了天可汗的尊称，说到底还是徒有虚名，后世的人又如何能够心甘情愿地将这顶高帽子让他戴？

更要命的是，李世民发现自己的身体情况越来越差。

从高句丽回到长安之后，他的身体就没有彻底痊愈，再加上过度劳累，精神日益疲倦，体力早已经不复当年。他已经下诏，让太子李治处理朝政，而他则三天上一次朝，一般的朝廷政务，他相信李治可以处理好，但是高句丽这个硬骨头，绝对不能让李治独自去面对的！

不管是为了实现他自己有生之年的一个心愿，还是为了帮助太子李治解决这个边陲大患，他都愿意耗尽国力，毕其功于一役。

贞观二十二年（648）正月，长安城过年喜庆的气氛还没有散去，李世民便诏令右武卫大将军薛万彻为青丘道行军大总管，右卫将军裴行方为副总管，领兵三万多人以及数百艘楼船战舰，从莱州渡海进攻高句丽。

在此之前，牛进达和李世勣的两路大军已经在辽东进行了无休止的骚扰，这一次再给他们加点料，不信渊盖苏文不低头。

贞观二十二年（648）六月，李世民给大臣们开了动员会，准备在第二年征调三十万兵力，一举灭掉高句丽。然而，李世民还是逃脱不了粮食缺乏的魔咒，虽然有水路，但是承载不了大规模陆战兵团的运输工作，这一次还是得从陆路长途跋涉。

事实上，唐朝虽然统一了天下，但也为此付出了沉重的代价。

战争消耗最大的就是人口，没有农民，粮食得不到保障，国家赋税跟不上，就连唐朝的皇室也不得不勒紧裤腰带过日子。

李世民登基之后，发动了对高昌、突厥、吐谷浑等国的战争，可以说国内就从来没有消停过，就连富庶的江南也快要跟不上李世民的战争节奏了。这一次，朝臣们为了国家的稳定，纷纷建议从剑南道征调军粮和战船。

贞观二十二年（648）七月，李世民派人到剑南道伐木造船，随后派使者带着战舰走水路，从巫峡直抵江州、扬州，再驶往莱州。

就在当月，朝廷的中流砥柱房玄龄病危。

李世民原本在长安城南的玉华宫养病，得知消息后，立即派人将房玄龄接到了玉华宫，他相信房玄龄一定有话对他说。在李世民的心里，房玄龄是一位不争荣辱，忠君体国的贤臣，美中不足的是，他胆子太小，害怕李世民的威严，因此许多想说的话一直都不敢说出来。

临行之前，房玄龄对自己的儿子说道："我蒙受皇上的隆恩，如今天下无事，只有东征高句丽一事没有停止，众位大臣都不敢劝谏，我明知其非而不说话，真是死有余辜啊。"

在玉华宫休息的这段时间，李世民一直在等房玄龄说心里话，但是他却只谈旧情，不说国事，一直到死也没有触犯李世民的天颜。

临死之前，房玄龄让人给李世民送了一封奏折：陛下，您作为千古一帝，对自己的功名威德也可以知足了，开疆拓土也应当适可而止，才不会让国家面临危险。陛下每次判决死刑犯人，都还要反复斟酌，如今却驱使无罪的士卒，将他们往刀口上送，难道他们的性命便不值得怜惜吗？

假如高句丽违背臣属的礼节，大唐可以讨伐他们；假如高句丽侵犯中原百姓，咱们可以灭了他们；假如他们会成为国家的威胁，咱们也可以除掉他们。然而，如今这三个前提都没有，咱们却无故驱使百姓前去送死，还美其名为新罗报仇，实在是不划算啊。希望陛下可以允许高句丽悔过自新，焚毁渡海的战舰，远近自然归服。臣马上就要死了，假如陛下可以采纳将死者的哀鸣，臣死而无憾。

没过几天，房玄龄就在玉华宫去世，享年 70 岁。

不知道李世民看了房玄龄的奏折之后有何感想。可以肯定的是，李世民执意发动高句丽之战，至少在部分朝臣的眼里是不认可的，而且他们认为李世民如今的行为，和当年的隋炀帝没什么本质的区别。

与其说房玄龄胆小怕事，还不如说他彻底看清了李世民乾纲独断，不纳忠言的本质，面对如此固执的君主，说与不说，又有什么区别呢？

征兵还在继续，造船行动还在继续，一切都没有因为唐朝最德高望重的大臣死去而停止。这一战，李世民势在必得，遗憾的是，李世民还没等到三十万大军集结的那天，长安城就变天了。

李君羡:“武皇”的替死鬼

如果说，侯君集和张亮被杀是因为参与太子之争，李世民杀他们有足够的理由，那么接下来这位老兄就是名副其实的冤大头了。

李君羡，河北武安县人，出生在一个平凡的家庭。

李君羡的第一份工作，就是在李密的瓦岗军打杂。历史已经证明，瓦岗军是隋末最难混的起义公司，老板眼高于顶，性格也有严重的缺陷。如果你的能力不如他，那你就没啥价值；如果你的能力比他强，那就是找死。

秦叔宝、程咬金、魏征等人都是在混迹了很长一段时间后，明智地选择了跳槽。很遗憾，李君羡在瓦岗军也没找到自己的价值，后来浑浑噩噩，被迫加入王世充的队伍，混了个骠骑将军之职。

李君羡为人正直，可王世充却喜欢搞权谋斗争，时间一长，李君羡就对王世充的为人特别反感。秦王府强势崛起的时候，李君羡带着自己的团队，毅然投奔到李世民的麾下，逐渐成为李世民的心腹。

李君羡是个名副其实的将才，每逢征战，他都是冲锋在前，所向披靡。征讨王世充、宋金刚，李君羡立下不少功劳，前后得到的钱财、美女、田产、布帛无数，算得上唐初有名的富豪将军。

李世民登基之后，李君羡因为军功，升任左武卫将军（从三品，副部长级别）、武连县公，率部镇守在玄武门。

玄武门是李世民的发家之地，李君羡可以担任玄武门的最高将领，可想而知，李世民对他的信任程度有多高！李世民做皇帝的前几年，君臣二人关系非常融洽，在此期间，李君羡还担任过不少职位，虽然是个武将，可李君羡只要有空，就会泡在书堆里，力求上进，李世民对他极为满意。

遗憾的是，李君羡的命运很快就迎来了转折。

当时，长安城的上空出现了很奇怪的现象：一颗白色的星星疯狂闪耀，其光芒几乎可与太阳相比。由于这种现象每隔很长时间就会出现一次，所以老祖宗给它取了个专业术语：太白昼见！

说白了，这颗星星名叫金星，古人称之为太白星，一直就在天上挂着，只不过有时候太阳出现的时候，太白星也会一同发光，这样一来，天上就有了两个会发光的物体。问题是，在古人的脑子里，天无二日，国无二主啊，既然天上有两个太阳，那就是有什么不好的寓意。

解释寓意的人，一般都是国家天文台的专家。千百年来，他们给出的解释奇形怪状，有说君弱臣强的，有说外族入侵的，有说皇族内斗的。总而言之，所谓的解释，全部是根据当时的形势而判断，基本上都有政治目的。

这一次，李世民的专家给出的解释就是：女主昌。

可恶的天文专家，就是不想把话说透。

可以说，唐朝的后宫会有女主干政。

可以说，唐朝会因为一个女人而昌盛。

可以说，会有一个强悍的女将军诞生。

不过，谁也不会想到，接下来会有一个货真价实的女皇帝。毕竟，数千年来，女人可以做太皇太后，可以垂帘听政，可并没有女皇帝啊。

李世民的心情很不美好，因为对未来有一种莫名的忌惮。不过，这还不是最糟糕的，接下来，一本叫《秘记》的书籍在长安城疯狂地流传着，其中有个重要的预言：唐朝三代之后，女主武王取代李氏据有天下。

直到此时，谜底彻底揭开了。

然而，李世民还是不敢相信，一个女人会做皇帝，茫茫人海，去哪儿找这样一个人呢？李世民无奈，只能将此事放在心里，且走且看吧。

贞观二十二年（648）左右，李世民在宫中搞了个宴会，专门邀请太极宫的禁卫军武将赴宴，左武卫将军李君羡自然也在受邀之列。宴席上，君臣你来我往，其乐融融，为了给大家助兴，李世民提议：每个将军都得说出自己的小名。

一时间，小孬子、二狗、烂铲子、破锅、狗剩子等奇葩小名相继登场，众人笑得前仰后合。到了李君羡的面前，他来了一句：俺的小名叫五娘！

此言一出，各位将军几乎笑喷了，就连李世民也忍不住笑了起来，他指着李君羡说道：“你既然是女人，为什么长得五大三粗，身强体壮啊？”

这件事情，其实就这样过了。

可是某一天，李世民突然想到了流传在长安城的谣言，此前他一直没有抓到其中的脉络，可是酒宴之后，他似乎有感觉了。

左武卫将军：武！

武连县公：武！

武安县的李君羡：武！

玄武门守将：武！

如果这些都是巧合，那“五娘”，岂不是坐实了李君羡的“女主”特点？直到此时，李世民还是不敢相信，李君羡会成为谣言中的女皇帝。遗憾的是，此时的李世民正忙着为儿子铲除绊脚石，再加上李君羡镇守在玄武门，为了保险起见，李世民下了一道旨意：将李君羡调任华州刺史。

这已经是李世民能给的最大面子了。

遭逢大难，李君羡其实也很沮丧，在华州刺史任上，李君羡意兴阑珊，忙着修身养性，因此结识了一位名叫员道信的奇人异士。

据史料记载，这位老兄声称自己可以永远不吃饭，李君羡觉得很神奇，于是整日和他论道，来往非常密切。李君羡可能不知道，他眼中的奇人异士，在朝中某些御史的眼里就是妖人，他觉得已经过去的“女主昌”事件，在朝中的某些势力看来，还缺少一位完美的替罪羊。

很快，御史的奏折上达天听：李君羡勾结妖人，图谋不轨。

没有找到长安城谣言的主角，一直就是李世民的心病，此时此刻，不管李君羡是不是传说中的女主，李世民都顾不得了。他需要一位替罪羊来缓解内心的巨大压力，也希望李君羡的人头可以为李治的帝位保驾护航。

贞观二十二年（648）七月，李世民一声令下，将李君羡满门抄斩。

有趣的是，李君羡的死，并没有解决李世民的烦恼，反而为蛰伏在后宫的武则天缓解了不少压力。数十年后，武则天登基称帝，深藏功与名，这才宣布为李君羡的家族平反，为这一段奇缘正式画上了句号。

李世民：糊涂一时，病急乱投医

贞观二十三年（649）五月，李唐皇室的命运转折点来了。长安郊外翠微行宫，一代天骄李世民突然驾崩，享年 51 岁，在位二十三年，史称唐太宗。

李世民的驾崩，真的让人有些猝不及防。

在唐朝历史上，有四个皇帝都活过了六十岁，唐高祖李渊 69 岁，武则天 81 岁，唐玄宗李隆基 76 岁，唐德宗李适 63 岁。事实证明，如果不出意外，唐朝皇帝的寿命还是比较高的。身为皇帝，李世民的物质生活条件是最好的，而且是军人出身，身体底子好，就算死亡，也不该如此突然啊。

关于李世民的去世，应该有几个综合的原因。

比如，李唐皇室有遗传的“风疾”，按照如今西医的说法，应该是心脑血管疾病，唐高祖李渊、唐高宗李治、唐顺宗李诵、唐穆宗李恒、唐文宗李昂、唐宣宗李忱都有这个毛病。临床表现就是头晕目眩、抽搐痉挛、口眼斜歪等，如果严重的话，是很有可能突然死亡的。

比如，李世民还有“气疾”的毛病，临床表现是害怕高温和潮湿，尤其是在夏天的时候痛苦不堪。李世民相对节俭，可还是为自己修建了玉华宫、翠微宫等郊外行宫，专门用来避暑。

比如，李世民打了一生的仗，身上可能会有很多伤疤，遇到潮湿闷热的天气，对身体的破坏作用也是很大的。

比如，李世民接连遭遇玄武门之变、长孙皇后去世、齐王李祐谋反、李承乾谋反等祸事，精神状况非常糟糕，也直接影响了身体的健康。

客观地说，这些原因都会影响李世民的身体健康，可真正的罪魁祸首，或者说触发李世民暴毙的，应该是李世民长期服用的金丹。

据史料记载，李世民曾经派遣王玄策前往天竺，不巧的是，碰到天竺国内发生了政变，王玄策被人抢了个精光，随后逃到吐蕃。他觉得这样回国很没面子，于是借了一支军队打回天竺，镇压了暴乱。

在天竺的时候，王玄策碰到了一个名为那罗迩娑婆寐的术士，这位老兄忽悠王玄策，说自己已经活了两百年，有长生不老之术。王玄策先是搞了体外检查，觉得此人很有神仙的风范，再看了看气度，觉得人畜无害，思来想去，要是把他进献给李世民，那可是大功一件啊。

就这样，王玄策把这位老骗子带回了长安城。

李世民年轻的时候，对长生不老之术是嗤之以鼻的，他还嘲笑过秦始皇和汉武帝英明一世，糊涂一时。可到了晚年，李世民的心态也开始转变了，一来自己的身体状况确实很糟糕，二来太子李治还需要成长的时间，李世民希望自己能有更多的时间铲除帝国的隐患。

于是，李世民急迫的心情，到了病急乱投医的地步。

李世民觉得天竺的老兄仙风道骨，仙气缭绕，看起来好像有一点道行，本着试一试的心态，李世民下令让他给自己配药。所谓的长生不老药，其实就是刺激神经亢奋的药物，一般都有铅和汞之类的重金属，服药之初，李世民觉得这款长生药确实可以让他的精力充沛，因此越陷越深。

贞观二十三年（649）四月，李世民突然发现，自己到了油尽灯枯的状态。

在李世民的潜意识里，他并不相信长生不老，当初尝试这种东西，也是为了让自己的身体状况变得更好。事实证明，李世民最初的判断是对的。古往今来，人都会犯错，李世民是个聪明人，他已经明白了这些，再去找天竺人的麻烦已经没有意义，更何况服用金丹并不是件光彩的事儿。

此时此刻，李世民就想着一件事：帮太子李治挑选最得力的辅政大臣，让他可以顺利登基，安心做一个守成的帝王。

凌烟阁二十四功臣中，已经有十八位开国元勋相继去世，他们是：

李孝恭（591—640）

魏征（580—643）

杜如晦（585—630）

房玄龄（579—648）

秦琼（？—638）

萧瑀（575—648）

高士廉（575—647）

段志玄（598—642）

屈突通（557—628）

殷开山（？—622）

柴绍（578—638）

张亮（？—646）

侯君集（？—643）

张公谨（594—632）

长孙顺德（生卒年不详）

李靖（571—649）

虞世南（558—638）

刘政会（？—635）

还有六人尚在人世：

国舅长孙无忌（约597—659）

尉迟敬德（585—658）

刘弘基（582—650）

程知节（589—665）

唐俭（579—656）

李世勣（594—669）

刘弘基算是李世民的心腹，但是这些年来南征北讨，身体状况也非常糟糕，而且他的政治才华算不上突出，难以挑起重任。

唐俭嘛，心思向来就不在政务上，没事就喜欢酗酒，李世民给他发了好几次辞退通知，早已经淡出了权力中心。

尉迟敬德、程知节是武将，算是聪明人，可搞政治不是他们的强项，再加上年纪太大，只能待在家里享清福，关键时刻为李治站台还是没问题的。

李世民掰着手指头数了数，可以托付大事的人不多啊。

长孙无忌是国舅爷，业务水平一流，肯定算一个。

李世勣，这些年在外征战，和李治基本上没打过什么照面，手中却又执掌兵权，李世民在世的时候可以镇压，李治做了皇帝，那可就说不好了。

其他的人，比如政治新星褚遂良算一个，于志宁、张行成、高季辅、柳奭（shì）（李治大老婆王皇后的舅舅）等人也可以帮李治撑一撑场面。

李世民病危的时候，频繁和李治在后宫商议人事安排，他思来想去，最不放心的还是李世勣，于是郑重其事地叮嘱道："雉奴啊，李世勣才智有余，可你毕竟对他没有恩德，恐怕日后他不会服你啊。过一段时间，朕先将他降职，让他离开长安，朕死了之后，你再起用他为尚书省仆射，如果他愿意服你，你就重用，如果他稍微有点迟疑，你立即将他处死。"

此时此刻，人性在政治利益上的残酷无情，体现得淋漓尽致。所谓的君臣恩宠，如鱼得水，在皇室的利益面前，就像是经不起严寒的秋叶。

贞观二十三年（649）五月，李世民下诏：封李世勣为叠州（今甘肃省甘南市迭部县）都督。

病危之际，李世民突然下了这样一道诏书，这让不少人都很迷茫。

不过，还是有人看懂了李世民的安排，比如长孙无忌、李世勣。李世勣是个聪明人，接到皇帝的诏书后，立马就明白了其中的道理，他没有多余的解释，没有多余的抱怨，几乎是二话不说，连夜收拾行装赶往叠州赴任去了。

对此，李世民颇为欣慰。

数日之后，李世民的病情加重，上吐下泻，李治在跟前日夜服侍，一连数日都没吃东西，以至于鬓边平添了许多白发。父子即将永别，李世民再也没抱怨李治的不成熟，反而是一番赤子之心让李世民感动不已。

李世民摸了摸李治的脸颊，欣慰地感叹道：“雉奴啊，你这么孝敬朕，朕就算是死了又有什么遗憾呢！你去把长孙无忌找来，朕有话对他说。”

据史料记载，李世民仰卧在龙榻上，脸上毫无血色，谁也不会把他联想成当年驰骋疆场、意气风发的秦王殿下。此时此刻，李世民看着长孙无忌，几次三番想要说话，却都没有说出。

长孙无忌凑上前去，君臣二人相顾无言，泪流满面。

李世民为何单独召见长孙无忌，又为何一言不发，如果所料不错，恐怕是为了最后观察长孙无忌是不是真有辅助太子李治的心思。在长孙无忌饱含深情的痛苦之中，李世民找到了他想要的答案，因此让他先行回去。

两日之后，李世民再次传旨，将长孙无忌和褚遂良一起叫到宫中。

李世民气息微弱，谨慎地嘱咐道：“二位爱卿，太子仁孝，朕如今将他托付给你们了，希望你们能够善加辅佐啊。”

长孙无忌和褚遂良接连表了忠心。

李世民又对李治说道：“有长孙无忌和褚遂良在，你不用担心江山社稷。”

就在此时，李世民单独嘱咐了褚遂良：“爱卿啊，长孙无忌对朕非常忠诚，朕能有江山社稷，他功不可没，朕死之后，万万不要让小人进谗离间啊！”

没过多久，李世民便驾崩了。

如何评价李世民的一生，没有谁能做到绝对的公平。

只能说，纵横在枭雄之中，他是勇武的，也是受幸运女神照顾的。开疆拓土，使四夷臣服，使唐朝威严遍及四海，他是受万人敬仰的。贞观之治，名臣辈出，政治清明，百姓安居乐业，李世民功在中原百姓。

事实上，令我最欣慰的是，李世民是个有血有肉的凡人。

玄武门之变，我们不做评价，但李承乾、李祐、李泰、李恪的悲惨下场，李世民要负起责任。不管怎么说，不是每个皇帝的子孙都会卷入政治斗争，都会因此惨死，既然发生了这些事情，李世民既是父亲，又是皇帝，如何去推卸责任？

强力推行封建制度，这是李世民的狭隘，也是凡人的庸俗表现。强开高句丽之战，有家国天下的考虑，也有征服欲的作祟，这一点和隋炀帝无异。

其实我最想说的是，李世民或许生错了时代，或许死得太早。贞观时期，唐朝处于国力缓慢复苏的阶段，李世民有很多事情想去做，却没能去做，这是他的遗憾，也是历史的遗憾。就拿松赞干布挑衅中原，文成公主下嫁一事，李世民也是受尽了委屈，他不是不想打，也不是不敢打，可是为了国家，他还是压制住了自己的欲望，这一份忍辱负重的胸怀，真的值得后人尊敬。

千年已过，这位帝王的功过是非已经不太重要了，他留下的唯有遍及五湖四海的汉唐文化，象征着中国“犯强汉者，虽远必诛”的民族自信。

帝王心术：李治的雄起

古往今来，帝王都是孤独的，有猜忌心的，能让他们放下猜忌的，唯有自己生命的结束。就算是临死之前，李世民也不敢相信任何人，在临终前的人事安排中，可以清楚地看到三大势力集团的身影：

以长孙无忌为首的关陇势力，也是李世民最仰仗的人。

以李世勣、尉迟敬德、程咬金为代表的瓦岗军势力，他们虽然没有在朝中担任最核心的职务，可是在军中的号召力却不容小觑，有他们的存在，可以对长孙无忌形成一定的牵制作用。

以褚遂良、于志宁为代表的新晋政治势力，这些人敢于犯颜直谏，不会被开国功臣的光环吓到，可以对其他两派形成牵制。

三足鼎立，平衡了朝中的局势，这是李世民死前能做的最好安排。不管是皇帝，还是父亲，李世民做得已经够好了。

贞观二十三年（649）五月二十六日，李世民在长安城南的行宫翠微宫驾崩。

李世民的驾崩让太子李治有点儿不知所措，他抱着长孙无忌的脖子痛哭流涕，悲痛欲绝。长孙无忌抹干了眼泪，劝谏道："太子殿下，皇帝将江山社稷交给了您，您怎么可以效法凡人，只知道哭呢！"

李治："那我应该怎么办啊？"

眼下，已经没有任何皇子的势力可以和李治抗衡，可为了稳妥起见，长孙无忌还是选择了秘不发丧，并派了一支亲信部队护送李治先回长安城，自己则护送李世民的遗体秘密回到长安。

政权交替的时候，人事安排永远是一等一的重要，安排对了人，一切都会井然有序，安排错了人，保不准闹出许多幺蛾子。彼时，没有人知道李世民已经驾崩了，长孙无忌返回长安之后，以李世民的名义颁布了任命书：

太子左庶子于志宁，担任门下侍中。

太子府少詹事张行成，担任门下侍中。

检校刑部尚书、右庶子、吏部侍郎高季辅，担任中书令。

贞观二十三年（649）五月二十九日，李治在太极宫太极殿为父亲发丧，并宣读李世民的遗诏，随后登基称帝，年仅21岁，史称唐高宗。

贞观朝已经成为历史，随着年富力强的新皇帝登基，一个伟大而崭新的时代即将翻开历史的篇章。从太子到皇帝，李治的身份完成了转变，心态也有了变化，为了不让自己出错，李治时刻记着父皇对他的嘱托。

贞观二十三年（649）六月初四，李治下诏：封叠州都督李世勣为特进、检校洛州刺史、洛阳宫留守。所谓的检校，其实就是你领着这个官职，不需要去履行职责。对李世勣来说，这是向权力中枢的一个过渡，既是对李世勣忠诚度和耐心的考验，也是尽可能地让李世勣对新皇帝感恩戴德。

贞观二十三年（649）六月初十，李治下诏：封长孙无忌为太尉、检校中书令、知尚书、门下二省事。长孙无忌苦笑不已，这孩子难道不知道尚书省是老爹留给李世勣的吗？长孙无忌坚决辞掉了兼管尚书省的职责。

贞观二十三年（649）九月十三日，李治下诏：封李世勣为尚书左仆射。

自此，李世民临终前安排的托孤大臣全部到位。

对李世民来说，最理想的状态是这帮人互相牵制，可他没想到的是，这种平衡并没有持续太久。在权力的面前，所有的安排都是浮云。

长孙无忌是皇帝的舅舅，又是正一品的太尉，兼管中书省和门下省，毫无疑问是大家公认的大哥。李世勣是武将，带兵打仗没问题，可对朝廷的事情一无所知，更何况，几个月前被李世民摆了一道，心里还有怨气，实在不想被李世民视为棋子，去帮着牵制长孙无忌。褚遂良嘛，虽然是中书令，可很快就倒向了长孙无忌的阵营，唯命是从而已。

此后的一年，朝堂相安无事。

然而，永徽元年（650）十月，尚书左仆射李世勣突然向李治递交了辞呈，表示自己不干了，想回家养老。究竟因为什么原因，史书上没有记载，可李世勣辞职的决心很大，任凭李治如何挽留，李世勣就是想走。

李治无奈之下，只好改封他为开府仪同三司、同中书门下三品，相当于在朝廷挂了个虚职。一个月之后，中书令褚遂良被贬为同州刺史。

事情是这样的，监察御史韦思谦告状了，说褚遂良利用手中的权力，压价购买了中书省翻译人员的田产。

说白了，唐朝的公务员薪酬也不高，养一帮家人和奴仆，又得搞交际，不办点儿田产，不搜刮点钱财，早就破产了。再者说，褚遂良和自己的手下交易田产，并没有强买强卖，关韦思谦什么事？

不过，既然事情摆到台面上了，那就得查啊。

大理寺少卿张睿册亲自上阵，最后给出的判决就是，褚遂良和下属之间的交易完全合法。有趣的是，韦思谦还是不依不饶，继续状告张睿册利用国家法律的漏洞，为褚遂良辩驳，按罪应该处死，以儆效尤。

这件事情说大可大，说小可小，就看李治如何裁决。有趣的是，李治在大理寺证据确凿的情况下，还是把褚遂良贬为了同州刺史。

李世民临终之前，将长孙无忌和褚遂良一起叫到跟前，并让李治向他们二人行了礼，这就相当于承认褚遂良是托孤大臣。时隔一年，努力践行李世民遗诏的李治，为何会主动打破平衡，先拿褚遂良开刀呢？

这里面有故事，有套路。

很多人都说，李治是个平庸无能，毫无主见的皇帝，可历史证明，从此时开始，李治的帝王心术和政治手段就开始显露出来了。

按照李世民的安排，长孙无忌、褚遂良和李世勣是相互制衡的关系，但是褚遂良却违背了李世民的遗愿，和长孙无忌越走越近，以至朝政完全被他们把持。再加上李世勣撂挑子不干，朝中的权力平衡彻底被打破。

在这样的情况下，李治主动出手了。

紧接着，李治把中书侍郎柳奭封为同中书门下三品，此人是李治大老婆王皇后的亲舅舅，朝中的外戚担当。至于尚书省，李治交给了于志宁、张行成，门下省则交给了高季辅，他们都是太子府的大臣。

光徽三年（652）正月，李治下诏：封褚遂良为吏部尚书，同中书门下三品，虽然挂着宰相的头衔，但是和中书令比起来，地位不可同日而语。

这一系列眼花缭乱的人事安排，透露着李治对长孙无忌的忌惮。

咱们再来复盘一下过去的事儿。

长孙皇后在世的时候，坚决不让长孙无忌做大官，她究竟在忌惮什么？李世民对长孙无忌的性格难道一无所知？李世民对大臣真的那么信任吗？那为何会如此对待李世勣？临终之前，李世民接连两次召见长孙无忌，第一次含泪无语，直到长孙无忌放声大哭，悲痛欲绝，李世民才放他离开。

其间，李世民对李治说了什么，父子之间达成了什么样的默契？

如果是猜想，很有可能是李世民提醒过李治，一定要防范舅舅膨胀的权力欲望，结合李治后来对长孙无忌的态度，眼下针对长孙无忌做出的人事安排，恐怕就是最合理的解释了。

高阳公主：父亲的宠爱是有保质期的

新官上任三把火，长孙无忌的第一把火就烧死了一大片。

故事还要从高阳公主开始说起。

高阳公主，李世民的第十七个女儿，生母不详。在中国的皇室公主中，高阳公主算是活得比较洒脱的一个人。

高阳公主是李世民的掌上明珠，自然有傲视世间一切的资本，她从小就被捧在李世民的手掌心里，性格散漫狂放，不喜欢被世俗的规矩束缚，是一个追求身体和精神双重自由的女人。

李世民虽然对高阳公主百般疼爱，平日里不忍心对她苛责，然而到了婚嫁的年龄，高阳公主依旧逃脱不了政治婚姻的命运。其他的公主都好说，随便找一个青年才俊嫁了，但高阳公主是他的掌上明珠，总不能让她太受委屈。

李世民想了想，就把她下嫁给房玄龄的次子房遗爱吧。

要不要考察一番？比如女婿的性格好不好相处啊，是不是青年才俊啊，是不是有上进心啊？李世民表示，自己完全不知道，也没有心思去考察这些。在他的眼里，高阳公主就是李唐皇室的代表，目的是安抚朝中的功臣，搞好政治联盟，只要房玄龄的家族繁荣下去，高阳公主就可以享受终生富贵。

遗憾的是，高阳公主踏进房府大门的那一刻，她就觉得房遗爱这个人不是她的菜，性格唯唯诺诺，行事小心谨慎，丝毫没有男子汉的气概，再加上不学无术，连纨绔子弟都算不上，充其量只是一个混吃等死的庸碌之辈。

高阳公主嫁到房府的时候，也就十五六岁的样子，每个女孩儿到了这个年龄，对爱情的向往、对自由的追逐欲望都是强烈的。高阳公主既然在房府得不到她想要的生活，因此就将目光转向了外面，她时常带着房遗爱和奴仆们到外面打猎，欣赏一下美景，偶然也会到她的封地住上几天。

房遗爱还是很有眼力见儿的，高阳公主与生俱来的霸气，根本不是他这样的庸碌之辈可以驾驭的，因此最好的办法就是顺着她。

有一次，高阳公主和房遗爱等人前往长安郊外打猎，到了傍晚的时候，公主有些累了，因此提议找个地方先歇息一下。凑巧的是，旁边有一个非常破旧的无名小庵，公主指了指，就是它了！

高阳公主绝对想不到，因为这一次外出打猎，又无意中来到这座小庵，她接下来的命运彻底被改变了。

小庵的主人名叫辩机，是一名和尚。

根据《大唐西域记》记载，辩机是个大帅哥，长相清秀，清秀中又带着一些内敛和沉稳。

15岁的时候，辩机在长安城西南的大总持寺出家，师从大名鼎鼎的道岳法师。后来，道岳法师跳槽到普光寺做了住持，辩机改住到长安城西北金城坊的会昌寺。

辩机是一个有上进心的人，既然遁入佛门，便一心专研佛法，经过了十余年的潜心学习，辩机的佛学造诣已经超越了同门绝大部分的师兄弟。

贞观十九年（645），玄奘法师取经回国，在长安的弘福寺开坛讲法，为了把天竺的佛经翻译成中文，玄奘法师特意在长安城招募了九名缀文大德，也就是高级翻译人员，辩机因为精通大小乘经论，最终成了玄奘法师的专职翻译人员。

彼时，辩机的年龄大概是26岁。

年纪轻轻就成为玄奘法师的弟子，还能接触到天竺的佛经，就凭这份荣誉，辩机以后的前途就不可限量。除了跟随玄奘法师翻译经文，辩机还参与了《大唐西域记》的编写工作，后来辩机还独自写了一本书，叫作《西域记》。

据史料记载，高阳公主踏进小庵的时候，辩机正在昏暗的油灯旁边读书，他抬起头来，发现自己屋中站了几个陌生的人，看穿着打扮就知道，这帮人是显贵家族出来的，辩机显得非常惊讶。

高阳公主性格活泼，进了别人家的门，也没显得很拘束，再加上秀丽的面庞和轻盈的身姿，让辩机这个方外之人有点无所适从。高阳公主没想到屋里有人，当她看到风度翩翩、气宇不凡的辩机时，心中顿时升起了的一股热情和欲望，两个人几乎是心照不宣，互许终身了。

房遗爱见状，立马关上了小庵的门，带领众人退了出去。

为了报答房遗爱对此事的低调处理，高阳公主特地赏给房遗爱两位年轻貌美的女子，夫妻二人有名无实，过着各自的生活，倒也相安无事。

一个是肩负着政治联姻重任的皇室公主，一个是大名鼎鼎、前途无量的年轻僧人，这种关系无论如何都不会有什么好下场。然而，两人的理性还是没能挡住欲望的洪水，高阳公主沉浸在小女人的幸福里面不可自拔，辩机和尚则迷恋着公主的柔情，始终不忍割舍。

辩机多少还有点儿理性，每次幽会完之后，他都会感到很苦恼，他虽然割舍不下高阳公主，却时刻担心自己的性命和前途。犹豫许久之后，辩机终于向高阳公主摊牌了，他不想再这样继续下去，想分手。

高阳公主虽然满怀热情，可是面对辩机的请求，最终也无法拒绝，她精心挑选了一个皇室专用的玉枕送给辩机，希望爱人可以天天想起他。

好了，故事讲到这里，该说说正事儿了。

高阳公主和辩机和尚私通的故事，尤其是在长安城郊外偶然相遇，房遗爱充耳不闻这样的桥段，是《新唐书》和《资治通鉴》记载的。至于《旧唐书》，以及《太平御览》等书都没有说这件事。

人们都乐于接受唐朝性文化开放的说法，因此高阳公主和辩机私通，便容易成为大家津津乐道的历史丑闻。不过，此事还是疑点颇多啊。

疑点一：辩机同学的行踪非常可疑。

要知道，唐朝的僧人管理制度还是很严格的，虽然不像后世刷脸打卡，可出入寺庙还是需要审查和登记的。辩机在佛门虽然算是个大人物，可也不会有这样的特权，可以在长安郊外随意居住。更何况，辩机在那干吗呢？

疑点二：房遗爱的态度很可疑。

究竟是什么样的人物，可以主动为老婆和情郎铺床，并且在旁边充当护卫，心态平静地等着？唐朝的文化很开放，可并不是放荡和下流，这样的行为法律是严格禁止的，舆论是会谴责的。退一万步来说，房遗爱自己不在乎，难道他身边的侍卫就不会将此事传扬出去？事实上，一直到高阳公主失宠之前，她和辩机之间的事情才被举报，这难道不可疑吗？

疑点三：高阳公主失宠的时间，史书的记载有矛盾。

《新唐书》记载，此事过后，李世民对高阳公主产生了严重的不满，父女之间有很大的隔阂。可《旧唐书》中记载，李世民去世之前，还和高阳公主说过，评价她的公公是个为国尽忠的人。这说明李世民对高阳公主并没有隔阂。

疑点四:《新唐书》和《资治通鉴》对佛教一直就很排斥。

欧阳修、司马光都是历史上著名的反佛斗士，最喜欢对前朝佛学史实进行阉割，以虚构佛学的丑闻来达到反击对手的目的，立场可疑。

说白了，高阳公主和辩机私通的丑闻，疑点还是很多的。不过，咱们还是可以从高阳公主谋反的案子中看出一些端倪。

房玄龄有四个儿子：

老大房遗直：嫡长子，娶妻杜氏。

老二房遗爱：娶妻高阳公主。

老三房遗则：娶妻荆王李元景的女儿。

老四房遗义：娶妻吴氏。

高阳公主嫁到房府的时候，房玄龄还没有去世。高阳公主明白，老爹把她嫁给房家，就是为了安抚房玄龄，她虽然在丈夫的面前骄横，可暂时还不敢在公公的面前撒野，整个房府也还算相安无事。

贞观二十二年（648）七月，房玄龄病逝，高阳公主就开始兴风作浪了。

在古代的家族中，执事者自然是家长，其次就是家族的继承人，一般是嫡长子。按照古代的规矩，老爹去世，嫡长子继承父亲的爵位和家中的财富，更重要的是继承家族的祭祀权，成为家族说一不二的存在。至于其他的儿子，虽然会分得土地和财富，可毕竟不是正统，在家族的地位只能越来越低。

房玄龄去世之后，房遗直继承了梁国公的爵位，还被李世民封为从三品的银青光禄大夫。不过，房遗直还算是有眼力见儿，他知道高阳公主愤愤不平，为了减少家中的矛盾，主动提出要把银青光禄大夫的帽子留给弟弟房遗爱。

不过，李世民悍然拒绝了。是你的就是你的，怎么能让来让去呢，把皇家赏赐当什么，还讲不讲规矩了？

李世民态度坚决，高阳公主就想不开了。我不是你的掌上明珠吗？怎么现在不疼我了？把我嫁给房遗爱就是为了让我受气？我身为金枝玉叶，不让我的丈夫继承爵位也就罢了，怎么连银青光禄大夫也不舍得？

高阳公主向来就是说一不二的主，公公活着的时候，收敛收敛性格也就罢了，如今怎么可能容忍大伯哥房遗直在家里指手画脚？

房遗爱心里也不平衡了，按道理来说，他没资格继承梁国公的爵位，在家里只能做千年老二，可有了高阳公主撑腰，房遗爱也开始在家中嘚瑟起来。

按照《新唐书》和《资治通鉴》记载，高阳公主和房遗爱为了分家产和房遗直闹掰的说法，其实是站不住脚的。

想想看，高阳公主出嫁的时候，李世民送了多少嫁妆？李世民还给了她封地，说她是长安城的顶级富豪，一点也不为过。更何况，唐朝的思想还是很进步的，为了维护社会的稳定，实行了财产均分的制度，也就是说，除了家长有规定家产怎么分，否则家中的每个儿子都可以分得一份财产。

说白了，高阳公主不在乎钱，她在乎的是房家的政治继承权。如今，她有李世民撑腰，这才可以在长安城肆无忌惮，可这种富贵是李世民赋予的，得不到权贵世家的认可，如果李世民不在了，高阳公主的富贵也就烟消云散了。

相反，如果丈夫房遗爱继承了家族的政治地位，她就可以名正言顺地发号施令。当时，李世民因为服食丹药，身体一日不如一日，恐怕这才是高阳公主积极谋夺房氏家族政治继承权的真正原因。

高阳公主屡次在李世民的面前求情，希望李世民可以考虑将房府的大权交给丈夫房遗爱。然而，嫡长子继承制度是自古以来就有的规矩，李世民不可能因为疼爱高阳公主就做出违背常理的事来，那不是给自己挖坑吗？

任凭高阳公主死缠烂打，李世民的台词就一句：赶紧回家，好好过日子。

就在此时，长安城发生了一件盗窃案，官府将小偷抓捕后，竟然在赃物中发现了一个绣着金丝的玉枕。主审官员虽然没见过大世面，可也明白这种东西只有皇室成员才可以享用，在官府的追查下，僧人辩机浮出了水面。

有关部门把此案上报到御史台，严刑之下，辩机同学把自己和高阳公主的关系说了出来。唐朝的风气虽然开放，可皇室内爆出这样的丑闻，李世民还是接受不了，他看着眼前的卷宗，良久无语。

李世民拿高阳公主没办法，只好把一腔怒火发泄到辩机的头上。随后，辩机被处以腰斩之刑，并禁止高阳公主再踏入太极宫半步。

按照史书上的说法，高阳公主和辩机应该是有奸情的，可究竟怎么走到一起的，这种事情谁也不知道，能看到离奇的版本也不足为奇。

长孙无忌：大唐忠良的克星

贞观二十三年（649），唐高宗李治登基称帝。

刚消停没多久的高阳公主又成为太极宫的常客，每次见到李治，她就跟怨妇一样，喋喋不休，扬言大伯哥房遗直待他们夫妇不公，希望李治可以出面干预，将梁国公的爵位封赏给房遗爱。

房府的那点儿事，已经闹得满城皆知。李治和老爹一样，不可能为了高阳公主的私欲去破坏老祖宗的制度，因此只是冷淡对待，充耳不闻。

李世民死了之后，高阳公主的地位一落千丈，就连曾经示弱的房遗直也开始硬气起来。

房遗直：你是公主又怎么样，想要继承权，没门！

高阳公主：房遗爱，你亲自去和皇帝说。

永徽三年（652）十一月，房遗爱和房遗直因为继承权的事儿，再次闹到了李治的跟前。这一次，李治看高阳公主不在场，立马就发飙了："你们家这点事闹了多少年了，身为功勋之后，朝廷的脸面都让你们给丢尽了！你们给朕滚远点！"

"陛下，滚到哪儿去呢？"

李治："房遗爱，你去做房州刺史（今湖北省十堰市房县），房遗直，你去做隰州刺史（今山西临汾市隰县），朕眼不见心不烦。"

消息一出，高阳公主蒙了，她实在是没想到，慈眉善目的李治也有这么狠的时候，这下可怎么办，偷鸡不成蚀把米啊！如果房遗爱被贬到外地，她一个人在长安还能翻起什么大浪来？

高阳公主坐不住了，她马上跑到太极宫，在李治的面前撒娇卖萌，在李治不买账的情况下，高阳公主最终放出了大招：房遗直这小子想非礼她！

好嚣张的家伙啊！连皇家的公主都敢侵犯？只能说，侵犯的是高阳公主的身体，却是李世民和李治的尊严，这绝对不能忍。

当时，房遗爱和房遗直还没有离开长安，李治迅速派人扣押了房遗直，想要证实高阳公主的话。面对皇帝的诘问，房遗直彻底寒心了，家门不幸啊，既然你不仁，也别怪我无义了。

房遗直："陛下，据臣所知，房遗爱和高阳公主想要谋反啊。"

有时候，一个家族的命运，会因为一句口无遮拦的怨言而改变。

房遗直永远也不会想到，他自保求生的本能反应，竟将房玄龄的家族彻底打入到无底的深渊，家族核心成员遭到清洗，后世好几代人都翻不起身。如果再给房遗直一次组织语言的机会，他应该是选择被杀，而不是说这句话。

事情闹到这个地步，已经变了性质。

当着李治的面，房遗直说得有板有眼，还把牵涉官员的名单也交了出来，几乎坐实了此事。谋反是不赦的重罪，李治是零容忍的态度。

李治："舅舅，就由你去审讯房遗爱谋反一案吧。"

李治的圣旨就像是一针强力的鸡血，让舅舅长孙无忌兴奋极了。说心里话，长孙无忌早就看不惯这帮功勋子弟了，正愁找不到机会收拾他们呢，没想到天上还有掉馅饼的美事儿。

接下来，长孙无忌推掉了其他的事儿，专心调查房遗直的案子，在不懈的努力之下，一桩牵涉到数个皇亲贵族、功勋之后的惊天大案浮出了水面。

故事主角一：薛万彻。

薛万彻是隋朝大将薛世雄的儿子，赫赫有名的战将，一生都在刀锋上舔血过活，军事素质过硬。唐朝立国之后，薛万彻加入太子李建成的阵营，一直到兵败前夕才投奔到李世民的麾下。

李世民很欣赏薛万彻，他曾经把李世勣、李道宗和薛万彻评为贞观时期的三大名将，还说李世勣和李道宗打仗很稳，胜利多于失败，而薛万彻要么是大败，要么是大胜。说白了，李世民已经看透了，薛万彻的性格非常激进，喜欢冒险，这样的人其实性格里面有缺陷，脾气容易暴躁。

东征高句丽的时候，薛万彻是大军主帅，仗打得都很漂亮，可就是脾气暴躁，说起话来口无遮拦。在薛万彻的眼里，其他将领和下属都是傻瓜，大军能够取胜，都是薛万彻的功劳，至于其他人嘛，就是一堆垃圾。

打了胜仗，大家都等着领赏呢，可薛万彻的一番话，直接把他们的绩效打成了C，这谁还能忍？回朝之后，同事们纷纷给李世民上奏折，弹劾薛万彻独揽军功，李世民也知道此事，他打算采取和稀泥的策略，放薛万彻一马。

遗憾的是，薛万彻的人际关系实在是太差了。同事们看到李世民和稀泥，于是再一次联名上奏，就连大将裴行方、李世勣也参了薛万彻一本，李世民为了平息众怒，下诏免除了薛万彻的军职，并将他发配到广西象州（今广西壮族自治区来宾市象州县）。

昨天还是皇帝口中的名将，今天就成了孑然一身的戴罪之人，这种人生的落差，实在是让人难以接受啊。在象州的日子，薛万彻就像变了一个人，满腹牢骚，愤愤不平，觉得所有人都对不起他。

李治做了皇帝之后，大赦天下，薛万彻被起用为宁州刺史。

人生的转机就此来临，可薛万彻就是高兴不起来。事实证明，一个人如果负能量爆棚，不管好的还是坏的事儿，在他眼里都是坏事儿。

就拿薛万彻来说，他觉得自己是功臣，又是贵族子弟，因为脾气暴躁，就遭到皇室的贬斥，实在是不公平。李治做了皇帝，薛万彻其实是抱有期望的，可最终的结果却让他再一次感受到了落差。

有一次，薛万彻回长安述职，完事后找到了好友房遗爱。

当时，房遗爱在高阳公主的撺掇下，和大哥房遗直争夺家族的继承权，以至于失去了皇帝的信任，可谓负能量爆棚。兄弟俩每次喝醉酒之后，都喜欢说胡话，薛万彻屡次强调，自己虽然很落魄，可打仗的时候结识了很多朋友，一旦朝廷有变故，他们可以一起拥立荆王李元景为帝，共享富贵！

故事主角二：李元景。

李元景是唐高祖李渊的第六子，他的女儿嫁给了房遗爱的三弟房遗则，两家经常走动，关系颇为紧密。李治做皇帝的时候，李元景是朝廷的司徒，和太尉长孙无忌、司空吴王李恪位列朝廷的三公。说白了，李元景是给李治撑场面的皇叔，地位很尊贵，可并没有实权，究竟想不想造反，完全是个谜啊。

据史料记载，有一次，李元景和房遗爱聊天胡侃，说他做了一个奇怪的梦，梦到自己一只手握着太阳，一只手握着月亮。在老祖宗的思维里，太阳、月亮分别代表乾、坤，李元景把乾坤都握在自己手里了，这就有点过分了。

李元景肯定是没有谋反行为的，可房遗爱被抓之后，对长孙无忌讲了这个故事，荆王李元景便成功的化身为造反分子。

故事主角三：驸马都尉柴令武。

这位老兄是凌烟阁功臣柴绍的儿子，娶了李世民的巴陵公主为妻，身为功臣之后，又是皇帝的女婿，完全可以在长安城享清福，混吃等死。遗憾的是，李世民是个古道热肠的人，他觉得柴令武可以有更好的发展前途，于是给他安排了卫州（今河南省新乡市）刺史之职。

可柴令武竟极有性格，皇帝让我去做官，我就是不想去。理由也很充分：皇帝，我不是不想去，可你的巴陵公主生病了，我得留在长安照顾她啊！

李世民无语至极，对柴令武更是看透。

说白了，这帮人有着共同特点：不受皇帝的待见，对生活现状不满，对领导也很不满，手中或多或少有点儿权力，理论上有谋反成功的可能。

就这样，荆王李元景、驸马房遗爱、驸马柴令武、巴陵公主、驸马薛万彻、高阳公主等人因为同样的价值观，组成了一个负能量爆棚的小团体。

不过，他们还没有发动，长孙无忌就团灭了他们。

你们有造反的动机，有造反的团队，有造反的能力，还有造反的密谋活动，是不是有造反的行动已经不重要了。长孙无忌手拿尚方宝剑，又视他们为眼中钉，这件谋反案很快就被“坐实”了。

不客气地说，房遗爱已经没有了翻身的机会，长孙无忌最关心的，其实是如何利用这帮人的人脉关系，把潜在的政敌一个个铲除。审讯的过程中，长孙无忌一直在暗示房遗爱等人，是不是还有其他的皇室宗亲参与了谋反，希望他们能够把问题全部交代清楚，坦白从宽，抗拒从严，死活就是不结案！

不错，长孙无忌就是在“钓鱼”。

房遗爱的智商虽然堪忧，可面对如此明显的暗示，还是看懂了长孙无忌的心思。他只是个凡人，不想放过最后的逃生机会，他开足脑力，把长安城中的权贵数了一遍。安州都督、吴王李恪，对，就是他！

李世民曾经说过，在众多的儿子当中，唯有吴王李恪和他的性格很相似，李治被立为太子之后，李世民质疑过他的能力，因此向长孙无忌征求意见，是不是可以立吴王李恪为太子。长孙无忌的态度非常坚决：不行。

吴王李恪和长孙无忌的矛盾，已经成为天下人皆知的秘密。

房遗爱：“吴王李恪也参与了谋反。”

房遗爱实在是小人一个，而且是愚不可及的小人。他的如意算盘是效仿当年的纥干承基，举报太子李承乾谋反，以此来换得自己的生机。然而，他打错了算盘，这次主掌生杀大权的是长孙无忌，在他的眼里只有政治利益，其他的一切都可以拿来做牺牲品，吴王李恪如此，房遗爱也是如此。

吴王李恪被长孙无忌陷害一事，几乎成为定论。

想想看，如果吴王李恪真的要谋反，在小团伙中究竟是什么定位？如果造反成功，房遗爱和薛万彻等人支持的是荆王李元景，李恪能有什么好果子吃？可如果失败了，李恪的下场就只有死路一条。

事实证明，李恪并没有参与小团伙，是被房遗爱牵连出来的。

遗憾的是，在政治斗争的面前，事实并不是很重要。这一次，没有任何朝臣为房遗爱等人求情，因为求了没好处，不求没坏处。

长孙无忌的卷宗很快就送到了李治的面前。

永徽四年（653）正月，李治召开议政会议，他拿着长孙无忌的卷宗问道：“谋反之人都是朕的至亲，能不能免他们一死？”

长孙无忌铁青着脸，一言不发，气氛极其凝重。

兵部尚书崔敦礼说道：“陛下仁德宽厚，然而谋反乃是不可饶恕的重罪，如果轻易赦免，将会遗患无穷，为了国家的法度，陛下也应该下定决心！”

永徽四年（653）二月，李治下诏：将房遗爱、薛万彻、柴令武三人处斩，勒令荆王李元景、吴王李恪、巴陵公主、高阳公主自尽。

临刑之前，薛万彻大声呼喊道：“我薛万彻好歹也算个英雄豪杰，留着为国家效力，岂不是更好吗？就因为房遗爱的牵连，陛下就要杀我吗？”

吴王李恪非常鄙视薛万彻，你小子说得冠冕堂皇有用吗？皇帝照样要杀你，且看我的：“长孙无忌，你擅弄威权，残害忠良，假如宗庙有灵的话，会让你满门不得好死！”

可叹的是，不久之后，李恪的话就变成了事实。

鸟之将死，其鸣也哀，人之将死，其言也善。可是对长孙无忌来说，人之将死，说的都是毫无威胁的场面话，他怎会被死人的话吓到？送吴王李恪上西天之后，长孙无忌便开始马不停蹄地铲除政敌。

侍中兼太子詹事宇文节，因为给房遗爱说好话，被流放到岭南。

江夏王李道宗，左骁卫大将军、驸马都尉执失思力平日里和长孙无忌、褚遂良等人关系不睦，被诬陷和房遗爱等人有往来，被流放到岭南。

左骁卫大将军执失思力，因为和房遗爱关系亲密，被流放到岭南。

李恪的亲弟弟蜀王李愔，被贬为平民，流放巴州（今四川省巴中市）。

薛万彻的弟弟薛万备，流放交州（越南）。

银青光禄大夫房遗直，贬为铜陵县尉。

一场非暴力的政治风波，一批贵族的人头落地，一批名臣家族的落败，长孙无忌的权力触角蔓延到了朝堂的各个角落，成为贞观后期最大的赢家。

人都有一时的风光，可是风光过后，很容易一地鸡毛。

长孙无忌可能并不知道，自己一生中最大的克星已经在他前行的路上等着，随时准备将他吞噬，让他万劫不能超生。

拾肆

武则天的成长史

武氏家族的起源

武则天（624—705），这是一个如雷贯耳的名字。

标签一：中国唯一的女皇帝。

标签二：登基称帝时的年龄最大，虚岁六十七。

标签三：功过难以评说，身后只立一块无字碑。

标签四：任用宰相最多的皇帝，据说多达七十三个。

标签五：寿命排行前三名，仅次于乾隆皇帝（89 岁）、梁武帝萧衍（86 岁）。

标签六：在位十六年，使用十三个年号，而且使用了“天册万岁”“万岁登封”“万岁通天”等四个字的年号，也算是特立独行了。

古今第一人，究竟有什么样的人生经历，恐怕所有人都想知道。

还是从武氏家族开始说起吧。

武则天的父亲叫武士彟，祖籍并州文水（今山西省吕梁市文水县）。

按照武则天的说法，文水武氏是周朝王族姬氏的偏远后裔，爷爷武华曾经担任隋朝的东都县丞，太爷爷武俭是北周永昌王府的参军，俗称幕僚。说白了，武则天虽然做了皇帝，可并没有抬高武家的渊源地位。

在门阀横行的时代，武家只能算是不起眼的小门小族，而且是以经商为生的家族，虽说不用为生计发愁，可也算不上体面。

武士彟是武华的第四子，上面还有三个不中用的哥哥。

武华是那种能说会道的精明商人，家中的事儿基本不用几个儿子操心，武士彟小的时候，几乎把所有时间都拿来读书，尤其是兵法韬略，过目不忘。

读完书，做官吧？

武士彟是商人的孩子，虽然社会地位不低，可在那个年代，想要步入仕途，实在是难比登天。十多岁的时候，武士彟不得不面对现实，要么娶妻生子，安稳地过完下半生，要么继承父业，做个生意人。

武士彟并不是坐吃山空的啃老族，他的性格非常独立，年轻的时候，他经常独自一人挑着豆腐担子，沿着村子一家一户地叫卖，长年累月下来，算是把做生意的头脑练发达了。后来，隋炀帝在全国各地搞起了土木工程，武士彟看到了其中的机会，于是借着并州木材资源丰富的机会，做起了官府的买卖。

隋炀帝的土木工程就没有停过，武士彟的生意也是越做越红火，后来直接跑到洛阳，干起了朝廷的买卖。在洛阳，武士彟散尽家财，最终敲开了不少达官贵人的大门，其中最重要的一扇门：隋朝宗室杨达。

杨达是负责东都建筑工程的二号人物，由他出面，武士彟自然可以获得不少订单。武士彟是个精明而且慷慨的商人，有了钱财大家一起赚，所以不少达官显贵都愿意和武士彟交往，比如观王杨雄、权贵牛宏等人。

遗憾的是，武士彟在洛阳找到了很多权力保护伞，唯独没有搞定东都建筑工程的总负责人杨素。其中很重要的一条原因：杨素不仅是当朝宰相，不好结交，而且是隋朝的超级商人。杨素名下究竟有多少产业，始终是个谜，武士彟到洛阳抢人家的生意，可想而知，会获得什么样的待遇。

据史料记载，杨素给武士彟罗织了一批罪名，想要置他于死地，多亏了观王杨雄、权贵牛宏的力保，武士彟这才捡回一条小命。

武则天很清楚老爹的这段遭遇，她始终没有忘记这件事，掌权之后，她曾经下了一道敕书：以杨素为臣不忠，对隋朝灭亡负有责任为由，严禁杨素的后人担任京官、侍卫，彻底将杨家排除在权力高层之外。

很少有人知道，这是武则天在为老爹出气。

经历了人生的大难，武士彟灰头土脸地回到并州老家，他思来想去，经商不是长久之计，还是得重新找一条出路。当时，隋炀帝为了镇压逐渐失控的暴乱局势，采取广征骁勇，扫地为兵的国策，武士彟便想到了参军。

在此之前，武士彟没有任何从军经历，可他还是靠钱财开道，硬生生走上了军队的管理层：第一份工作就是朝廷的鹰扬府队正。

这个官职是府兵制度下最低级别的军官，相当于现在的排长，手下带着五十号兄弟。要带着这些兄弟平定叛乱，似乎有点儿异想天开，当时武氏家族的人都劝说武士彟前去投奔瓦岗军的首领李密，一起推翻隋炀帝的统治。

事实上，李密虽然有点真才实学，但是眼光看得不够远。武士彟的原则是宁缺毋滥，虽然有抱负，但是不着急，一边经营着自己的小队伍，一边干着木材生意，混得还算是风生水起。

武士彟在等李渊吗？

错，此时没有任何人知道，李渊会来河东做官。

隋大业十一年（615），隋炀帝封李渊为河东抚慰大使，让他镇压毋端儿、历山飞等农民起义军，在这一段时间，李渊住到了武士彟的家里。

二人究竟有过什么样的对话和交往，谁也不知道。

隋大业十二年（616），李渊担任太原留守，成为手握军政大权的封疆大吏，和武士彟的来往开始变得频繁。武士彟是并州的地头蛇，不管是并州官场，还是当地的豪强和地主，武士彟都能玩得转。还有武士彟的木材生意，家中的钱财，实在是吸引李渊。从武士彟家中离开之后，李渊给他留了一个职位：行军司铠参军，主要的职责就是帮李渊采购和管理武器装备，位不高，权很重。

请注意，这并不是李渊的私人岗位，而是太原留守的官府编制，因此李渊和武士彟的沟通还是以官方口吻为主，至于起兵的事儿，李渊绝口不提。

不过，武士彟还是如获至宝，他唯恐李渊会改变主意，以最快的速度交代完家事，然后赶到太原留守府走马上任去了。

武士彟是商人出身，虽然有钱，但是社会地位不高。李渊出身陇西李氏，世袭唐国公，又是隋炀帝的小表弟，两人之间存在难以逾越的鸿沟。武士彟做了李渊的行军司铠之后，并没有得到李渊的绝对信任。

在很长一段时间，武士彟都找不到接近李渊的办法，因此只好退而求其次，和太原副留守王威、高君雅搞关系。隋大业十三年（617）左右，王威、高君雅还是隋炀帝的专职钦差，面子上还是可以和李渊分庭抗礼的，包括晋阳大地主刘世龙、武士彟等人在内，都没有明确站队，而是两边维护，见机行事。

不过，武士彟对李渊还是很用心的，屡次邀请他前往府中做客，殷勤巴结，李渊也想借重武士彟的资源，两人的关系进展神速。

没过多久，太原地主阶层的态度就发生了变化。

隋大业十三年（617）二月，马邑守将刘武周杀死太守王仁恭，随后依附突厥，被封为定杨可汗。李渊乘机扩大军队编制，搞起了李家军，这引起了王威、高君雅的强烈忌惮。接下来的一段时间，王威和高君雅暗中联络中立派势力，说法无非是为国家效忠，为皇帝分忧之类的，武士彟等人完全不感兴趣。

在他们看来，李渊在军事实力、个人魅力、团队凝聚力方面完败王威和高君雅，飞黄腾达只在眼前。

通过这次招兵买马已经成了气候，事实证明，武士彟等人也在模糊的局势中看清了个人的发展前途。

遗憾的是，武士彟始终没有走进李渊的核心圈子，李渊想不想起兵，什么时候起兵，具体的细节，都有哪些党羽，武士彟什么都不知道。

别人的功劳簿上，记载着满满的经历，武士彟的却屈指可数。

第一件功劳：王威和高君雅打算向长孙顺德、刘弘基下手，因此找武士彟商议对策，武士彟说了一句，这两位老兄是李渊的座上宾，如果你们想逮捕他们，就是和李渊对着干，搞不好要吃不了兜着走。

王威和高君雅放弃了这个打算，武士彟算是立了点功。

第二件功劳：司兵参军田德平打算向王威举报李渊私自募兵的情况，武士彟警告说，这两位老兄无权无势，就算知道李渊募兵，他们也只能干看着。

说白了，这两件功劳并没有实质性的内容。

第三件功劳就有点扯了。

据史料记载，武士彟想要劝李渊起兵，于是编了个故事，说他梦见李渊骑着白马上天，手里托着太阳和月亮，还扬言神仙曾经放出话来，说有个唐公会做天子。武士彟甚至掏出了一本神奇的兵书，打算教李渊兵法。

领导嘛，有时候不是看你做了多少事儿，而是看你的立场是不是和他一致。武士彟愿意溜须拍马，就说明他是真心投靠李渊，这就足够了。武士彟可能没想到，自己这一步妙棋，彻底改变了家族的命运。

李渊夺取长安之后，武士彟就自我吹嘘过，说他在太原就预言李渊一定会做天子。不过，李渊的回答也很有趣："武士彟，你其实就是王威的人。不过你在长孙顺德和刘弘基一事上帮了大忙，所以朕愿意感谢你。你如今说这样的丑话，难道是想靠谄媚来邀功请赏吗？"

调侃归调侃，李渊的赏赐可是货真价实的。

武德元年（618），李渊登基称帝，专门钦点了十七位"太原元谋勋效功臣"，其中李世民、刘文静、裴寂是一等功臣，享有两次免死的机会，武士彟等人为二等功臣，享有一次免死的机会。不仅如此，武士彟还是尚书省兵部库部司郎中，管理国家的兵器、仪仗等军备物资，也算是专业对口的就业了。

一介不入流的商人，最终蜕变成朝廷的官员，这也算是很励志的创业故事了。武士彟的成功，得益于他的隐忍退让、敏锐的洞察力、用孩子套狼的豪气，最主要的就是对梦想和成功的执着。

武则天从小就跟随在老爹武士彟的身边，自然能感受到父亲的优秀品质，后来的宫廷生活，武则天的很多性格其实都延续了父亲的基因。

武则天：不一样的童年

武德三年（620），武士彟荣升为工部尚书，成为朝廷的部级官员，后来参加《武德律》的编写工作，又荣升为应国公，成为唐初名副其实的政治新贵。

李渊还给他安排了一个活：统领醴泉道的井钺军。

李渊以三万精兵起家，拿下长安后，麾下有二十万大军，局势平定之后，李渊将关中地区划为十二个军区，以府兵制度来管理，井钺军就是其中之一。

武士彟的原配夫人叫相里氏，河东寒门出身，也算门当户对。婚后，夫妇二人非常恩爱，先后生下了四个儿子。武士彟从一介商人跻身成为朝廷的国公爷，彻底刷新了武氏家族的政治背景，又有四个儿子继承香火，可以说家庭和事业都达到了顶峰。遗憾的是，就在武士彟统领井钺军，常年在外出差的期间，两个儿子相继夭折，让武氏家族的前途蒙上了阴影。

儿子去世，武士彟悲痛万分，碍于军职在身，武士彟并没有擅离职守，回家探望。相里氏独自一人撑起了门庭。彼时，武家遭逢大难，丈夫又不在身旁，相里氏伤心欲绝，抑郁成疾，一年之后便追随儿子而去。

武士彟是国公爷，相里氏又是他的正妻，按照朝廷的规矩，命妇的死讯必须上报朝廷备案。李渊听闻之后，对武士彟忠于职守的行为大加赞赏。

唐朝的时候，社会风气还是很开放的，女人在家里不是男人的附属物，她们除了负责相夫教子之外，还承担着家族的迎来送往、代子求官，甚至为丈夫抛头露面的事务。说白了，老公负责事业，老婆负责事业以外的所有事。

在唐朝，家里缺了女人，男人根本玩不转。相里氏去世不久，李渊便提出要给武士彟续弦，至于人选嘛，最终确定的是杨达的女儿。

据史料记载，杨达是隋文帝杨坚的远房侄子，隋朝的宗室，又做过宰相，亲哥哥是观王杨雄，是隋朝最显赫的王爷之一。杨氏出身门阀士族，论家族底蕴，就连李唐皇族也没法和他们相比。武士彟只不过是区区政治暴发户，想和杨家结亲，似乎有点儿癞蛤蟆吃天鹅肉的感觉。

不过，世界上有种强大而邪恶的力量，叫行政干预。当时，李渊派人打听，得知杨家的女儿已经 46 岁，却始终没有出嫁，于是想要撮合他们。

在唐朝，女性适婚的年龄一般在 13 岁到 18 岁，像杨氏这样的大龄女青年，确实是很罕见。一来，杨家的门第太高，寻常家族配不起。二来，杨雄、杨达两兄弟死于隋朝的高句丽战争，杨氏的婚姻也就没人替她张罗。

据说，武士彟和杨氏的婚事办得非常隆重，由李渊亲自提亲，桂阳公主操持婚事，婚礼的费用全部由国库负担，一时间成为长安城的美谈。

说起来，历史就是这么有趣。如果不是李渊从中撮合，杨氏恐怕会与青灯古佛相伴终身，武则天也不可能呱呱坠地，中国历史也会被彻底改写。

武士彟和杨氏结婚以后，相敬如宾，颇为恩爱。

武德六年（623），杨氏生下第一个女儿，大名武顺，小名大囡。

在此之前，武士彟的两个儿子接连夭折，膝下只有武元庆和武元爽。从武士彟的角度来看，他肯定希望再生几个儿子，保证武家的香火不灭。因此，武顺的出生并没有给武家带来多少喜庆。

武德七年（624），第二个孩子顺利地来到人世。

不错，这个孩子就是后来的武则天。

武则天出生的时候，并没有满屋子绽放红光的奇异现象，时值北风呼啸，天气异常寒冷，一切都很平静。彼时，长安城最重要的事就是李世民和李建成的两府之争，同事们听说武家又添新人，只不过派人送了点礼物，聊表心意。

武士彟有点儿小失望，他无论如何也想不到，这个女孩以后会君临天下，做中国历史上绝无仅有的女帝王。平凡的父亲，平凡的心情，他甚至都懒得给二女儿取个正儿八经的名字，只是以小囡来称呼她。

一直到武则天入宫，世人都不知道她的名字，还是李世民心血来潮，给她取了个武媚娘的称号。做了皇帝之后，武则天自创了“曌”字，寓意日月悬空、普照大地，以此来显示自己的神圣和伟大。武则天去世后，后世帝王尊称她为“则天大圣皇帝”“则天大圣皇后”，后世的史学家才称呼她为武则天。

武德八年（625），有人状告扬州大都督、赵郡王李孝恭谋反。

李孝恭是李渊的侄子，是李唐开国元勋，李渊对他十分倚重，因此命他镇守在江南中枢扬州城。然而，他到了扬州后，仗着山高皇帝远，整日饮酒作乐，荒废政事。彼时，李唐虽然坐稳了江山，可江南的乱局才刚刚平复，各地的叛乱余孽虎视眈眈，李渊害怕有人利用李孝恭，因此下诏将他召回长安，派遣堂弟李神符为扬州大都督，武士彟为大都督府长史。

李神符是亲王，按照制度，扬州大都督只能挂个虚衔，至于扬州的政务，全部由长史武士彟操刀主持。李渊发话了，武士彟只需要出差半年。然而，彼时的扬州民生凋敝，治安紊乱，武士彟上任之后，劝课农桑，鼓励生产，深得百姓的爱戴。到回朝交旨的时候，百姓集体请愿，希望武士彟可以留任！

就在此时，长安城风云突变，以李世民为首的秦王府势力发动玄武门政变，诛杀了太子李建成和齐王李元吉，架空了唐高祖李渊。为了拉拢武德朝的旧臣，李世民特意将武士彟调回长安，对他进行了安抚，随后又委任他为豫州都督，持天子使节，节制豫、息、舒、道四州的军事。紧接着，利州都督李孝常谋反，武士彟临危受命，奉命前往利州主持政务。

贞观元年（627）—贞观四年（630），武士彟担任利州都督。

贞观五年（631）—贞观九年（635），武士彟担任荆州都督。

在此期间，武则天一直跟随父亲东奔西跑，走过许多地方，因此也就留下了许多传说。四川成都出过一位大神级的人物——袁天罡，此人相面的本事不仅在四川为人称道，在长安也很有名气。武士彟担任利州都督的时候，袁天罡接到朝廷诏书，准备启程前往长安，碰巧遇到了武士彟一家人。

武士彟：“袁大师，有空没，给我看看这几个娃以后有没有出息啊？”

袁天罡指了指武元庆和武元爽，有点遗憾地说道：“这两个孩子，以后可以做到刺史，却难得善终啊！”

武士彟牵来了长女武顺，袁天罡摇摇头：“将来大富大贵，但是有点克夫！”

武士彟牵来了身穿男装的武则天，袁天罡眼睛里爆射出一道精光：“此郎君龙睛凤颈，长相非凡，大富大贵之人，若是女子，一定可以做天下共主！”

当然，这些都是传说，可信也不足信，仅此而已。

贞观九年（635），李渊在长安驾崩，消息传到荆州，58岁的武士彟万分悲痛，以至忧郁成疾，李世民派遣多位名医救治，也没办法挽回他的生命。武士彟去世之后，李世民尊重他的遗愿，让他的家人将灵柩送回并州，并颁下特旨：由并州大都督李世勣主办丧事，棺木及丧葬费用全部由政府承担。

此时，武则天年仅11岁。

她跟随父亲游历过扬州、豫州、利州、荆州和并州等地，经历过世事沧桑，体会过风土人情，这在同龄人中极为少见。武士彟为人忠厚，性格开朗，又精通兵法韬略，熟读史书。杨氏出身豪门望族，举手投足之间都是贵族的气质。

武则天的童年，被父亲的睿智英明和文史韬略包围着，又被母亲的诗书礼仪和谆谆教诲影响着，堪称最完美的成长环境。善良、懂事、聪慧和独立成了武则天童年的性格标签。不过，她充其量只是个优秀的凡人，至于历史会给她安排什么样的前程和命运，恐怕她自己也想象不到！

驯服狮子骢：不过是媚娘的少女心在作怪

武士彟的突然离世，让杨氏母女悲痛不已。可就在此时，家族内部发生了严重的争斗，杨氏母女有种坠入深渊的感觉。

深渊的缔造者，就是武元庆和武元爽兄弟。

按道理来说，这两位老兄是武家的嫡子，而杨氏膝下没有儿子，他们兄弟可以顺理成章地继承父亲的爵位、家族的祭祀大权，以及大部分的财产。就算是家族的斗争，也应该是这两位老兄之间的游戏。

遗憾的是，他们统一阵线，将矛头直接指向了武则天母女。

因为钱的事儿大打出手？可史书并没有记载武家的经济纠纷。因为兄弟心理变态，以折磨女人为乐？史书貌似也没有这样的记载。真实的原因，很可能与杨氏的家族背景有关。

武士彟是国公爷不假，可是爵位再高，也不过是商人的底子。在讲究门阀等级制度的唐朝，武家属于新晋贵族。对武家来说，没有经过数十年乃至上百年的沉淀，家族不出现十余位宰相级别的人物，是不能够得到豪门望族普遍认可的。更何况，武士彟和杨氏的婚姻是李渊一手包办的，多少会给人攀高枝儿的感觉，武家的兄弟能接受这点吗？

自从杨氏嫁到武家，武家的人就倍感压力，他们觉得是杨家给他们带来了尊荣和地位，武氏本家则成了配角。因此，武家的内斗，不光是武元庆和武元爽上场，就连武士彟的侄子武惟良、武怀运也会寻衅生事，找点儿优越感。

寄人篱下，看人脸色的痛苦滋味，恐怕只有武则天自己才能体会。当然，老天爷对你残忍的时候，便是你迅速成长和成熟的时机。接下来的日子虽然很苦，却给武则天留下了难以磨灭的印记。如何在弱势的环境下自保，如何观察人性的黑暗和扭曲，如何维护自己的利益，武则天深有体会。武则天无力和命运抗争，只能求个温饱水平，等待命运之神拯救她脱离苦海。

贞观十年（636）七月，国母长孙皇后去世，李世民悲痛万分，特意在太极宫修了一座高台。每当闲暇之时，他就站在台上望着昭陵方向，思念着长孙皇后。

杨妃看着李世民身形日益消瘦，便找了个机会劝谏道："陛下如此伤神，实在是对身体不好，莫不如从民间找几个良家子女充实后宫，服侍陛下吧！"

杨妃是隋炀帝的女儿，后来被李世民收入后宫，深得宠幸。按照杨氏家族的辈分，杨妃和杨氏是同辈，武则天则是杨妃的外甥女。事实上，李世民对女色还是很有节制的，贞观一朝，李世民屡次下诏释放后宫的大龄女青年，让她们自由婚配。因此，面对杨氏的建议，李世民不置可否。

杨妃并没有放弃，她试探性地问道："臣妾有一个外甥女，堪称绝色，今年已到及笄之年，不知陛下是否有意？"

李世民："你的外甥女？是哪一位？"

杨妃："就是刚刚过世，荆州都督武士彟的二女儿武氏。"

遗憾的是，李世民似乎对武士彟的女儿不感兴趣，接下来的一段时间，杨妃屡次在李世民面前说武氏的好话，李世民最终才决定将武则天接到宫中。

贞观十一年（637）十一月，朝廷使者前往并州传旨，让武士彟之女立即前往宫中服侍。

突如其来的圣旨让杨氏疑惑不已。深宫中的女人有几个可以善终，又有几个可以获得真正的幸福？皇帝的恩宠，究竟是幸，还是不幸呢？

杨氏不敢违背皇帝的圣旨，只好抱着武则天痛哭流涕。

彼时，武则天年仅 14 岁，可常年的生活阅历让她养成了善于思考、淡然处世的性格，同龄人中，她算是比较成熟的另类。

面对皇帝的圣旨，武则天并没有多少悲痛。武家男丁时常欺辱她们母女，如果留在并州，生活永远没有出头之日，到了长安之后，至少可以依附皇帝吧！再者说，命运都是自己掌控的，谁知道到了长安之后是什么光景呢?

武则天安慰道:“母亲，您不必难过。当今天子英明神武，进宫未必是件坏事，说不定女儿今后会有一番作为呢！”

因为成熟，所以不想让母亲担心。武则天口里的作为，无非是安慰母亲的一句空洞口号而已。很快，车驾便从并州出发了。小小的车厢承载着一个女孩的人生希望，谁也不会知道，这个女孩会给大唐帝国带来什么样的命运。

武则天是李世民钦点的人，内侍省的宦官们不敢有丝毫怠慢，他们几乎是以五星级的服务标准将武则天接到了长安城。

马车从朱雀门进入长安，连日来的旅途让武则天十分疲倦，然而繁荣昌盛的长安城，高大威严的朱红大门还是让武则天内心为之一振。马车缓缓穿过朱雀大街，经过大街小巷之后，最终停在了太极宫的侧门，早已经有宫女在此等候。

在宫女的引导下，武则天享受了李世民钦赐的美食，随后又来了个皇家的香汤沐浴，换上只有宫禁女人才能穿的华丽锦服，最终来到了李世民的住处。

李世民看到武则天的时候，心中还是有些失望的。

武则天的长相只能算是中上等，在美女如云的后宫，武则天没办法靠脸蛋吃饭。再者说，武则天只是个14岁的小姑娘，身上的稚气还未脱尽，让见过世面的李世民为之垂涎迷恋，确实有些为难啊。

李世民:“你就是已故荆州都督武士彟的女儿?”

武则天:“回陛下，正是婢女！”

李世民:“朕该怎么称呼你?”

武则天:“回陛下，父亲并没有给婢女取名字，小名叫小囡。”

李世民这才来了点兴趣，本着人道主义关怀，李世民说道:“人怎么能够没有名字呢，这样吧，朕给你赐名武媚，以后就叫武媚娘好了！”

当天晚上，李世民和武则天有没有鱼水之欢，史书并没有详细记载，不过数日之后，朝廷便发布了册封诏书：封武则天为才人，赐名武媚娘。由此可见，武则天的初次登台，还是给李世民留下了美好印象，所谓的册封，要么是给武则天侍寝后的正名，要么是李世民给武则天进宫后的交代。

那么，武才人在后宫是个什么级别呢？

唐朝后宫的编制是这样的：

设皇后一名，超品的存在。

设后妃四名，贵妃、淑妃、德妃、贤妃，正一品级别。

设嫔九位，分别是昭仪、昭容、昭媛、修仪、修容、修媛、充仪、充容、充媛，正二品级别。

设婕妤九人，正三品级别。

设美人九人，正四品级别。

设才人九人，正五品级别。

设宝林二十七人，正六品级别。

设御女二十七人，正七品级别。

设采女二十七人，正八品级别。

不错，武则天的级别是正五品，听起来似乎还可以。可在唐朝的后宫，你至少要做到皇后，或者是四妃才能有点儿话语权。至于其他的人，充其量只能在皇帝身边扮演高级宫女的角色。

贞观十一年（637），武则天入宫。

贞观二十三年（649），李世民去世。

整整十二年的时间，武则天的生活状态几乎就是谜一样的存在。是不是得李世民的恩宠，和后宫嫔妃的相处，和太子李治的纠葛，经历了哪些波折，谁也不知道。不过，有两个事实还是比较肯定的：

第一个：武则天没有怀上李世民的孩子。

李世民有十四个儿子，二十一个女儿；武则天和李治也生了不少儿子，可见她的身体也是毫无问题的。更何况，武则天之后，还有很多女人进宫，她们都怀上了李世民的孩子。这只能说明一件事：李世民不喜欢武则天，给武则天侍寝的机会非常少，所以武则天一直没有怀上龙种。

为什么对她冷淡，其实从一个故事就可以看得出。

武则天年老的时候，曾经回忆了一件事。她说西域藩国曾经给李世民进献了一匹威武雄壮，但是脾气暴躁的宝马，名为狮子骢。李世民花了好长时间也没有驯服这匹烈马。有一次，李世民召集朝中大臣一起去马厩搞鉴赏，兴之所至，他指着狮子骢问道："这匹烈马，你们当中有谁可以帮朕驯服它啊？"

开什么玩笑，李世民是御马的高手，连他都没办法驯服，哪个大臣敢轻易站出来尝试？驯服了，证明你比皇帝专业，失败了，只能沦为笑柄。

场面一度非常尴尬。就在此时，在李世民身后服侍的武则天站了出来，语气坚决地说道："陛下，臣妾可以驯服这狮子骢！"

李世民稍微有点震惊，随后笑道："媚娘啊，就凭你这般娇弱的身子，怎么能够驯服狮子骢这样的烈马呢？"

武则天一本正经："只要陛下给臣妾三样东西，保证叫它服服帖帖。"

李世民："哪三样？"

武则天："铁鞭、铁锤、匕首。"

话音刚落，群臣就在下面窃窃私语，有嘲笑，有赞赏，也有质疑。毕竟，后宫的女人都是温顺贤惠的，能见到如此奇葩，也算是奇事一件啊！

谁料想，武则天毫不顾忌，立马掏出了她的征服攻略："先用铁鞭抽它，如果不能驯服，就用铁锤击打，如果它还是桀骜不驯，那就用匕首割开它的咽喉。如果一匹烈马不能够为人驾驭，留着它又有何用，还不如杀了它。"

听闻此言，群臣呆若木鸡，许久没有回过神来。

不管怎么说，这帮大臣都是经历过大场面的人，可是论气魄胸襟，杀伐果断，他们还是要对武则天膜拜一番。这帮老头子怀着八卦的心理，把目光瞄向了李世民，想看看他是什么样的反应。

据史料记载，李世民思绪复杂，微微动容，有些勉强地夸奖道："哈哈，媚娘虽然是一个弱女子，但是勇气和魄力不让须眉啊！"

可想而知，李世民不会用狮子骢的性命去试探武则天的魄力，大臣们稍微和一下稀泥，这件尴尬的事儿也就这样过去了。武则天回忆此事的时候，贞观朝的大臣基本上都位列仙班了，所以没人会质疑这个故事的真实性。

问题是，彼时的武则天为什么要强行出头呢？

最有可能的解释：武则天在后宫的处境很不妙，她很想引起李世民的兴趣。在她的眼里，李世民是威武英伟的男人，看遍了后宫柔弱的女人，或许会对坚毅、勇敢的女人产生兴趣，所以才敢冒险一试。

遗憾的是，武则天错了。李世民是皇帝，主乾坤于掌上，让万物生灵臣服在他脚下才是他的终极追求。面对如此彪悍的武则天，李世民产生不了任何怜香惜玉的心理，更多的是反感、忌惮和排斥。此后的日子，武则天几乎被打入冷宫，她的生活一度进入到史无前例的黑暗之中，完全看不到任何希望。

或许，有人会觉得武则天现在就有了野心，所以极力表现自己，可这只是上帝视角，而且完全违背了人性的基本特点。试问，武则天是个聪慧的人，如果真的有政治企图，会在李世民的面前如此放肆，给自己找晦气吗？

电视剧《武媚娘传奇》的主题曲中写道："你在梦中时常回忆最初的模样，那个不问世事曾经倔强的姑娘。"

在这里，我们可以尝试换位思考的方式。想想看，一位年纪轻轻的小姑娘远离自己的家人，独自生活在尔虞我诈的后宫，她没有太多追求，只想站稳脚跟，而收获皇帝的宠爱，哪怕是他的关注，也是武则天的生存之本。

更何况，李世民是英明伟岸的帝王，能让世间大部分女子为之倾心，年轻羞涩的武则天对他产生爱慕，岂不是情理之中的事情？为了自己的生存，武则天没有选择，只能走一条极端的路。而所谓的倔强，也只是小女人在爱人面前引起兴趣的伎俩，仅此而已。

很遗憾，生活还给她的，居然是丈夫的冷遇。

此情此景，武则天的选择其实并不多，要么学习平凡的女人，顾影自怜，愁叹自己的身世，然后在古佛青灯中了却残生；要么蛰伏待机，苦修内功，先求生存，再等待下一个翻身的机会。

不负相思意：媚娘李治感业寺再相见

世人都知道，李世民确实变成了武则天的前夫。

大家好奇的，无非是李治怎么和武则天走到了一起。

还是先看几个关键的事件吧。

贞观十七年（643）四月，李世民立晋王李治为皇太子。

贞观二十三年（649）五月，李世民在太极宫驾崩。

贞观二十三年（649）下半年，李世民生前没有怀孕的嫔妃集体前往感业寺，削发为尼，武则天开始了她的尼姑生活。

永徽元年（650）五月，李治到感业寺为李世民行香祈福，与武则天相见。

永徽二年（651）五月，在李治的干预下，武则天重返太极宫。

按照年龄，武则天比李治大四岁，而且更显成熟。

很难想象，尼姑庵内，一位古今称道的贤孝帝王见到一位光头妇人，顿时产生了一见钟情的感觉。而且短短一年的时间，李治就敢冒天下之大不韪，将这位女人迎回太极宫，而这位女人还是老爹的嫔妃。

唯一的解释就是：李治和武则天早就相识，而且相知。

这段故事太过曲折，还是细细讲来吧。

按照大唐皇室的规矩，除了皇帝，不管是皇子还是朝中大臣，不得随意进入后宫，纵然是皇太子，进入后宫也要得到李世民的首肯。因此，在一般情况下，李治不要说进入后宫，就连进入太极宫也要受到制度的约束。

那么，什么才是特殊情况？

在李世民的皇帝生涯中，有一段时间重病缠身，因此把政务移交到李治的手里，还允许他可以随时到禁宫问安和伺候。翻阅史书，其实就是贞观二十年（646）左右。

彼时，李世民巡视完并州，突然觉得身体不适，于是想回长安养病，还命人在寝殿旁边给李治安排了寝宫，免得他来回奔波。当时，褚遂良极力劝谏，说太子居住在禁宫影响不好，希望李世民能够收回成命，最终的结果就是，李治在禁宫居住十天，然后再返回太子宫一次。

这段时间，李治和武则天有没有深度接触，暂时不下结论。

据史料记载，李世民的背痈一直没有痊愈，后来又迷恋丹药，吃完后身体机能迅速下滑。我们都知道，长期服用丹药会让人的身体发热，暴躁不安。贞观二十三年（649）四月，李世民扛不住丹药的烈性，起驾前往长安城郊外的翠微宫修养。

直到此时，李世民已经到了油尽灯枯的状态。李世民病重的时候，李治衣不解带，食不知味，昼夜陪伴在身旁，以至于出现了不少白发。

值得一提的是，武则天也随行到了翠微宫。昔日，武则天努力追求李世民的宠爱，想要改变自己的处境，可李世民却让她失望透顶。入宫十二年，武则天经常跟随在李世民的身旁，耳濡目染，早已不是刚入宫时的羞涩少女。

政治斗争、皇子恶斗的戏码纷纷上演，血淋淋的事实告诉她，权力可以改变人性，想在深宫生存下去，要么你自己足够强大，要么你的后台足够强大。

武则天表示，李世民不是她的后台，十二年的后宫生活，空耗了她的青春年华。身份没有，宠爱没有，荣耀也没有。如果不出意外，李世民很快就会驾崩，到时候武则天只能削发为尼，守候先帝英灵。

此情此景，武则天确实有权力选择新的伴侣。

于是，关于武则天和李治结缘的故事，便生出了各种版本。

有人说，武则天为了上位，不惜牺牲自己的色相，各种谄媚和讨好。至于李治，也是见色起意，未能把持住自己，二人便如干柴烈火，走到了一起。

说法很有趣，也很有市场。问题是，李治做了三十四年的皇帝，算上武则天、大姐武顺（有没有侍寝还存疑）、侄女贺兰氏，总共只有九个女人。而且，所有的孩子全部出自武则天、萧淑妃以及三位早期的宫人。也就是说，李治并不好色，反而是比较钟情，感情寄托很稳定的帝王。

宫廷秘闻确实很吸引人，可关于他们走到一起的细节，几乎都是杜撰的。有唐一朝，没有史家知道这些秘史，他们也没有胡乱猜测。

不过，没有身体的水乳交融，不代表没有感情的升华。

历史证明，两人确实因为感情走到了一起，必定有一方是主动的。武则天想走出灰暗的人生，主动性可能更大些。不过，事实可能并没有这样简单，在李治和武则天的感情纠葛中，李世民其实也做出了很大的让步。

据史书记载，李治立武则天为后的时候，曾经下了一道诏书："武氏门著勋庸，地华缨黻，往以才行选入后庭，誉重椒闱，德光兰掖。朕昔在储贰，特荷先慈，常得待从，弗离朝夕，宫壶之内，恒自饬躬，嫔嫱之间，未尝迕目，圣情鉴悉，每垂赏叹，遂以武氏赐朕，事同政君，可立为皇后。"

大致的意思是：朕侍奉先帝的时候尽心尽力，伤神不已。虽然游走在后宫美女之间，可连多看一眼的想法也没有。先帝看到朕这个样子，既有赞赏，也有叹息，于是把武则天赐给了朕，犹如汉朝的王政君，并嘱咐朕可以立她为皇后。

这道圣旨的信息量实在过于庞大。

第一个信息：李世民把武则天赐给了李治。

重点是，李世民是怎么赐的，李世民为什么要赐。

有一种赐法，叫彻底过户。按照规矩，皇室会定期采选美女入宫，她们的职责是侍奉贵族。入宫之后，由皇帝重新分配，有人进入太子府，有人进入亲王府，有人留在皇宫，皇帝高兴的时候，可能还会给重臣调拨宫女。不过，武则天不属于宫女序列。

还有一种赐法，叫暂时分配。也就是说，女人还是皇帝的，可皇帝有权让她们去做任何事，比如和太子聊天解闷儿，伺候太子的生活起居。李治既然在诏书里说到了赐，很可能是李世民曾经说过这样的话。

那么，李世民为什么要这么干呢？

前面已经说过，李治和武则天相处时间久了，已经暗生情愫。李世民不是瞎子，这两人经常在面前眉来眼去，他能看不到？因此，李世民做出了让步，成全了李治和武则天的爱情。至于让步的原因，这里先留给悬念。

第二个信息：李世民对武则天的定位是汉朝的王政君。

汉宣帝刘询统治时期，太子刘奭独宠司马良娣，可此女后来不幸病故，宫内传言是刘奭的其他老婆给诅咒死的，刘奭悲痛之下，彻底放弃了后宫生活。刘询得知情况，让皇后挑选了五位宫女，让刘奭自己领回去，刘奭为了完成任务，大手一挥，就把离他最近的王政君带走了。

王政君的故事说明了两点：皇帝可以和太子分享后宫的女人。李世民把武则天比作汉朝的王政君，是不是意味着武则天真有可能是个黄花大闺女，如果真是这样，就可以解释武则天入宫多年，却始终没有生育的事实。

第三个信息：武则天是李世民指定的皇后候选人。

这个信息肯定是假的。彼时，李世民为李治娶了太原王氏，是绝不可能答应武则天做皇后的。李治的目的，其实是拿先帝的遗旨镇压叽叽歪歪的群臣。

客观地说，相比野史和艳史的情节，朝堂诏书的可信度似乎更大一些，也最符合人之常情。我们要做的工作，其实是把这个故事给圆起来。那就得回到上面设下的悬念：李世民为什么要成全他们的爱情？

一直以来，李治给我们的感觉就是，在国政上昏庸不堪，容易受人摆布，在私生活方面，是个逆来顺受，柔弱到需要别人照顾的男人。

很遗憾，这是后世对他的最大误解。

客观地说，李治的历史地位很尴尬，因为他夹在李世民和武则天中间，很难从两位帝王的耀眼光芒中走出来。这两位就像是天文学中的黑洞，吞噬着古往今来所有人的目光，以至于唐朝的所有帝王都黯然失色。

不过，李治的光芒也不是轻易可以掩盖的。

之前说过，李世民安排的辅政班底解体后，李治的应对策略，包括后来处置长孙无忌，力捧武则天上位，都说明李治不是池中之物。后续攻打高句丽、百济的征战历史，更是让人拜服。

那么，李治的私生活方面呢？

只能说，顺从是假象，叛逆才是真的。李治是独立的个体，拥有逃脱掌控、追求自由的叛逆心思，这是最基本的人性，是不可驯服的。李治的哥哥李承乾，多么孝顺、顺从的人，最后不也在叛逆中爆发了吗？

表面上看，李治很顺从老爹，也很尊敬老爹，可他的骨子里却在反抗着老爹给他的所有安排，甚至打心眼里有些厌恶李世民的存在。

在此之前，李世民给李治安排了政治婚姻，让他娶了太原王家的女儿，在旁人看来，王氏和李治是天作之合，应该是幸福的婚姻。然而，李治却对王氏不管不顾，还和三个宫女厮混，接连生了三个孩子。

隋朝的时候，皇太子杨勇不喜欢独孤皇后，因此不待见老妈给他娶的正妻元氏，反而和其他女人生了一堆孩子，这是不是有异曲同工之妙？

还有一件事，李世民生前以《秦王破阵乐》为荣，李治登基之后，在长达三十年的时间里，禁止宫廷乐队演奏这首乐曲，李治究竟想证明什么？

想想看，当年李世民发动玄武门之变，李渊霸占太极宫，就是不给李世民让道，李世民和老爹几乎成了不相往来的陌生客，是不是有异曲同工之妙？

《秦王破阵乐》的事情，李世民肯定不知道。然而，李治故意冷落太子妃王氏，顺带让三个宫女怀孕的事儿，李世民肯定能感受到李治的不满。幸运的是，李治把这种情绪隐藏了起来，在老爹的面前，李治依旧是个乖宝宝。

问题是，李治的叛逆，李世民心里觉得舒服吗？

答案自然是否定的，可他经历了父子人伦的惨剧，晚年对亲情格外重视，再加上他时日无多，没有时间再去培养接班人，也只能认了这个结局。李世民对李治的情感是复杂的，既有疼爱，也有顾虑，或许还有一丝愧疚。

父子相守的这段日子，李治身心疲惫、生活枯燥不说，十天的时间才能出宫一次，生理需求，感情寄托怎么解决？当李世民看到年纪轻轻的李治生出白发，难道会无动于衷？李治对武则天有好感，李世民会毫无察觉？

李世民只能做出决定：媚娘，你去照顾雉奴吧！至于怎么照顾，那是武则天的事儿。至少，曾经李世民接管了李元吉的妃子，还生了孩子，后来又把孩子过继给李元吉。

写到这里，一个清晰的故事其实就出来了：

武则天进宫之后，李世民一直对她很冷淡，这种冷淡属于身体上的，并非心理上的。因此，武则天可以经常侍奉左右，却始终还是处女之身（难证实）。后来，李治搬到太极宫照顾李世民的起居，处理日常政务，以至身心疲惫。就在此时，李治和武则天由于长期接触，暗生情愫，又被李世民看在眼里。出于对李治婚姻的愧疚，也考虑到他的私生活需求，李世民决定让武则天侍奉李治。

即便如此，关于李治和武则天，有些事情还是有公论的。

比如，李治和武则天不是肆无忌惮的肉欲交织，更多的是依赖，或者是李治夹杂着对母亲的情感寄托。至少，历史学界还是有些共识的。

比如，官方史书都没有记载两人的媾和。拿武则天来说，史家写了她扼杀女儿、屠杀姐姐和兄弟，逼死儿子，还宠幸面首，唯独没有记载她和李治在后宫淫乱的事儿。这只能说明一点：两人太纯洁，哪怕八卦新闻也没有过。

说白了，李治和武则天发乎情，止乎礼，并没有做出太出格的事情，李世民这才敢把武则天赐给李治，成全他们的爱情。

贞观二十三年（649）五月，李世民在太极宫驾崩。

按照皇室的规矩，没有生育过的妃子不能留在宫中，李治的意思是让她们前往感业寺出家，为太宗皇帝诵经祈福。至于武则天，李世民是让她侍奉李治，不是赏给他做老婆，武则天名义上还是李世民的女人。

因此，武则天依旧没法主宰自己的命运，只能默默收拾行装，和其他嫔妃一道前往感业寺出家为尼。这些女人一旦走出皇宫，便失去了尊贵的身份，她们在感业寺虽然不用干苦力，却需要遵守清规戒律。

唯一的自由，恐怕就是对情人的思念吧。

那一年，武则大年仅 25 岁。

当别的女人还在疯狂燃烧自己生命，绽放女人生命力的时候，武则天只能被迫落尽青丝，在一眼就能看透生命的时光隧道里苟活着。

多年之后，当武则天拿起手中的屠刀，被世人谩骂、质疑和指责残酷无情的时候，有没有人想过武则天经历了什么样的屈辱和挫折？没有人是天生的刽子手，残忍嗜杀的背后，一半是形势所逼，一半是情绪的发泄。

一边是天真无邪、憧憬未来的无知少女。

一边是冷酷无情，杀伐果断的千古帝王。

这样的人生鸿沟，中间隐藏了多少的秘密，谁又能知道？

武则天在感业寺修行期间，并没有放下对俗世的眷恋。

李治，你是否还记得媚娘呢，何时才能再次重逢？

感业寺的漫漫长夜，青灯古佛的相伴，并没有让武则天的热情逐渐消散。武则天对自由有热切的期盼，对李治有深切的思念。李治没有给武则天留下任何承诺。然而，武则天还是情不自禁地写下了缠绵悱恻的情诗《如意娘》：

看朱成碧思纷纷，憔悴支离为忆君。

不信比来长下泪，开箱验取石榴裙。

大致的意思是这样的：我因为想你念你，以至于相思过度，精神恍惚，将红色看成绿色。无边的思念，让我暗自哭了多少回，如果你不信的话，那就打开衣箱，看看我石榴裙上的斑斑泪痕吧。

武则天写下情书的时候，并不知道李治会和他见面。曾经的情郎，已经是太极宫的主宰，身边还能缺少女人吗？女人，在帝王眼里又是什么呢？

武则天毫无底气。

不过，武则天是幸运的，因为她遇到了一个内心善良的男人，这个男人对爱情有一种执着和忠诚。太极宫和感业寺是两个不同的世界，本无任何交集，武则天唯一的机会便是李治埋藏在内心的情愫，它可以叫爱情，也可以叫寄托。

永徽元年（650）五月二十六日，唐太宗李世民的忌日。

李治在宫中举办了盛大的祭奠仪式，随后带着众人来到感业寺祈福。武则天是李世民的嫔妃，自然要在祈福的现场，李治率领众人祈福的时候，武则天觉得李世民只是人生的过客，她的思绪里，全部是这位年轻的皇帝。

这世上，最刻骨铭心的思念，莫过于面对面看着你，心里还是想着你。

武则天情不自禁，潸然落泪。

进香完毕之后，李治来到了武则天的房间。

武则天望着李治，眼中的泪水不住地打转，当李治将她搂入怀中的时候，武则天的泪水喷涌而出。此时此刻，武则天不想在李治的面前抱怨她的委屈，两人含情脉脉，相对而视，所有的委屈都已经烟消云散。

很快，两人就从相见的喜悦中走了出来。

武则天将她的得意之作《如意娘》拿了出来，并交给了李治。也许从那一刻开始，李治便产生了接武则天回宫，与之日夜厮守的疯狂念头。

王皇后 PK 萧淑妃：铺就媚娘回宫之路

李治和老爹的女人搞到一起，朝臣感到惊奇吗？

完全没有。李世民去世之前，大家已经看出了端倪。

那个年代，男女关系真的很乱，皇室贵族尤为奇葩，像李治这样，和武则天谈谈恋爱已经属于温润如玉的类型，并没有引起大家的不适。不过，李治想让她回宫做嫔妃，而且是光明正大的册封，这就有点过分了。

别的不说，在老爹的守孝期内娶老婆，那就是大不孝！

事实证明，李治并没有做好接武则天回宫的打算。接下来的一段时间，李治只能偷偷摸摸前往感业寺，以解相思之苦。媚娘的前途，其实并不明朗。

不过，命好的人，你永远也挡不住她前进的脚步。

就在李治和武则天暗中幽会的时候，王皇后和萧淑妃宫内争宠，长孙无忌等在旁边助阵呐喊，最终给武则天回宫送了一记精彩的助攻。

王皇后，并州祁县（今山西省晋中市祁县）人，出身太原王氏。

从魏晋开始，太原王氏和赵郡李氏、清河崔氏等家族就属于北朝尊贵的门阀贵族，太原王氏虽然没有中央大员，可家族的品牌影响力丝毫不差。

据史料记载，王氏气质出众，温柔贤淑，是不可多得的好女人。当年，李渊的亲妹妹同安公主下嫁到太原王家之后，偶然间见到了性情温和、落落大方的王氏，因此将她推荐给李世民，希望能将王氏许配给皇族子弟。

李世民大手一挥，就给晋王李治做老婆吧。

政治联姻在豪门贵族屡见不鲜，作为皇帝的儿子，从一生下来就有联姻的指标，李治只能无奈地笑纳！事实上，王氏的条件非常优越，和李治确实是天作之合，可李治对父皇的安排有种天生的抵触，他不愿意太亲近王氏。

更何况，李治骨子里是个追求自由的人，喜欢享受快乐刺激的感觉，所以希望老婆也可以活泼可爱。然而，王氏从小接受的教育就是做一名合格的淑女。

于是，李治移情别恋，和萧淑妃走到了一起。

萧淑妃的出身也不简单，她背后站的是兰陵萧氏家族（起源于山东省临沂市兰陵县，后来南下到江南地区）。南朝后梁政权就是萧家一手建立的，后梁灭亡之后，萧氏成为盘踞江南的豪门望族，并且出了不少名人，隋炀帝的萧皇后，唐朝的宰相萧瑀便是萧氏家族的代表性人物。

论政治地位和门阀底蕴，兰陵萧氏要比太原王氏稍微强点。

萧淑妃性情活泼，特别喜欢撒娇，李治和她在一起，总能获得男人的征服感。至于王氏，只能拿来相敬如宾。不过，王氏还是有底气的，她是李世民钦点的太子妃，只要生出个皇子或公主，李治也不敢拿她怎么样。

遗憾的是，王皇后错打了算盘，李治不喜欢她，不仅是性格原因，还有对老爹的抵触。婚后多年，王氏一直未能生育，反而是宫人刘氏、郑氏、杨氏先后为李治生下了三个儿子。不宠正妻宠宫女，李治的叛逆也是够可以的。

更神奇的是，三位宫女都生下了皇子，可李治做皇帝后，一直没有给她们加封，这说明李治对她们并没有太深的感情。这也可以从侧面证明，李治恐怕真的是想闹出点儿动静，表达自己对老爹的抵触情绪。

贞观二十二年（648），萧淑妃也生下了一个男孩，取名李素节。

直到此时，王氏开始坐不住了。宫女生的孩子，背后没有门阀贵族的支持，永远也不可能做太子，可萧淑妃就不一样了，娘家坚挺强悍，更兼李治疼爱，李素节就是太子的第一候选人啊。

永徽元年（650）正月，李治封王氏为正宫皇后，加封萧氏为正一品的淑妃。按照“贵、淑、德、贤”四妃排位来看，萧淑妃排在四妃中的第二位。

永徽元年（650）二月，李治下诏，封皇子李素节为雍王、雍州牧。

雍州，管辖京城长安和周边地区。

雍州牧，凌驾于雍州刺史之上，掌管地方军政大权。

雍王，已经超越了亲王的封赏意义。能做雍王的人，要么是日后的太子，要么是功勋卓著的皇子，李素节更像是前者。说白了，李治想扶持李素节上位，这也让膝下无子的王皇后胆战心惊。

古往今来，后宫的斗争都不会很纯粹，背后更多的是家族间的利益博弈。想想看，王皇后的背后是太原王氏，往大了说是北朝贵族，萧淑妃的背后是南朝贵族，这样的两股势力，怎么可能和平相处，相亲相爱？

如果萧淑妃的儿子做了皇帝，南朝的势力会大概率乘势崛起，这不符合北朝势力的利益诉求。因此，后宫内斗，王皇后的舅舅柳奭最先着急，以长孙无忌为代表的北朝贵族在旁边摇旗呐喊，给予有限的支持。

王皇后受到的教育不是后宫斗争，而是如何做一位模范妻子。面对萧淑妃的威胁，她显得一筹莫展，只好向舅舅柳奭求救。

柳奭给出的建议也很靠谱：长子李忠不是宫人刘氏生的嘛，他们身份卑微，永远也不会有翻身之日。把李忠过继到王皇后名下，何愁大事不成！

随后，柳奭找到长孙无忌，将他的想法毫无保留地说了出来。

长孙无忌表示：完全没问题！

李忠的过户流程很简单。而且，北朝势力给他安排的使命也很简单：充当北朝势力的棋子，在合适的时机坐上太子的宝座，继续做他们的傀儡。

如此简单的政治把戏，李治会看不穿？

客观地说，李治是忠厚的人，可并不是愚笨的人，更不是逆来顺受之辈。你们想让李忠做上位，朕先答应你们，可让朕待见这位“嫡长子”，没门儿！

至于王皇后，本应该和李治站在一起，却因为争宠一事，和外朝的权臣相互勾结，逼李治做他不喜欢的事儿，下场可想而知！

王皇后、长孙无忌、柳奭等人根本就没有意识到，在争宠一事中，真正能决定所有人生死和前途的，其实是唐高宗李治。表面上看，王皇后的家族有了利益代言人，位置是坐稳了，可李治手里握着一票否决权啊。

这件事情之后，王皇后的冷板凳坐得越来越扎实，萧淑妃则成了获益最大的人。此后，王皇后和萧淑妃在后宫相互诬陷，闹得鸡飞狗跳。

李治表示：你们继续闹吧，朕去找媚娘了！

王皇后 PK 武媚娘：一个在下棋，一个在布局

王皇后和萧淑妃为了争宠，打得头破血流，两败俱伤。

现实却摆在眼前：李治去感业寺的次数越来越多了。

就在此时，武则天也怀孕了。

王皇后几乎到了崩溃的边缘，她的醋意越来越浓，恨意与日俱增，为了打败萧淑妃这个对手，王皇后决定另辟蹊径！

彼时，李治和武则天的地下恋情已经是公开的秘密。对王皇后来说，为了讨好李治，对付萧淑妃，默许他们的恋情，或者将武则天接到宫中其实是最好的选择。王皇后其实也明白，让武则天入宫无异于引狼驱虎，但是为了打败萧淑妃，就算是饮鸩止渴也未尝不可啊！

客观地说，将武则天接到宫中，对王皇后利大于弊。如果不管武则天的事，王皇后可能会一败涂地；如果管了武则天的事，王皇后还会有翻盘的机会。

在王皇后的剧本里，武则天至少要扮演两个角色。

角色一：感恩戴德的马前卒。

武则天纯属把牢底坐穿的角色，连李治都无力把她捞出来。如果王皇后仗义援手，武则天肯定会感激涕零吧？到那个时候，就算王皇后不派活儿，武则天能不主动表示忠心？更何况，武则天在宫里没地位，没家族势力，她能依靠谁？

角色二：后宫争宠的提线木偶。

李治喜欢武则天，也喜欢萧淑妃，她们为了争宠，必定会打得头破血流，一地鸡毛。王皇后啥也不用干，只需要表现得宽容大度，等李治厌烦了她们两个，自然会考

虑回到王皇后的身边。至少，王皇后是这样考虑的。

这样的局面，换作任何人，恐怕都会选择迎回武则天吧。

在经过一番权衡之后，王皇后暗中派遣亲信前往感业寺，直接说明了来意，并让武则天蓄发修行，随时等候她的消息。

武则天永远也想不到，给她改变命运机会的，竟然会是李治的正妻王皇后。

用枯木逢春来形容武则天，恐怕再合适不过了。

不过，直觉告诉武则天，王皇后肯定是黄鼠狼给鸡拜年，没安好心。问题在于，她长时间待在感业寺修行，对后宫一无所知，面对王皇后的示好，她无法做出最准确的判断，更不知道自己的命运会何去何从。武则天唯一的愿望就是尽快离开感业寺，她不想在这个毫无希望的地方埋葬自己的青春年华。

自此以后，感业寺少了个幽叹前途命运的后宫弃妃，多了个憧憬未来的青春少妇。武则天悉心照料着自己的秀发，因为她知道，长发披肩的那一刻，便是她重回太极宫的时候。

按照唐朝的规矩，父母去世之后，儿子需要守孝三年，其间不可以做出任何违背伦理道德的事，言论和行动都要受到极大的限制。事实上，因为父母哺乳孩子的时间是二十七个月，因此实际守孝的时间也是二十七个月。

永徽二年（651）七月，武则天已经蓄好了一头乌黑亮丽的秀发，李治为李世民守孝的时间也刚满二十七个月。时机已经来临，王皇后也该出手了！

王皇后找到了李治，泪眼婆娑地说道："陛下，臣妾有话想对您说。"

李治神情颇为冷淡："皇后，你想说什么？"

王皇后："陛下，您和武媚娘的事情臣妾已经知道了。臣妾不是专擅后宫的人，武媚娘现在已经怀上了龙种，让她待在感业寺终究不是办法，臣妾的意思是将她接回宫中，给她一个封号，让她先把孩子生下来！"

李治有点蒙，这可不是王皇后该有的套路。

他瞪着王皇后，想要把她的心思都给读出来。然而，李治毕竟是个凡人，不接武则天回宫，就是害怕后宫会给压力，如今王皇后传递着浓浓的善意，李治怎么会去质疑呢，他最急迫的事情就是把武则天接回宫中。

李治颇为激动:“皇后，你此话当真?”

王皇后:“陛下，将媚娘接回宫中，确实是臣妾的心意!”

李治望着王皇后，眼神中弥漫着温柔和感激。

贞观十一年(637)十一月，武则天第一次入宫，身份是李世民的才人。

永徽二年(651)七月，武则天第二次入宫，身份是李治的宫外情人。

十四年前，她豪情万丈，信心满满，想要在后宫谋得一席之地，以此改变自己的命运，却无故遭到李世民的冷漠对待，空自耗费了十二年的青春年华。

如今，她已经是28岁的大龄女青年，未来可以仰仗的绝不是自己的年龄和姿色，而是超乎常人的生存意志、政治智慧和生存手段。

第二次踏进太极宫的时候，武则天心潮澎湃，久久不能平息。

王皇后，一个手握生杀大权的主宰，你究竟意欲何为?

客观地说，武则天的政治智慧真不是常人所能及的，入宫短短数日，她就摸清楚了云波诡谲的斗争形势。在这场没有硝烟的战争中，她必须要站到王皇后这边，先给自己争取生机，再图谋发展，除此之外没有第二个选择。

保持警惕，见机行事，是成大事者的金科玉律。

依附他人，为己所用，更是每个大人物的人生必经之路。

王皇后，现在我是你的一颗棋子，可是在我的大棋盘上，你也不过是我的一颗棋子，大家相互利用罢了，就看谁可以笑傲到最后!武则天入宫之后，将王皇后视为自己的再生父母，刻意保持低调，处处感恩戴德，顺从得一塌糊涂。

武则天清楚，王皇后想让萧淑妃失宠，想让皇帝回到她的身边。作为一个女人，武则天绝对不想把李治推向王皇后的怀抱，感业寺里的遭遇让她深刻地感受到什么叫孤独和绝望，如果有可能，她希望李治可以日夜陪伴在她身旁。

然而，想要得，就必须先舍!

据史料记载，武则天的忍让和谦逊让王皇后非常满意。

自从武则天进宫之后，李治便和她双宿双飞，如胶似漆，而萧淑妃的寝宫，李治下榻的次数越来越少。看着萧淑妃失去李治的宠爱，王皇后有点得意忘形，她屡次在李治面前夸赞武则天贤良淑德，更为自己走的这步棋沾沾自喜。

对王皇后来说，把武则天接回宫是第一步棋，利用武则天剥夺萧淑妃的地位是第二步棋，至于第三步，恐怕就是让她们双双出局，自己独霸后宫了。

下棋对弈，讲究的是长远布局，看透对方的心思。很遗憾，武则天的道行似乎比王皇后要强那么一点点。而且，王皇后拿着小棋盘，武则天拿着大棋盘。

对王皇后来说，打击萧淑妃是她的奋斗目标。

对武则天来说，剥夺萧淑妃的侍寝权不也是她的目标吗？

很快，武则天就收获了自己的新头衔：武昭仪。

按照制度，昭仪位于九嫔之首，正二品级别，再往上就是妃了。一个男人爱她的女人，就一定会给她最好的东西。同样是丈夫，同样是皇帝，李世民给了正五品的才人，李治给了正二品的昭仪，谁是真爱，一目了然。

王皇后忙着算计萧淑妃的时候，武则天已经在算计她了。武则天发现，王皇后出身豪门望族，觉得自己身份高贵，不把别人放在眼里。后宫嫔妃入不了王皇后的法眼，身边的宫女更不用说了！

不仅如此，王皇后的母亲魏国夫人柳氏、舅舅柳奭碰见后宫妃嫔，从来都是自觉高人一等，倨傲冷淡，整个后宫都对他们敬而远之。

敌人的敌人便是自己的朋友，这便是武则天的政治智慧。

武则天有空的时候，经常找那些被王皇后嫌弃的宫人聊天，时常赐给她们一些钱财。这些人深知吃人嘴软的道理，更知道后宫是个充满变化的名利场，她们投桃报李，暗中将王皇后和萧淑妃的行动全部告知给武则天。

在这场没有硝烟的战争中，武则天通过自己的精心布置，已经站在了食物链的最高层，只需要等待最好的时机，便可以将对手悉数踢出局。

让媚娘姐姐告诉你，谁才是后宫第一人

有个问题很有趣：李治为何对武则天如此专情，爱护有加?

论美貌气质，王皇后、萧淑妃和武则天可以打个平手。

论贤良淑德，王皇后的评分最高。

论撒娇争宠，萧淑妃的小手段最多。

要说武则天，确实没有太多的女性优势。然而现实很残酷，王皇后和萧淑妃拥有的特点，其实并不是李治最需要的。对李治来说，他有独特的成长环境，性格中也有独特的缺陷，武则天恰好可以弥补李治的缺陷。

缺陷一：李世民很少关注李治的成长，9 岁的时候母亲又离他而去，兄弟之间内斗不断，形同陌路，毫无交集。想想看，李治从小生活在极度缺爱的家庭环境，他最需要的恰恰是别人给他的关爱。

李治在武则天身上得到的，不是年轻诱人的身体和欲望的满足，也不是小女孩撒娇卖萌的满足感，而是心灵上的慰藉，相知相守的默契。

缺陷二：李治有一定的政治智慧，可是缺乏实战经验。智慧可以天生，经验却是在人生的摸爬滚打中总结出来的。

从老爹的手里接过江山，李治的精神压力确实很大，他想把江山治理好，可毕竟缺乏火候和经验。据史料记载，每逢发生地震、水灾的时候，李治就会觉得老天爷在怪罪他没有把国家治理好，担心举国臣民骂他是昏君。

李治太孤独了，太需要有一个人给予他精神上的慰藉。

舅舅长孙无忌办事很靠谱，可他只能处理朝廷政务，不能帮李治解决心理上的疾

病。而思想成熟的武则天，无疑是最好的人选。每天下朝之后，武则天都会很耐心地听李治倾诉，李治心情不好，信心动摇的时候，武则天总是不厌其烦地鼓励，希望他能有自己的主见。

历史就是这么巧合，经历过政治风波和人生起伏的武则天，完全有能力承接李治的任何情绪，因此就成了李治身边最重要的人。

永徽三年（652），武则天的长子李弘出生。

如果说皇长子李忠是激情的产物，李弘就是爱情的美好结晶。

李治没有给李弘赏赐，因为这个名字就是最好的恩赐。

魏晋南北朝以来，道教逐渐崛起，道教的宣传书籍中都把李弘作为太上老君降临人世的化名，许多农民起义军也喜欢打着“李弘”的旗号。隋朝末年，扶风人唐弼拥兵十余万，自己不做皇帝，偏偏推举李弘为天子，就是这个缘故。

永徽三年（652）七月，以长孙无忌、柳奭为首的关陇势力纷纷上奏，请求李治立嫡长子李忠为皇太子。李治确实下诏了，可诏书的背后有多少逼迫和无奈，我们无法猜测，但是李治很不情愿，因此数年之后就废黜了李忠。

李弘出生不久，武则天再一次怀孕。

古往今来，女人想坐稳正宫皇后的位置，必须具备三大条件：自己有皇子或者公主，有皇帝的疼爱，有强大的娘家背景。做皇后是武则天的目标，如今前两个条件都满足了，只差娘家人给她站台撑腰。

武则天：“皇后，我想把娘接到身边照顾我的起居，可以吗？”

王皇后不假思索：“没毛病！”

第二步棋：追封老爹武士彟。

当然了，莫名其妙地追封自己的父亲，肯定会引起别人的反感，武则天围魏救赵，让李治以褒奖前朝功臣的名义，集体追赠了十三位功勋之臣：屈突通、殷开山、长孙顺德、窦琮、史大奈、温大雅、权宏寿、刘政会、武士彟、张公瑾、李高迁、李思行、张平高。至于武士彟，捞了个并州都督的头衔！

并州都督算个啥？

啥也不算！问题是，武则天要的不是都督的虚衔，而是老爹的资历，老爹的重出江湖。说白了，这次受封的都是贞观名臣，屈突通、殷开山、长孙顺德、刘政会、张公瑾更是凌烟阁功臣！至于武士彟，身上贴的一直是武德旧臣的标签，只要一道简单的加封诏书，武家就可以和主流贵族平起平坐了。

第三步棋：让武家子弟登上政治舞台。

异母哥哥武元庆：加封为正五品的右卫郎将。

异母哥哥武元爽：加封为安州户曹参军。

族兄武惟良：加封为始州长史。

族兄武怀运：加封为瀛洲长史。

想当年，武元庆等人是如何欺负武则天的，她难道忘记仇恨了吗？如果真忘了，后来就不会拿他们开刀。

在政治利益的面前，人人皆可低头妥协。

在强大的敌人面前，唯有自家人可以信任。

没有人愿意在别人的庇护下苟延残喘，没有人愿意委曲求全，武则天所做的一切，只不过想脱离王皇后的控制。经过数年的隐忍之后，武则天做到了！在武则天的努力下，武氏家族重新在大唐的权力阶层崛起。

武则天进宫之后，王皇后一直沉浸在主宰游戏的喜悦之中，萧淑妃失宠了，李忠做了皇太子，这不是最完美的结局吗？

遗憾的是，王皇后突然发现，武则天好像变了一个人。

说好的谦卑和恭敬，莫名其妙地消失了。

说好的每天一次请安，变成了隔几天才去一次。

说好的有消息及时汇报，变成了王皇后主动找武则天打听消息。

最要命的是，李治虽然不再天天去萧淑妃的寝宫寻欢，却很少会驾临王皇后的寝殿，反倒是武则天接连怀孕，独得皇帝的恩宠！

后宫的局势瞬息万变。

在斗争的面前，没有永恒的敌人，只有永远的利益。

当初，出于对萧淑妃的嫉妒和仇恨，王皇后选择和武则天同仇敌忾，当武则天强势崛起之后，王皇后又变得有些慌不择路。不过，女人的直觉告诉她，心机深沉、善于邀买人心的武则天才是最可怕的敌人。

萧淑妃，以前是我不对，要不咱们俩结盟吧！

就这样，王皇后和萧淑妃成了命运共同体，只要她们有空，就会联手在李治的面前搬弄是非，全力诋毁武则天。此时，武则天布局的后宫情报网络也开始高效运转了，宫女和太监时常来报，说王皇后和萧淑妃躲在房里密谋了好几个时辰，说是要找武昭仪的晦气，还想了很多诬陷之词。

李治很讨厌后宫的斗争。

不过，他有自己的应对策略：大家都是朕的女人，爱说啥就说啥吧。总之，你们说的都是捕风捉影的事儿，朕谁也不帮，谁也不责！

武媚娘真的掐死了自己的女儿吗?

据史料记载，武则天为了打倒王皇后，也玩过搬弄是非的把戏，可李治是个公平的裁判，他不愿意为鸡零狗碎的事情操心，两派势力想要分出胜负，只能靠自己的生存智慧。单论脑力战斗值，武则天就是后宫食物链的最高狩猎者，既然游戏规则是这样的，她就是注定的人生赢家。

皇后之位，武则天志在必得!

按照后宫的规矩，除非王皇后犯下不可饶恕的大错，否则李治是不能随便启动废后程序的。然而，在武则天问鼎后宫的征程中，王皇后和萧淑妃不但没有起到拖后腿的作用，反而助推了她一把。尤其是王皇后，明明是裁判员的角色，可偏偏要做运动员，以至于和武则天斗得天昏地暗，威仪尽失!

李治虽然互不相帮，可打心眼里厌恶王皇后。

永徽五年（654）之前，李治不喜欢王皇后，可偶尔还是会搞点雨露均沾的活动。从永徽五年（654）开始，李治的愤怒越发强烈，以至于在公开场合表达了对她的不满。

永徽五年（654）六月，王皇后的舅舅，中书令柳奭向李治递交了辞呈。

柳奭是政治家，做事情不会随性而为，他感受到了李治的情绪，可他无法判断皇帝是对王皇后的不满，还是对外戚家族的不满。究竟是嫌弃，厌恶，还是眼中钉一般的存在？这是一次相权对皇权的试探。

李治的回答很坚决：批准柳奭的辞呈，去做吏部尚书吧。

柳奭辞职不久，就发生了一件扼杀女婴的恶性事件。

《资治通鉴》和《新唐书》的记载口径是这样的：永徽五年（654）下半年，武则天生下一位女儿（后来追封安定公主），长着一双水灵灵的大眼睛，胖嘟嘟的脸庞，出落得非常可爱，就连王皇后也经常来探望。

有一天清晨，王皇后照例来到武则天的寝殿，恰逢武则天不在宫中，她和安定公主待了一会儿便离开了。武则天一直在找机会陷害皇后，听说她刚刚来过，于是心生歹计，亲手掐死了自己的女儿，随后将公主放在摇窝里，替她盖好了被子，假装什么事也没有发生过。

李治下朝之后，兴致勃勃地来到寝殿，夫妇二人走到床边，含笑注视着看似酣睡的小公主。然而，笑容很快便冻结在他们的脸上，稍微有点常识的人都可以发现，小公主的脸色有点惨白，呼吸太过平静。

武则天惊呆了，她用手试探了小公主的气息，已然消失。

随后，武则天开始号啕大哭，泪流不止。

李治狂吼道："这究竟是怎么回事？有谁来看过公主？"

宫中的侍女、奶妈都是见过世面的人，她们看得出来，一场灭顶之灾即将来临，为了给自己争取最大的生机，她们努力回忆刚刚发生的一切。

"皇后刚刚来过！"

"对对对，皇后刚刚进房间看小公主，还吩咐我们不能跟进去！"

"皇后临走的时候，神色似乎很慌张！"

李治失声痛哭道："皇后，你竟然忍心对朕的公主下毒手！"

据史料记载：从此时开始，李治有了废黜王皇后的打算。

不过，这又是唐朝的一桩历史疑案。

疑点一：仅在《资治通鉴》和《新唐书》上有记载，《旧唐书》和《唐会要》只记载了小公主的暴卒，没说是王皇后所杀，也没说是武则天掐死。

疑点二：王皇后和武则天势同水火，可偏偏要独自进入小公主的房间，丧心病狂地扼杀她，难道就不怕别人查出来？这样的举动，摆明了在传递一个信息：我进了公主的房间，然后公主死了……

疑点三：李治在废黜王皇后的时候，控告她在宫中行巫蛊之事，没能生下孩子，说她有失贤良淑德，却唯独没有说她扼杀小公主一事。

疑点四：如果真是王皇后扼杀了小公主，仅凭这一条罪名，李治就可以启动废后的程序。事实却是，李治并没有这样做，为了废黜王皇后，李治又去找长孙无忌商议，最终以其他的罪名废掉了王皇后！

所谓的疑点，其实可以说明一件事：王皇后扼杀小公主的罪名，应该是不成立的。难道，真的是武则天自己扼杀了安定公主？

关于这点，历史记载出现了严重的分歧，分歧的根本原因就是每个史臣都有自己的价值观。数十年后，武则天篡夺李唐神器，对朝臣和宗室大开杀戒，确实伤了唐朝男人的自尊。武则天的存在，让延续数千年的男权社会遭受重大挑战，造成的裂痕几乎不可平复，数百年后的史臣依旧难以忘怀。

史臣如果讨厌武则天，就有可能编排故事栽赃陷害，而且细节描写通常会如临其境。因此，当史料出现偏差的时候，其实可以回头看看当时的舆论。

武则天临朝称制后，徐敬业起兵谋反，大才子骆宾王为他写了一封《为徐敬业讨武曌檄》，其中控诉了武则天几条罪名：残害忠良，杀姊屠兄，弑君鸩母。人神之所同嫉，天地之所不容。

请注意，武则天谋杀公主的丑闻，骆宾王偏偏没有控诉，这只有两种可能：要么是武则天根本没有谋杀公主一事，骆宾王的想象力再丰富，也没法安插这样的罪名；要么是武则天谋杀了公主，有人帮她瞒了下来！

那么问题就来了。

放眼整个后宫，谁有这个能力帮她瞒下来？

答案只有一个：唐高宗李治。

不过，后宫向来就是八卦满天飞的地方，李治要帮她隐瞒这件事，究竟得杀掉多少知情人？很遗憾，史书没有记载李治屠杀宫女的事情。再者说，如果李治知道是武则天亲手杀了公主，还会帮她游说长孙无忌，帮她登上皇后宝座，后来还把大权交给她吗？难道，李治已经昏聩到丧心病狂的地步了？

《旧唐书》的一贯风格是有资料就写，没资料就不写，不到万不得已，不会信口开河，恶意指控。《新唐书》《资治通鉴》的风格就不用多说了，作者是如何得知事情的真相，甚至连细节的描写都栩栩如生，答案不言自明。

不可否认，小公主确实暴毙了。

结合前后发生的事情，我们可以给出一种猜测：小公主睡觉的时候，有人帮忙给公主盖被子，不慎将口鼻遮住，于是导致公主窒息而死。至于王皇后，可能去过武则天的寝宫，但没有和小公主近距离接触，武则天可能是利用小公主暴毙的机会，在李治的面前狠狠地恶心了一下王皇后。

既然如此，李治便有理由厌恶王皇后，心生废黜的打算也在情理之中。至于武则天，既是此案的受害者，也是受益者。李治痛失爱女，只好把对女儿的怜爱转移到武则天身上，接下来为她奔走游说，力挺上位也就顺理成章了。

王皇后失宠，柳奭卸任中书令，武则天离后位更近了一步。直到此时，大家都已经感觉得到，王皇后被废是迟早的事，武则天肯定会成为李唐第一夫人。

长孙无忌：大外甥李治亲自登门，准没好事儿！

李治很想废黜王皇后，可他找不到正当理由。更何况，王皇后是李世民选的太子妃，不能你说废就废，总得给满朝文武大臣一个交代吧？

要搞定满朝文武，就得先搞定国舅长孙无忌。

怎么样，先找他求求情？

永徽五年（654）底，国舅府来了两位贵客：李治和武则天。

皇帝驾临大臣府邸，那是给他天大的面子，长孙无忌既惊又喜，他急忙大开中门前去迎接。当他来到李治身边的时候，发现旁边站着一个风姿绰约的少妇。武则天正笑眯眯地盯着他，长孙无忌意识到，今天会有麻烦了。

李治："国舅，朕今天是以外甥的身份前来，不必拘束！"

长孙无忌："……"

为了答谢皇帝的恩宠，长孙无忌让厨子安排了一个颇为奢华的宴席，君臣你来我往，开怀畅饮，气氛颇为融洽。李治虽然有点微醺，却没有忘记此行的最终目的。不知不觉中，李治已经口谕，将长孙无忌宠妾的三个儿子封为散朝大夫，还给他赏赐了十车金银珠宝，锦缎丝绸。

大家都是场面上的人物，明白酒过三巡，正是吐露真心话的时候。

李治："舅舅，太子乃是国家之根本，皇后虽然有了陈王，但毕竟不是亲生的，朕要将大唐江山交给陈王，似乎有点不妥啊！"

长孙无忌："陛下，皇后是先帝亲封的。"

李治："皇后是后宫之主，本应宽容大度，可她却屡次在朕的面前诋毁武昭仪，还串通萧淑妃一起栽赃陷害，根本就没有国母的威仪可言。”

有一种沟通艺术，叫言外之意。

言外之意，王皇后没资格继续霸占后宫之主的位置。

言外之意，李治想要废黜王皇后。

言外之意，李治想要立武则天为皇后。

很遗憾，在这样的场景下，李治的沟通就是失败的案例。

李治没有把话挑明，可能是不想承担废黜王皇后的责任，他希望老舅能够给他个台阶，顺便支持一下武则天。问题是，长孙无忌是关陇集团的代表，拥立陈王才符合他的政治利益，没有和李治对着干，长孙无忌已经很给面子了。

长孙无忌：“陛下，您看，今天晚上的月亮似乎很圆啊！”

大家都是聪明人，该送的礼物，该给的话头都给了，长孙无忌不愿意搭话，就说明他不想帮这个忙。李治和武则天的心情非常郁闷，又不好当面发作，继续坐在这里只不过是自讨没趣，因此以天色已晚为借口，悻悻地踏上归途。

长孙无忌收了皇帝的巨额财富，三个儿子还做了朝廷官员，到最后却让皇帝很没有面子，这件事办得确实不讲究。

不过，武则天是个乐观的人，长孙无忌虽然没有表示支持，可也没有明确的拒绝啊。接下来，武则天让母亲杨氏拜访了长孙无忌好几次，礼物也送了无数，只希望他能够松口，可换来的还是无尽的沉默。

武则天没有绝望，她在人生的绝境徘徊了好几次，可每次都能绝处逢生，如今形势一片大好，就算没有长孙无忌的支持，她依然坚信自己会成功的。局面一度陷入僵持阶段，可僵持的局面却让某些朝臣看到了发家致富的机会！

许敬宗，杭州新城人，父亲是隋朝的礼部侍郎许善心。

许敬宗属于才华横溢，能力超凡脱俗的人，可有一点不太好，做事情太考虑个人利益，原则和底线不是很明确。

据史料记载，许敬宗通过科举考试步入仕途，后来遭逢江都兵变，老爹许善心被宇文化及所杀，许敬宗为了保全性命和官职，竟然不顾杀父之仇，苦苦向宇文化及哀求。到了唐朝，李世民听说许敬宗文采斐然，将他召到秦王府，与房玄龄、杜如晦、于志宁、虞世南等人一同封为十八学士。

人一旦有了人生污点，就会被人记一辈子。

许敬宗跪求宇文化及并不是什么绝密的事儿，时任隋朝内史舍人的封德彝见证了整个过程。唐朝立国之后，封德彝将许敬宗的丑事大肆传播，以至于在大唐的朝堂上，许敬宗根本就没有立足之地。

李世民征伐辽东的时候，中书侍郎岑文本因为劳累过度，一命呜呼，李世民考虑到许敬宗勤勤恳恳多年，于是把中书侍郎的职位赏给了他，这才让许敬宗正式跻身到大唐权力的核心层。

李治登基之后，加封许敬宗为礼部尚书。当时，唐朝被四夷尊为天朝上国，朝中的豪门望族也跟着水涨船高，不屑于和少数民族通婚。许敬宗为了贪图少数民族的钱财，竟然将自己的女儿嫁给了蛮酋冯盎之子。

很显然，许敬宗卖女求财的行为为人不齿，朝廷的言官御史联合起来，狠狠地参了他一把，李治为了平息众怒，将他贬为郑州刺史。永徽三年（652），这件事的风头差不多已经过去了，李治这才将他调回长安，负责修撰国史。

经历过人生的波澜起伏，许敬宗看事情也变得更加通透。

也许，许敬宗听说过武则天的传奇故事。也许，他看透了其中的利害关系，许敬宗料定，武则天的未来注定不会平凡，因此决定为她做点什么。

许敬宗找到了长孙无忌，希望这位当朝首辅可以把目光放得更加长远，把武昭仪顺利扶上后位。长孙无忌迷惑了，你许敬宗是什么样的人，满朝的同事都知道啊，如今竟然有脸来为武则天求情，莫非是失心疯了？

朝纲不振，人心不古啊。长孙无忌拿出了首辅的威严，先是以一番大道理让许敬宗无地自容，随后又翻出了前尘丑事，让许敬宗知难而退。

不得不说，许敬宗的人生又多了一大败笔。

古话说得好，塞翁失马，焉知非福！

许敬宗在长孙无忌这里吃了瘪，却得到了武则天的青睐，一个是即将被抄家灭门的首辅大臣，一个是未来的皇帝，许敬宗无意中赚大了。

问鼎后位：武则天一路开挂

在武则天问鼎后位的路上，李治的态度至关重要。李治喜欢武则天不假，可这种喜欢还是有底线的，感业寺内，李治和武则天恩爱有加，可是让李治得罪满朝文武，把武则天从感业寺接回来，他还是做不到，不想做。

原因很简单，李治的皇权是受限制的。

都说李治是软弱的君主，其实是对他的误解。

李世民去世之前，安排长孙无忌、褚遂良和李世勣三人为辅政大臣，然而我们不能忽略一个事实，李治登基的时候已经 22 岁。

这样的年龄意味着什么?

他可能缺乏政治经验，可是不缺乏对皇权的认知。

他可能需要大臣的辅助，可是不想做权臣的提线木偶。

他可以为了生存隐忍一时，可是不会甘愿做一世的糊涂君王，只要有机会，他就会奋起反抗，夺回属于自己的东西，自由的皇权，帝王的尊严。

身为帝王，李治怎么会忍受权臣控制自己?

李世民接受魏征的指指点点，是他不敢和魏征闹翻吗? 李世民为了留下善于纳谏的圣明君主形象，不惜在魏征生前屡次受辱，事后却推倒了魏征的坟墓。

李治呢，他不敢和长孙无忌闹翻吗?

开什么玩笑。他是皇帝，拥有绝对的一票否决权。

长孙无忌失败的根源，就在于他对权力太过热衷，竟然想去控制一个成年而且有独立思想的皇帝。李治很想收拾长孙无忌，只不过一直在等待时机，武则天问鼎后位，便是李治和长孙无忌摊牌的完美时机。

此时此刻，李治和武则天是亲密战友，和长孙无忌则是敌人。

大唐的朝廷，越来越不平静了。

永徽六年（655）五月，在长孙无忌的干预下，朝廷任命韩瑗为侍中，来济为中书令，这二人都是反对立武则天为皇后的急先锋，和长孙无忌的利益一致。

永徽六年（655）六月，后宫突然传出消息：王皇后和其母亲魏国夫人柳氏在宫中行巫蛊之事，诅咒的对象便是武则天！

唐高宗李治迅速做出反应：禁止魏国夫人柳氏入宫。

永徽六年（655）七月，李治突然下诏：将吏部尚书柳奭贬为遂州刺史。

据史料记载，柳奭走到扶风县的时候，岐州长史于承素揣摩圣意，状告柳奭泄漏宫禁秘密，柳奭顺道被贬为荣州刺史（今四川省自贡市公井县）。

这说明了一点：皇权和相权的斗争，已经是透明的状态。

没办法，长孙无忌想要加强对相权的控制，李治和武则天就必须剪除一部分势力，这是双方你来我往的正常交锋。所谓的巫蛊之事，只不过是李治夫妇铲除外戚柳奭而安排的一步棋而已。

不管怎么说，封后的脚步并不能停，封武则天做皇后，已经不是李治对她的疼爱，而是一场关乎皇帝尊严和朝廷政治格局的战争。为了顺利地完成过渡，又不引起朝臣们的强烈反感，李治提出了一个办法：将武则天封为宸妃。

按照后宫的规矩，皇后下面有贵妃、淑妃、德妃、贤妃，唯独没有宸妃的名号，李治本来想以偷天换日之举，将武则天从昭仪升格为皇妃，不料却遭到了侍中韩瑗、中书令来济的强烈反对。

反对的理由很简单：皇帝应该按照规矩办事，如此破格封赏，破坏了后宫的规章制度，不能让天下人信服！

李治拗不过众臣，只得作罢。

就在这个档口，发生了另外一件事。

中书舍人（中书省掌制诰，皇帝的贴身秘书）李义府，因为派系斗争原因，得罪了权臣长孙无忌，被贬为壁州司马（今四川省巴中市通江县）。

李义府，河北饶阳县人，出身寒门。因为写得一手锦绣文章，性情耿直，被时任剑南道巡察大使李大亮推荐到门下省做官。后来又得到寒门领袖马周的青睐，被推荐为监察御史。

李治做太子的时候，李义府是太子舍人、崇文馆直学士。据说，李义府经常拍李治的马屁，站队的倾向非常明显，可李治很讨厌这种人，因此对李义府敬而远之，李治登基之后，提拔他做了正五品的中书舍人，仅此而已。

按照规矩，贬斥一位朝廷的高级官员，敕令需要由吏部先起草文书，再转交给中书省决策盖章，门下省负责审核，再由吏部正式发文，长孙无忌虽然控制了中书省和门下省，这中间的流程却不能免。

一来一往，消息便提前走漏了。

李义府找到了同为中书舍人的王德俭。

李义府："老兄啊，我马上就要去喝西北风了，怎么办啊！"

王德俭："李大人，陛下想立武昭仪为皇后，却担心宰相们联合反对，因此一直犹豫不决。如果你能提议立武氏为后，岂不是大功一件？"

古往今来，旁观者似乎永远是最清醒的人。王德俭的话犹如穿透黑暗森林的光，让李义府的内心彻底敞亮开来。

李义府激动地说道："王兄的恩德，鄙人没齿不忘！"

就在当夜，李义府主动提出帮王德俭值班，然后向李治递上了奏折，请求废掉王皇后，立武昭仪为后，还声称这是黎民百姓的愿望。

客观地说，李治当时很忧心。

他不惧怕长孙无忌，可目前的形势是，长孙无忌权势熏天，朝中大臣要么依附长孙无忌，要么隔岸观火，不想掺和到皇帝的家务事。放眼望去，真正能用的大臣，真的是少之又少。唯独李义府不惧权威，甘愿充当急先锋！

人与人的缘分真的很奇妙，面对面的时候，大家只是路人，后来却会因为其他的事情走到了一起。李治接到奏折之后，当即让李义府前来面谈此事。

李义府在李治的面前痛斥长孙无忌独揽朝政、藐视圣上的恶劣行径，还说长孙无忌搞派系斗争，准备将自己罢官。说到心酸之处，李义府痛哭流涕，恨不得撞柱而死，以报君恩。

当然，说到动情之处，李义府趁机表示了他对皇帝的绝对忠心，并承诺但凡皇帝和武昭仪有需要，他都会全力以赴！

锦上添花，永远比不上雪中送炭的情意。

面对李义府的投诚，李治深感欣慰，于是当场赐给李义府一斗珍珠，并亲口承诺：长孙无忌想罢免他的官职，没门儿！事后，武则天也派人前去给李义府传话，暗示他这件事情干得非常漂亮，以后自然不会亏待他。

没过多久，李治下诏：加封李义府为中书侍郎。

敢于为皇室出力的人，自然不能受到亏待。

从正五品到正四品，一些官员可能会奋斗好几年，李义府只用了一道奏折，这如何能不让人眼红？在武则天问鼎后位的路上，李义府是第一个得到实际好处的大臣，这让其他不受长孙无忌待见的政治投机分子看到了升官的曙光。

御史大夫崔义玄、御史中丞袁公瑜等人纷纷向武则天投诚。

局势，正在慢慢地改变。硝烟，正在慢慢地聚集。

这是一场你死我活的政治斗争，输的一方必定会一败涂地。

在这场政治斗争中，长孙无忌、来济、韩瑗等人是反武派势力。褚遂良等人虽然不宣布站队，却一直站在道德制高点抨击武则天，行径十分恶劣。原太子府的官员于志宁等人，因为一直奉行中立态度，在斗争结束之后，也惨遭李治和武则天的联手屠戮！

历史证明，当你身处高位，老板对你有所期待的时候，你最好能挺身而出，哪怕换来失败的结局。一心想着明哲保身，那是不现实的。

有了御史大夫的支持，李治的底气变得更加强硬。

比如，长安县令裴行俭看不惯李治的作为，因此私下和长孙无忌、褚遂良腹诽，被御史中丞袁公瑜捅到了李治的面前。

如果放在平时，根本就不会有人去举报大臣们私底下的窃窃私语。然而，李治不想放过这个难得的机会，为了振一振他的天子龙威，特意过问了此事。

李治：“裴行俭，既然你看不惯长安城的这点事，那你就去西州做大都督府长史吧，那里非常清净，很适合你的性格！”

形势渐明朗：武则天遇上“猪对手”

做皇帝这么多年，李治也收拾过很多人，可从来没像今天这么爽过。他很享受胜利者的喜悦心情，并且不介意继续扩大战果。

永徽六年（655）九月初一，李治下诏：调任许敬宗为礼部尚书！

尚书省礼部，向来在六部排名中比较靠后，可是如今这个局面，掌管册封礼仪的礼部至关重要，把许敬宗提拔上来，李治对他寄予了厚望。

有一天，李治开完了早朝会议，让执事太监通知长孙无忌、褚遂良、李世勣、于志宁四人进入内殿商议政事。

为什么会是这四个人？

分析之后，大家恐怕就不会觉得李治是庸碌无能之辈了。

长孙无忌，关陇集团的代表人物，朝中反武的旗帜，整个事件的主角，缺了他，开这个会也就失去了意义。

褚遂良，李世民的托孤大臣，长孙无忌的依附者，却又不愿意毫无保留地信任长孙无忌，每逢说事，喜欢站在道德制高点。

于志宁，原太子宫的元老级人物，背后站的是一大票持中立态度的官员。

李世勣，李世民的托孤大臣，就连长孙无忌也得给三分薄面。

说白了，这四位重臣的意见就是朝中绝大部分臣子的意见。还有一个原因，中书令来济、侍中韩瑗虽然位居宰相，可他们毕竟是长孙无忌的人，如果让他们也参加会议，李治就要多面对两个嘴硬的鸭子，这买卖并不划算。

这是一场精彩的博弈过程，充满了智慧和乐趣。

长孙无忌的内心肯定是反对的，问题是，他一直在幕后操纵局势，口头上并没有坚决反对武则天上位，对李治来说，是好事也是坏事。

褚遂良口头上是坚决反对的，可他究竟是对人还是对事，李治也不大清楚。对付这种人，不怕你说话，就怕你不说话。

于志宁坚持和稀泥，只要李治取得优势，不怕他坏事。

李世勣其实是李治最有可能的盟友。李世勣和长孙无忌是政敌，凡是长孙无忌赞成的，李世勣都应该坚决反对，哪怕是口头上的。然而，这位老兄身为辅政大臣，却有撂挑子的前科，李治对他很没有信心。

遗憾的是，悲剧还是来临了。

李世勣表示，他昨天晚上偶感风寒，得回家睡觉！

这位老兄实在是太聪明了，他心里明白，皇帝找他们几个，肯定是商议武则天的事儿。李世勣孑然一身，不想这么早卷入这些是非之中。

到场的只有三人，李治的胜算可以说微乎其微。

进宫之前，长孙无忌三人开了个碰头会。

褚遂良大义凛然地说道：“不用说，肯定是为了后宫的事儿。陛下既然已经打定主意，咱们违抗他便是死罪，太尉是陛下的舅舅，司空又是朝廷的功臣，我不能让陛下承担诛杀舅舅和功臣的恶名。我只不过是平民起家，对朝廷没有任何功劳，然而先帝将陛下托付给我，如果不谏诤，实在无颜去见先帝！”

好了，表演机会落到了褚遂良的头上。

进入内殿之后，君臣行了个简单的见面礼，李治迫不及待地问道：“诸位爱卿，自古以来，绝嗣便是大罪一项。王皇后入宫多年，竟然没能产下子女，因此朕想要立武昭仪为皇后，诸位意下如何？”

褚遂良一马当先，回应道：“陛下，万万不可！”

李治一脸黑线。

褚遂良不管不顾：“陛下，皇后出身豪门望族，是先帝特意为陛下迎娶的。先帝临死之前，拉着陛下的手对臣说：‘朕的儿子儿媳就交付给你了。’这些话都是陛下亲耳听到的，言犹在耳啊。臣等未曾听说皇后有什么过错，怎么能够轻易废掉呢！臣不敢曲意顺从陛下，以违先帝的遗愿！”

李治对褚遂良的脾气了如指掌，想要改变褚遂良的态度，无异于自取其辱。

李治望向长孙无忌和于志宁。

然而，面对李治的问题，长孙无忌等人选择了沉默，在他们眼里，李治仿佛是个任性的小孩子，他们宁愿用沉默去包容李治。反而是褚遂良，像打了鸡血一样亢奋，屡屡发言，将李治辩驳得无可奈何。

第一天的商议，只好在李治的愤恨中告一段落。

散场之前，李治态度非常强硬：“三位爱卿，朕的决心已定，朕给你们一天的考虑时间，你我君臣明日需要将此事决定下来！”

到了第二天，君臣四人如约来到内殿。

李治：“三位爱卿，今日你们有何说法啊？”

李治神态自若，一副抱定主意不动摇的模样，这让三位重臣很是无语。其实，他们有很多选择，比如和皇帝摆下擂台，比如站在道德制高点来抨击皇帝，比如心平气和地讲道理。

不过，他们似乎不想浪费时间，还是开门见山吧。

褚遂良一马当先：“陛下，您如果实在不喜欢皇后，咱们可以在全国范围内的豪门望族公开招选皇后，为何非要挑武昭仪做皇后呢？再者说，武氏曾经侍奉过先帝，这是众所周知的事情，真让她做了皇后，千秋万代之后，人们又会怎么评价陛下？愿陛下三思而后行！臣今日触怒陛下，罪该处死。”

武则天是李世民的女人，这是基本的事实。

以前，大家没有撕破脸皮，所以谁都没把此事点破，可事到如今，褚遂良也没法顾全李治的脸面了，他希望能用此事给李治施加一点压力。

李治表示，娶老爹的女人，确实有些令人难为情。

一时间，李治颇为尴尬，场面一度很沉默。

事实上，褚遂良已经做得很好了，只要给李治足够的思考时间，他一定会沉浸在愧疚中不可自拔，知难而退也未尝没有可能啊。遗憾的是，地主拿得一手好牌，却打出小学生水准的事情，也未尝没有可能。

就在此时，褚遂良扑通一声跪倒在地。

在众人的注目礼下，褚遂良将手中的朝笏放在了地上，又摘掉头顶的官帽放在了地上，随后磕起了响头。

褚遂良哭丧道：“陛下，臣将朝笏还给您，希望您放臣回家养老去吧！”

后人曰：不怕神一样的对手，就怕猪一样的队友。

数十年前，隋朝的臣子希望隋炀帝不要外出巡幸，因此组织集体劝谏，君臣在长安城形成对峙。朝堂之上，太史令庚质莫名其妙地以辞官做威胁，葬送了同事们积攒下来的对峙优势，如今的场面完全是当年的翻版啊。

李治还停留在刚才的尴尬之中，不知道如何圆场，听到褚遂良说出这样不着边际的话，当即拍案而起：“爱卿，你太过分了！咱们君臣好好说话，你为何要以辞官来威胁朕，难道是逼朕做一个昏君吗？”

褚遂良无言以对。

李治：“卫士何在，将褚遂良给朕架出去！”

这时，一直躲在幕后当听众的武则天走了出来，故意大吼道：“陛下，这种犯上的臣子，何不将他就地格杀！”

在唐朝，虽然没有男人吃饭，女人不能上桌的道理，可也没有君臣议事，一个后宫昭仪跳出来指手画脚的道理吧！更何况，这个女人出口就是斩杀辅政大臣，是不是太嚣张了。无缘无故的霸气，让李治和朝臣们都觉得很诧异。

抛开武则天的事儿，褚遂良的行为确实比较过分。

李治是一国之君，他需要臣子的尊重，需要帝王的尊严，这是无条件的！在帮武则天问鼎后位一事上，大家可以明争暗斗，可以以理服人。直到现在，李治也不过是提出自己的看法，希望大家各抒己见，事情从一开始便是在合理的游戏规则下寻求内部解决办法，李治自始至终并没有行使皇帝的一票否决权啊。

褚遂良呢，却以辞官威胁皇帝啊！

长孙无忌的心情糟糕透了，自己还没出马，队友就被皇帝拿住命门了！长孙无忌：“陛下，褚遂良是先帝的顾命大臣，即便有罪，也不可以施加刑罚！”

李治没有说话，意思就是这件事不能就这样过去。

君臣洽谈，再一次不欢而散。

这一次巅峰对决，只有长孙无忌、褚遂良、于志宁在场，没有身临其境的宰相自然很不甘心，他们也想参与啊。内殿之事刚刚结束，中书令来济、侍中韩瑗的奏折就递上去了，一时间，妲己、褒姒等祸水红颜纷纷上场，各种亡国之君齐聚舞台，传递的信息就一条：立武则天为皇后，大唐可能就完蛋了！

然而，李治不想搭理他们，事情闹到现在，已经变了味道。

如果李治向大臣妥协，就意味着君权对臣权的低头，对李治来说，绝对是不可接受的结果。再者说，李治如果妥协，其实就是向外界传递一种信息：长孙无忌和褚遂良是先帝的顾命大臣，皇帝始终还是斗不过权臣，国舅爷长孙无忌才是大唐朝廷的真正主宰者，那皇帝的脸面往哪里放?

对李治来说，褚遂良是突破口，他还需要一个破局点。

立后本是皇上家务事，权臣为何如此紧张？

永徽六年（655）九月初三，神秘男人李世勣出现了。

这位老兄能在朝堂超然存在，还是有他的资本的。

军功自然不必说了，能打的仗，能胜的仗，几乎是一场不落，凌烟阁也有他的一席之地。性格嘛，人狠话不多，总给人一种神秘而强大的感觉。人品嘛，李世勣对钱财、田地和美女都不感兴趣，很难抓到他的把柄。政治智慧嘛，李世勣能够历经三朝，而且被三代帝王联手夸奖，足以说明问题了。

总而言之，李世勣的存在让李世民也很畏惧。

李世勣的到来，让李治颇为欣慰。

李治试探性地问道："英国公，朕想立武昭仪为皇后，但是褚遂良执意反对，就因为他是先帝的顾命大臣，朕就要放弃自己的决定吗？"

李世勣清了清嗓子，声如洪钟地说道："陛下，立谁为皇后，那是您的家事啊，又何必去问一个外人呢？"

其实，李世勣的话很没有营养。

李治难道不清楚，立谁为皇后应该由他说了算？

李治的想法是：他既想立武则天为皇后，又想让文武大臣都赞成他的决定，至少有那么几个真正的股肱之臣可以支持他。换句话来说，李治想要继承父皇李世民广开谏路的清明风气，不想被人说成是独断专权的暴君。

李世勣呢，难道他就没看出李治的小心思吗？

李世勣太聪明了，甚至有些聪明过头。

他既不属于关陇势力，也不属于李治的势力，更不属于寒门的势力，帮与不帮，其实对他没有太大的影响。

如果李世勣和长孙无忌搞到一起，旗帜鲜明地反对立武则天为皇后，那将成为皇帝和武则天的敌人，这不符合他的利益。

如果他支持李治和武则天，李治能够取胜还好，如果李治的态度摇摆不定，最后被关陇势力镇压了，李世勣将会成为这场闹剧的牺牲品。

如果长孙无忌也支持武则天，就算李世勣在旁边帮腔，李治只会记得长孙无忌的恩德，李世勣还是会沦为可笑的陪衬。

历史证明，过早的暴露自己的态度，真的会很被动。

眼下，形势已经很明朗了：李治想和关陇势力撕破脸皮，而且决心很大！双方都不想轻易地妥协，局面非常胶着，需要有人劝架！

在最合适的时机，李世勣做出了最完美的表态:你们都别闹了，这是皇帝的家事，我好歹是顾命大臣，我都不想插手皇帝的事儿，你们折腾什么劲?

言外之意，李世勣还是两不相帮，既不指责关陇集团的阴暗面，给他们留了面子，又不旗帜鲜明地支持李治，不落拍马屁的名声。

李世勣的表态让李治全身舒畅，立武则天为皇后的决心也更加坚定。与此同时，武则天的外围势力也开始遥相呼应，比如，礼部尚书许敬宗声称：就算是民间的庄稼汉多收了十斛麦子，还想着要换个老婆呢？何况天子要立皇后，那些多管闲事的人，真正是岂有此理！

这一声呐喊，直接奠定了许敬宗的人生巅峰之路。

永徽六年（655）九月初三，李治下诏：将褚遂良贬为潭州都督！

直到此时，皇权获得了阶段性的胜利。

很奇怪吧，关陇势力的带头大哥长孙无忌干吗去了？

在这件事情当中，长孙无忌并没有和李治正面交锋。从表面上看，李治想要立武则天为皇后，长孙无忌等人反对武则天做皇后，逻辑非常简单。

问题是，李治将武则天纳入后宫，长孙无忌没有反对；李治将武则天封为昭仪，长孙无忌还是没有反对；可李治想让她做皇后的时候，关陇集团的代言人纷纷站了出来，仰着骄傲的头颅开始说不！

长孙无忌和褚遂良到底在反对什么，在坚持什么？

越是不起眼的事情，背后的利益纠葛越是复杂。

长孙无忌很清楚，武则天做不做皇后，真的不重要。

他和李治，有两个矛盾必须解决。

矛盾一：长孙无忌想要辅政大权，李治想要彻底的皇权。

矛盾二：长孙无忌想要结党弄权，李治想要瓦解他们。

问题是，在长孙无忌的辅佐下，李治不也可以开创盛世吗？

确实可以，可局势已经不容许李治再这样下去了。

可以拿两件事来说一说。

第一件事：长孙无忌处理房遗爱一案，实在是太霸道了。

高阳公主、房遗爱阴谋造反，长孙无忌收拾他们也就罢了，可围绕着皇室内斗，趁机搞政治运动就是长孙无忌的不对了。

江夏王李道宗，唐朝宗室，贞观名臣，为国家立下了汗马功劳。早年的李道宗性格确实有些跋扈，也屡次受到朝廷的惩处，可后来性情大改，选择过起了深居简出的生活，并没有参与到谋反案。而史书给出的解释就是，李道宗和长孙无忌、褚遂良关系不睦，所以遭到了清洗。

受伤的人还有驸马都尉执失思力、宇文节。

这也就罢了，李治很想留下荆王李元景、吴王李恪的性命，可能是担心承受屠戮宗室的名声，也可能是他们并没有深度参与谋反。然而，长孙无忌却丝毫不顾李治的感受，拿起屠刀便送他们上了西天。

杀人是表象，铲除异己才是长孙无忌的本意。清除潜在威胁是借口，不拿李治当皇帝才是长孙无忌的权力认知啊。长孙无忌做的一切，就是为了让自己成为无冕之王。遗憾的是，这很快就成了现实。

第二件事：朝廷的权力格局。

永徽元年（650）左右，宰相班底是这样的：

长孙无忌：太尉、同中书门下三品。

李世勣：开府仪同三司、同中书门下三品。

柳奭：中书令。

高季辅：侍中。

宇文节：侍中。

于志宁：尚书左仆射。

张行成：尚书右仆射。

褚遂良：吏部尚书、同中书门下三品。

韩瑗：门下侍郎、同中书门下三品。

来济：中书侍郎、同中书门下三品。

永徽六年（655），宰相班底是这样的：

长孙无忌：太尉、同中书门下三品。

李世勣：司空、同中书门下三品。

于志宁：尚书左仆射、同中书门下三品。

褚遂良：尚书右仆射、同中书门下三品。

韩瑗：侍中。

来济：中书令。

崔敦礼：中书令。

短短数年的时间，长孙无忌通过房遗爱谋反案、后宫争宠案，已经慢慢控制了大唐权力的最高决策层。这份七人大名单中，长孙无忌、褚遂良、韩瑗、来济占了四席，于志宁部分中立，部分拥护长孙无忌的决策，至于崔敦礼，曾经为长孙无忌出头，强硬拒绝了李治要留荆王李元景、吴王李恪性命的决定。

一句话，李治的皇权，何时才能够回归？

对李治来说，李世民创下的贞观盛世是他一生都无法仰望的高度，但是他是有独立思想的皇帝，他有自己的理想和抱负，想要开创自己的盛世。登基之后，李治的第一个年号就是永徽，可见他的政治期望！问题是，李治想要有自己的事业，就必须摆脱贞观一朝的盛世阴影，摆脱长孙无忌的控制。

还有个问题也很有趣：高宗一朝，究竟有没有关陇集团和寒门士族的斗争？

答案肯定是有的。

政治集团之间的斗争，除了政治和经济上的利益，更多的其实是皇位继承人的争夺权。说白了，皇后如果是关陇集团的人，名下的太子就是他们的，如果太子做了皇帝，这帮人就可以继续围绕着“亲戚”搞皇权游戏了。

不过，关陇贵族集团从北朝开始，一直延续到唐朝，在隋文帝、隋炀帝、李世民的打压下，已经走向了没落。换言之，关陇集团是存在的，可势力毕竟不如从前，与其说谁是关陇集团的势力，不如说谁不是他们的势力！

很显然，武则天不属于关陇集团，不能代表他们的政治利益，这就是长孙无忌等人反对的根本原因。

第一次内部会议上，褚遂良声称王皇后是李世民给李治亲自挑选的皇后，先帝的态度非常明显，王皇后是自家人，必须要善待。

第二次内部会议上，褚遂良开始让步，声称如果李治不喜欢王皇后，可以再娶一个豪门望族的女人为皇后，武则天确实不适合。

长孙无忌清楚，这一次斗争，其实是利益集团之间的斗争，大家可以暗地里搞死对手，可许多事情都是拿不上台面来说的。

想想看，如果长孙无忌说：雉奴，你不可以打压豪门望族，应该让我们这些人掌握朝廷的权力，这该是多么滑稽和可笑！因此，长孙无忌自始至终都选择不发一言，只是让褚遂良在前面放高射炮而已。

当褚遂良顶撞皇帝，险些被杀头的那一刻，长孙无忌看到了李治的决心。他心里清楚，这件事情究竟是谁理亏在先，究竟是谁的居心更加叵测。

当李世勣出面，一语定乾坤的时候，长孙无忌意识到，这件事情的转机已经不大，武则天问鼎国母之位已成定局。

随着褚遂良被贬，骑墙派的倒戈，寒门士子的摇旗呐喊，以关陇集团为代表的豪门望族开始节节败退，只等李治和武则天最后的裁决。

这场政治斗争，有胜利者，有失败者，也有牺牲者。

胜利者将会开开心心领取他们的战利品。失败者，自然要为这场世纪豪赌付出最惨痛的代价。至于牺牲者，也要为自己站错了队而后悔！

李治忆往昔回了心，王、萧二人没了命

政治斗争是残酷的，也是文明的。

褚遂良的行为不文明，所以被发配到了潭州。至于其他人，似乎都懂得保护自己，李治和武则天暂时还找不到理由来对付他们。

对武则天来说，当务之急是登上后位。

永徽六年（655）十月十三日，李治下诏：王皇后和萧淑妃阴谋毒害皇上，将她们贬斥为庶人，废除王氏、萧氏族人所有的官职和爵位，悉数发配到岭南。

毒害皇帝一说，纯属是背锅。不过事情到了这个地步，谁都不会为了落魄的王皇后击鼓鸣冤了，罪名是真是假，大家都不在乎。

许敬宗为了拍武则天的马屁，特意来了一个补刀，他上奏说：先前，王皇后的父亲王仁佑被朝廷加赠司空，如今他的官符还在，等于是让逆乱的子孙还可享受祖先余荫，这是不合理的，请皇帝把王仁佑的官符废除。

永徽六年（655）十月十九日，百官默契上奏，请求李治立一位新皇后。

李治下诏："武氏家门显要，功勋赫赫，先前因为才德美貌被选进后宫，誉满宫闱，德被后庭。当时，朕还是太子，但是蒙受先皇的恩泽，长期待在深宫之中侍奉先皇，早晚不离左右。武氏在后宫之内，举手投足常深自反省，周旋在嫔嫱之间，从没有发生反目成仇的事，先皇清楚了解武氏的为人，常常赞赏不已，就把武氏赐给朕，就像汉宣帝为太子封王政君为太子妃一样，可立武氏为后。"

永徽六年（655）十月二十一日，李治宣布大赦天下，本意是为武则天积攒点人气。有趣的是，武则天却上了这样一道表书：陛下，您封我为宸妃的时候，来济、韩

瑗两位大臣当着满朝文武的面力争不可，他们明知道这件事情很难阻止，却还是硬着头皮顶上去，这是为国尽忠的表现啊，请陛下对他们施以恩德！

高手过招，点到为止。

所谓的政治智慧，可能就是让吃瓜群众觉得你是优秀的存在，甚至是受委屈的存在，让政治对手感觉到你的杀气，知难而退吧。

武则天给人的感觉就是，来济和韩瑗不屈不挠的谏言，颇有贞观遗风，实际上是暗讽他们不自量力，螳臂当车的愚蠢行为。

两位大臣都经历过政治风浪，他们还能站着呼吸，无非是因为没有走极端的路线，也没有和皇帝撕破脸皮。武则天很善良，眼下用一道诏书表达了她的不满，希望他们见机行事，知难而退。可想而知，如果继续霸占宰相的位置，等待他们的恐怕就会是狂风暴雨般的摧残了。

来济和韩瑗二话不说，直接向李治递交辞呈，恳请回家养老。

不过，李治暂时压下了他们辞职信。斗争归斗争，因为这点事就迁怒到国家重臣的身上，岂不是暴君所为？同意了他们的请求，群臣会怎么看他？

你们二位少安毋躁，辞职的时机暂时还没到呢！

永徽六年（655）十一月初一，李治正式册封武则天为大唐皇后。

彼时，武则天已经 31 岁，入宫整整十八年。

没有皇帝的宠爱，没有家族的庇护，没有亲情的守候，没有朋友的安慰。在阴谋遍布的后院宫廷，武则天只能孤独地面对一切，没人教她如何保护自己，没人教她生存的艺术。武则天性格确实坚韧，确实有政治智慧，可她毕竟是一个女人，这些年受过的委屈，面对过的生死，又能和谁去言讲？

数十年后，武则天宠幸张易之、张昌宗兄弟，为世人诟病，甚至得到了极不堪的评价。试问，武则天的成长环境单纯，武士彟给予了足够的父爱，杨氏出身豪门贵族，举止优雅，知书达理，这样的家庭会教育出不堪的女儿？

说白了，自从入宫之后，武则天面对的唯有孤独，心中藏了太多的秘密，以及无尽的寂寞，李世民不是倾诉对象，李治也不是倾诉对象，她太需要懂她的人了。

还有一种事后诸葛、结果导向的历史认知。他们觉得武则天就是个彻头彻尾的阴谋家，所有的事情都在她的精心策划之下。他们觉得武则天本性就是心狠手辣的政治家，所以政治斗争、铲除政敌的手段令人发指。

只能说，戴着有色眼镜看历史，真的很要命。

武则天14岁入宫，31岁做皇后，67岁做皇帝，每一个人生阶段都经历了十多年，乃至数十年的时间。这么长的时间，环境会变化，人的性格也会因此变化，所谓的政治智慧、斗争手段，也需要在很长的人生经历里去逐渐积累，更不能因为晚年的性格就去判定年轻时候的性格。

更何况，皇权的游戏圈内，任何个人的力量和智慧都是浮云，更多的是跟着权力的斗争随波逐流。比如，武则天跟着李世民虚耗光阴，她只能忍着；去感业寺修行，她也只能被动接受着；能逃出牢笼，完全是因为李治的后宫斗争。

有句话说的比较好，人在江湖，身不由己。

如果是换作我们，置身于云波诡谲的政治旋涡中，第一反应是什么？当然是奋力求生，先让自己活下来，再努力活得比别人更精彩。

此时此刻，武则天真的做到了。

武则天成为一国之母，后宫主宰，万人敬仰的存在，她不再需要仰人鼻息，她要做的就是三件事：铲除后宫嫔妃的威胁，控制后宫；壮大武氏家族，拉拢朝中政治势力；伺候好丈夫李治，保全胜利果实。

先看看王皇后和萧淑妃的结局吧。

李治做太子的时候，王皇后和萧淑妃一直跟随在他身边，那个时候没有权力斗争，没有血雨腥风，唯有少女怀春的情意和花前月下的浪漫。可想而知，李治和她们还是有美好回忆和感情基础的。

王皇后和萧淑妃被贬之后，被关押在一处隐蔽而且萧索的别院之中。这一次政治风波，她们的家族势力几乎被连根拔起，朝中也没有政治同盟。说白了，想要翻盘，机会已经很渺茫，这可能也是武则天没有对她们赶尽杀绝的原因。

机会渺茫，不代表没有机会，李治不就是最后的机会吗？

政治斗争告一段落，后宫趋于平静，李治的情绪也开始平复了。他时常想起过去的点点滴滴，有一天，李治再一次沉浸在回忆的潮水中，一发不可收，于是漫步到关押王皇后和萧淑妃的别院。

这是李治第一次来到别院，然而映入眼前的景象，令他悲从中来：关押王皇后和萧淑妃房间的门户紧锁着，窗口也被木板封了起来，只有一个很小的洞口用来递送食物和饮水，这也是她们和外界沟通的唯一渠道。

李治问道："王皇后和萧淑妃在哪里？"

两位嫔妃实在没想到，李治还记得她们。

王氏哭泣着回答说："陛下，妾等是有罪之人，既然被贬为宫婢，怎么可以再有皇后、淑妃的尊称？"

李治无言以对，因为不知道说什么。

王氏继续说道："陛下，您如果还顾念以往的情分，准备让妾等重见天日的话，就请陛下把这别院命名为回心院吧！"

李治："好，朕马上就去处理！"

别院发生的事，很快就被武则天得知。

据史料记载，武则天非常生气，她确实没想到，王皇后和萧淑妃到了这步田地，还想着李治赦免她们，如此狡猾的敌人，怎么能容忍她们继续活着？

回心院？李治回了心，武则天岂不是没了命？

紧接着，武则天派人前去别院，先将王皇后和萧淑妃杖责一百，随后剁下她们的手和脚，泡在了酒瓮里，数日之后，王皇后和萧淑妃血流枯竭而死，武则天下令将她们的尸体剁碎，扔到了荒郊野外。

据史料记载，面对武则天的判决，王皇后和萧淑妃的态度截然不同。

王皇后："祝皇帝万寿无疆，祝武昭仪永承恩宠。我死是应该的！"

萧淑妃临死前，怨气冲天地诅咒道："阿武狐媚惑上已经到了如此地步，愿来生我变成猫，阿武变成鼠，生生世世咬着你的喉咙，让你永世不得翻身！"

客观地说，两人的反应非常合理。王皇后是后宫斗争的始作俑者，利用武则天在先，打击萧淑妃在后，自己不占理。可萧淑妃呢，先是被王皇后针对，后来又被武则天打压，如今却要承受这样的折磨，心中有怨气也是理所应当的。

萧淑妃可能忘记了，女人吵架，大多是你骂初一，我骂十五，被人辱骂却不回应，那是不可能的。武则天的反击很犀利：将王氏改为蟒氏，萧氏改为枭氏。

蟒和枭都是上古传说中的巨蟒，恶毒无比。武则天除了讽刺她们心肠恶毒，还希望她们来世也无法做人。王皇后坑了萧淑妃一辈子，萧淑妃却让王皇后的后人来还债，真可谓冤冤相报，何时得了啊！

据《资治通鉴》记载，萧淑妃临死前的诅咒让武则天非常忌惮，因此她下令后宫中禁止养猫，许多人也相信了这样的说法。然而，《资治通鉴》同样还记载过，武则天曾经在宫内训猫，让它和鹦鹉同处，还向朝中的百官展示过，不过传看未毕，饥饿的猫就将鹦鹉吃了。

很显然，这是作者前后矛盾的记载，实在是不可信。

武则天：收拾完情敌，该处理政敌了

敌人已死，武则天安心了吗？

说白了，武则天能走到现在，除了依靠自己的智慧和手腕外，最大的助手就是丈夫李治。然而，将李治的爱作为政治斗争的筹码，靠谱吗？武则天表示，丈夫可以依靠，但是幸福美好的生活更需要靠自己的双手。

王皇后被杀后，还有几个难题摆在她的面前：

第一，太子之位还是由李忠霸占着。

第二，长孙无忌一派虽然处于弱势，但是元气还未大伤。

第三，如何保证李治的心永远都在她的身上。

在这场政治斗争中，李忠是最可悲，也是最无辜的一个人。

据史料记载，李世民非常喜欢李忠，有一次去太子府的时候，李世民还亲自抱过他。李忠性格稳重，为人也比较忠厚，虽然生母的地位不高，但毕竟是李治的亲生儿子，捞个亲王的头衔，快快乐乐地享受下半生毫无问题。

然而，他却碰到了这一档子事儿，你说倒霉不倒霉。

对于皇族，老天爷给了你尊崇无比的贵族地位，就会给你需要承担的责任。很显然，李忠的责任就是充当长辈的棋子。

后宫之事结束后，武则天的急先锋许敬宗给李治递交了一封奏折，上面说了一大堆的废话，李治表示：许敬宗肯定想说什么，但是朕完全没听懂。

李治将许敬宗叫到面前，问道："许爱卿，你究竟想说啥？"

许敬宗："陛下，太子是国家之根本，如果根本未立，天下人心无法归附。东宫出身卑微，他心里可能也清楚，未来的太子必定是皇后的儿子，因此心里必定不会安宁。李忠占据太子之位而内心猜疑，可能做出不利于宗庙社稷的事情，希望陛下尽早筹谋。”

一个大臣，竟然敢过问太子的事情，这不是耿直无私，完全是越俎代疱啊。由此可见，许敬宗的人品为世人诟病，不是没有道理的。

李治略微有些不满，不知道是为了李忠遮掩，还是有其他的想法，硬生生地说道：“李忠已经向朕递交过辞呈了！”

许敬宗不依不饶：“那就请陛下尽快同意吧！”

显庆元年（656）正月，李治下诏：封李忠为梁王、梁州刺史，赐实封两千户，五色绸两万段，豪华宅第一座；封年仅3岁的李弘为皇太子。

随着李忠年龄的增长，对政治斗争的认识越来越清晰。李忠被贬到房州后，回忆过去发生的一切，日夜担惊受怕，以至于成了神经病，他担心有刺客前来刺杀，因此穿上妇女的衣服混淆视听，没事还喜欢在府中占卜自己的前程。

显庆五年（660）七月，李忠占卜一事露馅，李治将他废为庶民，迁居到黔州李承乾的旧宅居住。麟德元年（664）十二月，武则天指示许敬宗诬陷李忠等人阴谋造反，李治将李忠赐死，享年22岁，无后。

客观地说，李忠是武则天的眼中钉，但绝对算不上肉中刺。武则天表示，真正的心腹大患是长孙无忌、褚遂良、韩瑗、来济等人。

问题是，该怎么下手除掉他们呢？

很长一段时间，武则天拿长孙无忌等人毫无办法。

首先，李治对长孙无忌不满，却没有起杀心。退一步来讲，长孙无忌是李治的亲舅舅，贞观朝的功臣，李世民留下的辅政大臣，不到万不得已，李治绝对不会背负弑杀国舅和功臣的罪名，下达诛杀长孙无忌的命令。

其次，长孙无忌是绝顶聪明的人，并没有卷到反武的事件中，武则天拿不到他的把柄，想要依靠权势去打压长孙无忌，根本就是玩火自焚的行为。

最后，长孙无忌背后站的是关陇集团，这是个庞大的组织，在没有绝对的把握之前，武则天不敢轻举妄动。

大唐的朝廷表面上开始趋于平静。不过，这种平静的背后，恰恰是各方势力的蛰伏，他们正在积蓄着能量，展开最后的肉搏战。

武则天沉得住气，可有些人却坐不住了。

显庆元年（656）十二月，侍中韩瑗上奏："陛下，褚遂良舍生取义，忠于朝廷，有风霜一样的凛然操节，铁石一般的忠心，是社稷的老臣，也是陛下贤良的辅佐。这样的大臣被贬到外地，举朝上下都觉得惋惜。如今，褚遂良已经在潭州面壁思过了一年，时间够久了，希望陛下能赦免褚遂良的罪过，让他回长安继续效力！"

李治心里不喜，只好敷衍道："朕明白褚遂良的心意，然而他乖张狂悖，强行犯上，朕这才处罚他，爱卿又何必说得这么严重呢！"

韩瑗似乎没明白李治的意思，执意让李治下诏赦免褚遂良，说到动情之处，竟然再度以辞官为威胁，李治自始至终不买账。

李治是仁慈的皇帝，却是有底线的。

在我看来，褚遂良最大的错误不是辞官威胁皇帝，而是违背了李世民临死前制定的权力制衡原则，甘愿充当长孙无忌的马前卒。试想，一个长孙无忌都已经够李治心烦了，再加上一个褚遂良，李治想要翻身做主，谈何说起？

韩瑗的行为让武则天等人深感不安。明着说褚遂良是忠臣，那岂不是说李治和武则天是昏庸的？恳求皇帝赦免他的罪责，实际上是拉拢旧臣，准备再度对付武则天啊！

显庆二年（657）三月，李治下诏：潭州都督褚遂良调任桂州都督。

几天之后，中书侍郎、同中书门下三品李义府升任中书令！

一纸诏书就让长孙无忌等人看到了李治和武则天的决心。

然而，这仅仅是个开始。

在武则天的授意下，许敬宗和李义府二人联名上奏，诬告来济、韩瑗、褚遂良暗中图谋不轨！理由便是，桂州是兵家必争之地，将褚遂良任命为桂州都督，是准备以褚遂良为外援，准备起兵造反。

这个理由，实在是太没有说服力！

显庆二年（657）八月，李治下诏：

贬韩瑗为振州（今海南省三亚市）刺史。

贬来济为台州（今浙江省台州市）刺史，终生不得觐见皇帝！

贬褚遂良为爱州（今越南清化省清化市）刺史。

贬柳奭为象州刺史！

一套组合拳，彻底粉碎了长孙无忌等人翻盘的梦想。

社会人许敬宗：高手过招，句句上道

褚遂良，唐初与欧阳询、虞世南齐名的书法家。

客观地说，褚遂良的政治生涯并不顺利，40岁的时候，褚遂良还只是个记录皇帝生活起居的起居郎（从六品级别）。不过，李世民是个酷爱书法的皇帝，贞观十二年（638），书法大家虞世南去世后，李世民感叹世上没有人敢再自称书家，魏征这才向李世民推荐了笔力遒劲、擅长王羲之笔法的褚遂良。

从此时开始，褚遂良才得到李世民的青睐。

对褚遂良来说，李世民对他有知遇之恩，而李世民又鼓励大臣犯颜直谏，因此褚遂良才甘愿做进谏队伍中的急先锋，而且说话不知轻重。也许，在褚遂良的记忆里，李治的耳根子向来很软，而且为人厚重本分，他实在想不通，李治怎么会将他贬到天高地远的爱州。

国境线上的日子很不好过，褚遂良开始思念长安了，于是给李治递交了一封情真意切的奏折："陛下，先前魏王李泰和废太子李承乾相争的时候，情势是多么凶险，然而臣一点也不畏惧，诚心归附陛下。当时，岑文本、刘洎二人看到李承乾被囚禁在宫中，力主太宗皇帝立魏王李泰为太子，臣又极力抗辩，这些都是陛下亲眼所见啊！先帝驾崩之前，只有臣和长孙无忌共同接受先帝的遗命。先帝居丧之际，内心哀痛，臣劝陛下以社稷为重，陛下手抱着臣以示感激。仅仅数天的时间，臣便和长孙无忌将朝中的局势平定下来，臣的力量虽然很小，但是职责重大，因此很容易犯错，臣乃蝼蚁之躯，残暮之年，只求陛下怜悯。"

可怜褚遂良，直到此时还在向皇帝陈述自己的光辉历史。

作为政治家，他应当明白武则天最忌惮的是这帮和她对着干的老臣，应当明白政治斗争的残酷。来济、柳奭等人遭到贬斥之后，没有丝毫的抗争，至少体现了一个政治家该有的素养。褚遂良，做一个书法家便足够了。

显庆三年（658），褚遂良在爱州含恨而终。

褚遂良去世之后，武则天并没有放过他，在接下来的政治斗争中，武则天捎带着削掉褚遂良的官职和爵位，并将他的子孙悉数发配到边远地区，一直到神龙元年（705），唐中宗李显才为褚遂良的家族翻案。

显庆二年（657）九月，李治下诏：封许敬宗为侍中，杜正伦为中书令。

自此，武则天通过李义府控制了中书省，通过许敬宗控制了门下省，再加上一帮为她摇旗呐喊的朝臣，武氏一派在朝中的力量变得不可小觑。

不得不说，武则天处置关陇集团还是有章法的。

先把长孙无忌的党羽剪除，再来对付最后的大老板。如果直接拿长孙无忌开刀，一来没有实质性的借口，二来韩瑗、来济掌握着门下省和中书省，势必会组织一次不小的反攻，到时候动静闹得太大反而不好收拾。

有趣的是，武则天处置来济、韩瑗的时候，长孙无忌并没有为他们说话，甚至都没有组织一次像样的反击。然而，老虎不发威，他依旧是老虎，长孙无忌越是平静，武则天内心越惧怕，于是乎，一道密函被送往了许敬宗的府中。

是的，武则天明确下达了对付长孙无忌的号令。

对许敬宗来说，武则天的命令就是圣旨。

想当初，许敬宗屡次前往长孙无忌府求情，希望他可以网开一面，然而换来的不是妥协和仁慈，而是极端的羞辱。想到此事，许敬宗就倍感屈辱和愤怒。

显庆四年（659）四月，洛阳人李奉节上奏皇帝：太子洗马韦季方、监察御史李巢暗中结为朋党，有不利于朝廷之事。

李治对朋党最敏感了，接到奏折之后便下了诏书：令中书令许敬宗、门下侍中辛茂将共同审理此案。

一个是只会读圣贤书的近臣，一个是不掌实权的监察御史，实在和朋党扯不上任何关系，李治却动用了两个宰相一起查案，背后的水非常深啊！

许敬宗得到皇帝的命令，如同打了鸡血一样，整日埋头查案，一时间，紧张而又恐怖的气氛笼罩在洛阳城的上空。许敬宗没有给敌人喘息的机会，在轮番的拷问和调查之下，韦季方选择了自杀，却未遂。

许敬宗也挺郁闷的，调查半天，敌人就是不开口，没法交差啊。

等等，你不心虚为何要自杀？

许敬宗急忙入宫，向李治和武则天汇报了此事，声称韦季方和李巢的朋党案毫无冤情，韦季方感到事情败露，所以想到了自杀。

许敬宗："陛下，臣有句话当讲不当讲。"

李治："你说吧。"

许敬宗："国舅长孙无忌也牵涉其中。"

李治大为震惊："究竟是怎么回事？国舅为何要暗结朋党？"

许敬宗："据韦季方交代，长孙无忌和他们一道收买了不少大臣，准备暗中陷害朝廷的忠臣，以便让长孙无忌再一次掌权，之后再找机会谋反，如今事情败露，因此韦季方才选择自杀！"

再度掌权！多么敏感的字眼！李治实在不愿意相信国舅会造他的反，如果他真有这种心思，为何不在他刚刚登基的时候下手？

李治："许敬宗，你可调查清楚了？国舅和朕之间的矛盾和猜忌是有的，但是怎么会造朕的反呢？"

面对李治的责问，许敬宗也很心虚，毕竟拿不出实锤证据啊。不过，他很快就平静下来了，于是回答道："臣对反叛的经过并没有推究，但既然反叛的意图已经败露，陛下却还在怀疑，这恐怕不是社稷之福啊。"

自从登基称帝，李治就很没有底气，他觉得有人造反，一定是自己的皇帝没做好，于是情不自禁地哭诉道："哎，真是家门不幸，朕的亲戚总是有反叛的心思。前几年，高阳公主和房遗爱图谋造反，如今舅舅也要反我，朕真的是无言面对天下百姓了！如果这件事查明属实的话，该如何处理？"

李治终于松口了！

许敬宗：“陛下，房遗爱只不过是乳臭未干的小孩，而长孙无忌辅佐先帝夺取天下，天下人无不敬重他的才智，他又做了三十年宰相，门生故吏无数，如果他想造反，陛下该找谁去平乱？如今，连老天爷都看不惯他的所作所为，竟然借查办小事的机会发现了罪恶滔天的奸人，实在是朝廷的洪福啊！”

李治：“可是，国舅真的会反朕吗？朕实在是不敢相信啊！”

许敬宗：“陛下，长孙无忌如果真的有牵连，只要他登高一呼，势必会带来宗庙灭亡的忧患啊！想当年，隋炀帝宠信宇文化及和宇文述，又和宇文家结为姻亲，将朝廷政事悉数托付给他们，后来宇文化及掌管禁军，只用了一个晚上就将江都的大臣屠杀殆尽，臣的父亲也牵连其中，这件事并不久远，希望陛下能够引以为戒啊！”

李治：“许敬宗，此事极为重大，朕命你仔细查办，查明了再向朕禀报！”

这还怎么查？

按照正常的逻辑，一个是国舅爷，手握朝廷大权，再加上门生故吏无数，怎么会和区区太子洗马韦季方合伙造反？此事要么是许敬宗等人暗中让韦季方诬告长孙无忌，要么是捏造事实随意诬陷。

第二天，许敬宗带来了新的消息。

许敬宗：“陛下，臣昨晚突击审讯了韦季方，他已经亲口承认，长孙无忌确实准备和他一同谋反。”

李治：“那他有没有说国舅爷为何会造反？”

许敬宗：“韦季方声称，韩瑗、柳奭、褚遂良等人和长孙无忌一同拥立李忠为太子，后来梁王被废，长孙无忌的表弟高履行外放为益州刺史，长孙无忌担惊受怕，就开始为自己准备后路。后来，长孙无忌的族侄，工部尚书长孙祥又被外放为荆州长史，韩瑗等人相继被贬，长孙无忌便和韦季方等人密谋造反了！臣所说供词句句属实，希望陛下明察！”

李治哭泣道：“即便舅舅真的谋反，朕也不忍心杀他。如果杀了他，天下人会说朕是怎样的君主，后世人又该如何评价朕？”

许敬宗：“陛下，汉文帝的舅舅薄昭有拥立大功，后来不过杀了个人，文帝便让百官穿着丧服到他府门前痛苦，最后逼他自杀，可天下人还是认为文帝是贤明圣君。国舅身受两朝的深厚恩典，却图谋改变社稷，他的罪和薄昭是不能同日而语的。如今长孙无忌阴谋败露，陛下还在犹豫什么？正所谓当断不断，反受其乱，国舅乃是当今的奸雄，和王莽、司马懿乃同一类人，陛下如果稍微迟疑，臣担心大乱即将发生啊！”

在这场对话中，唐高宗李治的态度非常可疑。

不管怎么说，谋反都是国之大案，皇帝一般需要亲自参与，更何况长孙无忌的谋反，李治本来就心存疑问。然而，李治自始至终都没有亲自审讯长孙无忌的意思，这样的操作思路和当年房遗爱谋反案一模一样。

房遗爱一案，长孙无忌是打手。

长孙无忌一案，许敬宗是打手。

不仅如此，李治的话也十分引人深思。

第一句：国舅为什么要暗结朋党？

七个重臣，至少有五个是长孙无忌的人，李治难道不知道？长安县令裴行俭向长孙无忌投诚，李治亲自处理此案，他难道不知道？

李治的话像是质疑许敬宗，更像是引导他的回答。

第二句：国舅和朕是有矛盾的！

言外之意，有矛盾的人，干啥事儿都是有可能的。

第三句：朕的家人都想反朕，朕真的很可怜啊。

言外之意，李治已经默认了长孙无忌的谋反意图。不过，李治觉得自己失态了，因为许敬宗并没有给出实锤证据。于是，第一天结束，李治扔下了一句话：你再去查查吧，查清楚了再给朕回话！

第四句：舅舅的谋反动机查清楚了？

许敬宗：嗯，查清楚了。

第五句：朕想杀他，可不能背负诛杀舅舅的罪名啊。

许敬宗：嗯，杀了他，您还是和汉文帝一样的君主啊。

好了，到目前为止，李治的疑虑全部被解除。

答案就呼之欲出了：李治不想保这个舅舅，如果能打倒舅舅，而他自己还能赢得仁慈的君主形象，那就是最完美的结果！

直到此时，还有人觉得唐高宗李治是个政治小白吗？

从《氏族志》到《姓氏录》，武则天为新晋贵族打榜

显庆四年（659）四月二十二日，李治的判决下来了：罢免长孙无忌所有官职和封邑，改封扬州都督，立即前往黔州安置，按照一品官发放俸禄！

做扬州的官，却到黔州生活，一切都是掩人耳目。

长孙无忌的倒台，预示着这帮人即将跌到人生的最低谷。

许敬宗趁热打铁："长孙无忌图谋叛逆，韩瑗、柳奭、褚遂良等人都脱不了干系，据臣调查，柳奭还在和宫内的同党相互勾结，图谋毒害陛下，于志宁也在暗中和长孙无忌联系，希望陛下能够及时处置！"

数日之后，李治下诏：

剥夺褚遂良的所有官职和爵位，流放褚遂良的儿子褚彦甫、褚彦仲到爱州。

韩瑗、柳奭等人削籍为民。

剥夺驸马都尉长孙冲等人的官职，发配到岭南。

贬太子太师、同中书门下三品于志宁为荣州刺史。

显庆四年（659）七月二十七日，李治突然发布了一道诏书：命许敬宗、李世勣、辛茂将、任雅相、卢承庆等人调查长孙无忌谋反一事。

难道，李治良心发现，想要给舅舅翻案？

不，这一道圣旨，其实是假借调查一事，彻底坐实长孙无忌等人的罪名，堵住天下悠悠之口，以绝后患。

调查团里，许敬宗是主事的，其他人都是掩人耳目的陪衬。

中书舍人袁公瑜，前往黔州逼迫长孙无忌自杀。象州使者直截了当，宣布完圣旨

后，便将柳奭斩杀。韩瑗已经提前被谋杀，使者只好开馆验尸，拿着报告回去向朝廷复命！为了铲除后患，武则天将他们的子孙全部发配到岭南为奴。

长孙无忌是不是真的想要谋反，已经不重要了。长孙无忌诛杀朝廷功臣，恶意牵连吴王李恪等人是事实，不归还李治的皇权是事实。这样一个贪恋权力的大臣，是绝对不会被容忍的。

长孙无忌倒下了，倒在了一个新旧贵族交替的时代。

与其说是武则天杀了他，不如说是新晋贵族势力谋害了他。

这场针对长孙无忌的处理，武则天是幕后最大的操纵者。

问题是，李治为何对武则天言听计从？

显庆四年（659）六月，也就是第二次处理长孙无忌等人之前，许敬宗给李治上了一道奏折：请求修订《氏族志》。

唐朝以前，在朝廷做官的几乎是门阀贵族，他们拥有复杂的政治网络，拥有无数的田产，还有大批的婢女和佃农，是官商互动的终极产物。

比如清河崔氏、陇西李氏、彭城刘氏、陈郡谢氏、琅琊王氏、范阳卢氏、荥阳郑氏、太原王氏、弘农杨氏、兰陵萧氏这些超级家族。

作为既得利益者，他们为了避免家族利益被外人分享，形成了一个持续数百年的潜规则：只允许士族和士族通婚，至于其他的家族，纵然是政治暴发户，或者是皇族，对不起，咱们也看不起你！

李世民登基之后，房玄龄就和他说过，士族和士族互相通婚，利益已经形成了一块铁板，不利于统治天下。李世民心知肚明，可他最气的是，李氏是尊贵的皇室啊，却还是入不了他们的眼，这算哪门子事儿？

李世民愤怒之下，下了一道旨意：命吏部尚书高士廉、御史大夫韦挺、中书侍郎岑文本、礼部侍郎令狐德棻撰写《氏族志》！

这玩意儿，很像是武侠江湖中的战斗值排行榜，根据各位大侠的绝世神功，昔日的战绩综合评定，定期出炉。

贞观十二年（638），唐朝第一版《氏族志》宣告面世。

遗憾的是，高士廉编写的时候，选取的标准还是门阀底蕴，也就是家族传承的时间来计算，因此山东清河崔氏、荥阳郑氏等家族依旧是遥遥领先，只不过在李世民的暗示下，李氏成了新晋的贵族而已。

李世民再一次暴怒：“高士廉！山东士族明明不行了，完全靠相互通婚来维持，朕就不明白了，为什么天下人就这么尊崇他们，给朕拿回去重新修订！”

高士廉明白了李世民的用意。

很快，第二版《氏族志》出炉，其中包括二百九十三姓，一千六百五十一家。皇族李氏霸占最高等级，当朝外戚占领第二梯队，清河崔氏、彭城刘氏、陈郡谢氏等传统豪门望族只能屈居三等。

李世民推出《氏族志》，其实是想通过排行榜一类的软实力来提升以李氏家族为核心的贵族品牌形象，以此打压传统的门阀士族。

说白了，李世民既有统治的考虑，也有不服输的私心。问题是，这些家族虽然没有之前显赫，可也不是靠一本书就能打压的，此后长达数十年的时间，李唐的新晋贵族，甚至李氏皇族、宗室仍旧以和门阀士族通婚为荣。

比如魏征、房玄龄都曾主动找山东的门阀联姻，乐此不疲。

值得一提的是，武氏家族虽然有从龙之功，武士彟又被封为应国公，武氏仍旧没有资格进入《氏族志》。武则天上位之后，大肆提拔武氏家族的子弟为官，再加上李义府、许敬宗这些寒门出身的人投诚，大家的共同需求就是修改《氏族志》，再一次提升新晋贵族的地位，打击霸占榜首的关陇集团势力！

那么问题来了，《氏族志》是李世民修订的，武则天想要修改《氏族志》，身为李氏家族代言人的李治会答应吗？如果答应了，李治对武则天就是真爱？

在帝王家，爱情肯定是有的，可纯粹的爱情却是少之又少。

所有的爱情，几乎都要掺杂着利益的考虑。

真相就是，从隋朝开始，中国的政治其实进入了中央集权的过渡时代，一直到清朝，中央集权达到鼎盛状态。说回唐朝吧，自家人闹点儿矛盾很正常，可皇帝们的统治思路一脉相承，李世民的终极目标是加强中央集权，所谓打压门阀士族，提拔庶族地主，只是策略之一。李治也明白这个道理，李世民算计长孙无忌，李治用实际行动对付长孙无忌，就是父子默契的明证。

面对许敬宗的要求，李治并没有迟疑。

李治发话了：命礼部郎中孔志约、著作郎杨仁卿、太子洗马元道、太常卿吕才等十二人重新修订《氏族志》，重点是把武氏家族顶上去！

有趣的是，第三版《氏族志》有了个新名字：《姓氏录》。里面收编了二百三十五姓、二千二百八十七家，全部以现任官职、爵位高低来排名。国公、三公、太子三师、开府仪同三司、尚书仆射等为第一姓，文武二品、知政事三品为第二姓，朝廷五品以上的职事官，军中五品以上的勋官皆在其列！

意思就是，传统豪门望族如果没人在朝为官，便被边缘化了。

意思就是，大批的寒门庶族进入姓氏排行榜，咸鱼大翻身了。

新版的《姓氏录》出炉以后，在朝野内外引起了轩然大波，门阀士族纷纷以进入《姓氏录》为耻，不屑于和新晋贵族为伍。反对的声浪让武则天、许敬宗等人无地自容。为了让《姓氏录》真正取代《氏族志》，李义府出了个馊主意：将存放在各地官府的《氏族志》全部收回并焚毁。

武则天修订《姓氏录》，在一定程度上打压了门阀士族，也给了寒门子弟更多的晋升通道，为唐朝社会结构、政治规则的改变做出了贡献。此事过后，传统的门阀士族对武则天有很大的意见，但是绝大部分草根官员，甚至是一部分手握中枢大权的官员们，都开始衷心拥护武则天！

显庆四年（659）十月十九日，李治下诏：陇西李氏、太原王氏、荥阳郑氏、清河崔氏、博陵崔氏、范阳卢氏、赵郡李氏等家族之间不能私下联姻。

意思就是，如果你家有女儿，要么和普通士族联姻，要么终身不嫁，绝不允许和之前一样，在内部通婚。这样一来，寒门子弟就可以迎娶白富美，寒门闺女就可以嫁给金龟婿，彻底走向人生的巅峰。

不把敌人彻底得罪，又如何能得到盟友们毫无底线的支持？

李治：爱则天，更爱江山

在武则天打压门阀一事中，李治几乎是毫无保留地支持。然而，李治对权力的把控还是非常紧的，至少看不到武则天直接干预朝政的记录，她的意图都是通过李义府、许敬宗等人间接传达给李治，再由李治决定是否执行。

换句话来说，打压门阀士族完全符合李治的政治意图。

还有一件事，可以证明李治对武则天的压制。

在武则天的打手阵容里，李义府不仅很出色，而且很出格。

永徽六年（655），长孙无忌就想对付李义府，贬官的文书都出了，可李义府直接给李治上书，硬生生扭转了局势。事后，李治夫妇投桃报李，加封李义府做了中书侍郎、同中书门下三品，让他实现了正五品到正三品的超级飞跃。

显庆元年（656），李义府兼任太子右庶子，晋爵广平县侯。

一介寒门书生，直接蜕变成天子门人，朝廷大员，如果我是李义府，就会乖乖地回老家，给祖宗烧几炷高香，祈祷李家永世的荣华富贵。不过，李义府的存在，也证明了门阀士族和寒门士族之间，确实有着不可逾越的鸿沟。

门阀士族的子弟，身份就是他的资本，所以他们会刻意维护这种身份，包括附着在身份上的特点，比如颜面、道德。打个比方来说，晋朝的士族，如果遇到寒门子弟和他坐在一起，他们都会觉得是自降身份，更别说强抢良家妇女、上街打劫、吃霸王餐、和别人打口水仗之类的事情。

凡事也不能说得太绝对，不能说门阀士族里面就没有恶人，寒门士族里面全都是恶人，只不过当时阶级的普遍意识就是如此。

显庆元年（656），李义府刚刚升官，就爆出了一个特大丑闻。

当时，大理寺的监狱里关押着一个女犯，名叫淳于氏，此女的容貌和气质俱佳。李义府听说之后，便给主管此事的大理寺丞毕正义递了个条子，逼迫大理寺将此女无罪释放，随后李义府将淳于氏安置起来，当成了小妾。

大理寺出了这等丑闻，肯定是瞒不住的，大理寺卿段宝玄得知后，给李治上了个奏折，希望朝廷能重视此事。很显然，此案可以内部处置，可段宝玄偏偏要捅到皇帝那里，摆明了就是针对李义府啊。

李治：给事中刘仁轨、侍御史张伦，你们去查查吧！

就在此时，李义府做了一件蠢事，他逼迫大理寺丞毕正义自杀了，他以为杀了当事人，就可以掩埋这件事。然而，李义府的豪宅摆在那，淳于氏也住在那，这件事情如何解释呢？说白了，专案组都不用调查，李义府肯定是此事的主谋，现在又摊上了逼杀官员的罪名，确实要严惩啊。

李治也知道这些事，可他看在武则天的面子上，也看在李义府充当着政治斗争的先锋的份上，一直没有处理，最终决定就这样算了。

在一次朝会上，侍御史王义方突然发难，控告李义府身为宰相，却杀害大理寺丞，应该严厉治罪。侍御史只有从六品，却可以弹劾任何看不顺眼的官员，而且御史弹劾的时候，被告需要离开现场。

李义府：“王义方，你血口喷人！”

王义方：“按照规矩，你应该避嫌，滚出去。”

李义府：“你大胆。”

王义方：“滚出去。”

李义府：“……”

王义方：“滚出去。”

连续三次呵斥，李义府这才红着脸离开。接下来，王义方开始了长篇大论的弹劾，罪状是确凿的，行为也是恶劣的，在场的所有人都觉得，李义府难逃惩罚，大家就等着李治最后一锤定音。

李治：“嗯！王义方出言不逊，侮辱朝廷宰相，行为极其恶劣，从即日起，你就去做莱州司户吧。”

王义方弹劾的理由没错，可弹劾的时间错了。为了对付长孙无忌，李治需要拉拢各路的牛鬼蛇神，像李义府这样的人才，属于珍稀保护大臣啊。

事后，李义府故意嘲讽道：“御史大人，你费尽力气地弹劾我，可最终却落得如此下场，身为御史，你难道不惭愧吗？”

身为过错方，让别人丢官也就罢了，还要从精神上打击别人，言语上侮辱同事的专业度，李义府的人品确实有很大的问题。遗憾的是，李治还是想用他啊。

显庆二年（657），李义府又升官了，中书令、检校御史大夫、太子宾客、河间郡公，李治还在长安城为李义府建了座别墅，以示嘉奖！

接下来，李义府的宅子成了公开的官职交易场所，我开价，你给钱，过几天你就走马上任，明码标价，童叟无欺。经历了几次波折后，大臣们也看出了端倪，皇帝不想处理李义府，于是只好睁一只眼，闭一只眼。

不过，事情总会有例外的。

显庆三年（658），中书令杜正伦发难了，他联合中书侍郎李友益，打算弹劾李义府，结果事情败露，闹到了李治的面前。想想看，皇帝面前，两位中书省的大官各执一词，争得面红耳赤，犹如泼妇骂街一般，李治的面子掉了一地。

李治也很讨厌李义府，这位老兄实在是太不长记性了，在朝臣中间犹如过街老鼠一般，不给点教训怎么行呢？再者说，在李治等人的努力下，长孙无忌的党羽已经被剪除了，已经到了收官阶段。

李治：“你们都别争了，杜正伦去横州做刺史，李义府去普州（今四川省资阳市安岳县）做刺史，李友益流放峰州，你们赶紧离京吧。”

李义府是寒门出身，因此特别希望加入门阀士族，以此抬高自己的身份。做宰相之后，李义府厚着脸皮到处宣传，说自己出身赵郡李氏。当时，有不少赵郡李氏成员在朝为官，给事中李崇德就是其中一个，这位老兄主动找上门来，各种寒暄巴结，最终把李义府编到了自家的族谱里面。

李义府被贬之后，李崇德担心家族遭受牵连，于是开除了李义府的户籍。谁料想，一年后，李义府又回到了长安，官居吏部尚书、同中书门下三品。

可怜的李崇德，有门阀的底蕴，却没有门阀的智慧，在政治风浪中瞎折腾，最终葬送了自己，也葬送了整个家族。不过，我们也能看出唐朝中期门阀士族在朝野的影响力，只能用日渐式微，苟延残喘来形容了。

李义府的复出，武则天起到了关键性的作用。不过，这位老兄有点坑人，回朝之后，行为不仅没有收敛，还比之前更加猖獗。

据史料记载，李义府为了抬高家族的地位，在李渊祖父李虎的陵墓旁边找了个风水宝地，由于工程巨大，周边八个县的县令都加入李家的工程中，甚至有县令因为过度劳累，当场暴毙。墓成之后，朝廷王公以下的贵族纷纷送上了祝福，迁坟的当天，拜祭的人络绎不绝，场面之宏大，堪比皇家葬礼。

李义府的红，真的是红到发紫，亘古未有。

然而，有句话叫“日中则昃，月满则亏”。

龙朔三年（663），以长孙无忌为核心的关陇势力烟消云散，李治全面掌权，政治生态开始平衡了。以前，李义府是仗势欺人，恃宠而骄。现在，李义府是作恶多端，人神共弃，李治也不想再继续包容他了。

有一天，李治找李义府谈话：“朕听说，你的儿子、女婿做了许多不法的事，朕以前都为你们掩饰了，如今你也该教育教育他们了吧？”

李治很不满，可看在武则天的面子上，只是想敲打一番。

按照一般的套路，磕头认罪，向皇帝承诺会改，也就没那么多事了，可李义府的反应却出乎寻常：“陛下，谁跟您说的这些？”

李治愤怒地说道：“你知道这些就行，何必问朕那么多！”

李义府沉默了一会儿，随即转身离去，没有礼仪，没有谢罪。

面对皇帝的敲打，李义府拒不认罪，拒不悔改，还不给李治面子，这已经是忤逆犯上的行为了。李治心里明白，李义府觉得自己是武则天的人，所以才敢如此嚣张，对付李义府，其实就是打击武则天，他该如何选择？

还是收拾吧，收拾完了才好继续上路。

李治还没来得及动手，李义府就出事了。

有一天，李义府邀请知名术士杜元纪看自家的风水，老杜转悠了半天，说了这样一句：贵府有怨气啊，是冤狱造成的！

李义府大惊失色："怎么破呢？"

老杜："在您的房子囤积二十万贯钱，就可镇压！"

李义府确实有钱，可要他拿出家底办事，也不大可能啊。为了筹集巨款，李义府发出家族通知，要求李府上下齐心协力买官卖官。不仅如此，李义府整日和术士杜元纪待在一起，行踪诡秘，而这一切全都被人看在了眼里。

所谓的政治斗争，一方面是政治利益，一方面是经济利益。

打个比方来说，通过政治斗争，把敌人打入大牢，或者发配到边远地区。接下来，己方成员暗示敌人，如果要免除牢狱之灾，或者减轻刑罚的痛苦，或者继续回朝做官，只需要缴纳一笔数额不小的巨款，就可以为你办妥！

很熟悉的套路，这就是在唐朝发生的。

当时，李义府找到了长孙无忌的孙子长孙延，向他索贿七百贯，答应让他做个芝麻小官，结果被右金吾卫举报了。

龙朔三年（663）四月，李治将李义府打入大牢，随后安排了一支专案组，突击审讯下，彻底坐实了李义府的罪责。随后，李义府被发配到巂州（今四川省凉山西昌市），永不遇赦，李府的核心成员也受到了贬黜，昔日的当红家族正式没落。

乾封元年（666），李治到泰山封禅，宣布大赦天下，却唯独不答应赦免李义府，李义府郁闷无比，一命呜呼，终年 53 岁。

武则天是什么态度？

惋惜！无可奈何！睁眼看着！

多年之后，武则天执掌权柄，念及李义府的功劳，追封他为扬州大都督，算是为他翻了案。这也说明，在武则天的心里，一直拿李义府当自己人，可面对李治的强势处罚，武则天也不敢顶撞，夫妇二人的地位，可见一斑。

帝王的宠爱：让你过过皇帝瘾

显庆五年（660）十月，李治身体出现了严重的疾病，严重到不能批阅奏章。

这种疾病并不罕见，因为唐朝的皇帝在继承权力的时候，会顺便继承家族的遗传病，风疾。不过，每个人的体质不一样，加上会患上其他的疾病，因此临床表现也会不一样。李治的临床表现是频繁目眩头晕。

说白了，脑袋供血不足，导致眼睛看不见东西，现代医学的说法应该是美尼尔氏综合征，也称内耳眩晕症，这种病可以治疗，但是唐代没这个医疗技术。

李治是个勤勉之君，身体的不适并没有让他搁置朝政大事，其实他有很多选择，比如将政务转交给太子府，或者交给宰相代为处置。

然而，李治却选择让武则天代替他处置军国大事。

李治并不昏庸，他让武则天处理朝政，并不是想把权力过渡给她，也没有让她长期参与朝政的打算。相反，起用武则天恰恰是李治对江山社稷负责的表现。

首先，武则天天性聪慧，精通文史，处理政事得心应手。

其次，武则天曾跟随李世民，李世民处理政务的雷霆手段，用人识人的谋略智慧，武则天耳濡目染，也学了个七七八八。

最主要的，对付长孙无忌的时候，李治和武则天形成了稳固的盟友关系，对彼此都很了解，李治将政务交给武则天，并没有后顾之忧。

武则天初次接触至高无上的皇权，显得有些谨小慎微，凡事亦步亦趋，不敢有所逾越。皇权的滋味确实很美妙，它可以让群臣匍匐在你脚下，可以让敌人灰飞烟灭，可以让万物生灵为你所用，可以实现一个人的所有抱负。

没有纷繁复杂的政务，李治的病很快便好转起来，武则天的权力自然也被慢慢地收回。李治身体不舒服的时候，武则天可以好好地过把瘾；李治能够端坐朝堂的时候，武则天只能退居幕后，这就是夫妇二人的状态。

不可否认，武则天对权力的欲望很大，不管是过去悲惨经历的影响，还是她主观上的追求，结果就是如此。

每当李治处理朝政的时候，她总喜欢在旁边指指点点，有时候李治提出自己的见解，武则天总会提出反对意见，经常让李治下不来台。李治欣赏老婆的政治才华，却不喜欢武则天得理不饶人的态度，只能在心里暗暗责骂。

麟德元年（664）十一月，太监王伏胜向李治举报：皇后在宫中行厌胜之术！

问题是，武则天贵为皇后，她想对付敌人，直接出手就行，何必在深宫搞诅咒呢，这种行为也太消极，太不符合武则天的人设了吧。

诅咒后宫的女人，史书没记载，也不大现实。

诅咒李治？说武则天想取而代之，恐怕有点事后诸葛了。此时，武则天有摇旗呐喊的人，可在朝野的根基不大，干掉现任皇帝，意义何在？再者说，李治去世了，还有皇太子呢，也轮不到武则天执掌大权啊。

唯一的解释，恐怕是武则天请人入宫，为高宗皇帝祈福，希望他的病能够早日痊愈，但是被人诬陷为行厌胜之术！

请注意，此事发生在李治对武则天产生不满的时期。

自从武则天开始干预朝政，李治心里就对她有了抵触情绪，听说武则天在后宫搞这种乱七八糟的东西，李治的无名之火顿时就上头了。李治没去后宫调查，也没问询，而是找来了西台侍郎、同东西台三品上官仪。

龙朔二年（662），唐朝进行了官制改革，改门下省为东台，中书省为西台，尚书省为中台；门下侍中为左相，中书令为右相，尚书左、右仆射为匡政，尚书左、右丞为肃机，六部尚书为太常伯，侍郎为少常伯。

如果给上官仪贴一个标签，那就是百无一用的书生。在唐朝国史中，上官仪只出场了一次，这一次就要了他的命。性格决定命运，说得一点也没错。

上官仪的老爹是隋朝江都宫的副监，后来被宇文化及杀害，没有了家庭的庇护，上官仪只好奋发图强，后来通过科举考试，进入了朝堂。

上官仪能混迹于朝堂，完全靠自己写宫廷诗的本事。据史料记载，上官仪擅长五言诗，特点就是格律工整，注重形式的完美，而且用词华丽，格调很高，诗歌风格被后世称为“上官体”。他的诗作大多是粉饰太平，歌功颂德的性质，因此深受统治者的喜欢，升官也就是情理之中的事了。

说白了，上官仪混迹于宫廷文学圈，眼界狭隘，头脑简单，至于政治智慧，几乎是不存在的。李治做皇帝后，将他提拔为宰相，打算好好培养一番。

这不，李治想找他聊天，可上官仪似乎没搞清楚状况。他以为武则天真的在搞厌胜之术，又看到李治怒气冲冲，身上自带杀气，于是迎合道：“陛下，皇后喜欢专权，天下人都不喜欢她，请您将她废黜吧！”

李治：“上官仪，你立即起草诏书，废黜皇后！”

于是乎，两个男人开启了吐槽模式，历数武则天蛮横无理的往事，恨不得共奏一曲高山流水，以此来纪念这段同仇敌忾的吐槽经历。

旁边伺候的宦官震惊了，皇帝这是要来真的啊，趁着李治和上官仪吐槽的间隙，宦官立即前往后宫，向武则天禀告了实情。

武则天心情本来还不错的，听到上官仪居然提议废黜自己，丈夫还在旁边附和，心里犹如乌云密布，天雷滚滚！武则天毕竟是成熟的政治家，她心里有气先不说，想要把此事按下去，必须给李治服个软，将事情说清楚啊。

武则天立即赶往了前殿，夫妇二人相对而望，百感交集。

此时，上官仪正在马不停蹄地写诏书，武则天给李治服了软，声称自己在后宫不是搞乱七八糟的事儿，实在是有人居心叵测，想要离间夫妻二人的感情。

李治的委屈已经发泄过了，面对武则天，他没有了任何愤怒，反而是无尽的怜爱。武则天的解释让他倍感欣慰，就连最后一点委屈也烟消云散，面对相濡以沫、同进同退的武则天，李治顿生羞愧。

事情已经发生了，得找个人背锅啊。

李治委屈地说道：“媚娘啊，朕本来就没有废黜你的想法，都是上官仪撺掇朕，这才闹了个大误会，你先消消气啊！”

事后，武则天派人彻查此事，发现太监王伏胜和上官仪曾经在废太子李忠的府中任职……很快，许敬宗就发言了：王伏胜、上官仪、陈王李忠狼子野心，阴谋造反。

你耕田来我织布，我挑水来你浇园，这是古代模范夫妻的默契。

在皇家就是，你上表来我下诏，老婆满意我就好。

上官仪、上官庭芝、王伏胜：处死，家产充公。

陈王李忠：自杀。

从上官仪等人的背景来看，应该不是长孙无忌的党羽，只不过是恃才傲物，不把武则天放在眼里而已。对武则天来说，上官仪只能算得上蝼蚁之患，但是麻烦找上她，她也不介意用一批人头给自己立威啊。

此次事件过后，李治对武则天的感情更为真切，说不上是对她的敬畏，还是对她的信任和宠爱。总而言之，只要是临朝听政，武则天必定会列席，朝政的处理意见，李治也会征求武则天的意见，朝野上下称呼他们夫妇为“二圣”。

如果上官仪知道是这个结局，恐怕会气得从棺材里跳出来吧！

拾伍

李治的人生巅峰

逃不过的高句丽战争

接下来的故事，可能会让人热血沸腾。

唐高宗李治的战争之路，封神之路。

贞观一朝，李世民带队打了无数的战争，基本上都是胜利的结局，可临死前发动的高句丽战争，李世民一直是耿耿于怀，恨不能将渊盖苏文挫骨扬灰。

李世民的含恨，让高句丽成了唐朝的永世宿敌。

第二次高句丽战争，虽然没有取得实质性的胜利，却让渊盖苏文吓出了一身白毛汗，事情过后，他派人来到长安，表示了服软的意思。不过，高句丽人很健忘，昨天刚刚服软，今天就忘记了这一茬。比如，渊盖苏文想派大将骚扰契丹部落，结果被松漠都督李窟哥胖揍了一顿，稍微消停了几天。

高句丽刚刚消停，百济又开始找新罗的麻烦了。

新罗国王名叫金胜曼，他派使者前往长安，声称百济已经攻占了部分城池，希望唐朝皇帝可以出面主持大局。这样的桥段，和李世民时代一模一样。不过，李治刚刚登基，不想轻易发动战争，再者说恃强凌弱，说出去很掉价儿。最后，李治给百济王发了一份诏书，希望他可以退还攻占的新罗城池，大家握手言和。

从地理位置来看，高句丽和大唐接壤，百济躲在高句丽的后面，就算发生大规模的战争，百济也不用直接面对唐军的主力。面对李治的劝架，百济国王表面上认输了，私底下还是在找新罗的晦气。

永徽五年（654），新罗国王金胜曼去世，儿子金春秋接管大权。

一句话：新罗处于权力过渡阶段。百济和高句丽是多年的老战友，面对这样的机会，他们显得十分默契，不约而同地发动了对新罗的侵略战争。

哎，这三个小国真是不让人省心啊。

李治觉得局势有些失控，于是给倭国（今日本）国王下了一封诏书，希望他能够派兵进入辽东半岛，代替唐朝稍微镇压一下辽东半岛的局势。

遗憾的是，李治的情报系统更新得有点慢，因为倭国和百济早就勾搭在了一起，他们确实想出兵辽东，不过是去瓜分新罗的地盘。面对宗主国的要求，倭国犹豫了，如果搅和到战争中，肯定会得罪唐朝，倭国国王想了想，最后还是放弃了攻打新罗的计划。

永徽六年（655）正月，百济、高句丽、靺鞨组成三国联军，攻占了新罗三十三座城池，新罗国内人心惶惶，国王金春秋派人到长安求救。

李治是仁慈的皇帝，却不是软弱可欺的皇帝。作为皇帝，面对小国的无耻挑衅，该敲打的时候就得敲打。正所谓犯强汉者，虽远必诛，这是汉家帝王处理外交矛盾的基本国策，高句丽和中原政权纠缠了数十年，可谓是元气大伤，而大唐却蒸蒸日上，成为万国来朝的超级政权。

李治表示，他不想再看辽东半岛的“三国演义”，既然没有和谈的可能，那就只好出兵教训了！

永徽六年（655）二月，李治下诏，命营州都督程名振、左卫中郎将苏定方出兵辽东，开启了李治时代征伐高句丽的序幕。

战争不用过多准备，打得多了，大家都习以为常了。

永徽六年（655）五月，程名振率领大军渡过辽水，与敌军形成对峙。

高句丽人看到唐军稀稀拉拉，毫无朝廷官军的战斗气质，于是打开城门主动迎战。程名振、苏定方都是沙场宿将，看到这群小崽子耀武扬威，带着蓄势已久的大军冲向了敌军阵营。

数十年内，中原和高句丽已经交战了数十次，无数的将士埋骨他乡，辽东战场的每一寸土地都流淌着中原将士的鲜血。唐军将士看到高句丽士兵，就如同看到了杀父杀兄的仇人，一番恶战后，高句丽人丢下一千多具尸体，退守城中。

不巧的是，西突厥势力却在此时兴兵来犯。

突厥战场上的荒唐事件

西突厥虽然是没落的政权，但是他们地域广阔，打不过还可以到处逃窜，实在不行还可以认输，就连李世民也拿他们没有办法。对李治来说，高句丽和西突厥都是难缠的对手，唐朝正处于国力恢复期，拿不出足够的钱财支持两条战线同时作战，只好让辽东的程名振、苏定方暂时撤军回朝。

李治很无奈：不打高句丽了，先教训西突厥吧！

请注意，这里有两个重要的人物。

中原的战将：右屯卫大将军程知节。

西突厥可汗：阿史那贺鲁。

阿史那贺鲁，西突厥的宗室成员，相当于中原的王爷，带着族人在多罗斯川（今额尔齐斯河源头）一带游牧，日子过得非常惬意。

贞观二十年（646），西突厥的射匮可汗发动政变，将咄陆可汗驱逐到吐火罗（今新疆塔里木盆地境内），自己继承了西突厥大可汗的位置。贺鲁是咄陆可汗的人，自然遭到了新可汗的猜忌，纵然贺鲁夹着尾巴做人，还是逃脱不了被杀的命运。

贞观二十二年（648）四月，不堪凌辱的贺鲁率领三千亲信逃到大唐边境。

未来何去何从，贺鲁完全没有想法。草原很大，到处游荡吧。

当时，大唐正在谋划征讨龟兹国（辖境包括今新疆轮台、库车、沙雅、拜城、阿克苏、新和六县市），贺鲁想要依附大唐，于是亲自跑到长安投诚，主动要求担任唐军征讨龟兹国的技术向导。

李世民很欢迎贺鲁这个外援，于是封他做了行军总管，还在太极宫嘉寿殿设宴款待，送了一批礼物，并将皇帝的二手衣服给了他。

在贺鲁的带领下，唐军一路势如破竹，很快就平定了龟兹国。

合作很愉快，李世民便想着继续利用贺鲁的政治身份。

贞观二十二年（648）十二月，李世民：贺鲁啊，朕封你为泥伏沙钵罗叶护（突厥储备可汗），赐给你大唐的鼓纛，你去招抚还没有归附射匮可汗的西突厥部落吧。

贞观二十三年（649）二月，唐朝设置瑶池都督府，任命贺鲁为都督、左骁卫将军，隶属于安西大都护府。贞观二十三年（649）六月，李治登基称帝，加封贺鲁为左骁卫大将军。

李世民想模仿隋文帝的分化手段，从内部瓦解西突厥，然而却驾崩了。而贺鲁利用自己的身份，开始在西突厥境内野蛮生长，最终强势崛起。

向西，是西突厥的大本营。

向东，是大唐的西州和庭州。

所谓的敌人和战友，真的不好去定义，该何去何从呢？

永徽二年（651）正月，贺鲁打算动手了，准备夺取西州和庭州。

西州的首府位于新疆吐鲁番市，庭州的首府位于新疆昌吉市。西州和庭州扼守在西域之路的门户，是大唐在西域的军事重镇，常驻守军超过一万，贺鲁想拿下这两个地方，确实有点儿蛇吞象的意思。

这些年来，唐朝统治西域，一方面靠军事威慑，一方面靠情报工作。贺鲁的军事计划刚刚出炉，庭州刺史骆弘义就得知消息了。对李治来说，贺鲁是大唐对付西突厥的一枚棋子，就这样摧毁他，实在不符合李治的利益。

李治思之再三，决定对贺鲁恩威并施。

玉门关外，一行人风尘仆仆，面带倦容，为首的是通事舍人桥宝明，此人是李治的亲信，他此行的任务很简单：给贺鲁念一遍圣旨。

瑶池都督府内，桥宝明的圣旨念完了，顺便震了震虎躯：“贺鲁啊，你夺取西州和庭州的计划已经暴露了，我劝你还是放弃偷袭的打算，将你的儿子送到长安为人质，这样或许可以消除皇帝的疑虑！”

这种感觉很奇怪，像被人脱光了衣服一样羞耻。事实证明，大唐的官员比贺鲁想象的要狡猾啊。桥宝明回去了，还带回了贺鲁的长子咥运。回长安之后，李治封咥运为禁卫军的宿卫官，加封右骁卫中郎将，以示恩宠。

拿孩子要挟父亲，应该能起到震慑作用。然而，他们却低估了突厥人的本性，孩子什么的，真的不重要。更何况，咥运也是个野心家，他吃着李唐的皇粮，却暗中唆使贺鲁继续造反。

接下来，贺鲁和射匮可汗发生了激烈的争夺，几番恶战之后，贺鲁荡平了西突厥的主力部队，收编了西突厥咄陆、弩失毕等十个部落。随后，贺鲁自封为西突厥大可汗，宣布了自己在西域诸国中的霸主地位。

永徽二年（651）七月，贺鲁对庭州发动了攻击。

突厥大军初出茅庐，兵锋正锐，攻陷庭州数个城池，屠戮数千人之后，大摇大摆地离去。此后的几年，李治屡次派兵征讨，贺鲁知道打不过唐军，于是带着手下各种逃窜，战略之猥琐，战术之飘逸，令唐军吃尽了苦头。

李治想灭高句丽，西突厥却跳出来搞事，李治没法再忍了。

永徽六年（655）五月，李治请出了68岁的老将程知节，任命他为葱山道行军大总管，还给他配了苏定方、周智度等大将。

唐军目标只有一个：拿贺鲁的人头。

程知节率领大军压境，贺鲁玩起了做缩头乌龟的老把戏。

遗憾的是，古时候没有卫星定位系统，想要知道敌人在哪儿晃悠，只有靠侦探人员的敬业度。程知节的大部分时间，都在寻找敌人的路上。

显庆元年（656）八月，程知节在榆慕谷（今新疆昌吉市吉木萨尔县）遭遇到歌逻、处月两个部落的军队，双方展开厮杀，唐军歼敌一千多人，取得了小胜。

与此同时，行军副总管周智度遭遇到突骑施、处木昆等部的主力部队，一番恶战之后，唐军歼敌三万余人！

显庆元年（656）十二月，程知节的主力部队到了鹰娑川（今新疆裕勒都斯河流域），刚好碰到了西突厥骑兵。前方斥候来报，西突厥的兵力大概是四万人，其中两万是贺鲁麾下的精锐骑兵，其余的是西突厥别部鼠尼施的精兵。

出师一年多，终于碰到了西突厥的贺鲁。久旱逢甘霖、他乡遇故知都没法形容唐军将士的激动情绪啊。此时此刻，别说是为了家仇国恨，就凭贺鲁在沙漠里面躲猫猫害得唐军将士瞎转悠的无耻行为，唐军将士就有理由一举拿下！

有趣的是，程知节静默如山。这种平静，也许是久经沙场的老将具备的从容不迫。

程知节是大唐资历最老的将军，他不发话，属下也就默默退下了。是啊，这种情况下，谁敢做出头鸟。

不过，前军总管苏定方愿意冒这个险。

这一年，苏定方64岁，马上就要退休了。也许是对军规的无所畏惧，也许是觉得前半生碌碌无为，苏定方愿意放手一搏，苏定方带着麾下的五百名精锐骑兵，向西突厥大营发起了冲锋。

事实证明，西突厥军队似乎对唐军有一种先天性的畏惧，看到数百名骑兵前来冲锋，以为会有埋伏的军队，因此毫无斗志，且战且退。

两军交战的时候，军心溃败是一件很恐怖的事。

苏定方率领五百名兄弟如同追逐丧家之犬一般，将西突厥大军追杀了二十余里，杀敌一千五百多人，获得的军资物品连绵在整个山谷。

用五百骑兵击退数万大军，苏定方一战封神。

苏定方的霸气，让行军副大总管王文度觉得很别扭。

王文度找到程知节，一本正经地说道："程公，咱们虽然打败了敌人，但是自己也有伤亡，这样做不可取啊！如今形势对咱们有利，不必以轻骑追杀敌军主力，咱们只需要集结大部队，遭遇敌军主力便交战，这才是最稳妥的策略！"

问题是，敌军的主力部队就在眼前，唐军如果不出击，难道要等老天爷降下一道神雷，把突厥人全部给劈死？再者说，战争都有伤亡，苏定方用五百人斩杀敌军一千五百人，还获得无数的军资，这是很划算的买卖吧。

程知节是什么反应？

史书没有记载，也许场面很尴尬，连史臣也不好意思去写了。

就在此时，发生了离奇的一幕，恐怕会颠倒所有人的认知。

有一天，王文度突然发难，说自己得到了皇帝的密旨，对前线的军事有便宜行事之权，声称主帅程知节空有一身武力，在军前轻敌，由王文度接管葱山道行军大总管的职务，裁决前线一切军务！

假传圣旨，胆大包天，回去再砍你的头吧。

程知节又是什么反应？

据史料记载，程知节竟然相信了，他当着部下的面，将大军的指挥权交给了王文度！古话说得好，将在外，君命有所不受，这是血的经验和教训啊。程知节是最高主帅，又是经验丰富的老将，第一反应难道不是质疑圣旨的合理性吗？

想当年，程知节跟随李世民征战沙场，被封为混世魔王，多么霸气，多么嚣张，如今却变成了唯唯诺诺，明哲保身的人，不能不令人唏嘘感叹。难道，史书关于程知节英勇救主的记载全部都是虚构的？

大权在手，该发号施令了。

第一道军令：不允许深入敌境，不允许浪战。

第二道军令：主力集结，操练部队，锻炼军士体魄。

就这样，唐军主力集结在一起，整日骑马射箭，列队喊口号，声势振天，堪比后世的大学军训。有趣的是，王文度制定的军事训练强度，似乎比战争的破坏力还要大，以至于将士们怨声载道，军中的战马更是伤亡惨重。

后世的大学军训，小年轻们可能会大肆抱怨，我们是来读书的，不是来搞苦力的。唐军将士也有理由抱怨，我们是来打仗博军功的，这算哪回事啊？

苏定方无法淡定，他对程知节说道："我们是为了征讨贼寇，建立功勋，困守在这里算什么事？皇帝已经任命您为主帅，怎么能让一个副总管发号施令？只要您愿意，我先把王文度囚禁起来，然后向皇帝报告此事！"

有这样给力的下属，实在是三生有幸。

然而，面对苏定方的坦诚，程知节支支吾吾，最后干脆选择了沉默。这种沉默，让人感觉到莫名的诡异，几乎是违背了程知节的人设啊。身为大军的统帅，莫名其妙地把指挥权交给副手，将数万将士的性命交给一位庸才，将大唐国运扔给一位人品堪忧的下三烂！

遗憾的是，荒唐事儿并没有结束。

彪柄千古：苏定方灭西突厥

军训收官之后，王文度率领大军到达桓笃城，许多胡人表示归附唐朝。在王文度的眼里，这帮人并不是大唐的子民，而是排队待宰的羔羊。

王文度咆哮道："非我族类，其心必异！这帮胡人就是在等我们班师回朝，到时候他们照样会反叛我们，不如现在就弄死他们，抢他们的钱财！"

面对王文度的神逻辑，将领们集体晕厥。

苏定方强忍着怒火，劝阻道："大帅，如此一来，我们与贼寇有什么区别，还能成为讨伐叛贼的正义之师吗？"

假传圣旨都敢干，杀几个胡人算什么？

王文度也不傻，他想带着部下抢劫胡人，让部下记得他的好处，然后将假传圣旨一事遮掩过去，大家各取所需嘛。事实上，许多将领都没捞到正儿八经的军功，因此面对王文度的收买，纷纷失去了底线。

傲然挺立的人只有一个：苏定方！

在王文度的带领下，西突厥军队不知所踪，唐军打了几个小胜仗，随后班师回朝。李治下令调查其中的原委，王文度以假传圣旨为由，被判处死刑。不过，考虑到大军打了败仗，李治赦免了王文度的死罪，将他削籍为民，永不叙用。

至于程知节，因为逗留不进，贻误战机，再加上作为大军主帅，不辨真伪，纵容王文度肆意胡来，被朝廷判处死刑！李治念他是大唐功勋之臣，又是三朝元老，特旨赦免死罪，改判罢免程知节的所有官职和爵位。

面对这样的处罚，也不知道程知节究竟是何感想。

此次征伐西突厥，苏定方以五百人对阵数万敌军，可谓毫不露怯，虽然只斩杀了一千五百名敌军，却因此一战成名。更何况，面对王文度的嚣张妄为，苏定方不惧强权，坚持己见，这种气魄和格局让李治和武则天对他极为欣赏。

在领导那里露了脸，还怕没有出头之日吗？

显庆二年（657）正月，李治又下诏了。

行军总管：苏定方。

行军副总管：燕然都护任雅相、副都护萧嗣业等人。

外国援军：以回纥援军为主，从北道讨伐西突厥。

技术支持：右卫大将军阿史那弥射、左屯卫大将军步真，李治封他们为流沙道安抚大使，自南道招集西突厥的旧众，从内部瓦解贺鲁的同盟。

至于军队的编制，史书上没有明说，大约两万人，其中还有一部分是从少数民族征调过来的军队。苏定方的目标是寻找贺鲁的军队，因此李治不想耗费太多的资源。再者说，唐朝的天威尚在，与西突厥对战，是正义之师讨伐不听话的叛贼，因此仅凭唐军的军威就可以杀敌一半！

接下来的几个月，苏定方就干了一件事儿：在漫无边际的草原寻找贺鲁等人的踪迹。

显庆二年（657）十二月，苏定方来到了突厥金山（位于新疆以北，蒙古以西，东南－西北向的山脉）的北面，刚好碰到了西突厥处木昆部。面对天降神兵，处木昆部的首领懒独禄慌了，他虽然有一万名生力军，可还是举起了白旗。苏定方对他们好言安抚，随后派遣一千名骑兵将他们看护起来。

苏定方此次出征，西突厥的部落望风归降，贺鲁只能将主力部队拴在裤腰带上，到处奔波流浪。苏定方继续向西进军，到了曳咥河（今额尔齐斯河流域）的时候，终于碰到了贺鲁的主力。

准确地说，是贺鲁主动找上门来决战的。

贺鲁是西突厥至高无上的大可汗，草原上的雄鹰，手握十万雄兵，却被苏定方的两万人追杀，说出去还怎么在草原上混？

贺鲁表示，苏定方的两万部队还不够他塞牙缝的。

又是以少打多的战役，作为主帅，苏定方有一万个理由选择撤退。然而，苏定方坚信，贺鲁的十万雄兵已经到了强弩之末，唐军胜算极大，打赢了此战，就可以换回大唐西部边境数十年的安宁！

曳咥河畔，苏定方宛若战神，神态坚定地传下了军令：步兵镇守在南原，把长矛密集排列，锋刃朝外；骑兵在北原布阵，随时准备冲锋！

对贺鲁而言，以十万骑兵对两万杂牌军，难道还会输吗？

贺鲁轻敌了，他没有找苏定方的骑兵交锋，而是找步兵的晦气。可是面对苏定方的长矛阵，贺鲁的战马吃尽了苦头，一连三次冲锋都没有击溃唐军阵型。

一鼓作气，再而衰，三而竭。

当贺鲁的骑兵感到疲乏的时候，唐军的骑兵冲锋了。战场就是你来我往，疲惫的突厥骑兵看到敌人往来冲锋，逢人便砍脑袋，脑子能想到是就是：唐军打了鸡血，唐军疯癫了！不一会儿，战场上的血腥便让突厥军人呕吐不止。

突厥逃兵出现了，一个，两个，逃跑的想法如同恶性病毒一般，开始在全军蔓延。苏定方率领唐军将士一路追杀了三十余里，西突厥数万名将士成为刀下亡魂。接下来的几天，贺鲁组织残余部队和唐军交战，再一次大败而归。

西突厥可以横行天下，靠的是旗下的十个部落，它们是左厢的五咄陆部和右厢的五弩失毕部。其中咄陆部包括处木昆、突骑施、胡禄居、鼠尼施、摄舍提五部；弩失毕部包括哥舒阙、哥舒处半、阿悉结阙、阿悉结泥孰、拔塞干五部。

此时，贺鲁的败局已定，弩失毕部率先向苏定方投降。随后，咄陆部的贵族首领找到了南道的主帅阿史那步真，要求归降李唐王朝。

贺鲁一生都在为复兴西突厥而战，此时此刻，他只能仰天长叹，泪流满面。贺鲁不甘心失败，他还有最后一个希望：恶劣的天气！不错，贺鲁希望老天爷可以降下大灾难，阻止苏定方继续行军，为自己争取更多的时间。

贺鲁平复了一下悲伤的心情，带着数百名骑兵向西狂奔。然而，苏定方不是程知节，仗已经打到了这个地步，岂能放贺鲁轻易逃走？

苏定方："萧嗣业，你去追击贺鲁的余党，我在后面支援！"

此时，塞外朔风横吹，积雪高达二尺，军中的马匹早已经冻伤了大半，许多将领都要求天晴之后再发兵。然而，苏定方的态度异常坚决："贺鲁就是觉得塞外天寒地冻，才认为我们会驻军休息，此时我们耽误一刻，贺鲁就会逃得更远，你们想要获得泼天大功，现在就必须克服一切困难！"

军人的霸气，这一刻展露无遗。

为了打消大家的疑虑，苏定方不顾年迈的躯体，亲自领兵追击，唐军昼夜兼程，一路上收编了不少被打散的胡人，后来又和弥射、阿史那步真顺利会师。

此时，探子来报：贺鲁正在前方驻扎，距离大军二百里地！

贺鲁大意了，他误以为唐军不会冒着严寒追击，因此将唐军甩开之后便放慢了行军的节奏，再加上失散的旧部前来投奔，贺鲁又有了翻身的资本。为了释放积蓄已久的压力，贺鲁拿出自己的装备，准备外出打猎。

突厥人不知道，苏定方的大军已经靠近了营地。

时至中午，西突厥士兵刚刚饱餐一顿，准备午休，苏定方令旗一倒，蛰伏待机的唐军犹如猛虎下山，瞬间就将贺鲁的营地包围。这是一场单方面的屠杀，贺鲁根本没有能力反击，留下了数万具尸体之后，贺鲁带着儿子咥运、女婿阎啜等人逃往石国（今乌兹别克斯坦共和国首都塔什干市）。

继续追击，还是率军返回？

苏定方很清楚，此次出征的将士经历了一年多的跋涉，吃尽了苦头，再加上天寒地冻，马匹伤亡惨重，将士粮草和被服都不够，因此抱怨极大。

苏定方下令：归附唐朝的部落各自回到本部居住的地方，只要是贺鲁掠夺的财产，唐军会全部归还，唐军还会为大家开通道路，设置驿站，西突厥十姓百姓以后跟着唐朝混就是了！

石国西北的苏咄城外。贺鲁等人疲乏不堪，犹如乞丐一般，丝毫看不出他曾经是西突厥汗国的君主。胯下的战马经过连日的奔波，早已经口吐白沫，贺鲁命人拿着珠宝进城买马，却被某位无名氏拦了下来。

无名氏告诉贺鲁，他是城主伊沮达官的下属，城主很仰慕贺鲁的盖世英雄，因此早已经在备好酒食，准备和他畅叙一番！

仰慕？畅叙？酒食？

贺鲁不过是个流浪汉，能有容身的地方就不错了，逃难的时候还能有这样的待遇，实在是天无绝人之路啊。贺鲁表示，关键时候，还是自己人靠谱。

事实证明，未来的人生确实充满了各种各样的选择，但有时候不是你选择了命运，而是命运选择了你。

伊沮达官为贺鲁准备了丰富的宴席，也备好了技术精湛的刀斧手，只等贺鲁入套。

贺鲁一路上兴致勃勃，期待接下来的友好会谈，可他没想到的是，还没到饭点，伊沮达官就动手了。原来，这是一场不用上桌的鸿门宴。

此时，苏定方已经回朝了，副总管萧嗣业奉命追击贺鲁。

伊沮达官："尊敬的天可汗使者，我是你们忠臣的奴仆。你看，我已经将西突厥可汗贺鲁擒获，打算献给我们的天可汗！"

据史料记载，贺鲁被押送回长安之后，不久便去世。显庆二年（657），随着贺鲁的被抓，突厥十姓部落的归附，西突厥正式宣告灭亡。

李治的处置方案：将西突厥分为濛池、昆陵两个都护府。

阿史那弥射为左卫大将军、昆陵都护、兴昔亡可汗，统率五咄陆部落；阿史那步真为右卫大将军、濛池都护、继往绝可汗，统率五弩失毕部落。至于西突厥十大部落的首领，依据部落大小、地位声望，朝廷委任他们刺史以下的官衔。

李世民很霸气，可唐高宗李治也不赖。

我们不能忘记西突厥的灭国战争，不能忘记大唐战神苏定方，正是他们将困扰大唐数十年的西突厥赶尽杀绝，这份丰功伟业，足以让他们君臣彪炳千古。

苏定方辽东封神

征战的脚步不停歇。

李治和李世民一样，对朝鲜半岛的局势耿耿于怀。

显庆三年（658）六月，灭西突厥不到半年时间，李治便给营州都督、东夷都护程名振、右领军中郎将薛仁贵发了一道军令：以小股部队袭扰高句丽边境。

这是李世民的战术，先用小股部队袭扰高句丽的城池，等他们疲惫不堪的时候，再集结大军决战，一战定乾坤！至于是什么效果，谁也不知道。

程名振是大唐的资深名将，薛仁贵是李世民提拔的年轻将领，这两位老兄的军事素养没有问题，而且最大的优点就是可以贯彻李治的意志！

在程名振和薛仁贵的带领下，唐军轻松拿下了赤烽镇（今辽宁省鞍山市海城市境内），斩杀四百人，活捉一百人，取得了出师首捷。

面对唐军汹涌的攻势，渊盖苏文不敢疏忽大意，他让属下豆方娄率领三万人对抗，意图扼杀唐军的进攻意图。然而，以薛仁贵为首的先锋部队主动出击，成功击杀两千五百多名高句丽士兵，将豆方娄的大军逼回城中。

遗憾的是，大军出征不久，朝廷就爆发了内斗。以武则天为首的新派势力向长孙无忌为首的关陇势力宣战，韩瑗、柳奭、褚遂良等数个宰相卷入其中。

结果大家都知道，武则天没有采取短平快的暴力手段，斗争一直持续了两年之久，前线的战事因此被搁置。不过，这并不是什么坏事，这两年期间，李治的军事思路有了新的变化，他认真总结了隋炀帝和老爹的失败经验之后决定：不和高句丽纠缠了，先拿百济开刀！

这是个创新十足的想法，也是改变历史的决定。

论实力，百济国不如高句丽，打起来容易。

论地缘，百济国会被唐军和新罗联军夹击。

论战略，唐军只需要出动海军即可，粮道不成问题。

显庆五年（660）三月，李治下诏：

封苏定方为神丘道行军大总管，率领十万大军攻伐百济。封新罗国王金春秋为嵎夷道行军总管，带领新罗部众，同苏定方会合。

据史料记载，苏定方从成山（今山东省威海市荣成市）乘船渡海，直抵百济国的熊津江口（今朝鲜半岛南部锦江口）。

三国争霸，高句丽是说一不二的大哥，新罗是遭受欺负的小弟，百济国则是千年老二。论实力，百济国只能跟在大哥后面摇旗呐喊；论资历，百济国王扶余义慈毫无韬略。面对大唐的天降神兵，百济人开始恐慌了！

熊津江口，唐军的先锋部队先行上岸，背水结阵，与百济守军展开了激烈的交锋。大战正酣的时候，后续的海军战舰在海潮的推动下，陆续抵达熊津江口。十万将士，无数的船只汹涌而来，壮丽的景观让百济人吓破了胆。

很快，唐军全部上岸，百济人丢下数千具尸体后，仓皇逃回了都城。随后，苏定方率领大军向百济都城泗沘城（今韩国忠清南道扶余郡）进发。

苏定方再一次奠定了他的战神地位。

百济国王扶余义慈彻底震惊了，他实在没有想到，李治会弃渊盖苏文于不顾，不远千里地来弄他！这算什么事儿啊。

扶余义慈不想束手就擒，他调集了数万名将士，以及大批的百姓前来御敌，希望能阻挡唐军的最强攻势。遗憾的是，在唐军将士的眼里，攻占朝鲜半岛已经不是单纯的对外战争，而是为含恨而终的父兄报仇，为成千上万的东征将士完成最后的遗愿。这一刻，不分年代，不分国界，不分姓氏。

在距离百济都城二十里的地方，战神苏定方帅旗一挥，十万唐军将百济军民合围起来，随后给扶余义慈上了生动的一课：出来混，迟早是要还的！

苏定方不想说什么宣扬大唐国威，让百济军民依附唐朝的话。

唐军将士英勇冲锋，很快便将百济的防御击溃。

百济军民彻底恐慌了，三国内乱，他们一直是吃肉喝汤的角色，何曾见过如此惨烈的修罗场？

百济大军溃败了。

扶余义慈是个聪明人，他预料到了战争的结局，百济军民还在顽强抵抗的时候，他已经收拾好行装，带着太子扶余隆逃往到北方边境。

扶余义慈的次子扶余泰自封为王，带领众人固守都城。

扶余隆的儿子扶余文思找到了叔叔扶余泰，说道："叔叔，大王和太子都还在世，你如果侥幸打败唐军，他们回国之后必定不能容你；如果你战败了，唐军也会杀了你，不如开城投降吧！"

扶余泰想了想，确实是这么回事，那就投降吧！

能够得到这样的结果，苏定方已经非常满意，他接受了扶余泰的降书，并将代表大唐政权的旗帜插到了泗沘城上，宣示着大唐帝国对百济国的占领。

自此，跟随高句丽闹腾了上百年的百济政权正式宣告灭亡。

百济国分为五部，下辖三十七郡、二百城、七十六万户，这样的建制和大唐是格格不入的，为了更好地管辖百济，李治随后下诏：将百济国分为熊津、马韩、东明、金连、德安五个都督府，起用百济原有的酋长为都督和刺史，同时委派朝廷的官员前去任职，以此稳定百济的局势。

打胜仗，接管别人的政权，这就是宗主国的意志。

百济政权被灭，高句丽在劫难逃。

显庆五年（660）十二月，李治钦点了四位主帅：

苏定方：辽东道行军大总管。

左骁卫大将军契苾何力：坝江道行军大总管。

左骁卫将军刘伯英：平壤道行军大总管。

程名振：镂方道大总管。

李治的策略就是重拳出击，分头攻打高句丽。

龙朔元年（661）正月，李治下诏：

征召黄河沿岸、淮河之南六十七州的兵力，共计四万四千多人前往平壤、镂方（治所在朝鲜平安南道阳德郡）。任命鸿胪寺卿萧嗣业为扶余道行军总管，统领回纥等少数民族的援军前往平壤。

遗憾的是，大军还没出发，百济国就出现了变乱。

事情是这样的，苏定方灭国之后，让亲信刘仁愿、新罗王子金仁泰共同镇守在百济都城泗沘城。与此同时，苏定方上奏朝廷，希望李治能够派遣得力干将前来整饬百济的局势，以便大军继续征伐高句丽。

李治选了半天，最终决定起用王文度为熊津第一任都督。

前面已经说过，王文度在西突厥战争中假传圣旨，政治生涯有了污点，李治太过仁慈，他觉得镇守熊津是个绝佳的机会，如果王文度能改过自新，辅佐苏定方等人灭掉高句丽，此前的政治污点将会一笔勾销。

出发点是好的，可每个人的命数似乎早已经注定……王文度乘船出海，不料半途遇上了猛烈的暴风，非常悲剧地牺牲了。

消息传到百济，真可谓几家欢喜几家愁啊。此时，泗沘城中只有刘仁愿和新罗王子的军队镇守，他们听说朝廷的使者被海水淹死，心中极为恐慌。

百济人肯定不想放过这个翻身的好机会。

出头的人有两个：和尚道琛、大将鬼室福信。

这两位老兄勾搭在一起，并且派人前往倭国送信，希望皇室的扶余丰回来主持大局。倭国的统治者也希望朝鲜半岛彻底混乱，他们好捞取政治利益，因此很爽快地答应了要求，还让大将阿昙比罗夫护送扶余丰回到了百济。

至此，倭国也卷入接下来的战争之中。

彼时的百济，皇族凋敝，民生艰难，老百姓最大的心愿就是和平。扶余丰虽然得到了倭国的支持，却不得人心，因此在泗沘城下吃了不少亏。不过，刘仁愿能力有限，只能将扶余丰镇压在泗沘城下，至于平叛，他完全做不到。

刘仁愿：皇帝，还是得派军队来！

长安的众臣都很关心，李治会派谁去主持大局。

苏定方、程名振、薛仁贵都是很好的人选。

有趣的是，李治点了刘仁轨的名！

刘仁轨，白面书生，担任过大唐的县丞、县令、给事中和刺史，却从来没有带兵打仗的经验。不过，这位老兄不畏权贵，刚直不阿，在李义府走向人生巅峰的时候，就他敢站出来挑战李义府的权威，因此被李义府嫉恨。

大军征伐高句丽的时候，刘仁轨负责海上的后勤运输工作，李义府为了陷害刘仁轨，勒令他在气候异常的时候出海，致使大军的补给船全部翻覆，刘仁轨因此获罪，被贬为一介布衣。

此时，李义府仗着武则天的信任，为人嚣张至极，李治也很讨厌他。起用刘仁轨，说明李治想着打压武则天的势力，也看到了刘仁轨的发展潜力。也正因为大胆地起用贤臣，李治才收获了一个声名在外的超级战将！

临行之前，刘仁轨向朝廷领了《唐历》和宗庙名号，并放出豪言："我这次出去，势必平定百济，将大唐的历法颁布在海外！"

李治的内心很骄傲，这才是为朝廷着想的好官。

对刘仁轨来说，虽然是大姑娘上花轿，第一次带兵，可他却治军严明，很快就在军中树立了威信。泗沘城外，敌人已经设了两个栅寨，刘仁轨联合新罗大军发动了进攻，斩杀一万多名敌军，道琛这才解除了对泗沘城的包围。

一切都进展得很顺利，可就在此时，新罗军队宣布弹尽粮绝，想回家稍做休息，补给军粮之后再来找百济算账。仗打到一半，还可以回家补给，这样的操作实在是让人哭笑不得。事实上，新罗人也不傻，他们大约有六万军队，是百济战场的主力，伤亡就不说了，后勤保障确实有些吃力。

新罗人的意思很简单，小弟坚持不住了。

刘仁轨是钦差大臣不假，可手下没有主力部队啊，新罗撤军后，唐军就显得有些势单力薄了，再加上军粮紧缺，局面开始有些失控。

还有一个事情让刘仁轨很头疼，大唐是宗主国，漂洋过海来百济，不是为了掀起新一轮的战争，而是让老百姓过好日子。不管李治怎么想的，老百姓肯定是这个期盼，刘仁轨想快点平乱，可也不能用暴力手段赶尽杀绝。

刘仁轨思之再三，最后下令：暂时解除对道琛等人的包围。

彼时，百济国内的局势是你打不死我，我也干不死你，大家就这样耗着，看老天爷先把谁收走。刘仁轨撤军之后，叛军开始招兵买马，道琛自称领军将军，鬼室福信自称霜岑将军，日子过得比之前还要红火。

然而，道琛是和尚，鬼室福信是将军，两人的价值观完全来自不同的世界，一致对外的时候，他们可以同仇敌忾，到了瓜分势力的时候，矛盾就产生了。

说白了，唐军迟早会走，到时候谁来做首领?

这是一个很现实的问题。

据史料记载，道琛和鬼室福信为了争夺百济的最高统治权，竟然爆发了大规模的军事冲突，让困守在城中的刘仁轨等人看得目瞪口呆。泗沘城下，鬼室福信弄死了和尚道琛，获得了最高统治权，代价却是元气大伤。鬼室福信得胜之后，继续扶持傀儡扶余丰，希望能将百济政权维持下去。

双面书生刘仁轨

客观地说，每个王朝都有强盛的时期，也有衰落的时期，这是不可避免的历史规律，不可能因为任何帝王的强权和意志而更改。

汉武帝之后，大汉王朝便不复当年。

唐玄宗之后，大唐王朝便日落西山。

高句丽，一个活跃在隋末唐初的政权，三败如日中天的大隋王朝，将隋炀帝逼到灭国的边缘，随后又狙击了千古战神李世民，最后让他饮恨而终。隋末唐初的历史上，高句丽出尽了风头，此刻也到了走下坡路的时候。

平定百济之后，李治便可以集中精力攻打高句丽了。

对李治来说，百济政权灭亡，他感到很欣慰，却没有激动之情，唯有面对高句丽，才能激发他内心的斗志。按照李治的意思，他准备效仿李世民御驾亲征，但是得了头晕目眩的疾病，被武则天强行留在宫中休养。

打高句丽的阵容，还是先前的几位大将。

龙朔元年（661）七月，苏定方在浿水（今朝鲜大同江）大败高句丽守军，随后将海军主力开到了平壤城外，等待契苾何力的陆军主力会师。

事实上，高句丽确实到了强弩之末，陆军一路势如破竹，轻松越过了所有的城池，直接杀到鸭绿江畔。此时，江水冰封，坚硬无比，契苾何力趁着天赐良机，将大军带到了鸭绿江的南岸，与高句丽守军展开了斗争。

高句丽的主帅叫渊男生，是渊盖苏文的儿子，他带着数万名精兵坚守在鸭绿江畔，为这个摇摇欲坠的帝国争取着最后的生机。

被别人打到老家的滋味很不好受，打不过别人的滋味更不好受。渊男生发现，他使出了浑身的解数，还是无法阻挡唐军的兵峰，一番苦战之后，高句丽被杀三万余人，渊男生孤身脱险。

龙朔二年（662）二月，平壤附近，蛇水战场。

唐军方面：苏定方、程名振、庞孝泰主帅。

高句丽方面：渊盖苏文亲自出马。

这一次，双方投入了绝对的主力，堪称一战定乾坤。

据史料记载，左骁卫将军庞孝泰身先士卒，冲杀在前，却因为寡不敌众，在耗尽最后一丝力气之后，血洒疆场，含恨而终。与庞孝泰一同战死的，还有他的十三个儿子。我们都知道北宋的杨家将，却不知道早在唐高宗李治一朝，就已经有了满门壮烈牺牲的热血先例。

如此壮烈的牺牲，并没有换来唐军的大胜。

连年的征战，让大唐的国力耗损极大，这一切李治都忍了。可这一次，唐军再一次遇到了寒冷的暴风雪，平壤城下，唐军远离本土作战，粮草难以为继，将士的保暖得不到保障，死伤非常严重。

屋漏偏逢连夜雨。

边境传来战报：漠北的铁勒九姓联合同罗、仆固侵略大唐边境。

究竟是咬着牙攻打高句丽，还是撤军到漠北布防？

在李治看来，高句丽已经在走下坡路，对大唐本土没法形成致命的打击，然而漠北的少数民族却可以随时打到关中，威胁他的统治，再加上北线的契苾何力进展不顺，没法和苏定方等人会和，李治最后还是给前线下诏：

撤军回朝，全力支援漠北战线！

还有一道圣旨，李治丢给了驻守在百济的刘仁轨、刘仁愿：平壤的主力部队已经撤回，百济战场势力单薄，唐军仅仅镇守在熊津江口，恐怕很难形成气候，大军要么开到新罗求生存，要么班师回朝……

可以想象，李治确实遇到了大麻烦。

历史的走向，究竟由谁决定呢？

据史料记载，刘仁轨并没有撤军的打算，镇守百济以来，他无时无刻不在思考征伐朝鲜半岛的战略。眼下，皇帝的态度模棱两可，既可以班师回朝，也可以继续镇守，给了足够的选择空间，就看他自己的想法了。

刘仁轨不想撤，可他必须尊重将士们的决定。

因为，这帮兄弟远离故土，人心思归。皇帝的旨意到来后，他们兴奋不已，不少人都开始在收拾行装，准备回家了。

刘仁轨搭了个高台，来了次影响深远的公开演讲：

将士们！咱们是臣子啊，应该为国家而牺牲，怎么能考虑个人的私欲呢？陛下一直想消灭高句丽，因此先灭了百济，还留下部队驻守，为的就是控制住战略要地。不错，百济还有残余的敌寇，而且守备森严，但只要咱们秣马厉兵，做好准备，乘他们不备的时候攻击，就一定可以取胜。如果咱们打了胜仗，再找皇帝请求主力支援，朝鲜半岛便可一举荡平！

如今，平壤的主力部队已经回朝，如果熊津也跟着撤军，那么百济的残寇就会死灰复燃，朝廷什么时候才能平定高句丽？一旦咱们开始撤军，敌军立马就会发动攻击，纵然是逃到新罗地界，也不过是羁旅之客。将士们，相信我，敌军的主帅鬼室福信残酷暴虐，不遵人伦，百济君臣互相猜疑，迟早会发生变故，咱们只需要坚守城池，等待变化，就一定可以取得最后的胜利！

不得不说，刘仁轨的判断很准确，决策也很果断，丝毫不像读书人出身的帅才。

大唐和高句丽的战争持续了数十年，好不容易将胜利的旗帜插到了敌人家门口，如果轻易撤军，那么先前将士们的努力将会付之东流。说得更现实一点，这一次撤退了，下一次还是得来，而且还是这帮将士！

在刘仁轨的鼓舞下，将士们逐渐放弃了回国的打算。

反倒是百济方面，听说唐军要撤军，兴奋得不成人样。可是左等右等，刘仁轨和刘仁愿也没有下令撤军，他们有点蒙了。

百济王扶余丰和鬼室福信开始坐不住了，他们派了个使者前往熊津江口，对刘仁轨等人说道：“啊，贵国的皇帝不是心疼你们，让你们回家嘛！将士们出来的时间也挺长的，再者说他们在这里吃不好，穿不暖，还是赶紧回家吧！”

百济使者的表演太拙劣了。

看起来，扶余丰和百信复国的意愿非常强啊！如果让敌人过得舒坦，岂不是天大的罪过？刘仁轨和刘仁愿相视而笑，莫逆于心。

扶余丰的使者刚回去，刘仁轨便发动了突袭，一举攻克了支罗城、尹城、大山、沙井栅寨，随后分散兵力，扼守险要。

刘仁轨心里清楚，可以取得小胜，全仰仗敌人放松警惕，如果要扩大胜利果实，总不能拉着百济的老百姓和扶余丰打仗吧？

刘仁轨给李治上了一道奏表，希望皇帝能仗义援手。

国有良将，皇帝的福气啊！

李治非常欣慰，于是在淄州、青州、莱州、海州调集了七千名将士，由熊津道行军总管、右威卫将军孙仁师统帅，前去支援刘仁轨和刘仁愿。

七千援兵到达之后，百济的反叛势力开始消停了。

接下来的局势，和刘仁轨设想得一模一样。

鬼室福信是个霸道的枭雄，他有能力掌控兵权，可他忽略了扶余丰。这位老兄并不是逆来顺受的人，他从小就被送到日本做了人质，经历了太多的苦难，他内心发誓，一定要让百济成为霸主，做万民敬仰的君主。

扶余丰经常在公开场合表达对鬼室福信的不满，鬼室福信也在暗中谋划，意图除掉这位时常插手政务，没有自知之明的傀儡皇帝。

龙朔二年（662）七月，鬼室福信准备动手了。

鬼室福信的如意算盘是这样的：扶余丰有雄心壮志，人也很强势，可缺少军队的支持，轻易搞不定眼前的烂摊子。只要百济的军务无人处理，扶余丰为了稳定军心，一定会亲自请他出山，到时候就可以趁机杀了扶余丰。

守株待兔，很完美的计划！

接下来，鬼室福信在家称病，只等扶余丰前来送死。

鬼室福信可能不知道，扶余丰在他身边安插了内奸，计划诞生之时，也就是鬼室福信的末日。扶余丰下了一道诏书，声称鬼室福信是百济的栋梁之材，病倒在床上实在是国家的不幸，并承诺一定会去他的府中看望。

鬼室福信兴奋得手舞足蹈，只等老板的到来。

扶余丰确实来了，可他是有备而来。

按照一般的套路，皇帝到臣子家中，肯定要来一段嘘寒问暖，然后大家开始聊天，聊到互相厌烦之时，再号令刀斧手进来，将对方给杀了。

扶余丰带着亲信狂奔到鬼室福信的床前，没有虚伪的对话，没有任何礼仪招呼，扶余丰直接掏出尖刀，将鬼室福信刺死在床上。

扶余丰心里清楚，他没有能力摆平唐军，鬼室福信被杀之后，扶余丰就派人前往高句丽和倭国求援了。看得出来，这孩子的逻辑非常简单：我不高兴，就是不想让你活，即便是灭国也在所不惜！

倭国惨败白江口：小弟就是小弟，别胡来！

扶余丰的一把尖刀，让倭国也卷入战争之中。

朝鲜半岛的局势，越来越扑朔迷离了。

彼时，倭国的国君是天智天皇，在历代天皇里面，天智天皇堪称出类拔萃。天智天皇接到扶余丰的求援信之后，兴奋极了，难道他不知道，倭国早就盯上了朝鲜半岛吗？

天智天皇给百济军民写了封信：哎呀！我们不该插手百济的内政，更不敢挑衅大唐的权威，可扶余丰毕竟在倭国生活了很长时间，好歹算半个家人，如今百济被灭，王子落难，总不能畏惧唐军势力就袖手旁观吧，我们决定帮助百济！

龙朔三年（663）三月，倭国出兵了。

主力大将：上毛野君稚子、阿倍比罗夫。

军队数量：两万七千人。

按照地缘，倭国和新罗最近，他们的打算是霸占新罗地盘。

大唐的官员们也不是吃干饭的，倭国出兵帮助扶余丰复国，不就是为了乘机灭掉新罗，进而摆脱大唐的统治吗？中原官员的政治智慧可不是盖的，倭国刚出兵，他们就知道了幕后的利益关系。

龙朔三年（663）四月，李治下诏：在新罗设立鸡林州大都督府，以新罗首领金法敏为鸡林州大都督、左卫大将军，正式将新罗纳入唐朝的统治体系。

一道诏书，直接让新罗变成了大唐的地盘，这样一来，倭国对新罗用兵，那就是对大唐宣战啊。敌人越嚣张，咱就越不能退让。

强盛的大唐不惧怕任何小弟的挑战，收拾高句丽是李治的毕生梦想，如果倭国也想加入这个刺激的游戏，李治不介意把他们一起收拾了。

李治的强硬态度，让倭国天皇有点不知所措。

接下来，天智天皇的使者在朝鲜半岛到处游说，希望三个国家可以搞个同进同退的军事联盟，和唐军好好掰一次手腕。

高句丽、百济、倭国三国联盟，朝鲜半岛风云再起。

唐军方面也不甘示弱。

刘仁轨：困守泗沘城，军力六千人左右。

孙仁师：驻屯在白江口附近，军力七千人左右。

新罗方面：驻屯在泗沘城外，军力五千人左右。

各位看官，自古以来，倭国就是中原的附属小国，一向用低姿态迎合中原的皇帝们。谁也不会想到，中原政权和倭国的第一次战争会在此时发生。

倭国的目标：打赢这场战争，瓜分新罗，摆脱唐朝的统治。事实上，天智天皇觊觎朝鲜半岛很久了，先后派了四批军队前往百济。

第一批：统帅为日本贵族朴市田来津，军队数量五千人，主要目的是帮助扶余丰除掉权臣鬼室福信，此刻驻屯在百济。

第二批：统帅为阿昙比逻夫，军队数量一万七千人，战舰一百七十艘。

第三批：统帅为上毛野君稚子、阿倍比罗夫，军队数量两万七千人。

第四批：统帅为庐原君臣，军队数量一万人。

第四批倭国援军到达百济之后，敌方联军做出了重要的军事部署：在白江口会师，集结重兵，向泗沘城发动进攻。

白江，又称熊津江，如今的韩国锦江。

白江口，自然是锦江的入海口。

论兵力，倭国派了一百七十艘战舰，五万四千名主力大军，加上百济的五千军队，战舰总计一千艘，军力五万九千人，远超过唐军的兵力部署！

客观地说，李治没有小觑百济和倭国联军，可是多年征战，将士死伤无数，大唐确实是无兵可调。然而，随着倭国卷入战争，朝鲜半岛的三个小国都在挑衅唐朝，如果选择退缩，李治的皇帝生涯会留下一大败笔。

在关乎民族利益和帝王尊严的关口，李治选择了坚强面对，大唐将士也选择了舍身报国，纵然知道敌方的兵力数倍于自己，那又怎么样？

不过，四两拨千斤，那都是纸面上的说法而已，真到了战场上，那就是毫无理由地以多欺少，恃强凌弱啊。大敌当前，唐军大营的气氛非常紧张，孙仁师、刘仁轨、新罗都是独立的军队，大家该如何打配合呢？

当时，百济国内有几个重要的城池：

泗沘城：百济国旧都城，位于白江北岸。

加林城：位于白江口和泗沘城之间，交通要塞。

周留城：百济复国军的总部基地，位于白江南岸。

任存城：百济杂牌军的总部基地，位于白江南岸。

当时，大部分将领认为唐军应该先打加林城，因为此城位于水路要塞，一旦攻克，唐军在整个战局上将占据压倒性优势。

说白了，这是稳扎稳打的思路。

刘仁轨认为，应该以少量兵力牵制加林城，用大军拿下周留城。

理由一：加林城的防御更加坚固，进攻成本太高。

理由二：周留城的防御比较弱，而且是叛军的老巢，如果能一举拿下，会减少后续战争的难度。毕竟，唐军人数少，拖不起啊。

大敌当前，前线的将领没有过多的争吵，而是选择团结一致，以刘仁轨的建议为准。接下来，决策团制定了作战方案：

孙仁师、刘仁愿、新罗联军走陆路，进攻周留城。

刘仁轨、杜爽、扶余隆走水路，从泗沘城进入白江口，先狙击倭国和百济的水军，再和陆军会合，一起进攻周留城。

据史料记载，唐朝的陆军提前到达周留城外，与百济复国军发生了冲突。当时，百济大军士气低迷，面对唐军的进攻，毫无招架之功，周留城外围的堡垒相继失陷，只有最重要的任存城依山傍险，难以攻克。

此时，唐朝的海军已经开进到白江口，倭国和百济海军也姗姗来迟，究竟谁能取得最后的胜利，全由白江口的海战决定。

先看看双方的战斗力吧。

唐军战舰一百七十艘，兵力不到一万人。

根据李靖《卫公兵法辑本·攻守战具》和李筌《太白阴经·水战具篇》记载，唐朝水军共有楼船、艨艟、斗舰、走舸、游艇、海鹘六种战舰，这些战舰可以装二百名士兵，船体巨大，吃水很深，在水上就是巨无霸。

倭国和百济联军，战舰一千艘，每艘战舰只能装五十个人左右，特点是小巧灵活，冲锋能力很强。总兵力应该超过了四万。

从战舰的量级来说，唐军是航空母舰级别，倭国是巡逻舰艇级别。不过从军力和战舰数量来看，倭国的优势还是挺大的。

龙朔三年（663）八月二十七日，中倭“白江口之战”的日子。

交战的第一天，双方便杀红了眼。

白江之畔，新罗陆军和百济陆军发生了激烈的战斗，当然，这只是宏伟战场的一角。

白江入海口，海军战舰已经形成了对峙局面。

那个年代，大家都没有火炮，不可能像后来的甲午战争一样，先来一顿远距离的火炮输出。双方想要打出个输赢，就必须把船靠近，让将士们短兵相接，赤膊相斗，或者是利用弓箭远射、烈火焚烧，重挫敌人的有生力量。

说实话，倭国和百济联军很兴奋，因为不管是战舰数量，还是兵力数量，他们都可以打围攻的战术。倭国将领下令了，利用小船行动便利的优势，先把唐朝的海军包围，再慢慢地肢解。

只能说，想法很美好，可实操的难度太大了。

白江之上，倭国的先锋船轻盈灵动，飞奔而来，可逼近唐军战舰的时候，他们彻底蒙了。唐军的航空母舰有数层楼之高，怎么样爬上去呢？就算包围了唐军，就凭几条小船的兵力，如何能敌船上的唐军？唐军战舰是可以随时移动的，怎么会停在水面上，等着你去攀爬和厮杀呢？

倭国将士真的很为难。

哎，既然来了，总不能灰头土脸地回去啊，上吧！

就这样，敌军发起了一波又一波的进攻，可面对唐军的长枪、乱刀、弓箭，倭国将士毫无办法，无数的士兵跌落到江水之中淹死。最终，敌军将领只能鸣金收兵，第一天的战事就这样草草收场。

龙朔三年（663）八月二十八日，庐原君臣率领的第四批援军抵达白江口。

这一次，他们打算发动全部的战舰，将唐朝海军逼迫到白江口的狭窄水域，让他们成为无法动弹的待宰羔羊，然后利用人海战术，就地宰割唐军。

战术思路没有问题，就看执行的力度了。

上午，倭国水军从大本营出发，一路上欢歌笑语，直奔唐军的战舰而来。一切都很顺利，可没过多久，缺陷就暴露出来了：倭国虽然人数很多，可带兵的将领都是自成一派的骄傲贵族，彼此之间互不信任，更谈不上战术配合。最要命的是，倭国将领中，精通水战的只有阿倍比罗夫一人！

围起来了又怎么样，大家各战各的，完全是一盘散沙。

当时，倭国的“小渔船”集体漂浮在白江口，有进攻的，有看戏的，连外行人都看得出来，这是一支没有实力的海军。数百年后，抗倭名将俞大猷总结过海战的关键：海上之战无他术，大船胜小船，大铳胜小铳，多船胜寡船，多铳胜寡铳而已。说白了，除了船坚炮利，其他的都是浮云。

机会摆在眼前，唐军将领不介意组织一波反攻。

指挥舰队收缩不动，两翼的护卫舰队利用相对靠前的位置优势，逐渐向中央靠拢。就这样，原本在指挥舰队附近的倭国战舰就成了香甜可口的饺子馅！

数百艘小船像无头苍蝇似的，到处逃窜，却被唐军的超级战舰严密包围，挤压在很小的空间内动弹不得。战场之上，谁是待宰的羔羊，真的说不太准。

唐军将领明白当敌军被团团包围，我军又不想有太大伤亡的情况下，应该用什么进攻套路。

刘仁轨下令了，两翼舰船的将士们一同发射火箭。

一时间，漫天的箭弩飞向了倭济战舰，狭小的水域之内，倭济舰队迅速陷入一片火海之中，夺路而逃的火船又将火种蔓延到其他的战舰。事实上，倭国将领也不是纯粹的草包，他们看到火箭起了作用，便开始和唐军互射。

一个在楼上扔石头，一个在楼下扔石头，谁更受伤？

直到此时，倭济水军开始慌乱了，烈火在熊熊燃烧，浓烟将白江笼罩，面对熊熊的火势，他们要么选择跳水喂鱼，要么被大火烧死，要么在不辨方向的情况下与唐军战舰相撞，或者与自己的战舰相撞。

总之，结果都是一样：倭济联军一败涂地。

直到此时，白江口之战的胜负已定。

海战不比陆战，唐军虽然占据场面上的优势，但是要把倭济联军连根拔起，似乎有点儿天方夜谭。倭国方面，大将朴市田来津力战而死，一些幸运的战舰逃出包围圈，连夜赶回了倭国本土。

一直妄想复国的扶余丰看到大势已去，仓皇出逃，人间蒸发。

白江口之战，真的是历史之战。

据史料记载，倭国为了谋取朝鲜半岛的利益，从显庆五年（660）开始，就在闷头打造自己的水军（船坞在今日本静冈县），前后花费了四年时间，可谓处心积虑。

然而，白江口之战，大唐和倭国海军发生了四次交锋，摧毁了四百艘敌军战舰，让倭国海军元气大伤。可以想象一下，如果倭国打赢了，那么倭国海军可能直接奔向中国的海岸线，明朝的倭国入侵事件，恐怕会提前数百年发生！

说白了，这场战役直接摧毁了倭国在东北亚扩张势力的野心，也奠定了此后数百年内东北亚的战略格局。这并不是夸张之辞，白江口之战是中原政权和倭国的第一次战争，也是倭国抛弃附属国身份，挑战宗主国权威的第一战，迈出这一步需要很大的勇气。现实很打他们的脸，倭国就是战败了。

随着倭国海军消逝的，还有倭国的底气。

毫不夸张地说，这一战至少管了六百年。元朝的时候，日本不服忽必烈的管教，忽必烈派海军痛揍，结果惨败而归，明朝的时候，日本强势崛起，重拾信心，这才屡次入侵中原，造成了不可挽回的历史悲剧。

白江口之战，百济复国势力一蹶不振，新罗被收编，倭国遭遇沉重的打击，百年大敌高句丽，还能蹦跶多久呢？

前方捷报：荡平百济复国军

白江口发生激战的时候，周留城附近的军队似乎很默契，两军都选择了偃旗息鼓，等待前线的最新消息。

龙朔三年（663）九月初一，唐军率先得知消息，对周留城发动进攻。

龙朔三年（663）九月初三，唐朝海军抵达周留城。

龙朔三年（663）九月初七，百济王族扶余忠胜、扶余忠志等人率众投降。

遗憾的是，战争并没有结束，刘仁轨等人完全高兴不起来。他们都知道，周留城是百济的政治象征，任存城才是百济的军事象征。

驻守在任存城的，是百济的超级战将黑齿常之。这位老兄高大威猛，走起路来虎虎生风，而且智商也时常在线，很难缠。

显庆五年（660），苏定方灭掉百济后，驻守在任存山的黑齿常之投降了唐军。苏定方离开百济之后，新罗军人出于对百济的国仇家恨，开始滥杀无辜，无数的男性死于屠杀，就连唐军主帅也无法制止。

黑齿常之很不开心，投降唐朝是为了过好日子，可如今每天都得把脑袋拴在裤腰带上，这算怎么回事儿？黑齿常之想了想，决定邀约几个百济的小酋长，大家结伴同行，一起到任存山落草为寇。

来吧，加强防御工事，继续招兵买马。靠着黑齿常之的影响力，任存山集聚了三万多人，成了百济在野派势力的总部基地。

面对黑齿常之的背叛，唐朝方面下达了诛杀令。不过，任存山易守难攻，再加上有黑齿常之的领导，唐军的战争打得并不是很顺利。唐军撤退之后，黑齿常之带着部下下山，重新夺回了不少阵地，成了百济最大的野派势力。

客观地说，黑齿常之没有称霸的野心，他很仰慕中原的文化，如果唐朝可以给他就业机会，他肯定不会拒绝。白江口之战后，黑齿常之如愿以偿。

然而，任存山的其他将领却没有跟随黑齿常之下山。

刘仁轨应该怎么办？

不管怎么说，黑齿常之的履历中有背叛大唐的污点，唐军花费了那么大的气力才打赢了这场战役，又如何能够冒险接受黑齿常之的投降？

关键时刻，刘仁轨选择了信任。无信任，不兄弟嘛。不过，刘仁轨说了，我接受你的投降，并且给你粮草和兵器，你自己回去招抚任存山上的兄弟！

招抚？黑齿常之表示，完全不需要的。

不把自己逼上绝路，怎么能让人看到你的诚意？

黑齿常之二话不说，直接发动了军事进攻，并且在最短的时间内攻破了任存城，守将迟受信只能抛家弃子，只身逃往高句丽。

屹立不倒的任存城，最终还是倒在了自己人的手里。

随后，黑齿常之被调回国内，担任左领军将军，人生犹如枯木逢春。在随后的数年里，黑齿常之参加了大唐和吐蕃的战争，由于他骁勇善战，文武兼备，屡次击败吐蕃大军，使吐蕃兵众闻风丧胆。武则天登基之后，黑齿常之继续受到重用，被朝廷加封为燕国公。不幸的是，在武则天统治时期，黑齿常之被人诬陷谋反，在狱中自缢而死，终年六十岁。

当然，这些都是后话。

白江口之战后，李治的意思是让百济王子扶余隆做熊津大都督，孙仁帅、刘仁愿还朝，刘仁轨继续镇守百济。然而，经历过人生起伏的扶余隆不愿意回国，刘仁轨只好转任检校熊津都督，成为大唐在百济的最高军政长官。

据史料记载，刘仁愿回到京师之后，李治曾经问他：“你本来是一个武人，为何给朕上奏陈事的时候，显得如此老练？”

李治正在兴头上，一般人应该说前线取得胜利，都是仰仗天子的龙威，或者朝廷指挥有方的话，然后得一批赏赐。然而，刘仁愿并没有按照剧本去奏对，他说道：

“陛下，这都是主帅刘仁轨的功劳，非臣之功也！”

将军不怕死，不自私，还能把功劳算别人的头上。就凭这几点，唐军在朝鲜半岛建功立业也就不足为奇了。李治听闻此话，兴奋极了，立马就给刘仁轨等人加官晋爵了，还在长安城给刘仁轨建了一栋大别墅。

对刘仁轨来说，恩宠是好事，可越是这样，他的压力就越大。

经过战火的洗礼，百济国内尸骨遍野，百里无烟，老百姓食不果腹，衣不遮体，可以说荒凉至极。作为熊津都督，刘仁轨的责任是让百姓重新过上好日子，让唐朝的统治制度在百济生根发芽，让天子的恩威遍布朝鲜半岛。

最重要的，李治想要征讨高句丽，百济就是最佳的跳板。

据史料记载，刘仁轨就地掩埋了将士的骸骨，重新登记百济军民的户口，任命地方官员治理村落，修通道路桥梁。同时，唐朝政府承诺拿出钱财赈灾，并赡养孤独无依的老人，并建立了唐朝的土、谷神坛，颁布唐朝历法。

在刘仁轨等人的努力下，百济政局逐渐稳定，驻守在百济的唐军存储军粮，日夜操练，准备随时北上，征伐百年死敌高句丽。

高句丽灭亡：隋唐三代君王的心结终解开

乾封元年（666）五月，高句丽传来消息：渊盖苏文死了。

天赐良机啊！

大唐权力交接的时候，周边的小国家总喜欢搞些小动作，如今风水轮流转，也该唐朝搞点事情了吧。有趣的是，李治还没动手，高句丽国内就乱了。

新任扛把子叫渊男生，是渊盖苏文的长子。据史料记载，他刚刚上位就出去巡视了，至于政务，全交给了弟弟渊男建、渊男产。

面对几个乳臭未干的小子，大臣很难不动歪心思啊。

套路是这样的，某些大臣放出谣言，声称渊男生外出巡视，不放心两个弟弟，所以想找机会除掉他们。同时，又派人给渊男生传信，声称两个弟弟喜欢大权在握的人生巅峰感觉，因此打算把哥哥弄死在荒郊野外。

这招离间计，简单又高效。

不管怎么说，两个弟弟确实有资格继承王位，如果他们有夺权的心思，渊男生还真没啥办法。渊男生不想坐以待毙，他派亲信回平壤秘密调查，却被反对派大臣“捉住”，随后送到了渊男建、渊男产的面前。

这下好了，跳进黄河也洗不清。

弟弟写了封信：老哥啊，想你了，赶紧回来吧。

渊男生很无语，在平壤做国王不好，非得出来瞎溜达，这可怎么办，既没有军队，又没有钱财，直接净身出户，还怎么斗？

确实没法斗了，因为渊男建很不客气地自封为莫离支，还征调兵力，准备杀了渊男生。渊男生想了想，为了生存下去，决定派儿子渊献诚前往长安，希望李治能够发兵支援，助他夺回莫离支的位置。

高句丽是大唐的死敌，渊男生是渊盖苏文的继承人，自然是大唐想要灭掉的人。然而，经过一场变乱，渊男生居然向想要杀他的人求救。国与国之间的利益关系，真的很有趣，也很无奈。

前一秒，李治想打高句丽，只能宣传高句丽人不服王化，屡次挑衅大唐的权威，或者直接打着报仇雪恨的旗帜。下一秒，李治的口吻就变了，高句丽国王受到阴谋分子的迫害，以至于无家可归，大唐作为宗主国，必须出面干预啊。

乾封元年（666）六月，李治下诏：

任命右骁卫大将军契苾何力为辽东道安抚大使。

任命渊献诚为右武卫将军，担任大军向导。

任命右金吾卫将军庞同善、营州都督高侃为行军总管。

目标：先去做好铺垫，探一探高句丽的虚实。

乾封元年（666）九月，大将军庞同善进入高句丽境内，与渊男生顺利接头。

随后，李治下达诏书：任命渊男生为特进、辽东大都督、平壤道安抚大使、玄菟郡公。这样一来，渊男生就成了李治的政治傀儡，如果李治灭不掉高句丽，可以安排渊男生继续努力；如果灭掉高句丽，渊男生就是大唐的官员了。

问题是，谁来做主帅?

苏定方肯定合适，可这位老将卧病在床，没法出征啊。李治思来想去，觉得必须找一位稳重可靠的主帅，于是想到了名将李世勣。

这一年，李世勣已经是73岁的高龄老翁。李治用他，无非是看中了他的军事智慧，以及定海神针的作用。

乾封元年（666）十二月，征讨高句丽的核心班底横空出世：

李世勣：辽东道行军大总管。

郝处俊：辽东道行军副大总管。

庞同善、契苾何力：辽东道行军副大总管、安抚大使。

水、陆诸军总管和运粮使窦义积、独孤卿云、郭待封等人，皆受李世勣的调度。

与此同时，李治还放话了，河北各州县的粮食不再运往长安城，直接送到辽东前线，李治对前线的期许就是：不胜不还朝！

事实上，经过几十年的折腾，高句丽早就不行了。几年前的白江口之战，高句丽不发一兵一卒就是明证。高句丽的国力和人口耗损是肉眼可见的事实，最重要的是，国内再没有高元、渊盖苏文这帮敢和大唐死磕到底的枭雄了。

乾封二年（667）九月十四日，李世勣攻下辽东重镇新城，趁势拿下了附近的十六座城池，由契苾何力驻守新城，庞同善和高侃扎营拱卫。

对高句丽来说，鸭绿江才是他们的战略生死线，至于辽东的城池，这些年来一直在唐朝和高句丽之间换手，守不守其实无所谓。

高元的时代，高句丽国力强悍，不惧怕任何人。面对隋炀帝的征讨，高元的思路很简单，能打就尽量打，打不过就认输，认输之后找机会再打。总而言之，把隋军引诱到高句丽的纵深地带，然后再集合重兵，一举歼灭。

渊盖苏文的时代，高句丽在走下坡路。面对中原的征讨，渊盖苏文喜欢在军事重镇布防，至于其他的防区，能放则放。总而言之，保存自己的实力，不急于一时，让唐军自己犯错，或者等待更好的机会。

渊男建的时代，是一个充满想象力的时代。

其实，他有很多榜样可以学习。

很遗憾，渊男建还是太年轻了，遇到事情喜欢冲动，喜欢争强好胜，在战场上，太喜欢计较一城一地的得失。

新城的丢失不算什么大事儿，放了也就放了，可渊男建连续调派了几拨兵力前去支援。第一批，围攻外围的高侃、庞同善的营地，局面上占据优势，可自从战神薛仁贵出场，高句丽人便奔跑在失败的路上完全不能停止。

随后，高侃继续向北行军，开进到金山附近。高句丽人觉得这是一支小股部队，打算把他们给吃了，局面上还是占据优势，可打得正酣的时候，又是薛仁贵出场，截断了高句丽的前后军。这一战，高句丽死亡五万人。

薛仁贵顺势拿下了南苏、木底、苍岩三城。

薛仁贵是李世民提拔的亲军，身上贴着皇室的标签。消息传回长安，李治显得非常骄傲，当即手书一封：薛仁贵啊，敌军如此之多，多亏你打起仗来冲锋在前，奋勇杀敌，这才让大军士气高涨，大丈夫就应该在沙场建功立业！

说起来也奇怪，唐军的作战思路也很新颖，他们并没有从辽东进入高句丽，而是一路向北行军，拉长了整个战线。如果所料不错，应该是薛仁贵的主意。

薛仁贵的建议：继续攻打扶余城（今吉林省四平市）。

李世勣：你想带多少人？

薛仁贵：三千人足够了。

李世勣：太少了，多带点吧。

薛仁贵：兵不在多，贵在指挥。

渊男建可以不搭理的，可他就是不愿意服输，听说唐军又北上了，于是派了一支大军前去，打算捞点儿便宜。只看兵力，高句丽占据绝对的优势，可薛仁贵骑着高头大马，身穿一袭白袍，犹如天神降临，来往冲突，如入无人之境。

一场恶战下来，高句丽又死亡一万人。

渊男建：哎，打不过啊。再调派五万军队吧！

高句丽只有数百万人口，除去女人、老人和孩子，能上阵的男人很稀少的，像渊男建这样送人头，迟早得完蛋。李世勣想了想，能够灭了这支军队，渊男建肯定会哭晕，于是决定亲自上场。

总章元年（668）三月，李世勣来到了薛贺水（今辽宁省凤城市境内）。两军交战，高句丽暴尸三万，李世勣顺势拿下大行城（今辽宁省丹东市）。

下一个防御工事又在哪里呢？

天险鸭绿江！

如果唐军能够顺利跨过鸭绿江，前面就是一片坦途。有趣的是，渊男建似乎并没有意识到鸭绿江的战略意义。对唐军来说，这是个利好消息，可不能忽略的是，高句丽向来就是爆出趣闻的地方。

曾记否，隋朝的时候，将士们丢掉自己的粮食和饭盒，导致隋军打到高句丽本土，竟然吃不饱饭，仓皇撤退。

唐军嘛，肯定也得贡献一个。

据史料记载，我方阵营出现了猪一样的队友，而且是才华出众的猪队友。此人名叫元万顷，担任行军管记通事舍人，脑袋瓜子非常好使。

事情是这样的，唐军除了陆路进攻，还安排了一支水师部队。然而，水师因为后勤保障不到位，出现军粮暂缺的紧急情况，水师主帅郭待封打算写封信，可担心信件被敌人截获，泄露我方缺粮的军情，因此写了一首非常深奥的诗。

李世勣的文化水平不差，可拿着信件左看右看，始终看不出名堂，心中既羞且怒，于是厚着脸皮痛骂道："郭待封这小子，这时候还有心思卖弄学问，老子回头一定要宰了这个不知轻重缓急的家伙！"

就在李世勣抓耳挠腮之时，元万顷解开了诗文中的秘密。

李世勣乐了，没想到军中居然有高人啊，来来来，既然你才华出众，就帮我写一篇讨伐高句丽的檄文吧。元万顷只花了分分钟的时间，便写了一篇直指人心的檄文，其中痛斥了高句丽背叛大唐的恶劣行径，还骂他们是无知的民族，极尽嘲笑之能事，其中有一句谁也没有注意的话：不知守鸭绿之险！

渊男建拿到檄文之后，看得非常仔细，尤其是"不知守鸭绿之险"引起了他的强烈兴趣。随后，渊男建给李世勣送去了一封信，声称高句丽全军上下感谢唐军的善意提醒，并表示一定会遵从上意，派遣重兵驻守鸭绿江！

嘲讽，赤裸裸的嘲讽。

就因为这件事，唐军为争夺鸭绿江付出了惨痛的代价。李治得知前线受挫，大发雷霆，最终将元万顷发配到岭南，以示惩戒。

总章元年（668）八月，李世勣一行抵达平壤城。

作为高句丽的都城，平壤城的防御值还是很高的。面对唐军的围攻，平壤城又坚持了一个月的时间。很遗憾，进攻时间正好是九月，虽然谈不上秋高气爽，可气温还是很适宜，唐军根本就没有撤退的道理。

城内，是毫无招架之功的渊男建。

城外，是磨刀霍霍向猪羊的唐军。

两军对峙，高藏成为第一个投降的人。这位老兄是高句丽国王，既不掌权，又没有人生期盼，于是带着九十八位大臣偷偷出城，投降了唐军。

渊男建非常天真，他还寄希望做最后一搏，可李世勣的行动告诉他，就是不给你任何机会。渊男建自知回天乏术，因此将平壤城的指挥权交给了僧人信诚，信诚表示，他守不住，也不想守。

五日之后，唐军主力部队进驻平壤城。

渊男建自杀失败，成了唐军的俘虏。

总章元年（668）九月，高句丽宣告灭亡，享国七百零五年。

据史料记载，拿下平壤城后，李世勣让士兵们登上城楼，放声呼喊，声势震天。一百年来，中原的多少英雄豪杰在此地折戟沉沙，上至尊贵的帝王，下至沙场良将，无不含恨而终，多少中原的将士埋骨他乡，永远也回不去故土。

那一刻，士兵们饱含泪水，无语凝噎。

高句丽被灭国，不仅是高宗时期的大事，更是隋唐历史的大事。

隋文帝出兵三十万，折戟沉沙。

隋炀帝出兵上百万，因此失国。

李世民出兵数十万，含恨而终。

这三位帝王，堪称中国历史上最彪悍的君主，可是集合两朝的国力，三代帝王的心血，始终无法撼动高句丽的根本。可以想象，他们有完美的政治生涯，可在高句丽一事上，应该是抱憾终身的。

高句丽虽然是区区小国，可面对强悍的中原政权，始终威武不屈，利用自己的智慧、民族的毅力，傲然挺立，这种遇强则强的民族精神值得我们学习。

即便如此，他们还是倒在了强大的盛唐脚下。

犯强汉者，虽远必诛，这是中华民族在历史鼎盛时期，处理外交矛盾、民族恩怨的自信，也是历代帝王传承不绝的文化信念。

只能说，中唐之后，只有盛世。至于无往不胜的民族自信，彪悍跋扈的军事气概，已经随着盛世帝王的消逝，而化为历史烟云。

李世勣回朝献俘的时候，李治特意让他先到李世民的昭陵祭奠，随后奏着凯歌，大摇大摆地到长安城的太庙献俘。

总章元年（668）十二月，唐高宗李治在含元殿再一次接受献俘。

如何处理高句丽的王族？

敌人已经投降，处死他们肯定不是最好的办法。为了显示大唐天子的宽大为怀，李治下诏：任命渊男产为司宰少卿，僧人信诚为银青光禄大夫，渊男生为右卫大将军。将渊男建流放黔中，百济王子扶余丰流放岭南。

高句丽一共有五部、一百七十六城、六十九万户。

李治下诏：将高句丽国境分为九大都督府、四十二州、一百县，在平壤城设置安东都护府，统辖全境。选拔有功的高句丽首领担任大唐都督、刺史和县令，与唐朝的官员共同治理高句丽。

命右威卫大将军薛仁贵为检校安东都护，领兵两万，镇守辽东。

李治，究竟是守成之主，还是开创大唐盛世的雄伟君主？

李治，究竟是柔弱之君，还是政治智慧过人的英明帝王？

历史，不用后人评说。

拾陆

关起门来玩内斗

武则天：封禅的帝王不常有，“亚献”的女人更少见

麟德元年（664）七月初一，李治下诏：麟德三年正月，有事于岱宗。

翻译过来，朕两年后要去泰山封禅！

中国历史上，一共有六位皇帝去泰山封禅过：秦始皇嬴政、汉武帝刘彻、光武帝刘秀、唐高宗李治、唐玄宗李隆基、宋真宗赵恒。

这么重大的事儿，还是得隆重介绍一番。

上古时期，江湖就有封禅的活动了，不过那时候没有纸和笔，许多活动都没办法用文字记录下来，所以封禅的礼仪制度，根本没人知道。春秋战国，也有很多国君想去封禅，可究竟怎么操办，谁也不知道，所以只能搁置。

春秋五霸之一齐桓公，大概是觉得自己无敌到一塌糊涂，想去泰山封禅。大臣管仲觉得这件事很耗费财力，于是给他讲了一堆大道理，希望他放弃这个想法。齐桓公死活不听，管仲于是编了一套瞎话，说封禅需要很多祥瑞之物，比如东海的比目鱼要跳到你面前，西海的比翼鸟也得飞到你面前，凤凰、麒麟这些祥瑞应该随处可见。瞧瞧齐国，啥也没有，哪有资格封禅？

齐桓公只好作罢。

秦始皇统一中国后，也想到泰山封禅，于是带着齐鲁境内的儒生和博士七十余人前往泰山。秦始皇想知道，泰山封禅的标准礼仪究竟是什么。

这帮读书人没见过世面，哪知道那么多。不过为了在老板面前出彩，大家还是兴高采烈地议论了起来。有人说古代天子封禅，坐的是用蒲裹车轮的蒲车，以免损伤山上的草木土石；也有说要扫地而祭，铺上用菹秸做的席。

总之，大家你来我往，谁也不服谁。

秦始皇大怒之下，将他们全部斥退。儒生们靠不住，秦始皇决定自己开创一套礼仪，于是跑到泰山的顶上选了一块好石头，将毕生的丰功伟绩都刻了下来，算是行了“封礼”。下山之后，又到附近的梁父山行了“禅礼”。

千古一帝，算是为泰山封禅打了个样儿。

随后的数千年，去泰山封禅的皇帝很少，还是有原因的。

在我看来，一个皇帝想要封禅，必须有几个前提条件：

第一，必须有令人信服的文治武功。

像秦始皇、汉武帝这样的皇帝，霸气十足，横扫宇内，只要他们想封禅，大臣是不敢阻拦的。政绩一般，或者稍显昏庸的君主想要封禅，要么不怕被人嘲笑，要么经得起大臣们的轮番羞辱。

第二，必须有祥瑞发生。

凤凰、麒麟，或者白色的狼和狐狸。言外之意，老天爷给你打招呼了，让你去泰山和他见面，以彰显自己君权神授，得天感应。

第三，得看当时的国情，或者说是缘分。

李世民算得上傲视群帝了，然而贞观一朝，国力正在复苏，李世民又体谅老百姓的苦衷，他心里惦记着封禅，却一直压抑着自己的欲望。

第四，得看皇帝的价值观。

隋文帝杨坚、明太祖朱元璋都可以封禅，可他们觉得没必要。

李治想要封禅，前提条件还是有的。他刚刚灭了西突厥、百济等国，又铲除了长孙无忌的势力。不过，可以猜测另外一个原因：李世民想过封禅，李治想从老爹的阴影里走出来，就必须干出一件与众不同的事儿，去泰山封禅岂不是最好的选择？

李治的旨意下来之后，大臣们都没有反对。

他们深知，大唐蒸蒸日上，皇帝有资格，也需要这场轰动中外的盛大典礼，大唐也需要这场盛典去拉拢、镇压周边的少数民族。朝中的各个机构快速运转，热火朝天地准备着前往泰山的一切礼仪和用度。

麟德二年（665）十月，李治的车驾从东都洛阳出发，前往泰山。

随行的文武官员浩浩荡荡，仪仗队伍遮蔽了天日，波斯、吐蕃、契丹、回纥、高句丽等少数民族使节随行，支起的帐篷绵延不绝，整个队伍长达数百里。

麟德二年（665）十二月，李治的车驾到达泰山脚下。

临行之前，朝廷拟定了此次封禅的礼仪：在泰山南方四里处建圆丘状祀坛，上面装饰赤、黄、青、白、黑五色土，号“封祀坛”；在山顶筑坛，广五丈，高九尺，四面出陛（台阶），号“登封坛”；在社首山筑八角方坛，号“降禅坛”。

乾封元年（666）正月初一，唐高宗李治在泰山正式封禅。

我们可以稍微重现一下当时的场景：

乾封元年（666）正月初一，李治在泰山脚下的“封祀坛”祭祀昊天上帝，此神是中国神话历史中地位最高的神，主管着天界的一切。

乾封元年（666）正月初二，李治带着皇后武则天，以及朝中大臣一起登上泰山，亲自在“登封坛”缄封玉册。上帝（主神）的玉册放在玉匮里，配帝（副神）的玉册放在金匮里，玉册缠上金绳，封上金泥，加盖玉玺，装入封禅专用的石匣中。

乾封元年（666）正月初三，李治在社首山的“降禅坛”祭祀后土皇地祇，此神是大地之母，与主持天界的昊天上帝地位相当。李治祭祀完毕之后，武则天率领一群贵妇再一次祭祀，并登坛唱歌，称“亚献”。

乾封元年（666）正月初五，李治登上朝觐坛，接受百官和使节们的朝贺，宣布大赦天下，并颁下诏书。立“登封”“降禅”“朝觐”三碑，称封祀坛为“舞鹤台”，登封坛为“万岁台”，降禅坛为“景云台”，改元乾封。

文武官员，三品以上的赐爵一等，四品以下加一阶。

乾封元年（666）正月十九日，李治前往曲阜，用少牢祭祀孔子，并赠予他太师的尊号。随后，李治前往亳州，祭祀老子，并封他为太上玄元皇帝。

随后，李治的车驾返回长安。

人群之中，最兴奋的就是武则天。

按照礼仪，祭祀后土皇地祇的“亚献”应该由皇太后来完成，皇太后不在的情况下，应该请朝中德高望重的公卿代替。然而出发之前，武则天主动上表，认为这样的礼仪不够完善，希望李治能让武则天率领命妇完成“亚献”。

就这样，武则天成了历史上唯一完成“亚献”的女人。

纪录，永远是用来被打破的。

武则天拿武家人开刀，谁没有人情味儿？

乾封元年（666）四月，李治和武则天回到长安城。

泰山封禅，成就了唐高宗李治的君威，更成就了武则天。

这一年，武则天 42 岁。曾经的风华绝代早已不再，岁月在她的脸颊上留下了无情的斑痕。这样的一个女人，政治智慧才是赖以生存的根本。

李治夫妇回家不久，朝中便发生了一系列的动荡：武则天背离外戚家族抱团取暖、互相扶持的政治逻辑，发了疯似的整治武氏家族的人。

武元庆，武则天同父异母的哥哥，有独子武三思。

武元爽，武则天同父异母的哥哥，有独子武承嗣。

武惟良，武则天堂兄。

武怀运，武则天堂兄。

武顺，武则天的亲姐姐，嫁给越王李贞的法曹贺兰越石，儿子叫贺兰敏之，还有一个女儿。贺兰越石死后，留下了武顺和一对儿女相依为命，孤苦无依。

武则天上位之后，武家的人也跟着水涨船高。

母亲杨氏，被封为荣国夫人。

大姐武顺，被封为韩国夫人。

右卫郎将武元庆改封宗正少卿。

安州卢曹武元爽改封少府少监。

始州长史武惟良改封司卫少卿。

瀛州长史武怀运改封淄州刺史。

武氏家族中，最得意的就是杨氏了，自从搬进大房子，做了一品夫人后，杨氏没事就喜欢张罗大家伙儿喝酒赏月。

有一次，杨氏在席间问武惟良等人："你们这些武氏子弟，可曾记得从前的事情？今日的荣耀和显贵都是谁给你们的？"

杨氏毕竟是个女人，自己的女儿有了出息，自然想多显摆，刷刷存在感。更何况大家又有旧怨，能在别人身上找点优越感，何乐而不为呢？说白了，她说这种话，无非是想让武惟良等人说几句软话，奉承一下。

谁料想，武惟良脱口而出："武氏一门是功臣之后，得朝廷庇护这才有了官职。我们知道自己的能力，本来不希望有什么富贵降临，谁知道因为皇后的关系得到恩宠。如今觉得忧虑、畏惧，没觉得有什么荣耀之处！"

得了便宜卖乖，还说你的坏话，这谁能忍？

宴席不欢而散，杨氏后来找到武则天，狠狠地告了一状。

据史料记载，武士彟去世之后，武惟良、武元庆等人对杨氏母女不敬，究竟是言语上的不敬，还是其他方面的不敬，谁也说不清楚。不过可以肯定，武则天是个记仇的人，几个哥哥的行为给她留下了难以磨灭的阴影，她对哥哥们没有任何亲近的感觉，甚至连好感都没有。

客观地说，如果武则天现在已经想好了以后的职业生涯，比如做皇帝，或者是纯粹的政治家，武氏一门是她最大的助力，她应该极力巴结才是。然而，她做了皇后之后，并没有越级提拔任何武家子弟，反而在得知武惟良心怀怨愤之后，向唐高宗李治进言，希望能将武氏外戚贬到外地为官。

这可不是心有城府的表现啊。

说白了，接下来的路怎么走，武则天没想好，或者还没想。

乾封元年（666）八月，李治下诏：

武惟良出任检校始州（今四川省广元市剑阁县）刺史。

武元庆出任龙州（今广西壮族自治区崇左市龙州县）刺史。这位老兄上任之后，因为心情郁闷，染病去世。

武元爽出任濠州（今安徽省滁州市凤阳县）刺史。

恨你有多深，贬你就有多远。

武则天对兄弟们的恨是发自内心的，贬斥他们毫不含糊。可对亲姐姐武顺，还有外甥女贺兰氏，武则天一直在亲情和嫉恨的矛盾中纠结。

身为女人，武则天可以体会大姐武顺的苦衷，年纪轻轻就失去了丈夫，带着两个孩子孤苦无依。为了不让姐姐太苦闷，武则天时常让她带着外甥女进宫。

武顺虽然生了两个孩子，可身材保持得还算不错，再加上皮肤洁白，性格温顺，对男人有着不小的诱惑力。外甥女贺兰氏呢，正值豆蔻年华，像是一朵含苞待放的鲜花，妩媚万千。

进宫之后，武顺母女免不了和李治打交道。

李治疼爱武则天，对姐姐和外甥女也很热情，时常叫她们一起享用晚宴，欣赏歌舞。男女之间，有时候走得太近，暧昧搞得太多，就很容易引起别人的嫉恨。

面对这种情况，武则天是什么心情?

真的说不好。如果武则天是个悍妇、妒妇，她也走不到如今的位置。可是说她可以欣然接受，恐怕也是自欺欺人。只不过顾忌血浓于水的亲情，武则天暂时忍下了这口气，没有采取报复措施罢了。

永徽六年（655）十月左右，韩国夫人武顺去世。因为武则天，武顺去世的原因也成了一个永久的谜团。有人认为，韩国夫人是因病去世，有人认为是武则天下毒杀害，还有人认为奸情暴露后，武则天想杀姐姐，可念及亲情不忍下手，所以斥责了一番后将她送出宫去，武顺因为羞愧和内疚自杀。

史书没有记载李治对韩国夫人的宠爱，凭武则天的智慧，应该不至于对姐姐下毒手，再说韩国夫人进宫多年，武则天如果想下手也不会等到今日。如果所料不错，韩国夫人的去世应该不是毒杀。

武则天和武顺从小就被几个哥哥欺负，两人互相保护，感情很深。可是对外甥女贺兰氏，武则天的耐心恐怕就没这么好了。

韩国夫人去世后，贺兰氏被封为魏国夫人。不管李治是真心宠爱贺兰氏，还是因为她母亲去世的缘故恩封，对武则天来说都不是好事。李治是个念旧情的人，他和武则天经历了风风雨雨，感情真挚，不想把局面闹得太僵，因此没有立即将贺兰氏封为嫔妃，武则天也是睁一只眼闭一只眼，假装不懂李治的小心思。

夫妇二人就这样暗中较劲，看谁先服输。

前往泰山封禅的途中，李治和魏国夫人走得越来越近，武则天明白了，这个外甥女绝对不能再留下去了！

泰山封禅是国之大事，各地刺史纷纷前往泰山报到，典礼完毕之后，他们跟随皇帝回到了长安，武惟良、武怀运自然也在其中。

望着富丽堂皇的长安城，兄弟二人感慨万千，在他们的眼里，武则天只不过是个女人而已，就算对他们有恨意，也不至对他们下手吧。然而，他们错了，在武则天的眼里，昔日的仇恨似乎超过了一切。

武惟良、武怀运打定主意，趁这次回长安的机会，好好和武则天修补一下感情裂痕。回长安的时候，他们带了许多奇珍异宝，还有地方的土特产，一部分进献给了李治，一部分送给了武则天。

武则天意识到，这是个天赐良机。

据史料记载，武则天派人秘密将毒药放在美食之中，然后送给了魏国夫人，几个时辰之后，宫中传来消息：魏国夫人暴毙。

太极宫内一片混乱，李治下令逮捕宫中女官和侍女，经过一番询问，得知魏国夫人是吃了武惟良、武怀运兄弟的土特产之后才暴毙而亡。

魏国夫人的尸体冷冰冰地躺在李治的跟前，他内心充满了愤怒，无论如何也不会想到，是武则天毒杀了魏国夫人。数个时辰之后，太极宫传出旨意：处死武惟良和武怀运，改武氏为蝮氏，以示二人心如蛇蝎。

那么问题来了，武则天为何要对武氏家族下手？

回答无外乎两种：

第一，小时候的经历让武则天感觉到耻辱，内心埋下了仇恨的种子。她虽然是实力超群的政治家，可容易滋生嫉妒、愤怒、报复的心理。

第二，武则天借诛杀武氏外戚一事，达到自己的政治目的。

此时，武则天和李治已经被朝中大臣称为“二圣”，地位无与伦比。不管是政治实操，还是政治智慧，武则天不逊于李治，而且深得李治的信任。如果武则天渴望权力，甚至想垂帘听政，那她应该怎么做？

把武氏一门提拔到显赫的位置，让天下人都知道，武氏是大唐最有权势的外戚家族？如果她这样做，就算大臣无动于衷，李治也会想办法弄死她。

然而，武则天偏偏反其道而行之，不提拔武氏家族的人，还要把武惟良等人全部除掉，这样一来，武则天只不过是个平凡的庸俗女人，对大唐权柄没有觊觎之心，谁又会主动找她的事？

这件事情，没有准确的答案。如果让我来说，我认为武则天对武家子弟确实有极深的仇恨，她此刻想不到自己会做皇帝，可她对权力有着极度的渴望。仇恨是驱动因素，权力是诱惑因素，她希望用此举来获得李治无条件的信任。

想想看，如果武则天单纯是因为仇恨，从永徽六年（655）到乾封元年（666），她有十年的时间可以动手，为何非要等到泰山封禅之后呢？因为，武则天主持了“亚献”，政治地位的提升让她如临深渊，如履薄冰，抑或是看到了铺就在脚下的锦绣前程，武则天必须做出一些牺牲，以此换取皇帝的绝对信任。

兄弟是弄死了，可老爹的爵位没人继承啊，岂不是让武家断了香火？于是，武则天告诉李治，希望让武顺的儿子贺兰敏之承袭周国公（后改）的爵位。

代价就是，贺兰敏之改名为武敏之。

武敏之出生于贞观十六年（642），如今已经是眉清目秀的帅小伙儿，正因为这个原因，某些史学家就说武敏之和外祖母杨氏发生了奸情。问题是，杨氏出生于北周大成元年（579）左右，武敏之成熟的时候，杨氏至少是七十多岁，这如何能发生淫乱？

栽赃陷害的笑话，看看也就罢了。

在武则天的运作下，武敏之先后担任过弘文馆学士、左散骑常侍（皇帝身边的近臣），前程一片锦绣。魏国夫人被毒杀之后，李治悲痛万分，武敏之正好在身边侍候，李治哀怨地说道：“朕早上临朝听政的时候，她还安然无恙，退朝时就一命呜呼了，为何死得如此匆促呢？”

面对李治的怀疑，武敏之并不答话，只是痛哭不已。

其实，武敏之有更好的选择，比如安慰李治，为武则天开脱。

一切只在人的一念之间，一念天堂，一念地狱。

武敏之的沉默，让武则天非常不舒服，有一种背叛的感觉。武敏之虽然是武家的继承人，却是魏国夫人的兄弟，武则天应该信任他吗?

历史证明，武则天还是继续选择了相信。

咸亨元年（670）九月，武则天的母亲杨氏去世，按照规矩，祭礼应该由武敏之来主持。为此，武则天特意掏出了一大笔私房钱，让武敏之为杨氏建造祈福的佛像。谁料想，武敏之竟然将这笔巨款给私吞了。

好吧，钱财乃身外之物，这些都忍了。

问题是，杨氏的丧期还没有过，武敏之便已经换下了丧服，开始在府中召妓享乐。

好吧，女色也是身外之物，这些继续忍了。

后来，李治给太子李弘挑选太子妃，最终敲定了司卫少卿杨思俭的女儿。眼看着婚期将至，武敏之听说杨氏长得不错，竟然找了个机会，强行与她发生了关系，以至临时改选裴居道之女为李弘的太子妃。

我这个外人都觉得，真的没法忍了啊。

说白了，武则天对武敏之没有太大的期望，就指望他继承老爹的爵位，把武氏的香火延续下去。谁想得到，他如此不务正业，还让武则天颜面扫地。

咸亨二年（671）六月，武敏之的末日来了。

在武则天的运作下，武敏之被流放到雷州（今广东省湛江市），恢复了本姓贺兰。武敏之走到韶州（今广东省韶关市）的时候，被人用马缰绞死。

谁敢说，武则天是丧心病狂的政治家?

武则天：臣妾不是一开始就想做皇帝的

永徽六年（655），武则天做了皇后。

显庆四年（659），武则天和李治联手除掉长孙无忌。

乾封元年（666），泰山封禅，武则天完成“亚献”典礼。

这些年来，武则天有自己的政治诉求吗？

先说说后宫干政。

很遗憾，史书没有记载武则天干政的事儿。能看到的，无非是李治拿朝廷的政务找武则天商量，这是李治上赶着找她。起初，武则天还是比较收敛的，问什么答什么，李治请教的次数多了，武则天变得越来越主动。

上官仪被杀之后，武则天再一次退居到幕后。

再说说外戚家族。

说白了，有权力野心的皇后，肯定会扶持自家的兄弟，而不是揪着过去的仇恨，把兄弟们处死。武家子弟对不起武则天，可在政治立场上，并没有和武则天有绝对的对立情绪，相反大家都在享受武则天带来的荣华富贵，只不过多发了几句牢骚而已。如果武则天有做皇帝的想法，肯定不会剪除武家的势力。

有人会说，武则天杀自家兄弟是为了获得李治的信任，为自己的上位铺路。诚然，这样做可以让李治放下戒心，可是对武则天登上皇位没有好处啊。几年之后，武则天起用大侄子武三思、武承嗣，足以说明在问鼎帝位的路上，武氏家族才是最忠诚的摇旗呐喊者。

再说说朝中的大臣。

武则天的党羽屈指可数：李义府、许敬宗、崔义玄、袁公瑜。

很遗憾，武则天拉拢他们，目的只有两个：问鼎后位需要支持者，诬陷长孙无忌需要刽子手。说白了，他们的存在，就连唐高宗李治也是支持的。

李义府，死于李治的打压，武则天连挽救的行动也没有。

崔义玄，于显庆元年（656）正常死亡。

袁公瑜，弄死长孙无忌后，回归到了正常的生活，于垂拱元年（685）去世。

许敬宗，弄死长孙无忌后，李治提拔他做了几年宰相，和武则天几乎没有政治互动，于咸亨三年（672）正常死亡。

历史证明，武则天对权力有小小的欲望，可是以后的路怎么走，她完全没有规划。至少，武则天的行为告诉我们，这不是政治家应该有的套路。

不过，欲望经过时间的洗礼，是会慢慢发酵的。

从乾封元年（666）到上元元年（674），中间有八年时间，武则天都在安安分分地做人。可以肯定，武则天参与了朝政，但不是干预朝政，而且武则天的行为得到了李治的许可。朝中大臣也对“二圣”临朝的事儿见怪不怪，习以为常了。

不过，上元元年（674）至上元二年（675）非常关键，因为发生了三件事。

第一件事，武则天主动给李治上表，将哥哥武元爽的儿子武承嗣从岭南召了回来，让他继承了周国公的爵位，并让他担任尚衣奉御，随后以火箭般的速度，将他推到了宗正卿的职位。

第二件事，武则天主动拉拢文臣，搞起了“北门学士”俱乐部。

核心成员：著作郎（主管碑志、祝文、祭文）元万顷，左史（中书省起居舍人，御用史官）刘祎之、范履冰、苗楚客，右史周思茂、韩楚宾。

这帮人都是没有背景的官员，基本都在朝中担任闲职。比如元万顷，才华横溢，在高句丽犯了错，被李治贬到岭南，后来遇赦回朝，事业毫无起色。

这一次，武则天给了他们一个机会，让他们帮忙编修《列女传》《臣轨》《百僚新戒》《乐书》等书。因为官员上朝都是从太极宫的南门进入，这帮人专门为武则天服务，所以从太极宫的北门进入，时人称为“北门学士”。

请注意，他们确实编修了许多书籍，也没干其他坏事儿。

到了后来，他们的桌上突然多了很多奏疏，中书省、门下省、尚书省的，应有尽有。武则天说了，你们都是不食人间烟火的大神，这里有许多大臣的奏疏，你们就帮忙看看，能不能给出一些独到的见解吧！

《资治通鉴》上说，武则天想让北门学士秘密参与政务，以此来削减前朝宰相的权力。这话听起来很有道理，可细细想来，漏洞还是很大的。

三省六部是国家的权力机关，名正言顺地掌握着朝廷的各种权力，北门学士仅仅看了一些二手奏折，如何削减宰相的权力？更何况，他们只能躲起来偷偷地看，连前朝游戏的入场券都没有，说他们分享权力，有点贴金的嫌疑吧？

武则天让他们看奏折，确实有自己的野心。不过，她的野心也很简单，选拔一批潜力股，让他们感念武则天的好处，以后为她助力。武则天坚信，这帮人都是没有政治前途的官员，应该会依附和支持她。

事实上，北门学士都愿意支持武则天，前提是她不做前无古人的皇帝，不干镇压男性雄威的事儿。后来，武则天想做女皇帝，这帮人纷纷唱起了对台戏。

比如范履冰，公然指控武则天逆天行事，最后被酷吏冤杀。比如元万顷，和武则天的死对头徐敬业关系亲密，死于酷吏之手。比如刘祎之，力劝武则天归还权力，被武则天赐死在家。

历史证明，北门学士是单纯的，他们并不知道武则天要干吗。换言之，北门学士的存在，并不是武则天谋夺皇位的决定因素。

第三件事，李治下诏，给老祖宗集体上了尊号，比如老爹李世民的尊号是太宗文武圣皇帝，母亲文德皇后为文德圣皇后。诏书里面还说到，既然祖宗都是皇帝和皇后的称号，我们夫妇应该避嫌，所以李治就叫天皇，武则天叫天后。

史书并没有说这道诏书是武则天授意的，不过本着谁受益，谁就有行事动机的原则，武则天应该是掺和了此事。

在中国传统文化里，天子是乾，皇后是坤，这是天道运行规则。无论如何，皇后也不能贴上乾的标签。可是现在呢，武则天叫天后，开始和李治平起平坐，这对“二圣”来说，算是很大的进步。

说白了，武则天想让天下人知道，她就是前无古人的皇后。

客观地说，这三件事背后的水很深。

第一件事，我们无法判断武则天的真实动机。

第二件事，时隔多年，武则天又在培养自己的势力。

第三件事，武则天有说不清的嫌疑。

总而言之，武则天的政治活跃度变高了。

太子李弘出局：仁厚柔弱不意外

当然，人在做出一些重要决定的时候，除了内心真的想去做这件事，还得有合适的契机，也就是诱因。对武则天来说，至少有两个。

第一个，李治生病了，而且病得不轻。

病，还是头晕目眩的老病，可发病的频率越来越高。如果工作压力稍微大一些，李治的身体便有些扛不住，无法处理政务。

第二个，李治对武则天有了信任，也有了依赖。

唐高宗统治时期，大唐的版图东起朝鲜半岛，西临咸海，北临贝加尔湖，南至越南横山，国土面积超过了千万平方公里，达到历史鼎盛。身为太宗的子孙，李治想要有自己的抱负，他从来没有松懈过，他确实做到了。

李治希望江山永固，国家更强盛。此时此刻，他和老爹一样，面临着同一个问题：继续开疆拓土，还是守住胜利果实？

不管是哪一个，李治都需要最得力的帮手。

在李治的眼里，武则天值得信任。可李治也很矛盾，如果武则天的势力膨胀，会对李家的利益形成威胁。他试图削弱过武则天，可在武则天的运作下，李治退步了。后来，武则天一直很听话，甚至弄死了自家人，李治便放下了对她的最后一点芥蒂。

是啊，就算再厉害，不过是李家的媳妇而已。

上元二年（675）三月，李治叫来了几位宰相，想唠唠嗑。

李治："朕想闭关修养了，要不让天后帮忙处理国政吧？"

几位宰相差点跪倒在地，皇上昏头了吧。

中书侍郎、同中书门下三品郝处俊说道：“皇帝治理外朝，皇后治理内宫，这是天经地义的事情。魏文帝曹丕曾经立下过法令，太子纵然幼小，皇太后也不能干预朝政，为的就是防治祸乱的发生。大唐的基业由高祖、太宗皇帝创立，陛下为何不将天下传给太子，反而要给皇后呢？”

郝处俊直奔主题，不给李治任何机会。

在宰相们的轮番轰炸下，李治妥协了。

武则天和李治一共生了四个儿子，李弘（652—675）、李贤（655—684）、李显（656—710）、李旦（662—716）。

永徽六年（655），李弘被立为皇太子，年仅3岁。

随着李弘不断长大，骨子里仁爱孝顺、谦虚谨慎的性格越来越明显。儿子的性子随父亲，李治自然格外欢喜，每次外出巡游的时候，李治便会将国事交给李弘处理，磨炼未来之君的气度与本领，有意提前让他进入状态。不仅如此，朝中大臣也很欣赏李弘，早就默认了他的接班人身份。

遗憾的是，从隋朝开始，皇室似乎就有一个难以避开的魔咒，越是仁厚的皇太子，下场越不会太美好。杨勇、李承乾就是明证。

仁厚是一种性格，一种价值观，这本身没有错。问题是，在政治丛林里面，如果大家的价值观发生了冲突，别人是没兴趣坐下来和你谈而论道的，唯一的解决方式就是：谁的实战能力强，谁就能笑傲最后，做游戏规则的制定者。

李弘，太柔弱，太仁慈了。

有一次，李弘在读《春秋左氏传》，其中讲到芈商臣弑杀楚国君王的事儿，李弘读罢，掩卷长叹道：“我是臣子，不忍听这种事儿。《春秋》是圣贤经典，应该记载垂范后世的好事，怎么能记载这个呢？”

太子太师郭瑜说：“春秋记载善恶之事，目的是褒扬善行来劝谏百姓，贬斥恶行来告诫世人，写芈商臣的恶行，就是为了让他遗臭万世。”

李弘感叹道：“我实在是不忍心，还是让我学别的书吧！”

这就是真实的李弘，一个仁慈到骨子里的储君。说白了，李弘追求的是终极正道，就算国君昏庸得一塌糊涂，臣子也不能造反；就算丈夫缺胳膊少腿，妻子也应该不离不弃。想想看，武则天在家里是什么地位？和李治平起平坐，还能对朝政指手画脚，这和李弘的价值观完全冲突啊。

李弘是太子爷，武则天是执政天后，两人肯定要同台唱戏，瓜分权力。不管怎么说，李弘是合法的太子，又得朝野上下的认同，武则天的优势并不大。

正常情况下，李弘处理完重大的政务，都会移交给武则天审核，母子二人都还相安无事。不过，有好几次朝会，李弘都顶着武则天的意思奏对，可以肯定，李弘看不惯武则天的作为，武则天也不喜欢李弘的态度。

史书还记载了两件小事。

萧淑妃被杀之后，留下了义阳、宣城二位公主，她们被囚禁在掖庭宫，只能在寂寞和孤苦中虚耗着青春年华。十多年来，掖庭宫释放了很多宫女，让她们出宫嫁人，可每次释放的宫女名单中，都没有两位公主的名字。到了最后，两位公主成了名副其实的大龄女青年。

李弘得知此事，心里五味杂陈。没过多久，李弘就找老爹谈心了，希望老爹能够准许义阳、宣城二位公主出嫁，李治深以为然。

不可否认，李治和李弘的决定没有任何问题，公主本来就是无辜的，而且对武则天毫无威胁。再者说，萧淑妃一事过去了十多年，早就烟消云散了。

遗憾的是，他们做事的方法不对。这种事情，直接向武则天求情，让她做好人不是更好吗？父子偷偷密谋，把武则天推向对立面，这算怎么回事儿？

在武则天的眼里，李弘就是对她很不满，所以拼命拯救萧淑妃的女儿，想尽办法让她难堪！联想到李弘的政治威胁，武则天决定反击了。

就在李治和李弘物色驸马人选的时候，武则天已经擅自做主，将义阳、宣城二位公主分别嫁给了禁卫军小兵权毅、王遂古。两位公主算是摆脱了牢狱之灾，两位军士则一跃成为大唐的驸马爷。

关于此事，李治和李弘着实恶心了一阵。话又说回来，两位大龄公主嫁了出去，李治总算对得起萧淑妃的在天之灵，就这样罢了。

上元二年（675）四月，李弘在洛阳合璧宫暴毙而亡，年仅24岁。

按照《资治通鉴》的套路，这件事又算在了武则天的头上。因为李弘为萧淑妃的女儿说话，又和武则天顶着干，武则天有足够的理由对他下手。不过，司马光的叙述口吻是这样的：时人以为是武则天鸩杀的李弘。

也就是说，司马光也拿不定主意。

事实上，说武则天杀李弘，确实存在疑点。

第一，两位公主下嫁的时间是咸亨二年（671），李弘暴毙的时间是上元二年（675），这其中有四年的时间，武则天因为此事迁怒李弘，继而痛下杀手？

第二，按照皇位继承的制度，李弘去世之后，还有三个皇子等着做皇帝，武则天为了自己的政治前途，难道要将三个儿子挨个毒杀？

上元二年（675）五月，李治颁布了一道诏书，为此事做出了最权威的解释：

“皇太子弘，生知诞质，惟几毓性。直城趋贺，肃敬著于三朝，中寝问安，仁孝闻于四海。自琰圭在手，沉瘵婴身，顾惟耀掌之珍，特切钟心之念，庶其痊复，以禅鸿名。及腠理微和，将逊于位，而弘天资仁厚，孝心纯确，既承朕命，掩欷不言，因兹感结，旧疾增甚。亿兆攸系，方崇下武之基，五福无徵，俄迁上宾之驾。昔周文至爱，遂延庆于九龄，朕之不慈，遽永诀于千古。天性之重，追怀哽咽，宜申往命，加以尊名。夫谥者，行之迹也，号者，事之表也。慈惠爱亲曰‘孝’，死不忘君曰‘敬’，谥为孝敬皇帝。”

“自琰圭在手，沉瘵婴身。”

沉瘵，指的是肺结核，一种不治之症。

琰圭是一种玉器，在盛大的典礼上使用较多。李弘用琰圭的机会很少，被立为太子、成年礼是有可能用到的。按照李治的意思，应该是李弘很小的时候，就已经染上了肺结核。

随后的日子里，李弘的病非但没有减轻，反而更加严重。

咸亨三年（672），李治和武则天到洛阳办公，让李弘在长安监国，考虑到李弘精力不济，李治特意任命戴至德、张文瓘为太子左庶子，萧德昭为太子右庶子，让他们共同辅佐李弘。这段时间，李弘几乎没碰任何工作。

紧接着，李治又下诏了，让皇子李贤帮助太子处理朝政。

古往今来，两位皇子同时处理朝政，这可并不多见。答案显而易见，李治不看好李弘的未来，所以提前给李贤锻炼的机会，以此做到权力的平滑过渡。

李治确实很喜欢李弘，可还是熬不过老天爷的安排，只能以白发人送黑发人的姿态结束了父子的缘分。事后，李治给予了李弘足够高的评价，甚至用禅让帝位来渲染父子之间的感情，最终用孝敬皇帝的尊号，为此事画上了句号。

太子李贤出局：一副好牌被自己打烂

上元二年（675）六月，李治下诏：封雍王李贤为皇太子。

李贤是李治和武则天的第二个皇子，出生于永徽六年（655）。

据史料记载，李贤长得清秀飘逸，举止端庄，是个不折不扣的帅哥。帅也就罢了，李贤还是个文化人，读遍《尚书》《礼记》《论语》，而且过目不忘，能迅速领会书中的意思，很有慧根。李治不止一次在公开场合夸赞过他。

唯一的缺点，李贤只有20岁，阅历不够，治国理政的经验也不够。这也不能怨他，不管是做太子，还是做皇帝，都得排队上岗嘛。

儿子经验不够，做父亲的自然少不了操心。

上元二年（675）八月，李治对宰相班子给予了新的期望。

刘仁轨：升任尚书左仆射，同中书门下三品，太子宾客。

戴至德：升任尚书右仆射，同中书门下三品，太子宾客。

张文瓘：升任门下侍中，同中书门下三品，太子宾客。

郝处俊：升任中书令，同中书门下三品，太子宾客。

李敬玄：升任吏部尚书，同中书门下三品，太子宾客。

这帮人拥有同一个身份，前太子府幕僚，现任太子府幕僚。

李治扶持亲儿子上位的心思，始终没有变过。事实上，李贤也很争气，入住太子宫之后，他召集了张大安、刘讷言、格希玄、许叔牙、成玄一、史藏诘和周宝宁等文化人，让他们给范晔的《后汉书》写注释。

能注此书者，必定拥有丰富的学识，坚韧的毅力。以如今的眼光来看，李贤搞一个名校的资深教授，完全不成问题。据史料记载，此书完成之后，轰动了当时的文学界，李治更是欢喜有加，立马给李贤赏赐了三万匹绸缎。

有了这本书，李贤立马就站稳了脚跟。

不过，武则天却心如刀割，把李贤恨得牙痒痒。

原因很简单：东汉有六位皇太后临朝听政，而且名声都不太好。想想看，群臣看到的是李贤的才华，可武则天看到的是李贤的针锋相对，至于李贤的真实目的，恐怕只有天知道吧！

李贤有老爹的力挺，有群臣的支持，自身的本事也还不错，做个守成的皇帝绰绰有余。遗憾的是，他遇到了连鬼神都害怕的武则天。

武则天能孕育李弘，自然也可以毁灭他。

改变李贤命运的，是一个叫明崇俨的术士。

明崇俨，洛州偃师人，祖上吃着南梁皇室的俸禄，出生在士族家庭。明崇俨小的时候，老爹明恪担任安喜县令，县衙里有一个会装神弄鬼的衙役，没事就喜欢秀两招，明崇俨耳濡目染，居然对这一套东西产生了极大的兴趣。县令大人的公子不耻下问，衙役自然倾其所学，数年之后，明崇俨居然小有所成。

长大之后，明崇俨出落成一个容貌俊秀，风姿神异，又精通巫术、相术和医术的翩翩少年，仗着一身的本事，明崇俨好歹也算是个明星人物。

乾封元年（666），明崇俨担任黄安县丞，刚好刺史大人的宝贝闺女染上了一种奇怪的疾病，所有大夫都束手无策，明崇俨不知从哪里搞来一副偏方，竟然药到病除。

一时间，唐朝的官场都知道了明崇俨这号人物。

很快，明崇俨就奉诏入宫了。

据史料记载，明崇俨确实有两把刷子，有一年盛夏，李治想要看雪，明崇俨真给搞来了，还说是刚去阴山取回的。还有一次，李治想要吃瓜，明崇俨就找李治要了一百钱，没过多久，明崇俨就带着瓜回来了，声称是从外地瓜农的果园得来的，李治派人证实，居然真从果园挖出了一百钱。

想要人记住你，就必须狂刷存在感。瞧瞧明崇俨，时不时给李治带来惊喜，自然能在宫中站稳脚跟，久而久之，武则天也开始对他另眼相看了。

仪凤二年（677），李治下诏：封明崇俨为谏议大夫，入阁随侍。

玩政治，各有各的玩法。明崇俨的特长就是，利用神鬼之道来评论时政，这和天文学家利用天象来暗示时政是一样的道理。

当时，长安城的政治气氛极其诡异，李治身体虚弱，大部分的政务都交到了武则天的手里。长子李弘病逝之后，武则天的权力欲望快速膨胀，不管是政治理念，还是个人的性格，武则天都和儿子们搞不到一起。

一时间，传闻四起，有说武则天忌惮几个皇子在朝野的贤明，母子关系势同水火，更有传言说前任太子李弘暴毙，就是武则天毒杀的。

有一次，武则天将明崇俨叫进宫中。

武则天："爱卿啊，你最擅长的不就是相面嘛，你跟我说说，我的几个儿子面相究竟如何？"

明崇俨心领神会，慨然回答道："天后，当今太子根本就没有做皇帝的命，李显的性格很像太宗皇帝，李旦的命最为富贵！"

不可否认，武则天是帝国的二号人物，手里握有大权，可几个儿子是名正言顺的皇位继承人。有些时候，武则天必须从命运、天道上寻找精神力量。

明崇俨的回答，确实让武则天非常满意。

问题是，李贤正值青年，骑马、射箭样样精通，平时活蹦乱跳的，身体倍儿棒，等他自然死亡，不知道要何年何月啊，贸然下毒手又容易引起别人的怀疑。如何才能阻断李贤的太子之路呢？

老实说，武则天也不知道，只能走一步看一步。

调露元年（679）五月的一天，明崇俨和皇帝聊完天，刚刚离开皇宫，道旁突然冲出来一群手持武器，凶神恶煞的歹徒，明崇俨被砍翻在地，当场死亡。

朝廷的谏议大夫，皇家首席方术顾问，皇家首席御医，怎么说都算是国家的重臣吧，无端被戕杀在禁宫门口，这是恶性的治安事件啊。

李治开心吗？

当然不开心！头晕眼花的疾病让他痛苦难堪，在明崇俨的治疗下，已经逐渐得到了改善，以后的幸福生活还要靠他呢。

武则天开心吗？真的说不好。

很快，太极宫内传出旨意，严查明崇俨被杀的内幕。

一批又一批的官员被派去调查此事，但是报上来的结果都是盗匪拦路杀人，至于是什么样的盗匪，官员们一直都没有查出来，此案只能被定为疑案。

据史料记载，武则天不相信这是一起普通的盗匪抢劫杀人案，直觉告诉她，这可能是李贤干下的勾当。因为明崇俨曾经说过，李贤没有当皇帝的命，这就是完美的报复理由。不过，有关部门的调查没有指向李贤，武则天也只好作罢。

然而，仇恨只会发酵，然后爆发，但绝不可能凭空消失。

此事过后，宫内又有传言，说李贤不是武则天亲生的，真正的生母其实是武则天的姐姐武顺。这究竟是谁搞的舆论，恐怕老天爷也不知道。

如果是武则天传播的，那她的目的是什么？

要知道，谣言出来之后，武则天还派人给李贤送了两本书，《少阳政范》和《孝子传》，责备李贤不懂得为人子的道理。也就是说，武则天告诉吃瓜群众，这是李贤自己传播的谣言，为的是和武则天撇清母子关系。

如果真的是这样，那李贤为什么要这样干呢？

要知道，如果李贤不是武则天的亲生儿子，那他的下场只有一个：立马被武则天废除太子之位，李贤有这么傻吗？

所以说，这一时期的许多事件，其实是难以解释的历史之谜。

李贤毕竟没见过太多世面，经过几次风波之后，终于意识到老妈的厉害，于是慢慢收敛了自己的行为。老爹和老妈都在，而且强势无比，李贤施展才华的空间很有限，平日里除了读书交友之外，经常在家里鬼混，闹出了许多荒唐事。

永隆元年（680）八月，太子宫爆出惊天猛料：李贤和家奴赵道生厮混。

想当年，太子李承乾也是被人告发，说是与太常寺的乐童称心太过亲密，最终惹怒了李世民。时过境迁，这样的狗血剧情竟然再一次上演，真不知道是李唐皇室的遗传，还是某些史家的杜撰。

事实上，不管是李承乾，还是李贤，有几个贴心的小伙伴是很正常的，可究竟发生了什么关系，谁又能知道呢？遗憾的是，就是这种不为人知的事儿，最容易引起旁人的遐想，而且谣言一旦爆料，主角基本不可能洗白上岸。

说白了，你能证明你们没发生关系吗？既然不能证明，那说明就是发生了关系，这就是诬告中的强盗逻辑。

很快，武则天的党羽就出面了，要求李治派人调查李贤。史书没有记载他们指控的具体理由，但是有理由相信，调查的理由不是李贤与家奴走得太近，而是李贤有谋反的嫌疑。为此，朝廷派出了最豪华的调查团：

中书侍郎、太子左庶子薛元超。

黄门侍郎、同中书门下三品裴炎。

御史大夫高智周。

曾记否，只要是中书省、门下省和御史台派出的联合调查团，基本上就是铁案。李渊时期的刘文静案，李世民时期的李承乾案，李治时期的长孙无忌案。有些是证据确凿，有些是强势诬陷，效果都是一样的。

当然，还有接下来的李贤谋反案。据史料记载，调查队经过一番苦心寻觅，最终在东宫的马坊内搜查出了数百件黑甲！

消息一出，举朝震惊，这还是那个乖乖的太子吗？

大唐王朝对武器装备有着严格的管制禁令，盔甲属于绝对禁止的武器，只能储存在府库，府兵平日要用的时候才可以取出。老百姓如果私下藏匿一副铠甲，徒刑一年半，如果私藏三副铠甲和五张弓弩，就可以处以绞刑。

太子宫私藏兵器和铠甲，更是不可饶恕的谋逆大罪。

面对明晃晃的甲胄兵器，李贤百口莫辩，只能坐等命运的安排。

事实上，围绕李贤的调查并没有这么快就结束。随后，家奴赵道生在狱中转做污点证人，控告一年前明崇俨被杀一案，就是太子李贤指使他干的。

李治听完了汇报，百感交集，五内俱焚。

知子莫若父啊，说李贤贪玩胡闹，李治可以相信；说李贤好色，李治也可以勉强相信；可要说他谋反逆天，就凭李贤的本事，能干出啥事儿来？问题是，赵道生的证词摆在眼前，谋反的道具摆在眼前，李治也有点不知所措了。

李治对武则天说道：“太子年轻，不懂事，还是赦免他吧！”

武则天："陛下，李贤身为人子，却心怀叛逆，狼子野心，天地不容啊。陛下应该大义灭亲，怎么可以赦免！"

永隆元年（680）八月二十二日，李治下诏：废太子李贤为庶民。

随后，李贤被押送回长安，幽禁于别所，太子宫中的同党全部被处死，搜查出的黑甲在洛阳天津桥附近焚烧示众。

古话说得好，苍蝇不叮无缝的蛋，无蜜不招彩蝶蜂啊。

武则天很讨厌李贤的存在，如果李贤能够倒台，武则天肯定是喜闻乐见，暗自窃喜的。问题是，李贤的种种遭遇，武则天做了手脚吗？

谣言说，李贤不是武则天的儿子，如果真是武则天造的谣，她完全可以借势废黜李贤的太子之位。明崇俨被盗匪诛杀，这并不是武则天的手笔。李贤在宫中和近臣厮混，难道是武则天逼迫的？最要命的，太子宫私藏了数百件武器铠甲，铠甲并不像厌胜的木偶，可以轻易带进太子宫，能够把这么多武器运到太子宫，除了李贤本人，恐怕还真没有人能够办得到。

说白了，李贤自己犯下了愚蠢的错误，武则天狠下心来，顺势铲除了最大的政敌而已。

开耀元年（681）十一月，李贤被流放到偏远的巴州。

在政治斗争的面前，李贤和武则天的母子感情彻底破裂，这样的人生打击，并不是每个人都可以承受的。到达巴州之后，李贤的精神几乎崩溃，每天都沉醉于饮酒和宴乐的狂乐之中。他深知，老妈不会忘了他的存在。

弘道元年（683）十二月，李治驾崩，武则天大权独揽，唐中宗李显做了不到两个月的皇帝，就因为严重的政治错误，被武则天废黜为庐陵王。

四位亲近仁爱的好兄弟，一个因病早死，自己和老妈彻底决裂，如今三弟又重蹈覆辙，四弟李旦还不知道会是什么下场。联想到此，李贤悲愤交加，痛哭流涕，挥笔写下了一首流传千古的《黄台瓜词》：

种瓜黄台下，瓜熟子离离。

一摘使瓜好，再摘令瓜稀。

三摘尚自可，摘绝抱蔓归。

这首诗作的版权到底归谁，至今没有一个准确的说法。武则天一朝，这首诗作似乎并没有流传开来。最早的记录，还要追溯到安史之乱，当时大神李泌和建宁王李倓有过一段对话，李泌背了这首诗，问李倓是否知道，李倓表示，他从来没听说过，李泌这才给他讲了背后的故事。

不过，《全唐诗》倒是把版权赏给了李贤，因为确实很应景。

武则天在巴州安置了间谍，李贤的诗作很快就传到了洛阳。

光宅元年（684）二月初九，清晨时分，左金吾将军丘神勣带着一队人马离开京城，一路向西疾驰而去，他们的目标是巴州。据史料记载，丘神勣是奉命前往巴州，检查废太子李贤的府邸，监控李贤的动向。然而，丘神勣刚到巴州，便将李贤的府邸围了起来，数个时辰之后，李贤自杀的消息便传了出来。

蝼蚁尚且贪生，何况活生生的人？

可以肯定，李贤是被丘神勣逼死的。此人回京之后，武则天将李贤的死归罪到他身上，将他贬为叠州刺史。没过多久，武则天又重新起用他为左金吾卫将军，一路提拔重用。

无字碑无功过，写尽媚娘血肉情义

李贤被废，接替他的就是老三李显，年仅 24 岁。

明明就是个亲王的命，偏偏爬到了太子的位置。

李显是个聪明人，关起门来说，老妈太强势，两个哥哥都斗不过他，凭他的小身板，确实没底气挑战她啊。李显上位之后，给自己定好了人生方向：投身娱乐事业，比如骑马打猎。这样一来，凡是和老妈有利益冲突的地方，李显一概退避三舍。正因为毫无底线的退让，李显才没有被武则天列入打压的黑名单。

不过，李显的退让，让李治忧心忡忡啊。能力差也就罢了，关键得有上进心啊，整天不务正业，往后的日子可怎么办?

永淳元年（682）二月，李治突然下诏：立皇孙李重照为皇太孙!

按照制度，皇太孙和皇太子一样，都是帝位的合法继承人。彼时，李重照刚刚出生，李治如此做法，难道真的是心血来潮？真相就是，李治想传递一个政治信号：江山社稷是李家的，李显不行，那就让他的儿子做皇帝！不仅如此，李治还想给李重照开设官署，给他配备执政的班子，真可谓煞费苦心。

李治找来了吏部郎中王方庆："朕想给皇太孙立府衙，可以吗？"

王方庆："自古以来，皇太子和皇太孙同时存在，太子的府衙就是皇太孙的府衙，不需要单独开设呀？"

李治咆哮道："那就从朕这里开始，可以吗？"

王方庆："您是皇帝，您说了算！要不臣来张罗吧！"

李治的心里很苦，他如此做作，就是想让李显看到他的苦心。遗憾的是，李显看不到，或者说看到了，可迫于老妈的淫威，只能委曲求全地活着。

面对王方庆的积极回应，李治反倒退缩了。

是啊，你无法叫醒一个装睡的人，李显都硬气不起来，更何况身在襁褓之中的李重照？有时候，不是李治不行，真的是形势所迫，没有选择。

永淳元年（682）四月，关中粮食大歉收，长安的米价涨到了每斗三百文。一般情况下，长安的米价是每斗五文钱，三百文的价格，已经算是很离谱了。李治不得已，只好让太子李显镇守在长安，自己带着大部队前往洛阳。

写到这里，笔者想抛出一个非常沉重的话题：所谓的贞观盛世，永徽之治，是否真的存在过？或者说，我们印象中的盛世，究竟是盛在哪里？

就拿粮食来说，隋朝就算是打仗，粮仓也是堆积得满满的，可到了唐朝，人口变少了，粮食反倒不够吃了。粮食涨价，只能说明一点，粮食歉收，朝廷的粮仓也见底了，李治必须去洛阳，依靠漕运的优势渡过眼前的难关。

永淳元年（682）九月，因为李显在长安大肆游猎，李治将他叫到洛阳，至于长安，交给了皇太孙李重照，以及年过八十的老臣刘仁轨。武则天掌权之后，将大唐的都城搬迁到洛阳城，背后并没有太多的阴谋论，事实上，从李治开始，长安的政治地位就已经很尴尬了，反倒是洛阳，开始有了帝国之都的气象。

李治除了在洛阳待着，还经常在各地的行宫修养，这样的生活一直持续到弘道元年（683）十一月。当时，李治正在嵩山脚下的奉天行宫，病情突然又发作了，而且来势汹汹，眼睛几乎到了失明的地步。

武则天立即让御医秦鸣鹤等人进宫诊治，太医军团对李治的病情已经研究了好些年，完全束手无措。然而，情况万分紧急，秦鸣鹤等人必须拿出章程，否则皇帝的性命不保，他们的性命更加堪忧。

秦鸣鹤："臣想在皇帝的头上用针放血，看能不能奏效吧！"

武则天："大胆，竟然想在天子头上用针，活腻歪了吧？"

李治赶忙制止："秦鸣鹤，只管刺，兴许能有作用呢！"

秦鸣鹤拿出银针，一面颤颤巍巍地在李治的百会、脑户两个穴位施针，一面看着李治的脸色。此时，奇迹竟然出现了，躺在床上的李治缓缓地睁开了眼睛，满脸喜悦地说道："朕的眼睛似乎看得见了！"

在场的所有人都松了一口气。

遗憾的是，秦鸣鹤的妙手并没有回春，几天之后，李治的眼疾再次发作，武则天意识到问题有些严重了，当即启程返回洛阳。

在此之前，李治一直处于养病的状态，很少插手政务，就连宰相们也没法见到李治的面。为了给李治祈福，武则天传令下去，在弘道元年（683）十二月初四这天，安排李治召见文武大臣，下诏改元，并大赦天下。

悲剧的是，李治的身体已经极度虚弱，他本想登上门楼，宣布大赦天下的政令，却因为体力不支，改让大臣到殿前面圣。

床榻之上，李治虚弱地问道："百姓们都高兴吗？"

大臣："百姓感念陛下的恩德，欢欣雀跃。"

身为帝王，能够得到百姓的认可，就是最大的回馈了。

万里江山，大好社稷，李治怎么可能不留恋。如果老天爷再给他二十年的时间，他就可以开创大唐的锦绣盛世，在青史留下美名。遗憾的是，身体的疼痛告诉李治，自己的大限已经到了，这是任何人都无法改变的。

弥留之际，李治说出了自己的心里话："天下苍生虽喜，可朕的身体已经撑不住了。如果老天爷给朕两个月的时间，朕只想返回长安，虽死无憾！"

一代帝王，临死之前最大的愿望就是回到家乡，真的令人唏嘘不已。

驾崩之前，李治将宰相裴炎召入宫中，打算让他负责身后之事，并辅佐太子李显顺利登基称帝。诏书中写道，命李显在灵柩前即帝位，军国大事有不能决断的，兼请天后武则天处置（军国大事有不决者，兼取天后进止）。

当天夜里，唐高宗李治在洛阳宫贞观殿驾崩，享年56岁。

李治去世，武则天是什么心情？

如果说内心窃喜，似乎有些凭空揣测的嫌疑，如果让我来说，我相信武则天一定很悲痛，很恋恋不舍。武则天的人生坎坷崎岖，波澜起伏，但不可否认，李治是她生命里最重要的男人。

少女怀春的时候，李治给了她小鹿乱撞的恋爱，足以让她回味一生；陷到人生绝境的时候，又是李治伸手拉了她一把；三女争宠，李治毫不保留地力挺武则天，又力排众议，封她做了皇后。随后的几年时间，武则天几乎是每年诞生一位皇子的节奏，享受着李治的恩宠。

李治怀疑过她，猜忌过她，也防备过她。可就算如此，在云波诡谲，阴谋四起的政治风浪中，李治还是选择对武则天不离不弃。厮守到老的爱情很可贵，皇室的爱情也很可贵，可厮守到老的皇室爱情，令天地动容。

直到今日，笔者仍然觉得武则天是个有血有肉的女人，面对李治的爱护，她无法用纯粹的政治思维去感受李治的去世。李治的愿望是回到长安，武则天不仅帮他完成了遗愿，还用一座陵墓把李治推向了人生的最巅峰。最重要的是，李治去世之后，武则天几乎是凭一己之力，让大唐完成了到开元盛世的完美过渡。

先帝的陵墓选在哪里?

群臣认为，关中已经很乱了，就在洛阳附近选个地埋了吧!

武则天强势回应，必须把先帝送回关中。

按照惯例，陵墓选在了渭水之北，因山成陵。为了给李治选个风水宝地，武则天派了两路人马，一路是著名的星相家袁天罡，另一路是专掌阴阳和天文历法的太史令李淳风。有趣的是，两人最终挑到了同一块风水宝地：梁山。

李治的陵墓叫乾陵，位于陕西乾县，至今尚未做考古发掘。

据史料记载，乾陵周遭四十里地，虽然面积比不上李世民的昭陵，可里面的配置比昭陵有过之而无不及。陵园的四门分别是朱雀门、白虎门、玄武门、青龙门，门外各置一对雄狮，象征着帝王的威严。

朱雀门外的神道两侧，分布着两组石人群像，恭恭敬敬地站在神道旁边。其中西侧有三十二尊，东侧有二十九尊，总共六十一尊。这些石人不是传统的神仙，而是少数民族国王、王子的象征，背后刻有他们国家的名字、官职和姓名，比如“盛于阗王尉迟璥”“吐火罗王子持羯达犍”。

李治下葬的时候，这帮人都参加了葬礼，武则天把他们的雕像放在乾陵的入口，一来是向他们炫耀大唐的国威，二来是让天下人都明白，高宗皇帝虽然去世了，可他的神威仍在，大唐帝国的盛世是由他亲手缔造的。

据史料记载，武则天亲自写了两篇文章，一篇是《哀册文》，放在了李治的棺椁前面，上面书写了李治生前的荣耀和功绩，以及武则天对他的赞美；另一篇是《述圣记》，由武则天亲自撰写，唐中宗李显亲自刻文，洋洋洒洒数千字！

按照古制，帝王陵墓的前面是不能立石碑的，可武则天力排众议，在乾陵朱雀门外立了一块七米高的七节石碑，将《述圣记》刻了上去。据说，碑文刻成的时候，上面嵌了一层金粉，在太阳的照射下闪闪发光，威严无比。

数十年后，武则天去世，在朱雀门外立了一块无字碑。

有人说，这是武则天觉得自己功过参半，不好评价自己的一生，所以放了个无字碑。可是细细想来，哪个功成名就的帝王背后，不是血腥的杀伐斗争，不是功成后的累累白骨，所谓的过，又算得了什么！

一边是无字碑，一边是刻着《述圣记》的七节石碑。

武则天用行动告诉了世人，中唐时期的功绩，盛世的辉煌都是高宗一手缔造的，而她不过是延续了高宗的神威。这样的胸怀，实在是让人折服。

你给我一生爱护，我还你一世崇拜。

这就是笔者对李治和武则天一生的注解。

武则天废帝的真实目的

不可否认，李治是一位伟大的政治家，可临死之前，李治却下了这样一道诏书：命李显在灵柩前即帝位，军国大事有不能决断的，兼请天后武则天处置。

只能说，这是一道意义非凡的诏书，其背后饱含了李治对当时局势的思考，以及武则天问鼎帝位的惊天内幕。

弘道元年（683）十二月初四，李治驾崩。

弘道元年（683）十二月初七，宰相裴炎上奏，说太子李显还没有即位，不宜由他直接发布诏书，有需要紧急处理的政务，希望由武则天决断，由中书省、门下省执行！

弘道元年（683）十二月十一日，李显登基称帝，史称唐中宗。史书还说了，遵奉武则天为皇太后，所有的政务全部由武则天处置。

这样的描述，很容易让人产生一种错觉：武则天想要攫取权力，或者说想做皇帝，宰相裴炎已经投靠了武则天，是她的马前卒！

事实的真相呢？

裴炎，绛州闻喜（今山西省运城市闻喜县）人，出身河东裴氏家族，通过科举考试走上仕途，深得李治的信任。问题是，裴炎的政治立场究竟是什么样的？

说他是武则天的同党，难以令人信服。首先，武则天没搞阴谋诡计，史书也没记载裴炎和武则天密谋的事情。其次，李显被废之后，唐睿宗李旦成了傀儡皇帝，正是裴炎挺身而出，要求武则天归还权力，最终被武则天杀害。

问题是，裴炎确实把李显拉下马了。

这里需要厘清几个概念：裴炎支持武则天执掌权柄，因为过去的日子都是武则天说了算，而且效果非常不错，可他并不支持武则天做皇帝。裴炎支持李唐统治，却不支持李显做皇帝，因为李显是个混账皇帝。

后来的名相狄仁杰更是如此：我支持武则天做皇帝，因为你做得确实比别人优秀，可江山毕竟是李家的，你还是得把皇位还给人家。

不可否认，历史上的裴炎是一位政治家，不是政客。对裴炎来说，他是李治生前托孤的大臣，也是唯一的辅政大臣，他的存在就是为了达成李治的心愿。

李治的心愿是什么？

想想看，李治明明知道武则天对权力有欲望，可还是把权柄交给了她，李治究竟在顾虑什么？在期盼什么？事实就是，李治希望大唐能够越来越强盛，他不希望奋斗一生的心血付诸东流，仅此而已。扶持李显，还扶持皇太孙，李治的政治立场没有任何问题，可他明白，只有武则天才有能力控制复杂的局面。

当时，大唐王朝可谓内忧外患。

还是那个问题，国土面积越大，需要解决的外交矛盾就越多。

调露元年（679），单于都护府的突厥人造反，立阿史那泥熟匐为可汗，二十四州的突厥人举兵响应，所幸的是首领被杀，可余波尚未荡平。契丹侵掠营州。

永隆元年（680），吐蕃入侵剑南道，河源等地。突厥军队入侵云州等地。

开耀元年（681），吐蕃、薛延陀部、突厥联合入侵。

永淳元年（682），熟悉的团队，熟悉的入侵。外加西突厥十姓部落反叛。

弘道元年（683），还是熟悉的团队，熟悉的入侵。

李治和武则天焦头烂额，他们派了无数的军队镇压，可暴乱绵延在北部、西部、南部的边境，李治耗费了无数的钱粮，局势还是在动荡。

再看看内部。

关中粮食歉收，又爆发了蝗虫灾害，紧接着又爆发瘟疫。米价上涨到每斗三百文，李治到达洛阳之后，米价又涨到了每斗四百文，完全看不到希望。

洛阳附近，洛水暴涨，洛阳的上千户居民住宅被淹没。河南、河北因为黄河的暴涨，无数房屋被淹没，粮食产量受到严重影响。更奇怪的是，长安、洛阳附近接连爆发地震灾害，房屋相继倒塌，百姓居无定所，只能游走在长安和洛阳之间，据史料记载，尸体遍地都是，百姓易子而食。

问题是，主心骨李治又驾崩了，朝廷必须集中精力办好皇帝的葬礼。为此，武则天征调了十万劳动力修建乾陵，半年时间就完工。彼时的大唐王朝，真的在吃老本过活，如果没有得力的当家人，后果不堪设想。

遗憾的是，指责武则天的人只看到了她废黜李显，想自己当家做主，却没看到当时的国情有多么糟糕！任何一个平民之家，如果顶梁柱突然去世，留下嗷嗷待哺的孩子，扛起家庭重担的一定是母亲，帝王之家又何尝不是。

有人说，李显做皇帝，大臣辅佐他不也一样？

那就看看唐中宗李显吧。

四个儿子中，李弘无疑是最优秀的，睿智、仁爱、善良。李显也不错，仁爱、善良，有自己的主见。李旦也很不错，至少做了皇帝，还能和武则天掰掰手腕，最终参与神龙政变，实现了光复大唐的理想。

李显呢，骑马射箭，外出旅游是最大的才华。说他仁爱，还不如说他窝囊；说他善良，还不如说他没主见。李治曾经给他安排了很多幕僚，比如刘仁轨、薛元超等人。镇守长安的时候，李显又在贪玩胡闹，薛元超告了一状，李治立马将李显叫到了洛阳，以免他在关中祸害生存艰难的老百姓。

这样的储君，李治头疼，武则天头疼，群臣更是头疼啊。

临死之前，李治让武则天决策政务，确实有他的苦衷。至于裴炎把权力送到武则天的手里，没有任何问题。

且看武则天的手段吧。

弘道元年（683）十二月十二日，武则天加封韩王李元嘉为太尉、霍王李元轨为司徒，舒王李元名为司空，滕王李元婴为开府仪同三司，鲁王李灵夔为太子太师，越王李贞为太子太傅，纪王李慎为太子太保。

这些人都是李唐皇室的元老级人物，武则天必须稳住他们。

弘道元年（683）十二月二十一日，武则天加封太子少傅、同中书门下平章事刘仁轨为尚书左仆射，西京留守，加封门下侍中裴炎为中书令。

裴炎不是武则天的亲信，可他的示好让武则天非常受用，作为回报，武则天将他升为中书令，外加辅政大臣的头衔。为了让裴炎更好的掌控大权，武则天特意让宰相们的办公地点政事堂从门下省转移到了中书省。

弘道元年（683）十二月二十九日，武则天下诏，让左威卫将军王果、左监门将军令狐智通、右金吾将军杨玄俭、右千牛将军郭齐宗分别前往并州、益州、荆州、扬州，与四个大都督府的官员一起处理政务，实际上是监视李唐王室的动向。

经过一系列的人事运作和恩威并施之后，朝中大臣似乎很有默契，凡是国家政务，悉数向武则天汇报，至于唐中宗李显，还是先靠边站吧。

裴炎的助攻让武则天名正言顺，可武则天的实操，完美地控制了局面。李显失去了朝臣们的支持，只能向岳父家族施恩，以此培植自己的势力。

光宅元年（684）正月，李显下诏，加封韦氏为皇后，同时将韦皇后的父亲韦玄贞由普州参军提升为豫州刺史。

一般来说，这是新皇帝上任后的标准动作，讨好老婆嘛，大家都可以理解。可接下来的诏令，李显算是惹了众怒。

李显："裴炎啊，朕想让岳父韦玄贞做门下省侍中。"

李显："还有乳母的儿子，就让他做个五品官吧！"

要知道，李显做皇帝之前，韦玄贞不过是地方上不入流的小官，连刺史都没做过，如何能够位列宰相，解决大唐面临的内忧外患？

李显实在太没有政治家的底蕴了。

这种不切实际的想法顿时遭到了裴炎的反对，裴炎据理力争，要求李显收回成命。李显心里很委屈，自己的旨意还没到老妈那里，就遭到了臣子的反对，一股无名之火顿时涌上心头，口中突然蹦出了这样一句话："朕就是将天下交给韦玄贞，又有何不可啊，何必在乎一个门下侍中的职位？"

裴炎顿觉无言以对。

哎，跟着这样的皇帝混下去，还有什么前途可言！

裴炎思之再三，最终还是将李显大逆不道的言论转述给了武则天。从此时开始，武则天便和朝中重臣私下商议，打算废黜李显，另立新君。

光宅元年（684）二月初六，武则天在洛阳宫乾元殿召开百官议政大会。

大唐的官员们上朝都有规矩，单日集中议事，双日休息，这一天刚好是不用议事的日子，因此武则天的旨意让他们感觉到了一丝诡异。官员们陆陆续续来到了乾元殿外面，周边的气氛十分紧张，除了百官之外，羽林将军程务挺、张虔勖等人率领禁卫军驻扎在大殿周围。

李显似乎也意识到有点不对劲，只见宣旨的官员走了出来，大声朗读道：皇帝李显承继大统，却不遵先王遗志，着即废为庐陵王。

李显："为什么？朕究竟犯了什么过错，以至于要如此对待？"

武则天阴冷地回答道："哼，你想将李唐的天下交给韦玄贞，怎么能说没有过错？扶庐陵王下殿！"

在满朝文武的注目礼下，李显被轰下了皇帝的宝座，并遭到了幽禁，此时距离他登基称帝才五十四天。一个月之后，李显被迁往房州软禁起来，韦皇后随行，岳父韦玄贞被贬到钦州，不久便去世。

不得不说，武则天的政治手腕确实很霸气。在政变中，武则天得到了绝大部分朝臣的支持，又得到了军队的支持，还让大家觉得这皇帝废得酣畅淋漓，武则天的确是有大气魄的人。

客观地说，武则天的废帝行动对国家是有利的。论政治智慧和主政的魄力，李显纯属业余中的业余选手，父亲刚去世，就想着给乳母的儿子封官，真让他执掌权柄，李唐是否能走到历史的巅峰时代，还真有点悬啊。

武家爷爷进宗庙：武则天的野心暴露了？

武则天虽然废黜了李显，可从法理上来说，她还是没资格临朝。

光宅元年（684）二月初七，朝廷下诏：立雍州牧、豫王李旦为皇帝，史称唐睿宗，立李旦的长子、永平郡王李成器为皇太子。

这道诏书，确定了李旦是皇帝候选人，可如果要正式生效，还需要拿出专用的皇帝册封诏书。册封诏书的缺失，让某些大臣深感不安。

镇守长安的刘仁轨发来奏折："我们老了，不适合再镇守长安，希望朝廷能允许我们归家养老！也希望太后以西汉的吕后之事为鉴啊！"

武则天呵呵一笑，写了一封亲笔信，让武承嗣送去长安。

您老是国之柱石，就请放心吧！

光宅元年（684）二月十二日，武则天来到洛阳宫武成殿，按照约定好的礼仪，李旦率领文武百官给武则天上尊号。光宅元年（684）二月十五日，礼部尚书武承嗣拿着正式的册封诏书给李旦行礼，这才正式确认了李旦的皇帝身份。

不过，李旦的宿舍不是正殿，而是不知名的偏殿。

李旦明白了，自己只是傀儡皇帝，老妈才是王者之身啊。

那么问题来了，武则天想做皇帝了？野心暴露了？

还是不好说。群臣拉李显下马，是因为烂泥扶不上墙；李旦呢，虽然比李显强点儿，可没有做过太子，没有参与过朝政，年仅22岁，阅历也不够。说白了，李唐的未来，根本不能指望李旦，他的价值就是做傀儡皇帝。

光宅元年（684）闰五月，在武则天的授意下，武承嗣被提拔为太常卿、同中书门下三品。有趣的是，仅过了两三个月的时间，武承嗣就被罢免为礼部尚书。如果所料不错，应该是武承嗣的能力一塌糊涂，做了宰相之后又和同事们关系紧张，武则天这才把他撸下来。

光宅元年（684）九月，朝廷接连宣布了几道政令：

改东都洛阳为神都，改洛阳宫为太初宫。

改尚书省为文昌台，左、右仆射为左、右相，六部为天、地、春、夏、秋、冬六官；门下省为鸾台，中书省为凤阁，侍中为纳言，中书令为内史；御史台为左肃政台，增设右肃政台。

武承嗣才学一般，可揣摩人心的功夫炉火纯青。武则天政令下达没多久，武承嗣就以礼部尚书的身份奏事：请求追封武则天的先祖为王，并建立供奉武氏七代先祖的宗庙。

宗庙制度产生于周代，是人们为逝去先祖的灵魂建造的居所，也是祭祀祖宗的场所，被视为一个家族的象征。唐朝以前，只有天子和贵族才有资格供奉自己的祖宗。按照规矩，天子可以供奉七代祖宗（父亲、祖父、曾祖、高祖、天祖、烈祖、太祖）进宗庙，诸侯可以供奉五庙，公卿可以供奉三庙，一般的官员可以供奉一庙，普通的百姓没资格供奉宗庙。

武承嗣的意思很简单：武氏和李氏都是天子家族。

裴炎虽然依附了武则天，但是对这种逾越规矩的行为确实难以接受，因此不无威胁地说道：“太后是天下人的母亲，应当表明最大的公心，不可偏私于自己的亲属。您难道看不见吕氏的失败吗？”

武则天凌厉地反击道：“吕后为什么失败，那是将权力交给吕家的大活人，我现在尊奉死去的祖先，有何失败可言？”

裴炎维护李唐正统，可骨子里不是那种刚烈的人，武则天稍微反击了一下，裴炎就开始服软了：“哦，那太后应该防微杜渐，不要让事情变得不可控制啊！”

说白了，不管武则天做吕后，还是做皇帝，都是不小的挑战。武则天就是想试探一下朝臣们的反应，并没有打算直接问鼎帝位，既然裴炎反对，那说明抵制的势力肯定不小。武则天不介意做个让步，以此显示自己的虚怀纳谏。

光宅元年（684）九月二十一日，朝廷下诏，追封武则天的五世祖武克己为鲁靖公，高祖武居常为太尉、北平恭肃王，曾祖武俭为太尉、金城义康王，祖父武华为太尉、太原安成王，父亲武士彟为太师、魏定王。

在武则天看来，封武家的五代祖先是自己做了让步。

在朝臣们看来，武则天虽然是一介女流，可胆识和魄力远超过绝大部分的男人，由她执掌朝政，甚至在朝堂上呼风唤雨，也未尝不可接受。

武则天上位，朝臣们没有多嘴，李家的王爷们也没有多嘴，可一群低级官僚却莫名其妙地揭竿而起，拉开了武家和李家之间血腥残酷的斗争史。

反“武”秀：徐敬业的表演

这群低级官僚的名字：徐敬猷、给事中唐之奇、长安主簿骆宾王、詹事司直杜求仁、御史魏思温。

这群人的共同特点：八竿子打不着的闲人，外加郁郁不得志，对当朝者怀着歇斯底里的恨意。

拿唐之奇来说，官当得好好的，因为和废太子李显关系亲密，被朝廷视为同党，被发配到外地为官。骆宾王，赫赫有名的才子，因为才气出众混到了长安主簿，可是他自命不凡，时常抱怨朝廷没有重用他，因此被贬为外地县令。

有趣的是，这些人不约而同地来到了扬州城。

问题是，他们的贬所分布在天南地北，如果是路途上的偶遇，那实在说不过去；默契地来到扬州，肯定有目的，这里先埋个伏笔。

他们搞了个小型聚会，会议的主题就是麻烦产生的根源——武则天。说到愤恨之处，他们咬牙切齿，恨不得吃了武则天的肉。在座的各位虽然都是小人物，可也是男人啊，发完牢骚之后，顿时觉得有点空虚，于是有人提议，必须干出点什么事情，也好让武则天知道他们的厉害！

经过商议，大家决定兴义兵，匡扶庐陵王李显！

有理由相信，他们应该是有预谋，可也是在喝完大酒之后做出的疯狂决定，要是没有烈酒壮胆，一般人是不会主动求死的。在座的几个人中，就数御史魏思温的官阶最高，因此由他来主持推进接下来的工作。

造反，必须有根据地和造反队伍，扬州就是最好的选择。

扬州是鱼米之乡，粮食不愁，而且靠近盐场，是天下赋税的集中地，隋炀帝开凿大运河之后，扬州就成了最繁华的城市之一。江南人杰地灵不假，可在隋唐时代，那可是反王辈出的摇篮地啊，而且江南百姓对中原政权不太认可，唯一的印象就是每年需要给长安缴纳很多的钱粮税赋，这一点他们早就受够了。

根据地有了，队伍也没问题，就差造反的首领了。

在那个年代，如果不是王朝面临崩溃，用暴力形式造反等同于自杀。大家有兴趣造反，可首领必须有光辉的背景，这帮人一合计，觉得唯一有点儿号召力的就是徐敬猷的哥哥，英国公徐敬业。

徐敬业，又名李敬业，英国公李世勣的孙子，因父亲李震去世较早，因此继承了英国公的爵位，又领了眉州（今四川省梅州市）刺史的官位。据史料记载，徐敬业并没有遗传爷爷的勇武和智慧，充其量不过是混吃等死的贵族子弟，如果不是因为起兵反武，恐怕历史上没有多少人知道他的存在。

在眉州刺史的任上，徐敬业又被针对了，被朝廷贬为柳州司马。官是越做越小，怒火是越来越大。

看看，这是多么巧合的事情啊。

他们的计划是这样的：

扬州没有大都督，最高行政长官就是长史陈敬之，只需要把这个人除掉，扬州就唾手可得。占据扬州之后，他们打算扯出造反的大旗，然后招兵买马进取洛阳，再不济也可以霸占江南赋税，割据称王。

剧本已经写好，就等着演员们到位。

魏思温写了一封密信，派人前往洛阳联系他的死党，朝廷监察御史薛仲璋，将他想要和徐敬业等人造反，拥立庐陵王李显的打算和盘托出。既然是死党，自然不会对魏思温的打算有任何异议。

薛仲璋给武则天上了一道奏折，希望可以前往扬州出差，监管地方官员的政治动向！武则天深感欣慰，大为褒奖，薛仲璋出了洛阳之后，便有扬州的密探向他告状，声称扬州长史陈敬之阴谋造反。

就这样，薛仲璋名正言顺地获得了扬州的实际控制权。

数日之后，徐敬业到达扬州，声称自己奉旨担任扬州司马，奉旨剿灭高州酋长冯子猷。高州是广东茂名市代管的高州市，隔着千山万水，这本是一场容易揭破的骗局，可薛仲璋是朝廷的钦差大臣，有他坐镇扬州，还给徐敬业做背书，再加上徐敬业英国公的高贵身份，扬州的大小官吏谁还敢怀疑？

在徐敬业的领导下，反武团队在扬州大开府库，打造武器，随后打开牢狱，放出囚徒和工匠，然后发给他们盔甲和武器。只要有反抗的，就地处决，整个扬州就这样过渡到了一群被发配到边疆的文人手中。

徐敬业在扬州进行了组织架构的重新调整，设置了三个府署：第一个称为匡复府，第二个叫英公府，第三个叫扬州大都督府。李敬业自称匡复府上将，领扬州大都督。任命唐之奇、杜求仁为左、右长史，李宗臣、薛仲璋为左、右司马，魏思温为军师，骆宾王为记室，十来日便聚集了十余万人。

一切准备就绪，只等向天下宣告正式起兵。

在这样的背景下，骆宾王的《讨武曌檄》横空出世，作为讨伐武则天强有力的舆论利器，现将原文拿出来供大家欣赏欣赏：

伪临朝武氏者，性非和顺，地实寒微。昔充太宗下陈，曾以更衣入侍。洎乎晚节，秽乱春宫。潜隐先帝之私，阴图后庭之嬖。

入门见嫉，蛾眉不肯让人；掩袖工谗，狐媚偏能惑主。践元后于翚翟，陷吾君于聚麀。加以虺蜴为心，豺狼成性。近狎邪僻，残害忠良。杀姊屠兄，弑君鸩母。人神之所同嫉，天地之所不容。犹复包藏祸心，窥窃神器。君之爱子，幽之于别宫；贼之宗盟，委之以重任。呜呼！霍子孟之不作，朱虚侯之已亡。燕啄皇孙，知汉祚之将尽；龙漦帝后，识夏庭之遽衰。

敬业皇唐旧臣，公侯冢子。奉先君之成业，荷本朝之厚恩。宋微子之兴悲，良有以也；袁君山之流涕，岂徒然哉！是用气愤风云，志安社稷。因天下之失望，顺宇内之推心，爰举义旗，以清妖孽。南连百越，北尽三河，铁骑成群，玉轴相接。海陵红粟，仓储之积靡穷；江浦黄旗，匡复之功何远？班声动而北风起，剑气冲而南斗平。喑呜则山岳崩颓，叱咤则风云变色。以此制敌，何敌不摧；以此图功，何功不克！

公等或居汉位，或协周亲，或膺重寄于话言，或受顾命于宣室。言犹在耳，忠岂忘心？一抔之土未干，六尺之孤安在？倘能转祸为福，送往事居，共立勤王之勋，无废旧君之命，凡诸爵赏，同指山河。若其眷恋穷城，徘徊歧路，坐昧先机之兆，必贻后至之诛。试看今日之域中，竟是谁家之天下！

流传后世是有道理的，骆宾王用超凡脱俗的脑回路，天马行空的臆想，罗织了一批连武则天自己都不知道的罪名。总之，骆宾王在纸面上把武则天丑化到了极点，至少在舆论上形成了压倒性的优势。

据史料记载，武则天看到这篇檄文之后惊叹不已，连声感叹："此人有宰相之才，朝廷却让他漂泊失意，是朝廷之过。"

叛军的开局很完美，可过程却很曲折。

徐敬业只是个混吃等死的贵族，没有王霸之才，靠着兄弟们的扶持才顺利上位，队伍拉起来了，可大军何去何从，他完全没有打算。

军师魏思温积极献策：大军应该直接西进，先拿下洛阳。

理由很简单，他们打着勤王和清君侧的大旗，如果西进一定会有大量的友军支援，而且前方的探子回报，崤山以东的英雄豪杰（想趁着打仗捞点好处）因为武氏专权，心中愤愤不平，听说徐敬业在扬州起事，都主动蒸麦饭为干粮，举起锄头为武器，等待扬州军的到来。眼下的形势适合主动进攻，如果一味退缩，以求偏安，各地的友军一定会对我们失望之极！

薛仲璋虽然是魏思温的死党，此时并没有附和他的提议。

薛仲璋认为：金陵有王气，而且易守难攻，应该先把金陵城经营成大军的根据地，然后再攻取常州和润州（常州和润州靠近长江，如果局势不利，可以迅速坐船逃到海外），以此作为跳板，再向北夺取中原。这样一来，大军打了胜仗可以继续向前，形势不好的话也有退路。

这两个方案各有优劣：

魏思温：可以争取友军支持，但死得很快。

薛仲璋：大军在江南自娱自乐，风险很小。

徐敬业想了想，最终选择了薛仲璋的方案。正是这样的错误抉择，将他直接送上了一条不归路，甚至落得个不会用兵的评价。

不可否认，舆论是支持徐敬业的。

武则天废黜了李显，架空了李旦，大臣、李家的王爷明面上不说，可心里却还是有意见的。反武势力都等着徐敬业打进洛阳，他却选择在江南一带游荡。如果徐敬业真能杀奔洛阳，反武势力必定会摇旗呐喊。天下越动荡，武则天就越被动，徐敬业的机会就越多，这叫浑水摸鱼。

再者说，徐敬业只有十万业余军。盘踞南京，分兵常州、润州，这是兵法中的大忌。打了胜仗还好说，如果打了败仗，会很伤士气的！徐敬业起兵，许多人都是看热闹的吃瓜群众，义军失败，所有人都会倒戈一击，拿徐敬业的人头找朝廷请赏。事实证明，徐敬业后来就是这样的下场！

最后一点，徐敬业起兵的时候，朝廷没有任何准备，徐敬业选择攻打江南，武则天就可以腾出足够的时间调兵遣将。事实证明，就在这个当口，武则天在长安和洛阳附近调集了三十万大军，由李孝逸率领，浩浩荡荡地杀奔江南。

李孝逸是淮安王李神通的儿子，李唐的宗室。

让李孝逸带着三十万大军平乱，武则天真的很有魄力。

如果所料不错，武则天应该在赌博，她有七成把握，李孝逸不会反她，因为截止到目前，武则天并没有篡夺李唐的行动，所有决策都是为了江山社稷。其余的三成，算是武则天的冒险，说不定李孝逸这小子脑袋发热，反戈一击呢！

不过，武则天为这三成风险上了两道保险。

第一道：派魏元忠做副手，也可以理解为监军大人。魏元忠的职责不全是监控，武则天希望他能发挥强大的谋略智慧，为李孝常进言献策，如果李孝常逗留不进，耽误战机，或者出言不逊，魏元忠知道该怎么办。

第二道：派左鹰杨卫大将军黑齿常之为江南道大总管。这位老兄的背景简单干净，在国内不属于任何派系，武则天对他的军事才华有信心，对他的立场更有信心，就算李孝常不行，黑齿常之一样可以灭了徐敬业。

所谓的运筹帷幄，决胜千里，也就是如此水平了吧。

和武则天相比，徐敬业只能算是业余中的业余了。

润州刺史名叫李思文，是徐敬业的叔父。

很遗憾，在李思文的眼里，徐敬业是个不知天高地厚的傻侄子，投降是不可能的，顽抗到底倒是有一万种选择！润州城下，叛军吃尽了苦头。城破之日，魏思温非常恼火，要求徐敬业当着大家伙儿的面处死李思文。

呵呵，徐敬业似乎还没有进入造反的状态，他竟然违背所有将领的意思，救下了李思文的性命！这是干大事的人吗？

徐敬业在润州浪费了太多的时间。

光宅元年（684）十月，李孝逸的三十万大军杀奔江南，徐敬业回军抵抗，屯兵在高邮（今江苏省扬州市高邮市），他派遣弟弟徐敬猷进逼淮阴（今江苏省淮安市淮阴区），别将韦超、尉迟昭屯兵都梁山（今江苏省淮安市盱眙县境内）。

在这个战术布局里，徐敬业、徐敬猷、韦超分别占据扬州北面的三个点，想利用掎角之势关门打狗。问题是，从淮阴到高邮差不多二百里，从盱眙到高邮差不多一百六十里，一旦打起仗来，距离太远，大家根本来不及救援啊。

再者说，大军都归徐敬业掌管，分给韦超和徐敬猷的兵力极为有限，这就大大削弱了战术的执行力！很遗憾，这也不能怪徐敬业抠门。

反武大军是几个书生临时拉扯起来的，本来就没几个会打仗的。韦超算是有点经验，可也是个半吊子；徐敬猷是彻彻底底的纨绔子弟，平日里酗酒赌博、流连青楼还可以，对军事一窍不通，徐敬业用他完全是个人情感的考虑。

李孝逸行进到临淮的时候，双方发生了第一次交锋，唐军偏将雷仁智战败，李孝逸有点畏缩不前。但是，唐军阵营能征善战的将士很多，他们对当前的形势做出了全面的分析，最终得出的结论是：不和徐敬业正面交锋，先解决韦超，再解决徐敬猷，徐敬业自然土崩瓦解。

原因很简单：徐敬业手里握有大军，如果先和他交锋，势必会耗费太多的兵力，而且还会中了关门打狗的计策。如果先解决徐敬猷，会打仗的韦超必定会救援，如果先打韦超，徐敬猷极有可能不会救援！

这是一场大军统帅的心理博弈，谁能猜准对方的心思，谁就能掌握主动权。

接下来，李孝逸率先对驻屯在都梁山的韦超发动攻击，稍微施加了一点压力，韦超便落荒而逃，徐敬猷胆小如鼠，得知韦超战败，连夜弃城逃跑。李孝逸几乎是兵不血刃，就将三十万大军带到了下阿溪的北侧，与徐敬业形成对峙。

下阿溪畔，双方有过几次交锋，互有胜负。此时，天寒地冻，北风呼啸，徐敬业屯兵在一片芦苇荡的附近。此时的芦苇已经萧条干枯，散发着毫无生机的气息，和徐敬业的前景似乎很搭配。

魏元忠捕捉到了战机，嚷嚷着一句：用火攻吧！

正是这样一个简单的战术，埋葬了徐敬业的春秋美梦。

为了勾引徐敬业集结大军，李孝逸派人下了战书，约定双方在下阿溪旁来一场男人间的决战。徐敬业深信不疑，带着大军守候在芦苇荡旁边，可等了好久也没见李孝逸的人影。说好的不见不散之约，徐敬业自然不想提前撤退，于是让将士们在芦苇荡的旁边稍做休息。

就在此时，远处的几处芦苇荡着火了，火势趁着呼啸的北风快速蔓延，又产生了大量的黑色浓烟，迅速将徐敬业的大军笼罩起来。浓烈的烟雾让徐敬业的大军失去了战斗力，李孝逸等人率军扑杀，徐敬业的十万大军如鸟兽散。

浓雾散去之前，徐敬业已经带着亲信逃往扬州，起兵之前，他已经规划好了撤退的路线：由扬州入润州，再由长江入海前往高句丽！有趣的是，徐敬业到达海陵（今江苏省泰州市）的时候被狂风所阻，部将王那相等人受不了徐敬业不顾兄弟们死活的行为，率众哗变，将徐敬业、徐敬猷、骆宾王等人诛杀。

光宅元年（684）十一月，持续两个月的徐敬业反武军事行动就此平定。

客观地说，徐敬业起兵造反是必败无疑的。革命需要流血，更需要有壮士断腕的决心，这种小打小闹的行为，只不过在历史上留下了一段笑话而已。

反“武”秀：裴炎的居心叵测

徐敬业的谋反虽然是小打小闹，却让武则天如芒刺在背！

说白了，废黜李显，架空李旦，大家还可以理解。可武承嗣安排七代祖宗的事情，这就说不过去了吧，武则天退步了，可仍让人觉得居心叵测啊。

武则天既然已经走到了这一步，就没有再退缩的道理。想也不用想，李氏宗族、朝中勋贵、朝廷重臣一定会形成反扑！徐敬业只是第一批献身者而已。

先下手为强，后下手遭殃，这是颠扑不破的真理。

谁来做第一个倒下的多米诺骨牌呢?

各位可还记得，徐敬业在哪里谋反的？扬州！

当时，徐敬猷、唐之奇、骆宾王、杜求仁、魏思温等人被贬到全国各地为县令，却不约而同地到了扬州。问题是，他们根本不可能在扬州碰面啊！因此，扬州谋反一事其实是有组织有预谋的，背后主使之人可能就是裴炎。

唐人张鷟写了一本《朝野佥载》，上面是这样记载的：骆宾王是个极不安分的人，为了拉宰相裴炎下水，他提前炮制了一首歌谣：一片火，二片火，绯衣小儿当殿坐！前面两句暗指“炎”字，绯衣小儿暗指“裴”，当殿坐暗指要当皇帝的意思。骆宾王写完之后，将这首歌谣交给了裴炎老家的小孩子们，这一来二去，裴炎自然就知道了这件事。

事实上，裴炎明白这首歌谣的意思，但总不能由自己说出口吧，他找到了当时最负盛名的骆宾王。裴炎给骆宾王送了许多礼物，可骆宾王就是不说话，后来又送美女和宝马，骆宾王还是不肯说。有一天，裴炎邀请骆宾王欣赏古人画像，骆宾王走到司马懿的面前时，肃然起敬，来了一句：此英雄丈夫也！

裴炎："何故如此？"

骆宾王："自古火臣执政，多能谋夺社稷！"

裴炎闻言暗中窃喜，接着问道："但不知，前一段时间，我家乡流传的歌谣到底是什么意思啊？"

骆宾王假装不知道："什么歌谣？"

裴炎："一片火，二片火，绯衣小儿当殿坐！"

骆宾王闻言，当即起身离座，向裴炎拜了一拜："歌谣说您是当今的人主啊！"

裴炎没什么太大的能耐，骆宾王的几句马屁就将他拍得晕头转向，在骆宾王的游说下，裴炎终于答应和他们一起反对武则天。

魏思温派人前去洛阳联络，相约监察御史薛仲璋配合他们夺取扬州城，殊不知，薛仲璋正是裴炎的亲外甥，没有裴炎的首肯，薛仲璋有天大的胆子也不会跟着一个同事去谋反吧！没有预谋，这事儿谁信？

可怜武则天，一直没有怀疑裴炎对他的忠诚。

徐敬业起兵之后，裴炎身为中书令，武则天最信任的宰相，态度却让人十分费解。裴炎的打算是让朝廷尽量不要派兵镇压，为徐敬业拖延时间，武则天因为相信裴炎，因此还是耐着性子问他，究竟该如何应对眼下的乱局。

谁料想，裴炎竟然说了这样一番话："皇帝已经成年，只不过没有执掌朝政，地方上的小人物才起来造反，只要太后把权力还给皇帝，叛乱自然可以平定！"

言外之意，这是我们撺掇的局，只要你太后识时务，我们可以让这帮臭小子立马解散。赤裸裸的威胁啊！

很快，监察御史崔詧跳了出来，指控道："裴炎是先帝的顾命大臣，手中大权在握，如果没有私下的图谋，怎么会请太后还政呢？"

话没有挑明，可大家都已经明白了，裴炎是先帝留下来的辅政大臣，如果武则天交出大权，他就可以效仿长孙无忌，做当朝第一权臣了。不管裴炎是不是这么想的，崔詧给大家的感觉就是这样的。

武则天："左肃政大夫骞味道、侍御史鱼承晔，立刻将裴炎收监！"

凡是和谋反扯上关系的重臣，岂有生还的机会？在这个节骨眼，武则天自然不能忍受和她离心离德的大臣，就这样，裴炎以谋反罪被判处斩刑。

在我看来，裴炎死得一点都不冤枉。

后来有人举报，说裴炎给徐敬业写了一封信，其中有“青鹅”二字，朝臣都不知其意，武则天认定，青指的是十二月，鹅指的是“我自与图之”（古代的繁体字确实是这个意思）。

《新唐书》也记载，裴炎原本打算武则天外出巡视的时候发动政变，逼迫武则天归还大权，可天公不作美，临行之前下起了大雨，武则天取消了外出巡视的计划，这才让徐敬业和裴炎等人的阴谋无法得逞。

想问一个沉重的问题，武则天有任何安全感吗？

别看这帮大臣整天笑脸相迎，天知道脑子里在盘算什么坏事儿。也许有一天起床的时候，武则天发现大臣们握着屠刀站在她的床榻前。

裴炎的背叛让武则天本就不安的心更加紧张起来，她无意将他们铲草除根，但是不给点儿教训，这帮人迟早会骑到她的头上作威作福！

武则天决定了，借这个机会，狠狠地收拾一下反派势力。

门下侍中刘景先、中书侍郎胡元范二人，在武则天面前力保裴炎没有谋反，并声称如果裴炎谋反，那他们也有谋反的嫌疑。武则天耐着性子向他们解释，并给出承诺，相信他们不会跟着裴炎一同谋反，在屡次解释无果之后，武则天将刘景先贬为吉州长史，将胡元范流放到琼州。

裴炎的侄子，太仆寺丞裴伷在朝堂上犯颜直谏，甚至威胁武则天，如果不还政给李旦，武氏家族将会有覆灭之日。

裴伷是个幸运的人，如果在武则天执政后期，发出这种狂言的下场只有死路一条。然而，武则天对裴伷依旧是好言相劝，并让侍卫将他带出宫，不料裴伷丝毫不给面子，武则天被迫将他杖责一百，流放边疆。

武则天想要治理好国家，必须依靠文官集团，这恐怕是她屡次让步的原因，但是对武官集团就没那么好的耐心了。

左武卫大将军程务挺镇守西北边关，手握重兵，徐敬业起兵之后，有人密告他和徐敬业手下的唐之奇、杜求仁交往颇深，裴炎被擒之后，程务挺又强行为他申辩。武则天为了铲除潜在的威胁，派遣左鹰扬将军裴绍业前去将他诛杀，并将与程务挺交好的夏州都督王方翼流放到崖州。

这些人都是有能力、有才干的大臣，曾经受到武则天的重用，然而对武则天来说，朝局稳定大过一切，不理解武则天政治理想的人，就不能为她所容。

客观地说，执政初期的武则天，杀伐并不是很重，她只想震慑大臣，让他们改变过于保守和陈旧的思想。不仅如此，武则天很想重用有才能的治世能臣，但偏偏是那些有才华的人站出来反对她，这种矛盾一直贯穿着武则天的整个执政生涯，以至于让她痛苦不堪，最终走向了崩溃。

告密时代的到来：武则天的绝地反击

武则天有个习惯，每次发生大事之后，喜欢更改年号。

经历了徐敬业和裴炎谋反风波，武则天就想起了此事。有一天，武则天拿起了一本《尚书》，随手翻看之下，映入眼帘的是《武成》篇中的一句话："惇信明义，崇德报功，垂拱而天下治。"

垂手拱衣，无为而治，这不正是帝王们的政治理想吗？

垂拱元年（685）正月，新年伊始，武则天宣布改元为垂拱，大赦天下。

新年虽然很美好，可武则天的心情却不是很高涨。想想看，朝中肯定有不少人都反对她执政，徐敬业属于谋反未遂，可还有多少人是打算谋反，却没有付诸行动的呢？经历过一番波折，武则天决定找朝臣们好好聊聊。

有一天，武则天将大臣们召集起来，神情严肃地问道："我并没有辜负天下，也没有辜负你们，对不对？"

群臣："是！"

不管是违心，还是真心实意，压抑在武则天内心多年的心事一时间涌了上来："我辅助先帝二十多年，为江山社稷操碎了心。你们的富贵和爵位都是我给的，天下的安宁，百姓的富足都是我给的。先帝临终之前，将天下交给我，我不敢有丝毫懈怠，一心为百姓着想。然而你们看看，站出来反对我的都是什么人？朝廷的大将军！朝中的宰相！到底是谁辜负了谁！"

说到这里，武则天显得十分沉重，声色俱厉地呵斥道："裴炎是当朝宰相，顾命大臣，徐敬业是当朝国公，将门之后，程务挺手握重兵，战无不胜，他们都是人中豪杰，就因为反对我，才被我诛杀！试问，你们有谁比他们地位尊贵，权势显赫？你们当中有谁觉得可以强过他们，可以立刻站出来反对我！”

武则天的气场太强大，群臣谁也不敢接话。

武则天:“既然如此，你们以后就要服从，不要做出让天下人笑话的事情！”

群臣:“唯太后之命是从！”

垂拱元年（685）二月，武则天下令，放置在朝堂外的登闻鼓和肺石，不再派人看守，有人擂鼓，御史应该立即接下状纸，上报给她。

登闻鼓是为了听取臣民们的建议而设置的悬鼓，放置在西朝堂的外面。肺石是让百姓控告官吏贪污、谋反而设置的石头，放置在东朝堂的外面。

说白了，武则天生性多疑，别说群臣是在她的高压之下表态，就算是大臣们立下毒誓，表示愿意追随她，武则天恐怕也不会完全相信。从此时开始，武则天就有了监视群臣一言一行的计划，只不过还没有完全铺开。

垂拱二年（686）正月，武则天为了缓和大臣们的敌对情绪，宣布要还政给李旦，不再继续听政。然而，这种政治家的宣言并没有让李旦放松警惕，他在接到诏书之后立即上表，声称由皇太后继续执政才是目前最好的选择！

武则天十分欣慰:“为了天下着想，还是继续临朝称制吧！”

武则天心里清楚，这招以退为进不是很高明，大臣们说不定早就看透了她的心思，说不定正在家腹诽诅咒呢！想到这里，武则天就感到异常恐怖，必须采取措施，扫除这些隐藏在暗处的危险。

如何做呢？自然是全员监控。

据史料记载，徐敬业造反的时候，侍御史鱼承晔的儿子鱼保家曾经将刀、车和弩的制造方法交给了他，徐敬业败亡之后，鱼保家虽然受到了牵连，此事却没有被抖搂出来。鱼保家暗地里揣摩武则天的心思，最后上了一道奏折，请求铸造一个铜匦，接受天下人的上书。

鱼保家就是一个天才，他将铜匦设计成四个小隔间，每个隔间上面都有一道缝隙，奏疏只能放进去，不能拿出来。铜匦东边的名叫“延恩”，进献赋颂文字和要求做官的人可将奏表投入；南边的名叫“招谏”，谈论朝政得失的人可将奏表投入；西边的名叫“伸冤”，有冤屈的人可将奏表投入；北边的名叫“通玄”，讲天象灾异和军机秘计的人可将奏表投入。

搞出这么多花样，其实就是为了掩人耳目。

铜匦刚刚放出来，就有人跃跃欲试，一时间，推荐自己入朝为官，评论朝廷政事，诉说冤屈的表书塞满了铜匦。起初，使用铜匦的人还挺多，慢慢地，大家总结出一个规律：凡是评论朝廷政事的表书，几乎不会得到有关领导的反馈，但是举报他人丑事的信件，却可以得到有关部门的快速响应。

于是乎，洛阳城中的老少爷们纷纷以举报为乐。

有趣的是，铜匦的发明者鱼保家也被人举报了，有人说他曾经给徐敬业制造兵器，朝廷的许多官兵都间接地惨死他手，鱼保家因此被朝廷处死。

武则天非常欣慰，民心可用啊！不对，洛阳的百姓会告状还不行，得让全天下的百姓都学会告状，这样遍布在全国各地的反武派才能无处藏身！

武则天下令：凡是告密者，不管是读书人，还是农民、土匪，大臣们一律不得过问，而且还要提供驿站的马匹，供应五品官标准的伙食，送往太后的住地。所说的事如果符合旨意，就破格授官，与事实不符，也不问罪。

一时间，四方告密的人蜂拥而起。

有些人把对邻居的怨恨都写在信里投到铜匦之中，有人想占朝廷的小便宜，因此恶意诬陷他人。然而，这些都是偷鸡摸狗之徒的小把戏，真正有理想和抱负的人，自然要揣摩当政者的心思，投其所好，有的放矢。

在这场疯狂的告密游戏中，武则天最关心的自然是朝中官员。

武则天掌握他们的情报，并不是想惩治他们，而是利用攻心术，让朝臣们整日生活在惶恐和不安之中。这样一来，武则天就有资本去控制他们。

酷吏登场：武则天实属无奈

武则天想开启告密之风，自然有人愿意铤而走险。

比如唐朝酷吏的鼻祖人物，索元礼。

索元礼本是一个胡人，性格残暴，为人狡诈。他能走上酷吏的职业道路，完全靠自己的义子薛怀义。大家都知道，薛怀义是武则天的男宠，薛怀义走马上任之后，迎合武则天的意思，把善于栽赃陷害和严刑逼供的索元礼推了上去。

索元礼经手的第一件案子，就是发明了铜匭的鱼保家。

当时，为了让鱼保家愉快地承认自己的罪行，索元礼专门为他发明了逼供的法宝："狱持"和"宿囚"。

狱持：将犯人的耳朵里面塞满泥巴，头上戴个笼子，然后折断犯人的肋骨，并用钢钉刺穿他的手指，从身体上瓦解犯人的斗志。

宿囚：不给犯人食物，不分白天和黑夜，派人拿着锣鼓敲打，不让犯人有睡觉的机会，以此来摧残犯人的身心健康。

索元礼刚刚上任，就定了鱼保家的谋反罪，武则天龙颜大悦，将他擢升为游击将军（从五品武官散职），并让他查办监狱中的囚犯。

索元礼将武则天的心思摸得门儿清，他审查犯人的方式简单粗暴，审理一个人，然后牵连数十个，甚至上百个人！至于牵连出来的人到底有没有犯罪，似乎不重要，索元礼说你有罪，你就是跳进黄河也洗不清。

武则天知道索元礼的把戏吗？恐怕未必。

武则天就看结果，凡是索元礼经办的案件，全部"铁证如山"。说白了，索元礼能帮武则天解决麻烦，她也乐见其成，至于怀疑其中的猫腻，完全没必要。不仅如此，武则天觉得索元礼是千古罕见的办案天才，不断地给他释放权力。

唐朝的寒门子弟出头太难了，索元礼的发达让许多人都很眼红，尤其是那些混迹在最底层的办案人员。这些人要么能力一般，要么心术不正，要么郁郁不得志。总而言之，想要一步一个脚印地升官发财，实在无望。

于是乎，投机取巧就成了他们加官晋爵的法宝。

来俊臣，雍州户籍。老爹名叫来操，是个职业赌徒，在乡里有个叫蔡本的赌友。有趣的是，蔡本的赌运一直不好，因此欠了一屁股债，而来操的手气一直很顺。蔡本输光家产之后，一气之下就把老婆抵押给来操，条件是来操帮他还清赌债。蔡本的老婆进门之时，就已经怀了身孕，后来生的小孩就是来俊臣，至于谁才是来俊臣的老爹，恐怕谁也说不清楚。

从小生活在赌博世家，来俊臣的教育堪称一塌糊涂，长大之后游手好闲，作奸犯科，经常被官府捉拿，几乎成了监狱里的常客。有一次，来俊臣游荡到和州（今安徽省马鞍山市和县），因为盗窃罪被判入狱，来俊臣为了给自己开脱，决意把事情闹大，声称捉拿自己的人想要谋反。

谋反是杀头大罪，和州刺史、东平郡王李续亲自过问此事，调查之后发现，这小子根本拿不出任何证据，纯属睁眼说瞎话啊。李续愤怒之下，将来俊臣杖责一百，算是给了个教训。后来，琅琊王李冲谋反，李续被牵连入狱，来俊臣意识到这是个绝好的翻盘机会，于是声称他当年就是想举报琅琊王李冲谋反，李续顾念宗室血脉，屡次扣压不报，还打了他一百棍子。

睁眼说瞎话有三重境界，第一重是自己没有信，别人却信了；第二重是自己信了，别人也信了；第三重就是自己信了，别人没有信。不得不说，来俊臣已经突破了第二重，即将进入第三重的超然境界。

不管怎么说，来俊臣的诬告让武则天找到了对付李续的借口，武则天破例召见，随后封他做了侍御史加朝散大夫，同时派他专门负责审理狱案。

周兴，长安人氏，年少的时候学习过律法知识。李治在世的时候，周兴担任过河阳（今河南省焦作市）县令，因为能力超群，李治想提拔他入朝为官。遗憾的是，就在周兴通往人生巅峰的关口，有人在背后捅了他一刀，说他没有通过科举考试，没资格做官，李治只好放弃提拔周兴的念头。

仕途受阻，周兴并没有放弃，他掏出所有积蓄，在长安的豪门圈子游说送礼，希望大家能够给他个升迁的机会。不过，效果不是很明显，大家都不愿意搭理他，最后还是魏玄同好意告诉他，周兴只能回家做县令。

很遗憾，周兴并没有领魏玄同的好意，反而觉得是魏玄同阻挡了他的升官之路，将他暗恨在心。武则天当政的时候，周兴开始学习索元礼的办案方法，并迅速获得了武则天的青睐，由此晋升为刑部侍郎。

这个世界，有很多人都受过委屈，有些人把委屈放到肚子，把自己的宽容心撑大了；有些人把委屈当作发奋的动力，把自己的野心撑大了。被委屈撑大的野心，只要它们的主人飞黄腾达，报复世界的方式会惊掉所有人的下巴。

很明显，周兴和来俊臣就属于报复社会的人。

升级为朝臣之后，周兴和来俊臣组织了一批地痞流氓，专门在民间搜刮朝中官员的秘事，为武则天打击政敌服务。在他们看来，老前辈索元礼的办案方法还是太粗暴，太不讲究了，别人办案讲的是拔起萝卜带出泥，索元礼是拔起萝卜，几乎带起了整个菜园子，而且是毫不讲理的那种。

不管做什么业务，细水长流才是王道，毫无底线的诬告，只会让自己的路越走越窄。于是，兄弟俩商议了一下，决定搞个“告密者进退联盟”。

游戏规则：每次想诬陷政敌，周兴和来俊臣都会在不同的官府同时告发，这可以给人一种错觉，被告的人肯定是有问题的，毕竟苍蝇不叮无缝的蛋嘛！这样一来，来俊臣和周兴就成了“良心酷吏”，大有超越索元礼的意思。

事实上，如果要搞个酷吏办案指数的排行榜，来俊臣可以占据榜首，索元礼排行老二，周兴勉强第三。为什么这么说？

牵连办案，刑讯逼供，主要看心狠手辣的程度。然而，如果你了解了人性的弱点，实施有针对性的打击，甚至将整治别人的经验升华到理论层面，那你就牛了！来俊臣就是这类人，他平日里除了整人之外，还潜心研究心理学，最后联合司刑评事万国俊共同编写了一本名为《告密罗织经》的书。

此书分为十二大卷：阅人卷，事上卷，治下卷，控权卷，制敌卷，固荣卷，保身卷，察奸卷，谋划卷，问罪卷，刑罚卷，瓜蔓卷。

按照来俊臣的方法，首先确定需要逮捕审判的对象，然后由来俊臣的党羽在各地的官府揭发检举，营造此人一定是乱臣贼子的舆论声势。随后，由朝廷出面，将检举信移交给司法机关，由他们侦察审理，最后诬告对象名正言顺地进入来俊臣等人的专用监狱。

审讯时，来俊臣等人不择手段地使用酷刑，逼迫犯人说出与检举信内容吻合的口供，如果畏罪自杀，则罪加一等。

对被告来说，只有招认和死于酷刑两条道路。

对来俊臣来说，被告不仅要愉快地承认自己的罪行，还要供出同谋的名单，至于牵连人数的多少，牵连范围的大小，完全由老板的怒火来决定。有了被告的口供，来俊臣的团队会将案情的人物、时间、地点等基本要素整理编撰，最后弄出一大摞故事的细节，不留丝毫的破绽。这样一来，不管是什么罪行，只要经过来俊臣等人的精心包装，一定会让世人信服。

据史料记载，周兴临死之前阅读过此书，自叹来俊臣的本事远超过自己，因此在他的面前不愿强项申辩，甘愿受死。大名鼎鼎的狄仁杰也拜读过这部大作，结果读完之后大汗淋漓，不知所措。武则天面对此书，也只能发出“如此机心，朕未必过也”的感叹。

不仅如此，来俊臣和索元礼还联手发明了非常实用的刑罚工具。

不得不说，来俊臣在刑讯逼供方面是个“天才”，就连索元礼、周兴等人也自叹不如，每逢遇到很难办的案子，大家都不愿意顶上去的时候，就会一致推荐来俊臣。为了方便来俊臣等人办案，武则天特地在洛阳宫丽景门的西面设置了推事院，由来俊臣掌管，专门审讯和处决朝廷重犯。

每次审讯的时候，来俊臣先把客人带到刑具陈列室参观。大家都是读书人，看到斑斑血迹，甚至还有部分人体碎片的刑具时，一般都会吓得两腿发抖，精神崩溃。胆子稍微小点的，马上配合来俊臣的工作，早交代早收工，稍有抵抗的犯人，来俊臣便用酸醋倒灌犯人的鼻子，随后把他们扔到不见天日的地牢，不给饭吃，不让睡觉，日夜与老鼠、蟑螂等为伴。

当时，洛阳城中流传着“来索”这个新鲜词儿，意思是只要来俊臣和索元礼露面，必然会有人丧命。朝中大臣视索元礼、来俊臣等人如鬼魅，唯恐推事院的小鬼会前来逮捕他们，每天上朝之前，官员们都会战战兢兢地向家人诀别。

那么问题来了，来俊臣等人的所作所为，武则天一无所知吗？

身为一介女流，想从皇太后蜕变成帝国的实际主宰，成为史无前例的女性皇帝，其中的艰辛可想而知。在男权至上的年代，没有壮士断腕的决心和残忍嗜杀的铁血手段，如何能让桀骜不驯的大臣和李唐宗室臣服？

索元礼、周兴、来俊臣只不过是武则天的几颗棋子，武则天太聪明了，她不想知道酷吏军团是如何捏造事实的，她喜闻乐见的是，反对她的人被一一诛杀，朝中大臣向她臣服。一旦朝中的政治舆论开始支持她，索元礼、来俊臣等人就会被武则天抛出来顶罪。到时候，武则天完全可以一脸无辜地说，我并不知道索元礼等人采用了如此卑劣的手段啊，既然你们有怨气，那就杀了他们吧……

武则天统治时期，大肆任用和纵容酷吏，屠杀了大批的朝臣和李唐宗室，这是既定的事实。然而，不能说挨了打的人就是无辜的，也不能说打人的就一定是罪魁祸首，这段历史，其实用辩证历史主义的理论来审视可能更加客观。

武皇的自我营销：登基称帝三部曲

弘道元年（683），唐高宗李治去世，永徽之治宣告结束。

光宅元年（684），武则天接管大唐的统治权，此时年逾 60 岁。

天授元年（690），武则天建立武周王朝，此时年逾 66 岁。

神龙元年（705），宰相张柬之等人发动政变，逼迫武则天退位。

景龙三年（709），武则天去世，享年 85 岁。

算下来，武则天把持最高政权长达二十二年，其中七年是以天后身份临朝称制，十五年是名正言顺的皇帝。在这短暂的二十二年里，武则天的执政风格非常明显。

光宅元年（684）至垂拱四年（688），是武则天夯实政治地位最关键的五年。

也许是因为想实现自己的政治理想，也许是不想失去手中的权力，武则天对皇权的欲望非常强烈。起初，武则天选择与朝中大臣和平共处，却发现大家对她指手画脚的行为非常不满，甚至屡次劝她退居幕后，还政给唐睿宗李旦。在巨大的政治危机下，武则天为了巩固地位，开始起用基层出身的酷吏，比如来俊臣、索元礼、周兴等人，目的就是为了以恐怖氛围震慑朝中大臣。

然而，史书除了渲染恐怖气氛之外，对细节的描述十分含糊。

裴炎、徐敬业、程务挺等人被杀，罪名是谋反，或者和谋反分子勾结，证据还是很确凿的。裴炎被杀之后，武则天并没有株连裴氏家族，反而是承诺不会因为谋反而恶意株连，让他们继续安心做官。除此之外，再也没有什么重臣和李唐宗室遭到诛杀。事实的真相是，武则天虽然刻意震慑朝臣，却从来没有放弃和他们和平共处，为此还承受了许多大臣的指责和羞辱。

垂拱二年（686）九月，雍州地方官员奏报发生了祥瑞之事：新丰县（今陕西省西安市临潼区）东南，一场雷雨之后居然长出了一座三百尺高的山。

武则天是见过世面的人，深知这种事情是地方官取悦统治者的噱头。为了不让老百姓失望，武则天下诏，改新丰县为庆山县，以示褒奖。

这本是一件稀松平常的事，江陵人俞文俊却上了一道奏疏，声称：天地不和而寒暑混乱，人气不和而身体长毒瘤，地气不和才会有地生高山的怪事。正是因为天后霸占权位，阴阳颠倒，以至于地气阻塞，这才出现山灾之变。然而，天后却称之为"庆山"，臣以为，这并不是值得高兴的事，天后应该让位修德，以此平息上天的愤怒，否则大祸将至。

大家都是凡人，都有自己的小情绪。说白了，我为朝廷操心了一辈子，没人念我半点好，还在背后磨刀霍霍，打算赶我下台。这也就罢了，不就是个祥瑞的事吗，又不是我弄出来的，为什么要拿这事儿来攻击我？

人都说，帝王是孤独的，武则天还没做帝王，就感觉到了世界对她的敌意，昔日的战友全部站在了对立面，这种感觉真的很打击人。

不可否认，俞文俊做得太过了，讽刺武则天牝鸡司晨，还诅咒武则天没什么好下场，这已经犯了大逆不道的罪责。然而，武则天并没有让来俊臣等人以极刑摧残俞文俊，而是一纸诏书将他贬到岭南，仅此而已。值得一提的是，如今中国广西、广东的俞氏，基本上都是俞文俊的后人。

一个小人物反对她也就罢了，就在武则天沾沾自喜，以为朝臣会慢慢迁就她的时候，凤阁舍人贾大隐给她说了一件事：宰相刘祎之曾经私下抱怨，声称太后既然废立昏君，改立明主，就没必要临朝称制了，应该把大权交给皇帝，以安天下人之心。

前面说过，刘祎之是北门学士，是武则天亲手培养的。这些年来，刘祎之主要扑在书籍的编撰工作中，至于政治斗争的经历，史书并没有写。武则天临朝称制后，提拔刘祎之做了凤阁侍郎、同凤阁鸾台三品，可谓信任有加。

然而，当贾大隐向她告密之后，武则天显得极度失望，并当着幕僚们的面说道："刘祎之是我从北门学士中一手提拔的，如今却背叛我，他如果当面劝谏，那是忠心的表现，如果背地里议论，那就是背叛，这叫我如何原谅？"

被人背叛的滋味，谁有谁知道。

客观地说，武则天真的很喜欢刘祎之的才华，这些年来，武则天没有让他碰血腥肮脏的事情，刘祎之始终保持着清白之身。武则天养着刘祎之，目的恐怕就是为了证明，读书人也是支持她的，只要不唱反调，刘祎之就没有危险。

面对刘祎之的背叛，武则天犹豫了，不知道如何处置。

当时，告密之风盛行。如果你没事儿，酷吏都想给你整出点事儿，你有了事儿，还怕没人找上门？没过多久，有人举报了，刘祎之为官期间，曾经收受契丹首领孙万荣的贿赂，还和已故宰相许敬宗的小妾私通。

很劲爆的新闻，可史书暗示，这些似乎都是酷吏们的诬告，目的是为了整治刘祎之。既然有人举报，武则天就必须受理，不过她直接跳过了来俊臣等人，起用了当时的肃州刺史王立本审讯此案。

既然是酷吏头子派人举报的，司法部门自然不会维护刘祎之，武则天此举，恐怕正是担心刘祎之遭到迫害，想给他留一条活路。

当王立本拿着武则天的敕书前往刘祎之家中宣读时，刘祎之态度十分恶劣，怒吼道：没有经过凤阁鸾台签署，怎么能叫敕令。

“敕令”只有皇帝才有资格签发，武则天作为皇太后，只能签发“制令”。此时，刘祎之已经将自己完全划到了武则天的对立面，并让朝臣们都知道，就算是武则天提拔的亲信，也要反对她霸占皇权。

事情已经变了性质，私下埋怨到公开为敌。

武则天一声令下，刘祎之住进了大牢之中。就在此时，一向不干政的唐睿宗李旦出面了，他希望老妈看在自己的面子上，放老师一马。

直到此时，刘祎之终于看到死神给他打开了大门。他太了解武则天了，如果李旦不求情，把这个人情留给武则天，他或许还能活命。如果武则天在李旦的请求下松口，这传达的是什么样的政治信号？

毫无疑问，刘祎之上了西天。不过，武则天留给他沐浴更衣的机会，让他以最体面的方式，在家中结束了自己的性命，没有任何多余的株连。不过，刘祎之的背叛让武则天清醒地认识到，要想走向权力的巅峰，还有很长的路要走。

前面说到，光宅元年（684）至垂拱四年（688）是武则天夯实政治地位最关键的五年。垂拱四年（688）至天授元年（690），则是武则天打压朝中重臣、李唐宗室力度最大的两年。

垂拱四年（688）注定是一个多事之秋。

第一件大事：议立武氏七庙。

大唐的都城在长安，李治晚年考虑到关中漕运难题，开始装修洛阳宫，并且以洛阳为东都。武则天临朝听政之后，直接将国都从长安迁到了洛阳。然而，李唐的根基在长安，因此并没有将李家的宗庙及时迁过来。

垂拱四年（688）正月，朝廷提议，在神都洛阳开设宗庙，供奉唐高祖李渊、唐太宗李世民、唐高宗李治，并四时祭祀。然而，武则天却给有关部门抛了个议题：还是先讨论一下宗庙祭祀的礼数吧！

按照规矩，天子家族肯定是以七世祖配享太庙，这难道还需要再讨论吗？老板，你是不是想故意搞事情啊。司礼博士周悰闻弦歌而知雅意，当即奏道："可以将李唐的太庙减到五室，将武氏宗庙增设到七室！"

事儿闹大了，只有天子才有资格祭祀七代祖宗啊！把李唐降级，拔高武氏家族的地位，这不是赤裸裸的挑战皇权，颠覆朝政吗？

春官侍郎贾大隐："天子七庙，诸侯五庙，这是流传千年的规矩。司礼博士周悰没有找到任何有根据的道理，只因为尊崇太后的威仪就想破坏国法，实在是很不讲究。太后想尊崇先祖，可以效仿诸侯，不能随意更改国家宗庙。"

贾大隐举报了刘祎之，也算是政治投机分子了，可面对如此重要的事情，还是坚持了最后的底线，这是做男人，而不是做臣子的底线。

面对朝臣的反对声音，武则天显得非常冷静，之所以抛出这个话题，无非就是看看朝臣的态度。游戏还有测试呢，更何况做皇帝这样的大事。

第二件大事：建造明堂。

明堂，商末周初儒学奠基人、政治家周公的经典作品，建造之初就是为了明确天子和诸侯的尊卑，确立天子地位和统治之权的建筑。巧的是，当时的明堂就是在洛阳。后来，经过数千年的演变，明堂成了古代帝王宣传教化的场所，儒家礼制建筑的典范，凡祭祀、朝会、庆赏、选士等大礼典，均在此举行。

通俗地来讲，明堂是帝王的形象工程，天子的尊严所在。

然而，自周公之后，没人知道明堂是什么样的建筑，因此历朝历代的帝王都是随心所欲地建造。隋朝就有建造明堂的计划，但还没来得及实施，杨氏家族就土崩瓦解。李渊受禅之时，天下尚未太平，明堂自然没被提上日程。李世民登基称帝，朝臣提议搞明堂工程，然而李世民是个遵循古制的皇帝，要求明堂建造必须按照古代的要求，一帮读书人埋头研究，直到李世民去世也没搞清楚明堂到底是什么玩意儿。李治和李世民一样，非得让儒生们将明堂研究清楚，因此直到驾崩也没见证这一伟大的工程。

武则天亲眼见证了李唐王朝两代帝王固执的遵循古制，以至于明堂工程迟迟无法突破的事实。她更明白，如果将此事交给迂腐的读书人去研究，就算给他们一百年时间，也不会拿出可靠的方案。

于是乎，武则天力排众议，直接让北门学士展开内部讨论，在武则天的推动下，明堂建设方案很快就宣告出炉。方案确定之后，武则天再次乾纲独断，下令拆除洛阳宫的正殿乾元殿（隋朝的乾阳殿），让薛怀义主持工程，就地建造明堂。

垂拱四年（688），明堂交付使用。

武则天虽然是女人，但胸襟和气魄可谓前无古人，后无来者。

第一，武则天锐意革新，抛弃了周朝四方呆板的建筑特色，改以上圆下方，开创了以后中国古代明堂建筑由方到圆的先河。如今北京的天坛祈年殿，就是延续了明堂的建筑风格。

第二，武则天力排众议，耗费亿万银钱打造了洛阳城恢宏壮丽的天际线，明堂雄踞在洛阳宫正殿，无时无刻不显露着一个超级帝国的崛起。

据史料记载，明堂是中国古代建筑史上最高的单体木结构建筑，也是唯一的楼阁式皇宫正殿建筑，明堂高度约八十八米，底层各边长约九十米。

整个建筑总共有三层。下层是方形的，象征着一年四季。中层是十二边形，象征着十二个时辰，上面建筑是木质的圆形宝盖，九条张牙舞爪的金龙护卫在宝盖周边，威严无比。上层是二十四边形，象征着二十四个节气，同样由圆形宝盖覆盖。整个建筑的顶上，是一只高达三米的铁铸凤凰，外面以金粉裹住。在阳光的照耀下，高耸入云、振翅翱翔的金凤凰散发着高贵、威严的光芒。

建筑的内部，是十根参天巨木，从下到上，直接贯穿了整个明堂，支撑着这座权力建筑的结构。俯瞰下去，一只金凤傲立在九条金龙之上，象征着武则天的女性威严。明堂的存在，就是唐朝女性绝地大翻身的象征。有理由相信，任何有血性的男人看到这样的建筑，心中除了对美的赞美，就是对武则天的愤恨。

据史料记载，明堂气势恢宏、巍峨参天，有吞天吐地、包罗万象之气，武则天起了一个很气派的名字——万象神宫。

明堂建成之后，武则天在宫中摆下宴席，遍邀群臣庆贺，还邀请洛阳的百姓到明堂内部参观，共同见证这座辉煌无比的建筑，以及盛世的气象。

紧接着，另一座名为天堂的建筑在明堂北边拔地而起。

天堂共有五层，据说登上第三层就可以俯视整个明堂，如果按照层高三十米来计算，天堂高度应该有一百五十米，绝对是中国历史上最高的建筑。天堂内部放置了一尊佛像，其小指上就能容纳数十人，由于建筑太高，刚开始施工的时候曾经被风刮倒，建筑大师薛怀义施展奇才，这才让天堂顺利地拔地而起。

不得不说，武则天在修建明堂上还是有私心的，从议立宗庙制度，再到明堂的建造，两件大事都是围绕着皇权象征，天子正统而展开。这一切，自然都是为了让武则天顺理成章地成为帝国的最高统治者。

紧接着，第三件大事发生了：惊现洛河宝图。

事实上，这件事情是武承嗣一手炮制的。

武承嗣让人挑选了一块非常精致的大石头，在上面凿上“圣母临人，永昌帝业”几个大字，为了让字看起来没那么新，武承嗣让人将紫石捣成粉末，再掺上药物，将字填平。做好了这一切，武承嗣派人将石头扔到洛水中，随后指使雍州人唐同泰将石头捞了起来。

据说，伏羲在洛水边走路的时候，有一个神龟在水中出没，龟背上画着非常奇妙的图案，伏羲得到神龟之后，自觉天下存在着极其玄妙的规律，最后竟然推演出奇书《周易》。自古以来，洛河就是神秘的存在，让人敬畏。

很快，唐同泰就给朝廷上表献石了，并将发现神石的过程渲染了一番。

洛水出现祥瑞，自然是国之大事，武则天将这块石头命名为“宝图”，并提拔唐同泰做了游击将军。垂拱四年（688）五月，随着议立武氏七庙和明堂的建造，武则天觉得火候已经差不多了，因此宣布，准备亲自祭拜洛水，接受“宝图”。

武则天将此事搞得非常隆重，前往洛水之前，先到南郊祭祀天地，告谢昊天上帝，典礼结束之后又驾临明堂，接受群臣的朝见。

文武大臣其乐融融，一派祥和之气，散朝之前，武则天下诏：各州都督、刺史、皇族、外戚提前十天在洛阳集合，一起前往洛水祭拜！

初生牛犊李贞反武，自家宗亲吃瓜看戏

垂拱四年（688）五月，武则天加尊号为圣母神皇。

垂拱四年（688）七月，武则天宣布，“宝图”改名为“天授圣图”，将天授圣图出现的地点命名为圣图泉，设置永昌县来护卫，洛水改名为永昌洛水，封洛水之神为显圣侯，禁止在洛水打鱼垂钓，祭洛水如同祭四渎（江、河、淮、济，地位如同诸侯）。

这一套组合拳下来，所有人都震惊了，李唐宗室更是惶恐不安。

不得不说，武则天就是个开创纪录的奇女子，脑洞大开的程度，想象力的丰富让人深深折服。抛开登基称帝的野心不说，就圣母神皇、天授圣图这些华美的词汇，真的为中国的古文化增添了不少魔幻色彩。

祭祀洛水之前，谣言开始满天飞，有说武则天想要废黜皇帝李旦，自己登基称帝的；有说武则天召集李唐宗室前往洛阳，目的是想将他们一网打尽。

当时，王爷们对武则天牝鸡司晨的行为很不满，早就在私底下联系，打算以兵谏的形式逼迫武则天退居幕后。

比较活跃的有以下几位王爷：

绛州（今山西省运城市新绛县）刺史，韩王李元嘉（李渊第十一子）。

通州（今四川省达州市通川县）刺史，韩王李元嘉的儿子，黄国公李撰。

青州（今山东省潍坊市境内）刺史，霍王李元轨（李渊第十四子）。

金州（今甘肃省兰州市榆中县）刺史，霍王李元轨的儿子，江都王李绪。

邢州（今河北省邢台市）刺史，鲁王李灵夔（李渊第十九子）。

鲁王李灵夔之子，范阳王李蔼。

豫州（今河南省境内）刺史，越王李贞（李世民第八子）。

博州（今山东省聊城市）刺史，越王李贞之子，琅邪王李冲。

申州（今河南省信阳市浉河区）刺史，东莞公李融（李渊的孙子）。

这些人有几个共同特点：第一，李治的叔叔、兄弟辈，李唐王朝的元老；第二，官居地方刺史，掌握财政大权，可以调动兵力；第三，在李唐王朝的口碑都还算不错；第四，如果推翻了武则天的统治，他们都有资格做皇帝！

最先动起来的是黄国公李撰。

为了调动各位叔叔和兄弟的积极性，李撰伪造了唐睿宗李旦的皇帝印信，给琅琊王李冲写了密信："朕已经被天后幽禁，诸王可以各自发兵救朕！"

李冲觉得这招很妙，于是也刻了个萝卜章，宣称道："天后准备废黜皇帝李旦，将李唐神器交给武氏家族！"

一时间，李唐宗室摩拳擦掌，义愤填膺，大家本来就有心起兵，现在又得到了皇帝的"诏书"，那不是名正言顺？

那么问题来了，这些王爷们天各一方，传递信息非常困难，如果起兵计划没有制订好，或者有人隔岸观火，下场只有一个：找死。

历史证明，冲动的永远是年轻人、小字辈的人。

比如琅琊王李冲，其他王爷还在家中谋划的时候，李冲已经派遣博州长史萧德琮等人在当地招募兵卒，准备大干一场。此时，各地的王爷还没有歃血为盟，也没有准备好起兵所需的银钱和粮草，却突然接到了小字辈李冲的通知，让大家伙儿集合兵力，共同开赴洛阳。

各位王爷非常郁闷，琅琊王李冲只不过是越王李贞的儿子，是各位王爷中辈分最低的那位，就算是起兵勤王，也轮不到你来发号施令啊。凭什么你李冲说一句话，别人就要陪你干这掉脑袋的事情？

武则天的密探早就将各地的王爷秘密监视起来，琅琊王李冲的动作太明显，谋反计划提前被武则天得知。形势非常危急，武则天来不及多想，当即任命左金吾将军丘神勣为清平道行军大总管，前往讨伐李冲。

李冲还是太天真了，他觉得这是一场正义对邪恶的战争，只需要振臂一呼，盘踞在各地的叔叔兄弟们都会奋起反抗，一同拯救李唐的天下，甚至各地的百姓也会为他们摇旗呐喊，共同驱逐公敌武则天。

遗憾的是，前去募兵的博州长史萧德琮带回来一个不好的消息：老百姓似乎对打倒武则天没什么兴趣，只有五千人表示愿意跟着我们干，其中一部分原本就是亲信，还有一部分都是为了钱。

形势不仅很严峻，而且很令人崩溃。李冲是个有种的人，既然已经放出了话，自然收不回来，只好硬着头皮干吧！

李冲的计划是这样的：先把博州境内的县城搞定，然后率领大军渡过黄河，直取济州（今山东省济宁市），一路向西杀到洛阳，直取武则天首级。只能说，奋斗的方向是正确的，可低估了奋斗的过程难度。

第一个强敌：武水（今山东省聊城市东昌府区）县令郭务悌。

这位老兄听说琅琊王要来找死，赶紧加固城池，并派人前往最近的魏州（今河北省邯郸市大名县）求救。莘县（今山东省聊城市莘县）县令马玄素领兵一千七百人在中途截击李冲，失败之后，率军退入武水县城，与郭务悌共同防守。

李冲也不傻，没想用人海战术攻城。他安排了一批装满干柴的车，然后堵在武水县的南门，乘着南风呼啸之际，放火焚烧城楼。一切都很顺利，再多个几分钟，城门就可以告破，可就在此时，风向突然发生了逆转。

悲剧就这样发生了，冲锋在前的将士顿时被火势包围，不少人被活活烧死，后军看到同袍在火中焚烧的模样，纷纷吓得向后撤退。出师未捷“心”先死，武水县城的惨败给全军将士的心头蒙上了一层阴影。

但凡是军队，白天打了胜仗，晚上就会喝酒吃肉，总结胜利的经验。白天打了败仗，晚上就会围炉夜话，吐槽主帅的不是。

夜幕降临，将士们扎堆在一起胡侃，一个叫董玄寂的将领说：“琅琊王和朝廷对抗，是赤裸裸的造反，所以得不到上天的庇护，因此才会有惨败！”

想想看，一支五千人的军队，想要推翻武则天的统治，何其愚蠢啊。如果说将士们出发的时候还有一丝奢望，武水县城的惨败让他们彻底清醒了。

李冲处死了董玄寂，可代价是军中将士四散逃亡，只有数十个李府的家奴跟随在李冲左右。李冲悲愤交加，带着残部逃回博州，准备东山再起，刚刚踏进城门，门子就从后面给他来了一刀。此时，距离李冲起兵仅仅七日。

李冲是个孤独的舞者，天真的王爷。

如果能用五千乌合之众夺取江山，那恐怕谁都可以做皇帝。李冲兵败被杀之后，先前联系好的各路王爷一个都没动，李冲的父亲，越王李贞几乎是在李冲兵败之日才起兵响应，这样的配合默契，给了武则天莫大的鼓舞。

垂拱四年（688）八月二十三日，丘神勣到达博州城。

据史料记载，博州官员对丘神勣的驾临欢呼雀跃，好像什么事情都没发生过，笑嘻嘻地把丘神勣迎接到府衙坐定。然而，丘神勣的兴致并不是太高，酒到半酣之时，丘神勣大手一挥，跟随在旁的禁卫军便将合城官员悉数拿下。

连太子都敢杀的酷吏，还有什么事儿不敢做？在没有向武则天请旨的情况下，丘神勣将博州城中一千多家官户抄家，随后将他们全部处死。

与此同时，越王李贞在豫州宣布起兵了。按照辈分来说，李贞是李世民的第八子，唐睿宗李旦的亲叔叔，威胁程度不可同日而语。

垂拱四年（688）九月初一，武则天下诏：任命左豹韬大将军麴崇裕为中军大总管，岑长倩为后军大总管，领兵十万讨伐越王李贞，命张光辅为诸军节度。

不过，武则天似乎高估了李贞。这位老兄有钱有地，可兵力很少，当征兵动员令发到豫州城后，最终只募得几千乌合之众。这对李唐造反事业来说，连杯水车薪也算不上。当儿子李冲兵败的消息传来时，李贞明白大势已去，此时，朝廷的十万大军已经在前往豫州的路上，如果强行抵抗，最终将会玉石俱焚。李贞思虑许久，最终决定前往洛阳，负荆请罪。

前往洛阳的路上，李贞遇到了新蔡县令傅延庆，这位老兄是李贞先前派出去招募士卒的亲信，对他十分忠心。傅延庆告诉李贞，已经招募到了两千壮士，加上李贞手下的数千人，声势也不小，或许可以和朝廷掰掰手腕。

有了志同道合的战友，李贞虽然胆怯，可不再那么孤独。

为了鼓舞军队的士气，李贞利用信息闭塞的优势，散播了一则谣言："琅琊王李冲已经攻破魏州和相州，手下有二十万大军，很快就会前来会合！”

随后，李贞在豫州各县强行征调了五千兵力，将他们分为五营。为了拉拢实力雄厚的汝南县丞裴守德，李贞下令将他封为大将军，还陪嫁了一个女儿！又大肆封官，打仗的才几千人，结果到最后，封赏的九品以上官员就有五百余人。

很显然，这是一支毫无战斗力的乌合之众。除了李贞自己，其他的人全部是因为威胁、利益绑在他的自焚战车上。可怜的李贞，对排兵布阵一窍不通，面对来势汹汹的官军，竟然从和尚、道士那里祈求神符，以求将士们刀枪不入。

李贞不想死，只能靠这些虚幻的东西寻求安慰。

麴崇裕来了，十万部众陈列在豫州城东，李贞象征性地抵抗了一阵，随后带着小儿子李规、女婿裴守德以及合府家眷以自杀的方式结束了这场闹剧。

李唐宗室的反抗，很难说是想让武则天还政给唐睿宗李旦，还是心怀叵测，趁着天下大乱捞取政治利益。事实上，琅琊王李冲在起兵之前就已经派人前去联络各地的王爷，声称只要诸王并举，大事自然可成。然而，李姓王爷纷纷选择隔岸观火，明哲保身，这是李唐宗室的不幸，却是天下百姓的大幸。

清洗李唐宗室，武则天迫不得已之举

在这场闹剧中，武则天应该是最郁闷的一个。

明明是为了江山社稷，却遭到所有人的反对。

李治去世之后，武则天确实有强烈的权力欲望，到后来也想问鼎帝位，可她并不全是为了自己的私欲。武则天也说过，天下的稳定，百姓的富足都是她和李治携手治理出来的，朝臣的富贵也都是朝廷赋予的，不应该否定她的功绩。

因为她是女人，所以不少人都本能地反对，武则天都可以理解。武则天起用了酷吏，可直接迫害的重臣还是挺少的。对李唐宗室，武则天更是采取包容、容忍和拉拢的政策，不到万不得已，不想妄动杀伐。

琅琊王李冲和越王李贞的谋反，让武则天清醒地认识到，这帮李姓王爷是她执政的最大障碍，绝不能再对他们抱有幻想！李贞自杀后，武则天打算动手了，韩王李元嘉、鲁王李灵夔不是小动作不断嘛，那就从你们开刀吧。

武则天："苏珦（xiàng），你身为朝廷的监察御史，有义务监督朝廷的官员和宗室成员，就由你前去调查和琅琊王李冲、越王李贞暗中勾结的党羽吧！"

据史料记载，苏珦是一个对李唐皇室有情怀的大臣，武则天有命，他必须出差调查，可回报的时候却说，韩王李元嘉、鲁王李灵夔与琅琊王李冲等人的谋反案没什么太大的关系。

武则天差点气笑了，你是真傻还是故意的啊？这几个王爷暗中勾结，已经是人尽皆知的事情，让你去找罪证，不是为他们辩护的。

好啊，你不愿升官发财，后面还有人排队呢。没过多久，朝中便有人举报，监察御史苏珦和韩王李元嘉、鲁王李灵夔等人暗中勾结，意图谋反。

武则天召来苏珦，问道：“有人举报你谋反，你认罪吗？”

苏珦低头不语，不承认也不否认。

武则天：“爱卿是个文雅的人，内心仁慈，不想对宗室的王爷下手，既然这样，你就去河西做监军吧！”

有趣的是，韩王李元嘉、鲁王李灵夔明知道武则天在派人调查他们，也知道不可能逃过这道生死劫，却出人意料地选择在家坐以待毙。

历代的王朝，一旦经过半个世纪的洗礼，王族基本上都成了废物。大兴土木，敛财享乐成了他们的终极追求，面对武则天的高压统治，别说恢复李唐神器，就连站出来反对的勇气也没有。阴盛阳衰，何其之至。

武则天不想在宗室王爷身上浪费太多时间，诏令很快下达给丽景门，由酷吏周兴全权负责韩王李元嘉、鲁王李灵夔的案子！

暴力机器很快就启动了。

为了体现丽景门的办事效率，周兴跳过了暗中调查、私下取证的环节，直接派人将韩王李元嘉、鲁王李灵夔、黄国公李撰、常乐公主等人抓到洛阳，经过一番审讯，证据链完美无瑕，这帮王爷随后被处死，姓氏被改为虺。

故事并没有结束，清洗过程肯定是余波荡漾。

在武则天的授意下，霍王李元轨、江都王李绪、汝南王李炜、纪王李慎、东平王李续、李上金、李素节等李姓王爷，以及裴承先、薛绪、薛绍、太子少保裴居道、尚书左丞张行廉等人臣也进入了死亡名单。

客观地说，一部分李姓王爷确实参与了徐敬业、琅琊王李冲、越王李贞等人的谋反，还有一部分王爷暗中从事反武活动被抓，死得并不是很冤。然而，像李素节、李上金这等无权无势，早已经被监控起来的落难王爷，完全是遭到了池鱼之殃，被武则天顺带给收拾了。

对武则天来说，这些王爷是她的潜在敌人，未来执政道路上最大的障碍，纵然承受心理的煎熬和后世的骂名，也要无怨无悔。针对李唐宗室的清洗活动持续了一年时间，暴力机器快速运转，密探游走在全国各地，但凡和宗室有过交往的人，内心都是惴惴不安，唯恐灾难降临在自己身上。

武则天的高压统治收到了奇效。李唐宗室被清除得一干二净，武承嗣、武三思等人在朝中站稳脚跟，成了朝臣的领袖，老百姓更是对她敬畏有加！

千古女帝：一代神皇武则天

载初元年（689）正月，武则天在万象神宫举办了首次祭祀大典。

这一天，武则天身穿华丽的帝王袍服，腰带上插着玉质大圭（皇帝配用），手里拿着玉质镇圭（皇帝礼器），完成了第一个献礼。唐睿宗李旦完成了亚献，太子李成器完成了终献。武则天先祭拜完昊天大地，随后挨个祭拜了唐朝皇帝李渊、李世民、李治，再拜自己的老爹武士彟。典礼完毕之后，武则天一行来到了则天门，宣布大赦天下，改元永昌。

载初元年（689）十一月，武则天再一次驾临万象神宫。

这一次，武则天废除了延续千年的夏历，以永昌元年十一月为载初元年一月，从此时开始，十一月成了新年的开始。按照儒家的礼仪，夏、商、周各承天命，每个王朝都有自己的正朔，也就是正月初一，夏朝是一月，商朝是十二月，周朝是十一月。因为武则天是姬周的后代，所以沿用周朝的正朔。

紧接着，凤阁侍郎宗秦客搞了个以字寓字的创意，把天、地、君、臣等十二个字重新改变了形状。据说，宗秦客是武则天的老乡，而武则天的闺名叫武照，因为武则天登基称帝有一定的舆论阻力，所以宗秦客就发明了“曌”字，寓意日月当空，普照天下，武则天觉得很有意思，就以“武曌”作为自己的新名字。

不管怎么说，这些都是铺垫，都是弦歌，想要走到最后一步，必须有人把弦歌的意思解释出来，武则天自己肯定不是最好的人选。

天授元年（690）九月，侍御史傅游艺率领关中百姓九百余人前往洛阳宫，给武则天递交了一份奏表。傅游艺的奏表充满了华丽的辞藻，极尽谄媚之能事，大肆歌颂武则天的丰功伟绩，并声称李唐国运已经到了尽头，武则天登基称帝是历史的必然，只有将国号改为大周，武姓改为国姓，才算跟得上历史前进的车轮。

也许，武则天早就料这天会到来，但是面对盛意拳拳的老百姓，她的内心汹涌澎湃，久久不能平息。武则天很想答应傅游艺的请求，但是此人的地位太低，奏表太过虚浮，贸然应允恐怕会让人笑话。

武则天推辞了，她需要再等等。

不过，洛阳宫很快就传出了旨意：封侍御史傅游艺为给事中。

大家都不是傻子，武则天做皇帝已经是铁板钉钉的事儿，谁能够抢占先机，谁就可以得到皇帝的青睐。

武则天的旨意刚刚下达，李姓宗室、四夷酋长、化外的和尚和道士、远近百姓合计六万余人，纷纷上书请求武则天改国号为周，做九五之尊！更有甚者，朝中的大臣众口一词，声称看见凤凰从明堂飞入上阳宫，并在梧桐树上停歇片刻而去，还有数万只赤雀在洛阳宫的上空盘旋。

上阳宫地处宫城西南角，南邻谷水，是洛阳宫中最宏伟的宫殿，正门叫提象门，正殿叫观风殿，门都是向东而开。上阳宫是李治在位的时候修建的，李治晚年基本上都在上阳宫听政，武则天临朝称制后，上阳宫便成了权力的象征。

面对李唐宗室和朝臣的奏表，武则天喜极而泣。

是啊，她 14 岁入宫，成为太宗皇帝的才人，原本想着靠李世民这棵大树光宗耀祖，却因为性格的强势遭到皇帝冷落。李世民将她搁置了将近十年时间，直到晋王李治的出现，才让她的青春稍微焕发出了一点光彩。

李世民驾崩，武则天到感业寺削发为尼，日夜与青灯古佛做伴，她在这里倍感孤独和凄凉，人生完全没有任何希望。如果李治寡情薄义，又或者移情别恋，武则天的一生注定将成为悲剧。

然而，上天或许是太过垂怜，又或许是想再次折磨她，29 岁那年，王皇后将武则天作为一枚棋子，安排入宫。彼时，武则天阅尽人生百态，饱经世事风霜，她不再甘于成为别人的棋子，她想成为主宰自己命运的主人。

武则天的一生，最应该感谢唐高宗李治，接下来的数十年，武则天成了李治的左膀右臂，得以在权力的最高阶层历练。帝国的前途、狡猾的敌人、难缠的对手让她的政治智慧越来越成熟，也让她女人的心性慢慢消失。

李治在位期间，武则天饱受了世人的责骂，因为她是帝王身边最亲近的人，最接近权力之巅的人。

李治去世的时候，武则天已经是60岁的老人。野心也好，理想也罢，她不再需要向人解释她的所作所为，为了在朝堂站稳脚跟，武则天经营了七年的时间。这期间，她妥协过，包容过，然而现实告诉她，只有暴力才能彻底洞开流传千年的男尊女卑的思想，只有屠刀才能够劈开一个女人走向政治巅峰的千难万阻。

当所有敌人匍匐在她脚下的那一刻，她有什么理由不痛哭流涕？

天授元年（690）九月初七，武则天宣布答应群臣和百姓的请求。

天授元年（690）九月初九，武则天登上则天门城楼，宣布大赦天下，改唐为周，改元天授。武则天向天下人宣示着，她今日所得的一切，都是上天赋予的，是合法的，任何违逆她的人都是逆天而行。

天授元年（690）九月十二日，武则天上尊号圣神皇帝，登基称帝，成为中国历史上第一位女皇帝，唐睿宗李旦被降格为皇嗣，改名为武轮，皇太子李成器降格为皇孙。

天授元年（690）九月十三日，武则天在洛阳立武氏七庙，追封周文王为始祖文皇帝。

与此同时，诏封武承嗣为魏王，武三思为梁王，武攸宁为建昌王，小字辈的武攸归、武重规、武载德、武攸暨、武懿宗、武嗣宗、武攸宜、武攸望、武攸绪、武攸止等人全部荣升郡王，成为高贵的武周宗室。

武则天必须要面对一件事：如何处置李唐皇室和武周皇室的关系。谁才是真正的皇室，谁会继承武则天的皇位。说白了，武则天还是不是李家媳妇儿。这不仅关系到后续的江山稳定，更关乎后人对武则天的历史评价。关于这个问题，武则天一直很矛盾，以至于思考了好几个月的时间。

天授二年（691）正月，武则天下诏：长安的太庙降格为享德庙，只有高祖、太宗、高宗有资格享受四时祭祀，其余的四庙被搬出享德庙。与此同时，高祖、太宗、高宗的牌位也在洛阳享受祭祀的待遇。

武则天告诉世人，武周和李唐并不是你生我死的关系，武则天依旧是李唐的媳妇儿，可她刚刚登基，必须用武氏七庙告诉世人，她的地位是合法的。

武则天杀酷吏：出来混总要还的

古往今来，临朝称制的皇太后数不胜数，杀伐果断的，呼风唤雨的，应有尽有，可始终没有人敢再进一步。是她们没有条件和胆气吗？说她们没有胆气，还不如说她们问心有愧，帝位对于她们而言，更多的是权力的象征，仕途的终点，而不是实现理想和抱负的舞台，她们想的可能并不是帝国的前途。

武则天虽然做了皇帝，却并没有得意忘形。

她深知，帝国的命运和前途由她掌握，更艰巨的历史任务等待她去完成。天子之尊，不是让万民来敬仰的，更不是让群臣来敬畏的，只有处在这样的位置，她才可以实现经邦治国的宏图伟业。

新皇登基的喜悦气氛很快便消散殆尽，洛阳城中的衙门再次步入正轨，不少朝臣开始给武则天上书，声称自古以来生杀大权都掌握在皇帝的手中，即便是有人被判死罪，皇帝也要再三审查，最终确定之后才能执行。而如今，丽景门的酷吏为了实现自己的肮脏目的，大肆牵连朝臣和百姓，恶意用刑逼供，以至于百姓和朝臣敢怒不敢言，希望武则天能够稍微压制一下。

武则天希望朝中人才辈出，为君主分忧，要实现这一点，就必须拿出诚意，向群臣妥协。事实上，丽景门设置之初，就是为了以高压统治震慑群臣，让他们不敢反对武则天的执政，到如今，武则天顺利称帝，群臣也愿意和她共治江山，这也就意味着，来俊臣、周兴、索元礼、李世勣等酷吏的末日即将到来。

据史料记载，来俊臣等人为武则天铲除异己的同时，也利用职务之便，干起了强抢民女，搜刮财物的勾当。来俊臣手握生杀大权，但凡被他瞧上的女人，没有搞不到手的，心情好的时候，来俊臣还会派人前去传话，让对方将女儿送到府上来；心情不好的时候，直接诬告对方谋反，将别人害得家破人亡。

然而，来俊臣出身微末，虽然手中有权，洛阳城中的达官贵人却从来瞧不起他，为了提高自己的身价，来俊臣便想娶一个出身名门的女子为妻。也不知什么机缘巧合，来俊臣碰到了洛阳贵族段简的夫人，此女子长相秀美，而且出身太原王氏，身份非常高贵，为了将她抢回府中，来俊臣不惜假传圣旨，声称皇帝已经将王氏许配给她。段简知道来俊臣是胡说八道，但是慑于他的权势，只好忍气吞声，看着自己的妻子成为他人玩物。

武则天称帝之后，为了缓和大臣们的怒气，开始对丽景门的权力进行限制。不过话又说回来，讨好别人也不用掏心窝子，丽景门的口碑虽然不好，但还有利用价值，眼下最好的办法就是推出几个替死鬼，来缓解洛阳百姓的积怨。

天授二年（691）正月，酷吏丘神勣被武则天处死，理由是阴谋造反。

一个帮武则天铲除政敌的人，居然死于造反的罪名，也算是滑天下之大稽。对武则天来说，丘神勣一直在揣摩上意，干的事儿是对的，可得罪的人太多，已经失去了剩余价值，抛出他作为替死鬼，再合适不过。

第二个人是酷吏周兴。

武承嗣、武三思当政之后，意图拉拢朝中重臣为己所用，因此前往宰相韦方质府中，想对他威逼利诱。然而，韦方质不愿意和他们同流合污，这让武承嗣等人极为不满，周兴、来子珣为了逢迎武承嗣，暗中诬陷韦方质谋反，将他流放到千里之外，随后派人将他秘密处死。不久之后，周兴在武承嗣等人的指使下，诬告唐高宗第三子泽王李上金和其弟许王李素节阴谋造反，致使他们全家被杀。

周兴是个很称职的酷吏，却和武承嗣等人走得太近。要知道，武则天是个多疑敏感的人，她怎么能容忍自己一手提拔起来的人投靠自己的侄子？

周兴想要作死，武则天自然不会拦着。丘神勣被杀之后没几天，有人告状，声称周兴和丘神勣暗中勾结，意图谋反。武则天深知，逃避审讯是周兴的特长，因此钦点来俊臣去审讯此案。

面对皇帝的密旨，来俊臣彻夜未眠。他虽然是呼风唤雨，可到头来发现，自己不过是皇帝的一条走狗，丽景门也不过是皇帝的暴力执法机构，听话者如他，可以多苟延残喘几日，叛逆者如周兴，乃是自取灭亡。

不过，来俊臣很庆幸，自己享受过的荣华富贵，经历过的人生故事，普通人一辈子也感受不了，这样的人生还有任何遗憾吗？

第二天，来俊臣在丽景门摆了一道鸿门宴，邀请的客人自然是周兴。席间，宾主二人相谈甚欢，回忆了过去几年共同经历的风风雨雨，彼此交流了不少办案心得，宴席快要结束的时候，来俊臣将话题扯到了案子上面。

来俊臣："周兄，我最近办了一件颇为棘手的案子，罪犯对我们的刑具似乎没有畏惧感，我也拿他没有办法，不知道你那有没有新鲜玩意儿可以教我？"

周兴："来兄啊，要说诬陷别人，我比不上你，若说到刑讯逼供，我自问还是有几下子的……"

来俊臣笑眯眯地说道："那是，这些年来，周兄发明了无数刑具，随便拎出一个都可以青史留名，只是不知，你最近搞出什么新花样啊？"

周兴："取一个大瓮，用炭火在四周烤它，让囚犯进入瓮中！"

来俊臣听完之后，眉飞色舞，对周兴的奇妙构想大为称赞。此时，在旁边监听的人早已经准备好了一个精致古朴的瓮坛。

来俊臣站起身来，一改刚才谄媚的态度，正色道："周兄，宫内来人，说你参与了丘神勣谋反一案，麻烦请你入瓮吧？"

来俊臣说罢，做出了邀请周兴入瓮的手势。

周兴闻言，立即趴在地上求饶，按照来俊臣的审讯结果，周兴应该被处以死刑。然而，武则天似乎有点不忍，再三考虑之后，决定将他流放岭南。不过，这位老兄得罪的人实在是太多，最终还是死在了前往岭南的路上。

也许有人会说，武则天需要打击政敌的时候，放任酷吏为非作歹，不需要他们的时候，抛出来作为替罪羔羊，这是典型的政客思维。

然而，这或许也可以证明，武则天豢养酷吏并非为了满足自己的私欲，在帝国的前途面前，武则天知道自己该做什么。周兴和丘神勣被杀后，酷吏索元礼、鸾台侍郎、同平章事傅游艺相继被他处死，洛阳城中的百姓，朝中的文武大臣纷纷拍手称快，武周王朝开始步入正轨。

武承嗣想做太子

天授二年（691），武则天年满67岁。所有人都心知肚明，这位老人活不了太久，她不可能一辈子霸占着权位，终有一日会将权力交给后人。然而，朝臣们却闹不清楚，武则天究竟会将帝位传给谁?

按照古制，皇位继承人叫作皇储，官方的称呼是皇太子。不过，武则天登基之后，唐睿宗李旦被降格为皇嗣，这可是史无前例的称呼，就连学富五车的朝臣也不明白这样的称呼究竟是什么意思。按照字面的理解，皇嗣就是皇帝的后代，和没说一样，往左是皇子，往右可能是皇位继承人。

武则天太精明了，一个皇嗣的称呼，就给了李家、武家和朝臣无限的遐想空间。换言之，武则天以太子之位为诱饵，让朝臣不得不选择亲近和依附她，任何一方胆敢违逆她的圣意，换来的恐怕不只是挨板子，而是丧失争太子的机会。

武周王朝自诞生之日起，似乎就充满了未知的变数。

在这场夺嫡盛宴中，武承嗣和武三思堪称十足的狂欢者。

在武则天的面前，武承嗣至少有五个身份：

武则天仇敌武元庆的儿子。

武氏家族的法定继承者。

武则天登基称帝的舆论制造者，政治同盟。

打压李氏家族的刽子手和急先锋。

武周王朝皇太子的潜在人选。

相比之下，武三思的身份就弱了不少，只要武承嗣还在，武三思只能充当他的小跟班，在他后面混口饭吃。不过，武承嗣很清楚，老爹和武则天是同父异母的兄妹，他连亲侄子都算不上。更何况，武则天欣赏他溜须拍马的功夫，却一直瞧不起他治国理政的魄力。

摆在武承嗣面前的现实：想要成为武周王朝的继承人，讨好武则天的同时，还需要在朝中寻找有力的同盟者，自己的利益代言人。

在争夺皇太子之位的过程中，武承嗣的思维简单而又粗暴：模仿武则天登基称帝的套路，指使自己的亲信给武则天递交请愿表，再拉拢朝臣为他站台，那些执意反对他的人，都交给酷吏来俊臣去对付。

事实上，自从武则天杀了索元礼、周兴等人之后，来俊臣就知道前途堪忧，即便武则天不对付他，李家的人一旦登基称帝，来俊臣的下场将会非常悲惨，唯一的解决之道就是投靠未来的太子，对他来说，武承嗣是唯一的选择。

天授二年（691）九月，洛阳宫的大门口聚集了数百名百姓，为首的叫王庆之，他们当众集会，声称武周取代李唐是天意，既然如此，武则天应该让魏王武承嗣做太子。

武则天统治时期，老百姓席地请愿，入宫面圣已经成为家常便饭，这并不是说洛阳的百姓政治觉悟有多高，而是太过愚昧，容易受人指使和利诱。

背后主使之人正是武承嗣的亲信，凤阁舍人张嘉福。

武则天得知此事，立即召集大臣商讨对策，当时在场的有尚书右仆射、同中书门下平章事岑长倩，户部尚书、同中书门下平章事格辅元等人。

岑长倩，湖北江陵人，贞观朝宰相岑文本的侄子，唐高宗末年的时候，岑长倩就已经是朝廷的兵部侍郎、同中书门下平章事，可谓元老级的人物。据史料记载，武则天临朝称制的时候，岑长倩发表了不少阿谀谄媚的言论，武周帝国建立之后，正是他提出将皇帝李旦改为武姓，立为皇嗣的。

作为回报，武则天将他提拔为尚书右仆射，与武承嗣平起平坐，还特意将岑改为武姓，以示恩宠。然而，岑长倩虽然投靠了武则天，底线却是不能让太子之位旁落到武家，这也正是他提议将李旦改为武姓的初衷。

面对武则天的提问，岑长倩回答道：“皇嗣仍在东宫，朝廷不应该再提议立旁人为皇太子，希望陛下可以将上书的人遣散回家。”

武则天：“格辅元，你的意思呢？”

格辅元：“陛下，必须遣散回家，不给路费！”

说起来，武则天还是有点儿小郁闷的。以她的聪明，未必不知道王庆之等人的请愿是有人背后指使，可岑长倩和格辅元当面反对，还是让武则天有点下不来台，太子可以不让武承嗣做，可武家的面子你们还是要给的啊。

武承嗣摸准了武则天的心思，将岑长倩任命为武威道行军大总管，让他前去征伐吐蕃。事实上，岑长倩还没达到前线，就被来俊臣的手下拘捕，随后被带回洛阳秘密关押，经过一番严刑逼供，岑长倩被扣上了通敌叛国的帽子。

为了牵连更多的人，来俊臣秘密批捕了岑长倩的儿子岑灵源，并逼迫他诬告格辅元、司礼卿欧阳通等十多名朝臣。这些人不堪忍受丽景门的残酷刑罚，相继拜倒在来俊臣的刑具之下，唯有欧阳通拒不认罪。

天授二年（691）十月十二日，岑长倩、格辅元、欧阳通三位当朝宰相被处死。

为了谋夺太子之位，武承嗣也算是下了血本，收买小老百姓也就罢了，恶意诬陷当朝宰相，这就有点过分了。要知道，武则天已经完成了皇太后到皇帝的蜕变，她的身份不再是李唐王朝的看家人，而是武周王朝的创始人，武承嗣得罪满朝大臣的行径，真的符合武则天的政治利益吗？

武承嗣的奋斗目标就是太子之位，杀岑长倩只是个序曲。很快，王庆之再一次被推到了台前。这一次，武则天亲自召见了王庆之。

上阳宫内，武则天端坐在龙椅之上，王庆之匍匐在丹陛之下，瑟瑟发抖，很明显，此人只是别人的一颗棋子而已。武则天正色道：“王庆之，皇嗣是朕的亲生儿子，你为何要让朕废了他？”

王庆之熟练地回答道：“陛下，神灵不享受别族人的祭品，百姓不祭祀别族的鬼神啊！现在是武氏拥有天下，难道要将皇位留给李姓的人吗？”

凑巧的是，武承嗣给王庆之安排的台词就这么几句，当武则天继续发问的时候，王庆之彻底蒙了，只好将这几句话翻来覆去地说给武则天听。

武则天意兴阑珊：“王庆之，你先退下吧！”

就在此时，王庆之跪在了地上，放声痛哭，如丧考妣。

武则天开始不耐烦了，你一个小老百姓，谁当太子关你什么事儿，你是不是表现得太过了？武则天很想把王庆之轰出去，可转念一想，这样做恐怕会令旁人觉得，她并不想立武承嗣为太子，那将不利于她的统治。

武则天强忍着怒火，好言宽慰道："王庆之，朕给你特批一个条子，以后你拿着它可以随时进宫找朕说话！"

王庆之膨胀了，他误以为武则天不处罚他就是认可他，因此依仗武则天给他的条子屡次前往洛阳宫请愿，而且每次奏对就是这几句老掉牙的废话。

直到有一天，武则天彻底没法忍受了，她点名凤阁侍郎李昭德，吩咐道："李爱卿，此人就交给你处置吧！"

李昭德，京兆长安人，父亲李乾祐是贞观朝的宰相、刑部尚书，也是当年弹劾武则天政敌褚遂良的急先锋，李昭德继承了父亲果敢干练的作风，成为武则天面前的红人之一。李昭德看了看武则天的脸色，心中当即有数，他带着王庆之来到光政门外，那里站着许多等待消息的朝臣，以及王庆之的同党。

李昭德："各位，王庆之只是普通百姓，居然想着阴谋废黜当今皇嗣，拥立魏王武承嗣为太子，这是有违国法的，陛下已经下旨交给我来处理了！"

李昭德说罢，将王庆之推倒在地，跟随在旁的执刑卫士二话不说，抡起棍子就将王庆之送上了西天。活生生的一个人，就这样被乱棍打死，场面想必一定很恐怖。从此以后，再也没人敢厚着脸皮找武则天请愿。

李昭德入宫了，良心告诉他，必须上奏："陛下，先帝是您的丈夫，皇嗣是您的亲生儿子。陛下富有四海，怎么能让侄子作为继承人呢！自古以来，就没听说侄子做了天子之后，为姑母立宗庙的。更何况，陛下受先帝临终重托，如果贸然将天下交给武承嗣，该将先帝置于何地？"

李昭德很聪明，知道武则天讲政治利益，那就抛出侄子不会为姑母立宗庙的观点，希望能改变武则天的心意。事实上，武则天也在想这个事儿，武承嗣本来就不是亲侄子，她当年还逼死了武元爽，武承嗣会如何待她？

李昭德的话让武则天清醒地意识到，她可以让武承嗣享尽荣华富贵，但是皇帝的宝座，确实不适合留给武承嗣。

武承嗣彻底凌乱了，王庆之被杀，说明武则天并不支持武承嗣；立李旦为皇嗣，时刻打压，说明李旦也不是最终人选。一边是希望、一边是绝望，这才是武承嗣继续卖力的终极动力。对武承嗣来说，太子之位志在必得，一旦李氏家族复辟，他的命运将会极其悲惨。

经历了王庆之的打击，武承嗣总结了几点心得：利用小老百姓为自己摇旗呐喊实在很愚蠢，很难改变武则天的心意；支持李氏家族的朝臣不在少数，只要有他们的存在，谋夺太子的道路将会十分坎坷；他的得势完全依靠武则天，要想改变眼前不利的局面，必须为武则天做点什么。

神探狄仁杰上线

天授三年（692），刚刚过完春节，来俊臣就把任知古、狄仁杰、裴行本、崔宣礼、卢献、魏元忠、李嗣真七位大臣请到了丽景门，预设的罪名就是阴谋造反。

别的不说，重点聊聊狄仁杰吧。

狄仁杰（630—700），字怀英，并州太原人（今山西省太原市）。爷爷名叫狄孝绪，是贞观时期的尚书左丞，老爹名叫狄知逊，做过夔州长史。若论出身，狄仁杰是名副其实的官三代。不过，狄仁杰并没有什么不良脾性，他从小嗜书如命，学习刻苦，立志走一条自力更生的人生道路。

据史料记载，狄氏家族经常有人犯事儿，每次官府的人跑来审问，大家都会和衙役们争论不休，唯独狄仁杰坐在那里读书，好像没听到似的，衙役们就很好奇，于是就问他是什么情况。

狄仁杰："黄卷中方与圣贤对，何暇偶俗吏语耶？"意思就是，我就喜欢和书中的圣人对话，你们这些凡夫俗子，我根本就懒得搭理！

狄仁杰长大之后，参加朝廷的明经科考试，取得不俗的成绩，出任汴州判佐（今河南省开封市），判佐是判官的副官。狄仁杰为人正直，在任上得罪了某些小人，后来被人诬告入狱。

如果不出意外，狄仁杰的政治生涯估计也就结束了。

巧的是，朝廷刚好派遣工部尚书阎立本担任河南道黜陟使，前往河南境内考察吏治民风，狄仁杰被诬告一事被他给碰上了。阎立本是唐朝著名的画家兼工程学家，为人严谨，他复审了狄仁杰的案卷，很快便还他以清白。此事过后，阎立本和狄仁杰建立起了亦师亦友的关系。据史料记载，阎立本认为狄仁杰是德才兼备的人物，并给了“河曲之明珠，东南之遗宝”的评价。在阎立本的推荐下，狄仁杰做了并州都督府法曹，从此踏上了仕途的新征程。

仪凤元年（676），狄仁杰升任大理寺丞，官居从六品。在大理寺的这段日子里，狄仁杰秉持着刚正廉明，执法不阿的职业精神，判决了无数的积压案件，涉及一万七千多人，一时间名声大噪，成为大唐王朝赫赫有名的大侦探。

后来，朝中发生了一件大事，左威卫大将军权善才、右监门中郎将范怀义误砍了李世民昭陵的几棵柏树，唐高宗李治因此震怒，下令将他们处死。几棵柏树虽然不值钱，可李治素来敬重李世民，他觉得这帮人亵渎了皇家的颜面。

当时，朝中大臣谁都不敢求情，唯独狄仁杰理直气壮，引经据典，最后成功地说服李治，救下了权善才等人的性命。此事过后，狄仁杰升任侍御史，从一线办案的官员变身为监督政法工作的御史。

在侍御史的岗位上，狄仁杰兢兢业业，不管是谁犯法，都毫不留情地揭发出来，对于一些有功的或者遭到冤判的官员，狄仁杰则尽力保护。事实上，武则天一直在暗中观察狄仁杰，此人品德谦恭，却不卑微，有辅佐帝王之才，属于武则天想要网罗的治世能臣。李治去世之后，武则天将狄仁杰外放刺史，随后又征召回洛阳做了正四品的尚书左丞，让他步入了大唐的权力中心。

垂拱四年（688），越王李贞谋反伏诛，在追查其同党的时候，武承嗣恶意株连，七百多人被判罪，五千多人被没入官籍。当时，狄仁杰被任命为豫州刺史，主持豫州的大局，在武承嗣的授意下，有关部门严令狄仁杰对从犯着重处理，狄仁杰为避免和武承嗣发生正面冲突，多次向武则天密奏，最终挽救了他们的生命。

豫州安定之后，前来平乱的唐军将领张光辅嚣张跋扈，横行霸道，甚至暗示狄仁杰向他行贿。

狄仁杰：“我刚到豫州，哪有钱财？就算有钱，也不会给你！”

张光辅大怒道：“州官如何敢轻视军中大将？”

狄仁杰：“哼！河南作乱的只有一个越王李贞，现在李贞死了，却出现了一万个李贞！”

张光辅似乎没有反应过来。

狄仁杰："张光辅，你统兵三十万，只需要杀越王即可。豫州百姓听说官军要来，纷纷归降朝廷，然而，你却放纵军士杀良冒功，以至于血流成河，这不是一万个李贞又是什么？我恨不能得到天子的尚方斩马剑，一刀将你给砍了！"

张光辅本就理亏，面对狄仁杰的强势，一时间竟无法反驳。回朝之后，张光辅在武则天面前参了他一本，武则天随后将狄仁杰贬为复州刺史。

当时，武则天正在大兴牢狱之灾，武承嗣等人如同疯狗一样，恶意株连李唐宗室、朝中重臣，以狄仁杰要强的性格，势必会遭到牵连，结合后来武则天对狄仁杰的提拔和重用，此举极有可能是在变相保护狄仁杰！天授元年（690），武则天登基称帝，果然将狄仁杰任命为户部侍郎、同凤阁鸾台平章事。

有一天，君臣开完会，正在聊天。

武则天问道："狄爱卿，你在外地为官的时候，颇有善政，但是经常有人告你的状，你想不想知道究竟是谁在诬陷你啊？"

狄仁杰正色道："陛下，如果您觉得臣有错，那我就改正，如果您觉得我没错，那是臣的荣幸，至于举报臣的人，还是不知道为好！"

狄仁杰的豁达和忍让，确实让武则天十分欣慰。然而，他们君臣之间似乎有着一道的难以逾越的鸿沟：对皇位继承人的选择。

说白了，狄仁杰的爷爷和老爹都是李唐的官员，他也是李治一手提拔的，对李唐正统有着本能的忠诚和维护。然而，武则天的雄才伟略不逊色任何帝王，在她的治理下，老百姓的日子过得都还不错，对狄仁杰来说，他不反对武则天做皇帝，却不能接受将皇位传给无才无德的魏王武承嗣。

武则天选择相信狄仁杰，却不会毫无保留地信任。

武则天深知，像狄仁杰、任知古、裴行本、崔宣礼、卢献、魏元忠、李嗣真这样的李唐旧臣，只不过慑于她的淫威而屈身服侍。说到底，他们还是李唐的看家人，不会支持武氏家族，更不会支持魏王武承嗣、梁王武三思等人。因此，武则天态度的摇摆不定才是狄仁杰、任知古等人下狱的根本原因。

来俊臣虽然嚣张跋扈，但是面对狄仁杰这样的朝廷重臣，态度却十分客气，为了拿到狄仁杰的口供，来俊臣开出了诱人的条件：一经审问即承认谋反的人，可以减免死罪！说白了，坦白从宽，抗拒从严。

狄仁杰的老本行就是刑狱侦查，深知丽景门的厉害，为了给自己争取更多的时间，狄仁杰进门之后就表态了，一定全力配合工作。据说，丽景门有个叫王德寿的人，性格胆小如鼠，一直没有升迁机会，王德寿看到狄仁杰认罪态度良好，以为他是个好欺负的人，因此想暗中和狄仁杰达成一笔交易。

王德寿："狄仁杰，你既然已经认罪了，就帮我个忙，以后在丽景门内，我绝不会为难你！"

狄仁杰："你要让我做什么事？"

王德寿："你将杨执柔牵连进来，我就记你一份人情！"

杨执柔是弘农杨家的人，官居户部尚书，同中书门下平章事。

狄仁杰当即正色道："王德寿，我认罪也就罢了，你可别让我牵连别人啊，否则我就死给你看！"

王德寿想了想，狄仁杰是个狠角色，就连领导来俊臣都对他礼敬有加，还特地免除了狄仁杰的死罪。王德寿自问斗不过狄仁杰，于是立马换了一副笑脸。

有一天，丽景门的看守工作出现漏洞，狄仁杰找人借了笔墨，撕扯下被子上的布帛，将自己的冤情一五一十地写在上面，随后塞进棉衣之中。

狄仁杰："王德寿啊，如今天气这么炎热，你帮我把棉衣送回家中吧！"

这段时间，王德寿和狄仁杰关系处得还算不错，并没有怀疑其中藏有猫腻，很愉快地把棉衣送到了狄仁杰的儿子狄光远手中。

很快，狄仁杰、任知古、裴行本、崔宣礼、卢献、魏元忠、李嗣真七人下狱的消息就传出去了。任知古、狄仁杰、裴行本是当朝宰相，其他四个人也都官位显赫，手握实权，就这样莫名其妙地被抓到丽景门，怎能不令人愤慨？

武则天找来了来俊臣，呵斥道："你不是说狄仁杰谋反是他亲口承认的吗，他怎么又让儿子替他申冤呢？"

来俊臣惶恐道："陛下，狄仁杰入狱之后，臣并没有对他用刑，而且好吃好喝招待着，如果不是他确实有罪，又如何会自承谋反？"

武则天虽然重用来俊臣等酷吏，还专门划拨丽景门作为办案场所，却从来没有亲身感受过丽景门的审讯气氛。这些年来，许多朝臣都向她反映，丽景门的酷吏大兴牢狱，恶意株连，希望她能出面干预，武则天这才有所关注。

在来俊臣和狄仁杰之间，武则天选择了相信狄仁杰的清白，她立马派通事舍人周綝前往丽景门查看狄仁杰等人的生活状态。来俊臣开始颤抖了，为了让丽景门看起来和刑部大狱一样，来俊臣下令收起诸般刑具，并给狄仁杰等人穿上体面的衣服，以便让天子的使者不那么反感……

随后，来俊臣准备了一份谢死表，准备尽快结束此案。

有趣的是，武则天并没有批准狄仁杰的谋反罪名。

客观地说，武则天派使者前往丽景门视察工作，并搁置狄仁杰等人的案子，已经透露着对来俊臣和丽景门的不信任。然而，当时所有朝臣都没人敢站出来揭露丽景门的黑幕。据史料记载，真正挺身而出，推翻来俊臣残暴统治的是一位官奴，此人父亲名为乐思晦，曾经担任过凤阁侍郎，后来被冤死在丽景门。

这位官奴通过告密的方法，最终得到了武则天的召见。

武则天："你有何想说的？"

乐氏："陛下，我的父亲名为乐思晦，曾经担任过朝廷的凤阁侍郎，后来被来俊臣抓进牢狱，以谋反罪被处死。我后来才得知，来俊臣审理罪犯都是用严酷的刑罚逼迫别人认罪，这是破坏陛下的国法啊！"

武则天："乐氏，你如何证明说的话是真的？"

乐氏匍匐在地，痛哭流涕："陛下，您不妨选择一个绝对可靠的亲信大臣，然后交给来俊臣审讯，最后的结果肯定是此人意图谋反！"

直到此时，乐氏才把丽景门的运作逻辑说明了：这些年来，来俊臣都是揣测皇帝的旨意行事，只要武则天首肯的，来俊臣都会刻意诬陷和株连，所谓的办案效率高，无非就是毫无底线地栽赃陷害！武则天彻底震惊了，为了验证此事，她下旨将狄仁杰提了出来，准备亲自审讯。

武则天："狄爱卿，你为何要在狱中承认谋反？"

狄仁杰："陛下，臣如果不承认，恐怕早就成为一具尸体了！"

武则天：“那你又为何作谢死表呢？”

狄仁杰：“臣有冤屈在身，又如何会轻易写下谢死表？”

武则天拿出了伪造的表书，让人递给狄仁杰。

狄仁杰：“这并不是臣的亲笔，明显是别人代为签署啊！”

武则天不想冤杀狄仁杰，可此事背后的水太深，如果轻易放了，维护李唐的人会蹬鼻子上脸，如果杀了，不利于她的统治。为了震慑忠于李唐的朝臣，武则天召集了一次朝会。

武则天：“各位臣僚，古人都喜欢以杀止杀，朕今日选择以恩止杀，你们既然为任知古、狄仁杰等人请求，朕便从轻处罚，赐以再生！”

武则天的宽容让武承嗣和来俊臣惶恐不安，二人联名上书，希望能将他们七个家族连根拔起，以儆效尤，然而奏表上去之后，却如石沉大海，杳无音讯。为了挽回尊严，武承嗣等人退而求其次，希望能处死裴行本一人，武则天却以圣旨已经下达为由，驳回了武承嗣的请求。

晚年武则天：在矛盾中转变思想

长寿元年（692）二月，武则天下诏：贬任知古为江夏县令、狄仁杰为彭泽县令、崔宣礼为夷陵县令、魏元忠为涪陵县令、卢献为西乡县令。流放裴行本、李嗣真于岭南。

这场政治斗争，究竟谁胜谁负？

狄仁杰等人无罪，可还是被贬为县令。丽景门的黑幕已经被揭发，武则天却没有任何处置，无形中让武承嗣一党的气焰更加嚣张。就在满朝文武忍受武氏家族的淫威之际，李昭德在背后狠狠地捅了武承嗣一刀。

李昭德："陛下，魏王的权势太重了！"

武则天有点奇怪："魏王是朕的侄子，朕才会如此重用他。"

李昭德："陛下，侄儿和姑姑的关系，是否比得上儿子和父亲的关系？儿子还有杀死父亲的，何况侄儿呢！魏王武承嗣是陛下的侄子，又是朝廷的亲王和宰相，权势几乎与您等同，我恐怕陛下不能久安于天子之位啊！"

李昭德的话，戳中了武则天内心最柔软的地方。

这些年来，武承嗣和来俊臣的合作越来越紧密，就连抓捕狄仁杰这样的重臣都不和她打招呼，似乎有点儿没将她这个姑姑放在眼里。武则天是政治家，打压李氏家族的同时，也不能忘了敲打武氏家族的子侄。

长寿元年（692）八月，武则天下诏：任命文昌左相、同凤阁鸾台三品武承嗣为特进，纳言武攸宁为工部尚书，兵部尚书、同平章事杨执柔为户部尚书。

说白了，你们都被罢相了。

武承嗣气愤不过，立马跑进宫找武则天理论，还给李昭德上了不少眼药，不料却被武则天给轰了出来。武承嗣彻底郁闷了，他斗不过李昭德，只好想办法取悦武则天，以此证明他的人生价值。

武承嗣想了想，姑姑平日里最喜欢听的就是好话，炮制出几个祥瑞之事，还怕搞不定？有一天上朝的时候，某位官员从身上拿出了一块石头，意图敬献给武则天，此人正是武承嗣一手提拔起来的。

礼部官员问道："这石头有什么特别之处吗？"

此官员："诸位大人请看，这石头外面是白色，中间却是红色，极为少见！"

礼部官员："这能说明什么？"

此官员："因为它的心很忠诚啊！"

李昭德差点气笑了，于是反驳道："真是荒谬啊，这块石头的心很忠诚，难道其他的石头都会造反吗？"

朝臣们实在忍不住了，当着武则天的面哄然大笑，鄙视此人的无知。武承嗣站在一旁，脸色黑如猪肝，无地自容。

还有一次，武承嗣指使一个叫胡庆的人，用红漆在乌龟的腹部书写"天子万万年"几个字，然后拿到宫中进献。据史料记载，武则天当时非常高兴，朝臣们为了不影响武则天的好心情，配合也十分到位。就在此时，李昭德不知道从哪里摸来一把刀，将乌龟腹部的字给刮掉了。

李昭德："诸位，你们难道看不出来，这就是个骗局吗？应该把进献祥瑞的人给法办才是！"

朝堂的气氛陡然尴尬起来。大家都知道这是骗人的把戏，可游戏的真谛是不能戳破最后一层窗户纸啊。李昭德太不讲究了，大家都为他捏了一把汗。

武则天有点不好意思了："咳咳！这件事确实很荒唐，但是进献神龟的人总归是对朝廷忠心，对朕忠心，这件事就这样算了吧！"

武承嗣吃了瘪，可总归是面子上的，李昭德得罪了武则天，那可是真心得罪啊。不管怎么说，武承嗣是武则天的侄子，永远会站在武家的立场，除非有谋反的行为，武则天不会轻易拿他开刀。李昭德身为政治家，在李唐占尽优势的情况下，通过如此荒谬的方式打压武氏家族，实在是愚不可及。

武则天的神经又开始紧绷了，她可以顾全大局，不让武承嗣做太子，但是缺少了这帮侄子、侄孙的支持，李唐宗室和朝臣就会把矛头指向她，到时候别说太子之位，恐怕她的皇位也会保不住吧。在重新审视双方的政治力量之后，武则天再次做出了打压李唐的决定。

长寿二年（693）正月初一，武则天在万象神宫祭祀，这是天子家族拥有的特权，旁人绝对不能染指。武则天传旨给礼部：以魏王武承嗣为亚献，梁王武三思为终献！

如果是放在以前，皇嗣李旦怎么也可以捞个祭祀的入场券，可这次却空空如也，他的郁闷心情可想而知。紧张的政治气氛笼罩着洛阳城，无论是朝臣还是皇嗣李旦，都是惶惶不安，得过且过。

就在此时，发生了一件始料未及的大事。

洛阳城有一个叫掖庭宫的地方，里面住着不少宫婢，这些人很多都是官宦家的小姐，只不过因为父辈获罪，她们遭受牵连，入宫为婢。按理说，宫婢的身份都很卑微，没有出头之日，可武则天是个爱才的皇帝，宫婢中有不少人都是姿色出众，才华横溢的才女，武则天为了不让遗珠蒙尘，便挑了一批婢女入宫。

韦团儿、上官婉儿就是出类拔萃的一类。

韦团儿，背景不详，长得国色天香，聪慧动人，也挺知书达理的，深受武则天的喜爱。这个世上，没有人愿意干伺候人的活儿，大家委曲求全，无非是没有翻身做主人的机会，韦团儿也是如此。

当时，李旦经常入宫请安，他高贵的身份，儒雅的气质，让韦团儿深深迷恋。说白了，韦团儿喜欢李旦是真，可想着攀高枝儿也是真。时间长了，韦团儿便开始主动出击，刻意诱惑，最后直接来了一段真情告白。

如果是在平日，李旦被美貌的宫女表白，或许会暗爽一下。然而，韦团儿是武则天身边的宫女，谁知道她是什么心思，李旦本能地抗拒此人。到了最后，李旦以身边已经有刘氏和窦氏为由，委婉拒绝了韦团儿。刘氏是李旦的正室，窦氏则是唐玄宗李隆基的亲生母亲。

我欲将心向明月，奈何明月照沟渠啊。女人都有自尊心，心高气傲的女人更是如此，被人拒绝的滋味让韦团儿痛不欲生。紧接着，韦团儿在武则天面前诬陷两位后妃，声称她们暗中行厌胜之术，打算诅咒武则天。

武则天夺了李旦的皇位，两位妃子帮老公诅咒婆婆，本是情理之中的事儿，武则天对此深信不疑。长寿二年（693）正月初二，洛阳宫嘉豫殿内，各府的命妇齐聚一堂，向皇帝武则天请安问好，完事之后，大家各回各家。有趣的是，刘氏和窦氏却没有随众人一同出宫，一直到第二天，也不见两位夫人的踪影。

活生生的人，就这样凭空消失，这是何等恐怖。两位夫人被杀之后，李旦极为惶恐，他不敢向母亲讨回公道，只能装作若无其事的样子。此事过后，韦团儿变得丧心病狂，还想着诬陷李旦，一些宫女觉得韦团儿太过分，这才将她诬陷两位夫人的实情和盘托出。为了平息众怒，武则天命人将韦团儿秘密处死。

据史料记载，李旦登基之后，曾经派人将嘉豫殿掘地三尺，可始终没有找到两位夫人的尸骨。很难想象，两位夫人究竟遭到了什么样的待遇。李旦无奈，只好拿她们的衣服建造了两座衣冠冢，以此来祭奠两位夫人冤屈的灵魂。

韦团儿被杀，并不意味着武则天在妥协。

想想看，一个凡人失去了最亲密的爱人，至少也应该痛苦哀号，或者讨要说法吧。再看看李旦，古井无波，淡定从容，跟没事人一样的，这多少让武则天有些不安。有理由相信，李旦心里怨恨武则天的残忍，他在等待机会翻身，然后为两位夫人报仇雪恨。武则天绝对不允许这种情况的发生。

长寿二年（693）正月初七，武则天下诏：封皇孙李成器为寿春郡王，恒王李成义为衡阳郡王，楚王李隆基为临淄郡王，卫王李隆范为巴陵郡王，赵王李隆业为彭城郡王。

这几位皇子都是李旦的儿子，全都被降为郡王级别。历史证明，皇室之内，没有对错，只有利益权衡。在武则天看来，朝臣反对武氏家族执政，全因皇嗣李旦的存在，只要他有谋反的心思，武氏王朝就没有安宁的可能。武则天刚刚贬完皇孙，就给朝臣们来了个紧箍咒：不许私下和皇嗣李旦会面。

长寿二年（693）正月二十四日，少府监裴匪躬、内常侍范云仙违反禁令，私下拜会李旦，被武则天处以腰斩之刑。裴匪躬和范云仙被杀之后，朝中有人诬告李旦暗中密谋，武则天当即传下严旨：命来俊臣调查此事，先从李旦身边的随臣开始！

这是武家反击的号角，来俊臣得到圣旨，如同嗜血的疯子一般，当即开动暴力机器，将李旦身边的幕僚批捕入狱。这些幕僚都是文人，尝过几道酷刑之后就清醒地认识到，想从丽景门全身而退是人生最大的奢望。他们不相信有人能够力挽狂澜，为了减少身体上的痛苦，幕僚团准备承认李旦密谋造反的“事实”。

谁也没想到，事情的转机出现在安金藏的身上。

据史料记载，安金藏是京兆长安人氏，曾经担任过太常寺的乐工，后来被委派到李旦府中做事。此番审讯，所有的幕僚都已经认输，唯独安金藏死扛着，他屡次向来俊臣辩驳，认定李旦根本就没有密谋造反。

来俊臣自然不肯听。

安金藏实在想不出办法，他抽出一把佩刀，大声喊道：“来俊臣，既然你不相信我，那我就破开自己的胸膛，以证皇嗣的清白！”安金藏说罢，便用刀切开了自己的腹部，顿时血流满地，内脏尽出。来俊臣蒙了，他觉得自己是个狠角色，可在挥刀切腹的安金藏面前，第一次惭愧地低下了头。

如此趣闻，很快就传到了武则天的耳朵里。

那一刻，武则天心中的母爱开始复苏，她当即摆驾狱中，想要亲眼看看，究竟是什么人能为自己的儿子做出如此的牺牲。来到狱中之后，武则天看到血流满地的安金藏，发出了这样的感叹：“朕有子不能自明，使汝至此！”

随后，武则天调派最好的外科御医，帮安金藏做了腹部缝补的手术，这才救了他的性命。此事过后，武则天开始放松对李旦的监禁，也没让来俊臣等人再动过李旦一根毫毛。

客观地说，武则天晚年一直处在矛盾之中，她是个好皇帝，希望老百姓感觉到她仁慈和爱民的一面。然而，强敌环伺，为了让武周王朝更加稳固，武则天不得不动用暴力机器铲除异己。事实上，武则天已经意识到了高压统治带来的负面效应，尤其是从武承嗣谋夺太子之位开始，她有了深刻的反思。

第一次，王庆之带领老百姓请立武承嗣为太子，武则天以“皇嗣我子，奈何废之”给予了回答。第二次，武则天“以恩止杀”，并没有大肆牵连。第三次，武则天说出了“有子不能自明，使汝至此”。

一切都表明，武则天与皇嗣李旦的关系已经开始缓和，至少不再是完全敌对的状态，对维护李氏家族的朝臣也不再那么反感，而是谋求更多的合作。

然而这一切，并不是魏王武承嗣等人愿意看到的结果。

号外！来俊臣被处死，酷吏时代终结了

长寿二年（693）二月，某位朝臣上了一道奏疏：发配到岭南的李姓宗室，似乎有点儿不安分，大有私下勾结，意图谋反的意思。

谋反，是武则天最敏感的词汇。说白了，她可以放松对李旦的监管，但绝不会对李姓宗室心慈手软，尤其是那些意图谋反的人。武则天当即传出旨意：任命司刑评事万国俊代理监察御史，前往广州查问。

万国俊，武周时期的酷吏，曾经和来俊臣合写《罗织经》一书，深受武则天的信任。既然是有名的酷吏，就得干出点名副其实的事儿来。

据史料记载，万国俊到达广州之后，二话不说，将所有的流放人员集中，然后宣布了武则天的圣旨：勒令所有李姓宗室自尽。当然，武则天不是傻瓜，她就算想打击政敌，也不会下达如此灭绝人性的圣旨，有理由相信，岭南大诛杀是酷吏万国俊为了讨好武则天，一手炮制出来的悲剧。

当时，三百多名宗室成员高声哭喊，想要向朝廷申诉无罪，万国俊却毫不理会，下令将他们驱赶到河边全部斩首。在回洛阳的路上，万国俊帮他们坐实了所有谋反证据。

对武则天来说，李姓宗室被杀并不是什么大事，因此对万国俊给出的证据深信不疑。武则天最关心的是这些人为什么想谋反。

万国俊："陛下，臣已经调查过了，流放到岭南的李姓后裔对朝廷心怀怨愤，对陛下也时常出言不逊，这才准备谋反。臣相信，流放到其他各道的人，一定也有怀恨在心的，为了武周王朝的稳定，不能不采取措施啊！"

优秀的员工，大脑永远在为老板考虑问题。为了奖励万国俊的忠心，武则天提拔他做了从五品的散朝大夫、侍御史。随后，她任命刘光业、王德寿、鲍思恭、王大贞、屈贞筠为监察御史，前往剑南、黔中、安南等地审查流放人员。

这些人都不是傻瓜，皇帝派他们前去审查，目的不言自明。想想看，如果调查结果是李唐宗室天天在家给武则天烧香拜佛，换来的恐怕不是奖励，而是自己人头落地吧。更何况，他们都是芝麻绿豆的小官，都有升职加薪的需求，在巨大的政治利益面前，人性、忠诚什么的，都可以拿来换取前途！

据史料记载，这帮人在各州道大肆捕杀李姓宗室，人均数百个指标。在他们看来，诛杀的人数越多，就代表对皇帝越忠诚。有些地方人数不够的，便由普通罪犯来充数。这次政治风波，不需要酷吏审讯，纯粹是武力捕杀。

客观地说，武则天对李唐宗室有一种难以言明的恐惧，尤其是身上流着高祖李渊和太宗李世民血液的宗室成员，更是武则天诛杀的首要目标。

这一次，李唐宗室彻底被杀光了，不管是在野的李氏家族，还是执政的武氏家族，都将迎来一段平静而和谐的相处时期。这也就意味着，武周朝的酷吏、打手走到的人生的末路，他们唯一的价值就是帮武则天洗脱罪名。

刘光业、王德寿等人刚放下屠刀，武则天就发布了一道诏书：朕先前派监察御史前往各州道，目的是安抚被流放的李姓宗室，然而，使者们却不明白朕的意图，擅加杀害，深为残暴！与此同时，另外一批使者怀揣着武则天的密旨前往各州道，他们接到的任务就是处决和流放刘光业、王德寿等人。

来俊臣郁闷了，他最大的乐趣就是诬告和刑讯，可武则天的一场屠杀，却让他彻底失业了。来俊臣无事可做，只好借着权势，大肆贪污受贿，掠夺人妻。

延载元年（694）九月，来俊臣被人举报了，罪名是贪污受贿。武则天为了平息众怒，将他贬为同州参军。谁料想，来俊臣到达同州之后，死性不改，强暴了一位同僚的母亲，又霸占了别人的老婆，种种恶行，令人发指。

眼不见心不烦，武则天也懒得搭理他。

就在此时，李昭德也被人算计了。

据说，朝臣们非常讨厌李昭德的为人，因此联名给武则天上书，声称朝廷每次推行善政的时候，李昭德总是不参与讨论，可是当政策马上要施行的时候，他就跳出来提反对意见，以此显示自己的权威和地位。在朝臣们看来，李昭德执政风格是有过归于他人，有功归于自己，实在不配继续执政。

延载元年（694）九月二十一日，武则天下诏：贬中书令李昭德为南宾县尉。

证圣元年（695）正月，中书令卢钦望，同中书门下平章事韦巨源、杜景俭、苏味道、陆元方等人被贬为地方刺史，罪名是同李昭德结党。

帝王的思维永远是势力制衡。对武则天来说，来俊臣和李昭德并非治世的能臣，才具品格都是下三流水平，最大的价值恐怕就是互相牵制了。既然来俊臣走了，李昭德也就失去了立足的资本。不过，来俊臣号称武周第一酷吏，就算是在臭水沟混日子，那也有他的“名人”利用效应。

神功元年（697）正月，明堂县尉吉顼上门拜访，说要洽谈合作。

来俊臣：“吉大人，有何贵干啊？”

吉顼：“来大人，你可知箕州刺史刘思礼？”

来俊臣：“嗯，好像听说过此人。”

吉顼：“那就对了！据我所知，刘思礼曾经和术士张憬藏有过一面之缘。当时，张憬藏说刘思礼有做太师的命。”

来俊臣不以为然，鄙视道：“哼，自古以来，能做太师的人，要么有从龙之功，要么是宗室功勋之臣，就凭刘思礼？”

吉顼：“谁说不是呢，这个刘思礼简直是个疯子，为了过一把太师的瘾，居然找到洛州录事参军綦连耀，想联合朝中重臣一同谋反！”

谋反？真的是谋反吗？来俊臣本能地激动起来，在来俊臣眼里，吉顼的话是真是假不重要，只要让武则天知道此事，就是大功一件。

来俊臣压抑着兴奋：“吉大人，为何会将此事告知给我？”

吉顼：“陛下信任您，只要咱俩一起上奏，何愁大事不成？”

奏折很快就进京了，武则天责令武懿宗前去查案。

武懿宗是武则天的侄子，身材短小，腰背弯曲，相貌十分丑陋，此人不仅外貌不佳，内心也扭曲变态，生性残暴，以坑害他人为人生乐事。

在武懿宗的威逼利诱下，刘思礼用中书侍郎、同中书门下平章事李元素，兵部侍郎、同中书门下平章事孙元亨，泾州刺史王勔（大诗人王勃的哥哥）等三十六位大臣的性命为条件，为自己换了一道免死金牌。

因为这件事儿，武则天重新起用了来俊臣。

不过，来俊臣算是看明白了，皇上的一顿猛虎操作，让敢造反的人上了西天，想造反的人也上了西天，剩下的都是唯唯诺诺，只求生存的朝臣。说白了，和平相处才是武家和李家未来的主旋律。武则天不再需要他的酷吏形象，自己想在朝堂生存下去，必须转变工作思路，比如投靠士族，为自己洗白上岸。

来俊臣已经做好了准备，问题在于，来俊臣的部下都是没有政治根基的寒门，他们的荣华富贵，全都是拿士族的前途换来的。现如今，来俊臣想要投靠士族，在部下的眼里，来俊臣就是要和他们做对。

有一次，来俊臣邀请妻子王氏的娘家人吃饭，席间极尽谄媚之能事，只为得到王氏家族的认可。就在此时，来俊臣的好友卫遂忠来了，按照惯例，卫遂忠进门不需要门子通报，可偏偏来俊臣有交代，今日谁来都不见。

卫遂忠："来俊臣在干吗？"

门子："宴请太原王家！"

卫遂忠热血上头，痛揍了门子一顿，随后闯进了府中，指着来俊臣的鼻子骂了一通。

来俊臣好歹也是卫遂忠的领导，又有娘家人在场，被一个下属责骂算哪回事儿？来俊臣："来人，将卫遂忠绑起来，先揍一顿再说话！"

来俊臣本就是酷吏，看到卫遂忠被揍得半身不遂，来俊臣终于露出了满意的笑容。等等，气氛好像有点儿不对啊，旁边怎么还有吃瓜群众？来俊臣想起来了，今天组织了家宴，希望在娘家人面前展现温文尔雅的一面，如今却变成了张牙舞爪，残忍嗜血。

戏，就这样演砸了！来俊臣心里明白，投靠士族已经成为奢望，如果再失去寒门兄弟的信任，以后就别想在长安城混了。事后，来俊臣放低了姿态，亲自前往卫遂忠的府中告罪，希望能得到他的原谅。

很遗憾，卫遂忠是个有骨气的人，被人胖揍还要继续追随他，卫遂忠确实办不到。很快，来俊臣的恶劣行径就成了洛阳城中的八卦新闻，一时间，士族和寒门纷纷对其侧目而视，这让来俊臣十分难受。此事过后，来俊臣性情大变，开始了人生最后的疯狂。据史料记载，不管是官员还是老百姓的老婆，凡是敢上街晃悠，而且有些姿色的，来俊臣一概“照单全收”，至于那些将娇妻藏起来的官员，来俊臣做了个名单，按照顺序一一拜访。

竭泽而渔肯定是不可行的，为了重新获得武则天的信任，来俊臣干起了老本行，诬陷皇族宗室。然而，经过这些年的清洗，皇族和宗室凋零殆尽，剩下的只有庐陵王李显和皇嗣李旦，可他们都是武则天的亲生儿子。来俊臣想了想局势，决定把矛头对准武承嗣、武三思和太平公主等人。

神功元年（697）六月，来俊臣筹划已定，打算谋害武承嗣等人，顺便捎上李显和李旦，剧本就是他们想伙同南衙和北衙禁军谋反，将武则天赶下皇位。来俊臣紧锣密鼓地策划行动之时，卫遂忠给他挖了个巨坑。

当时，卫遂忠拜访了太平公主，将来俊臣的计划和盘托出。在武则天的诸多儿女中，太平公主性格刚毅，做事果决，很像武则天。事实上，太平公主确实想做皇帝，面对来俊臣的诬告，她也是忐忑心虚，于是拉上武承嗣、武三思等人，打算来个绝地反击。

也许，多年顺风顺水的仕途让来俊臣产生了错觉，觉得世间没有什么人不能诬陷，没有什么事实不能捏造！可这一次，他真的错打了如意算盘。

武承嗣、武三思是武则天的关门走狗，来俊臣根本没有可比性；太平公主是武则天的亲闺女，让武则天相信她谋反，实在是强人所难。要命的是，来俊臣还想牵连李显和李旦。想想看，如果把这帮人连根拔起，武则天的天下交给谁？

从一开始，来俊臣就给自己挖了个巨坑。数日之后，一小队禁卫军闯进来俊臣的府中，将他捆绑之后，羁押到监狱。与此同时，武承嗣、武三思、太平公主，以及满朝文武大臣纷纷上奏。

“陛下啊，来俊臣不除，武周王朝永无宁日！”

“来俊臣背着陛下干出多少缺德事，洛阳臣民怨声载道！”

“此贼不死，不足以平民愤！”

“冤死在来俊臣屠刀之下的宗室和朝臣，何其之多！”

望着堆积如山的奏折，武则天有些怅然若失。

武则天是政治家，用人的标准是忠奸，而非善恶，换句话说，凡是对她统治有利的，武则天就必须去维护。朝臣的奏折已经递上去三天了，可武则天始终没有批示，有一天，她前往宫廷园林散心，恰好碰到了吉顼。

武则天：“爱卿，这几日，宫外都在议论些什么？”

吉顼：“陛下！朝外一切如常，只不过朝臣们一直在窃窃私语，为何处死来俊臣的批复一直没有下来。”

武则天：“来俊臣有大功于国，朕正在考虑如何处置他呢！”

吉顼：“陛下，这些年来，来俊臣暗结党羽，陷害忠良，贪污受贿，欺压良善，以至于民怨沸腾，陛下为了家国天下，处死他也没什么可惜的！”

是啊，重用来俊臣是为了武周王朝，处死来俊臣，不也是为了武周王朝吗？神功元年（697）六月初三，武则天下诏：处死来俊臣和李昭德，暴尸于街！

在武则天看来，来俊臣得罪了天下人，却始终对她忠诚；而李昭德参与储君废立之事，表面上忠诚，实际上心怀叵测，两人都该杀。

据史料记载，来俊臣被处死的当天，洛阳万人空巷，仇家们掏出了来俊臣的心肝和眼睛，还把他的脸皮撕了下来，以示他们的愤怒和屈辱。来俊臣的惨死让武则天意识到，隐藏在民间的积怨已经到了何种地步，为了平复老百姓的心情，武则天接连下诏：株连来俊臣的全家老小，抄没其家产。

来俊臣的被杀，预示着武周王朝的黑暗统治到了尽头。

拿得起放不下的大唐史 4

九皋寒叟 著

北方文艺出版社

目录

拾柒　权力高层大洗牌

拾捌　开元名相齐登场

拾玖　后文人执政时代

贰拾　佞臣弄权惹大乱

拾柒

权力高层大洗牌

武周兵败契丹：武则天轻敌，李尽忠智取

客观地说，中国皇帝是最难做的一个职业。

在这个位置上，你要面对居心叵测的朝臣，尔虞我诈的兄弟，同床异梦的女人，假装孝顺的儿子。一个皇帝，能够处理好这几类人的利益诉求，就可以算得上优秀的帝王。然而，围绕皇权的斗争只不过是利益的内部分配，一旦牵涉少数民族的国家利益，稍微处理不当，就有可能爆发大规模的军事冲突，轻则生灵涂炭，皇权衰落，重则将帝国拖入衰落的深渊，以致政权消亡。

隋唐交替之际，中原强势崛起，隋文帝杨坚、隋炀帝杨广、唐高祖李渊、唐太宗李世民、唐高宗李治五位帝王霸气得一塌糊涂，他们对少数民族展开了胡萝卜加大棒的攻势，一边接受投诚，一边围剿突厥、高句丽、吐谷浑等强大政权。

贞观和永徽年间，李唐王朝制定了温和的民族政策，同时起用了大批少数民族将领，民族关系还算和平。不过，少数民族的归附永远是暂时的，他们的忍让和迁就，大多慑于军事淫威，只要中原的帝国有任何风吹草动，或者民族的生存压力到了一定程度，就必定会奋起反抗，哪怕面临灭族的风险！

武周时期，曾经有过一段无比黑暗的高压统治，几乎是伤透了臣民的心，这也让武周王朝面临了巨大的危机。幸运的是，内乱很快过去，可谁也没想到，和平过渡的时期，竟然爆发了严重的边境战争。

这一次的主角，是一直以来都默默无闻的契丹民族。

契丹是生活在中国东北地区的少数民族。在契丹的地盘内，有两条重要的母亲河，一条从大兴安岭的南端奔流而下，契丹人称其为西拉木伦河，一条从闾山的西端

顺流而下，契丹人称其为老哈河。身为独立的民族，自然有一套非同寻常的民族起源故事，这是他们的文化信仰和民族自信。

相传，有一位美丽的天宫侍女，因为耐不住无边的寂寞，于是驾着青牛车从西拉木伦河而来，刚好遇到了一位牵着白马，在老哈河附近晃悠的英俊仙人。金风玉露一相逢，便胜却人间无数，侍女和仙人二目相对，刹那间坠入情网，两人不约而同地驱逐了自己的坐骑，就这样结合在了一起。

契丹始祖的爱情结晶便是八个儿子，寓意契丹的八个部族，它们分别是悉万丹部、何大何部、伏弗郁部、羽陵部、日连部、匹絜部、黎部、吐六於部。

一直以来，契丹各部都是以畜牧和射猎为主，实行自治。唐朝初年，契丹形成了部落联盟，首领是酋长，以东突厥汗国为尊。贞观二年（628），大贺摩会酋长率领契丹部族投奔李世民，被赐予了象征可汗地位的旗鼓。

契丹投奔大唐帝国，是因为边境开放，频繁互市，少数民族可以获得唐朝的食盐、布帛等生活必需品，经济交流的背后，仍然是两国之间的博弈、摩擦，这样的磨合长达数十年的时间。贞观二年（628），李世民在东北设置松漠都督府，以契丹首领大贺窟哥为松漠都督，都督十州军事，掌管本部事宜，并赐李姓。

李治登基之后，任命大贺窟哥的孙子李枯莫离为左卫将军、归顺郡王，任命李尽忠为武卫大将军、松漠都督，统帅契丹八部。有李唐做靠山，想不发达都困难，这几十年，契丹愈发强盛，几乎到了膨胀的边缘。

武周万岁通天元年（696），契丹境内爆发天灾，契丹朝廷找到营州（今辽宁省朝阳市）都督赵文翙（huì），希望他可以开仓赈粮。

赵文翙:“要粮食没有，要命一条！”

于是乎，契丹首领李尽忠带着妹夫孙万荣一起谋反了。

按照史书的说法，赵文翙为人比较傲慢，平日里瞧不起契丹民族，视契丹各部酋长为奴仆，契丹首领李尽忠无法容忍，最后被逼造反。这样的思维很滑稽，一个政权的谋反，是因为大唐主将的性格问题?

真相就是，李尽忠早就有了谋反的打算。武周万岁通天元年（696）五月十二日，李尽忠宣布造反，随后集结大批的兵力，短短数日就攻破了营州城，弄死了赵文翙。

如果说李尽忠没有提前做准备，确实让人难以信服。不仅如此，李尽忠后来还放出了口号，希望迎立庐陵王李显为帝。一个因为饥饿而造反的人，竟然有闲情逸致掺和大唐的皇室内务，可想而知，这里面的水该有多浑。

契丹的背叛，营州的失陷，让武则天极为震怒。

武周万岁通天元年（696）五月二十五日，武则天下诏：命左鹰扬卫将军曹仁师、右金吾卫大将军张玄遇、左威卫大将军李多祚、司农少卿麻仁节等二十八名大将前往征讨。

二十八位将军联手上阵，李尽忠应该感受到了武则天的重视吧？很遗憾，武则天并不是这样想的。想想看，李多祚等将军上阵也就罢了，司农少卿是个什么角色？农业部副部长啊！让他上阵杀敌，凭什么？

武则天的部署还有一个致命缺点：将领太多，唯独缺少一位统筹全局的大军主帅。无数的历史证明，这是败北的致命原因。这一次，武则天确实轻敌了。

武周万岁通天元年（696）七月十一日，武则天下诏：封梁王武三思为榆关道安抚大使，纳言姚璹为副使，屯兵胜州（今内蒙古呼和浩特市托克托县附近）。

从地理位置来看，胜州和营州相隔太远，武则天虽然有构筑第二道防线的打算，可是让武三思坐享军功，为武家长脸的意图似乎更加明显。

为了恶心李尽忠，武则天使出了惯用的撒手锏：她将李尽忠的名字改为李尽灭，孙万荣的名字改为孙万斩，以此为前线的将士打气助阵。

遗憾的是，这种阿Q式的精神胜利法，似乎并没有作用。

据史料记载，李尽忠拿下营州后，俘获了数百名唐军将士，将他们囚禁在地牢之中，听闻唐军前锋即将到来，李尽忠对被俘的人说道："大唐的父老乡亲，契丹部族只因遭遇天灾，粮食匮乏，这才举兵造反，只要唐军到来，我们立即投降。为了表示我的诚意，先将你们放出大牢！"

随后，李尽忠熬了一锅稀粥配发给俘虏，声情并茂地说道："兄弟们，养着你们，我李尽忠拿不出粮食，杀了你们，我又不忍心，你们还是自谋生路吧！"

李尽忠抓住了唐军没有大军主帅的弱点，向各路大将传递了一个信息：我李尽忠没兵没粮，无非是坐守空城，你们快来打我吧！舆论工作做足之后，李尽忠在西硖石谷（今河北省唐山市迁安市东北处）埋伏了一支精兵，只等唐军到来。

当时，唐军俘虏到达幽州，将契丹的弱点告知给唐军的各路大将，曹仁师等人果然中计，为了抢夺头功，大家纷纷以轻骑、步兵快速前进。到达西硖石黄獐谷的时候，李尽忠又派了一批老弱病残的契丹人前去投降，还在路边丢弃了老牛和弱马，曹仁师终于不再防备，直接带着骑兵推进到谷内。

遗憾的是，谷内不是束手就擒的契丹弱旅，而是契丹猛将李楷固，一番恶战之后，曹仁师、张玄遇、麻仁节等人相继被擒，唐军全军覆没。

打扫战场的时候，李楷固捡到了唐军帅印，随后派人给燕匪石、宗怀昌等主将传信，声称官军已经破了契丹的防守，他们若是延误了战机，就要吃不了兜着走。据史料记载，其余的主将接到前线军报，竟然放弃辎重，昼夜兼行，以至于疲惫不堪，最终被契丹部队轻易击溃。

史书没有记载第一次征讨契丹的军队数量，可以肯定，二十八位大将军，被活捉或者诛杀的人不在少数。黄獐谷之战，堪称是武周王朝最惨痛的军事战争，而且是败在了李尽忠的智谋之下，这样的屈辱，谁能忍受？

武周万岁通天元年（696）九月，武则天换了一个思路，她在山东（太行山以东）各州设置了武骑团兵，兵源来自各地的牢狱囚犯，以及官员家中的奴仆。武则天放出话来，由朝廷出钱为这帮人赎身，条件只有一个：玩命儿地打契丹人。

这样的军事决策，总感觉有些太随意。

想想看，朝廷的正规军都打不过契丹人，派一帮罪犯和奴仆上场，岂不是单纯地送人头？更要命的是，武则天为大军安排的主帅，竟然是小字辈的建安王武攸宜，而大军副手则是大诗人、右拾遗陈子昂。

武攸宜是武则天的侄子，不谙军事，没有大将之才。陈子昂是坐办公室的文人，有点脑子，可没有实战经验。这样的组合，实在是令人担忧。

出发之前，陈子昂给武则天上了一道奏折：陛下啊，招募罪犯和奴仆打仗，只是您应急的办法。问题是，这些年来刑狱已经公平，罪犯已经减少，至于家奴则是懦弱无能，就算能充数，可也没多少战斗力啊。如今天下的忠义之士，陛下连万分之一也没用到，小小的契丹，只要您一句话就可以灭掉，用罪犯和奴仆打仗，实在是有伤国家的体面。臣担心，这种行为不能宣言大周的威严！

奏折如同泥沙入海，杳无音讯。

不过，陈子昂传达了一个重要的信息：武周有军事编制，也有充足的兵源，拿下契丹应该毫无问题。也就是说，武则天的军事安排，其实有她自己的考虑，要么是担心外臣执掌兵权，要么想用弱旅打胜仗，前一种可能性似乎更大些。

据史料记载，武攸宜到达幽州之后，一直没有进攻的打算。

陈子昂给武攸宜进言，希望能派遣一万大军先行进攻，提振一下士气，却惨遭武攸宜的无视。随后，陈子昂屡次提出行军建议，武攸宜大怒之下，斥责他是狗屁不通的文人，还将他降为军曹。陈子昂满怀报国之志，却惨遭轻视，于是登上了幽州的蓟北楼，写下了千古名篇《登幽州台歌》：

前不见古人，后不见来者。念天地之悠悠，独怆然而涕下。

武则天的无奈：扶不起的武氏子弟

武攸宜的按兵不动，让武周和契丹的战事暂时进入胶着状态。

武周万岁通天元年（696）十月，营州传来消息：契丹首领李尽忠去世，孙万荣接管契丹大权。与此同时，一支突厥骑兵袭击了松漠都督府，李尽忠和孙万荣的妻子、子女悉数被俘。这支骑兵的主人，正是后突厥政权的默啜可汗，武则天的政治盟友。

事情是这样的：

永淳元年（682），突厥贵族阿史那骨咄禄背叛唐朝，占领沙城（今内蒙古呼和浩特市西北）和漠北的乌德鞬山（今蒙古国杭爱山），重建突厥政权，史称后突厥汗国。

天授二年（691），阿史那骨咄禄去世，弟弟阿史那默啜以骨咄禄的儿子年幼为由，自立为后突厥可汗，接管政权。

据史料记载，默啜就是一个狂热的战争分子，即位之后的第一件事就是率军入侵灵州，随后又征讨党项、拔悉密、突骑施，以及西突厥十姓部落，远征中亚昭武九姓地区，东击奚、契丹等族，扩地万里。

默啜知道，周边的部落和李唐和平相处了几十年，都不想再起争端，眼下因为后突厥强悍，选择暂时依附，可人心还是向着中原的。因此，默啜平日里打打秋风，更多时间是在等待时机，打算让后突厥汗国重回巅峰。

证圣元年（695）十月，默啜派遣使者前往洛阳（今河南省洛阳市）请降，武则天大喜过望，当即册封默啜为左卫大将军、归国公。默啜自降身份，愿意做武周的国公爷，这事儿说出去谁也不会信啊。不过，突厥兄弟主动示好，武则天总不能伸手去打笑脸人，只好走一步看一步。

武周万岁通天元年（696）九月，默啜的使者又来洛阳了，声称默啜可汗想做武则天的干儿子，还想为自己的女儿求一门婚事，作为回报，默啜承诺派遣大军征讨契丹。

后突厥汗国强势崛起，默啜可汗跃跃欲试，这让武则天有些不安，她决定派遣豹韬卫大将军阎知微、左卫郎将田归道二人前去突厥，一来册封默啜为迁善可汗，二来调查突厥的实力。谁也没想到，就在武攸宜和契丹搞拉锯战的时候，默啜派人把松漠都督府给一锅端了。

对武则天来说，这不是坏事，可也算不上好事。事实证明，默啜可汗是有野心的，契丹倒了，武则天就得面对默啜可汗的挑衅。眼下，武则天决定先忍着，就册封默啜为颉跌利施大单于、立功报国可汗，以示奖励吧。

事实上，默啜的军事行动并没有改变正面战场的局势，孙万荣很快就站稳了脚跟，随后以骆务整、何阿小为前锋，率领骑兵南下攻克冀州（今河北省衡水市冀州区），杀死刺史陆宝积，屠吏民数千人，继而进攻瀛州（今河北省沧州市河间市）。

契丹是游牧民族，没有固定的城池，没有稳定的后勤保障，这就限制了他们南下的纵深程度。前锋打得兴高采烈，主力后军却一直跟不上节奏。

武则天无可奈何，只好起用大将王孝杰为清边道行军大总管，羽林卫将军苏宏晖为副将，率领十七万大军北上御敌。王孝杰是唐朝不可多得的超级战将，平生最得意的就是收复龟兹、于阗、疏勒、碎叶四镇，设置安西都护府。

按说，王孝杰的军事素养，堪称顶级水平。不过，阴沟里翻船的事儿，历史上并不少见，越是轻视对手，越容易栽跟头。

神功元年（697）三月，王孝杰行军到东硖石谷附近，与孙万荣的主力相遇，因为道路十分险隘，王孝杰只好率领少数精锐为先锋，打算和孙万荣正面交锋。谁料想，孙万荣勒令契丹主力后撤，将唐军诱到了东硖石谷。

一边是汹涌而来的契丹主力，一边是稀稀拉拉的唐军骑兵，以少打多的局势让唐军将士们心生胆怯，不知所措。当时，王孝杰想着奋勇杀敌，可副将苏宏辉却成了第一个逃兵，在契丹的包围下，唐军很快就战败了，王孝杰孤立无援，最终选择坠崖身亡，以身殉国。

东硖石谷大胜之后，孙万荣将辎重、粮草运送到前线，随后联系默啜可汗，解除了后方的威胁，而他则亲自带队，入侵幽州等地。

彼时，武攸宜手握重兵，驻屯在渔阳（今天津市蓟州区），听说王孝杰兵败被杀，武攸宜竟然勒令大军不许轻易出击！前线的失利让武则天非常被动，这也让她对武氏家族的废柴们心生了许多不满。

就在此时，可恶的默啜可汗又派使者来洛阳了。

新的形势，新的要求。

默啜希望武则天把丰、胜、灵、夏、朔、代六州的突厥降户，还有单于都护府下辖的地盘全部归还给他。不仅如此，默啜还想着为自己女儿求婚，而且希望以中原的谷种、丝帛、农具、铁等战略物资作为陪嫁。

言外之意，如果武则天不答应，默啜就会联合契丹共同犯边；如果武则天答应了，默啜可以选择坐山观虎斗，或者默默地打秋风。

一时间，各种利益纵横交错。

武则天经过慎重的考虑，最后决定答应默啜的请求：归还六州数千户突厥家庭，并赐给默啜谷种四万斛，丝织品五万段，农具三千件，铁四万斤，答应为默啜的女儿挑选一位皇族子弟赐婚。

武则天的决定，让部分臣子非常不解，他们认为默啜是狼子野心，就算拿了大周的好处，也不会遵守诺言。表面上看，讨好默啜确实有点儿丧权辱国的意思，但是拒绝默啜的后果就是换来武周北部边境的全线压力，两害相权取其轻。

安抚了默啜之后，武则天准备以武力彻底降服契丹。

神功元年（697）四月十八日，武则天下诏：封武懿宗为神兵道行军大总管，与右豹韬卫将军何迦密领兵进击契丹。神功元年（697）五月初八，武则天下诏：封娄师德为清边道副大总管，右武威卫将军沙吒忠义为前军总管，领兵二十万进攻契丹。

有人可能会质疑武则天，觉得她想扶持武家子弟，希望他们建功立业，为武家的功劳簿上添上辉煌的一笔，甚至不惜牺牲国家的利益。现实就是，武则天也信任过王孝杰等超级战将，可换来的结局还是一样的战败。

在当时的情况下，武则天没办法相信任何人。武则天的思路很简单，也很稳妥，前线一定要安排两位主帅，一位是武家子弟，一位是资深战将，大家轮流上场，可武家子弟还有一个任务：监视或者防备外姓人。

三征契丹，孙万荣也感受到了压力，他在攻城略地的时候，喊出了一个响亮的口号："何不归我庐陵王！"

不仅如此，孙万荣还让手下在河北境内散发小传单，将契丹拥立庐陵王为帝的态度摆得非常明显。不得不说，这招真是绝了！

隋末乱世，群雄并起，生灵涂炭，赤地千里，战争给老百姓造成的阴影和创伤流传了一代又一代，经历唐朝三位帝王的治理，天下重回繁荣，这是老百姓最直观的感受。武则天建立大周，任用酷吏对李唐宗室展开了大屠杀，同时也间接伤害了小老百姓，此时的民心只盼望武则天能将皇位传给李氏家族。

神功元年（697）六月下旬，武懿宗率军抵达赵州（今河北省石家庄市赵县），他突然发现河北的舆论似乎一边倒地支持李氏家族。不知为何，武懿宗有种腹背受敌的恐惧感，以至于不敢再继续北上。

据史料记载，当时契丹大将骆务整率领数千人南下冀州，武懿宗竟然不顾麾下将士的请求，执意退守到相州（今河南省安阳市）。

故事说到这里，大家恐怕都会有一种屈辱感，这种屈辱不是来自契丹，而是自私无能的武氏子弟。武则天雄霸一世，可家里的子侄竟然是这样的德行，说出来也是很可悲的一件事。

契丹真有那么强大吗？

其实不然。

李世民在世的时候，将少数民族全部纳入大唐的行政管辖体系，并对他们实施了严密的监控，李尽忠虽然是契丹族首领、松漠都督，拥有的只不过是尊贵的身份，至于手下能调动的兵力，实在是少得可怜。

起兵之后，李尽忠身边聚拢了一批意图谋反的部族，有一部分是契丹族，还有一部分是奚族，以及一些乌合之众。即便如此，加起来也不过十万人左右。

契丹的长项是打游击战，而非攻坚战，可孙万荣在东硖石谷大胜之后，似乎有点儿得意忘形，将契丹的防守战略改成进攻战略。试想，一个拥有十万军队的民族竟然想深入到武周的腹地闹事儿，这不是找死吗？

正是军事战略的改变，让孙万荣走上了穷途末路。

据史料记载，孙万荣在新城建立根据地之后，派遣了五个使者前往黑沙城面见默啜可汗。其中三人先行到达，转达了孙万荣对河北战场的乐观看法，并盛情邀请默啜可汗起兵，与契丹共同攻取幽州，分享河北战场的利益。数日之后，另外两个使者（可能是奚人）慢吞吞地来到黑沙城，默啜内心不喜，想要将他们处死，不料，这二人却说有秘密军情要禀报。

"默啜可汗呐，俺们听说孙万荣在新城搞了个秘密基地，里面放着许多军备物资，还有劫来的金银珠宝。俺们猜测，孙万荣估计是想对突厥发动军事进攻，这才会瞒着可汗陛下吧！"

金银珠宝？战略物资？

对抢劫者来说，最高的境界就是抢劫"抢劫者"，不仅省事儿，而且效率奇高无比。默啜一声令下，三位契丹使者人头落地，随后在两位告密者的带领下，默啜赶到了新城秘密基地。默啜只用了三天时间就拿下了新城，俘虏了大批契丹族人，以及无数的金银财宝，并派人给孙万荣送信：你已经完蛋了。

此时，孙万荣正在幽州干活，得知后方失陷，军心顿时大乱。奚人军队反戈一击，武攸宜也乘机捅了孙万荣一刀。混战之中，何阿小、李楷固、骆务整等契丹将领纷纷被俘，孙万荣率领数千人落荒而逃。

神功元年（697）六月三十日，孙万荣狂奔到潞水（今北京市东郊潮白河），仰天长叹，发出了人生最后的悲鸣，随后被家奴取下首级，结束了轰轰烈烈的一生。

契丹暴乱，河北、辽宁卷入战火，百姓无辜被杀，田地荒芜，财富被洗劫一空，景象惨不忍睹。孙万荣被杀，契丹群龙无首，室韦、奚、靺鞨等部族要么归附突厥，要么南下河南、山东，北部边境的人口锐减，李唐可谓元气大伤。武则天派遣狄仁杰、娄师德等重臣前往河北安抚，这才稳住了局势。

契丹事变，默啜可汗抢劫了孙万荣的财富，又得到了武则天的赏赐，堪称是最大的赢家。即便如此，默啜可汗还是不太满足，他时常在边境耀武扬威，大有南下侵略的意思。所有人都知道，默啜可汗还缺个女婿。

圣历元年（698）六月初六，武则天下诏：命淮阳王武延秀北上突厥，纳默啜之女为妃。礼部尚书阎知微、司宾卿杨齐庄随行。

圣历元年（698）八月初一，和亲大队翻山越岭，横渡大漠，风尘仆仆地到达黑沙城。谁也没想到，默啜可汗的态度让人觉得无比冰冷，甚至是有些敌意。

默啜不满道："阎大人，我的女儿只能嫁给李氏家族，你怎么用武家的人来敷衍我？瞧瞧这小子，是当今天子的儿子吗？突厥世受李氏天恩，听说李家被诛杀殆尽，仅有两个皇子在世，我现在就想出兵辅佐他们登基称帝！"

按理说，武则天是当今天子，武氏是正儿八经的皇族，武延秀又是魏王武承嗣的儿子，怎么说也算是皇孙，不算辱没突厥吧。说白了，醉翁之意不在酒，在乎河北之地也。默啜可汗只不过以此为借口，想找武则天的晦气。

数日之后，默啜发动大军袭击了静难、平狄、清夷等军，静难军使慕容玄崒领五千人投降，默啜声势大振，大有南下取河北之意。为了让突厥的侵略战争合法化，默啜搞了个新闻发布会，公开向武周王朝发难：

第一，武则天给他的谷种是蒸过的，播种后根本就不发芽。

第二，送来的金银器皿质量极差，和地摊货一样。

第三，先前赐给大唐使者的突厥官服被武则天没收了，默啜很没有面子。

第四，送来的布帛粗劣不堪，摆明了是瞧不起突厥。

第五，突厥可汗的女儿应该嫁给天子的儿子，武氏是小姓，门不当户不对，用武延秀来迎亲，摆明了是骗婚。

消息一出，举国震惊，武承嗣更是如五雷轰顶一般。这些年，武承嗣使用百般手段讨好武则天，又用万般手段打击政治对手，只为求得皇太子一位，不料蹉跎十余年，换来的却是一场空。如今，半路杀出个默啜可汗，居然以拥立庐陵王为条件，逼迫武则天让步。武承嗣终于明白，什么叫天命不可违！

圣历元年（698）八月十一日，魏王武承嗣在洛阳城郁郁而终。

数日之后，武则天下诏：命武重规为天兵中道大总管，右武卫将军沙吒忠义为天兵西道总管，幽州都督张仁愿为天兵东道总管，领兵三十万讨伐突厥；任命左羽林卫大将军阎敬容为天兵西道后军总管，领兵十五万为后援部队。

可惜的是，突厥人仗着来去自如的骑兵，就像是一只打不死的蟑螂。心情好的时候，他们打几个城池，抢点儿钱财。心情不好的时候，屠杀和俘虏百姓，然后将财富洗劫一空，大摇大摆地离去。武则天表示，她也没有办法。

值得一提的是，突厥的入侵其实是武家子弟崛起的好机会，武则天也给了他们建功立业的机会，可最终却换来了一个冰冷的事实：武氏子弟，只不过是一摊扶不上墙的烂泥，让他们为国尽忠，建功立业，全是胡扯！

江山社稷，乃是武则天一生的心血。当武则天意识到武氏子弟没有能力继承大统的时候，毅然将太子之位还给了李家，这种心胸和气魄，只能让世人敬仰。也难怪武则天退位之后，还能以王者之尊寿终正寝。

薛怀义：靠颜值上位

武则天的一生，情史丰富多彩，有人说她重情重义，也有人说她荒淫糜乱，真是一言难尽。

为什么这么说？

第一：据史料记载，一共有六个男人走进了武则天传奇的一生，分别是唐太宗李世民、唐高宗李治、薛怀义、沈南璆（qiú）、张易之、张昌宗，其中李世民和李治是武则天的合法丈夫，也就是说，武则天的男宠共有四人。

第二，薛怀义、沈南璆、张易之、张昌宗四人并非同一时间入宫，按照时间顺序来看，薛怀义最先入宫，沈南璆其次，张氏兄弟最后。也就是说，武则天并没有同时宠信他们，这与男性皇帝同时拥有后宫三千佳丽，根本没有可比性。

第三，武则天有自己的底线。据史料记载，大学者宋之问非常自恋，觉得自己的身材很魁梧，也很有才华，于是写了一篇谄媚的诗文，希望自己能进宫服侍武则天。然而，武则天拒绝了，对于男人，她有自己的考虑，也有底线。

时过境迁，我们无法猜测武则天彼时的真实心境。

她是中国历史上唯一的女皇帝，身边强敌环伺，随时可以夺走她的一切，为了自保，她不得不放弃亲情和友谊，展示出强悍和霸道的一面。

然而，武则天也是个女人，每当夜深人静，独坐深宫之时，一种莫名的凉意就会袭上她的心头。她渴望身边有人抚慰和陪伴，温暖一下看似冰冷无情的灵魂。

武则天唯一的乐趣就是召集公主、命妇在后宫聚会。在那里，她似乎能找回昔日媚娘的影子。然而，身份和年龄是难以打破的隔阂，也注定武则天和她们无法成为朋友，每次聚会，武则天更多的时候都是独自发呆。

人群之中，有个叫千金公主的女人，一直在揣测皇帝的心境。

千金公主是李渊的女儿，不过她的母亲是普通宫女，身份低微。她虽然享受着公主的待遇，却始终融入不了上层社会。武则天对李氏家族大开杀戒的时候，千金公主担心自己遭到株连，因此主动投靠武则天，甚至降低辈分，做了武则天的义女。作为回报，武则天赐她武姓，让她在众多公主中直起了腰杆。

面对情绪低落的武则天，千金公主似乎明白了什么。

第一个横空出世的男宠叫薛怀义，本名冯小宝。

据说，冯小宝是京兆鄠县（今陕西省西安市鄠邑区）人，在洛阳贩卖山中药草，赚点散碎银子过活。冯小宝的职业虽然不光鲜，可是身材魁梧，面相白净，阳刚之气十足，全身上下透露着男性诱人的魅力，人群之中显得英俊挺拔。

千金公主有个侍女，有一天在街上遇到冯小宝，和他发展成为地下情人，时常带到客栈开房，享受了一段美好时光。时间长了，侍女也负担不起开房的费用，于是将冯小宝带回了公主府，偷偷在府中行云雨之事。

有一天，千金公主在府中晃悠，发现了他们的奸情。愤怒归愤怒，可千金公主很欣赏冯小宝的气质，还有无与伦比的男性身材。

身为皇室成员，千金公主一直在接受被动的婚姻，父皇李渊为了拉拢朝臣，将她嫁给了宰相温彦博的次子温挺，不过此人很早就去世了。第二任丈夫名为郑敬玄，家世虽然不错，却十分不解风情。

冯小宝的出现让千金公主如获大宝，几番云雨过后，她才算知道什么叫食髓知味，酣畅淋漓。和冯小宝相处的日子，千金公主容光焕发，春风满面。然而，为了自己的前途着想，千金公主决定将他进献给武则天。

垂拱元年（685），冯小宝第一次出现在洛阳宫。

进宫的第一天，冯小宝和武则天发生了什么剧情，谁也不知道。不过可以肯定，经过几天的相处，武则天对冯小宝非常满意。按照宫廷的规矩，男人是不可以随意出入后宫的，几次召见还勉强说得过去，可让冯小宝频繁入宫，甚至是留宿，终归不是办法。

李治去世后，武则天想的是独揽朝政，冯小宝的出现虽然让她很愉悦，却不能让这个男人坏了她的大事。于是，武则天态度和悦地说道："将你留在宫中深有不便，朕让人重修一下白马寺，你把头发剃了，就去做住持吧！"

不仅如此，武则天还给他取了新名字：薛怀义。考虑到薛怀义的身份卑微，武则天特意把他的户籍并到驸马薛绍一族，认薛绍做了叔父。武则天的本意是让薛怀义低调做人，不要太过张扬，然而现实却很打脸。

很快，薛怀义将洛阳城中的痞子和流氓召集起来，将他们剃为光头，带到了白马寺，然后给他们做了新的人生定位:薛怀义的打手，洛阳城第一大黑帮！薛怀义表示，必须要在洛阳城横行无忌，招摇过市，出了事他兜着！

据史料记载，薛怀义得势的时候，没人能与之抗衡。乘坐御马出入宫禁，出门的时候，有打手随行是标准的配置。如果遇到看不顺眼的朝臣，上来就是一顿群殴，见到无辜的道士，那更是殴打致死，就连魏王武承嗣和梁王武三思也得在他面前低声下气，气焰嚣张至极。

薛怀义的存在，让洛阳的执法部门很没有面子。

据说，御史冯思勖（xù）看不惯薛怀义的作为，于是抓了个薛怀义的随从。可没过几天，小道消息就出来了：薛怀义遛弯的时候碰到了冯思勖，二话不说，上来就是一顿群殴，以至于冯大人几乎丧失生活自理能力，不得不考虑退出朝野。

薛怀义的恶霸嘴脸让武则天也很头疼，正因为如此，武则天才觉得薛怀义没有心机和城府，愿意一直护着他。不过，为了缓解舆论的压力，武则天决定把薛怀义放在宫中。有一天，武则天对朝臣们说道："薛怀义心灵手巧，才思敏捷，朕准备让他进宫，负责搞建筑！"

监察御史王求礼回应道："陛下，您这个提议太棒了！太宗时期，有个叫罗黑黑的人精通琵琶，太宗皇帝为了让他教宫女弹奏，将他阉割后才送入宫中。既然您认为薛怀义心性灵巧，请将他阉割，以免扰乱后宫……"

此言一出，武则天一阵恶寒。

武则天："薛怀义，你还是继续做霸王吧！"

武则天：宠你时把你捧上天，摔你时也一点不含糊

垂拱四年（688）三月，武则天提议修造明堂，朝廷的书呆子们争吵半天也拿不出方案图纸，武则天乾纲独断，起用北门学士才搞定了这事儿。

明堂是个大工程，由谁来督造呢？

武则天思来想去，决定把工程总包交给薛怀义，一来他很懂建筑知识，二来给他个证明自我价值的机会，也好让朝臣闭嘴。薛怀义虽然霸道，人却不傻，明堂的成败关乎武则天的颜面和政治前途，如果督办不好，他会死得很难看，因此接到这个活之后，薛怀义就一头扎进了工地。

有时候，我们对别人的认知会产生偏颇，比如因为某些缺点放大到整个人都有问题，不是因为缺点的存在，而是我们不想去认可这个人。

拿薛怀义来说，九个月的时间就建造了中国历史上最高的单体木结构建筑，后来又修造了高达一百五十米的天堂，这样的事迹，足以震古烁今，也难怪武则天会对他另眼相看。

明堂和天堂耗费了亿万钱财，其中少不了贪污浪费。据说，薛怀义手握财政大权，花起来毫不心疼，为了鼓舞工人的士气，薛怀义经常在工地撒钱。当然，剩余的钱都流向了薛怀义和他的同党手里，他们购置了大量的田产房产，摇身一变，成了洛阳城中的超级富豪。

武则天没空关心钱财的流向，工程竣工之后，武则天狂喜不已，为了褒奖薛怀义的忠诚和辛劳，武则天下诏：加封薛怀义为左威卫大将军、梁国公。

明堂和天堂修造之前，薛怀义的标签是面首、男宠、地痞、混子。

明堂和天堂修建之后，大臣们如果再露出鄙夷的眼神，薛怀义都不用亲自动手，只要抬头望望这两个标志性建筑，就可以立马让朝臣们闭嘴。

前面已经说过，武则天时期，北方的突厥部族强势崛起，好战的默啜可汗屡次侵扰边境城池，弄得武则天焦头烂额。对她来说，突厥是必须要教训的，然而朝中的局势纷繁复杂，如果将兵权交给李氏家族，将会不利于她的统治，武则天思来想去，决定起用无根无基的薛怀义。

载初元年（689）五月，武则天下诏：封薛怀义为新平军大总管，北伐突厥。

大姑娘上花轿，第一回啊。

薛怀义临危受命，兴奋异常，带着大军一路北上到了紫河（今内蒙古南部、山西长城外的浑河），令他失望的是，连一个突厥哨兵也没碰到。薛怀义虽然不甘心，也只能在单于台上刻下到此一游，随后下令班师回朝。

一时间，洛阳城纷纷传说，薛怀义是朝廷的福将，只要他出马，突厥大军就会望风而逃。此后的四五年，薛怀义屡次带兵北伐，朝中能征善战的大将军，诸如王孝杰、苏宏晖等人都曾受薛怀义的节制，连宰相李昭德也做过他的幕僚。

有一次，薛怀义召集大将商议军情，李昭德说话不客气，薛怀义二话不说，当场给了他几个大嘴巴子。李昭德是什么人，皇帝跟前的红人啊，被薛怀义打脸之后连大气都不敢出，只能连连请罪！

上帝想让一个人灭亡，必定会让他先疯狂。

薛怀义走上了人生的顶峰，觉得自己是个狠角色，于是减少了入宫陪伴武则天的次数，后来甚至长期居住在白马寺，远离了权力中心。

时间和空间的距离，让武则天对薛怀义逐渐失去了新鲜感，她愿意护着薛怀义，却不再将他视为生命中不可或缺的男人。很快，一个名为沈南璆的御医成了武则天的座上宾，关于此人的记载，史书并没有留给我们太多的信息，可以确定的是，沈南璆长相和气度非常出众，为人却过于端庄持重。

就在这当口，侍御史周矩找到了武则天，想向她汇报薛怀义的情况。

武则天："薛怀义最近都在忙啥啊？"

周矩："回陛下，他最近经常带着白马寺的和尚上街晃悠，据说又从洛阳招募了一千多人进入白马寺。”

武则天颇为警惕：“都是些什么人？”

周矩：“都是身强体壮、虎头虎脑的粗鄙汉子。”

武则天：“你怎么看这件事？”

周矩：“陛下，臣担心薛怀义有别的企图，应该尽早将白马寺的人丁遣散，以免酿成大祸啊！”

武则天犹豫了，她还没想好如何处置薛怀义，或者说不忍心对他下手。

武则天：“你先回去吧，朕即刻命他前往御史府解释此事。”

御史府内，薛怀义骑着高头大马，直接闯了进来，只见薛怀义就着台阶，跨下坐骑，随后端坐在内堂，俨然上级领导前来视察工作。

薛怀义：“周大人，本国公日理万机，有什么事就快点说吧！”

周矩：“国公爷，你在白马寺豢养了数千名壮丁，究竟想干什么啊？圣上已经下旨，令臣过问此事，你需要将实情全部告知于我！”

事实摆在眼前，薛怀义开始心虚了，他连话头都不敢接，直接纵马逃出了御史府。事后，周矩向武则天如实禀报。

武则天颇为不悦：“薛怀义就是神经病一个，你不用理他，至于白马寺的壮丁，由你全权处置！”

客观地说，武则天的脾气已经收敛了不少，要是放在过去，就凭薛怀义私自培养武装力量的行为，不死也得脱层皮。武则天没有处置薛怀义，一来念着过去的情分，二来相信将白马寺的壮丁遣散之后，他也翻不起什么大浪来。

数日之后，武则天在明堂举办了盛大的无遮法会，普天同庆。当天晚上，武则天情绪高涨，派人将沈南璆叫进宫内服侍。薛怀义听说之后，恨得咬牙切齿，坐卧不安，如同爹了毛的猫。

薛怀义吃醋了，为了引起旧情人的注意，他决定干点儿惊天动地的大事。夜深人静之时，薛怀义抱着一堆干柴来到了天堂。薛怀义深信，整个洛阳城中，只有天堂和明堂才是武则天最在乎的。

望着巍峨无比、气势恢宏的建筑，薛怀义着实有些不舍。可耐不住失宠的痛苦，嘴里却又嘟囔着：为了自己的幸福，这把火说什么也得放！

天堂是洛阳城最高的木质建筑，规模庞大到无以复加的程度，火势一旦蔓延开来，人力根本无法挽救。据史料记载，熊熊烈火瞬间就将天堂包围起来，建筑内的巨大佛像因为高温迅速融化倒塌，烈火的光焰将周边照得如同白昼，由于天堂的南边就是明堂，建筑倒塌下来的时候正好将明堂也给点燃。

直到第二天早晨，火势才逐渐缓和下来。事后，武则天命人暗中调查，这才得知是薛怀义干的好事。然而，她该如何向朝臣和百姓交代？承认是薛怀义吃醋，纵火焚烧国家形象建筑，然后将他公开处死？那不得让人笑掉大牙！

武则天也无可奈何，只好下诏解释：天堂的工人使用火源时粗心大意，将建筑内的麻布点燃，这才酿成了惨剧。

明堂和天堂被人焚毁，绝对算是洛阳城中的头号新闻，不少朝臣趁此机会上书，声称这是上天降灾示警，皇帝应该闭门自省。也有人出来打圆场，声称弥勒成佛得事后，就有天魔烧宫的典故，这说明武则天真是弥勒佛转世！

武则天深觉羞愧，为了转移大家伙的注意力，她再次下诏，命薛怀义担任项目总工程师，重新修造天堂和明堂。武则天并不是昏君，修造两大建筑耗费了亿万钱财，却因为薛怀义这个混账东西吃飞醋而焚毁，这叫人如何能忍？

新仇旧恨，就一起算在你薛怀义的头上吧！

证圣元年（695）二月初四，内侍前去给薛怀义传旨，说是皇帝想要见他。

薛怀义闹出那么大的动静，只为引起武则天的注意，老情人召见，怎么能不兴奋？薛怀义兴致勃勃地前往洛阳宫，打算重拾昔日的恩宠。当他走到瑶光殿的时候，建昌王武攸宁带领一队禁卫军围了上来。

薛怀义：“建昌王，你这是何意？”

武攸宁：“奉陛下旨意，擒杀逆贼！”

武攸宁话音刚落，禁卫军便将薛怀义活活揍死在瑶光殿前，尸体随后被送往白马寺，焚尸造塔。客观地说，武则天算是比较理性的帝王，男色是好东西，可对她来说，可以有，却不一定非得有。薛怀义被杀后，不解风情的沈南璆也失去了武则天的宠爱，此后的两年多时间，武则天身边并没有出现过其他男宠。

武氏子弟不给力，只好将江山还给李唐

彼时，武则天已经七十多岁，权力虽然可以给她带来无限荣耀，却带不来晚年的安逸和快乐，没有了男人的陪伴，武则天的内心总觉得空荡荡的。

两年后，太平公主又给武则天找来了一对活宝。

太平公主，唐高宗和武则天的女儿，洛阳城中最有权势的公主。相传，当年有一位吐蕃使者前来中原，想要找李唐皇室求一门亲事，并点名要太平公主。李治和武则天不愿意女儿跋山涉水，跑到蛮荒之地生活，又不忍心拒绝吐蕃和亲的美意，因此在长安城修建了一座太平观，并让公主出家，法号太平。

开耀元年（681），太平公主下嫁给唐高宗的嫡亲外甥，城阳公主的二儿子薛绍。据说李治夫妇为公主办了一场奢华无比的世纪婚礼，由于公主在皇室的地位很高，就算嫁到薛家，那也是说一不二的存在。不过，此时的太平公主还算是安分，生儿育女，相夫教子，并没有出轨的行为。

垂拱四年（688），琅琊王李冲谋反，薛绍的哥哥薛顗也牵涉其中。武则天大为震怒，下令将薛顗处死，将薛绍杖责一百，然后丢到狱中，将他活活饿死。当时，太平公主只能独自挑起家中的重任，日子过得非常委屈。为了安慰公主，武则天打破了公主封户不过三百五十户的惯例，将她的封户破例加到了一千二百户。

太平公主表示，封户她想要，可男人也想要。

武则天一直在犹豫，究竟要给她安排一门什么样的婚事。如果嫁给李家的子弟，武则天担心女儿会再一次经历坎坷的婚姻。经过再三的抉择，武则天最终将太平公主嫁给了堂侄武攸暨，为此还特意处死了武攸暨的原配。

据史料记载，武攸暨虽然是贵族，可身上一股平民气息，太平公主并不是很享受这段婚姻。为了追求更刺激的生活，她开始和别的男人勾勾搭搭，还在外面包养小白脸，让丈夫武攸暨着实绿了一把。

太平公主机灵乖巧，深受武则天宠爱，时常出入禁宫陪伴母亲。这些年来，武周高层围绕太子之位展开了血腥的斗争，皇室、宗族、朝臣、外戚纷纷登场，经过数年的争斗，李家元气大伤，武家日渐衰落，太子之位悬而未决。

太平公主思考一个问题：老妈可以做皇帝，为何我不能？

武则天年事已高，随时都有驾崩的可能，谁能跟随在她的身旁，谁就能在权力斗争中掌握先机。为此，太平公主便想着在武则天的跟前安插亲信眼线。

神功元年（697）二月，小白脸张昌宗正式登上了历史舞台。

张昌宗，定州义丰（今河北省保定安国市）人，太宗朝宰相张行成的族孙。

据史料记载，张昌宗拥有一副让女人怦然心动的容貌，他混迹于洛阳城中数年，活得逍遥自在。有一天，太平公主在街上晃悠，无意间瞧见了气质非凡、年轻俊朗的张昌宗，因此将他带回府中，几番云雨之后，太平公主便试出了张昌宗的不凡实力。

数日之后，太平公主前往洛阳宫问安，张昌宗随行。

武则天问了几个问题，张昌宗对答如流，言行举止透露着高贵的气质和优雅的风度。

武则天欣慰地说道："太平，将张昌宗留在宫中伺候吧！"

张昌宗和薛怀义不一样，他深受美女的喜爱，身上自带骄傲光环。如今面对七十多岁的老女人，还要低眉顺眼地服侍，委实令他有些作呕。然而，考虑到武则天是天下最有权势的女人，依附她便可以获得旁人羡慕不来的荣华富贵，委屈顿时烟消云散。没过多久，张昌宗把哥哥张易之也推荐给了武则天。

据史料记载，张氏兄弟的娱乐精神十足，为了讨女皇的欢心，他们不惜男扮女装，以非主流的妆容出入禁宫。为了方便二人随时进宫，武则天任命张昌宗为散骑常侍（皇帝的贴身侍从），张易之为司卫少卿（掌管皇家的器械、甲仗、武器等物资）。

彼时，太子之位悬而未决，武则天也没有明确的态度，各方势力不得不削尖了脑袋去打听内宫的消息。张氏兄弟是武则天的近臣，自然成为大家伙笼络讨好的对象。

据说，武承嗣、武三思、武懿宗、宗楚客等人没事就跑到张府门口等待，争相为他们兄弟牵马执鞭，并亲切地称呼张易之为五郎，张昌宗为六郎。

不过，武承嗣等人并没有在张氏兄弟这里得到任何有用的情报。张氏兄弟和太平公主有着千丝万缕的关系，而太平公主是李家的人，不管武则天是怎么想的，太平公主肯定不愿意给武家的混账兄弟透漏任何消息。

圣历元年（698）二月，武承嗣向太子之位发起了最后的冲击，他联合梁王武三思一起进宫面圣，声称自古以来就没有将皇权交给异姓之人的先例，恳求武则天将太子之位交给武氏家族的人，其实就是交给魏王武承嗣。

这一次，武则天沉默了，她必须考虑朝廷的大局。

第一，绝大部分的朝臣公开拥护李唐正统。

李世民和李治的开明政治，让朝廷聚集了数不清的政治人才，在这些人的心中，李唐才是正统，维护李氏家族屹立不倒是他们终生奋斗的目标。

第二，武承嗣树敌太多，不得民心。

武承嗣为了打击政敌，暗中联合来俊臣、周兴、索元礼等人捕杀李氏宗族，大肆株连，以至于无数的官员和百姓无辜惨死。可以说，来俊臣没清算完的旧账，全都算到了武承嗣的头上。

第三，武家没有给力的人才。

武承嗣是个半吊子水平，武三思是混吃等死的节奏。契丹暴乱，武则天给了武家子弟最好的机会，可他们却让武则天丢尽了脸。如果让武家的人执政，江山社稷还不知道要被祸害成什么样，这可是武则天最不希望看到的结果。

当时，武承嗣表现得非常活跃，这引起了宰相狄仁杰的注意。有一次，狄仁杰主动找到武则天，君臣二人进行了一次比较深入的对话。

狄仁杰："陛下，太宗皇帝戎马一生，历经了多少苦难，这才平定江山，高宗皇帝将两个儿子托付给陛下，这是多么大的信任。然而，您却想把天下交给外姓之人，这不是逆天而行吗？"

武则天："立谁为太子是朕的家务事，这不是你该管的事！"

狄仁杰："陛下，太子乃国之根本，是关乎天下安危的大事，您既然任命我为宰相，我就有责任帮助您做正确的抉择！”

武则天开始沉默。

狄仁杰发现有戏，语气开始缓和下来：“陛下，姑侄与母子相比谁更亲？陛下立儿子为太子，千秋万岁之后，您可以配祭太庙，享受后人的祭祀。如果立侄儿为太子，臣从未听说侄儿当了天子，会将姑姑安置在太庙祭祀的！”

武则天疲惫地说道：“狄爱卿，朕有些累了，你先回去吧！”

数日之后，武则天将狄仁杰召到宫中。

武则天：“狄爱卿，朕昨天晚上做了一个奇怪的梦，梦里有只大鹦鹉，但是双翼却被折断了，这是什么意思？”

狄仁杰虽然年事已高，思维却很敏捷，他一本正经地说道：“陛下，武是陛下的姓，两翼代表您的两个儿子，只要陛下起用庐陵王李显和皇嗣李旦，两翼就可以振作起来啊。”

武则天算是明白了，狄仁杰就是死命维护李唐正统。这段时间，有不少人都奏请立庐陵王李显为皇太子，连张易之和张昌宗也开始为李氏家族游说，而说服张氏兄弟依附李唐的，又是武则天的亲信大臣吉顼。

有一天，吉顼摆了个宴席，邀请张氏兄弟赴会。

大家都是熟人，没有太多的客套，酒至半酣，哥几个相谈甚欢，吉顼便问道：“五郎，六郎，你们有没有对未来打算过？”

张易之：“吉大人，这是何意？”

吉顼：“你们如今深得陛下的宠爱，可谓红极一时，但是在我看来，其实是身处忧患之中啊！”

张易之：“此言何意？”

吉顼：“天下人对你们取悦君上的行为本就不喜，如今你们高居显位，如果没有大功于朝廷，今后该如何自保？”

张氏兄弟：“还望吉大人指出一条明路！”

吉顼：“陛下年事已高，太子之位却悬而未决，势必要在魏王武承嗣和庐陵王李显中选出一个。据我观察，陛下对武氏一族并不太信任，你们何不向陛下进言，将庐陵王李显召回洛阳，准备继承太子之位？如果有此大功，还怕今后没有长久的荣华富贵吗？”

大家都是凡人，没人不担心自己的前途和命运，在皇室为官更是如此。有了吉顼的提点，张氏兄弟总算活出了一点智慧。自此以后，兄弟俩轮番在武则天面前进言，希望她能迎回庐陵王。

圣历元年（698）三月初九，武则天下了一道绝密的旨意，命职方员外郎徐彦伯前往房州，将庐陵王李显暗中接回洛阳。此时，距离李显被贬房州已经十五年，这些年来，武则天视他为最大的威胁，安置了无数的眼线监视他，魏王武承嗣视他为眼中钉，无时无刻不在寻找机会构陷他，当地的刺史为了迎合武承嗣，屡次为难于他，更有甚者，一些不法之徒打着拥立庐陵王的旗号，将他置于谋反的境地（虢州人杨初成诈称朝廷郎将，声称要拥立庐陵王登基称帝）。

只有亲身经历过，才能明白什么叫如履薄冰，生不如死。

据史料记载，李显回洛阳一事，属于朝廷的最高机密。

圣历元年（698）三月二十八日，李显到达洛阳，武则天立即将他接回宫中，隐匿了起来。武则天有她自己的考虑。当时武周朝廷已经答应默啜可汗，派遣一名皇族子弟迎娶他的女儿，武则天的人选是武承嗣的儿子武延秀，如果大张旗鼓地迎回李显，就等于公开告诉默啜，武延秀只是一个冒牌货，这将非常不利于和亲。

武则天的保密工作做得非常好，武延秀启程前往突厥之后，她才开始将李显回洛阳的消息告知给朝廷的部分重臣，而且是以李显生病，让他暂回洛阳养病为由。第一个见到李显的人便是宰相狄仁杰。

当时，武则天将狄仁杰叫进宫中，问他对庐陵王李显的看法，狄仁杰痛哭流涕，大表忠心，希望武则天能将李显接回洛阳，并册封为太子。武则天笑了笑，将李显从帐幔后拉了出来，说道：“朕将储君还给你！”

天下没有不透风的墙，李显回洛阳的消息很快便成了公开的秘密，朝臣们虽然没有大肆宣传，却也都明白了，武则天这是打算还政给李唐。

圣历元年（698）八月十一日，魏王武承嗣因深感前途无望，在洛阳郁郁而终。

默啜可汗知道李显秘密回京的消息后，调集了十五万大军，随后对妫州（今河北省张家口市）、檀州（今北京市密云区）发起进攻。武周方面则组织了四十万大军，至于主帅，仍旧是武家的人。

圣历元年（698）九月十一日，突厥大军攻陷赵州，刺史高叡为国捐躯。

圣历元年（698）九月十五日，武则天下诏：封李显为皇太子，大赦天下。

圣历元年（698）九月十七日，武则天下诏：封太子李显为河北道行军大元帅，狄仁杰为河北道行军副大元帅，前往讨伐突厥。

据史料记载，老百姓听说李显挂帅，纷纷前去投军，数日之间就募集了数万人。临行之前，左威卫将军薛讷对武则天说道：“陛下，庐陵王虽然被立为了太子，可外界仍有疑虑之心，如果立太子的诏书没有更改，默啜之乱必定可平！”

武则天：“你放心吧，朕的诏书不会轻易改变。”

即便如此，朝臣们依旧不太放心，以王及善为首的一帮朝臣联名上书：“陛下，既然已经颁布了诏书，就应该让太子和朝臣共同觐见陛下，以安民心！”

可以想象，长期被武家势力笼罩的朝臣，内心该有多么的纠结，以至于面对武则天的诏书，竟然以胁迫的口吻逼迫武则天做出保证。

圣历元年（698）九月二十六日，默啜可汗在赵州屠杀了一万多军民之后，大摇大摆地离去，狄仁杰率领十万大军前去追击，同样无功而返。不过，同样的河北事变，同样的结局，却决定了两派势力不同的命运。

第一次河北事变，李尽忠和孙万荣扫荡了北部边境，武家子弟手握数十万雄兵，却选择畏战不前，收缩防线，可以说让武则天颜面扫地。

第二次河北事变，默啜可汗同样扫荡了北部边境，可当武则天册封李显为太子、河北道行军大元帅，狄仁杰为副大元帅之后，默啜可汗连夜率军回撤。不管是有意还是无意，都算是给了李氏家族一个天大的面子。

狄仁杰：一代名相的生前身后名

李家虽然得到了太子之位，却并不意味着最终的胜利。武则天还在岗，凭她的乾纲独断，对任何事情，任何人的命运都有最终的裁决之权。

武则天答应让李显上位，可她有明确的前提：不能让武氏家族就此没落，更不允许在她去世之后，武氏家族被秋后算账。

彼时，武则天已经是75岁的高龄，繁杂的国事让她筋疲力尽，更要命的是，每到入睡之后，王皇后、萧淑妃这些昔日仇敌都会来梦中与她相会，所有的一切都已经预示着，这位千古一帝所剩的时日无多。

然而，还有许多事情等着她去解决：让太子顺利登基；为李显挑选几个信得过的顾命大臣；让李氏家族和武氏家族和平相处，最好可以永享富贵。

圣历二年（699）正月二十五日，武则天下诏：把李显的名字改为武显。

有一天，武则天把太子李显、相王李旦、梁王武三思、定王武攸暨、太平公主等人叫到了明堂，打算召开一次家族的例会。

武则天语重心长地说道："你们都是朕的至亲，这些年为了家族利益，武氏和李氏争夺不休，然而在朕百年之后，终归会尘埃落定。太子李显是朕挑选的皇位继承人，朕希望武氏子弟不要再继续反对他，梁王更是朕的骨肉至亲，太子登基之后，更不要对他痛下杀手！"

"臣等谨遵陛下圣意！"

武则天："那好！今日，你们当着朕的面，立下永不互相伤害的誓言，并将誓言刻于铁券之上，如违此誓，人神共弃！"

客观地说，武则天晚年最关心的事就是家族的和平，两边都是至亲骨肉，她却无法做到绝对的公平，以至于只能靠江湖规矩约束大家的行为。看着丹书铁券上的誓言，武则天终于露出了欣慰的笑容。

既然李显承诺不伤害武家的人，武则天就要为他铺平道路。

武周久视元年（700）正月二十八，武则天突然下了一道诏书：罢免武三思的中书令之职，加封为特进、太子少保，天官侍郎、同平章事吉顼降职为安固县尉。

局势很清楚，武三思和李显是死对头，一个做皇帝，一个做首辅，这样的搭配肯定会死人的。为了宽慰武三思，武则天提前做了准备，没过多久，武则天就让狄仁杰接替了武三思的位置。

至于吉顼，如果论辈分和资历，吉顼和狄仁杰是差不多的，在很长一段时间里，吉顼都是武则天的心腹，前途不可限量。然而，在拥立谁为太子的事情上，吉顼犯了严重的政治错误，他没有找武则天直接表态，而是暗中威胁张易之和张昌宗兄弟，借他们之口去说服武则天。

公开找皇帝进言，那是忠君为国。

背地里撺掇别人，那是心怀不轨。

更有甚者，吉顼为了打压武氏家族，屡次在公开场合羞辱武懿宗等人，这让武则天很没有没面子。据史料记载，武则天曾经在洛阳宫大为光火，愤怒地斥责道：吉顼在朕的面前都敢欺辱武氏家族，以后还不翻了天？

有一次，吉顼向武则天进言，言辞之中多是以圣人的标准要求别人，以贱人标准要求自己，这让武则天极为反感。武则天暴怒道：“吉顼！你所说的，朕已经听够了，你不要再说了！”

吉顼：“陛下……”

武则天：“昔日，太宗皇帝有一匹烈马，名叫狮子骢，朝中没人能驯服它，可是朕却可以。当时朕对太宗皇帝说过，制服它只需要三样东西，一是铁鞭，二是铁棍，三是匕首。先用铁鞭抽打它，如果搞不定，则用铁棍敲击它的脑袋，如果还是不行，就用匕首割断它的喉管。如今，你是想试一下朕的匕首吗？”

武则天的杀气让吉顼差点尿了裤子，他当即匍匐在地，大声告罪，这才捡回一条命。不管武则天是怎么想的，吉顼确实是为了大唐的社稷考虑，只不过走的野路子，这才遭到武则天的猜忌。

从正国级官员降到科级官员，这已经不是贬官的性质，而是一撸到底啊。临行之前，吉顼再次求见武则天：“陛下，臣这一次远离朝廷，恐怕再也没有侍奉陛下的机会，请准许臣再进一言！”

武则天不忍诘责，给他赐座，随后问道：“你想说什么？”

吉顼：“水和土合成泥，有争斗吗？”

武则天：“没有。”

吉顼：“陛下将恩宠分一半给佛家，一半给道教，他们会有争斗吗？”

武则天：“这个当然有！”

吉顼：“皇族和外戚各安天分，则天下安宁。如今，陛下已经册封太子，外戚却纷纷顶着王爷的头衔，这是驱使他们互相争斗，恐怕以后会永无宁日啊！”

武则天叹气道：“朕也知道，可事情已经这样，朕也无可奈何！”

客观地说，武则天执政后期，已经改变了用人的理念。她需要权力的平稳过渡，也希望社稷安定，如果朝臣当面劝谏，一心为公，武则天不会迁怒。如果朝臣首鼠两端，毫无政治立场，就算有能力也会被当作弃子。

吉顼不明其中至理，落得个被贬他乡的结局。

若要论政治智慧，狄仁杰才是武周时期当之无愧的怪才。据史料记载，狄仁杰被封为中书令不久，武则天提出到三阳宫避暑，临行之前，百官列队欢送，有个胡僧突然站了出来，盛情邀请武则天参加埋葬佛祖舍利的典礼。

武则天颇为心动，正准备答应呢，就在此时，狄仁杰跪在了御驾面前，劝谏道：“陛下，佛是戎狄的神祇，不值得让大周天子屈尊驾临。那胡僧向来诡计多端，邀请陛下前去，只不过想借陛下的龙威迷惑百姓而已。况且，沿途山路艰险狭窄，就算是侍卫也不一定能护您周全啊！”

武则天看了看狄仁杰，当即下令取消行程，并对百官言讲：“朕就是为了成全狄公的正气！”

在武则天的眼里，狄仁杰一心为国，拥护李唐的同时，从来不给武家找麻烦，李显被立太子之后，狄仁杰的政治才华得以施展，因此备受重用。据史料记载，武则天从来不直呼狄仁杰的名字，对外一直称呼“国老”，面对狄仁杰的劝谏，纵然是违背自己的意愿，她也会全部采纳。

遗憾的是，狄仁杰已经年逾七十，长年累月的国事让他不堪重负，感觉身体被掏空。然而，狄仁杰是武则天执政晚期的中流砥柱，朝廷清明政治的一面旗帜，武则天并不想让他退居幕后，她屡次下旨，严禁各部的同僚在没有紧急军国大事的情况下打扰狄仁杰，并免除了他熬夜值班的义务。

有一天，武则天问狄仁杰：“国老啊，朕希望找到一位非常杰出的大臣，想对他委以重任，你看谁比较合适呢？”

皇帝信任大臣，才会让他推荐人才。然而，狄仁杰并没有欣喜若狂，得意扬扬，而是沉稳地问道：“不知陛下想让他担任什么职务？”

武则天：“朕想让他担任宰相！”

狄仁杰：“如果您要的是文采风流的人才，那么苏味道、李峤就很合适；如果您要找出类拔萃的能臣，臣能想到的只有荆州长史张柬之，他的年纪虽然老了些，却是名副其实的宰相之才。”

张柬之（625—706），襄州襄阳（今湖北省襄阳市）人，这位老兄算是博古通今的人才，年轻的时候曾经在太学混过一段时间。在众多的学子中，国子祭酒令狐德棻格外看好张柬之的前途，还称赞他有辅佐帝王的才华。

很遗憾，古代和现在一样，凡是被老师看好的学生，基本上不会顺风顺水，怎么也得经历几段人生起伏，到老的时候才能名震天下。

后来，张柬之中了进士，被朝廷任命为清源县丞。在这个岗位上，张柬之混了几十年的时间，始终没有出头之日。

载初元年（689），朝廷面向全国官员开科取士，在朝廷的对策问答中，张柬之排名第一，因此被授予监察御史之职，后来做到了中书舍人。事实证明，张柬之仕途原地踏步并非没有原因，主要是做人太固执，不懂得变通，不得武则天的欣赏。

当时，武则天想要和突厥和亲，让武延秀迎娶默啜可汗的女儿为妻，张柬之极力反对，声称古往今来，还没有皇族迎娶异国公主的先例。武则天看着这个老顽固，心里大为光火，于是将他贬到荆州做了长史。

面对狄仁杰的举荐，武则天左右为难，她不想重用张柬之，却又不想让狄仁杰看出来，最后只得下了一道调令：任命张柬之为洛州司马。

数日之后，武则天让狄仁杰再次举荐贤能之才。

狄仁杰："陛下，臣之前推荐的张柬之，您还没有任用呢！"

武则天："朕已经给他升官了呀！"

狄仁杰："陛下，张柬之是宰相人选，您却让他做一州司马，有点屈才！"

武则天算是看出来了，狄仁杰就是想力挺张柬之，于是妥协道："那就依国老的意思，先让他做刑部侍郎吧！"

除了张柬之，狄仁杰还举荐了姚崇、桓彦范、敬晖、窦怀贞等人，这帮人无一例外，全都做到了宰相的级别，这说明狄仁杰确实有识人之明。狄仁杰的最大心愿就是看到李显登基称帝，可老天爷并没有给他这个机会。

武周久视元年（700）九月，一个风雨交加的夜晚，狄仁杰病入沉疴，最终撒手人寰。武则天得知消息后，犹如五雷轰顶，随后痛哭流涕道："朝堂空矣！"自此以后，朝堂凡是有不决之事，武则天总会大发感叹："天夺吾国老何太早邪！"

李唐经历了三百年，有过无数的宰相，也有许多名相，唯独狄仁杰的形象深入人心，这并非没有原因。狄仁杰历经宦海数十年，做过县令、刺史、都督，也做过中央大员，朝廷宰相，要说仕途的经历，其实并没有什么特别的。然而，狄仁杰的最大优点就是体察民情，尊重百姓，真正把百姓视为衣食父母。

武周一朝，人命贱如草芥，旁人都把百姓的性命作为仕途的垫脚石，唯独狄仁杰坚持自己的操守，不停地为民请命。据史料记载，凡是狄仁杰主政的地方，百姓都为他立了生祠，而且四时祭祀。一位官员，能够得到万千百姓的称赞，这比史家的笔杆子更经得住考验，为世人所知也就不足为奇了。

晚年武则天：帝王的大局观

李显做太子之后，武则天接连给朝臣送了几份惊喜。

第一份：搞了个丹书铁券，坐实了李显的太子地位。

第二份：罢免武三思，任命亲唐派的狄仁杰为宰相。

武周久视元年（700）十月，武则天送上了第三份惊喜：废除周历，重新实行唐历。周历和明堂、天堂工程一样，是武周王朝的象征。武则天摆明了态度，她虽然做了皇帝，可并没有篡权夺位的想法，希望朝臣们可以谅解。

这份诏书，让朝臣们如沐春风，更对武则天有了新的认识。曾经霸道无比的帝王，终归还是回到了正轨，谏言事业什么的，终于可以重新操持起来了！

大足元年（701）三月，洛阳城突然降下了大雪，武则天的宠臣苏味道认为，这是老天爷降下的吉兆，于是想拉着同事们一起入宫给皇帝道贺。

苏味道就是想拍马屁，可他的行为让某些朝臣很反感，尤其是殿中侍御史王求礼，几乎是带着讽刺的意思在劝说："如果阳春三月下的雪是瑞雪，那么寒冬腊月打的雷就应该是瑞雷啦，不要因为取悦圣上就随意阿谀奉承啊！"

入朝之后，朝臣们纷纷上奏恭维武则天，王求礼气愤不过，于是对武则天说道："陛下啊，现在正是春暖花开，万物复苏的季节，天降大雪明明就是一场灾害，怎么能说成是吉兆呢？称贺的人都是阿谀奉承之辈。"

说起文人，最直观的感觉就是知书达理，很讲道理。很遗憾，有些人确实读过书，可他们的知识不是拿来造福百姓的，而是给老板和同事添堵，甚至会坏了大事。就拿王求礼来说，武则天都已经让步到这种程度了，朝臣为何就不能说点恭维的好话，让皇帝高兴一下？非得把武则天惹毛，然后逼她重新操刀杀人？

王求礼很幸运，因为武则天已经不再是从前的武则天。

当然，蹬鼻子上脸的行为不受处罚，肯定会有很多人跟风相随。

大足元年（701）八月，一个名叫苏安恒的冀州人在铜匦（guǐ）中投了一封书信，书信中的内容简直是亮瞎了别人的双眼。大致的意思是这样的：

第一，陛下受高宗皇帝的重托，执掌多年朝政，又接受太子辞让登基称帝，掰指数来，貌似已经有了二十年的时间，也够久了，差不多该退下了吧。

第二，太子年富力强，完全有能力执掌朝政，而且他也做过皇帝，和您没什么区别。陛下的年纪和威望已经够高了，可精力却不如从前，还是颐养天年吧。

第三，梁王武三思、定王武攸暨、河内王武懿宗、建昌王武攸宁承蒙陛下的恩典，都被封为王爵，然而陛下百年之后，这只会给他们带来灾难，请陛下将他们降为公爵，让他们担任朝廷的清闲之职吧。

第四，陛下还有二十多个皇孙没有得到封号，这不是长久之计，应该立即给他们封王，并选择优秀的老师教导他们，以后让他们辅佐朝廷，成为国家栋梁。

一个小老百姓，居然敢指责千古一帝，还劝她早点退休养老，这完全是找死的行为。如果放在几年之前，苏安恒一定会为自己的冲动而后悔。然而，武则天看到他的奏疏之后并未动怒，还把他叫到宫中好言安慰，给了不少赏赐。

武则天的宽容让朝臣们喜出望外，如果那个时候有倒计时的概念，相信不少朝臣都会在家里挂上一本日历，掰着指头数着武周王朝的末日。

曾几何时，武氏家族多么的显赫，武承嗣联合来俊臣、周兴等人，坑害了多少朝臣，多少李姓宗室死于他们之手？古话说得好，三十年河东，三十年河西，武则天既然把权力交给李家的人，那就是有权不用，过期作废的节奏！

朝臣们开始扬眉吐气了，尤其是狄仁杰去世之后，他们就变成了没人管束的野孩子，武三思不能动，拿张氏兄弟开刀总可以吧？按理说，张氏兄弟是李唐的拥护者，应该被朝臣尊重的，可他们做的事儿，确实有点恶心人。

据史料记载，李显上位之后，武则天开始逐步放权，大有退居幕后的意思，在皇权交接之前，张氏兄弟便成了武则天的首席信息官。对张氏兄弟来说，有权不用，过期作废似乎也是他们的座右铭。

张易之有个弟弟叫张昌仪，官居洛阳令，官职虽然不高，却打着哥哥的旗号在洛阳城买官卖官。有一天，张昌仪骑着马去办事，正得意扬扬地走着，旁边突然冲出一个人，将他的马缰紧紧拉住。张昌仪大为光火，正准备发怒的时候，此人递上来一个沉甸甸的包裹，打开一看，居然是一锭五十两的黄金。张昌仪顿时就笑开了花，老套路嘛，你懂我懂，大家都懂。

接过包袱之后，张昌仪问了求官人的姓名，随后扬长而去。

上班之后，张昌仪将此事告知给吏部侍郎张锡，让他给随便安排个官职，过了几天，张锡却把求官的文状给弄丢了。无奈之下，张锡找到了张昌仪，想要确认求官的人究竟叫什么名字。

张昌仪："混账，本官日理万机，哪还记得那人叫什么名字？"

张锡："张大人，好歹给点儿提示啊？"

张昌仪苦思冥想，最后说道："额，实在想不起来了，好像是薛姓之人！"

张锡回去之后，找出了当年吏部铨选的官员，一查之下竟然发现有六十多人都姓薛，张锡搞不清谁才是张昌仪要提拔的人，又害怕办不成事会惹下大麻烦，因此给他们都升了官。奇谈趣闻年年有，武周王朝特别多。就拿张锡来说，干的事儿虽然很荒唐，办事的态度却很让张氏兄弟受用，一个月之后，张锡便被提拔为凤阁侍郎、同中书门下平章事，正式成为了张氏兄弟的亲信。

张氏兄弟的狂妄是有底气的，武则天交出了大权，自然得在小白脸身上找找人生乐趣，对他们宠爱过头也是情理之中的事。太子李显就看出了其中的苗头。

长安二年（702）八月二十三日，太子李显、相王李旦和太平公主三人联名上奏，请封张昌宗兄弟为异姓王。他们希望用这种方式来向老妈示好，以表忠心。武则天有点哭笑不得，当场表示了拒绝，四天之后，几个熊孩子再次联名上奏，无奈之下，武则天只好册封张昌宗为邺国公，张易之为恒国公。

说到底，张氏兄弟只不过是没有政治智慧的小白脸，就算做到国公爷，也不会对李唐形成威胁。一个国公爷的称谓，就当是打赏了。

长安二年（702）九月，武则天将岐州刺史张昌期征召入朝，准备授予雍州长史之职，为了显示自己的公平，武则天准备走一次公开选拔的流程。

武则天对宰相们说道：“各位爱卿，你们看有谁可以胜任雍州长史之职？”

大臣们面面相觑。好家伙，张昌期已经被你调回洛阳，准备担任雍州长史，你这不是玩我们嘛？朝臣们还没来得及表态，宰相魏元忠便声如洪钟地回答道：“陛下，臣以为，朝臣之中，唯独薛季昶最适合这个职位！”

群臣倒吸一口冷气，这小子也太没眼力见儿了吧。御座之上，武则天已经有些不悦了，可还是耐着性子解释道：“薛季昶一直在京府任职，朕打算另外给他安排一个职位！关于雍州长史一职，你们觉得张昌期怎么样？

宰相们：“陛下知人善任，实在是可喜可贺啊！”

武则天刚要宣布最后的结果，魏元忠再次表示了反对：“陛下，此人能力平平，不能胜任此职，还望三思啊！”

武则天面如寒铁：“为何？”

魏元忠：“张昌期资历尚浅，不懂治国之道，先前在岐州为官的时候，户口逃亡现象就非常严重。臣以为，雍州地处京城，事务繁多，干系重大，张昌期自然不如薛季昶合适！”

武则天听完后沉默了。

魏元忠继续补刀：“陛下，臣深受先帝的恩典，如今官居宰相，如果不能为国家竭忠效死，致使小人在陛下的跟前掌权，这是臣的罪过呀！”

明眼人都看得出来，魏元忠想要压制张氏兄弟，不过他最后一段慷慨陈词，却给武则天安上了一个任用奸佞，误国误民的罪名，这就有点打皇帝脸了。

武则天想要营造一种君臣和谐的气氛，对魏元忠自然不会痛下杀手。然而，张氏兄弟却寝食难安，在他们看来，皇帝的身体已经大不如从前，按照眼下朝臣对他们的敌对情绪，一旦武则天驾崩，势必会拿他们兄弟开刀。

为了保全自己的身家性命，张氏兄弟决定组织一波反攻，要想打倒魏元忠，必须要借助武则天，而武则天最忌惮的就是朝臣意图谋反。

有一天，张氏兄弟跑到武则天的面前告状：“陛下，据臣了解，魏元忠和司礼丞高戬私下商议，说陛下年事已高，投靠当今天子才是长久之计！”

被人背叛的滋味很不好受，武则天很想操刀杀人，而且是剁成肉酱的那种。然而理智告诉她，事情不会这么简单：司礼丞高戬啥也不算，而且是太平公主的情人，魏元忠怎么会找他说这些大逆不道的话？

武则天："请太子李显、相王李旦、魏元忠等人前来议事！"

很快，朝中最有权势的几个人都来到了洛阳宫，武则天让他们当面对质。问题是，这本就是无中生有的事儿，大家唾沫星子喷了一地，可还是没有结论。

张昌宗气喘吁吁地说道："陛下，张说可以为我做证！"

据史料记载，张说很有才华，曾经在科举考试中名列前茅，控鹤府成立后，张说被张氏兄弟征召，与四十多位青年才俊共同编修了《三教珠英》，算得上是张氏兄弟的亲信，张昌宗事前已经暗中收买了张说，让他做伪证。

武则天："传张说前来问话！"

当时，凤阁舍人宋璟、殿中侍御史张廷、左史刘知几等人正在殿外候着，看到张说着急赶来，纷纷劝阻他不要为了一时的利益陷害朝廷忠良，否则会遗祸子孙，遗臭万年。然而，张说并没有表态。

武则天："张说，朕问你，魏元忠有没有说过背叛朕的话，还说想要投靠太子，以此获得长久的富贵？"

各位大臣将目光转向了张说，这位老兄很享受众人瞩目的感觉，以至于沉醉在其中不可自拔。反倒是魏元忠开始着急了："张说，你难道要和张昌宗一起诬陷我谋反吗？"

张说这才反应过来，怒斥道："魏元忠，你身为宰相，竟然以小人之心度君子之腹，你是大街上的泼皮无赖吗？"

张昌宗觉得有点不对劲，催促道："张说，你赶紧说啊，魏元忠有没有说过这样大逆不道的话？"

张说："陛下，您也看到了，张昌宗当着您的面都敢威逼小臣，更何况是在朝外！当着诸位重臣的面，臣不敢不说实话，臣确实没有听魏元忠说这样的话，只是张昌宗威逼利诱，想让臣帮他做伪证罢了！"

剧情走到这里，张氏兄弟也慌张了，他们不约而同地咆哮道："陛下，魏元忠和张说二人共同谋反，请陛下明察！"

武则天：“哦？张说怎么谋反了？”

张昌宗：“张说曾经说过，魏元忠是当今的伊尹和周公。伊尹流放了太甲，周公更是做了周朝的摄政王，这不是谋反又是什么？”

张说苦笑道：“陛下，魏元忠刚做宰相的时候，臣以郎官的身份前去祝贺，魏元忠对客人们说，‘无功受宠，不胜惭愧。’臣接话道，您拿着三品俸禄，承担伊尹、周公的职责，有什么可惭愧的！陛下，您任用宰相，不让他们效法伊尹和周公，那要让他们效法谁呢？臣深知，依附张氏兄弟就能立刻获取宰相之位，营救魏元忠就会被满门抄斩，臣只是害怕做了亏心事，以后会遭人索命啊！”

这就有趣了，张昌宗让张说做证，却被反咬了一口。

如果张说的辩词是真的，今天看来很像是朝臣预先上演的联合逼宫。如果张说的辩词是假的，那他就是故意给张氏兄弟挖坑，更能说明朝臣想拿武则天的小情人开刀。不管是哪一种情况，武则天都不可能接受。

这个世上，不是你说话占理，别人就会义无反顾地支持你，更多的时候，言语背后的动机才是旁人最关心的。朝臣们觉得，张氏兄弟的麻烦就要来了，可武则天却话锋一转：“张说是个反复无常的小人，应该和魏元忠一同下狱！”

武则天很欣赏张说的才华，不想这样埋没一个人才。数日之后，武则天让张说再次入宫，想要问明实情，可得到的回答却是一样。食古不化，不懂变通，武则天立马就把张说关进大狱，准备让河内王武懿宗实行审讯。

洛阳人都知道，武懿宗是“赫赫有名”的酷吏，以折磨人为人生最大的乐趣，如果让他掺和进来，不知道要牵连多少无辜的人。接下来的几天，奏折犹如雪花般飞向了武则天的桌案，内容都是一致的：请求释放魏元忠和张说，以此平息群臣和百姓的怒火，不要让清明的政治毁于一旦。

客观地说，群臣用道德绑架了武则天。

古话说得好，人老多情。武则天晚年回归到正常人的心理，心境变得更加平和，因此才接受了李显的存在，接受了朝臣的诸多要求。问题是，朝臣拿走了那么多政治利益，她总得留点什么安享晚年吧？

群臣要走康庄大道，总得给武则天留下一座独木桥吧！

小白脸被人怒怼

遗憾的是，拥护李唐的朝臣没有明白其中的道理，因此无端掀起了一场政治风波，他们打击的对象是张氏兄弟，却把大火引到了自己身上。

长安三年（703）九月，武则天下诏：贬魏元忠为高要县尉，将张说和高戬流放到岭南。

武则天这样处罚，已经默认魏元忠等人并非谋反之罪，而是借此机会在朝中立威，打压朝臣的嚣张气焰。临行之前，武则天破例召见了魏元忠。

魏元忠感慨地说道："陛下，臣年事已高，此番前去岭南，多半是不能回朝了，相信陛下一定会有想起我的一天！"

武则天："爱卿何出此言？"

魏元忠用手指了指旁边的张氏兄弟，一副指点江山的模样："陛下，这两个兄弟，最终会成为祸乱的根由！"

武则天有点无可奈何，说道："魏元忠，你还是离去吧！"

洛阳郊外，太子府的崔贞慎等人给魏元忠送行，远处一双眼睛紧盯着他们，魏元忠刚刚离去，武则天便接到了一份告密书：状告魏元忠和太子府的随从崔贞慎等人阴谋聚会，意图谋反！据史料记载，告密之人是张易之本人，只不过状纸上写的是柴明。

群臣跟着胡闹也就罢了，可武则天很在意太子府的态度，如果背后是李显指使的，她不介意再来一次政治清洗。这一次，武则天找来了监察御史马怀素，武则天说道："有人状告魏元忠和太子府的人勾结，告密书在此，证据确凿，你迅速处理此事，将审讯结果给朕报上来！”

武则天的暗示已经很明显了，而且还屡次派太监前去督促，可马怀素就是不想诬陷，因此迟迟拿不出审讯的结果。洛阳宫内，武则天十分焦急，前往催促的宦官一批接着一批，可就是不见回报。

马怀素直接找到武则天：“陛下，臣希望能和柴明当面对质！”

武则天颇为不满：“朕也不知道柴明在哪里，你只要按照状纸上告发的事实审问就行了，还找那个告状的人干什么？”

马怀素：“状纸只是一面之词，不可偏信。”

武则天勃然大怒：“你是想放纵谋反之人吗？”

马怀素：“陛下，臣不敢放纵谋反的罪犯。魏元忠身为宰相却遭贬黜，崔贞慎等人因亲朋故旧的关系为他饯行，如果诬陷他们在共同谋反，臣实在不敢。陛下掌握着生杀大权，如果要加罪这些人，您自己决断也就行了。既然陛下派臣负责审理此案，臣不敢不根据实情上报！”

武则天：“这么说，你是不打算治他们的罪了？”

马怀素：“臣才疏学浅，并没有发现任何罪证，无法惩处啊！”

武则天很欣慰，因为朝廷有大批的忠贞之士可供李显驱使。

武则天也很绝望，将皇位传给李显已经是板上钉钉的事，她能做的就是保护武氏家族的荣华富贵，保护张氏兄弟的锦绣前程。在这样的政治环境下，武则天越是和朝臣作对，张氏兄弟的罪孽就越大，朝局的安定就越成问题。

武则天不想逆天而行：“马怀素，此事就这样吧。”

然而，树欲静而风不止，拥护李唐的朝臣可以接受武氏家族的存在，却不能容忍张氏兄弟作威作福。为了把张氏兄弟赶下台，洛阳的官员们开始暗中收集罪证，真可谓山雨欲来风满楼！武则天不想面对朝臣集体发难，因此前往郊外的兴泰宫居住了好几个月的时间。

长安四年（704）七月十二日，武则天刚返回洛阳没几天，有关部门便将司礼少卿张同休、汴州刺史张昌期、尚方少监张昌仪下狱，罪名是贪污受贿。铁打的证据摆在武则天面前，她也无可奈何，只好在当日下诏公开审讯。

长安四年（704）七月十三日，武则天突然下诏：张易之、张昌宗专行赏罚，独揽威权，应当与张同休等人并案审理！

一时间，群臣惊愕万分，都在消化这个突如其来的消息。大家闹不明白，武则天究竟是想对小情人动手，还是借此机会表达自己的不满？诏书发布之后好几天，朝廷没人敢接话，更不敢公开审理张氏兄弟。

长安四年（704）七月十八日，司刑正贾敬言终于打破了沉闷的气氛，上了一道无关痛痒的奏折：张昌宗在民间强行收买田地，应该向他征收黄铜二十斤！

武则天：我看行。

朝臣在试探武则天的底线，武则天在容忍朝臣的疯癫。

长安四年（704）七月二十二日，御史大夫李承嘉、御史中丞桓彦范上奏道："张同休兄弟共贪赃钱财四千余缗，朝廷应当罢免张昌宗的官职。"

张昌宗为自己申辩道："臣为朝廷立过功劳，现在所犯的罪过，并不至于达到必须被免官的程度。"

武则天："诸位宰相，依你们看，张昌宗到底有没有功劳？"

刚刚被提拔为中书令的杨再思是亲张派，因此和稀泥道："陛下，张昌宗为陛下调制了神丹，陛下服用后确实有效果，难道还有比这更大的功劳吗？"

这一招太绝了，群臣说这不是功劳，武则天立马就会拍死他们。

武则天欣慰地说道："这是功劳，朕以为张昌宗应该官复原职！"

长安四年（704）七月三十日，武则天下诏：贬张同休为岐山县丞，贬张昌仪为博望县丞。

意思很简单，动他们的兄弟可以，但是别打张氏兄弟的主意！

然而，群臣对武则天的处罚并不是很满意，诏书刚刚发布，宰相韦安石就上了一道新鲜出炉的奏疏，这一次把矛头对准了张易之。就在当天，武则天让韦安石和宰相唐休共同审问张易之，可在两日之后，形势便急转直下。

长安四年（704）八月初一，武则天下诏：任命韦安石为检校扬州（今江苏省扬州市）长史。

长安四年（704）八月初七，武则天下诏：任命唐休为幽州、营州都督，安东都护。

临行之前，唐休找到了太子李显，秘密进言道：张氏兄弟凭借着陛下的宠信不守本分，日后一定会作乱，太子殿下要做好万全的准备！

维护李唐的朝臣们已经达成了共识，外朝已经是李唐的势力范围，武则天最仰仗的无非是张氏兄弟，只要拿下他们，随时可以逼武则天退位。

就在此时，相王府长史、兵部尚书、同中书门下平章事姚崇给武则天上了一道奏疏："臣身为相王府长史，不宜再兼任兵部尚书，并不是因为臣怕死，而是怕给相王带来麻烦！"

姚崇的奏折让武则天大为欣慰。

什么叫老成谋国！什么叫宰相之才！

这时，武则天又想起了去世的狄仁杰，当年让他推荐贤良之臣的时候，姚崇便是狄仁杰重点举荐的对象，狄仁杰预言，此人是国之重器。此事过后，武则天似乎在姚崇身上看到了狄仁杰的影子，因此开始重新审视他的存在。

长安四年（704）八月初十，武则天下诏：任命姚崇为相王府长史、礼部尚书、同中书门下平章事。一道简单的诏书，就这样换来了锦绣前程。

此时，北方的突厥再次发动了侵略战争，姚崇临危受命，担任灵武道行军大总管。临行之前，武则天握着他的手问道："爱卿，此番平乱颇费时日，依你看，外朝之中有谁可以担任宰相之职啊？"

姚崇正色道："陛下，张柬之为人稳重，智谋超群，对于国家大事能够当机立断，况且他已年逾八十，请陛下赶紧重用他吧。"

长安四年（704）十月二十二日，武则天下诏：加封刑部侍郎张柬之为同中书门下平章事。

千年老二终于熬出头了！

客观地说，武则天的智慧确实超乎常人，她一生阅人无数，张柬之是什么样的人，有什么样的性格缺陷，她心知肚明。在武则天看来，张柬之或许有宰相之才，但绝非是她理想中的能臣，因此面对狄仁杰的两次推荐，她都视而不见，姚崇的地位没有狄仁杰高，武则天却在此时提拔张柬之，完全是基于身后之事的考虑：张柬之或许不适合她，但可能适合太子李显！

这一段时间，朝廷对高级官员的任命非常频繁，怀州长史房融、吏部侍郎韦承庆相继被任命为宰相，而李峤、韦嗣立等人却相继被罢相。

经过一番人事调整之后，组成了以张柬之、崔玄暐、房融、韦承庆、杨再思五人为核心的执政班底。其中张柬之和崔玄暐是李显的坚定拥护者，韦承庆、房融、杨再思是张氏兄弟的拥护者。说白了，武则天还是在搞权力制衡。

面对此情此景，张柬之是什么样的感受？

在基层混了数十年的时间，好不容易混成中央领导，却又在宰相之位遭到武则天的无情打压，他的心中难道不恨吗？据史料记载，张柬之为相后，并没有打算走和平的政权交接道路，而是想以暴力方式将武则天和张氏兄弟驱逐下台。

所谓的暴力，就是控制禁卫军！

当年，张柬之被撸到荆州做长史，和前任长史杨元琰泛舟江湖，二人将话题扯到了纷繁复杂的朝局上。说到动情之处，杨元琰慷慨激昂，大有一言不合就推翻武则天统治的打算。如今，张柬之步入权力中枢，终于可以一展抱负了。

为了掌控禁卫军，张柬之开始了一系列令人眼花缭乱的任命。

提拔杨元琰为右羽林将军！

提拔桓彦范、敬晖以及右散骑侍郎李湛等人为羽林卫将军！

当然，为了消除张易之等人的疑虑，张柬之任命武攸宜做了右羽林大将军，此人正是亲张派的实力代表。在张易之等人看来，右羽林大将军是右羽林将军的头儿，只要控制了这个职位，桓彦范、敬晖等人就翻不起浪来。

然而，张柬之毕竟棋高一着。右羽林大将军虽然地位很高，却不能掌控每一个羽林卫将军，一旦宫内发生变故，最先动起来的就是禁卫军的小分队，谁能掌握就近的羽林卫军队，谁就能掌握制胜的先机！

军权是个敏感的东西，张柬之敢打禁卫军的注意，完全是仗着武则天一病不起，躲在长生殿调养身体。想来也挺有趣，张柬之毕竟是八十多岁的老人，和年轻人相比，他有资本做最后的赌博，而且时不我待啊。

长安四年（704）十二月，武则天的病情开始缓和，陆续召宰相前去说话。

宰相崔玄暐："陛下，太子和相王仁德彰明，孝顺母亲，友爱兄弟，可以在您身旁侍奉汤药。皇宫是禁地，事关重大，希望陛下不要让异姓人随意出入。"

武则天不想多说什么："朕明白你的心意！"

直到此时，武则天依旧护着张氏兄弟。然而，张氏兄弟并非没有独立思想的提线木偶，武则天身体每况愈下，朝臣们步步紧逼，他们非常着急给自己找一条退路。张柬之紧锣密鼓地准备之时，张氏兄弟也在联络自己的亲信。

就在这时，朝臣们组织了一波反攻。一夜之间，洛阳城中便飞满了无数小纸片，上面写着几个大字：张氏兄弟意图谋反！

消息传到武则天那里，她竟然无动于衷。

紧接着，一个叫杨元嗣的人状告张昌宗：他曾经找术士李弘泰相面，李弘泰说张昌宗有天子之相，还劝他在定州建造佛寺，则天下百姓自然归心。

杨元嗣走的官方流程，按照制度，朝廷必须接受状纸，武则天下令：凤阁侍郎、同中书门下平章事韦承庆、司刑卿崔神庆和御史中丞宋璟共同审理。

数日之后，武则天召集大臣商议此案。

韦承庆、崔神庆是亲张派："陛下，张昌宗对相面一事供认不讳，然而据他所说，早已经将此事回禀给您，按照制度，这属于自首情节，应该免除惩罚，至于术士李弘泰，应立即逮捕并治罪！"

御史中丞宋璟和大理丞封全祯说道："陛下，张昌宗受陛下如此恩宠，竟还要召见术士相面，他意欲何为？据李弘泰所说，为张昌宗占得纯《乾》之卦，也就是天子之卦，如果张昌宗认为李弘泰妖言妄行，那他为什么不将李弘泰捆起来送到有关部门治罪！虽然他说已经将此事上奏天子，可终究还是包藏祸心，请陛下将他批捕入狱，没收家产，再惩罚其罪！"

张易之究竟有没有和武则天提及此事，我们不得而知，但是武则天并不想因此惩罚张昌宗，于是再一次选择了沉默不语。

宋璟："陛下，如果不将他立即拘禁，人心不稳啊！"

武则天："你们先暂停审理，容朕看看卷宗吧！"

武则天仔细想了想，宋璟是此案的主审官员，要让他不闹事，只能再给他安排点其他的差事。武则天：宋璟，你去扬州审理案件吧！

宋璟：俺不去！

武则天：幽州都督屈突仲翔被人举报贪污，你帮朕去查查！

宋璟：州、县官吏犯罪，官品高的由侍御史审理，官品低的由监察御史审理，如果没有事关军国大事的案件发生，御史中丞都没资格出使地方。

武则天：李峤正在蜀地安抚暴民，你前去搭把手，也算为国分忧！

宋璟：陛下，据臣所知，蜀地并无暴乱……

武则天：那你就老老实实待在洛阳，别给朕惹事，成不？

宋璟这头刚刚安静下来，桓彦范又开始发难了，而且言辞颇为激进：陛下，您这是姑息养奸，违背天意啊，如果再这样下去，天下臣民都会对朝廷绝望的，应该将张昌宗交给刑部、司刑寺和御史台三司会审……

武则天没理这茬。

紧接着，宰相崔玄暐也开始发难了，要求公开审理张昌宗。

武则天欲哭无泪，只好答应了。

武则天：审吧审吧！

三司会审的结果很快就出来了：弄死张昌宗！

武则天还想做最后的反抗，她声称张昌宗确实向她自首过，本着坦白从宽的原则，希望有关部门可以从轻发落，最好是别发落！

宋璟："陛下，张昌宗因为被匿名信举报，被逼得走投无路才对您坦白，根本不是出自他的本意。更何况，他犯的是谋反大逆之罪，不允许因自首而免刑。如果张昌宗不被处死，那还要国法干什么！"

武则天的身体非常虚弱，面对咄咄逼人的宋璟，似乎有点儿力不从心，她已经无力再去抗争："宋璟，你就不能看在朕的面子上，饶他一次吗？如果你再坚持己见，难道就不怕朕杀了你？"

武则天纵横政坛一生，死在她手上的政敌数不胜数，凡是她想干的事，有哪一件没干成？在她最落魄的时候，宁愿孤独地等待，也没有求过任何人。如此低声下气地求一位臣子，堪称武则天一生中少有的场面了。

很遗憾，宋璟并不买账："陛下，张昌宗承受着他不应该享受的恩泽，臣深知此言一出就会大祸临头，但是在道义面前，臣死而无憾！"

宰相杨再思："宋璟，要不改天再说，先退下吧！"

宋璟："当着天子的面，你有何资格发号施令？"

武则天："好，朕把张昌宗交给你们御史台审问！"

然而，宋璟才刚刚摆下阵势，武则天的使者便来到御史台传旨：陛下已经赦免了张昌宗之罪。武则天这招偷天换日简直太绝了，宋璟傻站在原地感叹道：早知道如此，就应该一棒槌将他的脑袋给敲碎了！真是遗憾终生啊！

神龙政变：武则天一生最大的挫败

朝臣终于明白了，武则天不会轻易处置张氏兄弟。此时，一直躲在幕后的张柬之开始活跃起来，他找到了驻守在洛阳宫北门的右羽林卫大将军李多祚。

张柬之："李将军，您在北门镇守多少年了？"

李多祚："三十余年！"

张柬之："将军如今的荣华富贵，都是拜谁所赐？"

李多祚："自然是高宗皇帝！"

张柬之："如今，高宗皇帝的两个儿子受张氏兄弟的欺负，难道将军可以无动于衷，坐视不理吗？"

李多祚："只要对李唐天下有利，全凭张大人吩咐！"

张柬之："俺凭什么相信将军？"

李多祚想也没想，直接拉着张柬之跪在地上，对着天地神灵发誓，愿意协助张柬之诛杀逆贼，匡扶李唐天下。直到此时，张柬之终于松了一口气。李多祚在羽林卫经营了三十余年，势力盘根错节，有他的加盟，再无后顾之忧。

就在此时，出差在外的姚崇回来了，这位老兄是相王李旦的幕僚，对光复李唐很感兴趣。张柬之将计划对他和盘托出，瞬间就获得了支持。

准备工作已经全部就绪，还差最后一个环节：争取李显的同意。

说白了，没有李显的同意，张柬之等人就是谋反，有李显的同意，张柬之等人就是匡扶政变。然而，李显一直待在太子宫，和外界几乎没有任何联系，还是桓彦范和敬晖趁他上朝的时候，才把政变的计划临时告知给他。

神龙元年（705）正月二十二日，一场推翻武周王朝的政变突然发动，由于武则天刚刚改年为神龙元年，这场政变的官方说法也叫神龙政变。

参与政变的核心朝臣如下：

宰相张柬之

宰相崔玄暐

左羽林卫大将军李多祚

左羽林卫将军李湛

左羽林卫将军赵承思

左羽林卫将军敬晖

检校左羽林卫将军桓彦范

右羽林卫将军杨元琰

左威卫将军薛思行

司刑少卿袁恕己

检校司农少卿翟世言

兵部职方郎中崔泰之

工部侍郎朱敬则

司刑评事冀仲甫

内直郎王同皎

客观地说，神龙政变之前，双方掌握的势力是差不多的。宰相班子一共有五个人，亲唐派两个，亲张派三个。禁卫军方面，张柬之掌控了左羽林卫，张氏兄弟掌控了右羽林卫，势力旗鼓相当。然而，政变这种事情，其实和街头的地痞斗殴是一样的，谁先在背地里捅对方刀子，谁就能占到先机。

当日，政变的部队分为三路人马：

第一路，由张柬之、崔玄暐、敬晖、桓彦范、杨元琰率领，从北边的玄武门入宫，直接杀奔长生殿，控制武则天本人。

第二路，由相王李旦和司刑少卿袁恕己率领，在北军发动政变之后，迅速控制南衙的朝臣，并逮捕韦承庆、房融，以及司礼卿崔神庆等张氏死党，以免造成不可预料的抵抗。

第三路，左羽林卫大将军李多祚、内直郎王同皎（李显的女婿）、左羽林卫将军李湛前往太子府，请李显出来主持大局。

据史料记载，政变进展得并不顺利，张柬之虽然控制了左羽林卫，却需要解决玄武门的守卫，而镇守在此的是一支“千骑”部队，由殿中监田归道指挥。敬晖的意思很明确，希望田归道把军队交给他指挥，可田归道忠于职守，不愿意轻易交出，他看到张柬之率兵前来，也明白了是怎么回事。

田归道：“放你们进去可以，但我要看到太子本人！”

问题是，迎接太子的人马遇到了问题：李显拒绝前去主持大局！

王同皎义愤填膺地说道：“太子殿下，先帝将皇位传给殿下，而殿下却无故遭到废黜，长达十五年。如今，北门的羽林诸将与南衙朝臣同心协力，立志匡扶李氏江山，殿下怎么能畏缩不前？”

李显：“天子身体欠安，你们这样做会惊动她，还请诸位日后再图此事！”

李湛接话道：“太子殿下！朝臣和将士为了李唐社稷不顾身家性命，殿下忍心看着他们遭到陛下的酷刑吗？既然这样，就请殿下亲自前去制止他们好了！”

话已经说到这个地步，李显却依旧犹豫不决，王同皎等人有点寒心，但是箭在弦上，不得不发，就算李显不同意，绑也得把他绑过去！王同皎大步向前，将李显直接抱上马背，簇拥着他前往玄武门。

田归道看到李显到来，当即打开玄武门迎接政变大军入宫。

据史料记载，张柬之只有五百名禁卫军，加上玄武门的守卫，总数不超过一千人。他们进入洛阳宫后，大肆鼓噪，先把场面给撑了起来。随后，张柬之轻车熟路，直接杀奔了迎仙宫长生殿。在这里，张柬之遇到了出来打探消息的张氏兄弟，张柬之二话不说，直接将他们剁成肉泥。

不到一炷香的时间，政变大军就将武则天的寝宫包围了起来。

武则天从床上坐了起来，严厉斥责道：“究竟是谁在谋反？”

张柬之态度强硬：“陛下，张氏兄弟阴谋造反，臣等奉太子之命诛杀叛贼。因为担心走漏消息，所以没有向您禀告，臣等惊动陛下，罪该万死！”

此时，太子李显从人群中走了出来，根本就不敢直视武则天。

武则天神情冷漠：“是你指使的吗？既然叛贼已经被诛杀，你可以回东宫了！”

桓彦范：“陛下，太子还能回东宫吗？如今天意民心都已经归附李家，群臣不敢忘记太宗和高宗皇帝的恩德，所以尊奉太子诛灭逆臣，希望陛下将帝位传给太子，以顺应天意和民心！”

武则天望着张柬之、桓彦范等人，表情冷漠，内心绝望。事到如今，她也知道局势不可逆转，可她的一生从没有如此失败过，她有点不甘心。

武则天望着李湛，说道：“你不是李义府的儿子吗，想当初朕是多么信任你们父子，可如今为何要反叛朕？”

李湛羞愧难言，默默低下了头。

武则天的目光又巡视到宰相崔玄暐的身上：“如果说别人都是经人推荐才被提拔，你可是朕亲手提拔为宰相的，你怎么也会跟着他们反对朕？”

崔玄暐可不是年轻的小毛孩，面对咄咄逼人的武则天，他并没有露怯，态度坚决地回答道：“臣这样做，正是为了报答陛下的大恩大德！”

武则天：“朕无话可说！”

就在当天，以张柬之为首的神龙政变成员迅速控制局势，并将张昌期、张同休、张昌仪等人悉数处死。

客观地说，能有今日的局面，因为武则天晚年已经打定主意，想把皇位留给太子李显。不仅如此，武则天还在刻意打压武家的成员，扶持亲唐派的重臣上位。也许在那一刻，武则天想的是自己不久后就会驾崩，李显顺理成章地登基，这是最完美的结局。

然而，张柬之等人太着急了，不惜发动武力政变。为了江山社稷是真的，可背后的作祟私心，谁又能知道呢？李显不是傻瓜，老妈的心思，他最能了解，当张柬之发动兵变的时候，李显为什么退缩不前，是因为软弱，还是在顾虑其他的事情？神龙政变后，李显为什么不遗余力地清除政变功臣？

站在李显的角度来看，他继承皇位是铁板钉钉的事儿，武则天已经是八十多岁的老太太，驾崩是迟早的事儿，他最稳妥的选择就是继续等待。然而，张柬之却主动求战，将他的前途置于危险的境地，将风险从零上升到百分之五十，还美其名曰为李唐社稷着想。更何况，发动军事政变，李显就要背负逼迫母亲的罪名，史臣该如何记录这一段历史？也难怪李显会找他们秋后算账。

神龙元年（705）正月二十三日，武则天下诏：命太子李显监国摄政，大赦天下。

神龙元年（705）正月二十四日，武则天将帝位传给李显。

神龙元年（705）正月二十五日，太子李显登基称帝，史称唐中宗。就在当日，李显颁布诏书，赦免武周时期遭到周兴、来俊臣等人迫害的朝臣和百姓，以及他们的家属；赦免被发配和没入官府为奴的皇族子弟；封相王李旦为安国相王，并加封为太尉、同中书门下平章事；封太平公主为镇国太平公主。

神龙元年（705）正月二十六日，武则天迁入上阳宫居住，李湛负责上阳宫警卫。

神龙元年（705）正月二十七日，李显为武则天上尊号为则天大圣皇帝。

做完了这一切，李显就要考虑功臣的封赏问题了。说白了，这帮人把脑袋拴在裤腰带上，说不为荣华富贵，那是不可能的。如果李显真的无动于衷，或者只是口头表扬他们忠君为国，高风亮节，人家恐怕立马就会把他轰下台去。

神龙元年（705）正月二十九日，李显下诏：

封崔玄暐为中书令。

封袁恕己为中书令。

封张柬之为兵部尚书、同中书门下平章事。

封敬晖为门下侍中。

封桓彦范为门下侍中。

封李多祚为辽东郡王。

封王同皎为右千牛将军，赐爵琅琊郡公。

封李湛为右羽林大将军，赐爵赵国公。

其余有功之臣，皆有封赏。

这道诏书非常有趣，张柬之明明是神龙政变的带头人，可李显给他的待遇却是兵部尚书，加了个同中书门下平章事的头衔，这才算是宰相。而崔玄暐、袁恕己两人毫无存在感，却担任位高权重的中书令，这究竟有什么猫腻？

神龙元年（705）二月初四，李显下诏，恢复大唐国号，郊庙、社稷、陵寝、百官、旗帜、服色、文字等都恢复唐高宗时期的旧制，神都改称东都，北都改称并州。

神龙元年（705）十一月二十六日，武则天在上阳宫驾崩，享年81岁。

临终之前，武则天留下遗诏：去掉帝王的称号，自称则天大圣皇后，赦免王皇后、萧淑妃、褚遂良、韩瑗、柳奭五族的全部亲属。

随着武则天的去世，在历史上存续十五年的武周王朝烟消云散。武则天是历史上最值得尊敬的皇帝之一，她有普通帝王难以企及的政治智慧和铁血手腕，难以想象，在名臣遍地的政治舞台，武则天可以顺利地登基称帝。

武则天也有绝大部分帝王不具有的仁善爱民之心，她的一生虽然功过参半，但唯独对老百姓，她始终问心无愧。武则天有着普通帝王难以拥有的广阔胸襟，在她的人生巅峰，可以将整个天下紧握在自己的手里，在她弥留之际，也可以为了天下生灵而从容放手。

时隔千年，我们依旧难以走近女皇，去窥探她内心复杂而丰富的世界，只有怀揣着对千古一帝的敬仰之心，静下心来慢慢感受她的遗世风华。

武三思趁乱崛起

唐中宗李显，唐朝第四位皇帝，弘道元年（683）至弘道二年（684）、神龙元年（705）至景云元年（710）两度在位。如果用两个词来概括李显，资质平庸和无能懦弱可能最合适不过。

神龙政变之后，李显被朝臣寄予厚望，尤其是张柬之、桓彦范等神龙政变的功臣们翘首以盼，希望李显能够将武家子弟轰出朝堂，重振大唐雄风。在张柬之等人看来，李显这二十年来吃的苦，全部拜武家的人所赐，既然做了皇帝，怎么能不把这份深仇大恨清算干净？

关于复仇，张柬之能这样想，是因为政治家的思维，李显不这样想，因为是邻家小哥哥的思维。这一次复出，李显不仅不记仇，而且还学会了感恩。

心灵鸡汤告诉我们，人一旦放下仇恨，学会了感恩，生活就会海阔天空。很遗憾，李显放下了仇恨，也让步了，可并没有换来海阔天空。因为他是皇帝，他需要政治智慧和帝王心术去平衡各方势力，而不是抱着邻家小哥哥的心态混日子，尤其是政局动荡的时候，更不能心慈手软，坐看云卷云舒，潮起潮落。

神龙政变后，复杂的政治局势，堪称一锅乱粥。

第一股势力：退位的武则天。

对李显来说，武则天有母亲和帝王两种身份。年幼的时候，李显亲眼见证了哥哥李贤被武则天逼迫致死的人伦惨剧，登基称帝后，武则天把持朝政，李显如同傀儡，后来又被驱逐到了房州。被贬房州期间，李显每一天都活得如履薄冰，他对武则天怀有深深的恐惧，也有一丝丝的愤恨。

苍天见怜，因为老妈想通了一些事，把他重新召了回来，最近的五年时间，武则天和李显的关系得到了缓和，李显重新感受到了母爱。李显曾经受过委屈，可当他站到权力的巅峰，对老妈的处境有了新的认识。这种认识滋生的感情，有遗留的恐惧，更多的是理解，以及维护和崇拜。

据史料记载，李显登基之后定了一个规矩，每隔十天，朝臣应该前往上阳宫参拜武则天一次，还屡次为她加封尊号，给予尊重和认可。武则天去世后，不少朝臣反对将她与唐高宗李治合葬，甚至有官员以凿开墓穴会打扰高宗皇帝为由，拒绝将武则天葬入乾陵，李显的态度非常坚决：母后必须和父皇葬在一起！

对于江山社稷，李显没有明确的执政思路，最稳妥的选择就是延续武则天的政策。因此，武则天的存在，基本决定了李显接下来的政治态度。

第二股势力：老婆韦后。

据史料记载，韦后堪称绝世佳人，自从嫁到太子宫，就得到了李显的恩宠，接连生下了长子李重润，以及永泰、永寿、长宁、安乐四位公主。遗憾的是，幸福的生活很快就被打破了，李显被贬到房州之后，内心极为恐惧，每逢有使者前来宣旨，李显就吓得腿肚子发软，甚至想通过自杀来结束这一切。

试想，一个对生活有着眷恋却又无法掌握命运的人，内心该有多么痛苦，每逢此时，韦后便会开解李显：福祸无常，大不了就是一死，何必那么紧张。

在房州生活的这段时间，李显和韦氏相互扶持，互相尊重，培养出了在患难和生死中才可以建立起的深厚情感。面对韦后，李显唯有感激和爱慕，温馨的场景和细心的照料让李显对生活又充满了希望，他曾经对韦氏说过：我们如果有幸能够重见天日，我会让你为所欲为，不加阻挠！

李显登基之后，立马封韦氏做了皇后，并且允许她过问朝政大事，下诏追封韦后的父亲韦玄贞为上洛王。放眼朝廷，韦后是李显最支持的一派，这种场景很像当年李治专宠武则天，而且有过之而无不及。

神龙政变之后，桓彦范等人屡次上书，希望李显能够重视外戚干政的惨痛教训，最终还是遭到了李显的无视。就这样，在李显毫无底线的放纵下，韦后找到了人生奋斗的新目标：成为婆婆武则天那样的人。

第三股势力：神龙政变的功臣。

神龙政变堪称李显称帝的绿色通道，按照一般的套路，李显应该对他们感恩戴德，提拔重用，甚至是言听计从。不过，前面已经说过，张柬之这帮人打着匡扶李唐的旗号，着实坑害了李显一把。

武则天明明已经病入膏肓，张柬之还想着发动兵变，他的政治心态，让人直冒冷汗啊。最要命的是，张柬之不动声色，瞬间就控制了禁卫军的大部分将领，而这一切全都是瞒着李显进行的！这究竟是忠君爱国，还是为自己捞政治资本，还是有其他的企图？

第四股势力：武三思。

大家可能很奇怪，武承嗣和李家的人斗法的时候，这位老兄去哪儿了。真相就是，武三思在闷头寻乐子，只有逼不得已的时候，才会出来冒个泡。武三思虽然没才华，可人却不傻，武家如果获得最后的胜利，也是魏王武承嗣去做太子，与其为他人做嫁衣，还不如远离这场风波，保全自己的性命。

武则天退居到长生殿后，武三思便逐渐淡出了朝臣们的视野，张柬之等人与张氏兄弟互相恶斗，包括后来发生神龙政变的时候，武三思如同隐形人。恐怕正是因为这个原因，李显才会把他忘记，神龙政变的功臣也选择对他网开一面。

第五股势力：相王李旦。

论身份，李旦是武则天的第四子，李显退位之后他也做过几年皇帝，后来才改封皇嗣。论专业素养，李旦是业余中的专业级，李显是业余中的业余级。

按理说，李旦才是武则天的继承人，而且李旦常年待在洛阳，和朝臣的关系都还不错。遗憾的是，当年契丹、突厥打着拥立庐陵王李显为太子的旗号，逼迫武则天将李显接了回来，鉴于当时的局势非常复杂，李旦主动找到武则天，希望能够剥夺他的皇嗣身份，立哥哥李显为皇太子，以安天下人心。

李旦的退出让李显非常感动，神龙政变中，李旦出力也很大，因此李显在登基之后并没有疑心弟弟的忠诚，可谓兄弟情深。

然而，李旦毕竟是武则天的亲儿子，曾经的大唐皇帝，身边也聚集了不少支持他的朝臣，比如姚崇、宋璟，而且膝下还有一众皇子，比如李隆基、李隆范。李旦的势力一直隐藏在水下，谁也不敢忽视他的存在。

第六股势力：太平公主。

太平公主就是翻版的武则天，对权力的欲望非常强烈，而且善用心计，手段老练。神龙政变，太平公主虽然不是核心成员，却也出力不少，李显登基之后，下诏封她为镇国太平公主，开府仪同三司，赐食五千户，还特旨让她遇到太子李重俊，以及众位公主的时候不必行礼，可谓恩宠冠绝唐朝的一众公主。

六股势力中，最先崛起的便是梁王武三思。

据史料记载，神龙政变后，洛州长史薛季昶、朝邑县尉刘幽求找过张柬之，声称张氏兄弟虽然身死神灭，但是梁王武三思还活着，如果不将他斩草除根，将来必定会大祸临头。然而，张柬之却信心满满地回答道："眼下大局已定，武三思只不过是砧板上的鱼肉，闹不出什么大事！"

张柬之觉得李家和武家是世代的仇敌，武则天去世，武家肯定会没落下去，就算他不收拾武三思，李显也会动手除之。张柬之可能不清楚，李显已经把他列为打击对象，而且接下来的朝局，没有人是掌控大局的执棋者，包括李显、韦后等人，全部是政治斗争中的棋子。

武三思的定位很清楚，自己就是一颗棋子，他不介意厚着脸皮捞个前程。当时，李显的后宫有位资深幕僚——上官婉儿，此女是昔日宰相上官仪的亲孙女，因为爷爷稀里糊涂做了傻事儿，上官婉儿也被牵连入宫，在掖庭宫做奴婢。

当然，掖庭宫不是人间地狱，在这里除了干活，大家都有私人空间，可以搞搞学习，吟诗作对什么的。上官婉儿气质出众，才华横溢，很快就脱颖而出，最终被武则天提拔为御用秘书。在宫中办差，自然少不了和武承嗣、武三思等人频繁接触，久而久之，大家的关系也就亲密了许多。

李显称帝之后，将42岁的上官婉儿封为正三品婕妤。不过，重获新生的上官婉儿并没有忘记武三思，二人也不知达成了什么交易，经过一番运作之后，武三思突然就成了韦后的座上宾。如果没有猜错，韦后利用武三思，恐怕是为了对付神龙政变的功臣。

然而，武三思毕竟是武家的中坚力量，李显虽然不会刻意打压他，可也不会轻易地接受和提拔他。为了让李显接受武三思，韦后也是花费了一番力气。据史料记载，韦后喜欢玩一种叫双陆的游戏，这种游戏以掷色子的方式来决定棋子行进的步数，先把棋子移动到棋盘之外的就是赢家。

不过，韦后说了，必须让武三思陪她一起玩！

游戏规则很简单，可游戏过程却很有趣。据说，韦后和武三思忘情投入，嬉笑怒骂，调情嬉戏，就连宫殿外面的人也可以听得很清楚。李显为了讨韦后的欢心，居然站在一旁给他们端茶倒水，忙得不亦乐乎。久而久之，李显开始慢慢接受武三思，并准许他可以随时出入后宫，还会将军国大事拿出来与他商议。

武三思咸鱼翻身，这让张柬之等人的神经开始紧张起来，他们找到李显，忧心忡忡的劝诫道："陛下啊，武皇改唐立周的时候，李唐宗室被诛杀殆尽，多亏天地神灵的庇佑，陛下才又重登帝位。事到如今，武家子弟还是和往常一样身居高位，希望陛下能够剥夺他们的官爵，以安人心啊！"

一副老成谋国之言，可李显却选择了沉默不语。是啊，他不知道该如何告诉张柬之等人，神龙政变的功臣才是他心里最深的恐惧！

神龙元年（705）二月十六日，李显突然颁布诏书：加封太子宾客、梁王武三思为司空、同中书门下平章事。神龙元年（705）二月十七日，加封右散骑常侍武攸暨为司徒。

这道诏书来得太突然，就连武三思、武攸暨也有点蒙。然而，相王李旦却看出了其中的猫腻，他不想坐看武氏家族重新获得权势，也不想卷入新的政治旋涡中，因此决定以退为进，逼迫李显收回成命。

神龙元年（705）二月二十一日，相王李旦上书朝廷，请求辞去太尉和宰相之职。

李显的智商有点儿不够用了，面对李旦的辞职请求，他误以为弟弟是嫌弃官职不够高，因此改封他为皇太弟。在历史上，皇太弟、皇太子、皇太叔都是皇位继承人的另一种说法，诏书刚刚颁布，朝臣们便开始坐不住了。李显膝下有好几个皇子，封李旦做皇太弟，置他们于何地！这不是没事找事吗？

最忧伤的不是群臣，而是武三思叔侄，他们选择重出江湖，只不过为了捞个大官做做。然而，按照眼下的局势发展下去，朝臣们非得再掀起一波反对武氏家族的浪潮，这并非他们的初衷。

神龙元年（705）二月二十七日，武三思和武攸暨同时上书朝廷，请求李显收回任命，李显思虑再三之后，这才改封为开府仪同三司。

武氏家族和神龙政变功臣的交锋，考验着唐中宗李显的智慧。从李显改封武三思的行为来看，他眼下不想得罪任何一方势力。

神龙元年（705）五月，李显下诏：赐给张柬之、桓彦范、武攸暨、武三思、郑普思等十六位功臣丹书铁券，承诺他们只要不犯谋反和谋逆大罪，可以免除十次死罪。

武三思太高兴了，他最怕别人针对他，有了丹书铁券，至少性命无忧啊。可桓彦范、敬晖等人却很不爽，我们好歹是神龙政变的功臣，武三思算个什么东西，还有郑普思又是哪里冒出来的生物，凭什么有资格和他们平起平坐？更要命的是，政变功臣发现了，李显就是在和稀泥，打算让武家子弟长久地盘踞在朝堂之上，这是他们最不愿意看到的事情。

神龙元年（705）五月十五日，敬晖等人拉着文武百官一起给李显施加压力，希望削去武三思等人的王爵，以此安定民心。

李显严词拒绝。

敬晖等人害怕武三思背地里搞小动作，于是安排吏部考功员外郎崔湜去接近武三思，随时掌握他的动向。据史料记载，崔湜出身博陵崔氏，父亲是户部尚书崔挹（yì），爷爷曾经做过中书侍郎，是根正苗红的官二代，颇有政治智慧。

崔湜做了个大胆猜测：李显提拔武三思，背后其实是不太信任神龙政变的功臣。为了自己的前途考虑，崔湜主动将自己的卧底身份透漏给武三思，并表示愿意为梁王效劳，作为回报，武三思立刻奏请李显，将崔湜提拔为中书舍人。

就在此时，梁王府来了一位不速之客，此人名叫郑愔。这位老兄是以诗文起家，可就是对官场感兴趣，他投靠过来俊臣，结果来俊臣被杀了，后来又投靠了张氏兄弟，结果他们又被杀了，后来投靠了武三思和韦后，结果这两人也不得善终，他还投靠了谯王李重茂，结果李重茂也是身败名裂。

还是说回来吧，神龙政变之后，郑愔被贬到外地，后来又犯了贪污受贿罪，成了朝廷的通缉犯。门子来报访客信息的时候，武三思的第一反应就是嫌弃，觉得这家伙是来骗吃骗喝的。如果是正直的大臣，肯定会把郑愔缉拿归案，可武三思偏偏反其道而行之，把郑愔放了进来。

武三思高高在上，审视着郑愔，满脸鄙夷。

郑愔明白了，如果不把武三思给镇住，接下来的对话是不会有任何公平可言的。于是，他仰天长啸，一副世外高人、遗世独立的模样。

武三思："郑愔，你今天来这里，就是为了发笑吗？"

郑愔："可怜的梁王殿下啊，您虽然备受皇帝的宠信，可张柬之、敬晖、桓彦范、崔玄暐和袁恕己等人毕竟是宰相，手中又握有军权，如果心生诛灭您的念头，他们未尝不可再发动一次兵变啊！"

话说得很没有营养，可还是切中了武三思的要害。这些道理武三思都懂，问题是如何去化解这场危难啊！武三思的脑子飞快地运转，最终决定收编这个无家可归的流浪汉。成为武三思的智囊之后，郑愔还真提出了一些建设性的意见。

事后，武三思联合韦后，屡次在李显面前诋毁敬晖、桓彦范等禁卫军将领，声称他们仗着神龙政变的功劳，把持朝政，居心叵测！

李显："可他们毕竟是功臣，朕如何能剥夺他们的权力？"

武三思："陛下，既然是功臣，就应该论功行赏！"

李显："什么意思？"

武三思："给他们封王爵，同时剥夺现任官职，这样一来既可以堵住悠悠之口，也解除了他们对朝廷的威胁！"

神龙元年（705）五月十六日，李显下诏：封敬晖为平阳郡王，桓彦范为扶阳郡王，张柬之为汉阳郡王，袁恕己为南阳郡王，崔玄暐为博陵郡王，罢知政事，赐他们金帛鞍马，每月初一、十五的时候，这帮人才有机会朝见天子。

神龙政变的功臣没了实权，自然对武三思等人构不成威胁，对韦后也再无威胁。韦后的城府极深，她的终极目标是效法武则天，夺取李唐的最高权柄，如果有可能，她并不介意过一回皇帝的瘾！在韦后的眼里，武三思只不过是一条忠实的走狗，对付神龙政变功臣的马前卒而已。

上官婉儿看出了韦后的心思，她主动讨好韦后，希望能趁此机会打压武三思等人，同时也可以收买人心，让天下人对她另眼相看。

随后，韦后找到了李显，说道："陛下，咱大唐皇室不能光想着自己，还是得多给百姓点福利，比如规定全国百姓一律为被父亲休弃的母亲服丧三年；百姓 23 岁才算成丁，到 59 岁就免除劳役！"

李显毫不犹豫地答应了韦后的请求。

神龙元年（705）五月二十五日，李显再度下诏：封梁王武三思为德静县王，定王武攸暨降为乐寿县王，将河内王武懿宗等十二人降封为公爵。

无缘无故地撸官，就是这么彪悍。

韦后就是变相地警告武三思：张柬之、桓彦范等人拼了性命也没做到的事，我只需要一句话就可以办到！你武三思再怎么得宠，也比不过我韦后！

此时，张柬之等人虽然被封为王爵，却依旧在李显的眼前晃悠，韦后自然不敢放松警惕，因此时刻在寻找机会给予致命一击。

神龙政变功臣：猜到了结局，却没想到过程这么惨

巧的是，就在此时发生了“王同皎阴谋政变案”。

王同皎，神龙政变的功臣之一，安定公主的驸马都尉、银青光禄大夫、光禄卿，也是敬晖等人的好兄弟，坚决的反武斗士。

王同皎为人忠正耿直，对朋友讲义气，人缘一直不错。神龙政变后，王同皎逐渐淡出了权力圈，以武三思和韦后为首的专政势力死灰复燃，不光窃取了神龙政变的胜利果实，还将张柬之、敬晖等人排挤出了中央朝廷。

王同皎十分气愤，他找来了张仲之、祖延庆、周憬、李悛、冉祖雍等人，想趁给武则天下葬的机会，埋伏弓箭手弄死武三思。然而，这番密谋很快就被泄露了，出卖王同皎的，正是著名诗人宋之问和他的弟弟宋之逊。

据史料记载，宋氏兄弟才华横溢，本可以在诗坛大放异彩，留名青史，可却迷上了做官，张昌宗得势的时候，宋之问写了不少酸诗讨好他，因此备受重用。张氏兄弟被杀后，宋氏兄弟遭受牵连，被流放到岭南，然而他们心有不甘，于是偷偷潜回洛阳，投奔到王同皎的府中。

王同皎是个讲义气的人，念在昔日的旧情，收留了兄弟二人。可他没想到，自己家中正在上演“农夫与蛇”的悲惨故事。宋之问的人品本来就有问题，一心钻营为官，没有丝毫底线，他看到武三思红得发紫，因此想着背叛王同皎，只不过找不到门路，没有机会接近武三思而已。

有一天，脾气耿直的王同皎在家里大发牢骚，咒骂武三思和韦后狼狈为奸，刚好被宋之逊的儿子宋昙听到，宋之逊二话不说，直接指使宋昙和他的外甥李悛前往武三

思府中禀报此事，以此来求得武三思的信任。

就在此时，王同皎的小伙伴，抚州司仓冉祖雍也因为担惊受怕，主动将他们密谋的事情举报给了武三思。真可谓出师未捷人先崩，长使同皎血满襟啊。

武三思笑了，呵呵，居然想用弓箭射杀我，真的是脑洞大开啊。

武三思："李悛、冉祖雍，你们真的想投靠我？"

李悛："至死不渝！"

武三思："那好，你们就上书皇帝，控告王同皎、张仲之、祖延庆、周憬等人暗中收买死士，准备趁则天皇后下葬之机，谋杀朝廷重臣。"

李悛："没毛病！"

武三思："对了，再加一条！他们还想带兵闯入皇宫，废掉韦皇后！"

人，总有别人不能触碰的底线。对李显来说，一是皇权，二是韦后，有时候韦后甚至要重于皇权！

李显十分震怒，当即批捕涉案官员，并指派御史大夫李承嘉和监察御史姚绍之为主审，杨再思、李峤和韦巨源三位重臣监审。

王同皎暗骂武三思和韦后是事实，谋反，也就成了情理之中的事。几天之后，王同皎、张仲之等人便因为涉嫌谋反而被杀，宋之问、宋之逊、宋昙、李悛、冉祖雍等人因为依附武三思，纷纷得到提拔重用。

王同皎一案让武三思和韦后如坐针毡，这帮功臣虽然被剥夺了兵权，但他们在朝中经营了多年，手下势力盘根错节，稍有不慎就会受其害。为此，武三思和韦后找到李显，声称王同皎伙同江湖人士暗害朝中元勋，敬晖、桓彦范、张柬之、袁恕己和崔玄暐等人绝对脱不了干系，请求给他们治罪。

不久，李显便给政变的功臣安排了新的去处：

敬晖：郎州（今贵州省遵义市）刺史。

崔玄暐：均州（今湖北省丹江口市）刺史。

桓彦范：亳州（今安徽省亳州市）刺史。

袁恕己：郢州（今湖北省鄂州市）刺史。

同时被贬的，还有神龙政变的大批非核心成员。

两个月之后，武三思再次以王同皎案为由，贬敬晖为崖州（今海南省三亚市）司马，桓彦范为泷州（今广东省云浮市罗定市）司马，张柬之为新州（今广东省云浮市新兴县）司马，袁恕己为窦州（今广东省茂名市信宜市）司马，崔玄暐为白州（今广西玉林市博白县）司马。

天涯有多远，就把你们贬多远，还没到天涯海角，我就继续贬。

事实上，武三思曾经奏请过李显，希望能处死神龙政变的功臣，却遭到了李显的拒绝。一来，张柬之等人罪不至死，贸然将他们处死，背锅的是李显自己，二来，李显曾经赐给他们丹书铁券，这帮兄弟有十次免死的机会。

没有谋反的重罪，就不能处死这帮人？

好吧，那就给你安个谋反逆天的罪名。

神龙二年（706）七月，金秋时节，洛阳城南天津桥，不少百姓站在围墙下面观赏着什么东西，有人窃窃私语，有人谩骂鄙视，更多的人则是在细细品味。这是一张大字报，上面爆料了韦皇后的一些丑事，至于是哪些丑事，史书并没有明说。如果所猜不错，应该是韦皇后和情夫通奸的事情。据史料记载，这些大字报正是武三思派人贴的，目的就是把屎盆子扣到政变功臣的头上，彻底激怒李显。

很快，这件事就成了洛阳城的头条新闻。

洛阳宫内，李显勃然大怒。很显然，他不太愿意相信头顶的绿光，直觉告诉他，一定有人在背后捣鬼。那个，御史大夫李承嘉，你去帮朕调查一下吧！

有唐一朝，御史大夫是出场率最高的官员。不管是朝廷大案，还是官员们扯皮闹事，御史大夫肯定要出马，如今连情色新闻也归他们管了。管什么事其实不重要，重要的是你是谁的心腹，站在谁的立场啊。

比如李承嘉，武三思家中的常客。他带着手下在洛阳城转了一圈，随后汇报道：大字报是张柬之、桓彦范、敬晖、袁恕己和崔玄暐等人的亲信所贴，上面虽然是请求陛下废黜皇后，实际上是谋反之举！

言外之意，张柬之等人犯了死罪，免死铁券也不管用！

消息一出，举朝哗然。以大理寺丞李朝隐为首的人认为，这件事很蹊跷，按照正常的流程，必须由御史台审问，等犯人羁押到堂，最终才能定案。可武三思的党羽却认为，谋反就是谋反，这帮人就是该杀。

李显虽然懦弱无能，却并非残忍嗜杀的暴君，面对武三思的步步紧逼，李显最终做出了判决：流放张柬之等人！对武三思来说，事情闹到这个地步，想借李显之手除掉张柬之等人已经是奢望了，最好的办法就是自己动手。

中书舍人崔湜向武三思进言："桓彦范、敬晖等人虽然被贬，可毕竟还存在翻身的可能，不如假传皇帝圣旨，派遣使者前去将他们诛杀！"

武三思："满朝文武大臣，谁可以行此事？"

崔湜："我看大理寺的周利贞就可以，这位老兄曾经被敬晖贬为嘉州司马，派他出马，一个顶俩儿！"

武三思："让周利贞担任侍御史，派他去执行此事吧！"

武三思很享受这种运筹帷幄、指点江山的感觉，轻飘飘的一句话，就可以定格敌人的生死命运。运作复出，不就是为了如今的权势吗？

随后，周利贞轻装简行，奔赴岭南等地，俨然一个超酷的职业特工，实施着自己的伟大报复计划。事实上，张柬之和崔玄暐二人年事已高，在被贬的途中相继去世，根本不劳周利贞动手。

少了两个刺杀对象，周利贞总感觉自己有些亏得慌，不想自己白跑一趟。在贵州，周利贞遇到了桓彦范，他命人准备了一堆树枝，上面布满了倒刺，随后将赤身裸体的桓彦范放在树枝上拖着行走，直到血肉模糊，骨头外露，奄奄一息之时，周利贞才将桓彦范杀死。

至于袁恕己，死法就很"文明"了。

周利贞知道袁恕己很喜欢服食丹药，于是准备了一碗野葛汁。野葛是剧毒的草，又名"钩吻"，服用下去会感到喉咙如铁钩在刺，剧痛无比。据说，袁恕己被灌下毒汁之后，身体疼痛难耐，只好用双手扒泥，直到指甲全部被磨破，周利贞才用棍棒将他活活打死。

最惨的当属敬晖，为报当年被贬之仇，周利贞将他活剐至死。

直到此时，神龙政变的核心功臣被彻底铲除。

几个月的斗争，让武三思麾下聚集了不少势力。比如兵部尚书宗楚客、将作大匠宗晋卿、太府卿纪处讷、鸿胪卿甘元柬，以及被时人称为“五狗”的御史中丞周利贞、侍御史冉祖雍、太仆丞李俊、光禄丞宋之逊、监察御史姚绍之。

对政客来说，最欣慰的莫过于政敌全死，自己人全在。有一次内部聚会，武三思公然咆哮道：“老子不知道世间谁是好人，谁是坏人，只知道我喜欢的就是好人，我不喜欢的就是坏人！”看来，古人早就为我们制定了好人和坏人的标准。

景龙政变：自寻死路的太子

神龙政变的功臣被杀，是许多人乐于看到的结果。

客观地说，李显资质太过平庸，完全不适合当皇帝。

作为帝王，首先要考虑的难道不是谁会抢他的皇位吗？

太平公主可以抢，相王李旦可以抢，甚至韦后也可以效法武则天，唯独张柬之等功臣不会，然而在这场政治斗争中，他们却成了第一波出局的人！

李显的无能与懦弱，将自己完全置于危险之中。

如果说武三思的目标是掌握外朝的大权，那么以韦皇后为首的势力则是要将李显驱逐下台，掌握至高无上的皇权。

李显膝下一共有四个儿子：

长子李重润，李显和韦后的嫡长子，因为和异母妹妹李仙惠、妹夫武延基议论武则天的私生活被杖杀，年仅19岁，被追封为懿德太子。

次子李重福，李显的庶子。神龙政变之后，韦后在李显面前进言，声称当年懿德太子李重润被杀，正是李重福和张易之兄弟合谋的结果。李显大怒之下，将他贬到外地，并派人将他监视起来。

三子李重俊，李显的庶子，生性聪颖果决，却有点儿叛逆，李显登基之后将他封为皇太子，是皇位的法定继承人。

四子李重茂，年仅10岁，生母不详。

韦后如果想夺权，太子李重俊便是最大的障碍。

据史料记载，李重俊生母的身份非常低微，而且很早就去世了。缺少了母亲的关爱，李重俊的成长过程充满了叛逆，李显又给他安排了杨璬（jiǎo）、武崇训两个女婿做老师。这两位老兄别的本事没有，蹴鞠倒是一流水平，时间长了，李重俊几乎就成了一个废人。

按理说，李重俊几乎是李显的独苗，如果没有韦后等人抢着做皇帝这回事儿，他的生存毫无压力。很可惜，韦后、皇室的一帮公主都盯着李显屁股下的位置，更别说隐藏在暗处的宗室成员！张柬之等人倒台之后，李重俊的日子也开始不好过了。

李显有个女儿叫李裹儿（685—710），封号安乐公主，后来嫁给了武三思的儿子武崇训，年仅 21 岁。据说，安乐公主是早产儿，出生的时候刚好碰到李显被贬房州的路上，由于出生突然，李显只好脱下自己的衣裳，把这位苦难的女儿包裹起来，所以才给她取名李裹儿。

十多岁的时候，李裹儿出落成一位气质出众、人见人爱的绝世小美女，李显和韦后几乎是把她捧在手心里养育。时间长了，李裹儿就变成了骄横跋扈、性格乖张的叛逆少女。当时，李裹儿和武三思的儿子武崇训初尝禁果，结果把肚子给搞大了，李显不得不将安乐公主下嫁给武崇训。

还是小姑娘的时候，李裹儿整天想的是如何玩乐，可当她长大了，走到了权力的中心，想法就开始变化了。

在老爹的放纵下，安乐公主府直接变成了买官卖官的交易场所。安乐公主将朝廷的官职分为几个等级，按照不同的等级定价，不管是屠夫酒肆之徒，还是为他人当奴婢的，只要纳钱三十万，便由她去找李显授官，公开兜售，童叟无欺。

至于李显为什么会同意，那就更荒谬了！安乐公主常常自己写下诏书，然后进宫给李显请安，每当李显心情大好的时候，安乐公主便会用手掩住诏书上的文字，然后让李显在诏书上署名用印。

安乐公主提拔这么多朝臣，自然不是为了赚钱。

武则天统治时期，皇位更迭频繁，政治斗争数不胜数。幼稚的安乐公主便形成了一种错觉：皇帝轮流做，今年该到我。她对皇权带来的荣耀和权势产生了不可抗拒的迷恋，人生最大的目标就是效仿武则天，做第二位女皇帝。

为此，安乐公主屡次在李显的面前说太子李重俊的坏话，声称他能力平平，出身卑微，根本就没资格做未来的国君。

李显：“那你想怎么办？”

安乐公主：“父皇，要不您就立我为皇太女，把帝位传给我吧！”

这是个疯狂的想法，李显不置可否。事实上，安乐公主自己想做皇帝，丈夫武崇训也说了不少推波助澜的话，至于武崇训的背后是谁，大家都知道的。

在争夺皇权的路上，安乐公主、韦后、武三思等人统一了阵线，他们只要逮着机会，就会贬低李重俊，还在公开场合嘲笑李重俊的出身，称呼他为“奴”。

李重俊为人聪颖，也见惯了宫中的权力斗争，他已经预感到，武三思和韦后的攻守联盟一定会瓦解李显的意志，取得最后的胜利。直觉告诉他，如果再这样等下去，只有死路一条，既然这样，还不如奋起反抗呢！

思谋已久，李重俊决定拉拢三个人。

第一个人：左羽林卫大将军李多祚。

这位老兄虽说是神龙政变的功臣，可他是少数民族将领，又在禁卫军混了将近三十年，势力错综复杂，李显还没来得及动他。不过，自从张柬之等人被杀，李多祚也变得心神不宁，时刻担心皇帝会找他的晦气。当李重俊主动示好的时候，李多祚想也没想，直接就答应了，而且还拉上了羽林将军李思冲、李承况、独孤祎之、沙吒忠义等人。对他们来说，兵变是老本行，轻车熟路，毫无风险。

第二个人：成王李千里。

这位老兄是吴王李恪的嫡长子，后来被发配到岭南。武周时期，李千里得到了武则天的起用，担任过许多州的刺史。在李唐宗室惨遭屠戮的时候，李千里能够岿然不动，就靠两个本事：不掺和政务，所有工作全部交给下属；自己没事儿就去旅游，收集治下州县的奇珍异宝，然后运送到洛阳交给武则天！

武则天的亲信是这样评价他的：浪荡公子，就知道玩乐，而且神经大条，看起来有点傻乎乎的，没有特殊的才能，更没有野心。

有了官方评价，李千里毫无生存压力，后来一直做到左金吾大将军的位置，堪称宗室的奇迹。李千里心里清楚，身为李唐宗室，他有自己的人生追求。比如，让李家的人做皇帝，自己享受荣华富贵。

然而，中宗一朝，韦后、安乐公主大有效仿武则天的趋势，李千里想了想，如果这种事情真的发生，朝野恐怕会再掀一波屠杀宗室的运动。面对李重俊正义的诱惑，李千里毅然投奔，丝毫不悔！

第三个人：宰相魏元忠。

魏元忠经历了幻海浮沉，可始终没有放弃职业信仰，那就是一朝权在手，谁也夺不走！他忠于李唐皇室，顶撞过武则天，也顶撞过张氏兄弟，前段时间还指责安乐公主想做皇太女的疯狂想法。武周一朝，魏元忠熬死了一大批宰相，可没想到在中宗一朝，可恶的武三思居然崛起了，这如何能忍？

当时，李显和朝臣已经回到长安，故事要从长安说起。

不得不说，造反是个危险活儿，很容易掉脑袋。可是李多祚颇有心得啊，他认为兵不在多，在于出其不意。景龙元年（707）七月初六，李重俊等人来到了羽林卫千骑兵营，以皇帝的名义，征调了三百名禁卫军，这就是他们造反的全部资本！

就在当天，李重俊和李多祚把三百名将士化整为零，避开了长安城各城门的守卫，径直来到了武三思的府外。据史料记载，武三思和武崇训等人正在府中饮酒作乐，根本就不会想到会有一支敢死队来要自己的命。

李多祚：冲进去，取武三思等人的首级！

时间真的很宝贵，将士们进入大堂之后就将武三思、武崇训等人砍翻在地。随后，李重俊等人带着士兵来到了太极宫。史书没有记载兵变的详细过程，不过根据太极宫的复原图，可以重现一下当时入宫的路线。

太极宫分为外朝和内朝两大块，以东西向的朱明门街相隔，街的南边是外朝，街的北边是内朝，横街除了朱明门外，东边是虔化门，西边是肃章门。

外朝分为承天门和太极殿。

承天门区域是元旦、冬至等重大节日举办庆贺的地方，外国使臣前来朝贡，举办国际交流活动，都是在承天门。承天门外，分布着尚书省、六部、鸿胪寺、宗正寺、太常寺等政府机构。

由南向北，穿过承天门依次是嘉德门、太极门、太极殿。嘉德门是太极殿的宫门，太极门是太极殿的殿门，而太极殿则是太极宫最核心的地方，堪称权力中心的中心。每逢初一和十五，皇帝都会在太极殿举办正式的听政大会，朝中大臣齐聚一堂，各抒己见，场面非常隆重。太极殿前的两侧，分布着门下省、中书省、史官等重要的机构，方便君臣随时见面。

内朝分为两仪殿和甘露殿。

两仪殿也是皇帝办公的地方，不过这里主要接待李唐宗室、朝中重臣，由于是非正式的办公场合，这里的氛围更加轻松。有时候，皇帝还会在两仪殿举办宴会，邀请五品以上的大臣吃喝玩乐。

甘露殿相当于皇帝的私人俱乐部，基本不承担办公的职能。

李重俊手下有三百名士兵，究竟是如何入宫的，史书没有详细记载。如果所料不错，应该是从东边的太子宫直接破掉上锁的宫门，然后快速行进到分割内朝和外朝的横街，这样就不会遭遇到太极宫南门和北门的禁卫军。

入宫之后，政变军兵分两路。

第一路：由李千里和他的儿子李禧率领，直接穿过太极殿到达殿门广场，从左边的左延明门杀到中书省和门下省，打算控制朝臣。

但是，宗楚客和纪处讷似乎早就察觉了他们的阴谋，因此调派了两千名南衙禁军驻守在太极殿外。更诡异的是，李千里只有百十来号人，而官军有两千人，结果双方对峙了很长一段时间，直到玄武门的乱局结束，李千里才被宗楚客杀死。

第二路，由李重俊和李多祚率领，由横街的肃章门进入内朝。

李重俊动手的时候，南、北禁军根本毫不知情。

说白了，政变军只要找到李显、韦后等人，然后一刀剁了他们，历史就会彻底被改写。那一刻，老天爷确实给了这个悲摧太子很好的机会。遗憾的是，当李重俊进入内朝之后，他居然迷茫了，究竟是杀了父皇李显，直接夺取皇位，还是诛杀韦后、安乐公主等人，然后胁迫李显做出让步？

这是个艰难的选择。

任何政变，只要有父子人伦、个人情感的掺杂，成功率就会大大下降，这是不容置疑的事实。当时，将士们在内朝大声呼喊，声势震天，唯独不知道接下来该做什么。时间正在流逝，将士们的情绪也开始焦急了起来。

这时，李重俊突然喊道：擒杀上官婉儿。

李重俊发动政变，可是冒着天大的危险，关键时刻不去诛杀皇帝，却要擒杀一个中年妇女，这不是和将士们开玩笑吗？政变军将士听完李重俊的发言之后，确实有点蒙，但是转念一想，还是得听调遣。于是，擒杀上官婉儿便成为禁卫军将士的口号。

此时，上官婉儿正在宫中休息，听到外面大声喧哗，心惊不已，派人打听之下才知道，原来是太子李重俊发动了军事政变，而且是打着诛杀她的旗号。一股恶寒顿时袭上了心头，人为刀俎，我为鱼肉啊，如果束手就擒，等待她的只有死路一条。没人愿意找死，多年的斗争经验告诉他，如果世上还有人能保得住她，那一定是皇帝李显，还有韦后！

正值宫内大乱之际，上官婉儿跑到了李显的宫殿门口，大声嚷嚷道："太子李重俊发动政变，说是要杀韦后和陛下！"

那一刻，李显有点崩溃了，他确实没想到，李重俊会有胆量造反，而且是以军事政变的形式！难道政变已经搞成习惯了？李显不知道有多少将士入宫，也不知道李重俊的真实目的，他就知道一条：必须先逃命。

由于叫喊的声音是从南边传来的，李显的第一反应就是前往北边的玄武门，因为那里驻扎了几百名北衙禁军。很快，李显就带着韦后、安乐公主和上官婉儿等人爬上了玄武门的门楼，右羽林大将军刘景仁刚好在值班，李显让他带着仅有的一百名羽林飞骑扼守在门楼之下，等待援军的到来。

客观地说，李重俊的政变需要争分夺秒，因为他们只有三百人，如果时间拖长了，玄武门外的驻军赶到，就不可能再有取胜的机会。据史料记载，李显刚刚爬上门楼，李重俊等人就赶到了，双方对峙在玄武门之下。

对峙？不错，就是对峙，而不是厮杀。

当时的场景很诡异，李重俊和李多祚没有选择鱼死网破，也没有束手就擒的意思，看起来，很像是拿着军队做筹码，想找李显和谈。

古往今来，军事政变都有一套政变的标准流程。比如，李显应该登高一呼，问明李重俊和李多祚的来意，然后给他们辩白的机会，如果双方都不满意，大家就直接开打。事实上，李重俊和李多祚确实在等待这个机会，他们只不过想把自己的委屈讲出来，再求得李显的原谅，顺道弄死上官婉儿。

当然，能够把韦后一起弄死，李重俊肯定会举双手赞成。

有趣的是，李显并没有按照套路出牌。他是个胆小的人，处变不惊，雷霆不动什么的，他完全没概念。更何况，他对军事政变有心理阴影，他心里想的就是如何快速平息这场叛乱。

李显身边有个名叫杨思勖的太监，这位老兄是个武林高手，他看穿了李显的心思，于是主动请缨，希望能杀一杀叛军的士气。

李显颇为好奇："如何杀？"

杨思勖："单挑。"

李显惊愕万分："单……单挑？"

杨思勖："是的，单挑。"

历史很有趣吧，一场皇帝和太子的军事对峙，莫名其妙变成了武力单挑，在势均力敌的擂台上，单挑的胜负直接决定了双方的士气，也决定了一个帝国最高权力的归属！

李重俊派出了李多祚的女婿，羽林卫中郎将野呼利。

李重俊信心满满，只等野呼利拿下杨思勖，便可以立即改变场面上的颓势。然而，几个回合过后，杨思勖便提头在手，震惊全场！

此时，李显露出了难以察觉的笑容，他分开人群走了出来，扶着门楼上的栏杆，恢复了帝王的尊严和气质："你们这些人都是朕的卫士，为什么要跟着李多祚谋反呢！如果你们能杀了他们，不必担心没有荣华富贵！"

这就悲摧了，打又打不过，说也说不过，政变军的士气一片低迷，将士们拿武器的手都已经在发抖了。尤其是李显的一番话，击溃了将士们最后一丝斗志。

李重俊发现势头有些不对，当即选择夺路而逃，双方就这样混战在了一起。当时，李多祚、李思冲、李承况、独孤祎之、沙吒忠义等人当场被杀，李重俊在亲信的护卫下顺利突围，向终南山方向逃奔而去。由于李重俊的部下并没有全部配备战马，等到终南山的时候，身边就剩下几个人。

自古以来，太子谋反就没什么好下场，李重俊虽然逃出生天，可举目四望，哪里有他的容身之处？无奈、疲惫和失落充斥着李重俊的心头。李重俊率先下马，准备找棵树靠着休息一下，然而死神却在慢慢向他靠近。

李重俊的手下来自禁卫军，和李重俊根本没什么交情，他们跟着造反，就是想搞政治投机，看到李重俊没有翻身的可能，也就生出了背叛之心。李重俊熟睡之际，几个士兵联手将他捆绑起来，随后砍掉脑袋送往了长安。

一颗血淋淋的太子首级，一批高级将领的性命，便是这场政变的最终结局。李显看到李重俊狰狞的面孔时，显得非常愤怒，也很无奈。他命人将首级送往太庙告罪，随后又放到武三思、武崇训的灵柩前祭奠，最后悬首于朝堂。

由于这一年改元景龙，所以这次政变史称景龙政变。

事情并没有完。李显下诏，将成王李千里的姓氏改为蝮，将他的党羽批捕斩杀。凡是政变军经过的宫门，守军全部流放！加封杨思勖为银青光禄大夫，至于死去的武三思，李显加封他为太尉、梁宣王，武崇训为鲁忠王。

当时，负责调查李重俊余党的是御史大夫苏珦，令他没想到的是，竟然有犯人主动举报，说相王李旦也参与了政变，只不过躲在幕后。听闻此言，苏珦吓得大汗淋漓，赶紧将这个消息上报给皇帝李显，并极力为相王申辩，李显也不相信李旦会谋反，于是秘密叫停了追查程序，以免把这个弟弟牵连进来。

然而，树欲静而风不止啊。

韦后、安乐公主想做皇帝，就必须搬掉绊脚石，李重俊算一个，李旦、太平公主自然也算。李显不想再追究，可安乐公主、宗楚客等人却日夜谋划，并唆使侍御史冉祖雍上奏，诬陷李旦、太平公主意图谋反，必须调查。

真理有它的市场，可谣言也有它的市场，说的人少，谣言就是谣言，说的人多了，谣言就变成了真理，至少表面上是这样的。对李显来说，李旦是亲兄弟，可安乐公主却是亲闺女，究竟相信谁，这就不用多说了吧。

李显：萧至忠，就由你去审理此案吧。

萧至忠出身兰陵萧氏，颇有身份，后来投靠了武三思，政治斗争的事儿没少干，最后被提拔为吏部侍郎、御史中丞。萧至忠的审理结果，至少在一定程度上可以决定李旦接下来的命运。

很多人都会想，萧至忠是武三思的人，对付李旦符合他的政治立场。可有一点我们要明白，萧至忠是政治家，站队是他的天生本能。不管怎么说，他都不会和一个死透的人站在一起吧？图啥？对萧至忠来说，最好的选择其实是把过去统统归零，重新审视目前的政治格局。

相王府，太平公主府，还是韦后和安乐公主？

别的不说，韦后能得势，无非仗着李显的宠爱和放纵，要说政治智慧，战略眼光，韦后属于下三流的水平，别说和武则天比，就连太平公主也赶不上！至于安乐公主，那只是个被宠坏的孩子，迟早要被人收拾。

相王，总给人一种神秘感，似乎对所有事情都没兴趣。老妈要做皇帝，那就给她做，老哥要做皇帝，那就给他做。在外人看来，这位老兄有点懦弱无能，可细细想来，这就是乱世生存的智慧，这种人活的时间往往最长啊。

太平公主，她就是恐怖的政治存在。从武周一朝就在扶持自己的势力，朝野上下有多少人投靠了太平公主，连她自己都不知道。至于财力，如果要搞个排行榜，绝对是高居榜首的实力。有钱、有人、有智慧，堪称优质老板啊！

萧至忠并没有去调查，他直接找到李显，跪在地上哭诉道：“陛下拥有整个天下，可谓富贵之极，难道还要让人罗织罪名，将弟弟和妹妹陷害至死吗？相王做太子的时候，曾坚决请求先皇将天下让给陛下，为此还多日吃不下饭，这是天下臣民都知道的事情！陛下为何仅凭冉祖雍的一句话就怀疑相王呢？”

李显：“萧爱卿，相王被诬告一事，暂且作罢！”

按照皇权斗争的逻辑，相王李旦确实是李显最大的对手，放在其他的皇帝身上，要么弄死李旦，要么让他翻不了身。然而，李显不一样。

首先，李显和李旦是亲兄弟，做过皇帝，又被撸下皇位，又在老妈的淫威下委曲求全过，人生经历几乎是相似的。李显对李旦有惺惺相惜的意思。

其次，李显不是傻瓜，他有四个儿子，一个早死，一个被杀，一个被贬，还有个幼子毫无存在感。如果再掀起一波自相残杀，李显身后就真的没人能继承皇位了，斗死了自家人，再把皇位留给旁人，这样的生意很划算？

再次，李旦、太平公主没有大罪，李显如果强行下手，朝臣是什么态度？李旦和太平公主能坐以待毙？等待李显的，恐怕是另一场腥风血雨，李显经历了太多的政变，他厌倦皇室内斗，更厌倦给自己找麻烦。

最后，李显做皇帝之后，曾经派了一支禁卫军前往相王府，十步一岗，带武器警戒巡逻，名义上是保护相王府，实际上却暗含监视之意。然而，李旦辞让太子之位是真心的，他也不想参与斗争。李旦的原则很简单：深居简出，不与朝臣私下来往，也不培植势力。李显观察了一段时间，彻底相信了李旦。

客观地说，李旦是有大智慧的人。面对强势的武则天，他甘愿交出皇权，保全自己的性命，等待东山再起的机会。

当突厥和国内舆论纷纷支持庐陵王李显回归的时候，李旦又心甘情愿地交出太子之位，这样既得到了李显的信任，更让朝臣们对他刮目相看，因此，即便被安乐公主和宗楚客等人诬陷谋反，李显和朝臣依然保他没事。

后来，李旦自己做了皇帝，又不得不面对强势崛起的太子李隆基，为了减少皇室内部的纷争，李旦甘愿选择退位做太上皇。李旦一生三让帝位，表面上是示弱，实际上却成全了大唐的中兴，确实值得后人敬佩！

中唐贵族的奢靡之风

唐中宗在位五年，没干过几件为人称道的事，若说起昏庸的施政举措，咱还是有点儿谈资的，比如政府机构的臃肿问题。通俗点说，政府机构臃肿就是公务员太多，拿着朝廷的俸禄不干正事，还到处为非作歹，欺压百姓。

隋唐以前，读书人想要做官，必须找一个强有力的靠山，要么是地方上有名望的士族，要么是朝廷现任官员，这种晋升制度几乎存在了数百年之久。隋朝的两任皇帝意识到了问题的严重性，因此力推科举制，决心改掉弊端。

隋末唐初，各地军阀混战，社会极其混乱，一些有志之士宁愿在家里务农，也不愿意入朝为官。李渊为了拉拢读书人，把自己当成了官凭印刷机，仅在河东就发了上千个官凭，以至于人人可以为官。登基之后，李渊依旧沿用这个套路，至于印了多少官凭，几乎就是个未知数。武德一朝，不少大臣都拿此事进谏过，可李渊也没办法，难道要把别人的官凭没收?

李世民延续了老爹的风格，喜欢搞大手笔。据史料记载，有一次洛州选官，参选者有七千人，其中得到官职的就有六千人。李世民意识到问题的严重性，于是决定效仿隋朝旧制，力推科举制度，大家凭本事来做官。

唐朝的科举，分为常科和制科。常科每年举行一次，有秀才、明经、进士、俊士、明法、明字、明算等五十多种，其中明经、进士是朝廷最主要的科目，而进士主要考察诗赋，录取难度又最高，因此贵为各科之首。

常科的考生有两个来源，生徒和乡贡。

由京师国子监、弘文馆、崇文馆和各地方州县学馆出身，通过学校的选拔考试合格后，由学校举荐到尚书省参加各科考试，称作生徒。

有些学子没有通过学馆的学习和考试，只能通过州、县的考试，先获得举人身份，然后被送往尚书省应试，这批人叫作乡贡。

一般来说，州县的考试称为解试，礼部的考试称省试或礼部试（春闱）。礼部考试之后，吏部会再安排一次考试，只有通过吏部的考核，才能被授予官职，成为正式的国家公务员。据史料记载，大文豪柳宗元连续三次倒在了吏部组织的考试之下，最后只能做个地方节度使的幕僚，勉强获得一个事业编制。

连柳宗元这样的人都通不过吏部的考试，大家可以想象朝廷每年开科取士，通过正规途径做官的人能有多少？在这样的科举制度下，大批的学子不得不变相地投靠达官显贵，以此获得晋升之路。

于是，就出现了这样的景象：某位国公爷或者公主找到了吏部侍郎，希望将某某考生录取为国家公务员，还得安排一个好的岗位。吏部侍郎刚刚送走了国公爷，某位驸马又找到了他，要求把他家的亲戚加塞到录取的名单之中。

唐太宗在世的时候，尚能压制长安城的达官贵人，选拔优秀的人才入仕；唐高宗时期，官员数量激增至一万四千三百余人，其中不少人都是走的后门。武则天统治时期，拥护武氏家族成了选官的重要标准，不过武则天在选拔官员的同时，也屠杀了不少反对她的人，因此官僚数量一直维持在一万五千人左右。

然而，唐中宗李显登基之后，朝廷的科举制度几乎形同虚设。

按照制度，所有官员的任命，必须经过吏部的选拔和考核，然后经由皇帝面试（六品以上的官员），再通过中书省和门下省审核，由吏部下达最后的任命书。

李显却独创了自己的选官方法：墨敕斜封官。

这种封官方式不通过吏部考试，直接由李显亲自任命，至于任命的形式，可谓五花八门。据史料记载，李显继承了李唐家族的浪漫主义基因，对文学、自由有着狂热的爱好，自从李重俊被杀之后，李显紧绷的神经开始得到放松，他经常邀约朝中的文武大臣一起吃喝玩乐。席间，李显会率先作一首诗词，然后由青年才俊们应景附和，谁要是能作出让他称快的诗文，他就会当场封官。

李显的行为明显不符合朝廷规制，但是他玩的就是这种洒脱和满足，至于朝廷是否有空闲的岗位来安置他们，那不是李显要考虑的问题，况且，李显当着众人的面给别人封官，有关部门就必须遵照执行，否则就是不给他面子。

于是，中书省官员就想了个办法：由皇帝亲笔赐官，敕书直接从中书省的侧门递进去，因此称为斜封。一般来说，中书省会用黄色的纸和红色的笔勾选，但是这种封官敕书，中书省一般用黑色的笔，因此称为墨敕。

这样一来，李显直接越过尚书省，把封官权力交给了听话的中书省官员。李显通过考诗文来选拔人才，虽然有些荒谬，但提拔的人数毕竟不多。

安乐公主、长宁公主及韦皇后的妹妹郕国夫人、上官婕妤、上官婕妤的母亲沛国夫人郑氏、尚宫柴氏、贺娄氏、女巫第五英儿、陇西夫人赵氏等人，为了搜刮钱财，竟然在洛阳城搞了个“人才交易市场”，你只要能拿出三十万贯钱，这些达官贵人直接将你的名字报给唐中宗李显，由他直接下亲笔敕书。

除此之外，还可以通过告密来求得官职，比如宋之问和宋之逊兄弟将恩人王同皎出卖给武三思，获得散朝大夫和京官之职。靠谎报祥瑞，拍皇帝马屁而得官者；靠诬陷官员，取悦皇帝而得官者，不一而足。

问题是，官员人数增多，朝廷编制有限啊。

武则天时期，为了安排正式编制之外的公务员，朝廷设置了员外官、试官等职。到了李显这里，官员人数激增，吏部为了落实李显的封官敕书，不得不设立同正、试、射、检校、判、知等岗位。很遗憾，这些岗位并不是职责上的创新，而是在原来的岗位上搞文字游戏。比如有吏部侍郎，李显就搞个检校；有工部郎中，就发明个检校工部郎中。

官吏管理制度的混乱，给李唐王朝的统治带来了不少麻烦。

第一，财政支出大幅度增加。买官的人虽然家财万贯，总不能自己给自己开工资吧，说出去多丢人！虽然没有统计这部分支出有多大，但韦嗣立、辛替否等大臣曾经说过，因为大肆选官导致国库枯竭（金银不供其印，束帛不充于锡）。

第二，影响官员办公和朝政处理。富豪们花钱买官，不仅为了光宗耀祖，还得有一定的政治参与度。然而，他们大多不懂政务，却经常在府衙指手画脚，严重影响了朝廷政令的执行。

第三，影响社会的稳定和改革。在唐朝，官员和他的家人不需要承担国家赋税和徭役，还可以享受诸多福利，这些人一旦习惯了做官，就不想变回被统治者的身份。况且，花钱买官的人多少有几个后台，吏部官员轻易不敢得罪他们，如果要强制撸掉他们的官职，势必会引起社会的动荡。

除了政务机构的紊乱，李唐高层还弥漫着一股奢靡之风。

怎么说呢，有唐三百年，如果把所有皇室、宗室、外戚、朝臣拉个微信群，然后问他们一句：你们觉得在哪个年代活得最滋润啊？恐怕答案无一例外：我们都想在唐中宗李显做皇帝的年代！

武则天统治时期，李唐宗室受到了无情的杀戮和打压，可谓子嗣凋敝，人丁不兴。李显称帝后，为了壮大李唐家族的实力，下诏将流放到边远地区的宗室后裔全部召回，对他们大肆封赏。和其他皇帝相比，李显的封赏来得更实在，因为全部是封户，而且是实封。也就是把农民直接划拨到封主的名下，每年的粮食、税赋不再上缴到国库，直接搬到封主的私人库房！

亲王级别：太宗朝一般是八百户，高宗朝加封到一千户，个别亲王，比如梁王李忠加封到两千户。然而到了唐中宗这里，亲王普遍加封到两千户以上，温王李重茂加封两千户，卫王李重俊加封三千户，相王李旦加封一万户！

王子级别：被封为嗣王、郡王、国公、郡公的李姓宗室，大多有实封赏赐，比如李旦的儿子李成器实封七百户，雍王李守礼、衡阳郡王李成义、临淄郡王李隆基、巴陵郡王李隆范、中山郡王李隆业实封五百户。王子的实封虽然比亲王少，但是人数众多，总数加起来并不比亲王的少。

公主级别：太宗朝一般是三百户，长公主特例加封六百户，中宗朝安乐公主四千户、长宁公主三千五百户、太平公主一万户。

功臣级别：最高两千户，最低五十户。

外戚：皇帝随意。

唐朝的封邑制度，既不像汉代的封国，也不像魏晋时期专门享用某县或者某郡的封户。唐朝贵族的封邑，可以分散到不同的郡县，也就是说受封者可以挑选土地肥沃、赋税较高的区域，也可以选择人丁旺盛的家族作为自家的封户。

太宗和高宗时期，赋税征收的方式：封主先给州刺史、县令大人打好招呼，说要征收粮食和布帛了，获得官府的准许。随后，封主的奴仆直接前往封地，找名下的百姓征收。这样一来，没有朝廷的监督，这帮奴仆就会敲诈勒索，征收比标准更多的粮食和布帛。

武则天为百姓着想，改变了征收方式，由州、县官员代替贵族征收赋税，然后送到封主的家里，象征性收点运输费。这样一来，封主敲诈勒索百姓的现象就大大减少了。当然，封主和封主的家奴是非常不乐意的。

中宗时期，再次起用了先前的征收办法，而且有过之而无不及，以至于激起民变。受封的贵族们眼中只有钱财和粮食，从来不会顾及老百姓的感受，年成好的时候，他们大肆搜刮也就罢了，年成不好的时候，朝廷会统一减少赋税，可他们却不会因此减少。同时，贵族们的封户、封地大多都是从小地主阶层手里抢来的，自从朝廷大肆封赏贵族之后，地主阶层便怨声载道！

据史料记载，唐中宗李显推行的封户制度，至少让六十万成年男丁成为贵族的私人打工仔。韦嗣立曾经算过一笔账，说每个男丁每年向贵族缴纳两匹绢，总共加起来有一百二十万匹，而当年国库的总收入才一百万匹。

不到数年时间，大唐的亲王、王子、公主、外戚等贵族阶层积攒了无数的财富，而中央朝廷的实力却因此被削弱。

贵族阶层成了暴发户，自然开始想方设法地花钱。

长宁公主，李显的女儿，对投资房产特别感兴趣，为了在洛阳建造一座堪比皇宫的建筑，不惜花光了府中所有积蓄。洛阳的府邸刚刚竣工，长宁公主又开始在长安大兴土木，她旧宅的左边是贞观名臣高士廉的府邸，右边是左金吾卫的营地，为了扩建规模，长宁公主强行将这两块地方兼并过来。

据史料记载，新宅分为九进院落，中间矗立着一座主楼，雕金饰玉，彩梁画栋。建成之后，长宁公主经常邀请李显和韦后前来俯瞰长安，饮酒作乐，驸马杨慎交酷爱马球，于是又扩地修建了超大规模的球场。

安乐公主不乐意了，俺们可是老爹的掌上明珠，而且是要做皇帝的，怎么能被别人比下去呢？有一天，安乐公主前去给李显问安，看到父皇心情甚好，于是来了一句：老爹，把昆明池过户到我名下吧。

据史料记载，昆明池是汉武帝时期开凿的人工湖，位于长安城西的沣水、潏水之间，起初是西汉朝廷用来训练水师的地方，后来经过历代皇室的改造，变成了一座风景秀美绝伦的人工湖泊，面积大约十平方公里。

李显："你怎么想一出是一出啊？"

安乐公主："父皇，我就是喜欢嘛。"

李显："昆明池是国家的财产，从来不曾赏赐给任何人使用，况且昆明池每年捕捞的鱼可值十万贯钱，宫中胭脂水粉的花销全靠它，不能给你！"

李显还是第一次拒绝安乐公主的请求，这让她很没面子。回府之后，安乐公主寻思：既然父皇不愿意过户昆明池，那就自己开凿一个人工湖。

说干就干。

很快，安乐公主就在长安城的西南选了一块风水宝地，并派人强制拆迁了老百姓的民居，霸占了他们的田地，然后征调民夫开凿了一个绵延数里的大湖泊，并且取了个非常霸气的名字：定昆池。

定昆池的中央仿照华山堆起一座石山，从山巅飞下一股瀑布倒泻在池水里，景象极为壮观。安乐公主还在定昆池旁开辟了一湾清澈的溪水，两岸用玉石堆砌，溪底用珊瑚宝石筑成，每到夜晚的时候，水底就会散发五彩光芒。昆明池的沿岸建造了许多亭台，安乐公主还召集了许多猎户和渔户住在那里，她本人也经常打扮成渔婆猎户，在池上钓鱼或在山上打猎，极尽奢华之能事。

安乐公主还有一件百鸟裙，材料取自一百只颜色各异的鸟禽，裙身上还绣着一百只鸟的图案。更神奇的是，这件裙子从正面看是一种颜色，从旁边看是另一种颜色，在阳光下呈一种颜色，在阴影中又是另一种颜色。

安乐公主过着骄奢淫逸的生活，可是她依旧不满足，因为金银珠宝、绫罗绸缎并不少见，她一直想拥有一件独一无二的东西。有一天，安乐公主眺望远方，看到一群鸟儿挥舞着漂亮的翅膀，于是灵光一现，想做一件"百毛裙"。

一时间，天下各州道的官员纷纷捕捉彩色的飞禽，然后送到京城，交给织造部门日夜加工，最后历时半年，终于做出了一件世间罕见的“百毛裙”。

中宗时期权贵们的奢侈生活，已经超越了凡夫俗子的想象力。碍于篇幅，这里只展示了其中一部分，写得越多，我们的悲伤越多，不写也罢！

唐朝女性文化：不是只有“以肥为美”

大家都知道，明朝是等级森严的社会，尤其是男人和女人，真的是乾和坤，阳和阴的关系。如果明朝的皇帝说，他的皇后有做皇帝的潜力，旁人肯定会笑掉大牙，因为这是完全不可能的事。如果放在唐朝，你敢说某某嫔妃有做皇帝的面相，说不定真的会闯祸。因为有唐一朝，妇女真的能顶半边天。

想想看，有人做了皇帝，有人垂帘听政，有人在政坛呼风唤雨，是女人太过彪悍，还是社会规则允许如此，这是个非常有趣的话题，我们称之为唐朝的妇女文化。

唐朝女子的教育：

不可否认，唐朝的皇帝都很有才，他们尤其喜欢诗词和书法，没事的时候，他们会张罗着举办诗酒大会，席间不仅邀请青年才俊当场作文赋诗，还会让宫廷女子也参与进来。在唐朝的后宫，才女比美女更受欢迎。皇室在挑选秀女的时候，除了看重门第，才华也是重要的考核指标。

不仅如此，皇室为了提高宫廷妇女的文化水平，特意在后宫设置了掖廷局、习艺馆、内教坊等机构，每个机构都会安排一批才高八斗的老师，她们的职责就是给嫔妃、公主、宫女传授文化知识，熏陶她们的文化修养。

放眼唐朝，才华横溢的女子有如过江之鲫。

李渊的老婆窦氏，读书过目不忘，书法堪比李渊。

李世民的老婆长孙氏，《女则》的作者。

李世民的妃子徐惠，从小跟随父亲徐孝德读书，四岁颂诗，八岁作文，遍涉经史，才华横溢，不逊男子。

武则天，诗家、书法家，全唐诗收录其四十六首作品。

杨贵妃，音乐家、舞蹈家、智算过人。

上官婉儿，才高八斗，稳坐唐朝中期第一才女的宝座。

至于懂文学和艺术的皇室公主，可谓不计其数。

在李唐皇室的影响下，民间也看中女子的教育。一般的书香门第，如果家中有女孩子，父母和兄弟会亲自教她读书写字，作词赋曲。一般的官宦人家，则会请资深老师教授功课，还会邀请同族的女子，以及家中婢女一起陪读。

生活在下层的女子，因为不受规矩的束缚，可以和男子随意相处。比如春游的时候，可以和男子谈论诗词歌赋，玩交友游戏。西蜀名妓薛涛，擅长书法和诗词，色艺双全，和白居易、刘禹锡、元稹都是很好的朋友。

唐朝妇女的社交：

在等级森严的社会，女人不允许随便外出，不允许会见男性宾客，在家中也不能和男人同席而坐。可是在唐朝，完全不是这样。

上流社会，妇女经常出席重大的社交活动。比如武则天组织宫廷宴会，经常邀请官员的妻子赴宴，有时候多达数百人。有时候，皇帝也会举办文化活动，邀请后宫嫔妃、外朝大臣在一起聚会，大家可以敞开了玩。中宗时期，李显、武三思和韦后坐在御床上玩双陆棋，有人会觉得很别扭，可当时就是这样开放。

权贵阶层，命妇可以轮流坐庄，邀请好朋友到家中赴宴。女人也可以抛头露面，为家里的事务奔波。

至于民间，妇女甚至可以自由结社，搞一些自己喜欢的娱乐活动。妇女还可以和陌生男子自由交往。白居易在《琵琶行》中就讲到，一位茶商夫人的丈夫外出时，她在船中接待了一群陌生男子，还向他们吐露心事。

唐朝女子的婚姻：

“父母之命，媒妁之言”，似乎是我们对封建社会婚姻的普遍认识，然而在唐朝，婚姻制度相对比较开放。女子如果没有得到家中长辈的默许，私下和心仪的男人确定婚姻关系，法律应该给予保护。只有那些没有明确对象，却又反对父母安排婚姻，才算是违背社会公序良俗。

也就是说，唐朝的女子可以自由恋爱。

在家庭中，夫妻之间更不是等级森严的关系。

唐朝男人三妻四妾，夜宿嫖妓是家常便饭，家中老婆管不了，可上流社会的妇女包养小白脸，婚外私通也是屡见不鲜的事儿。唐朝律法明文规定：男女通奸者，同时判处一年半的徒刑，如果是结了婚的妇女，应该判处两年徒刑。

唐朝的婚姻文化比较开放，因此对通奸罪的处罚是历朝历代最轻的，再加上上流社会的贵族们经常行通奸之事，律法几乎形同虚设。

如果妇女想要解除婚姻关系，法律也是保护她们的。比如妻子嫌弃丈夫没有出息，可以提出离婚；因为夫家没落，也可以提出离婚；如果夫妻感情破裂，无法继续相处，也可以提出离婚。《唐律疏议·户婚》中明确记载：若夫妻不相安谐而合离者，不坐。意思就是，夫妻情感破裂，可以离婚，不受社会批评。

至于妇女改嫁和再婚，更是家常便饭。

上流社会，尤其是皇室公主，只要丈夫死了，基本上不会守寡一辈子，因为社会伦理不要求她们做贞洁烈妇，她们可以追逐自己的幸福。因此，读到公主改嫁的时候，不必拿固化的思维模式去看待她们，应该给予尊重。

基层社会，改嫁和再婚是受鼓励的。原因很简单，唐初的人口很少，只要妇女是因为正当理由离婚，或者是丧偶的寡妇，政府鼓励她们重新组建家庭。

唐朝妇女的参政：

有唐一朝，参政的女人多如牛毛。

平阳公主：李渊的女儿。李渊起兵前，平阳公主留在关中，靠一己之力，收编了好几支反隋的义军，手下七万余人，史称“娘子军”。拿下长安之后，平阳公主奉命镇守山西，如今的长城“娘子关”就是当时的驻地。平阳公主去世后，由军队为她出殡，堪称历史一绝。

长孙皇后：玄武门之变的时候，她就扮演了重要的角色，李世民做皇帝后，长孙皇后进言献策，做出了巨大贡献，后来顾虑太多，选择了隐退。

武则天：从昭仪一路做到皇帝，霸气不必多说。

至于公主、嫔妃、女官，这里就不用多说了。

陈硕真，浙江杭州人，高宗时期，领导了浙江的农民起义，自称“文佳皇帝”。严格来说，武则天在她的后面。

唐朝许多现象，比如妇女干政、女人凌驾于男人之上，有时候不全是人的原因，当时的社会背景就是如此。因此，当我们读到难以理解的故事时，还是要多从时代背景去找到它们存在的理由，而不是拿如今的思维模式、伦理规则去衡量她们的道德，那样或多或少都会有失偏颇。

和事天子：朕的原则是没有原则

所有的政治斗争，背后都有不为人知的秘密。

韦后也不例外。因为所有人都知道，她想做皇帝。

神龙二年（706）七月，太子李重俊发动政变，武三思和武崇训被杀，韦后虽然失去了可靠的盟友，可问鼎帝位的心思却更加强烈。一方面，她联合上官婉儿、兵部尚书宗楚客等人对李重俊的党羽展开了血腥的清洗，另一方面，大肆提拔杨再思、杨思勖、纪处讷等人，扶持自己的党羽。

很快，韦后的党羽联合奏请皇帝，请为韦后加“顺天翊圣皇后”的尊号。这一政治举动，让大家伙儿的记忆飞回到了几年之前。曾记否，武则天去世之后留下遗诏，自己尊号改为“则天大圣皇后”。如此高的相似度，司马昭之心呐。

当然，韦后妄想着做皇帝，不是不可能。

论地位，韦后和武则天都做过皇后，而且都深得丈夫的信任，李显的爱似乎更加离谱，这一点武则天比不了韦后。

论势力，李重俊死后，朝廷的半数朝臣都投靠了韦后，而且上至宰相，下至各部尚书、侍郎，都有韦后的党羽。这一点，武则天更比不了韦后。

至于法理基础，也就是称帝的舆论，武则天已经提前打了个样儿。各位大臣都是从武周王朝活过来的，对女人做皇帝一事，基本上习惯了，而且他们觉得女人做皇帝，不一定比某些男人要差啊，尤其是唐中宗李显，大家都懂的。因此，把韦后顶到皇帝的位置，这帮大老爷们没有任何心理压力。

当然，所有的条件都具备了，不代表韦后就是皇帝，要想效仿武则天，就必须学习一条龙的套路，第一招就是搞祥瑞，把大家的情绪先调动起来！

景龙二年（708）二月，一个春光明媚的早晨，韦后和贴身宫女正在后宫摆弄新衣服。突然间，宫女们指着韦后的衣箱，惊奇地说道：五色彩云！韦后的箱子飞出了五色彩云！紧接着，宫女们跪倒在地，高声祝贺。

有理由相信，这是提前排练过的桥段。

事情发生后，韦后第一时间把消息告诉了李显，希望他能赶来共享盛况。遗憾的是，李显到来的时候，彩云已经消失得无影无踪。当然了，彩云直播不重要，老婆的心情才重要，宫女们的众口一词才重要。

为了让老婆的心情更爽，李显找来了宫廷画师，按照宫女们的描述，搞了个效果仿真的五色彩云图样，然后拿给文武百官观看。

侍中韦巨源显得非常兴奋，大声奏请道："陛下，这是国之祥瑞啊，应该将此图样传发到天下各州道，来一个普天同庆！"

李显："准奏！传旨大赦天下，赐五品以上官员的母亲和妻子们封号，没有妻子的官员，加封其女儿，80岁以上的妇女，都授予郡县乡君的封号。"

一时间，阿谀之徒们纷纷在韦后身边大肆献媚。

与此同时，一首流行歌曲爆红在长安城的大街小巷。

据说，歌曲的名字叫《桑条韦》，是那种明着赞美韦后，赞美目的却又不清不楚，让人浮想联翩的那种歌曲。震撼效果如同当年的桃李子歌。

当然，说不清楚的事，必须让莫测高深的人来解释，比如迦叶志忠。此人担任右骁卫将军之职，又兼着知太史事。哦，知太史事就是干涉太史令的事，是李显官职体系的冰山一角，专门给投机取巧人士的头衔。

迦叶志忠上表道："昔日高祖皇帝未受命时，天下歌《桃李子》，太宗皇帝未受命时，天下歌《秦王破阵乐》，高宗皇帝未受命时，天下歌《侧堂堂》，天后未受命时，天下歌《武媚娘》，当今圣上未受命时，天下歌《英王石州》。如今，顺天皇后未受命，天下歌《桑条韦》，臣认为顺天皇后有才有德，为天下之母，应该主持蚕桑，以安天下！臣谨拟《桑条歌》十二篇献给陛下，请让乐府编奏，待皇后祭祀先蚕时，演奏此篇章！"

事实上，这番话已经把韦后比作了武则天，政治意图十分明显，追究起来应该属于大逆不道。然而，唐中宗李显却对此视而不见。

一时间，朝中人臣见风使舵，纷纷向韦后靠拢。

东汉献帝时期，权臣曹操当政，天下只知有丞相，不知有帝王。

当时的史学家、政论家荀悦给汉献帝刘协写了五篇《申鉴》，总结出扰乱国家政治的有四种祸患：伪、私、放、奢，应该引起统治者的注意。到了唐中宗一朝，这四种祸患已经如瘟疫一样，蔓延到朝廷的各个角落。

“伪”，就是颠倒是非黑白，阿谀奉承之徒横行。李显身边并非没有忠正耿直的大臣，然而面对强势的韦后和备受宠爱的安乐公主，他们纷纷闭口不言，明哲保身，放任皇帝被奸佞之徒迷惑，朝廷政治风气日益衰落。

“私”，就是达官显贵为了一己之私，徇私舞弊，国家府库为私人控制，大肆圈地，欺压良民，还有些人甚至心怀不轨，觊觎国家神器，总想取而代之。

“放”，就是人人只懂得享乐放纵，他们建造豪华的府邸，日日沉溺于声色犬马，不关心国家的前途和未来，迷失了自我。

“奢”，就是搜刮钱财，自我享乐，丝毫不顾及老百姓的感受，毫无统治者的悲天悯人之心。

很悲摧，在李显的统治时期，这些全都占了。那么问题就来了，李显也不是躲在深宫的皇帝，权贵们横着走路，吏治全面腐败，中央政府逐渐衰落，这些都是肉眼可见的事实，有些还是他造成的，那他为什么要这么做？

答案只有一个：李显经历了太多的坎坷，一生都在颠沛流离，好不容易混上了皇帝的宝座，只想安安稳稳地做太平天子。对武则天来说，她可以靠个人魅力去统治臣子，可李显做不到，他只能拿经济、政治利益去收买人心。

当时，安乐公主和长宁公主扩建了府邸，需要添置许多奴婢。那个年代，有专门的奴婢交易市场，只要你花点钱，自然可以买到喜欢的。不过，身为长安最有权势的公主，如果弄点奴婢也要花钱，说出去恐怕会让人笑掉大牙吧。

于是乎，两位公主撒出了府中恶奴，开始在大街上强抢民女，以至于百姓们只好紧锁门户，大街上人迹罕至。恶奴找不到人，无法交差，于是就强行破门入户，如同逮捕犯人一样，将百姓家的女子悉数抓捕，为此还闹出了不少人命。

侍御史袁从之是个正义的官员，为了维护京城的治安，下令将一些恶奴逮捕下狱，准备明正典刑。二位公主气愤不过，直接跑到宫中，逼迫李显下诏放人。

李显：“袁爱卿，要不给朕一个面子，放了公主府的人？”

袁从之：“陛下，您是百姓的天子，怎么能纵容恶奴强抢民女呢！”

李显错愕了，这就是一桩小事啊，何必闹得沸沸扬扬呢？在李显看来，袁从之不给他面子，于是怒吼道：“朕叫你放你就放，何必在朕的面前聒噪！”

袁从之无语。

景龙三年（709）二月初九，监察御史崔琬控上了一道奏折，控告宗楚客、纪处纳和少数民族首领私下勾结，收受贿赂，导致边境爆发战争，请求中宗皇帝严惩。

按照惯例，大臣如果被御史弹劾，应该弯着腰，满怀愧疚的态度快步走出朝堂，等待皇帝的调查和问罪。然而，宗楚客仗着韦后的权势，无视朝廷的规矩，公然将自己标榜为一名受害者，还要求李显反过来严惩监察御史崔琬。

两位重臣当场展开辩论，言辞激烈之处，几乎要动手打人。

李显瞅了瞅，群臣似乎在作壁上观，完全没有劝架的意思啊。待二人筋疲力尽，僵持之际，李显轻咳了一声，安抚道：“好啦好啦，两位爱卿都少说几句吧！再这样闹下去，成何体统嘛。崔爱卿这样说，肯定有他的道理；宗爱卿为自己辩驳，也是人之常情。如今天下太平，朕实在不愿意看到庸人自扰，自乱阵脚。朕觉得，你们二位都无罪，你们当着朝臣的面结为兄弟，以后不许再闹了！”

此言一出，群臣的下巴掉了一地。

原则呢？御史告状，大臣辩驳，所以大家都是对的？

圣意难违，两位重臣只好不情不愿地在朝堂称兄道弟，一场闹剧这才收场。事情传出之后，老百姓都称李显为“和事天子”。

李显既然想做太平天子，纷繁复杂的朝务自然就不想管。

景龙三年（709）三月初一，朝廷发布一道诏令：

任命宗楚客为中书令，萧至忠为侍中，韦嗣立为中书侍郎、同中书门下平章事；任命中书侍郎崔湜、赵彦昭同中书门下平章事。

景龙三年（709）三月二十一日，朝廷再次发布诏令：

任命礼部尚书韦温为太子少保、同中书门下平章事，任命太常卿郑愔为吏部尚书、同中书门下平章事。

宗楚客：韦后、安乐公主和上官婉儿最衷心的死党。

萧至忠：倾向太平公主和李旦，是双面间谍的身份。

韦嗣立：前半生敢于犯颜直谏，在唐中宗一朝毫无建树。因为姓韦，后来被唐中宗直接划归到韦后的属籍。

崔湜和赵彦昭：与上官婉儿私通，因此受到举荐。

韦温：韦后的堂兄弟。

郑愔：先后依附过张易之和武三思，后来拜在韦后门下。

除此之外，尚书右仆射杨再思更是墙头草一样的角色。

毫不夸张地说，韦后的党羽虽然没有霸占所有的核心职务，却都顶着宰相的头衔，有参与政务的权力，李显已经被架空了。在那个年代，大部分的朝臣都是唯唯诺诺，混日子过活的人，让他们有政治信仰，那都是不可能的。官职对他们来说，都是光宗耀祖，捞取家族资本的手段而已。

据史料记载，韦后党羽把持大权之后，卖官鬻爵的生意越发红火。

当时，崔湜和郑愔负责朝廷的选官业务，手中的权力很大，这也让崔湜的老爹，时任国子监司业崔挹看到了发财的机会。有一次，崔挹收了一大笔钱财，结果忘记将求官人的名字告诉给儿子崔湜，导致此人意外落选。

收人钱财，替人消灾，这是江湖规矩，也是朝廷的潜规则。

求官人心中十分郁闷，因此找崔湜主持公道："崔侍郎，您的亲属已经收了我的钱财，为什么不给我赐官呢？"

崔湜假装正经地说道："大胆！混账！你告诉我，我哪个亲属敢如此胆大妄为，我要将他抓起来活活揍死！"

求官人："哎呀，那可不行，打死了他，您会为他丁忧的！"

崔湜明白了，原来是老爹的"杰作"！面对同事的诘难，崔湜无地自容。潜规则的精髓就在于潜，所有的事情都是在背后操作的，不能拿到人前说事儿，崔湜家人拿了钱财，却没有替人消灾，这就是坏了规矩。

很快，这件事就传遍了朝野。

侍御史靳恒、监察御史李尚隐："崔湜的行为太恶劣了，简直是丧心病狂啊，必须要严惩，不然朝廷的尊严何在？"

李显："传旨，由监察御史裴漼审理此案！"

数日之后，监察御史裴漼回奏李显，声称崔湜、郑愔卖官鬻爵的行为属实，还顺带着以监察御史的身份弹劾了一次，要求李显判处死刑。

两位正国级官员被查，自然不符合韦后等人的利益，为了把他们捞出来，韦后、安乐公主、上官婉儿、武延秀等人亲自上阵，这才逼迫李显改判结果。

李显："将崔湜贬到吉州，贬郑愔为江州司马。"

第二天，上官婉儿拉着安乐公主，再次为情夫求情，李显再次改判结果，封崔湜为襄州刺史，任命郑愔为江州司马。一件朝廷大案，在李显的纵容下竟然大事化小，小事化了，吏治腐败的程度，让人触目惊心。

人的欲望是无限的，并不会因为别人的退让和妥协减少半分。相反，在毫无底线的纵容下，人的欲望会变成营养丰富的湖泊中的水草，疯狂地蔓延和生长，害死别人的同时，也会缠绕着自己的脖子，让人窒息。

景龙三年（709）八月，李显打算前往南郊，祭祀天地。

古往今来，祭祀天地是男性皇帝的权力，这也是他们彰显自己权力和地位的方式。天子之后，一般是皇太子完成亚献。不过，从武则天开始，这个规矩就被破坏了。所谓的规矩、制度，无关好坏，只要存在了，就一定有人想着传承！

这一次，国子祭酒祝钦明、国子司业郭山恽主动进言："古时帝王祭祀天地，王后要用瑶爵盛酒进献，如今韦后贵为天下之母，应当辅助陛下祭祀天地。"

太常博士唐绍、蒋钦绪等人坚决反对："按照惯例，皇后只有辅助帝王祭祀先王先公的权利，没有祭祀天地的先例，韦后没资格到南郊祭天！"

李显："韦巨源，你是宰相，你觉得此事该如何处置？"

韦巨源："陛下，臣赞同祝钦明的提议！"

李显："那就依照爱卿的意思，拟定礼仪吧！"

祝钦明:“陛下，臣认为，安乐公主可以完成第三次进献。”

李显有些犹豫，可并没有明确地拒绝。

唐绍:“陛下，你如果执意如此，臣就撞死在您的面前！”

李显:“爱卿呐，朕还算是从善如流的皇帝吧，既然你们坚持己见，此次祭祀，就由韦后完成亚献，任命韦巨源代理太尉之职，完成第三次进献！”

很难想象，李显的底线到底在哪儿。

也许，他不认为韦后具备老妈的智慧，难以问鼎帝位？或是觉得自己还可以控制局面？现实就是，祭祀事件过去后，韦后在朝野既有了实权，也有了名声，更有了舆论的支持。所有人都认为，她会是第二个武则天。

是啊，武则天走过的路，韦后都走过来了，而且走得比武则天更顺利，现在只剩最后一个流程：等李显上西天，或者直接送他上西天。

南郊祭祀，李显宣布大赦天下，赦免的力度堪称唐朝之最，因为许多流放犯人、死囚犯、政治罪犯也在赦免之列。当然，最兴奋的莫过于均州刺史、皇长子李重福。在他看来，当年懿德太子李重润被杀一事早已经澄清，与他根本没什么关系，如今李显又一味地做和事佬，或许会对他产生怜悯之心。

李重福一直在等待赦免的旨意，可始终没有音讯。

不得已，李重福只好主动上表：陛下尊崇古礼，在南郊祭天，天下苍生都因此得获赦免，可臣作为陛下的亲生儿子，却无缘仰沐皇恩，难道上天对万民的一视同仁，竟然是这样的吗？知道此事的朝臣和百姓，无不为臣流泪，况且陛下慈悲为怀，就不能怜悯一下您这个走投无路的儿子吗？

李重福发出奏表之后，日夜翘首以盼，等待皇帝使者来宣谕。然而，韦后的党羽把持朝政，早就将他的奏表截下，李显到死也没有看到他的奏折。

李显：被最爱的两个女人所杀

客观地说，控制朝政、架空李显只是韦后的小手段，让李显尽情享乐，彻底阉割他对朝政的兴趣，才是韦后的撒手锏。

景龙三年（709）十二月，李显巡幸骊山温泉，泡了几天后，觉得索然无味，韦后便提议前往韦嗣立的豪宅做客。为了让李显有个好心情，韦后特意调拨了国库银两，将韦嗣立的庄园大肆装修了一番，李显在那里一连待了数日，流连忘返。

临走之前，李显下诏，封韦嗣立为“逍遥公”，以示嘉奖！

景云元年（710）正月十四日，元宵节前夕，韦后特意在宫门外的街市上挂满了各种花灯，还命百姓穿上新衣服，带着家人一起出游，造成歌舞升平的景象。随后，韦后和李显打扮成民间土豪的模样，混在人群中感受新年的气氛。玩兴正浓的时候，李显喊了一声：“传旨，叫宫女们都出宫，普天同庆！”

李显可能不知道，他不是叫宫女出宫，而是出轨。

据史料记载，这次出宫的宫女多达数千人，她们常年待在深宫，见惯了皇室的性开放，再加上唐朝的妇女文化本来就自由，回到民间后有些女子和别人一见钟情，有些寻了人家，把自己嫁了出去，还有些人回到家乡，打算重新开始。

第二天上午，内务主管回报：绝大部分宫女都不见了。

李显大手一挥：朕这是做了一件大善事啊，未回宫的侍女就不要再追究了，回头再找一批补上就是！

这一年，李显出宫游玩的次数明显增加，要么组织官员和侍女搞拔河比赛，要么带着宫女外出郊游。更有甚者，李显听说长安城东的隆庆池有帝王之气，于是命人在此地修建了连片的建筑，然后大宴群臣，以此来镇压所谓的王气。

韦后所做的一切都是为了蒙蔽李显，让他误以为天下太平，于是不再对国事上心，韦后一党可以顺理成章地控制朝政，达到篡权夺位的目的。

彼时的朝政，真可谓万马齐喑。

古往今来，再昏聩的吏治也会有忠臣的存在，他们的义务就是骂醒昏聩的帝王，挽回最后一丝可能。中宗一朝，中央大员们也尝试过，不过他们愕然发现，李显不仅昏聩，而且是个装睡的昏君，他们真的放弃了。

很长一段时间，朝政几乎陷入平静的假象之中！

景云元年（710）四月，一个叫郎岌的人，通过铜匦给李显递了一封信，状告韦后和宗楚客等人居心叵测，意图篡逆！

直到此时，终于有人将这层窗户纸给捅破了。李显看着面前的奏折，有点不明所以，倒是韦后主动找上门来，声称郎岌犯了大逆不道的重罪，要求李显将他处死，以儆效尤。很快，郎岌便成了第一批公开反对韦后执政的牺牲者。

韦后自以为手握大权，就无人敢和她叫板。

事实证明，她完全错了。

景云元年（710）五月，许州司兵参军燕钦融愤然上奏："韦后淫乱后宫，干预国政，外戚家族仗势欺人，荼毒百姓，安乐公主、武延秀、宗楚客等人阴谋作乱！"

据说，武三思和韦后是情人关系，不过鉴于武三思是上官婉儿的情人，韦后对他又是政治上的利用，所谓的风流传说有可能不实。再者说，当年有人状告韦后祸乱后宫，而且暗指武三思，可李显似乎很自信，并没有太当真。

后来，韦后又搞了两个小白脸：

散骑常侍马秦客，此人的特长是医术。史书没有详细记载，不过应该不是正儿八经的杏林医学，而是旁门左道。

光禄少卿杨均，此人的特长是烹饪。史书也没有详细记载，不过应该是做一些保健类的养生膳食。

当然了，所谓的医术、烹饪，都是他们出入宫禁的通行证，两人的额外任务就是让韦后衰老的躯体重新焕发生机。韦后和情夫秘密私会，后宫的人恐怕都知道，唯独李显一直被蒙在鼓里。

这一次，李显决定召见这位七品芝麻小官，想了解究竟是什么原因，让韦后成了世人唾弃的大坏蛋。

据史料记载，燕钦融将韦后、宗楚客、安乐公主等人架空皇帝，阴谋篡权的事儿说得有模有样，还将韦后和朝臣通奸的事也描述了一番。

李显似有所悟，可并没有给出明确的态度。

就在当天，韦后召集党羽开会，最终决定先下手为强。

接下来，宗楚客假传皇帝的圣旨，调派了一支皇家部队，杀害了燕钦融这还没完，随后宗楚客命人把燕钦融的尸体带回太极宫，将他重重地摔到宫殿门口的石头上，做了个完美的第二现场！

很快，燕钦融的尸体就被“发现了”，有人在震惊，也有人在好奇，究竟是谁有这么大的胆子，敢在皇宫内戕害人命。就在此时，宗楚客分开人群，走了出来，然后送了一记完美的助攻：“杀得好哇！吾皇英明！”

不得不说，宗楚客真是个狠角色。杀了政敌，然后竟敢嫁祸到皇帝的头上。

此事过后，李显好几天时间都显得闷闷不乐，韦后安排的娱乐节目，他表示拒绝参加，对韦后的态度，也从先前的热情转变成冷淡。韦后开始慌张了，如果李显当面斥责，韦后可以一哭二闹三上吊，好歹还有转圜的余地。然而，李显的冷静，让韦后如芒刺在背，深感不安。

韦后不是傻瓜，她虽然控制了权力中枢，可还是有一部分支持李显的朝臣，如果李显真的决定铲除韦后的势力，而且揭发她的丑事，大臣们恐怕会热烈响应。如此一来，所有的美梦岂不是都化为了梦幻泡影？

韦后无奈之下，找来安乐公主商议对策。

此时，安乐公主不再是李显的乖女儿，她时刻记着父皇的话，只要韦后做了皇帝，她就是顺理成章的皇太女，今后的大唐女皇！想要实现自己的政治目的，老爹便是最大的障碍。韦后母女商议之后，决定弄死李显，接管大权。

景云元年（710）六月初二，韦后准备了一些毒药，命人放在了李显平日最喜爱吃的糕点中。当天晚上，李显回宫休息，顺嘴吃了一块，然后安然就寝。没过多久，李显便腹痛难耐，胸闷气短，随后开始咳血，须臾之间，暴毙而亡，享年55岁。

有人统计过，中国被毒杀的皇帝有二十多人，可大部分皇帝都是被权臣毒杀的，真正被老婆，尤其是被亲生女儿毒杀的，唯李显一人。

不得不说，人的命运真的很奇特，也很让人唏嘘。就拿李显来说，在皇室排行第三，上面有两个优秀的哥哥，无论如何都轮不到他来做皇帝，可命运却鬼使神差地把他给推了上去。紧接着，李显被撸下皇位，战战兢兢地生存，人已经到了中年，原本打算了却残生，却莫名其妙地二次称帝。

好吧，都说善良的人会有好报，所以他退让、妥协，只想做几年太平天子。谁料想，最终背叛自己的却是挚爱的发妻，还有无比宠爱的女儿。

韦后最后的疯狂：皇位志在必得

李显被杀之后，韦后第一时间封锁了消息，并连夜召集宗楚客、上官婉儿、安乐公主等亲信进宫商议。经过一番密谋之后，韦后等人统一了口径：李显是暴毙而亡，暂时秘不发丧，先拿到军权再说。

景云元年（710）六月初三，韦后以中宗皇帝的名义下诏：

调集五万府兵进入长安城，维持各城门和街坊的秩序。

任命成安公主的女婿韦捷，安定公主的女婿韦灌，卫尉卿韦璿，左千牛中郎将韦锜，长安令韦播分头统领这些兵马。命中书舍人韦元负责巡察城中六街，左监门大将军薛思简带领五百名士兵迅速前往均州，防范谯王李重福。

如此一来，韦后便顺理成章地掌握了兵权。

任命刑部尚书裴谈、工部尚书张锡为同中书门下平章事、东都留守。这两人本来就在洛阳当差，韦后用宰相的头衔，暂时换来了洛阳方面的稳定。

同时受封为宰相的，还有吏部尚书张嘉福、中书侍郎岑羲（岑文本的孙子）。张嘉福和岑文本算是立场比较中立的朝臣，韦后此举，应该是不想让人觉得她独揽大权，所以找了两位资历不够，为人正直的大臣打掩护。

韦后掌握了兵权，稳定了宰相班子，接下来就是确定新皇帝的候选人。这个问题，只能由李显的遗诏来回答，哪怕是假的遗诏。据史料记载，韦后把假遗诏的撰写工作交给了上官婉儿，内定的皇帝候选人是四皇子李重茂。

不过，接下来的事情，史书有了不同的记载。

《旧唐书》记载，李显暴毙之后，韦后召集宗楚客、韦温、韦安石、韦巨源、萧至忠、纪处讷、李峤、韦嗣立、唐休璟、赵彦昭、苏瑰等十九名大臣入宫，共同商议遗诏的内容。请注意，这十九名大臣有韦后的人，有忠于李唐的人，还有双面间谍萧至忠。最后拟定，立李重茂为太子，韦后执政，相王李旦辅佐。

看起来，韦后是想搞民主发言，显示自己的公正。不过，最终还是谈崩了，宗楚客和韦温用武力威胁，强行撸掉了李旦。不过，这种记载似乎有些模糊，因为韦后已经控制了兵权，她完全可以搞一言堂，而且有发言权的大臣都是韦后党羽，究竟是谁把李旦推上去的，韦后为什么会同意呢？

《资治通鉴》记载，上官婉儿和太平公主共同起草了遗诏。

记载似乎更简单，可细细想来，背后的水很浑，却符合逻辑。

想想看，韦后是奔着皇位去的，太平公主也是奔着皇位去的，而且太平公主的同盟还有相王李旦，他可是最有资格继承皇位的人。韦后会傻到主动邀请太平公主撰写李显的遗诏，而且还是假的遗诏吗？这不符合人之常情。

史书写不清这其中的猫腻，也没有去猜测这些细节。然而，这样的细节确实很重要，我们不得不说，哪怕是用猜测的方式。

李显暴毙一事，属于朝廷最高机密，只有少数人知道。太平公主既然写了假的遗诏，就一定知道此事，而且可能拿此事和韦后达成了幕后交易。至于太平公主为什么会知道内幕，可能是她提前在宫中安排了眼线，也有可能是韦后的党羽暗中投靠，这两种可能都符合太平公主的政治风格。

最后，双方拟定的遗诏是这样的：立温王李重茂（694—714）为皇太子，皇后知政事（主持政事），相王李旦参谋政事（参与政事）。

还有一个细节，拟定诏书似乎是韦后的意思，包括宗楚客、韦温等核心党羽都没有资格知道。这也恰恰说明，太平公主提前介入了此事，和韦后暗中达成了交易，以至于其他人都被蒙在鼓里。

诏书公开之后，宗楚客觉得不妥，于是找到韦后的兄弟韦温：“兄弟啊，我总觉得这道诏书有问题，对咱们很不利。”

韦温：“怎么说？”

宗楚客：“韦后虽然在主持政事，可相王毕竟是皇叔，还做过皇帝，由他俩共同主政，怎么看都觉得不合适！”

韦温：“依你之见，该如何？”

宗楚客：“重新拟定遗诏！”

韦温：“那就依你的意思。”

接下来，宗楚客召集宰相一起入宫，宣称相王李旦和韦后是叔嫂关系，不适合一起工作，希望能撸掉李旦的辅政身份。

苏瑰愤怒地说道：“先帝的遗诏，岂容你随意修改？”

随后，宗楚客和韦温仗着门外的禁卫军，恶意咆哮，大发淫威，逼迫反对派选择了妥协，李旦最终只捞了个太子太师的荣誉头衔。

景云元年（710）六月初四，幕后工作全部完成，韦后正式公布了李显的死讯，并且宣布由她临朝摄政，大赦天下囚徒，改年号为唐隆。任命相王李旦为太尉，雍王李守礼为豳王，李成器为宋王，任命韦温总领京城内外的军权。

景云元年（710）六月初七，李重茂在太极殿登基称帝，年仅16岁，史称殇帝。此情此景，和当年李治去世，李显登基，武则天临朝摄政如出一辙。不同的是，武则天历经了数十年的政治斗争，经验、智慧、涵养、手段已经到了登峰造极的地步，而韦后却是毫无底蕴的政治暴发户。不过，这丝毫不影响她做皇帝的野心。

宗楚客揣摩上意，上了一道奏疏，声称天降祥瑞，韦氏应该取代李唐，君临天下。不管怎么说，你想做皇帝的话，就得拿出点诚意，比如武承嗣为了给姑姑制造舆论，在洛河搞了块石头，造成了轰动性的祥瑞效应。至于宗楚客，在奏折上编造了某某祥瑞，完全是自说自话，连史臣都无法记载，可谓荒谬至极。

看得出来，韦后一党着急了，他们已经视皇权为囊中之物，忽略了潜在的威胁因素。然而，历史告诉我们，骄兵必败，大事一般都死于细节。就在韦后谋划弑杀李重茂，收拾相王李旦、太平公主的时候，一个真正的劲敌悄然崛起。

唐隆政变:“当皇帝”是刻在基因里的梦想

故事的主角就是临淄王李隆基。

李隆基（685—762），李旦第二个儿子，大名鼎鼎的唐明皇。

李隆基出生的时候，李旦刚刚登基称帝，4岁时，武则天将他过继给已故太子李弘，5岁时，老爹被撸下皇位，李隆基跟随父亲迁居到太子宫。

据史料记载，李隆基长相颇为英俊，而且才华横溢，胸怀抱负，在宫里自诩为“阿瞒”。昔日的曹操名叫曹阿瞒，如今的李隆基名叫李阿瞒，只看名字就知道，这小子以后一定会有出息。

7岁那年，朝廷举行祭祀仪式，时任金吾卫大将军武懿宗装腔作势，大声训斥侍从护卫，李隆基颇为不爽，于是怒目而视，大声呵斥道:“这里是李家的朝堂，你算什么东西？！竟敢如此训斥我家的护卫！”

咆哮、愤怒，这些都是人的脾气。问题是，有实力的人咆哮才会让人尊敬，没实力的小屁孩咆哮，大家只能当他是个乐子！正因为如此，李隆基还能跟没事人一样活着，还能因为卖萌耍横，得到了武则天的欣赏。

长寿二年（693），李隆基的母亲窦氏奉诏入宫，随后从人间蒸发，在王妃豆卢氏、姨妈窦氏的抚养下，李隆基开始了缓慢的发育。随后的几年，是李氏家族最惨的日子，皇室、宗室成员只能委曲求全，苟且偷生。

景龙二年（708），武则天决定归还皇帝的宝座，于是开始重用李姓大臣，李隆基以临淄王的身份，外放潞州（今山西省长治市）别驾。景云元年（710），李隆基回到长安，住进了隆庆池旁边的五王宅内，此时年仅25岁。

这些年来，李隆基耳濡目染的许多斗争，尤其是唐隆政变、神龙政变，让李隆基记忆深刻。他深知，想要在危险诡谲的斗争中笑到最后，只靠尊贵的身份是没有用处的，只有实实在在的军权才是王道。

李世民在世的时候，曾经在官户（官宦之家的家奴）和蕃口（在唐朝定居的外国人）中选拔了一批身材强壮的猛汉，给他们装备了绘有虎皮花纹的衣服，以及豹皮花纹的马鞍，任命他们担任自己的亲军。

李世民巡游狩猎的时候，就让他们随侍在鞍前马后，一同射杀飞禽走兽，这些人被称为百骑。武则天统治时期，百骑逐渐扩编为千骑，隶属于左右羽林军，唐中宗时期，这支部队更名为万骑。

当时，唐朝最威武的还是南衙的十六卫府兵，万骑部队只是北衙禁军中的一支分队。然而，任何部队的崛起，都是长时间的积淀形成的，万骑是皇帝的贴身卫队，又常年负责玄武门的守卫工作，重要性不言而喻。

很可惜，韦后没有看到万骑部队的优势。相反，她更相信南衙府兵，因为李显被杀后，正是因为五万府兵的鼎力支持，她这才控制住局势。当时，韦播、高嵩管理万骑部队，经常鞭打、侮辱将士，军中怨言很多。

李隆基回到长安之后，经常到万骑军营玩耍，为了结交基层的将士，李隆基不惜放下王爷的身段，和他们打成一片。李隆基凭着高贵的身份，无与伦比的魅力，迅速俘获了一批将士的爱戴，大家虽然都没有表态，可实际情况就是，只要李隆基有任何需要，万骑部队绝对会鼎力支持。

宗楚客谎报祥瑞之后，韦后便召集党羽，决定对付相王李旦、太平公主。就在此时，兵部侍郎崔日用做出了一个大胆的决定：投靠李隆基！

据史料记载，崔日用是韦后的党羽，和宗楚客的私交也非常好，可他就是不看好韦后的前途。当他得知韦后要发动政变，当即意识到了危险。崔日用似乎有种直觉：韦后忽略了李隆基的存在，而这支奇兵正好决定了韦后的命运！

崔日用急忙将消息传递给李隆基，并劝他主动出击。

事实上，李隆基通过私下运作，早就找好了政变同盟。

核心成员如下：

万骑首领：葛福顺、李仙凫、陈玄礼。

西京苑总监：钟绍京。

后者是三国时期书法家钟繇（yáo）的十七世孙，赫赫有名的小楷书法家，虽然家境贫寒，可靠着祖传的手艺，在京城也小有名气。当时，兵部尚书裴行俭觉得钟绍京的书法很厉害，因此将他推荐给武则天，担任专职写作（记录）。据史料记载，明堂内的九鼎文，洛阳宫的牌匾、楹联，很多都出自钟绍京之手。

钟绍京是为领导服务的，和同事没有冲突，再加上领导念及他的功劳，于是给他升官了，新职位是西京苑总监，官居五品，专门负责皇家园林的管理，比如花草种植、动物饲养、蔬菜种植等工作。

史书没有记载钟绍京和李隆基的交往过程，不过猜得出来，李隆基想要发动政变，需要天时地利人和，而钟绍京可以解决他的地利问题。因为，皇家园林位于玄武门的北侧，一共有数百平方公里，可以这样说，出了北边的玄武门，基本上都是皇家园林的地盘，想要塞一支军队是轻而易举的事儿。

投靠李隆基的时候，钟绍京已经是60岁的高龄。

还有朝邑县尉刘幽求。

此人的家境不太好，后来通过朝廷举办的临时考试捞了个进士的头衔，被任命为阆中（今四川省南充市阆中市）市尉。阆中是八线城市，本来就不好出成绩，刘幽求竟然还被顶头上司针对，气愤之下，刘幽求选择了挂印归田。武周年间，朝廷改任刘幽求为朝邑县尉。

彼时，刘幽求已经是50岁的老头子，可他的雄心壮志并没有熄灭，恰逢神龙政变，张柬之等人弄死了张易之兄弟，却放了武三思一马。刘幽求愤然进京，发出了人生的第一声呐喊：你们不弄死武三思，迟早会不得好死！

刘幽求就是想引起领导的注意，顺便捞个京官做做，可事与愿违，人家宁愿死，也不愿意给他飞黄腾达的机会。仕途蹉跎数十年，刘幽求看不到任何希望，可就在此时，他遇到了胸怀壮志的李隆基。李隆基和刘幽求都是愤世嫉俗的人，很有共同话语，而且刘幽求虽然身处卑位，可能力一点也不差，李隆基很快就将他引为人生知己，无话不说。

除了上面两位主角，还有尚衣奉御王崇晔（皇室首席服饰官）、利仁府折冲麻嗣宗（卫府中层将领）、卫尉卿薛崇暕（太平公主的二儿子）。

接到崔日用的消息后，李隆基将这帮人召集起来，同时还给姑姑太平公主送信，希望能够发动武力政变，诛杀韦后和她的党羽。

李隆基只不过是李唐皇室的后生小辈，如何统领太平公主等人？

答案很简单：枪杆子里出政权！谁有军队，谁的话就有分量！

当天晚上，李隆基偷偷来到万骑军营，找到了葛福顺、李仙凫和陈玄礼三位大首领。据史料记载，他们是韦后淫威的受害者，早就把韦后列为头号敌人，听说李隆基要发动政变，当即一口答应效力。

兵变是没问题的，可李隆基要弄死的不仅有韦后，还有皇帝李重茂，因此需要舆论支持啊。有人建议，还是把相王李旦请出来，让他主持大局。

李隆基沉吟道："在座的各位都是为了大唐社稷才造反，如果事成，福分自然归于相王；如果事败，牺牲的是我们，相王不必受到连累。更何况，如果将此事告诉他，就等于将他置于危险之中，如果他不同意，只会坏了大事！"

李隆基说得大义凌然，视死如归，可细细品来，其实居心叵测。

想想看，军事政变不是过家家，只有你死我活的结局。如果李隆基不发动政变，韦后都想着弄死李旦，如果政变失败了，韦后岂不是弄得更加心情愉悦？因此，李隆基的话就是自欺欺人。不过，他有句话说得很对，李旦性格软弱，真让他知道了这件事，恐怕还真的会横加阻拦，导致政变流产。

当时，大家经过一番密谋，已经制订了四步走的计划：

第一步：李隆基、刘幽求和钟绍京带足人手，潜伏在皇家园林。

第二步：葛福顺、李仙凫、陈玄礼单兵作战，先拿下左、右羽林卫的韦后党羽，然后策反羽林卫将士，把万骑部队带到玄武门之外。李隆基说了，必须看到韦播等人的脑袋，他才会离开皇家园林，然后开展下一步计划。

第三步：李隆基率人轰开玄武门，葛福顺率领左万骑拿下玄德门，李仙凫率领右万骑拿下白兽门，三方约定在凌烟阁会师。

第四步，捕杀韦后、安乐公主等人，一战定乾坤。

当然了，计划归计划，实战是实战，前者让人头脑发热，后者让人肾上腺素疯狂飙升，而且中途会遇到各种麻烦事儿，完全是两个不同的境界。

景云元年（710）六月二十日傍晚，李隆基、刘幽求、王崇晔、麻嗣宗、薛崇暕、李守德等人身穿便服，偷偷摸摸潜入了皇家园林。就在此时，某人惊呼一声："殿下，跟随在你身边的王毛仲怎么没来？"

据史料记载，王毛仲是高句丽人，因为父亲犯罪的缘故，被充作王府奴才，长期跟随在李隆基的身旁。李隆基和万骑军将领们结交的时候，王毛仲就看出了端倪，因此每逢大家喝酒，王毛仲就尽力表现，而李隆基不在的时候，王毛仲主动代表李隆基，刻意结交他们，深得李隆基的欢心。

王毛仲不来，让众人心生疑虑，他该不会临阵脱逃了吧？

李隆基："先不管他，咱们先去找钟绍京！"

就这样，一行人假装园林工人，来到了钟绍京在皇家园林的住处。然而，钟绍京却将李隆基二人拒之门外，不肯相见。

李隆基一脸茫然，不知所措。

李隆基："开门开门！钟绍京，你疯了？"

前面已经猜测过，钟绍京年过六十，早就到了花甲之年，应该是受到李隆基洗脑，这才答应起事，他没想到李隆基会来真的，于是有点反悔了。

钟绍京的反应让妻子许氏颇为不满，于是责备道："你不是已经答应临淄王起兵造反了吗？怎么要突然反悔呢？"

钟绍京："咳咳，先前答应是因为激动，然而此事毕竟太大，稍有不慎就会给咱们家带来灭顶之灾，我能不后悔嘛！"

许氏："为人臣子，不要担心举事会不会成功，为了国家大事不计个人安危，一定会有神灵相助的！你现在贸然退出，临淄王也不会放弃起兵，到时候失败了依旧会将你牵涉进来，还不如和他们一起举事呢！"

钟绍京想了想，确实是这么个理儿，这才慌忙地跑出来，将李隆基等人迎进家门。没过一会儿，葛福顺和李仙凫也来到钟绍京的家里，敲定了最后细节。钟府之内，所有人都屏气凝神，静默等待，接下来的命运，一半靠实力，一半靠运气，成功了就是从龙功臣，失败了就是谋反恶贼。

二更时分，更鼓打响，刘幽求出门观望天象，发现空中划过了一阵流星雨，对统治者来说，这是国有大乱的征兆，可是对李隆基来说，这就是……好吧，天象是不是吉祥的，主要看人的立场，你说好就好！

刘幽求激动地说道："天意如此，机不可失啊！"

李隆基："行动！"

接下来，葛福顺和李仙凫等人带着佩剑，偷偷摸摸闯入到羽林卫的军中，很精准地摸到韦璿、韦播和高嵩三人的营帐，将他们的首级砍了下来，随后召集左右羽林卫的将士，开始给他们讲话。

葛福顺："韦后心如蛇蝎，毒死了先帝，只为谋朝篡位，可谓罪大恶极啊。今天晚上，咱们兄弟一起杀进皇宫，铲除韦氏家族，拥立相王李旦为皇帝，同享富贵。进宫之后，不要手下留情，凡是可以抵抗的，就地格杀，倘若有人胆敢首鼠两端，帮助逆党，罪及三族。"

羽林卫将士："愿为相王殿下效忠！"

须臾之间，韦璿、韦播的人头就送到了李隆基面前。

据史料记载，李隆基就着昏暗的灯光，确认是敌人的脑袋之后，这才吩咐众人走出皇家园林的南门。除了李隆基等人，钟绍京还召集了两百名园林工人，吩咐他们带着斧头、锯子随行。当然，任务就是锯开玄武门的门闩！

当时的分工很清楚：葛福顺率领左万骑攻打玄武门东侧的玄德门，李仙凫率领右万骑攻打西边的白兽门，约定在凌烟阁前会师。三更时分，宫内传出了鼓噪之声，李隆基吩咐锯开了玄武门，这才带着众人进宫。

长安城内，得玄武门者得天下，这几乎是政变的一贯规律。

此时，距离李显暴毙还不到半个月的时间，李显的棺椁还存放在太极殿内，由一批南衙府兵守灵。这帮人也听说了宫内的秘闻，对韦后恨得咬牙切齿。他们听说临淄王李隆基在搞事情，纷纷响应支持。

一时间，皇宫内外的军队都成了倒韦的势力。

此时此刻，韦后还在做着当皇帝的春秋大梦，当宫人将她叫醒的时候，韦后显得惊慌失措。为了活命，她慌不择路地跑到万骑军中寻求支援，不料被一个无名小卒给砍了脑袋，首级随后被送到李隆基的面前。

安乐公主平日里睡得比较晚，正在镜子面前梳妆打扮，一群士兵闯进宫中，二话不说就砍了她的脑袋，武延秀、韦温等人亦被乱军斩杀。

上官婉儿不愧为政治斗争的老手，当宫内大乱之时，她穿戴整齐，提着灯笼前去迎接李隆基，搞得自己好像内应一样。

据史料记载，上官婉儿拿出了当时草立的原版诏书，谄媚地说道："临淄王殿下，您看，俺们当时是拥立相王李旦的，绝对不是韦后的党羽！"

李隆基阴冷地看着她，恶狠狠地说道："杀无赦！"

一场军事政变，将韦后的女皇梦想彻底粉碎。

事实证明，没有长时间的政治经营，没有痛苦的君臣关系磨合，权力体系就像是毫无根基的空中楼阁，只需要抽掉其中一根柱子，体系就会彻底崩塌。对韦后来说，玄武门的禁卫军就是这根不起眼的柱子。

收拾完韦后和安乐公主后，李隆基等人来到了太极殿，皇帝李重茂正呆坐在龙椅上瑟瑟发抖。身为皇帝，却不能掌握自己的命运，其悲苦可想而知！

刘幽求："大势已定，可以请相王入宫主持大局了吧？"

李隆基急忙制止："韦后的党羽还没有杀干净呢，你先在这里提前庆功了？赶紧吩咐下去，搜捕韦后党羽，本王亲自去请相王！"

景云元年（710）六月二十一日凌晨，李隆基下令关闭京城和皇城的宫门，勒令千骑军全城搜捕韦后的党羽，随即展开了血腥的清洗活动。

太子少保、宰相韦温，被斩首于东市。

宗楚客和弟弟宗晋卿身穿孝服，骑着两头黑驴准备溜出城门，结果被驻守在通化门的士兵认了出来，随即被割了首级。

景云元年（710）六月二十一日上午，李隆基前往相王府，为自己起事之前未能告诉李旦而叩头谢罪。李旦流着眼泪，抱住李隆基说："社稷得以保全，全是你的功劳！"

李隆基："如今大局已定，请父王立即入宫，辅佐少帝！"

据史料记载，李旦领着李重茂来到安福门，打算安抚百姓，大赦天下。就在此时，人群中突然冲出个大臣，只见他手舞足蹈，高声呼喊着万岁。李旦定眼一看，原来是赵履温，此人是安乐公主的党羽，当时为了讨好公主，不惜拿国库的钱财为她大兴土木，还亲自给公主抬轿子，十足的马屁精一个。

李旦都没搭理赵履温，嫌恶地说道："砍了此人！"

长安城的老百姓都是朴实的，有恩就还，有仇就报。想当初，赵履温为了搞土木建设，恶意征调老百姓服役，弄得民怨沸腾，赵履温被杀之后，老百姓纷纷拿刀割其肉，瞬间就将他剐为了白骨。

没过多久，汴王李邕和御史大夫窦怀贞也来了，两人手里各提一个包裹，定眼望去，居然还有鲜血从包裹里滴出来！

李旦不解地问道："汴王，你们这是？"

李邕神色颇为得意地说道："相王，我的妻子正是韦后的妹妹崇国夫人，她现在已经被我处死了，这就是她的人头！"

李旦明白了，李邕这是担心朝廷找他秋后算账，于是拿老婆的人头换自己的前途。不过，李旦清楚地记得，这两位和韦后结为亲戚后的兴奋经儿，尤其是窦怀贞，以国舱（乳娘丈夫的叫法）自居，极尽谄媚之能事。李旦答应不杀他们，可后来还是把他们贬到外地，让他们自生自灭去了。

景云元年（710）六月二十二日，李隆基被封为平王，正式接管左、右厢万骑兵，钟绍京为中书侍郎，刘幽求为中书舍人，参知机务。

有趣的是，皇帝李重茂还端坐在龙椅上，似乎没有搞清楚状况。太平公主看到这个傻侄子，又气又恼，于是主动进宫教育，李重茂这才答应让位。此时，皇位的传承属于禅让性质，李旦需要三辞三让，这是标准流程。

景云元年（710）六月二十三日，李重茂下达了另外一道旨意：任命李隆基为殿中监、同中书门下三品，宋王李成器为左卫大将军，衡阳王李成义为右卫大将军，巴陵王李隆范为左羽林大将军，彭城王李隆业为右羽林大将军。

不过，李旦还是没有任何反应。

刘幽求找到李隆基和李成器："二位殿下，如今大局已定，相王怎么能拘于小节，拒绝登基称帝呢？更何况，相王曾经就做过皇帝，正是民心所向啊！”

李成器虽然是嫡长子，可他明白这其中的奥妙，因此打算做个安安静静的旁观者，把最终的决定权交给政变功臣李隆基。

李隆基不无惋惜地说道：“你们有所不知啊，父王生性淡泊名利，向来不把世事放在心上，当年他已经君临天下，却还是坚持把帝位让给别人。如今，李重茂是父皇亲哥哥的儿子，他怎么忍心取而代之呢！”

刘幽求：“殿下！民心不可违，相王独善其身，社稷怎么办？”

这种时候，每个人都有台词本的，如果把台词念完了，事情还没有搞定，李旦也就没有台阶下了。李隆基看火候差不多了，这才答应请出老爹李旦。

景云元年（710）六月二十四日，李旦、太平公主、李隆基五兄弟、少帝李重茂以及朝中重臣们齐聚太极殿，商议退位让贤之事。

太平公主：“当今圣上想把帝位让给相王，可以吗？”

刘幽求：“公主殿下！如今国事百废待兴，圣上仁爱孝顺，效法尧舜禅位的传统，实在是大公无私啊。相王代替圣上挑起治理天下的重担，乃是叔父对侄儿慈爱的表现，这有何不可呢！”

李重茂：“朕也认为，叔父做皇帝更适合，朕马上就下旨！”

太平公主却急吼吼地说道：“天下臣民之心已经归附相王，皇位的宝座不属于你这个小子了！还是赶紧下来吧！”

说罢，太平公主便动手将李重茂从宝座上拉了下来。就这样，一家人合演了一出戏，将皇位顺理成章地过渡给李旦。当天，李旦在太极殿登基称帝，并登临承天门，大赦天下囚徒，封少帝李重茂为温王。

李旦的一生充满了传奇色彩。他的父亲李治是皇帝，母亲武则天也是皇帝，哥哥李显是皇帝，儿子李隆基也是皇帝，这样尊贵的身份，可谓亘古少有。

然而，李旦的一生更是充满了悲剧。他虽然贵为天子，身边却始终没有依附自己的政治势力，在野心家横行的朝堂，他只能选择随波逐流。幸运的是，李旦的生存法则是退让，这可以保证他活得比别人长久。李旦刚刚登基，心里就在盘算着立太子之事，好把皇位再一次交出去。

李旦全身而退：只有笨皇帝，没有傻皇帝

李旦膝下一共有六个儿子：

李成器，李旦的嫡长子。

李成义，皇二子，母亲是宫女柳氏。

李隆基，皇三子，母亲是德妃窦氏。

李隆范，皇四子，生母不详。

李隆业，皇五子，生母不详。

李隆悌，皇六子，生母不详。

按照惯例，李成器是嫡长子，是太子的第一候选人。

很遗憾，在唐隆政变中，李隆基立下了首功，手里还掌握着万骑军，李旦不能不慎重考虑。当时，李旦召集了几个皇子，直接抛出了立太子的议题。

李成器颇有乃父风范，一马当先地推辞道："陛下，国泰民安则应当先立嫡长子，国家多难则应当立有功之人为太子。如果不这样做，天下人恐怕会大失所望。儿臣宁可死，也不敢位居在三弟之上！"

接下来的几天，李成器一直在李旦面前哭诉，请求封李隆基为太子，绝大部分朝臣也认为李隆基挽狂澜于危机之中，确实配得上太子之位。

言外之意是：不立李隆基，朝堂还得继续乱下去！

景云元年（710）六月二十七日，李隆基终于如愿以偿，拿到了皇太子的印信。为了安抚李成器，李旦把雍州牧、扬州大都督、太子太师三个高级头衔一起丢给了他。

客观地说，李旦和李显的性格颇为相似：为人善良柔弱，对权力的欲望没那么强

烈，只想安安稳稳地过日子。不过，就算追求安逸，也得先消灭敌人啊。

李旦登基之后，顺势对韦后的党羽展开了清洗，还剥夺了武三思和武崇训的爵位，废除了武氏家族的宗庙。不仅如此，李旦还刨开了武三思父子的坟墓，对他们实行了鞭尸惩罚。历史证明，性格再柔软的人，内心也住着一只魔鬼。

可惜的是，李旦空有天子的尊严，却没有天子的权势。政变之后，李旦必须面对两个现实：李隆基对权力很有欲望，太平公主更是跃跃欲试。

李隆基上位之后，迅速组建了自己的班底：

姚崇：兵部尚书、同中书门下平章事、太子左庶子。

宋璟：吏部尚书、同中书门下平章事、太子右庶子。

苏环：尚书右仆射、同中书门下平章事、太子少傅。

张说：中书侍郎、同中书门下平章事。

太平公主的实力，更是不容小觑。

这位大小姐的性格非常霸道，为人机敏，拥有与生俱来的领袖气质。武则天晚年，张易之控制宫禁，太平公主和张柬之等人联手发动了神龙政变，一举奠定了她在皇室的政治地位。韦后和安乐公主把持朝政的时候，太平公主暗中培植自己的势力，利用皇室一姐的身份和她们周旋。这次唐隆政变，太平公主又立下了大功，李显对她既感恩，又尊敬。

在封赏功臣的同时，李旦大手一挥，将太平公主的食邑增加到一万户，并将大侄子薛崇敏、薛崇简全都封为异姓王，还给予了朝廷实职。

据史料记载，李旦经常邀请太平公主商讨政事，而且经常待一整天，如果太平公主没有入朝，李旦就会派宰相前去询问她的意见。宰相们决定政事的时候，李旦通常都会问："有没有和太平公主商议过啊？"

宰相们通常回答："陛下，公主已经同意此事！"

李旦继续问："有没有和太子商议过？"

宰相们回答："陛下，太子也同意了此事！"

李旦这才会说："好，那你们去执行吧！"

在李旦的纵容下，太平公主开始在朝中大肆招揽朝臣，窦怀贞、萧至忠、崔湜、岑羲、常元楷、李慈、李钦、李猷等人纷纷前往公主府报到。

当然了，他们有的看好太平公主的前途，有的是被太子府针对，只能找个新靠山。很遗憾，这帮人基本上都有张氏兄弟、武三思和韦后党羽的标签，在接下来的政治洗牌中，几乎全部出局，太平公主还是要孤军奋战。

太平公主的政治目的究竟是什么？

如果说自己做皇帝，似乎有些天方夜谭。武则天能做皇帝，是因为经营了数十年时间，韦后可以挑战皇位，是因为她能控制李显，把持朝政。然而，太平公主什么也没有，只能靠皇室公主的身份混饭吃。

事实上，太平公主的思路很清晰，先不打皇位的心思，最好能控制一个傀儡皇帝，比如李显、李重茂这样的，以后再徐图打算！这样一来，李隆基的存在就成了太平公主美好生活的埋葬者！

大侄子，对不起了，姑姑只能拿你开刀了。

景云元年（710）十月，太平公主的舆论战正式打响：长安城的父老乡亲们呐，李隆基既不是皇帝的长子，更不是嫡子，根本就没有资格做太子啊。最适合的候选人其实是嫡长子李成器，再不济也是高宗皇帝的长孙，豳王李守礼。

不得不说，庶子身份是李隆基无法改变的硬伤。

那个年代，嫡长子永远是太子的第一候选人，李世民虽然破坏了规矩，可骨子里还是很尊重规矩的，因此让嫡子李承乾做了太子，后世都是遵守嫡长子继承皇位的制度。可到了李隆基这里，规矩又变了，因为他是政变功臣，所以能做太子。问题是，功劳可以保得了一时，却保不了李隆基一世啊。

时间长了，朝臣的价值观就会重新回到嫡长子继承皇位的轨道上来，李隆基可伤不起啊。面对太平公主的挑衅，李隆基坐卧不安，毫无对策。

李旦不是聋人，太子府的压抑气氛他有所耳闻。他的立场其实很简单，大家都是一家人，如果能和和气气，他愿意居中调和，哪怕自己付出一些代价。可如果一家人闹得鸡飞狗跳，他也不会坐视不理。

亲儿子和亲妹子，换作任何人，恐怕都会力挺亲儿子吧。

为了安抚人心，李旦特地下了一道诏书：李隆基是合法的太子，希望天下臣民不要传播谣言，更不要误信谣言。

就这样，太平公主的一波进攻被老哥轻松瓦解。

紧接着，她又派遣卧底前往太子府，希望能刺探到李隆基的秘闻，比如和男宠乱搞关系，暗中画圈圈诅咒皇帝之类的。遗憾的是，李隆基虽然谈不上人人称赞的君子，可举止行为也是毫无挑剔的，这让太平公主非常懊恼。

景云二年（711）正月，太平公主又想了个主意，希望借宰相之手除掉李隆基。

当时，太平公主让女婿唐晙去找宰相韦安石，希望他能过府一叙，却遭到韦安石的拒绝。于是，太平公主找到李旦，声称韦安石暗中投靠了李隆基，希望能引起李旦的注意。

李旦有点不相信，于是让太平公主躲在宫中，然后密召韦安石问话："韦爱卿，朕听说不少朝臣都已经归附太子，这事儿你怎么看？"

韦安石大惊失色，急忙辩解道："陛下，这是亡国之言啊。臣猜测肯定是太平公主的意思吧！太子殿下为社稷立下大功，而且孝顺父母，友爱兄弟，这是天下人都知道的事实啊！希望陛下不要被谗言迷惑！"

李旦："韦爱卿，朕知道了，此事以后不必再提。"

精心准备的计划被瓦解，失落的心情可想而知。

太平公主愤怒了，她安排了一批御史上奏弹劾，把韦安石打入牢狱，多亏了另一位宰相郭元振的相救，韦安石这才捡回一条性命。

大侄子撼动不了，朝臣也弄不死，太平公主觉得无比空虚。

一天早上，大臣们等候上朝，太平公主偷偷摸摸找到几位宰相，声称有大事和他们相商。宰相们都是凡人，听说有大事相商，顿时觉得被尊重了，于是满心欢喜地跟着太平公主来到了宣政殿西南角的光范门内。

太平公主开门见山："各位宰相，你们都是大唐的国之栋梁，如今京城谣言四起，说太子并非陛下的嫡长子，如今忝居上位，实在是于国无益啊！"

众臣僚不解："公主究竟想要干什么？"

太平公主："我想和你们一起向陛下进言，废黜太子！"

宋璟大惊失色道："公主殿下！太子为大唐社稷立下了莫大的功劳，又是名正言顺的储君，为何要废黜他呀？”

是啊，为什么要废他，凭什么能废他？

太平公主完全回答不上来，只好拂袖而去。

姚崇、宋璟是李隆基的嫡系亲信，他们亲眼看见了太平公主的蛮横，对权力的执着追求，因此为李隆基的前途深感忧虑。

随后，两位宰相找到李旦，痛心疾首地说道：“陛下，宋王李成器、豳王李守礼确实是太子的合适人选，如今太平公主有意挑拨他们和太子的关系，使得东宫地位不稳，这不是好兆头啊！”

李旦：“朕也忧心此事，依你们之见，该如何处理？”

宋璟：“请陛下将宋王和豳王外放为刺史；免去岐王李隆范和薛王李隆业担任的左、右羽林大将军职务，任命他们为太子左、右卫率，让他们侍奉太子。至于太平公主和武攸暨，还请陛下将他们安置到东都洛阳。”

李旦：“两位爱卿，朕的兄弟已经相继过世，只有太平公主一个妹妹了，怎么可以因为猜忌而将她安置到洛阳呢？”

宋璟：“陛下，如果处理不善，恐怕后患无穷啊！”

李旦：“这样吧，公主你们不必管了，至于诸位亲王，任凭你们安排！”

如何处置姑侄的矛盾，李旦心里有数，他先给朝臣们打了一剂预防针：今后王爷和驸马不许执掌禁卫军。朝廷会对现有的禁卫军将领重新任职。

没过几天，有术士突然告诉李旦，五日之内必有军变。

军变，多么敏感的字眼啊，可究竟是谁会军变呢？李旦似乎拿捏不准，不过他还是偏向相信太子府，因此找来了姚崇、张说等人：“各位爱卿啊，占卜的人告诉朕，最近会有变故发生，你们应当提前防备才是。”

张说闻言，义正词严地说道：“陛下，一定是坏蛋故意离间陛下和太子的关系，希望陛下让太子代理政务，以此消除流言蜚语，稳定人心！”

景云二年（711）二月初一，最终判决书下来了：宋王成器调任同州刺史，豳王守礼调任豳州刺史，左羽林大将军、岐王李隆范调任太子左卫率，右羽林大将军、薛王李隆业调任太子右卫率，太平公主前往蒲州（今山西省运城市境内）安置。

景云二年（711）二月初二，李旦再次下诏：由太子李隆基代理政务，朝廷六品以下官员的任命，以及徒刑罪以下的犯人审核，均由太子全权处理。

诏书刚刚发布，群臣就炸了锅。

大家伙儿都知道，李隆基、姚崇和宋璟生了一颗改革的心，他们始终觉得，朝廷的官员数量太多，尤其想裁撤李显提拔的斜封官员。在此之前，他们已经偷偷摸摸开除了一批，如果让李隆基上台，大家还有好果子吃？

自古以来，官场就是一张利益交织的关系网，京城的官场更是如此，大家靠金钱、门生、利益交换的关系维系着，牵一发而动全身。

诏书颁布的当天，殿中侍御史崔莅、太子中允薛昭素等人就进宫了：“陛下，斜封官都是先帝任命的，姚崇等人执意剥夺他们的官职，岂不是说先帝做错了？臣等深为担忧，害怕此举会给陛下带来怨言。再者说，斜封官的数量实在太多，稍有不慎，恐怕会引起不必要的变故啊。”

事实证明，这可能是太平公主指使的，因为两位朝臣刚刚入宫没多久，太平公主就跟上去补了一刀：“他们说得实在是太对了！”

和哥哥李显一样，李旦也喜欢稳定，不喜欢动荡。

景云二年（711）二月初三，李旦紧急下诏：凡是被停职的斜封官，可以量才叙用。李旦不是昏聩的皇帝，他如此下诏，只能说明一个问题，太子府的崛起影响了很多人的利益，而朝臣的怒气让李旦备感压力，他必须出手干预。

对太平公主来说，利用朝臣的怒火，完全可以组织一波反攻。

当时，太平公主怒气冲冲地跑到太子府，以李隆基姑母的身份自居，扬言都是姚崇和宋璟给乖侄子出的馊主意，差一点引发朝野动荡，这是不顾大局，别有居心的行为！说到兴起处，她还指责李隆基在联合外臣，欺负她这个姑母。

换作任何人，都可以感觉到太平公主的来者不善。李隆基感到头皮发麻，理智告诉他，这件事肯定没完。是啊，就算是太子爷，也得考虑朝臣的情绪，开除斜封官没毛病，可还是太心急，给老爹带来了麻烦！

面对怒气冲冲的姑母，李隆基选择以退为进，先安抚住她，随后主动进宫，将所有罪责都推到了姚崇和宋璟的身上，希望李旦能够秉公处理。李隆基自信，事情闹得并不大，老爹不会要了姚崇和宋璟的命。

事实上，李旦知道这二人是太子府的智囊，也明白李隆基是为了保护姚崇和宋璟，因此也配合演了一出戏。景云二年（711）二月初九，李旦下诏：姚崇调任申州（今河南省信阳市）刺史，宋璟调任楚州（今江苏省淮安市）刺史。至于李成器等人外放一事，暂且搁置！

据史料记载，取代姚崇、宋璟的是韦安石和李日知，这两位老兄是明哲保身的中间派，谁也不得罪。既然李旦不想动斜封官，他们也就跟着皇上的意思来。短短两个月的时间，朝野上下一片乌烟瘴气，几乎回到了李显主政的时代。

这是李旦希望看到的结果吗？

当然不是。李旦虽然不是明君，可也不是昏君，他亲眼看见了中宗一朝混乱的政治生态，目睹老哥惨死在亲人的手里。血淋淋的事实告诉他，越是打算混日子，你的日子混得越惨。然而，李旦夹在妹妹和儿子中间，他无力改变朝廷的局势，更不愿意看到江山社稷从根上彻底烂掉。

李旦深思熟虑，决定把皇位交出去。

辞让帝位已经不是第一次，再多让一次又有何妨呢！

景云二年（711）四月，在一次例行早朝之后，李旦将三品以上的重臣留了下来，语重心长地说道："各位爱卿，朕一向恬淡寡欲，没把皇位看得太重，正因为如此，当初才会主动退位让贤，朕现在打算把皇位传给太子，你们认为怎么样？"

突如其来的消息，让朝臣们呆若木鸡，久久没有缓过神来。

李旦："先退下吧，容后再议。"

事后，李隆基让太子右庶子李景伯主动上奏，希望李旦能够收回成命，不要冲动行事。然而，李旦还是坚持己见。

殿中侍御史和逢尧是太平公主党羽，他也上了一道奏表："陛下正当壮年，天下的黎民百姓都指望着您呢，怎么能着急禅位于皇太子呢？"

有趣的是，李旦拒绝了太子府，却答应了公主府。

拒绝太子府，是因为李旦用实际行动证明，他确实想把帝位传给李隆基，希望父子之间不要有任何隔阂。想想看，如果李旦答应了太子府的请求，继续做皇帝，李隆基该是什么样的心情？虚伪的父皇？

答应公主府，是因为李旦觉得时机还是不到。

景云二年（711）四月十三日，李旦下诏：由李隆基处理所有政务，涉及军国大事、死刑犯的审核以及五品以上官员的任命，都要先与皇太子商议，然后再上奏。

景云二年（711）五月，李隆基主动请辞，希望将太子之位给大哥李成器。

李旦表示，儿子够聪明，但是朕拒绝。

李隆基再次请奏，希望将太平公主重新迎回长安城侍奉。

李旦：就这么着！

历史证明，李旦从没想过给太平公主许下政治承诺，也没有让她辅佐李隆基的打算。李旦纵容太平公主，很大程度是顾念兄妹的情分。关于太平公主，李旦似乎看得很清楚，她的党羽都是酒囊饭袋，仗着公主府的权势敛聚钱财，并没有太大的政治诉求，也没有能翻云覆雨的怪才，所以李旦绝对放心。

最重要的是，李旦已经提前布局，把禁卫军中的王爷、驸马全部撸了下来。如今掌握军权的，恰好是太子李隆基。想想看，没有兵权，太平公主也只能祸害一下朝政，改变不了大局，这才是李旦纵容妹妹的根本原因。

俗话说得好，只有笨皇帝，没有傻皇帝。

如此不起眼的唐睿宗，居然可以平衡太平公主和李隆基两大枭雄，最终还能完成皇权过渡，全身而退，赢得所有人尊重，这难道不是一种本事吗？

太平公主再次回京，李旦已经有了心理准备：只要妹妹不闹事，不搞阴谋诡计，他都可以接受。接下来的几个月，太平公主依仗李旦对她的宠爱，在朝野翻手为云，覆手为雨，唆使李旦频繁地任命高级官员。崔湜、窦怀贞、岑羲、萧至忠相继被提拔为宰相，而她看不惯的大臣，通通调任地方。

李隆基着急吗？愤怒吗？

事实证明，他完全没有这种感觉。“兵权在手，天下我有”的自信，让李隆基可以笑看姑姑的幼稚操作。最坏的情况，无非是李隆基再来一次兵变，把所有敌人全部消灭干净，这又有何难？

聪明反被聪明误：太平公主促侄子登基

客观地说，过去二十年，李唐王朝发生了惊心动魄的政治动荡，大批宗室和朝臣被杀，无数的百姓无辜惨死。究其原因，很大程度上是因为后宫的女人干政。

大乱之后，必有大治，这是亘古不变的规律。

到了唐睿宗一朝，活跃的女政治家仅有太平公主一人，可不管从哪一方面来说，太平公主都没有做皇帝的可能。虽然朝野有很多马屁精，可还是有很多忠正耿直的大臣，比如李日知、张说、刘幽求、魏知古、郭元振和陆象先。

太平公主想要逆天而行，无异于自取灭亡。

延和元年（712）七月，一颗颗彗星从长安城西穿城而过。

古时候的人都比较迷信，经常会把彗星、地震等天象理解成老天爷震怒，要惩罚人间的天子。每到这个时候，就有一堆人跑出来传播危言耸听，要么说皇帝做了错事，需要下罪己诏，要么说哪个地方即将发生灾难。

这一次，太平公主找了几个德高望重的术士，并给他们准备了一套台词：天降彗星，标志着将要除旧布新，而位于天市垣内的帝座星有所变化，所主之事乃是皇太子应当登基即位。

太平公主的本意是进谗言离间，让李旦相信李隆基要赶他下台，至于怎么动手，由李旦自行解决。一般而言，皇帝都不能容忍这种事情，轻则会叫太子进宫训斥一顿；重则派人调查，把太子府连根拔起。

事实上，李旦确实相信了天象。然而，他认为是自己不够资格，这才引起老天爷的警示，为了应对舆论，李旦突然宣布，要把帝位传给太子李隆基！也许在那一刻，李旦偷偷笑了，老妹难道不知道，哥哥本来就不想做皇帝了？

太平公主彻底蒙了，有种五雷轰顶的感觉。

如果是在后世，有个词很适合形容她的处境：反杀助攻！

太平公主带着苦瓜脸，悻悻地出宫，打算找党羽挽回局势。

太极宫内，群臣吵得不可开交。

李旦说道：“中宗皇帝在位时，奸佞小人专擅朝政，上天屡次用灾异来表示警告。朕当时就给先帝进言，希望他能将皇位传给太子，以此来避免灾祸，但是中宗皇帝很不高兴，朕因此担惊受怕，以至于好几天都吃不下饭。朕当年既然劝过先帝，如今就应该将皇位传给太子，你们说呢？”

李隆基：“陛下，臣因为尺寸之功被破格立为太子，即使是做太子，还担心无法胜任，陛下突然要将帝位传给儿臣，究竟是为了什么？”

李旦：“太子啊！宗庙社稷安然无恙，朕能君临天下，都仰仗你的功劳，如今天降警示，朕将帝位禅让给你，以此转祸为福，你还有什么疑虑的？”

李隆基：“陛下，儿臣恳请您收回成命！”

李旦似乎有点儿愠怒：“太子！你为人忠孝，难道非得在朕的灵柩前，你才肯接受这个帝位吗？”

延和元年（712）七月二十五日，李旦发布诏书：将帝位禅让给太子李隆基。

太平公主还是不想死心，她对李旦说道：“老哥，你就算退位，也得拥有政务和军国大事的最终决定权。”

李旦看着妹妹，心里五味杂陈。这个世上，没有人是无欲无求的，有些人求而不得，只好退而观之，这是处世的大智慧。对李旦来说，他还想继续活着，太上皇的头衔可以让他安享晚年，可皇帝的头衔却可以让他活得更精彩。

很遗憾，他始终没有找到解决姑侄矛盾的办法，因此只好禅让帝位，尽最大努力减少李唐皇室的冲突。面对太平公主的恳求，李旦隔日就给李隆基下了一道诏书：太子啊，你做了皇帝，政务一定会很繁重，要不朕帮你处理一下吧。想当年，尧将帝位禅让给舜，还经常到全国各地巡视呢，朕虽然退位，哪能放心地做甩手掌柜呢！以后但凡有军国大事，朕还是会参与决策的！

李隆基心里如猫抓鼠挠，这个说话不算话的父皇。

延和元年（712）八月二十五日，李隆基登基称帝，史称唐玄宗。

从此时开始，李旦升级为太上皇，仍旧自称朕，发布的命令称为“诰”，每五天在太极殿接受群臣朝见一次。李隆基自称“予”，发布的命令称为“制”和“敕”，每天在武德殿接受群臣的朝见。

在传位诏书中，还有一个附加条款：朝廷三品以上官员的任命，以及重大的刑狱政务，仍旧由太上皇决定，其余政务由李隆基决断。于是，每五天上朝一次的太上皇主宰着军政大事，每天上朝的皇帝却只能处理鸡毛蒜皮的小事。

说到底，李隆基只能算半个皇帝。

据史料记载，新一届的宰相班子包括岑羲、窦怀贞、崔湜、魏知古、陆象先和刘幽求，前三个是太平公主的党羽，魏知古和陆象先是中立派，可还是偏向李隆基，至于刘幽求，那是李隆基的死党。

从宰相的安排来看，太平公主还是占了很大的优势。李旦保持着对三品以上官员的任命大权，做出这样的安排，不仅是为了保护太平公主，恐怕还有牵制李隆基，为自己的晚年幸福着想的考虑吧！

不过，李隆基却很郁闷，上面有老爹压着，旁边有姑姑虎视眈眈，朝廷有一帮狗腿子摇旗呐喊，丝毫不把李隆基放在眼里。

刘幽求更是郁闷，想当初发动政变的时候，多么的意气风发，他自认有大功于朝，因此给自己定了个小目标：中书令，兼任尚书左仆射。谁料想，在太平公主的运作下，崔湜做了中书令，而窦怀贞抢到了尚书左仆射之职。

但凡心中郁闷之人，一定会找个发泄的地方。

有一天，刘幽求找到了右羽林将军张暐（wěi），二人摆下宴席，痛饮一番之后便开始互相诉苦，声称自己在唐隆政变中立了大功，最后却便宜了太平公主等人。张暐是个武将，没那么多心思，因此问刘幽求接下来该怎么办。

刘幽求：“兄弟，你去找当今圣上，就说窦怀贞、崔湜、岑羲等人日夜密谋造反，准备拥立太平公主做皇帝，如果咱们不先动手，反受其害！”

为什么是张暐去说？

很简单，李隆基在潞州做官的时候，张暐就是治下县令，由于他性格豪爽，喜欢结交朋友，李隆基和他走得非常近。后来，张暐举办了一次宴会，要求著名音乐家赵玄礼到家演出，恰好赵玄礼把女儿也带来了。李隆基和赵氏一见钟情，私订终身，最后还生了个孩子，也就是后来的太子李瑛。

当时，赵氏身份卑微，李隆基没办法迎娶她，因此让她们母子一直住在张暐的府中。可想而知，李隆基和张暐的关系该有多么亲密。

事实上，李隆基也在忧心此事。面对张暐的请求，李隆基也默认了，不过叮嘱他一定要小心行事，不可泄露消息。李隆基是相信他的，可这位老兄毕竟是个武将，喝酒贪杯，嘴上没个把门的，最后居然让侍御史邓光宾给举报了。

李隆基得知此事后，吓得魂飞魄散。

朕虽然是皇帝，可毕竟没有掌控实权，如果这件事抖搂开，群臣会怎么想，老爹会怎么想，太平公主又会怎么做？自古以来，大臣造反被杀的不计其数，可皇帝造反被撸的，真是想想就羞愧。

李隆基：哎，还是老一套，丢车保帅吧。

李隆基进宫了，跪在地上痛哭流涕，指控刘幽求等人居心叵测，这才引起了误会，希望老爹能从重处理。

延和元年（712）八月十九日，刘幽求、张暐、邓光宾等人被下狱，有关部门判处他们死刑。为了保住刘幽求，李隆基亲自出面说情，李旦顾及儿子的利益，最终决定将刘幽求发配到封州（今广东省江门市新会县），以示惩处。

想当初，太平公主拿天象一事砸了自己的脚，李隆基如今拿兵变一事也砸了自己的脚，堪称是“你做初一，我做十五”的典范啊。

刘幽求是李隆基的死党，太平公主自然不想放过他。

据史料记载，崔湜派人给广州都督周利贞传话，希望刘幽求能以正当的方式消失在岭南。周利贞堪称罪臣杀手，神龙政变的功臣就是被他弄死的。谁料想，刘幽求走到半路的时候，居然被好朋友、桂林都督王晙截下，任凭周利贞威胁和强迫，王晙始终不答应放人，刘幽求这才保住一条小命。

不管怎么说，张暐的泄密让李隆基非常被动，这至少传递了一个信号：李隆基对现状非常不满，如果有必要，他是可以动刀子的。基于这个事实，李旦亲自出手，把李隆基最后一个高级幕僚张说撸到洛阳做了尚书左丞。

直到此时，李隆基的亲信被撸得一干二净。

姚崇：申州刺史

宋璟：楚州刺史。

张说：洛阳尚书左丞。

崔日用：荆州长史。

刘幽求：流浪在广西。

郭元振：孤独的兵部尚书。

反观太平公主一党，窦怀贞、岑羲、萧至忠、崔湜、薛稷等人位居中枢。更要命的是，左羽林大将军常元楷、右羽林将军李慈看到太平公主强势崛起，偷偷摸摸地上门投靠，使她的权势达到了巅峰。

这帮人日夜密谋，打算公开废黜李隆基。

不仅如此，太平公主还收买了宫女元氏，让她在赤箭粉中放上毒药，然后进献给李隆基。据记载，赤箭粉是一种植物，其茎赤如箭杆，磨成粉后服用，可以提升人的精气神，李隆基一直在服用这种药物。

不过，元氏事情败露，并没有对李隆基造成任何伤害。

一场暗地的角逐，最终演变成针锋相对的刺杀，李唐王朝不可避免地要迎来一场腥风血雨。

中唐最后的政变：女人干政的时代结束

太平公主等人日夜商议，最终决定在先天二年（713）七月初四发动政变。到时候，左羽林大将军常元楷、右羽林将军李慈、左金吾将军李钦带兵杀到武德殿，窦怀贞、萧至忠、岑羲、崔湜等人控制南衙的三省六部，李隆基便可以宣告完蛋。

很遗憾，太平公主还是失算了。姚崇、宋璟等人虽然不在长安，可并不代表李隆基会束手就擒啊。古往今来，又有几个宰相直接参与了政变活动？真正发动政变的时候，谁会带着数千名将士上场？

玄武门政变，尉迟敬德、程咬金是核心，人数一百左右。

神龙政变，李多祚、敬晖、桓彦范是核心，人数五百左右。

景龙政变，李多祚是核心，人数三百左右。

唐隆政变，葛福顺、李仙凫是核心，人数三百左右。

历史证明，禁卫军存在的价值，更多的是让皇帝做得更有底气，踩敌人的脸也可以更随意。然而，如果要搞政变，知道的人越多，风险反而更大。从实操角度来看，往往只需要数百人的尖刀部队杀到权力中枢就行，这也是唐朝军事政变一般只有几百人的缘故。这一次，李隆基还是准备了三百人。

核心成员如下：

弟弟：李隆范。

弟弟：李隆业。

兵部尚书：郭元振。

小伙伴：姜皎。

龙武将军：王毛仲。

太仆少卿：李令问。

内给事：高力士。

尚辇奉尉：王守一。

直到此时，李隆基和太平公主究竟谁能笑到最后，谁也说不准。论武装部队，大家旗鼓相当，论造反的经验，大家都是个中老手。每逢这种时候，真正能决定胜负的往往是信息战，看谁能把握先机。

客观地说，太平公主犯了致命的错误：定下了政变时间。

想想看，大家都知道对方要动用武力，而且肯定安插了间谍。太平公主的间谍虽然工作很卖力，可也只能这样汇报：李隆基要政变！李隆基的间谍却可以这样汇报：太平公主在七月初四发动政变，我们该早做准备！

更何况，按照太平公主的计划，七月初四之前，太平公主是不可能调派军队入宫的，整个皇宫只有几个手无缚鸡之力的宰相，他们能起到什么作用？别说李隆基有三百名禁卫军，就算只有一百名，也可以决定太极宫的归属。

据史料记载，宰相魏知古探听到了太平公主的最高机密，而且把它告知给了李隆基。先天二年（713）七月初三，李隆基让王毛仲调了三百名禁军，随后从武德殿出发，来到了旁边的虔化门。在这里，李隆基以皇帝身份召见左羽林大将军常元楷、右羽林将军李慈，然后以迅雷不及掩耳之势砍了他们的脑袋，将首级悬在北门示众。

政变，就是这么简单。

武装力量被瓦解，太平公主还有翻盘的机会吗？

随后，李隆基命人搜捕太极宫，凡是太平公主的党羽，格杀勿论！萧至忠、岑羲最先倒在血泊之中，窦怀贞看到宫内大乱，想要趁机逃跑，不慎跌落在臭水沟之中，在求生无门的情况下，只好用自缢的方式结束生命。

最无语的当属唐睿宗李旦，辛辛苦苦地维持现状，不惜让出了皇位，可没想到还是出了大乱子。李旦听说李隆基政变，吓得胆战心惊，他带着亲信大臣登临承天门门楼，在这里遇到了李隆业、李隆范和姜皎等人。

没过多久，兵部尚书郭元振气喘吁吁地跑到李旦身旁，悄声说道：“皇上只不过遵照太上皇的旨意，诛杀窦怀贞等逆党，太上皇不用害怕！”

开什么玩笑，这是夺权啊，能不害怕吗？

李旦惊恐地望着郭元振，许久不敢说出一句话。没过一会儿，李隆基也来到了承天门，父子四目相对，感慨无言。李隆基本就是心思缜密的枭雄，如今控制了太极宫，成为名副其实的帝王，他再也不用忌惮谁。

李隆基正色道：“父皇！窦怀贞等人大逆不道，意图发动兵变，诛杀儿臣，不料事情败露，儿臣因此先发制人，让父皇受惊了！”

李旦：“好！朕即可下诏，向天下宣布窦怀贞等人的罪行！”

直到此时，承天门楼上的君臣才彻底松了一口气。大家心知肚明，李旦的时代已经成为历史，大唐王朝即将步入崭新的时代。

太极宫政变的时候，太平公主还在府中做着春秋美梦。七月初四，多么吉祥的日子，只要过了这天，太平公主的帝王梦就可以顺利地实现。剑指太极宫，问鼎帝位，超越老妈，开创一代盛世也是指日可待的事情。

可就在此时，亲信告诉她，李隆基抢先下手，一切都完了！

从天堂到地狱，只在弹指刹那间。没人知道太平公主当时的心情，财富没了可以重新积攒，团队没有了可以重新招募，可积攒一生的信念瞬间崩塌，还有比这更痛苦的事吗？太平公主情绪稳定之后，开始思考对策，她感觉到，哥哥李旦是她最后的希望，只要自己还活着，未来就还有希望！

想到此处，太平公主收拾了金银细软，随后逃往皇室成员的专用避难所——长安城南的终南山！她需要继续观察局势。

先天二年（713）七月初四，李旦发布了人生最后一道诏书：从今日起，所有军政要务和日常事务，全部由皇帝李隆基亲自处理，朕决定清心寡欲，颐养天年！

据史料记载，李旦退位之后，移居到白福殿居住，过了一段没有权力斗争的清闲日子。三年之后，李旦驾崩，享年55岁，庙号唐睿宗。

不得不说，太平公主的所有希望都是李旦给的，终结她人生希望的，恰恰也是李旦的最后一道诏书。她心里清楚，李隆基没有派人追杀，是想让她主动自首，如果继续负隅顽抗，李隆基就有足够的理由来对付他。

三日之后，太平公主回到了长安城。没过多久，宫内宦官就带来了李隆基的旨意：太平公主身份高贵，为了皇室尊严，勒令其自尽而亡！

随着太平公主的被杀，唐朝女人干政的时代正式结束。过去的半个世纪，武则天、韦后、太平公主、安乐公主、上官婉儿等人成为盘踞在朝廷的参天大树，她们用权力作为诱饵，让男性朝臣纷纷跪倒在地，仰其鼻息。

历史证明，女人可以做皇帝，而且可以做得比男人更好。武则天的智慧、魄力和胸怀为中国的帝王群体增添了无比耀眼的光芒。

中国历史源远流长，武周的存在，更像是历史河流中的一朵浪花。历史给了女人机会，可数千年的压制，男女思维和心性的差异，注定只有极少女性在最高的政治舞台自由起舞，这是历史的宿命。

过去的十年，大唐王朝的政治生态几乎溃烂。然而，这段时间，李唐皇室把所有精力都集中在了长安城，很少发动对外战争，也放松了对老百姓的压迫。在这样的环境下，不管是经济还是人口，都在飞速地增长。只要李隆基清除朝廷的政治毒素，大唐这列战车就可以用最大的动能向前驶去。

太平公主死后，李隆基秉持“凡是公主提拔的，一律贬斥；凡是公主贬斥的，一律召回”的原则，开始对朝臣大肆地清算。据史料记载，这个过程持续了几个月的时间，其中的细节不再赘述。

值得一提的是，李隆基在查抄公主府的时候，发现积攒的财物堆积如山，珍宝器玩可以堆满皇室的府库，至于公主名下的田产和房产，价值亿万。

大唐的未来是什么？

可以骄傲地告诉你，它的名字叫开元盛世。

拾捌

开元名相齐登场

李隆基：新皇上任三把火

古往今来，但凡新皇帝上任，第一件大事就是人事安排。

核心原则：提拔新势力，打倒旧势力。

唐睿宗时期，活跃在朝堂的有七位宰相：崔湜、萧至忠、窦怀贞、岑羲、陆象先、魏知古、郭元振，前四个是太平公主的党羽，在兵变中相继被杀，能够活到李隆基称帝的，唯有陆象先、魏知古和郭元振三人。

没有被李隆基杀死，说明他们的政治立场没有致命的问题。然而，在政治斗争中，还有一种高端操作，叫二次洗牌！

陆象先（665—736），出身吴郡（今江苏省苏州吴中区人）陆氏，通过制举（非常规科考试）考试入仕，为人很有骨气，也很有才华，后来被吏部侍郎吉项推荐为洛阳县尉，官运亨通，一直做到中书侍郎的位置。

景云二年（711），太平公主举荐崔湜为宰相，不料崔湜提了个附加条件：陆象先素来就有威望，早就该拜相了，希望太平公主能够成人之美。据史料记载，陆象先虽然做了宰相，可始终和太平公主保持着距离。有一段时间，太平公主想联合宰相一起废黜李隆基，陆象先带头反对，最终迫使太平公主只能罢手。

政变完事后，李隆基召见陆象先，对他当年阻挠太平公主的行为非常赞赏，并给予了“岁寒而知松柏”的高度评价。不可否认，李隆基原本很看好陆象先，可后来发生了一件事，让李隆基对他的印象大打折扣。

原来，李隆基发动政变的时候，唐睿宗李旦跑到了承天门楼，他对身边的大臣说过，如果他们拥护李旦，可以留下自己的名帖，如果不打算拥护李旦，可以立刻离开。当时，有些朝臣犯傻，留下了自己的名帖。事后，李隆基拿到了这份名单，并让陆象先挨个审讯，可陆象先却把名单给毁了！

李隆基万分震怒，立刻让陆象先前来解释。

陆象先说道：“为君主分忧是臣子的本分，陛下以德行教化天下，怎能杀行义之人？臣所作所为，都是为了陛下考虑！”

话说得很漂亮，可李隆基却像吃了苍蝇一般恶心。此事过后，李隆基派人抓捕太平公主的党羽，陆象先又在暗中保护，救了不少李隆基想杀的人。对李隆基来说，陆象先是优秀的臣子，可并不是他的臣子，李隆基可以包容陆象先，却没法说服自己接受他，更别说重用他。

先天二年（713）七月十四日，李隆基下诏：封尚书左丞张说为中书令。

先天二年（713）七月十九日，李隆基下诏：封中书侍郎、同中书门下平章事陆象先为益州大都督府长史、剑南道按察使。

先天二年（713）八月初二，李隆基下诏：封刘幽求为尚书左仆射、平章军国大事。八天之后，刘幽求晋升为同中书门下三品，成了名副其实的宰相。

郭元振，魏州（今河北省邯郸市）人，18 岁的时候考中进士，被朝廷封为通泉（今四川省遂宁市射洪县）县尉。据史料记载，郭元振虽然是个读书人，却在县尉任上干尽了不法之事，铸造私钱、掠卖人口，行径之恶劣，堪比后世黑社会。后来，郭元振遭到百姓举报，被押送到洛阳城问罪。

当时，武则天亲自审讯他，交谈之下，发现郭元振居然才华横溢，而且做事情很有一套，于是将他任命为右武卫铠曹参军。自此以后，郭元振一直在军中服役，还到边境处理过和吐蕃的外交事务，建立了不少功勋。

韦后当政的时候，郭元振受到宗楚客的排挤，一直在安西都护府任职，唐睿宗李旦登基之后，郭元振重新回到长安，担任太仆卿，加银青光禄大夫。没过多久，李旦让他取代宋璟，担任吏部尚书、同中书门下三品。

李旦对郭元振有知遇之恩。

当时，太平公主和李隆基斗得如火如荼，窦怀贞等人明确站队，可郭元振却选择明哲保身，李隆基就已经很不满了。李隆基发动政变的时候，郭元振又跟随在唐睿宗李旦的身旁，为自己贴上了太上皇的标签。

当着满朝文武的面，李隆基不好多说什么，还下诏封郭元振为代国公，食实封四百户，赐布一千段，给足了面子。然而，李隆基没想过重用郭元振，因此后来加封他为御史大夫，兼任朔方（今宁夏回族自治区灵武市）大总管，准备让他前往边境防御突厥。

李隆基的任命已经透漏了很多信息，如果郭元振有点儿政治智慧，他应该主动请辞，给李隆基一个完美的台阶。很遗憾，郭元振不是聪明人，或者还保留了些许念想，始终没有主动走出这一步，这让李隆基更为恼火。

先天二年（713）十月十三日，李隆基在骊山脚下举行了一场隆重的军事演习，共有二十万将士参加，旌旗连绵五十余里，场面非常壮观。就在典礼进行的当口儿，李隆基对时任兵部尚书郭元振说道："你看看，将士们在下面站得乱七八糟，军容不整，如何御敌？你这个兵部尚书做得很不称职啊！"

此言一出，群臣哗然。

底下是二十万大军，难道皇帝想用整齐划一的高级标准来要求他们？鸡蛋里面挑骨头，骨头里面挑白菜，这明显就是搞事情啊。郭元振看了看军容，又看了看李隆基，心里顿时忐忑。

李隆基一声暴喝："来人，把郭元振拉下去砍了！"

堂堂的宰相，在荒郊野外直接被判死刑？

在场的大臣面面相觑，搞不懂李隆基的套路。别的不说，郭元振长期在西域带兵作战，是吐蕃和突厥人的克星，堪称朝中顶级的军事人才。后来又担任凉州都督，把凉州治理得夜不闭户，路不拾遗，深得朝野上下的认可。如今，就因为军容不整被处死，这岂不是大唐立国以来最大的笑话？

彼时，刘幽求和张说刚刚担任宰相，他们觉得有必要出面劝谏，因此说道："陛下，郭元振为大唐的江山社稷立下过汗马功劳，不可轻易处死啊！"

其他朝臣也纷纷求情，希望李隆基能够冷静处事。

李隆基不咸不淡地说道："军队的威仪关乎大唐的颜面，是国家大事，按照朕的意思，郭元振必须一死，既然众位大臣为他求情，朕就赦免他吧！不过，郭元振不能再担任兵部尚书，送往新州服役吧！”

李隆基：“给事中、知礼仪事唐绍何在？”

唐绍：“臣在。”

李隆基：“爱卿啊，你制定的演习礼仪不完善，按罪当斩！”

面对李隆基疾风暴雨般的摧残，群臣彻底蒙了。看得出来，皇帝今天很有杀人的欲望，既然如此，大家也都懒得劝谏了。如此一来，李隆基未免有些尴尬了，他没打算杀死唐绍，如果有人求情，他会立即赦免，然后将此事翻篇。

很遗憾，现场一片寂静。有人抬头看天，有人俯首望地，有人闭目养神，可就是没人站出来为唐绍说话。就在此时，伺候在旁的金吾卫将军李邈动手了，他命人把唐绍牵了下去，一副立马就要送他上西天的模样。

唐绍确实被杀了，死于李隆基弄假成真的拙劣表演。为了祭奠唐绍的英灵，李隆基下诏免除了李邈的所有官职，并放下狠话：永不续用！

骊山军事演习，李隆基确实理亏在先。后来，他为了补偿郭元振，将他提拔为饶州司马，然而郭元振经历了人生打击，一直郁郁寡欢，恨意难平。在前往饶州的路上，郭元振因病去世，享年57岁。十年之后，李隆基下诏追封他为太子少保，算是为当年的事情致上了最诚挚的歉意。

七大宰相，魏知古堪称结局最完美的一位。原因很简单：他把太平公主发动兵变的日期告诉给了李隆基。陆象先和郭元振被打压的时候，魏知古稳如泰山，直到李隆基起用姚崇，魏知古和他发生矛盾，这才被贬为工部尚书。

宰相接连被贬，其实传递了两个重要的信息：新皇帝有自己的独立思想，有自己的用人标准；新皇帝撸掉旧臣，肯定是为新人腾出位置。不可否认，郭元振的下野，其实是为姚崇的回京让路。

姚崇（650—721），原名姚元崇，出身官宦之家，父亲姚懿曾是巂（guī）州（今四川省西昌市）都督。

据史料记载，姚崇年轻的时候，对武术非常痴迷，而且生性洒脱，很有游侠的气质。到了20岁的时候，姚崇突然对读书产生了兴趣。唐朝是个好时代，学习成绩好可以做官，功夫练到家也可以做官，可姚崇恐怕没有想到，自己居然是通过抬棺材的方式入仕！文雅一点的说法，其实是“挽郎”。

在唐朝，如果皇帝、皇后或者皇子去世，朝廷会挑选一批年轻的官宦子弟，由礼部对他们进行集中培训，教会他们抬棺材、唱挽歌、做表情等技能。皇室成员下葬的时候，他们的正式身份就是“挽郎”。当然，朝廷除了管吃管住，还会在丧礼完事后，把他们的个人资料移交给吏部，由吏部给他们安排工作，或者编入后备干部的序列，作为他们抬棺材的回报。

就这样，姚崇凭“挽郎”的身份晋级为国家公务员，后来中了“下笔成章”举，被授予濮州司仓参军一职，一直做到兵部郎中。武周万岁通天元年（696），契丹入侵河北，武则天召集大臣商议对策，姚崇对答如流，武则天将他提拔为兵部侍郎。两年之后，姚崇晋级为同凤阁鸾台平章事，相王府长史，成了名副其实的宰相。

准确地说，武则天还是很欣赏姚崇的。长安四年（704），姚崇的母亲病逝，姚崇回家丁忧，因此极力请辞，武则天为他保留了相王府长史的头衔。没过多久，武则天就重新起用他为兵部尚书、同凤阁鸾台平章事。姚崇说了，我执掌兵权，又是相王府的官员，这样对相王李旦很不好，武则天将他调任礼部尚书。

当时，张易之兄弟把持朝政，姚崇身为宰相，免不了和他们发生冲突。武则天为了保护姚崇，特意保留了他的宰相头衔，让他前往灵武道担任大总管。武则天对姚崇有知遇之恩，更有保护之恩，姚崇一直感念着这位女皇。

后来，张柬之等人发动神龙政变，姚崇参与了谋划，事后被封为梁县侯，实封二百户。彼时，姚崇虽然年过花甲，却始终保持着率真的性格。当同事们都在庆祝反武大胜的时候，姚崇找了个僻静的角落，独自坐在那里哭泣，感念武则天昔日的恩情。很遗憾，这种行为让刚刚上位的唐中宗李显略显尴尬，没过多久，李显就将他贬为亳州刺史。

古话说得好，塞翁失马，焉知非福啊。

第一福：姚崇远离了中央，却也逃过了李显清洗功臣的政治运动。

第二福：在亳州刺史任上，姚崇亲身扎根到一线，积累了丰富的治国经验，对基层疾苦和民生大事有了更深刻的了解。

第三福：李隆基一直在暗中观察，姚崇忠君爱国、不畏权贵的品质，刚好是中唐时期文官集团最缺乏的气质。仅此一条，李隆基就想重用姚崇。

李旦登基之后，将姚崇调入长安，封他做了兵部尚书、同中书门下平章事。然而，李隆基和太平公主为了争夺最高统治权，把朝堂搅得天翻地覆，姚崇坚定地站到了李隆基这边，甘愿充当打压太平公主的急先锋。

出山第一战，姚崇炮打“斜封官员”。不幸的是，姚崇的激进行为几乎惹恼了半数朝臣。太平公主以此事为由，对李隆基发动了强烈的攻势，在唐睿宗李旦的干预下，姚崇被贬他乡，随后辗转到同州做了刺史。

开元盛世的基调：姚崇与李隆基的“约法十章”

有一种挂念，叫倾心已久，始终不得。

先天二年（713）十月十四日，也就是贬斥郭元振的第二天，李隆基带着部分朝臣在渭川狩猎，休息之际，他屡次打听同州刺史姚崇的近况。明眼人都看出来了，李隆基想起用姚崇，有人嫉妒，有人不安，有人期盼。

中书令张说堪称是最不安的一位。张说有自己的政治抱负，他也想受到李隆基的重用，可事实摆在眼前，皇帝已经把目光转向了姚崇。如果姚崇顺利回归，张说就会沦为配角，这让他以后还怎么混下去？

张说找到了御史大夫赵彦昭，指使他发起了第一波弹劾。

很遗憾，李隆基完全没有搭理。

随后，张说又找到了楚国公姜皎，此人是李隆基的好哥们，说话什么的完全不用顾忌。张说给姜皎准备好了台词：“陛下，您不是一直在找河东总管的人选吗，臣倒是知道一个，可以为陛下分忧！”

李隆基：“你说的是谁？”

姜皎：“同州刺史姚崇！”

姜皎说完之后，试探性地看着李隆基。

李隆基正色道：“这是张说的意思吧？你竟敢欺君，想找死？”

看到李隆基如此维护姚崇，姜皎立马趴在地上认错，恳求李隆基重用姚崇。

李隆基：“罢了，派人前去传旨，让姚崇立刻觐见。”

按照惯例，皇帝巡幸某个地方，周围三百里的官员都要前来侍奉，姚崇作为同州刺史，自然也在侍奉之列，不过有了李隆基的旨意，他可以直接面圣。

君臣一别数年，再次见面，似乎有些陌生。

李隆基率先打破僵局：“姚爱卿，你会不会打猎啊？”

姚崇：“陛下，臣年轻的时候居住在广成泽附近，那时候经常带着一帮人打猎，后来有人说我是做官的料，不能将时间耗费在打猎上，臣这才发奋读书，进入仕途。不过，臣的底子很好，如今依旧可以打猎的！”

李隆基闻言十分高兴，下令让姚崇陪他一起打猎。据史料记载，君臣二人纵马在渭河之滨，其间李隆基拿军国大事相问，姚崇对答如流。

突然，李隆基停了下来：“姚爱卿，你也该回朝做朕的宰相了吧！”

旁人若是遇到这种情况，恐怕会立马匍匐在地，叩谢皇帝的隆恩。然而，姚崇却表现得十分冷静，不说好，也不说不好，场面一度非常尴尬。

李隆基面子上有点挂不住了，姚崇这才翻身下马，跪在地上奏道：“陛下，臣先和您说十件事，如果觉得可行，臣就答应做这个宰相！”

李隆基兴致颇高：“好，你说说看！”

“第一，臣希望陛下取消严刑峻法，施行仁政，如何？”

“好！”

“第二，臣希望陛下不要兴起边关战事，如何？”

“好！”

“第三，臣希望朝廷执法能够公平公正，如何？”

“好！”

“第四，臣希望陛下不要让宦官参与政事，如何？”

“好！”

“第五，臣希望陛下不要让皇亲国戚担任宰相级的职务，如何？”

“好！”

“第六，臣希望陛下今后对大臣以礼相待，如何？”

“好！”

“第七，臣希望做臣子的都可以犯颜直谏，无所忌讳，如何？”

“好！”

“第八，则天太后建造福先寺，中宗建造圣善寺，睿宗建造金仙、玉真观，皆耗资巨万，坑害百姓，臣请求禁止建造寺观宫殿，如何？”

“好！”

“第九，从西汉开始，外戚专权乱政，臣希望陛下引以为戒，如何？”

“好！”

“第十，近年来，地方上的豪门望族为了给权贵送礼，大肆盘剥百姓，臣请求除了租、庸、调等朝廷赋税外，所有盘剥百姓的行为一律暂停，如何？”

李隆基：“好！你说的朕都可以做到！你现在是否要做朕的宰相？”

姚崇：“臣愿为陛下肝脑涂地！”

就在当日，李隆基下诏：封姚崇为兵部尚书，同中书门下三品。

不得不说，李隆基对姚崇的回归是抱有期望的，可李隆基万万没想到，姚崇竟然带着“约法十章”回归，这确实是意外的惊喜啊。面对姚崇的请求，李隆基毫不含糊，全盘答应，而且将之奉为国策，这才奠定了开元盛世的基础。

和唐高宗李治一样，李隆基也有识人之明。姚崇上马能带兵打仗，下马能治国理政，是不可多得的文武全才，让他担任宰相，可谓人尽其才。

回到长安之后，李隆基和姚崇度过了一段难忘的“蜜月期”。

有一次，姚崇面见李隆基，说要任命一批郎官，希望他能批准。

有趣的是，李隆基只是望着屋顶，不说话也不表态。姚崇有点儿心虚，还以为李隆基是不高兴，因此主动退了出来。

高力士问道：“陛下，您为何对姚大人的提议置之不理啊？”

李隆基：“开什么玩笑。朕既然信任他，任命他为宰相，就不会在小事上影响他的判断，他也不要老拿这种事情来烦朕。”

被皇帝冷眼相对，姚崇的心情自然好不到哪里去。恰逢高力士到省台传旨，把李隆基的本意告诉姚崇，这才打消了他的顾虑。李隆基传达的信息其实很简单：既然把你召回来，你就解放生产力，放心大胆地去做吧。

先天二年（713）十二月初一，李隆基下诏：改尚书左、右仆射为左、右丞相；

改中书省为紫微省；改门下省为黄门省，改侍中为监；改雍州为京兆府，洛州为河南府，长史为尹，司马为少尹。

先天二年（713）十二月十三日，李隆基下诏：姚崇兼任紫微令。

很显然，李隆基打算把中枢的决策大权交给姚崇，好让他放开手脚。然而，这样的任命却让朝野上下一片哗然。彼时，张说担任中书令，如果姚崇入主中书省，张说又该何去何从？有理由相信，这次任命是李隆基故意的，目的就是剥夺张说的参政之权，为姚崇的改革铺平道路。

被皇帝无故嫌弃，这种滋味并不好受。张说不想就此认输，他深知，自己无法改变李隆基的决定，为了在朝中站稳脚跟，必须寻找新的靠山。

一天深夜，张说偷偷摸摸来到了岐王李隆范的府中，表达了自己对岐王的敬佩和效忠之意，希望李隆范能在皇帝的面前为他美言几句。

张说可能不知道，他的一举一动早已经被监视起来。

数日之后，姚崇一瘸一拐地入宫面圣。

李隆基惊讶地问道："爱卿，你的腿有毛病吗？"

姚崇："陛下，臣的脚没病，可是有心腹之疾啊！"

李隆基正色道："究竟怎么回事？"

姚崇："陛下，数日之前，宰相张说秘密前往岐王家中密谈。臣以为，岐王是陛下最宠爱的弟弟，臣担心他会被张说所误，因此十分担忧啊！"

李隆基的脸色开始变得阴沉起来。

姚崇低着头，心里十分乐呵。想和我斗，你还是太嫩了点。

先天二年（713）十二月二十四日，李隆基下诏：

中书令张说改任相州刺史。

尚书右仆射、同中书门下三品刘幽求改封太子少保。

黄门侍郎卢怀慎加封同紫微黄门平章事。

一道简单的诏书，背后却蕴含了李隆基的执政理念。

为了把事情弄清楚，还是先聊聊唐朝的宰相制度吧。

大家都知道，隋唐堪称是中国古代中央集权最重要的过渡时期，历代帝王可能会有不同的执政理念，可有个理念在他们的骨子里一脉相承：遏制门阀贵族的势力，加强皇帝的皇权影响力。其中，群相制度就是他们最重要的策略。

唐朝初年，中书令、门下侍中、尚书左右仆射是正儿八经的宰相，一共有六位重臣，权势非常显赫。贞观时期，李世民为了加强皇权，特地设置了同中书门下三品的头衔。意思就是，如果你是太子太保，再加个同中书门下三品的头衔，你就可以和中书令、门下侍中共同参知政务了。

想想看，中书令、门下侍中都有固定编制，可同中书门下三品却没有编制，只要皇帝高兴，完全可以提拔几个自己喜欢的人做宰相，分散宰相的权力。当然，由于同中书门下三品的级别很高，一般只授予三品级别的大臣。

唐高宗时期，真正的宰相只有三师（太师、太傅、太保）、三公（司徒、司马、司空）和中书令。至于门下侍中、尚书左右仆射，如果不加同中书门下三品的头衔，并不算正儿八经的宰相，至少在高宗朝是这样的。

李治为什么要这么干？

原因很简单，能做到这个级别的官员，要么是门阀士族的代表，要么是政治高手，对皇权统治非常不利。因此，李治制定出了一个全新头衔：同中书门下平章事。这个头衔专门授予那些级别不到三品的官员，这个阶层的官员，很多都出自寒门，最喜欢和门阀士族搞斗争，非常符合皇帝们的用人理念。

不得不说，唐朝几代帝王用群相制度把宰相约束得死死的，以至于宰相们只能围着皇帝转圈圈，从中枢决策者变成政务建议者和执行者。尤其是武则天、中宗和睿宗三朝，宰相形同虚设，皇帝换宰相比换衣服还要频繁。

不可否认，群相制度的诞生就是皇帝权力平衡的政治工具，它适合用来牵制宰相，可如果朝廷要干什么大事，一群人叽叽歪歪，可真办不成啥事！

李隆基是有政治抱负的皇帝，过去的几十年，祖宗们已经限制了宰相们的灵魂自由，到他这里，也该释放宰相的生产力，让他们为帝国发光发热了！

开元初年，中书令其实有两个编制，可李隆基清楚，张说和姚崇不对付，他既然重用姚崇，张说就必须让路，毕竟一山不容二虎。

至于卢怀慎，他出身范阳（今河北省保定市涿州市）卢氏家族，进士及第，历任监察御史、侍御史、右御史台中丞、兵部侍郎、黄门侍郎，资历颇深。不过，他心里清楚，姚崇的才华和能力要远超过他，对李隆基提拔他做宰相，并没有太多期望。因此，卢怀慎不想过多地牵制姚崇，每逢商讨大事，基本都会尊重姚崇的意愿，甘愿做他的陪衬，因此赢得了“伴食宰相”的称呼，也赢得了李隆基的尊重。

刘幽求，李隆基的铁杆支持者，唐隆政变的时候，刘幽求坐镇中枢，帮李隆基发出了上百道命令，能力完全没问题。然而，刘幽求的性格有明显的缺陷，这也限制了他的仕途发展。

曾记否，刘幽求担任阆中市尉的时候，因为受到刺史的轻视，一怒之下，竟然挂印辞官，以至于轰动了中央政府。唐隆政变后，刘幽求晋升为尚书右仆射、同中书门下三品，因为是政变之功，刘幽求应该可以满足了，可他却在公共场合说自己功比天高，应该担任尚书左仆射和中书令。

唐睿宗李旦很无语，因为他是李隆基的亲信，此事也就作罢。然而，刘幽求居然和羽林卫的将军密谋，打算发动军事政变，拥立李隆基为帝。事情败露后，刘幽求被贬岭南，多亏朋友仗义援手，这才逃出生天。

毛泽东曾经评价刘幽求，说他是个人才，就是有点能伸不能屈。言外之意，这样的人不能重用。李隆基当然知道刘幽求的德行，上位之后，李隆基把他提拔为尚书左仆射，可并没有给予重用。

按照一般的套路，以军功获得皇帝恩宠的大臣，大多会被封为国公爷，然后慢慢淡出权力中心。皇帝的原则就一个，只要你不掺和皇子们的政治斗争，不卷入任何一派势力，保你荣华富贵。

然而，刘幽求并没有退隐的觉悟，他不仅想做首席宰相，还想和姚崇掰掰手腕。结局自然是悲惨的，在姚崇和刘幽求之间，李隆基毅然选择了前者。

被贬为太子少保之后，刘幽求甚为不平，屡次口出怨言。

不久之后，朝中某个不知名的小官向李隆基检举：太子少保刘幽求、太子詹事钟绍京在家中埋怨皇帝！这种事情可大可小，往大了说，刘幽求可能是心生不满，准备暗中谋反，往小了说，他们只不过是发发牢骚。

李隆基当即做出指示：将刘幽求和钟绍京交给紫微省处理。

刘幽求很郁闷，紫微省的老大是姚崇啊，这岂不是羊入虎口？

刘幽求是羊，可姚崇未必就是虎。姚崇是个聪明人，他看出李隆基只不过是想威慑刘幽求等人，好给天下人一个交代。很快，紫微省的处理意见就出来了：刘幽求等人是朝廷功臣，只不过被罢官之后，心中稍微有点沮丧，这是人之常情。朝廷不能因为一点小事就将功臣逮捕下狱，否则天下人会有非议。

瞧瞧，这才是老成谋国。

数日之后，李隆基下诏：封刘幽求为睦州（今浙江省建德市）刺史，削去实封六百户；封钟绍京为果州（今四川省南充市）刺史。

刘幽求一直以功臣自居，没想到李隆基丝毫不给面子，将他从宰相直接撸为刺史。不久之后，刘幽求被改封为杭州刺史和郴州刺史，在前往郴州的途中，心怀怨愤的刘幽求不治身亡，享年 60 岁。

钟绍京的结局还算不错，他在被贬之后辗转各地，做了不少小官，一直熬到开元十五年，李隆基感念当年的恩情，将他重新接回长安，加封银青光禄大夫，最后在长安城安然去世，享年 80 岁。

中国有句古话，叫君恩难测，步步惊心，活着实在是不容易。不过，为官者最重要的还是要心态端正，能做官就做官，不能做就拉倒，如果逆天而行，过度迷恋权位，就算老天爷不收拾你，皇帝也会动手收拾你。

姚崇改革：谁动了权贵的奶酪？

为了扶持姚崇上位，李隆基撸掉了好几个宰相，而且没有新的任命，就这份诚意，姚崇就得知恩图报。据史料记载，姚崇为相三年，大力整饬朝廷制度，精简机构、裁减沉员、惩治贪官，并且抑制皇亲国戚和功臣的势力，使得朝廷风气大为改观，为开元盛世的到来奠定了坚实的基础。

第一件事，查处全国的假和尚、假尼姑。

姚崇身为首席宰相，日理万机，肯定不会轻易找和尚、尼姑的晦气。既然他想拿和尚和尼姑开刀，说明这件事就是国家大事。

在唐朝，道教是国教，江湖地位排第一，儒教第二，佛教第三。不过，自南北朝以来，佛教在民间有了很深的影响力。统治者想用一道圣旨就把他们打压下去，未免有些天真。

因此，唐朝从立国开始，就一直对佛教采取包容和鼓励的策略。在政策上，统治者允许他们发展，而且在均田制度下，每个和尚赏赐三十亩田，每个尼姑赏赐二十亩田，由寺庙自己经营，自给自足。

武则天和佛教有些渊源，她自己也宣称是弥勒佛转世，不管出于私心，还是出于统治考虑，对佛教都是采取鼓励的态度。登基称帝后，她花费重金建造佛教寺庙，还捐献了无数的金银法器，亲手将佛教地位推向了史无前例的高度。

唐中宗李显登基之后，基本上延续了武则天的崇佛政策。

有人可能会质疑，道教不是李唐国教吗，武则天利用佛教维护自己的统治，李显难道不应该打压他们，怎么会继续尊崇佛教呢？

理由一：后人夸大了佛教对统治者的政治作用。

全国数千万人口，佛门子弟能有几个，文不能安邦，武不能定国，舆论造势玩不过朝廷文人，充其量只能影响小老百姓的信仰。对统治者来说，只要给点小恩小惠就足够。武则天早年崇佛，晚年崇道，就是这个道理。

除了武则天，唐中宗李显、唐宪宗李纯、唐宣宗李忱也都支持佛教。这也可以说明，在统治者眼里，佛教并非李唐统治的潜在敌人。

理由二：有一种支持叫尾大不掉，只能被动默许。

武则天留下的佛教，势力遍布全国。从主观上来说，李显不想针对佛教，从能力上来说，打压佛教是给自己找不自在，因此他选择了默许。最主要的，唐朝上流社会对佛教趋之若鹜，皇亲国戚们视金钱如粪土，争相建造寺庙，转移个人的财产，已经把佛教当成了一种经济类产业，俗称寺院经济。

佛门圣地，其实是一个庞大的经济帝国。

唐朝的寺庙，至少有三大特点。

特点一：寺院就是一个经济孤岛。

按照制度，和尚的使命是念经祈福，传播佛教文化，国家为了让他们专心工作，允许他们不服徭役。不仅如此，寺院虽然有田产，有收入，也不用向国家缴纳钱粮赋税。凡是过户到寺院名下的田产，朝廷不再管辖。

特点二：很多寺庙都有老板，也有田产。

有些寺庙可能是皇帝授意建造的，如果挂在朝廷名下，那就是国家产业，如果交给别人去经营，那就是私人产业。比如，武则天当年修缮了洛阳白马寺，随后交给了宠臣薛怀义经营，这就变相成了薛怀义的私人产业。

当然，国家没那么多财力修建寺庙，长安郊区，长安以外的地方，很多寺庙都是权贵掏钱修建的，他们拥有寺庙的最终所有权。权贵掏钱投资，自然不是为了信仰，而是奔着寺庙拥有的各种经济特权而去。

比如，权贵和富豪会把田产捐献给寺庙，或者带着田产，自建一座寺庙，然后拿到礼部的批文，所有的田产就不用再向朝廷承担任何责任。最主要的，如果犯了大错，朝廷追究财产的时候，是查不到寺院的头上的。还有一些权贵，为了避免政治斗争中田产被没收，提前把它们挂靠在寺院的名下。

第三，寺院是朝廷律法管束不到的地方。

在唐朝，如果有人犯了律法，只要遁入空门，世俗的法律便制裁不了他。当年，薛怀义为了培植自己的势力，将长安城中的地痞流氓、犯罪分子剃度，悉数招揽到白马寺做了和尚，以至于白马寺成了藏污纳垢之所。

中唐时期，究竟有多少权贵子弟卷入到佛教产业，恐怕是个历史之谜。可以肯定的是，佛教产业尾大不掉，一直持续到晚唐，唐武宗李炎甚至发动了轰轰烈烈的灭佛运动，可见佛教强大起来后，多么受统治者的忌惮。

中唐时期，有太多的土地被划拨到寺院名下，土地都没了，朝廷靠什么收租子？皇帝如果高兴，打算给臣子赏赐土地，难道要找寺院的住持开口？

除此之外，权贵阶层以寺院为幌子，以权势为威慑，大肆收购和兼并百姓的土地，然后反过来雇佣他们为寺院打工，俨然拥有独立的经济王国。

在唐朝，如果有人要剃度出家，必须拿到尚书省祠部（隶属礼部）颁发的僧人度牒，也就是出家许可证，朝廷是有出家指标限额的。到了唐中宗这里，不少人都选择剃光头发，然后找个寺庙挂靠身份，以此逃避朝廷的税收和徭役。寺院多一个和尚，朝廷就少一个纳税的人丁，这可不是什么划算的买卖。

姚崇执政之后，第一件事便是拿寺庙开刀。他给李隆基上了一道奏折，声称全国没有拿到出家许可证的假尼姑、假和尚太多，严重影响了正常的生产活动，朝廷必须取缔。还说当年的梁武帝如此崇拜佛教，依旧没有逃脱灭国的命运。

言外之意，靠佛教来维护统治的说法，完全是自欺欺人。

李隆基迅速批准了姚崇的奏疏，一场轰轰烈烈的打假行动在全国铺卷开来，一番严查之后，一万两千多名假尼姑和假和尚被勒令还俗。

姚崇明着打压寺院经济，可矛头却指向了背后的权贵阶层。由于这次改革行动背后站着李隆基，权贵们也只能哑巴吃黄连，心里恨着，眼睛看着。

第二件事，处置薛王李隆业的亲信。

据史料记载，李隆业有个舅舅叫王仙童，此人是地痞无赖，仗着李隆业的权势，欺压百姓，无恶不作。后来，朝廷的某位御史将王仙童举报了，可奏疏刚刚递上去，李隆业就跑到了宫中，想给舅舅求情。

李隆业是李隆基最宠爱的弟弟，面对他的求情，李隆基很为难。如果答应了他的请求，王仙童就会逍遥法外，黑恶势力就会立马抬头。如果拒绝了弟弟，面子上实在过不去。李隆基思虑再三，决定把皮球踢给姚崇和卢怀慎。

为了显示大公无私的气度，李隆基留了句话：如果情况属实，严惩不贷；如果不实，就治御史之罪！

这种情况，如果是一位和稀泥的宰相，恐怕会卖李隆业一个面子，把御史抛出来做替罪羊。可数天之后，姚崇的审判结果出来了：御史举报完全属实，王仙童犯了众怒，按罪当严惩不贷！

李隆基双手一摊：老弟，碰上姚崇这样的宰相，你就认栽吧。

据史料记载，姚崇的壮举引得长安百姓的拍手称快，皇亲国戚们见薛王李隆业都吃了哑巴亏，平日里只好夹着尾巴做人，等待翻盘的那一天。

第三件事，阻挠申王李成义的亲信升迁。

开元二年（714）闰二月十八日，申王李成义上了一道奏折："陛下，臣恳请将王府录事闫楚珪任命为王府参军！"

按照官制，王府录事是从九品，王府参军是正八品，如果放在过去，这种级别官员的任命，直接给吏部打个招呼就好了。不过，李隆基发话了，以后王爷、驸马、公主府的官员要晋升，必须得到他的亲笔签批。

李成义："陛下，行还是不行，给句话？"

李隆基："兄弟，多大点事儿，没问题！"

此事很快就传了出去，姚崇和卢怀慎听闻之后，呆若木鸡。这算什么？不是刚说好了要改革吗，怎么到王爷面前就要搞特例，这样做岂不是自毁长城？

不行！这事儿皇帝老子说了也不算！

姚崇和卢怀慎立马联名上奏："陛下，您已经下过旨，但凡王公、驸马有所奏请，如果没有陛下亲笔墨敕，均不能生效。任用官员是有关部门的职权，如果因为亲朋故旧的恩情，就拿官爵相赠，岂不是继承了中宗皇帝的弊政？"

李隆基看着面前的奏折，欲哭无泪。

两位大人，好歹也给朕留点面子啊！

面子可以有，但不是今天。姚崇为了这件事，坚持己见，拒绝了李隆基的任何要求。

姚崇很有底气，自己做的一切都是为了大唐江山社稷，并没有任何私欲。然而，他可能忽略了，政治改革必定会动摇权贵阶层的利益，正因为如此，政治家才需要注意方式和方法。任何时候，政治家都应该拉拢一部分权贵，打压一部分权贵，如此明目张胆地对权贵阶层开炮，改革行动又能持续多久？

事实证明，被姚崇得罪的人，最后都成了姚崇倒台的幕后黑手。

姚崇灭蝗虫：世人皆醉我独醒

开元三年（715）五月，山东出现了特大蝗虫灾害。

如果放到现在，是不可能出现蝗虫灾害的，因为农作物都自带杀虫基因。即便出现了，最有可能的结果就是变身为油炸蝗虫，成为食客口中的美食。然而在古代，蝗虫被视为自然界的精灵，如果出现大规模的蝗虫灾害，就代表老天爷在惩罚百姓。很迷信的世界观，却是真实存在的。

据史料记载，蝗灾发生的时候，老百姓全都跪在受灾土地的旁边焚香祈福，希望蝗虫能早日离去，当地官员也都迷信天灾之说，无人敢出面除蝗救灾。

官府的不作为，老百姓的迷信，让蝗虫肆无忌惮地破坏庄稼，不到一个月的时间，山东便赤地千里，村野凋敝。官员们害怕吃不饱饭的农民会聚众闹事，因此将灾情迅速上报给中央朝廷，请求皇帝派得力干将前来赈灾。

当时，姚崇坐镇中枢，接到山东的奏报之后十分诧异，因此奏请李隆基，让他迅速派遣御史前往各地，督促当地官员和百姓组织灭蝗行动。

然而，令姚崇惊异的事情发生了：京城的官老爷和地方官员一样迷信，他们认为蝗虫是自然灾害，是老天爷在惩罚民间，贸然灭蝗是对老天爷的不尊敬。有些官老爷竟然声称，声称蝗虫的数量太多，根本没办法将它们全部灭掉，与其劳民伤财，还不如等它们自生自灭。

事实上，李隆基也在质疑姚崇的提议是不是多此一举。

面对这帮高居庙堂，只读圣贤书的官员，姚崇显得十分无奈，但是想到山东境内的百姓正在遭受着痛苦，姚崇便感到十分不忍。

姚崇跪在地上，声色俱厉地谏言道："陛下！山东境内，蝗虫漫山遍野，黄河两岸的百姓逃亡殆尽，朝廷岂可坐视蝗虫吞噬禾苗，却不动手救灾呢！就算杀不死所有的蝗虫，也可以挽回部分损失啊！"

宰相卢怀慎也是迷信之人，不过看到姚崇如此坚持，内心也开始动摇："姚大人，朝廷如果杀灭的蝗虫太多，是否会对天地间的阴阳之气造成伤害？"

姚崇："想当年，楚庄王生吃水蛭，疾病竟可痊愈；孙叔敖杀死两头蛇，上天竟然愿意降福给他。如今，咱们却忍心看着老百姓被饿死，也不愿看到蝗虫被杀死，这是何道理啊？"

李隆基："姚爱卿，你说得有道理，可是……"

姚崇："陛下，如果这样做会带来灾难，臣愿意一力承担！"

大家可能政见不同，也有可能是政敌，可临危之际，姚崇愿意发下毒誓，舍生忘死，这份胸怀足以让满朝文武肃然起敬。面对姚崇的表态，李隆基无法坐视不理，他立即下旨，让朝廷御史前往各地组织救灾工作。

姚崇的锦囊妙计是这样的：晚上的时候，在田边点燃篝火，然后挖个大坑，等蝗虫主动来投。为了调动老百姓的积极性，姚崇承诺，捕杀一石蝗虫，朝廷就给百姓一石粮食，多劳多得，上不封顶！

在官府和老百姓的共同努力下，蝗灾最终得到了控制。

开元四年（716）四月，山东再次爆发大规模的蝗灾。消息传到京城，李隆基和姚崇依旧派出了原班人马前往各地组织救灾。

悲剧的是，山东的官员撂挑子了。在他们看来，蝗虫是上天对民间的惩罚，就是因为去年的灭蝗行动，破坏了天地间的阴阳之气，惹得老天爷不开心，所以才造成了第二次蝗灾。更有甚者，以汴州刺史倪若水为首的地方官员拒绝朝廷的御史入境，公然反对姚崇组织的灭蝗行动。

据史料记载，倪若水在汴州任上修建孔庙，提倡教育，兴办州学和县学，并亲自教诲学生，境内教化盛行，是当地百姓人人称赞的父母官。他之所以反对灭蝗，并非懒惰和庸碌，仅仅是因为愚昧无知。

倪若水上奏朝廷："蝗虫是上天降下的灾祸，并非人力可以扭转的，朝廷应当通过修德行善来消除蝗灾。十六国时期，前赵帝王刘聪就下令捕杀过蝗虫，但是结果却如何？蝗灾非但没有得到控制，反而越演越烈！”

姚崇立马写了封信：刘聪的帝位来得不太合法，德行自然不够镇压妖孽，当今圣上乃千古明君，德行自然可以战胜邪恶之物。历朝郡守，但凡为官贤良，蝗灾自然不入其境，按照你的意思，山东出现蝗灾，难道是你修德不够？

如果倪若水固执己见，一顶“不修德”的帽子扣下来，恐怕子子孙孙都要遭受骂名。接到姚崇回信后，倪若水屁颠屁颠灭蝗去了，最后统计下来，汴州境内就杀死了十四万石蝗虫。

事实上，地方官员卖力干活的时候，一些大臣却纷纷给李隆基上书，声称灭蝗运动会破坏阴阳之气，迟早会让老天爷再次降罪的。李隆基相信“天人感应”的说法，面对一边倒的舆论攻势，他也开始动摇了。

李隆基：“爱卿，朝臣都认为朝廷不该灭蝗，你是怎么想的？”

姚崇：“陛下，朝中酸儒只知道读死书，却不知道变通。北魏时期，山东也爆发过蝗灾，就因为官府不忍心灭蝗，导致千里赤地，颗粒无收，老百姓为了活命，最后易子而食。如今，黄河两岸的百姓家中都没有太多存粮，如果放任蝗灾继续，他们只好背井离乡，充当乞讨的流民。灭蝗，关乎国家气运呐！”

李隆基深以为然，这才镇压了反对派势力。

李隆基VS姚崇：天下没有不散的君臣

古往今来，但凡留名青史的好官，基本上有三个共同特点：在基层政府长期任职；珍惜百姓生命；不在乎个人生死前途。狄仁杰如此，姚崇也是如此。想想看，如果按照皇帝和中央大员的意思，放任蝗虫啃食庄稼，导致山东地区大面积的饥荒，极有可能引发社会动荡。姚崇，可亲可敬啊！

当然，古代的宰相想干出业绩，而且享受胜利后的荣光，并不是一件容易的事儿。如果你干的实事太多，会伤害权贵们的利益，容易引起公愤。如果干得太好，容易被人摘桃子；如果干得不好，所有的黑锅只能你来背。

姚崇能够留名青史，除了功夫过硬，还靠皇帝力挺。

李隆基登基之后，放弃了前朝的群相制度，力挺姚崇为首席宰相，又把卢怀慎拱到了黄门监（门下省一把手）、检校吏部尚书的位置。

姚崇是红花，卢怀慎为什么有资格做绿叶？

据史料记载，卢怀慎虽然仕途很顺，而且官居高位，可一直坚持拿朝廷的俸禄养活家人。至于置办田产、大建住宅之类的，完全没有的事儿。不仅如此，卢怀慎还有一帮清贫至极的亲朋好友，每次领了俸禄，基本上都接济了他们，妻子儿女只能拿着可怜的俸禄，过着有上顿没下顿的日子。

卢怀慎的生活状态，其实折射出的是他与世无争、低调谨慎的性格。开元初期，李隆基有意减少宰相的数量，就是想设计一套能干事实的宰相班子，有一个雷厉风行、强势作为的首席宰相，有一个会打下手，可以从旁监督的作陪宰相。正是这样的时代背景，才让李隆基选择了卢怀慎。

事实上，卢怀慎是个绝顶聪明的政治家，他上位之后，很快就摸清楚了李隆基的心思。据史料记载，有一次，姚崇为儿子的丧事请了十几天的假，中书省、门下省、尚书省的政务堆积如山，卢怀慎一时间无法决断，感到十分惶恐，因此主动入宫向李隆基请罪。

李隆基安慰道："卢爱卿，你不必着急！朕把军国大事委托给姚崇，你要做的就是坐镇中枢，安抚朝野人心罢了！"

想想看，卢怀慎连公务也不会处理？恐怕没人会相信吧。然而，他给自己的定位很清楚，甘当绿叶，坚决不破坏皇帝的权力制度。

事实上，卢怀慎的态度让各方都非常满意：对李隆基来说，卢怀慎虽然毫不作为，却十分精明，能够起到润滑剂和稳定剂的作用。对姚崇来说，卢怀慎的退让和谦恭，让他的形象更为光辉伟大。

姚崇休假回朝，只花了一会儿的工夫，就把积累十余天的公务处理完毕。据史料记载，姚崇当时面露得意之色，对身旁的紫微舍人齐浣说道："你说说，我与历史上的哪些宰相可以相提并论啊？"

然而，齐浣却含笑而不语。

姚崇："我与管仲、晏婴相比如何？"

齐浣："大人，管仲、晏婴奉行的法令制度，虽然未能传之后世，起码也做到终身实施。您制定的法度经常变化，似乎比不上他们啊。"

姚崇有些着急："那我到底是什么样的宰相呢？"

齐浣："您是一位救时之相！"

姚崇面露春风："这个词用得好！救时宰相也不容易啊！"

开元四年（716）十一月初七，卢怀慎病危，他强撑着病体，给李隆基上了道奏表："宋璟、李杰、李朝隐、卢从愿，这些人都是太平盛世不可多得的人才，恳请陛下对他们给予爱惜和重用。"

宋璟自然不用说，李隆基的旧臣；李杰担任河南尹，在任上口碑极好；李朝隐担任过吏部侍郎，后来因为举荐的县令犯事，被贬为滑州刺史；卢从愿出身范阳卢氏，睿宗朝便担任吏部侍郎，也因为举荐非人，被贬为豫州刺史。

李隆基认可卢怀慎的眼光，可他却另有考虑。

开元四年（716）十一月二十三日，卢怀慎因病去世。

开元四年（716）十一月二十四日，李隆基下诏：封尚书左丞源乾曜为黄门侍郎、同中书门下平章事。

源乾曜，相州临漳（今河北省邯郸市临漳县）人，刑部尚书源直心之子，以进士的身份入朝为官，唐中宗时期，被提拔为谏议大夫（正五品）。谏议大夫的权力很大，可以驳回朝廷不合理的诏书，至于发言什么的，完全看个人心情。

然而，源乾曜的脑子似乎有点不够用，当时朝中政治斗争如火如荼，源乾曜却给皇帝上了一道奏折，声称古时候的圣明君王起用人才，一定会考察他们的射术，如今朝廷礼崩乐坏，应该花费重金，将古时候的射礼好好培训一下。

此言一出，举朝哗然。数日之后，他就被调任梁州都督。

喜欢乱说话的人，自然不受待见，源乾曜只能在梁州都督任上混日子等死。开元初年，邠王李守礼府中的官员经常违法乱纪，这让李隆基非常头疼，如果处罚他们，李守礼面上无光，如果坐视不理，朝廷法度形同虚设。

李隆基思来想去，决定给邠王找个靠谱的长史，因此让亲信大臣举荐几个人才入朝为官。当时，太常卿姜皎举荐了源乾曜。

据史料记载，君臣第一次见面非常融洽，面对李隆基的提问，源乾曜不卑不亢，对答如流，再加上一副丰神俊朗的外表，深得李隆基的喜爱。很快，李隆基就下达了任命诏书：封源乾曜为少府少监（从四品，掌管百工技巧诸务），兼邠王府长史。不久之后，源乾曜升任尚书左丞。

但凡做到了尚书左丞的位置，没人不想再进一步，成为名副其实的宰相。就在源乾曜憧憬未来的时候，李隆基给他送了一份大礼：黄门侍郎、同中书门下平章事，和首席宰相姚崇搭班子干活。

接到任命诏书的那一刻，源乾曜高兴得手舞足蹈。

不过，他还算是个谨慎的人，兴奋之余，他意识到姚崇是自己的顶头上司，按照官场规矩，应该前去报到。源乾曜准备了精美的礼物，骑上高头大马，打算去拜会姚崇。然而，姚崇的门人告诉他：主人身患疟疾，闭门谢客！

据史料记载，姚崇虽然贵为宰相，却没有自己的房产，也拒绝了李隆基为他建造宰相府邸的好意。当时，姚崇带着家人搬到了长安城东的罔极寺，也就是当年太平公主为武则天祈福而修建的皇家寺院。

罔极寺远离皇宫大内，与南衙值班的地方相去甚远，尚书省、中书省和门下省的同僚为了向姚崇请示汇报工作，每日不得不往返在南衙和罔极寺之间，平日里办公极为不便，就算是李隆基想见姚崇一次，也非常困难。

姚崇不在南衙的时候，源乾曜便代替他向李隆基汇报工作。

不过，源乾曜每次入宫都觉得痛苦不堪。如果奏对得当，李隆基就会欢欣鼓舞地说道，这一定是姚崇的主意吧？如果李隆基觉得不满意，就会劈头盖脸地训斥，指责他为什么不事先和姚崇商议一下。

直到此时，源乾曜才反应过来：他这个宰相只不过是个摆设。

为了少挨李隆基的骂，源乾曜也学乖了，他每日跟着文武百官，穿梭在南衙和罔极寺之间。然而，跑的次数越多，他越觉得这个宰相做得没啥意思。没过多久，源乾曜便向李隆基提议，希望能让姚崇搬到四方馆居住，这里是唐朝接待外国使者的国宾馆，并准许他的家属也享受这个福利。

李隆基：朕准了！

面对李隆基的好意，姚崇却婉言谢绝了："陛下，四方馆内存有官署文书，不是病人应当居住的地方……"

李隆基："姚爱卿，朝廷建造四方馆，本来就是为官员服务的，朕安排你住进来，是为国家考虑，这有什么可推辞的呢！"

望着李隆基催促的诏书，姚崇陷入了沉思。

别人不知道姚崇为什么搬到罔极寺，可他自己心知肚明。有唐一朝，还从未有过首席宰相的先例，首席二字，意味着你有无与伦比的权力，不知道有多少人想要巴结你，趁机捞取政治利益。姚崇为官清廉，不怕这一套，可他的儿子就不一定了。

两年前，姚崇被任命为首席宰相，奉命主持朝廷的工作，中书令张说、宰相刘幽求等人相继被罢免。另一位宰相魏知古因为和李隆基关系亲密，并没有遭到清洗，不过姚崇和他共事的时候，总感觉到不舒服，因此给李隆基提议，将他任命为吏部尚书，前往东都洛阳为朝廷选拔人才。

对魏知古来说，吏部尚书虽然比不得宰相，权力的含金量却很大，如果运作得当，可以提拔不少亲信之人。然而，魏知古前脚刚走，姚崇便在门下省安排了一位得力的亲信，专门审核兵部和吏部举荐的六品以下职事官。

魏知古的心情非常复杂。姚崇啊姚崇，六品以下官员的任命你都要插手，更何况六品以上的高级官员，让我来洛阳选官，其实就是政治排挤啊！

巧的是，姚崇的两个儿子都在洛阳为官，这就有趣了。

众所周知，姚崇一生严于律己，从不以权谋私，因此家中并无多余的钱财供儿子们挥霍。然而，当时的社会风气奢侈淫靡，长安和洛阳的权贵子弟出门都喜欢讲排场，姚异和姚弈看在眼里，羡慕在心里。

恰逢魏知古前来洛阳选官，姚异和姚弈便主动找上门，希望他能看在父亲姚崇的面子上，给他们行个方便。比如，姚氏兄弟暗地里收受钱财，然后将行贿之人举荐到魏知古那里，让他提拔重用。事实上，魏知古并不想和姚崇闹翻，面对姚氏兄弟的无理请求，只好忍气吞声。

有一次，魏知古回长安汇报工作，把此事捅到了李隆基的面前，想要引起他的注意。然而，李隆基当时并未表态，几天之后，他趁姚崇汇报工作的时候，顺嘴问道："姚爱卿，您儿子的才干品行如何，现在都担任什么官职？"

姚崇陡然一惊。看皇帝这架子，来意不善啊！

事实上，姚氏兄弟在洛阳卖官的事情，姚崇有所耳闻。做父亲的，都想儿子有前途，或者有钱图，姚崇肯定不会主动去贪污受贿，可儿子要发家致富，他也只能睁一只眼，闭一只眼。当李隆基问起此事的时候，姚崇立马就明白了，他头脑飞速地运转，思索着如何回答。

许久，姚崇才回答道："陛下，臣有三个儿子，其中两个在东都任职，他们为人欲望很大，行为非常不检点，臣料想他们一定有事私下嘱托过魏知古，只不过是臣没有来得及去讯问他们而已。"

李隆基十分好奇："姚爱卿，你怎么知道这件事的？"

姚崇："陛下，魏知古官职卑微的时候，臣曾经关照过他。臣的儿子为人愚鲁，他们肯定觉得魏知古会感激臣，这才会找他帮忙。”

直到此时，李隆基才露出了欣慰的笑容。他以为姚崇会为自己的儿子开脱，否认他们收受贿赂，干预朝廷选官一事，不料姚崇先发制人，将姚氏兄弟说成愚鲁之人。姚崇的潜台词就是，臣的儿子不懂事，皇帝也不能求全责备吧！

李隆基当即表态，不再追究此事，还说魏知古背信弃义，卖主求荣。对魏知古来说，真可谓人在家中坐，锅从天上来啊。数日之后，李隆基下旨，贬吏部尚书魏知古为工部尚书。此次风波，姚崇虽然用政治智慧化险为夷，却也总结了一个道理：儿子是用来挖坑的，老子是用来埋坑的，天经地义。

此事过后，姚崇行事更加小心谨慎，对几个儿子更是耳提面命，让他们不要为非作歹，以免引起皇帝的猜忌。开元四年（716），姚崇坚持搬到罔极寺居住，目的就是让几个儿子远离权力中心，不要被别人利用。

如今，李隆基坚持让姚崇回归，究竟是何居心？

姚崇也说不准。

四方馆堪比武侠世界中的龙门客栈，这里充斥着各国使节，还有出差的地方官员。他们听说首席宰相在四方馆办公，纷纷前来拜访，表面上说是一睹姚崇的风范，实际上抱着巴结上官的心态而来。

姚崇自然没心情接待他们，因此以公务繁忙，身体抱恙为由，推掉了不少客人。官员和使节见不到姚崇，只好和他身边的人套近乎。一时间，糖衣炮弹轮番轰炸，各种马屁争相飞来，姚氏兄弟、赵诲等人禁不住诱惑，相继沦陷。

很快，有人就将此事捅到了李隆基的面前。

就在此时，令人震惊的事情发生了：李隆基当即下诏，命人严查此事，而他本人则将亲自审讯此案。圣旨出来，长安城一片哗然。

聪明的人都看出来了，姚崇的宰相恐怕要做到头了！姚弈、姚异、赵诲受贿的事情铁板钉钉，不容置疑。李隆基走了个过场之后，宣布了最终审判结果：判处中书省主书赵诲死刑，令姚彝、姚异二人回家面壁思过！

对政治家来说，牺牲亲信，保全自己的儿子，成全皇帝的威严，这是很划算的生意。然而，姚崇却上了一道奏折：希望皇帝能赦免赵诲的死罪！

李隆基看到奏折，呆若木鸡。他想象不出，一向清廉自律的姚崇竟然会为了一个芝麻小官破坏朝廷的制度，甚至是违逆他的意思！李隆基自然不会妥协，处死赵诲的判决依旧生效，只待日子一到，便将他当众处死。

据史料记载，判决书下达后，长安发生了祥瑞之事，按照惯例，李隆基应该赦免关押在京的囚犯。当时，许多人都以为赵诲会被释放出狱，可令人震惊的事情再次发生了，李隆基拿着名单，用朱笔一个个勾出即将被赦免的囚犯，却在赵诲的名字旁边重重写上了一笔：处杖刑一百，流放岭南。

姚崇得知消息后，汗流浃背。如果李隆基勾决赵诲是为了平息众怒，眼下遭逢祥瑞，却对他给予“特殊关照”，其实就是传达一个信息：在此事上，皇帝对姚崇的表现非常不满，希望他能够引起重视！

姚崇一生做过三次宰相，看惯了朝堂上的风云斗争，也阅尽了人生起落。数年之前，李隆基知道姚崇的儿子贪污受贿，却亲手和了一摊稀泥，还将吏部尚书魏知古贬官。数年之后，李隆基却做出了截然不同的处罚，究竟是为何？

有人说，姚崇的改革让朝廷秩序走上正轨，李隆基没必要再用他，因此想要卸磨杀驴；有人说，姚崇答应做宰相的时候，曾经当着众人的面立下规矩，他应该为儿子的行为负责，引咎辞职是理所当然。

事实的真相是，李隆基不想和姚崇合作了。

客观地说，李隆基对权力非常敏感。登基之后，他废除了群相制度，以中书令为首席宰相，门下省充当辅助和监督的角色，至于尚书省，完全沦落为干实事的部门。为了让这套体系运转更加有效，李隆基甚至让中书令和门下侍中兼任尚书省六部长官，真正做到了谁下令，谁干活。

这样一来，大权集中到了中书令的手中，而李隆基直接管理中书令，减少了许多沟通成本。当然，想让这套制度行之有效，皇帝必须时刻保持警惕，监督宰相的权力，防止他网罗党羽，威胁到皇权。

问题是，姚崇威胁到李隆基了吗？

答案就是，没有威胁，可已经有这个苗头了。

姚崇是个能干而且务实的宰相，特点就是懂得变通，为了达到目的，他可以放弃自己的底线。李隆基想搞首席宰相制度，也想撸掉其他的宰相，可刘幽求、魏知古、钟绍京、张说等人，几乎都是姚崇主动掺和的情况下，李隆基把他们撸掉的，这本来就属于政治斗争，而非正常的人事变动。

为了大局，李隆基可以容忍。可李隆基也透过这些事，看到了姚崇善于搞斗争的本质，这让李隆基深为忌惮。更何况，姚崇明知道儿子在贪污受贿，可还是采取了默许的姿态，这说明他的心术并不是那么正。

李隆基是个聪明绝顶的皇帝，合作不成仁义在嘛，为了避免大家撕破脸皮，还不如尽早结束这段君臣关系，保留一段美好的回忆。

无独有偶，新上任的宋璟和姚崇是刚好相反的性格，可任期也只有三年，包括后来的张九龄、张说等人，也都是三到四年的任期。对李隆基来说，这个时间属于宰相可以干事儿，却又不能专权结党的最佳保护期！

宰相宋璟：执政要有自己的个性

开元四年（716）十二月，姚崇给李隆基上了一道奏折，力荐广州都督宋璟入朝为官，同时也递交了辞呈。这样既保全了自己的性命，也保全了皇帝的威严。

事实证明，姚崇退位之后，李隆基几乎是以国士之礼对待他，碰到棘手的问题，也时常派人去咨询姚崇，可谓给足了面子。姚崇和李隆基的默契，既造福了天下苍生，也为历史留下了一段传世佳话。

数日之后，李隆基下诏，任命宋璟为西京留守、刑部尚书，为他登上相位搭好了跳板，并派遣亲信杨思勖前去迎接。据史料记载，宋璟为人沉稳，令人难以揣摩，在前往京城的路上，居然没和杨思勖多说一句话，更没打听皇帝让他回京的真实意图，因此让李隆基更加尊敬。

开元四年（716）闰十二月，李隆基下诏：封姚崇开府仪同三司（从一品文官散职），不再担任宰相一职。与此同时，源乾曜被降职为京兆尹、西京留守；刑部尚书宋璟被封为吏部尚书、黄门监，紫微侍郎苏颋（tǐng）被封为同中书门下平章事。

宋璟（663–737），邢州南和（今河北省邢台市南和县）人。

据史料记载，宋璟的七世祖是北魏的吏部尚书宋弁，后来宋家没落，到唐朝勉强算是个读书人家。宋璟小的时候，读书非常勤奋，17 岁便中了进士，被唐高宗李治授予义昌县令之职，后来被提拔为监察御史。

宋璟性情耿直，不畏权贵，在监察御史的岗位上兢兢业业，因此得到武则天的赏识，被封为正五品的凤阁舍人，在中书省掌诏令、侍从、宣旨、慰劳等事。

当年，张易之诬陷御史大夫魏元忠谋逆，指使凤阁舍人张说出面做证，宋璟便在宫门外拦住了张说，对他晓之以理，动之以情，最终让魏元忠躲过一劫。此事过后，张氏兄弟和宋璟便结下了仇怨，他们屡次在武则天的面前诋毁宋璟，然而武则天却无动于衷，一直到她退位也没拿宋璟开刀。

李显登基之后，宋璟被封为黄门侍郎，后来因为得罪梁王武三思，被外放为刺史。李旦登基之后，将他召回长安，封为吏部尚书、同中书门下三品，并兼任太子右庶子，让他做了李隆基的辅臣。直到此时，宋璟才和李隆基搭上关系。

事实上，姚崇和宋璟并不是李隆基的嫡系，一直游走在核心圈层的边缘。当时，李隆基和太平公主恶斗，他们奏请李旦，希望他把太平公主发配到外地，结果操作不当，自己成了政治斗争的牺牲品。

李隆基上位之后，开始召回亲信大臣，刘幽求、魏知古、郭元振是第一批被重用的人，宋璟属于第二批，最终被提拔为京兆尹、御史大夫。彼时，姚崇坐镇中枢，很想和宋璟搭班子，却遭到了李隆基的反对。

也许，李隆基在打自己的小算盘，他不想让宋璟记姚崇的恩德；也许，李隆基觉得姚崇和宋璟执政风格不同，会产生矛盾冲突；也许，李隆基觉得属于宋璟的时代尚未到来，此人还需要继续磨炼。最终，李隆基做出了一个重要决定:将宋璟贬到外地，再择机调回长安。宋璟的最后一站，便是广州。

在广州都督任上，宋璟干了一件留名青史的事儿。

当时，岭南的生存环境几乎处于原始状态，老百姓的房子都是用竹子和茅草搭建而成，住起来虽然很诗意，却经常失火。宋璟到任之后，便教当地人烧制瓦片，将屋顶换了个遍，自此以后，失火的事情骤然减少。

事实上，前几任广州都督并非不懂烧瓦，只不过没有爱惜百姓的心思，因此才视而不见。仅凭这一手，宋璟就获得了岭南百姓的爱戴，后世的百姓更给宋璟送了个雅号：有脚阳春，意思是走到哪里都可以给百姓带去春天般的温暖。

宋璟和姚崇一样，经历过太多的人生起伏，看惯了朝堂的风起云涌。然而，两个人在性格上却天差地别。

姚崇出身官宦家庭，年少的时候是纨绔子弟，后来经人点拨才发奋读书，属于大器晚成的那种。做官之后，姚崇骨子里的奔放和洒脱显露无遗，他从来不相信鬼神之说，做起事来因势利导，变化多端，让人捉摸不透。

宋璟出身没落的书香人家，从小饱读诗书，以拯救天下为己任，是传统士大夫的代表。他性情刚直，敢于犯颜直谏，做起事来循规蹈矩，一板一眼。

李隆基不愧为一代雄主，他早就看清了姚崇和宋璟的性格差异，放在一起绝对没法共事。就拿山东蝗灾的事情来说，姚崇觉得灭蝗不是因为皇帝失德，杀灭蝗虫更不会伤害天气阴阳的和气，如果是宋璟，恐怕会提出强烈的抗议吧。

按理说，宋璟回朝，应该接替姚崇的中书令之职，成为首席宰相。可李隆基却只让他做了门下省的一把手，至于中书令之职，一直悬而未决。

李隆基既然要让宋璟领导群臣，为何只让他做了门下侍中呢？答案就是，李隆基欣赏宋璟的沉稳和智慧，却不太喜欢他的一板一眼。

宋璟上台之后，延续了姚崇执政时的基本政策，和前任的灵活善变相比，风格稍显强硬，经常让李隆基下不来台。

当时，关中缺粮，粮食的转运成本又很大，李隆基碍于大局，只好下诏前往洛阳就食。洛阳的官员为之兴奋，提前把房屋修缮一新，道路重新铺设。开元五年（717）正月初一，长安和洛阳都已准备就绪，只等李隆基起驾。

就在第二天，长安的太庙突然崩塌。

李隆基郁闷了，太庙供奉的可是李唐先祖的神位，如今被埋葬在废墟之中，是否是上天降罪之兆啊？按照惯例，皇帝碰到神仙托梦，或者其他不决之事，一般会请宰相帮他解答，李隆基当即下旨，让宰相宋璟和苏颋一起进宫议事。

李隆基哭丧着脸，说道："两位爱卿啊，今日太庙有四间房子坍塌，你们以为，这是什么意思呢？"

宋璟认为，李隆基率领文武百官前往洛阳，实在是劳民伤财之举，一直就不太同意，此刻乘机进言："陛下还在守孝呢，如今急着去洛阳，恐怕和天意不符啊，因此上天用灾异来示戒，希望陛下取消巡幸东都的计划！"

李隆基："苏爱卿，你认为呢？"

苏颋是性情宽厚之人，遇到事情的时候，基本上都会让着宋璟。

苏颋："陛下，臣认为宋大人言之有理，希望您取消东都之行！"

李隆基是个好面子的人。找你们商议，是让你们宽慰朕的，不是让你们来教训朕的！李隆基觉得很不舒坦，因此想到了赋闲在家的姚崇。

同样的问题，姚崇给出了不同的答案。

姚崇："陛下，太庙的木料，都是前秦皇帝苻坚时候的旧物，距离现在已经三百多年，如今因为腐朽而坍塌，只不过与陛下的行程碰巧撞到了一起，这有什么可奇怪的！再者说，陛下因为关中粮食歉收而前往东都，有关部门已经做好了准备，陛下不能失信于天下，眼下最重要的就是将祖宗的神牌迁到太极殿供奉，下诏重修太庙，车驾如期东行。"

瞧瞧，这才是宰相该说的话。

太庙倒了，臣子怎么能怪罪皇帝呢？你可以说地基坏了，木料腐朽了，被风刮倒了，随便找个理由搪塞过去，重新把房子修好就是了，就是不能怪皇帝。

据史料记载，姚崇说完之后，李隆基的脸色立马放晴，狠狠地夸赞了姚崇一番，还给他赏了二百匹皇室专用的绢。此事过后，李隆基意犹未尽，追下了一道旨意：让姚崇每隔五日进宫一次，做皇帝的幕僚，为国家政事提供建议。

事实上，这件事并没有完。右散骑常侍褚无量进言，声称隋文帝富有四海，肯定不会用苻坚用过的木料修建太庙，姚崇所说只不过是阿谀奉承之词，希望李隆基能够正视老天爷对他的警示，不要前往东都。

李隆基自动无视。想当初，山东爆发蝗虫，李隆基觉得这是老天爷在降灾惩罚，如今太庙倒了，却又死活不承认是老天爷降灾，这是搞双重标准？事实上，李隆基就是在表达对宋璟处事态度的不满。

宋璟是什么反应？

据史料记载，宋璟毫无反应，皇帝既然说去东都，那就去吧。一路上，宋璟把事情安排得妥妥的，该劝诫的要劝诫，该抵制的还是要抵制。

开元五年（717）正月初十，李隆基启程前往洛阳，一路上心情大好，然而车驾行进到崤谷时，李隆基的脸色变得十分难看。原来，崤谷的道路十分狭窄，而且年久失修，车驾走在上面，有一种逃难的感觉。

李隆基暴怒之下，想要撤掉河南尹和知顿使（出行事务官）。

随行的人战战兢兢，无人敢上前劝谏，宋璟说道："陛下，如果因为道路失修而怪罪两位大人，臣担心全国各地会大兴土木，老百姓因此遭殃啊！"

涉及老百姓的情绪，李隆基还是得收敛的。

李隆基："嗯，是朕太着急了，赦免他们的罪过吧！"

宋璟不依不饶："陛下先是降罪，又因为臣的一句话而赦免他们，这是让他们对臣感恩戴德，臣恳请陛下先给他们治罪，然后亲自赦免。"

李隆基心里十分舒坦："好！就按爱卿的意思办！"

这就是真实的宋璟，不因为皇帝意志力而改变自己的执政风格。

为开元盛世铺路：宋璟拿权贵开刀

宋璟虽然不是中书令，却是名副其实的首席宰相。他奉诏回朝，究竟是给大家带来惊喜，还是带来灾难呢，同事们其实都很好奇。事实上，宋璟也很着急，皇帝任命你为首席宰相，总得干出点业绩吧?

开元五年（717）七月，宋璟把矛头对准了超级权贵：陛下！姜皎兄弟的权力太大，您给他们的恩宠又多，臣担心长此以往，他们的安全无法保障啊。

宋璟要找姜皎的晦气，确实有他的道理。

姜皎的爷爷姜行本是贞观朝的郕国公、将作大匠（皇家首席工程师），深得李世民信任，后来在高句丽战争中中箭身亡，李世民哀痛不已，亲自写诗悼念，并恩准姜行本陪葬昭陵。老爹姜柔远担任过内供奉、内事舍人（掌管皇帝诏令和奏折等事，相当于中央办公厅主任）等职，深受历代皇帝信任。

值得一提的是，姜柔远还是大奸相李林甫的外公。

姜家在朝中有地位，主要靠走皇家路线。姜皎步入仕途后，很快就升迁到尚衣奉御（掌管皇帝衣服）的高位。当时，李隆基还是个王爷，姜皎觉得他气质非凡，因此主动结交。李隆基也欣赏姜皎的性格，二人倾心相交，最后成了铁哥们。李隆基登基之后，提拔姜皎做了殿中少监（大内总管，从四品）。

据史料记载，姜皎可以随意出入李隆基的卧室，可以参加李隆基举办的个人宴会，还可以和后宫嫔妃饮酒作乐。姜皎每次入宫，李隆基都会给他赏赐宫女、宝马和珠宝。有一次，姜皎在后宫玩耍，对一棵长相奇异的树赞不绝口，李隆基立马让人将这棵树移植到了姜皎府中，这样的恩宠，亘古未有。

李隆基铲除太平公主后，加封姜皎为银青光禄大夫、殿中监、楚国公，实封四百户，还专门下了一道诏书，对姜皎忠君爱国的行为给予了褒奖。后来，李隆基又加封姜皎为太常卿（正三品，掌管李唐宗族的祭祀）、上柱国（唐朝对有战功人员的封赏，总共十二级，上柱国是最高级别，享受正二品的待遇）。

姜皎的弟弟姜晦，因为姜皎的缘故平步青云，担任吏部侍郎。

事实上，姜皎虽然级别很高，地位也很尊崇，可手中并没有实权，和宋璟没有直接的利益冲突。从私生活来看，姜皎也算中规中矩。至于姜晦，史书说是因为哥哥的缘故升官，可从他的履历来看，应该是很有能力和节操的官员。

当时，唐朝缺乏马匹，姜晦暗中运作，从胡人手中购得三十匹骏马，后来经营皇家马场，取得了不俗的成绩，朝廷想提拔他做黄门侍郎，可他坚持拒绝了。担任吏部侍郎的时候，下属经常暗箱操作，把选官搞得乌烟瘴气，可姜晦总能洞察猫腻，锐意改革，深得朝臣的认可。

自古以来，挡人财路，犹如杀人父母，更不用说剥夺别人半辈子奋斗来的政治前途。那么问题来了，宋璟为什么要找他们的晦气？

答案其实很简单：宋璟疾恶如仇，眼睛里容不得半点沙子。在他看来，姜皎和皇帝走得如此亲近，要么是居心叵测，要么是皇帝被他误导了。也就是说，虽然姜皎兄弟没有犯错，可宋璟觉得他们错了，他们就是错了。

面对宋璟的请求，李隆基很为难。他从未怀疑过姜皎的忠诚，可宋璟是他提拔的首席宰相，这个面子必须给，只能牺牲好哥们的利益。

开元五年（717）七月初三，李隆基下诏：汉高祖刘邦创立天下之后，亲信大臣因为权力太大，最后都死于非命，东汉光武帝的南阳旧友，因为选择隐退，最后却能保全荣华富贵。朕决定，罢免姜晦吏部侍郎之职，改任宗正卿；免去姜皎太常卿之职，勒令其回家养老，保留上柱国、楚国公的待遇。

事实证明，李隆基完全是配合宋璟才下的旨，宋璟下台之后，李隆基立马就把姜皎任命为秘书监（国家图书馆馆长），随侍皇帝。

当然，除了没事找事，宋璟还是干了些正事的。

开元五年（717）九月，宋璟给李隆基上了一道奏折：朝臣和皇帝议政的时候，如果不涉及国家机密，应该让史官仿照贞观旧例，加以记录。

贞观时期，为了加强御史对朝臣的监督力度，李世民定了个规矩：凡是中书省、门下省以及三品重臣入朝奏事，必须有御史、史官随同，如果皇帝和大臣的言论有不妥之处，御史必须及时匡正，讨论的事情不管善恶大小，史官都应该记录在册。朝廷各衙门办公，必须在正衙举行，不许到偏殿或后堂。御史弹劾百官的时候，必须头戴獬豸冠，对着皇帝的仪仗朗读弹劾的奏表。

在这种制度下，皇帝和大臣想搞阴谋诡计，几乎是不可能的。

不过，李世民也很憋屈。

想想看，如果皇帝和宰相商议国事的时候，御史总喜欢插嘴捣乱，有时候一件事就可以争论半天，消耗时间不说，皇帝还得假装他们说的都是金玉良言，维护自己善纳谏言的光辉形象，多累啊。更何况，皇帝发表言论，史官是如何记载的，有没有做到不偏不倚，皇帝心里也没底。

武则天执政时期，许敬宗、李义府等党羽都是等御史和史官撤退之后，再偷偷摸摸地到偏殿或者后宫议事。这样一来，御史和史官的监督自然变小了。

不仅如此，武则天还鼓励御史和谏官风闻奏事，也就是不用调查事实真相，仅靠道听途说就可以弹劾朝臣，御史大夫和监察御史也可以相互弹劾。在武则天的黑暗统治下，贞观朝留下来的监督之风荡然无存。

如果重新启动这套监督制度，无论是李隆基，还是朝中的宰相，包括宋璟本人，手中的权力都会受到很大的制约。不过，李隆基和宋璟都有公心，在朝廷风气和个人私欲之间，君臣联手选择了前者，确实让人敬佩。

开元七年（719）四月，开府仪同三司、祁国公王仁皎去世。他的儿子王守一奏请李隆基，希望能仿照窦孝谌的先例，将他父亲的坟墓建造到五丈二尺高。

按照唐朝的丧葬制度，一品官员的坟墓高度大约是一丈九尺，即便是埋葬在皇帝旁边的陪陵，最高也不能超过三尺，王仁皎凭什么建造到五丈二尺？

原因很简单：王仁皎是李隆基的岳父！而窦孝谌是唐睿宗李旦的岳父，他的陵墓便是五丈二尺的高度，不管怎么说，都属于有章可循，没毛病。

宋璟得知消息后，情绪非常激动。

据说，他给李隆基上了一道奏折：您又不是不知道，当年窦孝谌的坟墓修好之后，街谈巷议多么难听，只不过朝臣无人敢指责睿宗皇帝的过失而已，如今怎么能犯同样的错误呢？当年，太宗皇帝送长乐公主出嫁，嫁妆的标准超过了长公主，魏征极力劝谏，终得褒奖。韦皇后擅自加高父亲的坟墓，最后只不过让家族覆灭得更快而已。王同皎的坟墓修得高大一些，本来无可厚非，臣之所以劝谏，无非成全王皇后的美名。况且，陛下所行之事，子孙也会效法，不能不谨慎啊。

宋璟说的话很明确：要么效仿太宗皇帝，做千古名君；要么效仿中宗皇帝，为世人诟病。据史料记载，李隆基听完之后十分兴奋，夸奖宋璟能够按照礼法办事，维护皇帝的名声，十分难得，因此赏赐了四百匹绢帛。

还是那句话，皇帝都是演员，英明的皇帝都是优秀的演员。有时候，皇帝纳谏并不是真的认可这件事，而是迫于环境的压力，不得不接受这件事。皇帝是不是真的认可，主要看他的内心是不是愿意去遵守规则。

开元七年（719）十一月，李隆基使用皇帝墨敕，将岐山县令王仁琛提拔为五品官员。所谓的墨敕，就是没和吏部官员商议的情况下，动用皇权封官。

宋璟觉得很奇怪，李隆基为什么要偷偷提拔一位名不见经传的县令？调查之后发现，此人居然是李隆基的昔日亲信。

奏折马上就递了上去：陛下啊，您要提拔亲朋故旧，本不是什么大事。然而，王仁琛已经被连续提拔，如果再破格任用，别人怎么能服气？况且，王仁琛是皇后的族人，陛下行事时应当考虑公众的舆论。臣认为，此事应交给吏部核查，如果王仁琛符合资格，臣会优先为他安排官职。

问题是，王仁琛要是符合吏部的提拔条件，李隆基能走后门？面对强势的宋璟，不仅王仁琛要认命，李隆基也得认命。

无独有偶，宋王李成器也给李隆基上了奏折，希望皇帝能看在他的面子上，用墨敕给自己的亲信薛嗣先封个小官儿。

李隆基：“兄弟，没问题，朕马上给你下敕书！等等……朕还是给中书省和门下省下个手谕，让他们来处理吧！”

很快，宋璟的奏折就来了：“陛下，薛嗣先担任过斋郎（隶属太常寺，负责打扫太庙），不过业绩不突出，应该没资格升官。然而，薛嗣先是宋王的人，封个小官也不是什么大事，可自从陛下登基以来，每次任命官员都会考察他的能力和品德，而且都会通过中书省和门下省，臣认为陛下是贤明之君。如今面对宋王的请求，您并未直接下敕书，而是将此事交给臣，臣认为由吏部考核即可！”

宋璟的太极拳打得炉火纯青，此事交给吏部，肯定是没下文的。

这件事，宋璟虽然抬高了李隆基的光辉形象，可毕竟驳了他的面子。至于宋王李成器，连提拔亲信这点儿事都办不成，可谓是威严扫地。

不得不说，宋璟执政时期，有些事确实是为朝廷着想，有些事纯属找同事的晦气，比如让李隆基撸掉姜皎的官职。当然，宋璟敢这么干，主要是因为直来直去的性格，个人品行确实无可挑剔，可以拿两件事来说一下。

开元六年（718），广州传来消息，说当地的百姓很想念宋璟，因此建造了一块“遗爱碑”，意思是宋璟将德政和仁爱留在了广州。古往今来，能够得到百姓认可的官员可谓是凤毛麟角，一碑在手，对官员来说是无上的荣誉，对朝廷来说，也是皇帝用人有方，教化有度。

宋璟能获得殊荣，心里应该是挺满足的，可满足之后，他却给李隆基上了一道措辞谦逊的奏折：陛下啊，臣在广州并没有什么功德，百姓给臣立碑，无非是因为臣的职位和陛下的宠幸罢了，这是对臣的阿谀奉承。陛下如果想要根除歪风邪气，那就从臣的身上开始吧！

于是，刚刚被竖起来的“遗爱碑”，就在宋璟的谦让中被推倒。

没过多久，朝廷组织选官考试，一位叫宋元超的官员也参加了，可能是考试成绩不太理想，他向主考官报了一个猛料：他是宰相宋璟的远房叔叔！

有了这层身份，吏部官员对宋元超自然是礼敬有加。宋元超更是满心欢喜，只等吏部结果出来，就可以走马上任了。谁料想，这件事被捅到了宋璟的跟前，他找到吏部官员，一本正经地说道：“宋元超确实是我的远房叔叔，不过我一直没见过他的面，如果他没透露这层身份，你们吏部按照规矩考核提拔也就是了，既然有了私人关系，就剥夺他的候补资格吧！”

历史告诉我们，有靠山很重要，了解靠山的脾气更重要。

据史料记载，宋璟做了四年宰相，并没有拿得出手的政绩，反而是这些鸡毛蒜皮的事情随处可见。然而，任何一个盛世的到来，都是循序渐进的过程，宋璟用他的忠正耿直，慢慢扭转了武则天以来昏暗的政治风气，为开元盛世的到来铺平了道路，这也是他为后人称道的根本原因。

宋璟治理恶钱：心有余而能力不足

开元八年（720）正月，李隆基下诏：

罢宋璟为开府仪同三司。

罢苏颋为礼部尚书。

封京兆尹源乾曜为黄门侍郎，同中书门下平章事。

封并州长史张嘉贞为中书侍郎，同中书门下平章事。

此时，距离宋璟为相只有三年时间。说起宋璟罢相的原因，最主要的还是处理恶钱事件的失误，最终导致民怨沸腾。同时，昔日被打压的政敌瞄准机会，趁机推了一把，李隆基只能让他体面地下台，维持这段君臣佳话。

要把恶钱事件说清楚，先介绍一下古代的钱币制度。

中国最早的货币是天然贝壳，因为出产在海边，数量稀少，被人们公认为价值交换的工具。随着经济活动频繁，天然贝壳供不应求，人工骨贝、玉贝、石贝逐渐被使用。后来，铜、金、铁等金属问世，金属货币成为主流，秦始皇一统江山后，实现了货币统一：以黄金为上币，铜钱为下币，布帛菽粟为辅币。

西汉王朝基本延续了秦朝的货币制度。

东汉时期，政府推行重农抑商的国策，农民手中的布帛菽粟成为紧俏物资，而商业活动明显减少，黄金、铜钱等金属货币逐渐被替代。随后，中国经历了魏晋南北朝，在战火的洗礼下，百业萧条，人口锐减，粮食布帛越来越珍贵，黄金和白银成了富豪们收藏的奢侈品，市面上仅有铜钱流转。不仅如此，因为政权更迭频繁，流通的钱币五花八门。

隋文帝杨坚统一天下后，下令铸造开皇五铢。

有隋一朝，一千个铜钱的总重量，必须达到四斤二两。

按照古代的重量制度，石、钧、斤、两、铢是五大基本单位，一石等于四钧，一钧等于三十斤，一斤等于十六两，一两等于二十四铢。那么一铢呢？老祖宗已经告诉我们了，选择北方所产饱满的黑色黍谷一百颗，它们的重量便是一铢。

隋文帝的出发点是好的，希望市场流通的钱币分量充足，货币样式统一。然而，现实就是老百姓手中还有许多旧的货币，它们仍然被频繁使用，如果官府不采取措施，恐怕会一直流通下去。而且，除了旧钱之外，还有一批重量较轻，成色不足，一眼就可以看得出不是官府铸造的钱币在流通。

在那个年代，钱币没有防伪标识，政府可以铸钱，民间同样可以铸钱。讲究一点的不法商人，用官府的样钱铸造钱币，不讲究的直接用流通钱币为模板，利用铜水，掺杂廉价的铅、锡，就可以铸造开皇钱币。

当时，私铸钱币的商人主要集中在南方，隋文帝曾经派遣杨广南下治理，可收效甚微。隋末天下大乱，隋文帝的钱币制度形同虚设，旧钱、恶钱横行，物价腾飞，老百姓不堪其苦。

武德四年，李渊下诏：废除五铢钱，发行开元通宝钱。在洛州、并州、幽州、益州设置铸钱的基地，赐秦王李世民、齐王李元吉各三炉，裴寂一炉。

开元通宝的发行，是中国货币史上的里程碑事件。

第一，唐朝以前的货币以重量或形式来称呼，比如刀币、五铢钱，而李渊之后，所有的钱币都被称为“宝”“通宝”“元宝”等。

第二，李渊用两、钱、分、厘替换了锱、铢的计量单位，中国的重量制度正式进入到十进制的时代。

据史料记载，开元通宝面值一文，重一钱，十个钱币重一两，一千个钱币重六斤四两，和隋朝的货币重量相差不多。开元通宝有它的历史意义，遗憾的是，并没有改变隋末唐初混乱的货币流通现实。说白了，劣币还是劣币，旧钱还是旧钱，至于私铸钱币的商人，依旧活得风生水起。

举个例子来说：百姓和商贾如果收到政府铸造的钱币，会把它们放在家里保存起来，然后把劣质的钱币优先花出去。这样一来，政府铸造的钱币全部消失不见，流通的还是劣质钱币。如果唐朝人善于总结，那么劣币驱逐良币的经济学理论将会提前数百年诞生，而不是等到 16 世纪的时候被欧洲人发现。

事实上，官府曾经稽查过劣币，可老百姓总能想到应对办法。比如把钱币埋到地下，或者沉到水底，等风声过了再拿出来使用。不管怎么说，只要没有新的劣币问世，政府迟早会搞定市场。然而，偏偏有一群实力雄厚、技术领先、背景复杂的商人，他们利用“以钱生钱”的方式，将钱币市场搅得乱七八糟。

还是举例来说，政府铸造一千文铜钱需要花六斤铜，江南的富商只用四斤铜就可以铸造一千文铜钱，他们将劣币拿到市场上使用，再将官府铸造的优质钱币回收再造，这一来一回，岂不是暴利的生意？

如果是私铸钱币，市面上好歹能看到钱币。可恨的是，这些人将钱币融化后重新铸成铜器，然后以铜的价格卖给别人。当时，一千文钱可以化为六斤重的铜器，而一斤铜器便可卖六千文钱！

唐高宗时期，货币危机已经非常严重，李治杀了不少人，可是在暴利面前，就算有抄家灭门的风险，商人也愿意去冒险。

显庆五年（660），李治下诏：官府以新币换老百姓的劣币，一个换五个！

李治的想法是好的，可就是不太重视市场规律。想想看，老百姓手里拿着五个铜板，就算是打折花出去，也可以当两个铜板来花，皇帝一句话就要收回去，凭什么？没过多久，李治再次下诏：新币换劣币，一个换两个！

可怜的高宗皇帝，屈身做了菜市场讨价还价的大妈，只为求百姓上交劣币。这一次，部分人将手里最差的货币交了出来，赚了一笔小钱，可是政府的货币刚刚投放到市场，不法商人就将它们全部收缴，然后运到江南重新融化。

这一时期，唐朝对外战争非常频繁，尤其是高句丽战争，李治焦头烂额。打仗就是打钱，遗憾的是，李治确实没钱了。乾封元年（666），李治突然下诏：改铸新钱“乾封泉宝”，新钱宽一寸（之前是八分），重两铢六分（之前两铢四分）。

朝臣们蒙了，百姓也蒙了。只要向市场投放货真价实的钱币，立马就会被收藏起来，李治为何要一反常态，让货币更有“分量”？

数日之后，李治又发布了一道诏令：新钱一文抵旧钱十文！

消息一出，群臣哗然，皇帝的套路果然很深啊。

李治的如意算盘是钱的体积变大了，所以能够抵更多的旧钱！由于有朝廷诏令撑腰，商人无法拒绝新钱的流通。然而，老百姓不愿意和官府兑换新钱，李治为了将新钱投放到市场，只好在市面上购买商品，朝廷只需要花一文钱就可以买走原先十倍的东西，因此物价骤然飞涨，商人们叫苦连连。

事实证明，割韭菜并不是现代人的专利，老祖宗早就会玩。数个月之后，老百姓没法再忍受，于是公开表达了对朝廷的不满。

面对老百姓的声讨，李治发布了新的诏书：自古以来，钱币就是关乎国家命脉的东西，朕只不过看到恶钱泛滥已久，这才改铸乾封泉宝。几个月来，朕想了又想，觉得还是有些不妥，想当年，高祖创立新的钱币制度，太宗皇帝大力改革，唯独没有改变钱币制度，如果朕改铸新钱，恐怕有违祖宗旧制。朕决定，还是以开元通宝作为大唐通行的货币吧，至于乾封泉宝，今后再也不要加铸了！

一钱换十钱，李治确实有割韭菜的嫌疑。不过，这也证明了一个事实：永徽一朝，恶钱横行的现象非常严重，李治只能出此下策。李隆基登基之后，朝廷几乎对钱币失去了控制，这才有了宋璟处理私钱一案。

开元六年（718）正月，在宋璟和苏颋的建议下，李隆基颁布敕命：官府铸造的开元通宝才是合法货币，禁止质量低劣的私钱继续流通，朝廷会派遣得力重臣收缴民间的私钱，经熔炼之后铸成符合规格的钱，再投放到市场流通。

只能说，这是正确的废话，具体实施策略呢？

换句话来说，宋璟懂经济吗？

有点懂，可是不精通。

宋璟做决策之前，调查过市场的情况吗？

可能调查过，但不深入。

事实就是，官府投放的好币很多都被利益集团收缴，真正流通的极少，如果禁止恶钱流通，直接后果就是市场流通的钱币越来越少。更何况，不管是真钱还是假钱，都是老百姓辛辛苦苦挣来的，官府凭着一纸诏令就要收缴老百姓的钱财，这和抢劫有什么区别？

据史料记载，政策刚出台没多久，长安城的商业活动就陷入史无前例的低潮当中。想想看，商业市场一片萧条，就意味着商人的货物卖不出去；酒店不再人来人往，客店也没有人去住宿。老板赚不到钱，自然要开除员工，小老百姓没了生活保障，自然就会闹事，这是亘古不变的社会规律。

宋璟和苏颋看到市场低迷，内心十分着急，因此联名给李隆基上奏，希望能出一套组合拳，暂时减少老百姓的怨言。

第一，让太府拿出两万缗（mín）钱，在洛阳南、北两市平价收购百姓手中可供官府使用的滞销物品。按照现在的话来说，就是以积极的财政政策来刺激市场。

在唐朝，户部掌管全国的财政筹划和货币收支，太府负责进贡赋税、物品的收支，以及百官工资发放、长安和洛阳市场的管理等等。

第二，朝廷给长安、洛阳的官员提前发放工资，鼓励他们到民间去消费，以便让质量优良的官钱能够流通到市场。

第三，让太府和各地的府县拿出官仓的粮食出售，回收市场上的恶钱，然后再交给少府销毁重铸。

在宋璟的努力下，长安和洛阳的市场开始稳定下来。

就在此时，江南却传来了噩耗。

原来，李隆基下诏禁止恶钱流通之后，宋璟让监察御史萧隐之等人前往全国各地搜查恶钱，惩治不法分子。据史料记载，萧隐之做过刑部尚书，一身正气，办事雷厉风行。他刚到江南，就发布了一条公告，希望老百姓能老老实实把恶钱交出来，如果被官府查到，那就是私藏恶钱，罪大恶极。

从隋到唐，江南百姓见了多少大世面，对抗暴力和追求自由的思想已经深入他们的骨髓，怎么会屈服于一纸文书！面对来势汹汹的萧隐之，百姓们纷纷选择待在家里，既不上街购物，也不上交恶钱，专心等待萧隐之回长安交旨。

萧隐之也不是吃素的，他见百姓不买账，于是开始派人搜家，凡是查出来私藏和使用恶钱的，一律严惩。想想看，老百姓赚点生活费不容易，凭什么要交给朝廷，再加上基层官员粗暴执法，江南的百姓怨声载道，几乎有了民变的迹象。

在李隆基的眼里，收缴恶钱是锦上添花的事儿，社稷安定才是王道。为了平息江南百姓的愤怒，李隆基最终做出决定：放弃收缴恶钱，贬黜萧隐之。

李隆基不想处理好私钱泛滥一事吗？

太想了！否则，他不会拿出巨款收购市面上的商品，更不会提前给官员们发工资。问题是，萧隐之做事太粗暴，功利心太强，毫无大局观可言。

恶钱一案，宋璟是政策的制定者和执行者，更是萧隐之的推荐人，他负有不可推卸的责任。全面复盘这件事，李隆基突然就明白了，宋璟虽然是一心为民的好官，可能力存在严重的缺陷，再给他机会，恐怕会捅出天大的娄子！

不过，李隆基并没有撸掉宋璟，直到另外一件事情的发生。

据史料记载，宋璟疾恶如仇，眼睛里揉不得沙子。当时，有不少犯人明明有罪，却拒不认罪，还想方设法去上访。宋璟便给御史台放了狠话：把那些已经认罪不再上访的人释放，把那些拒不认罪，还不停上访的人抓起来！

面对宋璟的怒火，御史中丞李谨度什么也没说。不过，长安城的百姓很快就知道了这件事，他们就一个感觉：宋璟这人，办事不讲究啊。

宋璟为相三年，确实干出了成绩。可作为政治家，宋璟显得不够圆滑，直接代价就是得罪了大批朝臣。如果李隆基还想力挺宋璟，他应该可以站稳脚跟，可李隆基对他已经有了不满，这也让某些朝臣有了可乘之机。

开元八年（720）正月，正值大旱，李隆基在宫中看了一场精心编排的戏剧。

角色一：旱魃（bá），中国古代神话中引起旱灾的怪物。

角色二：小老百姓。

小老百姓："旱魃，你为什么要给人间降下灾祸？"

旱魃："我是奉了你们宰相的命令才来的！"

小老百姓："这是为什么？"

旱魃："你还不知道啊，你们宰相大兴牢狱，关押了三百多名无辜之人，所以我才来到人间，给他提个醒啊！"

看到这里，李隆基不禁陷入了沉思。戏剧虽然是编造出来的，又何尝不是宫内宫外的人对宋璟执政能力的质疑？

宋璟，你也该下台了！

李隆基用错人：张嘉贞得寸进尺

开元八年（720）正月二十八日，李隆基突然下诏：任命宋璟为开府仪同三司，任命苏颋为礼部尚书，二人不再担任宰相。加封京兆尹源乾曜为黄门侍郎，并州长史张嘉贞为中书侍郎，二人同中书门下平章事。

这是源乾曜第二次担任宰相。

三年前，姚崇被赶下台，身为绿叶的源乾曜遭受池鱼之殃。不过，他虽然遭遇了政治生涯的滑铁卢，可意志并没有消沉，更没有抱怨朝廷的不公。相反，源乾曜把所有心思都花在了公务上，这让李隆基刮目相看。

有一次，李隆基豢养的一只白鹰无故失踪。就在当天，内廷传下严令，让京兆府立刻展开全城搜捕。接到命令后，源乾曜立即命人展开了地毯式搜索，经过一番折腾，最后终于找到了白鹰。很不幸，白鹰已经变成了一具尸体。

衙役们哭丧着脸，唯恐皇帝怪罪。

源乾曜拍着胸脯说道："你们不用担心，当今圣上英明神武，不会因为一只白鹰治你们的罪。再说了，就算圣上怪罪，也由我一力承担，与你们无关！"

开元初年，李隆基还算英明，至少不会因为这些小事怪罪臣子。面对源乾曜的告罪，李隆基大手一挥，就此作罢。然而，就因为这件事，源乾曜赢了个"敢于担当"的名声，这也算是意外的收获吧。

宋璟被罢的同时，李隆基当机立断，再次起用源乾曜为宰相。

上任之初，源乾曜就给李隆基上了一道奏折：陛下，臣有三个儿子在长安做官，臣恳请将两个儿子轰出长安城，让他们担任地方官员。

据史料记载，唐朝虽然通过科举考试提拔了不少寒门子弟，但是宗室贵族、功勋大臣、朝中重臣通过各种手段，将自家的孩子和亲信安插到长安和洛阳为官，霸占着油水最多的岗位，以至于真正有才能和品行的人得不到提拔重用。

源乾曜很聪明，他看准了李隆基想要改革的心思，用实际行动表达了自己的忠心。果不其然，李隆基看到奏折后十分欣慰，当即派人传旨，让源乾曜的两个儿子前往地方为官，并下旨褒奖源乾曜，希望文武百官能向他学习。

一时间，上百位权贵闻风而动，纷纷举荐自己的亲信前往地方为官。仅此一招，源乾曜便在李隆基的面前站稳了脚跟。

张嘉贞（665—729），蒲州猗氏（今山西省运城市临猗县）人，不到 20 岁就通过了朝廷明经科考试，被任命为平乡（今河北省邢台市平乡县）县尉。

不过，张嘉贞的运气似乎不太好，刚到任没几天，就因为一件小事得罪了上官，结果被一撸到底，回河东老家过起了养老生活。很难想象，一个初出茅庐，毫无根基的县尉，再加上有犯事的前科，还能有什么前途可言!

就因为一个过错，张嘉贞不得不接受残酷的现实：就算是学富五车，满腔抱负，也只能埋头做小老百姓，而且这一做就是十几年。

平淡的人生，完全看不到任何希望。

然而，就在张嘉贞快要绝望的时候，事情出现了转机。武则天长安年间，侍御史张循宪以采访使的身份巡视河东，不料遇到了非常棘手的难题。身为钦差大臣，遇事不能决断，说出去自然颜面无光，为了挽回尊严，张循宪便让河东的官员推荐几个贤良之才。当时，河东的父母官联袂推荐了张嘉贞。

据史料记载，张嘉贞对河东的情况了如指掌，加上一番真知灼见，问题很快便迎刃而解。不仅如此，张嘉贞的文字表达能力超凡脱俗，就连张循宪也望尘莫及。临走之前，张循宪打了包票：一定会向朝廷举荐张嘉贞。

侍御史，官名听起来很霸道，却只有从六品的级别，放在偌大的洛阳城，实在是区区小官，在皇帝面前有什么发言权？张嘉贞虽然很感激，却十分怀疑。

事实上，张循宪回朝之后，向武则天详细汇报了河东的经历，坦承自己得到了张嘉贞的帮助，并希望能用自己的官职，换得张嘉贞入朝为官的机会。

武则天颇为不喜，反问道："朕难道拿不出一个官职来安置贤才吗？"

没过多久，张嘉贞就奉诏来到了洛阳。

因为是在内殿面圣，君臣隔着一道帘子。

武则天发问，张嘉贞回答，气氛虽然和谐，却显得十分无趣。

突然，张嘉贞说道："陛下，臣是乡野匹夫，未识朝廷威仪，得蒙陛下的赏识，召到内殿。臣与陛下虽然相隔咫尺，却仿佛隔着一道云雾，看不清陛下的面容，臣觉得这不符合君臣之道。"

武则天闻言大笑，当即命人撤去帘子，君臣二人坦诚相见。

张嘉贞长得丰神俊朗，谈吐不凡，胸中又有些丘壑，武则天非常赏识他。一番长谈之后，武则天下诏：封张嘉贞为监察御史。

没过多久，张嘉贞便升任兵部员外郎。

当时，兵部的人才非常匮乏，以至于公文堆积如山，张嘉贞上任没几天，便快刀斩乱麻，将积压的公务处理得一清二楚。有能力，有业绩，还有皇帝力挺，张嘉贞随后升任中书舍人，又外放担任梁州都督、秦州（今甘肃省天水市）都督、并州长史等职。

据史料记载，张嘉贞的业务能力非常强，每到一地都会有所作为，每年吏部考核的时候，张嘉贞都是名列前茅，早就在李隆基的跟前挂了号。

有一次，张嘉贞前往长安述职，完事的时候，李隆基照例问了一句："张爱卿啊，你还有没有想要说的？"

张嘉贞："陛下，臣有话要说！"

李隆基："说吧！"

张嘉贞："陛下，臣从小便成了孤儿，与弟弟张嘉佑相依为命，如今弟弟担任鄯州（今青海海东市乐都区）别驾，臣恳请陛下将舍弟内迁，以便兄弟二人互相照料。臣必当竭心尽力，报效陛下的恩德！"

按照惯例，如果两位兄弟都在朝廷做官，是不允许在相邻州县任职的，防止发生变乱的时候，朝廷难以控制局势。然而，李隆基欣赏张嘉贞的为人，因此加封张嘉佑为忻州刺史，成全了张嘉贞的愿望。

开元五年（717）五月，张嘉贞上奏朝廷：归降的突厥部众散居在太原以北，由于人员结构太复杂，请求朝廷在此地布置重兵，震慑突厥百姓。李隆基深表赞同，当即传下旨意：在并州设置天兵军，编制八万人马，任命张嘉贞为天兵军大使。

开元六年（718）三月，张嘉贞照例前往长安汇报工作，却遭到御史大夫王晙的弹劾。王晙认为，张嘉贞在天兵军徇私舞弊，把军营搞得乌烟瘴气。

李隆基非常奇怪，张嘉贞年年都被评为优秀官员，怎么会突然遭到御史的弹劾呢？在好奇心的驱使下，李隆基决定亲自过问此事，于是派遣了一批官员前去调查此案，后来发现王晙的指控完全是子虚乌有。

李隆基大为震怒，当即传下旨意，要严惩御史大夫王晙。

张嘉贞得知消息后，立即入宫求情："陛下啊，朝中的御史身负监督和弹劾官员的职责，本就有风闻言事的权力，您不能因为查无实据就要处罚他们，长此以往，谁还敢在您面前说真话？您身处深宫，又从何处得知外面的消息呢？"

李隆基感慨万分，他十分欣赏张嘉贞为帝国前途考虑的主人翁精神，因此说道："张爱卿，朕以后一定要任命你为宰相！"

按照一般的套路，臣子肯定会谦虚一番，然后感谢皇帝的恩德。

然而，张嘉贞却表现得忧心忡忡。

李隆基："爱卿，你为何如此沉重？"

张嘉贞："贞观时期，马周深得太宗皇帝的欣赏，年纪轻轻就出任宰相，可惜47岁就去世。如果太宗皇帝再晚一点起用，恐怕就用不上马周了。如果陛下想要重用臣，希望能够尽早，否则再过几年，臣就要告老还乡了！"

此言一出，李隆基的下巴都快惊掉了。

彼时，宋璟刚刚担任宰相，李隆基不可能起用张嘉贞，因此委婉地拒绝道："你先回并州吧，时机到了，朕自然会召见你！"

开元八年（720），宋璟下台的前夕，李隆基开始物色新的宰相人选。

源乾曜身为京兆尹，又担任过宰相，李隆基记忆十分深刻，因此毫不犹豫地将他任命为宰相。然而，当他想要起用张嘉贞的时候，却死活想不起名字来。

李隆基对身边的宦官说道："去把外廷值班的官员叫进来！"

当天值班的人是中书侍郎韦抗，接到皇帝的命令，韦抗立马赶到宫中，李隆基问道：“韦爱卿，朕依稀记得有个贤良大臣，他在北方担任要职，姓张，是复名，很有风度和操守，你帮朕好好想想！”

韦抗思考了一番，回答道：“莫非是张丘齐？”

这名字听起来很耳熟啊，会不会是他呢？

李隆基：“出去拟旨，让张丘齐来长安面圣！”

到了半夜，李隆基趴在桌案前批阅奏折，碰巧看到一份精彩绝伦的奏疏，就着灯光看了看署名：天兵军节度使张嘉贞！李隆基这才反应过来，自己要找的人并不是张丘齐，而是张嘉贞。

开元八年（720）正月二十八日，张嘉贞升任宰相。数月之后，李隆基任命他为中书令、银青光禄大夫，官职甚至超过了前任宋璟。

看得出来，李隆基确实对张嘉贞寄予了厚望。按照李隆基的设想，张嘉贞能力超群，很有想法，适合担任首席宰相，而源乾曜无论从品德还是性格方面，都是副手的不二人选，这样的组合，一定可以给他带来惊喜。

很遗憾，李隆基看错了人。

张嘉贞的优点是有能力，缺点是能力太强悍。他长期在地方任职，养成了说一不二的习惯，到了京城后开始变得水土不服。为相期间，张嘉贞搞起了一言堂，丝毫不尊重同事们的意见，还大肆提拔自己的亲信，行事放荡不羁，得罪了不少同僚。甚至有人在李隆基面前告起了他的黑状。

古往今来，京城就是龙虎盘踞、势力纵横的地方，你得罪了一个人，就是得罪了一个派系，谁都没能力在京城随心所欲。想想看，张嘉贞不得人心，如何能够领导群臣，如何能够干出业绩？

李隆基后悔吗？答案多半是肯定的。

然而，张嘉贞是他提拔起来的，如果因为这点小事就罢免他的相职，张嘉贞难堪不说，朝臣们恐怕会议论纷纷，暗地里嘲笑他不会用人吧！不过，李隆基算是明白了，仅凭张嘉贞一人，无法帮他实现宏图大业。

仕途多舛的张说：打仗界最会写诗的

开元八年（720）六月，大唐的北部边境硝烟再起。

叛乱的根源，还是来自世纪难题：民族融合。

贞观年间，少数民族政权土崩瓦解，不少部落被迫迁入内地，接受朝廷的管制。然而，他们愿意在铁骑面前低下头颅，却始终不愿意接受汉朝文化的洗礼。好战分子、复国分子游离在边境地带，总喜欢制造出一些矛盾。

武则天时期，国家内乱不止，默啜可汗强势崛起，后突厥帝国以肉眼可见的速度强大起来。据史料记载，此人就是个狂热的战争分子，在位十五年，发动了二十多次战争，几乎打遍了唐朝的边境防区。

开元四年（716），默啜可汗在战争中被杀身亡。

后突厥内部派系林立，大家围绕大可汗的宝座展开了斗争，最终毗伽可汗脱颖而出，接管了后突厥政权。毗伽可汗是个聪明人，他请出了岳父，也是国内资历最老，计谋最多的大神级人物暾欲谷，作为后突厥镇国之宝。

暾欲谷明白，和唐朝正面交锋，那就是找死。在经过深思熟虑之后，暾欲谷制定了后突厥的基本国策：瞅准机会就开打，争取获得战争的主动权，以战胜国的姿态争取更多的利益，然后再徐图发展。

在毗伽可汗的经营下，后突厥慢慢恢复了元气，原本在唐朝生活的少数民族部落纷纷逃去，这让驻守的将领深感不安。开元八年（720）六月，朔方军大总管王晙上了一道奏折，声称边境的逃户很多，希望朝廷能够以武力威慑他们。

然而，李隆基还没有做出明确的指示，王晙便擅自做主，招来寄居在内地的突厥首领，将他们悉数斩杀，随后又发兵血洗了突厥部族。

王晙屠杀突厥百姓一事，让河曲附近的拔曳固、同罗等部落心惊胆战，他们很快便达成了一个共识：李唐王朝迟早会拿他们开刀！

当时，边境的官员已经意识到问题的严重性，时任天兵军节度大使张说带着二十名护卫赶赴少数民族的部落，对他们进行说服教育，这才安抚住人心。

接下来的几个月，毗伽可汗率领的后突厥大军屡次战胜唐军，然后又主动请和，希望“请父事大唐天子”，让李隆基深感不安。

李隆基登基之前，大唐的财力几乎都耗费在奢侈享乐上，军队的建设一塌糊涂。李隆基心里清楚，大唐拥有广袤的边境线，如果不扩大军队的规模，吃苦的日子还在后面！李隆基已经打定主意，要选一位懂军事的人执掌朝政。

开元九年（721）九月初三，宰相姚崇去世，他在临死前留下了一道遗书：

佛教以清静慈悲为本，愚昧的人却希望通过抄写经文、建造佛像来求得来世之福。过去，北齐与北周两国对峙，北周的君主捣毁佛经和佛像，将钱财拿来整治军队，而北齐的君主却抛弃刑罚与政令，大肆建造佛寺，等两国交战的时候，北周便可以战胜北齐。当年，武氏和韦氏建造了无数的寺庙，却未能逃避家族被杀的命运，我死之后，你们不要像凡夫俗子那样愚昧无知，为我诵经超度以求死后之福！这条家训，子孙后代必须永远遵守。

姚崇说话很委婉，表面上是劝家人不要请和尚为他超度，实际上是暗示佛教兴盛与否，可以直接影响大唐的国运，北齐和北周便是最好的例子。姚崇的家人算是明白了，这不是给他们的遗书，而是给李隆基的一道谏书。

果不其然，姚崇去世之后，李隆基第一时间表示了慰问，后来拿到了姚崇的遗书。字里行间，李隆基读懂了两件事：大唐对佛教和道教太纵容，给国家带来了沉重的负担。朝廷应该将钱投到军事建设上，否则北齐就是前车之鉴。

在这样的背景下，李隆基心生了起用军事人才为宰相的想法。

开元九年（721）九月十九日，李隆基传下旨意：封并州长史、天兵军大使张说为兵部尚书、同中书门下三品。

张说（667—730），祖籍范阳。

此人没有显赫的家世，完全靠天资聪颖，勤奋好学出道。载初元年（689），武则天在洛阳南门举办制科考试，命吏部尚书李景谌考核策论，年仅22岁的张说拔得头筹，随后被任命为太子校书。后来，在张昌宗的带领下，牵头编撰了《三教珠英》，深得武则天的喜爱，最终升职为凤阁舍人。

长安三年（703），张易之诬陷宰相魏元忠谋反，暗中让张说作伪证，张说却当着武则天的面，揭穿了张易之的把戏。原本是一场是非分明的较量，武则天却认为张说是出尔反尔的小人，于是将他贬到广西。

神龙元年（705），唐中宗李显登基称帝，张说被调回长安，担任兵部员外郎，后来又升任工部侍郎。没过多久，张说的母亲去世，按照规矩，张说应该回家守孝，可母亲的丧期还没过，李显的聘任书就到了：任命张说为黄门侍郎。

在古代，为父母守孝是人子的基本礼仪，可不少人还是觉得，如果能够在孝期被朝廷起用，那是人生最大的荣耀。不过，面对李显的聘书，张说却执意遵守礼仪，数次上表推辞，言辞极为恳切，收获了如潮般的好评。丧期刚满，张说就被任命为工部侍郎，随后改封兵部侍郎，加弘文馆学士。

景云元年（710），唐睿宗李旦登基，张说被封为中书侍郎，并在第二年进封同中书门下平章事，成了名副其实的宰相。当时，太平公主和李隆基斗得昏天黑地，张说屡次为李隆基说话。李显退位之后，李隆基依旧没有掌权，在太平公主的打压下，张说被排挤到洛阳担任尚书左丞、东都留守。

开元元年（713），太平公主倒台，李隆基立即起用张说为中书令。

起用张说，可能是李隆基顾念旧情，然而他有自己的理想和抱负，他需要有魄力和智慧的能臣辅佐，而46岁的张说明显经验不足，在做了几个月的中书令之后，张说就被迫让位给老臣姚崇。

张说毕竟还年轻，经历了几次宦海起伏，开始变得有些心灰意冷，甚至觉得李隆基对他不够仗义，愤怒之下，干脆到岐王李隆范那里表了忠心。谁料想，这件事被姚崇捅到了李隆基的面前。随后，张说以结党的罪名被贬为相州刺史，充河北道按察使，后来又因为一件小事的牵连，被贬为岳州刺史。

张说空有一腔抱负，却不得李隆基的重用，心中的郁闷可想而知。在岳阳生活的这段时间，张说寄情于山水之间，写下了不少诗歌：

《岳阳早霁南楼》

山水佳新霁，南楼玩初旭。
夜来枝半红，雨后洲全绿。
四运相终始，万形纷代续。
适临青草湖，再变黄莺曲。
地穴穿东武，江流下西蜀。
歌闻枉渚邅，舞见长沙促。
心阻意徒驰，神和生自足。
白发悲上春，知常谢先欲。

《岳州宴别潭州王熊二首》

丝管清且哀，一曲倾一杯。
气将然诺重，心向友朋开。
古木无生意，寒云若死灰。
赠君芳杜草，为植建章台。
缙云连省阁，沟水遽西东。
然诺心犹在，荣华岁不同。
孤城临楚塞，远树入秦宫。
谁念三千里，江潭一老翁。

《岳州夜坐》

炎洲苦三伏，永日卧孤城。
赖此闲庭夜，萧条夜月明。
独歌还太息，幽感见馀声。
江近鹤时叫，山深猿屡鸣。

息心观有欲，弃知返无名。

五十知天命，吾其达此生。

在诗歌里，张说表现得洒脱不羁，一副名流清士、超凡脱俗的模样。然而，这些只是假象，每逢夜深人静，张说对政治的憧憬，对前途的躁动就会让他莫名地难受。他日夜翘首以盼，只为等待李隆基的召唤。

前面已经说过，李隆基是个非常健忘的人，他早已经忘记了张说的存在。对张说来说，该用什么方式来引起李隆基的注意呢？

开元四年（716），死对头姚崇被李隆基罢免，宋璟和苏颋上台执政。

在命运的黑暗中，张说似乎看到了一丝光亮，他努力思考着，自己是否可以和两位新任宰相套套近乎。张说想到了一个至关重要的人：已经去世的苏瓌，此人是苏颋的父亲，也是张说当年的私交不错的同事。

苏瓌忌日的那天，新科宰相苏颋回乡祭奠，一首名叫《五君咏》的诗歌出现在了苏颋的面前：

许公信国桢，克美具瞻情。

百事资朝问，三章广世程。

处高心不有，临节自为名。

朱户传新戟，青松拱旧茔。

凄凉丞相府，馀庆在玄成。

张说的《五君咏》，其实是模仿南朝诗人颜延之赞美竹林七贤的《五君咏》而作，通过赞美苏瓌、郭元振、魏元忠、李峤、赵彦昭五个去世的国公爷，向世人夸赞他们的丰功伟绩和高尚品德，以此取悦他们的后人。

这一招实在是高啊！

苏颋品读着张说的诗作，顿时泪流满面，万分感慨。

不是亲兄弟，胜似亲兄弟啊！张说，这件事干得很漂亮，不仅夸了我父亲，还把我顺带着也夸了一顿，以后我们以兄弟相称吧！

有了这层关系，张说的事情就好办多了。

苏颋回朝之后，立马给李隆基上了一道奏折，声称岳州刺史张说忠贞正直，人望很高，不宜再屈居地方，应该委以重任。开元六年（718）二月，张说迁任荆州长史，没过多久就升任右羽林将军、检校幽州都督。

一个人想要发达，确实需要机缘。就拿张说来说，如果不认识苏颋的老爹，如果苏颋没有做宰相，如果苏颋不是性情中人，张说的前途真的说不好。

不过，张说是否能走上人生的巅峰，关键在于李隆基。在检校幽州都督任上，张说干得最多的事就是揣摩李隆基的心思。谁料想，还真让他给猜对了。

有一次回朝述职，张说别出心裁，穿着一身戎装面圣，李隆基见惯了身穿文官服饰的官员，顿时就对张说的模样来了兴趣。于是乎，一场述职变成了张说的专场面试，张说使出浑身解数，最终获得了李隆基的高度认可。

开元七年（719），张说晋升为并州大都督府长史、天兵军节度大使。

当时，朔方军大总管王晙屠杀突厥部落，居住在大同军（驻地在今山西省朔州市）、横野军（驻地在今河北省张家口市蔚县）附近的拔曳固部落、同罗部落担心大唐会对他们下毒手，因此暗中与后突厥联系，表达了归顺的意思。

为了消除他们的误会，张说带着二十名骑兵赶赴拔曳固部落、同罗部落，并且力排众议，下榻在少数民族的帐篷中，最终赢得对手的信任。

消息传到长安，李隆基十分欣慰。不过，李隆基心里清楚，几个部落的依附改变不了后突厥崛起的事实，边境的局势不容乐观。

开元九年（721）四月，后突厥的大将康待宾派人潜入突厥部落，唆使他们背叛大唐，并联合党项拿下了六胡州（大唐为了安置突厥昭武九姓而设置的鲁、丽、塞、含、依、契六州），叛军人数多达七万余人，北部边境硝烟再起。

李隆基接到前线军报，立马传下旨意，命朔方军大总管王晙、陇右诸军节度大使郭知运共同讨伐康待宾。随后，李隆基又调派亲信毛文仲为朔方道防御讨击大使，命天兵军节度大使张说见机行事。

开元九年（721）八月，张说带领一万名步骑兵，在合河关（今山西省吕梁市兴县）突袭了敌军，斩获了小胜。随后，张说下令追击，敌人犹如野狗般疯狂逃窜，党项大军的主帅看出了苗头：后突厥不过是跳梁小丑，根本不是唐军的对手。

于是，党项大军倒戈一击，投降了唐军。

讨击大使阿史那献是西突厥的皇族后裔，跟着唐军打同胞已经令他不舒服，再加上党项兄弟临场背叛，因此怒火中烧，想唆使张说坑杀党项的降军。

张说呵呵一笑："以大局为重，招抚流散人员，各安其业！"

事情完了吗？当然没有。

后突厥之乱，王晙有着不可推卸的责任，李隆基为了大局考虑，并没有下旨处罚，而是告诉王晙，已经安排了几路大军前去支援。

接到圣旨的时候，王晙兴奋得手舞足蹈。张说是名副其实的帅才，朝廷的政治新星，毛文仲是李隆基的嫡系亲信，有他们支援，大军如虎添翼，破敌是迟早的事儿。然而，当他看到支援名单上有郭知运后，心情变得糟糕透顶。

王晙表示，他真的很讨厌郭知运，隔壁战区的跑到他的地盘搞防御，失败了算王晙的，成功了算郭知运的，这算怎么回事？王晙给李隆基上了一道奏折，声称朔方军就可以平定叛乱，就不用折腾郭知运了。

使者往返长安，耗费的时间太长。因此，还没等到李隆基的圣旨，郭知运就带着手下赶到了战场。遗憾的是，战争早已经结束，党项大军投降，康待宾被王晙亲自活捉。郭知运来晚了，算是白跑了一趟。

郭知运稍微一打听，就知道了事情的来龙去脉。

哼，这不是摆明了恶心他吗？

江湖规矩，你做初一，我做十五。就在王晙庆祝胜利的时候，郭知运偷偷摸摸对突厥部落发动了奇袭，随后潇洒回营，强势炫耀了一波。

王晙："你难道不知道突厥人投降了？"

郭知运："不知道啊，我刚到，还以为在打仗呢。"

王晙："好吧，你赢了。"

突厥人也蒙了，王晙不是接受了投降吗，怎么还要偷袭？

背信弃义、猪狗不如，屎盆子纷纷扣到了王晙的头上。

就这样，愤怒的突厥降军再次走上了背叛的道路。

王晙和郭知运前线斗法的事情被捅到长安，李隆基认为王晙心胸狭窄，不以国家大事为重，因此在战事还没彻底结束之时，便下旨将他贬为梓州刺史。

问题是，这与张说有什么关系吗？

关系大大的！

所谓的光辉形象，有些是自己挣来的，有些是别人衬托出来的。就拿此事来说，王晙和郭知运为了私欲，置国家利益于不顾，张说不动如山，一副成熟稳重、顾全大局的模样，这不就是李隆基一直想找的人才吗？

府兵制度的改革：对镜梳妆盼君归

开元九年（721）九月，李隆基下诏：封张说为兵部尚书，同中书门下三品。

开元年间，第一个三人宰相组合就此产生：

中书令、同中书门下平章事：张嘉贞。

门下侍中，同中书门下平章事：源乾曜。

兵部尚书，同中书门下三品：张说。

无论从官职的大小，还是拜相的顺序，张说都只能排在第三名。再者说，李隆基心里清楚，张说和张嘉贞不是一个执政风格，暂时给他挂个同中书门下三品的头衔，先利用张说的军事才能，以后的事情，以后再说！

开元十年（722）四月，李隆基下诏：封张说为朔方节度大使，奉旨巡边。

按照朝廷的惯例，兵部尚书，尤其是挂着中书门下三品头衔的人，一般都是坐镇京师，遥控地方的厉害角色，很少有去外地办公的。如果说是为了朔方郡的安定，只需要派遣一名将军即可，没必要搞出这么大的阵仗，于是疑问就来了：究竟是张说主动要求去朔方的，还是李隆基的意思？

先看张说干了哪几件事。

第一件：处置康待宾余党康愿子的谋反。

康待宾死后，康愿子纠集了一帮好战分子，自立为可汗，宣布脱离唐朝的统治，张说平息了这场叛乱。随后，张说将六胡州五万多百姓迁徙到许、汝、唐、邓、仙、豫等州安置，彻底断绝了后突厥的念想。

不过，此事发生在开元十年（722）下半年，张说不可能冲着康愿子而去。

第二件事：裁撤边关大军，重塑大唐的军事制度。

制度的核心就是：均田制、租庸调制，以及府兵制度。

隋朝末年，战争波及全国，兵戈所到之处，生灵涂炭，鸡犬不宁，原先的户籍制度形同虚设，老百姓到处流窜，哪还有人安心种地，给朝廷缴纳赋税？

唐朝立国之后，李渊的第一件事就是把老百姓重新编入户籍，找他们名正言顺地征收税赋。问题是，让老百姓心甘情愿地交税，凭什么？

李唐统治者还是很讲究的，他们选择了一条温和的道路。

当时，朝廷和老百姓谈了几个条件：

国家承诺，凡是编到朝廷户籍的，只要你是年满 18 周岁的男丁，就可以获得一百亩田，其中二十亩是永业田，所有者去世之后，家中的后代可以继承。另外八十亩是口分田，农民活着的时候卖力耕种，除了给朝廷缴纳赋税，剩余的归自己所有。如果所有者去世，由朝廷进行重新分配。这就是均田制度。

算一算，如果家中有三个男丁，可以分得六十亩永业田，二百四十亩口分田，放在现在，绝对是有实力的农民。不过，老百姓拿了土地，就必须承担相应的责任。

租：每个男丁每年向朝廷交二石粟。

调：交二丈绢、三两绵（或二丈四尺布、三斤麻）。

庸：每年服役二十日，不役者每日纳绢三尺（或布三点六尺）。

说白了，如果国家要搞土木工程，比如挖河、筑城，给前线将士运送军粮等等，当然也包括服兵役，每户的男丁必须服役二十天。不过，统治者为了减少老百姓的抵触情绪，特地规定：额外加役十五天，就可以免除男丁的调，加役三十天，租和调都可以免除，正役和加役的总天数最多不能超过五十天。

唐朝能走向中国历史的巅峰，和均田制、租庸调制度密不可分。政府以均田制度凝聚人心，以“庸”役的方式为朝廷提供源源不断的兵员。

想想看，国家没有职业军队，就意味着不需要在军事建设上形成常规性的开支，仅这一项，就可以节省大笔的财政支出。相应地，老百姓都从事劳动生产，干劲自然十足，有了财富积累，自然就想多生孩子，国家的人口因此越来越多。

长此以往，自然就形成了良性循环。

那么，府兵制又是啥意思呢？

在均田制和租庸调制的支持下，各地的老百姓成了军队的预备成员，从戍卫边关到拱卫京师，全部由地方征调的农民组成。

唐朝初年，朝廷将全国划分为十道，共六百三十四个折冲府。折冲府分为上、中、下三等，上府编制一千二百人，中府编制一千人，下府编制八百人。

当时，朝廷以折冲府为基本单位，征调农民服役。在这个体系中，地方官府只有协助征调的权力，没有军队的指挥权，因为这项权力专属李唐皇室。

农民征调完毕后，统一交给中央十六卫来统领，分别是左右卫、左右骁卫、左右武卫、左右威卫、左右领军卫、左右金吾卫、左右监门卫、左右千牛卫。其中，左右监门卫负责宫殿大门的守卫，左右千牛卫是皇帝的侍从和仪仗队。

其余的十二卫，除了拱卫京城，还要外出作战。每逢打仗的时候，朝廷任命将领，然后拿着兵部的鱼符，经过刺史和折冲府首领核验后才能发兵。战争结束之后，所有人遣散回府，将领回朝，不会形成拥兵自重的现象。

十六卫隶属于皇家，总部在太极宫南边，统称为南衙禁军。这种以折冲府为征兵单位，以朝廷卫府作为统帅机构的制度，在历史上被称为府兵制。

按照府兵制的运作规矩，每到服役的时候，老百姓准备好弓箭、毡帽、箭矢等个人物品，朝廷提供刀枪剑戟等常规化军事武器。上一批农民服完兵役之后，下一批农民再去换班。这样一来，地里的庄稼不至于荒废，朝廷又有源源不断的兵源，可谓皆大欢喜。

遗憾的是，府兵制有个无法避免的缺陷。如果遇到太平盛世，老百姓都可以按时回家，可如果打起仗来，朝廷就没法兑现承诺了。想想看，老百姓服役的时间只有几十天，加上在路上耗费的时间，几乎就是刚到就要离开。

贞观时期，唐朝纵横边关，设立了安西都护府、北庭都护府，以此管理边境的秩序，这就需要一批常驻兵力。还有一部分少数民族被迁移到黄河附近，朝廷任命本部贵族为首领，允许他们自治，同时又会安排一批军队镇守。比如并州北部的天兵军，编制达到七万人。这也需要常驻兵力。

更何况，两军交战，农民能对主帅说，俺们的服役时间已经到了，可以回家抱孩子去的话吗？换作任何人，也不能在外敌入侵的时候无动于衷。

说白了，制度是贴在墙上的，真正执行的其实是游戏规则。

唐朝初年，农民从均田制中尝到了甜头，可到了后来，老百姓逐渐发现，只要你去驻守边境，要么战死沙场，要么永驻边疆。二十天的兵役，做梦去吧！

就这样，轮番戍边的制度开始崩溃，大批的农民在边关定居。如果你运气好的话，可以多活几年，如果运气不佳，那就只好马革裹尸。

中国的边塞诗和闺怨诗，不管在数量上，还是在艺术造诣上，都在唐朝中期达到了巅峰水平，这与当时的环境是分不开的。

在新的游戏规则下，产生了两个严重的后果。

第一，驻边的将士越来越多。

最初去驻守边疆的农民被留了下来，成了军队中的精英，朝廷肯定不会遵守诺言，放他们回去。然而，边境局势不稳，突厥蠢蠢欲动，军队数量自然是越多越好，各地的兵员还是源源不断地送往军府。就这样，戍边军队的人数竟然达到了六十万！朝廷虽然很有钱，但是养这么多人，确实挺费劲！

第二，大后方开始闹情绪了。

开元初年，全国在编的户籍数量接近七百万。人口多了确实是好事，可新增的男丁需要分田，土地从哪里来呢？很遗憾，古代的垦田技术很落后，土地的开垦速度永远跟不上人口的增长速度。不仅如此，盛世的时候，地主兼并农民土地的现象是最严重的，农民不仅分不到新的土地，还有无地耕种的可能。

这种情况下，还有谁愿意带着武器和粮食去服役？

据史料记载，李隆基为了弥补这部分亏空，甚至收回了朝廷官员的职分田，可最终还是解决不了问题。说白了，老百姓不是天真的蠢蛋，他们没理由为朝廷白干活，为了躲避朝廷的兵役，有些人选择远走他乡，成为流民，有些人不愿意离开家乡，便选择将自己的手或腿折断（天下户口逃移，巧伪甚众）。

开元年间，百姓逃离故土的现象非常严重，以至于朝廷的十六卫很难从地方征调兵力。张说在兵部和地方工作多年，早就看清了府兵制度的弊端，这一次前往朔方郡整治军务，回朝后给李隆基提了两个建议：

第一，裁撤二十万边防军，让他们解甲归田。

李隆基听闻此言，差点惊掉了下巴，于是质疑地问道：“爱卿啊，把军队裁撤了，如果边境再起战事，朝廷该怎么办？”

张说：“陛下，臣长期在边境为官，深知其中的弊端。之所以那么多人，无非是将领们想要拥兵自重，谋取私利。如果只是为了打赢战争，只需要留下精兵强将即可，其余的人可以回家种地。如果陛下不相信臣的话，臣愿意用家中老小作为担保，一力承担责任！”

李隆基：“既然如此，就按照你的意思办！”

第二，取消“兵农合一”的府兵制，打造职业化的禁卫军。

张说建议，招募身强体壮的农民入伍，如果他们答应参军，朝廷免除所有的徭役和赋税，还可以拿朝廷的工资，做职业的军人！不得不说，张说的改革思路切中了府兵制的要害，更击中了李隆基最敏感的神经。

据史料记载，李隆基批准了张说的提议。十多天的时间，李隆基就召集了十三万百姓，这些人最终被安排到十六卫中，成了大唐职业禁卫军的班底。

短短几个月的时间，张说镇压康待宾余党的叛乱，裁撤四十万军队，让老百姓得以归家，还解决了府兵制的痼疾，为朝廷招募了十三万职业化军队。

张说：走向人生的巅峰

泼天的功劳，李隆基该拿什么来赏赐？

几个月以前，张说不过是兵部尚书、同中书门下三品，不管是官职，为相的时间，还是权力的含金量，张嘉贞都可以全方位地碾压。如今，张说成为举国闻名的改革家，大唐王朝的政治新星，首席宰相张嘉贞又该做何感想？

张嘉贞能够容忍尚书省有一个逆天的存在吗？

在此之前，张嘉贞还是兵部办事员，而张说却是兵部侍郎。如今，身负一身荣誉的张说，能够容忍昔日的下属在自己面前指手画脚？

最主要的是，李隆基该如何平衡他们的关系？

前面已经说过，张嘉贞的能力和品行，李隆基是瞧不上眼的。

张说到朔方郡出差的时候，李隆基带着文武百官到洛阳视察工作，张嘉贞身为中书令，自然需要同行。按照一般的套路，中央大员去外地出差，肯定会有低级官僚来拜会，这一次自然也不例外。

王钧，洛阳主簿，官职已经算不错了。不过，他似乎觉得生活很无趣，在家里琢磨，如今的政治风气很清明，御史应该是个很吃香的职业，因此打算巴结一下张嘉贞，捞个御史干干。

古往今来，巴结上官要么靠拍马屁，要么送钱送宅子。

不过，江湖盛传，张嘉贞虽然是最高级别的公务员，可清廉自律，对钱财和产业不太感兴趣。张嘉贞还有句名言：儿子如果争气，老子不用为他准备财产；儿子如果不争气，就算留一座金山银山也没用。

然而，王钧的价值观很世故，很接地气。在他看来，人为财死，鸟为食亡，天底下没有不爱财的人，张嘉贞过过嘴瘾，难道真的不给子孙留点家产？

就这样，王钧自作主张，在李隆基的车驾还没到洛阳的时候，便让人修了一栋宅子，准备送给张嘉贞。事情办得很漂亮，可王钧嘴上却没个把门的，在一场饭局之上，王钧喝高了，竟然将此事主动说了出去。

这个世上，只有永恒的八卦，没有永远的秘密。

当李隆基得知王钧想巴结首席宰相之后，气得暴跳如雷，直觉告诉他，王钧肯定不是什么好东西。据史料记载，李隆基将王钧叫到跟前，准备当着文武大臣的面，将他活活打死，以儆效尤。

不可否认，王钧只有死路一条，谁也救不了他。在官场上，官员最容易接受的死刑就是砍头，酣畅淋漓，没有痛苦，更没有人格侮辱。然而，李隆基打算用棍棒打死王钧，这已经超出了“士可杀，不可辱”的士子价值观。

大臣们纷纷求情，希望李隆基网开一面，将王钧拖出去斩首，成全他的颜面，也成全朝廷的颜面。

那么问题来了，当事人张嘉贞又是什么态度？

据史料记载，张嘉贞如同热锅上的蚂蚁，急得团团转。按照规矩，处死朝廷命官需要得到皇帝最后的确认，也要等到正午的时候行刑，然而张嘉贞害怕王钧会胡乱攀咬，居然给有关部门下了条子，提前处死了王钧。

问题是，王钧已经承认给张嘉贞修了房子，这个事该怎么圆过去呢？张嘉贞灵光一现：王钧想要御史之职，这可是御史台管的事，只要一推二五六，说是御史大夫们想要从中牟利，不就行了吗？

于是，张嘉贞找来了御史大夫韦抗、御史中丞韦虚心，以首席宰相的身份训斥道：“王钧违反朝廷制度，公然索求御史之职，你们难道就没有责任吗？恐怕是御史台的官员行为不检点，才会让下面的人主动行贿吧！”

李隆基默然。

群臣默然。

不过话又说回来，张嘉贞确实不知道此事，不能因为官员主动行贿，就把责任推到张嘉贞的头上吧。因此，李隆基只好随声附和，将御史台的官员训斥了一番，此事便算了结。不过，李隆基有种隐隐的失望：张嘉贞身为朝廷宰相，遇到大事的时候居然推卸责任，落井下石，毫无宰相的气度。

姚崇被罢相，因为犯了私结党羽的罪。

宋璟被罢相，因为有了恶钱处理失当的罪名。

张嘉贞呢？他把自己保护得很好，李隆基也拿他没办法。然而，随着张说的强势回归，张嘉贞的仕途蒙上了一层挥之不去的阴影。

开元十年（722）十一月，广州都督裴伷先因事犯罪，李隆基让张嘉贞、张说等宰相商议处罚的办法。按照惯例，宰相们会事先商议，统一口径，实在不行，由首席宰相说一下处理办法，其他人附和，以免在皇帝面前产生分歧，影响班子的和谐。

不过，这一次却出现了意外。

李隆基："张爱卿，你是中书令，你说应该怎么办？"

张嘉贞："陛下，臣觉得，杖刑就比较合适。"

谁料想，身旁的张说听闻此言，急吼吼地说道："陛下，自古以来，刑不上大夫，这是为了培养官员的自尊心和羞耻心。如果大臣有罪，该处死就处死，该流放就流放，为什么要羞辱他呢。臣以为，不应该对裴伷先使用杖刑。"

此言一出，张嘉贞的脸上顿时挂了一层猪肝色。

客观地说，张嘉贞的建议并没有什么问题。古往今来，朝臣犯了罪，皇帝确实可以赏一顿板子，既能惩罚罪臣，也能杀鸡儆猴。不过，张说太聪明了，他轻飘飘的一句话，公然把打板子和羞辱朝臣画上了等号。不仅如此，如果真要打板子，羞辱朝臣的就不是张嘉贞，而是李隆基。

李隆基轻咳了一声："嗯，朕想了想，杖刑确实不合适啊。"

张嘉贞有种被五雷轰顶的感觉，皇帝这是在搞事情啊！

他自然不敢找皇帝的晦气，事后气呼呼地跑到张说面前，以上官的口吻指责道："张说，你怎么如此不明事理，何必把这件事说得那么严重？"

张说气定神闲，回击道："张大人，您别忘了，咱们都是读书人，能够坐上宰相之位都是一时的运气而已，你能保证自己不出事情，以后不受到惩罚吗？到时候别人把你拉出去打屁股，你面子上挂得住吗？”

在职场上，被领导教育是正常的现象，可是被下属教育，可谓是丢脸丢到外婆家了。张嘉贞可能还不知道，倒霉事正在快马加鞭地朝他撞来。

开元十一年（723）二月，李隆基带着张嘉贞和张说等人去山西巡视，却传出了左金吾将军张嘉祐贪污受贿的消息。张嘉佑是张嘉贞的弟弟，明眼人都知道，这是有人在故意找事，准备向张嘉贞发难了。

开元一朝，贪污受贿、结党营私是李隆基最忌讳的事情。就在张嘉贞忧心忡忡的时候，张说找上门来：“张大人，陛下对官员贪污腐败痛恨至极，您的弟弟犯了事，处罚肯定是逃不掉的。下官以为，您还是身穿素衣，主动找皇帝认罪去吧，或许还有转圜的余地呢！”

张嘉贞情急之下，只能按照张说的建议，身穿素服前去请罪。

然而，李隆基的态度十分坚决，张嘉佑犯事，必定会受到严惩。这件事，张嘉贞也脱不了干系，宰相就不用做了，还是去幽州做刺史吧！

开元十一年（723）二月二十三日，李隆基下诏：张说兼任中书令。

俗话说得好，没有无缘无故的爱，也没有无缘无故的恨。李隆基愿意重用张说，说明张说确实对他有不可或缺的价值，至少短期内是这样。

举个例子来说。开元五年（717），在秘书监（国家藏书与编校工作的机构和官名）马怀素的建议下，李隆基选拔了二十名饱学之士，在洛阳设立了乾元修书院，负责编撰经史子集类的书籍。开元六年（718），李隆基将乾元修书院改名为丽正书院，增设了检校官，并将修书官改为丽正殿直学士。

没过多久，李隆基在长安也成立了丽正书院，并挑了一批才华横溢的读书人入院供职，其中就有秘书监徐坚、太常博士贺知章、监察御史赵冬曦等人。这些人都是名噪一时的文人，李隆基闲暇无趣的时候，经常会找他们切磋。

当时，李隆基给丽正书院搞了个高大上的定位：大唐文化制作和传播机构。说得直白点，贺知章等人不仅需要校订经典书籍，还要著书立说，向五湖四海展示大唐的文化底蕴，以及皇帝对文化事业的情怀！

张说升任中书令之后，李隆基又封他做了丽正书院修书使，全面主持丽正书院的修书工作。不过，这让中书舍人陆坚泛起了酸味，他在公共场合表态，说这帮人拿着朝廷最高的工资，整天躲在书院编修书籍，对国家一点好处也没有，应该立马裁撤，让贺知章等人全部失业。

张说回击道："自古以来，帝王在国家安定的时候都喜欢大兴土木，自我享乐，唯独当今天子礼遇博学的儒者，传播先贤们遗留下来的文献典籍，这对朝廷的礼仪教化极有好处。至于耗费的那点钱财，实在不值一提，陆大人身为朝廷的中书舍人，怎么能如此不明事理？"

居高临下的口吻，恨铁不成钢的姿态，让张说首席宰相的形象灿烂得一塌糊涂，也让李隆基对他的好感直线上升。当然了，有皇帝在背后力挺，就要抓住这波机会，彻底走向人生巅峰。

据史料记载，张嘉贞下台之后，张说成为中书令，源乾曜则担任门下侍中。然而，张说一直不太习惯中书、门下和尚书省的运作模式，他想改。

开元十一年（723）十二月，张说给李隆基递交了一份奏折：建议将政事堂改名为中书门下，下设吏房、枢机房、兵房、户房、刑礼房，由它们管理日常事务！

我们都知道，唐朝实行三省六部制，中书省负责决策，门下省负责审核和监督，皇帝御批之后，尚书省负责执行。唐朝初年，皇帝们的思路就是中央集权，最大程度限制宰相的权力，甚至开创了群相制度，以及政事堂议政制度。

所谓的政事堂，就是宰相们集体办公的地方，最初设在门下省。也就是说，中书令、尚书左右仆射需要到门下省集体办公，然后再回到自己的本部办公。好处就是，一起办公的时候，大家可以互相监督，可以充分交流。坏处就是，没有首席宰相，大家都有话语权，也很容易出现推诿扯皮的现象。

张说想干实事，肯定不能容忍这样的情况，因此趁着李隆基心情大好，奏请将政事堂改为中书门下，设立了吏房、枢机房、兵房、户房、刑礼房。

想想看，这五个部门对应着尚书省的六部，只要在中书门下形成的决议，直接由五个部门执行，尚书省的权力被大大地削弱，几乎沦为边缘部门。

至于门下省，也因为中书省的存在，以及李隆基推行的首席宰相的制度，在权力体系中沦为配角。中书省成了名副其实的决策机构和行政机构。张说身为中书令，自然水涨船高，成了大唐最有权势的宰相!

据史料记载，张说做了中书令后，曾经推荐崔沔担任中书侍郎。按照惯例，中书侍郎是中书令的副职，不需要有太多自己的想法，更不能在皇帝面前拆上官的台。然而，崔沔却认为，上下级之间应该互相尊重，遇事要各抒己见，这样才能杜绝错误政令的出现，因此屡次反对张说。没过几天，张说便以山东发生旱情为由，将崔沔外放为刺史，算是对他挑战上官权威的一种回答。

李隆基：泰山封禅

开元十二年（724），李隆基做皇帝的第十三个年头。

要说改革的成绩，谁也不能否认。

比如，边境府兵解甲归田，大唐有了职业化的军队。力推首席宰相制度，加强中央集权。打压贵族集团、宗教集团，奢侈和浮躁的社会风气得到抑制。如果要用几个词来形容此时的大唐王朝，最准确的应该是欣欣向荣，盛世前奏。

古往今来，皇帝干出了成绩，最想要的就是世人的称颂，老天爷的认可，李隆基自然也不例外。事实上，李隆基登基的时候，唐隆政变的功臣崔日用就给他上过一道奏折，希望李隆基可以顺应天意，前往泰山封禅。

然而，李唐王朝刚刚完成最高权力的过渡，朝中政局不稳，国家百废待兴。李隆基虽然有这个想法，却还是严词拒绝了崔日用的请求。拒绝归拒绝，群臣算是看出来了，李隆基拒绝的背后，其实更多地是对泰山封禅的期待。

开元十二年（724），文武百官似乎心有灵犀，觉得是时候将此事提上日程，因此接二连三地奏请李隆基，希望他前往泰山封禅，彰显圣皇的德行。

吏部尚书裴漼是第一批奏请的官员，他的奏折是这样写的：

握符提象，出震乘图。英威迈于百王，至德加于四海。梯航接武，毕尽戎夷之献；耕凿终欢，不知尧舜之力。恶除氛沴，增日月之光辉；庆袭休荣，杂烟云之气色。灵物绍至，休祥沓委。江茅将黍均芳，双觡与一茎齐烈。

裴漼辞藻华丽，是一篇锦绣文章。李隆基读过之后，觉得心旷神怡，神清气爽，可总觉得少点什么东西，有点言之无物的感觉。泰山封禅是李隆基的人生理想，他不想打击朝臣的积极性，于是写了一封回信：

自中朝有故，国步艰难。天祚我唐，大命集于圣贞皇帝。朕承奉丕业，十有余年，德未加于百姓，化未覃于四海。将何以拟鸿烈于先帝，报成功于上元？至若尧舜禹汤之茂躅，轩后周文之遗范，非朕之能逮也。其有日月之瑞，风云之祥，则宗庙社稷之馀庆也。天平地成，人和岁稔，则群公卿士之任职也。抚躬内省，朕何有焉？难违兆庶之情，未议封崇之礼。

翻译过来很简单：大唐王朝出现了祥瑞，那是祖先的托福，至于天下太平，百姓富足，都是大臣们的功劳，他身为皇帝，实在是不敢贪功。

潜台词就是，你们的话没说到点上，还得好好斟酌一番！

随后，又有不少朝臣递交奏表，请求李隆基行封禅之礼，至于封禅的理由，变得越来越靠谱，就连李隆基都快被自己的文治武功感动了。不过，他依旧没有答应朝臣的请求，那种欲拒还迎的意思，大家都懂的。

中书令张说看到时机已到，于是递交奏表，将李隆基这些年的丰功伟绩狠狠地赞美了一番。李隆基接到奏表之后，实在有些不好意思。按照张说的说法，如果他不搞封禅大典，就会对不起天下苍生，应该自裁以谢天下。

开元十二年（724）十二月，李隆基发布《允行封禅诏》：“……是以敬承群议，宏此大猷，以光我高祖之丕业，以绍我太宗之鸿业。”

与此同时，李隆基定下了封禅日期：开元十三年（725）十一月初十。

至于封禅大典的总导演，自然是中书令张说。对张说来说，这个头衔可以给他带来无上的荣耀，也能带来灭顶之灾。自从接到这个任务，张说就没睡过一天安稳觉，就算是在梦里，他也要思考封禅大典的所有细节。

比如，秦始皇、汉光武帝刘秀封禅的时候，都是想着长生不老，动机不纯，因此《玉牒文》一直是秘而不宣。张说揣测李隆基的意思，觉得他应该会坦坦荡荡，君臣商议之下，决定把《玉牒文》的内容公开。

比如，历史上封禅的皇帝只有几个，没有任何礼仪可循。唐高宗李治搞了一次，结果让武则天完成亚献。张说奏请李隆基，希望挑几个德高望重的亲王充数，这个问题总算是解决了。

开元十三年（725）四月，礼仪制度制定完毕，李隆基批准同意。

开元十三年（725）四月初三，李隆基在集仙殿摆了一场酒宴，邀请所有宰相、负责礼仪的官员以及集仙殿学士共同庆贺。当天，李隆基兴致高昂地说道：“各位爱卿！朕今日与诸位一同宴饮，终于明白了一个道理，神仙都是凭空虚构的，能臣干将才是治理国家的关键啊！朕今日就下旨，将集仙殿改为集贤殿！”

读书人都是有情怀的，皇帝如此感叹，他们自然跟着起哄。

李隆基意犹未尽，于是接连下诏：

凡在书院中供职的官员，职级在五品以上的，均加封为学士。

凡在书院中供职的官员，职级在六品以下的，均加封为直学士。

任命中书令张说兼任知院事，右散骑常侍徐坚为副职。

封中书令张说为集贤殿大学士。

在泰山封禅的准备阶段，张说确实很卖力，李隆基看在眼里，乐在心里，抬高他的地位也是情理之中的事儿。不过，张说并不想做出头鸟，因此当着大家的面，坚决推掉了大学士的头衔。

宴会过后，张说从兴奋和喜悦中清醒过来，别人不用去考虑，他却不得不面对的现实问题：皇帝要封禅，少数民族如果闹事，该如何处置？

张说召集兵部官员开会，提出了他的看法：应该在边境布防。

兵部郎中裴光庭不以为然：“张大人，封禅乃国家大事，是向上天祷告，宣扬天下太平的盛典，如果朝廷以重兵防御突厥，是不是有点不合适？”

张说：“依你之见，该当如何？”

裴光庭：“四夷之中，突厥最为强大。他们一直想找我们和亲，可我们始终没有答应。如果派一位使臣前往突厥，让突厥贵族陪同陛下前往泰山，他们一定会欣然从命。只要突厥人来了，其他部族肯定会争先恐后。”

张说深以为然，当即向李隆基汇报了利诱突厥人的想法。数日之后，李隆基传下旨意，让鸿胪寺卿袁振前往突厥处理此事。

袁振接到诏书之后，立即启程前往突厥面见毗伽可汗。

袁振：“可汗，大唐陛下马上就要前往泰山封禅了，临行之前，特地让臣来邀请您一同见证这一伟大的时刻，也彰显大唐和突厥的两国友谊。”

毗伽可汗怒道：“哼！大唐想和突厥建立友谊，怎么不嫁公主？”

袁振揣着明白装糊涂：“可汗，此言何意啊？”

毗伽可汗：“吐蕃，低等的民族而已，奚、契丹，不过是突厥的奴隶，他们想娶大唐公主为妻，朝廷一概应允，为何轮到我们突厥就不成了？”

袁振：“可汗，您说错了！他们娶的可不是大唐的公主啊！”

毗伽可汗：“哼！我们也知道远嫁番国的公主都不是皇帝的女儿，只求皇帝能准许我们的请求，让突厥面上有光罢了！”

袁振：“可汗！我回去之后就向皇帝请旨，答应你们和亲的请求！”

毗伽可汗也不傻，他们打不过唐朝，又听说大唐可以嫁公主，自然乐得合不拢嘴，当即派遣重臣阿史德颉利发前往长安，跟随李隆基到泰山封禅。突厥服软之后，大食、契丹等国也相继派遣了使者前来中原。

直到此时，李隆基一颗悬着的心才算放了下来。

开元十三年（725）十一月初六，李隆基率领着文武百官、皇亲国戚和各族酋长提前到达泰山脚下。就在当天，李隆基让大部分官员都留在山下，自己骑着高头大马，带着宰相、吏部官员以及部分宠臣爬了上去。

泰山顶上，寒风呼啸，李隆基顶着狂风，傲立在山头，俯瞰着锦绣大地，欣赏着俊秀山河，心中感慨万分。身为至高无上的天子，就应该与天同高，要有傲视人间万物的豪气，要有主乾坤于掌上的魄力。兴许在那时候，李隆基就有这样的想法：向天再借五百年！

当然了，自我陶醉肯定是不够的，有了好心情，必须跟朝臣们分享才是。就在此时，李隆基回过头来，问随行的礼部侍郎贺知章：“朕听说，前代帝王封禅所用的玉册，总是秘而不宣，这其中有什么道理？”

贺知章：“陛下！玉牒可通神明，前代帝王有的向神仙求福，有的为自己算命，都是些见不得人的诉求，自然不希望被别人看到。”

李隆基呵呵一笑，拿出了早已经准备好的玉牒，得意地说道：“朕是为天下苍生祈福，有何不能看？”

在李隆基的授意下，中国历史上第一个玉牒就此公开：

有唐天子臣某，敢诏告於昊天上帝：天启李氏，运兴土德，高祖太宗，受命立极。高宗升中，六合殷盛；中宗绍复，继体不定。上帝眷佑，锡臣忠武；底绥内难，推戴圣父。恭承大宝，十有三年，祗若天意，四海晏然。封祀岱岳，谢成於天。子孙百禄，苍生受福。

开元十三年（725）十一月初十，李隆基在泰山之巅祭祀昊天上帝，群臣则在山下的祭坛上祭祀五方帝和百神。开元十三年（725）十一月十一日，李隆基在社首山祭祀皇地祇。开元十三年（725）十一月十二日，李隆基在帐殿接受群臣朝觐，大赦天下，封泰山神为天齐王。

直到此时，泰山封禅大典正式宣告结束。

李隆基是中国历史上第五个封禅泰山的帝王，在他之前有秦始皇嬴政、汉武帝刘彻、东汉光武帝刘秀、唐高宗李治。除了李治的口碑不怎么样，其余的三个帝王都是雄才伟略之主，能和他们并驾齐驱，李隆基的心情可想而知！

皇帝高兴了，自然少不了赏赐。李隆基大手一挥：跟随他祭祀昊天大帝的臣子，全部升迁。官职不到五品的，一律破格提拔到五品。

事实上，张说是封禅大典的负责人，他早就知道，跟随皇帝上山的大臣会得到赏赐，因此在中书省、门下省挑选了不少亲信随行。不出意外，这帮人全都得到了赏赐，一时间，张说成了大臣心目中的超级英雄。

据史料记载，张说有个女婿叫郑镒，担任九品芝麻官，就因为张说把他加到封赏的大名单，郑镒轻轻松松捞了个五品的官职。事后，李隆基查看升迁官员的名单，觉得非常奇怪，因此将郑镒召进宫中询问。谁承想，郑镒支支吾吾，居然不知道如何回答李隆基的问题。

近侍黄幡绰插科打诨道："陛下，此泰山之力也！"

李隆基恍然大悟，原来郑镒是沾了岳父张说的光。自此以后，朝野上下开始用"泰山"代替"岳父"，这也算是唐史的一段趣闻。

问题是，这样的现象是好事吗？

中书舍人张九龄，张说一手提拔起来的亲信，为人正直可靠。当时，张九龄察觉到朝中的气氛有些不对，于是暗中找到张说，善意地提醒道："大人，您如此大规模地提拔亲信官员，似乎有点不妥啊！"

张说不以为然："这是皇帝提拔的，与我何干？"

张说可能没想到，泰山封禅本是举国同庆的美事，却因为赏罚不公而得罪了无数的朝臣！据史料记载，许多朝臣因为没机会上山祭祀，错过了升官的良机，还有一批军官的军衔提升了，却抱怨没有实物赏赐。一时间，群情激愤。

李隆基喜欢张说吗？

自然喜欢！然而，帝王的宠幸又能持续多久呢？姚崇、宋璟和张嘉贞当年是何等的意气风发，然而做宰相也不过三年时间。

客观地说，张说能做到宰相的高位，确实靠的真本事。然而，有真本事的人就一定能坐稳宰相吗？未必。就泰山封禅一件事，张说就得罪了一批朝臣，还给李隆基留下了结党营私、滥用职权的印象。更何况，身为首席宰相，身边有无数政敌盯着你的位置，时刻都想取而代之。

有的时候，不是自己想找麻烦，而是麻烦主动来找你！

一物降一物：张说的克星宇文融上线

说起李隆基的用人理念，四个字就可以概括：破格提拔。

不过，破格提拔的条件是，在正确的时间，你拥有正确的技能。比如，在李隆基需要做军事改革的时候，张说冒了出来，所以走向了人生巅峰。

俗话说得好，成功的经验各有千秋，成功的模式如出一辙。张说红得发紫的时候，另一位政治新星沐浴着他的改革春风，慢慢成了李隆基眼中的红人。

宇文融，首都户口，出生在官宦之家。祖父是贞观朝的尚书右丞宇文节，深得李世民的欣赏，一度做到了门下侍中的高位，后来卷入房遗爱谋反一案，被朝廷流放到桂州，家道因此中落。宇文融的父亲宇文峤，奋斗了一生，最后只不过做到莱州长史之职。

开元初年，宇文融担任富平县（今陕西省渭南市富平县）主簿，官居九品。因为办事得力，深得京兆尹源乾曜的信任，被举荐为正八品的监察御史。

在长安城，随便扔出一块砖，就可以砸到三省六部的官老爷，正八品的级别确实上不了台面。幸运的是，监察御史拼的不是它的级别，而是职权。拥有这个身份，你就肩负着监督百官，查察风气的职责，拥有向皇帝上书的特别权力。

宇文融颇有志气，他并不想浪费这个宝贵的机会。

当时，实施数十年的均田制遭到严重的破坏，大量的农民失去赖以生存的土地，要么无地可种，流离他乡，要么依附地主，委身求全，以至于全国在编的户籍人口大为减少。与此同时，大片的荒地被开垦出来，却没有在官府登记备案，因此不需要向朝廷缴纳税收，严重影响了朝廷的财政收入。

宇文融发出了呐喊：希望朝廷能够将流民重新编入户籍！

不得不说，这个想法很没有创意，堪称是正确的废话。

不过，宇文融却提出了自己的解决办法：从朝廷颁布政策开始，只要在一百天内，逃亡的户口主动向朝廷申报，或者在居住的地方编入户籍，或者回原籍申报户口，朝廷不再追究你的责任。凡是过期不报者，一经查出，迁徙到边远贫穷的州县安置，官民如果隐藏包庇，阻挠朝廷政策者，一律严惩。

当时，李隆基最担心的就是户口问题，看到宇文融忠君体国，也很有手段，便任命他为朝廷特使，负责清查全国流亡户口和隐瞒不报的土地。有了李隆基的支持，办事的压力自然就会小很多，宇文融第一次出差，就给李隆基带回了好消息：只要认真清查，朝廷的户口和土地都可以变得更多。

宇文融的话，犹如炎炎夏日的一丝冰凉，让李隆基清爽透顶。李隆基龙颜大悦，当即下诏：加封宇文融为兵部员外郎、侍御史（从六品）。

宇文融尝到甜头后，自然不肯就此罢手，于是奏请李隆基，派遣十位劝农判官（兼任御史之职）前往全国各地，继续整顿流亡户口。为了调动地方官员和流亡百姓的积极性，宇文融特地请了一道旨意：凡是新编入户籍的人口，可以免除六年的赋税，其余的徭役也不用再承担。

真的是一念地狱，一念天堂。老百姓哪里想得到，成为黑户不仅没有受到惩罚，还白捞了这么多实惠。老百姓纷纷选择重新加入朝廷的户籍。地方官员更是积极配合，他们更希望一个农民可以上报两个户口指标，让他们的政绩得到劝农判官的赞赏。

一时间，全国各地都在疯狂地清点户口和土地，有的州县甚至将在编户口当作新增户口上报，将在编的土地当作新增土地上报。据史料记载，这一轮全国大清查活动，宇文融为朝廷增加了八十万户籍，数百万贯财政收入，以及无数“荒芜”的土地！而宇文融本人，则成了大唐人人敬仰的传奇人物。

面对沉甸甸的铜钱，李隆基觉得分外踏实。很快，宇文融就晋升为正四品的御史中丞，还有一个特权：可以向州县发号施令，有便宜行事之权。

当时，宇文融给便宜行事做了清晰的定位：凡是涉及户籍、土地、财税的事务，州县的官吏必须先报告给劝农判官，然后再上报给中书省，三省的主管官员需要等宇文融提出意见之后，再做出最后的决策。

这就意味着，宇文融和张说发生了权力的冲突。不仅如此，宇文融是门下侍中源乾曜提拔上来的，背后还有中书舍人陆坚的鼎力支持，这两人和张说一直就不太对付，这也让这场权力冲突变得更加复杂。

据史料记载，面对宇文融的政治举措，户部侍郎杨瑒独、阳翟县尉皇甫憬都提出过质疑，他们觉得朝廷的政策确实可以吸引流亡百姓加入户籍，可是对在编的农民很不公平，总体来说是弊大于利。

这番话还是有道理的。问题是，宇文融是政治家，他不会考虑所有人的利益，只要可以出成绩，让他有晋升的机会，那就足够了。当时，源乾曜和陆坚毫无保留地支持宇文融，为了让清查活动顺利推进，他们不惜动用了行政手段，将杨瑒独、皇甫憬悉数贬官。

开元十三年（725）二月，李隆基下诏：御史中丞宇文融兼任户部侍郎！这也就意味着，宇文融的权力含金量再一次增加。

宇文融的崛起，让张说危机感十足。

一个是执掌实权，说一不二的首席宰相；一个是深得皇帝信任，手握便宜行事之权的特使，谁会占上风呢？

斗争归斗争，人口普查和土地清点的工作非常顺利，宇文融将沉甸甸的银钱搬到府库之后，绝大部分人都选择了闭嘴，张说也奈何不了他。不过，宇文融身为下官，自然不能缺了官场上的礼数，但他每次找张说汇报工作的时候，总会被刻意地恶心几句。宇文融也不是吃素的，他心里时刻惦记着反击。

当时，李隆基怀疑吏部选拔官员的时候，存在暗箱操作的行为，因此给宇文融念叨了几句。没过几天，宇文融便上了一道密奏：请求将吏部选官的权力分散到其他的部门，为了互相监督和约束，可以让十个部门共同参与朝廷的选官，最后由皇帝亲自定夺。

李隆基十分认可这个方案，于是让礼部尚书苏颋等十位重臣负责铨选。有趣的是，当他们向李隆基汇报工作的时候，真正主管官员选拔的吏部尚书和吏部侍郎居然没有接到参会的通知。

宇文融，你这个玩笑开大了吧！

张说怒火中烧，打算联合党羽，给予反击。

据史料记载，出头鸟名叫吴兢，官居太子左庶子。

他的奏折是这样的：陛下，您身为天子，却不相信主管铨选工作的吏部，反而听信谗言，这可不是什么好兆头啊！想当年，西汉的宰相陈平、邴吉，尚且不问国家财政支出之事，不问民间斗殴而致人死命的案子，陛下为何要亲自过问吏部铨选之事呢？臣认为，还是把权力交还吏部，停止十铨之法吧。

古往今来，吏部负责官员的考核和选拔，这是天经地义的。而且，有人的地方就有江湖，就算有暗箱操作，那也是情理之中的事。然而，李隆基让礼部、工部的长官越俎代庖，攫取吏部的权力，怎么说都有些荒唐。

事实上，李隆基看过奏疏之后，并没有立即停止这项改革，而是在第二年才将铨选的职责重新交还到吏部。关于这件事，李隆基只想透露一个信号：张说将尚书省的权力收归到中书省之后，确实有许多暗箱操作的小动作，而且现象非常严重。否则，李隆基不至于将权力转移到礼部和工部的名下！

然而，张说似乎并没有察觉到李隆基对他的怀疑，从泰山回来之后，张说以功臣自居，丝毫不把同僚放在眼里，毫无底线地任用亲信。

据史料记载，张说经常对下属乱发脾气，骂起劲的时候，嘴上毫不留情，时人都称“张公之言，毒于极刑！”被骂最多的，自然就是宇文融。

中书舍人张九龄曾经屡次劝诫张说，声称宇文融是皇帝的宠臣，他本人又巧言善辩，心机深沉，不能不防。张说却反击道：“鼠辈何能为！”

千里之堤，溃于蚁穴，更何况是擅长挖洞的老鼠。但是，一个人膨胀到唯我独尊的地步，离覆灭之日自然也就不远了。

宇文融：作死于自我膨胀

张说过着嘴瘾的同时，宇文融却在为他卖力地挖坑，而且还培养了一位专业挖坑大户：大奸相李林甫！

李林甫，长平王李叔良（唐高祖李渊的堂弟）的曾孙，李唐宗室。按照宗室辈分，李林甫是李隆基的叔叔辈。然而，李叔良这一脉不受皇室待见，混得一代比一代差，李林甫的父亲李思诲，到头来只混了个扬州大都督府参军之职。

按照一般的套路，李林甫是很难混出头的。不过，李林甫的仕途也为我们证明了一件事：永远不要小瞧落魄的贵族，你永远想象不到，贵族之间盘根错节的利益关系有多么恐怖，机会永远藏在这些关系之中。

李林甫是李唐宗室，身份特殊，靠着这层关系，刚出道就混了个千牛直长的职位（宫廷侍卫，贵族子弟的特权）。楚国公姜皎，也就是李林甫的舅舅提携了他一把，使他顺利升迁到太子中允（正五品）。不过，正当姜皎红极一时的时候，卷入到王皇后的废立风波中，李隆基和张嘉贞联手将他做掉，以至于姜家几辈子不能翻身。

姜皎失势后，李林甫投靠了姜皎的妹夫源光乘，而源光乘又是宰相源乾曜的侄孙，通过这层关系，李林甫和源乾曜的儿子源洁建立了友好的关系。李林甫自然没资格去求拜源乾曜，因此让源洁代为传话：他想做司门郎中！

司门郎中隶属于刑部，从五品官职，主要负责天下各道关口的出入境物品检查，遇到违禁的物品，可以随时没收，油水非常多。

源乾曜听说过李林甫，贪婪狡猾，人品不咋地。因此，源洁刚刚说完，源乾曜便直摇头：“郎官虽然官职不高，却对品行、才能和声望有极高的要求，哥奴（李林甫的小名）岂是做郎官的料？”

意思就是，让李林甫管钱，朝廷的收入根本没有保障。

不过，源乾曜并不是行事死板的人，李林甫虽然没捞到司门郎中之职，却被源乾曜提拔为正四品的太子谕德，随后又改任国子司业。然而，李林甫依旧不太满足，他认为源乾曜的底线有点高，在他的职权范围内可以适当被照顾，可是想依靠他走上显赫的岗位，似乎有些不太靠谱。

李林甫经过一番深思熟虑，决定寻找新的靠山。

张说吗？他是源乾曜的对头，自然瞧不上李林甫。就这样，前途一片敞亮的政治新星宇文融成了李林甫重点攻坚的对象。

当时，宇文融和张说斗得难解难分，李林甫的精明，让宇文融深深折服。二人商议之后，决定构建忠诚的盟友关系，为了表示诚意，宇文融奏请李隆基，将李林甫直接提拔为正四品的御史中丞。

宇文融真有这么大的能量，可以随意安插一位正四品的大员？

我看未必。据史料记载，此时的李隆基对张说把持朝政，结党营私的行为十分不满，早就在着手新的人事安排。经过一番考察之后，他选中了河南尹崔隐甫（洛阳市市长），并且已经提前召见，准备将他调入长安重用。

然而，张说却认为崔隐甫资历浅薄，文采一般，不适合破格提拔，最多让他做个金吾卫大将军。张说的意思，应该将殿中侍御史崔日知提拔为御史大夫。

按照程序，张说将两项人事任命上报给李隆基，等待最终批复。

开元十四年（726）二月初七，李隆基下诏：封崔日知为金吾卫大将军。

开元十四年（726）二月初八，李隆基下诏：封崔隐甫为御史大夫。

消息公布后，朝野哗然。李隆基的态度很明显了，张说已经没有了话语权，失宠是迟早的事儿。当时，不少朝臣都厌恶张说的为人，不过他们都清楚，不用他们动手，会有人出面收拾张说的。

开元十四年（726）四月初四，御史中丞兼户部侍郎宇文融、御史中丞李林甫、御史大夫崔隐甫联名上书弹劾，指控张说犯了三条大罪：

暗中请术士为他算命，预测未来的凶吉和命运。

徇私舞弊，收受贿赂，暗结党羽。

私生活奢侈糜烂。

李隆基立即传旨，让门下侍中源乾曜、刑部尚书韦抗、大理寺少卿明珪、御史大夫崔隐甫联合审问张说。不过，明眼人都看得出来，李隆基纯属讨厌张说，如果办案大臣把张说定成谋逆的死罪，说不定李隆基会真的不高兴。

据史料记载，张说在狱中抵死不承认这些罪名，源乾曜等人无可奈何。李隆基于是派近侍高力上前去狱中查探情况，高力士是这样回报的：张说在狱中披头散发，满脸污垢，坐卧在稻草垫子上，用瓦盆吃饭，惊慌恐惧地等候处分。

李隆基只想撸掉张说的中书令之职，并不想真的处罚这位有大功于朝廷的重臣，既然表面功夫做到位了，也就不用再去深究。数日之后，李隆基下诏：免除张说中书令之职，担任尚书右丞，继续为朝廷发光发热。

李隆基的想法是好的，不过还是小看了这帮人的斗争精神。

对宇文融、崔隐甫来说，这次本来是个打压张说的绝佳机会，想着把他一撸到底，永世不得翻身。谁料想，李隆基轻飘飘的几句话，竟然将此事大而化小，还让张说做了尚书左丞的高位。

是可忍，孰不可忍呐！

接下来的几个月，宇文融和崔隐甫不肯罢休，屡次发动御史台的官员弹劾张说，两派势力为了争权夺利，将朝堂闹得乌烟瘴气。最要命的是，宇文融和张说两派为了打倒对方，不惜一切代价拉拢朝臣，结营谋私的行为已经公开。

两派势力斗得热火朝天，却忘记了一个残酷的事实：在权力体系中，李隆基才是最高级别的玩家，他主宰着游戏规则。不管是张说，还是宇文融，都只是李隆基的棋子。在完成工作任务的情况下，他们可以撒娇任性，可以搞搞内斗。如今，他们却想把其他朝臣一起拉下水，这不是破坏李隆基的朝庭秩序吗？

对独裁的帝王来说，结党营私属于零容忍的罪行。

开元十五年（727）二月初三，李隆基下诏：

勒令尚书左丞张说退休，回家养老。

崔隐甫的母亲不是在家吗，回家为母亲养老送终吧。

任命宇文融为魏州刺史，戴罪立功。

新一届领导班子又是哪些人呢?

门下侍中：源乾曜。

门下侍郎、同中书门下平章事：杜暹（xiāo）。

中书侍郎、同中书门下平章事：李元纮（hóng）。

尚书左丞：宋璟。

中书令呢?李隆基表示，观察一下再说。

这几个人中，源乾曜是老好人，为人颇为正直，遇事却毫无主见，一手太极拳打的，李隆基也得佩服得五体投地。至于宋璟，退下来之后就失去了当年的锐气，甘心做一个高级顾问，不肯在朝务上花费太多的心思。

李隆基想要倚重的，其实是李元纮和杜暹。

这两位的特点很鲜明：为人耿直，为官清廉。

比如杜暹，年轻的时候就立下志向，要做一位清廉的官员。他曾经担任婺州参军，离任的时候，下属给他送了一万张纸。在那个时候，纸张不能规模生产，属于紧俏物资，在读书人眼里，一万张纸确实很有诱惑力。面对下属的好意，杜暹不好意思拒绝，于是抽了一百张纸，以示感谢。

比如李元纮，也有一段佳话。中宗年间，李元纮担任雍州司户，顶头上司是窦怀贞。有一次，太平公主和寺院争夺一处磨坊产业，官司打到了李元纮这里。换了旁人，多半会依附太平公主，可李元纮暗中调查，发现太平公主仗势欺人，愤然将磨坊判给了寺院。窦怀贞吓得魂飞魄散，要求李元纮改判结果，可他的回答铿锵有力：南山或可改移，此判终无动摇!

李隆基重用他们，是想靠他们治理被张说、宇文融带偏的贪贿风气，希望他们带领文武百官，继续开创盛世帝国。然而，令李隆基没想到的是，杜暹和李元纮总是搞不到一起，每逢商议大事的时候，他们总会给对方难堪，私底下也时常找李隆基打小报告，而门下侍中源乾曜则是两手一摊：俺们无可奈何。

不得不说，这是世界范围内的一个通病：文人相轻!

问题是，宰相班子不合，怎能开创盛世呢?

开元十七年（729）五月，李隆基怒下诏书：

黄门侍郎、同中书门下平章事杜暹降职为荆州长史，中书侍郎、同中书门下平章事李元纮降职为曹州刺史，罢免源乾曜门下侍中之职。

任命萧嵩为中书令，兼任河西节度使。

任命户部侍郎宇文融为门下侍郎、同中书门下平章事。

任命兵部侍郎裴光庭为中书侍郎、同中书门下平章事。

这几个人中，宇文融的实战本领最强，也最会捞钱。当时，李隆基经历了坎坷的创业期，大唐帝国逐渐走向正轨，他的生活也开始变得奢侈起来。有时候，内廷举办一场小型宴会，李隆基就要撒出巨额的财富。

改革之初，朝廷清查了一批没有登记在册的户口和土地，捞了很多财富，可毕竟不是长久之计。到了后来，宇文融也没了办法，于是派了无数的特使前往全国各地，巧立名目，搜刮民脂民膏，和强盗的行径没啥区别。

这样一来，宇文融就得罪了两批人。第一批是老百姓，他们是直接受害者，被盘剥之后，对朝廷表达了强烈的不满。第二批是宇文融的同事，因为宇文融的特使拿走了他们的权力，让官场秩序被破坏。

可笑的是，宇文融竟然自我感觉良好，时常以功臣自居，甚至夸下海口，他只需要做上几个月的宰相，天下就可以相安无事！

这牛皮吹的，让许多同僚都十分汗颜。

宇文融和张说一样，走上了自我膨胀的道路。

当时，信安王李祎（吴王李恪的孙子）在边关打仗，因为军功突出，深得李隆基的宠信。宇文融妒火中烧，暗中指示御史李寅弹劾李祎。谁承想，消息竟然被泄露，李祎抢先一步，把膨胀的宇文融给告了。

一个是李家的功臣，一个是会捞钱，但心术不正的宰相，李隆基如何抉择？客观地说，开元一朝，宗室王爷的生存环境有了明显的提升，李隆基格外重视血缘亲情，不管是血缘关系，还是事情本身，宇文融都占劣势。

李隆基盛怒之下，将他贬为汝州刺史。没过几天，有人向朝廷举报，宇文融利用清查户口和土地的机会，大肆敛财，赚得盆满钵满。李隆基彻底怒了，败坏皇帝的名声，钱又都流到宇文融的腰包，这算怎么回事？

诏书很快下达：将宇文融贬到岩州！

宇文融恐怕没想到，自己的宰相任期居然只有三个月，而且还落得个被贬他乡的结局，这在开元年间的宰相中可是独一份啊！据史料记载，宇文融还没到达任所，就在路上抑郁而亡，结束了轰轰烈烈的一生。

君臣相处之道：适可而止

开元十八年（730），裴光庭被任命为门下侍中、兼任吏部尚书。

开元一朝，每任宰相上台，都会烧几把火来立威。

姚崇：提出改革十策，为开元盛世的到来奠定了基础。

宋璟：推翻了宰相议事御史和史官不得跟随的旧制。

张说：府兵制改革。

至于裴光庭，威望和能力都不够，这把火烧得愈发厉害。当时，裴光庭担任吏部尚书，自然把眼光盯上了官员的升迁制度。

李隆基的个性非常鲜明，他选拔人才，不看重资历，只要你有能力和想法，可以破格提拔，优先重用，只要干得出色，给你宰相也未尝不可。

对年富力强的官员来说，这是史无前例的福利。

对能力平庸的官员来说，这就是一场历史浩劫。

很遗憾，裴光庭属于后者，他的仕途就是一部血泪史。

裴光庭，河东闻喜人，爷爷是隋朝礼部尚书裴仁基，父亲是右卫大将军裴行俭，家族颇为显赫。裴光庭幼年丧父，母亲入宫，深受武则天的信任，裴光庭也跟着升官，后来还娶了武三思的女儿。不过，武家倒台之后，裴光庭也遭受到牵连，仕途几乎回到了原点。

开元年间，裴光庭没有靠山，只能从基层做起。古往今来，官员想要在仕途上更上一层楼，情商远比能力更重要。遗憾的是，裴光庭只会干活，不会巴结上官，也不会和同事搞好关系，缺乏基本的社交亲和力。这也让他的仕途非常的坎坷，一直到泰山封禅，裴光庭才获得升迁的机会。

这么多年来，看着年轻人飞黄腾达，成为自己的上官，自己却毫无办法，心中的郁闷可想而知。放眼朝廷，还有多少人有着和他一样的遭遇？

于是，裴光庭以吏部尚书的身份递交了一份奏折：陛下，无规矩不成方圆，大唐官员的升迁也得立一个规矩。比如说，官员任期满了之后，由吏部全面考核评定，再根据官员做官的年限和资历决定升迁。

换句话说，官员每年都会来长安述职，吏部都会记录在案，只要达到了考核的次数，而且你在任期内没有犯过大错，吏部都会给你安排个合适的位置。至于年轻的人，即便能力再强，也得慢慢熬，只有上级升迁后才能轮到你。

一石激起千层浪！

说白了，绝大部分人都是碌碌无为之辈，裴光庭的改革可以让他们获得更多的升迁机会。至于德高望重的人，他们担心后生小辈的越级升迁，最终会破坏整个政治生态，因此愉快地默认了此事。

明确反对的人，只有宋璟，他觉得以年龄大小决定官员的升迁，会让朝廷失去活力。很遗憾，他的发言在如潮般的反对声中变得销声匿迹。

至于李隆基的态度，似乎带着无所谓，随便折腾的意思。

此时，距离李隆基登基称帝已经二十余年，经过几任宰相的辅佐，政治、军事和文化领域都取得了不俗的成果。国家安宁，百姓富足，说是开元盛世，一点也不为过。李隆基锐意进取的精神早已经消失殆尽，更何况，裴光庭的改革也不影响朝廷的大局，李隆基根本没兴趣搭理他。

接下来的三年，门下侍中裴光庭和中书令萧嵩搭班子干活，虽然会有冲突，但毕竟是意气之争，没有朋党的意思，李隆基并没有重大的人事任命。

开元二十一年（733）三月，裴光庭在长安病逝。萧嵩在第一时间废除了裴光庭改革新政，并将裴光庭提拔起来的亲信，悉数发配到外地。彼时，国泰安宁，李隆基不想太折腾，因此找到萧嵩，让他自己推荐一位宰相填补裴光庭的位置。

李隆基用心良苦，只求萧嵩稳住阵脚，别再搞内斗了。

事实上，萧嵩也领会到了李隆基的意图，他暗暗发誓，一定要找一个内敛沉稳、低调和善的大臣，这样自己过得舒坦，李隆基也乐得逍遥。

有一天，萧嵩找到右散骑常侍王丘善："你是我一手提拔起来的，只要你同意，我可以找皇帝美言几句，让你来做门下侍中。"

王丘善："萧大人，咱俩同为宰相，不太合适啊！我还是别干了，不过可以给你推荐个人，尚书右丞韩休！"

萧嵩只好去找韩休，经过一番促膝长谈之后，萧嵩有了大致的判断。韩休性格温和，处事风格还算中庸，应该不会和他产生冲突。更何况，韩休应该会对他感恩戴德，接受他的控制吧。

就这样，韩休做了门下侍郎、同中书门下平章事。

遗憾的是，萧嵩看走了眼。

韩休确实是温和的性子，可那是因为官职卑微，没必要做出头鸟。如今，韩休做了宰相，怎么能没有独立的人格和思想?

韩休不想搞政治斗争，不过他有自己的原则：只要你说得对，我就支持你；只要你说得不到位，我就是要怼你。请注意，韩休眼中的你，不仅包括中书令萧嵩，还包括李隆基。

韩休的横空出世，让朝臣们惊掉了下巴。谁也没想到，朝廷竟然还有这号敢犯颜直谏的人物，就连宋璟也对他跷起了大拇指。

据史料记载，李隆基每次出去游玩的时候，都会私下问近侍，韩休知不知道此事，每逢此时，韩休规劝的奏章就会送到李隆基的面前。

李隆基开心吗?

客观地说，毫无乐趣可言，李隆基经常闷闷不乐，身边的人也曾多次劝说，希望李隆基能把韩休罢官，免得他在身边聒噪。事实上，李隆基内心很纠结，他想学习太宗皇帝，视韩休为当世的魏征。然而，随着帝国的强盛，李隆基的自信心开始爆棚，再加上玩心变重，根本不想身边有个喋喋不休的读书人。

可怜韩休，虽然有魏征的骨气，却有点生不逢时。

当时，韩休和萧嵩就像一对冤家，经常为了一点小事，在李隆基面前争得面红耳赤，丝毫不把皇帝的威严放在眼里。而且，韩休身为萧嵩的副官，当着众人的面让萧嵩难堪，萧嵩居然毫无还手之力！

如此扶不上墙的中书令，李隆基能喜欢吗？

如此强势逼人的门下侍中，李隆基能喜欢吗？

开元二十一年（733）十一月，萧嵩面见李隆基：“陛下，您还是让我早点退休吧！”

李隆基大为吃惊：“萧爱卿，朕并没有嫌弃你的意思啊！”

萧嵩：“承蒙陛下的厚爱，臣已经位极人臣，趁着您还没厌恶我，臣可以从容隐退，万一臣哪天得罪了陛下，到时候人头难保啊！”

萧嵩的话说得很朴实，却道出了君臣相处之道，适可而止。

开元二十一年（733）十二月二十四日，李隆基下诏：

任命中书令萧嵩为尚书左丞。

任命门下侍中韩休为工部尚书。

任命京兆尹裴耀卿为门下侍郎、同中书门下平章事。

任命张九龄为中书侍郎、同中书门下平章事。

拾玖

后文人执政时代

张九龄：集美貌与才华于一身的宰相

张九龄（678—740），字子寿，韶州曲江（今广东省韶关市）人。

曾祖父张君政，曾任韶州别驾，祖父张子虔，曾任窦州录事参军，父亲张弘愈，曾任索卢（今广东省云浮市新兴县）县丞。

从家世背景来说，张九龄算是出身书香门第。据史料记载，张九龄自幼苦读诗文，聪慧异常，13岁的那年，张九龄主动给广州刺史王方庆投递作品，获得了王方庆的盛赞，按照刺史大人的说法，张九龄的前途不可限量。

数年之后，张九龄参加朝廷的科举考试，获得进士身份，时任吏部考功郎沈佺期非常赏识他，封他做了秘书省校书郎（检查皇家藏书中的错误，随时校订，属于基层文职工作）。不过，张九龄不太喜欢这份工作，枯燥乏味不说，还没有升迁的机会，有一次回岭南老家省亲，张九龄便想着退隐山林。

可就在此时，张九龄迎来了自己事业的第一春。

当时，李隆基在东宫开科取士，而有资格参加考试的，正是在朝中为官的青年才俊。张九龄预感到机会来了，因此主动报名参加策问，最后以卓绝的才华赢得李隆基的赞赏，当场被封为右拾遗（门下书属官，从八品）。

随后的几年，李隆基逐渐控制了朝政，姚崇则成为第一任开元宰相。姚崇是强势的宰相，几乎是说一不二的存在。可张九龄仗着自己才华出众，屡次上书针砭时弊，比如要求朝廷选拔人才的时候，应该不拘一格，以年轻有才为先，资历经验为后，最终引起了姚崇的强烈不满。

张九龄很知趣，知道得罪宰相的后果，于是主动辞官归田。

回到岭南后，张九龄并没有闲着，他很想为乡亲们多干点儿实事。经过一番考察后，张九龄上书朝廷，决定修缮岭南通往内地的“大庾岭路”。

据史料记载，大庾岭是横贯在广东、江西的山脉，长达二百公里。当年，秦始皇为了征讨百越国，派遣五十万大军南下，其中有一路走到大庾岭，看到悬崖峭壁，荆棘密布，便凿山开路，打通了内地和岭南的道路。

自此以后，岭南和内地的联系并不算太多，这条路一直凑合在用。开元四年（716），张九龄南下的时候，觉得这条路太不方便，而广州作为崛起的港口城市，贸易越来越发达，许多物产都需要运送到内地。

就这样，张九龄给李隆基上奏，希望朝廷拨款维修。事实上，张九龄的想法和李隆基不谋而合，拨款很快就批了下来。随后，张九龄带着老百姓开凿石头，砍伐树木，丈量尺寸，花费了两年时间，终于铺就了一条宽约三米、长约三十里的道路，史称“大庾岭路”，也可以说成是古代的“京广线”。

大庾岭路连接江西大余县和广东南雄市，堪称岭南和内地的“生命通道”，此后一直被历朝历代的皇帝重视。不可否认，修建大庾岭路是伟大的政绩，大路开通的时候，也就是张九龄回到长安的时候。

开元六年（718），张九龄被调往长安，担任左补阙，负责人才选拔工作。开元八年（720），张九龄被封为吏部司勋员外郎（从六品）。

开元一朝，人才辈出，巨星云集，张九龄文采虽然出众，却并不拔尖，想要以才学打动上官，确实有点困难。不过，张九龄拥有旁人难以比肩的机缘。

开元九年（721），张说正式拜相，执掌中枢。张说是个狂热的文学爱好者，当年在岭南工作的时候，就和张九龄有过一些交集，非常欣赏他的才华。这一次，张说刚刚拜相，便主动找到了张九龄，还和他论起了本家，二人越聊越投机，最后竟然结交为兄弟，发誓互相扶持。

在张说的提拔下，年仅44岁的张九龄升任中书舍人（正五品）。

然而，张九龄并没有因为提拔之恩就对张说点头哈腰，阿谀奉承，反而经常规劝张说，不要开罪大臣，尤其是不要得罪宇文融。谁料想，张说自我膨胀，并没有听张九龄的劝谏，做了三年宰相之后，张说被李隆基赶下了台。

至于张九龄，也走上了被贬的黑暗之路。

按照以往官场的规律，这种因为站队问题被贬的官员，仕途应该是走到了尽头。然而，张九龄却生在了最好的时代，碰到了英明神武的皇帝，更碰到了无条件欣赏他的上司。开元十七年（729），李隆基重新起用张说，任命他为尚书左丞。

开元十八年（730），张说走到了生命的尽头。临死之前，他给李隆基递交了一份奏折，其中就提到了一个愿望：希望李隆基能够起用张九龄。

张九龄是何人？李隆基想了半天也没印象，打听之后才知道，张九龄就是那个红得发紫的书生才子。

开元十九年（731）三月，李隆基下诏，将张九龄调回长安，擢升为秘书少监，兼集贤院学士，副知院事。担任秘书少监期间，张九龄的文学才华被无限释放，李隆基让他拟写一个诏书，张九龄就可以下笔成文，而且效果奇佳。再加上张九龄的气质高雅，刚正不阿，出发点都是为了朝廷的利益，因此深得李隆基的欢心。回长安没多久，张九龄就被任命为中书侍郎。

没有封他做宰相，是因为朝廷没有多余的编制。开元二十年（732），55岁的张九龄萌生退意，以赡养老母为由，向李隆基递交了辞呈。李隆基颇为惊喜，想不到张九龄还是个大孝子，这样德才兼备的人，必须得重用啊！

李隆基一纸诏书，将张九龄的弟弟张九皋、张九章调回到岭南为官，这样就可以就近照顾老母，而张九龄继续留在长安，等待李隆基的重用。李隆基并没有食言，罢免萧嵩和韩休的同时，张九龄就被任命为宰相了。

客观地说，有李隆基的信任和支持，张九龄很快便在朝中站稳了脚跟，以他的才学和能力，辅佐李隆基开创新的局面，未尝没有可能。然而现实很残酷，每个人都有好运气，也会有坏运气。就在张九龄荣升宰相之后，他的坏运气就随之而来了，带来坏运气的人，就是他这辈子最难缠的对手：李林甫。

这些年来，李林甫的仕途还算比较顺利，最大的成就，应该是联合宇文融扳倒了宰相张说，获得了朝野上下的关注，自己也进阶为吏部侍郎。不过，开元朝人才济济，想要出人头地，或者爬上宰相的位置，必须得有自己的核心竞争力。

张九龄呢？

他能写出千古流传的诗作："海上生明月，天涯共此时。情人怨遥夜，竟夕起相思。灭烛怜光满，披衣觉露滋。不堪盈手赠，还寝梦佳期。"

他可以在最短的时间内，写出最华丽的诏书。

李林甫呢？

李隆基爱好诗词文学，喜欢和文人逗乐子，李林甫却对诗词文学一窍不通。李隆基爱听音乐，李林甫也喜欢音乐，但是不会唱歌，不会演奏，不会作曲。李隆基喜欢气质高雅，玉树临风的臣子，李林甫看起来就很猥琐。

说白了，李林甫在朝廷有自己的一席之地，可这并不能保证李隆基就会喜欢他，重用他。未来的道路，途长且艰啊。不过，李林甫的目标就是做宰相，也很有手段，他最后想通了，要让李隆基注意他并且提拔他，必须投其所好。

通俗点说，李隆基喜欢听什么话，李林甫就说什么话。

自古以来，谁最懂皇帝的心思？

后宫的女人和身边的宦官。

李林甫很聪明，当李隆基和一帮集贤殿学士搞得热火朝天的时候，他将目光转移到了后宫。在他看来，后宫女人天天陪李隆基睡觉，既能打听皇帝的隐私，又可以通过她们向皇帝吹耳边风，只要搞对门路，可谓一本万利。

后宫争斗：李隆基背后的女人们

故事讲到这里，李隆基的后宫斗争史就要隆重上演了。

主角一：王皇后（不详—724）。

主角二：赵丽妃（693—726）。

主角三：武惠妃（699—737）。

王皇后是李隆基的结发妻子，早在李隆基做临淄王的时候，王氏就嫁到了王府。据史料记载，王氏家族没有显赫的背景，在重视门阀婚姻的唐朝，这样的结合纯属一道奇葩的风景线。

王氏嫁给李隆基之后，生活还算惬意，可唯独有一点，王氏的肚子始终空空如也。皇室的婚姻，一半是为了传宗接代，心中的郁闷可想而知。景龙二年（708）—景云元年（710），李隆基担任潞州别驾，遇到了能歌善舞、国色天香的赵氏，于是将她纳为侧妃，对其百般宠爱。

有了新欢，李隆基并没有放弃旧爱，王氏有自己存在的价值。当时，朝中的政治斗争让李隆基焦头烂额，是王氏在身边一直鼓励着他。更何况，在李隆基政变的过程中，王氏扮演了幕后策划者的角色，始终支持李隆基的事业。李隆基做了皇帝之后，王氏顺理成章地被册封为正宫皇后。

开元三年（715），赵丽妃的儿子，9岁的李瑛被李隆基立为太子。

对王皇后来说，生活过于平静，对赵丽妃来说，人生刚刚到达巅峰。可就在此时，她们共同的敌人出现了，此女就是武惠妃。

武氏，恒安王武攸止的女儿，武则天的侄孙女。据史料记载，武氏很小的时候，父亲就去世了，她因此被送往宫中，跟随在武则天的身旁。李隆基登基的时候，武氏已经出落成如花似玉、娇羞动人的少女，她精通文史经典，气质出众，堪称才华横溢的美女。站在人堆之中，武氏绝对是鹤立鸡群般的存在。

面对武氏的才华和容貌，李隆基彻底沦陷了。

接下来的几年，武氏接连生育了夏悼王李一、怀哀王李敏。遗憾的是，两位皇子都在两岁的时候夭折。直觉告诉武氏，这其中一定有猫腻。因此，第三子寿王李瑁出生之后，武氏将他送到了宁王李宪的家中，由宁王妃元氏亲自抚养，一直到李瑁十多岁，李隆基才将他接回宫中，进行了册封。

就在此时，武氏心生了两个想法：自己做皇后，李瑁做太子。

不想做将军的士兵不是好士兵，不想做皇后的宠妃不是好后妃。更何况，武氏只是一个平凡的女人，在尔虞我诈的后宫，她需要绝对的安全感。问鼎后位，扶持儿子李瑁做皇帝，几乎是唯一的选择。

据史料记载，武氏的意图人尽皆知，尤其是王皇后，先是失去了李隆基的宠爱，又被武氏盯上了皇后的宝座，心里如同吃了苍蝇一般难受。然而，她只是个毫无主见的女人，只能找李隆基大诉苦水，编派武氏的不是。

王皇后只想要一个承诺。遗憾的是，面对丧失理智的王皇后，李隆基已经彻底失去了耐心，嫌弃和鄙视替代了夫妻情分，李隆基只有一个想法：废后！

不过，废黜皇后是国家大事，李隆基不敢轻易提起这个话题，只好找身边最亲近的人商量，此人就是秘书监姜皎。姜皎和李隆基是几十年的交情，既是君臣，也是兄弟，李隆基对他一百个放心。然而，令李隆基没想到的是，姜皎转身就把这个绝密消息放了出去。

一时间，李隆基想要废后的八卦新闻满天飞，深情天子的人设瞬间崩塌，见色忘义的昏君形象横空出世，还有比这更尴尬的局面吗？

很快，李隆基就出来辟谣了，姜皎“妄谈宫掖”，杖责六十，流放钦州。姜皎的弟弟姜晦，从吏部侍郎被撸为春州司马，至于姜家的其他男丁，因为姜皎的一句无心之言，或被杀，或被流放。历史证明，皇宫大内，除了皇帝之外，所有人都是替皇帝背锅的候选人。

接下来的两年，李隆基受制于舆论压力，也为了证实姜皎的话是谣言，并没有提及废黜皇后的话题，可这个想法如同野草，在他的心中疯狂蔓延。体会最深的便是王皇后，她心里明白，时间久了，李隆基还是会废了她。

李隆基的决绝让王皇后心灰意冷，她整日枯坐在宫中，变得木讷呆滞，毫无生气可言。据史料记载，王皇后的处境让她的哥哥，太子少保王守一心急如焚，古往今来，只要是皇后被废，家族的势力肯定会被连根拔起。然而，王守一也没有特别好的办法，有一天，他找到和尚明悟讨主意。

明悟颇为热情，说他最近研究了一个新玩意，可以让女人顺利怀孕。具体的办法就是：做一个霹雳木（被雷击毁的树木），在上面写下天地二字，以及李隆基的姓名，然后将两片木头合在一起，让王皇后佩戴在身上祈祷就可以生出儿子，还可以像则天皇后那样享受无上的尊荣！

王皇后未必不知道这是歪门邪道，可面前就是怀上龙子，走向人生巅峰的终极诱惑，就算是饮鸩止渴，她也认了。自古以来，后宫就藏不住秘密，更何况王皇后整日神神秘秘地祈祷，自然会引起有心人的注意。

对李隆基来说，他早就想废黜王皇后，只不过苦于找不到借口，如今王皇后自寻死路，他不介意送她一程。只能说，王皇后的倒台是必然的，不过有个坑妹的哥哥，的确会省不少时间。

开元十二年（724）七月二十二日，李隆基下诏：贬王皇后为庶人。至于王守一，先是被贬为潭州别驾，随后在赴任的途中，被李隆基赐死。三个月后，王皇后在冷宫中抑郁而终，宫人们唏嘘流涕，感念不已。

客观地说，王皇后属于小家碧玉的女人，不管是辅佐李隆基，还是与身边的人相处，都是无可挑剔的。然而，凡人都有自己的遗憾，王皇后没能生下孩子，还遇到了一位情感丰富的男人，这让她的人生充满了波折。

王皇后去世之后，李隆基感怀过去的时光，也颇为后悔。然而，在武氏的情感轰炸下，李隆基还是把立武氏为后一事提上了议程。然而，令李隆基没想到的是，他的提议竟然遭到了所有朝臣的反对。

原因一：武氏家族是李唐皇族不共戴天的仇人，立她为后不能服众。

原因二：民间盛传，立武氏为后是张说的计策，他想通过拥立之功，重新回朝廷做宰相，这里面的水很深，不可不防。

原因三：皇太子李瑛并非武氏所生，而且武氏膝下有寿王李瑁，如果立她为后，今后肯定会引发无谓的争端。

这三条理由太有说服力，李隆基想了想，打消了立武氏为后的念头。不过，李隆基并没有彻底退让，他退而求其次，允许武氏在后宫享受皇后的地位和待遇，算是给自己挽回了一点颜面。

此时，王皇后、赵丽妃相继去世，后宫的争斗暂时告一段落。然而，武氏对朝政的影响，却让太子李瑛如坐针毡。武惠妃自己可以不做皇后，可寿王李瑁是必须要做太子的，李瑛就是他们的绊脚石。更何况，李瑛亲眼看见了母亲赵丽妃失宠的整个过程，母亲整日以泪洗面，含恨而终，这个仇该怎么报？

庆幸的是，李瑛找到了反击同盟——鄂王李瑶和光王李琚。李瑶的母亲是皇甫德仪，李琚的母亲是刘才人，曾几何时，她们也都是李隆基的宠妃，在武惠妃的风头下，她们同样失去了丈夫的宠爱，整日哀叹命运，徒叹奈何。

就这样，三位皇子时常聚在一起，商议如何对付武惠妃母子。

武惠妃害怕吗？我想答案是肯定的。武惠妃也有年老色衰的一天，到时候她将如何自处？儿子李瑁如何在血腥的皇子斗争中全身而退？

皇室的乱局，被李林甫看破了门道。

当时，李林甫还只是吏部侍郎，为求上进，他托亲近的宦官给武惠妃传了一句话，愿意保寿王李瑁的前程！至于交易条件，李林甫没有明说，但武惠妃肯定明白，两人结成同盟，李林甫要宰相的位置，李瑁要太子的位置。

这样的交易，划算而且靠谱，武惠妃自然不会拒绝。想想看，有宦官为李林甫传递李隆基的消息，李林甫就可以投其所好，为自己加分。再加上武惠妃帮他美言几句，李隆基很快就对李林甫另眼相看了。

没过多久，李林甫就升官了，从吏部侍郎调任门下侍郎。虽然还是正四品级别，可管辖的范围变得更大，离宰相只差同中书门下平章事的头衔。不过，武惠妃虽然能够影响李隆基，可毕竟能力有限，而李林甫又是个彻头彻尾的政客，他绝不会把希望全部寄托在武惠妃身上，他还需要更厉害的人帮他。

李林甫上位：高力士暗送助攻

放眼后宫，最厉害的角色就是宦官高力士。高力士是中唐的传奇人物，对皇帝忠心，对朝臣宽厚，被誉为“千古贤宦第一人”，必须隆重介绍一番。

高力士（684—762），本名冯元一，祖籍潘州（今广东省高州市），祖上三代都是潘州刺史。准确地说，高力士是岭南的超级贵族，如果不出意外，高力士长大之后就会世袭老爹的潘州刺史之职，过着逍遥无边的生活。然而，他的命运却因为一个人的闯入，发生了天翻地覆的变化。

长寿二年（693），正值武则天的黑暗统治时期，监察御史万俊国来到广州，诬告流放到岭南的犯人谋反，诛杀了两千多人。时任潘州刺史冯君衡也遭受池鱼之殃，被撸官不说，家产全部充公，至于高力士，莫名其妙地遭受阉割，成为一个废人。

有些人被阉割，是因为想进皇宫讨生活，可高力士被阉割，纯属非自愿的刑罚，惨无人道的那种。几年之后，岭南讨击使李千里遇到高力士，将他送到了洛阳城，同行的还有另一位阉人。李千里给他们分别取了称号：力士和金刚。这才有了后面的故事。

据史料记载，高力士长相清秀，聪慧机敏，武则天颇为喜欢，于是将他带在身边，可没过多久，高力士就因为一件小事，被鞭打后轰出了皇宫。身为宦官，又没有一技之长，高力士只能过着流浪生活。高力士穷困潦倒的时候，遇到了宦官高延福，觉得高力士人品不错，于是将他收为养子。机缘巧合的是，高延福出自武三思的府中，高力士因时常往来，和武三思也有了交集。

聪明机警，人品过硬的人，向来就受大家的欢迎，武三思也不例外。一年之后，武三思在武则天的面前美言了几句，高力士便重新回到了宫中。对高力士来说，武三思确实杀过很多人，也干过很多恶事，可这份再造的恩德，高力士没齿难忘。遗憾的是，高力士还没来得及回报，武三思就去世了。

当时，武三思留在世间的亲人不多，女儿武氏就是其中之一，此女已经嫁给了宰相裴光庭，衣食无忧，前途不愁。不过，高力士还是很关心武氏，能照顾的尽量照顾。为了和高力士搭上关系，李林甫使出了撒手锏：勾引人妻。

在唐朝，婚外恋是常有的事，大到皇室的公主，小到平民百姓，并非伦理所不容。李林甫极尽谄媚，卖力表现，终于睡到了武氏的床上，几番云雨过后，武氏便对李林甫死心塌地，奋不顾身。

开元二十一年（733），侍中裴光庭去世，武氏找到高力士，希望他能推荐李林甫接替裴光庭的侍中之职。然而，高力士能有如今的地位，靠的就是忠诚和谨慎，就算武三思对他有再造之恩，也不能践踏他的底线。

高力士表示，他没法答应这个请求。不过，出于愧疚之情，在萧嵩推荐韩休为宰相的时候，高力士把消息提前透露给武氏，而武氏又转告给李林甫。大家都是明白人，知道这种绝密信息的价值有多么大。李林甫转头就去拜访韩休了，话没有说得很透彻，可李林甫的意思很清楚，韩休要升官了，他先送上祝福！

不出所料，韩休升任宰相。出人意料的是，他对举荐人萧嵩没什么好感，可对主动献殷勤的李林甫倒是颇为感激。韩休下台的时候，什么话都没多说，只说了一句：李林甫这个人不错，陛下可以考虑起用他！

想想看，武惠妃、高力士、韩休等人都说李林甫的好话，李隆基如何能不动心。当时，李隆基已经心生了提拔李林甫为宰相的想法，不过考虑到张九龄担任中书令，全面主持中央朝廷的工作，觉得有必要征求一下他的意见。

有一次，李隆基和张九龄闲谈。

李隆基："张爱卿，你担任中书令也有半年了，有什么感受？"

张九龄一本正经地说道："承蒙陛下信任，臣自从上任以来，不敢有丝毫懈怠。不过，臣的才能的确有限，唯有勤能补拙而已！"

李隆基："爱卿，你太谦虚了。不过，国家事务繁多，朕担心你和裴爱卿压力太重，因此想增设一个宰相，平日里给你们打打下手，你觉得如何？”

张九龄：“如此甚好！不知陛下要提拔哪位贤才啊？”

李隆基：“你觉得李林甫怎么样？”

啥？李林甫？张九龄有点蒙了，皇帝这是要搞事情啊。

张九龄正襟危坐，严肃回应：“陛下，宰相的任命是您的特权，不过陛下既然拿此事问臣，臣就斗胆说几句了。宰相身系军国重任，影响社稷安危，李林甫善弄权术，心机深沉，而且据臣观察，胸怀似乎不够坦荡，人品也经不起考验。陛下如果任用他为宰相，臣担心会给社稷带来隐患，还请陛下三思！”

张九龄性格耿直，他必须要把自己的看法说清楚。然而，这样的回答让李隆基十分难堪，这岂不是说他有眼无珠，任用奸佞嘛。

并非李隆基不会看人，实在是李林甫将自己隐藏得太深。他通过李隆基身边的宦官，随时掌握皇帝的动态，了解皇帝的心思，说出的话滴水不漏，再加上武惠妃吹了枕边风，李隆基岂能生出猜疑之心。

于是，在李隆基的眼里，张九龄有点危言耸听了。这家伙是不是担心李林甫拜相之后威胁他的地位？是不是嫉妒李林甫的才华，担心自己失宠？

一场君臣会晤，就这样不欢而散。

不可否认，李隆基对宰相的任命有着决定权，他拉着张九龄商量，是给他足够的尊重和信任。很遗憾，张九龄选择坚持自己的原则，反而忽略了李隆基的感受，挫伤了李隆基的帝王尊严，这是李隆基完全不能忍受的。

开元二十二年（734）五月二十八日，李隆基做出了新的人事任命：

封张九龄为中书令、同中书门下平章事。

封裴耀卿为门下侍中、同中书门下平章事。

封李林甫为礼部尚书、同中书门下三品。

从李隆基的人事安排就可以看出来，张九龄还是首席宰相，在他心中有着不可动摇的地位。至于李林甫，虽然拜相了，却只有参与政务的资格，话语权完全不够，而且他担任礼部尚书，权力的含金量也跟着大打折扣。

不过，聪明人都看得出来，未来一定是张九龄和李林甫的战场。

张九龄是什么样的人？

才华横溢、气质高雅、风度翩翩。

忠正耿直、敢于劝谏、一心为公。

李林甫是什么样的人？

不学无术、自以为是、嫉贤妒能。

善于钻营、窥测圣意、行事苟且。

这两个人凑到一起，确实可以碰撞出火花，不过不是闪耀美丽的烟火，而是燃爆朝堂的爆竹。李林甫是个聪明人，他看出来了，张九龄深得李隆基的信任，而他自己还没有完全站稳脚跟，主动出击绝对不是上策。他的目标只有一个，盯紧张九龄首席宰相的宝座，等张九龄先犯错，再一招毙命！

张九龄是中国古代文人士子的完美标本，他们拥有忠君爱民的价值观，悲天悯人的情怀。外在的表现就是，凡是他们认为不对的人和事，就会不顾一切地怼上去。

想想看，张九龄惹李隆基生气这件事，不是太容易发生了吗？

李林甫表示，他只需要蛰伏待机，坐看好戏就可以了。

李隆基：被偏爱的都有恃无恐，朕不爱你了

开元二十三年（735）正月，李隆基心情爽朗，于是和张九龄聊了会儿天。

李隆基："张爱卿，你觉得张守珪这个人怎么样？"

事实上，张九龄对这个人并不陌生，因为张守珪算是当时的传奇人物。不仅是军事领域的超级天才，还是安禄山的仕途引领人。

据史料记载，张守珪出身卑微，早年跟随父亲流落到边塞，前途一片渺茫。然而，上天并没有亏待他，也许是在边塞长大的缘故，张守珪拥有一副魁梧的身材，还练就了一身骑射的本领。当时，朝廷招募英勇善战的人才，张守珪毅然从军，加入了镇守北庭都护府的右骁卫，跟随右骁卫将军郭虔瓘混前途。

有一次，张守珪外出执行任务，半路遇到了突厥军队，张守珪心生虎胆，身先士卒，奋力苦战，几进几出之后，斩杀敌军千余人，生擒敌军统领一人。此次出击，唐军大获全胜，张守珪的名气响彻了北庭都护府。

没过多久，吐蕃、突厥、契丹等部族前来犯边，边境守军面临极大的压力，郭虔瓘派张守珪前往长安面圣，希望朝廷派大军从蒲昌（今新疆罗布泊附近）、轮台（今新疆维吾尔自治区巴州轮台县）两翼进攻，彻底瓦解敌人的攻势。

据史料记载，张守珪给李隆基汇报工作的时候，显得慷慨激昂，分析得头头是道，再加上他对边疆的情况了解十分透彻，李隆基因此任命他为侧翼的主力统帅。在战斗中，张守珪的组织才能发挥得淋漓尽致，在他的攻势下，突厥军队毫无还手之力，经过数十次的交锋之后，突厥军队落荒而逃。

中唐时期的军事天才就这样诞生了！

张守珪因为战功突出，被朝廷封为济南将军，随后被紧急调往幽州，担任幽州良社府果毅都尉（地方折冲府的二把手，仅次于折冲都尉）。在幽州任上，张守珪继续施展军事才华，力保幽州不失，刺史卢齐卿对他十分欣赏，随后将他提拔为左金吾员外将军、建康军使。

开元十五年（727），吐蕃入侵，瓜州失陷，张守珪再一次临危受命，担任瓜州刺史，兼墨离军使之职。当时，张守珪带着少数亲兵迅速赶到瓜州主持工作，眼前的景象就是，吐蕃军队实施了惨无人道的劫掠，城内残垣断壁，一片狼藉，更要命的是，吐蕃大军很有可能卷土重来！

张守珪立马下令，组织军民抢修州城池。

据史料记载，张守珪刚刚补修好城墙，吐蕃军队便来到城下耀武扬威。瓜州刚刚遭遇新败，不管是军士，还是百姓，都是谈吐蕃而色变，别说和吐蕃正面交锋，就连对视的勇气都没有。张守珪意识到事情有点不妙，于是临机一动，命人在城楼上摆满酒席，邀请瓜州的军民共同饮酒作乐。

当时，大唐军民沉醉在葡萄美酒中不可自拔，全然不把吐蕃军队放在眼里，敌军主帅观察半天，始终猜不透其中有什么阴谋，只好下令撤军。张守珪一声令下，唐军将士犹如猛虎下山，全速追击，吐蕃大军仓皇逃溃。

消息传到长安，李隆基极为振奋，当即下旨：封张守珪为银青光禄大夫、宣威将军、左领卫率！

开元十六年（728），吐蕃大将悉末朗卷土重来，再次败于瓜州城下，张守珪被加封为右羽林将军兼鄯州都督、持节陇右经略节度使。朝廷为了加强对吐蕃的防御，特设瓜州都督府，张守珪为首任瓜州都督。

开元十七年（729），唐军由守转攻，张守珪与沙州刺史贾师顺各率本部兵马向吐蕃大军发动奇袭，敌军仓皇应战，再次大败。一时间，张守珪的威名响彻神州大地，吐蕃军队只要听到张守珪在此，便心生畏怯，不敢前进半步。

开元十八年（730），吐蕃政权自知不是大唐的对手，于是递交降书请和。

李隆基烦心的不止吐蕃，幽州北部的契丹、奚族也被朝廷列入了恐怖主义的黑名单。不幸的是，幽州长史赵含章、薛楚玉等人实力平平，拿契丹毫无办法，更别说让李隆基扬眉吐气。

开元二十一年（733），李隆基下诏：张守珪调任幽州节度使！

据史料记载，张守珪上任之后，第一时间鼓舞士气，随后便将大军开出幽州城，寻找契丹主力交战。当时，契丹族长李屈烈和大将可突干以为张守珪只不过徒有虚名，于是打起仗来漫不经心，最后惨败。

消息传到长安，李隆基龙颜大悦，立马给张守珪丢了几个头衔：御史中丞、营州都督、河北节度副大使、河北采访处置使。张守珪的存在，犹如一堵不可逾越的城墙，镇守在大唐王朝的边关，镇压着异族的狼子野心。

经历过几次挫折后，李屈烈算是明白了，只要张守珪在，契丹就不可能在正面战场上取胜。唯一的办法就是：诈降！

然而，李屈烈失策了，张守珪在边关混了一辈子，对突厥、吐蕃、契丹等族的了解无人能比。张守珪的阅历告诉他，李屈烈和可突干是来诈降的。

于是，张守珪打算将计就计，派遣最得力的部将王悔前往契丹大营，准备商议受降事宜。临行之前，张守珪千叮咛万嘱咐，一定要利用契丹内部的矛盾，彻底瓦解他们的势力！

据史料记载，契丹军中，除了李屈烈和可突干，将军李过折也握有实权，此人与可突干争权夺利，闹得不可开交。王悔思之再三，最终虎着胆子走进了李过折的军营，将来意说得一清二楚：只要他杀死李屈烈和可突干，带领突厥大军弃暗投明，张守珪一定会奏请朝廷，力保他获得荣华富贵！

契丹大营发生的一切就不再赘述了。总之，王悔回来的时候，手里提着两颗人头，一个是契丹首领李屈烈，一个是契丹大将可突干！

李隆基和李世民一样，骨子里十分崇武，希望看到胜利。张守珪凭一己之力，横扫北庭和西域，逼迫吐蕃递交降书，随后又转战幽州，擒杀契丹主将，这样的帅才，他怎能不另眼相看？

提拔张守珪，李隆基有一百个理由。然而，张九龄却提出了反对意见："宰相是职责是代替皇帝处理天下大事，并不是有战功的人就可以担任的！"

李隆基遭到拒绝，心里略微不爽，不过还是耐着性子说道："要不给他挂个宰相的头衔，不让他担任实职，这样可以吗？”

张九龄严词拒绝：“陛下，您现在给张守珪如此大的恩赏，日后他再灭了契丹和突厥部族，您该拿什么犒赏呢？”

这是张九龄第二次拒绝李隆基的宰相提名！

李隆基越来越纳闷，你说李林甫不行，可他做了宰相之后，也没闹出什么事来啊。张守珪的人品和能力毫无挑剔，不让他入朝担任实际职务，难道挂个名也会给江山社稷带来忧患？第一次拒绝，李隆基可以理解为张九龄大公无私，可第二次拒绝，李隆基不能不怀疑张九龄的政治立场和个人节操。

文人的执拗：骨子里道不明的情怀

要知道，被皇帝猜忌是一件很恐怖的事情。

然而，李隆基还是耐着性子，封张守珪做了右羽林大将军、御史大夫。没过多久，朝中又发生了一件震惊天下的刑事案件。

十年前，嶲州都督张审素被人诬告贪污，朝廷派监察御史杨汪前去查案。当时，杨汪没有调查事情的真相，反而是误听人言，以为张审素真的存在贪赃枉法的行为，因此想要具表回复朝廷，先给张审素定罪。

谁承想，张审素的亲信，嶲州总管董元礼担心顶头上司被冤枉，于是动用军队诛杀了原告，随后派遣七百名精兵把杨汪给围了起来。董元礼放出狠话，只要张审素被判无罪，杨汪就可以活命，否则玉石俱焚。

一起普通的贪污案，最后竟然变成威胁朝廷钦差的谋反案！

据史料记载，当地官府和军府调派兵力，迅速平息了叛乱，董元礼以哗变的罪名，当场被处死。得救后的杨汪不管不顾，向朝廷陈诉谋反的实情，致使张审素被判斩立决，张氏一门悉数被发配到岭南。

张审素有没有贪污，杨汪心知肚明，他可能知道自己会惹来大麻烦，于是改名为杨万顷，后来一直做到殿中侍御史之职。事实上，张审素虽然被杀，他的儿子张皇和张秀并没有被处死。前往岭南的时候，他们年纪还小，长大之后才得知，父亲当年并没有贪污受贿，正是监察御史杨汪的所作所为让父亲蒙冤而死，而且让张氏一门背负了谋反的骂名。

屈辱、愤怒、不甘、仇恨涌上兄弟二人的心头。

张皇和张秀摸清了所有的事实后，暗中逃回洛阳。开元二十三年（735）三月十一日，他们亲手终结了杨万顷的性命，临走之时，他们拿出了早已经准备好的血书，放在凶案的现场，血书上清清楚楚地写着张审素一案的所有真相。做完了这一切，兄弟二人立马动身前往江南，继续寻找当年参与此案的帮凶。

朝廷大臣在家被戕杀，已经算恶性刑事案件，有关部门立即组织人手调查，兄弟二人走到汜水一带的时候，不幸被抓获。牵涉到陈年旧案和朝中重臣，长安城绝大部分人都在密切关注此案，到底该如何定罪呢？

李隆基召集群臣商议，准备处死张氏兄弟。

谁料想，张九龄竟然出来求情了："陛下！张审素当年蒙冤而死，张皇、张秀为父报仇，情有可原，应该免除死罪啊。"

这就是中国文人悲天悯人的情怀。面对张九龄的求情，李隆基显得很犹豫，也带着质疑，他不想破这个例。

站在一旁的李林甫和裴耀卿看出了门道，于是进言道："陛下，如果赦免张氏兄弟，可能会破坏国家的法度，引起其他人的效仿！"

李隆基深以为然，于是对张九龄说道："张氏兄弟确实是孝子，为了父亲不惜戕杀仇敌，然而杀了人而不受处罚，朝廷的威严何在？"

李隆基当即传下旨意：国家设立法度，是为了杜绝百姓随便杀人，如果所有的人都声称自己是孝子，大家争相仇杀敌人，那还能有止境？张氏兄弟必须死！

李隆基发了话，河南府很快就将张氏兄弟乱棍打死。

老百姓是朴素的，他们虽然知道杀人偿命的律法，更知道为父报仇的江湖准则，张氏兄弟是朝廷钦定的罪犯，却是他们眼中的孝子和英雄。据史料记载，张皇、张秀被乱棍打死后，当地的百姓立马就给他们收了尸体，还凑钱将他们安葬在洛阳北边的邙山之中。为了防止杨汪的家人挖掘，他们特意建造了好几个疑冢，让张氏兄弟享受了曹操才有的待遇。

无独有偶，张九龄之后，诗圣杜甫的身上也发生过这种事。

杜甫的祖父叫杜审言，是武则天时期的高官，由于杜审言恃才傲物，被排挤到吉州（今江西省吉安市）出任司户参军。

很遗憾，文人骨子里的傲气，不是贬官就可以收拾的。在吉州任上，杜审言依旧我行我素，同事关系处理得一塌糊涂，吉州司马周季重和司户郭若讷联手捏造了一个罪名，将杜审言打入大牢，等待处斩。

杜审言被关押之后，13 岁的儿子杜并跑到州府替父亲求情。当时，周季重负责接待，他以为杜并只不过是个小孩子，随便糊弄几下就过去了。

谁料想，就在周季重心不在焉的时候，杜并抽出袖中的利刃，对着周季重连捅数刀，周季重当场倒在血泊之中。弥留之际，周季重艰难地吐出一句话："早知道杜审言有这样的孝子，打死老子也不会去招惹他！"

可惜，周季重明白得太晚，白白搭上了前途和性命。周季重被杀之后，身边的随从一拥而上，将杜并当场打死。多年之后，杜甫长大成人，对这段历史深为感怀，他并没有因为有个杀人的叔叔而自惭形秽，反而以他是杜并的侄子为荣！

唐朝的文人，就是这种说不清、道不明的情怀。

很遗憾，李隆基是帝王，张九龄的情怀，他表示尊重，但是不理解。在他眼里，张九龄不顾国家法度，为陌生人徇私，这就很要命了。总而言之，李隆基对张九龄的信任，已经慢慢产生了裂痕。

开元二十四年（736）八月初五，李隆基 52 岁的生日，时称千秋节。皇帝过生日，那是国家一等一的大事，文武百官自然得搜罗一些奇珍异宝进献给皇帝。

官阶低的人，不能送太名贵的东西，一来俸禄有限，容易引起皇帝和御史的怀疑。再者说，兵部员外郎比兵部侍郎送的还要贵，以后如何混官场。

四品以上的官员，那就得用点心了。文雅的名画、手抄诗集未尝不可以，但无法出彩，想要让皇帝高兴，就必须剑走偏锋。事实上，长安城早就有八卦传闻，说某人找到了传说中的"宝镜"，必定会成为这次盛典的主角。

是铜镜吗？那可太小瞧古人们的品位了。

宝镜分为很多种，比如照骨方镜、照心境、生寒镜、探宝镜等等。据说，秦始皇的咸阳宫府库中，就有一枚世所罕见的方镜。这枚镜子宽 90 厘米，高 130 厘米，里面可以发出明光，秦始皇经常拿着这枚方镜观察宫女的心脏、肝胆，以此来检验宫女是否怀有二心。秦末天下大乱，这枚宝镜便下落不明。

后来，历史上出现过许多宝镜，要么能透视人体的器官，要么能治疗疾病，要么能给人带来好运，可谓神乎其神。

不管是什么样的宝镜，张九龄都没有钱去弄。不过，他是首席宰相，不能被人比下去啊，张九龄思之再三，决定亲笔撰写一本《千秋金镜录》，作为送李隆基的礼物。这是一本书，讲述前朝治乱兴亡的历史，目的就是为了提醒李隆基，要好好地做皇帝，不要任用奸佞，不要重用外戚。

你说说，这不是煞风景吗？

当时，很多朝臣都提醒张九龄，不要把这本书进献给皇帝，不然后果会很严重，可张九龄依旧一意孤行，在李隆基的生日宴会上递了上去。

李隆基能翻脸吗？不能，因为他不想做昏君。

碍于张九龄的面子，李隆基并没有发作，反而是赞赏了张九龄一番。然而，大家都知道，搅了皇帝的兴致，就是惹皇帝生气，后果一定会很严重。李林甫明白这个道理，可张九龄自始至终也不明白。

很快，张九龄就遭遇到了人生的职业滑铁卢。

张九龄岌岌可危，李林甫扬扬得意

按照朝廷的惯例，每到下半年，李隆基都会带着文武百官、后宫嫔妃前往洛阳居住，一来洛阳是大唐的东都，皇帝应该时常巡幸，以示皇恩浩荡，二来入冬之后黄河封冻，给西京长安运送粮食异常艰难，前往洛阳居住，可以减少运输的压力，给国家财政减轻负担。

按照李隆基的行程安排，会在开元二十五年（737）二月初二启程回长安。

然而，开元二十四年（736）九月，李隆基紧急传召张九龄、裴耀卿和李林甫三人，说他在洛阳宫遇到了不干净的东西，希望能提前回长安城。三位宰相入宫前还在纳闷，以为是什么重要的军国大事，听闻之后，这才明白李隆基“撞上了鬼”。

张九龄听了劝说道：“陛下，长安和洛阳路途遥远，咱们经过半个多月的折腾才到洛阳，这还没有安定下来就要返回长安。这一来一回不打紧，可苦了老百姓啊，要不然等一段时间再说吧！”

裴耀卿也不想大家伙折腾，于是附和着张九龄的发言。

李林甫在干吗？

他眯着眼，观察着李隆基的面部表情，从盼望到失望，从失望到面色如霜，剩下的便是无奈。然而，李林甫却始终不发一言。

李隆基确实想回长安，碍于两位宰相的反对，只好作罢。会后，张九龄和裴耀卿率先离去，李林甫私下求见李隆基，声称有要事请奏。

李隆基：“爱卿，你怎么还没走，找朕有什么事吗？”

李林甫谄媚地说道：“陛下，您不必因为二位宰相的阻挠而忧虑，张大人虽然说得很有道理，但也不全对。洛阳和长安都是陛下的家，您想来就来，想走就走，何须征求他们的意见？再者说，虽然朝廷的车驾很扰民，您只要宣示天下，免掉所过之地的赋税不就行了吗？怎么能让宰相主宰陛下的决定呢？”

李隆基精光一闪，对这位排行第三的宰相开始另眼相看。

人，最怕的就是对比。

李隆基欣赏张九龄吗？确实欣赏，不仅李隆基欣赏，朝中很多朝臣都被张九龄的才学和气质所折服。在李隆基的眼里，张九龄是一个完美的文人宰相，唯独情商不太过关。再看看李林甫，虽然一脸谄媚之相，但所思所想和李隆基出奇的一致，李隆基越看越喜欢，反而对张九龄越发不满。

李林甫紧接着问道：“陛下，您若是决定回长安，臣立刻就去安排！”

李隆基点点头，暗示李林甫赶紧安排。

开元二十四年（736）十月初二，李隆基的车驾从洛阳出发，历经二十天的时间，最终回到长安。然而，李隆基的屁股还没坐稳，便接到了河西节度使崔希逸的奏折。

崔希逸本来是右散骑常侍（从三品，中书省高级官员），刚刚担任河西节度使，而前任河西节度使牛仙客刚刚临危受命，前去朔方担任行军大总管。

崔希逸在奏折中写道：牛仙客镇守河西的时候，恪尽职守，厉行节约，仓库里所积巨万，极大地保证了边境的物质基础。

牛仙客是甘肃人，出身卑微，经过自己的努力一步步爬到高位。担任河西节度判官的时候，牛仙客遇到了河西节度使萧嵩，二人关系非常密切，萧嵩后来升任中书令，牛仙客被推荐为河西节度使。这道升官的诏令是李隆基亲手签批的，对牛仙客，他并不陌生。

封疆大吏不贪政绩，互相举荐，李隆基深感欣慰。不过，这毕竟是崔希逸的一面之词，本着实事求是的态度，李隆基派刑部员外郎张利贞前往河西，核对崔希逸奏折中的陈述。回到长安之后，张利贞证实了此事。

李隆基实在是太高兴了，于是在群臣的面前狠狠地夸了牛仙客一顿，还表示要调他回中央政府，担任尚书之职。

李林甫瞧了瞧张九龄，你咋不说话呢？

说时迟，那时快，张九龄站出班来，声如洪钟地说道："陛下，尚书就是古代的纳言，地位非常尊贵，大唐立国以来，唯有做过宰相，或者在朝野内外有名望，有德行的人才能担任。牛仙客只不过是小小的节度使，骤然被任命为尚书，恐怕有辱朝廷的威严啊！"

李隆基很想掐死张九龄，这已经是第三次反对李隆基的任命了。

李隆基耐着性子问道："那好，朕封他食邑可以吗？"

情商高一点的臣子，应该立马举双手赞成，然后夸赞皇帝奖赏功臣的行为，这样既可以成全皇帝的面子，也可以免去自己的麻烦。

然而，张九龄接下来的举动让所有朝臣都惊呆了。

张九龄："陛下，绝对不可以！牛仙客作为边将，充实仓库，修理军器，都是他职责之内的事情，对朝廷来说谈不上是什么功劳。陛下如果真要奖赏他，只需要赐给他金帛之类的东西就可以了，裂土封疆，似乎不大妥当啊。"

张九龄说得虽然有一定道理，但是身为首席宰相，要有提拔后辈的雅量，能给人方便的时候还是得退让一些。更何况，此事是李隆基一心想要促成的，当着众位大臣的面把话说死，岂不是让李隆基很难下台？

再者说，牛仙客的政绩大家有目共睹。

萧嵩作为中书令，难道空口说白话，只为抬高牛仙客？

崔希逸作为新任河西节度使，完全可以把牛仙客的功劳据为己有，这在官场上叫作摘桃子，他为何会专门上表，夸赞自己的前任？

张利贞和牛仙客没有半毛钱的关系，为何要为他说话？

所有的事实都表明，牛仙客确实干出了成绩。

张九龄刚刚说完，李隆基的脸上便挂了一层白霜，他坐在龙椅上一言不发，阴沉沉地盯着张九龄，随后宣布散朝。

李林甫将一切尽收眼底。

从人际关系来说，牛仙客并不是自己的人，但是张九龄反对的人，就是李林甫要拉拢的人，这样才能显示他的容人之量。李林甫经过一番深思熟虑，决定助牛仙客一臂之力，同时借此机会打压一下这位顶头上司。

事后，李林甫找到了李隆基："陛下，您真是慧眼识英才啊！牛仙客此人确实具备宰相之才，张九龄虽然万般诋毁，总归是改变不了现实的。"

李隆基的心情不太好，可听完李林甫的话，顿时底气十足。第二天上朝的时候，李隆基旧事重提，想要给牛仙客封食邑。

话音刚落，张九龄便表达了反对意见。

李隆基顿时火冒三丈，指着张九龄咆哮道："张九龄，难道朝廷的大事以后就由你一个人说了算，我们这些人就都是盲人，是摆设吗？"

张九龄彻底吓蒙了。自从担任宰相以来，李隆基对他言听计从，万般赏识，谁承想今天竟然发飙了，张九龄无法消化这个突然的打击。

李隆基咆哮完之后，张九龄的语气软了下来："陛下，您任命臣为宰相，臣就得为江山社稷考虑啊！"

李隆基不依不饶："哼！你不就是嫌弃牛仙客出身卑微吗？难道你的出身就比他好？"

张九龄："臣虽然是岭南地区的贫贱之人，通过科举考试，在朝廷历练多年才做到了如今的位置。牛仙客出身边疆，虽然有功于朝廷，但是一下子提拔到如此重要的岗位，恐怕朝廷上下会不服啊。"

李隆基："退朝退朝，改日再议。"

事后，李林甫再次找到李隆基，进言道："陛下，只要大臣有才能，何必一定要会写诗歌文章。天子要重用一个人，又有什么不可以呢！"

语言艺术实在是太有魅力了，李林甫轻飘飘的两句话，传递了两个意思：会写诗歌文章的，不一定是人才；李隆基才可以一言九鼎，张九龄说了不算。

开元二十四年（736）十一月二十三日，李隆基强行颁布诏书：加封牛仙客为陇西县公，食邑实封三百户。说白了，首席宰相是李隆基选出来的，他也很尊重宰相们的意见，可只要李隆基的帝王尊严受到挑战，强行下诏，打脸宰相便是李隆基的一贯套路。

有张九龄这样忠正耿直的宰相，是李唐江山社稷的大幸；有这样不通情理，一根直肠通大脑的宰相，又是李隆基的不幸。中国古代的皇帝，都不愿意被别人挑刺，更不愿意被当面打脸。张九龄和李隆基对抗，纯属玩火自焚，自取灭亡。只能说，他生在了好时代，所以能全身而退。

遗憾的是，牛仙客事件过后，张九龄并没有吸取教训，反而在得罪李隆基的路上继续马不停蹄地狂奔。接下来的事情，彻底践踏了李隆基的底线。

王皇后去世之后，后宫的争斗一直没有停息，尤其是太子李瑛、鄂王李瑶、光王李琚，没事就聚在一起吐槽，希望找机会干掉武惠妃和寿王李瑁。问题是，这三人只会关起门来议论，没有任何实际行动，还让人窃听了。

窃听者名叫杨洄，驸马都尉，他转身就把消息卖给了武惠妃。女人嘛，第一反应就是自保，她找到李隆基，声称三位皇子阴谋聚会，准备诛杀寿王李瑁。如果不出意外，李隆基也有可能被一起干掉。

李隆基的前半生就是在阴谋中度过的，深知宫廷政变的厉害，如果太子李瑛真的发动政变，而皇宫不加防范的话，结局真的说不好。李隆基不想冒险，他立即传旨，召集张九龄、李林甫和裴耀卿入宫，将后宫发生的事和盘托出，李隆基的意思很明确：废黜太子李瑛，让寿王李瑁上位。

涉及天子的家事，群臣都不敢轻易发言。

最后，还是张九龄一马当先："陛下，您登基将近三十年了，在此期间，太子和诸位王爷几乎没有离开过皇宫，每天都会聆听您的训诫，天下人都认为陛下治国有道，教子有方。如今，三位皇子已经长大成人，也没有听说过有大的过失，陛下千万不可听信无稽之言啊！"

李隆基面无表情，不为所动。

张九龄继续奏道："陛下，太子是大唐的根本啊！晋献公听信骊姬的谗言诛杀太子申生，最终引起晋国大乱。汉武帝相信江充的诬告诛杀太子刘据，以致遗恨千古。晋惠帝相信贾后的诬陷废掉了愍怀太子，致使五胡乱华，中原涂炭。隋文帝听信独孤皇后之言，废掉太子杨勇而立隋炀帝，以至于最后失掉了天下。陛下！您不能因为一时的愤怒，轻易废掉太子啊！"

事实证明，中国的皇帝老儿天不怕，地不怕，最怕丢掉自己的江山社稷，只要臣子们搬出这套语言体系，基本上都会服软。虽然李隆基很不开心，可不得不承认，张九龄的话确实很有道理。这场君臣奏对，李林甫并没有发言，不过事后却对李隆基宠信的宦官说道："俺们搞不懂陛下的意思，明明是陛下的家事，为什么要找大臣商议呢，奇哉怪也！"李林甫说罢，潇洒地离去。

这场君臣奏对，李林甫和裴耀卿完全没有存在感，任谁都看得出来，张九龄对李隆基的影响力依然不容忽视。武惠妃也意识到了问题的关键，因此让心腹牛贵儿前往张九龄的府中传话：只要张九龄可以帮助寿王李瑁登上太子之位，武惠妃力保他的宰相之位可以长久！

张九龄苦笑了一番。他确实想做宰相，可武惠妃的承诺又有什么意义？李隆基正值壮年，而他张九龄已经是六十多岁的老人，等寿王李瑁登基，他的棺材板恐怕都快腐朽了吧。这样的合作，不谈也罢。

张九龄："滚滚滚，别在我这里丢人现眼！"

赶走牛贵儿之后，张九龄陷入了沉思。他的目的是保太子李瑛登上皇位，而寿王李瑁和武惠妃是最大的障碍，如今不正是天赐良机吗？张九龄整理了一下思路，随后便进宫面圣，将武惠妃的小心思向李隆基做了汇报。

宠幸归宠幸，涉及家国大事，李隆基还是有格局的。张九龄的坦诚，让他意识到后宫的事绝没有想象中的简单，为了不引起兄弟的纷争，李隆基暂时打消了废黜太子的念头。武惠妃棋差一招，鸡飞蛋打。

对李林甫来说，他最关心的不是寿王李瑁的前途，当务之急是怎么把张九龄扳倒。看得出来，李隆基不喜欢张九龄，却还是很欣赏他的为人品性，经历过这么多次君臣对峙的局面，李隆基依旧没有下定决心罢免张九龄的宰相之职，看来必须得找个十足的事由，将李隆基彻底激怒。

机会，总是给耐心等待的人准备的。

君恩难测：张九龄被迫辞官

开元二十四年（736）十二月，蔚州刺史王元琰被人举报贪污受贿。

事情是这样的：唐朝的科举考试名目很多，最重要的却是进士和明经两科，不管考生报考哪一科，都必须经过地方官府的审查和推荐才能进京应考。

蔚州有一个考生叫魏仲通，父亲是当地有名的盐商，大家可能都知道，在封建王朝，商业一直备受打压，盐商虽然有钱，但是社会地位不高，因此魏仲通是没有资格参加科举考试的。魏仲通的父亲心里有愧，眼瞧着儿子求取功名的愿望迫切，因此想通过行贿的方式，摆平魏仲通资格审查的问题。

魏父准备了一大笔钱，先是收买了王元琰手下的亲信，由他鼓动王元琰推荐魏仲通应考，随后又给王元琰的夫人崔氏一笔钱作为酬谢。不巧的是，事情被人举报，王元琰以贪污受贿的罪名被押送到长安，下到大理寺狱中，李隆基于是让中书侍郎严挺之和大理寺卿徐峤主持会审。

王元琰贪污一事铁板钉钉，可是到最后定案的时候，严挺之却给出了这样的判决：王元琰身为朝廷命官，代天牧民，但对下属约束不严，以致发生贪污受贿的现象，建议贬官一级，以正纲纪。

当时，严挺之、徐峤提前和中书省、门下省打了招呼，张九龄和裴耀卿认为这样处理没什么毛病，而李林甫则不表态，算是默认了这样的处理方式。

然而，这件事却引起了李林甫的极大兴趣。在李林甫的眼里，严挺之就是个疾恶如仇，眼里容不得沙子的人。

远的不说，杜暹、李元纮共同执政的时候，杜暹欣赏严挺之，而李元纮欣赏宋遥，二人同时被提拔为中书舍人。然而，宋瑶和严挺之就像死对头，宋瑶在李元纮的面前诋毁严挺之，严挺之反过来说李元纮眼瞎，只会任用小人，因此被贬为登州刺史。

后来，李隆基的嫡系亲信王毛仲在太原招兵买马，严挺之密奏李隆基，说王毛仲有不臣之心，以诬告重臣的罪名再次被贬。事实证明，严挺之的判断非常正确，王毛仲后来确实造反，李隆基感念严挺之的精明，将他召回长安。

当时，张九龄担任宰相，很欣赏严挺之的气度，于是将他提拔为尚书左丞，主持吏部选拔官员的工作。李林甫为相后，举荐亲信萧炅出任户部侍郎一职，可萧炅和李林甫一样，也是个不学无术，胸无点墨之人。

有一次在阁部办公，萧炅当着众人的面，将“伏腊”读成“伏猎”，刚好严挺之在场，这位老兄性格直率，与张九龄又非常友善，看到萧炅是李林甫的人，于是便嘲笑了一番，称呼萧炅为“伏猎侍郎”。

向来严肃的阁部出现这种笑谈，自然被传得人尽皆知，李隆基得知此事后，下旨将萧炅贬为岐州刺史。

当时，张九龄想将严挺之提拔到更高的位置，因此让他去拜会李林甫，给宰相大人说几句好话，缓和一下紧张的关系。然而，严挺之鄙视李林甫的为人，死活不去拜会，李林甫被一个中书侍郎鄙视，很长一段时间都抬不起头来。

自此以后，李林甫便记住了严挺之这个人。李林甫心想，严挺之向来疾恶如仇，为何要挺身而出，维护犯罪的人呢?

于是，李林甫派人暗中调查此事，经过一番明察暗访之后，一个惊天内幕被揭发出来：原来，王元琰的夫人崔氏是严挺之的前妻，崔氏和严挺之当年非常恩爱，但婚后数年都没生下儿子，严挺之的母亲无法忍受，最终将她轰出家门。

此次王元琰犯事儿，崔氏便托人捎来书信，希望严挺之看在过往的情分上，从轻处罚。严挺之本来就深爱崔氏，当年崔氏被休也是出于无奈，他心中一直有愧，苦于找不到机会弥补前妻。面对崔氏的请求，严挺之实在难以拒绝，因此决定为王元琰开脱，将大事化小，还前妻一个恩情。

这样的八卦，实在是劲爆啊!

李林甫顿时精神焕发，兴冲冲地跑进皇宫，找李隆基汇报工作。

李林甫："陛下啊，蔚州刺史王元琰贪污受贿一案，最近闹得沸沸扬扬。"

李隆基："是啊，案子不是查得很清楚吗？"

李林甫："可是，中书侍郎严挺之却不想秉公处理！"

李隆基："什么意思？"

李林甫："陛下，您可能有所不知，严挺之……张九龄……"

李隆基听完之后，心里顿时有点不舒服。

第一，严挺之、张九龄和王元琰的关系太过亲密，有暗中结党，互相打掩护的嫌疑，犯了李隆基的大忌。

第二，堂堂的中书侍郎，正四品大员，居然为了前妻给罪犯求情，传出去岂不是有伤风化？

李隆基立即传旨，让张九龄前来觐见。

大殿内，李隆基满口唾沫星子，骂得酣畅淋漓。

终于，李隆基停下来歇息了一会儿，张九龄乘机解释道："陛下，王元琰的夫人只是严挺之的前妻，不大可能有私情在里面吧。"

李隆基彻底愤怒了！

在他的眼里，张九龄永远都是一副对立的嘴脸！你既然不能完全肯定，为何不直接说不知道，非得遮遮掩掩，闪烁其词？原本以为你是心底无私的人，可你在此事上的表现，充分证明了一个事实：对有才华的人，你表面上很欣赏，心里却排斥和抗拒；对自己的亲信，即便是有罪，你也想维护到底！说白了，张九龄包藏祸心，结党营私！

严挺之可能没想到，他有意隐瞒前妻崔氏的事，竟然将两位宰相坑下台来。

开元二十四年（736）十二月二十七日，李隆基下诏：

封中书令张九龄为尚书右丞，不再参与政事。

封门下侍中裴耀卿为尚书左丞，不再参与政事。

封礼部尚书李林甫兼任中书令。

封牛仙客为工部尚书、同中书门下三品，领朔方节度使之职。

唐朝以左为尊，尚书左丞比尚书右丞地位要高，从李隆基的任命就可以看得出来，罢相后的张九龄，地位还不如裴耀卿。得罪皇帝是不会有好下场的，这句话终于应验在了张九龄的身上。

事实上，张九龄能做到首席宰相的位置，自然能洞察不少事情。在他看来，自己虽然是为了江山社稷考虑，但是让李隆基不爽是事实，再加上李林甫从旁煽风点火，被李隆基罢免只不过是迟早的事。

不久，李隆基让高力士给张九龄送来了一把非常精致漂亮的白羽扇。张九龄拿在手里端详了半天，也没看出什么门道，就在他困惑不解的时候，门庭前的落叶被一阵风刮起，风中的凉意让张九龄顿时清醒过来。

是啊，眼下都已经入秋了，还需要什么羽扇呢?

李隆基有所暗示，张九龄就必须有所表示，他坐在桌案前，奋笔疾书，立马就作出了一首《白羽扇赋》：当时而用，任物所长。彼鸿鹄之弱羽，出江湖之下方，安知烦暑，可致清凉？岂无纨素，彩画文章？复有修竹，剖析毫芒。提携密迩，摇动馨香，惟众珍之在御，何短翮之敢当？而窃思於圣后，且见持於未央。伊昔皋泽之时，亦有云霄之志，苟效用之得所，虽杀身之何忌？肃肃白羽，穆如清风，纵秋气之移夺，终感恩于箧中。

啥意思呢？白羽扇虽然不值钱，却能祛暑纳凉，也有凌云壮志，如果能为人所用，即使粉身碎骨亦在所不惜。可惜，秋天到来的时候，白羽扇就会被束之高阁。即使是这样，白羽扇也会继续感念圣恩，毫无怨言。

有时候，文人的情怀很难理解，矫情?

李隆基看完《白羽扇赋》后，心情十分不悦，因此写了一封回信《答张九龄进白羽扇赋批》：朕顷赐扇，聊以涤署，卿立赋之，且见情素。词刘理妙，朕详之久矣。然佳彼劲翮，方资利用，与夫弃捐箧笥，义不当也。

话说得很委婉：朕送你白羽扇，是为了让你凉快的，看到你写的致谢辞赋，朕深感欣慰啊，爱卿的比喻非常恰当。然而，朕将如此好的羽扇赠送给你，是让你用的，不是让你放在箱子里看的，你可能误会了朕的意思！

难道是张九龄会错了皇帝的意思?

当然不是！李隆基本意就是说张九龄已经被他抛弃了，不过天子得要体面，不能表示出对能臣干将的嫌弃，传出去多寒人心哪！

被罢相的前夕，张九龄似乎就预感到会有重大的人事调整。

直到此时，张九龄才有所感悟，他将最好的青春奉献给了大唐王朝，到头来却换了个被迫辞官的下场。张九龄想了想，自己虽然和李林甫有过节，却并没有直接的政治交锋，他可不想在下台后被秋后算账，于是连夜做了一首《归燕》诗：

海燕虽微眇，乘春亦暂来。

岂知泥滓贱，只见玉堂开。

绣户时双入，华堂日几回。

无心与物竞，鹰隼莫相猜。

张九龄心灰意冷，将自己比作微眇的海燕，称自己来朝廷效力只是暂时的事情，并没有争权夺利的想法，让李林甫不要猜忌他。

这已经是赤裸裸的投降，然而李林甫会放过他吗？

昔日，李林甫为了在朝中站稳脚跟，获得李隆基的信任，不得不选择忍辱负重，甚至在朝堂上都不敢公开发表言论。如今，辉煌无比，统领群臣的宰相被自己踩在脚底，这是何等的意气风发。

张九龄想凭借一首诗就全身而退？做梦！

事后，李林甫做了认真的总结：

张九龄的才华和能力，大家有目共睹，李隆基欣赏归欣赏，却从骨子里讨厌他的自命清高，这一点自己必须引以为戒。

张九龄倒台，虽然有点咎由自取的意思，但自己在背后推波助澜，影响了李隆基的决策，自己以后做宰相，一定要肃清皇帝身边的潜在敌人。

自古以来，君恩难测，自己眼下虽然得宠，可保不齐未来是什么结局，未来一定要控制皇帝的心思，让他跟着自己走。

打定主意后，李林甫踏上了人生最辉煌的征程。

第一步，封锁言路，蒙蔽天听！

一天早上，李林甫以宰相的名义召集所有的谏官，给他们来了一次训话：当今圣上乃是千古少有的圣君，咱们身为臣子，平日里只有仰视皇帝，聆听圣谕的份，哪还用多说废话？你们看到皇宫正殿下面作为仪仗用的马匹吗？它们虽然吃的是三品等级的粮料，但如果要嘶鸣叫唤，都得下去接受处罚！

李林甫的意思很清楚，平日里喜欢风闻言事的谏臣以后就别废话了，听他一人指挥，如果敢违背他的意思，中央朝廷的俸禄也就别吃了。

瞧瞧，这话说得实在是霸气外漏。

当时，张九龄刚刚被罢免，李林甫就跳出来搞事，似乎传达了一个信号：张九龄够威风吧，最后还是拜倒在他的脚下，就不要说你们这帮不入流的虚职了。

谏官们不怕张九龄，但是怕心机深沉的李林甫。抱着多一事不如少一事的心态，开元中期绝大多数的谏官们都选择明哲保身，顺从了李林甫的淫威。

事情总会有例外。

门下省补阙杜琎不信这个邪，在李林甫训话后便给李隆基上书言事，希望皇帝选拔人才的时候，注重人品和才德，其实是暗示李林甫不行。

就在第二天，李隆基召集臣僚议事。

李林甫："杜大人，陛下对你的提议非常赏识，我也对陛下说过了，朝廷应该给您这样的官员多一些历练机会，因此提拔你担任下邳县令。"

补阙是从七品，下邳县令是从六品，从官职来看，确实是提拔。然而，明眼人都看得出，这是明升暗降。补阙职位再低，好歹也算京官，只要在皇帝的面前混个脸熟，升迁的机会多得是，可一旦被贬为县令，那可是永无翻身之日了。

杜琎听了之后，顿时沉默不语，他看着昔日和他一道意气风发、指点江山的同僚，一个个低着头干着自己的事情，心里十分难受。杜琎深知，说再多的话也于事无补，于是收拾好行装，迅速离开了京师。

独领风骚张九龄：李隆基最欣赏的宰相

张九龄下台之后，李隆基只任命了两个宰相，李林甫和牛仙客。然而，牛仙客是李林甫保举的，这份恩情太大，牛仙客早就在私底下表了忠心。再者说，牛仙客是武将出身，适合统兵打仗，对纷繁复杂的国家大事一窍不通，因此在政事上睁一只眼闭一只眼，选择坐看李林甫精彩的表演。

李林甫一家独大的局面，让忠贞耿直的朝臣十分不安。

开元二十五年（737）四月，监察御史周子谅递交了一份奏表：弹劾牛仙客不学无术，尸位素餐，没有资格担任宰相！其中还用到了武则天时期的谶语：首尾三鳞六十年，两角犊子自狂颠，龙蛇相斗血成川。

“两角犊子”就是牛，周子谅的意思是将来必定有姓牛的人来祸乱大唐，将天下搅得天翻地覆。身为朝廷大臣，居然以江湖上的谶语来诅咒朝廷，诅咒江山社稷，这不是明摆着闹事吗？李隆基刚刚下达宰相的任命诏书，这不明摆着说皇帝有眼无珠吗？抑或是张九龄心中不服，唆使朝臣闹事？

李隆基当场暴怒：“卫士何在？将周子谅拖出去狠狠地揍一顿！”

这一次，李隆基没有顾忌刑不上大夫的原则，他当着所有朝臣的面，将周子谅打得皮开肉绽，趴在地上如同死人一般。然而没过多久，周子谅居然苏醒过来，拖着满身是血的躯体，准备继续谏言。

李隆基：“打！给朕往死里打，你们没吃饭吗？”

又是一场血雨横飞。

朝臣都很怕血，更怕李隆基一旦打顺手了，以后噩运会降临在自己的头上，于是大家集体求情，这才让李隆基收回成命。事后，周子谅被发配边疆，可还没走出京兆府便一命呜呼。事情完了吗？自然没有！

李林甫一直很烦心，张九龄虽然不再担任中书令，却挂着尚书左丞的头衔，而且经常有机会在李隆基面前露脸。据史料记载，李隆基喜欢举办宴会、打猎、歌舞等娱乐活动，时常让张九龄陪驾，张九龄风流倜傥的气度，卓绝的才华，高雅的举动让整个宴会熠熠生辉，更让李隆基感到赏心悦目。

每到玩诗词游戏的时候，张九龄往往能出口成章，时不时还冒出几句脍炙人口的诗句，李隆基是个附庸风雅的人，自然喜得不得了。

李林甫呢？虽然身居高位，却不通文墨，纵然骑马赶上十年也不是张九龄的对手，因此打心眼里憎恨张九龄的存在。

如果有一天，李隆基再起用张九龄怎么办？这样的想法让李林甫感到非常的恐惧。碰巧周子谅的事情闹得沸沸扬扬，李林甫心想周子谅不是张九龄一手提拔的吗？这事儿他脱不了干系，没关系也能创造出关系！

李林甫私下找到李隆基："陛下，朝中的御史胆大妄为，有眼无珠，没事也得找点事让您烦心，真正是罪该万死！"

李隆基："那能怎么办，难道你要把他们全部都杀了？"

李林甫："那倒不至于，在臣看来，周子谅决计不敢如此顶撞圣上，一定是有人在幕后指使。"

李隆基："什么意思？"

李林甫："经微臣调查，周子谅是张九龄在位的时候提拔上来的。张九龄平日里就经常让陛下难堪，丢官罢爵之后的这口气能咽得下去？依臣来看，此事说不定就和张九龄有直接的关系！"

开元二十五年（737）四月二十日，李隆基下诏：任命张九龄为荆州长史。

张九龄应该很庆幸，自己能够从长安城全身而退。

中国有句古话，叫失之东隅，收之桑榆，意思是你在这里失去的，终将会在另外一个地方找补回来，这句话放在他的身上再合适不过。对大唐来说，少了个可有可无的政治家，对中国来说，却多了一个才华卓绝、独领风骚的大文豪。

离开长安之后，张九龄并没有消沉下去，他几乎将所有的心思都放在了创作诗歌上面，最有名的当属千古名篇《望月怀远》：

海上生明月，天涯共此时。
情人怨遥夜，竟夕起相思。
灭烛怜光满，披衣觉露滋。
不堪盈手赠，还寝梦佳期。

居庙堂之上，张九龄可以让我们看到他的耿直和魄力。

处江湖之远，张九龄可以让我们看到他的柔情和细腻。

这是个完美的朝代，让所有读书人心神向往。在荆州长史任上，张九龄还写下了许多脍炙人口的名篇。比如《感遇·其一》，将自己比喻成盛开的兰桂，以示孤芳自赏，气节清高，遗世而独立。

兰叶春葳蕤，桂华秋皎洁。
欣欣此生意，自尔为佳节。
谁知林栖者，闻风坐相悦。
草木有本心，何求美人折。

比如《感遇·其四》，将自己比喻成海上飞来的孤鸿，因为看惯了朝中的阴谋斗争，见惯了人生的波澜起伏，不敢继续在朝廷待着（害怕有人要迫害他），如今自我放任的生活，该有多少人要羡慕！

孤鸿海上来，池潢不敢顾。
侧见双翠鸟，巢在三珠树。
矫矫珍木巅，得无金丸惧？
美服患人指，高明逼神恶？

今我游冥冥，弋者何所慕！

比如《感遇·其七》，将自己比喻成江南的丹橘，没有因为天气寒冷而凋零，像他这样的人应该被朝廷重用，却因为命运的波折而在江湖漂泊。

江南有丹橘，经冬犹绿林。
岂伊地气暖，自有岁寒心。
可以荐嘉客，奈何阻重深。
运命唯所遇，循环不可寻。
徒言树桃李，此木岂无阴。

然而，几乎在所有的诗词中，张九龄都表达了一种情绪：仕途给他带来了痛苦和折磨，但他却非常享受，如果有机会回长安，他一定不会拒绝。

这是中国古代知识分子内心深处的矛盾：在庙堂，他们的人生价值可以得到实现，事业成功的虚荣很容易得到满足，但是骨子里的洒脱不羁却会带来无尽的麻烦。在江湖，他们可以随意放飞自己，但却辜负了才华和抱负。

在中国历史上，能够平衡这个矛盾的知识分子太少了，太多人走进庙堂就迷失了自我，难以创作出流传千古的作品，最后落得个饮恨而终的结局。

张九龄曾经写过两首《登荆州城望江》，其中第一首是这样写的：

滔滔大江水，天地相终始。
经阅几世人，复叹谁家子。

张九龄表示，他自己已经参透了天地间的至理，这是多么的洒脱和旷达！

然而第二首却是这样写的：

东望何悠悠，西来昼夜流。

岁月既如此，为心那不愁。

愁啊！愁得很！岁月如同江河，浩浩荡荡地向东流去，而我却还在空耗着生命，怎么能不令人愁断肝肠！

张九龄的朋友中，有两位大名鼎鼎的才子：诗佛王维和山水诗人孟浩然。

王维，河东蒲州人，中国历史上少有的全能型天才，既会创作诗词，也会书法绘画，更绝的是，还精通音乐！据史料记载，王维在15岁那年前往京城考试，靠着无与伦比的才华，迅速成了王公贵族的座上宾。

30岁那年，王维考中进士，并在殿试中获得第一名，成为状元郎。

然而，王维的绝学太多，吏部也不知道如何安排，几经辗转后，朝廷居然让他做了太乐丞（太常寺太乐署的官职，专负责朝廷礼乐事宜）。这下可害苦了王维，他虽然精通音乐，还弹得一手好琵琶，但对朝廷的礼仪一窍不通，在一次高级别的歌舞表演中，王维手下的人居然舞起了黄色的狮子！

按照规制，黄色是皇室专用的颜色，太乐署的行为属于僭越，是对李隆基的不尊重，王维因此被贬为济州司仓参军。身为状元郎，却只能干着太乐署的活，王维的心情可想而知，他时刻惦记着回朝廷做官。

开元二十三年（735），张九龄拜相，他早就听说过王维的才情，本着惺惺相惜的情怀，张九龄向朝廷推荐王维，让他担任右拾遗。然而，王维似乎并不太满足右拾遗带给他的成就感，于是写了一首赤裸裸的拜谒诗，希望能得到进一步的提拔：

宁栖野树林，宁饮涧水流。
不用坐粱肉，崎岖见王侯。
鄙哉匹夫节，布褐将白头。
任智诚则短，守仁固其优。
侧闻大君子，安问党与雠。
所不卖公器，动为苍生谋。
贱子跪自陈，可为帐下不？

感激有公议，曲私非所求。

张九龄向来对知识分子青睐有加，再加上王维的才华为世人所知，配上这首拜谒诗，张九龄找不到任何理由拒绝他。很快，王维就被提拔为监察御史，后来奉旨前往边塞担任凉州、河西节度判官等职。

客观地说，张九龄是王维仕途上最重要的领路人，抛开这首诗不说，王维打心眼里钦佩张九龄，张九龄被罢相职之后，王维对老师的遭遇深感同情，也看透了官场的尔虞我诈。

再看看孟浩然，明明是一位才华横溢的才子，却偏偏对做官情有独钟。35 岁之前，孟浩然就干了两件事：读书，外加拜见名流以求晋升之机。

开元五年（717），孟浩然到洞庭湖一带游玩，听说昔日的宰相张说正在担任荆州长史一职，于是写给他一首拜谒诗《望洞庭湖赠张丞相》：

八月湖水平，涵虚混太清。

气蒸云梦泽，波撼岳阳城。

欲济无舟楫，端居耻圣明。

坐观垂钓者，徒有羡鱼情。

小时候读这首诗，总觉得作者的胸襟和眼界十分宽广，可如今再来品读，只觉得孟浩然有点过于执着。

然而，张说只不过是个被罢免的人，自身难保，自然没精力照顾孟浩然的前途。据史料记载，张说再度担任宰相后，曾经向李隆基引荐过孟浩然，可孟浩然却并没有抓住机会，被迫继续游荡在全国各地。

张九龄下野之后，曾经找过孟浩然，希望他能前来荆州担任幕僚。然而，此时的孟浩然已经到了知天命的年龄，一生的漂泊，一生的渴求让他明白了一个道理：人世间有些东西，注定不是你的，一味地追求只会让自己更加痛苦罢了！

在荆州都督府工作了一段时间后，孟浩然便向张九龄请辞回到襄阳，后来不幸染上背疽，在一次好友聚会中，孟浩然因为吃多了海鲜过敏，溘然长逝！

开元二十八年（740）二月，张九龄在荆州走完了自己辉煌的一生，享年68岁。李隆基得知消息后追赠他为荆州大都督，谥号文献。

在开元朝的宰相中，姚崇和宋璟最有名气，但李隆基最欣赏的却是张九龄。张九龄去世之后，李隆基任用过许多重臣，每次宰相向他推荐人才，李隆基就会问："这个人的才华和风度，能比得上张九龄吗？"

如果张九龄泉下有知，足以含笑千年了！

延和元年（712），李隆基登基称帝，开元二十八年（740），张九龄去世。

二十八年的时间，姚崇、宋璟、张说、张九龄、宇文融、张嘉贞等人绽放着最耀眼的光芒，源乾曜、苏颋、裴光庭、裴耀卿等人身为宰相，却甘愿做一朵绿叶，默默地为盛世奉献。正因为李隆基和宰相们相互信任，精诚团结，这才开创了一代盛世，为世代称颂。

遗憾的是，矛盾和冲突，恰好是事情发生变化和转折的起点。

张九龄和李林甫的冲突，看起来是为了争夺朝廷话语权而起，折射的却是开元中期李隆基执政理念的变化。也许，帝国的繁荣昌盛让李隆基产生了错觉：就算没有张九龄这些人，江山社稷也会无忧！

然而，令李隆基没想到的是，张九龄的离去却成为大唐强盛和衰落的分水岭。多年以后，李隆基因为安史之乱逃亡成都（今四川省成都市），在颠沛流离的生活中，李隆基万分感慨。在开元朝的十多位宰相中，李隆基唯一感怀的便是张九龄，一个满腹才华，风度翩翩的高雅之人，一个心系天下，敢于直言的耿直之人。

李隆基悔恨万分，于是派人前往韶州曲江，祭奠张九龄的英灵。

李亨火线上任：捡漏捡到太子位

张九龄和李林甫的争斗已经落下帷幕，然而深宫中的厮杀却并未结束。张九龄刚刚出任荆州长史，武惠妃一党便开始行动了。

前面已经说过，驸马都尉杨洄是武惠妃政治斗争的先锋打手。丈母娘早就给他暗示过，监视太子李瑛、鄂王李瑶和光王李琚的举动。上一次，杨洄说他们聚在一起吐槽武惠妃，还抱怨李隆基处事不公，原本是一次很好的机会，可张九龄强行干预，逼迫李隆基压下了此事。后来，武惠妃找张九龄帮忙，反而被他给举报了，李隆基就此打消了废黜太子李瑛的念头。

太子平日里深居简出，安分守己，很难被抓到把柄。此事过后，杨洄关起门来苦思冥想，最后想到了一条看起来并不高明的计策。他派人前往太子府，声称皇宫出现了盗贼，希望李瑛带着几个兄弟前去保护皇帝。

事实上，这个计策太拙劣了，只要稍加分辨，就能知道其中有猫腻。遗憾的是，太子李瑛常年遭受李隆基的冷落，地位岌岌可危，他太希望有个机会讨好父皇，因此不察之下，落入了敌人的圈套。

开元二十五年（737）四月二十日，李瑛召集太子妃薛氏之兄薛锈，以及鄂王李瑶、光王李琚，一群人穿着铁甲衣，浩浩荡荡来到了皇宫。

据史料记载，武惠妃等人早就在皇宫里面埋伏好了人马，李瑛入宫的时候，武惠妃的人便给李隆基传信去了。汇报口径自然是添油加醋，声称太子李瑛、鄂王李瑶、光王李琚密谋造反，现已经带着人马闯入禁宫。

听闻此事，李隆基大感惊愕，立马派人前去调查情况，然而结果却令他非常失望：太子李瑛等人全副武装，在皇宫大内大声叫嚷，声势震天。李隆基果断地做出决定："立即派人将太子逮捕，请李林甫前来面圣。"

没过多久，李林甫就气喘吁吁地站在李隆基的面前。

李隆基："爱卿，朕的三个儿子不孝！居然带着兵士闯入禁宫，图谋不轨！朕以为，太子李瑛不贤不肖，无法承继大统，应该立即废黜！"

李林甫比猴子还要精明，李隆基既然做出表态，太子李瑛注定会成为阴谋的牺牲品，不需要自己再坑一把。于是，李林甫玩起了厚道人的把戏："陛下，这是您的家务事，臣没资格干预，您决定了就成！"

事实上，李隆基为什么在开元三年（715）的时候立李瑛为皇太子，这本身就是一个历史之谜。按照皇室的制度，太子之位的继承顺序，应该是嫡长子、嫡子、长子、庶子。李瑛是什么身份？赵丽妃的儿子，李隆基的二皇子。

在李瑛的前面，还有皇长子李琮，继位的优先级要比李瑛高。再者说，王皇后虽然没有儿子，但是领养了三皇子李亨，他也有做太子的资格。

难道，李隆基十分宠爱李瑛吗？

实际上，李隆基从来没有表现出对李瑛的重视，也没有花费精力培养他做接班人，我们能看到的，全都是父子间的冷漠和隔阂。

当年，唐睿宗李旦资质平平，毫无统治者的气魄，而李隆基身为太子，却因为精明能干，做事有魄力，在朝中深得人心，以至于最后率领文武百官发动宫廷政变，逼迫唐睿宗交出皇位。

也许，这样的经历给李隆基蒙上了一层阴影。也许，李隆基认为自己年富力强，不需要有智谋超绝的太子。这样的历史之谜，我们永远也无法解开。总之，李隆基很嫌弃太子李瑛，甚至都没有立案审讯便判定了李瑛的生死！

开元二十五年（737）四月二十一日，李隆基下诏：贬太子李瑛、鄂王李瑶、光王李琚为庶人，将薛锈流放到瀼州（今广西壮族自治区防城港上思县）！一时间，群臣哗然，他们实在想不通，太子李瑛怎么会突然造反。百姓也很质疑，李瑛的名声一直不错，怎么会干出违背人伦的事情。

古往今来，凡是因为政治斗争倒台的太子，都没有好下场。

汉武帝的太子刘据，在刘彻的逼迫下自尽而亡。

隋文帝的太子杨勇，被弟弟杨广逼迫致死。

李世民发动玄武门之变，诛杀了哥哥李建成和弟弟李元吉。

唐高宗的太子李忠，因为武则天的缘故被废黜，最后被赐死。

武则天的儿子李贤和李弘，一个被迫自尽，一个暴毙而亡。

唐中宗李显的太子李重俊，在政治斗争中落败，起兵谋反被杀。

李瑛呢？他会有什么样的下场？

据史料记载，文武百官都很同情太子李瑛的遭遇，纷纷为他喊冤叫屈，这让武惠妃等人心惊胆战。于是，武惠妃向李隆基进言，声称李瑛在朝中还有不少亲信，这些人唯恐天下不乱，迟早会策划拥立李瑛再次上位。

此时，李隆基的怒火还未平息，再加上他原本就不喜欢李瑛，内心对皇子夺权有着深深的忌惮。本着铲草除根的念头，李隆基秘密追加了一道诏书：赐死太子李瑛、鄂王李瑶、光王李琚！

李瑛三人刚刚离开京城，就被朝廷的使者勒死在驿站。

太子李瑛被杀，武惠妃拍手称快，放眼后宫，还有哪个后妃的恩宠可以和武惠妃比肩？寿王李瑁，面对唾手可得的太子之位，你准备好了吗？

李瑛被杀之后，李林甫屡次向李隆基进言，希望早点定下太子的人选，让大唐江山后继有人，也让天下的百姓安心。虽然没有点名让寿王李瑁荣登太子之位，可话里话外的意思，无非是其他的皇子都没有寿王李瑁有优势。

面对李林甫的暗示，李隆基不置可否。

李隆基的前半生是在政治斗争中度过的，他深知一个道理：权力会让人迷失人性，权力会让人六亲不认。要想皇位坐得长久，必须把权力掌握在自己的手中，不让旁人有可乘之机。

张九龄早就提醒过他，武惠妃为了将寿王李瑁推上太子之位，不仅在后宫活跃异常，还将手伸到了前朝，意图和宰相联手，把持朝廷的大权。一个太子，一个宠妃，再加一个首席宰相，李隆基感到不寒而栗。

最关键的是，父子之情是人世间的天性，这种血浓于水的感觉，可以变淡，但绝不会消失。如果李隆基是皇帝，李瑛是太子，父子之间会有隔阂和猜忌，但是李瑛身死神灭，不再对李隆基有任何威胁，李隆基岂能不后悔？

当年，汉武帝刘彻因为听信江充的谗言，下令诛杀太子刘据，可事后回想起刘据的孝顺和贤德，痛悔万分，下诏修建思子宫，又建造归来望思台，日夜祭奠刘据的英灵，这可是前车之鉴啊。

李隆基的幡然悔悟，便是武惠妃苦难日子的开始。

但是，武惠妃依旧活在自己的美梦之中，她觉得寿王李瑁是太子的不二人选，可是不管她如何争取，李隆基死活就是不肯松口，而且话里话外的意思，都是在暗示她永远也不要有非分之想。

武惠妃明显地感觉到，李隆基对她的宠爱不似当年，而且越来越冷淡。一个失去丈夫宠爱的女人，一个断送儿子前途的母亲，还有什么人生可言。

每到深夜的时候，太子李瑛、鄂王李瑶、光王李琚都会出现在武惠妃的梦境里，甚至在白天也能看到他们的冤魂前来索命（不排除是有人故意安排），按照现在的说法，武惠妃患上了神经错乱，精神失常的疾病。

为了治好武惠妃的疾病，李隆基请了巫医术士入宫祈福，甚至还诛杀了当初行刑的刽子手，以此祭奠李瑛等人的英灵，可最终还是没法挽回武惠妃的生命。

开元二十五年（737）十二月，武惠妃在后宫病逝，享年 38 岁。

李瑛等三位皇子被杀，武惠妃相继离世，这一连串的打击让李隆基的心情十分不顺。然而，太子是国家的根本，这事终归拖不得，李林甫不遗余力地游说李隆基，希望能立寿王李瑁为太子，李隆基始终不为所动。

据史料记载，李隆基的一生至少有三十个皇子，其中有七个夭折，二十多个皇子长大成人。李瑛去世之后，有不少人都可以做太子，比如皇长子李琮，母亲是刘华妃。皇三子李玙（登基之后改名为李亨，史称唐肃宗），母亲是杨贵嫔，因为生母地位低下，被王皇后领养，算是李隆基半个嫡子。

按照长幼顺序，李琮的优先级比较高。

然而，李隆基却没有将他列入考察名单，原因很简单：李琮在一次狩猎中，不小心被猴子抓伤了脸，面相不太好看，因此丧失了角逐太子的机会。

每逢夜深人静，李隆基就会黯然伤神。他这一辈子，儿子确实很多，但都疏于管教，平日里相处的机会也少，因此摸不透儿子们的性格。在他的印象中，忠王李亨似乎仁孝恭谨，还挺好学，是个好苗子。

据史料记载，李隆基始终拿不定主意，整日愁眉苦脸。

高力士身为李隆基的心腹，看到主子如此模样，心中甚为不安，有一天，高力士实在忍不住了，于是问了一句："陛下，您因何发愁啊？"

李隆基斜了他一眼，苦笑道："你跟朕多少年了，朕所思所想，你难道不知？"

高力士小心翼翼地问道："是不是关于立太子一事？"

李隆基："嗯！"

高力士："陛下，这事您不用费神，按照老规矩，只要推立年长者为太子，谁还敢出来争？"

李隆基："你说的好！朕其实也是这样想的！"

开元二十六年（738）六月初三，李隆基下诏：封忠王李玙为皇太子！

有时候，命运的安排确实很奇妙，你越是想得到什么，老天爷越不给你，那些自以为没资格参与竞争的人，到最后却收获最多。

远的不说，唐高宗李治的几个哥哥，太子李承乾、魏王李泰和吴王李恪，论出身，论才华都比李治要强，可到最后却让他捡了个便宜。

说起来，李亨的经历更加传奇。

景云元年（710），李隆基刚刚被册封为太子，李亨的母亲就怀孕了。然而，当时太平公主对李隆基步步紧逼，让整个太子府的气氛都非常压抑。前途失意，后宫却频添喜讯，李隆基为了不让父皇误会他沉迷女色，暗中让属下弄来堕胎药，打算将还在娘胎的李亨扼杀，后来大概觉得没太大的必要，这才让李亨顺利出生。

不过，李亨的生母地位卑微，不适合养育李亨，而太子妃王氏膝下又没有儿子，李隆基因此将李亨过继给了王氏。据史料记载，王皇后和李亨虽然不是亲生母子的关系，但他们二人母慈子孝，感情非常牢固。

李隆基的一纸诏书，其实是将王皇后的势力重新扶植起来。想想看，李林甫不遗余力地站队武惠妃，扶持寿王李瑁，自然和太子李忠是对立的关系。不管是有意还是无意，李隆基这样的安排都给开元盛世埋下了一个隐患。李林甫为了把持朝政，必须将李亨赶下台去，李亨为了生存，必须找李林甫的晦气。

权力巅峰的对决，精彩而又残酷。李隆基虽然能决定两派势力的归属，却改变不了大唐江山的气运！因为，那些能改变历史的人，永远是最不起眼的人。

金城公主下嫁吐蕃

如果要问唐朝的历代皇帝，周边哪几个少数民族政权最让他们头疼，我想答案肯定非常一致：高句丽、突厥、吐蕃。

曾几何时，高句丽和突厥是多么的不可一世，他们仗着地缘优势，让中原政权疲于奔命，屡次折戟沉沙，以至于天威扫地，国内变乱。然而，高句丽和突厥最终还是倒在了大唐的铁骑之下，为中原王朝“犯强汉者，虽远必诛”的铁血规律做了最好的诠释。

恐怕谁也想不到，大唐王朝的厄运并没有结束，西南边陲的吐蕃经历了数十年的发展，成了中晚唐时期的霸主，大唐帝王们的噩梦。如果世间还有什么词能形容吐蕃政权，那一定是阴魂不散、出尔反尔。

在唐朝三百年的历史中，一共有两位公主下嫁吐蕃，分别是太宗朝的文成公主，中宗朝的金城公主。

金城公主（698—739），本名李奴奴，父亲是邠王李守礼，也就是唐高宗李治的嫡孙，章怀太子李贤的次子。

当年，李贤因为忤逆武则天，被贬为庶民，8 岁的李守礼跟随父亲一同被发配到巴州。四年后，李贤被迫在巴州自尽，武则天这才恢复李贤的雍王爵位，命他的家人返回长安居住。然而，李贤一家并没有因此获得自由，回到长安之后，李守礼和叔叔李显的家人一同被监禁起来。

据史料记载，在巴州生活的日子，李守礼经常遭受毒打，以至于全身遍体鳞伤，每逢天气变化的时候，居然能靠伤口准确地预判天气。贵为天潢贵胄，却没有享受到该有的贵族教育，再加上年轻的时候颠沛流离，尝尽了万般苦头，让李守礼的生存理念发生了很大的变化。

回长安之后，李守礼不问世事，专心做一个好逸恶劳的贵族。他娶了数十个老婆，即便如此，依然在外面眠花宿柳，以至于膝下竟有六十个子女。

唐中宗李显有感于哥哥李贤的悲惨命运，他决定将李奴奴收养到皇宫中。在宫内生活数年，李奴奴越来越有皇室的端庄气质，她十分感念叔叔李显的悉心照料，对他的依恋甚至超过了亲生父亲。

不可否认，李显的爱是真的，可皇室公主的命运向来不受自己的控制，接受帝王宠爱的同时，就要承担起自己的责任，比如和亲，拉拢政治家族。

当时，吐蕃政权屡次派遣使者前往中原，又是进献战马，又是进献黄金，就想请大唐皇室赐一位公主和亲。很明显，吐蕃是在施加压力，如果李唐皇室答应和亲，就有讨好吐蕃，委曲求全的意思。

事实上，李显登基之前，武则天也拿吐蕃没有办法，但是面对吐蕃的求亲，武则天的态度强硬无比：就是不行，大唐决不答应和你们和亲。然而，李显妥协了，他选中了年仅 9 岁的金城公主，由她入藏和亲。

景云元年（710）正月，李显在朝中挑选送亲的使臣，第一次定的是纪处讷，此人却严词拒绝，不去吐蕃送亲。第二次定的是赵彦昭，此人依旧态度强硬，不愿意送金城公主入藏。李显没办法，最后挑选了一位武将：左骁卫大将军杨矩。

景云元年（710）正月二十七日，李显摆出皇帝御驾，亲自将金城公主送到长安西边的始平县，李显在这里支起了帐篷，举办了盛大的晚会，流着泪对吐蕃的使者说，金城公主是他的掌上明珠，送她到吐蕃是他做出的最艰难的决定，希望吐蕃方面一定要善待金城公主。当时，不少宫廷的御用诗人都记载了这一盛况。

据史料记载，金城公主沿着当年文成公主走过的路，慢慢向吐蕃进发，途中经过一个叫“九曲”的地方。此地位于黄河上游的北边，在青海湖和西宁市的东南方向。金城公主到达九曲的时候正是春季，放眼望去，天高云淡，草色青青，黄河美景尽收眼底，以至于金城公主心旷神怡，流连忘返。

金城公主的心思，被吐蕃使臣和杨矩看在了眼里。

使团到达拉萨后，吐蕃按照李显的要求，专门给金城公主修建了新的宫殿，还举办了盛大的婚礼，吐蕃上下举国欢腾，一切都看似美好。

没过多久，大唐高层发生了内乱，唐中宗李显被韦后毒杀，李隆基发动军事政变诛杀韦后和上官婉儿，协助李旦登上皇位。左骁卫大将军杨矩回朝之后，被李旦封为鄯州都督，奉命镇守边关。

景云元年（710）十二月，几个中原人打扮的吐蕃人偷偷潜进了鄯州都督府邸，随行的还有十余个大箱子，里面塞满了金银珠宝。

吐蕃使者："杨将军，吐蕃赞普和金城公主求您帮忙做件事。"

杨矩："大唐和吐蕃是亲家，谈什么求不求的，直接说吧。"

吐蕃使者："您也知道，金城公主入藏前，曾经在九曲停留了很长时间，公主对这里的美景非常留恋。临行之前，公主特别交代，希望大唐能将这个地方赐给公主，作为她的'汤沐之所'，这样也能让她时常感怀大唐皇室的恩德！"

杨矩："这……"

吐蕃使者："将军，吐蕃赞普十分仰慕将军的风采，临行之前特意准备了吐蕃的特产，说是给将军享用！"

杨矩这才露出了笑容："这事好说，我一定代为转达！"

吐蕃人打得一手好算盘。

想想看，九曲水草资源丰富，可以为军队提供充足的粮草，也可以作为进攻大唐的军事跳板。当时，金城公主年纪还小，因为喜欢故土而默许了这件事，左骁卫大将军杨矩却是为了好处费，这才为吐蕃政权转达了这份请求。

偌大一个朝堂，所有人都在忙着争权夺利，没有任何一位朝臣看出黄河九曲对大唐王朝的战略意义，君臣就这样稀里糊涂地将战略要地让给了吐蕃。

唐朝下嫁金城公主，本意是为了拉拢吐蕃王朝，寻求边境的和平。然而，黄河九曲的拱手相让，给吐蕃军队搭了一个完美的跳板。

其后的数十年，吐蕃王朝给中原百姓带来了深重的灾难。灾难发生之后，不少朝臣都质疑杨矩当年为吐蕃说好话的举动，杨矩自知犯下了弥天大错，最后选择畏罪自杀，以谢天下百姓！当然，这些都是后话。

得了九曲之地后，吐蕃举国欢腾，借着这个机会疯狂发展，随时准备入侵中原。开元二年（714）五月，吐蕃宰相坌达延给大唐写了一封信，希望李隆基派解琬前往渭源地区（今甘肃省定西市境内，渭水发源地），和吐蕃一道勘定两国边界，然后订立盟约（吐蕃每逢更换宰相就喜欢和大唐重新签订和平盟约，这是惯例）。

解琬是大唐名将，一生都在边境服役，担任过朔方军大总管，对突厥、吐蕃了如指掌。解琬发话了，让他前往渭源可以，但是朝廷一定要在秦州、渭州（今甘肃陇西、定西、漳县等地）等地屯兵十万，以防不测。

很遗憾，解琬的话并没有引起李隆基的足够重视。吐蕃怎么可能无耻到如此地步，趁两国勘定边界的机会发动突然袭击呢。然而，事情果然不出解琬的预料，吐蕃的确很无耻！

开元二年（714）八月二十日，坌达延、乞力徐率领十万精兵突然进犯，他们将大军驻屯在兰州附近，随后派人前往渭源地区掠夺牧马。

这事儿干得太不厚道，以至于让李隆基颜面尽失。

李隆基当即下诏：封薛讷为陇右防御使，兼任左羽林将军，任命右骁卫将军郭知运为陇右防御副使，率领禁卫军前去迎敌。随后，李隆基在陇右、河东、河西搞起了战争总动员，发动百姓积极投军。

然而，等李隆基做出这番布置，吐蕃早已经抢得盆满钵满，从容退军而去。并非吐蕃害怕唐军，实在是将士们抢了太多的财物，没法腾出手和唐军交战。吐蕃军队花了一个多月的时间，将抢夺而来的战马和金银珠宝运送到大后方，然后来了个军民同欢，随后便再度启程，前往河源地区。

吐蕃的挑衅和反复无常让李隆基十分愤怒。

开元二年（714）十月初二，愤怒无比的李隆基放出狠话，让朝廷有关部门组织十万精兵，四万匹战马，他准备御驾亲征。

天子之怒，伏尸百万，这句话可以理解为让敌人伏尸，也可以理解为让唐军将领人头落地。说白了，李隆基的愤怒是做给自己人看的，如果李隆基真的御驾亲征，陇右防御使薛讷等人也就没有了存在的价值。

据史料记载，薛讷等人闻讯后，立即部署了新的作战方略。

开元二年（714）十月初十，吐蕃大军驻屯在大来谷（今甘肃省定西市临洮县武街南面二十余里处），共有十万将士。薛讷和陇右群牧使王晙挑选了七百名精锐士兵，让他们身穿吐蕃的军服待命，随后在军营准备了无数的战鼓和号角。

夜半三更，周遭一片黑寂，七百名敢死队员偷偷摸摸来到了吐蕃军营，随后在营中放起了大火，大声叫嚷着唐军来袭。此时，唐军阵营的战鼓和号角应景地响起，一时间声势震天，吐蕃大军当即乱成了一团。

接下来的一幕，令吐蕃军士彻底震惊了：昔日称兄道弟的吐蕃将士突然间开始了自相残杀。事实上，这是唐军敢死队正在乘机捣乱。当人的生命受到威胁的时候，根本来不及思索对方是什么身份，吐蕃将士当即抽出腰刀，砍向了昔日的同胞手足！据史料记载，吐蕃大军经过一夜自相残杀，伤亡一万多人！

随后，唐军迅速组织反击，在渭源地区连败吐蕃，杀敌数万。

当年，吐蕃将河曲之地骗到手之后，便给唐睿宗李旦说好话，希望在黄河上面搭建一座浮桥，甚至还在黄河之南设置了独山、九曲两支正规军。吐蕃把正规军的营帐名正言顺地搬到大唐腹地，这是什么概念？

由此可见，唐中宗和唐睿宗两任政权有多么的昏庸无能。

这一次，吐蕃的无耻入侵让开元朝的君臣幡然醒悟，在姚崇的建议下，李隆基命人撤掉了黄河之上的浮桥，将吐蕃驱逐出境。随后，李隆基命左骁卫郎将尉迟瓌前往吐蕃，一方面代表娘家慰问金城公主，另一方面自然是谴责她，希望她能够对吐蕃赞普施加压力，别再继续入侵大唐。

十月底，吐蕃使者宗俄因矛到达长安城，希望和大唐握手言和，而且还提了一个条件：两国以对等的身份签署和平协议。

开什么玩笑，大唐送了一个皇室公主，还被忽悠割让了九曲之地，最后又被吐蕃抢了一顿，到头来就换一张这样的和谈书？

不答应！说什么也不答应！

两国交战时，谁打赢了谁就有强硬的话语权，吐蕃落败，自然不敢和大唐继续横下去，于是乖乖地退回本土，休养生息去了。随后的两年，吐蕃多次入侵中原，可始终没讨到什么好处。

开元六年（718）十一月，吐蕃使者又来了，发言还是老一套，希望两国继续维持和平关系，并请求两国君主和宰相在盟约上签字。李隆基碍于大国颜面，只派遣了宰相前去签署盟约，自己并未出马。

开元七年（719）六月，吐蕃使者又来了，两国和好是肯定的，但他们希望李隆基能亲笔签署两国和解的誓文。这就有点厚颜无耻了，还懂不懂规矩了？

李隆基下诏：两国在去年就已经签署了盟约，假如你们真想相安无事，何必签那么多盟约，假如你们无心求和，签再多也没啥用，还是消停些吧！

李隆基说这话是有底气的，当时经过姚崇、宋璟等人的治理，大唐的户籍数量急速上升，各地官仓爆满，可谓国富民强。

面对强大的唐朝，吐蕃只能服软，在随后的几年，吐蕃军队再也没有大规模入侵中原腹地，反而时常骚扰周边的小国，尤其是亲唐派的少数民族政权。开元十年（722）九月十五日，吐蕃派遣大军入侵小勃律国，并夺取了九座城池。

小勃律国，位于克什米尔西北部，首都叫孽多城（今吉尔吉特），国王名叫没谨忙。在吐蕃铁骑的面前，没谨忙完全没有还手之力，只能苦哈哈地找时任北庭节度使张嵩帮忙。

当时，大唐和吐蕃已经很长时间没有爆发过军事冲突，如果唐军出兵，就意味着重新开启两国的战火。然而，张嵩心里明白，吐蕃是狼子野心，眼下的蛰伏是为了未来的雄起，如果放任他们欺负小勃律国，后果不堪设想。再者说，大唐已经不是昔日的大唐，就算教训你一顿，又能如何？

张嵩来不及向长安方面请示，他当机立断，派遣疏勒副使张思礼率领汉、胡步骑兵四千人，星夜兼程赶往救援，在两国的夹击下，吐蕃军队再次留下数万具尸体，随后仓皇离去。此后数年，吐蕃再也不敢踏入中原一步。

大唐和吐蕃交锋

开元十四年（726）冬，吐蕃国内的好战势力蠢蠢欲动，大将悉诺逻恭禄率军进攻甘州（今甘肃省张掖市）。还是老一套，趁唐军不备，烧杀抢掠一番后迅速离去。

消息传到长安，李隆基异常震怒！

李隆基的御驾刚从泰山封禅回来，吐蕃便在边境搞出这样的小动作，这是挑衅皇权，故意让李隆基难堪吗？

李隆基："让凉州都督王君奂速回长安，朕有要事相商！"

群臣有点恐慌了，看李隆基的架势，这是要对吐蕃宣战啊？

想当年，姚崇给李隆基进献治国十策，其中有一条就是不要轻易发动战争，要给国家发展创造和平的环境。李隆基登基十多年，宰相班子换了无数，但他们都秉持一个原则：不管国内如何折腾，不能将大唐卷入到无尽的战火中！

战争就像是潜伏的魔鬼，能彻底撕裂盛世的和平，将帝国带入到灾难之中。古往今来，战争摧毁的政权，几只手能够数得过来？

张说见势不妙，于是奏请道："陛下，吐蕃出尔反尔，屡次入侵，大唐本应该狠狠地教训。然而，这些年来，甘、凉、河、鄯等地无端卷入战火，朝廷虽然打了胜仗，但是这些地方的百姓却流离失所，食不果腹，长此以往不是办法呀！希望陛下能接受吐蕃的请和，派遣宗室子女和亲，两国永结盟好！"

李隆基："你说得很对，等朕和王君奂商议之后再做定夺！"

退朝之后，张说找到源乾曜："王君奂有勇无谋，打仗全靠侥幸取胜，如果两国和亲，他就会失去建功立业的机会，陛下恐怕不会采纳我的建议啊！"

张说并没有说错，李隆基压根没想过和亲的策略，他只给王君㚟交代了一个任务：狠狠地教训吐蕃军队，为大唐出一口恶气！

开元十五年（727）正月，西北地区大雪横飞，气候寒冷至极，王君㚟预测吐蕃会暂时撤退，于是派遣小股部队绕道背后，将附近的枯草全部烧光。天寒地冻，吐蕃军队没有足够的草料，战马因为饥饿相继死掉，悉诺逻恭禄只好下令撤军。

当时，悉诺逻恭禄带着前锋和主力仓皇逃走，后勤部队带着辎重和牛羊马匹完全跟不上节奏。王君㚟联合秦州都督张景顺一同追击，在青海湖附近赶上了吐蕃的后军，一边是大唐的主力精锐，一边是毫无战斗力的后勤部队，结局可想而知。经过一场厮杀之后，王君㚟等人获得数以万计的辎重和牛羊马匹。

消息传到长安，李隆基毫不犹豫地下了一道恩旨：封王君㚟为左羽林卫大将军，兼任河西节度使。加封王君㚟的老爹王寿为少府监（皇宫大内采购主管），准许他退休之后，依旧享受少府监的待遇，直到去世！

李隆基如此恩遇有战功的将军，这在开元朝可是头一遭，这也让文武大臣产生了一种错觉：李隆基接下来恐怕要开疆拓土了。问题是，王君㚟真的是大唐的超级战神吗？他能帮李隆基实现开疆拓土的野心和抱负吗？后来发生的一切，证明了一个事实：张说对王君㚟的判断，完全是对的。

开元十五年（727）九月，悉诺逻恭禄卷土重来，不过这一次带了个帮手，名为烛龙莽布支，他们对瓜州发动奇袭，生擒了刺史田元献，以及王君㚟的父亲。

这一次，吐蕃大军似乎没有撤退的意思，他们以瓜州为中心，对周边的村落实行了惨无人道的劫掠，最后派人前往凉州给王君㚟送信：你不是很能打吗？你不是自称忠勇，想要报效国家吗？赶紧出来交战啊！

当时，王君㚟镇守凉州，面对吐蕃大军的挑衅，最终选择闭门不出，坐看吐蕃人将他的父亲俘虏而去。悉诺逻恭禄于是分兵去攻打瓜州西边的常乐县。按照悉诺逻恭禄的设想，常乐县城很快就会失守，可最后没想到，吐蕃大军竟然会在这里遭遇到滑铁卢……

常乐县令贾师顺，有勇有谋，他带着城中军民坚决抵抗，接连挡住了吐蕃大军的数次进攻，最后竟然引得悉诺逻恭禄率领主力大军前来。事实上，吐蕃并不想在常乐县折损太多的将士，于是想着骗贾师顺打开城门。

当时，有个吐蕃小兵的老婆是汉人，她的弟弟刚好在常乐县城。悉诺逻恭禄于是让这位小兵私下求见贾师顺，希望他顾念百姓的性命，不要再负隅顽抗。

贾师顺："按照大唐的律法，投降贼寇的人要被诛灭九族，俺们身为朝廷命官，只能死命抵抗，怎么能率众投降呢，你就别想了。"

不投降，那就继续打吧！

说来也奇怪，吐蕃大军在常乐城下攻打八天之久，却撼动不了半分。第九天的时候，使者又来到了城下，大声叫喊着："县令大人，你既然不肯投降，那就算了，咱们吐蕃可以选择退兵，不过你得意思一下吧？"

听明白了，这是公然要钱啊！无耻！

贾师顺转头对军士们说："既然吐蕃人答应退兵，你们赶紧把衣服脱下来，权当送给他们的礼物吧！"

悉诺逻恭禄很嫌弃，他没想到常乐城已经穷到这种地步，最后只好悻悻地离去。发生在常乐县城的事情很快就传遍了西域，就连李隆基也有所耳闻，贾师顺经此一役，顺利地进入到李隆基的考察名单中，在后来的日子里，他一路升迁，最后竟然坐到陇右节度使之职。

相比之下，王君㚟的运气就不那么好了。

据史料记载，当年东突厥强盛的时候，侵占了铁勒部族的领土，逼迫回纥、契苾、思结、浑四个部族迁徙到甘州和凉州附近，王君㚟那时候官职卑微，经常游走在四个部族之间，希望成为酋长们的座上宾。然而，铁勒部族的首领们并没有心情去巴结一个小官，因此冷眼相待，让他受尽了各种委屈和白眼。

十年河东，十年河西，王君㚟竟然升上了河西节度使的高位，成了铁勒部族的顶头上司。自此以后，酋长们的日子就不太好过了，因为王君㚟时常会找他们过去谈话，训斥、侮辱、抢劫成了酋长们的家常便饭。

四位酋长都明白，王君㚟这小子根本没打算饶恕他们。于是，他们联名给李隆基写了一封信，详细叙述了当年发生的事情，希望长安方面能为他们做主。

与此同时，王君㚟也给李隆基写了一封信，状告铁勒部族的首领暗中和吐蕃勾结，意图背叛大唐。李隆基一时间难以分辨，只好派宦官前去调查。很遗憾，宦官只认钱，而王君㚟很有钱，还舍得花钱，结局可想而知。

没过多久，李隆基便下了一道旨意：

回纥酋长药罗葛承宗流放瀼州。

浑部酋长浑大德流放吉州。

契苾部酋长契苾承明流放藤州（今广西壮族自治区梧州市藤县）。

思结部酋长思结归国流放琼州（今海南省海口市）。

悲剧的是，回纥酋长药罗葛承宗在流放途中不幸身亡。在回纥百姓的眼里，首领遭到流放，本来就是王君㚟的错，如今酋长无辜惨死，他们无论如何也难以接受。自此以后，王君㚟就上了回纥部族的黑名单，而且是头号敌人。

开元十五年（727）闰九月，吐蕃派遣使者前往东突厥送信，王君㚟提前探知消息，于是率领麾下的精锐骑兵在半道拦截。谁料想，螳螂捕蝉，黄雀在后。

在回程的途中，王君㚟遇到了前来报仇的回纥军队，首领便是药罗葛承宗的侄子，瀚海司马药罗葛护输！

据史料记载，护输的伏兵向唐军发起突袭，抢走了王君㚟的节度使旌节，并斩杀了河西节度判官宋贞。王君㚟率领手下的上百位士兵奋力抵抗，从早晨一直战斗到下午，最终力竭被杀，为自己的任性付出了惨痛的代价。

不管是蓄意反叛，还是故意仇杀，屠杀朝廷的河西节度使就意味着背叛，李隆基说什么也不能原谅，护输自知犯了大错，于是率领族人投奔了吐蕃。

王君㚟的被杀，让河西、陇右地区十分不安。

接下来，朝廷的任命诏书非常频繁：

朔方节度使萧嵩，调任河西节度使。

左金吾卫大将军、信安王李祎，调任朔方节度使。

刑部员外郎裴宽，调任河西节度判官。

建康军使张守珪，调任瓜州刺史。

当时，李隆基担心吐蕃会乘机发动大规模的入侵，因此在陇右道征调了五万六千名百姓，从河西道征调了四万名百姓，又从关中和朔方各征调了一万名正规军前往临洮。一时间，西北诸道气氛紧张，如临大敌。

事实证明，不是吐蕃太强大，而是王君毚太软弱。

张守珪刚刚上任，便以一招空城计吓退了吐蕃大军。随后，萧嵩在吐蕃国内散布消息，声称吐蕃主帅悉诺逻恭禄和大唐暗中勾结，拿了朝廷的好处，想要在边境打持久战，趁机霸占吐蕃的兵权，是阴谋夺权的节奏。

这一次，轮到吐蕃赞普发怒了，他派人传令，让悉诺逻恭禄暂时回国休息，随后找了个借口将他处死。

开元十七年（729）三月，李隆基放出话来：让朔方节度使、信安王李祎和河西、陇右地区的诸位将领，不惜一切代价拿下石堡城！

石堡城也叫铁刃城，位于青海西宁市西南湟源县，是唐朝和吐蕃都想争夺的军事重镇。当初，吐蕃大军拿下石堡城后，派遣重兵把守，以此地为前哨阵地，屡次侵略河西和陇右地区，可以说石堡城是大唐将领心中的噩梦。

接到李隆基的命令后，边境将领的态度十分消极。

在他们看来，石堡城距离中原腹地太远，而且地势险要，易守难攻，如果拿不下来，进攻的军队将会全军覆没。最好的办法就是据守城池，等待时机。

信安王李祎偏偏不信邪，他认为石堡城的守军数量有限，而且防备不会太严密，唐军正好可以发动长途奔袭，打吐蕃一个措手不及。

李祎是李唐宗室，思考的是如何让大唐江山永固，前面纵然有千难万难，也得硬着头皮顶上去。而边境的将领只等着升迁，或者调往其他地方任职，打不打石堡城无所谓，不求无功，但求无过。

事实证明，李祎的决策英明无比！唐军经过长途奔袭，成功拿下了石堡城，随后派遣军队驻守在附近。

石堡城的战略意义实在是太大了，自此以后，河西和陇右地区的军事防御区完全连成一片，不管吐蕃从哪个方位进攻，唐军都可以组织有效的反击。消息传到长安，李隆基万分振奋，当即下旨：将石堡城改名叫振武军。

此役过后，大唐彻底扭转了西北边境的颓势。

恩怨何时了：李隆基全面反击

开元十八年（730）九月，吐蕃使者来到长安，表达了想要迎娶唐朝公主的意愿，只不过这一次，使者的态度谦卑低调，再也不提和大唐平等交往那点事。

和亲与否，完全取决于李隆基的态度。

李隆基想建立武功吗？

当然想！而且心痒难耐。但是，李隆基的理智始终在克制自己，一旦爆发全面战争，唐朝或许会战胜，但付出的代价却是好几代人都不能承受的。

据史料记载，大臣皇甫惟明借着奏事的机会，向李隆基灌输与吐蕃和亲的种种好处，希望皇帝能够答应吐蕃和亲的请求。

李隆基依旧端着姿态："哼，这些年来，吐蕃赞普给朕写了多少信，每次都是傲慢无礼，朕怎么能轻易放过他呢！"

皇甫惟明："陛下，吐蕃赞普只不过是个小孩子，这些信件恐怕是吐蕃大将伪造，用来激怒陛下的！一般来说，边境发生战事，武将就可以建立战功，甚至胡乱上报杀敌的军功来获得功勋和爵位。战争，只不过是奸臣的盛宴，却不是朝廷的福气。更何况，打起仗来，朝廷每天都得花费无数的钱财，河西、陇右两地因此贫困凋敝，长此以往，终归不是办法。"

李隆基："依爱卿的意思，朕该如何处置？"

皇甫惟明："陛下，您可以派一位使臣前往吐蕃看望金城公主，借此机会和吐蕃赞普当面达成约定，让他对大唐俯首称臣，从此永远平息边境战祸！"

李隆基："好，就由你出使吐蕃吧。"

皇甫惟明的事迹告诉我们，一个人不仅要有才华，还要学会主动创造机会，让领导记住你，进而赏识你。

据史料记载，皇甫惟明到达拉萨后，受到了极高的礼遇。吐蕃赞普为了讨好大唐，将贞观朝以来获得的皇帝诏书全都翻了出来，在皇甫惟明的面前码了一溜儿，意思是咱们两国的关系从来就没断过，以后还得继续下去。

吐蕃赞普的态度，让皇甫惟明发出了满足的呻吟。从吐蕃回来之后，皇甫惟明的仕途一路高歌，最后竟然做到了地方节度使的高位。

开元十八年（730）十月，吐蕃大臣论名悉猎来到长安，递交了吐蕃国书：舅舅啊，外甥家族两代都娶了天朝公主为妻，两国如同一家人。这些年确实发生了不愉快，可都情有可原。外甥是个明白人，知道什么叫尊卑贵贱，都是边境将领挑拨离间，这才让我得罪舅舅。外甥屡次派使者入朝说明真相，都被他们给拦住了，如今承蒙您派遣使者前来探望金城公主，外甥不胜欢喜。如果能和舅舅重新回到过去亲密的关系，外甥虽死无憾。

瞧瞧，这国书写的，李隆基就算不答应也不行啊！

开元十九年（731）九月，以吐蕃宰相论尚它为首的使团再次前往长安，除了向李隆基问安之外，还提出了一个请求：希望大唐在赤岭（今青海省西宁市湟源县西南四十公里的日月山）设立集市，促进两国贸易往来。

开元二十一年（733）二月，金城公主送来表书，希望在赤岭设立界碑，作为大唐和吐蕃在西北地区的边境线。

此时，吐蕃和大唐刚刚进入难得的蜜月期，李隆基自然全部应允。此后数年，吐蕃每逢重大节日，都会派使者前往长安朝拜，而赤岭一带更是聚集了无数的商队进行贸易，两国的友好关系让人称羡。

当时，河西节度使崔希逸还给吐蕃大将乞力徐写了一封信：兄弟啊，你看吐蕃和大唐的关系如此亲密，就像一家人一样，咱不如把镇守在边境的军队全部撤掉吧，免得影响边民耕田放牧。

乞力徐回信道：“崔兄忠厚老实，肯定不会欺骗我，不过，大唐朝廷未必把边防大权全部交给你，如果朝中有奸诈小人使坏，乘我们不备的时候出兵袭击，到时候后悔都来不及了。”

崔希逸：“不不不，大唐是爱好和平的国家，只要吐蕃不乱来，我们绝不会主动出击。这样，我准备了一条白狗，咱俩约个时间，杀白狗盟誓如何？”

据史料记载，这两人还真杀了白狗，两国边境的维和部队还真撤军了。不过，吐蕃军队在唐朝边境捞不到好处，又转移到小勃律国，接连攻下了几座城池，抢了不少财物。消息传到长安，李隆基万分震怒。

开元二十五年（737）三月，崔希逸的副手孙诲正好在长安出差。

身为武将，想要工作业绩看得过去，就得说打了多少次仗，砍了多少人头。然而，边境和平，武将自然拿不出任何军功。孙诲临机一动，向李隆基奏道：“陛下，眼下吐蕃并没有在大唐边境布防，咱们可以乘此机会发动突袭，一来惩罚吐蕃入侵小勃律国的行为，二来可以深入吐蕃国内，对他们实施威慑！”

李隆基听闻此言，如同打了鸡血一样亢奋起来：“好，朕派遣内给事赵惠琮和你一起回河西，研究部署发动军事袭击的事宜！”

客观地说，两国交锋，靠的就是大国实力，谁的拳头硬，谁的底气就足。对李隆基来说，他也想建立武功，隐忍了那么多年，终于有了实力，手脚痒痒是正常的。更何况，吐蕃一贯出尔反尔，给大唐带来无数麻烦。

身为李隆基的使者，赵惠琮说出的话就是圣旨，到达河西之后，赵惠琮就传达了一个意思：李隆基要对吐蕃发动突袭。

可怜的白狗，刚刚为了两国和平献出了宝贵的生命。

当然了，崔希逸不敢违背李隆基的意思，他硬着头皮，率领大军深入吐蕃境内。然而，吐蕃国土广袤，人口稀少，唐军主力跋山涉水，最后只遇到了小股部队，唐军以杀鸡用牛刀的气势，斩杀两千余人，随后灰溜溜地班师。

事后，李隆基将崔希逸调回内地，让他担任河南尹。据说，崔希逸觉得自己背叛了当年的盟约，羞于面对两国将士和百姓，或许也觉得对不起当年无辜而死的白狗。就在次年，崔希逸郁郁而终。

想当年，多少将士流血牺牲，这才换来了两国边境的和平，就因为统治者想要满足那可怜的虚荣心，将大好局面毁于一旦！此时，李隆基已经蜕变成一位好大喜功的君主，而征伐四方的野心也彻底暴露。

开元二十六年（738）六月，李隆基下诏：

岐州刺史萧炅调任河西节度使。

鄯州都督杜希望调任陇右节度使。

太仆卿王昱调任剑南节度使。

摧毁在赤岭所立的边境界碑，正式对吐蕃宣战。

当时，吐蕃进攻大唐主要通过三条战线：

河西道的瓜州、沙州、凉州、甘州、肃州、伊州、西州、庭州，其中凉州是河西道的治所。

陇右道的秦州、成州、武州、渭州、岷州、宕州、叠州、洮州、河州、兰州、廓州、鄯州，其中鄯州是陇右道的治所。

剑南道的彭州、蜀州、益州、汉州、嘉州、眉州、邛州、益州，其中益州是剑南道的治所。

因此，唐朝才会在河西、陇右、剑南三道发动反击！

李隆基的宣战来得太突然，吐蕃人有点猝不及防。当时，率先传来捷报的是陇右道的杜希望，他率领唐军发动偷袭，成功夺取了吐蕃占领已久的黄河桥，并在黄河的南岸筑起了盐泉城（今甘肃夏河县北积石镇）。

吐蕃立马在陇右道集结了三万精兵，一路奔向盐泉城，吐蕃大兵耀武扬威，气势汹汹。当时，论士兵的数量和军队的战斗力，吐蕃都占着上风，望着黑压压的吐蕃大军，杜希望深感恐惧，竟然没能下达任何进攻或抵抗的军令。

杜希望很幸运，他虽然没有大将之才，却有识人之明。临行之前，他特意向朝廷举荐了王忠嗣，让他以左威卫郎将的身份前往陇右道效力。

危急存亡之秋，王忠嗣单骑挺进敌阵，左冲右突，如入无人之境。据史料记载，在这场突袭战中，仅王忠嗣一人便杀死数百名吐蕃大兵（战斗力直逼楚霸王项羽）。杜希望率领唐军从侧翼包抄，吐蕃在陇右道的防御土崩瓦解。

事后，唐朝在盐泉城设置镇西军，宣布了对此地的占领。然而，陇右道的胜利并没有改变整体局势，因为剑南道出现了严重的溃败。

数十年前，唐朝在茂州西南（今四川省阿坝州茂县）建造了一座安戎城，后来不幸落入吐蕃军队之手。由于安戎城属于战略要地，易守难攻，唐军虽然发动了数次争夺战，却始终难以攻克。

剑南节度使王昱上任之后，在安戎城旁边新筑了两座城，并驻军于蒲婆岭，随后运送粮食和军用物资屯于城中，准备展开一场旷日持久的拉锯战。

不过，吐蕃人并不想给他这个机会。很快，大批的援军便从吐蕃本土赶来，他们以安戎城为中心，扫荡了整个茂州地区，王昱双拳难敌四手，留下数千具尸体后率众溃逃，所有的军用物资拱手送给了吐蕃军队。

要知道，此次宣战关乎李隆基的天子威严，更关乎大唐和吐蕃政权在边境地区的攻防态势。对李隆基来说，你可以不交战，也可以不获胜，但是将军备物资双手奉上，就是不可饶恕的罪过。

李隆基大怒之下，将王昱贬为梧州刺史，也许是觉得不解气，随后再次下诏，将他贬为高要县尉。王昱深感羞愧，在贬黜的途中抑郁而亡。

两年后，安南节度使章仇兼琼使用诱降计，与安戎城中的吐蕃将领翟都局和维州别驾董承晏里应外合，赚开安戎城门，这才重新夺回城池的控制权。

大唐和吐蕃的第一次全面交锋，双方互有胜负。不可否认，李隆基自信满满地发动战争，却以平手告终，这是他无法接受的。开元二十八年（640）十一月，金城公主去世，吐蕃政权派人前来求和，却遭到了李隆基的严词拒绝。

对大国来说，战和就是战败，战和的情况下和谈，就是委曲求全。更何况，李隆基如果答应和谈，下一次该如何开启战争？

吐蕃和大唐的恩怨，注定是不死不休的世纪之战。

贰拾

佞臣弄权惹大乱

安禄山的发家史

安禄山（703—757），营州柳城人，本姓康，名轧荦山。

但凡在历史上赫赫有名的人物，身世大多会蒙上一层神话般的色彩，安禄山自然也不例外。安禄山的老爸是谁，谁也不清楚，不过他的母亲是突厥族的巫婆阿史德氏。相传，安禄山的母亲婚后多年都没有生育，于是便去轧荦山祈祷（突厥人将这座山视为民族的战斗之神），没过多久便生下了安禄山。

安禄山的父亲死得很早，他自幼跟随母亲生活在突厥部族，日子过得非常凄苦。当时，有人劝说阿史德氏找个男人再嫁，好歹寻个靠山，在大家的撮合下，阿史德氏最终改嫁给突厥将军安波注的哥哥安延偃。

也许，安禄山的母亲是为了他的未来考虑，这才改嫁给安延偃，然而对小小的安禄山来说，寄人篱下，认他人做父亲的滋味并不好受。

先天二年（713），年仅10岁的安禄山带着突厥将军安道买的儿子逃离了突厥部族，他们身上没有盘缠，没有食物，更不知道将来何去何从。在突厥境内游荡了一段时间后，安禄山便被安道买的二儿子、岚州别驾安孝节抓了回去。

当时，安氏家族的子弟非常多，比如安波注之子安思顺、安文贞，安禄山和他们的感情非常要好。有一天，安禄山突发奇想，决定和几个小伙伴结为兄弟，自己则将姓氏正式改为安，至于名字，就是我们后来熟知的安禄山。

安禄山性格活泼，没事就喜欢到外面的世界闯荡，后来跟着别人学做生意，还学会了六门外语，成为突厥部族为数不多的翻译家。当时，大唐和突厥的关系逐渐缓和，边境贸易开始变多，安禄山依靠自己的外语优势，逐渐成了边境赫赫有名的牙郎

（促成买方和卖方达成交易的中介）。

赚钱是肯定没问题的，可安禄山是小伙伴中的大哥，日常开销非常大，以至于入不敷出。工作之余，安禄山便想着捞点外快，比如偷盗大肥羊。当时，安禄山带着小伙伴来到幽州，已经踩准了点，正准备大干一票。不巧的是，就在他埋头干活的时候，被巡夜的人给生擒，随后送到了官府。

那是开元二十年（732），正值大唐名将张守珪出任幽州节度使，双方就这样完成了一次不那么愉快的会面。对于偷盗者，张守珪自然没什么好脾气，再加上安禄山长得胖乎乎的，让张守珪看得发腻。于是，张守珪高喊了一声："给我往死里打！"

安禄山看到形势不对，这官老爷想玩真的，于是壮着胆子喊道："张大人，你难道不想灭了契丹和奚吗，是的话就不要杀掉俺。"

张守珪原以为安禄山就是个喜欢偷盗的小蟊贼，打算将他乱棍打死，为民除害，没想到安禄山居然还有这种豪气。张守珪重新打量着安禄山，对他临危不乱的气魄非常欣赏，居然心生了是个好苗子，可以培养一下的想法。

张守珪："好样的，你以后就留在幽州，帮我捉俘虏吧！"

张守珪可能没想到，就因为自己的一念之仁，为大唐埋下了一场噩梦，安禄山也没想到，自己扯着嗓子这么一喊，居然为自己喊出了一片光明前程。

与安禄山一道留下的，还有小伙伴史思明（安禄山的同乡）。

当时，兄弟俩接到的任务便是到幽州附近捕获契丹和奚族的百姓。说来也奇怪，张守珪派了那么多人，唯独安禄山和史思明二人每次都能顺利地完成任务，安禄山甚至创下了五人小团队活捉十多名俘虏的历史最好成绩。

为了嘉奖安禄山的忠勇，张守珪将他和史思明同时提拔为捉生将（大唐军队中的低级军官，相当现在的特种侦察兵，主要从敌方战区俘获敌人）。

在张守珪的眼里，安禄山几乎是个完美的下属，美中不足的只有一点：身材实在是太胖，有时候看着都腻味。

在边境做牙郎的这些年，安禄山不仅学会了六门外语，还将人情世故看得极为透彻，至于揣摩人心，更是他的强项。安禄山心里清楚，张守珪是大唐数一数二的军事帅才，迟早会一飞冲天，为了攀上这棵大树，他做了一个艰难的决定：开始惨无人道地减肥。

不仅如此，安禄山时常揣摩张守珪的心思，说出的话，做出的事永远是张守珪最乐意接受的，经过不懈的努力，安禄山最终换来了一个名分：义子！

注意了，张守珪只有两个儿子，一个是亲的，一个是过继的，至于义子，史书没有记载有多少，但绝不会泛滥。因此，安禄山的义子身份含金量非常高。此后的数年，安禄山就是借助张守珪义子的身份屡屡高升。

如果说安禄山是靠溜须拍马换来前途，那史思明的经历就有点传奇了。

史思明被提拔为捉生将之后，大肆挥霍钱财，最终欠了一屁股债，逃往奚族暂避风头。不幸的是，史思明被奚族的巡逻士兵擒获。奚族小兵十分狂躁，二话不说便要将史思明给杀了，危急关头，史思明理直气壮地说道："老子是唐朝派来的和亲使，你们如果杀了我，整个奚族都要承担严重的后果。"

巡逻兵被这气势吓到了，说道："好，那就跟我们去见首领。"

史思明见到奚王之后，简单地行了个礼，然后腰板挺直地站在那里。奚王是个乡巴佬，史思明越是强硬，他心里越是疑惧，两人打了半天的心理战，奚王最终败下场来，派人给史思明安排了塞外最好的套间，让他休息了几日。

奚王："使者啊，既然大唐有和亲的打算，我也得表示诚意，这样吧，我派遣一百人随你前往长安，咱把这事儿给定下来。"

史思明："大王，你虽然派了很多人入朝，但依我看来，他们之中没人能挑起重任啊，听说大王手下有位叫琐高的大将，为何不让他随我一同入朝呢。"

奚王："好，本王就让琐高带领三百人随你前往长安！"

临近平卢军镇的时候，史思明派人给平卢军使裴休子送了一封信，声称奚族名将琐高带着三百人来到平卢，他们打着入朝觐见的名义，实际上是来偷袭城池的，让他早做准备。裴休子在城外埋伏好了精兵，琐高等人刚刚踏入埋伏圈，平卢军便将他们团团围住，除了琐高之外，其余的三百人全部被活埋。

史思明走的时候欠了一屁股债，回来的时候却带着奚族名将琐高，这笔账又该怎么算？张守珪是个厚道的人，他立马写了一道奏折，将史思明的经历向李隆基做了汇报，顺便给他要了个官：折冲果毅！

在皇帝那儿挂了名号，史思明想不发达都不行，后来他入朝觐见，越发得到赏识，李隆基这才给他赐了一个汉名——史思明。

安禄山和史思明都是有能力的人，而张守珪又是李隆基跟前的大红人，有张守珪的推荐，安禄山兄弟想不发达都难。开元二十八年（740），安禄山被提拔为平卢兵马使，成了东北赫赫有名的实权人物。

安禄山性格乖巧，凡是和他打过交道的人，都会说他的好话。每一次，朝廷派遣使者前往平卢，安禄山都会拿出重金来贿赂他们，这些人都是李隆基身边的宦官，手中没有实权，唯独对金钱很看重。回朝之后，他们也都纷纷跷起大拇指，夸赞安禄山是个明事理的人。

开元二十九年（741），李隆基任命御史中丞张利贞为河北采访使，前往幽州、平卢等地视察情况，张利贞是个老好人，前番到河西视察，就为河西节度使牛仙客说了不少好话。张利贞此次前往平卢，安禄山使出了浑身解数，将他伺候得好好的，临走之时还送了一大笔财富。

回朝之后，张利贞便向李隆基说道，微臣巡查了这么多地方，还没见过安禄山这样的人才，此人军事素养极高，通晓边关之事，还精通六门外语，是大唐必须要仰仗的军事奇才，朝廷不可不用。

李隆基相信群众的眼光，一个人说安禄山好，那不一定真的好，这么多人说安禄山好，证明此人必有过人之处。开元二十九年（741）八月，李隆基给安禄山丢了几个头衔：营州都督、平卢军使。

科普：唐朝的行政区划

说到这里，有必要全方位介绍一下唐朝的行政区划历史，这样有助于理解后面的安史之乱以及军镇之乱。

贞观元年（627），唐太宗李世民依据全国的山川形势、交通情况，在全国州县行政区的上面，增设了关内、河南、河东、河北、山南、陇右、淮南、江南、剑南、岭南道十道，统领和监察全国的三百五十八个州和府，一千五百五十一个县。

值得注意的是，道并不是一级行政机构，而是监察机构，长官便是监察性的官吏——采访处置使，中央正是通过他们来监管州级行政区。

关内道，治所凤翔府（今陕西省宝鸡市凤翔县）。

河南道，治所洛阳（今河南省洛阳市）。

河东道，治所河中府（今山西省运城市永济市）。

河北道，治所魏州（今河北省邯郸市大名县）。

山南道，治所襄阳（今湖北省襄阳市）。

陇右道，治所鄯州（今青海省海东市乐都区）。

淮南道，治所扬州（今江苏省扬州市）。

江南道，治所越州（今浙江省绍兴市）。

剑南道，治所成都府（今四川省成都市）。

岭南道，治所广州（今广东省广州市）。

开元二十一年（733），李隆基将山东道分拆为山南东道和山南西道，将江南道分拆为江南东道和江南西道，又增设京畿道、都畿道和黔中道，全国由十道变成了十五道。

京畿道，治所在西京长安，下辖京兆府、凤翔府、华州、同州、商州、邠州六个府州。

都畿道，治所在东都洛阳，下辖河南府、汝州。

黔中道，治黔州（今重庆市彭水苗族土家族自治县）。

山南西道，治梁州（今陕西省汉中市）。

山南东道，治襄州（今湖北省襄阳市襄州区）。

江南东道，治苏州（今江苏省苏州市）。

江南西道，治洪州（今江西省南昌市）。

其余的保持不变。

除了州县之外，在唐朝的行政区划中还存在府的概念：

第一种：京都府。

顾名思义，指的是京城，以及皇帝的驻跸之处。简单地说，就是皇帝认为非常重要，必须单独拉出来管理的行政区，相当于直辖市。其中包括京兆府（原雍州）、兴德府（原华州）、凤翔府（原岐州）、河南府（原洛州）、兴唐府（原陕州）、河中府（原蒲州）、兴元府（原梁州）、成都府（原益州）、太原府、江陵府。

这些府都是以前的州，只不过改了名字，提升了行政级别而已。府的长官叫府尹，副手叫少府尹，长安城的京兆府、洛阳城的河南府和太原府的府尹官职从三品，与朝中宰相级别差不多，而少尹是正四品，和上州刺史的级别一样。

第二种：都督府。

都督府是军事机构，不同朝代有不同的意义。

“都督”一词最早要追溯到东汉初年，那个时候外出征战，朝廷会在军中设置“督军都御史”，主要监督军务，简称都督，事成后则回朝卸任，属于临时性的官职。三国时期，都督逐渐成为国家或者地区最高级别的军事长官，周瑜就曾担任过东吴大都督一职，可谓权势滔天。

魏晋南北朝时期，都督依旧是各级军事首长的官职，不过每个政权的叫法有所不同，比如北周就有大都督、帅都督、都督等不同称谓。

杨坚做了皇帝后，在并州、益州、荆州、扬州设置了四大总管府，任命杨广等皇子担任大总管，并在各地设置上、中、下级别的总管府，这样一来，东西南北的军权全部集中到皇室手中。至于都督，全部变成了武官的军衔，比如隋炀帝就将“大都督”改为“校尉”，“帅都督”改为“旅帅”，都督改为“队正”。

武德元年（618），唐高祖李渊延续隋朝的旧制，在洺州、荆州、并州、幽州、交州设立五大总管府。武德七年，重新改为大都督府。当时，全国总共有二十四个都督府，按照管理州的数量分为上都督府、中都督府、下都督府，长官分为大、中、下都督，大都督官职从二品，中都督官职正三品，下都督官职从三品。

唐朝初年，一个都督府可以管十多个州，而且掌管诸州兵马、甲械、城隍、镇戍、粮禀，堪称上马管兵，下马管民。按照现在的标准来说，唐朝的大都督相当于省委书记或者省长，兼任大军区司令员之职，显赫得一塌糊涂。

关于都督府和刺史府，一般是上下级关系，都督会兼任驻扎州的刺史之职，比如扬州大都督，兼任扬州刺史，然后以大都督的身份管理滁州、楚州等地。不过，都督府和刺史府是两套不同的办公系统，都督愿意的话，可以合署办公，不愿意的话就会分开办公，互不影响。

李世民想搞中央集权，军政合一的都督府自然不符合他的利益。当时，朝廷推行府兵制，需要打仗的时候，任命大将军统率出征，这些大将军被称为行军总管，规模较大的战役，则会设置行军大元帅或行军大总管之职。

唐高宗、武后时期，突厥、吐蕃、契丹等少数民族屡次派兵入侵，朝廷因此让行军大总管直接驻扎在当地，由于行军大总管和大都督在职权上有部分的重叠，所以皇帝一般会任命某某行军大总管兼任都督一职。

这样一来，刺史府掌管民政和财政，中央卫府掌管军政，行军大总管兼任某某都督，传统的都督府几乎没有了权力，已经名存实亡。

第三种：都护府。

都护府是中央在少数民族地盘设置的特别行政机构，管理突厥、回纥等少数民族，比如抚慰、征讨、奖赏、惩罚等。到后来，各地少数民族经常叛乱，或者起兵劫掠内地州县，都护府便成了边境最重要的军事防御机构。

开元时期，一共有安东、安北、单于、安西、北庭、安南六个大都护府。

都护府设置大都护、副都护、长史、司马等职，其中大都护一人，官居从二品，副都护四人，官居正四品。单从官职级别来说，大都护比朝中宰相还要高半级，而且大都护掌握十多个州的行政和军事大权，堪称真正的封疆大吏。

单于大都护府：

治所：云中故城（今内蒙古和林格尔西北土城子）。

所辖地方：今内蒙古阴山、河套一带。

防御对象：北方的突厥。

安西大都护府：

治所：龟兹国（今新疆轮台、库车、沙雅、拜城、阿克苏、新和六县市）。

所辖地方：天山南路、葱岭以东的地区。

防御对象：吐蕃、党项。

北庭大都护府：

治所：庭州（新疆维吾尔自治区吉木萨尔县北破城子）。

所辖地方：天山以北，阿尔泰山和巴尔喀什湖以西。

防御对象：东起阿尔泰山，西达咸海的西突厥旧部。

安南大都护府：

治所：宋平（今越南河内）。

所辖地方：北抵云南南盘江，南抵越南河静、广平省界，东抵广西那坡、靖西和龙州、宁明、防城部分地区，西抵越南红河黑水。

防御对象：南诏国。

安东大都护府：

治所：辽西故郡城（今辽宁锦州市义县）。

所辖地方：今辽东半岛、朝鲜半岛北部、吉林西北地区、朝鲜半岛西南地区，乌苏里江以东、黑龙江下游西岸。

防御对象：渤海、契丹、奚、靺鞨、室韦、新罗、倭国。

安北大都护府：

治所：内蒙古境内。一直在移动。

所辖地方：相当于今内蒙古乌加河以北、蒙古人民共和国全境、俄罗斯额尔齐斯河、叶尼塞河上游和安加拉河、贝加尔湖周围地区。

防御对象：回纥、薛延陀、辖戛斯、葛逻禄。

十大节度使战区

大都护府虽然是个好东西，却有几个不可避免的缺点。

比如，管理者的权力太大，统治者既要依靠他，也要防备他。比如，总部离长安太远，军备物资和粮食的运送都很困难。这样一来，朝廷在设置都护府编制的时候就规定好了，一个都护府只有几万人，多一个朝廷都不答应。

少数民族入侵的时候，都护府能打就打，不能打就找朝廷请求支援。正因为如此，每逢吐蕃入侵的时候，安西都护府几乎形同虚设，反倒是中央朝廷忙得热火朝天，屡次调兵前往河西道、陇右道，组织进攻或者防御。

庆幸的是，安史之乱发生以前，中央政府对少数民族的政策比较宽和，虽然有战事发生，却没有爆发边境的全面战争，一切都在中央朝廷的掌控之中。

那么节度使又是怎么来的呢？主要有两个原因，一是府兵制度的崩溃，二是唐朝的对外军事战略，从主动进攻变成了被动防御。

前面说过，府兵制盛行的时候，由南衙十六卫统帅全国的府兵，然后由中央朝廷将他们发配到各地镇守，或者参与战争。后来，府兵制度崩溃，中央政府开始实行募兵制度，由朝廷给军人发固定工资，因此诞生了职业军人。

开元年间，唐朝的版图已经无可扩张，整个帝国的战略从军事进攻变成了军事防御，这就需要一批常驻在边境的军队。这支军队的最大特点就是，防御面积很大，战区长达千里，按照现在的说法，就是防御军区，集团军的概念。

职业军人和常驻军队的结合，为地方军镇的诞生奠定了基础。每逢打仗的时候，朝廷都会任命行军大总管或者行军元帅，他们对各大战区的管理，通常被称作节度某某区域，后来说顺嘴了，就有了节度大使或者节度使的叫法。不过，此时的节度使还不是常设的官职，而是持有皇帝使节的将军。

景云二年（711）四月，唐睿宗李旦任命凉州都督贺拔延嗣为河西节度使，节度使一职正式纳入唐朝的官职体系。刚开始的时候，节度使的定位就是军事统帅，防御外敌，并没有管理州县民政的权力。到了后来，地方节度使逐渐总揽军、民、财、政大权，以至于辖区内的各州刺史均受节度使的节制。

开元年间，一共形成了碛西、北庭、河西、陇右、朔方、河东、范阳、平卢剑南、岭南等八个固定的节度军镇。天宝元年（742）正月，李隆基根据防御区域的不同，将全国各地的军府、捉守等基本军事单元划归到十个节度军镇下面管辖：

范阳节度使

军队编制：九万一千四百人。

统领军队：经略、威武、清夷、静塞、恒阳、北平、高阳、唐兴、横海九大军队，驻屯在幽、蓟、妫、檀、易、恒、定、漠、沧九州。

防御对象：奚、契丹。

治所：幽州。

陇右节度使

军队编制：七万五千人。

统领军队：临洮、河源、白水、安人、振威、威戎、漠门、宁塞、积石、镇西十大军队，绥和、合川、平夷三大守捉，驻屯在鄯、廓、洮、河之境。

防御对象：吐蕃。

治所：鄯州。

河西节度使

军队编制：七万三千人。

统帅军队：赤水、大斗、建康、宁寇、玉门、墨离、豆卢、新泉八大军队，张掖、交城、白亭三大守捉，驻屯在凉、肃、瓜、沙、会州。

防御对象：吐蕃、突厥。

治所：凉州。

朔方节度使

军队编制：六万四千七百人。

统帅军队：经略、丰安、定远三大军队，安北、单于二都护府，驻屯在灵、夏、丰三州。

防御对象：突厥。

治所：灵州。

河东节度使

军队编制：五万五千人。

统帅军队：天兵、大同、横野、岢岚四大军队，云中守捉，驻屯在太原府的忻州、代州（今山西省忻州市代县）、岚州。

防御对象：与朔方形成犄角之势，防御突厥。

治所：太原。

平卢节度使

军队编制：三万七千五百人。

统帅军队：平卢、卢龙二军，榆关守捉，安东都护府。

防御对象：室韦、契丹等族。

治所：营州。

剑南节度西使

军队编制：三万九百人。

统帅军队：天宝、平戎、昆明、宁远、澄川、南江六大军队，驻屯在益、翼、茂、当、柘、松、维、恭、雅、黎、姚、悉十三州。

防御对象：吐蕃、蛮獠。

治所：益州。

安西节度使

军队编制：二万四千人。

统帅军队：龟兹、焉耆、于阗、疏勒四镇。

防御对象：吐蕃、党项等。

治所：龟兹城。

北庭节度使

军队编制：两万人。

统帅军队：瀚海、天山、伊吾三军，驻屯在伊州和西州。

防御对象：突骑施、坚昆等部。

治所：北庭都护府。

十大军镇的节度使权势熏天，尤其是范阳节度使，手握九万雄兵，更兼远离中原，可以左右边境的局势。如果朝廷用对了人，边境就是铜墙铁壁；如果所托非人，后果不堪设想。

开元朝以前，朝廷实行府兵制度，卫府大将军都是朝廷临时指派的，任务完成后就上交兵权，不存在军权旁落的可能。而且，文臣和武将的边界很清楚，兵部侍郎、中书令等人，绝不可能担任卫府大将军。

李隆基做皇帝后，规矩就变了。为了培养领军作战的帅才，李隆基可以十余年不换军队统帅，庆王李琮、忠王李亨等人长期担任将领，萧嵩、牛仙客等朝中重臣也领着边镇节度使之职，李隆基的亲信王忠嗣更是节制数道兵力。

这样的安排，确实可以让将领熟悉边境战事，熟悉自己的军队，有效地提高军队作战能力，但同时也产生了一个问题：将领长期掌握军政大权，很容易培养嫡系部队，甚至和中央政府对峙，形成尾大不掉的局面。更何况，朝中的高级官员遥领地方军政，势力岂不是越来越大？

李隆基表示，他有绝对的权威，不担心将领闹事。然而，历史的走向不会因为他的意志而转移，真正引领历史走向的，恰恰是复杂的人性。

李隆基：就是要和张九龄对着干

天宝元年（742）正月初六，李隆基下诏：封安禄山为平卢节度使。为了让安禄山能够前来长安，李隆基特意让他兼任了御史中丞。

在旁人的眼里，安禄山的崛起就是一个传奇。想想看，不入流的胡人，差点被打死的偷羊贼，居然在39岁的时候，做到平卢节度使之职。像这样曲折的人生际遇，凡人在家里烧十年高香也不敢想象。

然而，在安禄山的眼里，平卢节度使虽然是封疆大吏，手下却只有三万七千五百人，而范阳节度使的手下却有九万一千四百人。不管在军队的编制上，还是在管辖的地盘上，地位都不可同日而语。闲暇的时候，安禄山想得最多的就是，我既然能做平卢节度使，为何不能做范阳节度使？

天宝二年（743）正月，安禄山前往长安述职，李隆基喜不自禁，给安禄山授了一道特权：只要你想进宫找朕说话，不需要任何通禀！

安禄山大喜过望，立马跪倒在地上："谢陛下的恩典！"

殿内气氛融洽，君臣相谈甚欢，安禄山趁机给李隆基讲了一个故事：陛下，去年营州发生了一场严重的蝗灾，大片的禾苗被蝗虫吃掉，臣忧心忡忡，于是焚香祷告。臣对天发誓，如果心术不正，对陛下不忠，愿蝗虫吞噬臣的心，如果神灵认为臣对陛下忠心，请让蝗虫立即散去。巧的是，臣刚说完此话，北面就飞来一群鸟，将地里的蝗虫啃食而尽。

安禄山："陛下，臣认为此事非常玄妙，希望能让史官记录下来，以向后世彰显您的圣德！"

大家聊天的时候，故事的真与假似乎并不重要，聊天的气氛最重要，当事人的心情最重要。总而言之，李隆基对安禄山的忠诚非常满意，并当场命史官将此事记录下来。

那么问题来了，李隆基为何会对一个胡人如此青睐呢？

事实上，关于安禄山是忠诚还是奸诈，朝野早就有过公论。

开元二十一年（733），范阳节度使张守珪派安禄山前往长安出差，中书令张九龄亲自接见了安禄山。这些年，张九龄也接见了不少地方官吏，可大多都是点头哈腰，极尽谄媚的寻常之辈，骨气硬一点的，也只是不卑不亢，平等对话。

然而，安禄山给张九龄行礼之后，居然在大堂上傲然自立，神色倨傲，仿佛他是张九龄的上官。安禄山桀骜不驯的态度让张九龄感到有些不适，不过他还是强忍了下来，张九龄拿起张守珪的奏折看了看，发现都是些琐碎的事，因此将注意力转到了安禄山的身上，和他唠起了家常。

经过一番交谈后，张九龄才得知，安禄山曾经做过捉生将，而且有过以四人生擒四十人的辉煌战绩。人哪，一旦说起自己的光辉经历时，大多会眉飞色舞，得意扬扬，然而安禄山却平静得如一潭死水，这让张九龄倍感不安。

事后，张九龄就曾对宰相裴光庭说过，安禄山的志向不小，而且心思缜密，胸怀城府，以后说不定会祸乱幽州。

开元二十四年（736），安禄山率领三万大军征伐契丹，却因为急功近利，招致败绩。张九龄接到奏报后，与朝中的大臣集体商议，张九龄的意思是：安禄山轻敌冒进，致使大军战败，应当承担全部责任，按照军法处死。

据史料记载，安禄山得知消息后，心中万分沮丧，一旦朝廷圣旨到达范阳，他就会死无葬身之地，连翻盘的机会也没有。情急之下，安禄山派遣史思明带着无数金银珠宝前往长安，贿赂李隆基宫中的宦官。

当时，李隆基闲聊的时候说起到安禄山，于是亲信宦官便盛赞安禄山四人活捉数十名契丹军民的壮举，声称安禄山是大唐难得的骁勇战将。

李隆基很奇怪：“你怎么知道此事，是否收受了安禄山的贿赂？”

宦官：“陛下，三年前，安禄山前往中书省向张九龄大人汇报工作，奴婢刚好在场，此事相国大人可以帮忙做证。”

宦官的一句话，让李隆基开始关注安禄山兵败的事儿。当时，张九龄给李隆基做了详细的汇报，意见很明确：安禄山必须死。

大家都知道，张九龄和李隆基就是相爱相杀的一对君臣，张九龄说必须杀，李隆基就必须保护。更何况，李隆基屡次提拔人才，张九龄都会出面阻挠，这已经不是用人标准的问题，而是权力斗争的问题了。

李隆基的态度很明确：千军易得，一将难求，安禄山兵败必须承担责任，只需要罢免他的官职，让他继续在军中效力即可。

张九龄：“陛下，此人必须杀，臣是为了大唐江山社稷好！”

李隆基：“爱卿，你和安禄山有什么旧仇宿怨，为何执意杀他？”

张九龄十分无奈，只好将三年前发生的事说了出来，声称安禄山此人狼子野心，城府极深，日后必定会背叛大唐，成为朝堂的祸害。

李隆基嗤之以鼻：“爱卿多虑了，大唐国泰民安，就算安禄山真的想反叛，又有谁会真心跟随他呢，此事就这样定了吧！”

在李隆基和张九龄的斗争中，安禄山莫名其妙地成为李隆基誓死捍卫的对象。换句话来说，安禄山是李隆基捧起来的人，如果他出了问题，李隆基就会落个识人不明，任用奸人的名声，如果安禄山前途无限，李隆基的面上也有光。

当然，李隆基有他自己的用人底线，绝不会因为好面子，平白无故地提拔安禄山，为了获得范阳节度使的职位，安禄山必须更加卖力地讨好李隆基。

天宝二年（743）二月，朝野发生了一件科场舞弊的大案。

当时，李林甫是首席宰相，兼任吏部尚书，事务非常繁忙，因此将当年的科举考试交给了吏部侍郎宋遥和苗晋卿来负责。当年应考的考生有一万多人，但朝廷录取的名额却十分有限，因此宋遥和苗晋卿就成了众人追捧的红人。

不过，这两位主考官更离谱，他们不等别人上门巴结，竟然想着主动去巴结别人。谁呢？圣眷最隆的御史中丞张倚。宋遥和苗晋卿私下做了许多工作，他们打探到张倚的儿子张奭大字不识一个，想要通过科举进入仕途根本不可能，如果能够暗箱操作，让张奭名列金榜，御史中丞张倚自然会对他们青睐有加。

这样的顺水人情，确实可以做。然而，这两人的马屁拍得有些过猛，直接将张奭定成了第一名。想想看，一万多人参加考试，只有六十四人被录取，落榜的人肯定会盯着上榜的人，更不用说排名显赫的状元郎了。

张倚自然是得意扬扬，可长安城考生却议论纷纷，因为传说中的张奭好像大字不识一个啊，怎么就考成第一名了？事情在长安城慢慢发酵，随后传遍了全国各地，前任蓟县县令苏孝韫主动找到安禄山，建议他将此事彻底捅破，借机向朝廷表示忠心，或许能让李隆基更加青睐。

随后，安禄山趁入朝觐见的机会，将此事对李隆基和盘托出：张奭不通文墨，却被定为榜首，说明此次开科取士存在很大的猫腻。说到动情处，安禄山痛心疾首，悲天跄地："陛下啊，朝廷开科取士，乃是为了李唐江山选拔人才，不料奸人从中作梗，辜负了陛下任贤用能的良苦用心，实在是可恶啊！"

李隆基被安禄山的表演惊呆了，于是下诏，想亲自举办一次测试。

据史料记载，张奭捧着李隆基发给他的试卷，呆坐了一整天，最后直接交上了一张白卷，至于写没写名字，谁也不知道。自此以后，张奭便得到了"曳白"的称号，这个词的内容非常丰富，可以理解为交白卷，也可以理解为白痴。

一场科举风波，引发了一场官场震动：正三品的御史中丞张倚被贬为淮阳太守，吏部侍郎宋遥被贬为武当太守，吏部侍郎苗晋卿被贬为安康太守，主管考试的礼部郎中裴朏等人被发配到岭南。此次事件，安禄山成了唯一的胜利者。

天宝三年（744）三月初五，李隆基下诏：封平卢节度使安禄山兼任范阳节度使，原范阳节度使裴宽调任户部尚书。

历史证明，梦想还是要有的，因为它真的可以实现。

当时，十大节度军镇的总兵力才四十七万，安禄山就控制了十三万精兵，堪称是大唐最有权势的节度使。有了家底，自然可以创造出更大的业绩，在范阳节度使任上，安禄山屡次发动了对契丹和奚的战争，只要出马，必获全胜。

长此以往，李隆基对安禄山的恩宠越来越盛，放眼望去，满朝上下除了宰相李林甫，再也没人能撼动安禄山的江湖地位。

李林甫的权谋：读书人惨遭清洗

安禄山是带兵打仗的将军，李林甫是总揽朝政的宰相，两人并没有太多的交集，更无太大的矛盾纠葛，因此还算相安无事。

当时，李林甫最强的竞争对手张九龄被罢免，不久便因病去世。新科宰相牛仙客虽然是李隆基跟前的红人，但对李林甫十分恭敬，凡事都会征求他的意见。准确地说，李林甫最大的挑战，其实是李隆基对他的信任能够持续多久。

李林甫清楚自己有几斤几两，为了稳固自己的政治地位，李林甫买通了许多宫中太监，时刻关注着李隆基的行动，甚至是心理活动。张九龄去世之后，李隆基不止一次地发出感叹，希望朝廷的新晋官员能够以张九龄的标准去选拔。

在李林甫看来，这就是个明显的政治信号。

接下来的数年，李林甫就做了一件事：铲除政治新星。尤其是会写诗词，会写文章的青年才俊，以及风流倜傥，声名卓著的朝堂资深官员。

有一次，李隆基在勤政务本楼举办了一次皇家歌舞会。当时，李隆基兴致极高，还亲自下场表演了一段，随后便转身回到勤政务本楼，继续欣赏节目。就在这个时候，一个身穿朝服，骑着高头大马的人从勤政务本楼下径直而过，让当时的宴会顿时降了不少格调，所有人都为此人的前途捏了一把汗。

此人名叫卢绚，现任兵部侍郎，是朝中少有的美男子，他以为歌舞会临近结束，皇帝已经离场，这才敢骑马路过。当时，李隆基却发出了这样的感叹：卢绚风度清雅，含蓄而不露，很像当年的张九龄。说罢，竟然目送卢绚骑马远去。

勤政楼上发生的一切，很快就传到了李林甫的耳朵里，这让他非常警觉，按照这种态势发展下去，难保卢绚不会成为第二个张九龄。

几天之后，李林甫招来卢绚的儿子，对他说道：“你父亲在朝中的名望很高啊，如今正值朝廷用人之际，陛下想让你的父亲前往交州和广州主持大局，不知你父亲意下如何啊？”

卢绚的儿子着急了，傻子也知道岭南是什么鬼地方，于是委婉地拒绝道：“相国大人，岭南路途遥远，家父年事已高，恐怕经不起折腾。朝廷是否可以考虑差遣其他的能臣前去岭南呢？”

李林甫借坡下驴道：“当然，你父亲如果犹豫不决，或者觉得路途遥远不想去，朝廷也会另行安排。比如，让他担任太子宾客或者太子詹事。哦，对了，是去东都洛阳任职哦！”

想想看，兵部侍郎是正四品的官职，太子宾客和太子詹事是正三品的官职，虽然职级有所提升，权力的含金量却天差地别。如果你不答应，接下来就会被整得体无完肤；如果你接受，意味着通过放弃权位来换取平安。

事实上，卢绚主动表态了，做个太子宾客或太子詹事就行。然而，李林甫却玩起了小把戏，他下达了一条任命：卢绚兼任华州刺史。

据史料记载，卢绚前往华州不久，李林甫就给有关部门批了个条子，华州刺史卢绚重病缠身，无法处理州事，朝廷为了抚恤，建议将他调任太子詹事。

明升暗降的套路，最后竟然被李林甫玩成了我想要重用你，可你却不幸染上重病，为了体恤你，给你升官一级，让你去养老。不得不说，李林甫确实是心机深沉的老狐狸，等闲之人难以匹敌。以明升暗降，然后被生病，不宜做官的方式被整的还有严挺之、齐浣等人。

严挺之，气质高雅，以进士身份入朝为官，担任过右拾遗，和张九龄的关系非常亲密，最后在政治斗争中出局，被迫前往降州担任刺史。

李隆基记得的人不多，唯独对他另眼相看。有一次，李隆基问李林甫：“爱卿，朕记得有个叫严挺之的人，风骨不错，可以重用！”

李林甫退朝之后，找到了严挺之的弟弟严损之，说道：“告诉你个秘密，陛下赏识你的哥哥，想要重新起用他，你为何不趁这个机会，让你哥哥上奏朝廷，声称得了风疾，然后回长安治病呢？”

李林甫的意思是，你先找个理由回长安，引起重视，等着皇帝起用。问题是，李隆基真想起用臣子，一道诏书就可以，何须大臣装病回京城？如果真是这样，长安城的医馆岂不是人满为患？然而，面对李林甫的诱惑，严损之心甘情愿地入套了，而且还拉着他的哥哥一起入套。

没过多久，严挺之的奏折便送到了长安，李林甫赶在第一时间，拿着严挺之的奏折前去皇宫，对李隆基说道：“陛下，您虽然有爱才之心，但是严挺之身染重病，不适合担任重要职务，要不给他授一个散官，以示褒奖？”

于是，又一位太子詹事顺利诞生。

命途多舛的还有齐浣，此人的文学造诣非常高，不到20岁就以制科登第。姚崇担任宰相的时候，齐浣便做了监察御史，因为性格耿直，不畏权贵，在监察御史的任上业绩突出，被姚崇提拔为中书舍人。

要说做人做事，齐浣真是无可挑剔，姚崇、宋璟、张说、苏颋、李元纮、杜暹，这么多宰相，都对齐浣另眼相看，就连李隆基也对他赞不绝口。然而，自古以来，少年得志就不是什么好事。

李隆基对齐浣过于倚重，经常将人事任命等机密大事对他言讲。有一次，大理寺丞麻察被贬，齐浣前去送行，好友临别，情绪难抑，齐浣竟然将李隆基的秘密拿出来说事儿。按照齐浣的资历和能力，早就可以担任宰相，就因为这件事，李隆基对他失去信任，将他一撸到底，做了最低级别的官职：九品县尉。

齐浣历经劫难，一直到十多年后才升任刺史，担任润州刺史和汴州刺史期间，齐浣疏浚河道，为漕运做出了不可磨灭的贡献，再加上宫中的高力士为他说话，两次担任采访使，深得朝野人心。

李林甫在打压中央高级官员的同时，并未放松对地方官员的警惕，齐浣的崛起让他深感不安，他唯恐李隆基会重新起用这位老臣为相。于是，李林甫一道调令，直接将齐浣任命为太子少詹事，让他前往东都养老。

据史料记载，齐浣、严挺之等人同为太子府的僚属，又在洛阳居住，经常会聚在一起感怀美好时光，然而李林甫却担心他们私下密谋，因此屡次贬黜，最终让忠臣们含恨而死，一直到唐肃宗李亨登基才为他们平反。

螳螂捕蝉，黄雀在后

天宝元年（742）七月，李林甫的搭档，另一位宰相牛仙客去世。天宝元年（742）八月，李隆基下诏：封刑部尚书李适之担任兵部尚书、侍中。

如果说牛仙客是个老好人，李林甫不用拿正眼看他，那么李适之的存在，不得不让李林甫打起十二万分的精神应战。因为，李适之是李世民的曾孙，恒山王李承乾的孙子，正儿八经的皇族之后。

想当年，武则天对李唐皇族展开了血腥的清洗，恰好李承乾的后人是戴罪之身，又不在朝中担任实际职务，因此奇迹般活了下来。中宗年间，李适之被起用为左卫郎将，后来担任通州刺史、秦州都督、陕州刺史、河南尹，由于他施政宽和，深得百姓爱戴，在朝野的声望极高。

开元二十四年（736），谷水、洛水泛滥，导致两岸遭逢大难，损失惨重，李隆基让李适之前去修筑堤防。当时，李适之不分日夜，率领民众修建了上阳、积翠、月陂三大堤防，成功抵御了谷水和洛水的灾患，因功被擢升为正三品的御史大夫。

开元二十七年（739），李适之兼任幽州大都督府长史，代理节度使事务。

身为御史大夫，兼掌地方军政大权，这是旁人不可企及的政治高度，换作任何人，都会在第一时间给祖先们烧几炷高香，好好地祭拜一下。然而，李适之却迷茫了，自己的先祖在哪？当年，李显给李唐宗室后裔都平反了，唯独漏了李承乾这一脉。原因很简单，这是李世民钦定的铁案，谁也不敢为他平反。

到了开元朝，李适之屡次上表，希望李隆基能够将祖父李承乾与父亲李象改葬到昭陵，永久地陪伴太宗皇帝。

李隆基曾经细细想过，李承乾谋反一事虽然属实，但毕竟是在魏王李泰的逼迫下做出的，确实情有可原。时隔八十多年，往事早已经烟消云散，祖辈的恩怨又何必牵涉到今人呢？更何况，李世民虽然英明神武，李隆基混得也不差，别的皇帝不敢翻这个案子，他也得借此事立威啊。

于是，李隆基答应了李适之的请求：将李承乾和李象改葬到昭陵，追封李承乾为恒山愍王，追封李象为越州都督、郇国公。不仅如此，李适之的伯父、兄长等人也借着这个机会，捞得一大堆身后的荣誉。

不可否认，李适之很得李隆基的欣赏，可他为人宽厚老实，心机不深，并没有仗着皇帝的恩宠胡作非为，反而夹着尾巴做人，让人抓不到任何把柄。正因为这个原因，李适之在拜相初期，并没有和李林甫产生正面的冲突。

然而，户部尚书裴宽却被李林甫给盯上了。

裴宽（679—754），河东闻喜人，性格温和，与人为善，又精通诗文、骑射、弹棋、投壶，在当时称得上青年才俊，潜力股。然而，裴宽虽然出身河东裴氏家族，仕途却很坎坷，奋斗了多年，也只不过混了个润州参军之职。

未来在哪里，裴宽自己也不知道。

有一天，润州刺史韦铣登临刺史府阁楼，看到后院有个地方鼓起一个土包，下面似乎埋着什么东西。韦铣："来人啊，给我查一查，是谁闲得无聊，在后院埋了东西！"随从很快就得出了结论：润州参军裴宽居住在此。

于是，一个改变裴宽命运的机会就这样降临了。

韦铣："裴宽啊，你没事干吗破坏后院的地面啊？"

裴宽从容不迫："大人，刚才有人强行将一块鹿肉送给我，而且转身就走，我追都追不上。我不想沾染受贿的名声，因此将鹿肉埋在此处，没承想让您给碰到了！"

心情好的领导，就算你做错了事，也不一定会处罚你。心情不好的领导，就算你做对了事，也不一定会奖赏你。更何况，韦铣是个心情好，而且为人正直的领导。当时，韦铣明面上没有夸赞裴宽，但心里却对他刮目相看，认定此人前途不可限量。不久，韦铣在他的职权之内，提拔裴宽做了按察判官。

人逢喜事精神爽，从天而降的升职让裴宽兴奋了一阵子，令他没想到的是，领导还想送他一份更大的礼包：润州刺史的乘龙快婿！

韦铣回家之后，对妻子说道："你不常说，咱们的女儿已经长大成人，想给她找一门亲事嘛，我已经有合适的人选了，保证你举双手赞成！"

韦氏将信将疑。

过了一段时间，韦铣召集族人，一起面试这位准女婿。

当天，高大而瘦弱的裴宽身穿绿色官袍出现在了众人眼前，无论怎么看，都不像前途无量的人，反而像县衙打杂的文书。韦氏族人第一反应就是哄堂大笑，各种嘲笑的言论不绝于耳，最后大家给出了一个诨号：碧鹳雀！

韦铣严肃地说道："我就是疼爱女儿，才给她找一个人品信得过的人，你们怎么能以外貌来取人呢！"

韦铣为啥能做领导，因为人家确实有眼光啊！

裴宽做了刺史的乘龙快婿之后，如同打通了人体的任督二脉，官运亨通，一路升迁。当时，蒲州久旱无雨，百姓生活困顿，裴宽临危受命担任蒲州刺史。巧的是，他刚刚进入蒲州境内，上天便降下了一场泼天的暴雨，解了蒲州百姓的燃眉之急。自此，裴宽的名声响彻河东地区。

其后数年，裴宽的仕途越走越顺，先是做到幽州节度使，随后被李隆基调往长安担任户部尚书。就在此时，河北道的将领前往长安述职，当着李隆基的面夸赞裴宽的贤能，声称他在幽州节度使的任上宽厚仁德，施政妥善，以至于幽州各地的军民至今还在感念裴宽。

河北将领的话让李林甫心惊肉跳，难不成户部尚书只是一个过渡，李隆基的真正目的是让裴宽担任宰相？李林甫心里没底，因为李适之做过幽州节度使，后来被提拔为刑部尚书，随后晋封为侍中，难道裴宽也是这个套路？

裴宽的崛起让李林甫如芒刺在背，坐卧不安。

要命的是，裴宽入朝之后，和李适之的关系越发亲密，如果裴宽真的做了宰相，二人联手对抗李林甫，他的日子绝对不会好过。李林甫已经打定主意，要乘着皇帝宠信他的时机，拼死整倒裴宽，铲除任何可能的威胁。

随后，李林甫经常将自己关在书房里，思考对付裴宽的办法。

回想过去，张九龄担任首席宰相的时候，李林甫的定位就是千年老二，专等张九龄自己犯错，然后轻描淡写地在皇帝面前告状，打压兵部侍郎卢绚和严挺之的时候，李林甫同样使用阳谋，在对手的面前唱赞歌，处处为他们着想，转身就在李隆基的面前出卖对手，一度让卢绚和严挺之晕头转向，看不出其中的门道……这手腕，玩得真溜。

也难怪，时人给予李林甫“口蜜腹剑”的评价。

这一次，李林甫决定，还是使用最擅长的招数。

天宝三年（744）四月，朝堂出了一位红人：刑部尚书裴敦复。此人奉命讨伐海盗吴令光，大获全胜，凯旋还朝。李隆基对他欣赏得一塌糊涂，告诉他拟定一个有功人员的名单，交给朝廷有关部门论功行赏。裴敦复有很大的自主权，只要功臣的数量不夸张，基本上会被一路批准。

当时，许多官员都暗地里给他递条子，希望将门生加到功臣大名单，让他们借着这个机会升迁。碍于情面，裴敦复也无可奈何。殊不知，这一举动为李林甫的反扑行动提供了绝好的机会。

据史料记载，户部尚书裴宽听说这件事有猫腻，因此报告了李隆基，可鉴于没有实际证据，也不想寒了功臣的心，李隆基也就睁一只眼，闭一只眼。然而，李林甫在宫中埋了不少眼线，自然知道裴宽告状的事情。

就这样，神奇的故事拉开了序幕。

李林甫找到裴敦复，说道：“裴宽是不是和你有旧仇宿怨？”

裴敦复：“大人何出此言，我们井水不犯河水啊！”

李林甫：“据我所知，裴宽向陛下告你的黑状了。在我看来，裴宽肯定是嫉妒你立了大功，想要趁此机会害你，这一招可真是狠哪！”

裴敦复：“哼，裴宽这老小子，曾经还拿亲戚的事找我帮忙呢，如今就想倒打一耙，实在是无耻之徒。”

李林甫：“为今之计，你要先行动，化被动为主动啊。”

裴敦复比较老成，虽然表面上愤恨不已，可始终觉得此事不简单。面对李林甫的示好，他点头称是，实际上却在暗中观察，准备以静制动。

没过多久，便发生了另外一件事：裴敦复的裨将程藏曜、曹鉴被拘捕到尚书台，而主管此事的正是户部尚书裴宽。

事实上，裴宽并没有针对裴敦复，这两人确实犯了其他的事，朝廷必须下达拘捕令。然而，裴敦复却将此事和谎报军功一事联想到一起，随后得出了一个结论：李林甫确实是为自己着想，裴宽想要对他下手。

裴敦复的反击非常迅速，他拿了五百里黄金送到杨玉环（此时杨玉环和李隆基建立起了情人关系，还没有正式入宫）姐姐的府上，并附了一张小纸条，希望杨氏能够在李隆基的面前举报裴宽的种种罪行。

有黄金开道，此事就好办多了。杨氏以三寸不烂之舌，再加上妹妹杨玉环的关系，顺利拿下了李隆基。据史料记载，李隆基甚至都没有派人调查此事，便下了一道贬斥诏书：户部尚书裴宽调任睢阳太守，即日赴任。

然而，不久之后，裴敦复也接到了一道诏书：担任岭南五府经略使，即日起前往广州任职。

这算怎么回事？裴敦复为了挽回局面，再次动用金钱和人脉，企图改变自己的命运，经过一个多月的努力，朝廷终于下达了新的任命：前往淄川郡做太守。不过，在这句话的前面，朝廷做出了解释：逗留拖延拒不到职。

这下好了，真正的封疆大吏不做，却到内地做太守。

裴敦复可能没想到，在李林甫的眼里，他和裴宽并没有本质区别，同样是政绩突出，同样受李隆基的待见，同样对他的执政地位有威胁。唯一的区别就是，裴宽的晋升速度比裴敦复要快，仅此而已。

开元朝酷吏：罗钳吉网

这些年，李林甫打遍朝中无敌手，几乎铲除了所有潜在威胁，放眼望去，朝臣们在他的淫威下低眉顺眼，俯首帖耳。然而，他的卧榻之旁还有一个最强劲的敌人：兵部尚书，侍中李适之。

身为宗室，又是李隆基跟前的宠臣，李适之确实有硬气的资本，只不过为人低调，这才没和李林甫发生冲突。然而，李林甫打压朝臣，排斥异己的行为确实有点过分，尤其是裴宽、裴敦复的去职，深深刺激了李适之的神经。李适之想明白了，如果不敲打一下李林甫，自己很有可能会步他们的后尘。

当时，李适之开始在政事上发表意见，这让李林甫非常恼火。原以为他是个软柿子，谁料想还是头潜伏的猛虎啊。李林甫思之再三，决定先拿兵部开刀，因为李适之除了是侍中，还是兵部尚书。

天宝四年（745）六月，李适之到外地出差，李林甫暗中指使党羽弹劾兵部，声称兵部掌管铨选的官吏收受贿赂，提拔官员的过程存在贪污受贿的行为，致使六十多名兵部官员被拘捕到京兆府和御史台。

事实证明，这完全是李林甫安排的诬告。兵部官员并没有收受贿赂，面对御史台和京兆府的审讯，他们一身正气，强项不低头。再怎么说，这些人也是朝廷中高级官员，上面没有明确的指示，京兆府和御史台也不敢动用刑罚逼供，案情一时间进入到停滞状态。

李林甫非常焦急，如果在李适之回朝之前，御史台和京兆府能够落实罪名，了结案件，李适之也只能哑巴吃黄连，有苦说不出。可如果此案悬而不决，可想而知，抓捕六十多名官员，公然打压李适之，会引起多么大的政治风波。

就在李林甫左右为难之际，京兆尹萧炅找到了李林甫。

不错，就是那个不学无术的“伏猎侍郎”！

萧炅：“相国大人，要想啃下兵部这块硬骨头，咱们得储备几个硬点子，老是用文的方法和他们缠斗，太被动了！”

李林甫：“你有什么合适的人吗？”

萧炅：“下官手下有个人，名叫吉温，很适合干这活儿！”

吉温，武则天时期酷吏吉顼的侄子，后来过继给吉顼，成了名义上的父子。通天二年，吉顼制造过一次波及全国的冤狱，三十六名贤能之士被诬陷，家破人亡，被株连流放的多达一千人。

吉温继承了父亲的残忍嗜杀，心思阴沉，手段狠毒，在长安城很有名。有一次，中书舍人梁涉在街上遇见吉温，出于不惹事的心理，梁涉选择低头躲避，而不是迎上去打招呼。事实上，这种行为并不过分，可吉温却不平衡了，他觉得梁涉官居中书舍人，位高权重，这是公开瞧不起他，不给他面子。没过多久，吉温便借着处理柳勣等人的机会，捎带着把梁涉也牵连进来。

吉温是个惹不起的人，这是长安城官民的共识。不过，吉温自我感觉非常良好，他觉得自己是人才，因此主动向宋璟自荐，也曾经向张说献殷勤，讨好过张九龄，想得到他们的提携，但都没有成功。

原因有三：

开元初年，政治风气清明，朝野不需要酷吏。

吉温的父亲吉顼名声太臭，谁也不愿意搭理。

吉温长相太丑，心思深沉，很难让人产生亲近感。

后来，太子文学掾薛嶷得到李隆基的宠信，想要引荐吉温入朝为官，因此给他争取了面圣的机会。然而，这次面试的效果并不太好，满脸横肉，凶神恶煞般的吉温往那儿一站，李隆基便失去了兴趣，嫌恶地对薛嶷说：“吉温相貌如此丑恶，朕断定他不是善良之辈，不可对他委以重用。”

李隆基的一句话，让吉温的前途蒙上一层阴影。

从开元初期到天宝初年，吉温苦熬了数十年，等待着出头之日。

萧炅担任河南尹的时候，河南府发生了一起案件，牵涉到萧炅本人，朝中御史派遣吉温前去讯问。按理说，萧炅官职显赫，再加上和李林甫有密切的关系，如果不是皇帝授意的，吉温完全可以手下留情，结个好人缘。

然而，吉温一心想做酷吏，决不手下留情。刚到河南府，萧炅就被坐实了罪名。萧炅慌张了，他以为所有人都知道李林甫是他的保护伞，没想到还真有人敢对他下手，萧炅急忙找李林甫求情，这才得以幸免。

这件事，让萧炅久久不能忘怀。有句话说得很好，念念不忘，必有回响。萧炅如此记挂吉温，就说明二人的缘分不会就此了结，迟早还会相逢于江湖。后来，吉温被调任万年县尉，而萧炅则辗转到京兆府做了一把手。

意思就是，萧炅成了吉温的顶头上司。

吉温是聪明人，虽然自己脾气暴躁，心狠手辣，可既然是萧炅的下属，还是选择了低调，少说话，尽量不说话，抱着“唾面自干”的隐忍精神。萧炅呢，打心眼里痛恨吉温，身为上官，自然有数不尽的机会训斥吉温。

强悍的人生，都是在绝境中狂飙而出的。

为了寻求生路，吉温不得不在朝中寻找保护伞。放眼望去，能够说动萧炅放弃前嫌的，只有三个人：李隆基、首席宰相李林甫、宦官高力士。

当时，吉温花费了很大的力气，最终攀上了高力士这条线。担任万年县尉期间，吉温经常出入高府，殷勤侍奉，深得信赖。吉温眼看着火候差不多了，因此向高力士诉说自己和萧炅的恩怨，恳请高力士出面协调，化解二人的矛盾。

高力士嘱咐道：“你只需如此！”

有一天，萧炅递上了帖子，希望能够拜访高力士，吉温得到高力士的吩咐，提前来到府中，准备合演一出大戏。萧炅进门的时候，看到了惊奇的一幕：一个猥琐发胖的中年人，和一个年迈的宦官正在客厅中洽谈，气氛十分融洽，二人一度手拉着手，态度十分亲密。

萧炅怔住了，吉温和高力士的关系是？萧炅还没来得及反应，吉温便装出一副惶恐的样子，准备起身回避。

高力士连忙用手制止，语气和善地说道："吉七（吉温在家中排行老七，高力士如此叫，是为了显示他和吉温关系的亲密），你见了上官应该在旁边侍奉才对，为何要回避呢？"

随后，高力士对萧炅说道："吉温是我的老朋友，如今他在你的手下做事，你可要多多关照才是啊！如果你亏待了他，我可会和你过不去哦！"话说得非常轻松，但是言语中的告诫之意让萧炅坐立不安。

萧炅殷勤地说道："高公公的朋友，下官自然不敢怠慢！"

有了高力士的调解，吉温和萧炅的关系逐渐缓和下来。

过了几天，吉温放低姿态，主动前去拜访萧炅："萧大人，以前的事都是我不对，并非下官有意为难萧大人，实在是国法难违，希望您能谅解。从今往后，吉温绝不会有任何不恭之举，希望您能接受我的歉意！"

事情发展到这一步，萧炅的面子也算是赚回来了，于是欣然接受了吉温的道歉，并提拔他做了京兆府法曹。自此以后，吉温便成了萧炅的心腹。正是在这样的背景下，萧炅向李林甫推荐了吉温。

事情太过重大，李林甫必须亲自面试，然后才能决定是否重用。

二人见面，李林甫端详着吉温，满脸横肉，凶神恶煞，但是霸气十足！李林甫还发现，吉温在他的面前神态恭顺，此人心狠手辣，但是李林甫可以随意操控，确实是可用之才。

李林甫："吉温哪，听说你擅长审讯犯人，眼下御史台和京兆府碰到了一件棘手的案子，不知道你能否出面搞定？"

吉温："下官愿效犬马之劳！"

天宝四年（745）六月，吉温走马上任，正式成为兵部贪腐案的主审官员。

时隔多年，丽景门审讯和构陷犯人的残酷手段重现江湖。

吉温将六十多个犯人集中到大理寺的后院之内，让他们靠着墙根依次排开，整整绕了一圈。院子里的气氛十分凝重，没人敢多说一句话。只见吉温站立在台阶上，用凶狠的目光扫视着兵部的官员，似乎随时能将他们给吞噬。

在淫威之下，这些人全部低下了头颅。

吉温突然高喊道："转过身去，面壁而立！"

人群经历了一阵骚动，随后寂静下来，没人能看到吉温的表情，没人能预测接下来会有什么事情发生。就在此时，吉温走进大理寺的正厅，悄声问大理寺的官员："这里是否有重刑犯人？"

官员："有有有，有两个重犯罪在不赦之列，不过没有认罪。"

吉温："那好，将他们带过来！"

吉温想用刑了，该用什么好呢？仙人献果、玉女登梯、凤凰晒翅、犊子悬车？还是钉竹签和老虎凳？

不一会儿，大理寺的后院传来一阵阵撕心裂肺的惨叫声，兵部官员虽然不知道发生了什么，但绝对可以猜出来，这是人经历极端痛苦之后才会发出来的惨叫声。片刻之后，一具尸体被丢到院子中间的大槐树下。

好奇的兵部官员转身望去，只见使者的头颅几乎被压扁，眼睛已经被挤出头颅，一条腿和身体已经断开，情形惨不忍睹，令人作呕。

这时，大厅里传出另外一名囚犯的哀求声音："吉大人，求您开恩哪，我一定按照您的吩咐全盘招供，只求您别再使用刑罚！"

当人遭逢生死威胁的时候，几个人能做到淡然处之呢。一旦刑具加身，恐惧随之而来，肾上腺素快速分泌，情绪更加激动……这就是当时兵部官员的真实写照。

突然，大厅之内响起了洪亮的声音："传兵部人犯前来受审！"

大理寺的衙役手持杀威棒，神色凝重地前来押送人犯，有几个官员当场被吓瘫在地上，还有几个当场尿了裤子。衙役们都知道，审讯应该从软柿子开始，于是，几个惊恐不已的兵部官员被彪形大汉带入堂中。

吉温还没搞开场白，几位官员就浑身发软，瘫倒在地上，颤抖地说道："吉大人……您别动手……我们都听您的吩咐！"

吉温很满意，他命人拿出早已经编造好的供状，让兵部官员签名画押，这些人已经六神无主，根本就没看供词的内容，一股脑地全部招认。

于是，一桩冤狱就这样被制造出来。吉温非常得意，他只花了一天的时间，便搞定了御史台和京兆府最棘手的案子，吉温兴致盎然，带着兵部官员画押后的供词前去向李林甫汇报。

直到此时，李林甫才彻底放下心来，他拍着吉温的肩膀，赞美和鼓励之词不绝于耳。

很快，李适之回到长安，他认定大理寺在搞刑讯逼供，因此上奏李隆基，希望能重新审理此案。然而，李隆基派去的使者回报，六十多位兵部官员，所有人的身体都完好无损，没有任何刑罚伤痕。李适之只能接受现状。

有趣的是，李隆基并没有从重处罚，只不过申斥了兵部侍郎和主事的郎中而已。然而，朝野上下都知道，李林甫和李适之算是撕破脸了，迟早会分出胜负。

与此同时，李林甫还网罗了另外一个酷吏：罗希罨。

此人是鸿胪少卿张博济的堂外甥，而张博济是李林甫的女婿。因为这层关系，罗希罨成为李林甫的打手，后来一路升迁，做到殿中侍御史。

据史料记载，吉温和罗希罨都是酷吏，可风格还是有很大差别。吉温擅长整人，通过残忍的刑罚让犯人处于极端痛苦状态，很像来俊臣。罗希罨擅长整理文字材料，能够颠倒黑白，把案件编得滴水不漏，很像索元礼。

吉温玩武的，罗希罨玩文的，二人甘愿充当李林甫的打手帮凶。据史料记载，只要是他们想整的人，几乎都难逃厄运，时人非常厌恶他们，于是给他们送了一个非常形象的“雅号”：“罗钳吉网。”

杨玉环：李隆基从儿子手中抢来的美人

杨玉环（719—756），史称杨贵妃，李隆基晚年最宠爱的女人。

据史料记载，杨贵妃的高祖父是隋朝的上柱国、吏部尚书杨汪，为人忠肝义胆，后来被李世民诛杀。父亲杨玄琰，曾担任过蜀州司户，叔父杨玄珪，曾任河南府士曹。一句话概括，杨玉环在一个没落的贵族家庭长大，长期生活在蜀州。

开元十七年（729），父亲杨玄琰去世，年仅 10 岁的杨玉环被迫前往洛阳，投奔叔父杨玄珪。杨玉环虽然家庭环境不好，但从小聪慧伶俐，父亲对她呵护有加，在教育上也下了很大的功夫，音律、歌舞、琵琶无一不通，典型的高知女性。

在叔父的照顾下，杨玉环出落得越发水灵，深受大家喜欢。

开元二十二年（734），李隆基和武惠妃的掌上明珠咸宜公主在洛阳举行婚礼，遍邀洛阳官宦人家的子女参加，杨玉环也在受邀之列。当天，洛阳的达官贵人，命妇女眷来往穿梭，杨玉环在席间也颇为活跃。令她没想到的是，自己的美貌和风姿吸引了寿王李瑁的强烈兴趣。

婚礼过后没多久，李瑁便向武惠妃求情，希望能迎娶杨玉环。客观地说，杨玉环的家境虽然不太好，却出身隋朝的贵族，做寿王李瑁的王妃绰绰有余。在武惠妃的请求下，李隆基于次年下诏，册封杨玉环为寿王妃。

开元二十五年（737），武惠妃去世，李隆基在宫中郁郁寡欢，对女色的兴趣也不比以往，这样的情况一直持续了好几年，直到后来有人告诉他，寿王李瑁的妃子杨氏貌美绝伦，是世所罕见的美女，李隆基这才来了兴趣。

问题是，李隆基和杨玉环的第一次见面，是在什么时候？

史书没有明确记载。按照规矩，李隆基册封杨玉环为寿王妃，以及寿王李瑁和杨玉环举办婚礼，夫妇二人都应该前往宫中拜谢李隆基和武惠妃。因此，李隆基至少有两次机会能够见到杨玉环。

当时，武惠妃仍然在世，李隆基就算喜欢杨玉环，也不至于闹出绯闻。事情有可能是这样：杨玉环的美貌和气质很出众，让李隆基的印象很深刻。

那么问题来了，杨玉环是怎么入宫的呢？

《旧唐书》记载，杨玉环做寿王妃的时候，已经出家为道士，法号“太真”，有人给李隆基说，可以把她召进宫伺候，两人这才建立关系。不过，李瑁和杨玉环的感情还不错，不大可能出家为道士，这种记载可能会有问题。

《新唐书》记载，有人说寿王妃貌美贤惠，能歌善舞，精通音律，李隆基便想着见见她，这才有了后面的故事。开元二十八年（740）十月，李隆基前往骊山温泉，于是召杨玉环入宫，两人一见钟情，度过了难忘的，幸福刺激的美好时光。

此时，李隆基已经56岁，可是在杨玉环的身上，李隆基似乎寻回了昔日的激情。至于杨玉环，面对英明神武，温柔多情的皇帝，她也坠入了爱河，贪婪地享受李隆基的英武霸气和缱绻多情。

问题在于，李隆基的行为属于强抢儿媳，而杨玉环则是背夫偷情，不管从伦理还是皇家的颜面，这种行为都是可耻的。如何跨越这道鸿沟？

李隆基表示，他有办法。不久之后，杨玉环主动向皇室申请出宫，声称自己想给太后（李隆基的生母）祈福，想出家做女道士。

开元二十九年（741）正月初二，李隆基向天下发布了《度寿王妃为女道士敕》，清人董诰编纂的《全唐文》中收录了这篇敕书：

“圣人用心，方悟真宰；妇女勤道，自昔罕闻。寿王瑁妃杨氏，素以端懿，作嫔藩国；虽居荣贵，每在精修。属太后忌辰，永怀追福，以兹求度，雅志难违；用敦宏道之风，特遂由衷之请，宜度为女道士。”

大致的意思是这样的：寿王妃杨氏，素来端庄大方，举止得体，身为藩王的妃子，享受荣华富贵，却不忘精诚修德。值此皇太后的忌辰，杨氏主动提出要为亡灵祈福，请求出家为道士，这种真挚的情谊实在难以违背，为了弘扬杨氏高雅的风格，朕批准这一请求，度她为道士。

李隆基特意在宫中修了一个太真殿，供杨玉环修行之用。就这样，世间少了个寿王妃，多了个“太真”道士。

这是个完美无缺的计划，先将杨玉环名正言顺地夺走，两人长相厮守，再选择合适的时机让杨玉环还俗，进入后宫，成为李隆基的嫔妃。至于寿王李瑁，他还能怎么样，难道要和李隆基争夺女人吗？

天宝元年（742）冬天，长安城比往年更为寒冷，树上的霜雪雾露已经凝结成冰，按照《春秋》中的说法，这种现象被称为“雨水冰”，也称树介。

宁王府内，李宪见到此景，心中有些不安，于是感叹道：“这就是民间所说的树嫁，谚语说得好，树嫁，达官怕！照此情形，必定有大臣蒙受灾难，我恐怕会不久于人世啊！”一语成谶，就在当年十一月，宁王李宪去世，享年 63 岁。

李宪是李隆基的亲兄弟，深得李隆基的信任。据说，李隆基听闻李宪去世，一时间悲从中来，哀号痛苦，旁人无不落泪，就在第二天，李隆基下诏，追封宁王李宪为让皇帝，用帝王的仪仗将他送出京城，并将李宪的陵墓命名为惠陵，享受帝王陵寝的祭祀。做完了这一切，李隆基紧张的神经才慢慢松开弛。

然而，就在数日之后，李隆基接到了寿王李瑁的奏折，李瑁表示，自己身为让皇帝的养子，愿意为他守孝三年，以尽孝道。事实上，李宪的长子李琎为他守孝也就罢了，根本轮不到李瑁来越俎代庖。

问题是，李瑁为何会突然提出这样的要求呢？

答案就是，恶心李隆基，不想让他轻易地霸占自己的媳妇儿。

按照朝廷的规制，守孝期间的男子，不能够迎娶妻妾。寿王妃被李隆基抢到了宫中，李瑁的亲事没办完，李隆基怎么会觍着脸册封杨玉环为妃？

迫于舆论的压力，接下来的三年时间，李隆基没法给杨玉环名分，二人虽然住到了一起，却一直是偷情的方式，这种状态让两人都很难受。

天宝四年（745）七月，孝期刚刚结束，李隆基便下了诏书：册封韦昭训的女儿韦氏为寿王妃。天宝四年（745）八月，李隆基下诏：封杨太真为贵妃，追赠其父亲杨玄琰为兵部尚书，任命其叔父杨玄珪为光禄卿，堂兄杨铦为殿中少监。

由于李隆基没有册封皇后，杨贵妃就是后宫之主。这一年，李隆基60岁，杨贵妃26岁，这一段旷世畸恋，从现在开始，才算正式拉开帷幕。

自从有了杨贵妃，李隆基整日与她厮守在一起，不管是百官宴会，还是朝廷大典，二人都是形影不离，后宫的其他嫔妃如同摆设。这也就罢了，常年跟随在李隆基身边的亲信宦官高力士，在杨贵妃的面前毫无地位可言，每次贵妃骑马的时候，高力士都要为她亲自牵马执辔。

生活方面，奢侈是杨贵妃的标准配置。据史料记载，杨贵妃爱吃荔枝，尤其是壳如红缯，膜如紫绡的荔枝，浆液甘甜如美酒。然而荔枝水分太多，不容易保鲜，一旦从树上采摘下来，一日色变，二日香变，四五日色香味都会消失。

当时，蜀中也盛产荔枝，每逢夏天，李隆基都会派人去采摘新鲜荔枝，蜀中前往长安路途不算太远，勉强可以保持荔枝新鲜的口感。然而，岭南的荔枝才是杨贵妃最喜欢的，为了保持荔枝的新鲜，往往要将成熟的荔枝树连根拔起，培植在大缸内，然后快速运往长安，再采摘下来给杨贵妃享用。

一骑红尘妃子笑，无人知是荔枝来，这话说得确实到位。

穿着方面，更是奢华无比，就拿织造衣服来说，为杨贵妃服务的专职服装设计师，竟然多达七百余位。

李隆基与杨玉环：缠绵悱恻的爱情

问题是，李隆基为何会对杨贵妃如此青睐呢？

第一，相貌出众，身材完美，举止优雅。白居易在《长恨歌》中描述杨玉环“回眸一笑百媚生，六宫粉黛无颜色”。在骊山行宫，李隆基赐给汤浴，“春寒赐浴华清池，温泉水滑洗凝脂，侍儿扶起娇无力，始是新承恩泽时。”

中国古代有无数美女，只有沉鱼的西施、闭月的貂蝉、落雁的王昭君、羞花的杨贵妃能被评为四大美女，可见她的容貌确实是世间罕有。

第二，兴趣相似，尤其在音乐和舞蹈上有共同话题。

前面已经说过，杨贵妃精通音律，擅长舞蹈、琵琶，是唐朝殿堂级的音乐家和表演家，至于李隆基，也精于音乐舞蹈。

根据唐人杨巨源《吹笛记》记载，有一次李隆基上朝的时候，手指不停地在腹部上下按动，群臣觉得莫名其妙。事后，高力士不无担忧地问李隆基：“陛下，您的手指时常在腹部按压，莫非龙体不适？”

李隆基笑呵呵地说道：“当然不是！昨天晚上，朕在梦中游玩月宫，众位仙子为朕演奏的音乐十分奇特，令朕陶醉其中。离别的时候，众仙奏乐送朕归来，音乐凄楚动人，感人肺腑。回来之后，朕想用玉笛演奏此曲，却担心坐朝的时候忘记，因此将玉笛装在怀里，用手上下按压演奏……”

这份痴迷，在历朝历代的皇帝中都是极为罕见的。

不得不说，唐朝的音乐水平能够达到极高的成就，与统治者的提倡和支持有着莫大的关系。李世民统治时期，宰相杜淹曾经进言，声称历代王朝的兴衰都是因为音乐，陈朝覆灭的时候，出现了《玉树后庭花》，北齐覆灭的时候，出现了《伴侣曲》，人们听了这些亡国之音，因此丧失斗志，政权这才灭亡。

李世民却不以为然，他认为决定百姓哀乐的不是音乐本身，只不过国家即将灭亡的时候，老百姓的内心悲伤欲绝，听了《玉树后庭花》等曲，只不过会更加哀伤而已，说音乐是悲哀之音、亡国之音，根本就站不住脚。

换句话说，搞政治没问题，但是文艺事业绝不能轻易放弃。

唐朝的历代君主继承先祖的雅志，竭力倡导文艺的发展，他们在宫廷设立教坊、梨园等音乐机构，亲自作曲、演奏、指挥和表演，对唐代音乐的高度繁荣做出了不可磨灭的贡献，更是催生了许和子、李龟年、康昆仑、段善本、陈康士等一批杰出的音乐家。

最值得一提的便是梨园，它是李隆基设立的宫廷音乐机构，因为地点在大明宫梨园而得名。梨园设立之初，李隆基亲自挑选了三百名出色的艺人，让他们集中学习音律、舞蹈、表演等专业知识，还给他们配备了公孙大娘、雷海青等一流的表演艺术家。每当闲暇之余，李隆基都会前去梨园指挥艺人排练。

据史料记载，就算梨园数百人的乐队一起演奏，李隆基也能发现其中个别人的错误，这种造诣，就算放在当代也是宗师级的水平。

李隆基不仅有极高的音乐鉴赏水平，还经常下场比画。在戏曲表演中，他最喜欢扮演“丑角”，演出的时候特意在脸上挂一小块白玉片儿。后来，丑角艺人凡是表演，都会效仿李隆基在脸上画这么一个白色“豆腐块儿”，久而久之，便形成了我们今天戏曲舞台上的丑角“脸谱”。

因为李隆基扮演过丑角，以至于戏班中丑角的地位非常之高，根据梨园的前辈描述，过去戏班里的演员，无论你唱得再好、演技再高，在班子里的地位也是老二，因为唱“小花脸”的丑角演员才算老一，因为尊“丑”就是尊皇帝。

在诸多乐器中，李隆基最喜爱的就是羯鼓。羯鼓又称两杖鼓，两面蒙着公羊皮，腰部细，两头粗，起初在西域诸国流行，南北朝时期流传到中原，广泛用于龟兹、高昌、疏勒、天竺等乐部中。

有一次，李隆基和音乐家李龟年聊天，问他打断了多少鼓杖，李龟年说已经有五十多支，李隆基却回应道：朕打断的鼓杖已经堆了四个柜子。

宰相宋璟也是羯鼓的忠实爱好者，他曾经对李隆基说过，击打羯鼓的时候，一定要做到“头如青山峰，手如白雨点”，意思是头部要保持固定的姿势，而手上要做到急如雨点的效果。李隆基认为，羯鼓音色“焦杀鸣烈”“透空碎远”，堪称八音之领袖，每当秋高气爽，明月清风，李隆基就喜欢独坐高楼，演奏自创的《秋风高》《春光好》等鼓曲。

李隆基是个作曲天才（若制作诸曲，随意即成），一生创作了上百首音乐作品。登基称帝之前，李隆基创作过《还京乐》《夜半乐》，这些作品都是为了纪念诛杀韦、武朋党集团的宫廷政变而作。登基称帝后，李隆基开创“开元之治”，因此创作和改编了不少宣扬君权神授、歌颂文治武功和太平盛世的作品，如《圣寿乐》《小破阵乐》《光圣乐》等等。晚年时期，李隆基的作品大多是回忆和思念之作，比如追忆马嵬坡之行的《雨霖铃》，怀念张九龄的《谪仙怨》等等。

当然，最著名的就是《霓裳羽衣曲》，此曲代表了中国古代歌舞音乐的最高水平，已成为流传千古的不朽佳作。对李隆基来说，《霓裳羽衣曲》是他一生最引以为傲的作品（不管是李隆基的原创，还是经过改编，都凝聚了李隆基不少心血），这首曲子的特点是通过虚无缥缈的乐感和现场舞蹈，营造一种道家的神秘氛围，李隆基就是想通过这首乐曲，表达自己对月宫、月中仙女的向往。

遗憾的是，《霓裳羽衣曲》创作完成后，李隆基一直都没有找到这种道家的神秘感觉，直到杨贵妃出现，他才找到了理想中的感觉：貌若月中仙子，舞姿轻盈飘逸，身材曼妙多姿，髣髴兮若轻云之蔽月，飘飖兮若流风之回雪。

白居易的《长恨歌》也有过一段描述：

骊宫高处入青云，仙乐风飘处处闻。
缓歌慢舞凝丝竹，尽日君王看不足。
渔阳鼙鼓动地来，惊破霓裳羽衣曲。

试想，这样的女子，怎能不让李隆基倾心？

当然，只要是情侣，总会有闹矛盾的时候，李隆基虽然宠爱杨贵妃，有时候也会因为杨贵妃的任性而恼火。更何况，李隆基后宫嫔妃众多，也不可能每天都和杨贵妃腻歪在一起。每逢李隆基关爱偏少或者耐心不够的时候，杨贵妃就喜欢闹情绪，惹得李隆基十分不悦。

天宝五年（746）七月，李隆基觉得杨贵妃太过敏感，喜欢妒忌后宫其他嫔妃，因此将她送回到哥哥杨铦的府邸。然而，杨贵妃回娘家没多久，李隆基的内心便生出了无尽的空虚感，仿佛失去了人生中最珍贵的无价之宝。

据史料记载，李隆基性格宽厚，平日里对宫女和宦官还不错，可自从杨贵妃出宫，这些下人天天被李隆基训斥，运气不好的甚至会遭受鞭笞。首席太监高力士心知肚明，他看火候差不多了，于是试探着问道："陛下，贵妃平日里尊贵惯了，如今住在杨府深有不便，要不将贵妃的起居物品送到杨府？"

李隆基赞赏地说道："你立即去办！对了，将朕的御膳分一半给贵妃送去！"

如此一来，就算李隆基先认了错。天黑的时候，高力士便将杨贵妃从杨府接了回来。杨贵妃非常懂事，刚刚进入宫殿，便匍匐在李隆基的面前认罪，态度十分诚恳，李隆基找回了面子，事情又顺利解决，心情自然大好。

正所谓，小别胜新婚，夫妻间的感情自然变得更加浓郁。

天宝九年（750），杨贵妃再次忤逆李隆基的圣意，被遣送回杨铦的府邸。

据说，这次闹得很严重，许多人都在看这场好戏如何收场，高力士劝了李隆基几回，最后也无可奈何，于是找户部郎中吉温想办法。

吉温奏道："陛下，女人没多少智慧见识，这才让您生气。不过贵妃久承圣恩，出了门便代表皇室的尊严，如今无家可归，岂不是让人看笑话吗？"

说白了，夫妻床头吵架床尾和，就是别让人看笑话。

果然，李隆基回心转意了，他让太监张韬光前去给杨贵妃送御膳，一方面了解贵妃的心态，另一方面则向她示好。

杨贵妃也着急，她担心李隆基移情别恋，自己彻底失宠，每日都派人前去探问消息，好不容易等来了皇帝的使者，怎能轻易放弃呢。据史料记载，杨贵妃当着太监的面哭诉，并让他转告李隆基：妾犯了陛下的忌讳，陛下却不忍心杀妾，如今远离宫廷，唯有将头发送给陛下，以求宽恕！

李隆基握着贵妃的头发，感触良多，当即让高力士将她接回了皇宫。经历了两次分手危机，杨贵妃开始学聪明了，她不再轻易吃醋，也不再顶撞李隆基，反而将自己最温柔的一面展现给李隆基，二人的感情再一次得到升华。

古代的帝王虽然都很好色，却也不乏对爱情有执着追求的，像李隆基这种痴情的帝王确实非常少见，也难怪时人会用“在天愿作比翼鸟，在地愿为连理枝”来称赞李隆基和杨贵妃忠诚不渝的浪漫爱情！

杨国忠靠“妹”上位

中国有句古话说得好，一人得道，鸡犬升天。

杨贵妃是个追求浪漫爱情的女人，对政治一窍不通，也不感兴趣，似乎没想过要提升杨家的政治地位。可李隆基不这么想，一来皇室婚姻讲究门当户对，必须有强势的家族给她撑腰，二来李隆基喜欢杨贵妃，就需要大献殷勤，提拔重用杨氏家族的成员，可谓最简单粗暴的办法。

杨贵妃被册封后没多久，李隆基就出手了。

亡父杨玄琰：太尉、齐国公。

生母：凉国夫人。

大姐崔杨氏：韩国夫人。

三姐裴杨氏：虢国夫人。

八姐柳杨氏：秦国夫人。

养父杨玄珪：光禄卿。

从兄杨铦：殿中监。

从兄杨锜：侍御史。

不仅如此，李隆基为了讨好杨贵妃，于是按照民间的称呼，将贵妃的三个姐姐呼为“姨”，每年都会给三位夫人高达千贯的胭脂费用，允许她们随意出入禁宫，凡是地方进贡的特产，李隆基都会分出五份，赐给韩国夫人、虢国夫人、秦国夫人、杨铦、杨锜五个家族。

每年十月，李隆基都会去骊山泡温泉，自从有了杨贵妃，每次出行不但带着她，还会让杨氏五大豪门一同前去。据史料记载，五大豪门浩浩荡荡，每家都是不同的服饰颜色，在阳光的照射下鲜艳无比，每逢李隆基的车驾通过之后，附近的农民都会趴在路上，寻找他们不小心遗落的珠宝和金银首饰。

在外人看来，五大豪门可谓穷奢极欲。

在他们看来，富贵荣华似乎还不太够。

这些人对建筑的豪华程度有着疯狂的追求，他们定了一个规矩：自己家的房子必须是长安城最好的，一旦发现有超越他们的，立马拆除重建。

比如虢国夫人，听说韦嗣立的府邸风水不错，适合拿来建房子，于是挑了个黄道吉日，带领工匠前去韦府，强行拆除了韦家的房子。随后，虢国夫人当众宣布：这块地以后就是我的了。这种霸道，真的是无缘无故。

房子刚刚建成，虢国夫人就想对工匠赖账，只答应支付二百万贯，工匠们苦苦求饶，虢国夫人便答应再给五百段布帛。不过，她开出一个条件：工匠们必须找一些蜥蜴、蚂蚁放在屋中，记好动物的数量，然后在规定的时间内，不允许它们走失，如果少了一个，对不起，这五百段布帛就没了。

当时，杨贵妃和李隆基的感情如胶似漆，杨氏家族的地位跟着水涨船高，就连李唐宗室也得对他们以礼相待。

天宝十年（751）的元宵节，长安城举办了规模宏大的灯会，权贵和百姓徜徉在欢乐的氛围中，只见一行人策马飞奔，横冲直撞，百姓们纷纷侧目而视。

这伙人正是杨家的奴仆，他们策马到西市后，遇到了广平公主的队伍，双方为了争道，竟然大打出手。杨家的奴仆仗着主人的权势，挥鞭乱抽，公主因为受惊坠落到马下，驸马程昌裔上前保护，竟然被抽打数鞭。

广平公主是李隆基的女儿，受了委屈自然要找父亲哭诉。按照规矩，欺辱公主，就是辱没皇室的面子，不管事情的原委是什么，杨氏家族都应该承担主要责任。然而李隆基却并没有这样处理，他的处罚简单粗暴：各打五十大板！

杨氏家奴鞭打公主和驸马，按罪处斩。

驸马程昌裔，停职反省！

不过，杨氏五大豪门虽然混得风生水起，最多也只是生活上的骄奢淫逸，至于政治影响力，几乎可以忽略不计。

杨贵妃家族中最有权势的一位，当属远房亲戚杨国忠。

杨国忠，原名杨钊，蒲州永乐（今山西省运城市芮城县）人，东汉太尉杨震的后代。杨国忠的爷爷叫杨友谅，担任过昊陵县令，杨贵妃的爷爷叫杨志谦，二人是亲兄弟，换句话说，杨国忠和杨贵妃的高祖是同一个人：杨令本。

不过，史书上还有两种说法：

《新唐书》：杨国忠是武则天男宠张易之的私生子。

《旧唐书》和《资治通鉴》：杨国忠是张易之的外甥。

根据《新唐书》记载，张易之备受恩宠，武则天为了不让他和别的女人来往，因此让他长期居住在宫中，只是偶尔放他回家与家人团聚，即便是这样，晚上睡觉的时候也得睡在楼上，然后撤去上楼的梯子，防止他与别的女人偷情。

张易之的母亲担心，这样下去张家会无后，经过再三思虑后，决定让自己的婢女偷偷前去服侍张昌宗，以此留下半点香火。

事实上，这位婢女很争气，没过多久就怀孕了，十个月之后，顺利生下了一位男孩，取名为杨钊。天宝九年（750），杨国忠成功上位之后，提出为张易之兄弟平反，李隆基这才以张易之兄弟迎立庐陵王李显有功为由，恢复他们的官爵。

按照《资治通鉴》的记载，张易之兄弟的养子、侄子和外甥很多，这些人从未提出给张易之兄弟平反的要求，但杨国忠却做到了，这说明二人之间必定有密不可分的关系，因此许多人猜测，杨国忠是张易之的儿子。

时至今日，我们很难靠史料推测杨国忠的真正身份，不过可以肯定，杨国忠和杨贵妃有血缘关系，但是两家人之间并不太亲密。

咱们可以从杨氏家族受封的情况看得出：

杨贵妃得宠之后，第一批受封的人包括：韩国夫人、虢国夫人、秦国夫人、杨铦、杨锜，其中三位夫人是杨贵妃的亲姐妹，而杨铦和杨锜二人，是杨贵妃叔父（也是养父）的儿子。杨贵妃的另一位叔父杨玄璬，以及他的儿子杨鉴都没有得到朝廷的封赏，更不用说杨国忠这个远房兄弟。

对杨国忠来说，一切都得靠自己的双手打拼。

很遗憾，杨国忠的青年生活混得惨不忍睹：从小就没读过几本书，整日在街上游手好闲，而且赌博酗酒，是典型的地痞流氓。杨家的家底并不殷实，在杨国忠的挥霍下，很快就见底了。为了能够保持无忧无虑的生活，杨国忠开始找亲戚熟人借钱。

很快，杨国忠绝望了：放眼望去，整个蒲州再也找不出愿意借他钱的冤大头。

临近 30 岁的时候，杨国忠开始反思人生，觉得这辈子不能就这么完蛋，于是孤身一人前往蜀中。据史料记载，杨国忠一度混到了新都县尉，当时蜀中正在打仗，杨国忠负责屯田工作，表现还算不错，然而西川节度使张宥十分厌恶杨国忠的为人，最后论功行赏时仍旧让他做了新都县尉。

杨国忠很气愤，不过还是接受了这个结局。

开元二十七年（739），杨国忠的任职期满，领导并未给他安排新的工作，杨国忠只好赋闲在家。

毫无前途的生活持续了数年之久，如果命运没有波折，杨国忠将会和亿万普通人一样，淹没在浩瀚的历史中。然而，李隆基将杨玉环度为道士的消息传到蜀中，杨国忠意识到上天给他打开了一道通往富贵王国的大门。当时，杨国忠在蜀中散播消息，声称自己和杨太真沾亲带故，同属杨氏家族。

没过多久，新政县（今四川省南充市仪陇县）的大富豪鲜于仲通找上门来，声称很佩服杨国忠的洒脱，希望能和他交个朋友。鲜于仲通还说了，自己家的钱这辈子都花不完，希望杨国忠能够帮他解决这个烦恼。

鲜于仲通对杨国忠示好，自然是别有所图。

据史料记载，鲜于仲通是剑南节度使章仇兼琼的心腹，后者手握蜀中的军政大权，深受李林甫的猜忌，二人几乎势同水火。更何况，李林甫身在长安，想要暗中谋害章仇兼琼，简直是易如反掌的事儿。

于是，章仇兼琼将财政大权交给鲜于仲通，让他囤积了不少钱财，用来和长安城的权贵结交，准备利用关系回京城做官。在章仇兼琼的计划中，逐渐崛起的杨氏家族（核心便是杨贵妃）便是首选！

天宝四年（745），李隆基册封杨玉环为贵妃，消息传到蜀中，鲜于仲通便将杨国忠推荐给了章仇兼琼。二人初次见面，杨国忠的相貌和谈吐让章仇兼琼印象极深，为了让杨国忠为己所用，章仇兼琼封他做了节度推官，允许他可以随时入府。

在章仇兼琼这里，杨国忠收获了满满的尊严，更看到了荣华富贵的曙光。傻子也看得出来，章仇兼琼讨好他，目的是接近杨贵妃，这是赤裸裸的利用关系。然而，杨国忠的目的又何尝不是接近这个远房亲戚呢?

天宝四年（745）九月，章仇兼琼觉得时机已到，于是派遣杨国忠前往长安，向朝廷进贡蜀锦。当杨国忠路经郫县的时候，章仇兼琼的亲信又奉命给了他价值万缗的蜀中特产，这些都是杨国忠在长安的活动经费。

有了这些宝贝，杨国忠的腰杆自然挺了起来。

据史料记载，杨国忠一路上昼夜兼行，马不停蹄，很快便到达长安城，随后秘密前往杨贵妃三姐妹的府中拜访，将手中的特产悉数送出。

杨国忠为人还是很厚道的，他将此事的原委和盘托出：这些都是剑南节度使章仇兼琼赠送的，至于目的嘛，你们自己去猜。

杨氏姐妹深得李隆基的恩宠，在长安城吃香的喝辣的，见惯了奢侈的场面，却唯独对蜀中的特产十分感怀。俗话说得好，拿人钱财，替人消灾，杨氏姐妹自从得了杨国忠的礼物后，屡次在李隆基的面前吹风，盛赞剑南节度使章仇兼琼的为人，同时将杨国忠也捎带上了。

李隆基虽然爱玩，却不太昏庸，剑南节度使是封疆大吏，职责重大，不能因为杨氏姐妹的一句话就轻易调动，还得继续观察。

至于杨国忠嘛，还是可以提拔的。

李隆基：“你们都说杨国忠是人才，他究竟有什么本事啊？”

虢国夫人：“陛下，听说杨国忠会玩樗蒲，至今难逢敌手。”

李隆基不太服气：“朕不相信会有这种人，你让他进宫，陪朕玩几把。”

樗蒲，中国古代著名的休闲游戏，需要骰子、棋子和棋盘来完成，玩法和现在的飞行棋很相似，但是骰子却不太一样。樗蒲的骰子有五个，每个骰子上都有黑、白、雉、犊的颜色或图案，将五个骰子一齐掷出，经过种种排列组合，就可以确定棋子前进的步数。

事实证明，杨国忠别的本事没有，但是术算功力很深，每次玩游戏都可以将步骤计算得不差分毫，自然也可以将胜负决定于股掌之间。

经过几次接触后，李隆基不仅喜欢上了杨国忠的为人，更对他的术算能力极为认可，于是心生栽培之意。就在当月，杨国忠晋升为金吾兵曹参军，官职虽不高，杨国忠却可以利用这层身份，随时出入禁中。

天宝五年（746）六月，在杨氏家族的推荐下，章仇兼琼调任户部尚书。

杨国忠虽然发达了，却把姿态放得很低。

在杨氏姐妹的面前，杨国忠鞍前马后，尽心侍奉，努力融入杨氏家族的核心圈层；在李隆基的面前，杨国忠更是小心揣摩，投其所好。李隆基本来就喜欢杨国忠，看到他忠心耿耿，又会来事，因此屡加提拔。

据史料记载，杨国忠刚到长安不到两年时间，便担任过监察御史、度支员外郎、侍御史、御史中丞等重要职务。天宝七年（748），杨国忠上奏李隆基，声称国库充盈，古今罕见，李隆基大喜过望，于是赐杨国忠紫衣和金鱼袋（三品以上官员才配享有的穿着），并让他兼任太府卿（皇室大总管）。

天宝九年（750）十一月，杨国忠奏请李隆基，声称自己的名字中有“金刀”二字，对他的前途非常不利，希望李隆基能够给他赐一个新的名字。

李隆基大手一挥：以后你就叫杨国忠吧！

事实上，杨国忠的崛起，应该要引起李林甫嫉妒的。

然而，杨国忠是李隆基的宠臣，君臣正处于蜜月期，贸然对杨国忠下手，肯定会引起李隆基的反感。另外，杨国忠的背后是杨贵妃和整个杨氏家族，这是一个恐怖的存在。可以这样说，在讨好李隆基方面，李林甫能做的，杨贵妃也能做，杨贵妃能做的，李林甫却做不了。

李林甫就算再威武霸气，也斗不过杨贵妃。最主要的是，杨国忠对李林甫很尊敬，这让李林甫很受用。

太子党核心成员

对李林甫来说，最大的政敌其实是太子李亨。相府和东宫的权力斗争，才是李林甫最心烦的事情。说白了，只要李亨顺利上台，李林甫就死定了。

要想扳倒李亨，就要剪除他的政治羽翼：

宰相、兵部尚书：李适之。

刑部尚书：韦坚。

朔方、河东四镇节度使：王忠嗣。

河西、陇右节度使：皇甫惟明。

李适之，大家都很熟悉的人。

韦坚，老婆是楚国公姜皎的女儿，而姜皎是李隆基的发小，韦坚的妹妹是李隆业的老婆，李隆业是李隆基最疼爱的弟弟。有这层关系，韦坚想不发达都难！

事实上，李隆基给了韦坚不少机会，让他担任过长安县令、陕郡太守、水路转运使、江淮租庸转运使等职。在江淮租庸转运使的任上，韦坚开窍了，他学习宇文融的做法，在江淮各州安排了不少督察者，这些人的工作就是收缴各州的陈年旧账，并严格约束各州，按时按量上缴赋税。

韦坚还在长安西北的渭水修建了兴成堰，以渭水作为主要的水源，同时将浐水和灞水也拦入渠中，抬高渭水水面，将渭水和潼关西面的永丰仓连接起来。这样一来，从江淮各地运来的粮食就可以直接运送到长安城郊外。

不仅如此，浐水、灞水、渭河相连之后，韦坚又在灞水和皇家园林的边上修建了一个规模巨大的人工湖，以便让江淮各地进贡的船只停泊在此地。人工湖历时两年而成，在落成典礼上，韦坚为李隆基精心安排了一场典礼。

据史料记载，韦坚从各地调集了数百只小斛底船，并给每个船只进行编号，然后配发给各州县使用。

比如：

广陵郡船上满载着锦、镜、铜器之物。

丹阳郡船上满载着京口绫衫缙缎匹。

始安郡船上满载着蕉葛、蚺蛇胆、翡翠。

晋陵郡船上满载着官端绫锈。

会稽郡船上满载着铜器、罗、吴绫、绛纱。

南海郡船上满载着玳瑁、珍珠、象牙、沉香。

豫章郡船上满载着名瓷、酒器、茶釜……

试想，几十个郡县的船只陈列在望春楼下，船上堆积着琳琅满目的商品，足以称得上中国历史上第一个水运博览会！李隆基端坐在皇家园林东边的望春楼上，内心汹涌澎湃，他很好奇，接下来会发生什么奇迹。就在此时，数百名头戴大斗笠，身穿宽袖衫、脚蹬芒屦的驾船人扯着嗓子喊道：

得宝弘农野，弘农得宝耶！

潭里船车闹，扬州铜器多。

三郎当殿坐，看唱《得宝歌》。

歌词写得不怎么样，可句句都是歌功颂德，粉饰太平的赞词，正中了李隆基的下怀。除此之外，还有一百多名身穿靓丽衣服的妇女在旁边唱和，歌唱完毕之后，陈列着商品的小船一起向望春楼方向开进，船只相连长达数里，景象极其壮观。李隆基兴奋得手舞足蹈，于是将望春楼下的人工湖命名为广运潭。

不得不说，韦坚导演的这场盛典取得了圆满成功。正因为如此，韦坚也顺利晋升为御史大夫、银青光禄大夫、左散骑常侍。

事实上，李林甫也很看好韦坚，因为李林甫是姜皎的小舅子，两人打断骨头连着筋。韦坚升官的时候，李林甫并未阻拦。然而，韦坚却看不起李林甫，反而和李适之搞到一起，李林甫的怒气可想而知。

王忠嗣，丰安军使王海宾的儿子，王海宾以身殉国之后，李隆基将他招到长安，收养为义子，随后将他安排到忠王李亨的身边。

也许是出于对父亲的崇拜，王忠嗣从小便熟读兵书，侃侃而谈，就连李隆基也很佩服他。李隆基曾经放出豪言，王忠嗣以后会成为他的霍去病。

长大以后，王忠嗣屡次央求李隆基，希望能够到前线打仗，将满腹的军事理论应用到实践中。身为皇帝的义子，自然不用从基层做起，王忠嗣的第一份工作便是代州别驾，官居正五品。

代州是少数民族和汉人杂居的地方，时常有突厥军队出没。王忠嗣身为代州别驾，主要工作是处理州中的日常事务，属于坐办公室的领导。然而，王忠嗣到任之后却屡次率领骑兵到周边寻找胡人军队作战。

李亨坐不住了，向李隆基进言道："父皇，王忠嗣凶狠好斗，如果让他长期待在代州，终有一天会命丧沙场，不如将他召回长安吧！"

李隆基的本意是让王忠嗣出去长见识，没想到他如此贪功冒进，万一出了什么意外，大唐的"霍去病"岂不是成了天大的笑话？李隆基紧急下诏，将跃跃欲试的王忠嗣召回京城，让他躲在家里继续修炼内功。

随后几年，李隆基将王忠嗣相继托付给信安王李祎，以及河西节度使萧嵩。当时，吐蕃和大唐在河西道和陇右道屡次交锋，战事非常频繁，王忠嗣跟随在两位帅才的身旁，确实学到了不少实战经验。然而，令王忠嗣苦恼的是，李祎和萧嵩都没有给他上场杀敌的机会。

王忠嗣曾经问过萧嵩，为何执意不给自己机会。

萧嵩是这样回答的："陛下将你托付给我的时候交代了，你胸怀大志，却是个急性子，眼下并不适合上阵杀敌，最好还是待在军中磨炼心性。"

没过多久，萧嵩卸任河西节度使之职，被调回长安担任宰相。

临行之前，王忠嗣请求道："随您从军多年，并没有建立半点功劳，实在没脸回去见陛下，希望您能给我一些精兵，我想对吐蕃发动一次奇袭！"

王忠嗣虽然嘴上这样说，心里却没做太多指望。

谁料想，萧嵩的回答竟然出乎意料：“好，我给你一次机会！”

这是王忠嗣第一次领兵出战。当时，吐蕃骑兵正在郁标川举行阅兵仪式，王忠嗣想要发动奇袭战，手下的将士却认为吐蕃军队人数太多，而且威武雄壮，凭他们几块料，连塞对方牙缝都不够。

就在手下将士面面相觑，犹豫是否要进攻的时候，王忠嗣纵马提刀，向吐蕃大军狂奔而去。将士们毫无选择，只能硬着头皮跟上去，这是一场奇袭战，也是一场以少打多的经典战役，王忠嗣手下的数百名骑兵冲垮了吐蕃大军的阵营，趁机诛杀数千名敌军将士，劫夺数万匹羊马而归。

消息传到长安，李隆基大喜过望，因此下旨褒奖，将他升为左威卫将军、代州都督，封清源县男。然而，就在王忠嗣事业飙升的时候，另一位抗击吐蕃的大将皇甫惟明参了他一本，原因很简单，就是看他不爽（王忠嗣曾经在背后说皇甫惟明弟弟的坏话），希望李隆基能够秉公处理一下。

李隆基：孩子，你先去做东阳府左果毅吧。

这件事情很诡异，如果所料不错，李隆基应该是故意打压王忠嗣，一来继续磨炼他的心性，二来安抚皇甫惟明的情绪。幸运的是，王忠嗣的事业低潮期并没有持续太长的时间，这些年下来，他英勇善战的名号早已经响彻朝野，不少人都知道他的存在，更何况，王忠嗣还是李隆基的养子！

开元二十六年（738），杜希望晋升为陇右节度使，肩负着攻取吐蕃军事重地新城的任务。临行之前，杜希望奏请朝廷，希望让王忠嗣以左威卫郎将的身份前往陇右道效力。

当时，杜希望组织大军攻占吐蕃的黄河桥，吐蕃发动三万精兵前来阻击，正当所有人都忌惮吐蕃军威的时候，又是王忠嗣一马当先，冲进吐蕃的阵营，诛杀数百名吐蕃士兵，带领唐军取得胜利。

李隆基：孩子，你先做左金吾将军吧。接下来，李隆基用左羽林军上将军、河东节度副使、大同军使等高级军职将王忠嗣砸得晕头转向，幸福不已。

开元二十九年（741），王忠嗣出任朔方节度使，暂代河东节度使之职。从带兵打仗的前锋将军，到执掌一方军政大权的节度使，王忠嗣的视野和心境也开始变化。据他自己所述，国家平安无事的时候，将军的职责在于管理和约束军队，不能利用战争去追求自己的功名利禄。

话说得很轻松，可将士们却不太买账，吐蕃大军随时都有可能来偷袭，你让大家被动挨打？那可不行！王忠嗣的手下摩拳擦掌，日夜思战，为此，王忠嗣改变打法，他时常派侦查员前去打探敌军的弱点，然后出奇兵偷袭。

每次军队出战的时候，王忠嗣便将武器分发给士兵，弓箭上面都刻着士兵的名字，王忠嗣考核的指标很简单，回来的时候弓箭必须在你身上，如果丢失了，就代表你能力不行，或者在战场上逃亡，按罪论处。

当时，王忠嗣的防区一直从朔方到云中，为了让自己的防区更加稳固，同时也让部队更加机动灵活，王忠嗣在所有的险要关口都建立了城堡，方便随时联系。

与此同时，王忠嗣刻意操纵战马买卖的价格，诱使胡人将马匹卖给朝廷，这样一来，胡人骑兵的战马得不到补充，而唐军的骑兵却越来越多。在王忠嗣的治理下，河东、朔方两地的军队战斗力远超其他军区。

论功劳，王忠嗣在朝堂是超然的存在；论关系，王忠嗣是李隆基的养子，太子李亨的心腹。对李林甫来说，王忠嗣是必须要除去的死敌。

皇甫惟明，李亨的发小，长期在陇右道边境服役，屡立奇功，后来担任陇右节度使，王忠嗣卸任河西节度使后，皇甫惟明身兼陇右和河西节度使。

皇甫惟明是个性格耿直的汉子，看不惯阿谀奉承、溜须拍马的小人。不巧的是，李林甫正是这类人。有一次，皇甫惟明从吐蕃回长安述职，发现李林甫权势熏天，而且恶意打压朝廷忠良，因此心生不满，主动向李隆基进言，希望罢免李林甫，起用韦坚为相。

皇甫惟明身为武将，却随意干涉朝廷宰相的任免，本就犯了官场上的大忌，更何况矛头正是首席宰相李林甫！据史料记载，李林甫得知消息后，大发雷霆，当即下定决心，准备处置皇甫惟明。

韦坚、李适之、王忠嗣、皇甫惟明是李亨的四大“护法金刚”，就看李林甫采取什么样的策略，将他们各个击破。

天宝四年（745）九月，李林甫上了一道奏折，声称韦坚担任陕郡太守、江淮租庸转运使期间，为国库增添了不少收入，能力超群，忠心可嘉，实在是难得的人才。希望对他委以重任，比如调回长安，加封为刑部尚书。

李隆基：准奏！

韦坚明明是李林甫的眼中钉，还要给他升官？

很快，诏书又来了：陕郡太守、江淮租庸转运、刑部尚书韦坚身兼数职，公务繁忙，朝廷为了大局考虑，决定韦坚不再兼任陕郡太守、江淮租庸转运。

又是明升暗降，屡试不爽的政治斗争策略。

这样一来，韦坚失去了江淮租庸转运的肥差，自然也失去了讨好李隆基的机会。

下一个该打击谁了？李适之吧！

天宝五年（746）正月的某一天，李林甫和李适之在朝房相遇。闲聊之中，李林甫对李适之说道："听说华山中隐藏着一个巨大的金矿，如果朝廷组织开采，可以获得巨额的财富，这事儿陛下还不知道，我正打算向陛下进言呢！"

李适之是个性格粗疏的人，在他看来，能够为国库添一笔财富，是皆大欢喜的事情，于是在第二天单独奏事的时候，将此事给抖了出来。

李隆基听说在华山发现了金矿，高兴极了，于是派人找李林甫前来，准备商议开采计划。

李隆基："爱卿啊，适之说华山中有座金矿，你可知道此事？"

李林甫："陛下，臣早已经知道此事！"

李隆基："适之提议，朝廷应该组织开采，你觉得怎么样？"

李林甫显得很犹豫："陛下，华山是陛下的根本，李唐王气所在之地，臣觉得不应该贸然开采，这才没向陛下禀报此事！"

李隆基很爱钱，但更爱江山。他严肃地对李适之说道："李爱卿，以后奏事的时候，应该先和李林甫商议，再不可如此莽撞！"

李适之的本性就很低调，只因看不惯李林甫的嘴脸，这才出来反抗。然而，经过几次交锋之后，李适之算是明白了，自己根本不是李林甫的对手，于是斗志全失，闭口不谈政治。李适之很郁闷，韦坚更郁闷，二人同病相怜，来往的次数更加频繁，小聚会也越来越多，这引起了李林甫的强烈不满。

天宝五年（746）正月十五日，一年一度的上元节，朝廷刚刚下令取消了宵禁，这也就意味着长安城的百姓可以彻夜狂欢。这一天，不管你是王侯宗室，朝廷重臣，还是黎民百姓，甚至身居内宫的嫔妃都可以微服出访，与民同乐。

朱雀大街两侧，树木和店铺的上面挂满了各式各样的彩灯，再加上各坊市灯火通明，整个长安城犹如白昼一样。舞狮子的，耍把式的，敲锣打鼓的，卖零嘴小吃的，将节日的气氛一波波地推向高潮。潮水般的人群来回涌动，人们的脸上洋溢着难得的喜悦之情。

最近一段时间，李林甫一直在找太子府的晦气，李亨心里十分不悦，却也无可奈何。为了避免麻烦，李亨平日里很少出行，也很少与他人来往，不过今日是上元节，李亨带了几名太子府侍卫，准备上街赏赏花灯，寻找一份好心情。

李亨随着人潮的涌动慢慢前行，走到朱雀大街的时候，碰巧遇到了小舅子韦坚。熟人见面，互相寒暄了一番，然后聊起近来的遭遇。然而，李亨却一直心神不宁，他总觉得背后有一双眼睛在盯着他，为了保险起见，李亨主动结束了与韦坚的谈话，就此别过。

与李亨分别之后，韦坚继续漫无目的地闲逛，碰巧遇到了陇右、河西节度使皇甫惟明。皇甫惟明是边关守将，回长安的机会很少，这次回京主要是向李隆基汇报吐蕃的战事，李隆基也非常体恤，让他过完上元节再回任所。

韦坚知道，皇甫惟明回京后劝李隆基罢免李林甫，动静闹得很大，因此两个大老爷们找到了共同话题。随后，他们信步来到了长安城崇仁坊的景龙观，找了一间密室聊起了天。谁料想，此事竟然被李林甫的亲信杨慎矜探知。

对李林甫来说，皇甫惟明长期待在地方，很难下手。按照李林甫的打算，这次本来是打算对韦坚动手，没想到搂草打兔子，顺便捡了个天大的便宜！

事不宜迟，李林甫立马上奏："陛下，皇甫惟明是朝廷的节度使，手握兵权，如今与皇亲国戚相互勾结，这有违朝廷的定制啊！"

李隆基："依你看，这二人私下见面是为了什么？"

李林甫："恐怕是为了拥立太子李亨为皇帝！"

李隆基："哼，朕也怀疑他们在搞小动作，只不过没有证据。这样吧，让杨慎矜、御史中丞王鉷、京兆府法曹吉温共同审理此案！"

李林甫："陛下英明！"

天宝五年（746）正月二十一日，李隆基下诏：刑部尚书韦坚，暗地里谋求官职，存有野心，贬为缙云太守。陇右、河西节度使皇甫惟明，私下与皇亲国戚接触，有挑拨皇室成员关系的嫌疑，贬为播川太守；责令文武百官以此二人为鉴。

皇甫惟明和韦坚都是太子李亨的亲信，李隆基既然怀疑他们想要暗中拥立李亨为皇帝，为何不处理李亨呢？

这恐怕是李隆基的政治平衡手段。

在李隆基看来，李亨为人忠孝，行事低调，还不至于发动政变夺取皇位。然而，皇甫惟明、韦坚等人心怀不满是事实，李亨不想搞事情，不代表他们没这个想法，为了保险起见，先将他们调离长安，减少李亨和他们接触的机会。

自从韦坚等人被贬之后，李适之就变得有点心神不宁。李林甫打定主意对付太子府，韦坚只不过是最先倒下的，接下来可能就是他自己。

接下来的一段时间，李适之深居简出，尽量减少与外界接触的机会，同时也在派人打探朝廷的动向。事实上，朝廷并没有任何人事变动的说法。

往日喧嚣的李府，如今变得门可罗雀，昔日登门拜访的官员需要排队等待接见，如今却连一条野狗也没有。李适之越想越害怕，越想心里越不踏实。

直觉告诉他，将会有大事发生！

天宝五年（746）四月，李适之主动递交了辞呈，希望提前进入养老状态，李隆基表示同意，封他做了太子少保，不再让他参与政务。

所谓的政治家，一旦失去权力光环，就会变得寂寞和空虚，而世态的炎凉，人情的淡薄，会让这份空虚无限放大。

李适之整日坐在府中唉声叹气，变得一蹶不振，这让儿子李霅（zhà）十分痛心。

这些年，在父亲的栽培下，李霅做到了卫尉少卿的高位，算得上年轻有为，对父亲，除了有崇拜和敬重，也有些许愧疚和心疼。李霅决定，在府中举办一个家宴，邀请父亲昔日的老朋友前来家里叙旧，以此缓解父亲的苦闷之情。

计划定下之后，李霅便派人前去给宾客送请柬，而李府也开始张罗着宴会的事宜，李适之甚至拿出了当年李隆基御赐的美酒，准备招待客人。一切工作准备就绪，只等客人到来，宾主尽欢。

宴会的时间很快就到了，李府早已经派人到府门前迎接，然而左等右等，仍然看不到客人的身影。难道请柬的日期搞错了？李霅反复检查，毫无问题。

时间的流逝让李适之和李霅倍感焦急，如果客人不来，李府将会成为长安城的笑柄。为此，李霅派了一批家奴，让他们挨家挨户地邀请一遍。过了一会儿，被派出去的人相继归来，带回来的消息非常一致：要么家中有事急需处理，要么身体抱恙无法出门，总之，这场宴会他们没法来，请老伙计多多包涵！

事情发展到这儿，李适之还能不明白吗？李适之沉默无言，转身进了书房，坐在书桌前，思虑许久，写下了一首诗：

避贤初罢相，乐圣且衔杯。

为问门前客，今朝几个来？

太子府陷入危机

四大金刚去了三个，李隆基是想剪除李亨的势力吗？

未必。对李隆基来说，不管是太子，还是首席宰相，或者新晋的贵族势力，大家都得在他的领导下过日子，因此势力平衡才符合他的利益诉求。在剪除李适之、皇甫惟明和韦坚的同时，李隆基给王忠嗣加了官职：除了担任朔方节度使、河东节度使之外，兼任陇右节度使和河西节度使之职。这样一来，王忠嗣一个人便坐拥四大节度使的头衔，势力远超安禄山！

然而，事情并没有结束，或者说并没有按照李隆基设想的方式结束。就在事情将要平息之时，出了一点小插曲，然后引起了轩然大波。

韦坚的弟弟，将作少匠韦兰、兵部员外郎韦芝站了出来，声称哥哥韦坚被歹人诬陷，这才蒙受冤屈，希望太子李亨能够出面做证，还韦坚清白。

韦坚：这两个蠢蛋，害苦了我！

李亨：这两个蠢蛋，真是够了！

李亨的反应很迅速：父皇，我要和韦妃离婚，这事跟我没啥关系，不能因为这点私情破坏朝廷的法度。

自古以来，成大事者不拘小节。李隆基为了不引起唐睿宗李旦和太平公主的猜忌，差点用堕胎药杀死李亨，数十年后，李亨为了保住太子的地位，不惜与韦妃离婚。怎么说呢，不是一家人，不进一家门。

天宝五年（746）九月，李隆基下诏：贬韦坚为江夏别驾，贬韦兰、韦芝到岭南。按照惯例，皇帝亲自烧第一把火，李林甫必须再添第二把火，这才叫默契。

李林甫："陛下，李适之和韦坚过往甚密，逃脱不了干系。"

李隆基："那好，贬李适之为宜春太守。"

李林甫："陛下，韦坚在朝中经营多年，党羽遍布朝廷各处，不能不防啊！"

没过多久，李隆基便下达了贬斥诏令：

贬太常少卿韦斌为巴陵太守。

贬薛王李瑁（李隆业的儿子，韦坚的外甥）为夷陵别驾。

贬睢阳太守裴宽为安陆别驾。

贬河南尹李齐物为竟陵太守。

据史料记载，在这场政治风波中，被贬的人多达数十人。

此次事件，是李林甫蓄谋已久，精心策划的整人运动。以边镇节度使和外戚私下会面作为突破口，用蓄意政变的罪名将太子党的成员拴在一根绳子上，整个事件运作下来一气呵成，绝不拖泥带水，真可谓是"大师的杰作"！

问题是，李适之倒台之后，谁会接替他的宰相位置呢？

李林甫觉得，这次整人运动闹得太大，如果宰相人选是自己的亲信，李隆基恐怕不会答应，因此新的候选人必须是李隆基喜欢的，自己也能控制的。

巧的是，朝中还真有这样的人才。

门下侍郎、崇玄馆大学士陈希烈，《老子》和《庄子》的研究者，擅长道家法术的表演，深受李隆基的信任。关键是，陈希烈讲究无为而治，在政治上没多大的追求，这正是李林甫最希望看到的。

在李林甫的推荐下，陈希烈被任命为同中书门下平章事，开始了默默无闻的宰相生涯。据史料记载，陈希烈做了宰相之后，对李林甫十分尊敬和顺从，任何军国大事，陈希烈的态度都简捷了当：李大人说得对，就这样办。

无数的事实证明，人一旦进入顺境，自信心和野心就会膨胀。

按照朝廷旧制，每天太阳升起的时候，五品以上的官员应该面见李隆基，汇报和讨论朝廷的军国大事，五品以下的官员前往部门报道，处理日常事务。中午十一点左右，低级别的官员结束一天的工作，陆续返回家中休息，而宰相或者三省长官由于身兼数职，上午在朝堂商议政事，中午返回本部门处理公务，最晚也会在十二点半左右返回家中休息。

陈希烈的退让没有让李林甫放下戒心，专门给陈希烈定制了一项“福利”：天下安宁无事，朝堂事务变少，宰相和其他高级官员巳时（九点至十一点）便可以回家休息，有什么公务也可以在家中处理。

于是，神奇的一幕出现了：太阳升起的时候，李隆基率领重臣商议大事，随后李林甫和陈希烈便返回家中，官员如果需要汇报工作，或者递交需要处理的公文，必须前往李林甫的府中，由他决定之后，再转交给陈希烈签字署名。

这样一来，陈希烈的存在完全是大唐官场的一个笑话。

事实证明，李林甫的好运还没有结束的迹象。

在整人运动中，李亨为求自保，撇清了和韦坚等人的关系，并和太子妃韦氏离婚，极力向李隆基自证清白。或许，有人会说李亨无情无义，专干落井下石的勾当，可话又说回来，只有李亨本人才明白太子府蕴藏的危险，一旦这些危险被李林甫利用，自己将会死无葬身之地！

这不，李亨刚办完离婚手续，太子府便再一次卷入风波之中。

李亨还有个姬妾，叫杜良娣（正妻叫太子妃，姬妾叫良娣），父亲杜有邻在太子府担任赞善大夫（太子幕僚，正五品官职），杜良娣还有个姐姐，嫁给了左骁卫兵曹柳勣。此人是个文人，性格狷狂，行事不拘小节，还喜欢和人交朋友，在他的朋友圈里，便有淄川太守裴敦复、北海太守李邕、著作郎王曾等名噪一时的读书人。

在杜友邻的眼里，杜氏家族的前途和李亨绑在了一起，因此杜家人平日里应该循规蹈矩，低调处事，少给李亨惹麻烦。杜友邻接受不了柳勣狂放的行为，屡次以长辈的身份教训他，而柳勣则嘲笑岳父胆小如鼠，是个懦弱迂腐之人。久而久之，翁婿二人竟然形同陌路。

柳勣思来想去，心潮难以平复，于是在长安城散布谣言，声称杜友邻偷偷摸摸地准备图谶，想要拥立太子李亨为皇帝，还屡次指责当今圣上昏庸。

李林甫无论如何也没想到，太子府居然发生了内乱。

李林甫立马让吉温前去调查，最后得知是柳勣搞的阴谋，于是和他达成了一个协议：只要柳勣答应将此事从家庭纠纷升级到蓄意谋反，并牵连出更多的人，李林甫便放他一马。

按照以往的惯例，柳勣作为原告，只要证据确凿（看主审官的意志），他便是首告的功臣，这是稳赚不赔的买卖。于是，柳勣为了前途和性命，再也顾不上朋友道义，将淄川太守裴敦复、北海太守李邕、著作郎王曾等人一股脑儿地牵连进来，最后的矛头直指李亨本人。

一时间，朝野震惊！

李隆基是什么态度？

李隆基还是信任李亨的，不过眼看着太子府再次陷入危机，李隆基的神经也开始紧绷起来。十年前，太子李瑛、鄂王李瑶、光王李琚遭受诬陷，无辜冤死，这样的悲剧难道要再次重演吗？李隆基坚决说不。

天宝五年（746）十二月，李隆基越过主审官，直接做出了判决：杜友邻、柳勣二人心怀叵测，施以杖刑（二人同时被活活打死在大理寺），家人流放岭南。李隆基的态度很明确：各打五十大板，别再拿太子李亨搞事情。

在李隆基这里，是非和善恶不是最终的审判标准，天家的颜面，江山社稷的稳定才是他最关心的。柳勣可能没想到，一场近在眼前的荣华富贵，竟然在瞬间化为泡影，还连累自己断送了性命。

即便如此，李亨还是做出了最稳妥的决定：宣布与杜良娣离婚。

一代国储，却在权臣的淫威之下，一年之内离了两次婚，说出去也真是够窝囊的。幸运的是，李隆基并未怀疑他的忠诚，这才让他一次次躲过危机。

李林甫虽然没扳倒太子李亨，收获却也不小：

淄川太守裴敦复、北海太守李邕被活活打死。更要命的是，李林甫将此事牵连到了李适之、皇甫惟明等人的身上。

李林甫："陛下，据臣了解，李适之、皇甫惟明等人自从被贬，心怀怨恨，如今太子府的官员悉数被杀，难保他们不起来造反！"

李隆基："依你之见，该当如何？"

李林甫："派遣得力干将前去调查，如果这些人心怀怨恨，就地格杀。"

李隆基："让罗希奭去办理此事吧。"

李林甫：“陛下圣明，罗希奭一定会不负众望。”

据史料记载，罗希奭南下岭南的途中，凡是遇到被贬斥的官员，悉数处死，以至地方官员人人自危，整日在家中烧香拜佛。

李适之得知此事，在任所服毒自尽。

李适之的儿子李適，被杖杀于河南府。

赵国公王琚（被李林甫牵连）服毒未死，自缢身亡。

裴宽跪地求饶，捡回一条命。

皇甫惟明被杀身亡。

韦坚被杀身亡。

李隆基恩宠安禄山：究竟谁是“铁憨憨”？

天宝六年（747）正月十一日，李隆基率领文武百官祭祀太庙。

天宝六年（747）正月十二日，李隆基在南郊祭祀天地，大赦天下，免除天下百姓一年的租赋，取消绞刑和斩刑，以重杖责罚和发配岭南来代替。

对老百姓来说，少给官家交粮食，意味着家人可以多点口粮。对官员来说，以后犯了大错，只需要挨打，不需要人头落地，这就意味着找死的方式不再那么难看。面对李隆基送出的诚意大礼包，百姓和官员们纷纷为他唱起了赞歌。

李隆基表示，这种收买人心的方式应该经常使用，于是又下了一份求贤令：但凡你有一技之才，就可以来长安考试，还可以接受皇帝的召见。

看样子，李隆基对读书人逐渐失去了兴趣，现在想提拔一些有特殊技能的人才，比如算命的、耍杂技的、会炼丹的?

李林甫不淡定了。这些人虽然心眼没读书人多，却能以一技之长取悦皇帝，保不齐蹦出几个不会说话的，当着李隆基的面控诉自己，岂不是非常被动?

本着多一事不如少一事的心态，李林甫进言道：“陛下，这些人混迹于草莽之间，大多愚昧无知，万一说出什么难听的话来，岂不是惹您不开心吗？”

李隆基：“嗯，你说得有道理！人才还是要选的，你觉得怎么办才合适？”

李林甫一本正经地说道：“臣认为，可以让各州刺史和县令考察筛选，由尚书省组织考试，再由御史中丞负责最后审核，选择出类拔萃的贤才予以重用。”

李隆基：“不错，这件事就交给你去办吧！”

李林甫不敢随意敷衍，他当即传出政令，让全国各地的官府挑选优秀的人才送到长安，然后集中考试。不过，考试的科目却很传统：诗、赋、论。

试想，大街上要把式的人，你让他去作诗，岂不是赶鸭子上架嘛！再者说，有些读书人会作诗，却不会作赋，会作赋的人对朝廷政事一窍不通，要想找到精通三门绝学的人，可谓难比登天。据史料记载，这场考试的结果非常难看，因为前来长安的考生没一个人通过最后的复试，可谓全军覆没。

考生们很难过，他们开始怀疑自己的人生，李林甫却很开心，考试结果出来的当天，李林甫便兴冲冲地前去面圣，声称在李隆基的英明领导下，朝廷已经网罗了所有人才，真正做到了野无遗贤！

北宋时宰相晏殊就曾经通过了诗、赋、论的考试，毫无压力，但是，以诗、赋、论去考核技能单一的人，门槛确实有点高。

面对这样尴尬的局面，李隆基是什么反应？

毫无反应！或许，李隆基确实是出于收买人心的考虑，这才举办了选拔人才的考试，至于结果，并不是他最关心的。李林甫的目的就一个：断绝所有人的晋升之路，让李隆基的眼里只有他。

忙完了内政，李林甫将矛头指向了王忠嗣。此时，王忠嗣担任河东、河西、陇右、朔方四大军镇节度使，手握二十七万雄兵，在军中威信甚高，又深得李隆基的信任，是最有可能拜相的人。

对李林甫来说，王忠嗣必须得除掉，不过要注意方式和方法。这一次，李林甫决定找一个合伙人：范阳节度使安禄山。

这些年，安禄山在朝中安插了不少眼线，还在长安搞了个“驻京办事处”，让部将刘骆谷长年驻扎在此，刺探朝廷的消息。不仅如此，安禄山每年都会花费重金求购各地的奇禽异兽和珍宝玩物，然后送到长安，进献给李隆基、杨贵妃和李林甫等人。为了满足李隆基好大喜功的心理，安禄山每年都会主动寻找少数民族开战，然后抓一批俘虏送往长安，顺手写一份歌功颂德的奏表。

安禄山的“务实”让李隆基倍感欣慰。据史料记载，安禄山做了大官之后，胡吃海喝，最后体重严重超标，高达三百多斤。肥胖的身体，一脸的奸笑，加上为人幽默诙谐，本质虽然可恶，外形却十分可爱。

有一次，安禄山前往长安述职，李隆基指着他的肚子说道：“爱卿，你这肚子里面究竟装的什么东西，竟然如此巨大？”

安禄山笑了笑：“陛下，并无其他东西，唯有对陛下的一颗忠心！”

李隆基拊掌大笑，对安禄山的机智大为赞赏。李隆基看到太子李亨在旁边侍奉，因此有意将安禄山介绍给他。李隆基：“爱卿，你来长安的机会并不多，这位是大唐的皇太子，你应该向他行礼拜见。”

安禄山：“臣遵旨！”

安禄山转向李亨，说了一句见过太子，随后便没了下文。

所有人都震惊了！李亨虽然没多大的权势，但毕竟是皇帝钦封的太子，大唐的储君，臣子拜见储君难道只需要打个招呼吗？太敷衍了吧。

在古代，皇帝商议政事的时候，御史或掌管礼仪的官员都会在旁边侍奉，一旦发现有人仪态不整，或者不守规矩，都会出来劝谏。安禄山犯了如此严重的错误，礼仪官自然不会善罢甘休，他们让安禄山遵守规矩，尽快给李亨行礼。

安禄山却说道：“臣是胡人，不懂朝廷礼仪，谁能告诉我太子是什么官？”

李隆基的心情非常不错，于是打趣道：“太子就是未来的皇帝，朕百年之后，太子将会代替朕来统治你们！”

安禄山这才假装惶恐，匍匐在地上说道：“臣孤陋寡闻，过去只知道有陛下，从未听说还有太子。”

当天晚上，李隆基在勤政务本楼摆下宴席，安禄山大献殷勤，频繁敬酒，几杯御酒下肚之后，君臣二人的关系更加亲近，为了讨李隆基的欢心，安禄山使出了撒手锏：表演胡旋舞！

胡旋舞是西域舞种，以打击乐作为音乐背景，舞姿以旋转和蹬踏为主，舞蹈节拍鲜明，气氛欢快。表演者一般都是年轻漂亮，身材婀娜的美少女，当安禄山提出要表演胡旋舞的时候，李隆基有点震惊，也有点怀疑。

出人意料的是，安禄山虽然肥胖笨重，跳起舞来却异常敏捷，舞姿更是轻盈自如。临近结束，安禄山还给李隆基献了胡人礼，赢得一片喝彩。

按照宫廷的规矩，前朝大臣不能随便和后宫嫔妃见面，李隆基却特许安禄山随意出入后宫，还让他拜杨贵妃为义母。有一次，李隆基和杨贵妃并排而坐，安禄山却先拜杨贵妃，再拜李隆基。

李隆基：“爱卿，你为何会先拜贵妃娘娘呢？”

安禄山一本正经地说道：“陛下，我们胡人的规矩是先拜见母亲，再拜见父亲，请陛下不要见怪！”

李隆基是见过世面的人，朝中大臣要么循规蹈矩，要么虚伪无耻，很少有人入他的法眼。在李隆基看来，安禄山不仅忠心，而且憨态可掬，有一种人畜无害的亲近感。

遗憾的是，这些细节都是安禄山精心设计的。

作为一个胡人，能够看清大唐纷繁复杂的政治关系，能够巧妙地利用每个人的性格特点，心机不可谓不深。无论如何，安禄山做到了，所以他能够在大唐的朝廷混得风生水起，左右逢源。

天宝七年（748）六月，李隆基赐安禄山铁券。

天宝九年（750）五月，封安禄山为东平郡王，这是唐朝将领第一次收获王爵。

天宝九年（750）八月，李隆基封安禄山为河北道采访处置使，将河北道所有州县的军权和行政管辖权悉数委托给安禄山。

不仅如此，李隆基对安禄山的生活也是关怀备至。起初，安禄山在长安城购买了一套旧宅，李隆基觉得寒碜，不符合安禄山的身份，因此在亲仁坊挑选了一块地，用皇室府库的银钱替安禄山建造了新府邸，李隆基甚至告诫监工的宦官：胡人都很豪爽大方，千万不要吝啬钱财，让他们笑话。

据史料记载，新府邸富丽堂皇，璀璨耀眼，厨房和马厩中所用的物品也都用金银装饰。乔迁新居之时，安禄山在府中大摆筵席，并请求李隆基敕命宰相和其他大臣赴宴庆贺。当时，李隆基正准备带着朝臣搞聚会，接到安禄山的奏折，立即下令取消活动，要求文武百官转道前去安禄山的府邸庆贺！

李隆基的作为，让朝臣深感不安。他们觉得，对安禄山过于恩宠不是好事，甚至编了一个段子，说安禄山在一次晚宴中喝得烂醉如泥，呼呼大睡，然后变成了一只龙首黑猪。想想看，龙代表着皇帝，安禄山的身上出现龙的特征，岂不是暗示他会成为皇帝？

这是个特大新闻，有朝臣赶紧将此事上报给李隆基。谁料想，李隆基得知后竟然呵呵一笑：“猪龙也，无能为者。”意思就是，安禄山就是一头无用的猪，大家乐和乐和就行，不用杞人忧天！

天宝十年（751）正月二十日，安禄山48岁生日，李隆基和杨贵妃派人给他送去了数量可观的御用衣物、珍宝器物以及酒菜食物。

三天后，安禄山入宫叩谢皇恩，杨贵妃将他叫到禁宫，和他玩起了游戏：杨贵妃命人用锦绣做成的大襁褓裹住安禄山，然后放在大彩轿中，让宫女抬着他嬉戏打闹，李隆基隔着老远都能听到后宫中的欢声笑语，于是问左右究竟发生了什么事，宫人告诉他，杨贵妃正在给儿子安禄山洗身！

李隆基十分好奇，于是摆驾前去观看，当他看到安禄山凄惨而又滑稽的模样时，开怀大笑，几乎站立不稳。随后，李隆基赏赐给杨贵妃洗儿金银钱，又重赏安禄山，将荒谬的氛围推向了高潮。

自此以后，安禄山可以自由出入禁宫，有时和杨贵妃同桌而食，有时夜宿禁宫，不少人都认为安禄山和杨贵妃之间有丑闻，李隆基却毫不怀疑。

从史料可以看得出，李隆基对安禄山有着盲目的信心，他认为安禄山只不过是低贱的胡人，只要稍微给点好处，就会对他感恩戴德。不过，李隆基觉得自己对安禄山的恩宠还不够，想要让安禄山继续为朝廷卖命，就得出点狠招！

于是，李隆基找了一张地图，然后在上谷郡（治所在河北省张家口市怀来县）点了点，说道：“安禄山，你每年都要征战，军费开支一定很大，朕在上谷郡这里给你赐五个火炉，以后你就用它们铸造钱币吧！”

震惊到了吗？封王还不够，还得钦赐铸钱的熔炉。

历史在这里发生了有趣的一幕：

李隆基认为安禄山是胡人猪，给点好处就会让他一直卖命。安禄山认为李隆基昏聩无能，因此心生“王侯将相宁有种乎”的想法。问题是，李林甫向来仇视得皇帝恩宠的人，他为什么要拉拢和重用安禄山呢？

李林甫的人生目标很明确，铲除任何潜在威胁，力保首席宰相的位置。在这个过程中，不存在任何底线，只讲利益关系。关于安禄山的崛起，李隆基曾经征询过李林甫的意见，他的回答近乎完美。

第一，文人性格懦弱，不敢战，容易耽误陛下的大事。胡人不一样，天生野蛮，勇敢好战，对少数民族知根知底，是不二选择。

第二，胡人出身低贱，不存在党派，不存在抱团。

第三，以李隆基的英明，只要施舍点恩惠，就能搞定他们。

不过，李林甫的潜台词并没有说出来：安禄山是胡人，虽然可以成为威震边疆的节度使，却永远不能做宰相，永远不会成为李林甫的心腹之患。

可以说，李隆基和李林甫的一番对话，直接决定了朝廷可以任用胡人为节度使的基本国策，也影响了大唐接下来的国运。

没有一个逃得过：王忠嗣被整倒台

对付韦坚、李适之和皇甫惟明，李林甫可以用权谋，可对付王忠嗣，李林甫就得找个旗鼓相当的对手，安禄山自然是首选之人。想想看，王忠嗣霸占着四大节度使的位置，手握二十七万兵马，势力远超过安禄山。这样的一块肥肉，安禄山难道不觊觎？只要有共同的利益，就有合作的可能。

天宝六年（747），安禄山奏请朝廷，希望在河北承德市兴隆县建造一座雄武城，用来存储兵器和粮食，作为抵御少数民族的军事基地。与此同时，安禄山给王忠嗣送了一封信，表示两人的防区很近，希望王忠嗣能亲自前去商量。

据史料记载，王忠嗣去了，不过留了个心眼，去的时候没有提前和安禄山打招呼，他偷偷摸摸调研了一番，发现安禄山并没有建造城池的动作，于是星夜兼程地逃回老巢。随后，他就给李隆基递了一道密折，将此事的原委和盘托出，同时给出了自己的看法：安禄山居心叵测，日后必反。

这话说得够明白了吧，李隆基你自己看着办吧！

遗憾的是，李隆基却习惯性地忽视了。张九龄在的时候，就扬言安禄山会造反，如今十年过去，安禄山毫无谋反的迹象，而且和长安方面越走越近！换作任何人来思考这个问题，都不会怀疑安禄山的忠诚吧？

王忠嗣，你如果不是杞人忧天，就是别有用心。

不幸的是，李隆基选择相信后者。在他的眼里，王忠嗣的地盘比安禄山大，却选择诋毁安禄山，这是想吞并安禄山，继续扩大防区的阴谋。

李隆基将王忠嗣的奏折放在一边，并没有理会。

不过，王忠嗣却坐不住了，直觉告诉他，自己可能失宠了。李隆基、李林甫和安禄山站在一起，如果自己还是不识时务，离死的日子恐怕真的不远了。没过几天，王忠嗣就主动递交了辞呈：辞去河东、朔方节度使之职！

为什么选择河西和陇右呢？

第一，河东和朔方两个军镇与安禄山的防区挨着，王忠嗣拼不过安禄山和李林甫，也不想拼，最好的办法就是躲着人家。

第二，河西和陇右是王忠嗣的大本营，而且总兵力有十四万八千，超过河东和朔方军镇，傻子也知道选哪个。

李隆基：臭小子，还算是明白人，朕准了。不过，吐蕃一直霸占石堡城，这算怎么回事，既然是在你的防区，就帮朕把石堡城夺回来吧。

石堡城位于青海西宁市湟源县境内，是唐朝的军事重镇，后来被吐蕃占领，吐蕃以石堡城为战略跳板，屡屡出兵侵袭河西、陇右道的州县，并将河西道和陇右道的交通切断，这让李隆基非常被动。

开元十七年（729），信安王李祎夺回石堡城。开元二十九年（741），石堡城再次丢失。这些年来，李隆基一直惦记着这事儿。实际上，这确实是王忠嗣的工作。

有趣的是，王忠嗣对李隆基颇为不满，居然上表抗拒了："陛下啊，您又不是不知道，石堡城易守难攻，如今吐蕃军队全力防御，如果唐军想要强力攻取，非得在城下阵亡数万将士不可！臣认为，所得不如所失，不如暂且秣马厉兵，积蓄力量，等合适的时机再出兵吧。"

李隆基拿着王忠嗣的奏折，脸色铁青，愤怒至极。朕如此宠信你，原以为你会不顾千难万险，实现朕的所有豪言，如今却反打朕的脸？

王忠嗣是西北地区最高的军事长官，李隆基除了换掉王忠嗣，还真没有别的办法。就这样，这件事暂时被搁浅。可谁也没想到，王忠嗣的属下董延光越级给李隆基上了一道奏折：陛下，臣主动请缨，替陛下重新夺回石堡城。

李隆基看着董延光的请战奏折，热血澎湃，朝廷还是有忠良啊！

李隆基："王忠嗣，分兵给董延光，全力支持他攻打石堡城。"

事实上，王忠嗣并没有因为董延光的出卖而愤怒，相反，他在乎的是将士们的性命。这些年来，他一直在军中服役，与将士们早已经融为一体，让他用数万人的血肉之躯去夺回石堡城，实在是最残忍的下策。董延光，一介名不见经传的小将，居然想拿数万人的性命去博自己的前途？没门儿！

你不是要军队吗？给你老弱残兵，武器还是生锈的。

你不是要军粮吗？给你最难吃的粮食，而且还不按时发放。

你不是要军饷吗？对不起，钱还在路上呢。

总之一句话，让你出不了兵！

直到此时，事情已经变质了。你可以违抗李隆基一次，但还想违抗第二次，是不是有点丧心病狂了？

部将李光弼颇为担忧：“大人，知道您爱护将士们的性命，这才不想成全董延光。然而，您把数万将士交给董延光，却不制定重赏的制度，将士们又怎么肯为他出力。如果拿不下石堡城，董延光必定会归罪于你，皇帝也饶不了你。”

王忠嗣：“哼！对大唐来说，就算没有石堡城也不碍大局，可是要夺取石堡城，就要牺牲数万将士的生命。陛下如果不满，最多罢免我的职务，让我到长安担任金吾或者羽林卫将军，再不济将我轰出京城，担任长史或司马。我的主意已经打定，你要真心为我好，就不要再多说了。”

李光弼肃然起敬：“大人，我害怕您受到牵连，所以不得不说。您的胸怀和风度堪比先贤，下官自叹不如。”

爱护将士们的性命是真，赌气也是真。遗憾的是，王忠嗣误判了形势，真正想杀他的是李林甫，如果他放弃兵权，迎接他的将会是无法阻挡的狂风暴雨。

回头再说董延光。失去了王忠嗣的支持，他还能干啥？

军事经验丰富吗？不丰富。

手上有钱财收买人心吗？没有。

在军中有威信吗？没有。

有胆量冲锋吗？没有。

不仅如此，军中流言四起，说石堡城是不可能被攻克的，董延光为了自己的前途，竟然置数万将士的性命于不顾，是自私自利的可耻行为。试想，一支军队有了消极作战的情绪，靠什么上阵打仗，靠什么长途奔袭，奇袭夺城？

在王忠嗣的阻挠下，董延光败下阵来。随后，告状信就送到了长安：陛下，王忠嗣违背陛下旨意，配合不力，这才让大军无功而返，应该按罪论处。

李隆基很生气，因为王忠嗣屡次违背他的意志。李隆基也很犹豫，就算王忠嗣出兵，也未必拿得下石堡城，因为这样的罪名处罚他，以后怎么服众？就在李隆基犹豫不决的时候，一匹快马驶出长安，直奔济阳（今山东省济南市济阳县）而去。

此人是李林甫的亲信，他受李林甫的指派，前往山东面见济阳别驾魏林。在此之前，但凡是李林甫的亲信前往外地，所过州县都得好吃好喝地接待，然后隆重地将他送出边境。然而这一次，使者星夜兼程，甚至连官营的驿站都不住，直接进了魏林的私宅。

几个时辰之后，使者便离开魏府，连夜启程回长安报信。

数日之后，济阳别驾魏林上了一道奏疏："陛下，关于王忠嗣违反陛下旨意一事，臣有不同的看法。臣曾经听王忠嗣说过，他从小在宫中长大，与太子殿下关系密切，他是想拥兵尊奉太子为皇帝。"

不得不说，李林甫的策划太周详了。

魏林是唐朝宰相魏知古的儿子，名门之后，没有违法违纪的前科，说出的话有一定的公信力。其次，魏林担任过朔州刺史，是王忠嗣以前的下属，既然他举报王忠嗣曾经在朔方节度使的任上说过拥立太子的话，那应该不假。

最巧的是什么？就在不久前，李林甫处置李亨的党羽，并向李隆基进言，说这些人心怀怨愤，随时可能做出对李隆基不利的事。因此，面对魏林的举报，李隆基最终还是动摇了，他当即传出旨意，责令王忠嗣立即赶赴长安，命御史台、中书省、门下省联手调查王忠嗣违反圣旨一事。

此时此刻，中书省、门下省和御史台都是李林甫的心腹，这样的调查小组有什么意义可言？主审官员很快就给了判决结果：王忠嗣违背圣旨一事属实，济阳别驾魏林的举报也属实，王忠嗣应该按大逆罪论处，判处死刑。

王忠嗣是什么样的人，李隆基最清楚，说他违背圣旨是可能的，但拥立李亨为皇帝，甚至起兵谋反，李隆基没法说服自己。

李隆基的态度很明确：王忠嗣的谋反罪罪名，有待商议。就在这时，新任陇右节度使哥舒翰前来长安述职，事情发生了转机。

王忠嗣一生都在军旅中度过，要说提拔过的人，可谓不计其数，但真正能在大唐的舞台上绽放光彩的就两个：李光弼和哥舒翰。

哥舒翰，突骑施哥舒部落首领的后裔，父亲哥舒道元，曾经担任过安西大都护府副都护，母亲尉迟氏是于阗王的公主。哥舒翰从小便接受了良好的教育，精通《左氏春秋传》《汉书》，是个文武双全的贵族后裔，而且视金钱如粪土，肯为朋友两肋插刀。不过，哥舒翰有两个致命的陋习：赌博和酗酒。

40 岁那年，哥舒翰的父亲在长安城去世，哥舒翰不得不为父亲守孝三年，在这期间，一个不知名的长安尉屡次侮辱哥舒翰，声称他只不过是个仗着父亲的余威混饭吃的废物，是朝廷的寄生虫。长安尉的话让哥舒翰大受刺激，从此以后，哥舒翰立下大志，奋发图强，决心干出自己的事业来。

身为安西副大都护的后人，自然不缺工作机会，他的第一站就是河西节度使王倕的军中。在这里，哥舒翰文武双全的优点，以及酗酒赌博的缺点发挥得淋漓尽致，优点可以让他的起点更高，快速晋升到将领的职位，而缺点可以让他收获基层将士的信任和认可。

天宝五年（746），王忠嗣担任河西节度使，他认准哥舒翰会成大事，因此将他提拔为大斗军副使。有一次，哥舒翰外出执行任务，走到半路上，某位副将大发牢骚，说哥舒翰依靠裙带关系才能带兵打仗，言辞非常傲慢，拒绝服从哥舒翰的指挥。哥舒翰怒了，他二话不说，随手捡起一个木棍，照着副将的脑袋便抡了上去。

一击致命，所有人都肃然起敬！

哥舒翰作战勇猛，在战场上身先士卒，风格像极了年轻时的王忠嗣，因此深得长官的信任。天宝六年（747），在王忠嗣的举荐下，哥舒翰晋升为右武卫将军、陇右节度副使、都知关西兵马使、河源军使，正式成为军中的高级统帅。

在陇右道境内，有一支长期驻扎的军队，名为积石军（在今青海省海南州贵德县）。他们在这里开垦了面积可观的麦田，每年都会出产不少军粮。在此之前，只要麦子成熟，吐蕃军队就会前来抢夺，以至于落了个“吐蕃麦庄”的名头。哥舒翰上任之后，放出豪言：吐蕃人再敢来割麦子，老子就割他们的人头。

这一年，麦子成熟之际，哥舒翰让部下王难得、杨景晖提前埋伏，等待吐蕃人入套。当时，五千名吐蕃骑兵和往年一样，兴致高昂地蜂拥到麦田收割，就在离去的时候，哥舒翰的伏兵发动进攻，杀得吐蕃大军尸横遍野，血流如河。

据史料记载，这一仗打得酣畅淋漓，不仅全歼吐蕃骑兵，还反抢了数千匹战马和吐蕃人收割好的麦子。消息传到长安，李隆基倍感欣慰。王忠嗣回京之后，李隆基立马起用哥舒翰为陇右节度使，兼任西平太守。

哥舒翰感念王忠嗣的提携之恩，更相信王忠嗣是蒙受冤屈，因此准备星夜前往长安，说服李隆基赦免王忠嗣。临行之前，部将劝哥舒翰多带点金银珠宝，哥舒翰却说道："如果天下还有公道，王公必定不会受冤枉而死；如果天下无道，拿再多的金钱行贿也没用！"

就这样，哥舒翰孤身一人前往长安，见到李隆基后，哥舒翰非常强势，认定王忠嗣蒙受了冤屈，希望李隆基主持公道。如果有可能，哥舒翰愿意用自己的官职来换王忠嗣的平安。李隆基本来就不想以谋反罪处理王忠嗣，哥舒翰的仗义执言给了他一个完美的台阶。

天宝六年（747）十一月，李隆基下诏：贬王忠嗣为汉阳太守。

天宝七年（748），王忠嗣转任汉东郡太守。

天宝八年（749），王忠嗣在任上暴毙而亡，享年45岁。

宝应元年（762），唐代宗李豫追封王忠嗣为兵部尚书、太子太师。

在唐朝历史上，王忠嗣的军功、能力、人品都是屈指可数的。北宋年间，一位叫张预的人花费数年时间收集资料，编写了一本《十七史百将传》，其中囊括了周朝到五代十国最牛的一百名超级统帅或战将，唐朝占据二十个席位，而王忠嗣赫然在列。也许，这算是对王忠嗣最好的褒奖吧。

杨慎矜：做人是有底线的

要说李林甫的权谋，堪称顶级水平。张九龄、裴耀卿、李适之、裴宽、裴敦复、韦坚、皇甫惟明、王忠嗣，这帮人都是红极一时的政治明星，可在李林甫的算计下，相继离开朝堂，甚至是不得善终。

然而，太子李亨却纹丝不动，这让李林甫有点意外，也有些无奈。李林甫没有办法，李亨是个乖宝宝，打不还手，骂不还口，还可以和老婆离婚，让李林甫很伤脑筋。

不过，李林甫虽然在李亨面前吃了瘪，却深得李隆基的宠信。

天宝六年（747）十二月，李隆基召集文武百官前往尚书省，说是要给大家一个惊喜。官员们到了之后，发现地上堆满了土特产。难道皇帝今天心情不错，要给大家伙儿发福利？就在大家百思不得其解的时候，李隆基发话了："各位爱卿，这些都是各地进献的贡品，让大家前来，就是让你们看看大唐的地大物博。今天，朕正式宣布，将这些贡品全部赐给李林甫。"

李林甫立马跪在地上，叩谢道："谢陛下隆恩。"

随后，这些贡品被一车车地拉往李府，李林甫的脸上都笑出了褶子，文武百官有唉声叹气的，有跳脚骂娘的，有暗地腹诽的。李隆基对李林甫的信任，已经超出了一般人的想象。几年前，李隆基和高力士有过一段对话。

李隆基："朕不出长安已经有十年时间，如今天下宁定，朕想将政事都托付给李林甫处理，你认为如何？"

高力士："陛下，朝廷的权力怎么能够随便托付给他人呢，如果此人以后结党营私，谁还拿他有办法？"

李隆基听闻此话，表情冷若冰霜。

高力士赶忙磕头解释："陛下，奴婢不该说胡话，罪该万死！"

李隆基这才赐酒压惊。

开元年间，朝中宰相每三年就会更换一批，可到了李林甫这里，十余年都没挪窝，这不能不算奇事一件。李隆基最不能容忍大臣结党营私，可李林甫却偏偏结党，还借此打压朝廷忠良。但李隆基对此却视而不见。

在李林甫的家族中，不少人都爬上了朝廷的高位。

儿子李岫，将作监（从三品）。

儿子李崿，司储郎中（从五品）。

儿子李屿，太常少卿（正四品）。

女婿杨齐宣，谏议大夫（正四品）。

女婿张博济，鸿胪少卿（从四品）。

女婿郑平，户部员外郎（从六品）。

女婿杜为，右补阙（从七品）。

女婿元捴（zǒng），京兆府户曹（从七品）。

这样的阵容，就连李林甫的儿子李岫也感到不安。有一次，父子两人同游后苑，李岫指着正在劳作的民夫，担忧地说道："父亲，您做了这么多年宰相，树敌无数，仇家遍布天下，万一出了什么事情，您恐怕都不如这些民夫啊。"

臭小子，长他人志气，灭自己威风。李林甫虽然内心不悦，却还是说出了自己的心里话："咱们已经骑虎难下，还能有什么办法？"

自此以后，李林甫为了避免被仇家刺杀，将安保措施提升了一个档次：每逢出门，必定有上百人的卫队跟随在身旁，上朝的时候，让金吾卫的仪仗队在前面数百步开道，百姓和王侯公卿必须避道而行。

不仅如此，李林甫还重新装修了宰相府，大门、墙壁必须用双重的，墙壁中间放置一块坚硬无比的木板，防止敌人穿墙而入，地板必须是石头的，防止有人挖地道进入他的府中，卧室必须用地道相连。每天晚上，李林甫都会转移好几个卧室，就连自己家人也不知道李林甫究竟睡在哪个房间。

享受首席宰相带来的荣耀，却过着偷偷摸摸、担惊受怕的日子。不得不说，权力真是个奇妙的东西，令人向往，又令人恐惧。

开元二十四年（736），李林甫接替张九龄升任中书令，成为首席宰相。

天宝十二年（753），李林甫在长安病逝，正式卸任宰相。

掐指一算，李林甫做了十七年的首席宰相，从唐朝立国以来，李林甫的记录可谓独一份。客观地说，在强敌环伺，步步杀机的中央朝廷担任宰相，真不是件容易的事，这需要高超的政治智慧，无与伦比的帝王恩宠。

这十七年来，李林甫举荐和提拔了不少亲信，但真正名动一时，载入史册的人却屈指可数：吉温、罗希奭、杨慎矜、王鉷、安禄山。

问题是，李林甫对这些人究竟是什么样的心态？是誓死捍卫和保护的嫡系，还是互相利用的棋子呢？还是挨个聊吧。

杨慎矜，隋朝皇室，隋炀帝的玄孙，齐王杨暕的曾孙。

当年，宇文化及发动江都政变，杨慎矜的祖父杨政道逃了出来，最后归顺唐朝，将杨暕这一脉给延续下来。杨慎矜的父亲杨崇礼历任洛、梁、滑、汾、怀五州刺史，后来升任户部尚书。在任期间，杨崇礼严格执行朝廷的赋税制度，国库每年都可以多出数百万贯的钱财，深得百官的认可。

杨崇礼去世之后，李隆基提议，在他的儿子中挑选一位继承父业，为朝廷继续效力。杨慎馀、杨慎矜、杨慎名三兄弟的人品和能力都很不错，杨慎矜尤其优秀，因此被封为监察御史，并掌管太府的收入支出。据史料记载，杨慎矜继承了父亲的理财手艺，掌管太府十余年，不管大钱小钱，一律往口袋里抓，即便李隆基花钱如流水，国库和私库依然可以保持盈亏平衡。

有了政绩垫底，李隆基便想着给他升官，比如御史中丞（正三品）、京畿采访使、太府出纳使。然而，杨慎矜没有接受李隆基的任命，或者说，杨慎矜不敢接受李隆基的任命。

当时，李林甫控制着中书省、门下省和尚书省，所有升迁的官员，如果不是走他的门路，日后必定会被针对，轻则丢官罢爵，重则家破人亡。

杨慎矜把李林甫的套路摸得非常清楚，凡是李隆基想要提拔重用的，都是李林甫要打击的，因此毅然放弃了升官机会。杨慎矜退而求其次，向李隆基讨了个谏议大夫（正四品）、侍御史（从六品）的差使。

此事过后，杨慎矜算是明白了：想要混出明堂，李林甫这个码头必须得拜。此后，只要李林甫在公开场合发表政见，杨慎矜必定会表示赞同，而且会不失时机地拍拍马屁。有时候，杨慎矜还会精心准备一份礼物，亲自到李林甫的府中拜访，以示对宰相大人的尊敬。

溜须拍马，注定为同僚所不齿，但却改变了李林甫对他的看法。也许，对李林甫来说，杨慎矜没有利用价值，可他的行为却向世人宣示着一个真理：李林甫的权威是不可挑战的，只有顺从和依附李林甫，才有升官发财的机会。

为了鼓励杨慎矜，李林甫给他送了一份大礼：正三品御史中丞。从正四品到正三品，虽然官阶只有两级，却是许多人一生都无法企及的高度，相信在此时此刻，杨慎矜对李林甫必定抱着感恩的心态。

杨慎矜刚刚升官，便加班加点地监视着李林甫的头号政敌韦坚，最终抓住了韦坚、皇甫惟明等人私下见面的证据，帮助李林甫完成致命一击。然而，杨慎矜真的愿意成为李林甫打压政敌的帮凶吗？我看未必。

韦坚被举报之后，李隆基责令杨慎矜、王鉷等人一起审讯，最后的处罚结果是韦坚等人被贬官，然而当王鉷唆使杨慎矜作伪证，要取韦坚性命的时候，杨慎矜罢工了。他表示，跟踪韦坚是为了还李林甫提拔重用的人情，但是毫无底线的政治倾轧，已经突破他为人做事的底线。

对杨慎矜来说，他可以依附李林甫，可以表示尊敬，处处恭维，但绝不会卷入李林甫迫害政敌的血腥斗争之中。

问题是，要与群魔共舞，却又想置身事外，这需要多么强的政治智慧！可惜的是，杨慎矜并没有继承父亲为人处世的智慧。担任御史中丞期间，杨慎矜的人际关系处理得一塌糊涂，最终走向了身败名裂的境地。

杨慎矜倒台，导火索竟是一个漂亮婢女

让杨慎矜在阴沟里翻船的，正是大侄子王鉷和李林甫。

王鉷，太原祁县人，祖父是西域名将王方翼，父亲王晋。这便是史书关于王鉷背景的记载。换句话来说，王鉷是个不折不扣的小老百姓，文化水平一般或者更差，长相一般或者更差。

不过，王鉷有个年纪相仿的表叔，名为杨慎矜，两人从小一起长大，感情非常不错。后来，杨慎矜升任御史中丞、太府出纳使，仕途一路高歌猛进，王鉷便来到了长安，希望表叔能够仗义援手，让他们王家也能发达一回。

杨慎矜是个顾念旧情的人，面对小时候一起穿开裆裤玩耍的小伙伴，怎能忍心拒绝。杨慎矜毫不含糊，当即动用朝廷关系，将王鉷安排到御史台工作，让他跟着自己学习进步。于是，悲剧就这样发生了。

杨慎矜为了让更多的同僚认识王鉷，逢人就这样介绍："哎呀，这位是我的侄子，名叫王鉷。我与他父亲私交甚好，不过他母亲出身低贱，因而从小没受过多少教育，如今在朝廷为官，还希望大家能够多多照顾！"

这样的介绍，如同在一群高级知识分子面前，坦诚自己是小学文凭。王鉷面子很薄，受不了这样的侮辱。其后的几年，王鉷夹着尾巴做人，一方面让叔父帮着升职加薪，一方面巴结朝中的其他权贵。

数年之后，王鉷升任侍御史，站到了李林甫的船上。当时，李林甫指使王鉷诬陷韦坚，并让杨慎矜出面做证，约定事成之后一起升官，不料杨慎矜却保持中立态度，这让王鉷非常被动，也非常气愤。

韦坚倒台之后，李林甫兑现了承诺，将王鉷晋升为正三品的御史中丞，级别与杨慎矜一样。然而，杨慎矜总觉得自己是王鉷的伯乐，经常在公开场合下直呼其名，或者叫他大侄子。试想一下，王鉷和杨慎矜级别一样，都是御史台的高级官员，却整天被他呼来唤去，在下属面前有何威严？

天宝五年（746），杨慎矜又多了个头衔：户部侍郎。这让李林甫产生了危机感，于是心生迫害之意。李林甫找到王鉷："王大人啊，杨慎矜是你的表叔，可我觉得他对你不够仗义，这是怎么回事？"

王鉷立马跳了起来："他有什么资格做我表叔？逢人便说我母亲出身低贱，说我知恩不图报，这不，前段时间还霸占了我的职分田，我已经受够了。"

李林甫："那咱们就开门见山吧，我帮你把杨慎矜撂倒，然后再给你升职加薪，怎么样？"

王鉷："没问题。"

事实上，还没等李林甫出手，杨慎矜便给自己挖了个坑。

据史料记载，杨慎矜结交了一名术士，名叫史敬忠。此人非常奇葩，年轻的时候出家为僧，成年之后又蓄发还俗，居住在临汝山，据说精通周易八卦和阴阳术，能预测吉凶祸福，喜欢晚上对着星空研究天象，搞得神神秘秘，白天又和杨慎矜谈论房产和田产投资。

一句话，看似莫测高深，实际上庸俗之极。有一天晚上，史敬忠拉着杨慎矜在庭院夜观天象，焚香祷告，然后说道："按天象变化显示，大唐的江山即将分崩离析，大人应该早点购置田产，退隐山林，以此保全富贵。"

杨慎矜："我身为朝廷的御史中丞，位高权重，一旦归隐山林，岂不辜负了陛下对我的信任，眼下还不是时候！"

当然，这些都是杨慎矜的托词。他虽然相信史敬忠的法术和能力，却不会视权力富贵为粪土，更不会辞官归隐。然而，杨慎矜越来越觉得，李林甫就像是一个能吞噬一切的深渊，尤其是李适之、韦坚下台之后，杨慎矜也开始慌乱了。

没过多久，杨慎矜父亲的坟墓出现了奇怪的现象：一股红色的液体不断从墓地旁的草丛中涌出，不少人都认为这是血。祖坟出现异常，杨慎矜的心头笼罩了一层阴影，他隐隐地觉得，这是鬼神在作祟，在警告他不要再干伤天害理的事，否则就会有血光之灾！

情急之下，杨慎矜想到了史敬忠。他派人到临汝山，将史半仙请到了府中，希望他能施展法术，为自己驱除邪魔外道。

当天晚上，史敬忠在杨府后院摆开道场，做起了法事，而杨慎矜每天下朝之后便躲在家中，暗地里举行祷告的仪式。奇怪的是，十多天后，杨慎矜父亲坟地的草木之血真的消失不见了。在杨慎矜的眼里，史敬忠就是他的救命恩人。

杨慎矜的府中有一位名叫明珠的侍女，长得眉清目秀，貌美如花，而且为人机灵，善解人意，史敬忠在杨府设立道场的时候，明珠负责端茶倒水，侍奉史敬忠的起居，二人眉来眼去，互有好感。

杨慎矜看在眼里，乐在心里。有一天，他对史敬忠说道：半仙啊，你对我们杨家有大恩，我准备将婢女明珠放在你身边服侍，不知你意下如何？

这样的美事，岂有不答应的道理？

二人一拍即合，杨慎矜立即安排了一辆豪华马车，准备送史敬忠和明珠二人离开长安，返回临汝山居住。马车上，史敬忠搂着心上人明珠卿卿我我，心里乐滋滋的。就在此时，一群人当街拦下了史敬忠的马车。

为首的人高喊道："车中坐的是不是史半仙？我家夫人有请！"

史敬忠："你家夫人是谁啊？"

来人说道："当今贵妃的姐姐，秦国夫人！"

史敬忠不敢大意，赶紧问明来人的意图。原来，秦国夫人这段时间一直心神不宁，怀疑有鬼魂在作祟，因此想请史敬忠帮她看看。史敬忠看了看马车，又看了看来人的架势，最终还是决定前往秦国夫人府中。为了免除麻烦，史敬忠让婢女明珠在马车中等待，不要随意走动。

据史料记载，史敬忠在秦国夫人的府中受到了极高的礼遇，可他心里牵挂明珠，为了尽快脱身，史敬忠赶紧下了诊断结论：秦国夫人被野鬼附身，改日做个法事，帮她驱逐野鬼就可以痊愈了。

秦国夫人心情大好，一直将史敬忠送出门外，还赐了不少吃食和珠宝。巧的是，貌美动人的明珠刚好在这时探出了脑袋。秦国夫人虽然是美人胚子，但是见到明珠的第一眼，还是被她的美貌和气质打动了。

秦国夫人：“半仙啊，车中是何人呢，怎么不请下来相见？”

史敬忠不好公开和明珠的关系，因此硬着头皮说道：“啊，这位是杨慎矜府中的婢女，因为犯了杨府的忌讳，杨大人委托我将其卖掉。”

秦国夫人：“既然如此，就将她留在我的府中吧。”

就这样，史敬忠拿着价值不菲的珠宝，恨恨地离开了秦国夫人府。

有一天，秦国夫人带着明珠前去皇宫，刚好被李隆基给撞到了，就在当夜，李隆基命这位婢女留下来侍寝。

一番云雨之后，李隆基问道：“你是什么来历？”

婢女：“奴婢是杨慎矜府中的人，后来被主人给卖了！”

李隆基：“奇怪，杨慎矜家里很差钱吗？”

婢女：“陛下，奴婢犯了错，杨慎矜本来想将奴婢处死的，后来多亏史敬忠仗义援手，这才逃出生天。”

李隆基：“史敬忠又是何方神圣？”

婢女：“陛下，此人会法术。奴婢曾经亲眼所见，他和杨大人在庭院中焚香祷告，推演星象变化。”

李隆基十分愤怒，可当着明珠的面又不好发作，因此忍了下来。第二天，王鉷入宫汇报工作，碰巧在门口遇到了值班的杨国忠。

杨国忠：“王大人，你这是准备去哪儿啊？”

王鉷：“我有点紧急事务，准备当面向陛下汇报！”

杨国忠神神秘秘地说道：“我建议你别去了，皇帝今天在宫里生闷气，听宫中的宦官说，可能与杨慎矜大人有关！”

王鉷震惊了：“杨慎矜不是皇帝跟前的红人吗，最近也没发生什么大事，怎么突然间就失宠了？”

杨国忠：“这我就不清楚了，信不信由你。”

王鉷将信将疑，因此转身去找李林甫商议对策。

几天之后，王鉷刻意进宫面圣，言语中屡次提到杨慎矜，不料却遭到李隆基的抢白："哼，杨慎矜是你家的亲戚吧，以后少和他来往。"

直到此时，王鉷才舒了一口气：杨慎矜估计要完蛋了。

王鉷自然不会放弃这个天赐良机，他当即派人在京城散布消息，声称杨慎矜是隋炀帝的玄孙，经常和心怀叵测的人来往，家中还藏有预卜吉凶的谶书，杨慎矜的最终目的是复辟祖先的帝业。

问题是，这样的罪名靠谱吗？

大唐已经立国上百年，别说无权无势的杨慎矜，就算隋炀帝再生，恐怕也无力回天。然而，杨慎矜确实是隋炀帝的后代，虽然翻不起大浪，但身份却容易被人利用。唯一的办法就是让杨慎矜灰飞烟灭，断绝其他人的念想。

李隆基当机立断，让刑部、大理寺的高级官员，以及侍御史杨国忠、殿中侍御史卢铉共同审理此案。当时，杨慎矜承认在家中焚香祷告，和术士结交，可自始至终都不承认家里有预卜吉凶的谶书。

李林甫无奈，只好派殿中侍御史卢铉前去家中搜查。当时，卢铉已经把准备好的谶书放在了衣袖之中，然后故意走进黑暗的地方，骂骂咧咧地说道："这个叛贼，把谶书藏得真隐秘。"

直到此时，杨慎矜蓄意谋反一案，人证和物证"确凿"，直接被定为铁案。

天宝五年（746）十一月，李隆基下诏：令御史中丞杨慎矜、少府少监杨慎余、洛阳令杨慎名自杀，史敬忠杖责一百，与妻子儿女悉数发配到岭南。

李林甫调教安禄山

至于安禄山，自从受封东平郡王，开了印钞厂，自信心就膨胀了。

在安禄山眼里，长安的君臣就是一群傻鸟，不明白他究竟要干什么。以往，安禄山碰到同僚，虽说没有点头哈腰，却也态度恭敬，如今成为炙手可热的实权人物，安禄山便开始颐指气使，目空一切，甚至对李林甫也有轻慢之举。

李林甫就喜欢将群臣踩在脚下，而且有傲视一切的资本，岂能容忍安禄山爬到头上作威作福？李林甫认为，安禄山玩过火了，必须得治理一下。

有一次，安禄山和往常一样，前往相府拜见李林甫，到达正堂之后，安禄山嘿嘿一笑，算是打过了招呼，然后径直找了个地方坐下。李林甫眉头紧锁，心里责怪安禄山不讲规矩，没把他放在眼里。

按照一般的礼节，客人向主人问安之后，分宾主位次坐下，然后由位高权重的人发话，主导接下来的话题。谁料想，安禄山不管这一套，他开始在李林甫面前高谈阔论，信口开河，而李林甫呢，东张西望，不接话，也不搭理。

气氛一度非常尴尬。

李林甫趁着空隙，将下人叫到跟前，给他吩咐了几句。

过了一会儿，下人回报，说御史大夫王鉷前来拜访。

李林甫客气地说："将王大人领到正堂！"

王鉷踏进正堂的那一刻，安禄山惊呆了：只见他脚下踏着小碎步，然后在大堂中央跪了下来，一整套请安的流程走完，李林甫如沐春风，神清气爽。李林甫斜着眼看了看安禄山，二人目光相对，安禄山脸上火辣辣的。

论官职，王鉷和安禄山都是御史大夫。

论靠山，二人都是李隆基跟前的红人。

论地位，二人都是李林甫的下官。

王鉷给足了李林甫面子，安禄山刚刚的举动就有点失态了。

王鉷的到访是李林甫精心安排的一场表演，目的就是让安禄山摆正自己的位置，你可以对同僚失礼，但绝不能在宰相的面前态度倨傲！

为了让安禄山彻底地顺从自己，李林甫还下了一剂猛药：与安禄山谈话前，李林甫提前揣摩他的心思，只要安禄山开口说话，李林甫总能将他想表达的意思提前说出来，以至于安禄山在数九寒天都常常汗流浃背。

在安禄山看来，李林甫就是神一般的存在，想要在他的面前隐藏秘密，是一件愚不可及的事。巧的是，此时的安禄山已经心生谋反之意，他始终不明白，李林甫究竟是不知道他的心思，还是心里明白却装着糊涂。

不管是哪种情况，安禄山都得选择顺从。

高明的政治家，除了使用威慑，还得会拉拢人心。

有一次，安禄山去拜见李林甫，正值寒冬时节，天空飘着雪花，北风呼啸，天气异常寒冷。安禄山刚到正堂，李林甫便热情让座，将火盆移到安禄山的脚跟前，还亲自端上了一杯热茶，并脱下身上的长袍披在安禄山的身上。

安禄山的心里热乎乎的，看来李相国还是很疼他的。

前面已经说过，安禄山在长安搞了个办事处，专门替他打探京城的消息，这个办事处最重要的职能便是处理好和宰相府的关系，每逢使者回去汇报，安禄山都会多问一句："十郎（李林甫）何言？"

如果李林甫的态度是褒奖和安慰，安禄山心情就会大好，有时还会特意摆上宴席庆贺一番。如果李林甫的态度不乐观，安禄山的心情就如同小媳妇失去了老公的宠爱那样，沮丧而又惶恐。

用一句话来概括二人的关系：安禄山想替代李林甫，甚至是李隆基，却惧怕李林甫。李林甫认为安禄山没资格拜相，却没想到安禄山会直接造反。

至于吉温，外貌丑陋，性格阴鸷，对权力有着狂热的追求。李林甫很喜欢吉温，可他时刻谨记着李隆基的警示：吉温性格阴鸷，绝对不能重用。

起初，吉温只是个不入流的新丰县丞，因为参与迫害李适之、韦坚，被李林甫提拔为京兆府士曹。后来与王鉷联手迫害杨慎矜，李林甫将他提拔为户部郎中（从五品）、侍御史（从六品）。

论级别，从五品不算低，可论实权，确实有些尴尬。

想想看，户部郎中分管下面的一个司，向侍郎汇报工作，连户部尚书都够不着。至于侍御史，听起来很吓人，实际上却很得罪人。如果低级别的官员犯错，侍御史可以直接向朝廷弹劾，如果是高级别的官员犯错，侍御史必须先向御史大夫汇报，由上级决定是否弹劾后，再将奏折递给皇帝。

随着韦坚、李适之等人的倒台，吉温已经失去了利用价值，李林甫不可能再给他升迁的机会。

吉温跟随李林甫多年，已经看清了现实：李林甫就是自私自利的政客，所有人都是他的棋子，有用则用，无用则弃。吉温不想坐以待毙，他要从困境突围，先求生存，再来报复李林甫！吉温已经为自己挑选好了下一个靠山：兵部侍郎、御史中丞杨国忠。

这些年，杨国忠逐渐在朝中站稳了脚跟，碍于李林甫的淫威，杨国忠无法再进一步罢了。为了让杨国忠接受自己，吉温放低姿态，主动表示了诚意：帮他收集证据，整倒李林甫的亲信——刑部尚书、京兆尹萧炅和御史大夫宋浑。

萧炅就不用说了，历史上著名的“伏猎侍郎”，因为不学无术而罢官，李林甫上任之后，将他提拔为京兆尹，后来又加封为刑部尚书。萧炅能力平平，靠着对李林甫的忠心混迹于朝堂。

宋浑，宋璟的第四子，因为不是长子，得不到家族庇佑，投靠了李林甫。宋浑没有别的爱好，唯独喜欢钱，担任御史大夫期间，贪污了亿万巨款。

天宝九年（750）四月，杨国忠拿着吉温整理好的材料，直接告到了李隆基跟前。按理说，贪污腐败是重罪，但也分情况。比如，如果是皇帝的宠臣，贪污就不算什么事，如果说寻常官员，基本上没有饶恕的可能。

当天，李隆基便做出决定：将萧炅、宋浑二人贬出京城。

李林甫非常郁闷，不过证据确凿，他必须坚持自己的原则：绝不能因为别人的前途而得罪李隆基。吉温更郁闷，他帮杨国忠摆了李林甫一道，却并没有得到举荐，官职依旧是原地踏步。原因很简单，杨国忠不是傻瓜笨蛋，他时刻谨记着李隆基的警示：吉温不是良善之辈，不可提拔重用。

吉温十分郁闷，难道大唐朝廷真的容不下他了吗？

天宝十年（751）二月，在安禄山的请求下，李隆基任命河东节度使韩休珉为左羽林将军，由安禄山代任河东节度使。这样一来，安禄山身兼范阳、平卢、河东三镇节度使，成为大唐最有权势的军区司令员。要命的是，李隆基对安禄山的宠爱丝毫不减，看这阵势，收获第四个节度使指日可待。

安禄山的崛起让吉温的心里五味杂陈。跟着李林甫混，断然没有发达的机会，跟着杨国忠混，形势不太明朗，既然如此，为何不依附安禄山呢？自此以后，吉温便成了安禄山的座上宾，二人称兄道弟，关系越发亲密。

有一天，吉温对安禄山说道："老兄，你觉得李相国对你咋样？"

安禄山："呵呵……"

吉温："在我看来，李相国虽然亲近你，但终究不会让你拜相。我跟了他那么久，鞍前马后，任劳任怨，可到最后只混了个户部郎中。李相国城府太深，在他眼里，我们都是他的棋子，从来不会真心为我们的前途考虑。"

安禄山："老弟，你的意思是？"

吉温："老兄，陛下对你的宠爱不比李林甫差，为何要屈居人下呢？如果你能在陛下面前举荐小弟，我必定会感恩图报，到时候咱俩联手，将李林甫赶下台来，老兄不就是宰相最合适的人选了吗？"

吉温的一番话，说到了安禄山的心里。

此事过后，安禄山屡次在李隆基面前称赞吉温的才能和衷心，希望能让吉温出任河东节度副使，代自己打理河东政务，而李隆基似乎早已经忘了不可重用吉温的话，也习惯了安禄山的任何请求。

李隆基："好啊，那就让吉温出任河东节度副使吧！"

不得不说，吉温这步棋走得非常对。

第一，安禄山是个天不怕地不怕的人物，李隆基的警示或许对李林甫和杨国忠有用，对安禄山来说，毫无作用。

第二，安禄山在朝廷的势力不深厚，吉温主动投靠，可以弥补他的劣势。说白了，投靠杨国忠，如同锦上添花，投靠安禄山，堪称雪中送炭。

吉温的背叛，让李林甫非常郁闷，也非常被动。想想看，杨国忠和安禄山在他面前都得点头哈腰，你居然投靠他们，自己的颜面何存啊？

李隆基处置王氏家族：镜花水月终成空

就在李林甫暗自伤神的时候，王鉷也出事了。谁也没想到，因为王鉷的事儿，李林甫也跟着倒了大霉。

王鉷做事务实，风格强悍，是朝廷为数不多的实干家。不过，他干的不是利国利民的好事，而是取悦皇帝，取悦上官的龌龊事。

天宝四年（745），李隆基下诏免除天下百姓的赋税，随后又封王鉷为户口色役使（临时官职），让他根据户口情况，核查当年的赋税。在王鉷看来，李隆基每年用度、赏赐、打仗的花销是天文数字，这些都得靠百姓的租税来供给。因此，捞钱才是李隆基最关心的事。

捞钱第一招：朝廷免除了你们的赋税，可你们也得体恤朝廷的难处。比如，朝廷征收了那么多粮食，需要运到全国各地，你们每家出点“脚力钱”？

捞钱第二招：按照制度，壮丁前往边疆戍守，每六年轮换一次，不过好多人都在战场上牺牲。将领们都以战败为耻，很少将战死的士卒向官府申报，因此这些士卒在家乡的户籍一直没有注销。王鉷拍板决定，只要有户籍的，都算缴税人口，人不在就算逃户，赋税全部转移到家庭身上。

捞钱第三招：每个地方都有特产，就以最低价出售给朝廷。

据史料记载，王鉷在外面溜了一圈，最后居然带回了亿万钱财，而这些钱全部流到了李隆基的私库，供皇室挥霍享用。仅凭这件事，李隆基便认定王鉷是个理财的高手，因此将他任命为御史中丞、京畿采访使。

有皇帝宠信，有李林甫做靠山，王鉷一度身兼户部侍郎、御史大夫、京兆尹等二十多个职务。下面的官员为了找他签字，必须得排上好几天队，为了体验一下特权的滋味，王鉷也效仿李林甫，将办公地点改到了自己的家中。

不仅如此，王鉷的家人也沾染上了权贵恶习。

王鉷有一个儿子叫王准，在朝中担任卫尉少卿。有一次，王准带着亲信党羽逛大街，碰巧遇到了驸马都尉王繇（yáo）。王繇的母亲是唐中宗的女儿安定公主，妻子是李隆基的女儿永穆公主，家族实力非同小可。

不过，王繇做人很低调，看到王准在逛街，因此躬身行了个平辈之礼。谁料想，王准并不领情，他二话不说，拿起身边的弹弓就射向了王繇的帽子。只听见一声清脆的声音，王繇帽子上的玉制发夹折断了。

路人慢慢围了过来，想看长安城两大权贵公子如何斗法。

令人惊奇的一幕发生了，王繇慢慢弯下腰，捡起地上的玉夹，然后笑呵呵地说道：王大公子在和我闹着玩呢，你们看多有趣，说罢还拿着玉夹卖着萌。

老百姓不得不丢下中肯的评语：怂包！真不是个男人！

没过几天，王繇在家中设宴招待王准，并让永穆公主亲自下厨，做了一桌美食，宾主尽兴而归。王繇的家人无语至极，劝说道："驸马爷，永穆公主是当今圣上的长女，金枝玉叶，你让她为鼠辈下厨，难道不怕陛下怪罪吗？"

王繇："哼！陛下知道此事，最多也就责骂我一顿。如果得罪了王大公子，我的下场将会更难看。"

王鉷还有个弟弟叫王銲（hàn），担任户部郎中。官职虽然不大，却仗着哥哥的权势在长安城胡作非为。贪污受贿，那都是小事，强抢民女，那都不算事儿，总之一句话，只干违法乱纪的事儿，不干正儿八经的事儿。

有一次，王銲组织狐朋狗友聚会，宴席上大家喝得很多，最后酩酊大醉。就在倒下的前一刻，王銲私下对术士任海川说道："任半仙，你帮我看看，我有没有王者之气？"

王者之气……是山大王的王，还是帝王的王？王銲的话让任海川惊恐莫名，此人二话不说，当即撒腿跑进了深山。第二天，王銲酒劲过去了，这才发现自己犯下了弥天大错。意图谋逆是灭族的大罪，王銲担心任海川会出卖自己，因此派遣杀手到处搜寻任海川的下落，最终成功地将他杀人灭口。

在古代，权贵杀人是很平常的事，有关部门不会为了一个术士的死亡去追究权贵背后的隐秘，除非是政敌别有用心，故意将此事给捅出来。遗憾的是，这件事王銲虽然做得很绝密，却还是被人知道了。

偷窥监视的人叫韦会，安定公主的儿子，王繇同母异父的兄弟，他就是看不惯王家人的嚣张，想要揪他们的小辫子。不过，韦会的实操能力太差，本可以公开举报，偏偏想散布小道消息。最后，王銲提前得知消息，唆使长安县尉贾季邻将韦会关押起来，随后便将他诛杀在牢狱之中。

堂堂贵族，无辜被戕杀于长安县衙，居然没人敢站出来为他说话，这样的情形让王銲对权力产生了狂热的迷恋，以至于走上了不归路。

天宝十一年（752）四月，王銲和好朋友刑縡（zài）密谋，准备控制龙武军万骑营发动政变，意图诛杀李林甫、杨国忠，控制朝廷的大权。

刑縡，出身官宦世家，父亲曾经担任过鸿胪寺卿，可他本人却时运不济，一直在龙武军中担任寻事参军，多年未得到提拔。当时，节度军镇已经替代了朝廷的卫府，李隆基没兴趣提拔和培养卫府军官，刑縡大概是觉得升迁无望，前途渺茫，因此心生怨恨，准备铤而走险。

仅凭刑縡一个人肯定是不够的，为了提高政变成功的可能性，刑縡私下招募了数十个武艺精湛的死士豢养在家中，还拉拢了不少朋友，打算在四月十一日发动突然袭击，诛杀大臣，控制皇宫，谋取富贵。

计划很拙劣，也很白痴，而且很快就被泄露了。

天宝十一年（752）四月初九，李隆基得知消息。他实在想不通，王銲和刑縡有什么实力来挑战他，难道要等老天爷降下一道神雷，将李林甫、杨国忠等人劈死吗？李隆基无奈地笑了笑：王鉷，你去处理此事吧。

当时，王鉷料到弟弟可能在刑縡家里，因此提前派人将他叫走。傍晚时分，长安县尉贾季邻带着衙役前去抓捕，刚好碰到刑縡率领数十名黑衣武士出门，双方就在大门口展开了激战。此时，王鉷和杨国忠率领的禁卫军也及时赶到。

府门口的群架很无聊，就在大家酣战的时候，刑縡公然叫了一句：“不要伤着王大人的人马！”

王大人？哪个王大人？杨国忠的亲信似乎明白了什么，于是对杨国忠说道：“大人，敌人似乎有暗号，咱还是先撤为妙啊。”

杨国忠的退出让刑縡压力大减，他带着亲信边战边退，到了皇城西南角的时候，高力士率领四百名飞龙禁军赶到，一口气全歼了刑縡的属下。

此事进入了善后阶段，究竟该如何处置？

杨国忠：“陛下，臣在抓捕逆贼的时候，发现了一件奇事。”

李隆基：“你想说什么？”

杨国忠：“与刑縡交战之前，他曾经告诉属下，不要伤了王大人的人马，以臣来看，王鉷可能和此事有关。”

李隆基：“朕知道王鉷的秉性，公然造反不是他的风格。”

杨国忠不依不饶：“陛下，如果没有人在背后坐镇，刑縡哪来的胆量谋反，就算成功了，朝野上下谁能服他？”

李林甫明白了，杨国忠将矛头直指王鉷家族，包括他。

李林甫接话道：“陛下，您对王大人有天高地厚之恩，如今他身兼二十多个要职，又有什么必要谋反？此事必然有蹊跷，还望陛下明察。”

李隆基还在犹豫，如果认真调查此事，王家必定脱不了干系，到时候王鉷这位财神爷也会卷入其中，这可不是李隆基愿意看到的。

李隆基：“王鉷，朕会派人调查此事。不过，你弟弟王銲情况特殊，你代他向朝廷请罪即可。”

这个台阶给得太完美，只要王鉷低头认错，此事就算过去了。然而，王鉷却陷入了沉思之中，究竟该不该认错，如果认错，皇帝会不会秋后算账呢？时间一秒一秒地流逝，李隆基的耐心也渐渐消失了，因为他等来的不是低头认错，而是模棱两可的态度，闪烁其词的辩解。

李隆基顿时觉得很恼火：“陈希烈、杨国忠听旨，刑縡及其党羽意图谋反，罪恶滔天，朕命你们二人立刻前去审讯此案，严惩所有涉案人员。”

天宝十一年（752）四月十二日，李隆基下诏：杨国忠兼任京兆尹。

在此之前，王鉷兼着京兆尹，李隆基摆明了对王鉷的强烈不满。杨国忠闻弦歌而知雅意，夜以继日地审讯所有涉案人员，最后将王銲的“酒后吐真言”，以及他杀害任海川、韦安的事情也给揭露出来。这样一来，王氏家族不管从动机，还是实际行动上，都坐实了谋逆的罪名。

对那些觊觎皇位的人，李隆基从来不会心慈手软，杨国忠的证据刚刚递交上去，李隆基就为王氏家族的成员签批了最终的命运：王鉷，赐死。王銲，乱棍打死。王准，流放岭南（中途被杀）。

帝王的恩宠，就如同镜中花，水中月，终归是一场梦幻。

李林甫的末日

王鉷谋逆一案，最大的赢家不是李林甫，而是杨国忠。李隆基给出最终的判决之后，李林甫便意识到了问题的严重性。

第一，主审官员是杨国忠和陈希烈，在此之前，李隆基必定会让李林甫亲自审讯大案要案，李隆基的态度转变，预示着他对李林甫开始失去信任。

第二，陈希烈的态度非常可疑。在此之前，陈希烈对李林甫无条件顺从，如今却和杨国忠一道，卖命地调查王鉷等人的谋反案，而且还意图将李林甫也给牵连进来，难道是得到了李隆基的密旨？

李林甫捉摸不透，他的选择并不多，要么奋起反抗，和杨国忠正式宣战；要么率先服软，将首席宰相的位置交出去，换取下半生的太平。

天宝十一年（752）四月，朔方节度副使李献忠背叛唐朝，逃归漠北，李林甫兼任朔方节度使，因此以自己失职为由，主动奏请李隆基，希望辞去朔方节度使之职。不过，附加条件是河西节度使安思顺接替他的位置。

安思顺是胡人，和安禄山有千丝万缕的关系，李林甫就算退步，也不想让杨国忠占到太多的便宜。可事实证明，这是一步臭棋。

天宝十一年（752）五月，李隆基下诏：任命杨国忠为御史大夫，兼任王鉷所有官职。明眼人都知道，在王鉷谋逆一案上，李林甫摇摆不定的态度让李隆基非常失望，这样的安排，无疑是打算让杨国忠接替李林甫的位置。

没过几天，杨国忠给李隆基递交了两份证据。第一份来自王鉷，里面承认李林甫这些年和他们密谋了很多事。第二份来自朔方节度军镇，他们举报朔方节度副使李献忠叛逃一事，李林甫在其中扮演了关键角色，有通敌的嫌疑。

李隆基拿着两份举报供词，苦笑不已。自己做了这么多年的皇帝，难道还分不清什么是真的谋反，什么是政治斗争吗?

既然李林甫参与了王鉷集团的谋反，为何当初不把供词拿出来?难道是王鉷等人死了之后，从阴间托梦，举报李林甫和他们暗中勾结?至于李林甫和朔方节度副使李献忠暗中勾结一事，更是无稽之谈。

李林甫的命运，完全取决于李隆基的态度。就在李隆基犹豫不决的时候，第二宰相陈希烈站了出来，他表示，自己全程参与了审讯，王鉷等人的举报完全属实，李林甫和王氏集团谋反案脱不了干系。

昔日唯唯诺诺的宰相，如今怎么变得如此勇敢?

陈希烈虽然是李林甫提拔的，但这些年来被李林甫压制得毫无存在感：李林甫将办公地点改到了家中，所有的官员先去向李林甫请示汇报工作，然后找他签字；商议政事的时候，李林甫搞一言堂，陈希烈别说抒发己见，就连插嘴都是一件奢侈的事儿。

自己是宰相，不是摆设，更不是让百官笑话的无能之人。此时站出来不为个人前途和荣誉，只为发泄积压在胸口的那份浊气。

陈希烈对李林甫的态度，让李隆基也大为震惊。可事情并没有结束，陈希烈之后，陇右节度使哥舒翰也指证了李林甫。李林甫和安禄山交好，哥舒翰打算和杨国忠交好。

平心而论，李林甫为相十七年，确实干掉了不少能力比他强的朝臣，比如张九龄、韦坚等人，尤其是开元二十四年（736）张九龄被罢相，让朝廷的政治风气急转直下，贪污腐败、朋党勾结、政治斗争频繁发生，李林甫负有不可推卸的责任。但换个角度来看，李林甫也成了李隆基执政后最重要的帮手。

李隆基登基的时候，百废待兴，需要治世能臣帮他处理政务，臣子惹他生气也无所谓。可到了后来，李隆基慢慢回归到一个平凡人的心态，他希望稳定安逸，希望享受帝王的舒适生活，先前的制度不符合他的诉求。谁是最好的利益代言人?只能说，在那个时间节点，李林甫就是最合适的人选。

论政治智慧，李林甫驾驭属下属于大师水平。

论忠诚服从，李林甫从来不会和李隆基对着干。

论理财水平，李林甫手下的王鉷出类拔萃。

论执政结果，大唐国泰民安，天下宁定。

不以道德标准来衡量，李林甫确实是李隆基最满意的人选。

当杨国忠、陈希烈和哥舒翰集体打压李林甫的时候，李隆基十分为难，如果因为政治斗争而罢免他，李隆基做不到。更何况，此时的李林甫已经身染疾病，日渐严重，李林甫之后，谁可以接过首席宰相的重任，这才是李隆基优先要考虑的问题。

李隆基选择了最温和的处置办法：冷落李林甫，重用杨国忠，慢慢实现权力的交接和过渡。

天宝十一年（752）十月，剑南道传来消息：南诏国联合吐蕃发兵剑南。

隋末唐初，云南大理洱海地区有六个实力雄厚的部落，分别是蒙巂诏、越析诏、浪穹诏、邆（téng）赕（dǎn）诏、施浪诏、蒙舍诏。大家同住屋檐下，同饮一汪水，时间久了，问题就来了，究竟谁才是洱海地区的霸主呢？

六个部落各执一词，都觉得自己是老大，希望另外五个部落臣服。到最后实在谈不拢了，只好宣布开战。由于实力旗鼓相当，又互相牵制，打了好多年也没分出胜负，反倒是苦了黎民百姓。

云贵地区的战乱引起了吐蕃和大唐的关注。

被人重视的感觉是美妙的，蒙巂诏、越析诏、浪穹诏、邆赕诏、施浪诏在大唐和吐蕃之间摇摆不定，想要通过博弈获得最大的利益，而蒙舍诏却认定中原帝国有前途，想跟着大唐混饭吃。

永徽四年（653），蒙舍诏的首领细奴逻派遣儿子前去长安，正式表达了归附大唐的愿望，唐高宗李治也给足了诚意：封细奴逻为巍州刺史，享受大唐的军事保护。开元二十六年（738），大唐帝国进入开元盛世，李隆基下诏册封蒙舍诏的第四代首领皮逻阁为云南王，并在当年派遣大军，协助他灭掉了其他五诏。

因为蒙舍诏位于其他五诏的南边，因此被称为南诏国。

此后，皮逻阁每年都会派遣使者，带着大批的云南特产前往长安进献，而大唐也会派遣使者回访，两国邦交令周边小国羡慕。

天宝四年（745），剑南节度使章仇兼琼派人前往南诏，谁料想，此人以天朝使者自居，言语中多有侮辱之词。皮逻阁是李隆基钦封的第一代云南王，对大唐一直有感恩之心，虽然愤怒，却还是忍住了。

天宝九年（750），南诏国王阁逻凤路过姚州（今云南省姚安县），云南郡太守张虔陀负责接待。谁承想，他看上了南诏队伍中的一名美女，强行将其奸污。不仅如此，张虔陀还放出话来，阁逻凤想要路过此处，必须缴纳数量可观的钱财。

阁逻凤提出抗议，希望让大唐的剑南节度使，乃至中央朝廷的官员来处理此事，否则跟他没完。

张虔陀表示，县官不如现管，云南郡由他说了算，不交钱就不准走，有本事就在这儿耗着。问题是，张虔陀真的敢拦南诏国王的车驾吗?

历史证明，张虔陀没这个虎胆，他放了几句狠话，赚了一点面子，随后便让阁逻凤过境而去。阁逻凤离开的时候，眼中燃烧着熊熊的怒火，那是吞噬一切敌人的感觉。反倒是张虔陀，做贼心虚，赶紧给长安方面传信，声称南诏国蠢蠢欲动，似乎有不轨的行为。

天宝九年（750）十二月，愤怒的阁逻凤发兵云南郡，杀死张虔陀，一鼓作气攻占剑南道三十二个州县。直到三个月后，李隆基才得知此事，他没有时间去调查其中的原委，只好紧急下诏，命剑南节度使鲜于仲通出兵八万，火速平乱。

鲜于仲通是杨国忠的党羽，靠着杨国忠的举荐才坐上剑南节度使的宝座，他非常需要一场华丽的战争来证明自己。接到诏令后，鲜于仲通兵分两路，快速向南诏国的边境线推进，直到此时，阁逻凤才从复仇的快感中清醒过来。

自己犯糊涂了，赶紧认错吧!

阁逻凤二话不说，赶紧派人递上降书，态度极其陈恳:南诏肯定是打不过大唐的，如果大唐接受求和，南诏继续归顺，并归还所有城池。如果大唐不接受南诏的求和，他们只能依附吐蕃，到那时，云南郡将不再归大唐所有。

鲜于仲通拒绝了，他刚刚主政剑南道，需要一场军功增添自己的政治资本。天宝十年（751）四月，鲜于仲通率领唐军行进到西洱河，与南诏大军展开主力会战。

自古以来，中原的军队到南方打仗，都会遇到水土不服的现象，更何况鲜于仲通急功近利，大意轻敌，犯了兵家的大忌。几场战役后，唐军因为疾病和战役损失竟然达到六万余人。

阁逻凤觉得，南诏国只不过是侥幸取胜，按照李隆基的脾气，必定会组织大军前来征讨，直到灭了南诏为止。阁逻凤非常后悔，南诏原本和大唐保持着友好关系，却因为自己一时冲动酿成大祸，可形势所逼，阁逻凤不得不为南诏找一条出路，于是吐蕃顺理成章地成了南诏的投靠对象。

阁逻凤虽然被吐蕃封为“东帝”，心里却十分憋屈，于是专门命人刻了一块碑，上面写着：“我南诏世代事唐，受其封爵，这次叛离实属不得已，如果后世容复归唐，当指碑以示唐使者，知道我的叛离绝非本心也。”

开元朝以来，大唐还没吃过这么大的败仗，不管南诏国是凭实力打败唐军，还是凭运气捡了个便宜，对长安的君臣来说，都是难以接受的。

李隆基放出狠话了，你受了委屈也得给朕憋着，朕先调集大军教训你，再心平气和地谈合作。一时间，河北、河南、洛阳、西安等地的军队快速集结，而吐蕃和南诏也集结了六十万大军，西南边境风云再起。

剑南道兵败之后，鲜于仲通日夜担惊受怕，杨国忠为了保护他，努力在长安周旋，鉴于杨国忠是未来的首席宰相，朝臣没有要求调查剑南道兵败的真相。随后，在杨国忠的安排下，鲜于仲通被调回长安，接任京兆尹之职。

谁接替鲜于仲通呢？剑南道官员表示，必须是杨国忠。

当时，李林甫抱病在家，听说剑南道的官员提出如此“过分”的要求，于是一跃而起，进宫面圣：“陛下，如今剑南道局势不稳，朝廷应该派遣得力重臣前去主持大局，臣认为杨大人熟悉剑南道，做事稳重，出使剑南再合适不过。”

对李隆基来说，剑南道情势危急，如果朝廷派其他的人前去主持大局，剑南道的官员恐怕不会服从调遣，因此李林甫的提议并非下策。

李隆基最终决定，还是由杨国忠出使剑南吧。

临行之前，杨国忠哭诉道：“陛下，臣临危受命，并无任何抱怨，唯一担心的就是此次前去剑南，恐怕会遭到李林甫的陷害啊。”

李隆基一把扶起杨国忠，语重心长地说道：“爱卿，你先去剑南道处理军务，朕随后就会将你调回长安，并任命你为宰相。”

有了李隆基的承诺，杨国忠这才打消了疑虑。

事实上，李林甫绝顶聪明，李隆基虽然没有表示对他的反感，但从朝廷的人事任命，最近的召见情况都可以看得出来，他已经失宠了。如果继续和杨国忠一争高下，只会让李隆基觉得他不懂事，不顾大局。为了自己能够体面地退休，李林甫做出了最后的抉择：躺在家里养病（此时的李林甫已经病入沉疴）。

每年十月，李隆基都会去华清宫居住，华清宫由骊山行宫、昭应城和骊山禁苑组成，李隆基下榻在骊山行宫，大臣居住在附近的昭应城，谁和皇帝亲近，谁得皇帝的宠爱，在骊山的召见就可以看得出来。李隆基虽然有意冷落李林甫，却还是让有关部门带上了他。失去了权力的光环，李林甫倍感煎熬，身体一天不如一天，有人告诉他，只要和皇帝见上一面，你的病就会好转起来。

李林甫苦笑着，跟了皇帝这么多年，也没听说李隆基能治病啊。

时隔千年，我们很难去揣测李林甫弥留之际的心态，他虽然是个残忍嗜血的政治家，但是对李隆基，或许还真的存在一份君臣的恩义。在弥留之际请求见李隆基最后一面，也是情理之中的事。

李隆基的心境也很复杂，杨国忠是他钦定的宰相人选，无可更改，此时去见李林甫，是否会让朝臣误会呢？如果不去，于心不忍。李隆基犹豫半天，最终还是做出了决定：摆驾李林甫的府邸。

身边的近臣非常惶恐，纷纷劝阻李隆基，让他不要轻易去看李林甫，态度之激烈，言语之果决，大有一言不合就撞死在他面前的意思。

李隆基：“摆驾降圣阁，传朕旨意，让李林甫见驾！”

骊山行宫，雄丽高寒，降圣阁的顶楼，李隆基伫立在寒风之中，等待着李林甫的到来。不远处便是李林甫的驻所。此时，李林甫在家人的搀扶下，颤颤巍巍地来到庭院，眼巴巴地瞧着降圣阁，君臣再次相见，已是诀别之时。

李隆基拿着红色的罗帕左右挥舞，像是在和他打招呼，李林甫如同见到生命的希望，努力挣扎，希望能给李隆基行最后一个君臣之礼，可始终无法挣脱病魔的控制。

李林甫强忍着疼痛，说出了一句：“快……代我给陛下行礼！”

天宝十一年（752）十一月，杨国忠前往剑南不到一个月，李隆基便将他召回骊山。

据史料记载，杨国忠回到昭应城的第一件事便是去拜访李林甫，二人见面的场景并没有仇恨和尴尬的氛围。李林甫拉着杨国忠的手：“我已经病入膏肓，时日无多，我死之后，你必定会做宰相，李府的后事就全拜托你了！”

将全家老小托付给政敌，莫不是病糊涂了？

不过，善于表演的杨国忠还是显得诚惶诚恐：“李相国，您太抬举我了，实在是不敢当啊！”

天宝十一年（752）十一月二十四日，李林甫在华清宫昭应城病逝，享年70岁。

据史料记载，李林甫去世的消息传到华清宫，李隆基下诏辍朝三日，并举行了隆重的吊唁仪式。至少在此时此刻，李隆基给了李林甫最高的礼遇，李隆基率先表态，文武百官便不再顾忌，纷纷前往李府吊唁。一个月后，李林甫的尸身被装殓起来，由昭应城运送回长安府邸，准备择日下葬。

杨国忠时代：难以揣摩的局面

李林甫去世后，中书令的位置便空了出来，李隆基如约兑现承诺，任命杨国忠为中书令，兼任吏部尚书、御史中丞等四十余职。

李林甫做了十七年宰相，中书省、尚书省、门下省、御史台都是他的势力范围，究竟有多少人通过李林甫来得到晋升，恐怕是个历史之谜。对杨国忠来说，当务之急便是培植自己的势力，然后再清除李林甫的同党。

按照惯例，如果宰相兼任吏部尚书，通常会将科举考试的事委托给侍郎以下的官员去主持，然后设置三门考试，筛选优秀的人才，通过考试的学子名单移交给门下省审核，最后由皇帝签批，尚书省下发，宣布最终的结果。

这一套流程走下来，最少也得半年之久。

天宝十一年（752）十二月，杨国忠召开吏部大会，高调地宣布了他的管理理念：自此以后，吏部提拔官员，别跟我讨论候选人是否贤能，最好的办法就是排资论辈，谁待的时间最长，谁就可以晋升，谁是他自己的人，谁就可以晋升。

为了让吏部官员快速领会他的意思，杨国忠亲自做了一次示范：他拟定了一份近期要晋升的官员名单，然后将门下侍郎陈希烈，以及吏部官员叫到尚书台，当着他们的面直接宣读名单，然后说了一句，你们门下省的人都在这里，刚才也没有表达异议，那晋升的事儿就这样定下了，散会。

这样的操作，实在是亮瞎了所有人的双眼。

据史料记载，新政的效果立竿见影，第一批晋升官员的名单刚刚公布，杨国忠在朝中便收获了无数的掌声。

在杨国忠看来，要想挑战李林甫的势力，并非什么难事。

天宝十二年（753）正月，杨国忠给安禄山送了一封密信：兄弟啊，凭你的资质，早就该入朝拜相了，都是李林甫在陛下面前阻挠，说你是个胡人，没资格统领群臣，陛下这才没有重用你。我听说，李林甫先前和李献忠暗中勾结，意图谋反，你如果能够出面做证，让陛下认清李林甫的嘴脸，这可是大功一件啊。

安禄山觉得，没必要和首席宰相产生隔阂，因此挑选了一批阿布思部落投降的胡人前往长安，送了杨国忠一个顺水人情。为了将李林甫谋反的证据坐实，杨国忠还找到了谏议大夫杨齐宣（李林甫的女婿），让他提供了许多书面证据，证明李林甫确实图谋不轨，意图夺取皇位，另立政权。

一个是李献忠的族人，一个是李林甫的亲人，证据的含金量非常高。再加上李隆基年事已高，对政事放任不管，只要不给他惹麻烦，怎么说都行。

天宝十二年（753）二月，李隆基下诏：剥夺李林甫所有荣誉，将李家男丁贬为庶民，发配到岭南和黔中，没收所有财产，给他们发放路费和衣物，自生自灭去吧。

此时，李林甫还没有下葬，杨国忠和陈希烈为了报复李林甫，派人劈开了他的棺椁，撬开他的嘴巴，取出了李林甫口中的珍珠，然后以庶人标准草草将他掩埋。一代权相，竟然落得这种悲惨的结局，恐怕连他自己也没想到。

天宝十二年（753）二月，李隆基下诏：封杨国忠魏国公头衔，封陈希烈许国公头衔，因为他们揭发了李林甫谋反的罪行。

问题是，杨国忠虽然做了首席宰相，但真的能统帅群臣吗？

论出身背景，杨国忠只不过是个地痞流氓，家族毫无政治底蕴，想要统领一群官二代，甚至官三代，难度不小。

论政治阅历，杨国忠入朝不过八年时间，其中前几年还在基层摸爬滚打，根本接触不到权力顶层，骤然坐上首席宰相，还真不一定玩得转。

论执政能力，杨国忠和李林甫差着好几个数量级。

李林甫确实喜欢排斥异己，可在政事处理上却很有水准，至少在史书上看不到贻笑大方的趣闻。杨国忠上任之后，关中地区发生了严重的旱灾，就连一向躲在深宫享清福的李隆基也关注了此事。杨国忠为了隐瞒真相，居然派人找了几株长势甚好的水稻拿给李隆基，以此说明关中地区并无旱灾。

也许，杨国忠唯一能匹敌李林甫的，就只有溜须拍马了。

据史料记载，杨国忠上位之后，安禄山对他极度不满。在安禄山看来，杨国忠的能力、人品、经验、智慧别说比不上李林甫，和他比都相差甚远。一句话，杨国忠很水，建议立马下台。

杨国忠也发怒了，你不就仗着手握兵权，人多势众吗？我虽然比不上你，但有一个人你总该服气吧？哥舒翰，你的死敌，怎么样。

哥舒翰和安禄山、安思顺兄弟非常不对付，一度影响到了边境的防御战略。天宝十一年（752）的冬天，李隆基将三人一同召到长安，吩咐宦官高力士组织了一场晚宴，准备缓和一下三人的关系。

席间，安禄山给哥舒翰敬了一杯酒，主动示好："哥大帅，我的父亲是胡人，母亲是突厥人，您的父亲是突厥人，母亲是胡人，咱们同属一脉，为何就不能互相亲近呢？"

哥舒翰不想领情，回击道："咱俩是同属一脉吗？"

安禄山当时就怒了："臭小子，你竟然骂我是胡人？"

被人无端辱骂，哥舒翰自然不服气，当即就想拍桌子干起来，可高力士在旁边拼命用眼神示意，这才没把事情闹大。杨国忠心知肚明，哥舒翰和安禄山是死对头，让两人掐起来，对他百利而无一害。

天宝十二年（753）七月，杨国忠奏请李隆基，让哥舒翰兼任陇右节度使和河西节度使，随后又加封为西平郡王（安禄山是东平郡王）。不仅如此，杨国忠屡次在李隆基的面前进言，声称安禄山手握重兵，已成尾大不掉之势，而且最近蠢蠢欲动，大有谋反的意思，希望朝廷能够提前准备。

也许，杨国忠确实发现了什么端倪，这才向李隆基示警。无独有偶，太子李亨也在同一时间提出了质疑，可全都遭到了李隆基的无视。在李隆基的眼里，大臣之间可以闹矛盾，但老是拿造反来说事儿，有点不讲究。

杨国忠说服不了皇帝，因此和他打了个赌，派人前去召唤安禄山，如果他敢来长安，就说明他不敢造反，但凡有迟疑，必定心怀鬼胎。

李隆基很喜欢玩这样刺激的游戏，于是欣然应允。

此时，安禄山兵不强，马不壮，钱财和武器都还没到位，造反的合伙人也没选好，自然不敢轻举妄动，收到李隆基的召唤令之后，立即快马加鞭地南下。

天宝十三年（754）正月初三，华清宫，安禄山匍匐在李隆基的跟前，痛哭流涕："陛下，臣本是一名低贱的胡人，没有陛下的信任，就没有臣的今天，如今却不为杨国忠所容，恐怕难以活命了。"

李隆基十分欣慰，不管你在别人面前多么的不可一世，在他面前终归是个摇尾乞怜的奴才而已。李隆基的心立马软了下来："爱卿啊，你不必担忧，朕在一日，就不会容许任何人伤害你，你且等待几日，朕必定会给你一个惊喜。"

所谓的惊喜，就是封安禄山同中书门下平章事，让他和杨国忠平起平坐。李隆基已经让翰林待诏写好了敕封诏书，就在下发之前，杨国忠知道了消息，于是上了一本措辞严厉的奏折："安禄山虽然有军功，但毕竟目不识丁，怎么能有资格做大唐的宰相。如果您颁布了诏书，大唐恐怕会被周边的小国取笑。"

是啊，让一个目不识丁的胡人做宰相，岂不是说大唐人才凋零嘛，朕的颜面何在，大唐的颜面何在。爱卿，只好委屈你了！

天宝十三年（754）正月初九，李隆基下诏：封安禄山为尚书左仆射（两个儿子分别加封到三品和四品，算是变相的补偿）。

李隆基虽然有补偿的意思，可君臣二人心知肚明，李隆基没能兑现自己的诺言。安禄山是个聪明人，不趁此时捞好处，更待何时？

安禄山：陛下，臣想要做闲厩使！哦对了，还有群牧使！

闲厩使，是为皇室饲养马匹的最高官员，拥有马匹的采购、饲养和调度权力，同时还兼管着骆驼、巨象、鹰、狗等御用禽兽。群牧使，主管全国的马政，凡是和战马相关的事务，群牧使说了算。

李隆基：准了。

安禄山：臣恳请陛下，让御史中丞吉温兼任兵部侍郎和闲厩副使之职（代替安禄山打理闲厩使）。

李隆基：准了。

安禄山并非吃饱了撑的，打算替朝廷养马，他刚刚上任陇右群牧使，便利用职务之便，将数千匹优质战马调回范阳老巢，以此装备自己的骑兵营。

李隆基不想管这些鸡毛蒜皮的小事。不过，安禄山一直在得好处，也得照顾一下杨国忠的情绪吧。这样吧，把司空的位置留给杨国忠。在唐朝，司空没有任何实权，官阶却是正一品，地位的象征，超然的存在。

李隆基此举，暗示着杨国忠在他的心中无可替代。

安禄山表示，只要李隆基高兴就行！

不过，既然给杨国忠升了官，也得给范阳、平卢军镇下面的军官来个阳光普照吧。理由很简单，他们讨伐奚、契丹、九姓胡、同罗的时候立下了军功，朝廷应该论功行赏，而且可以越级提拔。

按照旧制，朝廷提拔官员，应该由长官上报名单，吏部和阁台严格审查之后才决定是否加官晋级。不过，李隆基觉得这样很浪费时间，既然是朝廷的功臣，安禄山直接提交名单，一步到位。

安禄山为了收买军心，一次便提拔了五百名将军，两千多名中郎将。这些人全都是沾着安禄山的光而晋升，换句话说，他们已经打上安禄山的标签，安禄山混得好，他们就有好日子过，安禄山倒霉，他们也得跟着吃瘪。

哥舒翰不服气了，别人都捞了好处，自己也得分一杯羹！

一番讨价还价之后，哥舒翰也满载而归：火拔州都督火拔归仁加封为骠骑大将军（从一品武官），河源军使王思礼加特进（正二品散官），临洮太守成如璆、讨击副使范阳鲁炅、皋兰府都督浑惟明加云麾将军（从三品武官），陇右讨击副使郭英乂为左羽林将军……

安史之乱的前夕

文武百官都傻眼了，大唐自开国以来，除了唐高祖李渊大肆分封外，还没有任何一个皇帝如此随意过。更有不少人风传，安禄山为自己的将领求官，是为了收买人心，为造反做准备。安禄山开始担忧了，长安城的舆论来势汹汹，一旦被李隆基察觉，自己的下场将会万分悲惨。

天宝十三年（754）三月，安禄山战战兢兢地入宫，试探性地问道："陛下，臣在长安已经待了一段时间，范阳、平卢、河东还有许多公务等待臣去处理，因此特来向您此辞行，请陛下准奏！"

李隆基站起身来，将身上的披风送给了他，说道："你确实该回去了，自己选个黄道吉日，朕命高力士给你践行吧！"

得到李隆基的首肯，安禄山火速离开长安，一路之上水路和陆路交替行驶，换马不换人，日行数百里，昼夜兼程地赶回范阳，悬着的心这才放了下来。

天宝十四年（755）二月，安禄山派遣自己的副使何千年前往长安，并带去了一道请求将三十二名汉将替换为番将的奏折，希望李隆基能够恩准。当时，三省的长官都认为安禄山已经原形毕露，李隆基会察觉到此事的蹊跷。然而，结果却出乎所有人的意料：李隆基立即做出了批示，希望中书省能够尽快下敕书，签发委任状。

一时间，朝野震惊，长安城舆论如潮。

兵部尚书韦见素深感不安，因此面见杨国忠，表明了自己的态度："杨相国，这是安禄山阴谋造反的前奏，必须得向皇帝说明情况。明日，您和我一起进言，如果皇帝不答应，希望您能从旁斡旋。"

杨国忠："好，就这么说定了！"

第二天，杨国忠和韦坚素一同觐见，二人苦口婆心，累得口吐白沫，李隆基依然无动于衷。在李隆基的意识里，安禄山一直被诬告谋反，可事实证明，安禄山未曾有过不忠的表现，朝臣们要么是嫉妒安禄山，要么是无病呻吟。

杨国忠想通了，与其拦下安禄山用番将替代汉将的委任状，不如釜底抽薪，剥夺安禄山三镇节度使的职权，让他失去对军队的控制。

于是，杨国忠和韦见素提了另外一个方案：任命安禄山为同中书门下平章事，召他入朝，任命贾循（副使）为范阳节度使，吕知诲（副使）为平卢节度使，杨光（副使）为河东节度使。

李隆基虽然采纳了建议，却并没有去执行。

或许，李隆基意识到了问题的严重性，如果贸然剥夺安禄山的军权，河北的局势将会立即陷入困境；或许，李隆基此时还是不相信杨国忠等人的话，还对安禄山报以信任的态度。谁又知道呢？

大唐帝国的前途和命运，只在李隆基的一念之间。

李隆基考虑许久，最终决定派遣宦官辅琳带着珍馐美味前往范阳。李隆基坚信，辅琳是他的亲信，如果安禄山真的有造反的打算，他一定会告诉自己，辅琳和安禄山从未有过接触，也绝不会诬陷忠良。

于是，大唐帝国的命运，转手便到了一位籍籍无名的宦官手里，这可真是历史的讽刺啊！

据史料记载，辅琳到达范阳之后，享受到了无与伦比的高规格待遇，能够被封疆大吏待为贵宾，临走之时还可以得到一笔巨额财富，他又该如何抉择？

回朝之后，辅琳极力美言，声称安禄山忠诚奉国，绝无二心，朝野上下对他的指责全部都是诋毁，完全不可信！

李隆基十分振奋，当即招来杨国忠等人，转述了辅琳的所见所闻："朕对安禄山推心置腹，他不会有异心。再者说，东北地区的奚与契丹还要靠他镇抚，不能出现动乱，你们不要杞人忧天。"

李隆基，成了长安城唯一身在混沌之中的人。

李隆基的言论让杨国忠等人万分沮丧，朝野上下，还有谁不知道安禄山即将谋反的事实，难道非要用一场战争来唤醒李隆基的意识吗？

杨国忠等不及，也赌不起！他必须争分夺秒，粉碎安禄山的阴谋。

据史料记载，在李隆基毫不知情的情况下，杨国忠发动京兆尹手下的衙役，强行搜查了安禄山在长安的私宅，并抓捕了一批身份可疑的门客，随后在御史台的狱中将他们秘密处死。杨国忠的意思是打草惊蛇，假意朝廷已经发觉了他的阴谋，逼迫安禄山提前造反。

效果立竿见影！此时，安禄山的长子安庆宗正在长安居住，他立即将府邸被查一事告诉给安禄山，等待父亲的最后抉择。安禄山远离长安，难以判断这究竟是杨国忠私自行动，还是李隆基授意的。

安禄山抗拒了，他不再见朝廷使者，也不再对李隆基低眉顺眼。

天宝十四年（755）六月，李隆基派人给安禄山送信，希望他能前来长安，参加荣义郡主和安庆宗的婚礼。这是早就订好的婚事，安禄山却以生病为由，委婉拒绝了。

长安城的上空，被一丝惊惧笼罩着，每个人都深感不安。安史之乱，这场将大唐帝国推向无底深渊的战争，已经开始了倒计时。

自范阳起兵到攻取长安，有两条比较切实可行的道路：一条是效仿当年唐高祖李渊，攻取北都太原，跨过黄河直接夺取长安；另一条是从河北南下，攻取东都洛阳。不管从哪一条道行军，攻占大唐都城都是最核心的一步棋。

安禄山认真权衡了一下，最终选择稳妥的做法：攻取洛阳！

为什么这么说？

第一，洛阳是大唐的东都，政治意义并不比长安差，占据洛阳和长安其实是一样的。

第二，长安城的粮食供给、食盐供给、天下赋税的轮输转运都得经过洛阳，占据此地，可以从经济上扼杀长安。

第三，范阳、河东是安禄山的势力范围，从太原行军过黄河，虽然很便捷，但必须得直面陇右道、河西道和朔方的援军，变数太大。

客观地说，攻取洛阳的策略没有太大的问题。

事实上，安禄山的想法比我们想得还要稳妥。

天宝十四年（755）七月，安禄山奏请朝廷，声称为李隆基挑选了三千匹良马，准备送到长安，希望由二十二个番将，六千余名军士押送，另外还有三百余车金银珠宝，每车派三个人押送。也就是说，此次押送进贡之物的人竟然有七千人之多。

安禄山的如意算盘打得噼里啪啦，却遭到了洛阳市市长达奚珣的怀疑，他给李隆基上了奏折，声称安禄山的进献队伍有七千多人，而且其中还有二十二位高级将领，这就是一支常规军队的编制！

达奚珣建议，朝廷可以让安禄山在冬天进献战马和宝物，并由朝廷亲自调派民夫运送，以此检验安禄山最后的忠诚度。

达奚珣的话让李隆基醍醐灌顶，他虽然年老昏聩，在生死攸关的情况下，帝王敏感和多疑的意识迅速被唤醒。李隆基当即派人审讯宦官辅琳，将他接受安禄山贿赂的事情查得一清二楚，随后将他秘密处死。

宦官冯神威临危受命，拿着李隆基的诏书前往范阳。当时，安禄山正躺在床上，面对皇帝的特使，似乎并没有起床的意思。

冯神威不敢嚣张，于是拿出诏书宣读："爱卿啊，一别多日，可曾安好？朕在华清宫特意为你造了一座温汤池，等到十月你就来骊山，朕和你一起体验！"

安禄山坐在床上，懒洋洋地问了一句："陛下一切安好？"

安禄山吊儿郎当的态度让冯神威惊惧不已。早知道不是趟好差事，可也没说是送命的差事啊，冯神威还在想着如何保全性命，安禄山又来了一句："陛下不让我献马也可以，我十月份必到长安！"

冯神威虽然是个宦官，却也是见过世面的，安禄山的这句话，听起来像是回复皇帝的旨意，却又像是威胁，话语中充满了对皇帝的蔑视和挑衅，让他这位名字中带着神威二字的人都觉得不寒而栗。

冯神威很庆幸，安禄山需要人回长安送信，因此并没有杀他的打算，在范阳馆驿中休息了几天，冯神威便启程返回长安。

转眼间便到了金秋十月，也是安禄山和李隆基约定好见面的日子。不过，安禄山并不是去朝拜皇帝，而是带着铁甲军推翻李隆基的统治。

据史料记载，太仆丞严庄、屯田员外郎高尚、将军阿史那承庆等人是安禄山起兵的知情者，其余的将领或许有猜疑，却都没有参与最前期的密谋。

天宝十四年（755）十月，碰巧有入朝奏事的官员回来，安禄山便伪造了一份敕书，随后召集手下将领说：各位兄弟，皇帝给了我一封密信，声称杨国忠擅权专政，希望我带兵入朝，以清君侧。事不宜迟，请诸位尽快准备，我们立即杀奔长安。

将领们蒙了，自从八月开始，安禄山便厉兵秣马，带着大部队集训，还以为要和契丹开战呢，没想到是打长安啊。然而，将领们虽然疑虑，却也明白了其中的猫腻，在宣誓起兵的这个时间点，谁也不想成为第一个被祭旗的人。

安史之乱，在一场静悄悄的行李收拾中拉开了帷幕。

拿得起放不下的大唐史 5

九皋寒叟 著

北方文艺出版社

目录

贰拾壹　安史王朝

贰拾贰 唐廷的内斗

贰拾叁　混乱的河朔三镇

贰拾肆　内斗绝不停止

贰拾壹

安史王朝

安史之乱爆发

天宝十四年（755）十一月初九，安禄山在范阳宣布起兵，安史之乱正式开始。

兵力情况：总共十五万，其中包括范阳、平卢、河东三镇的兵力，以及同罗、奚、契丹、室韦等部族的援军，对外号称二十万。

留守情况：范阳节度副使贾循留守范阳，平卢节度副使吕知诲留守营州，将军高秀岩守卫大同。

天宝十四年（755）十一月初十，安禄山在蓟城南门检阅誓师，再一次强调此番南下是讨伐杨国忠，军中只要有人敢动摇军心，夷灭三族。随后，安禄山便带着十五万大军南下，一路上旌旗遍野，鼓角连天，景象极其壮观。

唐朝自建朝以来，频繁和外族爆发军事冲突，不过基本上集中在西北边境，很少波及中原地区。说白了，老百姓已经习惯了太平盛世，忘记了战争的残酷，也缺少实战的勇气。至于地方政府，根本没有常规的军队，所有军队都集中在军镇节度使的手中，也就是说，黄河以北都是安禄山的地盘。

当时，河北道的官员听说安禄山造反，纷纷开城投降，骨头硬一点的，便选择弃城逃走。安禄山十五万大军南下的途中，几乎没有遭遇任何抵抗。

天宝十四年（755）十一月十五日，李隆基正在华清池沐浴，听说安禄山已经谋反，紧急召开议政会议，让大臣们拿出抵御安禄山的军事部署方案。然而，由于消息太过突然，朝臣们根本不清楚河北的局势有多么严重，因此都沉默不语。

就在朝臣忧心忡忡的时候，杨国忠得意地说道：“陛下，臣早已经说过，安禄山必定会起兵造反，但是没人相信。不过，陛下也不用太过担忧，安禄山毕竟是宵小之辈，他想造反，手下的人未必会跟随他，咱们只需要耐心等着，不过十天时间，安禄山的首级必定会被送往长安。”

此言一出，群臣哗然，这是首席宰相该说的话吗？危急时刻，宰相不提出切实可行的应对方案，反倒指望敌人主动送上自己的头颅，那还不如找个街边摆摊算卦的人做宰相得了。李隆基倍感失望，满朝大臣，居然没人能替他分忧。

就在当天，李隆基当机立断，派遣毕思琛前往洛阳，金吾将军程千里前往河东，各自招募大军，准备抵御安禄山的叛军。

有人可能会问，堂堂中央朝廷，竟然找不出一个带兵打仗的人？事实还真是这样。

开元后期，朝廷的府兵沦为皇家御用仪仗兵，还有一部分变成禁卫军，这些人常年不打仗，毫无战斗力可言。最猛的将军都在军镇，由于安禄山起兵突然，李隆基短时间内很难调集军队勤王，只能派人前去募兵。

天宝十四年（755）十一月十六日，安西节度使封常清入朝奏事，他的出现让李隆基有了些许底气。

李隆基：“封爱卿，安禄山率领十五万大军南下，河北各地的刺史、县令望风归降，敌军势如破竹，看样子是要一鼓作气拿下洛阳，你有何御敌良策？”

封常清信心满满：“陛下，天下承平已久，各地官员看到叛军才害怕，然而物极必反，臣料定河北局势会发生变化。恳请陛下派臣前往洛阳，大开府库，招募各地勇士，然后挥师渡河，用不了几天，就可以把安禄山的头颅献给陛下！”

封常清毕竟是久经沙场的战将，说出的话让李隆基备受鼓舞。第二天，李隆基任命封常清为范阳和平卢节度使，让他前往洛阳组织平乱。头衔虽然是虚的，可毕竟是皇帝钦封，含金量非常高，再加上有洛阳府库的钱财壮胆，仅用了十天时间，封常清便征集了六万余人。

天宝十四年（755）十一月十九日，起兵第十天，安禄山抵达博陵（今河北省保定市定州市）。河北的变乱让李隆基逐渐清醒过来，天宝十四年（755）十一月二十一日，愤怒的李隆基带着文武百官回到长安城，连续下达了六个命令：

第一条命令：诛杀安禄山的长子安庆宗，赐荣义郡主自尽。

第二条命令：朔方节度使安思顺调任户部尚书，安思顺的弟弟安元贞调任太仆卿。原因很简单，安思顺和安禄山关系不亲密，可毕竟同属一脉，李隆基不可能冒险将朔方军镇交给姓安的人统领。

第三条命令：任命朔方右厢兵马使、九原太守（今内蒙古包头市九原区）郭子仪为朔方节度使，任命右羽林大将军王承业为太原尹，留守北都。

第四条命令：设置河南节度使，由卫尉卿张介然兼任，指挥陈留等十三郡的军队。这是大唐设置的第一个内地节度使，专门用于抵抗安禄山的叛军。

第五条命令：任命荣王李琬为元帅，右金吾大将军高仙芝为副元帅，统率各路军队东征。

第六条命令：组建天武军，重点招募长安城和附近州县的青壮年，动员令便是皇室府库中的金银和布帛。

最强大帝国的统治者，在这一刻重新找回了理智，不管结果如何，李隆基的安排至少让朝臣和百姓看到了希望。然而，大家都知道一个定律，理想总归是美好的，可现实总是冰冷刺骨的。

据史料记载，河南节度使张介然刚到陈留（今河南省开封市），前方的侦察营便传来噩耗：安禄山的大军已经到达滑州（今河南省安阳市滑县）。滑州和陈留仅有一河之隔，自古以来，陈留就是人流和货物的集散地，易攻难守，更何况张介然刚刚到达陈留，根本就没有完成布防。想到要和敌军来一场硬仗，张介然的心头涌上一股不祥之感。

天宝十四年（755）十二月初五，安禄山对陈留发动进攻，陈留太守郭纳献城投降，第一任河南节度使张介然被当场生擒。当时，安禄山的长子安庆宗被杀，安禄山胸中的怒火无处发泄，于是下令将陈留郡投降的上万名将士全部屠杀，同时任命张介然的部将李庭望为河南节度使，留守陈留郡。

陈留郡失守的消息迅速传开了，李隆基惊恐万分，为了提振唐军的士气，李隆基下诏宣布准备御驾亲征，并征调朔方、河西、陇右三大军镇的主力部队，让他们在二十天之内开赴天子行营。

然而，在安禄山的眼里，李隆基的部署毫无威慑力。各地军队集结需要二十天，谁知道那个时候安禄山到了哪里！陈留失守后，后方的军事重镇分别为荥阳、武牢关、洛阳、潼关，以及最后的长安城。

荥阳太守崔无诐（bì）是位忠臣，可手下无兵无将，只能发动城中的老百姓守城，面对安禄山的大举进攻，军士和百姓压根就不敢上城楼抵抗。

天宝十四年（755）十二月初八，荥阳宣告失守，崔无诐兵败被杀。安禄山趁热打铁，派遣部将田承嗣、安忠志、张孝忠为先锋，直捣东都洛阳。

当时，驻守洛阳的守将是封常清，他是东线防守最核心的主帅，没有之一。封常清在前线的决策直接关乎洛阳的存亡，关乎大唐的国运。

封常清有两个选择：第一个是龟缩在洛阳城内，等待武牢关被攻破，死守洛阳，然后等待各路援军；第二个选择便是将洛阳的主力部队调出，死守武牢关，寻找机会偷袭安禄山的背后，从正面阻击叛军。

据史料记载，封常清选择了第二个方案。

武牢关又称虎牢关、汜水关。位于荥阳市西北部的汜水镇境内，是洛阳东边最重要的门户，兵家必争之地，在此处爆发了许多著名战役。最近的一次便是唐朝初年李世民和窦建德的武牢之战。

武德三年（620），李世民征伐困守洛阳的王世充，王世充自知不敌，急忙派人给窦建德传信，希望他能率军前来相助。当时，窦建德率领三十万大军南下，很快便到了荥阳附近，李世民深知武牢关的战略意义，因此派遣三千五百名军士前往武牢关，切断了王世充和窦建德的联系。李世民依靠武牢关天险，闭门不出，和窦建德打起了消耗战，随后派遣了一支骑兵截断窦建德的粮道，并在黄河北岸牧马，假装唐军没有粮草供应。窦建德大意之下，在汜水东岸摆开架势，想和唐军决一死战，李世民再一次闭门不出，等到窦建德大军士气低迷的时候，唐军发动了猝不及防的偷袭，最终生擒窦建德，直接决定了唐朝的运数。

试想，封常清面对的局面是否和当年神似？更何况，洛阳在唐军手中，封常清没有后顾之忧，只要守住武牢关，安禄山下面的战役并不好打。

然而，封常清忽略了一个致命的事实：他手下是一群乌合之众，从来没拿过兵器，从来没上过战场，他们参军的唯一目的便是拿洛阳府库的钱财和布帛。试想，这样的军队，如何与李世民手下百战百胜的军队媲美？

据史料记载，双方刚刚交战，官军便被安禄山的铁骑冲散，百姓见势不妙，立即丢了武器向洛阳方向逃跑。封常清带着亲信且战且退，连吃了几次败仗，随后带着残兵剩勇退入洛阳城。然而，封常清征调的数万将士早已经遁入山林，此时的洛阳城已经无险可守，靠着剩余的人根本抵御不了锋芒正盛的叛军。

临阵戗杀主帅：李隆基也有苦衷

天宝十四年（755）十二月十二日，东都洛阳沦陷，举国哗然。

十五万大军长途奔袭一千多公里，从起兵到夺取帝国都城只用了三十天时间，可以说，安禄山创造了中国战争史上的奇迹。

洛阳保卫战中，封常清并没有战死。亲身经历告诉他，大唐的几道防线根本抵挡不住安禄山的兵锋。在逃跑的途中，封常清连派了三位使者前往长安，只为提醒李隆基，叛军士气高昂，实力雄厚，朝廷需要做好万全的准备。

封常清确实具备超前的战略眼光，也许他说的万全准备，正是提醒李隆基给自己留一条后路。然而，李隆基压根就不想见封常清的使者。在二十多天前，你当着满朝文武的面夸下海口，说过几天就可以献上安禄山的人头，如今别说打败安禄山，就连和他对峙的能力都没有，还有脸说其他的？

李隆基的态度很明显，不再信任封常清，哪怕是他亲口说的话李隆基也懒得听。不过，封常清并没有因为害怕责罚而投奔安禄山，他执意前往长安，打算面见李隆基，走到渭南的时候，刚好碰到了前来传旨的太监边令诚。

边令诚："封大帅，你也别回长安了，陛下不会见你的，陛下让我转告你，你已经是一介布衣，希望你去高仙芝的军中继续为朝廷效力。"

说起来，封常清和高仙芝之间还有一段趣事。

他们年少的时候都在西域生活，封常清的家里没背景，很难出头，而高仙芝的老爹是游击将军，社会地位比较高。当时，高仙芝担任安西副都护，日常出行就有三十多人的卫队跟随，排场十分壮观，封常清每次看到高仙芝便羡慕不已。终于有一天，封常清忍不住给高仙芝投了一份自荐书，慷慨激昂地表示，希望加入高仙芝的卫队。

面试的过程十分坎坷，封常清身材细瘦矮小，怎么看都不像军人出身，别说拉出去打仗，就连放在仪仗队也是一个笑话。再来看封常清的腿，不仅短小，走起路来一瘸一拐，形象极差，更要命的是，封常清是个斜眼睛，看人的时候总会露出白眼珠，别人和他谈话，总感觉他在鄙视别人。

第一天见面，高仙芝的态度直截了当：你长得太丑，我难以接受。

封常清没有放弃，他在第二天又递了一封自荐书。

高仙芝没想到收简历的人这么敷衍，又将他放了进来，看到封常清的第一眼，高仙芝便不耐烦地说道："兄弟，我这里的录取名额已经满了，你另谋出路吧，别在这浪费时间了！"

封常清发怒了："高将军，我仰慕您的高义，主动前来侍奉您，您为何要拒人于千里之外呢，仅凭容貌来录用人才，会走眼的。您还是考虑一下吧？"

这番话说得在情在理，只要老板注重内涵，应该会接受的。然而，高仙芝实在是接受不了封常清的形象，于是再一次残忍拒绝。

自此以后，封常清整天蹲在高仙芝的大门前，并放出豪言，只要高仙芝不答应，他就一辈子待在这，哪儿也不去。高仙芝是个嫌麻烦的人，他也预感到封常清死皮赖脸的性格不会轻易改变，这才答应让他加入侍从队伍中。

事实上，高仙芝一直都嫌弃封常清的存在，放一个短腿跛足的人在卫队中，实在是有辱安西节度副使的颜面。不过，封常清很快便证明了自己的价值：在一场征讨达奚部的战役中，唐军取得大胜，高仙芝正在头疼如何向上级领导汇报，封常清便将自己提前写好的捷报交了上来，其中详细描述了敌军的井眼、泉水、驻军地点、战术，并将高仙芝的高瞻远瞩狠狠地描述了一番。

回军后，安西节度使夫蒙灵詧在城外迎接，开口的第一句就是："你之前送的捷报出自谁人之手，没想到你军中竟然招揽了一位人才啊。"

高仙芝支支吾吾："是我的一位侍从，名叫封常清。"

有了大老板的照顾，封常清想不发达也难，其后的数年，封常清和高仙芝在西域联手，立下了赫赫战功，封常清也因此做到了安西节度使的位置。可以这样说，高仙芝是封常清的职场领路人，二人亲如兄弟。

封常清战败的时候，高仙芝正带兵驻守在离洛阳不远的陕州（今河南省三门峡市陕州区）郊外，而陕州刺史窦廷芝早已经弃城逃跑，局势相当危急。

封常清到来之后，高仙芝并没有因为前线的失利而取笑或责怪他。高仙芝：“兄弟，前线的局势究竟如何了，安禄山真的是无敌之师吗？”

封常清：“无敌，非常无敌！哥们儿自从军以来，极少打败仗，可安禄山的骑兵实在是天下无敌，打野战咱们根本不是他的对手。再者说，官军都是临时招募的老百姓，几乎毫无战斗力，如果和他硬碰硬，必败无疑！”

高仙芝：“为今之计，该当如何？”

封常清：“放弃陕州，将大军带回到潼关。否则，必将重蹈我的覆辙。”

客观地说，将大军带回潼关的决策毫无问题。然而，两位大将却遭到了李隆基的诛杀。安禄山起兵之后，一路势如破竹，沿途的刺史和县令纷纷望风归降，李隆基不禁产生了怀疑：这世上究竟有谁可以信任？

这些年来，李隆基为了提高军队的战斗力，大肆起用胡人将领，安禄山、高仙芝、哥舒翰、夫蒙灵詧、李光弼、仆固怀恩，任谁都是手握重兵、权力无限的封疆大吏。然而，随着安禄山的反叛，“非我族类，其心必异”的民族认知重新回到了李隆基的头脑中。

李隆基在将新募集的数万将士交给高仙芝的时候，同时也安插了一个监军：宦官边令诚，他的任务便是向朝廷报告高仙芝的一举一动！就在几天前，边令诚求高仙芝给自己办点私事，可高仙芝却因为军务繁忙，没空搭理，因此让边令诚对他产生了不满的情绪。

这下好了，高仙芝退守潼关正好给了边令诚一个机会，大军刚刚拔营，边令诚的奏折便到了长安：陛下啊，封常清在前线散布谣言，说叛军势大，官军不是他们的对手，这才导致军心动摇，打了败仗。如今，高仙芝放弃数百里的防区不要，未战先败，还克扣将士们的军粮，军心已经不稳，高仙芝应该负全责。

封常清战败，并在军中散布不利的言论，而高仙芝弃守陕州，不战自败，这都是不容狡辩的事实。对李隆基来说，让他继续信任高仙芝等人是极其困难的事情，让他派人调查此事更是无稽之谈。

天宝十四年（755）十二月十八日，李隆基给边令诚赐了两道诏书，让他处理此事。到达潼关之后，边令诚先将封常清叫到跟前，向他宣读了皇帝赐死的诏书。

封常清感慨道：“封某是战败之将，戴罪立功、手刃叛贼才是我的志向，如今却被皇帝赐死，真是不甘心呐！”

言罢，封常清给李隆基写了一封遗书，随后引颈就戮。边令诚率领一百名陌刀手，带着封常清的尸体前往高仙芝的官署。

边令诚：“大夫，你也有皇命在身！”

高仙芝看到封常清的尸体，心里咯噔一下。高仙芝苦笑道：“不战自退，固然是我的罪责。然而说我克扣将士们的军粮和金银布帛，纯属污蔑！”

边令诚：“高大人，难道此事还有假吗？”

高仙芝：“天地为证，将士皆在，难道还要我言明吗？”

边令诚哂笑不语。

此时，被招募的新兵都站在大门之外，等待最终的审判。

高仙芝气愤道：“将士们，我受朝廷旨意招募你们从军，虽然得了些许钱财，可全都发给你们了。国家有难，我本想带着你们杀敌立功，然后获取荣华富贵，如今带你们来潼关也是为此，你们扪心自问，我是否有冤枉！”

此时，营帐外的将士异口同声地说道：“大人是冤枉的！”然而，边令诚手里握着皇帝的催命符，又和封常清有旧仇，又怎会心软。

高仙芝看了看死去的封常清，叹息道：“封二啊，是我将你提拔为安西节度判官，也是你接替我做了安西节度使，如今咱俩又在此处同时被杀，难道真的是命运的安排吗？”

边令诚再也等不及了，急忙让陌刀手斩杀了高仙芝。

时隔千年，我们不用去指责李隆基做得对与不对。

当时，唐军全线溃败，连封常清和高仙芝都不战而退，如果李隆基再不拿出强硬的防御态度，唐军真有可能直接退守到长安城的郊外。李隆基只不过拿封常清和高仙芝的性命做了一场豪赌，杀一儆百，仅此而已。

安禄山的滑铁卢：半路杀出个郭子仪

前线的溃败让李隆基忧虑万分。

天宝十四年（755）十二月十六日，也就是封常清和高仙芝被杀的前两天，李隆基发布了一道看起来像是动员令的诏书，准备御驾亲征，命太子李亨监国。

同时还有一番亲征感言：朕在位快五十年了，这些年懒于处理政事，去年秋天就想将皇位传给太子，不巧碰到旱灾，朕不想将灾祸留给子孙去处理，因此想等到形势好转后再行传位之事。谁料想，叛贼安禄山举兵造反，百姓民不聊生，朕一定要御驾亲征，待叛乱平定之后，朕才能高枕无忧地退位。

事实上，李隆基就想向外界传递一个消息：帝国的形势很严峻，严峻到皇帝都得御驾亲征，前线的将士们，皇帝都已经年逾古稀了，你们再不努力杀敌，难道真要让一个糟老头子战死在沙场吗？

不过，这是一场虚伪的政治表演。就在前一天，李隆基刚任命颍王李璬（李隆基的第十三子）为剑南节度使，蜀郡长史崔圆为剑南节度副使。至于让他们去干什么，大家可以自行理解。

李隆基想御驾亲征，自然得有人拦着，比如杨国忠。他让韩国、虢国和秦国三位夫人进宫劝谏，说如果皇帝离开长安，杨氏一门就会被太子杀掉，还让杨贵妃一哭二闹三上吊，这才让李隆基“打消”了御驾亲征的念头。

前线主帅被杀，得有人去守卫潼关啊，究竟派谁去呢？李隆基在家掰着手指头数，最后数到了河西、陇右节度使哥舒翰的头上。第一，哥舒翰战功赫赫，在军中威望甚高。第二，哥舒翰是安禄山的死对头，就算所有人都临阵投降，哥舒翰也不会，否则哥舒翰岂不是会被人指着脊梁骨取笑一辈子？

李隆基召见哥舒翰："爱卿，朕命你为兵马副元帅，征调八万兵力前去守卫潼关，朕马上会让其他军队前去和你会合，咱们一鼓作气，拿下安禄山。"

哥舒翰："陛下啊，臣最近身体不舒服，恐怕无法胜任这份工作，您看是不是找别人去守卫潼关呢？"

李隆基："不行！满朝文武，也就你能和安禄山打个平手。"

哥舒翰："陛下，臣真的生病了。"

李隆基："这样，朕封田良丘为行军司马，起居郎萧昕为节度判官，火拔归仁为先锋，再加上高仙芝和封常清的队伍，一共有二十万之众，全归你统领。"

哥舒翰虽然答应做兵马副元帅，可就是不管事儿，他以生病为由，将军政大事全部交给了田良丘。问题是，大老板都不敢管，行军司马敢主导潼关的防御工作？田良丘顺水推舟，让王思礼统领骑兵，李承光统领步兵，二人都是哥舒翰的部将，还是你们河西和陇右的人说了算。

据史料记载，王思礼和李承光为了争权夺利，互不服气，再加上哥舒翰赏罚不公，不体恤将士，士气一塌糊涂，潼关的防御岌岌可危。不过话又说回来，二十万将士镇守潼关，就算每人向敌军扔一块砖头，也够安禄山忙活半天的，安禄山曾经也派遣过先锋部队前来扣关，并未捞着什么便宜。

攻克洛阳后，安禄山并没有着急进军。

第一，占领了洛阳，就等于切断了长安和江南之间的通道，军粮、赋税想要运到长安，那几乎是不可能的事。时间一长，长安出现粮价飞涨的现象，安禄山便可不劳而获，安禄山确实不用着急。

第二，安禄山南下太顺利了，顺利得让他有点惶恐，无数的刺史和县令望风归降，安禄山又怎能分辨谁是真心归降，谁是虚与委蛇呢？要是有人在背后捅一刀，安禄山将会非常难受。

第三，朔方军镇紧挨着范阳，节度使郭子仪手握数万雄兵，一旦安禄山的主力向长安进发，郭子仪率军偷袭范阳老巢，截断大军的粮道该怎么办？

这些并非危言耸听，安禄山担心的，后来全都变成了现实。

先来说说郭子仪。这位老兄出身官宦之家，自己却通过武举步入仕途，随后开始在军中服役，凭着一点一滴的军功，慢慢升上高位。天宝十三年（754），郭子仪担任朔方右厢兵马使、九原太守，时年57岁。

安史之乱爆发后，李隆基对胡人将领产生强烈的质疑，而朔方节度使安思顺不仅是胡人，还是安禄山的堂兄弟，更为李隆基所不容。就这样，郭子仪终于在退休之前转正，成为朔方节度使。事实上，李隆基对郭子仪没有抱太大期望，唯一的要求就是让他稳住朔方，如果有可能，派点兵力去骚扰一下安禄山。

接到皇帝旨意后，郭子仪搞了个动员大会，以“忠君爱国，誓死杀敌”为口号，给朔方将士做思想工作，随后带着他们从灵武出发，沿着黄河北岸一路前行。

当时，安禄山为了防范朔方的军队，让大同军使高秀岩镇守在静边军。静边军位于山西朔州市右玉县，是天宝初年王忠嗣派人修建的军事重镇，城池有三四层楼之高，专门用来防御北方突厥和回纥贵族的南侵。

高秀岩的任务是扼守静边军，只要朔方大军攻不下此地，就谈不上偷袭范阳老巢。谁料想，高秀岩的胃口很大，他觉得守卫静边军没什么挑战，因此决定主动出击，偷袭朔方军镇下辖的振武军（今内蒙古和林格尔县）。

悲剧的是，郭子仪早就偷偷摸摸来到振武军附近，当高秀岩发动进攻的时候，郭子仪率军出击，将高秀岩打得落花流水，逼迫他退入静边军城内。事实上，静边军城易守难攻，是块硬骨头，可老天爷却偏偏给了郭子仪一个机会。

城内有个叫苏日荣的人，官居大夏（今甘肃省临夏州）县丞，可能是觉得九品县丞当得不过瘾，因此跑到静边军城，在这里结交了一批江湖侠士，准备搞出点名堂。侠士嘛，打打架还行，真要干起仗来还不够军队塞牙缝的，就在苏日荣为兄弟们的前途担忧之时，郭子仪带着大军来了。

天宝十四年（755）十二月十二日的傍晚，苏日荣觉得时机已经到来，于是带着武林高手们潜入叛军军营，刺杀了主将周万顷和安守一等人，静边军城顿时陷入混乱之中。郭子仪听说城内乱了起来，于是当机立断，组织大军攻城，高秀岩拼命死守，叛军伤亡惨重，静边军城最终宣告失陷。

郭子仪乘胜追击，派兵拿下了云中（今山西省大同市）、马邑（今山西省朔州市），为朔方军打开了进攻范阳和洛阳的通道，彻底粉碎了安禄山控制河东地区的战略设想。丢掉静边军镇的同时，安禄山也失去了对河北的控制。

颜氏兄弟：讨伐叛贼，匹夫有责

给安禄山捣乱的人，正是大名鼎鼎的书法家颜真卿。

颜真卿（709—784），首都户口。3岁的时候，他的父亲就去世了，颜真卿从小跟着母亲长大，博览群书，学问渊博。25岁那年，颜真卿参加科举考试，中了进士，随后被吏部任命为正九品校书郎，开始了自己的仕途。

天宝八年（749），颜真卿被封为殿中侍御史。这个职位是做什么的呢？如果皇帝和朝臣在上朝的时候不遵守礼仪规则，颜真卿要站出来指出，并要求他们改正过来。换句话说，殿中侍御史在朝中的存在感很强，却是个非常得罪人的工作。

不幸的是，颜真卿是个耿直的人，除了纠察礼仪，还喜欢胡乱怼人。尤其是宰相杨国忠，不学无术，专横跋扈，经常被颜真卿挑刺儿。杨国忠好几次都想把颜真卿调出长安，可最后都以失败告终，天宝十二年（753），在杨国忠的不懈努力之下，颜真卿被发配到平原郡（今山东省邹平市平原县）做了太守。

安禄山南下的途中，颜真卿也投降了，不过他并不是真心臣服安禄山，他投降的目的非常单纯：想找个机会狠狠地捅安禄山一刀。当然，安禄山不知道颜真卿的小心思，还以为他只是个文不能安邦、武不能定国的读书人，因此将平原和博平二郡的七千名士兵交给他统领，希望能帮叛军镇守黄河渡口。

谁料想，安禄山前脚刚走，颜真卿便派亲信前往长安报信，声称安禄山已经造反，希望朝廷早作准备。当时，李隆基还在华清宫泡温泉，对河北发生的事毫不知情，如果笔者推论没错，第一个报信的人就是颜真卿。

安禄山进攻洛阳的时候，颜真卿开始行动了，他在平原招募了一万多新兵，正式宣布脱离安禄山的队伍，并腰斩了安禄山的亲信段子光等人。平原周边的郡县，有真心投降的，也有和颜真卿一样虚与委蛇的，大家在颜真卿的挑拨下互相攻伐，乱成了一锅粥。

几场恶战之后，拥护朝廷的刺史和县令形成了一个共识：颜真卿虽然是个文人，但骨头硬，而且手下的兵最多，可以带着大家一起对抗安禄山，因此共同推举他为河北反安的盟主。才十多天的时间，颜真卿便形成了气候。

不过，安禄山很快便做出部署，他让部将张献诚率领上谷、博陵、常山、赵郡、文安五郡的一万多名士兵赶赴战场，意图平息颜真卿的“叛乱”。

在颜真卿看来，平原郡无险可守，一旦被安禄山的援军包围，必死无疑。颜真卿盘点了一下手中的兵力，觉得好钢必须用在刀刃上，因此派遣卢逖（颜杲卿的外甥）前往常山郡（今河北省石家庄市）面见堂哥颜杲卿，希望二人联手切断安禄山的退路，缓解长安方面的压力。

常山郡地处范阳和洛阳的必经通道，向北可以进攻范阳，向南可以骚扰安禄山。更关键的是，常山郡和井陉口挨着，而井陉口（今河北省石家庄市井陉县北井陉山上）是中国古代的九塞之一，太行山以西进入华北平原的必经之地，过了井陉口便是常山郡。

安禄山南下的时候，就意识到了井陉口的战略意义，因此派养子李钦凑率领重兵驻守在此，防止郭子仪的朔方军。颜真卿的如意算盘是这样的：联合堂哥颜杲卿一起拿下井陉口，放朔方军进入河北，缓解洛阳主战场的压力。

当时，颜杲卿给李钦凑送了一封信，声称安禄山在前方打了胜仗，要犒赏后方替他镇守的将士，并让李钦凑带着兄弟来常山郡领赏赐。

钱财，谁不喜欢啊，更何况安禄山一路势如破竹，给将士们分点钱财更是情理之中的事。李钦凑不假思索，带着兄弟们连夜赶到了常山郡。当时，李钦凑依旧保持着理智，随时关注着周围的环境，可当他看到颜杲卿准备的珍馐美味、美酒，以及庆祝前方大捷的浓厚氛围时，悬着的心终于放了下来。

天宝十四年（755）十二月二十一日，李钦凑喝下毒酒，随后被颜杲卿砍了脑袋。

当李钦凑的人头被扔到镇守井陉口的将士面前时，他们一哄而散，拱手将井陉口送了出去。此时，安禄山的另外两名高级幕僚——前往范阳组织后备军的金吾将军高邈，从洛阳前来传信的何千年也被颜真卿抓获。

何千年是安禄山的嫡系，被抓后第一反应就是投诚，而且投得真心实意，掏心掏肺。何千年对颜杲卿说道："兄弟，恭喜啊！你想全力保全大唐的天下，如今已经开了个好头，就差一个好结果了。"

颜杲卿："别跟我废话，你到底想说什么？"

何千年："说句话您别不爱听，您在常山郡招募的士兵都是乌合之众，难以抵挡叛军，因此最好深沟高垒，以逸待劳，不要和叛军的骑兵交锋。等到朔方军镇的援兵到来之后，齐头并进，并传檄魏州、赵州，让他们配合进攻，彻底割断安禄山和范阳的联系。"

颜杲卿颇为欣慰："你说得还挺有道理。"

何千年如同找到了知己："我还有个建议，咱可以放出风声，说李光弼已经率领一万军队开赴井陉口，并派人告诉张献诚，说他统领的只不过是毫无战斗力的团练兵，难以抵挡朔方军，他必会率军离去，常山郡的危机可以不战而解。"

颜杲卿依计行事，没过多久，张献诚真的率众离去，河北各州县听说李光弼已经率朔方军突破井陉口，纷纷起兵响应，境内瞬间集结了二十多万友军，而安禄山能够掌控的唯有范阳、卢龙、密云、渔阳、汲郡和邺城等地。

据史料记载，颜杲卿还派了一位使者前往范阳，面见范阳节度副使贾循，希望他能控制范阳，归顺朝廷。事实上，范阳虽然是安禄山的老巢，可依旧有许多人忠于朝廷，贾循本来有机会霸占范阳，给安禄山来个釜底抽薪，提前结束安史之乱，可最后因为犹豫不决，被别将牛润客给察觉了。

历史就是这样有趣，有时候能够改变历史进程的就是那些籍籍无名的小人物，可他们总是会因为自己的性格而影响决策，最终影响天下的走势。

安禄山接到范阳的秘密消息后，吓得灵魂出窍，他在第一时间派遣亲信韩朝阳前去解决此事。再看看贾循，归顺朝廷没想好，跟着安禄山死干到底没信心，还在家里犹豫呢！韩朝阳到达范阳后，设了一个饭局，随后将贾循勒杀。

郭子仪突破静边军城。

李光弼过了井陉口。

河北的州县再度反叛。

范阳军心不稳。

正是因为这些突发事件，安禄山才决定暂停进攻潼关，先镇守洛阳，等待局势进一步明朗。自从范阳起兵，一路上都顺风顺水，可偏偏到了紧要关头，安禄山最担心的事情发生了。这一连串的负面消息不仅让安禄山坐卧难安，更让叛军士气低迷，看不到造反的前景。

为了改变颓废的局势，安禄山做了人生最重要的决定。

至德元年（756）正月初一，安禄山在洛阳称帝，国号大燕，自称大燕皇帝。任命洛阳市市长达奚珣为侍中，张通儒为中书令，高尚、严庄为中书侍郎。

自古以来，造反的人都喜欢称帝，一来是满足自己的私欲，二来是为了收买人心。说白了，你拉着一帮人和你造反，总得给人家好处吧？钱很重要，却不是最重要的，和平年代，干点什么不能赚钱？非得把脑袋别在裤腰带上？很多时候，大家要的是光宗耀祖的机会！安禄山称帝，便有了根据地，有了朝廷，大批的人可以就此获得晋升的机会，再跟着安禄山造反，不就有保障了吗？

事实上，安禄山并没有沉浸在称帝的喜悦之中，河北的局势太紧张，稍有差池，性命都难保，更别说打天下了。对于河北，安禄山是势在必得。为了切断朔方和河北的联系，安禄山将自己最得力的亲信史思明和蔡希德派往河北战场，任务便是夺回常山郡，重塑井陉口的防守。

颜杲卿表示，如果真的和叛军正面交锋，并没有胜算。安禄山援军到达之前，颜杲卿打算派儿子颜泉明前往长安进献李钦凑的头颅，同时也给太原尹王承业带去消息，希望他也能带兵前往常山郡，共同抵御安禄山，力保井陉口不失。

在这里，历史又跟我们开了一次玩笑。

临行之前，张通儒的弟弟张通幽哭诉道：“颜大人啊，我哥哥是贼人将领，能否让我和颜泉明一道前往长安，向陛下求情，以此免除张家的罪孽？”

颜杲卿是个文人，听闻此言，心顿时软了下来，因此准了这个请求。颜泉明一行到达太原后，张通幽就换了一副嘴脸，他秘密求见太原尹王承业，说服他将颜泉明等人扣下来，然后重新写了一封奏表给朝廷，将夺取井陉口的主要功劳揽到王承业和自己的头上。当然，也顺便表扬了一下颜杲卿。

接到奏折后，李隆基十分振奋，当即下旨封王承业为羽林大将军，颜杲卿为卫尉卿。此时，史思明已经到达常山郡，颜杲卿拼命抵抗的同时，也在期盼太原尹王承业的援军。殊不知，这位被他寄予厚望的同僚早已经将他出卖。王承业抢了颜杲卿的功劳，自然不会去救他，最理想的结果便是颜杲卿被史思明杀死，阴谋争功一事不了了之。

至德元年（756）正月初八，朝廷封赏的使者还没到，常山郡便宣告失守，颜杲卿一家被送往洛阳，等待安禄山最后的审判。

洛阳城中，安禄山咆哮道："颜杲卿，你原本只不过是范阳户曹，是我上奏朝廷，任命你为节度判官，随后又将你越级提拔为太守，我究竟有什么地方辜负你，让你起兵反我？"

颜杲卿："安禄山！你只是营州的一个牧羊胡奴，陛下将你提拔为三道节度使，恩比天高，情比海深，天子又如何辜负你了，你为何会起兵造反？我颜家世代为大唐之臣，荣华富贵都是朝廷赐予的，与你何干？之所以背叛你，那是为国家讨伐叛贼，可恨的是没能杀掉你。你个臭胡狗，赶紧杀了我吧。"

安禄山最讨厌别人骂他是胡人，他不想和颜杲卿打嘴仗，直接宣布了判决：将颜杲卿一家三十余口全都绑在柱子上，一刀刀活剐至死。后来，颜真卿写了一篇流传后世的《祭侄文稿》，祭奠的便是在此次屠杀中死去的颜春明，也就是颜杲卿的儿子。

群雄汇集河北战场：大唐的胜利来之不易

常山郡失守后，史思明率领无敌骑兵横扫河北战场，邺城、广平、巨鹿、赵郡、上谷、博陵、文安、魏郡、信都等地再一次背叛朝廷，唯有饶阳（今河北省衡水市饶阳县）太守卢全诚坚决不降，被史思明给围了起来。

就在常山郡失守的同时，李隆基的诏书到达大同，圣旨中说，让朔方节度使郭子仪整顿军务后立即返回朔方，等待朝廷大军一起开赴洛阳，并让他举荐一位德才兼备的良将出井陉口，继续骚扰河北战场。

郭子仪举荐了副手李光弼，李隆基封他做了河东节度使。

李隆基召回郭子仪，并不是防备他。李隆基预感到，官军和叛军的决战地点不会在河北。安禄山虽然暂时被骚扰，可手下的十五万大军不是纸糊的，如果安禄山决定攻打潼关，毕其功于一役，朝廷该怎么办？

客观地说，李隆基对局势的判断非常准确，洛阳到潼关一线才是安禄山和官军决战的地方。不过，安禄山并未着急进攻，他只是派遣儿子安庆绪前去潼关转了一圈。安禄山一直在等史思明的捷报，在等范阳更多的生力军南下会合。

饶阳太守卢全诚是个硬点子，他和史思明在饶阳城耗了整整一个月的时间，直到李光弼率领一万多步骑，三千多弓弩手前来支援。

至德元年（756）正月十五日，李光弼到达常山郡，城内的三千名团练兵发动突袭，活捉守城的主将安思义，随后迎接李光弼入城。

所谓的团练兵，可以理解为地方民兵。忙的时候务农，休息的时候训练，每逢战争，官府会抽调男丁，免除其赋税，由官府提供军备物资，让其上阵杀敌。安禄山起兵之后，河北许多州县为了自保，都组织了一大批团练兵。

常山郡城内，李光弼和安思义玩起了真心话大冒险的游戏。

李光弼："安思义，你不是久经沙场吗？依你看，我的军队怎么样才能打败史思明，如果你的计策可取，我就答应不杀你。"

安思义："李大帅，贵军远道而来，士卒疲劳，贸然和强敌交锋，恐怕难以抵挡，不如率兵入城，坚守以待。叛军虽然兵锋很盛，却坚持不了多久，一旦遭遇败绩，必定会军心涣散，到时候就可以轻而易举地打败他们！"

李光弼："史思明接下来会怎么安排？"

安思义揣测道："史思明如今在饶阳城下，距此不到二百里地，我昨天晚上已经向他发出了求援信，估摸着先锋部队明天早上就会到达。"

这仗打的，真是无话可说！刚出了个何千年，帮颜杲卿拿下了井陉口，如今又出了个安思义，将史思明的动向告知给了李光弼。如果安禄山知道，恐怕会哭晕在洛阳城吧。事实上，安思义的预测丝毫不差，史思明听说常山郡和井陉口再次失陷，急忙率领两万骑兵前去支援。

至德元年（756）正月十六日，史思明将常山郡围得水泄不通，打算将李光弼耗死在城内，李光弼当即下令，派遣五千名步兵从东门出击，不料叛军将城门堵死，官军只好退入城中。随后，李光弼命五百名弓弩手放射，叛军这才后退。尝到甜头后，李光弼又命一千名弩机手分为四队，从城墙上轮流放射，由于弩机射程远，穿透性极强，史思明不得不选择后退。

继续射吗？恐怕很快就没弩箭了。

史思明撤退后，李光弼变换策略，让五千名步兵排成方形队伍，个个手持矛枪，由弩机手掩护，在呼沱河两岸安营扎寨，与城中形成掎角之势。史思明发动了数次冲锋，可官军的弩机实在太厉害，骑兵和战马损失惨重，史思明不得不宣布停战，等待饶阳方面的步兵前来支援。

就在此时，附近村民来报，他们在九门县南边的逢壁发现了一支步兵，大概有五千人之多，正在那里埋锅造饭，估摸着是从饶阳前来支援常山的叛军。

逢壁，离李光弼只有三十里地，这可是天赐良机啊。

李光弼当机立断，派遣两千余人偃旗息鼓，沿着呼沱河悄悄行军，到了逢壁的时候，叛军正在埋头吃饭，官军骑兵发动袭击，五千多名敌军迅速被冲散，许多人甚至连武器都没拿到，就被官军给全歼了。

当时，常山郡九个县，已经有七个归顺了官军，只有九门与藁（gǎo）城还在叛军手中，史思明得知消息后，被迫退回到九门县。战争的难度，超过了所有叛军的想象，他们原以为官军只是毫无战斗力的纸老虎，可几场战役之后，反倒是自己开始绝望，就这样，双方又僵持了四十多天。

史思明非常痛苦，打又打不过，退又退不成，只能干耗着。

有一天，史思明开窍了，他派了一支骑兵，游走在李光弼的运粮通道上，并成功地干了几票。粮道被骚扰，李光弼也开始慌了，他最终决定向恩师郭子仪求救，并派遣一队弓箭手押运着五百辆粮车前往附近的郡县去筹备粮草。

至德元年（756）四月初九，郭子仪率领数万精兵赶赴常山郡。

至德元年（756）四月十一日，郭子仪、李光弼、史思明展开主力会战，参战骑兵、步兵、团练兵多达十万。官军人数占优，再加上朔方军也有不少胡人骑兵冲锋，一场恶战之后，史思明率军逃往赵州（今河北省石家庄市赵县），蔡希德逃往巨鹿。

在郭子仪和李光弼的追击下，赵州也被收复。当时，官军攻入赵州城后，大肆劫掠，犹如土匪进城，老百姓恐慌不已，多亏李光弼坐镇城头，收缴了官军抢劫的所有钱财物资，并归还给百姓，这才没有引起大乱。

赵州城破之后，史思明率领残兵进入博陵城，由于博陵城早先归顺了朝廷，史思明在城中展开了惨无人道的屠杀，百姓们奋起反抗，安禄山看到河北局势大有失控的意思。河北的战况让安禄山忧心忡忡，他已经派遣了最得力的助手前去平乱，可局势却变得更加严峻，他还能有什么后招吗？

安禄山思来想去，决定彻底放弃进攻潼关的打算，紧急调集蔡希德的两万主力，范阳牛廷玠的一万多主力，前往常山郡，准备放手一搏。

战争的重心，慢慢转移到了常山郡。

小小的常山郡，短时间内集结了近二十万精兵，郭子仪、李光弼、史思明、蔡希德，这四位风云人物，在常山郡附近展开了激烈的争夺，双方胜负难分。

至德元年（756）四月二十九日，双方展开了一场超大规模的主力会战，史书没有记载详细的战役过程，最后的结果是这样的：四万多名叛军当场阵亡，一千多人被生擒。史思明从马上跌落下来，发髻散乱，赤脚步行而逃，到了晚上，史思明拄着折断的长枪回到军营，随后连夜逃奔博陵。

这是一场决定河北局势的大战，官军艰难取胜，成功切断了范阳和洛阳的联系，安禄山困守洛阳，群雄汇集河北。谁也不知道，明天会有什么样的变数。

唐军惨败灵宝之战：主帅哥舒翰一肚子委屈

河北战场的失利成为安禄山心头挥之不去的阴云，主力部队被牵制在河北，朔方、河西、陇右等地的援军逐渐向长安靠拢，进攻潼关更是遥遥无期，安禄山能想到的唯一下场便是兵败被杀，遗臭万年。

这些都是谁造成的？自己为何会走到今天这一步？

历史证明，大多数领导发怒之后，想到的第一件事就是责怪属下，很少会有人反思自己的问题。这不，安禄山紧张了、惶恐了，有点后悔起兵造反了，于是将中书侍郎高尚与严庄叫到跟前痛骂道："你们俩都干了啥好事！这些年力劝我起兵造反，信誓旦旦地说一定会成功，可现在倒好，大军被阻挡在潼关之下，北归的路也被截断，我们占领的只有汴州、郑州等几个州县，还有什么胜算？"

两人一脸苦瓜相，不知道如何安抚。

安禄山："滚，快给我滚，别再让我看到你们。"

高尚和严庄听闻此言，心中忧惧万分，唯恐安禄山会将他们送给朝廷。

此时，田乾真（小名阿浩，安禄山的亲信）从潼关回来，对安禄山说道："陛下！自古以来，凡是成就大业的帝王，谁没有几场胜败，谁又能一举成功呢！如今，官军虽然人多势众，却都是乌合之众，根本不是我们蓟北精兵强将的对手，您不需要担忧。高尚和严庄是跟随您多年的功臣元勋，陛下就这样将他们抛弃，必定会让将士寒心，到时候陛下的处境就会更危险了。"

安禄山是个政治家，懂得权衡利弊，听了田乾真的话，脸色瞬间转晴："阿浩啊，还是你能体谅朕的心事，朕这就向他们赔礼道歉。"

不得不说，安禄山还真是个能屈能伸的枭雄，他不仅为高尚和严庄摆了赔罪的宴席，殷勤劝酒，甚至还下场表演了一段舞蹈。

晚宴结束后，安禄山正色道：“兄弟们，长安咱们就别想了，朕决定弃守洛阳，率领大军返回范阳，再择机行事。”

安禄山已经陷入绝境，安史之乱本应该就这样落幕了。可有趣的是，就在安禄山收拾行装，准备打道回府的时候，被天上掉下来的馅饼砸得晕头转向。

长安传来消息：唐军内部爆发权力斗争，以杨国忠为首的贵族势力和以哥舒翰为首的军阀势力斗得你死我活，李隆基在不察之下，将潼关拱手送出。

潼关，关中的东大门，洛阳前往长安的必经之路。东有禁谷，西临华山，南有秦岭，北依渭水和洛水，可谓山连山，峰连峰，山高路狭，地势险绝，是自古以来的兵家必争之地。当时，潼关守将正是哥舒翰，而潼关背后又集结了二十万大军，安禄山要想从此通过，可谓难比登天。

然而，决定历史走向的，永远是那些不起眼的细节。

天宝十四年（755）二月，哥舒翰到长安汇报工作，可半道上贪杯，再加上受凉中风，以至于昏迷了很长一段时间，醒来之后发现，自己的下半身不那么听使唤了。

一代名将，带着自己的光环功成身退，寻一处别院，每日风花雪月，儿孙绕膝，该是多么美好的事情。可就在此时，安史之乱爆发，前线没有主帅，李隆基决定起用哥舒翰。问题是，哥舒翰真的不想接这个差使，可李隆基不依不饶，又是放权，又是升官，最后竟然封他做了尚书左仆射、同中书门下平章事。

节度使虽然手握重兵，可毕竟是地方将领，和同中书门下平章事不是一个政治级别。哥舒翰也在思考，是继续保持退休状态，将皇帝晾在一边，还是重出江湖干点惊天动地的大事呢？权衡之后，哥舒翰还是决定找点事儿干。

出山之后，哥舒翰没有准备打仗，而是玩起了文人的游戏：政治斗争。第一个目标就是安思顺，也就是安禄山的族弟。不久之前，有人举报安思顺和安禄山暗中勾结，可李隆基和杨国忠力保安思顺，非但没有治罪，还通令嘉奖了一番。

众所周知，哥舒翰和安禄山是死敌，对付安禄山是哥舒翰的人生乐趣。当时，哥舒翰派人伪造了一封安禄山写给安思顺的信，并假装在潼关抓住送信的人，随后送到长安，这样一来，不就坐实了安思顺通敌的罪名吗？

哥舒翰表明了态度：此人罪在通敌，不杀不足以平民愤。

李隆基和杨国忠都蒙了，谁不知道你和安禄山的恩怨啊，借着国难铲除政治对手，这招也太绝了吧。然而，哥舒翰手握重兵，镇守潼关，是目前最合适的大军统帅，不卖他一个面子，大家都下不了台啊，于是，李隆基妥协了：处斩安思顺和他的弟弟安元贞，家人悉数流放到岭南。

哥舒翰刚刚上任，就想着拥兵自重，还强势戗杀皇帝和首席宰相要保的人，性质有多么恶劣？李隆基或许能忍，但杨国忠却从中嗅到了一丝危机，毕竟安禄山起兵是打着诛杀他的旗号，如果让哥舒翰掌权，难保不把他送给安禄山啊。

杨国忠找到李隆基："陛下，哥舒翰狼子野心，恐怕靠不住啊。一来，他杀了您要保的人，这是不给陛下面子，是大不敬！二来，任命他为元帅，就意味着将大唐的国运交给他，将陛下的身家性命交给了他，咱能控制得住吗？"

李隆基深表赞同："那你说，咱们应该怎么办？"

杨国忠："为今之计，只有再扶持一支军事力量。长安城除了禁卫军之外，都是些商人和百姓，对咱们没太大用，臣建议将那些饲养马匹、鹰犬虎豹的军士组成一支军队，一来可以支援前线，二来可以自保。"

李隆基："好，你即可去办理此事！"

有了李隆基的首肯，杨国忠立马召集了三千名皇家饲养员，一万多名长安百姓，随后交给亲信杜乾运统领，大军驻扎在长安城东的灞上。

哥舒翰郁闷了，既然招募了军队，干吗不送到前线，非得放在潼关守军的后面，这哪里是防备安禄山，分明是在防备他哥舒翰嘛。哥舒翰非常强势：陛下，臣既然是天下兵马副元帅，就有权统领长安附近的军队，您必须把驻扎在灞上的军队交给我指挥，否则就另请高明吧。

李隆基十分为难。拒绝吧，哥舒翰心里不舒服，潼关就岌岌可危；顺从吧，哥舒翰会越来越嚣张，以后还怎么钳制他？为了不让局势进一步恶化，李隆基再一次妥协了，却同时也给哥舒翰挖了个坑，准备随时埋葬他。

至德元年（756）六月初一，哥舒翰请杜乾运到潼关议事，随后找了个理由，公然将他诛杀，消息传到长安，杨国忠坐立不安。在他看来，不管这场战争的结果如何，他的下场都不会太好，于是加紧在长安城活动。数天后，有人向李隆基进言，说安禄山的大将崔乾佑驻守在陕州，兵力不足四千，而且都是老弱病残，朝廷应该组织一波进攻，打出点士气。

李隆基立马给哥舒翰下了一道旨意：爱卿啊，如今安禄山的败局已定，朕听说他的手下崔乾佑带着一帮老人驻守在陕州，你可以率领兄弟们将他拿下，一来缓解长安和潼关的压力，二来伺机夺取洛阳嘛。

斗争归斗争，可哥舒翰的军事素养还是有的，直觉告诉他，这是安禄山的诱敌之计。于是，哥舒翰回了一道奏折：陛下！这肯定是安禄山故意示弱，引诱我们出兵。叛军远道而来，利在速战速决，而我们的优势在于防守。如今，前线局势正在发生变化，只要咱们再等等，就可以不战而胜，何必着急出兵。更何况，各地征调的兵力都还没有到位，还是再等一段时间吧。

很遗憾，李隆基不想等了，或者说，李隆基不想被哥舒翰继续威胁。你不是很威风吗，敢逼着皇帝向你妥协，如今面对圣旨，你究竟是服从还是拒绝？

李隆基在圣旨后面加了一句：旨到即行，不可迁延。

哥舒翰十分为难，他虽然桀骜不驯，却并不想造反。

至德元年（756）六月初四，哥舒翰率领大军东出潼关。

至德元年（756）六月初七，哥舒翰和崔乾佑在灵宝县相遇。当时，崔乾佑的大军驻守在长达七十里的狭长道路上，北边是奔流而下的黄河，南边是绵延不绝的群山峻岭，换句话说，崔乾佑给自己找了个寻死的“风水宝地”。

探子回报军情的时候，哥舒翰死活不相信，四千人的部队，连营七十余里，而且还是在狭长的道路上，这是什么概念？于是，哥舒翰亲自乘船沿着黄河走了一趟，最后得出了一个结论：崔乾佑在给自己挖坑，那唐军就负责埋他。

至德元年（756）六月初八，哥舒翰传令：准备和叛军交战。由王思礼率领五万精兵率先冲锋，庞忠率领十万大军殿后，哥舒翰亲率三万将士坐镇指挥。

据史料记载，两军对阵的时候，唐军旌旗蔽天，鼓声阵阵，五万将士严阵以待，而叛军人数不到一万，走路的时候三五成群，稀稀拉拉，和街上的地痞流氓一样。官军的队伍里立马传来了肆无忌惮的笑声，将士们很久都没打过胜仗了，如今碰到一群“死人”，个个都想多砍几个叛军脑袋。

进攻的号角吹响了，官军犹如旋风一般冲向敌军阵营，一阵屠杀过后，崔乾佑的大军开始溃逃，一切都是那么的真实，那么的合情合理。不知不觉中，官军已经慢慢进入了叛军的伏击圈，潼关外的战役，才刚刚进入高潮。

突然，山上一声梆子响，黑压压的叛军突然出现在官军面前。要命的是，他们人手一个滚木石，肆意嘲笑着山脚的官军，一阵沉寂之后，山脚传来了呼天抢地的哀号之声。此时，哥舒翰率领大军前来支援，以马拉毡车为前队，向前来勾引的叛军发起冲锋，以大军殿后，慢慢打回一些场面。

过了中午，东风骤起，崔乾佑点燃了数十辆装满茅草的战车，将它们推进唐军阵营。火势蔓延开来，熊熊的大火，浓烈的烟雾呛熏着战场，官军根本就睁不开眼睛，脑海中只有无尽的恐惧。这一刻，有谁能分辨出身边究竟是同袍战友，还是来取你性命的敌人呢？

数万大军在战场上不分敌我，互相冲杀，弓箭手和弩机手轮番射击，哀号之声不绝于耳。战斗一直持续到天黑，直到官军将羽箭射尽，这才发现躺在身边的全部是日夜相守的同袍。说起来难以置信，可这就是事实。

官军自相残杀的时候，崔乾佑早已派人从南山绕到官军后面，崔乾佑前后夹击，官军丢盔卸甲，有人逃入山谷之中，有人相互拥挤，以至于跌落到黄河中活活被淹死，景象惨不忍睹。

自古以来，以少胜多的战斗屡见不鲜。人多又能怎么样，当前军溃败，大军主帅都不知道在哪的情况下，还能指望基层士兵自行组织杀敌吗？将士们都是朴素的，能打则打，不能打则跑，保住自己的性命最要紧。因此，十多万官军，被杀的人是少数，绝大部分人都在混乱中做了逃兵。

哥舒翰也跑了，他和数百名亲信骑着快马最先返回潼关。在此之前，唐军在潼关城外挖了三条宽二丈，深一丈的壕沟，打算以此遏制安禄山的进攻，可没想到，在此时却成了哥舒翰自己的催命符。慌忙求生的士兵相互冲撞，一起跌入壕沟，由于人数众多，壕沟很快就被填满，无数的将士被活生生踩死。

灵宝之战，唐军以惨败告终，而被寄予厚望的哥舒翰，带出去十八万将士，带回来的却只有伤痕累累的八千余人。至德元年（756）六月初九，崔乾佑以胜利者的姿态站在了潼关城头，潼关宣告失守。

哥舒翰身为大军主帅，却将潼关给丢了，他自知责任重大，于是在关西驿站张贴告示，希望能聚拢逃兵，抵抗安禄山的大军西进。就在此时，哥舒翰的部将火拔归仁率领一百名士兵来到了驿站，着急忙慌地说道："大帅！安禄山的叛军马上就打来了，请快点跟我走吧。"

危急关头，自然是保命要紧。走到半道的时候，火拔归仁坦白了："大帅！灵宝一战，您率领的二十万大军全军覆没，如今还有什么脸面去见天子？"

哥舒翰警惕地说道："你想说什么？"

火拔归仁："败军之将，哪有什么好下场。高仙芝和封常清是怎么死的，大帅您比谁都清楚，为今之计，只有去投降安禄山。"

哥舒翰很犹豫。回长安的话，即便李隆基不杀他，杨国忠也会弄死他，可安禄山是他的死对头，以败军之将的身份去投降，岂不是会被羞辱至死？

火拔归仁看出了哥舒翰的小心思，于是命将士用绳子将哥舒翰绑了起来。这样一来，场面就变成了哥舒翰不想投降，却被强行捆绑投降。

碰巧此时，安禄山的部将田乾真赶到，顺势接受了火拔归仁等人的归降，并将他们带到了安禄山的中军大营中。

安禄山有点得意忘形："哥大帅！你不是嫌弃我是胡人，鄙视我只会奸诈耍滑，谄媚君上吗？如今落到我的手里，还有何话说？"

哥舒翰匍匐在地上，低眉顺眼地说道："陛下！过去是我目光短浅，没能看出您是圣人。如今天下尚未平定，李光弼驻守在常山郡，吴王李祗驻守在东平，鲁炅驻守在南阳，陛下如果能留我一条性命，我将亲自写信招降他们，用不了多久，就会帮陛下平定天下。"

安禄山心中暗笑，一个败军之将，居然还敢大言不惭，想帮他平定天下。要不是看在哥舒翰是敌军主帅的份上，早就将他乱刀分尸了。不过，安禄山明白，杀了哥舒翰，必定会断了官军投降的念头，于是封哥舒翰做了大燕朝的司空、同中书门下平章事。至于火拔归仁，对不起，哥们儿不能留你！

玄宗跑路：长安城失守

再来说说长安方面。

哥舒翰和安禄山对峙的时候，李隆基命人在潼关和长安之间设立了传递军情的烽火台，每隔三十里就有一个，如果潼关守住了，前方的烽火台就会点上“平安火”，这样李隆基就可以睡个安稳觉。然而，潼关失守的当天，平安火并没有像往常一样燃起，李隆基顿时有点心神不宁，直到第二天凌晨，败逃回来的人才坐实了潼关失守的事实。

武德元年（756）六月初十，李隆基召集重臣商议军情，议题便是大唐帝国接下来该何去何从。官员们七嘴八舌，说去哪儿的都有，杨国忠一直沉默不语，直到大家没声儿了，他才摆起谱来：“陛下，臣身兼剑南节度使，在此之前已经秘密派人在蜀中做了准备，臣恳请陛下出巡剑南道。”

瞧瞧这词儿用的，就是体面。

杨国忠是有私心的，他从剑南道发家，在当地党羽众多，根基很深，没人能动得了他。自从安禄山起兵之后，杨国忠一直在担心自己是否会被抛出来做替罪羊，如果离开长安，李隆基自己的性命都难以保证，更别说维护杨国忠的身家性命，唯一自保的办法就是将皇帝和文武百官带到自己的地盘。

李隆基的心里也很清楚，可形势所迫，还是得去剑南道。

第一，李隆基对杨国忠依旧是信任的。

第二，蜀中交通环境恶劣，尤其是剑门关，一夫当关，万夫莫开，比潼关的地理位置还要险绝，这对防御叛军是极其有利的。再者说，蜀中物产丰富，沃野千里，李隆基就算是逃难，日子过得也会非常滋润。

皇帝出逃京城可不是一件小事，带哪些人走，从哪个门走，什么时间走，都是有讲究的，人带多了会耽误赶路的节奏，消息泄露了会造成百姓的恐慌。

至德元年（756）六月十二日，李隆基登临勤政务本楼，宣布了几项诏令：

第一，皇帝准备亲征安禄山，不管是将士还是百姓，都得打起精神来！

第二，任命京兆尹魏方进为御史大夫，兼置顿使，任命京兆少尹崔光远为京兆尹，兼西京留守。

第三，颍王李璬将前往剑南道视察工作，希望各州县提前准备。

据史料记载，李隆基发布诏书的当天，在场的文武官员连五分之一都不到，更有知情人对这份诏书嗤之以鼻。

随后，李隆基前往大明宫，做了另外一番安排：秘密招来禁卫军首领，龙武大将军陈玄礼，给了他几大箱金银珠宝，命他提前在皇家马厩挑选九百匹快马，在禁卫军挑选数百名最精干的将士，准备随时待命。

至德元年（756）六月十三日，黎明时分，李隆基带着杨贵妃、韩国夫人、虢国夫人、秦国夫人、皇子、皇孙、公主、亲信重臣、宦官宫女从延秋门（大明宫西门）出城。临走之前，李隆基将宫禁、府库的大门钥匙交给宦官边令诚，苦口婆心地说道：帮朕看好这个家，朕还会回来的。

当时，许多消息不灵通，生活在大明宫外的公主、皇孙都被留了下来，帝王的无情和残酷在这一刻体现得淋漓尽致。天明之时，官员们排队上朝，可等了半天也不见李隆基的身影，就连高力士也不见了。百官们开始恐慌了，他们派人四处寻找皇帝的下落，抓到宫女询问后才知道，皇帝已经逃往蜀中。

一时间，长安城炸了窝，迅速陷入混乱之中。文武百官、商人富豪收拾好了金银细软，随后逃出长安城，地痞流氓趁机闯入皇宫以及权贵府中，争抢稀世珍宝，还有一些疯子竟然骑着小毛驴闯到了禁宫大殿之中。

宦官边令诚无可奈何，他找来西京留守崔光远商议，最终决定动用禁卫军捕杀这些不速之客，随后便将长安城和所有大门的钥匙送给了安禄山。

直到此时，长安城宣告失守。

李隆基出逃的队伍大约有三千人，其中一千人是李隆基、大臣、后宫嫔妃、皇子皇孙、太监宫女，两千人是禁卫军和吐蕃人（吐蕃人奉命前往长安觐见李隆基，却遇到了这种倒霉事儿，这才跟着李隆基一起逃了出来）。

离开长安的时候，大队只带了金银珠宝，谁也没操心过粮食的问题，可走到半道，李隆基才发现肚子饿得咕咕叫。李隆基张口就来："王洛卿（身边宦官），你先行一步，告诉咸阳县令多准备一些吃食，朕实在是饿得不行了。"

然而，当王洛卿赶到咸阳县的时候，县令大人早已经逃之夭夭，为了逃避李隆基的责罚，王洛卿索性也逃到深山之中躲了起来。一直到中午，李隆基一行也没吃到公费午餐，杨国忠不得已，只好自掏腰包，请李隆基吃了几张胡饼。

问题是，李隆基吃饱了，其他人怎么办？

据史料记载，李隆基将几张胡饼吃完之后，周边的百姓送来了吃食，李隆基将食物分发给皇子皇孙、公主和嫔妃，这些人顾不得什么皇室尊严，更顾不得吃食是否难以下咽，顷刻间，所有的吃食便被一扫而光。

就在这时，一个叫郭从谨的老汉来到李隆基的跟前，语重心长地说道："陛下，安禄山包藏祸心，想造反的心思已经不是一天两天了。这些年来，有不少人去朝廷告发他，可都被陛下诛杀，这才让贼人阴谋得逞，逼迫陛下逃难至此。我还记得宋璟做宰相的时候，敢于犯颜直谏，天下这才相安无事，但从那以后，朝中官员都忌讳直言进谏，一味地阿谀奉承，取悦陛下，这才让陛下对宫外发生的事一无所知。咱们老百姓早就知道会有今日了，可宫禁森严，纵然有效忠的心思也无法觐见，如果不是安禄山反叛，我又怎么能够见到陛下呢！"

李隆基垂头丧气："都是朕的错，如今后悔也来不及了！"

到了下午，出去找吃食的官吏带回来一些粗粮，不过数量极其有限，李隆基考虑了一下，最终决定将这些粗粮分发给重臣、太监、宫女。

问题是，一千多禁卫军将士粒米未进呢。

李隆基当然记得将士们没吃午饭，于是传下军令：你们自个儿去周围的村落找东西吃吧，咱们未时集合，继续赶路。

什么！皇帝老儿不管咱们了？

就在几天前，这些人还养尊处优，享受最高级的军人待遇，如今逃难不说，还要自己去找吃食。问题是，寻食官员已经将周边的村落搜刮一遍，哪还有剩余的粮食，就算是有，也应付不了一千多名饥肠辘辘的大男人啊。

想想看，一群身材魁梧、手拿兵器、饥肠辘辘的壮小伙看着一帮老头子在吃饭，而他们却连残羹冷炙都没有，这该是什么样的心情？我想，他们之所以还没公然抢夺粮食，是因为内心保持着对皇权的忌惮，对权力秩序的尊重。然而，这种情绪发酵到崩溃的边缘，又该产生什么样摧枯拉朽的爆发力？

当天晚上，逃难大队来到了金城县（今陕西省咸阳市兴平县），金城县令和百姓早已经逃遁而去，整个县城为之一空，李隆基命人展开地毯式的搜索，这才找到一些粮食和炊煮器具，让禁卫军将士吃饱了饭。

“千古谜团”马嵬坡

夜凉如水，前路多艰。平静的夜晚，每个人都有不同的心思，可谁也无法预料，接下来的一天会发生什么事情。

至德元年（756）六月十四日，逃难大队来到马嵬坡，李隆基下令就地休整。马嵬坡，大致位置在咸阳兴平市西北，西晋之前还是个很普通的驿站，后来一个叫马嵬的人在此筑城，这才有了马嵬坡的说法。

按照李隆基的计划，大队在这里稍做休整就会继续前行，不料却在此地爆发了一场惊天变局，彻底改变了以李隆基为核心的权力秩序，改变了大唐帝国的国运，也改变了所有人的命运。

据史料记载，大队到达马嵬坡的时候，随军将士因为饥饿疲劳，一股抱怨之气在军中迅速蔓延，大家默契地埋怨着杨国忠等人。

临行之时，禁卫军首领陈玄礼来到李隆基的面前，劝谏道：“陛下，禁卫军将士的怨气很大，他们都说如今走到这一步都是杨国忠害的，如果陛下以大局为重，应该诛杀杨国忠以谢天下，否则将士们不愿意前行了！”

李隆基看得透透的，将士们哪里是没吃饱饭，这分明是借题发挥，想要以军变为威胁，请求诛杀杨国忠！李隆基非常犹豫，杀了杨国忠，身边就少了一个忠诚可靠的人，不杀杨国忠，将士们不会就此罢休，接下来做出什么出格的事，谁也说不清楚。

李隆基犹豫不决的时候，外面爆发了一阵嘈杂之声，原来是一群吐蕃人围着杨国忠讨要饭食，问题是杨国忠自己都没吃饱，哪有食物给吐蕃人。就在他苦口婆心劝说吐蕃人的时候，远处的士兵大喊：“杨国忠正在和吐蕃人谋反！”

话音刚落，一支锋利无比的羽箭射穿了杨国忠的身体。

事情发生得太突然，杨国忠根本来不及反应。被羽箭射中之后，杨国忠第一反应便是寻找李隆基的庇护，然而这一切都是有预谋的，下手的人如何会允许他离去。杨国忠踉踉跄跄，随后便被围上来的士兵剁成了肉泥。

禁卫军将士将杨国忠的脑袋割了下来，用枪挑着，大家伙看得非常解气，随后，发动兵变的将士趁热打铁，在军中找到了杨国忠的儿子、户部侍郎杨暄，杨贵妃的姐姐秦国夫人、韩国夫人，将他们悉数诛杀。

御史大夫魏方进高声喊道：“你们胆大妄为，竟敢谋害宰相！”

话音刚落，禁卫军就将他砍翻在地。

兵部尚书、同中书门下平章事韦见素听见外面大乱，急忙跑出去查看，不料却被乱兵用鞭子抽打得头破血流，在众人的求情下，韦见素这才捡回一条命。

事情发生得太过突然，人们都来不及恐慌。不过可以肯定的是，没有暴动的禁卫军将士表情冷漠，毫无出手反击的意思！

杨国忠等人被杀，李隆基很快便得知了消息。李隆基心知肚明，他没权力去指责禁卫军，因为他的性命也在人家的手里，眼下能做的就是稳住军心。

李隆基拄着拐杖来到大营，语气平缓地说道：“将士们，你们干得没错，朕并没有责怪你们，回去休息吧！”

有趣的是，禁卫军将士根本就没有惊慌失措，也没觉得自己做错了，他们站在原地，平静地看着这位老人，如同看着一位陌生人一样，没有热烈的回应，没有山呼万岁。李隆基的脸上火辣辣的，于是无趣地返回屋内。

李隆基：“高力士，你出去问一下，看他们究竟要怎么样？”

不一会儿，高力士带回了陈玄礼的回答：杨国忠谋反伏诛，可贵妃娘娘却还在陛下身边侍奉，为了让将士们彻底安心，请陛下将贵妃娘娘就地正法！

李隆基震惊万分。陈玄礼可是跟随自己的老臣了，竟然会在此时叫嚣着诛杀杨贵妃？李隆基毕竟做了几十年的皇帝，帝王的威严和霸气依旧存在，他几乎是脱口而出：“杀不杀贵妃，由朕自行处理，你们就不要管了！”

很明显，李隆基的选择没让禁卫军将士满意，双方就这样对峙着。

时间正在流逝，人群再一次骚动起来。

京兆府司录参军韦谔上前劝谏道：“陛下，众怒难犯啊！如今形势危急，安危就在您的方寸之间，希望陛下快点做出决断啊！”

李隆基闻言老泪纵横。这些年来，杨贵妃和他朝夕相处，二人情真意切，爱意绵绵，要让恋人为自己赴死，该有多么的痛心。然而，如果强行维护杨贵妃的性命，恐怕自己也难以活着走到蜀中。最后时刻，李隆基还想抓住仅有的机会，他走出大门，对陈玄礼说道：“贵妃一生都在后宫，从不结交大臣，从不干涉朝政，说她谋反，朕一万个不信！”

问题是，眼下的局面，已经不是信和不信的问题。

高力士觉得李隆基的话没说到点上，于是补充道：“陛下，这不是谋反不谋反的事儿啊，将军们杀了杨国忠，如今贵妃却还在您身边，他们都担心您会秋后算账啊，只有杀了贵妃娘娘，将士们才能安心！”

李隆基终于放弃了最后一丝执念，他让高力士将杨贵妃领到马嵬驿馆的佛堂内，命内侍用绳子将她勒死，然后将尸体抬出来让陈玄礼等人检查。

直到此时，陈玄礼才脱下甲胄，放下兵器，匍匐在李隆基的面前叩头请罪，禁卫军将士看到此景，纷纷效仿，众人拜了两拜，山呼万岁之后逐渐退去。

这就是马嵬坡事变的整个过程。

千百年来，人们对马嵬坡事变有着不同的揣测，但绕来绕去，有两点是肯定绕不过去的：第一，马嵬坡事变是偶然发生的，还是有人在幕后主使。第二，杨贵妃是否在政变中逃出生天。

关于第一个疑问，还是看看史书怎么记载的吧。

《旧唐书》：陈玄礼早就对专权跋扈的杨国忠心生不满，安史之乱发生后，陈玄礼就想在长安城动手除掉他（及安禄山反，玄礼欲于城中诛杨国忠，事不果，竟于马嵬斩之），可不知什么原因竟然没动手。到了马嵬坡后，陈玄礼找到了太子李亨的亲信宦官李辅国（掌管着飞龙厩），让他向李亨转达了诛杀杨国忠的意思，希望二人能联手，这才有了马嵬坡之变。

《新唐书》：右龙武大将军陈玄礼谋杀国忠，不克。进次马嵬，将士疲……这才有了后来的事，但没说和太子李亨有预谋。

《资治通鉴》：没说陈玄礼想在长安城杀杨国忠，但到了马嵬坡的时候，陈玄礼找到了宦官李辅国，希望能和太子李亨联手诛杀杨国忠，这才有了后面的事。

时隔千年，我们很难去还原当天发生的事情。不过，还是能看清楚大概的轮廓：马嵬坡事变前，陈玄礼并没有和太子李亨密谋，而是在事变当天提前找到了李亨的亲信，转达了自己要动手的意思。

陈玄礼为什么要找李亨呢？这是最难解释的一件事。

第一，陈玄礼跟随李隆基长达五十年之久，长期担任禁卫军总司令，是李隆基最信任的嫡系，从情理上讲，陈玄礼不可能因为政治利益背叛李隆基。

第二，陈玄礼为人正直可靠，清心寡欲，从来不参与朝中的政治斗争，和太子李亨夺取政权，几乎是不太可信的事。

第三，马嵬坡事变后，陈玄礼依旧跟随在李隆基的身边，就跟什么事都没发生过一样，而李隆基也依旧对他保持信任。李隆基回长安做太上皇后，还封陈玄礼做了蔡国公，食邑三百户！由此可见，在李隆基的心里，陈玄礼绝对不是因为政治利益，或者站队问题而背叛李隆基。

如果所料不错，陈玄礼和李亨没有深层的政治交易。

因此，我们可以给出一个大胆的推测：陈玄礼长期跟随在李隆基身边，早已经将大唐江山社稷视为一生的心血，随着李林甫、杨国忠等人擅权干政，祸乱朝纲，以至爆发安史之乱，皇帝被迫出巡，忠正耿直的陈玄礼心痛不已，因此在长安的时候就想动手除掉杨国忠。杀死杨国忠不是件难事，难的是如何善后，如何将自己择得一干二净，因此陈玄礼一直在等待时机。从长安城出逃之后，禁卫军将士满腹怨恨，咒骂不已，陈玄礼觉得时机已到，因此想拉着李亨一起干这一票。一来，诛杀杨国忠符合李亨的诉求，二来，拉着太子，禁卫军师出有名，干起活来也有底气。事实上，李亨并没有反对，也找不出理由反对，陈玄礼这才顺利地发动政变，将杨氏家族的所有成员一网打尽。

从史料可以看得出来，杨国忠已经到了天怒人怨的地步，兵变发生时，知情的，不知情的一概冷眼相看，朝臣们除了担心李隆基外，无人站出来为杨国忠说话，事件结束之后，所有人都跟啥事也没发生过一样。

有一种谋杀，不需要提前勾结，大家相互都有默契，仅此而已！

关于杨贵妃的下落，小说的描述很精彩：关键时刻，陈玄礼对肤白貌美的杨贵妃心生怜惜，于是和高力士联手，派人将杨贵妃暗中送出去（有说做村姑去了，有说送到日本了），然后找了个侍女穿上贵妃的衣服，顺理成章地做了替死鬼。

问题是，陈玄礼灭了杨家所有人，有什么理由放过杨贵妃？杨贵妃是四大美女之一，谁能在短时间内化妆出杨贵妃的容貌？处死杨贵妃的时候，陈玄礼带着禁卫军将士亲自验明正身，确认无误后才脱下盔甲，让士兵散去，群众的眼睛是雪亮的，轻易就可混得过去？

贵妃之死，应该是毫无争议的。

李隆基的用心良苦

当时，杨国忠和御史大夫魏方进都已经被杀，重臣凋零，李隆基因此将此前表现突出的京兆府录事参军韦谔提拔为御史中丞、置顿使，准备让他先行一步，准备一路上的衣食住行。

至德元年（756）六月十五日，李隆基下令，大军继续前行。

等诏令传到军中的时候，将士们又不干了，纷纷提出质疑："杨国忠的党羽都在蜀中，咱不能去那里避难，得换个地方！"

李隆基："那你们想去哪里？"

禁卫军将士也没个带头的，于是七嘴八舌地说了起来，有说去河西和陇右的，有说去灵武和太原的，也有想回长安的，唯独剑南道不在禁卫军的选择之内。

李隆基气愤不已：太不给面子了，朕刚刚杀了贵妃，还没缓过气来呢，还要不依不饶，当这里是讨价还价的菜市场吗？当时，任凭将士们如何反对，李隆基就是不表态，潜台词就是：朕就是想去蜀中。

御史中丞韦谔看情况不对，于是站出来劝和："将士们，你们要考虑实际情况啊，如今咱们兵力单薄，如果返回长安，如何抵御安禄山的叛军，到时候岂不是找死吗？不如大家都退一步，先去扶风郡，再考虑下一步，如何？"

扶风郡在陕西省宝鸡市，位于长安进蜀中的必经之路。将士们是朴实的，只要不去蜀中，到哪儿都成！

就在大队准备出发的时候，从道路两旁的树林中涌出无数百姓，这些人拦在大部队前面，为首的人说道："陛下，您是天子，长安城才是您的家，就这样放弃了天下，放弃了祖宗陵墓，是想要去哪里呢？”

瞧瞧，大唐百姓的思想觉悟，可不是一般的高！

然而，李隆基急着赶路，没心思和老百姓解释太多，于是示意太子李亨留在这里善后。百姓们看皇帝不给力，于是将李亨围了起来：“太子啊，皇帝执意要走，咱们就不留了，如果太子愿意留下来，我们愿意跟着您打回长安，重新夺取天下，如果您也要随陛下入蜀，那谁还能替百姓们做主啊？”

据史料记载，前来请愿的百姓蜂拥而至，最后竟有数千人之多。

是不是很讽刺？李隆基因为找不到附近的百姓，找不到吃食，最终引发了马嵬坡之变（也可以理解为一千个馒头引发的惊天政变），事变刚刚平息，这些百姓就全都冒了出来，而且都是思想进步的良好市民。

李亨：“父皇历经千难万险外出避难，作为儿子怎么能不尽心侍奉呢，即便是留下来，我也应该当面向他辞别，然后听候他的吩咐。”

说罢，李亨就要牵着马继续西行。

傻子也能听得出来，李亨并不是真的想走，否则也不会说应该向李隆基辞行的套话，这是在向众人要台阶下呢。

就在此时，建宁王李倓和宦官李辅国用力拉着李亨的马缰，哭诉道：“太子殿下！安禄山举兵进犯，霸占长安，国家分裂，民怨沸腾。如今百姓希望我们重振山河，恢复李唐江山，这可是大好时机啊！一旦太子殿下随陛下入蜀，叛军再烧毁蜀中的栈道，中原可就拱手送给叛军了！”

李亨：“依你们之见，该当如何？”

李辅国：“咱们不去蜀中，先收拢西北边防的重兵，再与河北的郭子仪、李光弼大军会合，并力讨贼，克复两京，到时候迎回陛下，这才是真正的大孝！您又何必留恋父子之情，在此做儿女之态呢！

广平王李俶（chù）也劝李亨留下来，老百姓这才将李亨围住，不让他继续西行。

李亨泪眼婆娑地说道：“广平王李俶，去给陛下传信吧！”

李隆基率领大队徐徐前进，可等了半天也没见李亨的身影，于是派人回去打听消息，这才知道了马嵬坡发生的一幕。

李隆基仰天长叹："这都是天意啊！"

帝王的喟叹，意义深远。如果说马嵬坡之变是陈玄礼一手策划和执行的，那么今天的这场戏就非常蹊跷了：老百姓是怎么得到消息的？又是怎样聚拢到一起的？为首的人不仅口才绝佳，还深明大义？面对百姓的请求，李隆基为何不发一言，直接让太子李亨来处理？

要知道，在此之前李隆基可是非常亲民的，对百姓的态度也是友善的，他难道为了赶路就敢伤害民心吗？在我看来，李隆基未必不知道马嵬坡之变的隐情，未必不知道太子李亨的心思，他只是不想说破罢了，当得知李亨想要和他分道扬镳的时候，除了一声喟叹，还能有何作为？

客观地说，李隆基对李亨的包容和关爱，远胜过猜忌和怀疑。

当年，韦坚、李适（kuò）之、皇甫惟明被杀之后，李亨担心自己也会遭受牵连，整日忧心忡忡，心力交瘁，年纪轻轻就鬓发斑白。有一次，李隆基召见李亨，看到他一蹶不振的样子十分心疼，于是感慨道："这段时间，吾儿何以如此衰老？你先回宫，朕当专程看你。"

后来，李隆基来到东宫时，看到宫苑没人打扫，乐器也长时间没有动过，上面竟落了一层灰土，宫中也见不到服侍的宫女，于是转头对高力士说道："太子居处如此，为何不给朕报告？"

高力士："臣曾想报告圣上，可太子不许，他不想让您为他操心。"

李隆基："你赶快挑选五个娇美女子，让她们前来侍奉太子。"

说罢，李隆基又劝慰了一番，这才离开太子宫。

说到底，李隆基对李亨是信任的。当他得知李亨要留下来的消息后，对陈玄礼说道："从禁卫军中挑选出两千名最精锐的将士，再从飞龙厩的战马中挑选出一部分，全都留给太子。"

李隆基语重心长地告诫禁卫军将士："太子是个仁孝的人，他有能力继承大统，你们以后要尽心辅佐，不要让朕失望才是。"

临行之前，李隆基还给李亨写了一份情真意切的密信：孩儿！希望你好自为之，不要为朕担心，西北地区的各族胡人感念朕的恩德，你一定能用得上。

李隆基似乎知道，太子李亨会北上。

交代好这些事后，李隆基带着其余人继续前行。

至德元年（756）六月十七日，李隆基一行到达岐山县（今陕西省宝鸡市岐山县），随行将士的情绪再一次爆发了：皇帝不是说走到扶风郡吗？怎么还要继续前行，难道是骗咱们的？陈玄礼根本没能力安抚将士们的情绪，只好下令原地休整。

巧的是，老天爷给李隆基送来了及时雨：有一队官员押运着数量可观的蜀地丝织品，准备前往长安进献给李隆基。在那个年代，丝织品和铜钱都是硬通货，可以随时换取粮食和日用品。李隆基当即下令，扣留了这批进献宝物，然后派人召集禁卫军将士开会。

李隆基："将士们！这些年来，朕衰老糊涂，用人失当，这才让安禄山举兵造反，逆乱天常。朕心里清楚，你们跟随朕仓促出行，来不及和父母妻子告别，一路上又尝尽了苦头。此番前去蜀中，道路虽然艰险异常，但朕的皇子、皇孙，以及随侍宦官可以保护朕顺利到达。至于你们，可以选择拿着这些丝绸回家，代朕向你们的家人问好，咱们就此别过吧。"

将士们都是朴实的，看着眼前的财宝，谁还愿意闹情绪："我们愿意誓死追随陛下，绝对不敢有异心！"

历史证明，钱真的可以壮胆。

李亨北上灵武，李隆基让位助力

话分两头，太子李亨留在了马嵬坡，就意味着要挑起大唐江山的重任，可前途究竟在哪里，李亨茫然不知。天色渐渐黑了下来，李亨的长子、广平王李俶开始变得焦急，于是催促道："天就要黑了，此地不宜久留，咱们得决定去哪儿。"

河西、陇右、朔方、河东、长安，众人七嘴八舌。

建宁王李倓表态了："咱们只能去朔方！"

李亨："为何只能去朔方？"

李倓给出了四条理由。

第一，河西、陇右的军队战败投降，许多人都在叛军效力，如果去河西和陇右招募军队，危险系数太高。

第二，李亨曾经做过朔方节度使，朔方军镇的将领和官吏每年都会派人到长安送礼，李倓大概记得他们的名字。

第三，朔方离马嵬坡最近，军备完好，兵强马壮，可以倚靠。

第四，叛军正在长安大肆劫掠，无暇东顾，官军只需要在朔方站稳脚跟，徐图大计，收复长安指日可待。

李倓的一番话太提士气了，众人纷纷点头称赞。

李亨担心安禄山会派遣骑兵前来追击，因此率领禁卫军连夜北上，走到渭水河畔，禁卫军遇到了一支从潼关方向退下来的军队。两边的首领都没有心情问对方的番号，直接在渭水边上打了起来，一场恶战令双方损失过半。直到此时，双方主将才觉得这仗打得很莫名其妙，因此鸣金收兵，扬长而去。

北上的途中，李亨愁眉紧锁。李隆基虽然给了他两千军队，却只有数百匹战马，这就意味着许多人只能当步兵，这让他们如何跟上昼夜兼行的骑兵？更何况，一路上大小战役无数，许多人逃跑和掉队，人数越来越少。

数天之后，李亨一行到达平凉郡（今宁夏回族自治区固原县），在这里看到了一个超大规模的马场，李亨以太子身份将马场的数万匹骏马全部征为己用，随后又出榜安民，招募军队。

李唐毕竟是正统，又曾把江山治理得井井有条，因此太子深得全国百姓的爱戴。老百姓听说太子在平凉郡招兵买马，纷纷前来投军，李亨仅用了几天的时间就招募了上千人。有了这支生力军，李亨焦虑的心才慢慢安定下来。

李隆基前往成都，李亨北上灵武的时间里，安禄山在干什么？

据史料记载，安禄山还在潼关观察形势。

在安禄山看来，长安城好歹也是帝国的首都，随便安排几万人守城就够自己喝一壶的，因此日夜与智囊团商议，如何攻取长安。直到李隆基逃走十天后，长安方面才传来消息：宦官边令诚和西京留守崔光远愿意献城投降。

直到此时，安禄山才派遣心腹孙孝哲率兵进入长安，任命中书令张通儒为西京留守，崔光远为京兆尹。据史料记载，安禄山的嫡系都是只会打仗的粗人，没人懂得治理国家，他们进入长安之后，立即采用武力镇压，控制长安的局势，随后便对长安城展开了地毯式的搜刮。

当时，基层军队专门抢劫权贵、官宦、富人家的财产，糟蹋良家妇女，饮酒作乐。安禄山则带人搜刮皇宫的金银珠宝、宫女太监，然后装上大车送往洛阳。

真可谓分工明确，各取所需。

那么问题来了，长安城的数千名官员怎么办？

安禄山表态了：李唐皇室、宗室成员，不分年龄大小，一律处斩。普通的官员一律送往洛阳，命运待定。被李隆基、李林甫等人抛弃和打压的朝臣（比如宰相陈希烈等人），一律重新起用，官复原职。

然而，安禄山始终没有派遣军队西进，更没有下达追杀李隆基的命令。时间正在慢慢流逝，李唐皇室犹如一块巨大的磁铁，慢慢聚拢着人心，人们逐渐从安史之乱中清醒过来，愤怒、怨恨和复仇的情绪在每个人身上暴发着。

安禄山等待的，是一股可以摧毁一切的洪荒之力。

李亨在平凉郡的消息被迅速传开了。

此时，驻屯在灵武郡（治所在今宁夏回族自治区吴忠市）的朔方军司令部正在密切关注着李亨的动向。朔方留后杜鸿渐、朔方节度判官崔漪、朔方支度判官卢简金、朔方盐池判官李涵暗中商议，他们觉得平凉郡地势平坦，无险可守，不适合大军驻屯，不如劝李亨前来朔方军大本营，有了李唐皇室这面大旗，便可以征调朔方、河西等地的军队，到时候再挥师南下，平定中原。

派谁去呢？朔方盐池判官李涵！因为他是正儿八经的李唐宗室。

为了表示诚意，杜鸿渐写了一封劝李亨北上灵武的亲笔信，还将朔方军镇的军队数量、战马、武器、粮食、布帛等军用物资的账籍也一同送了过去。

面对杜鸿渐的投诚，李亨显得十分受用，他当即任命李涵为左司员外郎（尚书左丞的副手），后来又加封为宗正少卿。此时，河西司马裴冕也来到了平凉郡，此人刚刚被封为御史中丞，正准备前往长安任职，在得知长安城被破，李隆基已经前往蜀中避难的消息后，决定留下来辅佐李亨。

然而，要想收拢兵马，号令天下，必须有一面令人信服的旗帜才行。杜鸿渐和裴冕等人商议后，决定劝李亨在灵武登基称帝。

按照套路，李亨拒绝了第一次劝谏。

随后，裴冕等人再次进言，理由也变得更加直白：太子啊！咱们这帮兄弟打算跟着您一起夺回大唐江山，可说到底都是为了得到好处，比如加官晋爵，封妻荫子。如果太子不给他们一点念想，将士们恐怕会寒心，形势实难预料啊！

裴冕等人一连劝谏了五次，李亨这才答应他们的请求。至德元年（756）七月十二日，李亨在灵武登基称帝，时年45岁，史称唐肃宗。

第一道诏书：任命裴冕为中书侍郎、同中书门下平章事，杜鸿渐、崔漪为中书舍人。李亨登基称帝时，算上所有文武官员，总共不到三十人，其中又以武将居多，这些人不懂朝廷礼仪，上朝的时候懒散无度，毫无新朝的气象可言。

客观地说，李亨必须解决这几个问题：

第一，他自己确实想做皇帝，可李隆基毕竟还活着，违背君臣和父子伦理擅自称帝，该如何善后？

第二，平叛需要军队和财力，这些都掌握在地方官员和军镇节度使的手里，他们究竟会选择支持李隆基，还是支持自己？

第三，新朝廷满打满算三十名官员，绝大多数人又没有在中央朝廷为官的经历，说人才凋敝一点也不为过，靠他们能打得过安禄山吗？

这些问题不解决，李亨的前途不会太好看。

然而，命运之神似乎很眷顾他。

至德元年（756）七月十五日，李隆基在没有得知李亨登基的情况下，向天下发布了一道诏书：封太子李亨为天下兵马大元帅，命其统辖朔方、河东、河北、平卢节度使，共同南下，收复长安和洛阳。

李亨喜极而泣！俗话说得好，打仗亲兄弟，上阵父子兵，李唐皇室遭逢国难的时候，并没有因为皇权斗争而上演父子猜忌、兄弟阋墙的人伦惨剧。

信任和扶持，成了平叛最可靠的力量。

有了李隆基的支持，李亨接连下了两道旨意：

第一道扔给了河西节度使梁宰和副使李嗣业，让他们率领五千精兵前往灵武。

第二道扔给了安西大都护府，李亨让他们友情赞助点军队，安西行军司马李栖筠接到圣旨后，立即率领七千精兵向灵武靠拢。

然而，河西和安西加起来不过一万两千名精兵，还不够安禄山塞牙缝的，此后十多天，李亨显得束手无策。

七月底，灵武来了一位贵客：朔方节度使郭子仪。

在此之前，郭子仪在河北道牵制安禄山的叛军，后来又奉李隆基的圣旨前往长安，准备抵御安禄山西进的主力，可郭子仪还没出发，长安城便失陷。

郭子仪手握五万雄兵，军事实力仅次于安禄山，完全可以和他一起逐鹿中原，再不济也可以找李唐皇室谈判，争取最大的政治利益。因此，李亨上位之后，宁愿找河西和安西调兵，却未曾向郭子仪开口，也许正是担心郭子仪会拥兵自重，脱离朝廷的控制。然而，郭子仪不仅来了，还将五万主力全部交给了李亨。

至德元年（756）八月初一，李亨下诏：加封郭子仪为兵部尚书、同中书门下平章事；加封李光弼为户部尚书、北都留守、同中书门下平章事。

郭子仪和李光弼的加盟，让灵武方面产生了滚雪球的效应，溃败的官军，各地的义军，地方官府和军镇、少数民族政权望风归降。

灵武，正在积聚着摧枯拉朽般的能量。

至德元年（756）八月十二日，灵武的使者到达蜀中，如实禀告了李亨登基的消息。据史料记载，李隆基拿着李亨的奏折，喜极而泣："朕的儿子顺应天命和人心，朕还有什么可忧愁的呢！"

至德元年（756）八月十六日，李隆基颁布诏书：

改制敕为诰令。

朝臣的奏折一律改称太上皇。

军国大事由李亨全权处理，然后报奏朕知即可。

收复长安和洛阳之后，朕不再过问朝政之事。

至德元年（756）八月十八日，李隆基命韦见素、房琯、崔涣等人拿着传国玉玺和宝册前往灵武，将皇位正式传给李亨。宝册是皇帝祭祀天地的册书，古时只有皇帝才有祭天的权利，因此宝册就是皇权的象征。

李唐皇权，在父慈子孝、君臣和谐的气氛中顺利完成了过渡。

李亨不是傻子，韦见素、房琯、崔涣三人在蜀中分别担任兵部尚书、吏部尚书、门下侍郎，而且都挂着同中书门下平章事的头衔。李隆基派他们送传国玉玺和宝册，除了让传位仪式更庄重，更是替他们在新朝廷谋个好的前程。

按道理，李亨应该有所表示的。然而，李亨是个特立独行的帝王，他并没有因为李隆基的退位而做出政治上的妥协，事情该怎么办就怎么办。

韦见素，杨国忠的死党，在他的庇护下一路升官，最后做到了兵部尚书的高位，因此和李亨向来就不是一路人。不过，考虑到此人是李隆基的亲信，在逃难的途中又不离不弃，李亨还是接纳了他，保持兵部尚书、同中书门下平章事的头衔不动，至于参知政务，李亨压根就没给他任何机会。

相比之下，房琯的待遇就不是一个档次了。

据史料记载，房琯是河南偃师人，唐朝宰相房玄龄的族人，父亲房融入朝为官数十载，曾经担任过宰相。房琯本来可以借助家族的势力入朝为官，可他却选择到洛阳附近的陆浑山中隐居，这一住便是十余年。27 岁那年，李隆基前往泰山封禅，房琯写一篇《封禅书》进献给朝廷，得到了中书令张说的赏识，因此被提拔为秘书省校书郎，后调任冯翊县尉。

此后数十年，房琯勤恳为官，廉政为民，出了不少政绩，仕途也跟着高歌猛进，最后做到了刑部侍郎之职。李亨做太子的时候，对房琯的印象极其深刻：务实肯干，头脑清醒，是宰相之选。

悲剧的是，房琯虽然贵为刑部侍郎，可在李隆基眼里却是个小官。逃难的时候，有关部门并没有通知他，直到大部队离开长安，房琯才得知消息。

当时，房琯拉着大理寺卿张均、驸马张垍兄弟连夜出城追赶，到了长安城南的一个破庙之后，张氏兄弟以家眷还在京城为理由，死活不肯继续前行。房琯明白，张氏兄弟不看好李唐的前途，想回去投靠安禄山，房琯又何尝没有想过此事呢。

然而，经过一番思想斗争，房琯做出了选择：继续投靠朝廷。

和张氏兄弟分手后，房琯星夜兼程地赶路，终于在到达成都之前赶上了李隆基。就在当日，李隆基将他提拔为吏部尚书、同中书门下平章事。对李亨来说，房琯的才具和品德都无可挑剔，因此对他的到来十分欢迎，李亨不仅保留了他的吏部尚书、同中书门下平章事之职，还将他引为心腹，允许其参知军国大事。

崔涣，博陵郡王崔玄暐（wěi）之孙，礼部侍郎崔璩（qú）之子，博陵崔氏的当家人。崔涣的家世背景不错，却缺少在中央朝廷为官的经历，气魄和格局也不够，并不是李亨心仪的辅政大臣。

说白了，不管是李亨的灵武班底，还是李隆基安排的宰辅大臣，都不足以辅佐李亨收复长安。就在此时，中唐时期最传奇的主角终于要登场了。

李泌：入则悬悬以尽忠，出则遗世独立

李泌，长安人士，南北朝时期西魏政权“八柱国”李弼的六世孙，中唐时期著名的政治家、道家学者、皇室谋臣。李泌幼年的时候就已经粗通黄老学说，是长安城有名的神童，更是李隆基、张九龄和张说等大佬的座上宾。

有一次，张九龄打算提拔一位才能平庸，但唯命是从的高级幕僚，李泌却提出了反对意见：“张相公，你素来就有正直无私的清誉，难道你也喜欢低声下气，缺乏节操和能力的人吗？”李泌的一句话就让张九龄肃然起敬，张九龄立马表态认错，还亲切地称呼李泌为“小友”。

据史料记载，李泌对《老子》《庄子》《周易》情有独钟。成年后，李泌时常寻访嵩山、华山、终南山等仙居福地，一来修身养性，二来寻找长生不老之术。安史之乱前，李隆基沉湎道家学说，经常将李泌召入禁宫相伴，最后给他赏了个翰林待诏的头衔，并让他去东宫陪伴太子李亨。

在太子府的那几年里，李泌和李亨建立起了牢固的信任关系。不幸的是，杨国忠为了巩固政治地位，强势打压李亨的势力，李泌难以幸免，最终被流放到湖北省黄冈市蕲春县，后来又归隐颍阳（今河南省登封市境内）。

有唐一朝，李泌的名气并不是很大，可论政治才华和人生智慧，李泌确实到了登峰造极的地步。李泌看透了皇室的残酷斗争，官场的尔虞我诈，他虽然有心进入官场，却时刻与皇权保持距离，游走在官场和神仙之境中，而且能平衡二者之间的关系。换句话说，李泌如果为官，能在纷繁复杂的朝廷纵横捭阖，李泌如果避世，能在自我修养中“羽化成仙”，还能勾起统治者对他的强烈兴趣。

安史之乱发生后，李泌和李亨暗中保持着密切的联系，李亨从马嵬坡北上之时，便派人前往颍阳，将李泌接到了身边。

李亨为何如此重视李泌?

第一，李亨从小生活在深宫之中，为了让李隆基卸下防备，从来没有参与过政事，对处理朝政，平衡政治势力毫无经验可言。登基称帝后，李亨亟需一位信得过的亲信帮他打理政务，李泌是不容置疑的人选。

第二，李泌想实现抱负，收获人生价值，却对权力毫无兴趣。

第三，李泌善于平衡政治关系，胸怀韬略和大局观。

李泌到达灵武之后，李亨想任命他为中书令，让他统率群臣，辅佐他收复长安和洛阳，光复江山社稷。然而，李泌却拒绝了邀请："陛下，您能视我为幕僚和好友，我觉得比什么都珍贵，让我担任中书令，实在是强人所难。"

换了别人，李亨或许会觉得此人太矫情，但是对李泌，李亨毫无芥蒂。李亨愿意拿最私密的事情来请教他，比如谁来担任朝廷兵马大元帅之职。这个问题看似简单，其实背后牵涉两大皇子，还有大唐未来的立储问题。

广平王李俶，李亨的长子，沉稳有余，谋略不足，很像当年的太子李建成。

建宁王李倓，李亨的三子，英勇果敢，才气十足，很像当年的秦王李世民。

据史料记载，李亨北上灵武的时候，建宁王李倓亲自挑选了一批精兵贴身保护，无数次浴血奋战，这才让李亨顺利到达灵武，深得李亨的喜爱。因此，李亨中意的兵马大元帅人选，正是建宁王李倓。

有一天，李亨找到了李泌，问道："先生，眼下朝廷的当务之急是平叛，建宁王李倓胸怀韬略，为人勇武，朕想任命他为兵马大元帅，你觉得怎么样？"

李泌毫不隐晦地说道："陛下，建宁王确实有雄才伟略，完全能胜任兵马大元帅之职，然而广平王李俶是嫡长子，是未来的国储啊。试问，建宁王李倓平定天下之后，陛下是否能让广平王将太子之位让给建宁王呢？"

李亨："先生，广平王是嫡长子，未来要继承江山社稷，又如何会将兵马大元帅之职看在眼里呢？"

李泌："广平王虽然是嫡长子，至今却没有被封为太子。如今天下大乱，人心所向，一定是兵马大元帅，如果建宁王一战成名，陛下即便不想立他为太子，可与他一起建功立业的将士如何肯罢休？”

李亨：“也罢，朕就任命广平王李俶为天下兵马大元帅，所有的将领都归他节制，军国大事皆由大元帅府裁决。”

然而，李亨心里清楚，广平王谋略不足，难以担起军国重任，于是想让李泌前去帮助他，可他不好过分违逆李泌的意愿。有一次，李亨带着李泌一起外出，军士们便指着他们说：“穿黄袍的是当今圣上，穿白衣服的是位绝世高人！”

李亨于是私下对李泌说道：“先生啊，军营已经传开了，朕的朝中有一位身穿白衣服的世外隐士。朕也知道，您不愿入朝为官，可为了打消将士们的疑虑，您还是得穿紫袍（朝廷官员的服饰颜色）出行才好！”

李泌不得已，只好接受李亨的拳拳盛意。等到谢恩之时，李亨拿出了早已经准备好的封官文书，说道：“先生，您既然已经接受了紫袍，怎么能没有官职在身呢。要不您就担任待谋军国、天下兵马大元帅府行军长史，如何？”

待谋军国！听起来很霸气的官职，李泌却坚辞不受。

李亨诚恳地说道：“先生！朕不敢拿宰相之职为难您，只好退而求其次，用这官职将您留下，朕希望您能帮朕渡过难关，只要天下平定，朕一定满足您归隐的志向！”

李泌：“臣答应陛下，不过臣有个建议！”

李亨：“朕洗耳恭听。”

李泌：“诸位将领畏惧陛下的天威，在汇报军务时往往显得拘束。臣认为，可以让将领先找广平王和臣商议，然后再向陛下汇报，如果可行就执行，不可行则以陛下的名义否决。”

李亨：“准奏！”

自此以后，各地递来的奏折，李亨一律不看，直接发往大元帅府处置，甚至将禁宫钥匙和通行证也交给了广平王李俶和李泌保管，除非有特别紧急的军情，李泌才会向李亨汇报。

有一次，李亨和李泌聊天，无意间聊到了过世的宰相李林甫。据史料记载，李亨当时的情绪变得十分激动，甚至放出狠话：“朕有朝一日回到长安，一定要派人掘了李林甫的坟墓，将他挫骨扬灰。”

按照人际交往的套路，李泌应该顺势安慰，或者跟着一起吐槽。不过，李泌却选择了劝谏：“陛下，您正在平定天下，何必与死者为敌呢！如果您找李林甫的晦气，外人会觉得您不够宽宏。再者说，跟安禄山造反的都是陛下的仇敌，如果他们得知此事，恐怕也不会心生悔恨之意了。”

李亨还想不依不饶：“李林甫这奸贼，过去千方百计地动摇朕的地位，朕之所以能保全，全赖上天的眷顾。先生，李林甫也憎恨过您，只不过没来得及害您罢了，您为何还要可怜他呢？”

李泌：“臣怎么会不知道这些事！只是太上皇年事已高，如今避祸巴蜀，一旦知道您有这样的想法，恐怕会认为陛下想报复当年韦妃被废的仇恨。如果太上皇因此愧疚，忧愤成疾，天下人就会认为陛下心胸狭隘，容不得君父啊。”

李泌话音刚落，李亨仰天礼拜道：“朕从未想到过这一点，能让您辅佐朕，这难道是上天的旨意吗？”

都说政治家是天生的演员，但李亨对李泌的信任、感激和依赖却完全发自内心。据史料记载，君臣二人相知一生，从未红过脸，李亨也从未有过猜忌和迫害之心，有唐一朝，绝对可以算是一段佳话。

没过几天，李亨又和李泌聊了起来。

李亨问道：“先生啊，张良娣的祖母是昭成太后（李隆基的母亲）的妹妹，朕想立张良娣为皇后，以此慰藉太上皇之心，如何？”

李亨的如意算盘是讨好李隆基，可他考虑得并不周全。更何况，前一段时间刚刚发生了一件事，让张良娣和李泌之间有些矛盾和误解。

事情是这样的：张良娣喜欢骑马，李隆基给她赏了个七宝鞍，上面挂满了珠宝和金银装饰。李泌为大唐中兴着想，认为新朝廷的当务之急是打回长安，远没到享乐的时候，更何况将士们在外征战，皇室生活奢侈会让大家心生不满，因此建议将马鞍上的珠宝撤下来用作军资，奖励前线作战勇猛的士兵。

张良娣不乐意了，这是李隆基送给她的礼物，又不是国库的东西，怎么能随便充作军资呢。张良娣和李泌争了几句嘴，李亨碍于大局，最后还是听从了李泌的建议，决定将马鞍充作军资。

巧的是，建宁王李倓正在门外，刚好听到了屋里的对话，想到父皇李亨从谏如流，于是伤感流泪，情不自禁地哭了出来。三人闻声，一同出门，看到了脸上挂着泪水的建宁王。

李亨："皇儿，你在这里干什么？"

建宁王只好据实回答，声称李亨从谏如流，大唐复国有望。李亨听闻这话自然舒坦，可张良娣本就一肚子气，当场就把李泌、李倓列为头号敌人。因此，当李亨提议立张良娣为皇后时，李泌非常为难。

如果不赞成，李亨会觉得李泌心眼太小；如果赞成，又面临一个新的问题：前段时间，李亨刚刚作出承诺，打回长安就迎回太上皇李隆基，如果立张良娣为皇后，不就代表李亨此前说的是假话吗？李亨自己没有想到这个问题，可李泌必须帮他想，就算是得罪张良娣也在所不辞。

李泌："陛下，在灵武时，群臣都希望建功立业，所以劝陛下登基称帝，臣相信陛下并无私心。至于今后的事，臣建议还是等太上皇的命令，不必过于着急啊。再者说，这只不过是时间早晚的问题……"

君臣相视而笑，莫逆于心。

房琯：纸上谈兵的白面书生

李亨招兵买马，重建新政权的时候，安禄山在干什么？

据史料记载，安禄山打进长安之后，给了大头兵三天时间，随意抢劫。长安城中，上至富商、权贵，下至平民百姓，几乎被洗劫一空。随后，安禄山又将搜刮范围扩展到长安城周边，无数的百姓因此遭殃，安禄山一时间成为人人喊打的过街老鼠。

有一天，安禄山闲来无事，带着手下的兄弟前往梨园，准备让梨园艺术家帮他们陶冶一下情操。谁曾想，安禄山的亲信毫无艺术细胞，一个个手持白刃，面露凶光，仿佛面前的梨园大师就是自己的猎物，等待随时被宰一样。乐师们受不了这份耻辱，纷纷把乐器扔在地上，向西而跪，表达对李隆基的思念之情，安禄山气愤不过，把他们砍头的砍头，肢解的肢解，一番杀戮之后，扬长而去。

唐朝经历了贞观之治、开元盛世，可谓国富民强，百姓丰衣足食，文化事业蒸蒸日上，举国一片祥和。安史之乱，犹如平地而起的一声惊雷，将老百姓从幸福的梦幻中惊醒。可想而知，老百姓对安禄山的恨意有多深。

李亨在灵武即位的消息犹如一颗重磅炸弹，在长安城引起了轩然大波，许多官员本就对安禄山抱着虚与委蛇的心态，他们一边点头哈腰，一边偷偷地打游击战争，听说李亨登基称帝，纷纷奔走相告，预言过不了几天官军就会杀回长安城，将安禄山驱逐出去。

安禄山虽然攻克了长安和洛阳，可他没有一统江山的思维，政治影响力不过在河北、河南等地。要说老谋深算，还是李隆基更胜一筹，他刚到成都，就任命著名的理财家第五琦为监察御史、江淮租庸使，重新规划了江南赋税的运输通道，将南方的粮食和赋税沿长江一路向西，有的运到蜀地，有的从襄阳经过扶风郡运到灵武，为李亨夺回长安做好了充足的保障。

李亨的南征伟业，万事俱备。

至德元年（756）十月，宰相房琯上书李亨，请求率兵收复长安和洛阳。

前面说过，李亨很信任房琯，平日里看他说得头头是道，仿佛是孙武再世，于是加封房琯为招讨西京兼防御蒲、潼两关兵马使，让他与郭子仪、李光弼等大将一同征讨叛军。不仅如此，李亨还给了一道特旨，让房琯亲自挑选部下，只要你看得上的，随便使用！想想看，将大唐中兴的重任交给一个从未上过战场，不知战争为何物的清谈之人，这心得有多大。

再看房琯挑选的幕僚：御史中丞邓景山为副将，户部侍郎李揖为行军司马，给事中刘秩为参谋。也就是说，房琯的作战参谋处养了一群靠嘴吃饭，只知道读书清谈的书生。

李亨看着房琯报上来的名单，心中顿时有种不祥的预感：难道真要将大唐国运交给一群自命清高的书生吗？然而，房琯大军即日就要出发，临阵换帅是兵家大忌，李亨无奈之下，只好让兵部尚书王思礼去做房琯的副手。

房琯出征之后，将大军分为三路：

南军：副将杨希文统领，驻屯在宜寿县（今陕西省西安市周至县）。

中军：刘贵哲统领，驻屯在武功县（今陕西省咸阳市武功县）。

北军：李光进（李光弼的弟弟）统领，驻屯在奉天县（今陕西省咸阳市乾县）。

房琯以中军和北军为前锋，大约四万多人，与敌军大将安守忠对峙在陈涛斜（今陕西省咸阳市东）。这是一场书生和骁将的正面战争。

叛军方面，主要是骑兵部队，优势在于冲击速度。房琯到来之前，安守忠便将部队开到旷野之处，准备和唐军展开决战，一战定输赢。然而，房琯却选择了一个令人匪夷所思的应对策略：车战。

上古时期没有车驾，没有驯服的野兽，只好展开大规模的野外混战。春秋战国时期，主要是以马拉车的车战，身强力壮的士兵驾驭马车先冲击敌方阵营，随后再以步兵和对方展开决战，破坏力足够，却不够灵活。后来，赵武灵王将少数民族的短装服饰引入中原，同时学习他们的骑马、射箭等武艺，每逢打仗，骑兵先来一轮冲锋，再用弓箭扫射战车上的士兵，打起仗来几乎所向无敌。

无数的战争证明：骑兵才是正面战役最有杀伤力的军队。

有趣的是，房琯和他的幕僚团居然选择了车战，而且不是以马拉车，而是以牛车为主，两边再配备骑兵和步兵。据史料记载，拉车的牛是房琯从各地征调的水牛，一共有两千余头。想想看，这些刚从地里爬起来的水牛，没有经过任何冲锋陷阵的训练，如何去冲击对方的骑兵?

房琯认为，水牛力大无比，比战马还要健壮，冲击起来定当如潮水一般，暗含摧枯拉朽之力，瞬间就可以击溃敌军。

至德元年（756）十月二十一日，官军和叛军相遇在陈涛斜。

官军擂鼓宣战，两千多头水牛拉着战车冲出阵营，向叛军疾驰而去。然而，安守忠却毫无怯意，他命手下压住阵脚，以静制动，等水牛快到的时候，数万名将士一起吆喝呼喊。水牛从来没有见过这等阵势，数万人的呼叫之声犹如平地而起的惊雷，顺着风传到了水牛耳中，水牛顿时裹足不前，抬头张望。

就在此时，叛军又顺风放起火来，熊熊烈火迅速蔓延到战车上，水牛是怕火的动物，看到身旁燃起浓烟，顿时左右冲突，四散逃窜。事实上，房琯的感觉并没有错，水牛确实力大无穷，可惜它们走错了方向，混乱的水牛冲进唐军阵营，将不少士兵活活踩踏至死。

安守忠率军乘胜追击，将房琯的四万大军杀得片甲不留，一场屠杀过后，唐军死伤九成，仅有四千余名伤残士兵逃回大本营。房琯向来自视甚高，战场的败绩让他难以忍受，至德元年（756）十月二十三日，房琯亲自率领南军前去作战，不幸的是，大军再次被击溃，主将杨希文与刘贵哲投降叛军。

官军在陈涛斜全军覆没的消息传到朔方郡，李亨当即暴跳如雷，扬言要杀房琯立威，多亏李泌及时劝阻，这才留下房琯一条性命。

长安捷报：安禄山死了

客观地说，陈涛斜之败让李亨威严扫地，更让李亨的复唐之路充满坎坷。然而，李亨根本没时间去追究责任，因为他需要面对另外一个噩耗：史思明横扫河北战场，河间、清河、博平等地相继失守，叛军基本肃清了河北的官军势力。

言外之意，安禄山已经没有后顾之忧，李亨想在正面战场夺回长安和洛阳，难比登天。局势逐渐失控，李亨也开始着急起来。

有一天，李亨召见李泌，情绪极其低落，言语中透露着无尽的失望："先生啊，叛军如此强大，咱们什么时候才能夺回长安啊？"

李泌鼓舞道："陛下，臣以为，安禄山将抢夺的人口和财物都已经运往老巢范阳，这难道是雄踞天下的志向吗？如今，只有胡人将领为安禄山卖命，其余的不过是无名小辈，依臣看来，不过两年时间，天下就会平定。"

李亨："这又是什么说法？"

李泌："叛军猛将只有史思明、安守忠、田乾真、张忠志、阿史那承庆几个人。咱们可以命李光弼率兵从太原出井陉关，命郭子仪率兵从冯翊郡（治所在今陕西省渭南市大荔县）进入河东，史思明和张忠志必然不会离开范阳和常山，安守忠与田乾真则不敢离开长安，咱们用两支军队拖住叛军四员骁将，那么跟随安禄山的只有阿史那承庆了！"

李亨："朕越听越糊涂，先生究竟要干吗？"

李泌："臣恳请陛下下诏，命郭子仪不要攻打华阴（今陕西省渭南市华阴县），使长安和洛阳之间的道路通畅，陛下可以率领军队驻扎在扶风郡，与郭子仪、李光弼轮流攻击叛军。到那时，叛军在数千里长的战线上疲于奔命，咱们则以逸待劳。明年春天，陛下可以任命建宁王为范阳节度使，从塞北南下出击，与李光弼形成南北夹击之势，安禄山还有几日可活？”

客观地说，李泌的策略并不高明，叛军没有必要疲于奔命，而绕行数千里，从内蒙古南下范阳，更是不靠谱的建议。

至德元年（756）十二月，西北再添噩耗：吐蕃大军趁机攻陷威戎、神威、定戎、宣威、制胜、金天、天成等军，石堡城、百谷城、雕窠城相继失陷。

说白了，李亨被夹在朔方郡，已经进退无路，如果安禄山和吐蕃政权联手，李亨就是瓮中之鳖。然而，就在李亨绝望的时候，长安方面传来消息：安禄山被儿子安庆绪给杀了。

事情是这样的：

安禄山拿下长安之后，将长安城的金银财宝和美女佳人搜刮一空，随后经洛阳北上，源源不断地送往老巢范阳。然而，安禄山正准备回家享福的时候，发现自己的眼睛看东西越来越模糊，甚至到了失明的地步。在现代的医学看来，安禄山得的应该是白内障，在当时的医学条件下几乎是绝症。

安禄山的郁闷心情可想而知。当时，安禄山把朝政交给了中书侍郎严庄，而他则深居简出。无事可干，再加上心情郁闷，安禄山的脾气变得越来越火爆，身边的近臣稍微出点差错，轻则被毒打一顿，重则丢掉性命。

就拿李猪儿来说，他原本出身契丹部落，十来岁便跟着安禄山，深得安禄山信任。安禄山掌权之后，希望李猪儿做自己的贴身宦官，并决定亲自操刀为他阉割。遗憾的是，安禄山学艺不精，一刀下去，没吃准部位，造成李猪儿大出血。

事实上，李猪儿虽然吃了点苦，可安禄山也挺愧疚，从此以后便将他视为心腹之人，算是作为补偿。可即便如此，郁闷中的安禄山也是六亲不认，时常责骂李猪儿，有时还会赏一顿毒打，李猪儿苦不堪言。

晋王安庆绪，安禄山的次子，太子的首席人选。安禄山暴躁的时候，安庆绪也有很强的危机感。危机感来自安庆恩，这位老兄是安禄山宠妃段氏的儿子，备受安禄山的宠幸，是太子之位最有力的竞争者。因此，安禄山越是责骂，安庆绪越是找不到安全感，唯恐老爹会对自己下毒手。

被责骂的还有中书侍郎严庄。有一天，严庄找到安庆绪和李猪儿，吐槽道：“陛下如今六亲不认，咱们几个以后的日子恐怕都不会太好过，为自己着想，咱们是不是得干出点啥事啊？”

做点啥呢？三个人心里跟明镜似的。李猪儿表示没问题，安禄山被杀，自己一天可以少挨三顿毒打，何乐而不为？安庆绪虽然是安禄山的儿子，可骨子里充满了尚武斗狠，更何况杀了安禄山，他就是大燕国的皇帝，有什么理由不铤而走险？严庄是提议人，自然有自己的小算盘。

试想，一个亲生儿子，一个贴身宦官，一个首席大臣，这三个人想要谋害安禄山，安禄山怎么可能还有生还的道理？

至德二年（757）正月初五，严庄和安庆绪手持兵器，侍奉在安禄山的大帐外面，李猪儿手执大刀来到安禄山的跟前。当时，安禄山已经处于熟睡状态，房内虽然有许多侍奉的宫女，可她们看到李猪儿面带杀气，吓得呆若木鸡。

这是李猪儿第一次杀人，和安禄山阉割他一样，毫无经验。李猪儿第一刀下去，同样没吃准部位，砍到了安禄山的肚子上，剧烈的疼痛让安禄山睁开眼来，他看不到任何东西，只好用手去摸床边放着的刀。

李猪儿见势不妙，赶紧又补了两刀，安禄山的肚子圆滚滚的，李猪儿几刀下去，肠子流得遍地都是。临死之前，安禄山挣扎着说出一句话：“这肯定是家贼干的！”

完事之后，严庄和安庆绪也来到帐内，三人合力在安禄山的床前挖了一个大坑，用毛毡将安禄山的尸体包裹起来放了进去，警告宫女不得泄露此事。

至德二年（757）正月初五凌晨，严庄召集群臣，宣布安禄山病重，晋王安庆绪为太子，随后又宣布安禄山将帝位传给安庆绪。就这样，安庆绪顺理成章地成为大燕皇帝，已经被谋杀的安禄山则被尊为太上皇，“继续在宫中养病”。直到局势稳定，安庆绪才公布安禄山的死讯，那时，朝臣们自然没心思追究背后的隐情。

据史料记载，安庆绪性格懦弱，毫无领袖气质，再加上谋杀亲生父亲，内心充满了愧疚和恐惧，面对群臣，安庆绪说话经常语无伦次。严庄很担心安庆绪的状态，于是建议他不要再公开露面，安庆绪满口应允，他封严庄做了御史大夫、冯翊王，然后加封满朝文武之后，终日躲在后宫饮酒作乐。

安禄山被杀之后，消息遭到严密封锁，别说李唐的君臣不知道，就连史思明等亲信战将也无从得知。当时，河北全境失守，以史思明为首的叛军将领集结了十万军队，打算向西进发，攻克李光弼镇守的太原城，然后率领大军长驱直入，顺势拿下朔方、河西、陇右等地，彻底瓦解李唐天下。

太原主将是李光弼，在此之前，他为了响应灵武方面的反攻计划，将主力部队全部调往了长安战场，留守在太原的仅有一万名老弱病残。太原战将的意思是在城外单独修建防御工事，准备打一场防守战。

李光弼觉得工程浩大，劳民伤财，于是征调了一批精通挖地道的能人异士，配合太原城外的壕沟做了许多地面陷阱。当时，只要叛军靠近太原城，就会被地道内的守军拖下去。久而久之，太原城逐渐成为叛军将士眼中的“死亡禁区”，谁也不敢靠近一步。太原保卫战持续了一个月的时间，直到安禄山的死讯传来，史思明这才奉命归守范阳，留下大将蔡希德继续围困太原。

按照李泌的战略，李光弼应该从太原出井陉口，扰乱河北战场，可惜在史思明的攻势下，李光弼只能自保求生，无法对河北形成有效的威胁。

可喜可贺的是，郭子仪在河东取得了战略性的突破。

据史料记载，郭子仪对局势做出了预判，他认为敌人占领两京后首尾相连，官军进攻任何一方，都会受到另一方的打压，郭子仪便想着占领河东，进而控制潼关，切断长安和洛阳之间的联系。

当时，郭子仪派人潜入叛军大将崔乾佑的地盘，暗中联络了不少拥护李唐的官员，准备与他们来个里应外合。随后，郭子仪从洛交郡（今陕西省延安市富县）出发，东渡黄河，分兵进攻河东郡和冯翊郡。李亨觉得局势有些好转，于是跟着来到了凤翔（今陕西省宝鸡市凤翔县），打算做阵后监督官。

至德二年（757）二月十一日，郭子仪按照预定的计划，来到河东城（今山西省运城市）外，河东司户参军韩旻开城响应，叛军将领崔乾佑仓皇出逃。崔乾佑组织了一波反攻，可毕竟军心涣散，在丢下四千具尸体，五千个俘虏后，叛军大败。

这是李亨部署反攻以来，取得的第一场胜利。

与此同时，陇右、河西、安西、西域的援兵开始在凤翔集结，江淮等地的粮食、赋税、丝绸等军备物资也运送到洋川、汉中等地，长安城的百姓听闻皇帝到来，纷纷出城投降，形势一片大好。

此时，李泌奏请道："陛下，臣恳请您按照原先制定的战略，安排安西和西域将士进军东北，从归州、檀州（今北京市密云区）向南攻取范阳。"

李亨不以为然："先生，如今咱们占尽天时、地利、人和，应该集结重兵攻克长安和洛阳，您却绕行千里，攻取范阳，这难道不是迂腐的计策吗？"

李泌："陛下，如今派大军攻克两京，必然可以收复，但是叛军还会东山再起，到时候咱们依然会陷入困境，终归不是长久之策啊。"

李亨质疑道："您说这话有什么依据吗？"

李泌："咱们的主力是西北各军镇的守军，以及西域各国的胡兵，他们喜欢寒冷的气候，却害怕暑热。如今长安和洛阳马上就是春天，如果到了夏天，将士们会因为炎热而想着退兵，到时候叛军卷土重来，咱们怎么办？不如从气候寒冷的北方用兵，彻底倾覆叛军的老巢，趁势平息叛乱，夺回长安和洛阳！"

在李亨看来，李泌的战略实在是迂腐之极，长安就在眼前，哪里有舍近取远的道理？李亨考虑了一下，最终还是拒绝了李泌的提议："先生，朕急于收复长安和洛阳，急于迎回太上皇，这次恐怕难以按照先生的意思行事了！"

说白了，李亨想着夺回长安，号令天下群雄，做名副其实的皇帝。而李泌考虑的是长远的战略，利益面前，李亨也顾不得许多。至德二年（757）四月，李亨加封郭子仪为司空、天下兵马副元帅，命他率领集结在凤翔的大军，准备攻取长安。

此时，郭子仪便是唐军的最高指挥官，肩负着皇帝和无数人的期望，夺回长安，郭子仪就会青史留名；折戟沉沙，郭子仪就会承受千夫所指的屈辱。

至德二年（757）四月十三日，叛军将领李归仁率领五千精兵埋伏在咸阳市三原县，打算给郭子仪来个迎头痛击。谁料想，郭子仪提前得知消息，于是派遣仆固怀恩、王仲升、浑释之、李若幽等人提前埋伏，全歼了李归仁的军队。

郭子仪乘胜追击，与王思礼的部队顺利会师，随后陈兵于长安城西的渭水，与李归仁和安守忠对峙了七天之久。当时，两军主帅都摸不清对方虚实，只能选择按兵不动。

至德二年（757）五月初六，安守忠撤军了，撤得仓皇，很像是打了败仗。叛军内部一直有矛盾，因为内乱而撤军是完全有可能的，再加上郭子仪求胜心切，来不及调查其中的原委，头脑发热之下，居然下达了追缉令。

事实证明，这就是安守忠的计策。当时，两军在清渠相遇，安守忠摆开了一字长蛇阵，阵容便是九千名精锐的范阳骑兵。郭子仪并没有露怯，因为他手下也有数万人，骑兵也可堪一战，就算有埋伏，也是一场正面的交锋。

战鼓之声传遍荒野，安守忠的长蛇阵从两边开始收拢，将唐军围困在中间，两军在狭小的地方展开激战，谁也不知道战场上发生了什么，最终的结果是判官韩液与监军孙知古被俘，军用物资全部丢弃，郭子仪率军退守武功。

回纥骑兵助阵：唐军战局峰回路转

时隔数月，唐军再次战败。朝野一片哗然。

更要命的是，唐军士气陷入前所未有的低谷，想想看，郭子仪是大唐的常胜将军，就连他也奈何不了安守忠，唐军还有什么希望？一时间，大批的官军将领、基层士兵逃离军中，有的人前去投奔叛军，有的人干脆遁入深山老林。

当时，江淮的粮食已经运到汉中，可李亨的府库中并没有金银珠宝，为了鼓励将士们上阵杀敌，只好开出各种空头支票。

到后来，吏部直接拿出加盖印章的官凭，然后让主帅带往前线，需要奖励的时候直接填写升官者的姓名即可。时隔多年，李唐皇室重演了李渊当年在河东收买人心的套路，这不能不令人唏嘘感叹。

据史料记载，朝廷为了召集散兵游勇，发出去无数的官凭，一张大将军的任命书，只能抵上一顿酒钱，而那些在基层干活的将士，往往穿着高级官员才有资格使用的服饰。但是大家都明白，朝廷的赏赐全都是空头支票，根本调动不了将士们的积极性，反而是范阳铁骑的战斗力，令士兵们心悸不已。

不仅是基层，中央朝廷也是死气沉沉。

陈涛斜兵败之后，李亨是准备处死房琯的，多亏李泌营救，房琯的性命才得以保全，并让他继续担任宰相。然而，房琯毕竟是个有尊严的读书人，他自知无颜面对皇帝和群臣，因此以身体不适为借口，拒绝上朝。房琯撂挑子后，每天和太子庶子刘秩、谏议大夫李揖坐而论道，弹琴喝茶，高谈佛理、老庄之事。

至德二年（757）五月初十，李亨下旨，贬房琯为太子少师。

房琯被贬，是因为他的懒政吗？究其根本，还是李亨觉得房琯不思进取，不思报答君恩，整日坐而论道，其心可诛！然而，李亨贬斥完房琯，自己也变得心灰意冷，整日在宫中设置道场，邀请数百名僧人诵经，沉湎佛教，不可自拔。

大唐的君臣，在风雨飘摇中埋头前行。

幸运的是，郭子仪并没有就此沉沦。

战败之后，郭子仪自请贬官，改任尚书左仆射，卸任主帅后，郭子仪更加冷静，他仔细回想了清渠之战的细节，最后得出了一个至关重要的结论：官军反攻的战略毫无问题，只不过将士对叛军产生了畏惧心理，而畏惧的来源正是敌军所向披靡的范阳骑兵。要想在正面战场打赢叛军，必须以骑制骑。

很快，郭子仪就给李亨上了一道奏折：请回纥精骑前来相助。

据史料记载，李亨早就有借用回纥骑兵的打算，只不过双方还没谈拢利益交换的条件。郭子仪的进言让李亨再一次燃起了希望，他派人给回纥传信，答应攻克长安之后，土地和百姓归唐军所有，金银珠宝和未成年男女归回纥所有。

这是多么诱人的条件！

在李亨的利诱之下，回纥怀仁可汗当即派遣儿子叶护、大将军帝德等人率领四千精骑前来凤翔。对李亨来说，这是一支改变大唐命运的军队，必须以上帝的标准来伺候，他命人宰杀了数千只牛羊，还拿出所有的积蓄。

回纥是“朴素的民族”，钱财到手，牛羊到手，皇帝又如此礼遇，他们觉得倍儿有面子，于是当场放出话来，要帮大唐陛下夺回长安和洛阳。

至德二年（757）九月十二日，天下兵马大元帅、广平王李俶率领朔方郡、西域和回纥的十五万援军，号称二十万大军，从凤翔出发，一路上旌旗蔽天，浩浩荡荡，杀奔长安城。到达扶风郡之后，李俶和郭子仪的大军顺利会师，郭子仪为了拉拢回纥骑兵，准备了牛羊肉和美酒，胡吃海喝了三天之久。

最后，叶护也觉得不好意思了，于是说道：“郭大帅，大唐遭逢危难，回纥骑兵还没上阵打仗，哪能顾得上吃喝呢。”

郭子仪：“叶护太子，大唐和回纥荣辱一体，除了陛下答应你的条件外，我每日再单独供应二百只羊，二十头牛，将士们只有吃饱喝足，才有力气打仗嘛。”

这情商，没毛病。

至德二年（757）九月二十七日，各路大军行进到长安城西，唐军以李嗣业为前军，郭子仪为中军，王思礼为后军，在香积寺北面的沣水东岸结成阵列。叛军守将安守忠、李归仁等人提前在长安城外布置了十万兵力，一部分放在正面战场，一部分作为埋伏的奇兵，准备包抄唐军的大后方。

双方的主力部队多达二十万人，这场战役注定会名留青史。

率先动手的是叛军将领李归仁，这位老兄带着精兵过来冲锋了一阵，在遭遇到一顿密集的箭雨后，李归仁率军后撤。此时，唐军骑兵从阵中狂飙而出，准备碾压李归仁的后军，谁料想，叛军却反身杀了回来。

对唐军来说，范阳铁骑就是他们的噩梦，时刻笼罩在他们心头。看到李归仁杀回来，唐军的第一反应就是撤退。一时间，数万将士如潮水般涌向己方阵营，如果不能翻盘，李亨的复国大梦恐怕真的会灰飞烟灭了。

就在崩盘的前夕，唐军阵营杀出一名猛将，此人身高七尺，手握一柄陌刀，骑着战马左冲右突，如入无人之境，手起刀落间，数十名叛军身首异处。此人便是享有“神通大将”之名的前军主将李嗣业。混战之中，李嗣业高声呼喊道：“兄弟们，如果咱们不拼死抵抗，官军就彻底完了！”

历史证明，精神领袖在战争中产生的价值是不可估量的。

当时，李嗣业手举陌刀，骑着高头大马伫立在敌军跟前，官军瞬间就重新燃起了斗志。稳住阵脚之后，李嗣业让两千名手持长刀、长柄斧的前军将士排成横队，如城墙一般向前推进，几乎是用人墙战术挡住了敌军的冲锋。

将军王难得为了救他的部下，不幸被射中了眉骨，垂下的皮肉遮住了眼睛，王难得二话不说，直接拔掉箭头，扯下皮肉，重新投入战斗。正所谓轻伤不下火线，王难得重伤也不下火线，这种战斗精神鼓舞了唐军，也吓坏了敌人。

正面战场酣战的时候，叛军埋伏的奇兵也开始动起来了，朔方左厢兵马使仆固怀恩立即赶到中军，请求调派回纥精兵袭击伏兵。

回纥大军得到命令，如同狂风一般冲出阵营，几乎是在最短的时间内消灭了潜伏的奇兵。随后，李嗣业联合回纥骑兵来到叛军的背后，与前军前后夹击，大败敌军。

据史料记载，这场战役从午时持续到酉时，持续六个小时之久，唐军共杀敌六万余人，其余的叛军残兵逃入长安城中。不可否认，这是一场奠定胜负的战争，战役打到这儿，李亨终于看到了希望的曙光。

当天夜晚，长安城喧闹不止，仆固怀恩认为敌人准备弃城逃跑，于是向主帅李俶请命，打算带兵追击，全歼敌人，活捉安守忠和李归仁。遗憾的是，李俶硬生生否决了仆固怀恩的建议，还责令他回去睡个安稳觉。

回去之后，仆固怀恩躺在床上翻来覆去，始终无法入睡，因此往李俶的营帐跑了四五次，强烈要求带兵追击，可李俶死活就是不同意。到了凌晨，长安方面传来消息，安守忠、李归仁等人连夜弃城逃跑，前往洛阳。

在当时的情况下，唐军确实有能力去包围长安城，活捉安守忠、李归仁，而且是毫无风险的军事行动。李俶不同意，自然有他的考虑。

至德二年（757）九月二十八日，长安城失而复得。

一年零三个月，对李亨来说，就像有十三年那么长。夺取长安城是他梦寐以求的心愿，不仅仅是为了光复李唐江山，也为了那诱人的皇位。当然了，想得到这一切，就得付出代价，比如兑现给回纥大军的承诺。

不出意外，长安城的百姓会再一次遭到洗劫。可怜的老百姓，谁又知道朝廷和回纥签订的条约，需要他们来买单。

就在大军准备进城的时候，广平王李俶站了出来，对叶护太子施礼道："太子殿下，不是我们毁约，如今长安城刚打下来，如果纵容你们劫掠长安城，洛阳的百姓看到了会做何感想？朝廷还需要打下洛阳，希望叶护王子可以暂缓劫掠，等到洛阳被攻克，朝廷一定会履行诺言。"

李俶身为大唐皇子，又是天下兵马大元帅，能够拜伏在回纥王子的马前，可谓是给足了面子。再者说，李俶的话说得在情在理，既没有违背诺言的意思，也没有欺辱回纥的举动，叶护太子就算不愿意，也得默默接受。

随后，李俶带领大军入驻长安，老百姓欢呼雀跃，夹道欢迎，庆祝长安城的失而复得，李俶在长安城待了三天，随后便率领大军前往洛阳。

安守忠和李归仁既然弃城逃跑，自然不会再组织有生力量抵抗。李俶一路东进，顺利拿下潼关，随后陈兵在陕州。

彼时，安庆绪有两条路可以选择：要么避开唐军的锋芒，逃回范阳；要么死守洛阳，组织一波绝地大反攻。安庆绪思来想去，实在觉得不甘心，于是集结了洛阳附近的守军，总共十五万人，悉数交给御史大夫严庄，让他前去御敌。

前一场战役，决定长安的归属。

这一场战役，决定天下的归属。

当时，双方在陕州集结了数十万兵力，准备打一场主力会战。就在安庆绪组织反攻的时候，回纥骑兵凭借着自己的机动能力，早已经越过陕州，直达洛阳城西的南山（今河南省洛阳市新安县境内），准备配合主力部队夹击叛军。

至德二年（757）十月十五日，两军在新店（今陕西省三门峡市灵宝市境内）相遇。

战役开始后，严庄命骑兵发起冲锋，郭子仪难以抵挡，开始率军后撤。就在叛军追击郭子仪的时候，背后响起了一阵羽箭破空的刺耳之声，严庄可能不太清楚，但参加过长安攻防战的将士太熟悉了，那是回纥军队专用的鸣镝羽箭，因为箭的尾部有镂空的小洞，所以飞行时会发出奇怪的响声。

于是，军中有人开始叫喊：回纥骑兵来了！回纥骑兵来了！

范阳铁骑是唐军的克星，回纥骑兵却是范阳铁骑的克星。许多人没见过装备鸣镝羽箭的回纥骑兵，却都听说过他们在长安大破叛军的故事。

恐惧，弥漫在叛军战士们之间。不可否认，战场的局势瞬间发生了转变，郭子仪抓住有利战机，顺势组织了一波反攻。在回纥骑兵的光环下，唐军越战越勇，几个时辰下来，叛军留下了九万具尸体和一万俘虏，大败而去。

陕州之败，意味着安庆绪彻底失去争夺天下的资本。

安庆绪心知肚明，自己能力平平，毫无统军之才，在顺境都打不过唐军，更别说身处逆境。唯一值得庆幸的是，老爹安禄山有先见之明，提前将金银珠宝送回了范阳，有了这些，不怕没有东山再起的可能。

至德二年（757）十月十六日，安庆绪诛杀了哥舒翰、程千里等三十位唐军将领，随后率领亲信星夜兼程地返回老巢范阳。

至德二年（757）十月十八日，广平王李俶率兵进入洛阳。李俶看着叶护太子，表示非常头疼，他确实找不到拒绝人家的理由，只能默许回纥军队洗劫洛阳。

不过，史书记载，是洛阳百姓拿出了一万匹丝织品交给了回纥大军，这才让他们停止劫掠（父老请率罗锦万匹以赂回纥，回纥乃止）。于是乎，一场肮脏的交易，就这样被史家一带而过，而统治者的面子也变得更加好看。

李隆基回长安：物是人非，皇权帝位交接

长安和洛阳收复了，李亨该如何安置李隆基?

事实上，李俶攻下长安后，就将捷报传给了还在凤翔的李亨。当时，百官纷纷入朝祝贺，李亨也喜极而泣，不过他并没有被胜利冲昏头脑，也没有着急入主长安城。李亨当众宣布，派遣宦官啖庭瑶前往蜀中，准备迎回太上皇，自己重新做回太子。然而，下朝之后，李亨却派快马前往长安，将李泌接了回来。

李亨信誓旦旦地说道："先生，朕已经派人前去传信，准备将太上皇迎回长安，朕还是做回太子。"

李泌："陛下，还能派人追回奏表吗？"

李亨："使者已经走远了，恐怕难以追回。"

李泌："臣以为，太上皇必定不会回来。"

事实上，这件事不难理解。如果李隆基答应了李亨的请求，给人的感觉就是他想回来做皇帝，到时候李亨究竟是退位，还是继续做皇帝，李隆基将会非常为难。如果李隆基不答应，李亨继续做皇帝，却将太上皇放在蜀中，给人的感觉就是李亨不忠不孝，要受天下人的指责。要怪，只能怪李亨确实没有政治智慧。

李亨："先生，那朕应该怎么办呢？"

李泌："陛下，请您现在就写一份贺表，就说自从在马嵬坡和太上皇分别，陛下就一直思念着太上皇，请他立即返回京城，成全陛下的孝养之心。"

李泌代写了一份表书，李亨看了之后痛哭流涕，说道："朕开始是真心想将皇位交给太上皇，可听了先生的话，才知道是失策啊。"

据史料记载，李隆基看到第一封奏疏的时候，内心十分激动，毕竟长安城是在他的手中丢掉的，儿子能够帮他完成愿望，他没有理由不感激。然而，看到李亨让他回去做皇帝的请求时，李隆基开始茶饭不思，在他看来，李亨不愿意让他回长安，这才说出如此不着边际的话来。

李隆基思虑之后，回了一封信：皇帝，你只需要供奉我在成都的吃穿用度就行，至于长安，朕还是不回了！然而，当李隆基收到第二封奏疏的时候，心情变得完全不一样，他命人设宴款待群臣，当即定下了回长安的日期。

至德二年（757）十月二十三日，李亨带着文武百官回到长安。

据史料记载，老百姓奔走相告，跪迎二十余里来欢迎这位长安城的新主人。在老百姓的心目中，李亨拯救了大唐，拯救了天下，拯救了黎民百姓，是神一般的存在。也许在那个时候，李亨才真正找到了做皇帝的尊严和使命。

就在当天，李亨下榻在大明宫，由于局势未定，民心不稳，李亨并没有举办庆祝仪式，甚至连晚宴也没有安排。三天之后，李亨素服斋戒前往太庙，向李唐的列祖列宗承认错误，把复国的点点滴滴向他们倾诉了一番。

做完了这一切，李亨在宣政殿接见了叶护王子。

不得不说，叶护此行收获颇丰，他不但帮李亨夺回了长安和洛阳，让大唐欠回纥一个天大的人情，还凭空得到了无数的金银财宝。宣政殿内，李亨拿出了天朝上国的姿态，对叶护勉励了一番。大家都知道，这是基本的外交礼仪。

有趣的是，叶护王子竟然真的入戏了："陛下，大唐军中缺少战马，臣此次带来的回纥骑兵就暂时留在长安，待臣回国之后，再调集更多的兵马前来，到时候帮助陛下扫清范阳的余孽。"

李亨听到这句话，心情肯定不会太美好。不过，出于外交礼仪，也出于以后的合作考虑，李亨还是表达了感激之情，并加封叶护王子为司空、忠义王，并当场许诺，每年赠送两万匹绢给回纥，到时候由朔方军支付。

至德二年（757）十一月二十二日，李隆基一行六百余人到达凤翔。

从入蜀之日开始算起，李隆基在蜀中待了将近十五个月。然而，李隆基再次回到长安，依旧有不小的政治影响力，对李亨来说，如何将太上皇迎回皇宫，并妥善地处理好自己和他的关系，确实是一个重大的难题。

首先出场的是宦官李辅国，他带人前去凤翔，请求李隆基解除武装力量。事实上，李隆基早就做好了心理准备，面对李辅国的请求，李隆基显得非常痛快，下令卫士将武器卸下来之后，全部交到了凤翔郡的武器库中。随后，李亨为李隆基调派了三千名铁甲军，一路护送他前往长安。

至德二年（757）十二月初三，李亨带着法驾等候在长安城外的行宫——望贤宫。所谓的法驾，就是天子的座驾，李亨的意思还是尊奉李隆基为天子。

李隆基并没有推辞，他坐着法驾来到了望贤宫的南楼，过了一会儿，李亨身穿紫袍，从南楼下面走了过来，向楼上的李隆基行跪拜之礼。要知道，皇帝的龙袍是黄色的，李亨身穿紫袍，其实是在向李隆基称臣。

细节做得很足，李隆基觉得倍有面子。

不过，李隆基很清楚，今日发生的一切，只是一场做给外人看的戏而已，自己还得帮李亨圆回来。再者说，他只是行将退出舞台的配角，李亨才是大唐天子，皇家虽然讲究父子礼仪，但是儿子毕竟是天子，不能让他老是跪着说话。

李隆基不顾近侍的搀扶，急忙走下门楼，到了李亨的身边。李隆基摸着儿子的头，伤心流泪，李亨则手捧李隆基的龙靴，一把鼻涕一把泪。

时隔一年多，父子二人见面，竟然良久无语，最后还是李隆基打破了沉默，他命人拿来龙袍，重新给李亨换上，然后对他说道："皇儿，人心和天命都归于你，能够让我保全余生，便是你最大的孝心。"

此时，宫外聚集了不少百姓，他们看着两位帝王的重逢，目视着帝国的权力交接仪式，觉得这便是最圆满的结局。百姓们情难自禁，开始在望贤宫外欢呼雀跃，李亨于是让卫队放进来一千多人，让他们近距离参拜了一下李隆基。

至德二年（757）十二月初四，李隆基返回长安大明宫的黄道吉日。

这一天，李亨牵来了御马，亲自上马调试座椅，然后让李隆基上马，自己在下面牵马执蹬。李隆基有些惊慌了，心想李亨是不是演戏演太过了，于是赶紧催他上马，李亨这才骑着御马在前面领路，一路护送李隆基到达大明宫。

按照礼仪，李隆基在大明宫含元殿接见文武百官。只是，太上皇依旧，可丹陛之下的群臣却早已经物是人非，此时的朝臣已然换成了跟随李亨征讨天下的谋臣和将军。这些臣子在过去对李隆基是可望而不可即，如今看着昔日的帝王垂垂老矣，心中百感交集，竟也流出了泪水。

李隆基和群臣打过招呼后，和李亨一起来到长乐殿（临时太庙），祭拜了李唐的列祖列宗，随后便低调入住到长安城东的兴庆宫，开始了他的养老生活。

随着历史的发展，长安城形成了太极宫、大明宫和兴庆宫三大宫殿群。

太极宫是李渊和李世民用过的地方，被称为西内。

李渊退位后，李世民给李渊修建了永安宫，工程还没完毕，李渊便去世。唐高宗李治继位之后，觉得太极宫条件恶劣，于是扩建了永安宫，将它变为了宏大壮丽的大明宫。自此以后，大明宫逐渐成了唐朝的权力中心，被称为东内。

兴庆宫是李隆基登基之前的王宫，李隆基称帝后大肆扩建兴庆宫，作为日常办公和举办外交活动的场所，因此兴庆宫也是大唐的政治象征之一。

也许，李隆基对大明宫非常留恋，但是此刻容不得他有太多的想法。不管李亨是真想让他做皇帝，还是假意表演，李隆基都要表示出对权力毫无兴趣的意思，这样才能让所有人放心，他自己才能够安度余生。

李隆基入住兴庆宫，也宣告着李亨真正坐稳了皇位。

此时，大唐帝国依旧是风雨飘摇，北边安庆绪和史思明依旧掌控着河北，随时都可能卷土重来。战争之后，万业萧条，百废待兴，遗留的问题非常多，哪一件都是国家大事。对李亨来说，第一件事便是稳定人心，这其中最关键的就是奖励有功者，惩罚有过者，只有赏罚分明，重拾朝廷秩序，人心才能稳定下来。

至德二年（757）十二月十五日，李亨登临大明宫正门丹凤楼，宣布大赦天下。除了安禄山的亲信叛党，李林甫、杨国忠和王鉷的子孙之外。随后，公布了功臣名单。

广平王李俶：晋封为楚王，实封两千户。

青银光禄大夫、同中书门下平章事、尚书左仆射郭子仪：加封为司徒、代国公，实封两千户。

青银光禄大夫、同中书门下平章事、户部尚书、御史大夫、河东节度副使李光弼：晋封为司空、兵部尚书、魏国公，实封八百户。

开府仪同三司、内侍监、齐国公高力士：实封三百户。

太子太师、豳国公韦见素：加封开府仪同三司。

右龙武卫大将军、颍川郡公陈玄礼：进封蔡国公，实封三百户。

除此之外，李亨还加封了在河北等地抵御叛军，守卫国土的忠烈之臣，比如颜杲卿、李憕、卢奕、袁履谦、许远、张巡、张介然、蒋清、庞坚等人。不仅如此，其子孙还因此享受了抚恤，正式进入朝廷的后备干部考察序列。

喜事办完之后，朝臣们便嚷嚷着处置那些叛臣。比如，拿着大唐的俸禄、关键时刻却背叛朝廷投靠安禄山的朝廷大佬。比如，主动交出城池、委曲求全的地方官员。对此，御史们展开了唇枪舌剑般的交锋，大致有两种意见。

以御史大夫崔器、兵部侍郎吕諲为首的人认为，按照国家的法律，这些人背国投敌，按律应该处死。

礼部尚书李岘认为，叛军连克洛阳和长安，就连天子都得南下逃难，大家为了自保，无可厚非。再者说，河北的叛军依旧嚣张，如果朝廷能够显示出不记国仇，宽大为怀的姿态，附逆的人将会重新前来投靠。如果从严治罪，河北的局势恐怕更加难以收拾。

李亨的本意是从严处置，可是在双方争执的过程中，李亨逐渐转变了心态，最后决定采纳礼部尚书李岘的建议，以大局为重。

不过，李亨的原则并未动摇：有死罪者，严厉处罚，其余的人，酌情处置。具体的办法是：将罪行划为六等，重罪的斩首示众；次者赐自尽；再次者重杖一百（基本残废，生活不能自理）；再次者分为三等流放。

斩首示众者：杨国忠、李林甫、安禄山，不允许赦免。

赐自尽保留全尸者：陈希烈等人。

不过，李亨在处置的时候还是没能踩住底线。

当时，张均、张垍也投靠了安禄山，可李亨觉得他们是张说的儿子，长安国难后也准备入蜀，只不过因为家人尚在长安这才折回，因此准备网开一面。

谁料想，有人将此事捅到了李隆基的跟前。

李隆基找来李亨，语重心长地说道："张均、张垍身为中央大员，却卖身投敌，毫无气节可言。这也就罢了，他们为了讨好安禄山，居然捕杀皇室成员，霍国长公主（李隆基的妹妹）就是死于二人之手。最令人气愤的是，二人居然带头捣毁李唐宗庙，这是谋逆的大罪，不死不足谢天下。”

然而，李亨却抛出了两条理由：

第一，李亨还在娘肚子里的时候，正值太平公主掌权，李隆基为了避开太平公主的锋芒，装作对权势不感兴趣，甚至想谋杀还未出生的李亨以求避嫌，正是在张说的劝说下，李隆基这才打消了这个念头。

第二，李亨遭遇李林甫打击的时候，张氏兄弟不遗余力地保护。否则，父子二人绝不可能有今日的结局。

李亨说起往事的时候，痛哭流涕，声泪俱下。李隆基并非铁石心肠之人，回想起种种往事，唏嘘感叹，为了照顾李亨的帝王尊严，同时也发泄自己心中的愤恨，最终替李亨给出了判决：张均必须死，张垍流放岭南，永无归日。

大家都知道，要前往岭南，必须翻山越岭，更要遭遇毒蛇猛兽，路途艰险万分。就算真到了岭南，还有传说中的瘴气（事实上，岭南瘴气并非毒气，而是北方人经过长途跋涉，到了空气湿润的南方会水土不服，上吐下泻，加上树林之中的腐叶微生物传播的疾病，很容易得上疟疾）。

流放岭南，永无归日的潜台词，其实就是让你自生自灭。

问题在于，李隆基虽然赦免了张垍的死罪，但他主动参与朝政，甚至代替李亨做决定的行为，还是让李亨有点不自在，不舒服。也许，李隆基意识到了李亨的不满情绪，于是就有了接下来的一幕。

乾元元年（758）正月初五，李隆基驾临大明宫宣政殿，将传国玉册授予唐肃宗李亨，并给李亨加封了尊号：光天文武大圣孝感皇帝。尊号是皇帝在世时的称号，这种称号不需要避讳，上至王公贵族，下至平民百姓都可以叫。一般而言，尊号是用来对在位皇帝歌功颂德，夸赞其文治武功的。

李亨对李隆基的加封感到惶恐，尤其是尊号里面的大圣二字，让他觉得担当不起，因此极力推辞。可李隆基表态了，这次你必须接受！

李亨似乎从父皇坚定的态度中明白了什么，于是转而夸赞了李隆基一番，顺便给他上了一个尊号：太上至道圣皇天帝。

一个是皇帝，一个是天帝，父子二人相互吹捧，很享受这种受万人敬仰的时刻，群臣们也是无言以对。

问题是，天下并没有那么太平，国事也没有那么安宁，就在过完正月之后，北边的局势再一次风云变幻，暗流涌动。

史思明假投降

放弃洛阳之后，安庆绪一路狂奔到邺城（今河南省安阳市）。叛军虽然处于劣势，但安庆绪仍然掌握着汲郡、邺城、赵郡、魏郡、平原郡、清河郡、博平郡，共计六十多座城池，兵器甲胄物资也很齐备。

到达邺城后，安庆绪清点了一下手下的兵力，骑兵三百，步兵一千，应该可以和当地的绿林军掰掰手腕。不过，安庆绪心知肚明，他的资本不是军事实力，而是老爹留下来的反唐旗帜。就算做叛军，也是做叛军里面的正统军。

让安庆绪最苦恼的是，史思明一直霸占着范阳老巢，傻子也看得出来，这位老兄想另起炉灶。为了安全考虑，安庆绪决定在邺城白手起家。为了匹配自己的身份和地位，安庆绪将邺城改为安成府，年号改为天成。也许，安庆绪心里想的是造反行动可以受上天的庇护，希望天赐成功吧。

安庆绪在邺城驻扎的消息很快就传开了，一时间，蔡希德、田承嗣、武令珣等人从各地纷纷赶来投奔。安庆绪又花费重金在河北招兵买马，很快就聚集了六万多人。但是，安庆绪稳住阵脚之后，并没有锐意进取的心思，反而是大兴土木，修建宫殿花园，沉溺于饮酒作乐。他手下的大臣高尚、张通儒等人为了争权夺利，将队伍搞得乌烟瘴气。

超级战将蔡希德，一个敢于直言、性格刚直的帅才，因为给安庆绪提了点建议，便被张通儒等人迫害致死。蔡希德的部属气愤不过，开始聚众哗变，大燕政权可谓是分崩离析。可怜的安庆绪，竟然想到提拔自以为是、刚愎自用的崔乾佑为天下兵马使，三军统帅。他上任之后，为了刷存在感，开始在军中铲除异己，疯狂杀戮，以至于闹得人心惶惶。

反倒是史思明，将范阳经营得风生水起，热火朝天。

攻下洛阳和长安之后，安禄山把搜刮来的财宝全部运往范阳，按照安禄山的规划，这笔财富会留给自己和儿子享用，可没想到自家内乱，财富全部落到了史思明的手中。安庆绪从洛阳撤退的时候，其旧部李归仁，以及曳落河、同罗、六州胡等部的几万人都逃亡范阳，史思明在重兵防备的情况下将他们迎入范阳，一番恩威并施，威逼利诱，这几万人全部投向了史思明的怀抱。

实力和脑子，决定着乱世之中的话语权。

史思明对安禄山忠心，不代表对安庆绪忠心。

在叛军阵营，史思明的地位和才华仅次于安禄山，在他的眼里，安庆绪只不过是个跳梁小丑。更何况，史思明得到了如此多的财富和兵力，军事实力已经远超安庆绪。可即便如此，还是有不少人劝史思明投降朝廷，免得到时候受安庆绪的牵连，落得个身败名裂、不得好死的下场。然而，史思明给自己的定位不是配角，而是能让天下风云变幻的混世魔王。

在安庆绪看来，史思明好歹也算是老爹的旧部，如今他在邺城东山再起，史思明连使者也没有派一个，不要里子，难道面子也不要了？

至德二年（757）十二月，安庆绪让阿史那承庆和安守忠率领五千精兵前往范阳，官方理由是去征调兵力，实际上是趁机剿灭史思明。

小狐狸对老狐狸，胜负可想而知。不过，史思明的总参谋长耿仁智帮他分析了目前的局势：镇压安庆绪的五千精兵跟玩似的，可如果和安庆绪彻底决裂，安庆绪极有可能投奔大唐，到时候范阳方面就被动了。

史思明深以为然，于是当即拍板，准备先投降朝廷。不可否认，古人也懂得玩“走别人的路，让别人无路可走”的套路。

当时，阿史那承庆率领五千精兵，陈列在范阳城下，史思明则率领数万精兵严阵以待。打架靠的是气势，史思明人多势众，将士们的精神状态更加饱满，相比之下，阿史那承庆的五千精兵根本就不够看。

两军对阵，史思明调侃道：“将军，你带来的都是皇帝的亲军，身上有一股虎气，把我们小地方的士兵都吓坏了，咱们是兄弟部队，不必剑拔弩张。”

这一顿胡萝卜加大棒，堪称教科书级别！

阿史那承庆无可奈何，只好跟随史思明进了军营，晚上一顿牛羊肉和美酒，外加一场异域美女的歌舞表演，阿史那承庆和手下的数千将士都放松了警惕，史思明趁机解除了他们的武装。

据史料记载，史思明虽然残暴，但对这五千精兵还是给予了足够的耐心，史思明在桌上摆满了黄金白银和干粮，政策很简单：愿意留下的，拿走桌上的黄金白银；不愿意留下的，拿走桌上的干粮，送你们回家。

就在当夜，史思明轻松将五千精兵收入囊中。

第二天早晨，阿史那承庆和安守忠醒来，发现自己被五花大绑，动弹不得。史思明告诉他们，将军窦子昂和乌承恩已经带着他的奏折连夜前往长安，奏折的内容非常简单：史思明愿意带着河北十三郡和麾下十三万将士投降朝廷。

乌承恩，张掖人氏，父亲叫乌知义，曾经担任过平卢军使。史思明没起家的时候，便在乌知义的手下做事，乌知义对他有提携之恩，而史思明对乌家一直感恩在心。后来，乌承恩做了朝廷的信都（今河北省邢台市信都区）太守，恰逢史思明跟随安禄山造反，乌承恩便前来投奔，二人私交非比寻常。

正是因为这份信任，史思明才派遣乌承恩前去长安递交降表。

据史料记载，史思明的投诚在长安城引起了轩然大波，安庆绪和史思明有矛盾是不假，可那都是叛军内部的家务事，关起门解决就好了。史思明突然带着河北十三郡和十三万将士投降，这是不是太匪夷所思了？其中是否有诈？

事实上，李亨是个热爱和平的皇帝，天下能够安宁，自己能够做几年太平天子，比什么都强。史思明主动投诚，不管是真心还是假意，他都热烈欢迎。不过，他还是希望听一听大家的意见，先民主，再独裁嘛。

李亨：“来来来，开个会讨论一下吧。”

宰相张镐：“陛下，史思明是个不折不扣的枭雄，眼下占尽优势，却主动投降朝廷，其中必定有诈，不可轻信呐。”

李亨不乐意了：“张爱卿，依你之见，该如何处置啊？”

张镐心想，咱这不是聊天嘛，我只是提出自己的看法而已，哪有什么处置办法。面对李亨的逼问，张镐支支吾吾，竟然答不出个所以然。对此，李亨露出了鄙夷的神色。群臣已经看出来李亨有了决断，谁也不愿主动找骂。

至德二年（757）十二月二十二日，李亨下旨，封史思明为归义王、范阳节度使，并让宦官李思敬前往范阳安抚，责令史思明带着部下讨伐安庆绪。乌承恩北上的时候，但凡路过州县，他都会拿出皇帝的圣旨宣谕，结果走了一路便招降了一路，朝廷使者到达范阳之时，安庆绪掌控的唯有邺城而已。

范阳谍战连连，史思明伤透李亨的心

宦官李思敬前往范阳的同时，宰相张镐再次炮轰史思明的假投降。

在张镐看来，史思明凶恶阴险，借安史之乱才窃取高位，实在是人面兽心的禽兽，难以用仁义来感化他，强烈要求李亨收回成命。不仅如此，张镐还状告滑州防御使许叔冀，说他和史思明是一路货色，一旦滑州遭遇危机，他肯定会率先背叛朝廷，因此恳请李亨将他调回长安，最好做皇室的警卫员。

在历史上，张镐因为没能和李亨的宦官亲信搞好私交，一心劝李亨处置史思明，因此被评为单纯简单的政治家。这样的评价确实很客观。当时李亨一心维护史思明，而张镐不仅将矛头对准史思明，还将滑州防御使许叔冀也牵连进来，李亨确实无法容忍他的存在，一气之下，将他贬到荆州做了防御使。

问题是，张镐说错了吗？

张镐炮轰史思明的时候，功臣李光弼也给李亨递了奏折，声称史思明是假意投降，最终还是要反叛朝廷，因此劝李亨封乌承恩为范阳节度副使，赏赐阿史那承庆丹书铁券，让他们共同铲除史思明。

据史料记载，正是有这些背景，才会有史思明的二次背叛。

历史的真相究竟如何，我们无法再去精准复盘，可以肯定的是，史思明的二次背叛充满了阴谋和谍战，更兼暴力和血腥。在这里，咱们简要地叙述一下事情的经过，读者自己做判断吧。

李亨对史思明的投诚抱着极大的希望，因此对乌承恩非常友善，乌承恩在长安城待了几天，李亨便让宦官李思敬和他一道返回范阳，一来接受宣布旨意，勉慰范阳全体将士，二来鼓动史思明对付安庆绪，帮朝廷铲除后患。

在此之前，不少将士都向史思明反映了一个问题：乌承恩用自己的私财招募家兵，还经常穿着妇人的衣服前往军营，唆使将士们跟着他混。事实上，史思明根本就不信这一套鬼话，他对乌承恩的信任始终没有动摇。

有趣的是，当使者到达范阳宣完旨意之后，史思明却将乌承恩留在自己的府中，还暗中派了几个人去监视偷听。为了监听到更加机密的消息，史思明让乌承恩的小儿子前往驿站探望自己的父亲，到了晚上的时候，乌承恩对小儿子说："朝廷让我除掉史思明，并答应让我做范阳节度副使。"

话音刚落，床底钻出两个人来，扬言乌承恩父子图谋造反。与此同时，门外的伏兵也冲了进来，瞬间就将乌承恩父子擒拿起来。

一夜审讯，颇为顺利。第二天清晨，史思明召集手下的将领和官员，拿出了昨晚的审讯和搜出的证据：乌承恩父子随身携带的包袱中有丹书铁券，还有数百张纸片，以及李光弼的一封亲笔书信。

李光弼的亲笔信是这样写的：他已经说服皇帝赐给阿史那承庆丹书铁券，希望乌承恩和阿史那承庆一起谋害史思明，如果阿史那承庆应下此事，当场将铁券交给他，如果不答应，那就不给。

数百张纸片上面写的则是跟随史思明一起反叛将士的名字，不管阿史那承庆是否答应朝廷的请求，这些人都是朝廷要诛杀的对象！

这些消息一经公布，军营里面顿时炸了窝，将士们纷纷指责朝廷的不是。就在此时，史思明面朝西南，呼天抢地地说道："陛下，臣率十三万将士和河北十三郡投降朝廷，究竟犯了什么错，以至于招来杀身之祸？"

范阳将士本来就对朝廷心生不满，再加上史思明一番史诗级别的表演，将士们纷纷折服在地。在共同的利益纠葛下，他们宁愿相信此事是皇帝和李光弼的意思。将士们都是朴素的，他们原本在等朝廷的赦免和奖励，可最后的结局却是一份索命的名单，愤怒、屈辱成了范阳将士共同的情绪。

史思明借坡下驴，当即派人将乌承恩父子乱棍打死。

直到此时，史思明一石多鸟的计策终于产生了完美效果：

第一，断了安庆绪投诚的道路。

第二，借朝廷招降的机会，招降河北诸郡，霸占了安庆绪的地盘。

第三，煽动范阳将士的情绪，让他们死心塌地地跟随自己造反。

第四，将自己包装成无辜的受害者，获得舆论上的支持。

然而，这其中存在许多的疑点，咱们随便挑几个聊聊。

第一，给阿史那承庆的丹书铁券。

铁券是神秘而又珍贵的凭证，是皇帝和功臣之间关于名誉、利益的约定，有唐以来，极少人获此殊荣。试问，阿史那承庆是什么样的人物？他带着五千精兵都翻不起浪花来，更何况手下没有一兵一卒，又被史思明囚禁起来？朝廷给他发丹书铁券，还让乌承恩给他带过去，是不是有点太儿戏，太可笑了？

第二，黑名单。

诛杀史思明是可能的，但同时诛杀上百名将士，还专门搞了几百张纸片，这是不是太匪夷所思，太戏剧化了？想想看，朝廷已经对大批的战争罪犯采取了宽恕态度，为何要对范阳将士赶尽杀绝，这不符合李亨制定的战时国策。

第三，史思明为何要立即诛杀乌承恩？如果朝廷真有谋害史思明的意思，他完全可以公开审讯乌承恩，让他坐实朝廷出尔反尔的证据。然而，史思明并没有经过公开审问，反而是突施杀手，未免有杀人灭口之嫌。

第四，李亨想要谋害史思明？在此之前，李亨的态度十分明确，甚至还罢免了宰相张镐，他又如何会蠢到用阴谋诡计去杀史思明？

第五，乌承恩和李光弼暗中接触。当时，李光弼在太原，而乌承恩在长安的时间不过数天，二人是通过什么渠道联系上的？乌承恩想害史思明，直接抱李亨的大腿不就完了，为何要和李光弼搞在一起？

那么问题来了，史思明为何兜兜转转，先投降再背叛？

咱们可以大胆地猜想一下：

安史之乱是由安禄山发起的，大部分队伍都是安禄山的人，史思明虽然用恩威并施的手段降服了他们，却并没有让他们死心塌地地跟随自己。再者说，安史之乱后，将士们征战各地，早已经人困马乏，人心思定，能够和朝廷和解是他们的心愿，史思明想要再度造反，必须撩起所有人的仇恨情绪。

更重要的是，安禄山去世之后，安庆绪接管大燕政权，是名正言顺的大燕皇帝，史思明想要夺权，包括后续的反叛，必须先得人心。

那么，此次阴谋事件的逻辑便是：史思明本来就不愿归顺朝廷，史思明知道自己的手下并不都是嫡系，而且想息武止戈的人不在少数，所以选择利用乌承恩做一场戏，让大家死心塌地地跟他造反。为此，史思明还拉李光弼做了垫背，因为史思明没有把握将屎盆子扣到李亨头上，只能找死敌李光弼栽赃陷害。

虽然是猜测，却也是最合理的解释。

很快，范阳的变故被长安方面得知。

据史料记载，李亨听说消息后良久无语，他没有召集群臣商议对策，而是偷偷派遣几名宦官带着诏书前去范阳，他只想告诉史思明一件事：你说的都是乌承恩自己的意思，与朕，与李光弼绝无任何关系，这锅咱坚决不背。

问题是，史思明叛唐的心思已定，将士们的情绪也被点燃了，根本没有转圜的余地。随后，史思明让总参谋长耿仁智和幕僚张不矜草拟了奏折，其中有句话是这样写的：陛下不为臣诛杀李光弼，臣将亲自率军攻入太原，铲除此贼。

史思明看完奏章，非常满意，吩咐张不矜将奏折装入封函。一直以来，耿仁智都是劝史思明归降的幕僚，他不希望史思明和朝廷发生正面冲突，于是想要偷偷将这句话给删了，不料被史思明当场发现。

史思明愤怒了，如果真让他删了这句话，奏折有不如无。

起事之前，史思明不希望有人影响军心，即便此人已经跟随自己三十余年。在沟通无果之后，史思明下令将耿仁智乱棍打死。

史思明不愧是安禄山的兄弟，就连背叛的套路也都一样，安禄山想杀的是杨国忠，而史思明想杀的是李光弼。所谓的清君侧，杀仇敌，无非是野心家堂而皇之的借口，中国数千年历史中，这样的例子层出不穷，却又屡试不爽。

史思明的奏折送往长安之后，李亨并没有气急败坏，他将前因后果联想了一遍，瞬间就明白了其中的猫腻。深思熟虑之后，李亨做出了决定：不再对史思明抱着和平共处的幻想，先剿灭安庆绪，再诛杀史思明。

唐朝斩首行动

乾元元年（758）七月，李亨决定和回纥部落和亲。

不可否认，回纥在两京争夺战中立下了汗马功劳，骑兵冲锋和鸣镝羽箭更让李亨留下了深刻印象。这一次，李亨封回纥可汗磨延啜做了“英武威远毗伽阙可汗”，并决定将最小的女儿宁国公主嫁给他为妻。

有唐以来，只要是和少数民族和亲，不管对方是突厥、吐蕃等大国，还是吐谷浑、契丹等小部落，一律从李唐宗室挑选女子册封为公主，很少用货真价实的皇室公主。这一次，李亨对平叛没有底气，他不想再一次被赶出京城，为了表示自己的诚意，李亨只能忍痛割爱。

此时，回纥与大唐如胶似漆，磨延啜看在李亨的面子上，让大臣骨啜特勒、将军帝德率领三千精兵前往长安。据史料记载，这支生力军挂靠在朔方左武峰使仆固怀恩的名下，由他亲自调遣。

乾元元年（758）七月二十五日，郭子仪奉诏入朝。

乾元元年（758）八月十一日，李光弼奉诏入朝。

乾元元年（758）八月十七日，李亨下诏，封郭子仪为中书令，李光弼为侍中。

乾元元年（758）九月二十一日，李亨命朔方节度使郭子仪、淮西节度使鲁炅、兴平节度使李奂、滑濮节度使许叔冀、镇西北庭行营节度使李嗣业、郑蔡节度使季广琛、河南节度使崔光远，以及平卢兵马使董秦，率领二十万步兵、骑兵进攻邺城。

与此同时，李亨命河东节度使李光弼、关内泽潞节度使王思礼率兵助战，防止史思明前来支援。

当时，安庆绪只有七万兵力，而李亨则是征调了河北附近的全部主力，仅从兵力配置来说，官军占据绝对的优势。如果调度得当，安庆绪的末日也就不远了。然而，李亨却在调兵遣将上打着自己的小算盘。

在经历了背井离乡，到处逃窜的苦难之后，李亨对这些拥兵自重的节度使信任度开始下降，打仗可以放权，但必要的节制却少不了。

出发之前，李亨让太监鱼朝恩担任观军容宣慰处置使（李亨新创的官职，和监军很相似），让他在前线暗中观察郭子仪等节度使的表现。鱼朝恩是宫中的资深太监，安史之乱后，长期跟随李亨，先后担任过三宫检责使、左监门卫将军，主管内侍省，统率神策军，是不容小觑的实力派人物。

乾元元年（758）十月，郭子仪北渡黄河，在获嘉（今河南省新乡市获嘉县）城下与守城大将安太清交战。一番苦战之后，郭子仪拿到四千个人头，并占领获嘉城，随后向卫州（今河南省新乡、鹤壁等地）挺进。

与此同时，淮西节度使鲁炅从阳武（今河南省新乡市原阳县），季广琛、崔光远等人从酸枣（河南省原阳县东北）同时向卫州挺进，准备与郭子仪、李嗣业等人在卫州城下顺利会师。

卫州和邺城相距不到一百公里，唐军的意图很明显，先对邺城周围的城池各个击破，再合围邺城，实施斩首行动。

安庆绪不是傻瓜，如果卫州失守，邺城就是一座孤城，自己就是瓮中之鳖。为了遏制唐军的攻势，安庆绪将守卫邺城的七万主力拆分成三组，大将崔乾佑统率上军、大将田承嗣统率下军、安庆绪亲自坐镇中军，星夜驰援卫州。

据史料记载，郭子仪在军营后面埋伏了三千名弓箭手，交战之后，郭子仪佯装败退，诱使叛军进入伏击圈，叛军享受了一顿狂风暴雨般的摧残。扫射过后，郭子仪率领军队掩杀，安庆绪的弟弟安庆和当场阵亡，叛军只能后撤。

对安庆绪来说，当头棒喝的滋味很不好受。

安庆绪思来想去，如果留下来，无非和唐军在荒郊野外决战，对大局来说毫无意义，如果碰上持久战，邺城也会不保。于是，安庆绪带着人马且战且退。谁料想，到达邺城之后，安庆绪清点了一下人马，居然损失了三万多人。

安庆绪刚回到家，郭子仪、许叔冀、王思礼等人便拍马赶到，将邺城城团团围住。危急之下，安庆绪决定向史思明求救，在他看来，史思明虽然和自己有矛盾，却是唇亡齿寒的关系，如果他遭逢灭顶之灾，史思明也好不到哪里去。

安庆绪写了一封言辞恳切的求援信，交给了亲信薛嵩，随后派军队保护他杀出重围，前往范阳求救。生死存亡之际，安庆绪顾不得许多，他甚至承诺，如果史思明能派兵救援，他愿意把皇位让给他。

史思明被这个大馅饼砸得晕头转向，幸福得不知所以。他隔日便传下军令：尽起十三万范阳精兵支援邺城。当然，这些都是做给外人看的，表面看是史思明顾念“同袍之情”的义气，其实他内心还有一本自己的账。

当时，史思明让李归仁统帅一万步兵和骑兵驻扎在离邺城（今河北省邯郸市临漳县）六十里的滏城（今河北省邯郸市磁县）。安庆绪没有大伤元气之前，范阳军队不主动参与大规模的军团作战，如果安庆绪陷入绝境，再让他拿皇位来换自己的性命。

不过，唇亡齿寒是千古不变的道理，就算安庆绪不用皇位换支援，史思明也不会坐以待毙。不参与决战，可以打打游击战，骚扰一下官军后方嘛。

乾元元年（758）十一月，河南节度使崔光远攻克魏州（今河北省邯郸市大名县），史思明趁崔光远还未站稳脚跟，来了个迎头痛击。崔光远迫不得已，让头号大将李处崟前去防御叛军，虽然打得很卖力，可史思明兵强马壮，最终将李处崟逼回城中。

此时，城下的几个小兵对着城楼高喊道：“李处崟，你不是想带我们攻打魏州城吗，怎么还不给我们开门呢？”

小兵的一番话让崔光远吓破了胆，这位老兄本来就很多疑，李处崟平日里百战百胜，怎么会突然败给史思明？答案呼之欲出啊，李处崟肯定是勾结敌人，暗中放水。随后，崔光远拘捕了李处崟，将他杀死在魏州城楼之上。

李处崟是崔光远军中的头号战将，没了他，魏州城顿时军心失散，在崔光远的带领下，魏州城仅仅守了十三日。乾元元年（758）十一月二十九日，魏州城被攻破，崔光远弃城逃跑，史思明下令屠城，三万多无辜百姓死于史思明的屠刀之下。

拿下魏州城，史思明便从北面和东面完成了对邺城的包围。时值冬天，天寒地冻，再加上安庆绪手中还有数万人，还算是块硬骨头，够唐军啃一阵子了。史思明下令，大军在魏州城过冬休整，准备搞自己的封王庆典。

官军兵败邺城，安庆绪重燃斗志

乾元二年（759）正月初一，史思明在魏州城北建造祭坛，自称大圣燕王。

安氏父子的国号是大燕，而史思明自称大圣燕王，摆明了是来兑现安庆绪对自己的承诺的。一来，安庆绪被官军团团围住，史思明在他的眼皮子底下称王，想必安庆绪不敢持反对意见。二来，史思明也想试探一下安庆绪的态度，如果一个大圣燕王就让他暴跳如雷，以后的合作就没什么可谈的了。

安庆绪很冷静，不反对，也不恭贺。

安庆绪坐守孤城，史思明忙着称王大典，唐军呢?

据史料记载，此次平叛，七大节度使共同围困邺城，李亨却没有指定主帅。想想看，这帮人都是地方大佬，桀骜不驯的人物，谁也不服谁。郭子仪的威望和地位最高，李光弼次之，大家尊敬他们，可谁也不愿意听从他们的调度。于是，战场上出现了奇怪的一幕：大家各自为战，进退不一。

史思明称王后，李光弼曾经提议，他带着朔方军和史思明对峙，其余的几大节度使一起围攻邺城，等到安庆绪被拿下，史思明便成了砧板上的肥肉。

这确实是很好的提议，可宦官鱼朝恩却不以为然。在他看来，唐军只需要继续围困安庆绪，迟早有一天，叛军会不战而降。

太监看问题的角度，永远让人耳目一新。

鱼朝恩是天子使者，说出的话有分量，更何况听从李光弼的建议，功劳算谁的？沉默，成了所有人的共同态度。不过，也有人不服鱼朝恩的见解，比如李嗣业，就在李光弼提议几天以后，李嗣业率领本部大军前去攻打邺城了。

李嗣业手拿一口陌刀，冲锋陷阵，勇往直前。安庆绪听说过李嗣业的勇猛，不想和他硬碰硬，因此调集了一批弓箭手对着李嗣业狂射。可怜李嗣业，就算勇冠三军，也够不着敌军半分，几番冲锋后，李嗣业身上插满箭枝，当场身亡。

一代大将，竟然以这种方式落幕，可惜可叹。

令人恼怒的是，所有人都知道邺城已经变成强弩之末，可就是没人率先冲锋，大家都等着捡现成的便宜。也不知道是谁带了头，各路大军纷纷聚集在邺城附近挖壕沟。正值冬天，士兵们吃饱了没事干，为了让身体更加暖和，一个比一个卖力，到最后竟然形成了三道数米宽的超级壕沟。

玩笑归玩笑，唐军挖壕沟还是有用的。

乾元二年（759）二月，壕沟正式竣工，官军随即将漳河之水灌入邺城。安庆绪慌张了，城中军民加起来有数万人，经过数十天的坚守，早已经弹尽粮绝，一只老鼠都可以卖到四千文。为了保持骑兵的战斗力，安庆绪下令，将城内的房屋和墙壁统统拆掉，拿出里面的秸秆来喂马。时值天寒地冻，又遭逢漳河之水入城，几乎所有人都绝望了。然而，即便是这样，唐军也没有下令攻城。

安庆绪的日子不好过，唐军又能好到哪里去？

六十万大军集结在邺城外，每日的粮食耗费就是天文数字，李亨只能从河南各地紧急征调军粮前往邺城，以至于运粮大军络绎不绝。

史思明预感到，机会来了。

就在当月，史思明下令从魏州城拔营起寨，向邺城进发。临行之前，史思明吩咐各营的统军将领，让他们在距离邺城五十里地驻扎，营中自备三百面河北大鼓，每天夜晚不定时地表演。当然，史思明也会不定期地送上一套“大鼓套餐”，保证让唐军将士神经紧绷，集体崩溃。

与此同时，史思明精心挑选了五百名骑兵，每日在唐军军营不远处骚扰，官军一旦追赶，这些人便分散逃跑；官军如果视而不见，他们就在营帐外挑衅滋事。唐军人数众多，每天都得派人出去砍柴挑水，又不能派大军护卫，叛军找准时机就偷袭。久而久之，官军人心惶惶，谁也不敢轻易离营。

让唐军最头疼的是，史思明一直在打粮道的主意。

此时，从江淮、并州过来运送粮食的部队络绎不绝，史思明派人换上官军的服饰，打着官军的旗帜，假装督促运粮。如果碰到官督民运的队伍，史思明的手下就装作督运军粮的唐军，老百姓稍有不满或者动作迟缓，叛军便格杀勿论。如果碰到官军运粮，史思明则是探听虚实，直接派大军前去烧粮。

运送粮食的本就是官府雇佣的老百姓，送一次粮食赚不到什么钱，还会白白地丢掉性命，以至于最后谁都不敢为唐军送粮。自古以来，粮道是军队存亡的命脉，军队一旦缺少军粮，后果不堪设想。

危急时刻，郭子仪和李光弼联手了，他们不顾鱼朝恩的反对，力排众议，决定和史思明展开最终的决战。而郭子仪的决定，正是史思明乐于见到的。

乾元二年（759）三月初六，郭子仪、李光弼联合下令，让各军在安阳河（邺城城的北边）的北边布阵，准备和史思明展开决战。然而，史思明却只派了五万人迎战，他赌的便是唐军进退无据，难成气候。

据史料记载，唐军六十万大军集结在安阳河之北，声势滔天，气势甚至让河水阻断。官军将士看到对面稀稀拉拉几万人，都以为这是史思明的机动部队，因此懒得去排兵布阵，纷纷嘲笑史思明带军无能。

是啊，一比十二的悬殊军力，在中国战争史上也是少见的。

然而，就在唐军松懈之际，史思明传达了第一道军令：五万骑兵只管冲锋，不可恋战，只需要冲垮唐军的阵脚即可。

这帮骑兵都是史思明从范阳带过来的嫡系部队，身上背负着对朝廷的仇恨，眼下这些仇恨情绪全部化作了爆发力，摧枯拉朽般地向唐军裹挟而去。

史思明赌对了，官军就是纸老虎，仗着人多势众，耍耍嘴皮子还可以，一旦交战，几乎毫无战斗力可言。回纥骑兵不在，鸣镝羽箭不在，官军根本不知道如何作战。以李光弼、王思礼、鲁炅为首的主力部队开始向后撤退，坐镇中军的郭子仪闻讯后立即支援，可还没赶到战场，天色骤然黑了下来，一场沙尘暴降临了战场，狂风大作，飞沙走石，犹如恶魔降临一般。

在天灾面前，谁能傲然自立?

据史料记载，官军将士在狂风中站立不住，眼睁不开，纷纷丢弃辎重疯狂逃命，就连最宝贵的战马都没工夫去搭理。郭子仪的部队在大军的背后，因此最先溃逃，随后唐军如潮水般涌向阳河桥，无数的士兵被挤落到河水之中淹死，景象惨不忍睹。

郭子仪内心是崩溃的，局势已然失控，如果放任史思明的部队过河，洛阳城恐怕也会失守。危急时刻，郭子仪下令砍断阳河桥，将还没来得及过河的官军，以及史思明的五万骑兵全部阻隔在阳河桥以北。

战争给百姓带来的创伤是难以弥补的。在百姓看来，范阳叛军才是这个王朝战斗力最强的军队，大家听说六十万官军被五万范阳骑兵打得丢盔卸甲，第一个反应就是洛阳城要丢了，长安城要丢了，大唐要完蛋了。

以东都留守崔园、河南尹苏震为首的洛阳首脑瞬间崩溃，他们直接放弃洛阳，投奔襄阳和邓州而去，百姓们为求自保，纷纷遁入山林求生。

留在洛阳城无非两个选择，自杀身亡，以身殉国，或者卖身投敌，继续做官。可细细想来，哪条路不是死路呢？今天官军打过去，明天叛军打回来，只要你不自杀，总归是死路一条。也许，遁入其他州县，确实是洛阳官员们最好的选择。

节度使又是什么选择呢？

拿淮西节度使鲁炅来说，他的部队被冲散之后，一路逃回节度使驻地，士兵们在路上无人约束，犹如土匪一般，劫掠百姓，大发战争横财。不少地方官员弹劾鲁炅治军无方，请求朝廷给予处罚，鲁炅最终服毒自杀，平息了众怒。

李光弼和王思礼在溃败后并没有向洛阳靠拢，他们为了保存实力，各自带兵回到驻地，等待局势进一步明朗。

最郁闷的就是郭子仪，此次溃败虽然不是他的责任，但是在逃跑的时候他却走在最前面。按照惯例，他才是责任最大的人。其他人可以撂挑子不干，郭子仪必须留下来，他在洛阳东北的河阳县（今河南省焦作市孟州市）稳住阵脚，从河阳周边抓了一批百姓补充兵源，同时修建工事，就地筑城，希望能够挽回颓势。

就在此时，诗圣杜甫途经洛阳，刚好看到了郭子仪征兵，百姓家破人亡的惨景，就此写下《三吏》和《三别》，算是对当时的有力见证。

邺城之战，最大的输家是朝廷，最大的赢家却是安庆绪。

当唐军溃败的时候，安庆绪派了一支部队前往官军军营，将七万担军粮全部抢回邺城。正所谓手中有粮，心中不慌，面对兵力耗损的史思明和毫无战斗力的官军，安庆绪的雄心壮志似乎又燃烧起来。

安史王朝再无“安”

史思明是个绝顶聪明的人，对他来说，大唐地大物博，兵力可以源源不断地补充，多杀或少杀几个官军士兵根本影响不了大局。眼下最重要的事情便是解决自己和安庆绪之间的恩怨，而非孤军深入，夺取洛阳城。

史思明带着自己的几万人马慢悠悠地奔赴邺城脚下。

所有人都知道，安庆绪曾经答应过史思明，如果他能率兵前来支援，安庆绪就将皇位让给史思明。如今，史思明不仅南下支援，还赶跑了官军，解决了安庆绪的大麻烦，算是仁至义尽了吧。

安庆绪，你是不是该表示点啥呢？

有趣的一幕发生了。史思明驻扎在邺城之外，既不派人和安庆绪联系，也没有返回范阳的意思。安庆绪更有趣，明知道史思明的部队驻扎在城外，他既不邀请史思明入城商议，也不主动出城慰问，干脆来了个置之不理。

就这样，一个在城内做皇帝，另一个在城外休养生息，双方就像是两个熟悉的陌生人，都不愿意主动去捅开那层窗户纸。

安庆绪手下的高尚、张通儒看不下去了。

堂堂的大燕皇帝，好歹拿出一点气度，如此窝囊地待在邺城，还不如直接取消国号得了。二人找到安庆绪，劝谏道：“陛下，史思明从范阳远道而来，帮助咱们解了围，您作为皇帝不表态，咱们这些做臣子的总得出面表示一下吧？”

安庆绪也不恼怒，而是无赖地说道：“朕不会去，要去你们去。”

高尚和张通儒无奈，只好前去史思明的军中表达了安庆绪对他的欢迎，至于说服安庆绪让出皇位一事，双方似乎是心照不宣，都不愿意提起。

史思明心里清楚，两位老兄前来拜访，肯定不是安庆绪的意思，于是以政治表演家的姿态接见了他们。当时，史思明声泪俱下，哭诉自己如何千里迢迢来到邺城，又是如何排兵布阵退唐军，说到动情处，史思明声称自己对安庆绪本来没有过分的想法，没想到却遭到如此冷遇，心中实在是郁闷之极。

通过谈话，史思明得知安庆绪的原则是能拖就拖，不到万不得已绝不松口。为了收买人心，史思明安排了丰盛的宴席，并亲自作陪，让高尚和张通儒感受到了什么叫宾至如归。临走之前，史思明还给二人送上了价值不菲的礼物。

史思明豪爽大气，衬托的恰好是安庆绪的心胸狭窄。

又过了几天，安庆绪还是没有任何表态，史思明明白了，安庆绪打算彻底放弃尊严，将耍赖进行到底。安庆绪躲在城内当皇帝，装作什么事情也不知道，可史思明将大军驻扎在城外算哪门子事？谁都知道他是来要皇位的，可如今不顾颜面，吃相如此难看，他和无赖又有什么区别？

用武力解决安庆绪吗？好像太粗暴，也太没有尊卑了。

思来想去，史思明还是决定主动一些。他找来了安禄山的嫡系旧部安太清，希望他前往邺城，说服安庆绪来军营商谈善后事宜。

据史料记载，安太清并没有威胁安庆绪，而是将眼前的局势分析给他听，大致的意思是：安氏家族已经完蛋了，如果能够和平处理此事，安庆绪或许能够安享晚年，如果再拖下去，不管是史思明还是唐军，都不会轻易放过安庆绪。

听闻此言，安庆绪彻底崩溃了，他让安太清带回了表书，让史思明亲自前来邺城，他举办一个禅让大礼，将皇帝印绶亲自交到史思明的手上。

史思明看了表书，假意感叹道：“陛下，你又何必这样呢？”

随后，他将安庆绪的表书传达给营中将士，算是默认了此事。即便如此，史思明依旧不敢冒险前往邺城，为了赚安庆绪前来军营，他亲手写了一份奏疏：愿为兄弟之国，更作藩篱之援，鼎足而立，犹或庶几，北面之礼固不敢受。

意思就是，退不退位，咱先不说，我的意思是各自立国，你做大燕皇帝，我自己立国称帝，与唐朝形成三足鼎立之势。

人在落水时，一根救命稻草也会让他兴奋不已。

就像安庆绪，本来觉得自己没机会再做皇帝，可看到史思明的奏疏时仿佛有了新生，就连最后一丝防备也消失了。没过几天，安庆绪便带着三百名亲兵前往史思明的军营，二人相见时的场面，犹如多年未见的好友一般热烈亲切，全然忘记了数天之前还是形同陌路的陌生人。

相谈甚欢间，史思明的手下已经将安庆绪的人马安排到别处缴了械，至于安庆绪，已然成了砧板上的肥肉。

安庆绪进帐之后，主动放低姿态，给史思明来了个跪拜之礼，然后对史思明说道："我不能胜任皇帝的重任，这才丢掉长安和洛阳，如今身陷囹圄，想不到大王能看在父皇的面子上来救我，恐怕这辈子都无法报答大王的恩德啊！"

这姿态，已经低到史思明的脚底下去了。安庆绪说完之后，一直跪着，按照他设想的剧本，史思明应该会来搀扶他，然后谦虚一番，提出各自立国称帝，互为兄弟之国的想法，二人把酒言欢，随后尽兴而去。

然而，安庆绪等了半天，也不见史思明有所动作，正准备发作，史思明的呵斥之声犹如平地惊雷一般，在中军大帐中炸开了："哼！安庆绪，你身为人子，竟然为了夺取皇位谋害自己的亲生父亲，可谓狼子野心，天地不容。我为太上皇讨伐逆贼，岂能和你同流合污！"

安庆绪惊呆了，局势突然发生逆转，一股寒气顿时从后背升起，尤其是史思明翻起旧账，这让他如何圆场？安庆绪永远也想不到，从他放弃抵抗，愿意和史思明各自为国的那一刻，便已经失去了对自己命运的掌控。

安庆绪的脑子飞快地运转，想给自己找点生机。

就在此时，史思明又蹦出一句话，彻底击垮了安庆绪脆弱的神经："来人，将安庆绪这个天理不容的猪狗之徒拉出去砍了！"

安庆绪终于明白了，这一切都是史思明的预谋，目的是杀自己，夺取皇位，而不是图谋共和。最后关头，安庆绪准备奋起反抗，不料被早已经埋伏好的刀斧手制服。转瞬之间，安庆绪、高尚、张孝哲、崔乾佑等人都被砍了脑袋。

随后，史思明顺利收编了安庆绪在邺城的势力，并将军中财宝尽数赏赐给将士们，留下儿子史朝义留守邺城，自己则带领大军返回范阳。

自此以后，世上再没有安禄山和安庆绪，安氏家族的辉煌已然逝去，接下来的，将会是更加沉重的国难。

乾元二年（759）四月初八，史思明在范阳登基称帝，自称大燕皇帝，改年号顺天。封儿子史朝义为怀王，周挚为宰相，李归仁为大将，改范阳为燕京。

屋漏偏逢连夜雨：朔方军哗变

邺城兵败之后，参战的节度使们开始后知后觉，纷纷上表请罪，请求朝廷给予处分。李亨不是傻瓜，一来节度使太多，法不责众；二来还需要仰仗大家继续平叛。李亨表态了，官军虽然战败，却并非大家乐意看到的，只希望大家能够调整心态，重整旗鼓，择日再上阵杀敌。

至于郭子仪，李亨不仅没有追究他的首溃之责，还将他任命为东都留守，山东、河东诸道元帅，节制天下兵马。

群臣开始不服了。六十万大军前去征伐却铩羽而归，总得有人站出来承担责任吧。皇帝为了维护大局，不愿意处罚将领，大家都可以理解。然而，一旦打了败仗不受处罚成了潜规则，以后朝廷还怎么节制这些将领？

接下来的三个月，朝臣们默契地将矛头对准了刚刚升官的郭子仪。理由很简单，郭子仪是前线级别最高的人，也是权力最大的官员，在围困邺城的过程中，郭子仪性格懦弱，治军太过宽容，毫无主见，兵败邺城难辞其咎。

李亨仍旧没有动摇。

关键时刻，监军鱼朝恩跳了出来：“陛下，大军兵败之前，官军本来占据优势，但郭子仪的大军却在沙尘暴来临时最先溃逃，这才让军心涣散。就算郭子仪不是主动撤退，也难辞其咎！”

对此，李亨无可奈何。朝臣们的意思不是要处死郭子仪，而是要求他站出来承担责任，同样是为了大局考虑，李亨最终决定处罚郭子仪。

乾元二年（759）七月，李亨下旨召回了还在河阳县的郭子仪，封李光弼为朔方节度使，天下兵马大元帅。然而，李光弼有先见之明，他表示接受朔方节度使之职可以，但是天下兵马大元帅的帅印，必须由朝廷的亲王执掌。对此，李亨毫无异议，他顺势封次子赵王李係为天下兵马大元帅，将最高指挥权交给了李光弼。

天宝十四年（755），郭子仪正式成为朔方军掌门人，如今已经有五年之久。在郭子仪的带领下，朔方军先是拥立李亨称帝，随后征战四方，帮助李亨夺回长安和洛阳，可谓立下了汗马功劳，朔方军将士对郭子仪的情义，天地可鉴。

朝廷罢免郭子仪的诏书引起了朔方军的反感，不少将领都极力挽留郭子仪，一度有闹事的倾向。郭子仪明白朝廷的良苦用心，因此用权威压下了朔方军的怒火。就在此时，一队五百余人的骑兵部队正在太原到河阳县的路上飞奔着，为首者正是新任朔方节度使李光弼。

朔方军对唐朝的重要性不言而喻，眼下群龙无首，李光弼必须在第一时间树立自己的权威。到达洛阳后，李光弼下达了第一道军令：但凡是唐军统军将领，一律前来洛阳报到。

李光弼的军令意味深长啊。身为统军主帅，如果连几个将军都召集不起来，更别说下达作战命令，带领军队打赢叛军了。李光弼就想看看，朔方军对朝廷的抵触情绪有多大，对他的认可度到底有多高。

想法是好的，可朔方军上下只认郭子仪，李光弼的帅令犹如投入湖中的石子，连个像样的涟漪也没有。李光弼等了好几天，可帅府依旧门可罗雀，这让他十分难堪，看来朔方军还真是铁板一块，必须得拿人头立威了。

不得不说，李光弼的治军风格比郭子仪要强硬得多。没过多久，第二道军令出去了：传驻屯在河阳的朔方军左厢兵马使张永济。

河阳就在洛阳城的东北，与洛阳隔黄河对望，在李光弼看来，如果张永济稍微懂点事，应该会快马加鞭赶来相见。帅令发出去之后，李光弼亲自点了数千精兵东出汜水，但凡张永济有异动，等待他的就是最严厉的军法。

有理由相信，李光弼是故意的。

据史料记载，张永济桀骜不驯，素来不服管教，面对李光弼的帅令，张永济非但没打算接受，反而是打算率领手下的数千人杀进洛阳城，用兵谏的方式驱逐李光弼，强迫朝廷重新起用郭子仪。

张永济已经点齐兵马，正准备出发呢。

关键时刻，丰国公、都知兵马使仆固怀恩，右武锋使康元宝赶来制止：“兄弟，郭大帅率先逃跑是大家有目共睹的事情，朝廷要追究他的责任也无可厚非，你如果带兵哗变，朝廷肯定认为是郭子仪不满，指使你这样做，到时候你的目的达不到，反而害了郭子仪。”

这就尴尬了。如果执意杀进洛阳，郭子仪就得承担指使手下的责任；如果认怂服输，李光弼不会放过自己。张永济深思熟虑之后，霸气地传下军令：“兄弟们，卸下武装，等老子先去拜拜李光弼的码头再说。”

张永济没想到，这一去就是永别。

李光弼没有给他解释的机会，直接下令将他砍了脑袋，命自己的部将辛杲京代替张永济做了朔方军左厢兵马使。

张永济被杀的消息很快就传遍了朔方军，军士们都知道李光弼治军极严，没想到还有毒辣的一面。然而身为郭子仪的部下，却被李光弼赤裸裸地打脸，说出去也太没尊严了，将士们撺掇在一起，准备给李光弼来个下马威。

随后，仆固怀恩率领五百名番人骑兵来到李光弼的大营，仆固怀恩吩咐道：“老子先去拜会李光弼，你们稍后假装前来护主，情绪要激动，戏要演得逼真！”

据史料记载，仆固怀恩刚走进李光弼的大营，随后就传来消息，说是仆固怀恩带来的五百精骑闯营，大有闹事的倾向。

李光弼大惊失色，不知所措。

仆固怀恩假装镇定，其实心里乐开了花，他叫来了自己的手下，责骂道：跟你们说了不要跟过来，怎敢违抗军令？

李光弼恍然大悟。眼下自己没有立下半点功劳，却擅杀郭子仪的大将，一旦朔方军因为愤怒而哗变，后果不堪设想。看来，这是仆固怀恩给自己台阶呢。

李光弼就坡下驴：“将士们维护自己的主将，怎么能够算是错呢！赐给这些将士美酒和牛羊肉，此事就这么算了。”

这件事很快就传到了长安，李亨为了平息朔方军的怒火，下旨进封仆固怀恩为大宁郡王、朔方行营节度使，朔方军的权力交接这才算圆满完成。

唐军反击：河阳攻坚大战

乾元二年（759）八月二十九日，李亨任命李光弼为幽州长史、河北节度使，让他尽快整饬军备，准备收复河北等地。在这点上，李亨和史思明算是想到了一块儿，两军经过几个月的休整，军力逐渐恢复，是得出来搞点事了。

乾元二年（759）九月二十四日，史思明让小儿子史朝清镇守范阳，将大军分为四路：

史思明从濮阳（今河南省濮阳市）出发。

史朝义从白圭（今河南省安阳市滑县西北黄河渡口）出发。

大将令狐彰率五千人马从黎阳（今河南省鹤壁市浚县）渡黄河，取滑州（今河南省安阳市滑县）。

周挚从胡良（今河南省滑县西北）渡黄河，南下汴州。

四路大军在汴州（今河南省开封市）会合，与唐军展开会战。

史思明南下的时候，李光弼正在黄河沿岸视察官军的防御工事，他听说史思明准备在汴州会战，星夜赶回洛阳布置。

第一道军令丢给了滑州节度使许叔冀，让他无论如何也要坚守十五天，十五天后，李光弼便会带大军前去支援。许叔冀拍着胸口保证，完全没有问题。

讽刺的是，李光弼前脚刚到洛阳城，汴州便宣告沦陷。投降的包括许叔冀、濮州刺史董秦、部将梁浦、刘从谏、田神攻等人。在此之前，宰相张镐预言过，许叔冀是个软骨头，一旦遭逢困难就会背主求荣，预言果真在这里得到了应验。

出师就取得大捷，史思明颇为兴奋，于是任命许叔冀为大燕中书令，让他和范阳战将李详一起镇守汴州。然而，史思明却大意了，他让许叔冀做了大官，却没有封赏刘从谏、董秦等归降的部将。大家原以为投降可以获得荣华富贵，不料到头来却是一场空，还背负了背叛朝廷的罪名，因此心中愤愤不平。

不仅如此，史思明还下了一道军令，让刘从谏、田神攻等人跟随亲信南德信前往江淮，伺机占领江南的赋税重地。

开什么玩笑，自己好歹也是朝廷的将军，没捞到好处，还得给你去卖命？田神攻、刘从谏合计了一下，在路上刺杀了南德信，重新归降了朝廷。

面对史思明的攻势，洛阳方面感到了巨大的压力。李光弼召集洛阳众将、东都留守韦陟、河南尹李若幽等人商议对策。

韦陟建议，官军应该直接放弃洛阳，留兵陕州、退守潼关，利用潼关天险去阻挡史思明的兵锋。然而，李光弼拒绝了这个提议。

在他看来，敌我双方目前势均力敌，官军如果不战自退，放弃数百里的国土，反而助长了叛军的嚣张气焰。事实上，李光弼还有潜台词，皇帝为了让他上位，不惜拿下郭子仪，如果贸然撤退，他的下场恐怕就不是罢官那么简单了。

众人："大帅的意思是？"

李光弼："放弃洛阳城，将大军转移到河阳，和叛军形成对峙之势，东都留守韦陟率领官员们退守潼关，河南尹李若幽率领洛阳百姓出城躲避。"

李光弼放弃洛阳，驻军河阳的决策非常正确。

洛阳城本就无险可守，如果不遗余力地固守洛阳，伤亡将会非常惨重。河阳城就不一样了，不仅城高壕深，而且背靠黄河天险，是块难啃的硬骨头。

史思明的大军长驱直入，很快就到达洛阳城下。令史思明苦恼的是，洛阳是座空城，如果选择进城，势必要派兵防守，那自己岂不是接了个烫手山芋？如果继续向西推进，攻打潼关，李光弼包抄后方怎么办？

史思明怒吼一声：兔崽子，放弃洛阳！

随后，史思明派手下骁将刘龙仙前去河阳，尝试攻城。有趣的是，刘龙仙是个狂妄自大，不可一世的人物，他觉得官军不敢出城一战，于是单骑来到河阳城下，口出污言秽语，将李光弼的祖宗十八代全都问候了一遍。

李光弼笑呵呵地说道：“仆固怀恩，你手下是不是有位猛将叫白孝德，让他也单骑出城，背后埋伏五十名精兵，教训一下这个狂妄自大的叛军将领。”

二人对阵，刘龙仙辱骂之词不绝于耳，白孝德却抠着鼻屎，掏着耳朵，就是不理他。刘龙仙自觉没啥意思，打算开溜。就在此时，白孝德身后的五十名精骑如箭一般飞了出来，可怜的刘龙仙绕城逃跑，被白孝德当场砍了脑袋。

史思明得知消息后，命大军在黄河南边的白马寺驻守，同时在黄河北边、河阳城南修筑了一座月城，准备与李光弼展开对峙。

接下来的十天，史思明让部下轮流带着一千多匹战马前去黄河边上洗澡，以示自己兵强马壮。李光弼也不甘示弱，让部下把小马驹拴在营中，挑选出五百匹母马，到黄河北面晒太阳。有趣的一幕发生了：李光弼的母马离开小马驹后便开始大叫，叫声又吸引了黄河南边正在洗澡的战马，就这样一来二去，史思明的战马撒欢似的纷纷渡水前来寻找母马，史思明损失惨重，暴跳如雷。

史思明又想了个主意，既然你李光弼想要躲在黄河北岸，那我就切断你南渡的通道，他命人用连接起来的数百艘木船顺流而下，想要用带火的战船烧掉黄河浮桥。李光弼命人制成前段带钩的百尺长杆，将史思明的木船勾住，史思明只好眼睁睁看着自己的木船在黄河中央燃起了一场滔天烟火。

安史之乱爆发的时候，史思明和李光弼一直在河北对峙，算是老对手，当时双方互有胜负，谁也不服谁。如今，史思明升级为大燕皇帝，却被李光弼如此戏耍，心中郁闷无比，一心想要活捉李光弼，以解心头之恨。

史思明想了想，决定拿李光弼的粮道做文章。他派了一队骑兵在官军粮道上晃悠，而官军哨兵早已经将消息禀告给李光弼。李光弼如果想要护卫粮道，只要派遣一位大将即可，不用自己出面。然而，戏耍了史思明几次之后，李光弼突然心生了一个想法，用自己诱惑史思明主动出击。

当时，李光弼亲自来到了屯粮之所野水渡。李光弼就想传达一个信息：哥们儿已经离开了河阳城，在野水渡等着你！

不过，李光弼在野水渡逗留了一会儿便悄然离开，临走之前，吩咐守将雍希灏：“史思明手下的高庭晖、李日越和喻文景有万人敌的称号，今夜必定会有一人来抓我，你率一千人守住营寨，不要主动出战，到时候带他们来见我。”

雍希灏蒙圈了，不主动出战，怎么带他们去见你？难不成，这帮臭小子会主动投降？雍希灏确实在质疑李光弼的智商，不过没有表现出来。

当天夜里，史思明传诏李日越，给他下达了一道严厉的军令：李光弼今夜必定在野水渡，你率领五百精骑前去偷袭，如果抓不到李光弼，你也不用回来了。

第二天凌晨，天还没有完全亮，李日越来到野水渡，却发现雍希灏带人趴在壕沟里面对着他引吭高歌，似乎是在等着他一样。

李日越也蒙圈了。他是偷袭李光弼的奇兵，如今却暴露在敌人的眼前，还被敌人看透了心思，顿时觉得有点尴尬。

李日越问官军：“你们的大帅李光弼呢？”

官军回答：“昨晚已经回河阳城了。”

李日越：“你们这有多少人？”

官军：“就我们一千人。”

李日越：“守将是谁？”

官军：“雍希灏。”

双方在阵前就像是朋友聊天一样，丝毫看不到敌意。

聊完之后，李日越觉得很空虚。史思明已经下了严旨，让他来活捉李光弼，可眼前的雍希灏只是一个普通将领，将他带回去，史思明怎么会轻饶他？思之再三，李日越决定投降官军，上岸洗白。雍希灏将李日越带到河阳城，李光弼对他热情有加，还封他做了大将军。

野水渡的八卦新闻，很快就在史思明的大营传开了。

前面说过，史思明手下有三位“万人敌”，论资历和地位，李日越都是排名最末的，高庭晖听说李日越去唐军那里做了大将军，心理开始不平衡了，心想既然他能做大将军，自己岂不是比李日越还要受待见？

几天之后，高庭晖也偷偷前往李光弼的大营投降了。

李光弼对高庭晖的到来非常欢迎，三员虎将，如今已经招揽了两位，既增加了生力军，又羞辱了史思明，堪称是两全其美啊。李光弼立即上表朝廷，希望能够对高庭晖和李日越给予重用。李亨也很配合地宣布：任命高庭晖为右武卫大将军，李日越为右金吾大将军。

这两个职位都是朝廷卫兵领袖，官居三品！

朝廷的意思很清楚:叛军将领们，只要你有能力，只要你主动归降，跳槽到朝廷，升职和加薪不在话下！还有比这更丢脸的吗？史思明气急败坏了，他不想再和李光弼玩猫捉老鼠的游戏，当即拍板：从正面进攻河阳城。

河阳城分为南城、中城和北城，在史思明的攻击当中，南城首当其冲。鉴于南城兵力缺少，防御力量不足，又要阻挡史思明大军的第一次冲锋，李光弼给南城守将李抱玉下达了军令：全力防御，拼死都要给大军拖住两天时间，两天之后如果没有援军到来，你可以放弃南城，不追究你的责任。

李抱玉没有辜负领导的期望。

李光弼离开之后，李抱玉检查了南城的防御体系，又召集全城百姓将能够防御的石头、油锅全部拿出来，以备敌军。叛军虽然势大，但是李抱玉身先士卒，玩命抵抗，直到第二天傍晚，李抱玉耗尽了南城所有能够防御的资源。

所有人都知道，南城必定失守。李抱玉更知道，李光弼是利用这两天时间，抓紧完善中城和北城的防御工事，所以就算约定时间已到，李抱玉也没有弃城后退，他派人给叛军送信，声称自己要收拾收拾，明天开城投降。

围攻南城的是周挚，他也不想耗费军力攻城，听说李抱玉主动投降，也就不在乎这一晚的时间。当天傍晚，周挚鸣金收兵，李抱玉却趁黑夜的掩护，一面派人修补城池，一面派遣人马绕道敌军身后，准备做最后的抵抗。

到了第二天，周挚收到了一封来信，信里并不是他期盼的投降书，而是措辞严厉、语气决绝的挑战书!

周挚气急败坏，下令全力攻城，务必在一天之内拿下南城，擒杀李抱玉。叛军铆足了劲，想要拿下南城，却没有注意到身后的奇兵。在李抱玉的领导下，南城组织了内外夹攻的好戏，叛军损失惨重，周挚权衡之下，最终决定放弃并不重要的南城，转而去围攻中城的李光弼。

李抱玉为李光弼争取到了三天时间，这期间，李光弼在中城外修建了一圈栅栏，由将领荔非元礼镇守，又在栅栏之外挖好了宽深各两丈的壕沟。

当周挚统率大军来到中城的时候，发现自己和城池隔着一道壕沟，又隔着一道栅栏，栅栏里面有随时准备出击的守军，守军背后是城墙，城墙上面还有数千名守军。看着眼前的防御工事，周挚的情绪快要崩溃了。

战场不是流泪的地方，周挚瞬间收住消极情绪，调度将士在壕沟上面填了八条路。就在叛军填满壕沟，准备进攻的时候，荔非元礼带着敢死队从栅栏内冲了出来，沿着八条壕沟阻击叛军。壕沟上面的路本来就不宽，周挚空有大军却飞不过来，只能眼睁睁看着士兵们倒在壕沟里。一场恶战下来，双方死伤惨重。

随着两次进攻受阻，叛军内部士气低迷，想着中城的防御缺口很难打开，周挚的内心也动摇了，下令集合队伍向北城方向移动。叛军士气低迷，可官军却士气如虹，听说叛军向北移动，李光弼也尾随了上去。

周挚表示，他确实不想打了，可史思明严令，必须拿下河阳城，在锐气耗尽的情况下，周挚还是硬着头皮，对北城发动了进攻。

客观地说，范阳军队的优势在于野战，劣势在于攻城，史思明气急败坏，决定以己之短，攻彼之长，结局可想而知。叛军攻城乏术，又分开兵力三面攻城，在官军的顽强抵抗之下，不出意料地溃败了。

李光弼抓住有利时机，接连下了两道军令：战将郝廷玉带领三百名全副武装的精骑出城，狠打敌人最强势的西北角。战将论惟贞带领两百名全副武装的精骑出城，狠打敌人强势的东南角。

据史料记载，这两支敢死队里不仅有普通的士兵，而且掺杂了许多作战勇猛的高级将领，比如仆固怀恩。战役发起后，敢死队人数太少，几次都被叛军挡回来，李光弼手提大刀在后面督战，但凡有主将溃败，李光弼立斩不赦。

这场冲锋战太艰苦了，也太残忍了。

幸运的是，叛军的心理防线已经崩溃，强强较量之后，这些人终于没绷住，逐渐溃败而去。李光弼当机立断，让城中所有精兵出城追击，一番恶战之后，官军杀敌一千，俘虏五百，一直将周挚赶到黄河边上。

当时，周挚带着几名亲信渡河逃走，刚好遇到准备攻打南城的史思明。兵败如山倒，史思明纵然有逆天的决心，也没法让大头兵们鼓起勇气再去冲锋陷阵。思虑再三，史思明决定率军返回洛阳。

河阳之战，唐军仅有两万余人，在兵力上没有丝毫优势，却抓住了叛军不善攻城的弱点，以血肉之躯阻击了史思明潮水般的进攻，可歌可泣！

安史兄弟的命运：死于儿子之手

事实上，河阳之战并没有改变整个战场的局势，史思明依旧镇守洛阳，李光弼依旧驻守河阳城，双方再次隔着黄河形成对峙局面。令人没想到的是，这一次对峙从乾元二年（759）十月到上元二年（761）二月，跨度居然长达十四个月。

在此期间，李光弼在各地攻打史思明的驻军，虽然没有取得大胜，却也斩杀了不少战将，为朝廷争了颜面。然而，朝廷似乎对李光弼很不满，在他们看来，李光弼身为兵马大元帅，要么组织大规模的进攻，要么和史思明展开决战，迅速平叛，这样小打小闹，何时才能凯旋？

要知道，洛阳城已经丢失，李亨和朝廷大佬每日如坐针毡，唯恐早上起床的时候叛军已经开到长安城外。很快，朝中就有了明确的观点，是否要重新起用郭子仪，让他和李光弼一道去平乱？

李亨思虑再三，决定起用郭子仪为河西诸镇元帅，征发左右英武军（李亨组织的一支禁卫军，精于骑射）、朔方、坊州、宁州、泾原等地的七万兵马，从朔方直捣范阳，然后挥师平定河北地区。

安禄山在世的时候，史思明镇守河北，如果朝廷进攻范阳，遇到的阻力确实会很大。可如今史思明没有帮手，如果郭子仪直捣范阳，确实是一步妙棋。遗憾的是，李亨的决定引起了宦官鱼朝恩的不满。

鱼朝恩和郭子仪是死对头，郭子仪被罢，鱼朝恩起到了关键性的作用。如果郭子仪做了大元帅，再捞点军功向皇帝施压，鱼朝恩不会太好受。

当时，李亨的任命诏书已经写好发出，鱼朝恩却欺瞒李亨，硬生生将诏书截了下来。随后，鱼朝恩屡次在李亨面前诋毁郭子仪，说他性格软弱，治军不严，认定他不适合做大元帅，李亨这才将此事作罢。

李亨的一念之差，竟然放了史思明一条生路，这就是真实的历史。

此时，史思明也开始后知后觉，长期远离范阳，后勤难以保证，攻城又乏术，如果继续耗下去，日久必定生变！上元二年（761）二月，史思明派人前往长安散布言论，声称驻守在洛阳的叛军都是河北人，长期征战导致大家思乡心切，史思明又残暴不堪，此时洛阳城中上下离心，如果前去攻城，肯定能够一举拿下。

鱼朝恩听闻消息，立即活动了起来。

鱼朝恩："陛下，长安城的传言并非空穴来风，眼下洛阳人心背离，是摆在官军面前的大好机会，应该让李光弼率大军前去攻城。"

李亨也想尽快收复洛阳，于是传下诏书：命李光弼全力攻城。

然而，李光弼的回答很简单："贼锋尚锐，未可轻进。"

皇帝的催战引起了朔方节度副使仆固怀恩的注意，此人是少数民族出身的高级将领，性子刚愎自用，狂妄自大，再加上平时战功卓著，在军中我行我素。在朔方军服役的时候，郭子仪性格宽仁，也给予了他非常大的自由，到了李光弼这里，仆固怀恩经常吃瘪，对李光弼的怨愤早已经积蓄了很久。

李光弼的奏折刚到长安，仆固怀恩的奏折也到了，声称洛阳的局势确实如长安城传言一般，官军应该主动出击。最关键的是，仆固怀恩提了一嘴，李光弼有拥兵自重的嫌疑。

在李亨和朝臣们看来，仆固怀恩是李光弼的副手，对局势肯定看得透彻，也绝不敢谎报军情，诬陷统帅。既然这两人口径不一致，那就真有可能是李光弼消极怠战，以战养战。数年前，主帅封常清、哥舒翰以同样的理由被朝廷忌恨。

历史，永远是惊人的相似。

就这样，朝廷的催战诏令一道接着一道下达到军中，到最后甚至言辞激烈，不出战就要治李光弼的罪。李光弼无可奈何，只好遵从军令，下令让李抱玉留守河阳，自己和仆固怀恩亲率大军向洛阳进发。

上元二年（761）二月二十三日，李光弼带领众军来到了洛阳城北的邙山，准备和史思明展开决战。李光弼做好了周全的部署：各军倚靠邙山安营扎寨，占据险要地势，战局顺利的话，就和史思明一决高下，战局如果不利，就选择退守。

李光弼的调遣没有任何问题，却遭到了仆固怀恩的无视。这位老兄执意前往平原地带安营扎寨。当时，各路大军扎寨之后，李光弼派人再去探查了一番，发现仆固怀恩在违抗军令，他当即传出军令，要求仆固怀恩迅速撤到山上。

你要我往东，哥们儿非要往西。仆固怀恩就是不执行李光弼的帅令，双方为此僵持了几个时辰，依旧没办法解决争端。

在邙山排兵布阵的史思明时刻注意着战场上的局势，他发现李光弼的大军几乎都依山傍险驻扎，却唯有一支大军驻扎在平原。史思明当即意识到，这支军队就是邙山大战的突破口。

很快，史思明的骑兵就对仆固怀恩发起了冲锋。想想看，仆固怀恩如何是史思明的对手？几次冲击过后，官军开始力不从心，李光弼为了顾全大局，立即命其他部队前来支援。这样一来，一场防守战变成了正面遭遇战。

正面战场，骑兵可以决定战争的胜负。一场恶战下来，唐军数千将士阵亡，李光弼、仆固怀恩北渡黄河，退守闻喜（今山西省运城市闻喜县）。河阳守将李抱玉得知大军失利，也决定放弃河阳，赶到闻喜和李光弼大军会合。

经过十四个月的对峙，官军终于在邙山之战后，丢掉了对河南战场的控制。自此，史思明占据了河北和河南，叛军声势达到安史之乱以来的巅峰。

邙山兵败，朝野震惊。

李亨来不及追究责任，连夜下诏调集长安附近的军队前往陕州和潼关，失去潼关这道天险，李亨恐怕又要带着太上皇李隆基“出巡”。

上元二年（761）三月，史思明让长子史朝义带着先锋部队，沿着黄河一路清剿官军，趁势拿下卫伯玉驻守的陕州，自己则统帅大军向西行进，约定在潼关会合。

据史料记载，史思明育有两子，长子史朝义，幼子史朝清，都是在史思明还未发家的时候出生的。史朝义的老妈出身贫寒，相貌一般，不受史思明待见。也许是小时候生长环境不优越，母亲地位不高的缘故，史朝义从小就谦恭谨慎，为人友爱，从军之后，即便有战功也不自傲，在军中威信较大。

后来，史思明又娶了平卢辛家的一位漂亮女子，生下了小儿子史朝清。也许是天意安排，史思明自从娶了辛氏，官运就一路畅通，直至后来登基称帝。在史思明看来，史朝清有神仙护佑，命里富贵，因此从小就对他特别溺爱。

史朝清和史思明一样，性格暴躁易怒，残忍嗜杀，就算是自己的亲信犯错，史朝清也会鞭笞一顿。在范阳的时候，史朝清整天和一帮富家子弟、无赖流氓厮混。史思明攻城略地之后，将抢夺而来的良家妇女全部送往范阳，史朝清享用不完，便将她们随意杀掉，放在开水锅里烹煮，并以此为乐。

按照皇室制度，史朝义是长子，也是嫡子，继承皇位毫无问题。然而，史思明却将皇后之位给了辛氏，而太子之位却悬而未决。

史朝义怎么想？

他常年跟随在父亲身边，立下不少军功，又是嫡长子，早就该被立为太子，可皇后之位的归属表明，史思明中意的人其实是弟弟史朝清。为了讨父亲的欢心，史朝义玩命地表现，可史朝义越是表现得完美，史思明越是看他不顺眼，甚至扬言如果实在不行，就杀了史朝义，再立史朝清为太子。

这话说得确实很伤感情。史朝义非常感伤，不过他很聪明，知道这种事情不好去找父亲理论，唯一能做的就是谨小慎微，避免犯错。史朝义的人缘本就很好，被史思明欺负后更让朝臣们心疼，无意间收获了不少臣子的同情。

这一次，史思明和史朝义分兵前往潼关，不料史朝义却在陕州城下遭遇了顽强的抵抗，无法按照约定时间和父亲会合。史朝义受阻，史思明不想孤军深入，只好下令退兵到永宁（今河南省洛阳市洛宁县）。

中军营帐里，史思明怒火滔天，大骂史朝义无能，连一个小小的陕州都拿不下来，并扬言要对他军法处置。史思明冷静下来之后，心情突然变得极好：咱不是一直想找史朝义的晦气吗，眼下难道不是大好的机会？

打定主意后，史思明决定好好羞辱史朝义一番，他派人前去传话：儿子，你让大军在此受阻，那就帮助大军修筑一座大型粮库吧，只给你一天时间！

史朝义很窝火，不过还是认怂了，他决定将所有军士动员起来，自己坐镇监督，最后真的在一天之内建起了一座粮仓，只差外墙的一层泥还没有涂。

第二天，史思明心情爽朗，带着朝臣一起验收，可到工地后傻眼了，史朝义居然完成了任务。史思明心里在骂娘，想想又不能白来一趟，于是开始鸡蛋里面挑骨头，还吩咐亲兵挑了几担泥巴涂在了墙上，临走之时还在嘴里咕噜了一句：等到攻下陕州之后，我非杀了这个孽子不可。

史思明可能没想到，就因为这句话，自己的命运完全被改变，一生辛苦赚下的事业也被改变。血淋淋的历史告诉我们，人真的不能乱说话啊。

史思明说话的声音虽然很小，却被身旁的亲信听到，后来又传到了史朝义的部将骆悦、蔡文景耳朵里，史朝义自然也知道了这件事。史思明想杀史朝义的心思已经不是一天两天，如果史朝义被杀，骆、蔡二人的命运也好不到哪里去，二人商议之后，决定找史朝义好好聊聊。

中军大营内，两位兄弟开门见山地说道："大王，您恐怕时日无多啊。皇帝和您之间的关系已经水火不容，眼下又说出攻下陕州就要杀您的话，如果我们再无动于衷，恐怕都将死无葬身之地。"

史朝义："你们有什么想法？"

骆、蔡二人说道："眼下只能找曹将军前来商议。"他们口中的曹将军，便是史思明的警卫队长，也是最接近史思明的人。

史朝义仍然在犹豫，眼下虽然被逼无奈，可如果杀死亲生父亲，就会被天下人视为弑君夺位的恶徒，将会遗臭万年。骆、蔡二人看出了史朝义的犹豫，于是带着强迫的口气说道："大王，您如果不想有所作为，我二人只好去投降唐军换取性命了。"

在纲常伦理和性命前途之间，史朝义最终选择了后者。

史朝义："这些年来，不少将军都和本王关系不错，你们先拉拢他们，再去请曹将军前来商议。记住，不可伤了父皇的性命。"

史朝义在军中威信甚高，将士们既尊敬他，也同情他。反观史思明，性格暴怒无常，时常鞭打和侮辱将士，对亲生儿子也毫无情分，追随他有何好处呢？

在骆、蔡二人的组织下，很多将军都站到了史朝义的阵营，众人找来史思明的警卫队长曹将军，将事情对他和盘托出。曹本来还很犹豫，但是看到众人态度坚决，唯恐自己反对而遭到陷害，于是答应带他们进入史思明的营帐。

就在史思明嘀咕要杀史朝义的当天傍晚，骆悦等人率领三百壮士，全副武装来到史思明下榻的驿站。值宿的卫兵看到大批军官前来，觉得奇怪，想要上前询问，却看到警卫首领曹将军也在，于是假装没看见，放他们入营。

就这样，骆悦等人带兵闯入史思明的卧室，先杀了那些尖叫着想要逃跑的侍从，来到龙床后发现史思明竟然不在。众人惊出一身冷汗，还以为误入埋伏，于是抓来一名侍从打听史思明的下落。

侍从颤颤巍巍地说道："陛下正在茅房呢！"

房中的动静引起了史思明的警觉，史思明来不及穿好裤子，急忙翻墙来到马厩，准备骑马逃跑。骆悦的侍从周子俊带人埋伏在驿站周围，看到史思明准备骑马逃走，下令放箭射杀，史思明手臂受伤坠落马下，这才被众人生擒。

史思明不明所以，大声责问："谁敢如此大胆，谋反犯上？"

骆悦闪身出现，阴冷地说道："你本就是一个造反者，还敢说别人谋反？是你儿子史朝义的意思！"

那一刻，史思明后悔不已。他原本以为手握生杀大权，处死史朝义是轻而易举的事，因此打算攻下长安城后再说。可就是嘴贱啊……

史思明看着众人，顿生感慨："哎，都是朕早上失言才落得如此下场，这就是报应啊。可你们就这样将朕杀掉，未免太早了吧，此刻长安城还没拿下呢！你们难道想看着宏图霸业毁于一旦吗？"

对造反的人来说，别人家的宏图霸业和自家的性命，孰重孰轻，大家心里有数。当时，没人搭理史思明的呐喊，大家一拥而上，将史思明关到了小黑屋。直到此时，史朝义悬着的心才算落了地。

大多数人都投靠了史朝义，唯独驻扎在福昌的周挚没有表态。这位老兄跟随史思明数十年，是绝对的嫡系亲信，在军中影响力颇大，如果能让周挚归顺，史朝义才算真正掌握了军队，完成权力交接。

史朝义决定亲自去会会周挚。然而，骆悦等将领却抛出了一个惊人言论：史思明和周挚二人皆不可留。否则，一旦为居心叵测的人利用，后果不堪设想。就这样，周挚被杀，史思明被勒死在回洛阳的途中。

史家王朝退出历史舞台：安史王朝全军覆灭

上元二年（761）四月，史朝义登基称帝，改年号为显圣。

史朝义登基之后，并没有忘了远在范阳的弟弟史朝清。对此人，史朝义唯有愤怒和仇恨，正是他夺走了父皇的宠爱，正是他让母亲委曲求全，史朝义能杀父亲，更别说同父异母的史朝清了。

史朝义先后派了两路人马送信回范阳：

第一路是史思明的书信，书信的日期被提前，说史思明在洛阳、陕州打了胜仗，杀敌一万多人，让皇后辛氏和史朝清收拾行装，准备前往洛阳。

第二路是史思明的诏书，任命史朝清为洛阳留守，命皇后辛氏和后宫嫔妃一起前往洛阳。

史朝义的设计非常精巧，让人误以为大军在前线进展顺利，长安唾手可得。换个角度来理解，史思明让史朝清去洛阳镇守，岂不是打算让他做太子？

可怜的史朝清，接到伪造的圣旨后不加怀疑，兴冲冲地找来范阳最好的工匠，为自己和母亲打造了纯金宝鞍和车马器具。想到这一路上都是大燕军队的地盘，史朝清居然只带了几十人的卫队护甲。

就在太监前去传旨的时候，史朝义已经派人给散骑常侍张通儒、户部尚书康孝忠，以及史朝清的部将高鞫仁、高如震等人传信，将史思明被杀的消息如实告诉他们，让他们密谋杀害史朝清。史朝义非常自信，不管是张通儒还是高鞫仁、高如震，一定会答应这个条件。

事实证明，史朝义的判断完全正确。

据史料记载，史思明南下的时候，将所有战马全部带往了前线，只给范阳留下了一百多匹骏马，张通儒接到旨意后，派亲信康孝忠偷偷将马匹藏匿起来，马厩内只留下一匹跑不动的病马。

范阳宫内，史朝清还在张罗着前往洛阳的事宜，张通儒和高鞠仁突然带人杀进宫中。变乱发生得太突然，宫内迅速陷入混乱之中。当时，张通儒见人就杀，宫女和太监纷纷逃难而去，史朝清听闻消息后，吓得呆若木鸡，身旁的人拼命呼喊，这才让他回过神来，求生的本能让他冲向马厩，他准备骑马逃出范阳。

可到了马厩，史朝清才发现只有一匹半死不活的老马。是谁偷了老子的骏马？咆哮归咆哮，史朝清还是在第一时间骑了上去，吩咐手下的人保护他杀出范阳。然而，这些人都是地痞无赖，平日里饮酒作乐还可以，真到了打架的时候，他们以最快的速度消失在了史朝清的眼前。

史朝清气急败坏，大骂这些人混账，正准备夹着马肚子离开皇宫，却发现老马纹丝不动，犹如老僧坐定一般。没有马就逃不出皇宫，更别说范阳城，史朝清无奈，辗转到宫城内的逍遥楼藏起来，准备等待时机再逃跑。

张通儒：“来人，就算是挖地三尺，也得找到史朝清。”

一番地毯式的搜捕之后，躲在逍遥楼的史朝清被抓。临死之前，史朝清还妄想着用价值三十两黄金的御用腰带行贿。张通儒露出了鄙夷的笑容，随后让手下用弓弦勒死了他，头颅被送往洛阳。

史朝清的死，并没有让范阳的局势平息下来。

搜捕史朝清亲信的时候，唯独漏掉了皇后的族人辛万年，张通儒让高鞠仁和高如震前去抓捕。令他没想到的是，这三位老兄平日里亲如兄弟，无话不说。他们商议之下，决定控制范阳，自己创业。

就这样，三人合兵一处，杀了张通儒，将他的首级送往洛阳，并派人告诉史朝义，张通儒和朝廷勾结，准备将范阳城拱手相送。完事之后，三人推举中书令阿史那承庆为燕京留守，此人先前被史思明囚禁，后来才接受招降。

辛万年、高鞠仁、高如震不会将胜利的果实拱手送人，阿史那承庆只不过是个傀儡。然而，阿史那承庆自己却不这样认为，在他的眼里，辛万年等人应该是觉得自己无才无德，这才心甘情愿地推举他主持大局。

接下来的日子，阿史那承庆干得很不高兴，因为这三位兄弟对他很不尊敬，而且看他的眼神，如同看一个死人。阿史那承庆想要讨个说法，于是带着三十多名亲信前往高如震的家里。想想看，这种事情哪里说得清楚，双方争执之下，阿史那承庆出手，轻轻松松便结果了高如震的性命。

高如震被杀，范阳的局势再度陷入混乱，高鞠仁和阿史那承庆在范阳城展开巷战，完全凭实力说话。几番争斗之后，阿史那承庆逃往洛阳，而高鞠仁的势力却不断坐大，最后拉起了一支五千人的大部队。

范阳的局势让史朝义进退两难。如果追究高鞠仁的责任，结果就是换来一个敌人。无奈之下，史朝义决定封高鞠仁为燕京都知兵马使（范阳城司令员）。这样处置，大家好歹没有撕破脸皮，以后还有得谈。

眼下的局势是这样的：高鞠仁手握重兵，霸占范阳城；官军虎视眈眈，随时准备反扑；史朝义一心想回范阳，没有心思攻打潼关和长安。

随后的日子里，史朝义不断安抚高鞠仁，让他觉得范阳的事情已经过去，让他不要再有任何纠结。上元二年（761）六月，史朝义下旨：范阳是大燕的老巢，不可一日无节度使，任命太常卿李怀仙为御史大夫、范阳节度使。

这就有点令人伤心了。想想看，高鞠仁在范阳城玩命地巷战，好不容易从小将军爬到今日的高位，怎么会将范阳拱手相让？高鞠仁已经想好了对策：在李怀仙上任的时候羞辱他一番，最好能够激怒他，让他在范阳地界闹出点事，然后再用兵镇压，继续掌握范阳的大权。

李怀仙也有自己的算计。他料定高鞠仁虽然狂妄自大，但不至于向他动武。临行之前，李怀仙挑了几千名老弱残兵，以此示弱。李怀仙本来是钦命的范阳一把手，可到达范阳地界后，居然开启了装孙子模式。

按照规矩，高鞠仁应该给皇帝使者接风洗尘的，然而他却无动于衷，连慰问环节都取消了。按照规矩，李怀仙应该入驻到范阳节度使的府衙，可府衙被高鞠仁霸占，李怀仙低调地躲进范阳县衙，宣布这里才是他的办公地点。

接下来的十几天，李怀仙和高鞠仁相安无事，如同路人。反倒是高鞠仁摸不准对方的套路，有些惴惴不安。一天中午，李怀仙设宴招待将士，派人去请高鞠仁前来赴宴。正所谓宴无好宴，高鞠仁也是从死人堆里爬出来的，应该明白这个道理，可就在当天，他居然带着几个好兄弟，直接赴宴了。

酒到半酣之时，席间出现了一位活跃的人，此人是李怀仙的手下朱希彩，他趁酒兴疯狂撒欢，时不时地和高鞠仁眉来眼去。高鞠仁越看越觉得不对劲，怀疑李怀仙要在席间谋害自己，因此借着上茅房的机会溜回营中。

宴会之后，李怀仙把朱希彩抓了起来，安了个惊军之罪，并派人前去高鞠仁的大营解释：这家伙喝多了，怕是做了什么不妥当的事，这才让高大人受惊。

在敌人的眼里，任何解释都是多余的。就在当晚，高鞠仁召集了将士，决定先下手为强。然而，天公不作美，就在高鞠仁出兵的时候，老天爷降下了瓢泼大雨，士兵们在雨中前行，雨水模糊了视线，只好取消突袭行动。

高鞠仁在营中想了一夜，李怀仙似乎没有什么出格的行为啊。如果贸然出兵杀了他，恐怕会难以收场吧？第二天一早，高鞠仁又打消了用兵的念头，一个人骑着马溜达到范阳县衙，门童将此事通报给李怀仙。这人该不是脑子出了毛病，昨晚还在疑神疑鬼想要杀他，今天却单骑前来范阳县衙？

李怀仙是个谨慎的人，他怕高鞠仁又有什么坏心思，于是一面派人去门外打听消息，一面微笑着把他迎了进来，二人称兄道弟，攀谈了半天。

就在此时，手下的人进来通报，说门外并没有大军埋伏，高鞠仁恐怕真是吃错了药，一个人闯进阎王窝里来了。李怀仙闻言，脸色立即冷了下来，当即吩咐亲兵擒杀了高鞠仁。高鞠仁被杀，范阳城重新回到了史朝义手中。

这场弑君政变让史家王朝元气大伤，不要说重新进攻洛阳，就连自保也成了问题，叛军从此走上了覆灭之路。

贰拾贰

唐廷的内斗

李辅国：想要权势长久稳固，必须把皇帝控制住

史家王朝内乱的时候，唐廷内部的斗争大戏也是令人眼花缭乱。

各方势力角逐之下，一位朝廷新贵崭露头角。此人便是宦官李辅国，一个将大唐王朝搅得天翻地覆，以至于皇权体系崩塌的毁灭性人物。

李辅国（704—762），本名李静忠，曾被赐名护国，后又改为辅国，相貌奇丑无比。李辅国入宫之后便一直跟随李亨，由于寡言少语，心思深沉，李亨并不太待见他。不过，李辅国对李亨极为恭顺，办事也比较靠谱，虽然不受待见，在太子宫还算是有点地位。

当时，李亨受杨国忠的欺压，忍痛休了韦妃，并将她贬为庶人，李辅国猜中了李亨的心思，派人暗中保护韦妃，让韦妃衣食无忧使李亨内心的愧疚少了几分。这件事情办得十分漂亮，李亨也就从内心接纳了他。

李亨北上灵武，李辅国被任命为元帅府行军司马。

平叛时期，李辅国更是掌管着军营里所有的印章和兵符。当时，李亨所有的旨意全部先交代给李辅国，然后让他用印后再传达给朝臣和将领，全国各地往来的军事函件，先由李辅国整理，最后上达李亨。

在灵武期间，张良娣深受李亨宠爱，却和建宁王李倓、广平王李俶、幕僚李泌产生隔阂，李辅国为了讨张良娣的欢心，主动卖身投靠，达成进退攻守联盟。当时，李亨打算立建宁王李倓为兵马大元帅，却又担心他因为军功而上位，威胁到广平王李俶的政治地位，因此态度摇摆不定。

幸运的是，兄弟二人并没有因为太子之位产生隔阂，在幕僚李泌的干预下，大元

帅花落广平王李俶的头上，而建宁王欣然接受。然而，李辅国和张良娣却在李亨面前诋毁建宁王，说他觊觎兵马大元帅之职，忌恨广平王，有暗中谋害的意思。李亨不查之下，下令将建宁王处死，形成一大冤案！

建宁王被杀之后，李辅国又将矛头对准了李泌和广平王。

不过，李辅国很苦恼，广平王是李亨钦定的皇位继承人，而李泌更是李亨的心腹，他虽有心迫害，却无从下手。当时，广平王李俶想动手除掉李辅国，李泌却不愿意冒险，或者说不愿意让新政权内斗，因此拦下了广平王，甚至将宫禁的符契和钥匙也一并移交给李辅国，以此来为自己求一条退路。

事实证明，李泌虽然有韬略，眼光却未免有些短浅。

回到长安之后，李亨回想起自己和李辅国在灵武的默契，因此加封他为殿中监、少府监、闲厩使、五坊使、宫院使、营田使、栽接使、陇右群牧使、铸钱使、长春宫使，开府仪同三司，成国公（食邑五百户）。

殿中监掌管朝廷的礼仪和皇帝的起居生活，少府监掌管百工技巧诸务，营田使掌管官田，铸钱使负责铸造货币。这些官职虽然没有前朝的宰相显赫，却都是代替皇帝打理家务的工作，皇帝的信任其实更加重要。

一般的官员都是住在皇城外面，如果骑马到皇城边上，都得下马走路，以示对皇帝的尊重。然而，李亨却对李辅国高看一眼，直接在皇宫内批了一块地，给他建造了一套官邸，这在大唐可是独一份。

客观地说，安史之乱后，边镇节度使拥兵自大，各怀心事，就连郭子仪和李光弼，李亨也是一边用着他们，一边派宦官监督他们。

与此同时，朝中人才匮乏，李亨根本找不到可以信任的人，李辅国正是靠着自己的忠心和能力，才让李亨对他委以重任，另眼相看。李亨不担心李辅国会造反，因此将禁卫军和用印大权全都交给了他打理。

要知道，中国古代通讯不便，有的官员一生也没见过皇帝，对于皇帝诏令的执行不是看人，而是看章。只要有大印，什么事情都好说。按照规矩，李辅国虽然掌管着大印，充其量也不过是盖章的角色，然而皇帝不可能一整天都去上朝处理国家大事，也不可能整日将印章带在身上，每逢休息的时候，都是由李辅国向李亨汇报，李亨再决定是否用印。

久而久之，李亨觉得很繁琐，后来干脆懒得管这些破事，直接让李辅国和宰相们互相协商，全权处理去了。这就有意思了，大家坐在一起商议政事，李辅国的态度极其霸道，有时候甚至拿出了决策者的姿态，群臣起先还问这是不是皇帝的意思，李辅国的回答很简单：你要是不信，你就亲自去问皇帝。

大臣们都不傻，谁敢去找皇帝的晦气，久而久之，政事堂便成了李辅国的一言堂。李辅国毕竟是宦官，想要在前朝树立威信，必须得提拔自己的人，而手中的大印便是他唯一的武器，但凡官员们想晋升，李辅国便有控制他们的资本。

为了牵制朝中的官员，李辅国成立了一个特务机构，然后招募了一批专门打听别人隐私的混混。这些人没事就在民间转悠，打听官员们的桃色新闻，或者行贿受贿的事情，然后上报给李辅国。

李辅国拿到证据之后，小试牛刀，朝中的官员们立马就服了气，甚至有人公开称呼李辅国为五父。

李辅国的嚣张引起了许多朝臣的不满，也引起了李亨的注意。有一次，宰相李岘在上朝的时候狠狠地告了一状，李亨也想教训一下李辅国，因此勒令他遵守朝廷制度，不要再打着皇帝的旗号擅权弄政，同时也对李辅国的特务机构提出了严肃的批评，并责令他就地解散。

有了李亨的约束，李辅国这才收敛了气焰。

每个人都有成长和成熟的过程，李辅国在皇帝面前吃了瘪，却也长了智慧。他明白了一个道理：要想让权势更加长久可靠，必须得控制住皇帝。自此以后，李辅国在朝廷刷存在感的同时，也在蛰伏待机，等待走向人生巅峰的机会。

谁也没有想到，李林甫的人生转折会来自兴庆宫。

回长安之后，李隆基一直居住在兴庆宫。七十余年的阅历让李隆基对世事看得更开，更何况自己放弃了权力，换来了难得的父子情谊，这也让李隆基的晚年得到莫大的慰藉。

兴庆宫和大明宫之间有一个夹墙，李隆基想看儿子的时候会从此经过，李亨也会经此漫步到兴庆宫，看望年逾古稀的父亲。父子相对而坐，畅聊过去的人和事，聊聊皇城里出生的皇子和公主，偶尔也会就国事交换意见，这样的父子关系让李隆基感到非常的惬意和满足。

为了让李亨放心，李隆基很少与朝臣来往，就算是蜀中前来拜会的老朋友，李隆基也是让妹妹玉真公主招待，自己轻易不会露面。入住兴庆宫后，身边只有高力士和龙武卫大将军陈玄礼二人，他们一个是受人敬仰，忠正耿直的宦官，一个是对李亨有恩，为人处世有原则的老臣，李亨对他们非常放心。

在兴庆宫，李隆基每日只是与老朋友聊聊过去，或者召集妹妹玉真公主、内侍王承恩欣赏一下梨园子弟创作的最新作品。孤独的时候，李隆基回忆最多的还是令他神魂颠倒，一生痴迷的杨贵妃。为此，李隆基偶尔还会让人安排去华清池小坐一会儿，待上几天。

兴庆宫在长安城的东边，靠近繁华闹市，李隆基没事的时候喜欢在靠近南街的勤政务本楼、花萼相辉楼和长庆殿观望徘徊，很多老百姓看到他后也会停下来跪拜，高喊万岁，李隆基则会命人在楼下摆满吃食，供老百姓享用。

晚年李隆基：垂垂老矣，心如止水

平淡而温馨的日子，李隆基十分享受。然而，就在李隆基准备安度晚年的时候，麻烦找上了他，应该说有人将李辅国擅权弄政的事告诉了他。

李隆基做了四十多年的天子，可谓历经过人间的一切，他一眼就看穿了李辅国的狡猾奸诈，也知道此人以后会是什么德行。

李隆基很纠结，如果提醒李亨，恐怕会让他误会自己干政，影响父子的感情，如果不提醒，李辅国以后闹出什么麻烦，大唐的江山社稷该怎么办？思虑再三，李隆基觉得自己没把握说服李亨，于是决定不插手此事。

李隆基沉默了，可身边的人听说李辅国的霸道之后非常气愤，尤其是李隆基从蜀中回长安之时，李辅国对高力士、陈玄礼等人横挑鼻子竖挑眼。这帮人没事就聚在一起，要么说李辅国的风凉话，要么抱怨李辅国。

李辅国本来和兴庆宫井水不犯河水，可近来的风言风语让他十分不快，在他看来，自己再怎么无能，修理一下兴庆宫还是毫无问题的。

恰逢李辅国被李亨修理了一顿，想要重新取悦皇帝，于是找了个机会递了几句话："陛下啊，太上皇每天在兴庆宫和旧臣聊天，有时候也会找将军们过去喝酒吃饭，搞得似乎很神秘啊。"

李亨觉得很无聊："这有什么，太上皇以前也是这样的。"

李辅国准备上正菜了："陛下，奴才听说高力士、陈玄礼等人最近老是抱怨，说跟着陛下立了不少功劳，如今只能在兴庆宫围着老皇帝转悠，钱也拿得比别人少，心里似乎不痛快，像是有哗变的迹象啊。"

李亨：“竟然会有此事？”

李辅国：“是啊，奴才没事的时候经常开导他们，可他们脑子却一直转不过来，长此以往，奴才担心会有事情发生。本来，事情牵涉太上皇，奴才不该多嘴。奴才知道，太上皇一定不会这样想，可他手下的那帮人，未必不会为了一己之私，做出对不起陛下和太上皇的事情啊！”

李亨明白李辅国的意思，却只是一笑置之。李辅国仍旧不死心，过了一段时间又对李亨说道：“陛下，您身为一国之君，自然不能像普通人家一样顾念父子之情，为了天下安危着想，还是应该尽早处理此事啊！”

李亨不为所动。

李辅国：“陛下，太上皇居住的地方挨着闹市和居民区，宫城又低矮，每日都和一些复杂的人打交道，安全难以保证。如果能将太上皇迁入皇城，既能保证他的安全，陛下也能经常和他走动，岂不是两全其美？”

李亨再一次无视。

李辅国无语了，话都说到这个份上了，难道还不清楚？

这不是李亨该有的态度啊！问题是，有时候领导不表态，是不想承担责任。李辅国猜不透李亨的想法，于是决定想办法试探一下。当时，李隆基的兴庆宫有三百多匹骏马，李辅国连招呼都没打，直接派人将骏马给牵走了。

李隆基以为这是李亨的意思，心中十分难过，于是对高力士说道：“皇帝被李辅国所惑，恐怕这份孝心不会从一而终啊。”

此事过后，李辅国又招了一批禁卫军将领前去向皇帝哭诉，说兴庆宫在闹市之中，保卫工作很难做，平日了为了照顾太上皇，只能派很多人布防。尽管如此，他们还是提心吊胆，唯恐出什么差错，如果能让太上皇搬到太极宫就好了。

李亨听完之后，一言不发，只是哭泣。

李辅国的两次小动作都是瞒着李亨进行的，而且第二次的表演非常拙劣，出了宫门后，李辅国居然吓出了一身冷汗！然而，李辅国的阴谋还是奏效了。骏马被牵走之后，李隆基心里还在怄气，压根不想和李亨见面，而李亨则忙于国政，生了一场大病，也没工夫去兴庆宫问安。

就在此时，张皇后找到了李辅国，让他派人去兴庆宫找太上皇，说是皇帝邀请他来太极宫游玩。李隆基怄气归怄气，当李亨主动示好的时候，他的心情顿时爽朗了，因此兴致高昂地乘坐玉辇，准备赶往太极宫。

兴庆宫睿武门，李辅国骑着骏马，带着五百名禁卫军拦住了去路。

李隆基虽然见多识广，可还是被眼前的景象镇住了，他以为李辅国想要来杀他，可等了半天，李辅国也没有蹦出一句话。还是身旁的高力士机敏，他站出来呵斥道："李辅国，你怎敢如此大胆无礼。太上皇有旨意，赶紧下马听宣。"

李辅国本就心虚，高力士一声呵斥，李辅国居然从马背上掉了下来。高力士一看有门儿，又朝着禁卫军将领喝道："太上皇有旨意，你们赶紧下马。"

不得不说，李隆基虽垂垂老矣，可帝王的气场仍在，禁卫军将士手握钢刀，可在李隆基面前竟然没有任何底气，纷纷将刀收入鞘中，老老实实跪了一地。

高力士趁热打铁："你们这些胆大妄为的禁军，竟敢拔刀对着太上皇，这是谋逆大罪，是要杀头的，希望你们不要以身犯险，知法犯法。"

禁卫军将士虽然得到了李辅国的指示，可面对高力士的强势和怒火，居然朝李隆基拜了两拜，喊了声万岁。

高力士清楚，李辅国既然带兵前来，肯定不会善罢甘休，如果强行违逆他的意思，局面可能会闹僵。看到局势得到了控制，高力士的语气缓了下来："李辅国，你带人惊扰太上皇可是犯了大罪，赶紧在前面带路，前往太极宫见皇帝！"

李辅国十分郁闷，俺们是来搞太上皇的，怎么被别人呛了一顿啊。随后，李辅国带着李隆基来到太极宫甘露殿。然而，殿内并没有李亨的身影，李隆基、高力士等人都知道，这是李辅国的圈套，于是纷纷选择沉默面对，接受现实。

李辅国仗着五百名禁卫军，强行将陈玄礼、高力士等人带走，只留下了数十个老弱病残的士兵把守在甘露殿外。不过，李隆基似乎很乐观，他对这些老人说道："兴庆宫是朕成就帝王之业的龙兴之地，我曾经多次想让给皇帝，可他却不愿意接受，如今咱们能搬到这里，本就是我的心愿啊！"

一个将大唐王朝推向历史巅峰的帝王，如今却被毫无尊严地软禁，这该是历史的悲哀吗？也许，世事皆有轮回，人生的圆满不一定总是在最高潮的地方结束。一代帝王走过了世人都不曾走过的路，如今变成一位平凡的老人，在心静如水的状态中安度余生，也算是最完美的结局吧。

晚年李亨：活在悔恨之中

李辅国调派禁卫军对太上皇用强，甚至将他囚禁在甘露殿一事，全都是瞒着唐肃宗李亨进行的。当时，李辅国安置好李隆基后，和手下的六名禁卫军将领身穿白衣素服，打算去向李亨请罪。

李亨素来以孝顺著称，如今太上皇的亲信被就地解散，李隆基本人也被迁移到甘露殿，任谁都会觉得李亨在清算旧账。李亨非常愤怒，可看到李辅国和禁卫军将领坚韧自信的表情，他居然发虚了。

李亨安慰道："你们辛苦了，兴庆宫和太极宫没什么分别，你们也是担心有小人搬弄是非，所以预防万一，朕不会处罚你们的。"

选择对李隆基动手，本就是李辅国的人生赌博，他赌定李亨虽然会生气，却会默认他的做法。不可否认，他确实赌对了。然而，李亨的沉默和退让并没有让李辅国见好就收，反而让他开始变本加厉地嚣张跋扈起来。

李隆基迁到太极宫后，颜真卿率领群臣前去探望，结果遭到李辅国记恨，没过几天，李辅国便编造了一个罪名，将颜真卿贬为蓬州（今四川省南充市仪陇县）长史。随后，高力士被流放到巫州（今湖南省怀化市），昔日的禁卫军首领陈玄礼被剥夺官职，强行进入退休状态，王承恩被流放到播州（今贵州省遵义市），玉真公主则迁到了玉真观当起了女道士。

自此，李隆基成了真正的孤家寡人。

客观地说，打压归打压，李辅国没有虐待李隆基，李亨也没有迫害父皇，所有的行动都是在为权力的稳定考虑，无可厚非。

为了安抚李隆基受伤的心灵，李亨给老爹送了一百多名女子，又将李隆基的万安公主和咸宜公主召进宫中，专门负责他的衣食起居。至于全国各地进献的御用物品，李亨一律先送到甘露殿，让李隆基优先享用。

李亨也很无奈，他不想让老爹回到兴庆宫，只能用小事来求得原谅。然而，自此以后，李隆基就开始变得沉默寡言，精神也开始萎靡不振。对他来说，世间的一切都是虚幻的，唯有他记忆中的往事和故人是真实的。

此后，李隆基爱上了辟谷，也就是不碰荤腥、只吃素菜的一种养生方法，但是仅靠素菜根本满足不了他的营养需求，再加上精神上的打击，抵抗力每况愈下，疾病也就随之而来。

将李隆基迁到甘露殿，虽然不是李亨授意的，却和他的默认有直接的关系。如今老爹的身体每况愈下，原本和睦亲爱的父子，也慢慢变成冷漠的路人，李亨的精神也备受打击。

没过多久，李亨忧思成疾，一病不起，他没法再去看望李隆基，只好派人每天伺候，再将父皇的身体情况说给自己听。

李亨躺在病床上，回忆着和父皇的点点滴滴，回忆在兴庆宫父子畅谈的美好时光，回忆父皇交出权力之后的坦诚和期许，心中想明白了一个道理：所谓兴庆宫的谋逆，所谓的防微杜渐，也许都是李辅国的阴谋。

想通了这一切，李亨对李辅国的态度越来越恶劣，以至于到了厌恶的程度。李亨多次想找人除掉他，可他明白，想要除掉李辅国，必须动用禁卫军，可想起几大禁卫军首领联合李林甫将太上皇迁入甘露殿一事，李亨就心惊肉跳。如果将自己的想法告诉他们，万一遭遇背叛，李辅国孤注一掷该怎么办？

李亨思虑再三，决定先按兵不动。

上元二年（761）八月，李亨下旨：加封李辅国为兵部尚书。

兵部尚书是高级官员，有了这个职务，李辅国就可以堂而皇之地走向前朝。李辅国非常兴奋，养马的出身，奋斗了这么多年终于坐到了尚书之位，虚荣心瞬间爆棚。为此，李辅国还专门邀请文武百官热烈庆祝了一番。

然而，李辅国想成为大唐朝廷的重臣，兵部尚书之外，是否还缺个同中书门下平章事的头衔呢？李辅国心痒难耐，明确提出想晋升为宰相。

李亨身染疾病，心情本就不好，看到李辅国欲壑难填的嘴脸，顿时泛起了难以言说的恶心。可面对李辅国的淫威，李亨又不敢横加拒绝，于是强压心中的怒火，婉转地说道："以你的功劳，做什么官都可以，只怕文武百官不同意。"

李辅国碰了钉子，心中极为不快。

你说百官不同意，那我就找几个大官捧捧自己，到时候看你有什么话好说。很快，李辅国就活动起来了，他撺掇了几个高级官员，希望他们在上朝的时候能给自己戴戴高帽，推荐他为宰相，至于好处嘛，自不必多说。

李亨对李辅国的想法了如指掌，他暗中召见中书侍郎、同中书门下平章事、集贤殿崇文馆大学士萧华，语重心长地说道："李辅国当了兵部尚书之后还不满足，想当宰相，如果文武大臣的推荐奏章递上来，那么朕也拿他没办法了。"

萧华知道李亨的苦衷，于是积极联络朝中大臣，想扼杀李辅国的幻想。他找到尚书右仆射裴冕，说李辅国是个野心家，坚决不能让他做宰相。裴冕是李亨旧臣，为人正直可靠，他回应道："李辅国已经找过我了，让我推荐他当宰相，我没有答应他。现在即便砍断我的双臂，我也不会推荐他当宰相。"

萧华和裴冕都是宰相，他们两人不表态，也就意味着李辅国的宰相梦彻底破灭。李辅国是个睚眦必报的人，得知自己升官这路被萧华和裴冕二人阻拦，当即决定，要找个机会将他们除之后快。

上元二年（761）七月初一，天空出现了日食天象，整个长安城都陷入黑暗之中，人们纷纷猜测，恐怕不久之后就会有灾难发生。李亨很有自知之明，他的第一反应就是自己是否做错了事，这才引起上天震怒，降下异象警示自己。难道是没有对太上皇尽忠尽孝？自己的功德配不上太上皇给的尊号？天下有什么冤狱？朝廷用人不当？李亨心中的阴霾，久久挥之不去。

上元二年（761）九月二十一日，李亨下诏除去"乾元大圣光天文武孝感皇帝"的尊号，以后只称皇帝。与此同时，宣布大赦天下，又在宫里请了一堆和尚念经祈福，希望能够减轻自己的过错，祈求上天的原谅。

然而，这些并没有给李亨带来任何福气。没过多久，太极宫便传出了消息：太上皇和当今圣上的病势逐渐转重。

病重之后，李亨几乎没有再处理公务，也很少和外臣见面。然而，最令他放心不下的就是地方军镇。安禄山和史思明虽然烟消云散，史朝义也是秋后蚂蚱，蹦跶不了几天，可大乱之后，各地的节度使越发飞扬跋扈，朝廷已经快要难以节制了。为此，李亨单独约谈了郭子仪等人，勉励他们好好为大唐江山尽忠。

宝应元年（762）年三月，京兆尹出缺，不少人都盯着这个肥缺。

李辅国想了想，不能让这块肥肉落到别人手中，于是想让亲信元载（李辅国的妻子元氏和元载是同宗）担任京兆尹。没想到，李辅国把关系疏通之后，元载居然拒绝担任京兆尹，至于理由，编得漏洞百出。

起初，李辅国以为元载是谦虚，可后来发现不是这样，于是找他谈话，直接问他的想法。元载支支吾吾不肯回答，不说对官位没兴趣，也不说自己想干吗。李辅国这才明白，这小子是嫌弃京兆尹官职太小，想做宰相。

李辅国脑子转了转，大唐开国以来，还没有宦官担任宰相的先例。如今皇帝不松口，朝臣对自己又有意见，想要在短时间内冲击宰相之职，难度确实不小。既然这样，为什么不扶持一个傀儡宰相呢？

想通了这一切，李辅国便找到李亨，请求他罢免萧华、裴冕的宰相职务。李亨虽然生病，可脑子不糊涂，他拒绝了李辅国的无理要求。谁料想，李辅国咬定青山不放松，一会儿在李亨面前软磨硬泡，一会儿言语威胁，李亨最终还是表现出了软弱的本性，开始向李辅国妥协：罢免萧华同中书门下平章事之职，降为礼部尚书，任命元载为门下侍郎、同中书门下平章事。

李亨的妥协并没有换得李辅国的感激，没过几天，李辅国就将萧华贬为陕州司空。紧接着，李辅国用同样的手段将裴冕贬为冕州刺史，逐出了京师。

很多人可能很奇怪，李辅国为何会如此猖狂，以至于李亨也不敢动他？

这是一个非常沉重的话题。

安史之乱，改变了大唐的国运，也改变了大唐的权力秩序。在此之前，中央朝廷很强势，又遇上几个贤明的君主，一批敢说话，敢做事的朝臣，所以大唐才会如此强盛。安史之乱爆发后，朝廷的政治秩序完全混乱。

长安以外，一切以拳头说话，奉行谁实力强，谁就有地位的江湖秩序，长安城内，李亨一朝被蛇咬，十年怕井绳，一切以稳定和平为主。再加上李亨性格懦弱，担心政局变动会让自己陷入危险，对许多事情都奉行“鸵鸟”政策，这才让李辅国越发猖狂，逐渐失去了控制。

简单来说，其实就两条：李辅国掌握禁卫军，李亨怕死，怕出逃，怕动荡。想想看，皇帝都怕了，朝臣还能怎么办，只好睁一只眼闭一只眼，看着李辅国继续飞扬跋扈，不可一世。

宝应元年（762）四月初三，楚州刺史崔侁给朝廷上了一道奏表：

楚州有个叫真如的尼姑，恍惚之间好像到了天庭，见到了玉帝，玉帝给了她十三枚宝石，分别是玄黄天符、玉鸡、谷璧、西王母白环、碧色宝、如意宝珠、红靺鞨、琅玕珠、玉玦、玉印、皇后采桑钩、雷公石斧、阙，把这十三宝放在阳光下，就会出现白气冲天的异象，玉帝对她说：“大唐将会有灾难发生，可用我给你的十三宝来镇灾。”

大家都知道，这是地方官员迎合皇帝的政治投机。鉴于两位皇帝病入膏肓，大家也就没有拆穿。不仅如此，群臣不约而同，纷纷给皇帝上表祝贺，说是皇帝先前的诏书感动天帝，这是上天对大唐的护佑，以后的日子一定会慢慢好起来。

然而，在生老病死面前，再美丽的谎言也无济于事。宝应元年（762）四月初五，也就是祥瑞报上来的第三天，一代圣主李隆基在太极宫驾崩，享年 78 岁。

听闻太上皇驾崩，李亨追悔不已。李隆基晚年遭受的痛苦是他一手造成的，这是李亨挥之不去的隐痛。李亨特别想去看李隆基最后一眼，可病入膏肓的他没法再起身，只能在御榻上不停地追悔和流泪。

当时，几乎一半的朝臣都受过李隆基的教诲，听闻昔日帝王晏驾，纷纷痛哭流涕，百姓也自发地身穿素服为李隆基默哀。更有甚者，四百多名少数民族的大臣以刀割面（民族礼仪），以示对李隆基的尊敬和哀悼。

很快，李亨的身体状况也急转直下，他公开颁布了诏书：圣驾即日起前往华清宫静养，命太子李豫监国。

李亨驾崩：一生波折的帝王星陨落

太上皇驾崩，皇帝病入膏肓，大唐的权力即将面临重新洗牌，这对有些人来说是噩耗，可对绝大部分人来说是仕途飞跃的机会。一时间，觊觎权力的积极分子纷纷活跃到前台：皇子、朝臣、宦官、深宫内的野心家。

这些人中，最值得一提的便是张皇后。张良娣本来不受李亨的待见，可在灵武的那些日子，张良娣一路相随，日夜相伴，脏活累活抢着干，这让李亨感动不已。还在灵武的时候，李亨就想封她做皇后，只不过李泌强势阻拦，这才没能成功。回到长安之后，李亨第一时间让她做了正宫皇后。

张皇后膝下有两个儿子：十二子李佋（生于753年）、十三子李侗（生于756年）。按照张皇后和李辅国的设想，他们先干掉太子李豫，或者将他驱逐出长安，然后扶持李佋为太子，就此掌控权势。

幸运的是，李亨早已经得到幕僚李泌的提醒，再加上他和太子李豫的感情非比寻常，不管张氏和李辅国如何进谗，他始终守住了不换太子这条底线。

上元元年（760）六月，李佋患病去世，小儿子李侗又不受李亨的宠爱，张皇后也就放弃了为他争夺太子之位的心思。事实上，李辅国和张皇后勾结的最终目的就是打压太子李豫，然后扶持张皇后的儿子。李佋去世后，二人便没有了共同的利益基础，再加上李辅国已经成为朝中的一号人物，自然不再把张氏放在眼里。

张氏是个自尊心极强的女人，李辅国利用和背叛了她，还时常在她面前耀武扬威，这让她气愤不已。当时，李亨已经病入膏肓，没办法为她撑腰，为了能够和李辅国斗上一斗，她决定为自己找个外援：太子李豫。

有一天，张氏假传皇帝的旨意，宣李豫进宫面圣，李豫原以为父皇有什么话要给自己交代，一看竟然是昔日的仇敌张氏，心里顿时就闹情绪了。

张氏没心思哄他，直接把话挑明道："太子啊，李辅国手握禁军，你父皇的诏书都是由他来发布，这可不是好兆头。眼下，李辅国最忌惮的就是太子和我，如果皇帝难以痊愈，李辅国伙同亲信程元振等人入宫作乱，那可就大事不妙了。在此之前，李辅国威逼太上皇从兴庆宫迁入太极宫，陛下对他意见很大，如果太子能设法除掉他，必得人心。"

按理说，张氏是个不错的合作伙伴，但李豫向来谨慎小心，也很情绪化，他还在想着张氏想置自己于死地的嘴脸。李豫细细想来，张氏说了半天，无非是利用他对付李辅国，她手中一无亲信，二无兵力，凭什么找自己合作？

李豫回应道："李辅国和程元振都是父皇的亲信，眼下父皇病入膏肓，如果我等不先和父皇打招呼，擅自策划政变杀了他们，恐怕父皇会受惊。"

策划政变还要先告诉皇帝？发动政变还担心李亨受惊？只能说，需要再给李豫一次重新组织语言的机会。

张皇后明白，李豫对自己还有成见，不可能轻易合作，张皇后也不想低声下气去求他，于是愤然道："那既然如此，太子就请先回去吧，我再好好想想！"

李豫离开后，张氏的仇恨变得无以复加。李辅国，李豫，你们统统都去死吧。张氏思虑再三，制订了一个歹毒的计划，要彻底埋葬李辅国和李豫。

数日之后，张皇后找到了李亨的次子越王李系。他是天下兵马大元帅，虽然没有实权，在皇子中的地位却仅次于太子李豫。

张氏开门见山："越王殿下！李辅国在朝中势力逐渐坐大，皇帝和我都是忧心忡忡，我本来想叫太子设计除掉他，但他软弱无能，无法完成皇帝的心愿。如果你能够除掉李辅国，那我就拥立你为皇帝。不知你意下如何？"

李系眼睛一亮，顿时来了兴趣。再者说，李亨也讨厌李辅国，既然有皇帝和皇后的支持，这事虽然担些风险，做成了却是大功一件。

李系说："好！"

简单的一个字，饱含了李系的所有动力。

悲剧的是，李辅国早已经在张皇后身边安插了奸细，他们商议对付李辅国的时候，李辅国和程元振等人就已经得知了消息。李辅国确实没有想到，张皇后居然会铤而走险，既然如此，那就把你们一起收拾了。对李辅国来说，杀死张皇后和越王李系毫无难度，问题是谁来做太子？

李辅国思来想去，决定还是扶持李豫。一来李豫性格柔弱，二来打着李豫的旗号，出兵就变得名正言顺，不用担心有人秋后算账。

反倒是张皇后这边为难了，发动政变需要军队，可禁卫军都在李辅国手中，如果利诱禁卫军首领，泄密的可能性太大。再者说，在长安城发动政变，李辅国的禁卫军可以随时支援。思虑再三，张氏和李系决定将埋伏的地点定在长安城郊外的华清宫长生殿。

第一，长生殿远离大明宫和太极宫，不受禁卫军的控制。

第二，李亨在华清宫长生殿养病，到时候以皇帝的名义召唤李豫和李辅国，他们必定不会带很多人，下手会更加容易。

计划订下之后，张氏开始在宫中收买太监，对他们许以厚利：如果越王做了皇帝，到时候大家都是开国功臣，加官晋爵，光宗耀祖自然不在话下！

太监也分等级，好多人都是进宫谋生的小孩，没阅历没背景没靠山，唯一的出路就是在深宫熬下去，如今眼前摆着一条康庄大道，自然有很多人动心。就这样，张氏和越王在宫内拉起了一支两百余人的宦官小分队。

上元二年（761）四月十六日，凌晨时分，越王李系给太监们每人发了一把锋利的兵器，并嘱咐他们到时候听自己的号令，将太子和李辅国剁成肉泥。

想法很美好，士气很高昂，可就是提前泄露了消息。

此时，李辅国早已经集结了大批禁卫军，将华清宫包围起来，又让程元振在华清宫的凌霄门设下伏兵，只等张皇后等人露出马脚，便将他们一网打尽。

当天，太子李豫接到旨意后急急忙忙地赶往华清宫，到了凌霄门，程元振将太子拦了下来，对他说道："皇后和越王在宫内埋伏了太监，只您要进宫便会遭到毒手，请太子殿下不要入宫！"

李豫不高兴了："明明是父皇召见我，他肯定有事情交代。"

程元振："社稷事大，太子万万不可入宫。来人，将太子护送到飞龙厩，派禁卫军严加保护。"

让禁卫军将自己带走是什么意思？张皇后前几天不是想和自己联手杀死李辅国的吗？为什么会在宫里埋伏杀我？难道李辅国要发动政变？

李豫顿时吓蒙了。

程元振："将太子殿下送走！"

华清宫内，张皇后和越王正在焦急地等待，李系派了好几拨人前往长生殿打听消息，可回报的都是暂无动静。很快，天黑了下来，可太子李豫和李辅国依旧没有入宫，难道是消息走漏了？张氏心中顿生不祥之感。

宫外，李辅国下令了："将长生殿围住，抓捕越王李系和叛党。"

此时，李系正在偏殿休息，突如其来的叫声将他惊醒，他起身朝门外看去，只见一层层的禁卫军将长生殿围住，搜捕小队正往自己藏身的地方走来。

李系呆若木鸡，直接放弃了抵抗。越王府的宦官段恒俊、朱光辉等人求生意愿强烈，带着二百个几乎不会打架的宦官做了短暂反抗之后，全数被杀。

兵器撞击之声不断响起，张皇后惊慌了，她从未想过，自己会离死亡如此之近！为何武则天能够轻松称帝，韦后可以玩弄中宗皇帝于股掌之间，而自己精心策划的兵变居然会这么不堪一击？

张皇后还在胡思乱想，可死亡的气息，铁甲军的搜捕呼喊之声很快便将她带回了现实。危急时刻，张皇后想到了唐肃宗李亨，如果世上还有一人能救她的性命，那一定是李亨。张皇后向李亨榻前飞奔而去，口里大声呼唤着救命。

然而，李亨已经病入膏肓，看到张皇后满脸泪水，惊慌失措的样子，李亨倍觉心疼，可他连自己都保护不了，哪还有能力护着张氏。

李辅国为难了，他们想抓张氏，可皇帝在殿中休息，难道要带兵冲进去，以下犯上？如果李亨强行留下张皇后，自己该当如何？是和皇帝撕破脸皮，还是匍匐在李亨的脚下乞求原谅？

李辅国脑子飞快地转着，最后决定由太子李豫出面斡旋。李辅国："来人，就你！带人进长生殿传话，说太子想找皇后说话。"

大头兵没有脑子，他们误以为李辅国要抓张皇后，于是一拥而上冲了进去，几乎是用暴力手段将张氏拖了出来。禁卫军粗暴的举动吓坏了长生殿的宦官和宫女，他们以为末日来临，纷纷四处逃散，宫内再次混乱起来。

李亨知道太子和皇后的恩怨，看到禁卫军如此嚣张，还以为是太子授意的，于是当场昏了过去。上元二年（761）四月十八日，唐肃宗李亨在长生殿驾崩，享年52岁。

就在当日，李辅国下令将张皇后、越王李系等人处死，随后带着太子李豫身穿素服，在大明宫九仙门与宰相见面，并将张皇后和越王谋反、唐肃宗驾崩的消息公之于众。

上元二年（761）四月十九日，35岁的李豫在长安城太极宫两仪殿为皇帝发丧，并于次日正式登基称帝，史称唐代宗。

李辅国：出来混，总要还的

客观地说，李亨的一生充满了坎坷与艰辛。

在母亲腹中的时候，差点被下药扼杀；做太子时，被父皇猜忌，被杨国忠和李林甫打压；本以为可以正常接过皇位，老爹却莫名其妙地丢了江山；在毫无经验，没有朝臣辅佐的情况下，一肩挑起了复国重任，苦苦支撑着支离破碎的帝国；回到长安后，又得面对史思明的挑衅；好不容易把史思明熬死了，李辅国崛起了；本想到长生殿安静地去世，在临死前还受了一场惊吓……

然而，李亨的命运也还不错，安禄山最强盛的时候，被儿子安庆绪刺杀，史思明最强盛的时候，被儿子史朝义所杀。这难道不是上天的眷顾吗？

遗憾的是，小时候的经历对李亨的影响太大了，为求自保，李亨遇事一味退让，做事情总是患得患失。

对李亨，李辅国一直心怀敬畏，就连在李亨奄奄一息的时候，李辅国也没想着去违逆他的意思。处置张皇后和越王，更是在李亨咽气之后，而且自始至终也没有展开党派清洗活动。由此可见，李辅国虽然嚣张跋扈，可远不如一些心狠手辣、滥杀无辜的权臣可恶，反倒是李亨的退让，造就了李辅国的赫赫权势。

中国的政治斗争史上有一条铁规：任何权臣，对一路追随的皇帝始终保持着敬畏之心，可如果皇帝驾崩，对继任的皇帝都是嚣张跋扈。

李豫登基之后，李辅国变得更加膨胀，甚至说出了“皇帝只需要待在宫里就好，外面的事情全部交给他”这样的犯上不敬的话来。

唐代宗李豫和老爹一样，忌惮李辅国手中的兵权，为了让自己更安全，李豫开始祈求李辅国的可怜，称他为尚父，朝中政务事无巨细都会先征询他的意见，一副大唐缺了皇帝没啥事，缺了李辅国便玩不转的感觉。

然而，李豫并没有坐以待毙，他眼看着父皇在李辅国的淫威下郁郁而终，又怎么能让自己步他的后尘？就在李辅国得宠的时候，李豫趁势将程元振提拔为左监门卫将军，代替李辅国掌管着皇宫的大门。

程元振长期跟随着李辅国，李豫对他高看一眼也没什么大不了，更何况程元振也是长生殿事变中的功臣，该当封赏。

没过几天，李豫下达了一份诏书：封李辅国为司空、中书令。

也许在别人看来，李豫在明升暗降，剥夺李辅国的权势，可在李辅国看来，他控制着禁军，就算自己做了司空和中书令，李豫也翻不起什么大浪来。

然而，李辅国忽略了程元振。就在他沾沾自喜的时候，程元振成了李豫身边最亲近的宦官，而且程元振似乎摸透了李豫的心思，屡次在他面前数落李辅国的不是，并表达了想替皇帝干掉李辅国的意思。

程元振身为左监门大将军，掌握着皇城的禁卫军，保护李豫绰绰有余。再者说，李辅国虽然权势滔天，除非有谋逆造反，自己当皇帝的心思，否则也不能拿李豫怎么样！

应宝元年（762）六月十一日，李豫突然下旨：褫夺李辅国的兵部尚书之职，保持其他职务不变，勒令李辅国搬出宫内的豪宅，去皇城外居住。李辅国欣然接受了李豫的诏书，并没有任何不满，也没有拉着禁卫军将领去闹事。不仅如此，李辅国还主动上表，请求能回家养老。

应宝元年（762）六月十三日，李豫下诏：免去李辅国中书令之职，加封为博陆郡王。

这一次，李辅国觉得有些委屈，他本来是以功臣自居，可如今被皇帝玩弄于股掌之间，让所有人都在看他的笑话。可恶的是，还得巴巴地入宫道谢。

李辅国："老奴侍候不了陛下了，请让老奴到九泉之下去侍候先帝吧。"

李豫假意宽慰道："博陆王，您为大唐立下不世之功，朕是不会忘了你的，回家安心养老去吧。”

望着李辅国离去的身影，李豫的脸色无比阴沉，他咬牙切齿地说了一句：“老匹夫，你就等着死吧！”

这样的恨，我们完全能理解。

在灵武时，李辅国和张氏联手，一心想置他于死地，所以他恨。

最爱的弟弟，建宁王李倓被李辅国迫害致死，所以他恨。

李豫最敬爱的父皇一生都受李辅国的压迫，所以他恨。

爷爷李隆基晚年因为李辅国的逼迫不得善终，所以他恨。

李唐皇室的面子在宦官的权势下黯淡无光，所以他恨。

最恨的是，李唐皇室还不得不承认李辅国对他们有天高地厚之恩，还得违背祖宗的制度，将一名宦官一步步捧上郡王之位。

在李豫的心里，早已经给李辅国判了死刑。

应宝元年（762）十月十七日，夜沉如水，博陆王府进了一群盗贼，他们找到了正在休息的李辅国，将他砍了脑袋，并砍掉了一条手臂，随后大摇大摆地离去。

第二天，李辅国的死讯传遍长安城，尤其是脑袋和手臂被砍，更让长安城的小老百姓不明所以。大家纷纷猜测，一时间八卦盛行。然而，朝臣却异常冷静，无人指责长安城的治安，无人指责京兆尹的失职，无人奏请皇帝调查李辅国被杀一案，大臣们一个个躲在家中不愿露面。

大明宫中，李豫享受着难得的清静，神色异常轻松。随后，大明宫传出了两道旨意：一道是慰问死者家属，追赠李辅国为太傅；一道却是令人匪夷所思的追盗令：有关部门必须严查盗贼。

也就是说，李豫将李辅国被杀一案定性为盗匪入室抢劫案。有关部门领了追盗令，开始卖力干活，至于调查的结果，自然是不了了之。

如何评价李辅国？

其实，李辅国只是手中有权，并非擅权滥权的权臣，他的嚣张跋扈，几乎是拜唐肃宗李亨所赐。李辅国上位之后，没有拉帮结派，没有为非作歹，没有滥杀无辜，和我们想象中的权宦形象差别很大。不仅如此，在李豫性命攸关的时候，李辅国还设计诛杀了张皇后和越王李系，力保他登上皇位，虽然有为己谋私的打算，却也是人之常情。可惜的是，李辅国搞错了自己的定位，以奴才的身份凌驾于皇权之上，岂有不死的道理？可悲可叹。

再请回纥大军助阵

说完宫廷斗争，再来聊聊藩镇之事。

前面说过，李亨最忧心的就是地方藩镇。洛阳失守后，不少朝臣都将矛头对准了李光弼，指责他手握重兵却毫无建树，尤其是郭子仪的旧部，强烈指责朝廷不会用人，不少地方都爆发了哗变。

最先闹事的是绛州（今山西省运城市新绛县），这个地方向来贫困，刚好民间又闹饥荒，军队的粮食根本无法保障。朔方等诸道行营都统（758 年朝廷为镇压藩镇新设的职位，辖制数道兵马）李国贞屡次向朝廷奏报这一情况，朝廷都没有给予答复，军中将士的怨恨情绪非常浓厚。

李国贞和李光弼一样，治军极严，朔方将士早就对他不满，刚好朝中爆发了倒李光弼的风波，以郭子仪旧部王元振为首的将领便假传军令：李国贞过几天会让将士们帮他修都统的宅子，请各自准备畚箕铁锹，随时待命。

这玩笑就开大了，李国贞身为都统，连军粮都搞不定，如今却要手下帮他修房子？将士们群情激愤，王元振便趁机唆使他们找李国贞去理论。

愤怒的人很可怕，愤怒的军人更可怕，李国贞闻讯后惊惧万分，偷偷找了个监狱躲进去，准备等风头过了再出来。可惜的是，李国贞还是被人揪了出来。

王元振把士兵们吃的食物摆在李国贞面前，说道：“大帅，你让将士们吃这些东西，还想让他们帮你修理都统府，能行吗？”

李国贞回答说：“我没有说过要派大军修理我的宅邸，至于军粮我也是屡次向朝廷奏报，但没有得到答复，这是诸位都知道的事。”

士兵们都是受了王元振的蛊惑才来闹事，可李国贞毕竟是三军统帅，眼下话已经当面说清楚了，没说过要征调将士们帮忙修房子，军粮的事情已经催了无数次了，这事儿就算解决了，于是众人准备回家睡觉去了。

就在此时，王元振怒吼道：“今日之事，何必再问呢！李国贞不死，我们哗变肯定要被治罪啊。”王元振话音刚落，李国贞就倒在了血泊当中。

镇西、北庭行营的军队驻扎在翼城，绛州的事情传开之后，以副将白孝德为首的将领聚众哗变，干掉主帅荔非元礼，白孝德顺势接管大权。

河东、镇西等地军队开始哗变，李亨变得焦虑起来。对郭子仪，李亨是又爱又恨。爱的是郭子仪的忠诚和统军之才，恨的是他治军太过宽仁，甚至有收买人心之嫌，以至于河东等地的军队居然集体哗变。

如果大后方再乱下去，局势恐怕就很难收拾了。

李亨深思熟虑之后，决定重新起用郭子仪。诏书很快下达，郭子仪被任命为汾阳王，知朔方、河中、北庭潞泽节度行营，兼兴平、定国等军副元帅。

临行前，郭子仪前往宫中看望李亨。

然而，李亨却以重病在身为由，拒绝接见郭子仪，郭子仪心中愧疚不已，跪在宫门外大喊道：老臣受命，将死于外，不见陛下，目不瞑矣。

李亨心里虽然不高兴，却还是选择信任郭子仪的忠诚，于是让他进宫，吩咐道：河东的事情，全都交给爱卿了。

郭子仪明白李亨的意思，于是含泪告别，星夜兼程地赶往河东。郭子仪到达绛州之后，王元振在第一时间赶到他面前，准备向他邀功请赏。

郭子仪脸色阴沉：“王元振！你身临敌境，杀害军中主将，如果叛贼乘此机会进攻，那么绛州可就完了。”

王元振傻眼了，正想要解释，却听见郭子仪一声暴喝：“拿下王元振！将他拖出去砍了！”紧接着，王元振和手下四十多名士兵全都被处决！

河东的局势稳定后，郭子仪想大展手脚，却突然遭逢皇帝驾崩，朝中权力更迭。

郭子仪是李亨的旧臣，唐代宗李豫没有理由用他。更何况，河东的叛乱就算不是郭子仪指使的，他也逃脱不了干系，李豫对他抱着怀疑的态度。

就在此时，程元振趁机参了一本，说郭子仪功高盖主，手下将领又都飞扬跋扈，日后恐怕会难以节制，最好的办法就是卸了他的兵权，让他回长安养老。

当时，宫中盛传，皇帝不信任郭子仪，打算对他动手了。

听闻噩耗，郭子仪惊慌不已，他连忙给李豫递了请辞的奏折，随后放下河东的防务，主动回到长安。李豫没有过多挽留，好言安抚后便让郭子仪留在长安安心休息，数日之后，李豫下旨：封程元振为骠骑大将军、内侍监。

唐廷内乱的时候，史朝义将目光投向了富庶的江南。

拿下江南就有源源不断的钱财和粮食，就可以招兵买马壮大实力，还可以切断唐军的赋税来源，从经济上遏制唐军。两年前，史思明拿下郸城之后曾派了一支军队南下江淮，可当时叛军的战略重点在洛阳和长安，因此分的兵力极少，路上还被假意投降的田神攻、刘从谏等人破坏，导致计划夭折。

史朝义不想坐困洛阳，因此打算和父亲一样分兵江淮。据史料记载，史朝义刚出兵没多久，就在宋州（今河南省商丘市）遭遇滑铁卢，范阳骑兵不善攻城天下皆知，可史朝义就是想和宋州刺史李岑死磕到底，一连耗费了几个月的时间。

李岑彻底无语了，你要是把宋州打下来，他就可以名正言顺地逃跑了，如今这样耗着，宋州城里面能吃的东西都已经被吃光，只得逼着他拿出陈年酒曲养着唐军将士，打又打不了，跑又不敢跑，真可谓苦不堪言。

也该史朝义走背运，宋州城被围攻的时候，李光弼正在临淮（今江苏省宿迁市泗洪县），闻讯后立即派遣田神功等人火速支援。应宝元年（762）五月，宋州城破之前，官军大败史朝义，将他重新逼回洛阳。

史朝义虽然兵败，却没有大伤元气，唐军没有把握战胜他，只好继续采取围而不攻的策略。问题是，史朝义还活着，平叛的仗还是要打的，究竟该任谁为主帅呢？李豫表示，谁也不用，他想借助回纥骑兵来平叛。

有趣的是，李豫和史朝义想到了一起。

回纥铁骑是范阳军队的噩梦。史朝义担心朝廷会与回纥合作，早就给登里可汗写了信，说是李隆基和李亨相继去世，长安城人心动荡，群龙无首，希望登里可汗能够率领大军杀奔长安，与他一道分享长安城中的金银财宝。

登里可汗对中原神往已久，接到来信，立马带着部队奔赴长安，眼下军队已经到了朔方城。然而，映入他眼帘的不是繁荣和富庶，而是残破不堪的城池，穷困潦倒的百姓，心中顿时生出了轻视之意。

应宝元年（762）九月，李豫派宦官刘清潭出使回纥，正好在朔方城碰到回纥大军，刘清潭心中大喜，赶紧递上了李豫的国书。

登里可汗："听说大唐陛下驾崩，如今长安无人主事？"

刘清潭："可汗陛下，先帝虽然驾崩，可昔日的广平王，也就是与叶护可汗共同收复两京的太子殿下已经登基，长安城并非无人主事啊。"

登里可汗就想抢劫，他的脑子转得飞快，权衡着其中的利弊。如果和唐军合作，李豫能把长安城送给他们抢劫吗？可如果和史朝义合作，那皇室府库岂不是手到擒来？想到这里，登里可汗做了一件非常不讲究的事：他不管两军交战不斩来使的传统，先将刘清潭侮辱了一顿，然后将他囚禁了起来。

关键时刻，刘清潭让手下给朝廷带回了一个消息：登里可汗率领十万大军前来攻打长安，希望朝廷早做准备。

消息传到长安，李豫郁闷了。想当年，磨延啜可汗与唐朝亲善，还求唐肃宗李亨赐了一门亲事，李亨便将仆固怀恩的女儿嫁给了登里可汗，眼下此女正在回纥做可敦（相当于唐朝的皇后），深受登里可汗的宠爱啊。登里可汗为何要倾全国之力对付大唐呢？不可思议。

李豫颇为纠结，他觉得消息可能有误，于是派殿中监药子昂前往回纥军中，并安排使者前去迎接登里可汗。这一次，药子昂说得非常清楚，大唐陛下派他来劳军，而且还准备举办一场欢迎仪式。

登里可汗是来求财的，不是来宣战的，连续两批使者都告诉他大唐已经有了新皇帝，他终于明白自己被人耍了。接下来，登里可汗开始和药子昂套近乎，还表达了想见岳父仆固怀恩的意思。此时，仆固怀恩正驻扎在不远处的汾州（今山西省临汾市隰县），接到诏书后立即赶往了朔方城，登里可汗见到岳父，心情大好，夸赞他养了个好女儿，俨然忘记自己是来抢劫的。

仆固怀恩一本正经地说道："可汗，我是朝廷的将领，你可千万不要忘记唐朝的恩德，干出背信弃义的事情来啊。”

登里可汗：“没问题，我这就向陛下请旨，先弄死史朝义。”

应宝元年（762）十月李豫下旨：封雍王李适（kuò）为天下兵马大元帅，药子昂、魏琚为左右厢兵马使，中书舍人韦少华为判官，给事中李进为行军司马。

李适是李豫的嫡长子，年仅20岁，资历浅，阅历少，难当重任。李豫本想起用郭子仪为副元帅，可程元振和鱼朝恩害怕郭子仪清算旧账，极力反对郭子仪为帅，理由也很冠冕堂皇：登里可汗是个老狐狸，如果他临阵倒戈，官军就会遭遇灭顶之灾，不如起用仆固怀恩，用他来牵制登里可汗。

随后，李豫下诏：封仆固怀恩为同中书门下平章事，天下兵马副元帅兼绛州刺史。不仅如此，李豫还让仆固怀恩把母亲、妻子、七大姑八大姨全部带到前线，让她们和登里可汗的家眷培养感情，以此稳住回纥大军。

不过，李豫还是太天真了，他是中原统治者的思维，想用亲情牌忽悠登里可汗，可人家玩的是财富牌，两人的出发点南辕北辙。历史证明，回纥大军不仅没起到积极作用，反而给大唐王朝带来了深重的灾难。

药子昂是朝廷首席联络员，他建议登里可汗向邢州（今河北省邢台市）、怀州（今河南省焦作市）、卫州方向行军，先把史朝义的地盘抢劫一遍，可遭到了登里可汗的反对。

药子昂重新组织了一遍语言，提议回纥大军从太行山南下，占据河阴（今河南省洛阳市孟津县东北），卡住叛军的咽喉。登里可汗再次拒绝了。

药子昂：“可汗，那你到底想从哪条路走？”

登里可汗：“从蒲州（今山西省永济市）南下，由潼关入洛阳。”

登里可汗确实不傻，如果从河北南下，一路遭遇各种叛军部队，恐怕还没到洛阳，登里可汗就成光杆司令了。在他看来，史朝义长期驻守在洛阳，必定储备了不少金银珠宝，只要跟在官军后面喝点汤，他也就心满意足了。

人在屋檐下，不得不低头。药子昂只好让他们从蒲州一路沿着黄河南下，境内几乎全都是唐军驻地，回纥大军不费一兵一卒就到达了洛阳战场。不仅如此，唐军还将太原城的粮食拿出来犒军，让登里可汗暗爽了一把。

当时，雍王李适的大军已经在陕州集结，回纥则驻军在黄河北岸，李适碍于礼节，亲自率领药子昂、魏琚、韦少华等人前去拜会登里可汗。不料，登里可汗却高高在上，指责李适没有给他行拜舞之礼。

所谓的拜舞之礼，指的是臣子见君主，或者番邦见宗主国的礼仪，当年突厥颉利可汗向唐朝投诚之时，便向李世民行过此礼。李适年纪轻轻，自然不懂拜舞之礼是什么，更何况他是李豫的嫡长子，未来的太子人选，身份尊贵无比，要给回纥可汗行礼，不免觉得有些尴尬。

药子昂看到场面有些尴尬，对登里可汗说道："雍王是天子的嫡长子，也是大唐未来的皇帝，要未来的皇帝礼拜可汗，没有这个道理啊。"

回纥将军车鼻却说："唐朝天子和回纥可汗结为了兄弟，对雍王来说，可汗就是叔父辈，确实要行拜舞之礼。"

关于这个问题，两帮人争论得唾沫横飞，最后登里可汗将药子昂、魏琚、韦少华、李进等人拉出去各打了一百鞭子，以至于魏琚、韦少华二人当晚便因伤势过重，死在了军营中。药子昂等人不仅是李适的僚属，更是大唐的高级官员，登里可汗如此不给面子，完全没有把唐军放在眼里。

问题是，唐代宗李豫自己引狼入室，又能怪得了谁呢？

应宝元年（762）十月二十三日，唐军四十万人马从陕州开赴洛阳。

仆固怀恩和回纥将领左杀二人担任前锋，陕西节度使郭英义、神策观军容使鱼朝恩殿后，大军从渑池（今河南省三门峡市境内）开赴洛阳，潞泽节度使李抱玉从河阳开赴洛阳，河南副元帅李光弼从陈留开赴洛阳。

唐军来势汹汹，更有回纥骑兵助阵，叛军确实被吓到了。阿史那承庆建议，叛军先放弃洛阳，暂避锋芒。然而，史朝义不愿意认怂，他直接传下军令：和唐军决一死战，洛阳城外，一战定乾坤。

据史料记载，史朝义在洛阳城外布置了数万兵马，并模仿唐军昔日的守城方式，挖壕沟，立栅栏，并在洛阳城集结了十万兵马，准备随时反扑。

应宝元年（762）十月三十日，仆固怀恩、鱼朝恩等人率领前锋部队发起冲锋，回纥精兵侧面掩杀，史朝义的数万大军纷纷败退。史朝义没想到，自己精心布置的防线就这样被攻破，早知如此，还不如将十万大军拉到城外和唐军决战。

悔恨是没用的，史朝义当即跨上战马，带着十万大军前去昭觉寺（位于洛阳孟津横水镇，背靠昭觉岭，是唐初最大的佛教寺庙之一）布阵御敌。

唐军很快就打到了昭觉寺，由于战斗状态不错，仆固怀恩率领先锋对昭觉寺发起了数次冲锋，鱼朝恩将五百名射生军精锐也派上了战场。问题是，叛军虽然士气低迷，可毕竟有十万人，又有昭觉寺为依靠，最终还是以人墙战术将唐军阻击在昭觉寺外。官军冲锋乏力，形势开始急转直下。

就在此时，镇西节度使马璘发起了一波冲锋。

据史料记载，马璘在战场上纵马奔腾，耀武扬威，叛军看得目瞪口呆，就在敌军惊吓之际，马璘单枪匹马砍翻两名手持盾牌的叛军，将史朝义的防线打出了一个缺口。官军顿时涌入敌军战阵，开始和他们短兵相接。

大规模混战，骑兵很难发挥优势，官军人数又是叛军的几倍，这仗已经毫无悬念。史朝义带着部队一路转战石榴园、老君庙一带，官军在后面拼命追杀，叛军人马互相践踏，伤亡无数，尸体填满了整个尚书谷。

昭觉寺一战，官军杀敌六万人，俘虏两万人，重创了史朝义的部队。眼看着苦心经营的帝国毁于一旦，史朝义悲愤交加。直到此时，洛阳全面失陷，史朝义率领数百名轻骑从东门逃窜而去，大燕中书令许叔冀等人悉数投降。

洛阳百姓迎来了官军，可没承想，悲惨的命运并没有结束。回纥骑兵入城之后，劫掠了洛阳宫城，还在城中放火杀人。朔方军和神策军看到回纥军队如此行事，也加入了抢劫队伍。

在官军的参与下，局势逐渐失控。

据史料记载，洛阳城内，大火烧了十余天，数万名无辜百姓死于这场无妄之灾，回纥军队抢劫洛阳的同时，官军沿着河阳、郑州、汴州、汝州劫掠而去，就这样持续了三个月之久。

不仅如此，官军还为自己丑陋的行径找了个冠冕堂皇的理由：这些地方都是叛军的地盘，很多人都曾依附过叛军，官军这是为朝廷斩草除根。

安史之乱结束

官军抢劫的时候，仆固怀恩并没有放弃对史朝义的追赶，他将建功立业的机会留给了自己的儿子——右厢兵马使仆固瑒。

当时，仆固瑒和朔方兵马使高辅成率领一万多骑兵乘胜追击，与敌军在郑州展开交战，史朝义如丧家之犬一路溃逃，到达汴州的时候，陈留节度使张献诚紧闭城门，拒绝让他进城，史朝义随后逃奔濮州（今山东省菏泽市鄄城县）。

逃跑的路上，史朝义想明白了一个道理：河北的官员都是墙头草，投靠他们和找死没什么区别，只有范阳才是他的归属！就这样，史朝义一路逃窜到贝州（今河北省邢台市清河县），亲信大将薛忠义将他迎接入城，随后又调来了河北衡水的三万生力军，准备给追击的官军迎头痛击。

令他们遗憾的是，部队的心态已经崩溃，刚刚交锋没多久就四散逃命。与此同时，回纥骑兵也来到了贝州南面的临清县，和仆固瑒形成了合围之势。

史朝义无奈，只好继续逃往莫州（今河北省任丘市）。

屡次交手，屡次败北，叛军将士早已经心灰意冷。他们心里清楚，史朝义没有统兵之才，没有用人之能，在洛阳的时候，手握十几万重兵也不过自保而已，如今手下无兵无将，被人撵着一路从洛阳打到老巢，还有什么希望？

最好的结果，无非是重整旗鼓，多败一次而已。

老部下田承嗣进言道："眼下莫州兵力不够，如果想扳回局势，只得麻烦您回范阳搬救兵，您放心，臣等一定会死守莫州，等待您的援军到来。"

北逃的时候，史朝义看到的都是背叛，可田承嗣居然愿意以性命为赌注，为自己赢得搬救兵的时间，这是什么样的忠心？史朝义感动得一塌糊涂，于是将母亲、妻子、儿子留了下来，自己带着五千骑兵从北门杀出，希望能在官军破城之前赶来支援。史朝义没想到，他刚刚离城没多久，田承嗣便将他的家眷交给了官军，随后举城投降。

此时，史朝义的通信系统已经彻底崩溃，说他是眼盲耳聋毫不为过。他心心念念的范阳，已经被范阳节度使李怀仙拱手送给了朝廷，兵马使李抱忠正带着三千士兵，镇守在范阳县。

临近范阳城下，史朝义疲惫不堪的身体再次焕发活力，在他看来，只要调集数万大军前往莫州支援，便可以力挽狂澜，重振大燕国威。

“开门！快点开门！大燕国陛下回来搬救兵了！”

史朝义一生都在跟随父亲征战，很少在范阳城生活，如今又是以这种身份还乡，心中不免有些悲怆，不知不觉流下了眼泪。亲兵还在楼下大声咆哮，嚷嚷着要守城军官开门，可喊了半天也不见反应。

城门此刻不是应该为他敞开吗？为何守卫会如此森严？

史朝义心中疑窦丛生。

“卑职李抱忠，参见陛下！”

“李抱忠，为何不开城门放朕进去？”

李抱忠：“陛下，大燕国大势已去，眼下唐军兵锋正锐，迟早会收复天下，这是大势所趋啊！正所谓识时务者为俊杰，节度使李怀仙大人早已经将范阳送给了朝廷，眼下我为朝廷镇守范阳城，当然不可能为您开门啊！”

史朝义气得暴跳如雷，眼下范阳城就是他最后的希望，离了范阳城他还能去哪里呢？

史朝义：“李抱忠，我将大部队留在了莫州，田承嗣正率领数万大军抵御官军，我特地带着轻骑回来搬救兵的，只要救兵一到，咱们就可以扳回局势！你身为大燕国的臣子，吃着大燕的俸禄，就当忠君之事，快点开门放我进去！”

李抱忠：“大燕兵败，这是天意。我已经背叛过您，现在不能再背叛朝廷。我不愿乘人之危将您抓住，但愿您早点离去，保全自己。如果所料不错，田承嗣一定已经叛变了，不然的话，官军怎么能够追到这里！”

史朝义已经濒临崩溃：“从早晨到现在，我们滴水未进，难道不能让我们吃一顿饭吗？”

李抱忠并没有把事情做绝，他让人从城楼上用竹篮放下了不少食物，算是表达了些许歉意。身为皇帝，不得不向臣子祈求食物，尊严也算是碎了一地。然而，身边跟随自己的都是忠贞之士，为了填饱肚子，也只能低下高傲的头颅。

史朝义看着士兵狼吞虎咽，自己却毫无食欲。原本想带着他们回范阳寻找东山再起的机会，可眼前的一切已经让他的愿望化为梦幻泡影，不要说东山再起，能够保全性命都是一件难事。

史朝义对正在吃饭的将士们说道：“朕已经一无所有，很高兴你们能够一路追随，眼下范阳城已经陷落，你们愿意留下的就跟着朕，不愿意追随的，吃饱饭就自谋生路去吧。”

士兵们都是范阳的勇士，如果史朝义还有翻盘的机会，他们肯定会选择继续追随。如今，家人就在眼前，谁还有勇气抛家舍业，跟一个没有立锥之地的落魄帝王到处逃亡？一边是老婆孩子，一边是昔日的旧主，将士们在纠结未来的路该怎么走。突然，一个士兵带头跪了下去，紧接着就是第二个，第三个。

将士们都是凡人，终究没有赴死之心，此时此刻说任何话都是多余的。史朝义痛哭流涕，目送数千人相继离去，令他欣慰的是，还有数百名胡人骑兵围在他的身旁不忍离去，这些人都是史朝义的亲兵，从一开始便跟随着史朝义，从来没有背叛之心。史朝义还是没有放弃最后的希望，他想逃奔到契丹境内。

据史料记载，离开范阳城后，史朝义带着仅剩的二百名胡人骑兵一路狂奔，到达温泉栅（一片胡林）时，战马精疲力竭，士兵疲惫不堪，史朝义下令在此地稍做休整，寻些食物和清水补给一下。

经过数月的奔波，史朝义已经濒临崩溃，于是趁着机会闭目养神。也不知沉睡了多久，亲兵惊恐地将他唤醒，史朝义拿起武器，问到底发生了什么事。亲兵望着史朝义，显得不知所措，只是用手指着树林之外的不远处。

史朝义转眼望去，只见旌旗蔽天，大部队正朝着温泉栅包围过来。这支军队的首领便是范阳节度使李怀仙，正是他毁掉了史思明最后的希望，成为压垮史家王朝的最后一根稻草，也是这个李怀仙，提前结束了长达七年之久的安史之乱。

史朝义的第一反应便是骑上战马，准备继续逃亡，可是在树林中转了一圈，才知道官军早已经将温泉栅包围了起来，眼下已经无路可逃。看着身旁的二百名亲兵，史朝义不禁号啕大哭，捶胸顿足，这些都是范阳的好男儿啊，他相信如果自己负隅顽抗，这些人必定会成为殉葬品。

回想起一生征战，都是这些好兄弟为他出生入死，可到了最后关头，还要让他们为自己无辜牺牲吗？史朝义思虑片刻，最终决定给他们争取一线生机，也为自己争取一个有尊严的死法。史朝义解开了腰带，在身旁的树上打了个死结。

广德元年（763）正月二十六日，大燕国皇帝史朝义在温泉栅上吊自缢，结束了大燕王朝的使命。两百名亲军放弃抵抗，走出了树林，正式向唐军投降。李怀仙命人将史朝义的首级割了下来，派人快马加鞭献给朝廷。

广德元年（763）正月三十日，史朝义的首级摆在了唐代宗李豫的桌上。

那一刻，李豫再也顾不上皇帝威严，泪如泉涌。天宝十四年（755）十一月到广德元年（763）正月，长达七年零三个月的安史之乱终于宣告结束。

七年来，大唐从国力鼎盛，万国来朝，到如今的皇权式微，藩镇割据。

七年来，大好山河，支离破碎。

七年来，爷爷李隆基被赶出长安，父亲李亨被迫以一己之力力挽狂澜，一生处于颠沛流离之中，以至于最后郁郁而终。

七年来，无数人因兵祸惨死，战争给国家带来的创伤难以修复。

如今，安史之乱终结在自己手里，李豫的泪水再也挡不住。在这个神圣的时刻，为这个千疮百孔的国家，为爷爷和父亲，为了受战火连累而死的无辜百姓，同时也为了大唐的未来，李豫许下了最好的祝福和愿望！

长安再次沦陷

安史之乱期间，吐蕃是最先和唐朝翻脸的国家。

当时，中央政府抽调河西、陇右道、安西都护等地的军队前去平叛，造成了整个西部地区防务空虚，吐蕃叫上了吐谷浑、党项、氐、羌等部族，发动二十万大军入侵，最后占领了整个青海地区。

玄宗出逃，全国各地都在混战，谁也没工夫去过问青海的局势。谁曾想，吐蕃大军觉得有点不安了，这一路势如破竹，先是拿下安西大都护府，后来又轻易拿下青海，没有遭遇过大规模的抵抗，也不见朝廷派大军前来支援平叛！难道唐军已经在通往长安的路上设下了埋伏？

吐蕃人一路上疑神疑鬼，居然没敢向长安进发。

唐肃宗李亨登基之后，吐蕃人主动示好，问需不需要援军，李亨居然做出了错误的判断，他以为，吐蕃还在西南边陲老老实实沐浴着高海拔的阳光，殊不知整个青海地区已经陷入吐蕃之手。

此后几年，吐蕃大军一直游走在青海境内，李豫登基后，熟谙边事的郭子仪才建议朝廷，派使者前往吐蕃交好，防止吐蕃和党项在背后搞小动作。御史大夫李之芳临危受命，却被吐蕃扣在军中长达两年之久。

也就是说，中央对吐蕃的动向一无所知！

唐廷的无动于衷，终于让吐蕃人放下戒心。唐军和史朝义决战的时候，吐蕃攻陷了大震关（今甘肃省天水市清水县东陇山），打开了甘肃通往陕西的门户。自此，长安彻底暴露在二十万吐蕃联军的铁骑之下。

史朝义自杀身亡，安史之乱结束后，长安附近的官员这才将吐蕃入侵的消息，以及前线所有军情报告给朝廷。一场灾难本可轻易避免，可历史和大唐再次开起了玩笑。李豫的亲信宦官程元振把持着外地官员进京的奏折，危难之际，他竟然选择将军情隐匿不报。这种行为令人难以理解！

天大的玩笑，还在继续着。

地方官员将情况告知朝廷，却发现朝廷没有任何举动，他们以为，朝廷已经无力再组织大军平叛，于是彻底放弃了守城的念头。短短几个月的时间，兰州、廓州、河州、鄯州、洮州、岷州、秦州、成州、渭州纷纷失陷。长安，已经彻底暴露在二十万吐蕃大军的铁骑之下，而唐代宗李豫却一无所知。

广德元年（763）九月，吐蕃进犯奉天、武功，陈兵在长安城郊，消息再也瞒报不住。李豫惊诧万分，吐蕃远在西域，怎么会突然出现在长安城外？

军情急迫，李豫没有时间去追究责任。当时，长安城内除了禁军，并没有主力部队，如何抵御二十万吐蕃大军的进攻？李豫绝望了，摆在他眼前的似乎只有一条路——逃出长安城，巡视天下。

危急时刻，李豫一面派人招募长安城中的百姓，一面任命李适为关内元帅，郭子仪为副元帅，让他们出兵抵御吐蕃。问题是，郭子仪一直被雪藏，亲信部下又分散在各地，上哪儿去调兵遣将？

接到圣旨后，郭子仪紧急招募了二十多个人，一行人骑着马前往咸阳视察军情。然而，眼前的景象让郭子仪惊呆了，只见吐蕃大军从司竹园（今陕西省西安市周至县司竹乡）渡过渭河，顺着秦岭山脉向长安城涌来，吐蕃军士漫山遍野，前后长达数十里。

郭子仪急忙让中书舍人王延昌入朝奏报军情，希望李豫能够增兵支援。此刻，李豫正在长安招募军队，王延昌希望朝廷能加快速度，最好先派点禁卫军到前线，解郭子仪的燃眉之急。

然而，程元振一马当先，直接将王延昌拦在了宫门之外，理由很简单：打仗可以输，长安城可以丢，皇帝身边的禁卫军绝对不能调。

王延昌无奈，只好回去向郭子仪复命。堂堂天下兵马副元帅，可调动的兵力仅有二十余人，说出来是不是很讽刺？当时，长安城外还有一些零散的军队，比如渭北行营兵马使吕月将，带着手下的两千部队向吐蕃发动偷袭，可很快便被敌军主力剿灭，吕月将也被吐蕃军队擒获。

一塌糊涂的局势，崩溃绝望的郭子仪。

广德元年（763）十月初七，吐蕃军队开赴渭桥。在李豫的眼里，坚守长安固然可以提振士气，可结果也不过是多守几天而已。长安城破之后，他难道要成为吐蕃人的俘虏？李豫决定了，放弃长安，带着亲信出长安东门，向陕州方向出逃。

据史料记载，李豫逃得太仓皇，就连禁卫军也没跟上他的节奏。长安迅速陷入混乱之中，禁卫军趁机在城中抢劫财物，百姓呼天抢地，悲痛欲绝，景象极其惨烈。此时，郭子仪正在前线观察吐蕃军队的动向，思考着如何平叛，手下人突然告诉他，皇帝跑了，长安已经陷入混乱的噩耗。

安史之乱的悲剧要重演，这就是郭子仪的直觉。

郭子仪神色慌张，立马启程返回长安，希望来得及拦下李豫，劝他不要放弃长安，放弃来之不易的中兴局面。悲剧的是，等他踏进长安城的时候，李豫早已经不知去向。郭子仪急忙赶往长安城东的开远门，在这里碰到了禁卫军将领王献忠。危急时刻，竟然还有禁卫军将领进驻长安，这可是天大的喜讯啊。

郭子仪打算上前攀谈，不料王献忠的第一句话就让他呆若木鸡："郭大帅，皇上已经东迁，国家无主，您身为元帅，皇上的废立就在于您一句话了。"

听闻此言，郭子仪差点从马背上栽下来，搞了半天，这个王献忠是个政治投机客，想趁着国难，扶持新老板上位啊。据史料记载，王献忠比较善于伪装，回长安的路上他遇到了唐代宗李豫，当时他提议，让丰王李珙等王爷回长安，打算和吐蕃人议和，未承想他心里却打着自己的小算盘。

凭着郭子仪的号召力，扶持新皇帝确实是他一句话的事，可他在乎自己的名声，如果行谋反之举，一辈子攒下的名声岂不是付诸东流了？

郭子仪静默无言。

此时，丰王李珙着急了，如果郭子仪点头，他就可以做皇帝，可郭子仪的沉默分明有抗拒的意思。李珙大声地咆哮道："你为什么不说话？"

郭子仪愤怒了，他指着李珙的鼻子就是一顿臭骂，瞬间就镇压住了李珙的嚣张气焰。说到底，王献忠只是禁卫军的将领，如果要行废立之事，必须等郭子仪点头才可以，这也是他们瞬间认怂的原因。

郭子仪不想追究此事，将他们吓唬住之后，郭子仪便让他们去追赶唐代宗李豫，自己则带着亲信飞奔出长安城，到各地召集军队准备平叛。

广德元年（763）十月初八，李豫到达华州（今陕西省渭南华州区）。

当时，华州的官员已经消失得无影无踪，连提供饭食的人也没有。这样的场景，很像当年李隆基逃出长安，地方官员逃之夭夭，将士们饥寒交迫，最终发动马嵬坡之变的桥段。不过，李豫的运气似乎比爷爷更好一些，因为在外地出差的宦官鱼朝恩听说李豫出逃，第一时间率领神策军赶了回来。

望着风尘仆仆的鱼朝恩，李豫既感且佩。是啊，朝中重臣，自诩忠君爱国，可在危难之际总想着自保，甚至不惜出卖国家利益来换取自家的荣华富贵。再看看太监，永远和皇帝站在同一个战线，和朝臣的虚伪相比，他们的忠心让李豫更有安全感。

有了神策军的护卫，李豫变得更加踏实，他命大军继续东行。到达潼关的时候，丰王李珙等人追了上来。李豫望着李珙，久久无语，李珙是他的叔叔，他不忍心痛下杀手，更何况李珙并没有成气候，李豫便让他回去闭门思过。

然而，回到营帐之后，李珙居然大发牢骚，出言不逊，毫无悔改之心。大臣们集体上奏，要求除去这个害群之马，李豫随后便将他赐死。

战局：吐蕃默然退军

广德元年（763）十月初九，吐蕃大将马重英率领大军入驻长安。时隔多年，这座饱经离乱，历经沧桑的帝都，再一次被异族军队占领。

事实上，吐蕃军队这么快打进长安，一来是因为朝廷的军情闭塞，没有组织起有效的反击，二来是吐蕃找了个好向导——高晖。高晖是泾州（今甘肃省平凉市泾川县）守将，吐蕃占领甘肃后，高晖便弃城投降，改换了职业。

在吐蕃人的心中，大唐地大物博，占领并统治中原是不可能完成的任务，所谓的攻城略地只不过是侵略手段，抢夺钱财、女人、奴隶才是王道。当时，马重英特别闹心，他不想占领长安，只想捞钱。

当时，高晖给他出了个主意：找个皇族子弟当傀儡皇帝，建立新的政权，进而统治天下，有了稳定的政权，财富自然源源不断。

马重英两眼一抹黑，他只认识钱，哪认识什么皇子皇孙。

高晖听闻此言，自告奋勇，扬言自己一定会帮他找个完美的代言人。当时，高晖在长安转了一圈，找到了章怀太子李贤的孙子、邠（bīn）王李守礼的儿子李承宏。在李唐皇室，李承宏就是无名之辈，连生辰也没人知道，至于高晖为什么会选择李承宏，谁也闹不清楚。

李承宏自然不敢推辞，只好战战兢兢地跟着高晖去见马重英。二人相见，马重英端详着李承宏，发现这小伙长得不错，于是就这样定下了。

高晖虽然是名武将，却有挟天子以令诸侯的理想，将李承宏扶上帝位后，高晖更改了年号，设置了百官，并任命前翰林学士于可封等人为宰相。于是，可笑的一幕发生了：这帮人本就是老学究，搞学问还行，真到了朝堂，不会说话，不会干活，纯属丢人现眼的存在。到了最后，就连高晖也看不下去了，于是派人到处打听，问长安城还有没有已经退休的宰相。

巧的是，还真有这样的人存在：苗晋卿，78 岁，刚刚退休。

高晖欣喜若狂，他立马赶到苗府，希望这位大神可以出来主持大局。苗晋卿饱经政治风云，更兼阅人无数，他只看了一眼，就明白高晖是来搞笑的。苗晋卿不愿蹚这趟浑水，干脆闭口不言，摆出了一副要杀要剐，悉听尊便的姿态。

高晖很无奈，杀了苗晋卿也无济于事，还不如再去找别人呢。

吐蕃人和高晖的利益诉求不一样。高晖希望挟天子以令诸侯，过一把政治家的瘾，而吐蕃人希望发财，简简单单就好。因此，高晖到处找宰相的时候，吐蕃人已经把长安城翻了个底朝天。

长安内乱的时候，郭子仪探听到一个好消息：商州（今陕西省商洛市）附近还有朝廷的禁卫军。于是，郭子仪沿途收编着失散的禁卫军，又将防卫武关的军队调集过来，随后驻军在蓝田（今陕西省西安市蓝田县）。一来，这支军队可以防备吐蕃追击唐代宗李豫；二来，还可以趁机夺回长安城。

据史料记载，郭子仪一路收编了四千人，心里这才有了底气。这帮人本就是精锐部队，只不过眼下群龙无首，手里没钱没粮，这才到处游荡。他们听说郭子仪来到商州，当即表示愿意跟随他杀回长安，迎回皇帝。

郭子仪分析了眼前的局势，认为粮食才是官军的软肋，因此邀请太子宾客第五琦担任粮料使，让他去给大军筹备军粮。当时，郭子仪就是大唐平叛的旗帜，各地节度使听说他在商州站稳了脚跟，纷纷发兵会师，打算夺回长安。

此时，李豫却给郭子仪发了一道旨意：前往陕州护驾。这是李豫的试探，他想知道郭子仪的忠诚度到底有多高。

郭子仪接到圣旨，立即表示了忠心："臣不收复京城，无颜来见陛下。如果臣出兵蓝田，吐蕃军队一定不敢向东出击，陛下尽可无忧。"

事实证明，李豫高看自己了，吐蕃人对他毫无兴趣，盆满钵满之后，吐蕃联军就带着钱财、官员、妇女和工匠们撤出了长安。

郭子仪传下军令，命左羽林大将军长孙全绪率领二百骑兵出击，观察吐蕃军队的动向，命第五琦代理京兆尹，和长孙全绪一起行动。

当时，长孙全绪驻扎在韩公堆，白天击鼓摇旗，夜里燃起火堆，摆出一副唐军想要大举反攻的姿态。随后，他又让亲信王甫入城，秘密召集了数百名少年，深夜里在朱雀大街击鼓呐喊。老百姓听说之后，也纷纷哄骗吐蕃大军："郭子仪已经从商州率领大军来了，军队多到数不清。"

广德元年（763）十月二十一日，吐蕃联军成功撤离长安。

不过，高晖还在城中经营着他的小朝廷，听说吐蕃大军已经全数撤退，气得捶胸顿足，大骂吐蕃人背信弃义。骂完之后，高晖带着三百多名骑兵向东出逃，到达潼关时，被守将李日越抓获，随后被处死。

直到此时，吐蕃联军的行动堪称顺利，赶紧回国也就罢了。然而，走到凤翔的时候，有一批军队发现来时并没有抢劫这个城池。本着唐朝将领都是草包的判断，他们决定雁过拔毛，洗劫一下凤翔。

他们没想到的是，凤翔节度使孙志选择不迎战，只坚守。吐蕃联军一路顺风顺水，遇神杀神，遇佛杀佛，却在凤翔城下吃了瘪。双方僵持之际，镇西节度使马璘带着一千多人转悠到了此地。

马璘一生都在沙场服役，浑身是胆，看到吐蕃大军正在围攻城池，当即手挽雕弓如满月，弓弦响处，吐蕃将士尸横遍野。射完之后，马璘率领敢死队发起了猛烈的冲锋，数日之内，连杀数千名吐蕃将士，最终为官军挣回了颜面。

吐蕃大军本想治理一下马璘，无奈将士们手里握着金银珠宝，谁也不愿意把命留在异国他乡，这才选择退军。临走之前，吐蕃在原州（今宁夏回族自治区固原市）、会州（今甘肃省靖远县）、成州（今甘肃省成县）、渭州（今甘肃省陇西县）等地留了不少军队，准备趁唐朝防务空虚的时候，再次趁火打劫。

安史之乱后，唐朝国力衰减，几乎失去了对边境的控制。吐蕃在西北布防的军事战略，为少数民族接下来的入侵埋下了伏笔。

广德元年（763）十二月二十六日，李豫的车驾到达长安城东的滑水，兵马大元帅郭子仪率领群臣在此等候。客观地说，吐蕃不是郭子仪率军打退的，但他布置的疑兵确实起到了作用。对李豫来说，过程不重要，能够重回长安，郭子仪居功甚伟。

渭水边上，李豫亲自扶起了郭子仪，语重心长地说道："爱卿啊，朕没能及时重用你，所以才落得如今这种地步！"

这也就意味着，郭子仪的死对头，宦官程元振要倒霉了。

长生殿事变中，程元振立下了功劳，为了嘉奖程元振的功绩，李豫封他做了骠骑大将军、内侍监。在唐朝，尚书令也不过是正二品，骠骑大将军却是从一品（武职散官）。对太监来说，这样的待遇确实已经超标了。

这也就罢了，李辅国在世的时候，虽然权势熏天，可对李亨心怀畏惧，还夹着最后一丝忠心。再看看程元振，打压郭子仪属于正常操作，可隐瞒吐蕃入侵的消息，让李豫仓皇出逃这件事，怎么也说不过去吧。

朝臣们翘首以待，想看看李豫怎么处置程元振。然而，最终的结果却是，李豫感念程元振的功劳，只是下诏将其削官，令其回家养老！这样的处置，无论如何也不能让朝臣们满意，李豫的前面，还有更猛烈的暴风雨在等着他。

君臣开始决裂：外患不止，内忧不断

此时的大唐帝国，可谓内忧外患。

朝堂内，朝臣不信任李豫，因为在宦官势力和朝臣势力中，李豫偏袒宦官。李豫也不相信朝臣，逃出长安之后，李豫曾经调派各地节度使平叛，可大家纷纷坐视不理，就连李光弼也是无动于衷，这让李豫的内心多少有些凄凉。

朝堂外，边境全线失守，吐蕃入侵就不说了，藩镇节度使也不服中央调遣，他们究竟是天子的军队，还是独立的王国，李豫真的拿不准。

最要命的是，一场安史之乱，让政治利益变得更加复杂，朝廷的功臣纷纷成为别人打击的对象，在战争中结仇的朝臣，也开始互相倾轧，恶意诬陷。

仆固怀恩的故事，就代表了中晚唐藩镇节度使之间的恩怨纠缠。

仆固怀恩，大唐屈指可数的仆骨部族高级将领。安史之乱中，仆固怀恩一门牺牲了四十六人，仆固怀恩的儿子仆固玢，因为兵败假意投降，后来伺机逃回，仆固怀恩以军法不可违为由，下令将他斩首。为了向回纥借兵，仆固怀恩接连嫁出了两个女儿，这样的忠烈，就连郭子仪也自叹不如。

宝应元年（762）十一月，李豫将河北道行军副元帅、尚书左仆射、中书令、镇北大都护、朔方节度使等头衔丢给了仆固怀恩。自此，仆固怀恩成为大唐官职最高，权力最大的少数民族将领，正式走向了人生的巅峰。

古话说得好，木秀于林风必摧之，堆出于岸流必湍之。仆固怀恩确实有骄傲的资本，可他偏偏喜欢居功自傲，再加上是少数民族将领，头顶“非我族类，其心必异”的要命光环，这也为他的命运埋下了一颗定时炸弹。

宝应元年（762），长安内乱，回纥登里可汗率兵助阵，仆固怀恩负责接待，双方在太原城外举行国事会见。谁料想，河东节度使辛云京看不惯仆固怀恩的作风，既没有出来犒赏军队，也没有礼仪性的会面，反而将太原城门紧闭，搞得如临大敌一般。这样的举动，让仆固怀恩和登里可汗的面子掉了一地。

不过，仆固怀恩有急事在身，懒得和他纠缠。

史朝义被杀之后，邺城节度使薛嵩投降了泽潞节度使李抱玉，恒阳节度使张忠志投降了辛云京。命运，再次将辛云京和仆固怀恩搞到了一起。

薛嵩等人投降，需要先到长安，再等待朝廷分配工作。然而，仆固怀恩却擅自做主，让薛嵩等人继续统领原来的手下。李抱玉和辛云京不爽了，他们联名给李豫上了一道奏折，声称仆固怀恩居功自傲，在河北战场养虎遗患，还大肆封赏叛军将领，有收买人心之嫌。

仆固怀恩也上了一道奏折，态度非常强硬。李豫碍于大局，下诏免除了河北降将的一切处罚，卖给仆固怀恩一个天大的面子。

平叛之后，李豫让仆固怀恩送登里可汗回家，恰好又经过太原，仆固怀恩希望辛云京出面接待一下，走个过场。然而，辛云京照旧不开门，不犒赏，直接无视了他们的存在。仆固怀恩又忍了，心想回纥大军在旁，你或许真有忌惮。可送完女婿回家，仆固怀恩再一次经过太原，这一次辛云京总得摆出点姿态吧？

很遗憾，辛云京还是无动于衷。

仆固怀恩的内心在翻滚，别说自己为朝廷立下大功，就凭身上尚书左仆射、中书令的头衔，辛云京也得出来拜拜上官吧？回想起辛云京屡次给他上眼药水，仆固怀恩的怒火当时就蹿起来了。

这一次，仆固怀恩没有离开太原，而是给李豫写了一道奏折，状告辛云京不会做人。不仅如此，仆固怀恩还带着数万名朔方军将士驻扎在汾州，让儿子仆固瑒率领一万名士兵驻扎在榆次，副将李光逸、李怀光、张维岳等人驻扎祁县、晋州（今山西省临汾市）、沁州，将太原城给围了起来。

仆固怀恩表示，他不想攻打太原，只想找辛云京讨要一个说法。然而，辛云京不这么想，他本就怀疑仆固怀恩有叛逆之心，但苦于找不到证据，如今看到他在太原城外排兵布阵，心中有种说不出的欣喜。

接到仆固怀恩的奏折，李豫深感不妙，于是派宦官骆奉仙前去调停。据说，这位老兄和仆固怀恩有过一段交情，私下结为了异姓兄弟。

到达太原后，骆奉仙先是传达了李豫的旨意，希望辛云京妥善处理此事。辛云京一面好吃好喝招待着，一面状告仆固怀恩嚣张跋扈，有造反的意图。临走之时，还给骆奉仙送了一笔价值不菲的财宝。

随后，骆奉仙赶到仆固怀恩的大营，由于二人私交甚好，仆固怀恩在宴请的时候甚至将他的母亲请出来作陪。席间，仆固怀恩的母亲问道："中使啊，你既然和我儿子关系这么好，为何还要去结交辛云京呢？"

老太太的一番话，彻底撕下了骆奉仙的遮羞布。

仆固怀恩见状，赶紧说道："这样吧，我来表演一段异域的舞蹈，让好兄弟也见识见识！"宴会之后，仆固怀恩邀请骆奉仙留下来小住几天，可骆奉仙没有从刚才的尴尬中走出来，于是坚持要回京城复命。

就在此时，仆固怀恩开了个不大不小的玩笑：他将骆奉仙等人的马偷偷藏了起来，等骆奉仙要走的时候，到处都找不到坐骑，心里顿时就慌张了。

大家都知道，人在慌张的时候，容易胡思乱想。

骆奉仙陷入了沉思。仆固怀恩的母亲是啥意思，难道说要举报自己收受贿赂？仆固怀恩不让自己离开大营，难道是真的要谋反？半夜三更，骆奉仙带着手下一路狂奔，星夜兼程离开了汾州。第二天清晨，仆固怀恩前去给骆奉仙问好，却发现人去帐空，仆固怀恩顿时醒悟，自己干了件天大的蠢事。

回到长安之后，骆奉仙将路上的遭遇讲了一遍，尤其是辛云京状告仆固怀恩谋反一事，更是添油加醋，无中生有。仆固怀恩也上了道奏折，声称辛云京和骆奉仙暗中勾结，诬陷自己谋反，请求李豫将他们诛杀。

然而，李豫没有任何处罚，而是褒奖了此次事件中的每个人。

直到此时，仆固怀恩彻底慌张了，如果李豫责骂他，那还算是好事。如今，李豫对他不理不睬，究竟是真的信任，还是准备秋后算账？

广德元年（763）八月，仆固怀恩上了一道情真意切的奏折，不仅将自己的军功说了一遍，还将此事上纲上线，指责了李豫处事有问题。

有一段是这样的：臣有功，又是陛下的旧臣，陛下没有褒奖，反而听信了诬陷嫉妒之词。俗话说，飞鸟尽，良弓藏，郭子仪被猜忌也就罢了，难道陛下也要猜忌臣吗？在臣看来，并不是地方节度使不忠心，恰恰是因为骆奉仙、程元振这样的宦官从中作梗，陛下偏听偏信，才会有这样的结果。如果陛下不采纳臣的建议，臣难以保家安国。臣想前往长安辩解，但部下必定会阻拦臣，如果陛下愿意，臣先假意巡视晋州、绛州，在那里逗留拖延，希望陛下能派使者前往绛州，臣立即随他一同入朝。

仆固怀恩说出兔死狗烹的话，摆明了是让李豫难堪，还表示自己在朔方军德高望重，用军权威胁李豫，完全是丧心病狂的举动。

李豫看到这份奏折，对仆固怀恩产生了难以言表的反感，信任的天平也开始倾向了“忠君爱国”的辛云京。广德元年（763）九月，李豫担心仆固怀恩和回纥暗中勾结，于是派大臣裴遵庆前去宣谕，希望仆固怀恩能立即前往长安。

裴遵庆是朝中有名的儒臣，为人忠厚老实。朔方军营里，仆固怀恩痛哭流涕，说自己遭受了不白之冤，恳请裴遵庆回朝后为他辩解。

裴遵庆和仆固怀恩没有利益纠葛，他说得很直白，李豫还是信任他的，希望仆固怀恩能够前往长安，和李豫来个秉烛夜话，彻底解决君臣之间的误会。二人经过彻夜长谈，最终达成了共识：一同前往长安面圣。

然而，散伙之后，副将范志诚找到仆固怀恩，声称前往长安就是送死，就算李豫不会处置他，朝中的宦官也会想办法弄死仆固怀恩。想到阴险狡诈的宦官，仆固怀恩顿时没了底气。第二天启程的时候，仆固怀恩变卦了，声称自己担心遭遇不测，不想去长安，为了表示自己的诚意，他可以派一个儿子代他前去。

裴遵庆非常无语，只好悻悻地返回长安交旨。就在此时，吐蕃入侵，李豫出逃长安，自然没精力去解决仆固怀恩的事情。到达陕州之后，颜真卿劝过李豫，说他不在长安，仆固怀恩的戒心会小一些，可以让他南下，将事情彻底了结。然而，李豫只关心眼前的敌人，没有理睬颜真卿的建议，错失了一次良机。

回到长安之后，李豫想起了颜真卿的提议。

李豫：“颜爱卿，要不你跑一趟？”

颜真卿："陛下，眼下时机不对，如果让他来长安，他肯定会觉得陛下要处罚他。陛下可以用郭子仪取代仆固怀恩，这样不就好了？"

起用郭子仪的决定，彻底将仆固怀恩推向了反叛的边缘。当时，仆固怀恩找到太原守将李竭城，约定和他里应外合，可消息不慎走漏，辛云京派人处死李竭城，随后加固城防，防备仆固怀恩攻城。

战争打响，仆固瑒发动了数次冲锋，最终都以失败告终，只能转战榆次。朝廷方面，李豫紧急起用郭子仪，让他前去平定叛乱。不得不说，郭子仪才是朔方军的灵魂人物，到达太原后，郭子仪砍了几个将领的脑袋，瞬间镇住了场面。

至于仆固怀恩，失去权力的光环，直接化身为过街老鼠。

攻打榆次城的时候，仆固瑒严重缺兵，因此找祁县的李光逸征调后备部队。仆固瑒传下军令，胆敢延误者，严惩不贷！当时，李光逸的大军正在埋锅造饭，听到少主召唤，赶紧让军队收拾起行。然而，士兵们吃不饱饭，再加上步兵的行军速度缓慢，严重拖了骑兵部队的后腿。

将军白玉、焦晖临时加班，心里本就烦躁。如果步兵跟不上节奏，所有人都要受到处罚，情急之下，竟然用响箭射杀掉队的人。士兵们看到将领视人命如草芥，于是大声质问道："将军为什么用箭射人？"

白玉回答道："你们这帮人，跟着别人造反是一死，如今被我用箭射杀也是死，难道有什么区别吗？"

这道理讲的，居然让士兵们无言以对！

在仆固怀恩的军中，胡人和汉人待遇本就不一样，汉人士兵只好憋着一肚子的火继续前进。军队到达榆次时，仆固瑒质问将军白玉，为什么在路上慢吞吞的，贻误战机，胡人士兵恶人先告状："因为汉人士兵不愿意跑。"

仆固瑒是胡人，对同族人的话深信不疑，为了发泄心中的愤怒，仆固瑒找了几个汉人士兵，狠狠地训斥了一顿。当天傍晚，焦晖、白玉等人带着汉人士兵杀了仆固瑒，随后投降了朝廷。

仆固怀恩得知消息，悲痛欲绝，随后将噩耗告知给母亲。

他的母亲训斥道："我过去就跟你说过，朝廷待你们父子不薄，不要轻易谋反。

如今军心已变，咱们家马上就要大祸临头了，这可如何是好。”

仆固怀恩无言以对，他朝母亲拜了两拜，随后便准备离开。

仆固怀恩的母亲气愤不过，抄起刀就准备砍他，口中还念念有词：“我要为朝廷杀掉你这个叛贼，剖取你的心，以此向三军谢罪！”

闹完之后，仆固怀恩便北渡黄河，打算返回灵武。

当时，仆固怀恩给守将浑释之传信，说大军即将返回灵州驻扎，希望他准备好一切用度。然而，浑释之早已经探得情报，仆固怀恩在前线败得一塌糊涂，眼下是逃难回来的，所以根本就没打算让他入城。

谁料想，浑释之有个不争气的外甥张韶，他觉得仆固怀恩是人中龙凤，因此有意巴结，将仆固怀恩放进城不说，还在仆固怀恩面前说了舅舅的坏话。仆固怀恩怒火滔天，刚进城就砍了浑释之，又以张韶出卖舅舅为由，将他活活鞭死。

当然，这一切都是为了接管灵武城。

仆固怀恩兵败河东，朝臣纷纷给李豫祝贺，可他一点也没觉得开心。他郁闷地说道：朕因为误信人言，致使功臣遭到冷落，实在是羞愧之极。李豫打听到仆固怀恩的母亲还在太原，因此将她接到长安，好吃好喝地供奉起来。不过，老太太内心羞愧难当，来长安不到一个月便撒手人寰。

随后，李豫发布了一道情真意切的诏书，声称仆固怀恩是大唐的功臣，李豫甚至表态了，太保、中书令和大宁郡王的官爵还是仆固怀恩的，只要他愿意回长安，大门随时为他敞开。问题是，傻子才会选择回长安啊。率兵哗变是事实，李豫高兴的时候，可以说你是误听人言，不高兴的时候，完全可以说你是谋反，在自己头顶悬一个这样的隐形炸弹，谁能受得了？

回到灵武后，仆固怀恩整日沉浸在失去儿子的痛苦中，没事就想起李豫对自己的不公平待遇，复仇的想法越来越强烈。仆固怀恩将李豫的诏书扔到一边，随后开始散布消息，声称李豫已经驾崩，中原无人主事，意图引诱吐蕃、回纥、吐谷浑、党项、奴剌等少数民族数十万大军入侵大唐。

前面说过，吐蕃在西北驻屯了不少军队，听说长安内乱，又从国内调集了大批援军。在大将尚结悉赞磨、马重英的带领下，吐蕃、回纥大军沿着最熟悉的道路飞奔而来，很快就开赴长安城西北的奉天。

这一次，朝廷虽然在泾阳（今陕西省咸阳市泾阳县）、便桥（长安城西）、东渭桥（今陕西省高陵县耿镇白家嘴村渭河南岸）等地驻扎了军队，可长安方面还是心里没底。以鱼朝恩为首的宦官集团甚至提议，皇帝可以考虑“出巡”了！

如果吐蕃和回纥是一条心，拿下长安是轻而易举的事，可他们却打着自己的小算盘。回纥元帅药葛罗表示，他想攻打泾阳，吐蕃人直接来到长安城外，尝试着发起进攻，留下几千具尸体之后，急忙退兵到邠州（今陕西省咸阳市彬县）。

幸运的是，郭子仪看出了吐蕃和回纥的分歧。

郭子仪常年和少数民族打交道，深知回纥是亲唐派的势力，再加上药葛罗又是回纥可汗的弟弟，还有和谈的空间。于是，郭子仪带着几个亲信径直闯入了回纥军营，大声地喊着：“郭子仪来也！”

回纥将士蒙圈了，郭子仪不是在唐军军营吗，怎么会孤身犯险，来到回纥军中？大家都以为军中来了骗子，纷纷拿起弓箭瞄准郭子仪等人。郭子仪并不惧怕，他脱掉盔甲，扔了武器，朝着药葛罗和各部落的首领走了过去。

大家一看，哎哟，还真是郭子仪，赶紧朝他拜了下去。

郭子仪不敢托大，顺势将药葛罗扶了起来，带着责备的语气说道：“回纥和大唐交好，陛下对你们也不薄，为何要帮助叛臣侵犯长安？仆固怀恩就是个背叛皇帝，抛弃母亲，猪狗不如的畜生，你们为何要听他的？我今天孤身前来，只要你们愿意，可以随时将我杀掉，我的部将必定会和你们决一死战！”

药葛罗：“郭大帅说得对，都是仆固怀恩捣的鬼，说什么皇帝死了，长安防守空虚，我才会带人来到这里，眼下真相大白，我怎敢与唐军为敌。”

场面话说完了，还得聊聊实际的利益。

郭子仪：“元帅，吐蕃人这次来中原，又把京城扫荡了一次，估计抢了不少宝贝。我听说，他们抢的金银珠宝连牛车都装不下，要不咱们联手，一起拿下吐蕃，把这些东西都抢回来，如何？”

听闻此言，药葛罗两眼放光。是啊，和攻城略地相比，抢现成的岂不是更简单。药葛罗命人拿来美酒，和郭子仪立下了毒誓，说要为了大唐好好修理一下吐蕃，如果违背盟约，断子绝孙。为了奉承郭子仪，药葛罗还开着玩笑说道：“我出发之前，请两位巫师算了一下前程，巫师说我此次前来不会和唐军交战，还会因为一位大人物而满载而归，眼下果然变成了现实。”

剧情反转太快，吐蕃大军连夜逃回国内，唐军和回纥乘胜追击，抢了一堆金银珠宝不说，还杀了数万名吐蕃士兵，抢回数千名被掳去的老百姓。

客观地说，这一战吐蕃元气大伤，暂时没心情再找大唐的晦气。短期内，唐朝的矛盾将转移到朝廷的内部，俗称窝里斗。

鱼朝恩：太监造反，必死无疑

战争过后，超级战将不再是朝廷的主角，那些跟随在皇帝身边，能给李豫安全感的宦官集团开始强势崛起，比如鱼朝恩。

安史之乱，朝廷派九大节度使围剿安庆绪，鱼朝恩担任监军，大军兵败后，鱼朝恩跟随将军卫伯玉退守到陕州。卫伯玉手下有一支叫神策军的部队，因为作战勇猛，在战场上屡建奇功，以至于在中央朝廷都挂了号。后来，卫伯玉升迁，神策军几经转手，便到了鱼朝恩的手中。驻守陕州的时候，鱼朝恩收编了陕州节度使麾下的军队，神策军的编制扩充到上万人。

李豫出逃的时候，正是鱼朝恩和神策军给了他安全感。风波过后，这支军队被带回长安，而鱼朝恩也因为这次变乱，开始了自己开挂的一生。

广德元年（763）十二月，李豫下诏：鱼朝恩总禁兵。也就是说，鱼朝恩控制着神策禁卫军和北门禁卫军，成了长安城的实际控制人。从此时开始，神策禁卫军和宦官画上了等号，朝廷的局势由神策禁卫军决定，而神策禁卫军由宦官集团决定，这就是中晚唐时期，宦官能呼风唤雨的根本原因。

当然，有兵权是不够的，为了强刷自己的存在感，鱼朝恩的手开始伸向了前朝。大历元年（766）二月初一，唐代宗李豫宣布在国子监举行释奠礼。也就是国家机构设置酒食，祭祀孔子的公祭。

李豫发话了，朝中五品以上的文武官员，以及中书、门下两省的供奉官、监察御史、员外郎、太常博士都要参加，感受儒家经典文化，好好学习一下身为臣子，到底应该如何忠君爱国，恪守君臣之礼。鉴于鱼朝恩的超然地位，李豫也让他带着人前去旁听，想让这些莽汉学习下文化知识。

按照礼仪，出席这种场合的官员应该身穿紫红色的衣服，以学生的姿态前去听课。然而，鱼朝恩却穿着华丽的朝服，手拿儒家经典书籍，当场讲起课来。讲到兴起的时候，鱼朝恩居然表演起了撰写文章的绝活。

鱼朝恩只不过是个不学无术的宦官，说出的话，写出的东西狗屁不通。可笑的是，他居然自吹自擂，说自己以前是统兵作战的武将，没想到文化水平如此之高，还夸奖自己是文武全才。

朝臣们在下面憋了一肚子气，谁也不敢站出来拂他的面子。活动结束之后，鱼朝恩给李豫做了汇报，声称效果不错，群臣都懂得了忠君爱国的大道理。

李豫："既然大家反响不错，朕看这样的活动还得多举办！不过，国子监年久失修，先把它装修好了，你再去讲一次吧。"

大历元年（766）八月，新的国子监交付使用，李豫又举办了一次释奠礼。这一次，鱼朝恩拿了一本《易经》，重点讲了一下折鼎覆餗的典故。商周时期，都是用鼎来装盛食物，如果有一个脚站立不稳，鼎中的食物就会倾覆出来。鱼朝恩并不是瞎讲故事，他的意图很明显：暗骂宰相王缙和元载二人尸位素餐，毫无执政能力。

王缙是谁？著名大诗人王维的弟弟，高级知识分子！他觉得被鱼朝恩暗讽，老祖宗的脸都给丢尽了，于是拍了桌子，和鱼朝恩大吵了一架，随后愤然离席。

元载出身寒微，自幼嗜书如命，尤其精通道学，考了几次才进入仕途，后来一步一个脚印，这才有今日的成就。元载心知肚明，李豫信任鱼朝恩，想和他掰手腕，那是自寻死路。面对鱼朝恩的辱骂，元载只是面带笑容，静静地坐着，不承认自己无能，也不说你什么。不过，鱼朝恩怎么也想不到，正是这个不动如山的政客终结了他的好运。

活动结束后，李豫下诏：封鱼朝恩为内侍监，兼管国子监。

群臣炸窝了！

国子监代表着一个国家教育的最高水平，一般都是由儒家大佬担任，从来没听说一个不学无术的人兼任国子监祭酒，更何况此人还是个太监。有些朝臣坐不住了，开始给李豫上书，表示由鱼朝恩兼管国子监确实不妥。

然而，李豫坚持己见，还命宰相以下的朝臣送鱼朝恩上任，想借此帮鱼朝恩建立威信。李豫如此抬举鱼朝恩，他总得为皇帝做点什么吧！

鱼朝恩想了好几天，觉得李豫对物质没啥追求，反而看重情义，因此想打感情牌。据史料记载，李豫的生母已经去世三十年，可李豫一直念念不忘。

于是，鱼朝恩进言道："陛下！您曾经在通化门外给奴才赐了一套宅子，可奴才一直舍不得住，本朝以孝治天下，奴才想把这个宅子贡献出来，为太后修建一座祈福的寺庙，并希望以太后的尊号章敬来命名。"

嘿，这奴才真是懂事，不枉朕疼你一场。

李豫："你就放手去修章敬寺吧。"

鱼朝恩得了皇帝的敕令，如得大宝，他当即找人设计了章敬寺的样式，图纸出来后一看，华丽壮观，堪比皇宫大内。当时，长安城几经战乱，不少民房和官邸都在大火中焚毁，修建章敬寺的时候，鱼朝恩找不到合适的木材，只好把曲江亭馆、华清宫观楼、百司行廨等建筑拆毁，优先保障章敬寺的修建，一番工程下来，耗费的银钱据说达到万亿。

鱼朝恩打着皇帝的旗号，到处搜刮钱财和物资，还拆毁别人家的房子，闹得民怨沸腾。大臣们纷纷上书，说这样的工程劳民伤财，还说战乱刚刚平息，人心思定，百业待兴，不能再这样胡闹下去。然而，所有奏折都需要经过鱼朝恩，结果可想而知。章敬寺交付之后，李豫对鱼朝恩的宠幸越发无以复加。

人呐，一旦走向巅峰，能够急流勇退，保全自己才是明智之举，李林甫、程元振这些人的结局就是前车之鉴。可鱼朝恩并不这样想，他觉得自己就是神一般的存在，便想着进一步攫取权力，扩充自己的势力。

大历四年（769）二月，鱼朝恩奏请，希望将京兆府的好畤（今陕西省咸阳市礼泉县）、凤翔府的麟游（今陕西省宝鸡市麟游县）、普润（今陕西省宝鸡市辖境）纳入神策军的管辖之内。神策军是皇城禁卫军，如果将长安周边的军队纳入神策军的管辖，鱼朝恩就和藩镇节度使一样，变成了天子脚下的土皇帝。

事实上，李豫并没有反对此事，别说把这几个县划给鱼朝恩，就算再多也是可以答应的。遗憾的是，李豫的信任并没有换来鱼朝恩的死心塌地。

在鱼朝恩看来，自己就是拯救大唐的超级功臣，是前无古人、后无来者的文武全才，只要逮着机会，鱼朝恩就会在朝臣面前夸夸其谈。夸自己也就罢了，鱼朝恩还喜欢贬低朝臣，活脱脱一个狂妄自大的疯子。

鱼朝恩有两个非常得力的帮手：神策都虞候刘希暹，都知兵马使王驾鹤。他们看到鱼朝恩在朝中呼风唤雨，便想着利用职务之便，敛聚钱财。

据史料记载，他们在北衙禁军中私设监狱，然后招募长安城中的地痞流氓，让他们搜罗富豪之家的"罪证"，诬告他们犯罪，再将富豪们关进地牢，严刑逼供，逼迫他们屈服，最后将他们的家产占为己有。

很快，长安百姓就发现，那些官二代、富二代，平日里在大街上学螃蟹走路的纨绔子弟全都不见了。

孩子不见了，家长是要着急的。

这些人的父亲要么是长安城的权贵，要么是朝中要员，要么是城中有头有脸的富商，得知鱼朝恩将孩子抓走，纷纷向朝廷告状，一些有特权的人直接跑到李豫的面前，狠狠地训斥了鱼朝恩一顿。

李豫觉得，鱼朝恩终归是天子家奴，搞点政治斗争，贪污点钱财无伤大雅，可你打着皇帝的旗号，私设监狱，抢夺权贵的钱财，这可是土匪行径啊。知道的人说是鱼朝恩贪污自肥，不知道的还以为皇帝家没有余粮了呢。

因为这件事，李豫开始对鱼朝恩有了不满。

鱼朝恩竟然没有察觉到李豫的不满，继续以大唐的主宰者自居。有一次，朝中的政务没有经他的手处理，鱼朝恩便发起了牢骚："天下大事还能有不经过我手的吗！"嚣张的气焰，让李豫颜面尽失。

鱼朝恩有一个养子叫鱼令徽，担任内给事，负责宫中与宫外的联络工作，职级是从五品，可仗着鱼朝恩撑腰，行事作风非常霸道。有一天，鱼令徽和同事闹矛盾，同事便羞辱他，说一个小小的五品宦官不知道牛气什么。

鱼令徽觉得很委屈，回家后便找鱼朝恩告了状。鱼朝恩只知道一个道理，打狗需要看主人！第二天早朝，鱼朝恩向李豫进言："陛下，我的养子鱼令徽官职卑微，经常被同事们欺负，希望陛下能给他赐一套紫衣。"

在唐朝，三品和三品以上的官员才有资格身穿紫袍，这些人要么是朝中关键部门的一把手，要么是宫中少府监等部门的一把手，地位非常显赫。

鱼朝恩为了一件小事，居然大动干戈，李豫也是气愤不过。

就在此时，有个礼部官员居然拿着紫袍来到鱼朝恩的面前，而鱼朝恩则旁若无人地给鱼令徽亲手穿上，随后向李豫叩拜致谢。这一套流程下来，朝臣们目瞪口呆，李豫的脸色也阴沉似铁。

李豫恨不得将鱼朝恩碎尸万段，可最后还是强忍着怒火。过了一会儿，李豫强颜欢笑道："嗯，小孩子穿紫衣也很合适嘛。"

天子的愤怒，许多朝臣都看在了眼里。

大历五年（770）正月，宰相元载上奏，怒骂鱼朝恩欺辱皇帝，犯了大不敬之罪，身为宰相，元载必须替皇帝干掉鱼朝恩，还朝政清明。事实上，经历过几次风波后，李豫已经看明白了，鱼朝恩比程元振更加丧心病狂，因此密令元载暗中谋划。

元载回家之后，立即制订了计划：他找到鱼朝恩的贴身保镖，禁卫军射生将周皓，以及陕州节度使皇甫温，声称鱼朝恩玩弄权势，有犯上作乱的嫌疑，皇帝已经下了密旨，想要弄死鱼朝恩，希望他们能够为皇帝效力。当然，不能让大家白干活，皇帝先给了一笔定金，事成之后，还有重赏。

一边是毫无前途的太监，一边是当今圣上和宰相，皇甫温和周皓还有什么可犹豫的？就在当天，二人将鱼朝恩的罪行全都告诉给了元载。

随后，元载以退为进，奏请李豫将长安周边的兴平、武功、天兴、扶风等地全部划给了神策军。不仅如此，元载还将皇甫温调任凤翔节度使。和陕州相比，凤翔直接拱卫京师，一旦京城发生变动，凤翔军可以立马赶到。

元载做的这一切，只为了麻痹毫无政治直觉的鱼朝恩。

大历五年（770）三月，正值暮春时节，宫中花开茂盛，一片昌盛繁荣之象。

李豫借机在宫中摆下宴席，邀请亲近大臣一同赏花喝酒。按理说，元载和鱼朝恩是必须到场的人，可元载却并没有在受邀的名单上，因为朝廷有紧急事务需要处理，元载必须坐镇在中书省。事实上，元载和李豫合演了一出戏，借坐镇中书省的机会，控制宫内和宫外的沟通渠道，为接下来的军事行动减少风险。

鱼朝恩在受邀之列。不过，鱼朝恩没有想到李豫会对他下手，更何况，鱼朝恩出行的时候，还有周皓和数百名禁卫军贴身保护，怕什么！

据史料记载，宴会到达尾声的时候，大臣们纷纷离席而去，鱼朝恩看到天色已晚，也想赶紧回家，因此向李豫辞行。

李豫说："爱卿留步，朕还有重要公务要和你商议。"

鱼朝恩给周皓使了个眼色，让他多加警惕，随后便坐了下来，想看看李豫要出什么幺蛾子。李豫沉默了一会儿，终于开口说道："爱卿啊！自从你执掌禁卫军以来，独断专权，丝毫没有把朕的脸面放在心上啊。"

鱼朝恩哭丧着脸："陛下，您冤枉臣了。"

李豫："哼！你在皇城私设监狱，利用地痞无赖陷害朝中权贵，把长安城闹得鸡飞狗跳，这些事朕不和你计较。然而，你私自做主，让鱼令徽身穿紫色朝服一事，是不是太没把朕放眼里了？大唐的朝廷以后就由你做主了？"

鱼朝恩分辩道："陛下，奴才对您一片忠心，私设监狱是为了惩治长安城中那些为富不仁，以权欺压百姓的恶徒，至于鱼令徽的事情，奴才……"

李豫："是什么？是你想要谋反逆天吧。"

鱼朝恩虽然很傻，可并不愚蠢，李豫故意找碴的意思很清楚了。鱼朝恩腾地站起来，强势地说道："陛下，您要是不相信奴才的话，奴才也没办法，不过奴才确实没有谋反逆天的心思，军中还有事情需要处理，先行告退了。"

鱼朝恩说完后，给周皓使了个眼色，准备让他保护自己离开宴席。然而，鱼朝恩走到门口才发现，周皓竟然纹丝不动，毫无离开的意思。

鱼朝恩转了回来，问道："周将军，你为何不跟着我走？"

周皓笑了笑："我是皇帝的禁卫军，怎么会跟着你作乱。"

鱼朝恩："……"

周皓："来人，将鱼朝恩抓起来！"

据史料记载，李豫将鱼朝恩控制起来之后，当场将他勒杀。事后，李豫召开新闻发布会，宣布鱼朝恩犯上作乱，被朝廷囚禁起来，并罢免了鱼朝恩天下观军容使处置使等职务，声称鱼朝恩接到圣旨后便上吊自杀。

一切都做得毫无痕迹。

李豫担心鱼朝恩的党羽会借机闹事，因此将他的尸体还给了他的家人，并从国库拿出六百万钱，安抚了大家的情绪。随后，李豫派亲信秘密抓捕其党羽，并将刘希暹、王驾鹤等禁卫军将领升职为御史中丞，剥夺了他们的军权。

李豫控制住局势后，下令释放了鱼朝恩的部分亲信，并宣布禁卫军和此事没有关系，朝廷不会因此牵连。最重要的一点：从此以后，禁卫军归李豫管辖。

关于鱼朝恩，只能用一句话来评价:秀才造反，三年不成，太监造反，毫无必要。你有能力弄死皇帝，却没有必要弄死皇帝，反而在挑战皇权的路上越走越远，除了找死，还有什么词能够形容?

元载：一生得意含“袜”而死

弄死鱼朝恩，算是李豫这一生的得意之作。

李豫恐怕没想到，元载愿意为他“分忧”，并不代表他就是忠臣。如果说鱼朝恩是一只虎，元载就是一只狼，两人没有本质的区别。

元载为人聪明，很会揣摩领导的心思，再加上他是李辅国妻子的宗亲，因此一路晋升。李辅国倒台后，元载暗中结交太监董秀，经常让他探听皇帝的心思，所以每次上朝的时候，元载总能说到李豫的心坎里。

说白了，元载就是标准的黑心政客。元载有个儿子叫元伯和，为了捞钱，不惜滥用权势，不讲官场规矩，引起了许多朝臣的不满。不满归不满，元载毕竟是当朝宰相，只要他们嘴里敢蹦出半个不字，元载立即将他们削官流放。

元载父子贪污受贿，他们担心御史告状，因此奏请李豫，声称朝廷有朝廷的规矩，百官奏事应该先告诉自己的长官，再由长官报告给宰相，由宰相最后上奏给皇帝。不仅如此，元载还放出话来，百官递交的奏折太多，不少人都是捕风捉影，以后先由宰相审查，然后再上达天听。

自唐朝立国以来，御史和郎官都是直接向皇帝汇报，可是经元载这么一闹，这些人以后都没有发言的机会了。面对元载的无理要求，颜真卿不干了，他和元载当面叫板，声称李辅国在世的时候，也不敢明目张胆地让言官闭嘴，按照元载的搞法，皇帝以后岂不是失聪失明了？

想当年，颜真卿在河北战场奋勇杀敌，延缓了安禄山进攻长安的节奏，可谓立下了汗马功劳。然而，一朝天子一朝臣，在李豫这里，颜真卿只不过是个废话太多的文官而已。在颜真卿和元载之间，李豫毫不犹豫地力挺元载。

李豫："颜爱卿，要不你去做峡州别驾吧。"

李豫看重元载，不仅因为他会说话，还因为大家都是佛教信徒。起初，李豫只是对神灵有敬畏之心，并不信仰佛教。然而，元载、王缙、杜鸿渐三位宰相都是信佛的人，拿王缙来说，就是彻头彻尾的素食主义者，杜鸿渐更加诡异，每次出差的时候，都会安排上百个人在家里为他祈福，保佑自己旅途安全。

宰相们如此信奉佛教，李豫的心里就有了疑问。有一次，李豫好奇地问道："你们佛教都说因果报应，这个真的存在吗？"

元载等人十分兴奋，一心想着拉李豫信仰佛教："陛下，大唐之所以能够国运长久，全赖陛下平日里种下的福业啊！"

李豫："怎么说？"

元载："拿安禄山和史思明来说，当年是何等的气焰嚣张，可就在他们势力鼎盛的时候，被自己的儿子杀死。瞧瞧仆固怀恩，勾结吐蕃人进攻长安，可刚走出家门就一命呜呼。回纥、吐蕃入侵中原，最后却不战而退，这难道是人力能达到的吗？臣认为，这些都是因果报应！"

李豫一听，对啊，如果冥冥之中没有注定，这些事情怎么会发生呢？自此以后，李豫开始沉迷于佛教，以至于不可自拔。

据史料记载，李豫经常叫数百个和尚进宫讲佛经，假如前线有战事，李豫会让他们宣讲《护国仁王经》，以此保佑官军的安康。敌人撤退后，李豫便会给和尚们封赏土地、钱财、寺院等。为了支持佛教，李豫耗费巨资，在五台山等佛教重地修建寺庙和殿宇，还敕令天下官吏和百姓不得鞭打和欺辱僧尼。

李豫一生颠沛流离，遭逢各种苦难，可每次到最后都能化险为夷，佛教因果轮回的说法，确实很容易打动他。当时，元载经常和李豫谈论佛理，给他灌输佛教的思想，李豫乐在其中，对元载的信任与日俱增。

当时，有个吏部侍郎叫杨绾，生性耿直，办事公允，然而，元载却很不喜欢他，因为元载提拔人，都看别人送多少钱财，然后拟定一个晋升官员的名单，交给杨绾去处理。杨绾就是不给元载面子，以至于很多官员给了钱却升不了官，将怒火转移到元载的头上。

等元载扶摇直上的时候，便想着提拔听话的人来取代杨绾。

经过一番考察，元载发现了岭南节度使徐浩，这个人极度贪财，又善于阿谀奉承，每次来长安都会给元载送一大笔钱。于是，元载奏请李豫，将杨绾改任为国子监祭酒，让徐浩接替了杨绾的吏部侍郎之职。

元载似乎遗传了鱼朝恩爱吹嘘的本领，经常恬不知耻地夸赞自己文武兼备，是古往今来最牛的人。有了这样的心态，人生想不崩盘都很难。

当时，有个长辈找元载求官，可元载觉得他综合素质很烂，又不好拂了长辈的面子，于是写了一封推荐信，让他去找河北节度使。走到幽州的时候，此人拆开信封，发现里面只有一张署了元载姓名的白纸。一股无名之火腾上心头，此人将元载的祖宗十八代全部问候了一遍。可转念一想，这都走了上千里路了，总不能灰头土脸地回去让人笑话吧？于是，他假装不知道信纸是空白的事儿，硬着头皮闯进河北节度使的府中。节度判官不敢怠慢，赶紧禀报上官。

据史料记载，河北节度使恭恭敬敬地打开了信封，我的乖乖，怎么是张白纸啊？咦，后面署着宰相元载的大名。

肃然起敬！不过，节度使大人蒙了，元载是要干吗呢？

节度使："老伯啊，您来河北地界，打算干吗啊？"

老伯沉默不语。

节度使："老伯啊，您和当朝宰相是什么关系啊？"

老伯沉默不语。

节度使："老伯啊，宰相大人的这张白纸，您怎么看？"

老伯沉默不语。

事实上，这位老兄心气很高，本打算在长安捞个官职，可如今混到了河北地界，心中的落差实在有点大，因此没打算留在河北。河北节度使闹不清状况，只好将这位老兄好吃好喝地供着。有一天，老兄向节度使辞行，节度使碍于元载的面子，给他送了一千匹绢，将他风风光光送回家。

堂堂的封疆大吏，居然因为元载的一封信，对山野匹夫如此恭敬，岂不是丢尽了朝廷的颜面？李豫得知后，气得吹胡子瞪眼。不过，李豫觉得元载会办事，不想君臣之间产生隔阂，于是将他叫进宫，语重心长地告诫了一番，希望他能收敛行为，以免坏了君臣之礼。

遗憾的是，元载并没有收敛的意思。

大历五年（770）十一月，丧心病狂的元载将矛头指向了李泌。

李泌和李唐皇室的关系，大家想必都知道。当年，李亨坐稳皇位后，李泌回衡山做了道士。为了嘉奖李泌，李亨命人在衡山修建了道观，并让李泌享受朝廷三品官员的待遇。李泌并非不想做官，只是觉得李亨心思深沉，很难全始全终。

不过，李豫天性仁德，还在灵武的时候，李泌便看出来了。李豫登基之后，将李泌请出衡山，并将大明宫蓬莱殿作为李泌休息的寝宫。朝中大事，地方节度使的任命，李泌都能说得上话。不仅如此，李豫提议给李泌娶老婆，李泌还真答应了。李豫和李泌的关系，已经超越了君臣界限，这让元载醋意满满。

有一天，元载对李豫说道："陛下，臣经常看到李泌去北衙禁军，和当年的好朋友一起聊天喝酒，他难道不知道鱼朝恩当初搞的阴谋吗？"

李泌？不怀好意？搞阴谋？

李豫有种哭笑不得的感觉，不过还是耐着性子解释道："北衙禁军的将领和先生都是好朋友，是朕让他去喝酒的。至于处置鱼朝恩，先生还出了大力呢。以后千万别再说李泌心怀叵测的话了。"

然而，元载似乎已经走火入魔，根本听不进李豫的警告。随后，元载又安排了一批党羽弹劾李泌。此时，李豫在心里已经给元载判了死刑。考虑到元载党羽众多，李豫给江西观察使魏少游打了个招呼，让李泌去做江西判官，一来以退为进，迷惑元载，二来保护李泌的周全。

要扳倒元载，必须有人敢出头，李豫想提拔几个有骨气，敢说话，敢做事的朝臣进入朝堂，可还没有行动，成都方面就传来了好消息。

原来，成都司录参军李少良前往长安求职，在元载的面前吃了闭门羹，因此怀恨在心，暗中搜集元载的罪证，此时已经写满了好几张纸。就在此时，李少良给李豫递交了密折，将元载私下里干的肮脏事全都抖了出来。

看着李少良的奏折，李豫拍案叫绝。朝廷要是多几个这样的人才，何愁大事不成啊！李豫让人秘密前往成都，将李少良接到长安，安置在了客省（国家外宾馆）。李豫告诉他，此事急不得，必须等待时机。

谁料想，李少良把李豫对他的信任作为谈资，说给了好朋友韦颂，韦颂又讲给了殿中侍御史陆珽，陆珽最后直接捅到了元载的跟前。元载听闻消息，仰天长叹道：有这么一帮傻鸟，夫复何忧啊！

随后，元载率先告状："陛下，李少良、韦颂和陆珽三人居然向臣告状，说陛下对臣心生不满，想要暗中谋害臣。这简直是岂有此理。"

李豫假装气愤："爱卿，你别误会，这一定是奸人挑拨，传旨下去，将这三人打入御史台监狱，等候处置！"

就这样，这三位被判为结党营私，离间君臣，交由京兆府处置，没过多久，就被有关部门乱棍打死。李豫郁闷了，堂堂天子，居然被元载摆了一道，这口气如何咽得下？随后，李豫直接从大明宫发出了一道圣旨，将浙西观察使李栖筠叫到长安，随后提拔为御史大夫。

按照规制，皇帝的圣旨必须通过阁部盖章才能生效，直接下旨就代表对宰相班子有了强烈的不满。元载得知此事，这才有所收敛。谁承想，元载刚刚服软，手下的人却开始嘚瑟起来。

吏部侍郎徐浩、薛邕是元载一手提拔起来的亲信，他们常年把持着组织部，掌管所有官员的晋升和考核。有一天晚上，徐浩的小妾给他吹了个枕边风，说弟弟侯莫陈付一直在京兆府下辖的驿站工作，活多钱少还辛苦，因此想让徐浩帮他运作一下，提拔到长安为官。

男人嘛，不仅要在战场上威武雄壮，办起正事来也不能含糊。

徐浩："没问题，这事儿包在我身上。"

第二天，徐浩找到京兆尹杜济，希望他能在推荐下属官员的时候，酌情突出一下侯莫陈付的功劳，只要将他的档案报送到吏部，便记着这份人情。

就这样，一番利益交换后，碌碌无为的侯莫陈付晋升为长安县尉，首都高级公务员。徐浩可能没想到，御史大夫李栖筠的工作就是监视元载的党羽，他们以为此事做得很绝密，可还是被李栖筠的眼线得知。

消息很快就传开了。

李豫："礼部侍郎于邵，你去调查，给个明确的处理结果。"

谁料想，于邵没猜透李豫的心思，又惧怕元载的势力，转了一圈后，居然带回来这样一个结果："陛下，经臣调查，此事纯属捕风捉影。"

李豫气得跳脚大骂：成事不足，败事有余的笨蛋。

随后，李豫又派了一路人马去调查，强行将徐浩贬为明州别驾，将薛邕贬为歙州刺史，杜济贬为杭州刺史，于邵贬为桂州长史。

简单粗暴，一锅端！由此可见，李豫并非不敢动元载，相比于程元振和鱼朝恩等人，元载虽然是掌握实权的首席宰相，可手中没有兵权，反倒是李豫控制着神策禁卫军，想弄死元载是易如反掌的事。

问题是，李豫为什么不直接对元载下手呢？

原因可能有两个：

第一，经历了鱼朝恩和程元振的事件之后，朝中局势一直不太稳定，李豫希望元载能够体会他的苦心，收敛狂妄的行为，以免朝廷再次爆发冲突。

第二，元载结党营私，贪污钱财，并不是什么重罪。更何况，元载没有威胁到李豫的性命，李豫生性仁德，不想把事情做得太绝。

遗憾的是，元载没有领会李豫的一片苦心，反而是将李豫的耳提面命当成了耳边风。接下来的几年，元载把持中书省，王缙把持门下省，又控制着组织部，他们在朝中大肆培植自己的势力，还纵容元伯和、元仲武等亲信以权谋私，为非作歹。这一张贪腐网络实在是太庞大了，以至于李豫都喘不过气来。

大历十二年（777）三月，李豫终于决定要拿元载开刀了。

第一步，让左金吾卫大将军吴凑准备一批军士，随时听用。第二步，控告元载、王缙在三更半夜举行祷神的祭礼，意图作乱。第三步，命人前去传旨，说是要在大明宫延英殿的政事堂举办朝会，让元载、王缙两人一起参加。

收网的时候到了！

元载来到政事堂的时候，看见屋中站着十几个金吾卫将士，心中顿觉不妙。二人硬着头皮，走到了自己最熟悉的位置，等待李豫开口说话。

李豫仗着是自己的主场，直截了当地问道：“二位爱卿，听说你们在夜里祈祷神灵？是不是想学鱼朝恩谋反作乱啊？”

话音刚落，金吾卫将士就摁住了元载和王缙。随后，李豫命吏部尚书刘晏和御史大夫李涵共同审讯。就在当晚，元载和王缙认罪伏法，签供画押。

李豫的本意是处死他们，可刘晏坚持己见，说案件总有主犯和从犯，元载死罪难逃，王缙却应该从轻处罚。李豫一声令下，处死元载和他的儿子，将王缙贬为栝州（今浙江省丽水市）刺史。

据史料记载，元载平日里得罪了不少人，到了狱中后，便央求主管官员给他一个痛快。巧的是，主管官员正是元载欺负过的人，听说元载被判死刑，他嘲讽地说道：“元载啊元载，像你这样的小人，死的时候就应该受到点侮辱！”

面对未知的恐惧，元载吓得惊慌失措。就在此时，主管官员脱下了自己的臭袜子，一道优美的弧线飘过，袜子被塞进了元载的口里。

口里含着臭袜子而死，这也算是一种新的死法吧。

杨绾：大唐中兴的希望

元载被杀，李豫顺势清洗了吏部侍郎杨炎，谏议大夫韩洄，起居舍人韩会等党羽。其中杨炎是元载选定的接班人，李豫对他是零容忍的态度。

然而，吴凑提出了质疑，他觉得杨炎虽然是元载的接班人，可并没有干什么伤天害理的恶事，按照朝廷的律法，不能判处死罪。

一边是朝廷的律法，公正的代表，一边是政治的利益，恶魔的化身。李豫陷入两难的境地。思虑许久，李豫做出了决定：将杨炎贬为道州司马，不再因为元载的落马而大肆牵连，引起不必要的政治斗争。这是李豫的执政态度，他希望朝政能够清明，朝臣敢于发声，他想革除时弊，实现大唐王朝的中兴。

大历十二年（777）四月，李豫选出了朝廷新一届的领导班子：

太常卿杨绾：升任中书侍郎，同中书门下平章事。

礼部侍郎常衮：升任门下侍郎，同中书门下平章事。

杨绾，出生官宦世家，他从小就泡在书堆里，不管是诗词歌赋，还是经史杂书，统统都喜欢看，最喜欢在桌上摆满书籍，然后整日独坐，苦思冥想。入仕之后，杨绾一直保持着中立的政治立场，名声极好。元载被杀之后，李豫几乎是在第一时间将他提拔为宰相，并对他寄予了厚望。

据史料记载，李豫下诏的时候，郭子仪正在家中欣赏歌舞表演，得知杨绾做了宰相，他立即命人撤掉表演项目，以示尊敬。无独有偶，京兆尹黎干每次出门的阵仗都很大，听说杨绾做了宰相，也命人撤掉阵仗，只保留了十匹骏马。

能得到大家的认可，杨绾确实有几把刷子。

新官上任三把火，第一把火该烧向哪里呢？杨绾和常衮商议之后，决定先给长安的京官涨一下工资。

想当年，元载做宰相，许多人找他跑官要官，元载也很无奈，官场又不是他家开的，哪有那么多的岗位？为了解决这个麻烦，元载强行调低了京官的俸禄和福利，又把外地官员的待遇涨了上来，以此遏制跑官买官的势头。

问题是，不是所有人都是贪官，部分官员守着那么点俸禄，家里根本就揭不开锅。杨绾和常衮考虑到现实，最终还是把工资调了回来。

大历十二年（777）五月，杨绾将第二把火烧向了地方军政。

中晚唐时期，因为战争的缘故，地方行政区划非常混乱。尤其是安史之乱，中央朝廷风雨飘摇，自顾不暇，为了鼓励地方官府抵抗叛军，授权他们成立了许多地方自卫队，官方的说法叫团练部队。

团练部队的官员分为两种，一种是都团练守捉使，由中央朝廷派出的观察处置使兼任；一种是州团练守捉使，大多是由州刺史兼任。这样一来，全国至少出现了三级军政管理体系：

最高级：藩镇节度使，也就是大军区司令员。

次高级：都团练守捉使，小军区司令员，下面管着几个州。

最低级：州团练守捉使，相当于地方武警部队司令员。

要知道，在此之前，军队的征募和管理全部由中央负责，地方官府和军队没有任何关系。可战争过后，州刺史都成了掌握军权和行政权的地头蛇！不过这不要紧，中央还控制着都团练守捉使（也就是观察处置使）呢，朝廷给他们的定位非常单纯：监督大军区司令员，辖制地方武警部队。

谁承想，元载主政的这些年，向地方派出了大批的都团练使，元载给他们的定位也很单纯：别管大军区司令员，收买和控制州刺史，搜刮民脂民膏。

州刺史如果选择依附元载，就可以继续执掌地方兵权，埋头捞钱；如果不依附元载，对不起，等着被元载蹂躏吧。在这样的游戏规则下，全国刮起了一阵搜刮民脂民膏的贪腐之风。

杨绾上台之后，给李豫提了个建议：撤销州团练守捉使，以后在非紧急军情下，州团练守捉使不允许擅自召见州刺史，或让刺史停职。

不过，为了保证地方政府的自卫能力，由朝廷限定团练部队的人数编制，招募来的民兵，由官府给他们家人提供粮食和食物，称为“官健”，春夏的时候，民兵回家耕地，秋冬的时候，集中服役，由官府发放口粮，称为“团结”。

改革之后，依附元载的团练使或刺史被就地革职，杨绾重新划定了藩镇节度使、都团练守捉使、刺史、县令等人的职责范围和薪酬待遇，既稳定了地方官员的情绪，也加强了中央朝廷对他们的统治。

杨绾的强势，让李豫看到了大唐中兴的希望。然而在中兴之前，大唐还有很长的路要走。杨绾的改革就像一把手术刀，将大唐王朝的伤疤一层层揭开。可露出来的并不是新生的力量，而是各种触目惊心的毒瘤。

不管是中央官员还是地方官员，大部分人都结党营私，贪污受贿。藩镇节度使、州刺史利用职权大肆招兵买马，搞起了地方武装。为了筹措数额巨大的军费，搜刮民脂民膏，摧毁了帝国的税收制度。看到这些，李豫彻底震惊了。

这一切恶果，全都归到了元载的头上。

元载被杀之后，李豫的心中反而升起了滔天怒火，以至于愤怒让他失去了理智和基本的风度。他让宦官掘开了元载祖父的坟墓，劈开了棺椁，将他父亲曝尸荒野，还下令拆毁了元氏的家庙，焚烧了元氏家族的祖先牌位。

杨绾的第三把火，烧给了昔日被元载打压的耿直官员们，比如湖州刺史颜真卿，就在杨绾的举荐下回到长安做了刑部尚书。三把火烧完之后，官员们都明白了，大唐王朝准备起飞了！然而，就在大历十二年（777）七月，杨绾突然得了一场重病，不治身亡。这个消息如晴天霹雳，将李豫震得晕头转向，不知所措。

李豫正是看中了杨绾不畏强暴，忠正耿直的性格，这才起用他为相，想要革除大唐的时弊，但是皇天终归不佑善人啊。得知消息的那一刻，李豫发出了由衷的叹息：天不欲朕致太平，何夺朕杨绾之速！

接下来怎么办？起用杨绾的搭档常衮吗？

李豫毫无信心，因为杨绾做事情有大局观，善于处理人际关系，而常衮太喜欢抠细节，属于办实事的人。最主要的，常衮私心很大。拿调整京官俸禄来说，如果有官员向他示好，常衮定的薪酬就高，那些身处高位，却不愿意觍着脸去求常衮的人，工资比下属还要低。

李豫表示，可以继续用你，至于君臣之间的亲密度，那就免了！

历史证明，三个男人之间也有吃醋的可能，尤其是李豫对杨绾的偏爱，更让常衮心里如同打翻了五味瓶一般。杨绾去世之后，常衮成了首席宰相，为了树立自己的威信，常衮接连干了几件让人觉得很小家子气的事儿。

李豫一朝，宰相的办公地点在门下省政事堂，但杨绾是中书侍郎，所以大家都得前往中书省议事，这样一来，常衮觉得自己很没面子。杨绾刚刚病逝，常衮就封了门下省的后门，规定文武大臣以后要议事，统统来门下省。

中国有句古话，叫文人相轻，意思是读书人通常都很鄙视对方，觉得自己是最牛的。可杨绾去世后，文武官员尊敬他，因此集体奏请李豫，希望能给杨绾的谥号定为文贞（唐朝文官最高级别的褒奖）。

常衮差点就爆炸了。杨绾生前就把他压得抬不起头来，死后还要受百官的爱戴，凭什么？常衮气愤不过，于是找了几个人进言，打算让李豫收回成命。可是，李豫压根就没搭理常衮，反而将那几个人贬出了京城。

杨绾去世之后，中书省一直由中书舍人崔祐甫打理，可常衮的行为确实让中书省很没有面子。崔祐甫时常想着，要给常衮一点颜色瞧瞧。

有一次，陇右节度使朱泚（cǐ）的军中出现了猫鼠同乳的奇异之事，因此派人前往长安，奏报祥瑞。礼仪官读完了奏表，常衮就跪了下来，率先向李豫表示祝贺。文武大臣见状，相继都跪了下去，唯独崔祐甫风姿飘逸，鹤立鸡群。

李豫好奇地问道："崔爱卿，你为何不学他们向朕称贺呢？"

崔祐甫理直气壮："陛下！猫鼠同乳本来就是反常的现象，咱们养猫就是为了让它们捕食老鼠，为主人除害，如今猫不但不捕老鼠，还用奶哺乳老鼠，这就像是官吏不惩处违法之事，边将不抵抗入侵之敌，都是失职的表现。"

李豫顾及常衮的面子，没有当场拍手称快。

下去之后，常衮暴跳如雷，强行将崔祐甫贬为从八品吏部主事，而且搞了个潜规则，只要是崔祐甫的公文，门下省一律打回。身为首辅，竟然干下了如此不讲究的龌龊事，就连李豫也觉得颜面无光。李豫一直在寻找合适的中书侍郎，不过偌大的朝堂，似乎没有他想要的人。

大历十三年（778）十二月，李豫召回了阔别长安八年之久的李泌。所有人都知道，中书侍郎是为李泌准备的，唯独李豫心里清楚，李泌不一定会接受他的任命。

谁料想，李豫还没有下旨，常衮居然先动了起来："陛下，您如果想任命李泌为宰辅，应该先考察一下他是否有宰辅的才能，是否能够服众。臣认为，应该让李泌先从刺史做起，如果真的有本事，以后再提拔也不迟。"

按照常衮的这套说辞，李泌没有做宰相的能力，应该在第一时间辞掉李豫的任命。不过，李豫是个宅心仁厚的皇帝，常衮虽然格局一般，可毕竟为官清廉，他也不好意思将常衮撸下来。那就继续拖着吧！

财政专家刘晏：赢得生前身后名

李豫时期，除了杨绾，还有许多中兴名臣，比如刘晏。

刘晏（715—780），曹州南华（今山东省菏泽市东明县）人，七岁就获得了“神童”的称号。他虽然才华横溢，却相貌平平，甚至有丑陋的嫌疑。不过，当一个人的才华登峰造极的时候，相貌就显得不那么重要了。

刘晏的经历不再赘述。李亨执政的时候，刘晏就已经是京兆尹、户部侍郎、御史中丞、度支铸钱盐铁使（税务总局局长，财政部部长），名副其实的中央领导。遗憾的是，刘晏为人太耿直，更兼才气冲天，轻易不把旁人放在眼里，能得到刘晏青睐的官员屈指可数，比如颜真卿。至于那些肚子里没有干货，只知道溜须拍马，取悦上官的官混子，只能从刘晏这里得到白眼和鄙视。

问题是，水至清则无鱼啊！大家同朝为官，都是为了混口饭吃，有必要让同僚们整天怀疑自己是不是废物，是不是要三省吾身吗？

刘晏 40 岁的时候，开始遭逢人生的诸多坎坷。比如，朝中酷吏开了个整人的黑名单，刘晏赫然位于榜首。刘晏被罢免后，过了六七年无所事事的日子，锐气几乎快要被磨尽了。宝应元年（762），李豫登基，特地给刘晏下了一道任命书，将他官复原职。广德元年（763），刘晏被封为吏部尚书、同中书门下平章事。

彼时，刘晏才 48 岁，正值年富力强的黄金期。正准备大展手脚，朝中有人举报，说刘晏和太监程元振来往过密。为了避嫌，李豫被迫将他贬为太子宾客，再一次雪藏了起来。不过，李豫欣赏刘晏，因为刘晏懂经济，会赚钱。

当时，唐朝经历了战火，人口锐减、经济萧条、漕运阻隔、税赋锐减，李豫非常头疼。就拿粮食来说，开元十三年（725），一斗稻米的价格不到二十文，广德二年（764），一斗稻米的价格竟然飙升到一千文，而且市场上还供不应求。

据史料记载，当时长安百姓的家中没有隔夜之粮，皇室府库也没有余粮，以至于李豫只能削减禁卫军的粮食供给。问题的根源不在于粮食，而在于粮道。当时，如果要把江南的粮食运到长安，只有两个途径：

第一个途径，陆路运输。

两个人拉个独轮车，每车装两百到三百斤粮食，这还包括牲口和劳力要吃的口粮，如果碰到阴雨绵绵的天气，粮食损失更大。当时，粮道就传着“一斗钱运一斗米”的说法。

第二个途径，水路运输。

由朝廷出面，组织上千艘粮船，先把粮食经长江运到扬州，再由扬州经过大运河运送到淮河，由淮河转入汴河，再进入黄河，入黄河之后西上，经三门峡之险，再转入渭河，最终到达长安，水路蜿蜒超过三千余里。

水运的好处是每次可以运送数十万斤粮食，然而汴河、黄河的水文情况比长江要复杂，运粮船走其他河道没问题，只要到了汴河，经常搁浅或者碰到暗礁沉船，一旦出现这种情况，粮食基本上就是白运了。

刘晏被贬后，元载接替了户部侍郎的职位。

李豫：“元载，职责所在，你去解决此事吧。”

元载表示，解决漕运的根本是疏通河道，疏通河道的根本是银子。问题是，他既不懂漕运，也捞不到银子，有力无处使。

元载：“陛下！您忘了，刘晏是这方面的专家，干起活来绝对比臣靠谱，而且可以让他顺便给朝廷弄点钱回来花花。”

君臣一番合谋，刘晏重出江湖，担任御史大夫，兼领东都、河南、江淮、山南等道转运租庸盐铁使。接到诏书后，刘晏立马收拾行装，沿着河南、安徽、江苏、浙江等地，考察沿线的漕运和百姓的生计问题。

正常情况下，中央朝廷每年都会下拨巨额资金去疏通河道，保障国家的运输干线通畅，然而战争过后，朝廷根本就拿不出钱来。刘晏一路走下来，最大的感受就是千疮百孔，萧索至极！到达江南之后，刘晏将路上的所见说闻写成了一道奏折，随后发往京师。他在奏折中是这样描述的：

第一，从长安到淮扬，运河中的泥沙堆积，河床堵塞，以至于千里河道变成了浅水滩，水路运输犹如旱地行船。

第二，过宜阳、熊耳，至武牢、成皋，一路五百余里，只有一千户百姓。他们食不果腹，衣不遮体，犹如行尸走肉。路上荒草丛生，野兽出没，毫无人烟之气，根本就找不到百姓帮忙疏浚河道。诗圣杜甫写过一首《无家别》，形容的就是此时的情景：久行见空巷，日瘦气惨凄。但对狐与狸，竖毛怒我啼。

第三，部分州县的地方官跑得无影无踪，以至于盗匪横行，运粮船走到哪，这帮土匪就阴魂不散地跟到哪。

第四，藩镇节度使、地方自卫队随处可见，但凡是个官，身上都有个封号，大家把自己当成大唐的元勋，没人愿意干活。这也就罢了，一旦朝廷的运粮船出现，这帮人就换上了土匪的面孔，将粮食抢劫一空。

刘晏的报告提交上去之后，李豫让他不惜一切代价疏浚河道，朝廷只看结果。

刘晏想了想，要干成此事，必须先找到人。按照制度，朝廷搞工程，百姓有义务出工，而且需要自带干粮伙食，政府拿点补贴，干完活各回各家。刘晏上任后，发布了一道告示：只要你们愿意为朝廷疏浚河道，由官府给你们发工资。

百姓听说此事，纷纷踊跃报名。不仅如此，刘晏还调动地方自卫队来疏浚河道，加固大堤，漕运工作很快就有了起色。

当时，黄河之上有一处天险，名叫“三门峡”。因为黄河中央的砥柱山将河水一分为三，北边叫“人门”，中间为“神门”，南边叫“鬼门”，因此得名。因为三门峡的缘故，此处有大型的漩涡，每当运粮船走到此处的时候，就会有被卷入水流，撞到山体沉没的风险。

按照惯例，运粮船走到三门峡，需要卸粮上岸，从陆路向西运输，在下一个码头重新装船。刘晏实地考察了一番，最终提了个方案：改造大船，给船编队，改良纤绳。

大船可以让船体更加稳固。将十个大船编为一队，形成铁索连环，一起渡过湍急的水流。每个编队用数百名纤夫拉运，不让运粮船在水中失控。这个办法虽然成本很高，可是和陆路运输相比，还是节约了不少时间。

事情办到这个地步，刘晏可以回长安交差了。然而，他将目光放得更长远。在他看来，漕运路程长达数千里，需要经过长江、扬子江、黄河、汴水和渭水，每个水域的情况都不一样。过去，一艘船从头走到尾，不知道暗礁和泥沙堆积的地点，因此容易倾覆，最后到达长安的粮食还剩八成就已经算不错。

刘晏提出了新的办法：改全程运输为分段运输。

将漕运路程分为四段，如果下游来了运粮船，由上游的运输团队接手。同时，刘晏在扬州、汴口、河阴、渭口等河道的交界处设立了临时仓库，用来储存下游运送的粮食。再调派一支军队沿途保护，让觊觎粮食的土匪们只能干瞪眼。

做完了这一切，刘晏将目光瞄向了运粮船。经验告诉他，运粮船的体积越是巨大，倾覆的风险就越小，朝廷完全可以将运粮船改造升级。

在此之前，如果官府想建造运粮船，需要从民间征调工程师和杂役，这帮人需要放弃家中的事务，而且自带干粮，官府只补贴一些少得可怜的伙食费。给官府干活，自己还得往里面倒贴钱。这生意，谁做谁赔本。

当时，刘晏从盐税中拿出了一笔巨额资金，下令在扬子（今江苏省扬州市仪征市）开设了十个造船厂，临时建造了两千艘急需的大型运输船，每艘船的成本高达一千缗（mín）。

工人们拿工资，磨洋工问题自然就解决了。然而，官员们坐不住了，他们觉得造船是工人的义务，刘晏这样做，完全是浪费钱，惯着小老百姓。

刘晏反驳道："你们这些人，就会算计鸡毛蒜皮的事儿。"

官员们觉得刘晏不可理喻，粗暴地反驳道："就算造一艘好船，五百缗也足够了，你不觉得一千缗太过分了吗？"

刘晏："想把事情办得更好，就要把眼光放得更长远。"

官员们蒙了："什么叫长远？"

刘晏耐心地解释道："船厂的民工太多，如果按照老规矩剥削他们，如何让他们安心造船？咱们开出高工资，保证他们衣食无忧，他们自然会安心造船。再者说，先前造船的材料经常被替换成劣质的，如今给的钱多，就算有贪污克扣的，剩余的钱也能造出一艘合格的大船。”

这番言论，让官员们目瞪口呆。

刘晏看着痴呆的同僚，恨铁不成钢地说道：“哎，你们现在都不理解我，后世的人一定会认可我所做的一切。”

不得不说，刘晏在国库最紧张的时候，敢大手笔造船，确实有魄力。宪宗、懿宗时期，朝廷不断压低运粮船的建造经费，以至于物料低劣，工人偷懒耍滑，造出的船薄脆易坏，漕运也就渐渐就废弃了。

问题是，刘晏的漕运改革就是烧钱，李豫虽然力挺他改革，可国库的经费不允许啊。更何况，李豫穷得叮当响，还指望刘晏帮他弄点零花钱呢。

刘晏表示，这个事儿他一直记在心里。在古代，临时加征赋税，派兵洗劫大户，约谈有钱商人，让他们资助经费都是可行的策略。不过，刘晏爱惜自己的羽毛，干不出这些龌龊的事，他把目光转移到了盐政上。

说出来大家可能不信，唐玄宗以前，官府并没有实行食盐专营制度。当时，全国有两个大的食盐来源，一个是河东的解盐（最大的产地在山西省运城市），一个是江南的海盐，其中解盐占据一半以上的市场。

在河东，由豪强富户控制食盐的生产，由大的盐商负责销售，老百姓当打工仔，赚取微薄的工资。当然，有些家庭会搞小作坊，生产小批量的食盐，然后偷偷卖给盐商。官府的角色就是：坐看你们发财，而且不征收任何盐税。

有唐一朝，老百姓承担朝廷绝大部分的赋税，可最赚钱的盐商却数钱数到手抽筋，确实是奇事一件。唐睿宗时期，某些官员就提出要在河东设置盐政官，专门负责征收赋税，可一直到开元时期，有关部门才开始重视此事。

当时，朝廷下了文，规定食盐生产商需要获得官府签发的食盐生产许可证，还要向朝廷缴纳一万斛食盐，由当地官府负责征收。和巨大的食盐利润比起来，一万斛食盐，实在是九牛一毛。

安史之乱爆发后，李隆基逃出长安，过起了穷光蛋的日子，这才想起富可敌国的盐商们。为了筹措战争经费，李隆基将理财大师第五琦派了出去，让他不惜一切代价，增加国库的收入。

第五琦发话了，所有盐场必须在朝廷备案注册，由官府统一管理，盐场生产的食盐由官府统一收购，统一运输到各地，再由政府专卖销售。除此之外，盐场不能将食盐卖给任何商人，否则官府让你吃不了兜着走。

这样做的好处是，食盐的收入全部流进了政府的口袋，国库顿时就充盈了起来。可问题是，官收、官运、官销有绕不开的弊端：

第一，钱进了中央的府库，官员捞不到任何好处。

想想看，官员们忙活着收盐、运盐、卖盐，却只能拿着死工资，图啥？朝廷明面上不允许商人销售食盐，可官员们有权，这些人暗中把食盐加价卖给盐商，既可以赚钱交差，也可以从中捞一笔，何乐而不为。

第二，官府毕竟人员有限，要在全国开设食盐专卖连锁店，需要大量的启动资金和从业人员。主管部门做不到这点，只好少设销售点，以至于百姓们要买一点食盐，需要跑几十里甚至上百里的路。

第五琦的想法是好的，就是不太注重市场规律。刘晏是个接地气的官员，他经过一番调查研究，决定把官收、官运、官销改为民产、官收、商销。

在食盐生产环节，官府扶持一批豪强控制的大盐场，民间自发形成小盐场。在食盐收购环节，官府有垄断性的收购权力。在食盐销售环节，官府把食盐加价卖给盐商，让他们自行设立销售网点，政府再从中征收一些食盐销售税。

在当时，食盐如果要跨境运输和销售，必须给当地的县老爷交一笔“食盐过境税”，也就是地方保护税。刘晏一声令下，以后这些都不用交了，谁再敢搞地方保护主义，先收拾你一顿再说。

把食盐交给商人销售，如果他们囤积居奇，擅自涨价怎么办？

好说！刘晏在各地的交通要道设置了许多常平盐仓，专门储备官府的食盐，如果盐商的食盐超过了官府指导价，官府就出面销售常平盐。

刘晏的做法很快就收到了奇效。第五琦主政时期，唐朝的盐税每年是六十万贯，刘晏主政时期，唐朝的盐税达到了六百万贯。由于刘晏的食盐制度改革让统治者尝到了不少甜头，一直到清王朝，政府采用的都是唐朝的食盐产销制度。

除了盐政改革，刘晏还发明了令人瞠目结舌的粮食监控体系。

在唐朝，这绝对是新鲜玩意儿。当时，刘晏在全国各地设置了十三个巡院（具备国家统计局和发改委的职能），定位为监测地方经济信息的机构，专门负责收集各地的粮食生产情况、物资存储、物价变化、气候异常等信息。

问题是，那个年代没有电话，怎么把信息传递给京城呢?

刘晏表示，这些都不是事儿。他大手一挥，发布了一道求贤令：只要你走路比普通人快，就可以找官府应聘，工资待遇从优，尊严有保障。在当时，这批人被称为“疾足”或“驶足”。

当时，刘晏在巡院和京师之间设立了驿站，专门接应这些疾足。各地巡院定期将经济信息传递到京城，刘晏将朝廷的指令反馈到各地，保证市场供求平衡，物价稳定。比如，滑州的粮食丰收，汴州的粮食歉收，刘晏会派人收购滑州的粮食，以免谷贱伤农，然后再把粮食卖到汴州，确保汴州百姓不会饿肚子。

据史料记载，刘晏的粮政改革确实起到了平抑物价的作用，以至于粮食市场基本达到了“天下无甚贵贱而物常平”的状态。

刘晏的改革是大工程，需要大量的专业人才，正是这一时期，唐朝的理财高手、漕运高手层出不穷。比如，陈谏、韩洄、元秀、裴腆、包佶、卢徵、李衡等人都是刘晏的门生，尤其是陈谏，机警聪敏，过目不忘，后来成为顺宗时期“二王八司马”改革集团的重要成员。

客观地说，刘晏将自己的一生都奉献给了大唐的中兴大业。遗憾的是，这样的丰功伟业并没有成为他的护身符，在后续的政治斗争中，刘晏还是不可避免地成为牺牲品，后面的章节咱们再继续讲刘晏的故事。

李豫：大唐悲情帝王，功过自在人心

讲完了刘晏的改革，唐代宗李豫的生命也走到了尽头。据史料记载，大历十四年（779）五月初三，李豫患病，五月二十一日，李豫下诏让皇太子李适监国，就在当晚，李豫在太极宫紫宸殿驾崩，享年52岁。一切，都来得那么突然。

关于唐代宗李豫，除了跌宕起伏的人生经历，我最想聊的就是他的天子柔情。说起来，李豫的突然去世，和他的似水柔情有那么一丝关系。

李豫的一生，曾经深爱过两个女人，一个是睿真皇后沈珍珠（电视剧《大唐荣耀》的女主），一个是贞懿皇后独孤贵妃。

沈珍珠，浙江吴兴（今浙江省湖州市）人。开元末年，沈珍珠被送进宫，李亨将他赐给了李豫。沈珍珠是大家闺秀，贤良淑德，善解人意，更兼具江南女子的婉约动人。李豫从小就失去了母亲，在缺乏母爱的环境里长大，心地善良，待人宽厚。二人刚刚相遇，便迅速坠入爱河。

天宝元年（742），沈珍珠生下一个男孩，也就是唐德宗李适。二人如胶似漆，过了一段神仙眷侣般的甜蜜生活。后来，李豫虽然纳了其他王妃，可在他眼里，沈珍珠便是那个值得他用一生去珍爱的人。可惜的是，好日子仅仅持续了十三年便到了尽头。天宝十四年（755），安史之乱爆发，李唐皇室连夜逃出长安。

由于时间有限，再加上皇室重男轻女，李隆基只安排了最亲的人跟他逃走，至于后宫嫔妃和皇亲国戚，都因为没能及时逃走，被安禄山抓到了东都洛阳。沈珍珠便是被抛弃的人之一，她后来被抓到洛阳，在掖庭做苦活。

至德二年（757），官军打了回来，彼时的李豫已经是天下兵马大元帅，位高权重。然而，回到洛阳之后，李豫念念不忘的却是令他日思夜想、魂牵梦萦的沈珍珠。当时，李豫派了许多亲信，让他们打探沈珍珠的下落，有人说她被叛军带离洛阳，有人说在长安战乱时就已经身亡，还有人说她趁乱逃进了深山。

对李豫来说，没有消息就是好消息。找，继续找！

皇天不负有心人，经过地毯式的搜寻之后，李豫终于将沈珍珠从茫茫人海中找了出来。二人重逢，恍若隔世，但埋藏在心底的那丝情愫，让他们紧紧地抱在了一起。然而，几日温存之后，李豫又得离开了。

李豫是天下兵马大元帅，肩负着消灭叛军，收复两京的重任。连唐肃宗李亨都无暇顾及后宫之事，更不用说他。李豫深情款款地安慰道："你先在洛阳住下，待消灭叛军之日，我来接你！"谁承想，这次离别竟然成了二人的诀别。

乾元二年（759），史思明再次攻陷洛阳，在这次洛阳大乱中，沈珍珠彻底消失了。广德元年（763），安史之乱彻底平息，李豫再也没有顾忌，公开下令寻找沈珍珠。然而，茫茫人海，世事变迁，去哪里寻找一个失踪多年的女人。

李豫派出去的人一拨接着一拨，可带回来的消息却令他万分沮丧：找不到，怎么也找不到。失去挚爱的痛，只有刻骨铭心地爱过，亲身经历过诀别的人才能感受得到。为了填补内心的空虚，李豫几乎将所有的感情都倾注到了二人爱情的结晶——皇长子李适的身上。

广德二年（764），李豫正式下诏：封李适为皇太子。

就在李豫快绝望的时候，宦官给他说了个小道消息：寿州（今安徽省淮南市）有个崇善寺，寺里有个叫广澄的尼姑，像是太子李适的生母沈氏。听闻消息，李豫赶紧派人将广澄迎了回来。

见到广澄的那一刻，李豫的信心开始动摇了。说好的天生丽质呢，说好的郎才女貌呢，还有温婉贤淑呢，都去哪里了？眼前的尼姑，怎么看都是街上摆摊子卖菜的大妈啊。李豫还是忍住了，提醒自己不要以貌取人。毕竟，岁月的变迁，生活的苦难，会给女人留下难以磨灭的伤痕。李豫已经打定主意，如果此人真的是沈珍珠，就算是这般容貌，也必定不会辜负于她。

为了验证尼姑的真实身份，李豫将往事抛了出来，希望能在她这里找到一丝丝共鸣。然而，广澄尼姑充其量只能说出宫中的基本礼仪，至于她和李豫的花前月下，对不起，实在是没经历过，编不出来。

经过一番严刑逼问，广澄尼姑这才承认，自己是大明宫少阳院（李唐皇室专门养育皇子的场所）的乳母，并非皇帝要找的沈珍珠。

李豫看着这个不知天高地厚的尼姑，眼神逐渐从期盼变成了愤怒，自己找了那么多年，原以为老天爷会怜悯自己，将沈氏送到他的面前，可如今面对的却是一副丑恶的嘴脸。沈珍珠是他心目中的女神，决不允许任何人侮辱她。

李豫气急败坏地呵斥道："将她拖出宫外，用鞭子往死里打！"

据史料记载，李豫去世之后，唐德宗李适也从未打消过寻找生母的念头，他对沈氏的思念甚至比父皇还要浓烈，他曾经对臣子说过一句话："朕宁可忍受百般欺骗，也要求得母后是否在世的真相。"

由此可见，沈珍珠在李豫父子心中的地位有多高。在李豫的心里，沈珍珠是他认定的皇后，一日找不到她，后位就会空悬一日。

后宫的女人，都因为沈珍珠的存在而空自伤感。直到大历三年（768）三月，独孤氏走进了李豫的生命。独孤氏的父亲叫独孤颖，担任左威卫录事参军。据史料记载，独孤氏美艳绝伦，是唐朝秀女中的极品。

选秀的那天，李豫就对她来了兴趣。当晚，冷落后宫多年的李豫重新找回了迷失已久的激情。独孤氏用专房独宠重新诠释了"宠妃"的含义。很快，独孤氏便被册封为贵妃，并给李豫生下了韩王李迥和华阳公主。

据史料记载，华阳公主聪慧可爱，善解人意，每当李豫不高兴的时候，小公主总能用孩子的天性逗父皇开心，李豫对华阳可谓父爱爆棚。

遗憾的是，美好的日子还是没有持续太久。大历七年（772），华阳公主得了一场罕见的疾病，李豫找遍天下名医，最终还是束手无策。最后，朝臣提议用道教的无为静养试一试，李豫便给她寻了一处幽静的地方，并赠号琼华真人。

在恶疾面前，就算你是帝王也没有任何特权。迁居之后，华阳公主的病势日渐沉重，李豫整日守候在病床边上，以泪洗面，直至华阳公主香消玉殒。

失去华阳公主后，李豫忧郁成疾，好几天水米不进，也不上朝，整日待在后宫中独处，默默地思念自己的爱女。独孤氏是女人，唯一的牵挂就只有孩子，公主去世之后，独孤贵妃的意志彻底崩溃，与生俱来的美艳之气也逐渐消逝。

大历十年（775）十月，陪伴李豫七年的独孤氏在大明宫去世。可以想象，至亲之人的相继离世，让李豫承受了多么大的痛苦。放眼望去，除了刚有起色的中兴大业能给他一点安慰，还有谁能够抚慰他这颗支离破碎的帝王之心。

独孤氏去世之后，李豫下诏，追封她为贞懿皇后，将她的遗体放在内殿，不许下葬，只为了每天可以前去探视。面对着独孤氏的遗体，李豫悲痛欲绝，心内如焚，他多么希望棺椁中的那个人可以起死回生，伴他走完这漫漫的人生旅途。就这样，独孤氏的遗体停放了三年，李豫在棺椁旁整整陪伴了三年。

大历十三年（778）十月，朝臣们终于坐不住了，他们无法忍受皇帝为了一个女人日渐憔悴，因此纷纷上奏，希望让独孤氏落土为安，早日超生。李豫执拗不过，这才下诏将她安葬在庄陵（今陕西省三原县）。独孤氏下葬之后，李豫的精神寄托也随之而去，精神状态急剧下滑。

大历十四年（779）五月二十日，李豫在大明宫紫宸殿一病不起。他已经有所感觉，自己到了油尽灯枯的地步。就在当天，李豫命皇太子李适监国，傍晚时分，52岁的李豫在紫宸殿驾崩，结束了他充满悲情的一生。

大唐王朝，从来就不缺明星帝王。有过英明神武的唐太宗李世民，有过中国历史上绝无仅有的女皇武则天。有过将大唐推向盛世，却又差点亡国的唐玄宗李隆基。每个皇帝都有自己的一席之地，唯独唐代宗李豫，成了大放过异彩，却蒙尘已久的悲情帝王。

李豫所处的时代，正是大唐帝国由盛转衰的时期，开元盛世，安史之乱，李辅国、鱼朝恩、程元振等宦官之乱，争夺太子之位，收复两京，剿灭叛乱，平定藩镇内乱，中兴改革……中唐时期所有的历史大事，李豫都曾经历过。

李豫登基后，面对的是一个千疮百孔、百废待兴的帝国。

帝国外部，吐蕃强势崛起、吐谷浑、党项、氐、羌等民族虎视眈眈，屡屡兴兵侵犯中原，劫掠帝国财富，中央政权毫无威严可言。

帝国内部，藩镇节度使拥兵自重，不听朝廷调度，还私铸钱币，私征赋税，揽一方军政大权，大有脱离中央朝廷管控之势。

问题是，藩镇节度使骑在李豫头上作威作福，李豫还得靠他们抵御外敌。为了平衡节度使的势力，朝廷不得不扶植新的节度使去制衡老的节度使。

至于那些叛军将领，朝廷没能力，也没胆量去怪罪他们，只能在饮鸩止渴的节奏中，眼睁睁地看着藩镇节度使坐大。这种愁苦，岂是寥寥数言可以概括，李豫心中的烦闷又有谁能体会。

朝廷内部，宦官把持朝政，藐视帝王权威。平叛功臣仆固怀恩起兵造反，将西北各道拖入战乱之中。权臣元载拿着李豫的信任做筹码，大行贪污受贿，结党营私之事，以至于地方官府逢钱必贪，没钱也要创造机会去贪。

李豫只有一个愿望，他希望天下太平，局势稳定，能够为自己，为后代的皇帝多争取一点时间，去多做一些事情。然而，权臣的背叛让他一次又一次心灰意冷。

终于，李豫等来了贤臣杨绾，大刀阔斧的改革让李豫重新燃起了希望，让帝国渺茫的前途有了一丝起色。就在此时，上天夺走了杨绾的生命，李豫的复兴大业再次陷入停顿。幸运的是，李豫终于明白过来，帝国复兴的关键不是消灭藩镇割据，不是打击权臣，而是将萧条的经济快速恢复过来。

李豫后期做得最正确的事，就是给刘晏无限放权，让他改革。历史证明，李豫从来没有干预过刘晏的改革，也没有说过半点不是。李豫的信任换来了巨大的回报，漕运的疏通，盐政改革的成功，平抑物价，维持社会稳定，财政收入快速增长，这些都是可以看到的成绩。

不仅如此，刘晏还给唐朝后期财政和经济的稳定奠定了制度上的基础，所谓保万世千秋基业。

李豫终其一生，平定叛乱，收拾先辈留下的烂摊子，让李唐免于亡国，功在李唐皇族。逆境之中，平定权臣而不引起朝局混乱，在纷繁复杂的局势中，找到经济改革的那个点，将帝国从死亡的边缘拉了回来，他功在天下百姓。

他一生爱恋沈珍珠和独孤氏，以至于悲痛身亡，能以帝王的身份演绎如此悲切的爱情故事，他的灵魂中绽放出来的是平凡男人的柔情。仅此一条，他就能在帝王族谱中取得一席之地，得到大家的尊敬。

唐德宗李适：疏斥宦官，亲近官员

大历十四年（779）五月，37岁的李适继位，史称唐德宗。

李适接手的，并非满目疮痍的江山。地方节度使虽然拥兵自大，可李豫凭着藩镇节度使互相牵制的策略，尚能维持平衡状态。钱财方面，国库还算充实，收入也是源源不断。唯一的遗憾就是，朝中没有靠谱的重臣。在群龙无首的局势下，最容易滋生群臣结党，互殴互斗，争权夺利的现象。

继位之后，李适带着小弟们给父皇李豫守孝。这也是李适第一次亮相，为了给大家留下好印象，李适表现得谨小慎微。比如，与韩王李洄一起用膳的时候，命人撤掉荤菜，只吃马苋菜，吩咐御厨不加任何调味品，以示对父皇的尊重。

按理说，李豫去世，最伤心的应该是李适，可在文武大臣中，有一个人表现得太过抢眼，这位老兄就是宰相常衮。当时，朝臣每天都会前往停放李豫棺椁的宫殿默哀，大家为了营造一种哀伤的气氛，或多或少都会假装哭一下，真正动情的，也会真的流出眼泪。

看看常衮，不仅痛哭流涕，还不顾身份地在地上打滚，如丧考妣一般。常衮如此表现，就是想给新皇帝留个好印象，继续坐稳宰相的宝座。在场的人都明白常衮的心思，碍于大局，大家都选择睁一只眼，闭一只眼。

有一天，某位大臣上前搀扶常衮。就在常衮准备起身的时候，中书舍人崔祐甫嘲讽地说道："臣子在君主的灵堂哭泣，怎么还有让人扶持的礼节？"

前面说过，崔祐甫和常衮是政敌，所以话中带刺，想趁机羞辱。常衮听闻此言，当即从地上跳起来，想找崔祐甫干架，多亏群臣劝架，此事才作罢。然而，事情并没有结束，没过几天，李适给群臣下了一道旨意，让他们商议为李豫服丧的时间问题。谁料想，两个人再一次爆发了冲突。

常衮道，按照礼法，君王去世，臣子应该服丧三年。汉文帝时期，规定为三十六天，太宗皇帝去世后，遗诏说最多三十六天，唐高宗和武后去世，也是沿用汉制三十六天。唐玄宗、唐肃宗去世的时候，改为二十七天，当时遗诏虽曰："天下吏人三日释服"，群臣实际上服丧二十七日，所以我们最少也要服丧二十七日。

常衮说完之后，本以为大家会认同他的提议。可崔祐甫非常不服气，他公然反对道："遗诏上说的吏，不仅是天下的老百姓，基层的官员，还包括我们这帮朝臣。按照遗诏所说，皇帝需要服丧二十七日，你我只需三日即可。"

接下来，两位书呆子使出毕生所学，将礼仪、道德、人情全都搬了出来，争得面红耳赤，颜面扫地。事后，常衮找到李适，状告崔祐甫带头轻议国典，想要违反祖制，提议将他贬为潮州刺史。

李适明白，常衮想遵从旧制，可崔祐甫认为大臣没必要做表面文章，两个人说得都有道理，他不好偏向任何一方。李适委婉地说道："爱卿说的事，朕都知道了，不过因为这件事情把崔祐甫贬官，不是很妥当，容朕再想想吧！"

常衮很不理解，自己明明是讨好皇帝，可李适居然没和自己站在一起，真是热脸贴了冷屁股。过了几天，李适收到了一封奏折，上面提议将崔祐甫贬为潮州刺史。李适看了看，内容没新意，可最后的署名却是常衮、郭子仪、朱泚。

这三个人是宰相，他们联名上奏，李适也得慎重对待。李适思虑许久，觉得潮州山高水远，于是将崔祐甫贬为河南少尹，算是一种回应。

然而，李适刚刚公布调任令，郭子仪和朱泚就来求情了，他们认为，崔祐甫不应该遭到不公平的待遇。李适彻底蒙圈了，贬斥崔祐甫是你们的决定，如今你们又出尔反尔，难道是想把朕当猴耍？赶紧给朕解释清楚！

两位宰相一脸无辜："俺也不知道这是怎么回事。"

经过一番彻查，事情终于浮出了水面：在唐朝，政府文件要生效，必须主事的宰相一起签字。战争时期，宰相轮流坐班，有时候事情紧急，值班宰相可以代为署名，已经成为一种惯例。这一次，常衮便是用的这个方式。

李适不是傻子，所谓的礼法之争，说白了就是两位朝臣的互殴斗气，为了大局考虑，李适可以坐视不理。然而，常衮投机取巧，欺骗李适，事情的性质就变了。盛怒之下，李适下了一道旨意：将常衮贬为河南少尹，任命崔祐甫为门下侍郎，同中书门下平章事，赶紧派人追回崔祐甫。

常衮没想到，事情竟然如此戏剧化，真可谓偷鸡不成蚀把米。前往潮州没几年，常衮就在无尽的羞愧中病逝。

崔祐甫为相之后，第一件事就是废除常衮制定的选才制度。

元载执政的时候，选官只看贿赂的钱财多少。常衮执政的时候，只看你会不会写诗。这样做，虽然杜绝了私下买官的现象，可也把许多有真才实干的人拒之门外，这也是常衮不得人心的原因。

崔祐甫的制度很简单，每天亲自面试官员，择优而任。据史料记载，崔祐甫上任几个月，就有八百多名官员进入朝廷，这批人确实有真才实学，而且很合李适的胃口，这也让崔祐甫在朝中慢慢站稳了脚跟。

有一次，平卢军阀李正己给朝廷上表，说要给李适进献三十万缗钱。这是一场高端的智力博弈，如果李适接受了，说明朝廷看重钱财；如果李适拒绝了，说明朝廷和藩镇的关系不亲密，容易给其他藩镇留下心理阴影。

思来想去，李适决定把难题扔给宰相班子。当时，崔祐甫建议李适，派使者去慰问平卢军镇的将士，将李正己的钱财赏赐给他们，既可以让将士们对朝廷感恩戴德，也能让藩镇节度使刮目相看。

客观地说，和常衮相比，崔祐甫确实更会做人，也更会办事。每逢李适有需要，崔祐甫就会挺身而出，这也让李适倍感欣慰。和老爹李豫一样，李适经历了太多的波折，也格外珍惜来之不易的中兴局面。做了皇帝之后，李适心心念念的就是革除旧制，锐意改革，继续延续大唐的中兴。

第一件事：撸掉最大的军阀郭子仪。

李适一朝，郭子仪身兼司徒、中书令，还顶着河中尹、灵州大都督、单于及镇北大都护、关内及河东副元帅、朔方节度使、关内支度使、盐池及六城水运大使、河阳道观察使、营田使的头衔。

要说忠诚度，郭子仪主观上是没有问题的。可对李适来说，权倾朝野的郭子仪怎么看都有些扎眼，如果有机会，他不介意撸掉郭子仪。更何况，郭子仪统兵有个毛病，对待下属太宽厚，甚至是放纵，所以他带出来的队伍只有他自己能管得住，朝廷如果想插手，多半会出事。

然而，要想实现大唐的中兴，必须先解决藩镇割据的问题，郭子仪是无论如何也绕不过的坎。大历十四年（779）五月，李适突然下诏：加封郭子仪为太尉、中书令，尊其为“尚父”，免去郭子仪的其他所有职务。

诏书后面，是令人眼花缭乱的交换条件，也算是李适的诚意。比如，郭子仪食邑增加到二千户，每月供给一千五百人的粮食，二百匹马的饲料。比如，郭子仪的儿子、女婿，纷纷入朝为官。

最关键的是，李怀光、常谦光、浑瑊瓜分了郭子仪的军权，而这三位都是郭子仪的旧部。在这场权力洗牌的游戏中，所有人都得到了好处。可以想象得到，李适动手之前，应该是经过了缜密的思考。

第二件事：打压宦官集团的嚣张气焰。

唐代宗李豫一朝，对宦官的管教非常不严。比如，宦官给大臣传旨，或者出门办事，都会趁机捞油水，而李豫则是抱着鼓励的态度。

有一次，李豫让宦官去给嫔妃的家族赏赐东西，宦官回来后，李豫问他得了多少好处，宦官回答只有一点点。当时，李豫阴沉着脸，一言不发。李豫不为钱，他觉得宦官代表皇帝的脸面，如果嫔妃家族懂规矩，就应该给李豫面子。据史料记载，嫔妃听说后吓得半死，赶紧拿出私房钱，这才平息了此事。

李豫的放纵，让宦官们有资本横行霸道。当时，宦官如果到宰相家中传旨，宰相都得先准备好礼金，再出来接旨。宦官如果去地方，基本上都是雁过拔毛，就像朝廷征收赋税一般，每次都是满载而归。

李适上位之后，一直想找机会教训他们一顿。

有一次，李适让宦官邵光超给淮西节度使李希烈赏赐旌节，邵光超回来的时候，带了不少奴仆、马匹，还有七百匹细绢，二百斤黄茗。邵光超不知道这是李适故意安排的陷阱，回宫后狠狠地嘚瑟了一番，还说李适在军中很有威信。

谁料想，李适面色如铁，当着所有人的面发了一顿火，并打了邵光超六十大板，随后将他流放。古往今来，最有效的震慑，不是每天的耳提面命，而是当大家神经放松的时候，突如其来的杀威棒。有了前车之鉴，宦官们再也不敢主动收受贿赂，政治风气也开始在慢慢地好转。

第三件事：杜绝奢靡享乐，崇尚节俭。

当时，泽州刺史李鷃献了一幅《庆云图》，李适趁机下诏，废除地方官员喜欢进献灵芝、珍禽、奇兽、怪草、异木等祥瑞的陋习。不仅如此，他还下令将皇宫大内圈养的大象、虎豹、斗鸡等皇室宠物，全部放到山中，规定皇室以后不许将粮食拿来喂养这些没用的东西。

李适的改革行动，不仅有鸡毛蒜皮的小事，还有违背先祖旧例的尝试，以及影响国家政局的大事。事实证明，为了大唐的国运，李适愿意去挑战自己，在君臣的努力下，朝廷风气为之一变，中兴局面指日可待。

性情中人杨炎：才貌双全的“两税法”推行者

要干大事，肯定需要人才。

当时，宰相崔祐甫提拔了不少青年才俊，他们都能办事，可李适需要的是经世济国的大才。崔祐甫思之再三，最终将杨炎举荐给了李适。

杨炎（727—781），陕西凤翔人，史书记载“炎美须眉，风骨峻峙，文藻雄丽”，堪称颜值和才华齐备的帅哥才子。不过，杨炎的性格也很特别，是性情中人，有恩报恩，有仇报仇，这也让他的人生充满了波折。

杨炎年轻的时候，在神乌县混日子，而神乌县令李大简看不惯读书人，在一次醉酒后，将杨炎大骂了一通。当时，杨炎无权无势，所以忍了这口气。后来，杨炎受到河西节度使吕崇贲的征召，出任节度使幕僚，于是命人将李大简绑了起来，随后亲自抄着木棍，打得李大简呕血不止，几乎丧命。

吕崇贲爱惜杨炎的才华，并没有处罚他。正因为这件事，杨炎才成为远近皆知的厉害人物。元载执政的时候，想给自己培养一位接班人，状元郎刘单、吏部侍郎薛邕相继入选，可他们一个早死，一个遭贬，杨炎这才进入元载的视野。

杨炎和元载是老乡，又都是才子。在元载的扶持下，杨炎历任司勋员外郎、礼部郎中、知制诰、中书舍人、吏部侍郎，可谓平步青云。最主要的是，杨炎懂得知恩图报，对元载的提拔，他铭感五内，早就表示了要誓死追随。

在元载那里，杨炎是内定的利益集团的代言人。大历十二年（777）三月，李豫下手铲除了元载一党，杨炎身为接班人，自然遭受牵连，最后被贬为道州（今湖南省永州市道县）司马。崔祐甫提起杨炎的时候，李适对他还是有印象的。

李适最终下诏，任命杨炎为门下侍郎、同中书门下平章事。

任命诏书来得太突然，杨炎有点猝不及防。对他来说，长安城有过太多的回忆，有美好，也有苦楚。杨炎不明白皇帝为什么会起用他，他也不关心，他就知道一件事，如果回到长安，他想找刘晏复仇，不惜一切代价。

事实上，杨炎和刘晏并没有深仇大恨，一切都是一场误会。当年，刘晏是元载案件的主审官员，而李豫是背后的主谋者，君臣以谋反作乱、结党营私、贪污受贿的罪名，将元载集团定罪。然而，刘晏觉得太过火，于是向李豫求情，赦免了王缙和杨炎等人的罪过。

在杨炎的心里，他自己没有罪过，只是受到了元载的牵连。至于元载是否谋反，杨炎也有自己的判断。刘晏作为主审官，将案件定为阴谋作乱，杨炎自然觉得是刘晏在背后捣鬼，误导唐代宗李豫的判断。因此，杨炎重回京城，一来要完成李适的使命，二来便是找刘晏复仇。

杨炎明白，自己还是个菜鸟，在没有拿得出手的成绩前，别说除掉刘晏，就连获得李适的信任也不容易。关于李适，杨炎并不了解，外界盛传他想要励精图治，革除朝廷旧制，摒弃陋习，但是究竟是一个什么样的帝王，杨炎还在观察之中。与此同时，杨炎也在观察着朝中的不良现象。

经过三个月的观察，杨炎大致明白了李适的出牌套路。大历十四年（779）十二月，杨炎将炮火开向了国家的财政制度——国库和皇家内库的管理混乱。

唐朝的国库分为左藏库、右藏库和太盈库。

左藏库主要贮藏全国各地给中央的钱币、布帛等物，由太府寺下属的左藏署管理，官吏有左藏署令、丞、府史、监事、掌固等人。

右藏库主要纳贮全国各地给中央的金、银、珠玉等宝货，由太府寺下属的右藏署管理，官吏有右藏署令、丞、府史、监事、掌固等人。

太盈库主要接纳国库支拨、地方进奉、宫市和皇庄收入的钱币、布匹，相当于皇室专用的小金库，由皇帝亲自派宦官管理。太盈库专供皇室宫廷挥霍、皇帝赏赐等等，有时也由皇帝拨充军费和填补国用。

每一年，太府寺都会分四次盘点国库的收支，然后由比部去核查比对，还有监管部门对其监督，运转秩序非常好。到了安史之乱，财政收支和管理开始紊乱，第五琦掌管国库的时候，部分将军、节度使经常找第五琦这个财神爷喝酒聊天，请他帮忙从国库中支钱，供他们发军饷或者私人挥霍。

第五琦心里明白，长此以往，国库必定会沦为将军们的提款机，所以他当时奏请皇帝，将左、右藏库的管理权交给太盈库。这样一来，国库直接交给了宦官管理，皇帝用起钱来也方便。

第五琦是清闲了，可宦官们没心情，也没能力盘点天下财政的收支，他们只对皇帝和皇室负责，皇帝说要钱，直接从府库提走，至于国家收入多少，如何规划统筹，这不是宦官关心的问题。想想看，没人监督国库，没人知道账目，国库自然就成为一个无底洞。当时，管理国库的宦官多达三百人，今天你拿点钱，明天我捞点钱，大家都视而不见，就逐渐形成了牢不可破的利益集团。

这个利益集团损失的是国家的利益，唐代宗李豫比较宠信宦官，只要他们不沾上权力，捞点钱他还是可以容忍的。但唐德宗李适就不一样了，他对这些猫腻非常反感，一直想惩治这些帝国的蠹虫。

杨炎看准了李适的心理，顺势上了一道奏折：赋税是国家的根本，百姓的命脉，国家的盛衰安危，无不与赋税相关。由宦官掌握国家的赋税收支，必定会出现亏空。臣建议，将国库搬出内库，以后由主管部门统筹管理。

就在当天，李适下诏："从今以后，天下赋税全部交到左藏库，延续以往的惯例，每年只需要精选三五千匹布帛供皇宫用度即可。"

不管怎么说，敢拿宦官开刀，杨炎就是值得尊敬的狠角色。更何况，重新把财政大权夺回来，对文武百官也是一件好事。据史料记载，杨炎并没有沉浸在成功的喜悦中，而是趁热打铁，针对唐朝财税制度的弊端，提出了两税法改革。

改革背景其实很简单：

背景一：均田制度崩塌，朝廷失去了征税的依据。

唐朝中期，均田制度彻底崩溃，老百姓的土地被兼并，要么无地可种，要么逃离原籍，租庸调制度彻底失去了市场。不仅如此，战争过后，全国的户口、土地、财产信息已经不准确，按照过去的信息来征税，根本没法执行。这种情况下，朝廷需要制定一个新的制度。

背景二：朝廷、藩镇、团练使一起捞钱，老百姓苦不堪言。

在此之前，老百姓只需要养着中央政府，可战乱之后，藩镇节度使、团练使如雨后春笋般冒了出来，这帮人需要钱粮养兵，只能把老百姓当提款机。更有甚者，河南、山东、荆襄、剑南等地，几乎不向朝廷纳税。对中央政府来说，老百姓被欺负了，他们还得不到好处，自然得想办法治理。

杨炎的改革，主要有以下几个方面：

第一招：量出为入，实行预算制度。

以前，国家征税多少，花费多少，完全没有计划。如今，朝廷先计算国家的开支数量，再确定应该征收的税额，然后摊派到全国各地。

第二招：只对土地和资产纳税。

根据百姓资产数量，定出不同等级的户，确定应该缴纳的“户税”，也就是财产税。再根据百姓的土地数量，确定应该缴纳的“地税”。至于租庸调和其他税费全部废除，严禁另立名目征收其他税费，违者以“枉法论处”。

第三招：纳税时间和纳税方式。

每年分夏、秋两次纳税，“夏税”在六月之前缴纳，“秋税”在十一月之前缴纳。两税法规定，“户税”以银钱征收，“地税”以粮食征收，田亩税以大历十四年（799年）的垦田数为准。正因如此，所以名为“两税法”。

第四招：制定“两税三分”的制度。

税收征缴后，一部分送到中央国库，一部分留给藩镇节度使，一部分留给州县政府使用，和如今的分税制是一样的道理。如此一来，大家都能分到钱，而中央政府可以继续控制财权，限制藩镇节度使的膨胀。

建中元年（780）正月，唐德宗李适批准了杨炎的两税法。至于两税法的成绩，还要在一年之后才能看到。不过，当杨炎把方案提交上去的时候，李适已经被他高瞻远瞩的眼光和气魄深深折服，这不正是李适需要的人才吗？

此时，推荐杨炎的宰相崔祐甫由于身染重病，有时候在宫中办差，有时候在家中休养，杨炎在李适心中的地位瞬间提升。有了老板的支持，杨炎底气十足，忙完了事业，也该找他的死敌刘晏报仇了。

政治投机客杨炎：敢甩锅给皇上

杨炎要打倒刘晏，原因其实很简单。

摆在明面上的原因，杨炎是已故宰相元载的人，虽然唐代宗李豫才是元载谋反案的幕后主使，可刘晏是刽子手，想找个背锅侠，刘晏是最合适的人。

真正的原因，恐怕是刘晏的存在威胁到了杨炎的仕途。两人都是大唐的经济学家。可是论权势，刘晏担任度支使、转运使、青苗使、盐铁使、租庸使等职务，是帝国的财神爷。论威望，刘晏历经两朝，有着庞大的粉丝群。杨炎的两税法改革，虽然搞得有模有样，可那也是在刘晏的基础上做出的成绩。杨炎想成为说一不二的宰相，就必须扳倒刘晏，将对方的荣耀踩在脚底下。

政治铁律告诉我们，一个人走到权力的高处，就会招来流言蜚语，如果他的存在影响到了别人的利益，那就会招来杀身之祸。

古往今来，改革必定会有疼痛，可伴随而来的是巨大的经济利益。想想看，刘晏掌管着全国的财政大权，仅盐铁税费一项，每年就是一笔天文数字。刘晏控制着盐铁事务，其他人就插不进手，这谁能忍？

于是，许多朝臣提出了质疑，他们认为刘晏长期担任财神爷，面对白花花的银子，没有猫腻是不可能的，希望皇帝能罢免刘晏。为了打倒刘晏，朝臣还捅出了一个八卦，说独孤贵妃拥立韩王李迥的时候，刘晏曾经主动站队。

言外之意，刘晏卷到了党争之中。

建中元年（780 年）正月，杨炎入宫面圣，恰逢李适和崔祐甫说到皇太后沈珍珠的事。每逢谈到这个话题，李适就喜欢情绪泛滥，也最容易被趁虚而入。

杨炎插话道："陛下，想当年，有人在先帝面前进言，想废掉陛下，立韩王为太子，形势多么危险。还好先帝念在沈皇后的情意，最终回心转意。"

当时，宦官黎干、刘忠翼等人撺掇独孤贵妃兴风作浪，李适是知道的，因此上台之后就处死了他们。杨炎此时提出这样的话题，多少让李适有些动容。

杨炎紧接着说道："臣听说，当年不仅有黎干、刘忠翼，刘晏也是重要的参与者，臣身为宰相，不能够为陛下杀贼，实在是汗颜。"

这时，站在一旁的崔祐甫有些明白了，杨炎是想找刘晏的晦气。崔祐甫为官正直，对刘晏也颇为欣赏，因此接话道："陛下，如今是有这样的传言，可真相是什么，谁也无法证实。更何况，陛下已经大赦天下，不宜再大动干戈。"

杨炎心里清楚，只靠八卦扳倒刘晏，那是不可能的，他做了这么多铺垫，只是想让李适对刘晏产生误会。事实上，他做到了。

就在此时，杨炎抛出了另一个话题："陛下，尚书省才是朝廷政治的根本，如今设立盐铁、转运等专使，分散了尚书省的权力，不如撤掉这些专使，将权力收回，以便朝廷更好管理。"

杨炎的话引起了崔祐甫的兴趣，刘晏的存在，确实影响到了相权，欣赏归欣赏，可如果刘晏影响到自己的利益，那就得好好掂量了。这一次，崔祐甫不再为刘晏说话，而是选择了沉默，他想知道皇帝的想法。

李适说了一句："你们退下吧，容朕再好好想想。"

刘晏是李豫的旧臣，虽然干出了成绩，可与李适无关。但凡皇帝用人，都是用自己提拔的朝臣，刘晏显然不是这类人。而杨炎的改革才刚刚开始，扶持杨炎才符合李适的利益。

很快，李适便下诏了："罢免刘晏转运、租庸、青苗、盐铁等转运使职务，钱粮大事重归尚书省下属的金部、仓部。"

建中元年（780）二月，李适和杨炎合计，以刘晏奏事不实，有欺瞒皇帝的嫌疑，将刘晏贬为忠州（今重庆市忠县）刺史。

刘晏的下台，堪称是皇帝和宰相联手的结果，也许是刘晏意识到了其中的猫腻，所以自始至终都选择了沉默。此时此刻，宰相崔祐甫病情转重，躺在了家中，只能坐看杨炎翻手为云，覆手为雨。

杨炎将权力收回之后，发现尚书省的官员根本玩不转刘晏的财政体系，于是只好重新设立转运使等职，以谏议大夫韩洄担任判度支，以金部郎中杜佑权担任江、淮水陆转运使。这波出尔反尔的操作，让杨炎颜面扫地，想到此处，杨炎就觉得刘晏太过可恶，心中对他的愤恨就会加深一分。

当时，杨炎找到了司农卿庾准，这位老兄是宰相王缙的门人，仕途本来高歌猛进，后来因为元载谋反案的株连，被贬为汝州刺史。杨炎为相之后，将他召回长安，做了从三品的闲职司农卿。对刘晏，庾准的心里只有恨。

在杨炎的举荐下，庾准做了荆南（驻守今湖北省荆州市）节度使，忠州正是荆南节度使的管辖之地，也就是说，庾准成了刘晏的顶头上司。

万事俱备，只欠东风。

建中元年（780）七月，庾准的密奏放到了李适的办公桌上，密奏中写到，忠州刺史刘晏给凤翔节度使朱泚写了一封信，信中抱怨皇帝对他各种不公，说是想增加忠州的民兵编制，逐渐脱离朝廷的管制。

对李适来说，刘晏就是被遗弃的臣子，怎么处置其实不重要。让他做刺史，那是李适的恩情，既然爆出了这样的丑闻，李适也就无法容忍了。于是，李适大笔一挥，赐死忠州刺史刘晏。君要臣死，臣不得不死，这是千古定律，尤其是对那些忠君爱国的仁人志士，是个难以绕过去的坎。

建中元年（780）七月二十七日，刘晏大义凛然地将头放进了那条三尺白绫。

那一刻，杨炎的嘴角泛起了淡淡的笑容，这情景和当年刘晏栽赃自己谋反一模一样，这就叫以其人之道，还治其人之身。再看看愤怒的李适，这个皇帝虽然表面上看起来有城府，其实是个容易为他人左右，内心多疑的君王。

诛杀刘晏，李适究竟是什么心态？忌惮他的权势，还是单纯地打压？其实，这些都不重要，在皇帝的眼里，没有人是不可替代的，一个刘晏死去，还有千千万万个刘晏站起来。更何况，李适自以为找到了刘晏的替代者——杨炎！

那一段时间，杨炎满面春风，得意扬扬。他以为，这件事是李适想干的，所以在皇帝的眼里，他就是功臣。他以为，刘晏挡了朝臣的财路，弄死刘晏，是帮同僚们做了一件好事。然而，就在杨炎躲在家里庆祝的时候，突然发现朝中的舆论似乎有点异常。昔日讨厌杨炎的朝臣，纷纷开始为刘晏叫屈。

原来，诛杀刘晏之后，李适派人清点刘晏的家产，结果却令人大跌眼镜。刘晏除了一栋房子，就只有满屋子的书籍、为数不多的粮食、破旧的家具，这在大唐的朝堂，堪称是最寒酸的配置，也是清廉之臣的标配。那些吃不着葡萄说葡萄酸的人，才明白掌管着天下最大葡萄园的人，连酸葡萄都没尝过。如此强烈的反差，只能让人相信，刘晏被杀就是一桩冤案。

很快，平卢节度使李正己便给李适上了奏折："刘晏这样的功臣都逃脱不了被杀的命运，我们这些安史旧部，难道下场还会比他好？"

军方的参与，让这件事情变得扑朔迷离。

恰逢朝廷和藩镇节度使闹了些矛盾，所以此事可大可小。客观地说，李适和杨炎闹不清楚军方的真实用意，如果朝廷不给他们面子，那就得罪了一批安史旧部，如果朝廷想安抚军方，杨炎的下场可就不好说了。

当时，杨炎没去追问李适的意见，这位老板性情不定，如果搞不定军方，李适真有可能让他出来顶罪。思来想去，杨炎决定自己来摆平这些事情。于是，杨炎密派了一批使者前往各地，扬言刘晏被杀，其实是他卷入到昔日的皇子党争的缘故，皇帝老儿出于报复，这才弄死了刘晏。

但是，藩镇节度使根本不信杨炎的这套鬼话。杨炎的使者刚刚离开，藩镇节度使们便给李适上了密折，说杨炎把锅甩到了皇帝的身上。

李适震怒了，他忍受着节度使的讽刺和威逼，其实是想保杨炎，可这位老兄倒好，把自己给出卖了。当时，李适便起了诛杀杨炎的心思。不过，李适没有和杨炎翻脸，随着崔祐甫的病逝，刘晏的被杀，朝中人才凋敝，杨炎又在推行两税制，正是帝国改革的关键时期。对李适来说，稳定才是当下最重要的事情。

李适已经将杨炎看透，他虽然有些才气，却是个卑鄙无耻的政治投机客，心胸狭窄的小人，这种人一旦让其坐大，后患无穷。

恶人自有恶人磨

为了对付杨炎，李适起用了一位默默无名的朝臣，此人名叫卢杞。这位老兄是宰相卢怀慎的孙子，父亲卢奕担任过御史中丞，安史之乱爆发后，叛军攻入长安，卢奕并没有和大部分朝臣一样投降安禄山，而是选择了舍身报国。后来朝廷恩封功臣，烈士后代相继入朝为官，卢杞便是其中之一。

据史料记载，卢杞面容猥琐，相貌丑陋，还长了一张蓝色的面庞，如同鬼魅一般。不过，卢杞城府很深，他不计较旁人的指指点点，反而穿着破衣服，吃着普通食物，过着优哉游哉的生活，给人的感觉便是名门之后，非常有修养。

卢杞能走进李适的视野，是因为另外一件事。

当时，卢杞担任虢州刺史，下属给他汇报了一个情况，说虢州境内有一处地方养了三千头猪，它们经常在老百姓的庄稼地里胡吃海喝，百姓们怨声载道，希望官府能帮他们解决。

卢杞觉得很奇怪，把猪圈起来不就行了？然而，细问之下才知道，这些猪是给皇宫大内饲养的御猪，身份尊贵，打不得，抓不得，只能放任它们玩耍。

卢杞思之再三，给李适上了奏折："陛下，虢州有皇家饲养的官猪三千头，经常糟蹋庄稼，老百姓对这些皇猪痛恨至极啊。"

李适批复："把它们迁到沙苑吧。"

沙苑位于陕西大荔县南部，是唐朝皇室的御马场。

卢杞："那里的百姓也是陛下的臣民，臣认为还是把皇猪杀了吧。"

李适看完奏折，情不自禁地说："这个卢杞还真有意思，身为虢州刺史却能为他州百姓考虑，真是宰相之材。”

于是，李适采用卢杞的建议，将三千头皇猪全部杀掉，赐给了当地贫苦的老百姓，卢杞这个名字也正式印在了李适的脑海里。刘晏倒台之后，李适将卢杞提拔为御史大夫、京畿观察使，已经有了重用的迹象。

直到此时，朝臣们对卢杞，还保持着贤臣的评价。能看透真相的往往是少数派，比如郭子仪。卢杞升任御史中丞后，前去拜访郭子仪。郭子仪赶紧让婢女们退了出去，自己则笑容满面，以贵宾礼仪接待了他。郭子仪的家人很不理解，因为之前来客人，都是家人作陪，婢女在侧，大家谈笑风生，气氛轻松。

郭子仪正色道：“我也是为防万一，卢杞是个丑八怪，还是张蓝脸，要是让府中的人看到，继而嘲笑他，我恐怕离家破人亡就不远了。”

事实证明，郭子仪的判断是正确的，卢杞不仅丑出了天际，而且心胸狭隘，令威震四方的郭子仪也颇为忌惮。

建中二年（781）二月，李适突然下诏：杨炎不再担任门下侍郎，改为中书侍郎，御史大夫卢杞担任门下侍郎，二人同中书门下平章事。德宗一朝，门下省的地位其实是高于中书省的，李适如此安排，其实透露着对杨炎的嫌弃。

最让杨炎难以接受的，其实是卢杞的存在。一个不学无术、粗鄙不堪的丑八怪，凭什么和他平起平坐？二人同为宰相，免不了在一起商议国事，杨炎经常鄙视卢杞的学识，言语中透露着嫌弃。不仅如此，每到午餐的时候，杨炎都会因为卢杞的样貌吃不下饭，偷偷躲到偏殿进餐，举动非常伤人。

卢杞城府很深，不想和杨炎斤斤计较，于是选择了退让。谁料想，杨炎居然觉得自己在交锋中占得上风，开始得意扬扬起来。他可能没想到，卢杞犹如身后的黄雀，正在等待最好的机会，将他一击毙命。

李适上台之后，朝廷在人事、财政、贪腐问题上进行了改革，刘晏的盐政改革，杨炎的两税法改革也让国库慢慢充盈起来。不可否认，政治环境越来越好，国家也有中兴的趋势，雄心勃勃的李适开始将目光转移到地方藩镇。

藩镇问题，源于安史之乱，严重于唐代宗李豫的姑息。

客观地说，藩镇的存在，有百害而无一利，尤其是和平时期，军权掌握在外人手里，任何皇帝都会如坐针毡。因此，裁撤藩镇没有任何问题，关键是如何裁撤，什么时候裁撤。西汉时期，谁都知道要打匈奴，文帝不打，景帝不打，不是他们没有想法，而是时机不到，无法一战。

唐朝的藩镇，势力有大有小，财富有多有寡，就算是藩镇节度使，也有忠于朝廷和不忠于朝廷的。此时的藩镇，和中央政府是互相牵制，保持着平衡的利益关系。对藩镇节度使来说，他们就算再凶悍，也不敢随意侵袭朝廷，否则占不住道德制高点，也会遭到其他节度使的围剿。

因此，地方军镇除非遭到来自皇权的威胁，难以自保，或者地方军镇和中央朝廷的实力过于悬殊，才会主动挑事。然而，李适却想主动打破这种平衡，搅动藩镇割据这摊浑水，进而达到控制藩镇，实现大唐中兴的美梦。

只能说，前路多艰，前景一片黯淡。

第一个被盯上的，是梁崇义。

这位老兄坐镇襄州、汉州等七州之地，麾下甲兵两万余人，对朝廷并没有太大的威胁。不过，梁崇义有几件事干得很不讲究。比如，老领导来瑱被唐代宗李豫诛杀，梁崇义没和朝廷打招呼便占领了襄、汉等地，自封为节度使。再比如，梁崇义和田承嗣、李正己等勾结，公然站队。

在此之前，朝廷屡次下旨，让梁崇义到长安述职，可梁崇义畏畏缩缩，始终不敢前去。想想看，李适还打算裁撤地方军镇，能容忍梁崇义无视皇权吗？

有趣的是，李适还没发话，淮西节度使李希烈却主动上奏，嚷嚷着要替朝廷讨伐梁崇义。大历十四年（779），李希烈从叔父李忠臣手里夺权，做了淮西节度使，可上任的时候，手下只有申州、光州、蔡州、寿州、安州、唐州等地。说白了，扩充地盘才是李希烈的初衷，替朝廷讨伐梁崇义，只是借口而已。

李适还不算昏聩，能用和平对话解决的尽量不用武力。他先安抚住了李希烈，随后派遣李舟前往襄州，希望能说服梁崇义进京。面对李舟的劝说，梁崇义直接说不，原因很简单，这位老兄就是个灾星，只要是他出使的地方，藩镇节度使都没有什么好下场。梁崇义放出话来，希望李适派别人出使襄州。

梁崇义的小心思，李适心知肚明。问题是，经这么一闹，河北各地的节度使起来闹事了，他们纷纷质疑李适的初衷。面对压力，李适强压心中的怒火，晋封梁崇义为同中书省门下平章事，还下旨封赏了梁家满门。

第一次交锋，李适惨败而归。此时此刻，李适有两个选择，要么维持原状，等待时机；要么继续推行裁藩的路线。很遗憾，李适选择了后者。

建中二年（781）六月，李适突然下诏，封李希烈为南平郡王，加汉南、汉北兵马招讨使，准备动用李希烈的军队消灭梁崇义。

杨炎得知消息，立马进宫劝谏：“陛下，李希烈本是李保臣的侄子，可他心术不正，将叔父赶出驻地，夺了他的权位。由此可见，李希烈是一个不尊法令，凶悍残暴之徒，如果他打赢了梁崇义，以后您还用什么来节制他？”

傻子也明白，李希烈有自己的小算盘。然而，杨炎已经被贴上了出卖主子的标签，别说劝李适改变自己的决定，就连杨炎在他面前呼吸，李适都觉得多余。据史料记载，李适强势拒绝了杨炎的提议，可杨炎据理力争，说得唾沫横飞，让李适很没面子，这也让李适对他的痛恨加深了几分。

搞定杨炎之后，李适将目光转向李希烈，他希望李希烈能不负众望。然而一直到七月，李希烈都没有出兵的动作，这让李适万分不解。就在此时，卢杞找李适摊牌了：“臣以为，李希烈不敢出兵有他的道理。”

李适：“你说说看，这背后是什么猫腻。”

卢杞：“杨炎阻拦陛下信任李希烈，可事后并没有受到责罚，李希烈想必是害怕遭到杨炎日后的牵制和报复，所以才不敢出兵。”

李适：“依你之见，该当如何处置？”

卢杞貌似不带偏见地说道：“陛下不如暂且罢免杨炎，先让李希烈安心，帮助朝廷平了梁崇义，日后再找机会起用杨炎，这样就不碍大局了。”

李适望着卢杞，心中感慨万分，这才是为大局着想的宰相之才，也不枉当初将他调入长安为相。建中二年（781）七月，李适下旨：封杨炎为尚书左仆射，朔方节度使崔宁为尚书右仆射，前永平节度使张镒为中书侍郎、同中书门下平章事。

襄州的战事，以梁崇义的跳井自杀作为结束。然而，针对杨炎的政治打击，却从未停止，而且越发激烈。

杨炎被贬后，考虑到自己的养老问题，于是想把洛阳城的一栋别墅卖了换点钱，同时将家庙迁到长安，也算是光宗耀祖。杨炎找到河南尹赵惠伯，说道：“我在洛阳的那栋房子还不错，你懂那边的行情，帮我处置了吧。”

杨炎和赵惠伯都是中央高级官员，而且级别一样，谈不上谁讨好谁。为了落个情面，赵惠伯直接给了杨炎一笔钱，将房子买了下来，充当河南尹的备用官署。

一道二手房的交易，却被御史大夫严郢知道了。这位老兄做过京兆尹，在任期间，打击豪强，缉捕盗匪，裁撤冗员，深得百姓的爱戴。可最终却因为一件小事得罪杨炎，被撸到大理寺做了大理寺卿。严郢心情低落的时候，卢杞找到了他，还将他提拔为御史大夫。

本着投桃报李的心态，严郢将杨炎和赵惠伯的交易告知卢杞，说其中一定有猫腻，可以好好运作一番。当时，杨炎找到专管经济犯罪的大理寺正田晋，让他好好调查一番，然后给卢杞一个判决结果。田晋没有猜到卢杞的意图，而是按照正常逻辑判决了此案：赵惠伯的购买价格确实高于市价，杨炎有非法获利的嫌疑，按照大唐的刑律，应该将二人剥夺官职。

在卢杞的心里，要赵惠伯和杨炎的命才算是满意的结果。可等了半天，居然等来了这样的结果，卢杞大骂田晋不会办事。于是，出现了一幕奇观：办案大臣还没有把事情处理完，便被卢杞贬为了衡州司马。

随后，卢杞召集众人商议，最终将二人定为绞刑。问题是，卢杞的构陷太明显了，如果李适同意判决，岂不是说自己是昏君？没办法，按下此事吧。

不过，卢杞很快便寻到了另外一个机会。杨炎将家庙迁回长安后，选了个地理位置非常特殊的地方——长安城东南方的曲江。昔日，宰相萧嵩也把家庙定在了曲江，可唐玄宗认为这里不适合建造供奉神灵的庙宇，让他迁到别处。

卢杞进言道：“陛下，杨炎想把家庙放在曲江，居心叵测啊。”

李适：“朕知道，这里不适合建庙宇。”

卢杞：“陛下只知其一，不知其二。曲江有帝王之气，所以玄宗皇帝当年才让萧嵩把家庙迁走。卢杞这样做，岂非大逆不道吗？”

建中二年（781）十月，李适下诏：将杨炎贬为崖州司马。

在贬斥杨炎的诏书中，李适大骂杨炎看似忠贞，其实虚伪;提拔党羽，结党营私，损害国家利益。然而，唯独没有提到杨炎意图霸占具有帝王之气的曲江，图谋不轨的事情。也就是说，李适贬斥杨炎，并非受到卢杞的撺掇。

说白了，杨炎被贬的真正原因，其实就是出卖李适。在朝廷混日子，能力不足，品行不好都没问题，可是把锅甩给皇帝，杨炎确实是独一份。想想看，和老板之间失去了最基本的信任，路能走得长远吗?

接到诏书之后，杨炎立马启程，赶赴崖州。历经了长途跋涉，杨炎来到了贵州的鬼门关。鬼门关是中国神话中阴曹地府的一个关隘，在广西省北流县和玉林县的中间，夹在两座山峰之间，宽度三十步左右，瘴气滋生，虫蚁鼠蛇繁多，远远望去，一片白雾笼罩，如同地狱一般。在古代，前往钦州、雷州、琼州、交趾，必定会过此关，自古有话说道：一入鬼门关，十人去，九不还!

看到如此景象，杨炎写下了一首诗《流崖州至鬼门关作》:

一去一万里，千知千不还。

崖州何处在，生度鬼门关。

也许，杨炎已经预料到，自己的结局可能会和刘晏一样，这才发出了“生度鬼门关”的感叹。据史料记载，在距离崖州一百里的地方，李适的使者追上了杨炎，将他活活缢死。

贰拾叁

混乱的河朔三镇

河朔三镇暴乱

在藩镇节度使中，梁崇义只不过是个跳梁小丑，就算没有李希烈的搅局，朝廷也能顺利地把他剿灭。真正让李适心惊胆战，日夜不得安寝的，还是河北的卢龙、成德、魏博三大重镇节度使，以及山东的平卢节度使李正己。

安史之乱后期，史朝义的部将张忠志、田承嗣、李怀仙相继投降，唐代宗李豫为了安抚河北局势，先后做出了任命。

张忠志：成德节度使，赐姓名李宝臣，统率恒、赵、深、定、易、冀州，驻守在恒州（今河北省石家庄市正定县）。

田承嗣：魏博节度使，统率魏、博、德、沧、瀛五州，驻守在魏州。

李怀仙：幽州节度使（又称范阳、卢龙节度使），统率幽、营、平、蓟、妫、檀、莫，驻守在幽州（今北京市）。

三大节度使是史朝义的旧部，和中央朝廷没有什么感情归属。大乱之后，地方军镇有自己的官僚体系、财政大权，还坐拥数万雄兵，俨然独立王国。

除了河朔三镇，最有影响力的应该是平卢节度使李正己，这位老兄拥有淄、青、齐、登、莱、海、祈、密、濮、曹、兖、郓、徐等十三个州。李正己留守在郓州（今山东省泰安市东平县），儿子李纳留守在青州。

李豫执政的时候，早就意识到藩镇对国家的危害，可朝廷刚刚从战争的泥潭中爬出来，百废待兴，无力解决藩镇割据的问题。因此，朝廷休养生息的时候，地方军镇也在强势崛起，河朔三镇达成了进退一致的联盟，希望和朝廷谈判，采取父子相传的方式，将节度使之职延续下去。

大历三年（768），幽州节度使李怀仙被朱希彩、朱泚、朱滔所杀，内乱之中，朱希彩为部将所杀，朱泚继任幽州节度使。后来，他的弟弟朱滔劝他入朝为官，自己却谋夺大权，做了幽州的节度使。这件事，朝廷直接默认了。

大历十四年（779），魏博节度使田承嗣去世，因为其侄子田悦不够强势，所以李宝臣出面向唐代宗李豫力争，将魏博节度使的职位传给了田悦。

建中二年（781），成德节度使李宝臣病危。临死之前，李宝臣为了给没经过多少风浪的儿子李惟岳做好铺垫，屠刀一挥，将深州刺史张献诚等难以辖制的旧部屠杀，最后只留下易州刺史张孝忠，以及李宝臣的女婿王武俊。

李宝臣去世后，李惟岳掌握实权，为了得到朝廷的认可，他隐瞒了李宝臣的死讯，以老爹的名义给朝廷发了一封奏折：皇帝啊，当初魏博节度使都是父子相传，咱们成德也想模仿一下，可否？

这不是商议，而是单方面的通知。李惟岳觉得，朝廷肯定会习惯性地同意，可他没想到的是，新皇帝李适比他老子更强势，直接无视了他的请求。

为了缓和成德军镇的情绪，李适派遣给事中班宏前去抚慰，可班宏到达恒州才发现，李宝臣早已经尸骨冰凉。班宏和李惟岳虚与委蛇了一阵，随后将恒州的真实情况告知了李适。

李惟岳无奈，只好先给父亲发丧，随后让各州刺史联名上书，希望朝廷答应让李惟岳担任成德节度使。然而，李适再一次拒绝了。李适的态度让各大军镇颇为忌惮，皇帝如此强硬，说明对地方军镇有别的想法啊。接下来，魏博节度使田悦也上了一道奏折，强烈要求李适答应李惟岳的请求。

中央和地方都充满了浓浓的火药味，这让朝臣们惴惴不安。他们纷纷上书李适，说他如果不答应李惟岳等人的请求，恐怕会引起他们的叛乱。

李适霸气回应："这些节度使凭什么叛乱，他们都是借着朕的土地和财富割据一方。朝廷对他们宽容，所以才违反规制，允许他们继任节度使，可他们并没有给朝廷面子。如果李惟岳想谋反，任命和不任命是一样的结果。"

强势归强势，可李适的话并没有错，该反的迟早要反。此时，魏博节度使田悦、平卢节度使李正己等人派使者前往恒州，说只要李惟岳同意，大家抱团对抗朝廷。这几个人中，除了李正己，其他人都是刚出茅庐的小孩。

先说田悦，勇猛善斗，视钱财如粪土，很善于笼络军心，唯独缺少政治斗争的智慧，说得不好听，脑子不好使。听说要和朝廷打仗，兴奋得嗷嗷乱叫，多亏他的叔叔、魏博节度副使田庭玠以性命威胁，这才摁压住田悦的冲动。

至于李惟岳，更是懦弱无能，毫无主见。

当时，成德节度判官邵真找到他，希望李惟岳把李正己的使者送给朝廷，以此换取朝廷对他的认可。李惟岳欣然应允。

没过几天，成德军长史毕华找上门来，说藩镇节度使的关系一直都很好，就算是内斗，也不能找势力最大的李正己下手，否则都不用朝廷动手，李正己就能将他们收拾得服服帖帖。毕华的一番话，吓得李惟岳哆哆嗦嗦。

怎么办，那就造反吧。

就在此时，李惟岳的舅父谷从政也来了。这个人有胆识，有谋略，可因为实力太强悍，被李宝臣和李惟岳猜忌，一直赋闲在家。不过，他看李惟岳想自寻死路，家族都有覆灭的风险，于是进言劝阻。话说得很简单：皇帝老儿是有水平的，你跳出来搞事情，肯定是找死。别以为你在军中有威信，真要打起仗来，大家只在乎自己的性命。如今要做第一个吃螃蟹的人，不仅朝廷会打你，各地的节度使也会虎视眈眈，你只有死路一条。

话说得很有道理，可李惟岳就是不想听，反而恶语相加，将谷从政活活气死。李惟岳已经变成一个赌徒，他觉得自己是个土皇帝，可以逐鹿天下。殊不知，对权力的欲望不仅可以改变命运，还可以埋葬自己。

准确地说，李惟岳的反叛，正式开启了晚唐藩镇混战的序幕。

建中二年（781）正月，李适开始调兵遣将。

宋州刺史刘洽担任宋、亳、颍三州节度使，东都留守路嗣恭担任怀、郑、汝、陕四州及河阳三城节度使，永平节度使李勉总辖刘洽、路嗣恭所在地区，并挑选武将担任各州刺史，以此防备李正己等人。

建中二年（781）二月，李适征调了京西防御吐蕃的一万两千兵马到潼关以东，这支军队是唐朝新打造的生力军，专门为了防备吐蕃入侵。为此，李适还派遣宦官前往吐蕃表达善意，让他们不要在背后捅刀子。

李适确实想解决藩镇割据问题，调兵遣将就是他的决心。然而，藩镇节度使不是被吓大的，看到朝廷有所动作，他们很快便给予了反击。

建中二年（781）五月，魏博节度使田悦先动了起来。

河北境内，邢州、磁州（今河北省邯郸市磁县）、临洺县（今河北省邯郸市永年县）还在朝廷的手中，这三个地方在成德镇和魏博镇的中间，具有很高的战略地位。当时，田悦让兵马使康愔带着八千人围攻邢州，杨朝光带着五千人驻防在邯郸西北，准备阻断朝廷昭义镇（今山西省晋城、长治等地）方向的援军，田悦自己带着数万兵力围攻临洺。

关于作战计划，叛军内部有过一次商议。高级作战参谋邢曹俊就说过，兵力十倍于敌人，才能合围，兵力五倍于敌人，才能主动进攻，现在军队面临坚固的城池，一旦出现不测，粮食耗尽，就会大事不妙。最好的办法是在壶关口（今山西省长治市东南壶口村，状如壶口而得名）布防一万名士兵，稳扎稳打。

田悦是个急性子，他认为数万军队围攻小小的县城，应该如探囊取物，不必搞得太过麻烦。可现实告诉他，战场上还有一种武器叫士气。当时，临洺城已经坚持了一个多月，城中粮食耗尽，士卒伤亡惨重。守将张伾为了鼓舞士气，承诺如果打赢此仗，他愿意将自己的女儿卖掉，换钱奖励将士。

张伾的死命坚守，终于等来了朝廷的援军。

战役刚开始的时候，李适就派河东节度使马燧、昭义节度使李抱真、神策军先锋李晟前去支援。最先到达的是李抱真，由于他兵力太少，拿不下壶口关，只好等待河东节度使马燧。马燧是个人精，他先派使者去面见田悦，把他狠狠地夸了一番，还承认朝廷不是他的对手，希望田悦手下留情。

田悦毕竟太年轻，又自以为是，竟然对马燧的话信以为真，不再重点防备西边的援军。就在田悦松懈的时候，马燧和李抱真合兵八万，强行攻下了壶关口，星夜疾驰来到了邯郸，和叛军大将杨朝光对峙在邯郸西北。

问题是，杨朝光被围，田悦必须做出抉择：放弃，还是救援。幕僚们告诉田悦，官军来势汹汹，杨朝光就算能守下来，也一定会伤亡惨重。于是，田悦只派了五千人前去救援，算是意思一下。可前军刚出发，田悦就后悔了，他急忙带着一万援军赶赴邯郸，准备找官军决战。

官军经过数日的行军，身体状态非常疲乏。然而，这是河朔三镇暴乱后，官军的平叛首秀，关乎皇帝的颜面，朝廷的威严。如果失败了，藩镇节度使就会认为中央政府是银样镴枪头，后果恐怕会不堪设想。

当时，马燧让嫡系战将李自良前去阻击田悦，并让他立下了军令状："只要田悦过了双冈，提头来见。"这一番威慑很有作用，李自良拼死力战，最终大败田悦，还顺势拔了杨朝光的营寨。五天之后，马燧率领七万大军来到临洺县。

大家都知道，田悦为了培养士兵的忠心和胆量，喜欢用钱砸。这一次，马燧开出了更狠的条件：他自己掏出五万贯铜钱，作为战争的胜利奖金。临洺城下，田悦丢下一万多具尸体，随后逃往洹水（今河北省邯郸市魏县）。

与此同时，平卢节度使李正己去世，其子李纳接管了强悍的平卢军，此刻派遣大将卫俊赶到了战场，李惟岳也派了三千人前来支援，叛军形成了掎角之势。面对强大的藩镇联军，马燧和李抱真不敢大意，他们将大军驻扎在邺城，随后向朝廷请求支援。

李适：幽州节度使朱滔，你去搞定李惟岳。

幽州是河朔三镇中实力最强的，李适给朱滔丢了一道圣旨，既想看看朱滔的态度，也想借幽州的军队消灭敌人。关于这一点，大家心照不宣。接到诏书后，朱滔带着部队开赴莫州，而莫州西北是易州（今河北省保定市易县），李惟岳的大将张孝忠率领八千大军镇守在此。

朱滔清楚，张孝忠被李惟岳的老爹李宝臣猜忌，对李家没什么好感，因此不打算动用武力，而是让幽州节度判官蔡雄前去见他。

蔡雄："李惟岳就是一个黄毛小子，乳臭未干就想和朝廷作对。如今，官军已经破了田悦，很快就会对河北形成合围，李惟岳的灭亡指日可待。"

张孝忠："依你的意思，我该如何做？"

蔡雄："如果张将军能够举易州归降朝廷，破李惟岳的首功便非你莫属，还怕没有功名富贵吗？"

就这样，在朱滔的操作下，张孝忠成为新任成德节度使，还和朱滔结为了儿女亲家。至于成德军的实际掌门人李惟岳，成了不被认可的孤魂野鬼。

当时，李适拿出真金白银，督促朱滔和张孝忠攻打李惟岳，二者成功拿下了成德军的重镇东鹿（今河北省邢台市巨鹿县）。失去东鹿后，李惟岳让大将王武俊带着一万雄兵赶赴战场，而田悦更是友情赞助了五千兵马。

东鹿战场，王武俊率先发起攻击，打得气势如虹。可就在此时，一群身穿狻猊图案衣服的人闯进了战场。据史料记载，王武俊彻底蒙了，他差点以为朱滔的脑子出了毛病，可当他再次发起进攻的时候，发现局势有些不对了。骑兵的战马见到神兽狻猊，竟然吓得踟蹰不前，最后四处狂奔。朱滔和张孝忠抓住战机，再一次大败李惟岳，逼迫他逃回恒州大本营。

按照朱滔的计划，他准备彻底剿灭李惟岳，可探马回报，张孝忠竟然收缩到了义丰（今河北省保定市安国市），打算坐山观虎斗。事实上，张孝忠有自己的小算盘，他担心朱滔搞定了李惟岳，会调转枪头弄死他。

河北的局势，远比表面上看起来的要复杂得多。

李惟岳回到恒州的时候，突然传来另一个噩耗：部将康日知带着赵州投靠了朝廷。此时此刻，李惟岳脑子里想的不是赵州，而是战将王武俊。据史料记载，王武俊作战勇猛，头脑聪明，但一直被李惟岳猜忌，此次东鹿会战，李惟岳对他寄予厚望，可王武俊担心李惟岳打了胜仗，会对他下手，于是在战场上没有拼尽全力，李惟岳看在眼里，恨在心里。

说白了，王武俊不忠是事实，李惟岳最好的办法是尽快除掉他。然而，他性格优柔寡断，在亲信的撺掇下，竟然再一次选择相信王武俊，让他和步军使卫常宁一起去讨伐康日知，同时让王武俊的儿子王士真在节度使军府担当护卫。

很遗憾，李惟岳对王武俊的信任给自己带来了灭顶之灾。

如果王武俊待在恒州，恐怕永无出头之日，还有性命之忧，眼下出了城，便如游龙入海，鸟归深山，哪还有心思去攻打赵州。

王武俊对卫常宁说道："我和李惟岳的恩怨你应该也知道，现在我从恒州逃了出来，就没准备再回去，我想去投奔张孝忠！"

卫常宁:“李惟岳愚昧软弱，以后肯定会被朱滔所灭。如今皇室有旨，能够取李惟岳人头的，便封他做魏博节度使。王大人向来深得人心，与其出逃，不如倒戈杀了李惟岳。如果不成，再去投靠张孝忠也不晚。”

王俊武:“就这样干。”

此时，李惟岳的使者谢遵来到赵州，听到他们的计划，立马答应入伙。在谢遵和王士真的接应下，王武俊的大军偷偷返回了恒州城。结局很简单，李惟岳的人头被送往长安，亲信郑诜、毕华、王它奴等人悉数被诛杀。

李适见到李惟岳的人头，悬在心里的石头也终于落了地。

都说河朔三镇是朝廷的心腹大患，如今成德节度使的人头摆在面前，魏博节度使田悦成了秋后蚂蚱，蹦跶不了几天，李正己去世，李纳成不了什么气候。一旦把河朔三镇重新收编，虽说不是前无古人的不世之功，但捞个大唐中兴之主的名头，想必是铁板钉钉的事。想到此处，李适便感觉到心满意足。

可历史证明，李适高兴得太早了。

中央排兵布阵

如何奖励功臣，是一项复杂的课题，李适确实花了心思。

张孝忠：易州、定州（今河北省定州市）、沧州（今河北省沧州市）节度使。

王武俊：恒州（今河北省衡水市正定县）、冀州（今河北省衡水市冀州市）都团练观察使。

康日知：深州（今河北省衡水市深州市）、赵州都团练观察使。

同时，将德州（今山东省德州市）、棣州（今山东省滨州市惠民县）划归朱滔，让他回归本镇。想想看，张孝忠只有一个易州，如今晋升为三州节度使，肯定是心满意足。康日知以赵州投降，又获得了李惟岳的深州，自然无话可说。

至于王武俊，亲手结果了李惟岳，功劳在康日知和张孝忠之上，结果只捞到两州，还是个都团练观察使，心中的怒气可想而知。不仅如此，李适还让王武俊给朱滔调拨了三千石粮食，给马燧调拨了五百匹骏马。如此一来，王武俊理所当然地认为，朝廷并不信任他，所以才分割他的粮食、马匹。

最郁闷的莫过于朱滔，他已经屯兵在深州，因此希望李适能将深州赏给他，可李适偏偏要把深州留给康日知。这样的安排，摆明了是扶持新人，打压老的藩镇节度使。客观地说，李适将李惟岳的地盘拆散，还让各方的防区在空间上相互交叉，确实是煞费苦心。然而，这样的安排对朝廷有好处，可瞬间得罪了两个实权派的节度使，这就让局势有些扑朔迷离了。

各路军阀分赃不均，引起了魏博节度使田悦的关注。当时，田悦派节度判官王侑和许士则来到深州，向朱滔转达了几个意思。

第一，是朱滔的幽州军将李惟岳赶回了老家，后来才有王武俊的反叛，所以朱滔才是第一功臣。第二，朝廷答应将朱滔的地盘给他，却又把深州赏给康日知，这是赤裸裸的背信弃义。第三，李适打算扫荡河朔三镇，不让藩镇世袭，如今成德军镇已灭，下一个是魏博，再就是幽州。言外之意，如果朱滔能够和魏博结盟，也算是救了自己。

朱滔在思考着。

节度判官王侑继续补刀："如果朱将军愿意救魏博，田将军愿意将贝州双手奉上。"

朱滔本就有反叛的心思，又看到田悦的诚意，还有什么理由拒绝？随后，朱滔让王侑回去给田悦回信，又让自己的判官王郅和许士则去见王武俊。道理还是那一套，只不过故事的主角从朱滔换成了王武俊。合作的条件便是，朱滔把深州交给王武俊，至于康日知，先到一边玩去。王武俊当场表示成交，并派自己的判官王巨源到深州打理事务，并约定好一起举兵的日期。

建中三年（782）四月，李适下诏征调王武俊、朱滔前去攻打田悦，使者刚来到王武俊的地盘，便被他扭送到幽州交给了朱滔。很明显，这位使者就是拿来祭旗。

中军大营里，朱滔开始训话了："各位兄弟，咱们在战场上立功，得到朝廷的封赏是应该的，可皇帝却屡次拒绝我们的请求。如今，我想带着你们去攻打魏博的马燧，一起建功立业，如何？"

古往今来，野心家唆使士兵造反，要么用白花花的银子开道，要么以家仇国恨为由，再不济也要打出替天行道的道德大旗，这样才能鼓舞士气。瞧瞧朱滔，说出的话毫无煽动性，确实可悲。事实证明，士兵们听完这番话顿时就泄了气，纷纷在下面耷拉个脑袋，东张西望。朱滔一连问了三遍，都没人和他互动，场面一度非常尴尬。

过了一会儿，某位无名氏将领鼓起勇气道："幽州将士自从跟了安禄山、史思明出来打天下，哪一个得到了善终，现在他们的亲人还在老家忍受亲子别离之痛。元帅蒙受朝廷的宠信，可谓尊贵至极，我们愿意保持现在的状态，不愿意再去打仗，希望元帅能够成全。"

朱滔没想到自己会被当场打脸，一时气急败坏，以煽动军心为名，杀了不少表示不满的将领。幽州发生的事，朝廷很快就收到了消息。李适清楚，朝廷还没摆平魏博军镇，如今朱滔和王武俊又想造反，强行用武力平息河北乱局不现实，于是给朱滔丢了个通义郡王的头衔，希望他能回心转意。

问题是，能打败藩镇节度使的不是天真，而是实力啊。

当时，朱滔已经打定主意要造反，为了拉拢王武俊，朱滔按照约定将深州交给了他，随后带着两万五千名精兵离开深州。某一天凌晨，军营鸣鼓出兵，朱滔再次公开讲话，说要南下援助田悦。这一次，将士们彻底炸窝了，纷纷质疑朱滔说话不算数，群情相当激愤，大有失控的意思。

将士们都是幽州人，背井离乡，都不想打仗，朝廷已经勒令他们回幽州驻扎，朱滔却想带着他们去送死，这谁能忍。朱滔看到情况不对，竟然撂下挑子，偷偷返回馆驿藏了起来，现场则交给了节度判官蔡雄、兵马使宗项。

蔡雄情商颇高，讲了三点干货。第一，朱滔觉得幽州地处偏僻，缺少丝绵，想通过战争来获得南方的财富，减少幽州百姓的纳税负担。第二，朝廷认可幽州的功劳，所以给每个将士赏赐了十匹绢，但是才运到魏博镇西部边境，便被河东节度使马燧全部夺走。第三，朱滔是幽州节度使，就算什么都不做，也可以获得荣华富贵，之所以南下征讨，都是为了将士们的功名前程。

蔡雄的话虽然有安慰情绪的性质，可洗脑的作用更强，这也让部分有脑子的将士情绪激动起来。无奈之下，蔡雄只好将部队带回深州，砍了几百个脑袋，这才逼迫将士们接受造反。然而，这也让幽州军充满了变数。

河北境内，大战一触即发。

让李适最头疼的不是兵力部署，而是钱粮。大唐刚刚进入休养生息的和平时期，国力处于缓慢复苏的阶段，为了支撑前线的战争，朝廷每个月就得消耗一百余万缗钱财，而每年国库的财政收入不过一千三百万缗。有关部门告诉李适，照这样打下去，国库只能支撑几个月。

面对困局，太常博士韦都宾、陈京出了个馊主意：天下的财货都在富商手中，朝廷可以征用富商的钱财，对收入超过一万缗的富商，征借他万缗以外的钱财。这样算下来，只要向全国一两千个商人征借钱财，就可以满足朝廷数年的费用了。

李适觉得此事很靠谱，下诏的时候，言明是借富商的钱财，朝廷给他们打借条，等打完了仗再由国库偿还。然而在执行的时候，钱粮度支使杜佑强行逼迫商人申报家财，只要杜佑觉得不实，便进行鞭笞棒打，不少富商因此丧命。

事实证明，李适把局面想得太乐观，一番折腾，只不过敛聚了八十余万缗钱财，这和当初预料的数千万缗相差甚远。于是，李适一声令下，凡是长安的当铺，利钱全部上交给国家使用，凡是家里存有钱帛粟麦的，国家征调四分之一，至于剩下的，由国家接管。这样的操作，就像银行有一天突然通知我们，四分之一的存款被国家抽走，确实让人惊愕不已。

在老百姓的眼里，朝廷是在赤裸裸地抢劫。一时间，商家们纷纷罢市，百姓们上街游行，吓得朝廷官员都不敢出门。然而，就算是惹得民怨沸腾，李适也只捞了二百万缗钱财，远不能满足战争的巨大开支。

当时，淮南节度使陈少游上了一道奏折，说愿意把他境内的盐税增加20%，全部奉献给朝廷。李适看到奏折的时候，兴奋至极，不仅褒奖了陈少游的奉献精神，还下诏给天下各州，要他们仿照淮南，每斗盐的价格上涨一百文。

战事还没有正式开始，李适就把大火烧向了自家后院，如此短视的行为，确实让人大跌眼镜。不过，这也说明了一个问题，藩镇节度使控制地方财政的情况下，中央朝廷的日子确实不太好过。

后院起火的同时，河东节度使马燧、泽潞节度使李抱真之间也爆发了巨大的冲突。当时，李抱真想杀掉叛军的怀州刺史杨钵，杨钵便跑到了马燧那里请降，马燧收留了他，还向朝廷力保他无罪。同为前线主帅，一个要杀，一个要保，大家便结了怨。后来，两人合围田悦，因为心里不爽快，又发生了不少矛盾，以至于拒绝见面，拒绝沟通战事。将士们看到两位主帅互相斗气，只好在魏州附近休养生息。

据史料记载，李适派了好几拨使者前去调解矛盾，可毫无效果。说白了，两人只想等对方先低头道歉，为自己赚个面子。后来，朱滔围困康日知，李抱真调派了两千人去守卫他的大本营邢州，再一次把马燧激怒了。马燧认为，攻打田悦是皇帝下达给他们两人的共同任务，如今李抱真分兵去守自己的城池，相当于在办公时间干私活，说着说着就要退兵不干了。

关键时候，神策军统帅李晟站了出来，劝说马燧：“李将军分兵守卫邢州，也是为大局考虑，没有私心。如果大帅现在撤兵，别人会怎么看您？”

事实上，这件事情已经闹得够久了，如今神策军也表达了不满，确实引起了马燧的反思。经过一番思想挣扎后，马燧最后拿出大元帅的气度，主动找李抱真道歉，给这件事画上了句号。然而，官军的霉运并没有结束。

当时，朱滔和王武俊的数万大军来到魏州，田悦在营中杀猪宰羊，就在同一天，朔方节度使李怀光带着一万五千人也赶到魏州，马燧不想在气势上输给对方，于是在营中摆开阵势，杀猪宰牛，欢迎李怀光的到来。这是河朔三镇叛乱以来，各军主力第一次在同一个地方汇集。

酒宴过后，朱滔将部队带到惬山（今河北省邯郸市大名县境内），打算驻军休息。在他的眼里，这是主力会战，双方怎么也得排兵布阵，就算是开战，也得先打个招呼，找个敞亮的地方干架。然而，李怀光刚刚喝完酒，状态有些兴奋，于是带着军队前去突袭，朱滔丢下一千多具尸体和战略物资后，被迫撤退。

面对敌军的溃败，李怀光不是乘胜追击，而是欣赏着自己的杰作，发出满意的呻吟。将士们看到主帅没有进一步指示，于是一哄而散，跑到朱滔的营寨中抢夺战略物资。就在此时，王武俊带着两千名精锐骑兵飞奔到战场，将李怀光的大军拦腰截断，疯狂地屠杀毫无准备的官军，而朱滔也反身杀回。在叛军的攻击下，官军完全丧失战斗力，要么互相践踏而死，要么落入永济渠溺亡，景象惨不忍睹。等马燧赶赴战场的时候，官军已经兵败如山倒。

当时，朱滔乘胜追击，截断了官军的粮道，又把永济渠水倒灌到官军驻地，彻底粉碎了官军的围剿。据史料记载，马燧很快便派遣使者到朱滔营中，言辞非常恭敬，希望朱滔手下留情，给他时间撤军，还承诺会上奏皇帝，将河北诸事全部委托给朱滔，让他代朝廷管理。

四将结盟称王

马燧的认输，彻底宣告官军在河北的失败，久困魏州的田悦也如释重负。在河北战区的攻防战役中，朱滔的表现很惊艳，为此，田悦和王武俊提出建议，想要尊朱滔为王，以臣礼来侍奉他。

被人如此抬举，朱滔内心暗喜不已，可理智告诉他，实力不允许他高调，因此拒绝了田悦等人的请求。不过，幽州的幕僚团开了闭门会议，最终决定将大家的利益捆绑在一起，提出了另外一个方案：朱滔、田悦、王武俊、李纳四位一起立国称王，但是不设年号，效仿春秋战国时期各大诸侯尊奉周王室一样。大家一起筑坛结盟，若有不履行盟约的人，大家就一起讨伐他。

建中三年（782）十一月，朱滔等人在军营筑起坛场，祭告上天，朱滔自称冀王，田悦自称魏王，王武俊自称赵王，李纳自称齐王。朱滔担任联盟盟主，自称“孤”，王武俊、田悦、李纳自称“寡人”。

按照盟约，四人居住的堂舍叫殿，对事情的处置叫令，部下上书称作笺。四人的妻子称作妃，长子称作世子。境内的州改为府，设置留守兼元帅，仿照唐朝的中书省和门下省设置东西两曹，仿照侍中和中书令设置左右内史，其余官职一律模仿朝廷的建制。造反到这种程度，也算是成了气候。

朱滔等人在河北的称王大典搞得如火如荼，这让李希烈看得口水直流。这位老兄是个有追求的人，前不久借攻打襄州的机会强势崛起，回到驻地后又招兵买马，搞得不亦乐乎。在中国历史上，对大丈夫定义便是：横刀立马，斩敌于野，建功立业，称王称孤。中央朝廷逐渐失去了权威，李希烈也在思考以后的路怎么走，看到朱滔等人结盟后，自己心中称王称孤的小火苗也蹿了起来。

建中三年（782）十一月底，李希烈带着三万大军到许州（今河南省许昌市）驻扎，并派亲信去联系李纳，邀请他出兵攻打唐朝的汴州，又派遣使者到朱滔那里，表达了结盟对抗朝廷的意思。

当时，朱滔、田悦、王武俊驻扎在魏州，朱、王远离本土，带的军粮早已经吃光，如今和唐军对峙，就靠田悦家的余粮度日。问题是，田悦也负担不起巨大的开支，长此以往，造反的前景岂不是更加黯淡？几个人密谋之后，决定劝李希烈称帝，将朝廷的注意力转移到南方。

建中三年（782）十二月，在朱滔等人的怂恿下，李希烈按捺不住内心的冲动，自封为天下都元帅、太尉、建兴王，开始了南面称孤的职业生涯。与此同时，李希烈派大将李克诚攻陷汝州（今河南省汝州市），活捉了汝州别驾李元平。

李元平，堪称是中国纸上谈兵的代表。这位老兄虽然才学一般，可懂得自我营销，给人的感觉就是饱读兵书，韬略超群，见识非凡。当时，宰相关播和李元平接触过，被他的“才学”深深折服，还夸他有出将入相的可能。李适信了这番鬼话，于是提拔他做了汝州别驾，打理州中一切事务。

李元平到任之后，立即贴出告示，招募工匠和民工，整治州城的防务。客观地说，招募民工没有问题，可是两军对阵，不应该防着外部的奸细吗？由于招募环节公平公开，李希烈的几百名士兵也轻松混进城去。几天以后，李希烈带着几百名骑兵前去城门挑衅，工匠们蜂拥而起，生擒李元平，打开了汝州城门。

面对突如其来的变局，李元平彻底迷茫了。尤其是看到李希烈的时候，竟然吓得屎尿失禁，臭气熏天，以至于李希烈都发出了嫌弃的感叹：你们宰相真是瞎了眼，竟然派你这种货色来抵挡我，真是太小瞧人了。

接下来，李希烈扫荡了周边的城池，官军毫无抵抗力可言，以至于洛阳百姓看不到希望，纷纷躲进深山老林求生。消息传到长安，李适吓得手足无措。想想看，河北大乱，朝廷尚可抵御，如果河南大乱，将直接威胁到关中。

关键时刻，李适找来了首席宰相卢杞。

卢杞：“陛下，李希烈年轻气盛，仗着军功胡作非为，傲慢无礼。如果咱们能选一位德高望重，温文尔雅的大臣，让他携带陛下的诏书前去安抚，讲清楚其中的利害关系，李希烈必定会洗心革面，幡然悔悟。”

李适：“你可有合适的人选？”

卢杞：“颜真卿是四朝元老，为人忠厚耿直，刚正果决，天下人人敬仰，由他出使最合适不过。”

此时，颜真卿已经74岁，是个弯腰驼背、步履蹒跚的垂暮老人，让他去说服一个手握重兵，南面称孤的人归降，岂不是天大的笑话。

事实证明，卢杞就是想让颜真卿去送死，理由便是，颜真卿有可能被李适提拔为宰相。在卢杞的世界里，坐稳首席宰相的交椅才是他孜孜不倦去追求的，只要是有才能，有品德，被李适夸过的人，都属于卢杞打击的对象。

关于这一点，颜真卿早就看明白了，他曾经到中书省找过卢杞，还对他说了一番非常恭敬，甚至带有乞求性质的话：“俺的性格极端，容易得罪人，多亏卢大人庇护，才得以活到今日。安史之乱时，您父亲的首级被送到平原郡，我看他脸上有血迹，又担心用衣服会擦破他的脸，于是用舌头帮他舔干净。如今您为何还要苦苦相逼，难道就真的容不下我吗？”

此事记载在《旧唐书·颜真卿传》，如果属实，确实有损颜真卿书法家、三朝名臣的光辉形象。然而，即便如此，卢杞还是没有放弃打压颜真卿的计划，反而因为颜真卿暗骂他无情无义，对他更加愤恨。

面对卢杞的推荐，李适同意了。

诏书很快下达，让太子太师颜真卿前往许州，说服李希烈投降归朝。在皇权世界，君要臣死，臣不得不死，尤其是颜真卿这样的忠臣。他不想违背皇帝的意思，回家收拾行装，带了几个随从便出发了。几天之后，颜真卿来到洛阳，东都留守郑叔则劝颜真卿，让他先在洛阳等等，或许朝廷会再来旨意。

不过，颜真卿已经写信给儿子，让他“供奉家庙，抚育孤子”。在洛阳做了短暂的停留，颜真卿便来到了李希烈的军营。当时，李希烈让一千多名士兵将颜真卿团团包围起来，用刀向颜真卿比画着，想让他知难而退。然而，颜真卿不为所动，照样拿出圣旨，一字一句地读了起来。

面对气场强大的颜真卿，李希烈收起了自己的狂妄。古话说得好，两军交战不斩来使，更何况是74岁高龄的名臣。对于圣旨的内容，李希烈完全无视，他命人将颜真卿好好供养了起来，打算让他择日返回长安。

说白了，颜真卿只要低调处事，就可以返回长安，安享晚年。然而，在一次正常会晤中，颜真卿碰到了汝州别驾李元平，颜真卿怒其不争，以长者身份严厉斥责了他。被人指着鼻子骂总归是丢脸的事儿，为了报复颜真卿，李元平偷偷在李希烈面前进谗言，促使李希烈改变主意，将颜真卿留在了军营。

就在此时，朱滔、王武俊、田悦、李纳派遣使者前来，他们以人臣自居，劝李希烈称帝。李希烈得意扬扬："太子太师，如今冀王、魏王、赵王、齐王都派使者来拥立我称帝，我也有此打算，你看我答应他们如何啊？"

颜真卿："这四人乃是四凶，怎么叫四王。你不肯保住自己的功劳，做唐朝的忠臣，反而与乱臣贼子相互追随，是要和他们一起覆灭吗？"

李希烈表示，不好好聊天的人，只能让人把他扶出去。

又过了几天，李希烈再次请颜真卿和四个使者吃饭喝酒，颜真卿情绪上头，又把李希烈等人骂得狗血淋头。这一次，李希烈怒了，他派人将颜真卿的馆驿围了起来，还在院中挖了一个大洞，威胁颜真卿要活埋了他。

李希烈没打算杀颜真卿，只不过想开个玩笑，吓唬吓唬这个老人。无奈颜真卿完全不配合李希烈，还说他早已经抱定主意为国捐躯，只求温柔一刀，以至于让李希烈颜面扫地，重新道歉。

李希烈对颜真卿的态度如此之好，有他自己的考虑。颜真卿是四朝元老，堪称是大唐官场的一面旗帜。如果杀了颜真卿，势必会引起各地官员的敌对，如果好好供着他，反而能显示李希烈的大度。也正是因为这个原因，颜真卿在李希烈的阵营生活了几年的时间，而李希烈也从未放弃招降颜真卿。

然而，世间的事情，总归会有一个归宿。兴元元年（784）八月，李希烈的弟弟李希倩被朝廷处死，终于让李希烈失去了耐心。回想起自己对颜真卿低三下四的规劝，自己遭受的羞辱，李希烈最终决定杀死颜真卿，成全他的忠臣美名。李希烈让亲信宦官前去蔡州（颜真卿被软禁的地方），准备执行死刑。

宦官："有诏书。"

颜真卿急忙跪在地上，拜了两拜。

宦官："应该赐死你。"

颜真卿："老臣没有完成使命，罪该万死。敢问使者何时从长安出发？"

宦官："从大梁而来。"

颜真卿怒骂道："原来是叛贼，何敢称诏！"言罢，被缢杀。

据史料记载，叛乱平定之后，颜真卿的灵柩被送回长安，唐德宗李适为他辍朝五日，追封其为司徒，谥号"文忠"，算是对颜真卿的一生做了盖棺定论。

兵到用时方恨少，李适无奈出逃长安

李适虽然派了颜真卿去招降，可现实告诉他，这一招不管用，还是得靠武力征服李希烈这些枭雄。当时，李希烈将河南、湖北战场搅得天翻地覆，还派大将封有麟拿下邓州（今河南省邓州市），切断了长安和南方的运输通道。

建中四年（783）一月，哥舒翰之子哥舒曜奉命出征，麾下将士一万余人。

建中四年（783）四月，李适又任命神策军使白志贞为京城招募使。意思就是，朝廷已经没有军队可派，给你绝对的权限，自己招募百姓组建军队，替朝廷平叛。白志贞只好发动长安城中曾经做过节度使、团练使、观察使的官员，让他们将家奴和侍卫全部发动起来参军，为国效力，回报便是家族子弟获得五品官衔。

不仅如此，李希烈的叛乱，意味着朝廷必须多线作战。

河东、泽潞、河阳、朔方四军屯驻在魏县，找朝廷要钱花。

神策、永平、宣武、淮南、浙西、荆南、江泗、沔鄂、湖南、黔中、剑南、岭南各军环绕在淮宁，对抗李希烈的大军，也找朝廷要钱花。

据史料记载，李适为了调动士兵作战的积极性，不仅给他们发放工资，提供酒肉等食物，还会给他们的家人提供口粮。如此一来，士兵们心满意足，可朝廷每个月的军需开销高达一百三十万贯，远远超过了赋税收入。

在此之前，李适找长安城的富商、当铺搜刮钱财，已经闹得民怨沸腾，后来又给食盐涨价，老百姓早就不堪重负。可面对自己挖的坑，李适又能怎么办呢？如果降低士兵的伙食待遇，后果不堪设想。李适表示，这个家不好当。

建中四年（783）六月，卢杞的亲信赵赞提出了新思路：征收间架税和除陌钱。

所谓的间架税，本质就是房屋财产税。朝廷定了一个标准，每两个房梁之间的空间为一间，一间上等房屋征税二千文，中等房屋征税一千文，下等房屋征税五百文，朝廷派人前往百姓家中清点房梁数量，计算应征的税额。胆敢隐藏房屋一间的，杖责六十，奖赏告发人五十缗钱。

除陌钱就是交易税，无论是官家还是私人，凡是相互之间有买卖交易行为，每一贯交易，朝廷征收五十文的除陌钱。如果是以物易物，也需要折算价值，胆敢有隐瞒行为，价值超过一百文的，当事人杖责六十，罚钱两千文，奖赏告发人十缗钱，奖赏钱一律出在获罪的人头上。

政策出台后，遭到了百姓的强烈抵制，可是在暴力机器面前，百姓只能含泪接受。然而，这份委屈并没有沉寂，而是在接下来的几十年内慢慢发酵，最终成了压垮李唐王朝的最后一根稻草。

建中四年（783）八月，李希烈率兵三万，将唐军主将哥舒曜围困在襄阳城。如果哥舒曜兵败，襄阳陷落，通往关中的南部通道就会被打开。当时，李适让神策军将领刘德信、宣武军将领唐汉臣、淮西招讨使李勉前去救援。事实上，这三支军队都赶到了襄阳战场，可是拿李希烈的军队毫无办法。

关键时刻，李勉提出了一个方案：李希烈重兵围困襄阳，许州必定空虚，刘德信和唐汉臣可以率领唐军前去攻打许州，来个围魏救赵。当时，三位将领达成了一致，可军队走到半路，李适的圣旨来了，指责他们北上许州，放弃襄阳，是违背皇帝的军令，勒令他们马上回到襄阳战场。

刘德信和唐汉臣没有违背圣旨的气魄，只好率军返回，走到半路的时候，遇到了李希烈的大将李克诚。由于官军来回赶路，疲惫不堪，再加上士气低迷，防御工作非常懈怠。遭到突袭后，官军顿时土崩瓦解，一万多士兵全军覆没。当然，这其中还包括京城招募使白志贞求爷爷告奶奶组织起来的三千士兵。

襄阳守卫战，李适自以为是、多疑善变的性格给官军带来了深重的灾难。唐汉臣和刘德信的失败，直接让朝廷失去了对河南战场的控制，还让襄阳的局势变得更加凶险。

当时，河北、山东在朱滔等人的控制下，湖北、河南在李希烈的控制下，江淮地区历来不是军事重地，在李纳的骚扰下只能自保。长安和洛阳附近已经无兵可调，李适只好将目光转移到更远的西北地区。

建中四年（783）十月，李适下诏，让泾原节度使（治所在甘肃省平凉市泾川县）姚令言领兵五千，前去救援襄阳。然而，李适怎么也想不到，这一次简单的调兵遣将，居然让自己出逃长安，在荒郊野外过了好一阵子。

据史料记载，十月份的天气异常寒冷，长安附近还下着毛毛细雨，士兵们冒雨前行，异常艰苦。然而，这毕竟是为皇帝打仗，大家都有期待，比如皇帝老儿会给他们赏赐钱财，再不济也得好酒好肉地招待，想到这里心里也就释然了。

当时，这支精兵在长安城外驻扎了几天时间，可李适居然无动于衷，姚令言无奈，只好前往长安面圣，表达了将士们最朴素的期望。由于军情紧急，李适口头承诺，一定会给他们送东西过去，希望姚令言先行出兵，以大局为重。

在姚令言的眼里，朝廷是富有的，总归不会赖账，于是便传令下去，让兄弟们向襄阳进发，一边等待皇帝的赏赐。事实上，李适并没有赖账，姚令言前脚刚走，李适就给京兆尹王翃传下了旨意，让他前去犒赏军队。至于用什么样的标准犒赏，李适并没有明说，全靠王翃自己去琢磨。

到达浐水（今陕西省西安市蓝田县境内）的时候，王翃赶上了大部队，可他拿出的不是金银珠宝、牛羊酒肉，而是粗米饭和菜饼。望着这些赏赐，士兵们的脸色瞬间变了，这就是传说中的打发叫花子？

当自己的期望和别人的给予有落差的时候，心中会很郁闷。可是当自己的期望和别人的给予有巨大鸿沟的时候，心中就是山洪暴发。

此时，某位无名氏高喊道：“我们泾原军不远千里前来长安，都是为皇帝老儿打天下，却连口饱饭都吃不上，哪里还有心情去襄阳送死？听说皇帝老儿的琼林、大盈两个内库有无数的金银财宝，还不如直接抢过来爽快！”

很显然，泾原军心里有怒气，眼里有钱财，李适的私库便成了他们发泄欲望的最佳场所。接下来，泾原军将士收拾行装，一路擂鼓呐喊，向长安方向进发。

此时，泾原军节度使姚令言还在宫中，听说军队哗变，还想打劫皇帝老儿的钱袋子，吓得魂飞魄散，立即赶去拦截。姚令言赶到的时候，远远地向士兵招手，可这帮人不管不顾，掏出弓箭就是一顿狂射，最后发现大水冲了龙王庙，这才放姚令言入营。姚令言怒吼道：“你们疯了吗？这次受朝廷指派前去立功，还愁不能富贵吗？为什么要做出这种满门抄斩的事情？”

很遗憾，士兵们完全听不进去，强行簇拥着姚令言进入长安城。

李适彻底慌乱了，他不明白这帮人为何谋反，直到有人告诉他，泾原军看中了他的钱袋子，李适这才拿出一万匹锦帛，打算平息此事。按照李适的好意，士兵们每人可以得到两匹布帛，问题是，李适打算让士兵带着布帛返回西北，还是让他们背着布帛到前线打仗？如此处理，怎么看都不算高明。更何况，摆在泾原军面前的是富得流油的府库，两匹布帛怎么能满足他们的欲望。

李适：“啥也别说了，再送给你们二十车金银和布帛。”

然而，泾原军已经杀到长安城通化门，距离皇城仅一步之遥。当时，长安百姓看到一群士兵在城中横冲直撞，赶紧逃回家中锁上门窗，乱兵大声喊叫着：“你们不必恐慌，我们不会抢你们的钱财，也不会向你们征缴间架税和除陌钱！”

据史料记载，泾原军确实很讲究，进城之后不骚扰百姓，直接奔皇宫府库而去，以至于老百姓跟在大军后面，甘愿做吃瓜群众。短短的几刻钟，泾原军便来到了大明宫正南门丹凤门外，马上就要进入宫城。

李适惊慌地喊道：“禁卫军呢，禁卫军何在？”

很遗憾，大唐的禁卫军已经有名无实。最彪悍的一支禁卫军，由李晟带出去平乱，至今未归。神策军使白志贞招募了一支三千人的部队，可是到襄阳后，由于李适遥控指挥，致使大军埋骨荒野，这是人尽皆知的事。朝廷确实有钱财招募军队，可大家谁也不愿意上战场送死。更有部分富商、权贵通过行贿，将自己的名字挂在禁卫军的旗下，拿着朝廷的俸禄，却从没有到军中报到过。

不久之前，司农卿段秀实还给李适上过奏折，说禁卫军的装备不精良，军营里缺兵少员，倘若发生意外的祸难，那就是灭顶之灾！然而，李适根本听不进段秀实的谏言，还说他是危言耸听，彻底无视了现实。

如今，哪还有禁卫军可以供他调用？

大明宫南门传来了泾原军清晰的喧闹声，这种喧闹不是即将面圣的激动，而是面对金银珠宝，发出的最原始的兴奋叫喊。

李适当机立断，召集王贵妃、韦淑妃、太子李诵和其他皇子、公主等人，带着传国玉玺从大明宫北门逃走。天子出逃，应该由禁卫军保护，可李适并不知道，他最仰仗的禁卫军将领身在何方！关键时刻，是宦官窦文场、霍仙鸣拉起一支百人宦官小分队，作为李适的贴身护卫。

中晚唐时期，宦官集团可以横行朝堂，究竟是什么原因?

客观地说，并不是皇帝不信任文臣武将，也不是偏爱宦官集团，而是文臣武将们喊着忠君爱国的口号，可干出来的都是令皇帝寒心的事。危急时刻，永远是宦官集团保护着皇帝，换做任何人，恐怕都会对宦官给予更多的信任吧。

当时，李适让皇子李谊在前面开道，太子李诵亲自殿后，一行人仓皇逃出长安，向西边狂奔而去。许久之后，消息才开始传开，郭子仪的儿子、司农卿郭曙带着家兵数十人正在禁苑中打猎，听说皇帝出逃，急忙赶来护驾。右龙武军使令狐建正在军中射箭，急忙带着四百名士兵赶来护驾，这才稳住阵脚。

就在此时，翰林学士姜公辅拍马赶到，这位老兄来到李适的跟前，牵着马缰死活不让他走。

姜公辅:“陛下，您忘了一个最关键的人：朱泚。他曾经担任过泾原节度使，因受弟弟朱滔谋反的牵连，一直闲居京城。臣认为，陛下既然不能推心置腹地对待他，便不如将他杀掉。如果哗变的士兵拥戴他为首领，后果不堪设想。请陛下将朱泚招来，让他随从出走吧。”

只能说，姜公辅有大局观，而且后续的事情确实按照他的剧本来走的，可眼下提出这样的建议，未免有些不合时宜。因为李适已经失去了对长安的控制，天子威严彻底扫地，朱泚不可能乖乖就范。

李适:“来不及了，咱们赶紧出发吧。”

到达咸阳后，一行人吃过晚饭，准备稍做休整再出发。宰相卢杞、关播，禁卫军使白志贞、王翃，御史大夫于颀，御史中丞刘从一，户部侍郎赵赞，翰林学士陆贽、吴通微等人也相继赶到咸阳。

朱泚登基：这个皇帝是自封的

彼时，长安城已经彻底沦陷。泾原节度使姚令言被军队裹挟着进了皇城，在得知李适已经被迫出逃之后，姚令言心如死灰。说白了，因为皇帝的奖赏不公而哗变，尚且情有可原，可闯进皇城，逼走皇帝，这就是公然谋反。

大明宫内，士兵高喊道："皇帝已经逃了，各自想办法发财吧！"

泾原军砸开了皇室府库，疯狂地抢劫着金银珠宝，军士们络绎不绝地搬运财物，一直到筋疲力尽，呆坐在地上。军队干完活后，老百姓也趁机涌入宫中，盗窃库房的物品，那些没能参与抢劫的百姓，开始在路上劫掠。

事情进展到这个地步，姚令言已经彻底绝望。看着疯狂的士兵，姚令言心生了一个念头：世人皆醉，自己不醉岂不是太不合群？姚令言走到了大明宫含元殿的宫门处，振臂一呼，说道："娃子们，都过来集合，听我说两句！"

姚令言："咱们已经是谋反的罪人，可如今群龙无首，你们要想拥有长久的富贵，没有主事的人不行。如今太尉朱泚还在长安，我们就拥立他吧。"

前面说过，朱泚是幽州节度使朱滔的哥哥，深受李适的信任。后来，朱滔起兵谋反，派人给朱泚送信，想和他里应外合，最后被河东节度使马燧截获。朱泚惶恐万分，因此向朝廷请罪，李适认为兄弟俩相隔千里，并非同谋，依然让他在长安城晋昌里的府邸养老。

说白了，朱泚就是李适威胁朱滔的筹码，因此面对姚令言的邀请，朱泚欣然应允。当天夜里，朱泚入驻大明宫含元殿，对外自称六军统帅。

第二天早上，朱泚贴出榜文：泾原将士久处边陲，不习朝礼，辄入宫阙，至惊乘舆，西出巡幸。太尉已权临六军，应神策军士及文武百官凡有禄食者，悉诣行在。不能往者，即诣本司。若出三日，检勘彼此无名者，皆斩！

不得不说，舆论的力量是无穷的。仅靠一篇榜文，就把泾原军谋反定性为兵士不懂朝廷礼仪，误打误撞进了皇城，这才把皇帝老儿吓跑。至于朱泚，则摇身一变，成了平定叛乱的功臣。当然，朱泚心里明白，仅靠五千泾原军是成不了气候的，他需要出榜安民，让文武百官认可他的功臣地位。

据史料记载，部分官员确实信了他的鬼话，还主动赶赴大明宫，打算与朱泚商议迎回李适的事情。然而，朱泚始终不愿表态，天真的朝臣这才明白朱泚的狼子野心。跟着朱泚就是背叛，想到此处，官员们便脊背发凉。没过多久，第一批入宫的大臣便逃去了大半。

这种改朝换代的场合，自然不会缺少政治投机客，比如光禄卿源休。此人曾经出使回纥，有大功于朝廷，后来受到宰相卢杞的忌惮，只能做个碌碌无为的光禄卿，逢此机会，自然是大献殷勤，主动表现。当时，源休对朱泚说了一番成王败寇的大道理，还编了很多祥瑞之说，劝朱泚在长安城称帝。

朱泚对源休的提议非常满意，可还是有忌惮：“长安虽然在我的掌控之中，可还是有许多朝臣不愿意归顺，我也很头疼啊。”

源休：“这些都是小事，我来帮太尉搞定。”

接下来，源休关闭了长安所有城门，不放任何官员出城，随后找到那些官居高位，却郁郁不得志的朝臣，比如检校司空、同中书门下平章事李忠臣，太仆卿张光晟，工部侍郎蒋镇。这些人无一例外，都是才干出众，人品极佳的大臣，却都遭到了宰相卢杞的忌惮而被边缘化，此刻全被朱泚招降。

凤翔、泾原的将领张廷芝、段诚谏带领数千人援助襄城，还未走出潼关，听说朱泚占据长安，便乱哄哄地归降了朱泚。一时间，文武大臣纷纷归降，朱泚自以为人心所向，称帝的心思越发浓烈。不过，令朱泚百思不得其解的是，他的好朋友、司农卿段秀实一直没有出现。

段秀实做过泾州刺史、泾原节度使。当时，如果官员身兼数职，可以同时拿几份工资，可段秀实坚持只拿一份。但凡武将，都有饮酒作乐，买妾寻欢的小嗜好，可段秀实只要没有公务，都会选择躲在家里修身养性，是个难得的好官。就是这样一个人，因为说了几句公道话得罪了权相杨炎，被削去兵权。

在朱泚的眼里，段秀实对朝廷有不满，应该会主动投诚的，可却始终不见身影。无奈之下，朱泚派了一支小分队，主动上门迎接。然而，段秀实紧闭大门，将他们拒之门外，直到最后，这帮人翻墙而入，强行将段秀实绑到了大明宫。

见面的那一刻，朱泚激动地说道："段公一来，大事可成。"

段秀实不咸不淡地说道："太尉，泾原军因为犒赏不丰厚，这才起兵作乱，致使圣上流离失所。然而，犒赏不公是有关部门的责任，和圣上没有关系。你向来以忠义闻名天下，最好给将士们讲清祸福，迎回圣上啊。"

朱泚先吃了闭门羹，现在又遭到一顿抢白，面子掉了一地。然而，他还是坚持认为，段秀实对朝廷有怨恨，因此继续加以重用。悲剧的是，段秀实私底下找到了自己的旧部，左骁卫将军刘海滨、泾原都虞候何明礼、孔目官岐灵岳，和他们暗中密谋，准备刺杀朱泚，迎回唐德宗李适。

彼时，李适正在奉天驻扎。有唐一朝，李适已经是第三位出逃的皇帝，唐玄宗出逃的时候，中央帝国的权威仍在，唐肃宗李亨登高一呼，天下响应者云集。然而，如今河北战场如火如荼，李希烈又不断壮大，看着身边的几百名护卫，李适感觉有些凄凉和彷徨。

泾原兵变三年前，一个叫桑道茂的术士告诉李适，说他以后会有出逃长安的厄运，而奉天有王者之气，让李适提前修筑奉天城。当时，李适力排众议，调集禁卫军和京兆府数千人，在奉天大兴土木，加固城墙。如今，李适亲临奉天，城池尚在，桑道茂却仙逝已久，感慨之下，下令在奉天祭奠桑道茂，同时做出了一个重大的决定：驻扎在奉天，等待各地的救援，准备反击。

李适的决定，让朝臣们惊掉了下巴。朱泚已经在长安城站稳脚跟，只要他乐意，随时可以到奉天搞斩首行动。李适最好的选择，难道不是效仿唐玄宗去蜀中避难吗？

面对群臣的质疑，宰相卢杞咬牙切齿地呵斥道："朱太尉忠贞耿直，为什么要怀疑他作乱呢，如果你们不信，我愿意用合家一百口性命为他担保。"

朱泚不会作乱，这便是李适和卢杞的共识。话又说回来，李适的决定还真是正确的，不过根据后续发展来看，并不是李适英明睿智，看透了接下来的局势，而是基于错误的判断，做出了一个正确的决定，真可谓冥冥之中，自有神佑。

当时，各地的勤王小分队陆续赶到奉天，李适底气更足，下诏让他们在距离奉天三十里的地方安营扎寨，共同等待朱泚前来。可过了好几天，也不见朱泚有任何动静，卢杞的态度这才开始转变：“陛下，朱泚对朝廷还是有感情的，必定不至于反叛，希望陛下选择大臣前往京城安抚他，以便观察他的态度。”

说起来，所有人都看穿了朱泚的企图，唯独卢杞和李适还抱有幻想。李适问道：“各位大臣，谁愿意去长安城一探究竟？”

没有人答应，李适无比尴尬。过了许久，一位身穿铠甲、英气逼人的将军站了出来，请命道：“微臣愿意前往长安。”李适一眼便认出他来，此人乃金吾大将军吴溆（xù），章敬皇后（李豫的吴皇后）的弟弟。

危难时刻，吴溆代替群臣出头，还帮李适解围，如果能够平安回来，必定会成为李适跟前的红人。然而，吴溆并没有这么好的命。据史料记载，吴溆已经预料到了自己的结局，临行之前，他悲壮地说道：“拿着朝廷的俸禄，逃避朝廷的为难，怎么配做人臣呢。我有幸成为皇室的微末之亲，也知道此行必定会死，但举朝上下都没有愿意赴难的大臣，也太让陛下遗憾了。”

长安城内，吴溆转达了李适对朱泚的信任和期盼，朱泚闻弦歌而知雅意，表达了自己的诚惶诚恐，还说自己早已经想去面见皇帝，正准备马上启程。随后，朱泚安排吴溆在国宾馆住下，派人将他刺杀。当然，奉天的君臣不知道吴溆已死的消息，大家只知道，朱泚承诺马上就会派人去迎回李适。

几天之后，泾原兵马使韩旻带着三千将士，打着迎接李适的旗号，浩浩荡荡地前往奉天，实际上是搞斩首行动。

彼时，段秀实看出了其中的端倪，他让亲信岐灵岳拿着自己的大司农印信，谎称是朱泚的意思，让韩旻暂且回长安，随后和朱泚一起到奉天。谁都知道，段秀实是朱泚的座上宾，有他的印信为证，韩旻不敢不信。与此同时，段秀实联系了刘海宾、何明礼等人，打算事情败露后，与朱泚展开正面肉搏。

事实上，韩旻回长安之后，岐灵岳并没有将段秀实供出，而是独自承担了所有责任，随后被朱泚所杀。然而，因为信息闭塞，段秀实并不知情。就在当天，朱泚召集李忠臣、源休、姚令言和段秀实前去大明宫商议称帝之事。

岐灵岳刚刚被杀，朱泚就让段秀实入宫，这不能不引起他的怀疑。当时，朱泚刚刚搞完开场白，段秀实便坐不住了，他抢了源休手中的象笏，冲到朱泚的跟前，怒目而视。朱泚和众人都惊呆了，不明白段秀实究竟要做什么。

就在众人目瞪口呆的时候，段秀实向朱泚吐了几口唾沫，破口大骂道："狂妄的叛贼！我恨不能将你斩为万段，岂肯跟随你造反。"说罢，段秀实便拿着象笏和朱泚干了起来，宫殿瞬间乱作一团，斗殴之中，朱泚的脑袋被打开花，而段秀实则被乱刀分尸。段秀实可能没想到，朱泚并不想杀他，段秀实过硬的人品，客居长安的遭遇，都是朱泚看重他的原因。

段秀实被杀后，朱泚痛苦万分，下令以三品官待遇给他安葬。建中四年（783）十月，朱泚在大明宫宣政殿登基，自称大秦皇帝，改元应天。

在新朝廷，姚令言担任门下省侍中、关内元帅，李忠臣担任司空、门下省侍中，源休担任中书侍郎、同中书门下平章事、判度支，蒋镇担任吏部侍郎，樊系担任礼部侍郎，彭偃担任中书舍人。

奉天城守卫战：天佑大唐

古往今来，称王称帝的人不计其数，可能把国号延续下去的人凤毛麟角。更何况，朱泚的势力只控制了长安城，李唐皇室随时能打回长安。到时候，这批人轻则身败名裂，遭到屠杀，重则整个家族遭到清洗。为了断绝李唐皇室的念想，宰相源休建议，对皇室成员展开清洗，斩草除根。接下来，七十七名皇子、皇孙被杀。

源休还建议，清剿隐匿在长安城中的官员，多亏蒋镇周旋保护，这才没让李适的团队被一锅端。据说，蒋镇每天都生活在恐惧之中，每逢上朝，身上都会怀揣一把刀，随时准备自杀报国。礼部侍郎樊系，给朱泚写完祭天册文之后，服毒自杀，将自己对大唐的衷心镌刻在了史书之中。

不管是逃跑、藏匿，还是自杀殉国，都说明了一个道理：大秦政权不得人心，朱泚的事业毫无前途可言。不过，朱泚并不这样认为，虽然长安只有一万军队，可他的背后还有个超级靠山：幽州节度使朱滔。为此，朱泚在登基的时候，将万众瞩目的太子之位留给了朱滔，封他做了皇太弟。不仅如此，朱泚还给朱滔写了一封信：三秦之地，指日克平；大河之北，委卿除殄，当与卿会于洛阳。

朱滔会相信皇太弟的承诺吗？可以肯定，朱滔一定会信。毕竟，朱泚膝下无子，如果坐稳了江山，朱滔就是最合适的皇位继承人。因为此事，朱滔在军中嘚瑟了好几天。一切准备就绪后，朱泚任命李忠臣为京兆尹、皇城留守，姚令言为大元帅，张光晟为副元帅，自己亲自带兵前去攻打奉天。

当时，李适已经派遣使者前往各地，召集军队勤王。河北的李怀光闻讯后，第一时间赶往长安，马燧也宣布退军，回到本镇。然而，最先赶赴战场的，只有邠宁留后韩游瑰，庆州刺史论惟明，可他们只有三千人马。

奉天城外，两军交战，热火朝天。朱泚率军向东门发起冲锋，韩游瑰等人奋勇杀敌，并在城门内安排了不少装满干草的木车，让士兵们拿着长刀守卫。只要敌人进城，一律捕杀。越是生死存亡的危急时刻，众人越会齐心协力，官军将士坚持了一整天，最终瓦解了朱泚的第一波攻势。

当天晚上，朱泚在奉天城东三里的地方安营扎寨，夜里派遣小分队在野外燃烧篝火，疯狂地敲打军鼓，营造出了人多势众的假象。与此同时，朱泚让工匠们打造了一批云梯、冲车等攻城器具，准备一举拿下奉天城。

奉天城外的交锋，给老百姓造成了一种错觉：朱泚可能是最后的胜者。于是，那些对朝廷有不满，或者想发战争财的人蜂拥而至，几天的时间，朱泚便收获了数万新兵。在此之前，双方的交锋集中在东门，得了数万军队后，朱泚大手一挥，将奉天城的东、西、南三面包围起来，只留下北门一个缺口。

新一轮的攻势让李适非常吃力，左龙武大将军吕希倩战死，将军高重捷与敌将李日月战于梁山之隅，与敌人同归于尽。接二连三地损兵折将，让李适充满绝望，如果继续耗下去，后果不堪设想。

建中四年（783）十一月，第一批援军赶到战场。灵武留后杜希全、盐州刺史戴休颜、夏州刺史时常春、渭北节度使李建徽，合计率军一万人。此时，奉天已经被包围起来，将军们征询李适的意见，该从哪里入城。

宰相关播、左金吾卫大将军浑瑊认为："漠谷（陕西省咸阳市乾县，乾陵西边的一条绵延数十里的河）的道路险要狭窄，可能会被敌军拦击。不如从乾陵（唐高宗李治的陵寝）北面经过，贴着柏城行进，在奉天城东北的鸡子堆扎营，这样可与城中军队内外呼应，夹击敌军，而且还会吸引朱泚的部分兵力。"

行军路线没问题，可宰相卢杞跳了出来，提出了反对意见："漠谷的道路较近，倘若援军被敌军拦击，城中出兵接应援军就行了。倘若从乾陵过来，恐怕要惊动陵墓寝庙。"

此言一出，集体昏厥。关键时刻，首席宰相不为皇帝的性命、国家的前途以及远道而来的将士们考虑，居然为了取悦李适，说出这样一番话来。

据史料记载，浑瑊暴跳如雷，争辩道：“自从朱泚攻打奉天以来，砍了多少乾陵的松柏，对皇陵的惊动已经够多的了。如今，奉天形势危急，各路援军还没到来，杜希全等人如果能站稳脚跟，奉天之围便可缓解。”

卢杞态度强硬地说道：“朱泚归朱泚，如果陛下允许军队从乾陵通过，那便是我军惊动皇陵，性质并不一样。”

在中国古代帝王的眼里，对江山社稷、皇室尊严、个人尊严、百姓利益都有自己的优先级排序，但大多数人都会把江山社稷放在第一位。毕竟，没了江山，再谈论皇室尊严有何意义？然而，李适是个另类，面对卢杞的挑衅，他果断放弃了帝王该有的魄力，为大军选择了漠谷这条行军路线。

建中四年（783）十一月三日，杜希全按照计划，从漠谷行军。然而，他并不知道，朱泚已经在漠谷两边埋伏了一支小分队，还有一批巨石和弓弩。当他穿越的时候，小分队发起了突然袭击，官军伤亡惨重。奉天城的军队得知消息，仓皇出城援救，又被朱泚埋伏的大军拦截，几乎是全军覆没。

此战之后，四支援军伤亡惨重，被迫放弃奉天，退守到邠州。直到此时，朱泚已经彻底掌握了战场上的主动权，他下令将中军大帐转移到乾陵。在这里，朱泚居高临下，将奉天城尽收眼底，也把李唐皇室的威严踩在脚底。

奉天本就是一座小城，人口稀少，粮食、武器、被服的储备严重不够，城中又驻扎着数千名将士，耗费极大。又是寒冬季节，朔风凛冽，将士们遭受着心理和生理上的双重打击，日子非常难过。

一日，李适命令侦察兵出城查探敌情，并寻找援军的踪迹，这个士兵面露为难之色，李适便问他：“为何在此逡巡，不愿前往？”

士兵赶紧跪了下来，痛哭流涕地说道：“陛下，外面天寒地冻，我身上只有一件单衣，还请您赐一件短袄和套裤御寒，好让俺为陛下尽心尽力啊！”

李适：“来人，去取一件棉袄过来。”

宦官面露难色，回话道：“陛下，仓库已经见底了。”

李适默然了。就算他是皇帝，也不能勉强一个只穿着单衣的士兵到冰天雪地为他卖命。李适大手一挥，屏退了这位哨兵。到了晚饭时候，宦官给李适端了一碗大头菜的菜根，以及一碗粗米熬成的粥。

李适非常不满："伙食为何如此之差？"

宦官急忙下跪，哭诉道："陛下息怒，御膳房只剩下两斛粗米，恐怕过几天连米都没有吃的，这些菜根还是我们趁叛军不注意的时候，从城头顺着绳子爬下去，在城外的菜地里偷来的！"

面对来势汹汹的叛军，李适连出昏招，将自己置于险境，还拉着这么多人跟他一起吃苦受罪，他的内心终于有了点愧疚之感。第二天，李适召集大臣，对他们说道："朕因无德，自陷于危亡之中，固然是应该的。诸位没有罪过，最好及早投降，以便救出自己的家人。"

李适究竟是真心悔过，还是刻意表演，我们不得而知。不过，朝臣们还是挺吃这一套的，面对沮丧的李适，他们纷纷表态，一定会坚定地支持李适。危难时刻，李唐君臣众志成城，一心等待随时可能出现的援军。

建中四年（783）十一月八日，城外终于传来了好消息。

第一支援军：朔方节度使李怀光。这位老兄率领五万精兵，驻扎在蒲城（今陕西省渭南市蒲城县）。

第二支援军：神策都知兵马使李晟。他原本在幽州，听闻长安有难，带了几百名骑兵星夜兼程地赶往长安。由于李晟低调务实，名声不错，大家都愿意投奔，到了东渭桥的时候，身边已经聚集了上万人。

第三支援军：神策兵马使尚可孤。这位老兄原本在襄阳讨伐李希烈，得知消息后，从武关（今陕西省商洛市丹凤县东武关河的北岸，当时与函谷关、萧关、大散关称为"秦之四塞"）前往增援，此时驻屯在蓝田。

第四支援军：河东节度使马燧。从河北撤军后，他派行军司马王权、儿子王汇率领五千精兵增援奉天，此时驻屯在中渭桥。

第五支援军：镇国军副使骆元光。原本驻屯在潼关，长安大乱之后，招募了一万名士兵，此时驻屯在昭应（今陕西省西安市临潼区）。

说白了，官军已经围住了长安，截断了朱泚的退路。如果朱泚拿不下奉天，那就只能葬身荒野。如果朱泚拿下了奉天，那就带着李适一起葬身荒野。起初，长安守将李忠臣告诉朱泚，官军围住了长安，朱泚并不在意。可到后来，长安守军节节败退的消息不断传来，朱泚终于感到了心慌意乱。

朱泚："向奉天城发起进攻，以最快的速度拿下李适！"

朱泚拿出了他的撒手锏：以牛皮包裹，防火防油，长宽高各数丈，能够同时容纳五百余人作战的庞然大物——超级云梯。

建中四年（783）十一月十四日，朱泚派人攻打奉天城南门，喊杀声震天，可就是不用力攻城。他的如意算盘是吸引官军注意，趁机在东门和北门用云梯发起冲锋。遗憾的是，他拙劣的表演很快便被李适识破。

第二天，北风呼啸，狂卷满地黄沙，天地为之变色。叛军推着沉重的云梯来到东北和北门，云梯上面站着五百名身强力壮的士兵，还有装满泥土的布袋，粗大的木棍。不仅如此，云梯上包裹着用水浸湿的牛皮毡子，旁边还悬挂着装满水的木桶和水袋，云梯的旁边还有兵车掩护。

据史料记载，云梯所过之处，城外的壕沟便不复存在，弓箭、火罐、飞石扑面而来，可打在云梯之上，竟然毫无破坏力。在躲过第一波进攻之后，叛军来到城墙边上，云梯和城墙处于同一高度，两军弓箭对射，官军伤亡惨重。由于叛军在军力上的碾压优势，很快就站到城墙上，与官军展开了肉搏战。

在那个年代，没有以一敌百的武林高手，只要展开肉搏战，拼的就是人数和单兵作战能力。时间越久，官军的劣势越大。官军作战的时候，李适也在思考着对策。如果还有什么能激发战斗力，那一定是官职和爵位。

为此，李适急忙准备了一千多份空白的官职告身，囊括了御史大夫、实封食邑五百户以下的诸多官职，希望大将军浑瑊拿着它们去招募敢死队。后来，官职告身不够用，李适便用毛笔将朝廷的承诺写在士兵的背上，作为一种承诺。

一个空白告身，就让士兵从打工者晋升为创业合伙人，自然能提振军队的士气。然而，官军还要面临很多问题，比如将士吃不饱饭，打起架来只有招架之功，没有还手之力；缺少铠甲头盔，砍敌人半条命，被砍就是一条命；敌军后援部队源源不断，而城内没有新的兵源补充。

如果把战争交给时间，李适必败无疑。然而，决定战场走势的还有一种因素叫意外。当时，叛军的云梯位于地道之上，地面并不扎实，巨大的重力让云梯陷到土中，无法动弹。就在此时，呼啸的北风瞬间变成了西风，官军看准机会，将沾满松脂和膏油的火把丢向云梯下面，燃起了叛军填路用的木棍。

一时间，云梯和叛军被卷入熊熊烈火之中，尸体燃烧散发的焦臭之气，数里以外都可以闻到。惨烈的战况，逼迫朱泚下达了退军的命令。官军在太子李诵的带领下，从北、东、南门三路出击，杀敌数千。

打好心理战：安抚河北大佬

奉天的战役，让李怀光看到了机会。当时，他命令大军起程，向奉天方向慢慢移动。建中四年（783）十一月二十日，李怀光在澧泉（今陕西省咸阳市礼泉县）大败敌军，直接驻屯在朱泚的大后方。正面战场落败，又被敌人包抄后路，朱泚只能含恨下令，撤回到长安城。至于接下来的命运，已经不是朱泚自己能掌握的了。

劫后余生的喜悦感，充满了整个奉天城。群臣纷纷上表祝贺，不过汴滑行营兵马使贾隐林却上了一道奏疏："陛下性情太急躁，不能包容万物。如果不将这脾气改一改，虽然朱泚败亡，但忧患仍然不能止息。"

言外之意，长安沦陷，君臣出逃，究竟由谁来背锅？客观地说，李适肯定有责任，可朝臣没资格处罚他，必须找出几只替罪羊。关于这一点，朝臣们心知肚明，只不过有人沉默不语，有人把话挑明了，比如陈兵澧泉的李怀光。

当时，有人告诉李怀光，如果三天之内没人救援的话，奉天城必破无疑。言外之意，李怀光是李适的救命恩人。有了这个功劳，李怀光开始飘飘然了，他逢人便夸自己有多么厉害，还放出话来，皇帝肯定会搞个特殊礼节来接待自己。不仅如此，李怀光还对身边的人说，天下的祸乱都是卢杞、赵赞、白志贞这些人造成的，如果他见到李适，一定会奏请杀了他们。

李怀光口出狂言，媒体界便跟风制造谣言。比如，李怀光骂宰相卢杞不学无术，喜欢语不惊人死不休；白志贞假借募兵之名大肆敛财，贪污受贿；京兆尹赵赞赏赐不公，情商太低，激起泾原士兵的哗变。至于李怀光，乃国之柱石！

对卢杞来说，李怀光就是来索命的，他无法坐视不理。某一天，卢杞伪装出忧国忧民的姿态，对李适说道：“陛下，李怀光真是朝廷栋梁啊，敌人听到他的名气，纷纷吓破了胆。如果让他乘胜攻取长安，可以一锤定音。如果让他来奉天城面圣，赏赐和设宴就得拖延好几天，这样岂不是给了敌人机会？”

这样的谏言，李适无法拒绝。很快，圣旨便下达给李怀光，让他和李建徽、李晟、杨惠元等人一起攻取长安。从战略上来说，李适的决策没有问题，可从人情世故来说，李适犯了大错。想想看，李怀光驱驰千里，奔赴国难，拯救了李唐社稷，正盼着朝廷给他戴朵大红花，却等来了李适的冷漠和猜疑。换作常人，恐怕都无法接受这样的局面，更何况已经吹牛在先的李怀光。

面对圣旨，李怀光感叹道：“我受奸臣排挤，以后的结果可想而知！”从此时开始，那个赤诚为国的李怀光消失了，一个满腹怨言，打算用毕生精力找李适晦气的李怀光横空出世。李怀光把圣旨扔在一旁，带着随从来到鲁店（今陕西省乾县东南），休整了两日，随后向东行军，就是不提攻打长安的事情。

李适：“你想闹啥？”

李怀光：“不想打仗。”

李适：“说实话。”

李怀光：“卢杞、白志贞、赵赞，他们不是好东西。”

李适：“你想怎么样。”

李怀光：“看你的诚意。”

当时，李怀光按兵不动，接连给李适写了几封奏疏，要求李适处罚卢杞，给天下人一个交代。建中四年（783）十二月，李适被迫下诏，将卢杞贬为新州（今广东省云浮市新兴县）司马，白志贞贬为恩州（今广东省江门市恩平市）司马，赵赞贬为播州（今贵州省遵义市遵义县）司马。交易条件便是，李怀光夺回长安。

俗话说得好，得不到的永远在骚动，被偏爱的有恃无恐。李怀光看到李适示弱，又上了一道奏折，要求处死宦官翟文秀。翟文秀是李适的御用监军，巡视朔方的时候和李怀光发生过冲突。这一次，翟文秀理所当然成了炮灰。

古往今来，敢和皇帝老儿谈条件的臣子不胜其数，能有好下场的，要么谈得公平无私，皇帝无话可说；要么皇族即将被灭，臣子可以取而代之。如今，李唐皇族还没到生死存亡的地步，李适的拥护者也不在少数，可李怀光背信弃义，公报私仇的行为，确实有点膨胀。

长安战场迟迟打不开局面，李适将目光转向了河北。

官军撤回长安后，只有李抱真留守在河北。为了不让自己被包饺子，李抱真从魏州退到了临洺县。这样一来，官军积累的战略优势荡然无存，这也让田悦等节度使跃跃欲试。

河北战场的智慧博弈，正式拉开帷幕。

田悦："王武俊，要不你去找找李抱真的晦气？"

面对田悦的诱惑，王武俊不置可否。

第二个上门的是李抱真的使者贾林，此人说话很有水平："谁都知道，临洺城易守难攻，田悦让你打临洺，根本没安好心。如果拿下临洺城，城池不在你的防区，只能交给田悦打理。可如果打输了，那就是白白损兵折将，还不如集中兵力，拿下你日思夜想的易、定、沧、赵四州。"

所谓联盟，只是合伙分赃的合法外衣，可如果自己捞不到好处，谁也不愿意做费力不讨好的事。王武俊不傻，他可不想为他人做嫁衣。

就在此时，朱泚在长安称帝，他给弟弟朱滔写信，要封他为皇太弟，让他尽快带兵南下，拿下洛阳，控制中原的局势。出发之前，朱滔发现幽州附近游荡着一支回纥军队，大约三千多人。这支军队是王武俊请来的友军，专门负责抢劫李怀光的粮道，朱滔主动示好："俺哥哥在长安做了皇帝，李适被赶出长安，如果你们和俺一起拿下洛阳，到时候城中的美女、金银珠宝，统统都归你们。"

为了拉拢回纥兄弟，朱滔临时起意，纳了一位回纥女子为妾。说白了，回纥军队只在乎实际利益，只要有钱拿，跟谁干都可以。不过，朱滔和回纥结盟，让李抱真感到莫名的压力，为了瓦解敌军，贾林临危受命，再次给王武俊洗脑。

贾林："王大人，朱滔做人真不讲究啊。"

王武俊："兄弟何出此言？"

贾林："如果朱滔在河北称王，和您做兄弟，尚且可以共享富贵。可现在他还能履行昔日的诺言吗？"

王武俊："为何不能？"

贾林："朱滔做了皇太弟，又和回纥相互勾结，野心不可谓不大。他不只想做暨王，还想做天下共主。到时候，您就是他皇图霸业的绊脚石而已。"

有时候，身在局中可能看不清事实，但经过局外人的点拨，往往会有醍醐灌顶的感觉，王武俊此刻就是这般。

贾林觉得有戏，决定放出大招："朱滔虽然是盟主，可时常看不起你们这帮兄弟。王将军英姿勃发，又擅长作战，岂是朱滔能比的。昔日，您手刃叛臣李惟岳，为朝廷立下汗马功劳，只不过朝廷处置不当，才造成许多误会。"

王武俊来了兴趣，问道："你有什么好建议？"

贾林："昭义节度使李抱真对您敬仰已久，不如与他合作，拿下朱滔。如果犹豫不决，被别人抢先，悔之晚矣啊。功名就在眼前，就看您怎么抉择了。"

王武俊："对于享有二百年国祚的天子，我都不能给他做臣属，又怎能给朱滔这种乡下穷小子做臣属呢。"

就这样，王武俊倒向了朝廷的怀抱。不过，为了稳住朱滔，王武俊还是派使者给他祝贺，希望他能早日登基称帝。建中四年（783）十二月，李适派遣使者前来河北，宣布赦免田悦、王武俊、李纳的谋反之罪。

面对朝廷的示好，王武俊自然是求之不得，可田悦和李纳却陷入迷茫和纠结之中。他们不想背叛同盟的理由有很多，比如李适眼下示好，却有可能秋后算账；结了同盟，尚且可以称霸一方，如果背叛，就会受到朱滔的打击；在此之前，田悦受到朝廷的打击，是朱滔出兵救了他，这就是联盟的好处。问题是，如果不背叛同盟，朱家兄弟肯定会坐大，到时候照样是一枚配角。

中国有句古话叫不患寡而患不均，堪称人性在利益分配上最本质的写照。田悦犹豫的时候，朱滔的虎牙将军王郅来到魏博，扬言朱滔已经联合回纥大军，希望田悦也能出兵。

田悦纳闷了，他为啥要出兵，就因为朱滔是大哥？为了照顾朱滔的情绪，田悦答应出兵，但是出兵多少，什么时候出兵，怎么出兵，需要再商议一下。如果朱滔有足够的社交直觉，应该能明白田悦的意思，可他情急之下，再次派了使者前来催促，这样一来，田悦就必须在跟随和反叛中做出抉择。

当晚，田悦召集幕僚开会。

田悦的幕僚许士则说：“朱滔此人奸诈狡猾，丧心病狂。过去侍奉李怀仙的时候，本来是担任小小的牙将，却和他的哥哥朱泚投靠朱希彩，杀了李怀仙。朱希彩宠信二人到了无以复加的地步，可就在此时朱滔又和判官李子瑗谋杀了朱希彩拥立他的哥哥朱泚。没想到的是，朱滔居然连哥哥也不放过，趁他到长安的时候夺了他的兵权，致使他的哥哥朱泚在长安城做了皇帝的人质。就这样一个腹黑之人，连亲兄弟都可以出卖，更别说咱们这些盟友了！”

田悦：“那依你之见，我们该当如何？”

首席谋士许士则：“眼下，朱滔联合回纥大军，势力太大，兵锋正盛。如果前去迎接他，朱滔可能会将您生擒，然后顺势兼并魏博的兵马，南渡黄河，与关中呼应。为大王着想，您不如佯装答应，到时候以其他理由再推托，只派遣将领跟他一起随行，这样既可以避免灭顶之灾，也可以保全您的名声。”

第二天，王武俊的使者也赶到魏博：“如今，李适需要河北稳定，所以才给我们立功的机会。如果跟着朱滔，大家都是死路一条。俺已经和李抱真结盟，到时候找到朱滔的软肋，给予致命一击，继续做大唐的节度使，岂不是更好？”

田悦本来在犹豫，听说王武俊已经投降，便跟着倒向朝廷。

李适下罪己诏：朕都知错了，你们还想怎样？

此时，距离李适出逃长安已经有两个多月。一国之君流落荒郊野外，天下军阀横行，盗匪遍地，这也让李唐君臣开始面对最现实的问题：皇帝做错了什么？朝廷的国策是否出现了偏颇？很遗憾，李适并没有进行深刻的反思，反而是幕僚陆贽潜心研究，最终督促李适在兴元元年（784）正月，向天下发布了《罪己大赦诏》：

致理兴化，必在推诚;忘己济人，不吝改过。朕嗣服丕构，君临万邦，失守宗祧，越在草莽。不念率德，诚莫追于既往；永言思咎，期有复于将来。明征其义，以示天下。

小子惧德不嗣，罔敢怠荒，然以长于深宫之中，暗于经国之务，积习易溺，居安忘危，不知稼穑之艰难，不恤征戍之劳苦，泽靡下究，情未上通，事既拥隔，人怀疑阻。犹昧省己，遂用兴戎，征师四方，转饷千里，赋车籍马，远近骚然，行赍居送，众庶劳止，或一日屡交锋刃，或连年不解甲胄。

祀奠乏主，室家靡依，死生流离，怨气凝结，力役不息，田莱多荒。暴令峻于诛求，疲空于杼轴，转死沟壑，离去乡闾，邑里丘墟，人烟断绝。

天谴于上而朕不寤，人怨于下而朕不知，驯致乱阶，变兴都邑，万品失序，九庙震惊，上累于祖宗，下负于蒸庶，痛心靦貌，罪实在予，永言愧悼，若坠泉谷。自今中外所上书奏，不得更言“圣神文武”之号。

朱滔虽缘朱泚连坐，路远必不同谋，念其旧勋，务在弘贷，如能效顺，亦与惟新。朱泚反易天常，盗窃名器，暴犯陵寝，所不忍言，获罪祖宗，朕不敢赦。其胁从将吏百姓等，但官军未到京城以前，去逆效顺并散归本道、本军者，并从赦例。诸军、诸道应赴奉天及进收京城将士，并赐名奉天定难功臣。其所加垫陌钱、税间架、竹、木、茶、漆、榷铁之类，悉宜停罢。

第一，李适承认自己从小在深宫长大，治理朝政的能力有问题，又居安不思危，做决策的时候有点想当然。

第二，李适承认自己疑心病太大，忽视了中央和地方之间的沟通，这才导致藩镇因为担心他的猜忌而起兵。

第三，战争过程中不体恤民情，将战火弥漫到全国，致使民生凋敝，生灵涂炭，但仍不知悔悟，一意孤行，以至于差点亡国。

第四，取消自己“圣神文武”的皇帝尊号。

第五，李希烈、田悦、王武俊、李纳等人本无罪过，都是他自己驾驭无方，致使他们惊惧，因此赦免所有人的罪过。

第六，朱滔虽然受到朱泚牵连，但是考虑到他们兄弟没有相互勾结，如果朱滔能够主动投诚，朝廷可以既往不咎。

第七，朱泚称帝的行为，朝廷可以理解。不过，朱泚破坏李唐宗庙和陵寝，李适确实无法原谅。朝廷承诺，跟随朱泚的将士和官吏，只要在官军还没夺取长安之前脱离朱泚，都可以赦免其罪。

第八，朝廷加征的除陌钱、间架税，竹、木、茶、漆等税收，以及专营铸铁等税赋，全部免除。

这是一封诚意满满的罪己诏，目的就是拉拢一切可以拉拢的势力，为李适的绝地反击做铺垫。当然了，面对皇帝的罪己诏，各方的反应不一。王武俊、田悦之流，本就和朝廷眉来眼去，如今逮到机会，立即写了一封奏折，扬言自己不懂事，误入歧途，并表示愿意削去王号，归顺朝廷。李纳虽然没有站边朝廷，可还是跟风相随，削去王号，将自己洗白上岸。

至于朱泚，已经被朝廷列为反动派，为了表示自己的不满，朱泚宣布将国号由大秦改为大汉，自称汉元天皇，改元天皇。

反应最强烈的当属李希烈，此人在南方混得风生水起，自己觉得已经无人可以抵挡。听说李适颁布罪己诏，竟然公开称帝，建立大楚政权。李适表示，他没有工夫搭理李希烈，因为朱泚霸占长安城，在他的地盘发号施令，而他则像是反贼一样，这种感觉让他莫名的心酸。

李适："李怀光，啥也别说了，干吧。"

这是君臣之间的政治交易，李适退步，李怀光继续为朝廷效命。然而，李怀光担心李适秋后算账，死活不肯进军。不仅如此，长安城外除了李怀光，还有神策军首领李晟，这位老兄是个大忠臣，治军严明，深得将士们的信服。李怀光担心李晟的势力膨胀，便请求李适将他编到自己麾下，统一调遣。一同被收编的，还有神策行营节度使杨惠元、鄜坊节度使李建徽。

据史料记载，李晟并没有觉得不妥，他始终认为，李怀光性格乖张不假，可借他十个胆，也不敢公然谋反。当时，李适命他们在咸阳西面的陈涛斜会师，营垒还没有修筑完毕，朱泚便派人找上门来挑衅。

李晟兴奋地嚷嚷道："朱泚坐守长安，咱们还真拿他没办法，可如今主动送上门来，这就是天赐良机，决不能放他们离开。"

谁知，李怀光稳坐如山："李将军，我军刚刚赶到，战马还没有喂料，士兵也还没有吃饭，哪能匆匆接战呢。"

彼时，李怀光手握五万雄兵，而且是战斗力最强的朔方军，完全有资本横行天下。在无人节制的情况下，李怀光开始放纵军队抢劫长安周边的村落，大肆搜刮粮食和财富。李晟彻底傻眼了，这究竟是一支官军，还是匪军？

李晟不知道，李怀光抢劫的同时，还密派使者到长安，与朱泚达成了共识，互不侵犯，维持现状。经过一个月的对峙，李晟算是明白了，李怀光想谋反。为了给朝廷保留实力，李晟告诉李适，希望将神策军转移到东渭桥。然而，李适还怀揣着李怀光会洗心革面、重新做人的梦想，坚持不同意李晟的建议。

为了打压李晟，李怀光给李适上奏说："各军粮食供给都很少，只有神策军供给最为丰厚，这样对各军不公平，难以开战。"

神策军是朝廷的禁卫军，待遇标准本来就比其他的军队要高，李怀光此言就是要引起各军的不满，让李适焦头烂额。李适表示，自己穷得叮当响，确实没能力提高军队待遇。为了安抚李怀光，他特地让陆贽前去抚慰，还传召李晟共同商议粮饷供给之事。当然，陆贽还有一个重要的使命，那就是查证李怀光是不是真的想背叛朝廷。

中军大帐内，李怀光、李晟、陆贽依次落座。

李怀光开门见山地说道："将士们都是为了朝廷卖命，而粮食供给却彼此不同，怎么能让他们齐心合力呢。"

经过几天的观察，陆贽看出来了，李怀光就是想闹事。为了不把局面闹僵，陆贽频频暗示李晟，希望他出面斡旋此事。

李晟直接回击道："你是主帅，得以专擅号令。我不过带领一支军队，接受你的指挥罢了。说到增加或减少军中衣食供给，自当由你裁断。"

言外之意，神策军不在乎待遇的多寡，如果李怀光想闹事，那就自己发号施令，李晟绝对不会背锅。面对强有力的回击，李怀光只能搁置此事。

陆贽从咸阳回来之后，给李适传达了两个关键信息。第一，李怀光对朝廷阳奉阴违，如果继续放任，后果不堪设想。第二，李怀光没有能力节制李晟，如果朝廷颁布圣旨，李怀光亲口答应，会放李晟单独扎营。

李晟确实逃出了虎口，可鄜坊节度使李建徽、神策行营节度使杨惠元还在李怀光的地盘。陆贽再次上奏，希望能将他们也撤出李怀光的防区，并让他们和李晟合兵一处，进可以对抗朱泚，退可以对抗李怀光，保护奉天城。

很遗憾，李适对陆贽的意见不以为然，他认为刚刚把李晟分出去，李怀光心里肯定会有所疑虑，甚至是不高兴。如果再把李建徽、杨惠元调离的话，肯定会引起李怀光的反感，到时候恐怕不好收场。

李适性格执拗，难以说服，这是朝臣的一致共识。李晟为了减轻李适的抵触情绪，提出了新的建议："李怀光极有可能会造反，朝廷应该有所准备，尤其是通往蜀郡、汉中的道路，决不能堵塞。臣恳请朝廷命副将赵光铣等人为洋、利、剑三州刺史，让他们各自领兵五百，前去帮朝廷打前站。"

言外之意，李适应该想好自己的退路，免得日后狼狈。

如此中肯的建议，却被李适当成了耳旁风。不仅如此，李适反手就是一道诏书，扬言自己要去咸阳巡视、督战！公元前 201 年，有人密告韩信谋反，刘邦采用陈平的计策，前去巡游云梦泽，当场将韩信擒拿治罪。李适如今的作为，与“汉高祖巡游云梦泽”的套路如出一辙，怎能不让李怀光揪心。

兴元元年（784）二月二十三日，李适下诏，封李怀光为太尉，赐丹书铁券。然而，传旨的人不是宦官，而是神策右兵马使李卞。李卞念完圣旨之后，将丹书铁券交给了李怀光，按照一般的套路，李怀光应该感恩戴德，说一番谢主隆恩的套话。

谁料想，李怀光将丹书铁券扔在地上，咆哮道：“臣子造反时，朝廷才会赐铁券。我不曾造反，现在朝廷却赐铁券，难道这是逼我造反吗？”

直到此时，李怀光和朝廷彻底决裂，谋反的心思暴露无遗。李适紧急下令，奉天城的所有大营开始戒严，并让众军收拾行装，准备离开奉天。撕开了遮羞布之后，李怀光便无所顾忌，他派人袭击了李建徽、杨惠元的部队，还扬言要和朱泚联军，让皇帝李适趁早滚得远远的。

不得不说，李怀光嚣张得令人发指，而嚣张背后的逻辑，恐怕就是他错误地认为，李适已经失去人心，别人也会像他一样痛打落水狗。比如，为了拿下奉天城，李怀光暗中联系了守将韩游瑰，希望他能里应外合。然而，韩游瑰转身就将此事上报给了李适，在他的眼里，叛贼终归是叛贼。

第二天，李怀光又派人传信，让他尽快起事。

韩游瑰的一番坦白，彻底赢得了李适的信任。

李适问道：“李怀光谋反，我们该如何应对？”

韩游瑰信心十足：“李怀光最依仗的，莫过于陛下赐予他管辖各道的权力，只要陛下将他的军队交给其他的节度使统领，再给他一个很高的虚职，李怀光自然会被大家独立，难以成事。”

李适：“如果罢了李怀光的兵权，由谁来对付朱泚？”

韩游瑰：“陛下可以封赏部下，将士们奉天子之命讨伐逆贼，求取富贵功名，又有谁不愿意呢？天下府兵数以万计，如果让我来统领，再集合天下各州道的兵力，朱泚不足为惧。”

话说得很好听，可李适已经选定了军队最高指挥者：李晟。

兴元元年（784）二月二十六日，李怀光让部将赵升鸾偷偷前往奉天，并让他偷偷焚烧乾陵，引起奉天的内乱，再趁机挟持李适。然而，赵升鸾将消息告诉给奉天守将浑瑊，致使李怀光的密谋行动再一次破产。频繁的间谍行动，让李适彻底失去了安全感，他当机立断，决定启程前往梁州（今陕西省汉中市等地）。

梁州位于长安前往蜀郡的必经之地，一路上以栈道相连。李适入了蜀郡，如果将栈道全部烧毁，李怀光只能望蜀兴叹。

李怀光："孟保、惠静寿、孙福达，你们三人连夜出发，一定要截住李适，不能让他轻易入蜀。"然而，这三人直接无视了李怀光的命令，他们将军队带走，随后和官军搞了个联谊互动，随后返回交差，主动辞官归田。

古往今来，但凡造反成功的枭雄，要么有过人的胆识，要么有逆天的智慧，要么有扎根地方的群众基础，要么有占据道德制高点的理论旗帜。看看李怀光，除了五万朔方军，再无可取之处，连基层的军官也嫌弃他，着实可悲。

大唐有忠良：李晟夺回长安

关中的局势，谁也无法判断接下来会怎么走。

朱泚坐镇长安，防御优势明显，而且坐山观虎斗，并不着急。

李怀光想做老大，对付官军只是第一步，第二步便是对付朱泚。他最好的选择就是让李适和朱泚干起来，而不是靠武力蛮干，这也是他犹豫的地方。

官军方面，李适逃走了，可李晟、韩游瑰、浑瑊留了下来。

当时，李晟驻屯在东渭桥，缺兵少粮，更没有支援，日子格外艰难。为了自保，李晟主动向李怀光示弱，一方面夸赞李怀光的大将风范，一方面说他立下汗马功劳，希望他能迷途知返，不让家族蒙羞。

据史料记载，李怀光放了李晟一马，至于原因，鬼神莫测。如果所料不错，应该是李怀光误判了李晟的实力，而且三方对峙的情况下，李怀光并没有想好怎么打接下来的战争，只好选择继续对峙，等待最好的时机。在此期间，李晟倾巢而出，开足马力收集粮草，随后宣布在东渭桥站稳脚跟，和李怀光翻脸。

李怀光狂怒之下，传令三军：灭掉李晟。

众军没有反应。

李怀光再次传令。然而，高级将领的态度让他惊掉了下巴："如果和朱泚决战，我们全力以赴；如果跟着你造反，宁死不从。"意思就是，李怀光已经失去了对军队的控制权，对他来说，这可真是个意外的消息。

危急时刻，李怀光找来幕僚团商议对策。节度巡官李景略跪在地上，声泪俱下，恳求李怀光说："攻取长安，诛杀逆贼朱泚，然后解散军队，你单人匹马前往皇帝的行在认错。这样的话，你还可以保全自己。”

李怀光不置可否，其实是否定了这个提议。

都虞候阎晏看出了李怀光的心思，于是又给他提了一个方案：大军东进，退守河中（今山西省运城市永济市蒲州），何去何从，从长计议。

李怀光接话道：“大军先到泾阳屯驻，再将你们的妻子儿女从邠州接过来，等他们到了之后再出发去河中。等到来年春天，我们再回军攻打长安城，到时候任你们掳掠。”

直到此时，李怀光的造反事业彻底宣告失败。李怀光毕竟是一介武夫，有真性情，却没有大智慧大格局。和许多造反派领袖一样，能够拉起一支队伍，可究竟何去何从，他毫无主张。想投靠李适，又觉得不甘心，担心自己被清洗；想称霸一方，又没有魄力，担心自己没有后路可走，以至于他在反叛失败的路上越走越远。纵观中国历史，中庸的性格，只适合在夹缝中求生存的文人，对武将来说，想要成就一番事业，必须要有舍身忘我，不顾性命，气吞山河，大气磅礴的气势。很显然，李怀光不是一个能成大事的武将。

撤退的途中，李怀光一直在做善后工作。比如节度判官李景略，既然选择站在了众人的对立面，留下来可能就是死路一条。李怀光暗中让他离开了大营，自谋生路。不过，李怀光没想到，退守河中的计划最终也变成了泡影。

当时，李怀光让邠州留后张昕负责保护众人的家眷前往泾阳，可韩游瑰和浑瑊偷偷潜入邠州，暗中联系那些不愿意投靠李怀光的人，并在城中散布消息，说吐蕃大军已经打到了山西境内。张昕得知消息后，认为出城的风险太大，自己担不起，最终决定留守在邠州。这样一来，李怀光的计划便被打乱。

反观官军，在李晟的组织下逐渐成了气候：李晟驻军在长安城外的东渭桥，韩游瑰驻扎长安城西北的邠州，戴休颜驻扎在长安城西北的奉天城，骆元光驻扎在长安城东北的华清池，尚可孤驻扎在长安城东南的蓝田。

李怀光已经成了孤魂野鬼。就在李怀光怀疑人生的时候，朱泚给他写了一封信，言辞中以大汉皇帝自居，以臣子的礼仪对待李怀光，还羞辱他不得人心。信的结尾，朱泚强烈建议，由他来接管李怀光的军队。

想当初，李怀光和朱泚暗通款曲，相约在关中一起称帝，划地而治，永远互为邻邦，李怀光还尊他一声兄长。如今，朱泚背信弃义，盛气凌人，实在是不讲究，换做任何人，都会武力对抗。然而，李怀光选择了默然接受，随后带着部队将泾阳等十二县掳掠得鸡犬不剩，向东仓皇而去，彻底沦为乌合之众。

兴元元年（784）三月二十九日，李适昭告天下：“李怀光不思进取，以重兵胁迫皇帝，但是朝廷念及他的功劳，对他曲意宽容，免除其平叛大军副元帅、太尉、中书令、河中尹、朔方等诸道节度、观察等使，授太子太保。其所管兵马由他人统领。至于朔方将士，朝廷会按照平叛的功劳进行评定，然后给予奖赏。”

一纸诏令，让李怀光彻底成为孤家寡人，这便是皇权的威力。可笑的是，李怀光并没有任何反思，他沿途搜刮民脂民膏，让朔方军威名扫地，以至于士兵也开始觉得跟着他很丢人，纷纷弃他而去。

李怀光之后，长安战场只剩下朱泚和李晟两支大军。

朱泚的优势在于防御，而且有钱。据史料记载，李适离开长安的时候，国库里堆满了金银珠宝，朱泚千金散尽，收买了不少人心。不过这里面有个悖论，每个人都拥有数量可观的钱财，回家就可以做富翁，谁愿意继续在战场上卖命？

朱泚分钱的时候，仍然不忘派姚令言去打听李晟的消息，不过这位老兄的侦察技术不过关，刚出城就被李晟的巡逻兵活捉。李晟并不想示弱，他给侦探小组的队员发了一笔钱，还让他们带话回去：长安城的守将，必须要忠于朱泚，不然这仗打得就没意思了。赤裸裸的挑衅，无缘无故的霸气。

兴元元年（784）五月二十日，李晟带着随从到长安城外巡视，脑子里的进攻战略也变得清晰起来。李晟认为，如果从南面攻打长安城，要经过南城，注定会和敌军发生大规模的巷战，造成大规模的死伤。最好的办法就是攻打北门，直接拿下皇城，一战定乾坤。李晟将自己的想法告知骆元光、尚可孤等友军，和他们约定好战术思路和时间，只等反攻号角的吹起。

胜利的天平已经逐渐倾向了官军。

兴元元年（784）五月二十二日，尚可孤在蓝田诛杀敌将仇敬忠，首开胜利。兴元元年（784）五月二十五日，李晟将军队调到长安城东北，光泰门外的米仓村，安营扎寨。唐军的军事行动让朱泚如坐针毡，这种钝刀子割肉的折磨让他苦不堪言。兴元元年（784）五月二十六日，朱泚派战将张庭芝、李希倩出城挑战，双方在长安城下展开了殊死搏斗，最终在骆元光的强力阻击下，将敌人逼回长安城内。

兴元元年（784）五月二十七日，唐军再次击败敌军。

兴元元年（784）五月二十八日，李晟、骆元光在长安北城墙发起总攻。长安城北，部分城墙已经被掏空，叛军竖起栅栏，顽强抵抗，数次打退官军的冲锋。李晟大声呵斥道："你们再畏畏缩缩，老子砍掉你们的脑袋。"

李晟威名太盛，不仅官军畏惧，叛军也是闻风丧胆。在官军的轮番进攻下，大明宫终于被攻破，朱泚带着一万余人，向长安城西逃窜而去。仅仅一天时间，长安城便回到了官军手中。李晟将大军驻扎在大明宫含元殿，严令大军不能抢劫，不能骚扰百姓，否则军法严惩。大将高明曜因为霸占歌妓，被斩杀。尚可孤的下属因为霸占敌人的马匹，被斩杀。李晟，犹如一颗新星，闪耀在长安的上空。

朱泚离开长安的时候，身边有一万将士。不过，这帮人混迹长安的几个月，捞了不少钱财，眼下都是富得流油的土豪。朱泚的本意是投奔吐蕃，他骑着最好的战马，一骑绝尘，至于后面的士兵能否跟上，他没心思去考虑。朱泚刚刚走远，这帮人就怀抱着金银珠宝，逃进深山之中，过起了逍遥自在的富翁生活。

朱泚到达泾州的时候，回头一看，身边只有一百多骑兵跟随，其中包括姚令言，以及他在范阳的亲兵，还有一些幕僚。

泾州节度使田希鉴是朱泚亲手提拔的将领，朱泚来到城下，正准备进城的时候，却发现城门紧闭。朱泚不明所以，对城楼上的田希鉴大声喊道："你这个节度使是我亲封的，怎么能在我面临危难的时候背叛我呢？"

田希鉴笑呵呵地说道："朱大人，你等着！"

朱泚听到这话，心里美滋滋的，他以为田希鉴会亲自开门，可等了半天，也不见人影。朱泚呵斥道："田希鉴去哪里了？"

田希鉴这才气喘吁吁地跑过来，说道："朱大人，这是你赐给我的节度使旌节，现在还给你，城门我是不会给你开的。"

就在此时，朱泚的身后发生了骚乱。定眼望去，原来是姚令言的手下哗变，将姚令言斩落马下。这帮人原本就是泾州士兵，战乱之后能回到老家，已经是不幸中的万幸，如今朱泚成为过街老鼠，他们自然不愿意跟随，于是集体哗变。

朱泚惊慌之下，带着范阳亲兵、宗族亲信和幕僚策马离开泾州，向北奔向驿马关，到达彭原县（今甘肃省庆阳市西峰区）的时候，朱泚的将领梁庭芬实在是看不到任何前途，在休息的时候突然发动兵变，将朱泚射落马下。将士们似乎非常默契，一起上前将朱泚剁成肉泥，拿着他的首级前往泾州投降了朝廷。

一代枭雄竟然落得如此下场，确实让人唏嘘感叹。

朱泚的死还不如当年的史朝义，史朝义逃奔到契丹边境，依旧还有那么多部下追随，最后还能用自杀来结束自己的生命。至于朱泚，更像是一条落水狗，被自己人无情地斩杀于荒野之中。

长安大捷，李适热泪盈眶，最后竟然忍不住内心的激动，不顾威严地大哭了一场。李唐江山能够起死回生，全靠李晟的功劳，哭到动情处，李适评价道：这是上天让李晟降生，是为了国家，而不是为了朕啊。

兴元元年（784）六月初十，李适下诏：封李晟为司徒、中书令，让他全权处理长安城内的一切事务，准备迎接皇帝和朝臣回京。兴元元年（784）七月十三日，李适的车驾来到长安城外，此时李晟已经拥兵十万，实力远超过朱泚和李怀光。

一个人的本性善恶可以决定他的行为善恶，这个世界没有人强迫你去做什么事，你可以选择走正确的路，还是错误的路。李晟非常聪明，选择了那条正确的路。迎接李适回京的当天，李适下令将十万将士沿路摆开，绵延几十里，一路上浩浩荡荡，旌旗蔽天。李晟则带着麾下战将低调地匍匐在路边，给李适道贺，并为自己没有及时收复长安反省自责，请求皇帝的宽恕。

那一刻，李适再一次被他感动。

看尽了人世间的善恶，李适此刻才真正明白，大唐有忠良！

为了褒奖李晟的功劳，李适敕封李晟的父亲李钦为太子太保，敕封其母亲为代国夫人，还给他送了一套位于永崇里的高级别墅，长安城延平门外一座私家园林，以及大量的田产。搬进新家的那一天，朝中的文武百官、长安城中的富商贵人纷纷前来祝贺，李府门前车水马龙，热闹非凡。

不仅如此，李适还让皇太子李诵亲自将李晟的经历写成了一个励志故事，为他在长安城东渭桥立了一座纪功碑，彰显李晟的丰功伟绩。

然而，现实却是，帝王的恩宠犹如镜中之花，水中之月。尤其是多疑善变的李适，封赏的时候肆无忌惮，制裁的时候毫不手软，就算是李晟这种救国救君于危难，力挽狂澜的大功臣，也逃脱不了被皇帝猜忌的命运！

兄死弟降：朱家霸业彻底崩塌

关中的战争很激烈，可河北的局势似乎更热闹。

前面说过，朱滔带着军队南下，打算去洛阳做皇太弟。王武俊虽然投降了朝廷，可面对耀武扬威的朱滔，还是拿出了尊敬的姿态，好吃好喝招待，顺便送上了最美好的祝愿，最终将他送出自己的防区。

据史料记载，田悦的态度也很恭顺，朱滔至少在明面上挑不出任何理来。不过，朱滔和田悦有渊源，所以多了一份期待，比如让他跟着一起出兵。当时，王郅出使魏博，想约田悦从馆陶（今河北省邯郸市馆陶县）一起南下。

田悦身体的每个细胞都在抗拒，他对王郅说道："哎呀，我当然想跟随大哥南下，可是昨天出兵的时候，我的部下非拉着我，不让我走啊。"

王郅难以置信地问道："这是为何呢？"

田悦："他们说，魏博刚和官军干了几仗，元气大伤。不久前，王武俊和朱滔大哥在这里驻扎，我们好吃好喝地招待，如今储备空虚，连军队的基本吃喝都保障不了，哪还有能力去远征。"

王郅面露难色，问道："那魏王是准备辜负冀王了吗？"

田悦："我哪敢对大哥怀有二心，这都是部下极力阻止。要不这样吧，我让大将孟祐带着五千人，去给大哥干些喂马放马的杂活。"

话说到这个份上，王郅如果再逼迫，未免有些不识时务。为了保险起见，王郅让田悦的司礼侍郎裴抗等人一起回去复命。谁料想，朱滔得知田悦的消息，大骂田悦忘恩负义，还说他是个骗子。放完狠话之后，朱滔传下军令，让回纥大军劫掠馆陶、贝州等地，将帐幕、器皿、车辆、牛羊席卷而去。

悲剧的是，老哥朱泚进攻奉天受阻，被李晟逼回长安，再加上李希烈横扫汴州、洛阳等地，霸占着河南，朱泚眼下进退不得。本着下雨天闲着也是闲着，没事就打打孩子的理念，朱泚决定留下来，和魏州的田悦死磕到底。

就在此时，唐德宗李适送来一份大礼：封王武俊为恒、冀、深、赵节度使，李抱真、张孝忠同中书门下平章事，加田悦检校右仆射。如果罪己诏是个示好，加官晋爵便意味着王武俊、田悦等人和朝廷正式进入蜜月期。因此，听闻田悦被围，王武俊、李抱真立即起程前去营救。

谁料想，仗还没打起来，魏州便发生了一场政变。

前任魏博节度使叫田承嗣，去世之前，他将宝座留给了侄子田悦，让儿子们辅佐田悦，一起把家业守好。田悦上位之后，对田承嗣的几个儿子还算照顾，不过有个叫田绪的弟弟，性格凶恶，心思深沉，担任魏博兵马使期间，总是喜欢给田悦惹麻烦。念着叔叔的情义，田悦全都忍了下来。

不过，田悦的退让并没有让田绪浪子回头，他感觉家业旁落，屡次嚷嚷着要杀了田悦。有一次，田绪心中烦闷，拉着侄子喝酒聊天，席间又发牢骚，狠狠地将田悦诅咒了一番。侄子极力劝阻，竟然被喝醉酒的田绪杀死。田绪酒醒之后，知道自己闯了大祸，最终决定弄死田悦，自己掌权。

当时，魏博和朝廷重归于好，李适便让给事中孔巢父前来魏州宣慰，田悦摆开筵席，宾主一直喝到深夜才归。当天晚上，田绪召集了亲信，从军府的后门偷偷潜入府中，将正在熟睡的田悦，以及其母亲、妻子和孩子一起杀死。

后院是禁地，又在深夜，里面发生了什么，别人根本就不知道，做完了一切之后，东方已经出现了光亮。清晨时分，田绪以田悦的名义召集行军司马扈崿、判官许士则、都虞候蒋济入府议事。许士则、蒋济率先来到军府，二人一路上有说有笑，说起昨晚那顿酒宴仍旧是回味无穷，却不知危险已然降临。他们刚走到平日里议事的正堂，就被田绪的手下乱刀分尸。

紧接着，田绪走出府门，碰到田悦的亲信将领刘忠信正在打点仪仗，安排属官参见主帅。田绪灵机一动，大声喊道："刘忠信与扈崿阴谋造反，昨天夜里将田悦杀死了！”传说中的“人在家中坐，锅从天上来”，就是这样发生的。

据史料记载，士兵们听到的关键意思就两个：老大被杀了，是刘忠信干的。考虑到刘忠信是危险人物，士兵们瞬间就将他剁为肉泥。可怜刘忠信，忠心又有信义，人如其名，却连一次辩白的机会也没有，着实悲哀。

没过多久，另外一位男主角扈崿（è）也来到府门前，看到倒在血泊里的刘忠信，扈崿惊讶万分，急忙问发生了什么事。士兵们也蒙了，田绪说他们共同谋反，可刘忠信正在热火朝天地准备仪仗，扈崿更是闲庭信步地来到军府，这哪里像是杀了人的状态？看到此情此景，田绪怒吼道：“我是先公田承嗣的儿子，诸位深受先公恩惠，如果你们能拥立我，兵马使赏给两千缗钱，大将赏给一千缗钱，士兵每人赏给一百缗钱，我将竭尽公家和我私人的资财，在五天之内办理。”

在金钱的诱惑下，士兵们的智商瞬间降为了零。不错，他们开始相信，确实是刘忠信和扈崿杀死了田悦。几乎就在瞬间，他们转头砍死了扈崿。

搞定军府之后，田绪找到了孔巢父，将自己早就准备好的台词说给他听，孔巢父不想深究其中的猫腻，安慰好田绪之后，孔巢父便让他暂时代理军府的一切事务，等回朝之后再向皇帝请示。

彼时，王武俊和李抱真已经开赴魏州城外，得知田悦被杀，他们便打消了入城的念头，将大军驻扎在野外。朱滔紧急调动了一万两千名士兵驻扎在魏州城下，给田绪一种兵临城下的压迫感，朱滔派使者前去招降，想逼他承认自己的政权，还答应一定封他做节度使。不过，朱泚已经失去了对关中的控制，朱家坐江山的计划已经流产。在李唐正统和野鸡派朱家之间，田绪会怎么选？

田绪权衡之下，还是选择了李唐政权。

事实上，魏州城外，官军的胜算还是很大的。可他们必须要面临一个问题：明面上，王武俊和李抱真结盟了，可自从和好之后，他们还没有一次成功的军事合作，自然就缺乏一种信任。说白了，朱滔围攻魏州，王武俊不想帮田绪解围，他想试探一下李抱真，朝廷究竟是个什么态度。

在彼此的猜忌和怀疑中，官军毫无作为，放任朱滔围攻了魏州四十余日。可出人意料的是，朱滔始终没有攻克魏州。唯一的解释就是，幽州军从安禄山那一代起便只擅长野战，不善于攻城，在城池面前，他们只能铩羽而归。

兴元元年（784）四月二十八日，王武俊领军驻扎在南宫（今河北省邢台市南宫市），李抱真终于坐不住了，决定亲自到王武俊的军中，和他好好地深聊一次，以解决官军和藩镇军之间的信任问题。李抱真临走的时候，将指挥权交给了行军司马卢玄卿，并吩咐他如果自己回不来，就听从朝廷的指挥，为自己报仇。

客观地说，王武俊的心里有道坎，这是朝廷和藩镇之间的心结，不仅王武俊有，其他节度使也有。可是李抱真单枪匹马前来求和的时候，王武俊的委屈和怀疑顿时烟消云散，这无关对朝廷的忠心，仅仅是两个男人之间的坦诚和信任。当天晚上，李抱真和王武俊结为异姓兄弟，二人抵足而眠，一夜无话。

毫不夸张地说，李抱真的坦诚，直接改变了河北战场的局势。

兴元元年（784）五月初五，王武俊和李抱真将军队开赴离贝州三十里的地方，正式对朱滔宣战。事实上，朱滔不怕官军，但是怕王武俊的骑兵，他们打起仗来骁勇异常，从不把性命放在眼里。为了对抗王武俊，朱滔召回了魏州主将马寔，没想到的是，这位老兄谎称大军疲乏，拒绝作战。

碰巧此时，军中来了一位贵客，是回纥的达干首领。听说朱滔要决战，兴冲冲地自荐道："俺们回纥军队作战勇猛，经常以数百骑兵打败数千敌军。大王给我们赏赐了那么多钱财和牛羊，又允许我们抢劫，回纥总得做点贡献。这样吧，明日大王只需要坐镇后方，看我们怎么打败王武俊的骑兵。"

达干一番声情并茂的演讲，好像打了胜仗一样津津有味，至于朱滔，也听信了达干的鬼话，下令在次日展开决战。

第二天，王武俊派遣兵马使赵琳带领五百骑兵埋伏在桑林，自己带领骑兵担当先锋，李抱真埋伏在大军身后。交战之初，回纥的五百骑兵犹如脱缰的野马，直接冲进官军阵营，王武俊避开首轮攻击，放回纥骑兵进入埋伏圈，等敌军想要返回的时候，官军齐出，将回纥骑兵包了饺子。

回纥军打正面冲锋很牛，但缺点是人数太少，王武俊的策略就是以多打少，回纥骑兵毫无办法。五百骑兵，瞬间就被淹没在茫茫人海中。收拾完回纥骑兵，王武俊便对朱滔的主力发起了冲锋。彼时，朱滔麾下有三万余人，完全有能力和官军一战，可回纥军失了先机，以至于幽州军士气低迷。在官军的冲锋下，幽州军毫无抵抗力，朱滔只能带着数千残兵向北退却。

兴元元年（784）六月，朱泚和姚令言兵败被杀，幽州军一败涂地，朱滔只能向李适上表请罪。当时，李适经历了太多的战乱和波折，对藩镇祸乱有了重新的认识。他明白，就算杀了朱滔，还有千千万万个朱滔站出来。因此，李适赦免了朱滔的所有罪行，让他在幽州闭门思过。

朱泚被杀，朱滔投降，朱家霸业彻底灰飞烟灭。失败后的朱滔，回想起他对抗中央朝廷的行为，不禁觉得有些幼稚，而李适对他的宽容又让他有点无地之容。也许是对自己没有实现宏图霸业而失望，也许是对自己起兵作乱，以至于河北生灵涂炭，民生凋敝的惭愧，投降后的朱滔郁郁不乐，以至于一病不起。

贞元元年（785）六月，朱滔在幽州病逝，享年 40 岁，临死前向皇帝推荐了自己的得力部将刘怦，顺利完成了权力交接。

李希烈：半生戎马，死于枕边人之手

说完朱滔，再来聊聊另一位枭雄，李希烈。彼时，李希烈在河南战场取得了巨大的优势，听说李适发布了罪己诏，李希烈反其道而行之，宣布登基称帝，建立大楚政权，定都汴州，准备将他的帝国之路一走到底。

建立政权之后，李希烈想到的第一件事就是筹备钱财。因此，他把目光转向了富庶的江南、淮南，尤其是扬州、杭州等城市。江南没有受到战火的波及，食盐、粮食、钱财供给足够，如果李希烈得到了江南，大楚政权就多了棵摇钱树，还可以截断江南和中央朝廷的资源大动脉，可谓一箭双雕。

李希烈传下命令，任命部将杜少诚为淮南节度使，让他带领步兵、骑兵一万余人先取寿州，然后进军江都（今江苏省扬州市江都区）。想法确实很美好，然而以一万大军横扫江南，是否太低估了朝廷的防守实力？

有理由相信，经历过登基大典的李希烈确实膨胀了，他以为中央政府示弱，江南的官府会跟着他的野鸡派朝廷混饭吃。可结局就是，杜少诚在寿州城外吃瘪，在伤亡一部分将士后，杜少诚被迫转道蕲州（今湖北省黄冈市蕲春县）、黄州（今湖北省黄冈市黄州区），打算突破长江到江南的军事防线。

与此同时，李希烈让亲信董侍招募了七千名敢死队员，让他们袭击鄂州，却被鄂州刺史李兼胖揍得鼻青脸肿。被现实打脸的滋味很不好受，李希烈突然意识到，攻打江南的战略部署还是太草率，最终决定退军观察。

兴元元年（784）二月，李希烈组织五万主力，对宁陵（今河南省商丘市宁陵县）发动进攻，可接下来的四十五天，李希烈居然毫无寸进。彼时，各地的官军纷纷赶来救援，李希烈再一次选择退军。

兴元元年（784）十一月，朱泚被灭，田悦、王武俊、李纳等人相继归降，朱滔被围攻，中央政府进入了最强势的时期。这也就意味着，李希烈没有了战略同盟，陷入孤军奋战。原先归降大楚的州县，再一次转投朝廷的怀抱，李希烈迫不得已，只好放弃汴州，退回到自己的大本营蔡州。

所谓的大楚政权，并没有给李希烈带来无上的荣耀，而只能算是历史的笑话。这样的笑话不断在历史上重演，背后折射的，恰好是人性对皇权的迷恋和追逐，哪怕知道自己会粉身碎骨，也想黄袍加身，南面称孤。

退回到蔡州，意味着李希烈进入到战略防守的阶段。可李希烈没想到，最后埋葬他的不是中央朝廷，而是他的枕边人。

李希烈拿下汴州的时候，听说户曹参军窦良有个女儿窦桂娘，这位姑娘虽然谈不上倾国倾城，可也算十里八乡的一枝花。不仅如此，窦氏自幼聪慧，诗文、女红、琴棋书画样样精通，引得不少才俊慕名提亲。不过，窦家眼界高，将他们纷纷拒之门外，以至于汴州流传着“欲娶窦良女，如喝天河水”的歌谣。

窦桂娘神秘的光环，让李希烈为之疯狂着迷。入城之后，李希烈派人上门提亲，却因为大军阀的身份遭到窦家拒绝。谁料想，李希烈直接派兵将窦府包围起来，扬言如果窦家不答应这门亲事，就要灭了他们满门。

窦桂娘见父亲为难，于是挺身而出：“父亲不用担心，桂娘报国之日到了，女儿此去必能灭贼，使爹爹得享富贵。”

为了赢得李希烈的信任，桂娘开始使用糖衣炮弹，将李希烈哄得五迷三道，以至于李希烈渐渐离不开她。桂娘一边和李希烈虚与委蛇，一边观察李希烈身边的人。最后，她发现出身行伍的陈仙奇有点正气，而且陈仙奇的妻子和窦家同出一脉。

在桂娘的苦心经营下，陈仙奇逐渐依附了她。

当时，李希烈兵败回到蔡州，恰逢地盘丢失，部下相继背叛，未来看不到任何希望，因此在家中提心吊胆，还抱怨说养了那么多白眼狼，到关键时候找不到一个忠于自己的人。窦桂娘对李希烈说道：“虽然背叛你的人很多，但是军中也有一直忠于你的人，只不过你没发现而已。”

李希烈问道：“你说的谁？”

窦桂娘：“陈仙奇。”

历史证明，人在走投无路的时候，戒备心确实会下降。桂娘只不过吹了下耳边风，陈仙奇便成了李希烈的心腹。窦桂娘见时机已到，便对夫妇二人说道：“如今人心归唐，天下思安，蔡州一隅怎敌得过全国？应早作打算。”

闺房之内，三人达成共识，准备杀掉李希烈，投靠朝廷。

有一次，李希烈化悲愤为食欲，吃了顿牛肉大餐，可没过几天，就发现身体出现严重的不适。陈仙奇对李希烈说，神医陈山甫是他的叔父，有妙手回春，药到病除的本领。就这样，陈山甫用一剂慢性毒药，让李希烈走上了死路。

贞元二年（786）三月，李希烈病重身亡。陈仙奇得知消息，率领本部兵马闯入军府，杀死李希烈儿子、妻子等七人，并将李希烈的首级送往长安。李适大喜过望，让陈仙奇接任淮西节度使。两月之后，李希烈的旧将吴少诚发动军变，杀死陈仙奇。李希烈死后，窦桂娘并没有再嫁，而是到蔡州的尼姑庵出家为尼，可最终还是没有逃过吴少诚的杀手，实在是令人惋惜。

河中战乱结束：李怀光之死

收拾完朱滔之后，李适想到了河中的枭雄李怀光。

至德二年（757），朝廷在蒲州设置河中节度使。乾元二年（759），蒲州升级为河中府，长期管辖河中府、晋州、绛州、慈州（今山西省临汾市乡宁县）、隰州等地，是北境、东北和关中的战略通道。占着河中地区，李怀光确实有嚣张的资本。

兴元元年（784）七月，节度判官高郢劝李怀光归降朝廷，以保全晚节，李怀光这才让儿子李璀入朝，向李适递交了投降书。李适是个讨厌麻烦的皇帝，看到李怀光示弱，立马就想着接受投降。至于出使的人选，他需要好好斟酌一下。

当时，最负盛名的慰抚专家叫孔巢父，这位老兄是孔子的三十七世孙，年轻的时候，和李白、韩准、张叔明、陶沔、裴政隐居在山东泰安府徂徕山，纵酒狂歌，谈诗论赋，号称“竹溪六逸”。最主要的是，孔巢父刚刚出使魏博，招降了田悦，解决了河北的乱局，这是李适最看重的资历。

李适说：“孔巢父，你带着敕书前去河中传旨，敕封李怀光为太子太保，恢复朔方将士的官职。”

河中府里，李怀光身穿庶民的服饰，看到孔巢父拿着皇帝圣旨，二话不说，直接奉上了自己的膝盖。按照惯例，李怀光脱掉官服请罪，表示愿意尊崇朝廷的任何安排，这是做给大家看的面子工程。身为钦差大臣，孔巢父应该要上前稍微扶一下，略施安慰，算是给对方留点面子。谁料想，孔巢父竟然视若无睹。

客观地说，不是孔巢父不懂规矩，这位老兄刚刚安抚了河北，心气很高，满身带着趾高气扬的钦差气场。再加上李怀光背叛朝廷，不得人心，早就成了过街老鼠，这才是孔巢父轻视他的原因。

在无比尴尬的气氛中，孔巢父念完了圣旨。

当时，李怀光的胡人亲信都在现场待命，看到老大如此委屈卑贱，又看到孔巢父如此嚣张，心中顿时来了气。某位不知名的将军抱怨了一句："李怀光这次去了朝廷，恐怕连太尉也做不了喽。"

讽刺的意思非常明显，可孔巢父还是视若无睹。就在此时，孔巢父声若洪钟地说了一句："军中有谁可以代替李怀光来统军啊？"

一时间，房中鸦雀无声，将军们面面相觑，仿佛眼前的钦差大臣就是个没见过世面的外星人。是啊，跑到别人家里，说人家不是一家之主，还有比这更丧心病狂的事情吗？还没等孔巢父反应过来，胡人将领就剁翻了孔巢父，以及随行的太监啖守盈。

李怀光并未阻拦，而是淡定地说了一句："整军，备战！"

这就是中晚唐时期中央朝廷和藩镇的心结。王武俊如此，李怀光也是如此。藩镇节度使明白，皇帝始终是要对付他们的，李适的一切努力，都是在安抚和拖延，等待最佳的削藩时机。

削藩之战，迟早还是要打的。

彼时，李适已经回到长安城。面对叛乱，他当机立断：任命浑瑊为河中、绛州节度使，充任河中、同华、陕虢行营副元帅，马燧为奉诚军、晋、慈、隰节度使，与镇国节度使骆元光、鄜坊节度使唐朝臣共同讨伐叛臣李怀光。

李适的底气在于，浑瑊、马燧已经搞定了晋州、隰州（今山西省临汾市隰县）、慈州，对河中府形成了战略包围。只要官军不犯错，李怀光兵败是迟早的事。不过，就在前线捷报频传的时候，朝廷的度支使告诉李适，国库的钱财、军备物资出现了严重短缺。

如果继续打仗，朝廷无法提供军需，是否会引起军队的哗变？帝国的高层商议之后，决定劝李适赦免李怀光，暂缓开战。在官员们轮流劝说下，李适也开始动摇了，毕竟和平稳定高于一切。事实上，河中的战争已经接近尾声，就因为缺粮而放弃战争，朝廷会失去收复河中的机会，还会给藩镇节度使一种错觉：以李适为首的中央政府就是软柿子，可以随意揉捏。

关键时刻，李晟否决了大家的提议。

第一，如果赦免李怀光，朝廷就要在同州（今陕西省渭南市大荔县）设防。驻防士兵太多，李怀光觉得朝廷不信任他，驻防士兵太少，朝廷风险就会变大。

第二，如果赦免李怀光，晋州、绛州、慈州、隰州等地要不要归还，这样一来，朝廷如何安抚其他的功臣。

第三，如果赦免李怀光，吐蕃、回纥，以及淮西叛军都会重新评判朝廷的实力，这帮人不会说皇帝是爱护百姓的仁君，反而会觉得朝廷在军事上被制服，所以才罢兵不战，这样会给他们可乘之机。

第四，如果赦免李怀光，就要对朔方将士论功行赏，可如今国库空虚，如果奖赏不到位，就会逼迫他们继续反叛。

第五，如果赦免李怀光，那朝廷也要停罢各道兵马，如果朝廷不拿钱出来安抚人心，谁能保证他们的忠心。

在李晟看来，河中的粮食价格五百文一斗，战马的草料也将告罄，李怀光的部下也纷纷反叛，只要朝廷合围，河中必乱。为了坚定李适的信心，李晟主动请缨，带兵两万讨贼，至于将士们的伙食，李晟自己解决。与此同时，马燧也赶回长安，并且立下军令状，只要朝廷给他准备一个月的粮食，必平河中。

当时，度支使给李适算了一笔账：如果继续打下去，朝廷的钱财只能支撑七十天，七十天过后，李适会成为中国历史上第一个破产的皇帝。李适权衡许久，最终决定继续开战，为了节省经费，李适下诏停止朝廷一切不必要的开支，清点吃大锅饭的公务人员，内廷宦官，只要是多余的人员，一律裁撤。

贞元元年（785）八月，马燧、李晟开赴河中战场。

当时，李怀光的防御体系分为两块，河中大本营和河西的长春宫。长春宫是皇帝离宫，位于同州朝邑（今陕西省渭南市大荔县朝邑镇），守将是李怀光的亲信徐庭光。长春宫守卫森严，官军在这里吃了不少苦头，即便拿下长春宫，也需要北渡黄河，官军面临“兵半渡可击”，背水作战的风险。

马燧上任后，换了个新思路：单枪匹马前去招降。马燧并没有十足的把握，他只是想赌徐庭光有投靠朝廷的兴趣，如果赌错了，马燧就会深陷敌营。长春宫墙之外，马燧大声喊道：“叫你们的守将徐庭光出来一见。”

徐庭光现身了，对马燧拜了拜，以示尊敬。

在马燧眼里，如果徐光庭死命抵抗，是不会如此礼貌的。于是，他壮着胆子继续说道：“我是从长安过来的，有皇命在身。”

徐庭光：“不知你有何话说？”

马燧：“自安禄山以来，你们献身国家，建立功勋已有四十余年，为什么突然要做这种灭族的打算呢。听我的话，不仅可以免祸，还可获得荣华富贵。”

马燧说完之后，发现守军没有暴跳如雷的激动情绪，反而有些动摇，心里便有了计较。据史料记载，马燧解开上衣，敞着胸口，慢慢走到长春宫城下面，仰着头说道：“既然你们不相信我的话，为什么不用箭射我。”

李怀光兵败是迟早的事，未来何去何从，将士们都有想过。蝼蚁尚且贪生，更何况是活生生的人呢。不过，将士们也知道，这种情况下，谁做出头鸟，谁就得死，于是大家聪明地跪在地上，等徐庭光做出抉择。

时间过了许久，徐庭光既没有说反抗的话，也没有说投降的话。马燧看穿了徐庭光的心思，于是给了个台阶：“这些罪过都是李怀光犯下的，你们是没有罪的。徐将军，你们只要坚守城池，不出来就是了。”

徐庭光：“好！”

贞元元年（785）八月十日，马燧绕过长春宫，抵达焦篱堡（今陕西省渭南市合阳县），守将尉珪带着七百名守将归降。在此之前，李怀光已经和各地打好招呼，如果官军到来，大家举火把示警，相互支援。当天傍晚，李怀光命人焚烧火把，可一直到天黑，周边也没人回应，李怀光这才意识到问题的严重性。

贞元元年（785）八月十日，徐庭光看到大势已去，正式向马燧投降。

贞元元年（785）八月十二日，河中府的军队将军旗改为“太平”，正式投降了朝廷。就在当天，李怀光因为惧怕而上吊自杀，享年56岁。

据史料记载，部将牛名俊将李怀光的首级送到长安，李适念及李怀光的功劳，特地下旨允许李怀光留下一位儿子继承家族香火。然而，李怀光之子李璀听闻父亲兵败，亲手将弟弟杀死，然后自裁而亡，因此李怀光并没有留后。

河中战乱结束，预示着从建中二年（781）到贞元元年（785），持续四年时间的削藩战争，基本上到了尾声。遗憾的是，这种尾声不是以朝廷的胜利作为结局。

唐代宗李豫经历过安史之乱，明白战争对国家的破坏力，更明白中央政府和藩镇之间的关系就是天平两端的砝码，只需要维持平衡便闹不出大乱子，所以采取了朝廷和藩镇和平共处、老百姓休养生息的国策。

至于唐德宗李适，确实不是个合格的皇帝。如果没有政治智慧，可以倚仗朝廷的重臣，如果没有丰富的阅历，可以坐看云卷云舒。然而，李适偏偏想做中兴之主，而证明自己价值的第一步，就是拿藩镇割据开刀。面对藩镇节度使进行权力交接的时机，李适主动挑起矛盾，以至于引发全面战争。

大乱之后，李适接连犯下各种错误。比如河北战场派上李抱真、马燧两位主将，可打起仗来却群龙无首；比如襄阳之战，在不明情况之下，遥控指挥，以至于主力部队全军覆没；比如奉天之战，李怀光千里奔袭，却换来朝廷的猜忌。

性格多疑，好高骛远，这便是李适的致命伤。

李适的想法很好，建立强大的中央政府，树立皇权威严。为了证明自己的眼光，不惜发动全国性的战争，可战争过后，唐代宗李豫一朝建立的政治平衡和经济制度彻底崩溃，李唐几乎到了亡国的地步。

战争过后，藩镇割据状态依旧持续，可李适已经不想再关注他们。迫在眉睫的，其实是朝廷的生死存亡问题，为了挽救危局，李适决定探索帝国中兴的办法。然而在他的带领下，大唐帝国的复兴之梦，似乎越来越远。

贰拾肆

内斗绝不停止

大唐财政专家的战争

贞元二年（786）元旦刚过，李适就公布了一项新的人事任命：任命吏部侍郎刘滋为左散骑常侍（从三品），同时给刘滋、给事中（正五品）崔造、中书舍人（正五品）齐映丢了个重量级头衔：同中书门下平章事。

在唐朝，同中书门下平章事就是宰相，就算某些官员的级别已经达到三品，如果没有这个头衔，也得唯宰相马首是瞻。那么问题来了，这三位老兄并没有过人的政治成绩，怎么突然就被皇帝重用，晋升为权掌中枢的宰相呢？

答案便是，皇帝想用什么大臣，就说明他想干什么事。

刘滋，爷爷做过门下省左散骑常侍，老爹做过门下省左拾遗。刘滋出道后，担任过谏官、太常卿、左补阙等闲职，后来被提拔为吏部侍郎，算是走到了人生的巅峰。从家庭背景来看，父子三代都混迹于门下省，堪称是谏官世家。李适看重他，一来是他的家世背景，二来是他端庄的气质形象。

齐映，家族没有显赫的背景，通过科举考中了状元，在藩镇节度使麾下做幕僚，因为能言善辩，才思敏捷，最终混迹到中央。李适逃往梁州的时候，齐映跟随在他身旁，负责沿路的饮食供给，深受李适的信任。赶路的途中，李适骑着御马，齐映在旁边牵马执镫，不料御马突然受惊，李适惊慌失措，又担心御马伤到齐映，便让他扔掉马缰站到一旁。谁料想，齐映死活就是不扔。

事后，李适问齐映为什么不听他的话，齐映说道："马奔蹶，不过伤臣；如舍之，或犯清尘，虽臣万死，何以塞责？"

当时，李适正处于朝不保夕的处境，看到齐映不离不弃，心里感动得一塌糊涂，反手就给他甩了个正五品的给事中。回到长安之后，齐映成了李适的近臣，这一次人事变动，李适将第二个名额扔给齐映，算是对他的一种褒奖。

崔造，一位充满传奇色彩的人物。这位老兄家世一般，也没有参加过科举考试，年轻的时候，经常和韩会、卢东美、张正则几个小伙伴坐而论道，每次都会吹嘘自己有“王佐之才”。意思是，能够辅佐帝王成就霸业，时间久了，圈内人就给他们起了个“四夔”的称号。夔指的是尧舜时期的乐官。

三国时期，诸葛明不出隆中，大名就已经通过圈内的好朋友传给了刘备。历史证明，人有才学很重要，但懂得自我包装、自我营销似乎更重要。如果崔造没有包装自己，恐怕永远就是个读过几本书，郁郁不得志的文艺青年。然而“四夔”的名号刚出江湖，浙西节度使李栖筠就找上门来，将他聘为幕僚。

朱泚谋反的时候，崔造已经晋升为建州（今福建省建瓯市）刺史。当时有人给崔造进言，说李适被赶出长安，正是各地官员进京勤王，卖力表现的时候。于是，崔造在福建打出旗帜，联系各州的刺史一起勤王。有趣的是，大家都懒得搭理崔造，对长安的局势也不太关心，崔造无奈之下，只好率领两千人马赶赴长安，此事后来被李适得知，崔造才算正式挂了号。

后来，崔造的舅舅源休因为投靠朱泚，兵败被杀。这原本和崔造无关，可他主动上书请罪，扬言如果李适怪罪的话，他毫无怨言。这顿时让李适对他刮目相看，李适认为崔造很有担当，便下旨封他做了吏部郎中、给事中。

说白了，这三位新晋宰相都不是出类拔萃的大神，能够获得李适的信任，只因为身上有一两个闪光点，比如刘滋的谏官背景，齐映的忠心护主，崔造的敢于担当。问题是，在纷乱的朝局中，这优点根本撑不起大场面。

入朝为相之后，刘滋和齐映彻底哑火，只有崔造敢于直言，稍微能刷出一点存在感。当然了，宰相班子就得急皇帝之所急，在纷繁的朝政事务中，崔造很快便看到了最关键的点：财政。

唐德宗李适主政时期，朝廷的制度已经和初唐有了明显的区别，除了税收体量不一样，税收来源和主管制度也有所差别。在刘晏、杨炎的改革下，朝廷形成了以盐铁转运使和度支使为首的庞大官僚机构。

所谓盐铁转运使，其实是盐铁使、转运使合并之后的叫法。盐铁使主管盐、铁、茶的专买专卖，转运使主管粮食、钱财、布帛到京城的漕运运输。刘晏在位时，因为盐铁改革非常成功，得了很多钱，刚好漕运又不通，刘晏便将盐铁税拿来整治漕运。后来，朝廷便将盐铁使、转运使整合到了一起。

为了保证财政体系的运转，刘晏设计了非常严密的职能机构，最大的特色就是，盐铁转运全都由经济专家主管，他们直接对皇帝负责，政府无权管理。

至于度支使，则掌管国家财政的预算和开支，职能堪比财政部。在唐朝初期，由户部度支司郎中或员外郎主管，后来为了配合改革，尤其是两税法实行后，度支使地位逐渐上升，以至于脱离了户部的管辖，成为独立运转的经济机构。有时候，皇帝会派遣自己的亲信或者宰相兼任度支使。

战争时期，两个系统的作用就是给皇帝筹钱打仗。比如，度支汴东两税使包佶在任期就捞了八百万贯钱财。系统肯定是高效的，却存在很大的弊端，如果李适选对了人，盐铁转运使、度支使捞到的钱就会上交到国库，如果所托非人，只要在账目上动点手脚，巨额财富就会流向私人的腰包。

崔造新晋宰相，他需要钱财办大事，于是以两大系统有漏洞为由，奏请李适将盐铁转运使和度支使的职能全部收归到中央政府。崔造是李适钦定的宰相，他的提议，李适没有理由反对。贞元二年（786）一月，李适下诏：罢水陆运使、度支巡院和江、淮转运使等，诸道租赋悉委观察使、刺史遣送到长安。

当时，齐映分管兵部，刘滋分管吏部、礼部，崔造分管户部、工部，李勉分管刑部。通过崔造的运作，盐铁转运分给了户部，崔造命自己的亲信、户部侍郎元琇接管了盐铁转运系统，户部侍郎吉中孚接管了度支使系统。

这就是李适的风格，面临重大问题，做决定全靠感觉，至于是否可行，不在他的考虑范围之内。诏令刚刚下达，便遭到了江淮转运使韩滉的反对。在唐朝的财政系统里，韩滉堪称风格彪悍、特立独行，却又对朝廷忠心耿耿的铁腕大臣。

有一次，富平县令韦当被盗匪暗杀，县里组织衙役抓捕，最后发现盗匪和鱼朝恩的手下有勾结。鱼朝恩认为盗匪是个高手，希望李适能赦免其罪，允许其留在军中效力。此事与韩滉无关，可他看不惯鱼朝恩破坏法度的行为，于是暗中上了一道密奏，最终迫使李适杀掉盗匪。

泾原兵变的时候，关中局势紧张，韩滉担心李适没有退路，于是在江南修筑城池，储备粮食，构筑防御工事，打算将江南作为李适南渡的大本营。虽然最后没有派上用场，可韩滉一心为李适考虑的姿态，确实令李适感动。

不仅如此，韩滉是刘晏培养出来的经济专家，在财政体系工作了数十年，不管是管理经验，还是财政口的人脉，都是崔造无法超越的。在韩滉的眼里，崔造把权力收归到中央政府的想法太天真，不仅一杆子打倒一船人，还忽略了财政体系运转的核心就是基层的小鬼，得罪了他们，谁去帮朝廷收缴税赋？

韩滉的话，李适不能不听，可他心中还是很痒痒，毕竟将巨额财富交给别人打理，他自己也不放心。于是，李适做了个变通：朕知道韩滉是忠于朝廷的，他手下也不会有太多贪官，因此继续做江淮转运使，其他地方得先改革。

那么问题又来了，江淮转运使垄断了江南地区的所有财富，不改江南，其他地方的改革意义何在？刚刚上任的元琇也是刘晏培养出来的经济专家，他深知韩滉刚愎自用的性格，为了脱离韩滉的控制，他奏请李适，说江南的粮食如果运到扬子江以北，便交给他来管理，扬子江以南的地方，依旧由韩滉管理。

韩滉不干了，凭什么？俺们在江南辛辛苦苦地筹集钱粮，运到长安在皇帝面前长脸的都是元琇？如此心机，令韩滉对元琇格外厌恶。

不管怎么说，韩滉才是掌握钱粮来源的实权人物，说出的话自然要比元琇更有分量。接下来，凡是元琇要干的，韩滉一律反对，比如元琇认为长安流通的钱币较少，希望从江南征调四十万贯，韩滉明明能拿出钱，却以钱币的运输成本太高，强行拒绝，就算李适下达圣旨，韩滉依旧坚持己见。说白了，韩滉就是在威胁李适，如果继续重用元琇，俺们就给你断钱断粮。

李适信任崔造的班子，也相信他们描绘的美好前景，但是崔造没办法解决李适的燃眉之急。久而久之，李适也开始动摇了。贞元二年（786）二月，李适被迫下诏，将户部侍郎元琇调任尚书右丞。此时，长安已经缺粮很久，宫中也传出命令，在江南的粮食还没运到之前，皇城不允许再拿粮食酿酒！

没过几天，京城便开始陷入恐慌，神策军将士甚至传出怨言：把老子拘禁在军中，还不给饭吃，难道是把老子当罪人吗？这些话传到李适的耳朵，把他吓得肝胆俱裂，细细想来，泾原事变就是因为将士不满朝廷的赏赐，这才让他亡命天涯。眼下，只要韩滉能把粮食送到长安，要什么他都能答应。

据史料记载，李适快要崩溃的时候，韩滉运来了三万斛粮食。足够李适应付一阵子了。消息传来的时候，李适不顾形象，急匆匆跑到东宫，对太子李诵说道："米已至陕，吾父子得生矣！"

就算贵为天子，也有没饭吃的时候，也有对饥饿的恐惧。当韩滉将粮食运到长安的那一刻，崔造的改革计划就已经宣告破产。不可否认，崔造的晋升就是大唐官场的奇迹，凭他的能力，完全承担不起改革的重任。韩滉的粮食入京之后，崔造、元琇就郁闷得一病不起，俗称隐退。

贞元二年（786）十一月，李适下诏让韩滉入京，另有委任。贞元二年（786）十二月，李适任命韩滉为宰相，兼任度支使、诸道盐铁转运使，几乎对他言听计从。

上位之后，韩滉并没有忘记崔造二人，他仗着李适的宠信，恶意贬低二人，逼迫李适将崔造贬为太子右庶子，元琇贬为雷州司户。就在罢免崔造的当天，韩滉便向李适举荐吏部侍郎班宏做了户部侍郎、度支副使。

韩滉确实有能力，可他性格严苛，为人死板，做地方官还可以，但是在中央朝廷，需要团结一切可以团结的兄弟，明显缺了几分亲和力，这也是同僚对他的一致看法。不过，韩滉并没有改变自己的风格，在位期间，不结党营私，凡是能力突出的人，韩滉都会举荐给朝廷。韩滉推荐了两个重要的宰相人选：尚书左仆射张延赏、兵部侍郎柳浑。

贞元三年（787）三月，韩滉刚刚入朝几个月，便突然离世。不过，这对韩滉来说，未必不是好事。李适的风格就是过河拆桥，猜忌一切可猜忌的人，刘晏、杨炎就是先例，就算韩滉还活着，恐怕也会战战兢兢，如履薄冰。

吐蕃谍中谍计划

李适有内忧，也有外患，最严重的外患莫过于吐蕃。

泾源兵乱，长安城被朱泚占领，李适成为无家可归的皇帝，为了在最短的时间内平乱，李适想起了老祖宗用过的办法，借助异邦势力。不过，李适的眼光太彪悍，他想把大唐的死敌吐蕃培养成为战略合作伙伴。

彼时，吐蕃的最高首领是首席宰相尚结赞。李适为了获得他的支持，毫不犹豫地开出了天价条件：如果吐蕃帮助他击溃朱泚的叛军，夺回长安，便将安西、北庭两府之地划拨给吐蕃。大家都知道，李唐王朝为了控制安西、北庭，花费了无数的金钱，战死了无数的英雄豪杰，可李适轻飘飘的一句话，就把大唐帝国最重要的西北通道，拱手送给了死敌吐蕃。

可是，尚结赞不想买李适的账，面对朱泚的黄金白银，尚结赞选择第一时间退军，打算坐山观虎斗。随后，李晟大举反攻，拿下长安，而吐蕃军队在后面摇旗呐喊，竟然还主动派人索要安西、北庭两府。更诡异的是，李适觉得朝廷已经失去了对安西、北庭的实际控制，再加上无力供给边境的军费，于是想召回两镇节度使郭昕、李元忠，彻底将两府让给吐蕃。

李适很讨厌麻烦，他觉得安西、北庭就是他的麻烦。不过，以李泌为首的朝臣拼死力谏，认为如果放弃两府，将士们必定会对朝廷心生怨恨，到时候关中恐怕会永无宁日。在这样的威胁下，李适终于打消了这个疯狂的念头。

客观地说，李适的想法不无道理。安西、北庭，沿途的泾州、凤翔等军事重镇都出现了严重的矛盾，军府的主将戗杀朝廷节度使，不服朝廷统治，兴风作浪。也就是说，不把内乱治理好，如果吐蕃真的大举进攻，内外勾结之下，李适恐怕会再次出逃。

当时，李适封李晟为西平郡王、凤翔尹、凤翔陇右节度使、泾原节度使、北庭行营兵马副元帅，让他去处理历史遗留问题。在凤翔府，李晟秘密调查了前任凤翔节度使张镒被杀一案，处死了十余个幕后黑手。至于下一站，自然是赶赴泾州，处理前任泾州节度使冯河清被杀一案。

时任泾州节度使叫田希鉴，他非常怀疑李晟的意图，可李晟的解释就是，泾州靠近吐蕃，如果吐蕃军队打来，只靠泾州是无法抵御的，他想过来协防，不过要看田希鉴的意思。言外之意，田希鉴允许李晟进入泾州，那就问心无愧，如果敢阻挠，那就是公然宣布造反。事实证明，田希鉴没有造反的胆量。

泾州城中，李晟设下鸿门宴，邀请田希鉴和他的部将前来赴宴，酒到半酣之时，李晟拿出了一个花名册，清点了三十多人的姓名，随后将他们全部诛杀，这才稳定住泾州的局势。

至于吐蕃政权，唐朝高层的态度很明确，能不打就不打，尽量保持边境的和平。为了达到这个目的，李晟以钱财开道，甚至自掏腰包，奖赏那些重新依附朝廷的骑墙派。不仅如此，李晟还扶持了一位名叫浪息壤的异族酋长，将他封为王爵，每次吐蕃使者前来的时候，李晟便让他穿着华丽的锦袍，束着闪闪发光的金腰带，坐在最尊贵的位置，以此表明，只要和平，大家都有好日子过。

问题是，非我族类，其心必异，这是亘古不变的道理。李晟常年和外族打交道，自然明白这个道理。为了安抚李适的情绪，他愿意拿出和平的姿态，可是为了朝廷大局，李晟内心坚毅，随时准备用武力降服吐蕃。这就是传说中的左手在前，拿着胡萝卜，右手在后，拿着狼牙大棒！

贞元二年（786）八月，吐蕃大军入侵泾州、陇右，一路势如破竹，直接将大军开赴汧城（今陕西省宝鸡市陇县境内）。彼时，李晟让大将王佖带着三千名将士埋伏在城中，并嘱咐他们放过前军，等中军到来之后，再迎头痛击。

据史料记载，尚结赞这次比较大意，中了李晟的圈套。最遗憾的是，由于军中将士都不认识尚结赞，以至于让他在官军眼皮子底下逃了出去。逃出生天的尚结赞对部下说道："唐之良将，李晟、马燧、浑瑊而已，当以计去之。"

所谓的计谋，就是屡试不爽的离间计。

过了几天，尚结赞率军来到凤翔，他并未攻城，而是在城下喊了几句："李令公召我前来，为何又不出城犒劳我？"就在当晚，吐蕃退军而去。

论专业度，这是很不走心的反间计。悲剧的是，总有一些朝臣眼红李晟的成就，想在背后使绊子扳倒李晟。因此，尚结赞的几句话，正好给李晟埋了颗定时炸弹。

贞元二年（786）十月七日，李晟命王佖率领五千步骑偷袭吐蕃攻占的城池摧沙堡（今宁夏回族自治区固原市西北），在此遇到两万吐蕃大军。一番恶战下来，官军杀死敌将七人，成功夺回城池，逼迫尚结赞撤军到合水县（今甘肃省庆阳市合水县）。

李晟兵锋所到之处，吐蕃节节败退，官军形势一片大好。可就在此时，朝廷开始出现了一些不和谐的声音，而矛头却都指向了李晟。

政敌一：尚书左仆射张延赏。

这位老兄是开元宰相张嘉贞的儿子，出身名门，胸中有点丘壑。历史上"钱可通神"的典故，就是出自他手。据史料记载，张延赏担任度支使的时候，听说有个案子是冤假错案，觉得十分惋惜，于是召集有关部门训斥道："这宗案子拖得太久，而且还有冤屈，十天之内必须解决。"

第二天早上，张延赏到府衙上班，发现桌案上放着一张便笺，上面写道：出钱三万贯，请你不要过问这宗案子。张延赏出身名门，又岂能为金钱所动，他大怒之下，让部下加快进度，赶紧查清楚案件背后的猫腻。

第三天早上，张延赏的桌案上又放着一张便笺，上面写道：出钱五万贯。张延赏更加气愤，责令部下两日内必须审理完毕，并且结案。

第四天早上，张延赏满怀期望，想看看对方是不是知难而退，可桌案上又多了一张便笺，上面写着：十万贯。张延赏看后，决定改变主意，不再过问这宗案子，后来部下询问其故，张延赏回答说："钱出到十万贯，是可以通神的。我恐怕遭到祸患，不得不接受了。"

不过，说起张延赏和李晟的恩怨，还要追溯到吐蕃入侵剑南。

当时，张延赏担任剑南西川节度使，李晟率领神策军到剑南出差，刚好遇到一位姓高的官妓，李晟有权有势，女子貌美情深，一夜春情之后，两人便在剑南过起了如胶似漆的生活。后来，李晟要回朝，便带着高氏一起上路，可张延赏不干了，他认为高氏是官府的财产，李晟不能私自带走。

如果是一般的官员，巴结李晟还来不及，可张延赏就是一根筋。因为这么一件小事，李晟和张延赏结了仇怨。后来，在韩滉的推荐下，张延赏入朝为官，本来是内定为新科宰相，可李适只给了他尚书左仆射的头衔。回家之后，张延赏派人打听，这才知道李晟给皇帝进言，说张延赏没有宰相之才。

政敌二：工部侍郎张彧。

论关系，李晟的女儿嫁给了张彧，李晟是他的老丈人，本应该和睦相处。然而，李晟还有个女儿，后来嫁给了自己的幕僚崔枢，出嫁的时候，李晟陪嫁了不少嫁妆，婚礼办得轰轰烈烈。张彧想不通了，同为女婿，为何要区别对待，难道是看不起他，故意让他没面子？张彧气愤之下，竟然投靠了张延赏。

政敌三：行军司马郑云逵。

这位老兄是李晟的参谋长，因为失去李晟的信任，投靠了张延赏。

政敌四：马燧。

李晟和马燧没有私人恩怨，可在对吐蕃的国策上，马燧是主和派，李晟是主战派，这种政见上的矛盾，最终也变成了互相倾轧的理由。

不可否认，李晟确实得罪了这几位大神，所以当吐蕃宰相尚结赞在凤翔城外施展离间计后，这帮人闻风而动，轮番在李适的跟前给他上眼药水。李适不相信李晟会和吐蕃人勾结，可这些年来，李晟在军中的威望无与伦比，已经触及到李适的心理接受底线。在此之前，李适想让李晟在京城养老，可李晟坚持要去西北防御吐蕃，这已经让敏感多疑的李适非常不舒服。

功高震主，历来就是弱势皇帝最敏感的四个字。

幸运的是，李晟察觉到了朝廷的歪风邪气。这一次，他没有继续固执己见，而是派使者前往长安，表明自己要削发为僧，交出兵权的态度。接下来，李晟又亲自回朝，向李适表明心迹，还说自己有腿疾，不再适合统兵打仗。

只能说，李晟的态度没问题，可说话的方式让李适非常尴尬。这样的表白，给朝臣的感觉就是张延赏等人说李晟的坏话，李适便信以为真，李适毫无主见，而且是猜忌、亏待功臣的皇帝，这谁能忍？于是乎，李适私下找到宰相韩滉，让韩滉从中牵线搭桥，让二人冰释前嫌，彻底解决矛盾。

韩滉是李晟的好朋友，又是张延赏的顶头上司，说话颇有分量。在他的协调下，张延赏前往李晟府中道歉，三人轮流摆下宴席，宾主尽兴而归。由于关系逐渐缓和，韩滉便开出了条件，让李晟保奏张延赏为同中书门下平章事，李晟则继续带兵作战，二人互不干涉。

贞元三年（787）正月，张延赏如愿以偿。

遗憾的是，张延赏骨子里就没有杯酒释前嫌，一笑泯恩仇的基因。等张延赏做了宰相，便暴露了阴险狡诈的本质。当时，李晟觉得大家都是兄弟，于是想让自己的儿子迎娶张延赏的闺女，可是却惨遭拒绝。直到此时，李晟才明白，张延赏还是想对他动手，这才没让自己女儿蹚这趟浑水。

可笑的结盟闹剧

贞元三年（787）三月，尚结赞派使者前来长安，递交了投降和谈书。

不过，李适拒绝了和谈的请求。原因很简单，从去年入冬开始，吐蕃大军驻屯在鸣沙山，遭遇了一场大雪，牛羊伤亡无数，没有了足够的后勤保障，吐蕃不敢和唐军正面交锋。尚结赞走不通李适的路线，便转投了马燧。

此时，马燧驻屯在石州（今山西省吕梁市离石区），正准备渡过黄河，和李晟、浑瑊一起围剿吐蕃。为了争取马燧的支持，尚结赞派出使者，带着大批的金银珠宝前去游说，言辞极其卑微，甚至答应归还吐蕃侵占的土地。好女怕郎缠，马燧也在尚结赞的糖衣炮弹下彻底沦陷了。

马燧给李适上了奏折：陛下，不战而屈人之兵，要不要试试？

面对马燧的建议，许多人都提出了反对意见。

李晟："戎狄无信，不如击之。"

韩游瑰："吐蕃弱则求盟，强则入寇，今深入塞内而求盟，此必诈也。"

韩滉："今两河无虞，若城原、鄯、洮、渭四州，使李晟、刘玄佐之徒将十万众戍之，河、湟二十余州可复也。其资粮之费，臣请主办。"

说白了，李适也是被吐蕃深深伤害过的男人，如今局面有优势，他也想趁机教训吐蕃，因此命令马燧继续进军。然而，马燧不干了，如果听从李晟的建议，他的面子往哪里放，以后还能在朝堂上混吗？

就在此时，宰相韩滉去世，主战派的势力大大削弱，马燧便找到新科宰相张延赏，打算和他联手，共同对付李晟。两人经过一番密谋，最终给李适献上了一条非常走心的建议：拉拢吐蕃，共同对付回纥。

教训回纥，李适绝对举双手赞成。

想当年，唐代宗李豫为了平定内乱，邀请回纥登里可汗的精锐骑兵助阵，李适身为天下兵马大元帅，奉命接待登里可汗。谁料想，登里可汗妄自尊大，不把李适放在眼里，还活活打死了李适的幕僚，这成了李适永远的伤痛。如今，李适可以利用吐蕃军队教训回纥，他怎么可能不动心。

张延赏趁机说道："陛下，李晟不宜久掌兵权，趁这个机会让他回京养老，也好显示陛下对功臣的爱护。至于凤翔的防务，可以交给行军司马郑云逵。"

对李适来说，只要李晟交出兵权，防务交给谁并不重要。为了安抚李晟的情绪，李适加封他为太尉、中书令，保留所有的爵位和待遇，至于继任者的人选，由李晟自己决定。对尚结赞来说，这已经是成功的第一步。

接下来，尚结赞把目标锁定为河中节度使浑瑊，不仅如此，他还打算扩大打击面，把李唐的军方高层一锅端。当时，尚结赞派人给李适传信：吐蕃有二十一位大臣都和浑瑊共过事，请朝廷让他主持此次的会盟，灵州节度使杜希全、泾原节度使李观在吐蕃军中也有威望，希望他们也到盟誓现场。

尚结赞确实有点飘飘然，李适身为皇帝，怎么可能听凭他的调遣？贞元三年（787）五月，李适下达旨意：杜希全需要在辖地主持大局，李观另有重任，不能赴盟。朝廷已经委派河中节度使浑瑊为清水会盟使、兵部尚书崔汉衡为副使。

李晟虽然隐退，却时刻关注着局势，他似乎有预感，尚结赞会搞事情。浑瑊出发前，李晟私下叮嘱，一定要在会盟的地方加强戒备，不可轻易相信尚结赞的鬼话。客观地说，李晟在乎国家的利益，所以才出面劝谏。然而，张延赏对李晟的恨意已经扭曲，他得知消息后，立即进宫告状："陛下，李晟想阻挠朝廷的会盟，如果在会盟现场设防，岂不是让对方怀疑我们的诚意，那会盟又有何意义？"

可怜的李适，已经被会盟的喜悦冲昏了头脑，他竟然训斥浑瑊，让他一定要表示出诚意，不能让尚结赞失望！当浑瑊率领两万兵马前往清水（今甘肃省天水市清水县）的时候，尚结赞传来消息，说清水不是吉祥的地方，希望浑瑊前往原州的土梨树会盟。

为了让浑瑊放下戒心，尚结赞开出了空头支票：会盟以后，吐蕃归还盐州（今陕西省榆林市定边县）、夏州（今陕西省榆林市靖边县）。问题是，尚结赞为什么要更改会盟地点，土梨树又是个什么地方？不少朝臣已经产生了怀疑，直到神策军将领马有麟告诉大家，土梨树位于荒郊野外，地势险峻，适合设伏，李适这才派人追赶吐蕃使者，要求把会盟地点重新改到平凉。

按照事先约定，双方只能带三千铁甲军到会盟地点。然而，驻扎在潘原（今甘肃省平凉市崆峒区境内）的骆元光告诉浑瑊，潘原和会盟地点相隔七十里地，如果发生不测，恐怕来不及救援，希望在会盟地点附近埋伏一支军队。

身为军人，就要时刻防范风险，这与外交礼仪没有关系。遗憾的是，李适的圣旨犹如紧箍咒，死死地限制住了前线将军的调兵遣将。骆元光左思右想，觉得此事蹊跷，于是私自带兵在距离会盟地点五十里的地方埋伏下来，还命人在营寨周边挖了许多壕沟，同时竖起栅栏，严密戒备。与此同时，另一支援军主帅韩游瓌也不放心，亲自带着五百名士兵埋伏在附近。

会盟地点，双方的铁甲军在盟坛的东西两侧防卫，四百名没有武器的将士站在盟坛下面，双方还有数十名骑兵在附近机动巡逻，防备对方的小动作。在浑瑊看来，这样的安排很公平，可他没有想到，唐军遵守了君子协定，可尚结赞却在附近埋伏了一万精兵。

会盟当天，吐蕃提前发动袭击，将唐军的机动游击队秘密捕杀。此时此刻，浑瑊还在中军营帐更换礼服，等他出营的时候，看到吐蕃暗杀队席卷而来。直觉告诉他，自己被人耍了，浑瑊急忙找了一匹马，随后仓皇逃去。据史料记载，吐蕃军队一口气追杀了五十余里，直到遇到骆元光的援军，这才返回。

悲剧的是，留在会盟现场的铁甲军还不知情，直到埋伏的吐蕃骑兵开始大肆捕杀！混乱之中，唐军群龙无首，只能四散逃命，会盟副使崔汉衡被俘。此时，尚结赞高调现身，对已经成为俘虏的会盟副使崔汉衡、马燧的侄子马弇、宦官俱文珍、浑瑊的大领马宁等人说道：“我本来准备了黄金枷锁，来囚禁你们的主帅浑瑊，不料这小子跑得挺快，空自抓了你们这些虾兵蟹将。”

崔汉衡等人早已经变成了筛糠机，哆嗦得不行。

尚结赞冷笑不已，他对马燧的侄子马弇说道：“我们胡人视牛羊为生命。去年在鸣沙山的时候，我们的牛羊冻死无数，战马也没有草料可吃。如果马燧当时渡黄河袭击我们，吐蕃早就全军覆没了。我们之所以能够成功，全赖马燧从中出力，你作为马燧的家人，我们是不会扣留你的。来人，送马弇、俱文珍回长安，将崔汉衡等人囚禁起来。”

会盟的当天，李适召开朝会，兴高采烈地说道：“今天与吐蕃讲和，停止战争，这是国家的福气啊。”

马燧：“陛下说的正是。”

宰相柳浑面露担忧，小心翼翼地说道：“陛下，吐蕃豺狼成性，不是盟约就可以笼络的，臣私下里总是对他们不放心啊。”

李晟在旁边附和道：“臣也有这种感觉。”

李适呵斥道：“柳浑是一介书生，不知道国家大事，难道李晟你也不懂吗？”李适说罢，气冲冲地退朝而去。

当天傍晚，韩游瑰的奏折便送达长安，他给李适带来了两个消息，第一个是吐蕃狼子野心，偷袭了唐军，第二个是吐蕃军队马上就会开赴长安。面对吐蕃的背信弃义，李适无地自容，在第二天上朝的时候，他羞涩地对柳浑说道：“没想到爱卿一介文人，竟然能够料敌于先。”

大臣们沉默无语。就在此时，李适突然蹦出了一句话：“吐蕃马上就要打过来了，朕的意思，提前离开长安，躲避兵祸。”

无道昏君！败家子！这恐怕就是朝臣们对李适的一致腹诽。接下来，大臣们轮番进谏，最终逼迫李适放弃了这个想法。问题是，事情已经发生了，总得找几个替罪羊啊。李适清醒之后，突然明白这一切都是马燧、张延赏的错，马燧的不作为，给了吐蕃喘息之机，两人撺掇打回纥，这才有结盟的闹剧。

贞元三年（787）六月，李适下诏，任命马燧为司徒、门下省侍中，罢免其一切军职。至于张延赏，因为羞愧万分，难以见人，选择在家闭门思过，不再参与政务。

尚结赞的谍中谍计划，撸掉了李晟、马燧两位军方高层，让李唐君臣蒙羞，确实达到了预想的效果。不过，吐蕃因为饥荒，后勤保障不力，最终只是将夏州、盐州焚毁，带着牲口打道回府。

对李唐来说，这也算是不幸中的万幸吧。

李泌第五次出山：改革

贞元三年（787）六月，张延赏刚下台，李适便发布了诏书：封李泌为中书侍郎、同中书门下平章事。这一次，李泌终于从幕后走向前台，成了名副其实的宰相。

自安史之乱起，历经三十余年，李唐王朝涌现了一批权倾一时的宰相、宦官、政治新星，可他们大多逃不过被杀、被贬的命运。只有李泌能够历经唐玄宗李隆基、唐肃宗李亨、唐代宗李豫、唐德宗李适四朝而屹立不倒。更难得的是，他的官越做越大，对朝局的影响力越来越深，堪称是官场奇迹。

李泌第一次出山：唐玄宗天宝年间。

当时，隐居嵩山的李泌上书李隆基，因为见解独到，被封为待诏翰林，入东宫侍奉太子李亨，成为其知己。然而，彼时的李泌非常青涩，因为看不惯杨国忠的行径，写下一首暗讽朝政的《感遇诗》，最终被贬到蕲春郡（今湖北省黄冈市蕲春县），后来干脆遁入深山，修行道学。

李泌第二次出山：唐肃宗在灵武登基之后。

当时，李泌其实是影子宰相，帮助李亨处理他和李隆基的父子关系，最终帮助李亨复国。不过，李泌认为李亨城府太深，死活不肯出仕，最终在李林甫的算计下，李泌离开朝廷去南岳衡山修行。幸运的是，李亨并没有猜忌李泌，而是在衡山烟霞峰下的兜率寺给他修建了一座“端居室”，供他清修。

李泌第三次出山：唐代宗李豫登基之后。

当时，李豫将李泌召回长安，任命他为翰林学士。由于李豫性格温和，两人相处不错，李豫甚至还为李泌娶了媳妇。事实证明，李泌并不是那种超凡脱俗，无欲无求的世外高人，满腹才学的他也渴望在政治上获得世人的认可。不过，由于李豫执政风格太过温和保守，导致权相元载横行无忌，最终逼迫李泌前往江西观察使魏少游的麾下做幕僚。

李泌第四次出山：元载被杀之后。

大历十二年（777），李豫将元载诛杀，李泌再次回京。然而，常衮当权，李豫还是保持之前的风格，最终李泌再次外调到澧朗峡（在今湖南省澧县）做了团练使。

李泌第五次出山：唐德宗李适逃出长安。

建中四年（783），李适出逃，终于想起了李泌。前面虽然没有过多记载，可处理姚令言、李怀光的叛乱，李泌出了不少力。贞元元年（785），吴少诚在河南闹事，李泌临危受命，代皇帝出巡，一直在河南地区处理政务。正因为李泌不在长安，李适在处理吐蕃的事情上接连出错，撸掉张延赏之后，李适终于起用了李泌。

不可否认，李适对李泌寄予厚望。

拜相之后，李泌第一件事便是带着李晟、马燧、柳浑等人去见李适。原因很简单，长安城已经有了传言，说李晟府中有大片竹林，可以藏得下一支军队，拿来造反最合适不过。李晟听闻传言，已经将竹林砍光，可凭李适的猜忌性格，宁愿错杀一千，也不会放过一个，李泌必须出手相救。

大明宫中，李适率先开场：“李爱卿，在灵武的时候你就可以做宰相，可你坚辞不受。这些年，你被权臣排挤，受了不少委屈，朕如今委任你为宰相，希望和你有个约定，不要嫉恨那些人，对你有恩的，朕自然会替你重赏。”

李泌：“臣向来信奉道教，从不与人结怨，当初得罪臣的人已经作古，至于对臣有恩的人，大多年老，不需要臣再报答他们了。”

李适：“对你有小恩惠的人，朕也可以替你谢谢他们。”

李泌不是来讨赏的，他直接忽视了李适的提议，转而说道：“臣也想和陛下有个约定，不知可否？”

李适：“有何不可。”

李泌：“臣蒙受陛下恩典，当然没有人敢伤害臣。李晟、马燧二位大臣有大功于朝廷，朝中却有人说他们的坏话。臣相信，陛下不会听信谗言，今天说这些话，只想让他们安心。臣以为，他们已经足够富贵，如果陛下坦诚对待，在朝廷需要的时候征召入伍，朝廷无事的时候入朝参会，也不要用官职封赏，君臣之义也可保全。如果陛下猜忌他们，各地节度使也会觉得不安啊。”

能把话说得这么直白，也就李泌有这个本事。李适闻弦歌而知雅意：“你的所思所虑都是为了朝廷，朕会牢牢记住你的话，保证他们的周全，如何？”

话说道这个份上，李晟和马燧跪在地上，痛哭流涕。李晟、马燧、浑瑊是唐德宗一朝三大名将，在削藩战争中，力克田悦、李惟岳、李纳、朱滔、朱泚、李怀光等枭雄，最后力挽狂澜，实现了大唐的中兴。也正因为这次君臣协定，李适不再委任他们任何职务，而他们也躲在家里休养生息，这才保全君臣恩义。

贞元五年（789），唐德宗李适在大明宫延英殿接见了马燧和李晟，并嘉奖了他们对国家做出的巨大功劳，并将二人的画像放在凌烟阁，位在开国元勋之后。在唐朝中后期，能够得到这样的荣誉，确实算得上功德圆满。

贞元九年（793），李晟去世，享年66岁，朝廷追赠为太师，谥号为忠武。

贞元十一年（795），马燧去世，享年70岁，朝廷追赠为太尉，谥号为庄武。

当然，李适请李泌出山，稳定朝局是一方面，最重要的是要他筹集钱粮。对李适来说，没钱可用，没粮可吃是明摆着的事实，几任宰相都解决不了的事情，他希望李泌能够帮他去完成。李适说道：“爱卿，钱粮、军队之事全都交给你，吏部和礼部交给张延赏，刑部交给柳浑，如何？”

不得不说，李适的政治智慧确实堪忧，宰相就是要统领群臣，统筹全局，只负责军事和钱粮，岂不是专门办事的高级官员？关于这一点，李泌坚决说不，他对李适说，要想改革，就要赋予他绝对的实权！

李泌上任之后，接连提出了几个改革方略。

改革方略一：恢复被削减的地方官员数量。

按照正常的思维，国家没钱了，老百姓减少了，应该裁撤政府机构的编制，缩减朝廷的开支。事实上，李适也是这个思维。然而，李泌认为老百姓减少确实是事实，但是更为严重的问题是帝国受到创伤后，百废待兴。比如召集老百姓归乡安家，兴修水利设施，安抚百姓从事农业生产，都需要官员主持。和平时期，大家按部就班即可，战争过后，官员必须比之前更加勤快。

一句话，官员少了就是不行。

改革方略二：下诏宽赦各州县和藩镇的长官。

战争时期，中央政府穷得叮当响，仅有的经费也都拨给了禁卫军，以及作战的主力部队。然而，地方政府也需要组织军队自卫，为了筹措经费，他们便搜刮民脂民膏，或者克扣交给中央政府的税收。不管怎么说，这些行为都是违法的，地方官员为了逃避罪责，基本都是隐瞒实情，这一点李泌十分清楚。

为了抹平之前的旧账，李泌提议以后所有归中央的税收全部上缴，如果地方官府有困难，挨个向朝廷备案，由朝廷统一处理。

李适彻底蒙了，他问李泌："如果朝廷采取宽大的政策，地方官员以为朝廷很容易欺负，咱们得到的赋税岂不是会更少？"

李泌："凡事都有两面性。如果朝廷宽大为怀，地方官员会因为得到赦免而欣喜，进而给朝廷多缴税。如果太严苛，地方政府担心被处分，继续隐瞒不报。这种事情，朝廷没时间去监察，自然无权定他们的罪，又有何益？"

这就是中晚唐时期朝廷面临的财政困境，上到藩镇节度使，下到州政府、县政府，自治程度越来越高。他们可以自己捞钱，可以自己组织军队，因此对朝廷的政策也是阳奉阴违，就算李泌有力挽狂澜的本领，也是无可奈何。说白了，只能在最坏的选择中，挑一个对朝廷最有好处的来执行。

改革方略三：处理滞留在长安的外国使者，减轻朝廷负担。

唐朝是天朝大国，自然得有大国的胸襟和气度，比如吃喝免费，住宿免费都是常有的事。据史料记载，外国使者来到长安后，京城逗留不走，最长的竟然待了四十年，而且还娶妻生子。这帮人拿着朝廷的补贴，整日无所事事，拿自己赚的钱购置土地和房产，最后还觉得理所当然。

国家强盛的时候，养几个闲人没什么压力。但是战争过后，国家财政捉襟见肘，连皇帝都吃不饱，更别说养一帮外国人。唐德宗李适一朝，主管民族、外交事务的鸿胪寺觉得越来越吃力，便去找京兆尹分担，京兆尹表示自己也没钱，于是就由政府出面，找长安城中的商人铺户免费化缘，以至于老百姓不胜其烦。

李泌上台之后，派人统计滞留在长安的使者，最后竟然多达四千余人。李泌一声令下，不管是王子还是使者大臣，要么回到自己的国家，要么为朝廷干活，和其他官员一样拿着基本工资。在李泌的铁腕处理下，优秀的国际友人充实到鸿胪寺，大部分分配到禁卫军，仅此改革，就为朝廷节省了五十万贯钱财。

改革方略三：军队财政。

奉天之难后，李适最头疼的就是他对军队的控制力太低。皇帝有难，完全依靠藩镇节度使的支持，如果节度使忠心，或者心情不错，或许还会积极配合，如果节度使在家和老婆吵架，说不定就不来了。为了解决这个困局，李适想重新起用府兵制度。不过，李泌给他算了一笔账：仅贞元三年（787），从关中征调到西北的兵力就有十七万，全年食用粮食二百零四万斗，粮食每斗值一百五十钱，这一项开支就需要花费三百零六万缗。结论就是，如今朝廷缺粮缺钱，府兵制度完全不可行。

然而，李泌给他提了另一个解决办法：吐蕃军队长期居住在原州和会州一带，那边有很多的耕牛。而朝廷的左藏库中有质地变坏的丝帛，共计十八万匹，可以将它们染成花色斑斓的样式，然后通过党项人卖给吐蕃人，两三匹丝帛便可以换一头牛，可得六万头耕牛。

李适："要这么多牛干吗？"

李泌："牛可以用来耕地，朝廷可以让冶炼场铸造农用器具，买进麦种，分别赐给各军镇戍守的士兵，让他们耕种荒田，并与他们约定，明年麦子成熟后加倍偿还所用的种子，至于剩下的粮食，按照当时的价钱加价五分之一，由官府收买。几年战争下来，土地荒废已久，初种必然会有丰厚的收获，戍卒从中得到好处，耕种的人便会逐渐多起来。边疆的居民极为稀少，将士们每月吃官府供应的粮食，他们所收获的谷子、麦子无处去卖，粮食的价钱必然就贱了。"

李适："高招啊！继续说！"

李泌："眼下边境的政府官员严重匮乏，朝廷可下令让边关地区的富户向朝廷交纳粮食，朝廷让他们来做官，这样就可以解决短期缺粮的问题。"

李适："按照你的想法，如何恢复府兵制度？"

李泌："戍守的士兵靠着屯田富裕起来，便会安心留在他们的土地上。按照原有的府兵制度，戍守的士兵三年轮换一次，咱们可以规定，三年将满时，只要愿意留下来的人，他们开垦的田地全部变为永业田。如果他们的家人愿意迁居，朝廷也可同意，并由官府提供沿途的用度。只要几年时间，戍守边地的士兵便成了定居边疆的本地人，朝廷便可以用府兵制度来管理他们。”

从短期来看，朝廷可以解决粮食匮乏问题，从长期来看，驻守的士兵越来越多，朝廷防备少数民族的兵源更加充足。同时，朝廷可以用低价收购粮食，不再仅仅依靠江淮地区的供给，而且通过朝廷委派的方式，也可以在一定程度上限制藩镇的继续扩大。从理论上来说，李泌布的局很大，考虑确实长远。

李泌：李唐的国事家事都得操心

做宰相很累，做李适的宰相更累。

对李泌来说，不仅要操心国家大事，还得为李适的家事操心。贞元三年（787）八月，一件皇室丑闻惊动了朝野。故事的女主角是郜国公主，此女名不详，是唐肃宗李亨的女儿，按照辈分来算，是唐德宗李适的姑姑。

郜国公主结了两次婚，第一任丈夫在马嵬坡事变中被杀，后来改嫁给李隆基女儿新昌公主的儿子萧升，并给他生了个女儿萧氏，而萧氏则嫁给了皇太子李诵。没过多久，萧升也一命呜呼，郜国公主重新回到单身状态。

为了解闷，郜国公主时常去太子府看望女儿，由于她长相不丑，又有权势，许多官员都想巴结她。在太子府，郜国公主认识了太子府詹事李升，两人眉来眼去，暗送秋波，最后顺理成章地搞到一起。对女人来说，一旦突破自己的欲望底线，很容易变得一发不可收。比如郜国公主，突然喜欢上了养小白脸，蜀州别驾萧鼎、彭州司马李万、丰阳令韦恪都曾是她的床上贵客。

说起唐朝的性文化，公认比较开放，因为有几个特点：女人不重贞操，寡妇可以改嫁；婚姻约束低，婚外性行为普遍；狎妓成风，妓院已成官营产业。尤其是唐朝皇室，公主婚内出轨、公然养小白脸、婚前性行为，都是屡见不鲜的事。

客观地说，并不是法律不约束婚内出轨，唐朝律法规定，通奸的人判处一年半的徒刑，如果是婚内出轨，判处两年徒刑。而在秦朝的时候，只要捉奸在床，人们便可以当场捕杀，朝廷赦他（她）无罪。在惩罚力度上，唐朝确实宽松了许多，但是并不意味着通奸是合法，可以为所欲为。

通奸涉及社会伦理，尤其是在男权社会，其丑恶已经深入人心，律法可以宽松，但社会对通奸的接受程度远没有那么开放。说白了，皇室公主可以乱搞男女关系，但最好是秘密进行，如果闹得风风雨雨，皇室也要跟着蒙羞。

据史料记载，李适早就听说郜国公主行为不检点，因此让李泌私下调查，准备对其训斥。然而，李泌的报告还没交上去，有些人就把郜国公主的丑事捅了出去。不仅如此，政敌还给她加了一条罪名，公主女儿是太子妃，公主经常去太子宫，私下替太子行厌胜之术。

李诵玩厌胜的游戏，那厌胜的对象是谁？想也不用想，肯定是皇帝李适，如果他驾崩，李诵就是太子，郜国公主就是皇帝的丈母娘。这个证据链是完美的，以至于李适根本不想去调查其中的真伪。李适大怒之下，将郜国公主幽禁起来，又找来了太子李诵，将他狠狠地骂了一顿。可怜李诵，根本不知道发生了什么情况，但老爹的震怒程度表明，问题非常严重。回宫之后，李诵放出话来，要和老婆萧妃离婚，以此来证明他的无辜。

李诵想尽力洗刷自己的冤屈，然而现实就是，他已经引起了老爹的猜忌。对李适来说，李诵有没有厌胜的行为不重要，可能有厌胜的动机就足够了。为了让自己更有安全感，李适想到了废黜皇太子李诵，立舒王李谊为新任太子。

李谊是谁？

唐代宗李豫二皇子李邈的儿子，李邈去世后，李适因为喜欢李谊，将他过继到自己名下。在古代的家族，如果你膝下没有子嗣，才会考虑从堂兄弟名下过继一位侄子，作为家族香火的传承者。问题是，李适有许多儿子，他不缺皇位继承人。无独有偶，皇太子李诵有个叫李源的儿子，也就是李适的孙子，可李适竟然也将李源过继到自己名下，让孙子做了自己的儿子。

如此操作，确实让人莫测高深。不管怎么说，李适愿意玩过继子嗣的游戏，那是他的自由。可有一点，过继改变的是名义上的父子关系，是为了家族传承的利益需要，两人的血缘关系是绝对无法改变的。换句话说，只要李适有亲儿子，他完全没必要把皇位传给侄子李谊。事实上，他确实想这样干，李适觉得此事可能会引发官场地震，于是找来了李泌。

大明宫中。李适："爱卿啊，如今舒王李谊已经成年，他的性情孝敬友爱，温和仁厚，朕以为，可以册立他为太子。"

李适的一番话，让李泌呆若木鸡。皇帝任性是众所周知的，可任性到这种程度，确实超出了李泌的想象。李泌慌张地说道："陛下，何必如此呢。因为对太子心生疑虑便要废黜他，还要立侄子为太子，这不是失策吗？"

李适吼道："你太过分了，怎么能离间我们父子的关系。"

李泌："舒王是您的侄子，这是您亲口告诉我的。如今您想立他为太子，恐怕以后您就只能好自为之了，千万别指望他来孝敬您。"

李适："事情已经闹成这个样子，你想让朕怎么办？"

李泌："臣确实没想到，您怀疑太子到了这种地步。如今，臣也不用再忌讳什么，必须把话说清楚。自古以来，父子相互猜疑，没有不使国家灭亡、家族倾覆的。陛下可还记得，建宁王是因为什么原因被杀的吗？"

李适："这件事情朕很清楚，建宁王李倓是被冤枉的，当时是肃宗皇帝性子太急躁，背后又有人推波助澜，这才造成的冤案啊。"

李泌："陛下知道，肃宗皇帝信任臣，可臣就是不敢说出建宁王被冤枉的事实，后来臣临走的时候才将心中的想法说出来，当时肃宗皇帝也后悔呀。"

李适态度有些松动："贞观、开元年间，先帝都曾改立过太子，为什么就没有亡国之祸呢？"

李泌："当年，太宗皇帝屡次将国政委托给太子李承乾，因此太子宫聚集了很多大臣，后来魏王李泰阴谋夺位，大将军侯君集这才拉着太子谋反。可即便如此，太宗皇帝还是让长孙无忌和数十名大臣审讯，将案情调查得一清二楚，然后召集百官商议此事，最终将太子和魏王李泰一起废黜。"

李适："你想表达什么意思？"

李泌："希望陛下接受前朝的教训，忍耐几日，派人详细调查此事，如果太子真的有问题，希望陛下采取贞观年间的办法，连同舒王一起废置，然后再册立一位皇孙。如果这样做，君临天下的人仍然是陛下的子孙后代。"

李适："这是朕的家事，你为什么这样极力谏诤？"

李泌："太子从小就很仁厚，长大后一直深居宫中伺候您，从未听说他和外臣接触，谋反作乱。如今，您因为他的岳母犯错便牵连，确实不应该，臣愿意用家族的性命作担保，保证太子不知道其中的阴谋。"

李适："好吧，朕再想想。"

自古以来，卷入到皇帝废黜太子风波的大臣，很少有人能全身而退。在皇帝看来，你为任何一方说话，就说明你已经站队，而大部分皇帝想看到的结果是，你是他的臣子，而非皇太子的臣子。这一次，李泌确实豁出去了。

过了一天，李适单独召见李泌，他痛哭流涕，抚摸着李泌的背说道："若不是你极力进言，恐怕朕现在已经后悔莫及了。确实如你所言，太子仁厚孝敬，对朕没有二心，从现在起，军国大事以及朕的家事都会找你商量。"

话很好听，却让李泌有点高处不胜寒的危机感。

李泌是个有故事的男人，他亲历了皇室各种斗争，看透了各种利益纠葛，人性的虚伪造作，更明白做皇室近臣的危险。在李泌看来，皇帝是世间最奇特的物种，他们是孤独的，没有人可以懂他，也不需要任何人去懂他。皇室斗争，犹如一个地狱黑洞，会将所有站在边缘的看客卷入其中。以诸葛亮的高明，当年在荆州尚且不敢正面回答刘备问的父子之间的问题，更何况他。

话虽出口，李泌却有一丝丝悔意，也有了隐退的想法。

李泌："陛下神圣英明，明察太子无罪，臣报效国家就到此为止了。前天，臣心跳加快，魂不守舍，不能再办理政务了。希望陛下准许臣退休吧。"

李适："多亏你的直言不讳，朕的父子之情才能保全，朕想把身后之事都嘱托给你，使你世代富贵，你怎么突然说出这样的话来了？"

李泌无言以对。

有一天，李适在宫中烦闷，恰好李泌入宫，两人便聊了起来。

李泌："陛下为何情绪如此低迷？"

李适："爱卿，吐蕃又在边疆兴风作浪，朕枉为一国天子，驻守边疆的元帅们找朕要几匹战马，朝廷却死活拿不出来，这个皇帝做得委屈啊。"

李泌："如今战马价格昂贵，要朝廷拿钱出来买，确实是困难。不过陛下如果能够采用臣的策略，几年以后，马匹的价格便只有现在的十分之一了。”

李适：“为什么你能做到呢？”

李泌：“臣其实早已经想好了对策，只不过一直在等待机会，只要陛下答应不生气，臣就说出来。”

李适又急又气：“你怎么老是猜疑朕，快说说什么办法。”

李泌：“朝廷北面结交回纥，南面结交云南，西面结交大食和天竺，吐蕃自然不攻自溃，马匹自然也容易得到了。”

李适不满地说道：“云南、大食、天竺没问题，回纥就算了。”

李泌：“臣知道陛下必然反对，所以没有提前说出来，其实四个国家当中，回纥是最重要的，其他三国按照顺序还应该排在后面呢。”

李适开始有了小孩子脾气，说道：“你别跟朕谈回纥。”

李泌：“陛下，臣身为宰相，您怎么能不让臣说话呢？”

李适：“你说的话朕都听，但是回纥的事情，朕不想去做，你要是想联合他们，还是等朕的子孙后代去做吧。”

历史证明，这些都是前期铺垫，李泌为了解开李适的心结，便假装不知，以一副探究的口吻问道：“莫非是因为当年陛下在陕州受到的羞辱？”

李适正色道：“当年，韦少华等人因为朕的原故蒙受羞辱而死，朕怎么能忘记那些事情。那时国家多难，朝廷才没有工夫收拾他们，想要和他们交好，那是万万不行的，你不用再说了。”

李泌：“残害韦少华的是登里可汗，可他已经被合骨咄禄毗伽可汗杀了，如此说来，合骨咄禄毗伽可汗对咱们大唐还是有功劳的，应当受到赏赐。后来，张光晟杀了数百名回纥将士，合骨咄禄毗伽可汗也未曾怪罪咱们，这难道不是事实？”

李适：“按照你的说法，拒绝与回纥和好，还是朕的不对了？”

李泌：“臣是为了国家，才说这番话的。”

这一番对话，并没有改变李适痛恨回纥的心理，此后一连十五次奏对，李泌都在李适的面前提及与回纥结盟之事，可李适就是不松口。到了最后，李泌急得无可奈何，于是威胁道：“陛下再不答应与回纥结盟，那就让臣辞职吧。”

李适："不是朕不接受你的规劝，而是要和你讲道理，你怎么总是说出辞职的话来。朕不与回纥结盟，不是因为朕受了很多委屈，而是不想辜负韦少华这些命丧回纥人手的忠臣啊。"

李泌："臣觉得，不是陛下辜负韦少华，而是他们辜负了陛下。"

李适大吃一惊："此话从何说起？"

李泌："回纥豺狼之性，陛下万乘之尊，怎么能轻易冒险呢。当年，肃宗皇帝也找回纥帮忙，臣先在元帅府接见，直到临行前，肃宗皇帝才现身相见。韦少华没有做好前期准备，便带着陛下深入虎穴，他们才是大唐的罪人。"

李适："朕与回纥结下的怨仇为时已久，如今找他们讲和，如果他们拒绝，岂不是惹夷狄之人耻笑？"

话说到这个份上，李适已经默认了李泌的提议。

接下来，李泌提了五个条件：第一，合骨咄禄毗伽可汗自称大唐之子。第二，回纥对大唐称臣。第三，每次前来的使者，随员不能超过二百人。第四，互市的马匹不能超过一千匹。第五，不允许携带汉人以及胡族商人到塞外去。

李泌："陛下，如果回纥答应这些条件，咱们就与他们和亲。"

如今的唐朝，更像是元气耗尽，负重前行的老人，关于这一点，李适心知肚明，因此李泌提出这些条件的时候，他找不出任何理由拒绝。李适："那你去试试看吧。"

合骨咄禄毗伽可汗，是登里可汗的堂兄，回纥的第四代君主。在对唐朝的国策上，登里可汗是疯狂的主战派，合骨咄禄毗伽可汗是亲唐派，后来兄弟俩内讧，登里可汗被杀。为了站稳脚跟，合骨咄禄毗伽可汗屡次向大唐示好，希望能迎娶一位公主，因此李泌才有底气说这些话。

据史料记载，合骨咄禄毗伽可汗愉快地答应了李泌的要求，并派遣合阙将军前往长安提亲。李适大喜过望，高兴了好几天，随后下诏将咸安公主嫁给合骨咄禄毗伽可汗为妻，并送了五万匹绢给回纥，以表诚意。

别怪天子割韭菜

贞元三年（787）十一月，时值元旦前夕，朝廷的政治氛围相对轻松，户部官员给李适上报了一个好消息，说关中地区由于年景不错，粮食普遍丰收，老百姓户有余粮，粮价从每斗五百文下降到每斗一百五十文。

李适一声令下：搞和籴（政府强制收购老百姓的粮食）。

贞元三年（787）十二月一日，李适的心情非常惬意，便提议外出打猎，到了新店的时候，他又突发奇想，溜达到农民赵光奇的家中。按照旧制，皇帝出巡会提前安排好行程，过程中不会出现太多的意外，可这一次是例外，礼仪部门并没有提前安排这个环节，更没有叮嘱赵光奇怎么和皇帝老儿说话。

李适这样做，可能是觉得今年年成不错，老百姓心里高兴，不会闹事。进了门之后，李适拿出一副亲民的模样，亲切地问道："老百姓今年高兴吗？"

直到此时，赵光奇也不知道站在面前的是当今皇帝，他想也没想，直接蹦了一句："高兴个啥。"

听闻此言，李适颇为惊奇："你为什么不高兴呢？"

赵光奇："哼，朝廷的诏令毫无信用。"

李适和朝臣们没想到，赵光奇的第一句话就直接批评朝廷政策，此时他们也不便露出身份，只能静静地听赵光奇继续抱怨。

赵光奇："朝廷的政策，是除了两税之外，不再有其他的徭役赋税，可是现在地方政府搜刮民脂民膏比以前还要多。前一段时间，朝廷下旨说要和籴，地方官员直接进村抢夺粮食，我们到现在还不曾见到一个钱子儿。"

李适："和籴是朝廷一直以来执行的政策，朝廷在丰年收购老百姓家的粮食作为国家储备，以便在灾害之年拿出来平价卖给百姓。按理说，朝廷收购老百姓的粮食要给钱的啊，为什么会发生这种事呢？"

赵光奇："官府只说朝廷先征粮，再付钱，老百姓只能相信官府。然而，当我们把谷子和麦子全部运到道路旁边，等着朝廷来装粮时，官府又出尔反尔，说他们没车运输，让我们直接送到京西行营。问题是，我们距离京西行营数百里，一路过去车坏马死，粮食没运多少，自己还要遭殃，您说我们有什么可高兴的。朝廷每次颁发诏令都说体恤百姓，可都是一纸空文。恐怕皇帝深居在九重皇宫，对这些情况是全然不知的吧。"

赵光奇说的正是目前朝廷面临的困局：政令不通，下级官员对朝廷的政策阳奉阴违，更有甚者，利用机会搜刮民脂民膏。在场的都是朝廷的要员，被老百姓当场打脸，心中都会漾起一些羞耻感，也有动力去维护朝廷的面子。更何况，李适亲临现场，只要他开口，一定可以责令宰相班子整改这种歪风邪气。

遗憾的是，李适回朝之后，下诏免除了农民赵光奇的徭役赋税，至于其他的百姓，李适毫无表示。那么问题来了，李适为什么要忽视老百姓的心声，难道他觉得这只是个别现象？真相就是，李适原本就知道官吏欺压百姓，克扣钱粮的恶劣行为，但他不想惩处官员，因为官员的所作所为符合李适的利益。

据史料记载，李泌刚入相的时候，李适就跟他念叨过钱的事，说每年各道进贡的物品值钱五十万缗，今年只得到三十万缗。朕身为皇帝，知道和你谈钱有失体统，但是宫中的费用实在不够。言外之意，李适需要捞钱。

赵光奇一事发生后，李泌彻底明白了其中的猫腻，他劝诫道："天子富有四海，不应该为自己谋财，既然您提到此事，臣就得去想办法解决。这样吧，以后臣每年给宫中一百万缗的钱财，但是希望陛下不要再接受各州道进贡的物品，并停止向各地官府索取财货。"

在李泌眼里，李适就像是长不大的孩子，需要操心的地方太多。可笑的是，李适当场接受了建议，还下了保证，可私下里还在鼓励基层官员给自己进贡，还让他们守口如瓶，千万不要让李泌知道。然而，天下没有不透风的墙，李泌听闻消息之后，对他越发失望，他知道劝阻已经无效，因此有了离朝的心思。

谁料想，尝到甜头的李适变本加厉，竟然搞起了“宫市”。

按照旧制，皇室每年都会消耗大量物资，比如玉石、荔枝是由各地进贡，其他的都是由宫廷宦官出面，花钱采购。当时，李适批了个条子，在长安城的某一个固定的地方开设宫市，商人可以卖东西给皇宫大内，朝廷先收货再付钱。

这样一来，朝廷成了“宫市”的担保方，商人有了利益保证，争相把货品卖给宦官。为了能成为宫廷供应商，商人们送钱送礼，瞬间捧高了宦官的地位。

据史料记载，这些宦官在长安城的东市、西市，以及繁华热闹的城坊曲巷安排了好几百人四处张望，这些宦官被称作“白望”。起初，宦官们挺守规矩，拿了货品，会按时给商人钱财。过了一段时间，他们开始变得不讲究，比如用大内府库中变色陈旧的布帛交换货品，他们看中商品后，不问价格，完全按感觉撕下一定尺寸的布帛交给商人，随后抢走他们的货品。

这还算是有良心的，至少百姓可以拿布帛当抹布。还有些小商贩带着货物上街，晚上只能空着手回家。时间长了，只要宦官上街互市，商人们便提前闭门谢客，甚至连街上卖汤水面饼的人也提早收摊，回家躲避灾难。

曾经有一个农夫，用驴驮着木柴来卖，宦官拿走他的木柴，给了他几尺绢，要求他用驴将木柴送到内廷。说白了，宦官醉翁之意不在酒，如果让驴进了宫，岂有再出来的道理？农夫情商很高，看穿了宦官的心思，于是跪在地上，要把绢还给他们，至于柴火，算是免费给朝廷使用了。

谁料想，宦官直接露出了丑陋面目，打算当街抢劫。

母猪逼急了还上树，更何况是砍柴人，面对宦官们的逼迫，砍柴人怒吼道：“老子家里有父母、妻子、儿女，我还要靠这头驴赚钱糊口，如果你们不打算放过我，我就和你们拼了！”说罢，农夫便胖揍了宦官一顿。

后来，这件事闹到了李适跟前，由于舆论影响太恶劣，李适只能严惩宦官，给砍柴人赏赐了十匹绢，算是息事宁人。很不幸的是，小小的农夫并不能改变宦官欺压百姓的现状，自此以后，老百姓就一直生活在水深火热之中。

李泌：这一生的政绩和忠心都被认可

李适和李泌，就像一对父子。在李泌的面前，李适表现得很乖巧，可背地里却喜欢做令李泌伤心的事。最要命的是，对这个儿子，李泌不能打不能骂，只能暗地里恨铁不成钢。劳心劳力的结果就是，李泌的身体状态越来越差。

贞元四年（788）二月，李泌再一次递交了辞呈："陛下，臣近年来年老体弱，精力不济，臣知道陛下不会放臣离去，希望您能够再任命一位宰相。"

李适："朕知道你很劳碌，只是朕还没有找到合适的人选。"

李泌屡次提出辞职，李适自然知道他的心思，趁着这个机会，李适一本正经地说道："朕的几任宰相都为人诟病。拿卢杞来说，忠实而清廉，强干而耿直，但大家都说卢杞邪恶，朕觉得他实在不是这个样子。"

李泌："大家都觉得卢杞邪恶，唯独陛下不能察觉，这就是卢杞邪恶的可怕之处。卢杞因为私人恩怨杀了杨炎，将颜真卿排挤到蛮荒之地，激怒李怀光，使他背叛朝廷，这些难道不是罪恶吗？全仗着陛下神圣英明，最后将他流放。"

李适："在杨炎的眼里，朕就是个孩子。每当论事的时候，如果朕赞成他，他就高兴，如果朕和他辩论，他就气冲冲地要辞去相位。在朕看来，他是觉得朕不值得和他论道吧。正因为这个原因，朕才杀他，此事与卢杞无关。"

李适继续说道："朕喜欢跟别人谈论治国的经验。崔祐甫狭隘急躁，朕诘问他，他回答得语无伦次，朕知道他的短处，所以能包容他。杨炎能说会道，可态度狂傲，经常动怒，毫不顾及君臣的礼节，朕看到他便来气。卢杞小心谨慎，凡是朕说的，他无不听从，加上他没有学识，不能与朕争论，所以朕信任他。"

李泌："卢杞对陛下的话无不听从，难道就是忠臣吗？"

忠臣和奸臣，其实是中国历史上最有争议的概念。争议的焦点在于，皇帝既是凡人，又是圣君代言人。作为凡人，希望听到顺耳的好话，结交好相处的人，平时能得到别人的尊重，这是皇帝的期望。作为圣君代言人，希望能远离小人，亲近厚德君子，听得进逆耳忠言，这是朝臣对皇帝的期望。很遗憾，这本就是不可调和的矛盾，自制力强的帝王有时候可以放下自己的私欲，忍受臣子对自己的要求，自制力不强的皇帝，恐怕就会坚持自己的利益。

说到底，李适不想和李泌争论忠臣和奸臣的问题。

李适："爱卿，你与他们三人不同。朕如果讲得妥当，你为朕高兴，朕讲得不妥当，你面露愁容。虽然你也会说出刺耳的话，但是朕仔细琢磨过你讲的话，全是你在事情发生以前说的忠告，如果按照你的话去做，就会政治清明，国家安定，如果按照朕的那些想法去做，就会招致危机，引发变乱。"

李泌："臣……"

李适："虽然你的话经常让朕很没面子，但是你的态度和蔼温顺，不像杨炎那样盛气凌人。有时候朕为难你，你并未屈从，也没有逞强好胜的意图，所以朕内心认可你，愿意听你的意见。能用你为相，朕也高兴。"

李泌："您任用过许多宰相，为何不评论其他人呢？"

李适："朕心里自然有宰相的标准。身为宰相，就必须有能力处理朝中的政务，开元时期的牛仙客、陈希烈，只会拍李林甫的马屁，能够被认为好宰相吗？再看肃宗皇帝和代宗皇帝对你，虽然没有宰相之名，但就是把你当作大唐的宰相啊。"

这是一次走心的对话。李适坦白告诉李泌，他知道什么才是好的宰相，可他毕竟是凡人，不想强迫自己走圣君的路线，那样太累。聊天到这个地步，李泌已经无话可说，辞职并不是矫情，而是李泌的身体确实到了油尽灯枯的地步。

贞元五年（789）二月，李泌病入膏肓，再次请求李适任用新的宰相，李适违拗不过，只得让他推荐宰相人选。李泌："御史中丞、户部侍郎窦参，可以兼任度支盐铁事务，太常卿董晋，可以担任门下侍郎。"

不过，李泌对窦参、董晋似乎不太满意，总觉得性格里面缺点什么东西，他的首选是户部侍郎班宏。可李泌对班宏的评价是，清廉强干，但生性拘泥粘滞，所以不建议起用班宏为相。

李适无奈之下，只好发布新的任命："董晋为门下侍郎，窦参为中书侍郎兼度支转运使，二人同中书门下平章事，班宏为户部尚书兼度支转运副使。"

贞元五年（789）三月，67岁的李泌因为重病在身，在长安城去世。

放眼中国历史，能够被四朝皇帝都青睐的臣子，可谓是凤毛麟角。李泌能够周旋于李隆基、李亨、李豫、李适的官场，多次卷到皇室的立储大事，而且每次都能全身而退，堪称是官场奇迹。拿为人做官的标准来说，李泌的个人修行已经达到了无人企及的巅峰。遗憾的是，李泌的历史地位并不高。

古往今来，对臣子的评价维度就是政绩和忠君。如果你有能力，那就做出成绩，让世人敬仰，青史留名。如果你没有能力，那就在皇帝最需要的时候挺身而出，舍身报国。再看看李泌，在皇帝最困难的时候选择了退避，永远是先自保，再寻求东山再起的机会。至于政绩，他似乎没有做出轰轰烈烈的大事情，整个职业生涯乏善可陈。也许，历史给他的时间太少，这也算是他的遗憾吧。

窦参：智商情商都不在线的宰相

李泌去世后，窦参成了名副其实的首席宰相。不过，窦参不是李适的菜，这也让君臣的合作之路充满了各种摩擦。

窦参，陕西咸阳人，高祖窦诞娶了李渊的女儿襄阳公主，窦家升级为皇亲国戚，开国元勋。后来李世民登基，朝代几经更迭，可窦家始终赶不上政治斗争的节奏，慢慢退出了一线贵族的序列。窦家虽然没落，可毕竟有政治根基，刚出山就做了万年县尉。

有一次，窦参的同事在大牢里面值班，有人给他传信说家中老母生病，此人慌乱之下，求窦参帮他顶班。巧的是，那天晚上有人越狱逃走，县令追究责任，本来是坐班的同事负责，可窦参却挺身而出，承担了所有罪责。

此事过后，窦参仗义的名声便传遍了全县。后来，窦参几经辗转，当上了奉天县尉，县里有个叫曹芬的小混混，在外面混了几年，认识了一名长安城中的禁军首领，他用钱财开道，将自己的名字加到了禁军花名册中。曹芬本来就脾气暴躁，无法无天，有了禁卫军的身份，更不把别人放在眼里。有一次，他在家里醉酒，大骂亲妹妹，老父亲劝解无效后投井自杀。

德宗一朝，禁卫军因为屡屡立功，地位极高。不仅如此，禁卫军如果在地方犯了事儿，官府是没有权力处置的，只能将人囚禁起来，然后报给朝廷，由御史台亲自审理处置，如果地方官员私自对禁卫军将士用刑，通常都会被发配边疆。

因此，曹芬父亲跳井自杀的事情，没人敢去招惹，大家的意见都是等曹芬父亲的丧期过后再行处置，其实就是默认了曹芬无罪，想要和稀泥。然而，窦参严词拒绝了众人，他给出的理由就是：子因父生，父由子死，若以丧延罪，是杀父不坐也。也就是说，窦参不想做一般的刑事案件调查取证，而是将此案推到了父子伦理的高度，让众人无法反驳，最终强行将曹芬杖死。

事实证明，要想出人头地，就得干出点惊天动地的大事。

担任县尉期间，窦参本就积累了不错的名声，更何况处死曹芬一事，直接惊动了中央政府，在朝中重臣的干预下，窦参直接晋升为大理寺司直，负责复查全国各地的疑难案件。在任期间，窦参做出了不少成绩，一路青云直上。

说起性格，窦参有点刚直不屈的意思，这一点李适非常喜欢。不过，刚直的极端就是矫枉过正，行事专断，前面已经说过，这是李适最讨厌的类型。因此，李适把窦参晋升为御史中丞、户部侍郎后，并没有让他继续高升的打算。

在窦参的认知里，他自己没有统御群臣的能力，只适合做御史，可命运偏偏如此捉弄，李泌把他捧上了宰相之位。俗话说得好，不想当将军的士兵一定不是好士兵，为了证明自己的价值，窦参决定试一试。对窦参来说，当务之急就是在朝中树立自己的权威，让文武大臣感觉到自己的存在，因此每次在皇帝面前奏事，窦参都是最后一个发言，朝政结束后，窦参都会缠着李适聊工作。

李适本就不欣赏窦参，看到他遇事专断，想要揽权的嘴脸，还有拙劣的政治表演，心里的厌恶感油然而生。此时此刻，窦参如果知道收手，或许能保住自己名声，可他毫无自知之明，反而走上了打击政敌、扶植自己势力的路。

在此之前，窦参和福建观察使吴凑有过矛盾，窦参上位之后，便想着敲打一下。有一次，窦参向李适打小报告，说吴凑患了病，腿脚不好使，建议皇帝派别人取代他，让他直接养老。李辅国、元载等人执政的时候，只要宰相想贬斥某位同僚，皇帝一般都会给这个面子，至少窦参是这样认为的。

不过，窦参这次错打了算盘。吴凑在福建观察使的任上，一直清廉自守，官声非常不错。而且，吴凑和前金吾大将军吴溆是兄弟。奉天之难中，李适想派人到长安探听消息，这是个送命的任务，满朝文武没人愿意，只有吴溆挺身而出，替李适挣回了颜面。这样的渊源，岂是窦参能够挑战的?

李适心里充满了鄙视，为了羞辱窦参，李适表面上答应了他的请求，私下里却让吴凑快马加鞭来京述职。有一天，李适让窦参进宫面圣，和他再次提到了吴凑的事情，窦参坚持说吴凑是个瘸子。

李适："吴凑，你进殿来，给窦相看看你究竟是不是瘸子。"

听闻此言，窦参差点晕倒在地上。说白了，这是李适对窦参赤裸裸的敲打，目的就是给他提个醒，你虽然是宰相，但一切都在我的掌握之中。没过几天，李适便下诏，福建观察使吴凑调任陕州大都督府长史、陕虢观察使，代替李翼之职。这个李翼，正是窦参的亲信。

李适的组合拳打得非常犀利，可窦参却视若无睹，很快便陷入与班宏的斗争之中。前面说过，班宏是李适中意的宰相人选，在李泌的反对下，班宏被任命为户部尚书、度支转运副使。后来，窦参找到班宏，扬言自己虽然是正使，但保证一年之后就会退下来，到时候再向李适推荐他为度支转运使。

窦参说得一本正经，连班宏都信以为真了。然而，窦参却在私底下笼络班宏一手提拔的司农少卿张滂，说是要让他做江淮盐铁转运使。班宏大怒：吊着我的胃口，到头来却把最有油水的职位给我的手下，居心何在？

谁料想，窦参转身就把班宏的话转告给了张滂，原本同为一党的战友就此反目成仇。据史料记载，一直到贞元八年（792），窦参才把度支转运使的位置让给班宏，可为了牵制班宏，窦参强行将张滂提拔成为江淮盐铁转运使。

窦参不做大事，专搞兴风作浪，确实有点不堪。然而，他毕竟是李泌推荐的宰相，为了李泌的名声，李适只能忍气吞声。

贞元八年（792）三月，李适将窦参叫到宫中，对他说："你的侄子窦申名声不好，外界议论纷纷，恐怕你以后也会遭到连累，我劝你还是将他调出京城吧。"

窦参："陛下的意思是？"

李适："窦申有个外号叫喜鹊，你知道是什么意思吗？"

窦参："臣着实不知。"

李适："你身为宰相，平日里提拔谁，不提拔谁，都对窦申讲过吧？朕知道你平日里宠爱他，然而他却到处散布朝廷机密，想要求官的，自然会向他行贿，知道自己要被贬黜的，也要找他打听消息，凡是他登门拜访的，此人必定升官，所以长安城的人都叫他喜鹊。”

客观地说，这种提醒已经很给面子了，可窦参对侄子的宠爱已经到了无可救药的地步，他直接忽视了李适的好意。窦参回复：“窦申虽不是我亲生，但从小就特别关照，臣不愿意他离开京城，臣在此担保，他并没有作奸犯科的行径。”

窦参没有领悟圣意，更没有将李适的意思转达给侄子窦申，反而助长了窦申的胡作非为。没过几天，窦申就爆出了一件丑事，李适再也无法容忍混蛋宰相混迹在士大夫之列，因此决意将窦参、窦申等人拿下。

事情是这样的：窦参在朝中有两个好友，分别是吴通玄、李则之。

吴通玄担任左谏议大夫、知制诰，专门给皇帝写诏书，据说传旨的太监如果拿着别人写的诏书来念，总会觉得很别扭，可只要拿着吴通玄写的东西，念起来都特别带劲。说白了，吴通玄是李适的御用笔杆子，深得宠幸。不过，吴通玄有个死敌叫陆贽，这位老兄经常给李适上千言书，李适虽然没有重用他，却把他视为珍宝。两个文人在皇帝跟前争风吃醋，自然就互掐了起来。

彼时，窦申担心叔父窦参被罢免，陆贽会上位，因此想让陆贽滚出京城。更可笑的是，左金吾大将军李则之听说窦申讨厌陆贽，也在旁边煽风点火，说是要搞点事情恶心陆贽。很快，一封诋毁陆贽的奏折摆在了李适的桌案上。

据史料记载，奏折出自吴通玄之手，内容很煽动人心，不过在下笔的时候，吴通玄刻意隐藏了自己的字体和语法痕迹。然而，李适长期用他写诏书，对他的习惯了如指掌，就算是经过伪装，李适也能一眼就看得出来。

以窦申为首的搞笑犯罪集团爽快地承认了罪行。而就在不久前，窦参还承诺窦申不会作奸犯科，这难道不是赤裸裸的打脸吗？多年来，李适已经养成了一个习惯，可以容忍大臣无能，但绝不接受任何形式的欺骗和背叛。那些欺骗他的大臣，都已经化为尘土，窦参等人当然也不例外。

贞元八年（792）四月，李适发布诏书：贬李则之为昭州司马，贬吴通玄为泉州司马，贬窦申为道州司马。三人还没离开长安，第二道诏书便已经下达：贬窦参为郴州（今湖南省郴州市）别驾，贬窦申锦州司户，赐死吴通玄。这就是李适，信任你的时候，可以宠你上天；不信任你，就可以让你入地狱。

接任宰相的人，正是窦参一党想要打击的政敌陆贽。

窦参到达郴州之后，汴州节度使刘士宁给他送来了五千匹绢，而窦参因为习惯了收礼，竟然笑纳了。有时候，很难判断窦参是智商太低，还是情商太低，如果旁人被皇帝猜忌，都会夹着尾巴做人，可他却是特立独行。

窦参没想到，时任湖南观察使是李巽。窦参做宰相的时候，李巽还是尚书省的一位司长，窦参看他不顺眼，便将他发配为常州刺史，如今李巽担任湖南观察使，而郴州正是他的观察之地。冤家路窄，碰到这种落井下石的机会，任何仇人都不会错过。李巽很快便把窦参收取刘士宁礼物的事情捅到李适那里，而且还帮他润色了一下：藩镇节度使给昔日的宰相送礼。

李适讨厌藩镇节度使，更讨厌权臣结党，窦参占了两项，结局可想而知。李适叫来宰相陆贽，直接摆明了态度，他想杀窦参。然而，陆贽是朝廷律法的坚定执行者，在他看来，窦参的受贿罪可以坐实，但是与藩镇节度使勾结，似乎有捕风捉影的意思，难定他的死罪，希望李适放他一马。

李适："你说的话虽然顾全大局，但是窦参狼子野心，去郴州之后与节度使勾结，其心可诛，为了防患于未然，你身为宰相应该拿出处理意见来。"

李适的意思很明确，宁可错杀也不想放过窦参。然而，陆贽就像一头倔驴，不干就是不干。李适气急败坏，直接下诏将窦参贬到了驩州。

驩州，如今的越南义安省荣市。由此可见，李适对窦参的厌恶已经到了无以复加的地步，以至于想把你贬得越远越好。不过，窦参的霉运并没有结束。李适的怒气还没有消散，太子右庶子姜公辅觐见，说要出家做道士。

李适熟悉此人，性情耿直，经常犯颜直谏，李适认为他情商太低，不适合做高官，因此将他任命为太子右庶子。陆贽上台后，姜公辅游说陆贽，希望通过他的门路，在仕途上更进一步。不过，陆贽回答得很委婉："窦参为相的时候，屡次向皇帝推荐你，但是皇帝好像每次都不高兴。"

姜公辅以为李适讨厌他，所以想以退为进。

李适："爱卿，你为何心生这种想法？"

姜公辅："陛下，窦参对臣说，您对臣有很大的不满。"

李适收到的信息是，窦参吃了熊心豹子胆，将李适和他的对话转述给其他的大臣，而且还把锅甩到皇帝头上。这种行径不仅丑恶，而且丧心病狂，李适急忙下旨，让宦官前去追赶窦参，将他诛杀在前往越南的途中。窦参被杀后，窦申紧接着就被处死，李适还想将窦参的家人全部下狱，剥夺窦家财产，让他们永世不得翻身，多亏陆贽阻挠，这才没有酿成政治惨案。

德宗一朝，宰相层出不穷，可大部分人都不能善始善终。究其原因，中晚唐时期的君权始终压着相权，皇帝有绝对自主权，但皇帝的选人、用人标准太低，对宰相性格的要求高于对能力的要求，再加上李适始终秉持“惩前毖后、治病救人”的宽容态度，以至于宰相们肆无忌惮地贪腐、结党、内斗。

这样的君臣关系，能够为大唐中兴带来希望吗?

宰相陆贽：谋事不谋人

窦参是李泌推荐的宰相，李适觉得不合适，所以罢免了他，新继任的宰相叫陆贽，是李适亲手提拔的，陆贽是不是也会走上悲剧的道路呢?

陆贽（754—805），浙江嘉兴人，出身于县令之家，大历八年（773）中博学鸿词科进士。他有一个人生座右铭:“吾上不负天子，下不负吾所学，不恤其他。”上不负天子没问题，下不负所学也没问题，所谓的恤就是忧虑、担心的意思，他说不必担心和考虑其他的问题，那就大错特错。

事实证明，一个人想要施展抱负，舒适的环境很有必要，这个环境有时候别人会给你，可也需要自己主动创造。比方说，身为朝臣，需要照顾皇帝的情绪，这样皇帝才会力挺你，同殿为臣，需要照顾同僚的情绪，这样会避免不必要的嫉妒，否则就很容易陷入无休止的政治斗争中。很显然，陆贽的座右铭违背了基本的社交规律，这也让他的仕途走得异常坎坷。

据史料记载，李适登基的时候，就已经将才学出众的陆贽从监察御史（正八品）提拔为翰林学士。在唐朝，翰林学士是皇帝的顾问和秘书，日常工作便是帮皇帝起草各种各样的诏书、文章，皇帝想休息的时候，会找他们说话、下棋、赏花等等，因此有“内相”的美称。翰林学士如果加封知制诰的头衔，等同于中书舍人，按照正常的发展轨迹，一般可以升任宰相。也就是说，陆贽二十多岁便成了中央办公厅的成员，地位显赫，前途无量。

陆贽的才华，让李适深深折服，自从担任翰林学士，陆贽一直跟随在李适的身旁。奉天之难，李适和陆贽走散后，李适痛哭流涕，放话谁能帮他找回陆贽，便赏赐千金。然而，喜欢归喜欢，陆贽的性格太耿直，耿直到不会变通，这也是李适最头疼的地方。因此，所有人都做了宰相，可始终轮不到陆贽。

贞元八年（792）四月，38 岁的陆贽终于被李适提拔为中书侍郎、同中书门下平章事，准备大展宏图，实现自己的抱负。然而，此次晋升的不仅有陆贽，还有尚书左丞赵憬，他的头衔与陆贽一样，也是中书侍郎、同中书门下平章事。

按照编制，中书侍郎确实有两人，但是皇帝为了减少内耗，一般只任命一个中书侍郎，同时将两位中书侍郎封为宰相，确实需要勇气。李适这样安排，极有可能不看好陆贽的领导才华，让他上位只是权宜之计。

果不其然，陆贽上台后，因为杀不杀窦参的问题，与李适产生了对立，以至于李治直接绕过宰相班子，让宦官组织了谋杀。试问，一个不与皇帝统一阵线的宰相，李适要他何用？贞元八年（792）七月，陆贽为相三个月之后，班宏去世，陆贽推荐湖南观察使李巽接替他的位置，李适当场表示同意。可没过几天，李适找来陆贽，语重心长地说道："李巽还是继续做他的湖南观察使吧，至于度支使一职，就让司农少卿裴延龄来做吧。"

陆贽彻底蒙了，皇帝的话不是一言九鼎吗，怎么会翻脸比翻书还快？陆贽知道裴延龄的底细，直觉告诉他，此人不可用。陆贽反对道："陛下，度支使干系重大，如果刻薄吝啬，便会生出麻烦；如果宽容，便会让下面贪污成灾。裴延龄是个荒诞虚妄的小人，起用他恐怕会让人心不服，到时候他做得不好，微臣面上无光不要紧，恐怕到时候会有损陛下的圣明形象啊。"

言外之意，李适看人很差劲？李适表示，自己很没有面子，为了证明自己的眼光，裴延龄必须做度支使。做就做吧，谁让你是皇帝呢。

事实上，因为这些小事，陆贽和李适的关系非常紧张，以至于影响到了国家大事。裴延龄事件后，陆贽给李适上了一道奏折，针对边疆军区的管理制度和粮食储备两大隐患，提出了自己的建议。

在管理制度上，陆贽认为非常混乱。

第一，戍边的士兵不由守边的将领管辖。

第二，守边的将领不由元帅统领。

第三，朝廷派宦官去军中做监军，这些人权力太大，而且人数众多，以至于同一个城中，同一个军中的不同官兵，竟然会被不同的宦官监军。

第四，作战指挥权不在前线元帅和将军的手中，而在中央政府。这样一来，边疆数千里的防线上军镇林立，每逢吐蕃侵略，军队之间就缺乏配合，以至于数十万军队如同一盘散沙。

在粮食储备上，边境更是一团乱麻。

李泌改革后，由军镇种植粮食，当地的官府去收购，这样可以鼓励军镇将士开荒，大家都有好处。然而，地方政府在执行的时候，对朝廷的政策阳奉阴违。比如年成好的时候，政府不愿意拿钱收购粮食，反而是城中商人大肆抢购粮食，囤积居奇，等到缺粮的时候再拿出来售卖，牟取暴利。地方有粮食巡院，可他们对朝廷谎报粮食存储数量，以此捞取政绩，实际上仓库里面空空如也。

说白了，陆贽谈到了核心问题:李泌军政改革的基础是粮食、后勤保障不出问题，可如今后勤体系已经接近崩溃。再加上李适收回军权，让大唐的军队各自为政；派遣宦官做监军，让地方军队和中央政府互不信任。如果继续这样下去，大唐中兴真的无望。然而，奏折递交之后，李适没有给出明确的答复。

后来，陆贽接连上了几道奏折，反复强调边镇隐患，李适始终不愿处理。其中的缘由耐人寻味，可有几点应该可以视为李适不理睬的原因。

第一，李适清楚，大唐积重难返，盛世难以再现。改革是李泌主持的，李适也努力推行过，可时过境迁，环境又发生了变化，所以才出现了新的问题。李适有心改变，可几年之后又会重新回到老样子，难道要重新来过?

第二，李适认可陆贽提出的问题，可陆贽只是单纯地提问题，并没有想到解决办法，后续难以执行。而且，在陆贽的奏折中，将许多责任都推到了李适的头上，这让李适非常厌恶。对李适来说，他需要能解决问题的宰相，最好是功劳都是皇帝，罪过都是宰相的相处模式。

第三，皇帝都喜欢听好话，即使他知道好话是假的。李适从成年开始，一直在战乱中度过，回到长安之后，也是过着节衣缩食的日子。他有过雄心壮志，可最终却受到最沉重的打击，这是现实给他的教训。试问，科学家可以踏着失败的脚印前行，好面子的皇帝能吗？李适是皇帝，他需要享受生活，需要有人拍他马屁，需要有人将他推向神坛，维持帝王应该有的尊严。

其实在李适的眼里，陆贽整日里只想着给他谏言，而且说的都是大道理，所以觉得他不够接地气，真正接地气的是他自己。

据史料记载，奉天之难后，李适最喜欢的就是钱财，喜欢地方官员进献宝物供他挥霍，这些贡物被称作“税外方圆”，也称作“用度羡余”。购置宝物的钱，要么从中央的税收中截留，要么对百姓加征税收，要么削减官吏的俸禄，有的官员甚至靠贩卖蔬菜瓜果，给李适赚钱花。如果进献一万缗的宝物，地方官员至少搜刮十万缗钱财，这便是德宗朝的现状！

要说中国历史上擅长割韭菜的皇帝，李适必定榜上有名。

当然，李适还是很照顾朝臣情绪的，比如他搜刮了许多钱财，日子过得很滋润，也希望朝臣能够跟上他的脚步，早日过上小康生活。有一天，李适和陆贽聊天，说道：“爱卿啊，你为人太过清廉谨慎，比如各地官员进献的东西，你应该收下，这样工作才好开展。像靴子、皮鞭之类的小东西，受之何妨？”

这就是唐德宗李适。在皇帝和凡人中间，李适坚定地选择凡人，放弃了皇帝该有的责任。在中国历史上，许多皇帝都有两种复杂的特点，以至于我们很难去评价他们的功劳与过失，比如秦始皇、隋炀帝、李世民等等。然而，李适是个特例，能够想出鼓励宰相贪污的主意，足以说明他是个糊涂蛋。

面对李适的好意，陆贽哭笑不得。结果就是，陆贽搬出了各种律法、典故，强行将李适顶了回去。陆贽有自己的政治抱负，可他遇到的皇帝不中用，而他的情商太低，原则性太强，没有能力改变李适对他的态度。接下来的日子，陆贽继续为朝廷建言献策，可绝大部分奏折都被李适束之高阁，这究竟是谁的不幸？

千古弄臣裴延龄

贞元九年（793）五月，李适发布诏令，赵憬调任门下侍郎，同中书门下平章事。

不过，这不是李适的意思，而是陆贽运作的结果。陆贽上位之后，意识到中书省有两位侍郎，不适合在一起工作，于是让赵憬去门下省办公。这位老兄是个闷葫芦，性格也比较低调，看到陆贽是李适跟前的红人，于是忍气吞声，转移了阵地。

门下省和中书省虽然只有一墙之隔，地位却有云泥之别。宰相在中书省商议政事，门下省的宰相就得屁颠屁颠地跑来，名为宰相，实际上缺乏那种坐镇中枢的尊贵感，赵憬搬到门下省后，觉得憋屈烦闷，于是干脆称病，不理政事。

陆贽的这步棋看似对他有利，其实是一步臭棋。首先，赵憬无意与他争权夺利，可陆贽却让赵憬的颜面丢了一地，这明显是在树敌。其次，赵憬是李适提拔的宰相，陆贽排挤赵憬，难道是对李适的任命不满意？这岂不是挑战皇权？

事实上，李适对赵憬的信任可能还要超过对陆贽。当年，窦参嫉妒赵憬，想要将他贬为刺史，就是李适将此事压了下来。不仅如此，赵憬和李泌关系亲密，李泌多次向李适推荐赵憬。而赵憬去世后，李适追封他为太子太傅，谥号贞宪。

李适提拔一个人，总会有他的理由，比如能力、人品、家世，再不济也有棋子的作用。因此，提拔赵憬，李适一定有他的用意。然而，陆贽的一番运作，让李适无法反对，却又非常不舒服。赵憬刚刚被打压，李适便将尚书右仆射贾耽、尚书右丞卢迈提拔为同中书门下平章事。

四个朝臣同时入相，这种政治格局已经很久没有出现过了。这些人不明白李适的安排有何用意，李适也不指定谁来主事，每逢百官上报国事的时候，他们互相推诿，谁也不愿处理，每逢李适问政的时候，他们便缄口不言。

也就是说，四大宰相同时放弃了他们的权力，这显然不符合李适的利益。为此，李适约定，一人值班十天，后来又改成一人值班一天。想想看，下面的官员前去办事，每次都要对付不同的上级，都要领会不同的意思，该有多么崩溃。

就在政务混乱的时候，度支转运使裴延龄强势崛起。事实上，这人的本事不多，但溜须拍马，八面玲珑的本领可谓独步天下。

当时，裴延龄是度支使，可他心里清楚，自己不是搞经济的料，至于皇帝为什么这么任命，裴延龄不明白，也不想明白。既然做了这个财政部部长，那就要干出点成绩。于是，他上任之后四处调研，访问了许多财政专家，最后得出了一个结论：想要业绩好看，那就多做假账！

没过几天，裴延龄的奏折就上去了："陛下，咱们大唐就一个国库，而每年朝廷财政收入有六七千万贯，财物进出太多，有关部门难以统计。臣建议，在左藏库里分设负库、胜库、季库、月库，把钱财、布帛等东西分开管理。"

李适："准奏。"

紧接着，裴延龄的奏折就来了："陛下，臣兼管度支事务以来，查收各州亏空的钱财八百多万缗，收取各州抽贯钱三百万缗，进贡钱财三十多万缗。臣恳请，将亏空和支出后剩余的钱，全部交给季库掌管，剩余的熟绢交给月库掌管。"

在报告中，裴延龄提到了三笔钱。

第一笔：各州欠朝廷的钱。事实上，这是赤贫老百姓欠政府的钱，这笔钱所有人都知道，但是谁也没能力征收上来。按照现在的口径来说，这是朝廷的应收账款，但是应该作为不可能征收的坏账统计。裴延龄的操作手法就是，设立新的账目，把这笔应收账款写成朝廷收入，让李适误以为国库又多了一笔钱财。

第二笔：各州的抽贯钱。政府规定，在每贯钱中抽取几文，作为朝廷正税以外的收入。然而，这笔钱随征随用，根本没有结余。

第三笔：绢帛贡品。贡品本就属于左藏库的收入，不属于新增财富，可裴延龄通过新设账目，重新统计了左藏库的钱财，让李适误以为多了一笔收入。

说白了，裴延龄玩的就是左手倒右手的财政数字游戏，堪称是中国历史上"干部出数字，数字出干部”的鼻祖人物。那么问题来了，李适难道看不穿裴延龄的小把戏？历史证明，李适心知肚明，他却不想管。

有一次，裴延龄上奏李适，说左藏库过去的管理很混乱，财物遗失的情况很严重，最近经过盘查，在尘土中找到了十三万两白银，已经全部登记在册。还在角落里扒拉出大量的绸缎、布匹，价值一百万贯。这些东西属于新增的财物，应该全部拨到皇宫大内，专供陛下使用。

裴延龄的操作，根本目的是把国库的钱财转移到李适的小金库，供他挥霍享用，李适有什么理由戳穿？李适只能说，干得好，再接再厉。

除了移花接木，谎报收入，裴延龄还有几个很好用的套路。比如信口开河、投其所好；大肆捞钱，满足皇帝。

有一次，裴延龄去长安城西搞调研，发现了一片几亩地规模的池塘，其中长满了芦苇，很适合牧马。回去之后，裴延龄上奏道：“陛下，冬天的时候，宫中马匹在槽中喂养，夏天就应该拉出去放牧。臣近来通过调查，发现长安、咸阳两县有几百顷的大池塘，可以作为内厩放马的地方。”

有时候，开开玩笑无伤大雅，可这件事还是很严重的。想想看，李适如果让内厩的马匹外出觅食，难道要让御马饿死不成？有关部门立即上奏，说京郊没有这么大的水草地，李适派人调查，这才结束了这场闹剧。

还有一次，李适想筹集木材建造神龙寺，需要五十尺的松木，李适清楚，这种木材很难寻找。可裴延龄张口就来：“陛下，臣近来在同州的山谷发现了一片树木，大约几千棵，高达八十余尺。”

此言一出，群臣大惊失色，李适更是目瞪口呆，情绪稳定后，李适试探性地问道：“开元、天宝年间，朝廷曾经下令寻找五六十尺高的树木，回报长安周边并没有，因此得去岚州（今山西省吕梁市岚县）、胜州（今内蒙古准格尔旗境内）等地购买，为何现在又有了这么高的树木？”

裴延龄：“上天生出珍贵的木材，只有等圣明天子出世时才会出现，开元、天宝年间怎么会有呢？”

要说拍马屁的最高境界，就是细雨润物无声，可裴延龄的马屁，总有些浑浊不堪，令人作呕的感觉。不过，李适很享受这种吹捧，尤其是拿他和李隆基相比的高端操作，令他发出了满意的呻吟。

再来说说大肆捞钱，满足皇帝。

有一次奏事，李适对裴延龄说："朕的浴堂院有一根房梁，由于经年太久，被虫蛀坏了，朕很想换掉，可是没有钱，你说怎么办？"

裴延龄："陛下自己有私房钱，用不完的。"

李适诧异地问道："你说的私房钱指的是什么？"

裴延龄："礼经记载，全国赋税应该分成三份，一份供应祭品，一份招待宾客，一份供应国君的膳食。祭品是用来供宗庙祭祀用的。陛下祭祀宗庙虽然恭敬丰厚，但也没用到三分之一。鸿胪卿招待宾客、各国使节，也没用到三分之一。陛下的膳食都很简朴，分给百官的俸禄、伙食钱也都没用完，这些都是陛下的私房钱啊。您用这笔钱修建几十座宫殿都不用发愁，更何况一根屋梁。"

李适欣喜道："经书上真这么说？为什么从没人对朕说过？"

裴延龄："这是经典，一般的儒生是不知道的。"

话已出口，裴延龄自然要去兑现钱财。于是，他上奏道："开元、天宝年间，天下户数将近千万，百官公务繁忙，官府编制都有缺额。如今兵祸刚过，户数减半，一名官员可以兼管几个部门，臣以为，缺员的部门不必补充，把缺额官员的俸禄全部收回，充实府库。"

裴延龄的昏招便是减少地方官府的编制，削减官员数量，为国家节约财政支出，而这节约下来的钱自然就进了皇帝的腰包。

如此昏聩的建议，李适居然照单全收。

数字游戏自然可以邀宠，可李适要花钱，钱从哪里来呢？裴延龄没办法，只好想方设法地搜刮。比如搞工程的时候，在长安城捕捉工匠，强迫他们为朝廷做工，然后打着朝廷的幌子不付工钱，把节省下来的钱留给李适挥霍。

裴延龄直接秀出了自己的下线，这让朝廷也跟着他蒙羞，大部分人碍于他的地位，不敢挑战权威，可还是有朝臣犯颜直谏。比如左补阙权德舆、盐铁转运使张滂、京兆尹李充、司农卿李铦等人。悲剧的是，朝臣越指责裴延龄，李适越信任他，他好像要故意证明，所有人都是错的，只有他对。

群臣无可奈何，直到宰相陆贽公然挑战。

由于陆贽的奏折太多，难以全部写上来，只能大致地盘出逻辑：声称李适从登基以来，确实吃了不少苦，大臣们都理解。可事实证明，古来圣君只要把国家治理好了，放在国库里面的钱和私库里面的钱根本没有分别。

当然，有一部分说得特别激烈，可以作为引证。

陆贽："如果陛下觉得多收赋税能换来军事胜利，建中年间的搜刮已经证明没有成效；如果陛下认为多捞钱可以据为己有，建中年间的积蓄也都化为乌有；如果陛下认为放纵欲望不会妨碍国事，建中年间的教训足够深刻了；如果陛下认为百姓的埋怨不会危及国家，建中年间的灾难肉眼可见。"

陆贽："臣身为宰相，难道不会看陛下的脸色行事？难道不会借病引退，保全自己的名声？又何必自找苦吃，与裴延龄对抗，有违陛下的欢心。臣经历过奉天之难，现在想起来仍然心惊肉跳，害怕重蹈覆辙。因此，臣不想保持沉默，臣所做的一切，只是想唤醒陛下的英明睿智，为这个国家考虑。"

只能说，我欲将心向明月，奈何明月照沟渠。

在李适眼里，陆贽说得都有道理，然而这个世界不是你有道理就会尊重你，不是掌握真理的人都会有好下场。在李适眼里，陆贽根本没有照顾到他的面子，反而是将他置于朝臣的对立面，树立成一位无所作为的昏君形象。在李适看来，陆贽就是一个沽名钓誉，为自己捞取清廉和能干名声的弄臣。

难道逃出长安，避难奉天的责任都应该由皇帝一力承担，至于臣子，只需要动动嘴皮子，站在道德的制高点对他指责一番就可以了？李适发怒了，他将陆贽的奏章狠狠地摔在地上，心中的怒火久久难以平息。自此以后，李适对陆贽的态度明显改变，凡是陆贽给他提建议，李适不再对他褒奖，而是一概不准。

贞元十年（794）十一月，陆贽又是一记重炮，在群臣中炸开了花。

陆贽讽刺道："秦朝的赵高指鹿为马，就事物的常理来说，鹿和马尚且属于同类；裴延龄将存在的东西说成不存在，不存在的说成存在，简直是虚妄。如今，裴延龄的名声已经传遍全国，官员、百姓都在纷纷议论，但是进言的又有几个，臣身为宰相，必须把实话都说出来。”

贞元十年（794）十二月，陆贽打算邀约赵憬共同弹劾裴延龄，赵憬当场承诺，陆贽尽管开炮，到了皇帝面前，他一定会在旁边帮腔。

不可否认，陆贽是一位忠臣，放到任何朝代，他都会得到这样的评价。然而从政治智慧来说，陆贽不太合格，至少连自保的能力也没有。此时此刻，他还在寄希望于对自己充满恨意的赵憬，殊不知，赵憬早已经投靠了裴延龄，并且将他平日的一言一行全部告知了他。等待陆贽的，是敌人联手挖的一个大坑。

开炮之前，裴延龄提前告知李适，陆贽正在组织朝臣，准备弹劾他。如此一来，拉帮结派的人变成了陆贽，李适的怒气可想而知。当陆贽炮轰裴延龄时，李适的脸色铁青，而站在一旁的赵憬风轻云淡，完全没有出手的意思。

此事过后，李适直接下诏，宣布陆贽不再担任宰相，而是调任太子宾客（正三品的养老职位）。陆贽虽倒，可身边还有一帮铁杆粉丝，比如京兆尹李充、卫尉卿张滂等人，裴延龄一直在等待机会，将他们一网打尽。

贞元十一年（795）二月，本该是草长莺飞，万物繁荣的早春时节，可却一直干旱无雨，裴延龄再次无中生有，进谏道：“陆贽、李充等人因为受到陛下的斥责，心中怀恨，于是诅咒大唐今年干旱无雨，老百姓流离失所，军中发不出饷银。”

军中发不出饷银是真的，可都是因为裴延龄给李适捞钱，克扣军饷，如今裴延龄的嘴唇微动，就把锅甩给了陆贽等人，手段何其之高。紧接着，李适出城打猎，驻扎在京郊的禁卫军首领找李适告状，说军中马料一直没有拨付下来。

李适已经被裴延龄洗脑，他只能把责任归到陆贽的头上。李适明白，军队不满朝廷的赏赐发动兵变已经不是头一次，这件事必须尽快处理。

贞元十一年（795）四月，李适将陆贽贬为忠州别驾，李充贬为涪州（今重庆市涪陵区）长史，张滂贬为汀州（今福建省龙岩市及周边）长史，李铦贬为邵州（今山西省运城市垣曲县）长史。按照李适的习惯，接下来陆贽会接连被贬，然后被赐死在路上。然而，太子李诵、谏议大夫阳城、左金吾大将军张万福轮流进谏，最终迫使李适压住怒火，为陆贽争取到了生机。

忠州境内，陆贽待了十年时间，被贬之后，他变得更接地气，不再关心朝廷的斗争，而是把心思都放在老百姓身上。由于忠州地处山林之中，疾病横行，老百姓苦不堪言，陆贽收集民间的医学资料，编写了一部多达五十卷的《陆氏集验方》，一直流传至今。

永贞元年（805），唐顺宗李诵继位，想起了这位忠贞耿直的大臣，便下诏将其召回长安，想要重新重用他，可诏书还没到，54岁的陆贽便死在了忠州别驾任上。

陆贽一生政治思想丰富，为世人所推崇，但是却遇到了昏聩的李适，以至于许多改革的建议被束之高阁。有时候，人真的要认命。

宦官集团崛起了

李适的昏，不是天生的昏，而是有选择的昏。

在裴延龄和陆贽之间，李适为了自己的私欲选择了裴延龄，李适又知道裴延龄是一个小人，专门做一些无中生有的事情，所以对他虽然亲信，但并不重用。于是，就出现了一个有趣的现象，陆贽离朝，裴延龄并没有入相，陆贽去朝的第二年，裴延龄在长安城去世。

至于李适，也在陆贽去朝后有了很大的转变，他不再信任宰相，对御史、刺史、县令以上的官员，他都是亲自选拔任用，不再经过宰相部门，这样中书省、门下省等宰相机构几乎形同虚设。也就是说，相权被削弱了。

问题是，权力永远不会消失，只会在不同的利益集团进行重新分配。相权衰弱，皇帝集权，这对李适是好事。然而，李适偏偏是个奇葩，他爱财爱享乐，让他整天处理朝政，比杀他还难受。于是，李适将他的君权再次进行了分配。在瓜分权力的盛宴中，得利最多的就是神策军和宦官集团。

奉天之难后，李适觉得武将不靠谱，于是让亲信宦官统领神策军，官方称谓叫左、右厢都知兵马使。796 年，左、右神策军的高级将领编制如下：

大将军：各一人，正二品。

将军：各四人，从三品。

统军：各二人，正三品。

护军中尉：各一人，宦官统领。

中护军：各一人，宦官统领。

在神策军内部，保留大将军、将军、统军等职位，但神策军的实际指挥权在护军中尉，也就是宦官的手中，因此宦官才是最高级别的领导。

第一任神策左军护军中尉：窦文场。

第一任神策右军护军中尉：霍仙鸣。

第一任神策左军中护军：张尚进。

第一任神策右军中护军：焦希望。

李适重视神策军，自然有他的道理。当时，神策军编制多达十五万，至少肩负三大使命：拱卫京城，做天子禁军；奉命出征，征战藩镇，河朔三镇叛乱，神策军就起到了很大的作用；巡视西北，监督关内诸军，军镇防御吐蕃，神策军也防御吐蕃，但也在监视藩镇军队，只要他们有异动，神策军就能及时应对。

正因为神策军的地位重要，李适才愿意给他们更多的特权。比如，工资待遇是一般军队的三倍，而且经常发放奖金。比如，朝廷的御史、刑部无权管辖神策军，神策军的问题，均由皇帝和神策军内部领导解决。

神策军的战斗力越强，对李适越有好处。可大家都知道，李适是一位奇葩的皇帝，尤其是执政后期，李适对金钱的迷恋到了走火入魔的地步，以至于把手伸到了自己的神策军。当时，神策军有个不成文的规矩：长安以及州县的商户，向朝廷缴纳一定的“会员费”之后，便可以将自己的名字挂在禁卫军名下。

也就是说，商户用一笔巨款换来一个禁卫军编制，以后就可以拿着高工资，获得法律的豁免权，还不用入伍征战。有这样好的事，有钱人自然趋之若鹜。很长一段时间，禁卫军都是在混乱的状态中混日子。然而，谁也没有办法，谁叫李适是皇帝呢。

德宗朝后期，李适对宦官有着本能的依赖，依靠他们敛聚钱财，依靠他们执掌禁卫军，这是肉眼可见的事实。那么问题来了，是不是宦官就一定不靠谱，朝臣和将军就一定靠谱呢？历史证明，没有案例可以证明宦官比朝臣忠心，也无法证明朝臣就一定比宦官邪恶。历史上有王莽、曹操等篡权夺位的权臣，也有秦朝赵高、东汉张让等发动政变的权宦。要想在政治风波中不翻船，还是要看皇帝是不是足够强势，能够威慑心怀叵测的人。

很显然，李适完全没这个本事。

贞元十三年（797），徐州节度使张建封向李适进言，希望能取消宫市。李适断然拒绝。随后，李适的舅舅，京兆尹吴凑也表达了同样的想法。然而，他们引起了宦官集团的联合反对，李适碍于压力，没有打压吴凑，可为了讨好宦官，将给吴凑出主意的右金吾将校赵冶、田岩发配到寒冷的内蒙古，以示惩戒。

紧接着，李适将毫无军功的宦官窦文场加封为骠骑大将军（从一品），和太子太师、太子太傅、太子太保平齐，仅次于太尉等职。

有一次，霍仙鸣生了一场病，李适便给他赏赐了几十匹战马，还下令在各地的寺庙为他祈福，可是没过多久，霍仙鸣便一命呜呼。李适气急败坏，认为是服侍霍仙鸣的禁卫军随从暗中下毒，一口气杀了几十人才作罢。

有了皇帝的爱，一个霍仙鸣倒下，还有千千万万个霍仙鸣站起来。在李适的放纵下，宦官集团终于将权力的触角伸向了藩镇。

贞元十五年（799），淮西节度使吴少诚叛乱，护军中尉窦文场将夏绥节度使韩全义推荐给李适，希望让他担任最高统帅，率领十七道军队一起讨伐吴少诚。

韩全义就是宦官集团的提款机，每年给宦官奉送的金银珠宝不计其数，可唯独不会带兵打仗。每次召开军事会议，韩全义拿不出主意，只能眼巴巴地看着监军宦官。宦官们七嘴八舌，自说自话，也拿不出个统一的方案，韩全义只好谁也不得罪，在众多方案中徘徊不定，直到大战前夕也无法指定作战计划。

贞元十六年（800）二月到五月，天气逐渐炎热，军中疾病盛行，军心不稳。官军在溵水和叛军仓促交战，在韩全义的带领下，官军一败再败，最后不得已，李适只得下诏赦免吴少诚的叛乱行为，并给他们官复原职。

按照惯例，韩全义前线战败，让朝廷蒙羞，肯定要承担失败的罪责。然而，这位老兄有窦文场和数十位宦官做靠山，回到长安后，宦官集团轮番在李适面前美言，夸赞韩全义是不可多得的帅才。可笑的是，李适竟然信以为真，还准备在大明宫麟德殿举行盛大的晚会，招待韩全义等人。

一国之君，不以战败为耻，反而盛情招待败军之将，堪称历史奇迹。据史料记载，为了避免尴尬，韩全义干脆称病在家，只派自己的司马崔放去给皇帝认罪。然而，李适却笑嘻嘻地安慰崔放："崔爱卿啊，韩全义作为大军招讨使，能够让吴少诚投降朝廷就是大功一件，不一定非要杀人才是功劳嘛！”

节操是个好东西，可李适完全没有。客观地说，此时的宦官集团就像是一个处在暖箱中的襁褓，不管是君权还是相权，都有能力对付宦官。可悲的是，李适就像是宦官集团势力膨胀的催化剂，让他们一步步攫取大唐的权力，让他们的势力不断地坐大，以至于盘根错节，最终到了失控的地步。

何谓翰林学士

大唐，一个曾经辉煌无比，万国来朝的世界帝国，就这样无声无息地走向了衰败之路，甚至连回光返照也没有出现过，一派死气沉沉之象。帝国主宰李适，为了释放压抑已久的私欲，杀光了为他前仆后继的仁人志士，带着一群无能宦官，不亦乐乎地啃噬着自己的江山。

永贞元年（805）元旦，63 岁的李适在大明宫接受文武大臣的新年祝贺。

李适问司礼官："今日何人没有到场？"

司礼官："太子李诵尚未到来。"

李适："为何？"

司礼官："据说太子病重，几乎难以起身。"

李适听说太子李诵的情况后，流着眼泪，长吁短叹，群臣不明所以，没人敢出言安慰。本该是喜庆愉悦的一天，最后却在压抑的气氛中草草结束。李适回宫后，身染重病，且一日重过一日，连续二十余日罢朝，朝野上下愁云惨淡。

永贞元年（805）正月二十三日，64 岁的李适在大明宫会宁殿突然驾崩，在位二十六年。李适为何突然驾崩，史书没有记载。而且，李适临死前，没有叫大臣到内廷立下遗诏，也没有交代身后之事，一切都是那么突然。

时任太子李诵（761—806），是李适的嫡长子，李适登基后，李诵就被立为太子，因此做了二十六年的储君。

在中国历史上，太子可谓最高危的职业，这个位置被皇帝猜忌，被敌对的政治势力打压，被亲兄弟觊觎，可谓强敌环伺。而且，能够成功登上皇位，不是靠资历，更不是靠才华和能力，而是靠运气和机缘。汉武帝的太子刘据，做了二十一年太子，最后被冤杀；李隆基的太子李瑛，做了二十二年太子，最后被政敌杀死；康熙帝的太子胤礽，两度入主太子宫，做了三十八年太子，最后仍然逃脱不了被废的宿命。做了二十六年太子，最后当上皇帝的，李诵算是独一份。

关于李诵储君生涯的记载，史料屈指可数。只知道，李诵的隶书书法非常出色，经常为老爹起草诏书。奉天保卫战，李诵身先士卒，率领大军抵抗朱泚的叛军，立下不少功劳。总而言之，李诵是一位优秀的年轻人。

说起李诵储君生涯最大的危机，应该就是郜国公主厌胜案。当时，李诵被李适猜忌，几乎就要被废，多亏李泌强势干预，这才让李适回心转意。此事过后，李诵低调了将近十六年时间，做得比较高调的事情，也就两件。

第一件事就是陆贽被罢相，李适想赶尽杀绝，李诵勇敢地站了出来，救了陆贽一命。第二件事便是李适在鱼藻宫大摆筵席，邀请宫廷乐师助兴，欣赏湖中美景之时，曾经问过太子李诵："当此情景，你有何感想？"

李诵的回答非常巧妙，他给李适背了一段《诗经·唐风·蟋蟀》，其中有一句叫作"好乐无荒"，意思就是美好的时光我们都应该享受，但是作为一个优秀的人，不会因此而荒废自己的事业。

不是李诵不优秀，在强敌环伺的情况下，李诵只能低调谨慎。朝政大事，李诵能不碰就不碰，李适的奏对，李诵能中立就中立，有空的时候，绝不踏出太子宫半步。然而，如此压抑的生活，几乎是违背人性自由的，时间久了，李诵的内心非常忧郁，以至于严重影响了李诵的身体健康。

贞元二十年（804）九月，李诵身染中风之疾，也就是急性脑血管疾病，得这种病的人通常口角歪斜、语言障碍，严重的会半身不遂乃至死亡。李适突然驾崩，李诵卧病在床，大唐群龙无首。宰相们想的第一件事便是稳定局势，迅速完成权力交接。

当时，朝臣叫来了起草诏书的翰林学士郑絪、卫次公等人，让他们迅速为李适起草一份传位给皇太子李诵的遗诏，以安定人心。可就在此时，宦官带着禁卫军来到班房，大声质问道："内廷还没有商议出到底谁来继承皇位呢。"

此言一出，群臣惊慌失措。有唐一朝，谁都干涉过新皇登基的事，唯独宦官集团没有先例，这是要干吗？现场剑拔弩张，气氛非常不友好。事实证明，太子李诵和宦官集团没有直接的矛盾，也没有历史恩怨，宦官集团这么着急，无非是担心李诵身体不好，无法登基，会造成宫内的混乱。

关键时刻，卫次公不卑不亢地说道：“虽然太子身患疾病，但毕竟是先帝的嫡长子，朝廷内外人心所归。如果没有别的办法，也应该册立太子的长子广陵王李纯（也就是后来的唐宪宗）。否则，肯定要出大乱子。”

宦官集团无言以对，因为这已经是最好的办法。

当时，李诵在太子宫养病，听说朝野人心不稳，于是强撑着病体，拖着麻鞋现身，安慰了宫中的禁卫军，并宣布在二十六日举行登基仪式。

永贞元年（805）正月二十四日，朝臣在大明宫宣政殿宣布了后来才写的皇帝遗诏，皇太子李诵身穿丧服接受了朝臣的祝贺。

永贞元年（805）正月二十六日，李诵在大明宫太极殿正式登基称帝。即便到此刻，依旧还有许多禁卫军不相信登基的是太子李诵。他们私下里伸着头，往殿里望去，发现确实是他们熟悉的那个身影，这才流出眼泪，说“是真正的太子”。

一朝天子一朝臣。

李诵为人很低调，为了自保，刻意避开了复杂的朝局，可他并不是没有理想追求的皇帝。早在太子宫的时候，李诵便扶持了自己的一班人马，他们就是历史上赫赫有名的“二王八司马”改革集团。

二王：王叔文、王伾。

八司马：韦执谊、韩泰、陈谏、柳宗元、刘禹锡、韩晔、凌准、程异。

王叔文（753—806），越州山阴（今浙江省绍兴市）人，因为擅长下围棋，被李适安排到东宫，作为李诵的侍读。这位老兄胸怀大志，心机深沉，虽然是围棋老师，却时常拉着李诵讨论国家大事，深得李诵的尊重。

王伾，杭州（今浙江省杭州市）人，写得一手好字。

有一次，李诵与王叔文等人谈到了宫市的弊端，众人都认为皇帝老儿这件事办得很不地道，不是长久之计，并希望太子牵头给李适上书。

李诵说：“寡人正准备就此事尽力进言。”

大家看到太子有担当，赞赏之情溢于言表，唯独王叔文坐在那里一言不发。众人退走之后，李诵问道：“先生刚才一言不发，是为什么？”

王叔文：“您身为太子，只需要关心陛下的身体和饮食，不要过问朝政。陛下在位已久，如果有人趁机挑拨离间，说殿下收揽人心，您该怎么解释？”

李诵也知道老爹猜忌心很强，可太子宫这么多幕僚，唯独王叔文愿意为李诵考虑前途，这让他非常感动，于是渐渐将他引为心腹。王叔文看好李诵的前途，不管为了他自己，还是为了李诵，都需要培植势力。为此，王叔文开始广泛结交同党，韩泰、陈谏、柳宗元、刘禹锡、韩晔、凌准、程异等人相继被团结到李诵的周围，其中最被王叔文看重的就是刘禹锡和柳宗元。

王叔文是李诵的首席幕僚，不仅谈论军国大事，还给李诵说以后某某可以做宰相，某某可以做将军。

王叔文结交大臣之时，李诵也是乐见其成，他还为王叔文介绍了一个非常关键的同盟——翰林学士韦执谊。这位老兄聪明有才，能诗善文，以进士入仕，官拜右拾遗，供职翰林院，长期跟随在皇帝的身边。

有一次，唐德宗李适过生日，李诵献佛像贺寿，李适吩咐韦执谊为佛像写赞文，完事之后，李诵的赞美不绝于耳。李适便打趣道：“太子啊，既然你觉得写得不错，是不是应该赏赐他呢？”于是，李诵便给韦执谊赏了不少缣帛（双丝细绢，非常名贵）。紧接着，韦执谊到东宫拜谢，李诵对他说道：“韦学士知道王叔文吗？他是难得的人才。”韦执谊自然不会放过结交未来皇帝的机会，他按照李诵的吩咐，开始与王叔文密切交往，建立了非同一般的友谊。

李诵做皇帝后，病情日渐加重，只能在内廷休养身体，嫔妃牛昭容、宦官李忠言在左右服侍，至于太子集团的成员，只有王伾一人进宫。李诵如果有旨意，便让牛昭容、李忠言转达给王伾，王伾再转告给坐镇翰林院的王叔文。至于中央朝廷，交给了尚书左丞、同中书门下平章事韦执谊。

李诵因为身体原因，无法执行自己的君权，这就给了王叔文集团、宦官集团，包括后宫嫔妃参与朝政的机会。

永贞元年（805）二月，李诵的病情似乎有些好转，这才开始和百官见面。为了让王伾和王叔文等人上位，李诵进封王伾为左散骑常侍，依旧保持翰林待诏的身份，封王叔文为起居舍人、翰林学士。

讲到这里，有必要介绍一下晚唐崛起的权力部门——翰林学士院。

唐朝初年，只设立了翰林院，专门供养一些有才艺的人，比如吟诗作赋的文辞之士，饱读典籍的经学之士，算卦者、杂耍者、司棋者、论道者、念佛者、求仙者、书画者，吹拉弹唱，三教九流，无所不有。由于他们在翰林院里随时等候皇帝的召见，所以被称为翰林待诏，也叫作翰林供奉。

唐玄宗执政时期，情况开始发生了变化。李隆基的文人气息非常浓，他认为诏书不仅要传达皇帝的旨意，还要写得华丽，以彰显大唐深厚的文化底蕴。与此同时，李隆基认为中书舍人是外朝的人，有时候诏书还没发布，外界就已经知道了皇帝的意思，根本就没有保密性可言。于是，李隆基在翰林院找了一群精通文辞、学识渊博的文人帮他起草诏书，代替了中书舍人的部分职责。

这帮人掌握机密信息，加上学问深厚，李隆基觉得他们与翰林供奉不是一个路子，于是在翰林院的南面修建了翰林学士院。就这样，翰林学士在翰林学士院办公，主要从事政治决策、政治顾问、起草诏书的工作。翰林供奉继续在翰林院办公，主要陪皇帝下棋、赏花、吟诗、喝酒。

中唐晚唐时期，翰林学士院不仅从中书舍人那里拿到了起草诏书的权力，还从宰相那里分割了一部分参政的机会，职责堪比中央军委办公厅。客观地说，翰林学士院是唐朝最高级别的文人机构，为世人称羡，而整个部门只有六个人，职级虽然不高，却是天子最信任的人，可谓是影子宰相。

李诵登基的时候，郑絪、卫次公、李程、张聿、王涯、李建六人在岗，编制已满。李诵在保留编制的前提下，陆续将王叔文、凌准、王伾塞进翰林学士院。在李诵的安排下，形成了以翰林学士王叔文为外廷核心，翰林学士王伾为内廷核心，韦执谊为执行核心，刘禹锡、柳宗元等人作为成员的执政集团。

王叔文花样作死

永贞元年（805）二月二十四日，李诵登临大明宫丹凤门，宣布诏令：

第一，大赦天下。

第二，各种名目的租税拖欠，一律免除。

第三，在固定的贡品以外，停止所有的贡物进献。

第四，免除盐铁使每月进献的月进钱。

第五，废除宫市制度。

第六，废除五坊。

简单的几条政令，直接掀开了打击利益集团的改革序幕。

第一条、第二条都好理解，为老百姓谋福利，收买人心。

第三条，阻止基层官员打着皇帝的名义，搜刮民财的行为。

第四条，当时盐铁转运使将国库的收入拿出来，单独孝敬皇帝，还有一部分直接进了官员的私人腰包，导致国库收入锐减。李诵的意思是，以后这笔钱他不要，某些贪腐的官员也别想继续要。

第五条，宫市的背后是庞大的宦官集团，还有皇族的利益。李诵主动拿宫市开刀，其实是打击宦官集团的经济利益。

第六条，大唐立国开始，狩猎活动就是权贵阶层的最爱。诗人王昌龄在《观猎》中写道:“角鹰初下秋草稀，铁骢抛鞚去如飞。少年猎得平原兔，马后横捎意气归。”写的就是唐朝的狩猎氛围。当时，皇帝在内廷设立了五坊使（雕使、鹘使、鹰使、鹞使、狗使），专门负责管理皇帝的鹰犬，供他狩猎时使用。

五坊使的头目是宦官。起初，五坊使就是皇帝的小跟班，李适后来想着捞钱，五坊使便在民间招募了许多地痞流氓，让他们打着五坊的名义，在民间捕捉小动物。这帮人把捉鸟的网放在老百姓的家门口，或者放到取水的井旁边，老百姓如果出门，他们便以干扰公务为由，勒索百姓的钱财。至于出门吃霸王餐，殴打无辜老百姓，更是他们每日都要做的功课。

据史料记载，这些都是李诵早就知道的朝廷弊端，他做太子时就想奏请老爹进行改革，至于王叔文集团在改革中做了多大贡献，我们不得而知。至少《资治通鉴》《新唐书》《旧唐书》都没有明确记载这些是王叔文的建议。相反，史料记载了几件事，可以让我们更清晰地了解翰林学士院的真实面目。

据史料记载，在翰林学士院，以王叔文为首的文人除了处理公务，就是互相溜须拍马。比如，今天你夸我是伊尹，明天我夸你是周公，你说我是管仲，我捧你为诸葛亮。在他们眼里，自己就是天之骄子，没人可以比肩。

就拿王叔文来说，上位之后，和他关系紧密的朋友，都被安排到朝中担任要职，只要愿意拍他们马屁的，一律提拔重用。为了显示自己的能力和地位，他们经常在人前吹捧自己有识人之明，还对人说："你过不了多久就会升官！"

自从王叔文集团得势，他们的家门口便车马往来，门庭若市。据史料记载，某些官员为了一睹王叔文和王伾的容颜，甚至跑到他们府邸附近的饼店、酒肆过夜，以至于店家的住宿费竟然涨到了一千文。最可笑的是王伾，他专门制作了一个收藏金钱丝帛的大柜子，每到晚上，他和老婆便在柜子上就寝。这种说法虽然很夸张，可也从侧面反映出王叔文集团的社会风评确实不太好。

当然了，王叔文要执掌权柄，结交朝臣，就必须有足够的钱财开道。为此，他盯住了盐铁转运度支使的位置。不过，王叔文不懂经济，为了掩人耳目，他捞到了度支副使、盐铁转运副使的宝座，然后让杜佑担任了正职。这位老兄性格和善，不喜欢追名逐利，直接将一把手的权威转让给了王叔文。

客观地说，改革集团有自己的小圈子很正常，这样推进工作比较高效，可前提是所有工作都是为了国家利益、为百姓的幸福着想。然而，王叔文集团似乎不太想干实事，他们最大的兴趣就是拉拢有价值的朝臣，密谋打击潜在的政敌。

朝中有位御史中丞叫武元衡，是武则天的曾侄孙。这位老兄天资聪颖，才华横溢，靠自己的本事通过科举考试，还中了状元。德宗一朝，武元衡的表现就很出彩，李适甚至给出了最高评价：这个人有宰相的才能。

当时，王叔文想获得御史台的控制权，觉得武元衡是不错的提线木偶，因此让人带着礼物去游说武元衡。王叔文没想到，在武元衡的眼里，翰林学士院就是一帮乌合之众，跳梁小丑，因此强势拒绝了王叔文的要求。王叔文觉得面子掉了一地，气急败坏之下，参了武元衡一本，将他撸成了太子左庶子。

侍御史窦群，忠贞耿直，与世无争，素来以节操闻名。据说，他的母亲去世后，他咬下一根手指放在棺材，希望能永久地陪伴母亲。当时，王叔文等觉得自己是天大的人物，厌恶窦群的高尚情操，便将他列为翰林学士院的公敌。

有一次，窦群前往王叔文的家中拜谒，王叔文因为嫉恨窦群，想羞辱一下窦群，因此让下人将家中的座椅全部撤掉。窦群进门之后发现，自己竟然没地方可坐，顿时就明白了王叔文的意思。

窦群:“有些事情不到最后，很难见分晓。”

王叔文:“你指的是什么事情？”

窦群:“过去，宗室的李实仗着恩宠和尊贵的地位，在很长一段时间里都压制着群臣。当时，你王叔文不过是一名小官，如今你爬到了他的高位，怎么知道身边没有像你那样的人呢？”

直到此时，双方算是彻底撕破了脸。接下来，王叔文集团日夜密谋，打算将窦群贬到异地他乡为官。幸运的是，王叔文结党弄权的行为已经引起了许多朝臣的不满，就连战略伙伴韦执谊也看不下去，最终出面将窦群保了下来。

唐朝自建朝以来，出了不少权臣，长孙无忌、杨国忠、元载等等，但无一例外，他们都有宰相的头衔，因为位高才能权重。顺宗一朝，宰相分别是贾耽、杜佑、高郢、郑珣瑜、韦执谊，王叔文只是翰林院学士，就因为他是李诵的政治形象代言人，就敢在朝堂呼风唤雨，确实是一件奇葩的事情。

宰相之中，韦执谊是王叔文集团的决策执行人，其他人基本就是摆设。尤其是贾耽，明明是资历最老的一位宰相，最后却被逼得辞职还乡，称病退隐。

有一次，贾耽等人在中书省就餐，按照规矩，其他人不能去打扰，可王叔文偏偏不信这个邪。他走进中书省大堂后，嚷嚷着要值班的官员去叫韦执谊前来商议事情，值班官员回报，现在是宰相们难得的休息时间，不宜打扰。

王叔文立马大骂值班官员不说，还大声吼叫，让韦执谊迅速出来相见。韦执谊毕竟是宰相，被一个翰林学士呼来喝去，觉得很没有面子。如果出去相见，就会威严扫地，如果不出去，又怕得罪王叔文。

历史证明，韦执谊不仅出来了，还陪王叔文在办公室单独吃了饭。杜佑、高郢、郑珣瑜听说之后，义愤填膺，痛心疾首，却又无可奈何。是啊，人家是皇帝跟前的红人，虽无宰相之名，却有宰相之实，谁能斗得过他？据史料记载，郑珣瑜立马走出中书省，牵着马回了家，从此以后，不再过问政事。

王叔文集团弄权的时候，李诵的身体状况越来越差，李诵每天都会上朝，却是口不能言，每逢群臣奏事，只能点头示意。大家都看出来了，李诵的日子已经不多，为了朝局稳定，必须确定太子的人选。

太子就是未来的皇帝，只要有拥立之功，不愁将来没有前途。很快，朝廷就出现了两派势力，一派是王叔文集团，一派是非王叔文集团。

对王叔文来说，李诵就是他的护身符，李诵不倒，利益集团就有保障，如果拥立新的太子，就会将权力拱手相送，这是他们不愿看到的。然而，王叔文虽然有权势，可毕竟根基不稳，尤其是缺乏对军队的控制。说白了，王叔文无法左右李诵的决定，这是他最闹心的。

拥立太子一事，最活跃的就是以俱文珍、刘光琦、薛盈珍为首的宦官集团，他们是李适扶持起来的，李诵上位之后，彻底埋没了他们的前途。失去了李适，宦官集团就像漂泊无依的浮萍，找不到自己在朝野的位置，恰逢朝中提到立太子的话题，他们瞬间就找到了人生奋斗的新方向。

当时，宦官集团找到了同为翰林院学士的郑絪、卫次公、李程、王涯，希望他们以大局为重，说服皇帝李诵册立太子。郑絪等人早就对王叔文的颐指气使非常不满，遇到天赐良机，自然不甘落后。据史料记载，李诵有二十多个皇子，其中嫡长子叫李淳。按照惯例，李淳是毫无悬念的太子人选，对宦官集团来说，扶持李淳上位名正言顺，而且有拥立之功，完全可行。然而，对王叔文集团来说，李淳已经有了明君气质，再加上他与牛昭容不太亲密，而且被宦官集团抢到先手，因此扶持李淳并不是最好的选择。至于拥立谁，王叔文也没想好。

双方僵持过程中，郑絪直接在纸上写下了“立嫡以长”四个字，随后拿给躺在床上的李诵定夺，李诵这才点头答应。永贞元年（805）三月二十四日，唐顺宗李诵发布诏书，立李淳为皇太子，改其名为李纯。永贞元年（805）四月六日，李诵强撑着病体驾临大明宫宣政殿，亲自为李纯举行了册封太子的大典。

李纯相貌堂堂，给人一种稳重、可靠的感觉，文武百官都很庆幸大唐立了一位好太子，有的人甚至激动得痛哭流涕，唯独王叔文面带忧虑。然而，立太子毕竟是李诵的家务事，王叔文不好说什么，他只能在私下嘀咕，口中吟诵大诗人杜甫所作的《诸葛亮祠堂》:“出师未捷身先死，长使英雄泪满襟。”

不得不说，这是年度最搞笑的梗，连朝臣们也忍不住讥笑王叔文的疯癫。说白了，王叔文确实是出师未捷，因为他从未出师过。上任之后，他一直在排斥异己，标榜自己的圣贤，所做的一切，都是在为自己捞利益。问题是，难道要把所有敌人都消灭，所有人都依附自己后，王叔文才能放开手脚，造福社稷?

李诵：史上最悲摧皇帝

在李唐朝廷，李纯就是一股新的政治势力，如今李诵病重，谁能主动向太子党靠拢，谁就是下一个政治新星。新势力就像是大河之中的暗流，正在悄无声息地聚集能量，准备以摧枯拉朽之势改变朝廷的格局。

李纯确实是太子，可要掌握实权，还差一步：监国执政。

当时，宰相韦执谊的岳父、太常卿杜黄裳找到了韦执谊，对他说道："你应该带着群臣向皇帝进言，让皇太子监国。"

韦执谊很不开心，岳父情商不高，一直在宦海浮沉，直到他升任宰相，这才提拔岳父做了太常卿。谁都知道韦执谊是王叔文的小伙伴，岳父就算不懂事，也不能胳膊肘往外拐啊。韦执谊回击道："老丈人，你刚从我这里得了一大官，怎么突然之间打起了深宫大院的主意啊？"

杜黄裳："我受三朝之恩，一个太常卿岂能收买我？"

因为这件事，翁婿二人闹得不欢而散。不过，朝廷的舆论让王叔文集团感受到了很大的压力，韦执谊和王叔文商议之下，决定派给事中陆淳前往太子宫做侍读，让他监视李纯的一举一动，重点观察李纯对王叔文集团的态度。

当时，李纯已经 27 岁，性格沉稳，心智成熟，而且深知朝廷的水很深。当陆淳旁敲侧击，想要探听口风的时候，李纯故意发起了无名大火，他说道："陛下命令先生为寡人讲解经书义理，您为什么要把别的事情拉扯进来。"

李纯的内心独白是这样的：老爹已经病入膏肓，王叔文集团是中看不中用，狐假虎威的执政派势力，过不了多久，他就能入主大明宫。按照当前形势，他不用关心朝野的舆论，更不用表现出对权力的欲望。

事实证明，李纯的不动如山，让王叔文和韦执谊心烦意乱。说到底，李纯拒绝表态，王叔文集团的执政地位就岌岌可危。王叔文突然意识到，没有军队作保障，权力就是虚无缥缈的幻影，随时可能烟消云散。因此，他找到李诵，希望能将右金吾大将军范希朝提拔为左、右神策，以及京西诸城镇行营节度使，任命度支郎中韩泰为范希朝的行军司马。

范希朝是资深将军，长期镇守边境，让他做一把手，李诵肯定不会反对。韩泰是王叔文的党羽，安插他这颗棋子，就是为了趁机夺取禁卫军的控制权。李诵答应了，因为他对王叔文的请求已经形成了条件反射。不过，这次调令引起了宦官俱文珍的注意，宦官统领神策禁卫军已经成了惯例，王叔文在朝廷兴风作浪可以，把手伸向军队，这岂不是走别人的路，让别人无路可走？

当时，俱文珍就给军队发话，一定要看好自己的摊子，别被王叔文剥夺了军权。与此同时，俱文珍找李诵告状，说王叔文将手伸向了禁卫军，还说他们整日在一起密谋，群臣都不知道他们究竟想要干什么。

宦官是家奴，朝臣是外人，这是中国帝王的一贯认知。

王叔文拉帮结派是事实，排挤朝臣是事实，如今又想打禁卫军的主意，难道真的有猫腻？李诵嗅到了一丝丝危险。永贞元年（805）五月二十三日，李诵任命王叔文为户部侍郎、度支副使、盐铁转运副使，不再保留翰林学士的头衔。这是个很明显的政治信号，李诵不再相信王叔文了。当时，王伾察觉到气氛不对，于是在李诵跟前替王叔文美言，李诵感念旧情，于是让王叔文每隔三五天到翰林学士院一次。

至于翰林学士的头衔，李诵已经不想再给。

失宠的滋味，让王叔文的心情特别糟糕。就在他怒气未消的时候，大诗人羊士谔撞到了枪口上。据史料记载，这位老兄是性情中人，听说王叔文喜欢弄权，于是趁着在长安出差的机会，在公共场合抨击王叔文。王叔文听闻后，立即给有关部门传话，直接处死这个不知天高地厚的混蛋。

有一种霸气，叫作气场压制。可王叔文的霸气，就是以权谋私。想想看，就因为说了几句公道话，就要被公然处死，这是什么样的强盗逻辑？王叔文的偏执让宰相韦执谊非常反感，韦执谊说道："不能随便处死同僚。"

王叔文："好的，那我退一步，那就杖杀他吧！"

韦执谊："现在是敏感时期，多一事不如少一事。"

不久之前，王叔文还是说一不二的权威，就连宰相也没放在眼中，如今被小小的酸腐文人欺辱，这如何能忍？不行，一定要处置！既然杀不得，那就贬他到汀州做宁化县尉吧。

自此以后，王叔文便将韦执谊视为异己，原本和睦的关系开始破裂，就连他们门下的党羽也开始敌对起来。客观地说，政治高手总是能化干戈为玉帛，可王叔文却总是化玉帛为干戈，确实是不世出的人才。

就在此时，王叔文和西川节度使韦皋又发生了矛盾。

韦皋，从贞元元年（785）便出任西川节度使，他南和南诏，东拒吐蕃，战功累累，官拜中书令、检校太尉，封南康郡王。二十年的时间，西川早就被韦皋经营成了铁板一块，为了永久地控制西南边陲，韦皋想把东川（治所在四川省绵阳市三台县，领梓、遂等十二州）、山南西道（治所在陕西省汉中市，领梁、洋、集等十三州）也划到自己的治下。他派使者刘辟前往长安，想走走王叔文的门路。

刘辟开门见山："节度使韦皋让我向您转达诚挚的敬意。他说，如果您能说服皇帝把剑南全部划给他，以后您有什么需求，打个招呼就成。如果您办不到这件事，节度使大人也会想办法回报您的。"

刘辟想寻求合作，可说出的话全是威胁口吻，这让王叔文非常反感。当时，王叔文就想杀掉刘辟，又是韦执谊出面，拦下了此事。

说白了，在王叔文集团内部，关系最紧密的是王叔文和王伾，韦执谊是经过李诵的推荐才入伙。王叔文声势滔天的时候，韦执谊自然不敢违背，可现在王叔文的败象已露，韦执谊必须考虑以后的道路，比如多营救王叔文的敌人。

王叔文翻脸后，刘辟并没有着急回西川，而是在长安寻找新的门路。不过，当他听说羊士谔被贬，王叔文有倒台的可能后，立马逃回了西川，并将长安城发生的一切转告给了韦皋。韦皋表示，王叔文不会做人，自己可以教教他！

接下来，韦皋写了两封信，送到了长安。

一封信是给皇帝李诵的，大致意思是："陛下因为哀痛德宗皇帝去世而身染疾病，每天还得处理繁重的朝事，所以这么长时间身体还没有康复。请陛下暂时让皇太子监理各项政务，等陛下身体痊愈后，再让太子返回东宫。"

一封信是给太子李纯的，大致意思是："圣上效法高宗皇帝，将朝政全部托付给臣子，可惜所托非人。王叔文、王伾、李忠言身居高位，处事全凭自己的私情，败坏了朝廷法度。他们动用国库积蓄，贿赂朝中的权臣；扶植亲信，让他们遍及显贵的职位；暗中结纳圣上的亲信，包藏祸心。臣担心他们会倾覆太宗皇帝创下的基业。希望殿下奏报圣上闻知，将这群小人驱逐出去，使朝政掌握在皇帝手中，各地臣民便会获得安宁了。"

韦皋的逻辑很简单，王叔文倒台是迟早的事，最好的选择就是力保李纯。与此同时，荆南节度使裴均、河东节度使严绶也给李诵和李纯上了奏折，内容和韦皋的奏折如出一辙。有唐一朝，藩镇节度使不会轻易卷入到长安的皇权斗争中，更何况是让李诵主动退位，太子李纯监国这样敏感的大事。

有理由相信，背后可能是宦官集团在操作。

就在此时，韩泰回到长安，给王叔文说了两个噩耗：禁卫军的宦官首领不愿意交出兵权。京西各镇的节度使原本准备和范希朝完成交接，可俱文珍等人在半路拦截，将他们拉了过去。言外之意，王叔文控制军队的想法彻底破裂。

就在王叔文愁眉苦脸之际，家中传来消息：母亲病危。

唐朝以孝治天下，母亲病危，王叔文必须回家尽孝，如果母亲去世，王叔文从得知消息的那天开始，必须辞官回到祖籍，为母亲守制二十七个月，也就是丁忧。特殊情况下，比如国家发生战乱，大臣可以放弃守孝，身穿素服在朝为官，合法地逃避丁忧制度。然而，唐朝已经建立起完备的夺情起复制度，尤其是唐玄宗以后，很少出现夺情起复的案例，王叔文也不例外。

王叔文明白，如果自己离朝，再想回来就会难上加难，最好的情况就是全身而退，力保晚年的安逸。想通了这一点，王叔文摆了个酒局，邀请翰林学士李忠言，宦官俱文珍、刘光琦等人共同赴宴。

此时此刻，王叔文没有了往日的嚣张气焰，他端着酒杯，恭敬地说道："我的母亲重病在身，过去因为公务原因，无法在母亲身旁尽孝，现在我准备请假回家。过去我不避危险艰难，都是为了报答朝廷的恩典。我一旦离开朝廷，返回家乡，各种诽谤就会纷至沓来，谁肯体察我的苦衷，帮我说一句话呢？”

王叔文示弱了。

古往今来，哪个政敌会给你时间回家尽孝，然后再等你回朝重振雄风，继续和他们作对？俱文珍等人听完王叔文的话，脸上露出了浅浅的笑意，他们端起酒杯，说道：“王大人说笑了。”说完话，俱文珍等人便先行离开。

永贞元年（805）六月二十二日，王叔文的母亲去世，朝廷立马撸掉了王叔文的所有官职，勒令他回家尽孝。王叔文自然不肯死心，他给宰相韦执谊写信，想利用他继续影响朝局。然而，王叔文的话在韦执谊那里就如同空气一般。

从天堂到地狱，似乎只在弹指间。

经历了人生落差的王叔文不甘心，他纠集了一帮人，整日躲在小黑屋里谋划着重整旗鼓。他们的口号就是杀掉韦执谊，杀掉一切反对派势力，重新夺回朝政控制权。很遗憾，这样的口号，只是无能的文人集团最后的呐喊。

王叔文离朝之后，翰林学士王伾独木难支。他最大的本事就是逗李诵开心，负责传达王叔文的决策，如今没了王叔文，他还有什么价值可言？据史料记载，王伾找到宦官俱文珍等人，说王叔文不回翰林学士院，可以做个宰相，顺便统领北衙禁军。遭到拒绝后，又提议王叔文做威远军使、同中书门下平章事。

王伾待在翰林学士院，一连三次上书也不见回复，几乎到了坐卧不宁、精神恍惚的地步。有一天，王伾突然大喊一声：“我中风啦。”红极一时的宠臣，最后竟然以这样诙谐的方式退出了权力中枢，真可谓滑稽可笑。

王叔文主持外廷事务，王伾负责宫内的事务，一人回家守孝，一人中风休养，王叔文集团正式宣告退出了历史舞台。

永贞元年（805）七月二十八日，唐顺宗李诵颁布诏书：“由于朕旧病在身，未能康复，军务与国政中的一切施政要务，暂时命皇太子李纯代为办理。”

任命宰相郑瑜为礼部尚书，不再担任同中书门下平章事。

任命宰相高郢为刑部尚书，不再担任同中书门下平章事。

任命太常卿杜黄裳为门下侍郎，同中书门下平章事。

任命左金吾大将军袁滋为中书侍郎，同中书门下平章事。

永贞元年（805）八月四日，唐顺宗李诵再次颁布诏书：“命太子即帝位，朕号称太上皇，朕颁布的制书、敕令，统称为诰。”

永贞元年（805）八月五日，李诵搬到了兴庆宫，改元永贞，正式退位。

永贞元年（805）八月六日，贬王伾为开州（今重庆市开县）司马（不久就病逝），贬王叔文为渝州（今重庆市）司户（第二年被唐宪宗李纯赐死）。

如何评价唐顺宗李诵的一生？

悲剧，还有悲伤。想想看，李诵为了保全自己，隐忍蛰伏了二十六年。二十六年里，他压抑着自己的人性，过着低调无争，却又被政敌虎视眈眈的痛苦日子，以至于都淡出了史官的视野。终于，他登上了皇位，可因为身体原因，无法行使皇帝的权力，也只做了七个月的皇帝。

上天眷顾李诵，所以让他做了皇帝，但是，李诵在位的时候，为了照顾父皇李适的面子，一直沿用李适的年号。直到自己快要退位时，才发现没有属于自己的年号。如果是这样，后世史官将如何记录李诵，记录这段历史？仓促之间，李诵给自己定了个“永贞”，而发生在这一时期的新政改革，史称为“永贞革新”。

拿得起放不下的大唐史 6

九皋寒叟 著

北方文艺出版社

目录

贰拾伍　开启削藩之战

贰拾陆 宦官的高光时刻

贰拾柒　晚唐的皇帝不好做

贰拾捌　枭雄创业的时代

贰拾伍

开启削藩之战

李纯：天子梦从小就有，削藩从西川开始

永贞元年（805）八月初九，李纯在大明宫宣政殿登基，史称唐宪宗。

李纯六七岁时，发生过一件事。有一天，李纯被爷爷德宗皇帝抱在膝上逗乐，李适问他：“你是谁家的孩子，怎么在朕的怀里？”

李纯骄傲地回答：“我是第三天子。”

按照家族的辈分，李纯就是第三代，他给自己封了天子的称号，确实让李适有些震惊。这孩子聪慧睿智，可以好好培养。李纯上位的时候已经27岁，属于心智成熟、阅历丰富的帝王，这也保证了他的执政能力。李纯问鼎帝位的路上，反对声音最大的是王叔文集团，李纯自然不会放过他们。

永贞元年（805）十一月，贬中书侍郎、同平章事韦执谊为崖州（今海南省琼山区）司马。

永贞元年（805）十二月，贬韩泰为虔州（今江苏省赣州市）司马，韩晔为饶州（今江西省鄱阳县）司马，柳宗元为永州司马，刘禹锡为朗州司马，陈谏为台州司马，凌准为连州（今广东省清远市连州市）司马，程异为郴州（今湖南省郴州市）司马。

加上王叔文、王伾，他们就是历史上著名的“二王八司马”。

中晚唐时期，中央政府最头痛的就是宦官集团和地方军镇。一般情况下，宦官集团甘愿做家奴，不会找皇帝的晦气。反倒是军镇，经常因为权力交接，容易和中央政府产生摩擦。李纯登基后，西川就出了这样的事情。

永贞元年（805）八月十七日，西川节度使韦皋去世。

不得不说，韦皋是一位谋略超群的枭雄。为了获得中央政府的支持，韦皋加重了西川百姓的赋税，每年都会给皇帝送不少钱财。为了获得西川将士的支持，韦皋专门拿出赋税的一部分，作为将士们的奖金。为了获得幕僚团的死命追随，只要他们表现突出，有忠心，韦皋从来不会吝啬刺史、县令的官位。

韦皋虽然会搜刮民脂民膏，但他有自己的战略思想：利用钱财开道，稳固自己的执政地位，等地位稳定后，再给老百姓减轻赋税压力。比如韦皋定了一个制度，每隔三年，西川百姓就可以免交一年的赋税。据史料记载，百姓敬佩韦皋的才智和谋略，又畏惧他的威严，因此在家中挂了韦皋的画像，将他视为西川土神，家家户户都会拜他。说白了，韦皋对西川的统治，要比朝廷更靠谱。

韦皋去世后，支度副使刘辟掌握了实权，他拉拢西川的各州刺史，以及军中的将军联名上书，希望李纯任命刘辟为新任西川节度使。

唐德宗李适的削藩战争失败后，便对藩镇采取了姑息忍让的态度，以至于藩镇节度使各自为政，不把朝廷放在眼里。节度使本来应该由朝廷册封，眼下却变成现任节度使去世之后，地方自己选举新任节度使，而朝廷只能派人去藩镇巡视，看谁的呼声最高，就任命谁为新任节度使。

李纯有自己的想法，不想让藩镇嚣张下去。

于是，李纯下达诏书，任命中书侍郎袁滋为剑南东川、剑南西川、山南西道安抚大使，后来又任命他为西川节度使，让他前去接管西川的军队。至于刘辟，李纯给他的新职位是给事中，办公地点在长安。

刘辟不干了。

给事中，正五品，是伺候皇帝的文职。做地方的土皇帝不好吗？为什么去长安城受憋？面对李纯的诏书，刘辟彻底无视，拒绝前往长安。袁滋本打算接管西川，可他看到刘辟的嚣张态度，顿时就怕了。

袁滋：“老板，俺不想去西川，怕。”

李纯：“废物，那你就去吉州做刺史吧。”

袁滋对刘辟的态度，代表了群臣对藩镇的态度。至少在短期内，李纯找不到解决藩镇格局的办法。更何况，他刚刚登基，又驱逐了王叔文集团，如果再因为藩镇的事情闹出战争，后果不堪设想。李纯想了想，最后选了个折中的方案：任命刘辟为西川节度副使，代理西川节度使的职责。

说白了，这是一场中央政府、地方藩镇围绕军镇权力的博弈。在这盘棋中，中央政府的胜算并不多。就拿唐德宗来说，他有削藩的决心，也有削藩的实力，最终打了一场波及全国的削藩战争，可换来的是什么结果？皇帝流落他乡，国家府库空虚，而地方藩镇依然过着滋润的生活。

如今，李纯在第一回合就败下阵来，已经说明了很多问题。至少在刘辟的眼里，李纯是个软柿子，朝廷还是银样镴枪头。想通了这些，刘辟又上了一道奏折：希望朝廷把西川、东川、山南西道全部交给他打理。

剑南东川：总部在四川绵阳市三台县，下辖梓、遂等十余个州。

剑南西川：总部在成都，下辖彭、蜀等十余个州。

山南西道：总部在陕西汉中市，下辖梁、洋等十余个州。

如果同意刘辟的要求，相当于把西南全境划给了他，而且汉中靠近长安城，是关中到西南通道的军事重镇。如果让了出去，李纯还怎么混？到时候如果被赶出长安，李纯连逃命的地方都没有。

李纯："臭小子，你休想。"

刘辟："你说了不算。"

随后，刘辟擅自出兵，将东川节度使李康围了起来，准备让自己的幕僚卢文若接管东川。消息传到长安，举朝震惊，刘辟这是要造反啊。当时，李纯很想开战，可朝臣普遍认为蜀中是易守难攻的地方，朝廷战败的可能性更大。

门下侍郎、同中书门下平章事杜黄裳说道："刘辟就是个心气狂傲、冲动无谋的书生，打他易如反掌。神策军使高崇文有勇有谋，堪当此任，希望陛下将军中事务交托给他，不要设置监军，刘辟肯定能够就擒。"

元和元年（806）正月二十三日，李纯下诏：左神策行营节度使高崇文率领步、骑兵五千人担当前军，神策京西行营兵马使李元奕率领步、骑兵两千人担当后军，与山南西道节度使严砺共同讨伐刘辟。

诏令一出，群臣倒吸一口冷气。高崇文是哪路神仙，皇帝难道不知道西川一战的重要，打赢了那是应该的，如果打输了，大唐国运堪忧啊。朝堂这么多久经沙场的战将，为何要选择一位籍籍无名的将军?

恐怕凶多吉少喽。

朝臣们几乎达成了共识，由高崇文挂帅，西川恐怕会误事。不过，高崇文不想理会朝堂的舆论，接到诏令后，他立即将粮食和武器准备妥当，随后兵出斜谷（今陕西省终南山境内）。与此同时，另一路大军由李元奕挂帅，从骆谷（今陕西省西安市周至县境内）出兵，共同奔赴梓州。

高崇文的治军风格，只能用铁血、硬朗来形容。有一次，将士们共同进餐，某位小兵将店主的筷子给折断了，高崇文当场下令将他诛杀，以立军威。事实证明，高崇文是个会杀人的将军。

官军到达西川之前，刘辟已经拿下东川，还活捉了东川节度使李康。刘辟敢如此嚣张，就是赌朝廷经历过削藩战争，不敢轻易打仗。因此，他才敢带着三万军队，在蜀中学螃蟹横着走路。然而，刘辟的如意算盘落空了，天子的威严，远比天下苍生的性命重要。

高崇文入川的消息传来后，刘辟的智商瞬间上线，他预感到，自己恐怕要被收拾了。随后，刘辟一路撤军，将好不容易打下的东川拱手送给了龚崇文，自己则躲回了西川大本营。临行前，刘辟为了讨好高崇文，将东川节度使李康还给了他。然而，高崇文却当着所有人的面历数李康的罪责，指责他在敌人面前委曲求全，丢了朝廷的颜面，说罢就将李康砍了脑袋。

刘辟算是明白了，高崇文想要玩真的。

想通了这一切，刘辟在距离成都一百五十里的鹿头山筑起了城堡，并在旁边布置了八座军营，准备抵御高崇文的进攻。李纯需要一场胜利，证明他的皇权不可侵犯，高崇文更需要一场胜利，证明李纯的选择并没有错。鹿头山下，高崇文身先士卒，率领官军苦战数日，连胜八场，最终逼迫刘辟逃回成都。

铁血硬汉，只用行动证明，而不是嘴上吹嘘。

蜀道之难，难于上青天。成都，就是最后一座难以逾越的高峰。这里有城高墙厚的城池，有源源不断的物资保障。不可否认，官军有能力拿下成都，至于耗费的时间、消耗的物资、战死的将士，谁也无法预料。然而，老天爷似乎很眷顾第一次挂帅的高崇文，麾下援军的误打误撞，竟然解开了死局。

当时，河东节度使严绶告诉高崇文，会派遣大将阿跌光颜前去支援，然而不知道什么原因，阿跌光颜在路上耽误了一天的行程。按照军规，阿跌光颜肯定会被处罚。阿跌光颜想了想，高崇文连东川节度使李康都敢杀，更别说他一个小小的将军。说得直白点，去找高崇文，等同于找死。

想通了这些，阿跌光颜决定另辟蹊径。比如偷偷行军到成都的背面，准备来一次偷袭，为自己攒点军功赎罪。就在他行军的时候，斥候带回来一个天大的好消息：刘辟的运粮大军就在附近。

民以食为天，军以粮为命。阿跌光颜第一时间袭击了刘辟的运粮队，还截断了成都的运粮通道，以至于刘辟腹背受敌。失去了后勤保障，再加上官军屡战屡胜，成都府的军心开始动摇了。接下来，成都方面的李文悦率领三千人投降，仇良辅率领两万人投降。元和元年（806）九月二十一日，高崇文率领大军发动最后的攻击，刘辟的儿子刘方叔、女婿苏强当场被杀，成都宣告失守。

当时，刘辟带着几十名亲信疯狂逃窜，逃到羊灌田（今四川省灌县东）的时候，刘辟的心理防线彻底崩溃，他纵身一跃，跳入了江中。如果刘辟有寻死的心思，自沉江底也就罢了，可他还有一丝侥幸，漂浮在水面，最终成为高霞寓的俘虏，被送往长安接受最残酷的制裁。

西川一役，关乎李纯的削藩战略，更关乎中央政府的威严，高崇文血洒疆场，确实算得上大唐的功臣。贞元二年（786）九月，李纯下诏，进封高崇文为检校司空、西川节度使、南平郡王，实封三百户，刻石纪功于鹿头山。能以军功晋封为大唐的郡王，确实难得。更难得的是，高崇文懂得急流勇退、明哲保身的道理。

一年之后，高崇文对李纯的监军宦官坦白道：“我只不过是一名默默无闻的小卒，有幸为朝廷立下战功，才混到如今的位置。然而，西川是出宰相的地方，我愧居此地的时间已经很长了，不敢再继续待下去。”随后，高崇文屡次给李纯上奏，要求辞掉西川节度使，前往边疆效力，最后得以善终。

平定镇海节度使，朝廷不是好欺负的

西川战役，李纯用一场华丽的胜利，给藩镇节度使传递了一个信号：朝廷不再是任人欺负的弱势一方，有人敢挑战皇帝的权威，就必须付出代价。比如刘辟，就算想自杀，朝廷也不会给你最舒服的姿势。

说白了，朝廷强势，地方藩镇就要放低姿态。西川战役后，各地的节度使纷纷前往长安，当面向李纯汇报思想，表示归顺。当然，还是有些不识时务，眼力见不好的军阀，比如镇海节度使李锜。

李锜，唐朝宗室，淮安王李神通的后裔。因为有家族的庇护，李锜在官场上平步青云，德宗一朝，他便晋升为润州刺史、浙西观察使、盐铁转运使，成为江南名副其实的财神爷。李适是个爱钱的皇帝，李锜为了满足李适的私欲，也为了养肥自己，开始在江南疯狂地搜刮奇珍异宝，民脂民膏。

钱财可以通神，权力可以壮胆，有了这两样东西，李锜的自信心膨胀了。他雇了很多私人保镖，其中精于箭术的人被称为“挽硬随身”，身体强壮的外族被称为“蕃落健儿”，李锜则被他们称呼为“假父”。

贞元十七年（801），浙西平民崔善贞上书朝廷，揭露李锜在江南的罪行，李锜私下派人将他处死，李适对他不管不顾。永贞元年（805），朝廷罢掉他的盐铁转运使之职，将他晋升为镇海节度使。

所谓的镇海军，下辖润州、苏州、常州、湖州、杭州、睦州，包括现在浙江北部，以及江苏长江以南，镇江以东的地方。说白了，明着给你升官，暗中却收回了李锜的财政大权，逐渐切断他的经济来源。李锜的心理不平衡了，他开始变本加厉地搜刮民脂民膏，擅杀朝廷官员，以至于闹得鸡飞狗跳。

西川战役后，李锜看到政策有些不对，于是跟着其他节度使一起上书朝廷，表示要亲自到长安述职。对李锜来说，这只是表明归顺姿态的形式而已，如果李纯足够懂事，下旨安慰一下，这件事就算过去了。然而，李纯偏偏不按套路出牌，他在第一时间安排宦官前去慰问，还要带李锜一同入京。

有理由相信，李锜应该很想扇自己几个大嘴巴子。为了迷惑宦官，李锜将镇海节度判官王澹任命为留守，同时假装打包行李，准备启程。然而，宦官等了好几天，也不见李锜有实质性的行动，因此催促他赶紧启程。王澹也屡次劝说，让他千万不要和朝廷对着干，先去长安述职再说。

宦官催促也就罢了，王澹也想让他快点走人，难道他王澹想暗中投靠朝廷，自己做镇海军节度使？吃相是不是也太难看了？有唐一朝，节度留后篡权夺位的例子数不胜数，李锜不能不防。李锜表示，自己得了重疾，只能卧床休息，长安是去不了了，到年底再说吧。宦官听闻此言，吓得急忙赶回长安复命。

李纯的脸上火辣辣的，有种被人当猴耍的感觉。如果放任李锜胡作非为，以后还怎么带队伍？随后，李纯召开宰相会议，商讨如何处置这件事情。

门下侍郎武元衡："陛下初登大宝，李锜要求朝见就朝见，要求中止朝见就中止，朝廷的颜面何在？将来还怎么对全国发号施令？"

打了胜仗，说话的底气就是不一样。

有了宰相武元衡的态度，李纯便没有再征询其他朝臣的意见，他直接发了一道言辞严厉的诏书，让李锜别废话，赶紧来长安。李锜是地方的土皇帝，平日里桀骜不驯，目中无人，从来不听别人的调遣，面对李纯的诏书，他懒得解释，直接进入了谋反模式。要造反，必须先除掉王澹这个心腹大患。

有一天，李锜坐镇军中，操持着给将士们发放冬季衣服的事情，节度判官王澹和朝廷特使进帐谒见，环列在四周的数百名士兵突然起哄，他们嚷嚷道："镇海军什么时候由王澹来发号施令了？"

发号施令？你们难道没看见，发号施令的人端坐在中军大帐吗？

很遗憾，王澹还没来得及辩解，就被砍成肉泥。站在一旁的将军赵琦大声质问，瞬间就被砍倒在血泊里。想要除掉的人已死，李锜慢悠悠地站起身，随后表现出一脸惊恐的模样，结束了这场由他自己导演的闹剧。

元和二年（807）十月，李纯发布诏书，罢免李锜镇海节度使之职，任命他为尚书左仆射，让他回京城养老，任命御史大夫李元素为镇海节度使。

当然，诏书对欲造反的李锜来说，就是一张废纸。

杀掉王澹后，李锜把目光瞄向了治下的湖州、杭州、常州、苏州、睦州、润州。除了润州外，其余五州刺史都是朝廷的人，不过李锜已经在各州安排了高级将领，麾下有数千兵力。此刻，他们已经接到传信，要动手除掉朝廷命官，自己取而代之。悲剧的是，李锜还是想得太简单。他在做这些事的时候，朝廷也安排了许多密探，说白了，李锜的行动已经暴露了。

战争还没打响，五个州就开始了激烈的地下战役，最后结果出来，只有苏州的将领擒获刺史李素，其他各州的行动全部失败。由此可见，藩镇节度使虽然是朝廷的心腹大患，但朝廷只要能控制刺史，可以在一定程度上牵制住节度使。朝廷最不想看到的结局，就是强势的节度使，外加一堆墙头草般的刺史。

失去了江南，李锜又把目光转向了富饶的宣州（今安徽省宣城市）："兵马使张子良、李奉仙和田少卿，给你们三千人马，帮我们拿下宣州。"

用三千人攻打一个州城？李锜的脑子进水了？

张子良、李奉仙和田少卿很有默契，大家都知道这次出兵就是个闹剧，何苦为了一个笨蛋节度使去葬送美好的前程呢？据史料记载，三千大军刚刚离开镇海军总部，就被带到了荒郊野外训话。张子良咆哮道："将士们，李锜不知天高地厚，竟然想谋反，如今朝廷各路大军已经集结，我们现在去宣州就是送死，你们都是有老婆孩子的人，是想回去抓住李锜向朝廷请功，还是想去宣州送死？"

结局已然注定。当天晚上，张子良等人返回镇海军总部，打了李锜一个措手不及。随后，李锜被送往长安，准备"愉快"地接受大唐君臣的侮辱。

元和二年（807）十一月，大明宫兴安门，李纯责问一脸无奈地跪在地上的李锜："朝廷对你晓之以理，你为何执迷不悟，一定要谋反逆天？"

李锜辩解："不怪我呀，都是我的手下张子良叫我这样做的。"

李纯反问:“你知道张子良要谋反，为何不先发制人，将他诛杀呢?”

李锜:“……”

李纯:“将李锜和他的儿子李师回腰斩于市!”

在唐朝，公然造反是大罪，完全可以株连。当时，不少朝臣都力主拆除李锜一脉的宗庙，诛杀李氏家族的男丁。然而，李锜的祖先是李神通，关乎开国功臣的颜面，最终并没有被大肆株连。至于李锜搜刮的财富，李纯表示，不用再上缴给皇室私用，全部算作当年浙西上缴给朝廷的税赋。

任贤用能搞改革：白居易与裴垍火速上线

灭掉西川刘辟和镇海军李锜，李纯在藩镇节度使的圈子里迅速建立起铁腕形象。说白了，气分清浊两种，藩镇压着朝廷就是浊气，朝廷压着藩镇就是清气，由于皇帝强势，朝廷政治风气变好，忠臣谏臣便敢说话、敢做事。

这一时期，李唐涌现出许多贤相和干臣，比如武元衡、李吉甫，而他们的共同点，便是力主削藩。拿李吉甫来说，在江淮为官十余年，深知藩镇节度使的贪婪和百姓的疾苦，他奏请李纯，让节度使下辖的州刺史独自为政，并禁止刺史擅自谒见本道节度使，禁止节度使以岁末巡检为名，向境内州县苛敛赋役。

元和二年（807）十二月，李吉甫给李纯送了份大礼——他亲自撰写的《元和国计簿》，李吉甫通过统计全国的数据，得出了几个结论：

第一，全国共有四十八个军镇，二百九十五个州府，一千四百五十三个县。

第二，凤翔、坊、宁、振武、泾原、银夏、灵盐、河东、易定、魏博、镇冀、范阳、沧景、淮西、淄青等十五个道，七十一个州不向朝廷申报户口。

第三，朝廷每年的赋税来源，只靠浙东、浙西、宣歙、淮南、江西、鄂岳、福建、湖南等八个道，四十九个州，在编人口共计一百四十四万户，比天宝年间的纳税人口减少了四分之三。

第四，全国依赖国库供给的军队有八十三万，比天宝年间增加了三分之一，大约每两户人家需要供养一个士兵。

结论就是，朝廷只能控制南方的军镇和赋税，反过来却要承担河北、陕西、山西等地的军镇开支。说白了，没有任何政权能够持续下去。面对李吉甫的研究成果，李纯明白了一个道理：改革是找死，不改革就是等死，削藩势在必行。

李吉甫担任宰相一年多时间，在李纯的支持下，他总共调换了三十六个藩镇节度使，目的就是让他们无法长久地控制地方军镇。想想看，藩镇节度使不能培植自己的势力，朝廷以后想要削藩，遇到的阻力就会小很多。

李纯有自己的政治抱负，他明白，想干大事，人才不能缺。为此，李纯不遗余力地选拔人才，选拔方式包括正经的科举考试，朝臣的推荐，以及江湖传闻、道听途说。白居易就是靠江湖传闻而崛起的名臣之一。

白居易（772—846），祖籍山西太原，唐朝伟大的现实主义诗人，与李白、杜甫齐名。白居易没有家族封荫，只能靠读书出头。据说，白居易小时候，因为读书时间太长，以至于口生疮，手磨茧，年纪轻轻头发就白了一片。

贞元十六年（800），28岁的白居易考中进士。贞元十九年（803），白居易被朝廷任命为秘书省校书郎。永和元年（806），白居易参加朝廷的“才识兼茂明于体用科”，因为表现突出，被任命为盩（zhōu）厔（zhì）县尉（今陕西省西安市周至县）。白居易是一位观察入微、体恤民情的官员。有一天，他到田间视察民情，看到老百姓脸朝黄土背朝天，心中有感而发，于是写下了后来举世闻名的《观刈麦》：

田家少闲月，五月人倍忙。夜来南风起，小麦覆陇黄。
妇姑荷箪食，童稚携壶浆。相随饷田去，丁壮在南冈。
足蒸暑土气，背灼炎天光。力尽不知热，但惜夏日长。
复有贫妇人，抱子在其旁。右手秉遗穗，左臂悬敝筐。
听其相顾言，闻者为悲伤。家田输税尽，拾此充饥肠。
今我何功德？曾不事农桑。吏禄三百石，岁晏有余粮。
念此私自愧，尽日不能忘。

白居易表示，我长这么大，从来没有下地劳作过，究竟何德何能，能够拿着吃不完的俸禄啊。任谁读了这首诗，都会明白作者心系百姓的情怀。

还有一次，白居易与友人陈鸿、王质夫到马嵬驿附近的仙游寺游览，众人谈及李隆基与杨贵妃的往事，因而触景生情。王质夫感叹道：“各位同人，像这样凄美的故事，如果没有大手笔加工润色，就会随着时间的推移而消泯。”

众人点头称诺。

王质夫：“乐天（白居易，字乐天），你深于诗，多于情者也，试为歌之，何如？”于是，白居易写下了流传千古的名篇《长恨歌》。

白居易可能没想到，他平生写的诗词，尤其是《观刈麦》《长恨歌》传到了唐宪宗李纯的耳朵里。巧的是，此时的李纯极具上进心，看到这两首针砭时弊的诗词，顿时对白居易产生了浓厚的兴趣。

元和二年（807）十一月，李纯下诏，调任白居易为翰林学士。

元和三年（808），白居易被任命为左拾遗。

这是一个神奇的职位，级别只有八品，却有权评论皇帝的执政过失，而且是光明正大的评论，杜甫、白居易都曾担任过左拾遗。白居易明白，自己是因为文学出众，敢说话才被皇帝赏识的，做了左拾遗之后，白居易就立下了鸿志：就算拼了命，也要报答李纯的知遇之恩。比如频繁上书言事，创作大量反映社会现实的诗歌，甚至当面指责李纯的不是。

起初，李纯和白居易处于“蜜月期”，不管白居易说了什么话，李纯都能包容。可到了后来，白居易时常出言不逊，让李纯下不来台，以至于李纯对宰相李绛抱怨道：“白居易小子，是朕拔擢致名位，而无礼于朕，朕实难耐。”

说到底，白居易是个文人，身上有文人共有的毛病，比如没有足够的基层工作经验，喜欢夸夸其谈；比如空有一腔抱负，却缺少政治斗争经验，不善于保护自己；比如一朝得宠，就会变得扬扬得意。白居易就像一只刺猬，扎的李纯特别难受，以至于李纯心生嫌弃。皇帝对白居易不满，朝臣自然知道怎么办。

据史料记载，白居易的母亲是一位文艺范的女子，有一次，她在庭院里赏花看月，可能是太忘我投入，失足掉到井里淹死了。巧的是，白居易写过许多吟风弄月的诗词，当权者便大肆诋毁，说白居易对母亲不孝，是丧心病狂的疯子。

事实证明，许多诗词都是母亲去世前创作的，与不孝无关。然而，所有人都知道，这是对白居易的斗争，就算是诬陷，白居易也得忍着。庆幸的是，白居易没有卷入政治斗争，仅仅是因为被唐宪宗李纯嫌弃，而被降职为江州（今江西省九江市）司马，风头过后，白居易回到长安，一度重新回到人生巅峰状态。

宪宗时期，还有一位名臣，名叫裴垍。这位老兄是绛州闻喜人，20 岁考中进士，朝廷举办“举贤良方正、能直言极谏科”，裴垍对策第一名，被朝廷授为美原县尉，后来又担任监察御史、殿中侍御史、尚书礼部考功员外郎等职。

李纯执政时期，裴垍最大的贡献就是推行财政制度改革。

杨炎推行两税法的时候，规定地税以粮食缴纳，户税以钱财缴纳，可朝廷为了征缴方便，规定粮食可以折算为钱财。起初，大家并没有感觉到不妥，可时间久了，大家突然发现，百姓赚了钱，全部要上缴给国家，导致市场上流通的钱币不够，出现了通货紧缩的现象。到了和平时期，粮食和布帛的产量越来越高，钱财相对较少，因而出现了钱重物轻的情况。

对老百姓来说，朝廷之前定的税是交一百斤粮食，折算成一百文钱，可钱变得更值钱后，百姓要交一百文钱，就需要卖二百斤粮食。也就是说，朝廷的赋税没有增加，可是市场的原因导致百姓的纳税压力暴增。

不仅如此，百姓给朝廷的赋税分为三项，第一项是进献给朝廷的赋税，第二项是送交军镇的赋税，第三项是留在本州的赋税。其中，缴纳给军镇、本州的赋税总额，由地方政府来决定。比如，尚书省规定粮食价格是一斗一百文，钱重物轻后，粮食价格上涨为一斗二百文，可地方政府还是按照国家规定的价格执行，不管是交粮食还是交钱，老百姓都占不到便宜。

为了减轻百姓的压力，裴垍上奏，强行调高粮食价格。

同时，裴垍还给李纯提了个重要的建议：以后，藩镇节度使自行解决进贡朝廷的赋税，多余部分留给自己当作日常开支，而且征税的对象只能是军府所在的州城，除非征收的赋税达不到朝廷要求，才能向其他州县征税。这样一来，州县的纳税压力变小，自然会对朝廷感恩戴德。

改革到这里，裴垍的目的逐渐清晰了，为老百姓减轻赋税压力是真，借机削弱藩镇节度使的财政大权，释放州刺史的生产力也是真。所有的一切，都是围绕着唐宪宗李纯的削藩国策而进行的。

事实上，裴垍的策略没有太多亮点，但是能够有效推行，而且不引起藩镇的反弹，得益于一点：朝廷刚打赢了两场战争，处于强势地位。如果这种状态持续下去，藩镇势力被削弱，州县重新回到朝廷的怀抱指日可待。

未来，真的会如李纯的计划那样，一帆风顺吗？

机会靠自己争取：吐突承璀被起用

元和四年（809）三月，成德节度使王世真去世，其子王承宗自命为留后，全权代理成德军镇的一切军政要务。王世真是王武俊的儿子，王家有大功于朝廷，朝廷可以给这个面子，而且按照旧制，父死子继也没什么不妥。更何况，不久之前平卢节度使李师古去世，弟弟李师道也接替了节度使之职，算是有了先例。

然而，消息传到长安，李纯坐不住了。

天下人都知道，李纯想削藩，这是他赋予自己的使命。西川很强大，镇海也很强大，可要论藩镇的品牌，魏博、成德、范阳才是最老牌的藩镇，如果放任他们搞“父死子继、兄终弟及”的游戏，李纯的削藩就是一句空话。

大明宫内，李纯召开了议政大会。

李纯：“各位爱卿，朕想趁成德节度使王世真去世的机会，派朝廷命官接管河北，如果王承宗不答应，朕就起兵征讨。”

宰相裴垍：“陛下，平卢军镇的李家对朝廷一直不敬，可陛下仍然准许李师道承袭节度使之职，而王武俊的家族为朝廷立下了汗马功劳，如今朝廷却要剥夺王承宗的承袭资格，这样做恐怕违反情理，王承宗肯定不会服气啊。”

裴垍是支持削藩的，可他更知道，如果朝廷处置不当，王承宗必定会反抗，到时候又是一场血雨腥风。数十年前的悲剧，难道要再次重演？裴垍说完后，所有人都沉默了，这样的困境，没有任何人能承担后果。

过了一段时间，李纯又召集翰林学士院的幕僚开会。

李绛：“河北藩镇向来不尊朝廷教化，我对他们也很不满。”

听闻此言，李纯感觉找到了知音，于是兴奋地问道：“那依爱卿之见，朝廷下一步该如何部署呢？”

李绛话锋一转：“陛下，如果您现在用武力征服他们，恐怕朝廷还没有这个能力。”

李纯：“何出此言？”

李绛：“自从王武俊以来，父子承袭的制度已经有四十多年，河北的军镇也都默认朝廷会认可这种制度。更何况，如今王承宗已经总揽军中事务，忽然派人取代他，恐怕他不一定会接受朝廷的诏命。”

李纯：“难道就放任河北藩镇继续这样下去吗？”

李绛：“陛下，不仅成德军如此，范阳、魏博、易定、淄青等藩镇的权力也都是世代相传，他们得知成德由朝廷任命新的节度使，内心感到不安，肯定会暗中相互援助。到时候可就麻烦了。”

李纯心有不甘。

李绛：“如果发动战争，朝廷势必要任命一批领军将领，然后对他们大肆封赏，还要集合全国之力去讨伐，恐怕会引起朝廷的动荡啊。”

李纯是主张开战的，但是朝臣们都是站在朝廷的角度去考虑问题，所说的都是实际情况，如果战事开启，恐怕又是一场波及全国的战争。

左手是天子的威严，右手是国家的安危，李纯该如何取舍？很长一段时间，李纯都在犹豫，始终下不了决心。有一天，左神策护军中尉吐突承璀突然给李纯上了一道奏折，表示希望能请缨出战，为朝廷荡平河北的藩镇。

吐突承璀，宦官出身，为人机敏，善于投机取巧，李纯做太子的时候，吐突承璀就一直跟随在他身边，算是最了解李纯的人。吐突承璀知道李纯的心思，削藩之战肯定是要打的，只不过是早打晚打的事。更何况，李纯不被朝臣理解，正在生闷气呢，不趁着这个机会好好表现，岂不是对自己的前途不负责吗？

在中国历史上，宦官和大臣有个很大的不同，那就是宦官只为皇帝一个人服务，宦官的人生使命就是让皇帝高兴，至于国家利益、朝廷利益，都不是宦官要考虑的事情。佞臣的使命也是讨好皇帝，可他们毕竟是大臣，他们生活在朝臣的圈子，需要有自己的底线，有自己的尊严，行事作风会有保留。正因为这个原因，宦官干出的恶趣味事情，永远比佞臣要多得多。

看到吐突承璀的请战奏折，李适喜上眉梢。

不过，李纯是有理智的，他知道朝中反战势力很大，现在不宜和他们闹翻，于是只好把吐突承璀的请求搁置一边，心里盘算着如何打开局面。谁料想，吐突承璀的奏折刚刚递上去，一直沉默的主战派势力居然跳了出来。

宗正少卿李拭："朝廷就应该去讨伐王承宗。吐突承璀是陛下亲近并信任的内臣，应该将禁卫亲军委托给他，让他统率各军，谁敢不服从命令？"

有理由相信，李拭的内心非常亢奋，他觉得自己很有眼力见儿，升官的日子马上就要来临。悲剧的是，在世人眼中，第一个吃螃蟹的人总是值得尊敬的，至于第二个吃螃蟹的人，那就是毫无胆色的跟屁虫，至少李纯是这样认为的。

当时，李纯拿着李拭的奏折前往翰林学士院，对幕僚们说道："你们看看，李拭这个人真有心机啊，他知道朕会重用吐突承璀，所以才抓住机会拍马屁，求升官。你们都记住了，以后千万不可再提拔重用这个人。"

说白了，李纯传达了两个意思：我可能会重用吐突承璀，你们要做好心理准备；我不是昏君，比如靠拍马屁来投机取巧的李拭，俺就不会重用。

领导就是领导，说出的话就是有水平。吐突承璀虽然是个宦官，可李纯想重用他，其实就是摆明了态度，他还是想开战，这是强烈的政治信号。

当时，因为父亲去世，正在家丁忧的卢从史找到吐突承璀，请求吐突承璀在李纯面前为他美言几句，让他重新做回昭义节度使。李纯得知此事，配合地下了诏书：任命卢从史为昭义节度使，加左金吾大将军。

当然了，这一切都是前期铺垫。李纯想要正式开战，就必须获得宰相班子，以及翰林学士院的认同，他可不想在反对的声浪中宣战。

元和四年（809）七月，李纯再次找到了李绛等人。

李纯："朕想了想，打算从成德军镇划出德州、棣州两地，借此设置一个新的军镇，由朝廷任命一位节度使，削弱王承宗的势力。不仅如此，还要让他和江南的军镇一样，给朝廷缴纳税收，你们觉得怎么样？”

遗憾的是，李绛等人拿出实锤，让李纯再次吃了瘪。

第一，朝廷在河北的对手不止成德军镇，可谓牵一发而动全身。朝廷可以打他们的主意，但是不宜拿地盘搞事情。

第二，逼他们给朝廷缴税是没问题的。然而，最好的办法不是以皇帝名义下诏，而是派使者吊唁王世真，私下里找王承宗说这个事情。如果王承宗答应，那么皆大欢喜，如果不答应，朝廷也不会丢面子。

想当年，翰林学士院是皇帝的贴心智库，可到了李纯这里，居然全变成了实力派的“杠精”，这让李纯的心里很不是滋味，也产生了许多不满。

李纯：“你们认为，朝廷应该默认成德的世袭制规矩，可如今卢龙节度使刘济、博镇节度使田季安、淮西节度使吴少诚身患重病，如果他们去世，难道朝廷也要睁一只眼，闭一只眼？那么天下太平何时才有希望？如今，许多大臣都支持朝廷向河北委派官员，如果军镇不接受，就用武力征服，你们觉得如何？”

李绛：“正因为陛下攻克了西川和浙西，所以朝中很多阿谀奉承之辈才唆使陛下发起河北境内的战争，他们都不是从长远来考虑问题啊。更何况，西川和浙西反叛，周边的节度使都是受朝廷控制，可是河北境内却是铁板一块。所谓的天下太平不是一朝一夕的事情，还希望陛下能谨慎处理此事。”

很显然，李纯已经快要失去耐心。

李绛看到李纯焦急无奈的表情，于是婉转地说：“陛下，朝廷虽然不能对河北用兵，但是收复淮西还是有能力的。”

李纯顿时来了精神，问道：“你指的是什么？”

李绛：“淮西周围都是朝廷控制的地盘，节度使吴少诚病重，朝廷可以乘此机会派遣官员接任。如果吴少诚敢违抗命令，朝廷可借机讨伐，先拿下淮西，再伺机谋划河北的局势，对朝廷来说，应该是最好的选择。”

李纯听完之后，脸色这才缓和下来。

客观地说，河北的藩镇割据就是世纪难题，没有完美的解决办法，而且这个难题会怎么演变，谁也说不准。如果不战，最好的局势是他们内部出现裂痕，比如政治斗争，分账不均等，朝廷有机会乘虚而入；最坏的局势是他们起内讧，被某一个军镇收编，进而与朝廷抗衡，或者争夺天下。如果开战，最好的局势是朝廷一战定天下，前提是后勤保障给力，朝臣不搞内斗，将军统一作战；最坏的局势自然是朝廷战败，地方军镇强势崛起，皇权示弱，大唐中兴永远无望。

李适的任何抉择，都是一种冒险。

如果说有一种最佳策略，那就是李绛说的，伺机谋划。

事实上，就在李纯算计河北的时候，王承宗有些坐不住了。不管怎么说，王承宗是大唐的官员，想名正言顺地做成德节度使，必须得到朝廷的任命。为此，他屡次派使者前往长安，给李纯说了不少软话。

李纯："京兆少尹裴武，你去河北跑一趟吧。"

王承宗接受诏旨时，恭敬地说道："我是受到部下各军的逼迫，来不及等候朝廷颁旨任命。如今，我愿意献出德州与棣州，以此表明诚意。"

不管王承宗是真心实意，还是和朝廷客套，至少在明面上的博弈，李纯胜了一局。元和四年（809）九月，李纯下诏：任命王承宗为成德节度使，恒、冀、深、赵四州观察使，任命德州刺史薛昌朝（王承宗的女婿）为保信军节度使，德、棣二州观察使。也就是说，李纯重新为成德军镇划分了地盘。

结局很完美，可这种完美让有些人局促不安，比如魏博节度使田季安。说白了，如果成德军镇接受了分裂，下一个是魏博军镇，还是范阳军镇？随后，田季安给王承宗送了一封密信，说薛昌朝和朝廷勾结，这才谋得了德、棣二州。

事实不重要，重要的是薛昌朝确实上位了。被人抢走糖果的感觉很不好，如果这种掠夺还带有预谋、欺骗的味道，任何人都难以接受。紧接着，王承宗派了数百名亲兵，将薛昌朝下了大狱。也就是说，王承宗和朝廷翻脸了。

彼时，唐宪宗李纯还沉浸在胜利的喜悦中，遇到这种紧急情况，李纯没有想办法处置，他脑海里冒出的第一个念头就是，干就对了。

李纯向王承宗发了最后通牒：送薛昌朝回德州！

王承宗：不可能。

元和四年（809）十月，李纯下诏：剥夺王承宗一切官爵，以左神策护军中尉吐突承璀为左右神策，河中（今山西省运城市永济市）、河阳、浙西、宣歙等道行营兵马使，招讨处置使。

讨伐的对象，自然是成德节度使王承宗。

妙啊！谭忠的合纵连横

消息一出，举朝震惊！

事情闹到这个地步，朝臣无须商议战与不战，而是派谁出战。

白居易：“朝廷有任命宦官为监军的先例，可从来没有让宦官做军队统帅的先例，这让外族人看到，岂不是笑话我大唐无人吗？如果让各道军队受一个宦官指挥，臣相信他们肯定不会服气，军心不稳，又如何能作战？宠信宦官，让他们享受富贵的生活也就罢了，但是违反祖宗的法度，将兵权交给他打理，那是损害自己的英明，恐怕会遭世人的耻笑！”

说白了，宦官可以作威作福，可骑到朝臣的头上撒野，是不是太过分了，况且宦官的撒野方式也不对，李纯到底怎么想的？白居易的谏言得到了许多朝臣的声援，比如度支使李元素、盐铁使李鄘、京兆尹许孟容、御史中丞李夷简、给事中吕元膺、右补阙独孤郁等人，他们都不认可李纯的决定。

李纯：也罢，免除吐突承璀四道兵马使的职务，改处置使为宣慰使，至于前线作战的总指挥，仍然是吐突承璀！客观地说，这是个明显的政治信号，在朝臣和宦官之间，李纯最终选择相信宦官，这究竟是因为什么呢？

史书不会记载李纯的动机，我们只能尝试分析一下。

第一，李纯任用了很多宰相，可始终没有和他贴心的。

不可否认，李吉甫、杜黄裳、武元衡都支持李纯的削藩国策，可他们有自己的原则，那就是不影响国家的稳定。说白了，李纯想搞武力削藩，可他们想玩智力，走温和的削藩路线，这让君臣在处理河北问题的时候，产生了严重矛盾。

矛盾，意味着情感的对立，李纯选择了不再相信他们。

第二，李纯是凡人，需要面子，朝臣给不了，只有宦官才能给。

元和四年（809）六月，吐突承璀奉命修治安国寺（今河南省三门峡市陕县境内），为了讨李纯的欢心，吐突承璀打算为他立一座圣德碑。至于刻在碑上吹捧李纯的文章，吐突承璀希望由翰林学士撰写，他愿意拿出一万缗钱，作为他们的润笔费。

李纯想了想，这种事情无伤大雅，于是把活交给了翰林学士李绛。

谁料想，李绛却给李纯上了一道很打脸的奏折："唐尧、虞舜、夏禹、商汤都不曾立碑称道自己超凡的德行，只有秦始皇在巡视过的地方镌刻石碑，为自己大力宣扬，不知道陛下打算效法谁人？"

李纯读完奏折，脸上有种火辣辣的感觉，那是被羞辱的味道。碰巧吐突承璀就站在旁边伺候，李纯怒吼道："赶紧把你那什么圣德碑给朕推倒。"

吐突承璀："陛下，碑楼很大，请让奴婢慢慢把它推倒吧。"

李纯把奏折摔在地上，怒吼道："那就用牛拉。"

吐突承璀吓得屁滚尿流，赶紧找了一百多头牛，这才把圣德碑放倒。客观地说，吐突承璀这件事办得很没有水准，按照常理，李纯应该迁怒于他。然而，李纯不但没有迁怒，反而更加信任，甚至把军权都交给了他，这说明什么问题？

朝臣只论对错，可宦官只分亲疏。

发兵的前夕，李绛曾经进言过："一直以来，宦官的态度都很傲慢，而且行事专横，对朝廷政务干涉太多，还喜欢进谗言诋毁忠诚坚贞之士。"

李纯轻描淡写地回应道："爱卿多虑了，宦官怎么有胆量说别人坏话呢？就算他们进了谗言，朕也不会听信的。"

很显然，李纯是在和稀泥，李绛决定把话挑明："宦官这类人不懂仁义，难分是非，大多是唯利是图的人。如果他们能得到贿赂，就可以将盗跖夸为廉洁善良之人。如果违背了他们的意志，便可将龚遂、黄霸毁谤为贪婪暴虐之人。陛下虽然英明，可他们常伴君侧，定会让陛下受到谗言的干扰，长此以往陛下自然会相信的。自古以来，宦官败坏国家利益的事情数不胜数，陛下怎么能够不防备呢？"

李纯就像是恋爱中的女孩子，道理都明白，可就是不想听。

李纯："准备准备，发兵河北吧！"

时隔二十多年，朝廷再次兵临河北，这也引起了各地军镇的警惕。除了王承宗外，卢龙节度使刘济，魏博节度使田季安的抵触情绪最大。可以想象，如果真的打起仗来，李纯要面对的敌人绝不止一个，前路可谓多艰。

令李纯没想到的是，在偏远的河北，有个不起眼的将军心系着朝廷。就在朝廷出兵之前，这位兄弟搞起了合纵连横的高端操作，为李纯扫除了不少障碍。

此人名叫谭忠，官居幽州牙将，虽然官职卑微，却善于观察总结，有自己的想法。在谭忠的眼里，河朔三镇闹了几十年，看似让朝廷疲于奔命，其实并没有对朝廷形成重创。相反，刘辟、李锜等枭雄不可一世，最终还是被朝廷收拾得服服帖帖。事实证明，朝廷是瘦死的骆驼比马大，就是比藩镇强。

谭忠："老板，你想打仗吗，你想找死吗？"

刘济："我想好好活着。"

谭忠："小弟愿意出使魏博，面见田季安，试探他的想法。"

不久之前，魏博节度使田季安刚搞完誓师大会，决定给官军一点颜色瞧瞧，看到谭忠出使，便想问问卢龙军镇有什么安排。

谭忠："听说您想对抗朝廷，这样做无异于和天下作对啊。"

田季安大惊，急忙问道："先生何出此言啊？"

谭忠："皇帝打了几次胜仗，因此有些膨胀，这才派遣不懂军事的宦官统兵作战，目的就是为了向朝臣证明自己的眼光。如今官军攻打成德，必定会越过魏博，如果大人拦截官军，破坏了皇帝的计划，恐怕会遭到他的嫉恨。如果真是那样，以后皇帝要对付的就不是王承宗，而是您啊。"

田季安无言以对，惊恐地问道："果真如此，怎么办才好呢？"

谭忠："这件事说起来简单，只要官军进入魏博军镇，您便好好犒劳，然后带着全部人马在官军后面摇旗呐喊。不过，您可以私下给王承宗送信，表示如果魏博攻打成德，必定会被其他军镇唾弃；如果魏博援助成德，天下人会说您背叛君主，是大逆不道。任何一方的指责，您都承担不起，只能按兵不动。"

田季安听闻此言，欣喜若狂，不禁赞美道："妙啊！先生乃大才，简直就是上天送给我魏博的大礼啊！”

搞定了田季安，谭忠飞马赶回卢龙，想说服刘济攻打成德。

刘济问道：“天子知道我怨恨成德，恐怕会命令我讨伐成德，成德也必然极力防备，我现在也是左右为难啊。”

谭忠：“您多虑了，天子不会让您攻打成德，成德也不会防备您。”

刘济正在烦恼，听谭忠如此说话，还以为是在讽刺自己，于是怒吼道：“你还不如直接说我和成德是一丘之貉呢。来人，将他打入大牢。”

事后，刘济的心里七上八下，便派人到边境查看成德军镇的布防，后来果然如谭忠所料。紧接着，朝廷的使者到达卢龙，传达了一个重要指示：刘济不用攻打成德，只需要为朝廷防备北部边境即可。得知消息，刘济急忙跑到牢中将谭忠接了出来，随后以高级幕僚的姿态捧着他。

刘济：“你是怎么知道朝廷和成德军镇动向的？”

谭忠：“您可能忽略了一个人，昭义节度使卢从史。”

刘济：“卢从史怎么了？”

谭忠：“卢从史表面上与您亲近，实际上在与成德的王承宗暗中勾结。据可靠消息，卢从史给王承宗谋划过，说卢龙军镇是以成德军镇为屏障的，虽然您讨厌王承宗，却不会派兵偷袭他，所以成德没必要对您设防。”

刘济：“你怎么知道朝廷不会派我们攻打成德呢？”

谭忠：“卢从史也给朝廷谋划过，说卢龙和成德虽然有矛盾，却暗中勾结，就算朝廷让卢龙攻打成德，卢龙也不会尽力。再加上成德对我们不设防，更加坐实了两军的关系。想想看，皇帝敢让卢龙大军驻扎在成德边境吗？”

刘济：“那你说怎么办？”

谭忠：“如今王承宗受到卢从史的挑拨，认为咱们不出兵，其实是利用他们作为屏障，必定不会对咱们感恩戴德。在陛下的眼里，如果咱们不出兵，其实坐实了与成德的勾结罪名。说白了，里外不讨好。”

与聪明人说话，点到即止。

刘济怒吼道：“五天以内，卢龙军镇下辖的军队全部出动，要是有谁落后了，就将他剁成肉酱示众！”

河北的一摊浑水，被小小的牙将搅得天翻地覆。至少对李纯来说，卢龙、魏博军镇明面上站边朝廷，官军场面上是占据优势的。如果前线主帅足够给力，李纯可能会突破河北藩镇割据的世纪难题，至少解决成德军镇不成问题。

元和五年（810）正月，刘济带着七万大军南下，接连拿下了饶阳（今河北省衡水市饶阳县）、束鹿（今河北省石家庄市辛集市）。元和五年（810）正月二十六日，河东将领王荣攻克王承宗的洄湟镇（今河北省石家庄市新乐市）。

吐突承璀看到形势大好，于是将各路大将召集起来，准备搞一次动员大会，刷一刷存在感。悲剧的是，将军们都是久经沙场的悍将，更是威武雄壮的男人，面对不通军事的宦官吐突承璀，顿时就炸了窝，泄了气。

你说啥是你的事，听不听是俺的事！

吐突承璀无奈，只好给神策禁卫军下令，希望他们能证明自己的价值。接下来的几次交锋，都是有神策军主导，可几场战役下来，官军屡战屡败，还折损了左神策大将军郦定进。一时间，低迷的士气在官军阵营蔓延开来。

淮西的吴少阳看到河北战事胶着，于是奏请李纯，希望朝廷能够封他做淮西留后。李纯担心处置不当，引起淮西的震动，只好含泪下旨。

这也就罢了，昭义节度使卢从史信誓旦旦，说要替李纯镇压王承宗。然而到了前线，这位老兄犹如定海神针一样，不让军队移动半步。不仅如此，他还和王承宗勾结，暗中抬高粮食和战马草料的价格，使朝廷开支暴增。

当时，白居易给李纯上了奏折，提了几条建议。

第一，朝廷打成德没问题，如果结果是胜利，多大代价都值得。可现在明知道不能取胜，还要投入粮食和钱财，实在是不划算。更何况，朝廷的钱财都被各地军队拿走了，这岂不是拿国家的资源壮大地方军队吗？

第二，吐蕃和回鹘在国内安插了许多间谍，朝廷为了打成德，投入了多少钱财、军队和粮食，他们一清二楚。如果前线失利，他们必定会乘虚而入，凭朝廷眼下的军事力量，很难兼顾。

第三，朝廷刚刚发布吴少阳的任命，如果河北军镇要求朝廷一视同仁，不管战胜还是战败，朝廷都会处于被动，中央权威何在？

简而言之，白居易希望李纯尽快撤军，恢复制衡的状态。

问题是，战争是李纯挑起的，宦官主帅是李纯任命的，在没有取得胜利的情况下退军，岂不是说明李纯决策失误，用人不明？李纯丢不起这个脸。他还是选择相信吐突承璀，愿意给他时间来结束河北的战争。

唐宪宗的英明：用而不宠，宠而不专

李纯忧心忡忡的时候，卢从史的奏折如雪花般飞向长安，大致意思就是各道军队暗中和王承宗勾结，前线的局势非常微妙，建议李纯不要轻易进军。不过，他一直在暗示李纯，希望朝廷能给他加封同中书门下平章事的头衔。

李纯纳闷了，这位老兄是主战派，可到了前线，却一反常态，还在找朝廷要官，难道是别有所图？当时，卢从史的牙将王翊元到长安办事，李纯让裴垍对他晓之以理，动之以情，最终策反了王翊元。当真相摆在李纯面前的时候，他彻底惊呆了，和不利的战局比起来，狼子野心更让李纯胆战心惊。

李纯：先杀卢从史，再打河北战争。

王翊元回去之后，积极争取了潞州（今山西省长治市）都知兵马使乌重胤等人。

至于吐突承璀，在巨大的压力下，也开始反思一件事。这场战役对李纯至关重要，如果打赢了，他就是大唐的功臣，再也不会有人在背后指指点点。如果打败了，他必须承担所有责任。因此，如何逃脱责罚呢？

最好的办法就是，找个替罪羊。

瞧瞧卢从史，不就是量身定做的替罪羊吗？

想到这里，吐突承璀似乎在黑暗中找到了一丝光亮。

吐突承璀知道卢从史贪财，于是准备了一批稀世珍宝，邀请卢从史前来观摩鉴赏。吐突承璀发话了，只要卢从史愿意，可以全部拿走。面对天上掉下来的馅饼，大多数人都会弯腰去捡，更何况是贪婪成性的卢从史。他也不想想，吐突承璀是大军主帅，又是皇帝的宠臣，凭什么要给他行贿？

卢从史搬回军营的奇珍异宝越多，对吐突承璀的信任越深。有一天，吐突承璀组织了一场摔跤比赛，邀请卢从史前来观战。二人简单寒暄之后，早已经埋伏好的行营兵马使李听突然冲出，生擒卢从史，随后将他送往长安。

卢从史有居心叵测的意图，却没有谋反的证据，李纯只能宽大为怀，将他贬为欢州（今越南义安省）司马。内部的毒瘤拔除了，可前线的战事迟迟没有进展，这让朝廷非常着急。当时，白居易已经到了崩溃的边缘，他给李纯上奏道："臣屡次请求陛下撤军，如今的情形比之前更加恶劣，不知陛下究竟在犹豫什么！"

身为皇帝的近臣，不知道皇帝心中所想，这就是白居易的失职。

白居易是谏臣，也就是敢直言规劝皇帝的臣子。要做一位谏臣很简单，虎着胆子，埋头劝谏，不怕皇帝治罪，不畏惧皇帝的威严。问题是，说话不是目的，让皇帝认识到自己的问题，甚至接受你的建议，才是谏臣的人生使命。这就需要谏臣有揣摩人心的本事，出色的说话艺术。

有时候，谏臣是朝廷政治风气的风向标，谏臣活得越久，政治风气越清朗；谏臣活得越短，代表朝廷的言论自由受到了限制。因此，优秀的谏臣也需要拍马屁，搞些小心机，在皇帝身边左右逢源，带领朝廷的风气。说白了，你活的时间越久，说话的机会越多。很显然，白居易不明白这个道理。

不管怎么说，李纯是皇帝，白居易是臣子，君臣的礼仪不可废。然而，白居易的言辞已经超越了臣子的职责，奏折中满是威胁、讽刺的味道。有一次，白居易居然当着所有朝臣的面说，李纯错了！这让李纯的自尊受到了严重的伤害。

除了白居易，整个翰林学士院也受到了李纯的冷落。

前面说过，翰林学士院是皇帝的幕僚团，只要皇帝遇到军国大事，或者重要的人事任命，都会提前找翰林学士商议。准确地说，翰林学士堪称影子宰相，一度有取代前廷宰相的苗头。然而，首席幕僚李绛的风格与白居易一样，永远是以国家利益为重，不照顾李纯的个人情绪，以至于在河北战争中逐渐失宠。

据史料记载，有一个月的时间，李纯都没有召见翰林学士，这让李绛等人产生强大的落差感。有一天，李绛鼓起勇气上奏道："臣等饱食终日，不用进言，自然落得清闲，可陛下该怎么办？陛下广开言路，察纳雅言，才是王道啊。"

李纯："那好吧，明日朕便召你们奏对。"

客观地说，李纯是个有胸怀的皇帝。

有时候，李纯确实比较偏执，可这种偏执是有理由的，比如在局势不明的情况下，坚持削藩战争，这种勇气是任何帝王都必须具备的，应该被朝臣理解。可当他碰到阻力，感觉到无助时，并没有将怒火撒到下属头上，这是他的涵养。当朝臣劝谏时，李纯又能虚心接纳，搞好君臣关系，这是他的包容。

当时，李纯对李绛说道："白居易这小子，经常对朕出言不逊，必须让他退出翰林学士院。"

李绛回应道："陛下能够接受谏言，群臣才敢说话。白居易说话确实没有水准，可他毕竟是一片忠心。如果陛下断了言路，臣担心朝臣都会明哲保身，这对陛下的圣明形象没有任何好处啊。"

听闻此言，李纯笑逐颜开，对白居易一如往常。

元和五年（810）七月初二，王承宗突然派下属入朝，扬言自己受了卢从史的挑拨，愿意向李纯认错，还承诺以后会给朝廷纳税，并希望朝廷给成德军镇任命官员。也就是说，王承宗主动认输了。事情兜兜转转一圈，似乎又回到了原点。

如果李纯答应，朝廷赢得了面子，可代价是前期工作全部作废。如果李纯不答应，他需要解决财政危机，摆平主和派的朝臣。最主要的是，要承担战争失败后的风险，比如大唐中兴彻底无望。

据史料记载，是和是战，李纯挣扎了七天之久。元和五年（810）七月初九，李纯终于下定决心，下了一道诏书：任命王承宗为成德节度使，将德州与棣州重新划归到成德军镇麾下，勒令各道军队返回驻地，赏赐各军二十八万匹布帛。

至于卢龙节度使刘济，李纯给他赏了个中书令的头衔。有理由相信，这就是个安慰奖。在河北削藩战争中，最郁闷的就是刘济。朝廷要打仗，刘济便宣布与成德决裂，兴高采烈地拿下几座城池，反倒是官军拖拖拉拉，一直没有进展。到了后来，王承宗投降，李纯欣然接受，刘济又该如何自处？

据史料记载，刘济犯了抑郁症，直接病倒了。

当时，刘济的长子刘绲担任卢龙节度副使，镇守老巢，二子刘总担任都知行营兵马使，驻守饶阳，刘济驻扎在瀛州（今河北省沧州市河间市）。刘济病重，刘总便想着篡权夺位，于是暗中派人散布消息，说朝廷传出旨令，刘济作战不力，决定任命刘绲为卢龙节度使。第二天，又传出小道消息，说宣旨的使者已经到达太原。第三天，满营皆传，使者已经到达代州（今山西省代县）。

刘济本就心烦意乱，听闻消息，当时便信以为真，于是诛杀了几十位和刘绲交好的大将，架空了长子刘绲。至于刘总，直接晋升为刘济的乖宝宝，每日侍奉在侧。有一天，刘总照例端药送水，刘济却七窍流血，暴毙而亡。这一切的发生，刘绲全然不知，他正在昼夜兼程地赶路，最后被一帮不明身份的人拦截，群殴致死。至此，刘总成为卢龙军镇的实际控制人。

河北之战，成德军镇安然无恙，卢龙军镇血雨腥风，这恐怕是所有人都没有想到的结果。元和五年（810）九月初二，吐突承璀从前线返回长安。按照规矩，战败的主帅轻则受到皇帝的斥责，降级留用，重则罢官，不再起用，更严重的可能会被处死。满朝文武都盯着李纯，想看他如何处置吐突承璀。

遗憾的是，结果让吃瓜群众失望了。李纯只是命吐突承璀面壁思过，十天之后，吐突承璀便做回了左神策护军中尉。护犊子可以，可不分青红皂白，公然侮辱朝廷的律法，以后谁还愿意替李纯卖命？

裴垍："陛下！当初要打仗的是吐突承璀，朝廷出钱出力，劳民伤财，他却在前线无功而返，着实给朝廷丢脸。就算陛下顾念旧情不忍心将他处决，为了向天下百姓道歉，难道还不能加以贬斥吗？"

李绛："陛下不肯处罚吐突承璀，以后再出现战败的将领，该如何处理？如果诛杀他们，那便是同样的罪责，不同的处罚，他们肯定不会服气。如果不杀，大家都会明哲保身。希望陛下狠下心来，给将士们一些警示。"

李纯碍于压力，只好将吐突承璀降职为军器庄宅使。

论职责，军器庄宅使主管朝廷的庄田、菜园、车坊等经济产业，和主管军权的神策军中尉无法相提并论。然而，吐突承璀管着李纯的私人腰包，而且是皇帝的近臣，近水楼台的优势方便他重新崛起，这是李绛最不愿意看到的。

有一天，李绛找到李纯，一把鼻涕一把泪，痛诉吐突承璀的不堪历史，指责他专横不法，要求李纯继续处罚。

李纯颇为不满：“爱卿，你说得太过分了。”

李绛：“陛下视臣为心腹，如果臣明哲保身，不愿进言，那就是臣的失职。可臣说了话，陛下不想听，那就是陛下辜负了臣。”

客观地说，吐突承璀干了不少龌龊事，李纯心知肚明，他愿意护犊子，可他又想做个圣明的皇帝。面对李绛的指控，李纯只好敷衍道：“你讲的都是群臣不敢讲的，你确实是一位忠臣。希望你以后继续进言，就像今天这个样子。”

至于处罚吐突承璀，李纯直接选择了无视。

元和六年（811）正月，李纯突然下诏，加封李绛为户部侍郎。

据史料记载，这是宦官集团阴谋干预的结果。目的很简单，撸掉李绛的翰林学士头衔，让他远离皇帝李纯。最重要的是，户部侍郎虽然是国家公务员，可是在收缴国家税收的同时，需要为皇帝进献额外的钱财。李绛为人耿直，自然干不出搜刮民财的事，宦官集团如此安排，就是想让李纯对他产生不满。

不过，宦官集团打错了算盘，李纯确实重用过宦官，可他的重用不是毫无底线的偏爱，而是为了证明自己的价值，将宦官集团作为和朝臣掰手腕的工具。在李纯的心里，宦官就是家奴，只要他想收拾，随时都可以动手。当吐突承璀阴谋活动的时候，李纯看穿了他的心思，李纯和李绛来了一次走心的奏对，双方解开了误会，变得更加信赖对方。至于宦官集团，前景堪忧。

元和六年（811）十一月，宦官集团东窗事发。

当时，一个叫刘希光的弓箭库使收了两万缗钱贿赂，答应帮某位羽林大将军安排藩镇节度使的职位。谁料想，有人将此事告发，李纯直接将刘希光处死。问题是，刘希光官职卑微，有能力搞定藩镇节度使的任命吗？很显然，这件事的背后必定有幕后黑手，有关部门调查回报，黑手就是吐突承璀。

藩镇是李纯心里永远的痛，可吐突承璀却在他的心口上捅刀子。几天之后，李纯下诏，将吐突承璀贬为淮南监军。当时，李纯似乎很满意自己的表现，于是和李绛打趣道：“爱卿，你怎么看待朕贬斥吐突承璀一事啊？”

李绛主动送上一记马屁：“朝臣确实没想到，陛下会如此安排。”

李纯:“吐突承璀只是朕的家奴，因为陪伴朕的时间久，朕才屡次宽宥。可如果他有违法乱纪的行为，朕丢弃他，就像丢弃一根羽毛那样容易。”

不得不说，唐宪宗李纯的英明指数算是比较高的，他知道皇帝的职责，也明白宦官集团的定位，在任期间，李纯能够做到用而不宠，宠而不专，确实限制住了宦官集团的崛起，这一点确实难能可贵。

李吉甫的滑铁卢：终究是错付了

吐突承璀和李绛，就像是天平的两端，吐突承璀倒台，意味着李绛得宠。随后，李纯下诏，加封李绛为中书侍郎、同中书门下平章事。有趣的是，李绛拜相之前，李吉甫也是中书侍郎、同中书门下平章事的头衔。

这究竟是李纯有意为之，还是无心插柳？

前面说过，李吉甫是支持削藩的宰相，而且作风务实，是能出成绩的实干派官员，深受李纯的喜欢。实干派的官员有几个特点，比如嘴上功夫不厉害，与清谈派的官员不对付，不善于玩阴谋诡计等。

元和三年（808）四月，朝廷开了一科“选拔贤良公正直言极谏人才”的考试，专门选拔会挑刺的基层官员。当时，伊阙县尉牛僧孺、陆浑县尉皇甫湜、进士李宗闵因为挑刺的水准较高，被吏部侍郎杨于陵、吏部员外郎韦贯之定为前三名，李纯放出话来，让中书省的大臣对他们重点培养一番。

李吉甫不乐意了，我们身为宰相，每天要办多少公务，要承受多大的压力，凭什么被这帮只说话不干活的兔崽子批评？李吉甫打心眼里反感他们，于是开始暗中调查这帮人的背景。最后发现，主持复试的考官王涯是皇甫湜的舅舅。

按照规矩，如果有裙带关系，主考官应该向有关部门报备避嫌，可王涯没有给任何人打过招呼，难道这其中有猫腻？李吉甫将此事转告给李纯，扬言开科取士是为了显示皇恩浩荡，虽然没有确凿的证据证明王涯等人徇私舞弊，但这件事绝不能就这么算了。很快，李纯就下达了诏书：罢免裴垍翰林学士之职，出任户部侍郎；罢免王涯翰林学士之职，出任尚书省刑部都官司员外郎；吏部侍郎杨于陵罢为岭南节度使；吏部员外郎韦贯之罢为果州刺史。

至于牛僧孺、皇甫湜、李宗闵等人，也遭到了池鱼之殃。想想看，他们已经成为天子门生，准备走进权力的核心，却因为这样的乌龙案件，被外派到藩镇节度使麾下做了幕僚，彻底淹没在浩浩荡荡的小官僚队伍之中。

挡人前途，犹如杀人父母。

李吉甫确实没想到，李纯下手如此决绝。在官场上，最讲究一团和气，如果因为一件小事得罪人，别人迟早会找补回来。要命的是，李吉甫得罪的不是一个人，而是一批人。理智告诉他，他摊上大事了，李吉甫无法劝李纯收回成命，又担心自己卷入风口浪尖，于是主动递交了辞呈。

李纯："你去做淮南节度使吧，给你保留检校兵部尚书、中书侍郎、同中书门下平章事的头衔。"据史料记载，在淮南节度使任上，李吉甫变得更加务实，比如带着老百姓兴建水利工程，为百姓争取减免赋税，偶尔也会谈论朝政得失，踏实干活的同时，也在李纯面前刷着自己的存在感。

元和五年（810）十二月，中书侍郎、同中书门下平章事裴均因病辞职，李纯第一个想到的继任者就是李吉甫。元和六年（811）正月，刚刚过完年，李纯就给李吉甫送了个新年大礼包：中书侍郎、同中书门下平章事，加授金紫光禄大夫、集贤殿大学士、监修国史、上柱国，晋爵赵国公。回京之后，李吉甫的内心波澜起伏。

据史料记载，这一次回京，李吉甫干了不少实事，比如裁减了冗官八百零八人，冗吏一千七百六十九人，为朝廷节省了不少开支。不过，李纯突然发现，李吉甫的身上多了几分戾气，比如待人苛刻，喜欢报复之前得罪过他的同僚；也多了几分圆滑，比如经常拍李纯的马屁，专挑顺耳的话说给他听。

问题是，李纯突然想做圣明之主，李吉甫的表现让他有些失望。于是，李纯将李绛提拔为了中书侍郎、同中书门下平章事。李纯欣赏李绛的耿直、客观，可这样的安排，让李吉甫产生了强烈的抵触情绪。接下来的一段时间，李吉甫和李绛化身为一山二虎，为了争夺话语权，开始了各种狗血的斗争。

元和七年（812）正月，李纯下诏：贬京兆尹元义方为鄜坊观察使。

据史料记载，这位老兄是吐突承璀的小弟，李吉甫将他提拔为京兆尹，纯属向吐突承璀示好。李绛知道这件事后，自然觉得恶心，于是动用手中职权，将元义方撸到外地，算是对李吉甫的一种挑衅。

元义方郁闷了，说起裙带关系，朝廷有数不清的例子，凭什么拿他开刀？元义方觉得自己很无辜，于是进宫找李纯诉苦："陛下，李绛不讲究啊！"

李纯："爱卿可是受了什么委屈？"

元义方："李绛将他的同年许季同提拔为京兆少尹，却把臣贬到外地，这分明就是以权谋私。臣担心陛下被他蒙骗，因此进言哪。"

李纯不以为然地说道："朕了解李绛，他不是这样的人。不过，既然你提出了怀疑，朕明日会亲自问他。"

第二天，李纯召李绛问话："爱卿，你说人对同年都有情谊吗？"

李绛闻弦歌而知雅意，坦然奏对道："所谓的同年，只是四海之内的学子在同一年科考登第，有些人是在复试的时候才认识，怎么会有情谊？陛下不嫌臣愚昧，因此任命臣为宰相，宰相的职责就是选拔优秀的人才，不管他是兄弟子侄，还是素未谋面的官员。如果因为避嫌而放弃人才，这是不公平的。"

客观地说，同年的情谊在官场确实存在，因为有这份渊源，方便抱团取暖。可李绛为了打击李吉甫，只能歪曲事实，为自己脸上贴金。由于李纯和李绛处于"蜜月期"，只能信了他的话，将元义方赶出京城。

小小的人事调动，折射出了李绛和李吉甫在朝野的话语权。此事过后，李吉甫有了危机感，于是想走一波溜须拍马的路线。

元和七年（812）三月二十八日，李纯驾临延英殿，心情看起来非常不错。李吉甫趁机说道："陛下，如今天下太平，您完全可以多安排点娱乐活动啊。"

娱乐活动是其次，天下太平才是重点。和谐愉快的聊天气氛，李吉甫预感到李纯心里会很舒坦，于是抱着一副"你快夸我"的表情看着李纯。

悲剧的是，李纯还没来得及说话，李绛便抢白道："汉文帝时，国库里的兵器多到生锈，老百姓家家富裕，贾谊都不敢说天下太平。如今，我大唐法令无法通行的州县不计其数，边疆烽火屡屡警报，洪涝灾害时常发生，这正是陛下鸡鸣时起，夜深才睡的时候，怎么能够劝陛下享乐呢？"

李纯："你这话说到朕的心坎上了。"

当着满朝文武的面，李吉甫被强势打脸，几乎羞得无地自容。

还有一次，李纯问道："德宗时期，为何朝政如此昏暗呢？"

李吉甫："德宗皇帝依赖自己的智慧，不太愿意相信臣子，反而信奉一些旁门左道，这才让内心险恶的佞臣有机可乘。"

李纯反驳道："在朕看来，不都是德宗皇帝的问题。当年，许多事情都可以分出是非优劣，可宰相们为了自己的高官厚禄，都不愿意据理力争。你们这些大臣要引以为戒，如果事情有对错之分，一定要勇于直言啊。"

李吉甫看到气氛还挺轻松，于是又拍了一记马屁："陛下，人臣不应该固执地进谏。让君主开心，朝政安宁，不也很好吗？"

这次轮到李绛出场了："人臣应该敢于冒犯圣上的威严，讲出逆耳但又恳切的谏言，陈述事情的成功与失败之处。这才算得上是忠于君主。"

李纯："李绛说得对。"

被人打脸的感觉很不好，尤其是被连续打脸，更是伤害自尊心。回到中书省后，李吉甫把自己关在屋里，不想干活也不想说话，一个人生闷气。难道李绛真是克星？为何他怎么说都对，我怎么说都错？不行，一定得扳回一局！

过了几天，李吉甫进言道："奖赏与惩罚是人君的两大权柄，不能偏废。自从陛下登基以来，施行的恩泽已经够深厚了，只是刑罚未能振举。如今朝廷内外的官员松懈懒惰，希望陛下采取更严厉的刑法，以便使官员们振作起来。"

李纯笑了笑，转头问李绛："爱卿有什么高见？"

完了，又是李绛！李吉甫听说李绛要发言，心态瞬间就崩了。

李绛："帝王的政务，推崇仁德，而不是推崇刑罚，怎么能丢弃周成王、周康王、汉文帝、汉景帝等榜样，反而去效法秦始皇父子呢？"

李纯："你说得对。"

这是第几次被打脸，李吉甫已经记不清了。

此时的李纯对李吉甫开始有了不满，他认为李吉甫此人不再是治理朝政水平有问题，本来他对李吉甫信任有加，觉得他能够领悟天子的意思，多加培养必定会成为他的帮手。然而李吉甫却开始拍皇帝马屁寻求宠信，而且说话越来越不着边际，这就是典型的人品有问题啊！

十余天之后，大臣于由页也以同样的话题给李纯上了一道奏折，大致的观点和李吉甫一样，劝皇帝不能一直这样宽容下去，该严厉的时候就得严厉，该处罚的时候就得处罚！

然而，李纯却将于由页的事情说给了宰相们听，并问道："你们知道于由页为什么会劝朕实施严刑峻法吗？"

宰相们面面相觑，不知所然。

李纯："哼！他这是在让朕逐渐失去民心啊！"

李纯的一番话让李吉甫汗流浃背，面露惧色。再傻的人也知道这话是说给他听的，退下来之后李吉甫终日低着头不说话，唯恐哪一天天上会掉下来一个铜豌豆把自己给砸死。

事实证明，不是所有的甜言蜜语都会得到人主的赏识，至少生活在唐宪宗李纯那个时期的臣子还是挺幸福的。

有一次，李纯和宰相们在延英殿谈论治国之道，当时天色向晚，暑气甚重，汗水湿透了宪宗的衣服，宰相们担心宪宗身体困倦，便请求退下，宪宗挽留他们说："朕进入宫廷后，接触到的只有宫女和宦官罢了，所以朕喜欢与你们谈论治国的要领，绝不感到困倦。"

有这样一个专心治国理政的皇帝，即便是不能够中兴，但是保持政治清明，为朝廷多积累人才是完全没有问题的。

元和七年（812）五月，李纯收到很多奏折，说是江淮地区发生了比较严重的水灾，自己还派遣了御史前去巡视，可是御史回来跟他说江淮地区的水灾其实并不严重，估计是当地的官员有点虚张声势。

这种事情放在一般的皇帝那里，过了也就过了，御史是去过当地的人，总不能回来欺骗他吧？然而李纯却并不太放心，为此专门召开了一个宰相办公会议，现场讨论了一下这个事情。

李纯："你们这些人经常说江淮地区发生水灾，可是御史回报说并不是很严重，这其中究竟有什么隐情？”

李绛：“我考察了淮南、浙西、浙东的奏折，都说发生了水灾，人民多数流离失所，请求朝廷想办法安抚。难道他们肯在没有灾情的情形下，胡乱去说本地遭受了灾害吗？这种不至造成灾害的说法，大约是御史打算做奸邪逢迎的事情，以期讨得陛下的欢心罢了，我希望得知发言人的姓名，加以按察，依法制裁。”

李纯就喜欢李绛这股敢质疑一切的韧劲，于是当着宰相的面说道：“是我的过错，我就不敢说出刚才的话来，你们赶紧查明情况，该怎么处置就怎么处置！”

后来查实之后，李纯果断免除了淮南和两浙地区的赋税。

魏博军镇来归附

元和七年（812）八月，魏博军镇传来消息：节度使田季安暴卒。

田季安是田绪的儿子，田承嗣的孙子，魏博田家第三代掌门人。不过，这位老兄沉溺于酒色，纵欲无度，还得了风病，以至于精神失常，神经错乱，年纪轻轻就成了一个废人。由于身体情况糟糕，田季安的内心也变得暴虐阴暗，很长一段时间内，杀人、打人成了田季安抵抗病魔的精神良药。

田季安生病之后，老婆元氏找了几个德高望重的将军，将其子田怀谏扶上了魏博节度副使的位置，还召回田承嗣的堂侄田兴，让他担任都知兵马使。没过多久，田季安就暴毙而亡。想想看，魏博军镇群龙无首，田怀谏年仅11岁，还是不懂事的娃娃，对李纯来说，岂不是收复魏博军镇的天赐良机？

当时，李纯直接下诏，封左龙武卫大将军薛平为郑滑节度使，命他陈兵在魏博军镇的边境。与此同时，李纯召集宰相开会，商议接下来的对策。朝臣们算是明白了，皇帝还没有开会，就已经调动大军，脸色分明写着“想打仗”三个字。

说是开会，其实就是走个过场。

李吉甫表示，自己销声匿迹了许久，这次是取悦李纯的好机会，不可错过。于是，李纯说完开场白之后，李吉甫一马当先，主动请战：“陛下，这是天赐良机，臣实在找不出来不用兵的理由。”

李纯：“爱卿说得对，朕也是这样想的。”

李吉甫非常兴奋，他已经不记得，上次被皇帝夸奖是什么时候了。

就在此时，李纯突然说道：“李绛，说说你的看法。”

又是李绛！又是李绛！不过，这一次李吉甫胸有成竹，因为面对天赐良机，李吉甫实在想不出李绛反对他的理由。

谁料想，李绛语出惊人：“陛下，朝廷可以不战而屈人之兵。”

众人：“……”

李纯来了兴趣：“你说说看，如何能不战而屈人之兵。”

李绛：“以臣愚见，河南、河北等地的藩镇节度使为了不让领兵将领权力太大，便将兵权分给了不同的将领，让他们互相牵制，又能为他们所用。如果将军们想联手作乱，肯定会有人泄露机密；如果他们打算单独起兵，则会因为兵马太少，势单力薄，难以成功。”

李纯：“你的意思是河北等地的藩镇其实有隐患？”

李绛：“陛下圣明！想要节制这些将领，势必要一个强势威严的主帅。然而田怀谏还是个乳臭未干的孩子，不能亲自管理军府大事，大权必定会旁落。如此一来，魏博内部肯定会因为权力瓜分不均衡而导致内乱，有些人分得多，自然高兴，有些人拿得少，就会心生怨恨，即使田氏不被举家屠杀，陈尸示众，也会成为俘虏与囚徒，还用烦劳朝廷的兵马吗？”

李纯：“如果田怀谏的手下不找他的麻烦，怎么办？”

李绛：“臣以为，魏博必生祸乱。河北其他的藩镇节度使不会容忍将领以下犯上的行为，以后他们去世，难道也要这样？如果田怀谏不依赖朝廷的援助，就会立刻被其他节度使剿灭。因此，朝廷不一定非要用兵。不过，陛下可以在边境屯兵不动，蓄养声威，严令各道操练人马，以待日后的敕令。如果魏博将领知道朝廷的动向，不出几个月，就会有人投靠朝廷，到时候陛下看准时机，用高官厚禄安抚他们。其他节度使担心部下效仿魏博，肯定会因此害怕，自然要向朝廷表示恭敬顺从。这就是臣说的，不战而屈人之兵。”

李纯非常兴奋：“李绛，你说得好啊。”

李吉甫蒙了，这都能被李绛说回来？不过，李吉甫没有死心。几天之后，李纯在延英殿开会，李吉甫将话题再次引导到魏博军镇上。李吉甫扬言，他已经准备好了粮草和军饷，只等朝廷一声令下，便可对魏博用兵。

李纯："李绛，你怎么看？"

李绛："臣以为，朝廷不可轻用武力啊。前年讨伐成德，朝廷派出二十万兵马，以及左、右神策军，总共消耗七百多万缗钱财，最终却没有获得成功，却被天下人耻笑。时至今日，战争的创伤尚未恢复，老百姓都害怕打仗。如果朝廷强行用兵，臣担心非但不能成功，或许会发生其他变故。况且，对魏博不一定要采取军事行动，如今魏博的局势很清楚，希望陛下不要迟疑了。"

李纯猛然起身，铿锵有力地说道："朕意已决，不对魏博用兵。"

李绛："陛下虽说此话，恐怕退朝以后，还会有人来迷惑陛下。"

李纯严肃地说："朕已经下定决心，谁能够迷惑朕？"

君臣一唱一和，李吉甫犹如透明人，彻底傻眼了。

事实证明，李绛的判断非常准确，田怀谏年轻幼稚，就是个摆设，母亲元氏是一介女流，没有政治智慧，再加上不愿意相信外臣，以至于军府的决策权逐渐落到了家童蒋士则的手里。据史料记载，蒋士则一朝得势，开始疯狂地任命自己的亲信，排除异己，军中将领怨声载道。与此同时，朝廷一直没有给出魏博节度使的官方任命，魏博军镇人心惶惶，不可终日。

有一天，都知兵马使田兴准备到军府办事，门口突然冲出来数千士兵，嚷嚷着要田兴担任魏博军镇代理节度使。田兴看这阵势，想要全身而退是不可能的，于是拿出气势，问道："让我管理魏博，你们肯定会听话吗？"

众军齐齐下跪："请田大人下令吧。"

田兴："那好，我跟你们约定，不许冒犯田怀谏，遵守朝廷的法纪命令，向朝廷申报版图户籍，请朝廷任命官吏，做到这些以后，我才答应你们。"

田兴上位之后，下令铲除了蒋士则的党羽，随后将田怀谏转移到其他地方安置起来，顺利完成了权力交接。

元和七年（812）十月十日，魏博的监军宦官将情况上报给朝廷，李纯对李绛佩服得五体投地，于是夸赞道："李爱卿，魏博的局势和你说得非常吻合呀。"

轻飘飘的一句话，却让李吉甫醋意大发，浑身难受。李吉甫不甘落后，趁机进言道："陛下，臣以为，朝廷可以派使者前往魏博，以观后变。"

李绛：“万万不可。”

李纯：“爱卿的意思是？”

李绛：“陛下，田兴甘愿献出魏博的土地与兵马，重新归附朝廷，这是他的诚意。如果咱们立即任命田兴为魏博节度使，恩惠便出自朝廷。如果派使者前往魏博，拿着魏博将士的请命书来任命田兴，恩惠便出自魏博啊。”

李吉甫彻底崩溃了，不管他说什么，李绛总是有说法。

此时，旁边的枢密使、宦官梁守谦看到李吉甫耷拉个脑袋，心生不忍。再加上李吉甫和宦官集团关系亲密，这件事也是宦官露脸的好机会，梁守谦便站了出来，试探性说道：“陛下，按照朝廷的惯例，都是派遣中使前去藩镇，现在唯独不去魏博慰劳，恐怕会招致不必要的非议啊。”

李纯也在权衡之中，直接任命可以宣示朝廷权威，收买人心，可如果田兴不是真心归附，朝廷就是养虎遗患啊。思来想去，李纯决定派遣宦官张忠顺前往魏博巡视，等他回朝之后，再商议后续的安排。

谁料想，数日之后，李绛再次进言：“朝廷是否能重新建立声威，就在这次机会，陛下怎么能轻易放弃呢？两种选择的利害，陛下心里是非常清楚的，希望陛下不要再有疑虑。按照张忠顺的行程，现在应该刚过陕州，请陛下明天早晨便颁布诏书，任命田兴为魏博节度使，想必是来得及的。”

李纯：“要不先任命田兴为魏博节度留后？”

李绛无奈苦笑，恨铁不成钢地说道：“陛下，田兴对朝廷如此恭敬，如果不是莫大的恩惠，肯定没法让他对朝廷感恩戴德啊。”

在李绛眼里，这是稳赚不赔的生意，可在李纯的眼里，这是风险和收益对半的赌博。君臣一番较量，李纯最终选择了妥协。

客观地说，田兴没有太大的野心，也没有出色的才华，在田氏家族，他只能算是混吃等死的平庸之辈。他从未想过，自己有朝一日会成为魏博的节度使，当他接到圣旨的时候，感觉自己的人生焕发了生机，而给他生机的人，正是从未谋面的皇帝李纯。这份感激，这份信任，田兴是发自内心的。

人在江湖，你敬我一尺，我就敬你一丈。

不过，此事并没有就此结束。几天之后，李绛又给李纯上了一剂猛药："魏博已经有五十多年没有沾润过帝王德化了，如今他们带着魏、博、贝、卫、澶、相六州前来归顺，如果没有超过他们预期的奖赏，便无法安慰将士们的心意，请陛下拨发内库一百五十万缗钱财，颁赐给魏博军镇。"

李纯算是明白了，李绛想做好事，可又不想动用国库的钱，于是打起了皇帝私人腰包的主意。面对奏折，李纯有些哭笑不得，他将奏折转交给宦官，让他们拿个主意。主管宦官内心是抗拒的，可还是顾全大局道："钱可以给，可如果给的赏赐太多，以后有别的军镇索要，陛下该拿什么赏赐呢？"

在李纯看来，李绛这把火烧得确实有点旺，也有点过头了，于是自己干脆不表态，而是向李绛转达了内库主管宦官的意思。

李绛："田兴不顾其他军镇的祸患归顺朝廷，陛下怎么能因为钱财而放弃天赐良机呢？再者说，钱花光了可以挣，可机会一旦失去，就再也追不回来了。如果朝廷征调十五万兵马攻打魏博，花费的又岂止一百五十万缗钱财？"

李纯表示，他真的很穷，可是算了这笔大账，他找不出反对的理由，更不想耽误军国大事。李纯表态道："爱卿，你说得对！朕缩衣节食，积蓄物资钱财，正是为了平定天下。否则，将钱财白白储存在仓库是为了什么呢？"

元和七年（812）十一月，李纯让知制诰裴度带去了圣旨：朝廷赏赐魏博军镇一百五十万缗钱财，免除魏、博、贝、卫、澶、相六州百姓一年的赋税。裴度宣布圣旨的那一刻，军士们欢声雷动，山呼万岁，就连站在一旁准备游说田兴的藩镇使者也发出了由衷的感叹："对抗朝廷，对我们有什么好处！"

裴度办完公事，并没有着急回去，而是留在魏博和田兴讲了许多故事，传达忠君爱国的大义，田兴态度端正，听了整整一晚也不露倦色。说白了，田兴的本意就是归降，因此甘愿把裴度当祖宗一样供起来。不仅如此，田兴还邀请裴度到魏博各地考察，向各州刺史、县令传达了朝廷的精神，也摆明了态度，以后魏博就唯朝廷马首是瞻。巡视的时候，田兴发现有九十多个岗位是空缺的，于是大手一挥，这些官员的任命全部由朝廷来负责。

有唐以来，朝廷和地方藩镇就像是舌头和牙齿，一直摩擦不断，从未出现过如此和谐友爱的场景。这也让其他藩镇扛把子心惊肉跳，难不成，藩镇的好日子就要到头，朝廷即将雄起了？

很显然，地方枭雄不会坐以待毙，至少李师道、王承宗等节度使不想被李纯牵着鼻子走。据史料记载，他们派遣使者前往魏博，对田兴威逼利诱，希望他能够背叛朝廷。然而，田兴吃了秤砣铁了心，他决意归降朝廷，争当积极纳税、乖乖听话的藩镇宝宝。更有趣的是，田氏家族拥有富丽堂皇的宫殿群，可田兴就是不愿居住，他借此向外界传递了一个信号：田兴虽然是魏博田家的继承人，可不再是一方枭雄，而是一位尽忠尽职的朝廷官员。

李师道被田兴的态度彻底恶心到了，他无法容忍藩镇势力被削弱，更无法容忍藩镇集团出现这样的"败类"。于是，李师道给宣武节度使韩弘写信，对他晓之以理，动之以情，希望能借道河南，让李师道前往河北教训田兴。

谁料想，韩弘的态度坚决如铁："我们不管什么利害关系，只知道服从朝廷的命令。如果你敢跨过黄河，老子就领兵攻打曹州（今山东省荷泽市）。"

有了这句话，李师道的脾气瞬间消失，只能老实待在家里度日。

李绛失宠，宦官崛起

时隔数十年，魏博重新回归到朝廷的怀抱，李纯的心情可想而知。更让人振奋的是，朝廷竟然没有使用一兵一卒，而是用和平手段制服魏博，威慑河北、河南等地的藩镇，这样的功绩，足以让唐宪宗李纯傲视群帝。

表面上看，这是李纯运筹帷幄的结果，是他指挥有方。可细细品来，能有今天的局面，多亏了李绛的眼光和胸怀。相反，在对魏博的态度上，李纯一直摇摆不定，是李绛强项上奏，最后才促成了美事。

想到此处，李纯是个什么心情?

如果所料不错，李纯的心理活动是这样的：李绛是个有本事的员工，可他的锋芒太盛，已经压住了李纯的光芒。

拿此次收复魏博来说，李绛的光芒太耀眼，同为宰相的李吉甫被李绛压得抬不起头来，其他朝臣在李绛面前显得黯淡无光，毫无存在感，就连李纯本人也在魏博的判断上出现了好几次失误，要不是李绛极力劝阻，恐怕也得丢脸。这究竟是什么原因呢？说白了，因为李绛恃才傲物，不懂得收敛。

皇帝喜欢你的时候，你的优点都是优点；皇帝不喜欢你的时候，你的优点就是你的缺点。一个很违背语言逻辑，却又很现实的规则。

李纯觉得李绛是出头鸟，自然要想办法打压。

有一次，李纯在大明宫延英殿和宰相聊天，席间说道：“你们这些身处高位的宰相，应该好好珍惜手中的权力，替朕好好选拔人才，万不可偏私。”

李吉甫、权德舆等人点头称诺，表示没有胆量去徇私舞弊。

悲剧的是，李绛却提出了不同的意见：“陛下，如果官员既不是亲属，也不是故交，宰相怎么能知道他的品德！对自己了解的人尚且不能授予官职，对不了解的人又怎么敢授给官职呢？倘若规避亲戚故旧的嫌疑，使本朝缺欠人才，这便是苟求自安的臣下，并不符合大公无私的原则。更何况，如果任用的人不合适，朝廷自然有办法对其考核，又有谁能逃得过呢？”

李绛还没说完，李纯的脸色就如同千年冰窖一样寒冷。客观地说，李纯说的就是正确的废话，群臣左耳朵进，右耳朵出也就罢了。唯独李绛不会来事，想要驳斥李纯的意见，这不是当面打脸，让李纯下不来台吗？

李绛咳嗽了几声，说道：“你说的有一定道理。”原本和谐的聊天氛围被李绛一闹，顿时烟消云散，李纯说了几句话之后便退入后宫。

还有一次，李纯召集宰相商议事情，其中一个议题便是吐蕃屡次入侵泾州，节度使和禁卫军因为调度问题抵抗不力，导致边境损失惨重。

李纯：“你们觉得朝廷该如何处置？”

李吉甫经过几次打击，学聪明了，不再作死进言。反倒是李绛，因为有李纯的包容，显得肆无忌惮，信口开河。

李绛：“陛下，京城西面、北面都有神策军驻守。起初，朝廷将神策军安置到各军镇，是打算让神策军与节度使的兵马互相呼应。如今神策军的待遇最高，可每当有敌寇到来时，节度使邀请神策军共同进军，他们却说要申报上去，等待神策中尉的处理，然而等中尉做出决定，吐蕃人早就逃之夭夭。究其原因，禁卫军将领自视甚高，不把节度使放在眼里。请陛下将神策军战士、马匹、衣服、口粮、器械分给本道节度使管辖，使得号令统一，吐蕃就不敢前来侵犯了。”

李纯沉默了，他无话可说。

如果采纳李绛的建议，就意味着削弱神策军的权力，并让藩镇节度使凌驾在禁卫军的头上。问题是，朝廷打了几场胜仗，迫使地方军镇低头，可这改变不了藩镇节度使包藏野心的事实，李纯有胆量冒这个险？更何况，从唐肃宗李亨开始，皇室安危全部寄托在神策军身上，削弱神策军，岂不是拿皇帝性命开玩笑？

事实证明，李绛有点天真无邪了，他不仅没有考虑李纯的利益，也没有考虑宦官集团以及神策军既得利益者的想法。

对于宦官集团来说，神策军是他们的护身符，让他们交出指挥权，岂不是让他们以后毫无性命保障？对禁卫军来说，身为天子卫率，身份尊贵，还能享受到最高级别的待遇，让他们去做节度使的手下，他们能够答应？在这个问题上，李纯、宦官集团、禁卫军的利益永远是保持一致的。

李纯只是淡淡地说了句：你去办吧。

李绛哑火了，没有皇帝的支持，他能办谁？

元和八年（813）正月，李纯突然下诏，撸掉了权德舆同中书门下平章事的头衔，保留其礼部尚书的官职。《资治通鉴》的解释是，李吉甫和李绛争论时，权德舆不发表任何意见，就像个透明人，李纯觉得他没有价值，因此罢免了他。

问题是，权德舆的沉默已经不是一天两天，为何会在此时被罢免？如果所料不错，李纯已经动了罢免李绛的心思，而李吉甫不是李绛的对手，权德舆是个隐形宰相，二人没有能力牵制李绛，李纯必须提拔一位能干的朝臣上位。元和八年（813）五月，李纯调西川节度使武元衡入朝，加封同中书门下平章事。

元和八年（813）七月，振武节度使李光进给朝廷上奏，请求修筑受降城，同时治理黄河的堤防。唐朝的受降城共有三个：西受降城，简称西城，位于今内蒙古巴彦淖尔市内，隶属于天德军；中受降城，简称中城，位于今内蒙古包头市内，隶属于振武军；东受降城，简称东城，位于今内蒙古呼和浩特市内，隶属于振武军。

李光进说的东受降城，位于黄河边上，由于黄河发大水，倒灌了受降城，李光进才要求朝廷拨款筑城。军国大事，照例由宰相班子各抒己见。

这一次，李吉甫表现得非常积极："修建城池是巨大的工程，臣建议，将东受降城的守军全部迁入到天德军的旧城。"

言外之意，放弃东受降城。

李绛："东受降城地处少数民族入关的交通要道，水草丰富，是最好的防守地点。现在为了避免黄河的肆虐，只需要后退三里即可，不必为了小钱而放弃大唐万世安定的基业。更何况，天德军旧城处于荒远之地，土质瘠薄多石，距离黄河极远，烽火台示警告急时，不能相互呼应，如果异族入侵，根本无法得知。"

就事论事，李绛的说法并没有错，部分朝臣，以及东受降城的将领都认为，朝廷不能轻易放弃军事重镇。出人意料的是，李纯却坚定地支持李吉甫，将东受降城的骑兵划归到天德军。

历史证明，李纯也不想这样做，可他想打击李绛，削弱李绛在朝中的威信，只能拿各种事情立威。事实上，李绛倒台之后，李纯又拨付了一笔钱财修复东受降城，一直到宝历元年（825），东受降城才因为经不起黄河大水的折腾被迫搬走。

在李绛的眼里，李纯一直是英明神武、善于纳谏的皇帝，可东受降城一事，让李绛的信心动摇了。李绛似乎明白，皇帝不是反对修建东受降城，而是在抗议他的权威啊。接下来的几个月，李绛失去了宠爱，李吉甫等人开始崛起，种种迹象表明，李绛已经失去了价值，继续霸占宰相的位置又有什么意思呢？

辞职吧！

元和九年（814）二月二十五日，李绛以自己有足疾行动不便为由，向李纯递交辞呈。李纯当即便批准了他的请求，为了照顾他的面子，仍然保留礼部尚书的头衔。

元和九年（814）二月二十六日，一个熟悉的面孔出现在金殿之内——吐突承璀。就在当天，李纯任命吐突承璀为弓箭库使、左神策护军中尉。

朝臣面面相觑，吐突承璀不是在淮南吗？淮南离长安城有千里之地，难道李纯早就想好了接下来的安排？朝臣们有些颤抖了，他们原以为武元衡会接替李绛的位置，可没想到最后上位的却是宦官头子。吐突承璀的回归意味着宦官集团重新崛起，文官集团在夹缝中求生存，而这一切都是唐宪宗李纯的安排。

文官集团可能让大唐王朝中兴，宦官集团可能让大唐王朝万劫不复，可李纯偏偏选择了宦官集团。也许，李纯觉得宦官就是家奴，翻不起浪来；也许，李纯想利用宦官，玩权力制衡的游戏。历史背后的奥妙，又有谁知道呢。

艰难的淮西之战

淮西，淮南西道的简称，设立之初，就是为了遏制安禄山叛军南下，因此朝廷给淮西赋予的权力极大。鼎盛时期，淮西下辖州县多达二十余个，遍及河南、湖北、安徽、江苏、山东等地。安史之乱后期，淮西的地盘要么被朝廷收回，要么被节度使分割，地盘逐渐缩小。然而地盘虽小，却一直内乱不止。

李希烈主政的时候，淮西只有申州（今河南省信阳市浉河区）、光州（今河南省信阳市潢川县）、蔡州（今河南省驻马店市汝南县）、寿州（今安徽省淮南市寿县）、安州（今湖北省孝感市安陆市）、唐州（今河南省驻马店市泌阳市）六州。

李希烈被毒杀之后，部将吴少诚成为淮西的节度使。

吴少诚有个铁哥们吴少阳，他们没有血缘关系，可吴少诚却毫无底线地信任吴少阳，以至于军中之事基本都交给了吴少阳。吴少诚去世的时候，本来打算把节度使宝座留给儿子吴元庆。可吴少阳暗中收买了不少江湖中的亡命之徒，再加上自己在军中的力量，最终在权力斗争中谋杀吴元庆，自己做了淮西节度使。

淮西内乱，朝廷趁机收回了寿州、安州、唐州。也就是说，此时的淮西只剩下蔡州、申州和光州三地。吴少阳野心勃勃，在任期间，暗中结交各地势力，大肆劫掠周边的军镇，将河南等地闹得鸡飞狗跳，以至于天怒人怨。

元和八年（813）闰八月，蔡州刺史吴元济发来奏折，暗示淮西节度使吴少阳病重，希望朝廷能够允许接替他掌管淮西的大小事务。事实上，吴少阳已经去世，吴元济隐瞒了老爹去世的消息，准备蒙混过关，自己接任淮西节度使之职。

悲剧的是，吴元济的如意算盘打错了。

李纯早就想拿淮西开刀，吴少阳活着的时候，李纯碍于情面，不想动手，如今淮西节度使出缺，他怎么可能再重蹈覆辙，让吴氏家族继续执政？

当时，李吉甫看出了李纯的意图，于是主动进言，让李纯撤回了驻守在魏博边境的河阳节度使乌重胤，让他担任汝州刺史，驻军汝州城，拱卫东都洛阳。

与此同时，任命洺州（今河北省邯郸市永年区）刺史李光颜为陈州（今河南省周口市淮阳县）刺史，任命泗州（今安徽省宿州市泗县）刺史令狐通为寿州防御使，任命山南东道（治所在湖北省襄阳市）节度使袁滋为荆南节度使，任命荆南（治所在湖北省荆州市）节度使严绶为山南东道节度使。

从地理位置看，朝廷已经完成了东南、西南、北面的战略包围。

朝廷做军事部署的时候，吴元济却在蔡州大肆捕杀老爹旧将中的主和派，意图掌控淮西的局势。节度判官苏兆被杀，大将侯惟清遭到囚禁，节度判官杨元卿因为在长安出差，幸免于难，丧心病狂的吴元济竟杀了他的妻子和四个儿子。

如此一来，吴元济算是彻底向朝廷宣战了。

李吉甫意识到了战机，于是主动递交了催战奏折：“陛下，淮西和河北有所不同。他们虽然势力很大，但却没有同盟，如今朝廷已经在淮西周边聚集了数十万军队，每日耗费的军费非常庞大，不如趁这次机会，将淮西彻底收复。”

新任宰相张弘靖跟风道：“朝廷应该停止上朝，为去世的吴少阳哀悼，同时派遣使者前去慰问，如果吴元济胆敢趁机闹事，朝廷正好借机铲除他。”

臣想战，君也想战，这件事情就好办多了。

随后，李纯派遣工部员外郎李君何前往蔡州吊唁。不过，吴元济的反射弧也很奇特，他并没有搭理钦差大臣，而是派出兵马，四面出击，屠杀舞阳县，火烧叶县（今河南省平顶山市叶县），掳掠鲁山与襄城，使河南、湖北等地震恐惊骇。

元和九年（814）十月十九日，李纯下诏，封忠武节度副使李光颜为忠武节度使，山南东道节度使严绶为申、光、蔡三州招讨使，尚书左丞吕元膺为东都留守。

元和十年（815）正月二十七日，李纯下诏，免除吴元济的一切官职和爵位，下令各路兵马向吴元济发起攻击。只要灭了吴元济，怎么打都可以。

当时，朝廷总共安排了十六路军队围剿，而吴元济只有三州地盘，在任何人看来，吴元济都是必败无疑的。然而，官军的弱点在于，军队没有最高统帅，根本无法形成统一的进攻，往往是东边打完了，西边才知道消息。更何况，这些军队都是藩镇军，通常是能打则打，不能打就观望，绝不为朝廷热血卖命。

就拿招讨使严绶来说，他率先发起一波进攻，取得了小胜，觉得吴元济是秋后的蚂蚱，所以防御非常松懈。谁料想，淮西方面连夜反扑，逼迫官军退却五十余里，接下来的几天，官军屡战屡败，元气大伤，只能退入唐州自保。

寿州团练使令狐通步其后尘，直接退回了寿州。

两路大军俱折，消息传到朝廷，李纯震怒，将令狐通贬为昭州（今广西壮族自治区桂林市平乐县）司户。与此同时，李纯派遣御史中丞裴度前往前线视察，看看各路大军究竟吃错了什么药，集全军之力居然拿不下小小的淮西。

事实上，调查小组是无法回答这个问题的，可裴度视察完毕后，带回来两个结论：淮西肯定是可以拿下的，能够担当重任的只有李光颜。

李光颜，河曲部落稽阿跌族人，原名阿跌光颜，毫无家族背景，凭借着军功一步步爬到高位，最后得到李纯的青睐，被赐予李姓。

李光颜的骁勇在于，自己虽然是主帅，却把自己当成将军来用，只要号角吹起，永远是冲在最前的那个。每逢交战，李光颜左右冲突，如入无人之境，淮西将士听说李光颜的大名就觉得心惊胆战。就在各路大军屡吃败仗，畏缩不进的情况下，李光颜在临颍（今河南省漯河市临颍县）、南顿（今河南省周口市项城市）连败淮西军，重振了官军的声威。

皇威受到侵犯：当朝宰相被刺杀

元和十年（815）四月，在唐军的轮番进攻下，淮西军显出疲惫之态，吴元济开始向成德节度使王承宗、平卢节度使李师道求援。就这样，一场收复淮西的战争，逐渐将河北、山东等地的军镇也拖了进来。

王承宗表示，他不服朝廷的管教，可他和李纯交过一次手，深知李纯的铁腕手段。面对吴元济的求援，虽有兔死狐悲之心，无奈中间隔着唐军主力，一旦贸然参战，可能直接面对唐军主力，得不偿失。于是，王承宗象征性地给朝廷发了几封奏折，希望李纯能够赦免吴元济。

很显然，李纯不会搭理王承宗的无理请求。

对吴元济来说，李师道成了他最后一根救命稻草。

在此之前，朝廷调派各地军镇前去淮西平乱，名单里唯独没有李师道。说白了，李纯并不相信李师道的忠诚。客观地说，李纯的态度让李师道很伤心，李师道虽然想谋反，可毕竟还是朝廷的节度使，遭到李纯的忽视，让他在地方藩镇中丢尽了颜面。在上奏无果后，李师道私自派出两千余人的小股部队，名义上是去支援官军，实际上是准备在淮西战场捡漏，破坏李纯的收复大计。

据史料记载，李师道平日里豢养了许多偷鸡摸狗的江湖人士，此刻刚好派上了用场。他将一部分高手派往河阴仓（今河南省郑州市荥阳市境内），杀光守仓的将士，一把火将那里存储的三十多万缗钱财、布帛，三万多斛粮食悉数烧光。

河阴仓是江淮地区运粮进京的中转站，对洛阳的供给尤其重要，李师道此举可谓是釜底抽薪。与此同时，李师道将另外一批人派往洛阳，用重金收买了洛阳城中数百名地痞流氓，让他们在城中放火烧城，抢劫民居。李师道的目的就是让朝廷后院起火，逼迫李纯将主力派往洛阳镇守，减轻淮西的压力。

事实上，许多大臣真中了李师道的圈套，力劝李纯撤军。

不过，李纯不想撤，宰相武元衡更不想撤。

前面说过，武元衡是西川节度使，因为作风硬朗，被李纯调到长安，是朝中赫赫有名的主战派。之前，李师道、王承宗的调停奏折就是被他硬生生压下来的。这一次，李师道在背后要小伎俩，又被武元衡识破，他顶住朝臣的压力，力劝李纯继续开战，以至于李师道对他恨得牙痒痒。

元和十年（815）五月底，长安城混进来一批顶尖杀手，李师道给他们的任务便是不惜一切代价杀死宰相武元衡、大臣裴度等主战派。

元和十年（815）六月初三，天色尚未大亮，住在皇城边上的大臣纷纷起床梳洗，准备进宫早朝。武元衡住在靖安坊东门，和往常一样准点出门，此时街上的商铺还未下板，周遭还是灰蒙蒙的一片。武元衡和他的随从出发没多久，从黑暗中射出来数十只羽箭，随行的侍卫纷纷倒地，早已经埋伏好的杀手飞奔出来，抢夺了武元衡的马匹，将他控制住之后，砍下了他的头颅。

一代铁血宰相，就这样死于宵小之手。

杀手们训练有素，得手之后迅速逃遁而去。

想想看，朝中宰相当街被杀，禁卫军肯定会加紧防卫，杀手们必须趁朝廷警惕之前杀死其他的大臣，而且是越多越好。

第二个目标：住在通化门的御史中丞裴度。

据史料记载，杀手们很快便追上了裴度的车驾，几乎是以同样的方式发动奇袭，其中一只羽箭射中了裴度的头部。庆幸的是，裴度戴的毡帽非常结实，杀手射出的羽箭可能距离太远，并没有洞穿裴度的脑袋，只是将裴度吓到旁边的污水沟里。裴度的护卫注意力非常集中，很快便开始反击，一番苦战下来，杀手并未得逞。天色就要转亮，杀手看到街上行人越来越多，随后逃遁而去。

主战派宰相被杀，御史中丞被伤，堪称是大唐开国以来的第一大案。李纯立马做出部署，由金吾卫的将士贴身跟随，护卫朝中重臣上班。即便如此，大臣们还是找各种理由不去上朝，以至于早朝开始时许多人都不在。

堂堂朝廷大员，居然被江湖人士吓得不敢上朝，李纯又气又急。随后，李纯传下旨意，严令京兆府、长安县、万年县迅速侦破此案，查出幕后黑手。

旨意刚下，杀手们便潜到官府衙门，给各级官员留下了字条。上面清清楚楚地写着：不要轻举妄动，否则先杀了你们。敌人在暗处，官员在明处，谁都不敢轻举妄动，调查过程充满了波折。

关键时刻，兵部侍郎许孟容上奏道："自古以来，从来没有发生过宰相被人在路旁杀害，盗贼却不能捉获的事情，这是朝廷的奇耻大辱啊。请求朝廷起用御史中丞裴度为宰相，主持平叛和捉贼的事宜。"

李纯："准奏。"

第一道旨意：派遣禁卫军前往裴度的家里护卫，同时派了最好的御医前去照料裴度，李纯的亲信宦官整日坐在裴度旁边，希望他能早日进宫面圣。

过了二十余日，裴度顶着开花的脑袋来到了大明宫，李纯当即宣布裴度接替武元衡担任中书侍郎、同中书门下平章事。与此同时，还给了他一个特权：可以在家中办公，接见朝廷大臣。

第二道旨意：京城及周边州县，谁能够捉拿这伙贼人，赏钱一万缗，封五品官职。如果谁敢包庇隐藏贼人，诛灭全族。

杀手是江湖高手，自然不会轻易被擒。朝廷的军队还没出动，他们便逃之夭夭。接下来的几天，有关部门一无所获。有一天，神策将军王士则等人在搜查的时候，发现几个人神情可疑，鬼鬼祟祟，于是将他们抓了起来。细查之下发现，他们居然是成德节度使王承宗的手下，为首的叫张晏。

王士则知道王承宗和朝廷不对付，如果是他派杀手前来长安行刺，完全符合逻辑，于是将张晏送给了李纯。对李纯来说，真相其实并不重要，只要杀手一日没被抓到，文武百官就不会走出阴影。就这样，在京兆尹和监察御史的联合审查之下，张晏等人被定为死罪，当众处斩。

张宴被杀之后，李纯打算将怒火发泄到王承宗的身上，他派使者前去成德，宣布以后王承宗不用再给朝廷进贡，相当于和他正式决裂。李纯甚至放下狠话：你就伸着脖子等着，朝廷打完淮西，下一个就是成德！

历史证明，王承宗就是背锅侠，张宴等人就是冤死鬼。此时此刻，真正的杀手集团早已经逃到了东都洛阳。

据史料记载，李师道在洛阳设置了一个临时指挥所，刺杀朝廷忠臣，破坏洛阳秩序的杀手们都在此处隐蔽。李师道可能没有想到，朝廷发下海捕文书之后，他的手下也对赏金动了心，某位小兵可能觉得自己没有多大前途，于是将李师道在洛阳的老巢偷偷告知给了东都留守吕元膺。

杀手集团只有数十人，在官军的逼迫下，他们退守到洛阳西南的山脉中。当时，山里的百姓以打猎为生，人人矫捷勇猛，被称为“山棚”。有一天，有个山棚正在路边售卖刚刚猎获的鹿，某位不长眼的杀手仗势欺人，惹怒了这位地头蛇。

山棚没有和杀手计较，可回村之后给小伙伴说了此事，大家商议之下，觉得这帮人可能就是官府要通缉捉拿的亡命之徒，于是报告给了洛阳留守吕元膺。在山棚的带领下，吕元膺以迅雷不及掩耳之势，控制住了杀手集团。

在吕元膺的审理下，真相慢慢浮出了水面。

杀手集团的首领叫圆净，是一位八十多岁的僧人，曾经是史思明的部将，史思明战败后，此人逃入深山，在中岳寺为僧。这位老兄觉得做和尚没意思，于是找到了野心勃勃的李师道，并提出了一个帮他暗中培养杀手的计划。刚好李师道也有此意，于是二人一拍即合，李师道给了圆净一大笔钱，圆净一边拿钱培养杀手，一边在洛阳城收买官府中的败类，让他们出卖官府的信息，与此同时，还在山里面买了很多土地，雇了许多山棚作为外围支援，人数多达数千人。此次刺杀宰相，就是圆净、官府败类和杀手组织一手策划的杰作。

吕元膺愤怒了，这么大年纪干啥不好，非得把朝廷闹得鸡飞狗跳？还好天网恢恢，疏而不漏，否则吕元膺真有可能被皇帝降旨责罚。

吕元膺怒吼道：“给老子往死里打！”

领导发话，手下的士兵举起锤子便向圆净的小腿砸了下去。谁料想，圆净是江湖高手，拥有某种神秘的功夫，行刑的士兵连砸了几下，圆净的小腿还是完好无缺。圆净呵呵一笑，一把夺过锤子，大吼道：“你们这些鼠辈，连个腿都砸不断，还当什么兵啊？”说罢，圆净便自己砸断了小腿。

善后过程很简单，数千人全部被处死，真相被送往长安。

李纯确实被震惊到了，他没想到李师道竟然丧心病狂到了如此地步，因此征伐李师道的决心更加坚定。然而，眼前朝廷正在征伐淮西，刚刚又因为刺杀事件冤枉了成德节度使王承宗，李纯只能搁置此事，等淮西战役结束后再处置。

唐宪宗的厚望喂了狗：淮西战场遭败绩

元和九年（814）十月到元和十年（815）九月，淮西之战持续了一年时间。

朝廷占据绝对的优势，而淮西的兵源、后勤却到了极限，这种情况下，前线依然没有实质性突破，朝廷还死了一个主战派宰相，这让李纯非常窝火。前线虽然有十六路大军，可真正有责任心的只有两个人，李光颜和严绶。

严绶不是进攻型的选手，可他很会管理属下，在河东节度使任上，严绶就出了不少成绩，深得李纯的信任。可偏偏到了淮西，严绶变得一事无成。可以这样说，严绶率军驻扎了一年时间，奉行的原则就是不主动打仗，不主动支援，朝廷派人前去催战，他就借口说时机未到，大军不可轻战。

不打仗也就罢了，严绶没事的时候，就用钱财赏赐军士，收买人心，造成府库枯竭。严绶知道自己罪责难逃，于是专心与宦官结交，为自己寻找退路。

那么问题来了，严绶是怎么想的？

史书没有给出解释，可所有迹象表明，严绶在淮西的表现，与他先前的表现有云泥之别。换句话说，严绶不想替朝廷攻打淮西。深究其背后的原因，可能是如果打下淮西，中央朝廷对藩镇的态度将会更加强硬，李纯彻底铲除藩镇的存在也是有可能的，可这无利于严绶，也无利于十六路大军主帅。

因此，在淮西战场，各路主帅非常默契，就是不愿卖力进攻。

元和十年（815）九月初五，李纯下诏，封玄武军节度使韩弘为淮西诸军都统，相当于征伐淮西的最高主帅。韩弘驻扎在汴州（今河南省开封市），李纯起用他，就是担心他被吴元济策反，对朝廷萌生异志，所以希望用兵权来拉拢他。

李纯没有想错，这位老兄对权力有着狂热的迷恋，晋升为大军统帅，韩弘的心情十分美好，可他想的不是如何快速扫平逆贼，而是拖延战局，作为自己和朝廷谈判，并且壮大自己实力的筹码。说白了，韩弘想玩以战养战的游戏。

还有比这更可笑的事情吗？

韩弘的第一个目标：拉拢李光颜。

早在汴州的时候，韩弘就选了很多姿色出众的少女，花费重金对她们进行培养，打造了一批能歌善舞，吹拉弹唱功夫俱全的美女军团。

为了收买李光颜，韩弘从其中挑选了一个绝世美女，并用珠宝玉石、金银翡翠将她装饰一番，随后派遣使者将她送到了李光颜的军中。在韩弘看来，才子佳人，英雄美女，堪称世之绝配，李光颜没有理由拒绝。

军营之中，李光颜正在和属下对酒当歌，使者领着这位美女进入军帐。霎时间，其沉鱼落雁，冠绝今古的容貌就惊呆了在座的所有将士。

使者一看，有戏。

谁料想，李光颜淡淡地说道："韩相公同情我客居他乡，赐给我漂亮歌伎，我蒙受韩相公的恩德，诚然开心。但是，我这里有数万战士，他们丢下家庭，远道而来，整日在刀光剑影中求生，难道我能够独自享乐吗？"

说着说着，李光颜的眼泪就流了出来。

属下们闻弦歌而知雅意，纷纷低头哭泣，场面格外震撼。

哭完之后，李光颜便自掏腰包，准备了厚重的礼物让使者带回，包括韩弘精心挑选的美女也一道送回。李光颜嘱咐道："替我多谢韩相公。我已决心为国效命，立誓不肯与忤逆的贼人共存于世间，就是死了，也不会有二心。"

韩弘原本是有机会崛起的，就因为错打了小算盘，过早暴露自己的目的，导致李纯对他失去了信任。元和十年（815）十月初三，李纯下诏，任命户部侍郎李逊为襄、复、郢、均、房等州节度使，负责大军的后勤保障，任命右羽林大将军高霞寓为唐、随、邓等州节度使，主要负责进攻。很显然，朝廷的将领才值得信任。

李纯紧急调兵遣将的时候，河北突发变乱，狼烟四起。

捣乱的主角是王承宗，他看到李纯在淮西忙得焦头烂额，于是放纵兵士劫掠附近的军镇，试探性地挑战朝廷的底线。王承宗相信，以朝廷的财力和军力，现在只能收拾淮西的吴元济，不会轻易对河北开战，所以才这么有恃无恐。

悲剧的是，王承宗也错打了算盘。

朝廷确实没能力打河北，可周边的军镇，比如幽州、沧州、定州（今河北省定州市）等地的节度使一直觊觎成德的地盘，而且这些人看王承宗非常不爽，早就想出手教训。王承宗刚刚跳出来，请战的奏折便如雪花般飞向长安。

李纯乐了。这么多年的苦心经营，终于收到了成效。

李纯正想下诏的时候，中书侍郎、同中书门下平章事张弘靖进谏，说淮西的局势未定，把战火烧到河北恐怕会引起灾难，希望李纯三思而行。张弘靖还威胁李纯，如果不答应他的请求，就辞官归田。

李纯："好，保留同平章事的头衔，去做河东节度使吧。"很显然，李纯的态度非常坚决，谁敢阻止他的征伐大计，谁就站在一旁做观众。

元和十一年（816）正月十四日，李纯下诏，集合幽州、魏博、昭义等地大军，征讨成德节度使王承宗！一时间，大唐陷入两线作战的危险局面。李纯在豪赌，他输不起这个战争，他已经将所有的希望寄托在各地的节度使身上。

元和十一年（816）二月十九日，昭义节度使郗士美奏破成德兵，斩首千余级。

元和十一年（816）二月二十三日，卢龙节度使刘总奏破成德兵，斩首千余级。

元和十一年（816）二月二十五日，魏博节度使田弘正奏败成德兵，拔其固城。

…………

一直到六月初，河北、淮西传来的都是捷报，每次要不是拔城攻寨，就是斩敌首级，李纯已经看到了大唐中兴的希望。然而，元和十一年（816）六月初十，右羽林大将军高霞寓突然传来战报，说自己在铁城全军覆没，仅自己孤身一人逃了出来。

李纯彻底傻眼了，各路大军都在上奏捷报，眼看着淮西的吴元济已经成为秋后蚂蚱，怎么会突然就翻盘？

李纯可能不知道，河北战场，幽州、魏博、昭义节度使对王承宗恨之入骨，所以选择狠狠地打，自然取得了胜利。而淮西战场上，李纯所托非人，凡是给朝廷上奏的捷报都是经过修饰的战报，往往会把杀敌一百人，自损三百人说成杀敌一千个人；两军交战，对方先撤退了，就算是官军大胜。

也就是说，前线的将军都在粉饰太平，虚夸战功。

消息传到长安，举朝震惊，大臣们纷纷上书请求皇帝罢战，不要再重演唐德宗李适时期的悲剧。一时间，李纯面临着巨大的压力。

关键时刻，主战派的宰相裴度站了出来，上奏道：“胜负乃兵家常事，朝廷需要做的就是选拔优秀的将才送往前线，并做好后勤保障工作，不能因为一场战役的失利就让皇帝撤军，那朝廷还有什么威严？”

不得不说，裴度的话说到了李纯的心坎上，朝中如果多几个像裴度这样的主战派，打起仗来哪有那么费劲。

元和十一年（816）六月初十，李纯下诏，贬高霞寓为归州刺史。

打吧！削藩之战，无论如何也得继续打下去。

随后，李纯任命河南尹郑权为山南东道节度使，以荆南节度使袁滋为彰义节度，前线观察使。李纯每一次换人，都对这些节度使寄予厚望，希望他们能给自己带来好运，为大唐的中兴带来好运。

然而，一直到十一月，天气逐渐转寒，前线依旧没有传来任何捷报，李纯开始坐不住了。讨伐淮西的军队有十万之多，除了蔡州、申州和光州，周围全部在朝廷的掌握之中，朝廷几乎是以整个中原的财力去打淮西啊。李纯真希望自己能够有一双翅膀，可以飞到前线去看看这些将领到底在干什么。

说到这里，不得不说一个很沉重的话题。李纯为了打淮西战争，下放了多少权力，起用了多少节度使，给予了他们多少信任，可换回来的是什么？

隐瞒军情，虚报战绩的奏折。

乱作一团，毫无期盼的战局。

各自为战，自私自利的将军。

前线的将领靠不住，朝中的大臣又都是软柿子，李纯能倚靠谁？在宦官、文人集团、武将之间，李纯最初选择了文人和武将，可事实摆在眼前，他们根本靠不住，最后只能相信宦官集团。唐朝宦官崛起，这恐怕就是最根本的原因。

李纯喜提爱将李愬：重振浩荡国威

元和十一年（816）年底，李纯决定派宦官梁守谦前去前线巡视，同时带去了给李光颜等人的封爵诏书，以及五百份空着姓名的官职委任书，大量的金银财宝。李纯的态度很明确，打赢了战争，要什么有什么，打输了战争，后果自负。

梁守谦还有一个责任，就是在前线监军，同时调查前线将领屡次兵败的真实内幕。梁守谦运气很不错，刚上任就把前线总指挥袁滋抓了个正行。

袁滋到了唐州之后，下达的第一个军令就是撤掉淮西边境的岗哨，不允许官军前去骚扰淮西。当淮西节度使吴元济前来挑衅的时候，袁滋便装作孙子，躲在营中不出来，最后求爷爷告奶奶，这才把吴元济哄走。

梁守谦震惊了，这都是什么混账指挥官？将领没有打仗的心思，大家各怀鬼胎，难怪朝廷花费无数的财力和兵力，依旧拿不下淮西。梁守谦报告："陛下，前线的水很浑啊，袁滋就是个混账东西。"

李纯失望透顶，几乎到了崩溃的边缘。偌大一个朝廷，难道就没有忠君爱国的志士，就没有为君分忧的能臣干将吗？

有一日，李纯批阅奏折，忽然看到"请战"二字，他突然来了兴趣，将奏折拿起来好好读了一番，李纯越读越来劲，越读越提气。上奏折的人是太子詹事、宫苑闲厩使李愬（sù），他向皇帝请旨，希望能够去前线为国效力。

据史料记载，李愬是大唐名将李晟的儿子，受老爹的教诲，弓马骑射，用兵韬略，李愬无所不精。遗憾的是，因为老爹的原因，李愬并没有参军，担任的职位要么是卫尉少卿、左庶子这种闲职，要么是刺史之类不掌兵权的长官。

在李纯的印象中，李愬虽是将门虎子，却一直以文官自居，至于军事素养，得打一个很大的问号。派他去前线统军，李纯暂时不敢。

有一次，李纯和李逢吉等宰相聊天，席间聊到了李愬的情况，李逢吉娓娓道来，李纯这才知道，朝中藏着一个文武双全的神人。

李逢吉："陛下尽管用他，老臣可以作保。"

元和十一年（816）十二月，李纯下诏，封李愬为随、唐、邓三州节度使。

元和十二年（817）正月，李纯下诏，前线总指挥袁滋罢为抚州刺史。

事实上，淮西战场的主帅屡次更改，再加上奉行消极进攻的思想，将士们的怯战情绪非常浓厚。李愬的第一个目标就是安抚人心，进了军营之后，李愬没有摆官架子，而是亲自看望将士，慰问抚恤受伤和生病的人。

第二个目标，迷惑淮西节度使吴元济。

李愬放出风去："天子知道我柔弱怯懦，能够忍受耻辱，因此特意让我来抚慰你们。至于采取军事行动，就不是我的事情了。"

在此之前，吴元济连败高霞寓和袁滋两个唐军主帅，气势正隆，而李愬是一位从来没有上过战场的"将二代"。更何况，李愬刚刚上任就摆出一副比袁滋还要软弱的姿态，吴元济对他的防备自然更加松懈。

吴元济可能没想到，李愬为了淮西之战，做了多少准备。过去两年，李愬一直在关注淮西的局势，而且秘密搜集淮西战场的情报，他已经想好了对付狡猾的吴元济的计策——偷袭他的老巢蔡州。他的请战，并不是因为激情，也不是想舍身报国，而是做好了充分准备，打算踩着吴元济的尸体，一战成名。

李愬："陛下，臣需要一支精锐的骑兵！"

李纯二话不说，从河中、昭义调来了两千余人的超强机动部队。

元和十二年（817）二月初七，李愬的侦察兵马少良出营巡视，刚好碰到了吴元济的捉生虞候丁士良，双方交战，丁世良被唐军抓获，带回了营中。这位老兄作战勇猛，杀了不少官军将士，大家的第一反应就是挖出他的心，祭奠死去的兄弟。

李愬不好意思拂了大家的心意，便下令将丁世良带到中军营帐，准备交给愤怒的将士们处理。谁料想，丁世良既不求饶，也不畏惧，视大唐将士如无物，李愬的心里便有了计较，想要留下此人。就在刀斧手准备行刑的时候，李愬大叫一声：“等等，丁将军真是人中豪杰啊！”说罢，李愬便亲自为他松绑。

这样的桥段，很多历史小说都会上演，因为确实是真实的。

接下来，李愬将他奉为上宾，给足了面子。按照惯例，刚刚投诚的人需要拿出点见面礼，丁世良知道其中的规矩。丁世良说道：“吴元济手下有一个猛将吴秀琳，拥有三千兵马，驻扎在文城栅（今河南省驻马店市遂平县境内）。”

李愬：“你可有破解的办法？”

丁世良：“吴秀琳虽然勇猛，却依赖属下陈光洽。此人有一个臭毛病，打仗的时候喜欢冲在第一线，改天我替您捉住他，吴秀琳自然就会投降了。”

事实证明，丁世良的判断一点没错，陈光洽被抓，吴秀琳惶惶不可终日，于是派人前往官军阵营，表示自己想要投诚。元和十二年（817）二月二十八日，李愬派唐州刺史李进诚率领八千兵士招降，结果却招来一顿狂风暴雨般的弓箭。

李进诚：“大帅，吴秀琳这小子耍我们，投降肯定是假的啊。”

李愬微微一笑，说道：“不用着急，他这是等我去才肯投降呢。”

果不其然，当李愬来到城下的时候，吴秀琳二话不说，打开城门，匍匐在李愬脚下，表示愿意率领手下的三千余人归降朝廷。过去两年，官军被吴秀琳压得抬不起头来，李愬刚刚上任便打开了局面，只能用大写的“牛”字来形容。

李愬用人也颇有意思，吴秀琳来了之后，便被他引为心腹，李愬还把奇袭蔡州的想法告诉他，大有相见恨晚之意。吴秀琳投桃报李，把淮西的详细情况给李愬讲了一遍，还准备给李愬送了一个大礼：守卫兴桥栅的大将李祐。

据吴秀琳所说，李祐是淮西骑兵首领，有勇有谋，如果能得到他的援助，奇袭蔡州的计划便成功了一半。有一天，李祐在张柴村收割麦子，吴秀琳探知消息后，叫来了厢虞候史用诚，交代他带领三百骑兵埋伏在麦田旁边的树林里，等到李祐专心收麦的时候，摇旗呐喊，威胁他说要烧了麦子。

李祐平日里瞧不起官军，看到有人在旁边捣鬼，于是放下工具，带着弟兄们追了过来。谁知误入陷阱，为唐军所擒，随后的剧情和马士良投诚如出一辙。

李愬自从得了李祐、吴秀琳等人，天天在中军大营密谋，有时候竟能聊到深夜。

在旁人看来，李愬的行为没有那么光明正大，因此引起了不少旧将的反感。于是，他们在军中散布谣言，说李愬和淮西的将领暗中勾结。

这就是淮西战场将士的心态，不是团结，而是制造内乱。

李愬非常无奈，只得和李祐等人商议，将他们送到长安交给皇帝处置。与此同时，李愬给李纯写了一封亲笔信，让他洗白李祐，再重新送回前线。

不得不说，李愬为了奇袭蔡州，费了不少心思。比如军中抓获奸细，李愬都会将他们奉为上宾，苦口婆心地套出军情资料。李愬还招募了三千多个死士，军中号称"突将"，对他们进行额外的训练，作为奇袭蔡州的主力军。

李愬在西边闹得风生水起，东边的李光颜也毫不逊色，他带着河北等地的援军渡过黄河，在郾城（今河南省漯河市郾城区）形成了合围之势。

郾城县令名叫董昌龄，蔡州人氏，吴元济为了控制董昌龄，竟然将他的母亲扣押起来，作为人质。董母派人给董昌龄传话："顺承朝廷而死，胜于叛逆朝廷而生。你摆脱叛逆，就是我死了，你也是我孝顺的儿子；你随从叛逆，就是我活着，也等于你杀死了我。"这桥段，堪比三国时期徐庶被迫投靠曹操。

董昌龄很鄙视吴元济的做派，他让小弟邓怀金去给李光颜传话，说郾城守军的家眷都在蔡州，如果官军前来攻打，他愿意配合演一出戏，吸引蔡州的守军前来支援，这样蔡州就会空虚，朝廷就有了机会。

为了把戏演得更逼真，董昌龄下令驻守郾城的三万将士先佯装抵抗，随后集体放水让李光颜掩杀一阵，随后官军便顺利地进了城。郾城丢失后，蔡州的外围防线越来越薄弱，吴元济只能将蔡州的兵马调出城外据守。

元和十二年（817）九月二十八日，李愬下令：进攻吴房县（今河南省遂平县）。

诸将不解，抗拒道："将军，今天是往亡日（旧例每个月都有的凶日，有诸多禁忌），不利于行军打仗。"

李愬："我知道，敌人也知道，所以他们的防御一定会非常松懈。因为咱们兵力少，不适合打正面战争，所以才选择今天动手。"

随后，李愬亲自带兵攻打吴房，果然如他所料，敌人并未重点设防，李愬只用了很小的代价，就换得了吴房外城，还斩杀了一千多名淮西士兵。

就在此时，李愬再一次做出令人震惊的决定：撤军。

众人彻底看不懂了，打出优势，难道不应该乘胜追击吗？

李愬表示，那都是教科书的打法，实战还是得听他的。

彼时，淮西守将孙献忠看到官军后撤，不明所以，于是带着五百名精锐骑兵前来追赶，李愬当机立断，下令全军反击，有敢后退者，斩！

不得不说，李愬的指挥思路非常清晰，通过获得小型战役的胜利，帮助将士们树立必胜的信心，又通过令行禁止的军令，帮助自己树立权威。李愬所做的一切，都是为了接下来的重磅大戏：夜袭蔡州。

元和十二年（817）十月十五日，李愬突然传下军令：马步都虞候、随州（今湖北省随县）刺史史旻留下来镇守文城，六院兵马使李祐率领三千余人敢死队作为前导，自己和宦官监军带着三千人作为中军，田进诚率领三千人为后军。

谁也不知道李愬想去哪里，想干什么。

李愬的命令非常简单：向东开进。

据史料记载，大军向东走了六十里路，到了傍晚，来到了淮西军一个叫张柴村的据点，李愬将屯戍村中的淮西士兵、守候烽火的人员全部杀死，占领了敌军的栅垒。随后，李愬命将士们稍做休息，吃些干饭，整顿马具，留下五百余人镇守张柴村，其余人继续连夜向东行军。

将士们不干了，打仗虽然重要，但还没有那么急迫吧，非得大晚上的行军？不怕中了埋伏？不走了，除非给我们一个合理的解释。

李愬风轻云淡地说道：“下一站就是蔡州，生擒吴元济这个混蛋。”

李愬的保密工作做得非常好，除了李祐等几个投降的淮西将领，军中知道偷袭蔡州的人非常少。就连李纯派来的监军都不知道李愬的真实想法，听完李愬的话之后，监军哭丧着脸说：“完蛋了，果然还是中了李祐的奸计。”

不仅如此，军中将士也吓破了胆。此时已经进入冬季，天黑得早，外面阴风怒号，大雪纷飞，由于保暖措施不到位，战马和将士冻伤了一大片。更何况，大雪已经把东进的道路淹没，半夜行军，安全根本没有保障。彼时，军中将士的心里已然蒙上了一层阴影，大家都认为，此去路途艰难，很难再活着回来。

然而，李愬的英明之处在于，他已经给将士们树立了一个很好的形象，比如只要他带队，打仗从来没输过。因此，将士们虽然不情愿，有质疑，可并没有人带头哗变，只能硬着头皮顶上去。

大军向东行进了七十余里，蔡州城终于进入了视野。

自从李希烈将蔡州据为己有，朝廷的政令再也没有进过蔡州城，这里俨然成了独立王国。来此之前，李愬便通过李祐等淮西将领了解到了实情：吴元济自视甚高，错估了蔡州的防御等级，因此防御工事没做好。而且，为了应付朝廷的围剿，吴元济已经将蔡州大部分军队调了出去。

此时的蔡州，对李愬的一万大军来说就是小菜一碟。即便如此，李愬还是不敢掉以轻心。为了掩盖大军行进的脚步声，他派人来到蔡州城外一处鸭鹅养殖基地，将里面还没睡醒的鸭鹅吵醒，用鸭鹅的叫声来为大军做掩护。

将近四更天的时候，蔡州城一片寂静，城中将士都在休息，值守的人昏昏欲睡，无精打采。李祐派了一支身手敏捷的将士爬上城楼，解决掉守城军士，随后放大军悄悄入城。当雄鸡第一遍鸣叫的时候，下了一整夜的大雪终于停止，此时李愬的大军已经占领了蔡州城，逐渐向淮西节度使吴元济的府邸合围过去。

节度使府邸，突然传来一阵急促的脚步声。

“吴大帅，官军打进蔡州，已经包围了我们！”

吴元济睡眼惺忪，懒洋洋地说道：“这肯定是亡命之徒借机闹事，等我先睡好，天明了就带人抓他们。”

“不是啊，州城已经陷落啦！”

吴元济瞥了一眼，发现来人不像是开玩笑，于是从床上坐起来说道：“是不是洄曲的守军来找我们要冬季的衣服？”

传话的人濒临崩溃，哭诉着：“大人，求您出去看看吧。”

吴元济终于醒过神来，他披上衣服出门查看，只听到外面人声嘈杂，隐隐约约传来“常侍传话”的声音。很显然，说话的人不是蔡州口音。吴元济大惊道：“蔡州城那有什么常侍，果然是官军打进来了，赶紧派兵抵御。”

然而，一切都晚了。吴元济已经成为瓮中之鳖，在短暂的抵抗之后，吴元济被生擒，随后被送往长安。李愬下令，淮西除了吴元济，其余的人只要乖乖投降，一律免罪。申州、光州的将领看到大势已去，纷纷归降了朝廷。

此时此刻，淮西已经脱离朝廷控制三十余年。在此期间，不管是李希烈，还是吴少诚、吴元济，为了笼络民心，培养士兵的忠诚度，他们几乎是想尽一切办法，实行愚民政策。比如，吴元济散播谣言，说朝廷权贵认为蔡州的女人都是尤物，等官军攻下淮西后，就会把淮西的女人全部收编。蔡州军民痛恨朝廷，可是在李愬的武力面前，他们还是低下了头颅。

攻陷蔡州后，李愬和将领们有过一番对话。

将士:“起初，您在朗山战败，可您并不发愁。后来在吴房取胜，但又不着急夺取吴房。在狂风暴雪面前，您坚持行军。带着孤立无援的军队深入敌境，我们看不到您的畏惧之心。幸运的是，您最终获得成功，我们想知道其中缘由。”

李愬:“朗山失利，敌人便会轻视我们，不再对我们设防。如果夺取吴房，吴房的人马便会逃奔蔡州，合力坚守，因此我不拿吴房，以便分散敌人的兵力。急风暴雪，天色昏暗，敌人不能用烽火传递信息，便不能知道我们奇袭蔡州。孤立无援的军队深入敌境，大家都会卖力杀贼，换取生机。成大事者，眼光需要长远，如果因为胜利沾沾自喜，因为挫折垂头丧气，谁还有心思建立功劳。”

李愬不愧为名门之后，懂军事谋略也就罢了，他对人性的理解和把握，堪称是登峰造极的水准，能有雪夜袭蔡州的杰作，也是理所当然的。

消息传到长安，李纯忍不住落下了喜悦的眼泪。

元和十二年（817）十一月，李纯在大明宫兴安门举办献俘仪式，向天下人宣布吴元济的罪行，彰显大唐的国威。随后，吴元济被押到李唐宗庙，向李唐皇室的祖先叩头谢罪。在这里，李纯的身份便是皇子、皇孙，中国的文化历来就是父仇子报，李纯抛开了皇帝的身份，完成了家族赋予他的使命。这一切结束之后，吴元济也就失去了利用价值，灰飞烟灭便是他最终，也是最好的归宿。

回头再看，李纯最大的优点就是性格果断，用人不疑，永远能给前线将士最大的信任。朝廷最危险的时候，李纯没有想过退缩，为了维护皇帝的尊严，国家的统一，不惜在淮西和河北两线作战，这样的气魄和胸怀，确实值得尊敬。

唐宪宗的高光时刻：解决掉李师道

收拾完淮西，接下来就是平卢节度使李师道、成德节度使王承宗。

中唐时期，平卢经历了侯希逸、李正己、李纳、李师古、李师道五任节度使，到李师道这一辈，平卢军镇下辖十二州：淄州、青州、齐州、登州、莱州、海州、祈州、密州、濮州（今山东荷泽市鄄城县）、曹州、兖（yǎn）州（今山东省济宁市兖州区）、郓州（今山东省荷泽市郓城县）。

在地方枭雄中，李师道的地盘大，兵力多，钱粮不可胜数，说他没有南面称孤的想法，恐怕谁也不会相信。然而，李师道性格优柔寡断，没有王霸之气。他希望看到唐朝陷入无法控制的战争旋涡，自己可以在其中浑水摸鱼，但是却又不想起兵，害怕起兵失败后，自己遭到朝廷的制裁。

说白了，李师道不适合做带头大哥，适合做跟班小弟。

拿淮西战争来说，吴元济遭到朝廷的围剿，李师道没有选择在山东燃起一把大火，而是派遣刺客行刺宰相。这样的操作，恐怕连草莽英雄都深以为耻，更何况他这位手握大权的藩镇节度使。想想看，如果李师道和王承宗联手，声援淮西的吴元济，造成河北、河南、山东大乱，李纯恐怕会忙得焦头烂额。

悲剧的是，李师道什么也不想做，他只想等天上掉个热乎的大馅饼，把自己砸得晕头转向！有李师道这个对手，李纯是幸运的，大唐也是幸运的。

蔡州被破，吴元济被杀，李师道又该何去何从？

节度判官李文会、孔目官林英素的建议是割地、请降、送人质。

不过，李师道彻底茫然了。

不久之前，节度判官高沐，幕僚郭日户、李公度劝李师道不要谋反，李文会等人拼命哭诉道："文会等人竭心尽力为您操持家务，事到如今，奈何要以十二州之地投降朝廷，成全高沐等人的名声？"

因为此事，李师道逐渐冷落高沐，随后让他去代理莱州军务。

后来，李文会前去长安，带回一个消息，说是高沐暗中投靠朝廷，李师道大怒之下，命人杀死高沐。如今，李文会又改变立场，劝李师道投降，这多少让李师道觉得有些讽刺。

元和十三年（818）正月，李师道派遣使者前去长安，表示平卢愿意割沂、密、海三地给朝廷，并派遣他自己的长子到长安为人质。

元和十三年（818）三月，成德节度使王承宗表示归降朝廷，并将德州、棣州送还朝廷，还答应送两个儿子去长安做人质。四月，魏博节度使田弘正派遣使者将王承宗的儿子王知感、王知信，以及德、棣两州的版图与印符送到京城。

与此同时，幽州节度使刘总也表示了归降之意。

消息传到长安，李纯兴奋极了。为了打赢削藩战争，朝廷耗费了多少钱财和粮食？为了筹钱，李纯不得不从牙缝里抠出粮食，供给前线军队。数十年的战争，朝廷牺牲了多少百姓和将士？多少家庭分崩离析？

和平，尤其是战争过后的和平，真的来之不易。

李纯片刻也不想耽误，他调派使者前往各地，一边安抚军镇的将士，一边完成城池的交接手续。据史料记载，淮西、成德、幽州等地，都顺利完成了交接，唯独平卢节度使李师道，又给朝廷出了幺蛾子。

李师道的正妻魏氏听说要把长子送到长安做人质，心里万分不舍。更何况，长子是李师道的接班人，把他带走算怎么回事儿？不答应！

魏氏哭诉道："咱们李家在平卢经营了数十年，朝廷怎么能说拿走就拿走？如今，咱们有数十万兵力，就算不进献沂、密、海三州，朝廷也不过是派兵马前来讨伐。倘若尽力接战不能够取胜，那时再献上三州也不迟。"

李师道本来就没有主见，看到老婆一哭二闹三上吊，心里很不是滋味。更何况，魏氏说得也对，凭什么还没开战，就把自家的地盘割让出去？如果打得过朝廷，那是最好的，如果打不过，找朝廷要点好处才是王道。

朝廷使者李逊到达郓州的时候，李师道并不是锣鼓喧天，大摆筵席，而是以车马雄壮，旌旗蔽天的盛大军容迎接李逊。

李逊神色严肃，质疑道："您前番上表请求归降朝廷，并答应归还三州，送长子到长安居住，此话还算数吗？"

李师道原本想吓唬李逊，可真到了交锋的时候，气场又压不过李逊。李师道顺势说道："李大人少安毋躁，您远道而来，先休息，明日我们再谈正事。"

回去之后，李师道找幕僚商议，最终决定打一波太极拳。过了几天，李师道对李逊说："都是因为父子私情，还有将士的压力，送子进京一事才被耽搁。如今又麻烦朝廷使者为此奔走，我怎敢再做反复无常的事情呢。"

话说得确实好听，可仔细想来，并没有任何干货。

李逊当即就有了判断：李师道恐怕是假降。回长安之后，李逊对李纯做了汇报："李师道顽劣愚昧，反复无常，恐怕必须用兵了。"

随后，李师道上奏朝廷，声称自己愿意归降，奈何军中将士就是不答应。不过，所有人都知道，这是拙劣的政治表演。

客观地说，李师道真的很愚蠢，他擅长浑水摸鱼，可如今各大军镇都已经归降了朝廷，朝廷没有任何牵制。此时决定起兵，岂不是有点搞笑的意思？

李纯不想和李师道浪费任何口舌。元和十三年（818）五月十三日，李纯下诏：封李光颜为义成节度使，全面主持平叛事宜。

李师道叛乱，完全是因为妻子魏氏的唆使，他自己根本没有做出军事部署，甚至都没做好反叛的心理准备。战役发生之初，平卢军只要打了小小的败仗，或者失去了城池，李师道就会忧惧半天，甚至生一场病，以至于后来只要前线传来兵败的消息，身边的人就会隐瞒实情。

李师道有一位悍将，名叫刘悟，此时拥兵一万，驻守在阳谷。这位老兄性格宽厚，治军宽松，在军中素来有威望，将士们都叫他"刘父"。悲剧的是，魏博节度使田弘正出其不意地渡过黄河，将刘悟胖揍了几顿。

于是，刘悟的政敌开始打小报告，说他只会收买人心，不会打仗，关键时刻给平卢军镇掉链子，实际上恐怕是有异心，希望李师道早做防备。

李师道假借商议军情为由，将刘悟叫到郓州，想借机将他处死。

谁料想，部分将军认为，刘悟并没有谋反的迹象，如果因为谗言将他杀死，一定会让军中将士心寒。李师道听闻此言，吓得惊慌失措，他赶紧给刘悟送了大批的金银珠宝，让他回阳谷驻守，却私下扣留刘悟的儿子刘从谏作为人质。

用儿子换得军权，也不算太亏，刘悟选择忍了。可没过几天，又有人给李师道进言："刘悟终究还是会谋反，不如早点除掉他，以绝后患。"

不错，李师道又改变主意了。

当时，他派人前去阳谷，准备让行营兵马副使张暹杀掉刘悟。然而，李师道打错了算盘，张暹明面上是李师道的人，实际上是刘悟的铁哥们。使者到达阳谷的时候，刘悟正在军营外布置防务，张暹坦白交代，李师道想要他的命。

那一刻，刘悟决定以其人之道，还治其人之身。

天色傍晚的时候，刘悟骑马回营，召集军中将士训话道："我同你们不顾死活地抗击官军，完全对得起李师道。然而，李师道听信谗言，派人来杀我。如果我死，你们随后就会被杀。如今，陛下发兵平卢，声明只杀李师道一人。我军形势日渐窘迫，为什么要随他一同被灭族呢？现在，我和大家商议，打算奉行天子之命，回军袭击郓州，杀李师道。大家认为如何？"

在众人的眼中，刘悟一向宽仁，甚至性格中带着些许柔弱，突然听他说要带兵谋反，袭击李师道，众将士的第一反应就是难以置信。

兵马使赵垂棘问道："不知此事能否成功？"

刘悟呵呵一笑，大声吼道："来人，赵垂棘和李师道谋反，将此贼拖出去砍了，以儆效尤。"

按照一般的套路，杀完鸡，猴子必定会恐惧，进而会听命而行。然而，赵垂棘死后，其他人还是抱着怀疑的态度。刘悟觉得很尴尬，也觉得自己很无能。接下来，他用重兵围住帅帐，挨个问他们愿不愿意跟随他杀回郓州，只要说半个不字，一概砍头。当天晚上，刘悟砍了三十个脑袋，最终才控制住局势。

随后，刘悟下达军令：攻入郓州，每人赏钱一百缗。除军库外，凡是节度使的住宅，以及其他叛党的家财，允许手下任意掠取，有仇者可以报仇。

刘悟一边调度军队，一边派遣使者前往田弘正的军营，表示愿意投降朝廷，并将自己带军返回郓州的计划对他和盘托出。双方约定：如果计划失败，希望田弘正能够带兵支援，共同打下郓州；如果计划顺利，则在郓州举烽火为号，希望田弘正带兵驻扎阳谷，并将所有功劳全部归到田弘正身上。

这样无私的约定，让田弘正无法拒绝。

一切准备就绪之后，刘悟让将士们饱餐一顿，随后人衔枚，马裹蹄，兵发郓州。在此之前，数十名特务率先来到郓州城门，谎称他们是刘悟派来给李师道递送军情战报的使者，随后趁守卫不备，夺取城门。刘悟进城之后，直接带兵来到了李师道的节度使府衙，生擒了李师道的全家老小。

刘悟训斥道："李师道谋反，意图对抗朝廷，我受天子密诏，准备将您送往京城，但是你还有何面目见皇帝呢？"

李师道吓得神志不清，连一句完整的话都说不出来，他的儿子李弘方实在是看不下去了，站出来说道："事已至此，只求速死。"

三颗人头落地，显赫数十年的李家灰飞烟灭。

元和十四年（819）二月，李纯封刘悟为义成节度使，将他调离了盘根错节的平卢。同时根据各州土地的远近，士卒和军马的数量，以及仓库的虚实，将李师道原有的十二州划分为三道：郓州、曹州、濮州为一道；淄州、青州、齐州、登州、莱州为一道；兖州、海州、沂州（今山东省临沂市）、密州为一道，由朝廷分而治之。自此，历经三代，更换四主的平卢军镇彻底回到了朝廷的统治版图。

不仅如此，横海（今河北省沧州市）节度使乌重胤还上奏李纯，声称藩镇之所以能够长期抗拒朝廷诏令，割据六十余年，原因就在于他们在各州设置镇将主持军政，夺刺史和县令的权力，作威作福。如果能让刺史行使自己的职权，就算出现安禄山、史思明这样的奸雄，也不能以一州的兵力叛乱。乌重胤以身作则，主动将权力交还给下辖的州刺史，希望朝廷的统治能够再次回归正轨。

那一刻，唐宪宗李纯堪称到达了职业生涯的巅峰。

裴度谈朋党：君子同德，小人朋党

藩镇之祸延续了数十年时间，李纯运筹帷幄，将各路群雄收拾得服服帖帖，这样的功绩，确实值得吹嘘自傲。事实就是，李纯确实膨胀了，无敌后的寂寞，让他的性情发生了变化。比如他觉得天下太平，可以过上好日子，因此开始疯狂地迷恋钱财；比如他觉得打败了藩镇节度使，都是自己指挥有方，因此变得狂妄自大，目中无人。昔日英明谦虚的帝王，竟也走进了人性之恶的怪圈。

唐朝帝王都有自己的小金库，这笔钱和国库收入是分开的，小金库既可以满足皇帝自己的生活开销、业余爱好的花销，还可以拿来赏赐功臣，建立皇帝的威严，本来是一件好事。可德宗时期，李适的小金库闹起了赤字，李适竟然鼓励大臣敛聚钱财，搜刮奇珍异宝，以供自己挥霍。

这笔钱的收入名叫“羡馀”，严格说来是合情合理的，可地方官员为了给皇帝筹钱，通常会建立巨大的贪腐利益链。打比方来说，为了给皇帝筹集一万缗钱财，地方官员可能搜刮五万缗，甚至十万缗的钱财，这对老百姓来说是巨大的负担。唐顺宗李诵、唐宪宗李纯登基后，明令禁止，不允许大臣再搞进贡。

现实就是，环境会变，人也会变。

李纯是皇帝，他需要钱财满足额外的开支。起初，他比较矜持，没有提出要大臣进贡，可到了后来，李纯的话里总是带着“我缺钱”的暗示。皇帝的暗示，朝臣们心知肚明。彼时，户部侍郎名叫皇甫镈（bó），名副其实的财政一哥；盐铁转运使名叫程异，名副其实的捞钱一哥。他们商议之下，决定重新启动小金库工程。

史书没有记载他们送钱的细节，可以肯定的是，李纯秉持着“不主动、不拒绝、不表态”的姿态，默默地享受着小金库的福利。

元和十三年（818）九月，皇甫镈、程异突然多了个头衔：同中书门下平章事。

也就是说，他们以财政大臣的身份，直接晋升为宰相。

消息一出，朝野哗然。毕竟，他们的资历太浅，而且都只是财政口的专家，想统领群臣，处理军国大事，凭什么？以宰相裴度、崔群为首的大臣纷纷上奏，请求皇帝谨慎用人，裴度甚至以辞职作为砝码，威胁李纯收回成命。

自古以来，君臣之间就有规定好的规则，那就是互相尊重，大家相处舒服。可是臣子以辞官作为威胁，皇帝是什么感想？如果不答应，显得皇帝固执，听不进去忠言；如果答应，显得皇帝无能，被臣子拿捏。裴度想劝谏，却选择了最愚蠢的方式，这也让李纯对他产生了强烈的不满。

说白了，李纯不是庸碌无能的君主，皇甫镈、程异是什么德行，李纯心知肚明，就因为他们会捞钱，李纯就要提拔他们做宰相？这件事情的背后，其实是皇帝和宰相的权力斗争。说得直白点，李纯想拿回裴度手中的权力。

宪宗一朝，裴度确实做出了突出贡献。比如巡视魏博军镇，说服田氏来降；督战淮西，协助灭掉吴元济；设计诛杀李师道，收回平卢军镇。毫不夸张地说，裴度的智谋、功劳、格局都要超过李纯，说他功高震主一点也不为过。

悲剧的是，裴度似乎没有意识到自己的问题。

天下太平之后，裴度继续秉持耿直的性格，能怼就怼，能教育就教育，能独断就独断，这让李纯非常反感。站在裴度的角度，他是大唐的守护者，做这些是应该的。可站在李纯的角度，裴度是在把持朝政，架空皇权。

在这场皇权和相权的斗争风波中，两个当事人是什么态度？

盐铁转运使程异表示，他是个廉洁谨慎、谦逊自抑的人，因为给皇帝送点零花钱，最终引起君臣矛盾，这是他没想到的剧情走向。他不想卷到政治斗争中，做了宰相后，程异选择低调行事，不与裴度争锋。

皇甫镈就不一样了，他不仅贪财，而且对权力有着狂热的追逐。为了保住李纯的宠信，皇甫镈提了个建议，削减大臣的工资，给朝廷省钱。殊不知，这样愚蠢的想法既让李纯觉得尴尬无比，更让朝臣对他恨之入骨。

元和十三年（818）九月，五坊使杨朝汶又闹出了风波。

杨朝汶为了捞钱，经常找百姓的晦气。比如捉拿和囚禁百姓，给他们编造令人眼花缭乱的罪名，然后找他们索取钱财。不仅如此，杨朝汶还鼓励他们互相诬告牵连，往往几个人的案子，能被他牵连出一千多人。

因为此事，裴度进言道："陛下，此事一定要严肃处理。"

李纯的脸色立马就冷了下来："裴爱卿，用兵的事情，朕和你们一起商议处理。这点芝麻小事，不劳你费心，朕自会处理。"

裴度本能地辩驳道："用兵的事情才是小事，让人担忧的不过是崤山以东而已。而五坊使强暴蛮横，恐怕会扰乱京城。"

裴度公然顶撞，而且有理有据，李纯拿他毫无办法。下朝之后，李纯将一腔怒火全部撒到杨朝汶的头上，说他不会办事，让李纯的尊严掉了一地。最后，李纯赐死杨朝汶，将被关押的百姓无罪放出，这才平息了此事。

不得不说，裴度确实有才华，有能耐。可是到了最后，他变得不善于和皇帝沟通，变得比皇帝还要强势。殊不知，胳膊永远拧不过大腿啊。

没过多久，内廷将储存多年的丝帛交给有关部门，让他们卖个好价钱，皇甫镈为了讨好宦官，高价收购，随后将布帛运到边境，作为军队的物资。谁料想，这些布帛触手即坏，完全不能使用，因此在军中闹出了不小的轰动。

裴度抓住机会，狠狠地参了皇甫镈一本。

李纯表示，希望皇甫镈能够给个合理的解释。

皇甫镈伸出自己的脚，大言不惭道："这双靴子同样出自内库，臣用两千钱买下了它们。可这双靴子坚固结实，可以穿很长时间，裴度说的话并不可信。"

李纯笑着说道："说的有道理，裴爱卿是不是有点偏听则暗？"

裴度："……"

就事论事，李纯明显是在偏袒皇甫镈。拿什么证明皇甫镈的鞋子出自内库？凭什么说鞋子是好的，布帛就一定是好的？这完全是毫无逻辑的话。很显然，李纯就是想利用这些事情打压裴度，和当年打压李绛的套路如出一辙。

这个套路的背后，其实是李纯认为裴度在搞朋党。

所谓的朋党，指的是官员因为经济利益、政治主见、派系渊源等原因，自愿结合在一起的官员集团。至少在李纯的眼里，朋党是一直存在的，所以他这个皇帝才做得如此难受。而且，李纯处理朋党的方式非常有趣，先找你谈话，暗示你在搞朋党，然后再悄无声息地将你罢免。

元和八年（813）十二月，宰相李绛执政时期，李纯就和他讨论过朋党的话题。

李纯："有人告诉朕，外面朋党很盛，这是为什么呢？"

李绛："自古以来，君主就特别讨厌人臣结成朋党。所以，小人诬陷君子，经常说他属于朋党集团。东汉末年，凡是天下的君子，宦官都称他们为党人，对他们永不任用，东汉因此灭亡。一般说来，君子肯定和君子合得来，难道非要让君子和小人交往，才能说君子不属于朋党吗？希望陛下三思此事。"

李纯不置可否，一个月之后，李绛被免职。

元和十一年（816）八月，宰相韦贯之因为同样的罪名，被罢为吏部侍郎。

元和十三年（818）十二月，李纯故技重施，和裴度也谈起了朋党的话题。

李纯："爱卿啊，身为人臣，就该为君分忧，努力向善，怎么能搞朋党集团呢。你知道，朕是非常厌恶朋党的。"

裴度："陛下，物以类聚，人以群分。不管是君子，还是小人，如果志趣相同，就一定会互相交往。不过，君子成为一类人，那叫同德；小人成为一类人，那才叫朋党。表面上很相似，本质却相差甚远。这就看君主辨别他们做的事情是邪恶的，还是正直的了。"

元和十四年（819）三月，裴度被降为河东节度使。

那么问题来了，究竟是李纯自己多疑，还是朝廷确实出现了朋党集团，这是非常值得玩味的话题。因为李纯去世后，紧接着便出现了大唐历史上最著名的"牛李党争"。只能说，每一个历史事件背后，其实都隐藏着庞大的信息，每一个历史人物的决定，都是基于当时的实际情况而做出，也必有他的深意。

唐宪宗膨胀了：效仿祖宗迎佛骨

唐宪宗李纯 27 岁登基，40 岁便平定了全国战乱。此时，李纯年富力强，大权在握，完全可以做出一番事业，实现大唐的中兴。不幸的是，成功后的李纯突然将注意力转移到了佛教、道教神仙、长生不老等虚幻世界。

元和十三年（818）十一月，李纯和主管佛教、道教事业的功德使闲聊。

功德使："陛下，凤翔法门寺的护国真身塔中有释迦牟尼佛的手指骨，相传寺塔三十年开放一次，开放时就会年成丰熟，国家安宁。"

李纯："哦？真有这么神？"

功德使："明年法门寺塔就会开放，陛下可迎接佛指骨入宫，正好验证一下关于佛骨的传说是否可靠啊。"

法门寺位于陕西省宝鸡市扶风县法门镇，始建于东汉，唐以前被称为"阿育王寺""成实道场"，唐朝改名为"法门寺"，被誉为"皇家寺庙"，因放置着释迦牟尼佛指骨舍利而成为举国仰望的佛教圣地。佛骨又称舍利（子），是佛教鼻祖释迦牟尼火化后留下的遗骨。

众所周知，李唐是遵奉道教的朝代，可历代君王尊道的同时，并没有刻意贬低佛教。相反，不少帝王都对佛教有很深的情怀，其中遵迎佛骨就是他们礼遇佛教的明证。在唐朝，一共有七次"迎佛骨"的盛举。

第一位皇帝：唐太宗李世民。当时，李世民下令开启法门寺的塔基，只是在当地举行仪式，供奉塔下珍藏的佛骨，并未迎送到京城长安。

第二位皇帝：唐高宗李治。当时，僧人智琮、慧辩入宫论佛，谈及法门寺内的舍利，李治认为能得舍利，深是善因，于是将佛骨放在长安和洛阳长达四年之久，此期间规模之宏大，无与伦比。

第三位皇帝：武则天。当时，武则天命凤阁侍郎崔玄韦、华严宗创始人高僧法藏、纲律师等人到法门寺迎奉佛骨。由于武则天对佛教的情怀最深，也有部分政治的考虑，这次迎佛骨的活动持续了五年之久。为此，武则天给法门寺捐献了无数金银财宝，还在洛阳和附近修建寺庙，供达官贵人和老百姓礼佛。

第四位皇帝:唐德宗李适。当时，李适被战争搞得焦头烂额，最后竟然峰回路转，因此将功劳都归到了“因果轮回”之道上。为此，李适命人将佛骨迎到皇宫和长安城中的寺庙供奉，不过活动仅持续了一个月之久。

第五位皇帝：唐宪宗李纯。

元和十四年（819）正月，李纯派了三十人的迎佛小分队，到法门寺把佛骨迎到长安。他先把佛骨放在皇宫里供奉，随后送到长安城著名的佛教寺庙，让大家瞻仰。

在唐朝，信佛的达官贵人、老百姓非常多，大家有钱的捧个钱场，没钱的捧个人场，这都是见怪不怪的事情。然而，就在迎佛骨闹得最热闹的时候，刑部侍郎韩愈跳了出来，给李纯上了一道千古名奏：

佛，只不过是少数民族的一个说法而已。黄帝、夏禹、商汤、周文王、周武王时期都没有佛，可君王们年高寿长，百姓安宁快活。从东汉明帝时期开始，中原有了佛法，此后变乱危亡接连不断，朝廷运数都不能长久。宋、齐、梁、陈、北魏对佛的侍奉越恭敬，政权存在的时间越短。梁武帝在位四十八年，前后三次舍身去当寺院家奴，最终却遭受侯景的逼迫，在台城活活饿死，随后政权灭亡。

侍奉佛是为了祈求福缘，梁武帝反而招致祸患。由此看来，佛不值得相信是事实。佛本就是夷狄人士，不穿中原服饰，不服中原礼法教化。所谓的佛骨也不过是尸体的骨殖，污秽腐朽，不适宜让大臣和老百姓供奉。希望陛下将它交给有关部门销毁掉，永远断绝祸事的根源，切断天下的疑问，杜绝后世的迷惑，这才是盛大的壮举。如果佛可以带来好运，希望销毁它，我来承担所有的罪责。

在韩愈的眼里，佛只不过是虚无缥缈的东西。

可惜的是，他的批判苍白无力，说崇尚佛教的王朝短命，这样无理的说法，其实想掩盖一个事实：韩愈是儒家代表，他希望李纯重视儒学，而不是佛教。

在李纯看来，韩愈有邀名买直、虚伪犯上的嫌疑，你力挺儒家也就罢了，还用亡国之祸来讽刺他，讽刺大唐，这是什么样的罪过？李纯气急败坏，随后召集宰相开会，打算以最严厉的手段来处置韩愈。在朝臣的极力劝阻之下，李纯的怒气渐渐平息，最终将韩愈贬为潮州刺史，算是平息了此事。

潮州在广东东部，距离长安有数千里之遥。韩愈只身一人，仓促上路，走到蓝田关口时，他的侄孙韩湘匆匆赶来，以杯酒致敬这位孤苦的老人，韩愈这才写下了脍炙人口的《左迁至蓝关示侄孙湘》：

一封朝奏九重天，夕贬潮州路八千。
欲为圣明除弊事，肯将衰朽惜残年！
云横秦岭家何在？雪拥蓝关马不前。
知汝远来应有意，好收吾骨瘴江边。

到了潮州之后，韩愈觉得日子很无趣，于是问潮州当地的老百姓，有什么困难需要他这位刺史大人解决。老百姓扬言，他们这里鳄鱼成灾，吃了不少家禽，使得百姓穷困潦倒。韩愈二话不说，立马杀了一头猪和一头羊扔到水里，同时写下了另一篇著名的文章《鳄鱼文》，大致内容如下：

当今天子英明神武，四海之内都是他的地盘，眼下派韩愈管理潮州，鳄鱼却不老实安分，胆敢和他争当统领一方的英雄。韩愈虽然软弱无能，又怎么肯向鳄鱼低头屈服！因此，韩愈和鳄鱼约定，最多三天时间，鳄鱼首领就要率领小弟南迁到大海去，以躲避天子任命的地方官；如果三天办不到，就放宽到五天；五天办不到，就放宽到七天；七天还办不到，韩愈就得动用武力驱逐了。

巧的是，韩愈写下这篇祭文之后，潮州的鳄鱼居然真的减少了，以至于后世出现了不少通过写祭文来驱逐灾害的事情。说白了，这件事情表明，韩愈并非彻彻底底的唯物主义者，所谓虚无缥缈的神灵，在每个人的思维中都存在，只不过大家信奉的不一样，有所冲突而已。历史，真的不忍细读。

唐宪宗：英名半生，躲不过“长生不老”劫

永贞元年（805）八月，李纯登基称帝。元和十五年（820）正月，李纯驾崩，在位十五年。在此期间，李纯坚持执行武力削藩的国策，致力于加强中央集权，重振天子权威。

平定西川节度使刘辟，以削藩第一战确立江湖地位。

平定镇海节度使李锜，将淮南富庶之地收入囊中。

平定魏博内乱，收编魏博节度使田弘正，让他成为朝廷埋伏在河北、河南等地的一颗重磅炸弹。

平定淮西节度使吴元济，重新收回脱离朝廷统治数十年的淮西。

平定平卢节度使李师道，将山东十二州重新划入朝廷统治范围。

平定成德节度使王承宗，将他收拾得心服口服。

招降幽州节度使刘总，不费吹灰之力。

十五年时间，唐宪宗李纯处理了七个桀骜不驯的藩镇节度使，收回了数十个州，数百个县，将支离破碎、满目疮痍的大唐帝国重新带回到正轨。

在唐朝，李世民是将大唐政治、军事影响力带入蛮荒之地的千古一帝，李隆基是将大唐基业带入历史巅峰的盛世名君。然而，在恶劣的政治、经济条件下，唐宪宗李纯能够收拾这么多的藩镇节度使，足以在李唐皇室占据一席之地。

遗憾的是，李纯却走上了一条自取灭亡之路：信奉长生不老。

事情的起因是这样的：宗正卿李道古犯了事情，担心李纯会处罚他，于是找到皇甫镈，扬言他认识一个能制长生不老药物的术士，可以推荐给李纯。二人都是善于溜

须拍马、逢迎圣意的高人，在皇甫镈的运作下，这个被称为神仙的“柳泌”入宫，专门在兴唐观为李纯炼制药物。

事实证明，柳泌就是个江湖骗子，他会炼制丹药，可丹药不是长生不老的药物，而是要人命的慢性重金属毒药。他在兴唐观混了一段时间，担心再混下去会露出马脚，于是对李纯说道：“天台山（今浙江省台州市天台县境内）是神仙聚集的地方，有许多灵草，虽然臣能够识别，但是没有办法将它们弄到手。如果臣能做那里的长官，可能会找到它们。”

李纯大手一挥：任命柳泌为台州刺史。就这样，一个江湖骗子一跃成为朝廷的四品大员。在台州任上，柳泌一边炼制丹药，一边诱骗台州官员和百姓到天台山采摘草药，混得不亦乐乎。可一年时间过去了，柳泌依旧一事无成，他害怕承担欺君罪名，于是携带全家老小逃到了山里。

浙江东道观察使听闻之后，派人进山搜捕，最终将柳泌送到长安。所有人都觉得，江湖骗子的死期就要到了，可皇甫镈、李道古使出浑身解数，为柳泌开脱罪名，李纯最后竟然赦免其罪，命他仍旧待诏翰林院，继续服用柳泌的丹药。

中国古代的炼丹分为内丹术和外丹术，炼丹文化博大精深。

内丹术是道家、道教人士对气功的说法，内丹术通过阴阳之变、五行生克、天人合一、天人相应等道门理论，以及丹士掌握的医学知识，以修炼成仙、长生不老为最终目的。唐朝各地的术士不计其数，内丹术可谓登峰造极，到后来又和内家武学结合起来，最终形成了道教的太极功等博大精深的文化。

内丹术确实可以强身健体，延年益寿，却不能让人长生不老。更何况，皇帝们日理万机，根本没时间去钻研这种复杂的学问。因此，最受皇帝欢迎的便是外丹术：一颗丹药，外加一口井水。

所谓的丹药，指的是硫化汞，硫与汞（水银）的无机化合物，因呈红色，所以被称为朱砂。硫化汞在高温之下，其中的水银会挥发出来，因此经常焕发出神奇的视觉效果。炼丹术士通常将硫化汞作为主要原材料，再加上一些中草药，按照一定的比例混合烧制。中草药属于有机物，和硫化汞很难产生实际的反应，但是放在一起的时候，硫化汞不断地被加热分解，然后冷却还原，因此炼丹炉中的药物在硫化汞的作用下会不断地变换颜色。经过反复的炼制之后，中草药便全部融合到了丹药之中，于是便成了可以令人“长生不老”的仙丹。

可以说，丹药就是在神奇的视觉效果下，让人产生了信任。至于丹药中的水银，大家都知道有毒，可在长生不老的诱惑下，谁又会在乎呢？据史料记载，李纯服用丹药后，经常觉得口渴，这在朝臣中已经不是什么秘密了。

起居舍人裴潾曾经给李纯上过一道非常有力的奏折：“陛下，近年来到朝中任职的术士越来越多，如果天下真有神仙，他们一定会躲在深山老林不想出来，偷吃丹药以求长生不老，怎么会跑到长安城来！他们的目的便是利用人们的心理来谋求权势和富贵。再者说，药材是用来治病的，不能和粮食一样早晚服用，况且金石浓烈而有毒性，又加上火炼，恐怕不是人的五脏所能承受的。古时，凡是君主要饮用的药物，都由臣下先尝，确信没有问题，然后才吃。因此，请陛下下令，让献药的方士自己先吃一年，自然就可以辨别他们药物的真假了。”

裴潾的话已经说得够直白了，然而李纯已经到了如痴如醉的地步，反而认为他鄙视自己服用丹药，一怒之下将裴潾贬为江陵令。

纵然是口渴难耐，李纯也是在所不惜。

纵然是身体燥热，李纯也是奋不顾身。

元和十五年（820）正月二十七日，年仅42岁的唐宪宗李纯在大明宫中和殿暴毙。

唐朝二十一位皇帝，至少有五位皇帝的死和丹药有关：唐太宗李世民、唐宪宗李纯、唐穆宗李恒、唐武宗李炎和唐宣宗李忱。李世民、李纯都是有作为的君主，唐宣宗李忱更是被人称为“小太宗”。也就是说，有唐一朝，迷恋丹药的恰恰是那些颇有作为的皇帝。

关于唐宪宗的暴毙，历史上的说法历来就分为两种：一种说他服用丹药，导致身体机能严重下降，因此才会暴毙。但是据史料记载，唐宪宗李纯服用丹药的时间比较短，丹药致死的可能性微乎其微。另一种说法便是政治斗争的原因，被太监陈弘志谋杀身亡。

《旧唐书·宪宗本纪》：“元和十五年正月庚子，是夕，上崩于大明宫之中和殿。

时以暴崩，皆言内官陈弘志弑逆，史氏讳而不书。”

陈弘志只不过是小小太监，他杀了李纯，史官怎么会因为他讳而不书？如此记载，明显透露着一个信息：动手的人是陈弘志，而背后主使肯定另有其人！这可能是一场精心策划，涉及皇权斗争的阴谋。

唐宪宗一生有二十个儿子：其中长子李宁（793—810），母亲是宫人纪氏；次子李恽，母亲地位低下，史书上没有记载；三子李恒（795—824），母亲是郭子仪的孙女郭氏；十三子李忱（810—859），也就是后来的唐宣宗。

永贞元年（805），唐宪宗李纯继位，因为几个儿子都没有成年，因此没有着急定下皇太子。后来，长子李宁逐渐长大，行为举止颇合礼法，再加上宰相李绛天天催促他定下国本，于是在元和四年（809），李纯下诏，立长子李宁为皇太子。

不过，李纯的决定让郭子仪的孙女郭氏非常不满。

郭氏觉得爷爷郭子仪为大唐立下汗马功劳，李纯应该对她礼敬有加。可是李纯偏偏对她视若无睹，既不封她做皇后，也不立她的儿子李恒为皇太子，因此她心中对皇太子李宁非常不满。不过，有老爹李纯的支持，李宁也能够平安无事。

元和六年（811）十二月，年仅 19 岁的李宁因病去世，唐宪宗李纯悲痛欲绝，下旨为他废朝十三日，并特别制订了一套丧礼，加谥为“惠昭”。李宁的去世，为皇太子之争再添变数。宦官吐突承璀明白李纯的心思，于是主张按照次序，立次子李恽。

不过，文武大臣都认为，李恒才是皇太子的最佳人选。

一边是宦官集团，一边是文官集团，李纯进退两难。

说白了，朝廷的朋党是李纯深恶痛绝的存在，如今他们就像约定好的，非要逼迫他立李恒，这让他非常烦闷。李纯打心眼里厌恶郭氏，死活不愿意松口，因此君臣之间的拉锯战一直持续了七个月之久。到了最后，李纯觉得次子李恽得不到前朝、后宫的支持，如果强行立他为太子，恐怕会引起宫廷喋血，于是便请翰林学士崔群代李恽起草了表示谦让的奏表。

元和七年（812）七月，郭氏的儿子李恒被立为大唐的皇太子。

李纯的本意是退一步海阔天空，可令他没想到的是，在郭氏的眼里，他的退让就是软弱。元和八年（813）十月，大臣突然上奏，希望李纯封贵妃郭氏为皇后。

唐玄宗李隆基以来，后宫嫔妃能在活着的时候被立为皇后的，只有唐肃宗李亨的张皇后，而且还是因为她在皇帝落难之时不离不弃。唐代宗李豫、唐顺宗李诵终其一生也没有将皇后的殊荣封给后宫嫔妃。

唐宪宗李纯很厚道，已经将贵妃尊号加给了郭氏。因此，面对群臣的咄咄相逼，李纯开始以各种理由来搪塞，始终不愿意让郭氏如愿以偿。郭氏有做皇后的美梦，可丈夫帮她实现不了，于是她开始在朝中网罗党羽，还和神策军中尉梁守谦、王守澄等人暗中勾结，培植皇太子一党的势力。

元和十四年（819），李纯因为服用丹药，身体情况逐渐糟糕，吐突承璀打算密谋拥立李恽为皇太子。李恒心中万分着急，于是找他的舅舅郭钊拿主意。

郭钊说道：“殿下但尽孝谨以俟之，勿恤其他。”

言外之意，皇太子李恒只需要做戏，其他的就不用管了。郭钊在这种时候表现出的冷静，很有可能是以郭氏为首的太子一党已经有了周密的安排。

元和十五年（820）正月二十七日，唐宪宗暴死当晚，宦官梁守谦、马进潭、刘承偕、韦元素、王守澄等人派禁卫军诛杀了澧王李恽，以及拥立他的宦官吐突承璀。与此同时，太子党赏赐左、右神策军士每人钱五十缗，左右羽林、左右龙武、左右神武六军、威远营军士每人钱三十缗，左右金吾军士每人钱十五缗。

贰拾陆

宦官的高光时刻

李恒：放荡不羁、心中有数的皇帝

元和十五年（820）闰正月初三，皇太子李恒在宦官集团的拥立下，在大明宫太极殿东厢登基称帝，史称唐穆宗。

李恒上位之后，下令诛杀了江湖骗子柳泌，将在宫中兴风作浪的术士全部发配到岭南，同时将左金吾将军李道古、宰相皇甫镈贬到地方为官。虽然有打压前朝重臣的嫌疑，可这几件事干得确实让满朝文武拍手称快。

彼时，李恒只有26岁，年富力强，风华正茂，如果他愿意继承老爹的遗志，大唐中兴完全可以延续下去。很遗憾，李恒从小生活在优越的物质条件下，没有经历过大灾大难，身边除了太监就是美女，完全就是一个纨绔子弟。

元和十五年（820）二月初五，唐穆宗李恒御临丹凤门楼。作为新晋皇帝，大赦天下，恩赐群臣是必有的传统。然而，典礼刚刚完毕，门楼下面就钻出一群杂耍班子，他们手拿各种花式装备，开始大张旗鼓地表演乐舞和杂技。这一波高端操作，让在场的朝臣惊呆了。远远望去，李恒在门楼上看得津津有味。

元和十五年（820）二月十五日，李恒视察神策军，再次点了摔跤和杂要节目。

很显然，新皇帝是想把娱乐进行到底。碰到李恒这种骨灰级的娱乐选手，群臣只能拼命死谏，劝他不要葬送老爹好不容易打下来的江山社稷。然而，李恒正处于极度亢奋的状态，根本听不进大臣们的逆耳忠言。

元和十五年（820）七月，李恒嫌弃大明宫房屋老旧，命人新建了永安殿、宝庆殿等宫殿群。不幸的是，施工过程中假山倒塌，一日之内压死了七名工匠。永安殿落成典礼之日，李恒又组织了一波杂技班子表演，君臣尽兴而归。

除此之外，李恒又拨付巨款装饰长安城内的安国、慈恩、千福、开业、章敬等佛教寺院，还特意邀请吐蕃使者前去参观。

李恒虽然放荡不羁，却继承了祖宗们的优良传统，比如热爱书法、文学，而且对文人非常尊敬。彼时，楷书四大家之一的柳公权担任夏州（今陕西省榆林市靖边县）观察判官，李恒仰慕他的书法成就，于是将他提拔为右拾遗、翰林侍书学士，命他陪伴君侧。有一天，君臣二人闲聊。

李恒："柳爱卿，你的字为什么能写得如此好看呢？"

柳公权微微思考，随后答道："用笔在心，心正则笔正！"

李恒明白，这是高端的笔谏，可他无言以对。

那么问题来了，李恒为什么贪玩？

生性好动，放荡不羁是肯定的。不过，李恒似乎有个错觉，在老爹李纯的治理下，大唐国库充盈，边境平安，百姓富庶，政局稳定，国家已经重回盛世，不需要他再励精图治，所以他有资本做快乐天子。

李恒曾经和给事中丁公著有过一番对话。

李恒："听说，官员们经常饮宴游乐，这真是国泰民安，令人欣慰。"

丁公著："这种现象并非好事，恐怕以后有劳陛下圣虑。"

李恒："爱卿何出此言？"

丁公著："自玄宗皇帝以来，公卿士大夫争相游乐饮宴，沉湎于酒色，男女混杂在一起嬉戏玩闹，不以为耻。如此下去，必然导致朝政废弛，陛下能不忧虑吗？如果陛下能对这些现象稍加禁止，那就是天下的福分了。"

在李恒眼里，丁公著的话有点危言耸听，因此一笑置之。

元和十五年（820）十一月，李恒突发奇想，想去华清池一日游。

宰相们得知消息，于是让中书省、门下省的官员倾巢而出，在大明宫延英门劝阻李恒，希望他坐镇长安。君臣对峙，谁也不肯相让。僵持到最后，朝臣们同意李恒的要求，不过开了个条件：必须带着他们一起去。

李恒表示，这帮大臣就是老古董，和他们根本玩不到一起。更何况，带大臣一起出去，他们肯定会在旁边不停地聒噪。于是，他假装答应，先遣散朝臣。

第二天早朝，文武百官在大殿等候李恒，可好几个时辰过去了，还是没见到李恒的身影。大臣们找太监询问，才知道天还没亮，李恒就带着公主、驸马、诸王、神策军护军中尉，以及羽林、龙武、神威六军军使等一千余人，偷偷跑出皇宫，前往华清池了。一直到天色渐黑，李恒才回到大明宫。

还有一次，党项和吐蕃联军在泾州城耀武扬威。这种时候，李恒应该拉着宰相共同商议对策。然而，李恒却在早朝的时候说了一句：朕想出门游玩一番。

听闻这等荒谬绝伦的话，群臣立马就炸了窝。

谏议大夫郑覃等五名谏臣劝道："陛下，您最近玩得太多啊。如今吐蕃侵犯泾州，随时都可能发生战争。您这样神龙见首不见尾，万一有紧急军情，我们去哪儿找您？大家都知道您很大方，可每日游玩，高兴了就大加赏赐，国库的闲钱也经不住花啊。希望您可以节约点，一旦开战，也不用对老百姓加税。"

过了许久，李恒突然发问："对了，刚刚是谁在下面说话？"

郑覃等人掏心掏肺，却换来如此不堪的回应，恨不能撞柱而死。

场面有些尴尬，宰相出面解释道："陛下，这五人乃是谏臣。"

李恒改口道："你们说得很有道理，朕准备按照你们建议的去办。"

李恒说的是场面话，下朝后，他就将此事忘得干干净净。

客观地说，李恒做了三年皇帝，虽然史书记载他贪玩，可他并没有耽误太多的政事，也没有搜刮民脂民膏，残害百姓的恶行。相反，朝廷的人事安排，军务处理，藩镇政策等事务，李恒都是躬身处理，这与昏君有本质的区别。

李恒登基以来，遇到最危急的事情就是河北藩镇动荡。

此前，成德、卢龙、平卢、魏博等藩镇都已经表示归附朝廷，接受大唐的军事、财政、人事调度。不过，各地藩镇节度使经营多年，利益关系交错复杂，虽然说不上铁板一块，但是远没有看起来那么风平浪静。

片刻不得安生：河朔三镇再失控

元和十五年（820）十月，元和时代最后一个枭雄，成德节度使王承宗病亡，他的两个儿子王知感、王知信正在长安做人质。当时，王承宗的部下并没有按照和朝廷之间的约定，将他的死讯上报，让李恒安排新任节度使，而是隐瞒消息，找到王承宗的祖母凉国夫人，希望她秉承河北诸镇世袭制先例，拥立自家人做节度使。

这种操作并不代表谋反，说白了，他们不信任朝廷，为了维护自己的利益，他们必须找一个利益代言人。这一次，他们选了王承宗的弟弟王承元。

不过，王承元没有太大的野心，他非常同情祖辈的遭遇，为了不重蹈覆辙，他严词拒绝了将领们的请求。大家伙儿彻底蒙了，天上掉馅饼的美事，王承元居然不动心？不行，成德节度使的宝座，你必须得要！

王承元被逼无奈，只好搬出常驻成德的监军宦官。诡异的是，宦官的态度竟然和成德将领完全一致，希望王承元隐瞒哥哥去世的消息，奏请朝廷暂代成德节度使之职。事情闹到这个地步，王承元只好答应将领们的请求，可他有个条件：以后不能叫他成德留后，至于军府的军政要务，全部交给副手处理。与此同时，王承元派人前往长安送信，将成德发生的一切全部汇报给了唐穆宗李恒。

面对王承元的拳拳诚意，李恒非常受用。

元和十五年（820）十月，李恒下诏：以王承元为义成节度使，刘悟为昭义节度使，李愬为魏博节度使，田弘正为成德节度使，左金吾将军田布为河阳节度使。

李恒的意图很明显，让藩镇节度使远离老巢，割裂他们和地盘、旧将之间的关系，彻底阉割藩镇尾大不掉的可能。与此同时，李恒派谏议大夫郑覃带着一百万缗钱财前往镇州（原恒州，因避唐穆宗李恒的讳改名）宣慰。

准确地说，这是藩镇归降之后，朝廷最大规模的一次人事调动。一来继续进行削藩改革，二来试探各位枭雄的归降诚意。不过，李恒的任命受到了地方藩镇的抵触，至少魏博的将领不希望王承元就这样灰溜溜地离开。

王承元态度坚决："当年，李师道叛乱尚未失败时，朝廷曾赦免他的罪行，李师道本打算入朝，他的部将却执意不让他走。结果，李师道身败名裂，诸位不要再让我成为李师道第二，我就暗自庆幸了。"

为了安抚将士，王承元自掏腰包进行封赏，他还奏请朝廷，将过去积累过军功的将士全部提拔，做完这一切，王承元便离开了成德。

魏博的动向，始终受到河北诸镇的关注。

最先动起来的是幽州节度使刘总。按理说，刘总和朝廷的关系最好，只要他真心归附，李恒绝不会拿他怎么样。不过，刘总的内心深处隐藏着一个巨大的秘密，那就是弑父杀兄。每逢入夜，刘总的内心就会颤抖不已，夜色越黑，恐惧越深。他时常梦到父亲刘济、大哥刘绲来找自己索命。

这一段秘事，皇帝不知道，朝中大臣不知道，幽州的官员也不知道。因此，在篡权之后，刘总还能得到朝廷的加封。为了祭奠父亲和大哥，刘总经常邀请数百名僧人为自己念诵佛经，以此避免灾祸。

长庆元年（821）正月，刘总的神经已经濒临崩溃，刚好王承元的事情给了他启发，于是他给李恒上奏，希望能够卸任幽州节度使，出家为僧。同时，刘总希望李恒拨付一百万缗钱，以此安抚幽州的部将。

放着幽州节度使不做，非要出家做和尚？李恒不明白刘总的套路，也不敢轻易答应他的请求。接下来，李恒下了一道诏书，加封刘总为门下省侍中，担任天平（今山东省泰安市东平县）节度使，任命宣武节度使张弘靖为卢龙幽州节度使。

对李恒来说，如果刘总反抗，就说明他的奏折是虚情假意，如果刘总默默接受，就说明他是真心诚意。事实证明，刘总确实想出家做和尚。李恒确认了这一点，于是下诏免除幽州百姓一年赋税，赏赐幽州将士一百万缗钱。至于刘总，李恒给他赏赐了高大上的名字——大觉；刘总的住处改为佛寺，名曰报恩寺。

据史料记载，诏书还没到达幽州，刘总就已经削发为僧。

当时，幽州的将领已经成为惊弓之鸟，他们纷纷劝阻刘总不要出家。刘总无奈之下，诛杀十多名统军主将，然后留下节度使的印信，独自一人离开军府，不知所踪。没过几天，有人在定州境内发现了刘总的尸体。

刘总为何被杀，被何人所杀，这是个历史之谜。可以肯定，刘总对朝廷是忠诚的，也是畏惧的。卸任之前，刘总曾上奏李恒，建议将幽州分为三道：以幽、涿、营为一道，以宣武节度使张弘靖为节度使；平、蓟、妫、檀为一道，以平卢节度使薛平为节度使；瀛、莫为一道，以京兆尹卢士玫为观察使。

同时，刘总把骄纵强横、难以管辖的将士，比如都知兵马使朱克融（前幽州节度使朱滔的孙子）等人全部挑选出来，送到京城，请朝廷给予奖励和提拔，以此让幽州的将士有羡慕朝廷官职爵位的心思。

刘总还给唐穆宗李恒送了一个大礼：奉献战马一万五千匹。

要知道，幽州的军队令人闻风丧胆，就因为他们有战斗力超强的马匹，一万五千匹战马虽然不是刘总的全部家当，可他的举动足以表示归降的诚意。说白了，刘总以自己的身家性命，为朝廷的削藩国策铺好了锦绣大道。

很遗憾，朝廷并没有按照刘总的建议去执行。

李恒自认为幽州大局已定，于是将善后事宜交给了宰相崔植和杜元颖。这两位老兄擅自做主，将瀛州、莫州分割出来，交给京兆尹卢士玫打理，余下的各州全部交给了张弘靖。至于平卢节度使薛平，落得两手空空。

事实上，这三位都是大有来头。张弘靖的爷爷叫张嘉贞，昔日的宰相，老爹叫张延赏，昔日的尚书左仆射。薛平是薛仁贵的曾孙，昭义节度使薛嵩的儿子。卢士玫出身名门望族，同时也是刘总老婆的族人，属于关系户。

这也就罢了，朱克融等人前往长安，目的是加官晋爵，赚个美好前程。可到了之后才发现，根本没有官员搭理他们，在长安几个月，身上的盘缠全部耗尽，最后竟借衣讨食。前往中书省请求授予官职，崔植、杜元颖更是百般推诿。

后来，朝廷正式任命张弘靖为幽州节度使，崔植、杜元颖便勒令朱克融等人回归幽州，在张弘靖的麾下效力。也就是说，兜兜转转一圈，朱克融等人吃尽苦头，没得到好处，还换了个陌生的领导。这算哪门子事？

好吧，这口气朱克融等人忍下了，但是这个仇也算结下了。

刘总主政幽州的时候，为政宽和，待人友善，深得百姓的信任。刘总走后，百姓自然期盼新的父母官会超过刘总，至少也不能比刘总差吧。

悲剧的是，张弘靖出身豪门，气质雍容娴雅，傲慢华贵，仿佛幽州的官员和百姓就是没见过世面的乡巴佬一样。比如，张弘靖每次出行都是乘坐轿子，幽州百姓见他一面都难，更别说和老百姓打成一片。再比如，每隔十天，张弘靖才会在节度使的属衙办公一次，也就是说幽州官员要隔十天才能见张弘靖一次。

张弘靖不在的时候，都是亲信幕僚帮他处理日常政务，不巧的是，新任命的节度判官韦雍等人偏偏是年少轻浮之人，他们嗜好饮酒，放荡不羁，尤其是进出官府时，大声叫喊，声势动天。说白了，他们就是一帮没素质的人。

先前，李恒给幽州将士赏赐了一百万缗钱财，张弘靖居然截留二十万缗，充作私府杂用。这也就罢了，韦雍等人还克扣兵士的军粮，军士表示不满，韦雍便大肆辱骂，说他们是反贼。韦雍甚至放出话来："如今天下太平，你们虽然能拉开两石的强弓，还不如多认识几个字。"

一番操作下来，幽州将士怨恨愤怒，矛盾逐渐积攒，只待爆发。

长庆元年（821）七月初十，韦雍骑着高头大马外出巡视，刚好碰到一个小将骑马冲撞他的仪仗前导，韦雍命人将他拉下马来，准备当街殴打。问题是，燕赵之士都是好汉，要杀可以，当街羞辱算怎么回事？

小将非常傲气，拒不服从韦雍的命令。

韦雍不想当着老百姓的面动粗，于是报告张弘靖，偷偷将小将拘捕起来，随后治罪。张弘靖可能没想到，这件事竟成为幽州军营谋反的导火索。就在当晚，幽州将士在无人带领的情况下，很快便聚集在一起，来到张弘靖下榻的节度使府衙，将张弘靖的财产和妻妾洗劫一空。随后，他们将张弘靖关押在蓟门馆，诛杀其幕僚韦雍、张宗元、崔仲卿、郑埙、刘操、张抱元等人。

第二天，将士们觉得昨晚的行动有点过火，于是再次聚众来到蓟门馆面见张弘靖，表示愿意洗心革面，仍然跟随张弘靖混。军士们几次请求，张弘靖就是闭口不言，不说原谅，也不说不原谅。北方的军士性格直爽，面对磨磨叽叽的张弘靖，他们心里没底，于是转身就去找幽州的老将朱洄，希望他出面调停。

朱洄是朱克融的父亲，此时身染重病，卧床在家，他以身体不便为由，推辞了将士们的请求。不过，他提了个建议：让朱克融回来主政幽州。

军队哗变，官员被杀，朝廷在幽州的统治基础宣告瓦解。

长庆元年（821）七月二十三日，李恒下诏，贬张弘靖为太子宾客。二十五日，再贬张弘靖为吉州刺史。二十六日，李恒任命昭义节度使刘悟为幽州节度使。

刘悟是李师道的部将，在幽州没有根基，他深知河北将士的叛逆，朝廷不给他一兵一卒，他如何安抚局势？闹不好，下场会和张弘靖一模一样。

刘悟撂挑子不干了："陛下，朱克融在军中很有威信，暂且任命朱克融为幽州节度使，然后再慢慢想办法除掉他吧。"

没人敢去幽州，朱克融顺理成章地控制了实权。

安史之乱以来，河北已经成为一体，不动则都不动，牵一发则动全身。幽州失控后，成德和魏博的局势也逐渐开始恶化。

按照朝廷的设想，魏博节度使田弘正担任成德节度使，然而魏博和成德两镇之间的历史恩怨太过复杂，几乎是水火不容的状态。早在朝廷下诏的时候，左金吾将军杨元卿就提醒过李恒，可遭到了李恒的忽视。

田弘正明白，自己是外来的和尚，必定会被边缘化，甚至还会有生命危险，因此从魏博离开时，他带了两千名亲兵，打算让他们常驻成德。悲剧的是，户部侍郎崔俊认为这帮亲兵是魏博军士，护送他上任可以，但是绝不能留在成德。至于田弘正的安危，自然有成德士兵来保护。

崔俊的意思是，这两千人不属于成德的军队编制，成德没义务发放军饷，既然离开了魏博，也不可能由魏博承担这笔钱，只能由朝廷划拨资金。然而，崔俊觉得田弘正是多此一举，是给朝廷增加负担。

田弘正接连上了四道奏折，全部被驳回，这也为后来的兵变埋下了隐患。田弘正无奈，只好带着数百名亲眷前往魏博任职。田氏是豪门望族，奢侈惯了，到了成德之后，竟然发现钱不够花，再加上田弘正在长安、洛阳等地有许多关系需要打理，每天的开销就要二十万缗。为此，田弘正只能大肆搜刮魏博等地的财物供手下挥霍，运送钱财的车辆在长安、洛阳、河北等地络绎不绝。

成德将士本就对田弘正的到来非常不满，看到田弘正整日吃肉，将士们却连西北风也没有，心中的积怨与日俱增。为了安抚成德将士的不满情绪，李恒又从国库拨付了一百万缗钱财，可不知什么原因，军费迟迟没有到位。

将士们愤怒的小宇宙就等着爆发了。

大伙想闹事，谁来带头呢？

王庭凑，回纥人，前任成德节度使王武俊的养子，为人沉默寡言，喜欢研读《鬼谷子》之类的谋略书籍，典型的心机深沉，腹黑之人。田弘正到来之前，他是成德都知兵马使，实权二把手。按理说，就算田弘正不来，王庭凑接任成德节度使的可能性也很小，但是王庭凑的心里就是嫉妒，就是气愤。

长庆元年（821）七月二十八日，王庭凑利用田弘正大肆捞钱，以及朝廷赏赐不到位的事情，带着士兵发动兵变，杀死了田弘正及其幕僚、家属总计三百余人，并强迫朝廷的宦官监军宋惟澄上书朝廷，封他做成德节度使。与此同时，王庭凑派兵袭杀了冀州刺史王进岌，围攻深州，正式向朝廷宣战。

经历了四年短暂的和平，河北再次被乱臣贼子逼到战争的边缘。

最先愤怒的是魏博节度使李愬，当年攻打淮西的时候，田弘正坐拥数万雄兵，不愿意偷袭朝廷，却屡屡帮他挫败河北的强敌。如今好友惨遭杀害，李愬痛心疾首，他身穿丧服，准备召集本镇将士杀入成德，替田弘正报仇！李愬命人给深州刺史牛元翼送信，约他一起平乱，可还没等到出兵，李愬便一病不起。

幽州方面，朱克融配合王庭凑，出兵焚掠易州（今河北省保定市易县）、涞水（今河北省保定涞水县）、遂城（今河北省保定市徐水区）、满城（今河北省保定满朝县）。

长安方面，李恒第一时间下诏，让田弘正的儿子田布接替老爹的位置，以此宣示王庭凑的地位不合法。长庆元年（821）八月十四日，李恒再次下诏，调集魏博、横海、昭义、河东等地的军队前往成德边境，准备大举讨伐王庭凑和朱克融。长庆元年（821）八月二十六日，李恒起用主战派的裴度，让他全面负责征讨成德和幽州的事宜。

论经验和能力，裴度都是最合适的平叛人选。然而，李恒急于看到成绩，裴度出兵不到一个月，就因为“毫无作为”而被罢免。新上任的官员是宦官集团推荐的左领军大将军杜叔良，一个不懂军事，只知道巴结宦官的小人。

临阵换帅，堪称兵法中的大忌。更何况，李恒换下众望所归的主帅，换上能力平庸的阉党，多少让叛军的士气有些高涨。接下来，叛军接连拿下了蔚州（今河北省张家口市蔚县）、贝州（今河北省邢台市清河县）。

说白了，打仗就是烧钱，李恒有钱吗？

答案是没钱，至少不富裕。上任之后，李恒花钱大手大脚，只要心情高兴，就是一通赏赐，老爹积攒的家当以肉眼可见的速度日渐减少。因此，朝廷没有能力在河北全境宣战，只能拉拢一部分，打压一部分。

有大臣建议道：“王庭凑杀害了田弘正，朱克融保全了张弘靖的性命，二人罪行各有轻重，可以赦免朱克融，集中全力讨伐王庭凑。”

李恒别无选择，只能任命朱克融为幽州节度使。

所谓的削藩，其实就是剥夺地方藩镇独立自治的能力，比如职位世袭制度、人事任命、财政大权、军队建制和调度等。唐宪宗李纯奋斗一生，武力和谋略相结合，最终将地方藩镇收拾得服服帖帖。然而，李恒对朱克融的任命，几乎宣告了朝廷和藩镇重新回到了互相博弈的轨道，这不能不算是一种遗憾。

长庆二年（822）正月，河北传来消息：弓高城陷落。

弓高城位于河北沧州市东光县境内，是朝廷向河北供给军粮的运输通道，护卫非常严密，可谓飞鸟难过其境。然而，它偏偏以滑稽的理由陷落了。

据史料记载，不久之前，某位宦官到弓高城出差，由于半夜到达城下，按照规章制度，守城军士拒绝让其入城。宦官无奈，只好在城下等待了一夜。第二天早晨，这位宦官怒气冲冲地进城，搬出李恒做靠山，将守城将领的祖宗十八代问候了一遍。将领们听了一顿训斥，瞬间对宦官势力肃然起敬。

这件事被幽州的探马得知，朱克融顿时心生一计。

过了几天，朱克融让小弟伪装成宦官，半夜三更来到弓高城下，让守将给他开门。守将刚被宦官训斥，心里对宦官的阴冷有种莫名的恐惧，于是在没有查验身份的情况下，将宦官一行放进了弓高城。守将可能没想到，朱克融正率领大军埋伏在城外，当天晚上，幽州军里应外合，夺取了弓高城的控制权。

那么问题来了，朝廷为什么会在河北一败涂地？

中书舍人白居易说出了真相。

真相一：前线将领太多，人心不齐，大家都在相互观望。最好的办法便是让李光颜从东面进军，打通粮道；让裴度从西面进军，寻找机会灭敌。

真相二：朝廷赏罚不公，比如没有立功的人，朝廷给他们授予官衔，作战失败的人，却得不到任何的惩罚。

真相三：官军虽然人多势众，能打硬仗的精锐却不多。解决办法是将老弱病残送回故里，节省军队的开支，提高军队的战斗力。

真相四：前线的监军宦官太多，严重影响了主将的调度。朝廷应该罢免这些宦官，只留下李光颜、裴度两支兵马即可。

真相五：朝廷想借助田布平叛，可田布偏偏掉了链子。

当时，田布奉命讨贼，朝廷答应每个月给他二十八万缗军费，一直持续了几个月的时间。事实上，田布想为朝廷卖命，可他的下属不愿干活。李恒没打算怪罪田布，可接下来朝廷该怎么办？如果继续提供军费，朝廷的财政压力很大，而且得不到任何好处。如果停止提供军费，是否意味着双方的合作就此破裂？

李恒还没想好怎么处理，田家军就出事了。

田布有个叫史宪诚的部下，担任先锋兵马使，执掌兵权。不过，这位老兄颇有野心，他觉得田布软弱可欺，于是想夺权篡位。巧的是，田布正在找朝廷索要军饷，李恒表示，刚从牙齿缝挤出的零花钱送往了河北，他现在也没钱。

李恒双手一摊，田布你自己看着办吧！

当时，田布驻扎在南宫市（今河北省邢台市南宫市），因为缺少军粮和战备物资，加上人心不稳，一直逡巡不进。田布无奈，只好找境内的百姓搜刮钱财。然而，将士们不干了，他们认为田布是在讨好朝廷，伤害百姓的感情。

很显然，这是蓄意已久的哗变，田布也察觉到了其中的猫腻。

长庆二年（822）正月初八，田布率领八千精锐回到魏州。遗憾的是，魏博剩余的精锐全部在史宪诚的手里。当时，田布召集将领开会，商讨进军的事情，诸将的态度非常强硬：按照河朔惯例行事，他们就跟着田布干，如果遵奉朝廷，免谈！

也就是说，田布已经失去了对魏博军队的控制。

那么问题来了，史宪诚为什么敢造反？

客观地说，中晚唐时期，河北军镇已经演变成习惯性造反。这就好比武则天登基称帝，开创了女性做皇帝的先河，于是在接下来的数十年，太平公主、韦后等人都觉得自己有资格做女皇帝。然而，等待她们的却是身败名裂，不得好死，于是接下来的时间，再也没有任何女性敢觊觎皇位。

河北藩镇，安禄山成为第一个吃螃蟹的人，后来藩镇内部以下犯上，以臣弑主的案例屡见不鲜。有理由相信，如果史宪诚不反，还会有张宪诚、李宪诚谋反，这是改变不了的趋势。

面对乱局，田布发出了叹息："我立功报国的愿望无法实现了。"

当天，他给唐穆宗李恒写下了遗书："臣观察将士的意向，终会背叛朝廷，辜负陛下的恩德。臣既然未能立功，只好就死。愿陛下尽快派兵救援李光颜、牛元翼，不然的话，这些忠臣义士都将被河朔的叛党屠害。"

田布手捧遗书大声痛哭，然后拜倒在地，将其授予幕僚李石，让他转呈给朝廷。随后，他走到父亲的灵位前，抽出刀说："我愿以死赎罪。"

说罢，田布用刀剜心而死。

长庆二年（822）正月十七日，李恒下诏，任命史宪诚为魏博节度使。

幽州失控，李恒忍了。魏博失控，李恒吃了个哑巴亏，也忍了。王庭凑呢？还要再继续打下去吗？打不过，又不能掐死别人，也只能忍。

长庆二年（822）二月二十二日，李恒下诏，任命王庭凑为成德节度使。不久，李恒又加封王庭凑和朱克融为检校工部尚书，凡军中将士，一律官复原职。

不过，这只是朝廷单方面的决定，至于王庭凑想不想跟着朝廷混，愿不愿意接受李恒的招安，谁也不知道。为了试探王庭凑的口风，李恒下诏，命兵部侍郎韩愈前往镇州（今河北省石家庄市正定县）宣慰招安。

所有人都觉得，韩愈此行凶多吉少，别说完成招抚工作，能够活着回来就已经很不错了。李恒也知道这个工作危险系数很高，临行之前，他告诫道："韩爱卿，到达成德边境后，先不要急于入境，暗中观察形势，再做区处。"

韩愈大义凛然道："陛下命臣暂停入境，这是陛下的仁义，臣不畏死亡地执行君命，那是臣的义务。"

到达镇州之后，韩愈直接杀到王庭凑的军中。彼时，王庭凑在中军大营安排了许多手持钢刀的将士，他们对韩愈怒目而视，军容非常雄壮。

司空见惯的老把戏，韩愈一笑了之！

进了营帐之后，大家走了过场，问了安。

韩愈用眼睛望了望站在外面的士兵们，然后看着王庭凑。

王庭凑显得有些不好意思，主动开口道："韩大人，他们如此放肆无礼，都是他们自己的意思，绝非我的本意。"

韩愈反唇相讥道："哎，真是可惜了。陛下认为你有将帅的才能，所以任命你为成德节度使，没想到，你竟然指挥不动这些士卒。"

王庭凑慌了，他没想到韩愈竟然是个狠角色，敢在虎狼窝里发飙。最要命的是，韩愈说的一点不错，王庭凑给自己挖坑，根本无法反驳。

场面一度陷入了尴尬。这时，某位情商较高的大头兵挺身而出，义正词严地说道："先太师（王武俊）为国家击退朱滔，他的血衣仍在这里。我们成德大军有什么地方辜负了朝廷，要被视为叛贼？"

韩愈笑了笑："难得还记得你们的先太师，他起初叛乱，后来归顺朝廷，加官晋爵，因此他的后代才可以享受荣华富贵。从安禄山、史思明到吴元济、李师道，藩镇割据叛乱，他们的子孙至今还有活着，并且做官的人吗？"

士兵："……"

韩愈："田弘正举魏博全境归顺朝廷，他的子孙虽然是小孩子，但都被朝廷授予高官；王承元以成德归顺朝廷，还未成年就被任命为节度使；刘悟、李祐当初跟随李师道、吴元济叛乱，后来投降朝廷，现在都继任了地方节度使。这些情况，你们都听说过吗？"

士兵被韩愈连连逼问，开始变得语无伦次："田弘正，他对我们成德将士太刻薄了，所以我们才要反他。"

韩愈："哼，那你们杀害田弘正的全家，这又是什么道理？"

这番唇枪舌剑，王庭凑一直处于下风。

王庭凑不想再被韩愈牵着鼻子走，于是斥退士兵，反过来问道："韩大人，你这次前来成德，有何贵干？"

韩愈："我这次前来，除了受陛下的委托，给您赐节度使节钺外，还希望您能够放深州刺史牛元翼一马。像这样为国为民的刺史，朝廷是一定要保的。"

王庭凑："好，我答应你。"

随后，王庭凑下令将深州的包围圈打开一个缺口，牛元翼趁机逃出，守将臧平献城投降。然而，王庭凑围困深州数月，一直被阻挡，心中早就积攒了一口恶气。他虽然答应放牛元翼一条生路，却诛杀了臧平以及一百八十名将士。

同样是大唐的战将，同样面对敌军的围困，数月不降，最后一个逃走，一个被杀，这就是赤裸裸的政治交易。

客观地说，河北战役，李恒打得很憋屈。朝廷在河北有统治基础，而王庭凑、朱克融等人又是半路出家，在河北的根基不深。最主要的，朝廷调集了十五万大军，却拿几个跳梁小丑毫无办法，这是最屈辱的事实。

至于背后的原因，说出来真的让人很心酸。

原因一：唐朝高层没有格局，对局势的判断出现失误。

他们认为，宪宗时期，河北归附，朝廷重新回到鼎盛状态，中央和地方之间的矛盾将会暂时平息，因此朝廷不需要再养那么多的士兵。于是，宰相萧俛和段文昌建议裁兵减员，一来削弱藩镇的势力，二来节省军事开支。

这两位老兄考虑到后果会很严重，于是采取了温和的政策：凡是有军队建制的军镇，每一百个兵士，允许有八人逃走和死亡，注销他们的军籍。

军人就是他们的职业，被开除公职，他们还能做啥？

只好聚啸山林，成为盗匪。然而，开除公职是朝廷的决定，朝廷自然成了冤大头。后来河北用兵，这帮军人都不拥护朝廷，反而投奔王庭凑、朱克融，再加上其他一些原因，这才让战争这么难打。

原因二：官军内部调度一塌糊涂，几乎对战局没有任何帮助。

比如，军力太过分散，没有办法统一作战。

比如，监军宦官就像搅屎棍一样，把前线弄得乌烟瘴气。打了胜仗，宦官就向朝廷奏捷，说成自己的功劳；打了败仗，他们便胁迫主将，推卸罪责。除此之外，宦官还把精锐部队拿来自卫，将老弱病残拉出去杀敌。

总而言之，此战过后，成德、魏博、幽州等河北藩镇彻底脱离了朝廷的管辖，一直到唐朝灭亡，也没有回归。

唐敬宗：骨灰级娱乐皇帝

长庆二年（822）十一月二十四日，李恒和太监在宫中玩马球，其中一个太监操作失误，从马上跌落下来，受伤非常严重。由于事发突然，李恒惊吓过度，急忙停止比赛，回到宫殿休息。奇怪的是，李恒刚刚进殿，就发现自己的双脚突然迈不开，好像不是自己的一般，紧接着就是一阵头晕目眩。

御医入宫诊断，得出的结论就是李恒中风，需要卧床休息。

从此以后，李恒再也没有出现在公众的视野中，宰相们请求觐见，全都被拒之门外。一时间，宫中流传着各种版本的八卦消息。于是，以裴度为首的朝臣纷纷上书，希望李恒能够尽快定下皇太子的人选。

长庆二年（822）十二月初八，身体稍微转好的李恒在大明宫紫宸殿接见群臣。当时，李恒拖着病体坐在御榻上，身体虚弱，目光呆滞，身边的宦官来来往往。群臣心里清楚，皇帝凶多吉少，必须尽快确定皇太子，稳固朝局。第二天，以宰相李逢吉为首的朝臣再次上表，请求李恒确定太子人选，裴度和中书省、门下省的重臣纷纷附和。长庆二年（822）十二月初十，李恒下诏，封长子李湛为皇太子。

此后，李恒中风的症状稍微缓解，能够和朝臣见面、处理国事。说白了，李恒年仅30岁，风华正茂，要说他没有理想抱负，只知道吃喝玩乐，恐怕谁也不会相信。尤其是河北藩镇祸乱，李恒葬送了大好局面，这是他心中的隐痛。据史料记载，李恒抱病期间，最关心的就是河北调兵遣将的事情。

问题是，李恒的病该怎么治？

在古代，中风是不治之症，就算神通广大的御医也没办法。无奈之下，李恒只好选了一条最不愿意走的路：吃丹药。就这样，曾经被李恒赶出皇宫的术士被重新请了回来，专门为李恒炼制丹药。

《资治通鉴》记载：术士进宫后，民间有个叫张皋的隐士给李恒上书，大致意思是：但凡精神淡泊，无欲无求的人就血气相和，身体健康；欲望强烈的人则容易生病。药是用来治病的，没有病就不要轻易吃。名医孙思邈曾经说过，药物会导致人的五脏元气不平，即使有病吃药，也要非常慎重。先帝听信方士的胡言乱语，服用金丹导致疾病发作，陛下是十分清楚的，岂可再蹈覆辙？如今，朝廷内外都在议论这件事，大家害怕违背陛下的圣意，不敢上书直言。我是生长在草莽中的隐居人士，所以敢向您上书，请陛下防患于未然。

老爹因为丹药暴毙，李恒亲眼所见，心知肚明。因此，张皋的上书，李恒心悦诚服，他曾派人去找张皋，可最终无功而返。如果所料不错，李恒服用丹药，可能真是走到了无可奈何的境地，只能抱着侥幸心理。

长庆四年（824）正月二十日，李恒再次发病，而且来势汹汹，李恒自知熬不过去，于是在两天后，下诏命皇太子李湛监国。当天晚上，唐穆宗李恒在寝殿驾崩。

长庆四年（824）正月二十六日，李湛在大明宫太极殿登基为帝，史称唐敬宗。

李湛（809—826），登基时年仅 15 岁，可能是受老爹的影响，李湛的娱乐精神令人发指，堪称青出于蓝而胜于蓝。按照一般的套路，父皇去世，新皇帝要为老爹守孝，扶持自己的亲信上马，处理善后事宜。

总而言之，新皇帝必须很忙，哪怕假装很忙也可以。然而，李恒去世刚一个月，李湛便在宫中大摆筵席，宴会、马球、乐舞等活动令人目不暇接。一直到三月份，李湛才开始和宰相商议国事。然而，由于李湛放荡不羁，惹了不少笑话。

比如，李湛每天晚上都会叫后宫嫔妃侍寝，第二天早晨赖床不起，以至于上朝的时候迟到。因为这件事，甚至有朝臣给他私下提建议，让他节制欲望。有一天凌晨，朝臣照例来到大明宫等候早朝，可一直等了几个时辰，也不见李湛的踪影。一些上了年纪的大臣，腿脚支撑不住，竟然瘫坐在地上。每逢此时，李湛就会假惺惺地安抚一番，给点赏赐，然后依然我行我素。

不仅如此，李湛还有个非常奇怪的癖好，喜欢让一些平民百姓入宫为官，和朝廷大臣一起商议国事。据史料记载，李湛曾经下诏封赏平民姜洽为补缺，平民李虞、刘坚为拾遗的“昏聩壮举”，这也引起了一些有心人的注意。

毕竟，皇帝这么昏庸，大家是不是都能当？

长安城有个叫苏玄明的占卜术士，靠着自己的伶牙俐齿，在长安城中混得风生水起，堪称率先奔向小康生活，吃喝不愁的一类人。人闲的时候最喜欢胡思乱想，比如苏玄明，听说皇帝李湛昏庸不堪，经常在外面游玩，宫中的守卫可能不太严密，因此就动了“王侯将相宁有种乎”的心思。

苏玄明想到皇宫过一把皇帝的瘾，可他只是个算命术士，无兵无权，能干什么？想进皇宫，必须拉上一个方便出入皇宫，而且可以号令很多小伙伴的人。苏玄明在脑海中盘算着，最终将目标定在了宫廷染坊工人张韶身上。

有一天，张韶下班之后，苏玄明找他喝酒。酒至半酣，苏玄明说道：“张兄，日前我给你算了一卦，你将来应当进宫升殿而坐，和我同食，同享富贵。”

张韶：“苏兄，你酒喝多了吧，说的什么胡话。”

苏玄明：“我苏半仙的名声你应该知道，占卜的事情绝对靠谱。就这样跟你说吧，皇帝现在昼夜踢球游猎，大多数时间不在宫中，可以趁机图大事。”

张韶：“你和我都是老百姓，平日里能够混吃混喝就不错了，搞这种大事，我看没戏。再者说，咱们两个光棍，恐怕连宫门还没到就被弄死了吧。”

苏玄明看张韶态度有些松动，于是继续游说：“我想进宫当然不可能，但是你不一样，你是宫廷染坊的人，守卫自然不会发现你。更何况，你们染坊里面不是有很多痞子吗，叫他们一起起事，以后大家都是开国功臣。”

张韶动心了，有改变命运的机会摆在眼前，总不能眼睁睁地错过吧。饭局过后，张韶暗中联系了染坊中上百名兄弟，约定好一起干一番事业。

长庆四年（824）四月十七日，张韶和苏玄明带着一百多名地痞无赖，把兵器藏在制作染料用的紫草里，用车推着向大明宫左银台门进发。守城的将士认识张韶，平日里都是他运送染料入宫，但是今天却很奇怪，张韶后面跟着一大群人，而且看起来都是神色慌张，推车走起来也显得非常笨拙。

守城将军有所警觉，于是上前盘查，张韶二话不说，直接抽出刀砍翻了守城将军，其他的人迅速脱掉伪装的外衣，掏出兵器冲进了城门。此刻，李湛和宦官正在清思殿踢球，听到皇城左门那边一直有人在喧哗，于是让宦官前去查看情况，宦官刚出宫门，就看到张韶等人持刀向清思殿赶来。

小宦官吓得不轻，赶紧退回宫殿，将详情禀报给李湛。此时，李湛想到的第一个援军就是神策右军中尉梁守谦，可他驻扎在皇城东面，如果这样赶过去，恐怕半路上会遭到张韶等人的截杀。无奈之下，李湛只好从清思殿侧面出去，往西狂奔，找神策左军中尉马存亮寻求帮助。

很快，马存亮便接到了李湛，他双手捧住李湛的双脚哭泣不已，亲自把李湛背到军中，然后命大将康艺全率骑兵入宫讨伐乱党。李湛担心太皇太后和皇太后在宫中会有危险，马存亮又派五百骑兵把两位太后接到了军中。

此时，张韶带着地痞流氓闯进清思殿，正好看到御座旁边有酒有菜，便坐了上去，招呼苏玄明过来吃饭。

张韶："苏兄，你的卦算的还真是灵验啊，前几天咱们还说会在皇宫里面对坐而食，你看，这不是美梦成真了吗？"

苏玄明顿时无语道："张兄，难道你的志向就这么一点点？"

张韶："你想干吗？"

苏玄明："杀了皇帝，夺取皇宫，建立咱们自己的政权啊？"

张韶听完，吓得屎尿失禁，急忙择路而逃。

不过，一切都晚了。大将康艺全、神策右军兵马使尚国忠已经率领大部队赶了过来，很快就捕杀了张韶、苏玄明及其党羽。直到第二天，隐藏在宫中的叛军才被全部抓获，唐敬宗李湛这才回到宫中。

按照规矩，凡是张韶和他的同党经过的宫门，监门宦官都应该被处死，据统计有三十五人。然而，李湛只是将他们仗责了事，甚至还保全了他们的官职。由此可见，李湛对宦官的偏袒到了何种地步。

看来，在李湛的眼里，被叛贼刺杀不过是稀松平常的事情。

长庆四年（824）冬天，五坊使的宦官出门游山玩水，他们来到长安西南的鄠县（今陕西省西安市鄠邑区），与当地百姓发生了冲突。这帮人仗势欺人，对百姓拳打脚踢，哀号的声音响彻了整条大街。县令崔发听闻声响，急忙派人查看，得知五坊使闹事，于是假装不知道他们的身份，将他们扣了下来。

崔发不敢动五坊使，本意就是吓唬一顿，放他们走人。结果，这帮宦官添油加醋，将此事捅到了李湛的跟前。李湛大怒，命人将崔发抓到长安，由于没有想好以什么样的罪名处罚，因此就将他暂押在御史台监狱。

然后，李湛就忘记了崔发这个人。

宝历元年（825）正月，刚刚过完年，李湛大赦天下，崔发和其他罪犯站立在丹凤楼下的金鸡旁，等待赦罪回家。忽然，几十个宦官手持棍棒冲了过来，将崔发打得满面流血，牙齿折断，不省人事。没过多久，崔发就苏醒过来，宦官问讯再次赶来教训，多亏御史台的官员拿席子遮挡，崔发这才逃过一劫。

李湛："究竟发生了什么事？"

宦官："此人对五坊使不敬，就是对陛下不敬。"

李湛："除了崔发，其他人都无罪释放吧。"

堂堂一国之君，为了芝麻绿豆点小事，抓着县令不放，这算怎么回事？传出去，朝廷的颜面何存啊。再者说，这不是偏袒宦官吗？

给事中李渤上奏道："县令不应该抓捕宦官，宦官也不能随便殴打御史台的囚犯，他们的罪责都是一样的。不过，县令之罪在陛下大赦以前，宦官之罪是在大赦以后。宦官横行霸道，已经到目无朝廷法令的程度。如果不及时予以制裁，臣担心各地藩镇得知此事后，会萌生轻视朝廷的念头。"

谏议大夫张仲方讽刺道："陛下大赦天下，君恩遍布四海，所有官员和百姓都能享受恩德，为什么偏偏崔发不能呢？"

李湛表示，他就是想欺负崔发，朝臣说什么也没用。

宰相李逢吉奏道："崔发随意拉扯宦官，确实对陛下不敬，可他的母亲是原宰相韦贯之的姐姐，如今已经年逾八十。崔发被关进监狱后，其母亲日夜思念成疾。陛下以孝道治天下，对崔发母亲的情况，应当予以怜悯。"

李逢吉不愧是老狐狸，看得懂李湛的心思，抓得住命门。

李湛：“既然如此，那就放了吧。”

这就是唐敬宗李湛，一个视娱乐为生命，心中有家国天下，心思却不在治国理政的皇帝。说他是明君，显然不合适；说他是昏君，却又昏得不彻底，李湛过着浑浑噩噩的帝王生活，仅此而已。

纠缠不休的党争：君子斗不过小人

有人的地方就有江湖，有江湖的地方就有斗争，有斗争的地方就有派系，在庙堂之上，称之为党争。牛李党争，堪称中晚唐最重要、最奇特的历史事件。

奇特一：斗争时间之长，历史上无与伦比。

算起来，牛李党争是从元和三年（808）宪宗时期的对策案开始，在穆宗时期经历了发酵，到了敬宗时期，由于李湛不管朝政，以至于发生全面冲突。大中四年（850），核心主角李德裕在崖州亡故，历时四十二年，甚至后面都还有余波。

奇特二：涉案官员之多，令人瞠目结舌。

斗争的主角都是朝廷高层，比如宰相。一般的官员都是配角，往往是被迫卷入党争的旋涡中不可自拔。著名诗人白居易，在朝为官数十年，经历德、顺、宪、穆、敬、文、武七帝，正好经历了牛李党争的全过程，虽然他有意不参与党争，可还是难免被动地卷入其中。

奇特三：双方没有明确的执政理念，纯属权力斗争和意气之争。

有人提过出身论，说牛党多为科举进士，出身是庶族、中下层士族地主；李党多为门荫入仕的公卿子弟，是高层士族。有人提出政治理念论，说牛党喜欢勾结宦官，姑息藩镇，李党喜欢抑制宦官，打击藩镇。然而现实很打脸，比如维州之争，李德裕的处理方案已经很完善，可牛僧孺偏偏要反对，虽然他反对的理由很多，可归根结底，就是不想让李德裕做成这件事，仅此而已。

这里必须介绍牛李党争前期的几个主要角色。

牛派代表人物：牛僧孺（779—847）、李宗闵（787—843）、李逢吉（758—835）

李派代表人物：李吉甫（758—814）、李德裕（787—850）

元和对策案

元和三年（808）四月，唐宪宗李纯为了选拔人才，特意开了“贤良方正直言极谏”恩科，鼓励官员给朝廷进言，朝廷根据官员的谏言水平给予提拔。

恩科的考策官是户部侍郎杨於陵、吏部员外郎韦贯之。虽然朝廷鼓励大家讲真话，指出朝廷的过失，可绝大部分官员说话都很谨慎，尤其提到关键的问题，往往避而不谈，让考官十分扫兴。然而，伊阙县尉牛僧孺、陆浑县尉皇甫湜、进士李宗闵关于削藩改革，提了许多建设性意见，成功地脱颖而出。随后，翰林学士裴垍、王涯出任复试官，将他们三人评为“上第”，相当于考试前三名。

考试到这里，基本上尘埃落定了。

不过，宰相李吉甫突然发难了，原因很简单，牛僧孺等人觉得朝廷对藩镇用兵不合理，而李吉甫是主战派最活跃的宰相。对李吉甫来说，牛僧孺等人就是一帮书生，看不懂国家大事，还喜欢出口乱喷，必须治理一番。

于是，李吉甫命人暗中调查，最终搞到了绝密情报：皇甫湜是复试官王涯的外甥。结论呼之欲出，这次恩科可能有猫腻，主考官杨於陵、韦贯之、裴垍明明知道这个事实，却没有提醒李纯，大家都有徇私舞弊的嫌疑。

李吉甫的指控有理有据，没人可以反驳。李纯大怒之下，将翰林学士裴垍撸为户部侍郎，翰林学士王涯撸为刑部员外郎，韦贯之贬为果州刺史。没过几天，韦贯之被贬为巴州刺史，王涯被贬为虢州司马，杨於陵被贬为岭南节度使。至于牛僧孺、皇甫湜、李宗闵，一同被撸到地方为官，消沉了多年。

关于牛僧孺，历史的评价是为官正派，胸怀韬略，有匡扶天下的大志。身为县尉，响应朝廷号召就事论事，也没想过要去得罪宰相李吉甫。可历史就是这么凑巧，李吉甫为了大局，为了面子，他必须镇压反对的声音。

在吃瓜群众看来，李吉甫身为宰相，心胸狭窄，嫉贤妒能，于是朝臣们集体上奏，逼迫唐宪宗李纯罢免李吉甫的宰相头衔。于是，最搞笑的一幕发生了：在这场闹剧中，李吉甫既丢了官职，也丢了面子，牛僧孺等人从天子门生降格为地方小吏，空自耗费了数年青春，谁也没讨到好处。

两边合计了一下，只能甩锅给对方，因此顺理成章地成了死敌。

长庆科考案

时间一晃，就到了唐穆宗李恒的时代。

长庆元年（821）三月，朝廷照例开科取士，这次是在礼部举行的常规科举考试，主考官是礼部侍郎钱徽、右补阙杨汝士。

考试之前，举子杨浑之（父亲是刑部侍郎杨凭）想走捷径，于是给宰相段文昌送了许多名贵书画，条件是能换得段文昌的保举，通过复试。无独有偶，有个叫周汉宾的考生找到翰林学士李绅，也就是写“锄禾日当午，汗滴禾下土”的那位诗人，希望恩师可以助他一臂之力。

在唐朝，考生为了提高被录取的概率，一般都会提前向朝中权贵、重臣投递自己的得意之作，古时称之为“行卷”。据史料记载，大诗人王维年轻的时候进京赶考，就曾向岐王李隆范行卷，李隆范碍于身份，没有承诺让王维获得状元，于是将他的作品转交给李隆基的亲妹妹玉真公主，玉真公主欣赏王维的才华，于是找主考官谈话，对其施加压力，最终王维获得了状元。

也就是说，考生走权贵的门路，在唐朝是很正常的现象。段文昌、李绅也这么认为，于是给主考官钱徽打了招呼，而钱徽也答应得非常爽快。

谁料想，榜单出来之后，杨浑之、周汉宾双双落选。再瞧瞧入围的人选，裴撰（裴度的儿子）、郑郎（谏议大夫郑覃的儿子）、杨殷士（中书舍人杨汝士的弟弟）、苏巢（李宗闵的女婿）等十四名权贵赫然在列。

一个宰相，一个翰林学士，答应别人的事却没办成，颜面掉了一地。主考官本来点了头，后来却出尔反尔，更让段文昌和李绅恼火。当时，段文昌直接找李恒告状，说钱徽、杨汝士、李宗闵等人在这届科举考试中存在徇私舞弊的行为。

李恒叫来翰林学士李德裕、李绅，知制诰元稹，询问他们的意见。

李德裕是谁？

——李吉甫的儿子。想当年，李吉甫撸掉李宗闵的功名，确实有打压晚辈，嫉贤妒能的嫌疑，可李宗闵后来回朝，一直给李家上眼药，这让李德裕非常不满。李恒派李德裕调查李宗闵的女婿是否作弊，确实是找对了人。

元稹又是谁？

据史料记载，元稹虽然是著名的大诗人，却只是一位低级官僚，有一天，李恒的妃子读到元稹的诗歌，觉得水平不错，李恒才对他产生兴趣。后来，经过太监崔潭峻、宰相段文昌的推荐，元稹才被提拔为李恒的近臣。不仅如此，元稹的岳父叫韦夏卿，翰林学士李绅就是韦夏卿的幕僚，关系错综复杂。

他们给出的建议很简单：这件事情恐怕有猫腻，为了慎重起见，李恒可以重新组织考试，测试一下上榜者的真实水平。随后，李恒派中书舍人王起、大诗人白居易为主考官，他们用公开公正的方式举行了复试，结果却令人大吃一惊：除了孔温业、赵存业、窦洵三人勉强过关，其余十一人全部落选。

也就是说，段文昌等人的指证毫无问题，这次科举考试确实存在徇私舞弊的现象。段文昌收受贿赂，李绅提拔门生，本就违反了考试制度，是贼喊捉贼的行为。但是差别在于，钱徽等人是成功作案，而段文昌等人是作案未遂。

值得一提的是，钱徽手里握着段文昌、李绅走后门的保举书信，而且有人劝钱徽将书信公之于众，可钱徽觉得，这是私人之间的书信来往，而且这件事他干得理亏，于是拒绝出示，保了段文昌、李绅的前途。

李恒注重证据，而不是当事人的辩解，于是最后做出了这样的判决：贬主考官钱徽为江州（今江西省九江市）刺史，贬李宗闵为剑州（今四川省广元市剑阁县）刺史，贬杨汝士为开江（今四川省达州市开江县）县令。

这一次，李宗闵又成了政治斗争的牺牲品。而给他挖坑的人，就是李德裕、元稹、李绅等人，等他再次回朝，势必掀起一场更大的暴风雨。

裴元之争

长庆元年（821）十月，成德、幽州叛变，李恒派裴度去做前方的作战总指挥，可裴度上任只有一个月，就有朝臣说裴度在前线不给力，建议皇帝撤掉裴度。据史料记载，散布流言的就是翰林学士元稹、神策军知枢密魏弘简。

元稹是唐朝大名鼎鼎的诗人，写过“曾经沧海难为水，除却巫山不是云”的千古名句。当然，白居易、韩愈、李白等人也都入过庙堂，也想做大官，一展胸中的宏图大志，可他们都有自己的底线，能干就干，不能干就拉倒。

起初，元稹和李白等人一样，保留着文人特有的耿直洒脱和悲天情怀，可因为性格的原因，经常得罪权臣，然后被贬至地方。到了后来，元稹想通了，要实现自己的抱负，必须先在朝中站稳脚跟，巴结宦官集团就是最便捷的路径。

自从搭上宦官的门路，元稹的仕途高歌猛进。做到了翰林学士、中书舍人、知制诰，元稹便想着更进一步，比如做宰相。当时，宦官魏弘简表态了，会帮助元稹做到宰相的位置。放眼望去，满朝文武只有裴度是元稹最大的绊脚石，这位老兄经历宦海数十年，有很高的威望，再加上河北暴乱，裴度奉命出征，如果获得胜利，肯定会继续受到李恒的重用，元稹的前途也就没了保障。

这种情况下，元稹要么放下做宰相的心思，要么打压裴度。

元稹没有多想，他联合魏弘简，大肆阻挠裴度的平叛战略，以至于让一向沉稳有度的裴度大发雷霆。当时，裴度上了一道非常强硬的奏折：

王庭凑、朱克融虽然在河北嚣张跋扈，臣和将军们在前线奋战，迟早可以将他们一网打尽，还天下太平。可朝中的奸臣朋比为党，搅乱朝政，陛下对他们信任有加，臣等也无可奈何，如果陛下不能以雷霆之势剪除他们，危害的可是陛下的天下啊。自从朝廷兴兵讨伐幽州和成德以来，臣上奏陈述用兵方略，但接到的朝廷诏书却指令不一。前不久，臣上奏朝廷，请求到京城当面向陛下陈述用兵方略，奸臣最害怕的却是臣向陛下揭发他们的罪过，所以百般阻挠臣进京。陛下如果想扫平幽州、镇州，应当先肃清朝廷奸党。

裴度是老臣也是重臣，手握兵权，李恒对他非常忌惮，因此就借坡下驴，将魏弘简贬为弓箭库使，元稹贬为工部侍郎。然而，这只是缓兵之计。长庆二年（822）二月十九日，李恒还是下诏，将元稹提拔为工部侍郎、同中书门下平章事。

不过，元稹上位之后并没有打算替李恒分忧，他将矛头直接对准裴度，准备将他一撸到底，以泄心头之恨。接下来，元稹给李恒上奏，希望能赦免成德军镇的王庭凑，停止用兵，任命裴度为司空、东都留守，保留同中书门下平章事的头衔，并让裴度立即到洛阳任职，不再回京师谢恩。

意图很明显，让裴度到洛阳养老。

不过，元稹还是低估了裴度的能力。裴度为人正直，忠君爱国，李恒找不到理由打击他。更何况，李德裕、李宗闵、韩愈等文臣，李光颜、李朔等名将都是裴度一手提拔起来的，裴度还保护过刘禹锡这样的名臣，可谓桃李满天下。最主要的是，裴度从来不引荐无才的亲友为官，也从不和自己推荐过的人结为朋党，徇私舞弊。单论人品道德，十个元稹骑快马也赶不上裴度。

在朝臣的力保下，李恒让裴度先回到长安，再做打算。

老天很喜欢和人开玩笑，它给你关上一扇门的时候，可能给你打开一扇窗；当它给你打开一扇窗的时候，可能也给你关上所有的大门。所谓高处不胜寒，走得越高，成为万众敬仰的人物，越容易遭人暗算。

长庆二年（822）五月底，一场阴谋将裴度和元稹双双挫败！

事情是这样的：王庭凑反叛之后，围攻深州的牛元翼，朝廷有意保牛元翼一命，于是想方设法地营救。当时，韩愈奉命出使，任务之一就是说服王庭凑放牛元翼一马。有个教书先生叫于方，他想捞个升迁的机会，于是找到元稹府上，说自己有解除深州之围，救出牛元翼的妙计。于是，元稹召见了他。

元稹：“你说有妙计献上，赶紧说，说不出来我就把你轰出去！”

于方：“大人，在下有两位朋友，一个叫王昭，一个叫于友明，都是燕赵人士，熟悉河北的风土人情，如果派他们潜入成德军中，说服王庭凑手下的将领，不难救出牛元翼。”

元稹：“你在做梦吧，你凭什么说服叛军将领？”

于方：“在下需要二十张兵部和吏部的空白委任状，门客带着这个宝贝，不愁大事不成。”

战争时期，兵部和吏部是会拿空白委任状激励将领的，但这种事情需要皇帝点头，如果主管官员私底下干，很可能会掉脑袋。元稹刚刚做宰相，行事必须谨慎，可正因为是新任宰相，需要干出点惊天动地的大事，以此稳固自己的地位。

元稹想了想，都是为了救出牛元翼，本着为朝廷分忧的精神，答应了此事。当时，元稹找到兵部和吏部的官员，给他们送了点礼物，要了二十张空白的委任状，交给了于方。谁曾想，这件事引起了兵部尚书李逢吉的关注。

李逢吉和裴度一样，都是宪宗一朝的老臣，也做过宰相。当年平定淮西的时候，李纯让裴度挑起重担，李逢吉的心里就不太平衡。裴度在前线屡立战功，李逢吉又妒又恨，背地里经常给他上眼药水，阻挠裴度在淮西建功。

李纯何等英明，盛怒之下撸掉李逢吉，让他到蜀中做了东川节度使。后来李恒做了皇帝，李逢吉派自己的侄子前往长安，结交了当时的权宦——神策军枢密使王守澄，在宦官的干预下，李逢吉重新回到长安，做了兵部尚书。

李逢吉视裴度为政敌，又听说元稹行贿到了兵部衙门，于是一个借刀杀人，一箭双雕的毒计便在他心里慢慢成形。

据史料记载，李逢吉让亲信李赏去找裴度，说元稹和于方暗中活动，准备招募一批刺客刺杀裴度。裴度和元稹之间有旧怨，这是大家都知道的，而且派刺客刺杀朝臣，这也是有先例的，只要裴度相信，这件事就没完。

谁曾想，裴度如猴子一般精明，他相信元稹恨自己，可动用杀手来刺杀他，是不是有些太过疯狂了？再者说，元稹的谋划，无名小辈李赏怎么会知道？

裴度的意思很简单，敌不动我不动，敌人动了也得忍着。

离间计失败，李逢吉便想来个釜底抽薪之计。随后，他指使李赏将元稹行贿尚书省的事情，还有元稹派人刺杀裴度的事情捅到了神策左军，禁军知道便意味着皇帝李恒也知道了这件事情。

李恒玩归玩，可遇到这种大事还是很上心的。他赶紧下旨，命尚书左仆射韩皋、给事中郑覃、兵部尚书李逢吉等人审问这个案件。最后调查结果出来，元稹行贿之事属实，阴谋刺杀裴度的事情无中生有。

在李恒看来，苍蝇不叮无缝的蛋，他也不想看到朝廷因为裴度和元稹的事情闹得鸡飞狗跳，难以控制，因此各打五十大板：将元稹贬为同州（今陕西省渭南市大荔县）刺史，裴度贬为尚书右仆射，二人不再担任同中书门下平章事。

事实证明，阳谋斗不过阴谋，君子更是难以斗过小人。

在这场战役中，才华横溢、投机取巧的元稹和忠贞耿直、老辣成熟的裴度都不是小人李逢吉的对手。裴度和元稹双双落马，兵部尚书李逢吉被唐穆宗李恒任命为门下侍郎、同平章事，成了这场阴谋笑到最后的人。

元稹被贬同州后，恐怕都没有想到这件事情的幕后主使是李逢吉，他愤懑难平，给唐穆宗李恒上了一道奏表，奏表的结尾说：“臣若余生未死，他时万一归还，不敢更望得见天颜，但得再闻京城钟鼓之音，臣虽黄土覆面，无恨九泉！”

元稹一直到被贬，心中装着的都是到长安城为官。

李恒不想搭理，毕竟，你含恨九泉，与朕何关？

失敬失敬：朝廷一哥李逢吉

长庆二年（822）六月，李逢吉加封门下侍郎、同中书门下平章事。

此时，李吉甫已经去世，李吉甫的儿子李德裕担任翰林学士，牛派代表人物牛僧孺担任户部侍郎，李宗闵任职翰林学士。也就是说，朝廷中有话语权的是李逢吉，李德裕、牛僧孺、李宗闵等少壮派晚辈还在努力发育之中。不过，所有人都觉得，李德裕、牛僧孺等人是青年才俊，位列宰相只是时间问题。

长庆三年（823）二月，朝廷爆发了宣武节度使家族的行贿受贿大案。

多年以前，宣武节度使韩弘的儿子，右骁卫将军韩公武为了拉拢朝中势力，给不少朝廷大佬都送了钱财。后来，韩弘、韩公武相继去世，韩弘的小孙子韩绍宗继承家业。由于韩家和长安往来很多，韩家结交一批朝臣，自然要得罪另一批朝臣，韩绍宗上位的时候，家里主管仓库的家奴、宣武军的官吏、朝中御史突然联合起诉，控告韩公武行贿的事情。

唐穆宗李恒怜悯韩家，不想看到年纪轻轻的韩绍宗被人欺负，于是命韩绍宗交出了家里的账册，准备打消朝中不利于韩家的言论。然而，当李恒翻看账册的时候，他的脸都绿了，满朝文武，大部分当权官员都接受过韩家的贿赂。不过，有一处红笔记录让他觉得非常欣慰，上面记载着：“某年某月某日，送户部牛侍郎钱一千万，拒而不收。”

李恒本就对牛僧孺有好感，兴奋之余，他举起账簿，向旁边站着的小太监秀了秀，说道：“你看，朕就说过，朕看人还是很准的。”就因为这个原因，44 岁的户部侍郎牛僧孺被李恒提拔为中书侍郎、同中书门下平章事。

几天之后，36 岁的翰林学士李德裕被任命为浙西观察使。据《资治通鉴》记载，李德裕被调到外地为官，是李逢吉的授意。而李德裕这次离京，竟然长达八年，于是心生怨恨，发誓和李逢吉、牛僧孺等人势不两立。

不过，大家都是政治家，在家里诅咒是没用的。不管怎么说，李逢吉手握实权，是长安城炙手可热的人物。当时，各路才俊纷纷投诚，表示誓死追随。在李逢吉的身边团结了以其侄子李仲言为首，张又新、李续、张权舆、刘栖楚、李虞、程昔范、姜洽、李训为辅的“八关十六子”。

所谓“八关十六子”，指的是如果有人想求李逢吉办事，必须先通过他们，相当于八道关卡，他们之外还有八个外围，可以随时替补。结党归结党，可他们的来头并不小，比如张又新，在科举考试中获得解元、会元、状元大满贯头衔，堪称大唐最会读书的官员，而在中国的历史上，这样的天才也不过十余个。

不过，这些都是李逢吉的小弟，职责就是帮李逢吉在不同衙门发展内线，帮他收集一线官员的八卦信息，或者执行李逢吉下达的一些任务。李逢吉还有另外一个实力不可小觑的盟友，神策军枢密使王守澄。想当年，李纯暴毙一事，王守澄就是幕后策划者之一，他更是唐穆宗李恒的拥立者。

李逢吉主外，王守澄主内，这样的配置，足以傲视政坛。

李逢吉荣升宰相，话语权与日俱增，可谓春风得意，心情大好。不过，他始终绕不过一个坎：翰林学士。和中唐所有皇帝一样，李恒对翰林学士非常倚重，外廷做出什么决策，李恒都会找翰林学士询问意见。因此，李逢吉是外相，翰林学士是隐形内相。李逢吉想掌权，就必须扳倒得宠的翰林学士，比如李绅。

李绅年轻的时候，写过两首《悯农》的诗作，其中“四海无闲田，农夫犹饿死”“谁知盘中餐，粒粒皆辛苦”堪称流传千古。能够写出这样观察入微、悲天悯人的诗作，其人品自然也差不到哪里去。据史料记载，李绅清正廉洁、秉性正直，在朝中就是一股清流，深受李恒的信任。

当时，李逢吉大肆提拔自己的党羽，李恒每次征询李绅的意见，李绅都会挑出一堆毛病，搞黄李逢吉的好事。每逢奏事，李绅也会挤兑李逢吉几句。总而言之，就是不服李逢吉的人品。

李逢吉对李绅恨得牙痒痒，碍于李恒对李绅的维护，李逢吉也不敢托大，只好慢慢寻找机会，准备除掉李绅这个绊脚石。长庆三年（823）九月，御史中丞出缺，李逢吉意识到这是个好机会，于是找到李恒，进言到："陛下，御史中丞出缺，这个位置极为重要，一定要任用一个清正耿直，严于律己的官员才是。"

李恒："爱卿说得极是，你有没有人选推荐。"

李逢吉："翰林学士李绅的人品，大家有目共睹，让他来维护大唐的纲纪，恐怕是再合适不过了。"

翰林学士是虚职，是皇帝的幕僚，想成为朝廷重臣，或者地方大员，必须下放到实权部门或基层历练。李恒想了想，这也不是什么坏事，于是就批准了。

李绅上任之后，一切都是风平浪静。有一天，朝廷突然下了一道诏令，加封京兆尹韩愈为御史大夫，让其身兼两职。这样一来，李绅就成了韩愈的下属，凭李绅耿直的个性，还能挑不出韩愈的毛病？

事实证明，问题很快就来了。

在唐朝，御史台监察全国的官员，地方大员、文武百官接到任职通知后，都要前往御史台报道，先接受廉政思想教育，官方的说法叫"台参"。韩愈身为御史台的一把手，自然要接见各路官员，负责"台参"的工作。

不过，韩愈是手握实权的京兆尹，多数时间在京兆府办公，很少去御史台。这样一来，李绅就有意见了，他觉得韩愈脱岗，没有履行工作义务，于是经常给李恒上奏，控诉韩愈工作失职。韩愈是李绅的顶头上司，被下属管教批评算怎么回事？韩愈大怒之下，也开始给李恒上奏，控诉李绅的不是。

就这样，因为一件小事，两人成了长安城最大的笑话。

于是，李逢吉的奏折也上去了：韩愈和李绅是御史台的长官，监督百官，弹劾他人，为群臣做表率才是他们的职责。然而，他们竟然为了芝麻绿豆小事撕破脸皮，互相攻讦，大煞风景，真是枉为读书人。

李逢吉的说法让李恒觉得有点脸皮发热，于是下诏贬韩愈为兵部侍郎，贬李绅为江西观察使。事后，韩愈和李绅入宫谢恩，李恒望着他们，不知道是意识到了什么，还是单纯地觉得这件事有趣，于是让他们把事情的经过复述一遍。

君臣三人，二人讲，一人听，事情复盘之后，发现其中有误会。几天之后，李恒发布诏书，重新任命韩愈为吏部侍郎，李绅为户部侍郎。

李逢吉精心布局，无奈对手也不是平凡之辈，李恒更不是傻瓜。此事过后，李逢吉日夜与党羽私下密谋，准备寻找机会，再次出手。

历史证明，机会都是留给那些有准备的人的。尤其是打算坑人的人，必须时刻望着天上，留意何时会掉下馅饼。

李绅有一个族子，名叫李虞。这位老兄才华横溢，当年因为文章锦绣而名噪一时，可他却自命清高，不愿意入朝为官，选择隐居在华阳川。后来，他的叔父李耆做了朝廷的左拾遗，李虞开始有点耐不住寂寞，于是写信给李耆，希望叔父能向朝廷推荐自己为官。谁料想，这封信误送到了李绅的手中。

当年，李虞弃官不做的事情在家族内闹得沸沸扬扬，李绅很好奇李虞怎么突然间改变了心性，于是写了一封信讥讽他，并把这件事张扬了出来。说白了，这件事确实很丢人，李虞又是自命清高的读书人，被人打脸的感觉很不好。为了报复李绅，李虞求见李逢吉，把李绅暗地里议论朝政的老底全部抖了出来。

李逢吉没想到，天上真的能掉馅饼，而且还是肉馅的。

就这样，李逢吉找来张又新、李仲言等人，召开内部会议，商讨对付李绅的办法。众人目标一致，讨论的气氛非常热烈，而且很快便得出了一个方案：在朝野上下散布谣言，大肆造谣，说李绅一直在暗中侦查百官，还做了一个“互结朋党”的黑名单，上面记载着那些喜欢没事就聚在一起商讨时政的人，准备呈报给天子。

这招釜底抽薪果然很绝。先不说朝臣是不是真的结党，大家都是同僚，下班后总得找几个好友聚聚，打发时间，交流下信息。就因为这被李绅盯上，难道要搞黑暗统治？以后大唐的朝廷，还有没有隐私和自由了？

据史料记载，朝臣们开始扎堆给李恒上奏，指控李绅的行为不讲究，李恒也觉得这件事有些离谱，于是便开始疏远李绅。

长庆四年（824）正月，唐穆宗李恒去世，唐敬宗李湛登基，大唐翻篇了。

新皇帝是个什么套路，李逢吉不知道，但是李恒冷落李绅，不代表李湛就会冷落李绅，在打倒敌人的道路上，李逢吉必须马不停蹄。

当时，李逢吉的党羽商议，说新皇帝登基，肯定会举行延英殿廷对，这是李绅获得圣恩的唯一机会，应该给李绅挖点坑，防止李绅被李湛重用。接下来，李逢吉找到宦官王守澄，希望王守澄能够跟他合演一场戏。

有一日，唐敬宗李湛和王守澄在一起遛弯儿，王守澄趁机说道："陛下，您能够当上皇帝，真是可喜可贺的事情啊。"

话听起来是不错，可李湛总觉得有点别扭啊。

李湛问道："你这是什么意思呢？"

王守澄："陛下可知道，您当时是怎么当上皇帝的吗？"

李湛："是宰相和你们宦官帮朕啊。"

王守澄："陛下，您说的没错，可当时朝中还是有不同意见的。"

李湛："那你说给朕听。"

王守澄："陛下能登临大宝，全凭宰相李逢吉一人之力。至于杜元颖、李绅这些人，当时都是想拥立深王李悰的。"

王守澄果然是个不怕死的太监。在他看来，无中生有的诬陷，一本正经的胡说八道，都不如一步到位，直接将李湛引向复杂诡谲的宫廷政变中，以他小小的年纪，肯定会因为担惊受怕，然后出手打压的。

对李湛来说，这确实是个号外新闻。李悰是唐宪宗李纯的第四子，也就是他的叔叔。李湛实在是想不出来，李绅等人怎么会选择拥立这个毫无背景的叔叔来做皇帝？王守澄的话音戛然而止，给年幼的李湛留下了无穷的想象空间。

随后，李逢吉和他的党羽顺着王守澄的话题，纷纷给李湛上奏，搞得这件事情好像众所周知，唯独李湛自己被蒙在鼓里。事实证明，众口铄金，三人成虎，李逢吉等人的轮番上阵终于把李湛的心理防线压垮了。

长庆四年（824）二月，李湛下诏，贬李绅为端州（今广东省肇庆市）司马。

因为黑名单的事，文武百官对李绅的成见很深，对于这种不遵守官场游戏规则的人，群起而攻之是官员基本的素养。就在李绅被贬的当天，李逢吉和文武百官纷纷向李湛贺喜，竟然说是替朝廷除了一个大害。

朝臣们狂欢的时候，李逢吉发现，右拾遗吴思的神色非常冷淡，而且脸上似乎挂着不服气的表情。就在第二天，吴思便被任命为吐蕃告哀使，远赴异域他国报告唐穆宗李恒驾崩的国信。长庆四年（824）二月初六，李湛打算下诏，贬翰林学士庞严为信州（今江西省上饶市）刺史，贬蒋防为汀州刺史，而这两位老兄都是李绅举荐的朝臣。

按照朝廷制度，中书省拟定诏书之后，皇帝过目，随后交给门下省审核，如果门下省通过，则诏书可以发布，如果不通过，门下省把诏书退还给中书省，令其重新修改，这种权力叫作封驳权。门下省有封驳权的只有三类人，门下侍中、门下侍郎、给事中。当时，庞严的好朋友，给事中于敖行使了封驳权，这种操作亮瞎了群臣的双眼，大家都以为于敖会怒怼李逢吉，为庞严撑腰。

上朝的时候，李湛质问于敖，为何要反对朝廷诏令。结果，于敖说了一句："陛下，臣不是反对，而是觉得对他们二人的贬斥有点太轻了。"

在政治利益的面前，友谊就像风中摇曳的烛火，随时可灭。

接下来，张又新等人轮番上奏，找了一些莫须有的罪名安在李绅的头上，给李湛施加压力，准备将李绅一撸到底。客观地说，李湛根本不知道李绅的为人，所有信息全部来自身边的宦官、李逢吉的党羽，以及愤怒中的朝臣，似乎所有人的评价都是负面的。因此，李绅找不到任何理由同情李绅，只能默许。

李逢吉咎由自取：做人太绝，给自己堵路

李逢吉的赶尽杀绝，让翰林学士院产生了严重的危机感。

侍读学士韦处厚冒着生命危险上奏道："李绅因为谗言而被贬，大家都感到很震惊。李绅是穆宗皇帝提拔的大臣，就算他有罪，也应当本着对父亲尽三年孝道的精神，对他予以宽容，更何况他根本无罪。"

俗话说得好，事出反常必有妖。

面对韦处厚的质疑，李湛开始反思了。

有一天，他在宫中闲坐无事，看到了父皇李恒亲手封存的一箱诏书。出于兴趣，李湛打开箱子，拿出来几本诏书阅读。巧的是，其中有几本便是裴度、杜元颖、李绅上疏请立自己为太子的奏折，李湛这才恍然大悟，嗟叹不已。

随后，李湛命人烧掉了所有诋毁李绅的奏折，为此事画上了句号。不过，李湛并没有赦免李绅，也没有让他回朝为官。也许，在李湛看来，李逢吉等人权势熏天，李绅就算回来也难逃一劫，远离长安才是保护他最好的办法吧。

诋毁朝臣、搬弄是非、暗结党羽，这就是李逢吉给李湛的感觉。随后的日子里，李湛对李逢吉的信任与日俱减，他想着提拔新人，慢慢取代李逢吉。

长庆四年（824）五月，李湛下诏，加封吏部侍郎李程，户部侍郎、判度支窦易直同中书门下平章事的头衔，令他们参与政事。李程是唐朝宗室，襄邑恭王李神符的后人，更是登科状元，经历过刺史、节度使等岗位的历练，资历雄厚。

说白了，李湛在寻找替代李逢吉的宰相，李程身为李唐宗室，有足够的政治经验，是再合适不过的人选。然而很遗憾，李程的执政风格有点软弱，在李逢吉的淫威

下，堪称毫无作为。长庆四年（824）六月，两个新宰相刚刚上任一个月，李湛上朝的时候突发感叹，说成德节度使王庭凑屠杀了牛元翼的家眷，是朝中辅政大臣没有治国之才，这才导致凶贼目无朝廷，恣意残暴。

皇帝不会瞎说话，更不会乱发感叹。李湛的一番话很快便引起了朝中许多大臣的关注。翰林学士韦处厚率先上奏："陛下，裴度的功勋冠盖全国，名望远播四夷，如果把他召回朝廷主持政务，河北、山东的藩镇必然顺从朝命。陛下正当用人之际，却感叹朝中没有萧何、曹参那样德才兼备的宰相，可眼下有裴度却不能重用，这就和汉代的冯唐说汉文帝即使得到廉颇、李牧那样的优秀将领，却不能任用的道理一样。臣和李逢吉并没有私仇，而且裴度做宰相的时候还贬过臣的官，但是为了朝廷考虑，臣不得不提出看法，供陛下参考。"

话说得够直白，李湛也听懂了。李湛顺势问道："裴度既然是人才，为何他给朝廷上的奏折中，没有同中书门下平章事的头衔？"

于是，韦处厚将李逢吉排挤裴度的事情原原本本说了一遍。数天之后，李湛下诏，加封裴度为同中书门下平章事。

宝历元年（825）正月，中书侍郎、同中书门下平章事牛僧孺向李湛提交了辞呈，表示自己想去外地为官，由李湛安排即可。据《资治通鉴》记载，牛僧孺觉得李湛荒淫昏庸，亲信小人，这才提出辞职。真实情况是，牛僧孺刚直不阿，不愿意和李逢吉同流合污，如今外廷有李逢吉和他的党羽把持，内有宦官王守澄，牛僧孺根本没有施展才华的空间，与其做摆设，不如到地方刷资历。

李湛表示，允许牛僧孺去外地为官，但是不准他撂挑子。为此，李湛将鄂岳观察使升级为武昌军节度使，命牛僧孺担任首任武昌军节度使，领鄂、岳、蕲、安、申、光六州，保留其同中书门下平章事的头衔。

牛僧孺离朝，李逢吉失去了非坚定的同盟，新任宰相李程和窦易直没有明确站队，有时候还会唱反调。最可恨的是，韦处厚一直给李湛洗脑，说要把山南西道的裴度调回来主持工作。如果裴度回朝，还会有李逢吉的好日子？

李逢吉表示，该干点什么，阻止裴度回朝了。

只能说，李逢吉的运气真是好，想什么就来什么。

有个叫武昭的人，曾经是裴度的手下，裴度提拔他做了刺史。然而，自从裴度被排挤出朝廷，武昭也跟着遭到排挤，成了长安城的闲人。空闲之余，武昭把李逢吉的祖宗十八代问候了无数遍。武昭还有两个好友，太学博士李涉，金吾兵曹茅汇，三人脾气相投，平日里没事就坐在一起诅咒李逢吉。

武昭等人骂人的时候，李程的亲戚，工部郎中李仍叔也没闲着，他看不惯李逢吉的嚣张跋扈，更无法忍受李逢吉对李程的排挤，于是对武昭挑拨道："李侍郎想给你授予官职，但李逢吉死活就是不给。"

武昭心里本来就有气，因为这句话，仇恨的小火苗彻底爆发了。

有一天，武昭多喝了几杯酒，乘着一时酒兴，武昭放出豪言，表示自己要刺杀李逢吉。长安城这个圈子，说大也大，说小也小，向来瞒不住秘密，至少武昭的话很快就传到了李逢吉的耳朵里。随后，李逢吉让侄子李仲言将武昭、茅汇、李涉三人抓了起来，分别关押，打算实施后面的计划。

李仲言："茅汇、李涉，我们想和你们谈个条件。"

茅汇："什么条件？"

李仲言："说武昭与李程同谋则活，不然则死。"

茅汇和李涉想了想："我们答应就是。"

宝历元年（825）九月，李逢吉打算正式发难了，他暗中指使一个非常不起眼的人上报朝廷，说长安城有一个叫武昭的人要刺杀宰相李逢吉。说白了，宰相被刺杀可是有先例的，倒不是宰相的性命有多金贵，而是这种事情就是打朝廷的脸。

李湛紧急下诏，命御史台、刑部、大理寺三司会审。

消息刚刚发出，武昭、茅汇、李涉便被李逢吉"抓获"了。

有趣的是，到了审讯环节，故事并没有按照李逢吉的剧本发展。当时，茅汇拿出了我自横刀向天笑的气魄："茅某人为朋友甘心冤死，绝不诬人以求自保。"不仅如此，武昭、茅汇、李涉如实招供，承认他们说过要刺杀李逢吉的话，并将李仲言逼迫他们说假话栽害李程的事情也抖了出来。

什么叫搬起石头砸自己的脚？

李逢吉千算万算，没想到会被几个不入流的小官僚坑了。

三司会审的结果是处死武昭，流放李涉、茅汇，李仲言和李虞被处罚。李逢吉虽然把自己摘得非常干净，可干了这样的龌龊事，也别想再洗白自己。

宝历元年（825）十二月，朝野上下突然统一了舆论，声称裴度德才兼备，让他做山南西道节度使，有点大材小用。很快，李湛的密使悄悄来到兴元府（今陕西省汉中市），密使向裴度转达了李湛的慰问，并告诉他，李湛已经订好了请他回朝的日期。

宝历二年（826）正月二十四日，裴度抵达阔别已久的长安，李逢吉开始颤抖了。不过，既然能坑裴度一次，为何不能坑第二次？李逢吉打定主意后，决定再次出手。

裴度回朝之前，长安的大街小巷就在流传一则民谣：绯衣小儿袒其腹，天上有口被驱逐。“绯衣”等同“非衣”，合起来是一个“裴”字；“坦其腹”的“腹”字可以代指“肚”（度），前半句指的就是裴度。“天上有口”是一个“吴”字，被驱逐说的就是当年裴度灭淮西吴元济，为朝廷立下大功之事。

单说这个谣言，根本没有任何杀伤力，给人的感觉就是吹捧裴度的功劳。可几天之后，另一个谣言横空而出，让长安城的吃瓜群众坐不住了。

谣言说，长安由东到西横亘着六道高坡，像《易经》中“乾卦”的“六爻”卦象。六爻之象，由下往上分别为“初九、九二、九三、九四、九五、上九”，而裴度的宅邸刚好位于第五道高坡。也就是说，裴度和“九五”扯上了关系。

能说清楚的事不可怕，说不清楚的事才最可怕。就拿裴度来说，功高震主，又有群众基础，如今又和谶言扯上关系，这难道不是冥冥之中注定的事？难道大唐的国姓要改了？这就是无法解释的事。

谣言很快就传到了大明宫，李湛显得非常郁闷，裴度刚刚回长安，就闹出这么大的事情，这算怎么回事？此时，宦官奏报：“陛下，张权舆求见。”

李湛：“叫他进来。”

张权舆是李逢吉的党羽，李湛心知肚明。这帮人用阴谋手段逼走李绅，差点让李湛落下毒杀忠臣的骂名，后来又逼走李湛看重的宰相牛僧孺，如今又在长安城兴风作浪，想阻碍裴度回朝。说白了，李湛对他们没有任何好感。

李湛看着张权舆，默不作声，张权舆的背后直冒冷汗。

张权舆：“陛下，京城流传着两个谣言，不知陛下是否知晓。”

李湛："朕刚刚听说了，不知你有何高见？"

张权舆："臣认为，这并非只是谣传，而是确有其事。"

李湛："爱卿的意思是？"

张权舆："裴度名应图谶，宅占冈原，不召而来，其旨可见。"

意思就是，裴度肯定是听说自己家的宅子占着九五之地，这才从山南西道赶了回来，可见裴度对九五之尊非常在意。然而，只有李湛心里清楚，召裴度回朝是他的意思，张权舆明显是拿疯传的谣言搞事情。

李湛："朕明白了，你先退下吧，此事不可声张。"

张权舆："陛下实乃千古明君，明察秋毫啊。臣告退。"

张权舆的诬告没有得到李湛的认可，在这场权力博弈的游戏中，李逢吉已经提前出局。李逢吉越是诋毁裴度，裴度的形象越是高大伟岸。

宝历二年（826）二月，李湛下旨：封裴度为司空、同中书门下平章事。

也许在历史上，像李湛这样的皇帝名声不好，可他从来没有滥杀无辜，谈不上是昏君，更谈不上是暴君。反观李世民这种千古明君，因为"武代李兴"的谣言诛杀李君羡等大批功臣名将，着实令人难以置信。

李湛登基之后，一直想去洛阳看看，文武百官劝了很多次，李湛还是坚持己见，并要求有关部门修缮洛阳的宫殿群，以及沿途的行宫。裴度做了宰相后，给李湛上了一道奏折，声称洛阳经历战火后，残破不堪，修缮工程巨大，朝廷应该循序渐进，李湛不能着急。谁料想，李湛立马就放弃了去洛阳的想法。

这是一种明显的政治信号，裴度已经获得了李湛的认可。

李逢吉真的很郁闷，卧榻之侧，不能容忍猛虎酣睡，这是老祖宗智慧的结晶啊，李湛怎么能忘记祖训呢？然而，李逢吉可能不知道，他不过是大唐皇室的一个官员，非得把自己搞得像翻手为云，覆手为雨的主人，李湛怎么想？宝历二年（826）八月，李逢吉被封为山南东道节度使、同中书门下平章事。

李湛赶走李逢吉，却没有追责，还保留了其同中书门下平章事的头衔，给李逢吉留下了体面，这就是为君的平衡之术。说到底，李湛并非平庸之辈。

唐文宗李昂上位：人在家中坐，皇位主动找上门

中国的王朝，似乎有一个共同特点：开国皇帝都是雄才伟略的英明之主，他们擅长开疆扩土，平定天下，劝课农桑，善待百姓。到了第三代和第四代，皇帝守成有余，进取不足，谈不上昏庸，也绝对谈不上英明。越往后，皇帝的质量越差，无能、贪玩、昏庸、亡国之君成了后世对他们的一致评价。

归根结底，还是帝王家的教育体系导致的。

比如，皇帝从小生活在宫中，他们想去接触市井百态，增长阅历的时候，有人告诉他们，太子是千金之躯，不能和街上的贩夫走卒厮混在一起。他们想去天下各道巡查民生之苦的时候，有人告诉他们，太子是国之储君，应该在深宫之中学习为君之道。他们想参与朝政的时候，有人告诉他们，太子侍奉皇帝应该以孝道为主，不应该表现出对权力的欲望，以免被老爹猜忌。

只能说，做太子真的太难了。李湛无奈，出生后缺少老爹的管教，身边只有宦官陪伴。他能做的事情便只有找乐子，不让自己的生活太过单调。

在李湛的眼中，没有什么比“玩”更能显示自己的存在感。

比如，李湛会在三更半夜带着小伙伴出去猎杀狐狸，如果收获满满，皆大欢喜；如果空手而归，身边的人就会遭到毒打，宦官们都很忌惮李湛的任性。

比如，李湛喜欢摔跤，经常从禁卫军和藩镇军队选拔大力士，李湛甚至花费了一万缗钱，让宦官从民间招募大力士供他玩耍。

不仅如此，李湛还是许多娱乐项目的专利所有者。比如他发明了一种纸箭，里面密封了麝末香粉，妃嫔们在一起玩闹时，李湛向她们射箭，被击中者满身香味，宫中

称之为“风流箭”，当时有一种说法叫“风流箭，人人愿”。

如此荒诞的德行，朝臣们都很头疼。韦处厚、李程、刘栖楚、张权舆等人劝谏过，可全部惨遭无视，以至于朝臣后来睁一只眼闭一只眼，只能放任自流。

宝历二年（826）十二月初八，李湛和往常一样，带着宦官出门打狐狸，一直到深夜才回。由于收获颇丰，李湛心情大好，于是在皇宫摆上酒席犒赏大家，参加宴席的有刘克明、田务成、许文瑞、苏佐明、王嘉宪、石定宽等二十八人。当天晚上，众人喝得烂醉如泥，唯独刘克明和苏佐明等人心照不宣，少喝了几杯。

酒至半酣，李湛的衣服被酒菜弄污，于是摇摇晃晃走到偏殿，准备换一身新衣服。此时，谁都没有注意到皇帝已经独自离开，更没有想到李湛会自己去偏殿换衣服。大家都沉醉在美酒佳肴中不可自拔，刘克明使了个眼色，苏佐明跟随李湛进了偏殿之中。突然之间，殿中灯火尽灭，偏殿中传出了惨绝人寰的哀号，随后便是重重的倒地声。众人被突如其来的叫喊声惊醒，赶紧去偏殿查看，结果发现唐敬宗李湛被人杀死在偏殿。

皇帝被杀，这可是特大事件，如果外朝追究起来，在场的宦官都逃不过惩罚。就在众人六神无主，惊慌失措的时候，刘克明喊道：“皇帝被杀，我们也不想看到，为了家国天下考虑，应该先隐瞒消息，赶紧另立新主，稳定局势。”

这种情况，宦官集团别无选择，只能听从刘克明的指挥。随后，刘克明带人来到翰林学士院假传口谕，让翰林学士路隋到内宫书写诏书。

说白了，刘克明杀死李湛是为了自保，作乱的道路该走向何方，刘克明没有想好，说是要拥立新君，刘克明也没有考虑成熟。当时，刘克明想到了在朝中根基不深的绛王刘悟，此人是唐宪宗李纯的六皇子，唐敬宗李湛的叔叔。

在刘克明等人的威逼利诱下，路隋写下了李湛让绛王李悟执掌军国大事的遗诏，并连夜派人去给李悟送信，让他赶来皇宫主持大局。

宫廷政变很正常，可要想提高政变的成功率，要么挟天子以令诸侯，要么掌握禁卫军的指挥权，镇压所有反对派势力。然而，天子是个死天子，兵权也不在刘克明的手里，接下来的游戏该怎么玩？

宝历二年（826）十二月初九，早朝时间，李湛并没有出现在大家的面前。群臣已经习惯了李湛的缺席，大家正准备离去的时候，宦官前来传旨，说是皇帝让众位大臣前往紫宸殿晋见。然而，朝臣赶到紫宸殿的时候，并没有看见李湛，只见绛王李悟端坐在宝座上，扬言皇帝李湛突然病故，暂时由他主持大局。

如此蹩脚的表演，大臣们都觉得不可思议。

这帮朝臣都是阅历丰富，经历过尔虞我诈之事的老油条，看到李悟的嘴脸，他们就知道了背后的猫腻。只不过，大家谁也没说破。只要李悟没有登基称帝，昭告天下，就只能算是过街的小丑，根本不用担心。

李悟第一次公开亮相，并没有受到大臣们的抵制，这让刘克明颇受鼓舞。随后，他将目光转向了神策军，想着谋夺军权，实施下一步的计划。

神策军的现任首领分别是神策左军中尉魏从简、神策右军中尉梁守谦。

神策军中尉是执掌大唐禁卫军的首领，名副其实的权臣。宪宗时期、穆宗时期，朝廷为了打击藩镇势力，保护皇室的统治地位，神策军中尉拥有和皇帝直接对话的权力，地位超然。后来天下太平，神策军中尉慢慢失去了和皇帝联络感情的机会，取而代之的是能够在外廷和皇帝之间传递信息的枢密使。枢密使既可以服侍皇帝，也可以帮皇帝处理非紧急的政务，很像明朝的司礼监掌印太监。

说白了，神策军中尉掌握兵权，枢密使更得皇帝的信任。

现任枢密使分别是宦官王守澄、杨承和。

刘克明手握唐敬宗李湛的“遗诏”，在拥立新君上占了先机，四大宦官没说什么，可刘克明盯上了他们的权力，这就引起了四大宦官的警惕。平日里，他们可能会在皇帝跟前争宠，互不相让，可对抗刘克明，他们的利益是一致的。

宝历二年（826）十二月初九，四大宦官组织禁卫军杀进宫中，清剿了刘克明的势力，并诛杀了绛王李悟。他们用淋漓的鲜血再次证明，想要在宫闱中翻手为云，覆手为雨，必须靠实力说话。由于李湛只有17岁，子嗣还小，四大宦官决定拥立江王李涵为帝。李涵是唐穆宗李恒的二皇子，李湛的弟弟。

此时，宦官集团还没后世那样嚣张跋扈，他们只是执掌兵权的野蛮人，暂时玩不转朝廷的那些事。说白了，王守澄等人想要拥立江王李涵，必须走正规的流程，而且要得到朝臣的认可，因此需要在朝廷找个利益代言人。

王守澄选择了翰林学士韦处厚。

王守澄："韦大人，宫内局势已定，我们该以什么名义号令中外？"

韦处厚："正名讨罪，于义何嫌，安可依违，有所避讳。"

王守澄："江王李涵该以何种方式登基为帝？"

韦处厚："明天百官上朝时，先以江王教令的名义宣告天下，声称已经平定宫廷内部的叛乱，正式册命江王即皇帝位。"

王守澄："韦大人，新君登基的事情全都仰仗您了，事关朝廷的颜面，希望您能够以大局为重。"

韦处厚："分内之职。"

江王李涵正在家里喝着小酒，突然门外一阵喧闹，只见宦官带着禁卫军闯进府中，直接簇拥着李涵向大明宫而去。宝历二年（826）十二月初十，李涵在以王守澄为首的宦官集团的拥立下，在大明宫紫宸殿接受宰相和文武百官的朝见。宝历二年（826）十二月十二日，李涵（809—840）正式登基为帝，改名李昂，史称唐文宗。

天子之位，就算杀父弑兄、阴谋政变也不一定能得到，李昂却莫名其妙捡了个皇位，这确实是他的命数。拥有皇权，意味着拥有一切，生杀予夺的权力、地位尊严、美女、金钱，当然，还包括随之而来的烦恼、胆战心惊……

按理说，王守澄是李昂的贵人，本着投桃报李的心态，李昂应该对王守澄感激涕零。可事实恰恰相反，李昂做王爷的时候，就对宦官集团有很大的意见，他内心不认可这群人。更何况，李昂是爷爷宪宗皇帝的粉丝，宫中传言是王守澄杀了爷爷，如今王守澄又杀了哥哥李湛。曾几何时，李唐皇室的奴才摇身一变，成了主宰乾坤的刽子手？就算王守澄拥立他为帝，李昂也很难接受他。从登基开始，李昂的内心就埋下了仇恨的种子。

登基第一个月，李昂下达了令人眼花缭乱的政令：

释放三千多名未担任后宫职务的宫女。

按照元和年间唐宪宗李纯的旧例，五坊使养的鹰和猎狗，除保留少数用于游猎外，其余一律放出。

度支、盐铁、户部和州府每年供应宫中的日常用品，一律按照唐德宗李适规定的数额供给，不得增加。

裁减教坊、翰林院和宫苑总监下辖的一千二百名多余人员。

停止唐敬宗李湛内廷诸司所辖宦官增加的衣粮待遇。

还有一道最振奋人心的政令：以后每逢单日，唐文宗李昂必定上朝，与宰相和文武百官商议军国大事。

想想看，唐敬宗时期，李湛每个月才上两次朝，文武大臣觉得自己没有用武之地，于是开始怀疑自我价值。李昂上台，朝臣这才找到了主心骨。看到皇帝勤勉为政，他们一扫持续多年的悲观情绪，对大唐的未来充满了希望，才感觉到拿着一份工资并不是尸位素餐，好吃懒做。长安百姓听闻后，更是争相庆贺，毕竟有了好皇帝，大家才会有好日子过。

宦官集团：拥有不容撼动的话语权

太和元年（827）二月，唐文宗改元太和，寓意大唐天下将万世和平。

朝廷开足马力运转，大臣们废寝忘食，不计个人利益地为皇帝出谋献策。李昂像打了鸡血一样，和大臣们终日待在一起，商议军国大事，定下未来最重要的国策。李昂发誓，要一改往昔的弊政，还天下臣民一个清明政治。

可时间久了，朝臣们发现了其中的蹊跷。李昂商议国策的时候踌躇满志，可到了执行的时候，却显得犹豫不决，甚至亲自推翻了自己定下来的章程。

朝臣们蒙了，不知所措了。

也许，皇帝还没进入状态？再多给他一点时间吧。

太和元年（827）四月，朝臣们终于忍不住了，毕竟，谁也不愿意自己的工作得不到反馈。于是，以宰相韦处厚为首的重臣集体进谏，他们责问李昂，为什么老是出尔反尔，毫无执行力？说到动情之处，大臣们几乎以头抢地，痛心疾首。

李昂端坐在御座上，表情无奈，又带着点歉意，不承认自己的出尔反尔，也说不出什么道理来。韦处厚很讨厌拳头打在棉花上的无力感，于是扔掉象笏，朝延英殿门口走去。结果很明显，韦处厚想撂挑子不干了。

李昂赶紧起身挽留，说尽了好话，让韦处厚千万别着急辞职。

看到皇帝苦苦相劝，韦处厚慢慢冷静下来，君臣相顾无言。

是啊，李昂身为天子，何尝想出尔反尔，都是被宦官集团逼的。

当时，以王守澄为首的宦官势力把持着左右神策军，至于李昂，和他们没有亲密的主仆关系，只能看宦官集团的脸色行事。对李昂来说，大明宫的那场屠杀犹在眼前，斑斑血迹依旧残留在汉白玉石上。每当李昂走在后宫，都觉得心惊胆战，唯恐半路跳出个拿着利刃的太监。毕竟，能杀第一个，就能杀第二个。

李昂推行的改革，正好触动了掌权宦官集团的利益。宦官对美女不感兴趣，他们在乎的是权力、地位、金钱，唯有这些才能满足他们的欲望。

比如，唐朝中后期，许多藩镇节度使都出自神策禁卫军。如果你是将军级别的将领，和宦官首领走得亲近，再送上一笔巨额财富，由他们在皇帝面前美言几句，你就可以到地方藩镇做节度使。这帮将军和宦官集团绑在一起，到了地方就会大肆敛财，不停地给宦官集团送钱送礼，维持自己的地位。

谁敢虎口夺食，谁就要付出代价。

说得不好听一些，文官集团就没有贪污受贿的事情？凭着朝廷发的俸禄，养活家人都困难，更别说给上官送礼，和同辈交际了。李昂被宦官集团威胁的时候，文官集团集体噤言，上至宰相、王公大臣、李姓宗室，下到三省六部、各州节度使，面对宦官势力，谁也不敢维护李昂的威严。

唐朝中后期的文官集团是一个毫无气节的群体，只要遇到要命的事情，他们就会把麻烦推给天子，至于他们，肯定会集体退缩，明哲保身。要他们拿生命对抗宦官集团，维护皇权，他们做不到。要他们为皇帝出谋划策，他们做不到。他们能做的，就只有监督皇帝做个贤明君主。

拿韦处厚来说，美其名曰贤臣，干的事无非是在李昂面前发牢骚，拿李昂对文官集团的爱护作为筹码，以辞官作为威胁，让李昂左右为难。曾经强悍无比的裴度，在宦官集团的淫威下，十余年间几乎是毫无作为，鲜有其名。

明哲保身、虚伪度日就是这一时期唐朝文官的真实写照。

李昂也知道，朝廷已经到了无人可用的境地。

太和二年（828）三月，李昂亲自主持了朝廷“贤良方正”恩科，准备在朝廷之外寻找一批敢说话、敢办事的人才。恩科是底层士子跻身朝廷的机遇，也是读书人建言献策的渠道，只要李昂有诚意，不愁找不到人才。

考生刘蕡（fén），幽州昌平人。这位老兄一生致力于钻研《左氏春秋》，颇知朝代的兴亡更替之理。这样的人要么看透世事，做逍遥避世的化外之人，过着闲云野鹤的生活；要么心存大志，跻身朝廷，廓清寰宇，做铁骨铮铮的谏臣。

历史证明，刘蕡想做后者。刘蕡读书期间，一直关注国家大事，他对宦官手握兵权，外胁群臣，内掣天子的乱政恶行痛心疾首，刚好唐文宗李昂举办恩科，给他了发言的机会。在考场里，刘蕡奋笔疾书，写下了六千余字的《对贤良方正直言极谏策》，里面对宦官乱政、藩镇割据、天下危局做出了精彩的阐述：

“陛下宜先忧者，宫闱将变、社稷将危、天下将倾、海内将乱。”

“夫天之所授者在君，君之所操者在命。操其命而失之者，是不君也；侵其命而专之者，是不臣也。君不君，臣不臣，此天下所以将倾也。”

“阍寺持废立之权，陷先君不得正其终，致陛下不得正其始。”

“臣非不知言发而祸应，计行而身戮，盖痛社稷之危，哀生人之困，岂忍姑息时忌，窃陛下一命之宠哉！”

想想看，朝中的文官、御史对宦官集团敢怒不敢言，可刘蕡却敢向恶势力宣战，还以如此激烈的口吻写出来，这种不怕死的狠角色，谁不敬佩？主考官是左散骑常侍冯宿，至少冯宿读到这篇文章的时候，已经献上了自己的膝盖。

可以肯定，冯宿干涸已久的文人气息被刘蕡彻底激发了，冯宿拍手称赞后，思维回到了现实。这样的狠角色，究竟是录取，还是不录取呢？

冯宿还没想好怎么处理，宦官集团就炸了窝。

王守澄怒吼道：“何其狂妄乃尔。”

神策右军将领仇士良更嚣张，他指着刘蕡恩师杨嗣复的鼻子，咆哮道：“奈何以国家科第，放此风（疯）汉耶？”

杨嗣复唯唯诺诺：“这也不能怪我，他当时并没有疯。”

太和二年（828）闰三月初九，贤良方正科放榜，杜牧、裴休、李郃、李甘、马植、崔玙、王式、崔慎由等二十二人中第，且都被授予官职，唯独不见刘蕡的大名。

众考生看榜之后，义愤填膺，涕泪交零，说道：“刘蕡落第，我辈登科，岂不令人汗颜。”随后，众人纷纷上书，请求将自己官职封给刘蕡。

与此同时，长安城中的舆论一边倒地支持刘蕡，希望朝廷能够重用此人。朝中的御史言官也都磨刀霍霍向猪羊，准备乘这股东风好好整治一下宦官势力。很遗憾，居然有宰相站出来拦住了言官，将他们硬生生地赶了回去。

这次恩科事件，唐文宗李昂沉默了，宰相们让步了，文官集团再次噤言，唯独长安老百姓的喊冤之声，久久萦绕在大明宫之畔。

得罪了朝中的宦官，刘蕡的政治生涯几乎宣告结束了。一直到太和九年（835），封疆大吏、山南东道节度使令狐楚，山南西道节度使牛僧孺才相继聘他为幕僚，授予秘书郎之职，待如师友。即便是这样，刘蕡依旧没有逃过宦官势力的魔爪，刘蕡的仕途刚刚有点起色，就再一次在宦官的操控下被贬为柳州司户参军。

刘蕡的直言敢谏引起了大诗人李商隐的衷心景仰，在被贬的途中，刘蕡与李商隐相遇，李商隐挥笔写下《赠刘司户蕡》：

江风扬浪动云根，重碇危樯白日昏。
已断燕鸿初起势，更惊骚客后归魂。
汉廷急诏谁先入，楚路高歌自欲翻。
万里相逢欢复泣，凤巢西隔九重门。

以天子之威，百官之力，百姓之势，竟然保护不了一个下层的士子，由此可见，大唐在此阶段可谓是世风日下，人心不古。这样的君臣，能够给大唐中兴带来希望，能够为大唐的百姓带来福祉吗？前路多艰哪！

李昂的削藩：功败垂成，威严扫地

除了宦官集团，地方藩镇也是李昂必须面对的难题。

宝历二年（826）四月，横海节度使李全略去世，其子李同捷自封为横海留后。随后，李同捷给周边的节度使送了不少礼，希望他们能为李同捷美言几句，让李同捷做横海军节度使。此时，朝廷比较动荡，谁都没心情处理横海军镇的问题。因此，李同捷虽然掌权，朝廷却没有承认他的地位。

李同捷很无奈，只好让弟弟李同志、李同巽前往长安，一方面让他们暂时做人质，一方面请求朝廷下诏，公开承认他的节度使地位。

有人可能很好奇，朝廷不是收回了藩镇节度使的任命权？为何还会出现这种情况？事实上，李同捷的请求是有先例可循的。

唐敬宗李湛在世的时候，幽州节度使朱克融、其长子朱延龄被下属杀死，次子朱延嗣接管幽州大权，可没过多久，幽州兵马使李载义擅自造反，诛杀了朱延嗣，以及朱家三百多口人，随后李载义自立为幽州留后。

唐敬宗李湛可以强硬一波，可思来想去，最后忍了这口气。

河北的局势就是这样，只要别人开了头，我就能跟风。

不过，唐文宗和唐敬宗的性格不一样，李湛喜欢玩乐，不喜欢麻烦，可李昂有雄心壮志，有一腔抱负。至少在藩镇问题上，李昂想振一振君威。于是，李昂选择了一个折中的办法：天平节度使乌重胤调任横海节度使，李同捷调任兖海做节度使。

客观地说，李昂的办法很不错。李同捷可以做节度使，朝廷继续拥有地方藩镇的人事任命权，皆大欢喜的局面。然而，李同捷不干了，幽州出了乱子，朝廷可以不管，为啥到了横海，朝廷就要治理？

李同捷表示，不想去山东。

中庸之道不可行，李昂就只剩下两个选择：开战或者妥协。

对于不到20岁的年轻皇帝来说，这绝对是最艰难的选择，向左可能是短暂的和平，他的“太平盛世”；向右可能是战争泥潭，焦头烂额的帝王生涯。大明宫内，李昂独自一人，经历了无数个难熬的夜晚，最后直觉告诉他，为了帝王的尊严，为了大唐的基业，他必须强硬起来。

接下来，李昂下达诏书：削掉李同捷的所有官职和爵位，让天平节度使乌重胤、武宁节度使王智兴、魏博节度使史宪诚、卢龙节度使李载义、义成节度使李听、平卢节度使康志睦、义武节度使张播共同讨伐李同捷。

横海军镇的地盘本来就小，也很少经历战争，军队缺乏历练，李昂安排七位大将教训李同捷，胜算确实很大。不过，在对付李同捷的问题上，七位节度使的态度各不相同，这也为平叛增加了不少风险。

比如武宁节度使王智兴，不仅亲率三万大军开赴战场，而且自备了五个月的军粮。至于是真心为朝廷打仗，还是想趁机浑水摸鱼，谁也不清楚。

比如卢龙节度使李载义，身为小弟，却阴谋弄死了老板，还把朱家满门都灭了。朝廷不追究他的责任，李载义自然要感恩戴德，好好表现一番。当时，李同捷派人前去结盟，李载义直接将使者五花大绑，送到了长安。

比如魏博节度使史宪诚，和李同捷的父亲李全略是亲家，开打之前，史宪诚暗地里给李同捷送钱送粮，大有做幕后主使的意思。同时，史宪诚摸不清朝廷对魏博军镇的看法，于是派使者到长安打探消息。

据史料记载，大佬裴度明确支持魏博军镇，这让史宪诚找到了安全感。宰相韦处厚则提出了质疑，他表示，口头的忠诚没什么用，如果魏博军镇愿意用实际行动证明，朝廷就选择相信史宪诚。恩威并施之下，史宪诚最终决定切断和李同捷的联系，坚定决心，帮助朝廷攻打李同捷。

公开支持李同捷的，似乎只有成德军镇的王廷凑。

李昂没有安排王廷凑平叛，说明李昂不相信王廷凑的忠诚。后来，王廷凑给朝廷上了几次奏折，希望李昂能对李同捷网开一面，可都惨遭拒绝。被李昂猜忌的感觉让王庭凑很不好，思来想去，王廷凑决定和李同捷并肩作战。

就这样，单线作战变成双线作战，对手还是老牌劲旅成德军。最悲剧的是，战争的主动权不在李昂手里，而在藩镇节度使的手里。结果便是，战争从太和元年（827）的冬天开始，一直持续到太和三年（829）四月。直到最后，李同捷弹尽粮绝，投降之后被朝廷使者杀害，战争才宣告结束。

为了打赢这一战，李昂不惜缩减自己的开支用度，并大肆征调江淮的钱粮税赋，真可谓背水一战。当胜利的消息传来时，李昂痛哭流涕，他似乎在自己的身上看到了唐宪宗李纯的影子，那个神一般存在的帝王。

天子之怒，伏尸百万，血流漂杵，这句话可不是说着玩的。

这一场战役，横海直接被扫平，王庭凑大受挫折，卢龙节度使李载义、武宁节度使王智兴表现出了前所未有的忠诚，其他人都是大大的可靠。为了整治地方藩镇，李昂决定再烧一把大火。太和三年（829）六月，李昂趁热打铁，下了一道诏令：命魏博节度使史宪诚转任河中节度使，命义成节度使李听兼任魏博节度使；同时，将魏博下辖的相州（今河南省安阳市）、卫州（今河南省卫辉市）、澶州（今河南省濮阳市）三地另设一道，朝廷另行委派节度使。

朝廷刚刚打了胜仗，史宪诚不敢不从。不过，临行之前，史宪诚决定搬空魏博的府库，继续去河中做个逍遥的富翁节度使。谁料想，这种竭泽而渔的行为让魏博将士群情激愤。太和三年（829）六月二十六日，魏博将士劝谏无果，最终发动兵变，杀死史宪诚，拥立魏博兵马使何进滔做了留后。

就在此时，义成节度使李听抵达魏州，准备接管魏博。然而，交涉无果后，何进滔携雷霆之势，直接攻杀李听。由于毫无准备，李听仓促应战，士兵死伤过半，其余的人全部溃逃，辎重和粮草全部落入何进滔之手。

什么叫风云突变。

什么叫功败垂成。

摆在李昂面前的只有两条路，妥协或者再战。再战，谁会是下一个出来闹事的藩镇？难道，李昂要把有限的青春投入无限循环的藩镇叛乱中吗？

李昂没这个勇气。

太和三年（829）八月，李昂下诏，封何进滔为魏博节度使。同时，相州、卫州、澶州继续隶属魏博军镇。如此操作，预示着打了两年的削藩战争变得毫无价值，预示着朝廷的威严彻底崩塌，预示着李昂的雄心壮志烟消云散。

最后，李昂只能凝望着河北方向，发出了无声的叹息。

宋申锡政治风波：文官集团节节败退

大唐这个烂摊子，究竟烂到了何种程度，没人知道。如果唐宪宗李纯在世，他也不敢保证能够起死回生，更何况是年仅20岁，没有执政经验的李昂。

李昂有雄心壮志，却没有名臣悍将可以倚靠，他的身边只有一群明哲保身、碌碌无为的文臣，以及手握军权，死守着自己一亩三分地的宦官集团。

藩镇战争结束后，李昂决定整顿内务。原因很简单，放眼朝堂，竟然找不出几个可以信赖的大臣。战争期间，宰相韦处厚去世，接替他的是替宦官刘克明撰写皇帝遗诏的翰林学士路隋。至于大名鼎鼎的裴度，已经年近古稀，满头白发。不知道是真糊涂还是装糊涂，自从李昂上台，裴度便淡出了大家的视野。

李昂无奈，只好问计于裴度，希望裴度为朝廷举荐一批人才。只要能干，品德过硬，哪怕曾经被打压，或者被贬斥的大臣都行。

裴度说："要不浙西观察使李德裕吧，他的人品不错。"

李昂："那好，就他吧。"

太和三年（829）八月二十七日，李德裕晋升为兵部侍郎，同中书门下平章事。

太和三年（829）八月二十八日，枢密使杨承和向李昂举荐了吏部侍郎李宗闵，李昂下诏，加封李宗闵为同中书门下平章事。

太和三年（829）九月十五日，李昂下诏，李德裕调任义成节度使。

前面已经说过，李德裕是李派代表人物，李宗闵是牛派代表人物，双方之间的斗争叫作"牛李党争"。准确地说，从此时开始，牛李党争才算到达高潮。

李德裕出身赵郡李氏，名门望族之后，老爹是宰相李吉甫。

在唐朝，读书人步入仕途有两种方式，一种是“科举入仕”，也就是参加科举考试，这种方式适合地主阶层、寒门学子；另一种是“门荫入仕”，也就是内部举荐，这种方式适合名门望族、官宦子弟。

据史料记载，李德裕从小就刻苦读书，精通《汉书》《左传》，也算是一枚学霸，可他就是讨厌科举考试，而且羞于和儒生同场竞技，因此选择了“门荫入仕”的途径。那么问题来了，李德裕究竟是以名门望族自居，鄙视寒门学子，还是有其他的想法呢？很遗憾，史书没有明确的记载。

不过，从李德裕家族的背景来看，答案或许没那么简单。

李德裕的爷爷叫李栖筠，堪称士子里面的天才。当年，李栖筠博览群书，学识渊博，再加上庄重寡言，气度沉稳，被人称为有“王佐之才”。按照李栖筠的出身，他可以通过“门荫”入仕，也可以通过考试入仕。后来，族人就说，你既然读书厉害，要不去感受一下科举考试吧。

于是，李栖筠就成了进士。

然而，科举考试带给李栖筠的不是成功的喜悦，而是担忧。在他看来，考试内容无非是诗词歌赋，这些都是华而不实的小把戏，选拔出来的都是没有眼界、没有内涵、没有经验的读书人，他们怎么能入朝为官，辅佐帝王呢？

李栖筠为官的时候，就力推科举考试改革。

事实上，不是科举考试有问题，而是科举考试的内容。

比如，考试内容多为诗词歌赋，作出锦绣文章的读书人，就能治理朝政，平衡复杂的人际关系？历史证明，确实有优秀的诗人官员，比如刘禹锡。然而，李白、白居易、王维等天才诗人，不都折戟沉沙，悲愤离朝了吗？

比如，科举考试允许读书人“行卷”。说白了，读书人想考中进士，也得走权贵、官宦推荐的路线，与“门荫入仕”没有本质的区别。

再比如，通过科举的读书人喜欢搞同年、门生等关系，这种游戏规则的直接后果就是暗结朋党，他们搞起内斗，有时候比门阀士族更甚。

准确地说，李德裕确实有点自命清高，可这种清高不全是门第观念带给他的，爷爷的经历、自己的经历，包括科举考试的弊端，都是李德裕鄙视寒门学子的原因。值得一提的是，李德裕不反对科举考试，而是反对徒有形式、不重内容的科举考试，因此为相之后，李德裕力推科举考试改革，选拔那些有真才实学的寒门学子。后来，李德裕被贬崖州，才有“八百孤寒齐下泪，一时南望李崖州”的评价。

李德裕入仕，从藩镇幕僚做起，后来靠着自己的能力，还有老爹的影响力，最终做到翰林学士的高位。然而，就在仕途高歌猛进的时候，老爹的政敌李逢吉上位，将他撸到浙西观察使的位置，这一干就是八年。

这一次回归，多亏了裴度的举荐。

至于李宗闵，祖上是唐高祖李渊第十三子郑王李元懿，属于李唐远房宗室，到了他这一辈，家族已经彻底没落。为了跻身朝廷，只能参加科举考试。牛僧孺的背景比李宗闵更干净，能够在历史上大放光彩，完全靠自己的勤奋。

那么问题来了，裴度为什么推荐李德裕?

李德裕有才能是肯定的，可他们也都是门阀士族。

李宗闵呢?在朝中担任吏部侍郎，在裴度的眼皮子底下工作，可裴度却视而不见，李宗闵做何感想?于是乎，李宗闵走了一条阴柔路线。

据史料记载，李宗闵找到了唐宪宗的驸马沈汾，通过他认识到内廷老人、女学士宋若宪，通过她勾搭上了宦官杨承和。至于李宗闵和杨承和之间达成了什么政治交易，我们不得而知。然而，李宗闵确实是杨承和推荐入相的，不到一个月的时间，李德裕就在宦官集团的干涉下被罢相，朝野斗争的激烈可想而知。

太和四年（830）正月，李宗闵举荐了自己的亲密战友，武昌节度使牛僧孺回朝担任兵部尚书，同中书门下平章事，二人同朝为相，并肩作战。

时隔多年，曾经被李吉甫排挤的难兄难弟风光上位，再加上有宦官势力的支持，他们真正拥有了傲视群雄的资本。从这一天开始，他们对李德裕、裴度、元稹等人开始了无情的政治清洗。

太和四年（830）九月，裴度调任山南东道节度使，保留侍中的身份。

李德裕的好友郑覃被罢为翰林侍讲学士，改任工部侍郎。

尚书左丞元稹改任武昌军节度使。

很明显，这是非流血的政治斗争，也是“牛李党争”的历史特色：两派势力互看不爽，可又找不到对方致命的弱点，只能将对方排挤出朝堂。得势的一方暂时混迹在朝堂，打压异己，操控政局，失势的一方远离庙堂，蛰伏待机。这样的局势，从唐宪宗李纯开始，经历了唐穆宗李恒、唐敬宗李湛、唐文宗李昂、唐武宗李炎、唐宣宗李忱，总计六朝。可想而知，大唐国运怎能兴隆。

最郁闷的就是唐文宗李昂，朝廷刚刚失去了对河北藩镇的控制，他还沉浸在皇帝生涯低谷期的情绪中，原以为李宗闵和牛僧孺是朝廷的希望，可肉眼可见的事实就是他们不择手段地排挤朝臣，大搞党争。

更可恨的是，李宗闵、牛僧孺居然和宦官集团互相勾结。要知道，李昂一直对宦官集团谋杀唐敬宗李湛的事情耿耿于怀，正在想办法铲除他们，这两派势力同流合污，狼狈为奸，李昂的锄奸行动还有实现的可能吗？想到此处，李昂只能无力地发出呐喊：此辈朋党比周，断不可当朕大任。

没办法，埋头读书，闷声吃饭，得过且过吧。

有一天，李昂实在憋得难受，想找个人倾诉一番。看了看身边的近臣，是翰林学士宋申锡，这位老兄出身卑微，通过自己的努力坐上翰林学士的宝座，再加上性格孤僻，从不与朝中大臣往来，应该不属于任何一派吧？于是，李昂开始大倒苦水，说宦官如何欺压他，让他没有皇帝的尊严，还说宦官把持兵权，贪赃枉法，破坏国家公器，大唐的前景堪忧，而他却是无能为力。

说到愤恨之处，李昂捶胸顿足，涕泪交零……

宋申锡：“微臣不才，愿为陛下舍生取义。”

人在孤独失落时，最容易接纳对他掏心掏肺的人。

想想看，满朝大臣都不可信，唯独宋申锡敢说出为他效命的话，这难道不是自己的萧何、韩信吗？有了李昂的信任，宋申锡官运亨通，数天之后，李昂加封他为尚书左丞，随后又给他戴了个同中书门下平章事的帽子。

像个忠臣一样战斗吧，宋申锡！

悲剧的是，李昂的期待最终还是落空了。

说白了，宋申锡就是个翰林学士，没做过三省六部的长官，没有自己的嫡系亲信，也没有谋略心机，怎么玩得转云波诡谲的朝堂？他就是圣贤书读多了，听到李昂悲愤欲绝，于是想做个好听众，附和了一下李昂的情绪，仅此而已。可李昂交给他的是什么任务？除掉宦官集团，打倒李宗闵和牛僧孺。

宋申锡表示，自己没这个能耐，当一天和尚撞一天钟吧。

李昂：“爱卿，你有想法没有？”

宋申锡：“微臣惭愧。”

李昂：“别想了，朕打算动用武力铲除宦官势力。”

李昂：“你帮朕在朝中物色可信赖的人，朕授予他京兆尹之职。”

京兆尹是长安和附近地区最高行政长官，官居三品，办公地点在长安城西部的光德坊东南隅。京兆府下辖万年、长安、礼泉、鄠县、蓝田、咸阳等二十余个县，每个县都有自己的兵力，除了维护境内的治安，还需要拱卫京师。神策军在长安城很威风，可如果遇到了强势的京兆尹，也得低着头走路。想当年，韩愈担任京兆尹时，就把神策军治理得服服帖帖。

京兆尹的任命权在李昂手中，如果托付给强势而且有智谋的朝臣，李昂就有了翻盘的机会。宋申锡苦心观察，最终推荐了吏部侍郎王璠（fán）。他直接把话挑明，皇帝要任命他为京兆尹，希望王璠掌握兵权，为李昂保驾护航。

问题是，王璠能力和人品如何，能挑起重任吗？

据史料记载，王璠是李逢吉提拔起来的，没有出色的政绩，能力一般。有一次，王璠坐车出行，刚好碰到尚书左仆射李绛的车驾，按照官场规矩，王璠应该避让，让李绛先行。然而，王璠仗着李逢吉的神威，竟然超车而过，李绛愤恨不已，于是上奏弹劾，在李逢吉的干预下，两人同时被贬。也就是说，王璠没有太深的城府，只能算是仗势欺人、嚣张跋扈的下流货色。

宋申锡为什么选择王璠，谁也不知道。可以肯定的是，宋申锡犯了一个天大的错误，以至于葬送了唐文宗李昂的前途，还有他自己。

能够被皇帝亲授密旨，王璠感觉自家祖坟冒了滚滚浓烟，他想也没想，直接答应了宋申锡的请求。然而回家之后，王璠总觉得哪里不太对劲，听宋申锡的意思，皇帝想和王守澄等人对着干，而且还想动刀子？问题是，皇帝已经被宦官集团架空，又被朝臣弃之不顾，纯粹是孤家寡人，孤军奋战啊！

打赢了，加官晋爵。

打输了，家破人亡。

说白了，这就是亏本的买卖，王璠不想干。

接下来，王璠将李昂的意思转告给了宦官郑注，而郑注转告给了王守澄。被皇帝猜忌，还有被团灭的风险，王守澄顿时就坐不住了。随后的日子，王守澄胆战心惊，行事加倍小心，出行都有一群卫队跟着。

问题是，宋申锡等人一直不动手，难道就这样一直耗下去？

王守澄："郑注，咱们这样有点弱，有啥好办法没？"

郑注："要想一劳永逸，就必须斩草除根。"

王守澄："宋申锡有没有什么把柄？"

郑注："听说他和漳王李凑交往颇深，咱们可以拿此事做文章。"

李凑，唐穆宗李恒的六皇子，李昂的弟弟，地位显赫，皇权斗争的最佳牺牲品。为了配合郑注的计划，王守澄推荐了嫡系亲信，右神策军都虞候豆庐著。

太和五年（831）二月二十九日，王守澄抢先下手，他把豆庐著的奏折交给李昂，扬言宋申锡指责李昂没有帝王的才干和品德，打算拥立李凑为帝。

刚刚给你发了年终奖，你就想捅死老板？李昂气急败坏，扬言要弄死他。王守澄闻弦歌而知雅意，表示自己会立马带上两百禁卫军，亲自对宋申锡抄家灭门。

这样积极的态度，李昂没有理由反对。然而，站在旁边的飞龙厩飞龙使、宦官马存亮说道："事情尚未明朗，如果贸然带兵诛杀朝廷宰相，恐怕会引起京师震动，后果不堪设想，此时应该召集宰相共同商议此事，查出真相。"

按照辈分，马存亮是宫中元老级的宦官，为人正直，恪守本分。想当年，唐敬宗李湛在清思殿遇袭，就是马存亮出面解围，李昂也得给他几分薄面。

接到皇帝召唤，宰相们立马赶往大明宫。至于宋申锡，传旨宦官告诉他，皇帝并没有召集他的意思。宋申锡明白，皇帝的计划可能暴露，李昂最好的选择是丢车保帅，而他需要做的，便是三缄其口，沉默应对。据史料记载，宋申锡遥望着延英殿，重重地磕了几个头，只等权力高层的最终判决。

事实上，李宗闵、牛僧孺、路隋也不知道其中内情，李昂把王守澄的奏折交给他们的时候，大家都是一副难以置信的表情。事情的真相如何，皇帝扮演了什么样的角色，目前又是什么态度，宦官集团是什么态度，他们根本摸不清。

这种情况，沉默不语才是做臣子的王道。

延英殿内，宰相们唯唯诺诺，李昂唱了几个时辰的独角戏，最终累得不行，于是对王守澄说道：“就依照你的意思，抓捕宋申锡的亲信侍从王师文，以及掌管长安城十六宅（李唐宗室居住之地）的晏敬则。”

太和五年（831）三月初二，宋申锡降职为太子右庶子。

直到此时，朝臣也不明白其中的缘由，政治直觉告诉他们，水很浑，不要乱蹚！说白了，举报宋申锡的是宦官势力，抓人的是宦官势力，审判过程也是宦官集团主导，朝臣就算知道其中有猫腻，也是束手无策。

满朝文武，只有大理卿王正雅等人出面说话，他的台词很简单，只要涉及政治审讯，御史台就有复核的权力。然而，晏敬则的口供已经出炉，宋申锡确实和漳王李凑互相勾结，打算废除唐文宗李昂。

太和五年（831）三月初四，李昂召集太子太师、太子太保、御史台高级长官，中书、门下、尚书三省长官，大理寺的专家开会，共同商议宋申锡的处理办法。

很遗憾，没人出面干预，宋申锡谋反的罪名成立。

快到了中午的时候，左常侍崔玄亮，给事中李固言，谏议大夫王质，补缺卢钧、舒元褒、蒋系、裴休、韦温等低级官僚终于抱成一团，赶到宫中，希望李昂能将此事交给御史台审核。

李昂：“朕已经和朝中大臣商议过了，你们都退下吧。”

百官嚷嚷道：“杀一个百姓都要慎重，更何况是朝廷的宰相。必须复审，不然就死在你的面前。”

李昂：“好吧，朕再找宰相们商议一下。”

此时，和宦官集团若即若离的牛僧孺拿出了宰相的气魄，他说道：“身为臣子，地位再高也不过是宰相，如今宋申锡已经是宰相，就算他拥立漳王，又能得到什么呢！臣认为，宋申锡绝不会傻到这种地步。”

这件事的原委，王守澄心知肚明，如果继续拖下去，宰相班子、御史台肯定会揭开其中的谜底，到时候宦官集团恐怕会吃不了兜着走。当天晚上，王守澄找到李昂，希望能够尽快结束此事，以免引起连锁反应。

太和五年（831）三月初五，李昂贬漳王李凑为巢县（今安徽省巢湖市巢县）公，宋申锡为开州司马。

宋申锡事件，宦官集团、皇室成员、宰相班子、文武百官都卷入其中。按常理，李昂应该打压宦官集团，可李凑被迫入局，让李昂只能和宦官联手，先保住自己的皇权。这样一来，因为宋申锡事件，宦官势力再下一成，文官集团节节败退，而他们的最后一点气节，也在皇权的打压下消失殆尽。

维州和党政风波：大唐威严尽失

太和五年（831）九月，西川节度使李德裕发来奏折，声称吐蕃国的维州副使悉怛谋想带着部下投降大唐，目前已经奔赴成都，李德裕安排代理维州刺史虞藏俭进入维州城，组织防务工作。同时，李德裕提了个建议：他打算派遣三百名羌族百姓焚毁十三桥，然后出兵直捣吐蕃腹地，洗刷安史之乱以来，吐蕃屡次侵占大唐边防疆域的耻辱，还说这是前任西川节度使韦皋终身努力却未能达到的目标。

维州，地处四川省阿坝藏族羌族自治州理县，西川小州，三面环水，地势险要。除此之外，维州是茶马古道的途经点，自古商贾往来，异常繁荣。一直到唐肃宗李亨年间，维州都是大唐的国土，后来吐蕃入侵，河西、陇右相继陷落，维州依然屹立在东南边境，成为吐蕃入侵的重要屏障。

吐蕃政权无可奈何，于是挑了个倾国倾城的美女，让她前往维州，勾搭上了维州的守城门将，二人结为夫妇。二十年后，守将的两个儿子相继长大，并且在维州站稳脚跟，有了群众基础。谁也没想到，二十年间，这位女子一直给儿子们灌输吐蕃的文化，而她也从未忘记自己的历史使命。有一次，吐蕃军队前来叩关，兄弟俩里应外合，终于让大唐的西南屏障落入敌手。

自此以后，维州被吐蕃改名为无忧城，同时也成了吐蕃入侵西南，祸害中原的战略跳板。唐德宗李适执政期间，曾经任命韦皋为西川节度使，集中了数万精兵攻打维州，虽然屡次获胜，却始终没能夺回维州的控制权。

这一次，悉怛谋投降唐朝，可谓大唐扭转局势的天赐良机。

当时，所有朝臣都同意李德裕的请求，只有牛僧孺反对。

牛僧孺表示，吐蕃边境线长达万里，失去一个维州，无损于它的国力。反观朝廷，对少数民族政权一直以信义为上，如果批准李德裕的请求，吐蕃就会派人责问朝廷为什么失信。不仅如此，吐蕃在原州（今宁夏回族自治区固原市原州区）的蔚茹川蓄养战马，只要三天时间，他们就可以打到长安。如果京城有危机，就算西川收复一百个维州，也是无济于事的。因此，朝廷不能同意李德裕的请求。

身为政治家，有自己的政治立场是没问题的。

拿藩镇关系、外交政策来说，牛僧孺喜欢奉行鸵鸟主义，不管周边发生了什么，朝廷无为而治，大家相安无事是最好的。

太和五年（831）正月，卢龙兵马副使杨志诚作乱，将卢龙节度使李载义逼走，随后又擅杀莫州刺史，牛僧孺的态度很直接：这是藩镇内部的权力斗争，只要他们继续为朝廷保卫边境，至于他们对朝廷的态度，皇帝不用太在意。

维州事件，牛僧孺继续奉行鸵鸟主义，这完全符合他的人设。然而，牛僧孺难道没有夹杂私人情绪，党争立场吗？

答案很明显，牛僧孺就是想反对李德裕的请求。

就拿牛僧孺口中的道义来说，神龙二年（706）至长庆二年（822）的一百多年间，吐蕃与唐朝总共会盟了八次，每次双方都会约定“各守本境，互不侵扰”“烟尘不扬”“乡土俱安”等条款，最近一次是在长庆二年（822）五月，唐朝和盟专使、大理寺卿刘元鼎前往吐蕃，与吐蕃官员钵阐布·勃阑伽允丹在拉萨东郊会盟。

唐朝君臣爱好和平，很少主动挑起战争，可吐蕃往往在当月签订盟约，下个月便派遣军队骚扰大唐边境。就在维州投降之前，吐蕃、南诏联军还在侵略大唐的西南边镇。让李昂遵守道义，完全是牛僧孺的道德绑架。

再说说吐蕃军队的威胁。

如果放在过去，吐蕃确实有打到长安的记录，可前提条件是藩镇内战，朝廷无法号令军队，地方政府群龙无首。如今，朝廷掌握军权，而且有资本号令地方政府，再加上吐蕃政权在走下坡路，打到长安的军事威胁，实在难以说服人。如果吐蕃真有实力，为何一直在原州逡巡不进？

遗憾的是，李昂被牛僧孺的话吓到了。

这位年轻的皇帝，似乎只在乎自己的皇帝宝座，向王守澄妥协如此，向牛僧孺妥协也是如此。君臣商议之下，决定把吐蕃将领悉怛谋等人送回吐蕃，至于怎么处置他们，那是吐蕃的家务事。

消息传到西川，李德裕震惊了，他接连上奏，希望李昂能慎重考虑，可消息却如泥牛入海，杳无音讯。西川将领也震惊了，朝廷放弃维州，岂不是将边境的控制权交还给吐蕃，视大唐将士的性命如草芥？

令人痛心的是，李昂诏书在此，李德裕只能遵行。

据史料记载，李德裕将悉怛谋送回吐蕃的时候，吐蕃人丧心病狂地嘲笑，说他们已经投降了唐朝，为何李昂还要送他们回吐蕃。言外之意，唐朝君臣就是一群不中用的废物！随后，吐蕃军队处死了悉怛谋等人，就是为了震慑那些投降唐朝的吐蕃百姓，也为了震慑在大唐和吐蕃之间摇摆不定的民族。

维州事件，大唐朝廷神威扫地，李德裕备受挫折。

这笔账，李德裕自然记在了牛僧孺的头上。

太和六年（832）十一月，李昂下诏，任命荆南节度使段文昌为西川节度使。

当时，在西川监军的宦官王践言结束任期，回朝担任枢密使，他亲眼看见了维州的惨剧，于是对李昂说了一番话："陛下，朝廷将悉怛谋等人捆绑送还，吐蕃人高兴了，可以后谁还敢投降大唐，这种处置着实不可取。"

事实上，悉怛谋等人被屠杀，李昂龙威扫地，恨不能找个地缝钻进去。在李昂眼里，牛僧孺应该背这口锅，有王践言在旁助攻，李昂顿时气血上涌。

于是，王践言补了一刀："牛僧孺这样做，恐怕是和李德裕有矛盾，不想让他立下大功，这件事办得确实不讲究啊。"

没过几天，李昂开完朝会，召集宰相在大明宫延英殿谈心。当时，李昂情绪有点低落，他不无指责地问道："天下何时能够太平，你们是否有过努力？"

宰相们看着牛僧孺，纷纷沉默不语。牛僧孺知趣地回答道："陛下，所谓的太平没有定论。如今，周边蛮夷没有入侵大唐，百姓没有流离失所，天下虽然没有大治，也算得上小康了（那个时候就已经有小康的说法了）。陛下如果还不满足，在此之外追求什么太平，那就不是臣等能够考虑的了。"

退朝之后，牛僧孺召集党羽，语重心长地说道：“陛下如此责备，恐怕我不能长久地居于宰相之位，还是主动请辞吧。”

客观地说，牛僧孺说了大实话。

如今的大唐，确实经不起折腾，如果强行改革或打仗，那就是找死，如果相安无事，可能是慢慢等死。牛僧孺奉行慢慢等死的立场，而且敢暗讽李昂，其勇气值得钦佩。更何况，牛僧孺看清了接下来的局势，主动退场，还算聪明。

太和六年（832）十二月初七，李昂下诏，封牛僧孺为淮南节度使，同中书门下平章事，将他调离了长安。随后，李德裕调任兵部尚书。太和七年（833）二月二十八日，李昂加封李德裕同中书门下平章事的头衔。按照规矩，李德裕需要进宫拜谢。

李昂：“爱卿，朕心之所忧，你可知道？”

李德裕：“陛下所忧，乃朝中朋党云集，宦官干政。以臣愚见，朝中至少三分之一的官员都在暗中结党。”

李昂：“别的不说，给事中杨虞卿、中书舍人杨汝士、户部郎中杨汉公、中书舍人张元夫、给事中萧浣等人依附内廷宦官，巴结外朝宰相，暗中为科举士子谋求前程，大搞权钱交易，朕也是痛心疾首啊。”

李德裕：“陛下，臣愿为陛下分忧。”

李德裕的办法很简单，凡是他不喜欢的，一律降职或罢免。

表面上看，李德裕治理了朋党现象，可他治理的是牛派朋党，发展的是李派朋党，这就是牛李党争不会禁绝的根源。

没过几天，李昂再次和宰相聊起朋党，牛党领袖李宗闵讽刺道：“究竟谁在搞朋党，臣心里清楚，因此杨虞卿等人都得不到好的职位。”

杨虞卿是牛党成员，刚刚被外放为常州刺史。

李德裕强势反击道：“他们此前担任的给事中、中书舍人难道不够好吗，这又是谁给他们授予的职务？究竟谁在朋比为党？”

这种感觉，很像被人揭开了遮羞布，李宗闵觉得脸上火辣辣的。事实上，他心里清楚，皇帝力挺李德裕，牛党肯定会完蛋，还不如破罐子破摔。

太和七年（833）六月，李昂想提拔工部尚书郑覃为御史大夫，不过话说得很婉转：“众位爱卿，朕觉得殷侑精通经学，水平类似郑覃。你们怎么看？”

李宗闵不合时宜地奏道：“陛下，郑覃、殷侑的经学水平确实很高，但他们议论朝政却没有可取之处。”

李昂的脸色立马黑了下来，他盯着李宗闵，眼神中带着怨愤。

李德裕接话道：“郑覃、殷侑议政，别人不愿听，但陛下却想听。”

按照规矩，李昂任命高级官员，需要经过中书省、门下省和尚书省长官的一致认可，任何一个人不同意，李昂的诏书都无法公示。郑覃是李党成员，李昂知道李宗闵不会同意，于是直接绕过中书省，强行公布了任命诏书。

身为宰相，却遭到皇帝的无视，这堪称李宗闵职业生涯的一大败笔。李宗闵气急败坏，于是找到枢密使崔潭峻，问道：“如今，朝廷对官员的任命都由陛下直接决定，那还要中书省和门下省干什么？”

崔潭峻：“陛下已经登基八年，应该让他自己决定。”

李宗闵：“……”

话说得很漂亮，可李宗闵知道，这是崔潭峻敷衍他的鬼话。事实摆在眼前，牛党已经完蛋了，就连宦官集团也无法拯救他们，又何必苦苦挣扎？

太和七年（833）六月十九日，李昂下诏，封中书侍郎李宗闵为山南西道节度使，保留同中书门下平章事的头衔。任命尚书右仆射王涯为同中书门下平章事，兼度支使、盐铁转运使。李宗闵的离朝，宣告牛党暂时结束了对朝政的统治。

舌灿莲花的郑注：让人眼红的人生际遇

太和七年（833）十二月，朝野发生了一件大事：李昂中风了。

现代医学证明，中风是心脑血管疾病，是可以遗传的。如果直系亲属里面有中风患者，那么获病的可能性将比常人高两倍左右。唐朝的皇帝里，唐高宗李治、唐顺宗李诵、唐穆宗李恒都是严重的中风患者，其他皇帝或多或少，都有轻微的中风症状，很不幸，李昂也携带了风疾的基因。

当时，李昂已经口不能言，太医们束手无策。就在大明宫一片混乱的时候，宦官王守澄找到神策右军判官郑注，将他推荐给了李昂。请大家记住这个名字，因为接下来的朝廷斗争，郑注可谓最耀眼的一颗“明星”。

郑注，本姓鱼，绛州翼城（今山西省临汾市翼城县）人，出身贫寒，没有读过书，相貌丑陋，而且是个近视眼。在那个年代，郑注堪称最底层的百姓，能够混个温饱算他的福气，能够娶妻生子就算是祖坟冒了青烟。虽然命运安排不公，可郑注却不甘心一生平庸。在古代，姓氏是男人传宗接代的标志，可郑注为了攀附当地的大家族，提高自己的社会地位，强行将自己的姓氏改成了“郑”。

长大之后，郑注拜几个老郎中为师，又苦读了几本医学古书，居然拥有了不可小觑的医术，还在江湖上闯出了小名气。元和十三年（818），郑注游历到襄阳，终于遇到了改变自己命运的机会。当时，襄阳节度使是大唐名将李愬，这位老兄外表看起来很刚猛，晚上在小妾的床上却一蹶不振。李愬暗中寻找江湖高人，郑注听说这个消息，最终毛遂自荐，进了襄阳军府。

令人惊奇的是，郑注熬了几服药，几个疗程下来，李愬的状况居然得到了改善。

自此以后，李愬将郑注留在府中，奉为座上宾。

郑注的医术炉火纯青，可他还有两项本领：察言观色的能力，舌灿莲花的讲话艺术，这都得益于长期混迹在江湖的阅历。有几次，李愬和郑注聊起军府政务，发现郑注居然说得头头是道，每逢有不决的大事，经过郑注的点拨，居然可以枯木逢春，柳暗花明。后来，李愬到徐州（今江苏省徐州市）为官，便将郑注带在身边，这也让许多幕僚得了红眼病，各种诋毁之词不绝于耳。

彼时，徐州监军便是宦官王守澄，他听说郑注的各种黑料之后，善意地提醒李愬，尽早除掉郑注。李愬舍不得，却又不想驳了王守澄的面子，于是说道："此人有不凡之才，要不您屈尊和他见面聊聊？保证您不会后悔。"

两人初次见面，王守澄横挑鼻子竖挑眼，各种冷言冷语。然而，郑注随便几句话就撩起了王守澄的兴趣，随后郑注展开攻势，把王守澄说得五迷三道。事实证明，王守澄彻底沦陷了，而且成功地路转粉，最后竟然对李愬说道："诚如公言，实奇士也。"自此，郑注和王守澄走到了一起。

回京之后，王守澄成为炙手可热的大宦官，郑注的身价也跟着水涨船高。据史料记载，许多人为了巴结王守澄，必须先拜郑注的码头。然而，宋申锡一案，郑注被迫递交弹劾奏折，破坏了李昂的除宦计划，这也让他遭遇了人生的滑铁卢。

李德裕上任，朝野对他寄予了厚望。

以侍御史李款为首的言官开始对郑注口诛笔伐："郑注在宫中交结宦官，在南衙交结百官，两地往来奔走，收取贿赂，窥测动向，窃取大权，人们敢怒不敢言。请求朝廷批准，将郑注交付御史台审查治罪。"仅仅十天时间，李款就上了几十道奏折，吓得郑注慌忙躲到王守澄的神策右军之中。

郑注的才能，朝野上下，宫廷内外都有所耳闻。

事实上，文官集团在搞政治斗争，宦官内部的左军、右军、左枢密使、右枢密使也存在严重的分歧。尤其是左军和右军，对抗文官集团，他们利益一致，可内部的争宠从未停息。郑注是王守澄的左膀右臂，左军一直想拿他开刀。

当时，神策左军将领李弘楚、左军中尉韦元素有过一番密谋。

李弘楚："王守澄欺负我们不是一天两天了，我们得找回尊严啊。"

韦元素："哦？你说说看。"

李弘楚："郑注阴险狡诈，举世无双，是我们的大敌。如今，他被侍御史李款弹劾，藏在神策右军，我们如果出手，事半功倍。"

韦元素："他现在在王守澄的军中，难道你要我带兵过去？"

李弘楚："那倒不必，我以您的名义去见他，借口说您身体有恙，请他前来诊断，到时候结果他的狗命。如今，枢密使杨承和、王践言也对王守澄也不满，就算闹到陛下跟前，您也不用承担太大的责任。"

计划就这样定下了。

左军中尉韦元素召唤郑注看病，他不得不来。

进了门之后，郑注点头哈腰，毕恭毕敬，这让韦元素非常满意。看来，外界盛传此人阴险狡诈，行为猥琐，有点虚夸的成分啊！

郑注看到韦元素对他没有恶意，于是放松心态，开始将自己毕生阅历和所知所学全都倾倒出来，韦元素听得津津有味，拊掌大笑。动情之处，竟然拉着郑注的手，恨不能引为知己，竟然将定好的鸿门宴抛到九霄云外。

彼时，李弘楚在旁边多次暗示韦元韦动手，却惨遭无视。不知不觉，天已经黑了下来，韦元素结束对话，送郑注许多金银财宝，将他礼送到门外。

李弘楚惊呆了，说好的鸿门宴呢，说好的摔杯为号呢，怎么变成了伯牙和子期共奏高山流水？事后，李弘楚恨铁不成钢，大声咆哮道："您放弃诛杀他的机会，将来必然会遭受他的陷害。"第二天，李弘楚便递交了辞呈。

不得不说，郑注的人格魅力，确实是个大杀器。

王涯是王守澄推荐入相的，上任之后，王涯投桃报李，拦下了不少弹劾郑注的奏折，让李昂的耳根清净了不少。再加上王守澄日夜为郑注说好话，李昂慢慢放下了对郑注的成见。没过几天，郑注竟然被封为侍御史、神策右军判官。

消息一出，举朝震惊。

皇帝昏了头，还是故意羞辱御史台？也许，李昂自己也不清楚。他更不可能知道，这个决策会给大唐的朝廷带来多么悲惨的后果。

郑注刚刚升官，李昂就得了中风，王守澄命他为皇帝看病，而郑注简单开了几服药，竟然让李昂的病情缓解下来。这样的人生际遇，让老天爷都红了眼。

百官心里清楚，郑注崛起了，没有谁能够阻挡这颗政治新星。

权宦王守澄被杀：皇上不喜欢了

太和八年（834）七月，李逢吉的侄子李仲言回来了。

想当年，李仲言坑害李绅，被朝廷流放到象州（今广西壮族自治区来宾市象州县），李昂大赦天下，李仲言被调回洛阳。彼时，洛阳留守正是李逢吉。

叔侄见面，分外亲切。他们回忆起在长安意气风发，呼风唤雨的岁月，不免唏嘘感叹。如今，李逢吉已经七十多岁，按理说应该是无欲无求的，可有件事始终令他耿耿于怀：他还想再做一次宰相，体验唯我独尊的感觉。至于李仲言，长期流放象州，他也想回到长安，重新走向人生的巅峰。

李仲言表示，他和郑注有交情，可是缺钱。

李逢吉："叔叔有的是钱，你去办事吧，等你好消息。"

有朋友的交情，又有钱财开道，李仲言获得了面圣的机会。

据史料记载，李仲言身材魁梧，英俊潇洒，为人豪爽，有男人气概，擅长诗词歌赋，出口成章，精通《周易》，机谋善断，对世间百态有深刻的认识。

君臣见面，李昂瞬间就被李仲言征服了。

太和八年（834）八月，李昂公开表示，要让李仲言做谏官，入驻翰林院。

李德裕阻拦道："陛下，万万不可。李仲言和李逢吉坑害李绅的事情朝野尽知，这种人品低劣的人，怎么能够得到任用呢？"

李昂："爱卿，人谁无错，知错能改，善莫大焉。"

李德裕："臣听说，只有孔子的弟子颜回能够不犯同样的错误，因为他是圣人。更何况，他犯错是因为思虑不周，而李仲言是知错犯错，其心可诛。"

李昂很无奈，你瞧瞧，又搬出了圣人。

李昂："朕已经答应了李逢吉，君无戏言。"

李德裕："李逢吉推荐奸人，说明他就是朝廷的罪人。"

李昂："既然这样，要不给他任命其他的职务吧。"

李德裕："臣不同意。"

话不投机半句多，李昂看着王涯，希望他能够说几句。

事实上，王涯也忌惮李仲言的存在，就在不久前，他还写了反对李仲言回朝的奏折。然而，看到李昂固执己见，王涯想着卖李昂一个人情。

王涯笑了笑："臣以为，李仲言挺好的。"

有趣的是，李德裕正对着王涯挥动双手，暗示王涯反对李昂的提议。王涯话音刚落，李昂带着胜利的表情望向李德裕，刚好看到了这一幕。试问，还有比这更尴尬的气氛吗？李德裕的小动作，让李昂像吃了苍蝇一般恶心。

鉴于李仲言确实有不良前科，又以罪臣身份入宫，李昂并没有一意孤行。随后，李昂乾纲独断，任命李仲言为四门助教，也就是国子监下设的"四门馆"里的一种教职，官阶"从八品上"。

如果李德裕够聪明，应该明白背后有宦官集团撑腰。李昂退让一步，李德裕卖给宦官集团、李昂一个面子，堪称是完美的结局。然而，李德裕接下来的操作刷新了大家的认知：他竟然命人驳回了李仲言的任命流程。

都在一个锅吃饭，如果你太霸道，容不得别人，谁还愿意陪你玩？

愚蠢的操作，令王守澄、李仲言、郑注等人对李德裕恨之入骨。为了扳倒李德裕，他们决定召回牛党领袖李宗闵等人。

太和八年（834）十月十三日，李宗闵重新做回宰相。太和八年（834）十月十七日，李德裕接替李宗闵的职务。至于李仲言，如愿以偿地入驻翰林院，担任侍讲学士。

据史料记载，李德裕不想去山南西道，于是奏请李昂，希望留在长安。李昂随后下诏，封李德裕担任兵部尚书。然而，在李宗闵的干预下，李德裕最终被贬为横海节度使，而且丢掉了同中书门下平章事的头衔。

看得出来，李昂不想把事情做绝，所以才同意李德裕的请求。可是又迫于压力，再次改变了决定。那么问题来了，党争之中，李昂究竟是什么心态？

关于朋党，李昂曾经说过：去河北贼易，去朝廷朋党难。

也就是说，李昂明白朋党不可能消失，李德裕和李宗闵没有本质区别，他能做的就是平衡两派势力，提拔能揣摩自己心思的朝臣，以此达到自己的目的。李昂的目的之一，便是铲除邪恶跋扈的宦官势力，重新树立皇权的威严。

很遗憾，李德裕没有察觉到李昂的心思，或者察觉到了，却没有和李昂统一立场。反而因为小事不停和李昂唱对台戏，这样的官员，李昂能要吗？

关键时刻，李昂只能牺牲李德裕，寻找更好的伙伴。

历史证明，郑注和李仲言就是李昂要寻找的人。他们表面上依附王守澄，背地里却倒向了李昂。背叛的原因也很简单，跟着王守澄，他们永远是普通官员，如果得到李昂的赏识，他们就可以做宰相，走向权力的巅峰。

拿李仲言来说，做翰林侍讲后，经常给李昂讲授他最感兴趣的《周易》。可奇怪的是，李昂丝毫提不起兴趣。有几次，李仲言故意讲到前朝皇帝被宦官欺压的典故，言语中透露自己力挺皇帝，维护君权的态度。久而久之，李昂也察觉到了李仲言的暗示，大家都是聪明人，一拍即合。

这两位老兄非常机智，投靠李昂后，继续扮演着王守澄的代言人，该收的钱一分不漏，该办的事一件不落，王守澄丝毫没有起疑心。

太和九年（835）五月，李训和郑注向李昂推荐神策右军将军仇士良，希望用他分化王守澄的势力。仇士良是王守澄的死敌，如果他上位，不愁王守澄不倒台。

李昂："就让他做神策左军中尉吧。"

郑注和李训为李昂卖命，李昂自然要给他们更多的权力。再蠢的人也知道，有权不用，过期作废。太和九年（835）五月，长安盛传一则谣言，说郑注在为皇帝炼制丹药，其中一个药引就是小孩子的心肝。

李昂表示，老百姓日子无聊，搞搞谣言没问题。问题是，不能把锅甩到皇帝的头上啊，而且是一顶让他遗臭万年的锅。这事没完，彻查！

负责彻查的就是郑注，他刚好和京兆尹杨虞卿有仇怨，于是将锅甩到了杨虞卿家属的头上。紧接着，杨虞卿就被关押到了御史台的大狱。杨虞卿的后台是李宗闵，李宗闵为小弟求情，惨遭李昂的侮辱训斥。最后，李昂想起李宗闵结党营私的旧账，直接将他贬为明州（今浙江省宁波市鄞州区）刺史。

郑注和李仲言闹得风生水起，却一直没有触碰王守澄的利益。相反，他们继续标榜自己是王守澄的党羽，打算借王守澄之手，除掉其他的宦官势力，比如韦元素、杨承和、王践言。当时，郑注和李仲言密奏李昂，扬言要动手锄奸，同时又给王守澄洗脑，说要将敌对势力赶出京城，以后王守澄就是京中唯一的势力。

效果很明显：杨承和出任西川监军，韦元素出任淮南监军，王践言出任河东监军。没过几天，他们被扣上与李德裕、李宗闵暗中勾结，收受贿赂的罪名。接下来，他们就收到了三尺白绫。前任枢密使崔潭峻早已经去世，李昂为了泄愤，命人刨出他的棺材，当众鞭尸。

让李昂高兴的事情不多，可是让他讨厌的太监死了，绝对是李昂喜闻乐见的。至于王守澄，谈不上高兴，但少一个人争宠，总归是好事。

太和九年（835）七月，李仲言进封兵部郎中、知制诰、翰林侍讲学士。

太和九年（835）八月，郑注进封工部尚书、翰林侍讲学士。

如果不是他们的资历不够，又害怕引起王守澄的察觉，李昂恐怕早就将宰相的头衔丢给了他们。为了拉拢他们，李昂几乎走火入魔。

翰林学士、户部侍郎李珏，是李昂的亲信臣僚。有一次，李昂想提拔郑注，于是征询李珏的意见：“你知道郑注吗？你曾经和他有过交集没有？”

李珏：“臣不仅知道他的姓名，而且深知他的为人。郑注是奸邪小人，陛下宠信他，恐怕不合适。臣是陛下的幕僚，怎么敢和这种人交往？”

郑注升官之后，李昂突然想起了这件事，内心觉得李珏没有识人之明，差点漏掉了沧海遗珠。于是，李昂将李珏贬为了柳州司户。

郑注很感激李昂，于是挖空心思，准备再给李昂做件事。

宫中曾经有传言，说唐宪宗李纯驾崩的真正原因不是服食丹药过量，而是被宦官陈弘志阴谋弑杀。说白了，真相不重要，关键是现任皇帝是怎么想的，以李训和郑注的精明，很快便将李昂的心思摸得一清二楚。

太和九年（835）九月，一匹快马疾驰在通往山南东道的官道上，使者带着让山南东道监军陈弘志回朝，皇帝另有任用的密信。陈弘志万万没想到，李昂会记得他，于是在没有防备的情况下启程回京。走到青泥驿（今甘肃省陇南市徽县境内）时，突然冒出一批身穿夜行衣、手持陌刀的人，陈弘志瞬间就被剁为肉泥。

一切做得神不知，鬼不觉，就连王守澄也被蒙在鼓里。

自此，王守澄已经被彻底孤立。

太和九年（835）九月，李昂下诏，封王守澄为神策军观军容使，兼十二卫统军。观军容使就是神策军的监察委员，十二卫统军是战争时期的高阶指挥官。可如果没有战争，十二卫统军就是虚职。也就是说，王守澄被架空了。

那么问题来了，王守澄手握兵权，为何会甘愿被架空？李昂只需要坐镇大明宫，发出几道诏令就可以剥夺王守澄的军权，为何要大费周章？

答案其实很简单，宦官若想杀皇帝，没难度。宦官若想废黜皇帝，也可以。宦官若想称霸朝廷，也有可能。秦朝的赵高，汉朝的张让，唐朝的李辅国，明朝的王振、魏忠贤，他们都是可以呼风唤雨的权宦，却都没有成气候，而且下场很悲惨。究其原因，他们有道永远迈不过去的坎：他们没有继承人，权势只是自己争取生存空间的手段。他们是皇权的寄生虫，就算有能力造反，最终也要寻求皇室、百官的认可，而且宦官集团要有智慧消化随之而来的权力。

也就是说，宦官如果发动武力政变，可能只有两种原因，他们有政治追求，或者生存空间受到威胁，不反抗就是死路一条。

看看王守澄、崔潭峻等人，他们并没有把持朝政、操控皇帝的企图，充其量利用外朝的政治斗争，大搞权钱交易，获得金钱回报。崔潭峻甚至告诉李宗闵，李昂已经登基多年，朝政应该由他说了算。至于郑注、李仲言的倒戈一击，王守澄一直被蒙在鼓里，只能说，王守澄太愚蠢了。

遗憾的是，唐文宗李昂一直表现得很弱懦，这种懦弱不能完全归罪于宦官集团的强势。毕竟，后世的史官总喜欢为尊者讳，谁会说皇帝内心惧怕宦官，害怕丢掉自己的帝位，害怕丢掉自己性命，为他们打上懦弱的标签呢？

太和九年（835）十月初九，王守澄饮鸩自杀，毒酒正是唐文宗李昂赐的。不过，王守澄平静地去世，换了个扬州大都督的死后追封。这也证明，皇帝杀宦官，就是因为不喜欢你，而不是你犯了多大的罪过。

可笑的甘露政变

王守澄死了，百官自然拍手称快。

至于李仲言和郑注，大家的评价出现了分歧。毕竟，这两位老兄是王守澄的小弟，却阴谋害死了大哥，从道义上讲，他们干得不讲究。还有些人觉得，王守澄死有余辜，他们是为国除害，是锄奸小能手，值得大家尊敬。

朝臣的评价不重要，李昂开心就行。

那么问题来了，大家都死了，郑注和李仲言之间谁来做老大呢?

很显然，接下来还会有一场恶斗。

随后，李仲言和郑注找到李昂，说道:“陛下，王守澄、杨承和等人已死，可他们在宫中经营多年，肯定会有很多党羽，应该除恶务尽，斩尽杀绝啊。”

李昂:“爱卿所言极是。你们可有安排? ”

李仲言:“王守澄的葬礼安排在十月二十七日，到时候，陛下可命宫中的宦官去给王守澄送行，我们趁机关闭墓门，将他们悉数坑杀。”

李昂:“你们去办吧，注意保密。”

出宫之后，二人再次密谋了一番。

李仲言:“郑兄，除掉王守澄的余党是绝密，为了不打草惊蛇，我不能动用长安城内任何兵力。前番你去凤翔练兵，不知道是不是已经万事俱备? ”

郑注:“我在凤翔挑选了数百名亲兵，已获陛下恩准。到时候，他们拿着缠着白布的木棍，胸前藏着利斧，只等咱们一声令下，就让宦官灰飞烟灭。”

李仲言:“有郑兄在，何愁大事不成。”

按理说，郑注是李仲言的恩人，大家又是朋友，还有共同的利益诉求，互相结盟是最好的选择。然而，李仲言吃醋了，因为李昂总是夸赞郑注，忽视他的感受。据史料记载，设计诛杀王守澄的时候，李仲言就对郑注动了歪心思。

当时，李仲言对郑注说，杀王守澄可能会动用兵力，如果两人都待在长安，事情万一泄露，他们根本没有翻盘的能力。如果有一个人出任凤翔节度使，掌握凤翔的军队，内外并举，就可以保证万无一失。于是，郑注主动请缨担任凤翔节度使，暗中培植自己的势力，那数百名亲兵就是郑注努力的结果。

郑注把事情办成了，李仲言又郁闷了。想想看，如果动用凤翔的兵力，成功之后，功劳岂不都是郑注的？于是，李仲言找到邠宁节度使郭行余、河东节度使王璠、左金吾卫大将军韩约、京兆少尹罗立言、御史中丞李孝本，打算先除掉宦官集团，再端掉郑注的势力。剧本已经写好了。

太和九年（835）十月二十七日，给王守澄送葬的宦官们命丧九泉。然而，神策左军中尉仇士良、神策右军中尉鱼弘志由于级别较高，并没有出席葬礼，李训等人不得不再次寻找机会。而铲除他们的计划，就是接下来的“甘露政变”。

太和九年（835）十一月二十一日，李昂在大明宫紫宸殿上朝。

左金吾大将军韩约奏道：“陛下，左金吾衙门后院的石榴树上，昨晚有甘露降临，这是祥瑞的征兆，臣昨晚已通过守卫宫门的宦官向陛下报告了。”

甘露就是甘甜的雨露，一旦降临人间，预示着来年会五谷丰登，六畜兴旺，百姓安居乐业。李昂铲除宦官集团，刚好需要祥瑞应景。因此，韩约刚刚说完，文武大臣便识趣地给李昂送上了祝贺。

李仲言接话道：“陛下，甘露预示着国运昌隆，是上苍的恩旨。紫宸殿是上朝的地方，咱们应该换到含元殿，在那里才好显示我们对上天的诚意。”

李昂：“还是爱卿考虑周到。”

在大明宫，含元殿是级别最高的宫殿，是皇帝举办大朝会的场所，其次是宣政殿，排名第三的才是朝臣拜见皇帝的紫宸殿。李仲言的提议没问题。不过，含元殿在大明宫南边，靠近南衙。紫宸殿在大明宫中部靠北，靠近神策军驻地。

这样的地理位置，让李仲言占尽了军事优势。

当然，李昂心里只有甘露，很难想到这些细节。李昂嚷嚷道："李仲言，你带着宰相去左金吾府衙看看，是不是确有其事。"

过了好一会儿，李仲言才回来。他面露尴尬之色："陛下，臣和众人去检查过了，不像是真正的甘露，臣建议不可匆忙宣布祥瑞之事。"

李昂："你到底看清楚了没？那个，仇士良、鱼弘志，你们二人率领宦官再去看看，给朕看仔细咯！"

此时，韩约已经在府衙布置妥当，只等仇士良和鱼朝恩到位，就砍掉他们的脑袋。邠宁节度使郭行余、河东节度使王璠则偷偷在大明宫丹凤门外（正南门）埋伏了不少精兵，只等皇帝一声令下，便可入宫诛杀宦官。两个宦官刚走，李仲言便将郭行余、王璠叫来，让他们接受李昂的命令。

李昂："两位爱卿，你们都安排好了吧。"

郭行余："臣已经将亲兵都带进宫，只等陛下下令。"

李昂："王璠，你呢？"

谁料想，王璠两腿发抖，神色慌张，细问之下才知道，他的军队还没到位。李仲言的眼角抽搐了一下，感觉事情有些不妙。

此时，仇士良和鱼朝恩已经来到左金吾后院的石榴树下。两个人仰着头看了半天，只发现枯败的树上只有几坨鸟粪，哪有什么天降甘露。他们举头纳闷，突然瞥见韩约嘴唇发白，汗流浃背，神色异常……

仇士良："韩将军，这大冷天的，你觉得很热吗？"

忽然，一阵微风将院中的帐幕吹了起来，仇士良看到了埋伏的精兵，于是恍然大悟，大声叫喊着："有埋伏，赶紧逃出去……"

仇士良一眨眼便蹿到了大门前。局势瞬息万变，韩约没有想到会出现破绽，守门士兵也没有接到韩约的军令，因此没有关闭院门。就这样，仇士良逃出生天，直接奔含元殿而去。

此时，李仲言站在含元殿的门口，看到仇士良飞奔而来，于是大声呼叫道："卫士上前，擒杀仇士良，赏钱百缗。"

我的乖乖，仇士良是禁卫军的老大，没有皇帝的旨意，谁敢弄他？听说只是赏钱百缗，卫士们直接泄了气，于是慢悠悠地跑过来询问到底咋回事。

有理由相信，如果李仲言喊出“赏钱万缗”的口号，仇士良恐怕早已经暴尸含元殿前了，根本没有后面的故事。

当时，李昂正在等待消息，听到李仲言的怒吼，竟然吓得惊慌失措。直觉告诉他，接下来会有一场恶战，他想尽快离开含元殿，离得越远越好。

含元殿广场，场面一片混乱。

仇士良在广场狂奔。卫士没有擒拿仇士良，而是围着李仲言询问。李仲言想阻拦李昂，劝他不要离开大殿。太监们和李仲言争抢着李昂。李昂已经彻底凌乱了，他不明白李仲言想杀他，还是想弄死太监。文武百官纯属吃瓜群众。

就在此时，京兆少尹罗立言带着三百名京兆府巡逻兵赶到，御史中丞李孝本带着两百名御史台护卫赶到，开始在含元殿诛杀宦官。恐怕谁也没想到，一场迎接甘露祥瑞的朝会，竟然会演变成血流成河的宫廷军事政变。

刀剑无眼啊，要是谁“不小心”朝李昂捅上一刀——

李昂表示，这样的剧本完全有可能。为了保险起见，他勒令宦官护送他离开含元殿。至于李仲言，他疯狂地拉扯李昂，嘴里喊着让李昂留下来主持大局，眼神中却又满是惊慌。李昂惊吓过度，蹦出一句：“李仲言，你放开朕。”

性命攸关的时候，李昂放弃了盟友，选择了他的敌人。

宦官郗志荣趁李仲言不备，朝他的胸口重重地捶了一拳，等李仲言缓过气的时候，李昂已经跑到了宣政殿。望着喊杀声震天的含元殿，李仲言迷茫了，这一切究竟是为了什么？明明是李昂授意的政变，却不愿意主持大局，反而像个胆小鬼一样，躲进宦官的怀抱。就算拿下含元殿，事情还能说得清楚吗？

蝼蚁尚且贪生，何况活生生的人。

李仲言脱下了随从官员的衣服，骑马而逃，算是对自己的交代。

此时，战斗已经接近尾声，李孝本、罗立言杀进殿中，发现皇帝不见了，带头的李仲言也不见了。那么问题来了，他们算是杀贼，还是政变？

“来来来，都散了吧！”

宰相王涯、舒元舆等人表情淡定，回到政事堂商议道：“陛下等下会在延英殿召集我们商议朝政，我们还是先办公吧。”

无知者无畏，说的就是这样一群人。

直到此时，李仲言发动的“甘露政变”落下帷幕。

接下来，就是仇士良表演的时间。

仇士良死里逃生，看到大局已定，于是找到李昂，暗示李昂就是幕后主谋，还说李昂既然想诛杀他们，就别怪他们不客气。说完这番话，仇士良来到禁军驻地，命左、右神策副使刘泰伦、魏仲卿率领五百名禁兵入宫杀贼。

那么问题来了，谁是反贼？

仇士良表示，除了宦官，能跑的一概诛杀。

彼时，王涯等宰相肚子饿了，正准备去吃工作餐，忽然有官吏报告说：“从大明宫紫宸殿冲出许多神策禁军，在宫中逢人就杀。”

王涯怒吼道：“那还等什么，快逃啊。”

于是乎，中书省、门下省的一千多名官员狼奔豕突，争相逃跑，落后的六百多名官员倒在了血泊之中。随后，仇士良关闭大门，搜查南衙各司衙门，扩大诛杀范围。各司的官吏，负责警卫的士卒，以及正在买酒的商人全部被杀，尸体狼藉，流血遍地。官府大印、地图、户籍档案、衙门的办公用具悉数被毁。

舒元舆换上百姓的服饰后，骑马从安化门逃出，被骑兵逮捕。王涯步行到永昌里的一个茶馆，被禁兵逮捕，随后被押送到神策左军。

彼时，王涯已经七十多岁，重枷锁身，又遭到严刑拷打，最终熬不过刑罚，违心地承认了一条罪名：“和李仲言一起谋反，准备拥立郑注为皇帝。”

宰相王璠回家后，闭门不出，打算召集家兵抵抗。

神策将军诓骗他说：“王涯和李仲言谋反伏诛，神策中尉鱼弘志请您回去做宰相，主持大局。”大门打开后，天真的王璠成了一名囚徒。

随后，御史中丞李孝本、京兆少尹罗立言也成了阶下囚。

李昂的内心独白：可怜之人必有可恨之处

唐朝的禁卫军还有一个传统：每逢长安内乱，他们就会趁机抢劫大户，或者公报私仇。这次遭殃的是前任岭南节度使胡证，据说他卸任之后，成了长安城的超级富豪，不过都成了禁卫军的军饷。长安内乱，地痞流氓也开始在街上杀人放火，抢劫土豪，以至于长安城哀鸿遍野。

政变的毁灭力量是恐怖的，可重归于平静，只用了两天时间。

太和九年（835）十一月二十三日，大明宫传出消息，还在长安的官员正常上朝，每个官员带上一名随从，从大明宫右侧的建福门入宫，前往紫宸殿面见皇帝。

问题是，活着的官员还剩几个？

中书省和门下省靠近宫城，成了禁卫军的屠宰场，两省的高级官僚、御史大夫都被神策军关押在监牢，尚书省在宫城南部，因此幸免于难。尚书左仆射令狐楚、右仆射郑覃成了级别最高的官员。

紫宸殿内，李昂问道："为何不见宰相王涯？"

仇士良："王涯等人谋反，已经被逮捕入狱。"

仇士良将王涯的供词交给了李昂和令狐楚、郑覃等人。

大家看到"立郑注为帝"，瞬间倒吸了一口冷气。

李昂颤抖道："这是王涯的笔迹吗？"

令狐楚、郑覃："回陛下，看起来很像。"

李昂："如果真是这样，那就罪不容诛。令狐楚、郑覃，朝廷没有宰相，你们是最高级别的官员，以后朝政大事，由你们帮朕参详吧。"

据史料记载，仇士良打算提拔令狐楚为宰相，可这位老兄在描述宰相王涯的“犯罪过程”时，有意隐晦，于是遭到了仇士良的嫉恨。

仇士良：“郑覃，你来写吧，写好了你就是宰相。”

甘露政变中，李仲言成了唯一的幸存者。

逃亡的路上，他想起终南山有个叫宗密的世外高人，李训曾经和他有过几面之缘。谁料想，李仲言说明来意，宗密竟然毫不畏惧，还给李仲言剃度，准备将他藏在寺庙。然而，宗密的徒弟扬言李仲言就是个祸害，最终将他逼走。

李仲言仰天长叹，天下之大，何处可以容身？

去凤翔吧，厚着脸皮找郑注，或许郑注念着旧情会收留。然而，走到半路的时候，李仲言被有关部门擒获。李仲言清楚，落到宦官的手里会是什么下场，他对押运的官兵说道：“你们为什么抓我？”

士兵：“当然是为了赏钱，你可是头号通缉犯。”

李训仰天大笑：“你太幼稚了。把我放在囚车，恐怕走到半路就会被神策军劫走。直接拿着我的人头去长安城领赏，岂不是更好？”

士兵：“好主意。”

太和九年（835）十一月二十四日，禁卫军押着王涯、罗立言、郭行余、舒元舆、李孝本等人，在太庙前告罪，随后在东、西两市游街示众，并让文武百官前来观看。最后在仇士良和鱼弘志的监督下，他们被集体腰斩。

事实上，甘露政变还有一位配角，郑注。

据史料记载，郑注不是谋划者，而是执行者。他接到的任务是率领五百名亲兵前往长安，一直到政变失败的消息传来，郑注还在赶路。

事情过后，仇士良派人携带唐文宗的“诏令”前去告知凤翔监军张仲清，让他趁机诛杀郑注。张仲清傻眼了，郑注是凤翔军的领导，他一个小小的监军，凭什么杀郑注？关键时刻，亲信李叔和说道：“让郑注参加咱们的鸿门宴。”

张仲清：“开什么玩笑，郑注已经知道了长安城的事情，他难道还会赴咱们的鸿门宴吗？”

李叔和：“富贵险中求，万一郑注来了呢？”

张仲清:“好吧，那咱们就赌一赌。”

谁料想，郑注真的赴宴了。事后来猜，原因可能是郑注觉得有亲兵保护，在凤翔是横着走路的存在，因此习惯性毫无畏惧。然而，郑注进门之后，还没有喝完茶，就被几个宦官砍翻在地。想想看，左金吾卫院内，如果韩约也能直接砍翻仇士良，哪还有这么多故事？关键时刻，宦官才算得上狠角色啊。

直到此时，甘露政变才算宣告结束。

古往今来，成王败寇就是政治斗争的铁血法则。李仲言虽然得到了李昂的默许，可是因为李昂临时变卦，他最终被冠以阴谋政变的罪名，几辈子无法翻身。因为李昂的无能，无数的官员、百姓死于这场灾难，着实令人唏嘘不已。

一场甘露政变，直接奠定了唐朝后期宦官集团的地位。

回过头看，甘露政变，李仲言做好了他能做的一切。

第一道杀机在左金吾卫的衙门。第二道杀机在含元殿。

丹凤门外，有李仲言埋伏的几百名杀手。京兆府、御史台的随从有五百名。邠宁节度使郭行余的军队集结在长安城。文武大臣因为祥瑞之事，全部集结在含元殿。也就是说，李昂只需要下达一道诛杀宦官的命令，宦官集团就可以在朝臣的见证下，顺理成章地灰飞烟灭。

很遗憾，李昂没有勇气说出口，就像腼腆的男孩子，始终无法对心爱的女人说出“我爱你”三个字。更遗憾的是，李昂倒向了宦官集团。由此可见，李昂骨子里不信任文官集团，而且对宦官集团的畏惧已经深入骨髓，难以根治。

只能说，可怜之人，必有可恨之处。

问题是，李昂出卖文官集团后，获得宦官集团的支持了吗？

仇士良、鱼弘志不是蠢蛋，李昂摆明了要他们的性命，他们怎么可能再继续扶持李昂，唯他马首是瞻？只能说，从此世上多了一位傀儡皇帝。

甘露政变，宦官集团要背锅吗？

客观地说，仇士良、鱼弘志有点冤。

甘露政变是李仲言为了夺取最高政权，精心设计、主动发起的政变，而且李仲言还想趁机铲除盟友郑注，至于其他的人，都是炮灰。仇士良、鱼弘志是剧本中的终极炮灰，当他们的生命、地位受到威胁时，能不反抗吗？

宦官集团的崛起，就是在一场场的保卫战中积累的优势。

随着甘露诛宦的失败，曾经意气风发的李昂彻底沉沦。讲道理，是他先动的手，实力不济才被人打趴下；讲道义，他放弃了为他卖命的李仲言，虽为天子，实则不义；讲君臣，他没有事先通知大臣，说明对朝臣们不信任。

甘露政变后，李昂彻底成了孤家寡人。为了保全自己的性命，他放弃了重振君威的打算，自此以后他无心朝政大事，无奈和消极成了唐文宗李昂余生的主旋律。而宦官集团手握军权，傲视群雄，鄙视帝王，成了长安城食物链中最高级别的捕猎者。朝中宰相虽然偶尔给皇帝撑腰，可大部分时间都在忙着搞政治斗争，为自己的利益奔波忙碌，谁也没有胆量和宦官集团开战。

开成四年（839）十月，唐文宗李昂忽然动了看《起居注》的心思。

《起居注》记录着皇帝的一言一行，皇帝干了啥坏事，说了什么脏话，都会记录在案。为了防止皇帝更改记录，他们是最没资格翻看《起居注》的。然而，李昂知道自己的不堪，他忽然很想知道历史会怎么评价他，于是找来起居舍人魏谟。李昂有点局促不安地问道："魏爱卿，能否把《起居注》给朕看看？"

魏谟："《起居注》既记载善行，也记载恶事，用来警戒帝王，去恶从善。陛下只管努力勤政为善，而不必观看《起居注》。"

李昂："没事儿，朕曾经也看过。"

魏谟："过去是过去，只能说明当时的史官不负责任，如果陛下开了先河，以后的史官还怎么客观地记载史实？"

李昂只好作罢。

开成四年（839）十一月二十一日，早朝之后，李昂回到清思殿闲坐。

李昂："今日翰林院是谁在值班？"

侍从："是中书舍人周墀。"

李昂："将他叫来。"

李昂正襟危坐，给周墀赐了几杯御酒压惊，随后张口问道："周爱卿，你熟读史书，在你看来，朕是一个什么样的君主？"

周墀满满的求生欲，他斟酌道：“陛下尧、舜之主也。”

李昂微微一笑，欣慰地说道：“你是个忠臣。不过，朕怎么敢和尧舜相比，之所以问你，是想和周赧王、汉献帝相比罢了。”

皇帝的自嘲，臣子自然不能当真。周墀赶紧给李昂送了个梯子：“周赧王和汉献帝都是最后亡国的帝王，怎么比得上陛下的圣德？”

李昂：“周赧王、汉献帝受制于各地强大的诸侯，而朕受制于宦官家奴。就此而言，朕还不如他们。”

话已至此，周墀无言以对，只好匍匐在地，流泪不已。

唐文宗立太子：一心只为李唐江山社稷

李昂胆小，这是肉眼可见的事实。不可否认，李昂又是个有理想，而且终生勤政爱民的皇帝。当年，哥哥李湛醉心于玩乐，最终被宦官杀害，李昂可谓耿耿于怀。他一向以太宗皇帝的后代自居，骨子里满是李唐的江山社稷。

关于这一点，从李昂立太子的决定就可以看得出来。

李昂有两个儿子，长子李永，次子李宗俭。宝历二年（826），李昂登基称帝，按照正常规律，李昂肯定把太子的宝座留给自己的儿子，可他并没有这样做，而是将目光转向皇室其他成员，打算挑一位有担当、有前途的太子。

据史料记载，太子人选是晋王李普，唐敬宗李湛的儿子。当时，李昂看重李普的人品，将他养在宫中悉心培养。不幸的是，两年之后，李普因病去世。接下来的几年，李昂一直没立太子，他始终觉得，李永不是最合适的人选。然而，他膝下只有两个儿子，不立李永，他还能把家业留给谁呢？

太和六年（832）十月，李昂下诏，册封李永为皇太子。

很遗憾，李永的表现确实不堪。比如，他继承了大伯李湛的娱乐基因，还把李湛遗留下来的娱乐项目发扬光大。身边的近臣屡次劝谏，希望李永可以收心，没事经常去父皇面前晃悠，做个忠臣孝子，可李永就是不干。

李昂是皇帝，也是一位父亲。按照民间的说法，父亲知道自己的德行，明白自己这辈子算是完了，所以把希望寄托在儿子身上，而李永就是李昂的寄托。然而，李永就是一摊扶不上墙的烂泥，李昂能怎么办？

李昂咆哮道：“王德妃，都是你无能，所以才教出这样的儿子！”

王德妃是李永的母亲，也是儿子不成器的背锅侠。

李昂的动摇让杨贤妃看到了希望，她日夜在李昂跟前诽谤王德妃，以至于王德妃被杀。弄死了李永母亲，杨贤妃又开始诬陷太子李永。

有趣的是，杨贤妃并没有皇子，她参加宫斗，就因为安王李溶（唐穆宗李恒的第八子）给她说了好话，想夺太子之位。

开成三年（838）九月初七，李昂召集中书、门下、尚书、御史台的重臣开会，宣布李永游乐无度，荒废学业，亲小人远贤臣的“罪名”，正式提出废黜李永。

群臣蒙了，李永是现阶段皇位的唯一继承人，就因为贪玩而被废，是不是太草率？李昂废了他，打算把帝位传给谁？给事中韦温甚至公开责备：“皇帝就这么一个儿子，平时不教诲，才导致这样的局面，这不是李永一个人的错。”

开成三年（838）九月初八，十六名神策军将领，六名翰林学士联名上奏，希望李昂放弃废太子的疯狂想法。君臣两轮较量，以唐文宗的妥协而结束。

大家都认为，这件事已经平息了。可开成三年（838）十月，皇太子李永在少阳院（位于大明宫旁，太子称为少阳，居住地被称为少阳院）突然暴毙。

那么问题来了，李永暴毙的原因是什么呢？

这是个历史之谜，黑暗的宫廷斗争中，总有人是牺牲者，他们存在的价值，只是接下来故事的前奏旋律，仅此而已。李永暴毙一案，李昂没有过问，也没人调查。朝臣们似乎嗅到了危险，于是劝李昂尽快确立新任太子，早定国本。

李昂的二皇子叫李宗俭，生卒年不详，有可能在李永暴毙前就已经去世。事实证明，李昂很大公无私：太子不一定是自己的儿子啊。

活跃的杨贤妃提出了一个人选：唐穆宗李恒的第八子，安王李溶。原因很简单，李溶的母亲杨氏和杨贤妃是同一宗族。然而，李昂不置可否。

每逢夜深人静，李昂总会反思，他觉得李永暴毙一事很蹊跷，可他自己也说不清楚。思来想去，李昂决定找宰相李珏商议一下。

李珏表示，李溶是个人选，可血缘关系毕竟太远，按照规矩，应该立前朝皇帝的儿子，也就是李昂的侄子为太子。比如李湛的六皇子李成美。

开成四年（839）十月十九日，李昂在会宁殿观赏杂技表演，有个小孩子表演爬杆，李昂看得兴致盎然，却瞥见长杆旁的一名中年男子转来转去，显得心神不宁。

李昂：“此人是谁？”

宦官：“陛下，此人是小孩子的父亲，可能是担心他的安全吧。”

宦官的一席话，让李昂突然想起了暴毙的李永，李昂仰天长叹道：“朕贵为天子，却不能保全自己的一个儿子。”随后，李昂命人拘捕了张十十、刘楚材等十多名宦官，秘密将他们处死。原因很简单，李昂后悔了，心中有气，想找几个替死鬼，而他们就是附和杨贤妃，说太子李永不贤不孝的人。

李昂的一生是悲剧的，宦官欺君、朋党恶斗、藩镇割据，几乎让李昂喘不过气来，如今又沉沦在痛失爱子的伤痛中，他的身体状况急转直下。

开成五年（840）正月初二，李昂知道大限将至，紧急传召宰相杨嗣复、李珏，准备命他们辅佐太子李成美，同时让李成美监国。李成美是法定的太子，只要走正规流程就可以登基称帝，君临天下。然而，总有闹事者半路杀出来！

闹事的是仇士良、鱼弘志。

原因很简单，废立太子的风波中，他们没有任何贡献，如果李成美做皇帝，杨嗣复、李珏是最大的功臣，他们什么也得不到。在他们眼里，不管谁做皇帝，都应该感念他们的恩德，否则利剑出鞘，血溅五步！

就在李昂召见杨嗣复和李珏的时候，两位权宦赶到李昂的榻前，声泪俱下，忧国忧民地说道：“李成美从小就没读过什么书，而且年纪还小，恐怕难以扛起重任，请陛下废除他，再重新选立一位太子。”

群臣彻底惊呆了，公然否决皇帝，这也太嚣张了吧？大家看着李昂，希望他能散王霸，振虎躯。然而，李昂选择了沉默不语。

宰相李珏问道：“皇太子的地位已定，怎么能轻易改变？”

仇士良和鱼弘志装作没听见，悄无声息离开大殿，前往了禁卫军营。他们表示，兵权在手，完全可以无视朝臣的意见。就在当天，两位权宦率兵前往十六宅宫，将唐穆宗李恒的第五子，颖王李瀍（chán）迎到大明宫，接受文武百官的朝拜。

开成五年（840）正月初四，唐文宗李昂在大明宫太和殿驾崩，享年 32 岁。

李瀍上位的时候，已经是二十多岁的成年王爷，根据史书记载，李瀍性情刚毅，办事雷厉风行，喜怒不形于色。也就是说，李瀍是个狠角色。

那么问题来了，仇士良为何要找个难以控制的皇帝呢？

野史讲过一个故事：当时，宦官集团不想拥立李成美，在李唐皇室，和李昂关系最亲近的就是安王李溶、颖王李瀍。太和殿内，仇士良和宰相谈不拢，于是急匆匆地派禁卫军前往十六王宅，打算迎接一位王爷入宫为帝。然而，禁卫军离开之后，仇士良才想起来，他并没有说迎接哪一位王爷。

就这样，仇士良又派了一位小弟前去传话，谁料想，这位老兄到达十六王宅后，发现了一件很恐怖的事：他似乎忘记了仇士良的交代。当时，禁卫军将十六王宅围得水泄不通，各王爷府都在看热闹，打探消息，可就因为宦官的指令不清楚，大家只能干耗着。关键时刻，宦官想起了一个字：大。

宦官嚷嚷道："找大的，找大的。"

关键时刻，李瀍的小妾王氏机智地喊道："你们要找的就是颖王，当今天子都称呼他大王，颖王又和仇中尉关系很好，你们可别找错人，回去挨板子。"

王氏是不是满嘴跑火车，我们无法查证。可以肯定，禁卫军很着急，仇士良更着急，如果耽误了仇士良的事，这名宦官的下场会很悲惨。

就这样，颖王李瀍被带到了大明宫。

选择李瀍，仇士良可能有他的无可奈何，可也说明了一点：仇士良没有想控制朝政的意图，也没有那个智慧，否则他不会选择深不可测、难以钳制的李瀍做皇帝。仇士良只想为宦官集团争取更多的生存空间，仅此而已。

李瀍知道，一入宫门深似海，从此自由是路人。以后的路怎么走，李瀍没法预测，眼下只能静静地看宦官表演，再找机会咸鱼翻身。

开成五年（840）正月初六，仇士良强迫李瀍下令，将杨贤妃、安王李溶、陈王李成美全部赐死。随后，仇士良又清理了一批宦官、宫女。在仇士良的眼里，这帮人和自己一样，心理阴暗，手段变态，必须防备有人趁机捅刀子。

毕竟，降低风险最好的方式，就是端掉风险的摇篮。

唐武宗强势执政：宦官的日子不好过了

开成五年（840）正月十二日，李瀍在大明宫登基称帝，史称唐武宗。

尘埃落定之后，宦官集团宣告隐退，而李瀍也终于有机会熟悉朝中的各路牛鬼蛇神。别的不说，仇士良、鱼弘志是得罪不起的大神，对他们要敬而远之，再找机会铲除他们。宰相杨嗣复、李珏是李成美的拥护者，李瀍不讨厌他们，可也不能重用他们。还是那句老话，得提拔自己的势力。

开成五年（840）五月，宰相杨嗣复被罢为吏部尚书。

开成五年（840）八月，宰相李珏被罢为太常卿。

开成五年（840）九月，淮南节度使李德裕被任命为门下侍郎、同中书门下平章事。

天下人都知道，凡是李德裕出没的地方，政治斗争就不会停息，让李德裕做宰相，李瀍究竟想干吗？有趣的是，李德裕回到长安后，似乎也意识到朝臣对他的异样眼光，为了打消皇帝和同僚的疑虑，李德裕上了一份陈情书：

治理天下的关键，在于辨别君子和小人。臣认为，君子就像松柏一样，可以独立生长，小人就像藤萝一样，如果不攀附其他器物，就不能自立。所以，正直的君子真心侍奉皇帝，邪恶的小人争先恐后地朋比为党。

文宗皇帝深知朋党之害，可他任用的官员多为朋党，这是因为他态度摇摆不定，让小人乘虚而入。宰相不可能都是忠臣，可也不能因为一个宰相是朋党，皇帝就不信任其他宰相。如果臣以后有罪，希望陛下当面斥责，如果臣是小人，就一定会理屈词穷。这样君臣也就不会产生嫌隙了。

李德裕的独白很有意思，他不愿意承认自己在搞朋党，也不愿承认朋党之争是因他而起。相反，他认为自己是君子，是为皇帝殚精竭虑的那类人。

然而，李德裕被打脸了。以前做宰相，李德裕想和宦官集团划清界限，可仕途经历了数次颠簸后，李德裕对宦官集团的态度也开始暧昧起来了。这次回京，李德裕就是通过结交宦官杨钦义，最终才获得李瀍的青睐。

据史料记载，杨钦义和李瀍的关系非常密切，李德裕出任淮南节度使，杨钦义做淮南监军。起初，李德裕看不惯杨钦义，别人带着礼物巴结他的时候，李德裕稳如泰山，可等到长安局势大变，朝廷派人召杨钦义回京做官的时候，李德裕突然将他请到节度使府衙，大开宴席，将他捧了一顿，还送了很多钱财。

后来，杨钦义走到汴州，朝廷又传来消息，命他回淮南待着。他知道自己的任命可能会泡汤，于是将李德裕的礼物还了回去，意思就是，你托我的事可能办不了。关键时刻，李德裕很给力："东西不值钱，您就别放在心上了。"

杨钦义不在乎钱财，反倒是李德裕对他的关心，让他心头荡漾起了感激和理解之情。后来，杨钦义还是回长安做了枢密使，就冲这份感情，杨钦义在李瀍的面前力保李德裕的人品，将他重新召回长安做了宰相。

也就是说，李德裕没有他自己说得那么干净。不过，李德裕心里有杆秤，那就是宦官只能用来作为进阶之用，如果让他无底线巴结宦官，他做不到。尤其是对仇士良、鱼弘志这样随意动用武力，目无君上的权宦，李德裕表示，势不两立。

夺回属于文官集团的权力，才是大唐唯一的出路。

李瀍登基，宦官掌兵，李德裕回归，朝中的权力需要再次分配。当然，游戏规则就是赢家吃肉，看戏的喝汤，输家无条件接受惩罚。当时，仇士良清洗了宦官、宫女，随后劝李瀍撸掉宰相杨嗣复、李珏，又将杨嗣复贬为湖南观察使，李珏贬为桂管观察使。对仇士良来说，这并不是他希望看到的完美结局。

会昌元年（841）三月，仇士良给李瀍洗脑，说满朝大臣都支持李成美、安王李溶，知枢密薛季棱带着文宗皇帝的密信迎接李成美，谁都不记得李瀍的存在。如果不是仇士良脑子灵活，如今在大明宫发号施令的就不是李瀍了。

言外之意，如果李瀍有种，应该让这帮人吃不了兜着走。

前面说过，李瀍杀伐果断，心机深沉，从诛杀安王李溶、太子李成美、杨贤妃就可以看得出来。因此，面对仇士良的劝说，李瀍断然下令，处死了刘弘逸、薛季棱，随后给杨嗣复和李珏宣判了死刑。

宦官集团如此高调，李瀍又手段狠辣，这让文官集团感到了阵阵寒意。户部尚书杜悰找到李德裕，希望他能够力挽狂澜，拯救两位宰相的性命。

李德裕明白，李珏是杜悰的仕途贵人，他有理由去救李珏。问题是，杨嗣复和李珏是牛党成员，李德裕凭什么要去救他们呢？

事实上，李德裕同意了，他拉上陈夷行、崔珙、崔郸等重臣，又说服宦官集团的几位盟友，轮流给李瀍上奏，逼迫李瀍收回成命。

李德裕："陛下，当年德宗皇帝怀疑宰相刘晏和东宫勾结，于是将他诛杀，朝野、各地藩镇都替他喊冤，事后德宗皇帝追悔莫及，对刘晏子孙大肆封官，作为补偿。文宗皇帝也曾猜疑宋申锡与亲王串通谋反，最终将他流放以至于惨死，事后同样追悔。如果杨嗣复与李珏真的有罪，痛斥贬谪也就罢了，就算再大的罪责，也当先行审讯，待证据确凿，再杀他们也不晚。如今，陛下私下遣使诛杀大臣，朝野上下无不震惊。恳请陛下开延英殿，允许我们当面陈述。"

对新任宰相，李瀍还是很客气地答应了请求。

据史料记载，李德裕刚进殿门，还没来得及问候皇帝，便说道："陛下，诛杀李珏和杨嗣复应该慎重，以免后悔莫及啊。"

李瀍："朕绝不后悔。"

李瀍一句话就把天聊死了，这让大臣怎么接话？

李德裕等宰相幽怨地看着李瀍。

李瀍这才笑了笑，说道："众位爱卿，你们别傻站着，坐吧。"

然而，李德裕等人无视了李瀍的好意。

李德裕："恳请陛下赦免杨嗣复和李珏的死罪，不要因为他们的事情引起天下人的怨愤，陛下不答应，我们就不坐。"

李瀍明白，缓和气氛解决不了问题，李德裕在逼他妥协。

说白了，李瀍不昏庸，他可以对宰相不满，但不能与整个文官集团作对。如今牛党、李党的重臣集体求情，如果不答应，君臣以后如何共事？更何况，李瀍要对付的是宦官集团，文官集团是他的盟友，这个面子一定得给。

李瀍笑着说道：“好，朕赦免他们的死罪，就贬杨嗣复为潮州刺史，贬李珏为昭州刺史吧。”在私怨和前途之间，李瀍理性地选择了后者。

李瀍妥协，李德裕等人兴奋得手舞足蹈，这才坐了下来。

李瀍哀叹道：“朕也有苦衷啊。想当初，李珏、薛季棱想立李成美为帝，杨嗣复、刘弘逸想立安王李溶为帝，他们谁想到了朕。立李成美算是先帝的意思，可是立李溶，就是单纯地依附杨贤妃啊。据说，杨嗣复曾经给杨贤妃写信，让她效法武则天，如果安王登基，哪还有朕的今天？”

李德裕：“陛下，这件事情暧昧不清，难以分辨。”

李瀍：“杨贤妃曾经患病，先帝同意她的弟弟入宫侍候过一个多月，杨嗣复就是通过他向杨贤妃转达的书信。朕问过宫中宦官，事实一清二楚。”

事已至此，李德裕只能沉默不语。

回过头看，李德裕为什么要帮李党成员说话？

答案很简单，李党和牛党属于文官集团，他们的斗争属于内部矛盾，自己的孩子就算犯了多大的错，也只能自己来教育，容不得外人插手。再者说，在有骨气的文官眼里，宦官就是皇帝的家奴，权宦就是朝廷的祸害，他们绝对不允许宦官随意决定文官的生死。更何况，新皇帝刚刚登基，宦官集团就诬陷宰相，还怂恿皇帝对他们痛下杀手，这可不是什么好信号。正所谓风水轮流转，如果李瀍杀习惯了，下一次轮到他们头上，那可就大事不妙了。也就是说，李德裕挽救牛党成员，不是放弃党派恩怨，而是挽救整个文官集团的颜面。

李瀍上位，一改文宗皇帝的懦弱，变成了说杀就杀，说赦就赦的强权皇帝，还和文官集团合作，让仇士良的愿望落空，这让仇士良倍感失落。人在郁闷的时候，自然喜欢胡思乱想，觉得自己像无根浮萍。

此时，仇士良想起了宫女给他讲的一个故事。

据说，李瀍刚刚上位的时候，喜欢踢球、骑射、摔跤，时常放纵自己，那时仇士良还以为李瀍又是一个翻版的唐敬宗。然而有一天，李瀍跑到他的母亲那里问道："太后，朕如何做才能做一个好皇帝？"

皇太后："皇儿，你只要尊重百官，虚心听他们的建议就好。"

出了皇太后的寝殿，李瀍便彻夜办公，将大臣们的奏疏看了个遍，至于声色犬马，再与李瀍无关。这样的自控能力，让仇士良觉得汗毛直竖。

直觉告诉他，李瀍是个不好惹的皇帝。

会昌元年（841）八月，李瀍突然下诏，加封仇士良为观军容宣慰处置使。一般来说，这是强烈的捧杀信号，不过李瀍很聪明，他保留了仇士良的军权。

会昌二年（842）四月，群臣倡议，给李瀍上个尊号（臣子对皇帝的认可）。

当时，李德裕带着礼部官员正在准备典礼，禁卫军负责安保工作。突然，某位无名氏找到仇士良，故作神秘地说道："李德裕和财政部部长正在起草削减禁卫军待遇的诏书，典礼的当天，李瀍就会宣布这个决定。"

谣言为什么可怕，因为它无法得到证实，对当事人来说，如果他的心里是这样想的，谣言就会形成强烈的心理暗示。比如仇士良，李瀍刚刚给他升了官，如今又拿禁卫军开刀，这不是动手前的征兆吗？

据史料记载，仇士良的心态彻底爆炸了。他跑到人群扎堆的广场怒吼道："如果削减待遇的传言属实，到了典礼那天，禁军将士肯定会到丹凤楼闹事。"

仇士良的一番豪言壮语，让在场的朝臣倒吸了一口冷气。这算什么，赤裸裸的军事威胁吗？朝政是由皇帝说了算，还是仇士良说了算？

李德裕得知消息，立即召集宰相和重臣前往延英殿。

事实证明，这只是一场乌龙，李瀍随即给神策军传旨：朕确实与宰相商议过诏书，但都是大赦天下的内容，从未讨论过削减禁卫军待遇的事情。而且诏书的内容也都是朕的意思，与宰相无关，你们怎么能如此讲话？

简单的一番话，李瀍传达了几个意思：

其一：禁卫军的工资由朝廷发放，李瀍才是禁卫军的衣食父母。

其二：就算是普通的诏书，也都由李瀍说了算，他才是皇上。

其三：宰相被诬陷，李瀍强势出头，说明他是个有担当的皇帝。

其四：仇士良听风就是雨，没有城府，而且居心不良。

不得不说，李瀍管教家奴的手段确实很高端。李瀍训话后，仇士良灰溜溜地跑到李瀍跟前请罪，姿态低到了尘埃里。仇士良的认错，间接承认了李瀍的主人地位，而他则退回到奴才的身份。

昭义之战：比战局更复杂的是政局

不管是李瀍，还是李德裕，都不是胸无大志的政治家。搞定宦官集团后，他们把注意力集中到了地方藩镇身上。最近几年，朝廷忙于内务，对地方藩镇几乎听之任之，长期下去百害而无一利，是时候治理一下了！

会昌三年（843）四月，昭义节度使刘从谏去世。

起初，刘从谏是忠于朝廷的，也是中央集权的拥护者，他希望看到朝廷的强势，国家的统一。太和元年（827），唐敬宗李湛就封他做了沛国公、司空、检校尚书左仆射。然而，世事总是事与愿违，刘从谏还是和朝廷闹掰了。

太和九年（835），长安发生"甘露政变"，在地方藩镇引起了不小的震动。政变的主角李仲言、郑注等人惨死，刘从谏自然无话可说。问题是，宰相王涯是刘从谏的知己好友，人家啥也没干，凭什么被仇士良弄死？

换成任何人，都无法对好朋友被冤杀的事情感到淡定。刘从谏表示，仇士良是刽子手，理应受到惩罚，可李昂呢，是不是太软弱无能了？于是，刘从谏抱着恨铁不成钢的姿态，给李昂上了一道奏折：皇帝，你在长安受了欺负，还被宦官治得服服帖帖的，这可不行啊。你什么时候需要我们，打个招呼，我们立马带兵进京勤王，帮您清君侧。

刘从谏可能忘记了，皇帝最怕的就是地方藩镇，发发牢骚也就罢了，居然还想带兵入京？谁知道你杀了宦官后，是不是还想干点别的大逆不道的事？

李昂表示，朕就当没听到，你也别太当真。

不过，刘从谏的嚣张态度让仇士良炸毛了。一个藩镇节度使，竟然敢跑到长安城耍横，谁怕谁啊？于是，两人为了证明自己是最牛的，竟然像泼妇一样隔空对骂，而且骂战持续了好几年，两人的祖宗十八代都已经被对方问候遍了。

对骂的时候，刘从谏突然发现，皇帝真的不给力。他身为臣子，主动帮李昂出气，李昂竟然毫无表示，这让他倍感失落，心理很不平衡。于是，刘从谏开始在昭义军镇大搞盐铁交易，战马买卖，收买亡命之徒，扩大自己的势力。

至于究竟是帮皇帝出气，还是借机扩充势力，还真不好说。

李瀍登基后，给刘从谏赏了个太子太师的头衔，刘从谏觉得自己被重视，于是立马挑选了一匹高级宝马送到长安。然而，李瀍居然拒绝了。

这些年，刘从谏和仇士良公开对骂，却得不到任何支持，本就对朝廷失去了信任。如今李瀍又当面打脸，刘从谏有了被抛弃的感觉。

临死之前，刘从谏对妻子裴氏说，他想效仿河朔三镇，让昭义军镇变成刘家的产业。由于刘从谏没有儿子，只能让侄子刘稹上位。刘从谏死后，刘稹隐瞒消息，收买朝廷宦官、重臣，希望让朝廷任命他为昭义留后。

事实上，这样的桥段经常发生，长安方面很快就识破了他的阴谋。大多数人认为，可以让刘稹上位。然而，李德裕提了反对意见："昭义原先就是朝廷的，割据态势并不严重，与人心难以感化的河北三镇不一样。如果朝廷就这样轻易地同意了刘稹的请求，恐怕以后大唐的藩镇会纷纷效仿，国将不国。"

李瀍："李爱卿，你觉得应该如何破局？"

据史料记载，李德裕就说了三句话。第一句，刘稹就是个跳梁小丑，不足为惧。第二句，朝廷继续承认成德、魏博、幽州军镇的世袭制度，先稳住他们。第三句，让成德、魏博攻打昭义军镇的邢州（今河北省邢台市）、洺州、磁州（今河北省磁县），朝廷另派军队消灭刘从谏。

自古以来，皇帝最喜欢两类人，一类是擅长拍马屁的朝臣，一类是政治立场能和他保持一致的朝臣。孤立仇士良，李德裕已经立下大功，如今李瀍又看到李德裕老成谋国，真心为大唐的未来着想，心里顿时乐开了花。

李德裕的得宠，让仇士良恨意满满。问题是，恨只是一种情绪，当你公开向别人表达恨意的时候，如果不能做点什么，别人会觉得你很无能。

吃瓜群众很期待，仇士良会干出点什么。然而，就在大家满怀期待的时候，仇士良以自己年迈不堪为由，向皇帝递交了辞呈，希望允许他担任散官。

仇士良辞职？昔日不可一世的权宦就这样谢幕了？

大家完全不敢相信。

如果是胆小的皇帝，可能会试探一下仇士良的心意，看看辞呈的背后是不是有刀兵相向、改朝换代的风险。然而，李瀍刚猛无比，他直接同意了仇士良的请求，随后将他任命为左卫上将军、内侍监。

事实证明，仇士良是真心想隐退。

回看他的一生，干过流血政变，杀过宰相、王爷、皇妃，掌握着废立太子的军权，说他能呼风唤雨一点也不为过。然而，李辅国、鱼朝恩、王守澄都是红极一时的权宦，可他们的下场如何？仇士良是个聪明人，他明白宦官是家奴，永远无法走向权力之巅的现实。既然迈不过，为何不急流勇退呢？

离任的那天，徒子徒孙给他举办了一场歌功颂德的大会。其间，某无名氏问道："您是如何获得帝王长久恩宠，保持权力的？"

仇士良说道："千万别让天子无事可做，你们应该带着他玩，而且要记得保持新鲜感，让天子沉迷其中不可自拔。当他意识到玩乐比做皇帝更有趣后，就会把权力交给你们。还有，千万别让皇帝读书，不能让他亲近读书人，否则他就会明白王朝兴衰的道理，那样我们就会被彻底排斥。切记，切记！"

短短几句话，成了中国历史上权宦上位的武功秘籍。

话说回来，仇士良的隐退，只是昭义之战的小插曲。没有仇士良的牵制，李德裕便成了朝廷真正掌权的人，有这样的条件，打击政敌岂不是理所当然的？

有一天，李德裕找到李瀍，参了李宗闵一本：陛下，李宗闵和昭义的刘稹来往密切，如果把李宗闵留在东都，恐怕对讨伐大计不利啊。

李瀍："爱卿所言甚是，那就将李宗闵调为湖州刺史吧。"

李德裕："陛下英明，接下来咱们可以讨论一下前线战事了。"

此次，朝廷为了征伐刘稹，有几大主力军：

成德节度使王元逵，任务是攻取邢州。

魏博节度使何弘敬，任务是攻取洺州。

河阳节度使王茂元，任务是攻取泽州（今陕西省晋城市泽州县）。

河东节度使刘沔，任务是攻取潞州。

几路大军，最积极的就是成德节度使王元逵，接到诏书的当天，他的大军就逼近了邢州城。最消极的是魏博节度使何弘敬，接到诏令后，他一直待在老巢，还屡次为刘稹上表求情。

王元逵："陛下，何弘敬首鼠两端，朝廷不可不防。"

说白了，何弘敬就想坐山观虎斗，朝廷有优势，他就出兵捞油水；朝廷打了败仗，他恐怕就会趁机搞事情。何弘敬的心理，李德裕心知肚明。

李德裕给李瀍出了个主意：魏博不是不愿意出兵吗，那好，朝廷派遣王宰带着忠武军前去征伐磁州，让何弘敬给朝廷借道吧。

消息传到魏博，何弘敬立马表态：我们马上出兵。

准确地说，昭义军镇不算军事强镇，根本没有任何胜算。按照刘稹的如意算盘，他想拖河北三镇一起下水，可他没算到，朝廷对河北三镇的控制权很大，三镇节度使也没有造反的欲望。于是，刚刚开战，刘稹便递交了降书，声称自己只不过是学河北藩镇，想保住自己的家业，希望朝廷能够给个面子。

李德裕：不行，说什么也不能接受投降，得把他打到服气。

李瀍：不行，不接受投降，给朕狠狠地打。

会昌三年（843）七月，战役开始。

会昌四年（844）闰七月，刘稹的心腹爱将高文端向朝廷投诚，并向朝廷说出了许多绝密军情，刘稹的军事部署被打乱。

会昌四年（844）八月，昭义最重要的邢、洺、磁三州全部陷落，败局已定。

郭谊、王协是刘稹的亲信大将，大树将倾，作为树上的猢狲，总得为自己留点后路吧。于是，二人定下了一条毒计。有一天，郭谊对刘稹说："大人，我有个不成熟的想法，说出来您可能觉得不妥，但是不说我又觉得对不起您。"

刘稹："你是我的亲信，不需要顾虑太多，尽管说出来。"

郭谊："邢、洺、磁三州丢失，和十三郎（刘匡周）脱不了干系。"

刘稹："这关我十三弟什么事？"

郭谊："十三郎坐镇帅府，却刚愎自用，听不进别人的话，诸将每次想向您禀报军情，都怕遭到十三郎的猜忌而缩手缩脚，因此才耽误了军事。眼下我们虽然遇到了困难，但如果能够凝聚将士们的士气，还是可以扳回一局的。"

刘稹："那依你的意思，我怎么办？"

郭谊："将十三郎驱逐出府。"

打了败仗，刘稹本来就着急。于是，他私下找到老弟，委婉地表达了让他交出兵权的意思。刘匡周气得哇哇直叫："老哥，离间计你都看不出来？诸将有异心，我在帅府他们才不敢轻举妄动，如果我离开，我们刘家离败亡不远了。"

刘稹觉得，这话特别刺耳，难道没了张屠夫，就要吃带毛的猪？

刘稹："你给我滚蛋吧。"

很遗憾，刘匡周离开没几天，郭谊和王协便设计毒杀了刘稹，并将他首级送往长安。会昌四年（844）八月，消息传到京师，举朝欢腾。

李瀍："刘稹败亡，应该怎么奖赏郭谊和王协二人？"

李德裕："陛下，刘稹就是个小屁孩，之所以敢和朝廷作对，就是郭谊和王协在背后出的馊主意。二人看到刘稹败亡在即，这才背信弃义，朝廷怎么能奖赏他们呢？以臣之见，应该以他们的人头来以儆效尤。"

李瀍："爱卿老成谋国，依你。"

就这样，两位老兄死于君臣的密谋算计。

昭义之战，朝廷打得酣畅淋漓。不管怎么说，河北藩镇忠心可嘉，朝廷调度有方，各军配合严密。通过这场战役，李瀍找到了天子威严。当然，李瀍最感谢的还是运筹帷幄，决胜千里的李德裕。有一天，李瀍说道："爱卿，这一战你居功至伟，朕准备封你为太尉、赵国公。"

李德裕："陛下谬赞，这都是臣的本分，封官一事，臣不能接受。"

李瀍："爱卿，朕是赏罚公平的人，你如果没有功劳，朕是不会赏你的，是不是嫌官小？朕好像没有更好的官位给你了。"

皇帝封官被拒绝，自然有些尴尬。李德裕却给李瀍递了个台阶：湖州刺史李宗闵，太子太傅、东都留守牛僧孺。

李德裕："陛下可还记得，刘从谏做了十多年昭义节度使，当年到长安晋见文宗皇帝的时候，宰相是谁吗？"

李瀍："朕当然记得，是李宗闵和牛僧孺。"

李德裕："陛下真是记忆犹新啊！臣自叹不如。"

李瀍："咳咳……"

李德裕："臣想说的是，李宗闵和牛僧孺身为宰相，却没有及时发现刘从谏的反意，确实有失察之罪。当年，如果他们把刘从谏扣在长安，朝廷就不会耗费钱财去打这场战争，说起来，这二人真是误国误民。"

李德裕清楚，空口白话是扳不倒政敌的，他派人前往昭义军镇，打算搜集刘从谏和他们的来往信件，最终却一无所获。于是，李德裕找到刘从谏的贴身秘书郑庆，通过利益交换，得到了郑庆的伪证：刘从谏、李宗闵、牛僧孺经常有书信来往，刘从谏每次看完书信后，都会将它们焚毁。

郑庆的秘书身份决定了证词的可信度。李瀍大怒之下，命御史台彻查此事，这帮人见风使舵，很快就坐实了李宗闵和牛僧孺的通敌之罪。与此同时，河南少尹吕述也向朝廷举报，说刘稹败亡的消息传到东都后，牛僧孺整日唉声叹气，似乎有打抱不平之意。直到此时，所有矛头全部指向了李宗闵和牛僧孺。

说白了，李德裕不要封官，就是想打击政敌，李瀍该怎么做？答案很简单，君臣处于蜜月期，这个面子必须要给。结果就是，两个月之内，太子宾客李宗闵连降三级，被流放封州；牛僧孺连降三级，被贬为循州长史。

看着敌人匍匐在自己的脚下，李德裕的内心汹涌澎湃。

唐武宗灭佛：似乎有点好处？

会昌五年（845）正月初一，在李德裕的带领下，群臣入宫给李瀍祝贺，期盼新的一年大唐风调雨顺，国泰民安，皇帝万寿无疆，帝业永祚。不仅如此，群臣还给李瀍加了个高端的尊号：仁圣文武章天成功神德明道大孝皇帝。

据史料记载，礼部拟定的第一版尊号没有“道”字，李瀍崇信道教，所以强行加了个“道”。虽然是个小细节，可李瀍却想告诉大家，道教对他很重要。随后，李瀍耗费巨资，在长安修建了规模庞大的望仙台和望仙楼。朝臣都是有阅历的，他们预感到，李瀍不会无的放矢，大唐可能会有大事发生。

会昌五年（845）六月，一次寻常朝会，李瀍问了礼部官员一个问题。

李瀍：“全国有多少寺庙和僧人？”

礼部官员：“陛下，全国佛教寺院四千六百座，招提、兰若（民间私造的修行场所及四方游僧落脚之所）四万多所，僧尼二十六万零五百人。”

群臣看着李瀍，希望得到进一步的指示，李瀍却岔开了话题。

会昌五年（845）七月，李瀍突然下诏：拆毁全国的佛教寺庙。每个州留存一座寺庙，但是要分出等级，上等寺庙可留僧侣二十人，中等寺庙可留僧侣十人，下等寺庙可留僧侣五人。长安、洛阳各保留两座佛寺，每个寺院留下僧侣三十人。所有僧人、尼姑、大秦穆护（摩尼教）、祆教僧人一并还俗。朝廷收回属于佛寺的数千万顷良田，收回十五万寺院奴婢。拆毁寺庙建筑，把木料拿来修缮官府府衙和驿站的建筑。佛教铜像、钟磬等器物全部融化，拿来造钱。

这次事件，史称“唐武宗灭佛”，佛教史称之为“会昌法难”。

在唐朝，佛教是许多百姓的精神信仰。按照正常逻辑，如果朝廷想灭佛，肯定会遭到无数人的抵制，说不定还会爆发暴力冲突。然而，李瀍下诏后，大臣们举双手赞成，老百姓无动于衷，坐看灭佛运动在全国风卷残云般铺开。

这只能说明一个问题：灭佛运动能给官僚、百姓带来好处。

那么问题来了，唐武宗李瀍灭佛的根本动机是什么？

答案很简单：李瀍看上了佛教寺庙的土地、人口、钱财。

拿土地来说，佛教寺院已经成为唐朝最可怕的地主。朝廷赏赐的土地，寺庙兼并百姓的土地，权贵（佛教寺庙的老板）霸占的土地，最终多达数千万公顷。在那个年代，土地就是摇钱树，李瀍一道圣旨就可据为己有，怎能不眼红？

至于人口，唐玄宗时期全国户籍接近一千万户，会昌六年（846），官方统计全国户籍只有四百五十万户。因为战争、饥饿等原因，全国消耗了上千万的人口。当然了，和全国总人口数比起来，二十六万僧尼不算什么，可他们都是最直接的纳税者，只要李瀍解放他们的生产力，二十六万人就会成为李瀍的印钞机。

不仅如此，佛教寺院有自己的土地，土地的耕种者就是附近的老百姓，寺院的地盘越大，依附的老百姓就越多。很遗憾，这批百姓都是寺庙的打工仔，和朝廷的关系不大。李瀍一道圣旨，就可以让百姓为自己打工，何乐而不为。

至于钱财，佛教寺庙有了土地、人口，可谓源源不断。除此之外，寺院的铜铸佛像可以回收铸造铜钱，寺院的金银器可以直接回收。

李瀍一道圣旨，佛教的财富瞬间换了主人。客观地说，不能怪李瀍不讲究，只是人口、土地、银钱是帝国最重要的资源，也是李瀍实现大唐中兴的希望。

历史就是这么有趣：唐武宗李瀍有自己的雄心壮志，但是没钱。佛教势力在唐武宗时期达到鼎盛，堪称时代暴发户。和地主阶层相比，佛教势力是软柿子，欺负他们毫无压力。李瀍又是道教的粉丝，旁边还有道教势力煽风点火。

李瀍拿佛教势力开刀，仿佛有理有据。

中国历史上，总共有四次灭佛事件。

太平真君五年（444），北魏太武帝拓跋焘下诏灭佛。

北周建德三年（574），北周武帝宇文邕下诏灭佛。

会昌六年（846），唐武宗李瀍下诏灭佛。

后周显德元年（954），后周世宗柴荣下诏灭佛。

如果总结历史的规律，那就是灭佛运动都发生在佛教最鼎盛的时期，而且都是因为佛教势力急剧膨胀，成了统治集团的眼中钉，再加上皇帝亲近道教，因此才发起灭佛运动。更有趣的是，他们的宗旨是打压佛教，而不是消灭佛教，往往老爹灭佛，儿孙辈会让佛教屹立不倒，继续发扬光大。

背后的政治逻辑，确实值得我们深思。

唐武宗之死：又是仙丹惹的祸

李瀍灭佛，除了看上佛教的财富，道教势力也起到了很大作用，赵归真、刘玄靖就是给灭佛运动推波助澜的人。

据史料记载，唐敬宗李湛做皇帝的时候，赵归真就已经成名了，他经常鼓吹神仙之术，吹嘘自己和神仙交过朋友，这引起了皇帝们的强烈兴趣。李瀍登基之后，召唤赵归真等八十一人到宫中，修建道场，宣传道法，炼金丹，交流长生不老之术。赵归真是道教人物，自然希望道教可以取代佛教。为了打击佛教，赵归真散布了一则谣言："李氏十八子，昌运方尽，便有黑衣天子理国。"

唐朝僧人的服装主色调都是黑色，这个杀伤力就太大了。

一百多年前，唐三代而亡，女主武氏代之的谣言变成现实，如今这种谣言重出江湖，李瀍怎能不警惕？如果武氏作乱，抓起来全杀也就罢了，可李瀍面对的是数十万僧人，总不能将他们全部处死，以绝后患吧。

李瀍犯愁了。

李瀍："赵仙人，依你之见，如何才能保住李唐江山？"

赵归真："陛下，佛教势力强大，已成朝廷心腹之患。为今之计，只有尊道抑佛，或许能够消除隐患。臣建议陛下，禁止民间使用黑色。"

就因为这句话，李瀍出台了许多稀奇古怪的法令。比如不准使用独轮车，因为它会碾破道路，影响道士的做法效果；不准百姓施舍僧人，否则仗责二十。这些都是赵归真打压佛教的小手段，李瀍也乐于配合，因为他更在意丹药。

掰着手指数一下，唐朝多少皇帝因为丹药暴毙，为何还是有人前赴后继？也许在他们眼里，祖宗吃的都是假冒伪劣的产品，或者食用方法不对，他们总是存在侥幸心理，觉得自己就是上天的宠儿，会碰上真的神仙。

因为对长生不老的迷恋，李瀍栽了进去。

会昌五年（845）十月，李瀍因为服食丹药，脾气变得暴躁，喜怒无常，身体也越来越虚弱，就连他自己也开始怀疑仙丹的药效。有一天，李瀍小心翼翼地问道："赵仙人，朕总觉得身体不受自己的控制，这究竟是怎么回事？"

赵归真："陛下，您在脱胎换骨，一定要坚持下去啊。"

为了隐瞒自己服食丹药的事实，李瀍传下旨意，不允许走漏风声。

会昌六年（846）三月，李瀍给自己改名为李炎，炎有双火，而唐朝是土德，按照五行相生理论，火能生土，他期盼自己改名之后，会焕发生命中的第二春。然而，他的美好愿望终究是一场空，没过几天，李炎就因为加大服食剂量，卧病在床。随后的十多天，李炎口不能言，性命垂危。

李炎宠信道士，无非看中了道家独门法器——仙丹，这些群臣都知道。有些事情，大家都知道，可谁也不能捅破那层窗户纸。起初，李炎坚持上朝，群臣每天可以看到他，至少心里踏实。可一连十天不露面，群臣开始恐慌了。

老谋深算的李德裕发现了其中的猫腻，于是领着几个大臣拼死请命，说什么也要见李炎一面，最终却遭到神策左军中尉马元贽的拒绝。一时间，朝中盛传皇帝病危，宦官集团把持内宫，大唐恐怕又将掀起一番腥风血雨的舆论。

文官集团没有说错，马元贽确实想搞事情。

拥立皇帝这件事，就像武则天做皇帝，太平公主、韦皇后就效仿一样，政治上具有遗传性。尤其是唐朝晚期的神策军中尉，如果不拥立一位天子，职业生涯就好像有缺憾。至于马元贽和谁勾结，打算拥立谁，暂时还是秘密。

值得一提的是，后宫还有一位传奇人物，后妃王氏。

唐武宗登基称帝，王氏立了首功，李炎感念她的功劳，进封她为才人，后来执意立她为皇后。然而，李德裕等人觉得王氏是歌女出身，又没有子嗣，恐怕会遭到天下人的耻笑，李炎这才打消了念头。不过，这并不影响李炎的宠爱。

李炎病重后，王氏察觉到自己在宫中的尴尬，没有子嗣，没有高级封号，没有权臣和外戚可以依靠。可以想象，以后的生活会很无助。说白了，以王氏得到的恩宠，如果想在立储一事上搞点猫腻，根本不算难事。然而，她是个本分的女人，此时她已经打定主意，要给唐武宗殉葬。

有一天，李炎问道："朕驾崩之后，你怎么办？"

王氏："愿从陛下于九泉之下。"

听闻此言，李炎既觉得欣慰，也觉得悲伤。他不怀疑王氏的真心，一路走过来，王氏已经成为他离不开的红颜知己。李炎纠结了一会儿，最终下定决心，给王氏送了一条丝巾。王氏明白李炎的意思，她含笑接过，转身离开大殿。

马元贽没有心情管这些男女之事，他此时正在物色新的老板。李炎一共有五个儿子，可他们生母的身份都不尊贵，因此按照规矩，长子李峻是第一继承人。然而，马元贽却不想立李炎的儿子，他觉得光王李怡就很合适。

李怡，唐宪宗李纯第十三子，唐武宗的叔叔。李怡的母亲是镇海节度使李锜的侍妾郑氏，李锜谋反失败后，郑氏做了郭太后的侍婢，后来被唐宪宗临幸，生下李怡。由于生母身份卑微，李怡感觉自卑，从不敢在兄弟面前讲话。当时，唐文宗李昂经常到十六宅和诸王聚会，只要有机会，李昂就会拿李怡开玩笑，逗大家开心。也就是说，李怡看起来是最没能力，最没地位的王爷。

和仇士良相比，马元贽不算糊涂蛋。他很清楚，如果拥立英明睿智的王爷，以后可能会难以控制，甚至招来杀身之祸。如果拥立唐武宗的儿子，人家本来就是继承人，不会对马元贽感恩戴德。因此，最好的选择就是找一名被前任皇帝欺负，被各路王爷嫌弃，需要被人拉出火坑，实现人生逆袭的王爷。

想想看，还有比李怡更合适的人选吗？

会昌六年（846）三月二十日，马元贽以李炎的名义传旨，宣布光王李怡为最合适的皇位继承人，随后将他改名为李忱，所有军国大事暂时由李忱处理。

会昌六年（846）三月二十三日，唐武宗李炎在大明宫驾崩，享年33岁，而他一生珍爱的王氏得知消息后，以一条白绫结束了自己的生命。

贰拾柒

晚唐的皇帝不好做

唐宣宗：傻子光叔，有点传奇

会昌六年（846）三月二十六日，光王李怡（后来改名为李忱）在大明宫登基称帝，时年36岁，史称唐宣宗。在唐朝的皇帝中，李忱算是最富传奇色彩的一个。

做王爷的时候，大家都把他当傻子，他自己也觉得自己是傻子。做皇帝后，李忱变成了“明察沉断，用法无私，从谏如流，重惜官赏，恭谨节俭，惠爱民物”的圣明君主，还得到了“小太宗”的高级称号。

只能说，传奇人物的背后，必有传奇的故事。

李忱的母亲是镇海节度使李锜的侍妾郑氏，李锜谋反失败后，郑氏成为郭皇后（唐宪宗李纯的皇后）的侍婢，偶然的一次机会，郑氏怀上龙种。由于郑氏为人低调，又有李纯关照，最终生下李忱，母子过了一段平安日子。可好景不长，李纯因为服食丹药暴毙，郑氏母子彻底失去了庇护。

唐穆宗李恒比较厚道，上台后给兄弟们都封赏了爵位，李忱的头衔便是“光王”。李忱虽然是天皇贵胄，可他生母出身卑微，造就了他不自信的性格。唐文宗李昂执政后爱玩，经常拉着王爷们寻欢作乐，每次大家侃侃而谈，李忱总是一言不发，目光呆滞。李昂最喜欢调戏李忱，他甚至拿出彩头，说哪个王爷可以博光王一笑，就可以获得重赏。即便如此，李忱丝毫不为所动，坚持将自己的傻里傻气进行到底。那个时候，诸位王爷都觉得李忱的一辈子也就这样了。

在皇室，李忱是敬宗、文宗、武宗的叔叔，也被称为“光叔”。

唐武宗李炎登基后，经常带着王爷们出去玩耍，大家打打闹闹，嬉笑怒骂，李炎一眼就能将他们看透。然而，李炎却捉摸不透光叔的心思，他隐约觉得，光叔呆滞的目光背后，有一道无底深渊，准备随时将世间万物吞噬。

人只有面对未知事物时，才会真的觉得可怕，李炎就是这种感觉。

此后，各种“意外事故”频频降临到李忱身上，要么是和皇帝一起玩马球时突然从马上坠落，要么在宫中走着走着，突然摔得鼻青脸肿。

有一年冬天，大雪纷飞，天寒地冻，唐武宗召集诸王一起饮酒作乐，完事之后已是深夜，大家各自回宫，光叔却再一次从马背上摔下来，昏倒在冰天雪地之中。此时，街道上大雪纷飞，很快便将倒在地上的李忱覆盖，如果不出意外，这位天潢贵胄将会以无比凄惨的方式离开人世。然而，路上来了一队巡视的士兵，顺道将李忱给救了下来。第二天，李忱照例出现在大家的面前，虽然鼻青脸肿，四肢无力，但却并无大碍，就连武宗皇帝也要佩服光叔的顽强生命力。

唐昭宗时期的宰相韦昭度在《读皇室运录》里讲了个故事，说李炎曾经派了四名太监将李忱偷偷绑到永巷（关押宫中女性罪犯的地方），藏匿在厕所中，准备让李忱自生自灭。有个叫仇公良的太监实在是看不下去了，于是主动请缨：“陛下，他在厕所里这么多天都没死掉，不如将他交给奴才吧。”

李炎点点头，算是默认了。

谁料想，仇公良将李忱捞了出来，偷偷用运送粪便的车将他送出宫。随后，李忱开始了流亡生涯，根据民间史料记载，李忱隐姓埋名，跋山涉水，最后来到浙江盐官（今浙江省海宁市西南）的安国寺。方丈齐安同情李忱的遭遇，于是替他落发为僧，赐法名琼俊。随后，唐武宗发动“会昌灭佛”，经济和社会原因肯定是主要的，但是有没有不可告人的秘密，这是历史给我们的想象空间。

二百多年后，苏轼途经此处，追忆唐宣宗李忱的这段传奇人生，于是写了首诗：“已将世界等微尘，空里浮花梦里身。岂为龙颜更分别，只应天眼识天人。”

数年之后，李忱做了皇帝，下令恢复几乎被唐武宗灭掉的佛教，并赐已经去世的方丈齐安“悟空国师”的谥号，将安国寺扩建，取名为齐丰寺。

《旧唐书》在《宣宗本纪》的结语中，透露了这样一段话：“献文皇帝器识深远，久历艰难，备知民间疾苦。”话说得很隐晦，但“久历艰难，备知民间疾苦”，如果李忱没有特殊的经历，史官恐怕也没有必要多此一举。

据史料记载，李炎病危后，宦官仇公良、马元贽秘密将光王李忱接回长安，拥立为大唐太子。登基大典当天，还发生了一件有趣的事：当时，宰相李德裕递上册封李忱为天子的诏书，表示李忱登基称帝顺应天意。这种时候，李忱应该面无表情，接受册封。然而，李忱却对身边的宦官小声嘀咕道："刚才那人是不是朝廷的李太尉，他看我一下，我就觉得毛骨悚然。"

一件小事，传递了两个关键的信息：

信息一：李忱不认识李德裕。

如果李忱长期生活在长安，应该和李德裕打过照面，可他不认识李德裕，说明李忱可能长期身在外地，说明传奇的人生经历可能是真的。

信息二：李忱听过李德裕的恶名，内心无法掩饰厌恶之感。

被皇帝讨厌的后果，只能是被迫出局。

会昌六年（846）四月初一，唐宣宗李忱上朝听政。

会昌六年（846）四月初二，李德裕调任荆南节度使，保留宰相头衔。

会昌六年（846）四月初四，贬工部尚书、判盐铁转运使薛元赏为忠州刺史，贬薛元赏的弟弟、京兆少尹薛元龟为崖州司户，他们都是李德裕的亲信党羽。

贬李德裕的原因很简单：政治生态需要平衡，如果你吃肉，必须允许别人有喝汤的权力。悲剧的是，李德裕上台后，将牛党成员清洗一空，自己搞起了一言堂，还大肆扶持党羽。举个例子来说，给事中韦弘质上书朝廷，声称宰相的权力已经很大，不适合再掌管户部、度支、盐铁三司的事情。然而，李德裕却指责韦弘质是卑贱之人，必有高人在背后指点，于是强行将他贬官。

想想看，新皇帝上位，怎么可能不拿他开刀？

会昌六年（846）八月，李忱一日之内连下五道圣旨：

牛僧孺调任衡州长史。

李宗闵调任郴州司马。据史料记载，李宗闵刚刚接到朝廷的调令，还没有离开府衙便一命呜呼。

潮州刺史杨嗣复调任江州刺史。

昭州刺史李珏调任郴州刺史。

恩州司马崔珙调任安州长史。

会昌六年（846）九月，李德裕调任东都留守，不再保留宰相头衔。大中元年（847）三月，李德裕调任太子少保。大中元年（847）十二月，李德裕调任潮州司马。大中二年（848）九月，李德裕调任崖州司户。最后一贬，李德裕已经到了天涯海角，贬无可贬。

大中三年（849）十二月初十，李党领袖李德裕在无尽的凄怆与苍凉中溘然长逝，终年63岁。临终之前，李德裕登上崖州城头，最后遥望了一眼北方的天空，留下了一首绝命诗《登崖州城作》：

独上高楼望帝京，鸟飞犹是半年程。
青山似欲留人住，百匝千遭绕郡城。

说不尽的凄凉与彷徨。有理由相信，在李德裕的心中，仍然装着他的政治抱负，如果再给他一次机会，他还是会选择现在这样的路。

可喜可贺的是，宣宗一朝，再也没有你方唱罢我登场的斗争，李德裕被贬，李忱自始至终也没有起用牛党成员。牛李党争，从唐宪宗开始，经历唐穆宗、唐敬宗、唐文宗、唐武宗，持续时间长达四十余年。然而，随着李德裕的去世，牛李党争终于戛然而止。大唐帝国，即将迎来新的高光时刻。

唐宣宗：圣明天子也懂套路

时间回到会昌六年（846）四月，唐宣宗李忱登基的第一个月。

也许，在朝臣的眼里，李忱毫不起眼，没有任何优点，又是宦官拥立的，帝王生涯肯定会被一路操控，大唐的前途堪忧。然而，他们被打脸了。李忱用一道贬斥李德裕的诏书，证明了自己的强势和主见。随后，李忱下令，乱棍打死赵归真等道士，并且恢复了佛教的地位。几天时间，朝臣就改变了认知：这位皇帝手段老辣，思想睿智，意志坚决，俨然一位登基已久的成熟天子。

会昌六年（846）五月，翰林学士、兵部侍郎白敏中晋升为同中书门下平章事，也是李忱提拔的第一位宰相。

白敏中（792—861），华州下邽（今陕西省渭南市）人，大诗人白居易的弟弟。长庆二年（822），白敏中考中进士，入朝为官，先后担任大理寺评事、殿中侍御史、户部员外郎。论才学和名声，白敏中和白居易相差万里，如果不出意外，白敏中恐怕会走上一条熬资历的仕途。然而，事情却出现了转机。

会昌二年（842），唐武宗李炎打算起用白居易为相，李德裕很不情愿，考虑到白居易德高望重，名声在外，李德裕不敢得罪，于是说了一番冠冕堂皇的话：陛下，白居易年近古稀，年迈多病。任命他为宰相，虽然是陛下的恩德，但繁杂的事务恐怕会让他的身体不适，刚好其弟白敏中有才情，不如让他代替白居易，也好成全陛下的爱才之心。就在当日，白敏中晋升为知制诰、翰林学士。

彼时，白敏中已经50岁，却还混迹在官场的最底层，堪称失败。然而，李德裕的一句话就改变了他的命运，这样的恩德，在家烧香拜谢也不为过。

武宗时期，白敏中对李德裕非常恭敬，李忱上位后，政治风向转变，白敏中见风使舵，瞬间变成了攻讦李德裕的政治急先锋。白敏中让李德裕感到恶心，却让刚上位的李忱视若珍宝。后来，白敏中紧跟李忱的步伐，比如挖掘李德裕的八卦，搞臭他的名声，让李忱有贬斥李德裕的官方理由。事实证明，君臣配合得天衣无缝，李德裕被贬到天涯海角，最终无疾而终。

李德裕被贬的几年时间，白敏中先是晋升为宰相，后来改任中书侍郎、刑部尚书。此后，白敏中又升任尚书右仆射、门下侍郎，封爵太原郡公。

当然了，以德报怨这种事，不是不报，时候未到而已。

有一次，李忱和白敏中在宫中闲谈。

李忱："先前，朕为宪宗皇帝发丧，去陵墓的路上遇到大风雨，朝臣和六宫嫔妃都四散逃走避雨，只有一个身材高大、面多胡须的山陵使扶着宪宗的灵柩不走，爱卿还记得这个人吗？"

白敏中："陛下，臣记得非常清楚，此人叫令狐楚。"

李忱："那太好了，令狐楚现居何职？"

白敏中："陛下，令狐楚在十多年前便已经去世了。"

李忱："皇天不佑善人，朕还想重用他呢。他有后人在世吗？"

白敏中："他的长子令狐绪现在担任随州刺史。"

李忱："为人如何？是不是可以做宰相？"

白敏中："令狐绪小的时候得过风湿病，身体不好，不过令狐楚的次子令狐绹是前湖州刺史，很有才气，可堪大用。"

李忱："好，擢令狐绹为考功郎中、知制诰，让他进京面圣。"

大中二年（848）二月初十，令狐绹晋升为翰林学士，成为李忱的心腹幕僚。这就是李忱，感恩而又怀旧，想得到他的信任，不需要做惊天动地的大事，只要某件小事做到他的心坎，就可以获得出人意料的回报。

为了做好皇帝，李忱给自己选了个偶像——唐太宗李世民。据史料记载，李忱经常阅读有关李世民的文章，比如《金镜》《贞观政要》，他甚至将《贞观政要》写在宫殿的屏风上，没事就朗读几句经典名句，以此警示自己。

有一天，李忱突然想到一个问题，自己想做圣明君主，不仅要有掌控全局的气魄，还要有明察秋毫的本领。比如他，根本不了解朝臣啊。于是，他叫来翰林学士令狐绹："爱卿，咱们大唐朝廷有多少官员？"

令狐绹："陛下，六品以下官员太多，都是由尚书省吏部主拟授职。五品以上的官员，由中书门下政事党节制授理，他们各有名籍，叫作具员。"

李忱叹气道："你看，朕连朝中有多少大臣都不知道，如何能知人善任，赏罚分明呢？"随后，在李忱的要求下，宰相们整理了《具员御览》五卷，李忱将它放在桌案上，时常翻看，凡是奏折中提到的官员，李忱都会一一查证。

李忱不只是注重形式，在管理官员上，他还是有自己心得的。

有一次，李忱外出打猎，来到长安北边的泾阳（今陕西省咸阳市泾阳县），遇到一位打柴的樵夫。在李忱的眼里，如果要给地方官员打分评价，老百姓是最有话语权的，于是准备借机考察一番。

李忱："老乡，你是哪里人啊？"

樵夫："泾阳人。"

李忱："你们泾阳县令叫什么名字？"

樵夫："泾阳县令李行言，李大人。"

李忱："李大人为官如何？"

樵夫："李大人圆滑不足，做事比较固执。"

李忱听到此处，显得有点兴趣："哦？此话何意？"

樵夫："李行言为官强势，有一次抓了几个强盗，这些强盗跟北衙禁军有些交情，北司就点名要他放人，李行言不但不放，还把他们杀了。"

谁都知道，禁卫军是宦官集团的势力，行事嚣张跋扈，李行言敢跟禁卫军叫板，还能安然无恙地活着，确实是个狠角色啊。

李忱不动声色地说道："吏部官员何在？将此人记下来。"

一个月后，李行言直接晋升为海州刺史。按照规矩，李行言需要入宫拜谢，李忱为了鼓励他，又赐了金鱼袋和紫衣。

在唐朝，高级官员每天都要上朝议事，为了防止不法之徒混入宫廷，朝廷给高级官员都会配备“身份证”，也就是鱼符。一般用木头或金属精制而成，其形为鱼，分左右两片，里面刻有官员姓名，在何衙门任职，官居几品，俸禄几许，出行享受何种待遇等信息。太宗时期，朝廷又发明了装鱼符的鱼袋，三品以上的官员佩戴金鱼袋，五品以上佩戴银鱼袋。至于紫衣，只有三品以上的官员才可以穿。也就是说，李行言享受着超过自己地位的待遇。

李行言谢恩的时候，李忱问道：“知道你为何能得到朕的赏赐？”

说罢，李忱指了指桌子上的奏折，并将此前经过一字不漏地说给他听。那一刻，估计李行言汗流浃背，如果上面写的都是龌龊事，后果不堪设想啊。

还有一次，李忱到渭水狩猎，路过醴泉县（今陕西省咸阳市礼泉县）的一处佛祠，看到父老乡亲都在堂中设斋祈祷，派人打听后才知道，这是老百姓在祈求任期已满的醴泉县令李君奭（shì）能够留任。很显然，这不是预先安排的剧情。

当时，李忱暗中记下了李君奭的名字。没过多久，怀州（今河南省焦作市）刺史出缺，李忱给宰相写了一张条子，要求将此职授予醴泉县令李君奭。宰相们纳闷了，区区县令竟然能上达天听？然而，当李忱讲完整个故事的时候，宰相们恍然大悟，纷纷对他竖起了大拇指。

李忱破格提拔县令，并非真的想重用，而是向外界传递一种信息：我虽然深处禁宫，可对天下大事了然于胸。做官的愿意造福一方，朝廷肯定会关照，如果敢为虎作伥，欺压百姓，天子的屠刀也不是放着好看的。

还有一次，建州（今福建省建瓯市）刺史于延陵入朝辞行。

李忱：“建州距京师多远？”

于延陵：“回陛下，八千里。”

李忱：“你到任之后，为政的善恶朕都会了如指掌。不要以为那地方远在天边，其实就像在朕的阶前，你明白吗？”

福建确实远离中原，于延陵以为李忱在空言恫吓，因此没把李忱的忠告放在心上，反而做起了逍遥自在的土皇帝。他绝对想不到，李忱一直在盯着他，没过多久，朝廷就将于延陵贬为复州（今湖北省天门市）司马。

据史料记载，李忱记忆力超群，宫中负责打扫的杂役太监，凡是他看过一眼的，都可以记住他们的名字和职责。因此，当宫中有什么事情，李忱可以随时点名，而且每次派任都毫无差错，以至于宫中的宦官敬畏不已。

李忱在江西逃难的时候，曾经登临百丈山，写过一首诗：

大雄真迹枕危峦，梵宇层楼耸万般。
日月每从肩上过，山河长在掌中看。
仙峰不间三春秀，灵境何时六月寒。
更有上方人罕到，暮钟朝磬碧云端。

李忱有“山河长在掌中看”的气魄和胸襟，但这丝毫不影响他的明察秋毫。身为天子，胸怀江山社稷、日月乾坤，固然可以拔高他的格局，让百官仰视，可细致入微的观察，才能让百官产生敬畏。

唐宣宗：做皇帝，就要讲原则

自古以来，皇室宗族、权臣国戚属于地位超然的群体。他们是特权阶层，在法律范围之内，他们可以横着走路，毫无顾忌，至于在法律范围外如何行走，全看皇帝对特权阶层的态度，这也可以看出皇帝的真性情。

先看一个小故事。

万寿公主，李忱的皇长女，他最宠爱的掌上明珠。身为父皇，最操心的自然是女儿的婚姻大事。第一，公主身份高贵，不能嫁给一般的士族。第二，李忱不用搞政治联姻，如果有可能，尽量选一位颜值、才华、背景俱佳的青年才俊。

李忱表示，自己没时间挑驸马，于是把难题甩给了宰相白敏中。经过一番走心的选拔，白敏中最后将起居郎郑颢推荐给了李忱。

郑颢，出身荥阳郑氏，汉朝至隋唐著名的士族，与博陵崔氏、陇西李氏、赵郡李氏、范阳卢氏、清河崔氏、太原王氏并称为“五姓七家”。其祖父郑絪做过唐宪宗的宰相，其父亲官至兵部尚书，家族显赫。更难得的是，郑颢风流倜傥，才华横溢，还是状元出身，走在朱雀大街，绝对是无数少女的梦中情人。

白敏中向李忱汇报了郑颢的基本情况，李忱立即首肯，并让白敏中尽快将他的想法告诉郑家，准备接下来的婚事。

后世的电视剧经常出现这种桥段：某位翩翩公子考中状元，骑着高头大马游街，然后迎娶皇帝的女儿，从此走向人生巅峰。毕竟，金榜题名，洞房花烛，绝对是任何男人都梦寐以求的终极理想。

很遗憾，真实的历史并非如此。

皇室公主确实高贵，可她们从小生活在毫无约束的成长环境，缺乏良善主义教育。尤其是在唐朝，迎娶一位公主，就像娶了颗定时炸弹。善良一点的，可能颐指气使，不把夫家放在眼里。跋扈一点的，可能会在某天给驸马爷戴一顶绿帽子。在男权至上的年代，这绝对是令人无法容忍的。

对状元家族来说，培养一位人才不容易，谁也不想被皇室公主祸害。对状元来说，和公主结婚，算是提前走进了人生的坟墓。如果有可能，为什么不靠状元的光环，迎娶更好的白富美，选择一种自由理想的生活呢？

历史数据告诉我们，中国历史上共有数百名文武状元，可同时拥有驸马身份的，数来数去就郑颢一人。而且，郑颢还是被强制逼婚的角色。

就在李忱和白敏中商议婚事的时候，郑颢已经向朝廷递交了请假条，他准备前往楚州（今江苏省淮安市）迎娶未婚妻卢氏。

得知消息后，白敏中犹如五雷轰顶，如果郑颢真和别人结了婚，自己做不成月老不要紧，李忱绝对不会放过他。情急之下，白敏中以宰相的名义给郑颢下达“堂帖”，让他先把婚事放一放，赶紧回来和万寿公主成婚。

此时，郑颢已经走到郑州，收到白敏中的“堂帖”，郑颢也是五雷轰顶，惊呆在原地。难道，历史的悲剧就要发生在自己身上吗？

郑颢的第一反应是拒绝，第二反应还是拒绝。然而，拒绝谁呢？是朝廷的当红宰相，还是说一不二的皇帝？那一刻，郑颢终于体会到人在江湖，身不由己的无助感。为了不给家族带来麻烦，郑颢不愉快地接受了皇帝的赐婚，并以最快的速度完婚。对未婚妻卢氏，郑颢只能扼腕叹息，一生遗憾。不过，因为婚事被搅黄，郑颢将所有怒火全部撒到了白敏中的头上，这些都是后话。

在唐朝，皇族和门阀士族通婚有过先例，可每次结婚过程似乎都不太愉快，尤其是皇族，总能感觉到来自门阀士族的嫌弃。因此，万寿公主出嫁前夕，李忱叮嘱她，让她到了夫家之后，一定要坚守妇人礼节，不能骄横跋扈，觉得自己高人一等，李忱甚至在诏书中写道：“如果违背朕给你的告诫，必然会有当年太平公主、安乐公主那样的祸患。”

婚后，李忱非常关心女儿在郑家的表现。有一次，郑颢的弟弟生病，李忱派遣使者前去慰问，使者回来之后，李忱问道：“公主在干什么？”

使者：“在慈恩寺观戏场。”

李忱听闻后勃然大怒，于是咆哮道：“朕一直奇怪，豪门望族不想与皇室结婚，现在看来是有原因的。去，赶紧让公主进宫。”

入宫之后，万寿公主一直在宫殿台阶等待，始终不见父皇召见。过了半天，万寿公主才知道情况有些严重，于是哭哭啼啼，向李忱求情。毕竟是自己的掌上明珠，李忱见火候差不多了，就让万寿公主进殿，说道：“你知道自己错在哪里了吗？”万寿公主摇摇头。

李忱：“出嫁之前，朕要你坚守妇礼，你怎么就不听？”

万寿公主：“父皇，女儿什么也没干啊。”

李忱闻言一滞，差点被气笑了：“哪有小叔子病危，嫂子不去探望，反而有兴致去看戏的道理？赶紧回去看你的小叔子，别给我们皇家丢脸。”

这件事很快就传遍了长安的大街小巷，尤其是皇室和宗族，感受到了李忱的原则和怒气，行事变得更加小心谨慎。一直到李忱去世，大家都恪守礼仪，遵守规矩。仅此一点，李忱就值得世人钦佩。

李忱有个舅舅叫郑光，是母亲郑氏的弟弟，历任平卢节度使、河中节度使，李忱念其是至亲之人，对他关爱有加，时常叫他入宫，商议政事。不过，时间久了，李忱发现舅舅粗鄙猥琐，浅薄无知，难堪大任。这种情况，李忱本可以睁一只眼闭一只眼，可他还是革去舅舅的官职，命他做了羽林军统军。后来，郑太后屡次说郑光贫穷，李忱表示，赐钱财可以，但绝不允许他继续做官。

说白了，李忱确实很讲原则，顾大局，这也是世人推崇他的原因。然而有一件事，还是引起了许多人对李忱的质疑和指责。

在李忱的人生中，唐宪宗李纯是最重要的一个人。每逢独处时，李忱总是回忆父爱如山的那段日子，内心充满了崇敬和感恩。然而，每次想起父皇，李忱就会想起他突然暴毙一事。这件事，主流的说法是宪宗皇帝服用丹药暴毙，可宫中的人似乎都知道，丹药是致病的原因，却不是暴毙的原因。

唐穆宗李恒登基后，第一件事就是处死术士柳泌，随后又处理了一批太监和宫女，这一切说明了一件事：宪宗暴毙肯定有不为人知的秘密。这么多年过去，李忱明察暗访，听宫中老人对他的讲述，越来越觉得当年的事情蹊跷诡异，而诡异的来源，就是宪宗皇帝的贵妃郭氏，也就是郭子仪的孙女。如今，郭氏住在兴庆宫，有太皇太后的头衔，可李忱却并不喜欢她。

不满之处有许多。

不满之一：宪宗皇帝驾崩后，郭氏的态度诡异。

当年，宪宗皇帝驾崩，宫中就有传闻，说宪宗皇帝是被人害死的。郭氏是宪宗皇帝的正妻，后宫之主，可她却对此事不闻不问，有不可推卸的失察之罪。甚至有传闻说，郭氏便是宪宗皇帝暴毙的主谋之一。

不满之二：李忱的母亲郑氏是郭氏的婢女，怀孕之前的待遇还算不错，可得宠后，郭氏对她横挑鼻子竖挑眼，没少给她穿小鞋。

李忱登基后，对郭氏非常冷淡，而且经常派人调查宫闱秘闻，总而言之，就是怀疑宪宗皇帝的暴毙和郭氏脱不了干系。想想看，郭氏是名门之后，又是四朝太后，这种冤屈感，她如何能够承受?

你不就是想让我以死谢罪吗?

那好，我就成全你，让你背上逼死国母的恶名。

大中二年（848）五月二十一日，在婢女的搀扶下，郭氏登上了兴庆宫勤政楼。此时风和日丽，清风徐来，西北方向是巍峨壮阔、雄壮威严的大明宫，南边是绵延不绝、蜿蜒千里的群山。婢女们以为郭氏心中烦闷，特地来欣赏风景。

当时，郭氏斜倚栏杆，心生无限悲凉，烦忧不可断绝。就在大家不注意的时候，郭氏大叫一声，爬上栏杆，准备以身投地。

婢女赶紧上前，扯住了郭氏的衣服。

郭太后吼道："放开，我就是要以死明志，遂了皇帝心愿。"

婢女们哇哇大叫，奋力将郭氏拉了回来，随后送回寝宫休息。

勤政楼发生的这一幕，深深刺痛了李忱的心。他原本就看不惯郭氏，如果人有羞耻心，闭门思过也就罢了，如今还来了一场政治表演，这是做给谁看？如果郭氏真的跳楼而亡，天下人一定会说是李忱逼死了郭氏。想到此处，李忱充满了愤怒、怨念，脸上不禁掠过一丝杀机。

就在当晚，兴庆宫传出消息，郭氏驾崩。

郭氏回宫后发生了什么，李忱又干了些什么，郭氏因何暴毙，全部成了历史之谜。对于坊间的八卦传闻，李忱根本不想理会，他命人准备下葬事宜。别的指示没有，李忱就一个要求：郑太后还在，郭氏不能与宪宗皇帝合葬。

李忱定了基调，有关部门一致认为，郭氏可以下葬景陵外园。

谁料想，负责礼仪的太常寺官员王皞愤愤不平，悍然上奏道："郭后应该和宪宗皇帝合葬，在太庙的神位也应配祔宪宗皇帝。"

李忱看完奏折，差点气死过去。满朝文武，谁不知道李忱的心思，谁不懂其中的猫腻，一个小小的太常寺官员强做出头鸟，是情商低下，还是沽名钓誉？李忱看着白敏中，一言不发，但眼神中透露着强烈的不满，也可以说是杀机。

散朝之后，白敏中叫来王皞，不顾体面地咆哮道："老王，你今天上奏是什么意思？你最好能解释清楚。"

王皞："太皇太后是汾阳王郭子仪的孙女，宪宗皇帝的原配妻子。宪宗皇帝驾崩当天，有些事情确实不明不白，但郭太后身为天下之母，历经宪、穆、敬、文、武五朝，岂可因为隐晦不清的事情，就废除以正宫安葬的礼仪？"

面对油盐不进的愣头青，白敏中无语了。俗话说得好，众人皆醉你独醒，难道不知道清醒的人一般都没有什么好下场吗？起初，白敏中顾着自己的身份，好言相劝，可此人越说越带劲，甚至把圣人之言也给搬了出来，似乎除了他是朝廷的道德卫道士之外，其他人都是品质低劣不堪之徒。最后，白敏中放弃劝说，直接下达了逐客令。第二天，王皞被贬为句容县令，远赴异地他乡。

关键时刻，必须和皇帝统一战线。

李忱的儿子，唐懿宗李漼登基后，被重新起用为礼部官员的王皞旧事重提，终于说动李漼将郭氏的牌位迎回太庙，却始终没能和宪宗合葬。可以看得出，皇室对郭氏在宪宗皇帝暴毙一事上，确实有他们的判断。

很遗憾，郭氏的死并不是“宪宗暴毙一案”的句号，而是李忱处理陈年旧案的一曲序幕。随后的几年，李忱将与此案有关的郭氏外戚、宦官、宫女全部揪了出来，轻则处罚流放，重则杀头。一直到大中八年（854）正月，李忱才发下圣旨：长庆之初，乱臣贼子，顷搜余党，流窜已尽，其余族从疏远者，一切不问。

吐蕃内乱

中晚唐时期，藩镇割据、宦官专权、党派斗争一直是故事的主线，我们始终不愿谈及民族战争，因为饱含屈辱，太过沉重。有人曾说，中晚唐的民族外交就是一部无尽的血泪史。带给唐朝最多屈辱的，恐怕就是吐蕃政权。

从李世民开始，唐朝将中原的文化、农业输出到吐蕃，最初目的是宣扬国威，最终却换来了吐蕃的崛起。经过几代人的经营，吐蕃政权终于强大到可以挑战老师的地位，他们怀抱对中原文明的征服欲望，用铁骑一遍又一遍地碾压这个帝国，让李世民的子孙，还有中原百姓处于水深火热之中。

安史之乱，大唐将安西、北庭的军队调入中原，边境防务空虚，广袤的国土瞬间变成吐蕃的囊中之物，他们利用地理、骑兵优势侵略着河西、陇右，甚至占领过长安。在吐蕃国王赤松德赞的带领下，吐蕃迎来了高光时刻。

不过，上帝让其灭亡，必先使其疯狂。

因为国力昌盛，吐蕃待人接物的优良传统逐渐丢失，周边的民族总觉得他们是以武力、利益至上，因此敬而远之。后来，唐朝缓过气来，重新收拾内政，整顿地方藩镇，让少数民族再一次看到了唐朝的强大。随后，回纥强势崛起，开始和吐蕃争夺北庭地区，南诏国宣布脱离吐蕃的控制，与唐朝互通友谊。

再看看吐蕃，由于开疆拓土的节奏太快，政府只能加重赋税和兵役，以至于国内反战情绪高涨。再加上天灾频频，民不聊生，平民和奴隶掀起了一轮又一轮对抗王室和贵族的斗争。赤松德赞在位四十二年，创造了最强盛的吐蕃，却发现国家正在走下坡路。于是，他来了个急刹车，宣布吐蕃进入休养生息的状态。

在此之前，吐蕃贵族是战争的最大受益者，赤松德赞宣布停战，意味着断了他们的财路。一时间，吐蕃贵族成了赤松德赞最大的政敌。

失去传统贵族的支持后，赤松德赞开始培植新的势力，刚好各国的佛教势力涌入吐蕃，赤松德赞便在国内提倡佛教，邀请印度僧人寂护、莲花生入藏宣传，并建立了西藏第一座专供僧人出家使用的寺院——桑耶寺。

要知道，吐蕃原本信奉“雍仲本教”，他们崇拜自然、神灵和图腾，以占卜、禁忌、巫术、血祭为主要特征。虽然有原始佛教的影子，可毕竟和佛教有差别。比如信奉“雍仲本教”的人很少住在寺庙，早晚念经，白天在家种地。而佛教则是职业化僧人，吃穿用度靠国家供给，这引起了其他教徒的强烈不满。

最主要的是，僧人开始渗透到政府，担任着吐蕃的宰相。

赤松德赞权威十足，贵族不敢轻易翻脸，可他的儿子牟尼赞普继位后，继续推崇佛教，还命令臣民向佛教寺院捐献财物，最终引起了老妈哲蚌氏为首的贵族势力的反对。结果便是，牟尼赞普只做了一年零七个月的国王，便被亲生母亲毒杀。随后，牟尼赞普的弟弟牟如赞普继位，仅仅一个月，他便被刺身亡。

牟如赞普的弟弟赤德松赞上位，再次遭到仇家刺杀，多亏僧人钵阐布保护，最终才幸免于难。为了推崇佛教，赤德松赞开始重用钵阐布，还推出了一系列的重磅政策。比如一人出家为僧，则七户平民集体供养。谁敢用手指僧人，就断其手指；谁敢用眼睛瞪僧人，就剜其双目。

赤德松赞统治时期，吐蕃国内多次发生地震，岷山崩塌，洮水逆流，老百姓食不果腹，衣不遮体。贵族势力看到时机已到，于是诬陷钵阐布和王后通奸，铲除其羽翼，随后派遣刺客将赤德松赞活活勒死。

接下来，赤德松赞的弟弟达玛继位，有了前车之鉴，达玛反其道而行之。他下令禁止在吐蕃信奉佛教，还烧毁佛教经书，拆毁佛教寺院，让百姓改信“雍仲本教”。然而，佛教经过数十年的发展，已经遍布到各个阶层，达玛的政策得到了传统贵族势力的拥戴，却引起了佛教新锐势力的反抗。

会昌二年（842）十月，信佛派贵族拉隆贝德到拉萨面见达玛，用隐藏在袖中的弓箭射死了他。由于达玛没有子嗣，因为继承人的问题，吐蕃再次大乱。

当时，达玛的妃子綝氏拉拢了许多奸佞之臣，将其哥哥尚延立三岁的儿子乞离胡拥立为吐蕃国王，由綝氏垂帘听政。为了强化自己的统治，綝氏将十几名德高望重的大臣排挤出朝廷。不过，这也引起了朝臣的强烈反对。

表现最强势的，当属宰相结都那。

面对乞离胡，结都那始终不肯跪拜，他哭着对众人说："达玛赞普宗族的人那么多，綝氏却不顾大局，擅自拥立自己家族的人为赞普，谁能服气？恐怕连鬼神都羞于享受他的祭祀，这些年，吐蕃发生了那么多灾难，恐怕是灭国的前兆，只叹老夫没有兵权，愧对历代赞普的恩德，唯有以死相报。"

说罢，结都那用刀划伤自己的脸，以示哀痛欲绝，随后大哭着离开朝堂。谁料想，綝氏居然派遣刺客暗中弄死了结都那的全族。

拉萨的政治地震，引起了许多人的关注。比如论恐热，时任洛门川讨击使，他振臂一呼，扬言綝氏残害忠良，为非作歹，表示自己要带兵勤王。当然了，勤王只是借口，论恐热是战争狂热分子，只想追逐战争和血腥。当时，他自称吐蕃宰相，纠集了一万多名士兵，打算与驻屯在薄寒山的正牌宰相尚思罗交战。

一场混战过后，尚思罗逃往松州，他在那里纠集苏毗、吐谷浑、羊同等部落八万余人，焚毁桥梁，据洮水之险，阻击论恐热的强势进攻。然而，论恐热自称是上天派来拯救吐蕃子民的，谁敢阻挠就是和老天爷过不去，在强大的心理攻势下，尚思罗一败涂地，将军队拱手送给了论恐热。

坐拥十万大军，论恐热自信地认为，他已经是吐蕃的老大了。很遗憾，他很快就在鄯州（今青海省西宁市）遭遇了人生滑铁卢。

鄯州守将尚婢婢，祖辈世代担任宰相，贵族家庭的熏陶，养成了他沉稳内敛的性格，再加上他谋略超群，在军中很有威信。论恐热想回到吐蕃，尚婢婢就是他必须逾越的一座高山。接下来，双方在鄯州摆开架势，一场涉及十数万大军的战争一触即发。然而，就在论恐热行军的时候，忽然遭遇雷电和大风的袭击。

就在不久前，论恐热还说自己是老天爷派来拯救黎民百姓于水火的人，可是一场自然灾害，军中数十名将领相继被雷火劈中……这样赤裸裸的打脸让他郁闷不已，他立马挂起了白旗，表示暂时休战。

尚婢婢觉得时机已到，于是吩咐小弟杀牛宰羊，派使者带着钱财前往论恐热的军中犒劳，还带去了一封措辞卑微的亲笔信。在信中，尚婢婢夸赞了论恐热起兵勤王的正义之举，表示自己的才干和威望都比不上论恐热。尚婢婢就只有一个愿望，希望论恐热大功告成之日，自己能告老还乡。

论恐热原本生着闷气，看到尚婢婢的书信后，顿时笑逐颜开，心中的阴霾驱散了大半。据史料记载，他当即拿出此信，让将士和部落酋长看了一遍，随后以居高临下的姿态写了一封回信，表示自己立马撤围，不会再为难他。

几车牛肉，一封亲笔信就搞定了敌军主将，尚婢婢觉得毫无成就感。随后，他集结了五万大军，以一万作为诱饵，四万设伏，将驻屯在大非川（今青海共和县境内）的论恐热胖揍了一顿，论恐热只身逃出生天。

大非川大败，论恐热应该负起指挥责任，可他却将锅甩给将领，指责他们打仗不卖力，暗讽他们有背叛的心思。随后，他在军中搞起了小动作，对怀疑的对象展开了无情的清洗，以至于军心动摇，将士们离心离德。接下来的日子，论恐热招兵买马，和尚婢婢展开拉锯战，两军交战数十次，各有胜负。

吐蕃国内动乱，两大主力军队又热血厮杀，这让唐朝的统治者看到了收复西北地区的希望。唐武宗统治末期，宰相李德裕开始收集边关情报，筹集军饷和粮食，可还没来得及开打，唐武宗便一命呜呼。

历史的重任，就这样落到了李忱的头上。

大中元年（847）五月，李忱给河东节度使王宰下令，命他收复河西。

当时，王宰以沙陀酋长朱邪赤心的部队为先锋，从麟州（今陕西省榆林市神木市）渡过黄河，在盐州（今陕西省榆林市定边县）与论恐热的大军展开遭遇战，成功将其驱逐出河西地区。想想看，唐军已经在河西建立防线，随时有可能发动总攻，西边又有尚婢婢虎视眈眈，可谓腹背受敌。考虑了一下，论恐热决定向西挺进，就算打不赢唐军，拿下尚婢婢之后回吐蕃做老大也是不错的选择。

随后，论恐热率领两万精兵向尚婢婢发起进攻，最终败守河州（今甘肃省宁夏枹罕县），与驻屯在河源的尚婢婢形成对峙。

按照尚婢婢的计划，他打算稍做调整，再找机会拿下对手。然而，士兵看到敌军屡战屡败，心生轻敌之意，于是纷纷请战。客观地说，敌我力量悬殊的情况下，这种情绪很正常，古话说得好，痛打落水狗嘛！

事实上，尚婢婢默认了将士们的请战要求，因为他需要一场胜利。为了保险起见，尚婢婢亲自领兵驻扎在黄河大桥，如果打赢了，他就去收拾战场，万一打输了，他就焚毁大桥，退守到鄯州。

很遗憾，幸运之神并没有如期降临，尚婢婢一败涂地。

失去了抗衡的力量后，尚婢婢开始在西北散播舆论，鼓励吐蕃境内的汉人将军归降大唐，并让老百姓重新回到中原。在尚婢婢的撺掇下，原州、秦州（今甘肃省天水市秦安县）、安乐州（今宁夏回族自治区中卫市中宁县），以及石门、驿藏、木峡、制胜、六盘、萧关、木靖，总共“三州七关”重新回归唐朝。

安史之乱后，这些地方的百姓穿着胡人的衣服，接受胡人文化的洗礼，饱受着身体和心灵的欺辱，愤怒和委屈之后，便是对故土深沉的思念。回归唐朝后，朴实无华的百姓携老扶幼，来到长安城，向朝廷表达了最诚挚的感谢。

大明宫延喜门，李忱亲自接见，他让百姓脱去胡服，穿上汉族服装，随后下达诏书：招募百姓开垦“三州七关”的土地，免收五年的租税，规定以后凡是从长安流放的罪犯，全部发配到“三州七关”。戍卫的士卒，全部拿双倍的衣服和粮食，两年轮换一次。在通往边陲的道路上建置城堡栅寨，凡是来往的商旅，以及戍军士兵的子弟寄家信的，据守关、镇的官员都不能滞留刁难。

李忱有点眩晕，那是幸福的感觉。

毕竟，安史之乱后，唐军已经遗忘了西北地区，如果不是吐蕃内乱，尚婢婢和论恐热两位枭雄爆发军事冲突，大唐怎么可能捡到这样的便宜。

大中四年（850）九月，论恐热和尚婢婢两大军事集团又干起来了。

据史料记载，论恐热主动偷袭，尚婢婢不敌，最后退守犛牛峡。为了稳妥起见，尚婢婢让磨离罴子、烛卢巩力两员大将共同防守，可到了驻地后，这两位老兄在防守策略上出现了分歧。

烛卢巩力表示，应该避其锋芒，然后出奇兵断对方的粮道，预计最快十天，最晚半个月，敌军就会土崩瓦解。不过，磨离罴子是个急性子，到岗之后嚷嚷着要立即出兵，速战速决。两人都是高级将领，谁也不肯服输。最终，烛卢巩力放出话来：宁愿做不被任用之人，也不愿做败军之将，称病返回鄯州。

磨离罢子缺兵少将，却强行开战，最终血染疆场。

前线失利，尚婢婢郁闷不已。

此时是秋冬交替之际，存粮告罄，草料缺乏，尚婢婢让拓跋怀光坚守鄯州，自己带领三千人马，向甘州（今甘肃省张掖市甘州区）以西退却，为大军寻找后路。说得直白点，持续数年的吐蕃内战，以尚婢婢的认输而告终。

为了斩草除根，论恐热率领五千精骑追击，没杀到尚婢婢，却让鄯、廓、肃、伊、西州变成了人间炼狱。据史料记载："杀其丁壮，劓刖其羸老及妇人，以槊贯婴儿为戏，焚其室庐，五千里间，赤地殆尽。"如此恶行，已经践踏了人性的基本底线，就连论恐热的部将也觉得恶心残暴。

尚婢婢暗中派人策反，部分人投靠了尚婢婢，还有些人直接归降了大唐。人心离散，论恐热感觉到了孤立无援。随后，他打出唐军旗号，扬言准备向唐朝借兵五十万，消灭不顺从自己的敌人。更疯狂的是，他打算以渭州作为吐蕃的新首都，请求唐朝册封他为新的赞普。

直到此时，论恐热的丑恶嘴脸终于露了出来。

西域悲歌，热血传奇

面对论恐热的请求，李忱不置可否。

大中五年（851）五月，走投无路的论恐热来到长安。为了迷惑唐朝君臣，他把自己包装成超级贵族、吐蕃大腕，随后大张旗鼓地下榻在礼宾院，等待李忱的召见。

客观地说，唐朝已经放弃了西北地区的统治权，他们不明白吐蕃正在内战，论恐热跑来长安做什么。不过，李忱决定以礼相待，他派遣尚书左丞李景前往礼宾院，询问论恐热此行的目的。

礼宾院内，两人初次见面，李景感到一阵恶心。站在他面前的，不是虔诚恭敬的吐蕃使者，而是一位高昂着头颅、狂妄无比的邋遢汉子。没有和谐的交流，没有友好的气氛，结束之时，论恐热放出话来，如果唐朝想得到河西和陇右的土地，必须封他做河渭节度使。也许，在论恐热的眼里，唐朝还是那个在安史之乱中被打得满地找牙的弱国，大唐文明就是软弱可欺。

李景回报道："论恐热想和我们谈条件，做河渭节度使。"

李忱："免谈。"

在随后的例行朝会上，李忱拿出天子的气度，热情接待了论恐热，但姿态很清晰，我是宗主国，你是吐蕃政权的使者。你远来是客，我可以给你礼物、钱财，至于谈论河西和陇右的归属问题，你还没资格和我谈！

李忱："回去安心打仗吧，我就安静地看着。"

论恐热在长安吃了闭门羹，心里极度不爽，他对大唐的憎恨突然超过了对尚婢婢。返回老巢洛门川后，论恐热收拾余部，再次骚扰唐境。然而，他已经彻底失去人心，再加上阴雨绵绵，将士们斗志低昂，纷纷弃他而去。论恐热只好率领仅剩的三百余人来到廓州（今青海省化隆回族自治县），苟延残喘。

直到此时，河西、陇右正式成为“两不管地区”。原先隶属河西、陇右的汉族官民纷纷拿起武器驱逐吐蕃势力，最著名的就是张义潮领导的“沙州起义”。

沙州，治所在甘肃敦煌，隶属河西军镇。安史之乱后，吐蕃先后攻占凉州（今甘肃省武威市凉州区）、甘州、肃州（今甘肃省酒泉市肃州区），大唐为了战略控位，将河西军镇的驻地从凉州转移到沙州。

唐代宗李豫年间，沙州被吐蕃大军包围，沙州刺史周鼎决定焚毁城郭，东奔归唐，却遭到了部众的反对。将士们的理由很简单，沙州是他们的家乡，拼死也不能放弃。再者说，他们是军人，马革裹尸才是最后的归属。从大局来看，如果放弃沙州，长安以西就没了屏障，吐蕃将会更加肆虐猖狂。

沙州刺史府，周鼎和小弟闹翻了。

沙州知兵马使阎朝登高一呼，带着众人将周鼎缢杀，自领州事，宣布沙州将继续和吐蕃顽抗到底。当时，沙州最缺的就是粮食，阎朝拿出府库钱财，以“出绫一端，募麦一斗”的标准找百姓换取粮食，就这样据城坚守了两年之久。

建中二年（781），只拥有四五万人口，却打了十余年对外战争的沙州，终于走到山穷水尽的地步，阎朝为了保全沙州百姓，与吐蕃主将尚绮心儿约定，在沙州百姓不能外迁的条件下，宣布投降。随后，城中官民改穿吐蕃服饰，但每逢祭祀祖先，他们都要换上汉族的服装，以示对大唐的忠诚。

沙州失陷以后，老百姓受到了吐蕃军队的残酷镇压，“丁壮者沦为奴婢，种田放牧，羸老者咸杀之，或断手凿目，弃之而去”。其中，汉人的地位最低，如果汉人在街上走路，必须低头弯腰，不能直视吐蕃人，更别说平起平坐。至于沙州刺史阎朝，因为态度顽强，最终被吐蕃用“置毒靴中”的手段暗杀。

被欺压得越惨，对故国的思念就会越深。

开成元年（836），有一支唐朝使团出使西域，途径甘、凉、瓜、沙诸州，当地民众闻讯后夹道相迎，流泪问使者：“皇帝犹念陷蕃生灵否？”

此时，西域诸镇陷落长达数十年，可老百姓始终认为他们是大唐的子民，心中念念不忘的就是回归故土。古话说得好，念念不忘，必有回响。

张义潮，沙州敦煌人，出身世家，老爸做过工部尚书，哥哥张义潭是唐朝末年归义军节度使张淮深的父亲。小的时候，张义潮经历了吐蕃的残暴统治，于是立下大志："论兵讲剑，蕴习武经，得孙武、白起之精，见韬钤之骨髓。……知吐蕃之运尽，誓心归国，决心无疑。"

尚婢婢逃走后，论恐热率领五千大军扫荡西北，张义潮意识到沙州可能会变天了，于是暗中结交豪杰，密谋起事。大中二年（848），张义潮身披铠甲，手执兵刃，率领西域英雄豪杰突袭瓜州府衙。吐蕃守军来不及防备，仓皇逃走。

就这样，沙州落到了张义潮的手中。

此时，张义潮最好的选择是坐拥瓜州，称霸西域。然而，他却准备将收复瓜州的消息尽快告知给朝廷。悲剧的是，瓜州和长安相隔千里，中间还隔着凉州、甘州、肃州，如何将消息准确地传到长安，困难程度似乎比起义还高。

当时，张义潮选了十批信使，他们携带相同的文书，肩负相同的使命，奉命从十个不同的方向前往长安。这是一段被历史遗忘的西域悲歌，这些人已经猜到了自己的命运，可能全军覆没，可能埋骨他乡，但是他们肩负着西域百姓回归中土的殷切希望，最终还是义无反顾地踏上了征程。

在吐蕃国内，僧人地位较高，容易躲过吐蕃军队的盘查，因此张义潮特地请出了敦煌高僧悟真，让他率领一支队伍，从东北方向迂回到长安。

据史料记载，十支队伍中，九支折戟沉沙，没人知道他们的姓名，也不知道他们遇到了什么险情，更不知道他们葬身何地。只有高僧悟真受到命运之神的眷顾，到达了唐军要塞天德城（今内蒙古自治区乌拉特前旗）。

按照直线距离，敦煌到天德军是一千二百公里，按实际行进的历程，可能长达数千公里，这段路程还包括巴丹吉林大沙漠、腾格里大沙漠和库布齐大沙漠。可以想象，悟真和尚经历了多少磨难，最终才完成使命。天德军防御使叫李丕，他惊讶于这群从天而降的使者，立即以最大的热情护送他们前往长安。

大中四年（850）正月，悟真等人到达长安。

当天，满城百姓夹道欢迎，李忱更是感慨万千。对于张义潮，他只评价了八个字：关西出将，岂虚也哉！简洁，却又饱含期望。

此时，距离沙州起义已经两年之久，张义潮根本来不及等待。使团离开后，张义潮带着百姓修缮兵器、夯筑城池，还趁着吐蕃走下坡路的机会收复了瓜州、伊州、西州、甘州、肃州、兰州、鄯州、河州、岷州、廓州。收复这十个西域重镇，意味着张义潮重新打开了西域之路。

大中五年（851）八月，张义潮派遣哥哥张义潭、女婿李明振等二十九人入朝告捷，献上了瓜、沙等十一州的地图和户籍。

以一己之力收复西域，这样的功劳足以让张义潮彪炳千古。更难得的是，张义潮为了大唐情怀，居然拱手将西域送给了李忱。面对张义潮的大礼，李忱欣喜过望，当即下诏褒奖张义潮："抗忠臣之丹心，折昆夷之长角。窦融河西之故事，见于盛时；李陵教射之奇兵，无非义旅。"

大中五年（851）十一月，李忱决定在瓜、沙等州建立归义军，任命张义潮为第一任归义军节度使，负责归义军所有事务。同时，进封张义潮为金紫光禄大夫、检校吏部尚书、金吾大将军、特进，食邑两千户、实封三百户。

值得一提的是，张义潮的哥哥张义潭被封为左金吾大将军，按照惯例，他是留在长安的人质。此时的张义潮真心归附大唐，并没有在乎这些细节。

那么问题来了，吐蕃统治了西域数十年，遗留问题如何解决？比如在吐蕃的统治下，汉人毫无地位，如今翻身做了主人，他们会不会拿吐蕃人出气？如果再出现民族冲突，张义潮该如何处理？这些无疑都是巨大的挑战。

张义潮思考过，最终定了基调：拉拢汉族，安抚少数民族。也就是说，就算伤了吐蕃百姓的尊严，也要维护汉族百姓的利益。

当时，张义潮废除了吐蕃的部落制，确定了州、县、乡、里四级行政制度，还在瓜州城建立了坊巷；重新登记人口、土地，确定每家每户的田产；按照唐朝的户籍制度，确定他们的赋税标准；恢复唐朝的服装……一系列的组合拳，瞬间就让老百姓产生了归属感。

至于少数民族，张义潮决定，已经被汉族同化，或者对汉文化有认同感的，可以编到汉族的乡里，共同生活。如果不认可的，继续按照部落制度生活，但是要接受唐朝律法的统治。当然了，管理西域并不是和平演变。有一次，吐谷浑、党项、回纥等民族劫掠西域诸镇，张义潮立即集结军队追击一千多里，一直杀到吐谷浑老家，砍了三名宰相的脑袋，最终才班师凯旋。

咸通二年（861）三月，张义潮的侄子张怀深收复凉州。至此，西域十二州全部回归大唐。咸通四年（863），唐朝重新设置凉州节度使，统领凉、洮、西、鄯、河、临六州，表面上想分张义潮的地盘，实际上凉州节度使还是由张义潮担任。

在西域，张义潮就是神一般的存在。

当地人对他的评价：“坐筹帷幄之中，决胜千里之外，四方犷悍，却通好而求和；八表来宾，列阶前而拜舞。北方猃狁，款少骏之蹄，南土蕃浑，献昆岗之白璧。”河西甚至有歌谣赞颂张义潮的英雄业绩：

河西沦落百余年，路阻萧关雁信稀。

赖得将军开归路，一振雄名天下知。

然而，唐宣宗李忱、其子唐懿宗李漼对西域的控制能力很弱，在德行上更无法与张义潮相提并论。简而言之，西域还是张氏家族说了算。

咸通八年（867），留在长安做人质的张义潭去世，张义潮为了打消朝廷的顾虑，以69岁的高龄前往长安，甘愿作为人质。张义潮入朝后，朝廷任命他为右神武统军，赐给田地。咸通十三年（872），74岁的张义潮在长安去世，结束了宏伟壮阔的一生。

张义潮离开瓜州后，将军政大权全部交给了侄子张淮深。不过，朝廷一直没有下达官方的任命诏书，一直到张义潮去世，朝廷都是闭口不提。

对朝廷来说，归义军镇、河西军镇都是朝廷的属地，张义潮去世后，是否让张淮深接任，朝廷说了算，而且要看张淮深的表现。

然而，现实是什么？

西域确实回归了，可张氏家族的影响力要比皇权更大，这是不争的事实。唐宣宗李忱是个聪明人，看破现状，所以放任不管，双方维护和谐友爱的关系。继任的唐懿宗李漼、唐僖宗李儇就是一根筋，死活不愿松口。如此一来，朝廷无法任命新的官员，又左右不了局势，只好委屈地倔强着。

对张淮深来说，张家在西域经营了十余年，势力盘根错节，不管朝廷认不认可，他都是实际控制人。他希望得到任命，却又不想低三下四。

唯结果论，这是一种大大的失策。古话说得好，名不正则言不顺，张家已经承认了朝廷对西域的管辖权，就算你是西域的土皇帝，没有皇帝认可，你也是非法的。不管对张淮深，还是对西域将领，都是无形的心理压力。更何况，西域势力众多，局势复杂，如果长期和中央对峙，是否有人可以取而代之？

事实证明，有人在觊觎西域最高权力，西域动荡的根源已经埋下。

随后，回纥叛唐，引兵进犯肃州、酒泉、西州。张淮深没有因为和朝廷的矛盾使气，而是率领军队反击，活捉回纥首领，俘获士卒千余人，并表奏朝廷。

朝廷派遣使者慰问，各种表彰，各种赏赐，唯独对张淮深的任命一事不闻不问。张淮深已经无所谓了，任由朝廷胡闹，他只管好好地经营西域。在张淮深的努力下，他也慢慢成了令西域诸镇仰望的神。

光启三年（887），张淮深第三次派使者到长安，说的还是同一件事。

悲剧的是，张淮深越有名望，朝廷越不放心。朝廷一直在寻找机会，重新控制西域，至少让西域不再姓张。

文德元年（888），朝廷突然下诏，授予张淮深节度使旌节。

大顺元年（890），张义潮的女婿、沙州刺史索勋突然发动兵变，诛杀了张淮深全家，包括他的六个儿子。随后，张淮深的叔伯兄弟张淮鼎继任节度使，没过几天，张淮鼎重病身亡，临死前将独子张承奉托付给瓜州刺史索勋。很显然，索勋没有拥立张承奉，他自己做了节度使。更诡异的是，朝廷二话不说，直接将归义节度使的旌节奉送给了索勋。这个旌节，可是张淮深要了一辈子的东西。

张淮深的去世，西域权力的交接，其中充满了谜团，也成为史学界一直在考据的领域。可以肯定的是，叛乱只要出现一次，就会出现第二次。

据史料记载，张义潮第十四女李氏（凉州司马李明振之妻）对姐夫索勋诛杀张淮深一家，用武力夺取西域大权非常不满，于是以“靖难”名义发动兵变，杀死了索勋一家。随后，李氏拥立张承奉为归义军节度使，却又将自己的三个儿子任命为瓜、沙、甘三州刺史。到最后，李氏驱逐张承奉，独揽了西域大权。

李氏干得很漂亮，可棋差一着：她没杀死张承奉。

接下来，张承奉联合地主势力，重新夺回了政权。

张氏家族原本可以创造辉煌的历史，却因为家族内斗，元气大伤。这是张家的宿命，也是历史的宿命。西域内乱后，少数民族开始率军入侵，当地豪族趁机瓜分土地，归义军的地盘只剩下瓜州、沙州等地。

回首历史，张义潮回归大唐带着满满的诚意，就算张淮深也是亲唐派。然而，在皇权游戏中，人性是脆弱的，经不起考验。双方数次交锋，最终击垮了好不容易建立起来的信任，以至于西域大局毁于一旦。光化三年（900），唐昭宗李晔无可奈何，只好承认张承奉的节度使地位，命他掌管西域政务。随后，哪怕唐朝皇室走向末路，张承奉也是一直遵奉他们，苦心经营着西域诸镇。

天祐四年（907），唐朝灭亡，朱温建立后梁，王承宗才自立为白衣天子，建号西汉金山国。“西”，指的是国家的方位；“汉”，指的是民族的属性；“金山”又名金鞍山，在敦煌西南，即甘、青、新三省交界处的阿尔金山。

西域张氏，自始至终也不忘自己是汉族子孙。

李忱，行走在佛道之间

唐宣宗年间，还有一件非常重要的事情：重振佛教。当年，唐武宗毁灭佛教有他的考虑。那么李忱扶持佛教，是否也有特别的想法呢?

不可否认，李忱有过一段逃亡的生活，得到了不少佛教高僧的帮助，出于对佛教的感激和回报，李忱有理由支持佛教的发展。然而，李忱是皇帝，感激、信仰从来不是他做决定的核心因素。更何况，李忱虽然和佛教有渊源，却始终若即若离。尤其是到了晚年，李忱开始在宫中豢养道士，让他们炼制丹药，走上了寻仙问道的道路，最后竟死于道家仙丹。崇佛，可能不是主要原因。

在历史上，李忱被称为“小太宗”，“恭敬节俭，惠爱民物”。说白了，李忱的生活简朴，不乱花钱，也很体恤百姓。唐武宗灭佛的原因之一，就是佛教侵占了大量土地、劳力，给政府和百姓带来了沉重的经济压力。这一点，李忱自然是知道的，那他为何会一反常态，疯狂地支持佛教呢?

还是看看李忱究竟做了哪些事，从中寻找蛛丝马迹吧。

会昌六年（846）五月，登基第二个月，李忱突然下诏，除了长安左、右街功德使下辖的四座官方寺庙外，两街各增设八座寺庙。

左街八所，其中兴唐寺、保寿寺保留旧名。

其余四所：宝应寺改为资圣寺；青龙寺改为护国寺；菩提寺改为保唐寺；清禅寺改为安国寺。尼寺二所，法云寺改为唐安寺，崇敬寺改为唐昌寺。

右街八所，千福寺、兴元寺保留旧名。

其余僧寺五所，化度寺改为崇福寺；永泰寺改为万寿寺；温国寺改为崇圣寺；经行寺改为龙兴寺；奉恩寺改为兴福寺。尼寺一所，万善寺改为延唐寺。

在唐朝，大规模改换寺庙名字，是有政治意图的。想当年，唐中宗李显登基后，就曾大规模改换寺名，以此彰显自己中兴大唐的功劳，同时也和武则天时代划清界限。李忱曾经受过唐武宗的迫害，以至于颠沛流离，说他没有怨恨，很难让人信服。通过扶持佛教，改换寺名，确实能够挽回尊严。

大中元年（847）三月，李忱再一次下诏：应会昌五年所废寺，有僧能营葺者，听自居之，有司毋得禁止。意思就是，唐武宗废弃的寺庙，如果僧人能够自食其力，将它们全部修缮，政府不允许禁止。说白了，唐武宗不允许你干的，朕允许。

会昌灭佛后，朝廷搜刮了无数的铜像、铜钟、铜磬、铜炉，由于找不到足够的工匠铸钱，淮南节度使李绅提了个建议：以州名铸钱。京师铸造的称为京钱，大小径寸如开元通宝，州县自己也可以铸钱。

李忱上位后，“尽黜会昌之政，新钱以字可辨，复铸为像”。意思就是，会昌年间拿铜像铸造的钱不适合流通，将它们重新融化，铸成佛像。

这种新政，很像是对前朝的佛教政策全盘否定。

在李忱的支持下，佛教犹如雨后春笋一般崛起，大有超越前朝的意思。大中五年（851），群臣终于按捺不住，开始给李忱上奏。

大中五年（851）四月，进士孙樵进言：“陛下，老百姓日出而作，日落而息，辛辛苦苦才能勉强挣扎在温饱线，而那些不劳而获的僧尼整日端坐房中，穿着华丽衣服，吃着精美食物，却要靠十户百姓赡养。当年，武宗皇帝就是看不惯僧侣吸食民脂民膏，这才下令焚毁寺庙，您登基以来却反其道而行之，使废除的积弊重新振兴……您想修缮长安城的东门，言官们随便说了几句，您就下令停止，难道天下如火如荼地修缮佛教寺院，会比这个还难禁止吗？”

说白了，李忱就是想让佛教死灰复燃，以至于不惜代价。

大中五年（851）七月，中书省和门下省联名上奏：“陛下，您崇奉佛教，地方官员纷纷为之奔走，长此下去，恐怕财力无法承受啊。在推行佛教的时候，地方政府经常骚扰百姓，希望陛下让掌管佛事的有关官吏管管。至于出家的僧侣，有关部门应该挑选有道行、通佛性的人，如果让不法之徒进入佛门，违背了陛下的初衷。至于乡村间的小佛舍，还请陛下收复河、湟，罢兵之后再修吧。”

大中六年（852）十二月，中书省和门下省再次上奏：“各州在陛下的许可范围内，可以修缮寺庙。然而，应该严禁他们私自剃度僧侣、尼姑。如果官府有僧侣、尼姑的剃度名额，可以选择合格的人补上。远游的僧侣，必须有本州颁发的公文，以便他们到达目的地时，当地官府可以查验身份。”

朝臣的建议，李忱全盘接受。毕竟，佛教发展得怎么样，他不关心，只要能做到对前朝的否定，就已经足够。真因为这种不管不顾的态度，佛教才有机会野蛮发展，一直到唐朝亡国。

御臣之术，多学着点

武宗一朝，在李德裕的统治下，许多朝臣都没有晋升机会。

比如马植，才华横溢，却苦于没有出头之日。大中二年（848），马植终于熬成宰相，后来又兼任天平军节度使，成了耀眼的政治新星。能升官，自然得到了李忱的青睐，可即便是这样，马植还是活得战战兢兢，如履薄冰。

大中六年（852）四月，马植刚刚升官，心情倍儿好，于是在宫中溜达，恰好碰到了宦官首领马元贽。马元贽是李忱的恩人，在宫中地位超然。两位大人物见面，出于礼貌，自然要装模作样地寒暄一番。

马植："马将军，您是陛下跟前的红人，以后还请多多关照。"

马元贽："大人谦虚了，您是朝廷重臣，以后还要沾您的光呢。"

二人相视而笑，很有默契。

马植："你我同为马姓，说不定是同宗呢。咦，马将军，您这个腰带很好看啊，马某也是见过世面的，可从未见过如此华丽的朱玉腰带。啧啧啧……"

马元贽表示，这位老兄是个识货的，于是心情大好，回答道："陛下感念我的从龙之功，特地赏了这根腰带。如果大人喜欢，那就转送给您了。"

马植："那多不好意思，马将军放心，他日马某必有回报。"

马植确实看上了腰带，于是顺手接下，当场束在自己的腰上。第二天，马植带着朱玉腰带上朝，由于他站在最前面，被细心的李忱发现了。

李忱面色冷淡，问道："马相，你这腰带甚是好看啊。"

这一问，让马植产生了五雷轰顶的感觉。很显然，李忱在意的不是腰带的价值，而是他和马元贽交往过密，以至于马元贽把皇帝赏赐的腰带都送了出去。想想看，宦官给宰相送礼，而宰相接受了，他们究竟想干什么？

马植万般解释，却始终改变不了李忱的猜疑。

第二天，李忱下诏：罢免马植的宰相职务。

没过几天，李忱拿下了马植的亲信董侔，将他送交御史台审问。数天时间，马植和马元贽勾结的罪名被坐实，马植被贬为常州刺史。

什么叫雷霆手段？这就是。

李忱礼遇宦官，自然有他的考虑，可礼遇不代表宠信和偏爱。李忱是个聪明人，知道宦官之祸、朋党之害是朝廷灾难的根源。只要他主政，就不会允许宰相和禁卫军首领勾结，哪怕是日常的交流，也得在规矩之内。一句话，想在朝堂混得长久，就必须夹起尾巴做人，李忱用恩威并施给满朝文武上了生动的一课。

事实上，李忱一直想摆脱宦官的阴影。令他伤心的是，在宦官集团和文官集团的对决中，文官总是败多胜少，李忱很无奈，他找不到合适的帮手。

大中八年（854）十月，李忱以论诗为名，让翰林学士韦澳来到宫中，屏退左右之后，李忱问道："近日，宫外对宦官势力都有什么看法？"

韦澳："都说陛下对宦官威严，不是前朝皇帝可以相比的。"

李忱听闻后不以为然，把头摇得和拨浪鼓一样："不是这么回事，不是这么回事。朕对宦官还有畏惧呢。你看有什么良策，可以对付宦官的？"

韦澳："陛下，如果与宰相商议此事，恐怕会有太和年间那样的变故，您不如在宦官中选择一些有才识的人，与他们谋议。"

太和变故，指的就是甘露之变。事情已经过去多年，可皇帝和宰相没有默契的事实，一直是大家心中的痛，谁也不敢轻易交付自己的真心。

李忱闻弦歌而知雅意，回答道："和宰相合作，算是下策。朕曾经试过，将他们提拔成宰相，可到了最后，他们还是和宦官勾结，不听朕的话。"

随后，李忱又征求了宰相令狐绹的意见。

令狐绹说道："陛下可以惩戒犯错的宦官，但是却又不补缺，让宦官势力自生自灭，宦官之祸就可以自然消除，陛下也就没了后顾之忧。"

让宦官自生自灭？还可以没有后顾之忧？

堂堂宰相，竟然想出这样无知的计策。

李忱表示，他想放弃。

李忱执政期间，虽然没有对宦官集团采取大动作，可他时刻在打压宦官的嚣张气焰，利用皇权来威慑他们。有一次，宦官李敬实骑着高头大马，在路上碰到了宰相郑朗。按照规矩，李敬实必须下马，以示尊敬，可他却视若无睹。李忱得知后，立马撸掉了李敬实的职务，将他发配给南衙做了卑贱的杂役。至于地方上的宦官，李忱规定，只要藩镇节度使犯了错，监军宦官一律连坐。

李忱灭不掉宦官集团，可宦官在他的神威下也不敢兴风作浪。包括马元贽，都还算坚守本分。中晚唐的皇帝，恐怕也只有李忱有镇压宦官的气魄。

如果要问，做李忱的臣子，谁最有心得？

答案可能是令狐绹。

大中四年（850），令狐绹晋升为宰相，一直到李忱去世，令狐绹依然屹立不倒。不是因为令狐绹能力超群，或者有多好的政绩，只因他对皇权有足够的敬畏，做人做事谨小慎微。即便如此，李忱还是会挑他的小毛病，以示警诫。

当时，李忱定了规矩，官员如果晋升为刺史，必须先到长安找他述职，再去地方上任。有一次，令狐绹将某位刺史调到相邻的州，由于地理位置靠近，此人又是他的好朋友，令狐绹便自作主张，没让他前往长安。后来，这位刺史给李忱写谢恩表，李忱便想起这件事，于是询问令狐绹究竟怎么回事。

令狐绹诚惶诚恐地回答道：“陛下，臣只是觉得两地位置很近，因此免了这番周折，并没有其他的考虑。”

谁料想，李忱的脸色冰冷如铁，他责骂道：“朕任用官员，不仅看能力，还要看人品。就因为有不称职的刺史，朕才要一一接见，考察他们的能力，再做决定。这道诏命颁布已久，如今却被忽视，可见宰相的权力很大啊。”

当时还是寒冬腊月，令狐绹却吓得汗流浃背，不知所措。

有一次早朝，百官在大殿等候，看到李忱入殿，满面春风，眉飞色舞，群臣都觉得今天的朝会应该很轻松。可当他们奏对的时候，李忱阴沉着脸，好像百官欠他的钱似的，弄得大家莫名其妙，紧张兮兮。等到大家奏对完毕，李忱画风突转：“好了，现在你们可以说点轻松的话题。”

接下来，李忱主动询问宫外发生的奇闻逸事，张家的儿子结了婚，李家的媳妇生了孩子。李忱甚至还主动分享了宫中的趣事。群臣聊起八卦，就像茶馆里说书的一样，滔滔不绝。就在大家沉醉其中的时候，李忱突然板起面孔：“诸位爱卿要好自为之。不知为什么，朕经常有一种莫名的担心，担心你们会辜负朕，以至于日后我们不能再以君臣之礼相见。”

说罢，李忱便起驾回宫，留下群臣在风中凌乱。

令狐绹曾经对亲信说过一句话：“吾十年秉政，最承恩遇；然每延英奏事，未尝不汗沾衣也！”

是啊，李忱深知做皇帝的精髓，对臣子，必须九日威一日恩，而不是九日恩一日威，这样才能让群臣敬畏他，同时又不那么厌恶他。

唐懿宗：皇位来得有点波折

著名歌手韩磊有一首成名作《向天再借五百年》，写出了中国绝大多数帝王的内心独白。毕竟，没有不想活五百年的皇帝。

大中十一年（857），李忱47岁。虽然谈不上年富力强，精力旺盛，却也不能说英雄迟暮，老态龙钟。然而，李忱却时常感到惶恐、惊惧，他害怕死亡了。

不能说李忱自私，他是个优秀的帝王，心中装着江山社稷。眼看着大唐帝国在走下坡路，有太多的问题需要他去解决。李忱不缺金钱、不缺权威，可是缺少时间，年华老去，岁月如流，伴随而去的，可能是他未竟的梦想。

作为帝王，他希望将大唐帝国重新带回繁荣昌盛的时代。

作为父亲，他希望将一个完好无缺的帝国交给子孙后代。

然而，时间在哪里呢？李忱也不知道。

大中十一年（857）十月，李纯独坐宫中，时常想起一些往事。那还是十一年前，李忱刚刚登基，第一件事便是杖杀道士赵归真等人，将罗浮山（中国十大道教名山之一，位于广东省惠州市博罗县）名士轩辕集流放到岭南。在他的眼里，道士就是江湖骗子，长生不老就是虚妄之事，完全不可信。

岁月变迁，改变了李忱的阅历，也改变了李忱的认知。曾经强烈鄙视的神仙之术，长生不老，如今却似真似假，时常爬上李忱的心头。

不可否认，李忱动心了。

有时候，人们选择一件东西，不是相信它的真实，而是在现实的压迫面前，人们别无选择，只能冒险一试。历史就是这么有趣，父亲李纯也是这般心思，巧的是，父子殊途同归，都因为想争取时间，走上了一条通往灭亡的道路。

大中十一年（857）十月，李忱派遣宦官秘密前往罗浮山，将道士轩辕集接到了大明宫。李忱心里清楚，这件事不光彩，可他始终幻想，老天爷或许会眷顾他，让他遇到长生不老。

大明宫内，李忱虔诚地问道："仙人，真的有长生不老吗？"

在这个世上，能确定药品是假药的只有一种人，那就是生产者。毫无疑问，轩辕集就是生产假药的那批人。十多年前，道家名士风光入宫，享受无限荣耀，最终却惨死宫门，血淋淋的教训历历在目，轩辕集不想再走上这条路。

轩辕集回答道："陛下，您是帝王，只要屏弃欲念，崇尚道德，自然会有长命延年的福气，哪还用求取长生不老呢？"

李忱无言反驳。

接下来的几个月，轩辕集虽然住在宫中，却始终不愿谈及长生不老的话题，李忱被逼无奈，只好放他返回罗浮山。然而，李忱并没有死心，他退而求其次，让医官李玄伯，道士虞紫芝、王乐为他炼制丹药，开始服用。大中十三年（859），因为服用丹药过度，李忱的背部开始生毒疮，随后一病不起，整日卧床休息。

李忱正值壮年，却突发疾病，这让满朝文武非常诧异。不过，他们都是聪明人，看到道士出入禁宫，也就明白了其中的猫腻。和初唐相比，中晚唐的文臣没有犯颜直谏的风骨，皇帝吃丹药是他的自由，如果皇帝驾崩了，换个人当就是。就这样，大家达成默契，放任李忱游走在死亡的边缘。

群臣表示，李忱可以吃丹药，但是太子的人选需要早点定夺。

李忱的子嗣很多，几年前，就有朝臣问李忱为什么不立太子，李忱的回答很简单："如果立了太子，要朕何用？"

当然，这只是李忱的托词。按照规矩，郓王李温是长子，也是最合适的太子人选。然而，李忱却不喜欢这个儿子，于是将他放在十六王宅养育，反而把其他皇子放在大明宫。在众多的皇子中，李忱最中意的是四皇子李滋。然而，如果李忱想立李滋，就要说服群臣破坏长子继承制的规矩，阻力可想而知。基于这样的考虑，李忱宁愿拖着，也不愿向群臣妥协。

大中十三年（859），李忱病倒，立太子一事必须有个决断。

在李忱看来，皇位肯定不能交给长子李温，为了让李滋上位，李忱做了个疯狂大胆的决定：依靠宦官集团，强行扶持李滋上位。当时，李忱叫来枢密使王归长、马公儒，宣徽南院使王居方，将李滋托孤给他们，并让他们发誓遵守诺言。与此同时，李忱找来了右神策军中尉王茂玄，嘱咐他为李滋上位保驾护航。

那么问题来了，李忱为什么这样干？

要回答这个问题，需要明白李忱为何觉得李温不适合做皇帝。

史书没有明确的解释，但有两个原因可能很关键。

原因一：李温小的时候经常患病，整天泡在药罐（籓邸时常经重疾，郭淑妃侍医药），考虑身体的因素，李温确实不适合做皇帝。

原因二：李温，也就是后来的唐懿宗李漼，执政后期骄奢淫逸、昏庸无道，以至于激起暴乱，很有昏君的体制。李忱可能看出了李温的秉性，因此宁愿让宦官集团参与立储，也不愿把江山社稷交给李温。

原因三：李忱觉得这些宦官品行不错，他胸有成竹。

据史料记载，四名宦官接旨后，立马着手安排。有神策军护航，有实权宦官坐镇指挥，问题确实不大，唯一的隐患就是神策左军中尉王宗实，这位老兄和他们一直不和。不过，他们已经做出了安排：调王宗实担任淮南监军。

王宗实很纳闷，可这是李忱的意思，他无法违抗。当时，王宗实在大明宫宣化门接旨，随后走到银台门，在这里遇到了神策左军副使亓（qí）元实。

亓元实："王将军，您准备就这样放弃自己的前程？"

王宗实："那能怎么办，这是皇帝的意思。"

亓元实："哼，我看未必。陛下已经卧病在床一个月了，就连王将军你都好久没见过陛下本人了吧。"

王宗实："你的意思是？"

亓元实："你的调令有问题，需要和陛下当面核实。"

王宗实恍然大悟，于是和亓元实一起来到李忱的寝殿，发现李忱已经驾崩，宫内正在准备丧事。王宗实意识到这是个绝佳机会，于是怒吼道："王归长，陛下已经驾崩，你却擅自矫诏，调我为淮南监军，这可是欺君之罪啊。”

这是李忱的疏忽，他让王归长等人拥立李滋，却没有写下圣旨。面对矫诏欺君的指控，王归长无法解释，只能匍匐在地上，疯狂告罪。说白了，李忱没有看错人，王归长没有夺权的能力，甚至连自保的能力也没有。

对手很弱智，王宗实轻轻松松就搞定了局势。随后，他派遣宣徽北院使齐元简前往十六宅，迎接郓王李温入宫。这里需要介绍一下宣徽院。

唐初，宦官首领叫内侍监，是皇帝的后院大总管。后来，皇帝将权力分给宦官，逐渐形成了左右神策军、枢密使和宣徽院，这三大体系构成了北衙，与以宰相为核心的南衙形成了对抗。

左右神策军，掌管禁宫、长安城的兵权。

枢密使，协助皇帝处理政事的贴身秘书，可以影响皇帝的决策，尤其在皇帝驾崩的关键时期，枢密使有机会矫诏，属于实权人物。

宣徽院，皇家的内务府，首领叫宣徽使。皇帝的吃喝玩乐由他们掌管，最著名的就是雕、鹘、鹞、鹰、狗五坊。宣徽院分为南院和北院，历史证明，南院使和皇帝似乎更加亲近，地位相对较高。

大中十三年（859）八月初九，王宗实以唐宣宗的名义发布诏书，立郓王李温为大唐皇太子，改名为李漼，由他掌管军国大事。与此同时，王宗实假传圣旨，将王归长、马公儒、王居方等宦官悉数诛杀。

大中十三年（859）八月十三日，27 岁的李漼登基为帝，史称唐懿宗。

我叫裘甫，我为自己代言

李漼表示，老爹虽然不喜欢他，可他还是做了皇帝，这就是命。登基之后，李漼弄死了李玄伯、虞紫芝、王乐等术士，将王宗实封为骠骑上将军。随后，李漼开始任命新的宰相班子。毕竟，新皇新气象，基本操作还是要有的。

作为帝国的掌舵人，未来的路该走向何方呢?

李漼在思考，可一直没有想清楚。

大中十三年（859）十二月，一次常规的朝会，答案终于浮出了水面。当时，宰相告诉李漼，浙东传来消息，有个叫裘甫的私盐贩子造反了。

对李漼来说，这绝对是个坏消息。古往今来，帝国由盛转衰的标志不是土地兼并，不是贫富分化，而是战争。要么是军阀混战，要么是农民起义。安史之乱让大唐帝国四分五裂，经过几代帝王的努力，大唐终于缓过气来，如今又爆发农民起义，而且是在富饶的江南，李漼确实有点慌张了。

宝应元年（762），唐代宗李豫统治时期，浙东就爆发过一次起义。

当时，朝廷发布告示，要征收754—761年间浙东地区拖欠的赋税。很显然，老百姓拿不出那么多钱，只能拒绝纳税。台州官府派小吏袁晁去捉拿百姓，当他到达乡下后，看到了这样的场景：老百姓为了交钱，把自己的儿女插上草标，像牲口一样牵到大街上叫卖。老百姓没有饭吃，只能拿树皮、白蟹刺根头（会导致便秘）充饥，以至于饿得皮包骨。整个浙东，犹如人间炼狱。

袁晁虽然为官府打工，可看到此情此景，还是动了恻隐之心。他告诉领导，这差事他办不了。领导当场暴走，赏了他一顿鞭子，随后将他驱逐出府。

养伤之际，袁晁给自己定了个小目标：带领百姓奔小康。伤好之后，袁晁振臂一呼，率领百姓攻占了台州府衙，短短半个月时间，袁晁拥兵二十万，威震江南。然而，袁晁只是个小吏，没有眼界，不懂得拉拢地主势力，也不懂得结交读书人。起义之后，袁晁将几十名老乡提拔为“公卿官僚”，搞起了自娱自乐的小朝廷。一年之后，起义军就被大唐战神李光弼镇压。

袁晁虽然失败了，可他的造反精神犹在。说白了，农民起义就像广场舞，刚开始大家都害羞，可只要有人站出来秀一波，其他人就会放下心理负担，跟着一起嗨。时间久了，这个地方绝对会成为广场舞文化最繁荣的地方。

百年过后，裘甫站了出来。

原因还是一样，官府想要钱，老百姓没有活路可走。当然，浙东能成为造反频发的地方，除了百姓彪悍，还因为浙东是赋税基地。朝廷想要钱，只能找江南，而浙东又是江南的经济中心。

大中十三年（859）十二月，裘甫带人攻占了象山县衙（今浙江省宁波市象山县）。

在台州官府看来，闹事的只有一百多人，属于小规模群体事件，闹不出什么大动静。于是，浙东观察使郑祇德任命了两名副将，让他们率领三百名官军前去弹压。毫不客气地说，这是台州官府最愚蠢的一次判断。

咸通元年（860）正月初四，裘甫和官军在桐柏观（今浙江省台州市天台县境内）交战，讨击副将范居植战死，讨击副使刘勍（qíng）只身逃走。说白了，老百姓早就想造反，碍于官军的存在，他们还在观望，如今官军吃了败仗，他们便决定投靠裘甫。

咸通元年（860）正月十四日，裘甫攻下剡县（今浙江省绍兴市嵊州市），开仓放粮，招募新兵，部队瞬间暴涨到四千人。从裘甫的行军路线来看，他几乎是以最快的速度向北运动，目标是拿下绍兴、杭州，乃至苏州、杭州等地，而不是在老巢象山自娱自乐。这样的战略格局，和普通起义军领袖还是有区别的。

很遗憾，裘甫的崛起并没有引起官府的重视。

咸通元年（860）二月初十，浙东观察使郑祇德再次调兵，可他却只加派了五百官军，双方在剡县以西交战，官军再次大败。第一次获胜，可以说裘甫出其不意，官军措手不及；可第二次获胜，在百姓看来，裘甫就是个狠角色。很快，各地的绿林好汉、响马强盗、亡命之徒相继前来投奔，队伍越来越壮大。

裘甫早年贩卖私盐，走南闯北，见过世面，头脑灵活。他预感到，队伍可能会越来越大，为了激励人才，方便管理，他将编制扩充为三十二个，让亲信负责管辖。同时，裘甫自称天下都知兵马使，改元罗平，还铸了一颗刻着“天平”二字的大印。至于抢劫财富，招兵买马，铸造兵器，都不在话下。

事情越闹越大，浙东观察使郑祗德开始着急了。

毕竟，江南是经济重镇，不是军事重镇，常驻军队太少，而且太平已久，军队的战斗力可以忽略不计。郑祗德一边向朝廷告急，一边向浙西方面的兄弟单位求援。碍于大局，浙西调派了七百名官军，这已经是他们能做的极限。

不可否认，他们是平叛的生力军，郑祗德不敢大意，好酒好肉地招待，而且还给他们准备了十三倍的战争激励奖金。即便如此，他们还是提出了条件：如果打仗，他们可以上场，但是要让浙东的官军打先锋，做炮灰。

浙东官军不干了，凭什么浙西官军吃香的喝辣的，拿高额的工资，危险系数还比他们低？他们觉得不平衡，于是暗中咒骂。接下来，奇怪的剧情开始上演：浙东将领开始称病，拒绝出行；有人骑马掉下来，摔断胳膊摔断腿；有些人直接厚着脸皮，找官府要高额的奖金……

史书记载，两浙太平已久，官军的斗志消耗殆尽，府库的兵器损毁严重，因此才打不过农民起义军。这样说有一定道理，可人祸才是最主要的。毕竟，浙东观察使郑祗德性格懦弱，不懂军事，镇压不住下属，这才是根本原因。

郑祗德毫无作为，朝廷终于失去耐心，李漼决定，由前任安南都护王式前往浙东平叛。郑祗德调回长安，担任太子宾客。

临行前，李漼问道：“爱卿，你可有好的平叛方略？”

王式信心满满：“请陛下给臣一支军队，臣自然有信心平叛。”

站在旁边的宦官提醒李漼：“军队越多，花费越大。”

王式回答道：“战事拖的时间越久，对朝廷越不利。”

就这样，李漼将忠武、义成、淮南等地的军队全部交给了王式。事实证明，任命王式的消息传到浙东，民心很快就稳定下来。

官军哑火的时候，裘甫正在掠夺衢州、婺州、明州、上虞县、唐兴县、余姚县、慈溪县、奉化县、宁海县，起义军所过之地，青壮男子悉数充军，不愿入伍的百姓，要么被活活打死，要么惨遭蹂躏，可谓哀鸿遍野。

最要命的是，裘甫好像迷失了奋斗方向。

刚开始的时候，裘甫一穷二白，于是想着攻占绍兴、宁波等大城市，先把肚子混饱。可随着时间的推移，裘甫不仅能吃饱饭，还实现了财务自由，他反而不知道人生的意义何在了。更何况，大家都是为了生存，生存就需要粮食和钱财，只要在江南打游击，就有吃不完的粮食，花不完的钱财，谁还愿意走出江南？

刘暀（wǎng），裘甫的谋士，给他出了个主意：先攻占越州（今浙江省绍兴市），以此作为根据地，再派五千人驻守西陵，修筑堡垒，抵御官军的进攻。在长江边上搜集船只，找机会进取浙西，劫掠扬州等地。修缮石头城（今江苏省南京市），等待其他义军的支援。任命刘从简为大将，让他率领一万人进取福建。如此一来，江南尽归裘甫，就算子孙后代守不住江南，也可保这辈子的荣华富贵。

很遗憾，裘甫直接来了一句："你喝醉了，明天再议吧。"

在刘暀看来，裘甫已经丧失了斗志，接下来恐怕就是自取灭亡。第二天，刘暀假装喝得酩酊大醉，大摇大摆地离开了叛军基地。

过了几天，有个叫王辂的进士说道："刘暀说的，乃当年孙权占据江东的谋划，然而当年是因为天下大乱，孙权才有机会。可如今浙东虽乱，但中原固若金汤，想和朝廷划江而治恐怕非常困难。最好的选择就是在海边选一块宝地，进可以在陆上种地，退可以入海自保，这才是万全之计。"

事实证明，裘甫动心了。如果对手是郑祗德，裘甫可能继续北进，搞更大的事业，可朝廷起用了王式，裘甫只有一个想法：保住现有的胜利果实。

裘甫摇摆不定的时候，王式已经来到浙东，完成了工作交接。

第一步：砍了一批官军将领，让官军重新燃起了斗志。

第二步：拔除了裘甫安插在官府的间谍，让他成为睁眼瞎。

第三步：开仓放粮，将摇摆不定的百姓争取过来。

第四步：联系江南的吐蕃人、回纥人。据史料记载，他们是战争降俘，早年间被流放到江南，已经落地生根，在王式的劝说下，他们重新拿起武器，组建了一支百余人的精锐骑兵。

第五步：征调江南的土兵，他们不能做主力，却可以保卫乡土。

就在此时，各道援军也赶到了越州。王式给他们的任务很简单，切断裘甫通往海上的道路，切断裘甫的援军，找机会在大后方捣乱。

最后，王式下达了对裘甫的剿杀令。

秦朝末年，陈胜、吴广率先起义，刘邦得了天下。东汉末年，张角起义，曹操、孙权和刘备得了天下。隋朝末年，王薄起义，关陇的李渊得了天下。历史证明，天下大乱的时候，能笑到最后的，肯定不是第一支起义军。这是历史的宿命，裘甫也逃脱不了。咸通元年（860）六月二十一日，裘甫战败投降，起义宣告失败。然而，裘甫起义是一把火，燃烧的却是整个大唐帝国。

南诏国：别跟我谈感情，我要钱

唐朝初年，在云南洱海周边有六个部落，分别是蒙嶲诏、越析诏、浪穹诏、邆赕诏、施浪诏、蒙舍诏。开元二十六年（738），在大唐王朝的支持下，蒙舍诏的首领皮逻阁发动内战，消灭了其他五个部落，实现了云南的统一。因为蒙舍诏在诸诏之南，因此被称为“南诏”，立国之后，南诏变成了国号。

皮逻阁能做南诏国王，是因为走了亲唐路线，因此立国之后，南诏变成了藩属国，年年向大唐纳贡称臣。南诏交了保护费，好处也是肉眼可见的。比如，他们每年都要派遣留学生前往长安，学习文化知识，其中生活费、住宿费全部由大唐承担。玄宗时期，朝廷不缺钱，可安史之乱后，朝廷花钱的地方多了，财政有些捉襟见肘，于是想着缩减开支，民族事务的支出就是其中一项。

唐朝是泱泱大国，做事不能失了气度，朝廷决定，继续承担南诏留学生的花费，但是要降低待遇标准。客观地说，朝廷已经仁至义尽，可南诏国王劝丰祐不这么想，他认为唐朝就算再穷，也不会缺这么点钱，朝廷这样做，明显是在轻视南诏。劝丰祐怒火上头，扬言要召回所有留学生，不再给唐朝添麻烦。

这都不算什么，南诏每年都会到长安纳贡，送上云南的土特产。每逢此时，朝廷都会回礼，而且回礼的品种、价值要远超南诏的贡礼。南诏尝到甜头后，经常派人到长安送礼，然后带回各种绫罗绸缎、茶叶、金银器物、珠玉等，他们几乎把进贡当成了一项买卖。时间久了，朝廷也觉得不堪重负。

毕竟，你可以贪婪，但不能无耻啊。

宣宗时期，西川节度使杜悰提议，朝廷应该减少对南诏的赏赐。

这一次，劝丰祐真的暴走了。在他看来，如果留学生的事情是个误会，削减进贡福利，难道不是唐朝轻视南诏的信号吗？如果你觉得南诏在意唐朝的钱财，那好，以后南诏不再送礼，也不要回礼，大家就这样吧。

国与国之间，永恒不变的只能是利益，而不是友谊。南诏需要源源不断的钱财，唐朝拒绝提供，南诏就只能自己想办法，比如抢劫。宣宗末年，大唐和南诏已经貌合神离，在劝丰祐的默许下，南诏军队经常寻衅滋事，掠夺村民。

大中十三年（859），唐宣宗李忱驾崩，唐懿宗李漼派人前往南诏，通知南诏派使者前往长安吊唁。巧的是，南诏国王劝丰祐也在此时去世，新任南诏国王叫世隆，是劝丰祐的儿子，脾气火爆，自尊心爆棚。面对宦官使者，世隆怒吼道："南诏也有国丧，你们为何不派使者前来吊唁？更何况，你们的国书是写给我老爹的，难道是不把我放在眼里吗？请你先回驿馆，我们改日再谈。"

随后，南诏给使者安排了破败的驿馆，再也没有搭理。

两国的关系本来就紧张，再加上南诏国丧，世隆心里不舒服，这样的表现情有可原。然而，无视唐朝使者这件事，世隆干得确实不讲究。随后，宦官使者直接返回长安，将自己在南诏的遭遇说了一遍，添油加醋是肯定的。

李漼刚刚登基，却遭到南诏的挑衅，心情可想而知。闲来无事，李漼掰着手指头数了数南诏的罪过：不派使者前来吊唁；辱骂大唐的使者；世隆的名字取得不好，因为犯了太宗皇帝、玄宗皇帝的忌讳等。当然，生气是没用的，为了报复南诏，李漼决定：不再册封世隆为南诏国王，不承认他的合法地位。

李漼扬扬得意，直觉告诉他，世隆肯定会服软认错。

过了一段时间，南诏果然递交了国书。然而，国书丝毫没有服软的意思，上面嚣张跋扈地写着：世隆称帝，国号"大礼"，改元"建极"。同时，南诏的军队入侵播州（今贵州省遵义市），正式对大唐宣战。就这样，一场意气之争，直接演变成国与国之间的战争。

南诏出兵的时候，朝廷正在浙东用兵，战事只能由安南都护府负责。咸通元年（860）十月，安南都护李鄠上奏朝廷，声称自己收复了播州。然而，两个月过后，安南都护府传来噩耗：南诏军队、安南贵族联手攻占了交趾（今越南河内市）。

交趾，安南都护府的治所。李鄠上任时，曾经拿交趾的地头蛇杜守澄开刀，以至于杜家怨恨李鄠，刚好朝廷和南诏交兵，杜家联合南诏拿下了交趾。交趾失陷后，李鄠带着监军宦官一路逃奔到武安（今越南海防市）。

咸通二年（861）正月，李漼紧急下诏，命邕州（岭南西道治所，今广西南宁市）等地的军队援救安南。在兵部的系统里，邕州至少有三千职业军人记录在案，那是朝廷从广州、桂州、容州轮换到邕州的军队。然而，李漼可能不知道，邕管经略使李蒙为了吃空饷，早已将邕州的军队调往别处。此时，邕州就是一座空城。

咸通二年（861）七月，邕州失守，朝野震惊。

直到此时，李漼的脑子终于清醒过来。很显然，李漼只想利用册封的事情教训一下世隆，可这小子却悍然发动战争，唐军连连败退，李漼该如何下台？

群臣纷纷上奏，劝李漼大事化小。既然世隆不服软，那朝廷服软。大家的想法很简单：派人到南诏，对世隆晓以大义，并派遣使者吊唁已故国王，然后告诉世隆，他的名字取得不好，只要改换名字，册封世隆的国书立马送到。

很遗憾，两国还未正式交涉，西南便再次传来噩耗。

咸通三年（862）二月，安南经略使王宽向朝廷告急，李漼临阵换帅，派遣前任湖南观察使蔡袭为安南经略使，调发许州、滑州、徐州、汴州、荆州、襄州、潭州（今湖南省长沙市）、鄂州（今湖北省鄂州市）等道三万军队，让他们前去征讨南诏。

面对来势汹汹的唐军，世隆也开始理智起来，他命人将南诏军队撤回，暂时停止了侵略。准确地说，这是大唐重新布防的大好机会，可就在此时，宰相杜悰莫名其妙地上了一道奏折，推荐太子左庶子蔡京节制岭南军政事务。

太子左庶子，东宫办公厅秘书长，主要负责太子宫的内务。也就是说，蔡京只是个陪太子玩耍的低级官员，根本上了台面。然而，蔡京投靠了宰相杜悰，然后将自己包装成文武双全，却郁郁不得志的世外高人，成功蒙骗了杜悰。

上任之后，蔡京提了个大胆的想法：将岭南分而治之。

在此之前，岭南分为广州、桂州、邕州、容州、安南五个都督府，广州在岭南以东，其他四个在岭南以西，广州是岭南节度使的驻地。

蔡京认为，战争时期，岭南节度使根本管不了岭南以西的战争，这样不利于朝廷打仗，因此建议以广州为岭南东道驻地，邕州为岭南西道驻地，将桂州都督府下辖的龚州、象州，容州都督府下辖的藤州、岩州划给邕州都督府。任命原岭南节度使韦宙为岭南东道节度使，蔡京为岭南西道节度使。就这样，经过一番运作，蔡京从一位低阶官僚，一跃成为手握实权的封疆大吏。

这样的“高端”操作，确实震撼了群臣。

问题是，如果平叛失败，蔡京能够承担所有的责任吗？

蔡京表示，南诏就是个跳梁小丑，翻不起大浪，只要朝廷集中兵力，拿下南诏只是时间问题。只要他做了岭南西道的节度使，日后就有了升迁的资本。

想法没错，可蔡京太腹黑了。当时，战争集中在安南，蔡京害怕安南驻军抢夺功劳，于是上奏朝廷：南诏的军队听说官军前来支援，已经撤军，但边境的将领为了邀功，普遍谎报军情，扩充自己的军队，给朝廷财政带来了很大的压力。因此，希望朝廷撤掉安南的守军，让他们各回本道。

安南经略使蔡袭是个明白人，他觉得南诏退兵是暂时的，边境的危机根本没有解除。更何况，安南的粮食、武器都很缺乏，稍有不慎，恐怕会满盘皆输。因此，蔡袭一连上了十道奏折，恳请朝廷让援军继续驻守安南。

晚唐时期，名臣名相属于稀有物种，朝臣给自己的定位很清楚：做一天和尚撞一天钟，拿工资混日子，得过且过。这种状态下，他们想的不是江山社稷，而是怎么才能让自己更加舒服。蔡京说他能搞定局势，那就相信他；如果事情搞砸了，蔡京自己背锅。相反，如果支持蔡袭，朝廷去哪里筹钱？

最终，蔡京获得了全票的支持。一朝得势，蔡京觉得自己是天之骄子，行事更加嚣张跋扈。比如，在岭南西道，只要百姓犯了错，该怎么惩罚，一律由他说了算，律法根本不管用。说白了，蔡京想做岭南西道的土皇帝。事实上，蔡京实现了肮脏的梦想，却因为施行暴政，最终被军队驱逐出了邕州。

谁料想，蔡京逃到藤州后，竟然假传圣旨，在藤州招募土兵，准备重新占领邕州，最后兵败逃往桂州。可笑的是，桂州人也不欢迎蔡京，考虑到他是朝廷官员，以很体面的方式将他驱逐出境。可以这样说，蔡京上任的时候，岭南百姓以为他胸怀江山社稷，身负绝世才华，没想到他竟然是这等低级货色。

天下之大，已经没有蔡京的容身之所。

李漼下诏，命他前往崖州，好好反思自己的人生。崖州司户虽然是个小官，可毕竟还是官嘛。然而，蔡京接下来的举动让大家的眼珠子掉了一地：他拒绝了李漼的任命，偷偷返回了零陵（今湖南省永州市零陵县）。

有唐以来，被贬到崖州的官员不计其数，其中不乏宰相级别的官员，可从来没人敢放皇帝的鸽子。蔡京就是个文化流氓，他做到了。李漼暴走之后，给蔡京送了一张通往地狱的贵宾票，结束了晚唐的这幕闹剧。

交趾城：权力可及的远方

由于蔡京的存在，南诏重新审视了西南的格局，世隆觉得可以一战。随后，世隆调集五万精兵发动袭击，蔡袭再次向朝廷告急。李漼无奈，又在山南东道、荆南、湖南等地调集了六千人马，可军队还没到位，交趾便陷入重围之中。

咸通四年（863）正月初十，李漼在长安举行祭祀典礼，大赦天下。

就在同一天，南诏对交趾发动最后的攻击，蔡袭的护卫全部壮烈牺牲。蔡袭本来准备坐船逃走，但是宦官监军先他一步，将所有船只全部开走，蔡袭纵然拿着船票，也无可奈何。最终，蔡袭选择投海自尽，以一种义无反顾的方式报效大唐王朝。

此战过后，南诏屠杀和俘虏了十五万大唐子民。世隆派遣大将杨思缙驻守在交趾，附近的部落相继投诚。安南失陷，宣示着大唐的下坡路越走越“扎实”，昔日的帝国辉煌一去不返，皇权的威严再也不能远播六合八荒。短时间内，李漼已经没有能力收复安南，他命各路军队返回岭南西道，开始了全面防守。

然而，南诏的侵略并没有因为唐朝的龟缩而停止。

咸通四年（863）三月，南诏大军进逼邕州。这是他们的套路，进攻城池，抢劫财富，却不派兵驻守。除非碰到交趾这样的，他们才勉强占领。

看到南诏大军来袭，第二任岭南西道节度使郑愚万分惶恐，他立即给朝廷上表，说自己是个文臣，不懂韬略，更无胆识，为了不耽误朝廷的平叛大计，希望朝廷派遣得力干将前来邕州主持大局。李漼无奈，于是命义武军节度使康承训进京，担任第三任岭南西道节度使。为了给他壮胆，李漼特地调派荆州、襄州、洪州、鄂州四道的一万军队与他同行。

咸通四年（863）六月，朝廷撤销安南都护府，在海门镇设置行交州，任命右监门将军宋戎为行交州刺史。咸通四年（863）七月，在行交州设置新的安南都护府，以宋戎为安南经略使，征调崤山以东的一万大军驻守在行交州。

咸通五年（864）三月，康承训达到邕州，他承担着李漼的殷切期望。

随后，李漼又给康承训征调了一万军队。然而，援军还没有到达，南诏便发动了进攻，官军节节败退。更悲剧的是，康承训不知从哪里找了几个蛮夷向导，将官军坑得找不着东南西北，几场战役下来，官军几乎全军覆没。

为了支援康承训，李漼可谓绞尽脑汁。比如，听说前线缺粮，朝廷便从江南征调，然后从福建水路出发，绕行千里。由于缺乏船只，竟厚颜无耻地抢劫沿海的商船，可谓倾家荡产般支援前线。想到这里，康承训禁不住打起了冷战，如果朝廷追究责任，他有多少个脑袋够砍？

康承训已经放弃，副将李行素指挥将士在城外修筑防御工事。此时，南诏大军已经将邕州围得水泄不通，做着攻城的最后准备。眼看着攻城大战一触即发，康承训只能仰天长叹，后悔自己怎么没有抱病在家。

碰到这种货色的主将，下属无计可施，痛苦无奈。

据史料记载，一位低阶校尉实在看不下去，于是立下军令状，康承训这才让他带着三百将士前去偷袭敌营。邕州城外，夜沉如水，南诏军队没有发现这支奇兵，这名校尉利用夜色掩护，在南诏军营放起大火，趁乱斩杀了五百余人。

准确地说，这是南诏出兵以来，损失较为严重的一次。南诏主将为了稳妥起见，下令撤军。康承训看到敌军撤退，终于鼓起勇气追杀，斩敌三百人。

原本只是一场小胜，康承训却厚颜无耻地上奏朝廷，声称自己打了胜仗，要求朝廷封赏立功的将士。长安的君臣不明所以，只能相信康承训，在祥和的气氛中，康承训晋升为检校右仆射，嫡系亲信纷纷晋升。

至于那名校尉，啥也没得到。

前线吃紧，正是将士用命的时候，康承训却滥用职权，赏罚不公。当时，岭南东道节度使韦宙上奏朝廷，告了康承训一状。康承训心里清楚，南诏再次攻城是迟早的事，他根本没有能力防御，于是主动递交了辞职。

咸通五年（864）七月，容管经略使张茵调任岭南西道节度使。在张茵任期内，南诏一直没有主动进攻。当然，并不是因为张茵有神圣的御敌光环，而是邕州早就空虚，对南诏来说，邕州纯属鸡肋一般的城池。

张茵的防御非常稳健，任凭狂风骤雨，冰雪摧残，他都选择龟缩在城池，毫无作为。问题是，朝廷给他的任务不完全是防守，而是寻找机会，重新获得战场的主动权。很显然，张茵的表现无法让李漼满意。

几个月后，骁卫将军高骈出任安南都护，接管了张茵的指挥权。

高骈，出身渤海高氏。爷爷高崇文因为平定西川，被封为南平郡王，父亲高承明担任神策军虞候。宣宗时期，西北的党项人叛乱，高骈率领禁卫军驻守长武城，成功平定叛乱，后来吐蕃入侵，高骈调任秦州刺史，成功收编了两万吐蕃军民。说白了，高骈的业务能力还算不错。

因为出身不错，又有战功，高骈自带光环，眼光高于常人。到达海门镇后，高骈因为性格原因，受到了监军宦官李维周的冷眼相待。不过，高骈自动忽略了李维周的存在，这也为接下来的战事埋下了祸根。

上任之前，高骈就想好了平叛思路：坐等战机。

然而，高骈越是坐得住，李维周越是心慌，他不明白高骈的真实用意。几个月后，李维周正式提出抗议，声称高骈如果不出兵，就是下一个张茵。言外之意，高骈拥兵自重，李维周准备找李漼告状了。

几个月的时间，高骈无所作为，确实说不过去。这一次，高骈答应出兵，但他有个条件：他率领五千精兵前往交趾，李维周必须带兵支援。

李维周：“你去吧，我答应你。”

临行前高骈即兴赋诗一首，来表达了自己此次出征必胜的信念。

万里驱兵过海门，此生今日报君恩。

回期直待烽烟静，不遣征衣有泪痕。

很难想象，睿智的高骈为何会相信李维周，历史证明，高骈前脚刚走，李维周便接管了岭南西道的军政大权，说好的派兵支援，李维周完全不认账。

咸通六年（865）九月，高骈到达南定（今越南顺城陇城乡）。

斥候："大帅，前面有五万敌军。"

高骈："他们在干什么？"

斥候："他们分散在稻田，正在光着膀子收割粮食呢。"

五万大军，没有武器，踩在泥地干活，和农民伯伯有区别吗？

高骈一声令下，五千官军犹如脱缰的野马，狠狠地将蛮军蹂躏了一番。高骈不仅打了胜仗，还抢了不少粮食，军势大振。更诡异的是，接下来的战事出奇顺利。

就在此时，高骈干了件愚蠢而且要命的事：他将捷报送回海门，请李维周转呈给朝廷。然而，李维周截留了所有捷报。咸通七年（866）六月，高骈和宦官韦仲宰率领的七千官军在峰州会师，实力大增，按照惯例，高骈又给李维周发了捷报。

高骈不是为了请功，而是让朝廷安心。很遗憾，由于李维周的存在，李漼根本不知道高骈在干什么。过去的几个月，李漼没有收到任何捷报，甚至连高骈的思想工作报告也没看到，因此派了一位宦官前往海门调查。就在此时，李维周轻描淡写地说了一句：高将军驻守在峰州，和南诏大军正在斡旋，不敢进兵。

李漼瞬间暴走，他立即下诏，让右武卫将军王晏权出镇安南，勒令高骈立即回朝。然而此时，高骈已经到达交趾，将城池围了起来。据史料记载，高骈也开始起疑了，他上了许多奏折，朝廷却没有嘉奖他，难道正常吗？

高骈和宦官韦仲宰商议了一下，决定分别派人前往长安，向李漼汇报。使者走到半路的时候，看到海上漂来几艘大帆船，上面挂着唐军帅旗，远远望去，威武气派。使者询问船夫，才知道这是新任安南经略使和监军的大船。使者恍然大悟，立即马不停蹄地赶回长安，将高骈和韦仲宰的亲笔奏折递了上去。

也许高骈的话不可信，但宦官韦仲宰的奏折，李漼绝对不会怀疑。听说高骈已经包围了交趾，不日就可凯旋，李漼的怀疑、不悦顿时烟消云散。他立即下旨，加封高骈为检校工部尚书，仍然担任岭南西道节度使，安南经略使。

在唐军的包围下，南诏军队基本放弃了交趾城。高骈从海门镇回来后，立即组织官军发动进攻，顺利夺回了交趾城的控制权，同时诛杀了一批南诏将军，以及依附他们的部落酋长，随后将捷报送到长安。

咸通七年（866）十一月十一日，李漼下诏，勒令安南、邕州的军队暂缓进攻，如果南诏能够知错就改，重修与大唐的关系，过去的事情既往不咎。同时，大唐在交趾设立静海军，由高骈担任第一任静海军节度使，处理善后事宜。

转移转移，到西川闹事

大唐夺回交趾城，意味着南诏认输了吗？

很遗憾，没有。南诏的宗旨是抢劫，对土地的兴趣不大，而且没有长期占领交趾城的打算，有两个事情可以证明：第一，高骈进攻交趾前，南诏为了保存实力，已经撤军大半。第二，南诏打了败仗，大唐握手言和，南诏却冷眼相待。

交趾的战争结束，南诏入侵西川的战争才刚刚开始。

西川下辖成都，以及巂、彭、汉、眉、嘉、邛、简、资、茂、黎、雅等州，境内有蒙蛮、夷蛮、讹蛮、狼蛮、勿邓蛮、白蛮六大姓氏。如果大唐和南诏和平共处，他们就亲近大唐；如果两国交锋，他们便充当南诏的前锋，非常可恶。

咸通六年（865），南诏占领巂州（今四川省凉山彝族自治州西昌市）。

咸通七年（866）三月，世隆派遣董成等十九名大臣前往成都。

当时，两国正在安南打仗，可西川节度使李福还是摆开阵仗，打算热烈欢迎南诏的使者。按照规矩，南诏是藩属国，使者拜见时要行跪拜大礼。然而，董成觉得自己的世隆已经自立为帝，南诏应该和大唐平起平坐。更何况，在安南战场，唐军一直处于下风，因此董成拒绝行跪拜大礼。

因为这件事，双方各执一词，从早晨一直僵持到中午。

李福算是看透了，南诏使者就是狗仗人势，有恃无恐，于是懒得搭理，直接赏了一顿鞭子，随后将他们扔到监狱。事情传到长安，李漼又气又笑，考虑到两国有和谈的可能，李漼将河东节度使刘潼调到西川，将李福调回了长安。至于南诏使者，李漼派人好言安抚，将他们送回了南诏。

很显然，李澭在释放善意，主动抛橄榄枝。

不过，世隆没有领情。毕竟，大家已经撕破了脸，南诏还想继续求财，何必再掩耳盗铃呢？西川之战，一触即发。就在此时，凤翔少尹李师望上奏朝廷，声称嶲州是抵御南诏入侵的要冲之地，而成都距离嶲州太远，很难支持战事，希望朝廷在嶲州建立定边军，以邛州（今四川省成都邛崃市）为治所。

凤翔少尹是地方官，应该操心自己辖区的事，可他却盯上西川的军队建制，不是脑子有毛病，就是另有所图。更何况，他说成都和嶲州相隔太远，可邛州和成都相隔一百里，两地和嶲州是一样的距离，难道有本质区别吗？

很显然，这是李师望的套路，和政治流氓蔡京如出一辙。

李澭没有电子地图，弄不清其中的猫腻，而且没工夫调查。因此，李师望如愿以偿地晋升为嶲州刺史、定边军节度使，兼任眉、蜀、邛、雅、嘉、黎等州观察使，成为西川最有权势的军阀。接下来，他只需要打几场胜仗就可以。

没过多久，世隆派遣大臣杨酋庆前往成都，专门感谢朝廷释放董成一事。谁料想，此事却引起了李师望的强烈不满。原因很简单，李师望运作这么久，就是为了杀敌建功，如今世隆和李澭眉来眼去，大有重归于好的苗头，他怎么办？

想到这里，李师望派遣刺客，将杨酋庆等人送上了西天。

历史证明，人性是贪婪和自私的，有时候为了满足自己的私欲，甚至可以甘冒风险，牺牲自己的前途和性命，更别说他人的利益、国家的利益。像蔡京、李师望这种流氓，只懂政治投机，根本没有大局观，就算历史给他们机会，他们也只能做个跳梁小丑，遗臭万年。

客观地说，如果李师望有名望，有能力，杀几个南诏使者不算大事。然而，李师望不仅没有名望，还引起了定边军将领的强烈鄙视。比如，李师望上任前，大家都有自己的地盘，日子过得非常滋润，李师望上任后，任人唯亲，抢了他们的饭碗。再比如，李师望贪婪残暴，搜刮定边军镇的财富。

有了新仇旧恨，定边军将领联名上书，指责李师望的无德行径，请求朝廷更换将领。随后，李澭召回李师望，任命窦滂担任定边军节度使。历史证明，李澭再次看走了眼，窦滂的凶残程度远超李师望，不到一年时间，窦滂就把定边军镇搅得乌烟瘴气，上下离心离德。咸通十年（869）十一月，世隆当机立断，派兵入侵巂州。

定边军将领安再荣退守到大渡河北岸，与南诏大军隔岸相持。

有大渡河天险，南诏无法强攻，于是分兵前往嘉州（今四川省乐山市），准备搂草打兔子，抢点钱财和粮食。行军的路上，他们遇到一支五百人的军队。那是窦滂的哨兵小分队，职责是打探敌军动向，如今却成了敌军的助攻小分队。

南诏将士穿着官军衣服，诱骗渔船渡江，轻松拿下犍为县（今四川省乐山市犍为县）、陵州（今四川省眉山市仁寿县）、荣州（今四川省自贡市荣县）。随后，南诏大军势如破竹，霸占了嘉州。当时，窦滂扼守在大渡河附近，看到嘉州失陷，急忙派遣军队支援。可就在此时，南诏使者来了，说是要和官军议和。

如果窦滂有脑子，应该明白敌军议和是假，搞小动作才是真。然而，窦滂不知哪根筋搭错了，竟然和使者开怀畅聊，忘乎所以。就在这个间隙，南诏军队强行渡河，开赴巂州城下。直到此时，官军仍有能力与南诏一战，可窦滂已经六神无主，他嚷嚷着要自杀。当然了，不是真的自杀，而是制造一个假的自杀现场，让敌军知道他因为防御不力，最终才决定自杀殉国的那种……

那么问题来了，窦滂的存在，有价值吗？

答案是肯定的，在这个世上，每个人都有自己的价值。比如窦滂，他的价值就是把自己活成一个笑话，以便让世人可以鄙视他。面对窦滂的闹剧，定边军将领集体无视，他们商议完防御策略，直接拔脚出门，头也不曾回过。至于窦滂，将领们前脚刚走，他就偷偷溜出大营，向北边逃窜而去。

据史料记载，官军虽然组织了抵抗，可最终还是没有挡住南诏大军的进攻。尤其是逃跑的窦滂，他自知罪责难逃，又不想独自承担兵败的责任，因此逃亡过程中不断给各州、县散布谣言，说南诏大军数倍于官军，抵抗是没用的，弃城而逃，保存有生力量才是王道。许多城池就是因为这个原因才丢失。

当时，黎州（今四川省雅安市汉源县）、雅州（今四川省雅安市）相继失陷，南诏直逼定边军总部邛州。此时，邛州已经是一座空城。只要南诏愿意，他们甚至可以打到成都。不过，南诏大军的宗旨是抢劫，一路下来，盆满钵满，他们只恨爹娘没有给自己生出三头六臂。有钱还要有命花，他们正在犹豫，还要不要继续北上。

南诏主帅杜元忠想了想，都已经到了成都，要不进去看看？

那么问题来了，成都的防御等级究竟有多高？

史书记载如下：

第一，军队缺少训练，将士战斗力严重退化。

第二，中高级将领严重不足，只能临时选拔招募。

第三，军队有编制，可将领吃空饷，人员缺乏，只能临时招募。

第四，守城的石炮、檑木和武器，需要临时准备。

彼时，西川节度使卢耽决定，开出优厚的条件招募新兵，同时派使者前往长安，希望朝廷能派使者组织和谈。言外之意，他没有守住成都的勇气。

咸通十一年（870）正月，南诏大军兵临成都。杜元忠派人挑衅，扬言要打进城中，希望卢耽将蜀王厅装饰一番，让他也感受一下。嚣张的态度令人发指。

事实上，杜元忠是有资本嚣张的。来成都之前，成都将领李自孝暗中投诚，约定焚毁粮仓，里应外合，将成都拱手送给南诏。多亏老百姓举报，李自孝的阴谋才败露。然而，成都的局势依旧不容乐观。先前，朝廷调派军队前来支援，西川的军队也在向成都靠拢，但是因为窦滂危言耸听，各路大军在路上行军懈怠，即便来了，他们也不敢进入成都。

咸通十一年（870）二月初一，南诏大军开始攻城，云梯、鹅车纷纷登场，来势汹汹。官军将士用钩环将云梯、鹅车拉近后，泼油点火焚烧。同时，卢耽派前锋营出城袭击南诏军营，杀敌两千人，南诏大军暂时撤退十里。此后的十余天，南诏卷土重来，卢耽屡次挫败南诏军队的攻城行动，敌军士气一泻千里。

就在此时，李漼的诏书来了：窦滂调任康州（今广东省德庆县）司户，任命颜庆复为剑南东川节度使，全权指挥援蜀诸军。咸通十一年（870）二月十二日，成都北面四十五里处的新都，颜庆复率军与南诏军队疯狂厮杀，最终斩杀两千敌军，蜀中百姓也纷纷拿起锄头前来支援，呼喊声震动山野。咸通十一年（870）二月十三日，屯驻在绵州（今四川省绵阳市）、汉州（今四川省德阳市广汉市）的右武卫将军宋威赶赴战场，杀敌五千。

成都久攻不下，世隆心急如焚。如今，唐军已经站稳脚跟，各路援军集结在成都附近，世隆已经没有胜算。于是，他派人前往成都，打算求和。然而，官军拒绝了。咸通十一年（870）二月十八日，世隆解除了对成都的包围，连夜退兵南下。南诏退军，本是官军追击的大好时机，可官军将领又把事情搞砸了。

论功劳，大家都有，可右武卫的宋威最先到达成都，已经立下了首功。如果要追击南诏败军，宋威又占据了先机。颜庆复表示，自己才是援军主帅，不允许宋威抢他的风头，于是他传下军令：严禁宋威追击敌军。

颜庆复可能不知道，南诏大军赶到新津（今四川省新津县）的时候，正好遇到河水暴涨，南诏大军造桥不成，在河边逗留了整整三日。如果官军前来追击，就算不能取得全胜，也可以让南诏元气大伤。然而，历史就是这么诡异和无情。因为颜庆复的自私心理，大唐错过了最佳的翻盘机会。

自私归自私，颜庆复的表现还是可圈可点的。南诏退军后，他在成都城外重新修了一段城墙，挖了深达三丈的护城壕沟，修了一批驻军营房，安排各路大军轮流值班。由于布防得当，世隆就算贼心不死，也不敢再觊觎成都。

回首再看，南诏和大唐反目成仇，并非一朝一夕的事情。大唐减少南诏留学生待遇，削减南诏使者的福利是事实。可世隆说老爹去世，大唐不派使者吊唁的话，纯属找事的借口（李漼君臣不知道劝丰祐去世，如何派人吊唁）。

世隆挑衅李漼，肯定有他的考虑。

第一，他觉得自尊受到伤害，需要挽回一下尊严。

第二，大唐削减经济支持，南诏需要从别的地方找补回来。事实证明，两国交战，南诏在乎的不是大唐的城池，而是钱财。他们几乎是一路打，一路抢。

第三，大唐在走下坡路，南诏有挑衅的资本。

这段历史告诉我们，大唐已经衰败到何种程度：朝廷调集援兵，规模很少超过两万人。为了支援战场，两千人的军队可以跑上千里路程。平定浙东的裘甫起义，数百人居然也能称为军队。只要是打仗，各地军队有编制，却永远缺人缺将，需要临时招募……这样的事情，在府兵盛行的年代，可谓闻所未闻。

古往今来，一个帝国走向末日时，总会出现各种衰败之相。比如皇帝昏庸，宰相无能，朝中人才凋零；比如各种妖孽级的人物频繁出现；比如贪污腐败盛行，军队各自为政，不听朝廷号令；比如国内时常爆发战争，尤其是农民起义；比如各路小弟都敢跳出来挑衅大哥的权威等。

看得出来，大唐的统治者在竭力维护皇权的尊严，争取让帝国获得更多苟延残喘的时日。

故事的主角，叫桂林戍卒

唐朝末年，私盐贩子裘甫在浙江组织了第一波农民起义，奏响了李唐王朝灭亡的序曲。那么将“亡国进行曲”推向高潮的，应该是桂林戍卒起义。

这个故事很长，历史渊源太深，需要娓娓道来。

徐州，古称“彭城”，位于苏、鲁、豫、皖四省交界处，历来就是兵家必争之地。长庆元年（821）左右，一个叫王智兴的枭雄来到徐州，成为武宁军节度使、徐州刺史。在徐州，王智兴就是神一样的存在，他敛聚钱财，招募特种部队，还在朝中广结善缘，成了徐、泗、濠、宿四州的土皇帝。

据史料记载，王智兴曾经招募了两千名勇士，他们高大威猛、霸气侧漏、胆识超群。王智兴将他们编为银刀、雕旗、门枪、挟马等七军，作为自己的亲信部队。因为是王智兴的嫡系，地位、待遇比其他军队要高，时间久了，自然养成了骄横跋扈、不可一世的性格。在他们眼里，只有王智兴才值得尊敬。

王智兴离任后，朝廷先后任命了田牟、温璋等节度使。不过，徐州将士根本没把他们放在眼里，他们只要碰到不如意的事情，某位将军振臂一呼，其他人就会跟风相随，对抗朝廷的管理。比如田牟，为了拉拢徐州将士，经常不分尊卑地与他们坐在草地上聊天，有时候陪他们饮酒作乐，甚至还为士兵们唱过歌。可以这样说，在徐州地界，将士们是大爷，武宁军节度使才是孙子。

至于温璋，因为不肯融入他们的圈子，一直被徐州将士猜忌。有一天早晨，徐州将士闲来无事，于是聚众哗变，将温璋驱逐出了徐州。

不管怎么说，温璋是朝廷命官，徐州将士驱逐他，性质已经很恶劣。当时，浙东裘甫起义落下帷幕，李漼将王式任命为武宁军节度使，让他带着忠武、义成两镇的军队前去镇压徐州的骄兵悍将。

王式是见过世面的人，他刚到徐州，便以犒劳军队为名，将徐州的军队包围起来，诛杀了三千多人，其余的将士逃亡到深山之中。随后，李漼撤销了武宁军镇的番号，将泗、濠、宿三州分给了周边的军镇。至于徐州，李漼只保留了三千编制。在朝廷眼里，徐州将士就像是悍匪，是朝廷的敌人。

问题是，李漼放心了吗？毕竟，这帮骄兵悍将是王智兴招募的，成分复杂，性格凶悍，如果朝廷放松警惕，他们会不会故态复萌？

咸通三年（862），朝廷征伐安南，李漼想起了徐州，他专门下诏，调集两千名徐州将士前往安南，其中七百人被分配到桂林协防。随后，南诏入侵西川，李漼以徐州将士英勇善战为名，再次安排了三千名军人前往桂林协防。在征调的诏令中，李漼说了一句很有内涵的话：令召满五百人，即差军将押送赴役。

古往今来，岂有军人到边境服役，朝廷派将领“押送”他们的？

说白了，在李漼的眼里，徐州将士就是祸害，李漼必须确保他们顺利到达桂林，然后让他们自生自灭，或者在战场上被消灭。当然了，临行之前，李漼向徐州将士说了一番鬼话：每逢三年，朝廷就会安排其他军队前去轮换。

咸通五年（864）七月，最后一批徐州将士到达西南前线。他们对未来充满了期待，因为三年之后，他们就能回家娶老婆，生孩子。

遗憾的是，许多人都没有挺过去，原因有很多。比如，西南瘴气严重，水中的细菌、病毒，林中的毒蛇猛兽，都可以要了北方将士的性命。咸通六年（865）四月，宣歙观察使杨收就曾上奏朝廷，说因为气候恶劣，戍卫将士死伤大半。再比如，西南山高皇帝远，节度使就是说一不二的土皇帝。如果长官贪污军饷，将士会被活活饿死，如果长官心情不好，将士会被活活打死，蔡京不就是这样做的？

徐州将士是朝廷特意“关照”过的悍匪军队，其待遇可想而知。不过，考虑到美好的生活就在眼前，他们忍了。很快，第一个三年之期如约而至，朝廷以战事胶着为由，劝他们再忍一忍，徐州将士答应了。毕竟，朝廷不会反悔吧。

徐州将士可能不知道，他们离开徐州的那一刻，就已经被李漼判了死刑。不管战事如何，他们都没有机会回家，这是他们的宿命。为了看管他们，朝廷将作风彪悍，为人苛刻的徐泗观察使崔彦曾派往前线，这位老兄又起用了牙将尹堪、教练使杜璋，让他们想办法“缩短”徐州将士的生命。

所有的磨难，非人的待遇，徐州将士都忍了过去。

咸通九年（868）六月，第二个三年之期如约而至，徐州将士希望朝廷兑现诺言，可牙将尹堪认为府库空虚，如果将军队调来调去，开销太大。既然他们已经戍守了六年，完全可以再多戍守一年。于是，他擅自做主，将时间延长了一年。

徐州将士的心态瞬间就垮了。这种感觉，很像是熬过了一年的工作，准备欢天喜地过大年，突然宣布今年不放假了。徐州将士表示，忍耐是因为他们还有家人，还有人生的期盼，如今希望被浇灭，他们还有什么可忍的？许佶、姚周、赵可立、张行实都是以盗匪身份被招安的，他们私下联络，准备搞点事情。

当时，桂管观察使李丛调往湖南，新任观察使还没到岗，许佶等人杀死了都将王仲甫，推举粮料判官庞勋为主帅。随后，徐州将士抢劫了仓库的兵器，结队北还。很快，桂林兵变的消息便传到长安，岭南方面的奏折中写道，“徐州戍军剽掠湘潭、衡山两县，有众千人，擅还本镇”，这让李漼非常头疼。

讲道理，桂林之事是朝廷理亏在先。问题是，朝廷讲道理的时候，道理一般都在朝廷这一边，现如今不是。在李漼看来，徐州军太彪悍了，它的存在就是一颗定时炸弹。想要杜绝隐患，最好的办法就是让他们彻底消失。

咸通九年（868）八月，李漼派宦官张敬思前去安抚徐州军，承诺允许他们回徐州。问题是，这样一股势力，走到哪都是隐患，因此各地驻军都视他们为洪水猛兽，唯恐他们抢劫百姓，或者落草为寇。当徐州军走到湖南的时候，宦官监军没收了他们的武器。走到湖北襄州时，节度使崔铉派大军驻守，就像防贼一样。

徐州军算是明白了，朝廷摆明了是不信任他们，眼下的和平全部是假象，如果回到徐州，等待他们的只有死路一条。庞勋找到徐州兄弟，商议之下决定扣押宦官张敬思，利用私财购买武器，打造船只，随后沿长江东下，从白沙洲（今江苏省扬州市仪征市）入淮南境，为徐州的戍军兄弟寻找新的生机。

到达淮南边境时，淮南节度使令狐绹一反常态，又是送粮，又是送钱，将徐州军当祖宗一样供了起来。部将李湘看不过去，他觉得徐州军擅离戍地已经违反朝廷律法，一路上又在抢劫，淮南应该立即镇压他们。比如，在两岸狭窄的高邮堆满荻草，用火势截断戍军东下的道路，再派精兵在后面追击。

很遗憾，令狐绹的风格就是稳。在他看来，自己没有接到朝廷平叛的诏令，为了前途，他只希望徐州军可以尽快过境，不给他惹是生非。因为朝廷的无视和纵容，徐州军收编了不少绿林好汉，人数很快飙升到千人。

咸通九年（868）九月二十八日，徐州军到达徐城县（今江苏省泗洪县），距徐州只有一百二十公里。随后，庞勋开始给大家洗脑："朝廷使者已经到达徐州，只要回家，等待我们的只有死路一条。如果兄弟们愿意造反，不仅有活路，还可以获得荣华富贵。更何况，我们的父兄都在徐州，有他们里应外合，大事可成。"

这样优秀的提议，大家没有理由反对。

彼时，徐州守将是崔彦曾，手下有四千三百名官军。他征询了部将的意见，最终决定出兵镇压庞勋。随后，崔彦曾派都虞候元密率领三千人出城，并让宿州方面派军队到苻离，泗州方面派军队到虹县，与徐州官军形成合围之势。

咸通九年（868）十月初八，元密到达徐州城外的任山，他下令停止进军，让细作假扮为樵夫，到附近打探敌军动向，准备狙击路过的庞勋大军。太阳下山的时候，叛军刚好到达官军的伏击地点，不知官军是在埋锅做饭，还是注意力不集中，竟然没有发动突袭。当时，庞勋派人到处寻找食物，发现周边空无一人，只有几个樵夫鬼鬼祟祟，庞勋命人将他们抓起来拷打，最终问出了官军的军事部署。

就在当夜，庞勋率领大军赶赴空城宿州。咸通九年（868）十月初十，宿州观察副使焦璐弃城逃跑，庞勋率军进入宿州城。有了钱财和粮食，庞勋虎胆十足，他下令招兵买马，部队瞬间飙升到数千人。一时间，江淮震惊。

原本只是一支数百人的戍边小队，却能玩弄朝廷于股掌，如今还挑起了江淮的战火，这是徐州军太狡猾，还是官军太愚笨，朝廷太无能？

事实证明，确实是官军太愚笨。比如宿州观察副使焦璐，为了守住宿州城，他将汴水引到城池北面的壕沟，庞勋入城前，水还没涨起来，入城后，水已经很深。也就是说，官军想要攻打宿州，只能坐船来攻。

不过，这都不是问题。咸通九年（868）十月十二日，官军在宿州城下集结，准备发动总攻。就在元密部署的时候，忽然刮起大风，庞勋趁着风势，对官军狂射了一堆火箭，随后出城掩杀，逼迫官军留下了三百具尸体。

庞勋很清楚，固守宿州等同于找死，因为官军站稳脚跟，他将插翅难飞，就在当天夜里，庞勋征调了三百艘大船，满载着粮食和钱财离开了宿州。庞勋的打算是入海为盗，过自己的逍遥日子。临行之前，他和宦官张敬思商议，送他上千匹布帛，承诺送他返回长安，希望这件事到此结束。

很遗憾，庞勋想多了。

咸通九年（868）十月十三日，元密后知后觉，于是派官军追击，却因为轻敌再次中了埋伏。这一次，元密、宦官监军，还有仅剩的两千多名官军全部暴尸荒野。

庞勋表示，他只想远离战场，做个逍遥快活的富翁，可官军不允许啊。如今官军全军覆没，徐州变成了一座空城，是继续干革命，还是混吃等死？庞勋重新燃起了斗志，再玩玩吧，看看官军还能愚蠢到什么地步！

由于全军覆没，消息闭塞，一直到庞勋逼近徐州，崔彦曾才开始布防。城内无兵可用，只能用石头封死城门，向附近的官军求援。

咸通九年（868）十月十七日，庞勋来了，连同他的七千士兵。徐州城下，叛军锣鼓喧天，耀武扬威，庞勋还派人到周边村落巡视，慰问附近的村民。老百姓都是朴素的，以前都是官府欺压他们，如今庞勋造反，他们也想趁机出气。有些看热闹不嫌事大的农民，甚至推着装满柴草的大车前来烧城，满满的军民鱼水之情。

接下来的不是攻防战，而是庞勋单方面的殴打。

关键时刻，徐州主将崔彦曾没有弃城而逃，而是成了庞勋的俘虏。城破之后，庞勋血洗了官衙，将徐州官员开膛剖肚，剁成肉泥。由此可见，朝廷和徐州军队之间的敌对情绪，已经深到了什么地步。

徐州之战，时代最强音符

徐州一战，官军丢了城池，亡了军队，更失了民心。据史料记载，庞勋高坐在徐州府衙，处置军政大事，手下卫兵林立，文武官员战战兢兢，不敢直视，城中表示归附的百姓多达数万。此时的庞勋，已经具备了和朝廷叫板的能力。

随后，庞勋开始封赏，嫡系部队霸占核心岗位。徐州旧将刘行及率领一千五百人驻屯濠州，李圆率领两千人驻屯泗州，梁丕率领一千人驻屯宿州。

庞勋表示，他已经成了气候，如果朝廷想要相安无事，可以先把徐州节度使的封号给他，让他洗白上岸。同时，为了给自己造势，庞勋开始散布谣言，说朝廷已经答应了他的条件，节度使的旌节不日就会到达。

不仅如此，庞勋还命人伪造崔彦曾请求朝廷诛灭徐州各军的信函，大致内容如下：徐州士卒性情狂暴，应该全部剪除，附近的彭城、萧县、丰县（今江苏省徐州市丰县）、沛县、滕县等地，老百姓愚昧透顶，他们只配做朝廷的奴隶。

实力演绎，外加舆论造势，庞勋瞬间化身为正义使者，幸福生活的代言人。随后，光州、蔡州、淮州、浙州、兖州、郓州等地的盗匪纷纷来投。一时间，徐州成为造反之地，人潮涌入，以至于一斗米的价钱竟然涨到二百缗。

庞勋的所作所为，就是为了寻求朝廷的认可。可遗憾的是，庞勋错打了算盘。原因很简单，他犯了朝廷最大的忌讳，李漼根本无法同意。

可以这样说，中晚唐的藩镇战争只有一个主题：地方军镇想搞世袭制，实现家族内部的传承，而中央政府不想让他们这样干。河朔三镇暴乱，朝廷就算打到弹尽粮绝，始终都在维护这样一个底线。再看看西域的张家，就算为朝廷立下汗马功劳，就算尊重李唐皇室，朝廷也始终没有授予张淮深节度使的旌节。

小小的庞勋，凭什么撼动李唐皇室誓死捍卫的原则?

咸通九年（868）十一月，第一位宦官使者康道伟来到徐州，慰问了庞勋。然而，因为庞勋的奏折还没到长安，庞勋只好连哄带骗，让康道伟打道回府。咸通九年（868）十一月十五日，第二位宦官使者到达徐州，可带来的消息是谴责崔彦曾等人无能，这才让徐州将士蒙难，并再次表示慰问。除此之外，再无其他消息。

这是一场政治博弈，因为庞勋需要朝廷的宽赦和赏赐，只能被动等待。而朝廷装聋作哑，派人慰问，就是为了争取时间调兵遣将。就在庞勋耗尽耐心，打算暴走的时候，朝廷正式颁布了调兵令：由康承训担任徐州行营招讨使，王晏权担任徐州北面行营招讨使，戴可师担任徐州南面行营招讨使，三支主力从西、南、北三面一起围剿徐州。康承训为了增强战斗力，调动了沙陀、吐谷浑、达靼、契丹等族的精锐骑兵，跟随他一同征讨庞勋。

不过，官军还没到达，泗州、都梁城（今江苏省淮安市盱眙县境内）宣告失守。两大城池之间的都梁山，便是朝廷的漕粮转运基地，如果落到庞勋的手中，关中的粮道会受到很大的威胁。

咸通九年（868）十二月，戴可师带领三万大军渡过淮河，包围都梁城，意图夺回汴水入淮的要津之地淮口，然后援救泗州。就在此时，戴可师收到了农民军的降书，上面写着，只要戴可师退军五里，农民军立即投降。

戴可师笑了笑，业余军终归欺软怕硬。

当天夜里，农民军弃城而逃，给戴可师留了一座空城。第二天，戴可师见农民军放了自己鸽子，立即领兵追击。然而，都梁城附近大雾弥漫，朦胧之中，突然有一军杀出，官军来不及摆阵，几乎全军覆没，戴可师横尸当场。

霸占都梁城，顺势抢劫朝廷的运粮船，还有沿河的商队，庞勋的日子过得非常滋润。随后，朝廷将粮食中转站设在寿州，庞勋跟踪追击，彻底切断了朝廷的经济通道。一时间，李漼确实陷入了困境。

有了大本营，有了钱粮，庞勋开始四处劫掠，舒州（今安徽省潜山市）、庐州（今安徽省合肥市）、下蔡（今安徽省淮南市凤台县）、巢县、滁州（今安徽省滁州市）、和州（今安徽省马鞍山市和县）相继陷落。

现在，庞勋可以拍着胸脯说，他已经事业有成。

问题是，一个人的仕途能走多远，有时候取决于客观环境，更多时候取决于个人的眼界、性格。更何况，在顺风顺水的环境下，一个人展示的品德不能说明问题，只有在逆风的环境中，坚毅、果断等品德才更有含金量。

就拿庞勋来说，宿州之战后，他带着粮食和钱财，打算入江海为盗，说明他胸无大志，没有格局。临行前，他送宦官张敬思回朝，还给他送了一千匹布帛，说明他不想和朝廷干到底，而是想着和谈。拿下徐州后，庞勋竟然找李漼索要徐州节度使的旌节，更加坐实了他的政治投机本性。

不仅如此，起义军的内部开始出现各种乱象。

乱象一：庞勋骄傲自满，继而骄奢淫逸，大肆享乐。

乱象二：大家投奔庞勋，都是为了钱财，因为打仗可以抢劫，比在家里种地划算多了。一时间，妻子逼着丈夫从军，父亲逼着儿子从军。

乱象三：起初，老百姓是起义军的衣食父母，军民有鱼水之情，可到后来，老百姓成了起义军的提款机。

乱象四：因为内部混乱，有人开始觊觎庞勋的宝座。比如部将孟敬文，他觉得自己也可以做老大，于是阴谋制造符谶，准备弄死庞勋。

庞勋高高在上，而且生活安逸，自然没有意识到问题的严重性。

咸通十年（869）正月，李漼重新任命康承训为主帅，调兵八万，驻屯在宿州以北九十里处的柳子一带（今安徽省宿县境内），准备第二次围剿。

朝廷大军压境，庞勋开始感觉到了压力。他命人招募新兵，可负责招募的官员告诉他，就算开再高的工资，每天招募的新兵也不到三十人。更诡异的是，和他称兄道弟的将领，竟然也偷偷离开了徐州。

咸通十年（869）二月，康承训让沙陀族的大将朱邪赤心率领三千骑兵，对起义军发起了轮番的冲击。想想看，起义军全部是步兵，武器是长枪、锄头，没有受过专门的军事训练，在沙陀骑兵的面前，就像待宰的羔羊！一时间，起义军尸横遍野，到处都是残缺的胳膊、头颅。人间地狱般的场景，让起义军兄弟开始恢复理智：他们只是来奔小康的，不是来送命的，找机会逃跑吧。

巧的是，朝廷刚好发布诏令，叛军只要归降官军，一概免罪。于是，为了钱财投奔庞勋的，瞬间倒向官军阵营，变成了朝廷的良民。

不过，事情都有两面性。逃跑的都是害群之马，能留在庞勋身边的才是起义军的中坚力量。咸通十年（869）四月初五，在幕僚的劝说下，庞勋终于斩杀崔彦曾、宦官监军张道谨以及官军的高级将领，表明自己和朝廷干到底的决心。

有人头祭旗，起义军重新燃起了斗志。

属下："老大，咱们接下来怎么干？"

庞勋："去丰县，拿魏博大军开刀。"

客观地说，庞勋的判断很准确，他虽然只有三万军队，魏博有七万，可魏博有五个营寨，兵力不集中。在夜色的掩护下，庞勋拔掉其中一个，又设伏狙击了前来支援的其他四路大军，杀敌两千，最终逼迫魏博退军而去。

咸通十年（869）四月二十三日，庞勋开赴萧县（今安徽省宿州市萧县）。

目标很清晰：准备和康承训决战。萧县附近有几支起义军，人数多达六万。庞勋和他们约定，准备在四月二十九日凌晨对康承训发动总攻。悲剧的是，某位官军将领得知进攻计划，然后逃出叛军大营，将消息告诉给了康承训。

因为这个信息不对称，庞勋走向了人生的末路。

进攻的当天，几支援军提前发动进攻，中了康承训的埋伏。等庞勋到达的时候，战斗已经结束，遍地都是尸体。叛军将领忍不住作呕，随后疯狂逃窜。接下来是惨无人道的追杀，数万叛军因此丧生，尸体绵延数十里。

随后，康承训收复了下邳、丰县、蕲县等城池，派兵将宿州围了起来。而庞勋能掌控的，只有徐州和宿州。彼时，宿州的军政大权是分开的，政务由张玄稔负责，军队由庞勋的亲信张儒、张实负责。

张氏兄弟表示，他们做好了防御工事，城内还有几万军队，康承训短时间内拿不下宿州。庞勋可以偷袭宋州（今河南省商丘市）亳州（今安徽省亳县），来个围魏救赵。

咸通十年（869）八月二十七日，康承训围攻宿州城，守军拼死苦战，斩杀数千名官军，粉碎了康承训的攻城计划。康承训很郁闷，打不过，又不能退，该如何是好呢？闲着也是闲着，要不派几个能说会道的小弟去城下劝降吧。

谁料想，这步棋还真的走对了。

彼时，官军拿不下宿州，庞勋也只能自保。张玄稔就在想一个问题：如果他投靠官军，胜利的天平会怎么倾斜？想到此处，张玄稔让几十位亲信散入军中，给叛军兄弟洗脑，随后派心腹张皋出城，投降了官军。

咸通十年（869）九月初三，张儒等人喝得酩酊大醉，张玄稔带兵将他们全部斩杀，随后将宿州的控制权交给了官军。由于叛军将领被一锅端，这件事成了绝密。接下来，张玄稔前往徐州，轻轻松松打开了徐州的城门。

此时，庞勋正在攻打宋州，场面上还是很有优势的。可随着噩耗传来，尤其是沙陀骑兵前来助阵，庞勋的心态瞬间崩溃。蕲春境内，庞勋组织了人生最后一次防守，可在沙陀骑兵的冲锋下，庞勋无力抵抗，力战身亡。自此，唐末第二次轰轰烈烈的起义宣告失败。

庞勋灭不掉大唐，这是毋庸置疑的。然而，在“大唐灭亡进行曲”中，庞勋鸣奏了最强的音符。毕竟，因为庞勋的存在，老百姓看到了朝廷的无能，看到了农民起义的胜利希望。庞勋去世后，跟随他造反的亲信流落到全国各地，后来又成为“黄巢起义”的中坚力量，这就是农民起义的传承。

唐懿宗：将荒唐进行到底

在平叛过程中，唐懿宗李漼表现出勤政。毕竟，该下的诏令，他一道也没错过。然而，这并不能掩盖他的昏庸。因为除了下诏，他的帝王生活一塌糊涂。归纳起来可以这样评价：沉湎游乐、用人不明、赏罚无度、爱慕虚荣。

先说说宴饮。朝廷已经穷得叮当响，可李漼还是坚持每日一小宴，三日一大宴，以至于宫中每个月都要大摆十几次宴席。参加宴席的人员包括皇室、宗室、重臣。吃喝的花费不算，每次玩到高兴，李漼都会赏赐钱财。

除了宴饮，李漼还喜欢看歌舞演出。据史料记载，李漼对歌舞的迷恋，已经到了每天都不能间断的地步。就算是外出，李漼也要安排乐工随行。李漼在宫中养了五百名专职乐工，他们每日的工作就是练习乐曲，谱写新的作品，随时等待李漼的召唤。如果表现出色，博得李漼一笑，真金白银就会哗哗而来。

每次出行，李漼都会叫上亲王随行，各家王爷都要备好装备，随时等待召唤。

咸通四年（863）二月，李漼突然传出话来：他想做个乖儿孙。

群臣：陛下，您想做点什么？

李漼：朕想祭拜先帝的皇陵。

群臣：没问题，您想祭拜哪位祖宗？

李漼：从高祖开始，一直到宪宗皇帝，一个不落！

听闻此言，群臣倒吸了一口冷气。李漼究竟是诚心祭拜，还是借机出巡，我们不得而知。可以肯定，李漼的计划竟然成行了。《资治通鉴》记载，李漼每次出行，随行人员多达万人，可以想象为了祭拜皇陵，李漼花费了多少钱财。

上梁不正，下梁必歪。在李漼的带领下，大唐官场弥漫着穷奢极欲、醉生梦死的风气。晚唐著名诗人韦庄的诗中就有“咸通时代物情奢”的说法，韦庄咏的“瑶池宴罢归来醉，笑说君王在月宫”，写的就是懿宗时代的世风。

李漼性格开朗，为人豪爽，如果是个王爷，肯定能交到不少朋友。然而，他是个帝王，如此作为不能给他带来任何好评，只能是后世的指责和谩骂。

再说说朝政吏治。

李漼上位后，罢免了令狐绹，改任白敏中为相。起初，李漼还挺自觉，办起事来有几分帝王的姿态。后来，白敏中病重卧床，无法处理政务，于是连上了三道奏折，希望能辞去宰相之职。然而，李漼拒绝了。因为白敏中卧病，李漼每次和宰相商议政事的时候，都以白敏中不在为由，拒绝深入讨论。

谏官王谱曾经上奏，希望李漼将心思放在朝政上。比如，每次和宰相商议国事的时间超过三刻（四十五分钟，李漼也是注意力不集中的人）。然而，李漼觉得自己受到挑衅，将王谱贬为一介县令。

王谱是谏官，劝谏皇帝是他的本职工作，更何况他没有说错。因此，给事中使用封驳权，驳回了李漼的任命诏书。李漼将此事交给宰相处理，宰相们为了迎合李漼，竟然出人意料地同意了李漼的任命。

如果一个宰相不贤明，可能是皇帝看走了眼；如果一群宰相不作为，那就是皇帝的昏庸，时代的悲哀。李漼统治期间，总共任命了二十一位宰相。讲道理，宦官集团正在低调做人，李漼不爱处理政务，如果宰相有自己的想法，想施展抱负，空间真的很大。然而，他们绝大多数都是昏庸无能、溜须拍马、爱财如命、明哲保身之辈。说白了，他们不想青史留名，只想混吃等死。

宰相杜悰，人送外号“秃角犀”。想想看，角是犀牛身上最宝贵的东西，如果犀牛没了角，还算什么犀牛？这纯属民间对他的鄙视。

宰相路岩，贪污腐败，成为官场巨富，身边亲信也跟着捞钱无数。至德县令陈蟠叟曾经上奏：“如果抄掉边咸的家，可以赡养国家军队两年。”李漼问道，边咸是哪路神仙，陈蟠叟：“宰相路岩的亲信。”谁料想，李漼觉得他在危言耸听，于是将他流放到爱州（今越南清化省境内）。

因为宰相贪污腐败，民间将曹确、杨收、徐商、路岩等宰相的姓名编了一首歌谣：确确无论事，钱财总被收。商人都不管，货赂几时休？

由此可见，大唐的官场究竟腐败到了何种程度。

君明臣贤，可以造就贞观年间的太平盛世；君明臣不贤，可以造就唐宣宗时期的清明政治；君不明臣贤，也可以像明朝那样，即便皇帝数十年不上朝，国家也可以相安无事；最悲剧的就是君不明，臣不贤，就像晚唐的最后四十年，内政腐败，外族入侵，国家内战，整个国家暗淡无光。

说到赏罚，李漼已经做到了随心所欲，无所顾忌的境界。

当时，李漼最疼爱的同昌公主去世，李漼万分悲痛，有个叫李可及的乐师将同昌公主的经历谱写成了《叹百年》舞曲，使李漼的思念之情得到一丝安慰。李漼为了报答他，竟然将他封为威卫大将军。

历朝历代，统治者最注重尊卑等级，就算开明的唐朝也一直严守底线。在那个年代，乐工属于末流阶级，皇帝可以赏赐钱财，但绝对不能授予官职。李漼为了一时性情，肆意破坏制度，这究竟是性情中人，还是愣头青？

事实上，荒谬的剧情还在继续。

唐朝延续隋朝的科举制度，每年春天由礼部组织科举考试，选拔人才。到了李漼这里，他强行规定，自己的亲信不用参加吏部考试，直接以“特敕赐及第”的方式获得功名。于是乎，李漼的敕书代替了礼部的金榜。在民间，盛传“禁门就是龙门，圣主永为座主”的说法，可谓对李漼最大的讽刺。

李漼干了无数的荒唐事，却很在乎自己的名声。

咸通三年（862），李漼刚刚做了三年皇帝，群臣为了迎合他，给他加了“睿文明圣孝德皇帝”的尊号。咸通十二年（871），群臣没有任何表示，李漼却给自己加了“睿文英武明德至仁大圣广孝皇帝”的尊号。

有唐一朝，李渊、李世民是最有资格加尊号的，可他们却没有这样做。此后的皇帝如果加尊号，一般都是四字或者六字，少数人是八字或者十字，只有李隆基给自己加了“开元天地大宝圣文神武孝德证道皇帝”的十四字尊号。安史之乱，唐肃宗李亨力挽狂澜，重塑大唐正统，因为这份功劳，群臣给他加了十字尊号，可他拒绝不受，只称自己为皇帝。

再看看李漼，别说赶不上李隆基的雄才伟略，恐怕连唐武宗也追赶不上，可他却如此在乎这些虚名。说白了，内心越是自卑的人，越在乎这些，李漼只是想利用这些虚号掩盖自己荒唐的行径，仅此而已。

同昌公主出嫁：奇珍异宝全部配齐

身为父亲，疼爱子女是天经地义的。不过，能像李漼一样，将女儿宠出天际，以至于青史留名的，恐怕是凤毛麟角。

同昌公主，闺名李梅灵，李漼的长女，母亲郭氏号称“长安第一美人”，性格温润，善解人意。在郭氏眼里，李漼就是她的盖世英雄，她甘愿为李漼奉献一切。两人结婚后，相濡以沫，缱绻情长，没过多久，李梅灵降临人间。她继承了母亲的优点，样貌出色，性格恬静，多才多艺，而且对父母非常孝顺。每逢李漼有烦心事，只要找她们母女说说话，所有的烦闷都会烟消云散。

随着岁月的流逝，李梅灵出落成一位亭亭玉立的大姑娘。李漼明白，是时候为她寻找绝世佳婿了。晚唐时期，皇帝没有和亲的压力，嫁公主不用考虑政治因素，因此多了几分浪漫主义色彩。当时的风气，就是颜值出众、才华横溢的读书人，尤其是新科进士是皇帝最喜欢的驸马人选。

李漼挑来挑去，最后选中了新科进士韦保衡。此人长相清秀，风流倜傥，而且满腹诗书，气质如华，确实是难得一见的佳婿。成为驸马后，韦保衡先后担任翰林学士、郎中、中书舍人、兵部侍郎、开国侯，最后混到集贤殿大学士，年纪轻轻便成了大唐最显赫的政治新星。

据史料记载，同昌公主出嫁的那天，李漼几乎翻遍了大唐的国库，将所有值钱、好看的东西全部送到了公主府。《太平广记》记载，水晶云母、琉璃玳瑁、犀角象牙、装翠宝石这些东西都是小儿科，更有绝世罕见的金龟、银鹿、金表、银粟、如意枕、鹤鹊枕、龙凤帐、九玉钗、琴瑟幕、文布巾、火蚕衣等。

比如澄水帛，长约一丈，薄如蝉翼，如果将它淋上水再挂起来，附近的人会感觉到凉爽舒适，即使三伏夏日，人也能身轻无汗。

瑟瑟幕，轻薄柔软，透过阳光，可以看见上面的青绿色纹路。可如果将它放在大雨之中，也不用担心雨水透过，幕中人可以放心安坐。

火蚕棉，超级保暖，一两棉就可以絮一件棉衣，如果用多了，穿衣服的人会感觉被火蒸烤一样，就算是数九寒冬，也会热得无法忍受。

我们没有用过这些东西，不知道效果如何，但既然是史书的记载，想必肯定是奇珍异宝。除了这些，金银钱币、绫罗绸缎、豪华家具不计其数。当陪嫁物品送到韦府之后，原本宽敞的府邸竟然显得狭窄局促，最后只能请工匠临时扩建，才把陪嫁物品装存起来。

公主出嫁后，李漼担心她受委屈，经常赏赐宫中的食物。有一道“灵消炙”的菜肴，据说羊的身体里只有四两肉符合烹饪标准。还有一种“肉干红虬脯”，蓬松盘绕，高达一尺，如果用匙筷按压，形状迅速缩小；如果松手，它又能恢复原来的高度。还有“玫瑰露”，必须在清晨收集玫瑰花上的露水，往往十几个人才能收集一小瓶，而这些努力，只为同昌公主感受一口。

奢侈归奢侈，同昌公主不算骄奢淫逸、性格乖张的人。在韦府，同昌公主非常孝顺，有了好东西，也都是优先拿出来给大家享受。

婚后第二年，某天中午午睡，同昌公主做了个奇怪的梦，梦中人告诉她，她是南齐的潘淑妃，打算来取她的九鸾钗了。据说，这是潘淑妃经常佩戴的饰物，上面雕着九只鸾凤，每凤一色，各不相同，钗边还刻着“玉儿”两个字。

诡异的是，没过多久，公主便得了一种罕见的疾病，以至于卧床不起。这可急坏了李漼，他急忙调集二十多名顶级的御医联手会诊。很遗憾，御医们查不出任何问题，他们知道同昌公主在皇帝心中的地位，如果治不好她，下场就是死路一条。大家商议之后，决定开出一个罕见的药方，如果李漼配不齐药材，自然不能找他们问罪。

这个药方里面有红蜂蜜、白猿膏、千年灵芝、人形参等名贵药材，想在短时间内收集起来，确实困难重重。然而，他们低估了李漼对同昌公主的宠爱，药方开出来没多久，李漼便将药材全部找齐，这下轮到御医们傻眼了。

御医只能将错就错，将药材熬好后喂同昌公主服下。可怜的公主，在人生最后的时刻，被这些糊涂御医坑得够呛。服药之后，同昌公主的病情逐渐变重，咸通十一年（870）的中秋之夜，年仅 21 岁的公主香消玉殒。

痛失爱女，李漼的心情可想而知。没过几天，李漼将愤怒发泄到御医身上，处死了翰林院医官韩宗劭等二十余人，并将他们的三百多名族人全部逮捕，关押在京兆府监狱。由于事情闹得太大，引起了举朝的关注。

宰相刘瞻找到御史台，希望大家一起向李漼求情，可御史们三缄其口。刘瞻无奈，只好孤身一人进谏：陛下，人的福分都是上天注定，同昌公主病重，御医们也都费劲心力，并未藏私。然而，陛下诛杀御医，收监他们的亲属，已经让长安民情激愤，陛下应该尽快回心转意，释放那些无辜的人。

李漼本来就悲痛欲绝，看到刘瞻的奏折，心中充满了怨愤，可最终还是忍住了。第二天早朝，刘瞻、京兆尹温璋联名上奏，苦谏不止，好像李漼不放人就是昏君一般，最终惹怒了李漼。

咸通十一年（870）九月初七，李漼将刘瞻贬为荆南节度使，京兆尹温璋贬为振州司马。当天晚上，温璋饮鸩自杀，临死前留下一句话：生不逢时，死又保足惜。

针对这样的言论，李漼立即下诏：温璋实在是恶贯满盈，死有余辜，三日之内且埋尸于城外，到有宽宥之日方许归葬。

原本只是一件小事，却引起了官场地震。当然了，刘瞻做过宰相，肯定有不少同党，宰相路岩、驸马韦保衡趁机进言，污蔑刘瞻和御医相互勾结，阴谋弑杀公主。咸通十一年（870）九月二十日，右谏议大夫高湘、知制诰杨知至、礼部郎中魏筜等数十名朝臣被贬到岭南。咸通十一年（870）九月二十七日，刘瞻调任康州刺史。

宰相路岩一直和刘瞻不和，他嫌康州不够遥远，于是拿出《十道图》，找到了大唐版图上最远的欢州，将刘瞻贬到此处。

同昌公主下葬的时候，李漼为她陪葬了无数的金银珠宝。

李漼觉得，这是对女儿的宠爱，也是他表达遗憾的方式。李漼可能没想到，这些财富给女儿带来了灾难。后来，黄巢打进长安，听说同昌公主的陵墓中有稀世珍宝，于是派人掘墓。对同昌公主来说，这算是生时享受，死后受难吧。

有些锅，适合皇帝来背

在唐朝的皇帝中，李漼算是比较推崇佛教的。

唐武宗发动灭佛运动，唐宣宗扶持佛教发展，李漼登基，虽然战火遍地，民不聊生，可佛教事业却蒸蒸日上。在李漼的鼓励下，佛寺中的梵唱之声响彻长安上空，大规模的法会道场空前兴盛。当时，李漼在宫中设置供皇室成员译经、受戒、念诵、斋会和接待高僧用的内道场，经常邀请佛教高僧入宫，宣传佛法，李漼甚至亲自参加诵念，完事之后自然要大肆赏赐，以表正心诚意。

比如，李漼给安国寺的高僧赏赐了两座沉檀木制成的宝座，宝座高达两丈，镂刻龙凤，饰以黄金，顺着台阶登上宝座顶部，上面设有座位，座前有陈放佛经的矮几，四周雕刻着高达数尺的瑞鸟神人，座前垂挂着绣囊锦幅，奢华无比。

在皇室的带领下，民间对佛教也是趋之如骛。

最明显的就是佛经，百姓有需求，进而刺激了印刷术的发展。世界上现存最早的印刷品之一，就是咸通九年（868）刻印的《金刚经》，现藏于伦敦大英博物馆。国内现存最早的印刷品，也是佛家的“陀罗尼经咒”。从法门寺地宫发现的“捧真身菩萨”“银金花双轮十二环锡杖”等，都是唐懿宗年间创造的精美文物。

朝中大臣曾劝过李漼，希望他以国家前途为重，可依旧拉不回李漼的礼佛之心。对崇佛的皇帝来说，最神圣的典礼，莫过于尊迎佛骨。李漼也知道，迎佛骨是烧钱的活动，再加上群臣整天给他哭穷，李漼一直没有动静。

咸通十四年（873）三月，李漼突然感到身体不适。直觉告诉他，可能是私生活混乱，造成身体机能下降。李漼似乎有预感，自己时日无多，为了完成自己的心愿，同时也为自己祈福，李漼正式下诏，派遣宦官前往法门寺迎回佛骨。

大臣告诉李漼，迎佛骨不是什么好事。比如宪宗皇帝，刚刚把佛骨迎回皇宫就驾崩。可李漼回答道：朕在世时能见到佛骨，死了也无遗恨。

历史证明，李漼确实是性情中人。

为了表示自己的诚意，李漼建造了一批用金玉、锦绣、珠翠装饰的佛塔。为了迎回佛骨，从长安到法门寺之间的三百里路，车马昼夜不绝。咸通十四年（873）四月，佛骨被运到长安，百姓铺天盖地，梵唱之声响成一片。长安的富豪在道路两旁张结彩楼，举办赦免诸恶的无遮大会，竞相靡费奢侈。

这一天，李漼登上大明宫安福门，从门楼一路走下，向佛骨顶礼膜拜，喜极而泣，热泪盈眶。随后，他将佛骨迎到皇宫内道场供奉，并设置金花帐、温清床、龙鳞之席、凤毛之褥来供养佛骨。三天之后，李漼将佛骨运到安国寺、崇化寺，供百姓瞻仰，还大肆赏赐佛教僧侣，以及宪宗时期迎佛骨的老人。此次迎佛骨活动持续了八个月，一直到唐僖宗登基，才将佛骨送回法门寺。

李漼可能没想到，他一语成谶，预测了自己的命数。

咸通十四年（873）七月十九日，41岁的唐懿宗李漼在咸宁殿驾崩。就在当天，唐懿宗的第五子李俨登基为帝，改名李儇（xuān），史称唐僖宗。

那么问题来了，李漼有八个儿子，凭什么李儇能做皇帝？

据史料记载，这是唐懿宗李漼自己的决定。

证据一：七月十八日，李漼立李儇为皇太子，掌管军国政事。

证据二：七月十九日，李漼命韦保衡摄冢宰，让他辅佐李儇。

也就是说，李漼的神智一直是清醒的，李儇登基，属于正常的权力交接。不过，李漼驾崩之前，有一道非常亮眼的操作：让神策左军中尉刘行深、神策右军中尉韩文约拥立李儇。这种拥立不是宦官集团违背皇帝的意志，阴谋军事政变。相反，李漼明白神策左、右军的破坏力，如果李儇登基，他们却没有拥立新君的功劳，后果不堪设想。为了防止风险，李漼主动将功劳赏给了他们。

李儇登基之后，两位宦官被封为国公爷，却没有参与朝政，神策军也没有太大的意见，这都是李漼的英明安排，值得点赞。

在大唐的皇帝中，李儇也算破了纪录。比如登基年龄最小，只有12岁。再比如，继承的江山黑暗无光，社会矛盾犹如蓄势待发的火山。说白了，李儇继承的不是锦绣江山，而是千疮百孔、山穷水尽的帝国。那么问题来了，李儇是个什么样的人，他能扛着大唐帝国走多远呢？

客观地说，李儇是一个聪明好动，领悟力极强的孩子。李唐皇室有几个传统娱乐项目，比如马球、音律、斗鸡等，尤其是马球，深受唐玄宗李隆基、唐穆宗李恒、唐敬宗李湛、唐宣宗李忱的喜欢。不过，最厉害的应该是李儇，他曾经放出豪言，如果他参加击球进士的考试，必定考得状元。除了马球，李儇还精通骑射、剑槊、法算、算命、赌博、蹴鞠、斗鸡、赌鹅。

也就是说，李儇的聪明才智没有用到正途。讲道理，这不能怪李儇。他生于帝王家，接触不到民生疾苦，每天只能和宦官玩耍。很显然，宦官没有教育皇子的义务，他们能做的只有培养皇子的业余爱好，让皇子高兴。

李儇虽然贪玩，可本性不坏。这样的帝王，如果能够善加引导，未尝不能做出一番事业。遗憾的是，晚唐的文臣都懂得明哲保身，谁也不愿做出头鸟。大臣混日子等死，皇帝专研娱乐项目，君臣一派和谐，朝政一片黑暗。

问题是，李儇是皇帝，总得有人帮他处理军国大事吧？既然大臣不想负责，李儇不想亲自管理，那就只能交给信得过的人，比如宦官田令孜。

起初，田令孜在宫中担任马坊使，负责管理各州县进献给皇帝的良马。李儇对骑射和马球非常感兴趣，每次去挑马的时候，都会和田令孜打交道。时间久了李儇便对他产生了好感，随后二人玩到一起，以至于形影不离。

李儇登基后，田令孜晋升为枢密使，随后担任神策军中尉。在李儇的眼里，田令孜很像是朋友，有时候又像他的父亲，因此经常称他为“阿父”。

田令孜明白，自己能有今日，全拜李儇所赐。如果想让自己过得滋润，就必须全心全意伺候主子，满足他的一切需求，比如给他捞钱。毕竟，李儇贪玩，出手又阔绰，这都需要钱，主子没有钱的概念，他还能没有？

问题是，钱从哪里来呢？

乾符元年（874），翰林学士卢携就给李儇上过一道奏折：关中发生旱灾，小麦只有一半收成，老百姓为了活命，只好将草籽捣碎当面粉，或者将槐树的叶子收藏起来当菜，老弱病残的百姓，甚至连草籽、槐叶也无力采集。往年没有收成，百姓可以逃到相邻的州县讨饭，可如今到处都是饥荒，百姓只能困守乡土，等待死亡。地方政府为了完成朝廷的税收任务，只能逼迫百姓拆掉房屋，砍伐树木卖钱，有些家庭甚至卖儿卖女卖老婆，可即便这样，官府也征收不到多少钱。

言外之意，老百姓连自己都养不活，更别说养朝廷。

既然农民伯伯没有钱，那就只能让商人出点血。在长安城，东、西两市住满了商人，田令孜直接下令，没收商人的商品，顺道抢点钱财。如果商人敢违背他的意思，第一时间拉到京兆府，乱棍打死。

田令孜很开心，因为完成任务，得到了李儇的表扬。李儇也很开心，自己的腰包鼓了起来，出手可以更阔绰。至于百姓的情绪，朝廷根本懒得搭理。当然，田令孜不是圣诞老人，给李儇捞完钱，他也得搞点特权，比如买官卖官。

田令孜有个哥哥叫陈敬瑄，卖烧饼的出身。田令孜发达之前，曾经给忠武军节度使崔安潜写信，希望他能让哥哥做忠武军兵马使，却惨遭拒绝。田令孜成为权宦后，直接让哥哥到神策左军报道，随后又将他晋升为左金吾卫大将军。

朝中五品以下的官员，谁想升官，不必再走朝廷的晋升流程，直接给田令孜送一份大礼，表表忠心就行。五品以上的官员，如果钱给得到位，也没问题。古往今来，买官卖官都是严令禁止的高危行为，可如果这种游戏规则能给大家带来福利，甚至让大家共同维护时，便没有人再反对。

说白了，中晚唐的宦官专政不是因为制度问题，也不是因为宦官掌握军权，让皇帝投鼠忌器，而是皇帝追逐享乐，或者自甘懦弱，甘愿放弃皇权的结果。对宦官来说，他们没有家国天下的概念，在权力规则下，他们唯一的选择就是疯狂捞钱，让既得利益不受破坏，让自己生活得更好，仅此而已。

贰拾捌

枭雄创业的时代

王仙芝：请叫我私盐贩子

唐僖宗统治时期，大唐帝国已经烂到了根上。

乾符元年（874），山东传来消息，王仙芝率领几千名百姓起义。

王仙芝，籍贯濮州，职业是私盐贩子。

在唐朝，贩卖私盐属于重罪，私盐贩子是朝廷严厉打击的对象。为了躲避官府的追击，王仙芝拜武林高手为师，练就了一身武艺。毫不夸张地说，在山东境内，只要提起王仙芝，大家都会评价一句：这是位高手。

晚唐时期，各地爆发了严重的自然灾害，土地荒芜，颗粒无收，老百姓还要承担朝廷的赋税、徭役，只能卖儿卖女，或者拆房子换钱。可即便是这样，他们也无法缴纳朝廷的赋税，悲惨的生活望不到尽头。很显然，百姓不会坐等死亡的降临，为了活下去，他们只能用暴力反抗官府。

问题是，谁来带头呢？

濮州百姓觉得，王仙芝的战斗力不错，跟着他混，好歹有点保障。就这样，不少流民开始团结在王仙芝的周围，形成了一股不可小觑的势力。当时，大唐帝国已经有了两波农民起义，老百姓亲眼所见，官军就是纸糊的老虎，战斗力可以忽略不计。更何况，职业军队都在藩镇节度使手中，朝廷已经无兵可调。

乾符元年（874）十二月，王仙芝觉得时机成熟，于是揭竿而起。

正常情况下，如果地方爆发农民起义，官府应该在第一时间派兵镇压。诡异的是，王仙芝起义后，不管是朝廷，还是山东、河南的地方官府，他们全部视而不见，放任王仙芝游走在各地，劫掠百姓的财富。

有人犯罪，执法者不管不顾，自然会有更多的犯罪者跟风。

乾符二年（875）四月，浙西境内，王郢等六十九人在一次作战中立功，浙西节度使赵隐只给他们赏赐了功名，却扣下了食物、衣服和钱财等实物赏赐。王郢等人不甘心，上诉未得结果，于是抢劫府库兵器进行叛乱，瞬间聚集上万人，随后攻陷苏州、常州，乘船往来于江海之中，转而剽掠浙东、浙西、福建。

乾符二年（875）六月，黄巢在山东起义，响应王仙芝。

黄巢（820—884），籍贯曹州（今山东省菏泽市）。

据史料记载，黄巢的老爹是私盐商人，而且有黑社会背景，家中财富堆积如山。身为富二代，黄巢生活无忧，花钱如流水。准确地说，哪里需要付款，黄巢就会出现在哪里。有钱财撑腰，黄巢成为很多人心中的"大哥"。不过，老爹不希望黄巢继承祖业，他希望黄巢努力读书，考取功名，光宗耀祖。很遗憾，黄巢志不在此，虽然读了些书，却始终是个半吊子。

黄巢去过长安，参加过几次科举考试，但读书高手犹如过江之鲫，凭黄巢的水平，根本斗不过别人。人到中年，黄巢完成了人生最后一次考试，结果还是名落孙山。多年的努力付诸流水，黄巢终于心灰意冷，离开长安之前，黄巢灵感附体，写了一首名叫《不第后赋菊》的诗作：

待到秋来九月八，我花开尽百花杀。
冲天香阵透长安，满城尽带黄金甲。

诗词鉴赏家认为，这是一首咏菊花之作，认为黄巢给菊花赋予了英雄风貌、高洁品格，把菊花喻为被压迫的老百姓，把百花喻为腐朽的封建统治集团，认为诗作是为了展示农民起义军领袖霸气、果决的精神风貌。

问题是，那时的黄巢只是一位名落孙山的读书人，和农民起义没有半毛钱的关系，黄巢更不可能知道，他以后会成为领导起义的领袖。用上帝视角来美化黄巢，确实有点牵强附会。不过可以肯定，黄巢离开长安的时候，对朝廷充满了怨恨，因为朝廷没有录取他。黄巢也很讨厌读书人，因为努力半生，想要挤进高端读书人的圈子，最终却铩羽而归。这也为后来屠戮读书人埋下了仇恨的种子。

科举这条路走不通，黄巢只能回家继承祖业，接下来的日子，黄巢网罗了流民、土匪、强盗等各路人马，日子过得非常滋润。

乾符二年（875）六月，王仙芝的起义闹得如火如荼，黄巢觉得很有前途，于是带着侄子黄存、黄揆、黄邺，以及外甥林言起义。起义初期，黄巢坐拥八千部队，可因为黄家有钱有粮，吸引了不少好汉，其中就包括庞勋的旧部。短短几个月，队伍就发展到数万人，堪称山东地区最大的起义势力。

至于王仙芝、黄巢起义的根本原因，我们后面再说。

接下来的半年，山东、浙江、江苏等地百姓相继揭竿，人数多则上千人，少则数百人，可谓遍地都是。然而，最大的还是王仙芝、黄巢。起义之后，他们拿下郓州，随后顺利会师，终于引起了朝廷的重视。

李儇下诏：命淮南、忠武、宣武、义成、天平五军节度使、监军组织力量征讨，如果有可能，可以对他们执行招安政策。

乾符二年（875）十二月，李儇任命平卢节度使宋威为诸道行营招讨草贼使，特赐三千禁军，五百铁甲骑兵。同时，河南各藩镇派遣的军队，全部由宋威指挥。

客观地说，李儇为了平叛，还是拿出了十足的诚意。至少在当时，禁卫军的战斗力是最强的。遗憾的是，起义军玩的是人海战、游击战，禁卫军就算再强，也无法在短时间灭掉王仙芝、黄巢，这是李儇最头疼的事情。

乾符三年（876）七月，官军和起义军第一次交锋。

战斗地点在沂州城下，官军轻松大胜。王仙芝看不到任何获胜的机会，于是带着小弟逃窜到河南境内。宋威看出来了，起义军就想打游击战，如果朝廷想平叛，必须跟在他们屁股后面追击，这显然是不可能的。于是，宋威给李儇上了一道奏折：王仙芝已经上了西天，请皇帝安心。

一时间，朝廷大肆庆祝，君臣兴奋不已。

李儇哪里知道，王仙芝在河南混得风生水起，接下来的一个月，王仙芝顺利扫荡阳翟（今河南省禹州市）、郏城（今河南省平顶山市郏县）。按照地图显示，王仙芝距离洛阳不到一百公里，只要他愿意，一天时间就可以开赴洛阳城下。

李儇蒙了，这家伙不是已经死了吗?

不过，李儇没有时间问责，他急忙下诏：

命忠武节度使崔安潜剿灭王仙芝。

命昭义节度使曹翔率领五千大军守卫洛阳。

命山南东道节度使李福率领两千大军，扼守汝州、邓州。

命凤翔节度使令狐绹、邠宁节度使李侃率领一千五百大军，进驻陕州（今河南三门峡市陕县），扼守潼关。

战略安排没错，可李儇高看了藩镇节度使的忠诚度。说白了，各地藩镇都是各自为政，与朝廷没有利益关系。如果打赢了战争，他们能捞几个虚名，如果战败了，就会接受朝廷的惩罚。这样亏本的买卖，谁愿意干?

乾符三年（876）九月，王仙芝攻陷汝州，杀死官军将领董汉勋、刑部侍郎刘承雍，活捉汝州刺史王镣。汝州就在洛阳附近，按照王仙芝的节奏，很快就会围攻洛阳。于是乎，洛阳官员、百姓遵照传统，开始携带金银珠宝，弃城逃跑。

东都官员的窝囊做派让李儇无可奈何。随后，他下达诏书：赦免王仙芝的所有罪责，许诺给他高官厚禄，只求他不再闹事。

条件确实不错，可王仙芝没有搭理李儇。

毕竟，李儇开的是空头支票，很难兑现。再者说，想和朝廷谈条件，手中要有足够的筹码，很显然，王仙芝觉得自己的筹码还不够。当时，洛阳是座空城，可王仙芝并没有着急进攻，而是率兵攻占了阳武（今河南省新乡市原阳县）。

王仙芝的判断是正确的。第一，朝廷虽然有败亡的迹象，可瘦死的骆驼比马大，如果真惹急了李儇，可能会引来官军围剿。第二，无数先例证明，洛阳就是一座鸡肋之城，如果拿下洛阳，就要派兵驻守，可能会耗死大军。

接下来，王仙芝做出了分兵的决定。

乾符三年（876）十月，王仙芝扫荡唐州、邓州。

乾符三年（876）十一月，王仙芝扫荡郢州（今湖北省京山）、复州。

乾符三年（876）十二月，王仙芝扫荡随州。

同时，申州、光州、舒州、庐州相继失陷。想想看，官军数量有限，面对起义军的分兵战略，他们打不过，防不住，只能瞪眼干看。王仙芝的一把火，将河南、湖北战场全部烧了起来，一时间，百姓纷纷从军，起义军数量达到三十万。

那么问题来了，官军难道如此不堪，连一次像样的反击也没有？

历史证明，确实没有。不是官军没有战斗力，而是官军将领都心怀肮脏的目的。比如宋威，他觉得就算打赢了战争，自己也得不到好处，于是带着手下如孤魂野鬼一样游荡，最终驻屯在亳州，坐观其变。平叛副使曾元裕驻屯在蕲州（今湖北省黄冈市蕲春县），同样拥兵观望，毫无作为。

乾符三年（876）十二月，王仙芝、黄巢开赴蕲州。

彼时，蕲州刺史名叫裴渥，他的恩师是被王仙芝活捉的汝州刺史王铎。在王铎的说服下，裴渥开城投降，奉送了无数的金银财宝、南方美女。起义以来，王仙芝一直浪迹各地，过着刀头舔血的日子，他也反思过，自己起义究竟是为了什么——推翻朝廷的统治？建立新的政权？还是让自己过上好日子？

在蕲州，王仙芝想清楚了，他只想改善自己的生活，如今的生活状态就是他想要的。于是，战争暂时结束，王仙芝沉醉于享乐之中，不可自拔。裴渥看出了王仙芝的心思，于是问了一句：要不，我向朝廷上奏，替您要个官职？

王仙芝点头如捣蒜。乾符四年（877）正月，李儇下诏，封王仙芝为神策左军押牙，兼任监察御史，并在第一时间将委任书送到了蕲州。

所谓押牙，指的是押旗帜者，神策军仪仗队的官员。监察御史，官居八品，职责是监察百官、巡按郡县、纠视刑狱、肃整朝仪。说白了，监察御史听起来很唬人，看起来管的事情多，其实干的都是得罪人的事情。李漼给这样的封赏，确实没有太把王仙芝当回事。

可笑的是，起义军将领看到委任书后，竟然欢呼雀跃，喜不自禁。站在他们的角度，能从土匪洗白成朝廷官员，已经是毕生难以想象的事情。

王仙芝很开心，可黄巢心里不爽了。毕竟，朝廷给王仙芝封赏，却没有只言片语来安慰他，这算怎么回事？要知道，黄巢一直想当官，光宗耀祖啊！黄巢气急败坏，当场咆哮道："王仙芝，我和你曾经立下誓言，男儿自当纵横天地之间，今日你接受了朝廷的封赏，去长安做什么神策军将领，那我和我的部下怎么办？"话音刚落，黄巢便上前揪住王仙芝，胖揍了他一顿。

黄巢的咆哮叫醒了许多将领。毕竟，朝廷只会封赏王仙芝，不会管其他人的前途，大家打了这么长时间的仗，难道都在为他人做嫁衣？于是乎，军营乱成一团，王仙芝不敢惹众怒，明智地拒绝了朝廷的招降，并下令屠城，劫掠百姓，极力扮演成一位专业残暴的土匪，以安众心。

蕲州招降虽然是一场闹剧，却暴露了王仙芝和黄巢的本性：他们没想过推翻朝廷的统治，只想为自己捞个美好的前程。无数的历史证明，如果起义军领袖的动机不纯，就会让起义的过程充满曲折和困境。

蕲州事件后，王仙芝带着三千人在湖北攻城略地，黄巢带着两千人北上，继续他的游击战。很显然，这次分兵是为了化解两人之间的尴尬气氛。

乾符四年（877）二月，王仙芝攻克鄂州。乾符四年（877）三月，黄巢攻克郓州，杀死天平军节度使薛崇。李儇终于坐不住了，他向天下发布《讨草贼诏》，威胁王仙芝如果不投降朝廷，庞勋就是他的下场。同时，李儇呼吁藩镇节度使，以及地方豪强的私人军队共同讨贼。

事实证明，李儇的诏书确实起到了震慑作用。

乾符四年（877）七月二十一日，王仙芝和黄巢重新走到一起，联合包围了宋州。宋州紧靠着汴水，是汴水入淮的战略要地，他们打算占据漕运要道，截断朝廷的粮食供给。此时，宋州的主将就是宋威，他显得一筹莫展。

遗憾的是，起义军虽然围了宋州，却没有立即进攻。毕竟，他们擅长打游击战，而不是攻城战。随后，忠武军节度使崔安潜的七千大军赶赴战场，斩杀两千名起义军兄弟，成功解了宋州之围。此时，王仙芝和黄巢再次分兵。

乾符四年（877）八月，王仙芝率军攻下安州、随州，活捉随州刺史崔休徵，山南东道节度使李福派儿子前去救援，半路遭到王仙芝的伏击，兵败身亡。乾符四年（877）十月，镇守蕲州的崔元裕提前布局，以逸待劳，斩杀四千余名起义军，以一场大胜瓦解了王仙芝的攻势。

想当年，安禄山起兵造反，数月时间便从河北打到长安，如今王仙芝起兵两年有余，仍然一事无成，心中的郁闷可想而知。在王仙芝看来，能够投降朝廷是最好的选择，前番在蕲州因为黄巢的搅和，他没能如愿以偿。如今，黄巢不在身边捣乱，王仙芝再次动了投降的心思。

乾符四年（877）十一月，招讨副使、宦官杨复光派人劝降王仙芝，王仙芝顺水推舟，派遣心腹大将尚君长、蔡温球等人前往长安投降。王仙芝可能没想到，朝廷官军竟因为军队调度问题产生了严重分歧，以至于让他的美梦化为泡影。

闹事的是宰相郑畋（tián）、卢携。郑畋的靠山叫西门思恭，昔日做过神策军中尉，现任右威卫上将军，一个过气却有余威的太监。卢携的靠山是田令孜，在朝中一言九鼎。至于争论的焦点，其实是崔安潜的七千生力军。

卢携表示，这支军队应该交给宋威调度。

郑畋认为，王仙芝起兵以来，纵横河南、山东、湖北等地，唯独不敢侵犯崔安潜的地盘。不仅如此，在平叛大军中，崔安潜的态度最积极，而且他刚解了宋州之围，使得江、淮的漕运不落入敌手。至于宋威，性格贪婪，毫无建树。

卢携：你想怎么办？

郑畋：四千人交给宋威，三千人留给崔安潜。

说白了，军队调度不重要，面子才是争论的本质。卢携的靠山是田令孜，如果连过气的宦官都斗不过，以后还怎么混？

卢携：不行，必须全部交给宋威。

既然撕破了脸皮，郑畋也不用再顾忌：宋威出道之后，被王仙芝打得毫无还手之力。更何况，王仙芝屡次通过宋威向朝廷请降，都被宋威拦下，以至于朝廷为了平叛，花费了无数的财力和人力，这种人应该按军法处置。

宋威是田令孜集团的人，李儇自然不会轻易动他。

不过，朝廷的争论让宋威感到了巨大的压力。毕竟，他平叛的态度很消极，而且没有立过战功，这是硬伤。想到此处，宋威决定干点什么。当时，王仙芝的大将尚君长、蔡温球奉命前往长安，刚好走到宋威的地盘，宋威心生毒计，派兵将他们生擒，随后用囚车送往长安。一招移花接木，这两位老兄从光荣的投降者变成了耻辱的战败者，而宋威自然是擒杀敌军大将的功臣！

雕虫小技自然瞒不住监军宦官杨复光，他立即上奏，指控宋威破坏朝廷的招降大计，希望李儇处罚宋威。然而，对李儇来说，尚君长、蔡温球究竟是主动投降，还是被抓根本不重要，他们是王仙芝的主力大将，只要弄死他们，王仙芝就断了左膀右臂。就这样，李儇将他们诛杀于长安东市的狗脊岭。

王仙芝确实没想到，李儇这么不讲究，胸中的怒气无处安放，王仙芝决定将军队开赴荆南地区（今湖北省荆州市江陵一带）。荆南节度使杨知温是个读书人，对用兵之道一窍不通。

乾符五年（878）正月，正值隆冬时节，大雪纷飞，杨知温正在接受部将的新年祝贺，哨兵营告诉他，王仙芝率军将江陵围了起来。听闻此言，杨知温吓得魂飞魄散，以至于躲在府中不敢外出。多亏守将的布置，江陵城才没有丢失。随后，山南东道节度使李福派遣驻屯在襄阳的沙陀骑兵赶来支援，王仙芝这才撤离江陵。

据史料记载，撤离江陵的时候，王仙芝实施了惨无人道的屠杀和劫掠，江陵城中有三十余万户老百姓，王仙芝来了一趟，人口竟然锐减四成。

所有人都知道，王仙芝屠杀江陵百姓，是为了报复朝廷，这笔账自然记到了李儇的头上。李儇找的替罪羊，自然是始作俑者宋威。随后，李儇免除宋威的招讨使之职，任命曾元裕为招讨使，张自勉为招讨副使。同时，南诏的军情解除，李儇派大将高骈前往荆南担任节度使，兼任盐铁转运使，重新加强了长江沿线的防务，并准备集中优势兵力，围剿在长江沿线游弋的王仙芝大军。

乾符五年（878）二月，蕲州黄梅县（今湖北省黄梅县），招讨副使曾元裕和王仙芝的五万大军决战。诡异的是，官军发挥了难以置信的破坏力，一场恶战，起义军节节败退，王仙芝在突围的时候不幸阵亡，余部投靠了黄巢。

黄巢：落第秀才闹起义

王仙芝去世，黄巢自然成了起义军的最高领袖。乾符五年（878）二月，黄巢被部下推举为盟主，自称黄王，号冲天大将军，改年号为王霸，设立官署。冲天大将军的名字，应该取自科举考试失败后所作的《不第后赋菊》。

此时，黄巢思考了一件事。起义军一直在打游击战，场面上很好看，可始终攻占不了城池，对朝廷没有实际的威胁。长此以往，下场只有被官军围剿。想通了这些，黄巢决定西进洛阳，甚至打进关中，自己做皇帝。

随后，黄巢给天平军节度使张裼写了一封诈降书，表示自己这些年征战太累了，决定投降朝廷，但希望朝廷给他封赏个大官。得知消息后，李儇喜极而泣，当即封黄巢为右卫大将军，让他率部到郓州解除武装，接受朝廷的敕封。

这一切都是黄巢的阴谋。彼时，官军防备松懈，黄巢一路西进，长途奔袭到宋州附近，然后将卫南（今河南省滑县东）、叶县、阳翟等地闹得鸡飞狗跳，随后摆出了攻打洛阳的姿态。

李儇很无奈，他能怪黄巢背信弃义，放他的鸽子吗？眼下最主要的是守住洛阳。为此，李儇在河南调集了一千兵马，从宣武、昭义两镇调集了两千兵马，又从义成调集了三千兵马，部署在河阴、虎牢关、轩辕关、伊阙关一带，对黄巢形成一定的军事威慑。同时，李儇下诏，向商旅富人借用钱谷，为驻扎在洛阳的军队和老百姓囤积了几个月的粮食，决心打一场持久战。李儇还拿出了五份“殿中侍御史”、十份“监察御史”的空名告身，打算赏给为朝廷出钱出力的富商。

黄巢的本意是轻松拿下洛阳，如今面对朝廷的铜墙铁壁，他放弃了。彼时，王仙芝的旧部王重隐、曹师雄在江西、湖南混得风生水起，黄巢便引军南下，进入宣州境内，打算用疲劳战拖死官军。

唐朝末年，连年战乱，各地又爆发了旱灾、蝗灾，赤地千里，颗粒无收，朝廷征收不到任何粮食和钱财，国库早已空虚。面对蔓延全国的战火，主管财政的杨岩以自己无能为由，连续三次递交辞职书，表示愿意接受任何处罚。说白了，当官的要辞职，要么做官威胁了生命，要么做官没有了任何前途。

黄巢渡江后，接连攻克虔州、信州、吉州（今江西省吉安市）、饶州。遗憾的是，黄巢、王重隐、曹师雄虽然声势浩大，却没有任何战术配合，也没有任何结盟，大家各扫门前雪，官军缓过气来后，集中兵力先灭了王重隐、曹师雄。

长江以北，官军布下重防，长江沿岸站不住脚，黄巢只能向东南进军，寻找新的战机。乾符五年（878）八月，黄巢游弋到杭州、越州一带，被驻守浙东的高骈教训了一顿，随后转战福建。彼时，黄巢分兵两路，他率主力扫荡浦城、崇安、建瓯、南平等城池，另一路扫荡政和、福安、霞浦，双方约定在福州城下会合。

由于战争很少波及福建，观察使韦岫自知不敌，直接弃城而逃。

乾符六年（879）正月，高骈开赴福建，与黄巢数次苦战，成功收编了秦彦、毕师铎、李罕之等数十员起义军大将。乾符六年（879）五月，黄巢包围广州。

问题是，黄巢到底要干什么呢?

自从起义以来，黄巢带着手下四处游荡，逛遍了大唐的半壁江山，也抢了半壁江山，人人都成了富豪。然而，起义军都是步兵，行军全靠走路，将士们确实疲惫了。最主要的是，大家觉得跟着黄巢完全没有归属感，看不到前途。当时，军中弥漫着消极怠战的情绪，令黄巢深感不安。

黄巢思虑再三，决定给浙东观察使崔璆、岭南东道节度使李迢写信，打算投降朝廷，条件是做天平军节度使。很遗憾，李儇拒绝了，因为天平军在黄巢的老家，不利于朝廷管理。随后，黄巢再次投降，请求做广州节度使。

李儇：既然如此，大家各抒己见，拿个主意吧!

谁料想，尚书左仆射于倧提出了反对意见：朝廷在广州有海上贸易，如果让黄巢担任广州节度使，肯定会影响朝廷的财政收入。涉及朝廷的钱袋子，朝臣全票反对，最终决定授予黄巢率府率一职（唐朝官职制度，只有正四品的左右监门率府率，官职级别虽高，实际地位却很低）。

堂堂的冲天大将军，到朝廷做四品闲官，还有可能被朝廷秋后算账，这不是亏了血本的买卖吗？乾符六年（879）九月，黄巢接到委任书，大骂朝廷狡猾，随后对广州发动进攻，活捉了岭南东道节度使李迢。谁料想，黄巢竟然让李迢再次给朝廷发文，传达他希望担任广州节度使的愿望。李迢宁死不从，命丧当场。

此时的黄巢，就像没头苍蝇似的，到处乱闯。就在此时，军医告诉他，因为岭南的瘴气，将士们开始染病，最好的选择就是离开岭南。

乾符五年（878）十月，黄巢在桂林建造了一批竹筏，借着洪水沿湘江顺流而下，抵达潭州。鉴于潭州守将顽强抵抗，黄巢攻下城池后，将城中的守军如猪狗一样全部屠杀，抛尸湘江（巢尽杀戍兵，流尸蔽江而下）。与此同时，尚让带领的起义军攻下江陵城。官军在潭州和江陵的失败，诗人韦庄的诗作《又闻湖南荆渚相次陷没》可以得窥一见：

几时闻唱凯旋歌，处处屯兵未倒戈。
天子只凭红旆壮，将军空恃紫髯多。
尸填汉水连荆阜，血染湘云接楚波。
莫问流离南越事，战余空有旧山河。

黄巢起义，看似连战连捷，却又成不了气候，这是为何？

原因可能有三个。第一，不是官军不能打，而是不想打。也就是说，只要碰到想打的官军，黄巢是毫无胜算的，比如浙东的高骈。第二，黄巢围攻的是没有抵抗力的城池。换言之，任何起义军都能围攻这些城池。第三，黄巢只想打游击战。这样的战略，注定黄巢不能建立根据地，做更长远的布局。

接下来的历史，似乎也证明了这些原因的正确。

潭州大屠杀之后，黄巢决定开赴襄州。山南东道节度使刘巨容、江西招讨使曹全合兵一处，驻屯在荆门（今湖北省荆门市），黄巢带兵轻进，中了刘巨容的埋伏，两军交战，起义军且战且走，一直逃到江陵。这一战的细节，史书没有详细记载，但透漏了一个信息：起义军几乎全军覆没。

如果刘句容继续追击，黄巢可能会死无葬身之地。悲剧的是，刘句容放了黄巢一条生路。当时，刘句容对部下这样说的："朝廷经常说话不算数，每当国家有危急时就安抚将士，不惜封官给赏，事情平定下来之后，就将我们抛弃一边，有的人甚至因功得罪。不如将黄巢留下来，作为我辈求取富贵的资本。"

这便是唐末将领内心的真实写照。刘句容可能不知道，他放了黄巢一马，却引起了两个灾难性的后果——朝廷的大地震，以及黄巢起义的高潮。

当时，黄巢发现后面没有追兵，于是招兵买马，攻下鄂州，随后挥师掠夺饶州、信州、池州、宣州、歙州、杭州等十五州之地，部众发展到二十万人。

消息传回长安，李儇大骂刘句容无能。

在此之前，因为宰相郑畋、卢携内斗，再加上平叛无功，李儇将他们发配到洛阳，随后任命王铎为宰相。刘句容便是王铎举荐的将领。然而，刘句容错过绝佳的平叛机会，让李儇恼羞成怒。此时，李儇想起了卢携，还想起了在追击黄巢时屡战屡胜的高骈，李儇突然发现，任用王铎就是一个错误的选择。

随后，李儇下诏：任命卢携为门下侍郎、同中书门下平章事，凡是郑畋、王铎举荐的节度使和将领，悉数罢免。长安官场地震，权力重新洗牌，获益最大的就是高骈，他已经晋升为诸道行营兵马都统，全国平叛总元帅。有朝廷的支持，高骈疯狂地招兵买马，兵力总数达到七万。

广明元年（880）五月，驻扎在信州的起义军遇到传染病，损失惨重，黄巢故技重施，给高骈写了一封投降书，请求朝廷给他封赏。高骈自然不相信黄巢的诚意，但他顺水推舟答应了。按照高骈的设想，他准备乘黄巢放松警惕的时候发动突袭。就在此时，昭义、义武的援军赶赴战场，高骈担心他们瓜分功劳，于是上奏朝廷，说不日就可平定黄巢，希望这些军队返回本镇。

事实证明，高骈太自信了。朝廷相信高骈，因此撤了军，可他们刚走，黄巢便撕破脸皮，主动交战，灭了高骈的主力军队。广明元年（880）七月，黄巢带领大军渡过长江，围攻天长（今安徽省滁州市天长市）、六合（今江苏省南京市六合区）。

连战连胜，起义军多达数十万，绵延数十里，声威震天。

那么问题来了，高骈是什么反应？

据史料记载，高骈吓得胆战心惊，他觉得靠自己的力量挡不住黄巢，于是传出军令：各位将领严守军营，先保全自己。身为平叛元帅，却在举国抗战的形势下消极表态，无论如何也不能让大家安心。李儇很无奈，他下诏谴责高骈遣散援军，以至于黄巢轻松渡过长江的愚蠢行为。

有趣的是，高骈耍起了无赖。他上奏讽刺道："遣散援军一事，臣给朝廷上奏过，朝廷也批准了，不能算臣的责任。如今，臣竭力保全一方没有问题，朝廷也应该命各军镇加强戒备，奋力抵御。"随后，高骈宣布自己得了风痹（痛风），直接撂挑子不干了。说白了，高骈笃定朝廷需要他抵御黄巢，不会找他算账。

李儇不想节外生枝，只好调集其他部队协防。

黄巢的崛起令朝廷深感不安。在一次朝会上，宰相豆卢瑑提议，授予黄巢天平军节度使的头衔，等他上任的时候再派兵剿灭。

宰相卢携强势反对："盗贼都是贪得无厌之辈，朝廷就算答应黄巢的请求，也未必能阻止他四处劫掠。如今之计，只有派诸道军队扼守在泗州，任命汴州节度使为行军都统，与黄巢展开决战。到时候，黄巢发现自己进不了关中，自然会退守到淮、浙一带，甚至逃往大海，苟且偷生。"

不可否认，卢携在做白日梦。他笃定黄巢灭不掉朝廷，迟早会败亡。可他没想到，就算是败亡，黄巢也会先将大唐闹得鸡飞狗跳。没过多久，黄巢率领大军开赴洛阳，卢携吓得屎尿失禁，竟然学起了高骈假装称病，赋闲在家。

卢携、高骈不作为，令李儇产生了亡国之君的预感。

广明元年（880）十一月，李儇召开唐朝最高级别的延英殿决策会议，让宰相和文武百官商议御敌之策。悲剧的是，朝臣都是胸无丘壑之辈，大家商议了一整天，竟然束手无策，李儇急得眼泪直流。

见此情形，宦官田令孜站了出来，声泪俱下地说道："请陛下下诏，调神策军中的弓弩手前去潼关御敌，奴才愿意担任都指挥使，为陛下分忧。"

李儇感动了，关键时刻，还是阿父靠得住。

李儇：“禁卫军多年没有打仗，恐怕未必能派得上用场。”

田令孜想了想，李儇担心调走禁卫军，自己没人保护，于是壮着胆子说道：“过去安禄山叛乱时，玄宗皇帝曾经前往四川巡幸。”

宰相崔沆接话道：“安禄山只有五万大军，黄巢有六十万。”

宰相豆卢瑑：“哥舒翰有十五万大军，尚且不能守住潼关。如今黄巢有六十万大军，潼关却没有哥舒翰那样的军队。”

李儇：“爱卿，你究竟想说什么？”

豆卢瑑小心翼翼地说道：“蜀中的陈敬瑄、杨师立、牛勖都是田令孜心腹，陛下可以到西川巡幸。比起玄宗皇帝的处境，如今可谓是有备无患啊。”

瞧瞧，这就是李儇的宰相，遇事只知道逃避，从不会承担责任。三人一唱一和，意思却很清楚：赶紧收拾行装快跑吧，再晚就来不及了。

关于陈敬瑄、杨师立、牛勖，还有一件荒唐的历史趣事。

在此之前，黄巢、王仙芝游走在洛阳附近，山东、河南遍地都是起义军，田令孜预感结局可能不好，于是想先霸占蜀中，作为退守的大本营。田令孜有四大亲信，陈敬瑄、杨师立、牛勖和罗元杲，可蜀中只有西川、东川和山南西道三个地盘，怎么安排都不合适。为了不得罪亲信，田令孜将难题甩给了李儇。

李儇也很为难，四个人都是阿父的嫡系，如何选呢？最后，他想了个法子，让四个人击球竞技，前三名被录用，第四名落选。结果出来，陈敬瑄排名第一，担任西川节度使，杨师立担任东川节度使，牛勖担任山南西道节度使。这就是李儇时代，臭名昭著的“击球赌三川”事件。

三千多名读书人命丧长安

李儇能干出荒唐事，那是因为他贪玩，可他毕竟是皇帝，让他放弃长安，去蜀中避难，这就有点践踏他的底线了。因为帝王尊严的驱使，李儇拒绝了田令孜的提议。广明元年（880）十一月十三日，李儇下诏，任命田令孜为总指挥，飞龙使杨复恭为副使，征调两千八百名弓弩手，由田令孜的亲信张承范率领，前往潼关镇守。

论军队的战斗力，神策军肯定是最高的。不过，神策军的问题也是最大的。比如长安的纨绔子弟向宦官行贿，将名字挂靠在军队籍册，平日里享受神策军的待遇，却从不上场打仗。这一次，朝廷征调他们到前线，以至于很多将士抱头痛哭，不少人甚至逃离军队，或者花钱让穷苦百姓顶替自己。

一直到十一月二十五日，张承范才集结完军队。启程当天，张承范向李儇辞行，一把鼻涕一把泪地哭诉道："黄巢数十万大军扣关，前线将士浴血奋战，可如今陛下却连粮饷也不发给我们，士兵们真是心寒啊。"

李儇泪流满面，不是他不发，而是朝廷已经没有多余的粮食。为了安抚张承范，李儇说道："爱卿，你先前往潼关据守，朕的支援马上就到。"历史证明，这就是一个谎言。谎言的背后，是不忍直视的政治虚伪。

李儇调集禁卫军，确实是为了帝王的尊严，可尊严也分为两种：一种是觉得尊严就是立足之本，需要不惜一切代价去维护；还有一种是面子工程，说白了，李儇如果直接去蜀中，那就是一无是处的昏君，可如果先派禁卫军抵抗，向天下人展示他抵抗的态度，然后再前往蜀中，那就是逼不得已的自保。

广明元年（880）十一月二十七日，禁卫军来到华州城，刺史裴虔馀调任宣歙观察使，华州军民全都逃入华山，城中空空荡荡。幸运的是，张承范在官仓中找到了千余斛粮食，将士们饱餐一顿，随后赶赴潼关。两千八百名禁卫军，究竟能逆转局势，还是做官军的炮灰？谁也无法预料。

再看看黄巢，气势如日中天，大军所过之处，军纪严明，得到了老百姓的一致拥戴。西进的路上，黄巢放出话来，他只想教训朝廷，如果地方官员不想惹麻烦，尽量别做出头鸟，只要官军不主动进攻，他就视而不见。在黄巢的舆论攻势下，地方官吏毫无作为。广明元年（880）十一月十七日，黄巢攻破洛阳，东都留守刘允章率领官员迎接黄巢入城，好好地侍奉了一番。

广明元年（880）十二月初一，黄巢大军来到潼关之外。

据史料记载，起义军遍布山野，旌旗蔽天。黄巢万万没想到，当初在长安城说出的“冲天香阵透长安，满城尽带黄金甲”，如今竟然变成了现实。

潼关之外，官军和起义军正面交锋，双方往来冲突，势均力敌。战斗从中午持续到晚上，因为一个意外，局势终于被改变了：禁卫军肚子饿了，战斗姿势开始走样，战斗决心慢慢消失，最终不敌起义军，退守到潼关之内。

为了稳住军心，张承范将辎重和钱财全部分给将士，同时向朝廷告急，希望李儇派遣重兵防守潼关。在奏折中，张承范言辞切切，不无埋怨之意：臣离京六日，甲士未增一人，馈饷未闻影响。到关之日，巨寇已来，以两千余人拒六十万众，外军饥溃，蹋开禁阬。臣之失守，鼎镬甘心；朝廷谋臣，愧颜何寄。

广明元年（880）十二月初二，黄巢正式对潼关发动攻击。起义军让百姓用泥土填满壕沟，随后一把大火，将潼关烧得七零八落。广明元年（880）十二月初三凌晨，潼关失守，张承范带领残兵逃回长安。博野镇、凤翔镇的军队也准备退守到长安渭桥（今陕西省西安市西北）。

自古以来，潼关就是易守难攻的关隘，可黄巢只花了一天时间就拿下潼关，这究竟是将士们的问题，还是朝廷的问题？讲道理，谁也说不清楚，可将士们明白一件事：朝廷不给钱粮，将士们只能饿着肚子打仗。

东渭桥附近，一支新军迎面而来，远远望去，他们穿着华丽的裘皮大衣。据史料记载，这是田令孜刚刚招募的部队，奉命前往潼关。博野镇、凤翔镇的将士见此情形，胸中的怒火喷薄而出，大声咆哮道："老子在前线浴血奋战，这些狗东西居然穿着裘皮大衣招摇过市，毫无作为，凭什么？"士兵们怒火上头，于是抢劫了田令孜的军队，随后做起了黄巢大军的向导。

潼关失守，军队哗变，一连串的变故让田令孜胆战心惊。他担心受责，于是给李儇洗脑道："正因为宰相卢携举荐高骈，高骈消极作战，黄巢才死灰复燃，如今高骈率领大军镇守淮南，却毫无作为，卢携难辞其咎。"

广明元年（880）十二月五日，刚刚上朝，李儇就罢免了卢携的宰相，随后任命王徽、裴澈为相。当天晚上，黄巢的前锋开进长安城，卢携服毒自杀。至于李儇，则是在田令孜的安排下，带着五百名禁卫军偷偷离开了大明宫，随行的只有几位亲王，以及受宠的嫔妃，至于朝中文武百官，李儇把他们都留给了黄巢。

安史之乱后，长安失守，皇帝出逃已经成为一种常态。老百姓得知消息，不再向西跪拜，而是在第一时间冲进大明宫，抢劫金银珠宝。

傍晚时分，黄巢来到灞上（今陕西省西安市东边，灞水之上），大将柴存领兵进城，正式宣告了对这座古都的占领。直到此时，朝廷已经无力回天，尚书左仆射张直方带着数十名官员前去迎接黄巢，给足了面子。

据史料记载，进城的当天，黄巢乘坐着用黄金装饰的软轿，犹如皇帝一样风光入城。将士们全部披散着头发，身穿红丝锦绣的衣裳，身后铁甲骑兵跟随，辎重车辆塞满道路，浩浩荡荡绵延数十里，阵仗非常庞大。彼时，百姓对朝廷已经失望透顶，当黄巢进入长安的时候，百姓夹道欢迎，群情热烈。

多年以前，黄巢科举考试屡屡挂科，一气之下离开长安，心中对朝廷充满了怨愤，对读书人充满了敌视。如今，黄巢率领数十万大军杀回长安，看着朝廷官员匍匐在自己脚下，看着芸芸众生仰视自己，这种感觉旁人是无法体会的。

进京之后，黄巢对长安百姓宣称道："俺们起兵就是为了老百姓，不像李唐皇室那样百般欺辱你们，你们尽管安居乐业，俺们绝不侵犯你们。"

对老百姓而言，乱世之中，平安无事就是他们最大的愿望。

既然老大表了态，小弟们也得拿出点实际行动。巧的是，打了多年的仗，将士们都成了财大气粗的富豪，他们看到贫穷的百姓，经常会施舍钱财，仿佛自己就是无欲无求的圣诞老人，这种施舍活动持续了好几天。遗憾的是，欲望掩盖不了人的本性，善意也掩盖不了阶级的本性。

说到底，起义军的核心将领都是强盗土匪，绿林好汉。黄巢虽然招收了许多老百姓，可他们从军的本意都是为了发家致富。想想看，钱财都是他们用命换来的，凭什么施舍给素不相识的百姓？施舍活动持续了几天，黄巢大军突然翻脸，他们抢劫百姓、商人，焚烧坊市，屠杀无辜，长安街头尸体满地，犹如人间地狱。据史书解释，他们痛恨朝廷，所以犯下滔天罪行。然而，这样的说法解释不了无数老百姓被杀的事实。究其原因，这是邪恶的本性在驱使。

广明元年（880）十二月十一日，黄巢屠杀了留在长安的李唐宗室。第二天，黄巢入驻大明宫。广明元年（880）十二月十三日，黄巢在大明宫含元殿登基称帝。这一天，黄巢登临丹凤楼，意气风发地颁下赦书：定国号为大齐，改年号为金统。同时，黄巢下诏，唐朝三品以上的官员全部停任，四品以下的官员继续保留官位。

黄巢处理前朝旧臣的原则很简单：凡是黄巢厌恶的，一律处死；凡是不在第一时间归附黄巢的高级官员，一律处死；凡是想背叛黄巢的，一律处死。

比如宰相豆卢瑑、宰相崔沆、尚书左仆射于琮、尚书右仆射刘邺、太子少师裴谂、御史中丞赵濛、刑部侍郎李溥、京兆尹李汤，黄巢进京后，他们选择了逃亡。后来，黄巢将他们擒拿，随后全部处死。比如服毒自杀的宰相卢携，黄巢因为痛恨他，于是命手下掘了他的坟墓，当众鞭尸。比如左金吾卫大将军张直方，第一时间投降黄巢，就因为藏匿大唐的官员，被黄巢砍了脑袋。

新的朝廷，大将尚让担任太尉、中书令，赵璋担任侍中，崔璆、杨希古担任同中书门下平章事，孟楷、盖洪分别为尚书左右仆射、知左右军事，费传古担任枢密使，太常博士皮日休担任翰林学士。

广明元年（880）十二月二十日，长安的动荡临近结束，黄巢下诏：凡是大唐的官员，只要到宰相赵璋的府邸报备官位和姓名，就可以恢复官职。

客观地说，如果黄巢想坐稳江山，最好的选择不是逗留长安，诛杀朝廷的官员泄愤，而是派遣精兵追击唐僖宗李儇，要么斩草除根，要么挟天子以令诸侯。很遗憾，不管是安禄山，还是黄巢，都没有走这条路。也许，他们有自己的迫不得已；也许，他们仅仅是目光短浅，没有看透局势的发展。

黄巢逗留长安的时候，李儇骑着宝马日行百里，一路狂奔。凤翔境内，节度使郑畋听说李儇御驾亲临，急忙带着粮食前去迎接，并请求李儇留在凤翔主持大局。不过，李儇认为凤翔离长安太近，没有答应郑畋的提议。

临行前，李儇传下旨意，他先赶赴兴元府（今陕西省汉中市）避难，命郑畋主持平叛，授予郑畋便宜行事的大权。如果老天爷眷顾李儇，他会留在兴元府主持大局；如果官军失利，李儇就只能退守到成都。

客观地说，李儇的选择没有问题。于公，郑畋不是他的嫡系，如果郑畋临阵反戈，李儇的安全得不到保证。于私，李儇确实怕死，只能不停地逃亡。广明元年（880）十二月十八日，李儇一行到达兴元府，随后号召天下兵马入京勤王。

事实上，各地的军镇暂时没有动静，最先动起来的是神策军。想当年，唐朝的权宦们为了稳固自己的地位，将神策军的地盘扩展到凤翔、河中等地，没想到阴差阳错，神策军竟然成了李儇反攻的第一支生力军。反观官军大元帅高骈，李儇逃跑的时候，屡次给他发信求援，可高骈却隔岸观火，拒不发兵。说白了，唐朝的皇帝信任宦官，只因宦官能给他们文臣武将给不了的安全感。

兴元府，李儇正在等待各地的援军消息，可手下告诉他，除了一支神策军赶赴凤翔外，各地的军镇毫无动静。迷茫、无助、绝望的情绪缠绕在李儇的心头。就在此时，田令孜的哥哥，西川节度使陈敬瑄的使者到达兴元府，使者就带了一句话：如果皇帝愿意，可以到成都暂避锋芒。

中和元年（881）正月二十八日，李儇到达成都。

蜀中，古称天府之国，物资充足。从长安到蜀中需要穿越秦岭和大巴山，山高谷深，道路崎岖，确实是易守难攻。安史之乱后，成都的战略地位就被李唐皇室重视起来，朝廷设置了西川、东川、剑南西道三个辖区，三大节度使要么是皇帝的亲信，要么是宦官的亲信。总而言之，蜀中就是李唐皇室的后花园。

不管是自私也好，有预判也罢，田令孜确实走对了这步棋，这为李儇提供了立足之地，也为后来的战略大反攻奠定了基础。有了成都的钱财和战略物资，李儇底气十足，他大肆封赏了官员和将士，重新激发了官军的斗志。

站稳脚跟后，李儇再次下诏，任命郑畋为京城四面诸军行营都统，泾原节度使程宗楚为副都统，前朔方节度使唐弘夫为行军司马。除此之外，不管是少数民族的军队，还是汉族将士，只要立下大功，郑畋可以先用空白告身进行封赏。

那么问题来了，在这期间，黄巢在干什么？

很遗憾，史书没有明确的记载。可以肯定，在黄巢的眼里，官军不堪一击，官军将领都和高骈一样，自私自利，不顾朝廷安危。黄巢不相信朝廷可以在短时间内组织起一支和他抗衡的军队，直到郑畋撕毁他的招降书，并统领一支由五万神策军组成的大军向他宣战后，黄巢才如梦方醒，派遣大将尚让前去平乱。

中和元年（881）三月，黄巢的五万大军开赴凤翔。不过，郑畋提前埋伏了一支奇兵，交战之前，官军举着杂乱无章的旗帜，稀稀拉拉地站在山坡上迎敌。这是示敌以弱的战术，可尚让觉得郑畋是个文官，不懂行军打仗，于是草率地发动进攻。一场恶战之后，两万义军将士暴尸荒野，尸体连绵数十里，景象惨不忍睹。

回到长安后，手下告诉尚让，酸腐书生在尚书省的门口写了几首文采飞扬，却又极具嘲讽意味的诗作。尚让看到诗词后，羞愧到无地自容，为了泄愤，他命人挖掉了尚书省值班官员的眼睛，随后下令搜捕全城，将会写诗的读书人擒拿归案。据史料记载，因为几首诗作，三千多名读书人命丧长安。

黄巢：我自霸气，朋友皆为浮云

古往今来，如果造反的枭雄想坐稳江山，必须搞定地方士族、地方军阀、朝廷官员和读书人。地方士族是帝国的统治基础，百姓可以不听皇帝的话，可必须听地方大族的招呼，搞定了他们，就搞定了绝大部分百姓。读书人不能帮枭雄夺取天下，可他们的笔杆子决定了民间舆论。朝廷官员是地方士族、读书人两大集团中出类拔萃的精英。至于地方军阀，重要性不言而喻。

遗憾的是，黄巢屠杀了大批官员，又拿读书人开刀，已经失去了两大集团的信任和支持。至于地方士族，黄巢无意取悦。最关键的是地方军阀，黄巢进驻长安之后，关中、河南、河中、大同、昭义、河东等藩镇都抛出了橄榄枝。

客观地说，这是一个乐观的信号。毕竟，朝廷已经完蛋，不管谁做皇帝，他们都是雷打不动的土皇帝。对黄巢来说，最好的结果是获得他们的支持，次好的结果是让他们保持中立，最差的结果是让他们成为自己的敌人。

关键在于，黄巢有纵横捭阖、左右逢源的智慧吗？

历史证明，黄巢完全没有。当时，黄巢认为河中富庶，于是派遣使者前去征调粮食和兵丁。河中官员表示，偶尔被搜刮一次，他们可以接受。问题是，黄巢先后派了数百名使者前去搜刮，以至于河中官民苦不堪言，只能奋起反抗。悲剧的是，河中暴乱，黄巢并没有选择安抚，而是派军征讨。双方在黄河附近交战，黄巢一败涂地，搜刮的四十多船粮食也被官军抢了回去。

斗不过禁卫军，又打不过藩镇军队，黄巢可谓是威信扫地。直到此时，各地藩镇节度使决定抛弃黄巢，倒向朝廷的怀抱。

河中：王重荣驻屯沙苑（今陕西省渭南市大荔县境内）。

义武：王处存驻屯渭桥。

夏绥：拓跋思恭驻屯武功（今陕西省咸阳市武功县）。

鄜延：李孝昌驻屯武功。

泾原：程宗楚驻屯渭北（今陕西省西安市北部）。

凤翔：郑畋屯驻盩厔。

各路枭雄齐聚长安，表面上是支援朝廷，实际上却各怀鬼胎。这种情况，比较考验总指挥官郑畋的政治智慧。很遗憾，这位老兄没有任何安排。中和元年（881）四月初，郑畋只对各路枭雄喊了一句口号：兄弟们，冲呀。

官军来势汹汹，黄巢知道自己无法守住长安，于是战略性撤退到长安东部的灞上。彼时，郑畋的大将唐弘夫、泾原节度使程宗楚率先入城，义武军节度使王处存紧随其后。老百姓痛恨黄巢的残暴统治，看到起义军撤退，纷纷用石头瓦片投掷起义军。他们哪里知道，自己送走了恶魔，却迎来了瘟神。

官军入城，原本应该保护百姓，维护秩序。然而，在财富这面照妖镜面前，人性的自私、贪婪暴露无遗。唐弘夫、程宗楚担心其他军队抢功劳，并没有将收复长安的消息告诉大家，他们放纵士兵劫掠商铺，搜刮钱财，抢夺民女。尤其是王处存，居然命令士兵在头上绑一块白色丝巾，作为友军的识别标志。

一时间，黑暗、危机笼罩在长安城的上空。

灞上军营。

黄巢：长安的情况怎么样了？

探子：官军正在长安抢劫，防务非常空虚。

听闻此言，黄巢就像被神雷劈过一样，呆立在原地。确认消息无误后，黄巢果断传令，反攻长安。可怜的官军，因为怀里抱着金银珠宝，又担心命丧长安，根本无心交战。一场单方面的屠杀，唐弘夫、程宗楚阵亡，官军全军覆没。

直到此时，王处存才将战败的消息告知给郑畋。看着大好局势被葬送，郑畋问候了唐弘夫和程宗楚的祖宗十八代，随后撤离了长安战区。

中和元年（881）四月初十，黄巢进驻长安，下达了第一道军令：屠城。

原因很简单，官军和起义军交锋，老百姓选择了官军，既然不是自己的人，杀之何妨。这一场屠杀，长安血流成河，无数百姓丧生，史书称之为“洗城”。入城两次，屠城两次，黄巢向世人证明了一个理念：顺我者昌，逆我者亡。

说白了，黄巢有黑社会背景，这就是他的家门底蕴。接下来的几个月，黄巢用武力横扫了长安战区，华州、兴平、富平、同州相继失陷。问题是，黄巢攻占城池的目的不是经营，而是洗劫财富、粮食。据史料记载，老百姓不满黄巢的残暴统治，纷纷带着粮食躲进深山，构筑防御工事，决心与黄巢奋战到底。

不仅如此，由于连年战乱，长安城的粮食供给得不到保障，为了稳定民心，黄巢用重金求购粮食。可黄巢没想到，百姓竟然拒绝和他做买卖，以至于长安的粮价飙升到一斗三十缗。古往今来，只要是农民起义军驾临，老百姓都会送粮送菜，热烈欢迎，手握重金却买不到粮食的起义军，恐怕也就黄巢这一支吧。

失去了民心，结果便是“号令所行，不出同、华”。

客观地说，黄巢抢劫百姓，有他自己的原因，也有客观的原因。毕竟，黄巢有数十万大军，每日耗费的粮食不计其数，而长安已经无粮可供。对黄巢来说，要么撤离长安继续打游击战养活军队，要么困死在长安。这种无解的困境，为黄巢日后的失败埋下了伏笔。

有些创业，只有一次机会

自古以来，起义军就像是一个创业公司，老板提供平台，员工卖力创业。只要员工有才能，或者碰到大的机遇，就可以另起炉灶，创立自己的事业。毕竟，能够笑到最后的不一定是老板，而是有野心、有才华的员工。在黄巢的“公司”，就有一个这样的人，此人名叫朱温（又名朱全忠），后梁的开国皇帝。

朱温（852—912），户籍宋州。父亲朱诚，老实巴交的私塾先生，母亲王氏，温婉贤惠的传统女人。据史料记载，朱温出生的那天，朱家的茅屋上空突然腾起一阵红色火光，乡亲们以为朱家着火，纷纷提着水桶前来灭火，等他们赶到的时候，一声婴儿的啼哭声划破长空，婴儿就是朱温。

家中添丁，总归是一件喜事，可朱诚却高兴不起来。毕竟，他没有手艺，全靠微薄的教书收入维持家庭开支。朱温出生前，朱家已经有朱全昱、朱存两个男丁，想要养活一家人，朱诚的压力非常大。朱温出生后不久，老爹就因为积劳成疾，一命呜呼，家中顶梁柱倒了，朱家母子的生活可想而知。由于王氏没有谋生的手艺，只好委身到地主刘崇的家中打工，条件是包吃包住。

王氏的愿望很简单，只希望三兄弟能平安长大，快乐做人。三个兄弟中，大哥朱全昱性格成熟，很早就承担起了家庭的重任，朱存、朱温属于吊儿郎当，喜欢调皮捣蛋、争强斗勇的“坏孩子”，很不受大家的待见。

朱温年少的时候，好吃懒做，不事生产，经常被地主刘崇嫌弃。然而，刘家的老太太却很喜欢朱温，每逢朱温闯了祸，老太太就会给朱温撑腰。没有了生存的压力，朱温才有更多时间练习武术，幻想着人生的大事。

朱温 23 岁那年，黄巢率众起义，大唐风云突变。朱温寻思着，自己有两把刷子，如果跟着黄巢混，岂不是可以大碗喝酒，大口吃肉？当时，朱温将自己的想法告诉二哥朱存，立即得到了共鸣。黄巢攻打宋州的那年，朱温兄弟正式从军，后来跟随黄巢转战浙西、福建、岭南、江陵等地，又在攻打洛阳、潼关的战役中立功，等黄巢进驻长安的时候，朱温已经是起义军中有头有脸的将领。

中和二年（882）二月，黄巢给了朱温一个任务：攻取同州。黄巢承诺，如果朱温能拿下同州，就封他做同州刺史。客观地说，同州位于长安和河中军镇的中间地带，战略地位很高，这种任命证明黄巢确实很信任朱温。事实上，朱温没有辜负黄巢，他轰走了同州刺史米诚，顺利完成了任务。

在乱世之中，能有自己的地盘，就有崛起的资本。遗憾的是，朱温的地盘刚好在官军收复长安的战略地带，朱温还没站稳脚跟，河中节度使王重荣的三万官军就赶赴到同州城下。兵力悬殊，战力悬殊，朱温很快就败下阵来。求援信如同雪花般飞入长安，主旨只有一个，朱温希望黄巢尽快发兵求援。

朱温可能没想到，负责书信来往的左军使孟楷看不惯他，于是截下了所有书信，以至于同州被围，黄巢仍然被蒙在鼓里。同州被围，朱温有两个选择：向左是力战身死，做黄巢的忠臣；向右是投降朝廷，做自己命运的主人。

事实证明，朱温选择了后者。原因其实很简单，从小到大，没有人告诉他如何忠君爱国，保持信义，他能做的，就是让自己好好活着。中和二年（882）九月，朱温处死了黄巢的监军严实、大将马恭，向河中节度使王重荣递交了降书。

朱温是黄巢的大将，他的投降让官军士气大振，唐僖宗李儇更是欢欣鼓舞，他立即下旨，封朱温为右金吾大将军、河中行营招讨副使，赐名为朱全忠。说白了，李儇希望朱温永远忠于大唐。然而，李儇真的想多了。朱温是个务实主义的枭雄，他既然能背叛黄巢，就可以做大唐王朝的掘墓人。

不可否认，朱温投降朝廷，确实起到了模范作用。随后，黄巢委派的华州刺史李详、平卢留后王敬武等人相继归降了朝廷。庆幸的是，朝廷的高层没有被眼前的假象迷惑，他们清楚，黄巢虽然在走下坡路，可仍然坐拥二十多万起义军，绝不是官军能轻易剿灭的。更何况，各地的援军都是投机分子，官军主力获胜，他们就会跟着浑水摸鱼，如果主力失败，他们又会变成墙头草。

面对这样的局势，宦官杨复光提了一个建议：召沙陀族的李国昌、李克用父子进关，作为剿灭黄巢的主力。据史料记载，杨复光虽然是宦官，却胸怀大志，颇有韬略，他是坚定的主战派代表，最得意的事就是招降了朱温。

李国昌，沙陀族首领，本名朱邪赤心。唐懿宗李漼统治时期，李国昌以镇压庞勋起义的功劳，被封为振武军节度使。不过，李国昌骨子里没有遵奉朝廷、敬畏皇权的觉悟，在地方任上，时常掠夺百姓。唐僖宗李儇登基之后，唐军将领李琢和吐谷浑都督赫连铎联手，将李国昌父子驱逐到阴山之下的鞑靼部族。

寄人篱下的这段日子，李国昌父子没有灰心丧气，他们厉兵秣马，训练出了一支彪悍勇猛的骑兵。因为沙陀骑兵身穿黑衣，远远望去和乌鸦一样，因此被称为“鸦军”。黄巢进驻长安后，李国昌主动抛出橄榄枝，希望能帮助朝廷剿灭黄巢。不过，李儇拒绝了。毕竟，天下没有免费的午餐，如果征用李国昌父子，李儇恐怕会付出好几倍的代价。中和二年（882）十一月，关中局势陷入胶着，在杨复光的提议下，李儇终于答应一万七千名沙陀骑兵入关支援。

沙陀骑兵天下闻名，黄巢自知不敌，于是派遣使者带着大批的金银珠宝前去议和。彼时，沙陀骑兵的主帅是做事毫无底线的李克用。他收下了黄巢送来的金银珠宝，却又撕毁了黄巢的求和书。因为沙陀骑兵的加入，长安战场的局面从平分秋色变成了官军占优。

中和三年（883）正月初一，李克用的部将李存贞在沙苑大败黄巢的弟弟黄揆，取得了第一场胜利。中和三年（883）正月初二，李儇下诏，封李克用为东北面行营都统，杨复光为东面都统监军使，陈景思为北面都统监军使。

请注意，这不是正常的论功行赏，而是有预谋的夺权。阴谋的背后，正是低调已久的宦官田令孜。在此之前，前线战事胶着，朝廷完全看不到胜利的希望，如果田令孜插手太多，承担的责任就会越多。如今，宦官杨复光建议沙陀骑兵入关，反攻长安的号角已经吹响，田令孜终于可以大展身手了。

中和三年（883）正月初八，田令孜以中书令、诸道行营都统王铎剿匪不力，杨复光举荐沙陀骑兵有功为由，贬王铎为义成军节度使，贬副都统崔安潜为东都留守。

同时，加封宦官西门思恭为神策右军中尉，充任诸道租庸兼催促诸道进军等使，同时散布舆论，说自从丢失长安以来，他跟随皇帝任劳任怨，帮助收藏先帝画像和无数国宝，为自己讨了个神策十军，以及南衙十二卫观军容使的头衔。

中和三年（883）二月十五日，华州城西三十里处的梁田陂，官军和起义军正面对峙，这是一场决定天下大势的战争。为此，黄巢派出了大将尚让、赵璋、王璠、林言，以及弟弟黄邺、黄揆，外加十五万主力部队，朝廷也调集了数万主力。

第二天，双方如约交战，战役从中午持续到晚上。客观地说，起义军都是低级步兵，在势均力敌的情况下，可以靠人海战术取胜。然而，面对沙陀骑兵的无情冲锋，起义军虽有斗志，却显得无能为力。每一轮骑兵冲锋，都有大批的起义军倒下，半天时间，战场上就累积了三十里的尸体，空气中弥漫着血腥味。

接下来的几个月，黄巢组织了几次反攻，都被官军化解。中和三年（883）四月初八，黄巢战无可战，于是纵火焚毁了宫殿群，弃城而逃。李克用进城了，可他带来的不是和平，而是毁灭。在李克用的默许下，沙陀骑兵犹如恶魔一样，横行在长安城的大街小巷，肆意凌辱着朝廷的子民，碾压着大汉民族的自信。

《旧唐书》中描述到："自禄山陷长安，宫阙完雄，吐蕃所燔，唯衢庐舍。朱泚乱定百余年，治缮神丽如开元时。至巢败，方镇兵互入掳掠，火大内（大明宫），唯含元殿独存，火所不及者，止西内，南内及光启宫而已。"

长安城，唐朝首都，取名之初就被赋予了"长治久安"的寓意，可千百年来却饱受战火的蹂躏。也许，只有见证过盛世的繁荣，历经乱世的摧残，能够在权力的更迭中不断地崛起，才算得上真正的古都吧。

逃离长安的时候，黄巢仍然有十万将士，为了保存翻盘的资本，他命人在路上遗弃金银珠宝，牵制官军的追击速度。中和三年（883）五月，黄巢对蔡州发动进攻，逼迫蔡州节度使秦宗权投降，随后移师陈州。

赵犨（chōu），陈州刺史，见识远大，智商在线。他料定黄巢会经过陈州，因此提前让周边的百姓带着粮食入城，同时深挖护城河，修缮兵器，严阵以待。彼时，黄巢发动了数次进攻，可陈州军民严防死守，屡次瓦解了起义军的攻势。

如果黄巢的智商在线，他应该迅速离开陈州。毕竟，他最好的选择是打游击战，牵制官军，造成朝廷的内乱，等待全国暴乱的到来。悲剧的是，因为赵犨打赢了黄巢，让他很没面子，以至于黄巢上头了。随后，黄巢命部队驻扎在陈州城外，开始派人修建宫室，安置百官，似乎有把陈州当作大本营的意思。

事实上，留在陈州也可以，可粮食从哪里来呢？

黄巢想了想，还是发扬起义军的“传统”，到老百姓家中抢劫吧。然而，起义军转了一圈才发现，百姓已经响应赵犨的号召，将粮食搬到了城中。可以想象，自己的智商被对手按在地上摩擦是什么样的扎心感受。为了泄愤，黄巢派人修了几个叫“舂磨寨”的地方，随后到处杀害百姓，将他们的骨头扔到舂磨寨的大石磨里磨成粉，将骨粉作为士兵们的口粮。

在陈州得不到粮食，黄巢便派军队扫荡了许州、汝州、唐州、邓州、孟州、郑州、汴州、曹州、濮州、徐州、兖州。此时此刻，黄巢已经彻底站到了百姓的对立面，俨然是吸食百姓骨血的恶魔。

客观地说，如果黄巢离开陈州，低调行事，官军可能以战养战，不会对他赶尽杀绝。然而，黄巢却在官军的眼皮子底下残杀百姓，这谁能忍？随后，李儇再次下诏，命李克用率领五万大军前去围剿黄巢。

中和四年（884）四月初三，在黄巢围攻陈州将近三百天之后，官军和起义军再次爆发主力会战。李克用击败敌军大将尚让，又在西华（今河南省周口市西华县）击败黄巢的弟弟黄邺。黄巢无奈，只能解了陈州之围，向北退却。

中和四年（884）五月初八，李克用在中牟（今河南省郑州市中牟县）追上黄巢，乘着黄巢北渡汴水的机会发动突袭，歼敌一万。随后，尚让、李谠、霍存、葛从周、张归霸等起义军将领举起了白旗。尚让是黄巢最得力的亲信，他的投降，代表黄巢的政权进入了死亡倒计时。中和四年（884）五月初九，李克用在封丘追上黄巢，一阵掩杀之后，黄巢的主力部队彻底溃散。随后，黄巢带着一千名将士逃奔兖州。

说白了，双方都是骑兵，如果说战斗力有差距，奔跑的速度却是旗鼓相当，如果李克用继续追击，他没有追上的把握。再者说，不分昼夜的追击会让沙陀骑兵疲惫不堪，李克用思虑再三，决定率军返回汴州，稍做休整。

中和四年（884）五月十四日，李克用到达汴州，驻军在城外。彼时，汴州的扛把子正是朱温，他以东道主的身份邀请李克用进城，随后给他接风洗尘。大家都是军人，说话豪爽，办事利落，席间气氛融融。然而酒到半酣，李克用开始放浪形骸了，比如吹捧自己帮助朝廷平叛，以功臣自居，还贬低官军将领，说他们无能，无意间让朱温等将领失了面子。总而言之，酒宴过后，朱温的心里五味杂陈。

李克用是皇帝请来的帮手，身份摆在这儿，而且他确实打败了黄巢，就算说几句吹牛的话，也是无可厚非的。按照正常套路，朱温完全可以忍下来。然而，就在当晚，朱温、汴州将领杨彦洪等人对李克用发动了突然袭击。

因为沙陀骑兵没有设防，组织不起任何抵抗，连同监军陈景思、沙陀将领在内的三百余人被杀身亡，李克用逃出生天。事实证明，这件事背后的总策划就是朱温，如果给他的军事行动冠名，“摘桃子”可能是最合适的。

中和四年（884）六月十七日，穷途末路的黄巢被外甥林言刺杀，黄氏一门的首级被送往成都，持续九年时间的黄巢起义宣告落幕。客观地说，黄巢能够打进长安，是因为大唐帝国的腐朽，可他坐不稳龙椅，却是因为自己的原因。

根源一：黄巢出身黑社会家庭，奉行“顺我者昌，逆我者亡”的理念，如果遇到利益冲突，黄巢的第一选择永远是暴力，而不是充满智慧的博弈。历史证明，地方军阀、地方官员都曾向黄巢抛出过橄榄枝，可黄巢自我作死，让这些中立的势力，潜在的朋友全部变成了敌人。

根源二：黄巢是个富二代，和农民不是一个阶层，根本无法理解老百姓的苦楚。表面上看，黄巢是农民起义军的领袖，还建立了大齐政权，可他却从未出台过“惠民利民”的政策，哪怕是表面功夫，黄巢也懒得做。相反，黄巢最喜欢抢劫老百姓的财富和粮食，甚至还有屠杀百姓，将百姓骨头磨成粉末的劣迹。打着起义军的名号，干着强盗的恶行，还能指望百姓衷心拥护吗?

根源三：黄巢经历了失败的科举，对读书人、朝廷官员有深深的痛恨，屠杀长安士子、朝廷官员就是明证。古往今来，起义军领袖都喜欢招揽谋士，为自己出谋划策，可是在黄巢的军中，我们看不到任何文人谋士。正因为如此，黄巢的执政、作战才没有战略高度，只能搞一场孤军奋战的创业。

失控的藩镇，崛起的枭雄

在这个世上，死人是没有烦恼的，可活人却有。对唐僖宗李儇来说，烦劳的根源在于藩镇的将领，比如李克用、朱温、秦宗权等人。

汴州城内，李克用被朱温摆了一道，随后灰溜溜地返回河东驻地晋阳。李克用是军人，有仇报仇是他的性格。接下来，李克用开始招兵买马，修缮兵器，同时给李儇上了一道奏表：皇帝啊，搞定黄巢，我可是立下大功的，最后却误中朱温的诡计，导致三百名亲信被杀，甚至丢掉了节度使的符节。事后，朱温还在洛阳、陕州、孟州张贴告示，说我已经阵亡，趁机屠戮河东将士，为此河东将领都向我哭诉冤屈，请求报仇。我认为朝廷是公正的，应该等皇帝颁发诏书后再行动，因此极力安抚将士们的情绪。如今，我恳求陛下派人调查此事，发兵讨伐朱温，我可以派弟弟李克勤率领一万骑兵前去助阵。

李克用是受害者，让皇帝主持公正，无可厚非。

问题是，李儇还在成都逃难，他最大的梦想就是顺利返回长安，做几天太平天子，因此搁置了李克用的请求。随后，李克用连续上了八次奏章，声称朱温阴险狡诈，狼子野心，日后必定会成为朝廷的大患。考虑到皇帝没钱打仗，李克用表示，他自己筹备兵马和粮草，只要李儇给他开战的机会。

李儇表示，除了打仗，什么条件都可以商量。站在李儇的角度，他想和平，想法没有问题。可是为了和平，李儇却失去了建立皇权威严的机会。说白了，朱温有错却不罚，李克用有功却不赏，说明李儇没有控制局势的能力，如果其他藩镇首领有了矛盾，自然不会指望李儇为他们说话，这可不是什么好兆头。

既然打不成仗，李克用便想着捞点实际的利益。

中和四年（884）八月，李克用奏请朝廷，希望把麟州割让给河东，让他的弟弟李克修担任昭义节度使。李儇全部应允，还给李克用赏了陇西郡王的头衔。李克用得陇望蜀，趁机裁撤了云蔚防御使，将云州（今山西省大同市）、蔚州、朔州划到河东军镇的名下。

河东的事情刚结束，蔡州就出了大事。

秦宗权，蔡州刺史，一个邪恶的政治投机分子。起初，秦宗权只是蔡州的一员小将，他听说很多枭雄都是干掉老大才上位，于是亲自体验了一把，成功晋升为蔡州的实际控制人。黄巢兵败路过蔡州，秦宗权投降了黄巢。

说白了，秦宗权不想做愚忠的大臣，他看到天下大乱，想建立根据地，开创属于自己的天地。中和四年（884）十二月，秦宗权让部将陈彦侵犯淮南，秦贤侵犯江南，秦诰侵犯襄州、唐州、邓州，孙儒侵犯洛阳、孟州、陕州、虢州，张晊侵犯汝州、郑州，卢瑭侵犯汴州、宋州。一时间，洛阳附近再次爆发了全面战争。

据史料记载，秦宗权和黄巢一样，残忍嗜血，近乎疯狂。凡是秦宗权所到之处，百姓绝无存活的可能。他甚至抓捕逃散的百姓，将他们屠杀，然后将人肉腌制起来，作为军队的口粮。彼时，秦宗权绝对是中原第一彪悍的军阀，站稳脚跟后，他立即登基称帝，建国号大齐，表示自己是黄巢政权的传承者。

称帝之后，秦宗权顺势横扫了河南战场，拿下了包括洛阳在内的绝大部分城池，只有汴州的朱温、陈州的赵犨还在负隅顽抗。朱温不投降，是因为他想做皇帝，赵犨不投降，是因为他想做朝廷的忠臣。由于李儇无法组织兵力平叛，朱温和赵犨最终决定结为姻亲，两家互相掩护，共同遏制秦宗权的吞并步伐。

接下来的两年时间，三方势力打得热火朝天，互有胜负。不过，最憋屈的当属秦宗权，他觉得自己的兵力十倍于官军，却始终拿不下汴州和陈州，心里憋了一口恶气。光启三年（887）二月，秦宗权准备将主力集结在汴州城下，一战定乾坤。

想法是好的，可秦宗权的动作太慢了。就在秦宗权集结军队的时候，朱温将小弟朱珍派到山东招募军队，而这一切都是绝密。

光启三年（887）四月，秦宗权的部将张晊驻屯在汴州北郊，拥兵数万，部将秦贤驻屯在汴州西郊，拥兵数万，秦军列阵三十六营，绵延二十余里。汴州城下，双方发生激烈的交战，朱温亲自上阵，攻打防守最弱的秦贤。此时，秦宗权的目光聚焦在汴州城，根本没想到在自己的西北方，一支万人骑兵团正全速赶来。

激战正酣的时候，骑兵军团涌入战场，将秦军的阵营冲散。骑兵军团虽然是临时组建的，战斗力不强，可秦军没有对付骑兵的装备，因此一败涂地。大战过后，朱温连破秦贤四个大营，最终击退了秦宗权的主力。

汴州守卫战，朱温证明了自己的能力。随后，他迅速派人到河阳、陕州、虢州等地招募军队，扩充自己的势力。想想看，如果朱温平日里招兵买马，势必会引起朝廷的猜忌，各地军镇的弹劾，可如今朱温打着对付秦宗权的幌子，招兵买马就变成为国尽忠的行为。这样的心机城府，也难怪朱温能成大事！

光启三年（887）五月初七，秦宗权、朱温在汴州北郊的边孝村爆发混战，双方投入了十万大军，一度战到昏天黑地，最终秦军两万将士命丧当场，秦宗权连夜逃回蔡州。驻屯在各地的将军听闻消息，陆续逃回蔡州大本营。

汴州大战过后，大齐政权只能龟缩在蔡州，可谓名存实亡。

文德元年（888）五月，朱温在蔡州城南大败秦宗权，随后分兵二十八路，将蔡州城围了起来。文德元年（888）十二月，蔡州守将申丛率众哗变，活捉秦宗权，将他送往长安。彼时，唐僖宗李儇已经驾崩，继任的唐昭宗李晔接受了献俘大礼。

献俘仪式结束后，李晔命京兆尹孙揆监斩。

临刑之前，秦宗权笑呵呵地对孙揆说道：“大人，您看我像是造反的人吗，我只不过是对朝廷一片忠心，无处安放罢了。”

临死之前还想着做段子手，这样的角色，又如何能成大事。

秦宗权的造反，让自己遗臭万年，却成全了朱温的事业。

表面上看，汴州大战是朝廷的平叛大战，本质却是军阀内斗。区别在于，朝廷有没有投入军队，是不是控制局势的一方。同样是河南霸主，一个是反抗朝廷的叛臣，一个是维护朝廷的忠臣，定位不同，结局自然也不同。大战过后，河南还是那个河南，朝廷还是那个朝廷，朱温却变成无法撼动的超级军事集团的首领。

战争，有时候真的是儿戏

对李儇来说，朱温是未来的麻烦，可田令孜却是眼前的麻烦。

作为一个逃难的皇帝，李儇需要找到安全感、依赖感。很显然，藩镇节度使太远，李儇只能与他们神交；文官集团懦弱不堪，连李儇也对他们嗤之以鼻；数来数去，还是宦官集团能给李儇想要的东西。

平定黄巢的时候，宦官集团立下了大功，田令孜晋升为神策十军、南衙十二卫的首领，宦官集团的最高领袖。在宦官集团内部，田令孜最忌惮的就是杨复光，以及他的哥哥，枢密使杨复恭。没过多久，杨复光在河中去世，田令孜趁机将杨复恭贬为飞龙使，正式开启了嚣张霸气的晚年宦海生涯。

杨复光在世时，建立了自己的亲信班子，包括鹿宴弘、晋晖、王建、韩建、张造、李师泰、庞从等核心成员，其中鹿宴弘算是大哥。然而，杨复光去世后，鹿宴弘猜忌王建、韩建等人不会追随自己，于是团队互相猜忌，离心离德。

这种局面，田令孜自然是喜闻乐见，他派人带着厚礼前去游说，成功说服王建、韩建、张造、晋晖、李师泰前来投奔，随后让他们担任各卫将军，时人称他们为“随驾五都”。值得一提的是，王建就是五代十国中前蜀的开国皇帝。

为了控制局面，田令孜在蜀中新招募了五万四千名男丁，将他们编为五十四个都，每都一千人，由神策左、右军管辖。

除了军队，官僚队伍也很庞大。李儇到成都的时候，只有两百余人跟随，后来其他官员纷纷来投，再加上提拔的蜀中官员，最后竟然组建了万人规模的官僚集团。这种官僚系统已经不是臃肿，而是病态了。说白了，大部分官员都是为了钱财、地位才追随李儇。因此，为了让官僚集团、军队满意，李儇和田令孜必须拿钱财收买人心，李儇的责任是花钱，而田令孜的任务就是捞钱。

问题是，钱从哪里来？

当时，河南道、河北道、江南道、淮南道已经停止上缴赋税，盐铁使、度支使、户部使根本拿不住钱。朝廷能控制的，无非是长安、同州、华州和凤翔等地的赋税。说白了，这点闲钱支付官员的工资没有问题，可要满足李儇的开支、庞大的赏赐，包括重建大唐朝廷，根本就是杯水车薪。

没有钱，皇帝急，太监更急。

光启元年（885）三月，田令孜打起了盐税的主意。先前，安邑、解县的盐税归盐铁转运使管理，后来全国大乱，河中节度使王重荣趁机控制了这两处的盐税，他每年向朝廷进献三千车食盐，余下的全部留给了自己。

田令孜表示，朝廷缺钱，要收回安邑、解县两盐池的经营权，由他担任榷盐使。这种操作没问题，可盐池是王重荣养军队的根本，田令孜夺了别人的财路，总归是不好。王重荣屡次上奏，声称自己的难处，田令孜派小弟匡祐前往河中安抚。谁料想，这位老兄根本不把王重荣放在眼里，后来彻底激化了矛盾。

光启元年（885）四月，田令孜将王重荣任命为泰宁节度使，将义武节度使王处存调到河中，同时命李克用的大军向河中移动，防备王重荣。

不管怎么说，王重荣是朝廷的功臣，无辜被田令孜针对，如果认输，以后还怎么混？于是，王重荣历数田令孜的种种罪行，和他彻底撕破了脸。田令孜不甘示弱，联合邠宁节度使朱玫、凤翔节度使李昌符，打算找王重荣的晦气。

大战在即，王重荣想到了李克用。这位老兄曾经也受到不公正待遇，至今还有一肚子气，两个男人一拍即合。随后，李克用上奏朝廷：陛下啊，朱玫、李昌符暗中和朱温联手，打算消灭我，我只能奋起反击。我征调了十五万大军，准备先灭朱玫和李昌符，再灭朱温。请陛下放心，只要灭掉对手，立即返回驻地。

直到此时，李儇还是不想打仗，因为他伤不起。

光启元年（885）十月，长安城潜入了几批刺客，他们焚烧朝廷府库，暗杀禁卫军将军，随后放出风声，说他们是李克用的手下。历史证明，这是朱玫的手笔，目的就是激怒李儇，让他下定决心征讨李重荣、李克用。而他们的终极目的，自然是挑起战火，名正言顺地兼并王重荣、李克用的地盘。事实上，效果显而易见，朝廷很快下旨，调派三万大军驻屯在长安西边的沙苑，准备向王重荣发起进攻。

光启元年（885）十二月二十三日，藩镇军队在沙苑决战，李克用的沙陀骑兵大展神威，杀的官军丢盔卸甲，仓皇而逃，朱玫和李昌符连夜逃回了驻地。

回首再看，战斗过程就是这么简单，那田令孜为何还要挑起战争，自找晦气呢？很遗憾，历史没有告诉我们答案。但是可以肯定，田令孜害怕了。如果李儇向王重荣、李克用妥协，田令孜的下场只有一个：做替罪羊。

很显然，田令孜不会坐以待毙。

光启元年（885）十二月二十五日，田令孜挟持李儇逃出长安，直奔凤翔而去。此时，距离李儇回朝只有九个月的时间。李克用进城后，放了一把大火，将好不容易才建起来的宫殿群再次焚毁，随后返回了驻地。回家之后，李克用和王重荣联名上奏，弹劾了田令孜的诸多恶行，希望李儇能清理门户。

田令孜是李儇的家奴，把持军权、安插亲信、贪污受贿的事儿，李儇可以睁一只眼闭一只眼。然而，田令孜插手藩镇事务，阴谋挑起战火，置李儇的生死前途于不顾，这就有点过分了。光启二年（886）正月，李儇借李克用弹劾的机会，罢免了田令孜的职务，提拔杨复恭做了宦官集团的首领。

圣旨即刻生效，却改变不了宦官集团的权力生态。说白了，在宦官集团，田令孜拥有绝对的统治权，这不是一道圣旨可以改变的。数天之后，田令孜奏请李儇，希望皇帝到兴元府避难。

李儇厌恶田令孜，本能地拒绝了。

田令孜笑了笑，恭敬地退下，没有任何言语。就在当晚，田令孜率领神策军将李儇劫持出营，向宝鸡方向而去。彼时，值班大臣是翰林学士杜让能，他听说皇帝被劫，来不及通知其他人，孤身一人跑了十几里地，最终才见到皇帝。

第二天，太子少保孔纬等人相继赶来，其他大臣要么遇到劫匪，要么遭到乱军抢劫，只能退回凤翔。光启二年（886）正月初十，李儇封孔纬为御史大夫，让他回凤翔召集百官，自己则在宝鸡等待他们。

俗话说得好，如果真的想见你，就算隔着千山万水，也要想办法前去相见；如果不想见你，哪怕与你迎面而来，也会躲着你走。此时，朝臣对李儇的心态就是第二种。比如，宰相萧遘（gòu）、裴澈说自己染病，不方便见皇帝。有人说自己没有官服、朝笏，怕失了礼仪，拒绝前往。孔纬无奈，只好找御史台的同僚，他几乎是以跪地求饶的方式求他们前往宝鸡，最终还是遭到了无情的拒绝。

大臣们的心思，无非有几种：要么觉得田令孜把持军队，他们去了也是个摆设；要么对李儇失望透顶，不想再继续追随；要么想明哲保身，寻找新的主子，待价而沽。最后的结果便是，孔纬独自返回了宝鸡。

用“墙倒众人推，树倒猢狲散”来形容李儇，恐怕再合适不过了。悲剧的是，李儇根本没时间哀伤，因为前线传来消息，朱玫、李昌符临阵倒戈了。这两位老兄觉得打不过李克用、王重荣，于是主动和他们结盟，准备找田令孜的晦气。

孔玮刚到宝鸡，朱玫和李昌符的大军便向宝鸡方向移动，随后和神策军指挥使杨晟打了一架。田令孜二话不说，直接带着李儇逃奔到兴元府。一路上，李儇任命王建、晋晖为清道斩斫使，将百姓全部驱逐之后，才顺利成行。

光启二年（886）三月十七日，在山南西道监军严遵美的保护下，李儇终于到达兴元府。随后，李儇向河中节度使王重荣求援，希望他送十五万斛粮食到兴元府。然而，王重荣以李儇没有诛杀田令孜为由，拒绝了他的请求。

可能有人会说，如果李儇诛杀了田令孜，就可以让藩镇首领闭嘴，也可以免去刀兵之祸。李儇走到这一步，完全是宠信宦官，咎由自取。

问题是，事情真的会这样吗？

首先，李儇没有兵权，如果他擅自诛杀田令孜，很可能被反杀，自己丢掉性命。其次，在李儇逃亡的时候，一直是宦官集团在保护他。如果杀了田令孜，李儇如何自保？最后，宦官集团不可信，藩镇首领就一定可信吗？

据史料记载，朱玫和宰相萧遘有过一次经典的对话。

朱玫：“这些年来，中原的将士浴血奋战，好不容易收复了长安。就在大家准备庆祝的时候，陛下却把功劳都给了田令孜，致使朝纲法纪遭到践踏，藩镇祸事不断。拿我来说，明明是带兵勤王，却被误以为要劫夺皇帝。明明对大唐忠诚无私，却要受宦官的摆布，我可忍不了。”

萧遘：“那你想怎么办？”

朱玫：“李唐皇室成员有很多，为何不早做图谋呢？”

萧遘：“陛下在位十几年，没有大的过错。田令孜玩弄朝政，陛下心知肚明，却又无可奈何，这不是陛下的错。你们是藩镇节度使，应该率领军队返回驻地，遵奉陛下回朝。如果你们想废黜陛下，我不能从命。”

谈判失败，朱玫没有接话，气呼呼地离开了。回去之后，朱玫公然宣传，他就是想拥立一位王爷，如果有人敢反对，一律杀无赦。

据史料记载，朱玫想拥立的是襄王李煴，这位老兄是唐肃宗第九子襄王李僙的曾孙，落难时落到了朱玫的手中。光启二年（886）四月初六日，朱玫拥立李煴上位，命他监理国事，自封为左、右神策十军使，大部队浩浩荡荡返回长安。光启二年（886）五月，朱玫自封为侍中、诸道盐铁、转运使等。同时，封萧遘为太子太保，高骈为中书令、江淮盐铁转运等使、诸道行营兵马都统。

说白了，朱玫搞的是伪朝，可在乱世之中，真与伪不重要，能让大家升官发财才是王道。看看李儇，虽然是正牌皇帝，却不受朝臣、藩镇的待见，没有尺寸之地，过着漂泊无依，没有经济来源的日子。

一句话，黑暗的日子没有尽头，就算努力也是白搭。

就在此时，田令孜突然上奏，将宦官集团的统治权让给了杨复恭，随后自封为西川监军使，前去西川投奔了哥哥陈敬瑄。因为长安有了新朝廷，各地钱财、粮食全部送往了长安，李儇吃不饱穿不暖，过着生不如死的日子。

危急存亡的关头，宰相杜让能出了个主意：已故宦官杨复光和王重荣关系密切，如今可以让杨复恭出面结交王重荣，或许可以翻盘。而翻盘的逻辑便是，曾经的军阀联盟不是铁板一块，因为伪朝的存在，他们已经产生了裂痕。

比如李昌符，他也是建立伪朝的最初提议者，可朱玫上位之后，担心李昌符受到重用，于是将他搁置在一边。李昌符气愤不已，悍然投奔李儇，换了个检校司徒的头衔。比如王重荣，本来是遵奉朝廷的军阀，因为田令孜才和李儇闹翻，如今朱玫上位，王重荣被边缘化，他也想傍上李儇这根高枝。

几个军阀，还有李克用没有表态。光启二年（886）五月二十日，朱玫派使者前往晋阳，对李克用宣称道：李儇在前往蜀中的路上被禁卫军杀死，文武百官都在遵奉襄王李熅。言外之意，你李克用是个什么态度?

李克用表示，你可以说实话，大家好商量。可是把他的智商按在地上疯狂摩擦，这就有点伤感情了。李克用当即撕毁诏书，带着三万精兵赶赴长安。与此同时，王重荣、李昌符的大军集结完毕，李儇也组织了两万大军前往助攻。

大军压境，朱玫败亡只是时间的问题。然而，朱玫还是强行拥立襄王李熅为帝，改元建贞，尊奉李儇为太上皇，完成了疯狂的壮举。

光启二年（886）十二月初十，朱玫被部将王行瑜诛杀，长安再次大乱。宰相裴澈、郑昌图等两百余名官员带着襄王李熅前往河中，寻求王重荣的保护。然而，为了向李儇投诚，王重荣诛杀了大部分官员，包括襄王李熅。几个月之后，李儇命人斩杀了宰相裴澈、郑昌图等余下的伪朝官员。

喜欢乱世，因为可以创业

光启三年（887）三月，李儇结束逃离的日子，返回了凤翔。

按照规矩，凤翔节度使李昌符应该护送李儇返回长安，可他担心李儇会找他秋后算账，于是以长安的宫殿还在修缮为由，将李儇扣在了凤翔。

说白了，李儇是个宝贝，也是个麻烦。就在当年，因为李儇，李昌符和其他军阀爆发冲突，被杀身亡，李儇这才回到阔别已久的长安。彼时，李儇年仅 26 岁，可是因为颠沛流离的生活，心惊胆战的逃亡，身体染上了重疾。文德元年（888）三月，李儇的病情突然恶化，朝臣们必须挑选一位新的皇位继承人。

李儇有两个皇子，但去世很早，朝臣将目光转向了李儇的兄弟。文官集团推荐了吉王李保（李儇六弟），可宦官杨复恭却推荐了寿王李杰（李儇七弟）。

两个候选人，李儇选择了后者。

据史料记载，寿王李杰有英武之气，爱好文学，精通军事，胸中很有丘壑。李儇登基之后，加封他为开府仪同三司、幽州大都督、卢龙节度使等职。广明元年（880）十二月，李儇带着皇室成员出逃，李杰就在其中。当时，李杰没有马匹，只能步行随军，在奔跑了几十里路后，李杰终于累倒在地，他对田令孜说道："我脚痛得厉害，实在是走不动了，求你给我一匹马吧。"

田令孜："这荒郊野岭的，去哪儿给你找马。"

说罢，田令孜就用鞭子抽他，逼他继续前行。

因为这件事，李杰非常讨厌田令孜，也忌惮宦官集团的权势。不过，他那时无权无势，就算有天大的愤怒，也只能默默地放在心里。文德元年（888）三月，唐僖宗李儇在大明宫驾崩，22岁的李杰登基称帝，改名为李晔，史称唐昭宗。

皇帝是个好职业，可唐朝末期的皇帝，纯属是个大坑。至少对李晔来说，他必须解决三个世纪难题：藩镇割据、宦官专权、经济危机。尤其是宦官集团，游走在皇权的边缘，牵制着李晔，令他深恶痛绝。对杨复恭，李晔保持着敬而远之的心态。比如，李晔会尽量避免和杨复恭的接触，每逢朝政大事，李晔只会找文官集团商议。但是对田令孜，李晔就没那么好的耐心了。

上位之后，李晔曾经派遣别的宦官监理西川，却遭到了田令孜的拒绝。那一刻，李晔就已经动了“暴力平川”的心思。就在此时，西川的王建、东川节度使顾彦朗联合上奏，弹劾西川节度使陈敬瑄的斑斑劣迹，请求李晔出面教训。

事实上，王建弹劾陈敬瑄是有缘由的。

当时，田令孜想搞地方割据，准备拉王建入伙，可陈敬瑄担心王建会鸠占鹊巢，于是在王建前往成都的路上设伏，胖揍了王建一顿。王建表示，自己被别人当猴耍的滋味很不好受，为了挽尊，王建立马提兵开赴成都，准备教训陈敬瑄。然而，屡次进攻无果，王建只能退守到汉州。

既然打不过陈敬瑄，王建只能找朝廷帮忙。

文德元年（888）六月，李晔任命韦昭度为中书令、西川节度使，任命陈敬暄为龙武将军，免去其西川节度使之职。这是官方任命，如果陈敬瑄和田令孜接受诏书，就意味着承认皇权，放弃西川的经营权。然而，田令孜直接撕毁了诏书，随后开始构筑防御工事，修缮兵器，打算迎接朝廷军队的蹂躏。

文德元年（888）十二月，李晔任命韦昭度为主帅，命他征讨西川。同时，割出西川的邛州、蜀州（今四川省成都市崇州市）、黎州、雅州，单独设置永平军，以王建为节度使。命山南西道节度使杨守亮、东川节度使顾彦朗协助征讨。

那么问题来了，这几位大佬对西川之战抱着什么样的心态？

对顾彦朗和杨守亮来说，打赢了战争，他们没有好处，打输了战争，朝廷可能会问责。因此，最好的选择就是做吃瓜群众，顺便摇旗呐喊。韦昭度是文官，不懂行军打仗，而且李晔没有给他调派军队，他靠什么平叛？至于王建，因为想把西川据为己有，工作态度相对积极。比如每次开战前，王建会找韦昭度请示工作，或者邀请他到战场上观摩。可笑的是，韦昭度担心自己被弓箭误伤，每次都躲得远远的，以至于蜀中将领说到韦昭度，无不嗤之以鼻。

也就是说，朝廷如果想拿下西川，只能依靠王建。

李晔可能不知道，王建有自己的小算盘。彼时，王建是平叛的唯一主力，他其实有两个选择，一个是替朝廷打下西川，自己加官晋爵，继续做打工仔；一个是替自己打下西川，做西川的土皇帝。这其中的差距，在于王建是否能拉拢西川的土著势力，收获西川百姓的支持，让自己的势力盘踞在各地。

据史料记载，西川有不少地方豪强，他们拥兵数千，盘踞在大山。王建耗费了几个月的时间，最终与他们结为同盟，获得了舆论和后勤物资的支持。

龙纪元年（889）四月，王建出兵攻打彭州（今四川省成都彭州市），将主将杨晟围困起来。陈敬瑄得知消息，急忙让眉州刺史山行章率领五万大军前去支援。谁料想，王建选择主动出击，大败山行章，逼迫杨晟放弃彭州。龙纪元年（889）十二月，双方在广都（今四川省成都市双流区）再次交战，王建大获全胜。

山行章看出来了，王建是个狠角色，迟早会吞并西川，因此归降了他。接下来的几个月，简州、资州、戎州、雅州、邛州、蜀州，以及陈敬瑄的大将杨儒相继归附了王建，只有陈敬瑄还霸占着成都，负隅顽抗。

陈敬瑄表示，他不缺粮食，不缺钱，可以和朝廷耗着，可李晔不能。毕竟，成都城外有十万精兵，每日耗费的钱粮是个天文数字。最主要的是，战争已经持续了两年时间，可成都还是屹立不倒，李晔便有了止息干戈的念头。

大顺二年（891）三月，李晔发布《复陈敬瑄官爵诏》，表示朝廷不再围攻成都，恢复陈敬瑄等人的官职，让他们继续管理西川。说白了，李晔穿越了无尽的黑暗，胜利的曙光就在眼前，可他却在最后关头放弃了。李晔可能不知道，成都虽然屹立不倒，可也到了山穷水尽的地步。比如，老百姓食不果腹，只能通过抢劫粮食、钱财来维持生计，陈敬瑄为了镇压叛乱，大肆屠杀百姓，城内百姓怨声载道。

在李晔的诏书中，还有一个命令：让王建等人罢兵，然后返回驻地。接到诏书的那一刻，王建扼腕长叹道："大功告成就在眼前，怎么能够放弃。"

可以肯定，李晔的诏书让王建很不开心，王建一半是为了朝廷惋惜，另一半则是为自己而惋惜。毕竟，如果能拿下成都，自己就是西川的首领，可如果听了李晔的鬼话，自己刚刚起步的人生岂不是戛然而止？接下来，王建极力表现成一个乖宝宝，表示自己就算拼到只剩一兵一卒，也要为朝廷拿下西川。

王建甚至涕泪交零，对韦昭度说道："关东的藩镇才是朝廷的心腹之患，您还是回朝做宰相把控全局吧，西川的事交给我就好了。"

不过，这种拙劣的表演逃不过韦昭度的法眼。韦昭度明白，如果自己离开，西川将不再被朝廷拥有。因此，他一直拖延回朝的时间，努力寻找解决办法。

王建看韦昭度不配合，于是决定搞点恶心的事情。

有一天，王建命人在韦昭度下榻的府门口擒获其亲信官吏骆保，随后给他安插了偷窃军粮的罪名，并将骆保大卸八块，将其肉分赏给下属。

韦昭度明白，这件事的幕后主使就是王建，可他拿不出证据，最关键的是，王建的恐怖行动干得"有理有据"。对韦昭度来说，效忠朝廷是他的义务，可保命却是他的本能。谁能保证，王建这条疯狗不会拿他开刀？

随后，韦昭度声称自己身染重病，将帅府的大印授给王建，并发布公文，任命王建为节度使、招抚使、制置使，兼任西川行营招讨使。

至于韦昭度，则在当天急急忙忙地返回长安。据史料记载，韦昭度离开的时候，王建跪在他的马前痛哭流涕，宣誓效忠，可韦昭度刚刚走出剑门关，王建便派亲信控制了剑门天险，彻底切断了蜀中和关中的一切联系。

历史证明，能成大事的，一定是腹黑的演员。

由于围攻成都的主力是王建的部下，韦昭度的离开根本没有影响。大顺二年（891）八月二十五日，陈敬瑄开城投降；次日，王建自封为成都留后，随后诛杀了田令孜等人，算是给唐昭宗李晔出了一口气。晚唐时期，中原地区大乱，王建趁机兼并了东川、西川和剑南西道全境，于天复三年（903）被朝廷封为蜀王。

天祐四年（907）四月，朱温灭唐，在中原称帝，建立后梁。

天祐四年（907）九月，王建在成都称帝，国号大蜀。

政治，其实就是惊天赌博

大顺二年（891）三月，唐昭宗李晔发布《复陈敬瑄官爵诏》，决定恢复陈敬瑄等人的职务，和西川握手言和。李晔决定放弃，主要原因就是中原地区军阀混战，朝廷无力西征。当时，中原实力最强的军阀有以下几个：

李克用：河东节度使，驻防山西太原。

王重荣：河中节度使，驻防山西蒲州。

朱温：宣武节度使，驻防河南开封。

时溥：武宁节度使，驻防江苏徐州。

朱瑄：天平节度使，驻防山东泰安。

朱瑾：泰宁节度使，驻防山东济宁。

其中，朱温的策略就是抱紧朝廷的大腿，朝廷指哪，朱温就打到哪。也可以这样理解，朝廷赋予朱温平叛的军事权力，朱温则可以名正言顺地扩张地盘，如果打了胜仗，朱温还可以加官晋爵。龙纪元年（889），蔡州内乱，朱温趁机灭了不可一世的军阀秦宗权，并将他送到长安，让唐昭宗李晔搞了一场隆重的献俘大典。为了嘉奖朱温的功劳，李晔加封他为检校太尉、中书令、东平郡王。

事实上，围攻蔡州的时候，时溥、朱瑄和朱瑾都出兵援助过朱温，而朱温也很感激他们的付出。战乱结束后，朱温派人带着礼物去感谢朱瑄和朱瑾，可这两位老兄觉得朱温麾下的军人彪悍勇猛，于是用重金利诱，最终和朱温反目。

说白了，群雄逐鹿的年代，军阀各怀鬼胎，很难成为朋友。接下来的几年，朱温和中原的军阀开战。景福二年（893），朱温进攻徐州，逼迫时溥带着族人在徐州燕子楼自焚。至于朱瑄、朱瑾，在朱温的攻势下，根本没有还手之力。

朱温疯狂发育的时候，李克用也没闲着。客观地说，朱温和李克用是天生的死敌，两人早就应该开战。然而，朱温需要征讨河南、山东和江淮的军阀，李克用需要征服河东和北境，两人心照不宣，将战争暂时搁置了。彼时，李克用派大将各处征战，铁骑所过之处，敌人望风归降。

遗憾的是，李克用征服了土地，却没有征服人心。

据史料记载，李克用是沙陀人，治军风格彪悍，而且粗糙。比如，每逢打下城池，李克用的部将都会劫掠百姓，到了晚上，他们便酗酒赌博。至于欺负百姓和官吏，更是家常便饭。一句话，李克用的军队毫无纪律可言。

李克用的治军风格，就连他的儿子李存勖也看不下去。有一天，李存勖劝李克用处罚将领，整顿军纪，李克用却说道："他们随我征战几十年，在我最困难的时候投奔于我。如今，各地藩镇节度使都在用重金招募勇士，如果现在拿他们开刀，他们马上就会散伙而去，还是等平定天下后再整顿军纪吧。"

这样彪悍的逻辑，荒谬绝伦，却又让人无可反驳。

按照套路，军阀攻下城池后，可以保留原有官员的职务，赏他们一口饭吃。然而，李克用喜欢将他们一撸到底，换上自己的亲信。想想看，地方官员丢了工作，能够咽下这口恶气吗？只要李克用的军队撤离，地方官员就会奋起反抗。

这也就罢了，李克用的部将为了一个官位，经常争得头破血流，再加上李克用赏罚不公，以至于内斗不断，李存孝事件便是一个明证。

李存孝，本名安敬思，沙陀人。据史料记载，李存孝武艺非凡，勇猛过人，每逢大战必定身先士卒，可谓战无不克，攻无不胜。李存孝是李克用的义子，因为排行十三，被称为"十三太保"，曾经被评为"唐末第一猛将"。

有一次，李存孝在潞州立下大功，可李克用没有奖赏，还让别人担任了潞州节度使。当时，李存孝怒气冲天，可碍于李克用的面子忍了下来。李克用的养子李存信嫉妒李存孝的勇武，因此恶意诬陷，说李存孝准备报复李克用。

李存孝得知消息，惊恐万分，于是暗中投降了朱温。就这样，父子反目，刀兵相见。问题是，李克用没有杀李存孝的心思，而李存孝也没有报复他的打算，双方对峙了一段时间后，李存孝便主动自缚出城，投降请罪。

说白了，父子二人还是有感情基础的。不过，为了严明军纪，李克用佯装下令，打算将李存孝车裂处死。李克用觉得，其他将领肯定能领会他的意图，站出来为李存孝求情，到时候他再借坡下驴，此事就可以完美结束。

悲剧的是，李存孝的战功太多，让其他将领黯然失色，大家为了自己的前途，纷纷选择缄口不言。李克用是大军主帅，无法收回军令，只能含恨将李存孝处死。可怜晚唐第一猛将，就这样死于一个无厘头的闹剧。

大顺元年（890）四月，李克用派军攻打云州，云州刺史赫连铎、卢龙节度使李匡威联名上奏，希望朝廷征讨李克用。就在此时，朱温跟风上了一道密奏："李克用终归是国家的祸患，如今他势力衰败，臣请求率领汴州、滑州、孟州的军队，与河北官军共同将他剿灭，希望陛下任命臣为主帅。"

客观地说，李晔对李克用的感情是复杂的。

论血统，李克用是沙陀人，非我族类，其心必异。论功过，李克用虽然帮助朝廷收复了长安，可也攻占过长安，属于大逆不道的那一类。论亲疏，李克用和朝廷保持着距离，至少在朱温和李克用之间，朝廷肯定是信任朱温的。最主要的是，李晔想处理藩镇割据问题，大好的机会摆在眼前，李晔确实不想放弃。

由于事情重大，李晔没有乾纲独断，而是召集尚书省、中书省、门下省和御史台四品以上的高级官员，打算听取大家的意见。开会之前，李晔委婉地摆明了自己的立场，大家都听得出来，皇帝想拿李克用开刀。

宰相杜让能、刘崇望表示，如果李晔削藩，后果是不可预料的。

宰相张浚说道："李克用和河朔的藩镇互相勾结，朝廷已经失去了控制，长此以往，必定贻害无穷。如今，朱温请求替朝廷征战，正是天赐良机，臣甘愿亲自带兵出战，不出数月，就可以平定李克用。"

唐朝末年，文官的风格就是明哲保身，不管国事，更别说主动奉献。曾几何时，一位文官主动请缨，还想到前线去打仗？

历史证明，张浚想征讨李克用，完全是出于私心。当年，李克用征讨黄巢的时候，张浚是李克用的都统判官，可李克用鄙视张浚的为人。张浚后来晋升为宰相，李克用甚至扬言，张浚是个空谈务虚，颠覆朝廷的人，皇帝如今重用他，一定会导致天下大乱。有了这场口水战做铺垫，张浚的行为就很好理解了。

看不起张浚的不只李克用，还有宦官杨复恭。

据史料记载，张浚正是依附杨复恭才起家，后来杨复恭失宠，张浚又投靠田令孜，疏远了杨复恭。谁也没想到，田令孜做了叛臣，杨复恭再次崛起。时过境迁，物是人非，可是对杨复恭来说，张浚给他的侮辱却历历在目。

张浚话音刚落，杨复恭便提出了反对："陛下，僖宗皇帝被迫迁出京城，藩镇节度使自然脱不开责任，但是最重要的原因还是咱们内廷处置失误，如今朝局刚刚稳定，朝廷又在西川用兵，实在不宜轻起战争。"

杨复恭的话说得很体面，赢得了大部分朝臣的认可，李晔的态度也开始有些松动，于是问张浚："张爱卿，李克用对李唐皇室有大功，如果现在讨伐他，将来天下人将会如何看待朕？"

宰相孔纬接话道："陛下，臣估算了调兵遣将、后勤和犒赏的费用，凭借着朝廷之力，至少可以支撑一到两年的时间，此事还需陛下亲自定夺。"

李晔犹豫不决。说白了，征讨李克用是树立皇权威严的机会，如果打赢了，既可以削弱藩镇势力，又可以建立朝廷权威，打压宦官集团。可如果打输了，李晔就会颜面尽失，甚至没有翻身的可能。有时候，政治就是天大的赌局。

思考了许久，李晔终于下定决心，一字一句地说道："这件事情就交给你们两位去办了，希望你们不会让朕失望。"

大顺元年（890）五月，李晔下诏：剥夺河东节度使李克用的官职和爵位，收回朝廷所赐的"李"姓。任命张浚为行营招讨使，京兆尹孙揆为副使，镇国节度使韩建为都虞候兼军粮使；任命朱温为南面招讨使，王镕为东面招讨使；任命卢龙节度使李匡威、云州刺史赫连铎为北面正副招讨使，共同征伐李克用。

诏令刚下，前线的捷报就来了：李克恭（李克用的弟弟）因为残暴不仁，被潞州将领冯霸、安居受杀害，众人推举安居受为潞州留后，准备举城投降朱温。有趣的是，安居受觉得自己挑不起重担，因此让冯霸主持大局，自己却在逃亡的路上，被乡下的农民捅死。

潞州大乱，李克用立即派大将康君立、李存孝前来支援。

朱温更粗暴，直接任命亲信朱崇节为潞州留后，驻防潞州，猛将葛从周、张全义、朱友裕等人驻扎在潞州城外协防。同时，朱温派遣大将李谠、李重胤、邓季筠等人攻打泽州（今陕西省晋城市泽州县）守将李罕之。大顺元年（890）七月，张浚率领五万大军到达晋阳城附近的阴地关（今山西省晋中市灵石县境内）。

三路大军云集，潞州风云突起。

朱温最精明，他突然发现，如果自己拿下潞州，肯定要交给朝廷。因此，他大方地通知宰相张浚，希望朝廷派军队驻守潞州，自己帮忙打支援。而张浚是个不谙军事的文人，于是派遣孙揆带领三千兵马急匆匆地赶赴潞州。

大顺元年（890）八月十二日，李存孝率领三百精兵埋伏在潞州长子县西面的山谷中，等待着猎物的到来。再看看孙揆，他觉得自己是来收地盘的官老爷，于是坐着宽大的轿子，摆出隆重浩大的阵势，唯恐敌人不知道他的存在。结果显而易见，官军全军覆没，孙揆和宦官韩归范被生擒。因为孙揆的高调，李克用给他挑选了一个别样的死法：让孙揆站立着，然后用锯子疯狂地锯着他的身体，因为锯子锯不进去，孙揆只能忍着痛苦，直到耗尽最后一丝力气。

朝廷在潞州城外吃了瘪，可朱温布置在泽州的进攻却很顺利。潞州之围解开后，李存孝带着五百精兵转战泽州，此人不愧为唐末第一猛将，他仅仅在城外晃悠了几圈，便活捉了敌方主将邓季筠。李谠、李重胤自知不敌，率军退去，李存孝、李罕之出城追杀，歼敌数万，一直到怀州才返回。

面对这样的结果，朱温彻底暴走了。

为了攻打李克用，朱温大造声势，成功地把朝廷拉下水。此后，他把正面战场交给官军，自己派主力偷偷攻打泽州。谁料想，这几位老兄居然被李存孝的五百精兵打败，还损失了数万精兵，用废物形容他们都有些褒奖的味道。于是，朱温下令将李谠、李重胤处斩，随后率军返回汴州大本营。

至于北线战场，因为朱温的撤退，他们也放弃了抵抗，在李克用的围剿下，官军屡战屡败，数万精兵名丧战场。仅仅几个月的时间，官军的围剿行动便宣告失败，此时留在战场上的，只有张浚的数万官军。

战，张浚没有底气。

退，张浚没有道理。

最讽刺的是，张浚离开长安的时候，场面隆重，声势浩大，他自己更是春风得意，不可一世。临行前，宦官杨复恭放低姿态前来送行，并好言宽慰，希望二人的关系能够稍微缓和，可张浚却蹬鼻子上脸，丝毫不把杨复恭放在眼里。说白了，张浚能够灰溜溜地回朝，迎接杨复恭最无情的鄙视吗？

收拾完朱温后，李克用集中兵力消灭了张浚的有生力量。大顺元年（890）十一月，李存孝连续三日进攻晋州，随后退兵五十里。事实上，并非李克用拿不下晋州，杀不死张浚，而是他不想和朝廷的矛盾继续升级。在此之前，李克用就下令放回了被俘虏的宦官韩归范，并给唐昭宗李晔上了一封陈情书：

臣父子三代，蒙受四朝皇帝的恩德，先为朝廷攻伐叛逆庞勋，剪除黄巢，又废黜朱玫所立的襄王李熅，帮助朝廷镇守河东，这些都是天大的功劳。如果说仅仅因为攻伐云州等地，朝廷就来问罪，未免太过分。毕竟，朱温诛杀武宁节度使时溥，行径比臣更恶劣，朝廷为何不问罪？朝廷有危难的时候，就奉臣为当今的韩信、彭越、伊尹、吕尚；天下安宁了，就贬损臣为外人。天下手握重兵的节度使有很多，难道他们不会担心兔死狗烹，鸟尽弓藏的下场吗？如果臣有罪，朝廷可以向天下人公布，征调大军前来讨伐，为何要趁臣被朱温打败的时候兴兵来伐？既然宰相张浚已经带兵前来，那么臣只能反击，臣已经调集五十万大军，随时准备和朝廷决战，打败了唯有一死而已。

不得不说，李克用说的都是实话，这次军阀混战，李晔和李克用都被朱温摆了一道，可以说朝廷除了丢脸，什么也没得到。此时，各地的藩镇节度使都在看着李晔接下来的反应。

大顺二年（891）正月初九，李晔下诏：贬宰相孔纬为荆南节度使，贬张浚为鄂岳观察使。

然而，李克用没有就此罢休，他再次上书：张浚用陛下世世代代的基业，谋取他自己一时的功名，他知道臣与朱温有很深的怨仇，于是与朱温暗中勾结。臣现在已没有官职爵位，是被朝廷指名讨伐的罪人，也不敢再回去做陛下的藩镇节度使。如今，臣只想在河中一带留居，是进是退，敬候朝廷的指示。

李晔再次下诏：贬张浚为连州刺史，贬孔纬为均州刺史（今湖北省丹江口市）；恢复李克用的官职和爵位，重新赐回李姓。也正是此时，李晔下旨撤回西川的大军，恢复陈敬瑄等人的所有官职。

李晔登基的时候满怀壮志，可没过几年，就在西川、河东接连犯下错误，沦落为天下节度使的笑柄。历史证明，李晔输了这场政治赌局。自此以后，李克用和朱温继续扩充着地盘，而原本观望的藩镇节度使看到朝廷羸弱，也纷纷丢掉顾虑，开始了肆无忌惮的军阀混战。

一个宦官引发的血案

客观地说，李晔能够登上皇位，杨复恭出了大力。不过，李晔不是一个甘愿受人摆布的人。对杨复恭，他的态度就是敬而远之。说白了，就是把杨复恭高高地捧起，让他坐享荣华富贵，但是和他保持距离，再找机会铲除他。

那么问题来了，面对皇帝的冷处理，杨复恭是什么态度?

有一次，李晔和杨复恭闲谈。

李晔:“朕没有什么大德，能够做皇帝，都是你的功劳。朕听说，昔日的帝王每天都要换一套新衣服，太常寺还得在旁边奏乐，以后都取消吧。”

杨复恭连忙跪在地上，称赞李晔的贤明。

李晔:“朕听说，前朝皇帝每次出游，花费都很多，是否属实？”

杨复恭:“懿宗皇帝以来，每次外出必定会带金帛五车，十部乐工五百，护卫将士三千。曲江、温汤的行猎叫大行从，宫中、苑中的行猎叫小行从。每次算下来，朝廷的花费多达十万贯钱。”

李晔:“以后这些都禁止吧！”

别有居心的宦官，一般都鼓励皇帝搞娱乐，自己把持操朝政大权，可杨复恭却恰恰相反。这也说明，杨复恭不是弄权之辈。杨复恭虽然没有歪心思，可谁要是敢挑衅他的权威，那绝对是要付出代价的。

有一次，国舅王瑰想求一个节度使的官职，李晔便问杨复恭的态度。

杨复恭回答道:“陛下，汉朝的吕后任用吕产、吕禄兄弟，武则天任用外戚武三思，以至于国家几乎倾覆，由此可见，外戚不能随便封拜。如果陛下真想用他，可以拿其他的职位封赏，以免日后难以控制。”

李晔：“你说得很对，此事另外再议吧。”

谁料想，王瑰的心理不平衡了，他气冲冲地跑进宫，当着杨复恭的面就是一顿臭骂，并威胁杨复恭，以后肯定要让他难堪。没过几天，杨复恭主动提出让王瑰担任黔南节度使，随后让山南西道节度使杨守亮在路上淹死了王瑰。

事实证明，面对皇权，杨复恭只想安分守己，可谁要是欺负到他的头上，杨复恭就会狠狠地报复。毕竟，宦官首领的威严不是每个人都能挑衅的。由于这件事性质恶劣，引起了李晔的强烈反感。再加上宰相韦昭度、张浚、杜让能等人经常和李晔说宦官集团作威作福的往事，李晔铲除杨复恭的心思越发强烈。

为了对付杨复恭，李晔给他找了个竞争对手：杨守立。

杨守立，杨复恭的养子，官居天威军节度使，勇武过人，颇有豪气，在杨复恭的干儿子中，杨守立算是成就较大的一位。有一天，李晔问道：“朕记得你有个养子叫杨守立，朕想重用他，你将他调回长安吧。”

杨复恭根本没想到，李晔会用自己的养子来对付自己，他立即命杨守立回长安面圣，李晔随后将他赐名为李顺节，让他统领禁军。

据史料记载，杨复恭有上百个养子，其中不少人都是藩镇节度使，比如山南西道节度使杨守亮、龙剑节度使杨守贞、武定节度使杨守忠。遗憾的是，大家都是互相利用的关系，很难说有多少感情基础。言外之意，只要利益足够大，养子也是能背叛老子的。就拿李顺节来说，突然被皇帝重用，还收获了国姓，感觉人生进入新的阶段，因此开始对李晔感激涕零，掏心掏肺。

为了报答李晔的恩德，李顺节经常向李晔打小报告，说杨复恭的坏话。李晔听了之后龙颜大悦，鼓励他有朝一日肯定能超越义父。有了皇帝的期许，李顺节开始培植自己的势力，杨复恭自然成了他的绊脚石。

有一天，李晔和宰相在大明宫延英殿商议政事，杨复恭有事求见，因此和往常一样坐着轿子直接来到大殿门口。宰相孔纬突然咆哮道：“陛下，您身边就有反叛的人，何必舍近求远，去镇压地方上的节度使呢？”

李晔听闻此话，配合地问道：“不知爱卿说的是谁？”

孔纬:“就是杨复恭。”

杨复恭大惊失色，跪在地上辩解道:“臣岂是叛臣?望陛下明察。”

孔纬:“陛下，杨复恭不过是皇家的一个奴才，竟然敢直接坐轿子上殿。而且他还广收义子，让他们执掌兵权，这不是要造反吗?”

杨复恭:“陛下，臣收养义子，是为了辅助陛下您啊。”

李晔:“既然你是替国家着想，那为何这些人姓杨而不姓李呢?”

此言一出，杨复恭理屈词穷，无言以对。说白了，这是打压杨复恭权威，测试他反抗态度的试验。不管是李晔，还是朝臣，都不会因为义子姓氏的问题处罚杨复恭。此事过后不久，宰相孔纬因为朝廷对李克用战争的失利被贬，在前往任所的路上，遭遇了一伙歹徒。背后的主使，正是杨复恭。

对杨复恭来说，他需要刷点存在感，让李晔认识到他的能量。接下来，杨复恭开始安排龙剑节度使杨守贞、洋州节度使杨守忠暂停对朝廷的进贡，并且上书朝廷，为杨复恭被欺辱一事鸣不平。悲剧的是，只有少数几个义子愿意出头，折腾了一段时间后，杨复恭的势力开始偃旗息鼓。

这样的局面，竟然出乎了李晔的预料。

大顺二年(891)八月，李晔当机立断，以杨复恭挑拨藩镇节度使诋毁朝廷为由，将他贬为凤翔监军，命他即日赴任。

杨复恭表示，自己为朝廷打工一辈子，到头来一无所有，凭什么?更何况，李晔对他怀恨在心，如果贸然离开长安，很可能被暗中杀害。面对皇帝的圣旨，杨复恭死活不肯离去。后来，杨复恭干脆称病，向李晔告老还乡。杨复恭觉得，李晔肯定会碍于舆论影响，拒绝他的请求。悲剧的是，李晔立马批准了辞呈，随后给他封了个上将军的虚衔，算是对他职业生涯的最后交代。

任何人遭到不公平的待遇，都会愤愤不平，更何况权倾一时的杨复恭。据史料记载，传旨宦官离开后，杨复恭顿觉天塌地陷。没有了权力，杨复恭就是一个废物，巨大的失落感充斥着他的心头，他随后派遣亲信张绾将传旨官宦诛杀。

退休之后，杨复恭回到了自己的府邸，此处靠近玉山营，而玉山营军使正是他的养子杨守信。当时，杨守信日夜探望，父子说了什么话，我们无从知晓。除此之外，杨复恭还给侄子兴元节度使杨守亮写信，声称李晔不懂知恩图报，反而以怨报德，暗示他在兴元府厉兵秣马，拒绝向朝廷进贡。

很快，杨复恭父子就被举报了，罪名是阴谋叛乱。

大顺二年（891）十月初八，李晔命天威都将李顺节、神策军使李守节攻打杨复恭的府邸，遭到了杨府卫士和玉山营将士的顽强抵抗。第二天，大批禁卫军赶来支援，杨复恭带着亲信家眷逃往兴元府。在这里，杨复恭召集养子杨守亮、杨守忠、杨守贞，以及绵州刺史杨守厚等人，以讨伐李顺节为名，宣布和朝廷决裂。

彼时，李顺节已经晋升为镇海军节度使、同中书门下平章事，他觉得自己驱逐了杨复恭，立下不世的功劳，因此行事越来越跋扈，出行甚至带着数百名铁甲卫士。李晔最不能容忍权宦，杨复恭完蛋了，李顺节也就失去了利用价值。

大顺二年（891）十二月十二日，李晔请李顺节入宫议事，和往常一样，李顺节带着三百名精兵一直到银台门。然而，等待他的只有明晃晃的钢刀。

那么问题来了，李晔胜利了吗，他得到了什么呢？在宦官和藩镇之间，谁给皇权的伤害最大，谁的隐患最多？答案很简单，是藩镇。

毕竟，晚唐的权宦有很多，可大家都不敢主动挑衅皇帝的权威，更没有谁去主动欺凌皇帝。宦官这样的群体，必须依靠皇帝而存在，没有了帝王，他们专权乱政便会被天下诸侯群起而攻之。相反，像朱温这类手握军权，可以创立新王朝的藩镇节度使，明面上忠于朝廷，实则包藏祸心，危害无法估量。

纵观历史，被史书贬为十恶不赦的宦官，最后的结局都是被皇帝轻轻松松地收拾，而那些所谓的忠臣却得到了天下。说到底，历代史家只能通过贬低宦官，来为皇帝内心的懦弱和无能遮掩，实在是可悲可叹。

我是忠臣，也是关中第一枭雄

杨复恭和朝廷决裂，李克用、朱温等军阀大佬扩充地盘，大唐王朝已经走向了穷途末路。各路豪杰的态度，已经从隔岸观火变成了跃跃欲试，其中最活跃的当属凤翔节度使李茂贞。想当初，唐僖宗李儇从凤翔返回长安，途中被军阀李昌符拦截，正是李茂贞出兵将李昌符击杀，救了李儇一命。随后，李茂贞晋升为凤翔、陇右节度使、陇西郡王。在朝廷的眼里，李茂贞就是个大忠臣。

现实就是，做忠臣是有前提的，比如朝廷有能力教训他们。很显然，李晔没这个能力，所以李茂贞就敢闹事。景福元年（892）正月，李茂贞联合静难节度使王行瑜、镇国节度使韩建、同州节度使王行约、秦州节度使李茂庄一起上书李晔，请求收拾杨守亮，并希望朝廷加封李茂贞为山南西道招讨使。

李茂贞霸占山南西道的想法很美好，可是被李晔看破了。随后，李晔下诏：既然你们愿意为朝廷分忧，那就一起找杨守亮和解吧。

接到诏书之后，五大节度使纷纷闭嘴，毕竟这是个没油水的活。李茂贞没有获得朝廷的许可，不代表他放弃了山南西道。景福元年（892）二月，李茂贞擅自发兵，直接和杨守亮干了起来。同时，李茂贞给朝廷上书，希望李晔将山南西道招讨使的职位给他，还讽刺宰相杜让能、神策中尉西门重遂等人无能。

李晔的自尊心很强，受到挑衅后怒火中烧，他立即在延英殿召开大会，商议处理办法。然而，朝中重臣和李茂贞互相勾结，谁还为李晔考虑？

彼时，给事中牛徽委婉地说道：“李茂贞就是个灾星，军队所到之处，百姓都要遭难。如果不把职位给他，恐怕山南西道的百姓就会被斩尽杀绝了。”

景福元年（892）二月，李晔下诏：加封李茂贞为山南西道招讨使。

说到底，在与地方藩镇的博弈中，李晔还是选择了妥协。

这道诏令对李晔来说不算什么，但是对李茂贞来说，就是无敌的令箭。如果没有得到皇帝的授权，攻打山南西道就是叛逆，可如果得到了皇帝的许可，李茂贞不仅能得到山南西道，还可以成为朝廷功臣。最主要的是，李晔既然答应了第一次的请求，还会拒绝第二次、第三次吗？

景福元年（892）八月三十日，李茂贞攻克兴元府，杨复恭、杨守亮、杨守信、杨守贞、杨守忠等人逃奔阆州（今四川省南充市阆中市）。李茂贞上表朝廷，请求任命他的儿子李继密暂时主持兴元府的事宜。

景福二年（893）正月，李茂贞再次上书，请封自己为山南西道节度使、武定节度使，同时将果州、阆州划给武定军镇。朝廷的意思是让徐彦若担任凤翔节度使，李茂贞管理山南西道，却遭到了李茂贞的拒绝。

曾经，李晔认为李茂贞是忠心为国的节度使，可李茂贞还给李晔的，却是无穷无尽的野心和欲望。据史料记载，李茂贞得势后，开始疯狂地抨击李晔：

“陛下身为大唐皇帝，却不能庇护国舅王瑰的性命。陛下虽受万人敬仰，却不能斩杀杨复恭这个家伙。

“如今，朝廷只看节度使是否强弱，而不在乎是非曲直。

“朝廷碰到势力弱者，便对他们大加约束，面对势力强盛的，则对他们施加恩赏。处事视其轻重而斤斤计较，看人权衡利害而仰人鼻息。

“军中情形千变万化，战争胜负难以控制，臣担心京畿一带的百姓因此遭受祸害，不知道皇帝流离迁徙，今后还能到哪里去。”

客观地说，这不是为臣之道。可回过头看，李茂贞说过的话，李克用曾经也说过，大致的意思就是朝廷处事毫无原则，碰到软柿子就拼命地捏，碰到态度强硬的则一味退缩，毫无公平公正可言。历史过去了千年，我们无从追踪当时的情况，如果只有一个节度使上奏，可能主观判断较强，可几个节度使异口同声，不顾君臣礼仪地指责皇帝，那朝廷一定是出了问题。

李茂贞每隔数日便上一道奏折，把李晔气得很有节奏感，以至于李晔放出豪言：

不惜一切代价，出兵灭了李茂贞。令宰相杜让能主持平叛事宜。

话音刚落，杜让能便汗流浃背，跪在地上说道："陛下刚刚登基，国家前途未卜，而李茂贞离长安又近，如果双方结仇，陛下悔之晚矣。"

李晔说道："朕不甘心做一个软弱可欺的君主，你只管调动军队粮食，朕亲自委派宗室王爷统领军队，不论成功与失败，都不会追究你的责任。"

身为国君，已经沦落到给大臣说好话，堪称千古奇事。

谁料想，杜让能不想领情，他回答道："陛下如果要兴兵讨伐李茂贞，朝中大臣都应该为皇帝分忧，陛下不应该只委托臣一个人啊。"

李晔："你身为宰辅，应该为朕分忧，不该遇事就躲避啊。"

杜让能已经被逼到了死角，他涕泪交加地哽咽道："臣怎敢遇事躲避呢。陛下要做的事情，是当年宪宗皇帝的志愿。只不过如今天时地利人和，朝廷一样也不占。恐怕将来有一天，臣会像汉景帝时的晁错一样白白遭受杀身大祸，却又不能平息吴楚等七国叛乱的战祸。臣怎敢不奉行诏令，以死相报。"

就这样，杜让能接了个自己毫无信心的活儿。

消息很快就传到了李茂贞的耳朵。随后，长安舆论四起，基本都是朝廷不应该讨伐李茂贞的基调。不仅如此，李茂贞还派人在宰相崔昭纬、郑延昌，以及神策军府的门口静坐，以示抗议。一时间，朝廷的颜面丢失殆尽。

不过，李茂贞的反击更加坚定了李晔讨伐他的决心。

景福二年（893）八月，李晔下诏：封覃王李嗣周为京西招讨使，神策大将军李𫓧为副使，率领三万禁军护送宰相徐彦若就任凤翔节度使，同时讨伐李茂贞。

李晔虽然调派了三万军队，可都是刚刚招募的新军，他们没有拿过兵器，没有见过杀戮。而李茂贞手下的六万精兵经历过上百次的战役，活下来的都是精兵强将，两军对阵，根本就不是一个战斗级别。

景福二年（893）九月十七日，双方还没交战，官军便四散逃溃。消息传到长安，朝廷震惊，李晔惶恐。有些长安百姓预感大事不妙，于是提前收拾行李逃到深山之中，还有一些百姓则跪在宫门前，请求李晔诛杀倡议发兵的大臣。

问题是，李晔才是想杀李茂贞的人，他能诛杀自己吗？当时，宰相崔昭纬给李茂贞送了一封信，将责任推到了宰相杜让能的头上。

景福二年（893）九月十九日，李茂贞陈兵在长安城西的临皋驿，历数杜让能的罪行，请求李晔将他诛杀。彼时，杜让能痛哭流涕地说道：“昔日臣有言在先，征伐一事断不可行。如今，陛下就拿臣开刀，平息李茂贞的怒气吧。”

杜让能没有生在好的时代，却服侍了一个心有理想、为人正直的皇帝。李晔没有效仿汉景帝诛杀晁错的先例，而是将他贬为梧州刺史，并下诏承认自己没能听取大臣的深谋远虑，以至于引发战争的错误。

景福二年（893）九月二十日，李晔处死了西门重遂、李周潼、段诩三个宦官，将杜让能贬为雷州司户。同时声称，蛊惑他出兵的正是宦官集团，与杜让能没有关系。

很遗憾，李晔的退让没有换来李茂贞的退兵。接下来的几个月，李茂贞一直在长安附近耀武扬威，宰相崔昭纬也在给李晔施加压力。景福二年（893）十月，李晔下诏：勒令杜让能和他的弟弟户部侍郎杜弘徽自杀。

在朝臣的性命和自己的性命中，李晔只能无奈地选择后者。

此事过后，李茂贞成为凤翔节度使、山南西道节度使、武定节度使，兼任中书令，控制着凤翔、兴元、洋州、陇秦等十五个州的地盘，成为关中地区最有权势的藩镇节度使。乾宁元年（894）七月，在李茂贞的威逼之下，杨复恭、杨守亮、杨守信等人放弃抵抗，逃往河东，在路上被华州刺史韩建擒获，随后被李晔处死。

幽州内乱，李克用捡了便宜

大顺元年（890），朱温、李匡威、赫连铎联手教训李克用，最终惨败。

事情过后，李克用没有因为意气之争，把怒火撒到李晔的头上，而是趁着李晔理屈的时候，加紧步伐，扩充自己的势力。大顺二年（891）四月，李克用带着沙陀精兵攻破赫连铎在浑河北岸设立的防线，陈兵云州城下。接下来的三个月，李克用围而不攻，以至于云州城弹尽粮绝。随后，赫连铎逃奔吐谷浑，在遭到冷眼对待后，投奔了昔日的战友，卢龙节度使李匡威。

李克用想了想，最终没有把战火带到幽州，而是将亲信石同善提拔为大同防御使，先巩固了云州的胜利果实。在李匡威看来，李克用肯定记着他的仇，眼下没有攻打幽州，不代表李克用会放过他。本着唇亡齿寒的考虑，李匡威准备主动下手，与此同时，他拉上了成德节度使王镕，一个颇有野心的军阀。

在河北三镇之间，有个义武军镇，是朝廷为了钳制魏博、卢龙、成德设立的特别军镇，战略地位很高。义武节度使王处存是李克用的亲信。李匡威和王镕商议之后，决定先发兵定州，拿下王存处。

很遗憾，十三太保李存孝提前探知了消息。

大顺二年（891）十月，李克用发兵镇州，同时让李存孝从南面包围镇州，又调遣李存信、李存审从井陉方向增援。

王镕彻底傻眼了，沙陀骑兵的战斗力天下闻名，如今又被四面包围，仅凭成德的军力，根本无法与之抗衡，难道自己要“位列仙班”了吗？王镕是幸运的，因为李匡威出兵了，而且拿出了全部家底，就连李克用也要暂时退守到邢州。

景福元年（892）正月，双方在镇州城外交战，河北联军伤亡三万余人。

景福元年（892）三月，李克用向镇州发起进攻，成功拿下镇州的门户天长镇，河北联军顽强抵抗，以至于所向无敌的李克用折损三万兵马，再次退守到栾城。

李克用的本意是教训赫连铎，最终却引起了河朔三镇的震动，如果将河朔三镇拉下水，李克用还能控制局势吗？李克用必须想这个问题。

对李晔来说，河朔三镇就是战争的代名词，如果爆发大规模的战争，大唐王朝恐怕就彻底完蛋了。李晔心急如焚，只好以帝王的名义，祈求卢龙、河东、成德、义武四镇为天下黎民百姓考虑，暂时止息干戈。

几位大佬想了想，是这个道理，于是决定偃旗息鼓，继续蛰伏待机。接下来的几个月，大家相安无事。景福元年（892）八月，李克用巡视代州，突然传来紧急军情：李匡威和赫连铎出兵八万，意图攻打云州。

说好的停战，说好的相安无事呢？

李克用很生气。由于云州兵力很少，李克用急忙传令，命总部的大将李君庆前来支援。随后，李克用在神堆（今山西省大同市西南）设下埋伏，将前来巡逻的三百名敌军骑兵擒获。消息泄露，李匡威只能在云州城外驻扎。

事实上，李克用的大军还没到来，云州防务空虚，如果李匡威拼死进攻，还是有机会的，可他主动放弃了。景福元年（892）八月二十五日，李克用的援军赶到。

问题是，李匡威该怎么办呢？

很显然，正面战场是无法取胜的，最好的选择是撤军。然而，李匡威的惯性思维告诉他，李克用是防守的一方，他们是进攻的一方，李克用绝对不会主动出击。现实就是，李匡威被打脸了，而且很严重，以至于牙齿掉了一地。

景福元年（892）八月二十六日，李克用大举反攻，在沙陀骑兵的碾压下，幽州军一败涂地，溃不成军。这一战，李克用缴获了无数的战利品。可就在此时，大后方传来消息，十三太保李存孝背叛了李克用，他与成德节度使王镕、朱温结盟，打算将邢、磁、洺三州还给朝廷，条件是朝廷封他做三州的节度使。

李存孝背叛李克用一事的渊源，前面已经提过。

景福二年（893）二月，李克用领兵到邢州兴师问罪，走到半路的时候，收到王镕发来的书信，王镕希望李克用能捐弃前嫌，放李存孝一马。李克用气乐了，就这样天真无邪的人，也配做藩镇节度使？李克用二话不说，直接开赴镇州，灭了王镕一万多将士，逼迫李存孝入城防守。没办法，只能找朱温大哥帮忙了。

彼时，朱温正在徐州征战，无法分兵，但他给李克用写了一封信：我手握十万精兵，如果你还是一意孤行的话，我随时可以去找你。

李克用也回了一封信：如果你确实有那么多精兵强将，我随时恭候你的大驾，我是多么希望你能到常山脚下，和我一决雌雄啊。

很显然，打口水仗可以，但是让朱温去河北，他暂时做不到。就在李存孝等人焦头烂额的时候，李匡威传来消息，说他的援军马上就到镇州。一场即将爆发的大战，由于李匡威的卷入，再次消弭于无形。

就在此时，发生了一件出人意料的糗事。

据史料记载，李匡威出发前，家人为他开宴送行，李匡威几杯烈酒下肚，竟然将亲弟弟李匡筹貌美如花的妻子强奸了。镇州之围解除后，李匡威返回幽州，发现弟弟李匡筹已经占领了节度使府衙，自封为幽州留后。在幽州，兄弟夺权是司空见惯的事，李匡筹霸占幽州，幽州将士自然认了他的存在。

彼时，李匡威感叹道："李匡筹虽然夺取了我的地位，但是幽州仍然是李家的。可惜的是，李匡筹软弱无能，缺乏才干，断然保不住幽州，不出两年，幽州就得易主。"无家可归之后，成德节度使王镕收留了他，并且为他建造了一座恢宏无比的府邸，供他安享晚年。谁料想，李匡威竟然生出了鸠占鹊巢的心思，最终被成德军镇的悍将们剁为肉泥，提前在唐末的军阀混战中出局。

景福二年（893）七月，李克用和李存孝交战，王镕领兵支援，却被打败。此时，王镕思考了一个问题，自己是否应该重新站队了。毕竟，最大的盟友李匡威被杀，幽州的李家扬言要找他的麻烦，南边的朱温嘴上说得好听，却没有实际的支援，李存孝只有自保能力，如果继续和李克用为敌，自己是什么下场？

就这样，王镕投靠了李克用，还答应奉送二十万斛军粮，帮李克用一起教训李存孝这个不听话的孩子。乾宁元年（894）三月，邢州城弹尽粮绝，李存孝服软投降，随后在一场李克用导演的闹剧中被杀，前面已经说过了详细剧情。

问题是，李克用不想杀李存孝。

这件事情过后，李克用出现了两个明显的变化：茶饭不思，神情恍惚。同时迁怒到手下的将领，因为他们没有为李存孝求情。彼时，有个叫薛阿檀的大将，勇猛程度和李存孝不相上下，同样受到众将士的排挤，郁郁不得志。这位老兄看到李克用情绪不稳定，担心迁怒自己，竟饮刀自裁。

乾宁元年（894）八月，昭义节度使康君立拜访李克用，李克用召集部下大摆宴席，席间宾主尽欢，可喝着喝着，李克用突然想起了李存孝，情不自禁地哭了起来。康君立安慰道，李存孝的死是咎由自取，劝李克用不必伤心。谁料想，李克用怒火中烧，抽出随身佩剑将康君立砍成重伤。随后，李克用将他关了禁闭，严禁医生为他诊治，以至于康君立失血过多，一命呜呼。

说白了，李克用能纵横天下，靠的不是脑子，而是英勇的沙陀骑兵，以及彪悍勇猛的武将。可历史再次证明，性格可以决定命运。至少，李克用的情绪害死了大批的猛将，伤了下属的心，也毁掉了自己的事业。在后来的军阀混战中，李克用的下属们不再为他卖命，他在与朱温的较量中屡占下风。

对李克用来说，坏消息时常有，可好消息也从未断过。

就拿幽州来说，有个叫刘仁恭的大将在蔚州驻防，可到了换防的时候，李匡筹迟迟不肯派兵前来。幽州将士是最眷恋家庭的人，他们听说幽州大乱，现在又回不去家乡，因此发生暴动，投靠了李克用。

刘仁恭表示，他需要支援，李克用便给他分了几千兵马。悲剧的是，没打几个回合，刘仁恭就被李匡筹打得落花流水。就在此时，李匡筹得出了一个自寻死路的结论：李克用只是浪得虚名，他完全可以反攻河东。

在作死的路上，李匡筹奔跑得义无反顾。

乾宁元年（894）十二月，踌躇满志的李匡筹被李克用打回原形，随后带着家眷和金银珠宝逃往沧州。李匡筹没想到，随身的钱财为他带来了灭顶之灾，义昌节度使卢彦威听说李匡筹是只大肥羊，于是悍然抢劫，将他送上了西天。

乾宁元年（894）十二月二十八日，在幽州百姓的夹道欢迎下，李克用开进幽州城，宣示着河东军阀对这座古城的正式占领。不过，李克用很清楚，幽州民情复杂，尤其是基层的势力盘根错节，他没有能力掌控这里。于是，李克用提拔地头蛇高思继做了主将，命李存审、刘仁恭继续征伐幽州尚未归附的州县。

据史料记载，占领幽州之后，河东将士无时无刻不把自己视为征服者，行事嚣张跋扈，蛮横野蛮，最终引起了幽州军队的强烈反感。彼时，高思继按照幽州军法，处死了不少河东将士。

对李克用来说，由旁人帮他整治军纪，原本是一件好事，可他却选择护犊子，反杀了高思继。如此一来，李克用彻底失去了幽州的军心，只能将幽州的大权交给刘仁恭。李克用没想到，刘仁恭是个心机深沉、善弄权谋的高手，他一边安抚幽州的军心，一边将高思继的兄弟子嗣招揽到自己手下，并疯狂洗脑。总而言之，幽州达成了广泛共识，李克用就是个野蛮人，没资格掌管幽州。

等李克用明白其中的套路，为时已晚。

长安乱，方显英雄本色

幽州落到李克用的口袋，恰好证明了一件事：朝廷失去了对藩镇的控制和影响力，大唐王朝已经完蛋了，政权灭亡只是最后的标志而已。

长安附近，最强悍的军阀就是李茂贞，这位老兄有个中书令的头衔，没事的时候经常带兵进长安，对朝政指手画脚。待得烦闷了，便带兵回到驻地。当然了，李茂贞如此嚣张，除了有军队撑腰，朝中还有大批的狗腿子。

比如宰相崔昭纬，经常将朝廷机密泄露给李茂贞，条件是李茂贞支持他铲除政敌，更好地掌控朝政。当时，李溪接替杜让能的位置，引起了崔昭纬的忌惮，崔昭纬便声称李溪是奸诈狡猾之徒，顺带控告宰相韦昭度心胸狭隘，没有宰相的气度，要求李晔将他们罢免为闲官。

李晔虽然落魄，可还是想为自己挽回一点尊严。他强势说道："行军打仗这种事，朕会和你们商议，但是宰相的任命，应该是由朕说了算。"

话说得没问题，可晚唐已经不是靠身份来说话，而是看谁的拳头硬。在崔昭纬的运作下，李晔最终选择妥协，将李溪贬为太子少师。

生活在这样的环境中，李晔的苦闷可想而知。李晔确实想改变被动的局面，他曾经以长安残破不堪，以至于盗贼经常偷入皇宫一事，提议起用李姓王爷带兵巡查。言外之意，不再让李唐的王爷头顶虚职，浑浑噩噩地混日子。然而，这样的提议让朝臣和宦官非常害怕，他们担心自己的利益受损，强行拒绝了李晔。

那一刻，李晔终于明白，什么叫作孤家寡人！

乾宁二年（895）五月，河中军镇因为争权夺利，再次闹出了风波。

彼时，河中节度使王重盈去世，按照规矩，他的儿子王珙是河中节度使的继承人。可就在此时，王珂跳了出来，扬言河中军镇是他老爹王重荣打下来的，而王重盈是从王重荣的手里接管的权力，现在他要把家业要回来。

说起来，王珂只是王重荣的养子，并没有资格说这样的话。不过，王珂是李克用的女婿，背后是军阀势力，再加上河中的军队支持他，底气十足。王珙也不甘示弱，他找到了李茂贞、王行瑜、韩建三位军阀撑腰。

一时间，奏折如雪花般飘向长安。

也许，李晔被李茂贞等人欺辱太久，这一次他答应让王珂来做河中节度使，也就是把这个肥差赏给了李克用。王行瑜、李茂贞、韩建暴走了，三位军阀联名上奏，居然抵不过一个外人？尤其是王行瑜，先前为自己求尚书令不成，改求神策禁卫军大将，连续两次被拒绝，如今又被李晔无视，恨不能废了他的皇位。

乾宁二年（895）五月初，王行瑜派弟弟王行约攻打河东。同时，三大节度使纠集了数千将士，准备到长安城讨个公道。

乾宁二年（895）五月初八，藩镇军队来到安福门，李晔没有露怯，他以帝王的高姿态俯视数千将士，铿锵有力地问道："你们没有请奏朝廷就擅自带兵入城，究竟想干什么？如果你们不能恪尽职守，今天就请将官位让给贤明之士吧。"

三位军阀没想到，李晔竟然这样强势，当着长安百姓的面，他们认输了。到了晚上，李晔在大明宫安排宴会给他们压惊，酒喝了一半他们才缓过神，意识到自己是带兵入城，为什么要怕一个光杆司令？

想到这里，他们自信心十足，于是进言到："陛下，朝中大臣和宦官互相勾结，狼狈为奸，败坏朝廷大政，这些您是知道的。拿韦昭度来说，讨伐西川决策失误，李溪充任宰相，不合群臣的心愿，请将二人诛杀。"

李晔表示不解，严词拒绝。

三个人没有任何表示，宴会过后，他们直接杀死了韦昭度、李溪，随后又将不肯与他们结交的枢密使康尚弼等宦官处死。做完了这一切，三个人再次进宫，以兵谏的形式对李晔说道："王珂不是河中节度使王重盈的嫡子，朝廷这样安排实在是不妥，请皇帝任命王珙为河中节度使。"

在寒冷的剑光下，李晔妥协了。

因为这件事，李克用的心情很不好，堂堂超级军阀，竟然被朝廷戏耍，面子往哪里搁？难道李茂贞等人可以带兵入城，他就不可以？事实证明，在乱世中要干点坏事，肯定要找个冠冕堂皇的理由。比如李克用，临行之前上了一道奏折，声称三大节度使派兵进犯京师，威胁皇帝，实属大逆不道，他此次前来长安，纯粹是为了朝廷讨伐逆贼，让李晔大可放心。

在长安百姓的眼里，李克用就是一只猛虎，而他们全部是猎物。因此，李克用还没到达长安，长安就已经乱了起来。彼时，枢密使骆全瓘劝李晔迅速离开长安，可李晔严词拒绝了。他自信满满地对群臣说道："朕已经收到了李克用的奏折，他还没到长安，就算他的沙陀骑兵开进长安，朕也有办法应付他，你们只需要维持长安城的秩序不乱就可以。"

客观地说，李晔有帝王的气场，也有帝王的心胸，比大部分皇帝要优秀。如果他做太平盛世的皇帝，足够在青史留名。然而，世事弄人，李晔只能做大唐的末日君主，凭一己之力承担起千疮百孔的帝国，这是历史的遗憾。更惨的是，李晔还不知道，他马上就要成为各路军阀争抢的香饽饽，彻底失去尊严。

毕竟，在乱世之中，挟天子以令诸侯是最基本的操作。

右军指挥使李继鹏是李茂贞的养子，他的计划是和枢密使骆全瓘一起，将李晔劫往凤翔，这样李茂贞就可以号令群雄，掌握先机。而神策中尉刘景宣、左军指挥使王行实是王行瑜的人马，他们打算将李晔劫往邠州。

乾宁二年（895）七月初五，神策左军和右军不约而同地闯进皇城，两军在路上相遇，大家都知道对方想要干什么。因此，双方直接在长安城展开巷战，喊杀声惊天动地。李晔听到外面的喊杀声，急忙登上承天门楼，打算制止内乱。遗憾的是，一切的努力都是徒劳，如果不是将军李筠在旁边护驾，李晔已经命丧当场。

混乱之中，右军指挥使李继鹏开始焚烧宫城，长安的地痞流氓浑水摸鱼，大明宫成为土匪狂欢的福地。乾宁二年（895）七月初六拂晓，李晔在李筠、李居实的护卫下离开长安，急速奔往南山。据史料记载，李晔出逃的时候，跟随的官员没多少，反而有数十万百姓死命追随。然而，路上天气炎热，还没有抵达南山，就有三分之一的老百姓因为中暑而死伤。晚上到达莎城镇，李晔下令在此处过夜，百姓又遭到了地方盗贼的劫掠，景象惨不忍睹。

李晔茫然四顾，发现身边只有薛王李知柔、延王李戒丕、宦官刘光裕等人，内心顿时有种说不出的凄凉和无助。所幸的是，探子告诉他，李茂贞和王行瑜并没有派兵前来追击，李晔的心情这才缓和下来。

在山中住了十多天，李晔觉得不是办法，于是派延王李戒丕前去给李克用传旨，让他迅速来长安救驾。那一刻，李晔的内心是矛盾的，他痛恨李茂贞等人，可李克用是少数民族，李晔担心李克用没有遵奉他的心意。这种饮鸩止渴，担惊受怕的心情，始终萦绕在李晔的心头。

有了李晔的诏书，李克用再也没有舆论上的顾忌。这一次，沙陀骑兵再次展示了强大无比的威力。乾宁二年（895）八月初九，李克用对王行瑜发起猛攻，擒获其将领王令陶等人，随后送往李晔居住，请求他的处置。

更神奇的是，手握十五州土地，堪称关中第一节度使的李茂贞还没有开战，就向李克用递交了求和书。随后，李茂贞还将所有罪责推到养子李继鹏的身上，将他的首级交给了李晔，希望李晔能对自己宽大处理。

这就是唐末的乱世，乱世的规则就是没有规则。

对李晔来说，军阀混战只会让他的处境越来越危险，如果两方互相牵制，他才有出面平衡的价值。因此，他赦免了李茂贞。为了照顾李克用的情绪，他特地让李戒丕、丹王李允拜李克用为兄，拉近了李克用和皇室的距离。

乾宁二年（895）八月二十七日，李晔重新回到长安。

经过军阀混战，长安已经成为一片废墟。此次回京，李晔只能住在尚书省，大臣们别说骑着高头大马去上班，就连一件像样的朝服也找不出来。不过，令李晔欣慰的是，李克用既有军事素养，又尊敬李晔的皇权威严。随后，李晔任命李克用为行营都统，让他全面主持平定王行瑜的事宜。

乾宁二年（895）九月，平叛战争进入到白热化的阶段，王行瑜难以抵挡，只能找李茂贞求救。前一秒，李茂贞还在找李晔认错，可下一秒，他就带领三万精兵驻扎在咸阳附近，对李克用进行武力威慑。

李克用："陛下，李茂贞心怀叵测，请您命他返回凤翔，然后革除他的官职爵位，等平定王行瑜，臣一定会帮陛下干掉他。"

不过，李晔没有同意革除李茂贞官职，进行军事镇压的请求，而是命李茂贞返回凤翔，希望两位大佬能够和解，不要再起争端。

事实证明，李晔的幻想没问题，可是不现实。

乾宁二年（895）十月初三，李克用在梨园寨北大败王行瑜，斩杀千余人，王行瑜只能龟缩在城中。此时，李克用使出了撒手锏：他下令在梨园城外深挖壕沟。王行瑜看到深不见底的壕沟，心灰意冷，当即决定在壕沟尚未完成之前弃城而逃，李克用在后面疯狂掩杀，王行瑜之子王知进、大将李元福等人悉数被擒。

屡战屡败没有彻底击垮王行瑜的斗志，他带着仅剩的五千人驻守在龙泉镇，再次向李茂贞发出求救信号。这一次，李茂贞有了兔死狐悲之感，可还没出兵，老巢就传来消息：李罕之率领精兵偷袭了凤翔。

刚刚燃起一点信心的王行瑜顿时被打回原形。乾宁二年（895）十一月初五，王行瑜向李克用递交了投降书。问题是，李克用千里奔袭，死伤了那么多将士，岂是一句轻飘飘的投降就可以解决问题的？更何况，军阀的承诺有用吗？

邠州城楼之上，王行瑜号啕大哭道："行瑜无罪，调兵入城，胁迫皇帝这些事都是李茂贞和李继鹏干的，请你前去凤翔找他们算账，我王行瑜愿意前往长安，亲自向皇帝负荆请罪。"

李克用："王大人，你太谦虚了……"

王行瑜明白，李克用不会放过自己，也就放弃了投降的想法。

乾宁二年（895）十一月十五日，王行瑜收拾好细软，带着族人逃到庆州（今甘肃省庆阳市一带）境内，手下的将领率军哗变将他诛杀，头颅传回朝廷。安置好邠州的防务后，李克用率兵回到长安，驻守在渭水之北。

乾宁二年（895）十二月，李晔加封李克用为晋王。

客观地说，李克用凭一己之力，将骄横跋扈的几位军阀教训得满地找牙，堪称是神乎其技。毫不夸张地说，李克用如果有称帝的想法，完全可以霸占长安，挟天子以令诸侯，假以时日，必成大事。然而，李克用没有这样做。

那么问题来了，是李克用傻，还是他根本就没想这么做？这是对李克用的历史认知，前者是他的智商问题，后者是价值观问题。

在此之前，朱温在汴州摆了他一道，李克用找朝廷讨要公道，却被朝廷和了稀泥，可他并没有报复朝廷的意思。唐僖宗被军阀劫持，李克用率兵入城，帮朝廷扫清了障碍，随后安安静静退出了长安。这次来长安，是因为李晔违背了自己的承诺，李克用需要用武力威慑，替自己找回面子。更何况，李克用一直没有进驻长安，直到李晔发布诏书，公开邀请李克用平乱，他才开始平叛。

客观地说，李克用做到了仁至义尽。

这一次，李克用接到李晔的封赏后，派书记官李袭吉入朝谢恩。李袭吉找了个机会，偷偷对李晔说道："近年来，关中的节度使总是兴兵作乱，惹得皇室不安，朝廷现在可以趁机拿下凤翔节度使李茂贞，一劳永逸。晋王如今驻屯在渭水边上，只要陛下一声令下，他就会替您除掉李茂贞。"

说白了，李茂贞反复无常，没有底线，狼子野心已经暴露出来，谁知道下一步会干出什么蠢事？然而，李晔更明白，如果李克用灭了李茂贞，将成为关中、河东、河中地区最大的节度使。如果李克用是忠于朝廷的，诛杀李茂贞便会换来短暂的和平；如果李克用心怀叵测，那么李晔就是引狼入室。

这就是一场豪赌，而李晔的赌注便是整个天下的归属。

大唐高层经过秘密商议，最终决定不灭李茂贞。

随后，李晔给李克用写了一封信：李茂贞、韩建等人确实做了对不起朝廷的事情，但自从你来了之后，他们愿意认罪，最近还接连不断地给朝廷进贡，认错态度比较好，为了天下的安宁，暂且不要对他们动刀兵吧。

李晔的话说得很漂亮，可李克用还是感觉不太舒服，他吩咐宦官给李晔带话回去：臣看朝廷的意思，似乎怀疑我李克用有别的意图。可是，如果不铲除李茂贞，关中一带就没有安宁的日子。看得出来，李克用有情绪了。

按照惯例，李克用被封王爵，应该亲自向李晔拜谢。可宦官回去传旨之后，李晔突然传令：李克用不用来长安了，即刻带兵回晋阳休整。

历史证明，李晔做出了一次错误的选择。

李晔没有上帝视角，看不到李克用的真心诚意，站在李晔的角度，做出这样的决定，虽然有些过分，却没有太大的问题。然而，河东将士暴走了，大家纷纷叫嚷着，想到长安和皇帝好好说道说道，可李克用始终犹豫不决。

关键时刻，嫡系将领盖寓说了关键的一句话："朝廷屡次受节度使的胁迫，此刻人心未定，在他们眼里，河东军和其他藩镇并无不同。如果贸然带兵渡过渭水，恐怕会让长安再次陷入混乱。做臣子的效忠朝廷，在于为皇室起兵救难，而不在于入朝拜见皇帝，希望大王你仔细考虑。"

天下人都知道，李克用对待部下以严苛无情著称，只要一言不合，基本都是拔刀相向，可唯独对盖寓非常客气，以至于各地藩镇如果给李克用送礼，总会给盖寓准备一份。就这样一件事，就可以明白盖寓混得好的根本原因。

随后，李克用上书朝廷：臣统领着大军，不敢随意进入京城拜见陛下，更担心麾下士兵会侵扰渭水以北的居民。乾宁二年（895）十二月二十九日，李克用返回晋阳，李晔虽然穷得响叮当，可还是大方地赐给河东士兵三十万缗钱，以示嘉奖。

十一王丧命，华州精彩博弈

经历过波折后，李晔算是明白了，那些明着要闹事的人，他不能相信，那些嘴里喊着忠君爱国的人，他也不能信。最主要的是，刀杆子里面出政权。因此，李克用离开之后，李晔想着组建自己的军队。除了神策军之外，李晔又设置了安圣军、捧宸军、保宁军、宣化军等番号，从长安附近增补了几万人。唯独不同的是，军队的领袖不再是朝臣和将军，而是李姓王爷。

长安的变动让李茂贞深感不安。李克用在的时候，李茂贞装孙子，经常给朝廷送钱送粮；等李克用离开，尤其是李晔组建军队之后，李茂贞经常上奏，指责朝廷不相信他，威胁李晔要用武力来发泄自己的仇恨。

李晔没想到，李茂贞竟然会厚颜无耻到这种地步，他随后命通王李滋、覃王李嗣周、延王李戒丕在京城周边部署防守兵力。这样的行动属于自保，可李茂贞却故意解读成李晔要主动教训他，于是悍然起兵造反。

乾宁三年（896）六月，李茂贞逼近京畿一带，覃王李嗣周在长安城西的娄馆迎战。官军虽然人数众多，却都是没有战斗力的菜鸟，因此一败涂地。

关键时刻，李晔再次向李克用发出了求救信号。

灭李茂贞是李克用给李晔的选择，可李晔放弃了，还质疑他的诚意，如今李晔又想求李克用帮他，天底下哪有这样的好事？说白了，几个月前，只要李克用想挟天子以令诸侯，他完全有机会做，既然他没做，就代表他的兴趣暂时不大。面对摇摆不定的李晔，李克用没有理由费力不讨好。

路是李晔自己选择，他就该为自己的行为负责。

李克用拒绝了，李晔只能寻找其他的出路。然而，偌大的江山，何处才是李晔的容身之所呢？延王李戒丕提议，还是李克用靠谱，李晔可以直接前往太原寻求他的庇护，由李戒丕打前站，探听李克用的态度。

乾宁三年（896）七月十三日，李晔离开长安，打算北上。

悲剧的是，李晔碰到了韩建的儿子韩从允，他在此处恭候多时，说是要将李晔迎到华州。彼时，李晔的内心是崩溃的，因为韩建和李茂贞是一丘之貉，去华州无异于羊入虎口，因此婉拒了韩从允的请求。随后，他给韩建丢了好几个官职头衔，希望韩建留守长安，帮助平叛。

不过，朝臣却提出了异议。他们认为前去太原路途遥远，而且路上可能会碰到其他心怀叵测的节度使，还是留在华州比较好。背后的潜台词其实是，他们是大臣，去哪里都无所谓，不管是哪个节度使做皇帝，他们都可以继续做官。至于李晔的性命和前途，从来不是文臣们考虑的问题。

李晔的内心是抗拒的，他命韩建面圣，希望当面商议。

接到圣旨后，韩建拍马赶到，匍匐在地上哭诉道："陛下，有狼子野心的节度使不止李茂贞一人，如果陛下贸然北上，恐怕再也没有回来的机会了。臣虽然不是很强大，但控制关中京畿一带绰绰有余，而且华州距离长安也不远，希望陛下驾临华州，以图振兴大唐的天下。"

李晔看到韩建说得诚恳，朝臣又眼巴巴地望着他，大有一言不合就绑架的意思，于是答应了韩建的请求。乾宁三年（896）七月十七日，李晔到达华州，韩建将自己的节度使军府充作李晔的行宫，自己则搬到龙兴寺处理政务。

得知李晔再次流亡的消息，李克用叹息道：当初如果听从我的建议，灭了李茂贞，哪里会有今天的祸患。又说：韩建真是一个愚不可及的笨蛋，把自己树为靶子，不是被李茂贞所擒，就是被朱温所获。

听得出来，话语中只有惋惜，没有任何的抱怨和不轨之心。

华州府内，韩建的表现还算中规中矩。李晔屡次让他前去商议国事，韩建都以自己不懂政务为由，婉拒了李晔的召唤。说白了，韩建如此做派，并非因为他是朝廷的忠臣，而是明白枪打出头鸟的道理。皇帝在他手中，韩建不用在乎表面上的形式。就这样，君臣一直过着相安无事的日子。

闲来无事，李晔总想着振兴大唐，可要干大事，需要人才啊。

有一次，庸俗迂腐的国子博士朱朴厚着脸皮自荐道：“陛下，您看臣如何，如果您起用臣，臣保证一个月之内就为您平定天下。”

李晔：“善，朕封你为左谏议大夫、同中书门下平章事，如何？”

于是，满朝哗然。

韩建看出来了，李晔对旧臣有很强的不满，想起用一批新人。于是，他对李晔说道，宰相崔胤曾经依附过崔昭纬，留在身边不是什么好事。

乾宁三年（896）七月二十六日，李晔下诏，贬崔胤为武安节度使。

一道小小的任命，直接影响了后续的历史。

前面说过，朱温有谋夺天下的心思，可他能控制的地盘只有河南、淮北，对长安和华州，他是鞭长莫及。因此，他有想法，苦于没有办法。这一次，宰相崔胤被贬湖南，刚好和朱温碰到了，两人就此搞到了一起。关系升华之后，崔胤给朱温提了个建议：华州不是皇帝的久居之地，东都洛阳虽然落魄，却是东都，朱温可以花费重金修缮洛阳，奏请皇帝前去巡幸，然后大事可成。

洛阳城很快就修缮一新，为了避嫌，朱温拉着河南尹张全义一起上表，请李晔迁都洛阳，如果有必要，朱温可以派两万精兵前去迎接李晔的车驾。当然，朱温极力夸赞崔胤是个忠臣，朝廷应该将他调回朝廷，委以重任。

朱温的心思，韩建心知肚明。问题是，李晔是韩建的宝贝，他能轻易放李晔离开吗？答案是不能。彼时，韩建以李晔的名义传旨，答应封崔胤做宰相，但警告朱温，你如果想做乖宝宝，那就别打皇帝的主意。

接下来，李晔的帝王生涯进入了一个平淡期。

李晔身处华州，却心系长安，每想到故国山河沦落敌手，心情就倍感沉重。无边的愁绪荡漾在心头，几杯美酒下肚，几首悲情的诗作随之而出：

登楼遥望秦宫殿，茫茫只见双飞燕。渭水一条流，千山与万丘。远烟笼碧树，陌上行人去。安得有英雄，迎归大内中。

飘飘且在三峰下，秋风往往堪沾洒。肠断忆仙宫，朦胧烟雾中。思梦时时睡，不语长如醉，早晚是归期，苍穹知不知。

对凡人来说，琴棋书画的日子是幸福的，对李晔来说却是煎熬。然而，就算惬意而烦闷的日子，对李晔也是一种奢侈，因为韩建开始闹事了。

事情的起源就是李晔组建的王爷亲军。

安圣、保宁、捧宸、宣化具有禁卫军的职能，宦官集团一直想收编他们，可李晔死活不答应。最后，李晔任命通王李滋为开府仪同三司，统管诸道军事，覃王李嗣周、延王李戒丕等亲王统帅禁军，将大权掌握在了自己手里。也就是说，韩建想随心所欲地控制李晔，李姓亲王就是他的绊脚石。

乾宁四年（897）正月，华州城防将军张行思上奏道：睦、济、韶、通、彭、韩、仪、陈八位王爷图谋杀害韩建，劫持李晔的车驾前往河中。

很显然，韩建想挑拨李姓亲王和李晔的同盟关系。不过，李晔的政治嗅觉很敏锐，他平复了情绪，随后命韩建来商议此事，可韩建却做贼心虚，以生病为由拒绝前往。李晔无奈，只能留下句话，他会让王爷们找韩建当面对质的。

无中生有的阴谋，只能坑害善于猜忌，却又不搞调查的人，可李晔打算将此事拿到台面上说，韩建顿时觉得自己给自己挖了坑。他急忙上奏解释，说不必让王爷们解释，以免引起不必要的争端。随后，韩建终于露出了青面獠牙：如果陛下真的疼爱这些王爷，就请他们回到十六王宅，为他们挑选名师，教他们琴棋书画，至于兵权，凭他们手下那点乌合之众，还不如早点解散。

韩建知道李晔不会束手就擒，于是直接带兵包围了李晔的府邸，打算强行逼宫。就这样，韩建和李晔对峙了一整天，傍晚时分，精疲力竭的李晔终于下诏：卸掉所有王爷的兵权，解散安圣、捧宸、保宁、宣化四支亲军，总计两万余人，上缴所有军备物资，王爷们暂回长安，待在十六王宅。

驱逐了亲王，解散了禁军，韩建又开始扮起了好人：陛下，您想收复天下，选任贤能之士即可，何必任用亲王呢，这摆明了是对我们不信任。况且亲王的士兵都是临时拼凑的乌合之众，当您遇到困难时，他们很可能弃您于不顾啊。

韩建说好话的同时，又派兵诛杀了李晔最亲信的护卫队长李筠，随后逼迫李晔召回了驻扎在外地的几位实权王爷。当然，韩建也知道自己很过分，为了减少李晔的猜忌，他主动提议，封李晔的长子李祐为皇太子。

罢免王爷的兵权不是韩建的最终目的，如果留着他们的性命，有朝一日他们重新得势，韩建恐怕会死无葬身之地。乾宁四年（897）七月，最后一位亲王，延王李戒丕从晋阳返回，韩建给李晔递交了一封奏折：

自陛下登基以来，朝廷和藩镇的关系一直很紧张，这都是因为陛下起用亲王执掌兵权的缘故。这段日子，臣奏请罢免各王的兵权，实在是担心会有难以预测的变乱。臣听说延王李戒丕、覃王李嗣周正在酝酿阴谋诡计，恐怕会对陛下有所不利，希望陛下为了大唐的天下考虑，未雨绸缪。

不得不说，韩建的话说得很没营养。他把李姓王爷说成十恶不赦，颠覆朝政的混蛋，把自己包装成殚精竭虑的忠臣，简直就是掩耳盗铃。李晔看着奏折，无语凝噎，如果杀了这帮亲王，他还能有什么盼头？

在李晔的眼里，韩建就是个疯子。

然而，在李晔暗自苦恼的时候，韩建已经派兵包围了十六王宅。彼时，这群昔日最尊贵的群体开始疯狂地攀爬围墙，钻爬狗洞，只为了一丝生存的机会。经过几个时辰的围捕，通王、沂王、睦王、济王、韶王、彭王、韩王、陈王、覃王、延王、丹王悉数被擒，韩建将他们押到华州西部的石堤谷，秘密处决。

韩建的说法是，王爷们因为谋反而伏诛。李晔有万般仇恨，可在韩建的威慑之下，只能含着泪水，默认了韩建的禽兽行径。

光化元年（898）正月，李晔发布罪己诏，承认天下战乱四起都是因为自己执政不善，希望各地的藩镇节度使能止息干戈，并宣布赦免李茂贞的所有罪责。

小小的罪己诏，背后却有着多方的博弈。李茂贞方面，因为和蜀中的王建干了起来，暂时无暇东顾，因此假意向李晔请罪；朱温方面，主动修缮洛阳城，打算将李晔接到洛阳；韩建斗不过朱温，又不想放弃李晔，于是和李茂贞结盟。为了增强联盟的实力，他们拉李克用入伙，三人出巨资修缮长安，打算将李晔留在关中。而李晔不想留在华州，作为交换条件，他赦免了李茂贞。

深宫政变，李晔下野

为了争夺皇帝的监护权，各路军阀开始了一场修房子的比赛。长安方面，由韩建亲自担任修宫阙使，征调各地的物资，在七个月内重建了长安宫殿群。

光化元年（898）八月二十五日，李晔回到长安，宣布改元光化。

此时，已经距离李晔出逃长安已经两年之久。经历过波折，李晔还是希望自己能收拾残破不堪的江山。大唐王朝即将倾覆，一个落魄的皇帝想要在朝廷兴起改革，想要掀翻所谓的利益集团，想要还天下一个太平，可想而知该有多难。

李晔派人给李克用和朱温送信，希望他们止息干戈。李克用确实是有和解的心思，可碍于面子，不肯主动向朱温抛出橄榄枝，于是找到成德节度使王镕，希望他能做个媒人。然而，王镕屁颠屁颠跑到了河南，却吃了朱温的闭门羹。

原因其实很简单，朱温已经收拾完河南附近的军镇，势力如日中天，夺取天下、争夺皇位已经被列到了他的日程表。别说李克用是他的绊脚石，恐怕连长安的李晔也成了他的心腹大患，这样的停战又有何意义呢?

李晔记不清，这是第几次被下属拒绝了。

还是那句话，搞不定外敌，只能搞搞内政。

大唐内乱的时候，宦官集团显得非常低调。原因有二：长安被军阀一锅端，大家都处于朝不保夕的日子，没什么好争斗的；宦官集团有个原则，只要其他人不打神策禁卫军的主意，大家就可以相安无事。按理说，这样的状态很不错，可李晔却觉得很别扭，因为他想改革。重用亲王，执掌兵权是他的一步棋，可韩建无情地粉碎了李晔的梦想，李晔只能退而求其次，找宦官集团要回兵权。

想想看，宦官集团乐意吗？

为了对付宦官集团，李晔找了两个帮手：宰相王抟、崔胤。李晔的主要目标就是神策左军中尉刘季述，神策右军中尉王仲先，枢密使宋道弼、景务修。

在这场斗争中，皇帝、宰相和宦官肯定是水火不容的，可皇帝和宰相并非牢不可破的统一战线，双方不过是互相利用的关系，而藩镇势力则是他们争相拉拢的对象。历史再次证明，什么叫鹬蚌相争，渔翁得利。

长安城内，李晔精神恍惚，喜怒无常，而且经常责骂宦官，表达对他们的不满。明眼人都知道，李晔是在找宦官集团的晦气。

崔胤的领导是朱温，因此不会为李晔考虑太多，既然皇帝愿意对付宦官，那就拼命地干吧！王抟还算有点忠诚，他看李晔和宦官已经水火不容，于是及时给李晔提了个醒：您是皇帝，应该以大局为重，不能过于急躁。宦官势力一直就存在，哪有那么容易除去，您应该静待时机，等平息藩镇之后，再通过正当的途径剪除他们，希望陛下平日里不要表现得太过明显，以免狗急跳墙。

王抟确实是老成谋国，李晔对自己拥有这样一位宰相感到欣慰。

谁料想，崔胤不开心了，他趁机污蔑道："王抟早就和宋道弼、景务修等人勾结，意图破坏陛下的锄奸大计。"

庆幸的是，李晔有自己的判断，在崔胤和王抟之间，他最终选择了王抟。光化三年（900）六月，李晔下诏，将崔胤贬到广州为官。

自从和朱温结盟，崔胤几乎在朝中呼风唤雨，就差灭掉宦官，夺取兵权了。谁料想，自己竟然在阴沟里翻了船。崔胤离开长安的时候，一步三回头，对权力的恋恋不舍让他心生杀机，他发誓，一定会让王抟后悔。

没过多久，朱温的奏折就到了，他扬言是王抟和宋道弼、景务修勾结，图谋威胁李晔，而崔胤是忠臣。朱温的态度一次比一次恶劣，大有一言不合就提兵来犯的意思。李晔迫于朱温的淫威，只能再次下诏：罢王抟为工部侍郎，任命崔胤为司空、门下侍郎、同中书门下平章事。然而，事情并没有完。在崔胤的步步紧逼下，王抟、宋道弼、景务修三人相继被贬，最后被勒令自杀。

崔胤突然觉得，背靠大树果然是收益满满。有了朱温的支持，崔胤在朝中打击异己，把持大权，就连神策中尉们走路都要绕着他走。崔胤渐渐找到了唯我独尊的感觉，有理由相信，横着走路已经满足不了他的虚荣心。

有一天，宰相徐彦若听了一个八卦，说是崔胤对他有点不满，徐彦若当即吓得辞官归隐。随后，另一名宰相崔远也被无故罢相。

随着崔胤的崛起，李晔发现自己影响不了藩镇节度使，压制不住宦官，就连最想依赖的文臣也背叛了自己。自己殚精竭虑，图谋杀贼，最后却一无所有，失落、不平、愤恨充斥着他的内心。人经历失望、希望，再进入绝望是一个很恐怖的过程，这不仅是身体的困乏，更是丧失信念，强化自己无能的过程。

自此以后，李晔只好借酒消愁，只要心情不好，就会毒打宦官、宫女，以此缓解精神压力，宫中侍从人人自危。左军中尉刘季述、右军中尉王仲先、枢密使王彦范、薛齐迫于压力，开始放下成见，结成了同盟。

经过频繁的沟通，大家达成了一个共识：李晔年轻冲动，心机深沉，对宰相毫无驾驭能力，跟着他迟早被祸害。不如拥立太子为皇帝，尊李晔为太上皇，引李茂贞、韩建为强援，挟天子以令诸侯，这样可以保全身家性命。

光化三年（900）十一月初五，李晔到禁苑打猎，收获颇丰，因而大摆筵席，通宵痛饮。回到内宫后，李晔又开始忧心国事，不知不觉头昏脑涨，于是杀了几个太监、宫女。到了辰时，也就是上朝时间，禁宫的大门依旧没有打开，刘季述匆忙赶往中书省，对崔胤说道："宫门迟迟未开，必定是宫中发生了不可预知的变故，我想带着将士入宫，查看究竟。"说罢，刘季述率领一千禁军破门而入。

过了许久，刘季述大汗淋漓地跑出来说道："陛下昨夜醉酒，在宫中无故杀了数名宫女和太监，这样的人哪有资格管理国家？自古以来，拥立明主，废除昏君就是常事，我们也是为了国家考虑，并非反叛。"

崔胤顿时明白，这群人要搞政变了。

光化三年（900）十一月初六，刘季述等人提前在禁宫布满了士兵，随后召集大臣开会，单方面宣布了宦官集团想废立皇帝的意图。而大臣们的作用，就是在废黜皇帝的联名状上按下自己的小手印。直到此时，李晔还在后宫酣睡。如果他知道自己因为醉酒被废黜，心里的阴影面积该有多大？

搞定朝臣后，刘季述便带着军队前去面见李晔，为了铲除政敌，威慑后庭，刘季述疯狂地屠杀宦官和宫女，血流成河。此时，李晔被喊杀声惊醒，可还没等他找到出口，刘季述便将他按在了床上。

彼时，刘季述将联名状丢给李晔，阴阳怪气地说道："陛下，大家都知道您厌倦了帝位，因此希望太子执政，请您颐养天年。"

李晔一脸茫然："朕昨晚喝多了酒，为何会闹到如此地步？"

刘季述："陛下，这是外臣写的联名书，如果您不听从他们的意思，他们便誓不罢休。请您暂时先到东宫，局势稳定后我们再将您迎回来。"

说白了，刘季述的如意算盘是把锅甩到朝臣的头上，这样一来，宦官集团就不用担心地方藩镇迁怒于他们。

在禁军的护送下，李晔带着后妃转移到少阳院。据史料记载，刘季述手里拿着一个巨大的银饼在地上画圈圈，嘴里不停地念叨：李晔在哪一天对我不好，哪一天又得罪我了，你看我都写在地上了，你不冤枉吧。

虽然是细节，却可以说明刘季述是心虚的，只有心虚的人，才需要找理由洗刷自己背叛主子的恶行。随后，刘季述让亲信李师虔镇守在少阳院，并用铁水铸死了门锁，封闭了所有可进出的空间，将李晔等人严密关押起来。

光化三年（900）十一月初七，刘季述假传诏书，命太子李裕继承皇位，更名为李缜。尊李晔为太上皇，少阳院更名为问安宫。

刘季述明白，自己掩耳盗铃，意图嫁祸大臣的事很难成为秘密。为了笼络人心，他假传诏书，将所有朝臣官升一级，凡是参与此事的将士都有钱财可拿。随后，他开始调查宫内受过李晔恩惠的太监、宫女、侍臣、方士、僧侣、道人，将他们悉数打死。据史料记载，刘季述每天晚上都会杀人，白天则用十几辆车运送尸体，就这样持续了很长时间，一直到宫内再也没有任何八卦。

崔胤说，我喜欢做N面间谍

政变的消息很快就传遍了天下藩镇。昔日的宰相张浚得知消息，立马给河南尹张全义传信，希望他带兵勤王，救出李晔，还呼吁地方藩镇干预此事。

令人惊奇的是，舆论很平静，大家似乎心有灵犀，不讨论此事，也不掺和此事。比如韩建，当有人告诉他可以带兵勤王，他只是呵呵一笑，给此人赏了不少钱财，以示奖励。说白了，天下诸侯很多，可随着时间的推移，局势已经慢慢清晰。能干勤王这种大事的，也只有朱温、李克用、王建、李茂贞几位军阀。

大梁城内，朱温正在消化此事，近侍告诉他，刘季述的养子刘希度来访。经过一番交谈，朱温收到了两个信息：刘季述承诺将朝政大权送给他；还将李晔退位诏书的副本交给了朱温，暗示他暂时不要带兵进京。

面对至高无上的权力，朱温无法拒绝，他急忙召集幕僚开会，商议接下来的策略。很遗憾，大家都觉得这是朝廷内政，朱温不能干预太多，以免为人诟病。不过，朱温的神情告诉大家，他心有不甘。

天平节度副使李振看出了苗头，一马当先道："王室有难，这是您成就霸业的机会。主上是当今天下的齐桓公、晋文公，刘季述不过是皇家家奴，如果您现在放弃机会，新君微弱，国家政权就都归了宦官了，到时候悔之晚矣。"

朱温听闻此言，兴奋极了，当即拍板道："立即将刘希度、李奉本囚禁起来，由李振前往京城，继续查探动态。"

由此可见，话不用太多，说到点子才是王道。布置好了一切，朱温暗中派遣亲信蒋玄晖前往京师，准备与崔胤谋划着救出李晔。

那么问题来了，刘季述又在干什么呢？

两个词：维稳，禁言。用武力镇压了后宫，用官职封赏了朝臣，用钱财收买了军队。不过，大家不敢说话，不代表没有怨言，尤其是地方藩镇，因为此事直接停止了进贡，没有了财政的支持，刘季述的暴力机器能运转多久？更何况，在利益分配中，总是会贫富不均，赏罚不平，而这就是矛盾的根源。

比如神策左军指挥使孙德昭，因为刘季述查出他和部将董从实盗取军库钱财五千缗，在内部通报批评，以至于孙德昭颜面扫地。

崔胤得知消息后，立即派下属石戬与他交往。

每次喝醉了酒，孙德昭就痛诉刘季述等人的恶劣行径，石戬看到火候已到，于是添油加醋地说道："太上皇被幽禁之后，朝臣和将领们无不咬牙切齿，如今造反的只有刘季述、王仲先二人，如果您能诛杀他们二贼，必将为家族带来万世荣耀，如果犹豫不决，那泼天大功可就被别人取了啊。"

孙德昭："我只不过是一个小小的将领，不敢图谋国家大事，但是如果宰相大人有想法的话，我必定竭力支持。"

对崔胤来说，这绝对是个天大的好消息，他当即发扬古人风格，给孙德昭来了个衣带传信，而孙德昭拉拢了董彦弼、周承诲等将领，打算在除夕夜里伏兵在安福门外，打刘季述、王仲先一个措手不及。

天复元年（901）正月初一，神策右军中尉王仲先入宫朝见，行至安福门的时候，被孙德昭等人擒住，孙德昭不敢在安福门耽搁太久，当即快马前去少阳院，疯狂地敲门高喊道："逆贼王仲先已被杀死，请陛下出来慰劳将士。"

李晔身陷囹圄，神志已经模糊，隐约听到有人敲门，还说要救他出去，当即呆立在原地。何皇后也是将信将疑，担心有人搞恶作剧害他们，于是战战兢兢地说道："果真如此的话，你把他的人头拿给我们看看？"

有了人头为证，李晔等人终于安了心。随后，在孙德昭军队的簇拥下，面黄肌瘦、衣冠不整的李晔向长乐门楼走去，崔胤早已经率领百官在此等候。据史料记载，刘季述、王彦范被乱军打死，薛齐投井自杀，最终被捞出来砍了脑袋。太子因为年幼无知，仍被封为德王，并恢复旧名李裕，住在少阳院。

第二天，李晔论功行赏：孙德昭晋升为静海节度使，赐名李继昭；将军周承诲晋升为岭南西道节度使，赐名李继诲；董彦弼晋升为宁远节度使，赐名李彦弼。三位兄弟同时晋升为宰相，留京宿卫，时人称他们为“三使相”。

客观地说，这是李晔职业生涯最解气的一次，尤其是孙德昭等将领的支持，让李晔重新燃起了希望。逃出生天后，李晔立了个小目标：让自己当家做主。随后，李晔下诏：近年来，宰相在延英殿奏陈事情，枢密使经常在身边多嘴，以至于朝政争论不休。事后又喜欢假传圣旨，干扰皇帝的政令，以后恢复宣宗年间的旧制，皇帝和宰相讨论国事完毕之后，枢密使才能随身伺候。

很显然，这是表面上的制度改革。崔胤趁机上奏道：“宫廷内乱都是因为宦官执掌兵权，臣请求陛下将禁卫军移交给南衙，这样既可以解除宦官干政的风险，又可以抵御诸侯来犯，可谓两全其美。”

对李晔来说，宦官执掌兵权，就算发生宫廷政变，坐江山的还是他的儿子。如果让宰相执掌兵权，李唐皇室还有任何希望可言吗？面对崔胤的狼子野心，李晔自然不会答应。就在此时，他想到了新晋宰相李继昭等人。

李晔：“关于禁卫军归属，你们怎么看？”

李继昭：“我家里几代人都在禁军任职，从来没听说有哪个文官可以担任统帅的。如果把军队交给宰相，说不定会闹出多少风波，还是保持原样的好。”

就这样，兜兜转转一圈，禁卫军的大权还是留在宦官集团。唯一不同的是，李晔觉得李继昭等人一定会选择做忠臣。问题是，这样的结果，崔胤完全无法接受。几天之后，崔胤拜访了来京公干的李茂贞。

崔胤：“将军，宦官执掌兵权始终都是祸患，您返回凤翔之前，能否留下三千士兵在长安，暂时充任皇宫的宿值警卫？”

李茂贞闻言，喜出望外，这可是他梦寐以求的结果啊。

李茂贞：“留下士兵没问题，但是交给谁来统领呢？”

崔胤：“听说您的养子李继筠有大将之才，可堪大用。”

李茂贞愉快地接受了这个建议。兴奋之余，李茂贞恨不能斩鸡头，烧黄纸，与崔胤结为异姓兄弟。

客观地说，崔胤明知李茂贞有野心，还要引狼驱虎，确实走了一步臭棋。当时，谏议大夫韩偓找崔胤说过此事，暗示留下李茂贞的军队，很有可能导致新的内乱。谁料想，崔胤竟然说道："凤翔士兵不想返回，我也没办法。"

历史证明，崔胤的如意算盘是借李茂贞的手除掉宦官势力，让自己成为长安城发号施令的人，所以才行此险招。然而，接下来的故事向我们证明，崔胤不仅是白日做梦，还是个智商低下，毫无谋略的蠢蛋。

为了遏制宦官集团的经济来源，崔胤想了许多办法，比如收回朝廷的酒曲专卖权力。酒曲专卖原本是朝廷度支使的权力，宦官杨复恭强势的时候，以皇室用度不够，向度支使借了一年，可后来再也没有归还。

崔胤一声令下，收回了这项权力。可他没想到，晚唐时期，酒曲专卖不仅是宦官集团的经济来源，更是地方藩镇敛聚钱财的手段。在崔胤的禁止名单里，凤翔军镇就是其中之一。财路被断之后，李茂贞怒火中烧，他当即派人前去长安找朝廷理论，一来二去，竟然和宦官集团搞到了一起。

直到此时，崔胤才觉得大事不妙。昔日的盟友和敌人走到一起，而留在长安壮胆的三千军队，究竟是他的帮手，还是埋葬他的人呢？危急时刻，崔胤再次找朱温帮忙，而朱温只说了一句话：尽管折腾，哥们给你撑腰。

有了朱温的支持，崔胤底气十足，以至于经常找李晔商议剪除宦官势力的办法。天复元年（901）六月，崔胤竟然在一次正式场合说出了这样的话：将宫中宦官不分老幼，不分良善，悉数诛杀，然后命宫女掌管内廷各司的事务。

听闻此言，李晔吓出了一身白毛汗。他立即结束了这个话题，并派人告诉崔胤，以后尽量以奏折的形式奏报这类事情。李晔可能没想到，他身边的侍女就是宦官集团安排的，而刚刚发生的一切，已经被宦官集团得知。

为了打击崔胤，宦官集团散布消息，说崔胤作为户部、度支、盐铁三司使，平日里克扣将士们的用度，私心很重。李晔担心军队发生哗变，在没有调查的情况下，直接撤销了崔胤度支使的官职。这一回合的交锋，双方打成了平手。

不过，动荡的局势让崔胤深感不安。在他的眼里，李晔和他应该是"除宦同盟"，而李晔却因为一件小事就向宦官集团屈服，以后大家还有合作的必要吗？经历过风风雨雨，崔胤也开始明白，如果皇帝不相信自己，等待他的只有身首异处。既然如此，为何不扶持其他的军阀做皇帝呢？想到此处，崔胤给朱温写了一封信，告诉他迅速前来长安，否则天子就会落到李茂贞的手里。

崔胤的目标是铲除宦官集团，而宦官集团为了自保，必须反击，双方的焦点不在于军事斗争，而是李晔的监护权。一时间，禁宫之内气氛诡异，只见宦官来来往往，如临大敌，就连李晔也察觉到了危机。

有一天，李晔叫来给事中韩偓，打算将这些宦官贬为监军，或者让他们去给先帝守陵。诏书即刻下发，可宦官们接到圣旨后，竟然拒不执行。而就在此时，近臣告诉他，朱温打出“清君侧”的旗号，准备率领兵马赶赴长安。

乱世之中，谁才是枭雄

此时的朱温，堪称东汉末年的曹操，诡诈狡猾，杀伐果断。

天复元年（901）十月二十日，朱温离开大梁城。

随着朱温的逼近，长安上空再次弥漫着恐怖气息。毕竟，朱温有可能带来新的气象，但绝对会带来无数的家破人亡。

神策左军中尉韩全诲告诉李继筠、李彦弼，布置兵力，准备随时将李晔劫持到凤翔，封锁宫门，切断李晔和外朝大臣的一切联系。同时，李继筠带队洗劫了朝廷的府库，又派人将十六王宅的王爷、宫人提前送往凤翔。

天复元年（901）十月三十日，朱温上表，希望李晔能够驾临洛阳。说白了，这算是开战之前的最后宣言，如果少了这个流程，朱温就是野蛮粗鲁的军阀，可如果走了这个流程，朱温就是文明有礼的。很显然，李晔已经无法回应朱温的请求。

天复元年（901）十一月初四，韩全诲率领禁卫军闯入大殿。

韩全诲咆哮道："朱温已经率领大军前来长安，意图胁迫陛下到洛阳，然后再逼迫陛下禅位给他，臣等请陛下前往凤翔，准备组织兵力抵抗。"

韩全诲的一番话，搞得自己好像是正义的化身，天使的代表。然而，李晔倍感恶心，他当即表示拒绝，并抢了一把宝剑，疯疯癫癫地跑向乞巧楼。李晔的处境没有得到禁卫军将士的同情，大家看着李晔，就像看着一位疯子，场面一度很尴尬。李晔和小孩子一样，一只脚翘着，另一只脚蹬踏在栏杆上。

李彦弼见此情形，命人在大殿后院放了一把火，宫殿瞬间陷入一片火海，这是宦官集团无声的抗议。李晔看到熊熊燃烧的火焰，眼中泛起了苦涩的泪水，他丢下宝剑，带着何皇后、妃嫔和皇子们离开了大明宫。当天夜里，李晔到达长安城南六十里的鄠邑区，接应他的正是李茂贞。这已经是李晔第二次流亡，可每一次都和李茂贞有关，君臣相顾无言，策马向凤翔而去。

同州城外，韩建的幕僚司马邺已经投降，朱温带着七万大军驻守在城外。此次前来，朱温不想和韩建发生战争，可韩建的地盘是他进入长安必经之地，他的态度至关重要。

朱温让司马邺前往华州，给韩建送了一封信：若论打仗，你韩建是打不过我的，知道要败亡还要硬上，完全是浪费我的时间。

韩建表示，他干不过朱温，也没必要和他开战，于是给朱温开了城门，还给他送了三万两白银，算作入股新政权的见面礼。朱温虽然兵贵神速，可探子告诉他，宦官集团已经将皇帝劫走了，他们还是慢了一步。

据史料记载，朱温没有率兵轻进，一来是吃相太难看，容易被其他节度使看扁；二来前有凤翔，后有韩建，如果出了意外，七万大军恐怕会全军覆没。考虑再三，朱温决定退守到赤水（今陕西省渭南市华州区赤水镇），观察局势。

就在此时，赋闲在家的宰相张浚找到朱温，劝告他说："韩建一直就是李茂贞的同党，前番奏请皇帝前往凤翔，也有他的份。这小子唯恐天下不乱，又左右逢源，实在是个祸害。"

对朱温来说，韩建是什么样的货色，他根本不关心。主要的是，韩建把持着关中的门户，以至于朱温进出长安都要看他的脸色，这算哪门子回事？俗话说，下雨天打孩子，闲着也是闲着，那就先拿韩建开刀吧！

华州城外，朱温摆下席面，韩建为了表示诚意，选择单刀赴会。

朱温："韩兄，听说奏请皇帝前往凤翔，是你的主意？"

韩建："朱将军，我就是一个目不识丁的粗人，哪懂得这些阴谋诡计。我军中的表章书檄，都是出自节度副使李巨川之手。"

朱温对韩建的态度非常满意。怎么说呢，这家伙挟持过皇帝，还杀了十一位王爷，也算是一代枭雄，如今对朱温如此恭敬，堪称诚意满满。更何况，伸手不打笑脸人，既然韩建抛出了替死鬼，那就让李巨川来背锅吧。

朱温笑眯眯地说道：“韩将军是哪里人啊？”

韩建：“许州人。”

朱温：“将军如今混得这么好，应该衣锦还乡才是啊。”

韩建闻弦歌而知雅意：“末将愿意衣锦还乡，全听朱将军调遣。”

朱温越听越乐呵，于是封韩建为忠武节度使，让他离开了华州。

有趣的是，当初韩建挟持李晔到华州的时候，周边的商贾嗅到了商机，纷纷来此处做生意，韩建仅靠征税就获得了九百万贯钱财。然而，随着韩建的离开，这笔巨款最终落到了朱温的口袋。

华州城的较量，朱温不仅大获全胜，而且告诉世人，他是个有心胸、能容人的军阀。朱温的人格得到了长安遗老的认可，以太子太师卢渥为首的两百余名官员联名上书，请朱温尽快向西进军，迎回皇帝。这正中了朱温的下怀，他假模假样地推辞了一番，随后便将军队开赴凤翔境内。

朱温知道，就算有朝臣支持，自己的吃相也不能太难看。因此，他派使者前往凤翔府传信：奉皇帝密诏和宰相崔胤的召唤，特地前来迎接皇帝。

韩全诲表示，他也会这招：朕是躲避灾祸才来凤翔，不是受宦官劫持，所谓密诏都是崔胤的手笔，请朱大帅率军回去，帮助朝廷保卫乡土。

天复元年（901）十一月二十日，朱温和李茂贞隔空喊话。

李茂贞：“天子来凤翔是为了避难，你何必对我苦苦相逼呢？”

朱温：“如果是韩全诲逼迫天子，你又何必向我解释？”

说白了，谁掌握了皇帝，谁就有官方话语权。如果再继续这样毫无营养的口水战，朱温只能沦为逼迫皇帝的叛臣。彼时，朱温观察了凤翔的守备情况，最终决定拔营起寨，攻打凤翔东北方向的邠州。邠州守将是李茂贞的养子李继徽，面对朱温强大的攻势，他只坚守了两日便弃城而逃。

很显然，李茂贞不是朱温的对手，他急忙给李克用写信，希望他来长安共商大计。有趣的是，李克用好像没有和朱温一决雌雄的兴趣，他只是让义子李嗣昭率领五千骑兵南下，准备骚扰朱温的后方。随后，李茂贞想到了西川霸主王建，巧的是，朱温也想拉拢这位低调而又神秘的枭雄。

王建的低调之处在于，他不干涉中原的政局，神秘之处在于，没人知道他的野心。历史告诉我们，王建的理想其实很简单，做蜀中的霸王，让蜀中和中原成为两个世界。因此，王建表面上和朱温称兄道弟，暗地里却告诉李茂贞，让他负隅顽抗，等待援兵。而他自己则调派了五万精兵，暗中偷袭李茂贞的地盘。

朱温表示，只要王建不欺负他，干什么都可以。

天复二年（902）正月，后方传来消息：河东大将李嗣昭动手了，而目标就是朱温刚刚拿下的河中地区。很显然，朱温绝不会放弃河中这块战略要地，他立即放弃了劫持李晔的计划，率领军队赶赴河中，而集结的军队数量达到了十万。

李克用只派了五千骑兵，后来增派了几批部队，加起来不过数万。可看朱温的阵势，似乎是准备搞两大军事集团的最后决战。李嗣昭表示，事情重大，他做不了李克用的主，于是下令撤军返回河东。

问题是，数万大军的撤退是个大工程，很容易留下破绽，而朱温抓住战机，杀敌数千，还生擒了李克用的儿子李廷鸾。一直以来，朱温和李克用都是隔空喊话，没有机会开战，如今朱温有了这样的机会，怎么会轻易放弃呢？

朱温传令：向河东进发，攻打李克用的老巢晋阳。

天复二年（902）三月十五日，在夺取慈、隰、汾三州之后，朱温包围了晋阳城。朱温能有如此胜利，一来是首战获胜，在士气上碾压了河东军；二来李嗣昭、周德威的军队被打散，直到朱温包围晋阳，他们才陆续返回大本营。彼时，晋阳城外没有防备，城内防务空虚，防守的压力非常大。

晋阳城内，李克用垂头丧气，愁眉不展。

李克用：“诸位将领，本王想退守云州，如何？”

听闻此言，李嗣昭、李嗣源等大将目瞪口呆，他们急忙说道：“父亲不要说这样的话动摇军心，儿子们就是战死沙场，也要守住晋阳城。”

大将李存信说道：“关东、河北都已经落到了朱温手里，咱们兵力稀少，固守空城很难持久。只要他们在外面深挖壕沟，咱们就算想逃也逃不出去，不如暂时进入北方鞑靼境内，再图谋东山再起吧。”

李克用犹豫不决。

就在此时，李克用的老婆刘氏怒吼道：“李存信不过是个放牛娃，哪里懂得深谋远虑。您好好想想，凡是弃城逃跑的节度使，哪一个有好下场？”

有妻如此，夫复何求。事实证明，李克用的动摇不是因为河东不够强大，纯粹是自己的心理素质不好。随后，河东境内的军队相继向晋阳靠拢，再加上李嗣昭等人安排了几次偷袭，最终将朱温灭掉河东的想法扼杀在萌芽状态。

对朱温来说，河东变成了硬骨头，他只能回头找李茂贞的晦气。

李晔成了香饽饽

天复二年（902）六月初十，双方在虢县（今陕西省宝鸡市陈仓区）以北交战，李茂贞的军队伤亡高达一万，随后退守凤翔城。此时，朱温又开始了自己的表演："岐王啊，我只想迎陛下回宫，不想和你较量。"朱温一边装着无辜，一边修建了五座营寨，打算将李茂贞困死在凤翔城。客观地说，李克用无法支援李茂贞，而王建猥琐地蚕食着李茂贞的地盘，李茂贞已经陷入绝境。

那么问题来了，李茂贞坐拥十五州的土地，为何会不堪一击？

从地缘优势来看，李茂贞位于长安和蜀中的中间地带，天生就是挨打的角色。他其实有两个选择，一个是臭不要脸，直接开进长安，挟天子以令诸侯，风险就是被天下诸侯群起而攻之。第二个选择就是不趟朝廷这摊浑水，先和西川的王建开战，如果拿下王建，李茂贞就可以毫无顾虑地逐鹿中原。

事实上，朱温的地缘优势也很差，可他提前消灭了河北、淮南的军阀，收编了长江流域的势力。此次来关中，朱温没有后方威胁，这是他最大的优势。再看看李茂贞，虽然军力雄厚，可是要对付王建和朱温两个枭雄，难度可想而知。

天复二年（902）六月二十二日，李茂贞将大军拉到城外，准备和朱温一战定乾坤。据史料记载，此次交锋，双方从清晨一直打到傍晚，朱温没占到任何便宜，反倒是李茂贞越战越勇。然而，夜幕开始降临，李茂贞担心自己的空城被偷袭，再加上兵力耗损严重，最终鸣金收兵，再次退入凤翔城。

这是关中军阀、河南军阀之间高质量的一战，朱温也是元气大伤。不过，此战证明了一个道理：单论军人的战斗力，朱温不比李茂贞强多少。这应该是朱温收获的一个新认知。正值夏天来临，天气炎热，阴雨绵绵，许多将士们都身染疾病，无法作战，朱温于是下达了撤军的命令。

将领们集体反对：“绝对不行，李茂贞也是伤亡惨重，如今坐守空城，眼看就要陷入绝境，咱们怎么能够放弃得来不易的机会呢？”

朱温：“你们想怎么办？”

将领：“兵不厌诈，诱李茂贞主动出城。”

随后，朱温派遣间谍入城散布消息，说朱温的军队伤亡惨重，主力准备撤到河中，其余的部队也将逐渐班师。为了配合谣言，朱温下令全军偃旗息鼓，不许埋锅造饭，并将部分军队调离战场，最终骗过了内心焦急的李茂贞。

剧本已经写好：李茂贞主动出击，误入埋伏圈，惨败而归。

考虑到李晔还在城中，朱温没有强行攻城。

接下来的几个月，凤翔城的粮食迅速耗尽，将士们只能饿着肚子，就连李晔也只能自己用石磨磨豆麦喝粥。至于老百姓，只能以人肉为食，以至于街上的人肉卖到一斤一百钱。更有甚者，大家开始拿刀剐人肉，尤其是奄奄一息的百姓，竟然被活活剐死。这样的人间炼狱，令人毛骨悚然。

在李茂贞的眼里，百姓的性命如同草芥，自己的前途才是王道。然而，在灾难面前，不论身份，不论地位，大家都有是非的判断。百姓开始逃离凤翔，军队开始背叛。天复二年（902）十二月，凤翔成为一座空城，而李茂贞也终于举起了白旗。

投降之前，李茂贞宣布自己在山南的州县归属王建，关中的州县归属朱温。最主要的是，李晔出逃长安是宦官集团的手笔，而李茂贞将皇帝迎来凤翔，是担心其他节度使心怀叵测。投降之后，李茂贞愿意配合朱温，将李晔送回长安，继续做个朝廷的乖宝宝。

朱温：“我只想迎接陛下，能够和你重修旧好，也是我的心愿。”

说白了，李茂贞在测试朱温的诚意，而朱温在虚伪地回应。

天复二年（902）十二月二十五日，李晔召集李茂贞、韩全诲、苏检、李继诲、李彦弼、李继岌、李继远、李继忠等人吃饭，商议与朱温和解一事。

李晔痛心疾首地说道：“你们还在等什么？赶紧和解吧。亲王以下，每天饿死冻死的有多少？朕的嫔妃、子女每天只能喝粥，你们还要怎么办？”

李茂贞低头不语，暗笑浅浅。

这时，十多个凤翔将士冲了进来，指着韩全诲等人骂道：“咱们被逼到此，死伤无数，都是因为韩全诲这几个宦官。”

将士们的指责让宦官集团差点尿了裤子。

李茂贞假惺惺地安慰道：“不要着急，这些将士都知道个啥。”

李茂贞说得对，将士们确实不知道他在一步步地挖坑埋宦官。

天复三年（903）正月初六，李茂贞偷偷摸摸地找到李晔。

李茂贞：“陛下，只要您答应杀了韩全诲、张彦弘、袁易简、周敬容等人，臣立即和朱温和好，护送您回长安。”

李晔急忙说道：“好，朕答应你，就由你亲自处理吧。”

就在当天，李茂贞处死了韩全诲、张彦弘、袁易简、周敬容、李继筠、李继诲、李彦弼等数十名宦官。说白了，李茂贞没兴趣消灭宦官集团，只想砍一批人头，堵住朱温的嘴。这帮人被杀后，御食使第五可范、宣徽南院使仇承坦晋升为神策左军中尉和神策右军中尉，王知古、杨虔朗则晋升为枢密使。

即便如此，李茂贞还是不敢开门。为了让自己万无一失，他厚着脸皮提了一个条件：为自己的儿子李侃求亲，对象则是何皇后的女儿平原公主。

李晔感觉身体被掏空，无奈地同意了李茂贞的请求。

天复三年（903）正月十二日，凤翔城门缓缓打开。

十天之后，李晔视察朱温的军营，朱温身穿素衣，匍匐在地，磕头认罪。李晔安抚道：“大唐的江山社稷因为你才平定，你居功至伟，何罪之有？”

在晚唐，一直存在四股政治势力，帝王、宦官、军阀、文臣。

宦官有军权，可他们拥有天然的缺陷，只能依附皇帝而存在，宦官最鼎盛的时期，无非是带着皇帝到处溜达，有点话语权而已。

至于文臣，大家要么明哲保身，要么退隐，要么依附宦官，是最没有气节的一群人，他们的使命是自保，而不是翻手为云，覆手为雨。

至于帝王，确实出现了李晔这样出类拔萃的皇帝，可时势造英雄，时代毁皇帝，在各路牛鬼蛇神的镇压下，李晔只能认命。

数来数去，只有军阀能成大事。然而，军阀里面也是鱼龙混杂。有韩建这种有野心、没胆量，只能跟在大人物后面喝汤的角色；有李克用这种有实力、没野心，抓不住机遇，只能目送他人逐鹿中原、问鼎乾坤的角色。而有胆量、有实力的朱温则成了晚唐军阀混战的最后赢家，食物链最高层的存在。

既然是食物链的高级猎手，自然有本事决定其他人的命运。

天复三年（903）十二月，朱温上了一道奏折：罢免宫中宦官的所有职权，归还给朝中的省台，宫中内务以宫女充任，召回天下各道的宦官监军。就在当天，朱温带兵入宫，将大明宫仅剩的数百名宦官集中到内侍省，随后秘密处决。同时，朱温给地方节度使去函，责令他们处死所有的监军宦官。

李唐皇室、文官集团和宦官集团斗智斗勇这么多年，而朱温只靠一场屠杀就解开了百余年的恩怨，这就是杀伐果断。那么问题来了，宦官虽然死光光，可大唐还是亡国了，这又是什么历史逻辑呢？说白了，这是历史对宦官的偏见。

我们夸大了唐朝宦官对皇权的破坏力，忽略了军阀蚕食皇权的能力。如果用一句话总结，那就是军阀取得了最后的胜利，却将锅甩给了宦官集团，这就是“历史由胜利者书写”这条铁律最好的注脚。

宦官被杀后，神策禁卫军的权力便落到了首席宰相崔胤的手里。

在政治丛林里，没有永恒的朋友，只有永恒的利益，如果崔胤有能力将盟友踢出去，自己独享利益的时候，他会如何选择？当然，崔胤有这个想法，却没这个实力。至少在目前，崔胤只能依附朱温，帮他铲除政敌。

在新的政权里，朱温是幕后的总指挥，崔胤是利益代言人，而李晔继续做大唐王朝的皇帝。不过，李晔生活的舒适度，完全取决于朱温的心情。

就拿人事任命来说。李晔瞧不起崔胤的人品，于是想提拔诗人韩偓，而韩偓推荐了御史大夫赵崇、兵部侍郎王赞。为了阻止李晔，朱温摆出一副忧国忧民的姿态：“赵崇为人轻薄，做事不稳重，王赞则是胸无点墨，二人没有宰相之才。韩偓给朝廷推荐这样的人，实在是有失水准，希望陛下能够妥善处理。”

李晔无奈，只能将韩偓贬为濮州司马。

李晔很器重韩偓，临行之前，李晔偷偷召见了他。彼时，韩偓流着眼泪进言道：“朱温表面上很忠心，实际上是包藏祸心，臣被贬无关轻重，但如果陛下继续放纵，朱温很可能会做出篡权夺位之事。”

一介文人都能看出朱温的野心，可见时局有多么恶劣。

王师范，晚唐最后的倔强

有一种历史的悲壮，叫明知道会家破人亡，可还是要反抗。

晚唐历史就有这样的一个人：平卢节度使王师范。

在此之前，朱温围困凤翔，李茂贞给藩镇军阀写信，希望他们带兵勤王，所有的军阀都冷眼相看，唯独王师范举起了义旗。历史证明，王师范不是为了逐鹿中原，只是怀抱着对大唐王朝的情怀，遵从自己的内心而已。彼时，王师范联合了淮南节度使杨行密，双方约定，联手捣毁朱温的大后方。

为了让朱温疲于奔命，王师范发明了一个战术：多点开花。

据史料记载，王师范把军队化整为零，让将士们分别潜到汴、徐、兖、郓、齐、沂、孟、滑、陕、虢、华等地，约定在同一天闹事。很显然，这样的方法风险很大，被人识破，或者人数不够，都可能成为起义失败的原因。

青州将领张居厚，带着二百人推着小车，扮成商人模样进城，刚好碰到了华州总管娄思敬。娄思敬看到小伙子们身强体壮，眼中精光暴射，根本不像做生意的人，于是上前盘问，最终让张居厚露出了马脚。

有位将领带着王师范的投诚书前往大梁城，在一场欢迎晚宴上，朱温的将领和他聊天，发现此人神态不自然，于是私底下掏出重金，最终将其策反。

起义虽然没有“多点开花”的效果，可还是让朱温焦头烂额。

天复三年（903）二月二十四日，朱温留下一万军队，命侄子朱友伦坐镇长安，自己则带着大部队返回大梁，打算亲自平叛。随着朱温的到来，王师范、杨行密的攻势受到全面的遏制，战场的局面从朱温被动防守，变成了朱温全面反攻。

有人可能会好奇，朱温的军队为何能百战百胜，所向披靡。如果想了解朱温的汴州军，其与王师范的战争可能是最好的案例。

天复三年（903）五月，朱温的侄子朱友宁发兵青州，路上受到了博昌（今山东省滨州市博兴县）守将的顽强抵抗，以至于耗费了一个月的时间。朱友宁明白兵贵神速的概念，他更知道，如果耽误了叔叔的事，自己会受到什么样的惩罚。有一天，朱友宁给亲信刘捍下了一道军令：拿下博昌，不惜一切代价。

刘捍二话不说，从附近抓来了十万百姓，在汴州军队的驱使下，百姓漫山遍野寻找木头和石材，然后在博昌城南硬生生堆起了一座土山。靠着这座土山，朱友宁直接跳上城墙，与敌军展开肉搏战，最终拿下了博昌城。为了泄愤，也为了震慑后面城池的守将，朱友宁下达了一道邪恶的军令：屠城！

自此以后，再也没人敢阻挡朱友宁的军队。

青州城外，王师范建造了两个营寨，一个叫登州寨，一个叫莱州寨，他们和青州互为犄角，而淮南的援军则单独立了一座营寨。

天复三年（903）六月初七，朱友宁就像打了鸡血一样，对王师范发动疯狂进攻，成功拿下了敌军堡垒。效果虽然很不错，可也付出了惨痛的代价：汴州将士因为透支体力，身体状况达到了极限。第二天拂晓时分，王师范组织了一波反攻，朱友宁从山坡上冲锋而下，不料马失前蹄，将他掀翻在地。青州军眼疾手快，瞬间将朱友宁剁为肉泥！主将已死，群龙无首，汴州军只能选择撤退。

在汴州军里，朱友宁就是朱温的十三太保。可想而知，朱温对王师范的仇恨有多深。为了报仇，朱温给王师范准备了二十万大军。

天复三年（903）七月十四日，朱温用车轮战对青州发动了全面围攻。战况的惨烈，史书没有详细记载。不过，淮南大将王茂章似乎看出了端倪：青州失陷是早晚的事，为了不让淮南遭殃，他连夜将军队撤回到淮南。

天复三年（903）八月二十一日，王师范战无可战，只能宣布投降。

准确地说，有旧仇在先，朱温不想接受王师范的投降，可长安方面来信，说宰相崔胤正在培植自己的势力，准备对抗朱温，朱温这才放了王师范一马。

不过，王师范并没有因此善终。朱温建国后，朱友宁的妻子想为丈夫报仇，而朱温也是个有仇必报的人，于是下令将王师范灭门。据史料记载，宣旨的使者在王家旁边挖了一个大坑，随后宣布了朱温的圣旨，王师范仰天长啸，带着两百多名族人跳进坑中，以悲惨的方式结束了一生。当然，这都是后话。

白马驿，骄傲文臣的坟墓

灭了王师范后，朱温必须直面昔日的盟友：宰相崔胤。

崔胤是一位标准的政客，为了政治利益，他可以和任何势力合作，也可以出卖任何盟友。彼时，崔胤给朱温写了一封信：李茂贞最近蠢蠢欲动，咱们不能不防啊。您只给长安留了一万精兵，这肯定是不够的。刚好朝廷禁卫军有编制，陛下的意思是招募新兵，充实禁卫军，这样您征讨敌人也没有了后顾之忧。

写完信之后，崔胤把它交给了朱温的亲信李振。为了显示自己的无私，崔胤设宴招待李振，夸他祖上是朝廷功臣，希望李振以后也能做朝廷的中流砥柱。

崔胤的一番话把李振的牙都快酸掉了。李振人到中年，不过是一介白衣，在朱温的提携下一路青云直上，如今朱温如日中天，他如何会背叛？李振将信转交给朱温，同时说了一句话：崔胤居心叵测，绝对不能再留。

朱温自然不会把崔胤的军队放在眼里。毕竟，汴州军是嗜血如命，锐不可当的职业军队，而禁卫军只是一群草包。

朱温呵呵一笑："他想干，那就让他干吧。"

得到朱温的允许后，崔胤大喜过望，于是迅速张贴布告，招募士兵。并且让资深将军郑元规担任副使，让他负责新兵的操练。

天复三年（903）十二月，一件意外的事，更加坚定了朱温诛灭崔胤的想法：在一场马球比赛中，朱温的侄子朱友伦不慎落马，一命呜呼。

朱温郁闷了，打个马球还能摔死？

在朱温的布局中，朱友伦坐镇长安，除了掌管军队，另一个职责就是监视李晔和群臣。朱友伦无辜去世，很难让他没有想法。随后，朱温派人秘密处死了朱友伦身边的小伙伴，严令暗哨打探崔胤的最新动态。

天祐元年（904），新年伊始，百司开印。因为崔胤操练军队的进展比较顺利，李晔召集了一次宴会，期间君臣推杯换盏，其乐融融。就在宴会即将结束的时候，一个宫女急匆匆地进来，递上了朱温刚刚送来的一个奏折：陛下，宰相崔胤在朝中独揽大权，排除异己，还暗中与六军诸卫副使郑元规、威远军使陈班等人密谋，打算将陛下劫往异地，希望陛下能秘密处死崔胤等人。

宴会不欢而散，李晔独自回到后宫，神情落寞。

很显然，这是朱温的无理取闹，可朱温有军队撑腰，就算是无理取闹，李晔也得回应。眼看着禁卫军成了气候，大唐中兴有望，就因为朱温的一句话，李晔就要轻言放弃吗？一夜过后，李晔下了一道诏书：任命崔胤为太子少傅，贬郑元规为循州司户，贬陈班为溱州司户。也就是说，李晔保留了禁卫军。

接到诏书，朱温只是讪然一笑，不置可否。毕竟，在铁血强权的面前，任何的诏书、权力、身份都是浮云。天祐元年（904）正月十二日，朱温包围了崔胤的府邸。没有任何的交流，没有任何的抵抗，朱温铲灭了崔胤、郑元规、陈班满门。自六朝以来，繁衍不息的清河崔氏，一门数百人同时被杀。

天祐元年（904）正月二十六日，在朱温的胁迫下，李晔东巡洛阳。

彼时，朱温命部将张廷范拆毁长安的宫室、官署及民间房舍，取出木材，抛入渭河之中，顺黄河漂浮东下，长安自此成为一片废墟。天祐元年（904）正月二十八日，李晔到达华州，百姓扶老携幼，站立在道旁，大声呼喊万岁。李晔痛哭流涕道："不要再喊万岁了，从此以后，朕恐怕再也不是你们的君主。"

有理由相信，李晔知道今日之辱避免不了，可真正面对这种残酷的现实的时候，才明白那种无力和绝望。此时，他顺口吟出了一首《思帝乡》：

纥干山头冻杀雀，何不飞去生处乐。

况我此行悠悠，未知落在何所？

李晔当然知道他要去洛阳，但是问的这个“何所”，或许是对自己无法掌控自己命运，只能无奈漂泊的一种哀怨吧。

天祐元年（904）四月十六日，洛阳的宫殿群建造完毕。

客观地说，为了建造洛阳，朱温确实花费了心思，可对李晔来说，自己就像是金丝雀，一旦进了这个牢笼，就再也没有翻身的可能。为此，他想尽一切办法拖延时间。李晔告诉朱温，何皇后刚生了孩子，希望十月份再启程。

司天监王墀也奏道：“今年秋天星象会有大变，不利东行。”

这段时间，李晔频繁联系地方藩镇，收买人心，朱温心知肚明。然而，挟持李晔进入洛阳已成定局，不容李晔反对。为了减少阻力，朱温开始调派军队，强行给李晔收拾行李，逼迫他启程。同时，命人诬陷医官使阎祐之、司天监王墀、内都知韦周等为李晔出谋划策的近臣，将他们全部处死。

李晔到达谷水（今河南省三门峡市渑池县）的时候，朱温将李晔的两百多名击球供奉、内园小儿全部缢杀，换上了自己的人马随行护卫。

洛阳宫光政门，李晔当场下诏，大赦天下，改年号为天元年，将陕州改名为兴唐府。随后，朱温逼迫李晔下诏：除了宣徽两院、小马坊、丰德库、御厨、客省、阁门、飞龙、庄宅等九使外，其余的内宫职务全部废除。这样一来，李晔身边的亲信再次减少，取而代之的则是朱温的亲信。

昔日，朱温给世人的感觉是彬彬有礼，心胸宽广，可这几件事情办下来，俨然一个独夫民贼、暴虐恶匪。天祐元年（904）六月，李茂贞、王建、李继徽等人宣布讨伐朱温，李克用、杨崇本、李克用、刘仁恭等军阀纷纷响应，各路义军整装待发。

不过，朱温毫不畏惧。他心里清楚，这帮军阀表面上同仇敌忾，内心却互相使坏，很难成大事。倒是唐昭宗李晔，整日和地方藩镇搞暧昧，丝毫没有亡国之君弄花赏月、饮酒作乐的觉悟，这可急坏了朱温。

为了一劳永逸，朱温打算斩草除根。

天祐元年（904）八月十一日，李晔与何皇后、后宫嫔妃在殿内休息，枢密使蒋玄晖率兵冲进宫门，说有紧急军情上奏。宫人前去开门，看到门外甲士林立，吓得花容失色，还没等她反应过来，自己就被砍倒在血泊之中。

彼时，李晔正在休息，听说军队闯宫，本能地起床寻找退路。然而，偌大的宫殿早就被围了起来，李晔只能绕着殿中的柱子躲避追兵。然而，禁卫军已经杀红了眼，他们二话不说，直接将李晔砍倒在廊柱之下。

李晔是个优秀的皇帝，无奈历史走到这里，已经是一种定局。就算李晔孜孜不倦的努力，也无法改变这一切。幸运的是，虽然李唐亡国了，可因为李晔的出色表现，还是赢得了后世的尊敬，这对他来说也算是一种安慰吧。

历史证明，深宫政变，朱温是幕后总导演。不过，安排好剧本之后，朱温就启程前往长安，打算和李茂贞开战。得知李晔遇害的消息，朱温假装震惊万分，呼天抢地，大声地咆哮道："奴才们害死我了，让我千秋万代蒙受恶名。"

只能说，论唐末影帝，非朱温莫属。

天祐元年（904）八月十二日，蒋玄晖假造诏令，宣称昭仪李渐荣、夫人裴贞暗中刺杀了李晔，已经被禁军处死。为了让世人相信他，蒋玄晖还编造了丰富的细节，比如李晔与昭仪李渐荣在后宫玩游戏，因为李渐荣屡次玩输，心情不好，于是将李晔灌醉，将其杀死。瞧瞧，不仅甩锅，还把李晔说成了不会让着女人的男人。

庆幸的是，历史可能被修改，但无法被颠倒。

说白了，参加政变的有上百位军人，大家虽然都拿着朱温的工资，可部分人并没有泯灭人性。尤其是李渐荣等人忠心护主的一幕，让他们自惭形秽。在青楼和酒肆里，这些军人发泄不满，最终将实情说了出来。

天祐元年（904）十月初三，朱温返回洛阳，匍匐在李晔的灵柩上，痛哭流涕。随后，朱温宣传此事他毫不知情，都是手下人干的。他一定会将此事查个水落石出，为李唐皇室讨回公道。巧的是，朱友恭、氏叔琮等人正好在洛阳干了一票抢劫案，朱温便拿他们做了替罪羊。

李晔已死，李唐宗室便成了朱温最后的障碍。

天祐二年（905）二月，朱温在洛苑九曲池摆下宴席，邀请李晔之子濮王李裕、棣王李祤、虔王李禊、沂州李禋、遂王李祎、祁王李祺、雅王李禛、琼王李祥、景王李祕等人赴宴。在宴席上，朱温强行将他们灌醉，随后沉尸九曲池。

下一个目标，自然是反对朱温的朝臣。

朱温出身卑贱，小时候没有读过书，更没有尊师重教的习惯。他的童年，全部在寄人篱下、自谋生路的日子中度过。说白了，这样的经历很容易养成两个特点：直接务实，不喜欢绕弯；嫉妒，或者仇视读书人。

据史料记载，有一年夏天，天气特别炎热，朱温和手下幕僚在一棵柳树下乘凉，谈论着一些闲事。刚好旁边有一群书生也在闲聊，不过他们谈论的是天下大事，朝廷纲常。朱温听了几句，觉得迂腐之极，于是站起身来，指着这棵柳树说道："你们看，这种柳木很适合拿来做车毂。"

读书人看到朱温仪仗威严，猜想他是个大人物，于是跑过来附和。谁料想，朱温当场斥责道："书生就是喜欢阿谀奉承，极其虚伪，车毂只能以榆木来做，柳木如何做得？"说罢，朱温就杀死了在场的所有读书人。

如果朱温不喜欢读书人，完全可以转身离去，可他偏偏杀了，而且株连了一群无辜的读书人。客观地说，朱温做得有点过，如果用心理学来解释，根源可能在于，在古代社会，读书是少数人的特权，比如门阀子弟，或者书香世家，能读书意味着自己身份高贵，读不起书，意味着你的阶层就是比别人低。

如果所料不错，朱温其实对读书有过憧憬，可家世偏偏让他没有这个机会，游历社会，浪荡江湖虽然能开阔他的眼界，却也在不断证明一件事，朱温就是在这个社会的最底层挣扎，身份就是要比别人要低。这种仇恨的发酵，自然成为朱温屠杀读书人的原动力。而接下来的事情，似乎更加证明了这一点。

在新的朝廷，核心宰相是裴枢、崔远、独孤损、柳璨四人。

其中，柳璨出身贫寒，白天的时候，柳璨以砍柴为生，到了晚上，点燃一堆树叶，靠着火光读书，通过勤奋好学，终于考中了进士。因为出身寒门，学识又高，柳璨得到了李晔的赏识，最终被提拔为宰相。不过，柳璨生性轻浮，不善于处理职场的关系，导致宰相崔枢、独孤损、崔远逐渐疏离了他。孤身奋战的感觉让柳璨很累，朱温得势后，柳璨果断投靠了他。

和王李福有个师傅叫张廷范，戏子出身，精通音律，深得朱温的赏识。张廷范表示，自己想做太常卿，希望朱温能帮忙。朱温便和柳璨打了个招呼，希望他帮忙运作一下。谁料想，在一次会议上，宰相裴枢公然讽刺道："张廷范是有功劳的大臣，用藩镇节度使来安置他岂不是更好，何必让他掌管礼乐呢？”

说白了，裴枢讽刺朱温任人唯亲，不想给他面子。

朱温听说后，咬牙切齿地说道：“裴枢对我有意见可以当面说出来，我原以为裴枢个正人君子，说话不会拐弯抹角，没想到竟然是这种人。”

随后，朱温撸掉了裴枢、崔远、独孤损的宰相之职。

朱温的幕僚李振也是个读书人，年轻的时候，李振屡次参加科举考试，可就是不中。人到中年，李振放弃了科举之路，因此对读书人产生了偏见。此时，李振向朱温进言道：“这帮官员为人轻浮，确实不适合治理朝政，大王如果想图谋大事，必须先除掉他们。”对此，朱温深以为然。

天祐二年（905）六月初一，朱温秘密下令，将已经被贬的裴枢、独孤损、崔远、陆扆、王溥、赵崇、王赞等人悉数诛杀。过了几天，朱温将柳璨、李振举报的三十多位朝臣集体拉到滑州白马驿，此地濒临黄河，李振恨恨地说道：“这些人自称为清流，应该把他们都扔到黄河，让他们成为浊流！”朱温哈哈大笑，随之将他们沉到黄河，史称这次屠杀大唐旧臣的事件为“白马驿之祸”。

白马驿之祸后，朱温又将矛头对准了他看不惯的门阀：司空裴贽已经退休，仍然被贬为青州司户，随后被赐死；前司勋员外郎李延古，也就是李德裕的孙子也在被打击的名单之中；已经退休的太子宾客柳逊、泥水令独孤韬、长水县令崔仁略、密县县令裴练等人相继被朱温给收拾了。

还是那句话，朱温讨厌读书人，所以他可以轻易地举起屠刀。不过，对读书人、门阀子弟斩草除根，其实说明了一件事：朱温想要称帝了。为了让称帝大典顺利而且庄严隆重，朱温必须铲除所有潜在的反对势力。

心急吃不了热豆腐

有一天，朱温和枢密使蒋玄晖等人闲聊。

朱温：“我没读过书，历史上的禅让大殿都是怎么举办的？”

蒋玄晖：“魏晋以来的诸侯，都是先有封国，再加九锡，获得特殊的礼遇，再接受禅让。如果不经过这一些流程，恐怕会惹天下诸侯非议。”

朱温：“好说好说，这件事就交给你了。”

蒋玄晖：“大王准备去干吗？”

朱温：“先去淮南，教训杨行密。”

亲信敬翔：“大王的威望如日中天，天下谁人不服，如果攻打淮南，万一路上出现什么意外，或者攻城受阻，岂不是有伤大王的威望？”

朱温：“不行，必须要打。”

老板说要打，谁还敢再多嘴？

据史料记载，朱温一路东进，却遭遇到了阴雨天气，路上泥泞不堪，将士们苦不堪言。好不容易到了光州，朱温派人劝降光州刺史柴再用道：“献城归降，本王任命你为蔡州刺史；不献城归降，就屠杀全城百姓。”

柴再用的态度很恭敬，也很鸡贼：“光州是座小城，不值得大王用兵，如果您能攻克寿州，末将岂敢不听从您的命令？”

听闻此言，朱温的心情很不错，随后率军赶往寿州。谁料想，路上又遭逢大雨，而且还走了一百多里的冤枉路。到达寿州后，又发现寿州早已坚壁清野。朱温想了想，还是打自己一个嘴巴，先撤军吧。可是在撤军的路上，光州刺史柴再用在后面狠狠地捅了一刀。劳师远征，还被人算计，朱温的心情可想而知。

朱温攻打淮南，其实有个不为人知的秘密：让自己远离洛阳，让小弟操办他的禅让大典，尽量地避嫌。想到这事，朱温的心情就变得晴朗起来。不过，回到大梁城之后，朱温发现蒋玄晖还是按照以前的流程干活，丝毫没有进展。

身边的亲信都看得出来，朱温想手撕了蒋玄晖，再搞油炸丸子。

彼时，宣徽副使王殷、赵殷衡嫉妒蒋玄晖的权势，猜到朱温急于登基称帝的心思，于是诬陷道："大王，蒋玄晖、柳璨等人想要延续李唐皇室的宗脉，所以才拖延大王的禅让一事，望大王明察。"

蒋玄晖吓得灵魂出窍，急忙去找朱温解释。

朱温厉声责问道："你们是不是太迂腐了，净说些没用的事情，难道本王不受九锡之礼，就不能做天子吗？"

蒋玄晖："李唐气数已尽，天命归属大王，天下人都知道，玄晖不敢违背您的恩德。然而，李克用、李茂贞、王建、杨行密是我们的劲敌，大王突然搞禅让大典，他们心里必然不服。臣只想帮大王想个两全其美的办法而已。"

朱温怒吼道："狗奴才，反了你了。"

说罢，朱温便将蒋玄晖轰了出去。

蒋玄晖算是明白了，朱温就想做皇帝，不想讲道理。回去之后，他和柳璨加班加点，最终议定了加九锡的所有细节。

天祐二年（905）十一月二十七日，朱温晋升为相国，总理一切事务。以宣武、宣义、天平、护国、天雄、武顺、佑国、河阳、义武、昭义、保义、戎昭、武定、泰宁、平卢、忠武、匡国、镇国、武宁、忠义、荆南为魏国，朱温进封魏王，加九锡。

谁料想，朱温生气了，你们不是说这事很难办吗？为何被骂之后，这事立马就办成了？说白了，蒋玄晖、柳璨等人和他不是一条心。

朱温："我不接受，撤回吧。"

天祐二年（905）十二月初十，宰相柳璨再次传诏，朱温再次拒绝。

按照礼仪，朱温确实需要拒绝三次。可历史证明，朱温确实生气了。生气的点在于，如果蒋玄晖偷偷摸摸办好了此事，朱温就没有了舆论压力。可是现在，完全是在朱温的催促下才办成此事，天下人会怎么想朱温？朱温无法改变世人的评价，可是将怒火撒到下属的头上还是没有问题的。

就在此时，宣徽副使王殷、赵殷衡再次进言：“柳璨与蒋玄晖、张廷范日夜在后宫对何皇后等人焚香表忠心，估计是想要复兴唐室。”

朱温彻底绝望了，他命人将柳璨、蒋玄晖、张廷范下狱，任命王殷暂时主持枢密院的工作，命赵殷衡暂时署理宣徽院的事务。

天祐二年（905）十二月十三日，李唐皇室下诏，宣布禅让帝位。

朱温：“拒绝。”

何太后郁闷了，这是什么套路嘛，难道朱老大的怒火还没消？既然这样，那就接受朱温的辞让，让他继续做天下兵马大元帅吧。

事实上，朱温早就将大梁的建筑装修到了皇室的级别，就等着接受禅让。然而，何皇后却没有按照套路，发布第四道诏书。瞧瞧，历史就是这么有趣。

朱温的怒火该撒到哪里去？

就在当天，朱温处死了蒋玄晖等人。

准确地说，蒋玄晖等人是最冤的，朱温只是让王殷、赵殷衡暂时主持工作，如果朱温登基称帝，大赦天下，他们就可以重新走上工作岗位。悲剧的是，何皇后的操作彻底断送了蒋玄晖的性命。

天祐二年（905）十二月十六日，王殷、赵殷衡正式转正。

天祐二年（905）十二月十七日，命宫人停止传达诏命，追革蒋玄晖的官职，将其定性为“凶逆百姓”，令河南府把蒋玄晖的尸体抬到城门外，聚众焚烧。

天祐二年（905）十二月二十五日，王殷、赵殷衡诬陷何皇后和蒋玄晖等人密谋复国，朱温命人处死何太后，贬其为平民。

天祐二年（905）十二月二十八日，将张廷范车裂，将柳璨斩首。

按照历史的进程，大唐王朝的灭亡时间应该是天祐二年（905），就因为朱温的情绪，何太后的错误操作，让时间推迟到天祐四年（907）。蒋玄晖明明是新王朝最大的功臣，可是因为莫名其妙的错误，最后竟然被判定为“叛臣”。

历史，果然是不忍细读啊。

马放南山，终归是一场梦

按照朱温的脾气，完全可以索要第四本诏书，可就在此时，魏博节度使罗绍威传来消息：魏博的牙将闹事，希望朱温能去拯救他。

这件事，朱温必须出面干预，原因有二：

其一，魏博是河北军事重镇，毗邻幽州，西接河东，如果罗绍威失去对魏博的控制，将会给朱温的称帝大业带来无穷无尽的麻烦。

其二，朱温的女儿嫁给了罗绍威的儿子，两家是亲家。朱温创业的时候，罗家是朱温最忠诚的伙伴，就冲这份情谊，朱温也得出面帮忙。

其三，罗绍威肯定是朱温的盟友，可魏博军镇不一定是，尤其是魏博经常内乱，如果不铲除魏博内乱的根本因素，朱温会寝食不安。

魏博内乱的根源，其实就是魏博牙军。

当年，田承嗣是魏博的扛把子，为了增强魏博的实力，他特地在魏博六州挑选了五千名骁勇善战的士兵作为亲兵，号称牙军。由于薪资待遇、武器配备、日常操练都是顶级的配置，魏博牙军自然成了河北诸镇战斗力最强的军队之一，甚至有“长安天子，魏博牙军”的说法。

为了保证魏博牙军的忠诚，内部实行世袭制度。可到了后来，高级将领们贪污腐败、结党营私，混乱程度也赶上了神策禁卫军。再到后来，争权夺利，甚至是军队哗变都是家常便饭，史宪诚、乐彦祯、罗弘信就是在哗变中上位的。

罗绍威上位之后，曾经邀请朱温帮他处理魏博牙军，可朱温需要到处打仗，耽搁了这件事。这一次，魏博牙军小校李公佺率军哗变，烧毁府衙，引起了很大的危机，罗绍威便决定让朱温彻底铲除魏博的内乱。

朱温:“亲家，咱别怕，我给你带来了十万大军。”

很显然，朱温是来解决麻烦的，不是来开战的。因此，十万大军不能带到魏博总部，只能作为军事威慑。巧的是，朱温的女儿刚好去世，于是他让部将马嗣勋带着一千军士扮作挑夫的模样，进城送礼慰问。

天祐三年（906）正月十六日，罗绍威偷偷派人潜入牙军的兵器库，割断了弓弦，取掉了铠甲的扣子，并在当天夜里对牙军发动了突袭。一边是全副武装的军队，一边是连铠甲也没有只能仓皇抵抗的八千牙军，结果可想而知。

第二天，朱温的主力全部进城，魏博军镇一片哗然。

说白了，魏博将领不明白，这是罗绍威的决定，还是朱温的决定，这是联合军事行动，还是罗绍威已经投降了朱温。罗绍威不停地安慰和解释，仍然解除不了部下的猜忌。随后，牙将史仁遇率军退守到唐高城，李重霸驻屯在宗城，贝、博、澶、相、卫、相六州直接宣布独立。

罗绍威哭丧着脸:“亲家，全靠你了。”

朱温表示，自己很乐意，六天之后，朱温拿下高唐城。探子告诉朱温，史仁遇已经化装成老百姓，准备外逃。朱温悍然下令：屠城，一个不留。可怜的史仁遇，就算打扮成百姓，也还是没有逃过这一劫。

将魏博牙军铲草除根，武力镇压史仁遇，疯狂屠城，连续的三板斧终于让魏博将领意识到，朱温是个狠角色，对他只能服从和敬畏。

罗绍威:“亲家，事情办完了，您啥时候走啊？”

朱温:“不急，本王把十万大军留在这里，帮你镇镇场子。”

罗绍威:“大概留多久呢？”

朱温:“不用太久，大概半年吧。”

罗绍威:“……”

这是一个吃货的阴谋。

想想看，十万大军驻守半年，食物消耗有多大？

朱温走后，罗绍威算了一笔账，这群吃货宰杀了七十万头猪牛羊，花费了一百万缗钱财，以至于魏博的府库空空如也。当时，罗绍威捶胸顿足，叹息道：“合六州四十三县铁，不能为此错也。”白话一点，罗绍威被朱温坑惨了。

历史证明，罗绍威的悲剧还没有结束。离开魏博后，朱温觉得手里有钱，部队也休整了半年时间，于是打起了幽州和沧州的主意。可怜的罗绍威，只能再次动用数十万人为朱温的军队运送物资。

天祐三年（906）九月，朱温陈兵在沧州城外，主将刘守文闭门不出。幽州的刘仁恭南下支援，被朱温杀得一败涂地。彼时，幽州缺兵少将，刘仁恭下令，让幽州境内十五岁以上，七十岁以下的男子，自备武器和粮食到军队报到。大军开拔之后，如果还有一人留在村子，格杀勿论。为了增强军队的气势，刘仁恭在他们脸上刻着“定霸都”三个字，胳膊上刻着“一心事主”四个字。

可是在强权面前，一切形式主义都是笑话。

丑陋的脸庞没有让幽州军获胜，节节败退之后，刘仁恭想到了李克用。说起前尘往事，刘仁恭还是李克用提拔起来的，可后来他觉得自己翅膀硬了，就和李克用翻了脸。这次遭难，刘仁恭犹豫再三，还是厚着脸皮发出了请求信。

悲剧的是，李克用拒绝了，而且拒绝了一百多次。一来，李克用痛恨刘仁恭反复无常的嘴脸，二来确实没有和朱温一争高下的心思。后来，李克用的儿子李存勖软磨硬泡，李克用这才答应出兵。进攻地点选在了潞州，这是朱温的地盘，而且潞州和洛阳之间只隔着晋城，可以威胁到朱温的老巢。

李克用大军压境，潞州守将丁会果断投降。

朱温该如何选择？如果交战，面临失败的风险，一旦失败，朱温的称帝时间就会无限期延长，甚至无法称帝。朱温一生谨慎，不想拿人生大事冒险。

朱温：撤军吧，回去做皇帝。

天祐四年（907）正月二十七日，唐哀帝李柷听说朱温回来，于是派御史大夫薛贻矩前去慰劳，并表达了自己想要禅让帝位的想法。

薛贻矩：“臣，拜见陛下。”

朱温大惊失色，随后面色得意道：“薛大人这是何意？”

薛贻矩：“梁王泽被天下，功德无量，早已是天命所归，应该效仿古时候的先例，接受李唐皇室的禅让。”

朱温：“不可，本王是大唐臣子，怎能做大逆不道的事。”

薛贻矩：“天下诸侯纷争，百姓民不聊生，人人都盼天下太平。梁王如果能够一统天下，也算是为天下黎民百姓造福啊。”

有了这句台词，朱温再也没有顾忌。

天祐四年（907）二月初三，在朱温幕僚的安排下，文武百官三次到元帅府劝进，而朱温也拒绝了三次。天祐四年（907）三月十三日，御史大夫薛贻矩再次前往大梁城，传达了皇帝李柷的逊位之意，各地藩镇节度使也派使者前往大梁，劝朱温做皇帝。

天祐四年（907）三月二十七日，唐哀宗李柷正式颁下诏书，宣布让位给朱温。随后，李柷任命中书令张文蔚为册礼使，侍中杨涉为押传国宝使，御史大夫薛贻矩为押金宝使，准备亲自率领百官前往大梁，完成禅让大殿。

天祐四年（907）四月初四，朱温登临大梁城的金祥殿，接受文武官员称臣。

天祐四年（907）四月十八日，朱温登基称帝，国号大梁。以汴州为开封府，命名为东都；以洛阳为西都；废西京长安，以京兆府为大安府。

至于唐哀宗李柷，朱温封他为济阴王，迁往曹州，安置在亲信氏叔琮的府邸。此时，小的藩镇都已经认可了朱温的政权，而李克用、李茂贞、王建等人仍然谋划着迎立李柷。天祐五年（908）二月，朱温毒杀了年仅 17 岁的李柷，加谥号为哀皇帝，随后以王礼将他下葬在济阴县定陶镇（今山东省菏泽市定陶区）。

自此，延续二百九十年的李唐王朝宣告灭亡，中原大地进入到混乱不堪的五代十国时期。历史，如同浩浩荡荡的江水，纵然途中有无数的曲折，最终还是冲破一切障碍，向东奔流而去。伟大的唐朝，一个代表中国文化的标志，终消逝在滚滚的历史长河中。